| 개정9판 |

# 회사법 Ⅱ

임 재 연

박영사

# 개정9판 머리말

본서의 초판이 2012년 발간된 이후 판을 거듭하여 발간될 때마다 학계는 물론 법조 및 기업의 실무가들로부터 이론과 실무를 매우 충실하게 다룬 문헌이라고 분에 넘치는 호평을 받아왔다. 이번 개정9판에서도 개정8판 발간 이후에 나온 대법원 및 하급심 법원의 중요 판례들도 빠짐없이 소개하려고 노력하였고, 종전에 미흡했던 설명을 수정·보완하고 새로운 내용과 문헌 인용도 적지 않게 추가하였다.

개정9판 원고를 정리하고 교정하는 과정에서 성균관대학교 제자인 김춘 박사(상장회사협의회 정책본부장)와 남궁주현 박사(성균관대학교 법학전문대학원 교수)·노태석 박사(법무법인 태평양)·류혁선 박사(카이스트 교수)·박진욱 박사(맥쿼리자산운용)·오영표 박사(신영증권)·윤민섭 박사(디지털자산거래소 공동협의체 본부장)·이재혁 박사(상장회사협의회 전무) 등이 헌신적인 노력을 기울여 내용을 검토해 주어서 본서의 완성도를 높이는 데 크게 기여하였다. 이들의 노고에 감사드리며 앞으로 많은 발전 있기를 기원한다. 끝으로 저자가 박영사와 인연을 맺은 1995년 이후 항상 격려해 주시는 안종만 회장님과 본서의 초판 이래 계속 애써 주신 조성호 이사님·김선민 이사님에게도 감사드린다.

2024년 3월
저 자 씀

# 주요목차

# 세부목차

## 제 4 장　주식회사의 지배구조

## 제 5 장 주식회사의 구조재편

## 제 6 장　각종 기업형태

# 법령약어표

(국내법)

| | |
|---|---|
| 상법 | – 상법 표시는 별도로 하지 않음 – |
| 의용상법(依用商法) | 舊商法 |
| 상법 시행령 | 令 |
| 상업등기법 | 商登法 |
| 상업등기규칙 | 商登則 |
| 민법 | 民法 |
| 형법 | 刑法 |
| 자본시장과 금융투자업에 관한 법률 | 資法 |
| 자본시장과 금융투자업에 관한 법률 시행령 | 資令 |
| 자본시장과 금융투자업에 관한 법률 시행규칙 | 資則 |
| 구 증권거래법 | 證法 |
| 구 증권거래법 시행령 | 證令 |
| 주식회사 등의 외부감사에 관한 법률 | 外監法 |
| 주식회사 등의 외부감사에 관한 법률 시행령 | 外監令 |
| 민사소송법 | 民訴法 |
| 민사소송규칙 | 民訴則 |
| 민사집행법 | 民執法 |
| 비송사건절차법 | 非訟法 |
| 민사소송 등 인지법 | 民印法 |
| 민사소송 등 인지규칙 | 民印則 |

(영미법)

| | |
|---|---|
| Model Business Corporation Act | MBCA |
| California Corporations Code | CCC |
| Delaware General Corporation Law | DGCL |
| New York Business Corporation Law | NYBCL |
| Uniform Partnership Act | UPA |
| Revised Uniform Partnership Act | RUPA |

| | |
|---|---|
| Uniform Limited Partnership Act | ULPA |
| Revised Uniform Limited Partnership Act | RULPA |
| 영국 회사법 [Companies Act 2006] | **英會** |

**(일본법)**

| | |
|---|---|
| 일본 会社法 | **日会** |
| 일본 旧商法 | **日商** |
| 일본 会社法 施行規則 | **施行規則** |

**(독일법)**

| | |
|---|---|
| 독일 주식법 [Aktiengesetz(AktG)] | **株式法** |
| 독일 기업재편법 [Umwandlungsgesetz] | UmwG |
| 독일 기업의 감독과 투명성에 관한 법률 | |
| [Gesetz zur Kontrolle und Transparenz im Unternehmensbereich] | KonTraG |

※ 괄호 안에서 법령과 조항을 표시할 때 제○조의 "제"는 표시하지 아니함. 항은 동그라미 숫자로, 호는 아라비아숫자로 표시하고(예: 제100조 제1항 제1호 → 100조①1), 항이 없고 호만 있는 경우에는 제○호라고 표시함(예: 제100조 제1호 →100조 제1호).

# 참고문헌

[국내서]                                                                   (인용 약칭)

| | | |
|---|---|---|
| 권기범 | 현대회사법론 제7판, 삼영사, 2017 | 권기범 |
| 김건식 외 2인 | 회사법 제7판, 박영사, 2022 | 김건식 외 2인 |
| 김정호 | 회사법 제5판, 법문사, 2019 | 김정호 |
| 노혁준 | 신체계회사법 제9판, 박영사, 2022 | 노혁준 |
| 송옥렬 | 상법강의 제9판, 홍문사, 2019 | 송옥렬 |
| 이기수·최병규 | 회사법 제12판, 박영사, 2022 | 이·최 |
| 이철송 | 회사법강의 제31판, 박영사, 2023 | 이철송 |
| 정경영 | 회사법학, 박영사, 2022 | 정경영 |
| 정찬형 | 상법강의(상) 제25판, 박영사, 2022 | 정찬형 |
| 최준선 | 회사법 제18판, 삼영사, 2023 | 최준선 |

[외국서]

| | | |
|---|---|---|
| 近藤光男 | 最新株式会社法 第8版, 中央經濟社, 2015 | 近藤 |
| 伊藤眞 | 会社法 第3版, 弘文堂, 2015 | 伊藤 |
| 河本一郎,川口恭弘 | 新日本の会社法, 商事法務, 2015 | 河本, 川口 |
| 江頭憲治郎 | 株式会社法 第7版, 有斐閣, 2017 | 江頭 |
| 神田秀樹 | 会社法 第21版, 弘文堂, 2019 | 神田 |

| | |
|---|---|
| Bauman, *Corporations and Other Business Enterprises* (2006) | Bauman |
| Cox & Hazen, *Corporations* (2d ed. 2003) | Cox & Hazen |
| McDermott, *Legal Aspects of Corporate Finance* (3d ed. 2000) | McDermott |
| Markham & Hazen, *Corporate Finance* (2004) | Markham & Hazen |
| Pinto & Branson, *Understanding Corporate Law* (2d ed. 2004) | Pinto & Branson |

제 **4** 장

# 주식회사의 지배구조

# 제1절 서 설

## Ⅰ. 회사의 기관

회사는 法人으로서 권리능력을 가지고 그 자체의 의사결정과 행위를 하지만, 회사가 직접 의사결정과 행위를 할 수 없으므로 구체적으로 이를 하는 것은 법에 의하여 정해진 특정 자연인(自然人) 또는 이들을 구성원으로 하는 회의체이다. 이와 같이 회사의 의사결정과 행위를 하는 자연인 또는 회의체를 회사의 기관이라고 한다.[1] 인적회사에서는 원칙적으로 각 사원이 업무집행권과 대표권을 가지므로, 사원과 기관이 원칙적으로 일치한다(自己機關). 그러나 물적회사에서는 기관의 구성에 주주로서의 자격을 전제로 하지 않는다(他人機關).[2]

## Ⅱ. 주식회사 기관의 구성과 기관 간의 관계

### 1. 기관의 구성

#### (1) 개 관

주식회사의 기관으로는, i) 주주 전원으로 구성되고, 이사·감사의 선임·해임, 정관변경, 중요재산의 처분, 합병, 해산 등과 같이 상법이 규정하는 중요한 사항에 대한 최고의사결정기관인 주주총회, ii) 회사의 업무집행에 관한 의사결정과 집행임원의 선임·해임에 대한 권한을 가지는 이사회, iii) 대외적으로 회사를 대표하고 대

---

1) 前田庸, 342-344면.
2) 이철송, 472면.

내적으로 업무를 집행하며 통상의 업무에 대한 경영판단을 하는 대표이사·집행임원, iv) 감사기관인 감사·감사위원회 등이 있다.3)

이사회는 회의체기관이므로 업무집행에 관한 의사결정을 하는 것에 그치고, 구체적인 업무집행은 대표이사가 한다는 이유로 이사회를 의사결정기관으로 부르기도 한다. 그러나 상법 제393조 제1항은 "중요한 자산의 처분 및 양도, 대규모 재산의 차입, 지배인의 선임 또는 해임과 지점의 설치·이전 또는 폐지 등 회사의 업무집행은 이사회의 결의로 한다."라고 규정하므로, 이사회의 결의 자체가 이사회의 업무집행방법이다.

상법 제정 전의 의용상법시대에는 의사결정기관인 주주총회, 업무집행기관인 이사, 감사기관인 감사 등의 기관으로 분리되어 있었고, 주주총회가 최고의 만능기관이었다(주주총회중심주의). 1962년의 상법 제정에 따라 업무집행기관이 이사회와 대표이사로 분화하는 동시에, 의용상법상 주주총회의 권한이 대폭 이사회에 이관되었고, 감사의 업무감사권도 이사회에 귀속되었다(이사회중심주의). 그 후 1984년 상법 개정시 주주총회의 권한이 더욱 축소되고 이사회의 권한으로 이관되었고 감사가 회계감사권 외에 업무감사권도 가지게 되었다. 2011년 상법개정시 집행임원제도가

---

3) 일본 회사법은 매우 정교하게 주식회사의 기관설계방식을 정하고 있다. 기관별로 보면, i) 모든 주식회사의 필수기관은 주주총회(日会 295조③, 296조①)와 이사이다(日会 326조①). ii) 이사회에 관하여는, 공개회사, 감사회설치회사, 위원회설치회사에서는 이사회가 필수기관이다(日会 327조①). 감사회설치회사는 감사회를 설치한 회사 외에 회사법에 의하여 감사회를 설치하여야 하는 회사도 포함하고(日会 2조 제10호), 위원회설치회사는 지명위원회·감사위원회·보수위원회를 설치한 회사를 말한다(日会 2조 제12호). 대회사이면서 공개회사가 아닌 경우에는 감사회가 임의기관인데(日会 328조①), 임의로 감사회를 설치한 회사는 이사회가 필수기관이다(日会 327조①2). 위원회설치 여부는 모든 회사가 임의로 선택할 수 있는데, 위원회를 설치한 회사에서는 이사회가 필수기관이다(日会 327조①3). iii) 감사에 관하여는, 이사회설치회사와 회계감사인설치회사에서는 감사가 필수기관이다(日会 327조② 본문, 327조③). 그러나 위원회설치회사는 감사를 둘 수 없다(日会 327조④). 회계감사인설치회사(위원회설치회사는 제외)에서는 감사가 필수기관이지만(日会 327조③), 감사가 감사회를 구성할지 여부는 회사가 임의로 결정한다. iv) 감사회에 관하여는, 대회사(자본금 5억엔 이상 또는 부채합계액 200억엔 이상인 회사)는 공개회사가 아닌 회사와 위원회설치회사를 제외하고는 감사회가 필수기관이다(日会 328조①). v) 회계감사인에 관하여는, 위원회설치회사인 대회사(비공개회사 포함)에서는 회계감사인이 필수기관이다(日会 328조①). 이러한 공개회사 아닌 대회사에서는 회계감사인과 감사를 설치하여야 한다(日会 327조③, 328조②). 결국 위원회설치회사 외의 공개회사인 대회사에서는 이사회, 감사회, 회계감사인이 필수기관이다(前田庸, 342-344면). 한편 2014년 회사법 개정시 이사의 직무집행을 감사하는 것을 직무로 하는 감사등위원회가 도입되었는데 감사등위원회설치회사는 대표이사·이사회·회계감사인을 두어야 하고, 회계참여를 둘 수 있으며, 감사는 둘 수 없다(日会 399조의13). 지명위원회등설치회사의 감사위원은 이사회가 이사 중에서 선임하나, 감사등위원회설치회사의 감사위원인 이사는 주주총회에서 선임한다.

도입되었고(408조의2부터 408조의9까지), 감사의 이사회소집청구권이 신설되었다(412조
의4).4)

## (2) 의사결정기관

주식회사의 의사결정기관은 최고의사결정기관인 주주총회와 중요한 업무집행
에 관한 의사결정기관인 이사회로 구별된다.

주주총회는 주식회사의 최고의사결정기관이므로, 상법에 주주총회의 권한으로
규정된 사항은 반드시 주주총회 결의를 요하고, 정관의 규정 또는 주주총회 결의로
도 다른 기관에 위임하지 못한다.

한편 상법은 기본적으로 이사회중심주의를 채택하여 주주총회의 권한사항 외
에는 이사회가 결정하도록 한다. 특히 중요한 자산의 처분 및 양도, 대규모 재산의
차입, 지배인의 선임 또는 해임과 지점의 설치·이전 또는 폐지 등 회사의 중요한
업무집행은 반드시 이사회 결의로 하여야 한다(393조①). 그리고 이사회의 주주총회
소집권에 관한 규정은 강행규정이므로 상법에 의하여 소집권이 부여되는 외에는
정관의 규정으로도 이사회의 소집권을 배제할 수 없다. 한편 「채무자 회생 및 파산
에 관한 법률」에 따른 회생계획을 수행함에 있어서는 법령 또는 정관의 규정에 불
구하고 법인인 채무자의 창립총회·주주총회 또는 사원총회(종류주주총회 또는 이에
준하는 사원총회를 포함한다) 또는 이사회의 결의를 하지 아니하여도 된다(同法 260조).

## (3) 업무집행기관

주식회사의 업무집행기관은 이사회와 대표이사(집행임원을 설치한 회사는 집행임
원)이다. 대표이사 또는 집행임원은 이사회의 결정에 따라 대내적인 업무집행권과
대외적인 회사대표권을 행사한다.5) 상법은 이사회중심주의를 채택하였으나, 근래
에는 회사경영의 전문화가 심화됨에 따라 이사회의 기능이 저하되고 회사경영이
대표이사를 중심으로 이루어지는 현상이 강해지는 경향을 보이고 있다. 특히 이사

---

4) 독일에서도 1897년 상법(HGB) 제정시 주주총회가 최고기관이었으나, 1937년 주식법에서는
   이사회의 권한이 대폭 강화되었다.
5) 다만, 예외적으로 소규모회사가 1인 또는 2인의 이사만을 두는 경우(383조①), 이사회에 관
   한 규정에서 "이사회"를 "주주총회"로 보거나(383조④), 일부 규정을 적용하지 않는다(383조
   ⑤). 그리고 각 이사(정관에 따라 대표이사를 정한 경우에는 그 대표이사)가 회사를 대표하고,
   이사회의 일부 기능을 담당한다(383조⑥).

회의 감독기능이 저하됨에 따라 외환위기 이후 구 증권거래법상 주권상장법인의 경우 사외이사를 의무적으로 선임하도록 하였다. 나아가 2003년 구 증권거래법개정시 이사 총수의 과반수의 사외이사를 두도록 함에 따라 대부분의 상장회사가 이사의 수를 축소하였다. 이에 따라 경영임원 또는 집행임원의 명칭으로 주주총회가 아닌 이사회가 선임하거나 대표이사가 임명한 비등기이사가 종래의 등기이사의 업무를 수행하는 사례가 일반화되었다. 결국 2011년 개정상법에 따라 주식회사는 선택에 의하여 대표이사에 갈음하여 집행임원을 둘 수 있게 되었다. 집행임원설치회사에서는 업무집행기관인 집행임원과 업무감독기관인 이사회가 분리되어, 집행임원이 업무를 집행하고 이사회는 이에 대한 감독을 하되 필요한 경우에는 회사의 중요한 사항에 대한 의사결정을 한다.

### (4) 감사기관

전통적인 주식회사의 권한 분배를 보면, 주주총회는 회사의 기본적 사항에 대한 의사결정을 하고, 이사회 및 대표이사는 업무집행에 관한 의사결정과 결정사항의 집행 및 회사의 대표행위를 하고, 감사 또는 감사위원회는 감사기관의 역할을 한다. 회사의 감사는 업무감사와 회계감사로 구분된다. 감사도 주식회사의 필요적 상설기관이므로, 자본금총액이 10억원 미만인 소규모회사가 아닌 한 정관에 의하여도 감사를 배제할 수 없지만, 감사위원회와 감사를 동시에 둘 수 없고 택일하여야 한다는 점에서(자산총액 2조원 이상인 상장회사는 제외) 일본의 입법례와 같다.

의용상법에서는 감사가 업무감사권과 회계감사권을 가지고 있었는데, 1962년 상법 제정시 업무감사권이 이사회에 귀속되었다. 그 후 1984년 상법개정시 감사가 회계감사권 외에 업무감사권도 가지게 되었다. 1995년 상법개정시 감사의 권한이 확대되었고(이사의 보고의무에 관한 412조의2, 감사의 임시주주총회소집권에 관한 412조의3), 2011년 상법개정시 감사의 이사회소집청구권이 신설되었다(412조의4②).

## 2. 기관 간의 관계

### (1) 주주총회와 이사회

#### 1) 주주총회의 권한

상법 제361조는 "주주총회는 본법 또는 정관에 정하는 사항에 한하여 결의할 수 있다."라고 규정한다. "본법 또는 정관에 정하는 사항"이라고 규정하지만, 본법 (상법)이 아닌 다른 법률에서 주주총회 결의를 요하도록 하는 경우에는 당연히 주주 총회 결의사항이 된다. 상법에 정한 주주총회의 결의사항은 정관이나 주주총회의 결의에 의하더라도 다른 기관이나 제3자에게 위임하지 못한다.6)

  2) 이사회의 권한

  (가) 상법상 허용규정에 따라 정관에서 정하는 경우    상법이 이사회의 권한사 항 중 정관에 의하여 주주총회의 권한으로 할 수 있음을 규정한 사항은 정관의 규 정에 의하여 주주총회의 권한으로 할 수 있다. 대표이사의 선임(389조①), 신주발행 사항의 결정(416조), 준비금의 자본금 전입(461조①), 전환사채의 발행(513조②) 등의 규정이 그 예이다.

  (나) 상법상 허용규정이 없이 정관에서 정하는 경우    상법 제393조 제1항은 "회사의 업무집행은 이사회의 결의로 한다."라고 규정하는데, 회사의 업무집행에 관한 이사회의 권한을 상법상 개별적인 허용규정 없이 정관에 의하여 주주총회의 권한으로 정할 수 있는지에 관하여는 견해가 일치되지 않고 있다.

    가) 긍 정 설    긍정설은 상법 제361조는 "주주총회는 본법 또는 정관에 정 하는 사항에 한하여 결의할 수 있다."라는 규정상 주식회사의 본질이나 강행규정에 위배되지 않는 한 이사회의 권한도 "정관에 의하여" 주주총회의 권한으로 규정할 수 있다고 본다.7) 긍정설은 주주총회의 최고기관성과 권한분배의 자율성을 근거로 제393조 제1항은 강행규정이 아님을 전제로 한다. 다만, 긍정설에 의하더라도 기관 권한분배의 기본이념을 포함하여 주식회사의 본질에 반하지 않는 범위 내에서만 가능하므로, 이사회의 주주총회 소집권은 기관권한분배의 기본이념상 주주총회의 권한으로 할 수 없다.

    나) 부 정 설    부정설은 주식회사의 권한분배에 관한 상법의 규정은 강행규 정이고, 상법 제361조의 규정상 개별적인 허용규정(유보조항)이 있는 경우 외에는 "정관에 의하여도" 회사의 업무집행에 관한 이사회의 권한을 주주총회의 권한으로

---

  6) 대법원 2017. 3. 23. 선고 2016다251215 전원합의체 판결.
  7) 일본 회사법은 이사회비설치회사의 주주총회는 회사법에서 정한 사항 외에도 주식회사의 조직, 운영, 관리 등 주식회사에 관한 일체의 사항을 결의할 수 있다고 규정한다(日会 295조 ①). 그러나 이사회설치회사의 주주총회는 회사법에 규정된 사항 및 정관에서 정하는 사항에 한하여 결의할 수 있다(日会 295조②). 공개회사는 이사회설치의무가 있고(日会 327조①1), 비 공개회사도 정관으로 이사회를 설치할 수 있다(日会 326조②).

할 수 없다고 본다.8) 이 견해에서는 제393조 제1항을 주주총회의 권한을 제한하고 이사회의 권한을 강화하여 소유와 경영의 분리를 실질적으로 구현하려는 취지의 강행규정으로 본다. 부정설에 의하면 주주총회가 통상의 회사경영에 관한 결의를 하더라도 법적으로는 효과가 없는 것이어서 업무집행에 관한 의사결정기관인 이사회가 이를 거부할 수 있다.

다) 판  례    판례는 이사회의 권한도 "정관에 의하여" 주주총회의 권한으로 규정할 수 있다는 긍정설의 입장이다.9)

(다) 주주 전원의 동의    상법상 개별적인 허용규정 없이 주주 전원의 동의에 의하여 이사회의 결의를 주주총회의 결의로 갈음할 수 있는지에 관하여 대법원은 "회사의 채무부담행위가 상법 제398조 소정의 이사의 자기거래에 해당하여 이사회의 승인을 요한다고 할지라도, 위 규정의 취지가 회사 및 주주에게 예기치 못한 손해를 끼치는 것을 방지함에 있다고 할 것이므로, 그 채무부담행위에 대하여 사전에 주주 전원의 동의가 있었다면 회사는 이사회의 승인이 없었음을 이유로 그 책임을 회피할 수 없다."라고 판시함으로써 이사회의 승인을 주주 전원의 동의로 갈음할 수 있다는 입장이다.10) 그렇다면 1인회사의 1인주주는 단독으로 자기거래를 승인할 수 있다고 해석되므로 근로자와 회사채권자 등과 같은 이해관계자의 이익을 해할 우려가 있다는 문제점은 부인할 수 없다. 이 문제는 결국 "회사의 이익"에 "회사채권자의 이익"도 포함되는지에 관한 근본적인 시각에 따라 대립할 수밖에 없다. 판례는 긍정설의 입장이지만, 1인회사의 경우에도 업무상 횡령·배임의 성립을 인정하는 형사판례의 입장과 일응 배치되고, 이사 자신이 회사와 거래하는 경우에는 특별이해관계 있는 이사로서 이사회에서 의결권을 행사할 수 없음에도 1인주주가 이사인 경우에는 단독으로 자기거래를 승인할 수 있다는 결론에 대하여 논란의 여지는 있다.

---

8) 이철송, 491면.

9) [대법원 2007. 5. 10. 선고 2005다4291 판결] "이사와 회사 사이의 이익상반거래에 대한 승인은 주주 전원의 동의가 있다거나 그 승인이 정관에 주주총회의 권한사항으로 정해져 있다는 등의 특별한 사정이 없는 한 이사회의 전결사항이라 할 것이다."

10) 대법원 2007. 5. 10. 선고 2005다4284 판결, 대법원 2007. 5. 10. 선고 2005다4291 판결, 대법원 2002. 7. 12. 선고 2002다20544 판결.

### (2) 이사회와 감사·감사위원회

이사회는 업무감독권·회계감독권을 가지고, 감사(감사위원회)는 업무감사권·회계감사권을 가진다. 회계감사권은 개념상 업무감사권에 포함되는 것인데, 상법 제정 당시 감사는 회계감사권만 가졌으나, 1984년 상법개정시 업무감사권도 가지게 되었다. 회계감독은 이사·집행임원이 재무제표를 회계원칙이나 회계관행에 따라 작성하도록 사전적으로 통제하는 것이고, 회계감사는 감사(감사위원회)가 감사보고서에 의하여 이사·집행임원이 작성하여 제출한 재무제표가 법령과 정관에 맞는지 사후평가에 의한 의견을 표시하는 것이다.[11] 이사회의 회계감독권이 회계처리의 적법성은 물론 타당성에도 미친다는 점에 대하여는 견해가 일치한다. 반면에 감사의 회계감사권이 타당성감사에도 미치는지 여부에 대하여, 상법이 명문으로 타당성감사를 규정한 경우 외에는 적법성만 감사대상이라는 것이 다수설이다.[12] 타당성감사도 포함한다는 견해에 의하면 감사의 경영판단이 이사의 경영판단에 우선하는 결과가 되기 때문이다.

그런데 상법은 감사위원회의 권한·의무·책임에 관한 별도의 규정을 두지 않고, 감사의 권한·의무·책임에 관한 규정을 준용하도록 하므로(415조의2), 감사와 같은 지위를 가지는 감사위원회는 이사회 내의 위원회로서 이사회가 이사 중에서 선임한 위원으로 구성된다는 점에서, 이사회는 고유의 회계감독권 외에 회계감사권에도 영향을 미친다. 물론 감사위원회의 독립성을 확보하기 위하여 감사위원회에는 제393조의2 제4항 후단(이사회의 재결의)이 적용되지 않는다(415조의2⑥).[13]

---

11) 송종준, "주식회사 회계감사권의 분배질서조정과 그 실효성 확보방안", 선진상사법률연구 통권 제64호, 법무부(2013. 10), 13면.

12) 감사가 이사가 주주총회에 제출할 의안 및 서류를 조사하여 법령 또는 정관에 위반하거나 현저하게 부당한 사항이 있는지의 여부에 관하여 주주총회에 그 의견을 진술하여야 한다는 상법 제413조와, 감사보고서에는 대차대조표 또는 손익계산서의 작성에 관한 회계방침의 변경이 타당한지의 여부와 그 이유를 기재하여야 한다는 상법 제447조의4 제2항이 상법이 명문으로 타당성감사를 규정한 예이다.

13) 이와 같이 이사회가 사실상 회계감사권을 가지는 것은 상법이 업무집행기관과 감사기관으로 나누어 권한을 분배하는 기본 이념에 부합하지 아니하므로 감사위원회를 둔 회사라도 일정 범위의 회사(상장회사 또는 외감법 적용대상인 회사)는 내부감사를 두도록 할 필요가 있다는 견해도 있다(송종준, 상게논문, 15면).

# 제 2 절  주주총회

## Ⅰ. 주주총회의 의의와 권한

### 1. 주주총회의 의의

#### (1) 주주 전원으로 구성

주주총회는 주주로 구성되는 필요적 상설기관으로서, 이사나 감사는 주주총회에 출석하더라도 주주총회의 구성원이 아니고, 주주 아닌 자가 의장이 될 수는 있지만 그렇다고 하여 주주총회의 구성원이 되는 것은 아니다. 의결권 없는 주주라하더라도, 무의결권이라는 것이 항구적인 것이 아니므로 주주인 이상 주주총회의 구성원으로 보아야 한다.

#### (2) 최고의사결정기관

주주총회는 주주로 구성되어 상법과 정관에 규정된 사항에 한하여 의결하는 의사결정기관이며, 이사회의 구성원인 이사와 감사기관인 감사의 선임과 해임, 정관의 변경, 중요재산의 처분, 합병, 해산 등과 같이 중요한 사항에 대한 결정을 할수 있는 권한을 가진다는 의미에서 주식회사의 최고의사결정기관이다.[1]

#### (3) 상설기관 여부

과거에 주주총회는 회의체로서 상설기관이 아니라 정기적 또는 필요에 따라 소

---

[1] 독일의 감사회는 이사회의 업무집행에 대한 감독권을 가지며(株式法 111조①), 우리 상법상 주주총회의 권한에 속하는 중요한 사항에 대한 권한을 가진다. 즉, 감사회는 이사의 선임·해임권(株式法 84조), 이사보수의 결정권(株式法 87조), 재무제표의 확정권(株式法 172조) 등을 가지고, 회사를 대표하는 대표권(株式法 112조)도 가진다.

집되어 개최되는 회의체기관이므로 임의기관이라는 견해도 있었지만, 현재는 주주총회는 추상적·관념적인 권한보유자인 동시에, 구체적·현실적인 권한행사방법으로서의 회의 자체이고, 전자의 의미에서는 필요적 상설기관이라는 견해가 통설이다.

## 2. 주주총회의 권한

### (1) 결의의 분류

주주총회 결의는 그 결의요건에 따라, i) 출석한 주주의 의결권의 과반수와 발행주식총수의 4분의 1 이상의 수로써 하는 보통결의(368조①), ii) 출석한 주주의 의결권의 3분의 2 이상의 수와 발행주식총수의 3분의 1 이상의 수로써 하는 특별결의(434조), iii) 총주주의 동의가 필요한 경우의 특수결의(400조①) 등으로 분류된다.

### (2) 주주총회 권한의 위임

주주총회는 주식회사의 최고의사결정기관이므로, 상법 또는 정관에 주주총회의 권한으로 규정된 사항은 반드시 주주총회 결의를 요하고, 정관의 규정 또는 주주총회 결의로도 타기관에 위임하지 못한다.2) 따라서 이사 또는 감사의 선임권한을 이사회나 대표이사에게 위임하는 주주총회 결의는 무효이다. 특별법에 의하여 결의의 효력발생요건으로 행정기관의 승인을 받도록 하는 것은 가능하다. 다만, 신주발행이나 대표이사 선임과 같이 상법이 이사회의 권한으로 규정하면서도 명문으로 주주총회의 권한으로 유보할 수 있음을 정한 사항을 정관에서 주주총회 결의사항으로 정한 경우에는 정관변경과 같은 결의요건인 주주총회 특별결의에 따라 이사회에 위임할 수 있다고 본다.

---

2) 일본 회사법은 회사법 규정에 의한 주주총회 결의를 필요로 하는 사항에 대하여 "이사, 집행임원, 이사회 기타 주주총회 외의 기관"이 결정할 수 있도록 하는 내용의 정관규정은 효력이 없다고 규정한다(日会 295조③).

## Ⅱ. 주주총회의 소집과 결의

### 1. 주주총회의 소집

#### (1) 소집권자

#### 1) 이 사 회

주주총회는 상법이 규정하는 예외적인 경우를 제외하고는 이사회가 그 소집을 결정하고(362조), 대표이사가 이러한 소집결정을 집행한다. 이사회의 주주총회 소집 권에 관한 규정은 강행규정이므로 상법에 의하여 소집권이 부여되는 외에는 정관 의 규정으로도 이사회의 소집권을 배제할 수 없다.3) 따라서 정관에 의하여 주주총 회 소집권을 대표이사 등 다른 기관에 위임하는 것이 금지된다. 정관에서 정기주주 총회의 일시·장소를 정하더라도 소집 자체는 이사회가 결정하여야 한다. 이사회의 주주총회 소집권한에는 주주총회의 일시·장소뿐 아니라 회의의 목적사항을 정하는 것도 포함하기 때문이다. 회의의 목적사항을 정관에 미리 정하는 경우는 논란의 여 지가 있지만, 현실적으로 이러한 경우는 발생하기 어려울 것이다.4) 이사가 2인 이 하인 소규모회사에서는 각 이사(정관에 따라 대표이사를 정한 경우에는 그 대표이사)가 주주총회의 소집결정을 한다(383조⑥).

주식회사의 기관 간 권한분배상 이사회의 주주총회 소집결정권은 주주총회에 위임될 수 없으므로, 주주총회에서 다음 주주총회의 소집을 결정할 수 없다고 해석 된다. 주주총회 소집결정은 이사회가 하지만, 그 집행은 대표이사가 한다. 그리고 이사회가 회의의 목적사항을 정하고 회의의 일시·장소는 대표이사에게 위임하는 것은 허용된다는 것이 일반적인 견해이다. 주주총회 소집을 결정한 이사회 결의의

---

3) 다만, 주주총회 이사회의 소집, 결의방법, 회사대표 등에 관한 제389조부터 제393조는 청산 인회와 대표청산인에게 준용되므로(542조②), 청산중의 회사의 주주총회의 소집은 청산인회가 결정한다.

4) 미국에서도 이사회가 원칙적으로 주주총회 소집권한을 가진다[MBCA §7.02(a)(1)]. 다만, 정 기주주총회의 일시, 장소가 기본정관이나 부속정관에 명시된 경우에는 별도의 소집결의가 요 구되지 않고, 규정에 따라 소집통지를 하면 된다. 만일 이러한 규정이 없으면 이사회가 일시, 장소에 관한 결의를 한 후 사장이 소집통지를 발송한다. 임시주주총회는 일반적으로 이사회 또는 기본정관이나 부속정관에 의하여 소집권이 주어진 자에 의하여 소집된다. 일본에서는 이 사회설치회사는 이사회의 소집결정에 의하여(日会 298조④, 416조④4), 대표이사가 소집하고, 이사회비설치회사는 이사가 주주총회를 소집한다(日会 296조③).

흠결은 주주총회 결의취소사유가 된다.

2) 소수주주

(가) 총    설    발행주식총수의 3% 이상에 해당하는 주식을 가진 주주는 법원의 허가를 받아 임시총회를 소집할 수 있는데, 임시주주총회소집허가를 신청하기 위한 사전절차로서 회의의 목적사항과 소집의 이유를 적은 서면을 이사회에 제출하여 임시총회의 소집을 청구하여야 한다(366조①).

소수주주권의 하나인 임시주주총회 소집청구권은 소수주주의 이익을 보호하고 다수결의 원칙에 의한 지배주주의 횡포를 견제하기 위하여, 소수주주에게 임시주주총회를 소집하여 자신이 제안한 안건을 총회의 결의에 부의할 수 있는 기회를 부여하는 것을 그 제도의 목적으로 하고 있다.5) 경영진의 구성은 주주총회에서의 이사선임결의를 거쳐야 하는데, 이사회를 장악하고 있는 기존 경영진은 이사선임을 위한 주주총회소집에 적극적일 이유가 없다. 따라서 상법은 이러한 기존 경영진의 전횡을 견제할 수 있도록 소수주주에게 임시주주총회 소집청구권을 부여하는 것이다.6) 특히 임시주주총회 소집청구권은 경영권 획득을 시도하는 주주에게는 이사회의 총회소집거부전략을 무력화시키고, 주주총회에서 원하는 결의를 할 수 있는 매우 효율적인 방법이다.7)

---

5) 서울고등법원 2005. 5. 13.자 2004라885 결정.

6) 상법 제366조 제1항은 "… 이사회에 제출하여 임시총회의 소집을 청구할 수 있다."라고 규정하는데, 실무상 비송사건절차법에 의하여 법원에 신청하는 경우에는 소집허가신청이라고 부른다.

7) 미국에서도 소수주주의 소집권에 관하여 의결권 있는 주식의 일정 지분(MBCA는 10%) 이상을 소유하는 주주는 회사에 임시총회의 소집을 요구할 수 있고[MBCA §7.02(a)], i) 소집요구가 회사에 도착한 후 30일 내에 임시주주총회의 소집통지를 받지 못하거나, ii) 소집요구에 따라 임시주주총회가 소집되지 아니한 경우에는, 소집을 요구한 주주의 신청에 의하여 법원이 소집명령을 할 수 있다고 규정한다[MBCA §7.03(a)(2)]. 그러나 DGCL과 같은 일부 주회사법은 이사회와 부속정관에 기재된 자에게만 임시주주총회 소집권을 인정하고 주주에 대하여서는 소유주식수에 불구하고 소집권을 인정하지 않는다[DGCL §211(d)]. MBCA의 규정에 의하면 기업인수자는 의결권 있는 주식의 과반수를 매수한 후에는 [MBCA §8.08(a)에 의하면 정당한 이유 없이 이사를 해임할 수 있으므로] 언제든지 임시주주총회를 소집하여 이사진을 개편할 수 있다. 반면에 DGCL에 의하면 이러한 경우에도 다음 정기주주총회까지는 이사진을 개편할 수 없다는 점에서 적대적 M&A에 대한 방어책이 된다. 다만, DGCL에 의하여도 과반수 주주의 서면동의가 있으면 총회소집 없이도 서면에 의한 결의가 가능하므로 동일한 목적을 이룰 수 있다. 일본에서도 총주주의 의결권의 3%(정관으로 그 비율을 낮출 수 있다) 이상의 의결권을 6개월 이상(정관으로 그 기간을 단축할 수 있다) 보유한 주주는 이사(이사회설치회사는 대표이사, 위원회설치회사는 대표집행임원)에 대하여 주주총회의 목적사항 및 소집이유를 제시하여 주주총회의 소집을 청구할 수 있다(日会 297조①). 청구가 있은 날부터 지체 없이 소집절차가 이루어지지 않은 경우 또는 청구가 있은 날부터 8주(정관으로 단축이 가능하

(나) 소수주주의 요건

가) 발행주식총수의 3% 이상에 해당하는 주식을 가진 주주    임시주주총회 소집청구권자는 발행주식총수의 3% 이상에 해당하는 주식을 가진 주주이다. 이러한 요건은 정관에 의하더라도 가중, 감경할 수 없다. 상법이 임시주주총회 소집청구권을 단독주주권이 아닌 소수주주권의 하나로 규정한 것은 주주에 의한 권리남용을 방지하기 위한 것이다.[8]

3%는 수인의 주주가 소유하는 주식을 합산하여 산정한다. 이와 관련하여 복수의 주주가 상호 의사의 연락 없이 개별적으로 임시주주총회의 소집을 청구한 경우에는 이들 주주의 주식수를 합산하여 소수주주권행사요건의 충족 여부를 판단하여야 하는지에 관하여는 논란의 여지가 있는데, 의안의 동일성이 인정되는 경우에는 합산하여야 할 것이다.[9]

나) 주주명부상의 주주    회사에 대하여 주주권을 행사할 자는 주주명부의 기재에 의하여 확정되어야 한다는 대법원 2017. 3. 23. 선고 2015다248342 전원합의체 판결의 취지상 주주명부상의 주주만이 임시주주총회의 소집을 청구할 수 있다. 채무자가 채무담보 목적으로 주식을 채권자에게 양도하여 채권자가 주주명부상 주주로 기재된 경우, 주식의 반환을 청구하는 등의 조치가 없는 이상 채권자가 주주로서 주주권을 행사할 수 있고 회사 역시 주주명부상 주주인 채권자의 주주권 행사를 부인할 수 없다.[10]

다) 의결권 없는 주식    발행주식총수에는 의결권 없는 주식은 포함되지 않는다. 의결권 없는 주주는 총회 소집의 실익이 없기 때문이다.[11] 상장회사에 대한 특례의 경우도 같다.

---

다) 내의 날을 주주총회일로 정하여 주주총회의 소집통지를 발송하지 않는 경우에는 청구주주는 법원의 허가를 받아 주주총회를 직접 소집할 수 있다(日會 297조④).

8) 서울고등법원 2005. 5. 13.자 2004라885 결정.

9) 이사회가 개별적으로 임시주주총회의 소집을 청구한 복수 주주의 주식수를 합산하지 않고 소수주주권 행사요건의 미충족을 이유로 소집을 거부하는 경우, 결국은 이들 주주들이 상호 연락하여 다시 임시주총의 소집을 청구할 것이다.

10) 대법원 2020. 6. 11.자 2020마5263 결정.

11) 주주제안권 행사에 관한 상법 제363조의2 제1항은 "의결권 없는 주식을 제외한 발행주식총수의 3% 이상에 해당하는 주식을 가진 주주"를 주주제안권자로 규정한다. 그런데 임시주주총회 소집청구권이나 주주제안권 모두 의결권을 전제로 하는 것이므로, 임시주주총회 소집청구권에 있어서도 "발행주식총수"는 주주제안권과 같이 "의결권 없는 주식을 제외한 발행주식총수"를 의미한다고 해석하여야 한다. 이 점에 대하여는 학설상 견해가 대립하는데 해석상의 논란을 피하기 위하여 입법적인 보완이 필요하다.

라) 상장회사에 대한 특례    상장회사의 경우, 6개월 전부터 계속하여 상장회사 발행주식총수의 1.5% 이상에 해당하는 주식을 보유한 자는 임시주주총회 소집청구권을 행사할 수 있다(542조의6①).[12] 상장회사의 경우 소수주주권의 활성화를 통한 기업경영의 투명성제고와 소수주주의 권익보호를 위하여 지주율을 완화하고, 대신 남용을 방지하기 위하여 일정보유기간을 요건으로 추가한 것이다.[13] 그리고 상장회사는 정관에서 상법에 규정된 것보다 단기의 주식 보유기간을 정하거나 낮은 주식 보유비율을 정할 수 있다(542조의6⑦).[14]

소수주주권행사의 요건에 있어서 "주식을 보유한 자"란 주식을 소유한 자, 주주권 행사에 관한 위임을 받은 자, 2명 이상 주주의 주주권을 공동으로 행사하는 자를 말한다(542조의6⑧).

(다) 소집절차

가) 이사회에 대한 서면청구    소수주주는 회의의 목적사항과 소집의 이유를 적은 서면 또는 전자문서를 이사회에 제출하여 임시총회의 소집을 청구할 수 있다(366조①).

전자문서의 개념 및 전자문서의 발신시점에 관하여는 상법에 다른 규정이 없으므로 「전자문서 및 전자거래 기본법」이 적용된다.[15] 즉, 전자문서란 정보처리시스템에 의하여 전자적 형태로 작성·변환·송신·수신·저장된 정보를 의미하고, 이는 작성·변환·송신·수신·저장된 때의 형태 또는 그와 같이 재현될 수 있는

---

12) 일본 회사법상 공개회사에서는 의결권의 6개월 이상 보유가 요건이지만(日会 297조①), 비공개회사에서는 6개월의 보유기간 요건이 필요하지 않다(日会 297조②).

13) 상장회사의 소수주주가 특례규정에 의한 보유기간 요건을 갖추지 못하였더라도 일반규정에 의한 소수주주권행사요건을 갖추면 소수주주권을 선택적으로 행사할 수 있는지, 아니면 일반규정은 특례규정이 없는 경우에만 보충적으로 적용되므로, 특례규정상의 요건을 갖추지 못하면 일반규정상의 요건을 갖추더라도 소수주주권을 행사할 수 없는지에 관하여 해석상 논란이 되는데, 이에 관하여는 [제1장 제1절 Ⅲ. 회사법의 법원(法源)] 부분에서 상술하였다.

14) 소수주주권행사의 요건인 주식 보유기간이나 주식 보유비율은 정관에 의하여 완화할 수는 있어도 가중할 수는 없다.

15) [전자문서 및 전자거래 기본법 제2조(정의)] 이 법에서 사용하는 용어의 정의는 다음과 같다.
   1. "전자문서"라 함은 정보처리시스템에 의하여 전자적 형태로 작성, 송신·수신 또는 저장된 정보를 말한다.
   2. "정보처리시스템"이라 함은 전자문서의 작성, 송신·수신 또는 저장을 위하여 이용되는 정보처리능력을 가진 전자적 장치 또는 체계를 말한다.
   3. "작성자"라 함은 전자문서를 작성하여 송신하는 자를 말한다.
   4. "수신자"라 함은 작성자가 전자문서를 송신하는 상대방을 말한다.
   〈제5호부터 제10호까지는 생략〉

형태로 보존되어 있을 것을 전제로 그 내용을 열람할 수 있는 것이어야 한다. 이와 같은 성질에 반하지 않는 한 전자우편은 물론 휴대전화 문자메시지·모바일 메시지 등까지 포함된다.16)

다만, 전자문서에 의하여 임시총회의 소집을 청구하는 경우 청구인이 1인이면 소수주주권 행사를 위한 소유주식수 확인에 문제가 없지만, 복수의 주주가 동시에 전자문서를 전송하는 방법으로 임시총회의 소집을 청구하면 각 주주의 소유주식수 확인이 곤란하다는 기술적인 문제가 있다는 지적도 있다.

이때 "이사회"는 원칙적으로 대표이사를 의미하고, 예외적으로 대표이사 없이 이사의 수가 1인 또는 2인인 소규모 회사의 경우(383조⑥)에는 각 이사를 의미한다.17)

주주총회는 상법 또는 정관이 정한 사항에 한하여 결의할 수 있고(제361조) 대표이사는 정관에 특별한 정함이 없는 한 이사회 결의로 선임되므로(제389조), 정관에서 주주총회 결의사항으로 '대표이사의 선임 및 해임'을 규정하지 않은 경우에는 이를 회의목적사항으로 삼아 상법 제366조에서 정한 주주총회소집허가 신청을 할 수 없다.18)

소집청구가 있은 후 이사회는 지체 없이 주주총회를 소집하여야 한다. 상법은 "지체 없이"라고만 규정하는데, 이는 주주총회 소집을 위한 최소한의 기간 내에 소집절차를 밟을 것을 의미하며, 결국 구체적인 사안에서 법원의 판단에 의하여 결정될 것이다.

나) 법원의 소집허가    이사회가 지체 없이 총회소집의 절차를 밟지 아니한 때에는 청구한 주주는 법원의 허가를 받아 총회를 소집할 수 있다(366조②). 이때 회사는 피신청인이 아니라 사건본인으로 표시된다. 소수주주가 총회소집의 허가를 신청하는 경우에는 회의의 목적사항을 명기하고, 이사가 그 소집을 게을리한 사실을 서면으로 소명하여야 한다(非訟法 80조①·②). 소수주주의 임시주주총회 소집허가신청사건은 비송사건이다. 따라서 본점소재지의 지방법원합의부의 관할로 한다(非訟

---

16) 대법원 2022. 12. 16.자 2022그734 결정(2회에 걸쳐 발송한 임시주주총회 소집청구서가 폐문부재로 배달되지 않아 폐기 처리된 후, 소수주주가 임시주주총회 소집청구서를 대표이사에게 카카오톡 메시지로 발송하여 대표이사가 이를 수신하여 확인한 사안이다. 카카오톡 메시지도 전자문서에 포함되지만, 발송만으로는 부족하고 상대방이 수신한 메시지를 확인해야 한다).
17) 대법원 2022. 12. 16.자 2022그734 결정.
18) 대법원 2022. 4. 19.자 2022그501 결정.

法 72조①).

다) 소집업무      이 경우에는 소수주주가 주주총회를 소집하는 것이므로, 기준일 설정, 소집통지 등 소집절차는 모두 소수주주가 취할 수 있고, 이로 인한 비용은 회사에 대하여 청구할 수 있다.

라) 소집기간      법원이 총회의 소집기간을 구체적으로 정하지 않은 경우에도 소집허가를 받은 주주는 소집의 목적에 비추어 상당한 기간 내에 총회를 소집하여야 한다. 소수주주에게 총회의 소집권한이 부여되는 경우, 총회에서 결의할 사항은 이미 정해진 상태이고, 일정기간이 경과하면 소집허가결정의 기초가 되었던 사정에 변경이 생길 수 있기 때문이다.[19]

마) 소집횟수      법원이 총회의 소집을 허가하였다고 하여 해당 의안이 가결될 때까지 반복해서 주주총회를 소집하는 것은 특별한 사정이 없는 한 허용되지 않는다.[20]

바) 주주제안과의 관계      상법상 주주제안권 행사요건을 갖춘 소수주주는 이사에게 주주총회일의 6주 전에 일정한 사항을 주주총회의 목적사항으로 할 것을 제안할 수 있다(363조의2①). 그런데 이사회가 결정한 주주총회의 소집은 주주에게 2주 전에 통지되므로 정기총회가 아닌 임시총회의 경우 주주가 6주 전에 미리 주주총회의 소집사실을 아는 것은 이례적인 경우일 것이다. 따라서 소수주주는 회사의 주주총회 소집결정에 앞서 선도적으로 임시주주총회소집을 청구할 필요

---

19) [대법원 2018. 3. 15. 선고 2016다275679 판결] "법원은 상법 제366조 제2항에 따라 총회의 소집을 구하는 소수주주에게 회의의 목적사항을 정하여 이를 허가할 수 있다. 이때 법원이 총회의 소집기간을 구체적으로 정하지 않은 경우에도 소집허가를 받은 주주는 소집의 목적에 비추어 상당한 기간 내에 총회를 소집하여야 한다. 소수주주에게 총회의 소집권한이 부여되는 경우, 총회에서 결의할 사항은 이미 정해진 상태이고, 일정기간이 경과하면 소집허가결정의 기초가 되었던 사정에 변경이 생길 수 있기 때문이다. 소수주주가 아무런 시간적 제약 없이 총회를 소집할 수 있다고 보는 것은, 이사회 이외에 소수주주가 총회의 소집권한을 가진다는 예외적인 사정이 장기간 계속되는 상태를 허용하는 것이 되고, 이사회는 소수주주가 소집청구를 한 경우 지체 없이 소집절차를 밟아야 하는 것에 비해 균형을 상실하는 것이 된다. 따라서 총회소집허가결정일로부터 상당한 기간이 경과하도록 총회가 소집되지 않았다면, 소집허가결정에 따른 소집권한은 특별한 사정이 없는 한 소멸한다. 소집허가결정으로부터 상당한 기간이 경과하였는지는 총회소집의 목적과 소집허가결정이 내려진 경위, 소집허가결정과 총회소집 시점 사이의 기간, 소집허가결정의 기초가 된 사정의 변경 여부, 뒤늦게 총회가 소집된 경위와 이유 등을 고려하여 판단하여야 한다."

20) 소수주주가 법원의 소집허가에 따라 임시주주총회를 2회 소집한 후 추가로 다시 소집한 경우 주주총회결의의 하자를 인정한 하급심 판례도 있다(춘천지방법원 2017. 7. 14.자 2017카합10045 결정)(직무집행정지가처분사건인데, 소집허가결정 후 3년이 경과한 후에 다시 소집한 경우이다).

가 있다.

상법상 소수주주의 임시주주총회 소집청구권과 주주제안권은 그 지주요건이 대체로 같지만,21) 상장회사의 경우에도 큰 차이가 없다.22) 그러나 양자는 별개의 권리이므로 소수주주는 양 권리를 선택적으로 행사할 수 있다. 그리고 주주제안의 경우에는 회사가 거부할 수 있는 사유가 상법상 명시되어 있으나, 임시주주총회 소집청구의 경우에는 이러한 사유에 관한 규정이 없다.

주주제안을 거부당한 주주가 반드시 임시주주총회 소집청구절차를 그 구제절차로 거쳐야 하는 것은 아니고, 주주제안권 자체의 실현을 위하여 거부당한 의안을 주주총회의 목적사항으로 상정시키는 형태의 가처분신청을 할 수 있다. 다만, 주주제안 거부사유 중 반복제안에 관한 규제를 피할 목적으로 임시주주총회 소집청구를 하는 것은 그 사이 중대한 사정변경이 없다면, 반복제안을 금지하는 법의 취지를 잠탈하는 것이 되고, 소수주주에게 임시주주총회 소집청구권을 부여한 제도의 취지에 어긋나는 것이라는 하급심 판례도 있다.23)

(라) 의　　　　장　　　회사가 소집하는 주주총회에서는 대표이사 등 정관의 규정에 따라 회사의 임원이 주주총회 의장이 된다. 소수주주의 청구에 따라 회사가 스스로 주주총회를 소집한 경우에도 정관에 규정된 자가 의장이 된다. 그런데 소수주주의 청구에 의하여 소집되는 주주총회의 의장은 법원이 이해관계인의 청구나 직권으로 선임할 수 있다(366조② 2문).24) 반드시 법원이 의장을 선임하여야 하는 것은 아니

---

21) "대체로 같다"고 표현한 것은, 주주제안권에 관한 상법 제363조의2 제1항은 "의결권 없는 주식을 제외한 발행주식총수의 100분의 3 이상에 해당하는 주식을 가진 주주"를 주주제안권자로 규정하는 반면 임시주주총회 소집청구권에 관한 제366조 제1항은 "발행주식총수의 100분의 3 이상에 해당하는 주식을 가진 주주"라고 규정하는 점에서 차이가 있기 때문이다. 제366조 제1항을 적용하는 경우에도 제363조의2 제1항의 경우와 같이 "의결권 없는 주식을 제외한 발행주식총수"를 기준으로 하여야 하는지에 대하여 학설상 견해가 대립한다.

22) 상장회사 주주의 임시주주총회 소집청구권은 1.5%, 주주제안권은 1%(대규모 상장회사는 0.5%)로서 큰 차이는 없다.

23) [서울고등법원 2005. 5. 13.자 2004라885 결정](SK 임시주주총회 소집허가 신청사건) "제1안건은 이미 신청인이 2004년도 정기주주총회에서 주주제안권을 행사하여 부결된 것이므로, 구 증권거래법 제191조의14 제3항, 같은 법 시행령 제84조의2 제3항에 의하여 3년 이내에 다시 동일한 내용의 주주제안을 할 수는 없다고 할 것이다. 신청인이 주장하는 바와 같이 비록 주주제안권과 임시주주총회 소집청구권이 그 지주요건과 총회의 종류 및 제도의 취지가 다른 것이어서, 소수주주가 정기주주총회에서 주주제안을 하여 부결된 안건을 위하여 다시 임시주주총회 소집청구권을 행사하는데 법령상 장애가 되지 않는다 하더라도, 그 사이 중대한 사정변경이 없다면, 위 구 증권거래법에서 반복제안을 금지하는 법의 취지를 잠탈하는 것이 된다."

24) 정관의 의장에 관한 규정은 이사회가 총회를 소집한 경우(소수주주의 소집청구에 대하여

고, 법원이 의장을 선임하지 않은 경우에는 소수주주가 소집한 총회에서 임시의장을 선임할 수 있다.[25] 실무상으로는 임시주주총회 소집허가신청서의 별지 "회의의 목적사항"에 "임시의장선임의 건"을 포함시키는 것이 일반적이다.

(마) 관련 문제

가) 정기총회소집청구권    소수주주가 법원의 허가를 받아 소집할 수 있는 것은 임시총회이다(366조②). 따라서 회사가 정기총회를 일정한 시기 내에 소집하지 않는 경우 소수주주가 법원의 허가를 받아 소집하더라도 이때 소집되는 주주총회는 정기총회가 아니라 임시총회이다. 다만, 정기총회에서 재무제표 승인결의를 하지 못한 경우 반드시 다음 정기총회가 아니라 새롭게 소집된 임시총회에서 재무제표를 승인할 수 있다.

나) 회의목적사항의 범위    소수주주가 상법 제366조에 따라 주주총회소집허가 신청을 하는 경우, 정관에서 주주총회 결의사항으로 규정하지 않은 의안을 회의목적사항으로 할 수 없다.[26]

---

이사회가 총회를 소집한 경우를 포함)를 전제로 한 것이므로, 종래에도 소수주주가 법원의 허가를 받아 소집한 주주총회에서는 그 소집된 총회에서 소수주주의 긴급동의에 의하여 임시의장을 선임할 수 있다는 해석이 유력하였고, 2011년 개정상법은 이러한 해석을 명문화하여 법원의 의장선임권을 규정하였다. 만일 소수주주가 법원의 허가를 받아 임시주주총회를 소집하는 과정에서 여러 가지 사정으로 법원이 의장을 선임하는 결정을 하지 않은 경우, 총회장에 출석한 주주의 긴급동의에 의하여 임시의장을 선임할 수 있다. 정관상 의장은 이러한 긴급동의가 있는 경우 다른 의안보다 먼저 상정하고, 임시의장이 선임되면 바로 후속 의사진행절차를 인계해야 한다. 정관상 의장이 상정될 의안에 대하여 이해상충이 있는 등 의사진행의 공정성을 해칠 우려가 있는 경우 의사가 그대로 진행되더라도 현저한 불공정이 있는 경우가 아닌 한 그 자체로 절차상 하자가 있는 것은 아니지만, 이러한 경우에도 출석한 주주는 임시의장 선임의안을 긴급동의할 수 있다.

25) 주주총회에서 누가 의장이 되는지의 문제는 주주총회의 향방을 가를 수 있는 정도로 중요하므로, 회사 입장에서는 주주총회 진행상의 주도권을 유지하기 위하여 어차피 법원이 소집을 허가할 것으로 판단되면 소수주주의 소집청구를 받아들여 스스로 주주총회를 소집하기도 한다.

26) [대법원 2022. 4. 19.자 2022그501 결정] "소수주주가 상법 제366조에 따라 주주총회소집허가 신청을 하는 경우, 주주총회 결의사항이 아닌 것을 회의목적사항으로 할 수 없다. 주주총회는 상법 또는 정관이 정한 사항에 한하여 결의할 수 있고(상법 제361조), 대표이사는 정관에 특별한 정함이 없는 한 이사회 결의로 선임되므로(상법 제389조), 정관에서 주주총회 결의사항으로 '대표이사의 선임 및 해임'을 규정하지 않은 경우에는 이를 회의목적사항으로 삼아 상법 제366조에서 정한 주주총회소집허가 신청을 할 수 없다." 한편, "소수주주가 제출한 임시총회 소집청구서에 회의의 목적사항이 '대표이사 해임 및 선임'으로 기재되었으나 소집의 이유가 현 대표이사의 '이사직 해임'과 '후임 이사 선임'을 구하는 취지로 기재되어 있고, 회사의 정관에 '대표이사의 해임'이 주주총회 결의사항으로 정해져 있지 않다면, 회의의 목적사항과 소집의 이유가 서로 맞지 않으므로 법원으로서는 소수주주로 하여금 회의의 목적사항으로 기재된 '대표이사 해임 및 선임'의 의미를 정확하게 밝히고 그에 따른 조치를 취할 기회를 갖도록 할

다) 권리남용 문제        소수주주의 임시주주총회소집 청구권은 소수주주의 이익을 보호하고 다수결 원칙에 의한 다수주주의 횡포를 견제하기 위하여 소수주주에게 임시주주총회를 소집하여 그들이 제안한 안건을 총회의 결의에 부의할 수 있는 기회를 부여한 것으로, 예외적으로 소집허가신청이 법률상 요건을 구비하지 못하였거나 권리남용에 해당되는 것이 명백한 경우가 아닌 한 이를 받아들여야 한다.27)

그러나 소수주주가 임시주주총회 소집청구권을 행사함에 이르게 된 구체적·개별적 사정에 비추어, 그것이 임시주주총회 소집청구제도의 목적이나 기능을 일탈하고, 법적으로 보호받을 만한 가치가 없다고 인정되는 경우에는, 신청인의 임시주주총회 소집청구권의 행사는 신의칙에 반하거나 권리를 남용하는 것으로서 허용되지 않는다.28)

또한, 반복제안, 안건의 통과가능성, 사건본인회사의 피해 등을 고려하여, "신청인이 통과가능성이 희박하고, 제안취지에 부합하지 아니하는 이 사건 안건을 제안하면서 임시주주총회 소집청구권을 행사하는 것은 임시주주총회 소집청구제도의 취지를 일탈하고 법적으로 보호받을 가치가 없는 것으로서 권리남용에 해당한다.29)

---

필요가 있다."라고 판시함으로써 법원의 적극적인 석명을 요구한 판례도 있다(대법원 2022. 9. 7.자 2022마5372 결정).

27) [서울고등법원 2011. 4. 1.자 2011라123 결정] "甲 회사의 발행 주식 4.94%를 취득하여 보유하고 있는 주주 乙이 상법 제366조에 따라 임시주주총회소집을 청구한 것이 권리남용에 해당하는지가 문제된 사안에서, 단순히 정기주주총회가 곧 개최될 예정이라는 이유로 임시주주총회소집 청구권 행사가 권리남용이 될 수 없고, 주주의 권리행사는 상당부분 이익추구를 위한 것이므로 乙이 단기차익실현을 위하여 임시주주총회소집을 청구하더라도 그 자체로 권리남용이라고 할 수 없으며, 주주로서 이사·감사의 활동이 부적절하다고 판단할 경우 해임과 새로운 임원의 선임에 관한 안건을 주주총회에 상정해 달라고 요구하는 것은 자연스러운 것이므로 주주가 오로지 임원을 괴롭힐 목적으로 해임안의 상정을 요구한다는 등 특별한 사정이 없는 한 안건 상정 요청을 권리남용이라고 볼 수 없다."

28) [서울고등법원 2005. 5. 13.자 2004라885 결정] "소수주주권 및 임시주주총회 소집청구권제도의 취지, 신청인이 임시주주총회 소집청구권을 행사하는 목적과 경위 등 임시주주총회 소집청구권을 행사함에 이른 구체적·개별적 사정에 비추어, 그것이 위와 같은 임시주주총회 소집청구제도의 목적이나 기능을 일탈하고, 법적으로 보호받을 만한 가치가 없다고 인정되는 경우에는, 신청인의 임시주주총회 소집청구권의 행사는 신의칙에 반하거나 권리를 남용하는 것으로서 허용되지 않는다." 다만, 회사의 중요한 사항에 관한 최종적인 결정은 주주총회에서 하는 것이므로, 임시주주총회 소집허가청구를 권리남용으로 보는 경우는 이례적이고, 주주총회도 소집되기 전에 신청을 권리남용으로 보아 기각하는 데에는 신중을 기하여야 한다는 것이 법원의 일반적인 입장이다(수원지방법원 성남지원 2024. 1. 22.자 2023비합50067 결정).

29) [서울고등법원 2005. 5. 13.자 2004라885 결정] "(3) 반복제안 금지의 문제 제1안건은 이미 신청인 2004년도 정기주주총회에서 주주제안권을 행사하여 부결된 것이므로, 구 증권거래법 제

한편, 이사회 결의 없이 KIKO 계약을 체결한 이사의 해임을 결의하기 위하여 소수주주가 임시주주총회 소집허가신청을 한 사건에서, 법원은 해당 거래가 이사회 결의를 요하는 거래라고 볼 수 없고 이사가 회사의 이익에 부합한다고 합리적으로 신뢰하고 신의성실에 따라 경영상의 판단(임시주주총회소집청구 거절)을 한 것이라고 판시하면서, 경영감시라는 소수주주권의 본래 목적과 범위 안에서의 적정한 권리행사로 보기 어렵고 일반주주들의 합리적인 의사결정을 왜곡할 위험이 있다는 이유로 신청을 기각한 사례도 있다.[30]

라) 소집허가결정과 불복절차    법원은 신청인이 소수주주권행사의 요건을 갖추지 못한 경우 신청을 각하하고, 회의의 목적사항이 주주총회 결의사항이 아니거나 주주총회소집의 필요성이 없는 경우에는 신청을 기각한다.[31] 신청을 각하, 기

191조의14 제3항, 같은법 시행령 제84조의2 제3항의 의하여 3년 이내에 다시 동일한 내용의 주주제안을 할 수는 없다고 할 것이다. 신청인이 주장하는 바와 같이 비록 주주제안권과 임시주주총회 소집청구권이 그 지주요건과 총회의 종류 및 제도의 취지가 다른 것이어서, 소수주주가 정기주주총회에서 주주제안을 하여 부결된 안건을 위하여 다시 임시주주총회 소집청구권을 행사하는데 법령상 장애가 되지 않는다 하더라도, 그 사이 중대한 사정변경이 없다면, 위 구 증권거래법에서 반복제안을 금지하는 법의 취지를 잠탈하는 것이 된다. 또한, 제2안건의 경우 신청인이 이 사건 신청이 제1심에서 기각된 후 얼마 지나지 않아 2005년도 정기주주총회가 개최되었으므로 위 정기주주총회에서 주주제안권을 행사하여 동일한 목적을 달성할 수 있었음에도 이를 행사하지 아니하고 따로 임시주주총회 소집청구를 하는 것은 소수주주에게 임시주주총회 소집청구권을 부여한 제도의 취지에 어긋나는 것이다. (4) 이 사건 안건의 통과 가능성 신청인이 이 사건 신청을 통하여 의도한 진정한 목적이 사건본인 회사의 지배구조개선이라고 하더라도, 현재의 상황 아래에서는 이 사건 안건의 통과에 의하여 사건본인 회사의 대표이사인 A의 이사직을 박탈하는 결과를 초래하므로, 이 사건 신청에 의한 임시주주총회는 A의 이사직 유지 여부에 대한 주주들의 선택이라는 문제로 귀착할 수밖에 없다. 그런데 A가 2005년도 정기주주총회에서 압도적인 지지를 얻어 대표이사로 다시 선임되었고, 위 정기주주총회 이후 특별히 사건본인 회사 주주들의 선택이 달라질 것이라는 점에 대한 소명이 없는 한 이 사건 안건이 통과될 가능성은 희박하다고 보아야 한다. (5) 사건본인 회사의 피해 신청인은 이 사건 신청으로 사건본인 회사의 경영권 변경을 시도함으로써 기존 지배 주주들의 경영권 방어를 위한 우호주식 확보경쟁에 따라 주가가 상승하는 이익을 얻을 수도 있겠으나, 이러한 이익이 임시주주총회 소집청구권의 행사에 따른 정당한 이익으로 볼 수 없음에 비하여, 사건본인 회사로서는 정기주주총회를 개최한지 얼마 지나지 않아 다시 임시주주총회가 소집된다면 경영권 분쟁으로 인한 불안정이 사건본인 회사의 대외적 신용도에 부정적인 영향을 줄 가능성이 크다"(이 사건의 1심법원은 피신청인의 권리남용 주장을 배척하고 후견적 입장에서 주주총회소집의 필요성 내지 이익이 없다는 이유로 기각하였다. 서울중앙지방법원 2004. 12. 15.자 2004비합347 결정).

30) 서울남부지방법원 2008. 12. 16.자 2008비합114 결정.
31) 회사가 이미 주주총회소집을 결정하였음에도 동일한 안건을 위한 임시주주총회소집허가를 신청하는 것은 일반적으로 주주총회소집의 필요성이 없는 경우에 해당한다. 다만, 실무상으로는 주주총회가 실제로 개최되는지 확인하기 위하여 법원이 결정을 하지 않고 기다리는 경우도 있다. 그리고 회사가 주식이전사실을 알면서도 주식취득자가 명의개서청구를 하기 전에 기

각한 재판에 대하여는 항고로 불복할 수 있지만, 신청을 인용한 재판(소집허가결정)에 대하여는 누구도 불복할 수 없고(非訟法 81조②), 단지 민사소송법 제449조에 의한 특별항고만을 할 수 있다.[32] 법원은 임시주주총회 소집허가신청에 대하여는 이유를 붙인 결정으로써 재판을 하여야 한다(非訟法 81조①). 소집허가결정의 주문에는 소집허가의 대상인 주주총회의 안건이 구체적으로 기재되어야 하는데, 통상 결정의 별지목록에 기재된다. 소수주주가 소집허가결정을 받고도 장기간 소집절차를 밟지 않는 경우도 있으므로 법원은 소집기간을 정하여 허가결정을 하기도 한다.[33] 법원은 소집허가결정이 부당하다고 인정한 때에는 이를 취소·변경할 수 있다.[34] 그러나 소집허가결정에 따라 소집된 총회에서 이미 결의가 이루어진 후에는 법원이 소집허가결정을 취소·변경할 수 없다.

　　마) 주주총회의 소집　　소수주주가 주주총회를 소집하는 경우에는 기준일 설정, 소집통지 등 제반 소집절차는 통상의 소집절차와 동일하나 소수주주의 명의로 소집한다는 점이 통상의 소집절차와 다르고, 소수주주는 회사에 대하여 소집비용을 청구할 수 있다. 소집된 총회에서의 결의사항은 법원의 소집허가결정 주문에 표시된 안건에 한정되고, 만일 소수주주가 임의로 안건을 추가한다면 이는 결의취소사유가 된다.

　　바) 검사인 선임　　소수주주의 청구에 의하여 소집되는 총회는 회사의 업무와 재산상태를 조사하게 하기 위하여 검사인을 선임할 수 있다(366조③).

　　사) 소수주주의 소집권과 회사의 소집권　　소수주주가 법원의 허가를 얻은 경우 이사회가 뒤늦게 주주총회의 소집결의를 하는 경우도 있다. 이사회가 뒤늦게라도 소집을 결의하는 이유는 회사가 소집하는 주주총회에서는 대표이사 등 정관의

---

준일을 정하여 임시주주총회를 소집함으로써 주주의 의결권이 제한되는 것은 정의에 반하는 것이라 할 수 있으므로, 소수주주가 다시 기준일을 정할 목적으로 임시주주총회소집허가를 신청하는 것은 주주총회소집의 필요성이 없는 경우에 해당하지 않는다.

32) 대법원 1991. 4. 30.자 90마672 결정.
33) (청주지방법원 충주지원 2011. 6. 20.자 2011비합5 결정의 주문)
　　신청인에 대하여 이 사건 결정일로부터 4주 이내에 별지목록 기재 각 안건을 회의의 목적사항으로 하는 사건본인 회사의 임시주주총회 소집을 허가한다.
34) [非訟法 제19조(재판의 취소·변경)]
　　① 법원은 재판을 한 후에 그 재판이 위법 또는 부당하다고 인정한 때에는 이를 취소 또는 변경할 수 있다.
　　② 신청에 의하여서만 재판을 하여야 하는 경우에 신청을 각하한 재판은 신청에 의하지 아니하고는 이를 취소 또는 변경할 수 없다.
　　③ 즉시항고로써 불복을 할 수 있는 재판은 이를 취소 또는 변경할 수 없다.

규정에 따라 회사의 임원이 주주총회 의장이 되기 때문이다. 소수주주가 법원에 소집허가신청을 하고 법원이 소집허가결정을 하기 전에 이사회가 소집을 결의하는 경우에는 비록 동일한 안건이라도 이를 불허할 이유는 없을 것이다. 이사회가 동일한 안건에 대한 주주총회의 소집을 결의한 이상, 소수주주의 소집허가신청이 기각되어도 소수주주에게 심각한 피해가 발생하는 것은 아니기 때문이다.[35] 그러나 소수주주가 소집허가를 받은 후에 주주총회와 동일한 안건에 대하여 이사회가 주주총회소집을 결정하는 것은 허용되지 않는다는 것이 일반적인 해석이다.[36]

만일 이사회가 이러한 경우에 주주총회의 소집을 강행한다면 그 주주총회 결의는 취소·부존재사유가 있는 결의로 보아야 한다. 그리고 소수주주는 이러한 주주총회에 대하여 주주총회개최금지 가처분신청을 할 수 있다. 소집허가결정 주문에 표시된 안건 외의 안건을 회의의 목적사항으로 정하여 이사회가 소집결의를 하는 것이 적법함은 물론이다. 이와 같이 이사회가 소수주주가 소집허가를 받은 안건 외에 다른 안건도 추가하여 주주총회소집결의를 한 경우, 소수주주는 주주총회의 개최 자체의 금지를 구할 수 없고 중복되는 안건의 상정의 금지를 구하는 가처분을 신청하여야 한다.[37] 소수주주가 신청하는 가처분의 피보전권리는 소수주주의 임시주주총회소집청구권과 이사의 위법행위유지청구권(402조)이다. 그리고 임시주주총회 소집허가신청사건은 비송사건이므로 회사는 사건본인으로 표시되지만, 가처분에서는 피신청인(채무자)으로 표시된다. 만일 소수주주가 소집하는 주주총회와 이사회가 소집하는 주주총회에서 동일 안건을 상정하여 상이한 결의가 성립하는 경우에는 분쟁이 발생하고 관계당사자들의 법적 지위가 불안정한 상태가 지속될 것이므로 이러한 경우 보전의 필요성도 인정된다.

아) 회사가 의안을 달리하여 주주총회를 소집한 경우    소수주주가 임시주주총회의 소집을 청구하자 회사가 의제는 같지만 의안은 달리하여(예컨대 소수주주가 추천한 자가 아닌 다른 자를 이사로 선임하는 의안) 주주총회를 소집하여 소수주주가 의안상

---

35) 법원이 소집허가결정을 하기 전에 회사 측이 서둘러서 이사회를 소집하여 주주총회 소집결의를 하는 예도 있다. 또한 흔한 예는 아니지만, 사안의 판단이 어렵거나 애매한 경우 재판부가 회사 측에게 임시주주총회를 소집하도록 독려하기도 한다.

36) 다만, 가처분결정 이후에 발생하거나 확인된 특별한 사정이 있는 경우에는, 소수주주가 소집허가를 얻은 주주총회와 동일한 안건을 회의의 목적사항으로 정하여 이사회가 소집결의를 하는 것도 허용되는 경우도 있을 것이다. 여기서 특별한 사정이란 소수주주가 주주총회의 진행을 현저히 불공정하게 진행할 개연성을 말하는데, 소수주주의 주식취득 동기, 임시주주총회 소집의 동기, 총회결의 후 회사재산의 훼손 가능성 등을 종합하여 판단하여야 한다.

37) 청주지방법원 충주지원 2011. 7. 29.자 2011카합171 결정.

정가처분을 신청한 경우, 법원이 주주제안권과 임시주주총회 소집청구원이 근거법령, 권리행사를 위한 주주 자격, 권리행사의 절차, 회의의 목적사항으로 삼을 수 있는 내용, 부당 거절에 대한 구제 수단 등에 차이가 있는 점을 들어 상법 제366조에 따른 임시주주총회 소집요구가 상법 제363조의2에서 정한 주주제안권의 행사로 볼 수 없고, 신청인이 임시주주총회의 소집을 청구하였을 뿐 신청인이 제안하는 안건을 피신청인 회사가 개최하려는 주주총회의 목적사항으로 포함시켜 줄 것을 청구하지 않았음을 이유로 신청인의 신청을 기각한 판례가 있다.[38]

### 3) 감사·감사위원회

감사는 회의의 목적사항과 소집의 이유를 기재한 서면을 이사회에 제출하여 임시총회의 소집을 청구할 수 있다(412조의3①). 소집청구가 있은 후 이사회가 지체 없이 총회소집의 절차를 밟지 않는 경우 감사는 법원의 허가를 받아 총회를 소집할 수 있다(412조의3②, 366조②).[39] 상법 제412조의3은 감사위원회에도 준용된다(415조의2⑦).

감사는 필요하면 회의의 목적사항과 소집이유를 기재한 서면을 이사에게 제출하여 이사회의 소집을 청구할 수 있는데(412조의4①), 여기서 "필요하면"은 감사가 이사회에 출석하여 의견을 진술하거나(391조의2①), 이사회에 보고하기 위하여(391조의2②) 필요한 경우를 말한다. 감사는 주주총회에서 의견진술의무가 있으므로(413조) 주주총회 소집청구에 관한 제412조의3 제1항은 "필요하면"이라는 문구를 규정하지 않지만, 제412조의4 제1항과 마찬가지로 감사는 의견진술의 필요성이 있을 때 주주총회 소집을 청구할 수 있다고 보아야 할 것이다.

### 4) 총회 소집이 강제되는 경우

(개) 법원의 소집명령    회사의 업무집행에 관하여 부정행위 또는 법령이나 정관에 위반한 중대한 사실이 있음을 의심할 사유가 있는 때에는 발행주식총수의 3% 이상에 해당하는 주식을 가진 주주는 회사의 업무와 재산상태를 조사하게 하기

---

38) [서울중앙지방법원 2011. 9. 22.자 2011카합2294 결정] "회사가 주주의 적법한 주주제안을 무시하고 주주총회를 개최한 경우에는 그 결의에 소집절차 또는 결의방법상의 하자가 있어 취소사유가 있게 된다. 반면에 임시주주총회 소집청구권은 주주 제안권과 달리 권리행사의 기간 제한이나 회의의 목적사항에 대한 제한이 없고, 회사가 소수주주의 임시주주총회 소집청구에 응하지 않을 경우 청구한 주주는 법원의 허가를 얻어 임시주주총회를 소집할 수 있기는 하나 임시주주총회 소집청구에 대한 거절로 인해 곧바로 회사가 별도의 이사회 결의를 거쳐 소집하는 주주총회에서의 결의에 하자가 있다 볼 수 없다."

39) 감사·감사위원회의 주주총회 소집청구권은 감사·감사위원회의 감사결과에 대한 보고 및 관련 대책을 세움으로써 감사의 실효성을 확보할 수 있다는 점에서 의미가 있다(정찬형, 849면).

위하여 법원에 검사인의 선임을 청구할 수 있다(467조①). 검사인은 그 조사의 결과를 법원에 보고하여야 한다(467조②). 법원은 보고에 의하여 필요하다고 인정한 때에는 대표이사에게 주주총회의 소집을 명할 수 있다. 제310조 제2항의 규정은 이 경우에 준용한다(467조③).[40] 이때에는 이사회의 소집결의 없이 대표이사가 바로 소집하여야 한다.[41]

상장회사의 경우 6개월 전부터 계속하여 발행주식총수의 1천분의 15 이상에 해당하는 주식을 보유한 자는 검사인선임청구권을 행사할 수 있다(542조의6①).

(나) 흡수합병　　합병을 하는 회사의 일방이 합병 후 존속하는 경우에는 그 이사는 채권자보호절차의 종료 후, 합병으로 인한 주식의 합병이 있을 때에는 그 효력이 생긴 후, 합병에 적당하지 아니한 주식이 있을 때에는 합병 후, 존속회사에 있어서는 제443조의 처분(단주의 처리)을 한 후, 소규모합병의 경우에는 제527조의3 제3항 및 제4항(공고·통지)의 절차를 종료한 후 지체 없이 주주총회를 소집하고 합병에 관한 사항을 보고하여야 한다(526조①).

(다) 청 산 인　　청산인은 취임한 후 지체 없이 회사의 재산상태를 조사하여 재산목록과 대차대조표를 작성하고 이를 주주총회에 제출하여 그 승인을 받아야 한다(533조①). 청산사무가 종결한 때에는 청산인은 지체 없이 결산보고서를 작성하고 이를 주주총회에 제출하여 승인을 받아야 한다(540조①).

5) 소규모회사의 특례

자본금의 총액이 10억원 미만인 회사를 소규모회사라고 하는데(383조①), 소규모회사가 1인 또는 2인의 이사만을 둔 경우에는 주주 전원의 동의가 있으면 소집절차 없이 주주총회를 개최할 수 있다(363조⑤).[42]

---

40) 소수주주의 청구에 의하여 소집되는 주주총회의 의장은 법원이 이해관계인의 청구나 직권으로 선임할 수 있는데(366조② 2문), 법원이 대표이사에게 주주총회의 소집을 명하는 경우에는 이러한 규정이 없다.

41) 미국에서는 회사의 주사무소 관할 법원은 정기총회가 회계연도 종료 후 6개월 이내 또는 직전 정기총회 후 15개월 이내에 개최되지 않는 경우에 주주총회 개최명령을 내릴 수 있다 [MBCA §7.03(a)(1)]. 주주총회 개최시기에 대한 규제이기도 하다. 일본에서도 일정한 경우 법원이 이사(대표이사)에 대하여 주주총회의 소집을 명할 수 있다(日会 307조, 359조).

42) 2009년 상법개정시 도입되었다. 그 외에도 소규모회사는 서면에 의한 결의로써 주주총회 결의를 갈음할 수 있고, 결의의 목적사항에 대하여 주주 전원이 서면으로 동의를 한 때에는 서면에 의한 결의가 있는 것으로 본다(363조④). 서면결의는 주주총회 결의와 같은 효력이 있고(363조⑤), 따라서 주주총회에 관한 규정이 준용된다(363조⑥). 물론 주주총회에 관한 규정 중 현실적인 회의를 전제로 한 규정은 준용되지 않는다.

## (2) 소집시기

### 1) 소집시기에 따른 구분

정기총회는 매년 1회 일정한 시기에 이를 소집하여야 하고(365조①), 연 2회 이상의 결산기를 정한 회사는 매기에 총회를 소집하여야 한다(365조②). 임시총회는 필요한 경우에 수시로 소집한다(365조③).43)

### 2) 정기총회의 소집시기

상법은 정기주주총회의 소집시기에 관하여 "일정한 시기"라고만 규정하는데, i) 기준일을 결산일인 12월 31일로 정하고, 주주명부를 다음 해 1월 1일부터 정기주주총회일 종료일까지 폐쇄한다면, 기준일은 주주 또는 질권자로서 권리를 행사할 날에 앞선 3개월 내의 날로 정하여야 하고(354조③), 주주명부폐쇄기간은 3개월을 초과하지 못하므로(354조②) 결산기 후 3개월 내에 소집하여야 하고, ii) 법인세법상 사업연도 종료일로부터 3개월 이내에 주주총회의 재무제표 승인에 의하여 결산을 확정하여야 하기 때문에, 현실적으로는 결산기 후 90일 이내이다.44) 따라서 대부분의 상장회사는 정관에서 "정기주주총회는 매사업년도 종료 후 3개월 이내에 소집한다."라고 규정한다.45)

---

43) 주주명부폐쇄기간은 3개월을 초과하지 못하므로 예컨대 6월 15일을 폐쇄기간 초일로 정한 경우에는 기간이 오전 0시부터 시작하는 때에 해당하므로 초일을 산입하여(民法 157조) 3개월이 되는 날은 9월 14일이다. 따라서 폐쇄기간 만료일의 다음 날인 9월 15일까지 주주총회를 개최할 수 있다. 주주명부폐쇄 공고 후 임시주주총회를 개최하지 않더라도 특별한 불이익은 없다. 다만 상장회사의 경우 공시번복으로 불성실공시법인으로 지정될 수 있다.

44) 정기주주총회에서 재무제표 승인 의안이 가결되지 아니하여 사업보고서를 법정제출기한(3월 30일)까지 제출하지 못하면 그 다음 날 관리종목으로 지정된다(유가증권시장 상장규정 47조①1). 사업보고서 등에 의하여 관리종목 지정사유를 해소한 사실이 확인된 경우에는 사업보고서 제출일 다음 날 관리종목지정이 해제된다(유가증권시장 상장규정 47조②1).

45) 정기주주총회가 반드시 결산기말로부터 3개월 이내에 개최되어야 하는 것은 아니다. 상법상 주주로서 권리를 행사할 날에 앞선 3개월 내의 날로 정하여야 할 뿐(354조③) 결산기로부터 언제까지 정기총회를 소집해야 하는지에 대해서는 명문의 규정이 없으므로, 기준일을 결산기말이나 명부폐쇄기간의 초일을 영업연도의 초일로 하지 않고 그 이후의 날로 정하는 것이 가능하기 때문이다. 종전에는 영업연도 중에 발행된 신주의 이익배당에 관하여 정관이 정하는 바에 따라 동액배당을 할 수 있도록 한 상법 제350조 제3항의 규정, 법인세 신고기한, 상장회사등의 사업보고서 제출의무 등을 이유로 배당기준일과 정기주주총회 의결권행사 기준일을 결산기말로 정할 수밖에 없었다. 그러나, 2020년 12월 개정상법은 배당기준일을 결산기말로 하지 않을 수 있도록 동액배당 관련 규정들을 삭제하고, 결산기말로부터 4개월 이후에 정기주주총회를 개최할 수 있도록 하기 위하여 사업보고서도 정기주주총회 이전에 금융위원회등에 제출하도록 자본시장법을 개정하였다. 아울러 법인세 신고시 기업회계기준을 준용하여 작성한 재무제표를 첨부하도록 규정함에 따라 해당 재무제표가 주주총회 승인을 거친 재무제표라

### 3) 정기총회와 임시총회의 결의사항

정기총회와 임시총회의 구분은 소집시기에 따른 것이고, 결의사항에 있어서는 아무런 차이가 없다. 따라서 이사는 재무제표를 정기총회에 제출하여 그 승인을 요구하여야 하지만(449조①), 그렇다고 하여 정기총회에서 재무제표승인 의안만 다루는 것이 아니고 주주총회 결의사항인 모든 의안을 다룰 수 있다. 마찬가지로 정관에서 규정하는 기간 내에 정기총회를 소집하지 못하였거나 정기총회를 소집하였으나 사정상 재무제표 승인결의를 하지 못한 경우, 반드시 다음 정기총회가 아니라 새롭게 소집된 임시총회에서 재무제표를 승인할 수 있다. 실무상으로는 이러한 총회를 소집기간 경과 후의 총회라는 이유로 임시총회라고 부르기도 하고, 재무제표승인을 위한 총회라는 이유로 정기총회라고 부르기도 한다. 명칭에 관계없이 소집기간 경과 후의 총회가 재무제표를 승인하더라도 그 결의의 효력에는 아무런 영향이 없다.46) 전년도 결산기의 재무제표의 승인결의를 하지 못한 경우 금년도 결산기의 재무제표의 승인의 건을 동시에 상정하여 결의할 수 있다고 보는 것이 일반적인 실무례이다.

### 4) 공 휴 일

공휴일을 회일로 정하는 것은 특별한 사정이 없는 한 가급적 피해야 하지만, 공휴일을 회일로 정하였다고 하여 그 자체가 결의취소사유로 된다고 볼 수는 없다.

### (3) 소집통지

#### 1) 소집통지의 대상

(가) 주주명부·실질주주명부상의 주주     주주총회의 소집통지는 주주명부상의 주주에게 하여야 한다. 또한 실질주주명부에의 기재는 주주명부에의 기재와 같은 효력을 가지므로(資法 316조②), 회사는 실질주주명부에 기재된 주주에게 소집통지를 하면 된다.

(나) 의결권 없는 주주     의결권 없는 주주에게는 소집통지를 할 필요가 없다.

---

고 해석할 이유가 없다. 이에 따라 상장회사협의회의 상장회사 표준정관도 정기주주총회 의결권행사 기준일과 배당기준일을 결산기말 이후인 1월 중에 정할 수 있도록 개정하고(제13조), 정기주주총회의 소집시기를 '결산기말로부터 3개월 이내'가 아닌 '기준일로부터 3개월 이내'로 하도록 규정한다(제17조). 표준정관 규정에 의하면 배당기준일과 정기총회 의결권행사 기준일을 결산기말이 아닌 날로 자유롭게 결정할 수 있다.
46) 발행주식총수의 3% 이상에 해당하는 주식을 가진 주주는 법원의 허가를 받아 소집하는 총회는 임시총회인데(366①), 재무제표승인을 의안으로 하는 총회라면 실무상 이러한 총회도 정기총회라고 부르기도 한다.

다만, 소집통지서에 적은 회의의 목적사항에 제360조의5(주식의 포괄적 교환), 제360 조의22(주식의 포괄적 이전), 제374조의2(영업양도등), 제522조의3(합병) 및 제530조의11 (분할합병)에 따라 반대주주의 주식매수청구권이 인정되는 사항이 포함된 경우에는 의결권 없는 주주에게도 소집통지를 하여야 한다(363조⑦).[47] 의결권 없는 주주로 는, i) 의결권의 배제·제한에 관한 종류주식의 주주,[48] ii) 모회사의 주식을 예외적 으로 취득한 자회사(342조의2②),[49] iii) 회사, 모회사 및 자회사 또는 자회사가 "다른 회사"의 발행주식총수의 10%를 초과하는 주식을 가지고 있는 경우 그 회사 또는 모회사의 주식을 소유한 "다른 회사"[50] 등이다. 다만, 의결권제한주식은 특정 의안 에 대하여서만 의결권이 없고, 다른 의안에 대하여는 의결권이 있으므로 그 특정 의안만을 다루는 주주총회가 아닌 한 주주총회소집통지를 받을 권리가 인정된다.

　　(다) 상장회사의 소액주주　　상장회사가 주주총회를 소집하는 경우 의결권 있 는 발행주식총수의 1%(슈 31조①) 이하의 주식을 소유하는 주주에게는 공고로 소집 통지를 갈음할 수 있다(542조의4①).[51]

　　(라) 외국인 실질주주　　외국인인 실질주주가 상임대리인을 선임한 경우,[52] 발

---

47) 의결권 없는 주주도 주식매수청구권을 행사할 수 있고 주주총회 결의일로부터 20일 내에 주식매수청구를 하여야 하므로, 주식매수청구권이 인정되는 사항에 관한 주주총회의 경우에 는 의결권 없는 주주에게도 소집통지를 하여야 한다. 그리고 주권상장법인은 주식교환·이전, 영업양도 등, 합병, 분할합병에 관한 주주총회의 소집통지를 하거나, 간이주식교환 및 간이합 병에 관한 통지·공고를 하는 경우에는 주식매수청구권의 내용 및 행사방법을 명시하여야 한 다. 이 경우에는 의결권 없는 주주에게도 그 사항을 통지하거나 공고하여야 한다(資法 165조 의5⑤).

48) 예외적으로 분할·분할합병의 승인결의를 위한 주주총회에서는 의결권이 배제되는 주주(344 조의3①)도 의결권이 있다(530조의3③).

49) 상법은 자회사가 적법하게 예외적으로 취득한 모회사 주식의 법률적인 취급에 관하여는 6 개월 이내에 모회사의 주식을 처분하여야 한다는 규정(342조의2②) 외에, 의결권에 대하여는 아무런 규정을 두지 않지만, 자기주식취득의 경우와 같이 자회사가 소유하는 모회사의 주식은 의결권이 없다고 보아야 할 것이다.

50) 회사, 모회사 및 자회사 또는 자회사가 다른 회사의 발행주식총수의 10분의 1을 초과하는 주식을 가지고 있는 경우 그 다른 회사가 가지고 있는 회사 또는 모회사의 주식은 의결권이 없다(369조③).

51) 상장회사 소집절차에 관한 특례에 관하여는 뒤에서 상술한다.

52) [증권등예탁업무규정세칙]
　　제31조(실질주주명세의 통지)
　　① 규정 제42조 제1항에서 "그 밖에 세칙으로 정하는 사항"이란 다음 각 호의 사항을 말한다.
　　　4. 외국인인 실질주주가 상임대리인을 선임한 경우에는 해당 상임대리인의 명칭, 주소, 주소신고일 또는 변경일 및 우편번호(상임대리인을 선임하지 않은 경우에는 국내에 통지할 주소 및 우편번호)

행회사는 실질주주명부에 기재한 상임대리인의 주소 혹은 국내에 통지할 주소에 주주총회의 소집통지를 하면 적법한 주주총회의 소집통지를 한 것으로 인정된다.[53]

### 2) 소집통지기간

주주총회를 소집함에는 회일을 정하여 2주[54] 전에 각 주주에 대하여 서면으로 소집통지를 발송하거나, 각 주주의 동의를 얻어 전자문서로 소집통지를 발송하여야 한다(363조①).[55][56]

---

53) [서울고등법원 2005. 3. 30. 선고 2003나86161, 86178(병합) 판결] "예탁원에 예탁된 주식에 대하여는 예탁원이 그 주식을 예탁한 예탁자로부터 통보받은 실질주주의 성명, 주소 등의 내역을 사전에 발행회사에 통지하여야 하고, 이를 기초로 발행회사는 실질주주명부를 작성하며, 이렇게 작성된 실질주주명부는 주주명부와 같은 면책적 효력을 가진다. 예탁규정 제25조 및 그 시행세칙 제30조에 의하면, 예탁자는 외국인 실질주주가 상임대리인을 선임한 경우에는 당해 상임대리인의 명칭, 주소 등을, 상임대리인을 선임하지 않은 경우에는 국내에 통지할 주소 등을 예탁원에 통지하여야 한다. 그러므로 발행회사로서는 예탁원에 예탁된 외국인 실질주주의 주식에 관하여 예탁원을 통해 통보 받아 실질주주명부에 기재한 상임대리인의 주소 혹은 국내에 통지할 주소에 주주총회의 소집통지를 하면 적법한 주주총회의 소집통지를 한 것으로 인정된다. 갑가 31호증, 을 16 내지 18호증의 각 기재와 제1심 법원의 예탁원에 대한 사실조회결과 및 변론 전체의 취지를 종합하면, 이 사건 주주총회와 관련하여 국민은행은 예탁원으로부터 통보받아 실질주주명부에 기재한 외국인 실질주주들의 상임대리인의 주소 혹은 국내에 통지할 주소 등에 주주총회의 소집통지를 하였던 사실을 인정할 수 있으므로, 국민은행으로서는 외국인 실질주주들에게 적법한 소집통지를 하였다고 보아야 할 것이다."

54) 기간을 일, 주, 월 또는 연으로 정한 때에는 기간말일의 종료로 기간이 만료한다(民法 159조). 기간을 주, 월 또는 연으로 정한 때에는 역에 의하여 계산한다(民法 160조①). 주, 월 또는 연의 처음으로부터 기간을 기산하지 아니하는 때에는 최후의 주, 월 또는 연에서 그 기산일에 해당한 날의 전일로 기간이 만료한다(民法 160조②). 월 또는 연으로 정한 경우에 최종의 월에 해당일이 없는 때에는 그 월의 말일로 기간이 만료한다(民法 160조③). 민법 제157조의 초일불산입 규정은 일정한 기산일로부터 과거에 소급하여 계산하는 기간에도 적용된다. 따라서 주주총회일의 2주 전에 통지하여야 하는 경우, 회일이 3월 19일인 경우 그 전일인 3월 18일을 기산일로 하여 3월 5일이 말일이 되고 그 날의 오전 0시에 기간이 만료한다. 따라서 늦어도 3월 4일 자정까지는 통지하여야 한다.

55) 금융지주회사를 설립하거나 기존 자회사 또는 손자회사의 주식을 모두 소유하기 위한 주식교환 또는 주식이전에 관하여 상법의 규정을 적용함에 있어서는 "7일"로 본다(同法 62조의2②). 그러나 이 경우에는 의결권 있는 발행주식총수의 1% 이하의 주식을 소유하는 주주에게도 소집통지를 공고의 방법으로 갈음할 수 없다.

56) 미국의 경우 종래에는 기본정관이나 부속정관에 주주총회의 일시, 장소가 명시되어 있는 경우에는 소집통지를 요구하지 않았으나, 근래의 제정법은 이러한 경우에도 일정 기간 내에 소집통지를 하도록 한다. 예를 들어, MBCA는 회의일 전 10일부터 60일 사이에 소집통지를 하도록 규정하고, 제정법 또는 기본정관에 달리 규정되어 있지 않으면, 의결권 있는 주주에 대한 통지만 요구한다[MBCA §7.05(a)]. 일본에서는, 이사가 주주총회일 2주 전까지 주주에게 소집통지를 발송하여야 하는데, 비공개회사가 서면투표, 전자투표에 의할 뜻을 정하지 않으면 주주총회일 1주(이사회비설치회사가 이보다 단기로 정한 경우에는 그 기간) 전까지 통지하면 된다(日會 299조①). 즉, 서면 또는 전자적 방법에 의하여 의결권을 행사하기로 정한 경우에는 비공개회사의 경우에도 이사는 주주총회일 2주 전까지 주주에게 소집통지를 발송하여야 한

소집통지기간을 준수하지 않았더라도 주주 전원이 참석하여 아무런 이의 없이 일치된 의견으로 총회를 개최하는 데 동의하고 결의가 이루어졌다면 전원출석회의의 법리상 그 결의는 특별한 사정이 없는 한 유효하다.57)

법정기간을 준수한 서면통지를 하지 아니한 채 소집되었다 하더라도 정족수를 넘는 주주의 출석으로 결의를 하였다면 그 결의는 적법하다는 판례도 있지만,58) 주주총회 결의무효확인사건의 상고심판결에서 방론으로 설시된 내용이라 대법원의 확립된 입장이라고 보기는 어렵고, 이러한 경우 주주총회에 출석하지 않은 주주들은 주주총회 결의취소의 소를 제기할 수 있을 것이다.

소집통지기간은 정관으로 늘릴 수는 있지만 줄일 수는 없다. 민법상 기간의 말일이 토요일 또는 공휴일에 해당한 때에는 기간은 그 익일로 만료한다(民法 161조). 그러나 주주총회의 소집통지의 경우와 같이 역산하는 경우에는 2주 전 또는 3주 전에 해당하는 날이 토요일 또는 공휴일에 해당한 때에도 그 날 만료하고, 그 전날 만료하는 것은 아니다.59)

### 3) 소집통지의 방법

(가) 서면통지　　회사는 각 주주에 대하여 서면으로 주주총회의 소집통지를 발송할 수 있다(363조①).

(나) 전자문서에 의한 통지　　회사는 서면통지 대신 각 주주의 동의를 받아 전자문서로60) 통지를 발송할 수 있다(363조①).61) 전자문서의 개념 및 전자문서의 발

---

다. 서면투표, 전자투표를 할 수 있는 뜻을 정한 경우나 이사회설치회사는 서면으로 통지하여야 한다(日숲 299조②).

57) 대법원 2002. 7. 23. 선고 2002다15733 판결, 대법원 2002. 12. 24. 선고 2000다69927 판결, 대법원 2014. 5. 16. 선고 2013도15895 판결.

58) 대법원 1991. 5. 28. 선고 90다6774 판결.

59) 同旨: 이철송, 496면 각주 1(민법 제161조의 취지는 권리행사나 의무이행의 기간이 실질적으로 단축되는 불이익을 제거하기 위한 것인데, 소집통지와 같이 역산하는 경우에는 이러한 고려를 할 필요가 없기 때문이라고 설명한다). 다만, 서울북부지방법원 2007. 2. 28.자 2007카합215 결정은 "비록 피신청인이 이미 이 사건 결의를 하고 그에 따른 소집통지와 공고를 마쳤다고 해도 이 사건 주주총회 14일 전인 2007. 2. 28.(이 사건 주주총회 14일 전은 2007. 3. 1.이 되나, 기간의 말일이 공휴일에 해당한 때에는 기간은 그 익일로 만료하므로, 2007. 2. 28.이 된다)까지 이 사건 의안의 요령을 기재한 소집통고와 공고를 하면 이 사건 의안을 이 사건 주주총회의 목적사항으로 상정할 수 있는 점"이라고 판시하였는데, 그 타당성에 대하여는 의문이다.

60) 전자문서의 정의는 「전자문서 및 전자거래 기본법」 제2조 제1호 참조.

61) 미국에서는 전자주주총회가 인정되는 州에서 주주총회의 소집통지도 주주의 동의를 얻는 경우 전자적 송신방법(form of electronic transmission)으로 할 수 있다(DGCL §232). MBCA §1.40(7A)는 "electronic transmission" or "electronically transmitted"에 관한 정의 규정을 두고, MBCA §1.41(b)는 이러한 방법에 의한 통지방법을 규정하므로, 주주총회의 소집통지도 당연히 이러한

신시점에 관하여는 상법에 다른 규정이 없으므로 「전자문서 및 전자거래 기본법」
이 적용된다.

주주의 동의는 반드시 명시적일 필요는 없고 묵시적이어도 된다. 그러나 동의
는 사전에 받아야 하므로, 회사가 통지 전에 주주의 동의를 받기 위한 아무런 절차
를 거치지 않고 일방적으로 전자통지를 한 후 주주가 이에 대하여 아무런 이의를
하지 않는다고 하여 묵시적으로 동의한 것으로 볼 수는 없다.

전자문서에 의한 소집통지를 하려면 전자서명법에 따른 공인전자서명에 의하
여62) 그 성립의 진정성이 담보된 전자문서를 회사에 보관하고 그 사본을 주주들에
게 발송한다.63)

(다) 강행규정    상법의 주주총회의 소집통지방법에 관한 규정은 강행규정이
므로, 구두·전화·회람·안내방송 등과 같은 다른 방법에 의한 통지는 허용되지 않
는다. 대표이사가 수인인 경우에는 각자대표이사와 공동대표이사의 경우에 모두 소
집통지는 1인의 대표이사 명의로 발송하여도 된다. 소집통지는 법률행위가 아니라
총회를 소집하기로 한 의사결정에 따른 의사의 통지이기 때문이다.

4) 발신주의

(가) 서면통지    상법은 제363조 제1항에서 "통지를 발송하거나"라고 규정하
므로 주주총회의 소집통지는 발신주의를 취한다.64) 주주에 대한 회사의 통지는 주

---

방법에 의할 수 있다고 해석한다. 전자적 송신방법은 fax, email 또는 website에 게재하고 주주
에게 통지하는 방법 등이 있는데, 수신자가 종이에 직접 재현할 수 있어야 한다[DGCL §232(c)].
따라서 "voice message"는 달리 종이에 재현할 수 있는 기술적인 방법이 없는 한 전자적 송신방
법으로 인정되지 않는다. 전자적 송신에 의한 통지는 발신된 때 이루어진 것으로 본다[DGCL
§232(b)]. 일본에서도 이사는 주주의 승낙을 얻은 경우 전자적 방법에 의한 통지를 발송할 수
있고, 이렇게 한 경우 서면통지를 발송한 것으로 간주된다(日会 299조③).
62) [전자서명법 제3조(전자서명의 효력 등)]
① 다른 법령에서 문서 또는 서면에 서명, 서명날인 또는 기명날인을 요하는 경우 전자문서
에 공인전자서명이 있는 때에는 이를 충족한 것으로 본다.
② 공인전자서명이 있는 경우에는 당해 전자서명이 서명자의 서명, 서명날인 또는 기명날
인이고, 당해 전자문서가 전자서명된 후 그 내용이 변경되지 아니하였다고 추정한다.
③ 공인전자서명 외의 전자서명은 당사자간의 약정에 따른 서명, 서명날인 또는 기명날인
으로서의 효력을 가진다.
63) 전자문서에 의한 통지는 서면통지서 발송에 따른 복잡한 사무를 간소화하고 발송비용을 절
감하기 위한 것인데, 회사로서는 주주 전원의 동의를 받지 않는 한 어차피 서면통지와 전자통
지를 병행해야 하므로 전자통지를 도입할 유인이 약한 실정이다.
64) 민법상 상대방 있는 의사표시는 그 통지가 상대방에 도달한 때로부터 그 효력이 발생한다
(民法 11조①). 도달은 통지가 상대방의 지배권 내에 들어가 사회통념상 일반적으로 了知할
수 있는 상태로 보는 것이 판례와 통설의 입장이다. 상법 제363조 제1항은 이러한 민법상 도

주명부에 기재한 주소 또는 주주가 회사에 통지한 주소로 하면 된다(353조①).

(나) 전자문서에 의한 통지  전자문서에 의한 통지의 경우에도 상법은 제363
조 제1항에서 "전자문서로 통지를 발송하여야 한다."라고 규정하므로 역시 발신주
의를 취한다.

「전자문서 및 전자거래 기본법」은 전자문서(전자화문서를 포함)의 송신시점을
수신자 또는 그 대리인이 당해 전자문서를 수신할 수 있는 정보처리시스템에 입력
한 때로 규정하므로(同法 6조①), 이러한 송신시점(입력시점)에 통지가 발송된 것으로
볼 것이다.

「전자문서 및 전자거래 기본법」은 다음 중 어느 하나에 해당하면 수신된 것으
로 본다(同法 6조②). 따라서 제1호 단서의 경우 외에는 송신시점과 수신시점이 일치
하게 된다.

> 1. 수신자가 전자문서를 수신할 정보처리시스템을 지정한 경우에는 지정된 정보처리
> 시스템에 입력된 때. 다만, 전자문서가 지정된 정보처리시스템이 아닌 정보처리시
> 스템에 입력된 경우에는 수신자가 이를 출력한 때를 말한다.
> 2. 수신자가 전자문서를 수신할 정보처리시스템을 지정하지 아니한 경우에는 수신자
> 가 관리하는 정보처리시스템에 입력된 때

「전자문서 및 전자거래 기본법」의 규정과 관련하여, 발신주의는 상대방의 요
지(了知)가능성을 전제로 한 것이고 이러한 가능성이 없으면 발신주의가 채택될 수
없는데, 우편에 의한 통지는 상대방이 용이하게 수신할 수 있지만 전자문서에 의한
통지는 상대방이 인터넷에 접속하여 email을 확인하는 등과 같은 적극적인 노력에
의하여서만 수신이 가능하므로 요지가능성에서 큰 차이가 있음을 지적하면서, 주주
가 정보처리시스템을 지정한 경우에만 발신주의를 적용할 수 있다는 견해가 있
다.[65] 이러한 견해는 주주보호의 취지에는 부합하나 입법론으로는 몰라도 현행 규
정의 해석으로는 받아들이기 어렵다고 본다.

회사가 발송한 전자문서에 의한 통지가 정보처리시스템의 기술적인 문제로 주
주에게 도달하지 않은 경우, 문제된 정보처리시스템이 회사의 관리범위 내의 시스
템이면 통지가 발송되지 않은 것으로 보아야 하고, 주주의 관리범위 내의 시스템이
면 통지가 발송된 것으로 보아야 할 것이다.

---

달주의의 예외를 규정한 것이다.

65) 이철송, 496면.

### 5) 소집통지의 내용

주주총회의 소집통지에는, 회의일시(會議日時), 소집지(소집장소), 회의의 목적사항이 포함되어야 한다. 그리고 주식매수청구권이 인정되는 사항에 관한 주주총회의 경우, 소집통지를 하는 때에는 주식매수청구권의 내용 및 행사방법을 명시하여야 한다(374조②).66)

(가) 회의일시　　　회의일시는 상식적인 일시로 정하여야 하고, 특별한 사정이 없이 심야나 새벽 시간대로 정하는 것은 소집절차가 현저하게 불공정한 경우로서 결의취소사유이다. 그러나 토요일을 비롯한 공휴일을 회의일로 정하는 경우는 제반 사정을 고려하여 판단하여야 할 것인데, 단지 소액주주들의 참석이 어려운 시기라는 이유만으로는 결의취소사유가 되기 곤란할 것이다.67) 주주총회의 개회가 지연되는 경우에도 정각에 출석한 주주들의 입장에서 변경된 개회시각까지 기다려 참석하는 것이 곤란하지 않을 정도라야 한다.68)

(나) 소집지와 소집장소

가) 소 집 지　　　총회는 본점소재지 또는 이에 인접한 지에 소집하는 것이 원칙이나, 정관에서 다른 곳으로 정할 수 있다(364조).69) 즉, 총회의 소집지는 본점소

---

66) 자본시장법도 주권상장법인은 주식교환·이전, 영업양도 등, 합병, 분할합병에 관한 주주총회의 소집통지·공고를 하거나, 간이주식교환 및 간이합병에 관한 통지·공고를 하는 경우에는 주식매수청구권의 내용 및 행사방법을 명시하도록 하고 있다. 이 경우에는 의결권 없는 주주에게도 그 사항을 통지하거나 공고하여야 한다고 규정한다(資法 165조의5⑤).

67) 추석연휴 직전의 토요일을 소집일로 정한 것에 대하여 원고가 전체 주식의 과반수 이상을 소유하고 있는 소액주주들의 참석이 원천봉쇄된 것과 다름없기 때문에 주주들의 권리행사를 의도적으로 방해한 것이라고 주장한 사건에서, 법원은 "가사 원고 주장의 사유로 인하여 소액주주들의 주주총회 참석이 다소 곤란한 사정이 있었다 하더라도, 그것만으로 이 사건 주주총회에 어떠한 하자가 있었다고 보기 어렵다"고 판시하였다[서울고등법원 2005. 3. 30. 선고 2003나86161, 86178(병합) 판결].

68) [대법원 2003. 7. 11. 선고 2001다45584 판결]【주식매수선택권부여결의등부존재확인】(국민은행 사건) "주주총회의 개회시각이 부득이한 사정으로 당초 소집통지된 시각보다 지연되는 경우에도 사회통념에 비추어 볼 때 정각에 출석한 주주들의 입장에서 변경된 개회시각까지 기다려 참석하는 것이 곤란하지 않을 정도라면 절차상의 하자가 되지 아니할 것이나, 그 정도를 넘어 개회시각을 사실상 부정확하게 만들고 소집통지된 시각에 출석한 주주들의 참석을 기대하기 어려워 그들의 참석권을 침해하기에 이르렀다면 주주총회의 소집절차가 현저히 불공정하다고 하지 않을 수 없고, … "

69) [서울고등법원 2006. 4. 12. 선고 2005나74384 판결] "피고는 정관에서 본점소재지를 '서울특별시'로 규정하고 있으므로, 피고의 주주총회 소집지의 최소 행정구역은 '서울특별시'이고(을제 10호증의 1, 2의 각 기재에 의하면 위와 같은 정관에 따라 정기주주총회가 서울특별시와 인접한 지인 성남시에서 개최된 사실이 인정된다), 서울특별시의 인접한 지인 고양시에서 개최된 이 사건 주주총회에는 소집지 위반의 하자가 없으므로, 원고들의 이 부분은 주장은 이유

재지, 인접지, 정관에서 정한 곳 등 세 곳 중 한 곳으로 정할 수 있다. 본점소재지는 지번에 의한 특정지가 아니라 정관에 규정된 최소행정구역을 의미하고,[70] 인접지도 본점소재지에 인접한 최소행정구역을 의미한다. 정관에서도 소집지를 정할 수 있도록 한 것은 정부정책상 본점을 지방으로 이전하는 경우가 많은 반면에 주주는 서울 등 대도시에 거주하는 경우에 요긴하게 적용된다. 상법의 규정상 정관에서 이사회가 총회의 소집지를 결정하도록 하는 것은 허용되지 않는다. 다만, 정관에 규정되지도 않고 본점소재지나 인접지도 아닌 곳에서 주주총회를 소집하는 경우도 총주주가 동의하면 허용된다고 해석된다.

나) 소집장소    소집장소는 구체적으로 주주들이 모여서 회의를 열 장소를 말한다. 소집장소에 관하여 상법에 명문의 규정은 없으나, 소집지 내에 위치하여야 하고 교통상 주주들이 참석하기 어려운 곳으로 소집장소를 정하는 것은 소집절차의 현저한 불공정에 해당하여 결의취소사유가 된다.

"정관에 다른 정함이 없으면"이라는 규정상 정관에서 주주총회 장소를 외국으로 정하는 것도 허용된다. 한국법에 의하여 설립된 회사라 하더라도 합작투자계약의 조건상 합작파트너의 국가에서 주주총회를 개최하는 것을 금지할 이유는 없다. 다만, 이러한 사항은 원시정관에 규정되어야 할 것이다. 정관변경에 의하여 이러한 사항을 새로 규정하는 것은 소액주주들에게 매우 불리하기 때문이다.[71]

주주총회는 하나의 회의체이므로, 출석주주의 수가 많아서 한 장소에서 주주총회를 진행하기 어려운 사정이 있더라도 복수의 소집장소에서 진행하는 것은 허용되지 않는다.

주주총회를 개회한 후 사정상 소집장소를 변경하는 경우에도 출석한 주주들로 하여금 변경된 장소에 모일 수 있도록 상당한 방법으로 알리고 이동에 필요한 조치를 다한 때에 한하여 별도의 소집통지 없어도 적법하게 소집장소가 변경되었다고 볼 수 있다.[72]

---

없다."

70) 정관에 "서울특별시"로 규정한 경우에는 "서울특별시 전체", "서울특별시 서초구"로 규정한 경우에는 "서초구"를 의미한다.

71) 그러나 합작투자계약서에서 주주 전원의 동의에 의하여 이러한 취지로 정관을 변경할 수 있다고 규정하기도 하는데, 이를 굳이 금지할 필요는 없을 것이다.

72) [대법원 2003. 7. 11. 선고 2001다45584 판결]【주식매수선택권부여결의등부존재확인】(국민은행 사건) "소집통지 및 공고가 적법하게 이루어진 이후에 당초의 소집장소에서 개회를 하여 소집장소를 변경하기로 하는 결의조차 할 수 없는 부득이한 사정이 발생한 경우, 소집권자가 대체 장소를 정한 다음 당초의 소집장소에 출석한 주주들로 하여금 변경된 장소에 모일 수 있

### (다) 회의의 목적사항

가) 보고사항과 결의사항　　　주주총회에서의 보고사항[73]과 결의사항[74]을 회의의 목적사항(363조②·③)이라고 한다. 주주총회의 실무상 소집통지서에 회의의 목적사항을 "보고사항과 결의사항"으로 구별하여 기재하기도 하고, 결의사항만을 회의의 목적사항으로 보고 "보고사항과 회의의 목적사항"으로 구별하여 기재하기도 한다. 보고사항 기재의 누락이나 주주총회 진행상 보고누락은 주주총회 결의의 효력에 영향을 미치지 않는다.[75]

나) 의안과 의제　　　회의의 목적사항 중 결의사항을 의안(議案)이라고 한다. 의안의 제목이 "의제(議題)"이다. 즉, "이사선임의 건" 또는 "정관변경의 건" 등은 의제이다. 따라서 실제로 안건으로 상정되어 결의될 대상은 의제가 아니라 의안이다. 의안의 내용이 다르면 의제가 동일하더라도 동일한 의안이 아니다.

주주총회에서는 주주총회의 소집통지에 기재된 회의의 목적사항에 한하여 결의할 수 있다.[76] 이에 위배된 결의는 원안과 동일성을 해하지 않는다는 등의 특별한 사정이 없는 한 상법 제376조 소정의 총회의 소집절차 또는 결의방법이 법령에 위반하는 것으로 결의취소의 대상이 된다.[77]

---

도록 상당한 방법으로 알리고 이동에 필요한 조치를 다한 때에 한하여 적법하게 소집장소가 변경되었다고 볼 수 있다."

73) 보고사항은 이사의 영업보고(449조②), 감사(또는 감사위원회의 대표)의 감사보고(413조) 등이다. 그리고 외감법이 적용되는 회사의 경우에는 감사인의 감사보고(外監法 18조)도 요구된다. 또한 감사인은 회계감사를 실시할 때 해당 회사가 내부회계관리제도의 운영에 관한 사항을 준수했는지 여부 및 내부회계관리제도의 운영실태에 관한 보고내용을 검토하여야 하고, 주권상장법인의 감사인은 보고내용을 감사하여야 한다(外監法 8조⑥).

74) 실무상 소집통지서에서 보고사항은 "보고 안건", 결의사항은 "부의 안건"으로 표기하기도 한다.

75) 다만, 회사합병의 보고는 보고를 마쳐야 합병등기를 할 수 있으므로 보고사항이지만 반드시 회의의 목적사항으로 소집통지서에 기재하여야 한다(同旨: 김교창, 72면).

76) 미국에서는 정관에 정기총회의 결의사항이 정해져 있는 경우 제정법이나 정관에서 달리 정하지 않는 한 정기총회의 소집통지서에 회의의 목적사항을 기재하지 않아도 된다. 그러나 임시총회의 소집통지에는 이를 반드시 기재하여야 한다. 일본에서는, 이사회설치회사는 회의의 목적사항을 사전에 통지하여야 하고(日会 298조①2), 통지된 목적사항 외에는 결의할 수 없다(日会 309조⑤). 그러나 이사회비설치회사는 서면투표, 전자투표에 의할 뜻을 정하지 않으면 소집통지는 서면이나 전자적 방법에 의하지 않고 총회일 1주 전까지 일시와 장소를 어떠한 방법으로든 통지하면 된다. 따라서 이사회비설치회사는 회의의 목적사항이 사전에 주주에게 통지되지 아니하므로 회의의 목적사항에 한정하여 결의할 필요도 없다.

77) [서울중앙지방법원 2008. 1. 21.자 2007카합3917 결정] "피신청인은 이 사건 주주총회에 앞선 소집통지서에 '이사 해임의 건'을 목적사항으로 기재하지 아니하였음에도 불구하고 위 주주총회에서 긴급발의로 이사 A를 해임하는 안건을 상정하여 결의를 한 것은 상법 제363조 제1항,

다) 의안의 요령　　"의안의 요령"은 의안의 중요한 내용으로서 의안이 가결된 경우의 문안이다. 구체적으로 어느 특정 후보를 이사로 선임하자는 안(案) 또는 정관의 어느 규정을 어떻게 변경하자는 안(案)이 "의안의 요령"이다. 정관변경에 관한 의안의 요령이란 변경대상규정과 변경될 내용이고(예: 신구조문 대비표), 회사합병에 관한 의안의 요령이란 합병조건, 합병계약의 주요내용 등이다.

상법은 일부 특별결의사항의 경우 "의안의 요령"도 기재해야 한다고 규정하므로, 그 밖의 통상의 결의사항의 경우에는 "의안의 내용"이라는 용어로 구별하기도 하나, 표현의 차이일 뿐 실제의 기재내용에 차이가 없으므로 구별의 실익은 없다.

라) 기재방법　　주주총회의 소집통지에 기재할 회의의 목적사항은 "이사선임의 건", "재무제표 승인의 건"과 같이 무엇을 결의하게 되는지 주주가 알 수 있는 정도로 의안의 제목, 즉 의제(議題)만 기재하면 된다.78)

상법상 이사는 사내이사, 사외이사, 기타비상무이사로 구분되어 있으므로(317조 ②8), 비상장회사의 경우 구체적인 의안의 요령(예컨대 이사회가 추천하는 이사후보의 성명, 구분 등)을 소집통지에 기재하지 않고 총회장에서 의장이 공개해도 무방하다. 그러나 상장회사의 경우 어느 종류의 이사인지 항목별로(통상 제3-1호, 제3-2호와 같이 가지번호를 붙임) 선임할 인원도 의안을 특정하여 기재하는 것이 원칙이다.79)80)

한편, 정관변경(433조②), 자본금감소(438조②), 회사합병(522조②) 등과 같이 중요한 특별결의사항을 다룰 주주총회를 소집하는 경우에는 "의안의 요령(要領)"도 기재하여야 한다. 영업양도 등에 관한 특별결의요건을 규정한 제374조에는 명문의 규정이 없지만 이 경우에도 의안의 요령을 기재하는 것이 타당하고 실무상으로도 일반

---

제2항에 위반된 것으로 그 소집절차의 법령 위반으로 인한 취소사유에 해당한다"(A에 대한 이사해임 결의에 관한 주주총회 결의의 효력정지 가처분을 인용함).

78) 同旨: 김교창, 71면(의안의 표제를 의제라고 하고, 소집통지에는 회의의 목적사항인 의제를 기재하면 된다고 설명한다).

79) 실무상 복수의 이사를 선임하는 경우 가지번호로 구별하여 선임할 이사의 종류와 의안별로 후보자의 성명을 표시한다. 예컨대, "제3호 의안: 이사선임의 건, 제3-1호 의안: 사외이사(갑) 선임의 건, … 제3-8호 의안: 사내이사(을) 선임의 건"과 같은 방식으로 기재하거나(하나금융지주 제11기 정기 주주총회 소집공고), "제2호 의안: 이사선임의 건(2인), 제2-1호: 사내이사 1인 선임(후보: 갑), 제2-2호: 사외이사 1인 선임(후보: 을)"과 같이 인원수를 병기하는 예도 있다.

80) 소집통지의 다른 부분에 별도의 관련 기재사항이 없으면, 이사의 종류에 대하여 아무런 표시가 없는 경우 사내이사 선임의 건으로 보아야 하고, 인원 표시가 없는 경우 1인을 선임하는 것으로 보아야 할 것이다[이에 대하여는 추정된다는 설명도 있다(주식회사법대계 제2판 Ⅱ, 27면)].

적으로 기재한다.

상장회사가 이사·감사의 선임에 관한 사항을 목적으로 하는 주주총회의 소집을 통지·공고하는 경우 이사·감사 후보자의 성명, 약력, 추천인, 후보자와 최대주주와의 관계(슈 31조③1), 후보자와 해당 회사와의 최근 3년간의 거래내역(슈 31조③2), 주주총회 개최일 기준 최근 5년 이내에 후보자가 국세징수법 또는 지방세징수법에 따른 체납처분을 받은 사실이 있는지 여부(슈 31조③3), 주주총회 개최일 기준 최근 5년 이내에 후보자가 임원으로 재직한 기업이 「채무자 회생 및 파산에 관한 법률」에 따른 회생절차 또는 파산절차를 진행한 사실이 있는지 여부(슈 31조③4), 법령에서 정한 취업제한 사유 등 이사·감사 결격 사유의 유무((슈 31조③5)에 관한 사항을 통지·공고하여야 하고(542조의4②), 상장회사가 주주총회에서 이사 또는 감사를 선임하려는 경우에는 제542조의4 제2항에 따라 통지하거나 공고한 후보자 중에서 선임하여야 한다(542조의5).[81]

또한 최근 사업연도 말 현재 자산총액이 2조원 이상인 대규모 상장회사는 분리선임 대상인 1인(정관에서 2명 이상으로 정할 수 있으며, 정관으로 정한 경우에는 그에 따른 인원으로 한다)의 감사위원회위원이 되는 이사를 제외하고는, 주주총회에서 이사를 선임한 후 선임된 이사 중에서 감사위원회위원을 선임하여야 하므로(542조의12②), 소집통지서에도 이사 전원을 대상으로 하는 "이사 선임의 건"과 그 중 감사위원을 선임하는 "감사위원 선임의 건"으로 나누고, 다시 2차적으로 "이사 선임의 건"을 "분리선임 대상인 이사 선임의 건"과 "나머지 이사 선임의 건"으로 구별하여 기재하고,[82] "감사위원 선임의 건"도 "사외이사인 감사위원 선임의 건"과 "사외이사 아닌 감사위원 선임의 건"으로 나누어 기재한다. 주주총회에서도 이를 별개의 의안으로 상정하여 선임한다.[83]

---

81) 대규모상장회사의 감사위원회(특례감사위원회) 위원에 관한 제542조의12는 이사·감사 선임에 관한 제542조의4, 제542조의5를 준용하는 규정을 두고 있지 않고. 일반감사위원회에 관한 제415조의2 제7항(준용규정)에서도 제542조의4, 제542조의5를 준용대상 규정에 포함하지 않고 있는데 일반감사위원회 위원은 이사회에서 선임하므로 이는 당연한 것이다. 다만, 증권의 발행 및 공시 등에 관한 규정에 의하면 감사위원에게도 이사와 같은 수준의 규제가 적용된다[상법 제542조의4 제3항, 상법 시행령 제31조 제4항 제3호(영업 현황 등 사업개요와 주주총회의 목적사항별로 금융위원회가 정하는 방법에 따라 작성한 참고서류), 증권의 발행 및 공시 등에 관한 규정 제4-6조의2, 제3-15조 제3항 제4호].
82) "이사 선임의 건"을 "분리선임 대상인 이사 선임의 건"과 "나머지 이사 선임의 건"으로 구별하지 않고, "이사 선임의 건"에서는 분리선임 대상 아닌 이사들만 기재하고, "감사위원회 위원 선임의 건"에서 분리선임 대상과 아닌 경우를 구분하여 기재해도 된다.
83) 이사 선임에 있어 집중투표를 정관으로 배제하지 않은 주식회사는 이사 선임에 관한 주주

마) 결의의 범위　　주주총회에서는 소집통지에 기재된 회의의 목적사항 범위를 벗어나는 의안에 대한 결의를 할 수 없다. 예컨대 "정관변경의 건"이라는 의제가 소집통지에 기재되지 아니한 경우에는 정관변경 의안을 상정하여 결의할 수 없다. 그러나 소집통지에 기재된 회의의 목적사항에 따라 의안이 상정된 후 이와 실질적 동일성이 인정되는 범위 내에서의 수정동의는 가능하다. 다만, 상장회사의 이사·감사의 선임의안의 경우에는 제542조의4 제2항에 따라 통지·공고한 후보자 중에서만 선임하여야 하므로(542조의5), 이러한 수정동의는 불가능하다.[84]

바) 의안의 철회　　이사회가 정한 회의의 목적사항은 소집통지 후에도 이사회 결의에 의하여 철회할 수 있다. 철회일자와 총회일자 사이에 2주 이상의 여유가 있으면 철회사실을 반영하여 다시 통지하는 것이 바람직하다. 의장이 주주총회 당일 참석주주들에게 철회사실을 공지해도 다른 결의의 효력에는 영향이 없다.

이사회가 철회를 결정한 의안을 의장이 임의로 상정하는 경우에는 결의가 이루어지더라도 결의취소의 대상이다. 이사회가 철회하지 않은 의안을 의장이 임의로 의안이 철회되었다는 이유로 상정하지 않는 것도 허용되지 않는다. 다만, 이 경우에는 성립한 결의가 없으므로 결의취소문제는 발생하지 않고 현장에서 의장에 대한 불신임동의를 하는 방법은 가능하다.

사) 조건부 의안　　감사위원회를 설치한 경우에는 감사를 둘 수 없는데(415조의2①), 감사위원회를 설치하기 위한 정관변경의 건을 회의의 목적사항으로 하는 경우, 정관변경 의안이 가결되면 감사위원회위원을 선임하여야 하고, 부결되면 감사를 선임해야 하므로, 소집통지에 조건부 의안 형식으로 기재해야 한다.[85]

6) 소집통지에 동봉할 서류

회사는 주주들에게 소집통지서를 보낼 때 일반적으로 다음과 같은 서류를 동

---

총회의 소집통지에 선임할 이사의 원수를 반드시 기재하여야 한다. 주주는 선임될 이사의 원수에 따라 회사에 대한 집중투표의 청구 여부를 결정할 것이기 때문이다. 따라서 정관에 의하여 집중투표를 배제하지 않은 주식회사가 주주총회의 소집통지에서 회의의 목적사항으로 "이사선임의 건"이라고 기재하였다면 이는 단수이사의 선임으로 보아야 하고, 복수이사의 선임을 할 경우에는 반드시 "이사 ○인 선임의 건" 또는 "이사 선임의 건(○인)"과 같이 그 인원수를 표시하여야 한다. 주주총회에서는 소집통지에 명시된 수의 이사만 선임할 수 있다.

84) 비상장회사인 경우에는 소집통지에 기재된 이사후보가 A라 하더라도 주주총회장에서 A의 선임의안이 상정된 후 새로운 후보 B도 추가하여 A, B 중 1인을 선임하자는 수정동의는 가능하다.

85) 예컨대, 정관변경의 건이 제3호 의안이면 "제5-1호 의안: 감사위원회위원 선임의 건(제3호 의안 부결시 철회함)", "제5-2호 의안: 제3호 의안 가결시 철회함"으로 기재한다.

봉하여 보낸다.

(가) 위 임 장      일반적으로 소집통지서 발송시 위임장도 함께 동봉한다. 위임장에는 주주가 대리인에게 의결권을 위임한다는 내용과 함께 위임인(주주)의 성명, 주소, 연락처, 소유주식수와 위임할 주식수와, 대리인의 성명, 생년월일 등이 기재되고, 위임인의 날인 또는 서명이 있어야 한다. 위임장에 의안별로 찬반 표시를 하는 양식이 포함되는 경우도 있지만, 이러한 찬반 표시가 반드시 포함되어야 하는 것은 아니다.

상장회사의 경우에는 위임장을 동봉하게 되면 의결권대리행사 권유에 해당한다. 의결권대리행사 권유를 하려면 사전에 금융위원회에 신고하여야 하고, 회사가 의결권대리행사 권유시에는 위임장 용지 및 의안별 참고서류를 소집통지에 함께 동봉하여야 한다(資法 152조, 資法 시행령 제160조).

(나) 의결권행사서 및 참고서류      정관으로 서면투표를 채택한 경우 소집통지 의결권행사에 필요한 서면(서면 의결권행사 통지서)과 의안에 대한 참고서류를 함께 송부하여야 한다(368조의3②). 이사회 결의로 전자투표를 채택한 경우에는 의결권행사에 필요한 양식과 참고자료를 전자적 방법으로 제공하여야 하며(368조의4③), 소집통지시 전자투표를 인터넷 주소, 전자투표를 할 기간, 전자투표에 필요한 기술적인 사항을 기재하여야 한다(슈 13조②).

(다) 주주총회 참석장      주주총회 참석장은 주주가 총회에 참석한 때 접수처에 제출하는 서류로서, 주주들의 출석상황을 확인하기 위한 자료이다. 참석장에는 소유주식수와 의결권수가 표시된다. 일반적으로 소집통지서에는 본인이 출석하든, 대리인이 출석하든 주주총회참석장을 지참하도록 기재되어 있으나, 대법원은 회사가 주주 본인에 대하여 주주총회 참석장을 지참할 것을 요구하는 것 역시 주주 본인임을 보다 확실하게 확인하기 위한 방편이므로, "다른 방법으로 주주 본인임을 확인할 수 있는 경우에는" 회사는 주주 본인의 의결권 행사를 거부할 수 없다고 판시한다.86)87)

---

86) [대법원 2009. 4. 23. 선고 2005다22701, 22718 판결](국민은행·한국주택은행 합병 사건) "상법 제368조 제3항은 "주주는 대리인으로 하여금 그 의결권을 행사하게 할 수 있다. 이 경우에는 그 대리인은 대리권을 증명하는 서면을 총회에 제출하여야 한다."라고 규정하고 있는바, 여기서 '대리권을 증명하는 서면'이라 함은 위임장을 일컫는 것으로서 회사가 위임장과 함께 인감증명서, 참석장 등을 제출하도록 요구하는 것은 대리인의 자격을 보다 확실하게 확인하기 위하여 요구하는 것일 뿐, 이러한 서류 등을 지참하지 아니하였다 하더라도 주주 또는 대리인이 다른 방법으로 위임장의 진정성 내지 위임의 사실을 증명할 수 있다면 회사는 그 대리권을

(라) 수정동의에 대한 의결권 대리행사    주주총회에서 특정 의안에 대한 수정 동의가 있거나 새로운 의안이 상정되는 경우가 있다. 이에 대비하여 위임장에 의안 별로 표시된 찬반의 취지에 부합하는 것으로 합리적으로 판단되는 바에 따라 의결 권을 행사할 것을 위임한다는 취지를 기재하기도 한다.

7) 소집통지의 흠결

소집통지를 받지 못한 주주의 비율에 따라 결의부존재사유에 해당하기도 하 고, 결의취소사유에 해당하기도 한다. 결의부존재사유와 결의취소사유를 구별하는 확립된 기준은 없지만, 판례의 대체적인 입장에 의하면 소집통지를 받지 못한 주주 의 의결권이 50% 이상이고 다른 특별한 사정이 없으면 결의부존재사유에 해당할 가능성이 높을 것이다.88)

주주총회의 소집통지에 있어서, 그 기간·방법·내용 등에 있어서 적법하지 아 니한 하자가 있는 경우, 소집절차의 법령·정관 위반으로 결의취소사유가 되고, 이 사에 대한 벌칙도 적용된다(635조①②). 그러나 주식을 취득한 자가 회사에 대하여 의 결권을 주장할 수 있기 위하여는 주주명부에 주주로서 명의개서를 하여야 하므로,

---

부정할 수 없다고 할 것이고, 한편 회사가 주주 본인에 대하여 주주총회 참석장을 지참할 것 을 요구하는 것 역시 주주 본인임을 보다 확실하게 확인하기 위한 방편에 불과하므로, 다른 방법으로 주주 본인임을 확인할 수 있는 경우에는 회사는 주주 본인의 의결권 행사를 거부할 수 없다. 위 법리와 기록에 비추어 살펴보면, 원심이 주주 본인의 경우에는 굳이 참석장을 소 지하고 있지 않더라도 신분증 및 합병 전 국민은행에 제출된 것과 동일한 인감의 소지 여부 등을 통하여 주주 본인임을 확인하는 절차를 거치고, 주주의 대리인의 경우에는 위임장을 제 출받아 그 위임장에 기재된 주주 본인의 인적 사항이 맞는지, 위임장에 날인된 주주 본인의 인감이 합병 전 국민은행에 제출된 것과 동일한지 여부와 위임장을 가지고 온 자의 신분증과 위임장에 기재된 대리인의 인적 사항의 대조하는 등의 방법으로 그 사람의 동일성을 확인하 는 절차를 거치면 된다는 이유로, 일부 주주 본인들이 참석장을 소지하고 있지 않거나 일부 주주의 대리인들이 위임장 이외에 주주 본인의 신분증 사본, 인감증명서 등을 제출하지 아니 하였다는 사정만으로는 이들의 의결권 행사가 무효라고 볼 수 없다는 취지로 판단하였음은 정당하고, 거기에 상고이유에서 주장하는 바와 같은 주주 본인 및 대리인의 대리권을 증명하 는 서면에 관한 법리오해 등의 위법이 없다."

87) 한국상장회사협의회의 "상장회사 표준주주총회 운영규정" 제5조도 주주확인방법으로서 종 래에는 참석장을 접수처에 제시하도록 규정하였으나, 본인을 증명하는 신분증을 제시하도록 변경하였다.

88) 소집통지를 받지 못한 주주의 의결권이 50%에 미달하는 경우에는 결의취소사유로 본 판례 (대법원 2010. 7. 22. 선고 2008다37193 판결, 대법원 1993. 12. 28. 선고 93다8719 판결, 대법원 1993. 1. 26. 선고 92다11008 판결)와 그 이상인 경우에는 결의부존재사유로 본 판례(대법원 2002. 10. 25. 선고 2002다44151 판결, 대법원 1993. 7. 13. 선고 92다40952 판결, 대법원 1991. 8. 13. 선고 91다14093 판결)에 비추어 50%가 일응의 기준이라 할 수 있다. 50%는 절대적인 기준이 아니므로 소집통지 당시의 구체적인 상황에 따라 다른 기준이 적용될 수 있음은 물 론이다.

명의개서를 하지 아니한 주식양수인에 대하여 주주총회소집통지를 하지 않았다고
하여 주주총회 결의에 절차상의 하자가 있다고 할 수 없다.[89]

### 8) 장기통지부도달과 소집통지의 생략

(가) 취　지　　주주총회의 소집통지가 주주명부상의 주주의 주소에 계속 3년
간 도달하지 아니한 때에는 회사는 당해 주주에게 총회의 소집을 통지하지 아니할
수 있다(363조①). 회사가 주주에 대하여 주주명부상의 주소지로 주주총회의 소집통
지를 발송하여도 계속 3년간 도달하지 아니한 때에는 주주가 그 주소지에 더 이상
거주하지 않을 개연성이 높으므로 회사로 하여금 더 이상 통지를 할 필요가 없도록
하기 위한 것이다.

(나) 요　건　　소집통지의 생략은, i) 주주총회의 소집통지가, ii) 주주명부상
주주의 주소에, iii) 계속 3년간, iv) 부도달(不到達)하는 것을 요건으로 한다.

가) 주주총회소집통지의 부도달　　주주총회의 소집통지가 부도달하여야 하고
다른 통지가 부도달한 것은 해당하지 않는다. 따라서 상법상 각종 통지[90]의 부도
달은 소집통지 생략의 요건에 해당하지 않는다.[91]

나) 주　소　　회사가 주주명부상 주주의 주소로 통지를 발송하였으나 부
도달하여야 한다. 회사가 알고 있는 다른 주소로 통지를 발송한 경우는 이에 해당
하지 않는다. 예탁결제원에 예탁된 주식에 대하여는 실질주주명부상의 주소를 의

---

89) [대법원 1996. 12. 23. 선고 96다32768, 32775, 32782 판결]【주주총회 결의부존재확인등】"[1]
　주식을 취득한 자가 회사에 대하여 의결권을 주장할 수 있기 위하여는 주주명부에 주주로서
　명의개서를 하여야 하므로, 명의개서를 하지 아니한 주식양수인에 대하여 주주총회소집통지
　를 하지 않았다고 하여 주주총회 결의에 절차상의 하자가 있다고 할 수 없다. [2] 주식을 취득
　한 자가 회사에 대하여 명의개서를 요구하였다 하더라도, 그 주식 취득자에 대한 주식양도의
　효력이 다투어져 주주권확인소송 및 명의개서절차이행청구의 소가 제기되어 있었고, 그 주식
　취득자가 명의개서를 청구할 수 있는 주식이 전체 주식의 43%에 불과한 경우에, 회사가 그
　주식 취득자의 명의개서 요구에 불응하고 주주명부에 등재되어 있는 자에 대하여만 소집통지
　를 하여 주주총회를 개최하였다 하더라도 그러한 소집절차상의 하자는 주주총회 결의의 무효
　나 부존재사유가 될 수 없다. [3] 주주총회가 소집권자에 의하여 소집되어 개최된 이상 정족
　수에 미달한 결의가 이루어졌다고 하더라도 그와 같은 하자는 결의취소의 사유에 불과하고,
　무효 또는 부존재한 결의라고 할 수 없다."
90) 주식양도승인 또는 거부의 통지(335조의2②·③), 주식상환통지(345조②), 제3자배정신주발
　행시 주주에 대한 통지(418조④), 신주인수최고의 통지(419조①), 준비금의 자본금 전입에 따
　른 신주배정통지(461조⑤), 주식배당의 통지(462조의25), 전환사채, 신주인수권부사채의 인수
　권자에 대한 사채인수최고의 통지(513조의3①, 516조의3①) 등이 그 예이다.
91) 일본에서는 5년간 통지·최고가 부도달한 주주·질권자에 대하여 모든 통지·최고를 생략할
　수 있다(日会 196조).

미한다.

다) 부도달의 기간    계속 3년간 부도달이 요건이므로 3년의 기간 중 1회라도 도달한 경우에는 소집통지를 생략할 수 없다. 상법에 "최근 3년간"이라고 명시되어 있지는 않지만, 과거에 계속 3년간 통지가 부도달하였더라도 그 후 통지가 도달된 사실이 있는 경우에는 소집통지 생략의 요건에 해당하지 않는다고 해석하여야 한다.[92]

라) 부도달의 의미    부도달(不到達)은 통지가 반송됨을 의미한다. 주주의 주주총회 출석 여부와 무관하게 통지의 부도달이 소집통지 생략의 요건이다. 소집통지의 생략은 주주의 주주총회 불참이 아니라 소집통지의 부도달을 원인으로 하는 것인데,[93] 주주가 계속 3년간 주주총회에 출석하지 않았다고 하여 통지의 부도달로 볼 수 없고, 반대로 그 기간중 주주가 주주총회에 출석한 사실이 있다고 하여 통지가 도달한 것으로 볼 수 없다.

마) 증명책임    소집통지의 생략에 대한 요건은 회사가 증명할 책임을 부담한다. 따라서 소집통지를 생략하려면 반송된 소집통지는 최소한 3년간 보관하여야 할 것이다.

### (4) 총회검사인의 선임

#### 1) 의    의

회사 또는 발행주식총수의 1% 이상에 해당하는 주식을 가진 주주는 주주총회의 소집절차나 결의방법의 적법성을 조사하기 위하여 주주총회 전에 법원에 검사인의 선임을 청구할 수 있다(367조②).[94][95]

---

92) 주주총회의 소집통지의 흠결은 결의취소사유(정도에 따라서는 결의부존재사유)이므로, 회사로서는 요건을 최대한 엄격하게 해석하여야 결의의 효력에 관한 분쟁을 피할 수 있을 것이고, 따라서 최근에 계속해서 3년간 통지가 도달하지 않은 경우로 해석하는 것이 바람직하다.

93) 이 점에서 일부 문헌에서는 상법 제363조 제1항 단서에 대하여 "장기불참주주에 대한 소집통지의 생략"이라는 제목 하에 설명하는데, 다소 어색하다.

94) 한편, 주주총회는 이사가 제출한 서류와 감사의 보고서를 조사하게 하기 위하여 검사인(檢査人)을 선임할 수 있다(367조①). 제1항의 검사인은 이사가 제출한 서류와 감사의 보고서를 조사하기 위하여 선임하는 것이고, 2011년 개정시 추가된 제2항의 검사인은 총회의 소집절차나 결의방법의 적법성을 조사하기 위하여 선임하는 것으로서 선임의 목적이 다르다. 통상 제1항의 검사인은 "서류검사인", 제2항의 검사인은 "총회검사인"이라고 부른다.

95) 제367조 제2항은 2011년 상법개정시 신설된 규정인데, 일본에도 동일한 제도가 있다(日会 306조). 다만, 이 경우에는 상장회사에 대한 지주요건 완화의 특례가 없다.

## 2) 선임청구권자

검사인 선임청구권자는 회사96) 또는 발행주식총수의 1% 이상에 해당하는 주식을 가진 주주이다. 상장회사와 비상장회사 모두 같은 요건이 적용된다. 검사인 선임 후 지분비율이 100분의 1 미만으로 감소되더라도 선임된 검사인의 자격에는 영향이 없다.97)

## 3) 청구시기

선임청구권자는 "총회 전에" 법원에 검사인선임을 청구하여야 한다. 총회가 연기·속행되는 경우에는 검사인 선임청구가 가능하다. 법원의 심리 도중에 주주총회가 종료하면 검사인 선임청구는 각하된다.

## 4) 조사대상

법문은 "총회의 소집절차나 결의방법의 적법성을 조사하기 위하여"라고 되어 있지만, 결의취소 사유인 "총회의 소집절차나 결의방법의 현저한 불공정성"도 조사대상으로 보아야 한다. 구체적인 조사대상으로는, 주주확인, 위임장 확인, 투개표확인 등을 들 수 있다.98)

---

96) 회사는 스스로 주주총회의 적정한 운영을 하여야 하는 주체임에도, 회사도 검사인선임청구를 할 수 있도록 한 것은, 후일 주주와 다툼이 발생할 경우에 대비하여 각종 증거확보를 하는 데 유용하기 때문이다.

97) 검사인에 관하여는 [제4장 제4절 I. 감사와 감사위원회]에서 상술한다.

98) [서울중앙지방법 2015. 3. 26.자 2015비합39 결정]

(주문) 2015. 3. 30. 개최 예정인 사건본인 회사의 정기주주총회와 관련하여 별지 기재사항을 조사하기 위하여 변호사 ○○○(직장 주소)를 검사인으로 선임한다.

[별지]

1. 아래 항들을 포함한 주주의 의결권 확인 및 주주총회장 참석에 관한 사항
   가. 사건본인 회사가 주주(대리인 포함, 이하 "주주"라고 한다)에게 접수 및 투표용지를 교부하는 과정에서 접수 및 투표용지의 교부를 지연하는 방법으로 출석을 방해하였는지 여부
   나. 사건본인 회사가 주주에게 접수 및 투표용지를 교부하는 과정에서 접수를 하거나 투표용지를 교부받는 중에 있는 주주가 있음에도 불구하고 주주총회 개최시간이 되었다는 사유로 출입문을 잠그거나 주주총회의 개회를 시작하는 방법으로 출석을 방해하였는지 여부
   다. 사건본인 회사가 신청인과 주주의 출석과 관련된 협의를 하는 도중에 주주총회 개최시간이 되었다는 사유로 출입문을 잠그는 등의 방법으로 출석을 방해하였는지 여부
   라. 사건본인 회사가 기타의 방법으로 주주의 출석을 방해하였는지 여부
   마. 전 항들의 사유가 발생한 경우에 출입을 하지 못하게 되거나 의결권을 행사하지 못하게 된 주주의 의결권 수
   바. 사건본인 회사가 대리인의 출석 또는 의결을 거부 또는 방해한 경우 그 사유(예컨대, 위임장에 인감날인의 요구 등)와 이로 인해 의결권을 행사하지 못하게 된 대리인의 의결권 수

## (5) 회의의 속행·연기와 소집절차

당초의 주주총회 당일 회의를 속행(의안 상정 후 결의 전 종료) 또는 연기(의안 상정 전 종료)하기로 결의함에 따라 종료, 즉 산회(散會)된 후에 개최하는 계속회·연기회에 관하여는 주주총회 소집절차에 관한 제363조의 규정이 적용되지 않는다(372조②). 소집절차를 다시 밟지 아니하므로 당초 총회에 참석하지 못한 주주는 속회에 대하여 알 수 없어도 이로 인한 불이익은 해당 주주가 감수하여야 한다. 자신이 참석하지 않은 총회와 동일성이 유지되는 총회이기 때문이다.

다만, 계속회·연기회 회일은 산회된 총회와 동일성을 인정할 정도로 상당한 기간(예컨대 2주간) 내의 날짜로 정하여야 하고, 만일 상당한 기간을 초과하여 회일을 정하는 경우에는 총회의 동일성을 인정할 수 없으므로 다시 소집절차를 밟아야 할 것이다.99) 그리고 계속회·연기회 회일은 당초 회사가 정한 기준일로부터 3개월을 초과하는 날로 정할 수 없다. 기준일은 권리를 행사할 날에 앞선 3개월 내의 날로 정하여야 하기 때문이다(354조③).

회의가 속행·연기되는 경우 일시만 변경되는 것이고 장소는 당초의 총회 장소 그대로이다. 만일 장소도 변경하는 경우에는 속행·연기의 결의시 반드시 장소변경 사항도 결의하여야 한다.

속회는 당초의 총회와 동일성이 인정되지만, 결의는 당초의 회일에 소급하여 성립하는 것이 아니라 속회에서의 결의시 성립한다. 결의하자의 존재 여부는 당초 회의와 속회를 하나로 보고 판단한다.

---

2. 아래 항을 포함한 주주총회 진행 절차의 적법성에 관한 사항
　가. 이사선임과 관련하여 각 이사후보자의 득표수
　나. 감사위원회위원 선임과 관련하여, 감사위원회위원 후보자의 사표 수
3. 아래 항을 포함한 표결절차의 적법성에 관한 사항
　가. 사건본인 회사가 이사선임과 관련하여 신청인에게 의안설명에 대한 기회를 부여했는지 여부
　나. 이사선임과 관련하여 각 이사후보자의 득표수 및 사표의 수
　다. 회의의 목적사항과 관련하여 의결정족수 충족 여부. 끝.

99) [대법원 1989. 2. 14. 선고 87다카3200 판결]【주주총회결의취소】 "주주총회의 계속회가 동일한 안건토의를 위하여 당초의 회의일로부터 상당한 기간 내에 적법하게 거듭 속행되어 개최되었다면 당초의 주주총회와 동일성을 유지하고 있다고 할 것이므로 별도의 소집절차를 밟을 필요가 없다."

### (6) 소집의 철회·변경

#### 1) 의  의

소집의 철회는 주주총회의 소집통지가 있은 후 회일 전에 총회의 개최를 중지하는 것을 말하고, 소집의 변경은 당초 결정한 회일에 총회를 개최하지 않기로 하고 다른 회일을 정하는 경우(회일의 변경)를 말한다.

#### 2) 허용 여부

이사회가 총회의 소집을 철회·변경하더라도, i) 어차피 총회가 개최될 것이므로 주주들이 주주총회에 출석하여 의견을 진술하고 의결권을 행사할 권리에 아무런 영향을 주는 것이 아니고, ii) 총회가 아직 개최되지도 않았으므로 총회 결의에도 아무런 영향을 주는 것이 아니므로, 이사회가 소집의 철회·변경을 할 수 있다는 점에 대하여는 논란의 여지가 없다.

주주총회소집의 철회·변경은 이사회의 고유권한이므로 정당한 사유를 필요로 하지 않는다. 심지어는 경영권 분쟁과정에서 특정 주주의 의결권 행사를 허용하지 않기 위하여 총회의 소집을 철회·변경하기도 한다.100) 주주는 총회가 개최된 경우 의견을 진술하고 의결권을 행사할 권리가 있지만, 총회개최를 요구하려면 임시주주총회소집을 청구하는 절차를 밟는 방법만 있다(366조).

이사가 주주의 의결권 행사를 불가능하게 하거나 현저히 곤란하게 하는 것은 주식회사 제도의 본질적 기능을 해하는 것으로서 허용되지 아니하고, 그러한 것을 내용으로 하는 이사회 결의는 무효로 보아야 하지만, 단지 의결권 행사 허용 가처분결정에 불복할 시간을 벌기 위해 임시주주총회 소집을 철회 하는 내용의 이사회 결의를 한 경우에는 소수주주가 임시주주총회 소집을 청구할 수 있고 소집절차를

---

100) [서울동부지방법원 2008. 2. 1. 선고 2005가합14210 판결] "그런데, 소외 1은 같은 날 오후 서울고등법원에서 위 의결권 행사허용가처분신청이 인용된 것을 뒤늦게 알고는, 위 가처분결정에 대하여 가처분이의절차로 불복할 시간을 벌기 위하여 일단 2005. 7. 29.자로 예정된 임시주주총회의 소집을 철회하기로 계획하여, 2005. 7. 20. 이사들에게 '2005. 7. 28. 16:00에 이사회를 개최한다'는 내용의 소집통지서를 발송한 데 이어, 2005. 7. 26. 원고회사의 이사들에게 2005. 7. 28.자로 개최될 예정인 이사회에서 임시주주총회의 철회안과 대표이사 소외 1의 임기만료에 따른 신임 대표이사 선임안을 의결할 예정이라는 내용의 통지서를 발송하는 한편, 같은 날 원고회사의 주주들에게 '위 가처분인용결정에 대한 이의사건의 판결이 선고될 때까지 그 결과를 알 수 없으므로, 2005 . 7. 29.자 임시주주총회를 철회하기 위한 이사회를 2005. 7. 28.자로 소집하였고, 위 이사회에서 임시주주총회 철회안이 가결될 것으로 예상된다.'는 내용의 통지서를 발송하였다."

밟지 않는 경우 법원의 허가를 얻어 임시주주총회를 소집할 수 있다는 이유로 이사회 결의의 효력을 인정한 판례도 있다.101)

### 3) 소집철회·변경의 통지

(개 소집철회의 통지    주주총회를 소집함에는 2주 전 통지가 요구되는데(363조①·③), 소집을 철회한 경우 회일 이전에 주주총회의 소집통지와 같은 방법으로 통지하여야 한다. "회일 이전에" 소집철회의 통지를 하면 되고, 반드시 2주 전에 통지하여야 하는 것은 아니다. 통지의 기간은 주주가 총회에 참석하는 것을 보장하기 위한 것인데, 소집철회의 경우에는 이러한 필요가 없기 때문이다.

상법상 통지는 보통 그 도달할 시기에 도달한 것으로 본다(353조②, 304조②). 다만, 상법은 제363조 제1항에서 "통지를 발송하거나"라고 규정하므로 주주총회의 소집통지는 발신주의를 취한다. 이와 관련하여, "통지의 도달이라 함은 통지가 주주의 지배권 내에 들어가 사회통념상 일반적으로 그 뜻을 알 수 있는 상태가 생겼다고 인정되는 것을 말하고, 주주가 그 통지를 현실적으로 수령하였다거나 그 통지의 내용을 알았을 것까지는 필요하지 않다."라고 판시함으로써 도달주의를 취한 하급심 판례가 있지만,102) 소집통지의 적법성에 관하여 다툼이 있는 경우 제363조 제1항의 규정상 회사는 통지기간 내에 주주명부에 기재한 주소 또는 주주가 회사에 통지한 주소로 통지한 사실을 증명하면 되고, 실제의 도달 여부는 증명할 필요가 없다. 나아가 제304조 제2항에 의하여 통지는 보통 그 도달할 시기에 도달한 것으로 간주되므로, 주주가 통지의 부도달을 증명하더라도 통지의 효력에는 영향이 없고, 결국 부도달로 인한 불이익은 주주가 부담하여야 한다. 따라서 소집철회의 통지가 회일 이전에 주주에게 도달할 수 없으면 철회할 수 없고, 반드시 총회를 개최하여 철회 여부를 결의하여야 한다.

(내 소집변경의 통지    소집의 변경(회일의 변경)의 경우에는 당초의 회일보다 앞의 일자로 변경하는 경우에는 주주의 총회 참석을 보장하기 위하여 반드시 2주 전에 통지하여야 한다. 당초의 회일 이후의 일자로 변경하는 경우(소집의 연기)에도 당초의 회일에는 참석할 수 있었지만 연기된 회일에는 참석을 위하여 일정을 조정하여야 하는 주주를 위하여 2주 전에 통지하여야 한다.103)

---

101) 대법원 2011. 6. 24. 선고 2009다35033 판결.

102) 수원지방법원 2005. 12. 1.자 2005카합658, 695, 859 결정.

103) 同旨: 윤영신, "주주총회 소집철회·변경의 법률관계", 상사판례연구 제23집 제4권, 한국상사판례학회(2010), 177면. 변경 전의 회일까지 통지가·도착하면 된다는 견해로는 최기원, 462

(다) 통지방법    소집의 철회·변경을 통지하는 경우 반드시 주주총회의 소집통지와 같은 방법으로 통지하지 않더라도, 이에 준하는 방법으로 통지하면 된다.

통지의 방법에 관한 판례를 보면, 먼저 "총회 개최장소 출입문에 총회 소집이 철회되었다는 취지의 공고문을 부착하고, 이사회에 참석하지 않은 주주들에게는 퀵서비스를 이용하여 총회 소집이 철회되었다는 내용의 소집철회통지서를 보내는 한편, 전보와 휴대전화(직접 통화 또는 메시지 녹음)로도 같은 취지의 통지를 한 사안"에서 대법원은 "임시주주총회 소집을 철회하기로 하는 이사회 결의를 거친 후 주주들에게 소집통지와 같은 방법인 서면에 의한 소집철회통지를 한 이상 임시주주총회 소집이 적법하게 철회되었다."라고 판시하였고,[104] 다음으로 "주주총회 소집일로부터 불과 3일 전에 이사회가 주주총회 연기를 결정한 후 소집 통지와 같은 서면에 의한 우편통지 방법이 아니라 휴대폰 문자메시지를 발송하는 방법으로 각 주주들에게 통지하고 일간신문 및 주주총회 장소에 그 연기를 공고하였을 뿐"인 사안에서, 대법원은 "이러한 주주총회의 연기는 적법한 절차에 의한 것으로 볼 수 없어 위 주주총회가 적법하게 연기되었다고 할 수 없다."라고 판시하였다.[105] 두 판례의 사안을 비교해 보면 전자는 "퀵서비스 및 전보와 휴대전화(직접 통화 또는 메시지 녹음)"로 통지하였고, 후자는 "휴대폰 문자메시지"만으로 통지하였다는 점에서 차이가 있다.

4) 소집의 철회·변경을 무시한 일부 주주가 개최한 총회 결의의 효력

적법한 소집의 철회·변경에 불구하고 일부 주주가 당초 예정된 회일에 모여서 결의를 한 경우, 그 결의는 이사회의 소집결의도 없고 대표이사가 소집한 것도 아니므로 결의부존재에 해당한다.

대표이사가 이사회의 소집의 철회·변경 결의를 거치지 않고 독단적으로 소집을 철회·변경한 경우에는 적법한 소집의 철회·변경이라 할 수 없다. 그러나 그렇다고 하여 이러한 경우에 일부 주주가 당초 예정된 회일에 모여서 한 결의를 유효한 결의로 볼 수는 없다. 왜냐하면 대표이사의 소집의 철회·변경에 관한 통지를 믿고

---

면 참조.

104) 대법원 2011. 6. 24. 선고 2009다35033 판결.

105) 대법원 2009. 3. 26. 선고 2007도8195 판결(주주총회가 적법하게 연기된 것이 아니므로 주주총회를 방해한 경우 업무방해죄가 성립한다는 판례이다. 주주총회의 연기에 관한 판례이지만, 위 판시 앞 부분에서 "주주총회의 소집통지·공고가 행하여진 후 소집을 철회하거나 연기하기 위해서는 소집의 경우에 준하여 이사회의 결의를 거쳐 대표이사가 그 뜻을 그 소집에서와 같은 방법으로 통지·공고하여야 한다고 봄이 상당하다."라고 판시하였으므로, 소집의 철회에도 같은 법리가 적용될 것이다).

총회에 참석하지 아니한 주주들의 참석권이 부당하게 침해되었기 때문이다. 이와
같이 대표이사의 위법행위(부적법한 소집의 철회·변경)로 주주들이 의결권을 행사하지
못한 경우는 결의취소사유로 보아야 한다.

5) 회의의 목적사항의 철회·변경

소집통지 후에도 이사회 결의를 거쳐 회의의 목적사항의 전부 또는 일부를 철
회·변경하는 것도 가능하다.

회의의 목적사항의 철회·변경의 경우, 소집통지와 동일한 방법으로 주주총회
전까지 통지하여야 한다는 것이 일반적인 견해이다. 이와 관련하여, 회의의 목적사
항의 변경을 주주총회 당일 참석한 주주들에게 표시하는 것은 의결권침해의 소지
가 크므로 허용되지 않지만, 회의의 목적사항의 철회는 허용 여부에 대하여 논란의
여지가 있다. 주주총회에 불참한 주주는 이미 해당 주주총회의 의안에 대하여 의결
권을 행사하지 않기로 결정한 것이므로 일부의 의안이 철회되어도 의결권을 침해
당하는 것이 아니라고 볼 수도 있기 때문이다.

### (7) 소집절차상의 하자

#### 1) 주주총회 결의하자의 원인

소집절차상의 하자로는 소집결의의 하자와 소집통지의 하자가 있고, 그 정도
에 따라 결의취소 또는 결의부존재 사유가 된다.106) 주주 전원이 동의하면 소집절
차의 생략도 허용된다.107)

#### 2) 소집결의의 하자

주주총회의 소집을 결정한 이사회 결의에 하자가 있는 경우에는 이사회 결의
가 무효로 되지만, 하자의 치유를 부인하더라도 어차피 재소집된 주주총회에서 다
시 결의될 것이므로 주주 전원의 동의로 치유된다고 볼 것이다. 판례는 전원출석회
의의 법리와 1인회사의 법리에 의하여 폭넓게 소집결의의 하자의 치유를 인정한
다.108)

(개) 주주 전원의 동의　　　주주총회가 법령 및 정관상 요구되는 이사회 결의

---

106) 이에 관하여는 [제4장 제2절 Ⅲ. 주주총회 결의의 하자] 부분에서 상술한다.
107) 유한회사의 사원총회는 총사원의 동의가 있으면 소집절차 없이 총회를 열 수 있다(573조).
108) 다만, 이사회의 주주총회소집결정권은 정관에 의하여도 주주총회의 권한으로 정할 수 없는
　　고유의 권한인데 주주의 의사에 의하여 소집결의의 하자가 치유된다고 보는 것은 일관성 없
　　는 해석이라는 지적이 있을 수 있다.

없이 이루어졌다 하더라도, 주주명부상의 주주 전원이 참석하여 총회를 개최하는 데 동의하고 아무런 이의 없이 만장일치로 결의가 이루어졌다면 그 결의는 특별한 사정이 없는 한 유효하다는 것이 판례의 확고한 입장이다.109) "주주 전원이 참석하여", "아무런 이의 없이 만장일치로 결의가 이루어졌다면"이라는 판시는 방론에 불과하므로 주주 전원이 동의한다면 굳이 주주 전원의 출석을 요구할 필요는 없고,110) 결의가 만장일치로 이루어질 것까지 요구되는 것은 아니다.

대리인과 다른 주주들 포함하여 주주 전원이 출석한 경우는 물론 대리인만이 출석한 경우에도 전원출석회의로서 그 결의의 효력이 인정된다는 것이 판례의 입장이다.111)112)

(나) 1인회사

가) 학　　설　　다수설은, i) 상법에 규정된 주주총회의 소집절차와 결의방법은 복수의 주주를 전제로 한 것이므로 1인회사에는 적용을 완화하여야 하고, ii) 주주총회소집절차는 주주의 이익을 위한 것이므로 이사회소집결의의 하자도 1인주주가 출석한 이상 하자는 치유되고, iii) 하자의 치유를 부정하더라도 결국은 1인주주의 의사대로 결정될 것이라는 점을 근거로 하자의 치유를 폭넓게 인정한다. 즉, 1인회사의 경우에는 그 주주가 유일한 주주로서 주주총회에 출석하면 전원출석총회로서 그 주주의 의사대로 결의가 될 것임이 명백하므로 따로 총회소집절차가 필요

---

109) [대법원 2002. 7. 23. 선고 2002다15733 판결] "주식회사의 주주총회가 법령이나 정관상 요구되는 이사회의 결의나 소집절차를 거치지 아니하고 이루어졌다고 하더라도 주주 전원이 참석하여 아무런 이의 없이 일치된 의견으로 총회를 개최하는 데 동의하고 결의가 이루어졌다면 그 결의는 특별한 사정이 없는 한 유효하다."
110) 일본 회사법은 서면투표, 전자투표에 의할 수 있다는 뜻을 정하지 않은 경우, 주주 전원의 동의가 있는 때에는 소집절차를 생략하고 주주총회를 개최할 수 있다고 규정한다(日会 300조).
111) [대법원 1993. 2. 26. 선고 92다48727 판결]【결의부존재확인】"임시주주총회가 법령 및 정관상 요구되는 이사회의 결의 없이 또한 그 소집절차를 생략하고 이루어졌다고 하더라도, 주주의 의결권을 적법하게 위임받은 수임인과 다른 주주 전원이 참석하여 총회를 개최하는 데 동의하고 아무런 이의 없이 만장일치로 결의가 이루어졌다면 이는 다른 특별한 사정이 없는 한 유효한 것이다"(同旨: 대법원 2014. 1. 23. 선고 2013다56839 판결).
112) 한편, 일본 회사법은 이사 또는 주주가 주주총회의 목적된 사항에 관하여 제안한 경우 그 제안에 관하여 주주(당해 사항에 관하여 의결권을 행사할 수 있는 자에 한한다) 전원이 서면 또는 전자적 기록으로 동의의 의사표시를 한 때에는 당해 제안을 가결하는 취지의 주주총회결의가 있었다고 본다(日会 319조①). 다만, 일본 최고재판소는 대리인에 의한 전원출석총회의 법리를 제한적으로 인정한다. 즉, 주주 본인이 회의의 목적된 사항을 충분히 알고(了知) 위임장을 작성한 것이어야 하고, 당해 결의가 위 회의의 목적된 사항의 범위 내에 관한 것일 때 대리인에 의한 전원출석총회를 인정한다(最判昭和 60 · 12 · 20 昭58(オ)1567号).

없다고 본다.

　나) 판　례

　(a) 주주총회 의사록만 작성한 경우　　주주총회 의사록이 작성되었다면 주주총회 결의를 인정할 다른 증거가 필요 없으므로, 주주총회 의사록의 작성은 주주총회 결의의 인정에 매우 중요하다. 판례는 실제로 총회를 개최한 사실이 없었다 하더라도 그 1인주주에 의하여 의결이 있었던 것으로 주주총회 의사록이 작성되었다면 특별한 사정이 없는 한 그 내용의 결의가 있었던 것으로 본다.113)

　(b) 주주총회 의사록도 작성되지 않은 경우　　나아가 판례는 1인회사의 경우에는 주주총회 결의가 있거나 주주총회 의사록이 작성된 적은 없는 경우에도 당해 규정에 따른 퇴직금이 1인 주주의 결재·승인을 거쳐 관행적으로 지급되었다면 위 규정에 대하여 주주총회 결의가 있었던 것으로 봄으로써,114) 1인회사에서 하자의 치유가 가능한 범위를 매우 넓게 본다.

　(c) 협의의 1인회사와 광의의 1인회사　　판례는 협의의 1인회사(형식적 1인회사)인 경우에 대하여, "주식회사의 총주식을 한 사람이 소유하는 이른바 1인회사의 경우에는 그 주주가 유일한 주주로서 주주총회에 출석하면 전원 총회로서 성립하고 그 주주의 의사대로 결의가 될 것이 명백하다. 이러한 이유로 주주총회 소집절차에 하자가 있거나 주주총회의사록이 작성되지 않았더라도, 1인주주의 의사가 주주총회의 결의내용과 일치한다면 증거에 의하여 그러한 내용의 결의가 있었던 것으로 볼 수 있다."라는 입장이다.115)

　한편, 광의의 1인회사(실질적 1인회사)는 소유 주식의 전부 또는 일부를 타인 명의로 주주명부에 등재한 주주를 가리키는데, 종래의 판례는 실질적 1인회사인 경

---

113) [대법원 2004. 12. 10. 선고 2004다25123 판결] "주식회사에 있어서 회사가 설립된 이후 총주식을 한 사람이 소유하게 된 이른바 1인회사의 경우에는 그 주주가 유일한 주주로서 주주총회에 출석하면 전원 총회로서 성립하고 그 주주의 의사대로 결의가 될 것임이 명백하므로 따로 총회소집절차가 필요 없고, 실제로 총회를 개최한 사실이 없었다 하더라도 그 1인 주주에 의하여 의결이 있었던 것으로 주주총회의사록이 작성되었다면 특별한 사정이 없는 한 그 내용의 결의가 있었던 것으로 볼 수 있고, 이는 실질적으로 1인회사인 주식회사의 주주총회의 경우도 마찬가지이며, 그 주주총회의사록이 작성되지 아니한 경우라도 증거에 의하여 주주총회 결의가 있었던 것으로 볼 수 있다"(다만, 이 판결 내용 중 "이는 실질적으로 1인회사인 주식회사의 주주총회의 경우도 마찬가지이며" 부분은 대법원 2017. 3. 23. 선고 2015다248342 전원합의체 판결에 따라 더 이상 유지될 수 없다).

114) 대법원 2004. 12. 10. 선고 2004다25123 판결.

115) 대법원 2020. 6. 4. 선고 2016다241515, 241522 판결, 대법원 2022. 7. 14. 선고 2022다217513 판결.

우에도 그 주주가 유일한 주주로서 주주총회에 출석하면 전원출석총회로 성립하고 그 주주의 의사대로 결의가 될 것임이 명백하므로 따로 총회소집절차가 필요 없다는 입장이었다.116) 그러나 대법원 2017. 3. 23. 선고 2015다248342 전원합의체 판결에 의하여 광의의 1인회사(실질적 1인회사)의 경우에는 종래의 판례가 더 이상 유지될 수 없게 되었다.

(d) 의결정족수를 충족하는 주식을 가진 주주들의 동의나 승인 　　위 대법원 2020. 6. 4. 선고 2016다241515, 241522 판결은 주주가 1인인 1인회사에 한하여 가능한 법리이다. 1인회사가 아닌 주식회사에서는 특별한 사정이 없는 한, 주주총회의 의결정족수를 충족하는 주식을 가진 주주들이 동의하거나 승인하였다는 사정만으로 주주총회에서 그러한 내용의 결의가 이루어질 것이 명백하다거나 또는 그러한 내용의 주주총회 결의가 있었던 것과 마찬가지라고 볼 수는 없다.117)

실제의 소집절차와 결의절차를 거치지 아니한 채 주주총회 결의가 있었던 것처럼 주주총회 의사록을 허위로 작성한 것이라면 설사 1인이 총 주식의 전부가 아닌 대다수를 가지고 있고 그 지배주주에 의하여 의결이 있었던 것으로 주주총회 의사록이 작성되어 있다 하더라도 도저히 그 결의가 존재한다고 볼 수 없을 정도로 중대한 하자가 있는 때에 해당하여 그 주주총회 결의는 부존재하다고 보아야 한다.118)

3) 소집통지의 하자

주주총회가 법령 및 정관상 요구되는 소집통지 없이 이루어졌다 하더라도, 주주명부상의 주주 전원이 참석하여 총회를 개최하는 데 동의하고 아무런 이의 없이 만장일치로 결의가 이루어졌다면 그 결의는 특별한 사정이 없는 한 유효하다.119)

소집통지의 하자가 일부 주주에게만 한정된 경우(예: 일부 주주에게만 소집통지를 하지 않은 경우), 해당하는 일부 주주의 동의만으로 하자가 치유된다. 소집통지는 주주의 총회출석권을 보장하기 위한 것이므로 개별적인 주주가 그 이익을 포기(처분)할 수 있기 때문이다. 주주 전원에 대한 통지의 하자도 주주 전원의 동의

---

116) 대법원 2002. 6. 14. 선고 2002다11441 판결, 대법원 2004. 12. 10. 선고 2004다25123 판결, 대법원 2005. 2. 17. 선고 2004다61198 판결.

117) 대법원 2020. 6. 4. 선고 2016다241515, 241522 판결.

118) 대법원 2007. 2. 22. 선고 2005다73020 판결(지배주주가 98% 지분을 소유한 사안).

119) 대법원 2002. 7. 23. 선고 2002다15733 판결.

로 치유된다. 민법상 비영리사단법인에 관한 판례에서도 같은 취지로 판시한 바가 있다.120)

### (8) 상장회사 주주총회 소집절차에 관한 특례

#### 1) 공고의 대상·시기·방법

상장회사가 주주총회를 소집하는 경우 의결권 있는 발행주식총수의 1%(슈 31조①) 이하의 주식을 소유하는 주주에게는 정관으로 정하는 바에 따라 주주총회일의 2주 전에 주주총회를 소집하는 뜻과 회의의 목적사항을 둘 이상의 일간신문에 각각 2회 이상 공고하거나 대통령령으로 정하는 바에 따라 전자적 방법으로121) 공고함으로써 소집통지를 갈음할 수 있다(542조의4①).122) "정관으로 정하는 바에 따라"라는 규정상 정관에 이에 관한 근거규정이 있어야 전자적 방법으로 공고할 수 있는지 여부에 대하여 논란이 있지만, 하급심판례는 상장회사 정관에 이에 관한 근거규정이 있어야 한다고 판시하였다.123)

---

120) [대법원 1987. 5. 12. 선고 86다카2705 판결]【총회결의무효확인】 "사단법인의 신임회장을 조속히 선임하여 실추된 명예를 회복하고 업무의 공백을 메워야 할 형편에 있어 정관소정의 기한내에 전화로 안건을 명시하여 총회소집통보를 하였으며 또한 총회구성원들 모두가 총회결의등에 관하여 아무런 이의를 제기하지 아니하였다면 총회 소집통지를 서면에 의하지 아니하고 전화로 하였다는 경미한 하자만으로는 총회의 결의를 무효라고 할 수 없다."

121) 전자적 방법에 의한 공고란 금융감독원 또는 한국거래소가 운용하는 전자 공시시스템을 통하여 하는 공고를 말한다(슈 31조②). 구체적으로는 금융감독원의 DART, 한국거래소의 KIND를 통하여 공고하는 것을 말한다.

122) 다만, 정관으로 서면투표를 채택한 경우 소집통지시 의결권행사에 필요한 서면과 의안에 대한 참고서류를 함께 송부하여야 하는데(368조의3②), 이 경우에는 소집공고의 방법을 취하더라도 서면투표용지와 참고서류는 개별 주주에게 송부해야 한다. 이 점은 서면투표 활성화의 걸림돌이므로 소집공고의 경우에는 인터넷 공시제도를 이용하여 이들 서류를 송부할 수 있도록 입법적으로 보완할 필요가 있다. 참고로 일본 회사법은 이러한 방법을 명문으로 규정한다(日会 298조①1, 日会則 94조①).

123) [서울고등법원 2011. 6. 15. 선고 2010나120489 판결]【주주총회 결의취소청구】 "법률에서 정관에 기재되지 아니한 절대적 기재사항에 해당하는 공고방법을 허용하고 있다고 하더라도 정관에 이에 대한 규정이 마련되지 아니한 경우에까지 회사가 법률에 규정된 방법으로 공고하는 것을 허용한다면 주주의 의사에 반할 뿐만 아니라 이해관계자에게 불측의 피해를 줄 수 있고, 또한 상법 제542조의4 제1항의 전자공고제도는 상장회사의 업무 편의와 공지의 신속성을 보장하기 위하여 의결권 있는 발행주식총수의 1/100 이하의 주식을 소유한 주주에 대한 주주총회 소집공고의 매체를 기존의 일간신문 이외에 전자공고를 추가하려는 의도에서 도입된 것으로서 정관 정비를 통한 신규제도가 도입되는 것을 전제로 하고 있고 자치법규인 정관에서 이미 정하여 둔 공고방법을 배제하려는 의도에서 도입된 것이 아니므로, 결국 정관변경을 통하여 이에 대한 규정이 신설된 경우에만 전자적 방법에 의한 총회소집공고가 적법하게 되고 총회 소집통지에 갈음할 수 있게 된다."

### 2) 소집통지·공고사항

(가) 일반적 통지·공고사항　　상장회사가 주주총회의 소집통지·공고를 하는 경우에는 사외이사 등의 활동내역과 보수에 관한 사항, 사업개요 등 대통령령으로 정하는 사항을 통지·공고하여야 한다(542조의4③).

대통령령으로 정하는 사항은 다음과 같다(令 31조④).

1. 사외이사, 그 밖에 해당 회사의 상무에 종사하지 아니하는 이사의 이사회 출석률, 이사회 의안에 대한 찬반 여부 등 활동내역과 보수에 관한 사항
2. 상법 제542조의9 제3항 각 호에 따른 거래내역
3. 영업현황 등 사업개요와 주주총회의 목적사항별로 금융위원회가 정하는 방법에 따라 작성한 참고서류
4. 자본시장법 제159조에 따른 사업보고서[124] 및 외감법 제23조 제1항 본문에 따른 감사보고서. 이 경우 해당 보고서는 주주총회 개최 1주 전까지 전자문서로 발송하거나 회사의 홈페이지에 게재하는 것으로 갈음할 수 있다.[125]

다만, 상장회사가 그 사항을 대통령령으로 정하는 방법[126]으로 일반인이 열람할 수 있도록 하는 경우에는 통지·공고를 할 필요가 없다(542조의4③ 단서).

(나) 이사·감사의 선임

가) 소집통지·공고사항　　상장회사가 이사·감사의 선임에 관한 사항을 목적으로 하는 주주총회를 소집통지·공고하는 경우에는 이사·감사 후보자의 성명·약력·추천인,[127] 그 밖에 대통령령으로 정하는 후보자에 관한 사항을 통지·공고하여

---

124) 제4호의 "자본시장법 제159조에 따른 사업보고서"라는 규정이 자본시장법 제159조에 따라 금융위원회와 거래소에 제출된 사업보고서를 의미하는지, 제출되지 않았더라도 사업보고서의 형식을 갖추어 자본시장법상 요구되는 기재사항을 적시하여 완성한 서류이면 충분한지 여부는 법문상 명확하지 않은데, 2020. 12. 31.자 법무부 유권해석에 의하면 금융위원회와 거래소에 제출된 사업보고서를 의미한다.
125) 정기주주총회 이후 해당 사업연도 동안 계속하여 사업보고서 및 감사보고서의 회사 홈페이지 게재를 유지하는 경우에는 사업연도 내에 개최하는 임시주주총회의 소집 절차에서는 사업보고서 등의 추가적 제공 의무가 면제된다고 해석된다.
126) "대통령령으로 정하는 방법"이란 상장회사가 제4항 각 호에 기재된 서류를 회사의 인터넷 홈페이지에 게재하고 다음 각 호의 장소에 비치하여 일반인이 열람할 수 있도록 하는 방법을 말한다(令 31조⑤).
　　1. 상장회사의 본점 및 지점
　　2. 명의개서대행회사
　　3. 금융위원회
　　4. 한국거래소
127) 최근 사업연도 말 현재의 자산총액이 2조원 이상인 상장회사는 사외이사 후보를 추천하기

야 한다(542조의4②).128)

대통령령으로 정하는 후보자에 관한 사항은 다음과 같다(令 31조③).

1. 후보자와 최대주주와의 관계
2. 후보자와 해당 회사와의 최근 3년간의 거래 내역
3. 주주총회 개최일 기준 최근 5년 이내에 후보자가 국세징수법 또는 지방세징수법
   에 따른 체납처분을 받은 사실이 있는지 여부
4. 주주총회 개최일 기준 최근 5년 이내에 후보자가 임원으로 재직한 기업이 「채무
   자 회생 및 파산에 관한 법률」에 따른 회생절차 또는 파산절차를 진행한 사실이
   있는지 여부
5. 법령에서 정한 취업제한 사유 등 이사·감사 결격사유의 유무

나) 피선임자     상장회사가 주주총회에서 이사·감사를 선임하려는 경우에는 제
542조의4 제2항에 따라 통지·공고한 후보자 중에서 선임하여야 한다(542조의5).129) 회
사 측의 후보는 물론 소수주주 측의 후보인 경우에도 마찬가지이다.

따라서 통지·공고 후에 사정상 이사후보를 교체하여야 하는 경우에는, 총회일
까지 상법이 정한 기간 내에 통지·공고를 할 수 있으면 통지·공고를 다시 하고,
그렇지 않으면 이사회에서 소집일을 다시 정하여 통지·공고를 하여야 한다. 만일
회사가 통지·공고를 하지 않은 후보를 이사로 선임하는 수정안을 상정하여 가결시
킨다면 특별한 사정이 없는 한 이러한 결의는 하자 있는 결의로서 결의취소사유가
인정될 것이다.130)

다만, 이사후보자가 총회일 전에 사망하거나 개인적으로 부득이한 사정으로
이사선임을 거부하는 경우와, 회사에 귀책사유 없이 법령상 결격사유에 해당하는

---

위하여 사외이사 후보추천위원회를 설치하여야 한다. 사내이사후보, 감사위원회위원후보의 추
천인은 이사회이다.

128) 시행령 제31조 제4항에는 상장회사가 일반인이 열람할 수 있도록 하는 경우에는 통지·공고
   를 할 필요가 없다는 상법 제542조의4 제3항의 단서와 같은 규정이 없으므로, 1% 초과 주주
   에게는 항상 개별통지를 해야 한다.

129) 이는 주주총회의 이사선임권을 제약하고 나아가 주주의 의결권을 침해하므로 재산권의 침
   해이고 기업의 자유를 제한하는 것으로 명백히 위헌이라는 비판이 있다(이철송, 643면).

130) [서울중앙지방법원 2004. 3. 18. 선고 2003가합56996 판결] "피고회사의 이사의 선임에 관한
   이 사건 결의를 함에 있어 피고회사의 정관 및 관련법령에 따라 이사후보자의 성명, 약력, 추
   천인 등의 후보자에 관한 사항을 통지·공고하여야 함에도 불구하고, 이 사건 결의는 위와 같
   은 이사후보자에 관한 사항을 미리 통지·공고하지 아니한 채 이루어진 것이므로, 특별한 사
   정이 없는 한 주주총회의 소집절차 또는 결의방법이 법령 또는 정관에 위반된 것으로서 취소
   되어야 할 것이다"(同旨: 서울중앙지방법원 2007. 3. 26.자 2007카합785 결정).

경우에는, 굳이 총회일을 다시 정할 필요 없이 변경된 후보를 이사로 선임해도 될 것이다. 이러한 경우에도 결의취소사유가 인정되겠지만 대부분 재량기각판결이 선고될 것이기 때문이다. 입법론상으로는 이러한 예외적인 사유를 명문으로 허용하고, 그러한 예외사유가 발생한 경우 상장회사가 총회 개최시각을 기준으로 24시간 또는 48시간 전에 전자적 방법으로 공고하도록 하는 것이 바람직하다.

### (9) 금융지주회사 주주총회 소집절차상 특례

금융지주회사를 설립하거나 기존 자회사 또는 손자회사의 주식을 모두 소유하기 위한 주식교환 또는 주식이전에 관하여 상법의 규정을 적용함에 있어서는 "7일"로 본다(同法 62조의2②). 그러나 이 경우에는 "의결권 있는 발행주식총수의 1% 이하의 주식을 소유하는 주주에게도 소집통지를 공고의 방법으로 갈음할 수 없다. 그런데, 이러한 경우 해당 회사 정관에 소집통지기간을 7일로 단축하는 근거 규정이 없이 일반적인 기준인 2주 전 소집기간만 규정한 경우(대부분 이와 같을 것이다) 정관 위반 여부가 문제되는데, (1) 상법에 우선하는 특별법에 의한 특례 규정들을 모두 정관에 미리 규정하고 법률의 제정 또는 개정에 따라 계속 주주총회 특별결의로 정관을 변경하는 것은 현실적으로 기대할 수 없으므로 정관의 해당 규정은 금융지주회사법과 같은 특별법에 따라 소집통지기간이 단축되는 경우에도 불구하고 반드시 소집통지기간을 2주로 한다는 취지로 보기 어렵고, (2) 대법원 판례도, "임시주주총회가 법정기간을 준수한 서면통지를 하지 아니한 채 소집되었다 하더라도 정족수가 넘는 주주의 출석으로 결의를 하였다면 그 결의는 적법하다"라는 판시와 같이 (대법원 1991. 5. 28. 선고 90다6774 판결), 소집통지기간의 준수 여부를 비교적 엄격하게 판단하지는 않는 입장이므로, 결의의 효력에는 영향이 없다고 보아야 할 것이다.

### (10) 주주제안

#### 1) 주주제안제도의 의의

주주총회소집시 소집통지에 주주총회 목적사항을 기재하여야 하고(363조②), 이 소집통지에 의하여 소집된 주주총회에서는 기재된 목적사항에 한하여 결의할 수 있다. 그런데 주주총회의 목적사항은 주주총회 소집을 결정하는 이사회가 결정하기 때문에(363조①), 주주는 3% 소수주주권인 주주총회소집청구권에 근거하여 법원의 허가를 받아 총회를 소집하는 경우(366조)를 제외하고는 주주총회에서 결의하기를 원하는 내용의 의안을 상정하거나 제안할 기회를 갖지 못하고, 회사(이사회)가 제안한 의안에 대한 찬부투표 방식의 의결권 행사를 통해 의사결정에 참여한다.

이러한 문제를 해결하기 위하여 상법은 "주주가 일정한 사항을 주주총회의 목적사항으로 할 것을 제안할 수 있는 권리"인 주주제안권을 규정한다(363조의2①).

주주제안제도는 주주가 회사에 대하여 자신이 원하는 의안을 직접 제안할 수 있는 보다 적극적인 권리를 부여하는 제도로서, 경영진이나 지배주주를 견제할 수 있는 장치를 마련하고 주주총회를 활성화하기 위한 것이다.[131]

또한 주주제안제도는 제안내용이 소집통지서와 참고서류를 통해 경영자와 다른 주주에게 공시되는 기능을 통해 경영진의 주의를 환기시키고, 주주총회에서 의결권을 행사할 다른 주주들의 지지를 확보하고, 나아가 주주·경영진·다른 주주간의 커뮤니케이션을 도모하여 주주총회를 활성화하는 기능도 가진다.

### 2) 입법례와 도입경위

주주제안제도는 많은 나라의 회사법에 도입된 제도로서,[132] 우리나라에서는 1997년 1월 개정된 구 증권거래법(법률 제5254호)은 주주총회의 활성화를 위하여 주권상장법인의 주주제안제도를 신설하였고, 1998년 12월 개정된 상법도 주주제안제도를 신설하여(363조의2) 현재는 모든 주식회사에 주주제안제도가 적용되는데, 구 증권거래법 및 자본시장법과 상법의 주주제안에 관한 규정은 제안권자인 주주의 요건과 제안범위만 다르고 대부분은 동일하다. 한편, 2009년 1월 상법 개정시 전자문서에 의한 주주제안권 행사방법을 도입하였다.

### 3) 제안권자

(가) 회사의 종류별 주식보유요건   주주제안권자는 의결권 없는 주식을 제외한 발행주식총수의 3% 이상에 해당하는 주식을 가진 주주이다(363조의2①).[133]

---

131) 이사회가 주주총회의 목적사항을 정하여 주주총회 소집결의를 하므로 통상의 주주총회 의안은 회사의 제안에 해당하고, 따라서 소수주주가 의안을 제안하는 경우를 주주제안이라고 한다.

132) 미국의 SEC Rule 14a-8은 주주제안을 하는 주주의 질문에 대한 답변식의 규정이다. 이는 주주제안내용을 경영진의 위임장설명서에 포함시키는 것으로서, 주주에게는 아무런 비용이 부담되지 않으므로 주주의 개인적인 이해관계와는 무관하더라도 사회적, 정치적으로 민감한 사안에 대하여 이용되는 경우도 있다. 주주는 주주제안의 제출시기를 증명할 수 있으면 전자적 방법(electronic means)에 의하여 주주제안을 회사에 제출할 수 있다[SEC Rule 14a-8(e)]. 기관투자자들은 SEC Rule 14a-8에 기한 주주제안권으로 주주행동주의를 실현하여 왔다. 일본에서는 1991년 상법 개정시 주주의 설명청구권과 함께 도입하였고, 회사법 제303조부터 제305조까지에서 규정한다.

133) 미국에서는 주주가 주주제안을 하려면, i) 제안된 안건에 대하여 의결권을 가진 주식의 1%

상장회사의 경우에는 6개월 전부터 계속하여 의결권 없는 주식을 제외한 발행
주식총수의 1%(최근 사업연도 말 자본금이 1천억원 이상인 상장회사의 경우에는 0.5%)[134]
이상에 해당하는 주식을 보유한 자는 주주제안권을 행사할 수 있다(542조의6②).[135]

주주제안권 행사일로부터 역산하여 6개월간 주식을 보유하여야 하고 민법의
초일불산입 원칙상 주식취득 당일은 산입하지 않는다.[136] 즉, 6개월은 주식취득일
과 주주제안권 행사일을 제외한 기간이므로 주식취득일과 주주제안권 행사일 사이
에 6개월이 포함되어야 한다.[137]

보유지분과 보유기간 요건은 정관에 의하여 강화할 수 없지만, 완화할 수는
있다.

상장회사의 주주가 제542조의6 제2항의 6개월 보유기간요건을 갖추지 못하였더
라도 제363조의2 제1항의 요건을 갖춘 경우에는 주주제안권을 행사할 수 있다.[138]

(나) 의결권 없는 주식    발행주식총수와 보유주식수를 산정함에 있어서 의결
권 없는 주식을 제외한다. 물론 상법 제370조 제1항 단서의 규정에 따라 의결권이
부활하면 의결권 없는 주식의 수도 의결권 있는 주식의 수에 합산한다. 의결권 없
는 종류주식뿐 아니라 의결권 있는 주식인데 법령상의 제한으로 주주가 의결권을
행사할 수 없는 경우도 의결권 없는 주식수에 합산해야 하는지에 대하여 논란이 있
는데, 일반적으로 합산대상에서 제외한다고 해석한다.[139] 따라서 회사가 보유하는
자기주식의 수가 많을수록 계산식에서 분모가 작아지므로 소수주주가 주주제안권

---

또는 시장가격 $2,000 이상의 주식을 소유하고 있어야 하고, ii) 주주제안일 1년 전부터 주주
총회 개최 당일까지 보유하여야 한다[SEC Rule 14a-8(b)(1)].

134) [商令 제32조(소수주주권 행사요건 완화 대상 회사)] 법 제542조의6 제2항부터 제5항까지의
규정에서 "대통령령으로 정하는 상장회사"란 최근 사업연도 말 자본금이 1천억원 이상인 상
장회사를 말한다.

135) 금융투자업자의 경우에는 6개월 전부터 계속하여 금융회사의 의결권 있는 발행주식 총수의
1만분의 10 이상에 해당하는 주식을 대통령령으로 정하는 바에 따라 보유한 자는 주주제안권
(상법 363조의2)을 행사할 수 있다(금융사지배구조법 33조①).

136) 민법상 기간의 말일이 토요일 또는 공휴일에 해당한 때에는 기간은 그 익일로 만료한다(民
法 161조). 그러나 역산하여 6개월 보유기간을 충족하는 날이 공휴일, 토요일인 경우, 주주총
회의 소집통지의 경우와 같이 그 날 만료하고, 그 전날 만료하는 것은 아니다.

137) 1월 10일 주주제안권을 행사한 경우, 주주제안권 행사일을 제외한 1월 9일부터 역산하여 6
개월이 되는 날은 전년도 7월 10일이고, 따라서 주주제안권자는 7월 9일까지 주식을 취득하였
어야 한다.

138) 2020년 12월 개정 상법은 상장회사의 소수주주권에 관한 제542조의6에 제10항으로 "제1항
부터 제7항까지는 제542조의2 제2항에도 불구하고 이 장의 다른 절에 따른 소수주주권의 행
사에 영향을 미치지 아니한다."라는 규정을 신설하였다.

139) 주식회사법대계 제2판 Ⅱ, 94면.

을 행사하기 위한 요건이 완화되는 결과가 된다.

(다) 기준시점과 유지요건        발행주식총수와 보유주식수는 주주제안권 행사시점을 기준으로 산정한다. 주주제안을 하는 소수주주의 주식 보유요건은 주주제안후에도 유지하여야 하지만, 주주총회에서 의결권을 행사할 수 있는 자가 확정되는시점인 "주주명부 폐쇄기간의 초일 또는 기준일" 후에는 보유주식수가 감소하더라도 주주제안의 효력에 영향이 없다.140) 그리고 주주명부 폐쇄기간의 초일 또는 기준일 이후에 주주제안을 한 경우에는 제안시점에서 지주요건이 구비되면 그 후에는 보유주식수가 감소하더라도 주주제안의 효력에 영향이 없다.141)

즉, 기준일이 주주제안권 행사일보다 앞선 경우에는 기준일부터 주주제안권행사일까지 주식을 보유해야 하고, 주주제안권 행사일이 기준일보다 앞선 경우에는주주제안권 행사일부터 기준일까지 주식을 보유해야 한다.

6개월 동안에 발행주식총수에 변동이 있으면 각각의 변동시점을 기준으로 지분율 충족 여부를 판단해야 한다. 신주발행 등으로 인하여 보유비율이 낮아지는 경우 주주제안권 행사를 방해할 목적으로 신주를 발행했다는 특별한 사정이 없는 한보유기간 중 지분율 요건을 충족하지 못한 것으로 본다. 상법 제418조 제1항의 경영상 목적이 없는 제3자배정 신주발행의 경우에는 주주제안권 행사를 방해할 목적으로 신주를 발행했다는 특별한 사정에 해당할 가능성이 클 것이다.142)

(라) 대리인에 의한 주주제안      반드시 주주 본인이 직접 주주제안을 해야 하는것은 아니고 대리인도 주주제안을 할 수 있다. 반드시 주주총회에서 의결권을 행사하는 대리인만 주주제안권행사를 대리할 수 있는 것이 아니므로 정관에서 의결권 대리인의 자격을 주주로 제한한 경우에도 주주제안은 주주 아닌 대리인도 할 수 있다.143)

(마) 자본시장법상 대량보유보고제도 관련 문제        자본시장법상 대량보유보고

140) 同旨: 권기범, 597면.
141) 同旨: 주식회사법대계 제2판 Ⅱ, 100면.
142) 일본 최고재판소는 회사의 업무집행에 관하여 부정행위 또는 법령이나 정관에 위반한 중대한 사실이 있음을 의심할 사유가 있다는 이유로 소수주주가 회사의 업무와 재산상황을 조사하게 하기 위하여 법원에 검사인의 선임을 신청한 주주가 회사의 신주발행으로 인하여 3% 보유요건을 계속 충족하지 못한 경우, 회사가 당해 주주의 신청을 방해할 목적으로 주식을 발행하는 등의 특별한 사정이 없는 한 신청은 요건흠결로 각하되어야 한다고 판시하였다(最判平成 18·9·18 民集 60-7-2634).
143) 同旨: 주식회사법대계 제2판 Ⅱ, 105면.

제도와 관련하여, 보유목적을 발행인의 경영권에 영향을 주기 위한 것으로 보고하
는 자는 그 보고하여야 할 사유가 발생한 날(신규 또는 추가 취득 및 보유목적의 변경일)
부터 보고한 날 이후 5일(공휴일, 근로자의 날, 토요일 제외)까지[144] 그 발행인의 주식
을 추가로 취득하거나 보유 주식에 대하여 그 의결권을 행사할 수 없다(資法 150조
②). 이를 냉각기간(cooling period)이라고 한다. 이와 관련하여 주주총회에서의 의결
권이 제한되는 주주는 냉각기간 중에 주주제안도 할 수 없는지에 대하여 논란의 여
지가 있지만, 법문상 "보고사유 발생일부터 보고일 이후 5일까지 의결권을 행사할
수 없음"을 명백히 규정할 뿐이므로 실제의 주주총회에서는 의결권을 행사할 수 있
는 주주의 주주제안은 가능하다고 해석된다.[145]

(바) 수정동의와의 관계　　주주제안의 요건을 충족하지 못한 주주도 일반 회의
규칙상 원래의 의안(원안)과 실질적 동일성이 인정되는 범위 내에서 원안의 내용을
일부 변경한 수정동의(수정안 제출)를 할 수 있다.[146] 수정동의는 새로운 의안은 제
출할 수 없고 반드시 원안과 실질적 동일성이 있는 수정안만 제출할 수 있으며, 상
법 제363조의2 제2항의 의안요령기재청구권도 행사할 수 없다는 점에서 상법상 주
주제안 요건을 갖춘 주주가 하는 주주제안과 다르다.[147]

4) 상 대 방

주주제안의 상대방은 이사이다(363조의2①). 주주제안을 받은 이사는 이를 이사
회에 보고하여야 한다(363조의2③).

5) 제안권행사기간

(가) 주주총회일 6주 전　　주주제안권자는 이사에게 주주총회일(정기주주총회의

---

[144] 따라서 예컨대 4월 29일 경영참가를 목적으로 5% 이상의 지분을 장내매수하고 5월 6일 보
고서를 제출한 경우 5월 8일이 토요일이고 9일이 일요일이면 냉각기간은 4월 30일부터 5월
13일까지이다.
[145] 주주제안에 관한 직접적인 판례는 아니지만, 상호보유주식의 의결권에 관하여, "상법 제354
조가 규정하는 기준일 제도는 일정한 날을 정하여 그 날에 주주명부에 기재되어 있는 주주를
계쟁 회사의 주주로서의 권리를 행사할 자로 확정하기 위한 것일 뿐, 다른 회사의 주주를 확
정하는 기준으로 삼을 수는 없으므로, 기준일에는 상법 제369조 제3항이 정한 요건에 해당하
지 않더라도, 실제로 의결권이 행사되는 주주총회일에 위 요건을 충족하는 경우에는 상법 제
369조 제3항이 정하는 상호소유 주식에 해당하여 의결권이 없다."라는 판례(대법원 2009. 1.
30. 선고 2006다31269 판결)의 취지에 비추어도 주주총회에서의 의결권이 제한될 뿐 주주제안
권 행사도 제한된다고 보기 어렵다.
[146] 김교창, 166면; 주식회사법대계 제2판 Ⅱ, 68면.
[147] 이사회가 주주총회에 제출할 의안에 대한 수정안 제출은 원안이 상정된 후 표결 전에 하는
것이 원칙이지만, 실무상으로는 상정 전, 나아가 주주총회일 전에 하기도 한다.

경우 직전 연도의 정기주주총회일에 해당하는 그 해의 해당일)의 6주[148] 전에 일정한 사항
을 주주총회의 목적사항으로 할 것을 제안할 수 있다(363조의2①).

주주제안권 행사 기간을 주주총회일의 6주 전으로 제한한 취지는 주주총회 소
집을 위한 준비 기간은 물론 이사회로 하여금 주주제안의 적격성을 검토하여 상정
여부를 결정하기 위한 충분한 시간을 부여할 필요성을 고려한 것이다.[149]

주주제안일과 주주총회일 사이에 6주가 있어야 한다. 즉, 제안일과 주주총회일
당일은 6주에 포함되지 않는다. 다만, 6주 전에 해당하는 날이 공휴일인 경우에는
제안주주에게 유리하도록  그 공휴일의 전날이 아니고 다음 날까지는 주주제안권
을 행사할 수 있다고 해석한다.

그런데 이사회가 결정한 주주총회의 소집은 주주에게 2주 전에 통지되므로 회
사의 협조가 없으면 주주가 6주 전에 미리 주주총회의 소집사실을 아는 것은 매우
어려울 것이다.[150] 이와 관련하여 매년 일정 시기에 소집되는 정기총회의 회일은
예측이 가능하므로 주주가 특정 정기총회에서 다룰 안건을 제안할 수 있고, 나아가
상법은 제안주주의 편의를 위하여 제363조의2 제1항의 규정에서 "주주총회일(정기
주주총회의 경우 직전 연도의 정기주주총회일에 해당하는 그 해의 해당일)의 6주 전에"라고
규정한다.

회사는 주주총회일의 6주 전이라는 요건에 미달하는 기간에 주주가 주주제안
을 한 경우에는 그 제안을 채택할 의무가 없지만, 위 기간은 기본적으로 회사가 주
주총회의 소집을 준비하기 위한 기간이므로 회사가 이를 채택할 수는 있다. 그리고
주주가 6주 전 요건을 충족하지 않은 주주제안을 한 경우에는 6주 이후에 열리는
차기의 주주총회에서라도 다루어 달라는 의미로 볼 수 있으므로, 회사는 해당 주주
총회에서 주주제안을 거부할 수 있지만 제안 내용상 차기 주주총회에서 다루기 곤

---

148) 일본 회사법은 8주(정관에서 보다 단기로 규정할 수 있음)로 규정한다(일회 303조, 305조).
종래에는 6주였으나 계산서류 승인을 위한 이사회를 마치고 소집통지를 준비할 기간이 부족
하다는 이유로 2002년 상법 개정시 8주로 개정되었다.
149) 서울중앙지방법원 2021. 3. 10.자 2021카합20285 결정.
150) 상장회사의 경우에는 이사회 결의가 공시되므로 주주는 소집통지를 받기 전에도 주주총회
소집사실을 알 수 있지만, 경영진이 6주 내의 날을 주주총회일로 정하여 소집결의를 하는 경
우에는 주주가 소집통지 전에 주주총회 소집사실을 알더라도 해당 주주총회에 관하여는 주주
제안권을 행사할 수 없다. 이러한 점에 비추어 6주 전이라는 주주제안기간의 문제점을 지적하
는 견해도 있다[김태진, "2009년 1월 상법 개정에 의하여 감사위원인 사외이사 선임방법과 소
수주주권 보호는 개선되었는가? - KT&G 사건을 계기로 - ", 증권법연구 제11권 제3호, 한국
증권법학회(2010), 263면; 정준우, "주식회사의 이사에 관한 2009년 개정상법의 비판적 검토",
한양법학 제21권 제2집(통권 제30집), 한양법학회(2010. 5), 289면].

란한 특별한 사정이 없다면 차기의 주주총회에 대한 주주제안으로서는 계속 효력이 있다고 보아야 한다.151) 실무상으로는 주주제안서면에서, "별지 기재 의안을 귀사가 최초로 소집하는 임시주주총회 또는 정기주주총회의 목적사항"으로 할 것을 제안한다고 기재하기도 한다.

(나) 주주제안 내용의 변경    주주제안을 한 주주는 주주총회일의 6주 전에는 제한 없이 새로운 내용으로 변경하여 주주제안을 할 수 있다. 그런데 주주총회일의 6주 전에 최초의 주주제안을 하였으면 6주 전의 시점이 지난 후에도 주주제안을 변경할 수 있는지에 관하여 논란의 여지가 있다. 총회 당일 소집통지서에 기재된 원래의 의안(원안)의 내용을 수정하여 상정하는 동의(수정동의)도 원안과 실질적 동일성이 인정되는 범위 내에서 허용된다는 점과, 주주총회 소집통지기간이 총회일 2주 전까지인 점을 고려하면 특별한 사정이 없는 한 주주제안을 한 주주는 총회일 6주 전의 시점이 지난 후에도 소집통지 전까지는 주주제안 내용을 당초의 내용과 동일성을 해하지 않는 범위에서 변경할 수 있다고 해석하는 것이 타당하다.152)

6) 제안권행사방법

주주제안권자는 서면 또는 전자문서로 일정한 사항을 주주총회의 목적사항으로 할 것을 제안할 수 있다(363조의2①). 정관이나 회사내규로 상법 규정과 다른 행사방법을 정할 수 있는지에 관하여는 논란의 여지가 있는데, 주주제안권은 소수주주를 위한 제도이므로 불합리하게 어려운 방법을 규정하는 것은 허용되지 않는다.153)

최근 사업연도 말 현재 자산총액이 2조원 이상인 대규모 상장회사는 분리선임 대상인 1인(정관에서 2명 이상으로 정할 수 있으며, 정관으로 정한 경우에는 그에 따른 인원으로 한다)의 감사위원회위원이 되는 이사를 제외하고는, 주주총회에서 이사를 선임한 후 선임된 이사 중에서 감사위원회위원을 선임하므로(542조의12②), 주주제안에

---

151) 다만, 제안주주의 주식 보유요건은 주주제안 후에도 "주주명부 폐쇄기간의 초일 또는 기준일"까지 유지하여야 하므로, 차기의 주주총회에 대한 주주제안으로서는 계속 효력이 있으려면 차기 주주총회의 기준일까지 주식보유요건을 구비하여야 한다.

152) [서울중앙지방법원 2021. 3. 10.자 2021카합20285 결정] "이 사건 최초 안건과 변경 안건 사이에는 동일성이 유지되고 있고 이 사건 변경 안건은 최초 안건을 일부 보완한 것에 그친다고 평가할 수 있는바 … 이 사건 최초 안건과 변경 안건에 대한 이해관계 및 찬반 의사가 상이할 여지는 크지 아니한바, 결국 이 사건 최초 안건과 변경 안건 사이에는 사회통념상 동일성이 유지되고 있다고 볼 수 있다"(우선주 배당에 관하여 최초 주주제안에서는 주당 11,100원, 변경한 주주제안에서는 주당 11,050원인 사안이다).

153) 일본 회사법은 행사방법을 규정하지 않기 때문에 전화나 대면에 의한 구두제안도 가능하다. 다만, 제안 내용을 증명해야 하므로 실제로 구두로 제안하는 경우는 드물 것이다.

있어서도 이사 전원을 대상으로 하는 "이사 선임의 건"과 그 중 감사위원을 선임하는 "감사위원 선임의 건"으로 나누고, 다시 2차적으로 "이사 선임의 건"을 "분리선임 대상인 이사 선임의 건"과 "나머지 이사 선임의 건"으로 구별하고, "감사위원 선임의 건"도 "사외이사인 감사위원 선임의 건"과 "사외이사 아닌 감사위원 선임의 건"으로 나누어 제안하는 것이 바람직하다. 주주총회에서도 이를 별개의 의안으로 상정하여 선임한다.

주주제안 거부사유 중 "제안이유가 명백히 거짓"인 경우도 있지만(令 12조), 주주제안의 이유를 반드시 명기할 필요는 없다.

7) 주주제안의 내용

주주제안권자는 일정한 사항을 주주총회의 목적사항으로 할 것을 제안할 수 있고(363조의2①), 회의의 목적으로 할 사항에 추가하여 해당 주주가 제출하는 "의안의 요령(要領)"을 소집통지에 기재할 것을 청구할 수 있다(363조의2②). "의안의 요령 기재청구"는 주주가 제안한 의제에 대하여 할 수도 있고, 회사가 채택한 의제에 대하여도 할 수 있다.

일반적으로 상법 제363조의2 제1항은 의제제안권을 규정한 것이고, 제2항은 의안의 요령기재청구권을 규정한 것이라고 설명한다. 그런데 주주제안권자가 의제만 제안하고 의안은 제안하지 않은 경우에는 결의의 대상이 구체적으로 특정되지 아니하므로 주주는 항상 의제제안에 추가하여 의안도 제안해야 하고, 의제만 제안하고 의안을 제안하지 않는 경우 주주총회 의장은 제안된 의제를 의사일정에서 제외할 수 있다.[154] 따라서 상법 제363조의2 제1항은 의제제안권과 의안제안권을 함께 규정한 것으로 보아야 할 것이다.[155] 제2항의 의안요령기재청구권만 행사한 경우에는 의안의 요령에 의하여 정해지는 의제도 제안된 것으로 본다.

상장회사는 이사·감사의 선임에 관한 사항을 목적으로 하는 주주총회의 소집을 통지·공고하는 경우에는 이사·감사 후보자의 성명, 약력, 추천인, 그 밖에 대통

---

154) 다만, 회사해산을 요구하는 의제는 그 자체가 의안과 동일하므로 의제 형식으로만 제안해도 된다(주식회사법대계 제2판 Ⅱ, 106면).

155) 일본 회사법 제303조는 의제제안권(일정한 사항을 주주총회의 목적으로 할 것을 청구할 권리)을 규정하고, 제304조는 주주총회에서 주주총회의 목적인 사항에 관한 의안을 제출할 권리를 규정하고, 제305조는 의안의 요령을 주주에게 통지할 것을 청구할 권리(우리 상법 제363조의2 제2항과 유사한 규정)를 규정한다. 이와 같이 일본 회사법은 주주총회 전에 회의의 목적사항을 제안할 권리와 주주총회에서 회의의 목적사항에 관한 의안을 제출할 권리를 구별하여 규정하므로 제303조를 의제제안권, 제304조를 의안제출권, 제305조를 의안요령통지청구권을 규정한 것으로 보는 것이 일반적인 해석이다(前田, 359면; 滝川, 257면).

령령으로 정하는 후보자에(슈 31조③)을 통지하거나 공고하여야 하고(542조의4②), 상장회사는 위와 같은 방법에 의하여 통지 또는 공고한 후보 중에서만 이사·감사를 선임할 수 있다(542조의5). 따라서 이사·감사의 선임에 관하여 주주제안을 하는 주주는 이러한 사항을 포함하여 의안을 제안하여야 한다. 다만, 주주제안 내용에 이러한 사항을 반드시 포함하여야 하는 것은 아니고, 주주총회의 소집통지·공고에 이러한 사항이 기재되어야 하는 것이므로 회사가 소집통지·공고를 할 때까지 이러한 사항의 기재를 청구할 수 있다고 할 것이다.156) 이미 소집통지·공고가 행하여진 후에는 물론 요령기재청구권을 행사할 수 없다.

8) 주주제안에 대한 회사의 대응

(가) 이사회의 조치    이사로부터 주주제안에 관한 보고를 받은 이사회는 주주제안의 내용이 법령 또는 정관을 위반하는 경우와 그 밖에 대통령령으로 정하는 경우를 제외하고는 이를 주주총회의 목적사항으로 하여야 한다(363조의2③ 1문).157)

(나) 의안설명기회 부여    이사회가 주주제안의 내용을 주주총회의 목적사항으로 한 경우, 주주제안을 한 자의 청구가 있을 때에는 주주총회에서 당해 의안을 설명할 기회를 주어야 한다(363조의2③ 2문).158)

(다) 출석의무 여부    주주에게 의안을 설명할 기회가 부여되지만 의안을 설명

---

156) 주주제안을 받은 회사로서는 이러한 사항이 포함되지 아니한 주주제안이라는 이유로 주주제안 자체를 거부할 것이 아니라 주주총회의 소집통지 또는 공고를 할 때까지 주주제안자가 이러한 사항의 기재를 청구하지 아니하면 주주제안자 측의 후보에 대하여는 이러한 사항의 기재 없이 소집통지 또는 공고를 하고, 주주총회 현장에서 이러한 사항이 소집통지서에 기재되지 아니하였다는 이유로 안건으로 상정하지 않는 것도 히든카드로 남겨둘 필요가 있다. 이는 특히 주주총회 당일 파악한 결과 상대방의 회사의 예상과 달리 의외로 의결권을 다수 확보한 것으로 판단되는 경우에 활용할 카드로 유용하다.

157) 미국에서는 정기총회에 관한 주주제안은 전년도 정기총회와 관련하여 위임장설명서가 주주에게 교부된 날부터 최소한 120일 전에 회사의 주된 영업소가 이를 수령하여야 한다. 즉, 주주제안권의 행사는 전년도를 기준으로 회사가 위임장권유자료를 발송하기 120일 전에 하여야 한다. 그러나 i) 전년도에 주주총회가 열리지 않았거나, ii) 당해연도 주주총회 일자가 전년도 주주총회 일자와 30일 이상 차이가 나는 경우, 회사가 위임장권유자료를 인쇄하여 교부할 상당 기간 전에 회사에 도착하면 된다[SEC Rule 14a-8(e)(3)]. 임시주주총회에 관한 주주제안인 경우에는 모든 경우에 회사가 위임장권유자료를 인쇄하여 교부할 상당 기간 전에 회사에 도착하면 된다[SEC Rule 14a-8(e)(3)]. 또한 주주제안은 하나의 주주총회에 하나의 안건만 포함시킬 수 있으며[SEC Rule 14a-8(c)], 제안과 보충설명서를 포함하여 500 단어를 초과할 수 없다. SEC Rule 14a-8(d). SEC Rule이 규정하는 제안이유의 길이는 1942년(100단어), 1972년(200단어), 1976년(300단어), 1983년(400단어) 등과 같이 계속 확대되어 왔다.

158) 주주제안을 한 자의 설명 외에, 상법상 명문의 규정은 없지만 주주는 주주총회에서 이사에 대하여 상정된 의안에 대하여 설명을 요구할 수 있다.

할 의무는 없다. 이 점을 고려하면 의안을 제안한 주주가 주주총회에 출석하지 않더라도 회사는 제안된 안건을 상정하여야 한다.

(라) 주주제안 거부사유    상법상 주주제안 거부사유는 주주제안권의 명백한 남용을 방지하기 위한 예외적 규정으로서 마련된 것이므로, 그 남용의 위험이 명백하지 않은 한 소수주주의 주주제안권의 폭넓은 실현을 위하여 엄격하게 해석되어야 한다.159)

가) 의제만 제안한 경우    주주가 단순히 의제만 제안하고 구체적인 의안을 제출하지 않으면 의제만으로는 주주총회 결의대상이 될 수 없으므로 회사가 주주제안을 거부할 수 있다.160) 따라서 해당 주주총회에서 성립한 다른 결의에는 아무런 하자가 없고, 주주제안 부당거부 문제도 발생하지 않는다.

나) 의안을 제안한 경우    주주가 의안을 제안하면 이사회는 제안의 내용을 심의하여 법령 또는 정관을 위반하는 경우와 그 밖에 대통령령이 정하는 경우를 제외하고는 이를 주주총회의 목적사항으로 하여야 한다(363조의2③). 이사회가 주주총회의 목적사항으로 하지 않아도 되는 "대통령령으로 정하는 경우"란 주주제안의 내용이 다음 중 어느 하나에 해당하는 경우를 말한다(令 12조).

  1. 주주총회에서 의결권의 10%161) 미만의 찬성밖에 얻지 못하여 부결된 내용과 같은 내용의 의안을 부결된 날부터 3년 내에 다시 제안하는 경우162)

---

159) [서울북부지방법원 2007. 2. 28.자 2007카합215 결정]【의안상정등 가처분】"구 증권거래법 제191조의14 제3항 및 같은 법 시행령 제84조의21 제3항 각 호의 주주제안 거부사유들은 주주제안권의 명백한 남용을 방지하기 위한 예외적 규정으로 마련된 것이므로, 그 남용의 위험이 명백하지 않은 한 소수주주의 주주제안권의 폭넓은 실현을 위하여 그 사유들은 엄격하게 해석되어야 하고, 특히 추상적인 일반규정이라고 할 수 있는 '주주총회의 의안으로 상정할 실익이 없거나 부적합한 사항'에 대하여는 이사회의 재량판단의 남용을 막기 위해 더욱 엄격한 해석이 요청된다. 주주제안 거부사유의 하나로 구 증권거래법 시행령 제84조의21 제3항 제7호에 규정된 '주주총회의 의안으로 상정할 실익이 없거나 부적합한 사항'이라 함은 이미 이익이 실현되었거나 회사 이익과 아무런 관련이 없는 사항, 영업관련성이 없는 사항 또는 주식회사 본질에 적합하지 않은 사항 등으로서 형식적 판단에 의해 주주총회의 의결사항이 되기에 적당하지 아니한 것을 의미하는데, 이사 또는 감사의 선임을 내용으로 하는 의안이 그 자체로서 주주총회의 의결대상이 되기에 실익이 없다거나 부적합하다고 할 수 없다."

160) 이러한 경우 피보전권리에 대한 소명 부족을 이유로 의안상정 가처분신청을 기각한 판례가 있다(서울중앙지방법원 2007. 3. 26.자 2007카합785 결정).

161) 제1호에서 "의결권"은 "의결권 있는 발행주식총수"가 아니고 "출석주주의 의결권"으로 해석하는 것이 타당하다. 입법적으로 명확히 규정할 필요가 있는 부분이다.

162) 미국에서는 직전 5년간의 제안횟수에 따라 차등적인 찬성비율을 거부사유로 규정한다. 즉, 직전 5년 내에 회사의 위임장권유 참고서류에 포함된 내용과 실질적으로 동일한 사항을 제안하는 경우, 다음 조건에 해당하면 회사는 그 최근제안일로부터 3개년 내에 소집되는 주주총회

  2. 주주 개인의 고충에 관한 사항

  3. 주주가 권리를 행사하기 위해서 일정 비율을 초과하는 주식을 보유해야 하는 소수
     주주권에 관한 사항

  4. 임기 중에 있는 상장회사 임원의 해임에 관한 사항

  5. 회사가 실현할 수 없는 사항 또는 제안이유가 명백히 거짓이거나 특정인의 명예를
     훼손하는 사항

  제1호의 "같은 내용의 의안"은 "실질적으로 같은 내용의 의안"을 의미한다.[163)]
선임이 부결된 이사후보를 다시 이사후보로 제안하거나 정관변경 의안이 부결된
후 다시 동일한 내용의 정관변경을 제안하는 경우 동일한 의안에 해당한다.

  그러나 이익배당 의안의 경우, 부결된 후 다음 해에 다시 이익배당 의안을 제
안하는 것은 형식적으로는 같은 내용의 의안이지만 결산기가 달라서 실질적으로는
이익배당의 근거인 이익잉여금 처분계산서 등 결산재무제표의 내용이 다른 상황에
서의 의안이므로 같은 내용의 의안에 해당한다고 볼 수 없다. 그러나 실제로는 이
러한 법리에 의하더라도 같은 내용의 의안인지 여부가 애매한 경우가 많을 것인데,
실질적인 반복에 해당하는지에 따라 판단하여야 할 것이다.[164)]

  제1호의 "3년 내"는 제안주주에게 유리하게 해석하기 위하여, 종전 의안이 부
결된 총회일과 새로운 의안의 제안일을 기준으로 할 것이 아니고 종전 의안이 부결
된 총회일과 새로운 의안이 상정될 총회일을 기준으로 판단하여야 한다.[165)]

  제2호의 "개인의 고충"은 아예 주주총회 결의사항이 아닌 좁은 의미에서의 개
인적 고충과, 주주총회 결의사항이지만 제안자가 다른 일반 주주와 공유하지 않는

---

  에 대한 위임장권유 참고서류에서 제외할 수 있다[SEC Rule 14a-8(i)(11)].
   (i) 그 제안이 직전 5년간 단 1회 제안되어 3% 미만의 찬성표를 얻은 경우
   (ii) 그 제안이 직전 5년간 단 2회 제안되어 최근 제안시 6% 미만의 찬성표를 얻은 경우
   (iii) 그 제안이 직전 5년간 3회 이상 제안되어 가장 최근의 제안시 10% 미만의 찬성표를 얻
       은 경우
  일본 회사법 305조 제4항도 같은 취지로 규정한다. 일본에서는 총주주의 의결권의 10% 이상
  의 찬성을 얻어 다음 주주총회에 실질적으로 동일한 제안을 할 수 있는 권리를 "의안재제안
  권"이라 한다.
163) 일본 회사법 304조는 반복제안의 대상을 "실질적으로 동일한 의안"이라고 명시적으로 규정
  한다.
164) 예컨대 주식분할 제안이 부결된 후 분할비율을 달리 하여 다시 주식분할을 제안한 경우, 분
  할비율의 불공정이나 분할시기의 불합리성을 이유로 부결된 경우에는 반복제안이 아니지만,
  주식분할 자체가 부적절하다는 이유로 부결된 경우에는 동일한 의안이라 할 수 있다.
165) 주식회사법대계 제2판 Ⅱ, 106면.

개인적 이익도 포함한다.166)

　　제3호는 소수주주권 행사요건을 회피하기 위한 주주제안을 허용하지 않기 위한 규정이다. 또한 소수주주권은 굳이 주주제안절차를 취할 필요 없이 행사할 수 있다는 점에서 주주제안을 허용할 실익도 없다.

　　제4호의 임원의 해임에 관한 주주제안과 관련하여 "상장회사 임원의 해임"이라는 문구상 비상장회사 임원의 해임에 대한 주주제안이 가능하다. 상장회사에서 임기중인 임원을 해임하기 위해서는 임시주주총회소집을 청구해야 한다.

　　상장회사의 경우에도 소수주주의 이사해임청구권이 인정되는데 굳이 상장회사 임원의 해임에 관한 사항을 주주제안 거부사유로 규정한 것은 위임의 범위를 벗어난 것이라거나,167) 비상장회사의 임원과 비교하여 평등의 원칙에 반한다는 이유로168) 타당성이 의문이라는 비판이 있다.

　　제5호의 "회사가 실현할 수 없는 사항"과 관련하여, "제안 내용이 법령 또는 정관을 위반하는 경우(363조의2③ 각 호 외의 부분)"는 동시에 제5호 위반이 된다.169) 현재 감사를 두고 있는 회사가 감사위원회를 설치할 계획으로 정관변경의안을 상정한 경우에는 특정인을 감사로 선임한다는 내용의 주주제안은 법률적으로 "회사가 실현할 수 없는 사항"이다.170) 이 경우 제안주주는 제안기간이 경과하기 전에는 해당 특정인을 감사위원회위원으로 선임한다는 의안으로 변경할 수는 있다. 아니면 처음부터 감사위원회 설치시 감사위원으로 선임한다는 조건으로 감사 선임 의안을 제안하는 것이 바람직하다. 그런데 사실상 실현불가능성은 그 판단이 불명확한 경우가 많으므로 회사가 주주제안을 거부하는 경우에는 분쟁의 소지가 있을 것이다. "제안이유가 명백히 거짓"인지 여부도 대부분 사후적인 판단 대상이 될 것이라는 점에서 역시 분쟁의 소지가 있다. 한편 "특정인의 명예를 훼손하는 사항" 자체를 의안으로 하는 경우도 주주제안 거부사유이다.171)

---

166) 미국의 SEC Rule 14a-8(i)(4)도 같은 취지의 거부사유를 규정한다.

167) 송옥렬, 897면.

168) 이철송, 504면.

169) [서울중앙지방법원 2021. 3. 10.자 2021카합20285 결정] "…내용의 이 사건 최초 안건은, 그 내용이 채무자의 정관에 위반되거나 채무자가 실현할 수 없는 사항에 관한 것이므로, 이 사건 최초 안건에 대한 채권자의 주주제안은 적법하다고 볼 수 없다."

170) 이러한 상황에서 제안주주가 제기한 원래의 감사후보에 대한 감사선임의안상정 가처분신청을 기각한 판례가 있다(서울중앙지방법원 2007. 3. 15.자 2007카합668 결정).

171) 다만, 임원의 해임의안을 제안하는 경우 해당 임원의 명예를 훼손하는 내용이 제시될 수는 있으므로, 명예훼손 사항이 포함되었다고 하여 해임의안의 제안을 거부할 수는 없을 것이므로

위와 같은 거부사유 외에, i) 주주총회의 권한사항이 아닌 사항의 제안, ii) 법령·정관에 위반하는 내용의 제안(363조의2③ 1문),[172] iii) 회사의 사업내용과 전혀 관련이 없거나 회사의 이익을 해하는 제안, iv) 회사가 이미 시행하고 있는 사항에 대한 제안, v) 합병·분할과 같이 회사의 중대한 구조변경을 초래하는 제안,[173] vi) 주주로서의 자격과 무관한 순개인적인 이익의 추구를 위한 제안, vii) 주주총회의 운영을 방해하기 위한 제안 등은 해석상 거부사유에 해당한다.

상법상 비상장회사와 최근 사업연도 말 현재 자산총액이 1천억원 미만인 상장회사의 감사위원회위원은 이사회가 선임하므로 달리 주주총회에서 선임한다는 정관의 규정이 없는 한 주주총회 목적사항으로 할 수 없고 주주총회 권한사항이 아니므로, 감사위원회위원의 선임을 제안할 수 없다.

정관에 규정된 이사의 정원을 초과하는 수의 이사 선임을 제안하는 경우가 정관에 위반한 주주제안이다. 회사가 합병승인 의안을 상정하려면 먼저 합병당사회사가 합병계약서를 작성하여야 한다. 만일 합병에 관한 주주제안이 이러한 합병계약서를 작성하도록 하는 것이라면, 주주총회에서 가결되더라도 그 결의는 법적 강제력이 없고 권고적 효력만 있을 뿐이다.

정관에서 주주제안 거부사유를 규정하는 경우에도 이를 무제한적으로 적용하는 것은 허용되지 않고, 소수주주의 주주제안권을 침해하지 않는 한도에서 적용해야 할 것이다. 따라서 정관에 규정된 거부사유가 광범위할수록 제한적으로 적용되어야 할 것이다.

9) 주주제안의 철회

회사가 주주제안에 의한 의안을 회의의 목적사항으로 하여 주주총회소집을 통지한 후에 주주제안을 한 주주가 주주총회 전에 또는 주주총회 당일 스스로 제안을

---

불합리한 규정이라는 견해도 있다(이철송, 505면).

172) 이사선임의 주주제안에서 제안후보의 수와 재임이사의 수를 합하면 정관의 이사의 원수를 초과하는 경우에는 정관에 위반한 주주제안으로 주주제안 거부사유에 해당한다.

173) 구 증권거래법 시행령 제84조의21 제3항은 제4호에서 "합병·분할·분할합병·영업양수 또는 양도 및 제3자에 대한 신주발행에 관한 사항"를 주주제안 거부사유로 규정하였으나, 2000년 3월 개정시 삭제되었다. 이는 회사의 중대한 구조변경사유를 소수주주의 주주제안의 대상으로서는 부적절하기 때문에 삭제한 것이다. 즉, 이러한 사항이 주주제안 거부사유가 아니라는 취지에서 삭제한 것이 아니라 처음부터 주주제안사항이 아니라는 취지에서 삭제한 것이다. 예컨대 회사가 합병승인안건을 상정하려면 먼저 합병당사회사가 합병계약서를 작성하여야 한다. 만일 합병에 관한 주주제안이 이러한 합병계약서를 작성하도록 하는 것이라면, 주주총회에서 가결되더라도 그 결의는 법적 강제력이 없고 권고적 효력만 있을 뿐이다.

철회하는 것도 허용되는지에 대하여 논란의 여지가 있다. 회사 입장에서 일반적으로는 제안주주가 주주제안을 철회함에 따른 불이익이 없겠지만, 주주제안 거부사유 중 제1호의 반복제안 금지를 향후 3년간 적용하기 위하여 제안된 의안을 상정하여 부결시킬 실익은 있다. 특히 중요하고 민감한 의안을 부결시키기 위하여 주주들을 설득하는데 많은 노력을 기울인 회사로서는 그러한 필요성이 클 것이다. 그렇다고 제안주주가 주주제안을 철회하는 것을 무조건 금지할 이유는 없으므로, 주주총회에서 의안으로 상정되기 전에는 자유롭게 주주제안을 철회할 수 있고, 일단 의안으로 상정된 경우에는 회사(주주제안을 수령한 이사)의 동의를 받아야 주주제안을 철회할 수 있다고 해석하는 것이 적절할 것이다.174) 회사는 주주총회 소집통지 전에 주주제안이 철회되면 주주제안이 처음부터 없었던 것으로 취급하면 되고, 소집통지 후 주주총회에서 의안으로 상정되기 전에 주주제안이 철회되면 다시 수정된 소집통지를 하거나 (재통지를 할 시간적 여유가 없으면) 주주총회에서 주주제안의 철회를 공지하면 될 것이다.

주주총회에서 의안으로 상정되기 전에 제안주주가 주주제안을 철회한 경우에는 의장이 이를 임의로 의안으로 상정할 수 없다. 반드시 이러한 의안에 대한 결의를 원하는 주주는 (상장회사의 이사·감사 선임 의안인 경우가 아니면) 이사회가 정한 회의의 목적사항 범위 내에서 철회된 의안과 같은 내용의 수정동의를 할 수 있다.

한편, 주주제안에 의한 의안은 제안주주가 스스로 철회하지 않는 한 회사가 해당 의안의 철회안을 상정하여 강제로 철회시키는 것은 허용되지 않는다.175) 즉, 주주가 제안한 의안의 철회는 제안주주만이 할 수 있다고 해석된다. 이사회가 주주제안의 내용을 주주총회의 목적사항으로 한 경우, 주주제안을 한 자의 청구가 있을 때에는 주주총회에서 당해 의안을 설명할 기회를 주어야 하고(363조의2③), 특히 주주제안이 이사 선임에 관한 것이고 그 이사 선임이 집중투표제의 방법에 의하는 경우에는 주주제안에 의한 의안을 단순투표에 의하여 철회하는 결과가 되기 때문이다.

### 10) 이사후보의 수가 선임할 이사의 수를 초과하는 경우

회사가 정한 이사후보 외에 주주제안에 의한 후보까지 포함하면 회사가 당초

---

174) 국회법상 의원은 원칙적으로 자신이 발의한 의안을 철회할 수 있지만, 본회의 또는 위원회에서 의제가 된 의안을 철회하려면 본회의 또는 위원회의 동의를 얻어야 한다(국회법 90조①,②).
175) 주주제안에 의한 의안이 아닌 경우에는 소집통지 후에도 이사회 결의를 거쳐 회의의 목적사항의 전부 또는 일부를 철회·변경하는 것도 가능하다.

선임할 이사의 수보다 이사후보의 수가 많게 된다. 소수주주들 간의 의견불일치나 입장차이로 인하여 내용이 다른 주주제안이 경합하는 경우에도 이러한 상황이 발생하게 된다.176) 다만, 주주제안에 의한 이사후보의 수와 재임이사의 수를 합하면 정관의 이사의 원수를 초과하는 경우에는 정관변경에 관하여도 함께 제안하지 않은 이상 정관에 위반한 주주제안으로 주주제안 거부사유에 해당한다.177)

선임할 이사의 수, 이사의 종류(사내이사, 사외이사, 기타비상무이사), 선임방법(집중투표 여부) 등이 다른 경우에는 아직 확립된 실무례가 없다. 선임할 이사의 수보다 후보의 수가 많은 경우, i) 주주제안을 원래 회사가 정한 의안에 대한 수정동의로 보아 주주제안에 의한 의안을 먼저 상정하는 방법, ii) 후보자별 복수의 선임의안을 일괄상정하여 후보자별로 찬반투표를 하여 다득표순으로 선임하는 방법,178) iii) 투표지에 후보자 모두를 기재한 후 선임할 이사수만큼의 후보에게만 찬반을 표기하여 다득표순으로 선임하는 방법(선택표결), iv) 복수의 선임의안을 일괄상정하지 않고 후보별로 선임할 이사의 수에 이를 때까지 순차로 의안을 상정하는 방법(순차표결) 등이 있다.179) 의장은 어느 방법에 의할 것인지 주주들에게 제시할 수 있지만, 이에 반대하는 주주가 있으면 선임방법에 관한 의안을 먼저 상정하여 결의하는 것이 바람직하다.

이와 관련하여, 주주제안을 한 소수주주의 의사는 선임할 이사의 수에 대하여도 제안한 후보를 포함하여 증원하자는 취지로 보아 정관의 이사의 정원 규정에 반하지 않는 이상 증원된 수의 이사를 선임하는 것이 주주제안권의 실효성 보장을 위하여 바람직하다는 견해가 있다.180) 이 경우에는 모든 후보를 대상으로 순차로 또

---

176) 특히 최대주주의 보유지분이 작고 여러 주요주주들이 있을 때 이러한 경우가 많을 것이다.
177) 다만, 주주제안의 내용상 정관의 이사 정원 규정의 변경도 포함하는지 불명확한 경우에는 제안주주에게 이를 확인하는 것이 바람직하다.
178) 다득표순으로 선임하는 경우에도 다득표자는 선임정족수인 보통결의요건(의결권 있는 발행주식총수의 1/2 이상과 출석의결권의 과반수)를 충족하여야 하며, 의장은 표결 전에 다득표순으로 선임한다는 공지를 명확히 해야 한다. 또한, 순차표결방법은 먼저 상정되는 후보가 유리하게 되고, 또한 의안별로 투표에 참가하는 주주의 수가 달라질 수 있으므로 현저히 불공정한 결의방법으로서 결의취소사유에 해당할 가능성이 있다.
179) 이 경우에는 선임할 이사수를 초과하는 투표는 무효로 보아야 하고, 투표의 분산으로 결의요건을 충족하는 후보자의 수가 선임할 이사수보다 적게 될 가능성이 있다.
180) 김지평, "주식회사 이사 및 감사위원 선임의 실무상 쟁점", 한국상사판례학회 2019년 춘계학술대회 자료집, 50면. 이를 일반화하여 적용하는 것에 대하여는 논란의 여지가 있겠지만, 주주총회 소집통지에 선임할 이사의 수를 명기하지 않았다면 이러한 결의를 위법하다 할 수 없을 것이다.

는 일괄하여 투표를 하여 정관상 이사의 원수를 초과하지 않는 범위에서 보통결의 요건을 충족하는 후보를 전부 이사로 선임하여야 할 것이다. 그러나 회사는 적정수의 이사를 유지하는 것이 바람직하므로 선임할 이사의 후보를 정하여 주주총회 소집을 결의한 이사회 결의를 존중하여 선임결의 전에 의장이 선임할 이사의 수에 관한 의안을 먼저 상정하여 가결된 후 그에 맞추어 이사선임결의를 하는 것이 적절한 진행이다.

### 11) 주주제안 거부의 효과

(가) 의제만 제안한 경우    주주가 단순히 의제만 제안하고 구체적인 의안을 제출하지 않으면 의제만으로는 주주총회 결의대상이 될 수 없으므로 회사가 주주제안을 거부할 수 있다.181) 따라서 해당 주주총회에서 성립한 다른 결의에는 아무런 하자가 없고, 주주제안 부당거부 문제도 발생하지 않는다. 의제만 제안한 주주의 의안 제출시한에 관하여는, 주주총회에서의 의안제출권을 규정한 일본 회사법 제304조와 달리 상법에는 아무런 규정이 없으므로, 주주총회일 6주 전, 소집통지 전, 주주총회 당일 등 여러 가지 견해가 있는데, 의제만 제안한 주주가 주주총회에서 의안을 제출하고 이를 대상으로 결의한 경우에는 소집통지에 기재되지 않은 의안에 대한 결의로서 결의취소의 대상이 된다는 하급심 판례도 있다.182)

(나) 의안을 제안한 경우

가) 대응하는 회사 측의 의안이 가결되지 않은 경우    소수주주가 구체적인 의안을 제안하였으나 회사가 정당한 사유 없이 이를 거부한 경우에도 주주가 제안한 의안과 대응하는 회사 측의 의안이 가결된 바가 없으면 역시 해당 주주총회의 다른 결의에는 아무런 하자가 없다. 다만, 이러한 경우 주주제안을 부당하게 거부한 이사는 제안주주에 대하여 손해배상책임을 질 수도 있고, 과태료 제재도 받는다(635조 21호).

소수주주가 '현재 재직 중인 이사 외 특정인 2명의 이사 추가 선임'을 주주총회의 목적사항으로 할 것을 제안하면서 집중투표를 함께 청구하였는데, 회사의 이사회가 주주제안에 따른 2명의 특정 후보에 이사선임 의안이 아니라 '현재 재직 중인 이사 외 2명의 이사 추가 선임의 당부'라는 의안으로 변형상정하여 부결되었고, 그와 별도로 임기가 만료되는 이사 1명에 관한 이사 선임결의가 이루어지자, 제안

---

181) 이러한 경우 피보전권리에 대한 소명 부족을 이유로 의안상정 가처분신청을 기각한 판례가 있다(서울중앙지방법원 2007. 3. 26.자 2007카합785 결정).
182) 서울중앙지방법원 2008. 1. 21.자 2007카합3917 결정.

주주가 주주제안권 침해를 이유로 이사 선임결의의 취소를 구한 사안에서, 법원은 주주제안권 침해를 인정하면서도 주주가 제안한 의안과 대응하는 의안이 아닌 다른 의안에 대한 결의취소를 구할 수 없다는 이유로 원고들의 청구를 기각하였다.[183]

183) [서울고등법원 2015. 8. 22. 선고 2015나2019092 판결]
  (1) 피고가 원고들의 주주제안권을 침해하였는지 여부
  1) 원고들은 '현재 재직 중에 있는 이사 이외에 2명의 이사를 추가로 선임하는 사항'을 주주총회의 목적사항으로 할 것을 제안하였고, 그 의안의 요령으로는 원고 B과 D를 후보로 할 것을 제안하였으며, 원고들은 주주총회일의 7일 전인 2014. 3. 10. 서면으로 2명의 이사를 추가로 선임하면서 집중투표의 방법으로 이사를 선임할 것을 청구하였다.
  2) 피고 이사회는 원고들이 제안한 의제 그대로 '현재 재직 중에 있는 이사 이외에 2명의 이사를 추가로 선임하는 사항'을 주주총회의 안건으로 상정해야 하고, 그에 맞게 주주총회 소집통지를 해야 한다.
  3) 그런데 피고 이사회는 원고들이 제안한 의제를 그대로 주주총회의 안건으로 상정하지 않고, 원고들이 제안한 내용을 변형하여 '현 이사 외 2명의 이사 추가 선임의 건의 당부'를 안건으로 상정하였다. 그로 인해 '현 이사 외 2명의 이사 추가 선임의 건의 당부'라는 안건이 주주총회 보통결의로 가결되어야만 원고들이 추천한 후보들에 대하여 집중투표의 방식으로 이사 선임결의가 이루어질 수 있게 되었다.
  4) 위와 같이 변형되어 상정된 '현 이사 외 2명의 이사 추가 선임의 건의 당부'라는 안건은 부결되었고, 이에 따라 원고들이 추천한 이사 후보자들에 대한 집중투표가 이루어질 수 없었다. 위와 같이 피고 이사회가 변형된 안건을 주주총회의 목적사항으로 한 것은 상법이 규정하고 있는 주주제안권 및 집중투표의 규정취지를 잠탈하는 것으로 원고들이 제안한 의제를 주주총회의 목적사항으로 상정하였다고 볼 수 없으므로, 원고들의 주주제안권이 침해되었다고 보아야 한다.
  (2) 주주제안권 침해 등을 이유로 이 사건 결의를 취소할 수 있는지 여부
  1) 판단 기준
  가) 먼저 이사회가 주주의 의안제안을 부당하게 거절한 경우, 즉 주주가 의안제안권을 행사하여 회사의 제안에 대하여 수정제안이나 반대제안 등을 하였음에도 제안한 의안의 요령을 통지와 공고에 기재하지 않은 경우에는 소집절차 및 결의 방법이 법령에 위반하여 당해 의안에 대응하는 의제에 대한 결의는 상법 제363조의2를 위반한 위법한 결의이다. 따라서 의안제안을 무시한 결의는 상법 제376조에 따라 취소할 수 있다.
  나) 반면 이사회가 주주가 제안한 의제 자체를 부당하게 거절하여 주주총회의 의제로 상정하지 않은 경우라면 그 의제 자체가 주주총회에서 다루어지지 않게 되므로 주주제안에 대응하는 결의 자체가 존재하지 않는다. 그러므로 주주의 주주제안권이 부당하게 침해되었다고 하더라도 의제제안의 부당거절이 주주총회에서 이루어진 다른 결의의 효력에는 영향을 미치지 않는다.
  2) 이 사건 결의의 효력에 관한 판단
  앞에서 본 바와 같이 2014. 3. 26. 정기주주총회에서 '현 이사 외 2명의 이사 추가 선임의 건의 당부'에 대하여 표결하여 부결되는 바람에 원고들이 주주제안한 '현 이사 외 2명의 이사 추가 선임의 건'의 의제는 2014. 3. 26. 정기주주총회에서 의제로 상정되지 않았는데 과연 원고들이 제안한 주주제안이 2014. 3. 26. 정기주주총회에서 의제로 다루어진 것으로 평가할 수 있는지에 관하여 살펴본다. 주주총회에서 이사 추가 선임의 건을 의제로 하여 결의를 하는 경우에 주주들이 그 결의를 함에 있어 중요하게 고려하는 요소에는 단순히 몇 명을 이사로 추가 선임할지 여부가 아니라 추천된 후보자를 이

나) 대응하는 회사 측의 의안이 가결된 경우    주주가 구체적인 의안을 제안하였으나 회사가 정당한 사유 없이 이를 거부하고 그에 대응하는 회사 측의 의안이 가결된 경우, 그 결의는 결의방법이 법령에 위반한 것으로서 결의취소의 소의 대상이 된다(376조①). 결의취소의 소는 주주·이사·감사가 제기할 수 있고, 단독주주권이므로 의결권 없는 주식의 주주를 포함한 모든 주주가 제소권자이며, 주주제안을 하지 않은 주주는 물론 주주제안을 거부한 이사회 결의에 찬성한 이사도 본인의 업무상의 과오를 시정할 기회를 박탈할 필요가 없으므로 원고적격이 인정된다. 결의취소의 소가 제기되더라도 위와 같은 손해배상책임과 과태료 제재에는 영향이 없다.

(다) 의안의 요령 기재청구권·의안설명권 침해    회사가 주주제안권자의 의안의 요령 기재청구를 거부하거나, 주주제안을 한 자에게 주주총회에서 해당 의안을 설명할 기회를 부여하지 않은 경우에는, 회사가 정당한 사유 없이 주주의 의안제안을 거부한 경우와 같이 해석한다. 즉, 의안의 요령 기재청구권·의안설명권이 침해당한 의안과 대응하는 회사 측의 의안이 가결된 경우에는 그 결의는 결의방법이 법령에 위반한 것으로서 결의취소의 소의 대상이 된다.

12) 집중투표제와의 관계

소수주주가 복수이사 선임을 제안하면서 집중투표를 함께 청구한 경우에 회사가 선임될 이사의 수를 확정하는 의안을 별도의 선결 의안으로 상정하고, 그 의안

---

사로 추가 선임할지 여부라 할 것이므로 단순히 이사 몇 명을 추가로 선임할지 여부에 대한 의제와 구체적으로 누구를 이사로 추가 선임할지 여부에 대한 의제는 서로 다르다 할 것인바, 이 사건의 경우에 원고들이 제안한 주주제안의 내용은 현 이사 외 2명의 이사를 추가로 선임하고 추가되는 2명의 이사는 원고 B, D로 해달라는 것으로 그 의제는 원고 B, D를 2명의 이사로 추가 선임해달라는 것임에 반하여 2014. 3. 26. 정기주주총회에서 다루어진 의제는 단순히 현 이사 외 2명의 이사를 추가로 선임할지 여부에 대한 당부 판단으로 원고들이 제안한 주주제안의 의제와 2014. 3. 26. 정기주주총회에서 다루어진 의제는 서로 다른 것으로 봄이 상당하다. 따라서 원고들이 주주제안한 위 의제는 2014. 3. 26. 정기주주총회에서 의제로 다루어졌다고 보기 어렵고, 이 사건 결의에서 G를 이사로 선임한 것은 2014. 3. 26. 주주총회 당시 재직 중이던 피고의 이사 3명 중 1명이었던 G의 임기가 곧 도래함에 따른 것이고, 원고들이 제안한 '현 이사 외 2명의 이사 추가 선임'과 관련된 것은 아니므로, 원고들의 주주제안권을 침해한 위법을 문제삼아 이 사건 결의까지 취소할 수는 없다고 보아야 한다. 따라서 원고들은 주주제안이 부당하게 거절되어 주주총회의 목적사항에 포함되지 않았음을 이유로 이사를 상대로 민사상 손해배상을 청구하거나, 이사가 상법 제635조 제1항 제21호에 따라 500만 원 이하의 과태료의 제재를 받을 것인지 여부는 별론으로 하고, 주주제안권 침해를 이유로 이 사건 결의 자체의 취소를 구할 수는 없다(1심인 서울중앙지방법원 2015.4.9. 선고 2014가합529247 판결도 같은 내용이고, 상고인의 상고이유서 미제출로 원심 판결이 확정되었다).

이 부결되면 집중투표를 하지 않을 수 있는지에 관하여 논란의 소지가 있는데, 이와 관련하여 소수주주가 정기주주총회의 소집·개최에 앞서 "기존 상임이사 3인에 추가하여 기타비상무이사 4인을 증원하고, 소수주주가 제안·추천하는 후보들 4인 중에서 집중투표의 방법으로 선임"한다는 내용의 주주제안을 한 사안이 있다.

가. 채권자는 이 사건 회사의 의결권 있는 발행주식총수 180,000주 중 83,500주 (46.39%)를 보유하고 있는 주주인데, 2013. 12. 2. 이 사건 회사에 대하여 제50기 정기 주주총회에서 채권자가 주천한 비상무이사 4인을 선임할 것을 제안하고 그 선임을 집중투표방법으로 할 것을 청구하였다.

나. 위 주주제안을 통지받은 이 사건 회사는 2013. 12. 13. 이사회를 개최하였는데, 위 이사회는 위 주주제안 안건에 대하여 채권자가 제안한 내용을 의안 ③으로 하고 위 의안 이전에 의안 ①, ②를 추가하기로 하여 아래와 같은 내용으로 의결하였다.

① 정기주주총회의 목적사항 중 "이사선임"의 의제에 관한 의안에 "기타 비상무 이사" 선임의 건을 추가하는 건

② 위 ①의 의안이 가결될 경우에 "기타 비상무이사 선임정원"을 4인을 결의하는 건을 추가하는 건

③ 위 ②의 의안이 가결될 경우에 가결된 선임정원 수에 해당하는 수의 "기타 비 상무이사"를 "기타 비상무이사" 후보 중에서 선임하는 건을 추가하는 건

다. 위 이사회 결의에 따라 이 사건 회사의 대표이사인 채무자는 이 사건 주주총회의 소집통지를 하면서 "제4호 의안: 이사 선임의 건"이라는 항목 아래 주주들에게 통지하였다.

라. 채무자는 2014. 1. 14. 이 사건 주주총회에서 의장으로서 위 제4호 의안을 상정함 에 있어 별지 기재 (1) 의안 이전에 별지 기재 (2) 의안을 먼저 상정하였는데, (2) 의안 중 우선 ① 의안 표결결과 출석주주 180,000주 중 포기 46.39%(83,500주. 채 권자는 주주제안 안건을 위와 같이 임의로 변경하여 진행한 의안상정 절차가 법 률위반이라고 주장하며 표결권을 행사하지 않았다), 반대 53.61%(96,500주)로 위 ① 의안이 부결되어, 이후 위 ① 의안이 가결될 것을 전제로 한 ②, ③ 의안은 표 결에 부쳐지지도 않았다.

마. 이후 채무자는 별지 기재 (1) 의안을 상정하고, 표결결과 출석주주 180,000주 중 찬성 53.61%(96,500주), 포기 46.39%(83,500주. 채권자는 앞서 본 바와 같은 이유 로 표결권 행사를 하지 않았다)로 위 의안이 가결되어, 채무자는 이 사건 회사의 이사 및 대표이사로 선임되었다.

이 사건 소송(주위적으로 결의무효확인, 예비적으로 결의취소) 제1심과 제2심 모두

이사 선임 결의에 무효나 취소 사유가 없다고 판시하였다. 제1심에서는 주주제안
권·집중투표의 규정취지를 잠탈하는 것으로 위법하다고 볼 여지가 있다고 판시하
였으나,184) 제2심에서는 주주제안권의 침해만 인정하고 집중투표권의 침해는 부인
하였다.185)

---

184) [인천지방법원 2014. 10. 17. 선고 2014가합51578 판결] "원고가 의결권의 과반수를 확보하지
   못하고 있는 이상 원고가 추천한 이사 후보자들에 대한 집중투표 자체가 이루어질 수 없게 될
   가능성이 크다. 따라서 피고의 위와 같은 변형된 안건 상정은 상법이 정한 주주제안권 및 집
   중투표의 규정취지를 잠탈하는 것으로 위법하다고 볼 여지가 있다."

185) [서울고등법원 2015. 5. 29. 선고 2014나2045252 판결] "가) 주주제안 규정 위반 여부
   (1) 상법 제363조의2 제1항은「의결권 없는 주식을 제외한 발행주식총수의 100분의 3 이상에
   해당하는 주식을 가진 주주는 이사에게 주주총회의 6주 전에 서면 또는 전자문서로 일정한
   사항을 주주총회의 목적사항으로 할 것을 제안(이하 '주주제안'이라 한다)할 수 있다.」고 규정
   하고 있고, 같은 조 제3항은「이사는 제1항에 의한 주주제안이 있는 경우에는 이를 이사회에
   보고하고, 이사회는 주주제안의 내용이 법령 또는 정관을 위반하는 경우와 그 밖에 대통령령으
   로 정하는 경우를 제외하고는 이를 주주총회의 목적사항으로 하여야 한다. 이 경우 주주제안을
   한 자의 청구가 있는 때에는 주주총회에서 당해 의안을 설명할 기회를 주어야 한다.」고 규정하
   고 있다. 나아가 상법 시행령 제12조는 주주제안을 거부할 수 있는 사유를 열거하고 있다.
   (2) 이러한 상법의 규정과 앞서 본 인정사실에 의하면, 원고가 피고 및 피고의 이사들에 대하
   여 상법 제363조의2에서 정한 요건과 절차를 갖추어 '이 사건 의안'을 주주제안을 하였고, '이
   사건 의안'이 법령 또는 정관을 위반하는 것이라거나, 상법 시행령 제12조에서 정하는 거부사
   유에 해당한다고 볼 만한 증거가 없다. 따라서 피고 이사회는 원고가 제안한 '이 사건 의안'을
   주주총회 의안으로 상정하여야 할 의무가 있다. 그런데 피고 이사회는 원고가 제안한 '이 사
   건 의안'을 주주총회에 그대로 상정하지 않고, 원고가 제안한 내용을 변형하여 '기타비상무이
   사 선임의 건'과 '기타비상무이사선임정원을 4인으로 결의하는 건'이 먼저 가결될 것을 조건으
   로 하여 '이 사건 의안'의 상정이 가능하도록 하였으며, 그 결과 이 사건 주주총회에서는 '이
   사건 의안'이 주주총회 의안으로 상정되지 못하였는바, 피고의 위와 같은 변형된 안건 상정은
   상법 제363조의2가 규정한 주주제안권의 규정취지를 잠탈하는 것으로서 위법하다고 볼 여지
   가 있다.
   나) 집중투표 규정 위반 여부
   (1) 상법 제382조의2 제1항은「2인 이상의 이사의 선임을 목적으로 하는 총회의 소집이 있는
   때에는 의결권없는 주식을 제외한 발행주식총수의 100분의 3 이상에 해당하는 주식을 가진
   주주는 정관에서 달리 정하는 경우를 제외하고는 회사에 대하여 집중투표의 방법으로 이사를
   선임할 것을 청구할 수 있다.」라고 규정하고 있고, 같은 조 제3항 및 제4항은「③ 제1항의 청
   구가 있는 경우에 이사의 선임결의에 관하여 각 주주는 1주마다 선임할 이사의 수와 동일한
   수의 의결권을 가지며, 그 의결권은 이사 후보자 1인 또는 수인에게 집중하여 투표하는 방법
   으로 행사할 수 있다. ④ 제3항의 규정에 의한 투표의 방법으로 이사를 선임하는 경우에는 투
   표의 최다수를 얻은 자부터 순차적으로 이사에 선임되는 것으로 한다.」라고 규정하고 있다.
   (2) 위에서 본 것처럼 집중투표제는 이사의 선임을 위한 투표방법의 하나로서, 2인 이상의 이
   사를 선임하는 것을 목적으로 하는 주주총회의 소집이 있는 때에서야 비로소 그 청구가 가능
   한 제도이다. 따라서 앞서 본 주주제안권과는 그 행사요건과 내용, 성격 등을 달리한다. 즉,
   집중투표 청구 자체가 주주제안의 내용이 될 수는 없고, 집중투표 청구를 하였다고 하더라도
   그 주주총회에서 복수의 이사를 선출하지 않는 경우에는 집중투표제도가 적용될 여지가 없다.
   (3) 이 사건에서 원고는 '4인의 이사 선임'을 주주제안하고, 당해 이사 선임시 '집중투표'의 방

생각건대, i) 이사 선임은 회사의 비용 부담을 가중시키고 의사결정의 효율성을 저하시킬 우려가 있으므로 이사 증원의 필요성이나 적정 증원 숫자에 관하여는 주주들의 판단을 거칠 필요가 있어 보이는 점, ii) 이사의 증원과 선임을 결합한 하나의 주주제안이 있는 경우 주주총회에서 그 의안 자체에 대한 가부만을 결의해야 한다는 구속력을 인정하게 되면, 소수주주가 회사에 불필요하게 증원된 수십 명의 이사 선임을 요구하는 주주제안을 하더라도 다수주주가 이를 전혀 제지하지 못하게 되는 점 등을 고려하면, 이사의 증원 여부를 선행 의안으로 상정하여 적정 증원 수에 관하여 주주들이 먼저 판단하고 결의하도록 하는 것이 바람직하다.

다만, 이 때 주주제안을 회사가 임의로 변형하여 상정하는 경우에는 주주제안권을 침해한다는 문제가 제기될 가능성이 있으므로, 이사를 증원할 것인지 여부를 결정하는 의안을 상정하여 보통결의에 의하여 결정하고 부결되는 경우 이에 따라 집중투표제를 실시하지 않는 진행이 바람직할 것이다.

---

법으로 선임할 것을 청구하였다. 여기에서 원고의 주주제안 내용은 '4인의 이사 선임'이며, '집중투표' 청구는 복수의 이사 선임을 전제로 한 이사 선출 방법에 해당할 뿐이다. 앞서 본 것처럼 주주제안의 내용을 상정하지 아니하거나 변형하여 상정하는 것은 상법상 주주제안 규정에 위배되거나 위배될 여지가 있으므로, 피고의 이사회는 원고가 주주제안한 '4인의 이사 선임' 의안을 주주총회 안건으로 상정하고 이 사건 주주총회에서 그 의안에 관하여 결의하였어야 함이 옳다. 다만 원고가 주주제안한 '4인의 이사 선임'이라는 의안 자체의 채택 여부에 대한 결의는 주주총회 보통결의의 방식으로 하면 족하다고 보인다. 집중투표제도는 이사 선출을 위한 투표방법의 하나이지, 주주총회에 제출된 의안의 채택 여부 등을 정할 때 사용할 수 있는 결의방법은 아니기 때문이다. 다시 말해 원고가 주주제안한 '4인의 이사 선임'이라는 안건이 주주총회에서 가결되어 복수의 이사를 선임하기로 결의된 이후라야만 비로소 집중투표 방식에 의한 이사선출이 가능하다고 할 것이다. 주주가 '복수의 이사 선임'이라는 주주제안을 하면서 '집중투표' 청구를 동시에 하였다고 하여, 주주의 집중투표권을 보호하기 위해 주주제안의 안에 대한 주주총회의 결의 권한까지 배제되어야 한다고 볼 수는 없기 때문이다. 원고는 위와 같은 경우 '복수의 이사 선임'이라는 주주제안을 주주총회 보통결의로 먼저 부결시킨다면, 소수주주를 위하여 마련된 '집중투표제도'는 적용될 여지가 없어지므로 부당하다고 주장하나, 이는 상법이 '동일한 총회에서 2인 이상의 이사를 선임하는 경우'에만 집중투표가 가능하도록 규정한 데에 따른 집중투표제도의 내재적인 한계에 불과하지, 이를 집중투표제도 위반 또는 침해로 볼 것은 아니다.
(4) 위 인정사실에 의하면, 이 사건 주주총회에서 '복수 이사 선임'을 내용으로 하는 '이 사건 의안'은 상정되지 않았고, 그 밖에 2인 이상의 이사를 선임하기로 하는 취지의 결의도 없었다. 이에 따라 '임기만료 사내이사 B의 후임 사내이사 선임의 건'에 관한 결의(1인의 이사 선임을 위한 결의)만 이루어졌다. 결국 '이 사건 결의'가 집중투표의 방법이 아니라 보통결의의 방법으로 이루어진 것은 상법 제382조의2가 정한 '2인 이상의 이사 선임'이라는 요건이 갖추어지지 않았기 때문인데, 앞서 본 것처럼 '복수이사 선임'을 내용으로 하는 주주제안을 주주총회에서 반드시 채택해야 하는 것은 아닌 점을 감안하면, 위와 같은 결과는 집중투표제도의 내재적 한계로 인한 것으로 보아야 할 것이다. 따라서 '이 사건 결의'가 집중투표 규정에 위반된다는 취지의 원고의 주장은 이유 없다"(대법원에서 심리불속행으로 상고 기각).

13) 임시주주총회 소집청구제도와의 관계

상법상 소수주주의 임시주주총회 소집청구권과 주주제안권은 그 지주요건이 대체로 같지만, 별개의 권리이므로 소수주주는 양 권리를 선택적으로 행사할 수 있다.186)

14) 의안상정 가처분

(가) 의   의   회사가 주주제안을 무시하고 주주총회 소집절차를 밟는 경우, 주주제안을 거부당한 주주가 임시주주총회 소집청구를 하지 아니하고, 주주제안권 자체의 실현을 위하여 거부당한 의안을 주주총회의 목적사항으로 상정시키는 형태의 가처분신청을 하는 것도 허용된다. 이를 의안상정 가처분이라 한다. 통상 실무상으로는 의안상정 가처분신청시 상법 제363조의2 제2항과 같이 의안의 요령을 통지에 기재할 것도 함께 신청한다.187) 상장회사가 이사·감사의 선임에 관한 사항을 목적으로 하는 주주총회를 소집통지하는 경우에는 이사·감사 후보자의 성명, 약력, 추천인, 그 밖에 대통령령으로 정하는 후보자에 관한 사항(슈 31조③)을 통지하여야 한다(542조의4②).188) 그리고 상장회사가 주주총회에서 이사 또는 감사를 선임하려는 경우에는 제542조의4 제2항에 따라 통지하거나 공고한 후보자 중에서 선임하여야 한다(542조의5). 상장회사의 경우 소집통지를 받고도 직접 주주총회에 참석하지 않는 주주들이 많다는 현실을 고려하면 주주들에게 통지되지 않은 후보를 이사로 선임하는 것이 바람직하지 아니하므로 상법은 이를 허용하지 않는다는 취지를 명문화한 것이다. 하급심 판례도 상법 규정과 같은 취지로 판시한 바 있다.189) 따

---

186) 주주제안과 임시주주총회 소집청구제도와의 관계에 대하여는 [제4장 제2절 Ⅱ. 1. (1) 2) (다) 라) 참조].

187) [서울중앙지방법원 2021. 3. 10.자 2021카합20285 결정의 주문]
   1. 채무자는 채권자가 제안한 별지 1 기재 의안을 2021. 3. 26. 개최 예정인 채무자의 2021년도 정기주주총회에서 의안으로 상정하여야 한다.
   2. 채무자는 위 정기주주총회일 2주 전까지 각 주주에 대하여 별지 1 기재 의안을 기재하여 정기주주총회 소집통지 및 이에 갈음하는 공고를 하여야 한다

188) 구 증권거래법 제191조의10 제2항은 회의의 목적사항이 이사의 선임에 관한 사항인 경우에만 이사후보자의 성명·약력·추천인, 그 밖의 대통령령이 정하는 후보자에 관한 사항을 통지 또는 공고하여야 한다고 규정하였다. 그러나 감사는 사실상 대주주의 영향력하에 있는 이사들의 직무집행을 감독하는 기관이므로 그 법적 지위와 직무권한의 행사에 있어서 독립성과 중립성을 확보·유지할 필요가 있고, 누가 감사가 되느냐는 주주들의 중대한 이해관계가 걸려 있는 문제이므로, 상법에서는 감사선임을 위한 주주총회의 소집통지 또는 공고의 경우에도 이사와 같은 사항을 통지 또는 공고하도록 한 것이다.

189) [서울중앙지방법원 2004. 3. 18. 선고 2003가합56996 판결] "피고회사의 이사의 선임에 관한 이 사건 결의를 함에 있어 피고회사의 정관 및 관련법령에 따라 이사후보자의 성명, 약력, 추

라서 주주총회의 안건이 "이사 선임의 건"인 경우, 회사가 예정하여 소집통지한 후보가 아닌 제3자는 이사로 선임될 수 없다. 그러므로 주주제안(의안제안)을 하지 못하였거나 거부당한 주주로서는 과거와 달리 주주총회장 현장에서 이사후보를 추천하는 방법이 원천적으로 불가능하므로, 의안상정 가처분을 신청할 필요가 있다.[190]

(나) 당 사 자

가) 신 청 인　　　의안상정 가처분의 신청인은 주주제안을 거부당한 주주이다. 즉, 의결권 없는 주식을 제외한 발행주식총수의 3% 이상에 해당하는 주식을 가진 주주가 신청인이다(363조의2①). 상장회사의 경우에는 6개월 전부터 계속하여 의결권 없는 주식을 제외한 발행주식총수의 1%(최근 사업연도 말 자본금이 1천억원 이상인 상장회사의 경우에는 0.5%) 이상에 해당하는 주식을 보유한 자가 신청인이다(542조의6②).[191]

나) 피신청인　　　의안상정 가처분의 본안소송은 회사가 소집한 주주총회의 효력을 다투거나 의안상정을 구하는 소가 되므로 그 피고적격자는 회사이다. 따라서 회사가 의안상정 가처분의 피신청인이 되어야 한다.[192] 다만, 소수주주는 법원

───────────

천인 등의 후보자에 관한 사항을 통지·공고하여야 함에도 불구하고, 이 사건 결의는 위와 같은 이사후보자에 관한 사항을 미리 통지공고하지 아니한 채 이루어진 것이므로, 특별한 사정이 없는 한 주주총회의 소집절차 또는 결의방법이 법령 또는 정관에 위반된 것으로서 취소되어야 할 것이다."

190) 당초 후보의 사정상 불가피하게 후보를 교체할 사정이 있어서 회사가 후보교체를 원하더라도 소집통지한 후보가 아닌 제3자는 이사로 선임될 수 없다. 이러한 경우 회사가 다시 소집절차를 밟아서 주주총회를 개최하는 것이 원칙적인 방법이다. 간혹 신속하게 이사를 선임하여야 할 사정이어서 회사 측이 우호적인 주주들을 동원하여 회사를 상대로 의안상정 가처분을 신청하도록 하기도 한다.

191) 이사가 회사를 상대로 특정 의안의 상정이나 상정 및 결의의 금지를 구할 피보전권리를 부인한 판례로서, 서울중앙지방법원 2023. 10. 5.자 2023카합21237 결정이 있다.

192) [서울북부지방법원 2007. 2. 28.자 2007카합215 결정]【의안상정등 가처분】"피신청인은 주주제안을 이 사건 주주총회의 의안으로 상정할 것인지 여부는 개별 이사들이 결정해야 할 사항이지, 피신청인 회사가 결정해야 할 사항은 아니어서 이 사건 가처분신청의 상대방은 피신청인 회사가 아닌, 주주제안을 주주총회의 의안으로 상정하는 것에 반대한 개별 이사가 되어야 하므로, 이 사건 가처분신청은 당사자적격을 결여한 것으로서 부적법하다고 항변한다. 살피건대, 이 사건 가처분의 본안소송은 피신청인 회사가 소집한 이 사건 주주총회의 효력을 다투거나 의안상정을 구하는 소가 되고, 따라서 그 피고적격자는 개별 이사가 아닌, 피신청인 회사가 된다고 할 것이므로, 피신청인의 위 항변은 이유 없다(또한, 피신청인은 개별 이사가 주주제안이 부당하다고 판단하여 이를 의안으로 상정하지 아니하기로 결정하였음에도 법원의 결정에 의하여 이를 의안으로 상정하도록 강제하는 것은 의사의 진술을 명하는 가처분에 해당하므로 허용되지 않는다고 주장하나, 앞서 본 바와 같이 이 사건 가처분은 개별 이사를 상대로 하는 것이 아니라, 피신청인 회사를 상대로 하는 것이므로, 이와 다른 전제에 선 피신청인의 위 주장은 이유 없다)."

의 허가를 받아 임시주주총회를 소집하여 임시의장을 통하여 의안을 상정할 수 있지만, 주주제안을 부당하게 거부당한 주주는 본안소송에서 승소하더라도 주주가 직접 주주총회에서 의안을 상정할 수는 없다는 점을 고려하면 주주총회에서 직접 의안을 상정하는 대표이사도 피신청인으로 포함할 필요가 있다. 의안상정 가처분의 피신청인적격에 관하여는 아직 판례나 학설이 확립되지 않았으므로, 가처분신청인으로서는 위험부담을 덜기 위하여, 회사와 대표이사 개인을 모두 피신청인으로 하여 가처분을 신청하기도 한다.

(다) 피보전권리  의안상정 가처분의 피보전권리는 소수주주의 주주제안권과 이사의 위법행위유지청구권이다. 피보전권리와 관련하여 소수주주의 주주총회소집청구권은 주주제안권과 병행하는 권리로서 주주제안을 거부당한 주주가 반드시 임시주주총회소집청구절차를 그 구제절차로 거쳐야 하는 것은 아니라는 이유로 가처분신청을 인용한 하급심 판례가 있다.193)

(라) 보전의 필요성  임시의 지위를 정하기 위한 가처분의 보전의 필요성은 "특히 계속하는 권리관계에 끼칠 현저한 손해를 피하거나 급박한 위험을 막기 위하여, 또는 그 밖의 필요한 이유가 있을 경우"에 인정되는 응급적·잠정적 처분이다. 판례의 취지에 따르면, "현저한 손해"는 현저한 재산적 손해뿐 아니라, 정신적 또는 공

---

193) [서울북부지방법원 2007. 2. 28.자 2007카합215 결정]【의안상정등 가처분】 "피보전권리에 대한 판단 (1) 위 소명사실에 의하면, 신청인들은 구 증권거래법 제191조의14, 상법 제363조의2에 규정된 소정의 요건과 절차를 갖추어 피신청인 회사의 이사에 대하여 이 사건 주주제안 등을 하였으므로 구 증권거래법 제191조의14, 구 증권거래법 시행령 제84조의21 제3항 각 호에 규정된 제안배제사유에 해당하지 않는 한, 피신청인은 이 사건 의안을 주주총회의 목적사항으로 상정하고, 그 요령을 기재하여 이 사건 주주총회의 소집통지와 공고를 하여야 한다. 이에 대하여 피신청인은 주주제안을 거부당한 주주는 회의의 목적사항과 소집의 이유를 기재한 서면을 이사회에 제출하여 임시주주총회의 소집을 청구할 수 있고, 이러한 청구가 있은 후에도 지체 없이 총회소집의 절차를 밟지 아니한 때에는 청구한 주주는 법원의 허가를 얻어 총회를 소집할 수 있으므로(상법 제366조), 회사의 기관이라고 할 수 있는 주주와 이사 등 내부관계에 있어서는 상법상 허용된 절차인 임시주주총회 소집청구절차에 따라서 그 권리주장이나 보호를 요구할 것이지, 그 규정을 우회하거나 잠탈하면서까지 허용되지 않는 절차를 굳이 인정할 이유가 없다고 주장한다. 그러나 상법상 소수주주의 임시주주총회 소집청구권과 구 증권거래법상 주주제안권은 그 행사요건과 내용 등을 달리하고 있는바, 임시주주총회 소집청구권은 소수주주 권리의 일환으로서 주주제안권과 병행하는 별개의 권리(소수주주는 양 권리를 선택적으로 행사할 수 있다)라고 보아야 할 것이고, 주주제안을 거부당한 주주가 반드시 임시주주총회 소집청구절차를 그 구제절차로 거쳐야 하는 것은 아니므로, 주주제안을 거부당한 주주가 임시주주총회 소집청구를 하지 아니한 채, 주주제안권 자체의 실현을 위하여 거부당한 의안을 주주총회의 목적사항으로 상정시키는 형태의 가처분신청을 하는 것을 두고 적법한 구제절차인 임시주주총회 소집청구제도를 잠탈하는 것이라고 볼 수 없다고 할 것이니, 피신청인의 위 주장은 이유 없다."

익적인 현저한 손해도 포함하고, "그 밖의 필요한 이유"는 현저한 손해나 급박한 위험에 준하는 정도라야 한다.194) 그런데 현실적으로 주주제안을 한 주주는 소집통지를 받고 나서 비로소 주주제안이 거부된 사실을 알게 될 것인데, 이러한 경우 의안상정 가처분을 받아서 소집통지절차를 밟기에는 주주총회일을 변경하기 전에는 시간적 여유가 부족하여 보전의 필요성이 문제된다. 이와 관련하여 주주총회일을 변경하여서라도 소집통지절차를 밟아야 한다고 볼 수도 있겠지만,195) 이는 본안청구의 범위를 벗어나는 가처분이므로 보전의 필요성이 인정되기 곤란할 것이다. 민사집행법 제305조 제1항은 "법원은 신청목적을 이루는 데 필요한 처분을 직권으로 정한다."라고 규정하지만, 법원이 무제한적으로 결정할 수 있다는 것이 아니라 본안승소판결의 범위를 넘을 수 없다는 제한(본안청구권에 의한 제한)이 적용되므로 이러한 가처분은 현행법상 허용하기에는 난점이 있다.196) 이와 같은 문제 때문에 의안상정 가처분을 신청하면서, 주주총회개최금지 가처분을 함께 신청하기도 하는데, 이러한 가처분 역시 피보전권리와 보전의 필요성이 인정되기 곤란하다는 것이 일반적인 견해이지만, 특별한 경우 인정된 예도 있다.197) 한편, 주주제안권자인 주주가 제출하는 "의안의 요령(要領)"을 회의의 목적으로 할 사항에 추가하여 소집통지에 기재할 것을 청구할 수 있는데(363조의2②), 회사가 이를 이행하지 않아서 해당 주주가 의안상정가처분신청을 하는 경우, 제안된 의안의 요령이 소집통지에 기재된 목적사항과 동일성이 유지된다면 보전의 필요성이 인정될 가능성이 클 것이다.198)

주주제안을 거부당한 주주가 상법 제366조에 의하여 임시주주총회의 소집을 청구할 수 있음에도 의안상정 가처분의 보전의 필요성을 인정할 수 있는지 여부도 문제된다. 이와 관련하여 임시주주총회 소집청구절차에 의하여 주주제안권 침해상태가

194) 대법원 1967. 7. 4.자 67마424 결정【이사직무정지 가처분신청기각】.
195) 서울북부지방법원 2007카합215 사건에서도 법원은 "시간이 촉박하여 소집통지기간을 준수하지 못할 경우에는 주주총회 개최일자를 변경할 수도 있을 것"이라고 판시한 바 있다.
196) 정기주주총회 예정일에 임박하여 신청한 의안상정가처분을 보전의 필요성이 없다는 이유로 기각한 판례로서 서울중앙지방법원 2011. 3. 30.자 2011카합746 결정(9일 전 신청), 대전지방법원 논산지원 2008. 3. 7.자 2008카합30 결정(7일 전 신청) 등이 있다.
197) 대전지방법원 논산지원에서는 2008. 3. 7.자 2008카합30 결정에서 소집통지 및 공고 기간을 준수할 수 없어 보전의 필요성이 없음을 이유로 의안상정 가처분신청을 기각하면서, 같은 날 2008. 3. 7.자 2008카합29 결정에서는 주주총회 결의금지 가처분신청을 인용하였다.
198) 이익배당에 관한 결의를 하는 주주총회를 앞두고 1주당 500원을 배당하는 의안의 요령기재를 청구하였는데, 회사가 1주당 150원을 배당하는 의안만 기재한 경우에 주주가 주주총회 당일 수정동의안을 제출하는 방식으로 권리를 행사할 수 있다고 단정할 수 없는 점에서 보전의 필요성도 인정된다고 판시한 예도 있다(서울중앙지방법원 2009. 3. 19.자 2009카합957 결정).

해소되는 것은 아니고, 시간이 촉박하여 소집통지기간을 준수하지 못할 경우라 하더라도 주주총회 개최일자를 변경할 수 있고, 새로운 임시주주총회를 개최하는 것보다는 기왕 개최하기로 한 주주총회의 목적사항에 이 사건 의안을 추가하는 것이 회사의 비용, 절차의 효율성의 측면에서도 더욱 타당하다는 이유로 보전의 필요성을 인정한 하급심 판례가 있다.199)

(마) 이사회 의안상정 가처분    이사회는 주주제안의 내용이 법령 또는 정관을 위반하는 경우와 그 밖에 대통령령으로 정하는 경우를 제외하고는 이를 주주총회의 목적사항으로 하여야 한다(363조의2③). 따라서 이사회 의안상정 가처분도 이론상으로는 가능하나, 일반적으로 이미 이사회가 주주총회 소집을 결정하였을 것이므로 이러한 경우에는 대부분 보전의 필요성이 없을 것이다.

## 2. 의 결 권

### (1) 의    의

의결권(voting right)은 주주가 주주총회에 출석하여 결의에 참가할 수 있는 권리를 말한다. 즉, 주주가 주주총회에서의 의사표시를 통하여 주주 공동의 의사결정에 지분적으로 참가할 수 있는 권리이다.

의결권 행사를 위한 의사표시에는 민법 규정이 적용된다. 그러나 개별 주주의 의사표시에 하자가 있더라도 나머지 의결권 행사만으로도 결의요건을 구비하면 일부 의결권의 의사표시의 하자에도 불구하고 결의 자체의 효력에는 영향이 없다.

---

199) [서울북부지방법원 2007. 2. 28.자 2007카합215 결정]【의안상정등 가처분】"다. 보전의 필요성에 대한 판단. 나아가, ① 피신청인이 이 사건 의안을 주주총회에 상정함으로써 별다른 불이익이 없는 반면, 신청인들로서는 이 사건 주주제안 등이 거부됨으로써 법률상 보장된 신청인들의 주주제안권의 행사가 원천적으로 봉쇄될 위기에 있는 점, ② 임시주주총회 소집청구절차를 취하는 것이 가능하다는 이유로 주주제안권 침해상태가 해소되는 것은 아니라는 점, ③ 비록 피신청인이 이미 이 사건 결의를 하고 그에 따른 소집통지와 공고를 마쳤다고 해도 이 사건 주주총회 14일 전인 2007. 2. 28(이 사건 주주총회 14일 전은 2007. 3. 1.이 되나, 기간의 말일이 공휴일에 해당한 때에는 기간은 그 익일로 만료하므로, 2007. 2. 28.이 된다)까지 이 사건 의안의 요령을 기재한 소집통고와 공고를 하면 이 사건 의안을 이 사건 주주총회의 목적사항으로 상정할 수 있는 점(시간이 촉박하여 소집통지기간을 준수하지 못할 경우에는 주주총회 개최일자를 변경할 수도 있을 것이다), ④ 이 사건 의안의 상정을 위해 새로운 임시주주총회를 개최하는 것보다는 기왕 개최하기로 한 주주총회의 목적사항에 이 사건 의안을 추가하는 것이 피신청인 회사의 비용, 절차의 효율성의 측면에서도 더욱 타당하다는 점 등을 고려하면, 이 사건 가처분을 명하여야 할 보전의 필요성도 인정할 수 있다."

### (2) 주주의 고유권

의결권은 주주의 고유권이므로 정관의 규정에 의하여도 이를 박탈하거나 제한할 수 없고, 주주 자신도 구체적인 안건에 대한 의결권 행사를 포기하는 것은 가능하지만, 의결권을 영구적으로 포기하지 못한다. 일정한 단계에서 구체화되어 주식과 분리하여 양도할 수 있는 이익배당청구권, 신주인수권과 달리 의결권은 주식과 분리하여 양도할 수 없다. 미국에서 널리 허용되는 의결권신탁(voting trust)도 상법상으로는 허용되지 않는다.200)

### (3) 의결권의 수

#### 1) 1주 1의결권 원칙

1주 1의결권 원칙상 의결권은 1주마다 1개로 한다(369조①). 인적회사의 의결권은 각 사원의 출자액에 불구하고 1인 1의결권인 점에서 구별된다. 1주 1의결권원칙을 규정한 제369조 제1항은 강행규정이므로 정관에 이와 달리 정할 수 없다.201) 집중투표도 모든 주식에 대하여 선임할 이사의 수와 동일한 수의 의결권을 인정하는 것이므로 1주 1의결권원칙에 대한 예외가 아니고 단지 의결권 행사방법이 통상의 경우와 다른 것이다.

---

200) 미국 회사법상 의결권신탁이란, 주주가 주주로서의 권리 중 의결권만을 일정기간 타인에게 신탁하여 수탁자로 하여금 의결권을 행사할 수 있게 하고 대신 주주는 수탁자의 의결권 행사의 방향을 지시하는 것이다. 그러나 수탁자가 이러한 지시에 반드시 따를 필요는 없다. 의결권신탁을 한 경우에도 물론 이익배당, 잔여재산분배 등은 실질주주(equitable owner, beneficial owner)에게 이루어지고 일반적으로 의결권신탁계약서에 이익배당과 잔여재산분배에 대한 권리를 실질주주에게 있다는 조건이 명시된다. 일반적으로 실질주주는 수탁자에게 주권을 교부함으로써 주식에 대한 법률상 소유권(legal title to shares)을 수탁자에게 양도하고, 수탁자는 실질주주의 권리를 나타낼 수 있는 의결권신탁증서(voting trust certificate, certificate of beneficial interest)를 실질주주에게 교부하는데 이것은 주식과 같이 유통될 수 있다. 의결권신탁증서의 소유자는 의결권을 제외한 주주로서의 모든 권리를 가지므로 이익배당, 회사기록열람 등에 있어서 주주로서의 권리를 행사할 수 있고, 나아가 대표소송도 제기할 수 있다.

201) 일본에서는 1주 1의결권원칙의 예외로서 단원주가 있다(종래의 단주제도는 단원주로 일원화되었다). 10주를 1단원 또는 100주를 1단원과 같이 일정한 수의 주식을 1단원으로 하여 1단원의 주식에 1의결권을 부여하는 것이다. 1단원의 주식수를 단원주식수라고 한다(日会 2조 제20호). 단원주식수 미만의 수의 주식을 단원미만주식이라고 하며 단원미만주식의 주주는 단원미만주주라고 한다. 단원미만주주는 주주총회 및 종류주주총회에서 의결권을 행사할 수 없다(日会 189조①). 종류주식발행회사는 단원주식수를 주식의 종류마다 정하여야 한다(日会 188조③). 주식회사는 이사(이사회설치회사는 이사회)의 결정에 의하여 정관을 변경하여 단원주식수를 감소하거나 단원주식수에 관한 정관규정을 폐지할 수 있다(日会 195조①).

차등의결권제도의 도입여부는 계속 논의되고 있으나, 투기목적이나 지배구조의 왜곡, 영속화를 초래할 우려가 있다는 이유로 「벤처기업육성에 관한 특별법」상 복수의결권202) 외에는 아직 일반화되지 않고 있다.203)

2) 벤처기업의 복수의결권제도

(가) 발행요건    「벤처기업육성에 관한 특별법」상 주식회사인 벤처기업은 다음 요건을 모두 갖춘 경우 상법 제369조에도 불구하고 존속기간을 10년 이내의 범위에서 정관으로 정하는 바에 따라 주주총회의 결의로 복수의 의결권이 있는 주식("복수의결권주식")을 발행할 수 있다(同法 16조의11①).

1. 대통령령으로 정하는 특수관계인에 해당하지 아니하는 자로부터 창업 이후 대통령령으로 정하는 금액 이상의 투자를 받았을 것. 이 경우 가장 나중에 받은 투자가 대통령령으로 정하는 금액 이상이어야 한다.
2. 제1호 후단의 투자를 받음에 따라 제5항에 따른 창업주가 같은 항 제4호에서 정하는 기준에 해당하는 주식을 소유하지 아니하게 될 것(제6항에 따른 창업주인 경우에는 같은 항에서 정하는 기준에 해당하는 주식을 소유하지 아니하게 될 것을 말한다)

(나) 정관기재사항    주식회사인 벤처기업이 복수의결권주식을 발행하려는 때에는 다음 사항을 정관으로 정하여야 한다(同法 16조의11②).

1. 일정한 경우 복수의결권주식을 발행할 수 있다는 뜻
2. 복수의결권주식을 받을 자의 자격 요건

---

202) 「벤처기업육성에 관한 특별법」의 개정이유와 주요내용은 다음과 같다. "대규모의 투자 유치로 인하여 벤처기업의 창업주가 의결권 있는 발행주식 총수를 기준으로 100분의 30 미만에 해당하는 주식을 소유하게 되는 등의 경우에는 1주마다 복수의 의결권이 있는 복수의결권주식을 창업주에게 발행할 수 있도록 하는 한편, 창업주의 복수의결권주식의 남용을 방지하기 위하여 창업주가 복수의결권주식을 상속 또는 양도하거나 이사의 직을 상실하는 등의 경우에는 복수의결권주식이 보통주식으로 전환되도록 하고, 이사의 보수, 이사의 회사에 대한 책임 감면 등의 사항에 관하여는 복수의결권주식도 1주마다 1개의 의결권만 가지도록 의결권의 행사를 제한하는 등 현행 제도의 운영상 나타난 일부 미비점을 개선·보완함."

203) 미국에서도 1주 1의결권(one share one vote)이 원칙이지만, 차등의결권제도가 광범위하게 인정된다. 따라서 기본정관에 의하여 1주에 복수의 의결권(multiple votes)을 인정하거나 복수의 주에 대하여 1의결권(fractional votes)을 인정할 수 있고, 보유기간에 따라 의결권의 수가 변동하는 주식(tenure voting shares)도 있고, 일정 사안에 대하여 의결권을 제한받는 주식도 발행할 수 있다. SEC는 1988년 새로 발행되는 주식이 아닌 기존의 보통주에 대하여 사후적으로 의결권을 제한하는 것을 금지하였는데, 이러한 조치는 Business Roundtable v. S.E.C., 905 F.2d 406(D.C. Cir. 1990) 판결에 의하여 무효로 되었다. 다만, NYSE 등 전국증권거래소의 상장규정에 의하여 차등의결권주식은 여전히 허용되지 않는다.

3. 복수의결권주식의 발행 절차
4. 발행할 복수의결권주식의 총수
5. 복수의결권주식의 1주당 의결권의 수
6. 복수의결권주식의 존속기간
7. 일정한 경우 복수의결권주식은 보통주식으로 전환된다는 뜻

복수의결권주식의 의결권의 수는 1주마다 1개 초과 10개 이하의 범위에서 정관으로 정하여야 한다(同法 16조의11⑦).

(다) 주주총회결의사항    주주총회의 결의에서는 다음 사항을 정하여야 한다(同法 16조의11③).

1. 복수의결권주식을 받을 자의 성명
2. 복수의결권주식을 받을 자에 대하여 발행할 수량
3. 복수의결권주식 1주의 금액
4. 복수의결권주식의 납입에 관한 사항

(라) 결의요건    정관의 변경 및 주주총회의 결의는 의결권 있는 발행주식 총수의 4분의 3 이상의 수로써 하여야 한다(同法 16조의11④).

(마) 창업주 요건    복수의결권주식은 다음 요건을 모두 갖춘 주주(“창업주”)에게 발행한다(同法 16조의11⑤).

1. 주식회사인 벤처기업 설립 당시 상법 제289조 제1항에 따라 작성된 정관에 기재된 발기인일 것
2. 상법 제382조 제1항에 따라 주주총회에서 선임되고 복수의결권주식 발행 당시 회사의 상무(常務)에 종사하는 이사일 것
3. 금고 이상의 실형을 선고받고 그 집행이 끝나거나(끝난 것으로 보는 경우를 포함한다) 면제된 날부터 2년이 지나지 아니한 자에 해당하지 아니할 것
4. 주식회사인 벤처기업 설립 당시부터 가장 나중의 투자를 받기 전까지 계속하여 의결권 있는 발행주식 총수의 100분의 30 이상으로서 가장 많은 주식을 소유한 자일 것

위 제1호부터 제3호까지의 요건을 모두 갖춘 자가 둘 이상인 경우에는 그들이 소유한 주식을 합산하여 주식회사인 벤처기업 설립 당시부터 가장 나중의 투자를 받기 전까지 계속하여 의결권 있는 발행주식 총수의 100분의 50 이상으로서 가장

많은 주식을 소유한 경우에는 각각을 제5항에 따른 창업주로 본다(同法 16조의11⑥).
창업주는 주주총회에서 총주주의 동의로 결의한 경우에는 대통령령으로 정하는 바
에 따라 보통주식으로 복수의결권주식에 대한 납입을 할 수 있다. 이 경우 상법 제
341조(자기주식의 취득), 제341조의2(특정목적에 의한 자기주식의 취득) 및 제422조(현물
출자의 검사)는 적용되지 아니한다(同法 16조의11⑧).

### (4) 의결권의 행사

#### 1) 직접행사

주주가 주주총회에 직접 참석하여 의결권을 행사하는 방법이다. 주주는 주주명
부상의 명의개서만으로 주주로 인정되므로 권리의 행사를 위하여 주권을 제시할 필
요가 없다. 회사가 주주 본인에 대하여 주주총회 참석장을 지참할 것을 요구하는
것 역시 주주 본인임을 보다 확실하게 확인하기 위한 방편에 불과하므로, 다른 방
법으로 주주 본인임을 확인할 수 있는 경우에는 회사는 주주 본인의 의결권 행사를
거부할 수 없다.204)

집합투자기구(펀드)에 편입된 주식의 의결권의 경우 그 집합투자기구의 법적
구조에 따라 의결권 행사자가 달라진다. 집합투자기구는 법적 구조에 따라 투자형
(투자신탁)과, 회사형(투자회사, 투자합자회사)으로 분류할 수 있는데,205) 투자회사는 법
적 소유자인 해당 투자회사가 의결권을 행사하지만, 투자신탁의 경우에는 수탁자가
법적 소유자이지만 집합투자업자가 의결권을 행사한다. 다만, 해당 주식의 발행인
과의 관계에 따라 의결권 행사방법에 관하여 제한이 있다.206)

#### 2) 대리행사

(가) 의       의       주주는 대리인으로 하여금 그 의결권을 행사하게 할 수 있다.

---

204) 대법원 2009. 4. 23. 선고 2005다22701, 22718 판결.
205) 그 밖에 조합형(투자합자조합, 투자익명조합) 집합투자기구도 있으나 여기서는 대부분의 집
    합투자기구 유형인 투자신탁과 투자회사에 대한 설명을 한다.
206) 집합투자업자가 집합투자재산에 속하는 주식의 발행인이 집합투자업자와 계열회사의 관계
    가 있는 경우 또는 집합투자업자나 특수관계인의 계열회사로 편입하기 위한 경우에는, 주주총
    회에 참석한 주주가 소유하는 주식수에서 집합투자재산에 속하는 주식수를 뺀 주식수의 결의
    내용에 영향을 미치지 아니하도록 의결권을 행사해야 한다(資法 87조②). 다만, 법인의 합병,
    영업의 양도·양수, 임원의 임면, 정관변경, 그 밖에 이에 준하는 사항으로서 투자자의 이익에
    명백한 영향을 미치는 사항("주요의결사항")에 대하여 이러한 방법에 따라 의결권을 행사하는
    경우 집합투자재산에 손실을 초래할 것이 명백하게 예상되는 때에는 투자자의 이익을 보호하
    기 위하여 집합투자재산에 속하는 주식의 의결권을 충실하게 행사하여야 한다(資法 87조③).

이 경우에는 그 대리인은 대리권을 증명하는 서면을 총회에 제출하여야 한다(368조 ②). 의결권의 대리행사란 제3자가 특정 주식을 위하여 주주총회에서 의결권을 행사하고, 이를 주주 본인의 의결권 행사로 보는 제도이다. 의결권 대리행사는 의결권의 행사에 관심이 없는 소수주주의 의사를 총회의 결의에 반영시켜 임원·대주주 등의 전횡으로부터 주주를 보호하고 동시에 회사로 하여금 용이하게 정족수를 갖추게 하기 위하여 필요한 제도이다. 상법 제368조 제2항은 강행규정으로서 정관에 의하여도 의결권 대리행사를 금지할 수 없다. 그러나 의결권의 대리행사로 말미암아 주주총회의 개최가 부당하게 저해되거나 혹은 회사의 이익이 부당하게 침해될 염려가 있는 등의 특별한 사정이 있는 경우에는 회사는 이를 거절할 수 있다.207)208)

　　(나) 대리인의 자격　　대리인의 자격에는 원칙적으로 제한이 없으므로, 제한능력자나 법인도 대리인이 될 수 있다. 자기주식은 의결권이 휴지(休止)되므로, 회사 자신은 주주의 의결권을 대리행사할 수 없다.

　　대리인 자격을 주주로 제한하는 정관 규정에 관하여는(제한능력자의 대리인은 법정대리인이므로 당연히 대리권이 있고, 견해의 대립은 임의대리에 한한다), 총회교란방지에 의한 회사이익을 보호할 필요가 있고, 주주로 제한해도 의결권 행사는 가능하므로 제한이 유효하다는 견해와,209) 의결권 대리행사는 상법이 인정한 주주의 권리로서 정관에 의한 제한은 허용되지 않는다는 견해와,210) 절충적인 입장에서 유효설을 원칙으로 하되, 법인주주가 그 임직원을, 개인주주가 그 가족을 대리인으로 선임하는 것은 총회교란의 우려가 없으므로 제한할 수 없다는 견해211) 등이 있다.

---

207) 대법원 2001. 9. 7. 선고 2001도2917 판결.

208) 한편, 자본시장법상 실질주주가 예탁결제원에 그 의결권의 직접행사·대리행사·불행사의 뜻을 표시하지 아니하는 경우 예탁결제원이 그 의결권을 행사하는 소위 shadow voting(중립적 의결권행사)제도는 당초 2015년부터 폐지될 예정이었으나, 일정한 조건 하에 제한된 사항에 대하여서 2017년 말까지 3년간 폐지가 유예되었다가 2018년부터 완전히 폐지되었다.

209) 정찬형, 866면(다만, 법인주주의 경우에는 그 법인주주 내부의 의사결정에 따른 대표자의 의사를 그대로 반영하여 그 법인의 직원이 의결권을 행사하는 것이 보통이므로 이는 엄격히는 의결권의 대행에 해당하는데, 법인 직원의 이러한 의결권 행사는 정관 규정에 불구하고 인정되어야 할 것이고 설명하므로 절충적인 입장으로 보인다. 또한, 정관의 제한규정은 회사가 주주 아닌 대리인의 의결권 대리행사를 거절할 수 있다는 의미이므로 회사가 대리행사를 허용하는 것은 무방하다고 설명한다).

210) 이철송, 528면(주주의 대리인선임권은 법상 주주에게 부여된 권리로서 정관자치의 대상이 아니라고 설명한다).

211) 정동윤, 556면.

판례는 "대리인의 자격을 주주로 한정하는 취지의 주식회사의 정관 규정은 주주총회가 주주 이외의 제3자에 의하여 교란되는 것을 방지하여 회사 이익을 보호하는 취지에서 마련된 것으로서 합리적인 이유에 의한 상당한 정도의 제한이라고 볼 수 있으므로 이를 무효라고 볼 수는 없다."라고 판시하면서 "주주인 국가, 지방공공단체 또는 주식회사 소속의 공무원, 직원 또는 피용자 등이 그 주주를 위한 대리인으로서 의결권을 대리행사하는 것은 허용되어야 하고 이를 가리켜 정관 규정에 위반한 무효의 의결권 대리행사라고 할 수는 없다."라는 절충설(제한적 유효설)의 입장을 취한다.212)

정관에 대리인 자격을 주주로 제한하는 규정이 있는 경우, 위 판례와 같은 자 이외의 자를 대리인으로 선임하는 경우 회사는 의결권 대리행사를 거부할 수 있고, 그 대리인이 의결권을 행사한 경우 결의방법이 정관에 위반한 것이므로 결의취소사유가 된다.213) 다만, 위 판례는 국가, 지방공공단체 또는 주식회사의 경우에 관하여만 판시하였으므로 개인주주가 가족에게 의결권을 위임할 수 있는지에 관하는 논란의 여지가 있다.214)

---

212) [대법원 2009. 4. 23. 선고 2005다22701, 22718 판결][합병철회·주주총회결의취소] "상법 제368조 제3항의 규정은 주주의 대리인의 자격을 제한할 만한 합리적인 이유가 있는 경우 정관의 규정에 의하여 상당하다고 인정되는 정도의 제한을 가하는 것까지 금지하는 취지는 아니라고 해석되는바, 대리인의 자격을 주주로 한정하는 취지의 주식회사의 정관 규정은 주주총회가 주주 이외의 제3자에 의하여 교란되는 것을 방지하여 회사 이익을 보호하는 취지에서 마련된 것으로서 합리적인 이유에 의한 상당한 정도의 제한이라고 볼 수 있으므로 이를 무효라고 볼 수는 없다. 그런데 위와 같은 정관규정이 있다 하더라도 주주인 국가, 지방공공단체 또는 주식회사 등이 그 소속의 공무원, 직원 또는 피용자 등에게 의결권을 대리행사하도록 하는 때에는 특별한 사정이 없는 한 그들의 의결권 행사에는 주주 내부의 의사결정에 따른 대표자의 의사가 그대로 반영된다고 할 수 있고 이에 따라 주주총회가 교란되어 회사 이익이 침해되는 위험은 없는 반면에, 이들의 대리권 행사를 거부하게 되면 사실상 국가, 지방공공단체 또는 주식회사 등의 의결권 행사의 기회를 박탈하는 것과 같은 부당한 결과를 초래할 수 있으므로, 주주인 국가, 지방공공단체 또는 주식회사 소속의 공무원, 직원 또는 피용자 등이 그 주주를 위한 대리인으로서 의결권을 대리행사하는 것은 허용되어야 하고 이를 가리켜 정관 규정에 위반한 무효의 의결권 대리행사라고 할 수는 없다."

213) 참고로 일본 최고재판소는 대리인자격을 주주로 한정한 정관의 규정은 주주총회가 주주 외의 제3자에 의하여 교란되는 것을 방지하고 회사의 이익을 보호하는 취지로 인정된다는 이유로 주주가 처에게 의결권을 위임한 사안에서 처의 의결권행사가 정관에 위반한 것이므로 총회결의취소사유에 해당한다고 판시하였고(最判昭和 43·11·1 民集22-12-2402), 그 후 공공단체나 주식회사가 주주인 경우 그 직원이나 종업원에게 의결권을 위임할 수 있다고 판시하였다(最判昭和 51·12·24 民集30-11-1076). 학계에서는 무효설과 제한적 유효설이 대립하고 있다.

214) 일본에서는 입원중인 주주가 가족에게 의결권을 위임한 경우에 의결권대리행사를 인정한 하급심판례도 있다(大阪高判昭和 41·8·8 下民集17-7, 8-647).

(다) 대리인의 수   주주가 소유한 주식 전부에 대하여 반드시 1인의 대리인을 선임하여야 하는 것은 아니고, 주식 전부에 대하여 공동대리인을 선임하거나 주식을 나누어 복수의 대리인에게 의결권을 분산 위임할 수 있다.215) 다만, 주식을 나누어 위임하는 경우에는 의결권불통일행사의 요건을 갖추어야 한다. 그리고 의결권 불통일행사의 요건을 갖추지 못하고 주주총회의 개최나 의사진행을 저해할 목적으로 위임장을 분산 교부하여 지나치게 많은 수의 대리인을 동원하는 경우에는 회사가 대리인들의 주주총회장 입장을 거부할 수 있다.216)

(라) 의결권 대리행사의 제한   주주의 자유로운 의결권 행사를 보장하기 위하여 주주가 의결권의 행사를 대리인에게 위임하는 것이 보장되어야 한다고 하더라도 주주의 의결권 행사를 위한 대리인 선임이 무제한적으로 허용되는 것은 아니고, 그 의결권의 대리행사로 말미암아 주주총회의 개최가 부당하게 저해되거나 혹은 회사의 이익이 부당하게 침해될 염려가 있는 등의 특별한 사정이 있는 경우에는 회사가 이를 거절할 수 있다.217)

(마) 의결권 대리행사의 재위임   대리의 목적인 법률행위의 성질상 대리인 자신에 의한 처리가 필요하지 아니한 경우에는 본인이 복대리금지의 의사를 명시하지 아니하는 한 복대리인의 선임에 관하여 묵시적인 승낙이 있는 것으로 보는 것이

---

215) 일본 회사법은 주식회사는 주주총회에 출석할 수 있는 대리인의 수를 제한할 수 있다고 규정한다(日会 310조⑤).

216) [대법원 2001. 9. 7. 선고 2001도2917 판결]【업무방해·방실수색】"[1] 주주의 자유로운 의결권 행사를 보장하기 위하여 주주가 의결권의 행사를 대리인에게 위임하는 것이 보장되어야 한다고 하더라도 주주의 의결권 행사를 위한 대리인 선임이 무제한적으로 허용되는 것은 아니고, 그 의결권의 대리행사로 말미암아 주주총회의 개최가 부당하게 저해되거나 혹은 회사의 이익이 부당하게 침해될 염려가 있는 등의 특별한 사정이 있는 경우에는 회사는 이를 거절할 수 있다고 보아야 할 것이며, 주주가 자신이 가진 복수의 의결권을 불통일행사하기 위하여는 회일의 3일 전에 회사에 대하여 서면으로 그 뜻과 이유를 통지하여야 할 뿐만 아니라, 회사는 주주가 주식의 신탁을 인수하였거나 기타 타인을 위하여 주식을 가지고 있는 경우 외에는 주주의 의결권 불통일행사를 거부할 수 있는 것이므로, 주주가 위와 같은 요건을 갖추지 못한 채 의결권 불통일행사를 위하여 수인의 대리인을 선임하고자 하는 경우에는 회사는 역시 이를 거절할 수 있다. [2] 주주가 주주총회에 참석하면서 소유 주식 중 일부에 관한 의결권의 대리행사를 타인들에게 나누어 위임하여 주주총회에 참석한 그 의결권 대리인들이 대표이사의 주주총회장에서의 퇴장 요구를 거절하면서 고성과 욕설 등을 사용하여 대표이사의 주주총회의 개최, 진행을 포기하게 만든 경우, 그와 같은 의결권 대리행사의 위임은 위세를 과시하여 정상적인 주주총회의 진행을 저해할 의도이고 주주총회에서 그 의결권 대리인들이 요구한 사항은 의결권 대리행사를 위한 권한 범위에 속하지 않으므로, 대표이사는 그 대리인들이 주주총회에 참석하는 것을 적법하게 거절할 수 있다"(업무방해죄의 성립을 인정한 판례).

217) 대법원 2009. 4. 23. 선고 2005다22701, 22718 판결.

타당하므로, 주주로부터 의결권 행사를 위임받은 대리인은 특별한 사정이 없는 한 그 의결권 행사의 취지에 따라 제3자에게 그 의결권의 대리행사를 재위임할 수 있다.[218]

(바) 대리행사방법

가) 대리권증명서면

(a) 의   의   대리인은 대리권을 증명하는 서면을 총회에 제출하여야 한다(368조②). 법정대리인은 법정대리권 발생의 원인사실을 증명하는 서면을 제출하여야 하고, 임의대리인은 주주가 대리권을 수여하는 취지가 기재된 서면을 제출하여야 한다.

위임장은 총회 후에도 분쟁발생에 대비하여 보관하여야 하는데, 상법상 이에 관한 규정은 없지만 최소한 결의취소의 소 제기기간인 결의일로부터 2개월 간은 보관하여야 할 것이다. 상장회사 표준주주총회 운영규정은 1년간 보존하도록 규정한다.[219]

(b) 범   위   상법 제368조 제2항이 규정하는 "대리권을 증명하는 서면"은 통상 위임장이라고 하는데,[220] 회사가 위임장과 함께 인감증명서, 참석장 등을

---

218) [대법원 2009. 4. 23. 선고 2005다22701, 22718 판결]【합병철회·주주총회결의취소】〈국민은행·한국주택은행 합병사건〉 "구 증권업감독규정(2001. 10. 4. 금융감독위원회 공고 제2001-72호로 개정되기 전의 것) 제7-16조 제1항은 외국인은 보관기관 중에서 상임대리인을 선임할 수 있고 선임한 상임대리인 이외의 자로 하여금 본인을 위하여 취득유가증권의 권리행사 기타 이와 관련된 사항 등을 대리 또는 대행하게 하지 못한다고 규정하고 있다. 이는 외국인이 상임대리인을 선임하여 놓고도 수시로 상임대리인 이외의 자로 하여금 취득유가증권의 권리행사를 하도록 할 경우 발생할 수 있는 혼란을 피하기 위하여 마련된 규정이라고 해석되므로, 외국인 주주가 상임대리인이 아닌 다른 자에게 의결권 행사를 위임하는 것이 아니라, 외국인 주주로부터 의결권 행사를 위임받은 상임대리인이 제3자에게 그 의결권 행사를 재위임하는 것은 위 규정에 의하여 금지된다고 볼 수 없다. 그리고 대리의 목적인 법률행위의 성질상 대리인 자신에 의한 처리가 필요하지 아니한 경우에는 본인이 복대리금지의 의사를 명시하지 아니하는 한 복대리인의 선임에 관하여 묵시적인 승낙이 있는 것으로 보는 것이 타당하므로, 외국인 주주로부터 의결권 행사를 위임받은 상임대리인은 특별한 사정이 없는 한 그 의결권 행사의 취지에 따라 제3자에게 그 의결권의 대리행사를 재위임할 수 있다"(同旨: 대법원 2014. 1. 23. 선고 2013다56839 판결).

219) [상장회사 표준주주총회 운영규정 제43조]
   ② 총회의 참석장·위임장 그 밖의 총회에 관한 서류는 총회의 종료시부터 1년간 회사에 보존하고 주주 또는 그 밖의 이해관계자의 요구가 있을 때에는 이들의 열람·등사에 응하여야 한다.

220) 미국에서 위임장을 가리키는 proxy라는 용어에 관하여, i) 의결권의 수권(the grant of authority to vote), ii) 위임장(the document granting the authority), iii) 대리인(the person to whom the authority is granted) 등의 의미로 사용된다. 대리인은 주주로부터 받은 위임장에

제출하도록 요구하는 것은 대리인의 자격을 보다 확실하게 확인하기 위하여 요구하는 것일 뿐, 이러한 서류 등을 지참하지 아니하였다 하더라도 주주 또는 대리인이 다른 방법으로 위임장의 진정성 내지 위임의 사실을 증명할 수 있다면 회사는 그 대리권을 부정할 수 없다.[221] 의결권 대리행사는 상법이 주주에게 보장한 권리이므로 행사요건을 부당하게 가중하는 것은 허용되지 않기 때문이다. 같은 이유로 회사가 송부한 위임장양식이 아니고 주주가 임의로 작성한 위임장도 그 진정성이 인정되면 유효한 것으로 보아야 한다.

(c) 원본과 사본    대리권증명서면은 대리권의 존부에 관한 법률관계를 명확히 하여 주주총회 결의의 성립을 원활하게 하기 위한 데 그 목적이 있다고 할 것이므로 대리권을 증명하는 서면은 위조나 변조 여부를 쉽게 식별할 수 있는 원본이어야 한다.[222] 그러나 주주가 주주총회 전에 회사에 미리 의결권위임사실을 통보하는 것과 같은 "특별한 사정"이 있는 경우에는, 사본이나 팩스를 통하여 출력된 팩스본 위임장이더라도 대리인의 의결권 대리행사를 제한할 수 없다.[223]

(d) 중복위임장    위임의 철회와 관련하여 주주가 권유자들에게 중복하여 위임장을 작성해 주는 경우도 있는데, 이는 대부분 주주가 이미 위임장을 교부한 후에 접촉한 권유자가 자기에게도 위임장을 작성해 달라고 강청하는 바람에 주주가 할 수 없이 중복하여 위임장을 작성해 주는 경우이다. 그리고 주주가 위임장 교부사실을 잊고 이중으로 위임장을 교부하는 예도 드물지만 있을 것이다. 이러한 경우 1차적으로 적법한 요건을 갖춘 위임장을 우선적으로 유효한 위임장으로 인정하

---

의하여 대리권을 증명하는데, 따라서 대리인을 위임장소지인(proxy holder)이라고도 부른다.

221) 대법원 2009. 4. 23. 선고 2005다22701, 22718 판결.

222) [대법원 2004. 4. 27. 선고 2003다29616 판결] "상법 제368조 제3항의 규정은 대리권의 존부에 관한 법률관계를 명확히 하여 주주총회 결의의 성립을 원활하게 하기 위한 데 그 목적이 있다고 할 것이므로 대리권을 증명하는 서면은 위조나 변조 여부를 쉽게 식별할 수 있는 원본이어야 하고, 특별한 사정이 없는 한 사본은 그 서면에 해당하지 않는다고 할 것이고, 팩스를 통하여 출력된 팩스본 위임장 역시 성질상 원본으로는 볼 수 없다고 할 것이다."

223) [대법원 1995. 2. 28. 선고 94다34579 판결][신주발행무효](위임사실이 이미 명백히 증명되었다는 특별한 사정이 인정된 경우) "회사의 주주는 갑과 그 회사의 대표이사들인 을, 병의 3인뿐이었고, 을·병은 갑이 그 소유주식 일부를 정과 무에게 명의신탁하여 그들이 갑의 단순한 명의수탁자에 불과하다는 사실을 잘 알면서 오랜 기간 동안 회사를 공동으로 경영하여 왔는데, 갑이 주주총회 개최 사실을 통보받고 미리 의결권을 변호사로 하여금 대리행사하게 하겠다는 의사를 주주총회 개최 전에 회사에 통보까지 하였고 그 변호사가 주주총회에 참석하여 갑의 위임장 원본을 제출하였다면, 비록 그 변호사가 지참한 정·무의 위임장 및 인감증명서가 모두 사본이라 하더라도 갑이 그 소유주식 전부에 대한 의결권을 그 변호사에게 위임하였다는 사실은 충분히 증명되었다고 할 것이어서, 회사의 대표이사들은 그 변호사의 의결권 대리행사를 제한하여서는 안된다고 할 것이다."

되, 적법한 위임장이 복수인 경우에는 뒤의 날짜로 작성된 위임장을 유효한 것으로
인정한다. 위임장 철회의 법리상 중복위임장 중 먼저 작성되었던 위임장은 후에 다
른 위임장이 작성되면서 철회된 것으로 보아야 하기 때문이다.224) 위임장 작성의
선후는 위임장에 기재된 일자를 기준으로 하여야 하지만, 위임장을 받는 권유자가
후에 다른 권유자에게 위임장이 교부되는 것에 대비하여 위임장 작성일자를 주주
총회 전일이나 당일로 기재하는 예가 많기 때문에 작성일만을 기준으로 판단하기
곤란하다. 중복위임장 모두 작성일자가 주주총회 당일로 기재되는 예도 있을 수 있
다. 주주총회가 열리는 현장에서 이러한 중복위임장이 문제되는 경우 실무진이 어
느 위임장이 최후로 유효한 것인지에 대하여 주주와의 전화를 통하여 주주의 진정
한 의사를 확인하기도 한다.225)

　(e) 위임장 외의 증빙서류

　a) 신분증 요구의 적법성 여부　　　실무상으로는 회사가 내부규정이나 지침
에 의하여 대리권을 증명하는 서면으로서 위임장과 함께 위임장의 진정성을 증명
하기 위한 증빙자료로 주민등록증 또는 운전면허증 사본, 주주총회 참석장, 나아가
인감증명서(법인주주인 경우에는 법인인감증명서) 원본 등의 제출을 요구하는 경우가
있다. 그러나 이러한 증빙자료는 대리인의 자격을 보다 확실하게 확인하기 위하여
요구하는 것일 뿐, 이러한 서류 등을 지참하지 아니하였다 하더라도 주주 또는 대
리인이 다른 방법으로 위임장의 진정성 내지 위임의 사실을 증명할 수 있다면 회사
는 그 대리권을 부정할 수 없다. 따라서 회사가 대리권을 증명하는 서면으로서 위
임장 외에 신분증의 사본 등을 요구하면서 그 접수를 거부함으로써 의결권 대리행
사를 부당하게 제한한 상황에서 이루어진 주주총회 결의는 결의방법상의 하자가
있는 결의로서 결의취소의 대상이 된다.226)

---

224) 물론 뒤에서 보는 바와 같이 위임당사자 간에 위임철회금지의 특약을 한 경우에는 앞의 날
　　짜로 작성된 위임장을 소지한 대리인이 의결권을 대리행사할 수 있다.
225) 주주와의 연락이 곤란하여 주주의 진정한 의사를 확인하지 못하는 경우에 중복위임장을 모
　　두 무효처리할 수밖에 없을 것이다.
226) [대법원 2004. 4. 27. 선고 2003다29616 판결][주주총회결의취소](대우전자 자본금감소 사건으
　　로서, 법원은 감자무효의 소의 원인이 된다고 판시하고, 감자무효의 소에 준용되는 상법 제189
　　조를 근거로 청구를 기각하였다). "그런데 피고회사가 강행규정인 상법 제368조 제3항을 위배
　　하여 주주총회에 앞서 다른 일부 소액주주들을 위한 원고 등의 대리권 증명에 신분증의 사본
　　등을 요구하면서 그 접수를 거부하여 원고 등의 의결권의 대리권 행사를 부당하게 제한하여
　　이루어진 위 주주총회의 감자결의에는 결의방법상의 하자가 있고 이는 감자무효의 소의 원인
　　이 된다고 할 것인바, 상법 제446조는 감자무효의 소에 관하여 상법 제189조를 준용하고 있고,
　　상법 제189조는 "설립무효의 소 또는 설립취소의 소가 그 심리중에 원인이 된 하자가 보완되

　　b) 주주총회 참석장　　　대법원은 주주총회 참석장에 관하여도, 회사가 주주 본인에 대하여 주주총회 참석장을 지참할 것을 요구하는 것 역시 주주 본인임을 보다 확실하게 확인하기 위한 방편이므로, "다른 방법으로 주주 본인임을 확인할 수 있는 경우에는" 회사는 주주 본인의 의결권 행사를 거부할 수 없다고 판시하였다.[227]

　　c) 소　　결　　　위와 같은 증빙자료는 대리인의 자격을 보다 확실하게 확인하기 위하여 요구하는 것일 뿐, 이러한 서류 등을 지참하지 아니하였다 하더라도 주주 또는 대리인이 다른 방법으로 위임장의 진정성 내지 위임의 사실을 증명할 수 있다면 회사는 그 대리권을 부정할 수 없다. 다만 이러한 판례에 불구하고 실무상으로는 위임장의 진정성을 증명하기 위한 증빙자료로 적어도 주민등록증이나 운전면허증 사본을 요구하는 예가 많은 실정이다.[228]

---

고 회사의 현황과 제반 사정을 참작하여 설립을 무효 또는 취소하는 것이 부적당하다고 인정한 때에는 법원은 그 청구를 기각할 수 있다."라고 규정하고 있다. 따라서 법원이 감자무효의 소를 재량 기각하기 위해서는 원칙적으로 그 소제기 전이나 그 심리중에 원인이 된 하자가 보완되어야 한다고 할 수 있을 것이지만, 이 사건의 하자와 같이 추후 보완될 수 없는 성질의 것으로서 자본감소 결의의 효력에는 아무런 영향을 미치지 않는 것인 경우 등에는 그 하자가 보완되지 아니하였다 하더라도 회사의 현황 등 제반 사정을 참작하여 자본감소를 무효로 하는 것이 부적당하다고 인정한 때에는 법원은 그 청구를 기각할 수 있다고 하여야 할 것이다."

227) [대법원 2009. 4. 23. 선고 2005다22701, 22718 판결](국민은행·한국주택은행 합병 사건) "상법 제368조 제3항은 "주주는 대리인으로 하여금 그 의결권을 행사하게 할 수 있다. 이 경우에는 그 대리인은 대리권을 증명하는 서면을 총회에 제출하여야 한다."라고 규정하고 있는바, 여기서 '대리권을 증명하는 서면'이라 함은 위임장을 일컫는 것으로서 회사가 위임장과 함께 인감증명서, 참석장 등을 제출하도록 요구하는 것은 대리인의 자격을 보다 확실하게 확인하기 위하여 요구하는 것일 뿐, 이러한 서류 등을 지참하지 아니하였다 하더라도 주주 또는 대리인이 다른 방법으로 위임장의 진정성 내지 위임의 사실을 증명할 수 있다면 회사는 그 대리권을 부정할 수 없다고 할 것이고, 한편 회사가 주주 본인에 대하여 주주총회 참석장을 지참할 것을 요구하는 것 역시 주주 본인임을 보다 확실하게 확인하기 위한 방편에 불과하므로, 다른 방법으로 주주 본인임을 확인할 수 있는 경우에는 회사는 주주 본인의 의결권 행사를 거부할 수 없다. 위 법리와 기록에 비추어 살펴보면, 원심이 주주 본인의 경우에는 굳이 참석장을 소지하고 있지 않더라도 신분증 및 합병 전 국민은행에 제출된 것과 동일한 인감의 소지 여부 등을 통하여 주주 본인임을 확인하는 절차를 거치고, 주주의 대리인의 경우에는 위임장을 제출받아 그 위임장에 기재된 주주 본인의 인적 사항이 맞는지, 위임장에 날인된 주주 본인의 인감이 합병 전 국민은행에 제출된 것과 동일한지 여부와 위임장을 가지고 온 자의 신분증과 위임장에 기재된 대리인의 인적 사항의 대조하는 등의 방법으로 그 사람의 동일성을 확인하는 절차를 거치면 된다는 이유로, 일부 주주 본인들이 참석장을 소지하고 있지 않거나 일부 주주의 대리인들이 위임장 이외에 주주 본인의 신분증 사본, 인감증명서 등을 제출하지 아니하였다는 사정만으로는 이들의 의결권 행사가 무효라고 볼 수 없다는 취지로 판단하였음은 정당하고, 거기에 상고이유에서 주장하는 바와 같은 주주 본인 및 대리인의 대리권을 증명하는 서면에 관한 법리오해 등의 위법이 없다."

228) 또한 실제의 주주총회에서 법인주주의 대리인에게는 거의 예외 없이 법인인감증명서 원본을 요구한다.

(f) 전자위임장     상법상으로는 아직 전자위임장이 인정되지 않는다. 다만, 자본시장법상 의결권대리행사 권유시 위임장 용지 및 참고서류를 인터넷 홈페이지를 이용하여 의결권피권유자에게 교부할 수 있다(資法 152조①, 資令 160조). 이 경우 해당 홈페이지를 통하여 주주가 전자서명에 기초한 위임, 즉 전자위임장을 회사에 제출할 수 있는지에 관하여 아직 법률적으로 명확하지는 않다. 현재 예탁결제원만이 이를 허용된다고 보고 전자투표와 함께 전자위임장 서비스도 제공하고 있다.

나) 백지위임의 법률관계     회사가 주주에게 의결권 대리행사를 권유하는 경우 일반적으로 대리인란을 백지로 하여 주주의 기명날인을 받고 다시 회사가 대리인의 성명을 보충하는데, 이 경우 회사가 지정한 대리인은 회사의 대리인이 아니라 주주의 대리인이다. 회사가 복임권(復任權)을 행사한 것으로 보거나, 주주가 회사에게 대리인선임을 위임하고 회사가 이를 수행한 것으로 볼 수 있기 때문이다.

다) 위임장 심사     회사는 주주총회를 소집하고 운영하는 주체로서 대리인이 제출한 위임장에 대한 심사권을 가진다.

(a) 주주가 직접 위임장을 작성한 경우     의결권을 위임하는 주주가 회사로부터 받은 위임장 용지에 필요한 사항을 기재하여 반송하지 않고 자신이 직접 위임장을 별도로 작성하여 대리인에게 교부한 경우에는, 회사로서는 주주 본인의 의사에 의하여 작성된 것인지 여부를 다른 방법으로라도 확인할 수 있어야 하고, 주주총회 현장에서 이를 확인할 수 없는 경우에는 회사가 의결권 행사를 거부할 수 있다고 보아야 한다.229)

(b) 심사기준     주주총회의 운영실태를 보면, 일반적으로 회사가 위임장 권유를 하여 받은 위임장에 대하여는 주주총회의 운영주체인 회사가 받은 위임장이므로 증빙자료 없이도 진정성을 이미 회사가 알고 있다는 이유로 이러한 증빙자료가 없는 위임장도 유효한 것으로 인정한다. 회사의 직원이 받은 위임장의 경우 직원이 주주 본인의 의사를 확인하였다고 볼 수 있고, 우편으로 반송되어 온 위임장도 특별한 사정이 없는 한 주주 본인의 의사에 의하여 반송되어 왔다고 볼 수 있기 때문이다. 회사 측의 이러한 주장은 논리적으로 틀린 것이 아니기 때

---

229) 따라서 부득이 주주가 직접 작성한 위임장을 이용하고자 하는 경우에는, 위임장에 주주의 전화번호를 기재하고 주주총회일에는 주주총회장에서 오는 확인전화를 받을 수 있도록 하여야 불이익이 없을 것이다. 대기업의 경우 주주총회장에 call center를 설치하여 수시로 주주에게 의결권위임 여부를 확인하고, 중복위임장이 있는 경우 어느 위임장이 최후로 진정하게 작성된 것인지도 확인하기도 한다. 물론 이는 불완전한 방법으로 사후 분쟁발생의 소지는 있다.

문에 후에 결의취소의 소에서도 위임장을 부인당한 주주의 청구가 반드시 인용된다는 보장이 없다. 결국 같은 위임장을 심사하면서 전혀 다른 심사기준을 적용하는 것으로서 불공정한 위임장경쟁이라 할 수 있다. 더구나 주주는 자신의 개인정보 유출을 우려하여 주민등록증, 인감증명서 등의 교부를 회피하는 것이 일반적인 현상이다.

(사) 의결권의 포괄적 위임     1회의 대리권 수여로 수회의 총회에서 의결권을 대리행사할 수 있는지에 관하여 견해가 일치하지 않지만,230) 판례는 "주식회사에 있어서 주주권의 행사를 위임함에는 구체적이고 개별적인 사항에 국한한다고 해석하여야 할 근거는 없고 주주권 행사는 포괄적으로 위임할 수 있다."라는 입장이다.231)

상법상 일본 회사법과 같이 매 주주총회마다 수권행위가 있어야 한다는 명문의 규정이 없고,232) 위임계약은 각 당사자가 언제든지 해지할 수 있으므로(民法 689조①), 포괄적 위임을 금지할 필요도 없다. 채권자가 근질권자로서 근질권설정자로부터 주식의 의결권에 관하여 포괄적 위임을 받는 경우에는 근질권 실행방법을 위한 것이므로 포괄적 위임이라도 허용된다.

한편, 의결권 대리행사의 기간을 정하지 않고 무기한으로 의결권을 위임하는 것은 부정설의 논거와 같이 우리 법제에서 허용하지 않는 의결권신탁에 해당한다. 따라서 일정 기간을 정한 포괄적 위임은 허용되지만, 무기한의 포괄적 위임은 우리 법제에서 허용하지 않는 의결권신탁을 허용하는 결과가 되므로 허용되지 않는다고 해석하는 것이 타당하다. 다만, 이 경우에는 포괄적 위임이 허용되는 기간에 대하여 또 다른 논란의 여지가 있기는 하다.233)

(아) 의결권 위임의 철회     위임계약은 각 당사자가 언제든지 해지할 수 있으므로(民法 689조①), 미국의 철회불능 위임장의 법리는 우리 법제에 적용되기 곤란하고,234) 따라서 주주는 대리인이 의결권을 행사하기 전에는 언제든지 의결권 대리행

---

230) 제한적으로 가능하다는 견해로는 이철송, 532면(의안별로 대리권을 수여할 필요는 없지만, 적어도 총회별로는 대리권이 주어져야 한다고 설명한다). 포괄적 대리권의 수여가 가능하다는 견해로는 최준선, 326면.

231) 대법원 2014. 1. 23. 선고 2013다56839 판결, 대법원 1969. 7. 8. 선고 69다688 판결.

232) 일본 회사법은 대리권의 수여는 매 주주총회마다 하여야 한다고 명문으로 규정한다(日会 310조②).

233) 포괄적 위임이 허용되는 기간은 위임장의 유효기간이라 할 수 있는데, 미국에서는 위임장에 명시적인 유효기간 표시가 없으면 제정법에 의하여 일정 기간으로 제한된다. 예를 들어 DGCL §212는 3년, MBCA §7.22는 11개월로 규정한다[MBCA §7.22(c) "An appointment is valid for 11 months unless a longer period is expressly provided in the appointment form"].

사를 위한 위임을 철회할 수 있다.235) 의결권 위임 후에도 주주 본인의 의결권이 박탈되는 것은 아니므로 자신이 직접 의결권을 행사할 수 있다는 판례도236) 의결권 위임의 철회가 가능하다는 간접적인 근거가 될 수 있다.

다만, 언제든지 위임계약을 해지할 수 있다는 규정은 임의규정이므로 당사자 간에 철회금지의 특약을 할 수 있고, 중복위임의 선행위임 당사자 간에 이러한 철회금지특약이 명시적 또는 묵시적으로 있는 경우에는 후행위임에 의한 대리인은 의결권을 대리행사할 수 없다.237) 특약의 내용에 따라 손해배상책임은 발생할 수 있다.

그리고 철회불능 조건으로 의결권을 포괄적으로 위임하는 것은 주주권으로부터 의결권을 완전히 분리하는 것으로서 우리 법제상 허용되지 않는지에 관하여 논란의 여지가 있지만, 근질권설정계약에 따라 근질권설정자로부터 의결권을 포괄적으로 위임받은 근질권자가 근질권 실행방법으로 의결권을 행사하는 것은 허용된다 할 것이다.238)

---

234) 미국에서는 대리에 관한 일반이론에 의하면 철회불능의 수권행위라도 대리인이 의결권을 행사하기 전에는 본인이 언제든지 정당한 이유를 불문하고 수권행위를 철회할 수 있다. 그러나 회사법상으로는 이와 같이 해석하면 주주간계약의 취지를 무시하는 결과가 되므로 대부분의 판례는 "이익과 결부된 경우(coupled with an interest)"에는 수권행위를 철회할 수 없다고 본다. 즉, 위임장에 철회불능(irrevocable)이라고 명백하게 기재되지 않고 위임장소지인에게 이해관계가 없을 때에만 수권행위의 철회가 가능하다[MBCA §7.22(d)]. 위임장과 결부된 이익이란 대리인(proxy holder)의 독립한 이익(independent interest)의 보호를 위하여 의결권이 위임된 경우를 말한다. 예를 들어, 은행이 회사에 대출을 해 주면서 회사의 합병, 중요 재산의 양도 등을 방지하기 위하여 지배주주의 주식을 담보로 확보하면서 그에 대한 철회불능위임장을 받아 두는 방법이 있다. 이 경우 은행의 담보권 확보라는 이익(interest)을 보호하기 위하여 의결권이 위임된 것이므로 철회불능위임장이 된다. 반면에 회사가 일반주주들에게 위임장권유(proxy solicitation)를 하여 철회불능위임장을 받았더라도 이 경우에는 대리인의 이익은 보호할 필요가 없고, 따라서 이익과 결부된 위임이 아니므로 철회가능한 위임이다.

235) 민법은 당사자의 일방이 부득이한 사유 없이 상대방의 불리한 시기에 위임계약을 해지한 때에는 그 손해를 배상하여야 한다고 규정하지만(民法 689조②), 의결권 대리행사는 일반적으로 주주의 이익을 위해서만 있는 것이므로 주주총회 결의의 성립 전에 적법하게 철회한다면 민법상의 손해배상책임이 발생할 여지가 실제로는 거의 없을 것이다.

236) [대법원 2002. 12. 24. 선고 2002다54691 판결]【주주총회및이사회결의부존재확인】"이 사건에서 W가 1998. 8. 3. 향후 7년간 주주권 및 경영권을 포기하고 주식의 매매와 양도 등을 하지 아니하며 원고 Y에게 정관에 따라 주주로서의 의결권 행사권한을 위임하기로 약정하였고, 이에 따라 원고 Y가 W의 주주로서의 의결권을 대리행사할 수 있게 되었지만, 이러한 사정만으로는 W가 주주로서의 의결권을 직접 행사할 수 없게 되었다고 볼 수 없다."

237) 이러한 취지에서 후행위임의 대리인이 의결권을 대리행사하였다는 이유로 주주총회 결의의 효력을 정지한 판례도 있다(서울중앙지방법원 2008. 4. 29.자 2008카합1070 결정).

238) 이러한 취지의 판례로 대법원 2014. 1. 23. 선고 2013다56839 판결 참조.

의결권 위임의 철회에 있어서 특별한 방식이나 철회의 이유를 표시하는 것 등은 필요 없지만, 상대방에 대한 철회의 의사표시는 필요하다. 철회의 의사표시는 위임장 소지인에게 통지함으로써 할 수도 있고, 다른 사람에게 다시 위임장을 교부하거나 주주 본인이 직접 주주총회에서 의결권을 행사하는 등의 묵시적인 방법으로도 할 수 있다. 특히 회사의 권유에 따라 주주가 위임장을 송부한 경우에는 상대방에 대한 철회의 의사표시를 하기 어렵기 때문에 주주 자신이 직접 주주총회의 개최장소에 출석하여 투표하여야 위임장철회의 의사표시를 한 것으로 된다.

(자) 주주의 의사에 반한 대리권행사 　 대리인이 주주의 의사에 반하여 의결권을 행사하거나 의결권을 아예 행사하지 않은 경우에도, 주주와 대리인간의 위임계약 위반으로 인한 손해배상문제만 발생할 뿐 그 의결권의 행사는 유효하고 주주총회 결의의 효력에도 영향이 없다고 보아야 한다. 판례도 "포괄적 위임을 받은 자는 그 위임자나 회사 재산에 불리한 영향을 미칠 사항이라고 하여 그 위임된 주주권행사를 할 수 없는 것이 아니다."라고 판시한다.[239]

(차) 의결권 대리행사 권유

가) 의　　의　　의결권 대리행사 권유(proxy solicitation)란 회사의 경영진 또는 주주가 주주총회에서 다수의 의결권을 확보할 목적으로 다수의 주주들에게 위임장 용지를 송부하여 의결권 행사의 위임을 권유하는 행위를 말한다. 주식회사는 그 규모의 대형화와 경영의 전문화에 따라 경영과 자본이 분리되고 주식이 다수의 주주에게 분산되어 왔으며, 특히 대형공개회사의 경우 일반소액주주들은 주주총회에 직접 참석하는 예가 거의 없어 주주총회에서의 결의가 이루어지려면 이들 소액주주들의 의결권을 누군가가 대리행사하여야 하므로 의결권 대리행사 및 그 권유제도가 필요하게 된 것이다.

나) 도입 과정　　의결권 대리행사 권유에 관하여 과거에는 "주주는 대리인으로 하여금 그 의결권을 행사하게 할 수 있다. 이 경우에는 그 대리인은 대리권을 증명하는 서면을 총회에 제출하여야 한다."라는 상법 제368조 제2항의 규정 외에는

---

[239] 서울고등법원 2013. 6. 27. 선고 2013나19559 판결(상고심 판결인 대법원 2014. 1. 23. 선고 2013다56839 판결은 "피고의 임원을 변경하는 이 사건 주주총회 결의는 이 사건 주식근질권 설정계약에서 정한 담보권의 실행방법에 관한 구체적인 약정 및 이 사건 위임장을 통하여 원고로부터 위임받은 의결권의 범위 내에서 이루어졌다고 할 것이고, 이와 다른 취지의 상고이유 주장은 받아들일 수 없다."라고 판시하였다. 즉, 대리인이 위임인의 의사에 반하여 의결권을 대리행사한 것이 아니고 비록 위임인을 대표이사에서 해임하는 결의를 하였더라도 이는 근질권설정계약상 위임인의 의사에 반하는 것이 아니라는 전제 하의 판결이라 할 수 있다).

이를 규제하는 제도가 없었는데, 1976년 구 증권거래법개정시 의결권 대리행사 권유에 대한 제한규정이 신설되었다. 미국의 SEA §14(a)는 SEC 규칙에 위반하여 위임장을 권유하는 것을 금지하고,[240] 동 규정에 따라 SEC가 상세한 위임장규칙을 제정하였다. 일본에서도 1948년 證券取引法 개정으로 의결권 대리행사 권유제도가 도입되었다. 의결권 대리행사는 과거부터 널리 활용되어 왔으나 의결권 대리행사를 위한 권유제도는 대주주의 지분율이 높고 특히 재벌기업의 경우에는 계열회사간의 상호주형태로 주식이 보유되고 있어 경영권이 외국에 비하여 안정되어 있기 때문에 별로 이용되어 오지 않았다. 그러나 적대적 M&A에서 위임장경쟁(proxy contest)이 중요하게 됨에 따라, 그리고 주식이 일반 투자자에게 널리 분산됨에 따라 의결권 대리행사 권유제도의 중요성이 높아지고 있다.

자본시장법도 의결권 대리행사 권유에 관한 각종 규제를 규정하고 있다. 이하에서는 자본시장법의 관련 규정을 중심으로 설명한다.

다) 의결권 권유자  상장주권(그 상장주권과 관련된 증권예탁증권을 포함)의 의결권 대리행사 권유를 하고자 하는 자("의결권 권유자")는 그 권유에 있어서 그 상대방("의결권피권유자")에게 대통령령으로 정하는 방법에 따라 위임장 용지 및 참고서류를 교부하여야 한다(資法 152조①).[241] 다만, 국가기간산업 등 국민경제상 중요한 산업을 영위하는 법인으로서 대통령령으로 정하는 상장법인("공공적 법인")의 경우에는 그 공공적 법인만이 그 주식의 의결권 대리행사 권유를 할 수 있다(資法 152조③). 이는 공공적 법인의 경영권 분쟁을 방지하고자 하는 취지이다.

권유주체에 대하여는 아무런 제한이 없으므로 경영진이나 주주가 아닌 제3자도 의결권 대리행사 권유를 할 수 있다. 다만, 주권상장법인 자신이 의결권 대리행사 권유를 할 수 있는지 여부에 대하여 논란이 있는데, 위임장 용지 및 참고서류의 교부방법에 관한 자본시장법 시행령 제160조 제4호도 의결권 권유자가 해당 상장주권(그 상장주권과 관련된 증권예탁증권을 포함)의 발행인인 경우에는 주주총회 소집

---

240) 미국에서도 그 이전에는 주주가 필요한 정보를 받지 못하고 단지 위임장에 서명한 후 반송하였고, 다만 위임장권유시 중요한 사실에 대한 부실표시가 있었거나 관련정보의 공시에 있어서 현저하게 불공정한 경우에는 주법원이 위임장권유에 의한 주주총회 결의의 효력을 부인하는 예가 있었다.

241) 구 증권거래법 제199조 제1항은 "누구든지 대통령령이 정하는 바에 의하지 아니하고는 상장주식 또는 코스닥상장 주식의 의결권의 행사를 자기 또는 타인에게 대리하게 할 것을 권유하지 못한다."라고 규정하였는데, " … 권유하지 못한다."라고 규정하지만, 이는 의결권 대리행사 권유 자체를 금지하려는 취지가 아니라 상법이 규정하는 의결권 대리행사의 남용을 규제하려는 취지로 해석되었다.

통지와 함께 보내는 방법도 규정한다. 따라서 회사가 자연인을 대리인으로 하여 의결권 대리행사 권유를 하는 것은 가능하다고 보아야 한다.[242]

　　라) 의결권 피권유자　　　자본시장법 시행령 제161조 제1호는 "해당 상장주권의 발행인(그 특별관계자를 포함한다)과 그 임원(그 특별관계자를 포함한다) 외의 자가 10인 미만의 의결권피권유자에게 그 주식의 의결권 대리행사 권유를 하는 경우"를 자본시장법 제152조의 적용대상에서 제외한다.[243][244] 즉, 회사의 직원이 권유하는 경우 개인적으로 권유하는 것이라면 적용대상에서 제외되겠지만 임원등의 지시에 의하여 권유하는 것이면 회사가 권유하는 것으로 보아야 한다. 회사가 소유하는 자기주식은 의결권이 없으므로 회사는 당연히 피권유자가 될 수 없다. 일부 주주만을 상대로 하는 의결권 대리행사 권유가 허용되는지 여부에 관하여, 회사(발행인) 또는 그 임원이 회사의 비용으로 권유하는 경우에는 허용되지 않지만, 회사 아닌 제3자는 일부 주주만을 상대로 의결권 대리행사를 권유할 수 있다고 보아야 한다.

　　일부의안을 대상으로 하는 권유의 허용 여부에 관하여는, 발행인은 회의의 목

---

242) 발행인 자신이 의결권 대리행사권유를 할 수 있는지 여부에 대하여 논란이 있는데, 법인을 대리인으로 하든 자연인을 대리인으로 하든, 자기의 의사결정에 자기가 참여한다는 것은 논리적으로 모순이므로 허용되지 않고, 실제로 행하여지는 회사 명의의 의결권 대리행사권유는 법률상으로는 경영진에 의한 의결권 대리행사권유로 보아야 할 것이라는 견해가 있다(김·정, 369면). 그러나, 회사라고 하여 항상 위임장권유를 할 수 없다고 볼 것은 아니고, 회사가 임직원을 통하지 않고 회사 자신이 직접 자기의 의사결정에 참여하여 주주의 대리인이 된다는 것은 불가능하므로 회사를 대리인으로 하여 의결권 대리행사권유를 하는 것은 허용될 수 없지만, 회사가 자연인을 대리인으로 하여 의결권 대리행사권유를 하는 것은 가능하다고 보아야 할 것이다.

243) 위임장규칙의 적용대상을 피권유자의 수만을 기준으로 정하면 그 10인 이상의 주주가 소유하는 주식수가 극히 미미한 경우에도 적용대상에 포함되므로 불필요한 규제가 된다. 따라서 일정한 보유지분도 기준에 포함시켜서, 예를 들어 10인 이상이면서 보유주식이 발행주식총수의 5% 이상인 경우로 적용대상을 제한하는 것이 바람직하므로, 입법적인 보완이 필요하다.

244) SEC Rule 14a-2에 의하면 적용이 제외되는 사유가 광범위하게 규정되어 있으므로 중요한 일부만 보면 다음과 같다. SEC Rules 14a-3 내지 14a-8, 14a-10 내지 14a-14는, i) 비경영진이 권유하였을 때에는 그 대상이 10인 미만인 경우(즉 대상이 10인 이상이면 그 중 아무도 위임장권유에 응하지 않았어도 적용대상이 된다. 그리고 경영진이 위임장권유를 하였을 때에는 그 대상이 단 1인이라도 적용대상이다), ii) 주주와 사업상 관계있는 자가 그 주주에게 의결권 행사에 관한 조언을 하는 경우 등에는 적용되지 않는다. SEC Rules 14a-3 내지 14a-14는; i) 주주가 위임장권유에 관한 합리적인 비용변상 외에 아무런 수수료나 대가를 받지 않고 위임장권유를 하는 경우, ii) 브로커가 실질주주(beneficial owner)에게 의결권 행사에 대한 지시를 요청하거나, 실질주주가 주주명부의 명의자로부터 위임장 용지를 얻기 위하여 요청하는 경우, iii) 등록요건에 따른 공모 및 매출에 관련된 권유를 하는 경우, iv) 위임장 용지 및 참고서류를 취득할 수 있는 곳을 주주에게 알리는 의사표시와 발행인의 상호, 주주가 채택할 제안을 확인하는 것을 내용으로 하는 신문광고 등의 매체를 통한 권유 등의 경우에는 적용되지 않는다.

적사항을 정하였으므로 전체 의안을 대상으로 권유하여야 하고, 발행인 아닌 자가 권유하는 경우에는 일부 의안에 대하여 권유할 수 있다고 본다.

　마) 의결권 대리행사 권유　　의결권 대리행사 권유의 개념에 대하여 구 증권거래법은 명확한 정의규정을 두지 않았고 해석상 의결권을 목적으로 하는 일련의 권유활동 전부를 포함하는 것으로 보았다. 그러나 자본시장법은 규제대상인 의결권 대리행사 권유의 개념을 명확히 하기 위하여, 의결권 대리행사 권유는 다음과 같은 행위를 말한다고 규정한다(資法 152조②).[245]

> 1. 자기 또는 제3자에게 의결권의 행사를 대리시키도록 권유하는 행위
> 2. 의결권의 행사 또는 불행사를 요구하거나 의결권 위임의 철회를 요구하는 행위
> 3. 의결권의 확보 또는 그 취소 등을 목적으로 주주에게 위임장 용지를 송부하거나, 그 밖의 방법으로 의견을 제시하는 행위

　그러나 의결권 대리행사 권유의 범위를 지나치게 넓게 파악하면 소수의 주주들 간의 의견교환도 주주들의 수가 10인 이상이 되면 의결권 대리행사 권유에 해당하게 되고 그렇게 되면 자본시장법이 정한 절차에 소요되는 비용이 주주들에게 상당한 부담이 되어, 자칫하면 주주총회를 앞두고 주주들 간의 자유로운 의견교환이 억제되는 문제가 있다. 따라서 권유행위의 개념에 대하여 위임장의 취득을 목적으로 하지 않는 경우 등을 제외함으로써 불필요한 규제는 해소할 필요가 있다.[246]

　이에 자본시장법은 "다만, 의결권피권유자의 수 등을 고려하여 대통령령으로 정하는 경우에는 의결권 대리행사 권유로 보지 아니한다."라고 규정하고(資法 152조

---

245) 미국의 SEC Rule 14a-1 (k)도 "권유"에 대하여, ① 위임장 용지에 포함되는지 또는 부수되는지에 관계없이 대리권을 요구하는 것, ② 대리권의 행사 또는 불행사의 요구 또는 수권의 철회요구, ③ 일정한 상황하에 대리권의 취득, 보류나 철회의 결과를 의도하기 위하여 위임장 기타 의견을 주주에게 제공하는 것 등을 포함한다고 광범위하게 규정하며, "other communication"도 포함하여 규정하고 있으므로 신문광고도 그 내용에 따라 위임장권유에 해당한다.
  [SEC Rule 14a-1] Definitions(k) Solicitation.
  (1) The terms "solicit" and "solicitation" include: (i) Any request for a proxy whether or not accompanied by or included in a form of proxy; (ii) Any request to execute or not to execute, or to revoke, a proxy; or (iii) The furnishing of a form of proxy or other communication to security holders under circumstances reasonably calculated to result in the procurement, withholding or revocation of a proxy.
246) 미국의 SEC도 기관투자자들 간의 공동행동이 위축되지 않도록, 공공매체를 통하거나[Rule 14a-1(1)(2)(iv)] 위임장취득을 목적으로 하지 않는[Rule 14a-2 (b)(1)] 커뮤니케이션은 권유행위의 범위에서 제외한다.

② 단서), 이에 따라 시행령은 의결권 대리행사 권유로 보지 아니하는 행위를 다음
과 같이 규정한다(資令 161조).

1. 해당 상장주권의 발행인(그 특별관계자 포함)과 그 임원(그 특별관계자 포함) 외의
   자가 10인 미만의 의결권피권유자에게 그 주식의 의결권 대리행사 권유를 하는
   경우.247)
2. 신탁, 그 밖의 법률관계에 의하여 타인의 명의로 주식을 소유하는 자가 그 타인에
   게 해당 주식의 의결권 대리행사 권유를 하는 경우.248)
3. 신문·방송·잡지 등 불특정 다수인에 대한 광고를 통하여 자본시장법 제152조 제
   2항 각 호의 어느 하나에 해당하는 행위를 하는 경우로서 그 광고내용에 해당 상
   장주권의 발행인의 명칭, 광고의 이유, 주주총회의 목적사항과 위임장 용지, 참고
   서류를 제공하는 장소만을 표시하는 경우.249)

　바) 권유대상 주식　　자본시장법 제152조 제1항은 "상장주권(그 상장주권과 관
련된 증권예탁증권을 포함)의 의결권 대리행사 권유"를 전제로 하므로 비상장회사의
주권에 대한 의결권 대리행사 권유는 자본시장법의 규제가 적용되지 않고,250) 실제

---

247) 피권유자의 수가 10인 미만인 경우에는 일반적으로 권유제도의 남용이 문제되지 않기 때문
　　이다. 회사의 직원이 권유하는 경우 개인적으로 권유하는 것이라면 적용대상에서 제외되지만
　　임원의 지시에 의하여 권유하는 것이면 제외되지 않는다. 발행인과 그 임원 및 각각의 특별관
　　계자가 권유를 하는 경우에는 제외대상이 아니므로 피권유자가 1인인 경우에도 규제대상인
　　의결권 대리행사 권유이다. 발행인의 특별관계자에는 임원도 당연히 포함되므로(資令 8조 제2
　　호 가목) 특별히 임원에 대한 규정을 둘 필요는 없다. 앞으로 정비되어야 할 부분이다. 원래
　　자본시장법상 임원은 이사 및 감사를 말하므로(資法 9조②), 상법 제401조의2 제1항 각 호의
　　자(업무집행관여자)는 임원으로서가 아니라 발행인의 특별관계자로서 제외대상이 된다. 발행
　　인의 특별관계자의 범위가 매우 넓기 때문에 피권유자의 수가 10인 미만인 경우에도 발행인
　　의 관계자의 권유는 대부분 의결권 대리행사 권유에 해당한다.
248) 형식상은 의결권 대리행사 권유이지만 실질주주가 의결권을 행사하기 위한 방법이므로 규
　　제대상에서 제외하는 것이다. 실제로도 주식양수도계약시 주주명부폐쇄로 인하여 명의개서를
　　할 수 없는 경우에는 양수인이 양도인에게 위임장의 교부를 요구하여 의결권을 행사하는 예
　　가 많다.
249) 이는 그 실질이 의결권 대리행사 권유가 아니라 광고이고, 주주를 상대로 하는 것이 아니라
　　불특정 다수인을 상대로 하는 것이기 때문이다.
250) 미국에서는 SEA §12에 의하여 등록된 모든 증권이 위임장규칙의 적용대상이다. 즉 전국적
　　증권거래소에서 거래되는 증권의 발행회사는 SEA §12(b)에 의하여 모든 증권을 등록하여야
　　하는데, 위임장규칙은 이러한 회사의 채무증권(debt securities)을 포함한 모든 상장증권(listed
　　securities)에 적용되고, SEA §12(g)에 의하여 증권이 등록된 장외 등록회사(over-the-counter
　　companies)의 모든 등록된 지분증권(registered equity securities)에도 적용된다. 채무증권이란
　　확정된 금액을 만기에 갚기로 하고 자금을 차용하는데 사용하는 광의의 증권을 의미하는데,
　　이 증권에는 확정된 이자율이 명시되어 있거나 할인된 가격으로 이자율이 없이 매출되기도
　　하며, 단기성채권(bill), 중기성채권(note), 장기성채권(bond), 기업어음(CP) 등이 있다. 이는 결

로도 주식분산이 되어 있지 아니하여 규제의 필요성도 없을 것이다. 또한 의결권 대리행사 권유이므로 상장회사의 주권이라도 상법상 의결권 없는 주식251)도 물론 적용대상이 아니다. 그리고 상장주권에 대한 위임장권유만 규제하였던 구 증권거래법과 달리 자본시장법은 그 상장주권과 관련된 증권예탁증권에 대한 위임장권유도 규제한다.252) 신탁 기타 법률관계에 의하여 타인의 명의로 주식을 소유하는 자가 그 타인에 대하여 해당 주식의 의결권 대리행사를 권유하는 경우도 규제의 필요성이 없으므로 규제대상에서 제외된다(資令 161조 제2호).

　　사) 발행인과 의결권권유자와의 관계　　발행인이 의결권 대리행사의 권유를 하는 경우 발행인 아닌 의결권권유자는 그 발행인에 대하여 다음 중 어느 하나에 해당하는 행위를 할 것을 요구할 수 있다(資法 152조의2①).253) 발행인은 이러한 요구가 있는 경우에는 요구받은 날부터 2일[공휴일, 근로자의 날, 토요일은 제외(資令 152조의2①)] 이내에 이에 응하여야 한다(資法 152조의2②).254)

---

국 채권자의 회사에 대한 채권을 표창하는 증권을 총칭하는 것으로 주주의 지분을 표창하는 지분증권(equity security)에 대비되는 용어이다. 채무증권은 일반적으로 의결권이 없는 것이지만 채무증권소유자의 동의가 필요한 거래에 관하여 동의를 얻는 과정에 위임장규칙이 적용되는 것이다.

251) 상법상 의결권 없는 주식으로는, 자기주식(369조②), 의결권배제·제한주식(344조의3①), 특별이해관계인의 주식(368조③), 회사, 모회사 및 자회사 또는 자회사가 다른 회사의 발행주식 총수의 10%를 초과하는 주식을 가지고 있는 경우 그 다른 회사가 가지고 있는 회사 또는 모회사의 주식(369조③), 감사선임의 경우 3%를 초과하는 주식(409조②), 상장회사의 감사 또는 사외이사 아닌 감사위원을 선임하거나 해임하는 경우(542조의12③), 상장회사가 사외이사인 감사위원을 선임하는 경우(542조의12④) 등이다.

252) 그러나 해외기업의 증권예탁증권에 대한 위임장권유는 자본시장법의 규제대상이 아니다.

253) 두 가지 중 하나의 행위만 요구할 수 있다.

254) 미국의 SEC Rule 14a-7도 "Obligations of Registrants to Provide a List of, or Mail Soliciting Material to, Security Holders"라는 제목 하에, 회사가 주주총회의 결의 또는 주주들의 동의, 승인 절차와 관련하여 위임장권유를 하였거나 하려는 경우 당해 주주총회에서 의결권을 행사할 수 있거나 당해 동의, 승인을 할 수 있는, 명부상 소유자 또는 실질소유자는, i) 회사가 자신의 비용으로 청구주주의 위임장권유자료를 주주들에게 우송해 주거나, ii) 청구주주가 직접 우송할 수 있도록 주주명부를 제공해 줄 것을, 회사에 대하여 서면으로 청구할 수 있다고 규정한다. 회사는 주주로부터의 서면청구가 도착한 후 5거래일 내에, i) 주주명부를 제공하는 방법과, ii) 청구주주의 위임장권유자료를 우송해 주는 방법 중 어느 것을 선택하였는지 통지하여야 한다. 이때 회사는 i) 종류주식별 명부상 주주 및 실질소유자의 각각의 대략적인 수와, ii) 위임장권유자료의 우송에 대한 예상 비용도 함께 제공하여야 한다[SEC Rule 14a-7(a)(1)]. 회사가 주주총회의 결의 또는 주주들의 동의, 승인 절차와 관련하여 위임장권유를 하였거나 하려는 경우, 당해 안건에 대하여 의결권을 행사할 수 있는 주주가 서면에 의하여 청구할 수 있다. 따라서 주주총회가 소집될 예정이 없는 경우에는 주주가 이러한 권리를 행사할 수 없다. 주주가 SEC Rule 14a-7에 의한 청구를 하는 경우, 회사는 주주의 위임장권유자료를 우송해 주는 방법과, 주주가 직접 우송할 수 있도록 주주명부를 교부하는 방법 중

1. 발행인이 아닌 의결권권유자에 대하여 주주명부(실질주주명부를 포함)의 열람·등
   사를 허용하는 행위
2. 발행인이 아닌 의결권권유자를 위하여 그 의결권권유자의 비용으로 위임장 용지
   및 참고서류를 주주에게 송부하는 행위

아) 위임장 용지   권유자가 피권유자에게 의결권 대리행사를 권유하기 위하
여 주주총회소집통지서와 함께 보내는 것이 위임장 용지이고, 피권유자가 이에 기
명날인하여 다시 권유자에게 보낸 것이 위임장이다. 권유자가 송부한 위임장 용지
에 필요한 사항을 기재하여 반송하지 않고 주주가 직접 위임장을 별도로 작성하여
대리인에게 교부한 경우에는 주주 본인의 의사에 의하여 작성된 것인지 여부를 확
인할 수 있어야 하고, 주주총회 현장에서 이를 확인할 수 없는 경우에는 회사가 의
결권 행사를 거부할 수 있다고 보아야 한다.

권유자가 피권유자에게 제공하는 위임장 용지는 주주총회의 목적사항 각 항목
에 대하여 의결권피권유자가 찬반을 명기할 수 있도록 하여야 한다(資法 152조④).

주주총회에서의 의결권 행사를 위한 위임장은 의안별로 위임하도록 된 것일
필요가 없고 수권(授權)의 범위도 1회의 대리권 수여로 수회의 총회에 대한 포괄적
인 대리권의 수여가 가능하다는 것이 판례의 입장이지만,[255][256] 의결권 대리행사

---

하나를 선택할 수 있고, 어느 것을 선택하였는지 청구주주에게 통지하여야 한다. 회사는 주주
명부의 사외유출을 회피하기 때문에, 회사가 주주의 위임장권유자료를 우송해 주는 방법을 택
하는 것이 일반적이다. 다만, SEC Rule 14a-7(b)(1) (i)은 회사가 폐쇄회사화 거래(going pri-
vate transaction)와 관련된 위임장권유를 하고 있거나 할 예정인 경우, 다른 사안에 비하여 소
수주주 보호의 필요성이 매우 크므로 위와 같은 두 가지 방법 중 하나를 선택할 권리가 청구
주주에게 있다고 규정한다.

255) [대법원 2014. 1. 23. 선고 2013다56839 판결] "주식회사의 주주는 상법 제368조 제3항에 따
라 타인에게 의결권 행사를 위임하거나 대리행사하도록 할 수 있다 이 경우 의결권의 행사를
구체적이고 개별적인 사항에 국한하여 위임해야 한다고 해석하여야 할 근거는 없고 포괄적으
로 위임할 수도 있다"(이 사건 주식근질권 설정계약은, '의결권행사의 위임'이라는 제목 아래
제4조에서, 각 근질권설정자는 위 계약의 체결 이후 개최되는 피고의 모든 정기주주총회 및
임시주주총회에서 담보주식에 대한 의결권의 행사를 근질권자에게 위임하되 이를 위하여 근
질권자가 합리적으로 요구하는 수만큼 위임장을 작성하여 이 계약 체결일에 근질권자에게 교
부하기로 하며 근질권자가 수시로 의결권의 행사를 위하여 합리적으로 요구하는 문서 및 기
타 서류(추가적인 위임장의 교부 포함)를 작성하여 교부한다고 규정한다).

256) SEC Rule 14a-4(b)(c)는 위임장에 예정되지 않은 의안에 대한 의결권 행사방법을 굵은 글
자로 미리 기재하고 있는 경우에는 주주가 구체적으로 지시하지 않은 사항에 대하여서도 대
리인이 의결권을 가진다고 규정한다. 이는 주주총회의 신속한 결의를 위한 것인데 경영진이
이를 부정하게 이용할 우려는 있다. 그리고 위임장의 내용에 "최적임자(whomever it believes
to be the best qualified person)" 등과 같이 경영진에게 광범위한 재량권(discretionary power)

권유시에는 가급적 주주의 명시적인 의사가 반영되도록 하기 위하여 목적사항 각 항목별로 찬부를 명기할 수 있게 된 위임장 용지를 이용하도록 한 것이다.257) 그러나 해당 위임장에 의한 의결권 대리행사를 권유하지 않는 의안에 대해서까지 찬부를 명기할 수 있도록 요구되지는 않는다.258)

위임장 용지는 의결권피권유자가 다음과 같은 사항에 대하여 명확히 기재할 수 있도록 작성되어야 한다(資令 163조①).259)

1. 의결권을 대리행사하도록 위임한다는 내용
2. 의결권 권유자 등 의결권을 위임받는 자
3. 의결권피권유자가 소유하고 있는 의결권 있는 주식 수
4. 위임할 주식 수
5. 주주총회의 각 목적사항과 목적사항별 찬반(贊反) 여부
6. 주주총회 회의시 새로 상정된 안건이나 변경 또는 수정 안건에 대한 의결권 행사 위임 여부와 위임 내용
7. 위임일자와 위임시간260)
8. 위임인의 성명과 주민등록번호(법인인 경우에는 명칭과 사업자 등록번호)

---

을 주는 식으로 기재하는 것은 허용되지 않는다.

257) 이에 대하여 일부 의안에 대한 권유를 허용하면 의결권 대리행사 권유에 따르는 남용이 우려되므로 특히 경영진이 권유하는 경우에는 일부 의안만에 대한 의결권 대리행사 권유가 허용되지 않는다는 견해도 있다(송종준, 전게서, 260면).

258) 미국에서는 경영진이 이사선임을 위하여 후보자명단을 기재한 위임장에는 전통적으로 주주가 경영진의 후보자 전원에 대하여 찬성한다는 표시란과 어느 특정 후보에 대한 지지는 보류한다는 표시란이 있다. SEC Rule 14a-4(b)(2)에 의하면 주주의 효과적인 의결권 행사를 위하여, 이사의 선임을 위한 위임장에는 후보자의 성명을 기재하여야 하고, 주주가 후보 개인별로 위임을 보류할 수 있는 방법을 표시하기 위하여, ① 의결권 행사를 보류한다는 표시를 하기 위한 박스(box)가 각 후보자의 성명에 대하여 개별적으로 표시되거나, ② 후보자의 성명에 줄을 긋는 등의 방법에 의하여 후보자 개인별로 위임을 보류할 수 있다는 안내문이 굵은 글씨체로(in bold-face type) 기재되거나, ③ 주주가 위임을 보류하는 후보자의 성명을 기재할 수 있도록 공란이 표시되어 있거나, ④ 그 외에 이와 유사한 어떠한 방법에 의하든 위임을 보류하는 방법에 관한 분명한 안내문이 기재되었을 것을 요구한다. 따라서 주주가 후보 개인별로 위임을 보류한다는 의사를 표시하지 않았을 때에도 위와 같이 기재된 경우에만 적법한 위임으로 된다.

259) 제3호부터 제8호까지의 사항은 의결권 권유자가 기재하는 것이 아니라 의결권피권유자가 기재할 사항이므로, 施行令 163조 제1항은 의결권 권유자가 의결권피권유자가 이러한 사항을 명확히 기재할 수 있도록 위임장 용지를 작성할 것을 요구한다.

260) 위임의 선후에 따른 효력이 문제되므로 위임일자를 기재하도록 하는 것이다. 미국에서는 동일 주주가 상반되는 내용의 위임장을 보냈을 때에는 일자가 뒤인 위임장이 우선하므로 SEC Rule은 위임장의 일자를 뒤의 일자로 정정하거나 처음부터 후의 일자로 기재하는 것(updating or post-dating)은 허용되지 않는다(SEC Rule 14a-3).

의결권 대리행사 권유는 통상 위임장에 대리인란을 기재하지 않은 상태에서 주주에게 발송하고, 이를 받은 주주는 대리인란을 보충하지 않은 채 반송하는 것이 관행이다. 이러한 백지위임장이 교부된 경우 주주총회 개최시까지 위임장에 대리인의 성명이 보충되지 아니하였다고 하더라도 그 위임장을 소지한 자를 대리인으로 지정한 것으로 보아야 할 것이므로, 그 위임장을 소지한 자가 총회에 출석한 이상 그 회원 역시 총회에 출석한 것으로 보아야 한다.[261]

자) 참고서류   참고서류 기재사항은 다음과 같다(資令 163조②).

> 1. 의결권 대리행사 권유에 관한 다음과 같은 사항
>    가. 의결권 권유자의 성명이나 명칭, 의결권 권유자가 소유하고 있는 주식의 종류 및 수와 그 특별관계자가 소유하고 있는 주식의 종류 및 수
>    나. 의결권 권유자의 대리인의 성명, 그 대리인이 소유하고 있는 주식의 종류 및 수(대리인이 있는 경우만 해당)
>    다. 의결권 권유자 및 그 대리인과 해당 주권상장법인과의 관계
> 2. 주주총회의 목적사항
> 3. 의결권 대리행사 권유를 하는 취지

참고서류의 구체적인 기재내용, 서식과 작성방법 등에 관하여 필요한 사항은 금융위원회가 정하여 고시한다(資令 163조③). 증권발행공시규정은 주주총회의 목적에 따라 기재할 내용을 구체적으로 규정하는데(증권발행공시규정 3-15조③), 특히 2020년 1월 개정시 주주총회의 목적이 이사, 감사, 감사위원회위원의 선임인 경우에는, 후보자의 세부 경력사항, 직무 수행계획(사외이사), 이사회의 추천 사유 등을 기재하도록 하고, 임원 선임시 제공되는 참고서류의 내용이 사실과 일치한다는 후보자의 확인·서명을 첨부하도록 하였다.[262] 또한, 임원 보수 한도가 실제 지급금액 대비

---

261) 대법원 1998. 10. 13. 선고 97다44102 판결.
262) [증권발행공시규정 제3-15조]
   ③ 제1항에 따른 주주총회의 목적이 다음 각 호의 1에 해당하는 사항인 경우에는 그 내용을 기재하여야 한다. 다만, 권유자가 해당 상장주권의 발행회사, 그 임원 또는 대주주가 아닌 경우 또는 주주총회 목적사항에 반대하고자 하는 자인 경우에는 주주총회의 목적사항의 제목만 기재할 수 있다.
   3. 이사의 선임에 관한 것인 경우
      가. 후보자의 성명·생년월일·주된 직업 및 세부 경력사항
      나. 후보자가 사외이사 또는 사외이사가 아닌 이사 후보자인지 여부
      다. 후보자의 추천인 및 후보자와 최대주주와의 관계
      라. 후보자와 해당 법인과의 최근 3년간의 거래내역. 이 경우의 거래내역은 금전, 증

적정한지 판단할 수 있도록 전년도 임원 보수총액 정보도 기재하도록 하였다.263)

　차) 교부방법　　의결권권유자는 그 권유에 있어서 다음과 같은 방법으로 위임장 용지 및 참고서류를 다음 중 어느 하나에 해당하는 방법으로 의결권 대리행사의 권유 이전이나 그 권유와 동시에 의결권피권유자에게 교부하여야 한다(資法 152조①, 資令 160조).

1. 의결권권유자가 의결권피권유자에게 직접 내어주는 방법
2. 우편 또는 모사전송에 의한 방법
3. 전자우편을 통한 방법(의결권피권유자가 전자우편을 통하여 위임장 용지 및 참고서류를 받는다는 의사표시를 한 경우만 해당)
4. 주주총회 소집 통지와 함께 보내는 방법[의결권권유자가 해당 상장주권(그 상장주권과 관련된 증권예탁증권 포함)의 발행인인 경우만 해당한다]
5. 인터넷 홈페이지를 이용하는 방법264)

---

권 등 경제적 가치가 있는 재산의 대여, 담보제공, 채무보증 및 법률고문계약, 회계감사계약, 경영자문계약 또는 이와 유사한 계약등(후보자가 동 계약등을 체결한 경우 또는 동 계약등을 체결한 법인·사무소 등에 동 계약등의 계약기간 중 근무한 경우의 계약등을 말한다)으로 하되 약관 등에 따라 불특정다수인에게 동일한 조건으로 행하는 정형화된 거래는 제외한다.
　　마. 후보자(사외이사 선임의 경우에 한한다)의 직무수행계획
　　바. 가목부터 마목까지의 사항이 사실과 일치한다는 후보자의 확인·서명
　　사. 후보자에 대한 이사회의 추천 사유
　4. 감사위원회위원의 선임에 관한 것인 경우
　　가. 사외이사인 감사위원회의 위원의 선임에 관한 것인 경우에는 제3호 가목, 다목 및 라목, 바목 및 사목의 내용
　　나. 사외이사가 아닌 감사위원회의 위원의 선임에 관한 것인 경우에는 제3호 가목, 다목 및 라목, 바목 및 사목의 내용
　5. 감사의 선임에 관한 것인 경우
　　가. 권유시에 감사후보자가 예정되어 있을 경우에는 제3호 가목, 다목 및 라목, 바목 및 사목의 내용
　　나. 권유시에 감사후보자가 예정되어 있지 아니한 경우에는 선임예정 감사의 수
263) [증권발행공시규정 제3-15조③]
　9. 이사의 보수 한도 승인에 관한 것인 경우
　　가. 당기 및 전기의 이사의 수
　　나. 당기의 이사 전원에 대한 보수총액 또는 최고 한도액
　　다. 전기의 이사 전원에 대하여 실제 지급된 보수총액 및 최고 한도액
　10. 감사의 보수 한도 승인에 관한 것인 경우
　　가. 당기 및 전기의 감사의 수
　　나. 당기의 감사 전원에 대한 보수총액 또는 최고 한도액
　　다. 전기의 감사 전원에 대하여 실제 지급된 보수총액 및 최고 한도액
264) 전자위임장권유제도의 법적 근거이다. 인터넷 홈페이지에는 발행회사의 홈페이지와 발행회

카) 의견표명    의결권 대리행사 권유대상이 되는 상장주권의 발행인은 의결권 대리행사 권유에 대하여 의견을 표명한 경우에는 그 내용을 기재한 서면을 지체 없이 금융위원회와 거래소에 제출하여야 한다(資法 155조). 자본시장법은 의견표명에 관한 서면제출의무를 발행인에 대해서만 부과하고 주주에 대해서는 부과하지 않는다. 일반적으로는 주주에게까지 이러한 의무를 부담시킬 필요성이 없기 때문이다. 다만, 위임장경쟁이 벌어지면 발행인(경영진)과 반대 입장에 있는 주주도 의결권 대리행사 권유에 대하여 의견을 표명하는 경우가 있을 수 있는데, 이러한 경우에도 현행 규정상으로는 서면제출의무가 없다는 문제가 있다.

타) 민형사책임    의결권 권유자가 위임장 용지 및 참고서류 중 의결권피권유자의 의결권 위임 관련 중요사항에 관하여 거짓의 기재 또는 표시를 하거나 의결권 위임 관련 중요사항의 기재 또는 표시를 누락한 경우에는(資法 154조) 5년 이하의 징역 또는 2억원 이하의 벌금에 처하며(資法 444조 제19호), 의결권 대리행사 권유에 관한 규정(資法 152조① · ③)을 위반하여 권유한 자는 3년 이하의 징역 또는 1억원 이하의 벌금에 처하며(資法 445조 제21호), 위임장 용지 및 참고서류를 제출하지 아니하거나 정정서류를 제출하지 않은 자는 1년 이하의 징역 또는 3천만원 이하의 벌금에 처한다(資法 446조 제21호 · 제27호). 의결권 대리행사 권유자의 행위가 이와 같이 형사처벌의 대상인 경우, 그 위임장에 의한 의결권 행사가 주주총회 결의취소사유가 되는지 여부에 대하여 확립된 이론이나 판례는 없다. 결국 이 문제는 의결권 대리행사 권유의 하자가 "주주총회 소집절차 또는 결의방법이 법령 또는 정관에 위반하거나 현저하게 불공정한 때"에 해당하는지 여부에 따라 결정될 것인데, 위 형사처벌 대상 행위 중 적어도 자본시장법 제154조의 허위기재 또는 누락에 의한 의결권 대리행사 권유는 의결권피권유자의 의결권 위임 여부 판단에 중대한 영향을 미칠 수 있는 것이다. 따라서 그 위임장에 의한 의결권 행사는 주주총회 결의취소사유로 보아야 할 것이다.[265]

자본시장법은 의결권 대리행사 권유에 관한 손해배상책임에 관한 특별규정을 두지 않고 있으므로, 의결권 대리행사 권유에 관한 규정을 위반한 경우에 대하여는

─────

사로부터 전자위임장 관리사무를 위탁받은 기관(예컨대 한국예탁결제원)의 홈페이지가 포함된다. 이러한 홈페이지는 주주의 의결권 위임의 편의와 위임장 관리의 공정성을 위하여 「전자서명법」 제2조에 따른 공인전자서명의 공인인증서에 기초한 전자서명에 의한 전자적 수여가 가능해야 한다.

265) 주주총회의 소집절차 또는 결의방법이 법령 또는 정관에 위반하거나 현저하게 불공정한 때 또는 그 결의의 내용이 정관에 위반한 때에는 주주 · 이사 또는 감사는 결의의 날부터 2개월 이내에 결의취소의 소를 제기할 수 있다(376조①).

민법상 불법행위에 기한 손해배상책임을 물어야 하는데, 요건을 증명하기 곤란하다는 문제가 있다.

파) 피권유자의 의사에 반한 의결권 행사    권유자는 위임장 용지에 나타난 의결권피권유자의 의사에 반하여 의결권을 행사할 수 없다(資法 152조⑤). 그러나 권유자가 피권유자의 의사에 반하여 의결권을 행사하거나 의결권을 아예 행사하지 않은 경우에도, 의결권 대리행사의 권유제도에 관한 규정은 효력규정이 아닌 단속규정이므로, 주주와 대리인간의 위임계약 위반으로 인한 손해배상문제만 발생할 뿐 그 의결권의 행사는 유효하고 주주총회 결의의 효력에도 영향이 없다고 보아야 한다. 다만, 발행인이 의결권 대리행사의 권유자인 경우에는 주주의 의사를 알고 있었으므로 주주의 의사에 반한 의결권 행사는 무효로 되고(民法 130조), 따라서 주주총회 결의취소의 사유가 된다고 보아야 할 것이다.266)

하) 부실권유와 주주총회 결의하자    의결권 대리행사 권유자가 위임장 용지 및 참고서류 중 의결권피권유자의 의결권 위임 관련 중요사항에 관하여 거짓의 기재 또는 표시를 하거나 의결권 위임 관련 중요사항의 기재 또는 표시를 누락한 경우에는(資法 154조) 5년 이하의 징역 또는 2억원 이하의 벌금에 처하며(資法 444조 제19호), 의결권 대리행사의 권유에 관한 규정(資法 152조①·③)을 위반하여 권유한 자는 3년 이하의 징역 또는 1억원 이하의 벌금에 처하며(資法 445조 제21호), 위임장 용지 및 참고서류를 제출하지 아니하거나 정정서류를 제출하지 않은 자는 1년 이하의 징역 또는 3천만원 이하의 벌금에 처한다(資法 446조 제21호·제27호).

의결권 대리행사 권유자의 행위가 이와 같이 형사처벌의 대상인 경우, 그 위임장에 의한 의결권 행사가 주주총회 결의취소사유가 되는지 여부에 대하여 확립된 이론이나 판례는 없다. 결국 이 문제는 의결권 대리행사 권유의 하자가 "주주총회 소집절차 또는 결의방법이 법령 또는 정관에 위반하거나 현저하게 불공정한 때"에 해당하는지 여부에 따라 결정될 것인데, 위 형사처벌 대상 행위 중 적어도 자본시장법 제154조의 허위기재 또는 누락에 의한 의결권 대리행사의 권유는 의결권피권

---

266) 권유자가 발행인인지 여부에 따라 주주총회 결의의 효력이 좌우된다는 점에 대한 논리적 근거가 명확하지는 않지만, i) 발행인 아닌 자가 권유자인 경우에는 권유자가 피권유자의 의사에 반하여 의결권을 행사하더라도 발행인은 이러한 사실을 알 수 없으므로 이를 주주총회 결의의 하자로 볼 수 없고, ii) 반면에 발행인이 권유자인 경우에는 주주총회의 의사진행주체인 발행인은 권유자인 자신이 피권유자의 의사에 반하여 의결권을 행사한다는 사실을 알았으므로 이를 주주총회 결의의 하자로 볼 수 있다 할 것이다.

유자의 의결권 위임 여부 판단에 중대한 영향을 미칠 수 있는 것이다. 따라서 그 위임장에 의한 의결권 행사는 주주총회 결의취소사유로 보아야 할 것이다.[267]

### 3) 의결권불통일행사

(가) 의의 및 취지    주주가 2 이상의 의결권을 가지고 있는 때에는 이를 통일하지 아니하고 행사할 수 있다. 이 경우 회일의 3일 전에[268] 회사에 대하여 서면 또는 전자문서로 그 뜻과 이유를 통지하여야 한다(368조의2①).[269] 의결권불통일행사는 1인의 명의상의 주주가 수인의 실질상의 주주의 개별적인 의사에 따라 의결권을 행사할 수 있도록 하는 제도이다.[270]

의결권 불통일행사는 개별 주주를 기준으로 하는 것이고 의결권이 제한되는 단위를 기준으로 하는 것은 아니다. 즉, 상장회사의 감사 또는 사외이사 아닌 감사위원을 선임하거나 해임하는 경우, 최대주주 및 그의 특수관계인 등이 소유하는 주식은 의결권 없는 주식을 제외한 발행주식총수의 3%를 초과하여 의결권을 행사할 수 없는데, 이 때 최대주주와 개별 특수관계인들이 의결권을 달리 행사하는 것은 의결권 불통일행사에 해당하지 않는다.

그리고 1주를 공유하는 수인의 주주가 각자의 지분에 따라 의결권을 불통일행사하는 것은 주식불가분의 원칙상 허용되지 않는다.

(나) 불통일행사방법    주주가 의결권을 불통일행사하는 방법으로는, i) 일부 주식의 의결권만 행사하고 나머지 주식의 의결권은 행사하지 않는 방법, ii) 일부 주식의 의결권은 의안에 대하여 찬성하고 나머지 주식의 의결권은 의안에 대하여 반대하는 방법, iii) 일부 주식의 의결권은 주주 본인이 행사하고 나머지 주식의 의결권은 대리인을 통하여 행사하는 방법, iv) 복수대리인을 선임하는 방법 등이 있다.

반면에 1인의 대리인이 수인(數人)의 주주를 대리하여 의결권을 행사하는 것은

---

267) 총회의 소집절차 또는 결의방법이 법령 또는 정관에 위반하거나 현저하게 불공정한 때 또는 그 결의의 내용이 정관에 위반한 때에는 주주·이사 또는 감사는 결의의 날부터 2개월 이내에 결의취소의 소를 제기할 수 있다(376조①).

268) 민법 제157조의 초일불산입 규정은 일정한 기산일로부터 과거에 소급하여 계산하는 기간에도 적용된다. 따라서 회일이 3월 19일인 경우 그 전일인 3월 18일을 기산일로 하여 3월 16일이 말일이 되고 그 날의 오전 0시에 기간이 만료한다. 따라서 늦어도 3월 15일 자정까지는 통지하여야 한다.

269) 의결권불통일행사에 관한 제368조의2는 창립총회의 결의에도 준용되며(308조②), 제308조 제2항은 신설합병의 창립총회에 준용된다(527조③).

270) 영국에서는 우리 상법이나 일본 회사법의 타인을 위한 주식소유가 요구되지 않고 의결권불통일행사가 전면적으로 허용된다(Companies Act 2006 제322조).

수인을 대리한 결과이므로 주주의 의사에 따라 의결권을 달리 행사하더라도 의결권불통일행사에 해당하지 않는다.

(다) 절차적 요건

가) 사전통지제도의 취지　　　의결권을 불통일행사하려는 주주는 회일의 3일 전에 회사에 대하여 서면 또는 전자문서로 그 뜻과 이유를 통지하여야 한다(368조의2①).271) 사전통지는 회사가 불통일행사의 실질적 요건을 갖추었는지 여부를 미리 판단하고, 그 불통일행사를 거부할 것인가를 판단할 수 있는 시간적 여유를 주고, 회사의 총회 사무운영에 지장을 주지 아니하도록 하기 위하여 부여된 것이다.272)

나) 통지의 시기와 방법　　　민법상 의사표시는 도달주의를 원칙으로 하므로(民法 111조①), 의결권불통일행사통지는 3일 전에 회사에 도달하여야 한다.273) 통지의 도달에 대한 증명책임은 통지자가 부담한다.

통지는 서면 또는 전자문서에 그 뜻과 이유를 기재하여, 회사의 본점 소재지로 하여야 하고, 명의개서대리인을 둔 경우에도 통지수령에 관한 별도의 수권이 없는 한 회사에 대하여 하여야 한다. 이러한 별도의 수권이 있는 경우에도 회사는 원래 통지를 받을 본인에 해당하므로 회사에 대하여 한 통지는 유효하다.

불통일행사의 "이유"를 기재하는 것은 불통일행사의 실질적 요건인 타인을 위한 주식소유 요건을 회사가 확인할 수 있도록 하기 위한 것이다. 따라서 불통일행사의 "이유"는 반드시 기재하여야 하지만, 불통일행사의 "뜻"은 별도로 기재하지 않아도 불통일행사의 "이유"가 기재되면 당연히 그 "뜻"도 기재된 것으로 보아야 할 것이다. 물론 이와 반대로 "뜻"만 기재하고 "이유"를 기재하지 않는 것은 서면통지의 취지상 적법한 통지로 볼 수 없다.

불통일행사의 통지를 포괄적으로 할 수 있는지 여부에 대하여, 의결권의 포괄적 위임을 인정하는 견해에서는 포괄적 불통일행사통지도 인정한다. 포괄적 통지로 인하여 주주가 얻는 편익에 비하여 이를 허용함으로 인하여 생기는 폐단은 거의 없으므로, 수회의 주주총회를 대상으로 포괄적으로 통지하는 것도 허용하여야 할 것이다.

주주는 의결권의 불통일행사 여부를 의안마다 달리 할 수 있다. 따라서 해당

---

271) 일본 회사법도 의결권불통일행사를 규정하면서(日会 313조①), 이사회설치회사에 있어서는 주주총회일의 3일 전 통지를 원칙으로 한다(日会 313조②). 이사회비설치회사의 경우에는 사전통지가 요구되지 않는다.

272) 대법원 2009. 4. 23. 선고 2005다22701, 22718 판결.

273) 대법원 2009. 4. 23. 선고 2005다22701, 22718 판결.

주주총회의 의안 중 일부 의안에 대하여서만 불통일행사를 하고, 나머지 의안에 대하여는 통일적으로 행사할 수 있다.

주주가 불통일행사 통지시 불통일행사의 대상이 되는 의안을 특정하지 아니한 경우에는 전체 의안이 불통일행사의 대상이 되는지에 관하여 논란이 있다. 따라서 불통일행사의 대상이 되는 의안을 특정하는 것이 바람직하다. 다만, 불통일행사의 통지를 한 주주도 주주총회에서 통일적으로 행사할 수 있으므로 실제의 상황에서 주주로서는 일단 의안 전부를 불통일행사의 대상으로 하여 통지하는 것이 유리할 것이다.

다) 통지흠결의 효과　　불통일행사의 통지를 한 주주가 통지내용에 구속되지 않고 주주총회에서 통일행사하는 것은 무방하다. 그러나 불통일행사의 통지를 하지 않은 주주가 주주총회에서 불통일행사를 한 경우 회사가 주주총회에서 이를 승인할 수 있다고 한다면 결의의 성부(成否)를 회사가 선택할 수 있는 것이 되어 부당하므로 회사는 이를 승인할 수 없고 결의취소사유가 된다고 보아야 한다. 통지가 주주총회 회일의 3일 전이라는 시한보다 늦게 도착하였다고 하더라도 회사가 스스로 총회운영에 지장이 없다고 판단하여 이를 받아들일 수는 있지만,[274] 이는 비록 지연되었지만 통지를 한 경우이고 통지가 아예 없는 경우에는 불통일행사가 허용되지 않는 것이다.

(라) 실질적 요건

가) 거부사유　　주주가 불통일행사통지를 한 경우 회사는 의결권 행사 전에 주주의 의결권의 불통일행사를 거부할 수 있다.[275] 단, 주주가 주식의 신탁을 인수

---

[274] [대법원 2009. 4. 23. 선고 2005다22701, 22718 판결](합병철회·주주총회결의취소)〈국민은행·한국주택은행 합병 사건〉 "위와 같은 3일의 기간이 부여된 취지에 비추어 보면, 비록 불통일행사의 통지가 주주총회 회일의 3일 전이라는 시한보다 늦게 도착하였다고 하더라도 회사가 스스로 총회운영에 지장이 없다고 판단하여 이를 받아들이기로 하고 이에 따라 의결권의 불통일행사가 이루어진 것이라면, 그것이 주주평등의 원칙을 위반하거나 의결권 행사의 결과를 조작하기 위하여 자의적으로 이루어진 것이라는 등의 특별한 사정이 없는 한, 그와 같은 의결권의 불통일행사를 위법하다고 볼 수는 없다."

[275] [대법원 2001. 9. 7. 선고 2001도2917 판결] "[1] 주주의 자유로운 의결권 행사를 보장하기 위하여 주주가 의결권의 행사를 대리인에게 위임하는 것이 보장되어야 한다고 하더라도 주주의 의결권 행사를 위한 대리인 선임이 무제한적으로 허용되는 것은 아니고, 그 의결권의 대리행사로 말미암아 주주총회의 개최가 부당하게 저해되거나 혹은 회사의 이익이 부당하게 침해될 염려가 있는 등의 특별한 사정이 있는 경우에는 회사는 이를 거절할 수 있다고 보아야 할 것이며, 주주가 자신이 가진 복수의 의결권을 불통일행사하기 위하여는 회일의 3일 전에 회사에 대하여 서면으로 그 뜻과 이유를 통지하여야 할 뿐만 아니라, 회사는 주주가 주식의 신탁을 인수하였거나 기타 타인을 위하여 주식을 가지고 있는 경우 외에는 주주의 의결권 불통일행사를 거부할 수 있는 것이므로, 주주가 위와 같은 요건을 갖추지 못한 채 의결권 불통일행사를 위하여 수인의 대리인을 선임하고자 하는 경우에는 회사는 역시 이를 거절할 수 있다. [2]

하였거나 기타 타인을 위하여 주식을 가지고 있는 경우에는 회사가 이를 거부할 수 없다(368조의2 제2항의 반대해석).276)

"주식의 신탁 인수"는 "타인을 위하여 주식을 가지고 있는 경우"의 예시이다. "타인을 위하여 주식을 가지고 있는 경우"는 제도의 취지상 너무 엄격히 해석할 필요가 없다. 따라서 소유주식의 일부를 양도한 자가 명의개서 전에 주식양도계약조건에 따라 양수인의 의사에 따라 행사하는 의결권과 본인 소유의 잔여 주식의 의결권을 불통일행사할 수도 있고, 법인 등 단체가 소유주식의 의결권 행사에 관하여 의견대립이 있는 경우에도 의결권을 불통일행사할 수도 있다고 해석하여야 한다.

복수주식이 수인의 공유에 속하는 때에는 공유자는 주주의 권리를 행사할 자 1인을 정하여야 한다(333조②). 공유자는 개별적으로 주주권을 행사할 수 없고 그 대표자를 통하여서만 주주권을 행사할 수 있다. 따라서 이 경우에도 대표자는 의결권을 불통일행사할 수도 있다.

나) 거부의 시기와 방법　　의결권의 불통일행사의 거부는 결의 전에 해야 한다. 결의 후에도 거부할 수 있다고 하면 회사가 결의 결과에 따라 자기에게 유리한 방향으로 결의의 결과를 선택할 수 있기 때문에 부당하다.

통지와 달리 거부는 방법에 아무런 제한이 없으므로 서면은 물론 구두로도 할 수 있다. 거부할 경우 거부권행사의 요건은 회사가 증명하여야 한다. 회사는 의결권의 불통일행사의 거부를 할 수 있는 것이고 반드시 거부하여야 하는 것은 물론 아니다.

다) 거부의 효과　　회사가 적법하게 불통일행사를 거부하면 주주는 의결권을 불통일행사할 수 없다. 주주가 회사의 적법한 거부에 불구하고 의결권을 불통일행사하는 경우, 회사는 주주의 의결권을 부인할 수 있다. 다만, 회사의 거부에도 불구하고 주주가 의결권을 불통일행사하였으나, 회사가 그 주주의 투표를 찬반투표의

주주가 주주총회에 참석하면서 소유 주식 중 일부에 관한 의결권의 대리행사를 타인들에게 나누어 위임하여 주주총회에 참석한 그 의결권 대리인들이 대표이사의 주주총회장에서의 퇴장 요구를 거절하면서 고성과 욕설 등을 사용하여 대표이사의 주주총회의 개최, 진행을 포기하게 만든 경우, 그와 같은 의결권 대리행사의 위임은 위세를 과시하여 정상적인 주주총회의 진행을 저해할 의도이고 주주총회에서 그 의결권 대리인들이 요구한 사항은 의결권 대리행사를 위한 권한 범위에 속하지 않으므로, 대표이사는 그 대리인들이 주주총회에 참석하는 것을 적법하게 거절할 수 있었으므로 업무방해죄가 성립한다."

276) 일본 회사법도 "주식회사는 제1항의 주주가 타인을 위하여 주식을 보유하는 자가 아닐 때에는 해당 주주가 동항의 규정에 의하여 보유하는 의결권을 통일하지 않고 행사하는 것을 거절할 수 있다."라고 규정한다(日会 313조③).

집계에 반영하여 가결 또는 부결을 발표한 경우에는 적법한 불통일행사로서 해당 결의도 유효한 것으로 보아야 할 것이다. 회사는 상법상 거부사유가 있다고 하여 주주의 불통일행사를 반드시 거부하여야 하는 것이 아니라 재량에 의하여 인정할 수도 있고, 또한 불통일행사의 거부는 철회할 수도 있기 때문이다. 특히, 불통일행사 유형 중 일부 주식의 의결권만 행사하고 나머지 주식의 의결권은 행사하지 않는 경우에 주주가 자신의 보유주식수를 잘못 알고 있을 수도 있으므로 회사는 의결권을 행사한 수만큼을 유효한 것으로 처리하고, 실무상 문제 삼지 않는 경우가 많다 (서면투표 및 전자투표의 경우에도 동일).

(마) 불통일행사의 효과    불통일행사의 요건을 갖춘 경우, 불통일행사된 의결권은 각기 전부 유효한 찬성표나 반대표가 되어 정족수에 산입되는 것이고, 동수의 찬성표와 반대표를 제외하고 나머지 표만 유효한 표로 산입되는 것은 아니다. 의결권을 불통일행사하는 주주가 있는 경우, 총주주의 동의를 얻어야 하는 결의는 부결된다.277)

4) 서면에 의한 의결권 행사

(가) 의    의    주주는 정관이 정한 바에 따라278) 총회에 출석하지 아니하고 서면에 의하여 의결권을 행사할 수 있다(368조의3①). 서면에 의한 의결권 행사(서면투표)는 소액주주가 회사의 의사결정과정에 참여하도록 유도하고, 대규모회사의 주주가 다수인 경우 주주총회의 원활한 진행 등을 위하여 1999년 상법개정시 도입되었다. "주주는 … 의결권을 행사할 수 있다"라는 법문상 정관에 서면투표 규정이 있으면 회사가 서면투표방법을 배제할 수 없다.

(나) 소집통지    서면투표를 위하여는 회사가 총회의 소집통지서에 주주가 의결권을 행사하는데 필요한 서면279)과 참고자료280)를 첨부하여야 한다(368조의3②).281)

---

277) 상법상 총주주의 동의를 얻어야 하는 경우는 이사의 회사에 대한 손해배상책임면제(400조①)와 주식회사의 유한회사로의 조직변경(604조)이다. 단, 제400조 제1항은 반드시 결의의 형식이 요구되는 것은 아니고, 총주주가 동의하면 된다.
278) 전자투표는 정관에 규정이 없어도 이사회 결의로 채택할 수 있다는 점과 다르다. 일본에서는 서면투표와 전자투표 모두 주주총회소집자가 정할 수 있다(日会 298조①3,4).
279) "주주가 의결권을 행사하는데 필요한 서면"은 주주의 성명과 의결권을 행사할 수 있는 주식의 수, 의안별(정관변경 의안의 경우에는 정관의 개별 규정별) 찬반 표시란, 주주의 기명날인란 등을 포함해야 한다.
280) "참고자료"에는 의제, 의안의 요령, 의안 제안이유 등이 포함되어야 한다.
281) 일본에서는 의결권 있는 주주의 수가 1천명 이상인 경우에는 주주총회 소집사항으로서 서면투표에 관한 사항을 정하여야 한다(금융상품거래소에 상장된 주식을 발행한 주식회사로서 시행규칙으로 정하는 회사는 제외)(日会 298조②).

의결권을 행사하는데 필요한 서면은 위임장 양식과 대체로 같다. 소집통지서에 참고자료가 첨부되지 않으면 주주총회 결의취소사유가 된다. 상장회사도 소집통지서에 주주가 의결권을 행사하는데 필요한 서면과 참고자료를 첨부하여야 하므로, 소집공고로써 소집통지를 갈음할 수 없다.

(다) 행사방법    서면투표를 하려는 주주는 "주주가 의결권을 행사하는데 필요한 서면"에 필요한 사항을 기재하여 회사에 (통상 소집통지시 동봉된 회송용 봉투에 담아) 제출함으로써 의결권을 행사한다. 주주가 서면투표용지에 아무런 기재를 하지 않고 백지상태로 제출한 경우에는 기권으로 처리한다. 즉, 결의요건과 관련하여서는 반대로 처리된다.

(라) 행사효과    서면투표의 경우에는 주주가 직접 총회에 참석한 것과 같은 효과가 발생한다. 따라서 서면에 의하여 의결권을 행사한 주식수는 출석한 주주의 의결권의 수에 산입한다. 서면에 의하여 의결권을 행사하는 경우에도 의결권의 대리행사와 불통일행사가 가능하다. 주주총회장에서의 투표와 달리 서면투표의 내용에 대하여는 주주들이 알 수 없으므로, 의결권 행사서면에 대한 주주의 열람·등사 청구권이 인정되어야 할 것이다. 이에 관하여는 상법에 명문의 규정이 없어도 민사집행법상 임시의 지위를 정하는 가처분으로서 열람·등사 가처분신청을 할 수 있을 것이다.282)

(마) 서면투표 종료시점    서면투표의 종료일에 대하여 상법은 명문의 규정이 없다.283) 전자투표의 종료일은 주주총회 전날까지로 하여야 하는데(슈 13조②2), 이는 주주총회 당일까지 전자투표를 허용하면 투표결과의 집계작업이 어려울 수 있다는 사정을 고려한 것이다. 서면투표도 전자투표와 달리 볼 이유가 없으므로 주주총회 전날까지 도착한 것까지 유효한 것으로 사전에 안내하는 것이 바람직하다. 또한 회사가 주주의 편의를 위하고 투표의 집계에 지장이 없다면 주주총회일 당일 개회 전 또는 투표 전에 도착한 서면투표도 유효한 것으로 사전에 안내하고 그렇게 처리해도 된다.

(바) 서면투표의 철회·변경    서면투표한 주주도 주주총회에 출석하여 의결권

---

282) 일본에서는 의결권 행사서면을 총회일로부터 3개월간 본점에 비치하여야 하고, 주주는 회사의 영업시간 내에 의결권 행사서면의 열람·등사를 청구할 수 있다(日会 310조③·④).

283) 일본에서는 원칙적으로는 주주총회일의 직전의 영업시간 종료시까지 의결권행사서면을 회사에 제출하여야 하지만, 회사가 소집통지를 발송한 때로부터 2주간을 경과한 때 이후의 특정한 때까지로 의결권행사기한을 정할 수 있다(日会 301조①, 日会則 69조).

을 행사함으로써 서면투표를 철회하거나 변경할 수 있다. 다른 방법에 의한 서면투표의 철회·변경은 허용되지 않는다는 것이 일반적인 해석이다.

(사) 서면결의　　서면투표를 하더라도 주주총회 자체는 개최되므로, 주주총회를 개최하지 않는 서면결의제도와 다르다.[284] 서면결의는 자본금총액이 10억원 미만인 소규모회사와 유한회사에서 인정된다.[285] 소규모회사는 주주 전원의 동의가 있을 경우에는 소집절차 없이 주주총회를 개최할 수 있고, 서면에 의한 결의로써 주주총회 결의를 갈음할 수 있다(363조⑤).[286] 결의의 목적사항에 대하여 주주 전원이 서면으로 동의를 한 때에는 서면에 의한 결의가 있는 것으로 본다(363조⑤). 정기주주총회의 목적사항에 대하여 서면결의가 이루어진 경우 주주 전원이 서면으로 동의를 한 때 정기주주총회가 종결된 것으로 본다.[287] 서면결의는 주주총회 결의와 같은 효력이 있고(363조⑥), 서면결의에 대하여는 주주총회에 관한 규정이 준용된다(363조⑦).[288] 따라서 결의요건·의결권의 대리행사·의결권제한·의결권불통일행사 등에 관한 규정은 서면결의에 대하여 준용된다. 서면결의시 의사록이 작성되어야 하는지에 관하여는 실무상 논란이 있는데, 의사록은 현실적인 회의를 전제로 한 것이 아니므로 준용대상으로 보아야 한다는 것이 일반적인 견해이다. 생각건대, 주주총회 결의

---

284) 정관에 "긴급을 요하거나 부득이 한 때에는 주주총회를 개최하지 않고 서면결의로 갈음할 수 있다."라고 규정하는 경우도 있는데, 법률에 명시적으로 서면결의가 인정되는 경우(363조 ⑤, 577조)가 아닌 한 위와 같은 규정이 있다 하더라도 서면결의로써 주주총회 결의를 갈음할 수는 없다. 다만, 민법상 비영리법인에 관한 사건에서, "원고의 정관 제13조 제5항은 '전체주민회의가 긴급을 요하거나 경우에 따라 서면결의도 가능하다'고 규정하고 있고, 원고의 정관에 달리 서면결의를 금한다거나 그 결의방법을 제한하는 규정을 두고 있지 아니하므로, 주민들에게 개별적으로 결의사항의 내용을 설명하고 동의를 받은 후 미리 작성한 회의록에 날인받는 방식으로 의결을 하는 이른바 서면결의 방식에 의하여 이루어진 원고의 총회결의가 무효라고 볼 수 없다."라고 판시한 판례가 있기는 하다(대법원 2008. 5. 29. 선고 2007다63683 판결). 주주총회에도 이와 같은 법리가 적용될지는 의문이다.

285) 유한회사에서 사원총회의 결의를 하여야 할 경우에도, i) 총사원의 동의가 있는 때에는 서면에 의한 결의를 할 수 있고(577조①), ii) 결의의 목적사항에 대하여 총사원이 서면으로 동의를 한 때에는 서면에 의한 결의가 있는 것으로 본다(577조②).

286) 일본에서도 이사 또는 주주가 주주총회의 목적사항에 대하여 제안을 한 경우 당해 제안에 의결권을 행사할 수 있는 주주 전원이 서면 또는 전자적 기록에 의하여 동의의 의사표시를 한 때에는 당해 제안을 가결하는 취지의 주주총회 결의가 있는 것으로 간주된다(日会 319조①). 일본 회사법은 이를 주주총회 결의생략이라고 규정한다. 특별결의나 특수결의의 경우에도 결의생략제도를 이용할 수 있다.

287) 일본에서도 정기주주총회의 목적사항 전부에 대한 제안을 가결하는 취지의 결의가 있는 것으로 볼 수 있는 경우 그 때 당해 정기주주총회가 종결된 것으로 간주된다(日会 319조⑤).

288) 서면투표는 위임이 불가능 내지 불필요하다는 견해도 있으나, 개념상 반드시 불가능하다고 보기는 어렵다.

사항에 등기사항이 있는 경우에는 등기신청시 의사록을 첨부하여야 하고(商登則 128조 ②) 의사록에 대한 공증이 필요하므로(公證人法 66조의2), 서면결의의 경우에도 의사록이 작성되어야 할 것이다. 주주총회에 관한 규정 중 소집통지·소집지·총회의 질서유지 등과 같이 현실적인 회의를 전제로 한 규정은 물론 서면결의에 대하여 준용되지 않는다.

(아) 의안이 수정동의된 경우    총회 당일 소집통지서에 기재된 원래의 의안(원안)의 내용을 수정하여 상정하는 동의(수정동의)도 원안과 실질적 동일성이 인정되는 범위 내에서 허용된다. 수정동의가 있는 경우 서면투표의 처리 문제에 관하여는, i) 원안에 관하여 서면투표한 주주는 회의시 제출된 수정동의안에 관하여는 어떠한 의사도 표시하지 않았으므로 불참한 것으로 보는 해석(1설), ii) 서면투표한 주주는 수정동의안에 대해 반대 또는 기권한 것으로 보는 해석(2설), iii) 원안에 대한 서면투표 결과가 수정동의안에 대한 현장 투표 결과에 영향을 미치지 못하도록 shadow voting의 방법으로 반영하는 것이 타당하다는 해석(3설) 등이 가능하다.

그런데 1설은 원안에 관하여 서면투표가 출석의결권 수에 산입되지 아니함으로써 수정동의안의 가결이 원안에 비하여 용이하게 되어 주주의 의사에 반한다는 문제가 있고, 3설은 법령에 명시적인 근거 없이 shadow voting의 방법에 의할 수 없다는 문제가 있으므로, 결국 2설이 타당하다.

구체적으로는, 당초의 서면투표는 원안에 대하여 한 것이므로 원안에 대하여 찬성한 서면투표는 수정동의에 반대한 것으로 처리하고, 원안에 대하여 반대한 서면투표는 수정동의안에 대한 찬반 의사표시를 확인할 수 없으므로 기권한 것으로 처리한다. 주주의 투표는 반대와 기권 모두 결과적으로는 반대의 효과를 가지므로 구별의 실익은 없다.

5) 전자적 방법에 의한 의결권의 행사

(가) 의    의    전자투표는 2009년 개정상법에 의하여 도입된 제도로서, 주주가 주주총회에 직접 출석하지 않고 전자적인 방법(인터넷 전자투표시스템)으로 의결권을 행사하는 방법이다.[289] 전자투표는 주주총회 운용절차 중 투표만 전자적 방법으로 하는 것이므로, 주주총회의 소집통지, 의결권 행사, 의사 운영 등에 전자적 방법을 활용하는 전자주주총회와는 다른 개념이다.

---

[289] 2010년 5월 개정법이 시행되었고 2010년 8월에 전자투표업무가 개시되었다. 미국과 영국은 2000년에, 일본은 2001년에 전자투표제를 도입하였다.

(나) 도입취지　　전자투표는 주주총회 운영의 효율성 향상, 기업활동의 경쟁력 강화, 소수주주의 주주총회 참여 활성화를 통한 주주민주주의 구현 등을 위하여 도입되었다.290)

(다) 전자투표의 결정

가) 결정기관　　회사는 이사회 결의로 주주가 총회에 출석하지 아니하고 전자적 방법으로 의결권을 행사할 수 있음을 정할 수 있다(368조의4①). 전자투표의 채택 여부는 정관에 근거규정이 없어도 회사의 임의적인 결정에 맡겨져 있다. 이와 같이 서면투표는 정관에서 정하여야 하는 반면에, 전자투표는 이사회 결의로 결정할 수 있다는 점이 다르다.291) 전자투표제가 채택되더라도 주주는 얼마든지 주주총회에 직접 출석하여 의결권을 행사할 수 있으므로, 정관으로 전자투표제를 의무화하더라도 주주권이 침해되는 것은 아니기 때문이다.

전자투표의 채택 여부를 이사회가 결정하지 않고 정관에서 규정하는 것도 허용된다. 전자투표의 채택 여부는 회사의 임의적인 결정에 맡겨져 있지만, 정관에서 의무적으로 전자투표를 하도록 규정한 경우에는 이사회 결의로써 전자투표를 배제할 수 없다.

나) 포괄적 결정 여부　　이사회가 주주총회의 소집을 결정할 때마다 전자투표 채택 여부를 결정하여야 하는지, 아니면 향후의 주주총회를 대상으로 전자투표 채택 여부를 포괄적으로 결정할 수 있는지에 관하여는 논란의 여지가 있다.292) 이

---

290) 전자투표제도는 주주총회 결의요건의 충족에 도움이 되기도 하지만, 종래에는 예탁결제원의 shadow voting 제도가 이러한 문제를 상당 부분 해결하여 왔다. 그러나 2013년 자본시장법 개정에 의하여 예탁결제원의 shadow voting 제도가 2018년부터 폐지되었다.

291) 일본 회사법은 전자투표 여부를 이사회가 결정할 수 있다고 명시적으로 규정하지는 않지만, 이사가 주주총회를 소집하는 경우 전자적 방법으로 의결권을 행사할 수 있음을 정할 수 있다고 규정한다(日会 298조①4).

292) 포괄적 결정이 가능하다는 견해의 근거로는, 전자투표의 도입취지가 주주총회 운영의 효율성 향상 및 소수주주의 주주총회 참여 활성화 등이라는 점, 전자투표의 채택 여부를 이사회가 결정하지 않고 정관에서 규정하는 것은 허용된다는 점, 일정 기간 계속·반복적으로 수행되는 회사의 주요 업무집행에 관하여 이사회가 이를 포괄적 승인을 하는 경우 그 효력이 인정된다는 점, 포괄적 결정 후에도 이사회는 언제든지 전자투표제를 하지 않는다는 결정을 할 수 있다는 점 등이 있고, 포괄적 결정이 불가능하다는 견해의 근거로는, 전자투표제 자체가 주주나 그 대리인이 주주총회장에 출석하지 않기 때문에 주주총회장에서의 토론, 질의 및 답변 등의 절차 없이 의결권이 행사된다는 근본적인 문제점이 있다는 점, 특정 세력이 배포하는 근거 없는 정보가 소수주주들의 전자투표 방향에 중대한 영향을 미치는 경우도 예상되므로 이사회는 주주총회의 소집을 결정할 때마다 전자투표의 실시 여부를 결정함에 있어서 제반 사정을 고려하여 신중히 결정하여야 한다는 점 등이 있다.

사회가 전자투표 채택 여부를 포괄적으로 결정하는 것이 가능하다는 견해에 의하더라도, 주주총회의 소집통지를 할 때에는 주주가 전자투표를 할 수 있다는 내용을 통지하여야 한다(368조의4②).

(라) 전자투표를 위한 절차

가) 소집통지 기재사항　　　주주총회의 소집통지를 할 때에는 주주가 전자투표를 할 수 있다는 내용을 통지하여야 한다(368조의4②).293) 전자투표를 할 수 있음을 정한 회사는, 주주총회의 소집통지에 전자투표를 할 수 있다는 내용 외에 다음 사항도 기재하여야 한다(슈 13조②).

> 1. 전자투표를 할 인터넷 주소294)
> 2. 전자투표를 할 기간(전자투표의 종료일은 주주총회 전날까지로 하여야 한다)
> 3. 그 밖에 주주의 전자투표에 필요한 기술적인 사항

회사 또는 지정된 전자투표관리기관은 전자투표 종료일 3일 전까지 주주에게 전자문서로 위 사항을 한 번 더 통지할 수 있다. 이 경우 주주의 동의가 있으면 전화번호 등을 이용하여 통지할 수 있다(슈 13조⑥).295)

나) 비치·열람·보존 등　　　회사는 의결권 행사에 관한 전자적 기록을 총회의 종료일부터 3개월간 본점에 비치하여 열람하게 하고 총회의 종료일부터 5년간 보존하여야 한다(368조의4⑤).296) 주주확인절차 등 전자적 방법에 의한 의결권 행사의 절차 그 밖에 필요한 사항은 대통령령으로 정한다(368조의4⑥).

---

293) 일본에서도 전자적 방법에 의한 의결권 행사가 인정된다(日会 298조①4). 이 경우 이사는 소집통지를 할 때 주주총회참고서류를 교부하여야 하고(日会 302조①), 주주의 승낙을 얻어 전자적 방법으로 통지를 발송하는 경우 주주총회참고서류를 교부하는 대신에 당해 참고서류에 기재된 사항을 전자적 방법으로 제공할 수 있다. 그러나 주주의 청구가 있는 때에는 주주총회참고서류를 주주에게 교부하여야 한다(日会 302조②). 주주가 전자적 방법으로 총회소집통지를 제공받을 것을 승낙한 경우 주식회사는 정당한 이유가 없으면 주주의 전자적 방법에 의한 의결권 행사를 승낙하여야 한다(日会 312조②). 전자적 방법에 의하여 행사한 의결권의 수는 출석주주의 의결권 수에 산입한다(日会 312조③).

294) 인터넷 주소는 https://evote.or.kr이다(모바일은 https://evote.or.kr/m).

295) 2020년 1월 시행령 개정시 추가된 규정인데, 전자투표를 할 인터넷 주소를 알지 못해서 전자투표를 못하는 경우를 방지하기 위한 것이다. 다만, 회사 또는 전자투표관리기관에서 주주의 전화번호나 전자우편주소를 사전에 수집할 수 있는 방법이 아직은 미비하다.

296) 일본에서도 주식회사는 주주총회일로부터 3개월간 위와 같이 주주가 의결권을 행사하기 위하여 회사에 제공한 사항을 기록한 전자적 기록을 본점에 비치하여야 한다(日会 312조④). 주주는 주식회사의 영업시간 내에 이러한 전자적 기록에 기록된 사항을 법무성령으로 정한 방법으로 표시한 것의 열람·등사를 청구할 수 있다(日会 312조⑤).

다) 의결권 대리행사    주주는 대리인으로 하여금 그 의결권을 행사하게 할 수 있다. 이 경우에는 그 대리인은 대리권을 증명하는 서면을 총회에 제출하여야 한다(368조②). 따라서 주주가 대리인을 통하여 전자투표를 하는 경우에도 대리권을 증명하는 서면을 총회에 제출하여야 한다. 서면이어야 하므로 전자문서는 인정되지 않는다. 그리고 전자투표의 경우 주주 확인을 공인전자서명을 통하여 하는데 공인전자서명을 "서면"으로 보기 곤란하다.297) 또한 공인전자서명은 본인만 할 수 있으므로 대리인은 자신의 공인전자서명으로 전자투표를 할 수 없고, 주주가 공인전자서명의 비밀번호를 대리인에게 알려 주어 전자투표를 하게 한 경우 유효한 투표로 볼 수 있는지에 관하여도 논란의 여지가 있다. 따라서 상법이 개정되기 전에는 현행법상 대리인을 통한 전자투표는 곤란하다.

라) 전자투표관리기관    회사는 전자투표의 효율성 및 공정성을 확보하기 위하여 전자투표관리기관을 지정하여 주주 확인절차 등 의결권 행사절차의 운영을 위탁할 수 있다(令 13조④).298) 전자투표관리기관 및 전자투표운영 담당자는 주주총

---

297) 미국에서는 전자적 방법에 의한 위임이 활용되지만, 우리나라에서는 공인전자서명을 "서면"으로 인정하려면 별도의 규정이 있어야 할 것이다. 이와 관련하여 다음과 같은 설명도 참고할 만하다. "전자거래기본법 제3조에 따르면, 동법은 재화나 용역을 거래함에 있어서 그 전부 또는 일부가 전자문서에 의해 처리되는 전자거래(同法 제2조 제5호)에 적용되므로 동법 제4조에 따른 전자문서는 전자거래에 관련된 경우에만 서면에 대한 대체적 효력을 가진다. 이렇게 볼 때 거래관련성을 가진 전자문서가 아닌 이상 전자서면을 문서에 대체하는 것으로 보는 것은 문서의 접근성, 현시성(顯示性)과 같은 기능을 과소평가하고 전자서면의 기능을 과대평가한 것으로 대리권의 위임방법인 서면이 전자문서로 대체될 수 있기 위해서는 특별한 입법이 필요하다고 본다"[정경영, "전자투표제도 도입 이후 주주총회의 변화에 관한 고찰", 성균관법학 제23권 제1호, 성균관대학교 법학연구소(2011), 351면].

298) 예탁결제원이 2010년 8월 23일부터 전자투표관리기관으로서 인터넷기반의 전자투표시스템을 구축하였고, 2010년 9월 19일 공모선박투자회사를 운영하고 있는 KSF선박금융(주)의 주주총회에서 최초로 전자투표가 시행되었다. 현재는 삼성증권이 전자투표관리기관으로서 전자투표시스템을 구축·운영하고 있다.

  예탁결제원의 "전자투표관리업무규정"의 주요 내용을 발췌하면 다음과 같다.

  제8조(전자투표관리기관 지정) 예탁결제원을 상법 시행령 제5조의2 제4항에 따라 전자투표를 관리하는 기관으로 지정하고자 하는 회사는 예탁결제원 소정의 전자투표관리업무 위탁계약서에 따라 예탁결제원과 위탁계약을 체결하여야 한다.

  제9조(전자투표 이용 신청)

  ① 전자투표를 이용하고자 하는 위탁회사(8조에 따라 위탁계약을 체결한 회사를 말한다. 이하 같다)는 주주총회일의 3주 전까지 예탁결제원 소정의 전자투표이용신청서와 주주총회 기준일 현재의 주주명부(실질주주명부를 포함한다. 이하 같다)를 예탁결제원에 제출하여야 한다. 다만, 예탁결제원은 전자투표관리업무 수행에 지장이 없다고 판단되는 경우 그 제출 기한을 조정할 수 있다.

  ② 예탁결제원은 다음 각 호의 어느 하나에 해당하는 사유가 발생한 경우에는 위탁회사의 전자투표 이용을 제한할 수 있다.

1. 위탁회사의 주주총회 의안이 전자투표에 부적합하다고 판단하는 경우
2. 위탁회사가 제10조 제1항 또는 제2항을 위반한 경우
3. 그 밖에 세칙으로 정하는 경우

제11조(전자투표권자)

① 전자투표권자는 위탁회사가 제9조 제1항에 따라 제출한 주주명부에 기재되어 있는 주주로 한다.

② 제1항에 불구하고 다음 각 호의 어느 하나에 해당하는 경우에는 해당 주주에 갈음하여 다음 각 호에서 정하는 자를 전자투표권자로 한다.

  1. 주식이 자본시장과 금융투자업에 관한 법률에 따른 투자회사재산 또는 투자신탁재산에 속하는 경우: 그 투자회사 또는 투자신탁의 집합투자업자

  2. 외국인(금융투자업규정에 따른 외국인을 말한다. 이하 같다) 주주가 상임대리인을 선임한 경우: 그 상임대리인

  3. 주식이 해외 주식예탁증권의 원주인 경우: 그 원주의 보관기관

제12조(전자투표권자명부의 작성 및 관리)

① 예탁결제원은 전자투표권자를 확정하기 위하여 위탁회사가 제9조 제1항에 따라 제출한 주주명부 등을 기초로 하여 다음 각 호의 사항을 기재한 전자투표권자명부(이하 "전자투표권자명부"라 한다)를 작성하여야 한다.

  1. 주주 및 전자투표권자의 성명(법인인 경우에는 명칭)·주소·주민등록번호(법인인 경우에는 사업자등록번호, 외국인인 경우에는 투자등록번호 등)

  2. 주주가 소유한 주식의 종류와 수

  3. 전자투표권자가 의결권을 행사할 수 있는 주식수

  4. 그 밖에 전자투표관리업무에 필요한 사항

② 예탁결제원은 전자투표권자명부를 작성하여 제14조의 전자투표 기간 초일의 전날까지 위탁회사에 통지하여야 한다.

③ 예탁결제원은 다음 각 호의 어느 하나에 해당하는 사유가 발생한 경우에는 전자투표권자명부를 정정할 수 있다.

  1. 주주명부 기재사항에 누락 또는 오기 등이 발견되어 해당 위탁회사가 전자투표권자명부의 정정을 요청하는 경우

  2. 주주명부에 상임대리인이 기재되지 아니하여 해당 상임대리인이 전자투표권자명부의 정정을 요청하는 경우

제13조(전자투표의 방법)

① 전자투표권자는 전자투표관리시스템을 통하여 제2항에 따른 본인 확인절차를 완료한 후 주주총회의 의안 별로 찬성, 반대 또는 기권의 의사표시를 함으로써 의결권을 행사한다.

② 예탁결제원은 세칙으로 정하는 공인인증서에 기초한 전자투표권자의 공인전자서명 및 실명확인번호로 전자투표권자 본인 여부를 확인하여야 한다.

③ 전자투표권자는 제1항에 따라 전자투표를 한 후에는 이를 철회하거나 변경할 수 없다.

④ 전자투표권자는 의결권을 행사할 수 있는 주식 전부에 대하여 전자투표를 하여야 한다. 다만, 일부 주식에 대한 전자투표가 부득이한 경우로서 세칙으로 정하는 경우에는 그러하지 아니하다.

⑤ 제1항에 따른 전자투표권자의 의사표시는 전자투표관리시스템에 그 내역이 입력된 때에 송수신된 것으로 본다.

제14조(전자투표 기간)

① 전자투표 기간은 주주총회일의 10일 전부터 주주총회일 전날 오후 5시까지로 한다. 다만, 위탁회사의 요청에 따라 예탁결제원이 필요하다고 인정하는 경우에는 전자투표 개시일을 조정할 수 있다.

회에서의 개표시까지 전자투표의 결과를 누설하거나 직무상 목적 외에 이를 사용할 수 없다(슈 13조⑤).

(마) **주주확인 및 전자투표의 방법**　주주가 전자투표를 하는 경우 다음과 방법으로 주주 본인임을 확인한다(368조의4⑥, 슈 13조① 전단).[299]

1. 공인인증기관(전자서명법 4조①)에서 제공하는 본인확인방법
2. 본인확인기관(「정보통신망 이용촉진 및 정보보호 등에 관한 법률」23조의3)에서 제공하는 본인확인방법[300]

---

② 주주총회가 연기되거나 속행되더라도 전자투표 기간은 연장되지 아니한다.
　제15조(의결권의 불통일행사) 상법 제368조의2 제1항에 따라 의결권의 불통일 행사를 하고자 하는 전자투표권자는 주주총회일의 3일전에 전자투표관리시스템을 통하여 의결권 불통일 행사의 뜻과 이유를 위탁회사에 통지하여야 한다.
　제16조(집중투표)
① 위탁회사는 상법 제382조의2에 따라 주주가 이사선임에 관한 집중투표의 청구를 하는 경우 그 사실을 주주총회일의 7일 전까지 예탁결제원에 통지하여야 한다.
② 제1항의 통지를 받은 예탁결제원은 그 통지를 받은 날의 다음 날부터 전자투표권자가 집중투표의 방법으로 전자투표를 다시 할 수 있도록 하여야 한다. 이 경우 집중투표의 방법으로 재투표하지 아니한 전자투표는 기권으로 처리한다.
　제17조(전자투표 결과의 통지 등)
① 예탁결제원은 제14조의 전자투표 기간이 종료된 후 위탁회사에 그 결과를 통지하여야 한다.
② 예탁결제원은 제14조의 전자투표 기간 중이라도 전자투표권자의 전자투표 내역을 위탁회사에 제공할 수 있다.
　제18조(주주총회 결과의 제출 등)
① 위탁회사는 주주총회가 종료된 후 7일 이내에 예탁결제원 소정의 주주총회 결과통지서를 예탁결제원에 제출하여야 한다.
② 예탁결제원은 전자투표관리시스템을 통하여 전자투표권자가 제1항의 결과통지서를 조회할 수 있도록 하여야 한다.
　제19조(전자투표 기록의 관리) 예탁결제원은 전자투표에 관한 기록을 주주총회가 끝난 날부터 3개월간 전자투표권자가 열람할 수 있도록 하고, 주주총회가 끝난 날부터 5년간 보존하여야 한다.

299) 2020년 1월 시행령 개정시 추가된 규정인데, 이로써 핸드폰, 신용카드 등 본인인증 수단을 다양화하였다.
300) [본인확인기관 지정 등에 관한 기준(방송통신위원회 고시 제2015-14호)]
　제1조(목적)
　이 기준은 「정보통신망 이용촉진 및 정보보호 등에 관한 법률」(이하 "법"이라 한다) 제23조의3 및 같은 법 시행령(이하 "영"이라 한다) 제9조의3부터 제9조의5까지의 본인확인기관의 지정에 필요한 세부심사기준 및 평가방법과 본인확인업무의 휴지 또는 폐지의 통보 및 신고의 절차 등을 정함을 목적으로 한다.
　제2조(정의)
1. "본인확인기관"이라 함은 이용자의 주민등록번호를 사용하지 아니하고 본인을 확인하는 방법("대체수단")을 제공하는 자로서 법 제23조의3 제1항에 따라 방송통신위원회로부터

주주는 전자서명(전자서명법 2조 3호)을 통하여301) 전자투표를 하여야 한다(368조
의4⑥, 令 13조① 후단). 회사는 의결권 행사에 필요한 양식과 참고자료를 주주에게 전
자적 방법으로 제공하여야 한다(368조의4③). 주주는 회사가 제공한 양식에 따라 의
결권을 행사하여 전자적 방법으로 회사에 제공하여야 한다.302)

　　(바) 전자투표의 철회·변경　　전자투표를 한 주주는 해당 주식에 대하여 그
의결권 행사를 철회하거나 변경할 수 있다. 따라서 전자투표를 한 주주는 전자투표
기간 중에는 전자투표를 철회·변경할 수 있고, 나아가 주주총회에 출석하여 의결
권을 행사하는 것도 허용된다.303) 전자투표한 주주는 전자투표를 철회·변경하지
않더라도 주주총회에 출석하여 의안에 대한 질의나 의사진행발언은 할 수 있다.

　　(사) 전자투표의 도달시기　　전자투표는 격지자 간의 의사표시이므로 회사에
도달하여야 효력이 발생한다(民法 111조①). 회사에 도달한 시점은 「전자문서 및 전
자거래 기본법」에 따라 해석한다.304)

　　(아) 전자투표 종료시점　　전자투표를 할 수 있음을 정한 회사는 주주총회의
소집통지에 전자투표를 할 기간을 기재하여야 하는데, 전자투표의 종료일은 주주총
회 전날까지로 하여야 한다(令 13조②2). 전자투표의 종료일을 주주총회 당일이 아니
라 전날까지로 제한한 것은 주주총회 당일까지 전자투표를 허용하면 투표결과의

---

　　　　본인확인기관의 지정을 받은 자를 말한다.
301) [전자서명법 제2조(정의)]
　　3. "공인전자서명"이라 함은 다음 각목의 요건을 갖추고 공인인증서에 기초한 전자서명을
　　말한다.
　　가. 전자서명생성정보가 가입자에게 유일하게 속할 것
　　나. 서명 당시 가입자가 전자서명생성정보를 지배·관리하고 있을 것
　　다. 전자서명이 있은 후에 해당 전자서명에 대한 변경여부를 확인할 수 있을 것
　　라. 전자서명이 있은 후에 해당 전자문서의 변경여부를 확인할 수 있을 것
302) 일본에서도 전자적 방법에 의한 의결권 행사는 주식회사의 승낙을 얻어 의결권 행사서면에
　　기재할 사항을 전자적 방법으로 해당 주식회사에 제공하는 방법으로 한다(日会 312조①).
303) 시행령 개정 전에는 철회변경이 금지되었으나(시행령 13조③) 2020년 1월 시행령 개정시 제
　　3항이 삭제되었다. 주주의 진정한 의사에 부합하는 의결권 행사를 위하여 전자투표 종결 전까
　　지는 의결권 행사의 철회·변경을 허용하고, 전자투표 후 주주총회에 출석하여 의결권을 행사
　　하는 것을 허용해도 투표결과 집계시스템에 영향이 없으므로 굳이 금지시킬 필요가 없으므로
　　전자투표의 철회·변경을 허용하는 것이 타당하다.
304) 「전자문서 및 전자거래 기본법」 제6조 제2항은 전자문서의 수신시점을, i) 수신자가 전자문
　　서를 수신할 정보처리시스템을 지정한 경우에는 지정된 정보처리시스템에 입력된 때(다만, 전
　　자문서가 지정된 정보처리시스템이 아닌 정보처리시스템에 입력된 경우에는 수신자가 이를
　　출력한 때를 말한다)(1호), ii) 수신자가 전자문서를 수신할 정보처리시스템을 지정하지 아니
　　한 경우에는 수신자가 관리하는 정보처리시스템에 입력된 때(2호)로 규정한다. 다만, 제1호 단
　　서와 제2호는 전자투표의 성질상 적용할 경우가 없을 것이다.

집계작업이 어려울 수 있기 때문에, 의결권을 행사하는 주주와 투표결과를 집계하는 회사 모두의 편의를 도모하기 위한 것이다.[305]

"주주총회 전날까지"라는 규정상 전자투표 종료일 24시에 전자투표 기간이 종료하지만(民法 159조), 전자투표 종료시점에 관한 규정이 주주와 회사 모두 편의를 위한 것임에 비추어, 반드시 전자투표 종료일 24시까지 허용하여야 하는 것은 아니고, 주주총회 전날 영업시간 내에 하도록(즉, 몇 시간을 앞당겨서) 해도 위 규정 위반에 해당하지 않는다. 전자투표 종료시점을 주주총회 종료일 24시보다 앞당겨서 정한 경우에는 주주총회의 소집통지에 그 종료시각을 기재하여야 하고, 종료일만 기재하고 종료시각은 별도로 기재하지 않은 경우에는 종료일 24시가 종료시점으로 해석된다. 다만, 전자투표관리기관인 예탁결제원의 "전자투표관리업무규정"은 전자투표 종료시점을 주주총회일 전날 오후 5시로 규정하므로(동 규정 14조①), 대부분의 소집통지에서는 전자투표 행사기간을 기재하면서 기간 중 24시간 접속이 가능하지만 마지막 날은 오후 5시까지만 투표할 수 있다고 기재한다

(자) 의결권의 일부행사와 불통일행사   주주가 행사할 수 있는 의결권 중 일부만 전자적 방법으로 행사하는 것은 특별히 이를 금지하는 규정이 없으므로 허용된다. 그런데 전자투표를 한 나머지 의결권을 주주총회에서 직접 또는 대리인을 통하여 행사하려면, 회일의 3일 전에 회사에 대하여 서면 또는 전자문서로 그 뜻과 이유를 통지하여야 한다(368조의2①). 이와 관련하여 만일 의안에 대하여 같은 방향으로 투표하는 경우에는 불통일행사에 해당하지 않고 회사가 주주총회 출석이나 의결권 행사를 막을 수 없다는 견해도 있지만,[306] 회사는 주주가 주식의 신탁을 인수하였거나 기타 타인을 위하여 주식을 가지고 있는 경우가 아니면 의결권 행사를 거부할 수 있다(368조의2②).

(차) 주주총회의 연기·속행과 전자투표의 종료일   전자투표의 종료일은 주주총회 전날까지로 하여야 한다는 규정상, 주주총회가 연기·속행되는 경우 전자투표 행사기한도 연장되는 것인지 여부가 문제된다. 전자투표를 한 주주는 해당 주식에 대하여 그 의결권 행사를 철회하거나 변경하지 못한다는 규정(슈 13조③)이 2020년

---

305) 일본에서는 전자투표도 서면투표와 같이 주주총회일의 직전의 영업시간 종료시까지를 원칙으로 하되, 회사가 소집통지를 발송한 때로부터 2주간을 경과한 때 이후의 특정한 때까지로 의결권행사기한을 정할 수 있다(日슈 312조①, 日슈則 70조). 주주가 성급하게 전자투표해야 하는 상황을 피하기 위한 것이다.
306) 정경영, 전게논문, 350면.

1월 시행령 개정시 삭제되었으므로 주주총회가 연기·속행되면 전자투표 행사기한도 연장되는 것으로 해석된다.307)

(카) 서면투표와 전자투표    서면투표와 전자투표는 병행하여 진행될 수 있는데, 서면투표와 전자투표의 근본적인 차이점은 없다. 전자투표는 서면투표용지를 전자문서로 만든 것이고, 전자적 방법으로 회사에 전송하는 것도 서면투표의 우송과 방법상의 차이만 있기 때문이다. 서면투표는 정관에 근거규정이 있어야 하나, 전자투표는 정관에 근거규정이 없어도 이사회가 정할 수 있다.

주주가 소유하는 주식을 나누어 일부는 서면투표로, 일부는 전자투표로 한 경우에는 투표의 내용이 같으면 모두 유효한 투표이고, 투표의 내용이 다르면 의결권불통일행사에 해당하므로 상법상 의결권불통일행사의 요건을 갖추어야 한다.

그러나 동일한 주식에 관하여 서면투표를 한 주주는 전자적 방법으로 의결권을 행사할 수 없다(368조의4④). 만일 주주가 동일한 주식에 관하여 서면투표와 전자투표를 중복하여 한 경우에는 회사에 나중에 도착한 투표를 유효한 것으로 보아야 할 것이다.308)

(타) 의안이 수정동의된 경우    총회 당일 소집통지서에 기재된 의안의 내용을 수정하여 상정하는 수정동의가 제출된 경우, 서면투표의 경우와 같이 원안에 대하여 찬성한 전자투표는 수정동의에 반대한 것으로 처리하고, 원안에 대하여 반대한 전자투표는 수정동의안에 대하여 기권한 것으로 처리한다. 수정동의안에 대하여 전자투표한 의결권을 결석처리하는 경우에는 출석의결권 수에 산입되지 아니함으로써 수정동의안의 가결이 원안에 비하여 용이하게 되므로 반대 또는 기권으로 처리함으로써 수정동의안의 가결을 원안에 비하여 어렵게 하기 위한 것이다. 사후의 분쟁을 예방하기 위하여, 상장된 의안에 대한 수정동의가 제출되는 경우 전자투표는 기권으로 처리한다는 내용을 소집통지서에 포함시키는 방법도 가능하다.

한편, 전자투표한 주주가 주주총회에 출석한 경우에는 수정동의안에 대한 의결권을 행사할 수 있다. 수정동의안은 원안과 실질적 동일성이 인정되는 의안이지만 양자는 별개의 의안이기 때문이다.

(파) 집중투표와의 관계    2인 이상의 이사의 선임을 목적으로 하는 총회의 소

---

307) 다만, 분쟁을 예방하는 차원에서, 주주총회의 소집통지를 할 때, 주주총회가 연기 또는 속행되는 경우에는 전자투표 기간도 연장된다는 점을 명시하는 것이 바람직하다.

308) 법무부 상사법무과, 상법 시행령 일부개정령 관련 질의응답(2020. 2, 10면).

집이 있을 때에는 의결권 없는 주식을 제외한 발행주식총수의 3% 이상에 해당하는 주식을 가진 주주는 정관에서 달리 정하는 경우를 제외하고는 회사에 대하여 집중투표의 방법으로 이사를 선임할 것을 청구할 수 있고, 이러한 청구는 회일의 7일전까지 서면 또는 전자문서로 하여야 한다(382조의2). 따라서 주주총회의 소집통지 시점부터 집중투표 청구가 있기 전까지의 기간 중 전자투표를 한 경우 집중투표 방식에 의하지 아니한 전자투표의 처리가 문제된다.[309]

이러한 문제의 발생을 사전에 예방하기 위한 방법으로는, i) 전자투표의 개시일을 상법상 집중투표 청구권 행사기간 마감일의 익일로 정하는 방법, ii) 전자투표의 개시일은 주주총회의 소집통지일로 하되, 집중투표 청구가 있는 때에는 재투표를 실시하고 재투표에 참여하지 아니하는 경우 기존 표결은 기권 처리됨을 사전 고지하는 방법, iii) 단순투표를 하는 동시에 예비적으로 집중투표 방식에 따른 투표를 하도록 하는 방법 등이 있다.

(하) 시스템상 문제로 인한 투표불능    전자투표를 위한 시스템상의 문제(일시적인 접속폭주 또는 해킹으로 인한 서버다운)로 전자투표를 하지 못한 경우, 전자투표관리기관이나 회사의 과실로 인하여 이러한 문제가 초래된 때에는 전자투표결과가 결의에 미치는 영향에 불구하고 주주총회 결의의 하자로 볼 수 있지만, 이러한 과실이 없는 때에는 전자투표결과가 결의에 영향을 미치는 경우에만 주주총회 결의의 하자로 보아야 할 것이다.[310]

6) 전자주주총회

전자주주총회는 인터넷을 통한 가상공간에서 진행하는 주주총회로서, 현장주주총회를 병행하는 현장병행형 전자주주총회와 현장주주총회를 완전히 대체하는 현장대체형 전자주주총회로 구분된다. 현장병행형은 다시 출석과 의결권행사를 허용하는 출석형과 이를 허용하지 않고 단지 현장주주총회를 온라인상으로 중계하는 참가형으로 구분된다.[311]

---

309) 상장회사의 경우에는 총회 6주 전까지 집중투표를 청구하여야 하므로 이 문제는 비상장회사에서만 문제될 것이다.

310) 전자투표를 한 주주는 주주총회에 직접 출석하여 투표하는 대신 자신의 편의와 책임으로 전자투표를 한 것이므로 전자투표관리기관이나 회사에게 과실이 없는 경우에는, 시스템상의 문제로 투표를 하지 못하는 불이익을 감수하여야 할 것이다. 전자투표관리기관인 예탁결제원에서는 이와 관련하여 "전자투표권자 이용약관"에서 광범위한 면책조항을 두고 있다.

311) 전자주주총회는 주주가 주주총회에 직접 출석하지 않고 전자적인 방법으로 의결권을 행사하는 전자투표와는 다른 개념이다. 특히 상법 시행령 제13조의2 제2항에 따르면 전자투표는 주주총회 전날까지 하여야 하는 반면, 전자주주총회에서의 의결권 행사는 주주총회에 출석하

주주총회의 소집지에 관한 상법 제364조는 "총회는 정관에 다른 정함이 없으면 본점소재지 또는 이에 인접한 지에 소집하여야 한다."라고 규정하는데, "지"의 해석상 물리적인 장소를 의미하므로 현행법상 현장대체형 전자주주총회는 허용되지 않고,312) 병행형 중 출석과 의결권행사를 허용하는 소위 현장병행형(출석형) 전자주주총회는 허용된다는 것이 통설이다.313)

### 7) 의결권 행사의 제한314)

#### (개) 특별이해관계인

가) 취 지    주주총회의 특정 의안에 대한 결의에 관하여 특별한 이해관계가 있는 자는 의결권을 행사하지 못한다(368조④). 특별이해관계인의 의결권을 제한하는 것은 주주의 의결권 남용을 방지함으로써 주주총회 결의의 공정성을 확보하기 위한 것이다. 따라서 주주가 1인인 경우(1인회사) 또는 복수의 주주 전원이 특별이해관계인에 해당하는 경우에는 제368조 제4항이 적용되지 않는다는 것이 일반적인 해석이다. 그러나 이사 자신이 회사와 거래하는 경우에는 특별이해관계 있는 이사로서 이사회에서 의결권을 행사할 수 없음에도, 1인주주가 이사인 경우에는 단독으로 자기거래를 승인할 수 있다는 것이므로, 그 타당성에 대하여는 의문의

---

여 의결권을 행사하는 것이므로 양자는 행사할 수 있는 시점도 다르다.

312) 일본에서도 2005년 회사법 제정시 소집지 규정은 삭제했지만 이사회가 주주총회 소집시 주주총회의 장소를 정하여야 한다는 규정상(日会 298조①1) 물리적인 장소가 필수적이므로 현장대체형은 허용되지 않는다는 것이 통설이다. 결국 산업경쟁력강화법이라는 특별법 개정에 의하여 주주수 100인 이상인 상장회사는 현장대체형 전자주주총회를 개최할 수 있도록 하였다. 미국의 MBCA는 정기주주총회의 소집지에 관한 §7.01(b)와 임시주주총회의 소집지에 관한 §7.02(c)에서 모두 부속정관(bylaws)이 규정하는 장소(place)를 소집지로 규정하고, "place"에 대한 정의규정은 없지만 물리적인 장소를 의미한다고 보아야 하므로, 전자주주총회를 인정하는 명시적인 규정은 두고 있지 않다. 그러나 2000년에 DGCL이 전자주주총회제도를 도입한 이래 현재는 대폭 활성화되었다. 전자주주총회는 물리적인 현장주주총회와 전자주주총회를 병행하는 경우(현장병행형)를 hybrid shareholders meeting이라 하고, 현장주주총회 없이 오로지 가상공간에서만 개최하는 경우(현장대체형)를 virtual shareholders meeting이라고 한다(다만, 국내에서는 물론 외국에서도 관련 용어가 아직 통일되지 않고 각종 용어가 혼용되고 있는 실정이다). DGCL도 이사회가 전자주주총회를 개최하는 경우 원격의사소통 방식의 소집(be held solely by means of remote communication)도 정할 수 있다고 규정하므로[DGCL §211(a)(1)], 현장주주총회를 의무적으로 개최할 필요가 없다. 원격의사소통 방식에 의한 주주총회만을 소집하는 경우, 주주명부도 총회개최기간 중 합리적으로 접근할 수 있는 electronic network에 공개하고 주주의 열람을 허용하여야 한다. 이 경우 주주는 회사에 대하여 주주의 연락처(email address 등)에 관한 정보를 포함하도록 요구하지 못한다.

313) 법무부는 2022년부터 전자주주총회의 도입을 논의하기 위한 자문기구를 발족시키고 관련 법제 도입 방식과 시기 등을 검토하고 있다.

314) 자기주식, 상호보유주식의 의결권제한에 관하여는 I권에서 설명함.

여지가 있다.

특별이해관계인은 본인의 주식에 의한 의결권뿐 아니라 대리인으로서도 의결권을 행사할 수 없다는 것이 통설이다.

특별이해관계인이 주주총회의 의장으로서 의사진행을 하더라도 결의방법이 법령·정관에 위반하거나 현저하게 불공정한 경우가 아니라면 결의취소사유에 이를 정도의 절차상의 하자로 볼 수 없다.

나) 특별이해관계의 의의    특별이해관계의 의미에 대하여는, i) 당해 결의에 의하여 권리의무의 득실이 생기는 경우를 의미한다는 법률상이해관계설, ii) 모든 주주가 아닌 특정 주주의 이해에만 관계되는 것을 의미한다는 특별이해관계설, iii) 특정 주주가 주주의 지위를 떠나 개인적으로 가지는 경제적 이해관계를 특별이해관계로 보는 개인법설 등이 있는데, 개인법설이 통설이고, 판례도 같은 입장이다.

다) 특별이해관계인의 범위

(a) 포함되는 경우    이사책임면제결의에서 이사인 주주, 회사와 주주간의 영업양도결의에서 거래상대방인 주주,315) 임원의 보수를 정하는 결의에서 임원인 주주는 특별이해관계인의 범위에 포함된다. 다만, 주주의 의결권은 주주의 고유하고 기본적인 권리이므로 특별이해관계인이라는 이유로 이를 제한하기 위하여는 그 결의에 관하여 특별한 이해관계가 있음이 객관적으로 명확하여야 한다. 주주총회가 재무제표를 승인한 후 2년 내에 이사와 감사의 책임을 추궁하는 결의를 하는 경우 책임추궁대상인 이사와 감사는 원칙적으로는 특별이해관계인으로서 의결권을 행사할 수 없지만, 제반 사정에 비추어 특별이해관계인에 해당하지 않는 경우도 있을 수 있다.316)

---

315) [부산고등법원 2004. 1. 16. 선고 2003나12328 판결] "회사와 주주 사이에 영업양도를 할 경우 그 주주는 특별한 이해관계인에 해당한다고 볼 수 있으나…"

316) [대법원 2007. 9. 6. 선고 2007다40000 판결] "주주총회가 재무제표를 승인한 후 2년 내에 이사와 감사의 책임을 추궁하는 결의를 하는 경우 당해 이사와 감사인 주주는 회사로부터 책임을 추궁당하는 위치에 서게 되어 주주의 입장을 떠나 개인적으로 이해관계를 가지는 경우로서 그 결의에 관한 특별이해관계인에 해당함은 원심이 쓴 대로이지만, … 이 사건 안건이 '제13기 결산서 책임추궁 결의에 관한 건'이라는 제목에 비추어 2003. 4. 1.부터 2004. 3. 31.까지의 기간 동안의 재무제표에 대한 경영진에 대한 책임을 추궁하기 위한 것으로 추측된다는 것일 뿐, 구체적으로 위 기간 동안에 이사나 감사로 재임한 자들 전원의 책임을 추궁하려고 하는 것인지, 그 중 일부 이사나 감사만의 책임을 추궁하려고 하는 것인지, 나아가 어떠한 책임을 추궁하려고 하는 것인지 알 수 없고, 기록상 이를 알 수 있는 자료도 보이지 않는바, 그렇다면 원심이 들고 있는 사정만으로는 위 소외 1등이 이 사건 결의에 관한 특별이해관계인에 해당한다고 단정할 수 없다."

(b) 포함되지 않는 경우    회사지배와 관련되는 결의인 이사·감사의 선임·해임결의에서 당사자인 주주와, 개인적 이해관계와 무관한 재무제표승인결의에서 이사·감사인 주주는 포함되지 않는다.[317] 합병·분할·분할합병 등과 같은 단체법적 행위에서는 계약의 일방당사자가 상대방당사자의 주식을 소유하는 경우에도 의결권이 제한되지 않는다.[318]

라) 총회결의요건 관련 산입 여부    총회의 결의에 관하여 특별이해관계인으로서 상법 제368조 제3항에 따라 의결권을 행사할 수 없는 주식에 관하여는 그 의결권 수를 출석한 주주의 의결권의 수에 산입하지 않는다(371조②). 그런데 상법 제371조 제1항은 "총회의 결의에 관하여는 제344조의3 제1항과 제369조 제2항 및 제3항의 의결권 없는 주식의 수는 발행주식총수에 산입하지 아니한다."라고만 규정할 뿐 위 제368조 제3항의 주식의 수를 발행주식총수에 산입할지 여부에 관하여는 규정하지 않는다. 만일 발행주식총수에는 산입된다고 해석하면 발행주식총수의 일정 비율 이상을 요구하는 결의요건을 충족할 수 없게 되는 문제가 있다.

이와 관련하여 법무부는 입법상의 미비를 인정하면서 입법적인 보완 전에는 특별이해관계인으로서 상법 제368조 제3항에 따라 의결권을 행사할 수 없는 주식의 수도 제1항과 같이 발행주식총수에 산입하지 않는 것으로 해석한다는 입장이었는데,[319] 최근에 대법원도 감사의 선임에서 의결권이 제한되는 3% 초과 주식은 상법 제371조의 규정 형식에도 불구하고 결의요건에 관한 상법 제368조 제1항의 '발행주식총수'에도 산입되지 않는다고 판시하였다(제371조 제2항은 제368조 제3항, 제409조 제2항을 함께 규정한다).[320]

마) 위반효과    특별이해관계인이 의결권을 행사한 경우 결의취소사유가 된

---

317) 위 대법원 2007. 9. 6. 선고 2007다40000 판결은 재무제표승인을 위한 주주총회가 아니고 재무제표 승인 후 2년 내에 이사와 감사의 책임을 추궁하는 결의를 하는 경우에 관한 판례이다.
318) 통설인 개인법설에 의하면 합병·분할·분할합병 등은 단체법적 거래이므로 개인법적인 거래인 영업양도의 경우와 달리 당사회사는 특별이해관계인에 해당하지 않는다. 특히 합병의 경우 합병당사회사 간에 이익충돌이 있다 하더라도 합병에 의하여 양 회사가 합일되므로 이해관계의 대립이 결국 해소된다는 점을 근거로 들 수 있다. 다만, 영업양도는 단체법적 행위에 해당하지만 거래의 상대방이 주주인 경우에는 특별이해관계인으로 보아야 한다는 것이 다수의 해석이다. 영업양도 거래의 양수인이 법인인 경우 그 대주주나 대표이사가 양도인의 주주총회에서 의결권을 행사할 수 없는지에 관하여는 논란이 있지만, 계열사간 영업양도에서 지배주주의 의결권이 제한되지 않는다는 하급심판례가 있다(부산고등법원 2004. 1. 16. 선고 2003나12328 판결).
319) 법무부, "상법 회사편 해설"(2012), 201면.
320) 대법원 2016. 8. 17. 선고 2016다222996 판결.

다. 결의취소사유로 되기 위하여, 의결권의 행사로 족하고, 결의의 불공정이나 회사
손실발생은 요구되지 않는다.

바) 부당결의취소변경　　　주주가 특별이해관계인으로서 의결권을 행사할 수
없었던 경우에 결의가 현저하게 부당하고 그 주주가 의결권을 행사하였더라면 이
를 저지할 수 있었을 때에는 그 주주는 그 결의의 날부터 2개월 이내에 결의취소의
소 또는 결의변경의 소를 제기할 수 있다(381조①).[321]

사) 소집통지 여부　　　특별이해관계인으로서 의결권을 행사할 수 없는 주주도
주주총회에 출석하여 의견을 진술할 수 있다. 따라서 특별이해관계인으로서 의결권
을 행사할 수 없는 주주에게도 주주총회의 소집통지를 하여야 한다.

(나) 감사·감사위원회위원의 선임과 해임

가) 비상장회사

(a) 감사의 선임과 해임

a) 감사의 선임　　　의결권 없는 주식을 제외한 발행주식총수의 3%(정관에서
더 낮은 주식 보유비율을 정할 수 있으며, 정관에서 더 낮은 주식 보유비율을 정한 경우에는 그
비율로 한다)를 초과하는 수의 주식을 가진 주주는 그 초과하는 주식에 관하여 감사
의 선임에 있어서는 의결권을 행사하지 못한다(409조②).

그러나 감사의 선임 의안이 아닌, 추가 감사의 선임 여부 결정을 위한 의안의
경우에는 감사 선임시 의결권 제한규정은 적용되지 않는다.[322]

---

321) 일본 상법도 같은 취지의 규정을 두었었으나 1981년 개정시 특별이해관계인의 의결권제한
규정을 삭제하고, 대신 사후적 규제로서 특별이해관계인의 의결권 행사로 현저하게 부당한 결
의가 이루어진 경우에 결의취소의 소를 인정한다(日会 831조①3).

322) 소수주주가 추가 신임감사 선임의 건을 회의의 목적사항으로 하여 임시주주총회소집청구를
하였고, 임시주주총회에서 '피고의 감사를 추가로 선임할 것인지 여부'라는 안건을 상정하여
의결권 제한 없이 투표한 결과 부결된 사안에서, 소수주주가 상법 제409조 제2항에 의한 의결
권 제한을 하지 않고 추가 감사 선임 여부에 관하여 결의함으로써 감사 선임에 관한 상법의
제한 규정을 회피하였다는 이유로 결의취소의 소를 제기하였는데, 제1심은 원고의 주장을 받
아들여 청구를 인용하였으나, 항소심은 제1심 판결을 취소하였고(서울고등법원 2015. 4. 10. 선
고 2014나2028587 판결), 항소심 판결은 대법원에서 상고기각으로 확정되었다(대법원 2015. 7.
23. 선고 2015다213216 판결). 항소심 판결의 요지는 다음과 같다.
① 상법 제409조 제2항은 대주주의 영향력으로부터 독립된 사람을 감사로 선임하여 회사경영
의 공정성과 투명성을 제고하고자 하는 데 그 입법취지가 있는 것으로 보일 뿐, 회사에 몇명
의 감사를 둘 것인가 하는 문제까지 대주주의 영향력을 제한하려는 데에 그 입법취지가 있는
것으로는 보이지 아니한다.
② 정관이 정한 필요적 최소 감사 수에 해당하는 감사가 결원된 경우는 별론으로 하고, 정관
이 정한 필요적 최소 감사 수에 해당하는 감사가 이미 있는 상황에서 감사를 추가로 선임하는
문제는 단순히 특정인을 감사로 선임하는 문제와 달리, 회사의 기관구성에 변동을 초래하고

감사의 선임에서 의결권이 제한되는 3% 초과 주식은 상법 제371조의 규정 형식에도 불구하고 결의요건에 관한 상법 제368조 제1항의 '발행주식총수'에도 산입되지 않는다.[323] 3% 초과 주식의 수가 발행주식총수의 75%를 넘는 경우에는 발행주식총수의 25% 이상이라는 결의요건을 구비할 수 없어서 감사 선임이 불가능한 경우가 발생하기 때문이다.

한편, 3% 초과 여부의 판단은 대법원 2017. 3. 23. 선고 2015다248342 전원합의체 판결에 따라 주주명부상 주주가 소유한 주식만을 대상으로 하여야 한다. 주주가 위와 같은 의결권 제한을 피하기 위하여 일부 보유 주식을 타인 명의로 명의개서한 경우에는 회사가 실질적인 주주를 알고 있다 하더라도 위 전원합의체 판결의 "회사도 주주명부상 주주 외에 실제 주식을 인수하거나 양수하고자 하였던 자가 따로 존재한다는 사실을 알았든 몰랐든 간에 주주명부상 주주의 주주권 행사를 부인할 수 없으며, 주주명부에 기재를 마치지 아니한 자의 주주권 행사를 인정할 수도 없다."라는 판시에 비추어 타인 명의로 명의개서한 주식(차명주주)의 수는 합산할 수 없다.

회사가 전자적 방법으로 의결권을 행사할 수 있도록 한 경우에는 출석한 주주의 의결권의 과반수로써 감사의 선임을 결의할 수 있다(409조③).[324]

　　　　b) 감사의 해임    상법상 비상장회사의 감사에게는 이사의 해임에 관한 제385조가 준용되므로 특별결의만 요구될 뿐, 상장회사와 달리 의결권 행사가 제한되지 않는다.

---

회사의 비용을 증대시키는, 그에 따라 회사의 경영상황 등에 입각한 회사 주주들의 정책적인 판단이 요구되는 문제로서 이에 대하여 대주주의 의결권을 제한하여야 할 합리적인 필요가 있다고 보기 어렵다.

③ 정관이 정한 필요적 최소 감사 수에 해당하는 감사가 결원된 경우는 별론으로 하고, 정관이 정한 필요적 최소 감사 수에 해당하는 감사가 이미 있는 상황에서 감사를 추가로 선임하는 것은 기존 감사의 업무범위 내지 권한을 실질적으로 축소하는 결과를 초래할 개연성이 상당히 있는데, 이와 관련하여 상법 제409조 제2항은 감사의 선임과 관련하여서만 의결권을 제한하고 있을 뿐 해임과 관련하여는 의결권을 제한하고 있지 아니한 취지가 고려되어야 한다.

④ 상법 제409조 제4항은 자본금의 총액이 10억원 미만인 소규모 회사의 경우 감사를 선임하지 아니할 수 있는 것으로 규정하고 있는바(피고는 자본금의 총액이 3억원인 회사로서 이에 해당한다), 위와 같은 소규모 회사에서 필요적 최소 감사 수를 초과하여 감사를 추가로 선임하는 문제에 대하여 대주주의 의결권을 제한한다는 것은 상법 제409조 제4항의 취지에도 실질적으로 부합하지 아니한다.

323) 대법원 2016. 8. 17. 선고 2016다222996 판결.

324) 2020년 12월 상법 개정시 신설된 조항이다. 감사위원 선임의 경우에 적용되는 제542조의12 제8항도 같은 취지로 규정한다.

(b) 감사위원의 선임과 해임    비상장회사는 이사회가 주주총회에서 선임된 이사 중에서 감사위원을 선임하고 해임하므로 주주의 의결권제한과 무관하다.

나) 상장회사

(a) 감사의 선임과 해임

상장회사가 감사를 선임·해임하는 경우 감사위원회위원의 선임·해임에 관한 제542조의12 제4항을 준용하므로(542조의12⑦), 의결권 없는 주식을 제외한 발행주식총수의 3%(정관에서 더 낮은 주식 보유비율을 정할 수 있으며, 정관에서 더 낮은 주식 보유비율을 정한 경우에는 그 비율로 한다)를 초과하는 수의 주식을 가진 주주는 그 초과하는 주식에 관하여 의결권을 행사하지 못한다.325)

이 경우 주주가 최대주주인 경우에는 그의 특수관계인, 그 밖에 대통령령으로 정하는 자가 소유하는 주식을 합산한다(542조의12⑦ 단서).

"대통령령으로 정하는 자"란 시행령 제38조 제1항 각 호가 규정하는 다음과 같은 자를 말한다(令 38조②).

1. 최대주주 또는 그 특수관계인의 계산으로 주식을 보유하는 자
2. 최대주주 또는 그 특수관계인에게 의결권(의결권의 행사를 지시할 수 있는 권한을 포함한다)을 위임한 자(해당 위임분만 해당한다)

위 규정은 강행규정이므로, 최대주주 아닌 주주(2대주주나 3대주주)의 의결권을 그 특수관계인이 소유하는 주식을 합산하여 제한하는 내용의 정관 규정은 무효이다.326)

---

325) 상장회사 중 최근 사업연도 말 현재 자산총액이 2조원 이상인 경우에는 감사를 둘 수 없고 반드시 감사위원회를 설치해야 한다. 따라서 상장회사 감사의 선임과 해임에 관한 규정은 자산총액 2조원 미만인 상장회사가 감사위원회를 설치하지 않는 경우에만 적용된다.

326) [대법원 2009. 11. 26. 선고 2009다51820 판결] "[1]상법 제369조 제1항에서 주식회사의 주주는 1주마다 1개의 의결권을 가진다고하는 1주 1의결권의 원칙을 규정하고 있는바, 위 규정은 강행규정이므로 법률에서 위 원칙에 대한 예외를 인정하는 경우를 제외하고, 정관의 규정이나 주주총회의 결의 등으로 위 원칙에 반하여 의결권을 제한하더라도 효력이 없다. [2]상법 제409조 제2항·제3항은 '주주'가 일정 비율을 초과하여 소유하는 주식에 관하여 감사의 선임에 있어서 그 의결권을 제한하고 있고, 구 증권거래법(2007.8.3.법률 제8635호 자본시장과 금융투자업에 관한 법률 부칙 제2조로 폐지)제191조의11은 '최대주주와 그 특수관계인 등'이 일정 비율을 초과하여 소유하는 주권상장법인의 주식에 관하여 감사의 선임 및 해임에 있어서 의결권을 제한하고 있을 뿐이므로,'최대주주가 아닌 주주와 그 특수관계인 등'에 대하여도 일정 비율을 초과하여 소유하는 주식에 관하여 감사의 선임 및 해임에 있어서 의결권을 제한하는 내용의 정관 규정이나 주주총회 결의 등은 무효이다"(이 사건은 피고회사가 구 증권거래법 제191조의11과 같이 3%를 초과하여 소유하는 주식의 의결권제한을 모든 주주에게 적용한다는

### (b) 감사위원의 선임과 해임

a) 일반 감사위원회    최근 사업연도 말 현재 자산총액 1천억원 미만인 상장회사는 비상장회사와 마찬가지로 상법 제415조의2에 따른 일반 감사위원회를 설치하면 되는데,[327] 이 경우 주주총회에서 선임된 이사 중에서 이사회가 감사위원회 위원을 선임한다.[328] 주주총회에서는 감사가 아닌 이사를 선임하는 것이므로 주주의 의결권이 제한되지 않는다. 감사위원 해임도 이사회의 권한인데, 이사 총수의 3분의 2 이상의 결의로 하여야 한다(415조의2③).

b) 특례 감사위원회    최근 사업연도 말 현재 자산총액이 2조원 이상인 대규모 상장회사의 경우에는[329] 감사위원을 선임하거나 해임하는 권한은 주주총회에 있다(542조의12①). 그리고 최근 사업연도 말 현재 자산총액이 1천억원 이상, 2조원 미만인 상장회사는 상근감사와 감사위원회 중 하나를 선택할 수 있다. 위 두 경우의 감사위원회는 상장회사 특례에 따라 설치하여야 하므로 특례감사위원회라고 부른다.

이하는 특례 감사위원회에 관한 내용이다.

a) 사외이사 아닌 감사위원의 선임 · 해임    상장회사가 사외이사 아닌 감사위원을 선임 · 해임하는 경우에는 의결권 없는 주식을 제외한 발행주식총수의 3%(정관에서 더 낮은 주식 보유비율을 정할 수 있으며, 정관에서 더 낮은 주식 보유비율을 정한 경우에는 그 비율로 한다)를 초과하는 수의 주식을 가진 주주는 그 초과하는 주식에 관하여 의결권을 행사하지 못한다. 이 때 최대주주의 경우에는 그의 특수관계인, 그 밖에 대통령령으로 정하는 자가 소유하는 주식을 합산한다(542조의12④).

합산대상인 "대통령령으로 정하는 자"란 다음과 같다(슈 38조).

---

취지로 정관에 규정하였는데, 그 후 구 증권거래법 개정에 의하여 의결권 제한의 대상인 "주주"가 "최대주주"로 변경되었음에도 정관에는 이를 반영하지 않은 상태에서 최대주주 아닌 원고의 의결권을 제한하였다).

327) 상근감사의 대체기관으로서 특례 감사위원회를 규정한 상법 제542조의10 제1항이 자산총액 1천억원 이상인 회사를 기준으로 규정하므로, 자산총액 1천억원 미만인 상장회사는 비상장회사와 동일하게 일반 감사위원회를 설치한다.

328) 미국 대부분의 주회사법은 이사회가 감사위원을 선임한다고 규정한다. 일본에서는 지명위원회등설치회사의 감사위원은 이사회가 이사 중에서 선임하나(日会 400조②), 2014년 회사법 개정으로 도입된 감사등위원회설치회사는 감사등위원이 되는 이사와 그 외의 이사를 구분하여 주주총회에서 선임한다(日会 329조②).

329) 단, 자산총액이 2조원 이상인 상장회사 중 시행령 제37조 제1항 단서에 규정된 상장회사(감사위원회설치의무가 없는 회사)는 제외된다.

1. 최대주주 또는 그 특수관계인의 계산으로 주식을 보유하는 자
2. 최대주주 또는 그 특수관계인에게 의결권(의결권의 행사를 지시할 수 있는 권한을 포함)을 위임한 자(해당 위임분만 해당)

최대주주의 특수관계인 아닌 다른 2대 내지 3대 주주는 사외이사 아닌 감사위원을 선임·해임하는 경우에도 합산하지 않고 개별적으로 3%를 초과하는 수의 주식에 관한 의결권이 제한된다.

특수관계인 사이에 분쟁이 발생하는 경우, 최대주주와 특수관계인 등이 소유하고 있는 주식수는 동일하게 합산대상이 되며, 의결권의 행사는 3% 한도 내에서 각각 지분비율을 안분하여 다른 방향으로 행사할 수 있다.

b) 사외이사인 감사위원의 선임·해임    상장회사가 사외이사인 감사위원을 선임·해임하는 경우에도 사외이사 아닌 감사위원을 선임·해임하는 경우와 같이 의결권 없는 주식을 제외한 발행주식총수의 3%를 초과하는 수의 주식에 관하여 의결권을 행사하지 못한다. 다만, 사외이사 아닌 감사위원을 선임·해임하는 경우와 달리, 최대주주와 그 특수관계인 등이 소유하는 주식을 합산하지 않고 개별적으로 3%를 초과하는 수의 주식에 관하여 의결권을 행사하지 못한다(542조의12④의 반대해석).

다) 금융사지배구조법330)

(a) 감사위원이 되는 이사의 선임·해임

a) 의결권 제한    금융회사의 감사위원이 되는 이사를 선임하는 경우에는 의결권 없는 주식을 제외한 발행주식총수의 3%를 초과하는 수의 주식을 가진 주주는 그 초과하는 주식에 관하여 의결권을 행사하지 못한다(同法 19조⑥). 또한, 최대주주, 최대주주의 특수관계인, 그 밖에 대통령령으로 정하는 자가 소유하는 금융회사의 의결권 있는 주식의 합계가 그 회사의 의결권 없는 주식을 제외한 발행주식총수의 3%를 초과하는 경우 그 주주는 그 초과하는 주식에 관하여 감사위원이 되는 이사를 선임하거나 해임할 때에는 의결권을 행사하지 못한다. 정관에서 이보다 낮은 주식 보유비율을 정할 수 있다(同法 19조⑦). 종래에는 주주명부상의 주주가 아닌 실질적인 주주도 주주권을 행사할 수 있었으나 대법원 2017. 3. 23. 선고 2015다

248342 전원합의체 판결에 의하여 이러한 주주는 회사에 대하여 주주권을 행사할 수 없으므로, 최대주주는 자기 명의 주식과 타인 명의 주식을 합산한 후 3%를 초과하면 항상 3%까지 의결권을 행사할 수 있는 것이 아니라, 자기 명의의 주식이 3%에 미달하면(예컨대, 자기명의 주식 1%, 타인 명의 주식 9%, 합계 10% 보유하는 경우 3%가 아니라 1%만 의결권 행사 가능) 자기 명의의 주식에 대하여서만 의결권을 행사할 수 있다고 보아야 할 것이다.

　　b) 분리선임　　금융사지배구조법상 금융회사는 감사위원이 되는 사외이사 1명 이상에 대해서는 다른 이사와 분리하여 선임하여야 한다(同法 19조⑤). 이에 따라 이사 선임시부터 최대주주등의 의결권있는 발행주식총수의 3%를 초과하는 지분에 대하여 의결권을 행사할 수 없다. 다만, "1명 이상에 대해서는"이라는 규정상 감사위원이 되는 사외이사 가 3명인 경우에도 1명만 분리선임하고 나머지 2명은 일괄선임할 수 있다. 분리선임된 사외감사위원이 재임중에는 분리선임규정이 적용되지 않고, 그가 임기만료, 사임, 해임 등의 사유로 퇴임한 경우에만 다시 분리선임 규정이 적용된다.

　　(b) 상근감사의 선임　　최근 사업연도 말 현재 자산총액이 1천억원 이상인 금융회사(同法 施行令 16조③, 신용카드업을 영위하지 아니하는 여신전문금융회사로서 주권상장법인이 아닌 경우에는 최근 사업연도 말 현재 자산총액이 2조원 이상인 경우를 말한다)는 회사에 상근하면서 감사업무를 수행하는 감사("상근감사")를 1명 이상 두어야 한다(同法 19조⑧).331) 상근감사를 선임하는 경우 감사 선임 시 의결권 행사의 제한에 관한 금융사지배구조법 제19조 제7항 및 상법 제409조 제2항·제3항을 준용한다(同法 19조⑨).

　　라) 의결권 제한의 범위　　상장회사 감사 및 사외감사위원의 선임·해임에 있어서 제한되는 의결권의 범위와 관련하여, 최대주주 또는 그 특수관계인이 의결권(의결권의 행사를 지시할 수 있는 권한을 포함)을 위임한 자의 주식수도 산입한다는 명문의 규정이 있다(542조의12③, 令 38조①2). 다만, 규정의 취지상 대리인이 임의로 의결권을 행사할 수 있는 경우만 합산하고, 주주가 의결권 행사의 방향을 지정하여 위임한 경우는 대리인의 영향력과 무관하므로 합산하지 않는다는 하급심 판례가 있다.332)

---

331) 다만, 금융사지배구조법에 따른 감사위원회를 설치한 경우(감사위원회 설치 의무가 없는 금융회사가 제19조의 요건을 갖춘 감사위원회를 설치한 경우를 포함)에는 상근감사를 둘 수 없다(同法 19조⑧ 단서).
332) 서울중앙지방법원 2008. 4. 28.자 2008카합1306 결정.

한편, 비상장회사의 경우에는 이러한 규정이 없으므로 일반적으로 의결권을 위임받은 주식수는 3%에 산입하지 않는다고 해석하는데, 특별이해관계인의 경우 본인의 주식에 의한 의결권뿐 아니라 대리인으로서도 의결권을 행사할 수 없다는 것이 통설이므로 논란의 여지는 있다.[333]

(다) 주주명부폐쇄기간 중 전환된 주식의 주주   주식의 전환은 그 청구를 한 때에 효력이 생기지만(350조①), 주주명부폐쇄기간중에 전환된 주식의 주주는 그 기간중의 총회의 결의에 관하여는 의결권을 행사할 수 없다(350조②).

(라) 특별법상 의결권 제한

가) 은 행 법   동일인이 은행법 제15조 제1항(10% 이내 보유)·제3항(10%, 25%, 33% 초과시 승인) 또는 제16조의2 제1항(비금융주력자의 4% 이내 보유)·제2항(승인 얻은 경우 예외적으로 10% 이내 보유)에 따른 주식의 보유한도를 초과하여 은행의 주식을 보유하거나 제15조의2 제1항(비금융주력자의 주식보유) 또는 제15조의3 제1항(사모투자전문회사의 주식보유)에 따른 금융위원회의 승인을 받지 아니하고 은행(지방은행은 제외)의 의결권 있는 발행주식 총수의 100분의 4를 초과하여 보유하는 경우 제15조 제1항·제3항 또는 제16조의2 제1항·제2항에 따른 한도 및 은행의 의결권 있는 발행주식 총수의 4%를 초과하는 주식에 대하여는 그 의결권을 행사할 수 없으며, 지체 없이 그 한도등에 적합하도록 하여야 한다(銀行法 16조①). 금융위원회는 동일인이 제1항을 준수하지 아니하는 경우에는 6개월 이내의 기간을 정하여 그 한도 등을 초과하는 주식을 처분할 것을 명할 수 있다(銀行法 16조②).

나) 자본시장법

(a) 공개매수규정 위반

a) 의   의   공개매수란 불특정 다수인에 대하여 의결권 있는 주식, 그 밖에 대통령령으로 정하는 증권의 매수의 청약을 하거나 매도의 청약을 권유하고 증권시장 밖에서 그 주식등을 매수하는 것을 말한다(資法 133조①).

b) 공개매수강제   해당 주식등의 매수등을 하는 날부터 과거 6개월간(資令 140조①) 동안 증권시장 밖에서 대통령령으로 정하는 수 이상인 자(資令 140조②: 해당 주식등의 매수등을 하는 상대방의 수와 6개월 동안 그 주식등의 매수등을 한 상대방의 수의 합계가 10인 이상인 자)로부터 매수등을 하고자 하는 자는 그 매수등을 한 후에 본인과

---

333) 우리사주조합원의 3% 의결권 제한에 관하여는 아래에서 설명하는 "우리사주조합원의 의결권" 내용 참조.

그 특별관계자가 보유하게 되는 주식등의 수의 합계가 그 주식등의 총수의 5% 이상이 되는 경우(본인과 그 특별관계자가 보유하는 주식등의 수의 합계가 그 주식등의 총수의 5% 이상인 자가 그 주식등의 매수등을 하는 경우를 포함)에는 공개매수를 하여야 한다(資法 133조③). 이를 공개매수강제 또는 의무공개매수라고 한다.

　c) 보　유　　공개매수의 적용대상 요건으로서의 보유는 소유 기타 이에 준하는 경우로서 대통령령이 정하는 경우를 포함한다(資令 142조).334)

　d) 공동보유자　　공개매수제도(주식의 대량보유보고제도의 경우도 같다)와 관련하여 주식의 보유시 합산대상이 되는 공동보유자는 본인과 합의나 계약 등에 따라 다음의 어느 하나에 해당하는 행위를 할 것을 합의한 자를 말한다(資令 141조②).

　　1. 주식등을 공동으로 취득하거나 처분하는 행위
　　2. 주식등을 공동 또는 단독으로 취득한 후 그 취득한 주식을 상호양도하거나 양수하는 행위
　　3. 의결권(의결권의 행사를 지시할 수 있는 권한 포함)을 공동으로 행사하는 행위

　e) 의결권 제한　　공개매수강제 또는 공개매수공고 및 공개매수신고서의 제출의무에 위반하여 주식등의 매수등을 한 경우에는 그 날부터 그 주식(그 주식등과 관련한 권리행사 등으로 취득한 주식을 포함)에 대한 의결권을 행사할 수 없다(資法 145조). 의결권 행사는 금융위원회의 처분이 없이도 공개매수규정을 위반하여 매수등을 한 날부터 자동적으로 금지된다. 제한되는 것은 의결권뿐이고, 그 외의 주주권은 존속한다. 의결권 행사가 언제까지 금지되는지에 관하여는 명시적인 규정이 없지만, 그 주식등의 처분시로 보는 것이 타당하다.

---

334) 자본시장법상 대량보유보고의무 및 공개매수의 요건과 관련하여 "소유에 준하는 보유"는 다음과 같은 개념이다(資令 142조).
　1. 누구의 명의로든지 자기의 계산으로 주식등을 소유하는 경우
　2. 법률의 규정이나 매매, 그 밖의 계약에 따라 주식등의 인도청구권을 가지는 경우
　3. 법률의 규정이나 금전의 신탁계약·담보계약, 그 밖의 계약에 따라 해당 주식등의 의결권(의결권의 행사를 지시할 수 있는 권한을 포함)을 가지는 경우
　4. 법률의 규정이나 금전의 신탁계약·담보계약·투자일임계약, 그 밖의 계약에 따라 해당 주식등의 취득이나 처분의 권한을 가지는 경우
　5. 주식등의 매매의 일방예약을 하고 해당 매매를 완결할 권리를 취득하는 경우로서 그 권리행사에 의하여 매수인으로서의 지위를 가지는 경우
　6. 주식등을 기초자산으로 하는 자본시장법 제5조 제1항 제2호(옵션)에 따른 계약상의 권리를 가지는 경우로서 그 권리의 행사에 의하여 매수인으로서의 지위를 가지는 경우
　7. 주식매수선택권을 부여받은 경우로서 그 권리의 행사에 의하여 매수인으로서의 지위를 가지는 경우

(b) 보고의무 위반

a) 의    의    주권상장법인의 주식등을 대량보유하게 된 자는 그 날부터 5일 이내에 그 보유상황, 보유 목적, 그 보유 주식등에 관한 주요계약내용 등을 금융위원회와 거래소에 보고하여야 하고, 주권상장법인의 주식등을 대량보유하게 된 자가 그 보유 주식등의 수의 합계가 그 주식등의 총수의 1% 이상 변동된 경우에는 그 변동된 날부터 5일 이내에 그 변동내용을 금융위원회와 거래소에 보고하여야 한다(資法 147조①).

b) 의결권 제한    자본시장법이 규정하는 보고의무를 이행하지 않은 자 또는 대통령령으로 정하는 중요한 사항을 거짓으로 보고하거나 대통령령으로 정하는 중요한 사항의 기재를 누락한 자는 대통령령으로 정하는 기간 동안 의결권 있는 발행주식총수의 5%를 초과하는 부분 중 위반분에 대하여 그 의결권을 행사할 수 없고, 금융위원회는 6개월 이내의 기간을 정하여 그 위반분의 처분을 명할 수 있다(資法 150조①).

의결권 행사 제한 및 처분명령의 대상은 "매수한 주식 전부"를 의결권제한 대상으로 하는 공개매수의 경우와 달리 "5%를 초과하는 부분 중 위반분"이다.

의결권 행사 제한기간은 다음과 같은 기간을 말한다(資令 158조).

1. 고의나 중과실로 자본시장법 제147조 제1항·제3항 또는 제4항에 따른 보고를 하지 아니한 경우 또는 제157조 각 호의 사항을 거짓으로 보고하거나 그 기재를 빠뜨린 경우에는 해당 주식등의 매수등을 한 날부터 그 보고(그 정정보고 포함)를 한 후 6개월이 되는 날까지의 기간
2. 자본시장법 및 동법 시행령, 그 밖의 다른 법령에 따라 주식등의 대량보유상황이나 그 변동·변경내용이 금융위원회와 거래소에 이미 신고되었거나, 정부의 승인·지도·권고 등에 따라 주식등을 취득하거나 처분하였다는 사실로 인한 착오가 발생하여 자본시장법 제147조 제1항·제3항 또는 제4항에 따른 보고가 늦어진 경우에는 해당 주식등의 매수등을 한 날부터 그 보고를 한 날까지의 기간

(c) 신탁재산에 속하는 주식    자본시장법상 신탁업자는 신탁재산에 속하는 주식이 다음과 같은 경우에는 그 주식의 의결권을 행사할 수 없다(資法 112조③).

1. 동일법인이 발행한 주식 총수의 15%를 초과하여 주식을 취득한 경우 그 초과하는 주식
2. 신탁재산에 속하는 주식을 발행한 법인이 자기주식을 확보하기 위하여 신탁계약

에 따라 신탁업자에게 취득하게 한 그 법인의 주식

그리고 신탁업자는 제3자와의 계약 등에 의하여 의결권을 교차하여 행사하는 등 의결권행사방법의 제한을 면하기 위한 행위를 하지 못한다(資法 112조④).

다)「금융회사의 지배구조에 관한 법률」    금융회사가 발행한 주식을 취득·양수(취득등 실질적으로 해당 주식을 지배하는 것을 말함)하여 대주주가 되고자 하는 자는 미리 금융위원회의 승인을 받아야 한다. 다만, 대통령령으로 정하는 자는 금융위원회의 승인을 받을 필요가 없다(同法 31조①). 대주주 변경에 관한 사전승인을 받지 아니하거나 사후승인을 신청하지 아니한 자는 승인 없이 취득하거나 취득 후 승인을 신청하지 아니한 주식에 대하여 의결권을 행사할 수 없다(同法 31조④).335)

라)「독점규제 및 공정거래에 관한 법률」    상호출자제한기업집단에 속하는 회사로서 금융업 또는 보험업을 영위하는 회사는 취득 또는 소유하고 있는 국내계열회사주식에 대하여 의결권을 행사할 수 없다. 다음 각 호의 어느 하나에 해당하는 경우에는 그러하지 아니하다(同法 11조).

1. 금융업 또는 보험업을 영위하기 위하여 주식을 취득 또는 소유하는 경우
2. 보험자산의 효율적인 운용·관리를 위하여 보험업법 등에 의한 승인 등을 얻어 주식을 취득 또는 소유하는 경우
3. 당해 국내 계열회사(상장법인에 한한다)의 주주총회에서 다음 각 목의 어느 하나에 해당하는 사항을 결의하는 경우. 이 경우 그 계열회사의 주식중 의결권을 행사할 수 있는 주식의 수는 그 계열회사에 대하여 특수관계인중 대통령령이 정하는 자를 제외한 자가 행사할 수 있는 주식수를 합하여 그 계열회사 발행주식총수의 15%를 초과할 수 없다.336)

---

335) 그 밖에도, 금융위원회는 제1항에 따른 심사 결과 적격성 심사대상이 1. 동법 제32조 제1항에 규정된 법령의 위반으로 금고 1년 이상의 실형을 선고받고 그 형이 확정된 경우, 2. 그 밖에 건전한 금융질서 유지를 위하여 대통령령으로 정하는 경우로서 법령 위반 정도를 감안할 때 건전한 금융질서와 금융회사의 건전성이 유지되기 어렵다고 인정되는 경우 5년 이내의 기간으로서 대통령령으로 정하는 기간 내에 해당 적격성 심사대상이 보유한 금융회사의 의결권 있는 발행주식(최다출자자 1인이 법인인 경우 그 법인이 보유한 해당 금융회사의 의결권 있는 발행주식을 말한다) 총수의 10% 이상에 대하여는 의결권을 행사할 수 없도록 명할 수 있고(同法 32조⑤), 최대주주, 최대주주의 특수관계인, 그 밖에 대통령령으로 정하는 자가 소유하는 금융회사의 의결권 있는 주식의 합계가 그 금융회사의 의결권 없는 주식을 제외한 발행주식 총수의 3%를 초과하는 경우 그 주주는 3%를 초과하는 주식에 관하여 감사위원이 되는 이사를 선임하거나 해임할 때에는 의결권을 행사하지 못한다. 다만, 금융회사는 정관으로 3%보다 낮은 비율을 정할 수 있다(同法 19조⑦).

336) 특수관계인들이 의결권을 행사할 수 있는 주식수(보유는 하고 있으나 상법 등에 의하여 의

가. 임원의 선임 또는 해임

나. 정관 변경

다. 그 계열회사의 다른 회사로의 합병, 영업의 전부 또는 주요부분의 다른 회사로의 양도

마) 의결권제한주식과 발행주식총수　　특별법에 의하여 의결권이 제한되는 주식은 발행주식총수에 산입하지 않는다.[337]

㈐ 주주총회 출입 여부　　의결권을 행사할 수 없는 주주는 주주총회에 참석할 수 있지만, 의안에 대한 찬반투표에는 참가하지 못하고, 다만 의장의 재량 하에 질의토론은 할 수 있다.

## (5) 의결권 행사 관련 가처분

### 1) 의결권 행사금지 가처분

경영권 분쟁과 관련된 주주총회를 앞두고 위와 같은 의결권제한에 해당하는지 여부가 논란의 대상이 되는 경우 의결권제한을 주장하는 당사자는 사전에 의결권 행사금지 가처분 등을 신청할 수도 있다.[338] 의결권 행사금지 가처분은 주주명부폐쇄에 의하여 의결권을 행사할 주주가 확정된 후 신청하는 것이 일반적이다. 그 전에 미리 가처분을 신청하면 자본시장법상 보고의무 위반 등과 같은 의결권 행사금지 사유를 해소할 기회를 상대방에 부여하는 결과가 되기도 한다.

위와 같은 의결권제한사유 외에 신주발행무효의 소, 전환사채발행무효의 소 등을 본안으로 하여 신주 또는 전환된 주식에 대한 의결권 행사금지 가처분을 신청하기도 한다.[339]

---

결권을 행사할 수 없는 주식을 제외한 수)와 금융보험사가 보유하고 상법 등에 의하여 달리 의결권 행사가 제한되지 않는 주식수를 합하여 해당 계열회사 발행주식총수의 15%까지 의결권 행사가 인정된다.

337) 상업등기선례 제201112-1호(2011.12.01.자 사법등기심의관-2947 질의회답).

338) 주식 7주를 1주로 병합하는 내용의 자본금감소 후 재무구조개선을 목적으로 제3자배정에 의한 유상증자를 한 사안에서, 법원이 감자 실시 직후 이루어진 신주발행이 현 경영진의 경영권 방어를 주된 목적으로 신청인의 피신청인 회사에 대한 지분율을 급격하게 낮추기 위한 것으로 보아 현저히 불공정하여 무효임을 전제로 임시 주주총회 소집허가 신청 인용결정에 기하여 개최될 예정인 주주총회에서의 의결권 행사금지를 명하는 가처분신청을 인용하였다(서울중앙지방법원 2012. 5. 14.자 2012카합961 결정).

339) 인천지방법원 2010. 6. 17.자 2010카합566 결정, 서울중앙지방법원 2008. 4. 28.자 2008카합1306 결정 등은 신주발행무효의 소를 본안으로 하여 의결권 행사금지 가처분을 신청한 사건에 대한 결정이다. 참고로 2008카합1306 사건의 신청취지는 다음과 같다. "1. 신청인의 신주발

한편 주주권 남용을 이유로 하는 의결권 행사금지 가처분도 가능하다. 다만, "어떠한 권리의 행사가 권리남용에 해당되기 위하여는, 주관적으로 그 권리행사의 목적이 오직 상대방에게 고통을 주고 손해를 입히려는 데 있을 뿐 행사하는 사람에게 아무런 이익이 없는 경우이어야 하고, 객관적으로는 그 권리행사가 사회질서에 위반된다고 볼 수 있어야 하는 것"이므로,340) 이러한 요건을 충족하는 것은 매우 제한적일 것이다.341) 2대주주가 정관변경 등 회사의 중요한 의안에 대하여 지속적으로 반대함으로써 주권상장폐지가 우려된다는 이유로 이러한 의결권 행사가 권리남용에 해당한다는 이유로 2대주주의 의결권 행사금지를 구하는 가처분사건에서, 위와 같은 의결권 행사는 주주로서 회사의 중대한 의사결정에 관한 영향력을 유지하고자 하는 것으로서 주주에게 당연히 보장된 권리행사이고, 주주자격과 무관하게 오로지 개인적인 이해관계에 기한 것으로 볼 수 없다는 이유로 신청을 기각한 판례가 있다.342)

의결권 행사금지 가처분신청을 하는 경우, 의결권 행사금지의 실효를 기하기 위하여 회사도 피신청인으로 하여 의결권 행사허용금지도 신청취지에 포함시키기도 한다.343)

---

행무효확인 청구사건의 본안 판결 확정시까지 피신청인 주식회사 큐로컴은 2008. 4. 29. 및 그 이후에 개최되는 주식회사 지엔코의 주주총회에서 위 주식에 대한 의결권을 행사하여서는 아니 된다. 2. 신청비용은 피신청인들이 부담한다"(이 사건에서 법원은, 이 사건 제3자배정 주식 발행의 경영상 목적이 인정되는 점과, 이사회 결의의 어떠한 하자가 있었음이 소명되지 아니하고, 설령 이사회가 결여가 없거나 결의의 하자가 있더라도 신주발행의 효력에는 영향을 미치지 않는다는 점 등을 들어 가처분신청을 기각하였다).

340) 서울고등법원 2005. 5. 13.자 2004라885 결정.
341) 수권자본금의 증가를 위한 정관변경 안건에 대하여 발행주식총수의 3분의 1 이상을 보유한 주주가 계속 반대를 함으로써 주권상장폐지 등 심각한 피해가 우려된다는 이유로 신청된 의결권 행사금지 가처분사건에서, 법원은 주주의 의결권은 오로지 개인적인 이해관계에 기하여 행사되고 그로 인하여 회사 및 다른 주주들에게 손해가 발생할 것이 명백한 경우에만 그 행사가 제한되는 것이라고 판시하면서 권리남용 주장을 배척하고 신청을 기각하였다(서울지방법원 1999. 3. 22.자 99카합20 결정).
342) 서울중앙지방법원 1999. 3. 22.자 99카합20 결정.
343) [의결권 행사허용금지도 함께 신청한 사례]
  (서울중앙지방법원 2008. 4. 28.자 2008카합1306 결정의 신청취지)
  1. 신청인의 피신청인 주식회사 A에 대한 신주발행무효의 소의 본안판결 확정시까지, 피신청인 주식회사 A는 2008. 4. 29. 및 그 이후에 개최되는 주주총회에서 피신청인 주식회사 B에게 별지 목록 기재 주식에 대한 의결권을 행사하게 하여서는 아니 되고, 피신청인 주식회사 B는 2008. 4. 29. 및 그 이후에 개최되는 주주총회에서 위 주식에 대한 의결권을 행사하여서는 아니 된다.
  2. 피신청인 주식회사 A는 2008. 4. 29. 개최되는 주주총회의 제3호 의안 감사 선임의 건 결

의결권은 주주가 직접 행사할 수도 있고 대리인을 통하여 행사할 수도 있으므로 가처분신청시 주주 본인 외에 대리인을 통한 의결권 행사의 금지도 신청하기도 하지만, 회사는 주주에 대한 의결권 행사금지 가처분결정에 의하여 그 주주의 대리인의 의결권 행사도 불허할 수 있으므로, 신청취지에서 반드시 이를 구별하여 기재할 필요는 없다.344) 다만, 현 경영진(대주주) 측은 주주총회의 진행절차에서 의결권을 부인하는 것으로 처리할 수 있으므로, 가처분신청의 인용 여부가 불확실한 상황이라면 굳이 의결권 행사금지 가처분을 신청할 필요성이 크지 않다.

### 2) 의결권 행사허용 가처분

의결권 행사금지 가처분이 있다고 하여 신청인의 의결권 행사가 당연히 허용되는 것은 아니다. 따라서 회사와의 분쟁으로 인하여 주주총회에서 의결권 행사를 금지당할 위험이 있는 당사자는 의결권 행사허용 가처분을 신청하기도 한다.345) 한

---

의시 피신청인 주식회사 A에게 의결권을 위임한 자가 소유하는 주식에 대한 의결권을 행사하게 하여서는 아니 된다.
  3. 집행관은 제1, 2항 명령의 취지를 적당한 방법으로 공시하여야 한다.
(서울중앙지방법원 2009. 6. 26.자 2009카합2313 결정의 주문)
  1. 가. 피신청인 일동제약(주)는 2009. 6. 29. 개최될 2009년도 정기주주총회에서 나머지 피신청인들에게 주식에 대한 의결권을 행사하게 하여서는 아니 되고, 나. 피신청인 A, B, C, D, E, F는 위 가항 기재 정기주주총회에서 주식에 대한 의결권을 행사하여서는 아니 된다.
  2. 신청인들의 나머지 신청을 모두 기각한다.
  3. 소송비용중 1/5은 신청인들이, 나머지는 피신청인들이 각 부담한다.
(이 사건의 신청취지)
  1. 피신청인 일동제약 주식회사는 2009년 6월 29일 개최될 2009년도 정기주주총회에서 재단법인 송파재단, 전용자, 이도연, 이주연, 이준수, 김문희의 주식에 대한 의결권을 행사하게 하여서는 아니 된다.
  2. 피신청인 A, B, C, D, E, F는 피신청인 일동제약주식회사의 2009년 6월 29일 개최될 2009년도 정기주주총회에서 주식에 대한 의결권을 행사하여서는 아니 된다.
  3. 만약 상기1항의 기재의무를 위반한 경우에는 일동제약주식회사는 신청인들에게 각 금 100,000,000원을 지급하라.
  4. 만약 A, B, C, D, E, F가 상기2항의 기재의무를 위반한 경우 A는 금 50,000,000원을, B, C, D, E, F는 각 금 20,000,000원을 각 신청인에게 지급하라.
  5. 신청비용은 피신청인들의 부담으로 한다.
344) (서울중앙지방법원 2008카합689 사건의 신청취지)
  1. 피신청인 주식회사 웹젠은 2008. 3. 28 오전 9시 개최되는 2007 회계년도에 대한 제8회 정기주주총회에서 피신청인 우리투자증권 주식회사에게 별지 목록 기재 주식에 대한 의결권을 행사하게 하여서는 아니 된다.
  2. 피신청인 우리투자증권 주식회사는 위 주주총회에서 위 주식에 대한 의결권을 직접 행사하거나 제3자로 하여금 이를 행사하게 하여서는 아니 된다.
345) 2002년과 2003년에 걸친 KCC와 현대엘리베이터 간의 경영권 분쟁 과정에서 KCC 측은 취득하였던 현대엘리베이터 주식에 관한 무상증자로 받은 주식의 의결권 행사를 현대엘리베이

편 회사나 제3자가 주주명부상 주주의 의결권 행사를 사실상 방해하려는 경우에는 그 주주가 회사 또는 제3자를 피신청인으로 하여 의결권 행사방해금지 가처분을 신청하기도 한다.346) 의결권 행사방해금지 가처분신청을 하는 경우에는 통상 "… 일체의 방법으로 방해하여서는 아니 된다"와 같이 금지를 구하는 의결권 행사방해 방법을 포괄적으로 기재한다.347)

### 3) 당 사 자

(가) 신 청 인     의결권 행사금지 가처분의 신청인은 특정 주주의 의결권을 부인하려는 회사 또는 주주이고, 의결권 행사허용 가처분의 신청인은 의결권 행사를 방해받을 우려가 있는 주주이다.

(나) 피신청인     실무상으로는 일반적으로 의결권 행사금지 가처분은 주주명부상의 주주와 회사를 공동피신청인으로 하여, 그 주주에 대하여는 의결권 행사금지 가처분을, 회사에 대하여는 그 주주의 의결권 행사허용금지 가처분을 신청한다.348) 그러나 의결권 행사허용 가처분은 회사만을 피신청인으로 하여 신청하면 된다.349)

신주발행무효의 소를 본안으로 하는 의결권 행사금지 가처분과 같이 주식의 효력 자체에 대한 다툼이 있는 경우에도 회사와 신주의 주주를 공동피신청인으로 한다. 그러나 서로 주주권을 주장하는 자 간의 분쟁의 경우에는, 가처분의 형성효 또는 반사효가 회사에 미치고, 주주명부상의 주주가 본안소송의 피고이므로 가처분의 피신청인도 회사가 아니라 주주명부상의 주주로 보아야 한다는 견해가 있고,350) 임시의 지위를 정하는 가처분의 당사자는 반드시 본안소송의 당사자와 일치할 필

---

터가 허용하지 않겠다는 주장을 하자 의결권 행사허용 가처분신청을 하여 인용된 일이 있다 (수원지방법원 여주지원 2004. 3. 23.자 2003카합50 결정).

346) 서울중앙지방법원 2010. 7. 6.자 2010카합1894 결정.

347) (서울중앙지방법원 2008. 3. 27.자 2008카합768 결정의 신청취지)
   피신청인은 2008. 3. 28. 오전 9시에 개최되는 피신청인의 제8회 정기주주총회에서 신청인이 보유하는 별지 목록 기재 주식에 관하여 그 의결권을 불인정하거나 의결권 행사를 금지하는 등 기타 일체의 방법으로 방해하여서는 아니 된다.

348) (의결권 행사허용금지 가처분의 주문례)
   1. 피신청인 ○○ 주식회사는 20 … 10 : 00에 개최되는 주주총회에서 피신청인 ○○○에게 별지 목록 기재 주식에 대한 의결권을 행사하게 하여서는 아니 된다.
   2. 피신청인 ○○○은 위 주주총회에서 위 주식에 대한 의결권을 행사하여서는 아니 된다.

349) (회사만을 피신청인으로 하는 경우의 주문례, 회사를 제3채무자로 표시하기도 한다)
   1. 피신청인 ○○ 주식회사는 20 … 10 : 00에 개최되는 주주총회에서 신청인에게 별지 목록 기재 주식에 대한 의결권을 행사하게 하여야 한다.
   2. 신청인은 위 주주총회에서 위 주식에 대한 의결권을 행사할 수 있다.

350) 김오수, 주주권에 기한 가처분, 법원행정처(1987), 288면.

요가 없고 가처분에 의하여 잠정적으로 규제되는 권리관계의 당사자이면 족하다는
이유로 회사도 피신청인으로 보는 견해도 있다.351)

### 4) 피보전권리

의결권 행사금지 가처분 또는 의결권 행사허용 가처분의 피보전권리는 주주권
또는 주주권에 기한 방해배제청구권이고, 본안소송은 주주권확인의 소이다. 주권인도
청구권은 의결권 행사금지 가처분의 피보전권리가 될 수 없다. 주권의 인도는 의결
권 행사와 관계가 없기 때문이다. 회사가 부당하게 명의개서를 거부하는 경우에는
주주권에 기한 방해배제청구권 외에 명의개서청구권도 피보전권리가 될 수 있다.

주주의 신주인수권을 피보전권리로 보고, "경영권 분쟁상황에서 열세에 처한
구지배세력이 지분 비율을 역전시켜 경영권을 방어하기 위하여 이사회를 장악하고
있음을 기화로 기존 주주를 완전히 배제한 채 제3자인 우호 세력에게 집중적으로
신주를 배정하기 위한 하나의 방편으로 전환사채를 발행한 경우, 이는 전환사채제
도를 남용하여 전환사채라는 형식으로 사실상 신주를 발행한 것으로 보아야 하고,
따라서 주주의 신주인수권을 실질적으로 침해한 위법이 있어 신주발행을 위와 같
은 방식으로 행한 경우와 마찬가지로 이를 무효로 보아야 한다."라고 판시한 하급
심 판례도 있다.352)

---

351) 이석선, 보전소송 가압류가처분(하), 대원서적(1976), 347면.
352) [서울고등법원 1997. 5. 13. 선고 97라36 판결]【의결권 행사금지 가처분】"2. 먼저 피보전권리
에 관하여 본다. 전환사채에 있어서도 일정한 경우에 그 발행의 무효를 인정하여야 하고 그
방법은 신주발행무효의 소에 관한 상법 제429조를 유추적용할 수 있다고 보아야 한다. 이 사
건에서 사실이 위와 같다면 위 전환사채의 발행은 경영권 분쟁 상황하에서 열세에 처한 구지
배세력이 지분 비율을 역전시켜 경영권을 방어하기 위하여 이사회를 장악하고 있음을 기화로
기존 주주를 완전히 배제한 채 제3자인 우호 세력에게 집중적으로 '신주'를 배정하기 위한 하
나의 방편으로 채택된 것으로서, 이는 전환사채제도를 남용하여 전환사채라는 형식으로 사실
상 신주를 발행한 것으로 보아야 한다. 그렇다면 이 사건 전환사채의 발행은 주주의 신주인수
권을 실질적으로 침해한 위법이 있어 신주발행을 위와 같은 방식으로 행한 경우와 마찬가지
로 이를 무효로 보아야 한다. 뿐만 아니라, 이 사건 전환사채발행의 주된 목적은 경영권 분쟁
상황하에서 우호적인 제3자에게 신주를 배정하여 경영권을 방어하기 위한 것인 점, 경영권을
다투는 상대방이자 감사인 신청인에게는 이사회 참석 기회도 주지 않는 등 철저히 비밀리에
발행함으로써 발행유지 가처분 등 사전 구제수단을 사용할 수 없도록 한 점, 발행된 전환사채
의 물량은 지배 구조를 역전시키기에 충분한 것이었고, 전환기간에도 제한을 두지 않아 발행
즉시 주식으로 전환될 수 있도록 하였으며, 결과적으로 인수인들의 지분이 경영권 방어에 결
정적인 역할을 한 점 등에 비추어 볼 때 이 사건 전환사채발행은 현저하게 불공정한 방법에
의한 발행으로서 이 점에서도 무효라고 보아야 한다. 다만, 신청인 측이 주식을 비밀리에 매
집하는 과정에 그 당시의 허술했던 구 증권거래법의 관계 규정을 교묘히 회피해 나감으로써
법이 전혀 의도하지 않았던 결과를 가져온 것에 대하여는 못마땅한 면이 없지 않으나, 그렇다
고 하여 신청인이 이 사건 전환사채발행의 무효를 주장할 자격이 없게 된다고 할 수는 없으

### 5) 보전의 필요성

경영권 분쟁상황에서의 의결권 행사금지 가처분은 일반 가처분과는 달리 단순한 집행보전에 그치는 것이 아니라 가처분으로 경영권의 귀속을 변동시켜 버리는 거의 종국적인 만족을 가져오는 것으로서 그 결과가 중대할 뿐만 아니라, 가처분채무자에게는 원상으로의 회복이 곤란한 점으로 말미암아 보전의 필요성에 대한 더욱 강도 높은 소명을 요구한다.

또한 의결권 행사금지 가처분은 주주총회에서의 의결권 행사금지를 그 내용으로 하기 때문에 원칙적으로 이사회의 주주총회소집결의로 인하여 특정된 주주총회에서의 의결권 행사금지를 구하는 경우에만 허용된다.353) 따라서 이사회가 주주총회의 소집을 결의하거나 소집통지가 이루어지는 등 주주총회의 개최가 명백히 예정된 경우에만 보전의 필요성이 인정되고, 아직 소집이 결정되지 아니한 장래의 주주총회에서의 의결권을 일반적으로 금지하는 가처분신청은 보전의 필요성이 인정되지 않는다.354) 그러나 소규모비상장회사로서 주주의 수가 작고 경영권 분쟁 과정

---

며, 또 이것이 한화 측의 위법한 대응을 정당화시킬 수도 없다. 또, 위법의 정도가 위와 같이 중대한 이상 이미 발행 및 전환이 끝나 저질러진 일이니 거래의 안전을 위하여 무효화시켜서는 안된다는 주장은 채택할 수 없다. 뿐만 아니라 이 사건에서는 거래의 안전을 해칠 위험도 없다. 전환된 주식을 사전 통모한 인수인들이 그대로 보유하고 있는 상태에서 처분금지 가처분결정이 내려졌고 적어도 금융계에서는 이 사건 분쟁 상황이 처음부터 공지의 사실화되어 선의의 피해자란 있을 수 없기 때문이다. 그렇다면 이 사건 전환사채의 발행은 무효이고 이를 바탕으로 한 신주발행 역시 무효이므로 신청인의 주주권에 기하여 위 신주에 관한 의결권 행사 금지를 구하는 신청인의 이 사건 신청은 피보전권리에 대한 소명이 있다고 할 것이다."
353) 또한 의결권 행사금지 가처분은 일단 허용되면 안건의 가결이든 부결이든 신청인이 원하는 결과가 바로 발생하는 반면, 상대방은 가처분의 취소를 구할 시간적 여유가 없기 때문에 가처분의 요건에 대하여 신중하게 심사하여야 할 것이다.
354) [서울고등법원 1997. 5. 13.자 97라36 결정][의결권 행사금지 가처분] "3. 나아가 보전의 필요성에 관하여 본다. 원래 임시의 지위를 정하는 가처분이 인용되려면 계속하는 권리관계에 현저한 손해를 피하거나 급박한 강포를 방지하기 위하여 또는 기타 필요한 이유가 있어야 한다. 그런데 이 사건과 같이 경영권 분쟁 상황하에서의 의결권 행사금지 가처분은 일반 가처분과는 달리 단순한 집행보전에 그치는 것이 아니라 가처분으로 경영권의 귀속을 변동시켜 버리는 거의 종국적인 만족을 가져오는 것으로서 그 결과가 중대할 뿐만 아니라, 가처분채무자에게는 원상으로의 회복이 곤란한 점으로 말미암아 보전의 필요성에 대한 더욱 강도 높은 소명을 요구한다. 그러므로 이 사건에서의 보전의 필요성은 피보전권리의 존재로 사실상 추정될 수도 없고, 단순히 주주권 즉 지배적 이익이 계속 침해된다는 추상적 사유만으로도 부족하며, 더 나아가 본안판결의 확정 후에 비로소 경영권이 넘어와서는 본안판결의 의미가 거의 없게 되거나 혹은 그렇게 될 경우 신청인에게 회복하기 어려운 구체적 손해가 발생할 우려가 있다는 사정이 따로이 있어야 한다. 이 사건의 경우 1997. 5. 28.로 예정된 정기주주총회에서는 경영진의 개편에 관한 의안이 없으므로 그 이후 언젠가 열릴 수 있는 경영진 개편을 위한 임시주주총회에서 비로소 신청인의 주주권, 즉 지배적 이익의 침해 여부가 문제될 것인바, 그 언

에서 수시로 주주총회가 소집되는 상황에서는 법원도 보전의 필요성을 다소 넓게 인정한다.355)

### 6) 가처분의 효과

**(가) 발행주식총수 산입 문제** 　　주주명부상의 주주가 의결권 행사금지 가처분에 의하여 의결권을 행사할 수 없게 된 경우, 그가 가진 주식의 수를 "발행주식총수"에 산입하여야 하는지에 관하여, 대법원은 상법상 주주총회 결의요건에 관한 규정이 개정되기 전의 사례에서, "주식 자체는 유효하게 발행되었지만 주식의 이전 등 관계로 당사자 간에 주식의 귀속에 관하여 분쟁이 발생하여 진실의 주주라고 주장하는 자가 명의상의 주주를 상대로 의결권의 행사를 금지하는 가처분의 결정을 받았을 경우에, 그 명의상의 주주는 주주총회에서 의결권을 행사할 수 없으나, 그가 가진 주식 수는 주주총회 결의요건을 규정한 구 상법(1995. 12. 29. 법률 제5053호로

---

젠가 열릴 임시주주총회에 대비하여 미리 이 사건 가처분을 할 필요가 있는지도 의문일 뿐만 아니라, 경영진의 교체가 그 때 바로 이루어지지 않고 본안판결의 확정 후로 미루어진다면 본안판결이 왜 무의미하게 되는지, 그렇게 될 경우 신청인에게 어떠한 회복할 수 없는 손해가 생기는지에 관하여 신청인은 주장·소명하여야 한다. 우선, 신청인은 현 경영진이 무능하여 경영 실적을 올리지 못하고 오히려 회사에 손해를 입히고 있다고 주장하나 이를 받아들이기에 족한 소명이 없다. 또, 신청인은 현 경영진이 지금까지 법령이나 정관에 위배되는 업무 집행을 해 왔고 특히 위 전환사채의 발행에서 보는 바와 같이 이사의 중립의무를 망각한 채 한화 측의 이익을 위하여 신청인 측을 희생시키는 업무 집행을 해 온 만큼 앞으로도 그럴 위험이 있다고 주장한다. 그러나 1997. 4. 1.부터는 관계 규정의 개정으로 경영권 분쟁 상황하에서 이 사건에서와 같은 전환사채의 발행은 하지 못하도록 제도적 장치를 마련함으로써 이제 다시는 그와 같은 일이 재발될 염려는 없어졌다. 뿐만 아니라 이사의 위법 부당한 직무 집행에 대하여는 위법행위유지 가처분이나 이사 해임의 소 및 이를 전제로 한 직무집행정지 가처분으로 대처할 길이 있고, 실제로 위 전환사채의 발행 및 부동산 염매 등 법령과 정관에 위배되는 업무 집행을 해 온 이사들에 대하여 해임의 소를 전제로 한 직무집행정지 가처분이 내려졌다(당원 1997. 5. 13.자 97라35 결정 참조). 그런데도 나머지 이사들이 해임을 무릅쓰고라도 앞으로 또 위법 부당한 업무 집행을 할 것으로 볼 만한 소명은 아직 없다. 물론 신청인은 이에 대하여 불안한 생각을 가질 수 있을 것이나 그것만으로 피보전권리에 관한 대법원의 최종 판단(본안이 아닌 가처분사건에 있어서만이라도)이 나오기 전에 종국적 만족을 실현시키는 이 사건 가처분의 필요성을 인정하기에는 부족하다. 위 대법원 판단이 나온 뒤에 위법 부당한 업무 집행의 징후가 나타나면 그 때 다시 이 사건과 같은 가처분신청을 하면 될 것이다. 그렇다면 달리 시급히 가처분이 되지 아니하면 신청인이 회복할 수 없는 손해를 입게 된다는 점에 관한 주장·소명이 없는 이 사건에 있어서 보전의 필요성에 관하여는 소명이 없다고 할 것이다."
355) 신주발행의 유효성 여부가 다투어져 향후 개최될 주주총회에서도 신청인들과 피신청인 사이에 의결권 행사 여부에 관한 계속적인 다툼의 소지가 있음을 이유로 가처분의 본안 소송에 해당하는 신주발행무효의 소에 대한 본안 판결 확정시까지 개최일이 이미 확정된 주주총회뿐만 아니라 향후 개최될 주주총회에서의 해당 신주의 의결권 행사를 금지하는 가처분결정을 한 사례도 있다(서울중앙지방법원 2007. 5. 25.자 2007카합1346 결정)(同旨: 서울중앙지방법원 2012. 4. 12.자 2012카합339 결정).

개정되기 전의 것) 제368조 제1항356) 소정의 정족수 계산의 기초가 되는 '발행주식총수'에는 산입되는 것으로 해석함이 상당하다."라고 판시하였다.357)

다만, 이러한 결론은 주식양도계약의 당사자 간에 양도계약의 효력에 관한 다툼이 있는 경우와 같이 주식 자체가 유효하게 발생되었지만 주식의 이전 등 주식의 귀속에 관한 분쟁이 발생한 경우에 적용되는 것이고, 신주발행 무효의 소와 같이 주식의 존부 자체에 관한 다툼이 있는 경우에는 발행주식총수에서 제외하는 것이 타당하다.358)

발행주식총수에 산입하지 않는 경우에는 해당 주식이 발행되지 않은 것으로 보는 것이므로 출석주주의 의결권의 수에도 산입하지 않는다.

(나) 가처분 위반 또는 준수와 주주총회 결의의 하자

가) 가처분을 위반한 경우      의결권 행사금지·허용 가처분은 주주총회 결의방법과 관련되는데, 주주총회 결의방법이 법령 또는 정관에 위반하거나 현저하게 불공정한 때에는 주주·이사 또는 감사는 결의의 날부터 2개월 이내에 결의취소의 소를 제기할 수 있다(376조①). 회사가 의결권 행사금지·허용 가처분에 위반하여 피신청인의 의결권 행사를 허용하거나 신청인의 의결권 행사를 불허하였고 이러한 가처분 위반을 이유로 결의취소의 소가 제기된 상황에서, 본안소송 또는 가처분의 불복절차에서 가처분의 피보전권리의 존재가 인정되지 아니한 경우 그 결의의 효력이 문제된다.

의결권 행사금지·허용 가처분에 위반하였다는 것은 결국 가처분에 의하여 금

---

356) [구 상법(1995. 12. 29. 법률 제5053호로 개정되기 전의 것) 제368조]
① 총회의 결의는 본법 또는 정관에 다른 정함이 있는 경우 외에는 발행주식총수의 과반수에 해당하는 주식을 가진 주주의 출석으로 그 의결권의 과반수로써 하여야 한다.

357) 대법원 1998. 4. 10. 선고 97다50619 판결.

358) 대법원 1998. 4. 10. 선고 97다50619 판결도 "주식 자체는 유효하게 발행되었지만 주식의 이전 등 관계로 당사자 간에 주식의 귀속에 관하여 분쟁이 발생하여 진실의 주주라고 주장하는 자가 명의상의 주주를 상대로 의결권의 행사를 금지하는 가처분의 결정을 받았을 경우"로 제한하여 설시하였다. 그리고 서울중앙지방법원 2019. 10. 10.자 2019카합21290 결정도 "주식 자체가 유효하게 발행되었지만 주식의 이전 등 주식의 귀속에 관한 분쟁이 발생하여 의결권행사금지가처분이 내려지는 경우에는, 위 가처분으로서 주식의 귀속에 관한 분쟁이 해소될 때까지 주주총회를 보류할 필요가 있고, 해당 주식을 발행주식총수에서 제외할 경우 소수 주주에 의해 결의가 좌우되는 등 지분 구조가 왜곡될 우려가 있으므로, 발행주식의 총수에 산입된다고 보는 것이 타당하다. 그러나 신주발행 무효의 소와 같이 주식의 존부 자체에 관한 다툼이 있는 경우 의결권행사금지를 구하는 가처분채권자는 해당 신주발행 전 상태를 보전하는 데에 주된 목적이 있으므로, 해당 주식을 발행주식총수에서도 제외하는 것이 현상유지라는 가처분의 목적에 부합한다."라고 판시하였다.

지되거나 허용된 의결권 행사를 가처분에 반하여 허용하거나 금지한 상황에서 주주총회 결의가 가결되었다는 것이다. 대법원은 의결권 행사금지 가처분에 관한 사건에서 "가처분결정 또는 가처분사건에서 이와 동일한 효력이 있는 강제조정 결정에 위반하는 행위가 무효로 되는 것은 형식적으로 그 가처분을 위반하였기 때문이 아니라 가처분에 의하여 보전되는 피보전권리를 침해하기 때문인데, 이 사건 가처분의 본안소송에서 가처분의 피보전권리가 없음이 확정됨으로써 그 가처분이 실질적으로 무효임이 밝혀진 이상 이 사건 주식에 의한 의결권 행사는 결국 가처분의 피보전권리를 침해한 것이 아니어서 유효하고, 따라서 이 사건 주주총회 결의에 가결정족수 미달의 하자가 있다고 할 수 없다."라고 판시한 원심판결을 유지하였다.[359]

판례의 취지에 의하면, 의결권 행사금지·허용 가처분에 위반한 것만으로 바로 결의의 하자로 인정되는 것이 아니라, 결의하자에 관한 본안소송에서 의결권 행사금지·허용 가처분의 피보전권리의 존재가 인정되어야 결의의 하자도 인정될 것이다. 즉, 가처분결정을 위반한 행위가 무효로 되는 것은 형식적으로 가처분에 위반하였다는 사정이 아니라 가처분에 의하여 보전될 피보전권리를 침해하기 때문이다.[360]

일반적으로는 결의의 존재나 효력을 다투는 본안소송에서 의결권 행사금지·허용 가처분의 피보전권리의 존재가 인정될 것이므로 대부분의 경우 본안소송절차에서 인정된 하자에 기하여 결의의 존재나 효력을 부인하는 판결이 선고될 것이다.

---

359) [대법원 2010. 1. 28. 선고 2009다3920 판결][주주총회결의부존재확인] "원심판결 이유에 의하면, 원심은, ① 소외 1이 피고회사 및 소외 2, 3, 4, 5를 상대로 신청한 서울중앙지방법원 2006카합695호 의결권 행사금지 가처분 사건에서 2006. 7. 12. "이 사건 주권반환청구사건의 본안판결 확정시까지 개최되는 피고회사의 주주총회에서, 피고회사는 소외 2, 3에게 피고회사 주식 4,800주에 대하여, 소외 4에게 2,880주에 대하여, 소외 5에게 1,920주(이하 위 주식 합계 14,400주를 '이 사건 주식'이라 한다)에 대하여 각 의결권을 행사하게 하여서는 안 되고, 소외 2, 3, 4, 5는 이 사건 주식에 대하여 의결권을 행사하여서는 안 된다"는 내용의 강제조정 결정이 내려지고 그 무렵 확정된 사실, ② 2007. 8. 13.자 피고회사의 임시주주총회(이하 '이 사건 주주총회'라 한다)에서 소외 2 외 4인의 이사선임안이 찬성 84,000주, 반대 76,000주로 피고회사의 정관에 규정된 과반수 출석에 과반수 의결을 충족한다고 하여 가결되었는데, 당시 위 소외 2 등은 위 강제조정 결정에 반하여 이 사건 주식에 관하여 찬성으로 의결권을 행사한 사실, ③ 위 가처분의 본안소송인 수원지방법원 성남지원 2006가합4164호 주권반환청구 사건에서 2007. 9. 14. 소외 1 패소판결이 선고되었고, 위 판결은 소외 1의 항소 및 상고(서울고등법원 2007나102450호, 대법원 2008다56378호)가 각 기각되어 2008. 11. 13. 확정된 사실을 인정한 다음, (중략) 이 사건 기록 및 관련 법리에 비추어 보면 위와 같은 원심의 조치는 정당하고, 거기에 가처분을 위반한 의결권 행사의 효력에 관한 법리를 오해한 잘못이 없다."

360) 서울고등법원 2008.11.28. 선고 2008나23608.

그러나 만일 결의의 하자에 관한 소송 또는 의결권 행사의 기초가 되는 주식의 실체적 권리를 다투는 소송 등의 본안소송에서 가처분의 피보전권리가 없음이 확정되면 그 가처분은 실질적으로 무효로 되므로, 가처분에 위반한 주주총회 결의는 다른 하자가 없는 한 유효한 결의로 존재하게 된다. 다만, 현저히 불공정한 때에 해당하는지 여부를 판단함에 있어서 중요한 참고사항은 될 것이다.

　　　　나) 가처분을 준수한 경우　　　이와 반대로 회사가 의결권 행사금지 가처분 또는 의결권 행사허용 가처분에 따라 당사자의 의결권을 금지하거나 허용하였으나, 후에 본안소송에서 의결권을 금지하거나 허용할 사유가 인정되지 아니하여 가처분신청인이 패소한 경우에는, 결의 당시 유효한 가처분에 기하여 의결권 행사가 금지되거나 허용된 상태에서 이루어진 주주총회 결의는 적법하므로 가처분신청인이 패소한 본안판결의 영향을 받지 않는다는 견해도 있다.361)

　　　그러나 회사가 가처분에 위반한 경우와 같은 법리를 적용한다면 회사가 가처분을 준수하였다는 것만으로는 주주총회 결의의 하자가 치유되는 것으로 볼 수 없을 것이다. 주주명부의 경우에는 면책적 효력에 의하여 회사가 주주명부에 주주로 기재된 자를 주주로 보고 그의 의결권을 인정하면 설사 그가 진정한 주주가 아니더라도 회사는 면책된다. 그러나 가처분결정에까지 이러한 면책적 효력을 인정할 근거는 없다. 또한 명의개서에는 창설적 효력이 없으므로 명의개서 후라도 무권리자임이 밝혀지면 명의개서는 소급해서 효력을 상실한다는 판례에 비추어 보면,362) 가

361) 이석선, 345면(피신청인의 이의신청에 의하여 가처분이 취소된 경우에도 결의 당시 유효한 가처분이었으므로 결의에 영향이 없는지에 관하여 명시적인 언급은 없지만, 이러한 경우까지 포함한 해석은 아닌 것으로 보인다. 그리고 결의 후에 가처분이의신청을 하는 경우에는 그 신청이익이 인정되지 않을 것이다).
362) [대법원 1989. 7. 11. 선고 89다카5345 판결]【임시주주총회, 이사회결의무효확인】 "상법상 주권의 점유자는 적법한 소지인으로 추정하고 있으나(336조②) 이는 주권을 점유하는 자는 반증이 없는 한 그 권리자로 인정된다는 것, 즉 주권의 점유에 자격수여적 효력을 부여한 것이므로 이를 다투는 자는 반대사실을 입증하여 반증할 수 있고, 또한 등기주식의 이전은 취득자의 성격과 주소를 주주명부에 기재하여야만 회사에 대하여 대항할 수 있는바(337조①), 이 역시 주주명부에 기재된 명의상의 주주는 실질적 권리를 증명하지 않아도 주주의 권리를 행사할 수 있게 한 자격수여적 효력만을 인정한 것뿐이지 주주명부의 기재에 창설적 효력을 인정하는 것이 아니므로 반증에 의하여 실질상 주식을 취득하지 못하였다고 인정되는 자가 명의개서를 받았다 하여 주주의 권리를 행사할 수 있는 것은 아니다."
　　[대법원 2000. 3. 23. 선고 99다67529 판결]【주주권확인등】 "주권발행 전의 주식양도라 하더라도 회사성립 후 6월이 경과한 후에 이루어진 때에는 회사에 대하여 효력이 있으므로 그 주식양수인은 주주명부상의 명의개서 여부와 관계없이 회사의 주주가 되고, 그 후 그 주식양도 사실을 통지받은 바 있는 회사가 그 주식에 관하여 주주가 아닌 제3자에게 주주명부상의 명의개서절차를 마치고 나아가 그에게 기명식 주권을 발행하였다 하더라도, 그로써 그 제3자가 주

처분의 피보전권리에 해당하는 사유가 존재하지 않는 것으로 확인된 이상 회사가 가처분을 준수하였다는 것만으로 주주총회 결의의 하자가 치유될 수는 없다.

이러한 결론은 결의의 하자에 관한 소송이 아니라 주주권의 귀속에 관한 소송에서 가처분신청인이 패소한 경우에도 마찬가지이다. 다만, 결의취소의 소에 관하여는 가처분신청인이 패소한 본안판결의 확정시 이미 제소기간이 경과한 후일 것이다.

(다) 합일확정 여부    신주발행무효사유 또는 자본시장법상 보고의무 위반 등 법령상의 근거에 의한 의결권 행사금지 가처분과 주식양수도거래의 당사자 간의 다툼에 의한 의결권 행사금지 가처분은 이해관계자들 간에 합일확정의 필요성 면에서 다르다. 전자의 경우에는 가처분재판 당사자 외에도 가처분결정의 효력이 미치지만(대세적 효력), 후자의 경우에는 단체법적 법률관계가 아니라 개인법적 법률관계의 분쟁에 기한 것이므로 합일확정의 필요성이 없고 가처분 당사자 간에만 가처분의 효력이 미친다. 그리고 의결권 행사허용 가처분결정 후 가처분신청인을 상대로 다른 제3자가 의결권 행사금지 가처분을 신청하여 신청이 인용되면 회사는 전자의 가처분이 취소되기 전이라도 의결권 행사를 허용할 의무가 없다.

### (6) 의결권 행사계약

#### 1) 의결권 행사계약의 의의

의결권행사계약(voting agreement)은 특정 의안에 대하여 의결권행사를 포기하거나, 의결권을 찬성 또는 반대하는 방향으로 행사하거나 특정인의 지시에 따라 의결권을 행사해야 하는 내용의 계약을 말한다. 의결권행사계약이 회사에 대하여도 미치는지에 대하여는 다양한 해석이 있는데, 당사자 간에 채권적 효력이 있지만 회사에 대한 구속력은 없으므로 그에 위반하여 의결권을 행사하더라도 그 결의는 유효하다는 것이 일반적인 해석이다.

의결권행사계약은 일반적으로 이사의 선임에 관하여 체결되는데 그 외에도 정관의 변경, 해산 등 주주총회의 결의가 필요한 모든 사항에 대하여 체결될 수 있다.

#### 2) 의결권 행사계약의 종류

의결권행사계약은 주주들이 일정기간 동안 의결권을 행사할 방향에 관하여 약정하는 것으로서 다음과 같은 방법이 있다.

---

주가 되고 주식양수인이 주주권을 상실한다고는 볼 수 없다.”

(가) Specific agreement    의결권행사의 구체적인 방향까지 약정하는 방법으로서 예를 들어, 2인의 주주가 서로 상대방이 추천한 후보가 이사로 선임되도록 의결권을 행사하기로 약정하는 방식이다.

(나) Agreement to agree    주주총회의 결의가 필요한 모든 사항에 대하여 의결권행사의 모든 사항에 대하여 수시로 협의하여 당사자 간의 합의에 의하여, 합의가 이루어지지 않는 경우에는 제3자의 결정에 의하여, 각자의 의결권을 하나의 단위로서 행사하기로 약정하는 방식으로서, "pooling agreement"라고도 한다.

3) 의결권 행사계약 관련 가처분

의결권 행사계약의 일방당사자가 합의된 바에 따른 의결권 행사를 구하는 가처분이 가능한지 대하여 판례는 일치하지 않고 있다.

가처분이 허용되지 않는다는 일부 하급심 판례는, 의사표시의무의 강제이행 방법에 관하여 채권자로 하여금 채무자의 의사표시에 갈음하는 재판을 청구하도록 하고, 그 의사의 진술을 명한 판결이 확정된 경우 비로소 판결로 의사표시를 한 것으로 간주하도록 정한 민법 제389조 제2항, 민사집행법 제263조 제1항의 규정취지에 저촉되는 것으로 허용될 수 없다고 한다.363)

그러나 근래에는 주주간계약에 따라 의결권을 행사할 의무가 있음을 전제 의결권행사가처분을 인용한 사례도 적지 않다. 예컨대, 합작투자회사의 주주가 될 계약당사자들이 사전에 주주총회에서의 의결권을 일정 방식으로 행사하기로 하는 합의가 포함되는 경우 이러한 의결권 행사계약은 그 합의의 내용이 다른 주주의 권리를 해하거나 기타 불공정한 내용이 아니라면 당사자 사이에 유효하므로, 특별한 사정이 없는 한 합의된 바에 따른 후보를 이사로 선임하는 안건에 대하여 찬성표를 행사할 의무를 부담한다고 판시한 판례도 있다.364)

---

363) 서울중앙지방법원 2008. 2. 25.자 2007카합2556 결정.

364) 서울중앙지방법원 2012. 7. 2.자 2012카합1487 결정(특별한 사정으로는, 지명된 후보가 이사로 선임될 경우 이 사건 회사의 이익을 해할 개연성이 높다거나 그에게 법령 또는 정관상의 이사 결격사유가 있다는 등을 예로 들고 있다). 서울중앙지방법원 2011. 11. 24.자 2011카합2785 결정(합의서의 특약에서 정한 의결권위임을 구할 피보전권리가 인정되고, 피신청인들이 임시주주총회 소집 등을 통하여 신청인을 이 사건 합의서의 취지에 반하여 경영에서 배제하고자 하는 태도를 보이는 점을 근거로 특정 일자에 소집될 임시주주총회에서의 의결권 위임과 위임받은 의결권 행사의 허용을 구하는 예비적 신청을 인용하였다. 그러나 제한 없는 의결권 위임을 구하는 주위적 신청에 대하여는, 예정된 특정 주주총회나 시한의 제한 없이 이를 전면적으로 받아들이게 되면 사실상 피신청인 회사의 소유 및 경영권이 곧바로 신청인에게 이전되므로, 보전의 필요성에 대하여 고도의 소명이 요구되는데 이러한 필요성이 인정되지 않음을 이유로 기각하였다). 그 밖에 서울중앙지방법원 2011. 11. 24.자 2011카합2785 결정.

또한 주주간계약의 일방당사자의 주주간계약 위반을 이유로 상대방이 주주간계약의 특약에 따른 의결권위임과 의결권행사허용가처분에서 피보전권리를 인정한 사례도 있다.365) 다만, 의결권행사가처분은 만족적 가처분으로서 피보전권리와 보전의 필요성에 대한 고도의 소명이 필요하다는 점은 있다.366)

한편, 가처분사건의 피신청인이 의결권행사가처분결정을 무시하고 의결권을 행사한 경우에도 원칙적으로 주주총회 결의의 효력에는 영향이 없다. 이와 관련하여 주주간계약 체결시 회사도 당사자가 되면 회사도 가처분결정에 구속되고 따라서 의결권행사가처분결정을 무시한 의결권 행사의 경우 주주총회 결의의 효력에도 영향이 있을 것이다. 이 경우 가처분 신청취지에는 피신청인 주주는 주주간계약에 따라 의결권을 행사하여야 한다는 내용 외에, 회사는 이와 다른 의결권행사를 허용하여서는 아니된다는 내용도 포함되어야 할 것이다.

다만, 이러한 경우에도 여전히 주주총회 결의의 효력에 영향이 있는지 논란의 여지는 있으므로, 주주간계약에 위약금 등의 제재를 규정함으로써 심리적인 강제수단도 병행하는 것이 바람직하다.

### (7) 예탁결제원의 의결권 행사

#### 1) 투자자의 신청에 의한 권리행사

(가) 예탁자·투자자의 권리행사 신청   예탁결제원은 예탁자 또는 그 투자자의 신청에 의하여 예탁증권등에 관한 권리를 행사할 수 있다(資法 314조①).367) "권리를 행사할 수 있다."라고 규정되어 있으나, 예탁결제원은 예탁계약상의 수치인 또는 수임인으로서 예탁자 또는 투자자의 신청이 있는 경우 권리를 의무적으로 행사하

---

365) 서울중앙지방법원 2011. 11. 24.자 2011카합2785 결정.

366) 서울중앙지방법원 2017. 1. 9.자 2016카합80389 결정.

367) 예탁결제원은 예탁증권에 대하여 자기명의로 명의개서 또는 등록을 청구할 수 있다(資法 314조②). 이로써 예탁결제원은 예탁증권의 명부상의 소유자가 되어 증권에 관한 각종 권리를 행사할 수 있다. 예탁결제원은 자기명의로 명의개서된 주권에 대하여는 예탁자의 신청이 없는 경우에도 주권불소지, 주주명부의 기재 및 주권에 관하여 주주로서의 권리를 행사할 수 있고 (資法 314조③), 이는 예탁증권 중 기명식 증권에 관하여 준용한다(資法 314조⑦). "주권에 관하여 주주로서의 권리"란 주식의 병합·분할, 회사의 합병·분할, 주식배당·무상증자 등에 의하여 발행되는 주권의 수령, 주권상실시 공시최고 등에 관한 권리를 말한다. 예탁결제원이 자기명의로 명의개서된 주권에 대하여 예탁자의 신청이 없는 경우에도 이러한 권리를 행사할 수 있도록 한 것은 예탁결제원이 권리행사 여부에 관한 실질주주의 판단을 기다릴 필요 없이 주주명부 또는 수익자명부의 기재를 기준으로 행사하는 것이 적절하기 때문이다. 결국 실질주주가 행사할 수 있는 권리는 의결권·신주인수권·주식매수청구권 등에 한정된다.

여야 한다. 예탁결제원이 모든 주주권을 행사할 수 있는 것은 아니고, 예탁결제원
의 "증권등예탁업무규정"은 신청에 의하여 행사할 수 있는 권리를 명시하고 있
다.368)

　　(나) 투자자의 신청방법　　　의결권·신주인수권 등 투자자의 의사에 따라 행사
여부를 정하여야 하는 권리는 그 권리가 발생할 때마다 투자자가 개별적으로 신청
하여야 한다. 반면, 이익배당의 경우와 같이 예탁결제원이 투자자의 별도의 신청에
관계없이 당연히 권리를 행사하여야 하는 사항에 대하여는 예탁계약 체결시 예탁
결제원에 그 권리를 포괄적으로 위임하는 방식에 의하여 신청한다. 예탁결제원은
예탁증권의 실질소유자를 알 수 없으므로 투자자는 반드시 예탁자를 통하여 권리
행사를 신청하여야 한다(資法 314조① 후단).

　　(다) 예탁결제원의 권리행사방법　　　예탁결제원의 권리행사는 예탁계약상 수임
인의 지위에서 위임사무를 처리하는 것으로 보아야 한다. 다만, 의결권행사의 경우
에는 관행상 투자자로부터 위임장을 교부받아 대리권행사의 방법으로 투자자의 권
리를 행사한다.

　　(라) 발행인의 통지의무　　　예탁증권등의 발행인은 예탁자·투자자의 신청에 따
른 예탁결제원의 권리 행사를 위하여 대통령령으로 정하는 사항369)을 지체 없이
예탁결제원에 통지하여야 한다(資法 314조⑥).

　2) 발행인의 요청에 의한 의결권 행사

　　종래에는 주주총회의 회의목적 사항이 중요한 사항이 아니고 실질주주가 의결
권에 관하여 어떠한 의사표시도 하지 않은 경우에는 예탁결제원이 발행인의 요청

---

368) 증권등예탁업무규정 "제3관 신청에 의한 권리행사"는 제50조(권리행사의 방법)에서 "법 제
　　314조 제1항에 따라 예탁결제원은 예탁자로부터 예탁증권등에 관한 권리행사의 신청이 있는
　　경우에 그 신청내용에 따라 예탁결제원 명의로 그 권리를 행사한다."라고 규정하고, 구체적인
　　권리에 따라 제51조(유상증자시 권리행사), 제52조(신주인수권증권 등에 의한 신주인수권행사
　　등), 제53조(전환주식 등의 권리행사), 제54조(배당금 수령 등의 권리행사), 제55조(주식매수
　　청구권의 행사), 제56조(실기주 등에 대한 권리행사), 제57조(기타 권리행사) 등의 규정을 두
　　고 있다.
369) "대통령령으로 정하는 사항"은 다음과 같다(슈 316조).
　　1. 자본시장법 제294조 제1항에 따른 증권등의 종류 및 발행 회차
　　2. 증권등의 권리의 종류·발생사유·내용 및 그 행사일정
　　3. 증권등의 발행조건이 변경된 경우에는 그 내역
　　4. 발행인 또는 명의개서를 대리하는 회사가 주주명부의 주식수와 실질주주명부의 주식수
　　　를 합산하는 경우(法 316조③)에는 신주인수권 등 권리의 배정명세
　　5. 원리금 지급일의 변경, 그 밖에 증권등의 권리행사와 관련하여 예탁결제원이 필요하다고
　　　인정하여 요청하는 사항

에 의하여 실질주주의 의결권을 행사할 수 있도록 하였으나, 2013년 자본시장법 개정시 발행인의 요청에 의한 중립적 의결권행사(shadow voting)에 관한 규정이 삭제되었다(2015. 1. 1.부터 시행). 그 후 2014년 12월 개정법은 주권상장법인이 전자투표(368조의4)를 허용하고 의결권 대리행사의 권유(資法 152조)를 실시한 경우에는 2017년 12월 31일까지 주주총회 목적사항 중 일정한 사항370)에 대하여 중립적 의결권행사 제도를 활용할 수 있도록 경과조치를 마련하여 3년간 폐지가 유예되었다가, 2018년부터 완전히 폐지되었다.

## (8) 의결권 행사의 방해

폭행 또는 협박에 의하여 주주의 의결권 행사를 방해하면 형법 제324조의 "폭행 또는 협박으로 사람의 권리행사를 방해"하는 행위인 강요죄에 해당한다. 그러나 의결권 행사 후 투표집계 과정에서 법률적인 의결권제한사유를 이유로 의결권을 인정하지 않는 것은 비록 의결권제한 여부에 다툼이 있다 하더라도 구체적인 "폭행 또는 협박"이 없는 한 강요죄에 해당하지 않는다.371)

주주총회의 원활한 진행을 위력으로 방해하는 경우에는 회사의 업무를 방해한 것으로서 업무방해죄가 성립한다. 종래에는 의결권 행사를 주주의 업무로 보아 형법 제314조의 "위력으로써 사람의 업무를 방해"한 것으로 보아 업무방해죄로 기소하는 예도 있었으나, 판례는 이러한 경우의 업무방해죄 성립을 부인한다.372)

---

370) (주주총회 목적사항 중 예탁결제원이 중립적 의결권행사를 할 수 있는 사항)
  1. 감사 및 감사위원회위원의 선임 또는 해임
  2. 주주의 수 등을 고려하여 금융위원회가 정하여 고시하는 기준에 해당하는 법인의 경우 주주총회 목적사항(금융투자업규정 8-2조의3: 주주명부 폐쇄 당시에 법인의 발행주식총수의 1% 미만에 해당하는 주식을 가진 주주들의 주식의 합계가 의결권 있는 발행주식 총수의 3분의 2를 초과한 경우)
371) 법령상 의결권이 명백히 제한되는 경우에는 주주총회 의장이 모두발언 후 의결권제한주식의 근거에 대하여 발표하는 것이 바람직하다. 그러나 투표 전에 미리 의결권제한에 대한 발표가 없었다 하더라도 투표집계과정에서 의결권제한 여부에 따라 결의요건의 충족 여부를 결정하는 경우 결의의 효력에는 영향이 없다. 나아가 해당 의결권제한주주가 요구하더라도 의결권제한 여부를 표결에 의하여 결정할 필요는 없고, 그러한 결정에 법적 구속력이 있는 것도 아니다.
372) [대법원 2004. 10. 28. 선고 2004도1256 판결]【업무방해】 "형법상 업무방해죄의 보호대상이 되는 '업무'라 함은 직업 기타 사회생활상의 지위에 기하여 계속적으로 종사하는 사무 또는 사업을 말하는 것인데, 주주로서 주주총회에서 의결권 등을 행사하는 것은 주식의 보유자로서 그 자격에서 권리를 행사하는 것에 불과할 뿐 그것이 '직업 기타 사회생활상의 지위에 기하여 계속적으로 종사하는 사무 또는 사업'에 해당한다고 할 수 없다."

### (9) 우리사주조합원의 의결권

우리사주조합원이란 근로복지기본법에 따른 우리사주조합원을 말한다. 근로복지기본법은 종업원의 후생복지를 위하여 종업원들로 구성된 우리사주조합을 설립할 수 있도록 하고 이를 통해 회사의 주식을 보유토록 하고 있다. 이러한 우리사주조합이 가진 주식은 조합계정과 조합원계정으로 구분되기는 하지만 모두 우리사주조합장 명의로 일괄 관리된다. 이에 따라 실질적인 소유자들인 조합원들의 의사가 반영되도록 하기 위해 근로복지기본법은 우리사주조합주식의 의결권행사에 관한 규정을 두고 있다.

### 1) 조합원계정으로 보유하는 주식의 의결권 행사

조합원계정 주식에 대하여 우리사주조합 대표자는 우리사주조합원의 의사표시 내용에 따라 주주총회 의안에 대한 의결권을 행사하여야 한다(同法 46조①). 그러나 우리사주조합원이 의결권 행사의 위임을 요청한 경우에는 당해 우리사주조합원의 주식보유분에 대한 의결권의 행사를 그 우리사주조합원에게 위임하여야 한다(同法 46조②). 우리사주조합의 대표자가 우리사주조합원 개인별 계정에 배정된 주식의 의결권을 행사하는 데는 다음의 방식에 의하여야 한다(同法 시행령 28조①).

1. 7일 이상의 기간을 정하여 조합원으로부터 주주총회 의안에 대한 의사표시를 받거나 의결권 행사의 위임요청 여부를 확인하여 당해 의결권을 행사하거나 조합원에게 당해 의결권을 위임할 것
2. 미리 정한 기간 동안 의사표시 또는 위임요청이 없는 주식의 의결권은 당해 주주총회의 참석 주식수에서 의사표시가 없거나 위임의 요청이 없는 주식수를 뺀 주식수의 의결내용에 영향을 미치지 아니하도록 그 의결권을 행사할 것

### 2) 조합계정으로 보유하는 주식의 의결권 행사

조합계정의 주식에 대하여는 우리사주조합의 대표자가 조합계정으로 보유하는 주식의 의결권을 행사함에 있어서는 다음의 방식 중 조합과 사업주가 협의하여 규약으로 정하는 방식에 따라 행사한다(同法 시행령 28조②).

1. 개인별계정에 배정된 주식에 대한 의사표시가 있는 조합원의 의사표시 비율과 동일한 비율대로 행사할 것
2. 당해 주주총회의 참석 주식수에서 의사표시가 없거나 위임의 요청이 없는 주식수

를 뺀 주식수의 의결내용에 영향을 미치지 아니하도록 행사할 것

  3. 조합원총회에서 정한 의사표시의 내용에 따라 행사할 것

### 3) 3% 의결권 제한

조합원계정으로 보유하는 주식에 대하여 조합원이 의결권 행사의 위임을 요청한 경우에는 조합원 개인별로 3% 의결권 제한이 적용된다. 다만, 발행주식 총액의 1%(중소기업 근로자는 3%) 이상에 해당하는 금액과 3억원 중 적은 금액 미만의 주식을 소유한 주주만 조합원자격이 있고, 조합원이 그 중 많은 금액 이상의 주식을 소유하게 되는 경우에는 조합원자격을 상실하므로(同法 34조②2, 시행령 10조), 엄밀하게는 조합원 지위에서 의결권이 제한되는 것은 아니다.

조합계정으로 보유하는 주식에 대하여는 조합계정 전체 보유주식에 대하여 3% 의결권 제한이 적용된다.

### ⑽ 집합투자업자의 의결권 행사

### 1) 의결권행사자

자본시장법은 투자자보호를 위하여 주식의 형식적 소유자인 신탁회사등에게 의결권을 행사하도록 하는 대신에 집합투자업자에게 의결권을 행사하도록 규정한다. 투자신탁재산·투자익명조합재산에 속하는 지분증권(그 지분증권과 관련된 증권예탁증권 포함)의 의결권 행사는 그 지분증권의 소유권을 가진 자가 의결권을 행사하는 것이 아니라, 그 투자신탁·투자익명조합의 집합투자업자가 수행하여야 한다(資法 87조①). 그러나 투자회사등의 집합투자재산에 속하는 지분증권의 의결권 행사는 그 투자회사등이 수행하여야 한다. 다만, 투자회사등은 그 투자회사등의 집합투자업자에게 그 투자회사등의 집합투자재산에 속하는 지분증권의 의결권 행사를 위탁할 수 있다(資法 184조①). 다만, 이러한 경우 실무상으로는 주주명부에 주식의 법률적 소유자 외에 의결권 행사자까지 표기되는데, 그 표기 여부 및 방법이 다양하다. 이에 따라 집합투자기구의 주주총회 참석시 누구를 본인으로 해야 하는지, 감사등 의안에 대한 표결시 3% 초과지분에 대한 의결권제한 여부를 결정하는 경우 소유주체와 의결권행사주체 중 누구를 기준으로 할지 등에 대하여 논란이 있다.

### 2) 의결권행사의 원칙

집합투자업자는 투자자에 대하여 선량한 관리자의 주의로써 집합투자재산을

운용하여야 하고, 투자자의 이익을 보호하기 위하여 해당 업무를 충실하게 수행하여야 하므로(資法 79조), 의결권을 행사하는 집합투자업자는 집합투자재산에 속하는 주식의 의결권을 이러한 원칙에 따라 행사하여야 한다(資法 37조①). 자본시장법은 이와 별도로 집합투자업자는 집합투자재산에 속하는 주식의 의결권을 충실하게 행사하여야 한다고 규정한다(資法 87조①).

### 3) 의결권행사방법의 제한

집합투자업자는 계열회사 관계에 있거나 계열회사로 편입하기 위한 경우에 있어서는 집합투자재산에 속하는 주식을 발행한 법인의 주주총회에 참석한 주주가 소유하는 주식수에서 집합투자재산에 속하는 주식수를 뺀 주식수의 결의내용에 영향을 미치지 아니하도록 의결권을 행사하여야 한다(資法 87조②).

### 4) 의결권행사방법제한의 범위

집합투자업자는 법인의 합병, 영업의 양도·양수, 임원의 임면, 정관변경, 그 밖에 이에 준하는 사항으로서 투자자의 이익에 명백한 영향을 미치는 사항("주요의결사항")에 대하여 섀도우 보팅의 방법에 따라 의결권을 행사하는 경우 집합투자재산에 손실을 초래할 것이 명백하게 예상되는 때에는 제1항에 따라 의결권을 충실하게 행사할 수 있다(資法 87조③ 본문).

### 5) 의결권행사제한과 처분명령

집합투자업자는 자본시장법 제81조 제1항(자산운용 제한) 및 제84조 제4항(계열회사가 발행한 증권의 취득)에 따른 투자한도를 초과하여 취득한 주식에 대하여는 그 주식의 의결권을 행사할 수 없다(資法 87조④). 집합투자업자는 제3자와의 계약에 의하여 의결권을 교차하여 행사하는 등 제87조 제2항부터 제4항까지의 규정의 적용을 면하기 위한 행위를 할 수 없다(資法 87조⑤). 금융위원회는 집합투자업자가 제2항부터 제5항까지의 규정을 위반하여 집합투자재산에 속하는 주식의 의결권을 행사한 경우에는 6개월 이내의 기간을 정하여 그 주식의 처분을 명할 수 있다(資法 87조⑥).

### 6) 의결권행사의 공시

의결권공시대상법인은 각 집합투자재산에서 각 집합투자기구 자산총액의 5% 또는 100억원(令 90조①) 이상을 소유하는 주식을 발행한 법인이다(資令 90조①). 집합투자업자는 의결권공시대상법인에 대한 의결권 행사 여부 및 그 내용(의결권을 행사하지 아니한 경우에는 그 사유)을 영업보고서에 기재하는 방법(資令 90조②)에 따라 기록·유지하여야 한다(資法 87조⑦). 집합투자업자는 매년 4월 30일까지 직전 연도 4월 1일부터 1년간 행사한 의결권 행사 내용 등을 증권시장을 통하여 공시하여야 하고(資令 91조②), 투자자가 그 의결권 행사 여부의 적정성 등을 파악하는 데에 필요한 자료로서 대통령령으로 정하는 자료를 함께 공시하여야 한다(資法 87조⑨).

## 3. 주주총회의 의사진행과 결의

### (1) 의    사

#### 1) 의사방법

주주총회의 의사방법에 관하여는 상법에 명문의 규정이 없는 사항은 정관의 규정 또는 주주총회 결의에 의하고, 이것이 없으면 관습에 의하고, 관습도 없으면 회의의 일반원칙에 의한다. 주주 또는 대리인은 총회의 개회 전에 회의장에 입장하는 것이 원칙이나, 개회 후에도 총회가 진행되는 동안에는 회의장에 입장하여 의사진행에 참가할 수 있다.[373]

#### 2) 총회 참석자

이사와 감사는 부득이한 사정이 없는 한 총회에 출석하여야 한다. 이사는 의안과 관련하여 주주의 질문에 대하여 설명할 의무가 있으며,[374] 감사는 총회에 제출된 서류 및 의안의 법령 등 위반 여부에 대하여 의견을 진술하여야 한다. 다만, 이사와 감사가 단지 총회에 출석하지 않았다고 하여 총회의 성립이나 결의의 효력에 영향을 미치지는 않는다. 그러나 이들의 불출석으로 인하여 상정 의안에 대하여 총회에서 적절한 설명이 이루어지지 않은 채 결의가 이루어진 경우 주주총회 결의의 하자가 될 가능성도 있다. 검사인, 외부감사인은 법령에 의한 경우 총회에 출석하여야 한다. 법령에 의한 경우 이외에도 의장이나 대표이사의 요청이 있을 경우에는 총회에 출석할 수 있다.

법률고문, 공증인, 회사의 관계직원 기타의 사람은 의장이나 대표이사의 요청이 있을 경우 총회에 출석할 수 있다(상장회사 표준주주총회 운영규정 제9조). 법률고문의 경우 총회장에서 법적 판단이 필요한 사항에 대하여 직접 의장에게 자문하거나

---

373) 상장회사 표준주주총회 운영규정 제8조.
374) 주주의 질문권과 이에 대한 이사 등의 설명의무에 관하여는 뒤의 "4) 주주의 질문권" 내용 참조.

의견을 진술함으로써 총회 운영에 도움이 된다. 그리고 주주총회 결의사항 중 등기할 사항이 있으면 주주총회의사록을 첨부하여 등기신청하여야 하는데 이 때 공증인의 인증을 받아야 한다(商登則 128조②, 公證人法 66조의2①). 공증인의 인증을 받기 위해서는 원칙으로 총회장에 참석시켜 결의절차와 내용을 확인하도록 하여야 한다(公證人法 66조의2②·③). 그렇지 아니하면 그 의결에 필요한 정족수 이상의 자 또는 그 대리인이 공증인 앞에 나아가 위의 사실에 관한 진술을 하여야 하는데 이 방법은 사실 따르기 어렵다(公證人法 66조의2③). 따라서 주주총회 결의사항 중 등기사항이 있는 경우에는 공증인의 출석을 요청하는 것이 바람직하다.

### 3) 개회·폐회

(개) 개    회    개회란 회의의 시작을 말한다. 의장의 개회선언에 의하여 총회가 시작된다. 예정된 개회시간이 되고, 총회의 목적사항에 대한 결의가 가능한 주식수를 가진 주주가 출석하면 개회선언을 한다. 의장의 개회선언 이전에 대개 별도 사회자가 총회 출석주식수를 보고한다. 이를 통해 총회에 참석자 주식수를 가진 주주가 총회에 출석함에 따라 총회 목적사항의 처리가 가능함을 고지한다. 개회시간에는 결의의 성립이 가능한 주식수를 가진 주주가 출석하지 않았지만 목적사항 심의 중까지 참석이 가능할 것으로 예상하면 정시에 개회선언을 할 수 있다.

(나) 폐    회    폐회란 회의의 종료를 말한다. 폐회선언은 의장이 한다. 사전에 통지한 목적사항을 모두 처리함에 따라 당일 처리할 의안이 더 이상 없게 된 경우에 할 수 있다. 만일 의안을 전부 처리하지 않고 폐회한 경우에는 회기불계속의 원칙상 잔여 의안은 자동 폐기된다. 따라서 의안을 처리하기 전에는 의장이라고 하더라도 폐회선언을 할 수 없다.

### 4) 속행·연기

(개) 의    의    속행은 당초 회의의 목적사항인 의안 중 일부 의안에 대한 결의는 하였으나 의안을 모두 처리하지 못한 상태에서 당일의 회의를 중단한 경우이고, 연기는 총회의 개회는 하였으나 의안 중 하나도 처리하지 못한 경우를 말한다.[375] 연기 후 열리는 총회를 연회(延會)라고 하고, 속행 후 열리는 총회를 계속회

---

375) 주주총회를 2주 후로 연기할 경우에는 2주전 소집통지를 함으로써 연기할 수 있다. 그러나 2주 이내로 연기하려면 적법한 소집통지를 할 여유가 없으므로 원래 소집된 주주총회를 개최하여 연기결의를 하여 2주 이내에 다시 개최할 수 있다. 연기결의에 의한 주주총회는 당초의 주주총회와 동일성을 유지하고 있다고 할 것이므로 소집통지를 포함하여 별도의 소집절차를 밟을 필요가 없다(대법원 1989. 2. 14. 선고 87다카3200 판결).

(繼續會)라고 하며, 이 둘을 합하여 속회(續會)라고 한다. 총회 개회 후 사정상 회의 진행을 중단하는 것은 정회(停會)라고 하며, 속회와 정회는 시간적 간격에서 차이가 있을 뿐 그 전의 총회와 그 후의 총회 간에 동일성이 인정된다는 점에서는 같다.

(나) 적법한 연기절차      총회에서는 회의의 속행 또는 연기의 결의를 할 수 있다(372조①). 즉, 속행과 연기의 결정은 반드시 주주총회 결의에 의하여야 하고 의장이 임의로 결정할 수 없다. 객관적으로 회의를 중단하여야 할 상황임에도 의장이 속행·연기 결의를 제의하지 아니하면 주주가 속회동의를 할 수 있고, 이 경우 의장은 의안 상정 이전에 속회동의안을 상정하여야 한다. 처리하지 못한 의안이 있음에도 속회에 대한 결의를 하지 않고 총회가 종료된 경우에는 새로 임시총회의 소집절차를 밟아야 한다.376)

판례도 "이미 서면에 의한 우편통지의 방법으로 소집통지가 행하여진 주주총회에 대하여 주주총회 소집일로부터 불과 3일 전에 이사회가 주주총회 연기를 결정한 후 소집 통지와 같은 서면에 의한 우편통지 방법이 아니라 휴대폰 문자메시지를 발송하는 방법으로 각 주주들에게 통지하고 일간신문 및 주주총회 장소에 그 연기를 공고하였을 뿐이므로, 이러한 주주총회의 연기는 적법한 절차에 의한 것으로 볼 수 없어 위 주주총회가 적법하게 연기되었다고 할 수 없다."라고 판시하고 있다.377)

(다) 산      회      총회 당일 처리하지 않은 의안을 속회를 열어 처리하려면 반드시 회의의 속행·연기의 결의를 하여야 한다. 속행결의에 의하여 당일의 회의를 종료하는 것을 산회(散會)라고 한다.

(라) 불출석주주의 연회·계속회 출석      기준일을 다시 정하여 주주총회를 소집한 경우에는 당연히 다시 정한 기준일 현재의 주주가 의결권을 행사할 수 있다. 그러나 회의의 속행·연기의 경우에는 소집절차를 다시 밟지 않는데, 연회·계속회에서 당초의 총회에 불출석하였던 주주도 출석이 가능한지에 대하여는 논란의 여지가 있다. 1995년 상법개정 전에 발행주식총수의 과반수 출석을 요건으로 하는 의사정족수가 명시적으로 요구된 때에는 의사정족수 미달로 회의를 연기한 경우 당연

---

376) 미국에서는 부속정관에서 달리 정하지 않는 한, 회의가 연기된 경우 휴회 전에 새로운 회의 일자를 알린 경우에는 다시 소집통지를 하지 않아도 된다. 그러나 7.07조에 의하여 연기된 회의에 대하여 회사가 새로운 기준일을 정한 경우에는 새로운 기준일자의 주주에게 연기된 회의에 대한 소집통지를 하여야 한다(MBCA §7.05).

377) 대법원 2009. 3. 26. 선고 2007도8195 판결.

히 당초의 총회에 불출석하였던 주주의 출석을 허용할 필요가 있었다. 현행법상 이러한 의미의 명시적인 의사정족수라는 개념이 없지만 총회의 동일성을 지나치게 강조하여 불출석하였던 주주의 출석을 불허하는 경우 총회결의 하자의 원인이 될 수도 있으므로, 특별한 사정이 없으면 출석을 허용하는 것이 바람직하다.

(마) 위임장의 효력    당초 총회에 관하여 주주로부터 위임장을 받은 대리인은 연회·계속회에서 그 위임장을 제출하고 의결권을 행사할 수 있다. 만일 주주가 당초의 대리인이 아닌 다른 사람에게 연회·계속회에서의 의결권에 관한 위임장을 교부한 경우에는 후에 작성된 위임장이 우선한다는 원칙이 적용된다.

### (2) 의    장

#### 1) 선    임

(가) 통상의 경우    주주총회의 의장은 정관의 규정에 의하며, 통상은 정관에서 대표이사를 의장으로 규정하고, 유고시 다른 이사들이 순서대로 규정되어 있다. 그러나 정관에 의장에 관한 규정이 없는 경우에는 매번의 총회에서 의장을 선임한다(366조의2①). 이 경우 주주총회를 소집한 대표이사가 의사를 진행하여 보통결의에 의하여 의장을 선임하고, 그 다음부터는 선임된 의장이 회의를 진행한다. 의장은 주주일 필요가 없고, 특별이해관계가 있어도 된다. 정관에서 의장을 구체적으로 규정하지 않은 경우 의장은 특별한 사정이 없는 한 주주총회에서 선임하여야 하고 이사회에서 선임할 수 없다.

(나) 임시의장의 선임    정관상 의장의 유고상태, 의장에 대한 불신임결의, 의장의 의사진행거부 등의 사유로 주주총회가 정상적으로 진행되지 않는 경우 주주들이 보통결의에 의하여 임시의장을 선임할 수 있다.

불신임결의는 의안 심의중이라도 불신임동의가 제출되고 재청이 있으면 해당 의장은 의사진행을 중단하고 불신임의안을 표결에 부쳐야 한다.

임시의장은 적법한 절차에 의하여 선임되어야 하므로, 특정 그룹의 주주들이 일방적으로 주도하여 선임한 임시의장의 의사진행은 위법하다. 이와 같이 정당한 사유 없이 선임된 임시의장이 주주총회의 의사를 진행한 경우에는 결의취소사유가 인정된다.[378] 그러나 주주총회에서 의안에 대한 심사를 마치지 아니한 채 법률상으로나 사실상으로 의사를 진행할 수 있는 상태에서 주주들의 의사에 반하여 의장이 자진하여

---

378) 대법원 2008. 12. 15.자 2007마1154 결정.

퇴장한 경우 주주총회가 폐회되었다거나 종결되었다고 할 수는 없으며, 이 경우 의
장은 적절한 의사운영을 하여 의사일정의 전부를 종료케 하는 등의 직책을 포기하
고 그의 권한 및 권리행사를 하지 아니하였다고 볼 것이므로, 퇴장 당시 회의장에 남
아 있던 주주들이 임시의장을 선임하여 진행한 주주총회 결의도 적법하다.379)

　　(다) 소수주주의 소집청구에 의한 경우　　정관의 의장에 관한 규정은 이사회가
총회를 소집한 경우(소수주주의 소집청구에 대하여 이사회가 총회를 소집한 경우를 포함)를
전제로 한 것이므로, 소수주주가 법원에 주주총회의 소집허가를 신청한 경우와, 법
원의 명령에 의하여 대표이사가 소집한 총회의 경우에는 소집된 그 총회에서 의장
을 선임한다는 것이 종래의 다수설이었다. 2011년 개정상법은 소수주주가 법원의
허가를 받아 주주총회를 소집하는 경우 주주총회의 의장은 법원이 이해관계인의
청구 또는 직권으로 선임할 수 있도록 명문으로 규정한다(366조②). 따라서 소수주
주가 임시주주총회소집을 청구하는 경우에는 특별히 주주권의 남용에 해당하는 사
정이 없는 한 이사회가 이를 받아들여 임시주주총회를 소집하는 것이 의장직과 관
련하여 경영진에게 유리할 것이다.

　　2) 권　　한

　　(가) 의사정리권　　총회의 의장은 총회의 의사를 정리한다(366조의2②). 의사의
정리란 출석주주의 확인, 개회의 선언, 표결의 실시 등 결의에 이르기까지 필요한
일체의 절차를 진행하는 것이다.380)

　　(나) 질서유지권　　총회의 의장은 고의로 의사진행을 방해하기 위한 발언·행
동을 하는 등 현저히 질서를 문란하게 하는 자에 대하여 그 발언의 정지 또는 퇴장
을 명할 수 있다(366조의2③).381) 이는 국회법 제145조의 의장의 질서유지권을 모델
로 하여 도입한 것인데, 이때 퇴장당한 주주의 의결권은 출석한 주주의 의결권수에
산입하지 않는다. 부당한 퇴장조치는 물론 결의취소사유가 되고, 퇴장명령권 자체
를 위헌으로 보는 견해도 있다.

---

379) 대법원 2001. 5. 15. 선고 2001다12973 판결.
380) 주주총회 의장의 선임 및 의사정리권·질서유지권은 1999년 개정상법에 명문으로 규정되었다.
381) [상장회사 표준주주총회 운영규정 제15조(퇴장명령)] 의장은 다음의 사람에게 퇴장을 명할
　　수 있다.
　　1. 주주 또는 그 대리인이라고 하여 출석한 자가 실제로는 그 자격이 없는 것으로 밝혀진 때
　　2. 의장의 지시에 따르지 않는 자
　　3. 고의로 의사진행을 방해하기 위한 발언·행동을 하는 등 현저히 회의장의 질서를 문란하
　　　게 하는 자

### 3) 의사진행의 위임

정관상 주주총회 의장이 직접 의사진행을 하지 않는 것이 원칙이다. 다만, 법령이나 정관상 의장이 주주총회의 전 과정을 직접 진행해야 한다는 근거가 없는한, 개회인사를 한 후 건강상의 이유 등으로 의사진행을 타인에게 위임하였고 주주총회 결의가 이루어지는 동안 주주총회 소집장소를 이탈한 것이 아니라 계속하여현장에 있었으며 결의에도 참여한 경우에는 결의취소사유로 보기 어렵다는 하급심판례가 있다.382)

### (3) 의안의 상정·심의

### 1) 의   의

통상적인 의사진행순서에 따르면, 의장은 의안을 상정하고, 심의를 거쳐 표결을 한 후 가결 또는 부결이라는 표결결과를 발표한다. 다른 회의체와 달리 주주총회의 경우 이사회 또는 소수주주등에 의해 제출되어 주주들에게 사전에 통지된 의안만이 상정·심의의 대상이다. 주주총회에서는 원칙적으로 의안의 채택과정이 없으며 사전에 통지되지 않은 의안을 결의할 경우 이는 하자있는 결의가 된다. 그러나 주주전원이 동의하거나 적법한 수정동의가 있는 경우에는 소집통지시 통지되지않았던 의안도 상정·심의할 수 있다.

부결된 의안은 동일 주주총회에 재상정할 수 없고, 반드시 새롭게 소집한 주주총회에서 상정할 수 있다.

### 2) 의안의 상정

(가) 원   칙   상법은 의안의 상정방식에 대하여 아무런 규정을 두고 있지않기 때문에, 관습 또는 회의의 기본원칙에 반하지 않는 범위에서 의장의 재량에 의한다. 의장은 특별한 사정이 없으면 가급적 소집통지서에 기재된 회의의 목적사항순서에 따라 의안을 상정하여야 하지만,383) 상정순서 위반은 일반적으로 결의취소사유가 되지 않는다. 다만, 예컨대 이사해임 의안이 가결되는 것을 조건으로 신임이사선임 의안을 상정한다는 취지가 소집통지서에 기재된 경우와 같이 가결 여부에 따라 다른 의안의 상정 여부가 결정되는 경우에는 해당 의안을 먼저 상정하여야

---

382) 제주지방법원 2021. 3. 26. 선고 2019가합12066 판결.

383) 상장회사 표준주주총회 운영규정 제19조 제1항은 "의장은 소집통지서에 기재된 순서에 따라 의안을 총회에 상정한다. 그러나 상당한 이유가 있는 때에는 의장은 그 이유를 말하고 그순서를 바꾸어 상정할 수 있다."라고 규정한다.

한다.

(나) 일괄상정    의안은 개별적인 안건으로 상정하는 것이 원칙이다. 의제가 정관변경의 건인 경우 의안마다 다른 변경내용을 모두 합하여 일괄상정할 수도 있고, 개별 규정마다 분리한 안건으로 상정할 수도 있지만, 분리된 형태의 안건으로 상정하는 경우 그 내용이 상호 모순되지 않도록 하여야 한다.

주주총회 참석자들의 분위기상 의안 전부가 가결될 것이 확실하고 일괄상정에 특별히 반대하는 주주가 없다고 의장이 판단한 경우에는 의제가 같은 경우는 물론 의제가 다르더라도 여러 의안을 일괄상정하기도 한다. 이사선임의 경우 선임할 이사의 수가 다수인 경우에는 일괄상정, 일괄심의하는 것이 회의의 원활한 진행을 위하여 바람직한 면도 있다. 그러나 참석주주 중 일부가 이의를 제기한 때에는 이들이 결의 후에 "결의방법이 현저하게 불공정한 때"에 해당한다는 이유로 결의취소의 소를 제기할 가능성도 있을 것이므로 개별상정하는 것이 바람직하다. 이러한 경우에 의장은 일괄상정의 필요성을 설명하고 나아가 박수나 거수로라도 일괄상정에 대한 결정을 먼저 한 후 진행하여야 후일 분쟁 발생시 "결의방법이 현저하게 불공정한 때"라고 인정될 가능성이 낮을 것이다.

(다) 분리상정    의안의 분리상정 여부에 대하여 일반적으로 명문규정이 없으나, 상장회사에 대하여는 감사의 독립성 제고, 또는 이사 선임시 주주의 집중투표청구권의 실효성 확보를 위하여 의안의 분리상정을 의무화하고 있다. 상장회사가 주주총회의 목적사항으로 감사의 선임 또는 감사의 보수결정을 위한 의안을 상정하려는 경우에는 이사의 선임 또는 이사의 보수결정을 위한 의안과는 별도로 상정하여 의결하여야 한다(542조의12⑤).

상장회사가 주주총회의 목적사항으로 집중투표 배제에 관한 정관 변경에 관한 의안을 상정하려는 경우에는 그 밖의 사항의 정관 변경에 관한 의안과 별도로 상정하여 의결하여야 한다(542조의7④).

(라) 동의와 수정동의    동의(動議)의 사전적 의미는 합의체 구성원이 회의 중에 안건을 제안하는 행위 또는 그 제안을 말한다. 대표적인 동의가 의안(이를 주동의라고 한다)이며, 의안의 심의를 보조하는 동의를 보조동의라고 한다.

보조동의의 대표적인 것으로 수정동의가 있다. 주주총회의 소집통지에 기재된 회의의 목적사항 아닌 것을 결의하는 것은 결의취소사유에 해당하지만, 상정된 의안의 내용을 일부 변경한 동의(수정동의)도 원래의 의안(원안)과 실질적 동일성이 인

정되는 범위 내에서 허용된다.384)385) 수정동의의 허용기준인 실질적 동일성은 의
안의 내용에 따라 구체적으로 결정된다.386)387) 이사회가 주주총회에 제출할 의안
에 대한 수정안 제출은 원안이 상정된 후 표결 전에 하는 것이 원칙이지만, 실무상
으로는 상정 전, 나아가 주주총회일 전에 미리 수정안을 제출하기도 한다.

수정동의 외의 보조동의로는 총회의 속행·연기동의가 있으며, 검사인 선임과
외부감사인 출석 요구, 의장 불신임동의, 토론종결동의 등도 보조동의에 해당한다.
동의는 제출되면 원칙적으로 다른 주주의 제청이 있어야 채택된다. 이러한 동의에
대해서는 의장이 그 적절성 여부를 판단하여 합리적이지 않은 경우에는 각하할 수
있다. 다만, 임의로 각하할 경우 주주총회 의사운영에 하자문제가 제기될 수 있으
므로 합리성의 판단이 모호한 경우에는 주주들의 의사를 물어 처리하는 것이 바람
직하다.

동의와 구분되는 것으로 의사진행발언이 있다. 의사정리권이 의장에게 있지만
의장이 이를 적절하게 처리하지 못하는 경우 그 결정의 번복과 촉구를 요구하는 발
언이다. 의사진행발언에는 의장의 의사진행이 법령이나 회의규칙에 위반함을 지적
하는 규칙발언, 의안의 병합·분할요청 발언, 의안의 심의 중 잠시 회의를 중지하자
는 정회발언, 일정촉진발언, 항의 등이 있다. 이러한 의사진행발언은 동의가 아니므

---

384) [상장회사 표준주주총회 운영규정 제28조(수정동의)]
　　① 주주는 상정된 의안에 관하여 그 동일성을 해치지 않는 범위 내에서 수정동의를 제출할
　　　수 있다.
　　② 수정동의가 성립한 때에는 의장은 총회에 이의 채택여부를 묻는다. 그러나 의장은 이 절
　　　차를 생략하고 바로 그 동의를 심의에 부칠 수 있다.
　　③ 의장은 수정안과 원안을 일괄하여 총회의 심의에 부칠 수 있다.
385) 예컨대 갑이라는 영업을 양도하기 위한 의안의 경우, 양도금액의 범위를 추가하는 동의, 갑
　　이 아닌 을이라는 영업을 양도하자는 동의, 이사회가 결정한 양도상대방을 변경하자는 동의
　　등은 허용된다(다만, 양도대상과 거래상대방을 변경하는 수정동의는 실질적 동일성이 없다는
　　견해도 있을 수 있다). 수인의 이사를 선임하기 위한 의안의 경우, 선임할 이사의 수를 축소하
　　자는 동의는 허용되지만, 선임할 이사의 수를 증원하는 동의안은 허용되지 않는다.
386) 관련성 기준에 따라 수정동의는 대상동의와 보완관계인 수정안 외에, 경쟁적인 수정안(회사
　　의 이사후보와 다른 이사후보 선임안), 적대적인 수정안(증자안에 대한 감자안)으로 분류된다
　　(주식회사법대계 제2판 Ⅱ, 67면). 경쟁적이거나 적대적인 수정안의 경우에는 수정동의로서 허
　　용되지 않을 가능성이 비교적 높다 할 것이다.
387) 다만, 상장회사가 이사·감사의 선임에 관한 사항을 목적으로 하는 주주총회의 소집을 통
　　지·공고하는 경우 이사·감사 후보자의 성명, 약력, 추천인, 후보자와 최대주주와의 관계, 후
　　보자와 해당 회사와의 최근 3년간의 거래내역에 관한 사항(슈 31조③)을 통지·공고하여야
　　하고(542조의4②), 상장회사가 주주총회에서 이사 또는 감사를 선임하려는 경우에는 제542조
　　의4 제2항에 따라 통지하거나 공고한 후보자 중에서 선임하여야 한다(542조의5). 따라서 상
　　장회사 이사·감사의 선임 의안에 관하여 후보자를 변경하는 수정동의는 허용되지 않는다.

로 채택이나 결의절차를 거칠 필요가 없고, 법률고문 등의 자문을 받아 의장이 그 수용 여부를 결정하면 된다.

3) 의안의 심의

의장이 의안을 상정하면 심의가 개시된다. 심의는 통상 제안설명, 질의응답, 찬 반토론 등의 순서로 진행되며, 주주는 제안설명후 수정동의를 비롯한 각종 보조동 의를 제출할 수 있다. 주주로부터 수정동의가 있는 경우에는 수정동의안에 대한 제 안설명부터 다시 진행한다. 의장은 수정동의가 있으면 일반적으로 수정동의안을 먼 저 심의하지만(일반적으로 의장이 참석 주주들에게 수정동의안에 대한 표결을 먼저 하는 방 법에 대하여 찬성을 구한다), 출석 주주들의 동의를 얻어 수정동의안과 원안을 일괄하 여 심의할 수 있다.

제안설명은 이사회가 결정한 의안인 경우에는 의장 또는 이사가 하며, 소수주 주가 소집한 주주총회에서는 소수주주가 하고, 주주가 제안한 의안에 대하여 제안 주주의 청구가 있는 경우, 의장은 제안주주에게 제안설명기회를 주어야 한다(363조 의2①·③). 주주는 의장에게 발언권을 요청하여 의장의 허가를 받아 발언할 수 있는 데, 의장은 발언권 부여에 있어서, 발언권요청순서, 재발언 여부, 찬반 발언자의 균 형 등을 참작하여 그 순서를 정하여야 한다.

질의와 응답은 의장에 대하여 하는 것이 원칙이다. 주주의 질의를 어느 한도에 서 받아주어야 하는지는 결의취소사유인 "현저하게 불공정한 결의방법"이 되지 않 도록 의장의 재량에 의하여 결정할 것인데, 참석한 다른 주주들의 시간사정과 질문 기회를 고려하여 특정 주주의 질문을 적당한 범위에서 제한하는 것도 가능하다.[388]

4) 주주의 질문권

(가) 의　　의　　　주주질문권은 통상 주주총회에 참석한 주주가 의안에 대한 충분한 정보를 제공받아 의결권을 합리적으로 행사하기 위하여 회사의 임원진에게 회의목적사항에 관하여 질문할 수 있는 권리를 말하고, 이에 대응하는 임원 내지 회사의 의무를 설명의무라고 한다. 현행 상법은 주주질문권 내지 회사의 설명의무 에 대하여 아무런 규정을 두고 있지 않고, 다만 상장회사가 임의로 채택하는 표준 주주총회 운영규정에 관련규정이 있을 뿐이다.

(나) 인정 근거　　　현행 상법은 주주질문권에 관하여 명문의 규정을 두고 있지

---

[388] 울산지방법원 2000. 4. 12. 선고 99가합3033 판결, 수원지방법원 2004. 12. 14. 선고 2004가합 2963 판결.

않지만, ① 주주는 투자자로서 당연히 회사에 대하여 상당한 범위 내에서 회사의 경영실적, 자산상태 등에 관하여 질문할 권리를 갖고 있을 뿐만 아니라, ② 주주질 문권은 주주총회에 참석한 주주가 보고사항을 명확히 이해하고 결의사항에 관하여 의결권을 합리적으로 행사하기 위한 필요조건으로서, 주주의 총회참석권에 당연히 수반되는 권리라는 점 등을 고려할 때, 명문의 규정이 없더라도 주주권에 내재하는 권리로서 인정된다고 봄이 상당하다.389)

(다) 입 법 례  독일 주식법은 제131조 제1항에서 모든 주주는 주주총회에서 의사일정의 목적사항을 적절하게 판단하는데 필요한 범위에서 회사의 업무에 관하 여 이사의 설명을 요구할 수 있다고 규정하고 있으며, 제131조 제3항에서 설명거절 의 사유로서, ① 설명을 제공할 경우 회사 또는 결합기업에게 상당한 불이익을 초 래할 우려가 있는 경우, ② 조세상의 가치평가나 개별조세액에 대하여 설명을 청구 한 경우, ③ 대차대조표에 기재된 평가액과 그보다 높은 거래액과의 차액에 대하여 설명을 청구한 경우, ④ 영업보고서상의 평가 및 감가상각의 방법에 대하여 설명을 청구한 경우, ⑤ 설명의 제공으로 자신이 처벌될 우려가 있는 경우를 들고 있고, 제 132조에서 설명의무의 이행강제에 관한 규정을 두고 있다. 일본 회사법 제314조는 본문에서 이사, 회계참여, 감사 및 집행임원은 주주총회에서 주주로부터 특정한 사 항에 관하여 설명을 요구받은 경우에는 그 사항에 관하여 필요한 사항을 설명하여 야 한다고 규정하고, 단서에서, 당해 사항이 주주총회의 목적사항에 관한 것이 아 닌 경우 설명에 의하여 주주의 공동의 이익을 현저하게 해하거나 그 밖에 정당한 이유가 있는 경우로서 법무성령(시행규칙)으로 정하는 경우에는 그러하지 아니하다 고 규정한다.

(라) 의장의 질서유지권과의 관계  주주총회의 의장은 총회의 질서를 유지하 고 의사를 정리하며(366조의2②), 그 총회장에서 고의로 의사진행을 방해하기 위한 언동을 하거나 현저히 질서를 문란케 하는 자에 대하여 그 발언의 정지 또는 퇴장 을 명할 수 있는바(366조의2③), 의장은 이러한 질서유지권에 터잡아 원만한 의사진 행을 방해하는 주주의 질문을 제한할 수 있다. 예컨대, 주주 1인이 장시간 발언권

---

389) 따라서 질문권은 무한정 행사할 수 있는 것이 아니라 회의목적사항을 적절하게 판단하는데 필요한 범위라는 내재적인 한계를 가지고 있고, 회사는 이러한 범위를 넘는 질문에 대하여는 답변을 거절할 수 있다. 그리고 의안을 판단하는데 필요한 정도로 설명이 되었는가의 판단은 합리적인 평균적 주주를 기준으로 할 것이다(서울서부지방법원 2017. 4. 20. 선고 2016가합 35673 판결).

을 독점한다거나 이미 충분한 설명이 되었음에도 동일한 질문을 계속 반복하는 경우에는, 주주총회의 의장은 다른 주주들의 발언권 보장 및 원만한 의사 진행을 위하여 질서유지권에 터잡아 질문자의 발언 시간을 제한, 중단할 수 있고, 의장의 정당한 질서유지권 행사에 따르지 않는 경우에는 그 발언을 정지시킬 수도 있다. 다만, 주주총회 의장은 의사진행의 주체로서 주주들에게 적절한 발언 내지 질문 기회를 보장하여 줄 의무가 있는바, 주주가 정당한 질문권을 행사하였음에도, 의장이 이를 임의로 제한하는 것은 질서유지권의 한계를 벗어나 주주의 주주질문권을 침해하는 불법행위가 된다.[390]

(마) 질문권 침해　　상법상 주주의 질문권, 회사의 설명의무에 관한 규정이 없으므로 주주의 질문권 침해는 주주총회결의취소사유 중 결의방법이 법령에 위반한 때에는 해당하지 않고, 결의방법이 현저하게 불공정한 경우에 해당하면 결의취소사유가 된다. 또한 질문권 침해로 인하여 이사, 감사의 회사에 대한 손해배상책임(399조①, 414조①) 또는 제3자에 대한 손해배상책임(401조①, 414조②)이 발생할 수 있다.[391]

5) 의안의 표결

(가) 표결방법　　상법에는 표결방법에 대하여 아무런 규정이 없다.[392] 일반적으로 찬반의안은 찬반표결에 의하여 가결 또는 부결된다.

정관에 투표방법에 관한 규정이 있으면 그에 의하고, 정관에 규정이 없는 경우에는 합리성만 유지한다면 서면투표(vote)뿐 아니라 의장의 결정에 따라 박수·거수·기립, 구두투표(viva voice vote) 등의 결의방법 모두 허용된다. 다만, 투표한 주주의 주식수를 확인해야 하므로 무기명투표는 원칙적으로 허용되지 않는다.

의장은 재량에 의하여 표결방법을 선택할 수 있지만, 참석주주 중 일부가 표결

---

[390] "4) 주주의 질문권"에 관한 이상의 내용은 이에 관하여 상세히 설시한 서울중앙지방법원 2022. 2. 11. 선고 2020나79204 판결 이유의 해당 부분을 발췌 인용한 것이다(다만, 해당 판결의 입법례 부분은 일본 상법 규정을 인용하였으므로 현행 회사법 규정으로 변경하여 인용함).

[391] 위 서울중앙지방법원 2022. 2. 11. 선고 2020나79204 판결은 주주가 질문권 침해로 정신적 손해배상을 청구한 소송의 판결인데, "회사가 정당한 이유 없이 주주의 질문에 대하여 설명을 거절하는 경우 그 성립된 결의에 대하여 상법 제376조에 따른 결의취소의 사유가 될 수 있음은 별론으로 하고, 곧바로 그 주주에 대하여 정신적인 손해가 발생하였다고 보기는 어려운 점"을 이유로 원고의 청구를 기각하였다.

[392] 일반적으로 찬반의안은 찬반표결에 의하여 가결 또는 부결되고, 택일의안은 여러 후보안(인물, 물건, 지역 등)을 대상으로 표결하여 결의요건의 득표가 없으면 상위 2개 후보안을 대상으로 결선투표를 하여 다수득표안으로 정하면 된다.

방법에 대하여 이의를 제기하는 경우에는 후일의 결의하자에 관한 분쟁에 대비하여 의안에 대한 표결 전에 참석주주들의 의사를 먼저 확인하는 것이 바람직하다.393) 만일 의장이 주주총회에서 제시한 표결방법과 다른 방법에 관하여 출석한 주주들의 동의와 재청이 있는 경우, 표결방법에 관한 결의를 먼저 해야 하는데 이러한 결의를 위한 표결방법은 의장이 정할 수 있다.

특히 거수나 기립은 정확성이 다소 부족하더라도 집계 자체는 가능하지만 박수는 집계 자체가 원천적으로 불가능하므로, 참석 주주들의 분위기상 의안에 대한 찬성이 결의요건을 충족시키기에 충분한 것이 명백한 경우에도 의장이 주주들에게 표결방법에 대한 이의가 없는지 확인하고 그러한 발언의 취지를 의사록에 분명하게 기재되도록 하는 것이 후일의 분쟁에 대비하면 바람직하다. 그리고 복수의 의안을 일괄상정하였는데 심의과정에서 일괄상정방식 자체에 대한 문제가 제기된 경우에는 표결은 의안 별로 분리하여 집계할 수 있도록 하는 것이 바람직하다.

의안별로 분리하여 집계하려면 각 의안에 대하여 순차로 표결하여야 한다. 그러나 하나의 투표지에 여러 의안을 별도로 표기하여 투표할 수 있도록 하는 것도 가능하다. 예컨대 이사 선임의안에서 선임할 이사후보자별로 기재하고 각각에 대하여 찬반여부를 기재하도록 할 수 있다.394)

(나) 일괄표결    의장이 복수의 의안을 일괄상정하여 일괄심의를 거친 결과 대부분의 참석자들이 의안 전부에 대하여 찬성 또는 반대할 것이 명백한 경우에는 일괄투표를 실시해도 된다. 그러나 일괄상정과 일괄심의를 거쳤더라도 참석주주 중 일부가 이의를 제기하였거나, 결의요건이 다른 의안들을 일괄투표에 의하여 결의하면 "결의방법이 현저하게 불공정한 때"에 해당한다는 이유로 결의취소의 소가 제기될 가능성이 있을 것이다.395)

---

393) 서울고등법원 2005. 3. 30. 선고 2003나86161, 86178(병합) 판결에서도 의장이 통상적이지 아니한 표결방법(박수)을 정하는 경우 이에 대하여 이의할 기회를 주고 이의가 없는 경우에는 의안에 대하여 박수로 결의할 수 있다고 판시하였다.

394) 주주제안에 의한 후보까지 포함하면 회사가 당초 선임할 이사의 수보다 이사후보의 수가 많은 경우는 주주제안 부분 설명 참조.

395) 실무상 수정동의안과 원안을 일괄심의한 후 주주들이 일괄심의를 거치면서 두 의안에 대한 찬반을 결정할 수 있는 상황이라는 이유로 수정동의안보다 원안을 먼저 표결에 부치는 경우도 있지만, 분쟁의 소지가 있으므로 바람직한 진행절차는 아니다. 또한, 수정동의안과 원안을 일괄표결한 사안에서 "결의방법이 현저하게 불공정한 때"에 해당한다는 하급심 판례가 있다 (부산고등법원 2000. 9. 29. 선고 2000나4722 판결. 다만, 이 사건에서는 재량기각판결이 선고되었다).

(다) 사전투표     주주총회일 전에 일정한 기간을 정하여 원하는 주주들이 이 기간 중 투표를 한 후 주주총회 당일의 투표결과와 합산하는 방식의 표결도 가능하고, 이 때 주주총회일 전의 투표를 사전투표라 한다. 주주가 주주총회일에 출석하지 않고 의결권을 행사하는 투표방법으로 서면투표(총회에 출석하지 아니하고 서면에 의하여 의결권을 행사하는 것), 전자투표(총회에 출석하지 아니하고 전자적 방법으로 의결권을 행사하는 것) 등이 있다. 사전투표의 장점으로는, 주주의 입장에서는 주주총회일로 한정된 시간적, 공간적 제약을 벗어나 의결권을 행사할 수 있다는 점이 있고, 회사 입장에서도 결의요건 확보와 주주총회 진행의 간소화라는 점이 있다.

다만, 주주총회 진행과정에서의 토의가 없이 의안에 대한 정확한 이해도가 부족한 상황에서 의결권행사가 이루어지고, 회사가 사전투표 현황을 볼 수 있다면 주주총회 진행절차에 불공정이 개입할 수 있다는 문제점도 있다. 사전투표의 적법성에 대하여 상법상 아무런 규정이 없는데, 사전투표를 정관에서 정할 수 있는지에 관하여 판례는 이를 허용하는 전제하에서 정관에서 정한 사전투표기간을 이사회의 결의로 변경할 수 없다고 판시한 바가 있다.396)

(라) 표결의 종결과 개표결과의 선포     총회에 출석한 주주들이 표결을 마치면 의장이 표결의 종료를 선언한다. 의장이 표결결과를 선포하여 결의요건에 해당하는 득표를 하였으면 가결되고, 그렇지 아니하면 부결된다. 표결결과 선포시 사전에 서면투표 또는 전자투표를 실시한 경우에는 그 투표내용을 포함되었다는 사실을 함께 고지하기도 한다. 실무에서는 표결의 종료를 선언하면서 의장이 의사봉을 3타하는데 의사봉 3타가 없더라도 표결 결과에 영향은 없다. 의장의 개표결과를 선포하는 것만으로 의안의 가결 여부가 결정된다.

### (4) 결    의

#### 1) 법적 성질

주주총회 결의는 주주들의 표결을 통해 형성된 주주총회의 의사표시이다. 결의의 성립이 선언되면 각 주주의 의사와 관계없이 주주전원과 회사의 각 기관을 구

---

396) [대법원 2014. 7. 11.자 2013마2397 결정]【가처분이의】"이사회에서 이 사건 정관에서 정한 사전투표기간을 연장하는 결의를 하였다고 하더라도 그 사전투표기간이 이사회 결의 내용대로 변경될 수는 없다. 따라서 이 사건 회사가 정관에서 정해진 사전투표의 시기(주주총회일인 2014. 3. 25.부터 2주 전인 2013. 3. 11) 이전인 2013. 3. 1.부터 사전투표를 실시한 것은 그 결의 방법이 정관에 위반한 것이라고 보아야 한다."

속한다. 상정된 의안에 대한 표결 결과 찬성하는 의결권의 수가 결의요건을 충족한
경우는 가결(可決), 그렇지 않은 경우는 부결(否決)이라 한다.

주주총회 결의의 법적 성질에 대하여, "전통적 법률행위"로 보는 견해와 "특수
한 법률행위"로 보는 견해로 구분할 수 있는데, 전자의 경우에는 민법의 의사표시
에 관한 규정이 적용된다고 보나, 후자의 경우에는 그 적용을 부인한다.

전통적 법률행위설은 다시, i) 주주들간의 계약이라는 견해와, ii) 의안에 대한
복수의 의사표시가 결의요건을 충족하여 성립하는 사단법상의 합동행위로 보는 견
해가 있다.397) 그러나 결의에 참여한 주주 외의 회사 조직 전체에 효력이 미치므로
계약설은 취하기 곤란하고, 합동행위는 수인의 방향을 같이 하는 의사표시인데 결
의에서는 수인의 의사가 찬반으로 갈리므로 개념상 부합하지 않기 때문에 합동행
위설도 취하기 곤란하다. 따라서 주주총회 결의는 전통적 법률행위의 일종으로 볼
것이 아니라 상법이 인정하는 독자적 성질의 법률행위로 보는 것이 통설이고 타당
하다.398)

주주총회 결의의 법적성질을 단체적 성격을 가진 특수법률행위로 본다면, 민

---

397) 정찬형, 876면.
398) 미국 대부분의 州제정법은 주주전원의 서면동의(unanimous written consent)가 있으면 주주
총회가 없이도 적법한 결의로 인정한다. 특히 주주의 수가 많지 않은 폐쇄회사에서는 정식의
주주총회를 소집하는데 필요한 시간을 절약하기 위하여 이러한 방식의 결의가 광범위하게 활용
되고 있다. 나아가 Delaware주와 같은 일부 州의 제정법은 주주전원이 아닌 당해 결의를 위한
결의요건 이상의 주주로부터 서면동의(consents in writing)를 받은 경우에도 적법한 결의로 인
정한다. 이는 이사회 결의에 관한 한 모든 州의 제정법이 반드시 이사전원의 서면동의가 있어야
적법한 결의를 할 수 있다고 규정하는 것과 대조된다[DGCL §228(a)]. 따라서 Delaware주의 회
사는 의결권의 과반수를 가진 주주의 서면동의만 있으면 총회의 소집이 필요 없이 적법한 결
의를 할 수 있으므로 소수주주로서는 공개된 총회의장에서 반대토론을 할 기회조차 없게 된다.
서면동의에 의한 결의는 기업인수자가 일정 주식을 매수한 후 대상회사의 이사회로 하여금 임
시주주총회를 열도록 할 필요 없이 주주총회 결의를 할 수 있다는 점에서 의미가 있다. 주주
전원의 서면에 의한 동의는 최종주주가 서명을 하여 회사에 제출되어야 효력이 발생하고 그
이전까지는 어느 주주도 동의를 철회할 수 있다. 어느 한 주주가 동의를 철회하면 주주전원의
서면동의에 의한 결의는 당연히 효력을 발생할 수 없다[MBCA §7.04]. 주주총회 결의요건에
있어서, 주주가 상정된 의안에 대하여 적극적인 찬성의 의사표시를(affirmatively vote in fa-
vor of the proposal) 하여야 하고 단순한 기권(abstention)은 반대로 간주된다. 의사정족수가
충족되면 실제로 출석한 주주가 가지는 의결권의 과반수(a majority of the shares actually
present)로써 주주총회 결의를 한다. MBCA는 이 같은 전통적인 결의요건과 달리 기본정관 또
는 제정법상 다른 규정이 없으면 찬성표(the votes cast favoring the action)가 반대표(the
votes cast opposing the action)를 초과하면 결의요건을 충족한 것으로 본다[MBCA §7.25(c)].
예를 들면, 출석주주의 의결권이 1,000표일 때 480표가 찬성, 470표가 반대, 50표가 기권인 경
우, 전통적인 기준에 의하면 과반수가 501표이므로 찬성표가 이에 미치지 못하므로 부결된 것
이지만 MBCA의 규정에 의하면 승인된 것이 된다[MBCA Official Comment to §7.25(c)].

법의 의사표시의 하자 관련 규정은 적용되지 않는다.399)

2) 결의요건

(가) 의사정족수    1995년 개정 전 상법은 보통결의, 특별결의 모두 발행주식
총수의 과반수 출석을 요건으로 하는 의사정족수를 규정하였으나, 1995년 상법개정
시 의사정족수 규정을 삭제하였다.400)

---

399) 따라서 주주총회 결의는 민법상 비진의표시(民法 107조), 허위표시(民法 108조)를 이유로 무
효를 주장하거나 착오(民法 109조), 사기·강박(民法 110조)을 이유로 취소할 수 없다.
400) 독일 주식법도 의사정족수를 규정하지 않는다. 의결정족수도 보통결의는 단순다수결(株式法
133조①), 특별결의는 행사된 의결권의 4분의 3 이상이다(株式法 139조②). 반면에 미국에서는
제정법, 기본정관, 부속정관에 의하여 총회의 의사정족수(quorum)가 규정되어 있는데 발행주
식(issued stock) 중에서 회사가 보유하는 금고주(treasury shares)에 대하여는 의결권이 인정되
지 아니하므로, 의결권이 인정되는 사외주(outstanding shares)의 과반수를 가진 주주가 출석
하여야 의사정족수가 충족된다. MBCA도 기본정관 또는 제정법에 달리 규정하지 않는 경우
에는 "과반수 의결권(majority of the votes entitled to be cast)을 가진 주주가 출석하여야 의
사정족수가 충족된다."라고 규정한다[MBCA §7.25(a)]. 따라서 단지 의제에 반대를 하기 위하
여 주주총회에 출석한 주주의 주식수도 당연히 의사정족수에 산입되고, 소집절차의 하자를 이
유로 이의를 제기하기 위하여 주주총회에 출석한 주주의 의결권도 의사정족수에는 산입된다.
기본정관이나 부속정관에 의하여 정족수를 과반수 미만으로 감경하는 것도 가능한데 다수의
州의 제정법은 3분의 1을 최소 정족수로 규정하고 있으나[DGCL §216, NYBCL §608, CCC
§602(a)], MBCA는 정관에 별도의 규정이 없는 경우 의사정족수를 발행주식총수의 과반수로
규정한다[MBCA §7.25(a)]. 반면에 거의 모든 州의 제정법은 기본정관이나 부속정관에 의하여
정족수를 과반수보다도 높게 규정하는 것을 허용한다. 이는 특히 폐쇄회사의 경우에 활용되는
데 소수주주가 총회에 출석하지 않음으로써 실질적인 거부권을 행사하는 것을 보장하기 위하
여 주주전원의 출석을 요구하도록 규정하는 것도 허용된다. 미국에서 위와 같이 외국 입법례
에 비하여 과중한 의사정족수가 문제되지 않는 것은 대부분의 주식을 기관투자자가 소유하고
있으므로 주주총회 참석률이 매우 높기 때문이라고 한다. 보통법에 의하면 총회의 개시시점에
서 일단 정족수가 구비되면 일반적으로 일부 주주가 총회의장을 떠나더라도 총회가 종료할
때까지 계속 재석한 것으로 간주하여 정족수를 인정한다(deemed present for quorum pur-
poses for the remainder of the meeting)[MBCA §7.25(b), CCC §602(b)]. 이는 이사회의 경우
의사정족수가 표결시에도 구비되어야 하는 것과 다르다. 따라서 의사정족수를 위하여 소수주
주의 출석이 필요한 경우 소수주주는 반대하는 의제의 통과를 막으려면 일단 출석하였다가
표결에 참석하지 않고 회의장을 떠나는 것보다는 아예 처음부터 출석하지 않음으로써 의사정
족수가 인정되지 않도록 하는 것이 보다 유리한 전략이라 할 수 있다. 일본에서는 보통결의는
정관에서 별도로 정하는 경우를 제외하고, 의결권의 과반수를 가진 주주가 출석하고 출석한
주주의 의결권의 과반수로써 한다(日会 309조①). 실제로는 많은 대기업이 정관에서 의결권의
과반수를 가진 주주가 출석해야 한다는 의사정족수 요건은 규정하지 않고 있다. 특별결의는
의결권의 과반수(3분의 1 이상의 비율을 정관으로 정한 경우에는 그 비율 이상)를 가진 주주
가 출석하고 출석한 주주의 의결권의 3분의 2(이를 상회하는 비율을 정관에서 정한 경우에는
그 비율) 이상의 다수로써 한다(日会 309조②). 특별결의와 관련하여서도 역시 많은 대기업이
의사정족수를 3분의 1로 정하고 있다. 그 외에 특수결의로서 의결권을 행사할 수 있는 주주의
반수 이상이고 당해 주주의 의결권의 3분의 2 이상의 다수에 의하는 경우와(日会 309조③),
총주주의 반수 이상이고 총주주의 의결권의 4분의 3 이상의 다수에 의하는 경우가 있다(日会

　　그러나 현행 상법도 보통결의는 "출석한 주주의 의결권의 과반수 및 발행주식
총수의 4분의 1 이상의 수"로써 하고, 특별결의는 "출석한 주주의 의결권의 3분의
2 이상, 발행주식총수의 3분의 1 이상의 수"로써 한다고 규정하므로, 의안에 찬성
한 주식수가 최소한 발행주식총수의 4분의 1 이상(보통결의) 또는 3분의 1 이상(특별
결의) 출석하여야 하고 따라서 이러한 비율이 사실상 의사정족수로서의 기능을 하
고 있다.401)

　　한편, 상법 제368조 제1항은 주주총회의 보통결의 요건에 관하여 "총회의 결의
는 이 법 또는 정관에 다른 정함이 있는 경우를 제외하고는 출석한 주주의 의결권
의 과반수와 발행주식총수의 4분의 1 이상의 수로써 하여야 한다."라고 규정하여
주주총회의 성립에 관한 의사정족수를 따로 정하고 있지는 않지만 보통결의 요건
을 정관에서 달리 정할 수 있음을 허용하고 있으므로, 정관에 의하여 의사정족수를
규정하는 것은 가능하다.402)

　　일반적으로 주식회사에서 주주총회의 의결정족수를 충족하는 주식을 가진 주
주들이 동의하거나 승인하였다는 사정만으로 주주총회에서 그러한 내용의 주주총
회 결의가 있는 것과 마찬가지라고 볼 수 없다.403)

　　(나) 보통결의

　　가) 보통결의사항　　　상법에 특별결의나 특수결의를 요하는 것으로 규정되지
아니한 사항은 전부 보통결의사항이다. 대표적인 보통결의사항은 이사·감사의 선
임, 이사·감사의 보수결정, 재무제표의 승인, 주식배당 등이고, 자본금총액이 10억
원 미만인 회사(소규모회사)가 1인 또는 2인의 이사를 둔 경우에는 상법상 이사회의
권한에 속하는 사항도 주주총회의 권한사항인데,404) 이는 모두 보통결의사항이다.

---

309조④).

401) 발행주식총수의 4분의 1은 과반수 출석과 과반수 찬성, 3분의 1은 과반수 출석과 3분의 2
　　 찬성을 염두에 둔 것으로 보이는데, 결국은 발행주식총수의 4분의 1, 3분의 1이 출석하지 않
　　 으면 보통결의, 특별결의를 할 수 없으므로 이 두 수치는 두 결의의 의사정족수 역할을 한다.

402) [대법원 2017. 1. 12. 선고 2016다217741 판결] "주식회사의 정관에서 이사의 선임을 발행주
　　 식총수의 과반수에 해당하는 주식을 가진 주주의 출석과 출석주주의 의결권의 과반수에 의한
　　 다고 규정하는 경우, 집중투표에 관한 위 상법조항이 정관에 규정된 의사정족수 규정을 배제
　　 한다고 볼 것은 아니므로, 이사의 선임을 집중투표의 방법으로 하는 경우에도 정관에 규정한
　　 의사정족수는 충족되어야 한다."

403) 대법원 2020. 7. 9. 선고 2019다 판결.

404) 제302조 제2항 제5호의2(주식양도승인), 제317조 제2항 제3호의2(주식양도승인), 제335조 제
　　 1항 단서 및 제2항(주식양도승인), 제335조의2 제1항·제3항(양도승인의 청구), 제335조의3 제
　　 1항·제2항(양도상대방 지정청구), 제335조의7 제1항(주식양수인의 승인청구), 제340조의3 제1

정관에 의하여 주주총회 결의사항이 된 경우에도 보통결의에 의한다.

나) 보통결의요건      보통결의는 상법 또는 정관에 다른 정함이 있는 경우를 제외하고는 출석한 주주의 의결권의 과반수와 발행주식총수의 4분의 1 이상의 수로써 하여야 한다(368조①). "출석한 주주의 의결권"이라는 문구상, 기권표·무효표는 모두 출석한 주주의 의결권수에 포함한다.[405] 그러나 감사는 출석한 주주의 의결권의 과반수와 발행주식총수의 4분의 1 이상의 수로써 하는 보통결의에 의하여 선임하지만(368조①), 회사가 전자적 방법으로 의결권을 행사할 수 있도록 한 경우에는 출석한 주주의 의결권의 과반수로써 감사의 선임을 결의할 수 있다(409조③).[406]

다) 보통결의요건의 가중·감경      상법의 "정관에 다른 정함이 있는 경우를 제외하고는"이라는 규정상 정관에 의한 결의요건의 가중·감경이 허용되는지 여부에 관하여 논란이 있다.

결의요건의 가중이 허용된다는 점에 대하여는 견해가 일치된다.[407] 그러나 가중할 수 있는 한계에 관하여는, i) 단체의사결정의 보편적 원칙상 과반수 출석과 출석의 3분의 2 이상의 찬성을 한도로 가중이 허용된다고 보는 견해,[408] ii) 특별결의요건이 보통결의요건 가중의 한계라고 보는 견해,[409] iii) 주주 전원의 동의를 보통결의요건으로 정할 수 있다는 견해[410] 등이 있는데, 상법이 보통결의와 특별결의

항 제5호(주식매수선택권 부여취소), 제356조 제6호의2(주식양도승인), 제397조 제1항·제2항(경업금지), 제397조의2 제1항(회사의 기회 및 자산의 유용금지), 제398조(이사 등과 회사 간의 거래), 제416조 본문(발행사항의 결정), 제451조 제2항(무액면주식의 자본금계상), 제461조 제1항 본문 및 제3항(준비금의 자본금 전입), 제462조의3 제1항(중간배당), 제464조의2 제1항(이익배당의 지급시기), 제469조(사채의 발행), 제513조 제2항 본문(전환사채 발행사항 결정) 및 제516조의2 제2항 본문(신주인수권부사채 발행사항 결정, 준용되는 경우를 포함) 중 "이사회"는 각각 "주주총회"로 보며, 제360조의5 제1항(반대주주의 주식매수청구권) 및 제522조의3 제1항(합병반대주주의 주식매수청구권) 중 "이사회의 결의가 있는 때"는 "제363조 제1항에 따른 주주총회의 소집통지가 있는 때"로 본다(383조④).

405) 상장회사 표준주주총회 운영규정 제38조 제2항.
406) 2020년 12월 상법 개정시 추가된 조항이다.
407) 미국에서도 기본정관의 규정에 의하여 주주총회 결의를 위한 의사정족수와 결의요건을 가중할 수 있고[MBCA §7.27(a) "… may provide for a greater quorum or voting requirement for shareholders …"], 통상의 정족수나 결의요건에 비하여 훨씬 가중한 형태의 요건을 채택하는 경우 이를 초다수결의제(supermajority voting rule)라고 한다(DGCL §216). 델라웨어주 회사법(DGCL)은 주주총회 결의요건의 가중한도를 규정하지 않고, 캘리포니아주 회사법(CCC)은 의결권 있는 주식의 2/3를 가중한도로 규정한다.
408) 이철송, 550면[단, 이사선임의 결의요건은 달리 해석한다(본서 289면 각주 21 참조)].
409) 송옥렬, 918면(대한항공 정관 중 이사선임의 결의요건 규정이 그 예이다).
410) 김건식 외 2, 307면.

에 관하여 결의대상과 결의요건을 구별하는 취지에 비추어 ii)의 견해가 타당하다고 본다.

반면에 결의요건의 완화도 허용되는지에 관하여는 학계의 견해가 대립하고 있다. 생각건대, 출석의결권의 과반수는 다수결의 원칙상 더 이상 감경될 수 없는 조건이고, 실질적으로 의사정족수에 해당하는 발행주식총수의 4분의 1 이상이라는 요건도 더 이상 감경하는 것은 조리상 허용되지 않는다는 점에서 결의요건의 완화는 허용되지 않는다는 것이 다수의 견해이다.411)

라) 가부동수    가부동수(可否同數)의 경우에는 출석한 의결권의 과반수에 미치지 못하므로 그 의안은 부결된 것으로 보아야 한다. 가부동수시 의장이 결정하도록 하는 정관의 규정은 보통결의 요건을 감경하는 것이므로 무효로 보아야 한다(통설).

(다) 특별결의

가) 특별결의요건    특별결의는 출석한 주주의 의결권의 3분의 2 이상의 수와 발행주식총수의 3분의 1 이상의 수로써 하여야 한다(434조).412)

나) 특별결의사항    특별결의는 주식의 분할, 주식매수선택권의 부여, 주식교환, 주식이전, 영업양도, 정관의 변경, 자본금감소, 회사의 해산, 합병, 분할 등의 경우에 필요하다.

다) 특별결의요건의 가중·감경    상법상 특별결의요건에 관하여는 보통결의와 달리 "정관에 다른 정함이 있는 경우를 제외하고는"이라는 규정이 없는데, 정관에 의한 특별결의요건의 가중·감경이 허용되는지 여부에 관하여, 상법상 보통결의요건과 별도로 특별결의요건이 규정된 것은 다수결의 남용을 방지하기 위한 것이므로 정관의 규정에 의한 결의요건의 감경은 허용되지 않는다는 것이 통설이다. 정관의 규정에 의한 결의요건의 가중에 대하여는, 1995년 상법개정 전과 같은 발행주식총수의 과반수출석과 그 3분의 2 이상의 찬성을 한도로 허용된다는 견해도 있으나,413) 보통결의요건과 달리 무제한적인 가중(즉, 주주전원의 동의를 요건으로 하는 경우)이 허용된다고 보는 것이 다수의 견해이다.414)

---

411) 이철송, 569면; 정희철 915면; 최기원, 542면. 이에 대하여, 법문의 4분의 1 역시 특별한 근거가 있는 것이 아니므로 정관으로 완화하는 것은 허용된다는 견해도 있다(송옥렬, 917면).

412) 상법의 주주총회 특별결의의 결의요건은 정관변경에 관한 제434조에서만 규정하고, 다른 경우에 관한 규정에서는 제434조를 준용한다.

413) 이철송, 551면.

414) 특별결의요건의 한계를 인정해야 한다는 근거로 제시되는 서울중앙지방법원 2008. 6. 2.자 2008카합1167 결정은 이사해임요건을 출석 주식수의 75% 이상, 발행주식총수의 50% 이상으

라) 초다수결 요건    초다수결이란 주주총회의 보통결의 또는 특별결의를 상
법상 규정된 요건을 현저하게 가중한 결의방식을 말한다. 초다수결 요건의 적법성
여부를 떠나 현실적으로 많은 회사가 정관에 이사·감사의 선임·해임, 정관변경 등
의 주주총회 결의사항에 관하여 초다수결제를 도입하고 있다. 초다수결 요건은 대
부분 경영권 방어를 위한 장치로 도입되었는데, 경영권 방어를 위해 정관을 개정하
여 초다수결 요건을 도입하는 것은 그 유효성 여부에 대하여 논란의 여지가 있고,
상장회사의 특별결의요건을 출석의결권 수의 90% 이상과 발행주식총수의 70% 이
상으로 변경하는 정관변경결의는 무효라는 하급심판례가 있다.415) 그러나 경영권
분쟁이 생기기 훨씬 전에 미리 초다수결 요건을 정관에 규정하는 경우에 관하여 직
접적으로 판시한 대법원 판례는 아직 없지만, 많은 하급심에서 정관의 초다수결 요
건 규정을 유효한 것으로 보고 있다.416)

한편, 이사회가 적대적 기업인수 상황에서의 주주총회 결의라고 인정하는 경
우에는 이사의 해임, 정관변경 등의 특별결의사항은 물론 이사의 선임과 같은 보통
결의사항에 대하여 결의요건을 초다수결 수준으로 가중한다는 규정을 정관에 둔
상장회사가 적지 않은데, 결의요건의 가중 여부를 특별한 사정이 없이 이사회가 임
의로 결정할 수 있다는 규정의 유효성에 대하여는 다툼의 여지만, 판례는 대체로
이러한 규정도 그 유효성을 인정한다.417)

---

로 강화하는 정관변경 사안에서 사실상 일부 주주에게 거부권을 주는 것과 마찬가지의 결과
를 초래한다는 이유로 상법의 취지에 반한다고 판시하였다. 다만, 이 사건은 상장회사의 경영
권 분쟁 과정에서 기존 경영진이 경영권 방어를 위하여 무리하게 정관변경을 시도한 사안이
라 법원의 일반적인 기준인지 여부에 대하여는 논란의 여지가 있다.

415) [전주지방법원 2020. 10. 29. 선고 2017가합2297 판결]【주주총회결의무효확인】 "피고는 코스
닥 상장된 주식회사로서 이 사건 결의가 있기 직전 해인 2013. 12. 31. 기준으로 소액주주의
수가 1,417명(주주비율 98.87%)에 이르고, 소액주주의 보유주식수가 4,496,880주(보유주식비율
34.54%)이며, 월간거래량이 몇십만 주에서 몇 백만 주에 이르는 등 거래량도 상당한 회사로서
피고의 주주가 되고자 하는 일반사람들에게 주식의 취득 등과 관련하여 공개된 회사이다. 그
런데 이 사건 가중조항에 의할 경우 대다수의 주주가 합병에 찬성한다고 하더라도 현 경영진
의 입장을 반영한 극히 일부 소수주주의 반대만으로 그 합병에 관한 승인결의는 불가능하게
되고, 이러한 사정은 공개된 주식거래시장을 통해 피고의 주식을 취득하려고 하는 거래당사자
들 또는 기존에 피고의 주식을 취득한 주주들이 당초에 전혀 예측할 수 없었던 것이므로, 이
사건 가중조항은 결국 주식거래시장의 기본이념에도 반할 뿐만 아니라, 주주들의 권한을 본질
적으로 침해하는 것으로 평가할 수밖에 없다."

416) 서울고등법원 2011. 12. 28. 선고 2009나114686 판결(대법원 2012. 5. 24. 선고 2012다10287
판결에 의하여 심리불속행으로 확정됨), 광주고등법원 2013. 11. 13. 선고 2013나3155 판결(대
법원 2014. 4. 10. 선고 2013다96110 판결에 의하여 심리불속행으로 확정됨).

417) 서울중앙지법원 2020. 3. 4.자 2020카합20005 결정(기존 이사회에서 적대적 기업 인수·합병

(라) 특수결의      특수결의는 의결권 없는 주식을 포함하여 총주주의 동의를 요하는 결의이다. 주식회사는 총주주의 일치에 의한 총회의 결의로 그 조직을 변경하여 이를 유한회사로 할 수 있다. 그러나 사채의 상환을 완료하지 아니한 경우에는 그렇지 않다(604조①).

(마) 기타 결의와 동의

가) 창립총회의 결의      출석한 주식인수인의 의결권의 3분의 2 이상이며 인수된 주식의 총수의 과반수에 해당하는 다수로 하여야 한다(309조).

나) 회사에 대한 책임 면제      상법 제399조에 따른 이사의 책임은 주주 전원의 동의로 면제할 수 있다(400조①). 다만, 총주주의 동의는 반드시 총회결의절차에 의할 필요가 없고 개별적 동의로도 가능하다.

다) 간이주식교환등      완전자회사가 되는 회사의 총주주의 동의가 있거나 그 회사의 발행주식총수의 90% 이상을 완전모회사가 되는 회사가 소유하고 있는 때에는 완전자회사가 되는 회사의 주주총회의 승인은 이를 이사회의 승인으로 갈음할 수 있다(360조의9①). 이 경우 완전자회사가 되는 회사는 주식교환계약서를 작성한 날부터 2주 내에 주주총회의 승인을 얻지 아니하고 주식교환을 한다는 뜻을 공고하거나 주주에게 통지하여야 한다. 다만, 총주주의 동의가 있는 때에는 그렇지 않다(360조의9②).

간이합병절차에서의 동의(527조①,②), 간이회사분할절차 및 간이회사분할합병절차에서의 동의(530조의11①, 527조)도 마찬가지인데, 이때의 총주주의 동의도 총회결의절차에 의할 필요가 없다.

(바) 총회결의요건 관련 불산입

가) 발행주식총수에 불산입하는 경우      총회의 결의에 관하여는 의결권배제·제한주식(344조의3①)·자기주식(369조②)·비모자회사간 의결권 없는 주식(369조③)[418] 등의 수는 발행주식총수에 산입하지 않는다(371조①). 의결권이 부분적으로 제한되는 의결권제한주식은 의결권이 제한되는 의안에 관한 정족수 산정에 있어서 발행주식총수에 산입하지 않는다.

---

에 의한 이사의 선임·해임, 정관변경이라고 결의하면 출석 주주 의결권의 5분의 4 이상, 발행주식 총수의 4분의 3 이상으로 가중한 요건도 유효하다고 판시함).

418) 발행주식총수에 산입하지 않는 주식에 대하여, 종래의 상법 제371조 제1항은 "의결권 없는 주주가 가진 주식의 수"라고 규정하였기 때문에, 무의결권우선주만 해당하는 것처럼 오해될 수 있었는데, 2011년 개정상법은 의결권 행사가 제한되는 주식을 열거하고 있다. 자회사가 가지는 모회사 주식도 의결권이 없지만 열거되지 않은 것은 제369조 제3항에 포함되기 때문이다.

발행주식총수에 산입하지 않는다는 것은, 해당 주식이 발행되지 않은 것으로 본다는 의미이다. 따라서 출석한 주주의 의결권의 수에도 산입하지 않는다. 즉, 해당 주식은 보통결의 및 특별결의의 결의요건 중 분모인 출석한 주주의 의결권의 수와 발행주식총수에 모두 산입하지 않는다.

제371조 제1항은 종류주식과 자기주식에 관하여 규정하는데, 자본시장법 등 특별법에 의하여 의결권이 제한되는 주식의 수도 상법 제371조 제1항을 유추적용하여 발행주식총수에 산입하지 않아야 할 것이다.

상업등기선례에 의하면, 상법이 아닌 특별법에 따라 의결권을 행사할 수 없는 주식의 수도 상법 제368조 제1항 또는 제434조의 발행주식총수나 출석한 주주의 의결권의 수에 산입하지 아니하며, 다만 회사의 정관에 상법상 의결정족수 요건에 추가하여 성립정족수 요건으로 발행주식총수의 일정한 수가 출석할 것을 규정한 경우에는 위 의결권을 행사할 수 없는 주식의 수는 성립정족수에 관한 발행주식의 총수에는 산입한다.[419]

판례는 주주가 의결권 행사금지가처분을 받은 경우, 그 주주는 의결권을 행사할 수 없지만, 그가 가진 주식수는 주주총회 결의요건을 규정한 발행주식총수에는 산입된다는 입장이다.[420] 다만, 이 판례는 당사자 간에 주식의 귀속에 관하여 분쟁이 발생하여 진정한 주주라고 주장하는 자가 명의상의 주주를 상대로 의결권 행사금지가처분의 결정을 받은 경우에 관한 것이므로, 법률상 의결권 제한을 원인으로 하는 의결권 행사금지가처분의 경우에도 적용될지는 불분명하다.

나) 출석의결권수에 불산입하는 경우    총회의 결의에 관하여는 특별이해관계인으로서 행사할 수 없는 주식의 의결권 수(368조③)와, 감사선임의 경우(409조②), 상장회사의 감사 또는 감사위원의 경우(542조의12④,⑦) 행사할 수 없는 주식의 의결권 수는 출석한 주주의 의결권의 수에 산입하지 않는다(371조②).

---

419) 상업등기선례 제201112-1호(2011. 12. 1.자 사법등기심의관-2947 질의회답). 「독점규제 및 공정거래에 관한 법률」 제11조에 따라 의결권을 행사할 수 없는 주식의 수에 관한 질의회답이다.

420) [대법원 1998. 4. 10. 선고 97다50619 판결][주주총회결의취소] "주식 자체는 유효하게 발행되었지만 주식의 이전 등 관계로 당사자 간에 주식의 귀속에 관하여 분쟁이 발생하여 진실의 주주라고 주장하는 자가 명의상의 주주를 상대로 의결권의 행사를 금지하는 가처분의 결정을 받은 경우, 그 명의상의 주주는 주주총회에서 의결권을 행사할 수 없으나, 그가 가진 주식 수는 주주총회의 결의요건을 규정한 구 상법(1995. 12. 29. 법률 제5053호로 개정되기 전의 것) 제368조 제1항 소정의 정족수 계산의 기초가 되는 '발행주식의 총수'에는 산입되는 것으로 해석함이 상당하다."

그런데 감사·감사위원 선임의 경우 발행주식총수의 3%를 초과하는 주식이 발행주식총수에는 산입된다고 해석한다면 발행주식총수의 일정 비율 이상을 요구하는 결의요건을 충족할 수 없게 되는 문제가 있다. 예컨대, 주주 A가 30%의 지분을 소유한 경우 A를 포함하여 모두 50% 지분을 소유한 출석 주주 전원이 찬성하더라도 A가 행사할 수 있는 의결권은 3%이므로 발행주식총수의 25% 이상이라는 요건을 구비할 수 없어서 감사·감사위원의 선임이 불가능하다. 나아가 A가 78%를 초과하는 지분을 소유한 경우에는 어떠한 경우에도 감사·감사위원의 선임이 불가능하다. 이러한 결과는 감사 또는 감사위원회를 주식회사의 필요적 상설기관으로 규정하고 있는 상법의 기본 입장과 모순된다. 따라서 감사·감사위원의 선임에서 3% 초과 주식은 상법 제371조의 규정에 불구하고 상법 제368조 제1항의 '발행주식총수'에도 산입되지 않는 것으로 해석해야 한다.[421)]

### 3) 번복결의와 추인결의

(가) 번복결의    종전 결의의 효력을 부정하기 위한 무효선언 또는 취소의 결의는 허용되지 않고, 장래의 효과를 위한 철회결의는 가능하다. 다만, 철회결의는 본래의 결의요건 이상의 결의요건을 갖추어야 한다(예컨대, 특별결의사항을 보통결의로 번복할 수 없다). 또한, 이사선임결의의 번복은 사실상 이사해임결의로 되는 결과이므로 허용되지 않고 반드시 이사해임결의를 거쳐야 한다.

(나) 추인결의

가) 대상 결의    무효인 결의나 부존재인 결의를 추인하는 것은 불가능하고 취소사유가 있는 결의에 대해서만 추인결의가 인정된다고 설명하는 견해도 있고,[422)] 무효인 법률행위는 추인할 수 없다는 민법 제139조의 규정상 타당한 면도 있다.[423)] 그러나 판례는 취소사유가 있는 경우는 물론,[424)] 무효인 결의도 사후에 적법하게 추인하는 것을 인정한다.[425)] 민법상 당사자가 그 무효임을 알고 추인한 때에는 새로운 법률행위로 본다는 점에 비추어보면 굳이 무효인 결의를 추인의 대상에서 제외할 필요가 없다는 점에서는 판례의 입장이 보다 타당하다 할 것이다.

---

421) 대법원 2016. 8. 17. 선고 2016다222996 판결.

422) 이철송, 626면.

423) [민법 제139조 (무효행위의 추인)] 무효인 법률행위는 추인하여도 그 효력이 생기지 아니한다. 그러나 당사자가 그 무효임을 알고 추인한 때에는 새로운 법률행위로 본다.

424) 대법원 2010. 7. 22. 선고 2008다37193 판결(결의의 하자가 추인결의에 의하여 치유됨을 전제로, 회사분할에 의한 주주구성의 변화라는 다른 쟁점에 의하여 추인이 불가하다고 판시하였다).

425) 대법원 2011. 6. 24. 선고 2009다35033 판결.

판례의 입장에 따른다면 결의부존재의 경우에도 추인결의의 대상이 된다고 해석된다.426)

나) 추인의 소급효   당사자가 무효임을 알고 무효행위를 추인한 때에는 새로운 법률행위로 본다(民法 139조). "새로운 법률행위로 본다."라는 것은 소급효가 없다는 의미이다. 그러나 취소할 수 있는 행위의 추인은 취소권의 포기로서 취소사유에도 불구하고 확정적으로 유효한 것으로 보는 것이므로, 취소사유 있는 결의를 추인한 경우에는 소급적으로 유효한 것으로 된다.427)

다) 유효한 추인결의   하자 있는 결의를 추인하려면 추인결의 자체가 유효하여야 한다. 취소사유 있는 결의에 의하여 선임된 이사들로 구성된 이사회가 주주총회소집결의를 하고 이어서 개최된 주주총회에서 당초의 취소사유 있는 결의를 추인한 경우에는, 당초의 결의가 취소되면 후자의 총회는 적법하게 소집된 것이 아니므로 그 추인결의에는 취소·부존재사유가 있게 된다. 만일 당초의 결의에 대한 취소소송 계속 중에 추인결의에 대한 취소소송이 제기되면 두 개의 소송은 병합하여 심리하여야 한다. 그리고 당초의 이사선임결의가 취소되는 경우 이들로 구성된 이사회가 소집한 총회에서의 추인결의가 부존재로 되는지에 관하여, 판례는 외관상 이사회 결의에 의한 소집형식을 갖추어 소집권한 있는 자가 적법하게 소집절차를 밟은 경우에는 이사회 결의가 없었다는 사정은 그 주주총회 결의의 취소사유가 됨에 불과하다고 본다.428)

라) 재 결 의   당초결의에 대한 결의취소의 소의 계속 중, 당초의 안건과 동일한 안건을 다시 상정하여 결의한 경우에는, 당초의 결의를 추인한 것은 아니므로 당초의 결의취소사유는 존재한다. 그러나 이러한 경우에는 재량기각의 대상이 될 가능성이 크고, 실제로 결의취소의 소가 제기되는 경우 이러한 결의를 하는 예도 많다.429)

---

426) 결의부존재확인의 소는 총회의 소집절차 또는 결의방법에 총회결의가 존재한다고 볼 수 없을 정도로 중대한 하자가 있는 경우에 제기할 수 있고, 결의취소의 소는 주주총회의 소집절차 또는 결의방법이 법령 또는 정관에 위반하거나 현저하게 불공정한 때 제기할 수 있으므로, 결의취소사유와 결의부존재사유는 결국 하자의 양적 차이에 따라 다르다고 볼 수 있다. 일본에서는 부존재결의의 추인도 인정하고 다만 소급효를 부인한 판례가 있다(東京地判 平成 23. 1. 26. 判夕1361号 218頁).
427) 대법원 2000. 11. 28. 선고 2000다34242 판결.
428) 대법원 1980. 10. 27. 선고 79다1264 판결.
429) 미국에서는 제정법 규정에 의하여 주주총회 결의를 요하는 거래는 그러한 결의 없이는 효력이 없고, 추인결의도 인정되지 않는다. 제정법상 기본정관의 변경에 주주총회 결의를 요하

4) 주주총회 결의의 효력발생

주주총회 결의는 결의의 성립과 동시에 효력이 발생한다. 판례는 정관변경에 관한 특별결의의 효력발생요건에 관하여 결의가 있으면 그 때 유효하게 정관변경이 이루어지는 것이라고 판시한다.[430]

5) 조건부결의

주주총회 결의의 효력발생에 관한 조건을 포함하여 결의하는 것도 가능하다. 조건부결의의 예로는 주식매수청구권행사규모가 일정 한도 내일 것을 조건으로 정하거나 채권자보호절차가 필요한 합병, 분할 등의 경우에는 채권자들의 동의를 조건으로 정하는 경우 등이 있다. 이러한 결의는 정지조건부인 경우에는 조건성취시 효력이 발생하고, 해제조건인 경우에는 일단 효력이 발생하였다가 조건성취시 그 효력을 상실한다(民法 147조).

다만, 조건부결의는 허용되지 않는다는 견해도 있으므로, 계약의 승인을 위한 결의인 경우에는 결의의 효력에 대한 분쟁을 예방하기 위하여 계약 내용 자체에 효력발생 관련 조건을 명시적으로 포함시키고 주주총회에서는 해당 계약을 조건 없

---

도록 하는 경우, 사기(fraud), 회사자산의 훼손(waste), 억압(coercion) 등이 없으면 지배주주는 광범위하게(자기들의 이익을 위하여도) 의결권을 행사할 권한을 가진다. 이 경우 소수주주만의 과반수 결의를 요하지 않는다. 그러나 주주총회 결의가 제정법에 의하여 요구되지 않는 경우(임의적 결의인 경우)에도 거래의 유효성을 강화하기 위하여 결의하는 수가 있다. 법원은 무효인(void) 행위(예: 사기적인 거래, 목적외 거래, 회사자산의 훼손에 해당하는 거래)와 무효로 할 수 있는(voidable) 행위(예: 불공정한 이익충돌)를 구별한다. 전자는 주주총회에서 주주 전원의 만장일치에 의한 결의가 이루어지지 않는 한 추인에 의하여 유효하게 될 수 없고, 후자는 신인의무 위반거래가 이에 해당하는데 상황에 따라서는 주주총회 결의에 의하여 유효하게 될 수 있다. 주주총회 결의에 의하여 거래가 유효하게 되려면 정보의 완전공개(full disclosure)와 이해관계 없는 주주들(disinterested shareholders)에 의한 결의가 요건이다. 따라서 지배주주가 있는 경우에는 소수주주만의 결의에서 소수주주의 과반수(majority of the minority)에 의하여 추인되어야 한다. 이때 지배주주는 정보의 완전공개와 의결권 행사에 영향을 주지 않았다는 사실을 증명하여야 한다. 주주총회의 추인결의의 효력에 대하여, i) 모든 행위가 유효하게 된다는 견해, ii) 전통적인 공정성 기준(피고의 증명책임과 실체적 판단)이 배제되고 경영판단원칙(원고의 증명책임과 절차적 판단)이나 회사자산의 훼손 기준이 적용된다는 견해, iii) 증명책임이 원고에게 전환되지만 공정성 기준은 적용된다는 견해, iv) 지분이 널리 분산된 공개회사의 경우 일반 주주들의 무관심(apathy) 때문에 행위의 효력에 아무런 영향이 없다는 견해 등이 있다.

430) [대법원 2007. 6. 28. 선고 2006다62362 판결] "주식회사의 원시정관은 공증인의 인증을 받음으로써 효력이 생기는 것이지만 일단 유효하게 작성된 정관을 변경할 경우에는 주주총회의 특별결의가 있으면 그때 유효하게 정관변경이 이루어지는 것이고, 서면인 정관이 고쳐지거나 변경 내용이 등기사항인 때의 등기 여부 내지는 공증인의 인증 여부는 정관변경의 효력발생에는 아무 영향이 없다."

이 승인하는 결의를 하는 것이 바람직하다.

### (5) 종류주주총회

#### 1) 종류주주총회의 의의

상법 제435조 제1항은 "회사가 종류주식을 발행한 경우에 정관을 변경함으로써 어느 종류주식의 주주에게 손해를 미치게 될 때에는 주주총회의 결의 외에 그 종류주식의 주주의 총회의 결의가 있어야 한다."라고 규정한다. 위 규정의 취지는 주식회사가 종류주식을 발행하고 있는 경우에 종류주주를 포함한 전체 주주들이 주주총회 결의의 방법으로 어느 종류주식을 가진 주주들에게 손해를 미치는 내용으로 정관을 변경할 경우 그 종류주식을 가진 주주들이 부당한 불이익을 받게 되는 결과를 방지하기 위한 것이다. 이와 같이 종류주주총회는 전체 주주들과 종류주주들 간의 이해충돌을 조정하는 기능을 하는 한편, 손해를 입게 되는 종류주식의 주주들의 호의적 양보를 확인하는 절차로서의 의미도 있다.

종류주주총회는 주식회사의 독립한 기관이 아니다. 종류주주총회 결의를 원래의 주주총회의 효력발생요건으로 보는 것이 다수설이지만, 판례는 주주총회 결의의 대상인 행위의 법률효과가 발생하기 위한 별도의 요건으로 본다.

#### 2) 종류주주총회 결의가 요구되는 사항

(가) 정관변경    회사가 종류주식을 발행한 경우에 정관을 변경함으로써 어느 종류주식의 주주에게 손해를 미치게 될 때에는 주주총회 결의 외에 그 종류주식의 주주의 총회의 결의가 있어야 한다(435조①). 이러한 규정은 강행규정이므로, 회사가 정관을 변경함으로써 어느 종류주식의 주주에게 손해를 미치게 될 경우에도 종류주주총회를 요하지 않는다는 규정을 정관에 둔 경우 그 규정은 무효로 보아야 한다. 정관변경에 의하여 기존 주식에 의결권제한조항을 추가하는 경우에도 마찬가지로 해석하여야 할 것이다.

(나) 주식의 인수·배정에 관하여 특수하게 정하는 경우    회사가 종류주식을 발행한 경우에 정관에 다른 정함이 없는 경우에도 주식의 종류에 따라 신주의 인수, 주식의 병합·분할·소각 또는 합병·분할로 인한 주식의 배정에 관하여 특수하게 정할 수 있다(344조③). 이와 같이 특수하게 정함으로 인하여 어느 종류의 주주에게 손해를 미치게 될 경우에는 상법 제435조가 준용되므로(436조), 종류주주총회 결의가 필요하다.

(다) 회사의 구조재편    회사가 종류주식을 발행한 경우 주식의 종류에 따라,

주식교환·주식이전, 합병, 분할·분할합병 등의 구조재편으로 인하여 어느 종류주식의 주주에게 손해를 미치게 될 경우에도 상법 제435조가 준용되므로(436조), 종류주주총회 결의가 필요하다. 구조재편의 경우에는 앞의 두 경우와 달리 상대방회사가 존재한다는 특징이 있는데, 당사회사들의 종류주식 구성이 서로 다를 때 어느 한 당사회사의 종류주주총회가 필요한지에 대하여 논란의 여지가 있다.431)

(라) 주주부담의 가중    분할·분할합병으로 인하여 관련되는 각 회사의 주주의 부담이 가중되는 경우에도 종류주주총회 결의 외에 그 주주 전원의 동의가 있어야 한다(530조의3⑥). 이 규정은 분할·분할합병과 관련하여 주주를 보호하기 위하여

---

431) 우선주를 발행하고 있는 삼성물산(소멸회사)과 우선주를 발행하지 않은 제일모직(존속회사) 간의 합병에서, 삼성물산의 우선주에 대하여 제일모직이 액면금액(100원)의 50%(50원)를 우선배당하는 누적적·참가적 무의결권 우선주를 발행하여 주기로 하였다(삼성물산 주식의 액면금액은 5,000원이었고 1주당 우선배당금이 50원이었으므로 1주당 우선배당금은 동일함). 두 회사 모두 상장회사였으므로 자본시장법 규정에 따라 합병비율을 1 : 0.3500885로 정하고, 우선주에 대해서도 동일한 비율을 적용하기로 하였다. 이에 합병에 반대하는 삼성물산의 보통주주와 우선주주들은 삼성물산 우선주 1주당 제일모직 우선주를 약 0.35주를 받게 되므로 1주당 우선배당금은 변동이 없어도 보유주식수가 감소하므로 우선주주가 받게 되는 우선배당금 총액이 감소한다는 점을 주요 쟁점으로 하여 합병절차 진행정지 가처분을 신청하였다.
이에 서울중앙지방법원은 다음과 같이 판시하면서 신청인들의 신청을 기각하였다(서울중앙지방법원 2015. 9. 2.자 2015카합80886 결정).
"우선배당금이 감소하므로 일응 우선주주에게 불이익이 생기는 것처럼 보이나, 합병비율은 합병에 있어서 본질적인 요소로서, 어느 특정 종류주주의 이익이 고려대상이 되는 것이 아니라 합병당사회사 간의 가치에 따라 산정되는 수치이다. 또한 모든 종류주주는 합병에 있어서 합병비율이 불공정한 경우 합병무효의 소를 통하여 이를 다툴 지위를 보장받고 있을 뿐 아니라, 합병비율을 문제 삼아 합병에 반대하고 회사에 대하여 자신이 보유한 주식을 매수할 것을 청구할 권리도 보장받고 있다. 이와 같은 합병비율의 본질적 속성, 모든 주주에게 보유한 주식의 종류와 관계없이 합병과정에서 그 이익을 보호받을 수 있는 법적 수단이 마련되어 있는 점에 더하여 상법 제436조, 제435조에 따른 종류주주총회는 보통주를 가진 다수 주주가 일방적으로 어느 종류의 주식을 가진 소수주주가 부당한 불이익을 받게 되는 결과를 방지하려는 데에 그 취지가 있는 것일 뿐, 합병과정에서 주주에게 발생할 수 있는 모든 불이익을 방지하려는 데에 그 취지가 있는 것은 아닌 점까지 고려하여 보면, 회사의 합병에 있어서 합병당사회사의 가치를 반영한 정당한 합병비율이 적용됨에 따라 기존 주주에게 합병회사에서의 지분율이 감소하는 등으로 불이익이 발생할 여지가 생긴다고 하여 곧바로 상법 제436조에서 정하는 '손해'가 있다고 볼 수는 없고, 우선주에 적용되는 합병비율이 우선주에 관한 가치를 제대로 반영하지 못한 것이라는 등으로 우선주주에게 부당하게 불이익한 경우이어야 우선주주에게 위 조항에서 정하는 손해가 미치게 되었다고 볼 수 있을 것이다."
"이 사건 합병에 있어서 채무자의 우선주에 채무자의 보통주와 동일한 합병비율을 적용하여 합병에 따른 신주를 배정하는 것이 채무자 우선주주에게 부당하게 불이익하다고 볼 수 없으므로, 정당하게 산정된 이 사건 합병비율을 적용함에 따라 우선주의 발행주식총수가 감소하는 것 자체를 두고 채무자 우선주주에게 상법 제436조에서 정하는 손해가 미치게 되었다고 할 수 없다."

마련된 규정이고 분할·분할합병으로 인하여 회사의 책임재산에 변동이 생기게 되는 채권자를 보호하기 위하여 마련된 규정이 아니므로, 회사의 채권자는 위 규정을 근거로 회사분할로 인하여 신설된 회사가 분할 전 회사의 채무를 연대하여 변제할 책임이 있음을 주장할 수 없다.[432]

"주주 전원의 동의"라는 문구상 주주총회의 소집·결의에 관한 절차에 따를 필요가 없고, 동의받는 방식에도 제한이 없다.

주식교환·주식이전으로 인하여 주식교환·주식이전에 관련되는 각 회사의 주주의 부담이 가중되는 경우에도 종류주주총회 결의 외에 그 주주 전원의 동의가 있어야 한다(360조의3⑤, 360조의16④). 주식교환·주식이전에 관한 규정은 2011년 개정상법에 추가된 규정인데, 주식교환·주식이전에 의하여 관련되는 각 회사의 주주의 부담이 가중되는 경우가 실제로는 거의 없을 것으로 보인다.

　(마) 보통주주의 종류주주총회　　의결권 있는 우선주식도 발행할 수 있고,[433] 무의결권주의 의결권이 부활할 수도 있고,[434] 분할, 분할합병을 승인하는 주주총회에서는 무의결권주식의 주주도 의결권이 있다(530조의3③). 이러한 경우 보통주주가 다수를 점하고 있어 종류주주총회 결의요건을 구비한 것으로 인정할 수 있다면 별도로 보통주주만의 종류주주총회는 없어도 되지만, 보통주식의 주주가 소수인 경우에는 보통주주에게 불리한 주주총회 결의가 이루어질 수 있다. 따라서 상법상 요건을 갖춘 경우에는 보통주식의 주주의 종류주주총회도 필요하다.

　(바) 정관에 의한 종류주주총회 결의 요건　　상법상 종류주주총회 결의가 요구되는 경우 외에, 정관에 종류주주총회 결의사항을 추가로 규정하는 것을 허용하는 입법례도 있지만,[435] 이는 주주총회 결의에 대한 종류주주의 거부권을 인정하는 결

---

432) 대법원 2010. 8. 19. 선고 2009다92336 판결.

433) 종래의 상법은 제370조 제1항 본문에서, "회사가 수종의 주식을 발행하는 경우에는 정관으로 이익배당에 관한 우선적 내용이 있는 종류의 주식에 대하여 주주에게 의결권 없는 것으로 할 수 있다."라고 규정하였다. 따라서 이익배당에 관한 우선적 내용이 없는 보통주는 의결권 없는 주식으로 할 수 없었다. 이와 같이 종래의 무의결권은 우선주의 하나의 특징이었으나, 2011년 개정상법은 이를 종류주식의 하나로 규정하여, 이익배당우선 여부에 관계없이 의결권 배제·제한에 관한 종류주식을 발행할 수 있도록 하였다.

434) 종래의 상법은 의결권부활의 조건을 구체적으로 규정하였으나(개정 전 370조①), 2011년 개정상법은 이를 삭제하고, 정관에서 "의결권부활의 조건"을 정하도록 하였다(344조의3①).

435) 일본에서는 종류주식발행회사는 어느 종류주식에 대하여 종류주주총회 결의를 요하지 않는다는 뜻을 정관으로 정할 수 있고(日会 322조②), 제322조 제1항의 종류주주총회에 관한 규정은 정관의 정함이 있는 어느 종류주식의 종류주주를 구성원으로 하는 종류주주총회에 관하여는 적용하지 아니한다. 다만 정관변경의 경우(주식종류의 추가, 주식내용의 변경, 발행가능주

과가 되므로 신중하게 검토해야 할 문제이다.

### 3) 손해 요건

상법 제435조 제1항이 종류주주총회의 요건으로 규정하는 "어느 종류주식의 주주에게 손해를 미치게 될 때"라 함은, 어느 종류주식의 주주의 권리를 직접적으로 제한함으로써 불이익을 주는 경우는 물론, 새로운 종류주식을 발행함으로써 기존 종류주식의 주주들이 배당 등에 있어서 불리해지는 등 종류주식의 주주의 권리가 간접적으로 제한되는 경우도 포함한다.

또한 외견상 형식적으로는 평등한 것이라고 하더라도 실질적으로는 불이익한 결과를 가져오는 경우도 포함하며, 나아가 어느 종류주식의 주주의 지위가 정관의 변경에 따라 유리한 면이 있으면서 불이익한 면을 동시에 수반하는 경우도 포함한다.[436)

상법과 같이 종류주주에 대한 손해를 종류주주총회의 요건으로 규정하는 것은 다수의 입법례에서 볼 수 있다.[437)

### 4) 종류주주총회의 소집과 결의방법

(가) 주주총회 규정 준용    주주총회에 관한 규정은 의결권 없는 종류의 주식에 관한 것을 제외하고 종류주주총회에 준용된다(435조③). 그러나 통상의 주주총회에 참석할 주주와 종류주주가 동일하거나 이에 포함된다면 종류주주총회를 위한 소집통지는 별도로 할 필요 없이 통상의 주주총회를 위한 소집통지서에서 함께 해도 된다. 일반 주주총회를 위한 기준일, 주주명부폐쇄기간 공고 절차와 별도로 종류주주총회를 위한 기준일, 주주명부폐쇄기간 공고 절차를 이행하여야 한다. 종류주주들이 종류주주총회를 예상하지 못하고 명의개서를 하지 못한 상황도 있을 수 있기 때문이다.[438)

---

식총수 또는 발행가능종류주식총수의 증가)에는 종류주주총회에 관한 규정을 적용한다(日会 322조③). 그리고 종류주식이 발행된 후 정관을 변경하여 그 종류주식에 관하여 제2항과 같은 규정을 두려고 하는 때에는 해당 종류주주 전원의 동의를 얻어야 한다(日会 322조④).

436) 대법원 2006. 1. 27. 선고 2004다44575, 44582 판결.

437) 일본 회사법, 독일 주식법, 영국 회사법이 이러한 취지의 규정을 두고 있다. 다만, 미국 각주의 회사법은 대체로 손해를 요건으로 규정하지 않는다. 미국의 모범회사법(MBCA)도 기본정관의 변경에 의하여 다른 종류주식으로의 교환 또는 변경(exchange or reclassification)되는 경우와 종류주식의 신주인수권, 우선권을 포함한 각종 권리가 제한되는 경우에 종류주주총회의 결의를 요건으로 하면서 특별히 손해를 요건으로 하지 않는다[MBCA §10.04 (d)].

438) 김지평, "종류주주총회의 쟁점에 관한 소고", 선진상사법률연구 통권 제87호, 법무부(2019. 7), 83면].

(나) 종류주주총회의 소집　　통상의 주주총회와 종류주주총회는 별개의 총회이므로 소집통지도 별도로 하는 것이 원칙이나, 두 개의 총회를 한 자리에서 동시에 개최하는 경우에는 하나의 소집통지서 용지에 두 개의 주주총회의 소집통지를 동시에 할 수 있다.

(다) 결의요건　　종류주주총회 결의는 출석한 주주의 의결권의 3분의 2 이상의 수와 그 종류의 발행주식총수의 3분의 1 이상의 수로써 하여야 한다(435조②). 정관에 의한 결의요건의 가중, 감경은 금지된다는 것이 통설이다. 의결권 없는 주식의 주주들도 그들의 종류주주총회에서는 당연히 의결권을 행사할 수 있다. 주주총회에 관한 규정은 의결권 없는 종류의 주식에 관한 것을 제외하고 종류주주총회에 준용된다(435조③).

5) 종류주주총회 결의의 하자·흠결

(가) 종류주주총회 결의의 하자　　종류주주총회 결의의 하자가 있는 경우, 주주총회 결의의 하자에 관한 규정을 준용할 것인지에 대하여, 종류주주총회 결의는 주주총회 결의의 효력발생요건에 불과하고, 절차상 다시 주주총회 결의의 하자를 다투는 소가 필요하게 되므로 실익도 없으므로, 독립된 형식의 소로 다툴 수 없다는 견해가 있다.[439] 그러나 종류주주총회 결의에 하자가 있더라도 주주총회 결의 자체에는 아무런 하자가 없는 경우에는 하자 없는 종류주주총회 결의만 갖추면 주주총회 결의는 확정적으로 유효하게 되기 때문에, 주주총회 결의의 효력을 다투는 소를 제기할 수 있다는 견해는 받아들이기 어렵다.

또한 주주총회에 관한 규정은 의결권 없는 종류의 주식에 관한 것을 제외하고 종류주주총회에 준용되므로(435조③), 주주총회 결의의 하자에 관한 규정에 따라 종류주주총회 결의의 하자에 대하여도 독립하여 다툴 수 있다는 해석이 타당하다.

(나) 종류주주총회 결의의 흠결

가) 주주총회 결의불발효설　　주주총회 결의불발효설은 종류주주총회 결의는 주주총회 결의가 유효하기 위한 요건이므로 종류주주총회 결의가 없는 한 주주총회 결의는 완전한 효력이 발생하지 아니한 부동적 무효인 상태 또는 불발효 상태에 있으며, 종류주주총회 결의가 있으면 확정적으로 유효한 결의가 되고 주주총회 결의에 대해 반대하는 종류주주총회 결의가 있으면 확정적으로 무효인 결의가 된다

---

439) 이철송, 634면.

고 본다.440) 이 견해에 의하면 종류주주총회 결의가 없는 경우 민사소송법에 의하여 주주총회 결의불발효확인의 소를 제기하여야 할 것이다.

나) 주주총회 결의취소사유설     주주총회 결의취소사유설은 정관변경무효확인의 소는 상법상 소송이 아니라 민사소송상 확인의 소에 해당한다는 판례의 취지에 반대하면서, 판결의 대세적 효력이 없으면 정관의 효력이 당사자마다 다르게 되어 회사법률관계의 안정을 해치므로 종류주주총회 결의의 흠결은 주주총회 결의의 취소사유로 보아야 한다는 견해이다.441)

다) 특별요건설     판례는 정관변경과 관련하여 종류주주총회를 거치지 않은 사안에서 결의의 불발효 상태라는 관념을 인정하지 않고, 종류주주총회 결의는 정관변경이라는 법률효과가 발생하기 위한 하나의 특별요건으로 보고, 정관변경에 관한 종류주주총회 결의가 아직 이루어지지 않았다면 그러한 정관변경의 효력이 아직 발생하지 않는 데에 그칠 뿐이고, 그러한 정관변경을 결의한 주주총회 결의 자체의 효력에는 아무런 하자가 없다고 본다. 나아가 판례는 정관변경에 필요한 특별요건이 구비되지 않았음을 이유로 하여 정면으로 그 정관변경이 무효라는 확인을 구하면 족한 것이지, 그 정관변경을 내용으로 하는 주주총회 결의 자체가 아직 효력을 발생하지 않고 있는 상태(불발효 상태)에 있다는 것의 확인을 구할 필요는 없다는 입장이다.442)

---

440) 독일 주식법 제179조 제3항은 어느 종류주주에게 불이익하게 정관변경의 결의가 있는 경우에는 그 불이익을 받는 주주의 종류주주총회를 거쳐야 한다고 규정하며, 통설은 이 경우 종류주주총회 결의를 거치지 않은 정관변경 결의는 부동적 무효(schwebend unwirksam)라고 하고, 종류주주총회 결의가 있으면 주주총회 결의가 확정적으로 유효하게 되나(endgultig wirksam), 주주총회 결의에 대해 반대하는 결의가 있게 되면 주주총회 결의는 확정적 무효(endgultig unwirksam)로 본다.

441) 이철송, 635면.

442) [대법원 2006. 1. 27. 선고 2004다44575 판결](삼성전자 정관변경 사건) "어느 종류 주주에게 손해를 미치는 내용으로 정관을 변경함에 있어서 그 정관변경에 관한 주주총회의 결의 외에 추가로 요구되는 종류주주총회의 결의는 정관변경이라는 법률효과가 발생하기 위한 하나의 특별요건이라고 할 것이므로, 그와 같은 내용의 정관변경에 관하여 종류주주총회의 결의가 아직 이루어지지 않았다면 그러한 정관변경의 효력이 아직 발생하지 않는 데에 그칠 뿐이고, 그러한 정관변경을 결의한 주주총회 결의 자체의 효력에는 아무런 하자가 없다. 정관의 변경결의의 내용이 어느 종류의 주주에게 손해를 미치게 될 때에 해당하는지 여부에 관하여 다툼이 있는 관계로 회사가 종류주주총회의 개최를 명시적으로 거부하고 있는 경우에, 그 종류의 주주가 회사를 상대로 일반 민사소송상의 확인의 소를 제기함에 있어서는, 정관변경에 필요한 특별요건이 구비되지 않았음을 이유로 하여 정면으로 그 정관변경이 무효라는 확인을 구하면 족한 것이지, 그 정관변경을 내용으로 하는 주주총회 결의 자체가 아직 효력을 발생하지 않고 있는 상태(이른바 불발효 상태)라는 관념을 애써 만들어서 그 주주총회 결의가 그러한 '불발효 상태'에 있다

이때의 정관변경무효확인의 소는 상법상 소송이 아니라 민사소송상 확인의 소에 해당한다. 따라서 제소권자·제소기간·주장방법 등에 대하여 아무런 제한이 없으나 상법상 소송이 아니므로 판결의 대세적 효력이 인정되지 않는다. 이와 같이 종류주주총회 결의는 주주총회 결의의 효력발생요건이 아니라 정관변경이라는 법률효과가 발생하기 위한 또 하나의 특별요건으로 보는 판례의 입장에 의하면, 종류주주총회 결의의 흠결이 있더라도 이를 원인으로 주주총회 결의의 취소나 무효확인을 구할 수 없다.

라) 검    토    주주총회 결의불발효설은 상법상 부동적 무효나 불발효 상태라는 개념을 인정할 근거가 없으므로 취하기 곤란하고, 주주총회 결의취소사유설도 종류주주총회 결의가 없더라도 주주총회 결의 자체에는 아무런 하자가 없으므로 역시 취하기 곤란하다. 따라서 판례와 같이 정관변경효력요건설이 타당하다고 보는데, 다만 종류주주총회 결의가 있을 때까지 주주총회 결의는 계속 유효하다는 것은 결국 또 하나의 불발효 상태(정관변경의 불발효)를 창설하는 것과 다르지 아니하므로 완전한 논리라고 보기 어렵다.

이와 관련하여, 정관변경효력요건설도 정관변경의 무효확인을 구하라는 것이므로, 주주총회 결의불발효설과 정관변경효력요건설의 차이는 부동적 무효의 대상이 주주총회 결의인지 정관변경인지의 차이밖에 없다. 따라서 종류주주총회 결의가 있을 때까지 정관변경의 불발효 상태를 계속되게 함으로써 회사법률관계의 불확정성을 초래한다는 문제점을 지적하면서, 회사가 종류주주총회의 개최를 명시적으로 거부한 시점 이후에는 정관변경이 확정적으로 무효로 된다는 견해가 있는데,[443] 주주총회 결의불발효설과 정관변경효력요건설의 문제점을 해소할 수 있는 것으로서 타당하다고 본다.

### (6) 주주총회 의사록

#### 1) 작성절차

주주총회의 의사에 관하여 의사록이 작성되어야 하는데(373조①), 의장이 총회를 마친 후 지체 없이 작성하여야 하고, 만일 의장이 의사록 작성을 지체할 때에는

---

는 것의 확인을 구할 필요는 없다"(원고와 피고는 각각 선택적으로 정관변경에 관한 주주총회 결의불발효확인, 정관변경에 관한 주주총회 의결무효확인, 정관변경무효확인을 청구하였는데, 구체적인 청구취지에 관하여는 [제I권 제3장 제7절 Ⅳ. 정관변경 관련 소송]에서 상술하였다).
443) 송옥렬, 951면.

대표이사가 이를 작성한다.444) 의사록에는 의사의 경과요령과 그 결과를 기재하고
의장과 출석한 이사가 기명날인 또는 서명하여야 한다(373조②).445)

2) 기재사항

의사록에 기재되는 사항은 ① 총회의 명칭 ② 총회개최 년월일과 개회시각 ③
총회개최지와 장소 ④ 총주주수와 그 주식수(의결권 있는 주식은 별도 표시) 및 출석주
주와 그 주식수 ⑤ 의장의 개회선언 ⑥ 의사진행요령과 결과(보고사항의 개요, 안건의
상정, 제안설명, 토론의 개요 및 표결방법과 결과) ⑦ 폐회선언 및 폐회시각 ⑧ 의사록 작
성년월일 ⑨ 의장 및 출석이사의 기명날인 또는 서명 등이다.

3) 기재방법

표결결과는 의안별로 보통결의와 특별결의의 요건에 맞추어 기재하여야 한다.

이사·감사의 선임에 있어 피선임자들이 즉석에서 그 취임을 승낙한다는 기재
가 의사록에 없으면 선임 등기시 이들의 취임승낙서를 따로 제출해야 하는 등 번거
로우므로 이를 기재토록 하는 것이 좋다.

상법상 이사는 사내이사·사외이사·기타비상무이사로 구분되므로, 새로 선임되
는 이사가 이 중 어느 이사인지 명백히 구별되도록 의사록에 기재하여야 한다.446)

4) 기명날인 또는 서명

주주총회가 개최될 당시 이사의 자격이 있는 자가 기명날인 또는 서명을 하는
것이 원칙이다. 따라서 이사 개선을 위한 주주총회의 경우 출석한 전임이사는 항상
기명날인 또는 서명을 하는 이사에 해당하고, 신임이사는 주주총회가 개최되고 있
는 동안 취임승낙을 하면 전임이사와 함께 기명날인 또는 서명을 하는 이사에 해당
한다. 신임이사의 임기를 주주총회 종결 이후로 정한 경우에는 해당 주주총회 의사
록에 기명날인 또는 서명을 할 자격이 없다.

한편, 등기공무원은 형식적 심사권밖에 없으므로 주주총회 당시 전임이사가
출석을 하였는가 하는 것은 주주총회의 의사록에 의하여 판단할 수밖에 없고, 따라

---

444) 상장회사 표준주주총회 운영규정 제42조 제1항·제2항.
445) 이사회 의사록은 출석한 이사·감사가 기명날인 또는 서명하여야 하는데, 주주총회 의사록
　　의 경우 감사는 기명날인 또는 서명하지 않는다.
446) 다만, 주주총회에서 사내이사와 기타비상무이사를 구별하지 않고 선임한 경우, 정관의 규정
　　에 따라 이사회가 사외이사 아닌 자들 중에서 사내이사와 기타비상무이사를 구별하여 선임할
　　수 있다는 상업등기선례는 있지만[상업등기선례 제200907-1호(2009. 7. 2. 사법등기심의관-1538
　　질의회답)], 이는 비정상적인 현황을 구제하기 위한 해석이라 할 것이고, 원칙적으로는 주주총
　　회에서 구별하여 선임하는 것이 바람직하다.

서 그 의사록에 전임이사가 출석하였다는 취지가 기재되어 있지 않은 한, 전임이사의 기명날인이 없는 의사록을 첨부하여 등기를 신청한 경우에도 이를 수리하여야 한다.447)

주주총회의 의사록에 의장과 출석한 이사가 기명날인 또는 서명하지 않은 경우에도 주주총회 결의의 효력에는 영향이 없다.

한편, 실무상 기명날인자 또는 서명자 전원이 간인(間印)을 하기도 하는데, 간인은 사후변조를 예방하기 위한 것이므로 반드시 전원이 하지 않고 대표이사만 해도 무방하며, 나아가 간인이 전혀 없다 하더라도 주주총회 의사록의 효력에는 영향이 없다. 이사회 의사록도 마찬가지이다.

5) 의사록 공증

주주총회 결의사항에 등기사항이 있는 경우에는 등기신청시 의사록을 첨부하여야 하고(商登則 128조②), 의사록에 대한 공증이 필요하다(公證人法 66조의2).448) 실무상 주주총회 속기록을 그대로 의사록의 내용으로 하는 경우도 있으나 주주총회 의사록을 총회 속기록으로 갈음할 수 없고, 특히 공증을 위하여 작성방법에 따른 의사록을 작성해야 한다.449)

6) 비치 및 열람·등사

이사는 주주총회 의사록을 본점·지점에 비치하여야 한다(396조①).450) 주주와 회사채권자는 영업시간 내에 언제든지 의사록의 열람·등사를 청구할 수 있다(396조②).451)

---

447) 상업등기선례 제1-74호(1994. 4. 1. 등기 3402-305 질의회답).
448) 경영권 분쟁 기타 특별한 사정이 있어서 등기를 시급히 하여야 하는 경우에는 공증인 자격 있는 변호사가 주주총회를 참관한 후 의사록이 작성되면 바로 공증을 하기도 한다. 경영권 분쟁상황에서는 주주총회가 파행적으로 진행되는 결과 같은 날 서로 다른 이사에 대한 선임결의가 이루어지는 수도 있고, 이 경우에는 어느 한 쪽에서 먼저 등기신청을 하여 선임등기를 마치면 다른 쪽에서는 주주총회 결의의 하자를 원인으로 하는 본안소송과 가처분(직무집행정지가처분)에 의하여 다투는 수밖에 없으므로 불리한 상황에 놓이게 된다. 따라서 등기신청을 먼저 하기 위하여 여러 가지 수단을 강구하고 심지어는 상대방 측의 등기신청을 방해하기 위하여 물리적인 힘으로 등기신청을 방해하기도 한다.
449) 공증을 하려면 의사록에 의장과 출석한 이사가 기명날인 또는 서명을 하여야 하는데, 출석이사가 기명날인 또는 서명을 하기 곤란한 사정이 있거나 이를 거부하는 경우에는 다른 출석한 이사가 그 내용을 의사록에 기재하면 인증을 부여받을 수 있다.
450) 반면에 이사회 의사록은 비치의무 대상이 아니다(391조의3③). 그리고 반드시 주주총회 의사록 서면 실물을 비치해야 하는 것은 아니고 주주나 회사채권자가 의사록의 열람·등사를 청구할 때 출력해서 교부하면 된다.
451) 이사회 의사록 열람·등사청구에 대하여는 회사는 주주의 청구가 부당하다는 이유를 붙여

### (7) 감사의 의안 조사

감사는 이사가 주주총회에 제출할 의안 및 서류를 조사하여 법령·정관에 위반하거나 현저하게 부당한 사항이 있는지의 여부에 관하여 주주총회에 그 의견을 진술하여야 한다(413조). 실제의 주주총회에서는 감사의 의안조사 및 의견진술을 생략하는 경우가 많은데, 의장이 감사에게 의견진술 기회를 부여하는 않은 경우에는 주주총회 결의의 하자원인이 될 수도 있으므로 가급적 포함시켜야 할 것이다.

### (8) 후속 이사회

주주총회를 개최한 후 결의사항의 후속처리를 위하여 이사회를 개최한다. 이사의 개선에 따라 후임대표이사의 선임, 사내이사들간의 업무분장, 이사보수한도 내에서 집행방법의 결정 등이 후속처리사항이 된다. 신임 대표이사가 결정되지 않은 경우 대표이사 및 의장 유고시의 직무대행순서에 따른다. 정관에 대표이사 및 의장 유고에 관한 규정이 없는 경우에는 사내이사 중 최고위 직급순, 직급이 같은 경우에는 연장자 순 등 합리적인 방법에 의하여 처리하면 된다.

### (9) 등기신청

주주총회에서 결의된 사항 중에 등기사항의 변경을 가져오는 것에 대하여는 본점 소재지에서는 2주간 이내, 지점 소재지에서는 3주간 이내에 변경등기를 해야 한다(317조④). 통상 주주총회 결의사항 중 변경등기를 해야 하는 사항은 이사·감사의 선임·퇴임, 대표이사 변경과 정관 변경에 따른 등기사항 등이 있다.

이사가 변경되어 등기할 경우 사내이사, 사외이사, 그 밖에 상무에 종사하지 아니하는 이사·감사로 구분하여 성명과 주민등록번호를 등기하여야 한다(상법 317조②·④). 정관 변경내용 중 회사의 사업목적, 상호, 본점 소재지, 공고방법이나 수권자본금(회사가 발행할 주식의 총수), 1주 금액의 변경 등이 있을 때에 변경등기를 해야 한다(상법 317조②·④).

### (10) 배당등 주주들에 대한 결과의 통지

상법은 총회 결과의 통지에 대하여 별도로 정하고 있지 않지만, 총회가 종료한

---

거절할 수 있지만(391조④), 주주총회 의사록은 주주의 열람·등사 청구를 거절할 수 없다.

후 회사는 총회의 결과를 주주에게 통지해 주는 것이 바람직하다. 주식배당에 관한 결의가 있는 때에는 지체 없이 배당을 받을 주주와 주주명부에 기재된 질권자에게 그 주주가 받을 주식의 종류와 수를 통지하도록 하고 있다(462조의2⑤). 이에 따라 주식배당을 결의한 경우에는 이익배당에 관한 통지서와 영수증을 동봉하여 주주에게 통지하는 것이 일반적이다. 상장회사의 경우 총회 개최결과를 한국거래소 전자공시시스템을 통해 공시하도록 하고 있다.

## 4. 영업양도와 주주총회 특별결의

회사가 다음과 같은 행위를 함에는 주주총회 특별결의가 있어야 한다(374조①).

1. 영업의 전부 또는 중요한 일부의 양도
2. 영업 전부의 임대 또는 경영위임, 타인과 영업의 손익 전부를 같이 하는 계약, 그 밖에 이에 준하는 계약의 체결·변경 또는 해약
3. 회사의 영업에 중대한 영향을 미치는 다른 회사의 영업 전부 또는 일부의 양수

### (1) 영업의 전부 또는 중요한 일부의 양도

#### 1) 영업의 의의

상법상 영업은 주관적으로는 상인이 수행하는 영리활동을 말하고, 객관적으로는 영리활동을 위한 조직적 재산의 총체를 말한다. 여기서 재산은 적극재산과 소극재산으로 구성된 영업용 재산과, 영업상 축적된 무형의 재산(소위 영업권)을 포함한다.

#### 2) 영업양도의 의의

상법은 제1편 총칙에서 영업양도에 관하여 양도인과 양수인의 책임을 중심으로 규정한다.452)453) 영업양도는 반드시 영업양도 당사자 사이의 명시적 계약에

---

452) [제41조(영업양도인의 경업금지)]
　　① 영업을 양도한 경우에 다른 약정이 없으면 양도인은 10년간 동일한 특별시·광역시·시·군과 인접 특별시·광역시·시·군에서 동종영업을 하지 못한다.
　　② 양도인이 동종영업을 하지 아니할 것을 약정한 때에는 동일한 특별시·광역시·시·군과 인접 특별시·광역시·시·군에 한하여 20년을 초과하지 아니한 범위내에서 그 효력이 있다.
　　[제42조(상호를 속용하는 양수인의 책임)]
　　① 영업양수인이 양도인의 상호를 계속 사용하는 경우에는 양도인의 영업으로 인한 제3자

의하여야 하는 것은 아니며 묵시적 계약에 의하여도 가능하다.454)

상법상의 영업양도는 일정한 영업목적에 의하여 조직화된 업체, 즉 인적·물적 조직을 그 동일성은 유지하면서 일체로서 이전하는 것을 의미하고, 영업양도가 이루어졌는가의 여부는 단지 어떠한 영업재산이 어느 정도로 이전되어 있는가에 의하여 결정되는 것이 아니고 거기에 종래의 영업조직이 유지되어 그 조직이 전부 또는 중요한 일부로서 기능할 수 있는가에 의하여 결정된다.455)

3) 영업의 동일성과 일체성

통설과 판례는 영업양도에 해당하려면 인적·물적 조직을 그 동일성은 유지하면서 일체로서 이전하는 것이라고 본다.456) 즉, 영업양도의 개념은 영업의 동일성

---

의 채권에 대하여 양수인도 변제할 책임이 있다.

② 전항의 규정은 양수인이 영업양도를 받은후 지체없이 양도인의 채무에 대한 책임이 없음을 등기한 때에는 적용하지 아니한다. 양도인과 양수인이 지체없이 제3자에 대하여 그 뜻을 통지한 경우에 그 통지를 받은 제3자에 대하여도 같다.

[제43조(영업양수인에 대한 변제)]

전조 제1항의 경우에 양도인의 영업으로 인한 채권에 대하여 채무자가 선의이며 중대한 과실없이 양수인에게 변제한 때에는 그 효력이 있다.

[제44조(채무인수를 광고한 양수인의 책임)]

영업양수인이 양도인의 상호를 계속사용하지 아니하는 경우에 양도인의 영업으로 인한 채무를 인수할 것을 광고한 때에는 양수인도 변제할 책임이 있다.

[제45조(영업양도인의 책임의 존속기간)]

영업양수인이 제42조 제1항 또는 전조의 규정에 의하여 변제의 책임이 있는 경우에는 양도인의 제3자에 대한 채무는 영업양도 또는 광고후 2년이 경과하면 소멸한다.

453) 일본 회사법은 상법상 사용되던 "영업양도"라는 용어를 "사업양도"라는 용어로 변경하였다. 그리고 사업의 전부 또는 중요한 일부의 양수도의 경우, 양도회사, 양수회사는 모든 회사에서 주주총회 특별결의가 필요함을 전제로(日会 467조, 309조), 주주총회 결의가 요구되지 않는 경우(약식절차와 간이절차)를 열거한다(양도회사의 경우 제467조, 제468조, 양수회사의 경우 제469조, 470조). 그리고 회사법은 상법상 사후설립에 관한 규정을 사업양도와 함께 규정한다. 즉, 주식회사 성립 후 2년 내에 성립 전부터 존재한 재산을 그 사업을 위하여 계속하여 사용할 목적으로 취득하는 경우에는 원칙적으로 주주총회 결의가 필요하다(日会 467조 제5호). 우리 상법도 영업양도에 대한 주주총회 특별결의요건을 규정한 제374조의 규정은 사후설립의 경우에 준용된다(375조).

454) 대법원 2009. 1. 15. 선고 2007다17123 판결.

455) 대법원 2011. 9. 8. 선고 2009다24866 판결(同旨: 대법원 2010. 9. 30. 선고 2010다35138 판결).

456) [대법원 2014. 10. 15. 선고 2013다38633 판결] "주주총회의 특별결의가 있어야 하는 상법 제374조 제1항 제1호 소정의 '영업의 전부 또는 중요한 일부의 양도'라 함은 일정한 영업목적을 위하여 조직되고 유기적 일체로 기능하는 재산의 전부 또는 중요한 일부를 총체적으로 양도하는 것을 의미하는 것으로서, 이에는 양수 회사에 의한 양도 회사의 영업적 활동의 전부 또는 중요한 일부분의 승계가 수반되어야 하는 것이므로 단순한 영업용 재산의 양도는 이에 해당하지 않는다"(甲주식회사가 주주총회 특별결의 없이 금융사업부문을 乙주식회사에 양도한 사안에서, 금융사업부문의 자산가치가 甲회사 전체 자산의 약 33.79%에 달하고 본질가치의

과 양도의 일체성을 전제로 하는데, 영업의 동일성은 영업이 일체적으로 이전되어야 유지되는 것이므로 결국 양자의 개념은 상호 보완적이라 할 수 있다.

이러한 영업의 동일성과 일체성 여부는 일반 사회관념을 기준으로 판단한다. 따라서 "영업재산의 일부를 유보한 채 영업시설을 양도했어도 그 양도한 부분만으로도 종래의 조직이 유지되어 있다고 사회관념상 인정되면 그것을 영업의 양도라 볼 것이지만, 반면에 영업재산의 전부를 양도했어도 그 조직을 해체하여 자산과 부채를 특정하여 양도했다면 영업의 양도로 볼 수 없다."[457] 다만, 일부 판례는 동일성 요건을 완화하여, "사회통념상 전체적으로 보아 종전의 영업이 그 동일성을 유지한 채 일체로서 이전한 것과 마찬가지로 볼 수 있는 특별한 사정이 인정되는 경우에는 영업양도에 해당한다."라고 판시하여 동일성요건을 갖춘 경우와 마찬가지로 볼 수 있는 "특별한 사정"이 있는 경우에도 영업양도를 인정한다.[458]

4) 영업의 중요한 일부 양도

영업의 일부를 양도하는 경우에도 해당 영업이 양도 당시 양도회사 영업의 중요한 일부인 경우에는 주주총회 특별결의가 필요하다. 상법은 "중요성"의 구체적인 기준에 대하여는 규정하지 않지만, 판례는 "주식회사가 사업목적으로 삼는 영업 중 일부를 양도하는 경우 상법 제374조 제1항 제1호 소정의 '영업의 중요한 일부의 양도'에 해당하는지는 양도대상 영업의 자산, 매출액, 수익 등이 전체 영업에서 차지하는 비중, 일부 영업의 양도가 장차 회사의 영업규모, 수익성 등에 미치는 영향 등을 종합적으로 고려하여 판단하여야 한다."라는 입장이다.[459]

이와 관련하여, 영업의 중요한 일부라 함은 양적인 면에서 양도대상인 영업의 가치가 회사의 전 영업의 가치에서 차지하는 비중이 어느 만큼 되느냐와 질적인 면에서 당해 영업부문의 양도로 회사가 종전의 영업을 큰 축소나 변동 없이 계속 유지할 수 있느냐를 종합적으로 고려하여 판단하여야 할 것이라고 판시함으로써 보다 구체적인 기준을 제시한 하급심 판례도 있다.[460]

경우 금융사업부문만이 플러스를 나타내고 있는 점, 금융사업부문은 甲회사 내부에서 유일하게 수익 창출 가능성이 높은 사업부문인 점 등 제반 사정에 비추어 위 양도로 甲회사에는 회사의 중요한 영업의 일부를 폐지한 것과 같은 결과가 초래되었고, 乙회사는 별다른 양도대가를 지불하지 않은 채 甲회사의 금융사업부문과 관련된 대부분의 자산과 거래처 등을 그대로 인수하여 종전과 동일한 영업을 계속하고 있으므로, 위 양도는 상법 제374조 제1항 제1호가 규정하고 있는 '영업의 중요한 일부의 양도'에 해당한다고 본 사례).

457) 대법원 2007. 6. 1. 선고 2005다5812, 5829, 5836 판결.
458) 대법원 2006. 11. 23. 선고 2005다5379 판결.
459) 대법원 2014. 10. 15. 선고 2013다38633 판결.

양적 측면에서의 중요성 판단에 있어서 자본시장법상 사업보고서 제출대상법인의 주요사항보고서 제출 대상인 해당 영업부문의 자산액, 영업부문의 매출액, 인수할 부채액 중 하나라도 최근 사업연도 말 현재 각 해당 금액의 10%를 기준으로 하는 것이 타당하다.461)

한편, 영업전부의 양도에 주주총회 특별결의를 요하는 취지에 비추어 영업의 중요한 일부도 이론적으로는 질적 판단을 보다 중시하여 판단하는 것이 타당하겠지만, 질적 판단은 사후에는 몰라도 거래 당시에는 불확실한 면이 있어서 그 판단기준이 명확하지 않다는 문제가 있다.

### 4) 근로관계승계와 근로자의 승계거부

(가) 근로관계의 포괄적 승계    영업이 양도되면 반대의 특약이 없는 한 양도인과 근로자 사이의 근로관계는 원칙적으로 양수인에게 포괄적으로 승계되지만 근로자가 반대 의사를 표시함으로써 양수기업에 승계되는 대신 양도기업에 잔류하거나 양도기업과 양수기업 모두에서 퇴직할 수도 있다. 또한 근로자가 자의에 의하여 계속근로관계를 단절할 의사로 양도기업에서 퇴직하고 양수기업에 새로이 입사할 수도 있다.462) 한편, 이때 승계되는 근로관계는 계약체결일 현재 실제로 그 영업부문에서 근무하고 있는 근로자와의 근로관계만을 의미하고, 계약체결일 이전에 해당 영업부문에서 근무하다가 해고 또는 면직된 근로자로서 해고 및 면직처분의 효력을 다투는 근로자와의 근로관계까지 승계하는 것은 아니다.463)

(나) 승계제외특약    영업양도 당사자 사이에 근로관계의 일부를 승계의 대상에서 제외하기로 하는 특약이 있는 경우에는 그에 따라 근로관계의 승계가 이루어

---

460) 부산지방법원 2009. 7. 8. 선고 2009가합1682 판결. (3개 사업부로 구성된 주식회사가 그 중 1개 사업부의 만성적자로 회사 전체의 존립이 위협받게 되자 그 사업부를 분리하여 새로이 설립하는 주식회사에 양도한 사안에서, 위 사업부의 양도는 상법상 영업양도에 해당하지만 양도대상 사업부의 영업의 가치가 회사 전체의 영업의 가치에서 차지하는 비중이 크지 않고, 양도 이후 양도회사가 종전의 영업을 크게 축소하거나 변동하지 않고 이전의 영업을 계속 유지하고 있는 등 양적·질적 측면에서 양도 당시 그 사업부가 양도회사 영업의 중요한 일부에 해당한다고 볼 수 없어, 그 사업부의 양도에 주주총회의 특별결의를 요하지 않는다고 한 사례).

461) 이 경우 10% 이상이라고 하여 항상 중요성이 인정된다고 해석하기보다는 10% 미만이면 특별한 사정이 없는 한 중요성이 인정되지 않는다고 해석하는 것이 적절하다. 일본 회사법도 사업의 중요한 일부에 관하여, 양도자산의 장부가액이 총자산으로서 법무성에서 정한 방법으로 산정된 금액의 5분의 1 이하의 사업양도는 중요한 일부로 보지 않는다고 명문으로 규정한다(日会 467조 제2호).

462) 대법원 2012. 5. 10. 선고 2011다45217 판결.

463) 대법원 1993. 5. 25. 선고 91다41750 판결.

지지 않을 수 있으나, 그러한 특약은 실질적으로 해고나 다름이 없으므로 근로기준법 제23조 제1항(구법 제30조 제1항) 소정의 정당한 이유가 있어야 유효하며, 영업양도 그 자체만을 사유로 삼아 근로자를 해고하는 것은 정당한 이유가 있는 경우에 해당한다고 볼 수 없다.464)

(다) 근로자의 승계 거부    영업이 양도된 경우에 근로관계의 승계를 거부하는 근로자에 대하여는 그 근로관계가 양수하는 기업에 승계되지 아니하고 여전히 양도하는 기업과 사이에 존속되는 것이며, 이러한 경우 원래의 사용자는 영업 일부의 양도로 인한 경영상의 필요에 따라 감원이 불가피하게 되는 사정이 있어 정리해고로서의 정당한 요건이 갖추어져 있다면 그 절차에 따라 승계를 거부한 근로자를 해고할 수 있다.465)

5) 영업양수와 주식인수

회사의 영업에 중대한 영향을 미치는 다른 회사의 영업전부를 양수할 경우에도 주주총회 특별결의를 요한다. 통상 회사를 양수한다는 것에는, 영업 주체인 회사로부터 영업 일체를 양수하여 회사와는 별도의 주체인 양수인이 양수한 영업을 영위하는 경우와 회사의 주식이나 지분권을 그 소유자로부터 양수받아 양수인이 회사의 새로운 지배자로서 회사를 경영하는 경우가 있다. 이와 같이 회사의 주식을 그 소유자로부터 양수받아 양수인이 회사의 새로운 지배자로서 회사를 경영하는 경우에는 회사의 영업이나 재산은 아무런 변동이 없고 주식만이 양도될 뿐이므로 주주총회의 특별결의는 이를 거칠 필요가 없다.466) 다만, 대상회사의 발행주식 전

---

464) 대법원 2002. 3. 29. 선고 2000두8455 판결.
465) 대법원 2000. 10. 13. 선고 98다11437 판결.
466) [대법원 1999. 4. 23. 선고 98다45546 판결]【계약금반환등】 "[1] 통상 회사를 양수한다는 것에는, 영업 주체인 회사로부터 영업 일체를 양수하여 회사와는 별도의 주체인 양수인이 양수한 영업을 영위하는 경우와 회사의 주식이나 지분권을 그 소유자로부터 양수받아 양수인이 회사의 새로운 지배자로서 회사를 경영하는 경우가 있는바, 전자의 경우는 영업의 주체인 회사가 양도인이 되어 양수인과 계약을 체결하고 양도·양수 후에도 양수인은 그 회사와는 별도의 주체로서 양수한 영업을 영위하는 것이나, 후자의 경우는 영업 자체를 양도·양수하는 것이 아니라 영업의 주체인 회사의 주식이나 지분권을 양도·양수하는 것이므로, 이 경우는 회사의 주식 또는 지분권을 소유하고 있는 주주 또는 지분권자 개인이 양도인이 되는 것이고 회사가 양도인이 될 수는 없다. [2] 주식회사가 양도·양수에 관련되어 있는 경우에 그 양도·양수가 영업 주체인 회사로부터 영업 일체를 양수하여 회사와는 별도의 주체인 양수인이 양수한 영업을 영위하는 경우에 해당한다면 상법 제374조 제1항 제1호에 따라 회사의 양도·양수에 반드시 주주총회의 특별결의를 거쳐야 하는 것이지만, 회사의 주식을 그 소유자로부터 양수받아 양수인이 회사의 새로운 지배자로서 회사를 경영하는 경우에는 회사의 영업이나 재산은 아무런 변동이 없고 주식만이 양도될 뿐이므로 주주총회의 특별결의는 이를 거칠 필요가 없으며,

부를 양수하는 경우는 실질적으로 대상회사의 영업을 양수하는 것이므로 주주총회 특별결의가 요구되는지에 관하여는 논란이 있을 수 있다. 물론, 양수회사가 영업양수를 목적으로 하는 것이 아니라 권리 실행을 위하여 발행주식 전부를 양수하는 것이면 논의의 대상이 아니다.

### 6) 영업의 현물출자

영업의 중요한 일부를 다른 회사에 현물출자하는 경우는 상법 제374조 제1항이 규정하지 않지만, 주주에게 미치는 영향은 양도의 경우와 차이가 없으므로 위 제374조 제1항을 유추적용하여 주주총회 특별결의를 받아야 한다고 해석하여야 한다.

### 7) 중요재산의 처분

(가) 이사회 결의    제374조의 영업과 제41조의 영업을 같은 개념으로 본다면, 영업용 재산은 영업과 구별되는 개념이다. 따라서 영업이 아닌 영업용재산을 처분하는 경우에는 주주총회 특별결의가 요구되지 않고 이사회 결의만으로 족하다.[467]

(나) 영업의 폐지에 이르는 경우    영업용재산의 양도에 의하여 영업의 폐지에 이르는 경우에 주주총회 특별결의가 요구되는지에 관하여는, 재산의 중요성 여부는 회사의 내부사정이므로 거래의 안전을 위하여 총칙상의 영업에 해당하지 않는 영업용재산의 중요양도는 주주총회 특별결의가 필요 없다는 견해와, 회사와 주주의 이익 보호를 위하여 총칙상의 영업양도와 회사법상의 영업양도를 다르게 해석하여야 하고, 따라서 중요한 영업용재산의 양도의 경우에도 주주총회 특별결의가 요구된다는 견해가 대립한다.

판례는 "주주총회의 특별결의가 있어야 하는 상법 제374조 제1항 제1호 소정의 '영업의 전부 또는 중요한 일부의 양도'라 함은 일정한 영업목적을 위하여 조직되고 유기적 일체로 기능하는 재산의 전부 또는 중요한 일부를 총체적으로 양도하는 것을 의미하는 것으로서, 이에는 양수 회사에 의한 양도 회사의 영업적 활동의 전부 또는 중요한 일부분의 승계가 수반되어야 하는 것이므로 단순한 영업용 재산

---

설사 당사자가 그 경우에도 회사 재산의 이전이 따르는 것으로 잘못 이해하여 양도계약 후 즉시 주주총회의 특별결의서를 제출하기로 약정하고 있다 하더라도, 당사자가 그러한 약정에 이르게 된 것은 계약의 법적 성격을 오해한 데서 비롯된 것이므로, 그 약정은 당사자를 구속하는 효력이 없다."

467) [대법원 2011. 4. 28. 선고 2009다47791 판결] "중요한 자산의 처분에 해당하는 경우에는 이사회가 그에 관하여 직접 결의하지 아니한 채 대표이사에게 그 처분에 관한 사항을 일임할 수 없으므로 이사회규정상 이사회 부의사항으로 정해져 있지 않더라도 반드시 이사회의 결의를 거쳐야 한다."

의 양도는 이에 해당하지 않으나, 다만 영업용 재산의 처분으로 말미암아 회사 영업의 전부 또는 일부를 양도하거나 폐지하는 것과 같은 결과를 가져오는 경우에는 주주총회의 특별결의가 필요하다."라고 판시한다.[468]

한편, 자산의 처분과 주식의 처분을 동일한 관점에서 볼 수는 없지만, 지주회사가 자산의 대부분을 차지하는 자회사 주식 전부를 양도하는 경우에는 실질적으로는 지주회사의 사업을 폐지하는 결과를 가져온다고 할 수 있으므로 위 판례와 같은 취지에서 지주회사 주주총회의 특별결의가 요구된다고 해석된다.[469]

(다) 이미 영업이 폐지·중단된 경우    그러나 회사가 회사 존속의 기초가 되는 영업재산을 처분할 당시에 이미 영업을 폐지하거나 중단하고 있었던 경우에는 그 처분으로 인하여 비로소 영업의 전부 또는 중요한 일부가 폐지되거나 중단되기에 이른 것이라고 할 수 없으므로, 그와 같은 경우에는 주주총회의 특별결의를 요하지 않는다.[470]

(라) 매도담보    영업용재산의 거의 전부를 매도담보로 제공하는 행위는 회사의 영업의 전부 또는 중요한 일부를 양도 내지 폐지하는 것과 동일한 결과를 초래하는 것으로 주주총회의 특별결의를 거쳐야 할 사항이다.[471] 그러나 영업용중요재

---

468) 대법원 2004. 7. 8. 선고 2004다13717 판결(당해 특허권을 이용한 공사의 수주를 회사의 주된 사업으로 하고, 위 특허권이 회사의 자산에서 대부분의 비중을 차지하는 경우, 위 특허권의 양도는 회사 영업의 전부 또는 일부를 양도하거나 폐지하는 것과 같은 결과를 가져오는 것이므로 특허권의 양도에는 주주총회의 특별결의가 필요하다고 한 사례이다).

469) 同旨: 서울고등법원 2008. 1. 15. 선고 2007나35437 판결. 한편, 이 판례는 지주회사가 자회사 주식을 처분한다고 하여 항상 주주총회 특별결의가 요구된다는 취지가 아니고, "지주회사 자산의 대부분을 차지하는 자회사 주식"을 "전부" 양도하는 경우 주주총회 특별결의가 요구된다고 상당히 제한적으로 해석한다. 따라서 이 판례의 취지에 따르면, 1) 자회사 주식이 지주회사 자산의 대부분을 차지하지 않는 경우에는 해당 자회사 주식을 전부 처분하더라도 주주총회 특별결의가 요구되지 않고, 2) 자회사 주식이 지주회사 자산의 대부분을 차지하더라도 일부만 처분하는 경우에도 역시 주주총회 특별결의가 요구되지 않는다고 해석된다.

470) [대법원 1992. 8. 18. 선고 91다14369 판결][동산인도등] "회사의 영업 그 자체가 아닌 영업용 재산의 처분이라고 하더라도 그로 인하여 회사의 영업의 전부 또는 중요한 일부를 양도하거나 폐지하는 것과 같은 결과를 가져오는 경우에는 그 처분행위를 함에 있어서 상법 제374조 제1호 소정의 주주총회의 특별결의를 요하는 것이고, 다만 회사가 위와 같은 회사존속의 기초가 되는 영업재산을 처분할 당시에 이미 영업을 폐지하거나 중단하고 있었던 경우에는 그 처분으로 인하여 비로소 영업의 전부 또는 일부가 폐지되거나 중단되기에 이른 것이라고 할 수 없으므로 주주총회의 특별결의를 요하지 않는 것이고, 위에서 '영업의 중단'이라고 함은 영업의 계속을 포기하고 일체의 영업활동을 중단한 것으로서 영업의 폐지에 준하는 상태를 말하고 단순히 회사의 자금사정 등 경영상태의 악화로 일시 영업활동을 중지한 경우는 여기에 해당하지 않는다."

471) [대법원 1987. 4. 28. 선고 86다카553 판결] "회사의 영업 그 자체가 아닌 영업용재산의 처

산에 대한 근저당권 설정은 특별결의를 요하지 않는다.472)

### (2) 영업의 임대와 경영위임

영업 전부의 임대 또는 경영위임, 타인과 영업의 손익 전부를 같이 하는 계약, 그 밖에 이에 준하는 계약의 체결·변경 또는 해약 등은 주주총회 특별결의사항이다.

"영업의 임대"는 영업에 대한 소유의 법적 관계에는 영향을 주지 않고 경영의 법적 관계가 전면적으로 임차인에게 이전되는 것이다. 영업임대인은 영업성과에 관계없이 약정된 임대료만 취득하고, 영업임차인은 영업활동에 의한 권리의무의 귀속자이며 영업의 손익의 귀속자가 된다.

"경영위임"은 회사가 경영을 타인(수임인)에게 위임하되, 회사 명의로 영업을 하므로 회사가 영업활동에 의한 권리의무의 귀속자가 되는 형태이다.

경영위임은 손익의 귀속주체에 따라 회사가 손익주체로 되고 수임인은 계약에 따른 보수를 받는 경영관리계약과, 수임인이 손익주체로 되는 협의의 경영위임계약이 있다.

"손익공동계약"은 수개의 기업이 법적 동일성을 유지하면서 일정 기간의 영업상의 손익에 관하여 공동관계를 설정하는 계약을 말한다.

### (3) 다른 회사의 영업 전부 또는 일부의 양수

다른 회사의 영업 전부 또는 일부의 양수는 양수하는 회사의 영업에 중대한 영향을 미치는 경우에만 주주총회 특별결의 사항이다.473) 회사의 영업에 중대한 영

---

분이라 하더라도 그로 인하여 회사의 영업전부 또는 중요한 일부를 양도하거나 폐지하는 것과 같은 결과를 가져오는 경우에는 그 처분행위에 상법 제374조 제1호 소정의 주주총회의 특별결의를 요한다고 할 것인바, 흄관의 제작판매를 업으로 하고 있는 회사소유의 흄관몰드(형틀)가 흄관제작에 없어서는 아니 될 영업용재산 거의 전부에 해당하는 것이라면 위의 흄관몰드 전부를 매도담보로 제공하는 행위는 위 회사의 영업의 전부 또는 중요한 일부를 양도 내지 폐지하는 것과 동일한 결과를 초래하는 것으로 주주총회의 특별결의를 거쳐야 할 사항이다."

472) 대법원 1971. 4. 30. 선고 71다392 판결.

473) 종래에는 제3호에서 "다른 회사의 영업 전부의 양수"라고 규정하고 제4호에서 "회사의 영업에 중대한 영향을 미치는 다른 회사의 영업 일부의 양수"라고 규정하였다. 따라서 "다른 회사의 영업 전부의 양수"의 경우에는 "회사의 영업에 중대한 영향을 미치는" 것인지 여부를 불문하고 특별결의사항이었는데, 2011년 상법개정시 두 경우를 합하여 제3호에 함께 규정하였다. 이에 따라 다른 회사의 영업 전부의 양수도 영업 일부의 양수와 같이 "회사의 영업에 중대한 영향을 미치는" 경우에만 주주총회 특별결의사항이 되었다. "다른 회사의 영업 전부

향을 미치는지 여부는 영업양수가 회사가 영위하는 기존의 영업과 재무구조(예컨대, 자금조달로 인한 대출 증대)에 미치는 영향을 종합적으로 고려하여 판단한다.

다른 "회사의 영업"이라는 규정상 양수회사의 영업에 중대한 영향을 미치더라도 개인기업의 영업을 양수하는 경우에는 양수회사의 주주총회 특별결의가 요구되지 않는다.474)

### (4) 상장회사에 대한 특례

#### 1) 의      의

주권상장법인은 대통령령으로 정하는 중요한 영업 또는 자산의 양수 또는 양도를 하려면 자본시장법 시행령이 정하는 요건·방법 등의 기준에 따라야 한다(資法 165조의4).475)

#### 2) 대상 거래

특례규정의 적용대상인 "대통령령으로 정하는 중요한 영업 또는 자산을 양수하거나 양도할 것을 결의한 때"란 다음과 같은 사항을 결의한 때를 말한다(資令 176조의6①, 171조①).

1. 양수·양도하려는 영업부문의 자산액(장부가액과 거래금액 중 큰 금액)이 최근 사업연도 말 현재 자산총액(한국채택국제회계기준을 적용하는 연결재무제표 작성대상법인인 경우에는 연결재무제표의 자산총액)의 10% 이상인 양수·양도
2. 양수·양도하려는 영업부문의 매출액(한국채택국제회계기준을 적용하는 연결재무제표 작성대상법인인 경우에는 연결재무제표의 매출액)이 최근 사업연도 말 현재 매출액의 10% 이상인 양수·양도
3. 영업의 양수로 인하여 인수할 부채총액(한국채택국제회계기준을 적용하는 연결재무제표 작성대상법인인 경우에는 연결재무제표의 부채총액)이 최근 사업연도 말 현재 부채총액의 10% 이상인 양수
4. 삭제 [2016. 6. 28]
5. 양수·양도하려는 자산액(장부가액과 거래금액 중 큰 금액)이 최근 사업연도 말 현

---

또는 일부의 양수"는 회사합병과 동일한 결과가 된다는 점에서도 특별결의를 요하도록 하는 것이 타당하다.
474) 개인기업의 영업으로서 회사의 영업에 중대한 영향을 미치는 영업을 양수하는 경우에는 이사회의 결의만으로 충분하다.
475) 상법은 상장회사라고 규정하나, 여기서는 자본시장법의 규정을 인용하므로 주권상장법인이라고 표시한다. 자본시장법 제165조의4에 의하여 주식의 포괄적 교환 또는 포괄적 이전, 분할 또는 분할합병 등의 경우에도 같은 규제가 적용된다.

재 자산총액(한국채택국제회계기준을 적용하는 연결재무제표 작성대상법인인 경우에는 연결재무제표의 자산총액)의 10% 이상인 양수·양도. 다만, 일상적인 영업활동으로서 상품·제품·원재료를 매매하는 행위 등 금융위원회가 정하여 고시하는 자산의 양수·양도는 제외한다.

### 3) 외부평가기관의 평가

주권상장법인이 중요한 영업 또는 자산의 양수·양도를 하려는 경우에는 영업 또는 자산의 양수·양도 가액의 적정성에 대하여 외부평가기관의 평가를 받아야 한다. 다만, 중요한 자산의 양수·양도 중 증권시장을 통한 증권의 매매, 자산의 경매 등 외부평가기관의 평가 필요성이 적은 자산의 양수·양도로서 금융위원회가 정하여 고시하는 경우에는 외부평가기관의 평가를 받지 아니할 수 있다(資令 176조의6③).

### 4) 준용규정

주권상장법인의 중요한 영업 또는 자산의 양수·양도, 주식의 포괄적 교환, 포괄적 이전, 분할·분할합병에 관하여는, 금융위원회의 외부평가기관에 대한 제재규정(資令 176조의5⑪)과, 법률의 규정에 따른 합병에 관하여 시행령 제176조의5 제1항부터 제9항까지의 규정을 적용하지 않는다는 규정(資令 176조의5⑫)이 준용된다(資令 176조의6④).

### 5) 정보의 공시

구 증권거래법은 중요한 영업 또는 자산의 양도·양수에 대한 신고제를 채택하였으나, 자본시장법은 이러한 신고제를 폐지하고, 그 대신 주요사항보고서를 제출하도록 하고, 또한 증권발행공시규정은 이러한 행위로 인하여 증권을 모집·매출하는 경우 증권신고서의 기재사항과 첨부서류에 관하여 규정한다.476)

---

476) [증권발행공시규정 제2-10조(영업 및 자산양수·도, 주식의 포괄적 교환·이전, 분할 및 분할합병의 증권신고서의 기재사항 및 첨부서류)]
　① 　제2-6조에도 불구하고 영업양수·도로 인하여 증권을 모집 또는 매출하는 경우에는 영 제129조에 따라 증권신고서에 다음 각 호의 사항을 기재하여야 한다.
　1. 제2-9조 제1항 제1호
　2. 영업양·수도의 개요
　　가. 영업양수·도의 일반사항
　　나. 영업양수·도 가액 및 산출근거(외부평가가 의무화된 경우 외부평가기관의 양수·도 가액의 적정성에 대한 평가의견을 포함한다)
　　다. 영업양수·도의 요령
　　라. 양수 또는 양도하고자 하는 영업의 내용
　　마. 모집 또는 매출되는 증권의 주요 권리내용
　　바. 모집 또는 매출되는 증권의 취득에 따른 투자위험요소

## (5) 절차적 요건

### 1) 주주총회 특별결의

회사가 상법 제374조 제1항의 영업양도 등을 하려면 주주총회 특별결의가 있어야 한다(374조①).

특정 주주가 주주의 지위를 떠나 개인적으로 가지는 경제적 이해관계를 의결권이 제한되는 특별이해관계로 보는 개인법설에 의하면 합병·분할·분할합병 등의 단체법적 거래에서는 특별이해관계가 인정되지 않는다. 그러나 영업양도는 단체법적 행위에 해당하더라도 거래의 상대방이 주주인 경우에는 특별이해관계인으로 보아야 하고, 다만, 계열사간 영업양도를 승인하기 위한 양도인의 주주총회에서 지배주주의 의결권이 제한되지 않는다.[477)]

---

　　사. 출자·채무보증 등 당사회사간의 이해관계에 관한 사항
　　아. 주식매수청구권에 관한 사항
　　자. 그 밖에 투자자 보호를 위하여 필요한 사항
　3. 제2-9조 제1항 제3호(이 경우 당사회사는 증권신고서를 제출하는 회사를 말한다)
　② 제1항의 증권신고서의 첨부서류는 제2-9조 제2항을 준용한다. 이 경우 당사회사는 증권신고서를 제출하는 회사를 말한다.
　③　제2-6조에도 불구하고 자산양수·도로 인하여 증권을 모집 또는 매출하는 경우에는 영 제129조에 따라 증권신고서에 다음 각 호의 사항을 기재하여야 한다.
　1. 제2-9조 제1항 제1호
　2. 자산양·수도의 개요
　　가. 자산양수·도의 일반사항
　　나. 자산양수·도 가액 및 산출근거(외부평가가 의무화된 경우 외부평가기관의 양수·도 가액 적정성에 대한 평가의견을 포함한다)
　　다. 자산양수·도의 요령
　　라. 양수 또는 양도하고자 하는 자산의 내용
　　마. 모집 또는 매출되는 증권의 주요 권리내용
　　바. 모집 또는 매출되는 증권의 취득에 따른 투자위험요소
　　사. 출자·채무보증 등 당사회사간의 이해관계에 관한 사항
　　아. 주식매수청구권에 관한 사항
　　자. 그 밖에 투자자 보호를 위하여 필요한 사항
　3. 제2-9조 제1항 제3호(이 경우 당사회사는 증권신고서를 제출하는 회사를 말한다)
　④ 제3항의 증권신고서의 첨부서류는 제2-9조 제2항을 준용한다. 이 경우 당사회사는 증권신고서를 제출하는 회사를 말한다.

477) [부산고등법원 2004. 1. 16. 선고 2003나12328 판결] "특별한 이해관계라 함은 특정한 주주가 주주의 입장을 떠나서 개인적으로 이해관계를 갖는 것을 말한다고 풀이되는바, 회사와 주주 사이에 영업양도를 할 경우 그 주주는 특별한 이해관계인에 해당한다고 볼 수 있으나, 이 사건에서와 같이 이 사건 사업의 양도인인 현대모비스가 독점규제법상으로 피고 회사의 주주인 현대자동차의 계열회사에 해당한다는 것만으로는 위 규정에서 말하는 특별한 이해관계인

### 2) 간이영업양도 등

(가) 의   의   상법 제374조 제1항 각 호의 어느 하나에 해당하는 행위(영업의 양도, 양수, 임대 등)를 하는 회사의 총주주의 동의가 있거나 그 회사의 발행주식총수의 90%[478] 이상을 해당 행위의 상대방이 소유하고 있는 경우에는[479] 그 회사의 주주총회의 승인은 이를 이사회의 승인으로 갈음할 수 있다(374조의3①).

(나) 총주주의 동의   총주주가 동의하는 경우에는 굳이 주주총회의 특별결의를 거칠 필요가 없기 때문이다.[480] 상법은 특별히 의결권 있는 주주로 한정하지 아니하므로 "총주주"는 무의결권주의 주주를 포함한 주주 전원을 의미한다. 동의의 대상은 간이합병의 경우와 같이 주주총회의 승인을 이사회의 승인으로 갈음한다는 것에 대한 동의가 아니라, 영업양수도계약 내용에 대한 동의를 의미한다.[481] 동의는 반드시 전원이 함께 동의해야 하는 것이 아니고 개별적으로 동의해도 된다. 간이영업양도가 효력을 발생하기 전까지는 동의의 철회가 허용된다.

(다) 발행주식총수의 90%   발행주식총수의 90%는 대주주의 전횡을 방지하기 위한 기준이므로 정관에서 지주요건을 강화하는 것은 허용되나 완화하는 것은 허용되지 않는다. 영업양도의 효력발생일인 영업양도계약서상 영업양수도일까지 보유해야 할 것이다.[482] 발행주식총수에는 무의결권주식도 포함하는지 여부에 관하여는 견해가 나뉘는데, 총주주 개념과의 통일적 해석상 무의결권주식수도 포함된다는 것이 보다 적정한 해석이다.[483]

---

에 해당한다고 볼 수는 없으므로 이 점에 관한 원고 회사의 주장도 이유 없다."

478) 법문상 발행주식총수의 90%는 원칙적으로 단독 소유의 경우를 의미한다고 해석된다. 일본 회사법은 완전모자회사 관계에 있는 두 회사의 지분을 합하여 90% 이상이 되는 경우에는 완전모회사가 90%에 미달하는 지분을 소유하더라도 간이영업양도의 요건을 충족한다고 규정한다. 상법상 이러한 규정이 없이 동일하게 해석하기는 어려우므로 입법적인 보완이 필요하다.

479) 90% 지주요건과 관련하여 주주가 실제로 주주권을 행사하는 것은 아니므로 실질적인 소유자라면 명의개서를 마쳤는지 여부를 불문한다. 다만, 이렇게 해석하는 경우 간이영업양도 요건을 구비한 시점을 객관적으로 확정하기 어려운 문제는 있다.

480) 통상의 경우 총주주가 동의하는 경우는 드물 것이고 실제로는 완전자회사의 주주(완전모회사)가 동의하는 경우가 많을 것이다. 일본 회사법은 90% 지주요건만 규정하고 총주주의 동의 요건은 규정하지 않는다.

481) 주주총회의 승인을 이사회의 승인으로 갈음한다는 것에 대한 동의라는 견해도 있지만[김성탁, "2015년 개정상법상 간이영업양도의 요건에 관한 쟁점 검토", 경영법률 제26집 제3호, 한국경영법률학회(2016), 147면], 두 경우를 굳이 구별할 이유는 없다고 본다.

482) 반면에, 간이합병의 경우 효력발생일인 합병등기일까지 90% 지분을 보유하여야 한다는 것이 일반적인 해석이다.

483) 의결권 없는 주주가 제374조의3 제1항의 경우에는 제외되고, 제2항 단서의 경우에는 포함된다는 견해도 있지만(김성탁, 상게논문, 146면), 두 경우를 굳이 구별할 이유는 없다고 본다.

㈐ 공고·통지    간이영업양도 등의 경우, 회사는 영업양도·양수·임대 등의 계약서 작성일부터 2주 이내에 주주총회의 승인을 얻지 아니하고 영업양도·양수·임대 등을 한다는 뜻을 공고하거나 주주에게 통지하여야 한다. 다만, 총주주의 동의가 있는 때에는 그러하지 아니하다(374조의3②). 이러한 간이영업양도 등의 공고·통지를 한 날부터 2주 이내에 회사에 대하여 서면으로 영업양도·양수·임대 등에 반대하는 의사를 통지한 주주는 그 기간이 경과한 날부터 20일 이내에 주식의 종류와 수를 기재한 서면으로 회사에 대하여 자기가 소유하고 있는 주식의 매수를 청구할 수 있다. 이 경우 영업양도·양수·임대 등에 반대하는 주주의 주식매수청구권에 관한 제374조의2 제2항부터 제5항까지의 규정을 준용한다(374조의2③).

## (6) 영업양도와 책임승계

### 1) 양수인이 상호를 속용하는 경우

영업양수인이 양도인의 상호를 계속 사용하는 경우에는 양도인의 영업으로 인한 제3자의 채권에 대하여 양수인도 변제할 책임이 있다(42조①). 이 책임은 양도인과의 부진정연대책임이다. 양도인과 양수인이 명시적으로 면책적 채무인수약정을 한 경우에는 양수인만 책임을 진다.

그러나 i) 양수인이 영업양도를 받은 후 지체 없이 양도인의 채무에 대한 책임이 없음을 등기한 때와, ii) 양도인과 양수인이 지체 없이 제3자에 대하여 그 뜻을 통지한 경우에 그 통지를 받은 제3자에 대하여는 이러한 책임이 없다(42조②).

### 2) 양수인이 상호를 속용하지 않는 경우

영업양수인이 양도인의 상호를 계속 사용하지 않는 경우에는 양도인의 영업으로 인한 제3자의 채권에 대하여 양수인도 변제할 책임이 없다.

그러나 영업양수인이 양도인의 상호를 계속사용하지 아니하는 경우에 양도인의 영업으로 인한 채무를 인수할 것을 광고한 때에는 양수인도 변제할 책임이 있다(44조).

### 3) 영업양수인에 대한 변제

영업양수인이 양도인의 상호를 계속 사용하는 경우에 양도인의 영업으로 인한 채권에 대하여 채무자가 선의이며 중대한 과실 없이 양수인에게 변제한 때에는 그 효력이 있다(43조).

### 4) 영업양도인의 책임의 존속기간

영업양수인이 상법 제42조 제1항 또는 제44조에 따라 변제의 책임이 있는 경우에는 양도인의 제3자에 대한 채무는 영업양도 또는 광고 후 2년이 경과하면 소멸한다(45조).

## (7) 특별결의 후 영업양도의 무효 주장

회사가 영업의 전부 또는 중요한 일부를 양도한 후 주주총회의 특별결의가 없었다는 이유를 들어 스스로 그 약정의 무효를 주장하는 사건에서 대법원은 주주 전원이 그 약정에 동의한 것으로 볼 수 있는 등 특별한 사정이 인정되지 않는다면 무효 주장이 신의성실 원칙에 반한다고 할 수는 없다는 입장이다.484)

한편, 주주총회의 특별결의를 거치지 않았다는 이유로 주주가 회사를 상대로 영업양도계약의 무효확인을 구하는 소송은 확인의 이익이 없으므로 부적법하다.485)

## 5. 특별결의와 주식매수청구권

### (1) 의   의

상법 제374조에 따른 결의사항(영업양도등)에 반대하는 주주(의결권이 없거나 제한되는 주주를 포함)는 주주총회 전에 회사에 대하여 서면으로 그 결의에 반대하는 의

---

484) [대법원 2018. 4. 26. 선고 2017다288757 판결]【주주명의변경】"상법 제374조 제1항 제1호는 주식회사가 영업의 전부 또는 중요한 일부의 양도행위를 할 때에는 제434조에 따라 출석한 주주의 의결권의 3분의 2 이상의 수와 발행주식총수의 3분의 1 이상의 수로써 결의가 있어야 한다고 규정하고 있는데 이는 주식회사가 주주의 이익에 중대한 영향을 미치는 계약을 체결할 때에는 주주총회의 특별결의를 얻도록 하여 그 결정에 주주의 의사를 반영하도록 함으로써 주주의 이익을 보호하려는 강행법규이므로, 주식회사가 영업의 전부 또는 중요한 일부를 양도한 후 주주총회의 특별결의가 없었다는 이유를 들어 스스로 그 약정의 무효를 주장하더라도 주주 전원이 그와 같은 약정에 동의한 것으로 볼 수 있는 등 특별한 사정이 인정되지 않는다면 위와 같은 무효 주장이 신의성실 원칙에 반한다고 할 수는 없다"(이 사건에서 84%의 주주가 양도에 동의하였는데, 대법원 2003. 3. 28. 선고 2001다14085 판결은 주주 전원이 재산 양도 약정에 동의한 것으로 볼 수 있는 한 회사측에서 주주총회의 특별결의의 흠결을 이유로 재산양도 약정의 무효를 주장하는 것은 신의칙에 반하여 허용되지 않는다고 판시하였다).
485) [대법원 1979. 2. 13. 선고 78다1117 판결] "주식회사의 주주는 회사의 재산관계에 대하여 단순히 사실상, 경제상 또는 일반적, 추상적인 이해관계만을 가질 뿐, 구체적 또는 법률상의 이해관계를 가진다고는 할 수 없으므로, 주주는 상법 제403조 이하의 규정에 의한 대표소송의 경우를 제외하고는 회사의 재산관계에 대하여 당연히 확인의 이익을 갖는다고는 할 수 없는 것이다."

사를 통지한 경우에는 그 총회의 결의일부터 20일 이내에 주식의 종류와 수를 기재한 서면으로 회사에 대하여 자기가 소유하고 있는 주식의 매수를 청구할 수 있다 (374조의2①).[486] 이와 같이 주식매수청구권(appraisal right)은 영업양도·영업양수·합병·분할합병·주식교환·주식이전 등과 같이 주주의 이해관계에 중대한 영향을 미치는 일정한 의안이 주주총회에서 결의되었을 때, 그 결의에 반대하는 주주가 자신의 소유주식을 회사로 하여금 매수하게 할 수 있는 권리이다.

주주가 소유주식을 합병 등의 절차에서 다른 회사의 주식과 교환하거나 현금으로 받더라도 불공정한 평가를 기초로 하는 것보다는 공정하게 평가한 금액에 의하여 투자금을 회수할 수 있는 주식매수청구권이 주주를 보호하기 위한 확실한 방법이다. 회사나 지배주주의 입장에서도 주식매수청구권에 의하여 합병에 반대하는 주주를 배제할 수 있다는 면이 있으므로, 주식매수청구권은 지배주주와 소액주주의 이해관계를 조정하기 위한 제도라 할 수 있다.

이와 같이 주식매수청구권은 주주의 이해관계에 중대한 영향을 미치는 일정한 경우에 주주가 투하자본을 회수할 수 있도록 부여된 절차이지, 예컨대 합병비율이 불공정한 경우 등에 있어서 주주를 보호하거나 지배주주가 받은 경영권 프리미엄을 전체 주주들이 균점할 수 있도록 마련된 제도는 아니다.[487]

그러나 주식매수청구권에 대하여는 i) 주주에 대한 출자환급이 광범위하게 허용되는 결과 회사의 자본이 불충실하게 되고 나아가 회사에 심각한 위협이 될 수 있고, ii) 소액주주의 보호를 위한 본래의 목적에 불구하고 오히려 소수주주의 축출에 이용되는 경우가 많고, iii) 주식매수청구권을 행사할 불순한 목적으로 주식을 매수하는 것도 예상되고, iv) 회사의 채권자로서는 합병거래의 상대방회사의 자산에 대하여는 충분한 정보가 없지만, 채무에 대하여는 자신과 동등한 지위에 있게 됨을 우려하기 때문에 주식매수청구권을 행사한 주주에 대하여 회사가 현금을 분배하면 채권회수에 불안을 느껴서 일시에 채권회수를 서둘러 재무구조가 견실한 회사라도 상당한 곤란을 겪게 된다는 등의 비판이 있다. 따라서 상법상 명문의 규

---

486) 자본시장법은 주식매수청구권(appraisal right)은 일정한 의결사항(영업양도 등, 합병, 분할, 간이합병, 분할합병, 주식교환, 간이주식교환, 주식이전)에 관한 이사회 결의에 반대하는 주주는 주주총회 전에 해당 법인에 대하여 서면으로 그 결의에 반대하는 의사를 통지한 경우에만 자기가 소유하고 있는 주식을 매수하여 줄 것을 해당 법인에 대하여 주주총회의 결의일부터 20일 이내에 주식의 종류와 수를 기재한 서면으로 청구할 수 있는 권리라고 규정한다(資法 165조의5①).

487) 서울고등법원 2017. 12. 29.자 2017라20356 결정.

정이 없이는,488) 정관에서 정하고 있더라도 회사가 임의로 반대주주의 주식매수청
구권을 인정할 수 없다.489)

## (2) 법적 성질

주주의 주식매수청구권은 "청구권"이라는 명칭에 불구하고 그 실질은 형성권
이다.490) 따라서 주주가 주식매수청구권을 행사하면 회사의 승낙 여부와 관계없이
주식매매계약이 성립한다.491)

## (3) 매수청구권자

### 1) 주주명부에 기재된 주주

주식매수청구권은 주주의 회사에 대한 권리이므로, 주주명부에 기재된 주주만
이 이를 행사할 수 있다. 주주명의개서 정지기간(주주명부폐쇄 기간)중에 주식을 양수
한 자는 주주명부에 주주로 기재될 수 없기 때문에 주식매수청구권이 인정되지 않
는다. 따라서 주식매수청구권을 행사하려면 주주명부폐쇄기간의 초일 또는 기준일
로부터 매수청구권행사일까지 주식을 계속 보유한 주주(그 주주의 포괄승계인은 포함
하나 특정승계인은 불포함)이어야 한다.

---

488) 특별결의사항이라고 하여 전부 주식매수청구권의 대상이 되는 것은 아니고, 정관변경, 자본
금감소, 회사분할, 회사의 해산 등의 경우에는 상법상 주식매수청구권이 인정되지 않는다. 회
사분할의 경우에는 이론상 주주의 지위에 차이가 없으므로 주식매수청구권이 인정되지 않는
다. 따라서 자본시장법 제165조의5 제1항도 "주권상장법인이 상법 … 제530조의3(같은 법 제
530조의2에 따른 분할합병의 경우만 해당한다)에서 규정하는 의결사항"이라고 규정한다.
489) 대법원 2007. 5. 10. 선고 2005다60147 판결.
490) 정관에 의한 주식양도제한시 지정매수인의 매도청구권(335조의4①), 전환주식의 전환청구권
(350조①), 전환사채권자의 전환청구권(516조②, 350조①) 등도 법문에 불구하고 그 실질은 형
성권이다. 민법상 공유물분할청구권(民法 268조), 지상물매수청구권(民法 283조), 지료증감청
구권(民法 286조), 부속물매수청구권(民法 316조) 등은 법문에 불구하고 그 실질은 형성권이
다. 형성권은 권리자의 일반적인 법률행위 또는 사실행위에 의하여 법률관계를 발생·변경·소
멸을 일으키는 권리인 실체법상의 형성권(해제권·취소권) 외에 상법상 각종 형성의 소와 같
이 재판상의 권리를 행사하고 그 판결에 의하여 효과를 발생시키는 경우도 있다. 실체법상의
형성권은 그 권리의 존부에 대한 확인청구의 대상은 될 수 있지만 형성의 소의 대상은 되지
않는다(대법원 1968. 11. 19. 선고 68다1882 판결). 반면에 민법상 채권자취소권(民法 406조),
혼인취소권(民法 816조), 친생부인권(民法 846조) 등은 재판상의 권리행사에 의하여야 한다.
491) [대법원 2011. 4. 28. 선고 2010다94953 판결] "영업양도에 반대하는 주주의 주식매수청구권
에 관하여 규율하고 있는 상법 제374조의2 제1항 내지 제4항의 규정 취지에 비추어 보면, 영
업양도에 반대하는 주주의 주식매수청구권은 이른바 형성권으로서 그 행사로 회사의 승낙 여
부와 관계없이 주식에 관한 매매계약이 성립하고, … "

주식을 양수하였으나 명의개서를 하지 않은 실질상의 주주는 주식매수청구권을 행사할 수 없다.[492] 그러나 주식을 예탁한 실질주주는 실질주주증명서나 잔고증명서에 의하여 직접 주식매수청구권을 행사하거나 예탁자를 경유하여 예탁결제원으로 하여금 주식매수청구권을 행사하게 할 수 있다.[493] 자기주식에 대하여는 주식매수청구권이 인정되지 않고, 합병의 일방 당사회사가 보유하는 타방 당사회사의 주식에 관하여도 의결권의 불통일행사를 제한하는 상법 제368조의2 및 신의칙상 주식매수청구권을 행사할 수 없다고 보아야 한다.[494] 우리사주조합원은 필요적 예탁기간(1년) 내라 하더라도 한국증권금융주식회사로부터 예탁된 우리사주를 인출하여 주식매수청구권을 행사할 수 있다(근로복지기본법 44조, 동법 시행령 25조①4).

2) 이사회 결의 후 주식을 취득한 경우

(가) 비상장회사    상법은 "자기가 소유하고 있는 주식"이라고만 규정하므로 주식매수청구권이 인정되는 시점이 문제인데, 비상장회사의 경우에는 공시제도도 없으므로 영업양도·회사합병 등에 관한 이사회 결의 후의 주식취득이라고 하여 주주가 반드시 그 결의에 대하여 악의라고 할 수 없고 또한 악의라 하더라도 원래 주식의 거래는 본질적으로 시세차익을 위한 투기적 요소가 포함되어 있으므로, 투자자인 반대주주가 투하자본을 회수할 수 있도록 주식매수청구권은 주주명부상의 주주에 대하여 일률적으로 인정된다고 보아야 할 것이다.

(나) 상장회사    상장회사의 경우 주식매수청구권을 행사할 수 있는 주식은 i) 반대 의사를 통지한 주주가 이사회 결의 사실이 공시되기 이전에 취득하였음을 증명한 주식과, ii) 이사회 결의 사실이 공시된 이후에 취득하였지만 이사회 결의

---

492) 다만, 주식의 양도에 관하여 이사회의 승인을 얻어야 하는 경우에 주식을 취득한 자는 회사에 대하여 그 주식의 종류와 수를 기재한 서면으로 그 취득의 승인을 청구할 수 있고(335조의7①), 양도승인거부의 통지를 받은 양수인은 통지를 받은 날부터 20일내에 회사에 대하여 양도의 상대방의 지정 또는 그 주식의 매수를 청구할 수 있다(335조의7②, 335조의2④).

493) 예탁결제원은 투자자의 신청에 의하여 예탁증권에 관한 권리를 행사할 수 있다(資法 314조①). 여기서 "권리를 행사할 수 있다."라고 규정되어 있으나, 예탁결제원은 예탁계약상의 수치인 또는 수임인으로서 투자자의 신청이 있는 경우 권리를 의무적으로 행사하여야 한다. 예탁결제원이 모든 주주권을 행사할 수 있는 것은 아니고, 예탁결제원의 "증권등예탁업무규정"은 신청에 의하여 행사할 수 있는 권리를 명시하고 있는데, 증권등예탁업무규정 "제3관 신청에 의한 권리행사"는 제50조(권리행사의 방법)에서 "법 제314조 제1항에 따라 예탁결제원은 예탁자로부터 예탁증권등에 관한 권리행사의 신청이 있는 경우에 그 신청내용에 따라 예탁결제원 명의로 그 권리를 행사한다."라고 규정하고, 구체적인 권리에 따라 제55조(주식매수청구권의 행사)의 규정을 두고 있다.

494) 권기범, 기업구조조정법(제2판), 삼지원(1999), 218면.

사실이 공시된 날의 다음 영업일까지495) 다음 각 호의 어느 하나에 해당하는 행위가 있는 경우(資令 176조의7①)에 해당함을 증명한 주식 등이다.

> 1. 해당 주식에 관한 매매계약의 체결
> 2. 해당 주식의 소비대차계약의 해지
> 3. 그 밖에 해당 주식의 취득에 관한 법률행위

이러한 규제에 대하여 이사회 결의 사실이 공시되었다고 하여 반드시 이를 알고 주식을 매수하였다고 볼 수 없고, 이를 알고 매수하였더라도 공시 후에 실제로 결의사항이 최종적으로 진행될지도 알 수 없으므로 과도한 규제라는 지적이 있는데,496) 주식매수청구권의 행사 외에 다른 동기에 의하여 주식을 매수하였으나 개인적 사정이나 시장의 상황이 달라져서 주식매수청구권을 행사하는 경우에도 공시 이후라는 주식매수시점을 일률적으로 권리행사의 허용 여부를 결정한다는 것은 불합리하므로 타당한 지적이라 할 수 있다.497)

3) 의결권 없는 주주

상법상 반대주주가 주주총회에 참석하여 결의에 반대하여야 하는 것은 요건이 아니므로, 의결권 없는 주주도 반대의사를 사전에 통지하면 주식매수청구권을 행사할 수 있다(통설). 그런데 의결권 없는 주주에게는 원칙적으로 주주총회의 소집통지를 할 필요가 없으므로(363조⑦ 본문), 반대의사의 사전통지를 할 기회를 상실할 가능성이 있다. 따라서 2015년 개정상법은 소집통지서에 적은 회의의 목적사항에 상법상 반대주주의 주식매수청구권이 인정되는 사항이 포함된 경우에는 의결권이 없거나 제한되는 주주에게도 주주총회의 소집통지를 하도록 규정한다(363조⑦ 단서).498)

---

495) 다음 날이 아니고 다음 영업일이므로, 합병에 대한 공시가 금요일에 있었다면 월요일에 매매계약이 체결된 주식에 대하여도 주식매수청구권이 인정된다.

496) 송옥렬, 926면.

497) 자본시장법은 주권상장법인에 관한 특례를 규정하지만, 주식이 거래되는 공개시장이 존재하는 경우에는 주식매수청구권을 행사할 필요 없이 공개시장에서 주식을 매도하면 되며, 또한 주식매수청구권을 인정한다 하더라도 그 평가액은 공개시장에서의 주가와 차이가 미미할 것이다. 따라서 미국 일부 제정법은 전국증권거래소에 상장된 주식에 대하여는 주식매수청구권을 인정하지 않는다. 그러나 MBCA는 이러한 경우에도 주주에게 주식매수청구권을 인정하는데, 그 취지는 합병 당시의 주가가 매우 저조하고 특히 합병발표가 주가에 영향을 미친 경우에는 법원이 공정하게 평가한 주가에 비하여 시장주가가 낮을 수밖에 없고 이는 주주에게 불공정하게 손해를 입힌다는 것이다. 다만, 이례적으로 CCC §1300(b)는 NYSE에 상장된 주식이나 일정한 장외시장에서 거래되는 주식에 대하여는 주식매수청구권을 인정하지 않지만 사외주의 5% 이상을 소유하는 주주의 요구가 있는 경우에는 주식매수청구권을 인정한다고 규정한다.

498) 자본시장법도 의결권이 없거나 제한되는 종류주식의 주주도 주식매수청구권을 행사할 수

## (4) 행사요건

### 1) 대상 결의

(가) 특별결의사항　　　영업양도 등(374조의2②), 주식교환·이전(360조의5①), 합병 (522조의3) 등의 경우에 반대주주의 주식매수청구권이 인정된다. 영업의 전부 또는 중요한 일부의 양도의 경우 양도회사는 특별결의가 요구되나, 양수인은 회사의 영업에 중대한 영향을 미치는 다른 회사의 영업의 전부 또는 일부의 양수만 특별결의사항이므로 회사에 미치는 중요성 여부에 따라 주식매수청구권 행사 여부가 달라진다.

한편, 주주총회 결의를 거치지 않는 사항 중에서도 반대주주의 주식매수청구권이 인정되는 것으로, 간이합병(527조의2), 간이분할합병(530조의11②), 간이주식교환 (530조의5②) 등이 있다. 회사분할의 경우에는 이론상 주주의 지위에 차이가 없으므로 주식매수청구권이 인정되지 않는다. 주식양도를 제한하는 정관변경의 경우 소수주주로서는 투하자본의 회수가 어려워지므로 주식매수청구권을 인정할 필요가 있는데 상법상 명문의 규정이 없으므로 이 부분은 입법적인 보완이 필요하다.[499]

(나) 소집통지시 주식매수청구권의 내용 및 행사방법을 명시　　　주식매수청구권이 인정되는 사항에 관한 주주총회의 경우, 소집통지를 하는 때에는 주식매수청구권의 내용 및 행사방법을 명시하여야 한다(374조②).[500] 자본시장법도 주권상장법인은 주식교환·이전, 영업양도 등, 합병, 분할합병에 관한 주주총회의 소집통지를 하거나, 간이주식교환 및 간이합병에 관한 통지·공고를 하는 경우에는 주식매수청구권의 내용 및 행사방법을 명시하여야 하고, 이 경우에는 의결권 없는 주주에게도 그 사항을 통지하거나 공고하여야 한다고 규정한다(資法 165조의5⑤). 회사가 주식매수청구권의 내용과 행사방법에 관한 통지를 하지 않은 이상, 총회 전 서면으로 합병결의에 반대하는 의사를 통지하지 않았고 총회에서도 합병에 반대하는 의사를 명백히 표하지 않은 채 기권을 한 주주도 주식매수청구권을 행사할 수 있다.[501]

---

있다고 규정한다(資法 165조의5①). 일본 회사법은 의결권 없는 주주의 주식매수청구권을 명문으로 인정한다(日会 116조②2).

[499] 일본 회사법은 주식양도를 제한하는 정관변경의 경우에도 주주의 주식매수청구권을 명문으로 인정한다(日会 116조①1).

[500] 미국에서도 합병당사회사는 주주에게 거래의 승인결의를 위한 주주총회의 소집통지를 하는데, 이때 소집통지서에는 주식매수청구권을 행사할 수 있다는 기재를 하여야 하고 관련 법규의 사본을 함께 송부하여야 한다[MBCA §13.20(a)].

[501] [서울고등법원 2011. 12. 9.자 2011라1303 결정] "갑 주식회사가 주주들에게 합병반대주주의

상법 제363조 제7항은 의결권 없는 주주에게는 소집통지를 하지 않아도 된다는 취지로 규정하고, 반면에 자본시장법 제165조의5 제5항 제2문의 "이 경우 같은 법 제344조의3 제1항에 따른 의결권이 없거나 제한되는 종류주식의 주주에게도 그 사항을 통지하여야 한다"와 같은 규정이 없으므로, 비상장회사의 경우 의결권 없는 주주에게도 통지를 하여야 하는지에 관하여 논란이 있을 수 있다. 그러나 비상장회사의 경우에도 무의결권주의 주주에게 주식매수청구권을 인정하지 아니할 이론적인 근거는 없으므로, 상법에 이러한 규정이 없는 것은 입법상의 불비로서 향후 상법개정시 보완되어야 할 것이다. 물론 무의결권주의 주주도 상법 제370조 제1항 단서의 규정에 따라 의결권이 부활하면 당연히 주식매수청구권을 행사할 수 있다.

2) 반대의사의 통지

(가) 의    의    주주총회 특별결의에 관한 이사회 결의가 있는 경우 주식매수청구권을 행사할 수 있는 주주(의결권의 유무를 불문한다)는 주주총회 전에 회사에 대하여 서면으로 그 결의에 반대하는 의사를 통지하여야 한다(360조의5①, 374조의2 ①, 522조의3①).502) 이사가 1인인 소규모회사의 경우 이사회 결의가 아닌 주주총회의 소집통지가 있는 때에 반대의사의 통지를 할 수 있다(383조④). 반대의사의 통지

---

주식매수청구권에 관한 내용과 행사방법을 명시하지 않은 소집통지서를 발송하여 임시주주총회를 개최한 다음 을 주식회사와의 합병 승인 안건을 통과시켰는데, 총회 전 서면으로 합병에 반대하는 의사를 통지하지 않은 주주 병이 위 안건에 대하여 기권을 한 후 총회 결의일로부터 20일 내에 갑 회사에 내용증명을 발송하여 주식매수청구를 한 사안에서, 상법 제530조 제2항에서 준용하는 같은 법 제374조 제2항에 따른 주식매수청구권은 합병 등에 반대하는 소수주주를 보호하기 위한 규정으로서 일반 주주 입장에서는 회사가 주주총회의 소집통지를 하면서 주식매수청구권의 행사방법 등을 사전에 고지하여 주지 않을 경우 사실상 주식매수청구권을 행사하지 못할 가능성이 큰 점, 상법에서 반대주주가 주주총회 전에 회사에 대하여 서면으로 결의에 반대하는 의사를 통지하도록 한 취지는 합병을 추진하는 회사로 하여금 반대주주의 현황을 미리 파악하여 총회결의에 대비할 수 있게 하기 위함인데, 어차피 을 회사가 갑 회사 주식의 85% 가량을 보유하고 있어 합병결의 정족수를 채우는 데 아무런 문제가 없었던 점 등을 고려할 때, 甲 회사가 상법 제374조 제2항에 따른 주식매수청구권의 내용과 행사방법에 관한 통지를 하지 않은 이상, 병은 총회 전 서면으로 합병결의에 반대하는 의사를 통지하지 않았고 총회에서도 합병에 반대하는 의사를 명백히 표하지 않은 채 기권을 하였다 하더라도 주식매수청구권을 행사할 수 있다."

502) MBCA에 의하면 주식매수청구권을 행사하려는 주주는 주주총회 결의 전에 회사에 대해 서면으로 결의에 반대한다는 의사를 통지하고(notice to the corporation), 회사는 주주총회에서 거래가 승인되면 반대주주들에게 주식매수청구에 관한 통지서와 양식을 송부하여야 한다(notice by the corporation)[§13.22(a)]. 이 통지에는, ① 지급청구지의 주소와 주식을 보관할 장소 및 시기, ② 지급청구 후 주식의 거래가 금지되는 기간, ③ 지급청구서 양식, ④ 통지서 도착 후 30일 이후 60일 이내의 범위에서 정한 지급청구기간, ⑤ 관련법규의 사본 등을 포함하여야 한다[§13.22(b)].

사실은 주주가 증명하여야 한다. 주주는 반대의사의 통지를 한 후에도 이를 철회하고 주주총회에서 찬성투표를 할 수 있으므로, 주식매수청구권행사 여부에 관한 입장이 확정되지 않은 경우에도 일단 반대의사의 통지를 하는 것이 유리하다.

(나) 반대의 대상인 결의　　　상법 제374조의2 제1항은 "그 결의에 반대하는 의사"라고 규정하는데, 여기서 "그 결의"가 이사회 결의를 가리키는지 주주총회 결의를 가리키는지 명확하지 않지만, 제1항 서두에 "제374조의 규정에 의한 결의사항에 반대하는 주주는"이라고 되어 있고 제374조의 규정에 의한 결의사항은 주주총회 특별결의사항을 가리키므로 주주총회 특별결의에 반대하는 의사를 의미하는 것으로 해석된다.

다만, 자본시장법은 상법 제360조의3(주식교환)·제360조의9(간이주식교환)·제360조의16(주식이전)·제374조(영업양도)·제522조(합병)·제527조의2(간이합병) 및 제530조의3(제530조의2에 따른 분할합병의 경우만 해당)에서 규정하는 의결사항에 관한 "이사회 결의에 반대하는 주주(의결권이 없거나 제한되는 주주도 포함)"는 주주총회 전에 해당 법인에 대하여 서면으로 그 결의에 반대하는 의사를 통지한 경우에만 자기가 소유하고 있는 주식을 매수하여 줄 것을 해당 법인에 대하여 주주총회 결의일부터 20일 이내에 주식의 종류와 수를 기재한 서면으로 청구할 수 있다고 규정한다(資法 165조의5①).

(다) 통지방법　　　서면통지의 방법이나 기재사항에 대해서는 특별한 규정이 없으므로, 자신이 주주라는 점과 주식의 종류·수 및 그 의안에 반대한다는 뜻이 기재되면 충분하다. 주주명부상의 주주는 회사로 직접 통지하여야 하지만, 주식을 예탁한 실질주주는 해당 예탁자를 통하여 통지하면 된다.

상장회사의 경우, 통상은 주주총회소집통지서와 함께 우송하는 주식매수청구권 행사안내서의 하단에 반대의사통지서 양식이 포함되어 있으므로 그 양식을 절취하여 주주번호·주주명·소유주식의 종류 및 수 등과 주주의 주소·주민등록번호·연락전화번호와 함께 기명날인하여 우송하면 된다. 통지는 회사 본점의 주식담당자에게 우송하면 되지만, 지점에 대해 한 경우 일반적으로 지점은 그 영업소로서의 성격상 이를 수령할 권한을 갖지 않으므로 그 통지가 인정되지 않고, 지점이 이를 본점에 송부하면 그 도달시에 통지된 것으로 해석한다.

(라) 통지기간　　　주주총회 전에 통지하여야 하므로 통상은 주주총회 전일까지 통지하겠지만, 주주총회 당일이라도 주주총회개회 전에 통지하면 유효한 통지로 보

아야 한다. 이 사전통지는 회사로 하여금 영업양도·회사합병 등에 반대하는 주주의 수 등의 현황을 파악하게 하여 주주총회 결의에 대비하고 매수준비를 갖추게 하는 예고적 의미를 가진다. 통지는 주주총회개최 전에 회사에 도달하여야 한다(民法 111조①).

### 3) 주주총회 참석·반대의 요부

주식매수청구권은 회사가 합병·영업양도 등 회사의 존립에 관한 기본적인 변경사항을 의결하는 경우에 이에 반대하는 군소주주가 당해 법인에 대하여 자기가 소유하는 주식을 매수해 줄 것을 요청하는 주주보호 장치로서, 반대주주가 주주총회에 참석하여 반대하는 것은 요건이 아니다.503) 오히려 반대주주가 주주총회에서 해당 의안에 반대함으로써 의안의 가결이 곤란하게 될 수도 있으므로, 회사의 입장에서는 반대주주의 총회 참석을 요구할 이유가 전혀 없다. 다만, 반대통지를 한 주주가 총회에 참석하여 찬성의 투표를 한 경우에는 반대의사의 철회로 보아야 하므로 주식매수청구권을 행사할 수 없다.504)

반대주주가 주주총회에 출석하지 않더라도 그 주주의 의결권은 반대표에 가산해야 한다는 견해도 있으나,505) 현행 상법상 주주가 주주총회에 출석하지 않고 의결권을 행사할 수 있는 방법은 서면투표와 전자투표만 인정되기 때문에, 반대통지를 한 주주의 의결권수를 반대투표한 의결권수에 포함시킬 수는 없다. 또한 반대주주의 의결권수는 출석한 주주의 의결권수에서 제외된다. 이에 따라 반대주주의 의결권수가 전체 의결권수의 3분의 1을 초과하는 경우에도 해당 의안의 가결이 가능하다. 따라서 발행주식총수의 65%에 해당하는 의결권을 가진 주주가 반대의사를 통지하고 주주총회에 출석하지 않은 경우에도 나머지 35%에 해당하는 의결권을 가진 주주들이 특별결의사항을 가결시킬 수 있다. 의안에 반대하는 주주의 의결권이 훨씬 많은데도 의안이 가결되므로 이상한 결과로 보이지만, 이사회 결의에 대하여 반대

---

503) 미국에서는 반대주주가 주주총회에 출석하여 거래를 승인한다는 방향으로 의결권을 행사하지 않을 것이 요구되고[MBCA §13.21(a)], 회사는 주주총회에서 거래가 승인되면 반대주주들에게 주식매수청구에 관한 통지서와 양식을 송부하도록 한다[MBCA §13.22(a)].

504) 반대통지를 한 주주도 주주총회에 참석하여 해당 의안에 대하여 몰랐던 사정을 알게 될 수도 있고, 이러한 경우 해당 주주가 반대의사를 철회하고 해당 의안에 찬성투표를 할 수 있도록 하는 것이 타당하다.

505) 이철송, 583면(60%의 주주가 사전반대를 하고 주주총회에 출석하지 않고 40%의 주주가 출석하여 찬성한 경우의 예를 들면서, 반대자가 더 많은데도 의안이 가결되는 모순이 생기기 때문이라고 설명한다).

의사를 통지한 주주는 주주총회의 의안 자체를 부결시키려는 목적보다는(만일 부결시키려는 목적이 있었다면, 반대통지에 불구하고 주주총회에서 반대투표를 하면 된다), 의안이 가결되면 주식매수청구권을 행사하겠다는 의사를 가지고 있었다고 볼 수 있으므로, 반대주주의 의사에 반한 결의라고 볼 수는 없다.

#### 4) 주주총회 결의

반대주주의 주식매수청구권이 인정되려면 반대의 대상인 결의가 성립하여야 한다. 예컨대 합병에 대하여는 주주총회의 승인이 없는 경우 합병무효사유가 인정되는데, 무효인 합병을 전제로 주식매수청구권의 행사를 인정하는 것은 타당하지 않고, 또한 총회의 결의일부터 20일 이내에 주식의 종류와 수를 기재한 서면으로 회사에 대하여 자기가 소유하고 있는 주식의 매수를 청구할 수 있으므로 총회의 결의가 없으면 이러한 요건의 충족도 곤란하다.

#### 5) 회사의 해산과 주식매수청구권

영업양도의 결의와 함께 회사해산의 결의를 하는 경우에도 반대주주의 주식매수청구권을 인정할지에 관하여는 논란의 여지가 있다. 우선 주식매수청구권을 인정한다면, 주주가 회사채권자보다 우선하여 출자를 회수하는 결과가 되어 회사채권자의 이익을 해칠 염려가 있다는 문제가 있다. 그러나 다른 한편으로는 지배주주가 부당한 조건의 영업양도의 결의와 함께 회사해산의 결의를 하는 경우에 반대주주의 주식매수청구권을 인정하지 않는다면, 반대주주는 공정한 주식가격에 상응하는 잔여재산의 분배를 받을 수는 없다는 문제가 있다.

### (5) 매수청구

#### 1) 매수청구권자

회사에 대하여 주주로서의 권리를 행사할 수 있는 주주로서(의결권이 없거나 제한되는 주주도 포함),[506] 사전에 당해 회사에 대하여 서면으로 반대의사를 통지한 주주가 주식매수청구권자이다. 주주명부상의 주주만이 매수청구를 할 수 있다. 이미 주식을 제3자에게 양도한 자는 현재의 주주가 아니므로 자신을 위하여서는 물론 양수인을 위하여서도 주식매수청구권을 행사할 수 없다.[507] 주식매수청구권은 주

---

506) 회사에 대하여 주주로서의 권리를 행사할 수 있는 주주는 주주명부폐쇄기간 초일 또는 기준일에 주주명부에 주주로 기재된 자와 그의 포괄승계인이다.

507) 反對: 권기범(기), 259면(양도인이 양수인의 부탁을 받아 주식매수청구권을 행사할 수 있다고 설명한다).

주의 회사에 대한 권리이므로 주식양도 후 명의개서를 하지 않은 경우 양수인은 주식매수청구권을 행사할 수 없다.508)

주식매수청구권을 행사할 수 있는 주주는 반대의사의 통지시부터 매수청구시까지 주주의 지위를 유지하여야 한다. 동일한 주주가 반대통지와 매수청구를 하여야 하므로, 반대의사를 통지한 후 주식을 매도하였다가 다시 동일 수량을 매수한 주주는 주식매수청구권이 인정되지 않는다. 반대의사를 통지한 주주로부터 주주총회 회일 전에 주식을 양수한 자가 주식매수청구권을 행사할 수 있는지 여부는 투기적인 동기에서 주식을 취득한 자까지 보호할 필요는 없으므로 이를 부인하는 것이 타당하다는 견해가 있는데,509) 이는 결국 입법정책에 의하여 결정될 문제라고 할 것이다.

2) 대상이 되는 주식

영업양도나 회사합병 등에 반대하는 주주는 "자기가 소유하고 있는 주식"의 매수를 청구할 수 있는데, "자기가 소유하고 있는 주식"은 총회 전의 반대통지, 총회 불참 또는 총회 참석하여 반대나 기권, 매수청구의 각 단계에서 변동 없이 동일성이 인정되어야 한다. 또한 주주총회에서 전량의 주식으로써 반대하였더라도 매수청구 자체는 일부 주식에 대하여서만 하는 것도 인정된다. 주주명부폐쇄 후 주주총회 전에 주식이 양도되면 양도인은 주주총회에서의 의결권은 있지만 주식을 이미 양도하였으므로, 양수인은 주주명부폐쇄 후 주식을 양수하여 주주총회에서의 의결권이 없으므로 양자 모두 주식매수청구권을 행사할 수 없다.

3) 매수청구기간과 방법

반대의사를 통지한 주주는 총회의 결의일부터 20일510) 이내에 주식의 종류와 수를 기재한 서면으로 회사에 대하여 자기가 소유하고 있는 주식의 매수를 청구할

---

508) 다만, 반대의사를 통지한 주주가 주식을 양도하면서 주식양도계약의 부수조건으로 양수인이 명의개서청구를 일정 기간 보류하고 양도인이 본인 또는 양수인을 위하여 주식매수청구권을 행사하기로 약정할 가능성은 있다.
509) 권기범(기), 263면.
510) 금융지주회사를 설립하거나 기존 자회사 또는 손자회사의 주식을 모두 소유하기 위한 주식교환 또는 주식이전에 관하여 상법의 규정을 적용함에 있어서는 "10일"로 본다(同法 62조의2 ②). 일본의 경우, 상법상 매수청구기간은 우리 상법의 규정과 같았으나, 회사법 제정시 흡수형 조직재편과 신설형 조직재편으로 구분하여 전자의 경우에는 조직재편의 효력발생일 20일 전부터 효력발생일의 전일까지(日会 785⑤), 후자의 경우에는 주주총회 소집통지공고일로부터 20일 이내에(日会 806⑤) 매수청구를 할 수 있도록 규정함으로써, 반대주주의 숙려기간을 보다 길게 부여하고 있다.

수 있다(360조의5①, 374조의2①).511)512)

상법 제360조의9(간이주식교환)에 따른 완전자회사가 되는 회사의 주주와, 상법 제527조의2(간이합병)에 따른 소멸하는 회사의 주주의 경우에는 상법 제360조의9 제2항 및 제527조의2 제2항에 따른 공고 또는 통지를 한 날부터 2주가 경과한 날부터 20일을 기산한다. 20일의 기간은 제척기간인데, 매수청구기간을 단기간으로 제한한 것은 항상 주가가 변동하는 것과 관련하여 매수인 측과 매도인 측의 이해가 상이하기에 이들의 법률관계를 신속히 처리함으로써 주주 쌍방 및 회사경영의 불안한 상태를 제거하기 위한 것이다.

### (6) 매수가액의 결정

#### 1) 협의가액

주식의 매수가액은 주주와 회사 간의 협의에 의하여 결정한다(374조의2③). 주주와 회사 간의 협의방법에 관하여 현행법이 정하는 바가 없어서 개별협의나 단체협의가 모두 가능하다.

#### 2) 법원의 결정

(가) 의　　의　　매수청구기간이 종료하는 날부터 30일 이내에 주주와 회사 간에 매수가액에 대한 협의가 이루어지지 아니한 경우, 회사 또는 주식의 매수를 청구한 주주는 법원에 대하여 매수가액의 결정을 청구할 수 있다(374조의2④). 반대주주는 총회의 결의일부터 20일 이내에 주식매수청구를 할 수 있고, 매수청구기간 종료일로부터 30일 이내에 매수가액에 대한 협의가 이루어지지 아니한 경우, 회사 또는 주주가 법원에 매수가액결정을 청구할 수 있으므로, 결국 총회의 결의일로부터 50일 경과 후에 법원에 매수가액결정을 청구할 수 있다.513) 법원이 주식의 매수

---

511) 자본시장법도 매수청구주주는 주주총회 결의일로부터 20일 이내에 주식의 종류와 수를 기재한 서면으로 매수청구를 하여야 한다고 규정한다(資法 165조의5①).

512) 회사가 종류주식을 발행하지 않고 단순히 어느 한 종류의 주식만을 발행하고 있는 때는 당연히 주식의 종류는 기재할 필요가 없다.

513) 미국에서도 회사가 공정한 가격이라고 평가한 금액을 반대주주가 받아들이지 않으면 회사는 반대주주들의 매수청구가 있은 후 60일 이내에 주식가격에 관하여 협의가 이루어지지 않은 모든 반대주주들을 상대로 하여 법원에 공정한 가격을 결정해달라는 신청을 하여야 한다 [MBCA §13.30(a)]. 일본에서는 결의의 효력발생일로부터 30일 이내에 협의가 이루어지지 않을 경우 이 기간이 종료한 때로부터 30일 이내에 법원에 가격결정을 청구할 수 있으므로 결국은 60일 내에 법원에 가격결정을 청구하여야 한다(日会 470조②). 한편 주주와 회사 간에 협의가 이루어지지 아니한 경우에는 회사가 제시한 가액을 주식의 매수를 청구한 주주에게 지급하도록 하고, 주주가 위 가액을 수령하더라도 법원에 매수가액결정을 청구할 권리에는 영향

가액을 결정하는 경우에는 회사의 재산상태 그 밖의 사정을 참작하여 공정한 가액으로 이를 산정하여야 한다(374조의2⑤). 정관에 의한 주식양도제한에 관하여는 양도상대방지정청구와 회사에 대한 주식매수청구의 두 가지 경우에 모두 반대주주의 주식매수청구에 관한 제374조의2 제5항의 규정이 준용된다(335조의6).

### (나) 주식가치평가의 요소

가) 시장가치    시장가치의 산정방법으로는, i) 실제의 거래가격을 기준으로 산정하는 방법, ii) 매출액·순자산가치·당기순이익 등의 규모가 비슷한 기업의 주식평가결과를 기준으로 산정하는 방법,514) iii) 업종의 특성에 맞추어 일정한 승수(multiplier)를 곱하여 산정하는 방법 등이 있다. ii)의 방법은 적절한 유사기업을 선정할 수 없는 경우도 있다. iii)의 방법은 업계에서 일반적으로 통용되는 승수가 없으면 적용이 곤란하다. i)의 방법은 상장주식의 경우에는 매우 유용하고 객관적인 정확성이 인정되나, 비상장주식의 경우에는 거래가격의 정확성이 담보되지 않는다. 결국 시장가치는 해당 주식이 거래되는 정규시장이 존재하지 않으면 주식가치 산정에 반영하기 곤란하다. 따라서 비상장주식의 평가에 관한 상속세 및 증여세법 시행령 제54조는 일반법인의 경우 1주당 순자산가치와 순손익가치에 의하여 주식을 평가하되, 순자산가치와 순손익가치의 가중비율을 2 : 3으로 규정한다.515)

나) 순자산가치    순자산가치는 총자산에서 총부채를 공제하여 산정하고, 이를 발행주식총수로 나누면 1주당 순자산가치이다. 순자산가치는 장부가액을 기준

---

을 미치지 아니한다는 취지를 명문으로 규정하는 것이 바람직하다.

514) [대법원 2006. 11. 24.자 2004마1022 결정]【주식매수가격결정】 "기록에 의하면, 2001. 3. 10.경 한국케이블티브이 관악방송의 주식 52,672주(총발행주식의 4.39%)가 1주당 약 37,970원, 합계 20억 원에 매도되었고, 서초종합유선방송의 주식 97,443주(총발행주식의 4.39%)가 1주당 약 55,417원, 합계 54억 원에 매도된 것으로 보인다. 따라서 위와 같은 업체가 은평방송과 동일한 업종을 영위하는지 여부, 당해 법인의 자산규모, 가입자 수 등을 비교하여, 위 거래가액에서 경영권의 양도 대가를 공제하여 산정한 은평방송의 1주당 시장가치 22,025원이 적절한지 여부를 판단하고, 위와 같이 산정한 시장가치가 적절하지 않다고 볼 수 있는 특별한 사정이 없고, 달리 은평방송의 순자산가치와 수익가치의 적정한 평가금액을 산출하기 어려운 경우에는 그와 같이 적절하게 평가된 시장가치를 은평방송 주식의 공정한 가액으로 인정하여 매수가액을 결정할 수도 있을 것이다. 그럼에도 불구하고, 원심이 위와 같이 산정한 시장가치, 순자산가치, 수익가치라는 세 가지 요소들 중 특별히 어느 요소를 가중하여 평균을 구할 근거를 발견할 수 없다는 이유로 위 세 가지 가격을 단순히 산술평균하여 은평방송 주식의 매수가액을 7,803원으로 산정한 것은 비상장주식의 매수가액 결정시 평가요소의 반영비율에 관한 법리를 오해하여 결정에 영향을 미친 위법을 저지른 것이라고 할 것이다. 신청인들의 재항고이유 중 이 점을 지적하는 부분은 이유 있다."

515) 즉, 1주당 주식평가액은 [(1주당 순자산가치×2+1주당 순손익가치×3)/5]이다. 반면에 부동산과다보유법인의 가중비율은 3 : 2이다.

으로 하거나 시가를 기준으로 산정하는데, 후자가 보다 정확할 것이다. 순자산가치
는 객관적인 자료에 의하여 산정할 수 있다는 장점이 있지만, 청산가치(liquidation
value)로 본다면 연구개발능력·영업능력·영업권 등과 같은 무형의 가치는 적절하
게 반영되기 곤란하다는 문제가 있다. 이러한 문제는 순자산가치를 계속기업가치
(going concern value)로 파악하면 어느 정도는 해결된다. "비상장법인의 순자산가액
에는 당해 법인이 가지는 영업권도 당연히 포함된다."라는 판례도 이를 전제로 하
는 것이라 할 수 있다.516)

　　다) 수익가치　　　수익가치는 기업의 미래수익을 적정한 할인율(discount rate)로
할인하여 현재가치를 산정하는 방법이다.517) 할인대상은 미래의 영업이익·순이익·
현금흐름(cash flow) 등이 있으며 현금흐름할인법이 많이 사용된다.

　　장래에도 계속 성장할 것으로 예상되는 기업의 주식가격은 기준시점 당시 당
해 기업의 순자산가치 또는 과거의 순손익가치를 기준으로 하여 산정하는 방법
보다는 당해 기업의 미래의 추정이익을 기준으로 하여 산정하는 방법이 그 주식
의 객관적인 가치를 반영할 수 있는 보다 적절한 방법이라는 것이 판례의 입장이
다.518)

　　수익가치는 이론적으로는 가장 정확하게 기업가치를 나타내는 것이지만 미래
의 수익을 추정하는 방법을 전제로 하는 것이므로 객관성이 부족하다는 문제가 있
는데,519) 당해 기업의 미래의 추정이익을 기준으로 주식가격을 산정하고자 할 경우

---

516) [대법원 2006. 11. 24.자 2004마1022 결정]【주식매수가격결정】 "비상장법인의 순자산가액에는
　　당해 법인이 가지는 영업권도 당연히 포함된다. 원심이 인정한 사실과 기록에 의하면, 은평방
　　송은 서울 은평구에서 종합유선방송사업을 영위할 수 있었고, 은평정보통신 주식회사와 은평
　　방송의 합병 당시 은평방송의 영업권 및 경영권 양도 대가 상당액이 9,681,810,688원으로 평가
　　되었으므로, 위와 같은 영업권도 포함하여 순자산가치를 계산함이 상당하다고 할 것이다. 그
　　럼에도 불구하고, 원심이 은평방송의 영업권을 전혀 고려하지 않은 채 은평방송의 1주당 순자
　　산가치를 1,386원으로 판단한 것은 순자산가치에 관한 법리를 오해하여 결정에 영향을 미친
　　위법을 저지른 것이라고 할 것이다"(同旨: 대법원 2004. 7. 22. 선고 2002두9322, 9339 판결).
517) [대법원 2006. 11. 24.자 2004마1022 결정]【주식매수가격결정】 "유선방송사업의 경우 초기에
　　방송장비 및 방송망 설치 등의 대규모 시설투자가 필요한 반면, 그 이후에는 인건비 등의 비
　　용 이외에는 추가비용이 크게 필요하지 않고, 일정 수 이상의 가입자가 확보되면 월 사용료
　　상당의 수입이 안정적으로 확보된다는 특색이 있기 때문에, 가입자의 수, 전송망의 용량, 지역
　　내 독점 여부 등을 기초로 한 미래의 수익률이 기업가치 내지 주식가치를 평가하는 데 중요한
　　고려요소라고 할 것이다"(同旨: 대법원 2005. 4. 29. 선고 2005도856 판결).
518) 대법원 2005. 6. 9. 선고 2004두7153 판결.
519) 관련 사례로서, 대우전자의 영업양도에 따른 주식매수가격결정사건(대법원 2006. 11. 23.자
　　2005마958, 959, 960, 961, 962, 963, 964, 965, 966 결정)에서, 제1심법원(서울서부지방법원)은 시
　　장가치·순자산가치·수익가치를 각 2:1:1의 비율로 가중평균하여 매수가액을 산정하였으

미래의 추정이익은 그 기준시점 당시 당해 기업이 영위하는 산업의 현황 및 전망, 거시경제전망, 당해 기업의 내부 경영상황, 사업계획 또는 경영계획 등을 종합적으로 고려하여 산정하여야 할 것이다.520)

　　이와 관련하여 과거 영업실적이나 현재 상태에 비추어 특별히 미래의 수익가치가 현재의 수익가치를 현저히 초과하여 현재의 수익가치로는 기업의 수익가치를 제대로 반영할 수 없다고 볼 만한 사정이 존재하지 않는다는 이유만으로 상속세 및 증여세법 시행령 제54조 제1항, 제56조 제1항 규정에 따라 과거 3년간 1주당 순손익액만을 기초로 하여 수익가치를 산정한 것은 위법하다는 판례도 있다.521)

　　한편 비상장주식의 평가기준일이 속하는 사업연도의 순손익액이 급격하게 변동한 경우에 이러한 순손익액을 포함하여 순손익가치를 산정할 것인지는 그 변동의 원인이 무엇인지를 고려하여 결정해야 한다.522)

---

나, 항고심법원(서울고등법원)과 대법원은 영업양수도 이후 수익이 있을 수 없다는 이유로 수익가치를 제외하고 시장가치·순자산가치를 1 : 1의 비율로 적용하여 매수가액을 산정하였다.
520) 대법원 2005. 6. 9. 선고 2004두7153 판결.
521) [대법원 2006. 11. 24.자 2004마1022 결정]【주식매수가격결정】 "유선방송사업의 경우 초기에 방송장비 및 방송망 설치 등의 대규모 시설투자가 필요한 반면, 그 이후에는 인건비 등의 비용 이외에는 추가비용이 크게 필요하지 않고, 일정 수 이상의 가입자가 확보되면 월 사용료 상당의 수입이 안정적으로 확보된다는 특색이 있기 때문에, 가입자의 수, 전송망의 용량, 지역 내 독점 여부 등을 기초로 한 미래의 수익률이 기업가치 내지 주식가치를 평가하는 데 중요한 고려요소라고 할 것이다(대법원 2005. 4. 29. 선고 2005도856 판결 참조). 기록에 의하면, 은평방송의 가입자수가 1998년 15,843명, 1999년 29,254명, 2000년 42,080명으로 점차 증가하고 있었으므로, 그 기준시점 당시 은평방송이 서울 은평구에서 독점적으로 종합유선방송사업을 영위할 수 있었는지 여부, 종합유선방송업의 현황 및 전망, 거시경제전망, 회사의 내부 경영상황, 사업계획 또는 경영계획 등을 종합적으로 고려하여 주식의 수익가치를 산정하는 것이 주식의 객관적인 가치를 반영할 수 있는 보다 적절한 방법이라고 할 것이다. 그럼에도 불구하고, 원심에서 은평방송이 합병 당시 3년간 적자가 누적된 상태에서 자본잠식에 이를 정도로 그 경영상태가 좋지 않았고, 과거 영업실적이나 현재 상태에 비추어 특별히 미래의 수익가치가 현재의 수익가치를 현저히 초과하여 현재의 수익가치로는 기업의 수익가치를 제대로 반영할 수 없다고 볼 만한 사정이 존재하지 않는다는 이유만으로 상속세 및 증여세법 시행령 제54조 제1항, 제56조 제1항 규정에 따라 과거 3년간 1주당 순손익액만을 기초로 하여 은평방송의 1주당 수익가치를 0원으로 산정한 것은 미래의 추정이익에 의한 수익가치 산정에 관한 법리를 오해하여 결정에 영향을 미친 위법을 저지른 것이라 할 것이다. 신청인들의 재항고이유 중 이 점을 지적하는 부분은 이유 있다."
522) [대법원 2006. 11. 24.자 2004마1022 결정] "비상장주식의 평가기준일이 속하는 사업연도의 순손익액이 급격하게 변동하였더라도 일시적이고 우발적인 사건으로 인한 것에 불과하다면 평가기준일이 속하는 사업연도의 순손익액을 제외하고 순손익가치를 산정해야 한다고 볼 수 있다. 그러나 그 원인이 일시적이거나 우발적인 사건이 아니라 사업의물적 토대나 기업환경의 근본적 변화라면 평가기준일이 속하는 사업연도의 순손익액을 포함해서 순손익가치를 평가하

(다) 산정방법

가) 정상거래가격      해당 주식에 관하여 "객관적 교환가치가 적정하게 반영된 정상적인 거래의 실례"가 있으면 그 거래가격을 시가로 보아 주식의 매수가액을 정한다.[523) "정상적인 거래"는 수요와 공급이 정상적으로 작동되는 시장에서의 거래를 의미한다. 다만, 객관적 교환가치가 적정하게 반영된 정상적인 거래의 실례가 있더라도, 거래 시기, 거래 경위, 거래 후 회사의 내부사정이나 경영상태의 변화, 다른 평가방법을 기초로 산정한 주식가액과의 근접성 등에 비추어 위와 같은 거래가격만으로 비상장주식의 매수가액을 결정하기 어려운 경우에는 위와 같은 거래가액 또는 그 거래가액을 합리적인 기준에 따라 조정한 가액을 주식의 공정한 가액을 산정하기 위한 요소로 고려할 수 있다.[524) 그리고 회사의 발행주식을 회사의 경영권과 함께 양도하는 경우 그 거래가격은 주식만을 양도하는 경우의 객관적 교환가치를 반영하는 일반적인 시가로 볼 수 없다.[525)

나) 산정가격

(a) 의     의      위와 같은 "객관적 교환가치가 적정하게 반영된 정상적인 거래의 실례"가 없으면, 비상장주식의 평가에 관하여 보편적으로 인정되는 시장가치방식·순자산가치방식·수익가치방식 등 여러 가지 평가방법을 활용하되, 회사의 상황이나 업종의 특성 등을 종합적으로 고려하여 공정한 가액을 산정한다. 만일 비상장주식에 관한 거래가격이 회사의 객관적 가치를 적정하게 반영하지 못한다고 판단되는 경우에는 법원은 그와 같이 판단되는 사유 등을 감안하여 그 거래가격을 배제하거나 그 거래가격 또는 이를 합리적인 기준에 따라 조정한 가격을 순자산가치나 수익가치 등 다른 평가 요소와 함께 주식의 공정한 가액을 산정하기 위한 요소로서 고려할 수 있다.[526)

비상장주식의 평가방법을 규정한 관련 법규들은 그 제정 목적에 따라 서로 상

---

는 것이 회사의 미래수익을 적절하게 반영한 것으로 볼 수 있다. 법원이 합병반대주주의 주식매수가액결정신청에 따라 비상장주식의 가치를 산정할 때 위와 같은 경우까지 상증세법 시행령 제56조 제1항에서 정한 산정방법을 그대로 적용하여 평가기준일이 속하는 사업연도의 순손익액을 산정기준에서 제외하는 것은 주식의 객관적 가치를 파악할 수 없어 위법하다."

523) 대법원 2005. 4. 29. 선고 2005도856 판결, 대법원 2005. 10. 28. 선고 2003다69638 판결.
524) 대법원 2006. 11. 23.자 2005마958, 959, 960, 961, 962, 963, 964, 965, 966 결정(비상장주식의 매수가격결정에 있어서 가장 대표적인 판례이다. 대우전자는 원래 상장회사였으나 영업양도를 위한 이사회 결의일 약 6개월 전에 주권상장이 폐지되었다).
525) 대법원 2006. 11. 24.자 2004마1022 결정.
526) 대법원 2006. 11. 24.자 2004마1022 결정, 대법원 2018. 12. 17.자 2016마272 결정.

이한 기준을 적용하고 있으므로, 어느 한 가지 평가방법이 항상 적용되어야 한다고 단정할 수는 없고, 당해 회사의 상황이나 업종의 특성 등을 종합적으로 고려하여 공정한 가액을 산정하여야 한다. 결국 시장가치·순자산가치·수익가치 등을 종합적으로 반영하여 비상장주식의 매수가액을 산정하는 경우, 당해 회사의 상황이나 업종의 특성, 개별 평가요소의 적정 여부 등 제반 사정을 고려하여 각 평가요소를 반영하는 비율을 각각 다르게 정하여야 한다.527) 예컨대 방송·통신·IT회사 등의 경우에는 미래 수익가치를 중시하여야 할 것이다.528)

　(b) 구체적 산정사례

　a) 단순평균방식　　시장가치·순자산가치·수익가치를 단순평균하여 산정하는 방식이다.529)

　b) 수익가치 배제방식　　영업양도에 따른 주식매수가격결정사건에서, 제1심법원은 시장가치, 순자산가치, 수익가치를 각 2:1:1의 비율로 가중평균하여 매수가액을 산정하였고, 제2심법원은 영업양수도 이후 수익이 있을 수 없다는 이유로 수익가치를 제외하고 시장가치, 순자산가치를 1:1의 비율로 적용하여 매수가액을 산정하였는데, 대법원은 수익가치를 배제한 것은 부적절하다고 지적하면서도 미래의 수익가치를 산정할 객관적인 자료가 제출되어 있지 않거나, 수익가치가 다른 평가방식에 의한 요소와 밀접하게 연관되어 있어 별개의 독립적인 산정요소로서 반영할 필요가 없다는 이유로 원심을 유지하였다.530)

　c) 수익가치 가중방식　　원심은 시장가치·순자산가치·수익가치 중 특별히 어느 요소를 가중할 근거를 발견할 수 없다는 이유로 이를 단순히 산술평균하여 매수가액을 산정하였는데,531) 대법원은 순자산가치에 영업권의 가액이 포함되지 않았고, 업종의 특성상 대규모 시설투자 후에는 추가비용이 크게 들지 아니하므로 수익가치가 주식가치를 평가하는 데 중요한 요소임에도 불구하고 이를 0으로 하여 단순평균하였다는 이유로 원심결정을 파기하였다.532)

527) 대법원 2006. 11. 24.자 2004마1022 결정, 대법원 2005. 4. 29. 선고 2005도856 판결, 대법원 2005. 10. 28. 선고 2003다69638 판결.
528) 은평정보통신 주식회사와 은평방송의 합병 사례 참조(대법원 2006. 11. 24.자 2004마1022 결정).
529) 단순평균방식을 선택하면서 부실금융기관인 제일은행의 자산가치와 수익가치를 모두 0으로 정하여 결국 시장가치의 3분의 1로 주식매수가격을 산정한 사례도 있다(서울지방법원 1999. 7. 28.자 99마204 결정).
530) 대법원 2006. 11. 23.자 2005마958, 959, 960, 961, 962, 963, 964, 965, 966 결정.
531) 서울서부지방법원 2004. 3. 24.자 2001파41 결정.
532) [대법원 2006. 11. 24.자 2004마1022 결정][주식매수가격결정](드림시티방송과 은평방송 합병

d) 순자산가치 배제방식    순자산가치를 산정할 객관적인 자료가 제출되어 있지 않거나 순자산가치가 다른 평가방식에 의한 요소와 밀접하게 연관되어 있어 별개의 독립적인 산정요소로서 반영할 필요가 없다는 특별한 사정이 있는 때에는 주식매수가액 산정시 순자산가치를 고려하지 않아도 된다는 판례도 있다.533)

다) 거래로 인한 영향    거래로 인한 시너지효과에 의하여 상승하는 주식가치는 공정한 가액 결정시 반영되지 않는 것으로 보는 것이 판례의 기본적인 입장이다. 거래로 인한 영향을 배제하는 이유는 거래에 반대하면서 주식매수청구권을 행사하는 주주가 거래로 인한 불이익을 받지 않는 것처럼 거래로 인한 이익도 받을 수 없기 때문이다.534) 예컨대 합병발표가 시장주가에 미치는 영향을 배제하기 위하여 발표 전 날의 주가를 기준으로 매수가액을 산정한 하급심판례도 있다.535) 대법원도 거래로 인한 영향을 받기 전의 시점을 기준으로 수익가치를 판단하여야 한다는 입장이다.536) 통상 이사회 결의일에 최초로 해당 거래에 관한 계획이 증권시장

---

사건) "회사의 발행주식을 회사의 경영권과 함께 양도하는 경우 그 거래가격은 주식만을 양도하는 경우의 객관적 교환가치를 반영하는 일반적인 시가로 볼 수 없다. 비상장법인의 순자산가액에는 당해 법인이 가지는 영업권의 가액도 당연히 포함된다. 시장가치, 순자산가치, 수익가치 등 여러 가지 평가요소를 종합적으로 고려하여 비상장주식의 매수가액을 산정하고자 할 경우, 당해 회사의 상황이나 업종의 특성, 위와 같은 평가요소가 주식의 객관적인 가치를 적절하게 반영할 수 있는 것인지, 그 방법에 의한 가치산정에 다른 잘못은 없는지 여부에 따라 평가요소를 반영하는 비율을 각각 다르게 하여야 한다."

533) 대법원 2022. 7. 28.자 2020마5054 결정. 정관에 의하여 주식양도가 제한되는 경우 주식양도 승인을 거부당한 주주의 주식매수청구에 따른 매수가액을 결정한 사건이다. 구체적인 판결 이유는 [제1권 제3장 제2절 Ⅴ. 주식의 양도] 부분 참조.

534) [서울고등법원 2017. 12. 29.자 2017라20356 결정] "분할합병에 찬성하는 주주는 주식매수청구권을 행사하지 아니함으로써 분할합병 이후 주식가격의 상승에 따른 이익을 추구하되 그 하락에 따른 위험을 부담하고, 분할합병에 반대하는 주주는 주식매수청구권을 행사함으로써 분할합병 이후 주식가격의 하락에 따른 위험에서 벗어나되 그 상승에 따른 이익은 포기한 것이라고 보는 것이 제도의 취지에 부합하는바, … "

535) 서울고등법원 2008. 1. 29.자 2005라878 결정(회사정리절차 중에 있었던 관계로 주식의 시장가치가 저평가되어 있고 회사정리절차가 진행되는 동안 주식이 유가증권시장에서 관리대상종목에 편입됨으로써 주식 거래에 다소의 제약을 받고 있었다는 이유로 시장주가가 당해 법인의 객관적 교환가치를 제대로 반영하고 있지 않다고 단정하여 시장가치 외에 순자산가치까지 포함시켜 매수가격을 산정한 원심결정을 파기한 대법원 2011. 10. 13.자 2008마264 결정의 원심이다).

536) [대법원 2006. 11. 23.자 2005마958, 959, 960, 961, 962, 963, 964, 965, 966 결정](대우전자 영업양도 사건) "영업양도 등에 반대하는 주주의 주식매수청구에 따라 그 매수가액을 결정하는 경우, 특별한 사정이 없는 한 주식의 가치가 영업양도 등에 의하여 영향을 받기 전의 시점을 기준으로 수익가치를 판단하여야 하는데, 이때 미래에 발생할 추정이익 등을 고려하여 수익가치를 산정하여야 한다."

에 알려지게 될 것이므로 자본시장법도 거래로 인한 영향을 배제하기 위하여 이사
회 결의일 전일부터 과거 2개월간 증권시장에서 거래된 가격을 기초로 주식매수가
격을 결정하도록 규정한다. 537)538)

라) 미국의 매수가액 산정방법

(a) 공정한 가격    MBCA, NYBCL, DGCL 등 대부분의 제정법은 주식매수
청구권에 관하여 "공정한 가격(fair value)"을 지급받을 권리로 규정한다. 공정한 가
격을 산출하기 위하여는 법원이 임명하는 감정인(appraiser)이 평가액과 평가액산정
근거를 법원에 제출하고 법원이 이를 근거로 최종평가액을 결정한다.

종래의 판례는 시장에서 거래되는 주가가 가장 정확하게 회사의 가치를 나타
내는 것이라는 이유로 합병에 의한 영향을 배제한 주식의 시장가격을 공정한 가격
으로 추정하였고, CCC와 같은 일부 제정법은 공정한 시장가격을 명시적으로 규정
하기도 하였다. 그러나 시장가격은 거래량이 극소하거나 이례적인 시황인 경우에는
회사의 가치를 정확하게 나타낸다고 할 수 없다는 문제점이 있다.

(b) Delaware bloc 방식

a) 의    의    미국의 많은 주법원이 채택한 Delaware 가중평균방식(Dela-
ware bloc approach, weighted average method)은 주식의 가치를 구성하는 요소를 정하
고 각 요소에 적절한 가중치를 주어서 주식의 공정한 가격을 평가하는 방법이다.

b) 가치결정요인    법원이 이러한 방식에 의하여 주식의 공정한 가격을 평

---

537) 삼성물산의 소액주주들이 제기한 주식매수가격결정신청사건에서 삼성물산의 주가가 합병에
    관한 이사회 결의일 전일 이전부터 이미 합병계획의 영향을 받고 있었다는 이유로 제반 사정
    에 의한 영향을 최대한 배제할 수 있는 시점인 제일모직의 상장일 전일의 시장가격을 기초로
    자본시장법 시행령 제176조의7 제3항 제1호의 방법을 유추하여 주식매수가격을 결정한 하급심
    판례도 있다[서울고등법원 2016. 5. 30.자 2016라20189, 20190(병합), 20192(병합) 결정].

538) 미국 대부분의 州제정법과 판례는 주식의 공정한 평가액은 거래가 존재하지 않았을 상황을
    전제로 하는 것, 즉 거래로 인한 영향(대부분은 주가상승영향이겠지만, 주가하락영향을 포함
    하여)을 배제한 것이어야 한다고 한다. MBCA도 공정한 가격을, "주주가 반대하는 회사거래
    의 발효일 직전의 가치(immediately before the effectuation of the corporate action to which
    the shareholder objects)"라고 정의하고[MBCA §13.01(4)( i )], DGCL도 "합병의 실행이나 기
    대로 인한 모든 요소를 배제(exclusive of any element of value arising from the accomplish-
    ment or expectation of the merger)"하도록 요구한다[DGCL §262(h)]. 다만, ALI PCG는 이례
    적으로 시너지효과를 반영할 수 있도록 규정한다[ALI PCG §7.22]. 일본에서는 반대주주의 주
    식매수청구권에 관한 구 상법 제245조의2 제1항, 제408조의3 제1항 등에서 "결의가 없었더라
    면 가졌을 공정한 가격"으로 규정하였으나, 2005년 제정된 회사법은 교부금합병을 도입하고
    제116조 제1항에서 위와 같은 수식어를 삭제하고 "공정한 가격"이라고만 규정하는데, 이는 거
    래로 인한 영향을 포함할 근거라 할 수 있다.

가할 때 고려하여야 할 요인은 일반적으로, i) 거래가 알려지기 전의 시장가격 (market price), ii) 회사의 순자산가치(net asset value), iii) 회사의 수익가치(earnings value) 등이다.

  (ⅰ) 시장가격     시장가격(market price)은 거래가 알려지기 직전에 주식시장에서 거래되던 가격을 말한다. 시장가격에 대한 가중치는 주식시장에서의 거래량에 비례한다고 할 수 있는데, 거래량이 많으면 가중치가 높을 것이고 거래량이 작으면 가중치가 낮을 것이다. 그러나 법원은 시장주가 자체가 대부분 소량의 거래에 반영되는 가격으로서 회사의 실제가치를 정확히 반영한다고 볼 수 없고, 지배주주들은 시장주가가 저조할 시기를 선택하여 기업결합거래를 할 우려가 있기 때문에 시장가격에는 큰 비중을 두지 않는다. 통상 시장가격은 소수주주 discount와 유동성 결여로 인한 discount(lack of liquidity discount)가 반영된 가격이다. 그러나 공개시장에서 대량의 거래가 이루어지는 주식에 대하여는 시장주가에 대한 가중치가 높게 된다.

  (ⅱ) 순자산가치     수익이 없고 시장가격도 없는 회사의 주식의 경우에는 순자산가치가 매우 중요한 요소가 된다. 미국에서는 순자산가치(net asset value)를, 회사가 해산하였을 때의 청산가치(liquidation value)로 보는 견해와 계속기업가치 (going concern value)로 보는 견해가 있다.

  (ⅲ) 수익가치     거래가 있기 전 일정한 기간(통상 5년) 동안의 평균수익 (average earning)과 이러한 평균수익에 의하여 당해 연도의 수익을 예상하기 위한 승수(multiplier)에 의하여 당해 연도의 수익가치(earnings value)를 산정한다. 평균수익산정에 있어서는 1회성 자산양도(one-time sale of asset)로 인한 수익이나 결손처리로 인한 1회성 손실은 배제하고 산정한다. 그러나 법원은 수익가치에 대하여 일반적으로 낮은 가중치를 두는데 그 방법 자체가 지난 5년간의 평균수익을 전제로 산정하는 것이기 때문이다. 그리고 증권분석가와 투자자들은 향후에 예상되는 수익가치에 의하여 주가를 평가하기 때문에 법원의 위와 같은 산정방식은 이들이 산정하는 수익가치에 비하여 낮을 수밖에 없고, 승수 역시 이들이 적용하는 승수에 비하여 법원이 적용하는 승수는 보수적일 수밖에 없으므로 전체적인 수익가치가 낮아질 수밖에 없다는 문제가 있다.

  (ⅳ) 이익배당가치     일부 판례는 이익배당가치(dividend value)도 고려하지만, 대부분의 판례는 수익가치에 이미 반영되어 있다는 이유로 별도의 평가액산정 요소로 고려하지 않는다.

c) 가중평균방식      이러한 세 요소에 같은 비중을 두어야 하는 것은 아니고 법원이 당해 사건에 있어서 각 요소의 신뢰도(reliability)에 따라 그 비중을 달리하는 것이다.539)

(c) 현금흐름할인법      그러나 Delaware 주대법원은 근래에 와서는 위와 같은 방식을 버리고 일반적으로 인정되는 평가방식이라면 모두 허용하는 새로운 방식을 모색하고 있는데, 이러한 방식을 채택한 유명한 Weinberger 판결에서 Delaware 주대법원은 하급심이 배척한 현금흐름할인법(discounted cash flow: DCF)을 채택하면서, Delaware bloc은 너무 엄격한 것이라는 이유로 "보다 자유롭고, 덜 경직되고, 덜 도식화된 평가방법"을 채택하는 것이라고 판시하였다.540) 위 사건에서 Delaware 주대법원은 소수주주가 지배주주와 동등하게 보호받도록 하기 위하여 모든 관련요소(all relevant factors)를 고려하기 위하여 Delaware bloc 하에서는 받아들여지지 않았을 평가에 관한 두 가지 증거를 인정하는데, i) 회사가 그 자신의 목적상 작성한 평가서(valuation study)와, ii) 현상태에서 회사를 매수하려는 측이 지불하려는 금액으로서 "take over premium" 즉, 공개매수발표로 인한 주가상승분을 포함한 것에 관한 감정증언(expert testimony) 등이다. 그리고 이에 따라 거래의 취소 또는 해제시 원상회복에 갈음하는 손해배상(rescissory damages)도 고려될 수 있다. 이러한 평가방법은 NYBCL §623(h)(4)와 같이 일부 제정법에 의하여 입법화되기도 하였으나 대부분의 주법원은 아직도 종래의 Delaware bloc에 의하여 평가하고 있다.

(d) 소수주주의 주식 평가      회사에 대한 지배권이 없는 소수주주라는 이유로 주식의 평가액을 감액할 수는 없다. 주식매수청구권에서의 주식을 평가하는 것은 상품으로서의 주식이 아니라 회사를 전체적으로 평가한 지분으로서의 주식(proportionate share of the whole corporation's fair value)을 평가하는 것이다. 그러므로 법원은 회사의 가치를 전체적으로 판단하여 이를 주식수로 나누어 주당 평가액을 산정하여야 한다.541)

---

539) 예를 들어 Piermonte v. New Boston Garden Corp., 387 N.E.2d 1145 (Mass. 1979) 판결에서 법원이 적용한 가중치를 예로 들면 다음과 같다.
   시장가격 $26.50×가중치 10% = $2.65
   수익가치 $52.60×가중치 40% = $21.04
   순자산가치 $103.16×가중치 50%=$51.58 ⇒ 가중평균가격 $75.27

540) Weinberger v. UOP, Inc., 457 A.2d 701 (Del. 1983). "a more liberal, less rigid and stylized approach to the valuation process."

(e) Delaware 주대법원의 최근 판례    Delaware 주대법원은 근래에 시장가격을 중요한 요소로 보는 중요한 입장을 취하고 있다. 즉, Dell 사건에서 형평법원은 현금흐름할인법을 채택하였으나 주대법원은 효율적 자본시장가설을 지지하면서 매수가액 산정에 있어서 시장가격에 대한 아무런 가중치를 두지 않은 것은 재량권을 남용한 것이라는 이유로 형평법원의 판결을 파기하였고,[542] Aruba 사건에서도 형평법원은 현금흐름할인법을 채택하면서 거래로 인한 시너지효과를 배제한 가격(합병 공개 전 30일 간의 가중평균가격)을 매수가액으로 산정하였으나 주대법원은 시장의 영향을 받지 않은 가격을 주식매수가액으로 결정한 것은 재량을 남용한 것이라는 이유로 형평법원의 판결을 파기하였다.[543]

(라) 상장회사의 매수가격 결정

가) 협의가격    주식의 매수가격은 주주와 해당 법인 간의 협의로 결정한다(資法 165조의5③).[544] 주주와 회사 간의 협의방법에 관하여 현행법이 정하는 바가 없어서 개별협의나 단체협의가 모두 가능하지만, 회사가 모든 반대주주들과 협의하는 것은 비현실적이므로 실무상으로는 회사가 법령에 의하여 산정된 매수가액을 제시하고 반대주주가 주식매수청구권 행사시 이에 대한 이의 여부를 표시하도록 한다. 구체적으로 상장회사는 예컨대 합병의 경우 합병신고서에 자본시장법 시행령 규정에 의한 법정매수가격을 "협의를 위한 회사의 제시가격"을 기재하고, "합병 당사 법인이나 매수를 청구한 주주가 그 매수가격에 반대하는 경우에는 법원에 대하여 그 매수가격의 결정을 청구할 수 있음"을 주석에 기재한다. 따라서 실제로는 회사와 개별주주 간의 협의에 의하여 개별적인 매수가격을 정하는 것이 아니라, 주식매수청구를 한 주주가 회사가 제시한 하나의 매수가격에 응할지 여부를 결정하게 되므로, 법원에서 다투어지는 경우가 아닌 한 협의가격이 주주별로 달라지는 경우는 없게 된다.

---

541) Cavalier Oil Co. v. Harnett, 564 A.2d 1137 (Del. 1989).
542) Dell, Inc. v. Magnetar Glob. Event Driven Master Fund Ltd., No. 565, 2016 (Del. Dec. 14, 2017).
543) Verition Partners Master Fund Ltd. v. Aruba Networks, Inc., 2019 WL 1614026 (Del. Apr. 16, 2019).
544) 상법은 "매수가액"이라는 용어를 사용하나, 자본시장법은 "매수가격"이라는 용어를 사용한다. 상법상 매수가액은 원칙적으로 주주와 회사 간의 협의에 의하여 결정하고(협의가격), 협의가 이루어지지 않을 때에는 회사 또는 주식매수청구를 한 주주가 법원에 매수가액결정을 청구하여 법원이 결정한 가격(법원결정가격)을 매수가액으로 한다(374조의2④·⑤).

나) 법정 매수가격    협의가 이루어지지 아니하는 경우의 매수가격은 이사회 결의일 이전에 증권시장에서 거래된 해당 주식의 거래가격을 기준으로 하여 대통령령으로 정하는 방법에 따라 산정된 금액으로 한다(資法 165조의5③ 단서). 대통령령으로 정하는 방법은 다음과 같다(資令 176조의7③).

> 1. 증권시장에서 거래가 형성된 주식은 다음과 같은 방법에 따라 산정된 가격의 산술평균가격
>   가. 이사회 결의일 전일부터 과거 2개월(같은 기간 중 배당락 또는 권리락으로 인하여 매매기준가격의 조정이 있는 경우로서 배당락 또는 권리락이 있은 날부터 이사회 결의일 전일까지의 기간이 7일 이상인 경우에는 그 기간)간 공표된 매일의 증권시장에서 거래된 최종시세가격을 실물거래에 의한 거래량을 가중치로 하여 가중산술평균한 가격
>   나. 이사회 결의일 전일부터 과거 1개월(같은 기간 중 배당락 또는 권리락으로 인하여 매매기준가격의 조정이 있는 경우로서 배당락 또는 권리락이 있은 날부터 이사회 결의일 전일까지의 기간이 7일 이상인 경우에는 그 기간)간 공표된 매일의 증권시장에서 거래된 최종시세가격을 실물거래에 의한 거래량을 가중치로 하여 가중산술평균한 가격
>   다. 이사회 결의일 전일부터 과거 1주일간 공표된 매일의 증권시장에서 거래된 최종시세가격을 실물거래에 의한 거래량을 가중치로 하여 가중산술평균한 가격
> 2. 증권시장에서 거래가 형성되지 아니한 주식은 자산가치와 수익가치를 가중산술평균한 가액(資令 176조의5①2나)

다) 법원결정가격    협의를 이루지 못한 해당 법인이나 매수를 청구한 주주가 법정 매수가격에 대하여도 반대하면 법원에 매수가격의 결정을 청구할 수 있다(資法 165조의5③ 단서).

주주 또는 해당 법인이 법원에 매수가격의 결정을 청구한 경우, 법원은 원칙적으로 해당 법인의 시장주가를 참조하여 매수가격을 산정하여야 한다. 일반적으로 주권상장법인의 시장주가는 증권시장에 참여한 다수의 투자자가 법령에 근거하여 공시되는 해당 기업의 자산내용, 재무상황, 수익력, 장래의 사업전망 등 해당 법인에 관한 정보에 기초하여 내린 투자 판단에 의하여 해당 기업의 객관적 가치가 반영되어 형성된 것으로 볼 수 있고, 주권상장법인의 주주는 통상 시장주가를 전제로 투자행동을 취한다는 점에서 시장주가를 기준으로 매수가격을 결정하는 것이 해당 주주의 합리적 기대에 합치하기 때문이다.

다만 이처럼 시장주가에 기초하여 매수가격을 산정하는 경우라고 하여 법원이 반드시 자본시장법 시행령 제176조의7 제3항 제1호에서 정한 산정 방법에 따라서만 매수가격을 산정하여야 하는 것은 아니다. 법원은 공정한 매수가격을 산정한다는 매수가격 결정 신청사건의 제도적 취지와 개별 사안의 구체적 사정을 고려하여 이사회 결의일 이전의 어느 특정일의 시장주가를 참조할 것인지, 또는 일정 기간 동안의 시장주가의 평균치를 참조할 것인지, 그렇지 않으면 자본시장법 시행령 제176조의7 제3항 제1호에서 정한 산정 방법에 따라 산정된 가격을 그대로 인정할 것인지 등을 합리적으로 결정할 수 있다.[545)]

(마) 금융지주회사법상 특례    금융지주회사를 설립하거나 기존 자회사 또는 손자회사의 주식을 모두 소유하기 위한 주식교환 또는 주식이전에 반대하는 주주

---

545) [대법원 2022. 4. 14.자 2016마5394, 5395, 5396 결정] "해당 상장주식이 유가증권시장에서 거래가 형성되지 아니한 주식이거나 시장주가가 가격조작 등 시장의 기능을 방해하는 부정한 수단에 의하여 영향을 받는 등으로 해당 주권상장법인의 객관적 가치를 반영하지 못하고 있다고 판단될 경우에는, 시장주가를 배제하거나 또는 시장주가와 함께 순자산가치나 수익가치 등 다른 평가요소를 반영하여 해당 법인의 상황이나 업종의 특성 등을 종합적으로 고려한 공정한 가액을 산정할 수도 있으나, 단순히 시장주가가 순자산가치나 수익가치에 기초하여 산정된 가격과 다소 차이가 난다는 사정만으로 시장주가가 주권상장법인의 객관적 가치를 반영하지 못한다고 쉽게 단정하여서는 아니 된다(대법원 2011. 10. 13. 자 2008마264 결정 참조). 주권상장법인의 주식매수가격 결정 시 자본시장법 시행령 제176조의7 제3항 제1호에서 합병계약 체결에 관한 이사회 결의일 전일 무렵의 시장주가를 기초로 가격을 산정하도록 하는 것은 그 주식의 가치가 합병에 의하여 영향을 받기 전의 시점을 기준으로 공정한 가액을 산정하기 위한 것이다. … 일반적으로 서로 독립된 상장법인 사이의 합병 사실은 합병계약 체결에 관한 이사회 결의 등이 공시됨으로써 비로소 대외적으로 명확하게 알려질 것이기 때문이다. 따라서 합병 사실이 공시되지는 않았으나 자본시장의 주요 참여자들이 합병을 예상함에 따라 시장주가가 이미 합병의 영향을 받았다고 인정되는 경우까지 반드시 이사회 결의일 전일을 기준으로 주식매수가격을 산정하여야 한다고 볼 수 없다. 무엇보다도 합병이 대상회사에 불리함을 이유로 반대하는 주주에 대하여 합병의 영향으로 공정한 가격보다 낮게 형성된 시장주가를 기준으로 주식매매대금을 산정하는 것은 합병에 반대하여 주식매수청구권을 행사한 주주에게 지나치게 불리하여 합리적이지 않기 때문이다. 판례도 이사회에서 합병 여부를 결의하기 전에 대표이사가 노조 대표와 면담을 하면서 합병계획을 발표한 사건에서 합병계획 발표 전날을 기준일로 하여 주식매수가액을 결정한 원심의 판단을 수긍한 바 있다(대법원 2011. 10. 13. 자 2008마264 결정). … 구 B물산(주)가 소외 1 등의 이익을 위하여 의도적으로 실적을 부진하게 하였다거나 국민연금공단이 구 B물산(주)의 주가를 낮출 의도로 2015. 3.경부터 구 B물산(주)의 주식을 지속적으로 매도하였다는 사실이 증명되지 않았는데도, 원심이 그러한 사정에 대한 의심에 합리적인 이유가 있다는 점을 이 사건 합병계약에 관한 이사회 결의일 전일 무렵의 시장주가가 구 B물산(주)의 객관적 가치를 반영하지 못하는 근거로 들고 있는 부분은 부적절하나, C(주) 상장일 전일을 기준일로 선택하여 자본시장법 시행령에서 정한 방법을 유추적용하여 산정된 가격을 구 B물산(주) 주식의 공정한 가액으로 판단한 원심의 결론은 결과적으로 정당하고, 달리 재판에 영향을 미친 헌법·법률·명령 또는 규칙을 위반한 잘못을 찾아볼 수 없다"(삼성물산과 제일모직 합병 사안).

의 주식매수청구권에 관하여는 매수가격의 산정 및 조정에 관한 특례가 있다.546)

(7) 주식매수청구권행사의 효과

1) 매매계약의 성립

상법은 매매계약체결시기에 관하여는 명문의 규정을 두지 않지만, 주식매수청
구권은 형성권이므로 주주의 주식매수청구권 행사와 동시에 매매계약성립의 효과
가 발생한다는 것이 통설·판례의 입장이다.

반면에, 주식매수청구권이 형성권임을 인정하면서도 매수청구 자체로는 매수
가액협의의무가 발생할 뿐 매수가액이 결정되기 전에는 매매계약이 성립하는 것은
아니고, 따라서 상법 제374조의2 제2항의 2개월은 매수가액을 협의하여 매매계약
을 체결하여야 하는 기간이라고 해석하는 견해가 있고,547) 나아가 주식매수청구권
이 형성권임을 부인하면서 매매계약체결청구권으로 보는 견해도 있다.548)

상법에 명문의 규정은 없지만, 신속한 주식매수절차의 진행에 의하여 주주의
이익을 보호할 필요가 있다는 점에서 통설·판례의 입장이 타당하다.

2) 주식대금 지급의무의 이행기

비상장회사는 매수청구기간이 종료하는 날부터549) 2개월550) 이내에 그 주식
을 매수하여야 한다(374조의2②). 상장회사(주권상장법인)는 매수청구기간이 종료하는
날부터 1개월 이내에 해당 주식을 매수하여야 한다(資法 165조의5②).551)

위 2개월 또는 1개월의 기간이 주식대금 지급의무의 이행기인지, 아니면 매수
가액 협의기간인지 법문상으로 명확하지는 않다. 주주와 회사 간의 협의로 주식매
수가액을 결정하지 못하여 법원이 주식매수가액을 결정하게 되었고, 법원의 매수가

---

546) 이에 관하여는 [제5장 제3절 Ⅳ. 금융지주회사법상 특례]에서 상술한다.
547) 정찬형, 869면.
548) 김화진, "주식매수청구권의 본질과 주식매수가격의 결정", 인권과 정의 제393호, 대한변호사
   협회(2009. 5), 29면.
549) 2015년 12월 개정 전의 상법은 "제1항의 청구를 받은 날부터"라고 규정하였으므로 다수의
   반대주주들이 각기 다른 시기에 매수청구를 하는 경우 매수의무 발생시기가 달라지고 따라서
   지체책임의 기산일도 달라지는 문제가 있었는데, 개정 상법은 "매수청구기간의 종료일" 개념
   을 도입하였다. 이로써 회사의 매수의무는 개별 주주의 매수청구일과 관계없이 일률적으로 매
   수청구기간종료일에 발생하고, 2개월 또는 1개월의 매수기간 경과 후에는 이행지체로 인한 지
   연손해금을 지급하여야 한다.
550) 금융지주회사를 설립하거나 기존 자회사 또는 손자회사의 주식을 모두 소유하기 위한 주식교
   환 또는 주식이전에 관하여 상법의 규정을 적용함에 있어서는 "1개월"로 본다(同法 62조의2②).
551) 자본시장법은 1"월"이 아니라 1"개월"로 표기한다.

액결정의 확정이 항고, 재항고를 거치면서 지연되는 경우도 있는데, 이때 위 기간 경과일부터 지체책임을 진다고 해석하면 회사에 불리하고, 매수가액 결정이 확정된 후부터 지체책임을 진다고 해석하면 주주에게 불리할 것이다.

이와 관련하여 상법 제374조의2 제2항의 2개월은 매수가액을 협의하여 매매계약을 체결하여야 하는 기간이라고 해석하는 견해에 의하면, 2개월의 도과로 이행지체가 되는 것이 아니라, 매수가액 협의시 이행기도 함께 정할 것이고, 만일 매수가액에 관한 협의가 이루어지지 않아서 회사 또는 주주가 법원에 매수가액의 결정을 청구하는 경우에는 법원의 매수가액결정 확정일이 이행기이고 그 다음 날부터 이행지체책임을 부담하게 된다.

그러나 통설은 반대주주의 주식매수청구권은 형성권이고 또한 매매가격을 유보한 매매계약의 성립도 가능하다는 점에서 주주의 주식매수청구권 행사와 동시에 주주와 회사 사이에서 주식매매계약이 체결되는 것이고, "매수하여야 한다."라는 문구상 2개월을 주식대금 지급기간으로 해석한다.

소수설은 매매계약에서 가장 중요한 요소인 매매가격이 결정되지 않았기 때문에 매매계약의 성립을 부인하지만, 소수설에 따르면 회사가 주식매수대금의 지급을 부당하게 지연시키기 위하여 매수가액결정을 위한 협의에 적극적으로 협력하지 않고 주주가 법원에 매수가액결정을 신청하는 경우 항고, 재항고를 거치면서 매수가액결정시점을 최대한 지연시킬 우려가 있다.552) 그리고 상법은 주식매수청구권행사를 위한 각종 절차에 관하여, i) 주주총회 전에 반대의사를 통지하고, ii) 주주총회 결의일부터 20일 내에 주식의 매수를 청구하고, iii) 매수청구기간이 종료하는 날부터 30일 이내에 매수가액에 관한 협의가 이루어지지 않는 경우 법원에 매수가액결정을 청구하는 등과 같이 단계별로 시한을 규정하는데, 이는 물론 주식매수청구절차를 신속하게 마무리하려는 것이다. 따라서 이러한 상법의 취지를 고려하면 회사가 부당하게 주식매수대금의 지급을 지연시킬 우려가 있는 소수설은 상법 규정의 취지에도 부합하지 않는다.

판례도, "상법 제374조의2 제2항의 회사가 주식매수청구를 받은 날부터 2월은 주식매매대금 지급의무의 이행기를 정한 것이고, 이는 2월 이내에 주식의 매수가액이 확정되지 아니하였다고 하더라도 다르지 아니하다."라는 입장이다.553)

---

552) 특히 반대주주의 지분이 많은 경우 회사로서는 주식매수를 위하여 상당한 자금이 소요되는데 자금사정이 여의치 않은 경우, 만일 소수설과 같이 법원의 매수가액결정확정시까지 지연이자의 부담이 없다면 대금지급시한을 최대한 지연시킬 것이다.

### 3) 주식 이전시기

주식매수청구권은 형성권이므로 반대주주가 주식매수청구를 하면 회사의 승낙과 관계없이 매매계약이 성립한다.554) 그런데 주주가 주식매수청구를 하면 회사는 반드시 그 주주의 주식을 매수하여야 하지만, 주주가 매수청구를 한 때에 주식이 당연히 이전하고 회사는 매매대금지급의무만 부담하는 것인지 상법상 명확하지 않다.

형성권의 행사에 의하여 법률관계가 발생한다는 것은 당사자 간에 권리·의무 관계가 발생하는 것을 의미하고, 그에 따른 권리변동은 법정 요건에 따라서 의무의 이행이 완료되어야 이루어진다고 보아야 한다. 따라서 회사가 주주에게 주식대금을 지급하는 때에 주식이 이전하고 주주도 주주 지위를 상실한다.555)556)

### 4) 지연손해금

회사가 매수청구기간이 종료하는 날부터 2개월(주권상장법인은 1개월)의 매수기간 내에 주식대금을 지급하지 않는 경우에는 이행지체(民法 387조①)에 해당하게 되고, 따라서 이 매수기간 경과 후에는 이행지체로 인한 지연손해금을 지급하여야 한다.557) 금전채무의 불이행으로 인한 손해배상액의 산정은 법정이율에 의하는 것을 원칙으로 하고, 법령의 제한에 위반하지 아니한 약정이율에 의하면 그 약정이율에 의한다(民法 397조①). 따라서 회사가 주주에게 배상할 지연손해금은 법정이율에 의하여 산정하고, 이때의 법정이율은 상사법정이율인 연 6%이다(54조).

---

553) 대법원 2011. 4. 28. 선고 2010다94953 판결(5년간 연 6%의 상사법정이율에 의한 지연손해금 지급의무가 인정된 사건인데, 2015. 12. 1. 개정 전 상법은 "주식매수청구를 받은 날부터"라고 규정하였다).

554) 대법원 2011. 4. 28. 선고 2009다72667 판결.

555) 따라서 주주가 회사에 대하여 주식매수청구권을 행사하더라도 주식매매계약의 성립이라는 법률관계가 형성되는 것이고, 주식양도에 있어서 주권의 교부는 주식양도의 성립요건이므로 주주가 주권을 회사에 교부하여야 회사가 주식을 양수(자기주식의 취득)하게 된다.

556) 지배주주의 매도청구권, 소수주주의 매수청구권의 경우에는 지배주주가 매매가액을 소수주주에게 지급한 때에 주식이 이전되는 것으로 간주된다는 규정이 있다(360조의26①). 반대주주의 주식매수청구권의 경우에는 이러한 명문의 규정이 없어도 동일하게 해석해야 할 것이다.

557) 미국에서는 회사가 주주로부터 지급청구를 받고 주식을 보관 받으면 회사가 공정하게 평가한 주식의 가격 및 발생한 이자(fair value of his shares, plus accrued interest)를 주주에게 지급하여야 한다[MBCA §13.25(a)]. 종래의 제정법은 법원의 확정판결이 있기 전에는 주주에게 주식대금을 지급할 의무가 없다고 규정하였으나, MBCA는 회사가 공정하다고 평가한 금액을 우선 지급하고 그 후의 소송절차에서는 주주가 주장하는 금액과의 차액에 대하여 심리한다고 규정한다. 일본 회사법은 주주와 회사 간에 주식가격에 관한 협의가 이루어지는 경우 회사는 (사업양도, 합병 등의) 효력발생일로부터 60일 이내에 지급하도록 규정하고(日会 470조①, 786조①), 회사는 위 60일의 기간만료일 후에는 연 6%의 이율에 의하여 산정한 이자도 지급하여야한다고 규정한다(日会 470조④, 786조④).

회사의 주식대금 지급의무와 주주의 주권교부의무는 동시이행관계에 있으므로, 회사는 주주가 주권교부의무를 이행하거나 이행을 제공하기 전에는 회사의 주식대금의 지급의무의 이행을 지체한 것이 아니므로 지연손해금을 지급할 의무가 없다. 다만, 반대주주가 소유하는 주식이 예탁결제원에 예탁된 경우에는 주식매수청구 자체에 주식이전의 확정적 의사표시가 포함되어 있으므로 주식매수청구를 하면서 별도로 이행제공을 할 필요가 없다.558)

영업양도에 반대하는 주주들의 주식매수청구권을 행사하면서 회사가 공정한 매매대금을 지급함과 동시에 언제든지 자신들이 소지하고 있는 주권을 인도하겠다는 취지의 서면을 회사에 제출한 경우, 반대주주들이 주식매수청구권을 행사한 날부터 2월이 경과하였을 당시 회사에 주식매수대금 지급과 동시에 주권을 교부받아 갈 것을 별도로 최고하지 않았더라도 주권교부의무에 대한 이행제공을 마쳤다고 보아 회사의 동시이행 항변을 배척한 판례도 있다.559)

반대주주들이 법원의 주식매수가액 결정에 대하여 항고 및 재항고를 거치면서 상당한 기간이 소요되었다는 사정만으로 지연손해금에 관하여 감액이나 책임제한을 할 수 없다.560) 물론 법원의 매수가액 결정 과정에서 "주주의 권리남용이 인정

---

558) 동지 : 송옥렬, 956면.

559) [대법원 2011. 4. 28. 선고 2010다94953 판결] "원고들의 주권은 모두 원고들에게 교부되지 않은 상태로 원고들이 주식매수청구권을 행사하기 이전부터 계속하여 피고가 주권을 새로 발행하면서 명의개서대리인으로 선임한 주식회사 국민은행(이하 '국민은행'이라 한다)에 예탁되어 있었고, 원고들이 주식매수 청구권의 행사를 통하여 피고가 공정한 매매대금을 지급함과 동시에 언제든지 자신들이 소지하고 있는 주권을 인도하겠다는 취지의 서면을 피고에게 제출하였으며, 원고들은 주식매수청구권의 행사 당시 피고로부터 주식매수대금 지급의 이행제공을 받기만 하면 피고의 업무를 대행하면서 원고들의 주권을 직접 점유하고 있던 국민은행을 통하여 지체 없이 피고에게 원고들의 주권을 교부할 수 있는 상태였고, 피고 역시 마찬가지로 원고들의 주권을 손쉽게 교부받을 수 있는 상태였던 점을 고려하면, 원고들로서는 주식매수청구권을 행사한 2004. 3. 16. 또는 2004. 3. 25.부터 2월이 경과하였을 당시에 비록 피고에게 별도로 주식매수대금 지급과 동시에 주권을 교부받아 갈 것을 최고하지 않았다 하더라도 주권 교부의무에 대한 이행제공을 마쳤다는 취지로 판단하여, 원고들의 주권 교부의무가 이행되지 아니하여 주식매수대금을 지급할 수 없었다는 피고의 동시이행의 항변을 배척하였다. 앞에서 본 법리에 비추어 볼 때 원심의 이러한 조치는 정당한 것으로 수긍이 가고, 거기에 이 부분 상고이유로 주장하는 바와 같은 동시이행에 관한 법리오해 등의 위법이 없다."

560) [대법원 2011. 4. 28. 선고 2010다94953 판결] "반대주주들이 주식매수가액 결정에서 자신들의 희망 매수가액을 주장하는 것은 상법에 의하여 인정된 권리이고, 법원의 주식매수가액 결정에 대하여 항고 및 재항고를 하는 것 역시 비송사건절차법에 의하여 인정되는 권리이므로, 반대주주들이 위와 같은 권리를 남용하였다는 특별한 사정이 인정되지 않는 한 반대주주들이 법원의 주식매수가액 결정에 대하여 항고 및 재항고를 거치면서 상당한 기간이 소요되었다는 사정만으로 지연손해금에 관하여 감액이나 책임제한을 할 수 없다"(반대주주의 권리남용이 인정되지 않은 사안이다).

되는 경우에는" 산정된 지연손해금에 관하여 회사도 감액이나 책임제한을 주장할 수 있다.561)

### (8) 관련 문제

#### 1) 자익권과 공익권

(가) 배당금지급청구권·신주인수권 등의 자익권    회사가 주주에게 주식대금을 지급하는 때에 주식이 이전하고 주주도 주주 지위를 상실하지만, 매수청구를 한 주주가 주식대금을 지급받기 전에 이익배당이나 신주발행이 행하여지는 경우, 매수청구한 주주에게는 배당금지급청구권이나 신주인수권 등의 자익권을 인정할 필요가 없다. 협의에 의하든 법원의 산정에 의하든 결정된 주식매수가액에는 이미 이러한 이익배당금이나 신주인수권 등의 가치가 포함되었다고 보아야 하기 때문이다.562) 그러나 주식매수청구권이 철회되거나 실효된 경우에는 대금지급청구권과 지연이자지급청구권이 소멸하는 대신 주주로서의 이익배당청구권과 신주인수권 등이 부활한다.

(나) 의결권 등의 공익권    의결권 등은 합병무효의 소·결의취소의 소 등의 주주의 소권이 매수청구된 주식과 관련되는 수도 있고 매수대금이 지급되기까지는 소권과 같이 의결권 등의 사원권적 권리를 자기의 매수청구권과 관련시켜 행사하는 경우도 있다. 그리고 의결권은 공익권으로서 회사의 이익을 위하여 행사되는 면도 있으므로 매수청구한 주주도 주식대금을 지급받기 전에는 의결권이 인정된다 할 것이다.

#### 2) 주식매수청구권과 채무초과

통상의 경우에는 회사가 그 자신의 채무초과 상태를 초래하면서까지 주식매수청구에 응하지 않겠지만, 회사가 해당 거래를 반드시 성사시켜야 할 사정이 있거나, 일부 주주와 회사 간의 결탁에 의하여 주식매수청구권을 행사함으로써 출자를 환급해가는 경우가 있을 수 있다. 이는 회사채권자의 권리가 주주의 권리에 우선하여야 한다는 회사법상의 기본원리에 반하는 것이다. 이러한 경우 회사채권자를 보호하기 위한 절차로서 합병의 경우와 같이 채권자보호절차가 있는 경우가 있지만, 영업양도와 같이 채권자보호절차가 없는 경우에는 회사가 주주의 주식매수청구에

---

561) 대법원 2011. 4. 28. 선고 2010다94953 판결의, "반대주주들이 위와 같은 권리를 남용하였다는 특별한 사정이 인정되지 않는 한"이라는 판시에 비추어, "권리를 남용하였다는 특별한 사정이 인정"되는 경우에는 지연손해금의 감액이나 책임제한이 가능하다.

562) 서울동부지방법원 2023. 8. 31. 선고 2022가합106581 판결.

응함으로써 채무초과에 이르게 되면 회사채권자가 피해를 입게 된다.

입법론상으로는 영업양도의 경우에도 합병과 같은 채권자보호절차를 규정하는 것이 바람직하지만, 현행 규정상 회사채권자로서는 적법한 주주총회 결의에 의하여 승인받은 영업양도를 금지시킬 수 있는 방법은 없다. 다만, 주식매수로 인하여 초래되는 채무초과의 상태가 심각한 경우에는, 회사채권자가 이를 이유로 주식매수금지 가처분 또는 주식매수청구권행사금지 가처분신청을 할 수 있다. 「채무자회생 및 파산에 관한 법률」의 합병, 분할·분할합병, 주식교환, 주식이전 등에 관한 특례에 의하면, 각각의 경우에 관한 상법상 주식매수청구권 규정이 적용되지 않는다. 이는 주주보다 회생채권자·회생담보권자를 우선적으로 보호하기 위한 것이다.

3) 주식매수청구권의 철회·실효

(가) 주주의 철회    주식매수청구권은 주주의 권리이며, 그 행사 여부는 주주의 자유이므로 주식매수청구권 행사기간 내에는 회사에 대한 포기의 의사표시로써 주식매수청구를 철회할 수 있다. 그러나 주주가 주식의 매수를 청구한 후에도 철회할 수 있는지에 관하여 논란이 있는데, 형성권은 일단 행사되면 특별한 규정 내지 이유가 없는 한 일방적인 철회가 금지된다고 해석되므로 주주가 주식의 매수를 청구한 후에는 일방적인 철회는 불가능하고 회사의 동의를 얻어야 철회할 수 있다.563)

반대주주의 주식매수청구권 행사로 성립한 주식매매계약에 관하여 채무자회생법 제119조 제1항의 적용을 제외하는 취지의 규정이 없는 이상, 쌍무계약인 위 주식매매계약에 관하여 회사와 주주가 모두 그 이행을 완료하지 아니한 상태에서 회사에 대하여 회생절차가 개시되었다면, 관리인은 채무자회생법 제119조 제1항에 따라 위 주식매매계약을 해제하거나 회사의 채무를 이행하고 주주의 채무이행을 청구할 수 있다.564)

---

563) 일본 회사법은 주식매수청구를 한 주주는 주식회사의 승낙을 얻어 주식매수청구를 철회할 수 있음을 명시적으로 규정한다(日会 116조⑥). 주주총회 소집통지에 주식매수청구의 철회 금지를 명기하는 예도 있지만, 주식매수청구가 철회되는 경우 회사로서는 지급할 매수대금이 그만큼 감소하므로 통상은 회사에 불이익이 초래되지 않는다. 다만, 주주가 시장주가와 매수가액 간의 차익을 얻기 위하여 매수청구를 철회하고 시장에서 주식을 매도한다면 회사는 차액 상당의 이익을 상실하는 결과가 된다. 참고로, 금융감독원의 기업공시서식 작성기준(2018. 12. 31.개정) 중 주식매수청구권의 내용 및 행사에 관한 규정인 제12-6-1조는 제3호에서 "행사절차"를 기재사항으로 규정하고, 작성지침에서 "철회절차"도 기재하도록 규정한다.

564) [대법원 2017. 4. 26. 선고 2015다6517(본소), 6524(참가), 6531(참가에 대한 반소)판결] "채무자 회생 및 파산에 관한 법률(이하 '채무자회생법'이라고 한다) 제119조 제1항은 "쌍무계약에 관하여 채무자와 그 상대방이 모두 회생절차개시 당시에 아직 그 이행을 완료하지 아니한 때에는 관리인은 계약을 해제 또는 해지하거나 채무자의 채무를 이행하고 상대방의 채무이행을

일반적으로 회사의 입장에서는 매수대금의 부담을 덜기 위하여 행사기간경과 후의 철회에 동의하고 있다. 대금을 지급받은 후에는 회사의 동의가 없는 한 철회가 불가능하다.

한편, 현실적으로는 주식매수청구를 한 주주는 회사가 매매대금을 지급하기 전에는 주권을 소지하므로 주식매수가격보다 높은 가격을 받고 매도할 기회가 있으면 회사의 동의 없이도 이를 처분할 수 있다. 이 경우 회사로서는 주주의 이러한 처분행위에 대하여 무효를 주장할 수는 없고 매매계약상의 채무 불이행을 이유로 손해배상만을 청구할 수 있다.

(나) 회사의 철회      회사가 영업양도·합병 등을 해제하거나 철회하는 결의를 하고 그 절차를 중단하면 주식매수청구권은 실효한다. 주식매수청구의 원인이 없어졌기 때문이다. 주식매수청구권이 철회되거나 실효된 때에는 주주는 종전의 지위를 유지한다.

(다) 판결에 의한 무효      합병·분할합병·주식교환·주식이전 등의 무효소송에서 무효판결이 확정되더라도 판결의 소급효가 제한되므로,565) 장래에 행하여서만 실효된다. 따라서 판결확정 당시 아직 매수대금이 지급되지 않았으면 매수청구의 실효로 종결되고, 만일 매수대금이 지급되었다면 판결의 소급효 제한으로 이미 이루어진 주식매수에는 영향이 없다. 만일 원고 전원에게 매수대금이 지급되었다면 원고들은 주주의 지위를 상실하므로 당사자적격의 흠결로 소가 각하될 것이다.

---

청구할 수 있다."고 규정하고, 같은 법 제121조 제2항은 "제1항의 규정에 의한 해제 또는 해지의 경우 채무자가 받은 반대급부가 채무자의 재산 중에 현존하는 때에는 상대방은 그 반환을 청구할 수 있으며, 현존하지 아니하는 때에는 상대방은 그 가액의 상환에 관하여 공익채권자로서 그 권리를 행사할 수 있다."고 규정하고 있다. 이러한 규정들은 쌍방의 채무가 법률적·경제적으로 상호 관련성을 가지고 원칙적으로 서로 담보의 기능을 하고 있는 쌍무계약에 관하여 쌍방 당사자가 아직 그 이행을 완료하지 아니한 상태에서 그 당사자인 일방의 채무자에 대하여 회생절차가 개시된 경우, 관리인에게 그 계약을 해제할 것인가 또는 상대방 채무의 이행을 청구할 것인가의 선택권을 부여함으로써 회생절차의 원활한 진행을 도모함과 아울러, 관리인이 계약의 해제를 선택한 경우 이에 따른 원상회복의무도 이행하도록 함으로써 양 당사자 사이에 형평을 유지하기 위한 취지에서 만들어진 쌍무계약의 통칙이다(대법원 2000. 4. 11. 선고 99다60559 판결, 대법원 2001. 10. 9. 선고 2001다24174, 24181 판결, 대법원 2014. 9. 4. 선고 2013다204140 판결 등 참조). 따라서 상법 제374조의2에서 규정하고 있는 영업양도 등에 대한 반대주주의 주식매수청구권 행사로 성립한 주식매매계약에 관하여 채무자회생법 제119조 제1항의 적용을 제외하는 취지의 규정이 없는 이상, 쌍무계약인 위 주식매매계약에 관하여 회사와 주주가 모두 그 이행을 완료하지 아니한 상태에서 회사에 대하여 회생절차가 개시되었다면, 관리인은 채무자회생법 제119조 제1항에 따라 위 주식매매계약을 해제하거나 회사의 채무를 이행하고 주주의 채무이행을 청구할 수 있다."

565) 각 판결의 효력에 대하여는 해당 부분에서 상술한다.

그러나 원고 중 일부만이 당사자적격을 상실한 상태에서 합병무효판결이 선고되는 경우, 합병무효판결은 이미 매수대금을 지급받아 당사자적격을 상실한 원고에게도 효력이 미치지만(대세적 효력), 판결의 소급효 제한으로 주주는 대금을 반환할 필요가 없다. 영업양도·영업양수의 경우에는 상법상 이에 관한 별도의 소가 규정되어 있지 아니하므로 주주총회 결의취소·무효확인의 소를 제기하여야 하고, 결의취소·무효확인판결은 소급효가 제한되지 아니하므로 이미 주식매수가 완료되었더라도 원상회복을 하여야 한다.

4) 주식매수청구권의 박탈

회사정리나 화의절차개시를 위하여 재산보전처분 결정이 내려진 경우에는 주식매수청구권의 행사가 제한될 수 있다. 법원이 임시주주총회를 소집하지 않고 재산보전관리인이 직권으로 영업양도를 승인하도록 하면, 주주들이 반대의사를 표시할 기회를 잃게 되어 주식매수청구권도 자동적으로 인정되지 않게 된다.

5) 매수주식의 처리

종래에는 자기주식의 취득이 원칙적으로 금지되고 예외적으로 허용되는 경우에도 그 보유기간에 대한 엄격한 제한이 있었으나, 2011년 개정상법은 취득목적이 무엇인지를 불문하고 모든 취득한 자기주식의 보유기간에 대한 제한을 삭제하고, 자기주식 처분에 관한 사항은 정관의 규정에 따르고, 정관에 규정이 없는 것은 이사회의 결정에 의하도록 하였다. 따라서 주주의 주식매수청구권 행사에 의하여 자기주식을 취득한 회사는 자기주식의 보유 여부를 자유롭게 결정할 수 있다.

6) 주식매수청구권 규정 위반과 거래의 무효

반대주주에게 주식매수청구권의 행사기회를 부여하지 않은 것은 원칙적으로 해당 거래(합병·분할합병·주식교환 등)의 무효사유로 보아야 한다. 회사가 반대주주에게 주식매수청구권의 행사기회를 부여하지 않은 경우에도 회사가 뒤늦게라도 반대주주의 주식을 매수하면 되므로 거래의 무효사유로 되는지에 대하여 의문이 있을 수 있다. 그러나 반대주주로서는 회사가 주식매수청구절차에서 반대주주의 주식을 매수하는 것을 기대하였기 때문에 주주총회에 참석하여 거래의 승인안건에 대한 반대투표를 하지 않은 것이고, 만일 회사가 주식매수청구권을 부인할 것을 알았다면 적극적으로 주주총회에 참석하여 승인안건에 대하여 반대투표를 하였을 것이다. 따라서 회사가 상법상 주식매수청구절차를 밟지 아니한 경우에는 거래의 무효사유가 된다고 보아야 할 것이다. 다만, 이러한 거래는 다수의 이해관계인이 있고 고도의 거래안전이 요구되므로, 주주가 회사 또는 제3자에게 주식을 양도하는 등의 방법으로 투하자본을 회수한 경우에는 하자의 보완에 의한 재량기각판결(189조)이 선고될 가능성이 클 것이다.566)

### 7) 상장회사가 매수한 주식의 처분기한

상장회사가 주주의 주식매수청구권 행사에 의하여 매수한 주식은 해당 주식을 매수한 날부터 5년 내에 처분하여야 한다(資法 165조의5④, 資令 176조의7④).

### 8) 금융지주회사법상 특례

금융지주회사를 설립(금융지주회사등이 자회사 또는 손자회사를 새로 편입하는 경우를 포함)하거나 기존 자회사·손자회사의 주식을 모두 소유하기 위한 주식교환·주식이전에 관하여 상법의 규정을 적용함에 있어서 상법 제360조의5 제1항(반대의사를 통지한 주주의 주식매수청구기간)·제2항 중 "20일"은 각각 "10일"로, 상법 제360조의10 제5항 중 "주식교환에 반대하는 의사를 통지한 때에는"은 "주식교환에 반대하는 의사를 제4항의 통지·공고의 날부터 7일 이내에 통지한 때에는"으로, 상법 제374조의2 제2항(회사의 매수기간)중 "2월 이내에"는 "1월 이내에"로 본다(同法 62조의2②).

금융지주회사를 설립하거나 기존 자회사·손자회사의 주식을 모두 소유하기 위한 주식교환·주식이전에 반대하는 주주와 회사간에 주식 매수가격에 관한 협의가 이루어지지 아니하는 경우의 주식 매수가격은 다음과 같이 산정된 금액으로 한다(同法 62조의2③).

1. 당해 회사가 주권상장법인인 경우: 주식교환계약서의 승인 또는 주식이전승인에 관한 이사회의 결의일 이전에 증권시장에서 거래된 당해 주식의 거래가격을 기준으로 대통령령이 정하는 방법에 따라 산정된 금액
2. 당해 회사가 제1호외의 회사인 경우: 회계전문가에 의하여 산정된 금액. 이 경우 회계전문가의 범위와 선임절차는 대통령령으로 정한다.

금융지주회사를 설립하거나 기존 자회사·손자회사의 주식을 모두 소유하기 위하여 주식교환·주식이전을 하는 회사 또는 주식매수를 청구한 주식수의 30% 이상을 소유하는 주주가 산정된 주식의 매수가격에 반대하는 경우, 당해 회사 또는 주주는 매수를 종료하여야 하는 날의 10일 전까지 금융위원회에 그 매수가격의 조정을 신청할 수 있다(同法 62조의2④).567)

---

566) 대법원 2010. 7. 22. 선고 2008다37193 판결.
567) 금융위원회가 조정한 매수가격은 조정을 신청하지 않은 모든 주주에게 적용된다는 것이 금

## (9) 주식매수가액결정 신청

### 1) 의　　의

합병 등의 반대주주에게 주식매수청구권이 인정되는 경우, 반대주주의 주식매수청구권의 경우에도 주식매수가액은 주주와 회사 간의 협의에 의하여 결정한다(530조, 374조의2③). 매수청구기간이 종료하는 날부터 30일 이내에 주주와 회사 간에 매수가액에 대한 협의가 이루어지지 아니한 경우, 회사 또는 주식의 매수를 청구한 주주는 법원에 대하여 매수가액의 결정을 청구할 수 있다(530조, 374조의2④).[568] 주식매수가액결정 신청사건은 비송사건절차법 제86조의2의 적용대상이지만, 다른 비송사건과 달리 대립당사자(주주와 회사) 간의 쟁송성이 있으므로 소송사건의 성격이 강하다.[569]

상장회사의 경우, 주식의 매수가격은 주주와 해당 법인 간의 협의로 결정하고(資法 165조의5③), 협의가 이루어지지 아니하는 경우의 매수가격은 이사회 결의일 이전에 증권시장에서 거래된 해당 주식의 거래가격을 기준으로 하여 대통령령으로 정하는 방법(資令 176조의7③)에 따라 산정된 금액(법정매수가격)으로 하고, 협의를 이루지 못한 해당 법인이나 매수를 청구한 주주가 법정 매수가격에 대하여도 반대하면 법원에 매수가격의 결정을 청구할 수 있다(資法 165조의5③ 단서).

### 2) 사건본인

주식매수가액결정 신청사건에는 비송사건절차법이 적용되므로 매수청구의 상대방인 회사는 사건본인으로 표시된다.

### 3) 신청절차

(가) 신청기간　　　주식매수가액결정신청기간에 대하여 상법이나 비송사건절차법에는 아무런 제한이 없는데, 상법 제374조의2 제2항에서 규정하는 2개월(회사의 매수기간) 내에 신청하여야 한다는 견해가 있다.[570] 그러나 위 2개월은 주식대금 지

---

융위원회의 유권해석인데(2013년 외환은행과 하나금융지주 간의 주식교환사례), 타당성은 의문이다.

568) 정관에 의한 주식양도제한규정에 의하여 주식매수청구권이 인정되는 경우에도 같은 절차에 의한다.

569) 결정에 의하여 적극 및 소극적 출연을 하여야 하는 반대의 이해관계인이 존재하므로 입법론적으로는 비송사건이 아닌 소송사건으로 다루는 것이 옳다는 견해도 있다(이철송, 587면).

570) 상법이 법원에 매수가액결정청구를 할 기간을 규정하지 않은 것은 입법의 불비이고 상법 제374조의2 제2항의 회사의 매수기간은 반대주주의 권리행사기간을 의미하는 것이므로 주주

급기간이므로 주식매수가액결정신청을 반드시 이 기간중에 해야 하는 것은 아니다. 주식매수청구권을 행사하는 순간 이미 매매계약은 성립하였고 신청기간에 대하여 법에 아무런 제한규정이 없는데, 매수가액결정을 위한 최종절차마저 제한되면 주식 매매계약의 이행이 곤란하기 때문이다.571) 그리고 설사 신청기간에 대한 규정이 있고 매매계약이 성립한 이상 반대주주가 신청기간이 경과한 후에 회사를 상대로 매 매계약의 이행을 청구하는 소송을 제기하면 법원이 적정한 매매대금을 정하여 이 행판결을 선고하여야 할 것이다.

(내) 관    할    주식매수가액결정사건은 본점소재지의 지방법원합의부의 관 할로 한다(非訟法 72조①).

4) 재    판

(개) 이해관계인의 진술 청취    법원은 상법 제335조의5 및 그 준용규정에 의 한 주식매수가액의 산정이나 결정 또는 제374조의2 제4항 및 그 준용규정에 의한 주식매수가액의 결정에 관한 재판을 하기 전에 주주와 매수청구인 또는 주주와 이 사의 진술을 들어야 한다(非訟法 86조의2①).

(내) 병    합    수개의 신청사건이 동시에 계속한 때에는 심문과 재판을 병합 하여야 한다(非訟法 86조의2②).

(대) 재판과 불복    「비송사건절차법」 제86조의 규정(제3항 제외)은 주식매수가 액의 결정을 위한 재판에 이를 준용한다(非訟法 86조의2③). 따라서 주식매수가액의 결정신청은 서면으로 하여야 하고, 신청에 대한 재판은 이유를 붙인 결정으로써 하 여야 하고, 재판에 대하여는 즉시항고를 할 수 있고, 항고는 집행정지의 효력이 있 다(非訟法 86조).

(래) 주 문 례    정관에 의한 주식양도제한에 관한 주식매수가액결정의 통상 의 주문례는, "신청인이 매수를 청구한 ○○주식회사 발행의 보통주식 ○○○○주 (액면가 ○○○원)의 매수가액을 1주당 금 ○○○원으로 정한다"이다.

---

는 이 기간 내에 법원에 매수가액결정을 청구하여야 한다고 설명하나(이철송, 586면), 이러한 해석에 따르면 결국 위 매수기간을 제소기간으로 보는 결과가 되고 따라서 이를 도과하여 제 기된 소는 부적법각하되어야 하는데, 이는 주주의 주식매수청구권을 부당하게 제한하는 것으 로서 명문의 규정이 없는 한 찬성하기 어렵다.
571) 일본에서는 협의기간이 결의의 효력발생일로부터 30일이고, 협의가 이루어지지 않는 경우 의 법원에 대한 매수가격결정신청기간은 협의기간만료일 후 30일이므로(日会 470조②, 786조 ②), 결국 회사의 대금지급기간인 60일(470조①, 786조①) 내에 협의와 법원에 대한 신청을 마 쳐야 한다.

합병반대주주의 주식매수청구권에 관한 주식매수가격결정의 통상의 주문례는 (소멸회사의 주주가 매수가액결정을 청구하는 경우), "사건본인 A 주식회사로 흡수합병된 B 주식회사의 주주들이 B 주식회사에게 매수를 청구한 B 주식회사 발행 주식의 매수가액을 1주당 ○○○○원으로 정한다"이다.572)

## Ⅲ. 주주총회 결의의 하자

### 1. 상법상 주주총회 결의하자 관련 소송

#### (1) 소송의 종류와 소송의 대상인 결의

1) 소송의 종류

상법상 주주총회 결의하자 관련 소송으로는, 주주총회의 소집절차 또는 결의방법이 법령 또는 정관에 위반하거나 현저하게 불공정한 때 또는 그 결의의 내용이 정관에 위반한 때 주주·이사·감사가 결의의 날부터 2개월 내에 제기할 수 있는 결의취소의 소(376조①), 주주총회 결의의 내용이 법령에 위반하는 실질적 하자가 있는 경우의 주주총회 결의무효확인의 소(380조), 총회의 소집절차 또는 결의방법에 총회결의가 존재한다고 볼 수 없을 정도로 중대한 하자가 있는 경우의 결의부존재확인의 소(380조), 주주가 특별이해관계인으로서 의결권을 행사할 수 없었던 경우에 결의가 현저하게 부당하고 그 주주가 의결권을 행사하였더라면 이를 저지할 수 있었을 때에는 그 주주가 그 결의의 날부터 2개월 내에 제기할 수 있는 결의의 취소의 소 또는 변경의 소(381조①) 등이 있다.

2) 소송의 대상인 결의

모든 주주총회 결의가 주주총회 결의하자 관련 소송의 대상인 결의가 되는 것은 아니고, 상법이나 그 밖의 법령, 정관에 근거한 결의로서 단체법적 법률관계를 획일적으로 규율하는 결의가 소송의 대상인 결의이다. 따라서 회사와 주주 간의 계약을 변경하기 위한 주주총회 결의는 주주총회 결의하자 관련 소송의 대상인 결의가 아니다.573)

---

572) 서울서부지방법원 2004. 3. 24.자 2001파41 결정.
573) 대법원 2013. 2. 28. 선고 2010다58223 판결(주주회원의 골프장 이용혜택을 축소하는 내용의

## (2) 결의취소의 소

### 1) 소의 의의와 법적 성질

주주총회의 소집절차 또는 결의방법이 법령 또는 정관에 위반하거나 현저하게 불공정한 때 또는 그 결의의 내용이 정관에 위반한 때에는 주주·이사·감사는 결의의 날부터 2개월 내에 결의취소의 소를 제기할 수 있다(376조①).574) 주주총회 결의무효확인의 소에 대하여는 확인소송설과 형성소송설이 대립하지만, 결의취소의 소가 형성의 소인 점에 대하여는 이견이 없다. 따라서 결의취소의 판결에 의하여 취소되지 않는 한 당해 결의는 유효하다.575) 결의취소의 소는 민사소송법상 유사필수적 공동소송이다.576)

### 2) 소송당사자

(가) 원      고

가) 주      주

(a) 단독주주권      주주의 결의취소의 소의 제소권은 단독주주권이다. 주주가 결의에 의하여 개별적으로 불이익을 입었을 것은 제소요건이 아니고, 다른 주주에 대한 소집절차의 하자를 이유로 결의취소의 소를 제기할 수도 있다.577)

---

결의이다).

574) 합명회사, 합자회사의 경우에는 상법상 사원총회가 요구되지 아니하므로 각 사원의 의사를 확인하여 의사결정을 하게 된다. 다만, 정관에 의하여 사원총회라는 기구를 둘 수는 있는데, 이때 사원총회결의에 하자가 있는 경우에는 상법상 관련 규정이 없으므로 민사소송상 일반 결의무효확인의 소에 의하여 하자를 다투어야 한다. 이러한 경우에도 주주총회 결의의 효력을 다투는 소송에서와 같이 사원은 피고가 될 수 없고 회사가 피고로 된다.

575) [대법원 1987. 4. 28. 선고 86다카553 판결] "정당한 소집권자에 의하여 소집된 주주총회가 아니라면 그 결의는 당연무효라 할 것이나 그렇지 아니하고 정당한 소집권자에 의하여 소집된 주주총회의 결의라면 설사 주주총회의 소집에 이사회의 결의가 없었고 그 소집통지가 서면에 의하지 아니한 구두소집통지로서 법정소집기간을 준수하지 아니하였으며 또한 극히 일부의 주주에 대하여는 소집통지를 빠뜨렸다 하더라도 그와 같은 주주총회소집절차상의 하자는 주주총회 결의의 단순한 취소사유에 불과하다 할 것이고, 취소할 수 있는 결의는 법정기간 내에 제기된 소에 의하여 취소되지 않는 한 유효하다."

576) 유사필수적 공동소송은 반드시 공동소송의 형태가 요구되는 것은 아니고 개별적인 소송도 가능하지만, 일단 공동소송이 되면 합일확정이 요구되는 소송을 말한다. 이는 판결의 효력이 제3자에게 확장되는 소에서 공동소송인들 간에 판결의 모순저촉을 회피하기 위하여 인정된다. 판결의 대세적 효력이 인정되는 회사법상의 각종 소송이 유사필수적 공동소송의 전형적인 예이다.

577) [대법원 2003. 7. 11. 선고 2001다45584 판결]【주식매수선택권부여결의등부존재확인】(국민은행 사건) "주주는 다른 주주에 대한 소집절차의 하자를 이유로 주주총회 결의취소의 소를 제기할 수도 있는 것이므로, 이와 달리 당초의 소집장소인 14층 회의실에 정식으로 출석하였거나 남아 있던 주주로서 그 참석권을 침해받은 주주만이 그와 같은 절차상의 하자를 이유로 결

(b) 제소 당시의 명부상의 주주     결의 당시의 주주임을 요하지 않고 제소 당시에 주주명부상의 주주이면 된다. 명의개서 미필주주는 원고적격이 없다. 그러나 회사가 명의개서를 부당하게 거부하는 경우에는 신의칙상 주식의 취득자는 명의개서 없이 주주권을 행사할 수 있으므로,578) 이러한 경우에는 예외적으로 명의개서 미필주주도 원고적격이 인정된다. 주식의 취득자가 회사에 명의개서를 청구하고 회사가 정당한 이유 없이 이를 거부하면 명의개서 부당거부에 해당하므로 명의개서 미필주주라는 이유로 제소하지 못하는 경우는 실제로는 거의 없을 것이다.

(c) 결의찬성주주     주주총회에 참석하여 결의에 찬성하였던 주주가 제소한다고 하여 신의성실의 원칙에 위배되는 것은 아니다.579)

(d) 의결권 없는 주식의 주주     의결권 없는 주식의 주주가 결의취소의 소의 제소권자인지 여부에 관하여는 이를 부인하는 견해도 있지만, 주주의 결의취소권은 주주의 감독시정권에 속하므로 의결권과 직결되는 것은 아니다. 또한 결의 당시의 주주가 아닌 제소 당시의 주주도 제소권자이고, 나아가 결의에 찬성한 주주도 제소권자로 보는 이상 의결권 없는 주식의 주주도 제소권자로 보는 것이 타당하다. 이에 관한 판례는 아직 없다.

나) 이사·감사

(a) 재임 이사·감사     제소권자인 이사·감사는 제소 당시에 이사·감사의 지위에 있어야 한다.580) 직무집행이 정지된 이사·감사는 제소권도 행사할 수 없다. 해임결의의 취소를 구하는 소송에서는 해임된 이사·감사도 제소권이 있는지 여부에 관하여 아직 판례는 없으나 원고의 주장 자체가 아직 이사·감사의 지위를 유지하고 있음을 전제로 하므로 원고 적격이 인정된다는 것이 통설이다.581) 회사와 이

의취소의 소를 제기할 수 있다는 전제하에 원고의 제소자격을 다투는 상고이유의 주장은 받아들일 수 없다." 일본의 판례도 같은 취지이다(最判昭和 42·9·28 民集21-7-1970).

578) 대법원 1993. 7. 13. 선고 92다40952 판결.

579) [대법원 1979. 3. 27. 선고 79다19 판결] "피고의 항변 즉 위 주주총회에서 이사 보선시 원고 자신도 투표에 참가하였는바, 개표결과 원고가 다시 이사로 선임되지 않고 원고 대신에 소외 OOO이 선임되자 자기에게 불리한 결의가 나왔다 하여 불만을 품고 이의 취소를 구함은 신의성실의 원칙과 금반언의 원칙에 위배되는 것이라는 취지의 주장에 대하여 원심은 위 설시와 같이 부의되어 결의된 이사해임 및 보선의안의 결의는 재적주주 전원의 동의가 없어 부적법하다 할 것이니 설사 원고가 위 주주총회에 참석하여 결의에 가담했다 해도 그로써 곧 그 결의의 취소를 구함이 신의성실의 원칙에 위배되거나 금반언의 원칙에 반한다고 볼 수 없다"(부존재확인의 소에 관하여는 뒤의 76다1440, 1441 판결 참조).

580) 상법 제401조의2 제1항의 소위 업무집행관여자는 명문의 근거가 없으므로 제소권자가 아니다. 이들은 자신의 영향력을 이용하여 이사에게 제소를 지시하면 될 것이다.

581) 김건식 외 2, 343면; 송옥렬, 970면; 이철송 618면. 다만, 주주총회 결의에 의하여 해임당한

사 간의 소에 관하여 감사가 회사를 대표한다는 상법 제394조 제1항은 원칙적으로 재임 중의 이사가 소송당사자인 경우에 적용되지만, 제도의 취지상 해임이사가 제기하는 결의취소의 소에도 적용된다고 보아야 한다.582)

    (b) 퇴임 이사·감사    임기만료, 사임 등으로 원고적격이 없게 된 경우에도 후임 이사·감사의 취임시까지 지위가 유지되는 경우에는 제소할 수 있다. 청산중의 회사에서는 청산인·감사가 제소할 수 있다(542조②, 376조).

    (c) 이사회 결의에 찬성한 이사    결의의 내용이 정관에 위반한 경우 이러한 안건을 회의의 목적사항으로 결정한 이사회에서 결의에 찬성한 이사도 이를 결의취소사유로 하는 소송의 제소권자로 보아야 한다. 본인의 업무상의 과오를 시정할 기회를 박탈할 필요가 없기 때문이다.

    (d) 일시이사    상법 제386조 제2항에 의한 일시이사는 통상의 이사와 같은 권한을 가지므로,583) 법원의 허가 없이도 결의취소의 소를 제기할 수 있다. 일시이사에 관한 규정은 감사에 관하여 준용되므로(415조), 감사 외에 일시감사도 결의취소의 소를 제기할 수 있다.

    다) 제소권자의 지위 변동

    (a) 지위의 상실    결의취소의 소를 제기한 주주·이사·감사는 변론종결시까지 그 자격을 유지해야 하고, 주주가 주식을 양도하는 경우, 이사·감사가 임기만료 해임·사임·사망 등으로 인하여 그 지위를 상실하는 경우에는 소각하판결의 대상이라는 것이 일반적인 해석이다. 결의취소의 소의 공익적 성격을 고려하여 다른 주주·이사·감사의 소송수계를 허용하여야 한다는 견해도 있지만,584) 판례는 주주총회 결의의 취소소송 계속 중 원고가 주주로서의 지위를 상실하면 취소를 구할 당사자적격을 상실한다는 입장이다.585) 주식교환 등으로 주주 자신의 의사에 반하여 주주의 지위를 상실한 경우에도 마찬가지로 본다.586)

---

    이사는 주주인지 여부에 관계없이 당해 해임결의의 부존재 또는 무효확인을 구할 법률상 이익이 있다(대법원 1982. 4. 27. 선고 81다358 판결).

582) 그러나 해임(퇴임)이사와 회사 간의 해임결의취소의 소가 아닌 다른 소송에까지 상법 제394조 제1항이 적용된다고 보기는 어렵다.

583) 대법원 1968. 5. 22.자 68마119 결정.

584) 이철송, 601면.

585) 대법원 2011. 2. 10. 선고 2010다87535 판결.

586) 대법원 2016. 7. 22. 선고 2015다66397 판결(하나금융지주와 주식교환을 한 외환은행 주주들의 주식총회결의취소의 소에 대한 판결인데, 결의부존재확인의 소에 대하여는 확인의 이익을 인정하지 않았다).

신주발행무효의 소의 제소원고가 주식을 양도한 경우 주식의 양수인은 제소기간 등의 요건이 충족된다면 새로운 주주의 지위에서 신소를 제기할 수도 있고, 양도인이 이미 제기한 기존의 소송을 적법하게 승계할 수도 있다(民訴法 81조). 다만, 주식의 양수인이 이미 제기된 신주발행무효의 소에 승계참가하는 것을 피고회사에 대항하기 위하여는 주주명부에 주주로서 명의개서를 하여야 한다.[587]

(b) 포괄승계    주주가 사망한 경우에는 민사소송법상 당연승계의 원인이 되므로, 소송대리인이 없는 경우에는 소송절차가 중단되고 상속인이 소송을 수계(受繼)하여야 하고(民訴法 237조①), 소송대리인이 있는 경우에는 소송절차는 중단되지 않고(民訴法 238조) 그 대리인은 상속인의 대리인이 된다.

라) 이사선임결의와 소의 이익    결의취소의 소를 제기하는 원고는 소의 이익이 있어야 하는데, 주주·이사·감사는 특별한 사정이 없는 한 소의 이익이 있는 것으로 인정된다. 종래의 판례는 이사가 사임한 경우에는 그 이사를 선임한 주주총회 결의에 대한 취소의 소는 소의 이익이 없다는 입장이었다.[588] 그러나 위 판례는 결의취소판결의 소급효가 인정되지 않던 시기의 사안에 관한 것이고, 1995년 상법 개정으로 결의취소판결의 소급효가 인정된 이상 이사가 사임한 경우에도 보수의 반환 등과 같은 문제가 발생할 수 있으므로 일률적으로 소의 이익을 부인할 것이 아니라 일정한 경우에는 소의 이익을 인정하여야 할 것이다.

(나) 피    고    결의취소의 소는 회사를 피고로 하여야 하고, 회사 아닌 자를 피고로 한 경우에는 부적법한 소로서 각하된다.[589] 또한 주주총회 결의는 행위의 주체가 회사이므로 회사의 기관에 불과한 주주총회·이사회 또는 회사의 임원인 이사·감사 등은 피고가 될 수 없다. 통상의 소송에서는 대표이사가 회사를 대표하나, 이사가 결의취소의 소를 제기한 경우에는 감사가 회사를 대표한다(394조①). 그러나 이사 외의 자가 제소한 경우에는 대표이사가 회사를 대표한다. 그 대표이사

---

587) 대법원 2003. 2. 26. 선고 2000다42786 판결.
588) [대법원 2008. 8. 11. 선고 2008다33221 판결] "주주총회의 임원선임결의의 부존재나 무효확인 또는 그 결의의 취소를 구하는 소에 있어서 그 결의에 의하여 선임된 임원들이 모두 그 직에 취임하지 아니하거나 사임하고 그 후 새로운 주주총회 결의에 의하여 후임임원이 선출되어 그 선임등기까지 마쳐진 경우라면 그 새로운 주주총회의 결의가 무권리자에 의하여 소집된 총회라는 하자 이외의 다른 절차상, 내용상의 하자로 인하여 부존재 또는 무효임이 인정되거나 그 결의가 취소되는 등의 특별한 사정이 없는 한 설사 당초의 임원선임결의에 어떠한 하자가 있었다고 할지라도 그 결의의 부존재나 무효확인 또는 그 결의의 취소를 구할 소의 이익은 없는 것이라고 보아야 한다"(同旨: 대법원 1995. 2. 24. 선고 94다50427 판결).
589) 대법원 1982. 9. 14. 선고 80다2425 전원합의체 판결.

가 결의취소의 소의 대상인 결의에서 선임된 이사라 하더라도 이사가 원고인 경우가 아닌 한 회사를 대표할 수 있다.590) 이는 결의무효확인·부존재확인의 소에서도 마찬가지이다.

이사선임결의의 하자를 이유로 하는 결의취소의 소에서 회사를 대표할 자는 현재 대표이사로 등기되어 그 직무를 행하는 자이고, 그 대표이사가 소의 대상인 하자 있는 결의에 의하여 선임된 이사라고 할지라도 그 소송에서 회사를 대표한다.591)

3) 소의 원인

(가) 대상 결의   상정된 의안에 대한 표결 결과 찬성하는 의결권의 수가 결의요건을 충족한 가결(可決)된 결의만 상법상 결의취소의 소의 대상이고, 그렇지 않은 경우인 부결(否決)된 결의는 그 대상이 아니다. 부결된 결의를 취소하는 판결에 의하여 원고가 원하는 결의(可決)의 존재가 확정되는 것은 아니기 때문이다.592) 이러한 경우 민사소송상 일반 확인의 소에 의하여 결의의 존재확인을 구하는 것이 가능한지는 확인의 이익과 관련하여 논란의 여지가 있다.

한편, 회사가 주주들과 체결한 임의적 약정에 따라 주주총회 결의의 형식을 취하였더라도 회사와 그 기관 및 주주들 사이의 단체법적 법률관계를 획일적으로 규율하는 의미가 없으므로 상법상 주주총회 결의하자에 관한 소의 대상이 될 수 없다.593)

---

590) 대법원 1983. 3. 22. 선고 82다카1810 전원합의체 판결(이사회 결의부존재확인의 소에 관한 판례이다).

591) 대법원 1983. 3. 22. 선고 82다카1810 전원합의체 판결(결의무효·부존재확인의 소에 관한 판례이지만, 결의취소의 소에도 적용된다).

592) 일본 최고재판소는 최근에 의안을 부결시킨 결의에 대한 취소청구는 부적법하다고 판결하였다[最判平成 28·3·4 第2小法廷判決 平成27年(受)第1431号].

593) 상법상 주주총회 결의의 하자를 원인으로 하는 소송의 대상은 상법상 주주총회 결의이고, 회사가 일부주주들과 체결한 약정에 따라 주주총회 결의를 하자, 주주회원들이 주위적으로 결의의 무효 확인과 예비적으로 결의의 취소를 구한 사안에서, 대법원은 "위 결의는 갑 회사와 개별 주주회원 사이의 계약상 법률관계에 해당하는 골프장 이용혜택의 조정에 관하여 갑 회사와 주주회원모임이 임의로 약정한 절차적 요건일 뿐이지 갑 회사와 그 기관 및 주주들 사이의 단체법적 법률관계를 획일적으로 규율하는 의미가 전혀 없어 상법 제380조에서 정한 결의무효확인의 소 또는 상법 제376조에서 정한 결의취소의 소의 대상이 되는 주주총회 결의라고 할 수 없고, 갑 회사에 의한 골프장 이용혜택 축소가 효력이 없어 자신들의 종전 주주회원으로서 지위나 그에 따른 이용혜택이 그대로 유지된다고 주장하는 주주회원들은 직접 갑 회사를 상대로 그 계약상 지위나 내용의 확인을 구하면 충분하고 이와 별도로 위 결의 자체의 효력 유무의 확인을 구하는 것이 주주회원들의 법적 지위에 현존하는 불안·위험을 제거하기 위한 가장 유효·적절한 수단이라고 볼 수도 없어 일반적 민사소송의 형태로 위 결의의 무효 확인을 구할 소의 이익도 인정되지 않는다고 판시하였다(대법원 2013. 2. 28. 선고 2010다58223 판결).

(나) 결의취소사유

가) 절차상의 하자

(a) 소집절차의 하자

a) 이사회 결의의 하자　　　주주총회의 소집을 결정한 이사회 결의에 하자가 있는 경우에는 주주총회 결의의 취소사유가 인정된다. 이사회 결의가 없이 주주총회가 소집된 경우에는 결의부존재사유로 보아야 한다는 취지의 판례가 있었지만,594) 현재의 지배적인 판례는 이사회 결의가 없다고 하더라도 외관상 이사회 결의에 의한 소집형식을 갖추어 소집권한 있는 자가 적법하게 소집절차를 밟은 이상, 이렇게 소집된 주주총회에서 한 결의는 부존재한다고 볼 수는 없고, 이사회 결의가 없었다는 등 사정은 그 주주총회 결의의 취소사유가 됨에 불과하다고 본다.595) 그러나 주주총회를 소집할 권한이 없는 자가 이사회의 소집결정도 없이 소집한 주주총회에서 이루어진 결의는 법률상 존재하지 않는다.596)

b) 소집통지의 하자　　　판례는 일반적으로 소집통지의 하자가 경미한 경우에는 취소사유로, 중대한 경우에는 부존재사유로 본다. 따라서 정당한 소집권자에 의하여 소집된 주주총회 결의라면 설사 주주총회의 소집에 이사회 결의가 없었고 그 소집통지가 서면에 의하지 아니한 구두소집통지로서 법정소집기간을 준수하지 않고 극히 일부의 주주에 대한 소집통지를 누락한 경우와 같이 하자가 경미한 경우는 주주총회 결의의 단순한 취소사유에 불과하고, 취소할 수 있는 결의는 법정기간

---

594) [대법원 1978. 9. 26. 선고 78다1219 판결] "주주총회 결의취소의 소가 제기된 경우에 제379조에 의하여 법원이 재량기각을 함에 있어서는 먼저 주주총회 결의의 자체가 법률상 존재함이 전제가 되어야 할 것이므로 주주총회소집이 이사회의 결정 없이 소집된 경우에는 주주총회 결의 자체가 법률상 존재하지 않은 경우로서 제379조를 적용할 여지가 없다. 그런데 이건에서 주주총회소집이 이사회에서 결정된 것이 아님은 원심이 이미 인정한 바와 같고 이사회의 결정 없이 소집된 주주총회라면 주주총회자체의 성립을 인정하기 어렵고 주주총회자체를 부인하는 이상 그 결의자체도 법률상 존재한다고 할 수 없다 할 것이다. 따라서 이 사건 소를 소송 판결로서 각하하여야 함에도 불구하고 원심이 실체 판결로써 원고의 청구를 기각하였음은 위법이라 아니할 수 없다. 이에 상고이유에 대한 판단은 생략하고 원심판결을 파기하여 사건을 원심법원으로 환송하기로 하여 관여법관의 일치된 의견으로 주문과 같이 판결한다"(이 판결은 원심의 재량기각판결을 파기한 것이다).

595) [대법원 1980. 10. 27. 선고 79다1264 판결] "원래, 주주총회의 소집은 소집결정권이 있는 이사회의 결정에 따라 그 결정을 집행하는 권한을 가진 대표이사가 하는 것이고, 이사회의 결정이 없이는 이를 소집할 수 없는 것이지만, 이사회의 결정이 없다고 하더라도 외관상 이사회의 결정에 의한 소집형식을 갖추어 소집권한 있는 자가 적법하게 소집절차를 밟은 이상, 이렇게 소집된 총회에서 한 결의는 부존재한다고 볼 수는 없고, 이사회의 결정이 없었다는 사정은 취소사유가 됨에 불과하다고 할 것이다"(同旨: 대법원 2014. 11. 27. 선고 2011다41420 판결).

596) 대법원 2010. 6. 24. 선고 2010다13541 판결.

내에 제기된 소에 의하여 취소되지 않는 한 유효하다.597)

소집통지의 하자와 관련하여 결의취소사유와 결의부존재사유에 관한 확립된 기준은 없지만, 소집통지를 받지 못한 주주의 의결권 비율이 결의취소사유와 결의 부존재사유를 구분하는 중요한 기준이 될 것이다.598)

다만, 판례는 법정기간을 준수한 서면통지를 하지 아니한 채 소집되었다 하더 라도 정족수를 넘는 주주의 출석으로 결의를 하였다면 그 결의는 적법하다고 판시 한 바도 있는데,599) 소집통지기간의 경미한 위반인 경우에는 특별한 사정이 없는 한 결의취소사유로 되지 않거나 결의취소사유가 되더라도 재량기각 사유가 될 가 능성이 클 것이다.

주주총회가 법령 및 정관상 요구되는 이사회 결의 및 소집절차 없이 이루어졌 다 하더라도, 주주명부상의 주주 전원이 참석하여 총회를 개최하는 데 동의하고 아 무런 이의 없이 만장일치로 결의가 이루어졌다면 그 결의는 특별한 사정이 없는 한 유효하다.600) 이와 같은 전원출석회의의 법리는 1인회사에도 적용된다.601)

c) 소집권한 없는 자의 소집    판례는 대표이사 아닌 이사가 이사회의 소 집결의에 따라서 주주총회를 소집한 것이라면 위 주주총회에 있어서 소집절차상 하자는 주주총회 결의의 취소사유에 불과하고 그것만으로 바로 주주총회 결의가 무효이거나 부존재가 된다고 볼 수 없다고 본다.602)

---

597) 대법원 1987. 4. 28. 선고 86다카553 판결, 대법원 1993. 10. 12. 선고 92다21692 판결.

598) 의결권의 비율이 절대적인 기준은 아니지만, 소집통지를 받지 못한 주주의 의결권이 50%에 미달하는 경우에는 결의취소사유로 본 판례가 많고(대법원 2010. 7. 22. 선고 2008다37193 판 결, 대법원 1993. 12. 28. 선고 93다8719 판결, 대법원 1993. 1. 26. 선고 92다11008 판결), 그 이 상인 경우에는 결의부존재사유로 본 판례가 많다(대법원 2002. 10. 25. 선고 2002다44151 판 결, 대법원 1993. 7. 13. 선고 92다40952 판결, 대법원 1991. 8. 13. 선고 91다14093 판결). 예컨 대 대법원 2010. 7. 22. 선고 2008다37193 판결은 "발행주식의 9.22%를 보유한 소수주주들에 게 소집통지를 하지 아니한 하자만으로 위 주주총회 결의가 부존재한다고 할 수 없고 이는 결의취소사유에 해당한다."라고 판시하였다.

599) 대법원 1991. 5. 28. 선고 90마6774 판결(다만, 결의무효확인사건의 상고심판결에서 방론으로 설시된 내용이라, 법원의 확립된 입장이라고 단정하기는 어렵다).

600) 대법원 2002. 7. 23. 선고 2002다15733 판결, 대법원 2002. 12. 24. 선고 2000다69927 판결, 대 법원 2014. 5. 16. 선고 2013도15895 판결.

601) 대법원 1993. 6. 11. 선고 93다8702 판결(형식적 1인회사인 경우). 한편, 실질적 1인회사인 경 우에 관한 대법원 2004. 12. 10. 선고 2004다25123 판결도 같은 취지로 판시하였으나, 대법원 2017. 3. 23. 선고 2015다248342 전원합의체 판결에 의하여 더 이상 유지될 수 없게 되었다.

602) [대법원 1993. 9. 10. 선고 93도698 판결] "대표이사 아닌 이사가 이사회의 소집결의에 따라 서 주주총회를 소집한 것이라면 위 주주총회에 있어서 소집 절차상의 하자는 주주총회 결 의의 취소사유에 불과하고(위 주주총회 결의가 취소의 소에 의하여 취소되었다고 인정할

그러나 주주총회를 소집할 권한이 없는 자가 이사회의 소집결의도 없이(이사회의 소집결의가 정관에서 정한 소집절차 및 의결정족수에 위배되어 무효인 경우 포함) 소집한 주주총회에서 이루어진 결의는 1인 회사의 1인주주에 의한 총회 또는 주주 전원이 참석하여 총회를 개최하는 데 동의하고 아무런 이의 없이 결의가 이루어졌다는 등의 특별한 사정이 없는 한 그 하자가 중대하여 결의부존재사유가 된다고 본다.603)

d) 주주의 참석권 침해 　처음부터 주주들의 참석이 곤란한 장소나 시간을 정하여 주주총회를 소집하는 것은 주주들의 참석권을 침해하는 것으로서 주주총회의 소집절차가 현저히 불공정한 경우에 해당한다. 그리고 주주총회의 장소 또는 시간을 변경하는 경우에도 이와 같이 주주들의 참석권이 침해되지 않도록 하여야 한다. 주주총회의 개회시각이 부득이한 사정으로 당초 소집통지된 시각보다 지연되는 경우에도 사회통념에 비추어 볼 때 정각에 출석한 주주들의 입장에서 변경된 개회시각까지 기다려 참석하는 것이 곤란하지 않을 정도라면 절차상의 하자가 되지 아니할 것이나, 그 정도를 넘어 개회시각을 사실상 부정확하게 만들고 소집통지된 시각에 출석한 주주들의 참석을 기대하기 어려워 그들의 참석권을 침해하기에 이르렀다면 주주총회의 소집절차가 현저히 불공정한 경우에 해당한다.604)

e) 주주총회의 속행·연기 　주주총회에서는 회의의 속행 또는 연기의 결의를 할 수 있는데(372조①), 이 경우에는 소집절차에 관한 제363조의 규정을 적용하지 않는다(372조②).605) 그러나 이미 주주총회의 소집통지가 있은 후에도 소집을 철회하

---

만한 증거가 없다) 그것만으로 바로 주주총회 결의가 무효이거나 부존재가 되는 것이라고 볼 수는 없다 할 것이다. 원심이 원판시 1991. 8. 10.자 주주총회 결의가 무효 내지 부존재임을 전제로 하여 피고인들에 대한 이 사건 범죄사실을 인정한 것은 심리미진 아니면 공정증서원본불실기재죄에 관한 법리를 오해하여 판결에 영향을 미친 위법이 있다 할 것이므로 이 점에 관한 논지는 이유 있다"[그러나 권한이 없는 자가 소집한 주주총회는 사실상 총회결의가 있었다 하여도 그 총회의 성립에 현저한 하자가 있다 할 것이므로 누구나 언제든지 그 결의의 무효확인이 아닌 부존재확인을 구할 수 있다는 판례도 있다(대법원 1969. 9. 2. 선고 67다1705, 1706 판결)].

603) 대법원 2010. 6. 24. 선고 2010다13541 판결.

604) [대법원 2003. 7. 11. 선고 2001다45584 판결] "소집통지 및 공고가 적법하게 이루어진 이후에 당초의 소집장소에서 개회를 하여 소집장소를 변경하기로 하는 결의조차 할 수 없는 부득이한 사정이 발생한 경우, 소집권자가 대체 장소를 정한 다음 당초의 소집장소에 출석한 주주들로 하여금 변경된 장소에 모일 수 있도록 상당한 방법으로 알리고 이동에 필요한 조치를 다한 때에 한하여 적법하게 소집장소가 변경되었다고 볼 수 있을 것이다."

605) [대법원 1989. 2. 14. 선고 87다카3200 판결]【주주총회결의취소】 "주주총회의 계속회가 동일한 안건토의를 위하여 당초의 회의일로부터 상당한 기간 내에 적법하게 거듭 속행되어 개최되었다면 당초의 주주총회와 동일성을 유지하고 있다고 할 것이므로 별도의 소집절차를 밟을 필요가 없다."

는 경우 회일 이전에 주주총회의 소집통지와 같은 방법으로 통지하여야 한다.606)

　　f) 주주명부상의 주주 아닌 자　　주식을 취득한 자가 회사에 대하여 의결권을 주장할 수 있기 위하여는 주주명부에 주주로서 명의개서를 하여야 하므로, 명의개서를 하지 아니한 주식양수인에 대하여 주주총회소집통지를 하지 않았다고 하여 주주총회 결의에 절차상의 하자가 있다고 할 수 없다. 원고에 대한 주식양도의 효력이 다투어져 주주권확인의 소 및 명의개서절차이행청구의 소가 제기되어 있는 경우에는, 피고회사가 원고의 명의개서 요구에 불응하고 주주명부에 등재되어 있는 자에 대하여만 소집통지를 하여 주주총회를 개최하였다고 하더라도 결의취소사유로 볼 수는 없다.607) 즉, 주식회사가 주주명부상의 주주에게 주주총회의 소집을 통지하고 그 주주로 하여금 의결권을 행사하게 하면, 그 주주가 단순히 명의만을 대여한 이른바 형식주주에 불과하여도 그 의결권 행사는 적법하다.

　　(b) 결의방법상의 하자　　결의방법상의 하자는 결의방법이 법령·정관에 위반하거나 현저하게 불공정한 경우로서, 주주 아닌 자의 결의 참가, 의결권을 행사할 수 없는 자의 의결권 행사, 의결권 대리행사의 부당한 제한, 정족수·결의요건 위반, 의사진행의 현저한 불공정, 회의의 목적사항 외의 사항에 대한 결의 등이 있다.

　　a) 주주 아닌 자의 결의 참가　　주주명부상의 주주가 아니어서 의결권을 행사할 수 없는 자가 의결권을 행사한 경우는 결의방법이 법령 또는 정관의 규정에 위반하는 경우에 해당하여 결의취소의 소의 사유에 해당하고, 그가 의결권을 행사한 주식수를 제외하면 의결정족수에 미달하더라도 주주총회 결의가 무효로 되는 것은 아니다.608)

　　b) 의결권 대리행사의 부당한 제한　　의결권의 대리행사를 부당하게 제한

---

606) [대법원 2009. 3. 26. 선고 2007도8195 판결][특정경제범죄가중처벌등에관한법률위반(횡령)·업무방해] "주주총회의 소집통지·공고가 행하여진 후 소집을 철회하거나 연기하기 위해서는 소집의 경우에 준하여 이사회의 결의를 거쳐 대표이사가 그 뜻을 그 소집에서와 같은 방법으로 통지·공고하여야 한다고 봄이 상당하다. … 이미 서면에 의한 우편통지의 방법으로 소집통지가 행하여진 주주총회에 대하여 주주총회 소집일로부터 불과 3일 전에 이사회가 주주총회 연기를 결정한 후 소집 통지와 같은 서면에 의한 우편통지 방법이 아니라 휴대폰 문자메시지를 발송하는 방법으로 각 주주들에게 통지하고 일간신문 및 주주총회 장소에 그 연기를 공고하였을 뿐이므로, 이러한 주주총회의 연기는 적법한 절차에 의한 것으로 볼 수 없어 위 주주총회가 적법하게 연기되었다고 할 수 없다."
607) 대법원 1996. 12. 23. 선고 96다32768, 32775, 32782 판결.
608) 대법원 1983. 8. 23. 선고 83도748 판결.

하여 이루어진 주주총회 결의에는 결의방법상의 하자가 있다.609)

    c) 의결권을 행사할 수 없는 자의 의결권 행사     상법상 의결권 행사가 제한되는 주주는, 총회의 결의에 관하여(특정 의안에 대하여) 특별한 이해관계가 있는 자(368조③), 감사선임시 대주주(409조②), 주주명부폐쇄기간 중 전환된 주식의 주주(350조②) 등이다.

    d) 정족수·결의요건 위반     주주총회 결의가 정족수·결의요건에 위반하여 이루어진 경우는 결의취소사유에 해당한다.610) 의결권 없는 자가 의결권을 행사하였으며 동인이 의결권을 행사한 주식수를 제외하면 의결정족수에 미달하여 총회결의에 하자가 있다는 주장은 주주총회 결의방법이 법령 또는 정관에 위반하는 경우에 해당하여 결의취소의 사유에 해당한다.

    e) 의사진행의 현저한 불공정     의안에 반대하는 주주만 거수하게 하여 반대하는 주주의 주식수만을 확인한 후 의안이 가결되었다고 선언한 경우는 총회의 결의방법의 현저한 불공정이 인정된다.611) 다만, 반드시 엄격한 찬반투표방식이 요구되는 것은 아니고 참석 주주 중 아무도 이의를 제기하지 않고 동의를 한 상황에서 박수로써 의안을 가결한 것은 위법하다고 볼 수 없다.612) 그러나 의안에 반대할

609) [대법원 1995. 2. 28. 선고 94다34579 판결]【신주발행무효】"… 의결권의 대리행사를 부당하게 제한하여 이루어진 위 임시주주총회의 정관변경결의에는 결의방법상의 하자가 있다고 할 것이다. 그러나 위 임시주주총회가 정당한 소집권자에 의하여 소집되었고 그 주주총회에서 정족수가 넘는 주주의 출석으로 출석주주 전원의 찬성에 의하여 결의가 이루어졌다면, 위와 같은 정도의 결의방법상의 하자는 주주총회 결의의 부존재 또는 무효사유가 아니라 단순한 취소사유가 될 수 있을 뿐이다."
610) 대법원 1996. 12. 23. 선고 96다32768, 32775, 32782 판결.
611) [대법원 2001. 12. 28. 선고 2001다49111 판결] "주주총회의 의장인 정○○이 정관변경의안의 표결에 앞서 반대하는 주주 이외에는 모두 의안에 찬성하는 것으로 간주하겠다고 일방적으로 선언한 다음 반대하는 주주만 거수하게 하여 반대하는 주주의 주식수만을 확인한 후 의안이 가결되었다고 선언한 데에는 주주의 의사표시를 왜곡하는 표결방식상의 하자가 있다고 할 것이나, 그와 같은 결의방식의 불공정은 원칙적으로 결의취소의 사유에 해당할 뿐 아니라, 정관변경의안에 반대거수하지 않은 주식수 중 99%에 해당하는 절대다수의 주주들이 그 의안에 찬성한 것으로 확인되었으므로 피고회사의 주주총회에서의 위와 같은 결의방식상의 하자 역시 결의자체가 존재한다고 볼 수 없을 정도로 중대한 하자에 해당하지 않는다."
612) [대법원 2009. 4. 23. 선고 2005다22701, 22718 판결]【합병철회·주주총회결의취소】(국민은행·한국주택은행 합병 사건) "원심판결 이유에 의하면, 원심은 이 사건 주주총회에서는 합병계약 승인의 의안에 대하여 합병 전 국민은행이 미리 통보받아 알고 있는 반대표 외에 참석주주 중 누구도 의안에 대한 이의를 제기하지 않았던 만큼 합병 전 국민은행으로서는 굳이 투·개표의 절차를 거칠 필요가 없이 반대표와 찬성표의 비율을 따져 의안을 통과시킬 수 있는 것이므로, 이 사건 주주총회 당일 의장이 합병계약 승인의 의안을 상정하고 합병계약의 주요 내용을 설명한 뒤 참석한 주주들에게 동의를 구하였는데, 참석 주주 중 아무도 이의를 제기하지 않고

것으로 예상되는 주주의 주주총회 회의장 입장을 부당한 방법으로 지체시키고 가결시킨 경우는 결의방법은 신의칙에 반하는 것으로서 현저히 불공정한 의사진행이라 할 수 있다.613)

신주발행무효의 소와 함께 주주총회 결의의 취소를 구하는 소가 제기되어 신주발행무효판결이 선고된 경우 신주발행무효판결의 소급효 제한에 불구하고, 신주발행무효의 이유가 된 부당한 목적을 실현시키기 위하여 이루어진 주주총회의 결의는 상법 제376조 제1항에서 규정한 "총회의 결의방법이 현저하게 불공정한 때"에 해당하므로 해당 주주총회 결의의 취소사유가 인정된다.614)

f) 회의의 목적사항 외의 사항에 대한 결의    원칙적으로 주주총회 소집을 함에 있어서 회의의 목적사항으로 한 것 이외에는 결의할 수 없는 것이며, 이에 위배하여 목적사항 이외의 안건을 부의하여 결의하였다면 특별한 사정이 없는 한 총회의 소집절차 또는 결의방법이 법령에 위반하는 것으로서 결의취소사유가 된다.615)

g) 의장 자격 없는 자의 회의진행    정관상 주주총회 의장 자격이 없는

---

동의를 한 상황에서 박수로써 합병계약 승인의 의안을 가결한 것은 위법하다고 볼 수 없다는 취지로 판단하였다. 기록에 비추어 살펴보면, 위와 같은 원심의 판단은 정당한 것으로 수긍할 수 있고, 거기에 상고이유에서 주장하는 바와 같은 이유모순, 주주총회에서의 표결방법에 관한 법리오해 등의 위법이 없다"(같은 취지: 대법원 2014. 1. 23. 선고 2013다56839 판결).

613) [대법원 1996. 12. 20. 선고 96다39998 판결] "원고를 제외한 피고회사의 사실상의 유일한 주주인 위 ○○○가 이 사건 주주총회의 의장으로서 위 주주총회의 의사를 진행함에 있어서는 주주총회 개최시각으로 통지된 10시 정각에 원고 측이 회의장에 입장하지 아니하였으면 먼저 원고 측의 의결권 행사가 그 안건의 의결에 영향을 미치지 아니하는 위 제1, 3, 4호 안건에 대하여 심의, 표결한 후 마지막으로 원고의 의결권 행사 여부가 그 안건의 의결에 영향을 미치고 원고와 나머지 주주들의 이해관계가 첨예하게 대립하는 위 제2호 안건에 대하여 심의, 표결하거나, 먼저 위 제1호 내지 제4호 안건에 대하여 심의만을 한 후 위 제1, 3, 4호 안건에 대하여 표결하고 마지막으로 위 제2호 안건에 대한 표결만을 하는 방법으로 의사를 진행하여 원고가 위 제2호 안건에 대하여 의결권을 행사할 기회를 최대한 보장하는 것이 신의칙에 부합하는 공정한 의사진행방식 내지 결의방식이라 할 것인데도 불구하고, 위 ○○○는 자신이 위 주주총회의 의장이고 원고를 대리한 위 ◇◇◇이 위 주주총회의 개최시각 무렵에 피고회사 건물에 도착하여 회의장 입장이 수분간 지체됨을 기화로 위와 같은 방법으로 의사를 진행하지 아니하고 안건 순서대로 심의, 표결하는 방법으로 의사를 진행하여 위 제2호 안건에 대한 원고의 의결권 행사의 기회를 봉쇄한 채 위 안건을 표결하여 가결처리하였으니, 위와 같이 피고회사 측이 위 ◇◇◇의 이 사건 주주총회 회의장 입장을 부당한 방법으로 지체시킨 점, 그 주주총회의 의사진행방식 내지 결의방식이 신의칙에 반하는 점 등을 종합하여 보면 이 사건 주주총회의 결의방법은 신의칙에 반하는 것으로서 현저하게 불공정한 것이라 할 것이다."

614) 서울고등법원 2023. 10. 26. 선고 2023나2019462 판결.

615) 대법원 1979. 3. 27. 선고 79다19 판결.

자가 의장으로서 이사회를 진행한 경우,616) 정당한 의장의 의사진행을 제지하고 주주 중 1인이 스스로 의장이 되어 회의를 진행한 경우에는 결의취소사유가 인정된다.

임시의장선임의 요건과 절차가 적법하지 않은 경우에는 해당 임시의장의 선임과 의사의 진행 자체가 존재하지 않은 것이므로 결의부존재사유로 된다는 하급심 판례가 있었으나,617) 해당 사건의 상고심에서 대법원은 정당한 사유 없이 선임된 임시의장이 주주총회의 의사를 진행한 경우에는 결의취소사유가 인정될 뿐 결의부존재사유로 볼 수 없다고 판시하였다.618)

그러나 주주총회에서 의안에 대한 심사를 마치지 아니한 채 법률상으로나 사실상으로 의사를 진행할 수 있는 상태에서 주주들의 의사에 반하여 의장이 자진하여 퇴장한 경우에는 주주총회가 폐회되었다거나 종결되었다고 할 수는 없으며, 이 경우 의장은 적절한 의사운영을 하여 의사일정의 전부를 종료케 하는 등의 직책을 포기하고 그의 권한 및 권리행사를 하지 아니한 것이다. 따라서 퇴장 당시 회의장에 남아 있던 주주들이 임시의장을 선임하여 진행한 주주총회의 결의도 적법하다.619)

한편, "회장이 적법한 소집통지를 받고도 이사회에 출석하지 아니한 이상 회장이 의장으로서 이사회를 진행할 수 없으므로 이는 정관 소정의 회장 유고시에 해당한다고 해석할 것"이라는 판례도 있다.620)

h) 의결권 대리행사 권유절차의 하자    의결권 대리행사 권유자의 행위가 형사처벌의 대상인 경우,621) 그 위임장에 의한 의결권 행사가 결의취소사유가 되는

---

616) [대법원 1977. 9. 28. 선고 76다2386 판결] "정관상 의장이 될 사람이 아닌 자가 정당한 사유 없이 주주총회의 의장이 되어 의사에 관여하였다고 하더라도 그 사유만으로는 주주총회에서의 결의가 부존재한 것으로 볼 수는 없는 것이고, 그러한 하자는 다만 그 결의방법이 정관에 위반하는 것으로서 주주총회의 결의취소사유에 해당하는데 지나지 않는 것으로 볼 수밖에 없다."

617) 수원지방법원 2007. 8. 31.자 2007라410 결정.

618) 대법원 2008. 12. 15.자 2007마1154 결정.

619) 대법원 2001. 5. 15. 선고 2001다12973 판결.

620) 대법원 1984. 2. 28. 선고 83다651 판결.

621) 의결권 권유자가 위임장 용지 및 참고서류 중 의결권피권유자의 의결권 위임 관련 중요사항에 관하여 거짓의 기재 또는 표시를 하거나 의결권 위임 관련 중요사항의 기재 또는 표시를 누락한 경우에는(資法 154조) 5년 이하의 징역 또는 2억원 이하의 벌금에 처하며(資法 444조 제19호), 의결권 대리행사 권유에 관한 규정(資法 152조① · ③)을 위반하여 권유한 자는 3년 이하의 징역 또는 1억원 이하의 벌금에 처하며(資法 445조 제21호), 위임장 용지 및 참고서류를 제출하지 아니하거나 정정서류를 제출하지 않은 자는 1년 이하의 징역 또는 3천만원 이하의 벌금에 처한다(資法 446조 제21호 · 제27호).

지 여부에 대하여 확립된 이론이나 판례는 없다. 결국 이 문제는 의결권 대리행사 권유의 하자가 상법 제376조 제1항이 규정하는 결의취소사유인 "주주총회 소집절차 또는 결의방법이 법령 또는 정관에 위반하거나 현저하게 불공정한 때"에 해당하는지 여부에 따라 결정될 것인데, 위 형사처벌 대상 행위 중 적어도 자본시장법 제154조의 허위기재 또는 누락에 의한 의결권 대리행사 권유는 의결권피권유자의 의결권 위임 여부 판단에 중대한 영향을 미칠 수 있는 것이므로 결의취소사유로 보아야 할 것이다.

　　　 i) 의결권불통일행사　　　 상법 제368조의2 제1항은 "주주가 2 이상의 의결권을 가지고 있는 때에는 이를 통일하지 아니하고 행사할 수 있다. 이 경우 회일의 3일 전에 회사에 대하여 서면으로 그 뜻과 이유를 통지하여야 한다."라고 규정한다. 여기서 3일의 기간은 의결권의 불통일행사가 행하여지는 경우에 회사 측에 그 불통일행사를 거부할 것인가를 판단할 수 있는 시간적 여유를 주고, 회사의 총회 사무운영에 지장을 주지 아니하도록 하기 위하여 부여된 기간으로서, 그 불통일행사의 통지는 주주총회 회일의 3일 전에 회사에 도달할 것을 요한다.

　　　 주주가 자신이 가진 복수의 의결권을 불통일행사하기 위하여는 회일의 3일 전에 회사에 대하여 서면으로 그 뜻과 이유를 통지하여야 할 뿐만 아니라, 회사는 주주가 주식의 신탁을 인수하였거나 기타 타인을 위하여 주식을 가지고 있는 경우 외에는 주주의 의결권 불통일행사를 거부할 수 있는 것이므로(368조의2②), 주주가 위와 같은 요건을 갖추지 못한 채 의결권 불통일행사를 위하여 수인의 대리인을 선임하고자 하는 경우에는 회사는 이를 거부할 수 있다.622)

　　　 다만, 위와 같은 3일의 기간이 부여된 취지에 비추어 보면, 비록 불통일행사의 통지가 주주총회 회일의 3일 전이라는 시한보다 늦게 도착하였다고 하더라도 회사가 스스로 총회운영에 지장이 없다고 판단하여 이를 받아들이기로 하고 이에 따라 의결권의 불통일행사가 이루어진 것이라면, 그것이 주주평등의 원칙을 위반하거나 의결권 행사의 결과를 조작하기 위하여 자의적으로 이루어진 것이라는 등의 특별한 사정이 없는 한, 그와 같은 의결권의 불통일행사를 위법하다고 볼 수는 없다.623) 따라서 의결권불통일행사에 관한 통지기간을 준수하지 못하였으나 회사가 이를 허용한 것은 결의취소사유가 될 수 없다.

---

622) 대법원 2001. 9. 7. 선고 2001도2917 판결.
623) 대법원 2009. 4. 23. 선고 2005다22701, 22718 판결.

j) 주주권행사 관련 이익공여    회사는 누구에게든지 주주의 권리행사와 관련하여 재산상의 이익을 공여할 수 없다(467조의2①). 따라서 회사가 주주에게 제공하는 이익이 주주권행사와 관련되고 그 가액이 사회통념상 허용되는 범위를 넘어서는 경우에는 이러한 이익공여에 따른 의결권행사를 기초로 한 주주총회는 그 결의방법이 법령에 위반한 것으로서 결의취소사유가 된다.624)

나) 결의내용의 정관 위반    결의내용의 정관 위반은 결의내용상의 하자로서 실질적 하자인데, 종래에는 결의무효사유였으나 1995년 상법개정시 결의취소사유로 되었다. 자치법규로서 내부관계자에게만 효력이 있는 정관 위반을 법률위반과 같이 볼 이유가 없기 때문이다.

(다) 관련문제

가) 주주 의사표시의 하자    주주총회에서 의결권을 행사한 주주는 의사표시

624) [대법원 2014. 7. 11.자 2013마2397 결정] (이사직무집행정지가처분 사건의 피보전권리를 인정한 판례) "상법 제467조의2 제1항은 "회사는 누구에게든지 주주의 권리행사와 관련하여 재산상의 이익을 공여할 수 없다."라고 규정하고, 이어 제2항 전문은 "회사가 특정의 주주에 대하여 무상으로 재산상의 이익을 공여한 경우에는 주주의 권리행사와 관련하여 이를 공여한 것으로 추정한다."라고 규정하고 있다. 이러한 규정에 비추어 보면, 이 사건 회사가 사전투표에 참여하거나 주주총회에서 직접 투표권을 행사한 주주들에게 무상으로 이 사건 예약권과 상품권을 제공하는 것은 주주의 권리행사와 관련하여 이를 공여한 것으로 추정된다. 뿐만 아니라 다음과 같은 사정, 즉 ① 기존 임원들인 채무자들과 반대파 주주들인 채권자들 사이에 이사건 주주총회 결의를 통한 경영권 다툼이 벌어지고 있는 상황에서 대표이사인 채무자 1 등의 주도로 사전투표기간이 연장되었고, 사전투표기간의 의결권행사를 조건으로 주주들에게 이 사건 예약권과 상품권이 제공된 점, ② 이 사건 예약권과 상품권은 그 액수가 단순히 의례적인 정도에 그치지 아니하고 사회통념상 허용되는 범위를 넘어서는 것으로 보이는 점, ③ 이러한 이익이 총 주주의 68%에 달하는 960명의 주주들(사전투표에 참가한 주주 942명과 주주총회 당일 직접 투표권을 행사한 주주 18명)에게 공여된 점, ④ 사전투표기간에 이익공여를 받은 주주들 중 약 75%에 해당하는 711명의 주주가 이러한 이익을 제공한 당사자인 채무자 1에게 투표하였고, 이러한 사전투표기간 중의 투표결과가 대표이사 후보들의 당락을 좌우한 요인이 되었다고 보이는 점 등에 비추어 보면, 이러한 이익은 단순히 투표율 제고나 정족수 확보를 위한 목적으로 제공되기보다는 의결권이라는 주주의 권리행사에 영향을 미치기 위한 의도로 공여된 것으로 보인다. 따라서 이 사건 예약권과 상품권은 주주권행사와 관련되어 교부되었을 뿐만 아니라 그 액수도 사회통념상 허용되는 범위를 넘어서는 것으로서 상법상 금지되는 주주의 권리행사와 관련된 이익공여에 해당하고, 이러한 이익공여에 따른 의결권행사를 기초로 한 이 사건주주총회는 그 결의방법이 법령에 위반한 것이라고 봄이 상당하다. 그렇다면, 이 사건 주주총회 결의는 정관에 위반하여 사전투표기간을 연장하고, 그 사전투표기간에 전체 투표수의 약 67%(전체 투표수 1411표 중 942표)에 해당하는 주주들의 의결권행사와 관련하여 사회통념상 허용되는 범위를 넘어서는 위법한 이익이 제공됨으로써 주주총회 결의 취소사유에 해당하는, 결의방법이 법령과 정관에 위반한 하자가 있다고 할 것이므로, 이 사건 가처분신청은 채무자들에 대한 직무집행정지가처분을 구할 피보전권리의 존재가 인정된다" (이 사건에서는 정관에 위반한 사전투표기간 연장도 결의취소사유로 인정되었다).

상의 하자를 이유로 결의취소의 소를 제기할 수 없다. 그러나 주주의 의사표시가 무효·취소됨으로써 결의요건이 충족되지 못하는 경우는 결의취소사유가 된다.

　　　　나) 대리인의 위임계약 위반　　　대리인이 의결권을 대리행사함에 있어서 주주의 위임과 다르게 의결권을 행사한 경우에는 주주와 대리인 간의 위임계약위반문제가 발생할 뿐 주주총회 결의에는 아무런 영향이 없다.

　　　4) 소송절차
　　　(가) 제소기간
　　　　가) 결의일로부터 2개월　　　결의취소의 소는 결의일로부터 2개월 내에 제기하여야 하고(376조①), 형성의 소의 특성상 위 제소기간을 도과하면 그 결의는 확정적으로 유효로 된다.625) 제소권자가 결의취소사유를 알지 못한 경우에도 마찬가지이다. 주주총회에서 여러 개의 안건이 상정되어 각기 결의가 행하여진 경우 제소기간의 준수여부는 각 안건에 대한 결의마다 별도로 판단되어야 한다.626)

　　　　나) 주장시기의 제한　　　판례는 이와 같은 단기의 제소기간은 복잡한 법률관계를 조기에 확정하고자 하는 것이므로 결의취소원인의 주장시기에 대하여도 위 제소기간의 제한이 적용된다는 입장이다.627) 다만, 제소기간이 경과한 후에는 새로운 결의취소원인을 주장하지 못하는 것이고, 종전의 결의취소원인을 보충하는 범위의 주장은 가능하다. 그리고 제소기간은 제소권자가 제소원인을 알지 못한 경우에도 동일하다. 따라서 2개월 내에 결의취소의 소를 제기한 경우에도 2개월이 경과한 후에는 새로운 결의취소원인을 추가하여 주장할 수 없다.628) 판례의 취지에 따른다면, 원고는 소송절차 초기에 모든 노력을 기울여 회사 내부의 사정을 파악하고, 다소 불확실하거나 가정적인 내용이라도 일단 전부 결의취소원인으로 주장할 필요가 있다.629)

---

625) 일본 회사법상 결의취소의 소의 제소기간은 결의일로부터 3개월이다(日会 831조①).
626) 대법원 2010. 3. 11. 선고 2007다51505 판결.
627) 대법원 2004. 6. 25. 선고 2000다37326 판결.
628) 상법상 제소기간은 비교적 단기이고 대부분의 경우 주주인 원고로서는 단기에 회사 내부의 모든 상황을 파악하여 주장하기는 그리 용이하지 않다는 문제가 있다. 따라서 복잡한 법률관계를 조기에 확정할 필요가 있다고 하여 상법상 제소기간을 주장시기에 대한 제한기간으로도 해석하는 판례의 타당성에 대하여는 의문이다. 또한 민사소송법은 공격방어방법에 관하여 동시에 일괄하여 제출하여야 하는 동시제출주의를 채택하지 않고 소송의 정도에 따라 적절한 시기에 제출하여야 하는 적시제출주의를 채택하고 있으며(民訴法 146조), 실기한 공격방어방법에 대하여는 소를 각하하는 것도 가능하다(民訴法 149조①). 구민사소송법은 변론의 종결에 이르기까지 어느 때라도 공격방어방법을 제출할 수 있다는 수시제출주의를 채택하였으나, 신민사소송법은 제1심 위주의 집중심리를 위하여 적시제출주의로 변경하였다.

(나) 관할법원 등

가) 준용규정    결의취소의 소에 대하여는 합명회사 설립무효·취소의 소에 관한 제186조부터 제188조까지의 규정과, 제190조 본문 및 제191조의 규정이 준용된다(376조②).

나) 관할·소가    결의취소의 소는 본점소재지의 지방법원의 관할에 전속한다(376조②, 186조). 결의취소의 소는 비재산권을 목적으로 하는 소송으로서[630] 소가는 1억원이다.[631] 그러나 사물관할에 있어서는 「민사소송 등 인지법」 제2조 제4항에 규정된 소송으로서 대법원규칙에 따라 합의부 관할 사건으로 분류된다.[632]

다) 공고·병합심리    소가 제기된 때에는 회사는 지체 없이 공고하여야 한다(187조). 수개의 결의취소의 소가 제기된 때에는 법원은 이를 병합심리하여야 한다(376조②, 188조). 모든 당사자에게 획일적으로 확정되어야 하기 때문이다. 병합에 의하여 수개의 소는 합일확정의 필요는 있지만 소송공동이 강제되지 않는 유사필수적 공동소송의 형태가 된다.[633]

동일한 주주총회 결의에 대한 결의취소·결의무효확인·결의부존재확인의 소가 각각 제기된 경우 명문의 규정은 없지만 이 경우에도 판결의 합일확정의 필요성이 있으므로 병합심리하여야 할 것이다.

(다) 소송참가

가) 이    사    결의취소의 소에서는 회사만이 피고가 될 수 있다. 취소의 대상인 결의에 의하여 선임된 이사는 결의취소의 소의 당사자적격은 없지만 그 판결의 효력이 미치므로 소송의 결과에 이해관계를 가지는 제3자로서 소송참가를 할

---

629) 일본 최고재판소도 주주총회 결의에 하자가 있더라도 취소되기 전까지는 일응 유효한 결의로서 이를 기초로 업무집행이 이루어지므로 하자 있는 결의의 효력을 조기에 확정할 필요가 있어서 제소기간(결의일부터 3개월)을 둔 것인데, 제소기간 도과 후에도 시기에 늦지 않은 한(실기한 공격방법이 아닌 한) 새로운 취소사유를 추가할 수 있다면 회사가 해당 주주총회 결의의 취소 여부를 예측하기 곤란하다는 이유로, 제소기간 내에는 어떠한 취소사유도 추가할 수 있지만, 제소기간 도과 후에도 새로운 취소사유를 주장할 수 없다는 입장이다(最判 昭和 51·12·24 民集30-11-1076).

630) 민사소송 등 인지규칙 제15조 제2항.

631) 민사소송 등 인지규칙 제18조의2 단서.

632) 민사 및 가사소송의 사물관할에 관한 규칙 제2조.

633) 유사필수적 공동소송은 반드시 공동소송의 형태가 요구되는 것은 아니고 개별적인 소송도 가능하지만, 일단 공동소송이 되면 합일확정이 요구되는 소송을 말한다. 이는 판결의 효력이 제3자에게 확장되는 소에서 공동소송인들 간에 판결의 모순저촉을 회피하기 위하여 인정된다. 판결의 대세적 효력이 인정되는 회사법상의 각종 소송이 유사필수적 공동소송의 전형적인 예이다.

수 있다. 이때 이사는 당사자적격이 없으므로 그의 소송참가는 공동소송적 보조참가에 해당한다.

나) 다른 주주    원고 주주 외의 다른 주주도 결의취소의 소에 참가할 수 있는데, 주주는 원칙적으로 결의취소의 소의 당사자적격이 있으므로 그의 소송참가는 공동소송참가에 해당한다. 그러나 공동소송참가는 별소를 제기할 수 있는데 그에 대신하여 참가하는 것이므로, 제소기간이 도과한 경우에는 공동소송참가는 할 수 없고 공동소송적 보조참가만을 할 수 있다.

(라) 제소주주의 담보제공의무

주주가 결의취소의 소를 제기한 때에는 회사는 주주가 악의임을 소명하여 주주의 담보제공을 청구할 수 있고(377조②, 176조④), 법원은 이 경우 상당한 담보를 제공할 것을 명할 수 있다. 이는 주주의 남소를 방지하기 위한 것이다. 따라서 상법은 그 주주가 이사 또는 감사인 때에는 담보제공의무가 적용되지 않는다고 규정한다(377조①). 악의란 취소사유가 없음을 알면서도 소를 제기하는 것을 말한다.

법원은 담보를 제공하도록 명하는 결정에서 담보액과 담보제공의 기간을 정하여야 하고, 담보액은 피고가 각 심급에서 지출할 비용의 총액을 표준으로 하여 정하여야 한다(民訴法 120조). 담보제공명령은 소제기로 인하여 회사가 받았거나 장차 받게 될 손해를 담보하기 위한 것이므로 회사가 받게 될 불이익을 표준으로 법원이 재량으로 정한다.

(마) 청구의 인낙·화해·조정

결의취소의 소에서도 청구의 인낙, 화해·조정 등은 허용되지 않는다. 청구의 인낙 또는 화해·조정이 이루어졌다 하여도 그 인낙조서나 화해·조정조서는 효력이 없다.634) 그러나 소의 취하 또는 청구의 포기는 대세적 효력과 관계없으므로 허용된다. 이는 주주총회 결의의 무효확인·부존재확인의 소에서도 마찬가지이다.

5) 판결의 효력

(가) 원고승소판결

가) 대세적 효력    설립무효·취소판결의 대세적 효력을 규정한 제190조 본문이 결의취소의 소에 준용되므로, 결의취소판결은 소송당사자 외의 모든 제3자에게 그 효력이 있다(376조②, 190조).635) 따라서 소송당사자를 포함한 어느 누구도 결

---

634) 대법원 2004. 9. 24. 선고 2004다28047 판결.
635) (결의취소판결의 주문례)
     ○○ 주식회사의 20 … 자 정기(또는 임시) 주주총회에서 한 별지 목록 기재와 같은 결의는

의의 유효를 주장할 수 없다. 이와 같이 기판력의 주관적 범위에 관한 민사소송의 일반원칙과 달리 판결의 효력이 소송당사자 아닌 제3자에게도 미치고, 이를 대세적 효력이라 한다.

주주총회 결의는 그에 의하여 회사와 다수 주주 간에 동종의 법률관계를 형성하게 되는 단체법적 특성을 가지므로, 그 법적 효과가 이해관계인 모두에게 획일적으로 미쳐야 한다. 따라서 이를 취소하는 판결도 모두에게 획일적으로 미쳐야 하기 때문에 대세적 효력이 인정되는 것이다. 특정 결의가 어느 주주에게는 유효한 반면에 또 다른 주주에게는 무효로 된다는 것은 단체법적 법률관계에서는 허용되지 않는다.

나) 소 급 효    결의취소판결은 민사소송의 일반원칙과 같이 소급효가 인정된다. 결의취소판결에는 제190조 본문만 준용되고 설립무효·취소판결의 소급효 제한을 규정한 제190조 단서는 준용되지 않기 때문이다(376조②).636) 따라서 이사선임 결의취소판결이 확정되면 그 이사는 소급하여 이사의 지위를 상실하고 만일 대표이사였다면 대표이사의 지위도 소급하여 상실한다. 나아가 대표이사의 그 동안의 모든 대외적인 행위도 무효로 된다.637) 그러나 이 경우 상대방은 상법 제39조(불실등기의 효력), 제395조(표현대표이사)에 따라 보호받을 수 있기 때문에,638) 실제로 거

---

이를 취소한다.

636) 종래에는 소급효 제한을 규정한 제190조 단서가 준용되어 결의취소판결의 경우에도 소급효가 제한되었다. 따라서 거래의 안전에는 도움이 되었지만, 이사선임결의와 같이 계속적 법률관계를 형성하는 결의가 아니라 이사의 보수결정, 이익배당 등과 같은 경우는 소급효가 인정되지 않는 한 결의취소판결의 의미가 없게 되므로 1995년 상법개정시 제190조 본문만 준용하는 것으로 개정되었고, 이에 따라 결의취소판결의 소급효가 인정된다. 일본에서도 상법상 결의취소판결의 소급효에 관하여 명문의 규정이 없어서 논란의 대상이었으나, 회사법 제정시 무효·취소판결의 소급효가 배제되는 소에서 결의취소의 소를 포함시키지 않음으로써 입법적으로 해결하였다(日会 839조).

637) [대법원 2013. 2. 28. 선고 2012다74298 판결] "이사 선임의 주주총회 결의에 대한 취소판결이 확정된 경우 그 결의에 의하여 이사로 선임된 이사들에 의하여 구성된 이사회에서 선정된 대표이사는 소급하여 그 자격을 상실하고, 그 대표이사가 이사 선임의 주주총회 결의에 대한 취소판결이 확정되기 전에 한 행위는 대표권이 없는 자가 한 행위로서 무효가 된다(대법원 2004. 2. 27. 선고 2002다19797 판결)."

638) [대법원 2004. 2. 27. 선고 2002다19797 판결]【부당이득금반환】(이사 선임의 주주총회 결의에 대한 취소판결이 확정된 경우, 제39조에 의하여 회사의 부실등기책임을 인정한 사례) "[1] 이사 선임의 주주총회 결의에 대한 취소판결이 확정된 경우 그 결의에 의하여 이사로 선임된 이사들에 의하여 구성된 이사회에서 선정된 대표이사는 소급하여 그 자격을 상실하고, 그 대표이사가 이사 선임의 주주총회 결의에 대한 취소판결이 확정되기 전에 한 행위는 대표권이 없는 자가 한 행위로서 무효가 된다. [2] 이사 선임의 주주총회 결의에 대한 취소판결이 확정되어 그 결의가 소급하여 무효가 된다고 하더라도 그 선임 결의가 취소되는 대표이사와 거래한 상대방은 제39조의 적용 내지 유추적용에 의하여 보호될 수 있으며, 주식회사의 법인등기의

래의 안전을 해치는 경우는 많지 않을 것이다. 다만, 등기신청권자 아닌 사람이 주
주총회 의사록을 허위로 작성하여 주주총회 결의의 외관을 만들고 이에 터잡아 대
표이사 선임등기를 마친 경우에는 등기신청권자인 회사가 그 등기가 이루어지는
데 관여할 수 없었으므로 상법 제39조의 불실등기에 해당되지 않는다.639)

다) 등    기      결의한 사항이 등기된 경우에 결의취소의 판결이 확정된 때
에는 본점과 지점의 소재지에서 등기하여야 한다(378조).640)

(나) 원고패소판결

가) 대인적 효력      원고패소판결의 경우에 대하여는 대세적 효력이 인정되지
않고, 기판력의 주관적 범위에 관한 민사소송법의 일반원칙에 따라 판결의 효력은
소송당사자에게만 미친다. 따라서 다른 제소권자는 새로 소를 제기할 수 있다. 다
만, 이 경우 실제로는 제소기간이 도과할 것이므로 사실상 제소가 불가능할 것이다.
재량기각판결도 원고패소판결로서 대세적 효력이 없다.

나) 패소원고의 책임      결의취소의 소를 제기한 자가 패소한 경우에 악의 또
는 중대한 과실이 있는 때에는 회사에 대하여 연대하여 손해를 배상할 책임이 있다
(376조②, 191조). 재량기각판결의 경우 결의취소사유는 존재하므로 원고의 악의 또는
중대한 과실로 인한 손해배상책임은 발생하지 않는다.

(다) 재량기각

가) 의의와 취지      결의취소의 소가 제기된 경우에 취소사유가 존재하더라도
결의의 내용, 회사의 현황과 제반사정을 참작하여 그 취소가 부적당하다고 인정한
때에는 법원은 그 청구를 기각할 수 있다(379조). 결의취소의 소에서 법원이 재량에
의하여 청구를 기각할 수 있도록 한 것은 결의를 취소하여도 회사 또는 주주에게
이익이 되지 않거나 이미 결의가 집행되었기 때문에 이를 취소하여도 아무런 효과
가 없는 경우에, 굳이 결의를 취소함으로써 회사에 손해를 끼치거나 일반거래의 안
전을 해치는 결과가 되는 것을 막고 결의취소의 소의 남용을 방지하려는 취지이
다.641)642)

---

경우 회사는 대표자를 통하여 등기를 신청하지만 등기신청권자는 회사 자체이므로 취소되는
주주총회 결의에 의하여 이사로 선임된 대표이사가 마친 이사 선임 등기는 제39조의 부실등
기에 해당된다."
639) 대법원 2008. 7. 24. 선고 2006다24100 판결.
640) 이는 결의무효확인·부존재확인의 소도 마찬가지이다.
641) 대법원 2003. 7. 11. 선고 2001다45584 판결, 대법원 1987. 9. 8. 선고 86다카2971 판결.
642) 합명회사 설립무효·취소의 소가 그 심리중에 원인이 된 하자가 보완되고 회사의 현황과 제

나) 요　　건

(a) 결의취소의 소　　　재량기각은 결의취소의 소에서만 가능하고, 결의무효
사유 또는 부존재사유가 있는 경우에는 법원이 청구를 재량기각할 수 없다.[643]

(b) 하자의 경중　　　하자가 중대한 경우에는 재량기각의 대상이 아니고 법원
이 중대한 하자에 불구하고 청구를 기각하는 것은 재량일탈이라고 보아야 한다는
견해가 있다.[644] 하자의 중대성은 재량기각 여부를 결정하는데 참작할 사유인 것은
분명하고 판례도 이를 확인하였다.[645] 따라서 결의내용이 정관에 위반한 것은 일반
적으로 중대한 하자에 해당하고 재량기각 가능성이 낮을 것이다.

그러나 하자가 결의무효사유나 결의부존재사유에 해당할 정도가 아니라면 단
순히 중대한 하자라는 이유로 재량기각을 할 수 없다는 것은 상법 규정에 반한다.
즉, 상법 제379조는 "결의취소의 소가 제기된 경우에 취소사유가 존재하더라도 결
의의 내용, 회사의 현황과 제반사정을 참작하여 그 취소가 부적당하다고 인정한 때
에는 법원은 그 청구를 기각할 수 있다."라고 규정하므로, 재량기각 여부는 "결의의
내용, 회사의 현황과 제반사정"을 참작하여 결정하면 되고, 따라서 하자가 중대하
더라도 "결의의 내용, 회사의 현황과 제반사정"을 참작하여 결의취소가 부적당하다
고 인정한 때에는 법원은 그 청구를 기각할 수 있다고 할 것이다.[646]

---

반사정을 참작하여 설립을 무효 또는 취소하는 것이 부적당하다고 인정한 때에는 법원은 그
청구를 기각할 수 있다(189조). 이를 결의취소의 소에서의 재량기각과 구별하여 하자의 보완
에 의한 청구기각이라 하는데, 양자는 하자의 보완이 요건인지 여부에서 다르다. 제379조의
경우에는 주주총회 결의의 하자를 보완하는 것 자체가 사실상 불가능하다.

643) 재량기각은 경미한 절차상의 하자를 대상으로 하는 것이므로 취소의 소를 제외한 다른 소
에서는 인정되지 않는다는 견해도 있는데(송옥렬, 945면), 결의취소사유는 절차상의 하자 외에
내용상의 하자(결의내용의 정관 위반)도 포함한다.

644) 송옥렬, 946면.

645) [대법원 2003. 7. 11. 선고 2001다45584 판결] "그러나 원고가 취소를 구하는 대상은 이 사건
주주총회의 결의 중 임원에 대하여 주식매수선택권을 부여하기로 하는 부분에 한하고, 그 결
의 내용은 임원에 대한 보수 문제의 일부라 할 수 있는 것이어서 회사에 미치는 손해라는 것
을 생각하기 어려울 뿐만 아니라 일반거래의 안전과도 무관한 것인 점, 원고가 주주의 공익권
으로서 인정되는 제소권을 개인적인 이익을 위하여 남용하려 한다는 사정이 인정되지도 않는
점, 그리고 앞서 본 소집절차상의 하자가 경미한 수준이라고 보기 어려운 점, 기타 기록에 나
타나는 여러 가지 사정을 종합하여 살펴보면, 원고의 이 사건 취소청구를 그대로 인용함이 상
당하고 재량에 의하여 기각할 수는 없다고 할 것이다. 피고의 주장처럼 이 사건 주주총회 결
의 이후 구 증권거래법 제189조의4 제3항, 같은 법 시행령 제84조의6 제6항이 개정되어 이제
자본금의 규모가 피고 은행과 같은 정도인 경우 이 사건 주주총회의 결의로 부여한 수량 정도
의 주식매수청구권은 주주총회의 결의 없이 이사회의 결의만으로도 임직원에게 부여할 수 있
게 되었다는 점이 인정된다 할지라도, 이 사건에서 결론을 달리할 사정은 되지 못한다"(재량
기각할 수 없는 여러 가지 이유를 구체적으로 열거한 판례이다).

판례도 일찍부터 "주주총회 결의취소의 소에 있어 법원의 재량에 의하여 청구를 기각할 수 있음을 밝힌 상법 제379조는 결의의 절차에 하자가 있는 경우에 결의를 취소하여도 회사 또는 주주의 이익이 되지 않든가 이미 결의가 집행되었기 때문에 이를 취소하여도 아무런 효과가 없든가 하는 때에 결의를 취소함으로써 오히려 회사에게 손해를 끼치거나 일반거래의 안전을 해치는 것을 막고 또 소의 제기로써 회사의 질서를 문란케 하는 것을 방지하려는 취지"라고 판시하였고,647) 하자가 보완되지 아니한 경우에도 청구를 기각한 판례도 있다.648)

(c) 결의취소권의 남용    결의가 이미 집행되는 등의 사정으로 회사나 주주에게 아무런 이익이 없는 경우, 원고의 의결권이 결의의 결과에 영향을 미치지 않는 경우 등과 같이 결의취소권의 남용에 해당하는 경우에는 재량기각의 대상이 될 수 있다. 그러나 하자의 성질과 정도가 결의무효사유나 결의부존재사유에 해당할 정도로 중한 경우에는 결의결과에 영향을 미치는지 여부를 불문하고 재량기각할 수 없다.

(d) 대외적 영향을 고려해야 하는 경우    주주총회의 감자결의에 결의방법상의 하자가 있으나 그 하자가 감자결의의 결과에 아무런 영향을 미치지 아니하였고, 감자결의를 통한 자본금감소 후에 이를 기초로 채권은행 등에 대하여 부채의 출자전환 형식으로 신주발행을 하고 수차례에 걸쳐 제3자에게 영업을 양도하는 등의 사정이 발생하였다면, 자본금감소를 무효로 할 경우 부채의 출자전환 형식으로 발행된 신주를 인수한 채권은행 등의 이익이나 거래의 안전을 해할 염려가 있으므로 자본금감소를 무효로 하는 것이 부적당하다고 볼 사정이 있다고 판단한 판례도 있다.649)

---

646) 일본 회사법은 하자가 중대하지 않고 결의에 영향을 미치지 않았으리라고 인정되는 경우에 재량기각하도록 규정하므로(日会 831조②), 하자가 중대한 경우에는 재량기각을 할 수 없다는 점에서 우리 상법과 다르다.

647) 대법원 1987. 9. 8. 선고 86다카2971 판결.

648) [대법원 2004. 4. 27. 선고 2003다29616 판결] "하자가 추후 보완될 수 없는 성질의 것으로서 자본감소 결의의 효력에는 아무런 영향을 미치지 않는 것인 경우 등에는 그 하자가 보완되지 아니하였다 하더라도 회사의 현황 등 제반 사정을 참작하여 자본감소를 무효로 하는 것이 부적당하다고 인정한 때에는 법원은 그 청구를 기각할 수 있다."

649) [대법원 2004. 4. 27. 선고 2003다29616 판결【주주총회결의취소】 "법원이 감자무효의 소를 재량 기각하기 위해서는 원칙적으로 그 소제기 전이나 그 심리중에 원인이 된 하자가 보완되어야 한다고 할 수 있을 것이지만, 하자가 추후 보완될 수 없는 성질의 것으로서 자본감소 결의의 효력에는 아무런 영향을 미치지 않는 것인 경우 등에는 그 하자가 보완되지 아니하였다 하더라도 회사의 현황 등 제반 사정을 참작하여 자본감소를 무효로 하는 것이 부적당하다고

(e) 하자의 보완 여부　　상법 제379조에 의한 재량기각은 제189조에 의한 청구기각과 달리 하자의 보완이 요구되지 않는다. 나아가 결의취소의 소의 법적 성질상 이미 이루어진 주주총회 결의의 하자를 보완하는 것 자체가 불가능하다.

다) 직권탐지주의　　법원은 제379조의 재량기각사유가 있는 경우 당사자의 재량기각 주장이 없더라도 직권으로 재량에 의하여 청구를 기각할 수 있다.[650] 회사소송에는 직권탐지주의가 적용되지 않는다는 것이 통설인데, 상법 제189조와 제379조에 의한 청구기각의 경우에는 예외적으로 직권탐지주의가 적용된다.[651]

라) 재량기각판결의 효력　　재량기각판결도 원고패소판결로서 대세적 효력이 없다. 그러나 재량기각의 경우 결의취소사유는 존재하므로 원고의 악의 또는 중대한 과실로 인한 손해배상책임은 발생하지 않는다.

마) 실무상 관련 문제　　경영진이 전혀 예상하지 못하게 외부세력 또는 내부 경쟁자가 주식과 의결권을 확보하고, 현 경영진은 주주총회장에서의 서면투표결과를 집계하는 과정에서 비로소 이러한 의도와 이들이 확보한 지분을 알게 되는 경우, 주주총회의 진행을 담당하고 있는 현 경영진 측이 임의로 이들의 의결권 중 일부를 부인하고 인위적으로 자신들에게 유리한 결과가 나오도록 만든 집계결과에 의하여 투표결과를 발표해 버리는 경우도 있다. 물론 이러한 경우 의결권을 부인당한 측은 결의취소의 소를 제기할 수 있지만, 대개는 그 후 현 경영진 측이 추가로 주식과 위임장을 확보하고 동일한 안건에 대한 임시주주총회를 소집하여 결의를 하게 된다. 결의취소의 소가 계속 중에 이와 같이 동일한 안건에 대한 결의가 있게 되면 재량기각판결이 선고될 가능성이 있을 것이고, 재량기각되지 않더라도 현 경영진에 유리한 새로운 결의가 이루어지게 된다. 다만 종래에는 재량기각제도를 악용하여 위

---

인정한 때에는 법원은 그 청구를 기각할 수 있다."
650) 대법원 2003. 7. 11. 선고 2001다45584 판결.
651) 직권탐지주의는 변론주의에 반대되는 원칙으로서 소송자료의 수집·제출을 법원의 직책으로 보는 것을 말하는데, 구체적으로는, 공익성을 가지는 특정 사항에 대하여는 당사자가 주장하지 아니한 사실도 법원이 자기의 책임과 권능으로 수집하여 판결의 기초로 삼아야 한다는 것을 의미한다. 직권탐지주의가 적용되는 사항을 직권탐지사항이라고 한다. 직권탐지주의에 의하면 자백의 구속력이 배제되고, 직권증거조사가 적용되고, 처분권주의의 제한으로 청구의 포기·인낙, 화해 등을 할 수 없다. 회사소송은 판결의 대세적 효력이 인정되고, 청구의 포기·인낙, 화해 등이 허용되지 아니하므로 직권탐지주의가 적용된다는 견해가 과거에 있었지만, 현재는 이를 부인하는 것이 통설이다. 원고패소판결은 대세적 효력이 없고 판결의 효력이 미치는 제3자에게 공동소송참가의 기회가 보장되기 때문이다. 다만, 법원이 회사의 현황과 제반사정을 참작하여, 회사설립무효취소의 소에 관한 상법 제189조 또는 결의취소의 소에 관한 제379조에 의하여 청구를 기각하는 경우에는 예외적으로 직권탐지주의가 적용된다.

와 같이 주주총회 진행을 위법하게 진행하는 예가 드물지 않게 발생하였는데, 근래에는 법원도 이러한 상황을 고려하여 재량기각의 요건을 엄격히 적용하는 추세이다.

### (3) 주주총회 결의무효확인의 소

#### 1) 소의 의의와 법적 성질

(가) 소의 의의   주주총회 결의의 내용이 법령에 위반하는 실질적 하자가 있는 경우 결의무효확인의 소를 제기할 수 있다(380조). 결의무효확인의 소를 규정한 상법 제380조는 합명회사 설립무효·취소의 소에 관한 제186조부터 제188조까지를 준용하고, 판결의 대세적 효력에 관한 제190조를 준용하지만, 결의무효확인의 소에 관하여는 제소권자와 제소기간에 관한 규정이 없다.

(나) 소의 법적 성질   결의무효확인판결에 관하여 제190조 본문(판결의 대세적 효력)이 준용되는 점은 형성소송설의 근거로 볼 수 있지만, 한편으로는 제소권자 및 제소기간에 관한 규정이 없는 점은 확인소송설의 근거로 볼 수 있다. 형성소송설과 확인소송설을 구별하는 실질적인 의의는 결의의 하자를 소로써만 주장할 수 있는지(형성소송설) 아니면 다른 이행소송(위법배당금반환청구, 이사에 대한 손해배상청구)에서 결의무효를 청구원인이나 항변으로 주장할 수 있는지(확인소송설) 여부이다.

가) 형성소송설   형성소송설은 결의무효확인의 소는 명칭에 불구하고 모든 이해관계인에 대한 법률관계를 창설하는 것이므로 형성의 소로 보아야 한다는 견해이다. 형성소송설에서는 소로써만 하자를 주장할 수 있고, 무효확인판결을 선결적으로 받아야 후속행위의 하자도 주장할 수 있다고 본다.652) 형성소송설에 의하면, 위법배당금반환청구나 이사에 대한 손해배상청구를 하기 위하여 먼저 결의무효확인의 소를 제기하여야 하므로 중복된 절차가 요구된다.

나) 확인소송설   확인소송설은 상법이 결의취소의 소와 달리 결의무효확인의 소에 관하여 제소권자 및 제소기간에 제한을 두지 않았으므로 확인의 소로 보아야 하고, 따라서 소 외의 방법으로도 주장할 수 있고, 선결소송이 없이 바로 후속행위 관련 청구를 할 수 있다고 보는 견해이다. 확인소송설에 의하면 동일한 결의에 관한 별개의 소송에서 결의의 효력에 관하여 서로 다른 결과가 나올 수 있다. 예를 들면 이사의 보수에 관한 결의에 관하여, 이사가 회사를 상대로 결의의 유효를 전

---

652) 상법학계에서는 소수설인데(이철송, 608면), 민사소송법학계에서는 다수설이다(송·박, 195면; 이시윤, 179면; 정·유, 62면).

제로 제기한 보수지급청구소송과, 회사가 이사를 상대로 결의의 무효를 전제로 제기한 채무부존재확인의 소에서 결의의 효력을 서로 다르게 인정할 수 있다.

다) 판    례    판례는 확인소송설의 입장에서, 주주총회 결의의 효력이 그 회사 아닌 제3자 간의 소송에 있어 선결문제로 된 경우에는 당사자는 언제든지 당해 소송에서 주주총회 결의가 처음부터 무효 또는 부존재하다고 다투어 주장할 수 있는 것이고, 반드시 먼저 회사를 상대로 제소하여야만 하는 것은 아니며, 이와 같이 제3자간의 법률관계에 있어서는 제380조, 제190조는 적용되지 않는다고 판시한다.653)

라) 검    토    당사자의 구제 측면에서는 확인소송설이 바람직하다. 확인소송설에 의하면 단체법률관계를 획일적으로 확정하지 못하는 결과가 나올 수 있다는 문제가 있지만, 이는 판결의 증명효에 의하여 해결될 수 있을 것이다. 전소(前訴)에서의 소송물에 관한 판단이나 판결이유 중의 사실인정 또는 권리관계에 관한 법률판단은 후소(後訴)의 판단에서도 참고가 된다. 이와 같이 선행소송의 판결이 후행소송에 미치는 사실상 영향, 특히 전소 판결이유 중에 나타난 사실인정이나 권리관계에 관한 법률판단이 후소의 판단에 대하여 가지는 사실상의 증명적 효과를 증명효라 한다. 판례도 이러한 증명효를 인정한다.654)

2) 소송당사자

(개) 원    고

가) 확인의 이익이 있는 자    결의무효확인의 소의 제소권자에 대하여는 상법상 아무런 제한이 없다. 따라서 민사소송상 확인의 이익이 있는 자는 누구든지 결의무효확인의 소를 제기할 수 있다. 결의에 찬성한 주주도 결의무효확인의 소를 제기할 수 있다.

나) 해임이사와 퇴임이사    주주총회 결의에 의하여 해임당한 이사는 주주인

653) [대법원 2011. 6. 24. 선고 2009다35033 판결] "주주총회 결의의 효력이 그 회사 아닌 제3자 사이의 소송에 있어 선결문제로 된 경우에는 당사자는 언제든지 당해 소송에서 그 주주총회 결의가 처음부터 무효 또는 부존재한다고 주장하면서 다툴 수 있는 것이고, 반드시 먼저 회사를 상대로 주주총회의 효력을 직접 다투는 소송을 제기하여야 하는 것은 아니다."
654) [대법원 2008. 6. 12. 선고 2007다36445 판결] "민사재판에 있어서는 다른 민사사건 등의 판결에서 인정된 사실에 구속받는 것은 아니라 할지라도 이미 확정된 관련 민사사건에서 인정된 사실은 특별한 사정이 없는 한 유력한 증거가 된다 할 것이므로, 합리적인 이유 설시 없이 이를 배척할 수 없다는 것이 당원의 확립된 견해이고, 특히 전 후 두 개의 민사소송이 당사자가 같고 분쟁의 기초가 된 사실도 같으나 다만 소송물이 달라 기판력에 저촉되지 아니한 결과 새로운 청구를 할 수 있는 경우에 있어서는 더욱 그러하다 할 것이다."

여부에 관계없이 당해 해임결의의 부존재 또는 무효확인을 구할 법률상 이익이 있고,655) 그 결의의 내용이 이사의 해임이 아니라 그 이사의 임기만료를 이유로 후임이사를 선임하는 결의라고 할지라도 제386조에 의하여 후임이사 취임시까지 이사의 권리의무를 보유하는 경우에는 그 퇴임이사는 후임이사선임 결의의 하자를 주장하여 그 부존재 또는 무효확인을 구할 법률상 이익이 있다.656)

판례는 이사가 주주총회의 이사 개임결의에 의하여 임기 만료 전에 해임당하고 후임이사가 선임된 경우, 그 후임이사가 그 후의 다른 주주총회 결의에 의하여 적법하게 다시 선임된 경우에는, 당초 해임된 이사는 당초의 이사 개임결의가 무효라 할지라도 이에 대한 결의무효확인을 구하는 것은 과거의 법률관계 내지 권리관계의 확인을 구하는 것이므로 확인의 소로서의 권리보호요건을 결여한 것이나,657) 후임이사를 다시 선임한 주주총회 결의가 부존재임이 인정되는 경우에는 후임이사를 선임한 당초 결의의 무효 여부는 현재의 임원을 확정함에 있어서 직접적인 이해관계가 있는 것이므로 이 경우 당초 해임된 이사는 당초의 선임결의의 무효확인을 구할 법률상의 이익이 있다고 한다.658)

결의에 반대한 이사는 물론, 결의의 내용이 법령에 위반한 경우 이러한 안건을 회의의 목적사항으로 결정한 이사회에서 결의에 찬성한 이사도 이를 결의무효사유로 하는 소송의 제소권자로 보아야 한다. 본인의 업무상의 과오를 시정할 수 있는

---

655) 대법원 1982. 4. 27. 선고 81다358 판결.
656) 대법원 1982. 12. 14. 선고 82다카957 판결.
657) [대법원 1996. 10. 11. 선고 96다24309 판결]【결의부존재확인】"이사가 임원 개임의 주주총회 결의에 의하여 임기 만료 전에 이사직에서 해임당하고 후임이사의 선임이 있었다 하더라도 그 후에 새로 개최된 유효한 주주총회 결의에 의하여 후임이사가 선임되어 선임등기까지 마쳐진 경우라면, 그 새로운 주주총회의 결의가 무권리자에 의하여 소집된 총회라는 하자 이외의 다른 절차상, 내용상의 하자로 인하여 부존재 또는 무효임이 인정되거나 그 결의가 취소되는 등의 특별한 사정이 없는 한, 당초의 이사개임 결의가 무효라 할지라도 이에 대한 부존재나 무효확인을 구하는 것은 과거의 법률관계 내지 권리관계의 확인을 구하는 것에 귀착되어 확인의 소로서의 권리보호요건을 결여한 것으로 보아야 한다."
658) [대법원 1995. 7. 28. 선고 93다61338 판결](대법원 1992. 2. 28. 선고 91다8715 판결에 의한 환송 후 원심판결에 대한 상고심판결) "갑을 이사에서 해임한 당초 주주총회 결의 이후 두 차례에 걸쳐 소집된 임시주주총회는 당시 회사의 발행주식 전부를 나누어 소유하고 있던 주주들인 갑 등은 전혀 참석하지 않은 가운데 정당한 주주도 아닌 자들만이 참석하여 임원 선임의 결의를 한 경우라면, 이는 주주총회의 소집 절차와 결의방법에 총회결의가 존재한다고 볼 수 없을 정도의 중대한 하자가 있는 경우에 해당하여 주주총회의 결의가 부존재한다고 할 것이고, 따라서 당초에 을을 이사로 선임한 1차 임시주주총회 결의의 무효 또는 부존재 여부는 여전히 회사의 현재 임원을 확정함에 있어서 직접적인 관계가 있는 것이므로, 회사 주주인 갑 등으로서는 그 선임결의의 무효확인을 구할 법률상의 이익이 있다."

기회를 박탈할 필요가 없기 때문이다.

다) 회사채권자     결의무효확인의 소는 확인의 이익을 가진 자는 누구라도 원고적격이 있으므로, 주식회사의 채권자라도 결의부존재확인의 소의 원고적격이 있지만, 이 경우 확인의 이익은 그 주주총회 결의가 회사채권자의 권리 또는 법적 지위를 구체적으로 침해하고 또 직접적으로 이에 영향을 미치는 경우에 한하여 인정되므로, 실제로 채권자에게 확인의 이익이 있는 것으로 인정되기는 사실상 용이하지 않을 것이다.659)

라) 확인의 이익이 없는 경우

(a) 주주자격 없는 자(명의대여주주, 명의개서 전 주식양수인)     주주로부터 주식을 양도받은 자 하더라도 주주명부에 명의개서를 하지 아니하여 그 양도를 회사에 대항할 수 없는 이상 그 주주에 대한 채권자에 불과하고, 또 제권판결 이전에 주식을 선의취득한 자는 위 제권판결에 하자가 있다 하더라도 제권판결에 대한 불복의 소에 의하여 그 제권판결이 취소되지 않는 한 회사에 대하여 적법한 주주로서의 권한을 행사할 수 없으므로 회사의 주주로서 주주총회 및 이사회 결의 무효확인을 소구할 이익이 없다.660)

(b) 회사의 해산 이전에 해임된 이사     주식회사에 대하여 법원의 회사해산 판결이 선고·확정되어 해산등기가 마쳐졌고 아울러 법원이 적법하게 그 청산인을 선임하여 그 취임등기까지 마쳐진 경우에는, 해산 당시 이사가 설사 회사해산판결 선고 이전에 부적법하게 해임된 바 있어 주주총회의 이사해임 결의가 무효라 하더라도 주주총회 결의나 이사회 결의의 무효확인을 구할 법률상 이익이 없다.661)

---

659) [대법원 2022. 6. 9. 선고 2018다228462, 228479 판결] "주식회사의 채권자는 회사가 제3자와 체결한 계약이 자신의 권리나 법적 지위를 구체적으로 침해하거나 이에 직접적으로 영향을 미치는 경우에는 그 계약의 무효 확인을 구할 수 있으나, 그 계약으로 인하여 회사의 변제 자력이 감소되어 그 결과 채권의 전부나 일부가 만족될 수 없게 될 뿐인 때에는 채권자의 권리나 법적 지위가 그 계약에 의해 구체적으로 침해되거나 직접적으로 영향을 받는다고 볼 수 없으므로 직접 그 계약의 무효 확인을 구할 이익이 없다."

660) 대법원 1991. 5. 28. 선고 90다6774 판결.

661) [대법원 1991. 11. 22. 선고 91다22131 판결]【임시주주총회결의무효확인】 "가. 주식회사는 해산된 뒤에도 청산법인으로 되어 청산의 목적범위 내에서 존속하므로, 그 주주는 주주총회의 결의에 참여할 수 있을 뿐더러 잔여재산의 분배청구권 및 청산인의 해임청구권이 있고, 한편 해산 당시의 이사는 정관에 다른 규정이 있거나 주주총회에서 따로 청산인을 선임하지 아니한 경우에 당연히 청산인이 되고 해산 당시 또는 그 후에 임기가 만료되더라도 새로 청산인이 선임되어 취임할 때까지는 청산인으로서 권리의무를 가진다. 나. 주식회사가 해산되었다 하더라도 해산 당시의 이사 또는 주주가 해산 전에 이루어진 주주총회 결의의 무효확인을 구하는 청구에는 청산인선임결의의 무효를 다투는 청구가 포함되어 있을 수 있고 이 경우 그 중요 쟁

(c) 임원의 사임    주주총회의 임원선임결의의 부존재나 무효확인 또는 그 결의의 취소를 구하는 소에 있어서 그 결의에 의하여 선임된 임원들이 모두 그 직에 취임하지 아니하거나 사임하고 그 후 새로운 주주총회 결의에 의하여 후임임원이 선임되어 그 선임등기까지 마쳐진 경우에는 그 새로운 주주총회 결의가 무권리자에 의하여 소집된 총회라는 하자 이외의 다른 절차상, 내용상의 하자로 인하여 부존재 또는 무효임이 인정되거나 그 결의가 취소되는 등의 특별한 사정이 없는 한 설사 당초의 임원선임결의에 어떠한 하자가 있었다고 할지라도 그 결의의 부존재나 무효확인 또는 그 결의의 취소를 구할 소의 이익은 없는 것이라고 보아야 한다.662)

(d) 선임된 임원의 해임    당초의 이사개임결의가 무효라 할지라도 선임된 임원이 그 후에 적법한 절차에 의하여 해임되고 후임이사가 선임된 경우에는 당초의 이사개임결의에 대한 무효확인을 구하는 것은 과거의 법률관계 내지 권리관계의 확인을 구하는 것에 귀착되므로 확인의 소로서의 권리보호요건을 결여한 것이다.663)

(e) 후임이사 선임 후 이사개임결의무효확인의 소    당초의 이사개임결의가 무효라 할지라도 그 후에 적법한 절차에 의하여 후임 이사가 선임된 경우에는 당초의 이사개임결의에 대한 무효확인을 구하는 것은 과거의 법률관계 내지 권리관계의 확인을 구하는 것에 귀착되므로 확인의 소로서의 권리보호요건을 결여한 것이다.664)

---

점은 회사의 청산인이 될 지위에 관한 것이므로 항상 소의 이익이 없다고 단정할 수 없다. 다. 주식회사가 법원의 해산판결로 해산되는 경우에 그 주주는 여전히 위 "가"항의 권리를 보유하지만 이사의 지위는 전혀 다른바, 그것은 상법상 이사는 당연히 청산인으로 되는 게 아니라 법원이 임원 기타 이해관계인 또는 검사의 청구에 의하여 또는 직권으로 청산인을 선임하도록 규정하고 있고, 청산법인에서는 이사에 갈음하여 청산인만이 회사의 청산사무를 집행하고 회사를 대표하는 기관이 되기 때문이다."

662) 대법원 1982. 9. 14. 선고 80다2425 전원합의체 판결.

663) [대법원 1993. 10. 12. 선고 92다21692 판결]【결의부존재확인】 "이사가 임원개임의 주주총회 결의에 의하여 임기만료 전에 이사직에서 해임당하고 그 후임이사의 선임이 있었다 하더라도 그 후에 적법한 절차에 의하여 후임이사가 선임되었을 경우에는 당초의 이사개임결의가 부존재이거나 무효라 할지라도 이에 대한 부존재 또는 무효확인을 구하는 것은 과거의 법률관계 또는 권리관계의 확인을 구하는 것에 불과하여 확인의 소로서의 권리보호요건을 결여한 것이다"(해임당한 임원들이 소수주주로서 법원의 주주총회소집허가결정에 따라 주주총회를 개최하여 당초 결의에 의하여 선임되었던 임원을 모두 해임하고 당초 해임되었던 임원을 다시 선임한 경우이다).

664) [대법원 1996. 10. 11. 선고 96다24309 판결]【결의부존재확인】 "이사가 임원 개임의 주주총회 결의에 의하여 임기 만료 전에 이사직에서 해임당하고 후임 이사의 선임이 있었다 하더라도 그 후에 새로 개최된 유효한 주주총회결의에 의하여 후임 이사가 선임되어 선임등기까지 마쳐진 경우라면, 그 새로운 주주총회의 결의가 무권리자에 의하여 소집된 총회라는 하자 이외

(f) 계약상 법률관계에 관한 결의

a) 주주와 회사 간 법률관계에 관한 결의    주주와 회사 간의 계약상 분쟁에 관한 결의는 회사와 그 기관 및 주주들 사이의 단체법적 법률관계를 획일적으로 규율하는 의미가 전혀 없어 상법 제380조에서 정한 결의무효확인의 소 또는 상법 제376조에서 정한 결의취소의 소의 대상이 되는 주주총회 결의라고 할 수 없다. 주주는 직접 회사를 상대로 그 계약상 지위나 내용의 확인을 구하면 충분하고 이와 별도로 위 결의 자체의 효력 유무의 확인을 구하는 것이 주주의 법적 지위에 현존하는 불안·위험을 제거하기 위한 가장 유효·적절한 수단이라고 볼 수도 없다.665)

b) 제3자와 회사 간 법률관계에 관한 결의    주주는 회사의 재산관계에 대하여 법률상 이해관계를 가진다고 평가할 수 없고, 주주는 직접 제3자와의 거래관계에 개입하여 회사가 체결한 계약의 무효 확인을 구할 이익이 없다.666) 이러한 법리는 회사가 영업의 전부 또는 중요한 일부를 양도하는 계약을 체결하는 경우에도

---

의 다른 절차상, 내용상의 하자로 인하여 부존재 또는 무효임이 인정되거나 그 결의가 취소되는 등의 특별한 사정이 없는 한, 당초의 이사개임 결의가 무효라 할지라도 이에 대한 부존재나 무효확인을 구하는 것은 과거의 법률관계 내지 권리관계의 확인을 구하는 것에 귀착되어 확인의 소로서의 권리보호요건을 결여한 것으로 보아야 한다.”

665) [대법원 2001. 2. 28.자 2000마7839 결정]【분양금지및분양개시금지가처분】 “[1] 주식회사의 주주는 주식의 소유자로서 회사의 경영에 이해관계를 가지고 있다고 할 것이나, 회사의 재산관계에 대하여는 단순히 사실상, 경제상 또는 일반적, 추상적인 이해관계만을 가질 뿐, 구체적 또는 법률상의 이해관계를 가진다고는 할 수 없고, 직접 회사의 경영에 참여하지 못하고 주주총회의 결의를 통해서 또는 주주의 감독권에 의하여 회사의 영업에 영향을 미칠 수 있을 뿐이므로 주주는 일정한 요건에 따라 이사를 상대로 그 이사의 행위에 대하여 유지청구권을 행사하여 그 행위를 유지시키거나, 또는 대표소송에 의하여 그 책임을 추궁하는 소를 제기할 수 있을 뿐 직접 제3자와의 거래관계에 개입하여 회사가 체결한 계약의 무효를 주장할 수는 없다. [2] 주식회사의 주주가 주주총회 결의에 관한 부존재확인의 소를 제기하면서 이를 피보전권리로 한 가처분이 허용되는 경우라 하더라도, 주주총회에서 이루어진 결의 자체의 집행 또는 효력정지를 구할 수 있을 뿐, 회사 또는 제3자의 별도의 거래행위에 직접 개입하여 이를 금지할 권리가 있다고 할 수는 없다.” [同旨: 대법원 2013. 2. 28. 선고 2010다58223 판결(주주회원의 골프장 이용혜택을 축소하는 결의의 무효확인 또는 취소를 구하는 소에 대하여 확인의 이익을 부인하였다)].

666) [대법원 2022. 6. 9. 선고 2018다228462, 228479 판결] “주식회사의 주주는 주식의 소유자로서 회사의 경영에 이해관계를 가지고 있기는 하지만, 직접 회사의 경영에 참여하지 못하고 주주총회의 결의를 통해서 이사를 해임하거나 일정한 요건에 따라 이사를 상대로 그 이사의 행위에 대하여 유지청구권을 행사하여 그 행위를 유지시키고 대표소송에 의하여 그 책임을 추궁하는 소를 제기하는 등 회사의 영업에 간접적으로 영향을 미칠 수 있을 뿐이다. 그러므로 주주가 회사의 재산관계에 대하여 법률상 이해관계를 가진다고 평가할 수 없고, 주주는 직접 제3자와의 거래관계에 개입하여 회사가 체결한 계약의 무효 확인을 구할 이익이 없다”(同旨: 대법원 2001. 2. 28.자 2000마7839 결정, 대법원 2022. 6. 16. 선고 2018다301510 판결).

마찬가지이다.667)

(나) 피 고 확인소송은 즉시확정의 이익이 있는 경우, 즉 원고의 권리 또는 법률상 지위에 대한 위험 또는 불안을 제거하기 위하여 확인판결을 얻는 것이 법률상 유효적절한 경우에 한하여 허용된다. 주주총회 결의는 회사의 의사결정으로서 그로 인한 법률관계의 주체는 회사이므로 회사를 상대로 하여 주주총회 결의의 존부나 효력유무의 확인판결을 받아야만 그 결의로 인한 원고의 권리 또는 법률상 지위에 대한 위험이나 불안을 유효적절하게 제거할 수 있다. 즉, 회사가 아닌 이사 개인을 상대로 한 확인판결은 회사에 그 효력이 미치지 아니하여 즉시확정의 이익이 없으므로 그러한 확인판결을 구하는 소송은 부적법하다.668) 이 점은 합명회사, 합자회사의 사원총회결의의 하자를 다투는 소송에서도 마찬가지이다.669) 또한 주주총회 결의는 행위의 주체가 회사이므로 회사의 기관에 불과한 이사 및 감사는 회사와 공동피고도 될 수 없다.

회사의 이사선임 결의가 무효 또는 부존재임을 주장하여 그 결의의 무효 또는 부존재확인을 구하는 소송에서 회사를 대표할 자는 현재 대표이사로 등기되어 그 직무를 행하는 자이고, 그 대표이사가 무효 또는 부존재확인청구의 대상이 된 결의에 의하여 선임된 이사라고 할지라도 그 소송에서 회사를 대표할 수 있는 자이다.670)

3) 소의 원인

(가) 대상 결의 결의취소의 소와 같이 결의무효확인의 소도 적극결의(可決)만을 대상으로 한다. 부결한 결의의 내용상 위법이 있을 수 없기 때문이다.

(나) 결의무효사유 결의의 내용이 법령에 위반하는 때에는 결의무효확인의

---

667) [대법원 2022. 6. 16. 선고 2018다301510 판결] "원고는 주주의 지위에서 일정한 요건에 따라 대표이사의 행위에 대하여 유지청구권을 행사하거나(상법 제402조) 대표소송에 의하여 그 책임을 추궁하는 소를 제기할 수 있을 뿐(상법 제403조) 직접 이 사건 합의의 무효 확인을 구할 이익이 없다. 피고가 다툰다는 이유만으로 확인의 이익을 인정할 수는 없다."

668) 대법원 1991. 6. 25. 선고 90다14058 판결, 대법원 1982. 9. 14. 선고 80다2425 전원합의체 판결.

669) [대법원 1991. 6. 25. 선고, 90다14058 판결]【결의등무효확인】 "확인소송은 즉시확정의 이익이 있는 경우, 즉 원고의 권리 또는 법률상 지위에 대한 위험 또는 불안을 제거하기 위하여 확인판결을 얻는 것이 법률상 유효적절한 경우에 한하여 허용되는 것인바, 합명회사나 합자회사의 사원총회결의는 회사의 의사결정으로서 그로 인한 법률관계의 주체는 회사이므로 회사를 상대로 하여 사원총회결의의 존부나 효력유무의 확인판결을 받음으로써 그 결의로 인한 원고의 권리 또는 법률상 지위에 대한 위험이나 불안을 유효적절하게 제거할 수 있는 것이고, 회사가 아닌 사원 등 개인을 상대로 한 확인판결은 회사에 그 효력이 미치지 아니하여 즉시확정의 이익이 없으므로 그러한 확인판결을 구하는 소송은 부적법하다."

670) 대법원 1983. 3. 22. 선고 82다카1810 전원합의체 판결.

소를 제기할 수 있다(380조). 하나의 결의에 대하여 일부만 무효로 될 수 없고, 이는 결의취소의 소와 결의부존재확인의 소에서도 마찬가지이다. 다만, 수인의 이사 또는 이사와 감사를 일괄결의에 의하여 선임하는 경우와 같이 형식상 하나의 결의라 하더라도 실질적으로는 수개의 결의로 볼 수 있는 경우에는 실질적인 구분에 따라 일부의 결의만 무효로 될 수도 있다.671)

### 4) 소송절차와 판결의 효력

결의무효확인의 소의 소송절차와 판결의 효력은 다음 두 가지 외에는 결의취소의 소와 같다. 먼저 결의무효확인의 소는 결의무효사유를 원인으로 하는 소송이므로 단기 제소기간을 정하는 것은 부적절하고, 따라서 상법은 제소기간에 대하여 아무런 제한을 두지 않는다. 다만, 결의무효사유가 있음에도 상당한 기간이 경과하도록 제소하지 않은 경우에는 실효의 원칙에 따라 소권이 실효될 수 있다.672) 판결의 효력이 제3자에 대하여도 미치고(380조, 190조 본문),673) 재량에 의한 청구기각은 인정되지 않는다.

### (4) 결의부존재확인의 소

#### 1) 소의 의의와 법적 성질

**(개) 소의 의의**　　총회의 소집절차 또는 결의방법에 총회결의가 존재한다고 볼 수 없을 정도로 중대한 하자가 있는 경우에는 결의부존재확인의 소를 제기할 수 있다(380조). 결의부존재확인의 소와 결의취소의 소는 그 하자의 유형이 기본적으로 절차상의 하자라는 점에서는 같고, 하자의 정도에 있어서 양적인 차이가 있다.

**(나) 소의 법적 성질**　　결의부존재확인의 소의 법적 성질에 관하여도 형성소송설과 확인소송설이 있고, 그에 관한 논의도 결의무효확인의 소와 같다. 판례는 결의부존재확인의 소의 법적 성질을 확인의 소로 보고, 그 부존재확인판결도 확인판결이라고 본다.674)

---

671) 대법원 1962. 10. 18. 선고 62다395 판결(이사 중 일부와 감사 중 일부에 대한 결의를 분리하여 무효확인판결을 한 사례이다. 제정 전 의용상법이 적용된 사례이므로 판결이유에는 이사와 감사가 아닌 취체역과 감사역이라는 명칭으로 표시되었다).
672) 소권의 실효는 상대방에 대하여 직접적으로 일정한 행위를 한 바 없지만 장기간의 경과로 상대방이 소제기를 전혀 기대할 수 없는 경우에 인정된다.
673) 따라서 공동소송인 사이에 소송법상 합일확정의 필요성이 인정되고, 민사소송법 제67조가 적용되는 필수적 공동소송에 해당한다(대법원 2021. 7. 22. 선고 2020다284977 전원합의체 판결)(필수적 공동소송 중 공동의 소제기가 법률상 강제되는 고유필수적 공동소송이 아니고, 일단 공동소송인이 된 이상 합일확정의 필요성이 있는 유사필수적 공동소송이다).

판례는 결의부존재확인판결에 관하여, "주주총회 결의라는 주식회사 내부의 의사결정이 일단 존재하기는 하지만 그와 같은 주주총회의 소집절차 또는 결의방법에 중대한 하자가 있기 때문에 그 결의를 법률상 유효한 주주총회 결의라고 볼 수 없음을 확인하는 판결을 의미하는 것"으로 해석한다.[675]

### 2) 소송당사자

#### (가) 원    고

가) 확인의 이익이 있는 자    결의부존재확인의 소의 제소권자에 대하여는 상법상 아무런 제한이 없으므로 결의부존재의 확인에 관하여 정당한 법률상 이익이 있는 자라면 누구나 소송으로써 그 확인을 구할 수 있다.[676] 따라서 결의에 찬성한 주주도 결의부존재확인의 소를 제기할 수 있다.[677]

확인의 소에 있어서 확인의 이익은 원고의 권리 또는 법률상의 지위에 현존하는 불안·위험이 있고 그 불안·위험을 제거함에는 확인판결을 받는 것이 가장 유효·적절한 수단일 때에만 인정된다.[678] 그리고 주식회사의 주주는 주식의 소유자로서 회사의 경영에 이해관계를 가지고 있다고 할 것이나, 회사의 재산관계에 대하여는 단순히 사실상, 경제상 또는 일반적, 추상적인 이해관계만을 가질 뿐, 구체적 또는 법률상의 이해관계를 가진다고는 할 수 없다.[679]

---

674) 대법원 1992. 8. 18. 선고 91다39924 판결.
675) 대법원 1992. 9. 22. 선고 91다5365 판결, 대법원 1992. 8. 18. 선고 91다39924 판결.
676) 대법원 1980. 10. 27. 선고 79다2267 판결.
677) [대법원 1977. 4. 26. 선고 76다1440 판결] "주주총회 결의부존재확인의 소는 일반 민사소송에 있어서의 확인의 소인 사실은 소론과 같으나 원심이 주주총회의 결의는 합법적인 절차에 의하여 소집된 주주총회에서의 적법한 결의에 따라서만 할 수 있는 것으로서 이와 같은 규정은 상법상 강행법규라 할 것이므로 전혀 소집된 바도 없고 결의한 바도 없는 본건 주주총회의 결의를 피고의 주장과 같이 설사 원고가 이를 찬동, 추인하는 등 하였다고 하더라도 원고의 그 결의의 부존재확인을 구하는 본소청구를 신의성실의 원칙에 위반되는 권리의 행사라고 할 수 없다."
678) [대법원 2016. 7. 22. 선고 2015다66397 판결] "이 사건 주주총회 결의 내지 그에 따른 배당금 지급이 그로부터 약 1년 10개월 후의 시장주가에 근거한 이 사건 주식교환비율의 결정에 영향을 미쳤다고 단정하기 어렵다. 그리고 설령 이 사건 주주총회 결의가 이 사건 주식교환비율의 결정에 영향을 미쳤다고 하더라도 이 사건 주식교환비율의 불공정 또는 이 사건 주주총회 결의 성립과정에서의 위법 등을 이유로 주식교환무효의 소 또는 손해배상청구의 소를 통하여 직접 다툴 수 있는 것이어서 이 사건 주주총회 결의부존재의 확인을 구하는 것이 이 사건 주식교환비율을 둘러싼 분쟁을 가장 유효·적절하게 해결하는 수단이 된다고 볼 수도 없다"(同旨: 대법원 2011. 9. 8. 선고 2009다67115 판결)
679) [대법원 2016. 7. 22. 선고 2015다66397 판결] "이 사건 주주총회 결의가 부존재하는 것으로 확인이 되어 이 사건 주주총회 결의에 근거한 배당액이 모두 피고에게 반환됨으로써 피고의 완전모회사인 하나금융지주에 이익이 된다고 하더라도, 이로 인하여 하나금융지주의 주주인 원고들이 갖는 이익은 사실상, 경제상의 것에 불과하다고 할 것이므로, 원고들은 이 사건 주

한편 배당에 관하여 결의부존재확인의 소를 제기한 원고가 의사에 반하여 주주 지위를 상실한 경우(예컨대 주식교환에 의한 주주 지위 상실), 결의부존재판결에 의하여 배당금이 반환된다 하더라도 원고의 이익은 사실상, 경제상의 것에 불과하고, 위법배당으로 주식교환비율 결정에 영향을 미쳤더라도 이는 주식교환무효의 소 또는 손해배상청구의 소를 통하여 다툴 수 있으므로 결의부존재확인을 구하는 것이 분쟁을 가장 유효, 적절하게 해결하는 수단이 될 수 없다는 이유로 역시 소를 각하한 판례가 있다.680)

나) 회사채권자      결의부존재확인의 소는 통상의 확인소송이므로 확인의 이익을 가진 자는 누구라도 원고적격이 있으므로, 주식회사의 채권자라도 제소할 수 있다. 그러나 이 경우 확인의 이익은 그 주주총회 결의가 회사채권자의 권리 또는 법적 지위를 구체적으로 침해하고 또 직접적으로 이에 영향을 미치는 경우에 한하여 인정되므로, 실제로 채권자에게 확인의 이익이 있는 것으로 인정되기는 용이하지 않을 것이다.681)

다) 이사·감사      이사는 원칙적으로 결의부존재확인을 구할 법률상의 이익이 있고, 주주인지 여부는 불문한다.682) 이사·감사직을 사임하여 퇴임한 자라도 제386조 제1항 및 제415조에 의하여 새로 적법하게 선임된 이사·감사가 취임할 때까지 여전히 이사·감사로서의 권리의무를 보유하는 경우에는 후임 이사·감사 선임 결의의 하자를 주장하여 그 부존재확인을 구할 법률상의 이익이 있다.683)

---

주총회 결의부존재의 확인을 구할 법률상 이익을 가진다고 할 수 없다"(同旨: 대법원 2001. 2. 28.자 2000마7839 결정).
680) 대법원 2016. 7. 22. 선고 2015다66397 판결.
681) [대법원 1992. 8. 14. 선고 91다45141 판결] "주식회사의 채권자는 그 주주총회의 결의가 그 채권자의 권리 또는 법적지위를 구체적으로 침해하고 또 직접적으로 이에 영향을 미치는 경우에 한하여 주주총회 결의의 부존재확인을 구할 이익이 있다는 것이 당원의 견해인데, 기록에 의하더라도 원고가 부존재확인을 구하는 피고회사의 주주총회 결의나 이사회의 결의에 의하여 직접적이고 구체적으로 어떠한 침해를 받았다는 주장과 입증이 없기 때문이다."
682) 대법원 1982. 12. 14. 선고 82다카957 판결, 대법원 1982. 4. 27. 선고 81다358 판결.
683) [대법원 1992. 8. 14. 선고 91다45141 판결] "사임 등으로 퇴임한 이사는 그 퇴임 이후에 이루어진 주주총회나 이사회의 결의에 하자가 있다 하더라도 이를 다툴 법률상의 이익이 있다고 할 수 없으나, 제386조 제1항의 규정에 의하면, 법률 또는 정관에 정한 이사의 원수를 결한 경우에는 임기의 만료 또는 사임으로 인하여 퇴임한 이사는 새로 선임된 이사가 취임할 때까지 이사의 권리의무가 있다고 규정하고 있고, 이 규정은 제389조에 의하여 대표이사의 경우에도 준용되므로, 이사나 대표이사가 사임하여 퇴임하였다 하더라도 그 퇴임에 의하여 법률 또는 정관 소정의 이사의 원수를 결하게 됨으로써 적법하게 선임된 이사가 취임할 때까지 여전히 이사로서의 권리의무를 보유하는 경우에는 이사로서 그 후임이사를 선임한 주주총회 결의나 이사회 결의의 하자를 주장하여 부존재확인을 구할 법률상의 이익이 있다"(단, 특별사정

　　라) 주식양도인　　　판례는 주식양도인의 제소에 대하여는 구체적인 사정에 따라서, 적법한 양도방법에 의하여 양도받지 아니한 주식양수인이 주주로서 참석한 주주총회에 대하여 주식양도인의 주주총회 결의부존재확인의 소는 허용하면서,684) 주권교부의무를 불이행한 양도인의 주주총회 결의에 대한 부존재확인소송에서는 제소를 허용하지 않았다.685)

　　마) 회사의 소유 및 경영을 양도한 지배주주　　　사실상 1인회사인 주식회사의 주식 전부를 양도한 다음, 그 대표이사직을 사임함과 동시에 양수인이 회사를 인수함에 있어 어떠한 형태로 처리하더라도 이의를 제기하지 않기로 하였다면 양도인으로서는 그 이후에 위 회사의 주주총회 결의나 이사회 결의에 대하여 제389조, 제386조 제1항에 의하여 그 대표이사로서의 권리의무를 계속 보유하고 있다는 이유로 부존재확인을 구하는 것은 신의성실의 원칙에 반한다.686)

　　(나) 피　　　고

　　결의부존재확인의 소도 결의무효확인의 소와 같이 피고가 될 수 있는 자는 회사로 한정된다.687) 주식회사의 이사 및 대표이사 선임결의가 부존재임을 주장하여

---

있어서 소의 이익 부인된 사례이다).
　　[대법원 1991. 12. 13. 선고 90다카1158 판결]【주주총회결의취소】 "이사가 임원개임의 주주총회 결의에 의하여 임기만료 전에 이사직에서 해임당하고 그 후임이사의 선임이 있었다 하더라도 그 후에 적법한 절차에 의하여 후임이사가 선임되었을 경우에는 당초의 이사개임결의가 부존재한다 할지라도 이에 대한 부존재확인을 구하는 것은 과거의 법률관계 내지 권리관계의 확인을 구하는 것에 귀착되어 확인의 소로서의 권리보호요건을 결여한 것이라 할 것이나, 후임이사 선임결의가 부존재하거나 무효 등의 사유가 있어 제386조 제1항에 의하여 구이사가 계속 권리의무를 가지게 되는 경우에는 당초의 해임결의의 부존재확인을 구할 법률상의 이익이 있다."
684) [대법원 1980. 1. 15. 선고 79다71 판결]【주주총회결의부존재확인】 "가. 기명주식의 양도방법에 의하여 양도받지 아니한 주식양수인은 회사에 대하여 주식양도의 효력이 있다고 주장할 수 없어서 동 회사의 주주가 될 수 없으므로 동인들에 의한 주주총회 결의는 존재한다고 볼 수 없다. 나. 주식소유자가 주식을 양도하였으나 주식양도절차를 마치지 아니하고 있는 중에 주식양수인이 주주로서 참석한 주주총회에 대하여 주식양도인이 주주총회 결의부존재확인을 구하는 것이 금반언의 원칙에 어긋난다고 볼 수 없다."
685) [대법원 1991. 12. 13. 선고 90다카1158 판결] "주식양도인이 양수인에게 주권을 교부할 의무를 이행하지 않고 그 후의 임시주주총회 결의의 부존재확인청구를 하는 것은, 주권교부의무를 불이행한 자가 오히려 그 의무불이행상태를 권리로 주장함을 전제로 하는 것으로서 신의성실의 원칙에 반하는 소권의 행사이다."
686) 대법원 1992. 8. 14. 선고 91다45141 판결.
687) [대법원 1982. 9. 14. 선고 80다2425 전원합의체 판결] "주주총회 결의부존재확인의 소송은 일응 외형적으로는 존재하는 것같이 보이는 주주총회 결의가 그 성립과정에 있어서의 흠결이 중대하고도 명백하기 때문에 그 결의자체가 존재하는 것으로 볼 수 없을 때에 법률상 유효한 결의로서 존재하지 아니한다는 것의 확인을 소구하는 것으로서 주주총회 결의무효확인의 소송과는 주주총회 결의가 법률상 유효한 결의로서는 존재하지 않는다는 것의 확정을 구하는

생긴 분쟁 중에 그 결의부존재 등에 관하여 주식회사를 상대로 제소하지 아니하기로 하는 부제소 약정을 함에 있어서 주식회사를 대표할 자는 현재 대표이사로 등기되어 그 직무를 행하는 자이고, 그 대표이사가 부존재라고 다투어지는 대상이 된 결의에 의하여 선임되었다 하더라도 마찬가지이다.[688]

### 3) 소의 원인

#### (가) 대상 결의

**가) 적극결의**　　결의취소의 소, 결의무효확인의 소와 같이 결의부존재확인의 소도 적극결의(可決)만을 대상으로 한다.

**나) 결의외관의 존재**　　결의부존재확인의 소를 제기하려면 우선 주주총회 결의 자체는 존재하지만 총회의 소집절차 또는 결의방법에 총회결의가 존재한다고 볼 수 없을 정도의 중대한 하자가 있는 경우이거나, 적어도 주주총회가 소집되어 그 결의가 있었던 것과 같은 외관이 남아 있는 결과 현재의 권리 또는 법률관계에 장애를 초래하므로 그 외관을 제거할 필요가 있는 경우라야 한다. 따라서 결의의 외관에 관하여 주주총회 의사록과 같은 징표가 전혀 없는 경우에는 확인의 이익이 없으므로 상법상 결의부존재확인의 소는 물론 민사소송상 일반 확인의 소도 제기할 수 없다.[689]

**다) 표현결의**　　결의부존재는 주주총회를 통한 회사의 내부적 의사결정은 일응 존재하지만 총회의 소집절차 또는 결의방법에 총회결의가 존재한다고 볼 수 없을 정도로 중대한 하자가 있는 경우를 말한다. 이와 달리 주주총회를 통한 의사결정 자체가 존재하지 않는 경우로서 회사와 관계없는 자가 주주총회 의사록을 위조하거나 전혀 주주총회를 소집한 사실도 없이 의사록만 허위로 작성한 경우를 강학

---

것을 목적으로 한다는 점에서 공통의 성질의 가진다."
688) 대법원 1985. 12. 10. 선고 84다카319 판결.
689) [대법원 1993. 3. 26. 선고 92다32876 판결]【주주총회 결의부존재확인등】 "원심판결 이유에 의하면, 원심은 원고의 피고 동아실업주식회사에 대한 주주총회 특별결의의 부존재확인을 구하는 소에 관하여, 무릇 주주총회 결의부존재확인의 소를 제기하려면 우선 주주총회의 결의자체는 존재하지만 총회의 소집절차 또는 결의방법에 총회결의가 존재한다고 볼 수 없을 정도의 중대한 하자가 있는 경우이거나, 적어도 주주총회가 소집되어 그 결의가 있었던 것과 같은 외관이 남아 있는 결과 현재의 권리 또는 법률관계에 장애를 초래하므로 그 외관을 제거할 필요가 있는 경우라야만 할 것인데, 원고의 주장 자체에 의하더라도 이 사건 부동산의 매도에 관하여 주주총회 자체가 소집된 바도 없다는 것일 뿐만 아니라 결의서 등 그 결의의 존재를 인정할 아무런 외관적인 징표도 찾아 볼 수 없으니, 위 피고회사에 대한 원고의 소는 더 나아가 살필 것도 없이 그 확인의 이익이 없어 부적법하다고 하였다. 원심의 위와 같은 판단은 정당하고 원고 주장과 같은 법리오해 등의 위법이 있다고 할 수 없다. 논지는 이유 없다."

상 표현결의라고 부른다.690)

표현결의의 하자를 다투는 소송은 상법 제380조가 규정하는 소송이 아니고 민사소송상 일반적인 무효확인소송이다.691) 다만, 표현결의에 관하여는 판례가 일관된 입장을 취하지 않고 있다. 뒤에서 보는 바와 같이 실제의 소집절차와 회의절차를 거치지 아니한 채 주주총회 의사록을 허위로 작성한 경우를 결의부존재사유로 본 판례도 있다.

(나) 결의부존재사유

가) 결의부존재사유로 인정된 경우    결의부존재사유는 총회의 소집절차 또는 결의방법에 총회결의가 존재한다고 볼 수 없을 정도로 중대한 하자이다(380조).

(a) 주주총회 결의 없이 의사록만 작성된 경우    실제의 소집절차와 회의절차를 거치지 아니한 채 주주총회 의사록을 허위로 작성하는 등 도저히 그 결의가 존재한다고 볼 수 없을 정도로 중대한 하자가 있는 경우에는 그 주주총회 결의는 부존재하다고 보아야 한다.692) 판례는 1인회사의 경우에는 실제로 총회를 개최한

690) [대법원 1992. 9. 22. 선고 91다5365 판결] "제380조가 규정하는 주주총회 결의부존재확인판결은 '주주총회 결의'라는 주식회사 내부의 의사결정이 일단 존재하기는 하지만 그와 같은 주주총회의 소집절차 또는 결의방법에 중대한 하자가 있기 때문에 그 결의를 법률상 유효한 주주총회의 결의라고 볼 수 없음을 확인하는 판결을 의미하는 것으로 해석함이 상당하고, 실제의 소집절차와 실제의 회의절차를 거치지 아니한 채 주주총회의사록을 허위로 작성하여 도저히 그 결의가 존재한다고 볼 수 없을 정도로 중대한 하자가 있는 경우에는 제380조 소정의 주주총회 결의부존재확인판결에 해당한다고 보아 제190조를 준용할 것도 아니다"(이 판결에서 "주주총회 결의부존재확인판결에 해당한다고 보아 제190조를 준용하여서는 안 된다"는 "주주총회 결의부존재확인판결에 해당한다고 볼 수 없으므로 제190조를 준용하여서는 안 된다."라는 취지이다)(同旨: 대법원 1992. 8. 18. 선고 91다39924 판결).

691) 표현결의는 1995년 상법개정 전에는 결의부존재판결의 소급효가 제한되었으므로 소급효가 제한되지 않는다는 점에서 이를 인정할 실익이 있었으나(예컨대, "주주총회 결의가 외형상 주주총회로서 소집·개최된 회의에서 이루어진 것이 아니라, 이미 회사에서 퇴직하여 경영에서 완전히 물러난 종전 대표이사가 주주도 아닌 자들을 다방에 불러 모아 놓고 의사록을 작성하여 총회결의의 외관을 현출시킨 데 지나지 않는다면, 이에 대한 결의부존재확인 판결은 상법 제380조에 규정된 결의부존재의 범주에 들어가지 않는다 할 것이니, 위 결의부존재는 판결 확정 전에 생긴 회사와 제3자 간의 권리의무에 대하여도 영향을 미친다"는 대법원 1995. 6. 29. 선고 94다22071 판결), 현행 상법은 결의부존재판결의 소급효를 인정하므로 그 실익은 상당히 감소되었다고 할 수 있다. 그러나 상법상 결의부존재확인의 소와 민사소송상 확인의 소는 그 절차와 판결의 효력이 다르므로 그 개념을 인정할 실익은 여전히 있다.

692) [대법원 2004. 8. 16. 선고 2003다9636 판결] "원심판결 이유에 의하면, 원심은 그 채택 증거를 종합하여, 피고회사는 주주총회의 소집을 위한 각 주주에 대한 아무런 서면통지나 소집공고 없이, 또 실제 결의를 한 바 없이, 1999. 3. 30. 마치 주주 전원이 참석하여 원심판결 별지 제1목록 기재와 같은 주주총회의 결의를 한 것처럼 허위의 주주총회 의사록을 작성한 사실을 인정한 다음, 사정이 위와 같다면 위 주주총회는 그 절차상의 하자가 너무 중대하여 그 주주

사실이 없었다 하더라도 그 1인주주에 의하여 의결이 있었던 것으로 주주총회 의사록이 작성되었다면 특별한 사정이 없는 한 그 내용의 결의가 있었던 것으로 본다.693) 그러나 1인회사가 아닌 경우에는 총 주식의 대부분을 소유한 지배주주에 의하여 의결이 있었던 것으로 주주총회 의사록이 작성되어 있는 경우라 하더라도 그 주주총회 결의는 부존재하다고 보아야 한다.694)

(b) 주주 아닌 자들만이 참석한 총회　　정당한 주주도 아닌 자들만이 참석하여 임원 선임의 결의를 한 경우라면, 이는 주주총회 결의가 존재한다고 볼 수 없을 정도의 중대한 하자가 있는 경우에 해당한다.695)

(c) 대부분의 주주에 대한 소집통지 흠결　　주주의 전부 또는 대부분의 주

---

총회에서 하였다는 원심판결 별지 제1목록 기재 정관변경결의는 그 존재를 인정할 수 없고, 나아가 비록 이 사건 피고회사의 이사회 결의나 그에 따른 전환사채발행의 효력을 부인할 수는 없다 하더라도, 위와 같은 정관변경결의가 있었던 것 같은 외관이 실제로 존재하고 있고, 앞으로 위와 같이 부존재한 정관변경결의의 내용에 따라 주주 이외의 자에 대하여 전환사채를 발행할 위험성이 계속 존재하는 이상, 원고의 이 사건 정관변경결의부존재확인 청구는 그 확인의 이익도 있다고 판단하였다. 위에서 본 법리와 기록에 비추어 살펴보면, 원심의 위와 같은 사실인정과 판단은 정당하고, … "

693) 대법원 1993. 6. 11. 선고 93다8702 판결(형식적 1인회사인 경우). 실질적 1인회사인 경우에 관하여도 같은 취지로 판시한 대법원 2004. 12. 10. 선고 2004다25123 판결은 대법원 2017. 3. 23. 선고 2015다248342 전원합의체 판결에 의하여 더 이상 유지될 수 없음은 앞에서 설명한 바와 같다.

694) [대법원 2007. 2. 22. 선고 2005다73020 판결]【손해배상(기)】"주식회사에 있어서 총 주식을 한 사람이 소유한 이른바 1인 회사의 경우 그 주주가 유일한 주주로서 주주총회에 출석하면 전원 총회로서 성립하고 그 주주의 의사대로 결의가 될 것임이 명백하므로 따로 총회소집절차가 필요 없으며, 실제로 총회를 개최한 사실이 없었다 하더라도 그 1인주주에 의하여 의결이 있었던 것으로 주주총회 의사록이 작성되었다면 특별한 사정이 없는 한 그 내용의 결의가 있었던 것으로 볼 수 있고, 이 점은 한 사람이 다른 사람의 명의를 빌려 주주로 등재하였으나 총 주식을 실질적으로 그 한 사람이 모두 소유한 경우에도 마찬가지라고 할 수 있으나, 이와 달리 주식의 소유가 실질적으로 분산되어 있는 경우에는 상법상의 원칙으로 돌아가 실제의 소집절차와 결의절차를 거치지 아니한 채 주주총회의 결의가 있었던 것처럼 주주총회 의사록을 허위로 작성한 것이라면 설사 1인이 총 주식의 대다수를 가지고 있고 그 지배주주에 의하여 의결이 있었던 것으로 주주총회 의사록이 작성되어 있다 하더라도 도저히 그 결의가 존재한다고 볼 수 없을 정도로 중대한 하자가 있는 때에 해당하여 그 주주총회의 결의는 부존재하다고 보아야 한다."

695) [대법원 1995. 7. 28. 선고 93다61338 판결]【주주총회 결의무효확인】"갑을 이사에서 해임한 당초 주주총회 결의 이후 두 차례에 걸쳐 소집된 임시주주총회는 당시 회사의 발행주식 전부를 나누어 소유하고 있던 주주들인 갑 등은 전혀 참석하지 않은 가운데 정당한 주주도 아닌 자들만이 참석하여 임원 선임의 결의를 한 경우라면, 이는 주주총회의 소집 절차와 결의방법에 총회결의가 존재한다고 볼 수 없을 정도의 중대한 하자가 있는 경우에 해당하여 주주총회의 결의가 부존재한다고 할 것이고, 따라서 당초에 을을 이사로 선임한 1차 임시주주총회 결의의 무효 또는 부존재 여부는 여전히 회사의 현재 임원을 확정함에 있어서 직접적인 관계가 있는 것이므로, 회사 주주인 갑 등으로서는 그 선임결의의 무효확인을 구할 법률상의 이익이 있다."

주에게 소집통지를 발송하지 아니하고 개최된 주주총회는 특별한 사정이 없는 한 그 성립과정에 있어 주주총회 결의가 존재한다고 볼 수 없을 정도의 중대한 하자가 있는 경우에 해당한다.696) 의결권 있는 발행주식 총수의 50%를 소유한 주주에게 소집통지를 하지 않고 주주총회를 개최하여 이사 선임결의를 한 사안에서, 해당 주주가 소집통지를 받고 결의에 참석하여 의결권을 행사하였다면 이사 선임 의안이 결의요건을 갖추지 못하여 부결되었을 것으로 보인다는 이유로 주주총회결의가 부존재 사유가 있다고 판시한 판례도 있다.697)

이와 달리 소수주주에게 소집통지를 하지 아니한 하자만으로 그 주주총회결의가 부존재한다고 할 수 없고 이는 결의 취소사유에 해당한다.698)

(d) 일부 주주들만의 총회결의     주주총회의 원활한 진행이 불가능하여 사회자가 폐회를 선언한 후 일부 주주가 별도의 장소에 모여 결의를 하는 경우가 있다. 이러한 경우에 대하여, 판례는 그 주주들이 과반수를 훨씬 넘는 주식을 가진 주주라고 하더라도 나머지 일부 소수주주들에게는 그 회의의 참석과 토의, 의결권 행사의 기회를 전혀 배제하고 나아가 법률상 규정된 주주총회소집절차를 무시한 채 의견을 같이 하는 일부주주들만 모여서 한 결의는 법률상 결의부존재라고 보아야 하고, 이러한 주주총회 결의에 기하여 대표이사로 선임된 자들은 적법한 주주총회의 소집권자가 될 수 없어 그들에 의하여 소집된 주주총회에서 이루어진 주주총회결의 역시 법률상 결의부존재라고 본다.699)

그러나 주주총회의 의장이 개회선언한 주주총회에서 법률상으로나 사실상으로 의사를 진행할 수 있는 상태에서 의안에 대한 심의도 하지 아니한 채 주주들의 의사에 반하여 회의장을 자진하여 퇴장한 경우에는 주주총회가 폐회되었다거나 그 총회가 종결되었다고 할 수는 없고, 이 경우 의장은 적절한 의사운영을 하여 의사일정의 전부를 종료케 하는 등의 직책을 포기하고 그의 권한 및 권리행사를 하지 아니하였다고 볼 것이므로, 퇴장 당시 회의장에 남아 있던 주주들이 임시의장을 선

---

696) 대법원 1978. 11. 14. 선고 78다1269 판결.
697) 서울고등법원 2023. 6. 28. 선고 2022나2033188 판결.
698) 대법원 2010. 7. 22. 선고 2008다37193 판결.
699) 대법원 1993. 10. 12. 선고 92다28235, 28242 판결(대표이사가 회사 사무실에서 임시주주총회를 개최한다는 통지를 하였으나 주주총회 당일 소란으로 인하여 사회자가 주주총회의 산회선언을 하였는데 그 후 주주 3인이 별도의 장소에 모여 결의를 한 사안이다). 또한 발행주식총수의 12.7%를 보유한 주주가 출석하여 한 주주총회결의에 대하여 정관에서 정한 의결정족수인 발행주식 총수의 4분의 1 이상의 수에 현저히 미달한다는 이유로 결의부존재사유의 존재를 인정한 하급심 판례도 있다(부산지방법원 2021. 7. 7. 선고 2020가합43834 판결).

출하여 진행한 임시주주총회의 결의도 적법하다는 판례도 있다.700)

(e) 이사회 결의의 흠결 및 소집권한 없는 자의 소집    주주총회를 소집할 권한이 없는 자가 이사회의 소집결정도 없이(이사회의 주주총회소집결의가 정관에서 정한 소집절차 및 의결정족수에 위배되어 무효인 경우 포함) 소집한 주주총회에서 이루어진 결의는 1인 회사의 1인주주에 의한 총회 또는 주주 전원이 참석하여 총회를 개최하는 데 동의하고 아무런 이의 없이 결의가 이루어졌다는 등의 특별한 사정이 없는 이상 그 하자가 중대하여 법률상 존재하지 않는다.701) 즉, 판례는 대체로 소집권한 없는 자가 소집한 주주총회에서 이루어진 결의에 대하여, 이사회의 소집결의가 있었으면 결의취소사유로 보고, 이사회의 소집결의도 없었으면 결의부존재사유로 본다.

나) 결의부존재사유로 인정되지 않는 경우    주주총회가 정관상 요구되는 이사회 결의 없이 소집되었고, 주식양도인과 양수인 간 주식양도의 효력에 대한 분쟁이 발생하여 주주권확인의 소가 계속 중이었으며 이에 따라 주주명부상의 명의개서가 되어 있지 않았던 주식양수인에게 소집통지를 하지 않았고 따라서 이들의 참석 없이 결의가 이루어진 경우에도, 이와 같은 하자는 결의취소사유에 불과하고 결의무효 또는 결의부존재사유로 볼 수 없다.702) 공동대표이사 중 1인이 다른 공동대

---

700) 회의의 속행 또는 연기도 주주총회 결의에 의하여 결정하여야 하고, 의장이 임의로 결정할 수 없다(대법원 2001. 5. 15. 선고 2001다12973 판결).

701) [대법원 2010. 6. 24. 선고 2010다13541 판결][주주총회 결의무효확인등](임기만료로 퇴임한 이사 갑이 소집한 이사회에 갑과 임기만료로 퇴임한 이사 을 및 이사 병이 참석하여 정을 대표이사에서 해임하고 갑을 대표이사로 선임하는 결의를 한 다음, 갑이 곧바로 소집한 주주총회에 갑, 을, 병이 주주로 참석하여 정을 이사에서 해임하고 갑과 무를 이사로 선임하는 결의를 한 사안) "주주총회를 소집할 권한이 없는 자가 이사회의 주주총회 소집결정도 없이 소집한 주주총회에서 이루어진 결의는, 1인 회사의 1인주주에 의한 총회 또는 주주 전원이 참석하여 총회를 개최하는 데 동의하고 아무런 이의 없이 결의가 이루어졌다는 등의 특별한 사정이 없는 이상, 총회 및 결의라고 볼 만한 것이 사실상 존재한다고 하더라도 그 성립 과정에 중대한 하자가 있어 법률상 존재하지 않는다고 보아야 한다"(同旨: 대법원 1973. 6. 29. 선고 72다 2611 판결, 대법원 1993. 10. 12. 선고 92다28235, 28242 판결, 대법원 2014. 1. 23. 선고 2013다 56839 판결).

702) [대법원 1996. 12. 23. 선고 96다32768, 32775, 32782 판결][주주총회 결의부존재확인등] "주식을 취득한 자가 회사에 대하여 명의개서를 요구하였다 하더라도, 그 주식 취득자에 대한 주식양도의 효력이 다투어져 주주권확인소송 및 명의개서절차이행청구의 소가 제기되어 있었고, 그 주식 취득자가 명의개서를 청구할 수 있는 주식이 전체 주식의 43%에 불과한 경우에, 회사가 그 주식 취득자의 명의개서 요구에 불응하고 주주명부에 등재되어 있는 자에 대하여만 소집통지를 하여 주주총회를 개최하였다 하더라도 그러한 소집절차상의 하자는 주주총회 결의의 무효나 부존재사유가 될 수 없다"(다만, 이 판결에서는 이러한 사유를 결의취소사유로 명시적으로 인정하지는 않았고, 정족수미달결의라는 다른 사유가 결의취소사유로 될 수 있다고 인정하였다).

표이사와 공동으로 임시주주총회를 소집하지 않은 경우에도 결의취소사유가 될 뿐, 결의부존재사유는 되지 않는다.703)

### 4) 소송절차와 판결의 효력

#### (가) 소송절차

가) 결의취소의 소와의 차이점    결의부존재확인의 소에 관한 제380조는 합명회사 설립무효·취소의 소에 관한 제186조부터 제188조까지를 준용하고, 이 점에서는 결의취소의 소에 관한 제376조 제2항과 같지만, 형성의 소인 결의취소의 소와 달리 제소권자와 제소기간에 관한 규정은 없다.

따라서 결의부존재확인의 소의 소송절차는 다음 두 가지 외에는 결의취소의 소와 같다. 먼저 결의부존재확인의 소는 결의부존재사유를 원인으로 하는 소송이므로 단기 제소기간을 정하는 것은 부적절하고, 따라서 상법은 제소기간에 대하여 아무런 제한을 두지 않는다. 그리고 결의부존재확인의 소에서는 재량기각이 인정되지 않는다.

나) 증명책임    주주총회 결의의 존부에 관하여 다툼이 있는 경우 주주총회 결의 자체가 있었다는 점에 관해서는 회사가 증명책임을 부담하고, 그 결의에 이를 부존재로 볼 만한 중대한 하자가 있다는 점에 관해서는 주주가 증명책임을 부담한다.704)

(나) 판결의 효력    결의부존재확인의 소에 관한 상법 제380조는 합명회사 설립무효·취소판결의 대세적 효력에 관한 제186조부터 제188조까지를 준용하고, 판결의 대세적 효력에 관한 제190조 본문,705) 패소원고의 책임에 관한 제191조를 준용한다.

원래 상법 제380조에 규정된 결의부존재확인의 소는 그 법적 성질이 확인의

---

703) [대법원 1993. 1. 26. 선고 92다11008 판결]【가등기및본등기말소】 "2인의 공동대표이사 중 1인이 다른 공동대표이사와 공동으로 임시주주총회를 소집하지 않았다거나 다른 공동대표이사와 41%의 주식을 보유한 주주에게 소집통지를 하지 않았다는 등의 소집절차상의 하자만으로 임시주주총회의 결의가 부존재한다거나 무효라고 할 정도의 중대한 하자라고 볼 수 없다." 그러나 권한이 없는 자가 소집한 주주총회는 사실상 총회결의가 있었다 하여도 그 총회의 성립에 현저한 하자가 있다 할 것이므로 누구나 언제든지 그 결의의 무효확인이 아닌 부존재확인을 구할 수 있다는 판례도 있다(대법원 1969. 9. 2. 선고 67다1705, 1706 판결).
704) 대법원 2010. 7. 22. 선고 2008다37193 판결.
705) 주주총회 결의취소의 소(376조②) 및 결의무효확인·부존재확인의 소(380조)에 관한 규정은 판결의 대세적 효력을 규정한 제190조 본문만 준용하고 판결의 소급효 제한을 규정한 제190조 단서는 준용하지 않는다.

소에 속하고 그 부존재확인판결도 확인판결이라고 보아야 할 것이어서, 설립무효·
취소의 판결과 같은 형성판결에 적용되는 상법 제190조의 규정을 결의부존재확인
판결에도 준용하는 것이 타당한 것인지의 여부가 이론상 문제될 수 있다. 그럼에도
불구하고 상법 제380조가 제190조의 규정을 준용하고 있는 것은, 제380조 소정의
결의부존재확인의 소도 이를 회사법상의 소로 취급하여 그 판결에 대세적 효력을
부여하되, 주주나 제3자를 보호하기 위하여 그 판결이 확정되기까지 그 주주총회의
결의를 기초로 하여 이미 형성된 법률관계를 유효한 것으로 취급함으로써 회사에
관한 법률관계에 법적 안정성을 보장하여 주려는 법정책적인 판단의 결과이다.706)

### (5) 부당결의의 취소·변경의 소

#### 1) 소의 의의와 법적 성질

주주가 특별이해관계인으로서 의결권을 행사할 수 없었던 경우에 결의가 현저
하게 부당하고 그 주주가 의결권을 행사하였더라면 이를 저지할 수 있었을 때에는
그 주주는 그 결의의 날부터 2개월 내에 결의의 취소의 소 또는 변경의 소를 제기
할 수 있다(381조①). 이는 형성의 소에 해당한다.

#### 2) 소의 당사자

부당결의취소·변경의 소의 원고는 총회의 결의에 관하여 특별한 이해관계가
있어서 의결권을 행사하지 못한 주주이고, 피고는 회사이다.

#### 3) 소의 원인

(가) 결의에 관한 특별이해관계　　제소권자는 총회의 결의에 관하여 특별한 이

---

706) [대법원 1992. 8. 18. 선고 91다39924 판결] "주식회사와 전혀 관계가 없는 사람이 주주총회
　　의사록을 위조한 경우와 같이 주식회사 내부의 의사결정 자체가 아예 존재하지 않는 경우에
　　이를 확인하는 판결도 상법 제380조 소정의 주주총회 결의부존재확인판결에 해당한다고 보아
　　상법 제190조를 준용하여서는 안 된다고 할 것인데, 왜냐하면, 비록 주주총회의 소집절차 또
　　는 결의방법에 중대한 하자가 있어서 법률상 유효한 주주총회의 결의가 존재하지 않았던 것
　　과 같이 평가할 수밖에 없더라도 주주총회의 결의라는 주식회사 내부의 의사결정이 일단 존
　　재하는 경우에는, 의사결정절차상의 하자라는 주식회사 내부의 사정을 이유로 그 주주총회의
　　결의를 기초로 하여 발전된 사단적인 법률관계를 일거에 무너뜨리거나 그 주주총회의 결의가
　　유효한 것으로 믿고 거래한 제3자가 피해를 입도록 방치하는 결과가 되어서는 부당하다고 할
　　것이나, 이런 경우와는 달리 주주총회의 의사결정 자체가 전혀 존재하지 않았던 경우에는, 상
　　법 제39조(불실의 등기)나 제395조(표현대표이사의 행위와 회사의 책임) 또는 민법에 정하여
　　져 있는 제3자 보호규정 등에 의하여 선의의 제3자를 개별적으로 구제하는 것은 별론으로 하
　　고, 특별한 사정이 없는 한 그와 같이 처음부터 존재하지도 않는 주주총회의 결의에 대하여
　　주식회사에게 책임을 지울 이유가 없기 때문이다."

해관계가 있는 자로서 상법 제368조 제3항의 제한으로 인하여 의결권을 행사하지 못한 자이다. 그 외의 주주가 개인사정으로 의결권을 행사하지 못한 경우에는 부당결의취소·변경의 소를 제기할 수 없다.

    (나) 결의의 현저한 부당      결의의 현저한 부당은 반드시 법령이나 정관에 위반한 경우에 한정하지 않는다. 사회통념상 회사나 이해관계인의 이익을 현저하게 해치는 경우는 현저히 부당한 결의라 할 수 있다.

    (다) 결의저지가능성      특별이해관계 있는 주주가 의결권을 행사하였더라면 문제된 결의를 저지할 수 있었을 때라야 한다. 제소주주의 의결권을 출석주주의 의결권수에 산입하고 결의요건의 충족 여부를 판단해야 한다.

    (라) 재판절차와 판결의 효력      합명회사 설립무효·취소의 소에 관한 제186조부터 제188조까지, 제190조 본문, 제191조, 제377조와 제378조의 규정은 부당결의취소·변경의 소에 준용되므로(381조②), 재판절차와 판결의 효력은 결의취소의 소와 동일하다. 결의취소의 소에 적용되는 재량기각규정(379조)은 준용대상에서 제외된다.707)

## 2. 소송법과 집행법 관련 문제

### (1) 주주총회 결의 관련 소송의 소송물

#### 1) 소송물의 특정

    결의취소의 소는 형성의 소이고, 구실체법설에 의하면 청구취지에서 결의취소라는 형성의 내용이 명시되고, 청구원인에서 형성권의 발생원인(결의취소사유)이 기재됨으로써 소송물이 특정된다.708) 소송법설 중 일원설에 의하면 청구취지에 기재된 형성의 내용에 의하여 소송물이 특정된다고 보고, 청구원인에 기재된 개개의 형성권

---

707) 일본 회사법은 특별이해관계 있는 주주의 의결권을 제한하지 않고(1981년 상법 개정시 폐지), 특별한 이해관계 있는 주주가 의결권을 행사함으로써 현저하게 부당한 결의가 이루어진 때를 결의취소의 원인으로 규정한다(日会 831조①3).

708) 하나의 결의에 여러 개의 결의취소사유가 존재하는 경우 구실체법설에 의하면 취소사유별로 별개의 소송물을 구성한다고 보는 것이 논리적이겠지만, 일본에서 구실체법설을 취하고 있는 학자(兼子 一)도 반드시 이렇게 해석할 필요는 없고 포괄적으로 하나의 소송물을 구성한다고 본다. 대법원 2004. 6. 25. 선고 2000다37326 판결도 "당사자가 주장하는 개개의 공격방법으로서의 구체적인 무효원인은 각각 어느 정도 개별성을 가지고 판단할 수밖에 없는 것이기는 하지만, 전환사채의 발행에 무효원인이 있다는 것이 전제로서 하나의 청구원인이 된다."라고 판시한 바 있다.

은 공격방법에 지나지 않는다고 본다. 결의무효확인·부존재확인의 소는 구실체법설과 소송법설 모두 청구취지만으로 특정된다고 본다. 결의무효확인·부존재확인의 소를 확인의 소로 본다면, 확인의 소에서는 소송물로 주장된 권리관계가 청구취지에 직접 표시되므로 구실체법설에서도 청구원인에 의한 보충이 필요 없기 때문이다.

### 2) 각 소송의 상호관계

전통적인 구실체법설(구소송물이론)에 의하면 하나의 주주총회 결의에 대한 결의의 취소·무효확인·부존재확인 등의 소는 모두 소송물을 달리 하는 별개의 소송으로 본다. 따라서 구실체법설에 의하면 결의취소의 소를 결의무효확인의 소로 변경하거나 결의무효확인의 소를 결의부존재확인의 소로 변경하는 것은 허용되지 않는다. 소송법설(신소송물이론), 신실체법설에서는 특정 결의마다 한 개의 소송물을 구성하는 것으로 보기 때문에, 주주총회 결의의 취소·무효확인·부존재확인 등의 소는 모두 하자 있는 결의에 의하여 발생한 효력을 해소시키려는 점에서 소송의 목적 내지 이익을 같이 하는 것이며, 따라서 모두 소송물을 같이 한다고 본다.709) 따라서 소송법설은 주주총회 결의에 대한 취소사유·무효사유·부존재사유 등의 주장은 모두 결의의 효력을 부정하기 위한 공격방법의 주장으로 본다.

### 3) 관련 판례

(가) 결의부존재확인의 소와 결의취소의 소　　결의부존재사유가 있는 경우에는 결의취소의 소가 제기되었더라도 재량기각판결을 할 수 없다.710)

(나) 결의무효확인의 소와 결의부존재확인의 소　　판례는 구실체법설을 기본적으로 취하면서도 당사자의 권리구제를 위하여 구실체법설을 완화적용하여, 결의부존재사유가 있는데 결의무효확인의 소가 제기된 사건에서 결의무효확인청구를 결의부존재확인청구의 의미로 받아들이면서 결의무효확인청구가 부적법하므로 각하

---

709) 이시윤, 227면(결의취소의 소는 절차상이나 정관위배의 내용상의 하자를, 결의무효확인의 소는 법령위배의 내용상의 하자를 각 공격방법으로 한 차이뿐이라고 설명한다); 정·유, 254면 (당사자가 소의 선택을 잘못한 경우에 이를 구제할 수 있다는 장점이 있다고 설명한다).

710) [대법원 1978. 9. 26. 선고 78다1219 판결]【주주총회결의취소】 "소위 재량기각을 함에 있어서는 주주총회 결의 자체가 법률상 존재함이 전제가 되어야 할 것이고 만약에 주주총회 결의 자체가 법률상 존재하지 않은 경우는 결의취소의 소는 부적법한 소에 돌아가고 따라서 상법 제379조를 적용할 여지도 없다 할 것이다. 그런데 이 건에서 주주총회소집이 이사회에서 결정된 것이 아님은 원심이 이미 인정한 바와 같고 이사회의 결정없이 소집된 주주총회라면 주주총회자체의 성립을 인정하기 어렵고 주주총회자체를 부인하는 이상 그 결의자체도 법률상 존재한다고 할 수 없다(대법원 1973. 6. 29. 선고 72다2611 판결 참조) 할 것이다. 따라서 이사건 소를 소송 판결로서 각하하여야 함에도 불구하고 원심이 실체 판결로써 원고의 청구를 기각하였음은 위법이라 아니할 수 없다."

하여야 한다는 피고의 주장을 배척하였다.711) 이 사건에서 대법원은 결의부존재확인청구와 결의무효확인청구를 동일한 소송물로 보는 입장을 취하고 있는데, 두 소송이 모두 제380조에 규정되어 있다는 점에서 엄격히 구별할 필요는 없을 것이다.712)

### 4) 소의 변경과 제소 요건

(가) 제소기간과 제소권자    결의취소의 소의 경우 상법이 규정하는 제소요건인 제소기간과 원고적격은 갖추어야 하므로, 결의취소사유만 있음에도 결의무효확인·부존재확인을 구하였다가 결의취소의 소로 변경하려면,713) 결의무효확인·부존재확인의 소가 제기된 당시 결의취소의 소로서의 제소기간, 원고적격 등의 요건을 구비하여야 한다.714)

(나) 복수의 결의와 제소기간    주주총회에서 여러 개의 안건이 상정되어 각기 결의가 행하여진 경우 제소기간의 준수 여부는 각 안건에 대한 결의마다 별도로 판단되어야 한다.

따라서 주주총회에서 이루어진 여러 안건에 대한 결의 중, A결의에 대하여 결의일로부터 2개월 내에 결의무효확인의 소를 제기한 뒤, B결의 및 C결의에 대하여 결의일로부터 2개월이 지난 후 결의무효확인의 소를 각각 추가적으로 병합한 후, 위 각 결의에 대한 결의무효확인의 소를 결의취소의 소로 변경한 경우, 위 B결의

---

711) [대법원 1983. 3. 22. 선고 82다카1810 전원합의체 판결] "회사의 총회결의에 대한 부존재확인청구나 무효확인청구는 모두 법률상 유효한 결의의 효과가 현재 존재하지 아니함을 확인받고자 하는 점에서 동일한 것이므로 예컨대, 사원총회가 적법한 소집권자에 의하여 소집되지 않았을 뿐 아니라 정당한 사원 아닌 자들이 모여서 개최한 집회에 불과하여 법률상 부존재로 볼 수밖에 없는 총회결의에 대하여는 결의무효확인을 청구하고 있다고 하여도 이는 부존재확인의 의미로 무효확인을 청구하는 취지라고 풀이함이 타당하므로 적법하다고 할 것이다"(이 판례는 유한회사의 사원총회에 관한 것이다).

712) 결의무효사유가 있는데 결의부존재확인의 소를 제기한 경우에도 동일한 소송물로 보아야 한다는 하급심 판례도 있다(서울고등법원 2001. 1. 18. 선고 2000나45404 판결).

713) 청구의 변경 또는 소의 변경은 원고가 청구의 기초가 바뀌지 아니하는 한도 안에서 변론을 종결할 때까지 청구의 취지 또는 원인을 바꾸는 것을 말한다(民訴法 262조). 소송절차를 현저히 지연시키는 경우에는 허용되지 않는다. 다만, 청구금액의 감축은 소의 일부취하에 해당한다(대법원 1993. 9. 14. 선고 93누9460 판결).

714) [대법원 2007. 9. 6. 선고 2007다40000 판결] "주주총회 결의취소의 소는 상법 제376조에 따라 결의의 날로부터 2월 내에 제기하여야 하나, 동일한 결의에 관하여 무효확인의 소가 상법 제376조 소정의 제소기간 내에 제기되어 있다면, 동일한 하자를 원인으로 하여 결의의 날로부터 2월이 경과한 후 취소소송으로 소를 변경하거나 추가한 경우에도 무효확인의 소 제기시에 제기된 것과 동일하게 취급하여 제소기간을 준수하였다고 보아야 한다"(同旨: 대법원 2003. 7. 11. 선고 2001다45584 판결(결의부존재확인의 소를 결의취소의 소로 변경한 경우)).

및 C결의에 대한 결의취소에 관한 부분은 추가적으로 병합될 때에 결의취소의 소가 제기된 것으로 볼 수 있으나, 추가적 병합 당시 이미 2개월의 제소기간이 경과하였으므로 부적법하다.[715]

### (2) 후속행위 관련 소송과의 관계

#### 1) 상법상 소에 관한 규정이 있는 경우

(가) 흡 수 설 　주주총회 결의에 기초하여 이루어진 후속행위에 대하여 상법상 그 효력을 다투는 소가 인정되는 경우(자본금감소무효의 소, 합병무효의 소 등), 주주총회 결의에 하자는 동시에 후속행위의 무효사유로 된다. 이때 후속행위의 효력이 이미 발생한 경우 주주총회 결의의 하자에 관한 소와 후속행위의 효력을 다투는 소중 어느 것을 제기할 수 있는지가 문제된다. 이에 대하여 통설·판례는 신주발행, 전환사채발행,[716] 자본금감소,[717] 회사합병,[718] 회사분할 등에 관하여 후속행위의

---

715) 대법원 2010. 3. 11. 선고 2007다51505 판결.

716) [대법원 2004. 8. 20. 선고 2003다20060 판결] "전환사채는 전환권의 행사에 의하여 장차 주식으로 전환될 수 있는 권리가 부여된 사채로서, 이러한 전환사채의 발행은 주식회사의 물적 기초와 기존 주주들의 이해관계에 영향을 미친다는 점에서 사실상 신주를 발행하는 것과 유사하므로, 전환사채발행의 경우에도 신주발행무효의 소에 관한 상법 제429조가 유추적용된다. 제429조는 신주발행의 무효는 주주·이사 또는 감사에 한하여 신주를 발행한 날로부터 6월 내에 소만으로 이를 주장할 수 있다고 규정하고 있으므로, 설령 이사회나 주주총회의 신주발행 결의에 취소 또는 무효의 하자가 있다고 하더라도 그 하자가 극히 중대하여 신주발행이 존재하지 아니하는 정도에 이르는 등의 특별한 사정이 없는 한 신주발행의 효력이 발생한 후에는 신주발행무효의 소에 의하여서만 다툴 수 있다. 원심판결 이유에 의하면, 원심은 그 채택 증거를 종합하여, 피고 보조참가인이 1999. 5. 12. 피고회사에게 이 사건 전환사채 3억 원에 대하여 인수 청약을 하고, 피고회사와 사이에 그 대금은 피고 보조참가인의 피고회사에 대한 1999. 3. 19.자 대여금 3억 원으로 납입에 갈음하는 것으로 합의한 후 이를 인수하였고, 그 뒤 피고회사는 1999. 5. 17. 위와 같은 전환사채에 관하여 등기까지 마친 사실을 인정한 다음, 사정이 위와 같다면 위 전환사채발행의 효력이 이미 발생되었다 할 것이므로, 결국 직접 전환사채발행무효의 소에 의하지 않고 그 발행 과정의 하나인 이사회 결의의 부존재 또는 무효 확인을 구하는 청구의 소는 부적법하다고 판단하였다. 위에서 본 법리와 기록에 비추어 살펴보면, 원심의 위와 같은 사실인정과 판단은 정당한 것으로 수긍이 가고, 거기에 상고이유의 주장과 같은 법리오해나 채증법칙 위배로 인한 사실오인 등의 위법이 없다."

717) [대법원 2010. 2. 11. 선고 2009다83599 판결][감자무효] "상법 제445조는 자본감소의 무효는 주주 등이 자본감소로 인한 변경등기가 있은 날로부터 6월 내에 소만으로 주장할 수 있다고 규정하고 있으므로, 설령 주주총회의 자본감소 결의에 취소 또는 무효의 하자가 있다고 하더라도 그 하자가 극히 중대하여 자본감소가 존재하지 아니하는 정도에 이르는 등의 특별한 사정이 없는 한 자본감소의 효력이 발생한 후에는 자본감소 무효의 소에 의해서만 다툴 수 있다."

718) [대법원 1993. 5. 27. 선고 92누14908 판결] "회사합병에 있어서 합병등기에 의하여 합병의 효력이 발생한 후에는 합병무효의 소를 제기하는 외에 합병결의무효확인청구만을 독립된 소로서 구할 수 없다."

무효를 주장하는 소만을 제기할 수 있다는 소위 흡수설의 입장이다. 따라서 후속행위의 무효를 주장하는 소에 의하지 않고 주주총회 결의의 취소·무효확인·부존재확인을 구하는 소는 소의 이익이 없으므로 부적법 각하의 대상이다.

흡수설에 의하는 한, 결의취소의 소의 제소기간이 경과한 후에도 후속행위 무효의 소의 제소기간이 경과하기 전에는 후속행위무효의 소를 제기할 수 있다고 보아야 할 것이다.719)

(나) 법원의 석명권

가) 의    의       법원의 석명권은 소송관계를 분명하게 하기 위하여 당사자에게 사실상 또는 법률상 사항에 대하여 질문할 수 있고, 증명을 하도록 촉구하거나, 당사자가 간과하였음이 분명하다고 인정되는 법률상 사항에 관하여 당사자에게 의견을 진술할 기회를 주는 법원의 권능이다(民訴法 136조). 석명권은 법원의 권한인 동시에 의무이기도 하는 양면성을 가진다. 특히, 당사자가 부주의 또는 오해로 인하여 명백히 간과한 법률상의 사항이 있거나 당사자의 주장이 법률상의 관점에서 보아 모순이나 불명료한 점이 있는 경우 법원은 적극적으로 석명권을 행사하여 당사자에게 의견진술의 기회를 주어야 하고, 이를 강학상 법적 관점 지적의무라고 한다. 따라서 만일 법원이 이를 게을리한 경우에는 석명 또는 지적의무를 다하지 아니한 것으로서 위법하다.

나) 후속행위의 무효를 주장하는 소와 석명의무       법원의 석명의무와 관련하여, 주주총회 결의에 기초하여 이루어진 후속행위에 대하여 상법상 그 효력을 다투는 소가 인정됨에도 불구하고, 후속행위의 무효를 주장하는 소를 제기하지 않고 주주총회 결의의 취소·무효확인·부존재확인을 구하는 소를 제기한 경우에도, 변론의 전취지상 청구취지의 기재에도 불구하고 원고들의 진정한 의사가 후속행위의 무효를 주장하는 소를 제기한 것으로 볼 여지가 충분한 경우에는, 법원은 바로 소를 각하할 것이 아니라 원고들이 제기한 소가 후속행위의 무효를 주장하는 소인지 아니면 주주총회 결의의 하자를 주장하는 소인지를 분명하게 하고 거기에 알맞은 청구

---

719) 주식회사가 합병을 한 때에는 주주총회가 종결한 날부터 본점소재지에서 2주 내에 합병등기를 해야 하고 합병등기를 한 후에는 합병무효의 소를 제기할 수 있다. 따라서 합병결의일로부터 2개월 되는 때까지의 기간 중 합병등기일 이후에는 합병결의취소의 소와 합병무효의 소의 제소기간이 중복되는데, 판례는 흡수설의 입장에서 합병무효의 소만 제기할 수 있다는 입장이다. 합병결의무효확인의 소 자체는 제소기간에 제한이 없지만, 합병등기일 이후에는 합병무효의 소만 제기할 수 있다

취지와 청구원인으로 정리하도록 석명한 다음 본안에 대하여 심리·판단하여야 한다.[720)]

　　(다) 청구의 변경　　후속행위의 효력을 다투는 소송에 대하여 제소기간의 제한이 있는 경우, 예컨대 합병무효의 소는 합병등기 이후에만 제기할 수 있으므로 합병등기 전에는 합병승인결의의 효력을 다투는 소송을 제기할 수 있다. 이때 합병승인결의의 효력을 다투는 소송의 계속 중 합병등기가 경료되면 원고는 합병무효의 소로 청구를 변경할 수 있다.[721)]

　　2) 상법상 소에 관한 규정이 없는 경우

　　정관변경과 같이 상법상 그 효력을 다투는 소가 인정되지 않는 경우에는 주주총회 결의의 하자에 관한 소를 제기할 수 있는지에 대하여는 논란의 여지가 있다. 뒤에서 보는 바와 같이, 판례는 정관변경을 위하여 요구되는 종류주주총회 결의의 흠결시 정관변경이 무효라는 확인을 구하면 족한 것이지, 그 정관변경을 내용으로

---

720) [대법원 2010. 2. 11. 선고 2009다83599 판결]【감자무효】"민사소송법 제136조 제4항은 "법원은 당사자가 명백히 간과한 것으로 인정되는 법률상 사항에 관하여 당사자에게 의견을 진술할 기회를 주어야 한다."라고 규정하고 있으므로, 당사자가 부주의 또는 오해로 인하여 명백히 간과한 법률상의 사항이 있거나 당사자의 주장이 법률상의 관점에서 보아 모순이나 불명료한 점이 있는 경우 법원은 적극적으로 석명권을 행사하여 당사자에게 의견진술의 기회를 주어야 하고 만일 이를 게을리한 경우에는 석명 또는 지적의무를 다하지 아니한 것으로서 위법하다. (중략) 그런데 기록에 의하면, 원고들은 비록 소장의 청구취지에서 위 자본감소 결의의 무효확인을 구하였으나, 사건명을 "감자무효의 소"라고 표시하였을 뿐 아니라, 원고들과 피고 회사 모두 제1심과 원심의 변론과정에서 근거조문까지 명시하면서 상법 제445조의 자본감소 무효의 소를 제기한 것임을 전제로 상법 제446조, 제189조에 의한 재량기각 여부를 주된 쟁점으로 삼아 변론하였음을 알 수 있으므로, 원고들의 진정한 의사는 청구취지의 기재에도 불구하고 상법 제445조의 자본감소 무효의 소를 제기한 것으로 볼 여지가 충분하다. 그렇다면 원심으로서는 원고들이 제기한 이 사건 소가 '상법 제445조에 의한 자본감소무효의 소'인지 아니면 '위 자본감소 결의의 무효확인의 소'인지를 분명하게 하고 거기에 알맞은 청구취지와 청구원인으로 정리하도록 석명한 다음 본안에 대하여 심리·판단하였어야 마땅하다. 그럼에도 불구하고 원심은 이에 이르지 아니한 채 원고의 청구가 정당하다고하여 위 자본감소의 결의가 무효임을 확인한다는 판결을 선고하고 말았으니, 원심판결에는 소의 요건으로서의 확인의 이익에 관한 법리 또는 '상법 제445조에 의한 자본감소 무효의 소' 또는 '자본감소 결의의 무효확인의 소'에 관한 법리를 오해하였거나 석명의무를 다하지 아니하여 판결에 영향을 미친 위법이 있다고 할 것이다."

721) 청구의 변경은 법원과 당사자의 동일성을 유지하면서 청구(소송물)를 변경하는 것을 말한다(民訴法 262조). 청구취지의 변경은 소송물이론에 관계없이 청구의 변경에 해당하지만, 청구원인의 변경은 구실체법설과 소송법설 중 이원설에 의하면 청구의 변경이지만, 일원설에 의하면 청구의 변경이 아니라 공격방법의 변경이다. 청구의 변경은, i) 청구의 기초에 변경이 없어야 하고, ii) 소송절차를 현저히 지연시키지 않아야 하고, iii) 사실심변론종결 전이어야 하고, iv) 신구 청구가 같은 종류의 소송절차에 의하여 심판될 수 있어야 하고 다른 법원의 전속관할에 속하지 않는 등 청구의 병합의 일반요건을 갖추어야 한다.

하는 주주총회 결의 자체가 아직 효력을 발생하지 않고 있는 상태(불발효 상태)에 있다는 것의 확인을 구할 필요는 없다는 입장이다.[722] 그런데 이는 종류주주총회의 결의를 정관변경이라는 법률효과가 발생하기 위한 하나의 특별요건으로 보는 것을 전제로 한 것이어서, 종류주주총회가 요구되지 않는 경우에는 달리 해석될 여지가 있다.

### 3) 주주총회 결의가 부존재인 경우

주주총회 결의부존재에 해당하는 경우에는 그 결의에 따른 후속행위도 부존재에 해당한다고 볼 수 있다. 판례는 정관변경을 위한 주주총회 결의의 절차상의 하자가 너무 중대하여 결의부존재에 해당하는 경우, 정관변경결의가 있었던 것 같은 외관이 실제로 존재하고 있고 이와 같이 부존재한 정관변경결의의 내용에 따라 전환사채를 발행할 위험성이 계속 존재하는 이상, 정관변경결의부존재확인 청구는 그 확인의 이익도 있다고 판시한 바 있다.[723]

그리고 상법상 그 효력을 다투는 소가 인정되는 경우에 대하여도 대법원은, "주주총회의 자본감소 결의에 취소 또는 무효의 하자가 있다고 하더라도 그 하자가 극히 중대하여 자본감소가 존재하지 아니하는 정도에 이르는 등의 특별한 사정이 없는 한 자본감소의 효력이 발생한 후에는 자본감소 무효의 소에 의해서만 다툴 수 있다."라고 판시하였는데,[724] 판시내용 중 "그 하자가 극히 중대하여 자본감소가 존재하지 아니하는 정도에 이르는 등의 특별한 사정이 없는 한"이라는 문구로 보

---

722) 대법원 2006. 1. 27. 선고 2004다44575 판결.
723) [대법원 2004. 8. 16. 선고 2003다9636 판결] "원심판결 이유에 의하면, 원심은 그 채택 증거를 종합하여, 피고회사는 주주총회의 소집을 위한 각 주주에 대한 아무런 서면통지나 소집공고 없이, 또 실제 결의를 한 바 없이, 1999. 3. 30. 마치 주주 전원이 참석하여 원심판결 별지 제1목록 기재와 같은 주주총회의 결의를 한 것처럼 허위의 주주총회 의사록을 작성한 사실을 인정한 다음, 사정이 위와 같다면 위 주주총회는 그 절차상의 하자가 너무 중대하여 그 주주총회에서 하였다는 원심판결 별지 제1목록 기재 정관변경결의는 그 존재를 인정할 수 없고, 나아가 비록 이 사건 피고회사의 이사회 결의나 그에 따른 전환사채발행의 효력을 부인할 수는 없다 하더라도, 위와 같은 정관변경결의가 있었던 것 같은 외관이 실제로 존재하고 있고, 앞으로 위와 같이 부존재한 정관변경결의의 내용에 따라 주주 이외의 자에 대하여 전환사채를 발행할 위험성이 계속 존재하는 이상, 원고의 이 사건 정관변경결의부존재확인 청구는 그 확인의 이익도 있다고 판단하였다. 위에서 본 법리와 기록에 비추어 살펴보면, 원심의 위와 같은 사실인정과 판단은 정당하고, 거기에 상고이유의 주장과 같은 채증법칙 위배 또는 법리오해 등의 위법이 없으며, 피고보조참가인이 내세우는 당원 1993. 10. 12. 선고 92다21692 판결은 이 사건과 사안을 달리하는 것으로서 적절한 선례가 되지 못한다"(대법원 2004. 8. 20. 선고 2003다20060 판결도 같은 취지).
724) 대법원 2010. 2. 11. 선고 2009다83599 판결.

아, 이러한 특별한 사정이 있는 경우에는 결의부존재확인의 소를 제기할 수 있다는
취지로 해석된다.[725]

### (3) 주주총회 관련 가처분

#### 1) 총    설

주주총회 결의의 하자에 관하여 결의의 취소·무효확인·부존재확인 등의 소가
제기되는 경우 판결의 소급효가 인정되지만 사후구제보다는 사전구제가 이해관계
인에게는 보다 효과적인 구제수단이다. 일단 주주총회 결의가 성립하면 하자 있는
결의라 하더라도 결의의 하자에 관한 본안소송의 판결이 확정될 때까지는 사실상
유효한 결의로 취급되기 때문이다. 따라서 주주총회의 개최 또는 결의 이전에 이미
그 절차상·내용상의 하자로 인하여 결의를 하더라도 그 효력에 대한 다툼이 있을
것이 예상되는 경우, 본안소송 제소권자는 본안소송의 판결선고시까지 주주총회개
최금지 가처분, 주주총회 결의금지 가처분, 주주총회 결의가 이루어진 후에는 주주
총회 결의효력정지 가처분 등을 신청할 필요가 있다.

#### 2) 주주총회개최금지 가처분

(가) 의    의    주주총회의 소집절차 또는 결의방법이 법령 또는 정관에 위반
하거나 현저하게 불공정한 때 또는 그 결의의 내용이 정관에 위반한 때에는 주주·이
사·감사는 결의의 날부터 2개월 내에 결의취소의 소를 제기할 수 있다(376조①). 그리
고 주주총회 결의의 내용이 법령에 위반하는 실질적 하자가 있는 경우 결의무효확
인의 소를 제기할 수 있으며, 총회의 소집절차 또는 결의방법에 총회결의가 존재한
다고 볼 수 없을 정도로 중대한 하자가 있는 경우에는 결의부존재확인의 소를 제기
할 수 있다(380조). 주주총회개최금지 가처분은 이러한 주주총회 결의의 하자로 인
하여 그 효력이나 존부에 다툼이 있을 것임에도 불구하고 회사가 주주총회의 개최
를 강행하는 경우에 해당 주주총회의 개최 자체를 금지하기 위한 것이다.

주주총회개최금지 가처분은 주주총회의 개최 자체를 금지하는 것이라는 점에
서 주주총회는 개최하되 특정 안건에 대한 결의만 금지하는 주주총회 결의금지 가
처분과 다르다. 주주총회 결의에 위와 같은 하자가 있는 경우 물론 주주총회 결의

---

725) 이러한 경우에는 후속행위부존재확인의 소를 제기할 수 있고, 이는 민사소송상의 확인의 소
에 해당한다. 이러한 경우에도 주주총회 결의의 하자(부존재사유)가 후속행위의 하자로 흡수되
고, 후속행위의 부존재를 주장하는 소만을 제기할 수 있는지에 대하여는 논란의 여지가 있다.

의 하자에 관한 소를 제기하여 해당 결의의 효력이나 존재를 부인할 수 있지만, 본
안판결확정 전에는 그 결의가 계속 유효하거나 존재한 것으로 취급되므로 사전구
제책으로서 주주총회개최금지 가처분이 필요하다.

　　회사가 부당하게 제안을 거부하고 이사회가 정한 안건만을 주주총회에 상정
하려는 경우, 주주제안을 하였던 소수주주는 총회의 소집절차 또는 결의방법이 법
령 또는 정관에 위반하거나 현저하게 불공정한 때에 해당한다는 이유로 주주총회
개최금지 가처분을 신청하기도 하는데,726) 제안된 안건에 대응하는 안건에 대한
결의는 결의취소사유가 인정되지만, 나머지 다른 안건에 대한 결의는 하자가 없는
결의이므로 주주총회개최금지 가처분의 피보전권리, 보전의 필요성이 인정되기 곤란
하고, 제안된 의안에 대응하는 특정 의안에 대한 주주총회 결의금지 가처분도 뒤에서
보는 바와 같이 보전의 필요성이 인정되기 곤란할 것이다.

　　(나) 당 사 자　　주주총회개최금지 가처분은 아래와 같이 피보전권리에 따라
신청인과 피신청인이 달라지는데, 이에 관하여는 법원의 결정 주문례도 다양하므로
아직 확립된 실무례가 없다고 할 수 있다. 따라서 실무상으로는 가처분신청시 관련
되는 자를 모두 공동신청인과 공동피신청인으로 포함시키는 예가 많다. 신청인적격
이 없는 자가 신청한 가처분은 부적법하여 각하된다.727)

　　가) 소집권한 없는 자의 주주총회 소집

　　(a) 신 청 인

　　a) 대표이사　　소집권한 없는 자가 주주총회를 소집하는 경우에는 본래의
소집업무의 집행권자인 대표이사가 방해배제청구권을 피보전권리로 하여 주주총회
개최금지 가처분신청을 할 수 있다.

　　b) 회　　사　　소집권한 없이 주주총회를 개최하는 것은 회사에 대한 업무
방해행위로서 회사도 방해배제청구권을 피보전권리로 하여 주주총회개최금지 가처

---

726) 앞에서 본 바와 같이 이러한 경우에는 의안상정 가처분신청을 할 수도 있지만, 소집통지를
　　받고 비로소 주주제안이 거부된 것을 알게 되는데, 의안상정 가처분을 신청하여 가처분결정에
　　따라 다시 소집통지절차를 밟기에는 주주총회일을 변경하기 전에는 시간적 여유가 부족하므
　　로 보전의 필요성이 인정되기 곤란할 것이다.
727) (서울중앙지방법원 2010. 7. 16.자 2010카합2003 결정의 주문: 신청인 A의 신청은 A가 대표이
　　사의 자격을 다툴 법률상의 이해관계가 인정되지 아니하여 신청인적격이 없다는 이유로 각하
　　되었고, 신청인 B의 신청은 피보전권리 또는 보전의 필요성에 대한 소명이 부족하여 기각됨)
　　1. 신청인 A의 신청을 각하한다.
　　2. 신청인 B의 신청을 기각한다.
　　3. 소송비용은 신청인들이 부담한다.

분신청을 할 수 있다.

c) 소수주주    소수주주가 법원으로부터 소집허가(366조②)를 얻어 소집하는 주주총회와 동일한 안건에 대하여 이사회가 그 소집허가 후에 주주총회 소집을 결정하는 것은 허용되지 않는다. 이러한 경우 소수주주도 방해배제청구권을 피보전권리로 하여 주주총회개최금지 가처분신청을 할 수 있다.728) 또한 대표이사 이외의 이사가 총회를 소집하는 경우에는 상법 제402조의 이사위법행위유지청구권을 피보전권리로 인정할 수 있고, 감사가 법원의 허가 없이 총회를 소집하는 경우에도 제402조를 유추적용하여 위법행위유지청구권을 피보전권리로 인정할 수 있다.

(b) 피신청인    대표이사·회사가 소집권한 없는 자를 상대로 가처분신청을 하는 경우 피신청인은 주주총회개최의 사실행위를 하는 자이다. 소수주주가 가처분신청을 하는 경우에는 이사회 결의에 따라 주주총회를 소집하는 대표이사를 피신청인으로 한다. 회사가 가처분 결과에 큰 영향을 받는다는 이유로 회사도 피신청인에 포함시켜야 한다는 견해도 있지만, 회사가 주주총회개최의 사실행위를 하는 것은 아니므로 이러한 사실행위를 하는 자를 피신청인으로 하는 것이 타당하다..

나) 소집절차·결의방법·결의내용 등의 법령·정관 위반

(a) 신 청 인

a) 주    주    주주는 위법행위유지청구권을 피보전권리로 하여 가처분신청을 하는 경우에는 상법상 유지청구권을 행사하기 위한 소수주주로서의 지분을 소유하여야 하고, 주주총회 결의의 하자에 관한 소를 본안소송으로 하여 가처분신청을 하는 경우에는 1주만 소유하면 된다. 주주제안권을 피보전권리로 하는 경우에는 주주제안권자로서의 지분을 소유하여야 하지만, 앞에서 본 바와 같이 주주제안권을 피보전권리로 하는 주주총회개최금지 가처분은 일반적으로는 허용되기 곤란할 것이다.

b) 감    사    감사도 이사에 대한 유지청구권이 있으므로 유지청구권을 피보전권리로 하는 주주총회개최금지 가처분신청을 할 수 있다. 그러나 이사는 이사회에서 주주총회소집결의에 반대하였더라도 주주총회개최금지 가처분신청을 할 수 없다고 해석된다.729)

---

728) 이 경우 주주총회개최금지 가처분의 피보전권리를 이사의 위법행위유지청구권으로 보기도 한다.
729) 최기원, 461면(이사는 이사회의 구성원으로서의 지위만 가지고, 결의에 반대한 이사는 회사에 대한 책임도 지지 않기 때문이라고 설명한다).

주주총회 결의의 취소·무효확인·부존재확인 등의 소를 본안소송으로 하는 주주총회개최금지 가처분이 인정되는지에 관하여는 논란이 있지만, 만일 인정된다면 이사와 감사도 본안소송의 제소권자이므로 가처분의 신청인적격이 인정된다. 이 경우에는 이사회에서 주주총회소집결의에 찬성한 이사도 신청인이 될 수 있다. 본인의 업무상의 과오를 시정할 기회를 박탈할 필요가 없기 때문이다. 다만, 일반적으로 이사와 감사는 현 경영진과 우호적인 관계에 있으므로 이들이 주주총회개최금지 가처분신청을 하는 경우는 드물 것이다.

(b) 피신청인      위법행위유지청구권을 피보전권리로 하는 주주총회개최금지 가처분의 피신청인은 대표이사 기타 총회를 소집하려는 자이다. 그리고 위법행위유지의 소의 피고는 법령 또는 정관에 위반한 행위를 하려는 이사이고 회사는 피고가 아니지만, 회사도 주주총회개최금지 가처분의 피신청인이 된다. 본안소송의 당사자의 범위를 초과하는 것이지만 주주총회개최금지 가처분은 단순히 총회를 소집하려는 자 외에도 주주 및 이사 등 총회의 개최에 관여할 수 있는 회사의 기관에 대하여도 직접 효력이 미치게 할 필요가 있기 때문이다. 주주총회 결의의 하자에 관한 소를 본안소송으로 하는 주주총회개최금지 가처분이 인정된다면, 본안소송의 피고인 회사는 당연히 가처분의 피신청인이 될 수 있다.

(다) 피보전권리      주주총회개최금지 가처분은 이사회 결의, 소집통지 또는 개최의 사실상의 행위 등에 의하여 개최가 예상되는 특정 주주총회를 대상으로만 허용되고, 일반적인 주주총회를 대상으로 하는 경우에는 비록 일정 기간을 정하더라도 피보전권리 및 보전의 필요성이 인정되지 않기 때문에 허용되지 않는다. 주주총회개최금지 가처분의 피보전권리는 소집권한 없는 자가 주주총회를 소집하는 경우와 소집절차·결의방법 또는 결의내용이 법령·정관 등에 위반하거나 현저하게 불공정한 경우로 나누어 볼 수 있다. 두 가지 경우에 모두 주주총회 결의의 취소·무효확인·부존재확인 등의 소제기권을 피보전권리로 보는 견해도 있지만, 결의하자로 인한 소제기권은 결의 후에 발생하는 것이므로 결의를 사전에 방지하려는 주주총회개최금지 가처분의 피보전권리로 보는 것은 비논리적이라는 지적도 있다. 이에 관하여 아직은 법원이나 학계의 확립된 견해가 없는 것으로 보인다.

가) 소집권한 없는 자의 주주총회 소집      소집권한 없는 자가 주주총회를 소집하는 예로는, 대표이사 아닌 이사가 총회를 소집하거나, 소수주주가 법원의 허가 없이 총회를 소집하거나, 직무집행정지중인 대표이사가 총회를 소집하는 경우가 있다.

또한 소수주주가 법원으로부터 소집허가(366조②)를 얻어 소집하는 주주총회와 동일한 안건에 대하여 그 소집허가 후에 이사회가 주주총회 소집을 결정하는 것은 허용되지 않는다.730) 소집권한 없는 자가 주주총회를 소집하는 경우 본래의 소집권자의 방해배제청구권은 주주총회개최금지 가처분의 피보전권리가 될 수 있다. 앞에서 본 바와 같이 대표이사 이외의 이사가 총회를 소집하는 경우에는 상법 제402조의 유지청구권을 피보전권리로 인정할 수 있고, 감사가 법원의 허가 없이 총회를 소집하는 경우에도 제402조를 유추적용하여 유지청구권을 피보전권리로 인정할 수 있다.

　　나) 소집절차·결의방법·결의내용 등의 법령·정관 위반　　　소집절차·결의방법 또는 결의내용이 법령·정관 등에 위반하거나 현저하게 불공정하여 본안소송을 거쳐서 결의가 취소·무효 또는 부존재한 것으로 될 것이 명백히 예상됨에도 불구하고 대표이사가 주주총회를 소집하는 것은 대표이사의 위법행위이고, 위법행위유지청구권은 주주총회 결의금지 가처분의 피보전권리가 된다. 신청인이 이사의 위법행위유지청구권을 피보전권리로 하는 경우에는 상법 제402조의 "회사에 회복할 수 없는 손해가 생길 염려"의 존재를 소명하여야 하므로 방해배제청구권을 피보전권리로 하는 경우에 비하여 그 소명이 용이하지 않다고 할 수 있다. 다만, 이러한 요건이 충족되는 경우에는 보전의 필요성도 용이하게 인정될 것이다. 소집절차가 법령·정관에 위반한 경우에는 모든 결의에 하자가 있는 것이지만, 특정 안건의 내용이 법령·정관에 위반하거나 주주제안권을 침해한 경우에는 나머지 다른 안건에 대한 결의에는 하자가 없는 것이므로 이러한 경우에는 주주총회개최금지 가처분이 허용되지 않고 특정 안건에 대한 결의금지 가처분만 허용된다.

　　㈑ 보전의 필요성　　　주주총회 결의에 대하여는 결의의 취소·무효확인·부존재확인 등의 본안소송에 의하여 그 결의의 효력을 다툴 수 있고, 주주총회 결의의 효력정지나 하자 있는 주주총회에서 선임된 이사에 대한 직무집행정지 가처분 등과 같은 사후적인 권리구제방법이 있다. 반면에 피신청인의 입장에서 보면 사후에 소집절차나 결의내용이 적법한 것으로 판명되더라도 일단 개최가 금지되면 이를 구제받을 길이 없기 때문에 본안 소송에 앞선 임시적, 잠정적 처분으로서의 보전목적을 초과하는 문제 등이 있으므로 고도의 보전의 필요성이 요구된다고 할 수 있

---

730) 만일 이사회가 이러한 경우에 주주총회의 소집을 강행한다면 그 주주총회 결의는 취소·부존재사유가 있는 결의로 된다. 다만, 이사회가 소집하는 주주총회에 소수주주가 소집하는 주주총회와 동일한 안건 외에 다른 안건도 포함된 경우에는 개최금지 가처분은 허용되지 않고 동일한 안건에 대한 결의금지 가처분만 허용된다.

다. 이상과 같은 이유로 실무상 주주총회개최금지 가처분은 극히 예외적으로 인용되고 있으며, 특히 총회일에 임박하여 가처분신청을 하는 경우에는 피보전권리 및 보전의 필요성에 대한 소명부족을 이유로 기각되는 경우가 많다.731)

(마) 심리와 재판        주주총회개최금지 가처분은 통상 주주총회소집통지 후에 신청되기 때문에 개최일까지의 시간적 제약상 특별기일을 지정하여 심문기일을 열어 심문절차를 거친다(民執法 23조①, 民訴法 134조②).732)733) 이와 같이 단기간의 심리를 거친다는 점에서도 주주총회개최금지 가처분의 보전의 필요성은 매우 엄격한 기준에 의하여 인정하여야 할 것이다.

(바) 주주총회개최금지 가처분 위반과 주주총회 결의의 효력        회사가 주주총회개최금지 가처분에 위반하여 개최한 주주총회에서 결의가 이루어진 경우, 만일 주주총회개최금지 가처분이 회사의 주주총회개최권을 박탈하는 효력을 가지는 것이라면 가처분 위반 자체가 결의부존재 또는 최소한 결의취소사유가 될 것이다. 그러나 주주총회개최금지 가처분은 소집권자의 방해배제청구권 또는 이사의 위법행위유지청구권을 피보전권리로 하는 가처분인데, 이러한 피보전권리의 내용상 회사의 주주총회개최권을 박탈할 정도로 강력한 효력이 있다고 볼 수 없다.734)

또한 주주총회개최금지 가처분의 피보전권리의 존재가 본안소송에서 인정되지 아니한 경우에는 피신청인이 가처분을 위반하였더라도 가처분에 의하여 보전되는 피보전권리를 침해한 것이 아니다.735) 그리고 가처분 위반행위가 무효로 되는 것은

---

731) 의정부지방법원 2020. 9. 25.자 2020카합5359 결정, 인천지방법원 2021. 1. 27.자 2021카합10022
    결정, 의정부지방법원 2021. 4. 23.자 2021카합5196 결정, 광주지방법원 2023. 12. 8.자 2023카합
    50544 결정, 인천지방법원 2023. 11. 30.자 2023카합10438 결정, 인천지방법원 2024. 1. 16.자 2024
    카합10007 결정.
732) [民訴法 134조(변론의 필요성)]
    ① 당사자는 소송에 대하여 법원에서 변론하여야 한다. 다만, 결정으로 완결할 사건에 대하
      여는 법원이 변론을 열 것인지 아닌지를 정한다.
    ② 제1항 단서의 규정에 따라 변론을 열지 아니할 경우에, 법원은 당사자와 이해관계인, 그
      밖의 참고인을 심문할 수 있다.
733) (주주총회개최금지 가처분의 주문례)
    피신청인이 2010 … 에 소집한 2010 … 10 : 00부터 피신청인 회사 본점 회의실(또는 서울 ㅇ
    ㅇ구 ㅇㅇ동 53 소재 피신청인회사의 공장 강당)에서 별지 목록 기재의 결의사항을 위한 임
    시주주총회를 개최를 금지한다.
734) 그리고 주주총회개최금지 가처분 또는 주주총회 결의금지 가처분은 부작위의무를 부담시키
    는 것인데 그 의무의 위반이 직접 행위의 효력을 좌우한다고 볼 수 없으므로, 가처분 위반에
    의하여 결의의 효력이 부인된다는 것은 가처분에 본안 이상의 강한 효력을 부여하는 것으로
    서 타당하지 않다는 지적도 있다(최기원, 471면).
735) 다툼의 대상에 관한 가처분사건에서, 대법원은 "계쟁 부동산에 관하여 실체상 아무런 권리

형식적으로 그 가처분을 위반하였기 때문이 아니라 가처분에 의하여 보전되는 피보전권리를 침해하는 것이기 때문이다.736) 즉, 가처분의 피보전권리의 존재가 본안소송에서 부인되는 경우에는 피신청인의 가처분 위반은 가처분에 의하여 보전되는 피보전권리를 침해한 것이 아니므로 가처분 위반과 결의의 하자는 아무런 관계가 없다.737)

이상을 종합하여 보면 회사가 주주총회개최금지 가처분 또는 주주총회 결의금지 가처분에 위반하여 주주총회를 개최하거나 결의를 한 경우라 하더라도 가처분 위반은 그 자체가 결의의 취소 또는 부존재의 사유로 되는 것이 아니라, 결의하자의 존부나 정도를 판단하는 여러 사정 중의 하나에 불과하다. 피보전권리의 원인사실은 일반적으로 상법상 결의의 하자에 해당하므로, 피보전권리의 존재가 본안소송에서 인정되는 경우에는 결의의 하자도 인정되고 그 하자의 종류와 정도에 따라 결의취소 또는 부존재사유로 될 것이다.738) 그러나 피보전권리의 존재가 본안소송에

---

가 없는 사람의 신청에 의하여 처분금지가처분 결정이 내려졌다면, 그에 기한 가처분 등기가 마쳐졌다 하더라도 그 가처분 권리자는 가처분의 효력을 채무자나 제3자에게 주장할 수 없는 것이므로, 그 가처분 등기 후에 부동산 소유권이전등기를 마친 자는 가처분 권리자에 대하여도 유효하게 소유권을 취득하였음을 주장할 수 있다."라고 판시한 바가 있고(대법원 1995. 10. 13. 선고 94다44996 판결), "가처분은 그의 피보전권리가 본안 소송에서 확정판결에 의하여 그 존재가 부정적으로 확정된 경우에는 동 가처분은 의당 취소당할 운명에 있게 되고 그 가처분 후에 그에 반해서 행하여진 행위라고 하더라도 그 행위의 효력이 위 가처분에 의해서 무시당하게 되는 것이 아니라고 할 것"이라고 판시한 바 있다(대법원 1976. 4. 27. 선고 74다2151 판결). 그 외에도 같은 취지의 판례로서, 대법원 1999. 10. 8. 선고 98다38760 판결, 대법원 1999. 7. 9. 선고 98다6831 판결 등이 있다.

736) 대법원 2010. 1. 28. 선고 2009다3920 판결【주주총회결의부존재확인】(의결권 행사금지 가처분과 동일한 효력이 있는 강제조정 결정에 위반하는 의결권 행사로 주주총회 결의에 가결정족수 미달의 하자 여부가 문제된 사안이다).

737) 주주총회개최금지 가처분의 본안소송은 결의의 하자를 다투는 소송인 경우도 있고, 다른 별개의 소송인 경우도 있다. 소집절차상의 하자를 이유로 하는 가처분의 본안소송은 바로 당해 결의의 하자를 다투는 소송이다. 그러나 다툼 있는 주주권에 기한 의결권 행사금지 가처분의 경우에도 별개의 본안소송에서 피보전권리의 존부가 결정될 것이다. 예를 들어, 대법원 2010. 1. 28. 선고 2009다3920 판결의 사안의 경우 의결권 행사금지가처분의 본안소송은 주권반환청구소송이다.

738) 결의무효사유는 결의의 내용이 법령에 위반하는 경우에만 인정되므로, 주주총회개최금지 가처분 또는 주주총회 결의금지 가처분을 위반한 점 자체는 결의무효사유가 될 수 없다. 결의의 내용이 법령에 위반하는 실질적 하자가 있다는 점을 피보전권리로 하는 주주총회개최금지 가처분 또는 주주총회 결의금지 가처분의 경우에도, 결국은 이러한 가처분 위반이 아니라 그 결의내용 자체의 법령 위반 여부에 의하여 결의무효사유 해당 여부가 결정될 것이다. 또한 만일 가처분 위반 자체를 결의취소사유로 보는 견해에 의하더라도 본안소송에서 가처분 위반 외에 다른 결의취소사유가 없는 경우에는 상법 제379조의 재량기각대상이 될

서 부정적으로 확정되는 경우에는 결의의 하자를 인정할 만한 다른 사유가 존재하
지 않는 한 해당 결의는 유효한 결의로서 존재한다.739) 주주총회개최금지 가처분
위반과 관련된 결의의 하자는 구체적으로 상법 제376조 제1항의 결의취소사유인
"총회의 소집절차 또는 결의방법이 법령에 위반하거나 현저하게 불공정한 경우"와
제380조의 결의부존재사유인 "총회의 소집절차 또는 결의방법에 총회결의가 존재
한다고 볼 수 없을 정도의 중대한 하자가 있는 경우"이다. 판례는 소집권한 없는
자가 소집한 주주총회 결의의 효력에 대하여, 이사회의 소집결의가 있었는지 여부
에 따라, 이사회의 소집결의가 있었으면 소집권한 없는 자가 주주총회를 소집한 경
우는 결의취소사유에 불과하다고 보고,740) 소집권한 없는 자가 적법한 이사회의 소
집결의도 없이 주주총회를 소집한 경우는 1인회사의 1인주주에 의한 총회 또는 주
주 전원이 참석하여 총회를 개최하는 데 동의하고 아무런 이의 없이 결의가 이루어
졌다는 등의 특별한 사정이 없는 한 그 하자가 중대하여 결의부존재사유가 된다고
본다.741) 주주총회개최금지 가처분 위반을 이사회의 소집결의 없는 경우에 버금가
는 위법행위라고 보고, 이러한 판례의 취지에 따르면 피보전권리의 존재가 본안소
송에서 인정되는 경우에는 실제로 소집행위를 한 자의 소집권한의 유무에 따라 결
의취소사유와 결의부존재사유가 구별될 것이다.

   3) 주주총회 결의금지 가처분
   (가) 의    의    주주총회 결의금지 가처분은 주주총회 결의 대상인 어느 특정
안건의 내용이 법령·정관에 위반하여 결의의 취소·무효 사유에 해당하는 경우, 사후
에 결의취소의 소나 결의무효확인의 소를 제기하기 전에 사전 예방조치로서 해당 안
건의 결의를 금지하는 가처분이다. 구체적으로 개최될 예정인 주주총회를 특정하지
않고 결의를 일반적으로 금지하는 주주총회 결의금지 가처분은 허용되지 않는다. 개
최금지 가처분은 해당 주주총회의 개최 자체를 금지한다는 점에서 주주총회는 개최하

---

   것이다.
739) 다만, 주주총회개최금지 가처분은 매우 엄격한 보전의 필요성 기준이 적용되므로 이를 위반
    한 경우에는 의결권 행사금지 가처분 위반의 경우에 비하여 결의의 하자가 인정될 가능성이
    클 것이다. 실제로도 주주총회개최금지 가처분의 피보전권리의 원인이 되는 사유는 대부분 본
    안소송인 결의의 하자에 관한 소에서도 결의의 하자로 인정될 것이고, 따라서 대부분의 경우
    에는 본안소송절차에서 인정된 하자의 종류와 정도에 따라 결의의 존재나 효력을 부인하는
    판결이 선고될 것이다.
740) 대법원 1993. 9. 10. 선고 93도698 판결.
741) 대법원 2010. 6. 24. 선고 2010다13541 판결.

되 특정 안건에 대한 결의만 금지하는 주주총회 결의금지 가처분과 다르다.[742] 그 외에 당사자, 피보전권리, 보전의 필요성 등에 있어서, 주주총회 결의금지 가처분은 주주총회개최금지 가처분의 경우와 대체로 같다. 주주총회 결의금지 가처분은 특정 의안을 주주총회 결의의 대상으로 상정하는 것을 금지하는 가처분과 같은 목적을 가지므로, 주주총회 결의금지 가처분과 의안상정금지 가처분을 함께 신청하기도 한다.[743]

(나) 당 사 자

가) 신 청 인    위법행위유지청구권을 피보전권리로 하여 가처분신청을 하는 주주는 유지청구권을 행사하기 위한 소수주주로서의 지분을 소유하여야 한다. 주주제안권을 피보전권리로 하여 거부당한 의안에 대응하는 특정 의안에 대한 주주총회 결의금지 가처분신청을 하는 주주는 주주제안권을 행사하기 위한 소수주주로서의 지분을 소유하여야 한다. 이사는 이사회에서 소집결의에 찬성하였는지 여부를 불문하고 신청인이 될 수 있다.

나) 피신청인    주주총회 결의금지 가처분의 피보전권리는 위법행위유지청구권이므로, 피신청인은 주주총회의 의장인 대표이사이다. 그리고 주주총회개최금지 가처분의 경우와 같은 이유로 회사도 피신청인으로 보아야 한다. 위에서 본 바와 같이 의안상정 가처분사건에서 회사를 피신청인으로 본 하급심 판례가 있다.[744]

(다) 피보전권리    위법행위유지청구권은 주주총회 결의금지 가처분의 피보전권리로 인정된다.[745] 그리고 회사가 부당하게 주주제안을 거부하고 이사회가 정한 의안만을 주주총회에 상정하는 경우, 제안된 의안에 대응하는 의안에 대한 결의는 결의방법에 하자가 있는 것으로서 결의취소사유가 인정된다. 따라서 주주제안을 하

---

742) (주주총회 결의금지 가처분의 주문례)
  피신청인이 20 … 에 소집한 20 … 10 : 00부터 피신청인 회사 본점회의실에서 별지 목록 기재의 결의사항을 위한 임시주주총회에서 별지 목록 기재 제ㅇ항부터 제ㅇ항까지의 사항에 관하여는 결의를 하여서는 아니 된다.
743) (서울중앙지방법원 2008카합859 의안상정금지등가처분신청서의 신청취지)
  1. 피신청인 ㅇㅇㅇ는 2008년 3월 28일 개최할 2007 회계연도에 대한 주식회사 웹젠의 제8회 정기주주총회에서 별지 목록 기재 안건을 위 정기주주총회의 의안으로 상정하여서는 아니 된다.
  2. 피신청인 주식회사 웹젠은 제1항 기재 정기주주총회에서 별지 목록 기재 안건에 관하여 결의하여서는 아니 된다.
  라는 재판을 구합니다.
744) 서울북부지방법원 2007. 2. 28.자 2007카합215 결정.
745) 주주총회 결의의 취소·무효확인·부존재확인 등의 소를 본안소송으로 하여 주주총회 결의금지 가처분신청을 할 수 있는지에 관하여는 주주총회개최금지 가처분에서와 같은 문제가 있다.

였던 소수주주는 주주제안권을 피보전권리로 하여 주주총회 결의금지 가처분을 신청하기도 한다. 다만, 이러한 경우 주주총회 결의금지만으로는 신청인이 원하는 의안의 가결이라는 결과가 나오는 것이 아니고, 신청인은 법원의 허가를 받아 임시주주총회를 소집하여 제안하였던 의안을 상정하여야 원하는 결의를 얻을 수 있다는 이유로 특별한 사정이 없는 한 보전의 필요성이 인정되기 어렵다는 견해도 있다.746)

　(라) 보전의 필요성    주주총회 결의에 대하여는 결의의 취소·무효확인·부존재확인 등의 본안소송에 의하여 그 결의의 효력을 다툴 수 있고, 주주총회 결의의 효력정지나 하자 있는 주주총회에서 선임된 이사에 대한 직무집행정지 가처분 등과 같은 사후적인 권리구제방법이 있으므로, 주주총회 결의금지 가처분은 주주총회 개최금지 가처분의 경우와 같이 고도의 보전의 필요성이 요구된다.747) 주주제안권을 피보전권리로 하는 경우에 보전의 필요성이 인정되기 어렵다는 점은 위에서 설명한 바와 같다.

　(마) 기타 문제    주주총회 결의금지 가처분의 심리와 재판, 가처분 위반과 주주총회 결의의 효력 등은 주주총회개최금지 가처분의 경우와 대체로 같다. 다만, 개최 자체를 금지하는 것이 아니고 개최될 주주총회에서의 특정 의안에 대한 주주총회 결의금지를 구하는 것이므로 주주총회개최금지 가처분에 비하여 인용 가능성이 상대적으로 클 것이다. 회사가 결의금지 가처분에도 불구하고 결의를 한 경우에도 가처분 위반 자체가 결의취소·무효사유로 되는 것은 아니고, 본안소송인 결의취소·무효확인의 소에서 결의금지 가처분의 피보전권리의 존재가 인정되어야 결의취소·무효확인 판결이 선고될 것이다. 그러나 결의취소·무효확인의 소에서 가처분의 피보전권리가 없음이 확정되면 그 가처분은 실질적으로 무효로 되므로, 피신청인이 가처분을 위반하였더라도 가처분에 의하여 보전되는 피보전권리를 침해한 것이 아니다. 그리고 가처분 위반행위가 무효로 되는 것은 형식적으로 그 가처분을 위반하였기 때문이 아니라 가처분에 의하여 보전되는 피보전권리를 침해하는 것이기 때문이다.

---

746) 앞에서 본 바와 같이 이러한 경우에는 의안상정 가처분신청을 할 수도 있지만, 소집통지를 받고 비로소 주주제안이 거부된 것을 알게 되는데, 의안상정 가처분을 신청하여 가처분결정에 따라 다시 소집통지절차를 밟기에는 주주총회일을 변경하기 전에는 시간적 여유가 부족하므로 보전의 필요성이 인정되기 곤란할 것이다.

747) [전주지방법원 정읍지원 2007. 3. 15.자 2007카합31 결정] "임시의 지위를 정하기 위한 가처분은 현저한 손해를 피하거나 급박한 위험을 막기 위하여, 또는 그 밖의 필요한 이유가 있을 경우에 하여야 하는데, 이 사건에서는 … 주주총회 결의를 금지할만한 보전의 필요성에 대한 소명이 부족하다."

결국 회사가 주주총회 결의금지 가처분에 위반하여 결의를 한 경우에도 결의의 효력은 가처분 위반 여부에 의하여 판단할 것이 아니라, 다른 제반 사정을 종합하여 결의취소·무효사유에 해당하는지 여부에 따라 판단할 것이다. 가처분결정은 증명이 아니라 소명에 의하여 발령되는 잠정적 재판에 불과하고, 가처분명령에 의하여 제3자에 대한 임대, 양도 등 처분행위의 사법상 효력이 부인되는 것은 아니고, 가처분채무자가 그 의무위반에 대한 제재를 받는 것에 불과하다는 것이 판례의 입장이다.748) 따라서 주주총회 결의금지 가처분 위반 자체를 결의의 하자로 보는 것은 가처분의 법리상 타당하지 않고, 가처분의 실효성은 간접강제, 손해배상청구, 이사해임청구 등에 의하여 확보될 것이다. 이와 관련하여 대법원은 의결권 행사금지 가처분에 관한 사건에서도 "가처분결정 또는 가처분사건에서 이와 동일한 효력이 있는 강제조정 결정에 위반하는 행위가 무효로 되는 것은 형식적으로 그 가처분을 위반하였기 때문이 아니라 가처분에 의하여 보전되는 피보전권리를 침해하기 때문인데, 이 사건 가처분의 본안소송에서 가처분의 피보전권리가 없음이 확정됨으로써 그 가처분이 실질적으로 무효임이 밝혀진 이상 이 사건 주식에 의한 의결권 행사는 결국 가처분의 피보전권리를 침해한 것이 아니어서 유효하고, 따라서 이 사건 주주총회 결의에 가결정족수 미달의 하자가 있다고 할 수 없다."라고 판시한 원심판결을 유지하였다.749) 위와 같이 결의금지 가처분에 불구하고 회사가 결의를 하는 것을 사전에 방지할 수 없고, 이에 대한 구제책으로는 본안소송인 결의취소·무효확인의 소를 제기하는 방법뿐이므로, 근래에는 법원도 결의금지 가처분 사건에서 먼저 결의를 금지하고, 다소 가정적인 형식의 주문이지만 회사가 결의를 하는 경우에는 결의의 효력을 정지한다는 주문도 활용한다. 민사집행법상 임시의 지위를 정하기 위한 가처분은 장래의 집행보전이 아닌 현재의 위험방지를 위한 것이므로 그 피보전권리는 "현재의 다툼이 있는 권리관계"이어야 하는데, 법원은 결의가능성도 현재의 다툼으로 보는 것이다. 이는 가처분의 실효성이 현실적으로 부인되므로 법원이 가처분의 실효성을 구현하기 위하여 유연한 법적용을 하는 것이라 할 수 있다.750)

---

748) 대법원 1996. 12. 23. 선고 96다37985 판결.
749) 대법원 2010. 1. 28. 선고 2009다3920 판결.
750) (서울중앙지방법원 2011카합726 주주총회 결의금지 가처분의 신청취지 기재례)
   1. 피신청인 주식회사 핸디소프트가 2011. 3. 14.에 소집한 2011. 3. 29. 09:00부터 서울 송파구 방이 2동 41-3 지역사회교육회관 지하 2층 강당에서 별지목록 1 기재의 결의사항을 위한 정기주주총회에서 별지목록 1 기재 제2호 의안 자본금감소 승인 안건에 관하여 결의를 하여서는 아니 된다.

### 4) 주주총회 결의효력정지 가처분

(가) 의    의    주주총회 결의효력정지 가처분은 주주총회 결의가 이루어진 후 그 결의의 효력을 정지시키기 위한 가처분이다. 다만, 주주총회 결의효력정지 가처분에 의하여는 주주총회에서 이루어진 결의 자체의 집행 또는 효력정지를 구할 수 있을 뿐, 회사 또는 제3자의 별도의 거래행위에 직접 개입하여 이를 금지할 수는 없다.[751) 주주총회 결의효력정지 가처분신청을 하는 경우 효력정지를 구하는 회의의 목적사항을 특정하여야 한다.

(나) 요    건    주주총회 결의효력정지 가처분의 당사자, 피보전권리, 보전의 필요성 등도 주주총회개최금지 가처분, 주주총회 결의금지 가처분의 경우와 대체로 같다. 다만, 결의의 효력이 정지되더라도 회사가 이를 대외적으로 집행하면 사후에 거래의 효력에 대한 문제가 제기되므로 주주총회 결의효력정지 가처분신청을 하는 경우 주주총회 결의의 집행정지를 함께 신청하기도 한다.[752)

주주총회 결의효력정지 가처분도 고도의 보전의 필요성이 요구된다. 그리고 임시의 지위를 정하기 위한 가처분의 성질상 그 주장 자체에 의하여 신청인의 법률상 지위와 정면으로 저촉되는 지위에 있는 자를 피신청인으로 하여야 한다.[753) 이에 따라 하자 있는 결의에 의하여 이사가 선임된 경우에는 이사 개인을 상대로 직접 직무집행정지를 구하는 것이 합리적인 분쟁해결방법이라는 이유로 주주총회 결의효

---

2. 피신청인 ○○○는 제1항 기재 일시·장소의 정기주주총회에서 별지목록 1 기재 제2호 의안 자본금감소 승인 안건을 의안으로 상정하여서는 아니 된다.
3. 신청비용은 피신청인들이 부담한다.

751) [대법원 2001. 2. 28.자 2000마7839 결정] "주식회사의 주주는 주식의 소유자로서 회사의 경영에 이해관계를 가지고 있다고 할 것이나, 회사의 재산관계에 대하여는 단순히 사실상, 경제상 또는 일반적, 추상적인 이해관계만을 가질 뿐, 구체적 또는 법률상의 이해관계를 가진다고는 할 수 없고, 직접 회사의 경영에 참여하지 못하고 주주총회의 결의를 통해서 또는 주주의 감독권에 의하여 회사의 영업에 영향을 미칠 수 있을 뿐이므로 주주는 일정한 요건에 따라 이사를 상대로 그 이사의 행위에 대하여 유지청구권을 행사하여 그 행위를 유지시키거나, 또는 대표소송에 의하여 그 책임을 추궁하는 소를 제기할 수 있을 뿐 직접 제3자와의 거래관계에 개입하여 회사가 체결한 계약의 무효를 주장할 수는 없다."
752) (수원지방법원 안양지원 2013. 7. 8.자 2013카합37 주주총회 결의 효력정지가처분의 주문례)
1. 채권자의 채무자에 대한 주주총회 결의취소 청구사건 본안판결확정시까지 채무자의 주주총회가 2013. 4. 8.에 한 별지 목록 기재 결의 중 제2호, 제4호, 제5호 의안에 대한 결의의 효력을 정지한다.
2. 채무자는 위 1항 기재 의안에 대한 주주총회 결의를 집행하여서는 아니 된다.
3. 채권자의 나머지 신청을 기각한다.
4. 소송비용은 채무자가 부담한다.
753) 대법원 1997. 7. 25. 선고 96다15916 판결.

력정지 가처분신청에 대하여 보전의 필요성을 부인한 하급심 판례도 있다.754)

(다) 법원의 실무      주주총회개최금지 가처분이나 주주총회 결의금지 가처분의 경우, 신청인 입장에서 보면 주주총회 결의효력정지 가처분 결정을 받는 것만으로도 목적을 충분히 달성할 수 있는 반면, 주주총회개최금지 가처분이나 주주총회 결의금지 가처분을 발령하는 경우 피신청인은 사실상 그 가처분결정에 대하여 불복할 수 있는 기회 자체를 잃을 수 있다는 문제가 있다. 실무상으로는 보전목적을 초과하는 가처분이라는 점을 고려하여 법원이 신청인의 주주총회개최금지 가처분 또는 주주총회 결의금지 가처분신청에 대하여 보전의 필요성이 인정되지 않는다고 판시하고, 다만 신청인의 이러한 신청취지에는 그 해당 결의가 이루어지는 것을 전제로 그 결의의 효력정지를 구하는 취지가 포함되어 있다고 보아 주주총회 결의효력정지 가처분을 명하기도 한다.755)

---

754) [서울고등법원 2010. 6. 21.자 2009라2534 결정] "임시의 지위를 정하기 위한 가처분에서 채무자가 될 수 있는 자는 채권자가 주장하는 법률상 지위와 정면으로 저촉되는 지위에 있는 자에 한정되므로, 단체의 대표자 선임결의의 하자를 이유로 한 직무집행정지 가처분에 있어서는 대표자 개인만이 채무자가 되고, 단체는 당사자 적격을 갖지 못한다고 보는데, 만일 이 사건과 같이 단체를 상대로 한 대표자 선임결의의 효력정지가처분을 허용한다면, 이는 사실상 단체를 상대로 한 직무집행정지가처분을 인정하는 것과 동일한 결과가 된다"(민법상 법인의 총회에서 이사선임결의에 하자가 있다는 이유로 한 총회결의효력정지 가처분사건인데, 상법상 이사선임 결의에 하자가 있는 경우에도 동일한 법리가 적용될 것이다).
　　[부산지방법원 동부지원 2019. 3. 26.자 2019카합100054 결정] "이 사건 임시주주총회에서 이루어진 이 사건 선임 안건에 대한 결의는 채무자 C를 채무자 회사의 대표이사로, 채무자 D, E, F, G, H를 채무자 회사의 사외이사로 각 선임하는 것을 그 내용으로 하는 것이므로, 채무자 회사를 상대로 위 선임 안건에 대한 결의의 효력 정지를 구하는 신청은 결국 선임된 임원들에 대한 직무집행정지를 구하는 것과 같은 내용이다. 이 경우 채권자는 자신이 주장하는 법률상 지위와 정면으로 저촉되는 지위에 있는 하자 있는 결의에 의하여 선임된 임원을 상대로 그 직무집행정지의 가처분을 구하여야 하므로, 단체인 채무자 회사를 상대로 선임 결의의 효력 정지를 구하는 것은 그 목적을 달성하기 위한 유효·적절한 방법이 되지 못한다. 더욱이, 채무자 회사를 상대로 한 임원 선임 결의의 효력을 정지하는 가처분을 발령할 경우, 채무자 회사가 취하여야 할 적절한 조치가 무엇인지 불분명하여 임원 지위를 둘러싼 혼란이 가중될 우려가 있고, 선임 결의의 효력이 정지된 임원이 직무수행을 계속하더라도 가처분의 효력을 강제할 수단도 적절하지 않다. 이러한 사정과 채권자가 이 사건 선임 안건에 대한 결의의 효력 정지 외에 채무자 C, D, E, F, G, H에 대한 직무집행정지 신청도 함께 구하고 있는 점에 비추어 보면, 채무자 회사를 상대로 이 사건 선임 안건에 대한 결의의 효력 정지를 구하는 신청은 신청의 이익이 없어 부적법하다."
755) 서울중앙지방법원 2010. 12. 8.자 2010카합2598 결정, 서울중앙지방법원 2011. 1. 13.자 2011카합4 결정, 서울중앙지방법원 2011. 7. 5.자 2011카합1622 결정(신청취지는 주주총회개최금지, 주문은 "피신청인이 2011. 7. 5. 개최할 예정인 임시주주총회에서 별지 목록 기재 안건을 통과시키는 결의가 이루어지는 경우 그 결의의 효력을 정지한다").

# 제3절 업무집행기관

## Ⅰ. 이사와 이사회

### 1. 이 사

#### (1) 이사의 법적 지위

이사는 주주총회에서 선임되지만 주주의 대리인·사용인이 아니라 회사의 수임인이고, 따라서 회사와 이사의 관계는 위임에 관한 규정이 준용된다(382조②).[1] 이사는 "이사회의 구성원으로서 이사회의 회사의 업무집행에 관한 의사결정과 대표이사의 업무집행을 감독하는데 참여할 권한을 갖는 자"로 정의하기도 한다.[2] 이사의 기관성에 대하여 주식회사의 필수적 상설기관이라는 견해도 있지만 다수설은 이사의 기관성을 부인한다. 따라서 상법상 이사의 권리·의무·책임은 기관으로서의 권리·의무·책임이 아니라 이사회라는 기관의 구성원으로서의 권리·의무·책임이라 할 것이다.[3] 다만, 자본금총액이 10억원 미만인 회사(소규모회사)가 1인 또는 2인의 이사만 두는 경우에는(383조①), i) 이사회의 권한사항을 주주총회의 권한사항으로 하는 경우가 있고(383조④), ii) 이사회에 관한 규정 중 적용이 배제되는 경우가 있고(383조⑤), iii) 이사회의 권한을 이사가 단독으로 하는 경우가 있다(383조⑥). 또한, 이사는 이사회 결의를 통하여 대표이사를 선임하고, 대표이사 피선임자격이 있다.

---

1) 민법상 수임인은 특약이 없는 한 보수를 청구할 수 없다(民法 686조①). 그러나 상법상의 이사는 회사와의 관계에서 수임인이지만, 주주총회에서의 선임과 동시에 보수에 관한 명시적, 묵시적 특약을 한 것으로 본다.
2) 정찬형, 916면.
3) 한편, 일본 회사법상 이사회설치회사의 경우에는 우리 상법과 같고, 이사회비설치회사의 경우에는 이사 개인이 회사의 업무를 집행하고 회사를 대표하는 기관이다.

### (2) 이사의 종류

#### 1) 상법상 이사의 종류

상법상 이사는 사내이사, 사외이사, 그 밖에 상무에 종사하지 아니하는 이사로 구분하여 등기한다(317조②8). "그 밖에 상무에 종사하지 아니하는 이사"는 등기실무상 "기타비상무이사"로 지칭하는데, "사외이사"와 "기타비상무이사" 모두 해당 회사의 상무(常務)에 종사하지 아니하는 이사를 의미하지만, 상법은 양자의 구별기준을 명문으로 규정하지 않는다. 기타비상무이사는 "상무에 종사하지 않는 이사 중 사외이사 아닌 이사"를 말하고, 따라서 이사들 중에서 사외이사와 기타비상무이사를 제외한 나머지 이사가 사내이사이다. 결국 사내이사는 아니면서 사외이사 결격사유로 사외이사도 될 수 없지만 이사로 선임할 필요가 있는 경우에 실익이 있다.

주주총회에서 사외이사는 구별하여 선임하고 사내이사와 기타비상무이사는 구별하지 않고 선임한 경우, 이사회가 사외이사 아닌 자들 중에서 사내이사와 기타비상무이사를 구별하여 선임하도록 정관에 규정할 수 있다.[4] 집행임원제도를 채택한 회사에서 사외이사가 아닌 이사로서 집행임원을 겸직하는 이사는 사내이사이고, 집행임원을 겸직하지 않는 이사는 기타비상무이사가 될 것이다.

"상무(常務)"란 회사의 상시적인 업무를 말한다. 한편, 직무대행자는 가처분명령에 다른 정함이 있는 경우 외에는 회사의 상무(常務)에 속하지 아니한 행위를 하지 못한다. 그러나 법원의 허가를 얻은 경우에는 그렇지 않다(408조①). 직무대행자가 법원의 허가를 얻지 않고 할 수 있는 상무는 일반적으로 회사의 영업을 계속함에 있어 통상업무범위 내의 사무, 즉 회사의 경영에 중요한 영향을 미치지 않는 보통의 업무를 의미한다.[5] 따라서 모든 상시업무를 포괄하는 의미인 이사의 종류에

---

4) [상업등기선례 제200907-1호(2009. 7. 2. 사법등기심의관-1538 질의회답)](사내이사와 기타비상무이사 등기신청시 첨부서면) "주식회사의 정관에 이사와 사외이사는 주주총회에서 구분하여 선임하되, 주주총회에서 선임된 이사 중 사내이사와 기타비상무이사를 이사회에서 선임하도록 규정하고 있는 경우, 정관과 이사로 선임한 주주총회의사록 및 사내이사와 기타비상무이사를 구분하여 선임한 이사회의사록을 첨부하여 위 사내이사와 기타비상무이사의 선임에 따른 등기를 신청할 수 있다."

5) [대법원 1991. 12. 24. 선고 91다4355 판결] "상법 제408조 제1항에서 말하는 "상무"는 일반적으로 회사의 영업을 계속함에 있어 통상업무범위 내의 사무, 즉 회사의 경영에 중요한 영향을 미치지 않는 보통의 업무를 뜻하는 것이고 직무대행자의 지위가 본안소송의 판결시까지

서의 구별기준인 상무보다 좁은 개념이다. 그리고 상근은 근무형태에 따른 개념이라는 점에서 업무의 내용이 따른 개념인 상무와 비교되는 개념이다.

2) 사외이사

(개) 사외이사의 의의    사외이사는 해당 회사의 상무(常務)에 종사하지 아니하는 이사로서 결격사유에 해당하지 않는 자이다(382조③).6) 사외이사와 기타비상무이사는 주주총회에서의 선임에 따라 확정된다.7) 기타비상무이사도 회사의 상무에 종사하지 않는 이사인데, 주주총회에서 사외이사로 선임된 자에게 사외이사 결격사유가 있는 경우 선임된 사외이사를 등기실무상 기타비상무이사로 변경등기하기 위하여는 다시 주주총회에서 기타비상무이사로 선임하는 결의가 있어야 한다.

(내) 사외이사의 수    상법은 사외이사의 수에 대하여 정하지 아니하며, 다만 감사위원회를 구성할 경우에 한하여 사외이사의 수를 총위원의 3분의 2 이상으로 구성하도록 규정한다(415조의2②).8) 이사 전원을 사외이사로 선임할 수 없고, 사내이사가 최소한 1인은 있어야 한다. 사내이사만이 주식회사의 필요적 상설기관인 대표이사로 선임될 수 있기 때문이다.

(다) 상장회사 사외이사에 대한 특례

가) 구성요건    상장회사 이사회 구성에 있어서 사외이사의 인원과 비율에 관한 특례규정에 대하여는 이사회의 구성 부분에서 상술한다.9)

나) 사외이사 후보추천위원회    최근 사업연도 말 현재의 자산총액이 2조원 이상인 상장회사는 사외이사 후보를 추천하기 위하여 사외이사 후보추천위원회를 설치하여야 한다. 이 경우 사외이사 후보추천위원회는 사외이사가 총위원의 과반수

---

잠정적인 점 등에 비추어 보면 회사의 사업 또는 영업의 목적을 근본적으로 변경하거나 중요한 영업재산을 처분하는 것과 같이 당해 분쟁에 관하여 종국적인 판단이 내려진 후에 정규 이사로 확인되거나 새로 취임하는 자에게 맡기는 것이 바람직하다고 판단되는 행위가 아닌 한 직무대행자의 상무에 속한다."

6) 종래에는 상법에 사외이사의 개념을 정의하는 명문의 규정이 없었는데, 2009년 1월 상법개정시 사외이사의 정의규정과 결격사유에 관한 규정이 추가되었다.

7) 사외이사는 반드시 주주총회에서 사외이사로 선임되어야 한다는 점에서, 주주총회에서 선임된 이사 중 이사회가 사내이사와 기타비상무이사를 구별하여 선임하도록 정관에 규정할 수 있다는 점과 비교된다.

8) 일본 회사법상 위원회설치회사는 지명위원회, 감사위원회, 보수위원회 등을 둔 회사이고(日會 2조 제12호), 각 위원회는 이사 중에서 이사회 결의에 의하여 선정하는 3인 이상으로 구성하여야 하고(日會 400조①·②), 각 위원회의 위원의 과반수가 사외이사이어야 하므로(日會 400조③), 결국 최소한 2인 이상의 사외이사가 선임되어야 한다.

9) [제4장 제3절 I. 2. 이사회 (2) 이사회의 구성] 부분 참조.

가 되도록 구성하여야 한다(542조의8④).[10] 이러한 상장회사가 주주총회에서 사외이
사를 선임하려는 때에는 사외이사 후보추천위원회의 추천을 받은 자 중에서 선임
하여야 한다. 이 경우 사외이사 후보추천위원회가 사외이사 후보를 추천할 때에는
주주제안권을 행사할 수 있는 요건을 갖춘 주주(제363조의2 제1항, 제542조의6 제1항·
제2항의 권리를 행사할 수 있는 요건을 갖춘 주주)[11]가 주주총회일(정기주주총회의 경우 직
전연도의 정기주주총회일에 해당하는 해당 연도의 해당일)[12]의 6주 전에 추천한 사외이사
후보를 포함시켜야 한다(542조의8⑤).[13]

다) 선임·해임·퇴임 신고    상장회사는 사외이사를 선임 또는 해임하거나
사외이사가 임기만료 외의 사유로 퇴임한 경우에는 그 내용을 선임·해임 또는 퇴
임한 날의 다음 날까지 금융위원회와 거래소에 신고하여야 한다(資法 165조의17③).

라) 사외이사 의제    「공기업의 경영구조개선 및 민영화에 관한 법률」,[14]
「금융회사의 지배구조에 관한 법률」 그 밖의 법률에 따라 선임된 주권상장법인의
비상임이사 또는 사외이사는 상법에 따른 요건 및 절차 등에 따라 선임된 사외이사
로 본다(資法 165조의17②). 다른 법률에 따라 선임된 비상임이사 또는 사외이사에 관

---

10) 종래에는 "2분의 1 이상"으로 규정하였으나, 2011년 상법개정시 "과반수"로 변경되었다.

11) 종래에는 "제542조의6 제2항에 따른 주주제안권을 행사할 수 있는 요건을 갖춘 주주"라고
규정하여 상장회사 특례에 따라 주주제안권을 행사할 수 있는 주주로 한정하였으나, 2011년
상법개정시 "제363조의2 제1항, 제542조의6 제1항·제2항의 권리를 행사할 수 있는 요건을 갖
춘 주주"라고 변경함으로써 일반 규정에 따라 주주제안권을 행사할 수 있는 주주도 사외이사
후보를 추천할 수 있도록 하였다.

12) "(정기주주총회의 경우 직전연도의 정기주주총회일에 해당하는 해당 연도의 해당일)"은
2011년 상법개정시 추가되었다.

13) 주주제안권과 사외이사후보추천권은 소유 주식비율, 주식 보유요건 등 권리행사의 주체와 관
련된 요건이 아닌 행사기간에 관한 요건을 달리 정할 합리적인 이유가 없기 때문에 주주제안권
과 마찬가지로 사외이사후보추천권 행사의 종기를 "주주총회일의 6주 전"까지로 규정한 것이다.

14) [공기업의 경영구조개선 및 민영화에 관한 법률]
제5조(이사)
① 이사는 상임이사와 비상임이사로 구분하되, 주주총회에서 선임한다.
제8조 (이사후보의 추천)
① 상임이사후보를 사장이 추천하는 경우에는 이사회의 동의를 얻어야 한다. 이 경우 사장
을 제외한 상임이사는 이사회의 결의에 참여할 수 없다.
② 비상임이사후보는 정관이 정하는 바에 의하여 주주 또는 주주협의회가 추천한다.
제9조 (비상임이사의 자격요건 등)
① 비상임이사가 될 수 있는 자는 경제·경영·법률 또는 관련 기술 등에 관한 전문적인 지
식이나 경험이 있는 자로 한다.
② 제1항의 규정에 불구하고 대상기업과 중대한 이해관계가 있는 자는 비상임이사가 될 수
없다.
③ 제2항의 규정에 의한 중대한 이해관계가 있는 자의 범위는 정관으로 정한다.

하여 다른 법률이 정하는 요건과 절차 외에 상법이 정하는 요건과 절차를 다시 갖추어야 하는 부담을 덜어주기 위한 것이다.

### ⑷ 금융회사의 특례

가) 선임기준　　금융사지배구조법상 금융회사는 사외이사를 3인 이상 두어야 하며(同法 12조①), 사외이사의 수는 이사 총수의 과반수가 되어야 한다.15) 다만 대통령령으로 정하는 금융회사의 경우 이사 총수의 4분의 1 이상을 사외이사로 하여야 한다(同法 12조②).16) 금융회사는 사외이사의 사임·사망 등의 사유로 사외이사의 수가 제1항 및 제2항에 따른 이사회의 구성요건에 미치지 못하게 된 경우에는 그 사유가 발생한 후 처음으로 소집되는 주주총회(보험업법 제2조 제7호에 따른 상호회사인 보험회사의 경우 사원총회를 포함)에서 제1항 및 제2항에 따른 요건을 충족하도록 조치하여야 한다(同法 12조③).

나) 임원후보추천위원회　　임원후보추천위원회는 임원(사외이사, 대표이사, 대표집행임원, 감사위원에 한정)후보를 추천한다(同法 17조①). 임원후보추천위원회는 3명 이상의 위원으로 구성한다(同法 17조②). 금융회사는 주주총회 또는 이사회에서 임원을 선임하려는 경우 임원후보추천위원회의 추천을 받은 사람 중에서 선임하여야 한다(同法 17조③). 임원후보추천위원회가 사외이사 후보를 추천하는 경우에는 금융사지배구조법 제33조 제1항에 따른 주주제안권을 행사할 수 있는 요건을 갖춘 주주가 추천한 사외이사 후보를 포함시켜야 한다(同法 17조④). 임원후보추천위원회의 위원은 본인을 임원 후보로 추천하는 임원후보추천위원회 결의에 관하여 의결권을 행사하지 못한다(同法 17조⑤).

### 3) 주주총회의 소집시 이사의 구분

상장회사가 주주총회의 소집통지·공고를 하는 경우에는 사외이사 등의 활동내

---

15) 다만, 동법 제3조 제3항의 적용배제규정에 따라, 최근 사업연도 말 현재 자산총액이 5조원 미만인 금융투자업자, 보험회사, 여신전문금융회사 등(다만, 최근 사업연도 말 현재의 자산총액이 2조원 이상인 주권상장법인 제외)에는 이러한 기준이 적용되지 않는다(同法 施行令 6조 ③).

16) "대통령령으로 정하는 금융회사"는 다음과 같다(同法 施行令 12조).
　1. 주권상장법인(상법 시행령 제34조 제1항 각 호의 어느 하나에 해당하는 경우는 제외)
　2. 최근 사업연도 말 현재 자산총액이 3천억원 이상인 상호저축은행
　3. 최근 사업연도 말 현재 자산총액이 3천억원 이상인 금융투자업자 또는 종합금융회사
　4. 최근 사업연도 말 현재 자산총액이 3천억원 이상인 보험회사
　5. 최근 사업연도 말 현재 자산총액이 3천억원 이상인 여신전문금융회사(여신전문금융업법에 따른 신용카드업을 영위하지 아니하는 여신전문금융회사는 최근 사업연도 말 현재 자산총액이 2조원 이상인 경우에 한정)

역과 보수에 관한 사항을 통지·공고하여야 하므로(542조의4③),17) 사외이사 후보와 사외이사 아닌 후보를 구분하여야 한다. 그러나 비상장회사는 주주총회의 소집통지 단계에서 선임할 이사 후보를 반드시 사내이사·사외이사·기타비상무이사 등 세 종류로 구분하여 통지할 의무는 없다는 것이 하급심 판례의 입장이다.18) 그러나 비상장회사도 사외이사의 경우에는 결격사유가 있으므로 구분하여 통지하는 것이 바람직하다. 실제로는 비상장회사라도 사외이사뿐 아니고 사내이사와 기타비상무이사도 구분하여 표시하는 경우도 많다.

### (3) 이사의 선임

#### 1) 선임기관

이사는 주주총회에서 선임한다(382조①). 회사 설립시에는 이와 달리, 발기설립의 경우에는 발기인이 선임하고(296조) 모집설립의 경우에는 창립총회에서 선임한다(312조). 주주총회의 이사선임권은 정관에 의하여도 다른 기관에 위임할 수 없다.19) 주주는 이사의 선임을 통하여 회사에 대한 지배권을 행사하므로 이사의 선임은 주주총회의 전속적인 결의사항이고 따라서 이사의 선임권한을 주주총회 아닌 다른 기관에 위임하는 정관 등의 규정은 무효이다.

---

17) 사외이사의 활동내역·보수의 통지·공고는 이사의 선임에 관한 사항을 목적으로 하는 주주총회가 아니더라도 상장회사의 모든 주주총회에 적용된다.

18) [서울고등법원 2010. 11. 15.자 2010라1065 결정] "상법 기타 관련 법령에서 주주총회의 소집통지를 함에 있어 선임할 이사를 사내이사·사외이사·기타비상무이사로 구별하여 통지하도록 규정하지 않고 있는 점, 상장회사에 관해서는 임원 선임을 위한 주주총회에 앞서 해당 후보자를 개별적으로 특정하도록 하는 특례 규정이 있지만(상법 542조의4 제2항, 542조의5), 비상장회사에 관해서는 그에 관한 별도의 규정이 없는 점을 감안하면, 비상장회사의 주주총회의 소집통지 단계에서 선임할 이사 후보를 사내이사·사외이사·기타비상무이사로 구분하여 통지할 의무는 없다. 상법 제317조 제2항 제8호에 의하면 주식회사는 설립등기를 함에 있어 '사내이사, 사외이사, 그 밖에 상무에 종사하지 아니하는 이사, 감사의 성명과 주민등록번호'를 등기하도록 규정하고 있으나, 위 규정은 회사가 이사를 위와 같이 구분하여 선임하였을 경우에 등기 방법에 관해 규정한 것이지, 위 규정으로 말미암아 주주총회의 소집통지에 있어서 사내이사, 사외이사, 기타 비상무이사로 구별하여 통지할 의무가 발생한다고 볼 수는 없다."

19) 다만, 법률에 의하여 다른 기관이 이사임면권을 가지는 예가 있다.
[중소기업은행법 제26조(임원의 임면)]
① 은행장은 금융위원회 위원장의 제청으로 대통령이 임면한다.
② 전무이사와 이사는 은행장의 제청으로 금융위원회가 임면한다.
③ 감사는 금융위원회가 임면한다.

### 2) 선임결의의 요건

총회의 결의는 상법 또는 정관에 다른 정함이 있는 경우를 제외하고는 출석한 주주의 의결권의 과반수와 발행주식총수의 4분의 1 이상의 수로써 하여야 한다(368조①). 회사설립시의 경우, 발기설립에서는 발기인 의결권의 과반수로 이사를 선임하고(296조①), 모집설립에서는 창립총회에 출석한 주식인수인의 의결권의 3분의 2 이상이며 인수된 주식의 총수의 과반수에 해당하는 다수로 한다(309조).20)21)

이사 선임의 경우 일반적으로 회의목적사항을 기재할 때 의제만 통지되므로 '이사 선임의 건'으로 소집통지에 기재하고, 통상 총회장에서 주주총회를 소집한 이사회가 후보자를 제안한다. 주주제안을 한 주주도 후보자를 제안할 수 있다. 다만, 상장회사는 주주총회에서 이사를 선임하려는 경우에는 상법 제542조의4 제2항에 따라 통지하거나 공고한 후보자 중에서 선임하여야 하므로 이사후보자를 총회장에서 제안하여 선임할 수 없다(542조의5).

### 3) 선임결의시 이사의 종류별 구분

상법상 이사는 사내이사, 사외이사, 기타비상무이사로 구분되어 있고(317조②8) 의안도 어느 종류의 이사인지 항목별로(통상 제3-1호, 제3-2호와 같이 가지번호를 붙임) 선임할 인원도 특정하여 기재하여야 한다.

사내이사와 기타비상무이사를 구분하여 선임하는 방법에 있어서 주주총회에서 처음부터 구분하여 선임하는 방법, 주주총회에서 일단 일괄하여 선임한 후 추가적인 주주총회 또는 이사회에서 구분하여 선임하는 방법 모두 있을 수 있고, 어느 방법으로 선임할 것인지는 이사회의 권한에 속하므로 이사회의 결의에 따라 주주총회에서 구분 상정할 수 있다는 하급심 판례가 있다.22) 한편, 정관에서 사내이사와 기타비상무이사는 주주총회에서 일괄선임한 후 이사회에서 구분선임하도록 규정하고 있다면 이사회의사록에 의하여 선임등기를 신청할 수 있다는 것이 상업등기의

---

20) 정관에 의하여 이사의 선임결의를 가중할 수 있는지에 관하여 출석의결권의 과반수라는 요건은 정관에 의하여도 가중할 수 없다는 견해가 있지만(이철송, 662면), 1995년 상법 개정시 "이사의 선임결의는 정관에 다른 정함이 있는 경우에도 발행주식의 총수의 과반수에 해당하는 주식을 가진 주주의 출석으로 그 의결권의 과반수로 하여야 한다."라는 제384조가 삭제된 점에 비추어 동의하기 어렵다.

21) 미국에서는 일반적으로 이사의 선임을 위한 의사정족수(quorum)는 기본정관에 다른 규정이 없으면 의결권 있는 주식의 과반수가 출석하면 되고, 결의요건(voting requirement)은 과반수가 아닌 다수결에 의한다[MBCA §7.25(a), §7.28(a)].

22) 인천지방법원 2014. 10. 17. 선고 2014가합51578 판결.

실무이다.[23)]

이사의 선임에 관한 주주총회 결의는 선임할 이사별로 별개로 존재하고, 수인의 이사를 동시에 선임하더라도 선임하는 이사별로 복수의 결의가 존재한다. 따라서 어느 한 이사의 선임결의에 하자가 있더라도 나머지 다른 이사의 선임결의의 효력에는 영향이 없다. 그러나 집중투표의 경우에는 하나의 결의에 의하여 수인의 이사가 선임되므로, 이사 선임결의에 하자가 있는 경우에는 선임된 이사 전체에 대하여 영향이 미친다.

상장회사가 이사·감사의 선임에 관한 사항을 목적으로 하는 주주총회를 소집 통지·공고하는 경우에는 이사·감사 후보자의 성명·약력·추천인,[24)] 그 밖에 대통령령으로 정하는 후보자에 관한 사항을 통지하거나 공고하여야 하므로(542조의4②, 슈 31조③),[25)] 상장회사 사외이사는 주주총회에서의 선임결의시부터 구분되어야 한다.

### (4) 집중투표제도

#### 1) 의    의

집중투표(cumulative voting)는 2인 이상의 이사를 1회 결의에 의하여 선임하기 위하여 주주에게 1주에 대하여 선임할 이사의 수에 해당하는 복수의 의결권을 주는 방법이다. 주주는 복수의 의결권을 특정 후보에게 집중적으로 행사할 수 있으므로 소수주주 측의 후보도 이사로 선임될 가능성이 있다. 그 결과 기업인수자가 이사진 전원을 개선하는 것이 곤란하게 되므로 적대적 기업인수에 대한 예방적 방어책이라 할 수 있다.[26)] 1998년 개정상법은 이사의 선임방법에 대하여 2인

---

23) [상업등기선례 제200907-1호(2009. 7. 2. 사법등기심의관-1538 질의회답)](사내이사와 기타비상무이사 등기신청시 첨부서면) "주식회사의 정관에 이사와 사외이사는 주주총회에서 구분하여 선임하되, 주주총회에서 선임된 이사 중 사내이사와 기타비상무이사를 이사회에서 선임하도록 규정하고 있는 경우, 정관과 이사로 선임한 주주총회의사록 및 사내이사와 기타비상무이사를 구분하여 선임한 이사회의사록을 첨부하여 위 사내이사와 기타비상무이사의 선임에 따른 등기를 신청할 수 있다."

24) 상장회사 사외이사후보의 추천인은 사외이사후보추천위원회이고, 사내이사후보, 감사위원회위원후보의 추천인은 이사회이다.

25) "최근 3년간"은 "3개 사업연도"가 아니다. 3년은 주주총회 소집통지·공고일로부터 역산한다.

26) 반면에 단순투표제(straight voting)는 정관에 다른 규정이 없는 한 각 주주는 선임할 각 이사에 대하여 1주당 1개의 의결권을 가지고 각 이사별로 1개씩의 의결권을 행사하여 과반수를 얻은 후보를 이사로 선임하는 방식이다. 예를 들어, 주주 A는 72주를, 주주 B는 28주를 각각 소유하고, 3인의 이사를 선임하는데 A 측이 내세운 후보가 3인이고 B 측이 내세운 후보도 3

이상의 이사의 선임을 목적으로 하는 총회의 소집이 있는 때에는 의결권 없는 주식을 제외한 발행주식총수의 3% 이상에 해당하는 주식을 가진 주주는 정관에서 달리 정하는 경우를 제외하고는 회사에 대하여 집중투표의 방법으로 이사를 선임할 것을 청구할 수 있다고 규정함으로써 집중투표권을 소수주주권의 하나로 도입하였다(382조의2). 뒤에서 보는 바와 같이 최근 사업연도 말 현재의 자산총액이 2조원 이상인 상장회사의 경우에는 의결권 없는 주식을 제외한 발행주식총수의 1% 이상에 해당하는 주식을 보유한 자가 집중투표를 청구할 수 있다(542조의7②, 令 33조).

### 2) 요건과 절차

2인 이상의 이사의 선임을 목적으로 하는 총회의 소집이 있을 때에는 의결권 없는 주식을 제외한 발행주식총수의 3% 이상에 해당하는 주식을 가진 주주는 정관에서 달리 정하는 경우를 제외하고는 회사에 대하여 집중투표의 방법으로 이사를 선임할 것을 청구할 수 있다(382조의2①). 이러한 청구는 회일의 7일 전까지 서면 또는 전자문서로 하여야 한다(382조의2②).

(가) 선임할 이사의 수와 종류    2인 이상의 이사의 선임을 목적으로 하는 주주총회에서만 집중투표가 필요하다. 선임할 이사가 1인이면 집중투표에 의한 의결권의 행사가 무의미하기 때문이다. 이사 선임에 있어 집중투표를 정관으로 배제하지 않은 주식회사는 이사 선임에 관한 주주총회의 소집통지에 선임할 이사의 원수를 반드시 기재하여야 한다. 왜냐하면 주주는 선임될 이사의 원수에 따라 회사에 대한 집중투표의 청구 여부를 결정할 것이기 때문이다(예컨대, 5인의 이사를 선임한다면 자신의 보유 지분에 의하여 이사선임에 영향력을 미칠 수 있지만, 2인의 이사를 선임할 경우에는 별다른 영향력을 행사할 수 없는 주주는 선임될 이사의 원수에 따라 집중투표의 청구 여부를 달리 결정할 것이다). 따라서 정관에 의하여 집중투표를 배제하지 않은 주식회사가 주주총회의 소집통지에서 회의의 목적사항으로 "이사선임의 건"이라고 기재하였다면 이는 단수이사의 선임으로 보아야 하고, 복수이사의 선임을 할 경우에는 반드시 "이사 ○인 선임의 건" 또는 "이사 선임의 건(○인)"과 같이 그 인원수를 표시하여

---

인인 경우, A는 각 후보에 대하여 최대 72표를 행사할 수 있고 B는 각 후보에 대하여 28표씩밖에 행사할 수 없다. 결국 A측이 내세운 후보는 각자 72표씩을 얻게 되고 B측이 내세운 후보는 각자 28표씩만을 얻게 되어 A측이 내세운 후보가 모두 당선되는 결과가 나올 수밖에 없다. 이는 소수주주인 B에게는 매우 불공평한 결과이고, 극단적으로는 어느 주주가 50%+1주의 의결권을 보유한다면, 그 주주가 추천한 후보는 항상 당선되는 결과가 된다.

야 한다.27)

　이 때 같은 종류의 선임할 이사가 2인 이상인 경우에는 이사의 종류별로 집중투표의 대상임이 명백하나, 종류가 다른 선임할 이사의 수까지 합산하여, 예컨대 사내이사 1인, 사외이사 1인을 선임하거나28) 사내이사 1인과 사외이사 아닌 기타 비상무이사 1인을 선임하는 등 종류가 다른 2인의 이사를 선임하는 경우 이사의 종류별로는 1인씩 선임하는 것이므로 이 경우에도 소수주주의 집중투표청구에 응해야 할 것인지에 관하여 논란의 여지가 있다(소수주주가 사내이사 1인, 사외이사 1인의 선임을 제안하면서 집중투표를 청구한 경우도 마찬가지이다). 이와 관련하여, 특히 사내이사와 사외이사의 경우 그 자격요건이 다르므로 집중투표의 대상이 아니라고 볼 수도 있지만, 상법 제382조의2는 이사의 종류에 불구하고 주주의 집중투표 청구가 있으면 정관에서 집중투표를 배제하고 있지 않는 한 회사는 반드시 집중투표를 해야 한다는 취지로 해석하는 것이 타당하다.29)

　소수주주가 복수이사 선임을 제안하면서 집중투표를 함께 청구한 경우에 회사가 선임될 이사의 수를 확정하는 의안을 별도의 선결 의안으로 상정하고, 그 의안이 부결되면 집중투표를 하지 않을 수 있는지에 관하여는 주주제안 부분에서 설명한 바가 있다.

　(나) 정관에서 집중투표를 배제하지 않을 것　　정관에서 달리 정하는 경우를 제외하고는 회사에 대하여 집중투표의 방법으로 이사를 선임할 것을 청구할 수 있

---

27) 서울중앙지방법원 2015. 4. 9. 선고 2014가합529247 판결, 서울고등법원 2010. 11. 15.자 2010라1065 결정.

28) 이러한 경우에는 "제2호 의안: 이사선임의 건(2인), 제2-1호: 사내이사 1인 선임(후보: 갑), 제2-2호: 사외이사 1인 선임 (후보: 을)"(SK 제25기 정기 주주총회 소집공고)과 같이 이사의 종류별 인원수를 병기한다.

29) 법적 구속력 있는 지침은 아니지만, 한국상장회사협의회 발간 "2014 상장회사 주주총회 시나리오 예시"에서도 2인의 이사를 선임하는 주주총회에서 소수주주가 집중투표 청구를 한 경우, "사내이사 선임과 사외이사 선출을 별도의 의안으로 상정하면 각 1인의 이사를 선출하는 것이므로 집중투표의 방법으로 선출할 여지가 없게 됩니다. 그러나 상법 제382조의2와 제542조의7이 소수주주의 이익을 보호하려는 취지에 비추어 그렇게 별도의 의안으로 상정할 수는 없다"라고 설명한다. 앞에서 본 인천지방법원 2014. 10. 17. 선고 2014가합51578 판결의 취지에 따른다면 소수주주가 이사의 종류와 무관하게 2인 이상의 이사 선임에 대하여 집중투표를 청구하더라도, 이사회가 이사의 종류를 구분하여 안건을 분리하여 특정 종류의 이사 1인에 대한 선임의 건이 상정되면 집중투표를 피할 수 있게 되는데, 이러한 결과는 집중투표제의 취지에 부합하지 않는다.(다만, 이 판결에서는 소수주주가 '기타비상무이사로 활동할 4인의 이사를 집중투표의 방법으로 선임하여 줄 것을 제안하였기 때문에, 이와 별개인 사내이사 선임의 건을 더하여 집중투표제로 함께 의결할 의무는 없다고 판시하였다).

으로(382조의2①), 만일 회사가 집중투표제를 원하지 않는다면 사전에 정관에 집중투표제를 허용하지 않는다는 규정을 두어야 한다.[30]

(다) 소수주주의 청구    집중투표의 방법으로 이사를 선임할 것을 청구할 수 있는 주주는 의결권 없는 주식을 제외한 발행주식총수의 3% 이상에 해당하는 주식을 가진 주주이다.[31] 이러한 지분요건은 집중투표 청구시점에 갖추면 되고, 그 후 주주총회 결의시점까지 유지할 필요는 없다.[32]

소수주주가 집중투표를 청구한 경우 주주제안을 한 다른 소수주주가 집중투표를 청구하지 않더라도 집중투표방법에 의하여 최다득표자순으로 이사로 선임해야 할 것이다. 소수주주의 청구가 없어도 2인 이상의 이사를 선임하는 경우에는 항상 집중투표에 의하여야 한다는 정관 규정의 효력에 대하여 논란의 여지가 있으나 법문에 비추어 효력을 부인하는 것이 타당하다.

그리고 집중투표를 청구한 소수주주는 이사 선임 의안 상정 전에 청구를 철회할 수 있다.

(라) 회사의 공시    집중투표청구가 있는 경우에는 의장은 의결에 앞서 그러한 청구가 있다는 취지를 알려야 한다(382조의2⑤). 청구서면은 총회가 종결될 때까지 이를 본점에 비치하고 주주로 하여금 영업시간 내에 열람할 수 있게 하여야 한다(382조의2⑥).

(마) 예   외    창립총회에서 최초의 이사를 선임하는 경우에는 집중투표를 적용하지 않는다.

---

30) 미국에서도 대부분의 州제정법은 집중투표제를 허용하는데, 기본정관에서 이를 배제하지 않는 한 집중투표제를 허용하는(opt out election) 제정법도 있지만, 많은 州의 제정법은 MBCA, DGCL과 같이 기본정관에 집중투표제가 명시적으로 규정되어 있을 때에만 이를 허용(opt in election)한다. 기본정관의 규정에 따라서만 집중투표제가 인정되는 州제정법 하에서는 기본정관의 변경에 의하여 집중투표제를 폐지할 수 있다. 그러나 소수 州의 제정법은 집중투표제를 강제적으로(mandatory) 요구하여 집중투표제에 반하는 기본정관이나 부속정관의 규정은 효력이 없다고 규정한다. 일본에서는 1950년 상법개정으로 단독주주권으로 도입하면서 정관에 의하여 발행주식총수의 25% 이상의 소수주주권으로 할 수 있도록 하였으나 1974년 상법개정시 정관에 의한 집중투표의 전면배제가 가능하도록 하였고, 회사법도 같은 취지로 규정한다(日숲 342조①). 이에 따라 대부분의 회사가 정관에서 집중투표제를 배제하고 있다.

31) 집중투표제도는 주주제안제도와 별개의 것이므로 집중투표 청구 자체가 주주제안의 내용이 될 수는 없다(서울고등법원 2015. 5. 29. 선고 2014나2045252 판결).

32) 이사해임의 소와 같이 지분율 감소에 따라 제소주주가 제소권을 상실하면 해당 소는 부적법한 소가 되어 각하되어야 하지만(대표소송의 경우에는 제소 후 지분율이 감소한 경우에도 제소의 효력에 영향이 없다는 명문의 규정이 있다), 소송요건과 관계없는 집중투표에 대하여는 달리 해석하는 것이 타당하다.

(ᄇᆞ) **의사정족수와 집중투표**   집중투표의 청구가 있으면 보통결의요건에도 불구하고 후보자 중 다수득표자순으로 선임할 이사의 수만큼 선임된다. 이와 관련하여 판례는 주식회사의 정관에서 이사의 선임을 발행주식총수의 과반수에 해당하는 주식을 가진 주주의 출석과 출석주주의 의결권의 과반수에 의한다고 규정하는 경우, 집중투표에 관한 위 상법조항이 정관에 규정된 의사정족수 규정을 배제한다고 볼 것은 아니므로, 이사의 선임을 집중투표의 방법으로 하는 경우에도 정관에 규정한 의사정족수는 충족되어야 한다는 입장이다.[33] 그런데 상법 제368조 제1항의 발행주식총수의 1/4 이상이라는 요건은 사실상 의사정족수로서의 의미를 가지고, 단순투표제에 의하여 이사를 선임할 수 없는데 집중투표제에 의하여서는 이사를 선임할 수 있다는 것은 불합리하므로, 정관에 의사정족수 규정이 없는 경우에도 단순투표제이든 집중투표제이든 발행주식총수의 1/4 이상이라는 출석이 요구된다고 해석하는 것이 타당하다.

그러나 집중투표제는 결의요건에 대한 특례이므로, 발행주식총수의 1/4 이상의 출석에 의하여 일단 주주총회가 성립한 이상 집중투표의 결과 득표한 의결권이 출석 의결권의 과반수나 발행주식총수의 1/4에 미달하더라도 득표순에 따라 선임할 이사의 수에 포함된다면 이사로 선임된다. 정관에 이와 달리 규정된 결의요건은 집중투표의 경우에는 적용되지 않는다.

(ᄉᆞ) **후보의 수**   집중투표는 후보의 수가 선임할 이사의 수보다 많은 경우 후보별로 다득표한 순으로 선임하는 방식인데, 통상의 경우는 아니지만, 선임할 이사의 수와 후보의 수가 같은 경우에도 집중투표에 의하여 이사를 선임할 수 있는지에 대하여 아직은 학계에서나 실무상 논의된 바는 없는 것으로 보인다.

선임할 이사의 수와 후보의 수가 같은 경우, 보통결의 요건인 발행주식총수의 4분의 1 이상을 득표하지 못한 후보에 대한 선임의안은 단순투표에 의하면 부결되지만 집중투표에 의하면 가결된다. 따라서 소수주주와 경영진과의 합의에 의하여 또는 복수의 대주주들 간의 합의에 의하여 추천된 후보의 수가 선임할 이사의 수와 같은 경우에도,[34] 단순투표에 의하면 소수주주 측이나 과반수 의결권을 확보하지 못한 대주주 측이 추천한 후보에 대한 선임의안이 부결될 가능성이 있다.

---

33) 대법원 2017. 1. 12. 선고 2016다217741 판결.
34) 상법상 명확하게 규정된 것은 아니지만 소수주주의 청구가 있어야 집중투표를 할 수 있다고 해석되므로, 복수의 대주주들 간의 합의에 의하여 추천된 후보의 수가 선임할 이사의 수와 같은 경우에도 일부 대주주가 집중투표를 청구해야 할 것이다.

이러한 이유로 소수주주 측이나 과반수 의결권을 확보하지 못한 대주주가 집
중투표를 청구하는 경우도 있을 수 있는데, 상법은 2인 이상의 이사의 선임을 목
적으로 하는 주주총회의 소집이 있는 때 소수주주가 집중투표를 청구할 수 있다
고 규정할 뿐, 후보의 수가 선임할 이사의 수보다 많을 것을 명시적인 요건으로 하
지 아니하므로 회사가 집중투표방식을 거부할 수 있는지에 대하여 논란의 여지가
있다.

이러한 상황에서 집중투표청구가 있는 경우에는 사후의 법적 분쟁을 피하기
위하여 이사선임 의안을 상정하기 전에 집중투표를 할 것인지 여부를 선결의안으
로 상정하고, 선결의안이 가결되면 집중투표에 의하여, 부결되면 단순투표에 의하
여 이사선임 의안을 결의하는 것이 바람직하다. 이러한 절차를 취한다면 결의방법
이 법령 또는 정관에 위반하거나 현저하게 불공정한 때에 해당한다는 이유로 결의
취소소송이 제기되는 경우 어느 투표방식에 의하여 결의했더라도 법원이 재량에
의하여 청구를 기각(재량기각)할 가능성이 클 것이다.

### 3) 투표방법과 선임결정

집중투표청구가 있는 경우에 이사의 선임결의에 관하여 각 주주는 1주마다
선임할 이사의 수와 동일한 수의 의결권을 가지며, 그 의결권은 이사 후보자 1인
또는 수인에게 집중하여 투표하는 방법으로 행사할 수 있다(382조의2③). 집중투표
의 방법으로 이사를 선임하는 경우에는 투표의 최다수를 얻은 자부터 순차적으로
이사에 선임되는 것으로 한다(382조의2④). 단순투표제의 경우, 주주 A는 72주를, 주
주 B는 28주를 가지고 있으면서 3인의 이사를 선임하는데 A측이 내세운 후보가 3
인이고 B측이 내세운 후보도 3인일 때 A는 각 후보에 대하여 최대 72표를 행사할
수 있고 B는 각 후보에 대하여 28표씩밖에 행사할 수 없어서 A측이 내세운 후보
는 각자 72표씩을 얻게 되고 B 측이 내세운 후보는 각자 28표씩만을 얻게 되어 A
측이 내세운 후보가 모두 당선되는 결과가 나올 수밖에 없다. 이는 소수주주인 B
에게는 매우 불공정한 결과이고 극단적으로는 주식을 51대 49의 비율로 가지고 있
다 하더라도 51주를 가진 주주 측의 후보가 항상 당선된다. 그러나 집중투표제하에
서는 B가 자신의 총의결권 84표(28×3)를 어느 특정 후보에게 전부 행사하면 A가
아무리 자신의 총의결권을 배분하여 행사하더라도 B가 투표한 후보를 제외하고 A
측의 후보를 전원 당선시킬 수 없는 것이다. 따라서 B는 28%의 주식을 가지고 있
으면서도 이사 3인중 1인을 확보할 수 있다. 집중투표제는 결의요건에 대한 특례

이므로 발행주식총수의 4분의1 이라는 요건을 갖출 필요 없이 다득표 순으로 선임한다.[35]

집중투표제에서 일정 수의 이사를 확보하는데 필요한 최소한의 주식수의 산식은 다음과 같다.[36][37]

$$Xn = \frac{nS}{D+1} + 1주$$

  Xn : 필요한 최소주식수
  n : 선임하고자 하는 이사의 수
  S : 출석한 의결권 있는 주식총수
  D : 선임할 이사의 총수

### 4) 후보자가 동수의 득표를 한 경우

집중투표 결과 동수의 득표를 한 후보를 모두 이사로 선임한다면 당초 선임할 이사의 수를 초과하는 경우가 있다. 정관에 이러한 경우에 적용할 선임기준이 없다면

---

35) 극단적인 예에 해당하지만, 소수의 후보에게 투표가 집중되는 바람에 단 1 표도 얻지 못한 후보는 집중투표제라 하더라도 선임될 수 없다. 1표 이상 득표한 후보가 선임할 이사의 수에 미달하더라도 마찬가지이다.

36) 따라서 위 사례를 식에 대입하여 보면 100/4 + 1 = 26이므로 소수주주라도 26%의 주식만 가지고 있으면 3인 중 1인의 이사를 확보할 수 있게 된다. 따라서 발행주식총수의 3% 이상에 해당하는 주식을 가진 주주가 집중투표를 청구할 수 있지만, 실제로 집중투표에 의하여 소수주주 측 이사후보를 이사로 선임하려면 상당 수준의 지분이 있는 주주 또는 주주들의 그룹이어야 한다. 만일 주주가 3인이고 선임할 이사의 수가 5인일 때 어느 한 주주가 다른 두 주주들이 1인의 이사도 확보하지 못하게 하기 위하여 즉 자신이 5인의 이사 전원을 확보하기 위하여 필요한 주식의 수를 계산하면 500/6 + 1 = 84.333이므로 84주이다. 85주가 필요한 것 같지만, 다른 두 주주가 1인의 이사라도 확보하는 것을 막기 위하여 필요한 주식수의 계산결과가 84.333이므로 84주로 족하다. [집중투표 관련 구체적인 산식에 관하여는 졸저 미국기업법, 박영사(2009), 406, 407면 참조].

37) 집중투표제는 의외의 결과가 나오는 경우가 많으므로 의결권 행사에 있어서 합리적인 전략이 필요하다. 예를 들어, 주주 A가 60주, 주주 B가 40주를 가지고 있는 회사에서 이사회를 구성하는 이사 5인을 선임하는 경우에 A는 집중투표제에도 불구하고 자신이 추천한 A1, A2, A3, A4, A5 각 후보에게 60표씩 투표한 반면, B는 A가 이같이 투표할 것으로 예상하고 집중투표방식에 의하여 자신이 천거한 후보 중 B1에게 68표, B2에게 67표, B3에게 65표를 각 투표하고 나머지 두 후보인 B4, B5에게는 한 표도 투표하지 않으면 주식소유비율에 불구하고 오히려 B 측의 이사가 이사회의 3분의 2를 차지하여 이사회를 지배할 수 있게 된다. 그러나 B는 만일 A가 이에 대한 대응 전략을 세우면 한 사람의 이사만 확보하게 된다. 예를 들어, A가 A1, A2, A3, A4 각 후보에게 75표씩 투표하고 A5에게는 한 표도 행사하지 않으면 B가 어떠한 방법으로 투표하여도 A는 4인의 이사를 확보하게 되는 것이다.

동수의 득표를 한 후보를 대상으로 결선투표를 해야 할 것이다.[38] 결선투표를 하는 경우 미선임 이사가 복수인 경우에는 다시 집중투표에 의하여 선임해야 할 것이다. 그러나 미선임 이사가 1인인 경우에는 단순투표에 의하여 선임해야 할 것인데, 이사후보별로 의안을 상정하여 투표하는 것은 두 후보 모두 결의요건을 충족하는 결과가 반복될 수 있고, 의결권 있는 발행주식총수의 4분의 1을 가진 주주의 찬성이라는 보통결의요건을 충족하기 어려운 경우도 발생할 수 있으므로, 투표지에 잔여 후보자 모두를 기재하여 투표한 후 다득표자를 선임하는 방법이 적절하다. 다만, 다득표순 선임 방식의 공정성에 대한 시비를 예방하기 위하여, 의장이 다득표순 선임에 관한 의안을 먼저 상정하여 가결된 후 이사선임결의를 하는 것이 적절하다.[39]

### 5) 상장회사의 집중투표에 관한 특례

(가) 청구시기    상장회사에 대하여 집중투표의 방법으로 이사를 선임할 것을 청구하는 경우 주주총회일(정기주주총회의 경우에는 직전 연도의 정기주주총회일에 해당하는 그 해의 해당일)의 6주 전까지 서면 또는 전자문서로 회사에 청구하여야 한다(542조의7①). 상장회사의 경우 주주가 주주총회에 직접 참석하는 경우는 소수이고, 대부분은 위임장교부 혹은 서면투표에 의하여 주주들의 의사가 표시되는데, 상법 제382조의2 제2항이 규정하는 "주주총회 7일전"에는 이미 주주총회의 통지 및 위임장 교부가 종료한 이후이고 주주들이 서면투표를 진행하고 있는 도중으로서, 만일 이 시점에 집중투표 청구가 있는 경우 회사로서는 처리 방법이 마땅치 않다는 문제점이 있었다. 따라서 상법은 상장회사의 경우 주주제안권과 마찬가지로 "주주총회 6주 전까지" 집중투표를 청구하도록 하여 회사가 주주총회 소집통지문과 위임장 용지를 작성함에 있어 이를 반영하여 준비할 수 있도록 하였다.

(나) 소수주주권 행사    최근 사업연도 말 현재의 자산총액이 2조원 이상인 상장회사의 의결권 없는 주식을 제외한 발행주식총수의 1% 이상에 해당하는 주식을 보유한 자는 제382조의2에 따라 집중투표의 방법으로 이사를 선임할 것을 청구할

---

38) 同旨: 김지평, "주식회사 이사 및 감사위원 선임의 실무상 쟁점", 한국상사판례학회 2019년 춘계학술대회 자료집, 63면.

39) 한편, 주주제안이 거부되자 제안주주가 의안상정가처분 신청을 하면서, 후보자 전원에 대하여 그 선임안을 모두 상정하여 표결하도록 하고, 주주총회 보통결의 요건을 만족하는 후보자들 중 다득표자 순으로 그 선임 여부를 결정하도록 하여야 한다는 취지의 신청도 한 사안에서, 주주제안권은 해당 안건이 해당 주주총회의 결의 사항에 포함되면 그 목적이 달성되는 것이라는 이유로 의안상정 및 표결의 순서·방법의 지정을 구하는 신청 부분의 피보전권리와 보전의 필요성을 부인한 하급심 판례도 있다(서울중앙지방법원 2021. 3. 10.자 2021카합20285 결정).

수 있다(542조의7②, 슈 33조).

상장회사에 대한 특례에 따른 다른 소수주주권과 달리 집중투표청구의 경우에는 보유기간에 관한 요건이 없다. 경영진 선임에 관한 현재 주주들의 결의에 관한 것이므로 공정한 경영권 경쟁을 위하여 보유기간을 두지 않는 것이다.

(다) 집중투표 배제 관련 정관변경    상장회사가 정관으로 집중투표를 배제하거나 그 배제된 정관을 변경하려는 경우에는 의결권 없는 주식을 제외한 발행주식 총수의 3%를 초과하는 수의 주식을 가진 주주는 그 초과하는 주식에 관하여 의결권을 행사하지 못한다. 다만, 정관에서 이보다 낮은 주식 보유비율을 정할 수 있다 (542조의7③).[40]

(라) 별도상정    상장회사가 주주총회의 목적사항으로 제3항에 따른 집중투표 배제에 관한 정관 변경에 관한 의안을 상정하려는 경우에는 그 밖의 사항의 정관 변경에 관한 의안과 별도로 상정하여 의결하여야 한다(542조의7④).

6) 시차임기제와의 관계

시차임기제는 집중투표(cumulative voting)의 효과를 억제하는 기능이 있다. 이사 전원을 동시에 선임하는 경우에 비하여 3분의 1씩 선임하는 경우 집중투표제의 운용방식상 소수주주들이 이사를 확보하기 위하여 보다 많은 주식을 소유하고 있어야 한다. 예를 들면 A가 79%, B가 21%의 주식을 가지고 있으며 이사회가 9인의 이사로 구성되는 경우, 200/10+1=21이므로 모든 이사의 임기가 1년이면 B는 최소한 2인의 이사를 확보한다. 그러나 만일 이사들이 시차임기제에 의하여 3인씩 임기만 료된다면 B는 3인의 이사를 선임하는 매년의 선거에서 3인 중 1인의 이사라도 확보하려면 최소한 26%의 주식을 가지고 있어야 하므로, 21%의 주식만으로는 1인의 이사도 확보하지 못하게 된다.[41]

7) 집중투표제도 위반의 효과

회사가 소수주주의 집중투표 청구를 무시하고 단순투표로 이사를 선임한 경우

---

40) 이와 같은 대주주의 의결권 제한은 지나친 재산권 침해로 위헌의 소지가 있으므로 제542조 의7 제3항은 삭제하는 것이 바람직하고, 제4항은 제3항과 관련된 분리상정규정이므로 제3항을 삭제하는 경우 제4항도 삭제하는 것이 타당하다.

41) 시차임기제는 소수주주에게 매우 불리한 것이므로 집중투표제를 필요적으로 요구하는 제정법은 일반적으로 시차임기제를 금지하는 규정을 둔다. CCC는 이사의 임기를 1년으로 정하는 것을 원칙으로 하면서[CCC §301(a)], 기본정관이나 부속정관에 시차임기제의 근거규정 또는 집중투표제의 배제규정을 두거나, 양 규정 모두를 둘 수 있다고 규정한다[CCC §301.5(a)]. 그러나 집중투표제는 규정하면서 시차임기제의 금지를 규정하지 않는 경우, 법원은 일반적으로 시차임기제 자체가 집중투표제에 위배된다고 보지 않는다.

"결의방법이 법령 또는 정관에 위반한 때"에 해당하므로 주주·이사·감사는 결의의
날부터 2개월 내에 결의취소의 소를 제기할 수 있다(376조①).

### (5) 이사의 자격

#### 1) 자격제한

상법상 사외이사의 결격사유 규정은 있지만,[42] 상법상 사외이사 아닌 이사의
자격에 대하여는 아무런 제한이 없다.[43] 단, 감사는 회사 및 자회사의 이사의 직무
를 겸하지 못하므로(411조), 이사는 회사 및 모회사의 감사의 직무를 겸하지 못한다.
정관에서 일정 기간의 근속을 자격요건으로 규정하는 것은 적대적 M&A에 대한 방
어수단이 되기도 하므로 지나치게 장기간인 경우는 그 유효성 여부가 문제될 수 있
다. 한편, 금융사지배구조법은 제5조에서 금융회사 임원의 자격요건을,[44] 제6조 제
3항에서 금융회사 사외이사의 자격요건을 규정한다.[45]

---

[42] 공통결격사유(382조③)와 상장회사의 사외이사의 결격사유(542조의8②)가 있다.

[43] 미국 대부분의 州는 이사의 자격에 대하여 미국 시민, 당해 州의 주민 또는 당해 회사의 주
   주 등과 같은 신분상의 제한을 가하지 않는다. 다만, New York주에서는 이사의 자격을 21세
   이상으로 제한한다.

[44] 다음과 같은 자는 금융회사의 임원이 되지 못하며(同法 5조①), 금융회사의 임원으로 선
   임된 사람이 이에 해당하게 된 경우에는 그 직을 잃는다. 다만, 제7호에 해당하는 사람으
   로서 대통령령으로 정하는 경우에는 그 직을 잃지 아니한다(同法 5조②).
   1. 미성년자, 피성년후견인 또는 피한정후견인
   2. 파산선고를 받은 자로서 복권되지 아니한 자
   3. 금고 이상의 실형을 선고받고 그 집행이 끝나거나(집행이 끝난 것으로 보는 경우를 포
      함) 집행이 면제된 날부터 5년이 지나지 아니한 사람
   4. 금고 이상의 형의 집행유예를 선고받고 그 유예기간 중에 있는 사람
   5. 금융사지배구조법 또는 금융관계법령에 따라 벌금 이상의 형을 선고받고 그 집행이 끝
      나거나(집행이 끝난 것으로 보는 경우를 포함) 집행이 면제된 날부터 5년이 지나지 아니
      한 사람
   6. 다음 각 목의 어느 하나에 해당하는 조치를 받은 금융회사의 임직원 또는 임직원이었던
      사람(그 조치를 받게 된 원인에 대하여 직접 또는 이에 상응하는 책임이 있는 사람으로
      서 대통령령으로 정하는 사람으로 한정한다)으로서 해당 조치가 있었던 날부터 5년이
      지나지 아니한 사람
      가. 금융관계법령에 따른 영업의 허가·인가·등록 등의 취소
      나. 「금융산업의 구조개선에 관한 법률」 제10조 제1항에 따른 적기시정조치
      다. 「금융산업의 구조개선에 관한 법률」 제14조 제2항에 따른 행정처분
   7. 금융사지배구조법 또는 금융관계법령에 따라 임직원 제재조치(퇴임 또는 퇴직한 임직원
      의 경우 해당 조치에 상응하는 통보를 포함)를 받은 사람으로서 조치의 종류별로 5년을
      초과하지 아니하는 범위에서 대통령령으로 정하는 기간이 지나지 아니한 사람
   8. 해당 금융회사의 공익성 및 건전경영과 신용질서를 해칠 우려가 있는 경우로서 대통령
      령으로 정하는 사람

### 2) 자 격 주

이사는 주주가 아니라도 된다. 그러나 정관으로 이사가 가질 주식의 수를 정할 수 있고,46) 이 경우 정관에 다른 규정이 없는 때에는 이사는 그 수의 주권을 감사에게 공탁하여야 한다(387조).

### 3) 법인이사

법인이 이사로 선임될 수 있는지에 관하여, 이사는 실제로 회사의 업무집행에 관여하므로 인적 개성이 중요하고 법인은 이사가 될 수 없다고 보는 것이 타당하다.47)48) 특히 대표이사는 반드시 자연인이어야 한다는 점에 대하여는 견해가 일치한다. 다만, 예외적으로 유한책임회사의 경우에는 법인이 업무집행자가 될 수 있고, 이 경우에는 그 법인은 해당 업무집행자의 직무를 행할 자를 선임하고, 그 자의 성명과 주소를 다른 사원에게 통지하여야 한다(287조의15). 자본시장법상 투자회사의 법인이사에 관하여는 명문의 특칙이 있다.49)

---

45) 금융회사의 사외이사는 금융, 경제, 경영, 법률, 회계 등 분야의 전문지식이나 실무경험이 풍부한 사람으로서 대통령령으로 정하는 사람이어야 한다(同法 6조③). "대통령령으로 정하는 사람"이란 금융, 경영, 경제, 법률, 회계, 소비자보호 또는 정보기술 등 금융회사의 금융업 영위와 관련된 분야에서 연구·조사 또는 근무한 경력이 있는 사람으로서 사외이사 직무 수행에 필요한 전문지식이나 실무경험이 풍부하다고 해당 금융회사가 판단하는 사람을 말한다(同法 施行令 8조④).

46) 미국에서는 이사의 자격을 주주로 한정하더라도 실제로는 이사가 1주를 취득함으로써 용이하게 위 요건을 충족할 수 있으므로, 대부분의 州제정법은 이러한 제한을 폐지한 상태이다. MBCA도 이사의 자격에 대하여 "기본정관 또는 부속정관에 별도의 규정이 없는 한 이사는 그 주 내에 거주할 필요가 없고 회사의 주주일 필요도 없다."라고 규정하고(MBCA §8.02), DGCL도 "설립증서나 부속정관에 제한규정이 없는 한 이사는 주주일 필요가 없다."라고 규정한다[DGCL §141(b)]. 일본에서는 공개회사의 경우 정관에 이사를 주주에 한정한다는 취지의 규정을 둘 수 없지만(日会 331조②, 335조①, 402조⑤), 주식양도제한회사는 정관에 이러한 자격주 규정을 둘 수 있다(日会 331조②).

47) 同旨: 송옥렬, 958면; 이철송, 640면(발기인의 사무는 기술적이고 절차적인데 그치므로 대리가 가능하나, 이사의 직무는 자연인의 의사와 능력을 요하는 일이 대부분이며, 타인의 의한 대리가 허용되지 않으므로 발기인과 같은 차원에 두고 생각할 수는 없고, 회생절차상의 관리인도 회사와의 신임관계에 기초하여 자기 책임 하에 회사경영을 맡은 자가 아니라 회사의 이사와 병존하면서 회사재산의 보전(保全)을 주된 기능으로 하는 자이므로 역시 이사와 같이 볼 수 없다고 비판한다).

48) 미국의 MBCA, DGCL도 자연인만 이사가 될 수 있다고 규정한다[MBCA §8.03(a), DGCL §141(b)]. 독일 주식법도 행위능력 있는 자연인만 이사가 될 수 있다고 규정한다(株式法 76조 ③). 일본 회사법은 명문으로 법인은 이사가 될 수 없다고 규정한다(日会 331조①1).

49) 투자회사등의 집합투자재산 운용업무는 그 투자회사등의 법인이사·업무집행사원 또는 업무집행조합원인 집합투자업자가 이를 수행한다(資法 184조②). 투자회사의 이사는 집합투자업자인 이사("법인이사")와 감독이사로 구분하고(資法 197조①), 투자회사는 법인이사 1인과 감독이사 2인 이상을 선임하여야 한다(資法 197조②). 투자회사에는 상법상 대표이사나 감사는

## 4) 경업금지의무 관련 제한

이사는 이사회의 승인이 없으면 자기 또는 제3자의 계산으로 회사의 영업부류에 속한 거래를 하거나 동종영업을 목적으로 하는 다른 회사의 무한책임사원이나 이사가 되지 못한다(397조①).

## 5) 사외이사 결격사유

(가) 공통결격사유    상장회사·비상장회사를 불문하고 다음 중 어느 하나에 해당하는 자는 사외이사로 선임될 수 없고 이에 해당하게 된 때에는 사외이사의 직을 상실한다(382조③). 사외이사 결격사유는 이사회 결의의 효력과 관련하여 중요하다.

1. 회사의 상무에 종사하는 이사·집행임원 및 피용자 또는 최근 2년 이내에 회사의 상무에 종사한 이사·감사·집행임원 및 피용자50)
2. 최대주주가 자연인인 경우 본인·배우자 및 직계 존속·비속
3. 최대주주가 법인인 경우 그 법인의 이사·감사·집행임원 및 피용자
4. 이사·감사 및 집행임원의 배우자 및 직계 존·비속
5. 회사의 모회사 또는 자회사의 이사·감사·집행임원 및 피용자
6. 회사와 거래관계 등 중요한 이해관계에 있는 법인의 이사·감사·집행임원 및 피용자
7. 회사의 이사·집행임원 및 피용자가 이사·집행임원으로 있는 다른 회사의 이사·감사·집행임원 및 피용자

결격사유에 해당하는 자가 사외이사로 선임된 경우에는 선임 당시의 지위에서 사임하는 것을 조건으로(배우자 및 직계 존·비속과 같은 지위는 제외) 선임된 것으로 해석된다.51) 종전의 직을 사임하는 의사표시는 묵시적으로 해도 되므로, 사외이사직에 취임하면서 종전의 직무수행을 중단한다면 사임의사를 표시한 것으로 본다. 나

---

존재하지 않는다. 집합투자업자는 집합투자재산을 운용함에 있어서 집합투자업자가 법인이사인 투자회사의 감독이사와 거래행위를 하지 못한다(資法 84조① 본문).

50) 고문의 경우에는 구체적인 역할에 따라 비상임으로 외부에서 자문해주는 지위라면 결격사유에 해당하지 않고, 피용자로서 상무에 종사하는 경우에 결격사유에 해당한다. 한편, 상법에 "피용자"라는 용어가 상당수 등장하는데, 사외이사, 상근감사 등의 결격사유라는 점에 비추어 너무 넓은 개념이므로 "상업사용인"이라는 용어를 사용하는 것이 적절하다.

51) [대법원 2007. 12. 13. 선고 2007다60080 판결] "감사가 회사 또는 자회사의 이사 또는 지배인 기타의 사용인에 선임되거나 반대로 회사 또는 자회사의 이사 또는 지배인 기타의 사용인이 회사의 감사에 선임된 경우에는 그 선임행위는 각각의 선임 당시에 있어 현직을 사임하는 것을 조건으로 하여 효력을 가지고, 피선임자가 새로이 선임된 지위에 취임할 것을 승낙한 때에는 종전의 직을 사임하는 의사를 표시한 것으로 해석하여야 한다"(감사의 겸직에 관한 사안이다).

아가 피선임자가 사외이사의 지위에 취임할 것을 승낙한 때에는 종전의 직을 사임하는 의사를 표시한 것으로 해석된다.[52]

사외이사직에 취임한 후 종전의 직에 계속 종사하게 되면 상법 규정에 따라 사외이사직을 상실한다. "사외이사의 직을 상실한다."라는 상법 규정상 사외이사의 직을 자동적으로 상실하는데, 이때에는 사외이사가 사임의사를 표시한 것으로 해석하여 사임등기를 하면 된다. 물론 당사자가 사외이사직을 계속 수행하는 경우에는 직무집행정지가처분의 피보전권리가 인정된다.[53]

(나) 상장회사 사외이사 결격사유

상장회사의 사외이사는 비상장회사에도 적용되는 공통결격사유(382조③) 외에 추가적인 결격사유로서, 다음 중 어느 하나에 해당되지 아니하여야 하며,[54][55] 이에 해당하게 된 경우에는 사외이사의 직을 상실한다(542조의8②).

1. 미성년자, 피성년후견인, 피한정후견인
2. 파산선고를 받고 복권되지 아니한 자[56]
3. 금고 이상의 형을 선고받고 그 집행이 끝나거나 집행이 면제된 후 2년이 지나지 아니한 자
4. 대통령령으로 별도로 정하는 법률[57]을 위반하여 해임되거나 면직된 후 2년이 지

---

52) 대법원 2007. 12. 13. 선고 2007다60080 판결.
53) 광주지방법원 2014. 1. 24.자 2013카합1065 결정.
54) 상장회사 사외이사 결격사유인 제542조의8 제2항 제1호부터 제4호까지 및 제6호는 상장회사 상근감사의 결격사유에 준용된다. 그러나 제5호의 최대주주 및 그의 특수관계인은 대규모 상장회사 아닌 상장회사에 지나친 규제로 보아 준용대상에서 제외되었다. 따라서 최대주주 및 그의 특수관계인은 상장회사 사외이사는 될 수 없어도 상근감사는 될 수 있다. 그러나 제6호는 준용되므로 주요주주 및 그의 배우자와 직계 존속·비속은 상근감사가 될 수 없다. 최근 사업연도 말 현재 자산총액이 2조원 이상인 상장회사의 사외이사 아닌 감사위원에게도 상장회사 상근감사의 결격사유가 그대로 적용된다(542조의11③).
55) 제1호부터 제5호까지는 금융사지배구조법 제5조의 금융회사 임원의 자격요건과 유사하다.
56) "파산선고를 받고 복권되지 아니한 자"를 상장회사 사외이사의 결격사유로 규정하는 제542조의8 제2항 제2호에 비추어, 제한능력자의 경우와 같은 논리로, 비상장회사의 모든 이사와 상장회사의 사외이사 아닌 이사에 대하여는 이러한 결격사유가 적용되지 않는다는 해석도 가능하나, 위임은 당사자 한쪽의 파산으로 종료된다는 민법 제690조의 규정에 비추어 파산선고를 받은 자는 이사가 될 수 없다고 해석하는 것이 타당하다. 따라서 "파산선고를 받고 복권되지 아니한 자"를 상장회사 사외이사의 결격사유로만 규정하는 것은 해석상의 오류의 원인이 되므로 입법적인 보완이 필요하다.
57) "대통령령으로 별도로 정하는 법률"이란 다음과 같은 금융관련법령(이에 상응하는 외국의 금융관련법령을 포함)을 말한다(슈 34조③).
   1. 한국은행법 2. 은행법 3. 보험업법 4. 자본시장과 금융투자업에 관한 법률 5. 상호저축은행법 6. 금융실명거래 및 비밀보장에 관한 법률 7. 금융위원회의 설치 등에 관한 법률 8. 예

나지 아니한 자

5. 상장회사의 주주로서 의결권 없는 주식을 제외한 발행주식총수를 기준으로 본인 및 그와 대통령령으로 정하는 특수한 관계에 있는 자("특수관계인")58)가 소유하는 주식의 수가 가장 많은 경우 그 본인("최대주주") 및 그의 특수관계인59)

6. 누구의 명의로 하든지 자기의 계산으로 의결권 없는 주식을 제외한 발행주식총수의 10% 이상의 주식을 소유하거나 이사·집행임원·감사의 선임과 해임 등 상장회사의 주요 경영사항에 대하여 사실상의 영향력을 행사하는 주주("주요주주") 및 그의 배우자와 직계 존속·비속60)

---

금자보호법 9. 금융기관부실자산 등의 효율적 처리 및 한국자산관리공사의 설립에 관한 법률 10. 여신전문금융업법 11. 한국산업은행법 12. 중소기업은행법 13. 한국수출입은행법 14. 신용협동조합법 15. 신용보증기금법 16. 기술보증기금법 17. 새마을금고법 18. 중소기업창업지원법 19. 신용정보의 이용 및 보호에 관한 법률 20. 외국환거래법 21. 외국인투자촉진법 22. 자산유동화에 관한 법률 23. 주택저당채권유동화회사법 24. 금융산업의 구조개선에 관한 법률 25. 담보부사채신탁법 26. 금융지주회사법 27. 기업구조조정투자회사법 28. 한국주택금융공사법.

58) 제5호의 "대통령령으로 정하는 특수한 관계에 있는 자"란 다음과 같은 자를 말한다(슈 34조 ④).

1. 본인이 개인인 경우에는 다음 각 목의 어느 하나에 해당하는 사람
   가. 배우자(사실상의 혼인관계에 있는 사람을 포함한다)
   나. 6촌 이내의 혈족
   다. 4촌 이내의 인척
   라. 본인이 단독으로 또는 본인과 가목부터 다목까지의 관계에 있는 사람과 합하여 30% 이상을 출자하거나 그 밖에 이사·감사의 임면 등 법인 또는 단체의 주요 경영사항에 대하여 사실상 영향력을 행사하고 있는 경우에는 해당 법인 또는 단체와 그 이사·감사
   마. 본인이 단독으로 또는 본인과 가목부터 라목까지의 관계에 있는 사람과 합하여 30% 이상을 출자하거나 그 밖에 이사·집행임원·감사의 임면 등 법인 또는 단체의 주요 경영사항에 대하여 사실상 영향력을 행사하고 있는 경우에는 해당 법인 또는 단체와 그 이사·집행임원·감사
2. 본인이 법인 또는 단체인 경우에는 다음 각 목의 어느 하나에 해당하는 자
   가. 이사·감사
   나. 계열회사 및 그 이사·집행임원·감사
   다. 단독으로 또는 제1호 각 목의 관계에 있는 자와 합하여 본인에게 30% 이상을 출자하거나 그 밖에 이사·집행임원·감사의 임면 등 본인의 주요 경영사항에 대하여 사실상 영향력을 행사하고 있는 개인 및 그와 제1호 각 목의 관계에 있는 자 또는 단체(계열회사는 제외)와 그 이사·집행임원·감사
   라. 본인이 단독으로 또는 본인과 가목부터 다목까지의 관계에 있는 자와 합하여 30% 이상을 출자하거나 그 밖에 이사·집행임원·감사의 임면 등 단체의 주요 경영사항에 대하여 사실상 영향력을 행사하고 있는 경우 해당 단체와 그 이사·집행임원·감사

59) 제5호의 "특수관계인"의 범위는 금융사지배구조법 시행령 제3조 제1항의 규정과 대체로 같다. 종래의 자본시장법은 최대주주를 정함에 있어서 기준이 되는 특수관계인의 범위에 관하여 "6촌 이내의 혈족, 3촌 이내의 모계혈족" 등과 같이 부계와 모계를 차별하였으나, 새로 제정된 금융사지배구조법은 상법과 같이 이러한 차별을 두지 않는다(同法 施行슈 3조①).

60) 상법은 "사실상의 영향력을 행사하는 주주"에 대하여 구체적인 규정을 두지 않고 있다. 반면

7. 그 밖에 사외이사로서의 직무를 충실하게 수행하기 곤란하거나 상장회사의 경영에 영향을 미칠 수 있는 자로서 대통령령으로 정하는 자

상법 제542조의8 제2항 제7호의 "대통령령으로 정하는 자"는 다음과 같다(슈 34조⑤).

1. 해당 상장회사의 계열회사의 상무에 종사하는 이사·집행임원·감사 및 피용자이거나 최근 3년 이내에 계열회사의 상무에 종사하는 이사·집행임원·감사 및 피용자였던 자

2. 다음 각 목의 법인 등의 이사·집행임원·감사 및 피용자[사목에 따른 법무법인, 법무법인(유한), 법무조합, 변호사 2명 이상이 사건의 수임·처리나 그 밖의 변호사 업무수행 시 통일된 형태를 갖추고 수익을 분배하거나 비용을 분담하는 형태로 운영되는 법률사무소, 합작법무법인, 외국법자문법률사무소의 경우에는 해당 법무법인 등에 소속된 변호사, 외국법자문사를 말한다]이거나 최근 2년 이내에 이사·집행임원·감사 및 피용자였던 자

가. 최근 3개 사업연도 중 해당 상장회사와의 거래실적의 합계액이 자산총액(해당 상장회사의 최근 사업연도 말 현재의 대차대조표상의 자산총액을 말한다) 또는 매출총액(해당 상장회사의 최근 사업연도 말 현재의 손익계산서상의 매출총액을 말한다. 이하 이 조에서 같다)의 10% 이상인 법인

나. 최근 사업연도 중에 해당 상장회사와 매출총액의 10% 이상의 금액에 상당하는 단일의 거래계약을 체결한 법인

다. 최근 사업연도 중에 해당 상장회사가 금전, 유가증권, 그 밖의 증권 또는 증서를 대여하거나 차입한 금액과 담보제공 등 채무보증을 한 금액의 합계액이 자본금(해당 상장회사의 최근 사업연도 말 현재의 대차대조표상의 자본금을 말한다)의 10% 이상인 법인

라. 해당 상장회사의 정기주주총회일 현재 그 회사가 자본금(해당 상장회사가 출자한 법인의 자본금을 말한다)의 100분의 5 이상을 출자한 법인

마. 해당 상장회사와 기술제휴계약을 체결하고 있는 법인

바. 해당 상장회사의 감사인으로 선임된 회계법인

사. 해당 상장회사와 주된 법률자문·경영자문 등의 자문계약을 체결하고 있는 법무법인, 법무법인(유한), 법무조합, 변호사 2명 이상이 사건의 수임·처리나 그 밖의 변호사 업무수행 시 통일된 형태를 갖추고 수익을 분배하거나 비용을 분

---

에 자본시장법상 주요주주는 금융사지배구조법 제2조 제6호의 주요주주를 말하는데, 미공개정보이용에 관한 자본시장법 제174조 등과 같이 형사책임의 주체도 되므로 죄형법정주의원칙상 금융사지배구조법 시행령 제4조는 "사실상의 영향력을 행사하는 주주"의 범위를 매우 구체적으로 규정한다.

담하는 형태로 운영되는 법률사무소, 합작법무법인, 외국법자문법률사무소, 회
계법인, 세무법인, 그 밖에 자문용역을 제공하고 있는 법인

3. 해당 상장회사 외의 2개 이상의 다른 회사의 이사·집행임원·감사로 재임 중인
자61)

4. 해당 상장회사에 대한 회계감사 또는 세무대리를 하거나 그 상장회사와 법률자문·
경영자문 등의 자문계약을 체결하고 있는 변호사(소속 외국법자문사를 포함한다),
공인회계사, 세무사, 그 밖에 자문용역을 제공하고 있는 자62)

5. 해당 상장회사의 발행주식총수의 100분의 1 이상에 해당하는 주식을 보유(자본시
장법 제133조 제3항에 따른 보유를 말한다)하고 있는 자

6. 해당 상장회사와의 거래(약관의 규제에 관한 법률 제2조 제1호의 약관에 따라 이
루어지는 해당 상장회사와의 정형화된 거래는 제외한다) 잔액이 1억원 이상인 자

7. 해당 상장회사에서 6년을 초과하여 사외이사로 재직했거나 해당 상장회사 또는 그
계열회사에서 각각 재직한 기간을 더하면 9년을 초과하여 사외이사로 재직한 자63)

제2호 사목의 주된 자문계약인지 여부는 명확한 개념이 아니어서 해석상 논란
의 여지가 있지만, 규정의 취지로 보아 해당 상장회사의 입장에서 여러 법무법인들
(회계법인, 세무법인도 마찬가지임)과 체결하는 모든 법률자문계약을 대상으로 건수와
보수액을 종합적으로 고려하여 어느 특정 법무법인과 주된 법률자문계약을 체결하
고 있는지 여부를 판단해야 할 것이다. 법문은 법률자문이라는 용어를 사용하지만
법무법인의 소송업무와 자문업무 모두 포함하는 개념의 계약으로 해석하는 것이
일반적이다.64)

제5호의 "보유"는 구체적으로는 다음과 같은 경우를 말한다(資令 142조).

1. 누구의 명의로든지 자기의 계산으로 주식등을 소유하는 경우(예: 차명소유)
2. 법률의 규정이나 매매, 그 밖의 계약에 따라 주식등의 인도청구권을 가지는 경우

---

61) 따라서 상장회사 외에 추가로 (상장회사 여부를 불문하고) 1개 회사까지만 겸직이 가능하다.
62) 제4호는 법인의 피용자에 대한 규정인 제2호 사목과 달리 개인에 대한 규정인데, "주된" 이라
는 수식어가 없고 "최근 2년 이내"라는 퇴직 후 추가제한규정도 없다.
63) 제7호는 사외이사의 독립성을 높이기 위하여 2020년 1월 시행령 개정시 추가된 규정이다.
단, 정관으로 그 임기중의 최종의 결산기에 관한 정기주주총회의 종결에 이르기까지 연장할
수 있다는 제383조 제3항은 사외이사 재직기간 산정에도 적용된다. 두 회사의 사외이사로 겸
직한 경우 겸직기간은 중복계산하지 아니하므로 기간이 늘어나지는 않는다. 해당 상장회사에
5년간 재직한 사외이사를 임기 2년으로 재선임할 경우 선임은 일단 유효하지만, 합산한 재직
기간이 6년을 초과하면 사외이사직을 상실한다.
64) "주된"이라는 수식어는 2012년 4월 상법 시행령 전면개정시 추가되었다. 이는 주된 자문계
약이 아닌 경우까지 포함하면 지나치게 규제의 범위가 확대되기 때문에, 미국의 ALI PCG
§1.34(a)(5)의 "primary legal advisor"와 같은 취지를 규정한 것이다.

(예: 매매계약에 따른 이행기 미도래인 경우)

3. 법률의 규정이나 금전의 신탁계약·담보계약, 그 밖의 계약에 따라 해당 주식등의 의결권(의결권의 행사를 지시할 수 있는 권한 포함)을 가지는 경우

4. 법률의 규정이나 금전의 신탁계약·담보계약·투자일임계약, 그 밖의 계약에 따라 해당 주식등의 취득이나 처분의 권한을 가지는 경우

5. 주식등의 매매의 일방예약을 하고 해당 매매를 완결할 권리를 취득하는 경우로서 그 권리행사에 의하여 매수인으로서의 지위를 가지는 경우(예: 매수포지션을 취한 경우)

6. 주식등을 기초자산으로 하는 자본시장법 제5조 제1항 제2호(옵션)에 따른 계약상의 권리를 가지는 경우로서 그 권리의 행사에 의하여 매수인으로서의 지위를 가지는 경우

7. 주식매수선택권을 부여받은 경우로서 그 권리의 행사에 의하여 매수인으로서의 지위를 가지는 경우

(다) 금융회사 사외이사 결격사유   금융사지배구조법은 금융회사 사외이사에 대하여는 별도의 결격사유를 규정하는데, 상법상 사외이사 결격사유와 중복되는 사항도 많다. 다음과 같은 사람은 금융회사의 사외이사가 될 수 없다. 다만, 사외이사가 됨으로써 제1호에 따른 최대주주의 특수관계인에 해당하게 되는 사람은 사외이사가 될 수 있다(同法 제6조①).

1. 최대주주 및 그의 특수관계인(최대주주 및 그의 특수관계인이 법인인 경우에는 그 임직원)

2. 주요주주 및 그의 배우자와 직계존속·비속(주요주주가 법인인 경우에는 그 임직원)

3. 해당 금융회사 또는 그 계열회사(「독점규제 및 공정거래에 관한 법률」 제2조 제3호에 따른 계열회사)의 상근(常勤) 임직원 또는 비상임이사이거나 최근 3년 이내에 상근 임직원 또는 비상임이사이었던 사람

4. 해당 금융회사 임원의 배우자 및 직계존속·비속

5. 해당 금융회사 임직원이 비상임이사로 있는 회사의 상근 임직원

6. 해당 금융회사와 대통령령으로 정하는 중요한 거래관계가 있거나 사업상 경쟁관계 또는 협력관계에 있는 법인의 상근 임직원이거나 최근 2년 이내에 상근 임직원이었던 사람[65]

---

65) "대통령령으로 정하는 중요한 거래관계가 있거나 사업상 경쟁관계 또는 협력관계에 있는 법인"에 관한 금융사지배구조법 시행령 제8조 제1항은 상장회사 사외이사 결격사유에 관한 상법 시행령 제34조 제5항 제2호 가목부터 사목까지와 거의 같은 내용이다.

7. 해당 금융회사에서 6년 이상 사외이사로 재직하였거나 해당 금융회사 또는 그 계열회사에서 사외이사로 재직한 기간을 합산하여 9년 이상인 사람[66]

8. 그 밖에 금융회사의 사외이사로서 직무를 충실하게 이행하기 곤란하거나 그 금융회사의 경영에 영향을 미칠 수 있는 사람으로서 대통령령으로 정하는 사람[67][68]

---

[66] 금융사지배구조법에 특별히 정함이 없는 사항에 대해서는 상법이 적용되므로(同法 4조), 제7호의 경우에도 정관으로 그 임기중의 최종의 결산기에 관한 정기주주총회의 종결에 이르기까지 연장할 수 있다는 제383조 제3항이 적용된다.

[67] "대통령령으로 정하는 사람"은 다음과 같다(同法 施行令 8조③).

1. 해당 금융회사의 최대주주와 제1항 각 호의 어느 하나에 해당하는 관계에 있는 법인(제2항 각 호의 어느 하나에 해당하는 법인은 제외한다)의 상근 임직원 또는 최근 2년 이내에 상근 임직원이었던 사람. 이 경우 제1항 각 호의 "해당 금융회사"는 "해당 금융회사의 최대주주"로 본다.

2. 해당 금융회사가 은행인 경우

　가. 최대주주가 아닌 대주주의 특수관계인

　나. 다음의 어느 하나와 제1항 각 호의 어느 하나의 관계에 있는 법인(제2항 각 호의 어느 하나에 해당하는 법인은 제외한다)의 상근 임직원 또는 최근 2년 이내에 상근 임직원이었던 사람

　　1) 해당 은행, 그 은행의 자회사등 및 자은행

　　2) 해당 은행을 자회사로 하는 은행지주회사 및 그 은행지주회사의 자회사등

　다. 나목 1) 또는 2)의 상근 임직원 또는 최근 2년 이내에 상근 임직원이었던 사람의 배우자, 직계존속 및 직계비속

3. 해당 금융회사가 금융지주회사인 경우 해당 금융지주회사의 자회사등과 제1항 각 호의 어느 하나에 해당하는 관계에 있는 법인(제2항 각 호의 어느 하나에 해당하는 법인은 제외한다)의 상근 임직원 또는 최근 2년 이내에 상근 임직원이었던 사람

4. 해당 금융회사 외의 둘 이상의 다른 주권상장법인의 사외이사, 비상임이사 또는 비상임감사로 재임 중인 사람. 다만, 해당 금융회사가 주권상장법인, 은행 또는 은행지주회사인 경우에는 다음 각 호의 구분에 따른 사람을 말한다.

　가. 해당 금융회사가 주권상장법인인 경우: 해당 금융회사 외의 둘 이상의 다른 회사의 이사·집행임원·감사로 재임 중인 사람

　나. 해당 금융회사가 은행인 경우: 해당 은행 외의 다른 회사(해당 은행의 자회사등, 해당 은행의 자은행, 해당 은행을 자회사로 하는 은행지주회사 및 그 은행지주회사의 자회사등은 제외한다)의 사외이사, 비상임이사 또는 비상임감사로 재임 중인 사람

　다. 해당 금융회사가 은행지주회사인 경우: 해당 은행지주회사 외의 다른 회사(해당 은행지주회사의 자회사등은 제외한다)의 사외이사, 비상임이사 또는 비상임감사로 재임 중인 사람

5. 다음 각 목의 어느 하나에 해당하는 사람

　가. 해당 금융회사에 대한 회계감사인으로 선임된 감사반(「주식회사등의 외부감사에 관한 법률」 제2조 제7호 나목에 따른 감사반을 말한다) 또는 주된 법률자문·경영자문 등의 자문계약을 체결하고 있는 법률사무소(「변호사법」 제21조 제1항에 따른 법률사무소를 말한다)·법무조합(「변호사법」 제58조의18에 따른 법무조합을 말한다)·외국법자문법률사무소(「외국법자문사법」 제2조 제4호에 따른 외국법자문법률사무소를 말한다)에 소속되어 있거나 최근 2년 이내에 소속되었던 공인회계사, 세무사 또는 변호사

　나. 그 밖에 해당 금융회사에 대한 회계감사 또는 세무대리를 하거나 해당 금융회사와

금융회사의 사외이사가 된 사람이 이에 해당하게 된 경우에는 그 직을 잃는
다(同法 제6조②). 한편, 금융회사의 지배구조에 관하여 다른 금융관계법령에 특별
한 규정이 있는 경우를 제외하고는 금융사지배구조법에서 정하는 바에 따르고(同
法 4조①) 금융사지배구조법에 특별한 규정이 없으면 상법을 적용하므로(同法 4조
②), 상법상 사외이사에 대한 공통결격사유(382조③)와 상장회사 사외이사에 대한
결격사유(542조의8②) 중 금융사지배구조법에 없는 일부 규정은 금융회사에도 적용
된다.[69]

(라) 자본시장법상 사외이사 특례　　「공기업의 경영구조개선 및 민영화에 관한
법률」, 금융사지배구조법, 그 밖의 법률에 따라 선임된 주권상장법인(상법상 상장회
사)의 비상임이사 또는 사외이사는 상법에 따른 요건 및 절차 등에 따라 선임된 사
외이사로 본다(法 165조의17②).[70]

---

　　　　주된 법률자문, 경영자문 등의 자문계약을 체결하고 있는 공인회계사, 세무사, 변호
　　　　사 또는 그 밖의 자문용역을 제공하고 있는 사람
　　6. 해당 금융회사의 지분증권(「자본시장과 금융투자업에 관한 법률」 제4조 제4항에 따른 지
　　　　분증권을 말한다. 이하 같다) 총수의 100분의 1 이상에 해당하는 지분증권을 보유(「자본시
　　　　장과 금융투자업에 관한 법률」 제133조 제3항 본문에 따른 보유를 말한다)하고 있는 사람
　　7. 해당 금융회사와의 거래(「약관의 규제에 관한 법률」 제2조 제1호에 따른 약관에 따라 이
　　　　루어지는 정형화된 거래는 제외한다) 잔액이 1억원 이상인 사람
　　8. 「신용정보의 이용 및 보호에 관한 법률」에 따른 종합신용정보집중기관에 신용질서를 어
　　　　지럽힌 사실이 있는 자 또는 약정한 기일 내에 채무를 변제하지 아니한 자로 등록되어
　　　　있는 자(기업이나 법인인 경우에는 해당 기업이나 법인의 임직원을 말한다)
　　9. 「채무자 회생 및 파산에 관한 법률」에 따라 회생 절차 또는 파산 절차가 진행 중인 기업
　　　　의 임직원
　　10. 「기업구조조정 촉진법」에 따른 부실징후기업의 임직원
68) 상법 시행령 제34조 제5항도 상장회사 사외이사의 결격사유에 관하여 금융사지배구조법 시
　　행령 제8조 제3항의 금융회사 사외이사의 결격사유와 거의 동일하게 규정한다. 다만, "주된
　　법률자문계약"에 해석에 있어서 금융감독원의 실무상 매우 넓게 해석하기 때문에 실제로는
　　금융회사 사외이사의 경우가 훨씬 규제의 폭이 넓다는 점은 앞에서 설명한 바와 같다.
69) 상법 시행령의 상장회사 사외이사의 결격사유와 거의 동일한 규정인데, "주된 법률자문계
　　약"에 해석에 있어서 금융감독원의 실무상 매우 넓게 해석하기 때문에 실제로는 일반 상장회
　　사에 비하여 금융회사 사외이사의 경우가 훨씬 규제의 폭이 넓다고 할 수 있다.
70) 다른 법률에 따라 선임된 비상임이사 또는 사외이사에 관하여 다른 법률이 정하는 요건과
　　절차 외에 상법이 정하는 요건과 절차를 다시 갖추어야 하는 부담을 덜어주기 위한 것이다.
　　"상법에 따른 요건"이라는 문구상 상법의 사외이사 관련 자격요건 규정과 결격사유 규정에 불
　　구하고 상법에 따른 요건에 따라 선임된 사외이사로 본다는 취지이다. 그런데 2022. 2. 3. 법
　　률제18795호로 개정된 "공공기관운영법" 제25조 제3항, 제26조 제3항에 따르면 공기업과 준정
　　부기관은 3년 이상 재직한 해당 기관 소속 근로자 중에서 근로자대표(근로자의 과반수로 조직
　　된 노동조합이 있는 경우 그 노동조합의 대표자)의 추천이나 근로자 과반수의 동의를 받은사
　　람(소위 "노동이사") 1명을 비상임이사로 선임하여야 하는데, 이러한 노동이사를 상법상 요건

(마) 이사회 결의의 효력    결격사유로 인하여 이사 자격을 상실한 있는 사외이사가 이사회에서 표결에 참여한 경우 그 결의의 효력이 문제인데, 해당 사외이사를 제외하고도 의사정족수와 의결정족수를 충족한다면 결의의 효력에 양향이 없다.[71]

6) 형의 선고

형법상 사형·무기징역·무기금고의 판결을 받은 경우에는 법인의 이사·감사·지배인 등의 자격을 상실한다(刑法 43조①4). 유기징역 또는 유기금고의 판결을 받은 자는 그 형의 집행이 종료하거나 면제될 때까지 공무원이 되는 자격, 공법상의 선거권과 피선거권자격이 정지되지만, 법인의 이사 등의 자격은 유지된다. 다만, 다른 법률에 특별한 규정이 있는 경우에는 그 법률에 따른다(刑法 43조②4). 상장회사 사외이사의 자격에 관하여는 상법 제542조의8, 금융회사 임원의 자격에 관하여는 금융사지배구조법 제6조에서 각각 형의 선고와 임원의 결격사유를 규정한다.

7) 공직자윤리법상 제한

공직자윤리법에 따른 재산등록의무자(同法 3조①)는 퇴직일부터 3년간 퇴직 전 5년 동안 소속하였던 부서 또는 기관의 업무와 밀접한 관련성이 있는 기관("취업제한기관")의 경우 관할 공직자윤리위원회의 승인을 받은 때에만 취업할 수 없다(同法 17조①).

8) 제한능력자

제한능력자도 이사가 될 수 있는지에 대하여, 이사는 전문적 판단을 요하는 각종의 법률행위를 하고 회사와 제3자에 대한 책임주체이므로 제한능력자는 이사가 될 수 없다는 견해도 있지만,[72] 상장회사 사외이사에 대하여서만 미성년자, 피성년

---

을 갖춘 사외이사로 보아야 하는지 아니면 기타비상무이사로 보아야 하는지에 대하여 해석상 논란의 여지가 있다. 이와 관련하여 "이 장은 주권상장법인에 관하여 상법 제3편에 우선하여 적용한다."라고 명시하는 자본시장법 제165조의2 제2항에 따르면, 자본시장법 제165조의17을 포함한 자본시장법 제3장의2의 규정들은 주권상장법인에 관하여 사외이사의 자격요건에 관한 상법 제382조를 포함한 상법 제3편에 우선하여 적용되므로 상법상 요건을 갖춘 사외이사로 보는 것이 타당하다.

71) 비법인사단의 이사회 혹은 대의원회의의 결의에 자격 없는 자가 참가하여 표결한 경우에도 그들을 제외하더라도 결의 성립에 필요한 정족수를 충족하고 있으므로 그 대의원 결의는 무효가 아니라는 판례도 있다(대법원 1997. 5. 30. 선고 96다23375 판결). 다만, 이 판결에서는 "그들이 그 회의에서 아무런 발언 없이 찬성의 의사표시만을 하였을 뿐이고"라고 판시하였으므로 이사가 이사회에서 발언을 한 경우에도 결의의 효력에 영향이 없는지 논란이 있을 수 있지만, 발언 여부는 결의의 효력발생 여부 판단에 있어서 필수적인 요소는 아니라고 본다.

72) 이철송, 640면.

후견인, 피한정후견인을 결격사유로 규정하므로(542조의8②1), 비상장회사의 모든 이사와 상장회사의 사외이사 아닌 이사는 제한능력자도 될 수 있다고 해석된다. 법인등기실무상으로는 미성년자도 의사능력만 있으면 이사등기가 가능하다고 본다. 다만, 금융사지배구조법은 미성년자, 피성년후견인, 피한정후견인을 금융회사 임원의 결격사유로 규정하므로(同法 5조①), 금융회사는 비상장회사라도 이러한 제한능력자를 임원으로 선임할 수 없다.

### (6) 이사의 정원·임기

#### 1) 정    원

이사는 3명 이상이어야 한다. 이사는 회의체인 이사회를 구성하여야 하기 때문이다.[73] 다만, 상법은 자본금의 총액이 10억원 미만인 소규모회사는 굳이 회의체를 구성할 필요가 없다고 보아 회사의 선택에 따라 1명 또는 2명의 이사를 둘 수 있도록 규정한다(383조①).[74] 소규모회사의 정관에서 공동대표이사제도를 규정

---

73) 일본에서도 이사회설치회사의 이사는 3인 이상이어야 한다(日会 331조④). 마찬가지로 감사회설치회사는 감사가 3인 이상이어야 하고, 그 반수 이상이 사외감사(日会 2조 제16호)이어야 한다(日会 335조③).

74) 미국에서는 제정법이 정한 범위 내에서 기본정관(articles of incorporation) 또는 부속정관(bylaws)에 의하여 이사의 정원이 정해지는데, 종래에는 3인 이상으로 정하는 것이 일반적이었으나, 근래에는 대부분의 州제정법이 1인 이상이라고 규정함으로써 1인 이사회를 인정한다[DGCL §141(b)]. 이사의 수를 원칙적으로 3인 이상으로 정하고, 주주의 수가 2인 이하일 때에는 이사의 수도 주주의 수와 같을 수 있도록(즉, 주주가 1인이면 이사도 1인, 주주가 2인이면 이사도 2인) 정하는 제정법도 있다[NYBCL §702]. MBCA도 이사회는 1인 이상의 이사로 구성된다고 함으로써 명시적으로 1인 이사회를 인정하고 있다[MBCA §8.03(a)]. 이사의 정원을 정관에서 규정한 경우, 정관의 변경에 의하여 이사의 정원을 늘리거나 줄일 수 있다. 이사의 정원을 최소화하는 것도 적대적 M&A에 대한 방어책의 일종이다. 다만, 미국에서는 대부분의 제정법은 이사의 수를 기본정관(articles of incorporation)이나 부속정관(bylaws)에 규정할 수 있다고 규정한다. 이사의 수를 기본정관에 규정하면 그 변경을 위하여 주주총회 결의가 필요하므로, 이사의 수는 일반적으로 이사회가 변경할 권한을 가지는 부속정관에 규정한다. 이사회가 부속정관의 변경에 의하여 이사의 수를 임의로 증감시킬 수 있으므로, MBCA와 일부 州의 제정법은 일정비율(통상 30%) 이상으로 이사의 수를 증감하는 것은 주주총회 결의사항으로 규정하기도 한다[MBCA §8.03(b)]. 부속정관이나 기본정관의 변경에 의하여 이사의 수가 감축되더라도 재임중인 이사의 임기는 보장된다. 대부분의 州제정법은 이사의 수에 관하여 기본정관 또는 부속정관에 그 상한(maximum) 또는 하한(minimum)을 규정하거나 상한과 하한을 동시에 규정하는 것도 허용한다. 이는 대규모 공개회사의 경우 회사경영에 필요한 특정인을 적시에 이사로 추가 선임하는 것을 용이하게 하고, 결원이 발생한 경우 필수적으로 보충선임하지 않을 수 있도록 하기 위한 것이다. 이러한 경우 이사회는 그 범위 내에서 융통성 있게 재임이사의 수를 정할 수 있다. 다만, MBCA는 범위(range) 자체의 변경과 고정된 정원(fixed size)을 변동정원(variable-range size)으로 변경하는 것은(그 반대방향도 마찬가지임) 주주총회 결의

한 경우에는 명시적인 규정이 없더라도 이사의 정원을 2명 이상으로 정한 것으로 본다.[75]

### 2) 임    기

#### (가) 임기의 상한

가) 의의와 취지    이사의 임기는 3년을 초과하지 못한다(383조②).[76] 이사의 임기는 집행임원과 달리 정관에 의하여도 3년을 초과하여 정할 수 없다.[77] 이사 임기의 상한은 한 번의 임기에 대한 것이고, 이사가 연임되는 경우 다시 3년의 상한이 적용된다. 이사의 임기를 제한하는 것은, i) 주주의 감시기능약화를 방지하고, ii) 주주 변동에 따른 이사진의 개편이 가능하도록 하고, iii) 주주 변동이 없더라도 유능한 이사를 신규영입하기 위한 것이다.[78]

판례는 위 규정이 이사 임기의 상한을 정한 것이고, 회사가 임기를 정하지 않은 경우에 임기를 3년으로 본다는 취지는 아니라고 판시한다.[79] 그러나 이 판례는 임기 만료 전에 해임된 이사의 손해배상청구에 관한 것이고, 현실적으로는 정관이나 주주총회에서 이사의 임기를 정하지 않은 경우에는 3년으로 될 수밖에 없을 것이다.

나) 상한 위반    이사 임기의 상한 규정은 강행규정이다. 그러나 정관이나 주주총회 결의에서 상한을 초과한 임기를 정한 경우, 그 임기 전부를 무효로 볼 것은 아니고(이렇게 보면 선임이 무효로 될 것임) 초과 부분의 임기만 무효로 된다고 해석

---

사항이라고 규정한다[MBCA §8.03(c)].

75) 대법원 2009. 10. 29.자 2009마1311 결정.

76) 상법 제정 당시는 2년이었으나 1984년 개정시 3년으로 변경하였다.

77) 집행임원의 임기는 정관에 다른 규정이 없으면 2년을 초과하지 못하므로(408조의3①), 집행임원의 임기는 정관에 의하여 2년을 초과하여 정할 수 있다.

78) 이사 임기의 법정상한선에 대하여, 독일에서는 5년이고 재선임 또는 임기 연장의 경우에도 한도가 5년이다(株式法 84조①). 일본에서는 2년(공개회사)이 원칙이고, 미국의 MBCA는 이사의 임기를 1년으로 규정한다. 미국에서는 이사의 임기는 시차임기제(staggered terms)가 아닌 한 차기 정기주주총회까지이다. 따라서 이사는 연임되는 예가 많지만 임기 자체는 원칙적으로 1년인데, 통상 차기 정기주주총회(next annual shareholders' meeting)에서 후임자(successors)가 선임되어 취임할 때까지 그 지위에 있게 된다[MBCA §8.05(b)]. 다만, 기본정관에 기재되거나 발기인의 창립총회에서 선임된 최초이사(initial director)의 임기는 최초의 정기주주총회(first shareholders' meeting)에서 이사가 선임될 때까지이다[MBCA §8.05(a)]. 미국에서는 일반적으로 기본정관에 기재되거나 발기인의 창립총회에서 선임된 최초이사(initial director)의 임기는 최초의 정기주주총회(first shareholders' meeting)에서 이사가 선임될 때까지이다[MBCA §8.05(a)].

79) [대법원 2001. 6. 15. 선고 2001다23928 판결][손해배상(기)] "회사의 정관에서 상법 제383조 제2항과 동일하게 "이사의 임기는 3년을 초과하지 못한다."라고 규정한 것이 이사의 임기를 3년으로 정하는 취지라고 해석할 수는 없다."

하는 것이 일반적인 견해이다.

(나) 임기 결정 방법 　　정관에 이사의 임기가 한 가지로 규정된 경우(3년, 2년 또는 1년)에는 주주총회에서 이사를 선임할 때 임기를 따로 정할 필요가 없다(확정임 기형). 그러나 정관에 이사의 임기를 "1년부터 3년까지"와 같이 범위를 정하거나 "1 년 또는 2년"과 같이 선택적으로 정한 경우에는 주주총회에서 이사를 선임할 때 임 기도 정하여야 한다. 정관상 이사의 임기를 단축하는 정관변경을 하는 경우 변경 당시 재임이사의 임기도 변경된 정관규정이 적용된다.[80]

결원 발생으로 보궐선임된 이사의 임기는 전임자의 잔여임기가 아니라 3년이 다. 따라서 다른 이사들과 임기를 맞추려면 보선인사의 임기는 전임자의 잔여임기 로 한다고 정관에서 정하거나 주주총회에서 결의하여야 한다.

(다) 시차임기제 　　시차임기제(staggered terms)는 이사들의 임기를 3등분하여 3 분의 1은 임기 1년, 3분의 1은 임기 2년, 나머지 3분의 1은 임기 3년으로 정하여 매 년 3분의 1씩 선임하고, 그 후 새로 선임되는 이사들의 임기는 3년으로 정하는 것이다. 이렇게 하면 3년 후부터는 이사들은 3분의 1씩 순차로 임기가 만료된다. 미국 대부분의 주회사법은 기본정관에 시차임기제를 규정하는 것을 허용하는데, 상법은 이사의 임기는 3년을 초과하지 못하고(383조②), 임기중의 최종의 결산기에 관한 정기주주총회의 종결에 이르기까지 연장할 수 있다(383조③)는 외에는 달리 이사의 임기를 규제하는 규정을 두지 않는다. 따라서 임기가 3년을 초과하지만 않는다면 각 이사의 임기를 달리 정할 수 있고, 동일 임기의 이사들의 임기의 개 시시점이나 만료시점을 달리 정할 수 있으므로, 시차임기제도 허용되는 것으로 일반적으로 해석한다. 다만, 이와 같은 시차임기제가 시행되는 경우 전체 이사의 3분의 1을 초과하는 수의 이사를 해임하면 시차임기제의 취지에 반한다는 문제가 있다.[81]

(라) 임기의 개시

가) 최초이사 　　최초이사 임기의 기산일은 설립등기일이다. 즉, 정관에 이사

---

80) 이러한 경우 실질적으로는 해당 이사가 정당한 사유 없이 해임되는 결과가 되므로 상법 제 385조 제1항에 따른 손해배상 문제가 제기될 수 있다.

81) 이와 관련한 미국의 입법례로는, DGCL과 같이 정당한 이유에 의한 해임만 인정하는 방식 과[DGCL §141(k)(1)], CCC와 같이 집중투표제와 관련하여 결의요건을 강화하는 방식이 있다. 아직 우리나라에서는 시차임기제가 일반화되지 않았지만, 시차임기제하에서의 이사해임을 제 한한다면 집중투표제와 관련하여 본 바와 같이 상법상 이사해임에 정당한 이유를 요구하는 것은 부적절하므로 CCC와 같은 방식을 도입하는 것이 바람직하다.

의 임기를 3년으로 정한 경우 2022년 7월 30일에 설립등기를 한 회사의 이사의 임기만료일은 2025년 7월 30일이다.82) 이사의 성명·주민등록번호, 대표이사의 성명·주민등록번호 및 주소는 설립등기의 등기사항이다(317조③). 설립등기 전 최초이사는 설립중의 회사의 기관이 되고, 설립등기와 동시에 별도의 절차 없이 바로 회사의 기관이 된다.

상법은 최초이사와 통상의 이사 간에 임기에 관하여 아무런 차이를 규정하지 않는다. 즉, 회사설립시의 이사도 상법 제383조 제2항 및 제3항의 적용을 받고, 회사가 3년의 임기 상한 내에서 최초이사의 임기를 정관에 달리 정할 수는 있다.

나) 회사 설립 후 선임이사    종래의 다수설과 판례는 주주총회에서의 이사선임결의 후 회사(대표이사)의 청약과 피선임자의 승낙으로 임용계약을 체결하여야 법률상 이사로서의 지위를 가진다고 보았다.83) 따라서 임기의 기산점도 선임결의시가 아니라 임용계약에 대한 대표이사의 청약에 대하여 피선임자가 승낙한 때로 보았다.

그러나 대법원은 2017년 전원합의체 판결에서 "주주총회에서 이사나 감사를 선임하는 경우, 그 선임결의와 피선임자의 승낙만 있으면, 피선임자는 대표이사와 별도의 임용계약을 체결하였는지 여부와 관계없이 이사가 감사의 지위를 취득한다고 보아야 한다."라고 판시하면서 이러한 취지에 저촉되는 종래의 판례를 변경하였다.84) 이사선임결의의 창설적 효력에 비추어 타당한 결론이다.85) 다만, 이사에 대한 각종 보상에 관하여 약정하기 위하여 주주총회 선임결의 직후 또는 그 후에라도 이러한 약정 내용을 포함한 임용계약을 체결하는 예도 많다.

물론 피선임자의 동의나 승낙은 묵시적으로도 할 수 있고, 따라서 주주총회의 선임결의 후 이사회에 출석하는 경우와 피선임자가 회사에 대하여 임용계약의 체결을 요구한 경우 이사로 선임되는 데에 피선임자가 동의 또는 승낙을 한 것이 되

---

82) 상업등기선례 제200909-2호(2009. 9. 9. 사법등기심의관-2031 질의회답).
83) 대법원 2009. 1. 15. 선고 2008도9410 판결.
84) 대법원 2017. 3. 23. 선고 2016다251215 전원합의체 판결. 한편, 전원합의체 판결은 "이사·감사의 지위는 주주총회의 선임결의가 있고 선임된 사람의 동의가 있으면 취득된다"라고 판시하는 동시에 "선임결의와 피선임자의 승낙만 있으며, 피선임자는 대표이사와 별도의 임용계약을 체결하였는지 여부와 관계없이 이사가 감사의 지위를 취득한다고 보아야 한다"라고 판시함으로써, 피선임자의 동의와 승낙을 구별하지 않으면서도 어쨌든 주주총회의 선임결의로 바로 이사의 지위를 취득하는 것이 아니고 피선임자가 동의 또는 승낙을 해야 이사의 지위를 취득한다는 취지로 판시한다.
85) 일본 회사법은 "선임후 2년"이라고 규정하므로 주주총회의 선임결의와 동시에 임기가 개시된다(日会 332조①).

어 이사의 지위를 취득한다.[86)]

이사가 연임하는 경우 임기만료 전에 주주총회에서 이사로 선임되고 이에 대한 동의나 승낙을 한 경우에는 임기만료일의 다음날이 중임일이 된다.[87)]

임기를 일정 기간으로 정한 경우 민법 제161조에 따라 임기만료일이 토요일 또는 공휴일에 해당한 때에는 그 다음 날 임기가 만료한다. 다만, 위 제161조는 특약에 의하여 배제할 수 있다.

이사의 선임·해임등기는 선임·해임의 효력발생요건은 아니고, 제3자에 대한 대항요건이다.[88)] 법인등기부에 이사 또는 감사로 등재되어 있는 경우에는 특단의 사정이 없는 한 정당한 절차에 의하여 선임된 적법한 이사 또는 감사로 추정된다.[89)]

(마) 보선이사의 임기　　이사의 결원이 발생한 경우 보궐로 선임된 이사(補選理事)의 임기에 관하여 상법에 아무런 규정이 없는데, 전임 이사의 잔여 임기에 한하지 않고 완전히 새로운 임기가 적용된다는 것이 통설적인 견해이다. 물론 정관이나 주주총회의 선임결의에서 전임이사의 잔여 임기를 적용하기로 정할 수 있다.

(바) 임기의 연장

가) 정관의 근거규정　　이사의 임기는 3년을 초과하지 못하지만(383조②), 정관으로 그 임기중의 최종의 결산기에 관한 정기주주총회의 종결에 이르기까지 연장할 수 있다(383조③). 즉, 12월 31일을 결산기로 하는 회사에서 이사의 임기가 1월 중에 종료되어도 그 후에 개최될 정기주주총회일까지 연장한다는 규정을 둘 수 있고, 실제로 대부분의 회사가 정관에 이러한 임기연장 규정을 두고 있다.[90)]

"그 임기중의 최종의 결산기에 관한 정기주주총회의 종결에 이르기까지"라는 규정은 사업연도 종료 후(예컨대, 1월 25일) 정기주주총회의 종결 전에 임기가 만료되

---

86) 같은 주주총회에서 선임되는 다른 이사들과 임기를 동일하게 정하려면 전임이사가 주주총회일 사임서를 제출하고 주주총회에서 그를 다시 이사로 선임하면 된다. 상장회사는 이사가 임기만료 이외의 사유로 퇴임하는 경우 금융위원회와 한국거래소에 신고해야 한다(資法 165조의17③).

87) 상업등기선례 제200909-2호(2009. 9. 9. 사법등기심의관-2031 질의회답).

88) 상업등기선례 제4-852호(1994. 4. 1. 등기 3402-305 질의회답).

89) 대법원 1991. 12. 27. 선고 91다4409, 4416 판결, 대법원 1983. 12. 27. 선고 83다카331 판결.

90) 상법은 감사의 임기에 관하여는 정관의 근거 규정을 요구하지 않고, 단순히 "취임 후 3년 내의 최종의 결산기에 관한 정기총회의 종결시까지"로 규정한다(410조). 즉, 감사의 임기는 정관의 규정에 관계없이 최종의 결산기에 관한 정기총회의 종결시까지이다. 따라서 감사의 임기는 3년을 초과할 수도 있고, 3년에 미달할 수도 있다.

는 경우를 말하고, 사업연도 중에(예컨대, 12월 25일) 임기가 만료되는 경우에는 정관
의 규정에 불구하고 임기가 연장되지 않는다.91) 다만, 임기 만료일과 결산기 만료
일이 같은 날인 경우에는 임기연장등기를 신청할 수 있다.92)

　　이사의 임기 만료시점을 정기주주총회 종결시점까지 연장할 수 있도록 한 것은
"임기가 만료되는 이사에 대하여는 임기 중의 결산에 대한 책임을 지고 주주총회에
서 결산서류에 관한 주주들의 질문에 답변하고 변명할 기회를 주는 한편, 회사에 대
하여는 정기주주총회를 앞두고 이사의 임기가 만료될 때마다 임시주주총회를 개최
하여 이사를 선임하여야 하는 번거로움을 덜어주기 위한 것"에 그 취지가 있다.93)
이 점에서 보면 상법에 감사의 임기와 같이 이사의 임기도 정관의 규정과 관계없이
그 임기중의 최종의 결산기에 관한 정기주주총회의 종결시까지로 규정하는 것도 검
토할 만하다.94)

　　나) 임기중의 최종 결산기　　　상법 제383조 제3항의 임기 중의 최종의 결산기
에 관한 정기주주총회는 임기 중에 도래하는 최종의 결산기에 관한 정기주주총회
를 말하고, 임기 만료 후 처음으로 도래하는 결산기에 관한 정기주주총회 또는 처
음으로 소집되는 정기주주총회를 의미하는 것은 아니다. 따라서 위 규정은 결국 이
사의 임기가 최종 결산기의 말일과 당해 결산기에 관한 정기주주총회 사이에 만료
되는 경우에 정관으로 그 임기를 정기주주총회 종결일까지 연장할 수 있도록 허용
하는 규정이라고 보아야 한다.95) 즉, 12월말 결산법인의 이사로서 12월 31일보다
앞서서 임기가 만료되는 경우와 정기주주총회일 이후에 임기가 만료되는 경우에는
임기 연장의 대상이 아니다.96)

---

91)　상업등기선례 제1-138호(1984. 12. 21).
92)　[상업등기선례 제201105-2호(2016. 12. 27. 사법등기심의관 - 5056 질의회답)] "… 특별한 사
　　정이 없는 한 최종 결산기 말일은 임기 중의 결산기로 해석되므로 이사의 임기 만료일과 결산
　　기 만료일이 같은 날인 경우도 임기연장등기를 신청할 수 있다."
93)　대법원 2010. 6. 24. 선고 2010다13541 판결.
94)　일본에서는 이사 임기의 연장에 관하여 정관의 근거를 요하지 않고, 주식회사의 유형별로
　　다양하다. 구체적으로, 공개회사 이사의 임기는 선임 후 2년 이내의 종료하는 사업연도 중 최
　　종연도에 관한 정기주주총회 종결시까지로 한다. 다만, 정관 또는 주주총회결의에 의하여 단
　　축할 수 있다(日会 332조①). 비공개회사이며 위원회비설치회사는 정관으로 선임 후 10년 이
　　내의 종료하는 사업연도 중 최종연도에 관한 정기주주총회 종결시까지로 임기를 연장할 수
　　있도록 한다(日会 332조②). 위원회설치회사의 이사에게 제1항을 적용하는 경우 2년을 1년으
　　로 한다(日会 332조③).
95)　대법원 2010. 6. 24. 선고 2010다13541 판결.
96)　[서울고등법원 2009. 12. 23. 선고 2009나52634 판결] "피고의 정관 제33조(영업년도)는 '회사
　　의영업년도는 매년 1월 1일부터 동년 12월 31일까지로 한다'라고, 제17조(주주총회 소집)는

다) 정기주주총회의 종결시    이사의 임기를 정기주주총회의 종결시까지 연장하는 것은 정기주주총회가 정상적인 시기에 정상적으로 소집되는 것을 전제로 한다. 따라서 이사회가 정기주주총회의 소집을 부당하게 미루는 경우, 정관에서 정한 정기주주총회 소집시기 또는 이러한 정관 규정이 없다면 정기주주총회를 소집하는데 필요한 상당한 기간 경과시 이사의 임기가 만료되는 것으로 보아야 한다. 이때 상당한 기간은, 기준일을 주주 또는 질권자로서 권리를 행사할 날에 앞선 3개월 내의 날로 정하여야 한다는 상법 제354조 제3항에 비추어 결산일로부터 3개월로 보는 것이 타당하다. 다만, 2011년 개정상법은 일정한 경우 정관에서 정하는 바에 따라 이사회가 재무제표를 승인할 수 있도록 규정하므로(449조의2①), 이러한 경우에는 상당한 기간이 훨씬 단축될 것이다.

정기주주총회를 상당한 기간 내에 개최하였다 하더라도 경영진이 임기 연장을 주된 목적 또는 부수적 목적으로 하여 부당하게 연기, 속행하는 경우에도 상당한 기간 경과시 이사의 임기가 만료되는 것으로 보아야 할 것이다.

라) 직무집행정지가처분과 임기 연장 여부    직무집행정지가처분에 의하여 직무집행만 정지될 뿐 등기된 이사·대표이사로서의 지위는 그대로 유지하므로, 임기가 당연히 정지되거나 가처분결정이 존속하는 기간만큼 연장되지 않는다.[97]

(사) 임기의 단축

가) 정기주주총회의 종결시까지로 정하는 경우    상법 제383조 제3항은 "연장할 수 있다."라고 규정하는데, 이사의 임기는 3년을 초과할 수 없다는 제383조 제2항의 규정에 반하지 않는 한 정관에서 구체적인 단축 또는 연장에 관하여 규정할 수 있다. 따라서 정관에서 이사의 임기를 그 임기중의 최종의 결산기에 관한 정기주주총회의 종결시까지로 정하는 경우에는 이사의 임기가 항상 연장되는 것이 아니라 단축될 수도 있다. 예컨대 4월 25일 선임된 이사는 그 임기중의 최종의 결산기에 관한 정기주주총회가 3월 25일 소집된다면 임기가 1개월 단축되는 결과가 된다. 물론, 정관에 이러한 규정이 없거나, 임기가 연장되는 경우에 한하

'당 회사의 정기주주총회는 영업년도 말일 다음날부터 3월 이내에 소집하고 임시주주총회는 필요한 경우에 수시 모집한다'라고 각 규정되어 있는 사실을 인정할 수 있는바, 위 인정사실에 앞서 본 법리를 비추어 보면, 피고 회사의 경우 영업년도 말일 다음날인 1. 1.부터 정기주주총회일까지 사이에 이사의 임기가 만료되었다면 정기주주총회 종료일까지 이사의 임기가 연장된다고 할 것이지만, 이 사건의 경우와 같이 이사의 임기가 2008. 4. 7. 만료된 경우에는 이사의 임기가 정기주주총회일까지 연장된다고 볼 수 없다."

[97] 대법원 2020. 8. 20. 선고 2018다249148 판결.

여 적용되도록 명시적으로 규정한 경우에는 임기가 단축되지 않는다.98)

　　나) 회사의 조직재편　　　회사에 중대한 조직재편이 있는 경우에는 이사의 임기도 정해진 기간이 경과하기 전에 종결된다.99)

　　대표적으로, 존속회사의 이사로서 합병 전에 취임한 이사는 합병계약서에 다른 정함이 있는 경우를 제외하고는 잔여 임기에 불구하고 합병 후 최초로 도래하는 결산기의 정기총회가 종료하는 때에 퇴임한다(527조의4①).100) 이들의 선임에는 합병으로 소멸하는 회사의 주주였다가 존속회사의 주주로 된 자들의 의사가 반영되지 않았으므로 합병에 의하여 그 구성이 변화된 주주들이 이사·감사를 새로 선임하기 위한 것이다.

　　실무상으로는 존속회사 이사·감사의 임기를 합병 후에도 계속 유지하려는 경우, 합병계약서에 존속회사의 이사·감사는 합병에도 불구하고 잔여 임기가 유지된다는 점을 명시하기도 한다.

　　다) 정관의 변경에 의한 단축　　　이사의 임기를 임기만료 전에 정관변경에 의하여 단축하는 것도 허용된다. 정관변경은 주주총회 특별결의 사안이고 어차피 특별결의에 의하여 이사의 해임이 가능한 이상, 정관변경에 의하여 이사의 임기를 단축하는 것을 굳이 불가능하다고 해석할 필요는 없을 것이다.101) 다만, 이사의 임기를 정한 경우에 정당한 이유 없이 그 임기만료 전에 이를 해임한 때에는 그 이사는 회사에 대하여 해임으로 인한 손해의 배상을 청구할 수 있으므로(385조① 단서), 임기만료 전에 정관변경에 의하여 이사의 지위를 상실하는 자는 회사에 대하여 그로 인한 손해배상을 청구할 수 있다고 본다.

　　임용계약상 임기중 해임되지 않는다는 특약을 한 경우에도 이러한 해임결의가 가능한 이상 정관변경에 의한 임기단축도 가능하다고 볼 것이다.

---

98) [서울고등법원 2009. 12. 23. 선고 2009나52634 판결] "피고 회사의 경우 영업년도 말일 다음날인 1. 1.부터 정기주주총회일까지 사이에 이사의 임기가 만료되었다면 정기주주총회 종료일까지 이사의 임기가 연장된다고 할 것이지만, 이 사건의 경우와 같이 이사의 임기가 2008. 4. 7. 만료된 경우에는 이사의 임기가 정기주주총회일까지 연장된다고 볼 수 없다."

99) 합병시 이사의 임기변경에 관하여는 [제5장 제1절 합병] 부분에서 상술한다.

100) 일본 상법에는 이러한 규정이 있었으나(414조의3), 회사법에서는 삭제하였다.

101) 이사의 임기에 관한 정관 규정을 변경한 경우, 즉 종전 정관상 임기를 단축하거나 상법상의 제한 범위 내에서 이를 연장하는 경우 이사는 당연히 변경된 정관을 따라야 하므로, 변경된 정관의 임기에 관한 규정은 변경 후에 취임하는 이사뿐만 아니라 변경당시에 재임 중인 이사에 대해서도 적용된다. 다만 정관을 변경하면서 재임 중인 이사에 대하여는 종전 규정을 적용한다는 규정을 따로 두었다면 그에 따른다(법원행정처, 상업등기실무[Ⅱ], 188면).

## (7) 이사의 사임과 해임

### 1) 이사의 사임

(개) **사임의 효력발생**    법인과 이사의 법률관계는 신뢰를 기초로 한 위임 유사의 관계이므로, 이사는 언제든지 사임할 수 있고(民法 689조), 이사를 사임하는 행위는 상대방 있는 단독행위이므로 그 의사표시가 상대방(원칙적으로 대표이사가 상대방이고, 주주총회나 이사회의 경우에는 논란의 여지가 있다)에게 도달함과 동시에 그 효력을 발생하고, 정관에서 이사의 사임절차나 사임의 의사표시의 효력발생시기 등에 관하여 특별한 규정을 둔 경우에는 그에 따라야 하는바, 위와 같은 경우에는 이사의 사임의 의사표시가 대표이사에게 도달하였다고 하더라도 그와 같은 사정만으로 곧바로 사임의 효력이 발생하는 것은 아니고 정관에서 정한 바에 따라 사임의 효력이 발생한다.102) 그러나 이사의 사임에 대하여 주주총회나 이사회의 승인을 얻도록 하는 정관규정은 민법 제689조의 규정상 무효로 보아야 한다.

이사들이 대표이사에게 사표의 처리를 일임한 경우에는 사임 의사표시의 효과 발생 여부를 대표이사의 의사에 따르도록 한 것이므로, 대표이사가 사표를 수리함으로써 사임의 효과가 생긴다.103)

민법 제690조에 따라 사망도 종임사유인데, 민법 제692조의 규정상, 위임종료의 사유는 이를 상대방에게 통지하거나 상대방이 이를 안 때가 아니면 이로써 상대방에게 대항하지 못하지만, 대표이사의 사망사실은 이를 상대방에게 통지하지 아니하여도 대항할 수 있다.104)

(나) **사임등기**    이사의 사임등기를 하려면 이사 개인의 인감증명서가 첨부되어야 한다.105) 이사의 사임에 불구하고 회사가 변경등기를 하지 않는 경우에는 사

---

102) 대법원 2008. 9. 25. 선고 2007다17109 판결.
103) 대법원 1998. 4. 28. 선고 98다8615 판결.
104) [대법원 1963. 9. 5. 선고 63다233 판결] "주식회사 대표취체역 사망과 같은 사유는 회사의 기관구성원으로서의 자연인의 절대적인 권리능력 소멸사유에 해당할 뿐 아니라 사망자가 상대방과 법률행위를 한다 함은 전혀 있을 수 없는 일이고 따라서 선의의 상대방 보호라는 문제도 발생할 여지조차 없는 것이니 주식회사 대표취체역의 사망사실과 같은 사유는 상대방에게 통고하지 않으면 아니 될 사유에 해당하지 않는다고 보는 것이 정당하고 상대방에 통고를 요하는 사유는 사망 이외의 권한소멸 사유라고 해석하는 것이 타당하므로 반대의 견해로 원판결을 공격하는 논지는 이유 없다."
105) [상업등기선례 제201111-1호(2011. 1. 3. 사법등기심의관-4 질의회답)] "대한민국 영토 밖에서의 공증에 관한 사무는 대한민국 재외공관의 영사관이 담당하는바, 영사관의 인증도 우리나라 공증인이 한 인증과 다를 바 없으므로(재외공관공증법 제1조, 제2조, 제13조, 제27조, 제33

임한 이사가 회사를 상대로 이사변경등기절차이행의 소를 제기할 수 있다.106) 이사
는 그 사임에 따른 변경등기가 없더라도 즉시 그 자격을 상실한다.107)

    (다) 사임의 철회    이사는 사임의 의사표시가 효력을 발생한 후에는 마음대
로 이를 철회할 수 없음이 원칙이나, 사임서 제시 당시 즉각적인 철회권유로 사임
서 제출을 미루거나, 대표이사에게 사표의 처리를 일임하거나(예컨대, 재신임을 묻기
위하여 일괄사표를 내는 경우),108) 사임서의 작성일자를 제출일 이후로 기재한 경우
등 사임의사가 즉각적이라고 볼 수 없는 특별한 사정이 있을 경우에는 별도의 사
임서 제출이나 대표자의 수리행위 등이 있어야 사임의 효력이 발생하고, 이사는
그 이전에 사임의사를 철회할 수 있다.109) 또한, 정관에서 이사의 사임 의사표시의
효력발생시기에 관하여 특별한 규정을 둔 경우에는 사임의 의사표시가 대표이사
에게 도달하였다고 하더라도 그와 같은 사정만으로 곧바로 사임의 효력이 발생하
는 것은 아니고 정관에서 정한 바에 따라 사임의 효력이 발생하는 것이므로, 이사
는 정관에 따라 사임의 효력이 발생하기 전에는 그 사임의사를 자유롭게 철회할 수
있다.110)

    2) 퇴임이사

    (가) 퇴임이사의 의의    법률 또는 정관에서 정한 이사의 원수(최저원수·특정원
수)를 결한 경우에는 임기만료·사임으로 인하여 퇴임한 이사는 새로 선임된 이사
가 취임할 때까지 이사의 권리의무가 있다(386조①). 이와 같이 퇴임 후에도 후임이

---

조 참조), 회사의 임원의 취임 또는 사임으로 인한 변경등기 신청시 본국에 인감증명제도가
없는 외국인의 취임승낙 또는 사임을 증명하는 서면에 본인이 서명을 하였다는 대한민국 재
외공관의 영사관의 인증을 받아 첨부할 수 있다."
106) 상업등기법상 당사자신청주의에 의하여 등기신청인은 회사의 대표이사이므로 사임한 이사
    가 직접 변경등기를 신청할 수는 없고, 법원에 등기촉탁을 하여야 할 것이다.
107) 대법원 2013. 9. 9.자 2013마1273 결정.
108) [대법원 1998. 4. 28. 선고 98다8615 판결] "주식회사와 이사의 관계는 위임에 관한 규정이
    준용되므로, 이사는 언제든지 사임할 수 있고, 사임의 의사표시가 대표이사에게 도달하면 그
    효과가 발생하나(대법원 1997. 9. 11.자 97마1474 결정, 대법원 1993. 9. 14. 선고 93다28799 판
    결 등 참조), 대표이사에게 사표의 처리를 일임한 경우에는 사임 의사표시의 효과발생 여부를
    대표이사의 의사에 따르도록 한 것이므로, 대표이사가 사표를 수리함으로써 사임의 효과가 생
    긴다. 원심이 같은 취지에서 대표이사 박승복이 1997. 4. 7. 김갑수와 채권자 현광자의 사표를
    수리하여 그들에 대하여 사임의 효과가 발생하였고, 사표가 수리되지 아니한 나머지 이사 등
    에 대하여는 사임의 효과가 발생하지 아니하였다고 판단한 조치는 옳고, 사정이 이와 같다면,
    김갑수 등은 사표가 수리되어 사임한 것이지 해임된 것이 아니므로, 원심판결에 상고이유의
    주장과 같이 이사의 해임에 관한 상법 제385조 를 위반한 위법 등이 없다."
109) 대법원 2011. 9. 8. 선고 2009다31260 판결, 대법원 2006. 6. 15. 선고 2004다10909 판결.
110) 대법원 2008. 9. 25. 선고 2007다17109 판결.

사의 취임시까지 이사의 지위를 가지는 자를 퇴임이사라고 부른다.111) 퇴임이사 규정은 대표이사(389조③), 감사(415조) 및 청산인(542조②)에게도 준용된다.112)

(나) 퇴임이사의 요건　　퇴임이사의 요건은 "법률 또는 정관에서 정한 이사의 원수를 결한 경우", "임기의 만료 또는 사임으로 인하여 퇴임한 이사"이다.113) 법률에서 정한 이사의 원수를 충족하더라도 정관에서 정한 이사의 원수를 결한 경우에는 퇴임이사 규정이 적용된다. 이사 지위 상실사유로는 임기만료와 사임 외에도 사망, 해임, 파산, 성년후견개시 등이 있지만, 이러한 사유가 발생한 경우에는 이사의 지위를 유지할 수 없거나 유지하기에 부적절하므로 상법은 임기만료와 사임만을 퇴임이사의 요건으로 규정한다. 그 밖에 법령에서 정한 결격사유(사외이사 재임기간 또는 겸직회사수에 따른 결격사유)에 해당하는 경우에는 사외이사로서 재직하는 것이 아니므로 퇴임이사 규정이 적용된다는 것이 법무부의 유권해석이지만, 논란의 여지가 있다.

민법상 위임관계에서도 위임종료의 경우에 급박한 사정이 있는 때에는 수임인, 그 상속인이나 법정대리인은 위임인, 그 상속인이나 법정대리인이 위임사무를 처리할 수 있을 때까지 그 사무의 처리를 계속하여야 하고, 이 경우에는 위임의 존속과 동일한 효력이 있다(民法 691조). 반면에 상법은 기업의 유지를 기본 이념으로 하므로 민법상 요건인 "급박한 사정"을 요건으로 하지 않고 단지 이사의 원수만을 퇴임이사의 요건으로 규정한다.

퇴임이사제도는 이사의 결원으로 회사가 정상적인 활동을 할 수 없게 되는 사태를 타개하고자 하는 취지라는 판례를 인용하면서,114) 정관상의 정원을 일부 결하

---

111) 미국에서도 많은 州의 제정법과 판례에 의하면 임기의 만료, 사임으로 인하여 퇴임한 이사는 새로운 이사가 선임되어 취임할 때까지 이사의 지위를 계속 유지하는데(hold-over director), 이들은 사실상으로는 물론 법률상으로도(de jure as well as de facto) 본래의 임기의 이사와 같은 권한(power), 권리(rights) 및 의무(duties)를 가진다[MBCA §8.05(e)].

112) 감사에 관한 제415조는 제386조 제1항을 준용하지만, 감사위원회에 관한 제415조의2 제7항은 제386조 제1항을 준용하지 않는다. 그러나 이사회 내 위원회에 관하여 제386조 제1항의 규정을 준용한다는 제393조의2 제5항에 따라 감사위원회위원도 법률·정관에서 정한 이사의 원수(감사위원회는 3인, 다른 위원회는 2인)를 채우지 못한 경우에는 퇴임한 감사위원도 후임 감사위원이 선임될 때까지 감사위원으로서의 지위를 유지한다.

113) 상법은 3인 이상으로 원수를 규정한 이사와 달리 감사에 대하여는 원수를 규정하지 않지만, 정관에서 2인 이상의 감사를 두도록 규정한 경우에는 제386조 제1항이 준용된다.

114) [대법원 1988. 3. 22. 선고 85누884 판결] "민법상의 법인에 있어 이사의 전원 또는 일부의 임기가 만료되었음에도 불구하고 그 후임 인사의 선임이 없는 경우에는 그 임기 만료된 구 이사로 하여금 법인의 업무를 수행케 함이 부적당하다고 인정할 만한 특단의 사정이 없는 한 구 이사는 신임이사가 선임될 때까지 그의 종전의 직무를 수행할 수 있다할 것이나 위와 같이 임기만료된 이사의 업무수행권은 어디까지나 법인은 그 기관을 구성하는 이사에 의하여서만 행

더라도 회사의 운영에 장애가 없다면 이 규정을 적용할 필요가 없다는 견해도 있다.115) 그러나 이러한 해석은 상법상 명문의 규정에 반한다. 특히 상법은 기업유지의 이념상 민법 제691조의 "급박한 사정"을 요건으로 하지 않는다는 점에서 규정상 명백한 차이가 있다. 그리고 정관에서 이사의 최저원수나 특정원수를 정한 주주들의 의사에도 반한다는 문제가 있다.

따라서 정관에서 정한 이사의 원수를 결한 경우 회사의 운영에 장애가 있는지 여부를 불문하고 퇴임이사 규정이 적용되어야 한다. 다만, 대표이사 퇴임의 경우에는 위 판례의 "아직 임기가 만료되지 않은 다른 이사들로써 정상적인 법인의 활동을 할 수 있는 경우"에 어차피 해당하기 어려우므로 퇴임이사 규정이 적용될 수밖에 없을 것이다.

(다) 적용 배제　　퇴임이사에 관한 제386조 제1항은 비상조치를 규정한 것이므로, "사유가 발생한 후 처음으로 소집되는 주주총회에서 구성요건에 합치되도록 사외이사를 선임"하는 등과 같이 후임이사 선임을 유예하는 규정이 있는 경우에는 적용되지 않는다.116)

(라) 동시퇴임　　수인의 이사가 동시에 임기만료·사임에 의하여 퇴임함으로 말미암아 법률·정관에 정한 이사의 원수(최저원수·특정원수)를 채우지 못하게 되는 결과가 일어나는 경우, 특별한 사정이 없는 한 그 퇴임한 이사 "전원"은 새로 선임된 이사가 취임할 때까지 이사로서의 권리의무가 있다.117)

(마) 퇴임이사의 지위　　퇴임이사는 직무대행자와 달리 본래의 이사와 동일한 권한을 가지고 동일한 의무(선관주의의무·충실의무·비밀유지의무·감시의무 등)를 부담

---

위를 할 수 있음에도 불구하고 그 이사에 결원이 있음으로써 법인의 정상적인활동을 할 수 없는 사태를 방지하는데 그 취지가 있다 할 것이므로 이사 중의 일부에 임기가 만료되었다 하더라도 아직 임기가 만료되지 않은 다른 이사들로써 정상적인 법인의 활동을 할 수 있는 경우에는 구태여 임기만료된 이사로 하여금 이사로서의 직무를 계속 수행케 할 필요는 없다고 해석하여야 할 것이므로 위와 같은 경우에는 임기만료로서 당연히 퇴임하는 것으로 풀이된다."

115) 이철송, 654면(민법상 비영리법인에 관한 위 85누884 판결을 인용하면서 이 판례가 주식회사에도 적용된다고 설명한다).

116) 상장회사 사외이사의 사임·사망 등의 사유로 인하여 사외이사의 수가 상법 제542조의8 제1항의 구성요건에 미달하게 되면 그 사유가 발생한 후 처음으로 소집되는 주주총회에서 구성요건에 합치되도록 사외이사를 선임하여야 하고(542조의8③), 상장회사 감사위원인 사외이사가 사임·사망함으로써 사외이사의 수가 감사위원회의 구성요건에 미달하게 되면 그 사유가 발생한 후 처음으로 소집되는 주주총회에서 그 요건에 합치되도록 하면 되므로(542조의11④), 이러한 경우에는 제386조 제1항이 적용되지 않고 사외이사 사임의 효력은 즉시 발생하며 퇴임등기도 가능하다.

117) 대법원 2007. 3. 29. 선고 2006다83697 판결, 대법원 2009. 10. 29.자 2009마1311 결정.

한다. 상장회사 사외이사 결격사유인 "해당 상장회사 외의 2개 이상의 다른 회사의 이사"(슈 35조⑤3)에 해당하는지 여부를 판단함에 있어서 임기만료·사임으로 퇴임한 이사인 경우에도 이러한 결격사유가 적용된다. 또한 퇴임이사는 후임이사선임 결의의 하자를 주장하여 그 부존재 또는 무효확인을 구할 법률상 이익도 있다.[118]

다만, 퇴임이사로 하여금 이사로서의 권리의무를 가지게 하는 것이 불가능하거나 부적당한 경우 등 필요한 경우에는 제386조 제2항의 일시이사의 직무를 행할 자의 선임을 법원에 청구할 수 있고, 퇴임이사를 상대로 해임사유의 존재나 임기만료·사임 등을 이유로 그 직무집행의 정지를 구하는 가처분신청은 허용되지 않는다.[119] 같은 취지에서 임기만료된 퇴임이사를 대상으로 하는 주주총회의 해임결의도 효력이 없다.[120]

퇴임이사를 상대로 하는 직무집행정지가처분신청이 허용되지 않는다는 판례와 관련하여, 퇴임이사 규정을 이용하여 직무집행정지결정을 피하기 위한 목적으로 사임하는 경우도 있다. 심지어 직무집행정지결정을 위한 심문중에 사임하는 경우도 있는데, 이러한 경우에도 위 판례의 법리에 비추어 직무집행정지결정의 대상이 아니라고 보아야 한다. 따라서 이에 대한 대응방법으로는 제386조 제2항에 정한 일시이사의 선임을 법원에 청구하여야 한다. 다만, 일시이사의 선임을 위하여는 단순히 경영권분쟁이 있다는 사정만으로는 부족하고, 퇴임이사로 하여금 이사로서의 권리의무를 가지게 하는 것이 불가능하거나 부적당한 경우에 해당한다는 구체적인 근거가 필요하다는 것이 판례 입장이다.[121]

한편, 퇴임이사는 본래의 이사와 동일한 권한을 가지고 동일한 의무를 부담하므로 보수청구권 등 임용계약상의 권리도 유지된다.

(ㅂ) 퇴임등기기간    이러한 경우에는 이사의 퇴임등기를 하여야 하는 2주 또는 3주의 기간은 일반의 경우처럼 퇴임한 이사의 퇴임일부터 기산하는 것이 아니라 후임이사의 취임일부터 기산하고, 후임이사 취임 전에는 퇴임이사의 퇴임등기만을 따로 신청할 수 없다는 것이 판례와 상업등기실무의 입장이다.[122][123] 즉, 퇴임

---

118) 대법원 1982. 12. 14. 선고 82다카957 판결.
119) 대법원 2009. 10. 29.자 2009마1311 결정.
120) 대법원 2021. 8. 19. 선고 2020다285406 판결(정당한 사유로 해임당한 임원에 대하여는 퇴직금 지급을 제한할 수 있다는 임원퇴직금규정을 적용하기 위하여 해임결의를 한 사안이다).
121) 대법원 2000. 11. 17.자 2000마5632 결정.
122) [대법원 2007. 6. 19.자 2007마311 결정] "상법 제635조 제1항은 "회사의 이사 등이 다음의 사항에 해당한 행위를 한 때에는 500만 원 이하의 과태료에 처한다."라고 하면서 같은 항 제1

이사의 퇴임에 관한 등기와 신임이사의 선임등기는 동시에 해야 한다. 다만, 이사의 원수가 충분하거나 이사가 사망한 경우에는 선임등기와 관계없이 실제로 퇴임한 일자나 사망일자에 퇴임등기를 한다.

따라서 상법 제635조 제1항의 과태료(500만원 이하) 부과 대상 중, 제1호의 "이편(編)에서 정한 등기를 게을리한 경우"를 적용함에 있어서는 퇴임일이 아닌 취임일을 기준으로 하여야 한다.124)

한편, 같은 항 제8호는 "법률 또는 정관에서 정한 이사 또는 감사의 인원수를 궐(闕)한 경우에 그 선임절차를 게을리한 경우"를 과태료 부과대상으로 규정하므로 후임이사 선임절차를 게을리하여 바로 진행하지 않으면 과태료 부과대상이 된다. 다만, 이사회에서 선임하는 '대표이사'는 제8호의 '이사'에 포함되지 아니히므로 대표이사가 퇴임하여 법률 또는 정관 소정의 대표이사의 수를 채우지 못하여 퇴임한 대표이사에게 후임 대표이사가 취임할 때까지 대표이사로서의 권리의무가 있는 기간 동안에 후임 대표이사의 선임절차를 해태하였다고 하여 퇴임한 대표이사를 제8

---

호에서 '본편에 정한 등기를 해태한 때'를 규정하고 있고, 신청외 1 회사(이하 ' 신청외 1 회사' 이라 한다)의 정관 제35조 제1항은 "당회사의 이사는 3명 이상으로 한다."라고 규정하는 한편, 제39조 제1항은 "이사회의 결의로 1인 또는 수인의 대표이사를 선임할 수 있다."라고 규정하고 있다. 그런데 대표이사를 포함한 이사가 임기의 만료나 사임에 의하여 퇴임함으로 말미암아 법률 또는 정관에 정한 대표이사나 이사의 원수(최저인원수 또는 특정한 인원수)를 채우지 못하게 되는 결과가 일어나는 경우에, 그 퇴임한 이사는 새로 선임된 이사(후임이사)가 취임할 때까지 이사로서의 권리의무가 있는 것인바(상법 제386조 제1항, 제389조 제3항), 이러한 경우에는 이사의 퇴임등기를 하여야 하는 2주 또는 3주의 기간은 일반의 경우처럼 퇴임한 이사의 퇴임일부터 기산하는 것이 아니라 후임이사의 취임일부터 기산한다고 보아야 하며, 후임이사가 취임하기 전에는 퇴임한 이사의 퇴임등기만을 따로 신청할 수 없다고 봄이 상당하다 (대법원 2005. 3. 8.자 2004마800 전원합의체 결정 참조)."

123) [상업등기선례 제201111-1호(2011. 11. 2. 사법등기심의관-2636 질의회답)] "공기업·준정부기관의 이사가 임기만료에 의하여 퇴임한 경우에는 그 퇴임이사가 법률 또는 정관에서 정한 이사의 결원으로 인하여 후임자가 임명될 때까지 직무를 수행한다고 하더라도(「공공기관의 운영에 관한 법률」 제28조 제5항) 직무수행기간종료일이 아닌 본래의 임기만료일을 퇴임일로 보아야 하며, 이때 퇴임등기기간은 임명의 의사표시가 후임자에게 도달되는 등으로써 후임자에게 임명의 효력이 발생한 날부터 기산한다."

124) [대법원 2007. 6. 19.자 2007마311 결정] "신청외 1 회사의 유일한 대표이사인 재항고인이 2005. 3. 23. 대표이사 및 이사를 퇴임하였는데, 재항고인이 이사의 직위까지 퇴임한 것이지만 이사 신청외 2, 3이 2005. 3. 26. 임기만료로 퇴임한 이후에 신청외 1 회사에는 이사 신청외 4, 5, 6이 남아 있어 정관 소정의 이사의 원수를 결한 경우에 해당하지 아니하여도 법률 또는 정관 소정의 대표이사의 원수를 결한 경우에 해당하게 되었으므로 후임 대표이사가 취임할 때까지 대표이사로서의 권리의무가 있는 재항고인에 대한 퇴임등기의 기산일은 후임 대표이사 원수용이 취임한 2005. 12. 6.이고, 따라서 재항고인이 그로부터 2주 이내인 2005. 12. 19. 퇴임등기를 신청한 이상, 재항고인에 대하여는 상법 제635조 제1항 제1호의 위반이 있다고 할 수 없다."

호를 근거로 과태료에 처할 수는 없다.125)

### (사) 사외이사의 퇴임

가) 상장회사    상법은 비상장회사의 사외이사의 수에 대하여는 아무런 규정을 두지 않지만, 상장회사(시행령 제34조 제1항의 회사는 제외)에 대하여는, i) 이사 총수의 4분의 1 이상을 사외이사로 하여야 하고, ii) 최근 사업연도 말 현재의 자산총액이 2조원 이상인 상장회사(대규모 상장회사)의 사외이사는 3인 이상으로 하되, 이사 총수의 과반수가 되도록 하여야 한다고 규정한다(542조의8①).

상장회사는 사외이사의 사임·사망 등의 사유로 인하여 사외이사의 수가 상법 제542조의8 제1항의 구성요건(비율 및 원수)에 미달하게 되면 그 사유가 발생한 후 처음으로 소집되는 주주총회에서 구성요건에 합치되도록 사외이사를 선임하여야 한다(542조의8③).126) 이러한 선임유예규정이 있는 경우에는 상장회사 사외이사가 사임·사망 등의 사유로 퇴임하는 경우 법률 또는 정관에서 정한 "이사"의 원수에 미달하지 않는 한 상장회사 사외이사의 구성요건(비율 및 원수)에 미달하더라도 퇴임이사의 법리가 적용되지 않는다. 다만, 퇴임이사 사유인 임기만료의 경우에 대하여는 명문의 규정에 불구하고 사임과 같이 선임유예규정이 적용된다는 견해도 있지만, 사임과 달리 임기만료는 회사가 예상할 수 있는 상황이므로 선임유예규정이 적용되지 않는다는 해석하는 것이 타당하다. 그리고 이사가 사망한 경우에는 당연히 퇴임이사의 법리가 적용될 여지가 없다.

나) 금융회사    금융사지배구조법상 금융회사도 사외이사의 사임·사망 등의 사유로 인하여 사외이사의 수가 동법 제12조 제1항·제2항의 이사회 구성요건에 미치지 못하게 된 경우에는 그 사유가 발생한 후 최초로 소집되는 주주총회에서 달하게 되면 그 사유가 발생한 후 처음으로 소집되는 주주총회에서 동법 제12조

---

125) [대법원 2007. 6. 19.자 2007마311 결정] "상법 제635조 제1항 제8호는 '법률 또는 정관에 정한 이사 또는 감사의 원수를 궐한 경우에 그 선임 절차를 해태한 때'에 그 선임을 위한 총회 소집절차를 밟아야 할 지위에 있는 자에 대하여 과태료의 제재를 가하고 있지만, 여기서 선임의 대상이 되는 '이사'에 '대표이사'는 포함되지 아니하므로 대표이사가 퇴임하여 법률 또는 정관 소정의 대표이사의 수를 채우지 못하여 퇴임한 대표이사에게 후임 대표이사가 취임할 때까지 대표이사로서의 권리의무가 있는 기간 동안에 후임 대표이사의 선임절차를 해태하였다고 하여 퇴임한 대표이사를 과태료에 처할 수는 없다."

126) 사유가 발생한 후 처음으로 소집되는 주주총회에서 그 수를 충족하지 못하는 경우에는 관리종목 지정사유가 된다(유가증권시장 상장규정 47조①6가·나). 사외이사 선임 의무 또는 감사위원회 설치 의무 위반으로 관리종목으로 지정된 상태에서 최근 사업연도에도 해당 사유를 해소하지 못한 경우는 주권상장법인의 상장폐지사유이다(유가증권시장 상장규정 48조①6).

제1항·제2항에 따른 요건을 충족하도록 조치하여야 한다(同法 12조③).127) 따라서 이 경우에도 퇴임이사의 법리가 적용되지 않는다.

　　(아) 퇴임이사지위의 상실　　임기 만료 당시 이사 정원에 결원이 생기거나 후임 대표이사가 선임되지 아니하여 퇴임이사 또는 퇴임대표이사의 지위에 있던 중 「특정경제범죄 가중처벌 등에 관한 법률」 제3조 제1항의 특정재산범죄로 유죄판결이 확정된 사람은 유죄판결된 범죄행위와 밀접한 관련이 있는 기업체의 퇴임이사 또는 퇴임대표이사로서의 권리의무를 상실한다.128)

　　3) 이사의 해임

　　(가) 해임결의

　　가) 의　　의　　회사는 언제든지 위임계약을 해지할 수 있고, 따라서 언제든지 주주총회의 특별결의로 이사를 해임할 수 있다(385조① 본문).129)

　　이사의 임용계약에 임기중 해임되지 않는다는 특약이 있는 경우에도 민법상 위임계약은 각 당사자가 언제든지 해지할 수 있으므로(民法 689조①), 해임결의가 가능하다. 그러나 정관에서 이사의 해임사유와 절차를 따로 규정한 경우에는 이사의 중대한 의무위반 또는 정상적인 사무집행 불능 등의 특별한 사정이 없는 이상, 정관에서 정하지 아니한 사유로 이사를 해임할 수 없다.130)

---

127) 이와 같이 사외이사의 경우에는 비금융상장회사와 금융회사 간에 규정상의 차이가 없지만, 감사위원의 경우에는 상법과 금융사지배구조법의 규정상의 차이로 인하여 서로 다른 결과가 된다. 이에 관하여는 감사위원회 부분에서 설명한다.

128) 대법원 2022. 11. 10. 선고 2021다271282 판결. 「특정경제범죄 가중처벌 등에 관한 법률」 제14조 제1항에 의하면, 이득액 5억 원 이상의 사기, 횡령 등 특정경제범죄법 제3조에 의하여 가중처벌되는 특정재산범죄로 유죄판결을 받은 사람은 법무부장관의 승인을 받은 경우가 아닌 한 유죄판결이 확정된 때부터 특정경제범죄법 제14조 제1항 각호의 기간 동안 유죄판결된 범죄행위와 밀접한 관련이 있는 기업체에 취업할 수 없기 때문이다.

129) 미국에서는 판례는 정당한 이유에 기한 이사의 해임을 위한 주주총회 결의에서 사외주(shares outstanding)의 과반수를 요구하지 않고, 투표한 의결권의 과반수(majority of vote actually cast)만 요구한다. MBCA는 결의요건을 보다 완화하여 집중투표제가 채택되지 않은 경우에는 단순다수결에 의하여 해임결의를 할 수 있다고 규정한다[MBCA §8.08(c)]. 일본에서는 이사의 해임을 주주총회 특별결의 사항으로 규정한 종래의 상법과 달리 보통결의 사항으로 하면서, 정관에 의하여 결의요건을 가중할 수 있다고 규정한다(日会 341조). 다만, 집중투표제에 의하여 선임된 이사를 해임하는 경우에는 특별결의가 요구된다(日会 309조②7, 342조⑥). 일본에서도 감사의 해임은 주주총회 특별결의사항이다(日会 341조, 309조②).

130) [대법원 2013. 11. 28. 선고 2011다41741 판결] "법인과 이사의 법률관계는 신뢰를 기초로 한 위임 유사의 관계로 볼 수 있는데, 민법 제689조 제1항에서는 위임계약은 각 당사자가 언제든지 해지할 수 있다고 규정하고 있으므로, 법인은 원칙적으로 이사의 임기 만료 전에도 이사를 해임할 수 있지만, 이러한 민법의 규정은 임의규정에 불과하므로 법인이 자치법규인 정관으로 이사의 해임사유 및 절차 등에 관하여 별도의 규정을 두는 것도 가능하다. 그리고 이와 같이

나) 취 지   이사의 해임은 주주총회 결의에 의하여서만 할 수 있으며, 정관의 규정에 의하여도 이사회 결의나 대표이사의 결정으로 이사를 해임할 수 없고, 이러한 취지의 정관규정은 무효이다.

주주총회는 정당한 이유 없이도 이사를 해임할 수 있는데, 이는 소유와 경영이 분리된 주식회사에서 주주는 이사회에 대하여 업무와 관련된 지시를 할 수 없고 정책을 수립하는 권한도 주주 아닌 이사회에 있기 때문에 이사의 부적정한 경영에 대한 주주의 견제책으로 인정되는 것이다.

다) 이사의 의결권   해임대상인 이사가 주주인 경우 특별이해관계인이 아니므로 해임결의에서 의결권을 행사할 수 있다.

라) 결의요건의 가중·감경   이사의 해임을 위하여 요구되는 주주총회 특별결의요건을 정관에 의하여 가중할 수 있는지에 관하여는 견해가 대립하는데, 무제한적인 가중(즉, 주주전원의 동의를 요건으로 하는 경우)이 허용된다고 보는 것이 학계의 다수 견해이기는 하다. 그러나 지분이 분산된 상장회사는 회사의 지배구조에 이해관계를 가지는 외부 주주들이 존재하므로 특별한 사정의 유무에 따라 달리 해석될 여지가 있다.

마) 집중투표제에 의하여 선임된 이사의 해임   상법은 집중투표권을 소수주주권의 하나로 도입하면서, 집중투표제에 의하여 선임된 이사의 해임에 대하여는 아무런 규정을 두지 않고 있다. 따라서 집중투표에 의하여 소수주주가 추천한 후보가 이사로 선임된 경우에도 지배주주는 언제든지 주주총회 특별결의에 의하여 그 이사를 다시 해임할 수 있어서, 소수주주를 보호하기 위한 집중투표제의 취지가 퇴색하는 면이 있다. 미국 대부분의 제정법은 정당한 이유에 기한 해임인지 여부를 불문하고 집중투표제에 의하여 선임된 이사는 집중투표제에서 선임에 충분한 수만큼의 반대표가 있으면 해임할 수 없다는 규정을 두어 소수주주를 보호하고,[131] 일본 회사

_____

법인이 정관에 이사의 해임사유 및 절차 등을 따로 정한 경우 그 규정은 법인과 이사와의 관계를 명확히 함은 물론 이사의 신분을 보장하는 의미도 아울러 가지고 있어 이를 단순히 주의적 규정으로 볼 수는 없다. 따라서 법인의 정관에 이사의 해임사유에 관한 규정이 있는 경우 법인으로서는 이사의 중대한 의무위반 또는 정상적인 사무집행 불능 등의 특별한 사정이 없는 이상, 정관에서 정하지 아니한 사유로 이사를 해임할 수 없다"(민법상 법인이 불신임결의에 의하여 이사를 해임한 사안이다).

131) 구체적인 규정방식은 제정법에 따라 약간의 차이가 있다. MBCA §8.08(c)는 "기본정관에 이사해임을 위하여는 정당한 이유가 요구된다는 규정이 없는 한 정당한 이유를 불문하고 이사를 해임할 수 있다."라고 규정하면서, 이사해임 안건에 대하여 집중투표제 하에서의 이사선임에 충분한 의결권의 수만큼의 반대표가 있으면 그 이사를 해임할 수 없다는 규정을 두어 소

법은 이사의 해임을 주주총회 보통결의사항으로 규정하면서 집중투표에 의하여 선임된 이사의 해임은 주주총회 특별결의사항으로 규정한다(日会 309조②7, 342조⑥).

　　상법도 집중투표제에 의하여 선임된 이사에 대하여는 주주총회에서의 이사해임의 결의요건을 강화하여 집중투표제의 취지를 살려야 할 필요가 있다. 결의요건을 강화하는 방법으로서, 이사해임을 위하여 요구되는 상법상 특별결의요건(출석주주의 의결권의 3분의 2 이상의 수와 발행주식총수의 3분의 1 이상의 수)에 비하여 일률적으로 강화된 결의요건을 정하는 방법도 있을 수 있지만, 이러한 방법은 선임할 이사의 수에 따라 필요한 의결권의 수가 달라지는 집중투표제의 성격상 부적절하다. 따라서 입법론상으로는 이사해임의 안건에 대하여 미국 대부분의 州제정법과 같이 기존의 특별결의요건을 전제로 하면서, 집중투표제하에서 이사선임에 충분한 수만큼의 반대표가 없는 것을 추가적인 요건으로 규정하는 것이 바람직하다.132)

　　바) 이사해임비율 제한　　　적대적 M&A에 대한 방어수단으로 정관에 동일 사업연도에 해임할 수 있는 이사의 수를 제한하는 규정을 두는 회사도 있다. 예컨대 직전 사업연도말 재임이사의 3분의 1 또는 4분의 1을 초과하여 해임할 수 없다는 형태의 규정이다. 특별한 사정이 없는 한 이러한 규정도 효력을 부인할 수 없으나, 재임이사의 수와 비교하여 해임할 수 있는 이사가 아예 없게 되는 경우에는 효력에 관하여 논란의 여지가 있다.133) 한편, 주주총회 결의에 의한 해임이 아니고 상법의 소수주주권 규정(385조②)에 따른 이사해임의 소에 의한 해임의 경우에는 정관상 이

---

수주주를 보호한다. 즉, MBCA는 이사해임의 정당한 이유를 불문하고 결의요건을 강화한다. NYBCL §706(c)(1)도 "정당한 이유를 불문하고 이사를 해임할 수 있다."라고 규정하면서, "회사가 집중투표제를 채택하고 있으며, 전체이사를 선임하면서 같은 수의 의결권이 행사된 이사선임결의에서 집중투표에 의하여 이사선임에 충분한 의결권의 수만큼의 반대표가 있으면 그 이사를 해임할 수 없다."라고 규정한다. CCC §303(a)(1)도 NYBCL과 같은 취지로 규정하면서, 이사 전원을 해임하는 경우에는 이러한 제한이 적용되지 않는다고 규정한다. 다만, DGCL §141(k)(2)는 NYBCL과 같이 재임 이사 중 일부만 해임하는 경우에 위와 같은 제한이 적용된다고 규정하면서도, 다른 제정법과 달리 정당한 이유에 의한 해임의 경우에는 이러한 제한이 적용되지 않는다고 규정한다.

132) DGCL과 같이 집중투표제에 의하여 선임된 이사에 대한 정당한 이유 없는 해임의 경우에만 결의요건을 강화하고 정당한 이유에 기한 해임은 통상의 이사해임에 요구되는 특별결의에 의하도록 하는 방법도 생각할 수 있다. 그러나 상법상 이사해임에 있어서 정당한 이유는 미국 회사법과 달리 이사해임의 요건이 아니라 회사의 손해배상책임면제요건에 불과하기 때문에, 상법의 이러한 원칙을 변경하는 것보다는 정당한 이유를 불문하고 집중투표방식과 관련하여 해임결의요건을 강화하는 방법이 타당하다.

133) 예컨대 재임이사가 3인인데 해임할 수 있는 이사가 재임이사의 3분의 1을 초과할 수 없다는 규정이 있거나, 4인인데 해임할 수 있는 이사가 재임이사의 4분의 1을 초과할 수 없다는 규정이 있는 경우에는 어느 이사도 해임할 수 없다.

사해임비율 제한 규정은 적용되지 않는다.

사) 미국 회사법상 주주총회 결의에 의한 이사의 해임134)

(a) 의      의      미국에서는 기본정관이나 부속정관에 특별한 규정이 없는 경우, 주주총회가 이사를 해임하려면 정당한 이유에 의한 해임(removal for cause)만 허용된다는 보통법상의 원리가 유지되어 오다가, 1935년의 Abberger v. Kulp 판결을 계기로 정당한 이유 없는 해임이 허용되었다.135) MBCA §8.08(a)도 "기본정관에 이사는 정당한 이유에 의하여서만 해임된다는 규정이 없는 한, 주주는 정당한 이유를 불문하고 이사를 해임할 수 있다."라고 규정한다.

(b) 결의요건      MBCA는 결의요건을 보다 완화하여 집중투표제가 채택되지 않은 경우에는 단순다수결에 의하여 해임결의를 할 수 있다고 규정한다[§8.08(c)]. 판례는 일반적으로 정당한 이유에 기한 이사의 해임(removal for cause)을 위한 주주총회 결의에서 사외주(shares outstanding)의 과반수를 요구하지 않고, 투표한 의결권의 과반수(majority of vote actually cast)만 요구한다. 다만, 기본정관에 의하여 보다 높은 결의요건을 정할 수 있고, 심지어는 만장일치를 요구하는 규정도 효력이 있다.136)

이사의 해임결의요건에 대한 구체적인 규정방식은 제정법에 따라 차이가 있다. DGCL §141(k)(1)(2)도 정당한 이유를 불문하고 이사 선임결의에서 의결권을 가진 주주의 과반수에 의하여 이사의 해임이 가능하고, 다만 i) 기본정관에 달리 규정하지 않는 한(Unless the certificate of incorporation otherwise provides), 시차임기제를 채택하고 있는 경우(in the case of a corporation whose board is classified)와, ii) 집중투표제를 채택하고 있는 회사(a corporation having cumulative voting)가 이사의 일부를 해임하는 경우(if less than the entire board is to be removed), 이사전원의 선임결의시 집중투표에 의하여 당해 이사를 선임하기에 충분한 수의 의결권이 해임에 반대한 경우(if the votes cast against such director's removal would be sufficient to elect such director if then

---

134) 이 부분은 졸고, "미국 회사법상 이사의 해임에 관한 연구", 성균관법학 제20권 제3호, 성균관대학교 법학연구소(2008), 824면부터 827면까지의 내용을 축약 및 수정한 것이다.

135) Abberger v. Kulp, 281 N.Y.S.273(N.Y.Sup. 1935). 이 판결에서 New York 주법원은, i) 회사는 기본정관 또는 부속정관에 명시적 규정이 없어도, 정당한 이유에 의한 이사해임(removal of directors for cause)을 할 수 있다는 보통법상의 원칙을 확인하면서, ii) 회사는 기본정관이나 부속정관에 정당한 이유 없는 해임을 허용하는 규정을 둘 수 있고, iii) 이러한 규정은 해당 이사의 취임시 존재하였어야 한다(즉, 기본정관이나 부속정관의 규정이 정당한 이유 없는 해임을 허용하도록 변경된 경우에는 변경 후 취임한 이사에게만 적용된다)고 판시하였다.

136) In re Burkin, 136 N.E.2d 862 (N.Y. 1956).

cumulatively voted at an election of the entire board of directors)에, 정당한 이유가 없으면 이사가 해임되지 않는다고(no director may be removed without cause) 규정한다. CCC §303(a)를 비롯한 다수의 제정법도 같은 취지로 규정한다.

(c) 이사의 방어기회보장     주주총회 결의에 의하여 이사를 해임하는 경우 사법절차와 같은 엄격한 절차는 요구되지 않지만, 이사의 해임은 해임을 목적으로 소집된 주주총회에서만 결의가 가능하고 주주총회의 소집통지에도 이사의 해임을 목적으로 한다는 것을 명시하여야 한다. 그리고 주주총회일 전에 미리 이사에게 해임사유를 특정하여 알림으로써 이사의 방어권을 보장해 주어야 한다.

(나) 이사해임의 소

가) 소의 의의와 법적 성질     이사는 언제든지 주주총회의 특별결의로 해임할 수 있다(385조① 본문). 그러나 이러한 특별결의 요건 때문에 이사해임을 반대하는 주주는 의결권의 3분의 1만 확보하면 주주총회에서 이사해임안건을 부결시킬 수 있다. 따라서 상법은 이사가 그 직무에 관하여 부정행위 또는 법령이나 정관에 위반한 중대한 사실이 있음에도 불구하고, 주주총회에서 그 이사의 해임안건이 부결된 경우, 발행주식총수의 3% 이상에 해당하는 주식을 가진 주주가 총회의 결의가 있은 날부터 1개월 내에 그 이사의 해임을 법원에 청구할 수 있도록 규정한다(385조②). 이사해임의 소는 회사와 이사 간의 위임관계를 해소하는 형성의 소에 해당한다.[137]

나) 소송당사자

(a) 원     고     발행주식총수의 3% 이상에 해당하는 주식을 가진 주주가 이사해임의 소의 제기권자이다(385조②).[138] 무의결권주식의 주주도 제소권자이지만 판결확정시까지 그 지주요건을 유지하여야 한다. 상장회사의 경우에는 6개월 전부

---

[137] 미국의 제정법은 대부분 법원의 판결에 의한 이사해임을 규정하므로, 법원은 해임의 정당한 이유가 있는 경우 이사를 해임할 수 있다고 규정한다[MBCA §8.09, CCC §304, NYBCL §706.]. 그러나 대부분 법원이 이사를 해임할 수 있는 사유를 엄격하게 규정한다. MBCA도, i) 이사가 회사와 관련하여 사기, 부정행위, 현저한 권한 또는 재량의 남용을 하였고, ii) 해임이 회사에게 가장 이익이 되는 경우를 법원의 판결에 의한 해임사유로 규정한다[MBCA §8.09(a)].

[138] 미국 회사법상 주주의 소권은 원칙적으로 단독주주권인데, 이사해임권에 대하여는 소수주주권으로 규정하는 제정법이 다수이다. 미국에서는 이사해임 청구권자에 대하여 CCC는 사외주(outstanding shares)의 10% 이상의 주식을 소유한 주주라고 규정하고(§304), NYBCL은 주법무장관(state attorney general)과 의결권 유무를 불문하고 사외주의 10% 이상을 소유한 주주라고 규정한다[§706(d)]. MBCA도 회사 또는 종류별 사외주의 10% 이상을 소유한 주주를 해임청구권자로 규정한다[§8.09(a)]. 대부분의 제정법은 의결권 없는 주주의 이사해임청구권도 인정한다. 해임청구는 의결권 행사를 전제로 하는 것이 아니기 때문이다.

터 계속하여 발행주식총수의 1만분의 50(최근 사업연도 말 자본금이 1천억원 이상인 상장
회사의 경우에는 1만분의 25) 이상에 해당하는 주식을 보유한 자가 이사해임의 소를
제기할 수 있다(542조의6③).

　　이사해임의 소에서는 대표소송에서와 같이 제소 후 지분율이 감소한 경우에도
제소의 효력에 영향이 없다는 명문의 규정이 없으므로 지분율 감소에 따라 제소주
주가 제소권을 상실하면 해당 소는 부적법한 소가 되어 각하되어야 할 것이다. 지
분율 감소에 따른 제소주주의 제소권 상실은 자발적인 처분에 의한 것이 아니고 합
병이나 주식교환 등과 같은 비자발적인 주식 상실의 경우에도 동일하게 적용된다.
다만, 제3자배정 신주발행 등으로 인하여 보유비율이 낮아지는 경우에도 제소권을
상실하는지에 대하여는 논란의 여지가 있다.139)

　　(b) 피　　　고

　　a) 회　　　사　　이사해임의 소에서는 회사와 이사가 공동피고로 되어야 한다
는 것이 통설이다. 원래 이사해임은 회사의 기관인 주주총회 결의에 의하여 이루어
지는 것이므로 이사해임의 소에서 회사는 당연히 피고적격을 가진다. 또한 이사해
임의 소는 판결의 효력이 회사에도 미쳐야 하는데 상법상 이사해임판결의 대세적
효력에 관한 명문의 규정이 없으므로 회사도 피고로 할 필요가 있다.140) 그러나 이
사해임의 소를 본안소송으로 하는 가처분의 경우에는 이사 개인만이 피신청인이
되고 회사는 피신청인 적격이 없다. 따라서 이 경우에는 본안소송의 피고와 가처분
의 피신청인은 다르게 되지만, 보전소송의 법리상 본안소송의 피고가 가처분의 피
신청인과 반드시 일치할 필요는 없다고 본다.

　　b) 이　　　사

　　(ⅰ) 임기중의 이사　　상법 제385조 제2항이 규정하는 이사해임의 소는 이
사의 직무상 부정행위 또는 법령·정관에 위반한 중대한 사실에도 불구하고 주주총
회가 이사의 해임을 부결시킨 경우에 소수주주에게 법원에 대한 해임청구권을 인

---

139) 일본 최고재판소는 회사의 업무집행에 관하여 부정행위 또는 법령이나 정관에 위반한 중대
　　한 사실이 있음을 의심할 사유가 있다는 이유로 소수주주가 회사의 업무와 재산상황을 조사
　　하게 하기 위하여 법원에 검사인의 선임을 신청한 주주가 회사의 신주발행으로 인하여 3% 보
　　유요건을 계속 충족하지 못한 경우, 회사가 당해 주주의 신청을 방해할 목적으로 주식을 발하
　　는 등의 특별한 사정이 없는 한 신청은 요건흠결로 각하되어야 한다고 판시하였다(最判平成
　　18·9·18 民集 60-7-2634).
140) (이사해임의 소의 주문례)
　　　피고 ○○ 주식회사의 이사 피고 ○○○를 해임한다.
　　　(또는) 피고 ○○○를 피고 ○○ 주식회사의 이사직에서 해임한다.

정하는 것이다. 따라서 이사해임의 소의 목적은 현재 이사의 지위에 있는 자의 지위를 그 잔여 임기 동안 박탈하는 것 자체에 있는 것이므로, 임기만료나 사임 등에 의하여 이미 퇴임한 이사는 피고적격이 없다. 이러한 자를 상대로 제기된 이사해임의 소는 부적법 각하의 대상이다.

(ii) 퇴임이사

i) 퇴임이사의 피고적격    퇴임이사가 이사의 지위를 유지하는 경우 소수주주는 법원의 허가를 받아 임시주주총회를 소집하여 새로운 이사의 선임을 구할 수 있고, 만일 퇴임이사가 그 직무에 관하여 부정행위 등을 저지르는 경우 주주는 이해관계인으로서 상법 제386조 제2항에 따라 법원에 대하여 일시(一時)이사의 직무를 행할 자를 선임할 것을 청구할 수도 있다. 따라서 퇴임이사에 대하여는 별도로 그 해임청구를 인정할 법령상 명문의 근거는 물론 그 실익도 없으므로 퇴임이사에 대한 이사해임의 소는 소의 이익이 없어 부적법하다.141) 대법원도 직무집행정지 가처분사건에서 퇴임이사(386조①)가 부적합한 경우에는 법원에 일시이사의 선임을 청구할 수 있으므로(386조②) 이와 별도로 해임사유의 존재나 임기만료·사임 등을 이유로 직무집행정지를 구하는 가처분신청은 허용되지 않는다고 판시한 바 있다.142)

ii) 사실상 퇴임이사    상법 제386조 제1항의 규정에 따라 퇴임이사가 이사의 권리의무를 행할 수 있는 것은 법률 또는 정관에 정한 이사의 원수를 결한 경우에 한

---

141) [서울고등법원 2023. 10. 13. 선고 2022나2023884 판결] "상법 제385조 제2항에 따른 소수주주에 의한 이사해임청구의 소는 회사와 이사 사이에 존재하는 위임관계를 임기만료 전에 해소하는 데에 그 목적이 있으므로, 해당 이사가 사임하거나 임기만료로 퇴임한 때에는 특별한 사정이 없는 한 그와 같은 해임청구의 소는 소의 이익이 없다(대법원 1996. 4. 12. 선고 96다5926 판결 및 대구고등법원 1995. 12. 14. 선고 95나4323 판결 참조). 임기만료로 퇴임한 이사가 상법 제386조 제1항에 따라 새로 선임된 이사의 취임시까지 이사로서의 권리의무를 가지게 될 수 있으나, 그러한 경우에도 새로 선임된 이사가 취임하거나 상법 제386조 제2항에 따라 일시이사의 직무를 행할 자가 선임되면 별도의 주주총회 해임결의나 법원의 해임 판결 없이 이사로서의 권리의무를 상실하게 되므로, 상법 제385조 제2항에 따라 법원에 해임을 청구할 수 있는 이사에는 '임기만료 후 이사로서의 권리의무를 행사하고 있는 퇴임이사'는 포함되지 않는다고 봄이 상당하다(대법원 2021. 8. 19. 선고 2020다285406 판결 참조)."

142) [대법원 2009. 10. 29.자 2009마1311 결정] "제386조 제1항은 법률 또는 정관에 정한 이사의 원수를 결한 경우에는 임기의 만료 또는 사임으로 인하여 퇴임한 이사로 하여금 새로 선임된 이사가 취임할 때까지 이사의 권리의무를 행하도록 규정하고 있는바, 위 규정에 따라 이사의 권리의무를 행사하고 있는 퇴임이사로 하여금 이사로서의 권리의무를 가지게 하는 것이 불가능하거나 부적당한 경우 등 필요한 경우에는 제386조 제2항에 정한 일시 이사의 직무를 행할 자의 선임을 법원에 청구할 수 있으므로, 이와는 별도로 제386조 제1항에 정한 바에 따라 이사의 권리의무를 행하고 있는 퇴임이사를 상대로 해임사유의 존재나 임기만료·사임 등을 이유로 그 직무집행의 정지를 구하는 가처분신청은 허용되지 않는다."

정되는 것이다. 따라서 퇴임할 당시에 법률 또는 정관에 정한 이사의 원수가 충족되어 있는 경우라면 퇴임하는 이사는 임기의 만료 또는 사임과 동시에 당연히 이사로서의 권리의무를 상실한다. 그럼에도 불구하고 그 이사가 여전히 이사로서의 권리의무를 실제로 행사하고 있는 경우에는 이를 실무상 제386조 제1항의 요건이 구비된 퇴임이사와 구별하여 "사실상 퇴임이사"라고 부르기도 한다. 이러한 사실상 퇴임이사도 이사해임의 소의 피고적격이 없다. 그러나 법률 또는 정관의 근거 없이 이사의 권한을 사실상 행사하는 것을 정지시킬 필요가 있으므로, 그 권리의무의 부존재확인청구권을 피보전권리로 하여 직무집행의 정지를 구하는 가처분신청은 허용된다.[143)]

(iii) 퇴임 후 재선임 이사    문제된 이사가 사임 후 새로운 주주총회 결의에 의하여 다시 이사로 선임된 경우에도 이사해임의 소의 피고가 될 수 있고, 이미 제기된 소도 적법한 소로 보아야 한다. 이사해임의 소는 이사선임결의의 하자에 기한 소송이 아니라 이사 개인의 부적격을 원인으로 하는 소송인데, 이러한 경우 이사로서의 부적격성은 그대로 유지되기 때문이다. 또한 이 경우 주주총회의 이사해임부결이 다시 필요한 것인지에 대하여 논란의 여지는 있지만, 주주총회에서 그 이사를 다시 선임하는 결의가 이루어진 것 자체가 이사해임을 부결시킨 것과 같다는 점에서 새로운 해임부결이 요구되지 않는다고 보아야 한다.[144)]

다) 소의 원인

(a) 이사해임사유    이사의 직무에 관한 부정행위 또는 법령·정관에 위반한 중대한 사실이 이사해임사유이다.[145)] 직무에 관한 부정행위 또는 법령이나 정관에 위반한 중대한 사실이 있어 해임되어야 할 이사가 대주주의 옹호로 그 지위에 그대로 머물게 되는 불합리를 시정함으로써 소수주주 등을 보호하기 위한 것이 상법 제385조 제2항의 입법 취지이다.[146)]

---

143) 대법원 2009. 10. 29.자 2009마1311 결정.
144) 최기원, 591면.
145) 이사는 주주총회가 아무런 사유 없이도 해임할 수 있으므로 여기서 이사해임사유란 법원에 이사의 해임을 청구할 수 있는 사유를 말한다.
146) [대법원 2010. 9. 30. 선고 2010다35985 판결] "직무에 관한 부정행위 또는 법령이나 정관에 위반한 중대한 사실이 있어 해임되어야 할 이사가 대주주의 옹호로 그 지위에 그대로 머물게 되는 불합리를 시정함으로써 소수주주 등을 보호하기 위한 상법 제385조 제2항의 입법 취지 및 회사 자본의 충실을 기하려는 상법의 취지를 해치는 행위를 단속하기 위한 상법 제628조 제1항의 납입가장죄 등의 입법 취지를 비롯한 위 각 규정의 내용 및 형식 등을 종합하면, 상법 제628조 제1항에 의하여 처벌 대상이 되는 납입 또는 현물출자의 이행을 가장하는 행위는 특별한 다른 사정이 없는 한, 상법 제385조 제2항에 규정된 '그 직무에 관하여 부정행위 또는 법령에 위반한 중대한 사실'이 있는 경우에 해당한다고 보아야 한다."

　　"직무에 관한 부정행위"에서 "직무"는 본래의 직무 자체뿐 아니라 그 직무의
수행과 직접·간접으로 관련된 것도 포함하고, "부정행위"는 이사가 그 의무위반에
의하여 회사에 손해를 끼치는 고의적인 행위를 말한다. "법령·정관에 위반한 중대
한 사실"이어야 하므로 단순히 임무를 게을리한 경우는 이사의 손해배상책임사유
는 되지만 해임사유는 될 수 없다. 그러나 부정행위와 달리 반드시 고의를 요하지
않고 과실에 의한 위반도 포함한다. 민법상 법인의 이사가 정관에 규정된 자격요건
을 흠결한 경우 이사해임사유로 된다는 취지의 판례147)는 회사의 이사에도 적용될
것이다.

　　(b) 해임사유의 존재시기　　해임사유는 이사의 재임중에 있으면 족하고 해
임청구시 반드시 존재할 필요는 없다. 대법원도 경업금지의무를 위반한 이사가 이
미 경업을 종료한 후에도 해임사유로 인정하였다.148)

　　라) 소송절차

　　(a) 제소요건 및 제소기간

　　a) 해임부결　　이사해임의 소는 주주총회에서 이사 해임안건이 부결된 후
에만 제소할 수 있다(385조②). 상법 제385조 제2항의 "주주총회에서 그 해임을 부결
한 때"의 의미는 주주총회를 개회하여 해임을 부결한 적극적인 결의가 있었던 경우
뿐만 아니라, 해임안이 상정되었으나 의사정족수 미달로 심의가 되지 않거나, 해임
안이 상정되지 않아서 심의조차 되지 않음으로써 의안의 채택이 없었던 경우 등 해
임을 가결하지 않는 모든 경우를 뜻하고, 여기서 말하는 "주주총회"는 주주총회뿐
만 아니라 이사의 해임을 결정할 수 있는 권한을 가진 기관을 뜻한다.149)

---

147) 대법원 2007. 12. 28. 선고 2007다31501 판결.
148) [대법원 1993. 4. 9. 선고 92다53583 판결] "이사의 경업금지의무를 규정한 제397조 제1항의
　　규정취지는 이사가 그 지위를 이용하여 자신의 개인적 이익을 추구함으로써 회사의 이익을
　　침해할 우려가 큰 경업을 금지하여, 이사로 하여금 선량한 관리자의 주의로써 회사를 유효적
　　절하게 운영하여 그 직무를 충실하게 수행하여야 할 의무를 다하도록 하려는 데 있으므로, 경
　　업의 대상이 되는 회사가 아직 영업을 개시하지 못한 채 공장의 부지를 매수하는 등 영업의
　　준비작업을 추진하고 있는 단계에 있다 하여 위 규정에서 말하는 "동종영업을 목적으로 하는
　　다른 회사"가 아니라고 볼 수는 없다. 이 사건에 있어, 원심이 적법히 확정한 바와 같이 피고
　　가 원심피고회사의 주주총회의 승인이 없이 동회사와 동종영업을 목적으로 하는 소외 회사를
　　설립하고 소외 회사의 이사 겸 대표이사가 되어 판시와 같이 영업준비작업을 하여 오다가 영
　　업활동을 개시하기 전에 소외 회사의 이사 및 대표이사직을 사임하였다고 하더라도 이는 제
　　397조 제1항 소정의 경업금지의무를 위반한 행위로서 특별한 다른 사정이 없는 한 이사의 해
　　임에 관한 제385조 제2항 소정의 "법령에 위반한 중대한 사실"이 있는 경우에 해당한다고 보
　　아야 할 것이다."
149) 광주지방법원 2004. 12. 3. 선고 2004가합3668 판결. 상법상 이사의 해임은 주주총회의 권한사

소수주주가 이사해임의 소를 제기하려면 주주총회에서 이사해임 의안이 부결되어야 하므로, 소 제기 전에 먼저 주주제안을 하거나 임시주주총회의 소집을 청구하여야 한다. 그런데 상장회사의 경우 주주제안의 내용이 임기중에 있는 임원의 해임에 관한 사항인 경우에는 이사회가 이를 거부할 수 있고(슈 12조 제4호), 법원에 임시주주총회소집허가신청을 하여도 주주제안 거부사유에 해당하는 의안에 대하여 법원이 소집하지 않을 가능성이 있으므로, 상장회사의 소수주주의 이사해임청구권은 큰 의미가 없다는 지적도 있다.[150]

이 문제는 상법이 소수주주의 이사해임청구권을 인정하면서, 상장회사 임원의 해임에 관한 사항을 주주제안 거부사유로 규정하였기 때문에 생기는 문제인데, 실무상으로는 이사해임을 구하는 본안소송을 제기하기보다는 이사직무집행정지 가처분신청을 하는 예가 대부분이고, 이 경우에는 이러한 문제점이 별다른 장애사유가 되지 않는다.

b) 제소기간    이사해임의 소의 제소기간은 주주총회 결의가 있는 날부터 1월이다(385조②). 제소기간은 복잡한 법률관계를 조기에 확정하고자 하는 것이므로 해임사유의 주장시기에 대하여도 위 제소기간의 제한이 적용된다.[151] 예컨대 1개월 내에 소송을 제기한 경우에도 1개월이 경과한 후에는 새로운 해임사유를 청구원인으로 추가할 수 없다. 다만, 제소기간이 경과한 후 새로운 해임사유를 주장하지 못하는 것이고, 종전의 해임사유를 보충하는 범위의 주장은 가능하다. 그리고 제소기간은 제소권자가 제소원인을 알지 못한 경우에도 동일하다. 따라서 이사해임의 소를 제기하는 원고로서는 소송절차 초기에 최대한 회사 내부의 사정을 파악하여 다소 불확실하거나 가정적인 내용이라도 해임사유가 될 수 있는 것은 전부 주장할 필요가 있다.

(b) 준용규정    이사해임의 소에는 합명회사 설립무효·취소의 소의 전속관할에 관한 제186조가 준용된다(385조③). 따라서 이사해임의 소는 본점소재지의 지방법원의 관할에 전속하고(186조), 합의부 관할 사건으로 분류된다.[152]

(c) 소    가    이사해임의 소는 비재산권을 목적으로 하는 소송으로서[153]

---

항이므로 주주총회 외에 다른 기관이 이사의 해임을 결정할 수 있는 경우는 없고, 주주총회에 이사해임의안을 상정하기 위한 이사회 결의에서 의안이 부결된 경우가 이에 해당할 것이다.

150) 송옥렬, 961면.

151) 대법원 2004. 6. 25. 선고 2000다37326 판결.

152) 민사 및 가사소송의 사물관할에 관한 규칙 제2조.

153) 민사소송 등 인지규칙 제15조 제2항.

소가는 1억원이다.154) 그러나 사물관할에 있어서는 「민사소송 등 인지법」 제2조 제
4항에 규정된 소송으로서 대법원규칙에 따라 합의부 관할 사건으로 분류된다.155)

마) 판결의 효력

(a) 이사의 지위 상실과 손해배상청구권

a) 이사의 지위 상실      이사해임판결은 형성판결이므로 확정과 동시에 회
사가 별도의 절차를 밟을 필요 없이 이사는 자동적으로 그 지위를 상실한다. 이사
해임의 소에 대하여는 상법 제190조가 준용되지 아니하므로 판결의 기판력이 제3
자에게 미치지 않고, 다만 형성판결로서 형성력이 제3자에게 미친다.156)

b) 손해배상청구권      이사의 임기를 정한 경우에 정당한 이유 없이 그 임
기만료 전에 이를 해임한 때에는 그 이사는 회사에 대하여 해임으로 인한 손해의
배상을 청구할 수 있는데(385조① 단서), 법원의 해임판결에 의하여 해임되는 경우에
는 "정당한 이유 없이 그 임기만료 전에 이를 해임한 때"에 해당하지 아니하므로
이사의 손해배상청구권이 인정되기 사실상 어려울 것이다.157)

(b) 해임판결 후 재선임이사에 대한 해임의 소      미국 대부분의 州제정법은
이사해임판결을 선고하는 법원이 그 이사의 재선임을 금지하는 기간을 정할 수 있
다고 규정한다.158) 그러나 상법은 이에 관한 명문의 규정을 두고 있지 아니하므로
법원의 판결에 의하여 해임된 이사도 지배주주가 원하면 다시 이사로 선임될 수 있
다.159) 더구나, 소수주주가 법원에 이사해임청구를 하려면 주주총회에서 이사해
임안건이 부결되었어야 하는데, 그렇다면 해임에 반대하는 주주의 의결권이 적어
도 3분의 1 이상이라는 것을 의미하므로 판결에 의하여 해임된 이사가 보통결의

---

154) 민사소송 등 인지규칙 제18조의2 단서.

155) 민사 및 가사소송의 사물관할에 관한 규칙 제2조.

156) 상법상 각종 회사소송의 판결에 상법 제190조가 준용되는 결과 당사자 아닌 제3자에게 미
치는 효력은 기판력이고, 반면에 형성재판의 형성력은 법률의 규정과 관계없이 제3자에게 미
친다는 것이 소송법학자들의 통설이다.

157) 그러나 미국에서는 임기가 명시된 고용계약(employment contract specifying term of office)
이 체결된 경우, 해임된 이사는 원칙적으로 정당한 이유와 관계없이 잔여 임기 동안의 보수를
청구할 수 있다.

158) 회사가 법원의 판결에 의하여 해임된 이사를 다시 이사로 선임한다면 법원이 해임판결을 한
의미가 없으므로, CCC §304, NYBCL §706(d), MBCA §8.09(b) 등을 비롯한 대부분의 제정법은
법원이 해임판결을 하면서 재선임(reelection)을 금지하는 기간을 정할 수 있다고 규정한다. 그
러나 주주총회에서 해임된 이사는 기본정관에 재선임제한규정이 없는 한 다시 선임될 수 있다.

159) 다만, 해임사유가 사외이사 결격사유에 해당하는 경우에는 사외이사로 선임될 수 없다는 제
한은 있다.

에 의하여 다시 이사로 선임될 가능성이 있을 것이다. 법원의 해임판결은 부정행위 또는 법령이나 정관에 위반한 중대한 사실을 요하므로 만일 판결에 의하여 해임된 이사가 주주총회에서 다시 선임되는 경우 소수주주는 종전의 해임사유에 기하여 다시 해임을 위한 절차를 밟을 수는 있다. 해임청구의 소는 특정 이사의 선임결의의 위법을 이유로 하는 것이 아니라 특정 이사의 부적격을 이유로 하는 것이기 때문에,160) 판결에 의하여 해임된 이사가 다시 이사로 선임된 경우에는 소수주주는 다시 해임을 위한 주주총회소집청구를 하고 해임이 부결되면 법원에 해임청구의 소를 제기할 수 있다.161)

그러나 소수주주가 다시 이사해임절차(주주총회 소집청구 및 이사해임청구의 소)를 밟는 것은 매우 부담스러운 절차이므로 상법에 법원의 판결에 의하여 해임된 이사는 일정 기간 이사로 선임될 수 없다고 규정하는 것이 바람직하다. 이러한 규정을 두면 위와 같이 판결에 의하여 해임된 이사가 다시 주주총회에서 이사로 선임된 경우 그 결의내용이 법령에 위반한 때에 해당하여 결의무효원인이 되므로(380조), 결의무효확인의 소에 의하여 이사선임을 무효화할 수 있다. 결의무효확인의 소는 제소기간의 제한도 없고 널리 소의 이익이 있는 자는 누구나 제기할 수 있으므로 소수주주권인 이사해임청구의 소에 비하면 훨씬 간단한 절차이다.

(다) 해임이사의 손해배상청구권

가) 의     의     이사의 임기를 정한 경우에 정당한 이유 없이 그 임기만료 전에 이를 해임한 때에는 그 이사는 회사에 대하여 해임으로 인한 손해의 배상을 청구할 수 있다(385조① 단서). 이는 주주총회에 의한 이사 해임의 자유를 보장하는 한편, 임기가 정하여진 이사의 임기에 대한 기대를 보호하기 위하여 정당한 이유 없이 임기만료 전에 이사를 해임한 때에는 회사가 손해배상책임을 부담하도록 함으로써, 주주의 회사에 대한 지배권 확보와 경영자 지위의 안정이라는 주주와 이사의 이익을 조화시키려는 규정이다.162)

---

160) 이사해임청구의 소가 제기된 후 당해 이사가 사임한 후 다시 주주총회에서 이사로 선임한 경우에도 해임청구의 소는 소의 이익을 상실하지 않는다(부산지방법원 2004. 4. 14. 선고 2002가합16791 판결).

161) 본고의 목적을 벗어나는 쟁점이지만, 기판력의 본질과 관련하여 다수설, 판례의 입장인 소송법설(모순금지설)에 의하면 당초의 소수주주가 다시 해임청구의 소를 제기할 수 있지만, 신소송법설(반복금지설)에 의하면 전소의 기판력의 객관적 범위에 해당하는 후소는 허용되지 않는다는 소송법상의 문제가 있다.

162) 대법원 2023. 8. 31. 선고 2023다220639 판결, 대법원 2004. 10. 15. 선고 2004다25611 판결.

다만, 민법 제689조 제2항도 "당사자 일방이 부득이한 사유 없이 상대방의 불리한 시기에 계약을 해지한 때에는 그 손해를 배상하여야 한다."라고 규정하므로, 상법 제385조 제1항 단서는 선언적인 의미를 가진 주의적 규정으로 볼 것이다.163)

이사의 해임에 대한 해직보상금을 약정한 경우에는 이사의 보수에 관한 상법 제388조를 준용 내지 유추적용하여 정관에서 그 액을 정하지 않는 한 주주총회 결의가 있어야만 회사에 대하여 이를 청구할 수 있다.164)

나) 법정책임    이사해임에 관한 상법 제385조 제1항의 규정은 주주총회에 대하여 사유 여하를 막론하고 이사를 해임할 수 있는 권한을 부여한 것으로서 그에 따른 주주총회의 이사해임은 불법행위나 채무불이행을 구성하지 않고 따라서 상법 제385조 제1항 단서에 의한 손해배상책임은 불법행위책임이나 채무불이행책임이 아니고 상법이 특별히 규정한 법정책임이다. 따라서 회사의 고의나 과실은 요건이 아니다.165)

다) 대표이사에의 적용 가능성    상법 제385조 제1항은 주주총회의 특별결의에 의하여 언제든지 이사를 해임할 수 있게 하는 한편, 임기가 정하여진 이사가 그 임기 전에 정당한 이유 없이 해임당한 경우에는 회사에 대하여 손해배상을 청구할 수 있게 함으로써 주주의 회사에 대한 지배권 확보와 경영자 지위의 안정이라는 주주와 이사의 이익을 조화시키려는 규정이고 이사의 보수청구권을 보장하는 것을 주된 목적으로 하는 규정이라 할 수 없으므로, 이를 이사회가 대표이사를 해임한 경우에도 유추 적용할 것은 아니고, 대표이사가 그 지위의 해임으로 무보수, 비상근의 이사로 되었다고 하여 달리 볼 것도 아니다.166)

그러나 민법 제689조 제2항은 "당사자 일방이 부득이한 사유 없이 상대방의 불리한 시기에 계약을 해지한 때에는 그 손해를 배상하여야 한다."라고 규정하므로, 임기중 정당한 이유 없이 해임된 대표이사는 민법 제689조 제2항에 의하여 손해배상을 청구할 수 있으므로, 실제의 결과에서는 차이가 없다.

라) 손해배상의 범위    이사가 주주총회 결의로 임기만료 전에 해임된 경우 그로 인하여 입게 되는 손해는 해임되지 아니하였더라면 이사로서 잔여임기 동안 재직하여 받을 수 있는 상법 제388조 소정의 보수인 정기적 급여와 상여금 및 퇴직

---

163) 일본 회사법도 정당한 이유 없이 해임된 이사의 손해배상청구권을 규정한다(日会 339②).
164) 대법원 2006. 11. 23. 선고 2004다49570 판결.
165) 대법원 2023. 8. 31. 선고 2023다220639 판결.
166) 대법원 2004. 12. 10. 선고 2004다25123 판결, 대법원 2004. 10. 15. 선고 2004다25611 판결.

금 상당액이다.167)

상법 제385조 제1항에서 이사의 임기를 정한 경우라 함은 정관 또는 주주총회 결의로 임기를 정하고 있는 경우를 말한다.168) 이사의 임기를 정하지 않은 때에는 이사의 임기의 최장기인 3년을 경과하지 않는 동안에 해임되더라도 그로 인한 손해의 배상을 청구할 수 없다고 할 것이고, 회사의 정관에서 상법 제383조 제2항과 동일하게 "이사의 임기는 3년을 초과하지 못한다."라고 규정한 것이 이사의 임기를 3년으로 정하는 취지라고 해석할 수는 없다.169)

이사가 회사의 사용인(使用人)을 겸직하는 경우, 이사가 지급받는 총보수에는 사용인분 급여도 포함되는데, 사용인 급여는 주주총회에서 그 한도를 정하는 이사의 보수와 구별되는 것이므로, 상법 제385조 제1항이 아니라 부당해고의 법리에 따라 근로기준법 제46조가 적용될 것이다.

임기만료 전에 해임된 이사가 정신적 고통에 대한 위자료를 청구할 수 있는지에 관하여는 불법행위책임이 아닌 법정책임으로 보는 이상 위자료는 청구할 수 없다고 해석된다.

마) 과실상계와 손익상계　　임기가 정하여진 이사를 정당한 이유 없이 임기만료 전에 해임한 회사의 손해배상책임은 채무불이행이나 불법행위책임과는 달리 고의·과실을 요건으로 하지 아니하는 상법상의 법정책임이라 할 것이므로 여기에는 일반 채무불이행이나 불법행위책임에서와 같은 과실상계의 법리가 적용되지 않는다.170)

해당 이사가 그 해임으로 인하여 남은 임기 동안 회사를 위한 위임사무 처리에 들이지 않게 된 자신의 시간과 노력을 다른 직장에 종사하여 사용함으로써 얻은 이

---

167) 대법원 2013. 9. 26. 선고 2011다42348 판결.
168) [대법원 2001. 6. 15. 선고 2001다23928 판결]【손해배상(기)】 "상법 제385조 제1항에 의하면 "이사는 언제든지 주주총회의 특별결의로 해임할 수 있으나, 이사의 임기를 정한 경우에 정당한 이유 없이 그 임기만료 전에 이를 해임한 때에는 그 이사는 회사에 대하여 해임으로 인한 손해의 배상을 청구할 수 있다."라고 규정하고 있는바, 이때 이사의 임기를 정한 경우라 함은 정관 또는 주주총회의 결의로 임기를 정하고 있는 경우를 말하고, 이사의 임기를 정하지 않은 때에는 이사의 임기의 최장기인 3년을 경과하지 않는 동안에 해임되더라도 그로 인한 손해의 배상을 청구할 수 없다고 할 것이고, 회사의 정관에서 상법 제383조 제2항과 동일하게 "이사의 임기는 3년을 초과하지 못한다."라고 규정한 것이 이사의 임기를 3년으로 정하는 취지라고 해석할 수는 없다."
169) 대법원 2001. 6. 15. 선고 2001다23928 판결.
170) 서울고등법원 1990. 7. 6. 선고 89나46297 판결.

익이 해임과 사이에 상당인과관계가 인정된다면 공평의 관념상 해임으로 인한 손해
배상액을 산정함에 있어서 공제되어야 한다.171) 근로자의 부당해고에 관한 판례와
같은 취지라 할 수 있다.172) 종전 회사의 상근이사직에서 해임당한 후 다른 회사의
상근직에 취임한 경우에는 상당인과관계의 존재가 용이하게 인정되겠지만, 만일 해
임 후 야간이나 주말을 이용한 부업에 종사하거나 다른 회사의 비상근직에 취임한
경우라면 그로 인한 이익의 전부 또는 일부에 대하여 상당인과관계의 존재가 부인
될 가능성도 있을 것이다. 특히 해임 전부터 종사하던 부업에서 얻은 이익은 해임
당하지 않았더라도 당연히 얻을 수 있었던 것이므로 공제할 대상이 아니다.173)

바) 의원면직　　　상법 제385조 제1항 단서의 규정은 주식회사의 이사가 주주
총회의 특별결의에 의하여 그 임기 전에 해임된 경우에 한하여 적용되고 의원면직
의 형식으로 해임된 경우에는 적용되지 않는다.174)

사) 정당한 이유　　　상법 제385조 제1항의 "정당한 이유"란 소수주주의 이사
해임청구사유인 "이사의 그 직무에 관한 부정행위 또는 법령이나 정관에 위반한 중
대한 사실"에 한하지 않고, 경영능력부진 또는 이사에게 회사의 경영을 맡길 수 없
을 정도의 상호신뢰상실 등과 같이 널리 직무의 현저한 부적임(不適任)도 포함한
다.175) 그러나 주주와 이사 사이에 불화 등 단순히 주관적인 신뢰관계가 상실된 것

---

171) [대법원 2013. 9. 26. 선고 2011다42348 판결] (해임된 감사의 손해배상청구사건) "채무불이행
　　이나 불법행위 등으로 인하여 손해를 입은 채권자 또는 피해자 등이 동일한 원인에 의하여 이
　　익을 얻은 경우에는 공평의 관념상 그 이익은 손해배상액을 산정함에 있어서 공제되어야 하
　　고, 이와 같이 손해배상액의 산정에 있어 손익상계가 허용되기 위해서는 손해배상책임의 원인
　　이 되는 행위로 인하여 피해자가 새로운 이득을 얻었고, 그 이득과 손해배상책임의 원인인 행
　　위 사이에 상당인과관계가 있어야 한다. 임기가 정하여져 있는 감사가 그 임기만료 전에 정당
　　한 이유 없이 주주총회의 특별결의로 해임되었음을 이유로 상법 제415조, 제385조 제1항에 의
　　하여 회사를 상대로 남은 임기 동안 또는 임기 만료 시 얻을 수 있었던 보수 상당액을 해임으
　　로 인한 손해배상으로 청구하는 경우, 당해 감사가 그 해임으로 인하여 남은 임기 동안 회
　　사를 위한 위임사무 처리에 들이지 않게 된 자신의 시간과 노력을 다른 직장에 종사하여 사용
　　함으로써 얻은 이익이 해임과 사이에 상당인과관계가 인정된다면 해임으로 인한 손해배상액
　　을 산정함에 있어서 공제되어야 한다."
172) [대법원 1993. 5. 25. 선고 92다31125 판결] "부당해고로 인하여 노무를 제공하지 못한 근로
　　자는 민법 제538조 제1항 본문의 규정에 의하여 사용자에 대하여 임금을 청구할 수 있고 이
　　경우 근로자가 자기 채무를 면함으로써 이익을 얻은 때에는 이를 사용자에게 상환하여야 하
　　는데, 그 상환하여야 할 이익은 채무를 면한 것과 상당인과관계에 있는 것에 한한다."
173) 대법원 1993. 5. 25. 선고 92다31125 판결(근로자가 부당해고된 사안이다).
174) 대법원 1993. 8. 24. 선고 92다3298 판결.
175) 그러나 미국에서는 임기가 명시된 고용계약(employment contract specifying term of office)
　　이 체결된 경우, 해임된 이사는 원칙적으로 정당한 이유와 관계없이 잔여 임기 동안의 보수를

만으로는 부족하고, 이사가 법령이나 정관에 위배된 행위를 하였거나 정신적·육체적으로 경영자로서의 직무를 감당하기 현저하게 곤란한 경우, 회사의 중요한 사업계획 수립이나 그 추진에 실패함으로써 경영능력에 대한 근본적인 신뢰관계가 상실된 경우 등과 같이 당해 이사가 경영자로서 업무를 집행하는 데 장해가 될 객관적 상황이 발생한 경우에 비로소 임기 전에 해임할 수 있는 정당한 이유가 있다고 할 것이다.[176]

회사의 이사가 회사와 동종영업을 목적으로 하는 다른 회사를 설립하고 다른 회사의 이사 겸 대표이사가 되어 영업준비작업을 하여 오다가 영업활동을 개시하기 전에 그 다른 회사의 이사 및 대표이사직을 사임하였다고 하더라도 이는 상법 제397조 제1항 소정의 경업금지의무를 위반한 행위로서 특별한 다른 사정이 없는 한 이사의 해임에 관한 상법 제385조 제2항 소정의 "법령에 위반한 중대한 사실"이 있는 경우에 해당한다.[177] 정당한 이유의 존부에 관한 증명책임은 손해배상을 청구하는 이사가 부담한다.[178]

이사의 해임에 정당한 이유가 있는지 여부는 해임결의 당시 객관적으로 존재하는 사유를 참작하여 판단할 수 있고, 주주총회에서 해임사유로 삼거나 해임결의 시 참작한 사유에 한정되는 것은 아니다. 따라서 해임결의 당시 이사의 위법행위가 아직 밝혀지지 않아 이를 해임사유로 삼지 않았더라도 이사의 손해배상청구소송에서는 이를 해임에 정당한 이유에 있는지 여부를 판단하는 데에 참작할 수 있다.[179]

주주총회의 해임결의가 아닌 법원의 해임판결에 의하여 해임되는 경우에는 "정당한 이유 없이 그 임기만료 전에 이를 해임한 때"에 해당하지 아니하므로 이사의 손해배상청구권이 인정되기는 사실상 어려울 것이다.

---

청구할 수 있다.

176) 대법원 2023. 8. 31. 선고 2023다220639 판결, 대법원 2013. 9. 26. 선고 2011다42348 판결(감사해임에 대한 판결이다), 대법원 2011. 9. 8. 선고 2009다31260 판결, 대법원 2004. 10. 15. 선고 2004다25611 판결.
177) 대법원 1993. 4. 9. 선고 92다53583 판결, 대법원 1990. 11. 2.자 90마745 결정.
178) 대법원 2006. 11. 23. 선고 2004다49570 판결.
179) 대법원 2023. 8. 31. 선고 2023다220639 판결. 이 사건에서는 이사가 경업금지의무를 위반했는데 해임결의 당시에는 아직 밝혀지지 않아서 해임사유로 삼지 않았었다.

### (8) 이사의 직무집행정지 및 직무대행자선임 가처분

#### 1) 의의와 법적 성질

이사선임결의의 무효나 취소 또는 이사해임의 소가 제기된 경우에는 법원은 당사자의 신청에 의하여 가처분으로써 이사의 직무집행을 정지할 수 있고 또한 직무를 대행할 자를 선임할 수 있다.180) 또한 급박한 사정이 있는 때에는 본안소송의 제기 전에도 그 처분을 할 수 있다(407조①).181) 다만, 이사선임결의취소의 소 제기 전에 가처분신청을 하는 경우에는 결의일로부터 2개월이라는 제소기간을 준수할 필요가 있다.

이사선임결의의 무효나 취소 또는 이사해임의 소가 제기된 경우에도 해당 이사가 계속 직무를 집행하게 둔다면 직무태만 또는 직무집행 거부로 인하여 회사의 정상적인 경영이 곤란하게 될 가능성이 있을 것이므로, 해당 이사의 직무집행을 정지하는 가처분과 이 경우 그 직무를 대행할 자를 선임하는 가처분이 필요하다. 이사직무집행정지·직무대행자선임 가처분은 반드시 경영권 분쟁시가 아니라도 기존 대주주 간 또는 이사들 간에 내부적인 분쟁이 있는 경우에도 볼 수 있지만, 특히 경영권 분쟁시 경영권 도전세력이 기존 이사에 대한 해임의 소를 본안소송으로 하여 직무집행정지 가처분에 의하여 이들을 직무집행에서 배제하고 중립적인 직무대행자를 선임할 수 있으면 경영진의 경영권방어 전략이 약화될 수밖에 없으므로 효과적인 경영권 공략 방안이다.

상법 제407조가 규정하는 이사직무집행정지·직무대행자선임 가처분은 그 형성적 효력 및 대세적 효력 등과 같이 민사집행법상의 가처분과 다른 점이 있지만, 판례는 민사집행법 제300조 제2항의 "다툼이 있는 권리관계에 대하여 임시의 지위를 정하기 위한 가처분"으로 본다.182)

---

180) 이사선임등기가 완료된 후에는 주주총회 결의 효력정지 가처분의 대상이 아니고, 직무집행정지 가처분의 대상이다. 그리고 이사의 직무집행정지 및 직무대행자 선임 가처분에 관한 상법 제407조, 제408조의 규정은 유한회사의 이사(567조), 감사(570조), 청산인(613조②)에도 준용된다.

181) 이사가 법령 또는 정관에 위반한 행위를 하여 이로 인하여 회사에 회복할 수 없는 손해가 생길 염려가 있는 경우에는 감사 또는 발행주식총수의 1% 이상에 해당하는 주식을 가진 주주는 회사를 위하여 이사에 대하여 그 행위를 유지할 것을 청구할 수 있다(402조). 이와 같이 이사의 위법행위에 대하여 소수주주가 위법행위유지청구권을 근거로 신청하는 위법행위유지 가처분은 상법 제407조의 직무집행정지 가처분과 구별된다.

182) 대법원 1989. 5. 23. 선고 88다카9883 판결. 상법 제407조의 가처분을 민사집행법 제300조 제2항의 가처분으로 보면 피보전권리를 넓게 인정할 수 있다. 법인의 대표자 그 밖의 임원에 대

## 2) 당 사 자
### ㈎ 신 청 인
가) 본안소송의 원고적격자    신청인은 본안소송의 원고 또는 원고가 될 수 있는 자(본안소송 제기 전의 가처분의 경우)이므로, 본안소송의 원고적격자는 본건 가처분의 신청인이 될 수 있다.183)

나) 이사선임결의의 하자를 원인으로 하는 가처분    이사선임결의의 하자를 원인으로 가처분신청을 하는 경우에는 본안소송인 이사선임결의의 취소·무효확인·부존재확인 등의 소의 제소권자가 가처분신청을 할 수 있다. 즉, 본안소송이 결의취소의 소인 경우에는 주주·이사·감사가 가처분신청을 할 수 있고, 결의무효확인·부존재확인의 소인 경우에는 확인의 이익이 있는 한 누구든지 가처분신청을 할 수 있다. 하자 있는 결의에 의하여 해임된 이사·감사가 그 결의하자를 원인으로 하는 소송을 제기하는 경우에는 제소권이 있고, 따라서 다른 이사에 대한 직무집행정지 가처분신청을 할 수 있다.184)

다) 이사해임사유를 원인으로 하는 가처분    이사해임의 소를 본안소송으로 하는 경우에는 발행주식총수의 3% 이상에 해당하는 주식을 가진 주주는 이사해임의 소를 제기할 수 있으므로(385조②) 이러한 소수주주만이 가처분신청인 적격이 있다.185) 상장회사의 경우 6개월 전부터 계속하여 발행주식총수의 1만분의 50(최근 사업연도 말 자본금이 1천억원 이상인 상장회사의 경우에는 1만분의 25) 이상에 해당하는 주식을 보유한 자가 이사해임청구권 및 청산인해임청구권을 행사할 수 있으므로(542조의6③), 신청인은 이러한 요건을 갖추어야 한다. 가처분신청 후 신청인이 지주요건을 가처분결정시까지 유지하여야 하고, 만일 지주요건을 유지하지 못하면(제3자배정 신주발행에 의하여 지주비율이 감소된 경우에는 논란의 여지가 있음) 가처분신청이 각하된다.186)

---

한 직무집행정지 가처분의 등기촉탁을 규정한 민사집행법 제306조는 이를 전제로 한다.
183) 가처분 실무상 신청인을 채권자, 피신청인을 채무자로 표기한다.
184) 본안소송이 결의취소의 소인 경우에는 주주·이사·감사이지만, 결의무효확인·부존재확인의 소인 경우에는 확인의 이익이 있는 모든 자이다. 본안소송 제소 당시에는 이사·감사가 아니더라도 하자 있는 결의에 의하여 해임된 이사·감사가 그 결의하자를 원인으로 하는 소송을 제기하는 경우에는 제소권이 있고, 따라서 다른 이사에 대한 직무집행정지 가처분신청을 할 수 있다.
185) 반면에 이사위법행위금지 가처분의 피보전권리인 이사위법행위유지청구권의 행사요건은 발행주식총수의 1%이다.
186) 서울중앙지방법원 2008. 12. 12.자 2008카합3871 결정, 서울중앙지방법원 2008. 4. 25.자 2008

(나) 피신청인

가) 회사의 피신청인 적격 여부      이사해임의 소에서는 이사와 회사가 공동 피고로 되어야 하지만, 이를 본안소송으로 하는 가처분의 경우에는 이사 개인만이 피신청인이 되고 회사는 피신청인이 될 수 없다. 이사선임결의의 취소·무효확인· 부존재확인의 소에서도 피고는 회사이지만, 직무집행정지 가처분의 피신청인은 그 성질상 당해 이사이고, 회사는 피신청인의 적격이 없다는 것이 판례의 입장이 다.187) 따라서 위와 같은 경우에는 모두 본안소송의 피고와 가처분의 피신청인은 다르게 된다. 본안소송의 당사자와 가처분의 당사자가 반드시 일치하여야 하는 것 은 아니고, 실제의 분쟁당사자는 회사가 아니라 이사 개인이므로 판례의 입장이 타 당하다.

한편, 직무집행정지 가처분과 별도로 회사를 상대로 하는 주주총회 결의효력정 지 가처분을 신청하는 경우에는 보전의 필요성을 부인한 판례도 있다.188)

다만, 직무대행자의 선임만을 구하는 가처분의 경우에는 회사가 피신청인이다. 대개는 직무집행정지 가처분과 직무대행자선임 가처분을 함께 신청하므로 법원도 직무집행정지 가처분과 직무대행자선임 가처분을 동시에 하지만, 반드시 직무집행

---

카합351 결정.

187) [대법원 1997. 7. 25. 선고 96다15916 판결] "임시의 지위를 정하기 위한 가처분은 그 주장 자체에 의하여 채권자와 저촉되는 지위에 있는 자를 채무자로 하여야 하므로, 단체의 이사 등 선임 결의의 하자를 이유로 한 직무집행정지 가처분신청의 채무자는 이사 등 개인이고 단체 는 당사자적격을 갖지 못한다"(同旨: 대법원 1982. 2. 9. 선고 80다2424 판결).

188) [부산고등법원 2019. 7. 3.자 2019라5058 결정] "회사를 상대로 한 이사 등 선임결의의 효력 정지 가처분을 발령할 경우 회사인 채무자가 취하여야 할 적절한 조치가 무엇인지 불분명하 여 이사 지위를 둘러싼 혼란이 가중될 우려가 있고, 만일 선임결의의 효력이 정지된 이사 등 이 직무수행을 계속할 경우 가처분의 효력을 강제할 수단도 적절하지 않다. 또한 이사 등을 상대로 한 직무집행정지 및 직무대행자선임 가처분은 등기를 통한 공시방법이 있는 반면(상 법 제407조 제3항), 회사인 채무자를 상대로 한 선임결의의 효력정지가처분은 적절한 공시방 법이 규정되어 있지 않다. 채권자는 이사 등을 상대로 한 직무집행정지가처분과 별개로 직무 집행이 정지된 이사 등에 대한 보수 지급을 금지하기 위하여 채무자 회사를 상대로 이 사건 주주총회 결의 효력정지를 구할 필요가 있다고 주장하나, 직무집행이 정지된 이사 등이 보수 를 지급받는다 하더라도 이는 추후 본안판결이 확정됨에 따라 금전으로 전보받거나 정산이 가능한 성질의 것으로, 채권자가 제출한 자료만으로 본안판결 전에 가처분에 의하지 않을 경 우 사후적인 금전배상만으로 전보될 수 없는 현저하고도 급박한 손해가 발생할 가능성이 있 다고 보기 어렵다. 이러한 사정과 채권자가 위 결의의 효력정지 외에 채무자 회사를 제외한 나머지 채무자들에 대한 직무집행정지 신청도 함께 구하고 있는 점에 비추어, 채무자 회사를 상대로 위 결의의 효력정지를 구하는 신청은 채권자가 제출한 소명자료만으로는 보전의 필요 성에 대한 소명이 부족하다."[대법원에서 심리불속행으로 상고 기각되었다(대법원 2019. 10. 22.자 2019마6006 결정)].

정지 가처분과 직무대행자선임 가처분을 동시에 하여야 하는 것은 아니고, 직무집
행정지 가처분을 먼저 신청하여 가처분이 있은 후 직무대행자선임 가처분신청을
별도로 하기도 한다. 이 경우에는 회사만이 피신청인으로 된다.

　　나) 임기중의 이사　　　민사집행법상 임시의 지위를 정하기 위한 가처분은 장
래의 집행보전이 아닌 현재의 위험방지를 위한 것이므로 그 피보전권리는 "현재의
다툼이 있는 권리관계"이다. "현재"의 다툼이어야 하므로, 가처분의 상대방인 이사
는 가처분시까지 그 지위를 유지하여야 하고, 가처분 전에 이사가 사임 등의 사유
로 지위를 상실하는 경우 피보전권리가 인정되지 않는다.

　　다) 퇴임이사

　　(a) 퇴임이사의 의의　　　법률 또는 정관에 정한 이사의 원수를 결한 경우에
는 임기의 만료 또는 사임으로 인하여 퇴임한 이사는 새로 선임된 이사가 취임할
때까지 이사의 권리의무가 있다(386조①). 이와 같이 퇴임 후에도 후임이사의 취임
시까지 이사의 지위를 가지는 자를 강학상 퇴임이사라고 부른다. 퇴임이사의 권한
은 직무대행자와 달리 본래의 이사와 동일하다.

　　(b) 퇴임이사의 피신청인 적격　　　퇴임이사는 이사해임의 소의 피고적격이
인정되지 않는다. 소수주주는 법원의 허가를 받아 임시주주총회를 소집하여 새로운
이사의 선임을 구할 수 있고, 만일 퇴임이사가 그 직무에 관하여 부정행위 등을 저
지르는 경우 주주는 이해관계인으로서 상법 제386조 제2항에 따라 법원에 대하여
일시이사의 직무를 행할 자를 선임할 것을 청구할 수도 있기 때문이다. 따라서 퇴
임이사를 상대로 해임사유의 존재를 이유로 직무집행정지를 구하는 가처분신청은
허용되지 않는다.[189)190)]

　　(c) 사실상 퇴임이사　　　상법 제386조 제1항의 규정에 따라 퇴임이사가 이사

---

189) [대법원 2009. 10. 29.자 2009마1311 결정] "제386조 제1항은 법률 또는 정관에 정한 이사의
　　원수를 결한 경우에는 임기의 만료 또는 사임으로 인하여 퇴임한 이사로 하여금 새로 선임된
　　이사가 취임할 때까지 이사의 권리의무를 행하도록 규정하고 있는바, 위 규정에 따라 이사의
　　권리의무를 행사하고 있는 퇴임이사로 하여금 이사로서의 권리의무를 가지게 하는 것이 불가
　　능하거나 부적당한 경우 등 필요한 경우에는 제386조 제2항에 정한 일시 이사의 직무를 행할
　　자의 선임을 법원에 청구할 수 있으므로, 이와는 별도로 제386조 제1항에 정한 바에 따라 이
　　사의 권리의무를 행하고 있는 퇴임이사를 상대로 해임사유의 존재나 임기만료·사임 등을 이
　　유로 그 직무집행의 정지를 구하는 가처분신청은 허용되지 않는다."
190) 판례에 의하면 하자 있는 결의에 의하여 선임된 이사도 퇴임이사가 되기 위하여 사임하면
　　후임이사나 일시이사가 선임되기 전까지 직무집행정지가처분을 피할 수 있다는 불합리한 점
　　이 있다.

의 권리의무를 행할 수 있는 것은 법률 또는 정관에 정한 이사의 원수를 결한 경우
에 한정되는 것이므로, 퇴임할 당시에 법률 또는 정관에 정한 이사의 원수가 충족
되어 있는 경우라면 퇴임하는 이사는 임기의 만료 또는 사임과 동시에 당연히 이사
로서의 권리의무를 상실한다. 그럼에도 불구하고 그 이사가 여전히 이사로서의 권
리의무를 실제로 행사하고 있는 경우에는 이를 실무상 상법 제386조 제1항의 요건
이 구비된 퇴임이사와 구별하여 "사실상 퇴임이사"라고 부르기도 한다.

　　이러한 "사실상 퇴임이사"는 이사해임의 소의 피고적격이 없다. 그러나 법률
또는 정관의 근거 없이 이사의 권한을 사실상 행사하는 것을 정지시킬 필요가 있으
므로, 그 권리의무의 부존재확인청구권을 피보전권리로 하여 직무집행의 정지를 구
하는 가처분신청은 허용된다.191)

　　라) 사임 후 재선임 이사　　이사해임의 소가 본안소송인 경우, 문제된 이사가
사임 후 새로운 주주총회 결의에 의하여 다시 이사로 선임된 경우에도 이사해임의
소의 피고가 될 수 있고, 이미 제기된 소도 적법한 소로 보아야 한다. 이사해임의
소는 이사선임결의의 하자에 기한 소송이 아니라 이사 개인의 부적격을 원인으로
하는 소송인데, 이러한 경우 이사로서의 부적격성은 그대로 유지되기 때문이다. 따
라서 사임 후 새로운 주주총회 결의에 의하여 다시 선임된 이사도 직무집행정지 가
처분의 피신청인이 될 수 있다. 그리고 이미 한 번 해임안건에 관하여 주주총회에
서 부결되었으면 이사 재선임 후 직무집행정지 가처분을 위한 새로운 부결결의가
요구되지도 않는다고 해석하여야 한다.

　　3) 절　　차

　　(가) 원　　칙　　이사직무집행정지·직무대행자선임 가처분을 신청하려면 이
사선임결의의 무효나 취소 또는 이사해임의 소 등과 같이 이사의 지위를 다투는
본안소송이 제기되어야 한다.

　　(나) 예　　외　　급박한 경우에는 본안소송의 제기 전에라도 이사직무집행정
지·직무대행자선임 가처분신청을 할 수 있다(407조①).192) 급박한 경우란 본안소송

---

191) 대법원 2009. 10. 29.자 2009마1311 결정.

192) [대법원 1997. 1. 10.자 95마837 결정] "제385조 제2항에 의하면 이사가 그 직무에 관하여 부
　　정행위 또는 법령이나 정관에 위반한 중대한 사실이 있음에도 불구하고 주주총회에서 그 해
　　임을 부결한 때에는 발행주식 총수의 100분의 5 이상에 해당하는 주식을 가진 주주는 총회의
　　결의가 있은 날로부터 1월 내에 그 이사의 해임을 법원에 청구할 수 있고, 그와 같은 해임의
　　소를 피보전권리로 하는 이사의 직무집행정지신청은 본안의 소송이 제기된 경우뿐만 아니라
　　급박한 경우에는 본안소송의 제기 전에라도 할 수 있음은 같은 법 제407조에서 명문으로 인

의 제기를 기다릴 수 없는 상황을 말한다.

특히, 이사해임사유를 원인으로 하는 가처분의 경우에도 급박한 경우에는 본안소송의 제기 전에도 법원이 가처분을 할 수 있지만, 상법 제385조 제2항이 이사해임의 소를 제기하기 위한 절차로서, 소수주주가 회의의 목적과 소집의 이유를 기재한 서면을 이사회에 제출하여 임시총회의 소집을 요구하고, 그렇게 하였는데도 소집을 불응하는 때에는 법원의 허가를 받아 주주총회를 소집할 수 있고, 그 총회에서 해임을 부결할 때 그로부터 1개월 내에 이사의 해임을 법원에 청구할 수 있다고 규정하므로, 이러한 해임의 소를 제기하기 위한 절차를 감안해 보면 특별히 급박한 사정이 없는 한 해임의 소를 제기할 수 있을 정도의 절차요건을 거친 흔적이 소명되어야 피보전권리의 존재가 소명되는 것이고, 그 가처분의 보전의 필요성도 인정될 수 있다.[193]

가처분재판 심리 중 본안소송의 제소기간이 도과하면 피보전권리가 없게 되어 가처분신청이 기각된다. 그리고 가처분절차에는 원칙적으로 가압류절차가 준용되므로(民執法 301조), 채권자가 본안소송의 제기 없이 가처분신청을 한 경우 법원은 채무자의 신청에 따라 채권자에게 본안의 제소명령을 할 수 있다.[194] 그리고 법원의 가처분결정 후 본안소송의 제소기간이 도과한 경우에는 채무자가 가처분이의신청을 할 수 있다.

(다) 관  할   가처분의 재판은 본안의 관할법원 또는 다툼의 대상이 있

---

정하고 있을 뿐더러, 그와 같은 직무집행정지신청을 민사소송법 제714조 제2항(註 : 현행 민사집행법 제300조 제2항) 소정의 임시의 지위를 정하는 가처분과 달리 볼 것은 아니므로 반드시 본안소송을 제기하였음을 전제로 하지는 않는다."

193) 대법원 1997. 1. 10.자 95마837 결정(실제로는 이러한 절차적 요건을 갖추지 못하여 가처분신청이 기각되는 경우도 적지 않다. 특히 이사해임의 소의 제소기간은 주주총회 결의일로부터 1개월 내인데, 결의취소의 소의 제소기간인 결의일로부터 2개월 내로 착각하는 바람에 제소기관의 도과로 본안소송의 제기는 물론 가처분신청도 할 수 없게 되는 경우도 볼 수 있다).

194) [民執法 287조(본안의 제소명령)]
   ① 가압류법원은 채무자의 신청에 따라 변론 없이 채권자에게 상당한 기간 이내에 본안의 소를 제기하여 이를 증명하는 서류를 제출하거나 이미 소를 제기하였으면 소송계속사실을 증명하는 서류를 제출하도록 명하여야 한다.
   ② 제1항의 기간은 2주 이상으로 정하여야 한다.
   ③ 채권자가 제1항의 기간 이내에 제1항의 서류를 제출하지 아니한 때에는 법원은 채무자의 신청에 따라 결정으로 가압류를 취소하여야 한다.
   ④ 제1항의 서류를 제출한 뒤에 본안의 소가 취하되거나 각하된 경우에는 그 서류를 제출하지 아니한 것으로 본다.
   ⑤ 제3항의 신청에 관한 결정에 대하여는 즉시항고를 할 수 있다. 이 경우 민사소송법 제447조의 규정은 준용하지 아니한다.

는 곳을 관할하는 지방법원이 관할한다(民執法 303조). 이사직무집행정지 가처분
에 있어서 다툼의 대상이 있는 곳을 관할하는 지방법원은 결국 본안의 관할법
원일 것이므로, 본안소송의 제기 전후에 모두 본안의 관할법원인 회사의 본점 소
재지 지방법원의 전속관할에 속한다. 본안소송인 결의취소의 소 또는 이사해임
의 소는 합의부 관할 사건으로 분류되고,195) 따라서 가처분재판도 합의부 관할
사건이다.

㈅ 심    리    이사직무집행정지·직무대행자선임 가처분신청사건에서 법원
은 원칙적으로 변론기일 또는 채무자(피신청인)가 참석할 수 있는 심문기일을 열어
야 한다(民執法 304조 본문). 채무자 및 그와 거래한 상대방에게 미치는 영향이 매우
크기 때문이다. 그러나 변론기일 또는 심문기일을 열어 심리하면 가처분의 목적을
달성할 수 없는 사정이 있는 때에는 예외적으로 기일을 열지 않고 결정할 수 있다
(民執法 304조 단서).

㈆ 이사·감사의 진술권    이사·감사직무대행자의 선임에 관한 재판을 하는
경우에는 법원은 이사와 감사의 진술을 들어야 한다(非訟法 84조①).

4) 피보전권리와 보전의 필요성

㈎ 피보전권리

가) 본안소송의 범위    상법 제407조 제1항은 이사선임결의의 무효나 취소
또는 이사해임의 소를 본안소송으로 하여 이사직무집행정지·직무대행자선임 가처
분신청을 할 수 있다는 취지로 규정한다.196) 그러나 명문의 규정은 없지만 상법 제
407조의 가처분을 민사집행법 제300조 제2항의 "다툼이 있는 권리관계에 대하여
임시의 지위를 정하기 위한 가처분"으로 보는 이상 제407조 제1항의 규정에 불구
하고 이사선임결의의 부존재확인의 소를 본안으로 할 수도 있고,197) 대표이사를 선
임한 이사회 결의무효확인·부존재확인의 소도 본안으로 할 수 있다.

이사의 지위를 다투는 소송이 아니라 단순히 이사의 손해배상책임에 관한 소
송은 이사직무집행정지·직무대행자선임 가처분의 본안소송이 될 수 없다. 대표이

---

195) 민사 및 가사소송의 사물관할에 관한 규칙 제2조.
196) 그러나 학교법인이 소속 학교의 장을 상대로 그 해임을 청구하는 소는 기존 법률관계의 변
경·형성의 효과를 발생함을 목적으로 하는 형성의 소로서 이러한 형성의 소는 법률에 특별한
규정이 있는 경우에 한하여 허용되므로, 이를 허용하는 법적 근거가 없는 경우에는 이러한 해
임청구권을 피보전권리로 하는 직무집행정지 및 직무대행자선임의 가처분은 허용되지 않는다
(대법원 1997. 10. 27.자 97마2269 결정).
197) 대법원 1989. 5. 23. 선고 88다카9883 판결.

사직무집행정지·직무대행자선임 가처분의 본안소송은 그 대표이사를 선임한 이사회 결의 또는 주주총회 결의의 하자에 관한 소송이다.

나) 사임 후 재선임된 이사　　민사집행법상 임시의 지위를 정하기 위한 가처분은 장래의 집행보전이 아닌 현재의 위험방지를 위한 것이므로 그 피보전권리는 "현재의 다툼이 있는 권리관계"이다. "다툼이 있는 권리관계"는 재판에 의하여 확정되기 전의 상태를 말한다.

이와 같이 "현재"의 다툼이 있는 권리관계가 피보전권리이므로 결의의 효력에 다툼이 있는 주주총회 결의에 의하여 선임된 이사가 이사직을 사임한 후 다시 새로운 주주총회 결의에 의하여 이사로 선임되었는데 신청인이 그 이사에 대한 직무집행정지 가처분신청을 하면서 먼저 있었던 주주총회 결의의 하자를 주장하는 경우에는 피보전권리가 인정되지 않는다.198) 그러나 이사해임의 소를 본안으로 하는 가처분은 문제된 이사가 사임 후 새로운 주주총회 결의에 의하여 다시 이사로 선임된 경우에도 피보전권리가 인정된다.199)

다) 이사위법행위금지 가처분과의 비교　　이사위법행위유지청구권은 이사위법행위유지청구권을 피보전권리로 하여 이사의 법령·정관에 위반한 특정된 행위의 금지를 명하는 것으로서, 이사로서의 전반적인 직무집행을 정지하는 직무집행정지 가처분과 구별된다. 이사위법행위유지청구권을 피보전권리로 하는 직무집행정지 가처분은 허용될 수 없다. 본안의 범위를 넘는 가처분이기 때문이다.

(나) 보전의 필요성　　임시의 지위를 정하기 위한 가처분의 보전의 필요성은 "계속하는 권리관계에 끼칠 현저한 손해를 피하거나 급박한 위험을 막기 위한 것"이다(民執法 300조②). 따라서 이사가 계속 직무를 집행하면 회사에 회복할 수 없는 손해가 발생할 염려가 있는 경우에는 보전의 필요성이 인정된다.

그러나 신청인이 본안판결을 받더라도 적법한 선임 결의에 의하여 피신청인이 다시 대표자로 선임될 개연성이 있는 바와 같이 무용(無用)의 결과가 되는 경우에

---

198) [대법원 1982. 2. 9. 선고 80다2424 판결]【가처분결정에 대한 이의】 "1973. 6. 5.자 임시주주총회 결의 및 이사회 결의에 의하여 이사 겸 대표이사로 선임된 갑이 사임하여 사임등기까지 되었다가 1973. 11. 15.자 임시주주총회 결의 및 이사회 결의에 의하여 다시 같은 직의 임원으로 선임된 경우에 갑의 직무집행정지 가처분을 구함에 있어서 피보전권리로서는 갑을 현재의 임원직으로 선임한 위 1973. 11. 15.자 임시주주총회 결의 및 이사회 결의에 하자가 있음을 주장하는 것은 몰라도 이와 아무 관계도 없는 1973. 6. 5.자 위 결의에 하자가 있음을 주장할 수는 없다."
199) 이사해임이 문제된 이사가 사임 후 새로운 주주총회 결의에 의하여 다시 이사로 선임된 경우에는 이사해임의 소의 피고가 될 수 있고, 가처분의 피보전권리가 인정된다.

보전의 필요성이 부인된다.200)

　　해당 이사들이 이미 장기간 직무집행을 하여 온 경우에는 보전의 필요성이 인정되기 어려울 것이다.201) 또한 비례의 원칙상 채권자의 이익이 채무자의 불이익에 비하여 현저히 큰 경우가 아니면 보전의 필요성이 인정되지 않는다.

　　이사직무집행정지·직무대행자선임 가처분의 보전의 필요성은 신중히 판단하여야 한다. 따라서 이사해임의 소를 본안소송으로 하는 경우 특별히 급박한 사정이 없는 한 이사해임의 소를 제기할 수 있을 정도의 절차요건을 거친 흔적이 소명되어야 피보전권리의 존재가 소명되는 것이고, 그 가처분의 보전의 필요성도 인정될 수 있다.202)

---

200) [대법원 1997. 10. 14.자 97마1473 결정] "임시의 지위를 정하는 가처분은 다툼 있는 권리관계에 관하여 그것이 본안소송에 의하여 확정되기까지의 사이에 가처분권리자가 현재의 현저한 손해를 피하거나 급박한 강포를 막기 위하여, 또는 기타 필요한 이유가 있는 때에 한하여 허용되는 응급적·잠정적 처분이고, 이러한 가처분을 필요로 하는지의 여부는 당해 가처분신청의 인용 여부에 따른 당사자 쌍방의 이해득실관계, 본안소송에 있어서의 장래의 승패의 예상, 기타의 제반 사정을 고려하여 법원의 재량에 따라 합목적적으로 결정하여야 할 것이며, 단체의 대표자 선임 결의의 하자를 원인으로 하는 가처분신청에 있어서는 장차 신청인이 본안에 승소하여 적법한 선임 결의가 있을 경우, 피신청인이 다시 대표자로 선임될 개연성이 있는지의 여부도 가처분의 필요성 여부 판단에 참작하여야 한다"[同旨: 대법원 1991. 3. 5.자 90마818 결정(등기되어 있는 대표이사 등 임원의 선임이 절차상의 잘못이 있어 무효로 돌아간다 하더라도 그들 임원이 신청외 회사의 주식 60퍼센트를 소유하고 있는 경우), 서울서부지방법원 2010. 5. 20.자 2010카합548 결정(피신청인들이 주식 60% 이상을 소유하고 있는 주주들의 의사에 의하여 선임된 경우), 인천지방법원 2015. 3. 14.자 2014카합10052 결정(채권자가 본안에 승소하여 주주총회 및 이사회를 개최하더라도 채무자가 이사 및 대표이사로 선임될 개연성이 높아 보이는 경우)].

201) 서울중앙지방법원 2011. 7. 26.자 2011카합1138 결정(신청인이 법인등기부등본 등을 통하여 해당 이사가 약 1년간 직무집행을 하도록 아무런 조치를 취하지 않은 경우 보전의 필요성을 부인하였다).

202) [대법원 1997. 1. 10.자 95마837 결정] "이사의 직무권한을 잠정적이나마 박탈하는 가처분은 그 보전의 필요성을 인정하는 데 신중을 기해야 할 것인바, 소수 주주가 피보전권리인 해임의 소를 제기하기 위한 절차로는 발행주식 총수의 100분의 5 이상에 해당하는 주식을 가진 소수 주주가 회의의 목적과 소집의 이유를 기재한 서면을 이사회에 제출하여 임시총회의 소집을 요구하고, 그렇게 하였는데도 소집을 불응하는 때에는 법원의 허가를 얻어 주주총회를 소집할 수 있고, 그 총회에서 해임을 부결할 때 그로부터 1월 내에 이사의 해임을 법원에 청구할 수 있는 것이므로, 그와 같은 해임의 소를 제기하기 위한 절차를 감안해 보면 특별히 급박한 사정이 없는 한 해임의 소를 제기할 수 있을 정도의 절차요건을 거친 흔적이 소명되어야 피보전권리의 존재가 소명되는 것이고, 그 가처분의 보전의 필요성도 인정될 수 있다"(신청인이 임시주주총회소집청구절차부터 전혀 거치지 않고 바로 가처분을 신청한 사안이다).

### 5) 가처분결정의 효력과 불복절차

### (가) 직무집행정지

가) 정지대상     가처분 인용결정의 주문에서는 직무집행정지대상을 명확히 특정하여야 한다. 따라서 대표이사가 피신청인인 경우 대표이사 겸 이사로서의 직무집행을 정지하는 것인지, 대표이사로서의 직무집행만 정지하는 것인지 명확히 하여야 한다.203) 이사의 지위를 전제로 하는 감사위원회 위원의 지위도 마찬가지이다.

신청인이 신청취지에서 "이사"의 직무집행정지만을 구하고 이에 따라 법원이 이사의 직무집행을 정지한다는 결정을 한 경우 "대표이사"로서의 직무집행도 정지되는지에 관하여는 실무상 확립된 입장은 없는 것 같다.204)

우선 대표이사는 이사의 지위를 전제로 한다는 점을 근거로 이사로서의 직무집행이 정지되면 대표이사로서의 직무집행도 정지된다는 견해도 있을 수 있다.

그러나 이사의 권한과 대표이사의 권한은 명백히 구별된다. 이사는 "이사회의 구성원으로서 회사의 업무집행에 관한 의사결정에 참여할 권한을 갖는 자"이고 다수설은 이사의 기관성을 부인한다. 따라서 상법상 이사의 직무는 기관으로서의 직무가 아니라 이사회라는 기관의 구성원으로서의 직무라 할 것이다. 반면에 대표이사는 이사회의 구성원으로서의 직무뿐 아니라 대외적으로 회사를 대표하고 대내적으로 업무를 집행하는 권한을 가진다. 그리고 가처분에 의하여 직무집행이 정지될 뿐이고 등기부상 이사의 지위는 그대로 유지되는 이상 직무집행이 정지된 이사도 스스로 사임할 수 있고 주주총회 결의에 의하여 해임될 수 있다.205) 이와 같이 이사와 대표이사의

---

203) (직무집행정지 가처분신청서의 신청취지 기재례)
    1. 신청인들의 피신청인들에 대한 이사해임의 소의 본안판결 확정시 또는 이사지위 부존재 확인의 소의 본안 판결 확정시 중 먼저 도래하는 날까지,
        가. 피신청인 A는 ○○주식회사의 대표이사 겸 이사의 직무를 집행하여서는 아니 되고,
        나. 피신청인 B, C는 ○○주식회사의 이사의 직무를 각 집행하여서는 아니 된다.
    2. 위 직무집행정지기간 중 귀원에서 정하는 적당한 자로 하여금 위 대표이사 및 이사로서의 직무를 대행하게 한다.
    3. 신청비용은 피신청인들의 부담으로 한다.
    라는 결정을 구합니다.
204) 신청인이 대표이사인 이사에 대하여 이사의 직무집행정지만 구하는 경우 재판부가 신청인에게 석명을 구하여 신청취지를 명확히 하도록 해야 할 것이다.
205) 보전처분의 특성 중 가장 중요한 것은 권리관계의 잠정적 확보 및 임시적인 규율을 한다는 잠정성인데, 이사의 직무를 정지시키는 것을 넘어서 이사의 지위까지 부인하는 것은 이러한 잠정성에 반한다.

지위가 구별되는 이상 이사의 직무집행이 정지되더라도 등기부상 이사의 지위는 유지되고 대표이사로서의 직무집행도 정지되는 것이 아니라고 해석하는 것이 타당하다. 나아가 대표이사 아닌 이사가 이사의 직무집행이 정지된 후 주주총회에서 대표이사로 선임될 수도 있고, 이러한 경우 가처분신청인으로서는 선임된 대표이사를 상대로 대표이사직무집행정지 가처분을 별도로 신청하여야 할 것이다.

이와 달리 대표이사로서의 직무집행만 정지된 이사는 이사로서의 직무는 계속 집행할 수 있으므로 이러한 이사에 대한 소집통지 없이 개최된 이사회 결의는 무효이다.206) 이사회 결의요건에서도 대표이사로서의 직무집행만 정지된 이사는 재임이사의 수에서도 제외되지 않는다. 학교법인 이사장에 관한 사안에서, 이사 아닌 자가 이사장 직무대행자로 선임된 경우, 이사장은 이사임을 전제로 하므로 이사장 직무대행자는 이사로서의 권한을 갖고서 이사장의 직무를 대행할 수 있고, 전임 이사장의 경우 이사장 직무집행정지 가처분결정만으로는 이사의 자격이 상실되지 않으므로 정관의 규정에 불구하고 이사의 정원이 증가하는 결과가 된다는 하급심판결이 있는데.207) 주식회사 대표이사 직무집행만 정지된 경우(특히 정관의 이사 정원을 초과하게 되는 경우)에도 적용이 가능한 지에 대하여는 논란의 여지가 있다.

나) 정지기간    직무집행정지기간은 "본안판결 확정시까지" 하는 것이 원칙이다. 다만, 가처분신청서의 신청취지에 "제1심본안판결 선고시까지"라고 기재된 경우 가처분결정의 주문도 이와 같이 기재되는데, 이러한 경우에는 신청인이 1심 본안소송에서 승소하더라도 1심판결 선고 후 다시 가처분신청을 하여야 한다. 신청인이 본안소송에서 승소하여 판결확정시 직무집행정지기간의 정함이 없는 경우에도 본안승소판결의 확정과 동시에 그 목적을 달성한 것이 되어 당연히 효력을 상실하게 된다.208) 그러나 기간을 정한 가처분은 그 기간의 만료로 효력을 상실한

---

206) 수원지방법원 1997. 10. 31. 선고 96가합24791 판결.

207) 수원지방법원 1997. 10. 31. 선고 96가합24791 판결. 정관상 이사 정원이 9인인데, 이사장 직무대행자 선임으로 10인으로 증가하게 된 사안이다.

208) [대법원 1989. 5. 23. 선고 88다카9883 판결] "주식회사 이사의 직무집행을 정지하고 그 대행자를 선임하는 가처분은 민사소송법 제714조 제2항(註 : 현행 민사집행법 제300조 제2항)에 의한 임시의 지위를 정하는 가처분의 성질을 가지는 것으로서, 본안소송의 제1심판결 선고시 또는 확정시까지 그 직무집행을 정지한다는 취지를 결하였다 하여 당연무효라 할 수 없으나, 가처분에 의해 직무집행이 정지된 당해 이사 등을 선임한 주주총회 결의의 취소나 그 무효 또는 부존재확인을 구하는 본안소송에서 가처분채권자가 승소하여 그 판결이 확정된 때에는 가처분은 그 직무집행 정지기간의 정함이 없는 경우에도 본안소송판결의 확정과 동시에 그 목적을 달성한 것이 되어 당연히 효력을 상실한다"(同旨: 대법원 1989. 9. 12. 선고 87다카2691

다.209) 신청인이 본안소송에서 패소한 판결이 확정된 경우에도 가처분의 효력이 당연 상실되는 것이 아니라, 본안확정판결을 이유로 가처분이 취소될 때까지 그 효력이 존속한다.210)

다) 효    력

(a) 직무집행정지      직무집행이 정지된 이사는 그 정지된 기간중에는 이사로서의 직무를 집행할 수 없다.211) 법원의 직무집행정지 가처분결정에 의해 회사를 대표할 권한이 정지된 대표이사가 그 정지기간중에 체결한 계약은 절대적으로 무효이고, 그 후 가처분신청의 취하에 의하여 보전집행이 취소되었다 하더라도 집행의 효력은 장래에 향하여 소멸할 뿐 소급적으로 소멸하는 것은 아니라 할 것이므로, 가처분신청이 취하되었다 하여 무효인 계약이 유효하게 되지는 않는다.212)

등기할 사항인 직무집행정지 및 직무대행자선임 가처분은 상법 제37조 제1항에 의하여 이를 등기하지 아니하면 위 가처분으로 선의의 제3자에게 대항하지 못하지만 악의의 제3자에게는 대항할 수 있고, 대표이사 및 이사에 대한 직무집행을 정지하고 직무대행자를 선임하는 법원의 가처분결정은 그 가처분 신청 후 결정 이전에 피신청인으로서 가처분결정에 의하여 직무집행이 정지된 대표이사의 퇴임등기와 역시 피신청인으로서 직무집행이 정지된 이사의 대표이사 취임등기가 경료되었다고 할지라도 이들에 대하여는 여전히 효력이 있다. 따라서 가처분결정에 의하여 선임된 대표이사 및 이사 직무대행자의 권한은 유효하게 존속하고, 반면에 가처분결정 이전에 피신청인으로서 직무집행이 정지된 이사가 대표이사로 선임되었다고 할지라도 그 선임결의의 적법 여부에 관계없이 대표이사로서의 권한을 가지지

---

판결).

209) 대법원 1989. 9. 12. 선고 87다카2691 판결.

210) 장윤기, "이사직무집행정지 및 직무대행자 선임 가처분의 효력이 당연히 상실되는 경우", 대법원판례해설(11호), 법원도서관(1990), 190면[반대견해: 송인권, "직무집행정지가처분의 효력 – 선임절차의 하자를 원인으로 하는 경우를 중심으로 – ", 법조 634호(2009. 7), 법조협회(2009), 383면].

211) [대법원 1980. 3. 11. 선고 79누322 판결] "원심 판결이유에 의하면 원심은 법원의 가처분결정에 의하여 직무집행이 정지된 법인의 대표자는 그 정지된 기간중에는 그 법인의 대표자로서의 직무집행에서 배제되므로 설사 법인등기부상에 계속 그 법인의 대표자로 등재되어 있다 하여도 법인의 영업에 관한 장부 또는 증빙서류를 성실히 비치 기장하지 아니하여 발생되는 법인의 귀속 불명소득을 위 직무집행이 배제된 명목상의 대표자에게 귀속시켜서, 종합소득세액을 부과시킬수 없다."

212) 대법원 2008. 5. 29. 선고 2008다4537 판결.

못한다.213)

대표이사의 직무집행정지 및 직무대행자선임의 가처분이 이루어진 이상, 그 후 대표이사가 해임되고 새로운 대표이사가 선임되었다 하더라도 가처분결정이 취소되지 아니하는 한 직무대행자의 권한은 유효하게 존속하는 반면 새로이 선임된 대표이사는 그 선임결의의 적법 여부에 관계없이 대표이사로서의 권한을 가지지 못한다. 이러한 경우 위 가처분은 그 성질상 당사자 사이에서뿐만 아니라 제3자에게도 효력이 미치므로, 새로이 선임된 대표이사가 위 가처분에 위반하여 회사 대표자의 자격에서 한 법률행위는 결국 제3자에 대한 관계에서도 무효이고 이때 위 가처분에 위반하여 대표권 없는 대표이사와 법률행위를 한 거래상대방은 자신이 선의였음을 들어 위 법률행위의 유효를 주장할 수는 없다.214) 가처분결정이 등기된 이상 선의의 제3자도 보호받지 못하지만, 표현대표이사로서의 일정한 요건이 구비되면 제3자도 보호받게 된다.215)

(b) 등기이사로서의 지위     직무집행정지가처분에 의하여 직무집행만 정지될 뿐 등기된 이사·대표이사로서의 지위는 그대로 유지하므로, 임기가 당연히 정지되거나 가처분결정이 존속하는 기간만큼 연장되지 않는다.216)

대표이사가 이사의 직무집행정지가처분을 받은 경우 이사의 직무는 정지되지만 이사의 지위는 유지되므로 대표이사의 지위는 유지되고 대표이사는 그 직무를 집행할 수 있다. 감사위원회 위원의 지위도 마찬가지로 이사의 직무만 정

---

213) 대법원 2014. 3. 27. 선고 2013다39551 판결(가처분결정 전에 피신청인들의 사임 및 취임 등기가 경료됨에 따라 가처분결정의 내용과 등기현황이 불일치하게 되어 가처분결정에 따른 등기가 불가능하게 되었으나, 등기는 가처분의 효력발생요건이 아니므로 피신청인들에게 효력이 미친다고 판시하였다).

214) 대법원 1992. 5. 12. 선고 92다5638 판결(대표이사 직무집행 및 직무대행자 선임 가처분 등기가 경료된 사안).

215) 표현대표이사의 법리는 대표이사로서의 외관을 신뢰한 제3자를 보호하기 위하여 그와 같은 외관의 존재에 대하여 귀책사유가 있는 회사로 하여금 선의의 제3자에 대하여 그들의 행위에 관한 책임을 지도록 하려는 것이므로 이사 자격도 요건이 아니다. 따라서 가처분결정에 의하여 직무집행이 정지된 이사도 상법 제395조의 표현대표이사가 될 수 있다.

216) [대법원 2020. 8. 20. 선고 2018다249148 판결] "주식회사의 이사나 감사를 피신청인으로 하여 그 직무집행을 정지하고 직무대행자를 선임하는 가처분이 있는 경우 가처분결정은 이사 등의 직무집행을 정지시킬 뿐 이사 등의 지위나 자격을 박탈하는 것이 아니므로, 특별한 사정이 없는 한 가처분결정으로 인하여 이사 등의 임기가 당연히 정지되거나 가처분결정이 존속하는 기간만큼 연장된다고 할 수 없다. 나아가 위와 같은 가처분결정은 성질상 당사자 사이뿐만 아니라 제3자에 대해서도 효력이 미치지만, 이는 어디까지나 직무집행행위의 효력을 제한하는 것일 뿐이므로, 이사 등의 임기 진행에 영향을 주는 것은 아니다."

지시키는 가처분이 있는 경우 감사위원회 위원의 지위는 유지된다고 해석된다. 다만, 이사직무집행이 정지된 경우 대표이사 또는 감사위원회 위원의 직무가 정지되는지 여부에 대하여는 논란의 여지가 있으므로, 예컨대 이사의 직무뿐 아니라 대표이사의 직무도 정지시키려면 가처분 신청서에서 "이사 겸 대표이사"의 직무집행정지를 구한다는 취지를 명확히 해야 한다.

임기 만료 전에는 이사·대표이사 본인이 가처분과 관계없이 사임할 수 있다. 그리고 주주총회·이사회가 이사·대표이사를 선임·해임할 권한에는 아무런 영향이 없으므로, 가처분집행중에도 집행정지된 이사를 해임하거나 신임 이사를 선임할 수 있고, 직무집행이 정지된 이사를 새로운 주주총회에서 다시 이사로 선임할 수도 있다.217)

(c) 대세적 효력   직무집행정지 가처분은 임시의 지위를 정하기 위한 가처분으로서 형성재판이고, 그 형성력은 그 성질상 당사자 사이뿐만 아니라 제3자에 대한 관계에서도 미친다. 주주총회의 이사선임결의에 하자가 있는 경우 본안판결과 가처분결정은 모두 대세적 효력이 있다. 반면에, 이사회의 대표이사선임결의와 관련하여 이사회결의무효확인소송은 상법상 소송이 아니고 민사소송법상 일반민사소송이므로 판결의 대세적 효력이 인정되지 않지만,218) 이사회결의의 하자를 원인으로 하는 대표이사직무집행정지가처분은 본안판결과 관계없이 형성재판이기 때문에 제3자에게도 그 형성력이 미치는 것으로 보아야 한다.

판례도 주식회사 이사의 직무집행을 정지하고 직무대행자를 선임하는 가처분은 성질상 당사자 사이뿐만 아니라 제3자에 대한 관계에서도 효력이 미친다고 본다.219)220) 다만, 상법 제37조 제1항에 의하여 가처분결정을 등기하지 아니하면 선의

---

217) 이 경우, 이사진 변경은 상무 외의 행위이므로 이사직무대행자가 이사회에서 주주총회소집 결의를 하려면 법원의 허가를 받아야 한다.

218) [대법원 1988. 4. 25. 선고 87누399 판결]【법인세등부과처분취소】"이사회의 결의에 하자가 있는 경우에 관하여 상법은 아무런 규정을 두고 있지 아니하나 그 결의에 무효사유가 있는 경우에는 이해관계인은 언제든지 또 어떤 방법에 의하든지 그 무효를 주장할 수 있다고 할 것이지만 이와 같은 무효주장의 방법으로서 이사회 결의무효확인소송이 제기되어 승소확정 판결을 받은 경우, 그 판결의 효력에 관하여는 주주총회 결의무효확인소송 등과는 달리 제190조가 준용될 근거가 없으므로 대세적 효력은 없다"(同旨: 대법원 2004. 3. 26. 선고 2002다 60177 판결).

219) [대법원 2014. 3. 27. 선고 2013다39551 판결] "주식회사 이사의 직무집행을 정지하고 직무 대행자를 선임하는 가처분은 성질상 당사자 사이뿐만 아니라 제3자에 대한 관계에서도 효력이 미치므로 가처분에 반하여 이루어진 행위는 제3자에 대한 관계에서도 무효이므로 가처분에 의하여 선임된 이사직무대행자의 권한은 법원의 취소결정이 있기까지 유효하게 존속한다."

의 제3자에게 대항하지 못하고, 악의의 제3자에게만 대항할 수 있다.

### (나) 직무대행자의 선임

가) 직무집행정지와의 관계      상법 제407조 제1항은 "이사의 직무집행을 정지할 수 있고 또는 직무대행자를 선임할 수 있다."라고 규정하므로, 법문상으로는 직무집행정지 가처분을 하지 않고 직무대행자를 선임할 수도 있는 것처럼 해석되나, 직무대행자의 선임은 반드시 직무집행정지 가처분을 전제로 한다. 반면에 직무집행정지당한 대표이사 또는 이사 외에 다른 대표이사나 이사가 정관이 정한 원수(員數)를 충족하는 경우에는 직무집행정지 가처분만 하고 직무대행자는 선임하지 않아도 된다. 일반적으로 직무집행정지 가처분과 직무대행자선임 가처분을 함께 신청하므로 법원도 직무집행정지 가처분과 직무대행자선임 가처분을 동시에 한다. 그러나 반드시 직무집행정지 가처분과 직무대행자선임 가처분을 동시에 하여야 하는 것은 아니다.221)

---

220) 상법상 이사해임의 소에 대하여는 상법 제190조가 준용되지 않으므로 이를 본안으로 하는 직무집행정지 가처분의 대세적 효력에 대하여 의문을 제기하는 견해도 있다. 그러나 상법상 각종 회사소송의 판결에 상법 제190조가 준용되는 결과 제3자에게 미치는 효력은 기판력이고, 형성재판의 형성력은 법률의 규정과 관계없이 제3자에게 미치는 것이다. 즉, 이사해임판결에 대하여는 상법 제190조가 준용되지 아니하므로 기판력이 제3자에게 미치지 않지만, 이와 관계없이 이사해임판결은 형성판결이므로 그 형성력이 제3자에게 미치는 것이고, 직무집행정지 가처분도 형성재판으로서 당사자 아닌 제3자에게 그 형성력이 미치는 것이라 할 것이다.

다만, 주주총회의 이사선임결의 또는 이사회의 대표이사선임결의의 하자를 원인으로 하는 경우에는 본안판결에 해당하는 것은 반드시 형성판결에 해당하는 것은 아니므로 논란이 있을 수 있다. 주주총회 결의취소판결은 형성판결이라는 점에 대하여 이론의 여지가 없지만, 주주총회 결의무효확인판결과 부존재확인판결에 대하여는 형성판결설과 확인판결설이 대립하고 있으며(대체로 소송법학자들은 형성판결로 보고, 상법학자들은 확인판결로 본다), 상법은 이사회 결의의 하자에 관한 판결에 관하여 아무런 규정을 두지 않고 있으므로 이사회 결의무효확인판결, 부존재확인판결은 민사소송상 확인판결에 해당한다. 그러나 본안소송이 형성판결이 아닌 경우에도 이러한 선임결의의 하자에 관한 소를 본안소송으로 하는 직무집행정지 가처분은 임시의 지위를 정하기 위한 가처분으로서 형성력을 인정할 필요가 있다. 이에 대하여 선임결의의 하자에 관한 소를 본안소송으로 하는 직무집행정지 가처분에 형성력을 인정하는 것은 본안의 범위를 벗어나는 것이나, 가처분의 대세적 효력은 본안 판결의 확정시까지만 인정된다는 점과, 특히 임시의 지위를 정하기 위한 가처분에서 볼 수 있는 보전소송의 본안화 현상을 고려하면 가처분의 특성인 부수성에 크게 반하지 않는다고 할 것이다. 가처분을 포함한 보전처분의 부수성이란 보전처분은 본 집행을 확보하기 위한 것이므로 본안 소송을 전제로 하고, 따라서 보전처분을 통하여 피보전권리 이상의 것을 구하거나 본 집행의 범위를 넘는 것은 허용되지 않는다는 것을 의미한다. 다만, 부수성은 보전소송의 본안화 현상에 의하여 특히 임시의 지위를 정하기 위한 가처분에 있어서는 상당히 희석되고 있다[이시윤(집), 496면].

221) 주문에서 직무대행자는 성명, 주민등록번호, 주소 등에 의하여 특정한다.
      (이사해임의 소를 본안으로 하는 경우의 주문례)

나) 직무대행자의 선정    직무대행자의 자격에는 원칙적으로 특별한 제한이 없다.222) 실무상 법원과의 원활한 소통과 법률지식을 고려하여 변호사 중에서 직무대행자가 선임되는 예가 많다.

법원이 가처분으로서 이사 등의 직무집행을 정지하고 그 대행자를 선임할 경우에 가처분에 의하여 직무집행이 정지된 종전의 이사 등을 직무대행자로 선임할 수는 없다.223) 그리고 임원의 자격요건 또는 결격사유를 법률로 규정한 경우에는 법률에 부합하는 자격요건을 갖춘 자를 직무대행자로 선임하여야 한다.224) 이사 아닌 자도 대표이사직무대행자로 선임될 수 있다. 회사 내부자를 직무대행자로 선임하여도 되지만, 분쟁이 있는 경우에는 법원이 물색한 객관적인 제3자를 선임하는 것이 바람직하다. 그러나 분쟁해결과 권리구제에 가장 유효적절하다면 현 경영진과 적대적인 관계에 있는 자를 직무대행자로 선임하는 것도 가능하다는 하급심판결도 있다.225)

가처분신청인에게 직무대행자 지정권이 있는 것은 아니므로 가처분이 인용되는 경우 법원이 재량에 의하여 선정할 수 있다. 법원은 직무대행자선임 가처분의 신청인과 피신청인이 적임자라고 제시하는 직무대행자후보 중에서 직무대행자를 선임할 수 있고, 당사자 쌍방이 제시하는 후보가 모두 적절하다고 인정하면 쌍방이 제시하는 자를 모두 직무대행자로 선임하기도 한다. 가처분 결정 주문에는 직무대행자의 "성명(주민등록번호, 주소)"이 기재된다.

다) 직무대행자의 보수    직무대행자에 대한 보수는 일반적으로 직무대행자

---

1. 신청인의 ○○ 주식회사 및 피신청인들에 대한 이사해임의 소의 본안판결 확정시까지 피신청인 ○○○은 위 회사의 대표이사 및 이사의 직무를, 피신청인 ○○○은 위 회사의 이사의 직무를 각각 집행하여서는 아니 된다.
2. 위 직무집행정지기간 중 다음 사람을 직무대행자로 선임한다.
(결의취소·무효확인·부존재확인의 소를 본안으로 하는 경우의 주문례)
1. 신청인의 ○○ 주식회사에 대한 주주총회 결의취소사건의 본안판결 확정시까지 피신청인 ○○○은 위 회사의 대표이사 및 이사의 직무를, 피신청인 ○○○은 위 회사의 이사의 직무를 각각 집행하여서는 아니 된다.
2. 위 직무집행정지기간 중 다음 사람을 직무대행자로 선임한다.
222) 다만, 특별법에 의하여 자격요건이나 결격요건이 규정된 경우에는 그에 부합하는 자를 직무대행자로 선임해야 할 것이다.
223) 대법원 1990. 10. 31.자 90그44 결정.
224) 금융사지배구조법상 임원 자격요건이 대표적인 예이다.
225) 서울중앙지방법원 2006. 10. 16.자 2006카합2899 결정. 하자 있는 주주총회결의에 의하여 해임된 대표이사 겸 이사를 대표이사직무대행자로 선임한 사례도 있다(춘천지방법원 2017. 7. 14.자 2017카합10045 결정).

를 선임하는 가처분결정의 주문에서 정하는데,226) 통상 가처분 결정 전에 먼저 신청인에게 보수 상당액을 법원보관금으로 납부할 것을 명령하고 신청인이 보관금을 납부하면 가처분 결정을 한다. 집행비용은 채무자가 부담하고 그 집행에 의하여 우선적으로 변상받게 되지만, 직무집행정지 및 직무대행자선임 가처분과 같이 작위나 부작위를 명하는 경우에는 집행비용의 추심은 별도로 비용액확정결정을 받아 이에 기하여 따로 금전집행을 하여야 한다.227)

　　라) 신청인의 직무대행자 지정권 여부　　직무집행정지 가처분의 신청인은 가처분신청이 인용된 경우에도 특정인을 직무대행자로 지정할 권한은 없다. 따라서 일반적으로는 직무대행자선임 가처분을 불허한 결정에 대하여는 불복할 수 있지만, 가처분신청인이 추천한 사람이 선임되지 아니하고 다른 사람이 직무대행자로 선임되었다 하여 선임신청을 불허한 결정이라고 볼 수는 없으므로 선임신청을 불허한 결정임을 전제로 불복할 수 없다.

　　마) 정관의 직무대행자 규정과의 관계　　임원의 유고시 직무대행에 관한 규정을 정관에 두고 있는 회사도 있다. 그러나 법원의 가처분에 의한 직무집행정지는 정관의 직무대행자선임사유인 "유고"에 해당한다고 볼 수 없고, 따라서 정관에 직무대행자 규정이 있는 경우에도 법원은 가처분에 의하여 별도로 직무대행자를 선임한다. 법원의 가처분에 의한 직무대행자는 상무에 속하는 행위만 할 수 있는 반면, 정관상 직무대행자는 통상의 임원과 같은 권한을 행사할 수 있다는 점에서 다르다.

　　바) 직무대행자 선임의 효력　　이사직무대행자가 선임되면 이사회의 소집통지의 대상에 직무대행자가 포함되고, 직무집행이 정지된 이사는 제외된다. 이사회 결의의 정족수에 있어서도 마찬가지이다.

　　직무대행자가 선임되면 직무집행이 정지된 이사 또는 대표이사가 퇴임하고 다시 적법한 절차에 의하여 이사 또는 대표이사로 선임되었더라도 가처분이 취소되기 전에는 직무대행자의 지위는 유지되고, 새로 선임된 이사 또는 대표이사는 그 권한을 행사할 수 없다.228)

　　가처분이 취소되기 전에는, 직무집행정지이사는 물론 그 후임이사가 한 대외적 행위는 무효이다. 직무대행자선임 후에 가처분이 취소되더라도 직무대행자의 행

---

226) 법원의 실무상 변호사를 직무대행자로 선임하는 경우 통상 월 300만원 – 500만원 정도의 보수를 정하는 예가 많다.
227) 대법원 2011. 4. 28.자 2011마197 결정.
228) 대법원 2008. 5. 29. 선고 2008다4537 판결.

위가 소급적으로 무효로 되는 것은 아니다.229) 다만, 대표이사 직무집행정지 및 직무대행자 선임의 가처분결정이 있은 후 소집된 총회에서 새로운 대표이사를 선임하는 결의가 있었다면, 특별한 사정이 없는 한 위 총회의 결의에 의하여 위 직무집행정지 및 직무대행자선임의 가처분결정은 더 이상 유지할 필요가 없는 사정변경이 생겼다고 할 것이므로, 위 가처분에 의하여 직무집행이 정지되었던 피신청인은 그 사정변경을 이유로 위 가처분의 취소를 구할 수 있다.230)

사) 직무대행자의 변경   법원은 일단 선임한 직무대행자의 직무수행이 부적임(不適任)하다고 인정하는 경우 직권으로 언제든지 직무대행자를 변경할 수 있다. 그러나 당사자에게는 직무대행자변경신청권이 없고, 변경을 신청하더라도 이는 법원의 직권을 촉구하는 의미로 보아야 하므로 법원이 이에 대한 결정을 할 필요는 없다.

아) 직무대행자의 권한

(a) 상무에 속하는 행위

a) 의   의   직무대행자는 가처분명령에 다른 정함이 있는 경우 외에는 회사의 상무(常務)에 속하지 아니한 행위를 하지 못한다. 그러나 법원의 허가를 얻은 경우에는 그렇지 않다(408조①). 상법 제408조 제1항에서 말하는 "상무"는 일반적으로 회사의 영업을 계속함에 있어 통상업무범위 내의 사무, 즉 회사의 경영에 중요한 영향을 미치지 않는 보통의 업무를 의미한다.231) 따라서 모든 상시업무를 포괄하는 의미인 이사의 종류에서의 구별기준인 상무보다 좁은 개념이다.

b) 변호사보수약정   가처분에 의하여 대표이사 직무대행자로 선임된 자가

---

229) [대법원 2008. 5. 29. 선고 2008다4537 판결] "법원의 직무집행정지 가처분결정에 의해 회사를 대표할 권한이 정지된 대표이사가 그 정지기간중에 체결한 계약은 절대적으로 무효이고, 그 후 가처분신청의 취하에 의하여 보전집행이 취소되었다 하더라도 집행의 효력은 장래를 향하여 소멸할 뿐 소급적으로 소멸하는 것은 아니라 할 것이므로, 가처분신청이 취하되었다 하여 무효인 계약이 유효하게 되지는 않는다."

230) 대법원 1997. 9. 9. 선고 97다12167 판결(청산중인 주식회사의 청산인을 피신청인으로 하여 그 직무집행을 정지하고 직무대행자를 선임하는 가처분결정에 관한 판례이다).

231) [대법원 1991. 12. 24. 선고 91다4355 판결] "상법 제408조 제1항에서 말하는 "상무"는 일반적으로 회사의 영업을 계속함에 있어 통상업무범위 내의 사무, 즉 회사의 경영에 중요한 영향을 미치지 않는 보통의 업무를 뜻하는 것이고 직무대행자의 지위가 본안소송의 판결시까지 잠정적인 점 등에 비추어 보면 회사의 사업 또는 영업의 목적을 근본적으로 변경하거나 중요한 영업재산을 처분하는 것과 같이 당해 분쟁에 관하여 종국적인 판단이 내려진 후에 정규 이사로 확인되거나 새로 취임하는 자에게 맡기는 것이 바람직하다고 판단되는 행위가 아닌 한 직무대행자의 상무에 속한다."

변호사에게 소송대리를 위임하고 그 보수계약을 체결하거나 그와 관련하여 반소제기를 위임하는 행위는 변호사보수를 특별한 사정에 의하여 합리적인 범위를 벗어나는 수준으로 정하는 경우가 아닌 한 회사의 상무에 속한다. 그러나 회사의 상대방 당사자의 변호인의 보수지급에 관한 약정은 회사의 상무에 속한다고 볼 수 없으므로 법원의 허가를 받지 않는 한 효력이 없다.232)

c) 항소취하   직무집행을 정지당한 이사가 아니라 직무대행자가 해당 가처분의 본안소송에서도 회사를 대표한다.233) 가처분결정에 의해 선임된 직무대행자가 그 가처분의 본안소송인 주주총회 결의무효확인의 제1심 판결에 대한 항소를 취하하는 행위는 회사의 상무에 속하지 아니하므로 그 가처분 결정에 다른 정함이 있거나 관할법원의 허가를 얻지 아니하고서는 이를 할 수 없다.234)

d) 청구의 인낙   직무대행자는 법원의 허가를 받지 않는 한 회사를 대표하여 변론기일에서 상대방의 청구에 대한 인낙을 할 수 없다. 그러나 자백간주(民訴法 150조①)에 의하여 패소한 사건에 대하여 직무대행자가 항소하지 않은 경우에는 비록 청구의 인낙과 같은 효과를 가져왔지만 상무행위로 본 판례도 있다.235)

e) 주주총회 소집   일반적으로 재무제표승인을 회의의 목적사항으로 하는 정기총회의 소집은 상무에 속하고 임시총회의 소집은 상무에 속하지 않는다고 해석한다. 그러나 직무대행자가 정기주주총회를 소집함에 있어서 그 안건에 이사회의 구성 자체를 변경하는 행위나 상법 제374조의 특별결의사항에 해당하는 행위 등 회사의 경영 및 지배에 영향을 미칠 수 있는 것이 포함되어 있다면 그 안건의 범위에서 정기총회의 소집이 상무에 속하지 않는다고 할 것이고, 직무대행자가 정기주주총회를 소집하는 행위가 상무에 속하지 아니함에도 법원의 허가 없이 이를 소집

---

232) 대법원 1989. 9. 12. 선고 87다카2691 판결.
233) 대법원 1995. 12. 12. 선고 95다31348 판결.
234) 대법원 1982. 4. 27. 선고 81다358 판결.
235) [대법원 1991. 12. 24. 선고 91다4355 판결] "기록에 의하면 이 사건 재심대상판결은 피고회사의 종업원이었던 원고(재심피고)가 피고회사(재심원고)로부터 지급받을 출장비 대신에 이 사건 부동산을 대물변제받기로 한 약정에 따라 피고회사에게 그 소유권이전등기절차의 이행을 구하는 소송에서 당시 피고회사의 대표이사 직무대행자가 법원으로부터 적법한 소환을 받고도 변론기일에 출석하지 아니하여 의제자백으로 원고가 승소한 내용의 것이고 그에 대하여 위 직무대행자가 항소를 제기하지 아니하여 그 판결이 확정된 것임을 알 수 있는바 비록 위 직무대행자의 위와 같은 행위로 인하여 원고의 청구를 인낙하는 것과 같은 효과를 가져왔다고 하더라도 위 계쟁부동산이 피고회사의 기본재산이거나 중요한 재산에 해당한다고 볼 아무런 자료가 없는 바에야 위 직무대행자의 위 일련의 행위를 피고회사의 상무행위에 해당하지 아니한다고 할 수는 없다 할 것이다."

하여 결의한 때에는 소집절차상의 하자로 결의취소사유에 해당한다.[236]

f) 이사회의 의사결정　　직무대행자는 신주발행결의, 사채발행결의, 대표이사선임결의 등과 같이 상무에 속하지 아니한 이사회의 의사결정에서는 의결권을 행사할 수 없다.[237]

g) 권한의 위임　　법원의 가처분명령에 의하여 선임된 회사의 대표이사 직무대행자가 회사의 업무집행기관으로서의 기능발휘를 전혀 하지 아니하고 그 가처분의 신청인에게 그 권한의 전부를 위임하여 회사의 경영을 일임하는 행위는 가처분명령에 의하여 정하여진 대표이사 직무대행자의 회사경영책임자로서의 지위에 변동을 가져오게 하는 것으로서 가처분 명령에 위배되는 행위일 뿐만 아니라 회사업무의 통상적인 과정을 일탈하는 것으로서 이를 회사의 상무라고 할 수 없으므로, 가처분명령에 특히 정한 바가 있거나 법원의 허가를 얻지 않고는 할 수 없다.[238]

(b) 직무대행자의 상무 외의 행위의 허가신청

a) 신　청　인　　직무대행자의 상무 외의 행위의 허가신청은 비송사건으로 비송사건절차법 제85조가 적용된다. 허가신청은 직무대행자가 하여야 한다(非訟法 85조①).

b) 관　　할　　직무대행자의 상무 외의 행위의 허가신청사건의 관할법원은 가처분법원이다. 제1심결정을 취소하고 이사직무집행정지가처분결정과 직무대행자 선임결정을 한 항고법원은 그에 대한 가처분이의로 인해 당해 사건이 계속 중인 법원으로서 그 사건의 견련사건인 직무대행자의 상무 외 행위 허가사건의 관할법원이 될 수 있다.[239]

c) 허가기준　　법원이 주식회사의 이사직무대행자에 대하여 상무 외의 행위를 허가할 것인지 여부는 일반적으로 당해 상무 외의 행위의 필요성과 회사의 경영과 업무 및 재산에 미치는 영향 등을 종합적으로 고려하여 결정하여야 한다.[240]

d) 재판과 불복　　신청을 인용한 재판에 대하여는 즉시항고를 할 수 있고, 이 경우 항고기간은 직무대행자가 재판의 고지를 받은 날부터 기산한다(非訟法 85조②).[241] 이 경우의 항고는 집행정지의 효력이 있다(非訟法 85조③).

---

236) 대법원 2007. 6. 28. 선고 2006다62362 판결, 대법원 2000. 2. 11. 선고 99다30039 판결.
237) 대법원 1984. 2. 14. 선고 83다카875, 876, 877 판결.
238) 대법원 1984. 2. 14. 선고 83다카875, 876, 877 판결.
239) 대법원 2008. 4. 14.자 2008마277 결정.
240) 대법원 2008. 4. 14.자 2008마277 결정.
241) 외부의 제3자가 허가신청을 인용한 재판에 대하여는 즉시항고를 할 수 있지만, 실제로는 법

(c) 위반시 회사의 책임    직무대행자가 그 가처분에 다른 정함이 없고 법원의 허가도 없이 그 회사의 상무에 속하지 않는 행위를 하는 경우 회사는 선의의 제3자에 대하여 책임을 진다(408조②). 선의에 대한 증명책임은 제3자가 부담한다.242)

(d) 청산인직무대행자    회사가 해산한 때에는 이사가 청산인이 되므로(531조①), 회사의 해산 전에 가처분에 의하여 선임된 이사직무대행자는 회사가 해산하는 경우 당연히 청산인직무대행자가 된다.243)

(다) 가처분결정의 효력 상실    가처분에 의하여 직무집행이 정지된 당해이사 등을 선임한 주주총회 결의의 취소나 그 무효 또는 부존재확인을 구하는 본안소송에서 신청인이 승소하여 그 판결이 확정된 때에는 가처분은 그 직무집행정지기간의 정함이 없는 경우에도 본안승소판결의 확정과 동시에 그 목적을 달성한 것이 되어 당연히 효력을 상실하게 된다.244) 직무집행정지 또는 직무대행자에 관한 등기가 마쳐진 이사, 대표이사, 집행임원, 대표집행임원, 청산인, 대표청산인, 감사 또는 감사위원회위원에 대하여 그 이사 등의 선임결의의 부존재, 무효나 취소 또는 해임의 등기를 할 때에는 그 직무집행정지 또는 직무대행자에 관한 등기를 말소하여야 한다(商登則 131조②). 반면에 본안소송이 패소확정된 경우에는 당연히 효력을 상실하는 것이 아니고 사정변경에 의한 취소사유가 된다. 245)

직무집행정지 가처분의 피신청인인 대표이사가 해임되고 새로운 대표이사가 선임된 경우에도 사정변경에 의한 가처분취소결정이 있기 전에는 직무대행자의 권한이 지속되고, 적법하게 선임된 신임 대표이사는 대표이사로서의 권한을 가지지 못한다.246)

(라) 불복절차

가) 이의신청    가처분결정에 대하여 피신청인은 가처분의 취소·변경을 신청하는 이유를 밝혀 이의를 신청할 수 있다(民執法 301조, 283조①·②).247) 가처분결정을 받은 이사는 자신이 피신청인(채무자)이므로 이의신청을 할 수 있지만, 회사는

---

원의 재판결과를 알기 어려우므로 7일의 즉시항고기간 내에 항고하기 어려울 것이다.
242) 대법원 1965. 10. 26. 선고 65다1677 판결.
243) 대법원 1991. 12. 24. 선고 91다4355 판결.
244) 대법원 1989. 9. 12. 선고 87다카2691 판결.
245) 대법원 1963. 9. 12. 선고 63다354 전원합의체판결.
246) 대법원 2010. 2. 11. 선고 2009다70395 판결.
247) 보전재판 및 그 불복방법에 관한 상세한 내용은 [제1장 제7절 회사법상의 소]에서 상술한다.

피신청인적격이 없으므로 독자적으로 이의신청을 할 수 없고, 보조참가와 동시에 이의신청을 할 수 있을 뿐이다.[248]

나) 집행정지　　가처분이의신청에 의하여는 가처분집행이 정지되지 않는다 (民執法 301조, 283조③). 민사집행법 제309조는 소송물인 권리 또는 법률관계가 이행되는 것과 같은 내용의 가처분(만족적 가처분)을 명한 재판에 대하여 가처분집행정지·취소를 허용하지만, 이사직무집행정지 가처분이 그 적용대상인지에 대하여는 해석이 일치되지 않고 있다.

6) 가처분결정의 변경·취소

법원은 당사자의 신청에 의하여 가처분을 변경 또는 취소할 수 있다(407조②). 당사자는 직무대행자개임신청권이 없고, 단지 법원의 직권발동을 촉구하는 의미에서 개임신청을 할 수 있다. 가처분결정 후에 새로운 주주총회에서 이사가 선임되더라도 가처분결정이 취소되지 아니하는 한 직무대행자의 권한은 유효하게 존속한다.[249]

가처분에 의하여 직무집행이 정지된 이사는 가처분이 있은 후 사정변경이 있으면 그 가처분의 취소신청을 할 수 있고, 그 이사의 임기가 만료되어 새로 이사가 선임되었다고 하여도 그 가처분이 존재하는 한 그 직무집행이 정지된 이사로서 그 취소신청을 할 수 있다.[250]

청산인직무집행정지·직무대행자선임 가처분 결정이 있은 후 소집된 주주총회에서 새로운 이사들과 감사를 선임하는 결의가 있었다고 하여, 그 주주총회 결의에 의하여 청산인 직무대행자의 권한이 당연히 소멸하는 것은 아니다. 다만, 특별한 사정이 없는 한 위 주주총회 결의에 의하여 위 가처분 결정은 더 이상 유지할 필요가 없는 사정변경이 생겼다고 할 것이므로, 위 가처분에 의하여 직무집행이 정지되었던 피신청인으로서는 그 사정변경을 이유로 가처분이의의 소를 제기하여 위 가처분의 취소를 구할 수 있다.[251]

---

248) 대법원 1997. 10. 10. 선고 97다27404 판결.
249) 대법원 2000. 2. 22. 선고 99다62890 판결.
250) [대법원 1995. 3. 10. 선고 94다56708 판결] "직무집행이 정지된 대표자의 임기가 만료되고 새로 대표자가 선임되었다면, 새로운 대표자의 선임이 그 효력이 없다는 등의 특별한 사정이 없는 한 직무집행이 정지된 위 대표자가 단체의 대표자로서의 직무집행을 계속하여 위 단체에 회복하기 어려운 손해를 입힐 가능성은 없어졌다 할 것이어서 위 가처분결정은 이를 더 이상 유지할 필요가 없는 사정변경이 생겼다고 할 것이다."
251) [대법원 1997. 9. 9. 선고 97다12167 판결] "청산인 직무집행정지 및 직무대행자 선임의 가처

한편, 사정변경으로 인한 가처분 취소신청은 그 가처분에 의하여 직무 집행이
정지된 대표이사만이 할 수 있고, 그가 사임하고 새로 대표이사가 선임되었다고 하
여도 회사는 가처분 사건의 당사자가 될 수 없으므로 가처분 취소신청을 할 수 없
다.252) 다만, 이와 같은 경우 새로 선임된 대표이사는 가처분 피신청인의 특정승계
인으로서 가처분 취소신청을 하는 것은 가능하다 할 것이다.253)

7) 후속조치

(가) 송    달    통상의 가처분과 마찬가지로 직무집행정지 가처분도 신청인과
피신청인에게 송달하여야 한다. 회사는 당사자가 아니므로 송달할 필요가 없다.

(나) 가처분등기    가처분이 있는 때에는 본점과 지점의 소재지에 등기하여야 한
다(407조③).254) 대표이사가 복수인 경우, 직무집행을 정지당하지 않은 다른 대표이사와
직무대행자는 가처분 등기를 신청할 수 있지만 직무집행을 정지당한 대표이사는 등기
신청을 할 수 없다.

직무집행정지 및 직무대행자선임 가처분은 가처분결정에 관한 등기가 마쳐지기
전이라도 가처분결정이 송달되면 직무집행정지된 이사와 선임된 직무대행자에게 그
효력이 미친다.255) 다만, 등기할 사항인 직무집행정지 및 직무대행자선임 가처분은
상법 제37조 제1항에 의하여 이를 등기하지 아니하면 선의의 제3자에게 대항하지

<hr>

분결정이 있은 후 소집된 주주총회에서 회사를 계속하기로 하는 결의 및 새로운 이사들과 감
사를 선임하는 결의가 있었다면, 특별한 사정이 없는 한 위 주주총회의 결의에 의하여 위 직
무집행정지 및 직무대행자선임의 가처분결정은 더 이상 유지할 필요가 없는 사정변경이 생겼
다고 할 것이므로, 위 가처분에 의하여 직무집행이 정지되었던 피신청인으로서는 그 사정변경
을 이유로 가처분이의의 소를 제기하여 위 가처분의 취소를 구할 수 있다."

252) [대법원 1997. 10. 10. 선고 97다27404 판결]【가처분결정취소】"법인 등 단체의 대표자 및 이
    사 등을 피신청인으로 하여 그 직무 집행을 정지하고 직무대행자를 선임하는 가처분이 있은
    경우 그 후 사정변경이 있으면 그 가처분에 의하여 직무 집행이 정지된 대표자 등이 그 가
    처분의 취소신청을 할 수 있고, 이 경우 종전의 대표자 등이 사임하고 새로 대표자가 선임되
    었다고 하여도 가처분 사건의 당사자가 될 수 없는 법인 등은 그 가처분취소신청을 할 수
    없다."

253) 가처분의 목적되는 부동산을 가처분채무자로부터 전득한 사람은 사정변경에 인한 가처분명
    령의 취소신청을 할 수 있는 채무자의 지위에 있다는 판례(1968. 1. 31. 선고 66다842 판결)의
    취지에 따른 해석인데, 법원 실무도 이를 허용한다.

254) 이사에 대한 제407조 제3항의 규정은 감사에 대하여는 제415조, 청산인에 대하여는 제542조
    제2항에 의하여 준용된다.

255) 실무상으로는 "법원사무관등은 법원이 법인의 대표자 그 밖의 임원으로 등기된 사람에 대하
    여 직무의 집행을 정지하거나 그 직무를 대행할 사람을 선임하는 가처분을 하거나 그 가처분
    을 변경·취소한 때에는, 법인의 주사무소 및 분사무소 또는 본점 및 지점이 있는 곳의 등기
    소에 그 등기를 촉탁하여야 한다."라는 민사집행법 제306조 규정에 따라 법원사무관등의 등기
    촉탁을 위하여 등록세 등을 납부할 필요가 있다.

못하고, 악의의 제3자에게만 대항할 수 있다.[256]

가처분의 취소·변경이 있는 경우에도 본점과 지점의 소재지에 등기하여야 한다(407조③).[257] 본안판결에서 가처분신청인이 패소확정 판결을 받은 경우에는 피신청인이 가처분취소 등의 절차를 거쳐 가처분등기를 말소할 수 있다.[258]

### (9) 일시이사

#### 1) 의    의

법률 또는 정관에 정한 이사의 원수를 결한 경우에 임기의 만료 또는 사임으로 인하여 퇴임한 이사로 하여금 새로 선임된 이사가 취임할 때까지 이사의 권리의무를 행하도록 하는 한편, 필요하다고 인정할 때에는 법원은 이사·감사 기타의 이해관계인의 청구에 의하여 일시(一時) 이사의 직무를 행할 자를 선임할 수 있다.[259] 이 경우에는 본점의 소재지에서 그 등기를 하여야 한다(386조②). 상법은 일시이사라고 규정하나,[260] 민법상 법인의 경우에는 임시이사라고 규정하고(民法 63조),[261] 실무상으로는 주식회사의 이사에 관하여 일시이사, 임시이사 또는 가이사(假理事)라

---

256) 대법원 2014. 3. 27. 선고 2013다39551 판결.

257) 민사집행법 제306조는 법원이 법인의 등기임원에 대한 직무집행정지·직무대행자선임 가처분을 하거나 그 가처분을 변경취소한 때에는 법인의 주사무소 및 분사무소 또는 본점 및 지점이 있는 곳의 등기소에 그 등기를 촉탁하여야 한다고 규정한다.

258) 송인권, 전게논문, 385면.

259) 미국에서는 결원발생시 이사회의 이사선임권을 인정하고 있다. MBCA §8.10(a)는 "기본정관에 달리 규정하지 않는 한(Unless the articles of incorporation provide otherwise), 이사 정원의 증가로 인한 경우를 포함하여 이사회에 결원이 발생하는 경우 주주 또는 이사회가 보충선임할 수 있고, 이때 (결원으로 인하여) 재임 이사의 수가 이사회의 정족수보다 적은 경우에는 재임 이사의 과반수의 찬성투표에 의하여(by the affirmative vote of a majority of all the directors remaining in office) 보충선임할 수 있다."라고 규정한다. DGCL §142(e)도 "이사의 사망, 사임, 해임 등의 사유로(by death, resignation, removal or otherwise) 임기중 결원이 생긴 경우에는 부속정관의 규정에 따라 보궐선임되고, 만일 부속정관에 관련 규정이 없을 때에는 이사회가 선임한다."라고 규정한다. 다만, CCC §305(a)(b)는 해임으로 인한 결원인지 여부에 따라 선임기관을 달리 하여, "기본정관이나 부속정관에 다른 규정이 없으면 해임에 의하지 않은 결원의 경우에는 이사회가 후임이사를 보충선임하고, 해임에 의한 결원의 경우에는 주주의 승인에 의하여서만(only by approval of the shareholders) 보충선임할 수 있다."라고 규정한다.

260) 상법 제386조 제2항은 "일시이사의 직무를 행할 자"라고 규정하고, 비송사건절차법 제84조도 "상법 제386조 제2항(同法 제415조에서 준용하는 경우를 포함한다)의 규정에 의한 직무대행자"라고 규정하므로 정확한 호칭은 "일시이사직무대행자"라 할 수 있지만 실무상 일시이사라고 부른다.

261) [민법 제63조(임시이사의 선임)] 이사가 없거나 결원이 있는 경우에 이로 인하여 손해가 생길 염려 있는 때에는 법원은 이해관계인이나 검사의 청구에 의하여 임시이사를 선임하여야 한다.

는 용어가 혼용되고 있다.262)

### 2) 일시이사의 선임

#### (가) 선임사유

가) 이사의 결원    법률 또는 정관에 정한 이사의 원수(최저인원수 또는 특정한 인원수)를 채우지 못하게 되는 경우에는 임기의 만료나 사임에 의하여 퇴임하는 이사는 새로 선임된 이사(후임이사)가 취임할 때까지 이사로서의 권리의무가 있다(386조①). 일시이사의 선임에 관한 상법 제386조 제2항은 일시이사를 선임할 수 있는 경우를 "제1항의 경우"라고 규정하고, 제386조 제1항은 "임기의 만료나 사임에 의하여 퇴임하는 이사"라고 그 결원 사유를 특정하여 규정한다. 그러나 일시이사의 선임은 이사의 사임, 퇴임의 경우뿐 아니라 법률 또는 정관에 정한 이사의 원수를 결한 일체의 경우에 할 수 있다고 보아야 한다. 판례도 같은 입장이다.263)

나) 선임의 필요성    법률 또는 정관에 정한 이사의 원수를 결한 경우에 법원은 필요하다고 인정할 때에는 일시이사의 직무를 행할 자를 선임할 수 있다.264) 판례는 "필요하다고 인정할 때"에 관하여, "이사의 사망으로 결원이 생기거나 종전의 이사가 해임된 경우, 이사가 중병으로 사임하거나 장기간 부재중인 경우265) 등

---

262) 미국에서도 일부 州의 제정법은 이사회가 교착상태(deadlock)인 경우, 법원이 회사업무의 계속을 위하여 임시이사(provisional director)를 선임할 수 있다고 규정한다. 이러한 임시이사는 교착상태가 해소되거나 법원의 명령 또는 과반수 주주의 서면동의에 의하여 해임될 때까지 이사의 권한을 행사할 수 있다[CCC §308].

263) [대법원 1964. 4. 28. 선고 63다518 판결] "상법 제386조 제2항 소정 전항의 경우라 함은 법률 또는 정관에 정한 이사의 원수를 결한 일체의 경우를 말하는 것이지 단지 임기의 만료 또는 사임으로 인하여 원수를 결한 경우만을 지칭하는 것은 아니라고 해석되며…"

264) [대법원 1998. 9. 3.자 97마1429 결정]【직무대행선임】"사건본인 회사가 휴면회사가 되어 해산등기가 마쳐졌음에도 사건본인 회사의 대표청산인으로서의 권리의무를 보유하고 있는 자가 해산등기 이후 상법의 규정에 따른 청산절차를 밟고 있지 아니하고, 재항고인의 수차례에 걸친 주소보정에도 불구하고 사건본인 회사의 대표청산인에 대한 재산관계 명시결정이 계속적으로 송달불능 상태에 있다면, 사건본인 회사의 채권자인 재항고인으로서는 현재의 대표청산인을 상대로 하여서는 재산관계 명시결정을 공시송달의 방법에 의하지 아니하고는 송달할 방법이 없게 되어 재산관계의 명시신청을 통하여 재항고인이 얻고자 하는 효과를 얻을 수 없게 되는바, 이와 같은 경우에는 사건본인 회사의 대표청산인이 부재한 것과 다름이 없어 대표청산인에게 그 권리의무를 보유하게 하는 것이 불가능 또는 부적당한 경우라고 할 것이므로, 이는 상법 제386조 제2항에 따라 사건본인 회사의 채권자로서 이해관계인인 재항고인의 청구에 의하여 일시 이사의 직무를 행할 자를 선임할 필요가 있다고 인정되는 때에 해당한다."

265) 예컨대 3개월 내에 정기주주총회 소집이 예정된 경우, 이사회가 임시주주총회의 소집을 결의한 경우, 소수주주가 이사 선임을 위한 임시주주총회소집을 청구한 경우에는 특별한 사정이 없는 한 일시이사 선임사유가 인정되지 않을 것이다.

과 같이 퇴임이사로 하여금 이사로서의 권리의무를 가지게 하는 것이 불가능하거나 부적당한 경우를 의미한다고 할 것이나, 구체적으로 어떠한 경우가 이에 해당할 것인지에 관하여는 일시이사 및 직무대행자 제도의 취지와 관련하여 사안에 따라 개별적으로 판단하여야 할 것이다."라고 판시함으로써, 일시이사 선임의 필요성 판단에 있어서 구체적이고 개별적으로 판단하여야 한다는 기준을 제시하였다.266)

　회사 동업자들 사이에 동업을 둘러싼 분쟁이 계속되고 있다는 사정만으로는 그 임기만료된 대표이사 및 이사에게 회사의 대표이사 및 이사로서의 권리의무를 보유하게 하는 것이 불가능하거나 부적당한 경우에 해당한다고 할 수 없고,267) 퇴임이사가 이사의 업무를 계속 차질 없이 수행하고 있거나 조만간 개최될 임시주주총회에서 후임이사의 선임이 예정되어 있는 경우에도 일시이사 선임의 필요성이 있다고 보기 어려울 것이다. 그러나 퇴임이사가 이사로서의 임무수행을 거부하면서 출근을 하지 않거나 회사업무와 관련된 위법행위를 하고 있거나 할 개연성이 있다면 일시이사 선임의 필요성이 인정될 것이다.268)

　이사의 임기만료 후 재선임을 위한 의안이 부결된 것만으로 일시이사 선임의 필요성이 인정되지 않지만, 해당 이사에 대하여 반대표가 많아서 부결된 경우에는 법원이 구체적인 사정을 기초로 일시이사 선임이 필요하다고 볼 경우도 있을 것이다.

　퇴임이사를 상대로 해임사유의 존재나 임기만료·사임 등을 이유로 그 직무집행의 정지를 구하는 가처분신청은 허용되지 않는다는 점은 앞에서 설명한 바와 같다.269)

　(나) 일시이사의 자격　　일시이사의 자격에는 아무런 제한이 없으므로 사건본인 회사와 이해관계가 있는 자만이 일시이사로 선임될 자격이 있는 것은 아니다.270) 다만, 임원의 자격요건 또는 결격사유를 법률로 규정한 경우에는271) 법률에 부합하는 자격요건을 갖춘 자를 일시이사로 선임하여야 한다.272)

---

266) 대법원 2000. 11. 17.자 2000마5632 결정, 부산지방법원 동부지원 2024. 2. 14.자 2024비합100002 결정.
267) 대법원 2000. 11. 17.자 2000마5632 결정.
268) 일시이사제도가 존재하므로 퇴임이사에 대한 해임청구나 직무집행정지가처분은 허용되지 않는다. 이에 관하여는 이사의 해임 부분에서 상술한다.
269) 대법원 2009. 10. 29. 자 2009마1311 결정.
270) 대법원 1981. 9. 8. 선고 80다2511 판결.
271) 금융사지배구조법상 임원 자격요건이 대표적인 예이다.
272) 회사 내에 특별한 분쟁이 없는 경우에는 회사 내부인이나 신청인이 추천하는 후보자를 직무대행자로 선임하는 예가 많지만, 분쟁이 있는 경우에는 법원이 물색한 객관적인 제3자를 선

(다) 신청절차

가) 관　　할　　일시이사선임사건은 본점소재지의 지방법원합의부의 관할로
한다(非訟法 72조①).

나) 신청인과 사건본인　　신청인은 이사·감사 기타의 이해관계인인데, 이해
관계인에는 주주 외에 회사의 사용인, 채권자273)도 포함된다. 비송사건이므로 회사
는 분쟁의 실질적인 당사자가 아니어서 사건본인이 된다.

다) 진술청취　　법원은 일시이사의 선임에 관한 재판을 하는 경우에는 이사
와 감사의 진술을 들어야 한다(非訟法 84조①). 그러나 법원이 이사와 감사의 진술을
할 기회를 부여한 이상 그 진술 중의 의견에 기속됨이 없이, 그 의견과 다른 인선
을 결정할 수도 있으므로, 이해관계를 달리하는 이사나 감사가 있는 경우 각 이해
관계별로 빠짐없이 진술의 기회를 부여하여야 하는 것은 아니다.274)

라) 불복절차　　법원이 신청을 인용한 재판에 대하여는 불복의 신청을 할 수
없다(非訟法 84조②, 81조②).275) 그리고 일시이사 선임신청인이 추천한 사람이 선임
되지 아니하고 다른 사람이 선임되었다 하여 선임신청을 불허한 결정이라고 볼 수
없고, 따라서 선임신청을 불허한 결정임을 전제로 불복할 수는 없다.276)

마) 등　　기　　법원이 일시이사를 선임한 경우에는 본점의 소재지에서 그
등기를 하여야 한다(386조②).277)278)

---

임하는 예가 많다. 통상 신청인이 추천을 하는 경우에는 신청서에 취임승낙서 외에 보수포기
서를 첨부하기도 하지만, 법원이 외부인을 일시이사로 선임하는 경우에는 직무에 상응하는 보
수가 지급되어야 한다.

273) 대법원 1998. 9. 3.자 97마1429 결정.

274) 대법원 2001. 12. 6.자 2001그113 결정.

275) 일시이사 선임에 관한 재판을 하는 경우 법원은 이사 또는 감사위원회의 진술을 들어야 한
다(非訟法 84조①). 법원은 일시이사를 선임한 경우 회사로 하여금 일시이사에게 보수를 지급
하게 할 수 있다. 이 경우 그 보수액은 이사와 감사의 의견을 들어 법원이 정한다(非訟法 77
조). 이러한 신청에 대하여는 법원은 이유를 붙인 결정으로써 재판을 하여야 한다(非訟法 81
조①). 한편, 비송사건절차법 제84조 제2항은 제77조, 제78조, 제81조를 준용하도록 규정하고,
제78조는 "제77조에 따른 재판에 대하여는 즉시항고를 할 수 있다."라고 규정하는 반면, 제81
조 제2항은 "신청을 인용한 재판에 대하여는 불복신청을 할 수 없다."라고 규정하는데, 결국
선임신청이 기각된 경우에만 불복할 수 있다 할 것이다.

276) [대법원 1985. 5. 28.자 85그50 결정] "상법 제386조 제2항의 규정에 의하여 이사등 직무대행
자를 선임한 결정에 대하여는 비송사건절차법 제148조 제2항, 제145조 제2항의 규정에 의하여
불복을 할 수 없는바, 직무대행자 선임신청인이 추천한 사람이 선임되지 아니하고 다른 사람
이 선임되었다고 하여 선임신청을 불허한 결정이라고 볼 수는 없으니, 선임신청을 불허한 결
정임을 전제로 불복이 가능하다는 논지도 이유 없다."

277) 이사가 사임하였음에도 회사가 이를 거부하고 퇴임등기나 후임이사의 선임 등의 절차를 밟

바) 일시이사 선임의 취소·변경    법원은 일시이사 선임결정을 한 후에 그 선임결정이 부당하다고 인정한 때에는 이를 취소·변경할 수 있다.[279][280] 이해관계인에게 일시이사 변경신청권이 있는 것은 아니므로, 이러한 변경신청이 있더라도 이는 독립된 신청사건으로 되지 않고, 법원에 대하여 위와 같은 취소·변경에 관한 직권발동을 촉구하는 의미로 본다.

3) 일시이사의 지위

일시이사(一時理事)는 "일시이사직무대행자"라고 부르기도 하지만 그 권한은 통상의 이사와 동일하다. 따라서 상법 제407조 제1항의 직무집행정지 가처분에 따른 직무대행자와 달리 회사의 상무(常務)에 속한 것에 한하지 않는다.[281]

4) 정관상 유고 규정

상법 규정에 불구하고 퇴임한 대표이사가 직무수행을 거부하는 경우가 있을 수 있다(아래 내용은 임기중의 대표이사가 직무수행을 하지 않는 경우에도 적용된다). 이러한 경우 정관상 대표이사 유고시 직무대행자 규정을 적용할 수 있는지에 대하여 논란이 있는데, 정관의 "유고" 규정은 대표이사가 신병 또는 장기의 해외여행 등으로 사무를 집행할 수 없는 경우를 말하는 것이고 정당한 사유없이 대표이사의 사무를 수행하지 않는 것과 같은 경우는 포함하지 않는다.[282]

---

지 않는 경우, 사임한 이사가 이사로서의 책임문제에서 벗어나고자 일시이사의 선임을 신청하기도 한다. 이러한 경우 일시이사선임의 필요성은 인정되지만, 일시이사를 선임하고 일시이사 선임등기가 마쳐진 후에도 신청인은 여전히 등기부상 이사로 남게 되므로, 궁극적인 해결책은 이사가 회사를 상대로 이사선임등기말소등기(또는 변경등기)절차이행청구소송을 제기하여야 할 것이다.

278) 법원의 등기촉탁에 의하여 등기를 하게 되는데, 등기실무상 후임이사 선임등기시 등기관이 직권으로 일시이사등기를 말소한다.

279) [非訟法 19조(재판의 취소·변경)]
① 법원은 재판을 한 후에 그 재판이 위법 또는 부당하다고 인정한 때에는 이를 취소 또는 변경할 수 있다.
② 신청에 의하여서만 재판을 하여야 하는 경우에 신청을 각하한 재판은 신청에 의하지 아니하고는 이를 취소 또는 변경할 수 없다.
③ 즉시항고로써 불복을 할 수 있는 재판은 이를 취소 또는 변경할 수 없다.

280) 대법원 1992. 7. 3.자 91마730 결정(법원이 민법 제63조에 의한 임시이사 선임결정을 한 후 이를 취소 또는 변경할 수 있다고 판시한 사례이다).

281) [대법원 1968. 5. 22.자 68마119 결정][상무외행위허가신청기각결정에대한재항고] "원결정이 주식회사의 이사의 결원이 있어 법원에서 일시이사의 직무를 행할 자를 선임한 경우에, 그 이사 직무대행자는 이사직무집행정지 가처분 결정과 동시에 선임된 이사직무 대행자와는 달라 그 권한은 회사의 상무에 속한 것에 한한다는 제한을 받지 않는다고 판단하였음은 정당하고, 법률을 오해한 잘못이 있다 할 수 없으므로 논지는 이유 없다."

282) 대법원 1970. 3. 10. 선고 69다1812 판결.

정관의 유고 규정이 적용되지 않는 상황에서 퇴임한 대표이사가 직무를 수행하지 않는 경우 상법 제386조 제2항의 일시이사를 선임할 수 있다. 다만, 일시이사선임에 걸리는 기간(1개월 전후)을 고려하면 무작정 대표이사의 업무 중단 상태를 방치할 수는 없으므로, 긴급한 사정이 있는 경우에는 정관상 유고 규정에 의한 직무대행자가 상법 제408조의 직무대행자와 같이 상무(常務)에 속하는 범위 내의 직무를 수행하고 후에 선임된 일시이사가 이를 추인하는 방안을 강구할 필요도 있다. 이는 정관의 유고규정에 의한 직무대행자가 직무를 수행하지 않는 경우에도 마찬가지이다.

그리고 이 판례의 사안과 같이 퇴임한 대표이사가 단순히 직무를 수행하지 않는 정도가 아니라, 직무수행을 거부하는 의사를 명시적, 묵시적으로 표시하는 경우에는 정관의 유고규정을 적용할 수 있다고 해석하는 것이 타당하다. 이사회 결의와 관련하여 의장이 이사회에 출석하지 않는 등 의장으로서의 직무를 수행하지 않는 경우도 의장의 정관상 유고에 해당하고 정관상 대행자가 의장직을 수행할 수 있다고 판시함으로써 위 69다1812 판결의 법리를 제한적으로 해석한 판례도 있다.283)

### 5) 기타 준용대상자

일시이사에 관한 상법 제386조의 규정은 대표이사(389조③), 감사(415조), 청산인(542조②) 등에도 준용된다. 다만, 대표이사의 경우에는 통상 이사회 결의에 의하여 대표이사를 선임할 수 있으므로 일시대표이사를 선임할 필요성이 있는 경우는 많지 않을 것이다. 일시이사에 관한 상법 제386조 제2항은 감사위원회에 준용되지 않지만, 감사위원회위원의 결원시 유추적용하는 것이 타당하다.

### (10) 이사의 권한

이사는 이사회의 구성원으로서 회사의 업무집행에 관한 의사결정에 참여할 권한, 주주총회 출석권한, 의사록서명(378조②), 각종 소제기권을 가진다. 그리고 중요한 자산의 처분 및 양도, 대규모 재산의 차입, 지배인의 선임 또는 해임과 지점의

---

283) [대법원 1984. 2. 28. 선고 83다651 판결]【이사회 결의효력정지가처분】"회장이 적법한 소집통지를 받고도 이사회에 출석하지 아니한 이상 회장이 의장으로서 이사회를 진행할 수 없으므로 이는 정관 소정의 회장 유고시에 해당한다고 해석할 것이고, 대법원 1970. 3. 10. 선고 69다1812 판결은 회사의 대표이사가 정당한 사유 없이 주권발행사무를 수행하지 아니하는 경우에 이를 대표이사 유고시로 보고 전무이사가 주권발행사무를 대리할 수 없다는 취지에 불과하고 위와 같은 회장의 불출석의 경우까지도 회장유고시로 보지 말라는 취지가 아니므로 위의 해석이 위 판례와 상반된다고 볼 수 없다."

설치 · 이전 또는 폐지 등 회사의 업무집행은 이사회 결의로 한다(393조①).

이사회는 이사의 직무의 집행을 감독하는데(393조②), 이사는 이사회의 구성원으로서 이사회의 위와 같은 권한행사에 참여한다. 이사는 대표이사로 하여금 다른 이사 또는 피용자의 업무에 관하여 이사회에 보고할 것을 요구할 수 있다(393조③).[284]

이사는 3개월에 1회 이상 업무의 집행상황을 이사회에 보고하여야 한다(393조④).[285] 제393조 제4항의 취지상 이사회는 특별한 결의사항이나 보고사항이 없더라도 3개월에 1회 이상 개최하여야 한다. 이 때 "3개월에 1회"는 분기 단위로 1회라는 의미가 아니고, 직전 이사회 개최일로부터 3개월 내라는 의미이다.

주주간 계약은 주주로서의 권한을 제한하는 효력을 가질 뿐 이사로서의 권한을 제한하는 효력을 가지지 않는다. 주주의 대부분이 이사를 겸하는 경우에도 마찬가지이다. 주주로서의 권한과 이사로서의 권한은 명백히 구별되는데, 일부 주주들 간의 협약으로 이사의 권한을 제한하게 되면 협약을 체결하지 않은 다른 주주들이나 회사의 이익을 침해할 수 있어서 이사의 충실의무나 선관주의의무에 위배될 소지가 크기 때문이다.[286]

### (11) 이사의 보수

#### 1) 보수청구권의 근거

(가) 학 설 이사는 주주총회에서 선임되지만 주주의 대리인, 사용인이 아니라 회사의 수임인이고,[287] 따라서 회사와 이사의 관계는 민법의 위임에 관한 규정이 준용된다(382조②). 민법상 수임인은 특약이 없는 한 보수를 청구할 수 없다(民法 686조①). 이와 관련하여, 상법상의 이사도 회사와의 관계에서 수임인이므로 정관

---

284) 이사의 보고요구권은 상법상 그 불이행에 대한 제재가 없어서 이사가 사후적으로 대표이사를 상대로 손해배상을 청구할 수밖에 없기 때문에 대표이사가 보고요구에 응하지 않으면 그 실효성은 그리 크지 않다고 할 수 있다.

285) 집행임원설치회사의 경우에는 집행임원이 3개월에 1회 이상 업무의 집행상황을 이사회에 보고하여야 하고(408조의6①), 이사회의 구성원인 이사는 이러한 보고의무가 없는 것으로 해석한다.

286) 서울고등법원 2012. 8. 22. 선고 2012나4765 판결, 대법원 2013. 9. 13. 선고 2012다80996 판결.

287) [대법원 2013. 9. 26. 선고 2012도6537 판결] "이사가 상법상 정하여진 이사로서의 업무를 실질적으로 수행하는 한편 회사의 경영을 위한 업무를 함께 담당하는 경우에, 그 담당하고 있는 전체 사무의 실질이 사용자의 지휘 · 감독 아래 일정한 근로를 제공하는 것에 그치지 아니한다면, 그 이사는 위임받은 사무를 처리하는 것으로 볼 수 있다."

이나 주주총회 결의가 없는 한 이사는 보수청구권을 행사할 수 없는지, 아니면 상법
상의 이사는 민법상 수임인과 달리 당연히 보수청구권을 행사할 수 있는지에 관하
여 다양한 견해가 있는데,288) 상법상의 이사는 회사의 선임결의와 동시에 당연히
보수청구권을 가진다는 해석이 일반적이다.

(나) 판    례     초기의 판례는 "주식회사의 이사선임이 민법상의 위임관계에
해당되는 것이라 할지라도 상법 제388조가 '이사의 보수는 정관에 그 액을 정하지
아니한 때에는 주주총회 결의로 이를 정한다'라고 규정하고 있는 만큼 그 문의를
주식회사가 영리법인이라는 점에 비추어 풀이하면 그 규정은 정관에 이사의 보수
액에 관한 규정이 없는 주식회사의 주주총회는 그 보수액에 관한 결의를 하여야 한
다는 취지를 정하였던 것"이라고 판시하기도 하고,289) "정관이나 주주총회의 결의
또는 주무부장관의 승인에 의한 보수액의 결정이 없었다고 하더라도 주주총회의
결의에 의하여 상무이사로 선임되고 그 임무를 수행한 자에 대하여는 보수금 지급
의 특약이 전혀 없었다고 단정할 수 없고 명시적이든 묵시적이든 그 특약이 있었다
고 볼 것"이라고 판시함으로써 주주총회 결의가 없는 경우에도 이사의 보수청구권
을 적극적으로 인정하였다.290)

그러나 근래에는 "상법 제388조에 의하면, 주식회사 이사의 보수는 정관에 그
액을 정하지 아니한 때에는 주주총회의 결의로 이를 정한다고 규정되어 있는바, 이
사에 대한 퇴직위로금은 그 직에서 퇴임한 자에 대하여 그 재직 중 직무집행의 대
가로 지급되는 보수의 일종으로서 상법 제388조에 규정된 보수에 포함되고, 정관
등에서 이사의 보수 또는 퇴직금에 관하여 주주총회의 결의로 정한다고 규정되어
있는 경우 그 금액·지급방법·지급시기 등에 관한 주주총회의 결의가 있었음을 인
정할 증거가 없는 한 이사의 보수나 퇴직금청구권을 행사할 수 없다."라는 판시와

---

288) i) 회사와 이사의 관계는 위임이므로 무상이 원칙이나, 실제로는 이러한 원칙이 이례에 속
하고 이사에 대하여 보수를 지급하는 것이 통례라는 견해(이철송, 656면), ii) 민법상의 수임인
이 무상인 것과는 달리 이사는 선임된 사실만으로 명시 또는 묵시의 보수지급에 관한 특약을
한 것으로 보아야 한다는 견해(정찬형, 936면), iii) 이사는 특별한 약정이 없으면 보수를 청구
할 수 없는 것이 원칙이나, 대표이사나 업무를 집행하는 이사는 특약에 의하여 보수를 받는
것이 통례라는 견해(최기원, 600면), iv) 이사와 회사 간의 관계는 위임에 관한 규정이 준용되
지만, 민법상의 수임인과는 달리 이사는 당연히 보수를 지급받을 수 있다는 견해(최준선, 408
면) 등이 있다. i), ii), iii)의 견해는 표현상의 차이는 있지만 대체로 이사의 보수에 대하여 무
상이 원칙이지만 특약에 의한 보수청구권을 인정하는 입장이고, iv)의 견해는 특약을 불문하
고 보수청구권을 인정한다.
289) 대법원 1969. 5. 27. 선고 69다327 판결.
290) 대법원 1964. 3. 31. 선고 63다715 판결.

같이, 주주총회 결의를 보수청구권의 행사요건으로 보는 것이 판례의 일관된 입장이다.[291]

실질적인 직무를 수행하지 않는 이른바 명목상 이사도 오로지 보수의 지급이라는 형식으로 회사의 자금을 개인에게 지급하기 위한 방편으로 이사·감사로 선임한 것이라는 등의 특별한 사정이 없는 한, 회사에 대하여 정관의 규정 또는 주주총회의 결의에 의하여 결정된 보수청구권을 가진다.[292]

### 2) 보수의 형태

이사의 보수란 정액월급·상여금·특별수당·퇴직위로금·해직보상금 등 명칭을 불문하고 회사에서의 직무수행에 대한 보상으로 지급되는 일체의 대가를 말한다.[293]

---

291) 대법원 2004. 12. 10. 선고 2004다25123 판결, 대법원 1979. 11. 27. 선고 79다1599 판결, 대법원 1992. 12. 22. 선고 92다28228 판결, 대법원 2000. 12. 26. 선고 99다72484 판결, 대법원 2003. 10. 24. 선고 2003다24123 판결.

292) [대법원 2015. 7. 23. 선고 2014다236311 판결] "법적으로는 주식회사 이사·감사의 지위를 갖지만 회사와의 명시적 또는 묵시적 약정에 따라 이사·감사로서의 실질적인 직무를 수행하지 않는 이른바 명목상 이사·감사도 법인인 회사의 기관으로서 회사가 사회적 실체로서 성립하고 활동하는 데 필요한 기초를 제공함과 아울러 상법이 정한 권한과 의무를 갖고 그 의무위반에 따른 책임을 부담하는 것은 일반적인 이사·감사와 다를 바 없으므로, 과다한 보수에 대한 사법적 통제의 문제는 별론으로 하더라도, 오로지 보수의 지급이라는 형식으로 회사의 자금을 개인에게 지급하기 위한 방편으로 이사·감사로 선임한 것이라는 등의 특별한 사정이 없는 한, 회사에 대하여 상법 제388조, 제415조에 따라 정관의 규정 또는 주주총회의 결의에 의하여 결정된 보수의 청구권을 갖는다고 할 것이다."
　　[대법원 2015. 9. 10. 선고 2015다213308 판결] "주주총회에서 선임된 이사·감사가 회사와의 명시적 또는 묵시적 약정에 따라 업무를 다른 이사 등에게 포괄적으로 위임하고 이사·감사로서의 실질적인 업무를 수행하지 않는 경우라 하더라도 이사·감사로서 상법 제399조, 제401조, 제414조 등에서 정한 법적 책임을 지므로, 이사·감사를 선임하거나 보수를 정한 주주총회 결의의 효력이 무효이거나 또는 소극적인 직무 수행이 주주총회에서 이사·감사를 선임하면서 예정하였던 직무 내용과 달라 주주총회에서 한 선임 결의 및 보수지급 결의에 위배되는 배임적인 행위에 해당하는 등의 특별한 사정이 없다면, 소극적인 직무 수행 사유만을 가지고 이사·감사로서의 자격을 부정하거나 주주총회 결의에서 정한 보수청구권의 효력을 부정하기는 어렵다"(두 사건 모두 파산한 저축은행의 파산관재인이 이사를 상대로 제기한 부당이득반환청구소송으로서, 원심은 수임인의 보수청구권은 위임사무를 처리함으로써 비로소 발생하는 것인데 피고들이 이사로서의 실질적인 직무를 수행하지 아니하였으므로 회사에 대하여 그 대가인 보수를 청구할 권리가 없고, 따라서 피고들이 회사로부터 수령한 보수는 법률상 원인 없이 수령한 것으로서 회사에 반환되어야 한다고 판단하였으나, 대법원은 원심판결을 파기환송하였다).

293) 대법원 2022. 7. 14. 선고 2022다217513 판결. 상여금이 보수에 포함된다는 것은 당연한 것 같지만, 일본에서는 종래의 상법상 "이사의 보수"라고만 규정하였으므로 상여를 이익처분으로 보아 상법 제269조 제1항의 주주총회 결의를 받지 않아도 되는 것이 실무상의 관행이었다. 그러나 일본 회사법은 보수에 관한 규정의 제목을 "이사의 보수 등"으로 변경하고 "이사의 보수, 상여 기타 직무 수행의 대가로서 주식회사로부터 받는 재산상 이익"을 "보수등(報酬等)"이

(가) 사용인 겸직 이사      이사가 회사의 사용인(使用人)을 겸직하는 경우, 이사가 지급받는 총보수에는 사용인분 급여도 포함되는데, 실무상 직원이 임원으로 승진하는 경우 근로자로서의 고용관계가 종료되어 퇴직금을 수령하는 경우가 많고[294] 이사의 보수에 대한 주주의 통제를 위하여 전부 이사의 보수로 보아 정관이나 주주총회에서 정한 보수의 범위를 초과할 수 없다는 견해와,[295] 사용인분 급여는 근로계약에 의한 것으로서 이사의 보수와 법적 성질을 달리 하므로 포함되지 않는다는 견해가 있다.[296] 생각건대, 실무상 그 지급방식이 다양하여 이사의 보수와 사용인의 급여를 구별하기 어려운 경우도 많을 것이므로, 일률적으로 정하기보다는 구체적인 사안에 따라 개별적으로 판단해야 할 것이다.

(나) 퇴 직 금

가) 퇴직금과 퇴직위로금      주식회사의 이사·감사 등 임원은 회사로부터 일정한 사무처리의 위임을 받고 있는 것이므로, 사용자의 지휘·감독 아래 일정한 근로를 제공하고 소정의 임금을 받는 고용관계에 있는 것이 아니며,[297] 따라서 일정한 보수를 받는 경우에도 이를 근로기준법 소정의 임금이라 할 수 없다.

따라서 회사의 규정에 의하여 이사 등 임원에게 퇴직금을 지급하는 경우에도 그 퇴직금은 근로기준법 소정의 퇴직금이 아니라 재직중의 직무집행에 대한 대가로 지급(後給)되는 보수이다. 이사에 대한 퇴직위로금도 그 직에서 퇴임한 자에 대하여 그 재직 중 직무집행의 대가로써 지급되는 보수의 일종으로서 상법 제388조에 규정된 보수에 포함된다.[298]

---

라고 규정함에 따라 상여금도 명문의 규정에 의하여 보수의 범위에 포함되었다(日슾 361조 ①).

294) [대법원 2006. 5. 25. 선고 2003다16092, 16108 판결] "원고가 피고 회사의 직원으로 근무하면서 맺은 근로관계는 원고가 이사로 취임함으로써 종료되었고, …"

295) 이철송, 659면.

296) 정동윤, 598면; 정찬형, 935면.

297) [대법원 2003. 9. 26. 선고 2002다64681 판결]【퇴직금】 "근로기준법의 적용을 받는 근로자에 해당하는지 여부는 계약의 형식에 관계없이 그 실질에 있어서 임금을 목적으로 종속적 관계에서 사용자에게 근로를 제공하였는지 여부에 따라 판단하여야 할 것이므로, 회사의 이사 또는 감사 등 임원이라고 하더라도 그 지위 또는 명칭이 형식적·명목적인 것이고 실제로는 매일 출근하여 업무집행권을 갖는 대표이사나 사용자의 지휘·감독 아래 일정한 근로를 제공하면서 그 대가로 보수를 받는 관계에 있다거나 또는 회사로부터 위임받은 사무를 처리하는 외에 대표이사 등의 지휘·감독 아래 일정한 노무를 담당하고 그 대가로 일정한 보수를 지급받아 왔다면 그러한 임원은 근로기준법상의 근로자에 해당한다"(同旨: 대법원 2000. 9. 8. 선고 2000다22591 판결).

298) [대법원 2004. 12. 10. 선고 2004다25123 판결] "상법 제388조에 의하면, 주식회사 이사의 보수는 정관에 그 액을 정하지 아니한 때에는 주주총회의 결의로 이를 정한다고 규정되어 있는

따라서 이사에 대한 퇴직금, 퇴직위로금은 보수와 같이 제388조가 적용되므로 정관이나 주주총회 결의로 그 총액이나 한도액을 정하고 구체적인 액수나 지급조건은 이사회에 위임할 수 있지만,[299] 정관이나 주주총회 결의가 없이 임원퇴직금규정에 의하여 퇴직금을 지급하거나 위와 같은 한도 없이 이사회에 백지위임하는 것은 허용되지 않는다.[300]

　　나) 해직보상금　　이사의 해직보상금은 이사의 직무수행의 대가로서의 성격을 가지는 퇴직금과 다르지만, 해직보상금의 지급에 주주총회 결의를 거치지 않아도 된다고 해석한다면 이사들이 자신들만의 이익을 위하여 거액의 해직보상금을 정할 수 있어 이를 통제할 필요가 있다. 따라서 해직보상금의 경우에도 이사의 보수에 관한 상법 제388조를 준용 내지 유추적용하여 정관에서 그 액을 정하지 않는 한 주주총회 결의가 있어야만 회사에 대하여 이를 청구할 수 있다고 보아야 한다.[301]

　　다) 재직기간　　직원으로 근무하다가 이사로 선임되어 계속 근무한 경우 직원으로 근무하면서 맺은 근로관계는 원고가 이사로 취임함으로써 종료되었고, 원고

---

바, 이사에 대한 퇴직위로금은 그 직에서 퇴임한 자에 대하여 그 재직 중 직무집행의 대가로 지급되는 보수의 일종으로서 상법 제388조에 규정된 보수에 포함되고, 정관 등에서 이사의 보수 또는 퇴직금에 관하여 주주총회의 결의로 정한다고 규정되어 있는 경우 그 금액·지급방법·지급시기 등에 관한 주주총회의 결의가 있었음을 인정할 증거가 없는 한 이사의 보수나 퇴직금청구권을 행사할 수 없다."(同旨: 대법원 1979. 11. 27. 선고 79다1599 판결, 대법원 1992. 12. 22. 선고 92다28228 판결, 대법원 2000. 12. 26. 선고 99다72484 판결, 대법원 2003. 10. 24. 선고 2003다24123 판결, 대법원 2014. 5. 29. 선고 2012다98720 판결, 대법원 2018. 5. 30. 선고 2015다51968 판결).

299) 대법원 2006. 5. 25. 선고 2003다16092, 16108 판결.
300) 퇴직중간정산금도 마찬가지이다(대법원 2019. 7. 4. 선고 2017다17436 판결).
301) [대법원 2006. 11. 23. 선고 2004다49570 판결]【약정금】"주식회사와 이사 사이에 체결된 고용계약에서 이사가 그 의사에 반하여 이사직에서 해임될 경우 퇴직위로금과는 별도로 일정한 금액의 해직보상금을 지급받기로 약정한 경우, 그 해직보상금은 형식상으로는 보수에 해당하지 않는다 하여도 보수와 함께 같은 고용계약의 내용에 포함되어 그 고용계약과 관련하여 지급되는 것일 뿐 아니라, 의사에 반하여 해임된 이사에 대하여 정당한 이유의 유무와 관계없이 지급하도록 되어 있어 이사에게 유리하도록 회사에 추가적인 의무를 부과하는 것인바, 보수에 해당하지 않는다는 이유로 주주총회 결의를 요하지 않는다고 한다면, 이사들이 고용계약을 체결하는 과정에서 개인적인 이득을 취할 목적으로 과다한 해직보상금을 약정하는 것을 막을 수 없게 되어, 이사들의 고용계약과 관련하여 그 사익 도모의 폐해를 방지하여 회사와 주주의 이익을 보호하고자 하는 상법 제388조의 입법 취지가 잠탈되고, 나아가 해직보상금액이 특히 거액일 경우 회사의 자유로운 이사해임권 행사를 저해하는 기능을 하게 되어 이사선임기관인 주주총회의 권한을 사실상 제한함으로써 회사법이 규정하는 주주총회의 기능이 심히 왜곡되는 부당한 결과가 초래되므로, 이사의 보수에 관한 상법 제388조를 준용 내지 유추적용하여 이사는 해직보상금에 관하여도 정관에서 그 액을 정하지 않는 한 주주총회 결의가 있어야만 회사에 대하여 이를 청구할 수 있다."

는 이사로 취임한 날부터 피고 회사와 새로이 위임관계를 맺었다고 할 것이지만, 원고가 이사로 취임할 때 피고 회사가 원고에게 직원으로 근무한 데에 대한 퇴직금을 지급하지 아니한 경우에는 직원으로 근무한 기간과 이사로 근무한 기간을 합쳐서 퇴직금을 산정하여야 한다.302)

라) 시　　효　　회사의 규정에 의하여 이사 등 임원에게 퇴직금을 지급하는 경우에도 그 퇴직금은 근로기준법 소정의 퇴직금이 아니라 재직중의 직무집행에 대한 대가로 지급되는 보수의 일종이라 할 것이므로 이사 등 임원의 퇴직금청구권에는 근로기준법 제41조 소정의 임금채권의 시효에 관한 규정이 적용되지 아니하고 일반채권의 시효규정이 적용되어야 한다.303)

마) 비등기이사와 퇴직금　　비등기이사는 특별한 사정이 없는 한 임금 등을 목적으로 대표이사 등의 지휘감독 아래 종속적인 관계에서 근로를 제공하는 근로자와 같은 지위에 있다. 그러나 비등기이사라 하더라도 등기이사와 동일한 수준의 보수를 받고 업무상 위임전결권한을 가지는 경우에는 근로자로 볼 수 없고, 따라서 퇴직금청구권이 없다는 하급심판례가 있다.304)

바) 압류금지채권　　이사·대표이사의 보수청구권(퇴직금 등의 청구권을 포함)은, 그 보수가 합리적인 수준을 벗어나서 현저히 균형을 잃을 정도로 과다하거나, 이를 행사하는 사람이 법적으로는 이사·대표이사의 지위에 있으나 실질적인 직무를 수행하지 않는 이른바 명목상 이사·대표이사에 해당한다는 등의 특별한 사정이 없는 이상 민사집행법 제246조 제1항 제4호 또는 제5호가 정하는 압류금지채권에 해당한다. 퇴직연금도 원칙적으로 압류금지채권이다.305)

---

302) 대법원 2006. 5. 25. 선고 2003다16092, 16108 판결.
303) 대법원 1988. 6. 14. 선고 87다카2268 판결.
304) 서울고등법원 2015. 5. 15. 선고 2014나2049096 판결(법원은 원고가 상무로 승진할 때 기존 퇴직금을 정산 받은 점, 임원 승진 후 일반 근로자에게 적용되는 취업규칙을 적용 받지 않고 연장근로수당이나 연차휴가수당을 받지 않은 점, 월급여를 기본급과 기준상여금으로 지급 받은 점, 일반 근로자와 달리 차량 및 기사, 골프회원권과 접대비가 지원된 점, 일정 업무에 대하여 위임전결권한이 부여된 점, 동일 직급의 등기이사와 같은 보수를 받은 점 등을 근거로 근로자성을 부인하였다).
305) [대법원 2018. 5. 30. 선고 2015다51968 판결] "회사가 퇴직하는 근로자나 이사 등 임원에게 급여를 지급하기 위하여 퇴직연금제도를 설정하고 은행, 보험회사 등 근로자퇴직급여 보장법 제26조가 정하는 퇴직연금사업자(이하 '퇴직연금사업자'라고만 한다)와 퇴직연금의 운용관리 및 자산관리 업무에 관한 계약을 체결하였을 때, 재직 중에 위와 같은 퇴직연금에 가입하였다가 퇴직한 이사, 대표이사(이하 '이사 등'이라고 한다)는 그러한 퇴직연금사업자를 상대로 퇴직연금채권을 가진다. 근로기준법상의 근로자에 해당하지 않는 이사 등의 퇴직연금 채권에 대

(다) 이사를 위한 타인에 대한 이익 제공      회사가 회장 사저 근무자들에게 지급한 급여도 결국은 회장 본인에 대한 보수에 해당하므로 정관에 그 액을 정하지 아니한 때에는 주주총회의 결의로 정해야 한다는 판례가 있다.[306]

**3) 보수액의 결정방법**

**(개) 정관 또는 주주총회 결의**

**가) 강행규정**      이사의 보수는 정관에 그 액을 정하지 아니한 때에는 주주총회 결의로 이를 정한다(388조).[307] 상법 제388조의 보수에는 연봉, 수당, 성과급, 상여금 등 명칭을 불문하고 이사의 직무수행에 대한 보상으로 지급되는 모든 대가가 포함된다.[308]

상법 제388조는 이사가 자신의 보수와 관련하여 개인적 이익을 도모하는 폐해를 방지하여 회사와 주주 및 회사채권자의 이익을 보호하기 위한 강행규정이다.[309]

---

해서는 '퇴직연금 제도의 급여를 받을 권리'의 양도 금지를 규정한 근로자퇴직급여보장법 제7조 제1항은 적용되지 않는다. 그러나 위와 같은 퇴직연금이 이사 등의 재직중의 직무수행에 대한 대가로서 지급되는 급여라고 볼 수 있는 경우에는 그 이사 등의 퇴직연금사업자에 대한 퇴직연금 채권은 민사집행법 제246조 제1항 제4호 본문이 정하는 '퇴직연금, 그 밖에 이와 비슷한 성질의 급여채권'으로서 압류금지채권에 해당한다고 보아야 한다. 회사에 대하여 손해배상책임을 지는 대표이사의 퇴직금 중 압류가 금지되는 2분의 1을 초과하는 나머지 2분의 1만 회사의 손해배상채권과 상계된다는 판례도 있다(수원지방법원 2018. 12. 6. 선고 2018나61192 판결, 대법원 2019. 8. 14. 선고 2019다204463 판결에 의하여 확정됨).

306) 대법원 2007. 10. 11. 선고 2007다34746 판결.

307) 상법은 제388조와의 균형상 집행임원의 보수도 정관의 규정이나 주주총회의 승인에 의하여 정하는 것을 원칙으로 하고, 다만 정관의 규정이나 주주총회의 승인이 없는 경우에는 2차적으로 집행임원 선임, 감독기관인 이사회가 정하도록 규정한다(408조의2③⑥). 일본에서는 위원회 비설치회사는 "이사의 보수, 상여 기타 직무 수행의 대가로서 회사로부터 받는 재산상 이익(보수등)"의 총액에 관하여 정관에 정하지 않은 한 주주총회 결의에 의하여 정한다(日会 361조①·②). 공개회사의 경우에는 당해 사업연도의 회사 임원 전체의 보수등에 관하여 이사, 회계참여, 감사 또는 집행임원별 보수등의 총액과 인원 수(施行規則 121조 제3호)를 기재하고, 회사가 임의로 임원별로 개별공시를 할 수도 있다. 사외임원이 있는 경우 사외임원과 사외임원 이외의 임원을 구분하여 기재하고(施行規則 124조 제6호), 사외임원이 모회사나 그 자회사로부터 보수 등을 받는 경우에는 자회사로부터 받는 금액도 공시하여야 한다(施行規則 124조 제8호). 정관의 규정 또는 주주총회 결의 없이 보수가 지급된 경우 사후적으로 주주총회 결의가 있으면 적법한 보수지급이라는 최고재판소 판례가 있다(最判平成 17·2·15 判例時報 1890-143).

308) [대법원 2020. 4. 9. 선고 2018다290436 판결] "정관에서 이사의 보수에 관하여 주주총회의 결의로 정한다고 규정한 경우 그 금액·지급방법·지급시기 등에 관한 주주총회의 결의가 있었음을 인정할 증거가 없는 한 이사는 보수청구권을 행사할 수 없다. 이때 '이사의 보수'에는 월급, 상여금 등 명칭을 불문하고 이사의 직무수행에 대한 보상으로 지급되는 대가가 모두 포함되고, 회사가 성과급, 특별성과급 등의 명칭으로 경영성과에 따라 지급하는 금원이나 성과 달성을 위한 동기를 부여할 목적으로 지급하는 금원도 마찬가지이다."

309) 대법원 2020. 6. 4. 선고 2016다241515, 241522 판결, 대법원 2022. 7. 14. 선고 2022다217513

따라서 이사 전원에 대한 보수의 총액이나 상한액을 정하지 않고 이사의 보수에 관한 사항을 이사회에 포괄적으로 위임하는 주주총회 결의는 효력이 없고,310) 합리적인 기준을 설정하지 않고 이사의 보수결정을 이사회에 포괄적으로 일임하는 정관규정도 효력이 없다.311)

주주총회의 결의 없이 지급받은 보수는 법률상 원인 없이 이루어진 부당이득에 해당한다. 특별성과급 일부가 주주총회에서 정한 이사의 보수한도액 내에 있다는 사정만으로 그 부분의 지급을 유효하다고 볼 수도 없다.312)

나) 주주총회 결의 방법   이사의 보수를 결의하는 주주총회에서 이사의 보수 승인 의안과 감사의 보수 승인 의안은 독립된 별개의 의안으로 상정해야 한다.313) 이사인 주주는 보수를 결정하는 주주총회 결의에서는 특별이해관계인으로서 의결권이 없다.314) 보수에 관한 주주총회 결의에 대한 증명책임은 보수청구권을 주장하는 이사가 부담한다.315)

주주총회에서 이사의 보수를 사업연도 단위로 승인하는 방법과 정기주주총회 단위로 승인하는 방법이 있는데, 퇴직일이 속한 결산기 후에 퇴직금을 지급하는 경우 전자의 방법으로 승인한 때에는 당해 사업연도 보수한도액에서 지급하고, 후자의 방법으로 승인한 때에는 정기주주총회 전에 지급하는 경우에는 직전연도 보수한도액에서 지급하고, 정기주주총회 후에 지급하는 경우에는 당해 사업연도 보수한도액에서 지급한다.

---

판결.

310) 서울중앙지방법원 2008. 7. 24. 선고 2006가합98304 판결.  퇴직위로금 사건에서 무조건적인 위임이 아니고 회사실적, 퇴임임원의 지위, 근속연수, 업적 등에 의하여 정하도록 하는 지급기준을 주주가 알 수 있는 상황에서 해당 기준에 따른 지급을 위임하는 결의는 무효가 아니라는 일본 최고재판소의 판례가 있다(最判昭和 48·11·26 判例時報 722-94).

311) [서울중앙지방법원 2008. 7. 24. 선고 2006가합98304 판결] "'이사의 퇴직금 지급은 이사회 결의로 정하는 임원퇴직금 지급규정에 의한다'고 정한 주식회사 정관 규정은, 이사회의 이사 퇴직금 결정에 관한 재량권 행사의 범위를 일정한 기준에 의하여 합리적인 범위 내로 제한하지 아니한 채 퇴직금 액수의 결정을 이사회에 무조건적으로 위임함으로써, 이사회가 주주로부터 아무런 통제도 받지 않고 이사의 퇴직금 및 퇴직위로금을 지급할 수 있도록 한 것이므로, 강행규정인 상법 제388조를 위반하여 무효이다."

312) 대법원 2020. 4. 9. 선고 2018다290436 판결.

313) 한편, 재무제표에 이사의 보수를 기재하고 재무제표를 승인한다면 이사의 보수에 대한 주주총회 결의가 있는 것으로 본다는 하급심 판례가 있다(인천지방법원 부천지원 2005. 5. 27. 선고 2004가합3207 판결).

314) 서울중앙지방법원 2008. 9. 4. 선고 2008가합47805 판결.

315) 대법원 2015. 9. 10. 선고 2015다213308 판결.

(나) 개별 이사의 보수

가) 이사회의 결정    이사의 보수에 관한 사항을 이사회에 포괄적으로 위임하는 것은 허용되지 않지만, 주주총회 결의로 개별 이사의 보수를 반드시 정해야 하는 것은 아니고 이사 전원에 대한 보수의 총액이나 상한액만 정하고, 개별 이사에 대한 보수액은 주주총회에서 이사회에 위임할 수 있다.316) 주주들은 개별 이사의 업무·능력·기여도 등을 알 수 없으므로 개별 이사에 대한 보수액을 이사회에서 정하는 것은 기업실무상 확립된 방식이기도 하다.

나) 특별이해관계인 해당 여부    이사인 주주는 보수를 결정하는 주주총회 결의에서는 특별이해관계인으로서 의결권이 없지만, 정관이나 주주총회에서 정한 이사의 보수총액을 각 이사에게 배분하는 결정을 하는 이사회 결의에서는 이미 정해진 총액을 각 이사 사이에서 분배하는 것이어서 분배 여하에 따라 회사의 이익을 해할 염려가 없으므로 이사는 모두 특별이해관계인에 해당하지 않는다는 것이 일반적인 해석이다.

(다) 대표이사의 결정    주주총회가 이사회를 통하지 않고 바로 대표이사에게 개별 이사의 보수분배결정을 위임하는 것은 감독을 받아야 할 자가 감독자의 보수를 결정하도록 하는 것으로서 허용되지 않는다. 다만, 주주총회에서 정한 내규에 따라 보수결정을 위임받은 이사회가 다시 대표이사에게 이를 위임하는 결의를 하는 것은 허용된다.317)

주주총회 결의 없이 대표이사가 이사에 대하여 한 퇴직금을 포함한 보수약정의 효력에 대하여, 대표이사가 회사의 전주식 3,000주 중 2,000주를 가지고 있더라도 주주총회 결의가 없는 이상 보수약정은 회사에 대하여 효력이 없다는 판례도 있고,318) 대표이사가 회사주식의 80퍼센트를 소유한 경우 주주총회에서 이를 지급하기로 하는 결의가 이루어질 것은 당연하여 주주총회 결의가 있었음과 다름이 없다고 본 판례도 있다.319)

4) 이사 보수의 적정성

(가) 과다보수의 효력    상법은 제388조에서 정관이나 주주총회 결의로 이사의 보수를 정하도록 규정할 뿐 보수의 적정수준에 관하여는 아무런 규제를 하지 않

316) 대법원 2020. 6. 4. 선고 2016다241515, 241522 판결.
317) 최기원, 605면.
318) 대법원 1979. 11. 27. 선고 79다1599 판결.
319) 대법원 1978. 1. 10. 선고 77다1788 판결.

고 있다. 그러나 정관의 규정 또는 주주총회 결의가 있더라도, 1) 회사의 재무상황이나 영업실적 등에 비추어 지나치게 과다하여 합리적 수준을 현저히 벗어나는 경우 자본금충실원칙에 위배되고, 2) 지배주주 본인 및 그의 측근들이 일반적으로 이사로 선임될 것이므로 이들에 대한 보수가 과다하면 결국은 이사 아닌 주주에 대한 배당가능이익이 감소되므로 실질적인 주주평등원칙에 위배되고, 3) 회사의 책임재산이 부족할 정도로 보수가 지급되는 경우에는 회사채권자의 이익을 해치게 되고, 4) 객관적으로 현저히 불공정한 결의를 다수결의 힘으로 성립시키는 소위 다수결의 남용에 해당하여 정관무효 또는 주주총회 결의무효의 원인이 된다.320)

결국, 회사의 규모나 당해 이사의 직무내용 및 실적에 비추어 과다한 금액으로 보수를 정하는 경우에는 회사와 주주의 이익을 침해하는 것으로서 회사에 대한 배임행위에 해당하므로, 주주총회 결의를 거쳤다 하더라도 그러한 위법행위가 유효하다 할 수는 없다.321)322)

---

320) 임원보수의 유효성에 관한 기준으로서, 첫째, 임원에 대한 보수가 그 직무에 비하여 균형성을 잃을 정도로 고액일 경우와, 둘째, 임원보수의 과다성이 회사의 정상적인 영업 및 투자에 장애가 될 정도로 고액인 경우 등 두 가지가 있을 수 있다. 미국 회사법상의 기준에 비추어 보면 첫째 기준은 균형성 기준에 해당하고, 둘째 기준은 훼손 기준과 유사한 것인데, 첫째 기준에 의하면 임원보수의 효력이 부인되는 경우가 지나치게 넓어지므로, 둘째 기준에 의하여 과다보수의 효력을 판단하여야 할 것이다.

321) [대법원 2016. 1. 28. 선고 2014다11888 판결] "상법이 정관 또는 주주총회의 결의로 이사의 보수를 정하도록 한 것은 이사들의 고용계약과 관련하여 사익 도모의 폐해를 방지함으로써 회사와 주주 및 회사채권자의 이익을 보호하기 위한 것이므로, 비록 보수와 직무의 상관관계가 상법에 명시되어 있지 않더라도 이사가 회사에 대하여 제공하는 직무와 지급받는 보수 사이에는 합리적 비례관계가 유지되어야 하며, 회사의 채무 상황이나 영업실적에 비추어 합리적인 수준을 벗어나서 현저히 균형성을 잃을 정도로 과다하여서는 아니 된다. 따라서 회사에 대한 경영권 상실 등으로 퇴직을 앞둔 이사가 회사에서 최대한 많은 보수를 받기 위하여 그에 동조하는 다른 이사와 함께 이사의 직무내용, 회사의 재무상황이나 영업실적 등에 비추어 지나치게 과다하여 합리적 수준을 현저히 벗어나는 보수 지급 기준을 마련하고 지위를 이용하여 주주총회에 영향력을 행사함으로써 소수주주의 반대에 불구하고 이에 관한 주주총회 결의가 성립되도록 하였다면, 이는 회사를 위하여 직무를 충실하게 수행하여야 하는 상법 제382조의3에서 정한 의무를 위반하여 회사재산의 부당한 유출을 야기함으로써 회사와 주주의 이익을 침해하는 것으로서 회사에 대한 배임행위에 해당하므로, 주주총회 결의를 거쳤다 하더라도 그러한 위법행위가 유효하다 할 수는 없다"(이 판결은 퇴직금청구소송에 대한 판결이므로 법원이 과다보수를 정한 주주총회 결의의 무효 여부를 명시적으로 판시하지 않았는데, 상법 제382조의3을 위반한 결의이므로 무효인 결의로 보아야 할 것이다). 한편, 이사회 및 주주총회의 결의 없이 과다보수를 지급한 경우에 횡령의 고의를 인정한 판례가 있고(서울고등법원 2014. 11. 28. 선고 2014노412 판결), 상고심에서 대법원 2015. 11. 26. 선고 2014도17180 판결은 횡령 부분은 확정하고, 또 다른 공소사실인 대출연대보증에 대하여는 원심의 무죄 부분을 파기환송하였다.

322) 한편, 법인이 지배주주인 임원(그와 특수관계에 있는 임원을 포함)에게 보수를 지급하였더라도, 보수가 법인의 영업이익에서 차지하는 비중과 규모, 해당 법인 내 다른 임원들 또는 동

(나) 과다보수에 대한 구제방법    이사에 대한 보수가 적정성을 상실하여 과다한 것으로 인정되는 경우에는 이러한 사정만으로 바로 보수가 무효로 되는 것이 아니라, 정관에서 이러한 보수를 정한 경우에는 사회질서 위반으로 정관의 보수규정은 무효로 되므로 소의 이익이 있는 자는 누구든지 정관무효확인의 소(원시정관의 경우) 또는 정관변경무효확인의 소(변경정관의 경우)를 제기할 수 있고, 주주총회 결의로 이러한 보수를 정한 경우에는 그 주주총회 결의에 대한 무효확인의 소를 제기할 수 있다. 또한, 제소권자는 이러한 본안소송을 제기하면서 회사로 하여금 보수를 지급하지 못하도록 보수지급금지가처분신청을 할 수 있다.

이미 보수가 지급된 경우 회사는 보수의 무효를 주장하면서 지급된 보수의 반환을 청구할 수 있다.[323] 회사가 과다보수를 지급하였더라도 이사로서는 주주총회

---

종업계 임원들의 보수와의 현저한 격차 유무, 정기적·계속적으로 지급될 가능성, 보수의 증감 추이 및 법인의 영업이익 변동과의 연관성, 다른 주주들에 대한 배당금 지급 여부, 법인의 소득을 부당하게 감소시키려는 주관적 의도 등 제반 사정을 종합적으로 고려할 때, 해당 보수가 임원의 직무집행에 대한 정상적인 대가라기보다는 주로 법인에 유보된 이익을 분여하기 위하여 대외적으로 보수의 형식을 취한 것에 불과하다면, 이는 이익처분으로서 손금불산입 대상이 되는 상여금과 실질이 동일하므로 법인세법 시행령 제43조에 따라 손금에 산입할 수 없다고 보아야 한다. 또한 증명의 어려움이나 공평의 관념 등에 비추어, 위와 같은 사정이 상당한 정도로 증명된 경우에는 보수금 전체를 손금불산입의 대상으로 보아야 하고, 보수금에 직무집행의 대가가 일부 포함되어 있어 그 부분이 손금산입의 대상이 된다는 점은 보수금 산정 경위나 구성내역 등에 관한 구체적인 자료를 제출하기 용이한 납세의무자가 이를 증명할 필요가 있다(대법원 2017. 9. 21. 선고 2015두60884 판결).

323) [대법원 2015. 9. 10. 선고 2015다213308 판결] "이사·감사의 소극적인 직무 수행에 대하여 보수청구권이 인정된다 하더라도, 이사·감사의 보수는 직무 수행에 대한 보상으로 지급되는 대가로서 이사·감사가 회사에 대하여 제공하는 반대급부와 지급받는 보수 사이에는 합리적 비례관계가 유지되어야 하므로 보수가 합리적인 수준을 벗어나서 현저히 균형성을 잃을 정도로 과다하거나, 오로지 보수의 지급이라는 형식으로 회사의 자금을 개인에게 지급하기 위한 방편으로 이사·감사로 선임하였다는 등의 특별한 사정이 있는 경우에는 보수청구권의 일부 또는 전부에 대한 행사가 제한되고 회사는 합리적이라고 인정되는 범위를 초과하여 지급된 보수의 반환을 구할 수 있다. 이때 보수청구권의 제한 여부와 그 제한 범위는, 소극적으로 직무를 수행하는 이사·감사가 제공하는 급부의 내용 또는 직무 수행의 정도, 지급받는 보수의 액수와 회사의 재무상태, 실질적인 직무를 수행하는 이사 등의 보수와의 차이, 소극적으로 직무를 수행하는 이사·감사를 선임한 목적과 그 선임 및 자격 유지의 필요성 등 변론에 나타난 여러 사정을 종합적으로 고려하여 판단하여야 한다. 원심판결 이유를 앞서 본 법리와 적법하게 채택된 증거들에 비추어 살펴보면, 피고들은 비록 이사·감사로서 적극적으로 그 직책에 따른 업무를 수행하지는 아니하였지만 주주총회에서 선임된 이사·감사로서 그 업무를 다른 이사에게 포괄적으로 위임하고 이사·감사 명의에 따른 부수업무를 처리하였고 상법 제399조, 제401조, 제414조 등에서 정한 법적책임을 진다고 보이므로, 원심이 피고들에게 지급된 보수 명목의 돈을 이와 같은 소극적인 직무 수행에 대한 대가로 보지 아니하고 단순히 명의대여의 대가에 불과하다고 보고 이를 전제로 판단한 것은 적절하지 아니하다. 그렇지만 피고들을 이사·감사로 선임한 주주총회 결의나 보수지급 결의가 무효라거나 위와 같은 소극적인 직무 수

에서 결의하였던 보수를 집행한 것이기 때문에 선관주의의무 위반으로 인한 손해배상책임을 회사에 대하여 부담하는지에 관하여는 논란의 여지가 있다. 그러나 위와 같은 보수의 무효를 주장하는 본안소송이 제기되었음에도 불구하고 회사가 보수지급을 집행한 경우에는 이사의 손해배상책임이 발생한다고 보아야 하고, 특히 법원의 가처분명령에 불구하고 보수를 지급한 경우에는 이사의 손해배상책임이 명백히 발생한다고 보아야 할 것이다.324)

　　(다) 보수의 공시　　　이사의 보수에 대한 적정성 여부를 판단하려면 우선 보수내역이 주주에게 공시되어야 한다. 상법상 주주총회 결의과정에서 이사보수의 총액은 확인되지만 이러한 총액은 사내이사와 사외이사 모두에게 지급되는 보수의 총액이어서, 이사 개인별 보수는 알 수 없다.

　　다만, 자본시장법상 사업보고서 제출대상 법인은 사업보고서에, i) "상법 기타 법률에 의한 주식매수선택권을 포함하여 임원 모두에게 지급된 그 사업연도의 보수총액"(資法 159조①2), ii) 그 사업연도에 지급된 보수가 5억원(資令 168조②) 이상인 임원 개인별 보수와 그 구체적인 산정기준 및 방법(資法 159조②3), iii) 그 사업연도에 지급된 보수가 5억원(資令 168조②) 이상으로서 보수총액 기준 상위 5명의 개인별 보수와 그 구체적인 산정기준 및 방법(資法 159조②3의2) 등을 기재하여야 한다(資法 159조②).325) 반기보고서에도 사업보고서 기재사항에 관한 제159조 제2항이 준용된

---

　　행이 주주총회에서 그 이사·감사를 선임하면서 예정하였던 직무 내용과 달라 주주총회에서 한 선임 및 보수지급결의에 위배되는 배임적인 행위에 해당한다고 인정할 다른 사정이 없다면, 위와 같은 피고들의 소극적인 직무 수행만을 가지고 보수청구권이 부정된다거나 그 보수에 관한 약정이 선량한 풍속 기타 사회질서에 반하는 법률행위에 해당한다고 볼 수는 없으므로, 피고들이 수행한 직무를 이유로 피고들에게 지급된 보수 명목의 돈이 부당이득에 해당한다거나 그 보수에 관한 약정이 무효라는 원고의 주장을 배척한 원심의 결론은 수긍할 수 있고, 거기에 상고이유 주장과 같이 상법상 기관과 회사의 지배구조의 원리, 이사의 보수청구권, 명의대여 약정, 민법 제103조에서 정한 반사회질서의 법률행위, 민법 제686조에서 정한 수임인의 보수청구권 등에 관한 법리를 오해하여 판결에 영향을 미친 위법이 있다고 할 수 없다" (판시와 같이 이 사건에서는 이사의 보수가 과다하지 않은 경우로 인정되어 반환청구가 기각되었다. 그 후 대법원 2016. 1. 28. 선고 2014다11888 판결에서 과다한 보수라는 이유로 퇴임한 임원의 퇴직금청구가 기각되었다).

324) 미국에서도 2010년 제정된 「도드-프랭크 월가개혁 및 소비자보호법」(Dodd-Frank Wall Street Reform and Consumer Protection Act)은 Subtitle E(§951-§957))에서 CEO, CFO 및 보수총액 기준 상위 3명의 보수를 공시하도록 함으로써 보수에 대한 규제를 강화하였다. 독일에서는 2006년 「이사보수의 공개에 관한 법률」(Gesetz über die Offenlegung von Vorstandsvergü-tungen: VorstOG), 2009년 「이사보수의 적정성에 관한 법률」(Gesetz über die Angemessenheit der Vorstandsvergütung: VorstAG)이 제정되었다.

325) 보수총액 기준 상위 5명의 개인별 보수를 공시함으로써 미등기 지배주주의 보수를 파악할

다(資法 160조).

### 5) 보수의 박탈

정관이나 주주총회 결의에 의하여 정하여 있는 이사의 보수를 사후의 주주총회 결의로써 박탈할 수 있는지에 관하여는 논란의 여지가 있지만, 그러한 결의가 있어도 그 결의는 해당 이사에 대하여 효력이 없다는 하급심판례가 있다.326) 한편 이사 임용계약의 내용으로 보수액을 정한 경우 그 보수액은 임용계약의 내용이 되어 회사와 이사 쌍방을 구속하므로 이사의 명시적, 묵시적 동의 없이 보수를 감액, 박탈하는 결의는 그 결의 자체의 효력과 관계없이 이사의 보수청구권에 아무런 영향을 미치지 않는다. 따라서 이를 다투는 소송은 소의 이익이 없으므로 각하대상이다.327)

퇴직금의 경우에도, 회사가 정관에서 퇴직하는 이사에 대한 퇴직금액의 범위를 구체적으로 정한 다음, 다만 재임 중 공로 등 여러 사정을 고려하여 이사회가 그 금액을 결정할 수 있도록 하였다면, 이사회로서는 퇴직한 이사에 대한 퇴직금액을 정하면서, 퇴임한 이사가 회사에 대하여 배임 행위 등 명백히 회사에 손해를 끼쳤다는 등의 특별한 사정이 없는 한, 재임 중 공로의 정도를 고려하여 정관에서 정한 퇴직금액을 어느 정도 감액할 수 있을 뿐 퇴직금 청구권을 아예 박탈하는 결의를 할 수는 없다.328) 따라서 이사회가 퇴직한 이사에 대한 퇴직금을 감액하는 등의 어떠한 결의도 하지 않았을 경우 회사로서는 그와 같은 이사회 결의가 없었음을 이유로 퇴직한 이사에 대하여 정관에 구체적으로 정한 범위 안에서의 퇴직금 지급을 거절할 수는 없다.329)

---

수 있다.
326) 서울고등법원 1978. 7. 6. 선고 77나2669 판결.
327) 대법원 2017. 3. 30. 선고 2016다21643 판결(이 판결은 유한회사 사원의 보수에 관한 판결이지만, 주식회사 이사·감사의 보수에 관하여도 그대로 적용될 것이다).
328) 한편, 이사의 퇴직위로금은 상법 388조에 규정된 보수에 포함된다 할 것이므로 위 법조에 근거하여 정관이나 주주통회결의로 그 액이 결정되었다면 주주총회에서 퇴임한 특정이사에 대하여 그 퇴직위로금을 박탈하는 것은 물론 이를 감액하는 결의를 하였다 하여도 그 효력이 없다는 판례도 있다(대법원 2006. 5. 25. 선고 2003다16092, 16108 판결).
329) 대법원 2006. 5. 25. 선고 2003다16092, 16108 판결.

## 2. 이 사 회

### (1) 이사회의 법적 지위

#### 1) 이사 전원으로 구성된 필요적 상설기관

이사회는 업무집행에 관한 의사결정을 위하여 이사 전원으로 구성된 주식회사의 필요적 상설기관이다. 이사는 주식회사의 기관이 아니고 이사회의 구성원이다.

이사는 별도의 절차 없이 이사로 선임됨과 동시에 이사회의 구성원이 된다. 이사회 구성에 있어서 일부 이사를 배제할 수 없고, 이사 아닌 자는 이사회의 구성원이 될 수 없다. 기타비상무이사도 당연히 이사회의 구성원이다. 그리고 이사회는 주주총회와 같이 필요적 상설기관이다.

다만, 자본금총액이 10억원 미만인 회사(소규모회사)가 1인 또는 2인의 이사만 두는 경우에는(383조①), i) 이사회의 권한사항을 주주총회의 권한사항으로 하는 경우가 있고(383조④), ii) 이사회에 관한 규정 중 적용이 배제되는 경우가 있고(383조⑤), iii) 이사회의 권한을 이사가 단독으로 하는 경우가 있다(383조⑥).

#### 2) 업무집행에 관한 의사결정기관

사원이 직접 업무를 집행하는 인적회사와 달리, 주식회사의 주주는 업무집행권이 없고, 이사회가 업무집행에 관한 의사결정을 하고 대표이사가 이를 집행한다. 최근의 전원합의체 판결은 "주식회사가 중요한 자산을 처분하거나 대규모 재산을 차입하는 등의 업무집행을 할 경우에 이사회가 직접 결의하지 않고 대표이사에게 일임할 수는 없다. 즉, 이사회가 일반적·구체적으로 대표이사에게 위임하지 않은 업무로서 일상업무에 속하지 않은 중요한 업무의 집행은 정관이나 이사회 규정 등에서 이사회 결의사항으로 정하였는지 여부와 상관없이 반드시 이사회의 결의가 있어야 한다."라는 입장이다.[330]

#### 3) 이사 직무집행 감독기관

이사회는 대표이사를 포함한 모든 이사의 직무집행을 감독한다(393조②).

#### 4) 이사회와 이사회의

이사회(board of directors)가 소집되어 개최되는 현실적인 회의(meeting of board of directors, conference of directors)도 실무상으로는 이사회라고 부르지만, 이는 이사회의 구체적인 권한행사방법일 뿐, 상법상 이사회와는 다른 개념이다.

---

[330] 대법원 2021. 2. 18. 선고 2015다45451 전원합의체 판결.

## 5) 이사회와 주주총회의 권한 분배

이사회는 업무집행에 관한 의사결정기관이고, 주주총회는 이사와 감사의 선임과 해임, 정관의 변경, 중요재산의 처분, 합병, 해산 등과 같이 중요한 사항에 대한 결정을 할 수 있는 권한을 가진다는 의미에서 주식회사의 최고의사결정기관이다.

주주총회는 주식회사의 최고의사결정기관이므로, 상법 또는 정관에 주주총회의 권한으로 규정된 사항은 반드시 주주총회 결의를 요하고, 정관의 규정 또는 주주총회 결의로도 타기관에 위임하지 못한다는 점에 대하여는 이견이 없다.

반면에 상법 제361조는 "주주총회는 본법 또는 정관에 정하는 사항에 한하여 결의할 수 있다."라고 규정하고, 상법 제393조 제1항은 "회사의 업무집행은 이사회의 결의로 한다."라고 규정하는데, 회사의 업무집행에 관한 이사회의 권한을 상법상 개별적인 허용규정 없이 정관에 의하여 주주총회의 권한으로 정할 수 있는지에 관하여는 견해가 일치되지 않고 있다.[331]

## 6) 이사의 지위에 관한 입법례

(가) 미    국    미국의 MBCA는 "회사의 모든 권한(all corporate powers)은 기본정관 또는 §7.32에 의한 주주간계약에 의하여 제한되는 범위 내에서, 이사회에 의하여 또는 이사회의 수권에 의하여 행사되어야 하고, 회사의 영업과 업무는 이사회에 의하여 또는 이사회의 지시 하에 수행되어야 한다."라고 규정한다[MBCA §8.01(b)]. 회사를 경영할 권한은 주주총회에서 선임된 이사들로 구성된 이사회에 부여되고 있고, 임원도 주주총회에서 선임할 수 있는 예외적인 규정을 가지는 일부 州의 제정법이 있지만 일반적으로는 이사회에 의하여 선임된다.

(나) 독    일    독일 주식법상 업무집행기관인 이사회는 업무집행에 관한 모든 책임을 진다(株式法 76조①). 업무집행권은 모든 이사(즉, 이사회)에게 공동으로 귀속되므로 이사 전원의 승인이 요구되고, 다만 정관이나 이사회규칙에서 이와 달리 정할 수 있다(株式法 77조①). 회사의 제3자에 대한 대표권도 이사회에 있으며(株式法 78조①), 원칙적으로 모든 이사 전원이 공동으로만 회사를 대표한다(株式法 78조②).

(다) 일    본    일본 회사법상 주식회사의 기관으로서 요구되는 가장 기본적인 것은 주주총회와 이사(1인)이다. 이사회설치회사에서는 이사가 3인 이상이어야

---

331) 상법에 개별적인 허용규정이 없는 경우에 관한 구체적인 학설에 대하여는 [제4장 제1절 Ⅱ. 주식회사 기관의 구성과 기관 간의 관계] 부분에서 상술하였다.

하고(日会 331조④), 이사회에서 선임된 대표이사나 대표집행임원이 회사를 대표한다
(日会 362조②, 363조, 347조④, 420조). 공개회사, 감사회설치회사(監査役会設置会社), 위
원회설치회사(委員会設置会社)는 이사회를 두어야 한다(日会 327조②·③). 이사회비설
치회사에서는 각 이사가 업무집행권, 회사대표권을 가진다(日会 348조①, 349조①). 이
사회비설치회사에서는 감사가 임의기관이다.

### (2) 이사회의 구성

#### 1) 비상장회사

이사는 회의체인 이사회를 구성하여야 하기 때문에 3인 이상이어야 한다. 다
만, 자본금의 총액이 10억원 미만인 소규모회사는 굳이 회의체를 구성할 필요가
없으므로 회사의 선택에 따라 1명 또는 2명의 이사를 둘 수 있다(383조①).

#### 2) 일반 상장회사

상장회사는 자산 규모 등을 고려하여 대통령령으로 정하는 경우를 제외하고는
이사 총수의 4분의 1 이상을 사외이사로 하여야 한다(542조의8①).

"대통령령으로 정하는 경우"란 다음과 같은 경우를 말한다(令 34조①).

1. 「벤처기업육성에 관한 특별법」에 따른 벤처기업 중 최근 사업연도 말 현재의 자산총
   액이 1천억원 미만으로서 코스닥시장 또는 코넥스시장에 상장된 주권을 발행한 벤
   처기업인 경우
2. 「채무자 회생 및 파산에 관한 법률」에 따른 회생절차가 개시되었거나 파산선고를
   받은 상장회사인 경우
3. 유가증권시장(資令 176조의9①),·코스닥시장(資法 附則 8조) 또는 코넥스시장(資令
   11조②)에 주권을 신규로 상장한 상장회사(신규상장 후 최초로 소집되는 정기주주
   총회 전날까지만 해당한다)인 경우. 다만, 유가증권시장에 상장된 주권을 발행한
   회사로서 사외이사를 선임하여야 하는 회사가 코스닥시장 또는 코넥스시장에 상장
   된 주권을 발행한 회사로 되는 경우 또는 코스닥시장 또는 코넥스시장에 상장된
   주권을 발행한 회사로서 사외이사를 선임하여야 하는 회사가 유가증권시장에 상
   장된 주권을 발행한 회사로 되는 경우에는 그러하지 아니하다.
4. 「부동산투자회사법」에 의한 기업구조조정 부동산투자회사
5. 해산을 결의한 상장회사

### 3) 대규모 상장회사

최근 사업연도 말 현재의 자산총액이 2조원 이상인 상장회사(令 34조②)의 사외이

사는 3명 이상으로 하되, 이사 총수의 과반수가 되도록 하여야 한다(542조의8① 단서).

### 4) 구성요건 미달과 보충선임

상장회사는 사외이사의 사임·사망 등의 사유로 인하여 사외이사의 수가 이사회의 구성요건에 미달하게 되면 그 사유가 발생한 후 처음으로 소집되는 주주총회에서 요건에 합치되도록 사외이사를 선임하여야 한다(542조의8③). 상법은 사임·사망 등이라는, 회사가 임기만료와 달리 사전에 예상할 수 없는 퇴임사유를 예시하면서 선임유예규정을 둔 것이다. 법령상 사외이사 결격사유(382조③, 542조의8②)에 해당하여 사외이사의 직을 상실한 경우도 선임유예의 대상이나, 임기만료와 같이 예상할 수 있는 퇴임사유는 선임유예의 대상이 아니다.

상장회사 사외이사의 사임으로 사외이사 구성비율에 미달하더라도 선임유예규정이 적용되므로 법률 또는 정관에서 정한 이사의 원수에 미달하지 않는 한 퇴임이사에 관한 제386조 제1항이 적용되지 않는다. 퇴임이사에 관한 제386조 제1항은 임기만료를 규정하는 반면 선임유예에 관한 제542조의8 제3항은 임기만료를 규정하지 않기 때문에 임기만료의 경우에는 선임유예규정이 적용되지 않는다.[332)333)]

퇴임사유 발생 후 처음으로 소집되는 주주총회란 반드시 사외이사의 선임을 위하여 소집하는 주주총회뿐 아니라 다른 의안을 결의하기 위하여 소집하는 주주총회도 포함한다. 사유 발생 후 처음으로 소집되는 주주총회에서 이사회의 구성요건에 합치되도록 사외이사를 선임한다면 상법 제635조 제1항 제8호의 "법률 또는 정관에서 정한 이사 또는 감사의 인원수를 궐(闕)한 경우에 그 선임절차를 게을리한 경우"에 해당하지 않고 따라서 과태료 부과대상이 아니다. 그러나 임기만료의 경우에는 즉시 임시주주총회를 소집하여 선임절차를 진행함으로써 위법상태를 해

---

332) 법령 또는 정관에 정한 이사의 원수에 미달하는 경우 지체 없이 주주총회를 소집하여 결원이사를 보충해야 한다. 그러나 상장회사 사외이사의 경우에는 사외이사 결격사유가 엄격하므로 구성요건 미달시 지체 없이 요건에 합치되도록 보충하기 어렵다는 사정을 고려하여 사유 발행 후 처음으로 소집하는 주주총회에서 요건에 합치되도록 사외이사를 선임할 수 있도록 한 것이다. 제542조의8 제3항은 "사외이사의 사임·사망 등"이라고 규정하는데, 이는 회사가 예측하지 못한 사유(파산·성년후견 개시도 이에 해당할 것이다)를 특칙으로 규정한 것이다. 따라서 임기만료와 같이 회사가 예측할 수 있는 경우에는 회사가 즉시 선임절차를 진행하여 위법상태를 해소하지 않으면 과태료 부과대상이 된다(해임에 대하여는 회사가 예측할 수 있는 사유인지 여부에 대하여 논란이 있을 수 있다).

333) 反對: 김지평, 전게논문, 21면(퇴임이사의 법리는 적용된다면 임기만료 및 사임 모두에 대하여 적용되는 것이고, 적용이 배제된다면 임기만료 및 사임 모두에 대하여 적용되지 않는 것이라고 설명한다).

소하지 않으면 과태료 부과대상이 된다.

### 5) 이사회의 성별 구성에 관한 특례

최근 사업연도말 현재 자산총액[금융업 또는 보험업을 영위하는 회사의 경우 자본총액(대차대조표상의 자산총액에서 부채총액을 뺀 금액) 또는 자본금 중 큰 금액]이 2조원 이상인 주권상장법인의 경우 이사회의 이사 전원을 특정 성(性)의 이사로 구성하지 아니하여야 한다(資法 165조의20). 개정법 시행 당시 이 규정에 적합하지 아니한 주권상장법인은 개정법 시행일부터 2년 이내에 개정규정에 적합하도록 하여야 한다(資法 부칙 2조).

### (3) 이사회의 권한

### 1) 업무집행에 관한 의사결정권

(가) 이사회의 권한사항    중요한 자산의 처분 및 양도, 대규모 재산의 차입, 지배인의 선임 또는 해임과 지점의 설치·이전 또는 폐지 등 회사의 업무집행은 이사회 결의로 한다(393조①).334) 여기서 말하는 중요한 자산의 처분에 해당하는지 여부는 당해 재산의 가액, 총자산에서 차지하는 비율, 회사의 규모, 회사의 영업 또는 재산의 상황, 경영상태, 자산의 보유목적, 회사의 일상적 업무와 관련성, 당해 회사에서의 종래의 취급 등에 비추어 대표이사의 결정에 맡기는 것이 상당한지 여부에 따라 판단하여야 할 것인데, 자본시장법상 사업보고서 제출대상법인의 주요사항보고서 제출 대상인 해당 영업부문의 자산액이 최근 사업연도 말 현재 각 해당 금액의 10% 이상인 경우를 기준으로 하는 것이 타당하다.335)336)

---

334) 금융사지배구조법상 다음 사항은 이사회의 심의·의결을 거쳐야 한다(同法 15조①).
　　1. 경영목표 및 평가에 관한 사항
　　2. 정관의 변경에 관한 사항
　　3. 예산 및 결산에 관한 사항
　　4. 해산·영업양도 및 합병 등 조직의 중요한 변경에 관한 사항
　　5. 내부통제기준 및 위험관리기준의 제정·개정 및 폐지에 관한 사항
　　6. 최고경영자의 경영승계 등 지배구조 정책 수립에 관한 사항
　　7. 대주주·임원 등과 회사 간의 이해상충 행위 감독에 관한 사항
　그리고 금융회사의 이사회는 상법 제393조 제1항에 따른 이사회의 권한 중 지배인의 선임 또는 해임과 지점의 설치·이전·폐지에 관한 권한은 정관에서 정하는 바에 따라 위임할 수 있다(同法 15조③).
335) "대통령령으로 정하는 중요한 영업 또는 자산을 양수하거나 양도할 것을 결의한 때"란 다음의 결의를 한 때를 말한다(資令 171조②).
　　1. 양수·양도하려는 영업부문의 자산액(장부가액과 거래금액 중 큰 금액)이 최근 사업연도 말 현재 자산총액(한국채택국제회계기준을 적용하는 연결재무제표 작성대상법인인 경우

중요한 자산의 처분에 해당하는 경우에는 이사회가 그에 관하여 직접 결의하
지 아니한 채 대표이사에게 그 처분에 관한 사항을 일임할 수 없는 것이므로 이사
회규정상 이사회 부의사항으로 정해져 있지 아니하더라도 반드시 이사회 결의를
거쳐야 한다.337)

상법은 주주총회와 달리 이사회 결의사항을 법률이나 정관에 정하는 사항으로
제한하지 아니하므로 주주총회의 권한에 속하지 않으면서 일상 업무에 속하지 않
는 중요한 업무집행에 관한 사항은 법률이나 정관에서 이사회 결의사항으로 규정
하지 않더라도 이사회의 결의사항으로 할 수 있다.338)

주주총회 특별결의 사항이 아닌 한 주주총회가 이사회의 결의를 무효화하는
결의를 하더라도 이사회 결의에 의하여 체결된 계약이 무효로 되지 않는다.339)

(나) 위원회에 대한 위임 범위    이사회는 정관이 정한 바에 따라 위원회를 설
치할 수 있는데(393조의2①), i) 주주총회의 승인을 요하는 사항의 제안, ii) 대표이사
의 선임 및 해임, iii) 위원회의 설치와 그 위원의 선임 및 해임, iv) 정관에서 정하
는 사항 등은 위원회에 위임할 수 없다(393조의2②). 따라서 그 밖의 사항에 대하여

---

에는 연결재무제표의 자산총액)의 10% 이상인 양수 · 양도
2. 양수 · 양도하려는 영업부문의 매출액이 최근 사업연도말 현재 매출액(한국채택국제회계
   기준을 적용하는 연결재무제표 작성대상법인인 경우에는 연결재무제표의 매출액)의 10%
   이상인 양수 · 양도
3. 영업의 양수로 인하여 인수할 부채액이 최근 사업연도말 현재 부채총액(한국채택국제회
   계기준을 적용하는 연결재무제표 작성대상법인인 경우에는 연결재무제표의 부채총액)의
   10% 이상인 양수
4. 삭제 [2016. 6. 28.]
5. 양수 · 양도하려는 자산액(장부가액과 거래금액 중 큰 금액)이 최근 사업연도말 현재 자산
   총액(한국채택국제회계기준을 적용하는 연결재무제표 작성대상법인인 경우에는 연결재
   무제표의 자산총액)의 10% 이상인 양수 · 양도. 다만, 일상적인 영업활동으로서 상품 · 제
   품 · 원재료를 매매하는 행위 등 금융위원회가 정하여 고시하는 자산의 양수 · 양도는 제
   외한다.
336) 일본 회사법도 사업의 중요한 일부에 관하여, 양도자산의 장부가액이 총자산으로서 법무성
    에서 정한 방법으로 산정된 금액의 5분의 1 이하의 영업의 양도는 중요한 일부로 보지 않는다
    고 명문으로 규정한다(日会 467조 제2호).
337) 대법원 2016. 7. 14. 선고 2014다213684 판결, 대법원 2011. 4. 28. 선고 2009다47791 판결, 대
    법원 2005. 7. 28. 선고 2005다3649 판결.
338) [대법원 1997. 6. 13. 선고 96다48282 판결] "법률 또는 정관 등의 규정에 의하여 주주총회
    또는 이사회의 결의를 필요로 하는 것으로 되어 있지 아니한 업무 중 이사회가 일반적 · 구체
    적으로 대표이사에게 위임하지 않은 업무로서 일상 업무에 속하지 아니한 중요한 업무에 대
    하여는 이사회에게 그 의사결정권한이 있다."
339) 대법원 1991. 5. 28. 선고 90다20084 판결.

는 정관에서 위원회에 대한 위임을 금지한 사항이 아닌 한 위임이 가능하다.

(다) 주주총회 소집권    총회의 소집은 본법에 다른 규정이 있는 경우 외에는 이사회가 이를 결정한다(362조).

(라) 주주제안 처리    이사는 주주제안이 있는 경우에는 이를 이사회에 보고하고, 이사회는 주주제안의 내용이 법령 또는 정관에 위반되는 경우를 제외하고는 이를 주주총회의 목적사항으로 하여야 한다. 이 경우 주주제안을 한 자의 청구가 있을 때에는 주주총회에서 당해 의안을 설명할 기회를 주어야 한다(363조의2③).

2) 이사직무집행감독권

이사회는 이사(대표이사 포함)의 직무의 집행을 감독한다(393조②). 이사회는 대표이사 선임·해임권에 의하여 대표이사를 통제한다. 이사회의 감독권은 타당성(합목적성)감사에도 미친다. 이사회의 이사직무집행에 대한 감독권은 이사가 이사회의 구성원으로서 이사회 결의로써 하는 것이고, 개별 이사의 감시권과는 다른 것이다.

3) 집행임원설치회사의 이사회의 권한

이에 관하여는 집행임원 부분에서 상술한다.

(4) 이사회의 소집과 의장

1) 소집권자

(가) 이   사    이사회는 각 이사가 소집한다. 그러나 이사회 결의로 소집할 이사를 정한 때에는 그 이사가 소집한다(390조①).340) 이 경우 소집권자로 지정되지 않은 다른 이사는 "소집권자인 이사에게" 이사회 소집을 요구할 수 있다. 소집권자인 이사가 정당한 이유 없이 이사회 소집을 거절하는 경우에는 다른 이사가 이사회를 소집할 수 있다(390조②).

(나) 집행임원    집행임원은 필요한 때에는 회의의 목적사항과 소집이유를 적은 서면을 이사(소집권자가 있는 경우에는 소집권자)에게 제출하여 이사회의 소집을 청구할 수 있다(408조의7①). 집행임원의 소집청구가 있은 후 지체 없이 이사회 소집의 절차를 밟지 아니한 때에는 소집을 청구한 집행임원은 법원의 허가를 받아 이사회를 소집할 수 있다. 이 경우 이사회의 의장은 법원이 이해관계자의 청구 또는 직권으로 선임할 수 있다(408조의7②).

---

340) 통상 정관에서 "대표이사 또는 이사회 의장"을 소집권자로 정한다. 집행임원을 둔 회사는 대표이사가 없으므로 "이사회 의장"을 소집권자로 규정한다(상장회사 표준정관 37조③).

(다) 감　　사　　감사도 필요하면 회의의 목적사항과 소집이유를 기재한 서면을 이사(소집권자가 있는 경우에는 소집권자)에게 제출하여 이사회의 소집을 청구할 수 있다(412조의4①). 이러한 청구가 있었음에도 불구하고 이사가 지체 없이 이사회를 소집하지 아니한 경우에는 그 청구를 한 감사가 이사회를 소집할 수 있다(412조의4②). 감사는 집행임원과 달리 법원의 허가 없이 이사회를 소집할 수 있다.

### 2) 정기이사회와 임시이사회

이사는 3개월에 1회 이상 업무의 집행상황을 이사회에 보고하여야 한다(393조④). 따라서 이사회는 적어도 3개월에 1회 개최되어야 한다. 이를 정기이사회(regular meeting)라 하고, 그 밖의 모든 이사회는 임시이사회(special meeting)이다. 3개월에 1회는 상법이 요구하는 최소한이고, 회사에 따라서는 월 1회 정기이사회를 개최하기도 한다.

### 3) 소집절차

이사회를 소집함에는 회일을 정하고 그 1주 전에 각 이사·감사에 대하여 통지를 발송하여야 한다.[341] 그러나 그 기간은 정관으로 단축할 수 있다(390조③). 통지일과 개최일 사이에 1주의 기간이 있어야 한다.

감사는 이사회에 출석하여 의견을 진술할 수 있으므로(391조의2①), 이사회 소집통지는 감사에게도 하여야 한다.[342]

이사회는 이사·감사 전원의 동의가 있는 때에는 소집통지의 발송 없이 언제든지 회의할 수 있다(390조④). 소집통지의 대상은 등기된 이사·감사뿐 아니라, 일시이사, 이사직무대행자 등도 포함되고, 다만 직무집행정지된 이사는 통지대상이 아니다. 일부 이사에게 소집통지를 하지 않고 이사회 결의한 경우, 해당 이사가 이사회에 참석하여 반대투표를 해도 결의에 영향을 미치지 않을 것이 확실한 경우라 하

---

[341] 정관에 소집일시가 특정되어 있지 않는 한 정기적으로 개최되는 이사회도 소집통지를 하여야 한다.

[342] 그러나 감사에 대한 소집통지의 흠결이나 감사의 불출석은 이사회 결의의 하자로 되지 않는다. 감사의 이사회출석권은 감사권의 수행을 위한 것이고 이사회 결의의 적법성을 위한 것이 아니기 때문이다(同旨: 대법원 1992. 4. 14. 선고 90다카22698 판결). 한편, 절차상 하자의 치유를 인정한 하급심 판례도 있다[부산고등법원 2004. 1. 16. 선고 2003나12328 판결] "감사는 이사회 결의시 의견을 진술할 권한이 있을 뿐 의결권은 없어 그에 대한 소집통지가 되지 않아 감사가 출석하지 않은 상황에서 주주총회 소집을 의결하는 이사회 결의가 되었다고 하더라도 그 이사회의 의사형성에 결정적인 영향을 미쳤다고 보기 어려워, 이사회 결의가 무효라고 볼 수 없고, 그 후 이사회가 다시 소집되어 주주총회 소집을 재의결하면서 비록 정관에서 정한 통지기일보다 하루가 늦었지만 이사회가 개최되기 6일 전에 감사에 대한 이사회 소집통지가 되었고, 이에 따라 감사가 서면으로 자신의 의견을 진술하기도 하였다면 최초 이사회 소집통지의 절차상 하자가 치유되어 주주총회 결의를 취소할 수 없다").

더라도 이사회 결의는 무효로 된다. 해당 이사가 이사회에 출석하여 심의과정에서 의견을 개진하면 다른 결론이 나올 가능성이 있기 때문이다.

이사회의 소집통지방법에는 제한이 없다. 따라서 반드시 서면에 의한 통지가 요구되는 것은 아니고, 구두·전화·이메일·FAX·사내방송 등의 방법으로 통지하여도 된다.

이사회 소집통지를 할 때에는, 회사의 정관에 이사들에게 회의의 목적사항을 함께 통지하도록 정하고 있거나 "회의의 목적사항을 함께 통지하지 아니하면 이사회에서의 심의·의결에 현저한 지장을 초래하는 등"의 특별한 사정이 없는 한 주주총회의 소집통지의 경우와 달리 회의의 목적사항을 함께 통지할 필요는 없다.343) 이사회 결의의 절차상의 하자는 결의무효사유가 되는데, 이사회의 소집통지를 받을 권리는 포기할 수 있다.

### 4) 소집시기와 장소

이사회의 소집시기는 긴급한 상황이 아닌 한 가급적 많은 이사가 출석할 수 있는 시기에 소집하여야 한다. 의안에 반대하는 입장인 이사가 출석할 수 없거나 출석이 곤란한 시기에 이사회를 소집하여 결의하는 경우 결의무효사유에 해당한다. 상법은 주주총회와 달리 이사회의 소집장소에 대한 규정을 두지 않지만, 소집시기와 마찬가지로 가급적 많은 이사들이 출석할 수 있는 곳에서 소집하여야 한다. 따라서 반드시 회사 내의 장소일 필요는 없지만, 합리적인 이유 없이 지방이나 외국에서 이사회를 소집하는 것은 위법하다.

### 5) 이사회 의장

통상 대표이사가 이사회 의장이 된다.344) 그러나 집행임원을 설치한 회사는 대표이사가 없으므로, 이사회의 의장은 이사회에서 호선한다.345)

---

343) 대법원 2011. 6. 24. 선고 2009다35033 판결.

344) 금융사지배구조법의 적용대상인 금융회사는, 매년 사외이사 중에서 이사회 의장을 선임해야 하고(同法 19조), 이사회는 사외이사가 아닌 자를 이사회 의장으로 선임할 수 있으며, 이 경우 이사회는 그 사유를 공시하고, 사외이사를 대표하는 자("선임사외이사")를 별도로 선임하여야 한다(同法 13조②).

345) 금융사지배구조법은 이사회는 매년 사외이사 중에서 이사회 의장을 선임하되(同法 13조①), 이사회는 사외이사가 아닌 자를 이사회 의장으로 선임할 수 있으며, 이 경우 이사회는 그 사유를 공시하고, 사외이사를 대표하는 자(이하 "선임사외이사"라 한다)를 별도로 선임하여야 한다(同法 13조②). 선임사외이사는 "1. 사외이사 전원으로 구성되는 사외이사회의의 소집 및 주재, 2. 사외이사의 효율적인 업무수행을 위한 지원, 3. 사외이사의 책임성 제고를 위한 지원" 업무를 수행한다(同法 13조③).

## (5) 이사회 결의

### 1) 결의요건

이사회 결의는 이사 과반수의 출석(의사정족수·성립정족수)과 출석이사의 과반수(의결정족수)로 하여야 한다. 그러나 이익충돌 관련 사항에 대하여는 가중된 결의요건이 적용되어 사업기회이용에 대한 승인(397조의2①)이나 자기거래에 대한 승인(398조)의 경우에는 이사 3분의 2 이상의 수로써 결의한다.[346] 이사회 결의의 요건은 정관으로 그 비율을 높게 정할 수 있다(391조①).[347] 정관에서 모든 의안이나 일부 특정 의안에 대하여 만장일치를 결의요건으로 정하는 것도 적법하다.[348] 그러나 이사회 결의의 요건으로서 대표이사 또는 의장의 동의를 추가로 요구하는 것은 1인 1의결권원칙(頭數主義)상 허용되지 않는다.[349]

**(가) 재임이사 기준**      이사 과반수의 출석은 재임이사 과반수의 출석을 의미한다. 재적이사와 달리,[350] 재임이사에는 퇴임이사(386조①), 일시이사(386조②), 직무대행자(407조①) 등은 포함되나, 직무집행이 정지된 이사는 제외된다(통설). 의사정족수가 충족되지 아니한 이사회에서 이루어진 결의는 위법한 것으로 무효이다.[351]

법률·정관에서 정한 이사의 최저원수에 미달하는 경우에는 그 최저원수를 기

---

346) 자본시장법상 금융투자업자가 예외적으로 허용되는 대주주발행 증권의 소유, 대주주에 대한 신용공여의 경우에는 이사회의 결의를 거쳐야 하는데, 이 경우 이사회 결의는 재적이사 전원의 찬성으로 한다(資法 34조③).

347) 그러나 상법상 이사회 결의요건에 관한 규정은 강행규정이므로, 정관에 의하여 상법상 결의요건보다 완화하는 것은 허용되지 않는다.

348) 미국에서도 이사는 1인 1의결권을 행사할 수 있고, 일반적으로 이사회 결의는 의결권을 행사한 이사의 과반수(majority of those voting)가 아니라 이사회에 출석한 이사의 과반수(majority of those present)의 찬성에 의하여 이루어진다. DGCL §141(b)도 정족수가 충족된 이사회에 출석한 이사의 과반수(The vote of the majority of the directors present at a meeting at which a quorum is present)를 결의요건으로 규정한다. 또한 많은 州의 제정법은 기본정관 또는 부속정관의 규정에 의하여 이사회 결의요건을 가중하는 것을 허용한다[MBCA §8.24(c), DGCL §141(b)].

349) 同旨: 이철송, 681면(중요한 의안에 대한 결의요건을 강화할 수 있지만 일부 이사에게 거부권을 주는 정도로 강화할 수는 없다고 설명한다).

350) 통상의 경우에는 재적이사를 기준으로 의사정족수 충족 여부를 판단하는데, 구체적으로는 퇴임이사(386조①), 일시이사(386조②), 직무대행자(407조①) 등은 포함되나, 직무집행이 정지된 이사는 제외되므로, 재임이사를 기준으로 한다는 것이 정확한 표현이다.

351) [대법원 1995. 4. 11. 선고 94다33903 판결]【채권확정】 "재적 6명의 이사 중 3인이 참석하여 참석이사의 전원의 찬성으로 연대보증을 의결하였다면 위 이사회의 결의는 과반수에 미달하는 이사가 출석하여 상법 제391조 제1항 본문 소정의 의사정족수가 충족되지 아니한 이사회에서 이루어진 것으로 무효라고 할 것이다."

준으로 한다.352) 통상은 법률·정관에서 정한 대표이사나 이사의 원수(최저원수·특정
원수)를 채우지 못하게 되는 결과가 일어나는 경우에, 그 퇴임한 이사는 새로 선임
된 이사(후임이사)가 취임할 때까지 이사로서의 권리의무가 있으므로(386조①, 389조
③) 결의요건에 문제되지 않지만, 이사의 사망이나 해임으로 법률·정관에서 정한
이사의 최저원수에 미달하는 경우가 있다. 이러한 경우에는 법원에 일시이사의 선
임을 청구하여야(386조②), 신임이사 선임을 위한 주주총회 소집결의를 할 수 있을
것이다.

　　(나) 의사정족수 요건의 유지시간　　결의요건 중 이사회의 의사정족수 요건(과
반수이사의 출석)은 개회시부터 토의·결의시(투표시)까지 전과정에 걸쳐서 요구된
다.353) 예컨대 5인 중 3인이 출석하였다가 중간에 1인이 떠난 일이 있으면 (투표시
다시 돌아왔어도) 의사정족수 미달로 보아야 한다. 이사회 결의는 이사들의 협의와
의견의 교환을 통하여 그들의 지식과 경험을 모아 일정한 결론을 내리는 것이므로
개회시에 의사정족수가 충족되었다 하더라도 투표시까지 계속해서 의사정족수가

---

352) 미국에서는 이사회의 의사정족수(quorum)는 이사 중 일부가 결원(vacancy)이 된 경우에도
기본정관이나 부속정관에 기재된 이사 정원의 수(fixed number of directors)를 기준으로 한
다. 따라서 이사의 수가 확정되어 있을 때에는 부속정관에 그 이상의 의사정족수가 규정되어
있지 않는 한 이사회 결의는 재임이사(directors in office)의 과반수가 아니라 이사정원의 과
반수가 출석하여야 한다. 그러나 이사의 수가 가변적으로 정하여진 경우(variable-range size
board)의 의사정족수는 이사회 소집 당시의 결원을 제외한 재임이사의 과반수로 보아야 한다
[MBCA §8.24(a)]. DGCL은 이사가 2인 이상인 경우(1인 이사회가 아닌 경우) 기본정관에 다
른 규정이 없으면 이사회 결의에 대한 과반수 미달(그러나 3분의 1 이상이어야 한다)의 의사
정족수를 부속정관에 규정하는 것도 허용한다[DGCL §141(b), MBCA §8.24(b)]. 부속정관에 이
러한 규정이 있는 경우 2인의 이사 중 1인의 이사만 출석하여도 의사정족수가 충족되므로 이
사회 결의를 할 수 없는 교착상태를 피할 수 있다. 이사의 결원시 이사회가 후임이사를 보충
선임할 수 있도록 규정하는 일부 州제정법은 잔존 재임이사의 수가 이사회의 의사정족수에
미달하는 경우에도 요건을 완화하여 후임이사의 보충선임을 위한 결의가 가능하도록 규정한
다. MBCA §8.10(a)(3)은 잔존 재임이사의 수가 이사회의 의사정족수에 미달하는 경우 잔존
재임이사의 과반수의 찬성에 의하여 이사를 보충선임할 수 있다(if the directors remaining
in office constitute fewer than a quorum of the board, they may fill the vacancy by the
affirmative vote of a majority of all the directors remaining in office)고 규정한다. 예컨대,
이사의 정원이 6인이면 이사회의 의사정족수는 4인인데 3인의 결원이 발생한 경우, 3인의
이사가 출석하여서는 의사정족수 미달로 결원의 보충이 불가능하여 후임이사의 선임이 불
가능하고 따라서 다른 사항에 대한 결의도 불가능하게 되는 결과가 되므로 이를 허용할 필
요가 있다. 물론 이 경우 주주총회도 후임이사를 선임할 수는 있다. 일부 판례에서는 결원이
사의 보충을 막기 위하여 이사회에 출석하는 것을 거부하는 것 자체를 이사의 신인의무 위반
으로 보기도 하나, 대부분의 판례는 이것도 소수파가 다수파의 회사지배에 대항할 수 있는
수단으로서 허용한다.
353) 권기범, 812면; 이철송, 682면.

충족되어야 하기 때문이다. 따라서 경우에 따라서는 개회 후 상황에 따라 이사회의 장소를 떠남으로써 특정 결의를 저지할 수 있는 수단으로 이용된다.354) 다만, 복수의 의안을 다루는 이사회에서 하나의 의안에 대하여 결의를 한 후 이사가 이사회를 떠남으로써 의사정족수에 미달하는 경우, 그 후의 의안은 결의할 수 없지만 이미 성립한 결의는 유효하다.

### 2) 가부동수시 의장결정권

이사회 결의에 있어서 가부동수시 의장에게 결정권을 주는 정관의 규정에 대하여, i) 이사회 업무집행에 관한 의사결정을 신속히 할 필요가 있고, 이사회의 의결권 행사에 있어서는 주주총회에서의 주주평등원칙과 같은 의결권 평등을 강하게 요청할 필요가 없다는 견해와,355) ii) 이사회 결의요건을 가중하는 것만 허용하는 제391조 제1항 단서의 취지에 반하고, 특정인에게 복수의 의결권을 주는 결과가 되므로 1이사 1의결권원칙(頭數主義)상 이러한 정관규정은 무효라는 견해(통설)가 있는데, 판례는 통설과 같은 입장에서 이러한 취지의 정관규정을 무효라고 본다.356)

### 3) 특별이해관계인의 의결권 제한

(가) 의   의   상법 제391조 제3항은 "제368조 제3항 및 제371조 제2항의 규정은 제391조 제1항의 경우에 이를 준용한다."라고 규정한다. 이러한 준용규정에 따라, 이사회 결의에 관하여 특별한 이해관계가 있는 자는 의결권을 행사하지 못하고(368조③), "의결정족수와 관련하여" 특별이해관계인인 이사의 수는 (출석한 주주의 의결권의 수에 대응하는) 출석한 이사의 수에 산입하지 않는다(371조②).

반면에, 의결권 없는 주식의 수를 발행주식총수에서 제외한다는 제371조 제1

---

354) 미국에서는 의사정족수가 이사회 개회시 외에 투표시에도 유지되는 것이 필요하다. 대부분의 州제정법에는 이를 명문으로 규정하지 않지만, MBCA는 "If a quorum is present when a vote is taken … "이라고 규정하여 이러한 취지를 명시하고 있다[MBCA §8.24(c)].

355) 정동윤, 607면.

356) [대법원 1995. 4. 11. 선고 94다33903 판결]【채권확정】"상법 제391조 제1항의 본문은 '이사회의 결의는 이사 과반수의 출석과 출석이사의 과반수로 하여야 한다'고 규정하고 있는바, 강행규정인 위 규정이 요구하고 있는 결의의 요건을 갖추지 못한 이사회 결의는 효력이 없는 것이라고 할 것이다. 원심이 적법하게 확정한 바와 같이 소외 정리회사의 각 이사회에서 당시 재적 6명의 이사 중 3인이 참석하여 참석이사의 전원의 찬성으로 이 사건 각 연대보증을 의결하였다면 위 각 이사회의 결의는 과반수에 미달하는 이사가 출석하여 상법상의 의사정족수가 충족되지 아니한 이사회에서 이루어진 것으로 무효라고 할 것이고, 소론과 같이 위 정리회사의 정관에 이사회의 결의는 이사 전원의 과반수로 하되 가부동수인 경우에는 이사회 회장의 결정에 의하도록 규정되어 있고, 위 각 이사회 결의에 참석한 이사 중에 이사회 회장이 포함되어 있다고 하여도 마찬가지라고 할 것이다."

항은 준용되지 아니하므로 "의사정족수와 관련하여" 발행주식총수에 대응하는 재임이사의 수에 특별이해관계인인 이사의 수도 산입한다(분모, 분자에 모두 포함).357) 즉, 특별이해관계인인 이사의 수는 의사정족수에서는 분모·분자에 모두 포함되고, 의결정족수에서는 분모·분자에서 모두 제외된다.

주주총회에서는 결의요건을 충족할 수 없게 되는 문제를 해결하기 위하여 명문의 규정에 불구하고 제368조 제3항에 따라 의결권을 행사할 수 없는 주식의 수도 발행주식총수에 산입하지 않는 것으로 해석하지만,358) 통상의 이사회 결의는 주주총회 결의와 달리 의사정족수도 구비하여야 하므로 특별이해관계 있는 이사의 수를 분모(재임이사의 수)와 분자(출석이사의 수)에 모두 포함되는 것으로 해석한다.

그러나 가중된 결의요건이 적용되는 이사회 결의(회사의 기회 및 자산의 유용 금지에 관한 제397조의2와 이사 등과 회사 간의 거래에 관한 제398조에 의한 이사회 결의)는 재임이사의 3분의 2 이상이라는 결의요건만 요구되므로, 의사정족수를 따로 요구하지 않는 주주총회 결의와 같이 특별이해관계 있는 이사의 수를 재임이사의 수에서 제외하는 것으로 해석해야 할 것이다.

(나) 특별이해관계인의 범위    대표이사 선임·해임의 경우 대표이사후보인 이사는 특별이해관계인에 해당하지 않고 따라서 의결권이 제한되지 않는다. 이는 회사지배에 관한 주주의 비례적 이익이 연장·반영되는 문제이기 때문이다. 반면에

---

357) [대법원 1992. 4. 14. 선고 90다카22698 판결]【소유권이전등기】 "특별이해관계가 있는 이사는 이사회에서 의결권을 행사할 수 없으나 의사정족수 산정의 기초가 되는 이사의 수에는 포함되고 다만 결의성립에 필요한 출석이사에는 산입되지 아니하는 것이므로 회사의 3명의 이사 중 대표이사와 특별이해관계 있는 이사 등 2명이 출석하여 의결을 하였다면 이사 3명 중 2명이 출석하여 과반수 출석의 요건을 구비하였고 특별이해관계 있는 이사가 행사한 의결권을 제외하더라도 결의에 참여할 수 있는 유일한 출석이사인 대표이사의 찬성으로 과반수의 찬성이 있는 것으로 되어 그 결의는 적법하다."
   (C가 특별이해관계인이고, A와 C만 출석하였다면 C는 의사정족수에는 포함되고, 의결정족수의 계산에서 출석이사의 수에 산입하지 아니하므로 다음과 같은 결과가 된다)
   3인의 이사: A(출석), B(결석), C(출석, 특별이해관계인)
   의사정족수 = A+C/(A+B+C) = 2/3 (충족)
   의결정족수 = A/A = 1/1 (충족)

358) 상법 제371조 제1항은 "총회의 결의에 관하여는 제344조의3 제1항과 제369조 제2항 및 제3항의 의결권 없는 주식의 수는 발행주식총수에 산입하지 아니한다."라고만 규정할 뿐 제368조 제3항의 주식의 수를 발행주식총수에 산입할지 여부에 관하여는 규정하지 않는데, 만일 발행주식총수에는 산입된다고 해석한다면 발행주식총수의 일정 비율 이상을 요구하는 결의요건을 충족할 수 없게 되는 문제가 있으므로, 법무부의 유권해석과 판례(대법원 2016. 8. 17. 선고 2016다222996 판결)는 제368조 제3항에 따라 의결권을 행사할 수 없는 주식의 수도 발행주식총수에 산입하지 않는 것으로 해석한다.

경업, 사업기회이용, 자기거래 등에 대한 이사회의 승인에 있어서 해당 이사는 당연히 특별이해관계인이다.

(다) 의결권제한의 대상 결의    주주총회에 관한 제368조 제3항은 "총회의 결의에 관하여"라고 규정하므로 주주총회 보통결의와 특별결의의 경우 모두 특별이해관계인의 의결권제한이 적용된다. 그런데 제391조 제3항은 "제368조 제3항 및 제371조 제2항의 규정은 제391조 제1항의 경우에 이를 준용한다."라고 규정한다. 그리고 제391조 제1항은 "이사회의 결의는 이사 과반수의 출석과 출석이사의 과반수로 하여야 한다. 그러나 정관으로 그 비율을 높게 정할 수 있다."라고 규정한다. 이는 이사회의 통상의 결의요건을 규정한 것이다.

상법 제391조 제3항의 위와 같은 규정은 이사회 결의(회사의 기회 및 자산의 유용금지에 관한 제397조의2와 이사 등과 회사 간의 거래에 관한 제398조에 의한 이사회 결의)의 가중된 결의요건을 간과한 것이다. 따라서 이는 입법상의 과오로 인한 것이므로 가중된 결의요건이 적용되는 이사회의 결의에 관하여 특별이해관계인의 의결권 제한에 관한 규정이 없지만 특별이해관계 있는 주주는 의결권을 행사하지 못한다는 제368조 제3항의 규정을 이사회의 결의에 관하여도 유추적용하여야 할 것이다.

(라) 이사 전원의 특별이해관계    이사 전원에게 주식매수선택권을 부여하는 경우와 같이 이사 전원이 특별이해관계가 있는 상황에서 하나의 안건으로 결의하면 특별이해관계 있는 이사가 자신의 주식매수선택권에 대하여 의결권을 행사한 것이 되어 부적법하다. 따라서 이러한 경우에는 이사별로 안건을 분리하여 각 안건마다 해당 이사의 의결권을 제한하면서 개별적으로 결의해야 한다.359)

4) 토론의 대행과 의결권 대리행사

이사회는 이사들 간의 상호의견교환을 통한 집단적 의사결정방식에 의하여 결의하여야 하므로 토론의 대행이나 의결권 대리행사가 허용되지 않는다.360)

5) 서면결의·회람결의

서면결의·회람결의는 토론 없이 개별적인 동의 하에 이루어지는 결의로서 이

---

359) 다만, 금융사지배구조법 제17조 제5항은 임원후보추천위원회의 위원은 본인을 임원 후보로 추천하는 임원후보추천위원회 결의에 관하여 의결권을 행사하지 못한다고 규정한다.

360) [대법원 1982. 7. 13. 선고 80다2441 판결][채권확인등] "이사회는 주주총회의 경우와는 달리 원칙적으로 이사자신이 직접 출석하여 결의에 참가하여야 하며 대리인에 의한 출석은 인정되지 않고 따라서 이사가 타인에게 출석과 의결권을 위임할 수도 없는 것이니 이에 위배된 이사회의 결의는 무효이며 그 무효임을 주장하는 방법에는 아무런 제한이 없다."

사회의 본질에 반하므로 허용되지 않는다.

6) 무기명 투표

이사회에서의 투표방법에는 제한이 없고, 다만, 이사는 투표결과에 책임을 져야 하므로 무기명 투표는 허용되지 않는다.

7) 음성회의와 화상회의

(가) 음성회의　　　정관에서 달리 정하는 경우를 제외하고 이사회는 이사의 전부 또는 일부가 직접 회의에 출석하지 아니하고 모든 이사가 음성을 동시에 송·수신하는 원격통신수단에 의하여 결의에 참가하는 것을 허용할 수 있다. 이 경우 당해 이사는 이사회에 직접 출석한 것으로 본다(391조②). 허용할 수 있다는 것은 이사회 의장이 특별히 이에 대한 이사회 결의 없이도 허용할 수 있다는 의미로 해석된다.

전화회의(conference call)가 "음성을 동시에 송·수신하는 원격통신수단"의 전형적인 방법이라 할 수 있다. "모든 이사"가 아닌 "일부 이사"의 음성만 송·수신하거나, "음성"을 동시에 송·수신하는 수단이 아닌 문자회의나 이사의 발언을 전달하는 방식은 허용되지 않는다.

(나) 화상회의　　　화상회의(video conference)는 상법상 근거 규정이 없으므로,361) 정관이나 이사회 규칙에서 별도로 명시적인 근거 규정을 두지 않는 한. i) (이사가 화상회의방식을 이사회에 참석하기 어려운 사정이 있을 수 있으므로) 일부 이사가 반대하는 경우에는 회사가 임의로 화상회의방식을 채택할 수 없고, ii) (회사가 화상회의방식을 위한 설비를 구비하기 어려운 사정이 있을 수 있으므로) 특정 이사가 화상회의로 이사회를 진행할 것을 요구하는 경우 이사회 결의를 거쳐서 화상회의방식을 채택할 수 있다. 한편, 정관에 화상 및 음성이 동시에 송·수신되어야 한다는 규정이 있다면 음성만 송·수신하여 결의한 경우 그 결의는 무효로 된다.

8) 감사의 이사회출석·의견진술권

감사는 이사회에 출석하여 의견을 진술할 수 있다(391조의2①). 감사는 이사가 법령 또는 정관에 위반한 행위를 하거나 그 행위를 할 염려가 있다고 인정한 때에

---

361) 해외 체류 등의 사유로 이사회 개최장소에 직접 참석할 수 없는 이사도 이사회 결의에 참여할 수 있도록 1999년 상법 개정시 "모든 이사가 동영상 및 음성을 동시에 송·수신하는 통신수단에 의하여 결의에 참가하는 것"을 허용하는 규정을 신설했다. 그러나 화상회의를 위하여는 그에 적합한 시설을 해야 하는 부담이 있으므로 2011년 상법 개정시 "동영상 및" 문구를 삭제했다.

는 이사회에 이를 보고하여야 한다(391조의2②).

### 9) 이사회의 연기·속행

주주총회에 관한 제372조의 규정이 이사회에 관하여도 준용되므로(392조), 이사회가 연기·속행되는 경우에는 재소집절차가 불필요하다.

### 10) 이사회 결의의 하자

### (가) 하자의 유형

가) 이사회 결의무효사유    이사회 결의무효사유는, 주주총회 결의의 하자의 경우와 같이 이사회소집절차362) 또는 결의방법이 법령·정관에 위반하거나 현저하게 불공정한 경우 또는 그 결의의 내용이 법령·정관에 위반한 경우 등이다.363) 그리고 이사가 주주의 의결권 행사를 불가능하게 하거나 현저히 곤란하게 하는 것은 주식회사 제도의 본질적 기능을 해하는 것으로서 허용되지 아니하고, 그러한 것을 내용으로 하는 이사회 결의는 무효로 보아야 한다.364)

---

362) [商法 제390조(이사회의 소집)]
   ① 이사회는 각 이사가 소집한다. 그러나 이사회의 결의로 소집할 이사를 정한 때에는 그러하지 아니하다.
   ② 제1항 단서의 규정에 의하여 소집권자로 지정되지 않은 다른 이사는 소집권자인 이사에게 이사회 소집을 요구할 수 있다. 소집권자인 이사가 정당한 이유 없이 이사회 소집을 거절하는 경우에는 다른 이사가 이사회를 소집할 수 있다.
   ③ 이사회를 소집함에는 회일을 정하고 그 1주간 전에 각 이사 및 감사에 대하여 통지를 발송하여야 한다. 그러나 그 기간은 정관으로 단축할 수 있다.
   ④ 이사회는 이사 및 감사전원의 동의가 있는 때에는 제3항의 절차 없이 언제든지 회의할 수 있다.
363) 이사회의 소집절차와 관련하여, "이사 3명 중 회사의 경영에 전혀 참여하지 않고 경영에 관한 모든 사항을 다른 이사들에게 위임하여 놓고 그들의 결정에 따르며 필요시 이사회 회의록 등에 날인만 하여 주고 있는 이사에 대한 소집통지 없이 열린 이사회에서 한 결의는 위 이사가 소집통지를 받고 참석하였다 하더라도 그 결과에 영향이 없었다고 보여지므로 유효하다."라는 판례도 있다(대법원 1992. 4. 14. 선고 90다카22698 판결)(그러나 미리 확정된 의안에 대하여 찬반투표를 거쳐 결정하는 절차인 주주총회 결의와는 달리, 이사회는 가변적인 의안에 대하여 상호 의견을 교환함으로써 최적의 결론을 내야 하는 집단적 의사결정의 방식을 취하여야 하므로 위 판례의 타당성은 의문이다).
364) [대법원 2011. 6. 24. 선고 2009다35033 판결] "소유와 경영의 분리를 원칙으로 하는 주식회사에서 주주는 주주총회 결의를 통하여 회사의 경영을 담당할 이사의 선임과 해임 및 회사의 합병, 분할, 영업양도 등 법률과 정관이 정한 회사의 기초 내지는 영업조직에 중대한 변화를 초래하는 사항에 관한 의사결정을 하기 때문에, 이사가 주주의 의결권 행사를 불가능하게 하거나 현저히 곤란하게 하는 것은, 주식회사 제도의 본질적 기능을 해하는 것으로서 허용되지 아니하고, 그러한 것을 내용으로 하는 이사회 결의는 무효로 보아야 한다. 주식회사 대표이사 갑이 자신이 을에게 교부하였던 주식에 대하여 갑 측과 경영권 분쟁 중인 을 측의 의결권 행사를 허용하는 가처분결정이 내려진 것을 알지 못한 채 이사회 결의를 거쳐 임시주주총회를 소집하였다가 나중에 이를 알고 가처분결정에 대하여 이의절차로 불복할 시간을 벌기 위해

이사회 결의요건을 충족하는지 여부는 이사회 결의 당시를 기준으로 판단하여야 하고, 그 결의의 대상인 행위가 실제로 이루어진 날을 기준으로 판단할 것은 아니다.365)

이사회는 주주총회의 경우와는 달리 원칙적으로 이사 자신이 직접 출석하여 결의에 참가하여야 하며 대리인에 의한 출석은 인정되지 않는다. 따라서 이사가 타인에게 출석과 의결권을 위임할 수도 없고, 이에 위배된 이사회 결의는 무효이다.366)

정관상 이사회 의장 자격이 없는 자가 의장으로서 이사회를 진행한 경우나 정당한 의장의 의사진행을 제지하고 이사 중 1인이 스스로 의장이 되어 회의를 진행한 경우에는 이사회 결의무효사유가 된다. 다만, 의장이 이사회에 출석하지 않는 등 의장으로서의 직무를 수행하지 않는 경우에는 의장의 유고에 해당하고 정관상 대행자가 의장직을 수행할 수 있다.367)

---

일단 임시주주총회 소집을 철회하기로 계획한 후 이사회를 소집하여 결국 임시주주총회 소집을 철회하기로 하는 내용의 이사회 결의가 이루어진 사안에서, 을 측은 발행주식총수의 100분의 3 이상에 해당하는 주식을 가진 주주로서 구 상법(2009. 5. 28. 법률 제9746호로 개정되기 전의 것) 제366조에 따라 임시주주총회 소집을 청구할 수 있고 소집절차를 밟지 않는 경우 법원의 허가를 얻어 임시주주총회를 소집할 수 있었던 점 등에 비추어 볼 때, 임시주주총회 소집을 철회하기로 하는 이사회 결의로 을 측의 의결권 행사가 불가능하거나 현저히 곤란하게 된다고 볼 수 없으므로 위 이사회 결의가 주식회사 제도의 본질적 기능을 해하는 것으로서 무효가 되기에 이르렀다고 보기 어렵다"(이 사건에서는 이사회가 임시주주총회 소집을 철회하는 내용의 결의를 하였는데, 주주의 의결권 행사가 불가능하거나 현저히 곤란하게 된다고 볼 수 없다는 이유로 이러한 이사회 결의를 무효로 보지 않았다).

365) [대법원 2003. 1. 24. 선고 2000다20670 판결]【연대보증계약무효확인】 "원심은, 1991. 2. 1.자 이사회 결의 당시에는 그 결의요건을 충족하였더라도, 그 결의에 따라 이루어진 1991. 4. 29.자 연대보증계약 체결 당시를 기준으로 하면 그 사이 이사 일부와 이사 총수가 변경됨으로써 이사회 결의요건을 갖추지 못하게 되어 결국 위 이사회 결의는 무효라는 피고의 주장에 대하여, 이사회 결의요건을 충족하는지 여부는 이사회 결의 당시를 기준으로 판단하여야 하고, 그 결의의 대상인 연대보증행위가 실제로 이루어진 날을 기준으로 판단할 것이 아니라는 이유로 이를 배척하였는바, 이러한 원심의 판단은 정당하고, 거기에 상법 제393조 제1항에 대한 법리오해의 위법이 있다고 볼 수 없다."

366) 대법원 1982. 7. 13. 선고 80다2441 판결.

367) [대법원 1984. 2. 28. 선고 83다651 판결]【이사회 결의효력정지가처분】 "회장이 적법한 소집통지를 받고도 이사회에 출석하지 아니한 이상 회장이 의장으로서 이사회를 진행할 수 없으므로 이는 정관 소정의 회장 유고시에 해당한다고 해석할 것이고, 대법원 1970. 3. 10. 선고 69다1812 판결은 회사의 대표이사가 정당한 사유 없이 주권발행사무를 수행하지 아니하는 경우에 이를 대표이사 유고시로 보고 전무이사가 주권발행사무를 대리할 수 없다는 취지에 불과하고 위와 같은 회장의 불출석의 경우까지도 회장유고시로 보지 말라는 취지가 아니므로 위의 해석이 위 판례와 상반된다고 볼 수 없다."

나) 이사회 결의부존재사유　　상법상 명문의 규정은 없지만, 이사회의 소집절차 또는 결의방법에 이사회 결의가 존재한다고 볼 수 없을 정도로 중대한 하자가 있는 경우에는 이사회 결의부존재확인의 소가 인정된다. 판례도 하자 있는 주주총회에서 선임된 이사들에 의한 이사회 결의에 대하여 이사회 결의부존재확인의 소를 제기할 수 있다고 판시한다.368) 그러나 이사회 결의에 하자가 있더라도 이사 전원의 동의에 의하여 이사회 의사록이 작성된 경우에는 이사회의 소집절차 없이도 이사회 개최를 가능하도록 하고 있는 제390조 제4항의 규정취지와 상사회사의 업무집행은 의사결정의 기동성을 요하는 경우가 많은 특성 등에 비추어 볼 때 이사회 결의부존재로 볼 수 없다.369)

(나) 하자의 주장방법

가) 이사회 결의무효확인·부존재확인의 소　　주주총회 결의에 대하여는 상법상 결의취소의 소·결의무효확인의 소·결의부존재확인의 소 등이 명문의 규정으로 인정되지만, 이사회 결의의 하자에 대하여는 상법상 아무런 규정이 없다. 하자 있

---

368) [대법원 1989. 7. 25. 선고 87다카2316 판결]【주주총회결의부존재확인】 "주주들에게 통지하거나 주주들의 참석 없이 주주 아닌 자들이 모여서 개최한 임시주주총회에서 발행예정주식총수에 관한 정관변경결의와 이사선임결의를 하고, 그와 같이 선임된 이사들이 모인 이사회에서 대표이사 선임 및 신주발행결의를 하였다면 그 이사회는 부존재한 주주총회에서 선임된 이사들로 구성된 부존재한 이사회에 지나지 않고 그 이사들에 의하여 선임된 대표이사도 역시 부존재한 이사회에서 선임된 자이어서 그 이사회의 결의에 의한 신주발행은 의결권한이 없는 자들에 의한 부존재한 결의와 회사를 대표할 권한이 없는 자에 의하여 이루어진 것으로서 그 발행에 있어 절차적, 실체적 하자가 극히 중대하여 신주발행이 존재하지 않는다고 볼 수밖에 없으므로 회사의 주주는 위 신주발행에 관한 이사회 결의에 대하여 제429조 소정의 신주발행무효의 소의 제기기간에 구애되거나 신주발행무효의 소에 의하지 않고 부존재확인의 소를 제기할 수 있다"(발행예정주식총수에 관한 정관변경결의와 이사선임결의에 대한 주주총회 결의부존재확인의 소와, 신주발행에 관한 이사회 결의에 대한 부존재확인의 소가 제기된 사례이다).
369) [대법원 2004. 8. 20. 선고 2003다20060 판결]【주주총회결의등무효확인】 "피고회사는 1999. 5. 20.에 1999. 5. 12.자 이사회의사록에 관한 인증을 받았는데, 그 인증서에는 피고회사가 1999. 5. 12. 회사의 운영자금을 조달하기 위하여 대표이사를 포함한 이사 총 4명 중 피고 보조참가인을 제외한 이사 3명과 감사 1인이 참석한 가운데 이사회를 개최하였으며, 참석 이사들은 그 이사회에서 이 사건 전환사채발행 결의를 하였다고 기재되어 있으나, 그 이사회의사록은 피고회사의 직원들이 피고회사 대표이사의 지시에 따라 작성한 것이고, 그 의사록에는 참석 이사들 및 감사가 자신의 의사에 기하여 한 날인이 되어 있는 사실 … 사정이 위와 같다면 비록 이사회를 특정 장소에서 개최하지 않은 채 위와 같은 이사회의사록을 작성하였다고 하더라도 이사 전원의 동의가 있으면 이사회의 소집절차 없이도 이사회 개최를 가능하도록 하고 있는 제390조 제4항의 규정취지와 상사회사의 업무집행은 의사결정의 기동성을 요하는 경우가 많은 특성 등에 비추어 볼 때, 원고가 주장하는 사유만으로는 1999. 5. 12.자 이사회 결의가 부존재하다고까지 볼 수는 없다."

는 이사회 결의는 당연무효이고, 이해관계인은 언제든지, 어떠한 방법에 의하여서든지 그 무효를 주장할 수 있으며, 소를 제기하는 경우에는 민사소송법에 의한 결의무효확인의 소 또는 결의부존재확인의 소를 제기할 수 있다.

나) 피    고    주식회사의 이사회 결의는 회사의 의사결정이고 회사는 그 결의의 효력에 관한 분쟁의 실질적인 주체라 할 것이므로 그 효력을 다투는 사람이 회사를 상대로 하여 그 결의의 무효확인, 부존재확인을 소구할 이익이 있다 할 것이나, 그 이사회 결의에 참여한 이사들은 그 이사회의 구성원에 불과하므로 특별한 사정이 없는 한 이사 개인을 피고로 하여 소를 제기할 이익은 없다.370)

다) 확인의 이익    이사회 결의무효확인·부존재확인의 소는 확인의 이익이 있어야 한다. 따라서 이사회 결의로 대표이사직에서 해임된 사람이 그 이사회 결의가 있은 후에 개최된 유효한 주주총회 결의에 의하여 이사직에서 해임된 경우, 그 주주총회가 무권리자에 의하여 소집된 총회라는 하자 이외의 다른 절차상, 내용상의 하자로 인하여 부존재 또는 무효임이 인정되거나 그 결의가 취소되는 등의 특별한 사정이 없는 한 대표이사 해임에 관한 이사회 결의에 어떠한 하자가 있다고 할지라도, 그 결의의 부존재나 무효확인 또는 그 결의의 취소를 구하는 것은 과거의 법률관계 내지 권리관계의 확인을 구하는 것에 귀착되어 확인의 소로서 권리보호요건을 결여한 것으로 보아야 한다.371)

라) 판결의 효력    이사회 결의에 하자가 있는 경우에 관하여 무효주장의 방법으로서 이사회 결의무효확인의 소가 제기되어 승소확정판결을 받은 경우, 그 판결의 효력에 관하여는 주주총회 결의무효확인의 소 등과는 달리 제190조가 준용될 근거가 없으므로 대세적 효력이 없다.372) 이사회 결의무효확인의 소는 그 소송의 목적이 당사자 일방과 제3자에 대하여 합일적으로 확정될 경우가 아니어서 제3자는 공동소송참가를 할 수 없다.373)

---

370) 대법원 1982. 9. 14. 선고 80다2425 전원합의체 판결.
371) 대법원 2007. 4. 26. 선고 2005다38348 판결, 대법원 1996. 10. 11 선고 96다24309 판결.
372) [대법원 1988. 4. 25. 선고 87누399 판결]【법인세등부과처분취소】"이사회의 결의에 하자가 있는 경우에 관하여 상법은 아무런 규정을 두고 있지 아니하나 그 결의에 무효사유가 있는 경우에는 이해관계인은 언제든지 또 어떤 방법에 의하든지 그 무효를 주장할 수 있다고 할 것이지만 이와 같은 무효주장의 방법으로서 이사회 결의무효확인소송이 제기되어 승소확정판결을 받은 경우, 그 판결의 효력에 관하여는 주주총회 결의무효확인소송 등과는 달리 제190조가 준용될 근거가 없으므로 대세적 효력은 없다"(同旨: 대법원 2004. 3. 26. 선고 2002다60177 판결).
373) [대법원 2001. 7. 13. 선고 2001다13013 판결]【이사회결의무효확인】"공동소송참가는 타인간의 소송의 목적이 당사자 일방과 제3자에 대하여 합일적으로 확정될 경우 즉, 타인간의 소송

**(다) 후속행위의 효력**

**가) 별도의 소가 인정되는 경우**  이사회 결의의 후속행위에 관한 별도의 소가 인정되는 경우(하자 있는 이사회 결의에 의하여 소집된 주주총회 결의, 신주발행 등)에는 이사회 결의의 하자는 후속행위의 하자로 흡수된다. 이러한 경우에는 후속행위 자체의 효력을 다투는 소에 의하여 그 효력을 다투어야 한다.374) 따라서 하자 있는 이사회 결의에 의하여 소집된 주주총회 결의, 신주발행 등은 각각 주주총회 결의취소의 소(376조)나 결의부존재확인의 소(380조), 신주발행무효의 소(429조)에 의하여 그 효력이 다투어진다.

**나) 별도의 소가 인정되지 않는 경우**  별도의 소가 인정되지 않는 경우 이사회 결의무효확인판결의 확정에 의하여, 그 이사회 결의에 따라 한 대표이사의 행위는 지배인선임과 같은 순수한 내부적 사항은 무효로 되지만, 대외적인 거래는 거래 안전의 보호를 위하여 상대방이 선의·무과실인 경우에는 유효로 보아야 한다.

**(라) 하자 있는 이사회 결의에 따른 대표행위의 효력**   대법원 2021. 2. 18. 선고 2015다45451 전원합의체 판결은 법률상 제한과 내부적 제한을 구별하지 않고 상대방이 선의·무중과실인 경우에는 그 거래행위는 유효하다고 판시하였다.375) 즉, 거

---

의 판결의 효력이 제3자에게도 미치게 되는 경우에 한하여 그 제3자에게 허용되는바, … 이사회 결의무효확인소송이 제기되어 승소확정판결이 난 경우, 그 판결의 효력은 위 소송의 당사자 사이에서만 발생하는 것이지 대세적 효력이 있다고 볼 수는 없으므로, 이사회 결의무효확인의 소는 그 소송의 목적이 당사자 일방과 제3자에 대하여 합일적으로 확정될 경우가 아니어서 제3자는 공동소송참가를 할 수 없다."

374) [대법원 2004. 8. 20. 선고 2003다20060 판결] "원심판결 이유에 의하면, 원심은 그 채택 증거를 종합하여, 피고 보조참가인이 1999. 5. 12. 피고회사에게 이 사건 전환사채 3억원에 대하여 인수 청약을 하고, 피고회사와 사이에 그 대금은 피고 보조참가인의 피고회사에 대한 1999. 3. 19.자 대여금 3억원으로 납입에 갈음하는 것으로 합의한 후 이를 인수하였고, 그 뒤 피고회사는 1999. 5. 17. 위와 같은 전환사채에 관하여 등기까지 마친 사실을 인정한 다음, 사정이 위와 같다면 위 전환사채발행의 효력이 이미 발생되었다 할 것이므로, 결국 직접 전환사채발행무효의 소에 의하지 않고 그 발행 과정의 하나인 이사회 결의의 부존재 또는 무효 확인을 구하는 청구의 소는 부적법하다고 판단하였다. 위에서 본 법리와 기록에 비추어 살펴보면, 원심의 위와 같은 사실인정과 판단은 정당한 것으로 수긍이 가고, 거기에 상고이유의 주장과 같은 법리오해나 채증법칙 위배로 인한 사실오인 등의 위법이 없다."

375) [대법원 2021. 2. 18. 선고 2015다45451 전원합의체 판결] "대표이사가 이사회 결의를 거쳐야 할 대외적 거래행위에 관하여 이를 거치지 않은 경우에 거래 상대방인 제3자가 보호받기 위해서는 선의 이외에 무과실이 필요하다고 본 대법원 1978. 6. 27. 선고 78다389 판결, 대법원 1995. 4. 11. 선고 94다33903 판결, 대법원 1996. 1. 26. 선고 94다42754 판결, 대법원 1997. 6. 13. 선고 96다48282 판결, 대법원 1998. 7. 24. 선고 97다35276 판결, 대법원 1999. 10. 8. 선고 98다2488 판결, 대법원 2005. 7. 28. 선고 2005다3649 판결, 대법원 2009. 3. 26. 선고 2006다47677 판결, 대법원 2014. 6. 26. 선고 2012다73530 판결, 대법원 2014. 8. 20. 선고 2014다206563 판결 등

래 상대방이 이사회 결의의 부존재 또는 무효사실을 알거나 중과실로 알지 못한 경우 그 거래행위는 무효로 된다.

다만, 이와 관련하여 이사회 결의로써 주주총회 결의에 갈음할 수 있는 경우,376) 주주총회 결의가 필요한 경우와 동일하게 해석하여야 하는지에 관하여는 논란의 여지가 있다.

(마) 전원출석이사회    이사 전원이 출석한 이사회도 주주총회와 같이 소집절차상의 하자에 불구하고 유효한 결의를 할 수 있는지에 대하여 아직 판례는 없다. 그러나 이사회는 이사 및 감사전원의 동의가 있는 때에는 통지 발송 없이 언제든지 회의할 수 있고(390조④), 이사회 소집통지에는 회의의 목적사항을 기재할 필요가 없고, 이사회의 소집통지를 받을 권리는 포기할 수 있다. 이와 같이 이사회 소집절차는 주주총회 소집절차에 비하여 완화되어 있으므로,377) 주주총회보다 엄격하게 해석할 이유는 없다. 따라서 이사 전원이 이사회에 출석하면 이사회소집절차상의 하자에 불구하고 유효한 결의를 할 수 있다.378)

그러나 1인회사라도 복수의 이사가 있는 경우에는, 전원출석이사회가 아닌 한 이사회 결의의 내용이 1인주주의 의사에 부합한다 하더라도 이사회소집절차상의 하자가 치유된다고 볼 수 없다.

### (6) 이사회 의사록

1) 작성방법

이사회의 의사에 관하여는 의사록을 작성하여야 한다(391조의3①).

2) 기재사항

의사록에는 의사의 안건, 경과요령, 그 결과, 반대하는 자와 그 반대이유를 기

---

을 비롯하여 그와 같은 취지의 판결들은 이 판결의 견해에 배치되는 범위에서 모두 변경하기로 한다."

376) 예컨대 자기주식을 취득하려는 회사는 미리 주주총회의 보통결의로 다음 사항을 결정하여야 한다. 다만, 이사회 결의로 이익배당을 할 수 있다고 정관에서 정하고 있는 경우에는 이사회 결의로써 주주총회 결의에 갈음할 수 있다(341조②).

377) 이사회는 각 이사가 소집한다. 그러나 이사회 결의로 소집할 이사를 정한 때에는 그 이사가 소집한다(390조①). 이사회를 소집함에는 회일을 정하고 그 1주간 전에 각 이사 및 감사에 대하여 통지를 발송하여야 한다. 그러나 그 기간은 정관으로 단축할 수 있다(390조③).

378) 따라서 이사들은 전원만 출석한다면 언제든지 이사회 결의를 할 수 있다. 물론 이러한 경우에도 결의한 내용을 인정받으려면 이사회 의사록이 작성되어야 한다. 주주는 영업시간 내에 언제든지 의사록의 열람·등사를 청구할 수 있다(393조의3③).

재하고 출석한 이사·감사가 기명날인 또는 서명하여야 한다(391조의3②). 안건은 결의의 대상으로 상정한 사항이고, 경과요령은 개회, 참석한 이사 및 감사, 의안의 상정, 심의토론, 표결, 폐회 등 일련의 절차를 말하고, 반대하는 자와 그 반대이유는 이사의 책임규명을 위하여 필요한 것이다.379)

### 3) 기재방법

법령·정관에 위반한 행위 또는 임무해태가 이사회 결의에 의한 것인 때에는 그 결의에 찬성한 이사도 같은 책임이 있는데(399조②), 결의에 참가한 이사로서 이의를 한 기재가 의사록에 없는 자는 그 결의에 찬성한 것으로 추정한다(399조③). 이러한 추정 규정으로 인하여 의사록 기재에 불구하고 결의에 불참하거나 반대한 사실에 대한 증명책임은 이사가 부담한다. 여기서 반대에는 기권도 포함한다. 이사회와 주주총회에서 찬성 아닌 투표는 모두 반대로 집계되기 때문이다.

### 4) 기명날인 또는 서명

출석한 이사·감사는 이사회 의사록에 기명날인 또는 서명하여야 하고,380) 출석하지 아니한 이사·감사의 기명날인 또는 서명은 필요로 하지 않는다. 한편, 이러한 기명날인 또는 서명이 없더라도 이사회 결의의 효력에는 영향이 없다.381)

### 5) 주주의 이사회 의사록 열람·등사 청구

(가) 비치의무 대상 여부    이사는 회사의 주주총회의 의사록을 본점과 지점에 비치하여야 하지만(396조①), 이사회의 의사록은 비치의무의 대상이 아니다(391조의3③).

(나) 주주의 열람·등사 청구권

가) 열람·등사 청구권자    주주는 영업시간 내에 이사회 의사록에 대한 열람·등사를 청구할 수 있다(391조의3③ 단서). 이사회 의사록 열람·등사청구는 부실경영에 책임이 있는 경영진에 대한 해임청구 또는 손해배상청구의 대표소송을 위한 사실관계 확인 등 상대방의 경영감독을 위하여 인정된다. 회사채권자는 주주총회의 의사록에 대한 열람·등사를 청구할 수 있지만(396조②), 이사회 의사록에 대하여

---

379) 1999년 상법개정시 이사회 의사록에 의안에 반대하는 자와 반대이유를 기재하도록 하였다.
380) 주주총회 의사록은 의장과 출석한 이사가 기명날인 또는 서명하여야 하고(373조②), 감사는 서명하지 않는다.
381) 간인(間印) 누락의 경우도 마찬가지이다. 다만, 이사회 결의사항에 등기사항(대표이사 선임)이 있는 경우에는 등기신청시 의사록을 첨부하여야 하고, 이 경우 의사록에 대한 공증이 필요한데 공증을 하려면 의사록에 출석한 이사·감사가 기명날인 또는 서명을 하여야 한다.

는 열람·등사청구권이 없다.

　나) 열람·등사 청구의 대상　　이사회 결의 등을 위해 이사회에 제출된 관련 서류라도 그것이 이사회 의사록에 첨부되지 않았다면 이사회 의사록 열람·등사청구의 대상에 해당하지 않는다. 그러나, 이사회 의사록에서 '별첨', '별지' 또는 '첨부' 등의 용어를 사용하면서 내용을 인용하고 있는 첨부자료는 해당 이사회 의사록의 일부를 구성하는 것으로서 이사회 의사록 열람·등사청구의 대상에 해당한다.382)

　다) 열람·등사청구에 대한 거절

　(a) 거절이유　　회사는 주주의 이사회 의사록 열람·등사청구에 대하여 청구가 부당하다는 이유를 붙여 거절할 수 있다(391조의3④). 이사회 의사록 열람·등사청구에 대한 회사의 거절사유에 대하여는 상법에 명문의 규정은 없지만, 주주의 회계장부 열람·등사청구에 대하여 회사는 주주의 청구가 부당함을 증명하지 아니하면 이를 거부하지 못하므로(466조②), 이사회 의사록 열람·등사청구에 대하여도 회사가 청구의 부당함을 증명함으로써 거절할 수 있다고 해석된다.383) 판례도 주주의 이사회 의사록 열람·등사청구와 회계장부 열람·등사청구의 거절사유에 대하여 동일한 차원에서 판시한다.384)

　(b) 판단기준　　주주의 이사회 의사록 열람·등사권 행사가 부당한 것인지 여부는 그 행사에 이르게 된 경위, 행사의 목적, 악의성 유무 등 제반 사정을 종합적으로 고려하여 판단하여야 한다.385)

　a) 청구의 부당함이 인정된 사례　　주주의 이사회 의사록 열람·등사권 행사가 회사업무의 운영 또는 주주 공동의 이익을 해치거나 주주가 회사의 경쟁자로서 그 취득한 정보를 경업에 이용할 우려가 있거나, 또는 회사에 지나치게 불리한 시기를 택하여 행사하는 경우 등에는 정당한 목적을 결하여 부당한 것이다.386)

---

382) 대법원 2014. 7. 21.자 2013마657 결정.

383) 한편, 이사회의 의사록에 대한 주주의 열람·등사청구권을 원칙적으로 부정하고, 주주가 권리행사에 필요한 경우 그 이유를 소명할 것을 요구하는 것이 바람직하다는 견해도 있다[이철송, 687면 각주 1].

384) [대법원 2014. 7. 21.자 2013마657 결정] "상법 제391조의3 제3항, 제466조 제1항에서 규정하고 있는 주주의 이사회의 의사록 또는 회계의 장부와 서류 등에 대한 열람·등사청구가 있는 경우, 회사는 그 청구가 부당함을 증명하여 이를 거부할 수 있다."

385) 대법원 2004. 12. 24.자 2003마1575 결정, 대법원 2014. 7. 21.자 2013마657 결정.

386) [대법원 2004. 12. 24.자 2003마1575 결정] "원심결정 이유에 의하면, 원심은 기록에 의하여 판시와 같은 사실이 소명된다고 한 다음, 재항고인과 상대방은 모두 부산·경남 지역에 영업기반을 두고 오랜 기간 경쟁관계를 유지해 오고 있는 점, 재항고인은 상대방이 139억 원 남짓의 자본금을 33억 원 남짓으로 대폭 감자한 후 비로소 상대방의 주식을 매입하기 시작하였고,

b) 청구의 부당함이 인정되지 않은 사례   주주가 회사의 이사에 대하여
대표소송을 통한 책임추궁이나 유지청구, 해임청구를 하는 등 주주로서의 권리를
행사하기 위하여 이사회 의사록의 열람·등사가 필요하다고 인정되는 경우에는 특
별한 사정이 없는 한 그 청구는 회사의 경영을 감독하여 회사와 주주의 이익을 보
호하기 위한 것이므로, 이를 청구하는 주주가 적대적 인수·합병을 시도하고 있다
는 사정만으로 청구가 정당한 목적을 결하여 부당한 것이라고 볼 수 없다. 즉, 적대
적 인수·합병을 시도하는 주주의 열람·등사청구라고 하더라도 목적이 단순한 압
박이 아니라 회사의 경영을 감독하여 회사와 주주의 이익을 보호하기 위한 것이라
면 허용되어야 한다.387)

라) 법원의 허가와 비송사건   회사가 주주의 열람·등사청구에 대하여 거부

---

더구나 상대방의 계속된 자본전액 잠식으로 인하여 대부분의 보통주가 상장폐지 되었음에도
액면의 5배에 달하는 가격으로 그 주식을 매입하여 그 주주가 되었으므로, 재항고인의 주식
취득은 그 본래의 목적인 회사의 경영성과를 분배받고자 하는 데 있지 않음이 분명한 점, 재
항고인이 상대방의 주식 취득과 때를 같이하여 공개적으로 상대방의 경영권 인수를 표방하면
서 50% 이상의 주식 취득을 위한 주식 공개매수에 착수함과 아울러 이미 재항고인의 주식 취
득 이전에 드러난 상대방 전 대표이사 최병석의 부정행위, 미수금 채권관계, 상장폐지건 등을
내세워 이 사건과 같은 회계장부 열람청구 외에도 임원 해임 요구, 손해배상청구 등을 통하여
상대방의 경영진을 압박하는 한편, 상대방의 주주 및 채권자들을 상대로 한 설득작업을 통하
여 상대방의 경영권 인수를 시도하고 있는 점 등 두 회사의 관계, 재항고인이 상대방의 주식
을 취득한 시기 및 경위, 주식 취득 이후에 취한 재항고인의 행동, 상대방의 현재 상황 등 제
반 사정을 고려할 때, 재항고인이 주주로서 부실경영에 책임이 있다는 상대방의 현 경영진에
대한 해임청구 내지는 손해배상청구의 대표소송을 위한 사실관계 확인 등 상대방의 경영감독
을 위하여 이 사건 서류들에 대한 열람·등사를 구하는 것이 아니라, 주주라는 지위를 내세워
상대방을 압박함으로써 궁극적으로는 자신의 목적인 경영권 인수(적대적 M&A)를 용이하게
하기 위하여 위 서류들에 대한 열람·등사권을 행사하는 것이라고 보아야 할 것이고, 나아가
두 회사가 경업관계에 있기 때문에 이 사건 열람·등사 청구를 통하여 얻은 상대방의 영업상
비밀이 재항고인의 구체적인 의도와는 무관하게 경업에 악용될 우려가 있다고 보지 않을 수
없으므로, 결국 재항고인의 이 사건 열람·등사 청구는 정당한 목적을 결한 것이라고 판단하
였다. 위에서 본 법리와 기록에 비추어 살펴보면, 원심의 위와 같은 사실인정과 판단은 정당
한 것으로 수긍이 가고, 거기에 재항고이유 제1, 2점의 주장과 같이 심리를 다하지 아니하였
다거나 채증법칙 위배 또는 법리오해 등의 위법이 없다."
387) [대법원 2014. 7. 21.자 2013마657 결정] "甲주식회사의 엘리베이터 사업부문을 인수할 의도
로 甲회사 주식을 대량 매집하여 지분율을 끌어올려 온 乙외국법인이 甲회사가 체결한 파생
상품계약 등의 정당성을 문제 삼으면서 甲회사 이사회 의사록의 열람·등사를 청구한 사안에
서, 乙법인이 이사에 대한 대표소송 등 주주로서의 권리를 행사하기 위하여 이사회 의사록의
열람·등사가 필요하다고 인정되는 점, 乙법인이 이사회 의사록으로 취득한 정보를 경업에 이
용할 우려가 있다거나 甲회사에 지나치게 불리한 시기에 열람·등사권을 행사하였다고 볼 수
없는 점 등 여러 사정에 비추어 乙법인의 열람·등사청구가 甲회사의 경영을 감독하여 甲회사
와 주주의 이익을 보호하기 위한 것과 관계없이 甲회사에 대한 압박만을 위하여 행하여진 것
으로서 정당한 목적을 결하여 부당하다고 할 수 없다."

한 경우 주주는 법원의 허가를 받아 이사회 의사록을 열람·등사할 수 있다(391조의 3④).

상법 제391조의3 제4항의 규정에 의한 이사회 의사록의 열람 등 허가사건은 비송사건절차법 제72조 제1항에 규정된 비송사건이므로 민사소송의 방법으로 이사회 회의록의 열람 및 등사를 청구하면 부적법한 소로서 각하된다.388) 따라서 주주명부나 회계장부에 대한 열람·등사청구는 민사본안소송의 대상이지만, 이사회 의사록에 대한 열람·등사청구는 비송사건절차법에 따라 신청하여야 하고, 민사본안소송이나 임시의 지위를 정하는 가처분신청에 의할 수 없다. 비송사건은 임시의 지위를 정하기 위한 가처분의 요건인 다툼 있는 권리관계 또는 법률관계를 전제로 하지 않기 때문이다.

### (7) 위 원 회

#### 1) 의    의

이사회는 이사들 중 일부를 위원으로 선임하여 이사회의 특정 업무를 수행하기 위한 상임위원회(standing committee)를 구성하는 경우가 많다. 일시적인 목적이 아닌 장기적으로 설치되는 회사의 기관으로서의 위원회가 필요한 이유는 대규모 회사인 경우 이사회의 구성원도 다수이므로 이사회를 소집하지 않는 경향이 있고, 소집하더라도 의사정족수 충족이 용이하지 않다는 문제가 있다. 그리고 경영진에 속하는 이사의 보수를 정하는 안건과 같이 사안에 따라서는 해당 이사가 포함되지 않은 위원회가 독자적으로 결의하는 것이 바람직하기 때문이다. 위원회는 소수의 위원에 의하여 능률적, 전문적인 결정을 할 수 있고 이해관계 없는 사외이사로 위원회를 구성함으로써 독립한 판단이 가능하다는 장점이 있다. 다만, 최고경영자가 위원회의 구성원인 위원들을 지배하는 경우에는 이러한 효과가 반감되므로 가급적 독립한 사외이사로 위원회를 구성하는 것이 위원회의 기능을 극대화하는 길이다. 감사위원회, 보수위원회, 대표소송위원회 등 위원회의 역할이 다양한 미국에서는 위원회의 독립성 확보와 기능회복을 중요한 과제로 삼고 있다.389)

---

388) 대법원 2013. 11. 28. 선고 2013다50367 판결, 대법원 2013. 3. 28. 선고 2012다42604 판결.
389) 위원회의 설치가 "권한을 위임받은 자는 이를 다시 재위임할 수 없다(delegatus non potest delegare)"라는 법리에 반한다는 문제가 제기되지만, 이사회는 주주총회의 대리인이 아니라 회사의 독립한 기관이므로 위원회에 이사회의 권한을 위임하는 것은 가능하다는 것이 일반적인 해석이다. 위원회를 두는 대부분의 회사에서는 이러한 문제의 제기를 예방하고자 기본정관이나 부속정관에 근거조항을 규정하는 예가 대부분이다. MBCA도 기본정관이나 부속정관에 금

## 2) 구　　성

위원회는 2인 이상의 이사로 구성한다(393조의2③). 감사위원회 외에는 사외이사 구성비율에 대한 제한도 없다.[390)391)] 감사위원회는 3인 이상의 이사로 구성하고, 사외이사가 위원의 3분의 2 이상이어야 한다(415조의2②). 이사가 임기의 만료나 사임에 의하여 퇴임함으로 법률·정관에서 정한 위원의 원수를 채우지 못하게 되는 경우에는 퇴임이사에 관한 규정(386조①)이 준용된다(393조의2⑤).

이사회가 위원회의 위원에 대한 선임, 해임 권한을 가진다. 이사회가 위원회 위원을 선임하는 결의는 통상의 결의요건이 적용된다.[392)]

## 3) 설치근거

주식회사 이사회는 정관이 정한 바에 따라 위원회를 설치할 수 있다(393조의2 ①).[393)]

## 4) 위원회의 종류

**(가) 감사위원회**　　감사위원회에 관하여는 뒤에서 설명한다.

**(나) 추천위원회**　　대규모 회사는 대부분 추천위원회(nominating committee)에서 CEO, 사외이사 등을 추천하고 기존 이사의 재선임여부에 관한 의견을 제시한다. 특히 최근 사업연도 말 현재의 자산총액이 2조원 이상인 상장회사는 사외이사 후보를 추천하기 위하여 사외이사 후보추천위원회를 설치하여야 한다. 이 경우 사외이사 후보추천위원회는 사외이사가 총위원의 과반수가 되도록 구성하여야 한다(542조의8④). 이러한 상장회사가 주주총회에서 사외이사를 선임하려는 경우에는 사외이사 후보추천위원회의 추천을 받은 자 중에서 선임하여야 한다. 이 경우 사외이사 후보추천위원회가 사외이사 후보를 추천할 때에는 상장회사의 주주제안권에 관한

---

지규정이 없는 한 위원회의 설치가 허용된다고 규정한다[MBCA §8.25(a)].

390) 금융사지배구조법상 설치가 의무화된 위원회 위원의 과반수는 사외이사로 구성하고(同法 16조④), 위원회의 대표는 사외이사로 한다(同法 16조⑤).

391) 일본에서는 모든 위원회가 3인 이상의 위원으로 조직되고(日会 400조①), 위원의 과반수가 사외이사이어야 한다(日会 400조②).

392) 다만, 위원회의 구성과 위원의 선임에 대하여 MBCA는 일반 안건에 대한 결의와 달리 "재임이사 과반수(absolute majority)의 찬성이 있어야 가능하고 출석한 이사의 과반수(majority of the directors present)에 의하여는 선임결의를 할 수 없다."라고 규정한다[MBCA §8.25(b)].

393) 한편, 금융사지배구조법은 1. 임원후보추천위원회, 2. 감사위원회, 3. 위험관리위원회, 4. 보수위원회 등 4개 위원회는 반드시 설치하도록 규정한다(同法 16조①). 다만, 금융회사의 정관에서 정하는 바에 따라 감사위원회가 보수 관련 사항(同法 22조①)을 심의·의결하는 경우에는 보수위원회를 설치하지 아니할 수 있는데, 최근 사업연도 말 현재 자산총액이 5조원 이상인 금융회사(同法 施行令 14조)의 경우에는 항상 보수위원회를 설치하여야 한다(同法 16조②).

제542조의6 제2항[394])의 요건을 갖춘 주주가 주주총회일의 6주 전에 추천한 사외이사 후보를 포함시켜야 한다(542조의8⑤).

(다) 보수위원회    보수위원회(compensation committee)는 사외이사 위주로 구성되고, 경영진의 급여·상여금·퇴직공로금 등을 정하고, 새로운 보수제도를 검토하여 이사회에 제출하기도 한다.[395])

5) 위원회의 권한

(가) 이사회가 위임한 권한    이사회는 i) 주주총회의 승인을 요하는 사항의 제안, ii) 대표이사의 선임 및 해임, iii) 위원회의 설치와 그 위원의 선임 및 해임, iv) 정관에서 정하는 사항 등을 제외하고는 그 권한을 위원회에 위임할 수 있다(393조의2②).[396])

(나) 위원회 결의사항에 대한 재결의

가) 재결의 절차    이사회 내의 위원회는 결의된 사항을 각 이사에게 통지하여야 한다. 이 경우 이를 통지받은 각 이사는 이사회의 소집을 요구할 수 있으며, 이사회는 위원회가 결의한 사항에 대하여 다시 결의할 수 있다(393조의2④).

나) 재결의 허용범위    감사위원회에는 제393조의2 제4항 후단(이사회의 재결의)이 적용되지 아니하므로(415조의2⑥), 감사위원회가 결의한 사항에 대하여는 이사회가 다시 결의할 수 없다. 이는 물론 감사위원회의 독립성을 확보하기 위한 것이다. 또한, 대규모 상장회사는 사외이사 후보추천위원회를 설치하여야 하고, 사외이사 후보추천위원회의 추천을 받은 자 중에서 사외이사를 선임하여야 하므로(542조의8⑤), 사외이사 후보추천위원회가 결의한 사항에 대하여는 이사회가 다시 결의할 수 없다고 해석된다.

---

394) 제542조의6 제2항의 요건이란, "6개월 전부터 계속하여 상장회사의 의결권 없는 주식을 제외한 발행주식총수의 1천분의 10(최근 사업연도 말 자본금이 1천억원 이상인 상장회사의 경우에는 1천분의 5) 이상에 해당하는 주식을 보유"하는 것이다.
395) 금융지주회사법은 보수위원회는 "1. 보수의 결정 및 지급방식에 관한 사항, 2. 보수지급에 관한 연차보고서의 작성 및 공시에 관한 사항, 3. 그 밖에 금융위원회가 정하여 고시하는 사항"에 관한 사항을 심의·의결한다고 규정한다(同法 22조①).
396) 금융지주회사법은 금융회사 이사회의 권한을 보다 구체적으로 "1. 경영목표 및 평가에 관한 사항, 2. 정관의 변경에 관한 사항, 3. 예산 및 결산에 관한 사항, 4. 해산·영업양도 및 합병 등 조직의 중요한 변경에 관한 사항, 5. 내부통제기준 및 위험관리기준의 제정·개정 및 폐지에 관한 사항, 6. 최고경영자의 경영승계 등 지배구조 정책 수립에 관한 사항, 7. 대주주·임원 등과 회사 간의 이해상충 행위 감독에 관한 사항"이라고 규정한다(同法 15조①). 금융회사 이사회는 이러한 권한을 위원회에 위임할 수 없고, 그 외의 사항은 상법에 따라 위임할 수 있다. 다만, 상법 제393조의2 제2항이 규정하는 사항은 위원회에 위임할 수 없다.

### 6) 이사회에 관한 규정의 준용

상법 제386조 1항(퇴임이사의 지위계속), 제390조(이사회의 소집), 제391조(이사회의 결의방법), 제391조의3(이사회의 의사록), 제392조(이사회의 연기·속행)의 규정은 위원회에 관하여 준용한다(393조의2⑤).

## (8) 소규모회사의 특례

### 1) 소규모회사의 의의

자본금총액이 10억원 미만인 회사를 소규모회사라고 한다.[397] 소규모회사는 법문상의 용어가 아닌 강학상의 용어인데, 상법은 소규모회사에 관하여 제383조 제1항 단서에서 "다만, 자본금 총액이 10억원 미만인 회사는 1명 또는 2명으로 할 수 있다."라고 규정하고, 또한 제383조 제3항부터 제6항까지에서 이사가 2인 이하인 소규모회사에 관한 각종 특례를 규정한다. 나아가 제494조 제4항에서 이사의 원수를 불문하고 소규모회사의 감사에 관한 특례를 규정한다.[398]

---

[397] 상법상 소규모회사는 미국 회사법상 폐쇄회사(close corporation, closely-held corporation)와 일견 비슷하게 보인다. 그러나 미국의 폐쇄회사는 "소수의 주주가 주식을 소유하고, 주식의 양도가 제한되고, 공개된 증권시장에서 주식이 거래되지 않고, 주주의 대부분이 경영에 참여하므로 소유와 경영이 분리되지 않는 형태의 회사"를 말하므로 자본금총액만을 기준으로 하는 상법상 소규모회사와는 같은 개념은 아니다. 다만, 소규모회사는 폐쇄회사의 위와 같은 특징을 가지는 경우가 많을 것이다. 그리고 폐쇄회사 주주의 수에 관하여 DGCL §124는 30인, CCC §158(a)는 35인을 기준으로 규정하지만, 다수의 州제정법은 폐쇄회사 주주의 수를 제한하는 규정을 삭제하였으므로 미국 회사법상 주주의 수는 더 이상 폐쇄회사의 특징이라고 보기 어렵다. 일본 회사법은 소규모회사의 주주총회에 대하여 유한회사 사원총회와 같은 수준의 규제를 한다. 소규모회사(이사회비설치회사)의 주주총회는 법률에 규정된 사항 외에 회사의 조직, 운영, 관리 기타 회사에 관한 일체의 사항에 대한 결의를 할 수 있다(日会 295조①). 종래의 상법특례법상의 소회사의 특례는 회사법 제정시 폐지되었고, 회사법은 최종사업연도의 대차대조표에 자본금으로 계상(計上)된 금액이 5억엔 이상이거나, 최종사업연도의 대차대조표의 부채의 部에 계상된 금액이 200억엔 이상인 주식회사인 대회사에 관한 규정만 두고 있다(日会 2조 제6호). 경제적인 관점에서 보면 임직원의 수를 기준으로 대소회사를 구별하는 것도 의미가 있는데, 독일의 "소규모주식회사와 주식법의 규제완화를 위한 법(Gesetz für kleine Aktiengesellschaften und zur Deregulierung des Aktienrechts)"은 근로자의 수 500인을 기준으로 특례를 규정한다.

[398] 상법은 1998년 개정시 제383조 제1항을 "이사는 3인 이상이어야 한다. 다만, 자본의 총액이 5억원 미만인 회사는 1인 또는 2인으로 할 수 있다."라고 개정함으로써 소규모회사에 대한 특례를 최초로 도입하였고, 그 후 2009년 5월 개정시 소규모회사에 관하여 자본총액 기준을 5억원에서 10억원으로 증액하고, 규제를 완화하는 여러 가지 규정을 추가하였는데, 구체적으로는 다음과 같다. 소규모회사를 발기설립하는 경우에는 각 발기인이 정관에 기명날인 또는 서명함으로써 효력이 생긴다(292조). 소규모회사는 주주 전원의 동의가 있을 경우에는 소집절차 없이 주주총회를 개최할 수 있고, 서면에 의한 결의로써 주주총회 결의를 갈음할 수 있다. 결의

이와 관련하여 소규모회사가 이사를 1인 또는 2인만 선임하면 소규모회사의 특례가 적용되고 그 후 이사를 추가 선임하여 3인 이상이 되면 특례가 적용되지 않는다는 취지로 설명하는 견해도 있다.399) 그러나 제383조 제1항에서 "1명, 2명 또는 3명"은 이사의 정원을 의미하고, 재임이사의 수를 의미하지 않는다. 따라서 정관상 이사의 정원이 3인 이상이면 주주총회에서 실제로 선임된 이사가 2인 이하인 경우에도 소규모회사의 특례가 적용되지 않는다. 소규모회사는 자본금총액만을 기준으로 정해지고 정관에서 소규모회사임을 반드시 규정할 필요가 없고, 자본금총액이 10억원 미만이면서 정관에서 이사의 정원을 2인 이하로 규정하면 그 때 비로소 소규모회사로 된다. 자본금총액은 소규모회사에 관한 개별적인 특례의 적용시점을 기준으로 그 해당 여부를 판단한다.

2) 이사회에 관한 특례

(가) 정관에 이사 정원 규정이 있는 경우

가) 정관상 이사 정원이 3인 이상인 경우    소규모회사도 정관상 이사 정원이 3인 이상인 경우에는 이사회를 설치하여야 하고, 소규모회사에 대한 특례가 적용되지 않는다. 소규모회사의 이사 정원이 2인 이하인 경우에는 이사회가 없으므로 특례규정상 상법상 이사회 결의사항을 주주총회 결의에 의하여야 한다. 그런데 소규모회사의 주주총회소집을 위한 통지의 기간(10일, 2주, 주주 전원의 동의에 의한 소집절차의 생략 및 서면결의)은 통상의 기간(2주, 3주)에 비하여 다소 단축되지만, 주주의 수가 극단적으로 소수인 경우가 아닌 한 일반적으로 이사회의 소집보다는 주주총회의 소집이 번거롭고 비용과 시간도 많이 소요된다. 따라서 소규모회사도 주주의 수에 따라서 이사회를 두는 것이 훨씬 편할 수도 있고, 이러한 경우에는 정관상 이사의 정원을 3인 이상으로 규정함으로써 특례규정의 적용을 피하여야 할 것이다.

정관상 이사 정원이 3인 이상인 이상 현실적으로 2인의 이사만 선임하였다 하더라도 소규모회사에 대한 특례규정이 적용되지 않고, 이 경우에는 일시이사를 선임하여야 한다.400) 일시이사를 선임하지 않은 상태에서 2인의 이사가 어떠한 결의

---

의 목적사항에 대하여 주주 전원이 서면으로 동의를 한 때에는 서면에 의한 결의가 있는 것으로 본다(363조④). 이러한 서면결의는 주주총회 결의와 같은 효력이 있다(363조⑤). 서면에 의한 결의에 대하여는 주주총회에 관한 규정을 준용한다(363조⑥). 주주총회 소집과 목적사항의 통지 및 서면결의에 관한 규정은 의결권 없는 주주에게는 적용하지 않는다(363조⑦).

399) 이철송, 722면(주주총회에서 다시 이사를 3인 이상 선임하면 본래의 조직규범의 적용대상으로 환원된다고 설명한다).

400) 법률 또는 정관에 정한 이사의 원수를 결한 경우, 필요하다고 인정할 때에는 법원은 이사·

를 하더라도 이는 적법한 이사회 결의로 볼 수 없다.

따라서 정관에서 이사의 정원을 3인 이상으로 정한 소규모회사가 특례 적용대상이 되려면 단순히 2인 이하의 이사를 선임하는 것만으로는 부족하고 먼저 정관을 변경하여 이사의 정원 규정을 2인 이하로 변경하여야 한다.

나) 정관상 이사 정원이 2인 이하인 경우　　소규모회사는 이사의 원수를 1인 또는 2인으로 정할 수 있는데(383조①),[401] 이 경우 상법상 이사회에 관한 규정에서 "이사회"는 "주주총회"로 본다(383조④).

소규모회사가 회사의 사정상 비용면이나 효율면에서 반드시 필요하지 않은 이사회나 감사를 두어야 한다면, 불가피하게 변칙적 운용을 하게 되고, 이로 인한 사회적 비용이 발생한다. 따라서 상법은 자본금이 10억원에 미달하고 1인 또는 2인의 이사만을 둔 회사에 대하여 이사회의 구성과 감사의 설치를 강제하지 않는 것이다.[402]

따라서 1인의 이사만 두는 경우에는 이사회의 구성이 원천적으로 불가능하고, 2인의 이사로 협의체를 구성하더라도 명칭에 불구하고 이는 상법상 이사회가 아니고 따라서 상법상 이사회에 관한 규정이 적용되지 않는다.

그리고 자본금의 총액이 10억원 미만인 소규모회사가 1인 또는 2인의 이사만을 둔 경우 상법상 이사회가 없으므로 집행임원설치회사가 될 수 없다.

(나) 정관에 이사 정원 규정이 없는 경우　　이 경우에는 실제로 선임된 이사의 수를 기준으로, 2인 이하의 이사를 둔 경우에는 소규모회사의 특례가 적용되나, 1인의 이사를 추가로 선임하면 특례가 적용되지 않고 3인의 이사로 이사회를 구성하여야 한다. 그러나 이사의 사임·해임·임기만료 등으로 재임 이사의 수가 2인 이

---

감사 기타의 이해관계인의 청구에 의하여 일시이사의 직무를 행할 자를 선임할 수 있다. 이 경우에는 본점의 소재지에서 그 등기를 하여야 한다(386조②).

401) 1998년 상법개정시 소규모회사의 이사의 수를 자율화하였는데, 종래에는 자본의 총액이 5억원 미만인 주식회사는 이사를 1인 또는 2인 둘 수 있고(383조① 단서), 이 경우 이사가 1인인 경우에만 상법상 이사회 규정의 적용을 배제하였다(383조 제4항부터 제6항까지). 따라서 이사가 2인인 경우에는 이사회를 구성하고 이에 상법상 이사회에 관한 규정을 적용하도록 하고 있는데, 이 경우 이사 2인의 의견이 나뉠 때 업무집행에 관한 의사를 결정할 수 없고 또한 이러한 소규모 주식회사에 대하여까지 상법상 이사회에 관한 규정을 적용하는 것은 적절하지 않다는 문제점이 지적되었다. 이에 2009년 개정상법은 이사가 2인인 경우에도 이사회에 관한 규정의 적용을 배제한다. 일본에서는 소규모회사가 아닌 대회사라는 개념을 별도로 규정한다. 즉, 최종사업연도 대차대조표상 자본금의 액이 5억엔 이상이거나 부채의 합계액이 200억엔 이상인 주식회사를 대회사라고 부른다(日会 2조 제6호).

402) 현실적으로 자본금이 10억원 미만인 회사가 대부분이므로 자산규모나 사업규모가 실제로는 대규모이더라도 소규모회사의 특례 적용대상이 되기 위하여 2인 이하의 이사를 선임하는 회사가 많을 것이다.

하로 되면 다시 특례가 적용된다.

　　(다) 이사회의 권한사항을 주주총회의 권한사항으로 하는 경우　　　소규모회사가 1인 또는 2인의 이사만을 둔 경우에는 주주총회가 업무집행기관이므로, 제302조 제2항 제5호의2(주식양도승인), 제317조 제2항 제3호의2(주식양도승인), 제335조 제1항 단서 및 제2항(주식양도승인), 제335조의2 제1항·제3항(양도승인의 청구), 제335조의3 제1항·제2항(양도상대방 지정청구), 제335조의7 제1항(주식양수인의 승인청구), 제340조의3 제1항 제5호(주식매수선택권 부여취소), 제356조 제6호의2(주식양도승인), 제397조 제1항·제2항(경업금지), 제397조의2 제1항(회사의 기회 및 자산의 유용금지), 제398조(이사 등과 회사 간의 거래), 제416조 본문(발행사항의 결정), 제451조 제2항(무액면주식의 자본금계상), 제461조 제1항 본문 및 제3항(준비금의 자본금 전입), 제462조의3 제1항(중간배당), 제464조의2 제1항(이익배당의 지급시기), 제469조(사채의 발행), 제513조 제2항 본문(전환사채 발행사항 결정) 및 제516조의2 제2항 본문(신주인수권부사채 발행사항 결정, 준용되는 경우를 포함) 중 "이사회"는 각각 "주주총회"로 보며, 제360조의5 제1항(반대주주의 주식매수청구권) 및 제522조의3 제1항(합병반대주주의 주식매수청구권) 중 "이사회의 결의가 있는 때"는 "제363조 제1항에 따른 주주총회의 소집통지가 있는 때"로 본다(383조④).

　　소규모회사의 이사회의 권한사항을 주주총회의 권한사항으로 하는 경우, 이사회는 주주총회로 본다는 규정 외에는 달리 결의요건에 관한 규정이 없다. 이 때 고려해야 할 사항은 1인 1표인 두수주의(頭數主義)에 의한 이사회 결의방법과 1주 1표인 자본다수결에 의한 주주총회 결의방법은 본질적으로 다르다는 점이다. 따라서 이사 과반수의 출석과 출석이사 과반수 찬성이라는 이사회 결의요건(391조①)과 같은 결의요건을 주주총회에 적용할 수는 없다. 결국 정관에서 특별히 달리 정하지 않는 한 주주총회 보통결의에 의한다고 해석하여야 한다. 상법 제397조의2 제1항(회사의 기회 및 자산의 유용금지), 제398조(이사 등과 회사 간의 거래) 등과 같이 가중된 이사회 결의요건이 규정된 경우에 대하여는 논란의 여지가 있지만, 위와 같이 이사회와 주주총회가 결의방법이 본질적으로 다르므로 평면적으로 비교할 수 없다는 점에서 역시 주주총회 보통결의에 의한다고 해석할 것이다.403)

　　한편, 상법 제398조는 회사와의 거래를 위하여 이사회의 승인을 받으려는 자는

---

403) 同旨: 이철송, 756면. 다만, 회사 실무상으로는 분쟁발생 가능성에 대비하여 결의요건 충족에 문제가 없다면 이사회 결의요건 수준의 강화된 요건에 따라 결의하는 것도 방법이다. 그리고 이러한 논란을 피하기 위하여 소규모회사가 이사회를 두지 않는 경우에는 제383조 제4항의 결의사항에 대한 주주총회의 결의요건을 정관에서 명시적으로 규정하는 것이 바람직하다.

"미리 이사회에서 해당 거래에 관한 중요사실을 밝히고" 이사회의 승인을 받아야 한다고 규정한다. 따라서 제398조의 규정을 해석·적용하는 과정에서 자기거래를 제한하려는 입법취지가 몰각되지 않도록 하기 위하여, 주주총회의 승인을 받으려는 자는 "미리 주주총회에서 해당 거래에 관한 중요사실을 밝히고" 승인을 받아야 한다.[404)]

(라) 이사회에 관한 규정 중 적용이 배제되는 경우　　소규모회사가 1인 또는 2인의 이사만을 둔 경우, 제341조 제2항 단서(자기주식 취득결의), 제390조(이사회의 소집), 제391조(이사회의 결의방법), 제391조의2(감사의 이사회출석·의견진술권),[405)] 제391조의3(이사회의 의사록), 제392조(이사회의 연기·속행), 제393조 제2항부터 제4항까지(이사회의 권한), 제399조 제2항(결의찬성이사의 책임), 제408조의2 제3항·제4항(집행임원설치회사 이사회의 권한), 제408조의3 제2항(집행임원의 임기), 제408조의4 제2호(집행임원의 권한), 제408조의5 제1항(대표집행임원 선임), 제408조의6(집행임원의 이사회에 대한 보고), 제408조의7(집행임원의 이사회 소집청구), 제412조의4(감사의 이사회 소집청구), 제449조의2(재무제표 등의 승인에 대한 특칙), 제462조 제2항 단서(이익배당 결의), 제526조 제3항(흡수합병의 보고총회), 제527조 제4항(신설합병의 창립총회), 제527조의2(간이합병), 제527조의3 제1항(소규모합병) 및 제527조의5 제2항(채권자보호절차)은 적용하지 않는다(383조⑤).[406)]

(마) 대표이사 및 이사회의 권한을 이사가 단독으로 하는 경우　　이사가 2인 이하인 소규모회사에서는 각 이사(정관에 따라 대표이사를 정한 경우에는 그 대표이사)가 회사를 대표하고, 제362조(주주총회 소집결정), 제363조의2 제3항(주주제안 보고), 제366조 제1항(소수주주에 의한 소집청구 보고), 제368조의4 제1항(전자적 방법에 의한 의결권의

---

404) [대법원 2020. 7. 9. 선고 2019다205398 판결] "일반적으로 주식회사에서 주주총회의 의결정족수를 충족하는 주식을 가진 주주들이 동의하거나 승인하였다는 사정만으로 주주총회에서 그러한 내용의 주주총회 결의가 있는 것과 마찬가지라고 볼 수 없다. 따라서 자본금 총액이 10억 원 미만으로 이사가 1명 또는 2명인 회사의 이사가 자기 또는 제3자의 계산으로 회사와 거래를 하기 전에 주주총회에서 해당 거래에 관한 중요사실을 밝히고 주주총회의 승인을 받지 않았다면, 특별한 사정이 없는 한 그 거래는 무효라고 보아야 한다."

405) 감사의 이사회 출석·의견진술권에 관한 제391조의2는 제383조 제5항에 의하여 단순히 적용을 배제할 것이 아니라 제383조 제4항으로 옮겨서 주주총회에 출석하여 의견을 진술할 수 있도록 해야 한다는 견해도 있다[김광록, "상법상 소규모 주식회사의 감사제도에 대한 소고", 상사판례연구 제28집 제2권, 한국상사판례학회(2015), 204면].

406) 자본금의 총액이 10억원 미만인 소규모회사가 1인 또는 2인의 이사만을 둔 경우 이사회가 없으므로 집행임원설치회사가 될 수 없다. 이와 관련하여 제383조 제5항은 집행임원에 관한 일부 규정을 적용하지 않는 것으로 규정하는데, 이는 입법의 불비이고 집행임원에 관한 규정 전부(408조의2부터 제408조의9까지)를 적용하지 않는 것으로 규정하는 것이 타당하다.

행사 결정), 제393조 제1항(중요자산처분결의), 제412조의3 제1항(감사의 소집청구서 제출처)에 따른 이사회의 기능을 담당한다(383조⑥).[407]

### 3) 감사에 관한 특례

소규모회사는 감사를 선임하지 아니할 수 있다(409조④). 소규모회사는 이사의 원수를 2인 이하로 정함으로써 이사회를 두지 않을 수 있는데, 감사는 "이사의 수에 관계없이" 회사의 선택에 따라 두지 않을 수 있다.[408]

소규모회사가 감사를 두지 아니한 경우, 이사와 회사 간의 소에서 회사를 대표할 감사가 없으므로 회사, 이사 또는 이해관계인은 법원에 회사를 대표할 자를 선임하여 줄 것을 신청하여야 하고(409조⑤), 이 경우 법원이 대표이사를 소송에서 회사를 대표할 자로 선임하였다는 등의 특별한 사정이 없는 이상 대표이사는 그 소송에 관하여 회사를 대표할 권한이 없다.[409]

소규모회사가 감사를 선임하지 아니한 경우에는 주주총회가 감사업무를 수행한다. 따라서 제412조(이사의 직무집행 감사, 보고요구 및 조사권한), 제412조의2(이사의 보고의무) 및 제412조의5(자회사의 조사권) 제1항·제2항 중 "감사"는 각각 "주주총회"로 본다(409조⑥).

### 4) 발기설립과 정관의 효력발생

정관은 공증인의 인증을 받음으로써 효력이 생긴다. 다만, 소규모회사를 발기설립하는 경우에는 각 발기인이 정관에 기명날인 또는 서명함으로써 효력이 생긴다(292조).

### 5) 주주총회의 소집과 결의

소규모회사가 주주총회를 소집하는 경우에는 주주총회일의 10일 전에 각 주주에게 서면으로 통지를 발송하거나 각 주주의 동의를 받아 전자문서로 통지를 발송할 수 있다(363조③).[410]

---

407) 2인 이하의 이사를 둔 소규모회사는 제383조 제4항에 의하여 주주총회가 중간배당결의를 할 수도 있고, 제383조 제6항에 의하여 각 이사가 중간배당을 결정할 수도 있다.

408) 일본에서도 회사법에 통합되어 폐지된 상법특례법은 자본의 액이 1억엔 이하이고 부채총액이 200억엔 미만의 회사인 소회사에 대하여는 감사에 의한 감사만을 의무화하고 감사의 범위도 원칙상 회계감사에 한정시켰다(同法 22조). 상법상 소규모회사의 자본금기준을 10억원으로 정한 것은 일본의 상법특례법상 소규모회사의 기준인 자본금총액 1억엔과 유사한 수준이다. 다만, 일본에서는 회사법을 제정하면서 소회사제도를 폐지하였다.

409) 대법원 2023. 6. 29. 선고 2023다210953 판결.

410) 일본에서도 비공개회사의 주주총회의 소집통지기간은 주주총회일의 1주간 전이고, 비공개회사이고 이사회비설치회사는 정관에서 1주간을 하회하는 기간을 정할 수 있다(日会 299조

소규모회사는 주주 전원의 동의가 있을 경우에는 소집절차 없이 주주총회를 개최할 수 있고, 서면에 의한 결의로써 주주총회 결의를 갈음할 수 있다. 결의의 목적사항에 대하여 주주 전원이 서면으로 동의를 한 때에는 서면에 의한 결의가 있는 것으로 본다(363조⑤).411) 이러한 서면결의는 주주총회 결의와 같은 효력이 있고(363조⑥), 서면결의에 대하여는 주주총회에 관한 규정이 준용된다(363조⑦). 서면결의에 관한 규정은 의결권 없는 주주에게는 적용하지 않는다(363조⑧).

## Ⅱ. 대표이사와 집행임원

### 1. 대표이사

#### (1) 대표이사의 법적 지위

대표이사는 대외적으로 회사를 대표하고 대내적으로 업무를 집행하는 권한을 가진 이사로서 주식회사의 필요적 상설기관이다. 주식회사의 업무집행에 있어서 의사결정기관(이사회)과 집행 및 대표기관(대표이사)은 분리되어 있으나, 자본의 총액이 10억원 미만인 회사로서 이사가 1인 또는 2인인 경우에는 그 이사가 회사를 대표하므로(383조⑥) 그 이사가 의사결정권과 집행 및 대표권을 가진다. 이사가 2인인 경우 공동대표이사로 되는 것은 아니고 각자 대표이사가 된다.

당연히 대표이사의 업무집행권에 속하는 업무에 관하여, 상법은 많은 규정에서 "이사는 … "이라고 규정하는데,412) 법문은 "이사"라고 표시하지만 대표이사가 없는 소규모회사가 아닌 한 이러한 업무는 모두 대표이사의 업무집행권의 대상으

---

①). 이사회비설치회사의 주주총회의 소집통지는 서면이나 전자적 방법에 의하지 않아도 되고 (日会 299조②·③), 소집통지에 회의의 목적사항을 기재하지 않아도 된다(日会 299조④).
411) 다만, 주주총회의 소집통지의 흠결이 있는 경우에도, 1인주주의 의사에 부합하는 내용의 결의가 성립하였거나, 나아가 실제의 결의가 없었더라도 1인주주의 의사에 기하여 총회의사록이 작성되었다면, 소위 전원출석 주주총회의 법리에 따라 소집절차와 결의방법상의 하자가 치유되어 그 결의는 유효하게 되므로, 소규모회사의 주주 전원의 동의가 있을 경우에는 소집절차 없이 주주총회를 개최할 수 있다는 규정은 특례로서의 실질적인 의미는 없다고 할 수 있다.
412) 정관·의사록·주주명부·사채원부 등의 비치(396조①), 주식청약서의 작성(420조), 사채청약서의 작성(474조), 현물출자시 검사인선임청구(422조①), 재무제표등의 작성·제출·공고(447조부터 제449조까지) 등이 그 예이다. 다만, 주권과 채권에의 기명날인 또는 서명은 대표이사가 하도록 규정한다(356조, 478조①).

로 해석하여야 할 것이다.413)

### (2) 대표이사의 선정

#### 1) 선정기관

회사는 이사회 결의로 회사를 대표할 이사를 선정하여야 한다. 그러나 정관으로 주주총회에서 이를 선정할 것을 정할 수 있다(389조①).

#### 2) 자    격

대표이사의 자격은 사내이사이면 되고 다른 자격제한은 없다. 그러나 정관으로 자격을 제한할 수는 있다. 대표이사는 회사의 상무를 집행하는 임원이므로 사외이사와 기타비상무이사는 그 지위의 성질상 대표이사가 될 수 없다.414) 상법은 사외이사의 수에 관하여서만 규정하고 사내이사의 수에 관하여는 아무런 규정을 두고 있지 않지만 이러한 이유로 회사는 사내이사를 반드시 1인 이상 선임하여야 한다.

#### 3) 원    수

대표이사의 원수에는 제한이 없다. 전체 이사를 대표이사로 선정할 수 있는지에 대하여 다수설은 이를 인정한다.

#### 4) 등    기

대표이사의 선정은 등기사항(성명·주민등록번호·주소)이다. 그러나 대표이사 자격의 유무는 등기사항에 의하여 결정되는 것이 아니라 대표이사의 선정행위로써 결정된다. 종임도 등기사항이다.

---

413) 이는 대표이사가 별도로 없이 각 이사가 회사를 대표하는 것을 원칙으로 하던 의용상법의 규정을 상법 제정시 그대로 답습하였기 때문이다(이철송, 699면). 한편, 일본에서도 종래의 상법에서는 대표이사가 별도로 없이 각 이사가 회사를 대표하는 것을 원칙으로 하고, 정관이나 주주총회 결의로 혹은 이사들의 호선에 의하여 대표할 이사를 선정할 수 있었다(日商 261조①·②). 그러나 회사법은 이사회비설치회사의 경우 이사가 회사를 대표하고, 이사가 2인 이상인 경우 원칙적으로 이사 각자가 회사를 대표하도록 하였다. 구체적으로는, 이사회비설치회사에서는 이사가 업무를 집행하고 회사를 대표한다(日会 349조①). 이사가 2인 이상인 경우 업무집행의 의사결정은 이사의 과반수로 하고(日会 348조②), 각자 회사를 대표한다(日会 349조②). 그러나 이사회비설치회사도 정관으로 또는 정관에 의하여 이사 상호간에 또는 주주총회 결의로 이사 중에서 대표이사를 정할 수 있다(日会 349조③). 이사회설치회사의 경우 이사회가 이사 중에서 선정한 대표이사가 대표기관이다(日会 362조③). 공개회사, 감사회설치회사, 위원회설치회사 등은 반드시 이사회를 설치하여야 한다(日会 327조①).

414) [상업등기선례 제2-33호(2010. 12. 27. 사법등기심의관-3336 질의회답)] "주식회사의 대표이사는 사내이사이어야 할 것인바, 상근하는 임원을 둘 수 없는 주식회사도(법인세법 제51조의2 참조) 사내이사 중에 대표이사를 선임하여 등기신청을 하여야 한다."

### (3) 대표이사의 종임

#### 1) 사      유

대표이사는 이사 자격을 전제로 하므로 이사자격을 상실하게 되면(이사의 임기만료, 사임, 해임) 대표이사의 자격을 상실한다. 그 외에 대표이사 사임, 해임도 종임사유이다. 대표이사 자격의 상실에 의하여 당연히 이사 자격도 상실하는 것은 아니다. 이사 선임의 주주총회 결의에 대한 취소판결이 확정된 경우 그 결의에 의하여 이사로 선임된 이사들에 의하여 구성된 이사회에서 선정된 대표이사는 소급하여 그 자격을 상실하고, 그 대표이사가 이사 선임의 주주총회 결의에 대한 취소판결이 확정되기 전에 한 행위는 대표권이 없는 자가 한 행위로서 무효가 된다.[415]

다만, 이사 선임의 주주총회 결의에 대한 취소판결이 확정되어 그 결의가 소급하여 무효가 된다고 하더라도 그 선임 결의가 취소되는 대표이사와 거래한 상대방은 상법 제39조의 적용 내지 유추적용에 의하여 보호될 수 있으며, 주식회사의 법인등기의 경우 회사는 대표자를 통하여 등기를 신청하지만 등기신청권자는 회사 자체이므로 취소되는 주주총회 결의에 의하여 이사로 선임된 대표이사가 마친 이사 선임 등기는 상법 제39조의 부실등기에 해당된다.[416]

#### 2) 해      임

대표이사의 선정기관인 이사회는 정당한 사유 없이도 대표이사를 해임할 수 있다. 단, 정당한 이유 없이 임기만료 전에 해임당한 대표이사가 이사에 관한 제385조 제1항 단서 규정을 유추적용해서 회사에 대하여 손해배상을 청구할 수 있는지에 대하여, 견해가 대립하고 있으나, 판례는 "상법 제385조 제1항은 주주총회의 특별결의에 의하여 언제든지 이사를 해임할 수 있게 하는 한편, 임기가 정하여진 이사가 그 임기 전에 정당한 이유 없이 해임당한 경우에는 회사에 대하여 손해배상을 청구할 수 있게 함으로써 주주의 회사에 대한 지배권 확보와 경영자 지위의 안정이라는 주주와 이사의 이익을 조화시키려는 규정이고, 이사의 보수청구권을 보장

---

415) 대법원 2013. 2. 28. 선고 2012다74298 판결.
416) [대법원 2004. 2. 27. 선고 2002다19797 판결] "이사 선임의 주주총회 결의에 대한 취소판결이 확정되어 그 결의가 소급하여 무효가 된다고 하더라도 그 선임 결의가 취소되는 대표이사와 거래한 상대방은 상법 제39조의 적용 내지 유추적용에 의하여 보호될 수 있으며, 주식회사의 법인등기의 경우 회사는 대표자를 통하여 등기를 신청하지만 등기신청권자는 회사 자체이므로 취소되는 주주총회 결의에 의하여 이사로 선임된 대표이사가 마친 이사 선임 등기는 상법 제39조의 부실등기에 해당된다."

하는 것을 주된 목적으로 하는 규정이라 할 수 없으므로, 이를 이사회가 대표이사를 해임한 경우에도 유추적용할 것은 아니다."라는 입장이다.[417)

### 3) 사 임

대표이사는 언제든지 그 직을 사임할 수 있다. 다만, 회사에 불리한 시기에 사임하여 회사에 손해가 발생한 경우에는 이를 배상하여야 한다(民法 689조②). 대표이사가 사임하는 경우에는 다른 각자대표이사 또는 공동대표이사가 있는 경우에는 그에게 사임의 의사표시가 도달한 때에 사임의 효력이 발생하고, 다른 대표이사가 없는 경우에는 사임의 의사표시가 대표이사의 사임으로 그 권한을 대행하게 될 자에게 도달한 때에 사임의 효력이 발생한다.[418) 사임의 의사표시가 효력을 발생한 후에는 마음대로 이를 철회할 수 없으나, 사임서 제출 당시 다른 대표이사 또는 권한대행자에게 사임서의 처리를 일임한 경우에는 이들의 수리행위가 있어야 사임의 효력이 발생하고, 따라서 그 이전에는 사임의사를 철회할 수 있다.

### 4) 퇴임대표이사

퇴임이사에 관한 제386조 제1항의 규정은 대표이사에게도 준용된다(389조③). 따라서 대표이사가 임기의 만료나 사임에 의하여 퇴임함으로 말미암아 법률·정관에서 정한 대표이사의 원수를 채우지 못하는 경우, 그 퇴임한 대표이사는 새로 선임된 대표이사가 취임할 때까지 대표이사로서의 권리의무가 있다.

대표이사가 대표이사의 지위와 이사의 지위에서 모두 사임하였는데 다른 이사들에 의하여 법률·정관에서 정한 이사의 원수를 채웠으나 대표이사의 원수는 채우지 못한 경우에는 이사 지위가 연장되지 아니하므로 이사 지위를 전제로 하는 대표이사 지위도 연장되지 않는다는 해석도 있다.[419) 또한, 이사의 원수를 결하지는 않는 경우에는 이사 지위가 계속되지 않고, 따라서 이사의 지위를 전제로 하는 대표이사 지위도 인정하지 않는다는 취지의 상업등기선례도 있다.[420)

---

417) 대법원 2004. 12. 10. 선고 2004다25123 판결.
418) 대법원 2007. 5. 10. 선고 2007다7256 판결. 대표이사 유고시 권한대행자는 일반적으로 정관에 규정되는데, 만일 정관에 이러한 권한대행규정이 없다면 사임서가 최소한 이사에게는 도달하여야 할 것이다.
419) 상법 주석서, 221면.
420) [상업등기선례 제201105-2호(2011. 5. 30. 사법등기심의관-1239 질의회답)] "주식회사의 대표이사가 이사직을 사임함으로 인하여 법률과 정관에서 정한 대표이사의 원수를 결하게 되었지만 이사의 원수를 결하지는 않는 경우, 당해 퇴임한 이사에 관하여는 이사의 결원에 관한 「상법」 제386조 제1항이 적용되지 않으므로 그 이사는 이사로서의 권리의무가 없으며, 대표이사직의 전제인 이사 또는 이사로서의 권리의무가 있는 자의 자격이 없으므로 대표이사로서의

그러나 대표이사에 관하여 명문의 준용규정(389조③)이 있을 뿐 아니라 대표이사가 주식회사의 필요적 상설기관이라는 점에 비추어, 이사의 결원 여부를 불문하고 법률·정관에서 정한 대표이사의 원수를 채우지 못하는 경우에는 이사의 결원 여부를 불문하고 대표이사 지위가 연장된다고 해석하는 것이 타당하다.[421] 판례도 이사의 결원 여부를 불문하고 법률·정관에서 정한 대표이사의 원수를 채우지 못하는 경우에는 항상 대표이사 지위가 연장된다는 입장이다.[422]

대표이사의 원수는 결하지만 이사의 원수는 결하지 않는 경우에도 대표이사는 이사의 지위를 전제로 하므로 대표이사의 지위가 계속된다면 이사의 원수를 결하는지 여부를 불문하고 이사로서의 지위도 계속된다. 따라서 이러한 경우 퇴임대표이사는 이사로서 이사회에 출석하여 의결권을 행사할 수 있다.[423][424]

### 5) 소송절차와 대표권 소멸

민사소송상 법인 대표자의 대표권이 소멸된 경우에도 상대방에게 이를 통지하지 않으면 대표권 소멸을 주장할 수 없다. 따라서 대표이사가 퇴임 등으로 대표권을 상실한 후에도 소송절차상으로는 유효한 소송행위를 할 수 있다.[425]

---

권리의무도 없다. 따라서 이러한 경우 이사직을 사임한 대표이사는 후임대표이사를 선임하는 이사회의 재적이사의 수에 포함되지 않는다."

421) 同旨: 김지평, 전게논문, 10면(대표이사에 관한 제389조에서 제386조 제1항을 준용하면서 대표이사 원수 결원 이외에 달리 이사의 원수 결원을 추가적인 요건으로 하지 않는다는 점을 근거로 든다).

422) 대법원 2007. 6. 19.자 2007마311 결정.

423) 同旨: 김지평, 전게논문, 13면(대법원 2009. 10. 29.자 2009마1311 결정은 이러한 경우 이사의 지위가 유지된다는 취지로 볼 수 있다고 설명한다. 다만, 위 결정의 사안은 모든 이사가 같은 날 임기 만료되어 이사의 원수를 결한 경우이므로 일반적인 경우에 대한 근거로 볼 수 있는지는 의문이다).

424) 감사위원회위원인 이사의 경우에도 동일하게 해석한다.

425) [대법원 2007. 5. 10. 선고 2007다7256 판결][소유권이전등기] "민사소송법 제64조, 제63조 제1항은 법인 대표자의 대표권이 소멸한 경우에도 이를 상대방에게 통지하지 아니하면 그 소멸의 효력을 주장하지 못한다고 규정하고 있는바, 그 취지는 법인 대표자의 대표권이 소멸하였다고 하더라도 당사자가 그 대표권의 소멸사실을 알았는지의 여부, 모른 데에 과실이 있었는지의 여부를 불문하고 그 사실의 통지 유무에 의하여 대표권의 소멸 여부를 획일적으로 처리함으로써 소송절차의 안정과 명확을 기하기 위함에 있으므로, 법인 대표자의 대표권이 소멸된 경우에도 그 통지가 있을 때까지는 다른 특별한 사정이 없는 한 소송절차상으로는 그 대표권이 소멸되지 아니한 것으로 보아야 하므로, 대표권 소멸사실의 통지가 없는 상태에서 구 대표자가 한 항소취하는 유효하고, 그 후 신 대표자가 항소취하에 이의를 제기하였다고 하여 달리 볼 것은 아니다. 원심은, 피고의 이 사건 항소취하에 대한 이의신청서가 접수됨으로써 원심법원에 소외 1의 대표권 소멸사실이 알려진 날임이 기록상 명백한 2005. 9. 30. 이전인 2005. 9. 23. 소외 1이 피고의 대표이사로서 행한 이 사건 항소취하는 적법·유효하다."

### (4) 대표이사의 권한

#### 1) 대 표 권

##### (가) 대표권의 범위

가) 재판상 또는 재판 외의 모든 행위를 할 권한　대표이사의 대표권은 회사의 권리능력 범위와 일치한다. 따라서 대표이사는 회사의 영업에 관하여 재판상 또는 재판외의 모든 행위를 할 권한이 있다(389조③, 209조①). 상법의 법문상 회사가 행위주체인 것으로 표현되거나 이를 전제로 하는 행위도 실제로는 대표이사의 대표행위에 의하여 이루어지는 것이다.426)

나) 사실행위·불법행위　대표이사의 대표권에는 사실행위·불법행위를 할 권한도 포함된다. 대표이사가 그 업무집행으로 인하여 타인에게 손해를 가한 때에는 회사는 그 대표이사와 연대하여 배상할 책임이 있다(389조③, 210조).427) "업무집행으로 인하여"는 "대표행위로 인하여"라는 취지이다. 이는 법인실재설의 입장에서 법인의 불법행위능력을 인정한 것이고, 비영리법인의 이사 기타 대표자가 불법행위를 한 경우 법인의 손해배상책임을 인정하는 민법 제35조 제1항과 같은 취지이다. 판례는 제210조의 연대책임을 근거로 회사와 대표기관의 공동불법행위책임을 인정한다.428) 여기에서 '업무집행으로 인하여'라는 것은 대표이사의 업무 그 자체에는 속하지 않으나 행위의 외형으로부터 관찰하여 마치 대표이사의 업무 범위 안에 속

---

426) 회사가 주체인 것으로 표현된 행위로는, "회사는 … 하여야 한다"와 "회사에 대하여 … 하여야 한다" 등이 있다. 전자는 주권발행(355조①), 신주인수권자에 대한 통지(419조①), 주금의 반환(432조①) 등이 그 예이고, 후자는 이사의 손해배상책임(399조①)이 그 예이다.

427) 일본에서도 회사는 대표이사 기타 대표자가 그 직무를 행함에 있어서 제3자에게 손해를 입힌 경우 그 손해를 배상할 책임이 있다(日会 350조).

428) [대법원 2007. 5. 31. 선고 2005다55473 판결] "주식회사의 대표이사가 업무집행을 하면서 고의 또는 과실에 의한 위법행위로 타인에게 손해를 가한 경우 주식회사는 상법 제389조 제3항, 제210조에 의하여 제3자에게 손해배상책임을 부담하게 되고, 그 대표이사도 민법 제750조 또는 상법 제389조 제3항, 제210조에 의하여 주식회사와 공동불법행위책임을 부담하게 된다. 그리고 주식회사 및 대표이사 이외의 다른 공동불법행위자 중 한 사람이 자신의 부담부분 이상을 변제하여 공동의 면책을 얻게 한 후 구상권을 행사하는 경우에 그 주식회사 및 대표이사는 구상권자에 대한 관계에서는 하나의 책임주체로 평가되어 각자 구상금액의 전부에 대하여 책임을 부담하여야 하고, 이는 위 대표이사가 공동대표이사인 경우에도 마찬가지이다. 따라서 공동면책을 얻은 다른 공동불법행위자가 공동대표이사 중 한 사람을 상대로 구상권을 행사하는 경우 그 공동대표이사는 주식회사가 원래 부담하는 책임부분 전체에 관하여 구상에 응하여야 하고, 주식회사와 공동대표이사들 사이 또는 각 공동대표이사 사이의 내부적인 부담비율을 내세워 구상권자에게 대항할 수는 없다."

하는 것으로 보이는 경우도 포함한다. 행위의 외형상 주식회사의 대표이사의 업무집행이라고 인정할 수 있는 것이라면 설령 그것이 대표이사의 개인적 이익을 도모하기 위한 것이거나 법령의 규정에 위배된 것이라고 하더라도 주식회사의 손해배상책임을 인정하여야 한다.429) 한편, 이사의 제3자에 대한 손해배상책임은 이사의 고의 또는 중과실을 요건으로 하는데(401조), 제210조의 규정상 대표이사의 책임은 과실만으로도 발생한다는 점이 다르다.

　　대표이사 아닌 이사의 행위에 관하여는 제389조가 적용되지 않고 민법 제756조의 사용자책임이 문제될 수 있다. 민법 제756조는 "사용자가 피용자의 선임 및 그 사무감독에 상당한 주의를 한 때 또는 상당한 주의를 하여도 손해가 있을 경우에는 그렇지 않다."라고 규정하나, 상법 제210조의 책임에 있어서는 회사가 대표이사의 선정, 감독상의 무과실을 증명해도 면책되지 않는다.430) 그러나 피해자가 대표자의 행위가 직무에 관한 행위에 해당하지 아니함을 알았거나 중과실로 알지 못한 때에는 회사의 손해배상책임이 인정되지 않는다.431)

　　다) 선임결의부존재확인소송　　대표이사가 부존재라고 다투어지는 대상이 된 결의에 의하여 선임되었다 할지라도 주주총회 결의결의부존재확인소송에서 주식회사를 대표할 자는 현재 대표이사로 등기되어 그 직무를 행하는 자이다.432)

---

429) 대법원 2017. 9. 26. 선고 2014다27425 판결.

430) [대법원 1990. 3. 23. 선고 89다카555 판결]【예금청구】"상호신용금고의 대표이사인 갑이 을로부터 일정한 금원을 예탁금으로 입금처리하여 줄 것을 의뢰받고 당시 공동대표이사인 병의 개인자금을 조달할 목적으로 위 금원을 차용하면서도 외관상으로만 위 금원을 위 금고의 차입금으로 입금처리하는 양 가장하여 을을 속이고 실제로는 차입금원장 등 장부에도 기장하지 아니한 채 위 금고용차입금증서가 아닌 병 개인명의로 발행된 약속어음을 을에게 교부하여 주었다면 이는 실질적으로는 갑의 개인적인 융통행위로서 위 금고의 차용행위로서는 무효라 하겠으나 그의 행위는 위 금고 대표이사로서의 직무와 밀접한 관련이 있을 뿐만 아니라 외형상으로는 위 금고 대표이사의 직무범위 내의 행위로 보아야 할 것이고 을의 처지에서도 위 금고와의 거래로 알고 있었던 것 이므로 위 금고는 그 대표이사 갑의 직무에 관한 불법행위로 인하여 을이 입은 손해를 배상할 책임이 있다."

431) [대법원 2004. 3. 26. 선고 2003다34045 판결]【예탁금반환등】"법인의 대표자의 행위가 직무에 관한 행위에 해당하지 아니함을 피해자 자신이 알았거나 또는 중대한 과실로 인하여 알지 못한 경우에는 법인에게 손해배상책임을 물을 수 없다고 할 것이고, 여기서 중대한 과실이라 함은 거래의 상대방이 조금만 주의를 기울였더라면 대표자의 행위가 그 직무권한 내에서 적법하게 행하여진 것이 아니라는 사정을 알 수 있었음에도 만연히 이를 직무권한 내의 행위라고 믿음으로써 일반인에게 요구되는 주의의무에 현저히 위반하는 것으로 거의 고의에 가까운 정도의 주의를 결여하고, 공평의 관점에서 상대방을 구태여 보호할 필요가 없다고 봄이 상당하다고 인정되는 상태를 말한다"(비영리법인에 대한 판례이지만, 영리법인에도 같은 법리가 적용될 것이다).

432) [대법원 1985. 12. 10. 선고 84다카319 판결]【주주총회결의등부존재확인】"주식회사의 이사

(나) 대표행위의 방법    어음행위나 수표행위와 같이 서면에 의한 요식행위는 현명주의(顯名主義)원칙상 대표이사가 대표자격을 표시하고 기명날인 또는 서명을 하여야 한다. 그러나 그 밖의 행위는 이러한 방식을 취하지 않았더라도 상대방이 회사와 거래를 할 의사를 가지고 대표이사와 거래한 경우에는 회사에 대하여 효력이 있다.433) 그리고 민법상 도달주의의 원칙상 의사표시가 상대방의 지배권 내에 도달하면 된다는 것이 통설이므로,434) 대표이사에게 직접 도달하지 않더라도 대표이사의 지배권 내로 볼 수 있는 범위 내에 놓여지면 도달된 것으로 볼 것이다.

2) 업무집행권

(가) 의    의    상법은 대표이사의 권한에 관하여 대표권에 관한 규정만 두고, 업무집행권에 관하여는 명문의 규정은 두지 않지만, "재판상 또는 재판 외의 모든 행위를 할 권한"이 있다는 규정상 대표이사의 업무집행권은 당연히 인정된다.435)

(나) 이사회와의 관계    업무집행결정권을 가지는 이사회와 업무집행권을 가지는 대표이사의 관계에 대하여 파생기관설과 독립기관설이 있다. 대표이사는 이사회의 파생기관에 불과하다는 견해는 이사회의 법정결의사항 외의 일상적인 업무집행의 결정은 이사회가 대표이사에게 위임한 것으로 본다. 반면에 대표이사가 이사회와는 독립한 권한을 가진 독립기관으로 보는 견해는 법령, 정관에서 이사회의 결정사항으로 유보되어 있지 아니한 사항에 대하여는 대표이사가 스스로 업무집행결정권을 가진다고 본다. 다만, 대표이사는 주주총회와 이사회가 결정한 사항을 집행할 권한이 있다는 점에 대하여는 견해가 일치되어 있고, 그 밖의 일상적인 업무에 대하여도 업무집행권이 있다.436) 따라서 두 견해는 결국 일상적인 업무집행의 결정

及 대표이사 선임결의가 부존재임을 주장하여 생긴 분쟁중에 그 결의부존재등에 관하여 주식회사를 상대로 제소하지 아니하기로 하는 부제소 약정을 함에 있어서 주식회사를 대표할 자는 현재 대표이사로 등기되어 그 직무를 행하는 자라 할 것이고 그 대표이사가 부존재라고 다투어지는 대상이 된 결의에 의하여 선임되었다 할지라도 위 약정에서 주식회사를 대표할 수 있는 자임에 틀림없다. 이사 및 감사직을 사임하여 퇴임한 자라도 상법 제386조 제1항 및 제415조에 의하여 새로 적법하게 선임된 이사 및 감사가 취임할 때까지 여전히 이사 및 감사로서의 권리의무를 보유하는 경우에는 후임이사 및 감사선임 결의의 하자를 주장하여 그 부존재확인을 구할 법률상 이익이 있다."
433) 대법원 1990. 3. 23. 선고 89다카555 판결.
434) 주석민법 민법총칙(2), 법원행정처(2001), 778면.
435) 집행임원에 대하여는 대표권 외에 업무집행권도 명시적으로 규정한다.
436) 대표이사의 업무집행권은 단순히 이사회의 결의사항을 집행하는 것에 그치지 않고 그에 필요한 세부사항 및 일상업무에 대한 의사결정권 및 그 집행권까지 포함하는데, 법률 또는 정관에서 결정권한을 명시적으로 정하지 않은 사항 가운데 일상업무에 속하지 않는 중요한 업무는 이사회가 결정한다(대법원 1997. 6. 13. 선고 96다48282 판결). 즉, 이사회의 결정 대상에 해

권한을 이사회가 위임한 것인지, 아니면 대표이사가 독자적으로 가지는 것인지에서만 차이가 있을 뿐이므로 논의의 실익은 크지 않다.

### 3) 대표이사의 권한 위임

대표이사는 그 권한을 포괄적으로 타인에게 위임하는 것은 허용되지 않지만, 개별적·구체적인 업무는 위임할 수 있다. 대법원도 대표이사의 권한위임에 관하여, "대표이사로부터 포괄적으로 권한 행사를 위임받은 사람이 주식회사 명의로 문서를 작성하는 행위는 원칙적으로 권한 없는 사람의 문서 작성행위로서 자격모용사문서작성 또는 위조에 해당하고, 대표이사로부터 개별적·구체적으로 주식회사 명의의 문서 작성에 관하여 위임 또는 승낙을 받은 경우에만 예외적으로 적법하게 주식회사 명의로 문서를 작성할 수 있다."라고 판시한다.[437]

### (5) 대표권의 제한

대표이사의 권한에 대한 제한은 선의의 제3자에게 대항하지 못한다(389조③, 209조②).[438] 구체적으로는 제한의 근거와 제한의 대상에 따라 다양한 측면에서의 검토를 요한다. 대표이사의 법률상 또는 내부적 제한을 위반한 대표행위를 전단적 대표행위(專斷的 代表行爲)라고 한다.

### 1) 법률상 제한

법률상 주주총회, 이사회의 권한으로 규정된 경우 대표이사는 각각의 결의를 얻어 대표행위를 해야 한다.

(가) 주주총회 결의　　법률상 주주총회 결의를 요건으로 대표이사가 업무집행을 하는 경우로는, 영업양도(374조), 사후설립(375조) 등이 있다. 법률상 주주총회 결의를 요건으로 하는 경우 주주총회 결의를 거치지 않거나 주주총회 결의에 하자가 있는 경우, 상대방이 선의라 하더라도 대표이사의 대표행위는 무효로 된다(통설).[439] 즉, 선의의 제3자도 보호받지 못한다.

(나) 이사회 결의　　중요한 자산의 처분 및 양도, 대규모 재산의 차입, 지배인

---

당하지 않는 일상업무의 경우 대표이사의 업무집행권 범위 내에 포함된다.
437) 대법원 2008. 11. 27. 선고 2006도2016 판결.
438) 일본에서도 대표이사는 회사의 업무에 관한 일체의 재판상, 재판 외의 모든 행위를 할 권한을 가진다(日会 349조④). 회사는 이러한 권한에 대한 제한으로 선의의 제3자에게 대항할 수 없다(日会 349조⑤).
439) 대법원 2012. 4. 12. 선고 2011다106143 판결.

의 선임 또는 해임과 지점의 설치·이전 또는 폐지 등 회사의 중요한 업무집행은 반드시 이사회 결의로 한다(393조①). 주식회사의 대표이사가 회사를 대표하여 파산신청을 할 경우 대표이사의 업무권한인 일상 업무에 속하지 않는 중요한 업무에 해당하여 이사회 결의가 필요하다.440)

　제393조의 이사회의 결의를 거치지 않은 대표이사의 행위와 관련하여 상대방이 선의·무과실인 경우에만 거래가 유효하다는 견해도 있다.441)

　그러나 판례는 이와 같은 이사회 결의 사항은 회사의 내부적 의사결정에 불과하므로 그 거래 상대방이 그와 같은 이사회 결의가 없었음을 알았거나 중대한 과실 없이 알지 못한 경우가 아니라면 그 거래행위는 유효하고, 이때 거래 상대방의 악의 또는 중과실은 이를 주장하는 회사가 주장·증명하여야 할 사항에 속하므로,442)

---

440) [대법원 2021. 8. 26.자 2020마5520 결정 (파산선고)] "주식회사 이사회의 역할, 파산이 주식회사에 미치는 영향, 회생절차 개시신청과의 균형, 파산신청권자에 대한 규정의 문언과 취지 등에 비추어 보면, 주식회사의 대표이사가 회사를 대표하여 파산신청을 할 경우 대표이사의 업무권한인 일상 업무에 속하지 않는 중요한 업무에 해당하여 이사회 결의가 필요하다고 보아야 하고, 이사에게 별도의 파산신청권이 인정된다고 해서 달리 볼 수 없다. 그러나 자본금 총액이 10억 원 미만으로 이사가 1명 또는 2명인 소규모 주식회사에서는 대표이사가 특별한 사정이 없는 한 이사회 결의를 거칠 필요 없이 파산신청을 할 수 있다. 소규모 주식회사는 각 이사(정관에 따라 대표이사를 정한 경우에는 그 대표이사를 말한다)가 회사를 대표하고 상법 제393조 제1항에 따른 이사회의 기능을 담당하기 때문이다(상법 제383조 제6항, 제1항 단서)."

441) 이에 대하여, i) 법률상 요구되는 이사회 결의의 흠결과, ii) 내부적 제한을 구별하여, i)과 같이 법률상 이사회 결의가 요구되는 경우에는 거래상대방도 이사회 결의가 필요하다는 것을 알 수 있지만, ii)의 경우에는 원래 대표이사가 단독으로 할 수 있는 업무집행에 대하여 내부적으로 특별히 제한한 것이므로, 거래상대방에게 요구되는 주의의 정도가 다르다는 이유로, i)의 경우에는 선의·무과실인 상대방이 보호되고, ii)의 경우에는 과실을 불문하고 상대방은 선의이기만 하면 보호된다는 견해도 있다(이철송, 700면). 그리고 상대방이 선의·무과실인 경우에는 그 거래행위는 유효하다는 판례의 입장에 대하여 단순한 과실은 선의에 준하여 취급하는 상법의 경향에 부합하지 않는다는 지적하면서 상대방에게 악의 또는 중과실이 없는 한 유효하다고 보는 견해도 있다(송옥렬, 987면).

442) [대법원 2014. 6. 26. 선고 2012다73530 판결] "회사의 대표이사가 이사회의 승인 없이 한 이른바 자기거래행위는 회사와 이사 간에서는 무효이지만, 회사가 위 거래가 이사회의 승인을 얻지 못하여 무효라는 것을 제3자에 대하여 주장하기 위해서는 거래의 안전과 선의의 제3자를 보호할 필요상 이사회의 승인을 얻지 못하였다는 것 외에 제3자가 이사회의 승인 없음을 알았다는 사실을 증명하여야 할 것이고, 비록 제3자가 선의였다 하더라도 이를 알지 못한 데 중대한 과실이 있음을 증명한 경우에는 악의인 경우와 마찬가지라고 할 것이며, 이 경우 중대한 과실이라 함은 제3자가 조금만 주의를 기울였더라면 그 거래가 이사와 회사 간의 거래로서 이사회의 승인이 필요하다는 점과 이사회의 승인을 얻지 못하였다는 사정을 알 수 있었음에도 만연히 이사회의 승인을 얻은 것으로 믿는 등 거래통념상 요구되는 주의의무에 현저히 위반하는 것으로서 공평의 관점에서 제3자를 구태여 보호할 필요가 없다고 봄이 상당하다고 인정되는 상태를 말한다."

특별한 사정이 없는 한 거래 상대방으로서는 회사의 대표자가 거래에 필요한 회사의 내부절차는 마쳤을 것으로 신뢰하였다고 보는 것이 일반 경험칙에 부합한다는 입장이다.443)

한편, i) 거래의 안전과 무관한 준비금의 자본금전입은 항상 무효로 되고, ii) 거래의 안전이 중요한 신주발행·사채발행은 항상 유효로 보아야 할 것이다.

2) 내부적 제한

대표이사의 권한에 속하는 행위를 정관이나 이사회규칙에 의하여 제한할 수도 있다. 이사회 결의를 얻어야 하는 일정한 행위를 정하는 방법은, i) 일정 액 이상의 채무 부담시 주주총회 또는 이사회 결의를 얻도록 하는 양적인 기준에 의한 제한방법과, ii) 일정한 내용의 업무를 하기 전 이사회 결의를 얻도록 하는 질적인 기준에 의한 제한방법이 있다.

대표이사의 권한에 대한 이러한 내부적 제한도 선의의 제3자에게 대항하지 못한다(389조③, 209조②). 따라서 거래상대방이 이러한 내부적 제한에 대하여 알지 못한 경우 회사가 거래의 무효를 주장할 수 없다.

종래의 판례는 대표이사가 이사회 결의를 거쳐야 한다는 내부적 제한을 위반한 경우 거래 상대방인 제3자가 보호받기 위해서는 선의·무과실이 필요하다는 입장이었으나, 최근의 대법원 전원합의체 판결은 법률상 제한과 내부적 제한을 구별하지 않고, 상대방이 이사회의 결의가 없었음에 대하여 선의이면 과실 유무를 불문하고 거래가 유효하고, 다만 중과실이 있는 경우에는 상대방이 악의인 경우와 같이 거래가 무효로 된다고 판시하였다.444)

3) 거래의 무효로 인한 대표이사와 회사의 손해배상책임

제3자가 이사회 결의가 없음을 알지 못한 데 대하여 중과실이 있는 경우 해당

---

443) 대법원 2009. 3. 26. 선고 2006다47677 판결, 대법원 2011. 4. 28. 선고 2009다47791 판결, 대법원 1995. 4. 11. 선고 94다33903 판결.

444) [대법원 2021. 2. 18. 선고 2015다45451 전원합의체 판결] "대표이사가 이사회 결의를 거쳐야 할 대외적 거래행위에 관하여 이를 거치지 않은 경우에 거래 상대방인 제3자가 보호받기 위해서는 선의 이외에 무과실이 필요하다고 본 대법원 1978. 6. 27. 선고 78다389 판결, 대법원 1995. 4. 11. 선고 94다33903 판결, 대법원 1996. 1. 26. 선고 94다42754 판결, 대법원 1997. 6. 13. 선고 96다48282 판결, 대법원 1998. 7. 24. 선고 97다35276 판결, 대법원 1999. 10. 8. 선고 98다2488 판결, 대법원 2005. 7. 28. 선고 2005다3649 판결, 대법원 2009. 3. 26. 선고 2006다47677 판결, 대법원 2014. 6. 26. 선고 2012다73530 판결, 대법원 2014. 8. 20. 선고 2014다206563 판결 등을 비롯하여 그와 같은 취지의 판결들은 이 판결의 견해에 배치되는 범위에서 모두 변경하기로 한다."

거래는 무효이지만, 대표이사가 이사회 결의를 거치지 않고 거래를 함으로써 거래
상대방이 손해를 입은 것이므로, 이 경우에는 제389조 제3항에 의하여 준용되는 제
210조에 따라 대표이사의 불법행위에 대하여 대표이사와 회사가 연대하여 손해배
상책임을 진다.445)

### (6) 대표권 남용

#### 1) 의    의

외관상 대표행위로서의 방식 및 대표권한의 범위 내의 행위라는 객관적인 요
건은 갖추었으나, 주관적으로는 회사에 손실을 주고 자기 또는 제3자에게 그 법률
행위로 인한 이익을 귀속시키려는 목적이 있는 경우를 의미한다. 대표이사가 내부
적제한이나 법적으로 필요한 절차를 거치지 않은 경우는 대표권남용이 아니라 그
자체가 위법한 행위이다.

#### 2) 개념 요소

(개) 외관상 대외적으로 적법한 행위    대표이사가 대표행위의 요건인 주주총
회 결의나 이사회 결의를 거치지 않은 경우에는 외관상으로도 위법한 행위이므로,
대표권 남용에 해당하지 않는다. 공동대표이사의 단독대표행위나 이사회 승인 없는
경업 또는 자기거래 등은 외관상 대외적으로 위법한 행위이다.

(나) 자기 또는 제3자의 이익을 위한 행위    자기 또는 제3자의 채무를 변제하
기 위하여 회사 명의로 어음을 발행하거나,446) 회사가 보증인이 되는 계약을 하는
경우447)와 같이 자기 또는 제3자의 이익을 위한 행위라는 주관적 요소가 필요하다.
주관적 요소이므로 대외적으로 표현되는 것이 요구되지 않는다. 회사를 위한다는
의사도 있었고, 회사에 부분적, 부수적인 이익이 있었다 하더라도 전체적으로 보

---

445) 대법원 2009. 3. 26. 선고 2006다47677 판결.

446) [대법원 1990. 3. 13. 선고 89다카24360 판결] "주식회사의 대표이사가 회사의 영리목적과 관
    계없이 자기의 개인적인 채무변제를 위하여 회사대표이사 명의로 약속어음을 발행교부한 경
    우에는 그 권한을 남용한 것에 불과할 뿐 어음발행의 원인관계가 없는 것이라고 할 수는 없
    고, 다만 이 경우 상대방이 대표이사의 진의를 알았거나 알 수 있었을 때에는 그로 인하여 취
    득한 권리를 회사에 대하여 주장하는 것은 신의칙에 반하는 것이므로 회사는 상대방의 악의
    를 입증하여 그 행위의 효력을 부인할 수 있다."

447) [대법원 1988. 8. 9. 선고 86다카1858 판결] "대표이사의 행위가 대표권한의 범위내의 행위라
    하더라도 회사의 이익 때문이 아니고 자기 또는 제3자의 개인적인 이익을 도모할 목적으로
    그 권한을 행사한 경우에 상대방이 대표이사의 진의를 알았거나 알 수 있었을 때에는 회사에
    대하여 무효가 된다."

아 자기 또는 제3자의 이익을 목적으로 하는 행위인 경우에는 대표권의 남용에 해당한다. 즉, 반드시 회사의 이익을 위한 목적이 전혀 없고 오로지 자기 또는 제3자의 이익을 목적으로 하여야 대표권의 남용에 해당하는 것은 아니다.[448]

(다) 행위의 결과 회사에 손실을 입힌 행위　대표이사가 대표권 남용의 의사로 대표행위를 하였더라도 회사에 아무런 손해가 발생하지 않은 경우에는 대표권 남용이 아니다. 회사의 자산을 부당하게 염가로 매각하는 경우가 회사에 손실을 입히는 대표행위의 예이고, 위법한 주권발행전 주식양도에 대하여 대표이사가 제3자의 이익을 위하여 이를 승낙하였더라도 이로 인하여 회사에 아무런 손해가 발생하지 않은 경우에는 대표권 남용의 법리가 적용되지 않는다.

3) 대외적 효력

대표권 남용행위는 설사 대표이사가 회사의 영리 목적과 관계없이 자기 또는 제3자의 이익을 도모할 목적으로 권한을 남용한 것이라도 일응 회사의 행위로서 유효하다.[449] 다만, 회사가 상대방에 대하여 거래의 효력을 부인할 수 있는 경우에 관하여 여러 가지 견해가 있다.

(가) 권리남용설　권리남용설은 대표권 남용행위도 객관적으로 대표권의 범위 내의 행위이므로 상대방이 악의이더라도 유효하지만, 악의인 상대방이 이에 의해 얻은 권리를 회사에 대하여 행사하는 것은 권리남용이나 신의칙 위반으로 허용할 수 없다고 본다.[450]

(나) 심리유보설　심리유보설(비진의표시설)은 대표권 남용행위도 원칙적으로 유효이지만 민법 제107조 제1항 단서를 유추적용하여,[451] 상대방이 대표권 남용행위임을 알았거나 알 수 있었을 때에는 무효로 되고, 선의·무과실인 제3자에게 무효로 대항할 수 없다고 본다.[452]

---

448) [대법원 2006. 11. 10. 선고 2004도5167 판결] "이익을 취득하는 제3자가 같은 계열회사이고, 계열그룹 전체의 회생을 위한다는 목적에서 이루어진 행위로서 그 행위의 결과가 일부 본인을 위한 측면이 있다 하더라도 본인의 이익을 위한다는 의사는 부수적일 뿐이고 이득 또는 가해의 의사가 주된 것임이 판명되면 배임죄의 고의를 부정할 수 없다."

449) 대법원 2016. 8. 24. 선고 2016다222453 판결.

450) 이철송, 705면; 정찬형, 969면.

451) [민법 제107조]
① 의사표시는 표의자가 진의 아님을 알고 한 것이라도 그 효력이 있다. 그러나 상대방이 표의자의 진의 아님을 알았거나 이를 알 수 있었을 경우에는 무효로 한다.
② 전항의 의사표시의 무효는 선의의 제3자에게 대항하지 못한다.

452) 김건식 외 2, 374면; 최기원, 639면.

(다) 기타 견해      대표권 남용행위도 기본적으로는 무효이지만 거래의 안전을 위하여 선의의 상대방에게 무효를 주장할 수 없다고 보는 상대적 무효설(이익형량설)은 외관상으로는 아무런 하자가 없는 대표권 남용을 무효로 보는 근거가 박약하다는 문제가 있다. 대표권 남용행위도 회사의 내부적 제한에 위반한 대표행위의 효력과 같은 법리로 해결하려는 내부적 제한설의 경우, 대표권남용도 객관적으로는 대표권의 범위 내의 행위라는 점에서 대표권제한위반의 경우와 다르다는 문제가 있다.

(라) 판      례      판례는, "주식회사의 대표이사가 그 대표권의 범위 내에서 한 행위는 설사 대표이사가 회사의 영리목적과 관계없이 자기 또는 제3자의 이익을 도모할 목적으로 그 권한을 남용한 것이라 할지라도 일단 회사의 행위로서 유효하고, 다만 그 행위의 상대방이 대표이사의 진의를 알았거나 알 수 있었을 때에는 회사에 대하여 무효가 되는 것이다."라는 심리유보설(비진의표시설)을 취하는 것이 종래의 일반적인 입장이다.453)

그런데 근래에는 "주식회사의 대표이사가 대표권의 범위 내에서 한 행위는 설사 대표이사가 회사의 영리 목적과 관계없이 자기 또는 제3자의 이익을 도모할 목적으로 권한을 남용한 것이라도 일응 회사의 행위로서 유효하다. 그러나 행위의 상대방이 그와 같은 정을 알았던 경우에는 그로 인하여 취득한 권리를 회사에 대하여 주장하는 것이 신의칙에 반하므로 회사는 상대방의 악의를 입증하여 행위의 효과를 부인할 수 있다."라고 판시함으로써 신의칙위반설(권리남용설)을 채택한 판례도 있다.454)

(마) 사      견      민법 제107조 제2항에 따라 비진의표시는 의사와 표시의 불일치를 전제로 하는 규정인데 대표권남용은 의사와 표시가 불일치하는 경우로 보기 어렵고, 과실 있는 상대방도 보호할 필요가 있다는 면에서 신의칙위반설이 타당하다고 본다. 다만, 상대방이 악의인 경우뿐 아니라 선의인 경우에도 중과실이 있으면 악의와 동일시하여 회사가 거래의 무효를 주장할 수 있다고 해석해야 할 것이다.

---

453) 대법원 2008. 5. 15. 선고 2007다23807 판결, 대법원 2004. 3. 26. 선고 2003다34045 판결, 대법원 1997. 8. 29. 선고 97다18059 판결.

454) [대법원 2016. 8. 24. 선고 2016다222453 판결] "대표이사인 소외인이 개인 자격에서 피고에게 부담하는 경영권 양수대금 채무를 면하는 대신 피고는 회사에 대한 판결금 채무를 면제받는다는 것이므로, 그 내용 자체에 의하더라도 회사에 손실을 주고 대표이사 자기 또는 제3자에게 이익이 되는 행위임이 분명하다. 그리고 피고는 이 사건 회사의 전 대표이사로서 이 사건 단기매매차익금반환 소송의 피고이자 이 사건 약정의 당사자의 지위에서 위와 같은 대표권 남용행위에 가담한 지위에 있으므로 신의칙상 이 사건 약정이 유효하다는 주장은 허용되지 아니한다고 보아야 한다."

4) 증명책임

회사가 대표권 남용을 이유로 대표행위의 무효를 주장하려면 i) 대표권 남용행위라는 사실, ii) 상대방의 악의 또는 중과실을 증명하여야 한다.[455]

5) 회사의 손해배상청구권

회사는 대표이사를 상대로 대표권의 남용에 따른 불법행위를 이유로 한 손해배상청구권도 행사할 수 있다.[456] 상대방도 악의·중과실이 없는 한 거래의 무효로 인한 손해배상청구를 할 수 있는데(389조③, 210조), 이에 관하여는 아래에서 설명한다.

### (7) 대표이사의 불법행위

1) 의의와 범위

대표이사가 그 업무집행으로 인하여 타인에게 손해를 가한 때에는 회사와 대표이사가 연대하여 손해배상책임을 진다(389조③, 210조).[457] 대표이사가 있는 회사에서 대표이사 아닌 이사의 행위는 회사 자신의 불법행위가 될 수 없고, 회사는 민법 제756조의 사용자책임을 질 수 있다.

2) 손해배상청구권자

손해배상청구권자는 대표이사의 업무집행으로 인하여 손해를 입은 자이다. 이사의 제3자에 대한 손해배상책임에 관한 판례에 따르면, 상법 제389조 제3항을 적용함에 있어서도 주주는 직접손해에 대하여는 손해배상을 청구할 수 있지만 간접손해에 대하여는 손해배상을 청구할 수 없다.[458]

3) 책임발생요건

㈎ 대표행위    상법 제210조는 "업무집행으로 인하여 타인에게 손해를 가한

---

455) 대법원 1990. 3. 13. 선고 89다카24360 판결.
456) [대법원 1989. 1. 31. 선고 87누760 판결] "주식회사의 대표이사가 그의 개인적인 용도에 사용할 목적으로 회사명의 수표를 발행하거나 타인이 발행한 약속어음에 회사명의의 배서를 해주어 회사가 그 지급책임을 부담 이행하여 손해를 입은 경우에는 당해 주식회사는 대표이사의 위와 같은 행위가 상법 제398조 소정의 이사와 회사간의 이해상반하는 거래행위에 해당한다 하여 이사회의 승인여부에 불구하고 같은 법 제399조 소정의 손해배상청구권을 행사할 수 있음은 물론이고 대표권의 남용에 따른 불법행위를 이유로 한 손해배상청구권도 행사할 수 있다."
457) 합명회사를 대표하는 사원이 그 업무집행으로 인하여 타인에게 손해를 가한 때에는 회사는 그 사원과 연대하여 배상할 책임이 있다는 제210조는 법인실재설(法人實在說)의 입장에서 합명회사의 불법행위능력을 전제로 하는 규정인데, 제389조 제3항에 의하여 주식회사의 대표이사에 준용된다.
458) 대법원 2003. 10. 24. 선고 2003다29661 판결.

때"라고 규정하는데, "업무집행"과 관련하여 행위의 외형상 객관적으로 대표이사의 직무범위에 속하는 것으로 보이는 경우에는 모두 회사의 불법행위가 성립할 수 있다.[459] 대표이사 외의 임직원이 업무집행으로 인하여 타인에게 손해를 가한 경우 회사는 민법 제756조의 사용자책임을 지게 된다.

주식회사의 손해배상책임은 대표이사가 업무집행에 관하여 제3자에게 손해를 가한 경우에 발생하므로, 이 경우 피해자가 가해자를 안다는 것은 피해자가 주식회사와 불법행위를 한 대표이사 사이의 관계를 인식하는 것 외에 일반인이 대표이사의 당해 불법행위가 주식회사의 업무집행과 관련하여 행하여진 것이라고 판단하기에 족한 사실까지 인식하는 것을 말한다.[460]

(나) 대표이사의 고의·과실      대표이사의 불법행위책임은 이사의 제3자에 대한 책임과 달리 중과실이 아닌 경과실의 경우에도 발생한다.[461]

(다) 피해자의 악의·중과실      피해자가 대표자의 직무가 아님을 알았거나 중과실로 알지 못한 때에는 회사의 손해배상책임이 인정되지 않는다.[462] 중대한 과실이라 함은 거래의 상대방이 조금만 주의를 기울였더라면 대표자의 행위가 그 직무권한 내에서 적법하게 행하여진 것이 아니라는 사정을 알 수 있었음에도 만연히 이를 직무권한 내의 행위라고 믿음으로써 일반인에게 요구되는 선관주의의무에 현저히 위반하는 것으로 거의 고의에 가까운 정도의 주의를 결여하고, 공평의 관점에서 상대방을 구태여 보호할 필요가 없다고 봄이 상당하다고 인정되는 상태를 말한다.[463]

4) 소멸시효

이사의 제3자에 대한 손해배상책임은 법정책임이라는 것이 통설이므로 그 소멸시효기간은 10년이지만, 본조의 책임은 불법행위책임이므로 소멸시효기간은 일반 불법행위책임의 단기소멸시효를 규정한 민법 제766조 제1항에 의하여 3년이다.

5) 구 상 권

상법 제210조의 책임은 회사와 대표이사의 연대책임이다. 만일 회사 및 대표이사 이외의 다른 공동불법행위자 중 한 사람이 자신의 부담부분 이상을 변제하여 공동의 면책을 얻게 한 후 구상권을 행사하는 경우에는, 회사 및 대표이사는 구상권

---

459) 대법원 1990. 11. 13. 선고 89다카26878 판결.
460) 대법원 2012. 3. 29. 선고 2011다83189 판결, 대법원 2018. 9. 13. 선고 2018다241403 판결, 대법원 2022. 5. 12. 선고 2020다255375 판결.
461) 대법원 1980. 1. 15. 선고 79다1230 판결.
462) 대법원 2005. 2. 25. 선고 2003다67007 판결.
463) 대법원 2004. 3. 26. 선고 2003다34045 판결.

자에 대한 관계에서는 하나의 책임주체로 평가되어 각자 구상금액의 전부에 대하여 책임을 부담하여야 하고, 이는 위 대표이사가 공동대표이사인 경우에도 마찬가지이다.[464)

### (8) 공동대표이사

#### 1) 의의와 취지

공동대표이사는 다른 대표이사와 공동으로만 회사를 대표할 수 있는 대표이사를 말한다. 상법은 "수인의 대표이사가 공동으로 회사를 대표"하는 경우를 공동대표이사라고 규정한다(389조②).[465)

공동대표제도는 대외 관계에서 수인의 대표이사가 공동으로만 대표권을 행사할 수 있게 하여 업무집행의 통일성을 확보하고, 대표권 행사의 신중을 기함과 아울러 대표이사 상호간의 견제에 의하여 대표권의 남용 내지는 오용을 방지하여 회사의 이익을 도모하려는데 그 취지가 있다.[466)

#### 2) 공동대표이사의 본질

공동대표이사의 본질에 대하여, i) 단독대표의 원칙에 따라 각자 대표기관을 구성하고, 단지 권한행사만 공동으로 하는 것이라는 "행사방법공동설"과, ii) 수인의 대표이사는 공동으로만 1개의 대표기관을 구성하고 1개의 대표권을 합유(合有)하는 것이라는 "대표권합유설"이 있다.

공동대표이사 중 1인이 결원이 된 경우, 행사방법공동설에 의하면 나머지 대표이사의 대표권이 소멸하는 것이 아니라 다만 공동행사가 불가능하게 되는데, 대표권합유설에 의하면 나머지 공동대표이사 전원의 대표권도 소멸하게 된다. 수인의 대표이사를 선정한 경우 각자대표가 원칙이라는 통설의 입장에서는 행사방법공동설이 논리적이다.[467)

---

464) [대법원 2007. 5. 31. 선고 2005다55473 판결] "공동면책을 얻은 다른 공동불법행위자가 공동대표이사 중 한 사람을 상대로 구상권을 행사하는 경우 그 공동대표이사는 주식회사가 원래 부담하는 책임부분 전체에 관하여 구상에 응하여야 하고, 주식회사와 공동대표이사들 사이 또는 각 공동대표이사 사이의 내부적인 부담비율을 내세워 구상권자에게 대항할 수는 없다고 판시한다."

465) 일본에서 이사회비설치회사는 이사가 2인 이상인 경우 이사는 각자 주식회사를 대표하고 (日会 349조②), 이사회설치회사는 이사 중 최소 1인은 대표이사로 선정하여야 하는데(日会 362조③), 공동대표이사에 관한 규정은 회사법 제정시 두지 않았다.

466) 대법원 1989. 5. 23. 선고 89다카3677 판결.

467) 同旨: 이철송, 708면.

### 3) 공동대표이사의 선정

(가) 선정결의    이사회가 먼저 수인의 대표이사를 선정하고, 이들을 공동대표이사로 정한다는 별도의 결의를 하여야 한다. 다만, 대표이사 선정결의와 공동대표이사로 정하는 결의는 개념상으로만 별개의 결의이고 실제로는 하나의 결의에서 대표이사 선정과 공동대표이사로 정함을 동시에 하여도 된다.

(나) 선정기관    대표이사를 선정하는 기관은 정관의 규정 유무를 불문하고 수인의 대표이사 중 공동대표이사를 선정할 수 있다. 이사회에서 대표이사를 선정하는 경우에는 이사회 결의로 공동으로 회사를 대표할 것을 정하고, 정관에 의하여 주주총회가 대표이사를 선정하는 경우(389조① 단서)에는 공동대표이사도 주주총회 결의로 공동으로 회사를 대표할 것을 정한다. 공동대표이사 선정기관은 공동대표이사를 각자대표이사로 전환하는 결정도 할 수 있다.

(다) 유   형    공동대표이사의 유형으로는, i) 대표이사 전원을 공동대표이사로 정하는 경우, ii) 특정 대표이사는 단독대표이사로 정하고 2인 이상의 나머지 대표이사들을 공동대표이사로 정하는 경우, iii) 대표이사 전원을 공동대표이사로 정하되, 전원이 아닌 일정 수 이상(예: 3인 중 2인)의 대표이사가 대표권을 공동행사하도록 정하는 방법 등이 있다.[468]

(라) 등   기    회사가 공동대표이사를 선정한 경우 그 내용을 등기하여야 하는데(317조②10), 공동대표이사를 등기하지 아니한 경우 선의의 제3자에게 대항하지 못한다(37조①). 따라서 만일 공동대표이사 중 1인이 단독으로 회사를 대표하여 거래를 한 경우, 회사는 공동대표이사제도를 이유로 해당 거래의 무효를 주장할 수 없다.[469]

### 4) 공동대표이사의 지위

(가) 거래행위 및 불법행위    공동대표이사는 거래행위와 소송행위를 공동으로 하여야 한다. 등기신청도 공동으로 하여야 한다. 그러나 공동대표이사가 반드시 공동으로 불법행위를 행하여야만 회사가 책임을 진다는 것은 부당하므로 공동대표이사의 법리는 불법행위에는 적용되지 않는다. 따라서 공동대표이사 중 1인의 행위

---

468) 등기예규도 위 ii)의 경우에 대표이사 3인 중 1인은 단독 대표이사로, 2인은 공동대표이사로 등기할 수 있다고 규정한다(등기예규 제532호 1984. 6. 23. 제정).

469) 일본 회사법은 표현대표이사규정의 유추적용에 의하여 거래상대방의 보호가 가능하다는 이유로(最判昭和 42·6·24 民集 21-3-796) 종래의 상법상 공동대표이사등기제도를 도입하지 않았다.

라 하더라도 그 업무집행으로 인하여 타인에게 손해를 가한 때에는 회사는 그 대표
이사와 연대하여 배상할 책임이 있다(389조③, 210조).[470]

(나) **능동대표와 수동대표**  회사가 제3자에게 하는 의사표시(능동대표)는 수인
의 대표이사가 공동으로써만 할 수 있다. 이는 공동대표이사 각자의 의사가 상대방
에게 표시되어야 함을 의미한다. 다른 공동대표이사로부터 표시행위를 위임받은 공
동대표이사는 자신의 의사와 위임인의 의사를 모두 표시하여야 한다.

그러나 수동대표에는 공동대표이사의 법리가 적용되지 않는다. 즉, 제3자의 회
사에 대한 의사표시는 공동대표이사 중 1인에 대하여 이를 함으로써 그 효력이 생
긴다(208조②). 의사표시의 수령은 대표권 남용의 우려가 없으므로 굳이 공동대표이
사의 법리를 적용할 필요가 없기 때문이다.

(다) **일부 대표이사의 대표권 제한**  공동대표이사 중 일부 대표이사의 권한을
제한할 수 있다. 이러한 내부적 제한은 선의의 제3자에게 대항하지 못한다(389조③,
209조②).

5) **공동대표권 행사방법과 단독대표행위의 효력**

(가) **내부적 업무집행**  내부적 업무집행도 공동업무집행이 원칙이지만, 단독으
로 해도 유효하고, 다만 대표이사의 회사에 대한 손해배상책임이 발생하는 동시에 대
표이사 해임사유도 된다.

(나) **외부적 대표권 행사**

가) **행사방법**  외부적 대표권은 반드시 공동으로 행사하여야 하고, 다수결
은 허용되지 않는다. 다만, 공동대표이사의 대표행위가 반드시 동시에 표시되어야
하는 것은 아니고, 순차표시도 가능하다. 만일 공동대표이사 간에 의견대립이 있으
면 이사회 결의에 의하여야 할 것이다.

나) **단독대표행위의 효력**  외부적 대표권 행사 중 단독의 거래행위는 선
의·악의를 불문하고 무효이나, 무권대리행위에 준하여 다른 공동대표이사의 추
인이 있으면 유효로 보아야 한다.

그리고 반드시 공동으로 불법행위가 행하여야만 회사가 책임을 진다는 것은
부당하므로 공동대표이사의 법리는 불법행위에는 적용되지 않는다. 따라서 공동대
표이사 중 1인의 행위라 하더라도 그 업무집행으로 인하여 타인에게 손해를 가한

---

470) 불법행위에 공동대표이사의 법리가 적용되지 않는다는 것은 공동대표이사들이 반드시 공동
   으로 불법행위를 하여야만 불법행위가 성립하는 것이 아니라는 의미이다.

때에는 회사는 그 대표이사와 연대하여 배상할 책임이 있다(389조③, 210조).

### 6) 공동대표권의 위임 가능 여부

(가) 포괄적 위임　　공동대표권의 포괄적 위임은 실질적으로는 단독대표를 가능하게 하는 것이므로 허용되지 않는다.471) 대표이사의 업무를 수량면이나 내용면으로 구분하는 부분적 포괄위임도 허용되지 않는다.472)

(나) 개별적 위임　　특정 거래나 일정 종류의 거래에 관하여 대표권행사를 위임할 수 있는지에 대하여는, i) 공동대표이사 상호간의 내부적 의사결정만 공동으로 하면, 외부적 의사표시는 개별적 위임 가능하다는 적극설, ii) 내부적 의사결정과 대외적 의사표시 모두 위임 가능하다는 백지위임설, iii) 공동대표이사제도의 실효성을 확보하여 회사이익을 보호하기 위하여 의사표시도 공동으로 해야 한다는 소극설(표시행위위임설) 등이 있는데,473) 판례는 적극설의 입장이다.474) 백지위임설은 사실상 포괄적 위임과 다르지 않고 나아가 결과적으로는 단독대표행위를 허용하는 것이 된다. 적극설은 거래의 대외적 효과가 공동대표이사의 내부적인 합의에 좌우된다는 문제가 있다. 따라서 상거래의 신속성을 다소 저해하는 요인이 되지만 표시행위위임설이 타당하다.

### 7) 단독대표행위시의 제3자 보호

(가) 상업등기의 소극적 효력　　등기할 사항은 이를 등기하지 아니하면 선의의

---

471) [대법원 1989. 5. 23. 선고 89다카3677 판결]【채권부존재확인】 "주식회사에 있어서의 공동대표제도는 대외 관계에서 수인의 대표이사가 공동으로만 대표권을 행사할 수 있게 하여 업무집행의 통일성을 확보하고, 대표권 행사의 신중을 기함과 아울러 대표이사 상호간의 견제에 의하여 대표권의 남용 내지 오용을 방지하여 회사의 이익을 도모하려는데 그 취지가 있으므로 공동대표이사의 1인이 그 대표권의 행사를 특정사항에 관하여 개별적으로 다른 공동대표이사에게 위임함은 별론으로 하고, 일반적, 포괄적으로 위임함은 허용되지 아니한다."

472) 예컨대, 일정 금액 이상의 거래와 미만의 거래를 구분하는 것이 수량에 따른 구분이고, 은행거래와 상거래를 구분하는 것이 내용에 따른 구분이다.

473) 공동대표이사의 개별적 위임에 관한 학설의 내용을 요약하면 다음과 같다.

| (학설) | (의사결정) | (의사표시) |
|---|---|---|
| 백지위임설 | 위임 가능 | 위임 가능 |
| 적극설 | 위임 불가능 | 위임 가능 |
| 소극설 | 위임 불가능 | 위임 불가능 |

474) [대법원 1996. 10. 25. 선고 95누14190 판결] "회사의 공동대표이사 2명 중 1명인 위 박원식이 단독으로 동의한 것이라면 특별한 사정이 없는 한 이를 소외 회사의 동의라고 볼 수 없고, 다만 나머지 1명의 대표이사가 위 박원식으로 하여금 이 사건 건물의 관리에 관한 대표행위를 단독으로 하도록 용인 내지 방임하였고 또한 원고가 위 박원식에게 단독으로 회사를 대표할 권한이 있다고 믿은 선의의 제3자에 해당한다면 이를 소외 회사의 동의로 볼 수 있을 것이다."

제3자에게 대항하지 못한다(37조①).475) 등기한 후라도 제3자가 정당한 사유로 인하여 이를 알지 못한 때에는 역시 대항하지 못한다(37조②).

(나) 추　인　　단독대표행위에 대하여 나머지 공동대표이사가 이를 추인할수 있다. 추인의 의사표시는 상대방 또는 단독대표이사행위자에게 할 수 있다.476) 추인의 의사표시는 회사가 장기간 단독대표행위에 대하여 이의를 제기하지 않거나 단독대표행위의 유효를 전제로 한 행위를 하는 등과 같이 묵시적으로도 할 수 있다.

(다) 공동대표와 표현대표이사　　회사가 수인의 대표이사가 공동으로 회사를 대표할 것을 정하고 이를 등기한 경우에도, 공동대표이사 중의 1인이 대표이사라는 명칭을 사용하여 법률행위를 하는 것을 용인하거나 방임한 때에는, 그 공동대표이사가 단독으로 회사를 대표하여 한 법률행위에 관하여 회사가 선의의 제3자에 대하여 상법 제395조에 따른 책임을 진다.477)

(라) 기　타　　그 밖에 단독대표행위는 민법 제750조의 불법행위 요건에 부합하는 경우가 많을 것이고, 단독대표행위를 한 이사의 제3자에 대한 손해배상책임(401조)도 발생할 수 있다. 그리고 대표이사가 그 업무집행으로 인하여 타인에게 손해를 가한 때에는 회사는 그 대표이사와 연대하여 배상할 책임이 있으므로(389조③, 210조), 이러한 경우 회사도 연대책임을 진다.

### 8) 공동대표이사제의 폐지

정관으로 수인의 대표이사가 공동으로 회사를 대표할 것을 특별히 정하지 않은 이상, 이사회가 공동대표이사제도를 폐지하는 결의를 함에 있어서 반드시 정관변경의 절차를 거쳐야 되는 것은 아니다.478)

## (9) 표현대표이사

### 1) 의　의

회사와 거래하는 당사자는 회사의 대표권자와 거래를 하고자 할 것이다. 그러

---

475) 합자회사에 관한 판례로서, 정관으로 수인의 사원이 공동으로 회사를 대표할 것을 정하고도 이를 등기하지 않은 경우, 공동대표사원 중 1인이 단독으로 한 대표행위가 정관에 위배된다는 점을 들어 선의의 제3자에게 대항할 수 없다는 판례가 있다(대법원 2014. 5. 29. 선고 2013다212295 판결).
476) [대법원 1992. 10. 27. 선고 92다19033 판결]【소유권이전등기】 "공동대표이사가 단독으로 회사를 대표하여 제3자와 한 법률행위를 추인함에 있어 그 의사표시는 단독으로 행위한 공동대표이사나 그 법률행위의 상대방인 제3자 중 어느 사람에게 대하여서도 할 수 있다."
477) 대법원 1993. 12. 28. 선고 93다47653 판결.
478) 대법원 1993. 1. 26. 선고 92다11008 판결.

나 회사의 대표권자 아닌 자가 대표권을 표시하는 명칭을 사용하고 회사가 이를 명시적, 묵시적으로 허락하는 경우에는, 그를 대표권자로 믿고 거래한 당사자를 보호할 필요가 있다. 나아가 회사와 거래를 개시할 때 등기상의 대표이사를 확인하였지만, 그 후 거래를 계속하는 동안 종전의 대표이사가 그 지위를 상실하였음에도 계속하여 대표권을 표시하는 명칭을 사용하고, 회사가 이를 허용, 묵인하는 상황에서 등기상의 대표이사인지 여부를 확인하지 않고 그의 대표권을 믿고 거래한 당사자는 보호받을 필요성이 더욱 크다.

이러한 거래상대방을 보호하기 위하여 상법은 표현대표이사제도를 두고 있다. 즉, 사장, 부사장, 전무, 상무 기타 회사를 대표할 권한이 있는 것으로 인정될만한 명칭을 사용한 이사의 행위에 대하여는 그 이사가 회사를 대표할 권한이 없는 경우에도 회사는 선의의 제3자에 대하여 그 책임을 진다(395조).

대표이사 아닌 B가 "주식회사 갑 대표이사 B"라는 명칭을 사용하는 것이 그 예인데, 이와 같이 사장, 부사장, 전무, 상무 기타 회사를 대표할 권한이 있는 것으로 인정될만한 명칭을 사용한 이사를 표현대표이사라 한다. 표현대표이사제도의 취지는 거래의 안전을 도모하여 제3자를 보호하기 위한 것이고, 그 법리적 근거는 영미법상 표시에 의한 금반언(estoppel by representation)의 법리479) 또는 독일법상 외관이론(Rechtsscheintheorie)이다.

2) 적용요건

(가) 외관의 존재

가) 대표권 표시 명칭      회사의 대표권을 표시하는 명칭(표현적 명칭)을 사용하여야 한다. 상법이 규정하는 사장, 부사장, 전무, 상무 등은 예시적인 명칭이므로 이에 한하지 않고 표현대표이사의 명칭에 해당하는지 여부는 사회 일반의 거래통념에 따라 결정하여야 한다.480) 다만, 비록 예시적인 명칭이지만 전무, 상무라는 명

---

479) 표시에 의한 금반언(estoppel by representation)은 표시한 사실에 반하는 주장을 금지하는 원칙으로서, Black's Law Dictionary (8th ed. 2004)는 estoppel을 "A bar that prevents one from asserting a claim or right that contradicts what one has said or done before or what has been legally established as true"라고 설명한다. 미국 회사법상 임원의 표현상의 권한(apparent authority)이 인정되기 위하여서는 회사가 대외적으로 당해 임원이 그 업무를 처리할 권한이 있는 것으로 표시하고, 임원과 거래한 제3자는 그러한 표시를 믿고 임원과 거래를 하였을 것을 요건으로 한다. 표현상의 권한은 그 직위 자체에 의하여 인정되는 경우가 많은데 제3자로서는 어떠한 직위에 있는 사람은 그 직위에 일반적으로 부여되는 권한을 부여받은 것으로 생각하기 때문이다.

480) [대법원 2003. 2. 11. 선고 2002다62029 판결] "'경리담당이사'는 회사를 대표할 권한이 있는

칭이 일반적으로 회사의 대표권을 표시하는 명칭으로 볼 수 있는지는 다소 의문이다.481) 명칭의 "사용"이란 행위자가 상대방에게 자신이 회사의 대표자라는 인식을 준 것을 의미하고, 어음행위의 경우 어음행위의 방식에 맞아야 한다.

나) 이사자격 요부    제395조는 " … 명칭을 사용한 이사"라고 규정하지만, 이 규정은 표시에 의한 금반언의 법리나 외관이론에 따라 대표이사로서의 외관을 신뢰한 제3자를 보호하기 위하여 그와 같은 외관의 존재에 대하여 귀책사유가 있는 회사로 하여금 선의의 제3자에 대하여 그들의 행위에 관한 책임을 지도록 하려는 것이므로, 회사가 이사의 자격이 없는 자에게 표현대표이사의 명칭을 사용하게 허용한 경우는 물론, 이사의 자격이 없는 사람이 임의로 표현대표이사의 명칭을 사용하고 있는 것을 회사가 알면서도 아무런 조치를 취하지 아니한 채 그대로 방치하여 소극적으로 묵인한 경우에도 위 규정이 유추적용되는 것으로 해석하여야 한다(통설·판례).482)

다) 무권대행의 경우    표현대표이사의 요건을 갖춘 B가 자신의 이름을 사용하지 않고 실제의 대표이사인 A의 이름으로 행위한 경우(즉, B가 "갑주식회사 대표이사 A"라는 명칭을 사용)에도 제395조가 적용되는지에 대하여는, i) 거래의 안전을 위하여 타인명의로 한 행위에 대하여도 제395조를 적용해야 한다는 견해와, ii) 이를 긍정하게 되면, 2단계의 오인(대표권이 있다는 오인과 다른 대표이사의 대리권이 있다는 오인)을 보호하는 결과가 되는데, 대표권에 대한 신뢰와 대행권에 대한 신뢰는 구별해야 하며, 민법의 표현대리법리에 의하여 보호받을 수 있으므로 제395조의 적용을 부정하여야 한다는 견해가 있다.

ii)의 견해는 민법 제125조, 제126조에 의한 상대방보호가 가능하다는 근거를 들고 있는데, 이 경우에는 무과실을 요건으로 한다. 반면 상법 제395조는 무중과실을 요건으로 하므로(즉, 경과실의 경우에는 보호됨) 거래의 안전이 보다 더 보호될 수 있고, 따라서 거래의 안전을 위하여 i)의 견해가 타당하다.

판례도 "상법 제395조는 표현대표이사가 자기의 명칭을 사용하여 법률행위를 한 경우는 물론이고 자기의 명칭을 사용하지 아니하고 다른 대표이사의 명칭을 사용하여 행위를 한 경우에도 유추적용되고, 이와 같은 대표권 대행의 경우 제3자의

---

것으로 인정될 만한 명칭에 해당한다고 볼 수 없다."

481) 일본 회사법은 이러한 취지에서 표현대표이사에 관한 상법 제262조의 규정 중 전무, 상무는 삭제하였다(日会 354조).

482) 대법원 1998. 3. 27. 선고 97다34709 판결. 일본에서도 이와 같이 해석하는 것이 통설·판례이다.

선의나 중과실은 표현대표이사의 대표권 존부에 대한 것이 아니라 대표이사를 대행하여 법률행위를 할 권한이 있느냐에 대한 것"이라고 판시하여 긍정설의 입장을 취하고 있다.483) 또한 판례는 대행이 아니라 대리의 경우에도 표현대표이사의 법리를 적용한다.484)

(나) 외관의 부여

가) 명칭사용의 허락 – 회사의 귀책사유　　　발령, 위촉 등이 명칭사용허락의 예이다. 따라서 회사의 대표권을 표시하는 명칭을 회사의 허락 없이 임의로 사용하는 경우에는 제395조가 적용되지 않는다.

나) 묵시적 허락의 인정 범위(명의사용방치)　　　회사의 허락은 명시적 승인뿐 아니라 묵시적 승인도 포함한다.485) 묵시적 허락의 인정 범위에 대하여는, i) 명의 사용방치에 대하여 악의(알면서 방치)인 경우에만 귀책사유를 인정하거나, ii) 명의사용방치에 대하여 악의는 물론 과실이 있는 경우에도 귀책사유를 인정하는 견해도 있을 수 있지만, 명의사용방치에 대하여 악의 또는 중과실이 있는 경우에는 묵인과 같은 정도로 보아 귀책사유를 인정할 수 있고, 또한 상법상 일반적으로 중과실은 악의와 동일시되므로 악의 또는 중과실이 있는 경우에만 귀책사유(명의사용방치)가 인정될 것이다.

판례는, "이사 또는 이사의 자격이 없는 자가 임의로 표현대표자의 명칭을 사용하고 있는 것을 회사가 알면서도 이에 동조하거나 아무런 조치를 취하지 아니한 채 그대로 방치한 경우도 회사가 표현대표자의 명칭사용을 묵시적으로 승인한 경우에 해당한다고 봄이 상당하다."라는 판례와,486) "회사의 명칭 사용 승인 없이 임의로 명칭을 참칭한 자의 행위에 대하여는 비록 그 명칭 사용을 알지 못하고 제지

---

483) [대법원 1998. 3. 27. 선고 97다34709 판결]【근저당권설정등기말소】 "상법 제395조는 표현대표이사가 자기의 명칭을 사용하여 법률행위를 한 경우는 물론이고 자기의 명칭을 사용하지 아니하고 다른 대표이사의 명칭을 사용하여 행위를 한 경우에도 적용된다"(同旨: 대법원 2003. 7. 22. 선고 2002다40432 판결, 대법원 2011. 3. 10. 선고 2010다100339 판결, 대법원 2013. 7. 11. 선고 2013다5091 판결).

484) [대법원 2011. 3. 10. 선고 2010다100339 판결]【대여금】 "[1] 표현대표이사가 대표이사의 이름으로 행위한 경우 상법 제395조가 적용되는지 여부(적극) 및 이때 상대방의 악의 또는 중대한 과실 유무의 판단 기준 [2] 甲 회사의 표현대표이사 乙이 대표이사를 대리하여 자신의 채권자 丙에게 차용증을 작성해 준 사안에서, 乙이 甲 회사의 대표이사가 아님을 丙이 알았다거나 乙이 대표이사를 대리하여 위 차용증을 작성할 권한이 있는지 여부에 관하여 甲 회사에 확인하지 않았다는 사정만으로 丙의 악의 또는 중과실을 쉽사리 인정할 수는 없다."

485) 대법원 2005. 9. 9. 선고 2004다17702 판결.

486) 대법원 2005. 9. 9. 선고 2004다17702 판결.

하지 못한 점에 있어 회사에게 과실이 있다고 할지라도 그 회사의 책임으로 돌려 선의의 제3자에 대하여 책임을 지게 할 수 없다."라는 판례와 같이,[487) i)설의 입장을 취하고 있다.

다) 회사의 허락의 판단기준    회사가 명칭사용을 허락하였다고 하기 위하여는 진정한 대표이사가 이를 허용하거나, 이사 전원이 아닐지라도 적어도 이사회 결의의 성립을 위하여 회사의 정관에서 정한 이사의 수, 그와 같은 정관의 규정이 없다면 최소한 이사 정원의 과반수의 이사가 적극적 또는 묵시적으로 표현대표를 허용한 경우이어야 한다.[488) 따라서 대표이사로 선임등기된 자가 부적법한 대표이사로서 사실상의 대표이사에 불과한 경우에 있어서는 먼저 위 대표이사의 선정에 있어 회사에 귀책사유가 있는지를 살피고 이에 따라 회사에게 표현대표이사로 인한 책임이 있는지 여부를 가려야 한다.[489)

(다) 외관의 신뢰

가) 제3자의 선의    제3자는 행위자에게 대표권이 없다는 것을 알지 못하여야 한다. "선의"란 표현대표이사에게 대표권이 없음을 알지 못한 것을 말하는 것이지 반드시 형식상 대표이사가 아니라는 것을 알지 못한 것에 한정할 필요는 없다.[490)

제3자의 선의의 판단시기는 표현대표이사와의 거래시이다. 제3자에는 표현대표이사와 거래한 직접의 상대방뿐 아니라 표현적 명칭을 신뢰한 모든 자를 포함한다. 따라서 표현대표이사가 어음행위를 한 경우, 회사가 책임을 지는 선의의 제3자의 범위에는 표현대표이사로부터 직접 어음을 취득한 상대방뿐만 아니라, 그로부터 어음을 다시 배서양도받은 제3취득자도 포함된다.[491)

표현대표이사의 행위와 이사회 결의를 거치지 아니한 대표이사의 행위를 비교하면 양자 모두 본래는 회사가 책임을 질 수 없는 행위들이지만 거래의 안전과 외

---

487) 대법원 1995. 11. 21. 선고 94다50908 판결.
488) [대법원 2011. 7. 28. 선고 2010다70018 판결] "기록에 의하면, 원고 회사의 적법한 대표이사인 소외 3 또는 적법하게 선임된 이사들로 구성된 원고 회사 이사회의 과반수 이사가 소외 9나 소외 10의 대표이사 명칭 사용을 적극적 또는 묵시적으로 이를 허용하였다고 볼 아무런 자료가 없으므로, 소외 9나 소외 10이 원고 회사의 대표이사 명칭을 사용하여 체결한 이 사건 근저당권설정계약과 이 사건 차입금 및 이자지급 약정에 대하여 원고 회사가 상법 제395조에 의한 책임을 져야 한다고 볼 수 없다."
489) 대법원 1992. 9. 22. 선고 91다5365 판결.
490) 대법원 1998. 3. 27. 선고 97다34709 판결.
491) 대법원 2003. 9. 26. 선고 2002다65073 판결.

관이론의 정신에 입각하여 그 행위를 신뢰한 제3자가 보호된다는 점에 공통되는 면이 있으나, 제3자의 신뢰의 대상이 전자에 있어서는 대표권의 존재인 반면, 후자에 있어서는 대표권의 범위이므로 제3자가 보호받기 위한 구체적인 요건이 반드시 서로 같다고 할 것은 아니고, 따라서 표현대표이사의 행위로 인정이 되는 경우라고 하더라도 만일 그 행위에 이사회 결의가 필요하고 거래의 상대방인 제3자의 입장에서 이사회 결의가 없었음을 알았거나 알 수 있었을 경우라면 회사로서는 그 행위에 대한 책임을 면한다.492)

나) 증명책임　　　회사가 제3자의 악의에 대한 증명책임을 부담한다.493)

다) 제3자의 무과실　　　제3자의 무과실이 요구되는지에 대하여는, 법문에 충실하게 선의이기만 하면 제3자의 과실을 불문하고 보호하여야 한다는 "단순선의설"과, 선의임에 과실도 없어야 보호된다는 "무과실설"이 있지만, 선의임에 중과실이 없으면 보호된다는 "선의·무중과실설"이 타당하다.494)

상법 제395조의 규정상으로는 표현대표이사의 행위로 인한 주식회사의 책임이 성립하기 위하여 제3자의 선의 이외에 무과실까지도 필요로 하는 것은 아니다. 그러나 표현대표이사제도의 취지는 회사의 대표이사가 아닌 이사가 외관상 회사의 대표권이 있는 것으로 인정될 만한 명칭을 사용하여 거래행위를 하고, 이러한 외관이 생겨난 데에 관하여 회사에 귀책사유가 있는 경우에 그 외관을 믿은 선의의 제3자를 보호함으로써 상거래의 신뢰와 안전을 도모하려는 데에 있다. 이 때 제3자의 신뢰는 보호할 만한 가치가 있는 정당한 것이어야 할 것이므로, 설령 제3자가 회사의 대표이사 아닌 이사에게 그 거래를 함에 있어 회사를 대표할 권한이 없다는 것을 알지 못하였다 하더라도 중대한 과실로 이를 알지 못한 경우에는 회사의 이익을 희생하면서까지 이러한 제3자를 보호할 필요가 없다는 것이 통설·판례의 입장이다.495)

여기서 제3자의 "중대한 과실"이라고 함은 표현대표이사가 자신의 이름으로 행위한 경우에 있어서는 상대방이 조금만 주의를 기울였더라면 표현대표이사가 회사를 대표할 권한 없이 행위함을 알 수 있었음에도 주의를 게을리하여 그 권한 없음을 알지 못함으로써 거래통념상 요구되는 선관주의의무를 현저히 위반하는 것으로서, 공평의 관점에서 상대방을 구태여 보호할 필요가 없다고 봄이 상당하다고 인

---

492) 대법원 1998. 3. 27. 선고 97다34709 판결.
493) 대법원 1971. 6. 29. 선고 71다946 판결.
494) 대법원 2013. 7. 11. 선고 2013다5091 판결.
495) 대법원 2003. 9. 26. 선고 2002다65073 판결.

정되는 상태를 말한다.[496) 따라서 회사와 거래하려는 자가 등기부를 확인하거나 회사에 확인하지 않은 것은 중과실에 해당하지 않는다.[497)

### 3) 효　과

(가) 회사의 지위　　표현대표이사의 행위에 대하여 회사는 진정한 대표이사의 행위가 있었던 경우와 같이 제3자에 대하여 권리를 취득하고 의무를 부담한다.

(나) 민법의 무권대리 규정 적용 여부　　상법 제395조가 적용되는 경우에는 민법의 무권대리 규정이 적용되지 않는다. 다만, 어음법(8조), 수표법(11조)에 의한 무권대리인의 책임은 표현대표이사에게 물을 수 있다고 해석한다.

(다) 회사의 손해배상청구권　　표현대표이사의 행위로 인하여 회사가 손해를 입은 경우 회사는 표현대표이사에게 손해배상을 청구할 수 있다.

### 4) 적용범위

(가) 일반적 적용범위　　표현대표이사제도는 거래상대방을 보호하기 위한 제도이므로, 대표행위에만 적용되고 대내적인 업무집행행위에는 적용되지 않는다. 그리고 같은 이유로 대표이사의 권한 내의 법률행위에 대하여만 적용되고, 불법행위에는 적용되지 않고, 소송행위에도 적용되지 않는다.

(나) 공동대표이사와 표현대표이사　　회사가 수인의 대표이사가 공동으로 회사를 대표할 것을 정하고 이를 등기한 경우에도, 공동대표이사 중의 1인이 "사장", "대표이사 사장" 등 단독대표권이 있는 듯한 명칭을 사용하여 법률행위를 하는 것을 용인하거나 방임한 때에는, 그 공동대표이사가 단독으로 회사를 대표하여 한 법률행위에 관하여 회사가 선의의 제3자에 대하여 상법 제395조에 따른 책임을 진다.[498)

그러나 "사장"이라는 명칭이 아닌 "대표이사"라는 명칭만을 사용한 경우에 대하여는, i) 거래안전의 부분적인 희생을 감수하면서 대표이사의 권한남용으로 인한 위험을 예방하려는 공동대표이사제도의 취지상 제395조가 적용되지 않는다는 견해와,[499) ii) 대표권이 전혀 없는 표현대표이사의 행위에 대하여도 회사가 책임을 지는데, 공동대표이사의 행위에 대하여는 회사가 책임을 지지 않게 되는 것은 형평에 반하므로 제395조가 유추적용된다는 견해가 있다.[500) 다수설과 판례는 거래의 안

---

496) 대법원 2013. 2. 14. 선고 2010다91985 판결, 대법원 2011. 3. 10. 선고 2010다100339 판결, 대법원 2003. 9. 26. 선고 2002다65073 판결.
497) 대법원 2011. 3. 10. 선고 2010다100339 판결.
498) 대법원 1993. 12. 28. 선고 93다47653 판결.
499) 이철송, 719면.
500) 정찬형, 976면.

전을 보다 보호하는 긍정설의 입장이다.501)

(다) 상업등기와의 관계

가) 문 제 점     표현대표이사제도는 외관을 신뢰한 상대방을 보호하는 제도
이므로 등기부를 열람하지 아니한 상대방에게 정당한 사유가 없어도 중과실만 없
으면 제395조에 의하여 보호받게 되어, 등기할 사항은 이를 등기하지 아니하면 선
의의 제3자에게 대항하지 못한다는 제37조 제1항(즉, 등기하면 선의의 제3자에게 대항할
수 있다)과 모순된다는 문제가 있는데, 제395조와 제37조의 관계에 대하여 여러 견
해가 있다.

(a) 이차원설     이차원설(異次元說)은 제37조는 등기기초사실이 있을 때 적
용되고 제395조는 등기기초사실이 없을 때 부진정한 외관작출에 유책인 자를 희생
시키고 외관의 신뢰자를 보호하기 위한 것이므로 차원이 다르다고 본다. 판례는 이
차원설의 입장이다.502)

(b) 정당사유설     정당사유설은 제395조의 적용요건인 외관에 대한 신뢰가
바로 제37조 제2항의 정당한 사유에 해당한다고 본다. 그러나 정당한 사유는 객관
적 사유이어야 하는데, 외관에 대한 신뢰는 주관적 사유라는 문제점이 있다.

(c) 예 외 설     예외설은 표현대표이사는 등기기초사실이 있는 경우이므로
이차원설은 부적절하다는 점을 근거로, 제395조는 제37조의 예외규정으로 본다.

나) 구체적 검토

(a) 등기하지 않은 경우     상법 제395조와 제37조 모두 선의의 제3자를 보
호하기 위한 규정인데, 제395조는 무자격자의 명칭사용이라는 적극적 외관을 신뢰
한 제3자를 보호하기 위한 규정이고, 제37조는 등기할 사항의 미등기라는 소극적
외관을 신뢰한 제3자(또는 정당한 사유로 등기된 사실을 몰랐던 제3자)를 보호하기 위한
규정이다.

이와 같이 등기할 사항은 이를 등기하지 아니하면 선의의 제3자에게 대항하지
못한다는 제37조의 규정은 등기기초사실이 있음에도 미등기인 경우에 적용되는 것인
반면, 제395조는 명칭사용의 외관이 있지만 등기기초사실이 없는 경우에 적용되는

---

501) 대법원 1993. 12. 28. 선고 93다47653 판결.
502) [대법원 1979. 2. 13. 선고 77다2436 판결] "상법 제395조와 상업등기와의 관계를 헤아려 보
면, 본조는 상업등기와는 다른 차원에서 회사의 표현책임을 인정한 규정이라고 해야 옳으리니
이 책임을 물음에 상업등기가 있는 여부는 고려의 대상에 넣어서는 아니 된다고 하겠다. 따라
서 원판결이 피고회사의 상호변경등기로 말미암아 피고의 상호변경에 대하여 원고의 악의를
간주한 판단은 당원이 인정치 않는 법리위에 선 것이라 하겠다."

것이므로 서로 차원이 다른 경우에 적용된다는 견해가 판례가 취하는 이차원설이다.

다수설은 이와 달리, 제395조는 제37조의 예외에 해당한다는 예외규정설을 취하고 있다. 이 경우 등기라는 외관과 명칭사용이라는 외관 중 후자가 보다 강한 외관을 나타내므로 후자가 우선하여야 하기 때문에 후자의 규정이 전자의 규정의 예외규정이라고 설명하는 견해도 있지만, 위에서 본 바와 같이 제37조는 등기라는 적극적 외관이 아니라 정확히는 미등기라는 소극적 외관을 신뢰한 자를 보호하기 위한 것이므로 등기라는 외관이라는 표현은 적절하지 않다.[503]

(b) 등기한 경우     등기한 후라도 제3자가 정당한 사유로 인하여 이를 알지 못한 때에는 선의의 제3자에게 대항하지 못한다는 제37조 제2항의 취지는, 일단 등기된 후에는 등기신청인은 (정당한 사유가 없는) 선의의 제3자에게도 대항할 수 있다는 것이고, 이는 결국 등기된 후에는 정당한 사유가 없는 제3자는 악의가 의제되는 결과가 된다.

상법 제37조는 기업관계가 외부에 공시된 후에는 상대방의 희생 하에 공시자를 면책시킴으로써 당사자간의 이해를 조정하려는 규정이고, 상법 제395조는 명칭사용이라는 부진정한 외관의 작출에 귀책사유가 있는 자의 희생하에 외관대로의 법효과를 인정함으로써 상거래의 신속과 안전을 도모하려는 제도이므로 서로 법익을 달리하는 것이다.

따라서 등기된 사실에 대하여 제3자가 상법 제37조 제2항에 의하여 보호받으려면 정당한 사유로 등기된 사실을 몰랐어야 하고, 상법 제395조에 의하여 보호받으려면 (정당한 사유가 없어도) 중과실 없이 등기된 사실을 몰랐으면 된다.

여기서 상법 제37조 제2항의 정당한 사유란 교통두절 또는 등기부소실 등의 객관적 사유를 의미하고, 중과실은 일반적으로 조금만 주의를 기울였으면 알 수 있었을 것임에도 그러한 주의를 현저히 게을리하여 쉽게 알 수 있었던 사실을 알지 못한 것을 의미하므로, 양자는 서로 다른 사유에 의하여 그 유무를 판단한다. 일반적으로 정당한 사유가 없으면 중과실이 인정될 가능성이 커지겠지만, 양자는 서로 다른 사유에 기하여 판단하므로 반드시 일치하지 않는다.[504]

---

503) 예외규정설 중에는 표현지배인은 오히려 마땅히 지배인으로 등기되어야 할 경우로서 등기 기초사실이 있는 경우이므로 이차원설은 부적절하다고 설명하기도 하는데, 영업주가 표현지배인의 명칭사용에 귀책사유가 있다고 하여 반드시 그를 지배인으로 선임한다는 의사가 있는 것은 아니므로 등기기초사실이 있는 경우로 보는 것은 부당하다.

504) 정당한 사유와 중과실의 유무에 따라 제3자가 보호받는 경우를 보면 다음과 같다.

### (라) 불실등기와의 관계

가) 제395조를 적용한 판례        대표이사로 등기되어 있는 자를 이사로 선임한 주주총회 결의가 취소, 무효, 또는 부존재로 되어서 결국 회사의 적법한 대표이사가 아닌 경우에 대하여, 판례는 "상법 395조에 의한 표현대표에 대한 회사의 책임을 규정한 취지는 표현대표에 대하여 회사에게 책임이 있고 그를 믿었던 제3자가 선의인 경우에 회사는 제3자에게 책임을 져야 한다는데 있다고 할 것이므로 대표이사 또는 공동대표이사로 등기되어 있는 사람들이 적법한 주주총회 결의에 기하지 아니하므로 그 선임이 무효이어서 회사의 적법한 대표이사 또는 공동대표이사가 아니라면 그 사람들이 회사를 대표해서 한 행위에 대하여 회사가 상법 395조에 의한 책임을 지기 위해서는 회사가 그들 대표명의 사용을 적극적으로 또는 묵시적으로 허용하였다고 할 수 있는 사정이 있어야 한다."라고 판시함으로써 제395조를 적용하였다.505) 특히 1995년 상법개정에 따라 주주총회 결의취소판결 등에 대한 소급효가 인정됨에 따라 제395조를 적용할 실익이 커졌다. 부존재인 주주총회에서 선임된 이사가 대표이사로 선정된 경우에도 마찬가지이다.506) 그리고 대표이사를 선정한 이사회 결의하자시에도 제395조가 유추적용된다.

따라서 이사 선임에 관한 주식회사 내부의 의사결정이 존재하지 아니하여 회사가 그 외관의 현출에 관여할 수 없었던 경우에는 특별한 사정이 없는 한, 회사에 대하여 상법 제395조에 의한 표현대표이사 책임을 물을 수 없다.507)

|  | (37조) | (395조) |
|---|---|---|
| 정당한 사유 없고, 중과실 있는 경우 | 미적용 | 미적용 |
| 정당한 사유 없고, 중과실 없는 경우 | 미적용 | 적용 |
| 정당한 사유 있고, 중과실 있는 경우 | 적용 | 미적용 |
| 정당한 사유 있고, 중과실 없는 경우 | 적용 | 적용 |

505) 대법원 1977. 5. 10. 선고 76다878 판결.
506) 대법원 1992. 7. 28. 선고 91다35816 판결.
507) [대법원 2013. 7. 25. 선고 2011다30574 판결] "이사 선임 권한이 없는 사람이 주주총회의사록 등을 허위로 작성하여 주주총회 결의 등의 외관을 만들고 이에 터 잡아 이사를 선임한 경우에는, 주주총회의 개최와 결의가 존재는 하지만 무효 또는 취소사유가 있는 경우와는 달리, 그 이사 선임에 관한 주식회사 내부의 의사결정은 존재하지 아니하여 회사가 그 외관의 현출에 관여할 수 없었을 것이므로, 달리 회사의 적법한 대표이사가 그 대표 자격의 외관이 현출되는 것에 협조, 묵인하는 등의 방법으로 관여하였다거나 회사가 그 사실을 알고 있음에도 시정하지 않고 방치하는 등 이를 회사의 귀책사유와 동일시할 수 있는 특별한 사정이 없는 한, 회사에 대하여 상법 제395조에 의한 표현대표이사 책임을 물을 수 없고, 이 경우 위와 같이 허위의 주주총회 결의 등의 외관을 만든 사람이 회사의 상당한 지분을 가진 주주라고 하더라도 그러한 사정만으로는 대표 자격의 외관이 현출된 데에 대하여 회사에 귀책사유가 있는 것과 동일시할 수 없다(대법원 2008. 7. 24. 선고 2006다24100 판결 참조)."

나) 제39조를 적용한 판례      이사 선임의 주주총회 결의에 대한 취소판결이 확정되어 그 결의가 소급하여 무효가 된다고 하더라도 그 선임 결의가 취소되는 대표이사와 거래한 상대방은 상법 제39조의 적용 내지 유추적용에 의하여 보호될 수 있다.508)

등기신청권자에게 상법 제39조에 의한 불실등기 책임을 묻기 위해서는, 원칙적으로 등기가 등기신청권자에 의하여 고의·과실로 마쳐진 것임을 요하고, 주식회사의 경우 불실등기에 대한 고의·과실의 유무는 대표이사를 기준으로 판정하여야 하는 것이다. 그러나 등기신청권자가 스스로 등기를 하지 아니하였다 하더라도 그의 책임 있는 사유로 등기가 이루어지는 데에 관여하거나 불실등기의 존재를 알고 있음에도 이를 시정하지 않고 방치하는 등 등기신청권자의 고의·과실로 불실등기를 한 것과 동일시할 수 있는 특별한 사정이 있는 경우에는 등기신청권자에 대하여 상법 제39조에 의한 불실등기 책임을 물을 수 있다.509) 반대로, 회사가 불실등기의 존재를 알고 있음에도 시정하지 않고 방치하는 등 이를 회사의 고의 또는 과실로 불실등기를 한 것과 동일시할 수 있는 특별한 사정이 없다면 회사에 대하여 상법 제39조에 의한 불실등기 책임을 물을 수 없다.510)

(마) 이사의 경우      이사로 등기되어 있는 자를 이사로 선임한 주주총회 결의

---

508) [대법원 2004. 2. 27. 선고 2002다19797 판결] "주식회사의 법인등기의 경우 회사는 대표자를 통하여 등기를 신청하지만 등기신청권자는 회사 자체이므로 취소되는 주주총회 결의에 의하여 이사로 선임된 대표이사가 마친 이사 선임 등기는 상법 제39조의 부실등기에 해당된다."

509) 대법원 2011. 7. 28. 선고 2010다70018 판결.

510) [대법원 2008. 7. 24. 선고 2006다24100 판결] "[1] 등기신청권자에 대하여 상법 제39조에 의한 불실등기(不實登記) 책임을 묻기 위하여는 원칙적으로 그 등기가 등기신청권자에 의하여 마쳐진 것임을 요하지만, 등기신청권자가 스스로 등기를 하지 아니하였다 하더라도 그 등기가 이루어지는 데 관여하거나 그 불실등기의 존재를 알고 있음에도 이를 시정하지 않고 방치하는 등 등기신청권자의 고의 또는 과실로 불실등기를 한 것과 동일시할 수 있는 특별한 사정이 있는 경우에는 그 등기신청권자에 대하여 상법 제39조에 의한 불실등기 책임을 물을 수 있다. [2] 등기신청권자 아닌 사람이 주주총회의사록 및 이사회의사록 등을 허위로 작성하여 주주총회 결의 및 이사회 결의 등의 외관을 만들고 이에 터잡아 대표이사 선임등기를 마친 경우에는, 주주총회의 개최와 결의가 존재는 하지만 무효 또는 취소사유가 있는 경우와는 달리, 그 대표이사 선임에 관한 주식회사 내부의 의사결정은 존재하지 아니하여 등기신청권자인 회사가 그 등기가 이루어지는 데 관여할 수 없었을 것이므로, 달리 회사의 적법한 대표이사가 그 불실등기가 이루어지는 것에 협조·묵인하는 등의 방법으로 관여하였다거나 회사가 그 불실등기의 존재를 알고 있음에도 시정하지 않고 방치하는 등 이를 회사의 고의 또는 과실로 불실등기를 한 것과 동일시할 수 있는 특별한 사정이 없는 한, 회사에 대하여 상법 제39조에 의한 불실등기 책임을 물을 수 없고, 이 경우 위와 같이 허위의 주주총회 결의 등의 외관을 만들어 불실등기를 마친 사람이 회사의 상당한 지분을 가진 주주라고 하더라도 그러한 사정만으로는 회사의 고의 또는 과실로 불실등기를 한 것과 동일시할 수는 없다."

가 취소, 무효, 또는 부존재로 되어서 그가 결국 회사의 적법한 이사가 아닌 경우에는 대표이사에 관한 위와 같은 법리가 일반적으로는 적용되지 않는다. 표현대표이사나 불실등기의 법리는 대표이사가 대외적으로 거래한 상대방을 보호하기 위한 것이므로 대표이사 아닌 이사의 경우에는 이러한 법리를 적용할 필요가 없기 때문이다. 물론 이사가 1인 또는 2인인 소규모회사의 경우에는 각 이사가 대표권이 있으므로 대표이사에 관한 법리가 적용된다.511)

## 2. 집행임원

### (1) 총    설

#### 1) 도입배경

외환위기를 계기로 구 증권거래법 등에서는 상장회사 등에게 사외이사를 의무적으로 두도록 하고 특히 자산총액 2조원 이상인 회사는 사외이사를 3인 이상 및 이사 총수의 과반수를 두도록 함으로써(證法 191조의16①, 證令 84조의23②) 이사회가 업무집행기관에 대한 감독기능에 충실하도록 하였다. 그런데 사외이사 중심의 이사회가 감독기능(393조②)에 충실하도록 하고자 하면 업무집행기관을 이사회와 별도로 설치되도록 입법하였어야 했는데, 그렇게 하지 않고 종래와 같이 이사회에 업무집행기능(의사결정)도 부여하여(393조①), 이사회가 업무집행기능과 감독기능을 함께 담당하게 되는 문제점이 발생하였다.

또한 회사는 사외이사의 강제도입에 대응하여 사외이사의 수를 줄이고자 이사의 원수를 대폭 축소하고 종래의 주주총회에서 선임된 등기이사가 아니라 회사의 정관·내규에 의하여 또는 대표이사에 의하여 선임된 소위 "비등기임원"을 많이 두게 되었다.

상법은 주주총회에서 선임되지 아니한 소위 비등기임원에 관하여는 임원으로 규정하지 않고, 주주총회에서 선임된 이사만을 임원으로 규정하면서, 비등기임원 중

---

511) 미국에서는 이사의 자격요건이 규정되어 있고 이사로 선임된 자가 이러한 요건을 구비하지 못하였더라도, 이러한 이사의 선임결의는 무효(void)가 아니고 무효로 할 수 있는 것(voidable) 이므로 적법한 절차에 의하여 결의가 무효로 될 때까지는 그의 행위는 이사의 행위로서 적법하다. 이러한 이사를 사실상의 이사(de facto director)라고 하는데, 법률상의 이사(de jure director)와 같은 권한을 가지지만 이사의 결원시 이사를 보충선임할 권한은 없다. 따라서 사실상의 이사가 참여한 이사회에서 새로 선임된 이사도 역시 사실상의 이사에 불과하다.

일정 범위의 자에 대하여는 이들도 이사와 같은 책임을 지도록 하기 위하여, "1. 회사에 대한 자신의 영향력을 이용하여 이사에게 업무집행을 지시한 자, 2. 이사의 이름으로 직접 업무를 집행한 자, 3. 이사가 아니면서 명예회장·회장·사장·부사장·전무·상무·이사 기타 업무를 집행할 권한이 있는 것으로 인정될 만한 명칭을 사용하여 회사의 업무를 집행한 자" 등이 그 지시하거나 집행한 업무에 관하여 제399조(회사에 대한 책임)·제401조(3자에 대한 책임), 제403조(주주의 대표소송)의 및 제406조의2(주주의 다중대표소송)를 적용하는 경우에 그 자를 이사로 본다고 규정하고 있다(401조의2).

이사회의 감독기능과 업무집행기능을 분리하기 위한 집행임원제도의 입법에 관한 논의가 전개되었고, 결국 2011년 개정상법은 집행임원제도를 도입하였는데,512) 업계에 미치는 충격을 고려하여 집행임원제도를 도입하되 이를 강제하지 않고 임의선택하도록 규정하였다.

2) 임원의 의의

(가) 상법상 임원    "임원"의 사전적 의미는 "어떤 단체에 소속하여 그 단체의 중요한 일을 맡아보는 사람"이다. 상법은 임원의 정의에 관한 규정은 두지 않지만, 여러 조문의 표제에서 임원이라는 용어를 사용하고 있는데,513) 일반적으로 이사와 감사를 임원이라 지칭하고 있다.514) 따라서 집행임원은 상법상 임원과는 다른 개념이다.

(나) 다른 법률의 임원에 대한 규정    금융사지배구조법상 "임원"이란 이사, 감사, 집행임원(상법에 따른 집행임원을 둔 경우로 한정) 및 업무집행책임자를 말한다(同法 2조 제2호). 「독점규제 및 공정거래에 관한 법률」 제2조 제5호는 임원의 정의를 "이사·대표이사·업무집행을 하는 무한책임사원·감사나 이에 준하는 자 또는 지배인 등 본점이나 지점의 영업전반을 총괄적으로 처리할 수 있는 상업사용인"이라고 규

---

512) 한편, 집행임원제도를 도입함에 따라 상법의 많은 규정에서 "이사 또는 집행임원"이라고 규정해야 함에도 불구하고 여전히 "이사"로만 규정하고 있으므로, 이들 조문을 정비할 필요가 있다.

513) 제296조(발기설립의 경우의 임원선임), 제312조(임원의 선임), 제323조(발기인, 임원의 연대책임), 제622조(발기인, 이사 기타의 임원등의 특별배임죄), 제630조(발기인, 이사 기타의 임원의 독직죄).

514) 다만, 상법은 특별배임죄와 독직죄에 관한 조문(622조, 639조)에서는 지배인, 공증인, 감정인 등과 같이 임원의 범위를 보다 확대하여 규정하는데, 이는 형사상 책임의 주체를 규정한 것이고 회사법상 책임의 주체인 임원 본래의 개념과는 다른 것이다.

정한다. 또한, 법인세법 시행령 제43조 제6항은 조세부담을 부당하게 감소시키려는 것을 방지하기 위한 목적으로, "상여금 등의 손금불산입"이라는 제목하에 제1호 내지 제3호에서 종래의 이사·감사의 개념을 규정하고 제4호에서 "기타 제1호 내지 제3호에 준하는 직무에 종사하는 자"를 규정함으로써 임원의 범위를 매우 광범위하게 규정한다.

　　(다) 회사실무상 이사와 임원    상법상 임원은 등기이사만을 지칭하지만 회사실무상 임원이라는 호칭의 직급은 등기이사에 한하지 않고 비등기임원도 포함하는 개념이다. 구체적인 임원의 범위는 각 회사별로 내부규정에 의하여 정해지는데, 직급에 따라 전무·상무·상무보 등의 명칭을 사용하며, 담당 업무에 따라 재무관리본부장, 경영관리본부장 등의 명칭을 사용한다. 그리고 회사실무상 일반적으로 직원이 임원으로 승진하게 되면 퇴직금을 수령함으로써 회사와의 고용관계가 종료한다.515)

　　집행임원 도입 전에는 등기이사가 아니면서 업무집행을 하는 임원을 집행임원이라고 부르거나 정관에 규정하는 회사도 있었는데, 이러한 집행임원은 상법상 이사가 아니라516) 고용계약에 의한 근로자라는 것이 확립된 판례이다.517)

　　집행임원 설치회사에서도 기존의 비등기임원을 전부 집행임원으로 선임하지는 않고 있어 비등기임원은 집행임원과 구별되는 지위에서 계속 유지되고 있다.518)

---

515) 유가증권시장 상장회사 중 2017년 3월말 사업보고서 제출기준으로 대한전선, 방림, 쌍용양회공업, 태림포장공업, 한온시스템 등이 상법상 집행임원과 집행임원외 비등기임원을 두고 있다.
516) [대법원 2003. 9. 26. 선고 2002다64681 판결] "상법상 이사와 감사는 주주총회의 선임 결의를 거쳐 임명하고 그 등기를 하여야 하며, 이사와 감사의 법정 권한은 위와 같이 적법하게 선임된 이사와 감사만이 행사할 수 있을 뿐이고 그러한 선임절차를 거치지 아니한 채 다만 회사로부터 이사라는 직함을 형식적·명목적으로 부여받은 것에 불과한 자는 상법상 이사로서의 직무권한을 행사할 수 없다."
517) 종래의 상장회사 표준정관 제34조의2는 "등기된 이사가 아니면서 전무이사, 상무이사 등에 준하여 회사의 업무를 집행하는 자"로서 "대표이사(사장)를 보좌하고 이사회에서 정하는 바에 따라 이 회사의 업무를 분장"하는 소위 비등기임원을 집행임원으로 규정하였는데, 상법개정에 따라 삭제되었다.
518) 등기이사·감사·집행임원을 상법상 임원·비등기임원과 간부급 직원인 일반임원을 전문경영임원으로 분류하고, 상법상 임원과 전문경영임원을 총칭하여 경영임원이라고 부르는 견해도 있다[김태진, "개정 상법 하의 집행임원제 운용을 위한 법적 검토", 상사법연구 제30권 제2호, 한국상사법학회(2011), 308면].

## (2) 임원에 관한 입법례

### 1) 미    국

(가) 임원의 종류    미국 각 州의 회사법은 일반적으로 임원(officer) 자체의 개념을 규정하지 않고, 임원의 종류를 규정하는 방식은 대체로 다음의 두 가지 방법이 있다.

ALI에 의하면 임원의 종류를 담당업무에 따라, 구체적으로 규정한다.[519]

그러나 MBCA는 임원에 관하여 부속정관(bylaws)의 규정에 의하여 정하거나 부속정관의 규정에 따라 이사회에서 선임되고, 임원은 다시 부속정관이나 이사회의 위임에 의하여 다른 임원 또는 보조임원을 선임할 수 있다고만 규정할 뿐, 구체적인 임원의 종류는 규정하지 않는다[MBCA §8.40(그러나 1969년 MBCA는 president, vice president, secretary, treasurer 등과 같이 임원의 종류를 특정하여 규정하였다)]. 실제로는 MBCA와 같이 임원의 종류를 특정하여 규정하기보다는 임원을 둔다고만 규정하고 구체적인 임원의 종류는 부속정관(bylaws) 또는 이사회가 정하도록 하는 예가 많다.

(나) 이사와 임원    이사는 주주총회에서 선임되고 회의체인 이사회를 통하여서만 권한을 행사하지만, 임원은 이사회에서 선임되고 각자 개별적으로 권한을 행사한다. 임원은 이사회의 대리인(agent)으로서, 기본정관, 부속정관 등의 규정과 이사회 결의에 따라 회사의 일상업무(daily operation of business)를 집행한다. 실제에 있어서 특히 일반적으로 CEO에게 권한이 집중된 대형공개회사의 경우에는 이보다 훨씬 광범위한 권한을 행사한다.

(다) 임원의 선임    대부분의 州제정법은 이사회가 임원을 선임하고 해임하는 것으로 규정하고, 소수의 주회사법은 폐쇄회사에서는 주주총회도 임원을 선임할 수 있다고 규정한다(NYBCL §715). 따라서 임원의 권한은 이사회에 종속하는 것이고 이사회는 임원의 권한을 변경할 수도 있다. 임원의 선임은 매년의 정기주주총회 직후의 제1회 이사회에서 결의하는 것이 보통이다. 임원은 부속정관이나 이사회의 수권이 있으면 다른 임원 또는 보조임원을 선임할 수 있다[MBCA §8.40(b)]. 그러나 임원

---

519) ALI PCG §1.30: principal senior executive officer(주요고위집행임원): CEO(Chief Executive Officer), COO(Chief Operating Officer), CFO(Chief Financial Officer), CLO(Chief Legal Officer), CAO(Chief Accounting Officer).
    ALI PCG §1.33: senior executive officer(고위집행임원): President(사장), Vice President(부사장), Secretary(총무담당임원), Treasurer(재무담당임원).

의 선임으로 바로 회사와 임원 간의 고용계약이 체결된 것으로 간주되는 것은 아니다[MBCA §8.40(a)].

#### (라) 임원의 종류

가) President    사장(president)은 대외적으로 회사에 효력이 미치는(binding the corporation) 행위를 할 수 있는 집행임원이고, CEO를 겸하는 예(President & CEO)도 많다.

나) Vice president    원래 부사장(vice president)이 존재하는 이유는 사장이 부재, 사임, 해임, 사망, 질병 등의 사유로 직무집행을 할 수 없을 때 그의 직무를 대행하기 위한 것이다. 물론 사장의 유고시 이사회를 열어서 후임 사장을 정하거나 임시대행자를 정할 수도 있지만 실제로는 부속정관에 사장의 직무를 대행할 임원의 순서를 미리 규정하는 것이 일반적이다.[520] 부사장이 사장의 유고로 그의 직무를 대행하는 경우 사장의 모든 권한을 행사할 수 있다.

다) Secretary    총무담당임원(secretary)은 부속정관, 의사록 등의 문서의 등본을 인증하고, 주주총회와 이사회 의사록의 보관, 사인(corporate seal)의 보관, 회사 서류에 첨부되는 사인의 인증, 총회소집통지의 발송, treasurer가 관리하는 회계장부와 계산서류를 제외한 회사의 서류관리 등의 업무를 수행한다.

라) Treasurer    재무담당임원(treasurer)은 회사의 자금과 유가증권을 관리하고 통상의 회계장부(regular books of account)를 보존하고 회사에 따라서는 어음에 단독으로 또는 다른 임원과 함께 서명을 할 권한을 가지기도 한다. 근래는 Chief Finance Officer(CFO)라는 명칭이 널리 사용된다. "treasurer"는 이사회나 집행위원회가 정한 은행에 회사의 명의로 수시로 회사의 자금을 입금하는데, 직무의 충실한 수행을 위하여 이사회나 집행위원회가 정한 금액의 담보를 제공하도록 부속정관에 규정하는 예도 있다. 대형회사의 경우에는 "treasurer" 외에도 "controller"를 부속정관의 규정이나 이사회 결의에 의하여 두기도 한다.[521] "controller"는 회계장부나 기록을 보관하는 업무(keeping of the books of account and other records)를 수행하므로 회사의 자금을 관리하는 "treasurer"와 구별된다.

마) 감    사    미국에는 Massachusetts주를 제외하고는 회사 내에 감사라는

---

520) 그러나 오늘날 대규모 회사의 경우에는 사장의 유고시에 대비하는 의미보다는, 수인의 부사장들이 여러 업무를 분담하여(관리담당, 판매담당, 생산담당, 노무담당 등) 사장을 보좌하는 역할을 수행하는 것이 부사장제를 유지하는 주된 이유이다.
521) "controller"는 일반적으로 "회계검사인"으로 번역한다.

임원이 존재하지 않고 대신 이사 및 임원의 업무집행에 관한 감독의 기능을 이사회가 담당하며 일반적으로 감사위원회(audit committee)를 두어 감사업무를 담당하게 한다.

### 2) 일 본

일본에서는 우리 상법상 임원을 의미하는 "役員"은 取締役, 會計參與,[522] 監査役 등을 말하고(日会 329조①),[523] 이들과 執行役, 會計監査人[524] 등을 총칭하여 "役員等"이라고 한다(日会 423조①). 執行役은 CEO, CFO, CLO 등과 같이 최고경영진에 속하는 임원에 해당하고, 우리 상법상 집행임원에 해당하는 개념이다.[525]

일본 회사법상 사외이사가 과반수인 3개의 위원회(감사위원회, 지명위원회, 보수위원회)를 둔 "위원회설치회사(委員会設置会社)"의 경우, 감사를 두지 못하며(日会 327조④), 이사는 원칙적으로 업무를 집행할 수 없고(日会 415조), 1인 또는 2인의 執行役을 두어야 하며(日会 404조), 회사의 업무집행은 執行役이 한다(日会 418조②). 이사(取締役)는 이사회의 구성원으로서 경영의 기본방침 등에 관한 업무집행의 결정과 執行役의 직무집행의 감독업무를 담당한다(日会 416조①). 이사회는 (일정한 사항을 제외하고) 회사의 업무집행의 결정을 執行役에게 위임할 수 있는데(日会 416조③), 이 경우에는 執行役이 그 위임받은 업무집행에 관한 사항을 결정한다(日会 418조①).[526] 이사, 회계참여, 감사, 회계감사인 등은 주주총회의 보통결의로써 선임한다(日会 329조①, 309조①).[527]

---

522) 회계참여(會計參與)는 정관에 의하여 둘 수 있는 임의기관으로서(日会 326조②), 이사와 공동으로 계산서류 등을 작성한다(日会 374조①). 會計參與는 공인회계사, 감사법인, 세무사, 세무법인 등의 자격이 있어야 한다(日会 333조①).

523) 일본 회사법상 役員, 取締役, 監査役, 執行役은 각각 우리 상법상 임원, 이사·감사·집행임원에 해당한다. 본서에서는 문맥에 따라 원래의 용어로 표기하거나, 임원·이사·감사, 집행임원 등으로 표기한다.

524) 會計監査人은 회계의 전문가로서 회계의 감사를 행하는 외부감사인이므로 공인회계사 또는 감사법인이어야 한다(日会 337조①). 감사법인이 會計監査人인 경우에는 그 사원 중 회계감사인의 직무를 수행할 자를 선정하여 회사에 통지하여야 한다(日会 337조② 전단).

525) 執行役과 구분되는 개념으로 執行役員은 執行役보다 먼저 도입된 개념으로 상법상 집행임원이 아닌 경영임원을 의미한다. 執行役員은 대표이사의 지휘명령을 받는 피용자이고, 따라서 회사와 체결하는 계약의 법적 성질은 위임계약이 아니라 고용계약이다.

526) 일본에서는 2005년 회사법 제정 이전에 "주식회사의 감사등에 관한 상법특례에 관한 법률"에 이미 "위원회등설치회사"가 규정되어 있었는데, 회사법 제정시 수용되었으나, 실제로는 그리 활성화되지 못하고 있으며, 위원회설치회사에서 다시 종전 체제로 전환하는 회사도 적지 않은 실정이라고 한다(김태진, 전게논문, 314면).

527) 이사, 회계참여, 감사 등의 선임결의 정족수를 의결권을 행사할 수 있는 주주의 의결권의 과반수(정관에서 3분의 1 이상으로 정할 수 있음)인데(日会 341조), 비공개회사(위원회설치회

### (3) 집행임원제 채택

#### 1) 임 의 성

상법상 모든 주식회사는 회사의 선택에 의하여 집행임원을 둘 수 있다.528) 이 경우 집행임원설치회사는 대표이사를 두지 못한다(408조의2①).

#### 2) 대규모 상장회사

회사가 집행임원제의 채택 여부를 임의로 선택할 수 있다는 제408조의2 제1항의 규정 해석과 관련하여, 최근 사업연도 말 현재 자산총액이 2조원 이상인 상장회사는 감사위원회를 설치하여야 하므로(542조의11①, 令 37조①), 이러한 회사는 집행임원을 반드시 두어야 한다는 견해도 있다.529) 감사위원회 설치회사의 이사회는 업무감독기능에 중점이 있고 따라서 이사회와 분리된 업무집행기관인 집행임원을 두어야 할 필요가 있으므로 집행임원을 의무적으로 두도록 하는 것은 입법론상으로는 타당하다. 그러나 상법이 명백히 임의적 설치를 규정하는데, 감사위원회를 설치한 회사라고 하여 의무적으로 집행임원을 두어야 한다는 것은 해석론의 한계를 벗어난 것이라 할 것이다.

#### 3) 소규모회사

상법상 집행임원설치회사에 대한 아무런 제한이 없으므로 법문상으로는 2인 이하의 이사를 둔 소규모회사(자본금총액이 10억원 미만인 회사)도 집행임원을 둘 수 있다는 견해도 있다.530) 그러나 집행임원은 이사회가 선임하여야 하는데, 소규모회사가 1인 또는 2인의 이사만을 둔 경우에는 상법상의 이사회가 존재하지 아니하므로 집행임원을 설치할 수 없다.531) 소규모회사에 관한 제383조 제5항은 집행임원에 관한 일부 규정을 적용하지 않는 것으로 규정하는데, 이는 입법의 불비이고 집

---

사는 제외)는 정관에 정함이 있으면 종류주주총회에서 일정수의 이사·감사를 선임할 수 있다 (日会 108조①9).

528) 다만, 자본금의 총액이 10억원 미만인 소규모회사는 1인 또는 2인의 이사만을 둘 수 있고 (383조①) 이사가 1인인 경우 그 이사가 회사를 대표하고, 이사가 2인인 경우 정관에서 대표이사를 정할 수 있으므로(383조⑥), 집행임원을 둘 필요가 없다. 따라서 제383조 제5항은 집행임원에 관한 일부 규정을 적용하지 않는 것으로 규정하나, 이는 입법의 불비이고 집행임원에 관한 규정 전부(408조의2부터 408조의9까지)를 적용하지 않는 것으로 규정하는 것이 타당하다.

529) 정찬형, 983면.

530) 정쾌영, "집행임원제도에 관한 상법 개정안의 문제점 검토", 기업법연구 제21권 제4호, 한국기업법학회(2007), 111면.

531) 또한 이 경우에는 각 이사가 회사를 대표하고 업무를 집행하므로 집행임원을 설치할 필요성도 없다.

행임원에 관한 규정 전부(408조의2부터 408조의9까지)를 적용하지 않는 것으로 규정하는 것이 타당하다.

### 4) 정관변경 여부

회사가 집행임원제를 채택하기 위하여는, 이사회가 1인 또는 수인의 집행임원을 선임하면 되고, 그 밖에 정관 또는 주주총회 결의에 의하여 집행임원제를 채택하여야 하는 것은 아니다. 그러나 실제로는 회사가 집행임원제를 채택하기 위하여는 대부분의 경우 사전에 정관을 변경하여야 하고, 이에 따라 주주총회 특별결의가 요구된다. 일반적으로 정관에는 대표이사에 관한 규정이 있는데, 집행임원설치회사는 대표이사를 두지 못하므로 정관의 대표이사에 관한 규정을 삭제하여야 하기 때문이다.532)

### 5) 회사와 집행임원과의 관계

집행임원설치회사와 집행임원의 관계는 민법 중 위임에 관한 규정이 준용된다(408조의2②). 즉, 회사와 집행임원과의 관계는 회사와 이사와의 관계와 같이 위임관계이다.

종래의 비등기임원은 실제로는 등기이사가 수행하던 직무를 담당하고 등기이사 수준의 대우를 받고 있지만, 법률상 근거가 없으므로 회사와의 관계가 위임관계인지 고용관계인지에 대하여 논란의 여지가 있었다. 등기임원의 경우 회사로부터 일정한 사무처리를 위임받은 것이고, 사용자의 지휘·감독 하에서 일정한 근로를 제공하고 임금을 받는 고용관계에 있는 것이 아니다. 따라서 등기임원의 경우 퇴직금을 포함한 모든 보수는 근로기준법상 임금이 아니고 위임사무처리에 대한 대가로 지급되는 것으로서 정관에 그 액을 정하지 아니한 때에는 주주총회 결의에 의하여 정하여야 한다(388조).

반면에 사실상 집행임원인 비등기임원은 주주총회에서 선임되지도 않았고 또한 등기되지도 않기 때문에 위임계약에 의한 임원이 아니라 고용계약에 의한 근로자라고 보아야 하므로,533) 만일 회사가 이러한 비등기임원을 정당한 사유 없이 해임하는 경우 부당해고문제가 발생하였다.534) 집행임원은 등기임원으로서 회사와

---

532) 따라서 정관에 대표이사에 관한 대표이사 등 집행기관에 대한 규정이 없으면 정관변경절차 없이 집행임원제를 채택할 수 있다.

533) 대법원 2003. 9. 26. 선고 2002다64681 판결.

534) 나아가 대표이사로 등기된 자에 대하여도 대표이사의 지위가 형식적, 명목적인 경우에는 산업재해보상보험법상 근로자로 본 판례도 있다(대법원 2009. 8. 20. 선고 2009두1440 판결).

위임관계에 있으므로 종래의 비등기임원인 사실상 집행임원에 대한 판례가 적용되지 않는다. 집행임원을 둔 회사도 여전히 비등기임원을 둘 수 있다.

6) 집행임원회

이사회와 달리 2인 이상의 집행임원이 있더라도 상법상 집행임원회의 구성이 요구되지 않는다. 그러나 회사는 이사회 결의에 의하여 집행임원회를 임의로 둘 수는 있다. 이사회가 대표집행임원을 선임하면서 업무집행에 관한 의사결정을 할 때 집행임원회의 결의를 거치도록 정할 수 있다.

### (4) 집행임원의 자격과 겸직

1) 집행임원의 자격

상법상 집행임원의 자격이나 결격사유에 관하여 준용규정을 포함하여 아무런 규정이 없고,[535] 다만 사외이사의 결격사유에 관한 규정에서 이사·감사 외에 집행임원도 포함한다(382조③).

결국 집행임원의 자격은 집행임원의 직무로 보아 이사에 준하여 해석하여야 할 것이다. 따라서 자연인만이 집행임원이 될 수 있고 법인은 성질상 집행임원이 될 수 없다. 자연인 중에서 제한능력자는 집행임원이 될 수 없다.

2) 집행임원의 겸직

(가) 사외이사 사외이사는 "상무에 종사하지 아니하는 이사"이므로 개념상 집행임원을 겸직할 수 없다. 상법도 사외이사의 결격사유에 관한 규정에서 집행임원을 이사·감사와 같은 차원에서 규정한다(382조③).[536] 상장회사의 사외이사는 비상장회사의 사외이사에 대한 결격사유 외에 추가적인 결격사유가 적용된다(542조의

---

535) 일본 회사법은 회사법 위반으로 유죄판결을 받은 경우 등과 같은 이사의 결격사유(331조①)를 집행임원에 준용한다(日会 402조④).

536) 다음 각 호의 어느 하나에 해당하는 자는 사외이사로 선임될 수 없고 이에 해당하게 된 때에는 그 직을 상실한다(382조③).
　　1. 회사의 상무에 종사하는 이사·집행임원 및 피용자 또는 최근 2년 이내에 회사의 상무에 종사한 이사·감사·집행임원 및 피용자
　　2. 최대주주가 자연인인 경우 본인·배우자 및 직계 존속·비속
　　3. 최대주주가 법인인 경우 그 법인의 이사·감사·집행임원 및 피용자
　　4. 이사·감사 및 집행임원의 배우자 및 직계 존·비속
　　5. 회사의 모회사 또는 자회사의 이사·감사·집행임원 및 피용자
　　6. 회사와 거래관계 등 중요한 이해관계에 있는 법인의 이사·감사·집행임원 및 피용자
　　7. 회사의 이사·집행임원 및 피용자가 이사·집행임원으로 있는 다른 회사의 이사·감사·집행임원 및 피용자

8②).537) 사외이사가 결격사유에 해당하는 지위를 가질 수 없다는 것이 아니라, 그 경우에는 사외이사직을 당연 상실하고 결격사유에 해당하는 지위는 유지한다. 따라서 사외이사와 집행임원이 겸직이 문제되는 경우에는 해당 임원이 집행임원직을 사임하지 않는 한 사외이사직을 상실하고 집행임원의 지위는 유지한다.

(나) 사내이사    집행임원이 사내이사를 겸직할 수 있는지에 대하여, 집행임원은 업무집행기능을 담당하고 이사는 업무감독기능을 담당하므로 동일인이 감독자와 피감독자가 되는 것이 바람직하지 않다는 견해와,538) 집행임원을 겸하는 이사는 업무집행상의 상황을 신속·정확하게 이사회에 전달할 수 있다는 장점도 있으므로 굳이 겸직을 금지할 필요는 없다는 견해가 있다.539)

집행임원의 사내이사 겸직은 장점과 단점의 양면성이 있는데, 상법상 이를 금지하는 명문의 규정이 없으므로 허용하여야 할 것이다.540) 겸직을 허용한다면 사내이사는 집행임원인 사내이사와 집행임원 아닌 사내이사로 분류될 것이다.

(다) 감사·감사위원회위원    감사는 회사 및 자회사의 이사 또는 지배인 기타의 사용인의 직무를 겸하지 못하는데(411조), 겸직금지 대상에 집행임원은 포함되지 않는다는 이유로 법문상 감사의 집행임원 겸직이 가능하다는 해석도 가능하다는

---

537) 상장회사의 사외이사는 비상장회사의 사외이사에 대한 결격사유(382조 제3항 각 호) 외에 추가적인 결격사유로서 다음 중 어느 하나에 해당되지 아니하여야 하며, 이에 해당하게 된 경우에는 그 직을 상실한다(542조의8②).
  1. 미성년자, 피성년후견인 또는 피한정후견인
  2. 파산선고를 받고 복권되지 아니한 자
  3. 금고 이상의 형을 선고받고 그 집행이 끝나거나 집행이 면제된 후 2년이 지나지 아니한 자
  4. 대통령령으로 별도로 정하는 법률을 위반하여 해임되거나 면직된 후 2년이 지나지 아니한 자
  5. 상장회사의 주주로서 의결권 없는 주식을 제외한 발행주식총수를 기준으로 본인 및 그와 대통령령으로 정하는 특수한 관계에 있는 자("특수관계인")가 소유하는 주식의 수가 가장 많은 경우 그 본인("최대주주") 및 그의 특수관계인
  6. 누구의 명의로 하든지 자기의 계산으로 의결권 없는 주식을 제외한 발행주식총수의 10% 이상의 주식을 소유하거나 이사·집행임원·감사의 선임과 해임 등 상장회사의 주요 경영사항에 대하여 사실상의 영향력을 행사하는 주주("주요주주") 및 그의 배우자와 직계 존속·비속
  7. 그 밖에 사외이사로서의 직무를 충실하게 수행하기 곤란하거나 상장회사의 경영에 영향을 미칠 수 있는 자로서 대통령령으로 정하는 자
538) 정쾌영, "집행임원제도에 관한 상법개정안의 문제점 검토", 기업법연구 제21권 제4호(통권 제31호), 한국기업법학회(2007), 113면; 정화정, "집행임원제도에 관한 상법개정안의 문제점", 조선대 법학논총 2007, 247면.
539) 양동석, "집행임원의 역할과 법적 지위", 상장협 제48호(2003. 9), 167면.
540) 사내이사가 집행임원을 겸직할 수 없다고 한다면 기업이 현실적으로 집행임원제를 도입하는데 큰 장애사유가 될 것이다. 이러한 이유 때문에 입법과정에서 겸직금지규정을 포함시키지 않았다.

견해도 있다.541) 그러나 집행임원이 스스로 감사가 되어 자신이 수행한 업무를 감사한다는 것은 집행임원 도입의 취지에 정면으로 반하므로 집행임원은 해당 회사 및 자회사의 감사를 겸직할 수 없다고 해석하여야 한다.542) 다만, 사외이사와 같은 결격사유규정이 없으므로 만일 집행임원이 이러한 직을 겸하는 경우 사외이사와 같이 감사직을 당연 상실하는지에 대하여는 논란의 여지가 있다.

집행임원이 감사위원을 겸직할 수 있는지의 문제에 대하여도, 감사와 마찬가지로 집행임원제도의 취지상 겸직이 금지된다고 볼 수도 있겠지만, i) 집행임원이 사내이사를 겸직할 수 있고, ii) 사내이사도 감사위원이 될 수 있고, iii) 상법상 명문의 금지규정이 없으므로, 집행임원의 감사위원 겸직은 허용된다고 해석된다.543)

(라) 상업사용인    지배인과 같은 상업사용인은 영업주의 허락 없이 회사의 이사가 될 수 없다(17조①). 상업사용인이 영업주의 허락 없이 집행임원이 될 수 있는지에 관하여는 상법에 명문의 규정이 없으므로 가능하다고 해석된다. 그러나 상업사용인이 영업주의 허락을 받도록 하는 것은 이해충돌을 방지하기 위한 것이 아니라 상업사용인이 본래의 업무에 충실하도록 하기 위한 것이라는 점에 비추어, 집행임원의 경우에도 영업주의 허락을 받도록 입법적인 보완이 필요하다.544)

(마) 이사회 의장    종래에는 대표이사가 이사회 의장을 겸하는 예가 많았는데, 집행임원을 두면 대표이사는 둘 수 없으므로 집행임원이 이사회 의장을 겸할 수 있는지가 문제된다. 상법상 집행임원의 이사회 의장 겸직을 금지하는 규정이 없으므로 대표집행임원이 이사회의장을 겸할 수 있다고 해석하여야 한다. 다만, 업무집행기능과 감독기능의 분리라는 집행임원제도의 취지상 피감독자가 감독기관의 의장이 되는 것이 바람직하지는 않다.545)

---

541) 송호신, "집행임원제도 입법안에 대한 재검토", 법과 정책연구 제8집 제1호, 한국법정책학회 (2008), 172면.
542) 同旨: 권종호, "2011년 개정상법상의 집행임원제도의 의의와 과제", 증권법연구 제12권 제2호, 한국증권법학회(2011), 22면.
543) 신동찬·황윤영·최용환, "개정상법상 집행임원제도", BFL 제51호, 서울대학교 금융법센터 (2012), 78면.
544) 상업사용인 외에, 대리상의 겸직금지의무(89조①), 합자조합의 업무집행조합원의 겸직금지의무(86조의8②), 합명회사 사원의 겸직금지의무(198조①), 합자회사 무한책임사원의 겸직금지의무(269조), 주식회사 이사의 겸직금지의무(397조), 유한회사 이사의 겸직금지의무(567조) 등의 규정도 보완이 필요하다. 반면에 유한책임회사의 업무집행자의 경우에는 집행임원도 포함하여 규정한다(287조의10①).
545) 同旨: 주식회사법대계 제2판 Ⅱ, 1121면.

## (5) 집행임원의 원수와 임기

### 1) 집행임원의 원수

상법상 이사는 원칙적으로 3명 이상이어야 한다(383조①).[546] 그러나 상법은 집행임원의 수에 대하여 아무런 규정을 두지 않으므로 1인의 집행임원을 두는 것도 가능하다. 따라서 이사가 임기의 만료나 사임에 의하여 퇴임함으로 말미암아 법률 또는 정관에 정한 원수를 채우지 못하게 되는 경우, 그 퇴임한 이사는 새로 선임된 이사(후임이사)가 취임할 때까지 이사로서의 권리의무가 있다는 규정(386조①)은 집행임원에게는 준용되지 않는다.

### 2) 집행임원의 임기

(가) 임기의 상한    집행임원의 임기는 정관에 다른 규정이 없으면 2년을 초과하지 못한다(408조의3①). 집행임원의 임기가 2년을 초과하지 못하도록 한 것은 집행임원에 대한 감독을 하는 이사의 임기가 3년을 초과하지 못하는데 집행임원의 임기가 이와 같으면 이사회가 선임한 집행임원에 대한 책임을 물을 수 없기 때문에 집행임원의 임기는 이사에 비하여 보다 단기로 규정한 것이다.[547] 즉, 이사회의 감시기능 약화를 방지하기 위하여 집행임원 임기의 상한을 정한 것이고, 회사가 정관에서 임기를 달리 규정하지 않은 경우에 임기를 2년으로 본다는 취지는 아니다. 그러나 현실적으로 정관이나 주주총회에서 집행임원의 임기를 정하지 않은 경우에는 2년으로 볼 수밖에 없을 것이다.

"정관에 다른 규정이 없으면"이라는 규정상, 집행임원의 임기는 이사의 임기와 달리 정관에 의하여 2년을 초과하여 정할 수 있다.

(나) 상한 위반    집행임원 임기에 관한 규정은 강행규정이므로, 정관이 아닌 주주총회 결의 또는 이사회 결의에서 상한을 초과한 임기를 정한 경우, 그 임기 전부를 무효로 볼 것은 아니고(이렇게 보면 선임이 무효로 될 것임) 초과 부분의 임기만 무효로 된다고 해석하는 것이 일반적인 견해이다.

(다) 연    임    집행임원 임기의 상한은 한 번의 임기에 대한 것이고, 집행임

---

546) 다만, 자본금의 총액이 10억원 미만인 회사는 굳이 회의체를 구성할 필요가 없으므로 회사의 선택에 따라 이사를 1명 또는 2명으로 할 수 있다(383조① 단서).

547) 만일 이사의 임기가 1년인데 집행임원의 임기가 2년이면 이는 상법에 위반한 것은 아니지만 이사회의 감독권 확보라는 취지를 살릴 수 없으므로, 정관에서 정한 이사의 임기보다 집행임원의 임기를 단기로 정하도록 해야 할 것이다.

원이 연임되는 경우 다시 2년의 상한이 적용된다.

(라) 임기의 개시  　종래의 다수설과 판례는 주주총회에서의 이사선임결의 후 회사(대표이사)의 청약과 피선임자의 승낙으로 임용계약을 체결하여야 법률상 이사로서의 지위를 가진다고 보았다.548)

그러나 대법원은 2017년 전원합의체 판결에서 "주주총회에서 이사나 감사를 선임하는 경우, 그 선임결의와 피선임자의 승낙만 있으면, 피선임자는 대표이사와 별도의 임용계약을 체결하였는지 여부와 관계없이 이사가 감사의 지위를 취득한다고 보아야 한다."라고 판시하면서 이러한 취지에 저촉되는 종래의 판례를 변경하였다.549) 이사선임결의의 창설적 효력에 비추어 타당한 결론이다. 따라서 집행임원도 이사회의 선임결의와 피선임자의 승낙만 있으면 대표이사와 별도의 임용계약을 체결하였는지 여부와 관계없이 집행임원의 지위를 취득한다. 피선임자의 승낙은 묵시적으로도 할 수 있으므로, 아무런 명시적인 의사표시가 없더라도 집행임원의 업무를 집행하는 것은 묵시적인 승낙이 된다. 또한 피선임자가 회사에 대하여 임용계약 체결을 요구한 경우에도 집행임원으로 선임되는 데에 승낙한 것이 되어 별도의 임용계약 체결 여부와 상관없이 이사의 지위를 취득한다.550) 법인등기부에 집행임원으로 등재되어 있는 경우에는 특단의 사정이 없는 한 정당한 절차에 의하여 선임된 적법한 집행임원으로 추정된다고 할 것이다.

(마) 임기 결정  　정관에 집행임원의 임기가 한 가지로 규정된 경우(2년 또는 1년)에는 이사회에서 집행임원을 선임할 때 임기를 따로 정할 필요가 없다(확정임기형). 그러나 정관에 집행임원의 임기를 "1년 또는 2년"과 같이 정하는 경우 이사회에서 집행임원을 선임할 때 임기도 정하여야 한다.

(바) 임기의 연장  　집행임원의 임기는 정관에 그 임기 중의 최종의 결산기에 관한 정기주주총회가 종결한 후 처음으로 소집하는 이사회의 종결시까지로 정할 수 있다(408조의3②). 즉, 정관에 이러한 규정을 두게 되면, 예컨대 12월결산 회사인 경우 집행임원의 임기가 1월 25일 종료되어도 정기주주총회가 종결한 후 처음으로 소집하는 이사회일이 3월 20일이면 그 때까지 임기가 연장된다.551) 이사와 달리 집

---

548) 대법원 2009. 1. 15. 선고 2008도9410 판결.
549) 대법원 2017. 3. 23. 선고 2016다251215 전원합의체 판결(특히 감사 선임의 경우 대주주의 의결권이 제한된다는 점과 대표이사가 감사의 대상인 점도 지적하였다).
550) 대법원 2017. 3. 23. 선고 2016다251215 전원합의체 판결.
551) 그러나 임기중의 최종의 결산기에 관한 정기주주총회가 종결한 후 처음으로 소집하는 이사회의 종결시까지 연장할 수 있으므로, 12월 1일 임기가 만료된 집행임원은 임기 연장의 대상

행임원은 선임권자가 이사회이므로 "이사회의 종결시까지"로 규정하는 것이다.552)

(사) 퇴임집행임원    대표집행임원에 관하여 상법에 다른 규정이 없으면 주식회사의 대표이사에 관한 규정이 준용되는데(408조의5②), 대표이사의 경우에는 제389조 제3항에 의하여 제386조가 준용된다. 따라서 집행임원이 1인이고 그 집행임원이 퇴임한 경우에는 후임 집행임원이 취임할 때까지 그 퇴임집행임원이 집행임원으로서의 권리의무가 있다.

## (6) 집행임원의 선임과 종임

### 1) 선임·해임기관

(가) 이 사 회    집행임원은 이사회가 선임·해임한다(408조의2③1).553) 또한 위임인은 언제든지 위임계약을 해지할 수 있으므로 이사회는 정당한 이유 없이도 집행임원을 해임할 수 있다.554)

이사회 결의에 관하여 특별한 이해관계가 있는 자는 의결권을 행사하지 못하고(368조③), 의결정족수와 관련하여 특별이해관계인인 이사의 수는 출석한 이사의 수에 산입하지 않는다(371조②). 그러나 주주총회 결의에서 특별이해관계인의 의의에 대하여, 특정 주주가 주주의 지위를 떠나 개인적으로 갖는 경제적 이해관계를 특별이해관계로 보는 개인법설이 통설이고, 따라서 회사지배와 관련되는 결의인 이사·감사의 선임·해임결의에서 당사자인 주주는 특별이해관계인에 포함되지 않는 것과 마찬가지로, 집행임원의 선임·해임결의에서도 집행임원후보인 이사는 특별이해관계인에 해당하지 않고 따라서 의결권이 제한되지 않는다. 이는 이사회에서의 대표이사선임의 경우와 같이 회사지배에 관한 주주의 비례적 이익이 연장·반영되기 때문이기도 하다.

반면에, 집행임원에 대한 면책결의, 보수결의, 경업승인 등의 경우에는 해당 집행임원인 이사는 특별이해관계인으로서 의결권을 행사하지 못한다.

---

이 아니다.

552) 이사의 임기는 정관으로 그 임기중의 최종의 결산기에 관한 정기주주총회의 종결에 이르기까지 연장할 수 있다(383조③).

553) 미국 대부분의 州제정법은 이사회가 임원을 선임하고 해임하는 것으로 규정하고, 소수의 주회사법은 폐쇄회사에서는 주주총회도 임원을 선임할 수 있다고 규정한다(NYBCL §715). 일본에서도 위원회설치회사의 집행임원은 주주총회가 아니라 이사회가 선임, 해임한다(日会 402조②).

554) 미국에서도 이사회는 정당한 이유의 유무에 관계없이(with or without cause) 임원을 해임할 수 있다는 것이 원칙이다[MBCA §8.43(b)].

(나) 주주총회    상법상 이사회의 권한에 집행임원의 선임권이 포함되어 있지만, 정관에서 이를 주주총회의 권한으로 정할 수 있는지 여부에 대하여는 명문의 규정이 없다. 이와 관련하여, i) 부정설은, 이사회의 경영진에 대한 감독을 강화하기 위하여 집행임원제도를 도입한 것이고 집행임원을 이사회 아닌 주주총회에서 선임·해임한다면 이사회의 감독권이 약화되고, 또한 신속한 업무집행을 위하여 이사회의 업무집행기능을 분리한 취지에 비추어 정관에 주주총회가 집행임원을 선임·해임할 수 있다고 규정하는 것은 허용되지 않는다고 보고,555) ii) 긍정설은, 집행임원의 선임·해임은 원래 주주총회의 권한사항인데 이를 이사회에 위임한 것이므로 정관에서 주주총회의 권한사항으로 정할 수 있다고 본다.556) 다만, 주주총회가 집행임원에 대한 해임권을 가지는 경우 해임결의에 이르기까지 장기간 소요되어 이로 인한 폐단이 초래될 가능성이 있다.

(다) 대표집행임원    집행임원은 정관 또는 이사회 결의에 의하여 위임받은 업무집행에 관하여 의사결정권한을 가지지만(408조의41), 집행임원 선임·해임권은 회사에게 중요한 결정사항이므로 이사회가 대표집행임원에게 이를 위임할 수 없다.557)

### 2) 선임방법

상법상 집행임원의 선임방법에 관하여 아무런 규정이 없지만, 이사회 결의의 일반적인 요건인 이사 과반수의 출석(의사정족수)과 출석이사의 과반수(의결정족수)에 의하여야 한다. 그러나 정관으로 그 비율을 높게 정할 수 있다(391조①).

### 3) 집행임원의 종임

(가) 일반적 종임사유

가) 종임사유    집행임원은 임기만료로 그 지위를 상실하고, 회사와의 위임관계상 언제든지 위임계약의 해지(사임)가 가능하다(民法 689조). 집행임원의 사임의 의사표시는 승낙 없이 의사표시가 대표집행임원에게 도달하면 효력이 발생하고,558)

555) 정준우, "2011년 개정상법상 집행임원의 법적 지위에 관한 비판적 검토", 한양법학 제22권 제3집(통권 제35집), 458면.
556) 신동찬·황윤영·최용환, 전게논문, 79면.
557) 同旨: 주식회사법대계 제2판 Ⅱ, 1129면; 김태진, "개정 상법 하의 집행임원제 운용을 위한 법적 검토", 상사법연구 제30권 제2호, 한국상사법학회(2011), 351면.
558) [대법원 1998. 4. 28. 선고 98다8615 판결]【대표이사직무집행정지가처분】"주식회사와 이사의 관계는 위임에 관한 규정이 준용되므로, 이사는 언제든지 사임할 수 있고, 사임의 의사표시가 대표이사에게 도달하면 그 효과가 발생하나(대법원 1997. 9. 11.자 97마1474 결정, 대법원 1993. 9. 14. 선고 93다28799 판결 등 참조), 대표이사에게 사표의 처리를 일임한 경우에는 사임 의사표시의 효과발생 여부를 대표이사의 의사에 따르도록 한 것이므로, 대표이사가 사표를 수리함으로써 사임의 효과가 생긴다."

민법 제690조 사망·파산 등도 종임사유이다.[559]

나) 임기만료 전 해임과 손해배상청구권      이사의 임기를 정한 경우에 정당한 이유 없이 그 임기만료 전에 이를 해임한 때에는 그 이사는 회사에 대하여 해임으로 인한 손해의 배상을 청구할 수 있다는 상법 제385조 제1항 단서를 집행임원의 경우에 준용하는 규정은 없다. 따라서 집행임원이 임기중 정당한 이유 없이 해임되는 경우 회사에 대하여 해임으로 인한 손해의 배상을 청구할 수 있는지 여부에 관하여 논란의 여지가 있다.[560]

이에 대하여 집행임원도 이사와 마찬가지로 임기중 정당한 이유 없이 해임된 경우에는 제385조 제1항을 유추적용하여 손해배상청구권을 행사할 수 있다는 견해도 있지만,[561] 이사회가 대표이사를 해임한 경우에는 상법 제385조 제1항을 유추적용할 것은 아니라는 판례의 취지는[562] 집행임원의 경우에도 적용된다고 볼 것이다. 따라서 임기중 정당한 이유 없이 해임된 집행임원은 상법에 의한 손해배상청구권은 행사할 수 없지만, 민법 제689조 제2항은 "당사자 일방이 부득이한 사유 없이 상대방의 불리한 시기에 계약을 해지한 때에는 그 손해를 배상하여야 한다."라고 규정하므로,[563] 임기중 정당한 이유 없이 해임된 집행임원은 민법 제689조 제2항에 의하여 손해배상 또는 민법 제750조에 의하여 불법행위로 인한 손해배상을 청구할 수 있다. 따라서 실질적인 차이는 없다 할 수 있지만, 제385조 제1항의 책임은 상법상의 법정책임이므로 일반 채무불이행이나 불법행위책임에서와 같은 과실상계의 법리가 적용되지 않는다는 차이는 있다.[564]

다) 집행임원해임의 소 인정 여부      이사의 경우와 달리 소수주주의 집행임원해임의 소는 인정되지 않는다. 따라서 집행임원이 그 직무에 관하여 부정행위 또는 법령이나 정관에 위반한 중대한 사실이 있음에도 불구하고 이사회에서 그 집행임원해임결의안이 부결된 경우, 소수주주가 집행임원해임의 소를 제기할 수 없다. 이사는 주주총회 결의에 의하여 해임되므로 주주총회에서 해임안건이 부결된 경우에 소

---

559) [대법원 1963. 9. 5. 선고 63다233 판결] "주식회사 대표이사의 사망사실은 이를 상대방에게 통지하지 아니하여도 대항할 수 있다."
560) 미국에서는 정당한 이유 없이 해임당한 임원은 회사를 상대로 고용기간의 조기종료(premature termination of the employment period)를 이유로 손해배상을 청구할 수 있다.
561) 정준우, 전게논문, 460면.
562) 대법원 2004. 12. 10. 선고 2004다25123 판결, 대법원 2004. 10. 15. 선고 2004다25611 판결.
563) 상법 제385조 제1항 단서는 민법 제689조 제2항과의 관계에서 선언적의 의미를 가진 주의적 규정으로 볼 수도 있다.
564) 서울고등법원 1990. 7. 6. 선고 89나46297 판결.

수주주가 해임의 소를 제기할 수 있지만, 집행임원은 주주총회가 아닌 이사회 결의에 의하여 해임되므로 소수주주의 해임의 소 제기권을 인정하지 않은 것이다.565)

소수주주의 집행임원해임의 소를 인정하지 아니하면 집행임원이 그 직무에 관하여 부정행위 또는 법령이나 정관에 위반한 중대한 사실이 있음에도 불구하고 주주로서 아무런 통제장치가 없다는 문제가 있지만, 집행임원에게 이러한 사유가 있음에도 이사회에서 해임안건이 부결된 경우에는 주주는 대표소송을 통하여 이사의 임무해태로 인한 손해배상책임을 추궁할 수 있다.

(나) 퇴임집행임원의 지위 연장 여부

가) 원  칙  이사는 임기 만료나 사임에 의하여 퇴임함으로 말미암아 법률 또는 정관에 정한 대표이사나 이사의 원수(최저인원수 또는 특정한 인원수)를 채우지 못하게 되는 결과가 일어나는 경우에, 그 퇴임한 이사는 새로 선임된 이사(후임이사)가 취임할 때까지 이사로서의 권리의무가 있다(386조①, 389조③). 이를 퇴임이사의 지위 연장이라고 한다. 그러나 집행임원은 회의체가 아니고 각자 업무집행을 하는 것이므로 퇴임 후 지위를 연장할 필요가 없고, 따라서 준용규정인 제408조의9도 제386조는 준용하지 않는다.566)

나) 예  외  그러나 정관에서 집행임원의 수를 정한 경우에는 임기 만료나 사임에 의하여 퇴임함으로 말미암아 정관에 정한 집행임원의 원수(최저인원수 또는 특정한 인원수)를 채우지 못하게 되는 결과가 일어나는 경우에, 그 퇴임한 집행임원은 새로 선임된 집행임원이 취임할 때까지 집행임원으로서의 권리의무가 있다. 그리고 집행임원이 1인인 경우에는 정관에서 집행임원의 수를 정하지 않았다고 하더라도 새로 선임된 집행임원이 취임할 때까지 집행임원으로서의 권리의무가 있다고 해석하여야 한다.567)

---

565) 입법론상으로는 소수주주의 집행임원해임의 소를 직접 규정하거나 이사해임의 소에 관한 제385조 제2항을 준용하도록 할 필요가 있다는 견해도 있다(정준우, 전게논문, 461면).

566) 회사의 업무집행의 연속성을 위하여 그리고 기업실무상 집행임원회가 조직될 가능성이 크다는 이유로, 퇴임한 집행임원의 경우에도 제386조와 같은 규정을 두거나 준용하여야 한다는 주장하는 견해도 있다(정준우, 전게논문, 463면).

567) 집행임원이 1인인 경우 그 집행임원은 대표집행임원이 되는데(408조의5① 단서), 대표집행임원에 대하여는 상법에 다른 규정이 없으면 주식회사 대표이사에 관한 규정이 준용되고(408조의5②), 대표이사의 경우 제389조 제3항에 의하여 제386조가 준용되기 때문이다.

## (7) 집행임원설치회사 이사회의 권한

### 1) 이사회의 고유권한

중요한 자산의 처분 및 양도, 대규모 재산의 차입, 지배인의 선임 또는 해임과 지점의 설치·이전 또는 폐지 등 회사의 업무집행은 이사회 결의로 한다(393조의①). 이는 집행임원 설치 여부와 관계없이 모든 회사의 이사회에 적용된다.568) 정관에 의하여도 이러한 권한을 집행임원에게 위임할 수 없다. 물론 결의내용의 구체적인 집행은 집행임원이 한다.

### 2) 감 독 권

집행임원설치회사의 이사회는 다음의 권한을 갖는다(408조의2③). 이는 집행임 원설치회사에서 업무집행기능과 감독기능을 분리하기 위하여 이사회의 권한범위를 조정한 것이다.

1. 집행임원과 대표집행임원의 선임·해임
2. 집행임원의 업무집행에 대한 감독
3. 집행임원과 집행임원설치회사와의 소에서 집행임원설치회사를 대표할 자의 선임
4. 집행임원에 대하여 업무집행에 관한 의사결정의 위임(상법에서 이사회 권한사항 으로 정한 경우는 제외)
5. 집행임원이 여러 명인 경우 집행임원의 직무분담 및 지휘·명령관계 그 밖에 집행 임원의 상호관계에 관한 사항의 결정
6. 정관에 규정이 없거나 주주총회의 승인이 없는 경우 집행임원의 보수결정

집행임원설치회사는 이사회의 회의를 주관하기 위하여 이사회의장을 두어야 한다. 이 경우 이사회의장은 정관의 규정이 없으면 이사회 결의로 선임한다(408조의 2④). 상법에 명문의 금지규정이 없으므로 대표집행임원은 이사회의장을 겸직할 수 있다고 해석하여야 한다.569)

### 3) 집행임원의 보수

(가) 결정기관　　　이사의 보수는 정관에 그 액을 정하지 아니한 때에는 주주총 회 결의로 이를 정한다(388조). 상법은 제388조와의 균형상 집행임원의 보수도 정관

---

568) 집행임원을 설치한 회사는 대표이사가 존재하지 아니하므로, 정관상 이사회 의장에 관하여 도 "이사회의 의장은 이사 중에서 선임한다."라고 규정하여야 한다.
569) 강희갑, "집행임원제도의 도입과 기업환경", 상사법의 주요 현안에 대한 조명, 한국상사법학 회 2007년 동계학술대회 발표자료(2007. 2), 25면.

의 규정이나 주주총회의 승인에 의하여 정하는 것을 원칙으로 하고, 다만 정관의 규정이나 주주총회의 승인이 없는 경우에는 집행임원 선임·감독기관인 이사회가 정하도록 규정한다(408조의2③6). 따라서 집행임원의 보수결정은, 정관·주주총회·이사회 순으로 이루어진다. 이사를 겸하는 집행임원의 보수는 만일 이사의 보수와 집행임원의 보수를 구분할 수 있으면 이사의 보수는 주주총회의 승인에 의하여, 집행임원의 보수는 위와 같은 3단계의 절차에 의하여 결정한다. 그러나 실제로는 위와 같은 구분이 곤란하므로 이사의 보수에 준하여 정관의 규정이나 주주총회의 승인에 의하여 정하여야 할 것이다.

(나) 과다보수 문제와 보수의 공시      이사회가 집행임원의 보수를 과다하게 정하는 경우 임무해태로 인한 손해배상책임이 발생할 수 있다.570)

### (8) 집행임원의 권한

#### 1) 업무집행권

집행임원은 대표이사에 갈음하여 설치되는 기관이므로, 상법 제408조의4 제1호의 "집행임원 설치회사의 업무집행"이란 대표이사와 동일하게 회사의 영업에 관한 재판상, 재판 외의 모든 업무집행을 말한다(389조③, 209조①).571)

#### 2) 위임받은 업무집행에 관한 의사결정권

상법 제408조의4 제2호는 "정관이나 이사회의 결의에 의하여 위임받은 업무집행에 관한 의사결정"을 집행임원의 권한으로 규정한다. 집행임원제도는 업무집행기능과 감독기능의 분리를 위한 것이므로, 이사회는 집행임원에 대하여 업무집행에 관하여 포괄적으로 위임할 수 있다고 해석된다. 위임받지 아니한 나머지 업무집행에 관한 의사결정권한은 이사회가 가진다.

집행임원설치회사의 이사회 권한에 관한 제408조의2 제3항은 제4호에서 "집행임원에 대하여 업무집행에 관한 의사결정의 위임(상법에서 이사회 권한사항으로 정한 경우는 제외)"이라고 규정하므로, 이사회가 모든 업무집행에 관한 의사결정을 집행위원에게 위임할 수 있는 것은 아니다. 즉, 이사회의 고유권한에 속하는 업무집행에 관한

---

570) 각국의 임원의 보수규제에 관하여는, 최문희, "임원의 보수규제에 관한 고찰 – 최근의 국제적 동향과 입법례를 중심으로 – ", 경영법률 제20집 제3호, 131면 이하 참조.

571) 상법은 대표이사에 대하여 대표권에 관한 규정만 두고, 업무집행권에 관하여는 명문의 규정은 두지 않지만(물론 해석상 대표이사의 업무집행권은 당연히 인정된다), 집행임원에 대하여는 대표권 외에 업무집행권도 명시적으로 규정한다.

의사결정권한은 정관 또는 이사회 결의에 의하여도 집행임원에게 위임할 수 없다고
해석하여야 한다.572) 따라서 실제로 집행임원에게 위임한 가능한 업무집행의 범위는
매우 좁다. 다만, 상법은 대표집행임원에 관하여 상법에 다른 규정이 없으면 주식회
사의 대표이사에 관한 규정이 준용된다고 규정하므로(408조의5②), 이사회가 정관에서
정하는 바에 따라 대표이사에게 위임할 수 있는 권한은 정관에서 정하는 바에 따라
대표집행임원에게도 위임할 수 있다고 해석하여야 할 것이다.

　　이사회는 정관에서 정하는 바에 따라 대표이사에게 사채발행을 결정할 권한도
위임할 수 있으므로(469조④), 대표집행임원에게도 사채발행을 위임할 수 있다. 이와
관련하여 사채발행을 결정할 권한은 집행임원에게 위임할 수 없다는 견해가 있는
데,573) 상법 제408조의5 제2항과 제469조 제4항의 규정에 비추어 이러한 해석의 타
당성은 의문이다.574)

　　3) 이사회소집청구권

　　집행임원은 필요한 때에는 회의의 목적사항과 소집이유를 적은 서면575)을 이
사576)(소집권자가 있는 경우에는 소집권자)에게 제출하여 이사회의 소집을 청구할 수
있다(408조의7①).577) "필요한 때"란 신주발행을 위하여 이사회 결의가 필요한 경우
나, 영업양도와 같이 주주총회 결의가 필요한 때 주주총회 소집결의를 하기 위하여
이사회 결의가 필요한 경우를 말한다. 대표집행임원이 있는 경우에도 집행임원 각

---

572) 일본 회사법은 위원회설치회사의 이사회가 집행임원에게 위임할 수 없는 중요한 사항을 규
　　정하는데(日会 416조④), 주식양도승인여부와 불승인시 매수인지정, 자기주식취득에 관하여
　　결정할 사항, 신주예약권양도승인 여부, 주주총회소집결정, 주주총회에 제출할 의안의 내용
　　결정, 이익상반거래의 승인, 이사회의 소집결정, 위원회 위원의 선정과 해직, 집행임원의 선임
　　과 해임, 위원회설치회사와 집행임원 간의 소송에서 회사대표자 결정, 대표집행임원의 선정과
　　해직, 이사, 회계참여, 집행력 등의 책임면제결정, 계산서류의 승인, 중간배당, 사업양도계약,
　　합병계약, 흡수분할계약, 신설분할계약, 주식교환계약 등의 내용결정 등이다.
573) 이철송, 828면.
574) 同旨: 주식회사법대계 제2판 Ⅱ, 1129면.
575) 회의의 목적사항과 소집이유를 적은 서면을 제출하는 방법만 규정하는데, 향후의 개정과정
　　에서 전자문서에 의한 제출도 추가하여야 할 것이다. 한편, 이사회 소집통지를 할 때에는, 회
　　사의 정관에 이사들에게 회의의 목적사항을 함께 통지하도록 정하고 있거나 "회의의 목적사
　　항을 함께 통지하지 아니하면 이사회에서의 심의·의결에 현저한 지장을 초래하는 등의 특별
　　한 사정이 없는 한" 주주총회의 소집통지의 경우와 달리 회의의 목적사항을 함께 통지할 필요
　　는 없다(대법원 2011. 6. 24. 선고 2009다35033 판결).
576) 여기서 "이사"는 "대표이사"를 의미하는 것으로 해석하여야 한다.
577) "집행임원은"이라고 규정하므로 대표집행임원뿐 아니라 모든 집행임원은 이사회소집을 청
　　구할 수 있다.

자가 이사회소집청구권을 가진다.578)

집행임원의 소집청구가 있은 후 지체 없이 이사회 소집의 절차를 밟지 아니한 때에는 소집을 청구한 집행임원은 법원의 허가를 받아 이사회를 소집할 수 있다.579) 이 경우 이사회의 의장은 법원이 이해관계자의 청구 또는 직권으로 선임할 수 있다(408조의7②).

업무감사기관인 감사는 이사회소집 청구 후 이사가 지체 없이 이사회를 소집하지 아니한 경우에는 "그 청구를 한 감사"가 이사회를 소집할 수 있으므로(412조의4②), 입법론상으로는 업무집행기관인 집행임원도 이러한 방식의 이사회소집권을 인정하는 것이 타당하다.580)

이사회의 의사에 관하여는 의사록을 작성하여야 한다(391조의3①). 의사록에는 의사의 안건, 경과요령, 그 결과, 반대하는 자와 그 반대이유를 기재하고 출석한 이사·감사가 기명날인 또는 서명하여야 한다(391조의3②). 즉, 집행임원은 이사회 의사록에 기명날인 또는 서명할 의무가 없다.

### 4) 대 표 권

(가) 대표집행임원의 선임 등    2명 이상의 집행임원이 선임된 경우에는 이사회 결의로 집행임원설치회사를 대표할 대표집행임원을 선임하여야 한다.581) 다만, 집행임원이 1명인 경우에는 그 집행임원이 대표집행임원이 된다(408조의5①).582) 대표집행임원은 집행임원의 지위를 전제로 하므로 집행임원의 지위를 상실하면 대표집행임원의 지위도 당연히 상실한다. 그러나 대표집행임원의 임기에 관하여 상법상 제한이 없으므로 집행임원의 임기(2년 또는 정관에서 정한 기간 내)와 다르게 규정할 수도 있다.

(나) 대표집행임원의 지위    대표집행임원에 관하여 상법에 다른 규정이 없으

---

578) 이사회도 각 이사가 소집한다. 그러나 이사회 결의로 소집할 이사를 정한 때에는 그 이사가 소집한다(390조①).
579) "지체 없이"의 개념은 다소 애매한 점이 있는데, 일본 회사법은 이사가 이사회소집청구를 받은 날부터 5일 이내에 당해 청구가 있은 날부터 2주 이내의 날을 회일로 하는 이사회 소집 통지서를 발송하도록 규정한다(日会 417조② 2문).
580) 일본 회사법은 이사회소집청구를 하였던 집행임원은 법원의 허가 없이 이사회를 소집할 수 있다고 규정한다(日会 417조②).
581) 집행임원의 수에는 제한이 없다. 집행임원이 복수인 경우에도 이사회와 같은 회의체를 구성하지 않는다.
582) 집행임원이 1인이면 그 집행임원이 회사를 대표한다. 상법은 제408조의5의 규정이 있으므로 굳이 집행임원의 대표권에 대하여 규정하지 않는다.

면 주식회사의 대표이사에 관한 규정이 준용된다(408조의5②). 따라서 대표집행임원
은 회사의 영업에 관하여 재판상 또는 재판 외의 모든 행위를 할 권한이 있고(389조
③, 209조①), 대표집행임원의 권한에 대한 제한은 선의의 제3자에게 대항하지 못한
다(389조③, 209조②). 2명 이상의 집행임원을 선임하는 경우 공동대표집행임원으로
선임할 수도 있다.

당연히 대표이사의 업무집행권에 속하는 많은 업무에 있어서, 상법은 "이사
는 … "이라고 규정하는데,583) 상법상 규정에 불구하고 이러한 업무는 모두 대표
이사의 업무집행권의 대상이라는 점에 대하여 견해가 통일되어 있다. 다만, 이들
규정은 법문상으로는 이사에 관한 규정이라 제408조의5 제2항에 의하여 준용되지
아니하므로 유추적용하여야 할 것이다.

(다) 대표집행임원의 책임    대표집행임원이 그 업무집행으로 인하여 타인에
게 손해를 가한 때에는 회사는 그 대표집행임원과 연대하여 배상할 책임이 있다
(389조③, 210조).

(라) 표현대표집행임원    표현대표이사에 관한 제395조의 규정은 집행임원설
치회사에 준용한다(408조의5③). 따라서 사장, 부사장 등 회사를 대표할 권한이 있는
것으로 인정될만한 명칭을 사용한 자의 행위에 대하여는, 회사가 명칭 사용을 명시
적, 묵시적으로 허락한 경우에는 그 자가 회사를 대표할 권한이 없더라도 회사는
선의의 제3자에 대하여 그 책임을 진다(395조).584)

(마) 기    타    법률상 이사회, 주주총회의 권한으로 규정된 경우 대표집행임
원은 각각의 결의를 얻어 대표행위를 해야 한다. 회사가 집행임원에 대하여 또는
집행임원이 회사에 대하여 소를 제기하는 경우에 감사는 그 소에 관하여 회사를 대
표한다. 회사가 대표소송 또는 다중대표소송의 제소청구를 받음에 있어서도 같다
(394조①). 수인의 대표집행임원이 공동으로 회사를 대표할 것을 정할 수 있다(389조
②).

---

583) 정관·의사록·주주명부·사채원부 등의 비치(396조①), 주식청약서의 작성(420조), 사채청약
서의 작성(474조), 현물출자시 검사인선임청구(422조①), 재무제표등의 작성·제출·공고(447조
부터 449조까지) 등이 그 예이다. 다만, 주권과 채권에의 기명날인 또는 서명은 대표이사가 하
도록 규정한다(356조, 478조①).

584) 일본 회사법도 "표현대표집행임원"이라는 제목 하에, "위원회설치회사는 대표집행임원 외의
집행임원에게 사장, 부사장 기타 위원회설치회사를 대표할 권한이 있는 것으로 인정될만한 명
칭을 부여한 경우 당해 집행임원이 한 행위에 대하여 선의의 제3자에 대한 책임을 진다."라고
규정한다(日会 421조).

### (9) 집행임원의 의무와 책임

#### 1) 선관주의의무와 충실의무

회사와 집행임원과의 관계는 회사와 이사와의 관계와 같이 위임관계이므로, 집행임원은 회사에 대하여 선관주의의무를 부담한다(民法 681조). 또한 집행임원은 회사에 대하여 충실의무도 부담한다(408조의9, 382조의3).

그러나 집행임원이 이사의 감시의무에 준하여 다른 집행임원에 대한 감시의무를 부담하는지에 관하여는 견해가 대립한다. 즉, 이사는 주주총회에서 선임되지만 집행임원은 직무분장 차원에서 이사회에서 선임되고 이사회로부터 감독을 받고 있기 때문에 집행임원의 감시의무를 부인하고, 다만 자기의 지휘 하에 있는 집행임원에 대하여는 감시의무를 진다는 견해와,585) 집행임원은 위임계약관계에 기초한 회사의 수임인이고, 이사회에 관한 보고의무를 부담하고 있으며, 집행임원 그 자체가 이사회의 기능분리를 전제로 하여 업무담당이사의 대체기구로서 도입된 것이므로, 집행임원도 다른 집행임원의 업무집행사항에 대한 감시의무가 있다는 견해가 있다.586)

#### 2) 보고의무

(가) 이사회에 대한 보고의무    집행임원은 3개월에 1회 이상 업무의 집행상황을 이사회에 보고하여야 한다(408조의6①).587) 집행임원은 이외에도 이사회의 요구가 있는 때에는 언제든지 이사회에 출석하여 요구한 사항을 보고하여야 한다(408조의6②). 이사는 대표집행임원으로 하여금 다른 집행임원 또는 피용자의 업무에 관하여 이사회에 보고할 것을 요구할 수 있다(408조의6③).588)

(나) 감사·감사위원회에 대한 보고의무    감사·감사위원회에 대한 이사의 보고의무에 관한 제412조의2는 집행임원에게 준용되므로(408조의9), 집행임원은 감사·감사위원회에 대한 보고의무를 부담한다.

---

585) 김태진, 전게논문, 229면.
586) 정준우, 전게논문, 471면.
587) 이사는 3개월에 1회 이상 업무의 집행상황을 이사회에 보고하여야 하는데(393조④), 집행임원설치회사의 경우에는 집행임원이 3개월에 1회 이상 업무의 집행상황을 이사회에 보고하여야 하고, 이사회의 구성원인 이사는 이러한 보고의무가 없는 것으로 해석한다.
588) 이사와 달리, 감사는 이러한 보고요구권이 없다.

3) 준용규정에 의한 의무

집행임원은 비밀유지의무(382조의4), 정관 등의 비치·공시의무(396조),[589] 경업금지의무(397조), 회사의 사업기회유용금지(397조의2), 자기거래금지의무(398조) 등도 부담한다(408조의9).

4) 집행임원의 손해배상책임

(가) 회사에 대한 손해배상책임    집행임원이 고의 또는 과실로 법령 또는 정관에 위반한 행위를 하거나 그 임무를 게을리한 경우에는 그 집행임원은 집행임원설치회사에 대하여 손해를 배상할 책임이 있다(408조의8①). "그 집행임원"이라는 규정상, 모든 집행임원이 아니라 고의 또는 과실로 법령 또는 정관에 위반한 행위를 하거나 그 임무를 게을리한 집행임원만이 연대하여 손해를 배상할 책임이 있다.

(나) 제3자에 대한 손해배상책임    집행임원이 고의 또는 중대한 과실로 그 임무를 게을리한 때에는 그 집행임원은 제3자에 대하여 손해를 배상할 책임이 있다(408조의8②).

(다) 다른 임원과의 연대책임    집행임원이 집행임원설치회사 또는 제3자에 대하여 손해를 배상할 책임이 있는 경우에 다른 집행임원·이사 또는 감사도 그 책임이 있는 때에는 다른 집행임원·이사 또는 감사와 연대하여 배상할 책임이 있다(408조의8③). 이와 관련하여 입법과정에서 집행임원의 경우에는 이사회 결의와 같은 절차가 없으므로 특별한 사유가 없는 한 연대책임을 인정하지 말아야 한다는 견해도 있었지만, 집행임원은 이사회의 업무집행기능을 분리하여 실제적으로 수행하는 자이고, 회사의 업무집행이란 완전히 분리·독립된 별개의 것이 아니라 동일한 내부통제시스템 하에 상호 밀접하게 연계되는 것이며, 그 과정에서 업무감독의 실제적인 주체인 이사와 감사기관인 감사도 일정한 책임이 있을 수 있으므로 연대책임을 인정한 것은 타당한 입법이다.[590]

(라) 규정의 취지    상법은 집행임원의 회사 및 제3자에 대한 손해배상책임에 관하여 동일한 내용인 이사의 손해배상책임규정을 준용하지 않고 별도로 규정한다.

이사회는 회의체기관이므로 법령·정관에 위반한 행위 또는 임무해태가 이사회 결의에 의한 것인 때에는 그 결의에 찬성한 이사도 같은 책임이 있고(399조②), 결의에 참가한 이사로서 이의를 한 기재가 의사록에 없는 자는 그 결의에 찬성한

---

589) 집행임원설치회사의 경우에는 집행임원이 정관 등의 비치·공시의무를 부담하므로, 이사회의 구성원인 이사는 이러한 의무가 없는 것으로 해석한다.

590) 정준우, 전게논문, 473면.

것으로 추정한다(399조③). 따라서 결의불참 또는 반대한 사실에 대한 증명책임은 이사가 부담한다. 그러나 복수의 집행임원이 있더라도 회의체를 구성하는 것은 아니고, 따라서 위와 같은 규정은 집행임원에게는 적용되지 않는다.

그러나 만일 복수의 집행임원들이 집행임원회를 두고 집행임원회의 결정에 의한 행위로 제3자에게 책임을 지는 경우에는 집행임원회 결정에 찬성한 집행임원도 연대책임을 진다(408조의8③). 다만, 집행임원은 집행임원회의 부당한 결정에 대하여 책임을 지지만, 다른 집행임원이 결정의 집행과정에서 법령·정관에 위배되거나 임무를 해태한 경우에 대하여는 책임을 지지 않는다.591)

(마) 경영판단원칙    집행임원에게도 당연히 경영판단원칙이 적용된다.

(바) 업무집행관여자의 책임    제401조의2(업무집행지시자 등의 책임)는 집행임원에 대하여 준용되므로(408조의9), 이사회에서 집행임원으로 선임되지 않은 자도 등기 여부를 불문하고, i) 회사에 대한 자신의 영향력을 이용하여 집행임원에게 업무집행을 지시한 자, ii) 집행임원의 이름으로 직접 업무를 집행한 자, iii) 집행임원이 아니면서 업무집행권이 있는 것으로 인정될 만한 명칭을 사용하여 회사의 업무를 집행한 자는 집행임원으로 보고 집행임원으로서 손해배상책임을 진다. 따라서 집행임원설치회사인 경우에는 제408조의9, 제408조의8에 의하여 책임을 지고, 집행임원설치회사가 아닌 경우에는 제401조의2에 의하여 책임을 지게 된다.

5) 집행임원의 책임 감면·제한

(가) 주주 전원의 동의에 의한 면제    이사의 책임감면에 관한 제400조는 집행임원에게 준용된다(408조의9). 따라서 집행임원의 회사에 대한 손해배상책임은 주주전원의 동의에 의하여 면제될 수 있다(400조①).592) 이사의 책임감면과 마찬가지로

---

591) 이사회에서의 의결권 행사는 이사의 본래의 직무이므로 부당한 의안에 찬성한 이사는 스스로 임무해태에 관한 책임을 지는 것이다. 따라서 상법 제399조 제2항은 이사회 결의에 참여한 이사의 책임을 주의적으로 규정하는 동시에, 한편으로는 결의의 집행과정에서 법령·정관 위반 또는 임무해태가 있는 경우에는 그 집행에 관여한 이사만 책임을 진다는 취지로 볼 수 있다.

592) 미국 대부분의 주회사법상 이사의 책임감면규정이 임원에게는 적용되지 않는다. 임원은 이사보다 더 높은 수준의 주의의무와 신인의무를 부담하기 때문이다. 따라서 2011년 개정상법상 집행임원의 책임제한은 문제의 소지가 있다는 견해도 있다[김태진, "개정 상법 하의 집행임원제 운용을 위한 법적 검토", 상사법연구 제30권 제2호, 한국상사법학회(2011), 343면]. 그러나 집행임원은 사실상 기존 업무담당이사의 대체기구로서 도입되어 회사의 일상적인 업무집행을 전담하며, 이사회가 수권한 사항을 처리하는 주체로서 그 책임 또한 매우 무겁다. 따라서 집행임원이 회사의 장기적인 발전을 위하여 보다 적극적·능동적으로 업무를 집행하도록 하기 위해서는 회사에 대한 책임을 감면해 줄 현실적인 필요성이 있다는 견해가 있다(정준우, 전게논문, 473면). 다만, 후자의 견해에서도 경영판단의 원칙이란 이사가 객관적인 정보와 합리적

이때 주주 전원의 동의는 묵시적 의사표시의 방법으로도 할 수 있고, 반드시 명시적, 적극적으로 이루어질 필요는 없으며,593) 결의의 형식을 거치지 않고 주주들이 개별적으로 동의하였더라도 주주 전원이 동의하면 된다. 정관에 의한 책임제한의 예외사유(400조② 단서)가 있는 경우에도 주주 전원이 동의하면 책임이 면제된다.

(나) 책임제한　회사는 정관에서 정하는 바에 따라 집행임원의 회사에 대한 손해배상책임을, 집행임원이 불법행위를 한 날 이전 최근 1년간의 보수액(상여금 및 주식매수선택권의 행사로 인한 이익 등을 포함)의 6배를 초과하는 금액에 대하여 면제할 수 있다(400조②).594) 집행임원이 고의 또는 중대한 과실로 손해를 발생시킨 경우와, 제397조(경업금지), 제397조의2(회사의 기회 및 자산의 유용금지) 및 제398조(집행임원과 회사 간의 거래)에 해당하는 경우에는 책임제한규정이 적용되지 않는다(400조② 단서).

(다) 상법 제450조의 준용 여부　정기총회에서 재무제표의 승인을 한 후 2년 내에 다른 결의가 없으면 회사는 이사와 감사의 책임을 해제한 것으로 본다는 제450조는 집행임원에게는 준용되지 않는다.

## ⑽ 준용규정

집행임원은 업무집행을 한다는 점에서 집행임원에 대하여는 상법상 이사에 관한 규정이 준용된다. 즉, 집행임원에 대하여는 앞에서 본 규정 외에도 제402조(이사의 위법행위 유지청구권),595) 제403조부터 제408조까지(주주의 대표소송, 대표소송과 소송

---

인 판단에 근거하여 이성적인 의사결정을 하였다면 비록 그 결과 회사에 치명적인 문제를 야기하였더라도 당해 이사에게는 책임을 물을 수 없다는 것이다. 따라서 만약 이 원칙을 집행임원에게 그대로 적용한다면 소유와 경영의 분리가 아닌 소유와 경영의 집중화가 심화된 우리나라의 기업현실에서 오히려 도덕적 해이 내지는 면책수단으로의 활용 등과 같은 부정적인 결과를 초래할 가능성이 매우 크다는 이유로, 집행임원의 책임에 대해서는 경영판단의 원칙을 적용하지 않는 것이 바람직하다고 본다.
593) 대법원 2002. 6. 14. 선고 2002다11441 판결.
594) 책임제한기준에 있어서 사내이사와 사외이사의 기준이 다른데, 집행임원은 대표이사에 갈음하여 설치되는 기관이므로 사내이사의 책임제한기준을 적용하여야 할 것이다.
595) 제402조는 이사가 법령 또는 정관에 위반한 행위를 하여 이로 인하여 회사에 회복할 수 없는 손해가 생길 염려가 있는 경우에는 감사 또는 발행주식총수의 1% 이상에 해당하는 주식을 가진 주주는 회사를 위하여 이사에 대하여 그 행위를 유지할 것을 청구할 수 있다고 규정한다. 그런데 감사위원회를 의무적으로 설치해야 하는 자산총액 2조원 이상인 상장회사 등과 같은 경우에는 감사가 없으므로, 제408조의9에서 집행임원에게 제402조를 준용함에 있어서는 상법 제415조의2 제7항처럼 감사위원회를 설치한 회사의 경우에는 "감사"를 "감사위원회의 위원"으로 본다는 보완규정을 두는 것이 바람직하다(同旨: 정준우, 전게논문, 475면).

참가·소송고지, 제소주주의 권리의무, 대표소송과 재심의 소, 다중대표소송, 직무집행정지·직무대행자 선임, 직무대행자의 권한)의 규정이 준용된다(408조의9).[596]

### (11) 집행임원의 등기

집행임원 및 대표집행임원은 이사·감사와 같이 등기사항이므로, 성명과 주민등록번호(대표집행임원은 주소도 포함) 등을 등기하여야 하고, 둘 이상의 대표집행임원이 공동으로 회사를 대표할 것을 정한 경우에는 공동집행임원도 등기사항이다(317조②8·10).[597]

## Ⅲ. 이사의 의무와 책임

### 1. 이사의 의무

#### (1) 총    설

이사는 선관주의의무 및 충실의무를 부담하는데, 나아가 구체적으로 감시의무, 보고의무, 비밀유지의무, 경업금지의무, 회사기회 유용금지의무, 자기거래 금지의무 등을 부담한다. 이사의 감시의무, 보고의무, 비밀유지의무 등은 선관주의의무의 내용이고, 경업금지의무, 회사기회 유용금지의무, 자기거래 금지의무 등은 충실의무의 내용이다.

#### (2) 선관주의의무와 충실의무

##### 1) 선관주의의무(duty of care)

회사와 이사 간에는 위임에 관한 민법 제681조가 준용되므로(382조②) 이사는

---

596) 일본 회사법은 집행임원에게 회사법상 각종 소를 제기할 권한을 부여하나, 상법은 집행임원의 제소권을 명문으로 규정하거나 이사의 제소권을 준용하는 규정을 두지 아니하므로 제소권은 인정되지 않는다.

597) 집행임원이 많은 대규모회사의 경우 등기업무와 등기비용이 부담되므로 등기대상의 범위를 시행령 등에 의하여 조정하거나 등기 이의 다른 공시로 대체할 수 있도록 하는 방안을 강구할 필요가 있다. 이와 관련하여 집행임원을 등기사항으로 규정함으로써, 등기를 회피하기 위하여 본부장 등과 같은 직위를 활용할 수 있으므로 대표집행임원만 등기사항으로 하는 것이 타당하다는 견해도 있다[김교창, "2011 개정상법상의 집행임원제도", 상장 Vol. 436(2011. 4), 5면; 정준우, 전게논문, 466면].

회사에 대해 선량한 관리자의 주의로써 사무를 처리할 의무를 진다.598)599)

선량한 관리자의 의무를 줄인 선관주의의무(duty of care)라는 용어가 종래부터 사용되어 왔는데, 선관의무 또는 주의의무라는 용어도 사용되고 있다.

선관주의의무는 객관적 기준(objective standard)에 의하여 같은 지위에 있는 합리적인 사람을 기준으로 판단하므로, 당해 이사 개인의 능력이나 주관적 사정은 참작되지 않는다. 따라서 이사가 다른 사람보다 낮은 지적수준이나 업무능력을 가지는 경우에도 이러한 점은 고려되지 않고 통상의 신중한 자를 기준으로 하는 선관주의의무가 요구된다.600)

상법상 이사는 사내이사, 사외이사, 그 밖에 상무에 종사하지 아니하는 이사로 구분하여 등기하는데(317조②8), 무보수명예직인 명목상의 이사를 포함하여 모든 이사가 선관주의의무를 부담한다.

## 2) 충실의무(duty of loyalty)

1998년 상법개정시 신설된 제382조의3은 "충실의무"라는 제목 하에 "이사는 법령과 정관의 규정에 따라 회사를 위하여 그 직무를 충실하게 수행하여야 한다."라고 규정한다.601) 이사의 충실의무 위배를 인정한 사례로서, "회사를 대표하여 피고를 상대로 단기매매차익금반환 소송을 제기하고 또 제1심에서 승소하고도 그 항

---

598) [대법원 2002. 3. 15. 선고 2000다9086 판결][손해배상(기)] "금융기관인 은행은 주식회사로 운영되기는 하지만, 이윤추구만을 목표로 하는 영리법인인 일반의 주식회사와는 달리 예금자의 재산을 보호하고 신용질서 유지와 자금중개 기능의 효율성 유지를 통하여 금융시장의 안정 및 국민경제의 발전에 이바지해야 하는 공공적 역할을 담당하는 위치에 있는 것이기에, 은행의 그러한 업무의 집행에 임하는 이사는 일반의 주식회사 이사의 선관의무에서 더 나아가 은행의 그 공공적 성격에 걸맞은 내용의 선관의무까지 다할 것이 요구된다 할 것이고, 따라서 금융기관의 이사가 위와 같은 선량한 관리자의 주의의무에 위반하여 자신의 임무를 해태하였는지의 여부는 그 대출결정에 통상의 대출담당임원으로서 간과해서는 안 될 잘못이 있는지의 여부를 금융기관으로서의 공공적 역할의 관점에서 대출의 조건과 내용, 규모, 변제계획, 담보의 유무와 내용, 채무자의 재산 및 경영상황, 성장가능성 등 여러 가지 사항에 비추어 종합적으로 판정해야 한다."

599) 따라서 회사로부터 명시적·묵시적으로 위임받지 아니한 업무(개인적인 업무)에 관하여는 선관주의의무를 부담하지 않고, 경우에 따라서는 충실의무를 부담할 수 있다(권기범, 770면).

600) 미국에서도 제정법상 규정인 "통상의 신중한 자가 유사한 상황에서(an ordinary prudent person under similar circumstances) 행사하는 것과 같은 주의"와 "동일한 지위에 있는 자(a person in a like position)" 등은 모두 주의의무 판단에 관한 객관적 기준을 의미한다. 즉, 이사 본인이 어떻게 행위하여야 할 것인지 믿었는지가 아니라, 유사한 상황에서 다른 합리적인 사람은 어떻게 행위하였을 것인지가 주의의무 판단의 기준이 되는 것이다.

601) 일본 회사법은 "충실의무"라는 제목 하에 "이사는 법령, 정관 및 주주총회 결의를 준수하고, 주식회사를 위하여 충실하게 직무를 행하여야 한다."라고 규정함으로써(日会 355조), 법령, 정관의 준수 외에 주주총회 결의 준수의무도 명시적으로 규정한다.

소심판결 선고 직전에 피고와 사이에 회사에 아무런 이득없이 일방적으로 그 반환채무를 면제하는 취지의 약정을 한 것은 상법 제382조의3이 규정하고 있는 이사의 충실의무에 위배되는 행위이다."라는 판례가 있다.602)

### 3) 선관주의의무와 충실의무의 관계

선관주의의무는 대륙법계의 위임관계에 기한 의무이고, 충실의무는 영미법계의 신인의무에 기한 의무인데, 양자의 관계에 대하여 견해가 대립한다. 영미법상 신인의무는 선관주의의무(duty of care), 충실의무(duty of loyalty)로 분류되고, 충실의무는 매우 광범위한 내용을 포함한다.

양자의 관계에 대하여, 양자는 본질적으로 같은 것이고, 충실의무규정은 선관주의의무를 구체화한 것이거나 선관주의의무를 다시 강조한 선언적 의무라는 "동질설"과603) 충실의무는 선관주의의무와 다른 것으로 보는 "이질설"이 있다.604)

이질설에 의하면, 충실의무에 따라 이사는 회사와의 이익충돌시 항상 회사의 이익을 우선적으로 고려해야 하고, 선관주의의무와 달리 그 위반에 고의·과실이 필요하지 않고, 위반에 대한 책임범위도 회사에 대한 손해배상에 그치지 않고 이사가 얻은 이득도 반환하여야 한다. 사견으로는, 선관주의의무와 충실의무는 분류상의 차이일 뿐 실질상의 차이는 없다고 본다.

판례는 "이사의 직무상 충실 및 선관의무",605) "선량한 관리자로서의 주의의무 내지 충실의무"606) 등과 같이 판시함으로써 기본적으로는 양자를 구별하지 않는 입장이다.607) 다만 근래의 일부 판례는 충실의무의 독자적인 의미를 설시하기도 한다.608)

---

602) 대법원 2016. 8. 24. 선고 2016다222453 판결(나아가, "대표이사의 대표권 남용행위에 해당하는 경우 행위의 상대방이 그와 같은 정을 알았던 경우에는 그로 인하여 취득한 권리를 회사에 대하여 주장하는 것이 신의칙에 반하므로 회사는 상대방의 악의를 입증하여 행위의 효과를 부인할 수 있다."라는 판례이다).

603) 송옥렬, 1034면, 이철송, 734면; 정찬형, 990면.

604) 정동윤, 432면; 유영일, "이사의 충실의무(상법 제382조의3)의 재검토", 상사판례연구 제23집 제1권, 한국상사판례학회(2010), 520면.

605) [대법원 1985. 11. 12. 선고 84다카2490 판결]【손해배상】"… 따라서 고의 또는 중대한 과실로 인한 임무 해태행위라 함은 이사의 직무상 충실 및 선관의무위반의 행위로서 …."

606) 대법원 2002. 6. 14. 선고 2001다52407 판결, 대법원 2011. 10. 13. 선고 2009다80521 판결.

607) 일본에서는 동질설이 최고재판소 판례 및 다수설의 입장이다.

608) [대법원 2016. 1. 28. 선고 2014다11888 판결] "회사에 대한 경영권 상실 등으로 퇴직을 앞둔 이사가 회사에서 최대한 많은 보수를 받기 위하여 그에 동조하는 다른 이사와 함께 이사의 직무내용, 회사의 재무상황이나 영업실적 등에 비추어 지나치게 과다하여 합리적 수준을 현저히 벗어나는 보수 지급 기준을 마련하고 지위를 이용하여 주주총회에 영향력을 행사함으로써 소

### 4) 계열회사

기업집단을 구성하는 개별 계열회사의 이사는 기업집단이나 다른 계열회사와 관련된 직무를 수행할 때에도 선관주의의무와 충실의무를 부담한다.

소속 회사가 법령에 위반됨이 없이 동일한 기업집단에 속한 계열회사 주식을 취득하거나 제3자가 계열회사 주식을 취득하게 하는 계약을 체결하는 경우, 이사는 소속 회사의 입장에서 주식 취득의 목적이나 계약 내용에 따라 필요한 사항을 검토하고 필요한 조치를 하여야 한다.609)

---

수주주의 반대에 불구하고 이에 관한 주주총회 결의가 성립되도록 하였다면, 이는 회사를 위하여 직무를 충실하게 수행하여야 하는 상법 제382조의3에서 정한 의무를 위반하여 회사재산의 부당한 유출을 야기함으로써 회사와 주주의 이익을 침해하는 것으로서 회사에 대한 배임행위에 해당하므로, 주주총회 결의를 거쳤다 하더라도 그러한 위법행위가 유효하다 할 수는 없다."
[대법원 2016. 8. 24. 선고 2016다222453 판결] "소외인이 이 사건 회사를 대표하여 피고를 상대로 단기매매차익금반환 소송을 제기하고 또 제1심에서 승소하고도 그 항소심판결 선고 직전에 피고와 사이에 이 사건 회사에 아무런 이득없이 일방적으로 그 반환채무를 면제하는 취지의 약정을 한 것은 상법 제382조의3이 규정하고 있는 이사의 충실의무에 위배되는 행위이다."
609) [대법원 2023. 3. 30. 선고 2019다280481 판결] "① 계열회사가 실시하는 유상증자에 참여하여 그 발행 신주를 인수하는 경우, 이사는 계열회사의 소속 회사 영업에 대한 기여도, 유상증자 참여가 소속 회사에 미치는 재정적 부담의 정도, 계열회사의 재무상태 및 경영상황, 유상증자 참여로 소속 회사가 얻을 수 있는 영업상 또는 영업 외의 이익, 유상증자에 참여하는 경우와 그렇지 않은 경우 계열회사에 미치는 영향 및 그로 인하여 소속 회사에 예상되는 이익 및 불이익의 정도 등을 객관적 자료를 바탕으로 구체적으로 검토하여야 한다. ② 순환출자구조를 가진 기업집단에 속한 소속 회사가 자신이 이미 지배하고 있는 계열회사에 대하여 적대적 M&A가 시도되거나 시도될 우려가 있는 상황에서 이를 저지하기 위해 계열회사 주식을 추가로 취득하는 경우, 소속 회사의 계열회사에 대한 경영권이 방어되는 한편 이를 통해 기업집단이 유지되면서 지배주주의 소속 회사나 기업집단에 대한 지배권도 전과 같이 유지되게된다. 이 경우 이사는 소속 회사와 계열회사 사이의 영업적·재무적 관련성 유무와 정도, 소속 회사의 계열회사에 대한 경영권 유지와 상실에 따른 이익과 불이익의 정도, 기업집단의 변경이나 지배주주의 지배권 상실에 따른 소속 회사의 사업지속 가능성, 소속 회사의 재무상황과 사업계획을 고려한 주식취득 비용의 적정성 등을 객관적 자료를 바탕으로 구체적으로 검토하여야 한다. ③ 회사가 위 ①, ②와 같은 목적을 위하여 제3자와 계열회사 주식을 기초자산으로 하는 파생상품계약을 체결하여 제3자로 하여금 계약 기간 동안 계열회사 주식을 보유하게 하는 경우, 이사는 계약 방식에 따르는 고유한 위험으로서 기초자산인 계열회사 주가 변동에 따른 손실 가능성 및 규모, 소속 회사의 부담능력 등을 객관적·합리적으로 검토하고, 그에 따라 파생상품계약의 규모나 내용을 적절하게 조정하여 소속 회사가 부담하는 비용이나 위험을 최소화하도록 조치하여야 한다."

### (3) 감시의무

#### 1) 의   의

이사의 선관주의의무에는 감시의무(duty to monitor)도 포함된다. 상법은 이사의 감시의무를 적극적으로 규정하지 않지만, 이사회의 감독권(393조②)은 이사의 감시의무를 포함하는 개념으로 이해된다. 따라서 상법상 명문의 규정은 없지만 이사는 다른 이사의 업무집행을 감시할 의무가 있고,[610] 특히 회사의 통상의 업무는 집행임원이 수행하므로 이사의 감시기능이 중요하다. 이사의 감시의무의 구체적인 내용은 회사의 규모나 조직, 업종, 법령의 규제, 영업상황 및 재무상태에 따라 크게 다를 수 있다.[611] 감시의무를 이행하기 위하여 이사의 조사의무가 어느 범위까지 인정되는지에 관하여는 명문의 규정이 없어서 논란의 여지가 있다.[612]

#### 2) 이사회의 감독권과의 비교

이사회는 이사의 직무의 집행을 감독한다(393조②). 이사회의 이사직무집행에 대한 감독권은 이사가 이사회의 구성원으로서 이사회 결의로써 하는 것이고, 개별이사의 감시권과는 다른 것이다. 이사의 감시권은 직접적인 시정권이 아니라 이사 상호간의 위법, 부당함을 발견하여 감독, 감사기관이 시정하도록 하는 것(이사회의 소집, 감사에 대한 제보 등)이다.

#### 3) 감시의무자와 감시대상

(가) 대표이사    대표이사는 회사의 영업에 관하여 재판상 또는 재판 외의 모든 행위를 할 권한이 있으므로, 모든 직원의 직무집행을 감시할 의무를 부담함은 물론, 이사회의 구성원으로서 다른 대표이사를 비롯한 업무담당이사의 전반적인 업무집행을 감시할 권한과 책임이 있다.[613] 공동대표이사는 각 대표이사 간에 상호감

---

610) [대법원 2021. 11. 11. 선고 2017다222368 판결] "주식회사의 이사는 담당업무는 물론 다른 업무담당이사의 업무집행을 감시할 의무가 있으므로 스스로 법령을 준수해야 할 뿐 아니라 다른 업무담당이사들도 법령을 준수하여 업무를 수행하도록 감시·감독하여야 할 의무를 부담한다."

611) 대법원 2022. 5. 12. 선고 2021다279347 판결.

612) 미국에서는 이사는 감시의무를 이행하기 위하여 조사의무(duty to inquire)도 인정한다[MBCA §8.31(a)(2)(iv)]. 조사의무는 넓은 의미의 감시의무에 포함되는 것으로서, 감사나 기타의 기회에 취득한 정보에 의하여 다시 합리적인 조사를 할 의무이다. MBCA §8.31(a)(2)(iv)와 ALI PCG §4.01(a)(1)은 감시의무 및 조사의무에 관하여 명시적으로 규정한다. 감시의무와 조사의무는 회사의 사업활동을 합리적으로 감시할 의무에 그치지 않고, 감시결과에 따라 필요한 합리적인 시정조치를 취하여야 할 의무도 포함한다.

613) [대법원 2021. 11. 11. 선고 2017다222368 판결] "특히 대표이사는 회사의 영업에 관하여 재

시의무가 있다.

(나) 이  사   이사는 대표이사나 다른 이사가 선량한 관리자의 주의로써 직무를 수행하는지, 법령과 정관의 규정에 따라 회사를 위하여 직무를 충실하게 수행하는지를 감시·감독하여야 할 의무를 부담한다. 특정 이사가 대표이사나 다른 이사의 업무집행으로 인해 이익을 얻게 될 가능성이 있는 경우에도 그 이사는 이러한 감시·감독의무를 부담한다.[614]

또한 이사는 필요한 경우 이사회를 소집하거나 소집을 요구하여 이사회 참석 및 이사회에서의 의결권 행사를 통해 대표이사 및 다른 이사들의 업무집행을 감시·감독할 의무가 있다.[615] 이러한 의무는 사외이사라거나 비상근이사라고 하여 달리 볼 것이 아니다.[616] 명목상의 이사도 선관주의의무를 부담하는 이상 감시의무도 부담한다.[617]

---

판상 또는 재판 외의 모든 행위를 할 권한이 있으므로(상법 제389조 제3항, 제209조 제1항), 모든 직원의 직무집행을 감시할 의무를 부담함은 물론, 이사회의 구성원으로서 다른 대표이사를 비롯한 업무담당이사의 전반적인 업무집행을 감시할 권한과 책임이 있다. 따라서 다른 대표이사나 업무담당이사의 업무집행이 위법하다고 의심할 만한 사유가 있음에도 고의 또는 과실로 인하여 감시의무를 위반하여 이를 방치한 때에는 이로 말미암아 회사가 입은 손해에 대하여 상법 제399조 제1항에 따른 배상책임을 진다"(同旨: 대법원 2008. 9. 11. 선고 2006다68636 판결, 대법원 2004. 12. 10. 선고 2002다60467, 60474 판결).

614) 대법원 2023. 3. 30. 선고 2019다280481 판결.
615) 대법원 2021. 11. 11. 선고 2017다222368 판결, 대법원 2022. 5. 12. 선고 2021다279347 판결.
616) 대법원 2022. 5. 12. 선고 2021다279347 판결【주주대표소송(손해배상)】 "주식회사의 이사는 이사회의 일원으로서 이사회에 상정된 의안에 대하여 찬부의 의사표시를 하는 데에 그치지 않고, 담당업무는 물론 다른 업무담당이사의 업무집행을 전반적으로 감시할 의무가 있으므로, 주식회사의 이사가 다른 업무담당이사의 업무집행이 위법하다고 의심할 만한 사유 주식회사의 이사는 담당업무는 물론 대표이사나 업무담당이사의 업무집행을 감시할 의무가 있으므로 스스로 법령을 준수해야 할 뿐 아니라 대표이사나 다른 업무담당이사도 법령을 준수하여 업무를 수행하도록 감시·감독하여야 할 의무를 부담한다. 이러한 감시·감독 의무는 사외이사 등 회사의 상무에 종사하지 않는 이사라고 하여 달리 볼 것이 아니다. 따라서 주식회사의 이사가 대표이사나 업무담당이사의 업무집행이 위법하다고 의심할 만한 사유가 있음에도 고의 또는 과실로 인하여 감시의무를 위반하여 이를 방치한 때에는 이로 말미암아 회사가 입은 손해에 대하여 상법 제399조 제1항에 따른 배상책임을 진다"(同旨: 대법원 2007. 9. 20. 선고 2007다25865 판결, 대법원 2006. 7. 6. 선고 2004다8272 판결, 대법원 2004. 12. 10. 선고 2002다60467, 60474 판결).
617) 일본 최고재판소도 회사에 상근하지 않고 경영에 깊이 관여하지 않는 조건으로 선임된 소위 명목상의 이사에 대하여도 원칙적으로 감시의무 위반에 대한 책임을 인정한다(最判昭和55·3·18 判例時報971-101). 그러나 구체적인 사안에 있어서는 이사회가 전혀 개최되지 않는 경우 회사 업무에 관여하지 않는 명목상의 이사라는 이유로 감시의무를 부담하지 않는다고 판시한 하급심 판례들도 있다.

**(다) 사외이사·기타비상무이사**

**가) 이사회 부의사항에 대한 감시의무**        사외이사·기타비상무이사는 이사회에 부의된 사항에 대한 감시의무(수동적·소극적 감시의무)를 당연히 부담한다. 이사는 이사회의 일원으로서 이사회에 상정된 안건에 관해 찬부의 의사표시를 하는 데 그치지 않고, 이사회 참석 및 이사회에서의 의결권 행사를 통해 대표이사 및 다른 이사들의 업무집행을 감시·감독할 의무가 있다. 이러한 의무는 사외이사라거나 비상근이사라고 하여 달리 볼 것이 아니다.618)

**나) 적극적 감시의무**        회사에 상근하지 않는 사외이사·기타비상무이사도 이사회에 부의되지 아니한 업무 전반에 관한 일반적 감시의무(능동적·적극적 감시의무)를 부담하는지에 관하여, i) 대표이사나 업무집행이사와 달리 회사업무 전반에 관한 상시적인 감시의무는 없다는 해석, ii) 적극적으로 업무집행상황을 파악하여야 하므로 위법, 부당한 업무집행을 몰랐다는 사실 자체가 이사의 과실이므로 책임발생원인이 된다는 해석, iii) 내부통제시스템이 전혀 구축되어 있지 않는데도 내부통제시스템 구축을 촉구하는 등의 노력을 하지 않거나 내부통제시스템이 구축되어 있더라도 제대로 운영되고 있지 않다고 의심할 만한 사유가 있는데도 이를 외면하고 방치하는 등의 경우에 감시의무 위반으로 인정될 수 있다는 해석 등이 있는데, iii)과 같이 해석하는 것이 통설이고 판례도 같은 입장이다.619)

---

618) [대법원 2019. 11. 28. 선고 2017다244115 판결] "주식회사의 이사는 선량한 관리자의 주의로써 대표이사 및 다른 이사들의 업무집행을 전반적으로 감시할 권한과 책임이 있고, 주식회사의 이사회는 중요한 자산의 처분 및 양도, 대규모 재산의 차입 등 회사의 업무집행사항에 관한 일체의 결정권을 갖는 한편, 이사의 직무집행을 감독할 권한이 있다. 따라서 이사는 이사회의 일원으로서 이사회에 상정된 안건에 관해 찬부의 의사표시를 하는 데 그치지 않고, 이사회 참석 및 이사회에서의 의결권 행사를 통해 대표이사 및 다른 이사들의 업무집행을 감시·감독할 의무가 있다. 이러한 의무는 사외이사라거나 비상근이사라고 하여 달리 볼 것이 아니다."

619) [대법원 2022. 5. 12. 선고 2021다279347 판결]【주주대표소송(손해배상)】 "회사의 업무집행을 담당하지 않는 사외이사 등은 내부통제시스템이 전혀 구축되어 있지 않는데도 내부통제시스템 구축을 촉구하는 등의 노력을 하지 않거나 내부통제시스템이 구축되어 있더라도 제대로 운영되고 있지 않다고 의심할 만한 사유가 있는데도 이를 외면하고 방치하는 등의 경우에 감시의무 위반으로 인정될 수 있다"(同旨: 대법원 2007. 9. 20. 선고 2007다25865 판결, 대법원 2006. 7. 6. 선고 2004다8272 판결, 대법원 2004. 12. 10. 선고 2002다60467, 60474 판결).

[대법원 2019. 11. 28. 선고 2017다244115 판결] (의심할 만한 사유가 있음에도 불구하고 이를 방치한 사례) "丁 등이 재직하는 기간 동안 한 번도 이사회 소집통지가 이루어지지 않았고 실제로도 이사회가 개최된 적이 없는데도, 甲 회사는 이사회를 통해 주주총회 소집, 재무제표 승인을 비롯하여 위 유상증자 안건까지 결의한 것으로 이사회 회의록을 작성하고, 그 내용을 계속하여 공시하였는데, 이사회에 참석한 바 없어 그 내용이 허위임을 알았거나 알 수 있었던

4) 내부통제시스템 구축의무

대법원은 대규모 회사 대표이사의 감시의무에 관하여, "이사의 감시의무의 구체적인 내용은 회사의 규모나 조직, 업종, 법령의 규제, 영업상황 및 재무상태에 따라 크게 다를 수 있는데, 고도로 분업화되고 전문화된 대규모 회사에서 대표이사 및 업무담당이사들이 내부적인 사무분장에 따라 각자의 전문 분야를 전담하여 처리하는 것이 불가피한 경우라 할지라도 그러한 사정만으로 다른 이사들의 업무집행에 관한 감시의무를 면할 수는 없다. 그러한 경우 합리적인 정보 및 보고시스템과 내부통제시스템을 구축하고 그것이 제대로 작동되도록 하기 위한 노력을 전혀 하지 않거나 위와 같은 시스템이 구축되었다 하더라도 회사 업무 전반에 대한 감시·감독의무를 이행하는 것을 의도적으로 외면한 결과 다른 이사의 위법하거나 부적절한 업무집행 등 이사들의 주의를 요하는 위험이나 문제점을 알지 못하였다면, 이사의 감시의무 위반으로 인한 손해배상책임을 진다."라고 판시한 바 있다.620)

나아가 사외이사의 감시의무와 관련하여 "합리적인 정보 및 보고시스템과 내부통제시스템을 구축하고 그것이 제대로 작동하도록 배려할 의무가 이사회를 구성하는 이사들에게 주어진다. 따라서 이사가 위와 같은 시스템을 구축하려는 노력을 전혀 하지 않거나 그것이 구축되었다 하더라도 이를 이용한 회사의 업무집행에 대한 감시·감독을 의도적으로 외면한 결과 다른 이사 또는 피용자의 위법하거나 부적절한 업무집행 등 이사들이 주의를 요하는 위험이나 문제점을 알지 못한 경우라면, 다른 이사 또는 피용자의 위법하거나 부적절한 업무집행을 구체적으로 알지 못하였다는 이유만으로 책임을 면할 수는 없고, 위와 같이 지속적이거나 조직적인 감

丁 등이 한 번도 그 점에 대해 의문을 제기하지 않은 점, 유상증자대금이 甲 회사의 자산과 매출액 등에 비추어 볼 때 규모가 매우 큰데도 丁 등이 위와 같은 대규모 유상증자가 어떻게 결의되었는지, 결의 이후 대금이 어떻게 사용되었는지 등에 관하여 전혀 관심을 기울이지 않았고…."

620) [대법원 2021. 11. 11. 선고 2017다222368 판결] "이러한 내부통제시스템은 비단 회계의 부정을 방지하기 위한 회계관리제도에 국한되는 것이 아니라, 회사가 사업운영상 준수해야 하는 제반 법규를 체계적으로 파악하여 그 준수 여부를 관리하고, 위반사실을 발견한 경우 즉시 신고 또는 보고하여 시정조치를 강구할 수 있는 형태로 구현되어야 한다. 특히 회사 업무의 전반을 총괄하여 다른 이사의 업무집행을 감시·감독하여야 할 지위에 있는 대표이사가 회사의 목적이나, 규모, 영업의 성격 및 법령의 규제 등에 비추어 높은 법적 위험이 예상되는 경우임에도 이와 관련된 내부통제시스템을 구축하고 그것이 제대로 작동되도록 하기 위한 노력을 전혀 하지 않거나 위와 같은 시스템을 통한 감시·감독의무의 이행을 의도적으로 외면한 결과 다른 이사 등의 위법한 업무집행을 방지하지 못하였다면, 이는 대표이사로서 회사 업무 전반에 대한 감시의무를 게을리한 것이라고 할 수 있다"(同旨: 대법원 2008. 9. 11. 선고 2006다68636 판결).

시 소홀의 결과로 발생한 다른 이사나 피용자의 위법한 업무집행으로 인한 손해를
배상할 책임이 있다"고 판시한 하급심 판례도 있다.621)

　5) 위반의 효과

　이사가 감시의무에 위반하면 임무해태에 해당하여 회사에 대하여 상법 제399
조 제1항에 따라 회사에 대한 손해배상책임을 진다.

　이사가 법령 또는 정관에 위반한 행위를 하거나 임무를 게을리함으로써 회사
에 대하여 손해를 배상할 책임이 있는 경우에 손해배상의 범위를 정할 때에는, 해
당 사업의 내용과 성격, 해당 이사의 임무 위반의 경위 및 임무 위반행위의 태양,
회사의 손해 발생 및 확대에 관여된 객관적인 사정이나 그 정도, 평소 이사의 회사
에 대한 공헌도, 임무 위반행위로 인한 해당 이사의 이득 유무, 회사의 조직체계의
흠결 유무나 위험관리체제의 구축 여부 등 제반 사정을 참작하여 손해분담의 공평
이라는 손해배상제도의 이념에 비추어 손해배상액을 제한할 수 있다.622)

　한편, 감시의무의 개념상 고의, 중과실을 인정하기 어려우므로 이사가 감시의
무 위반으로 제401조 제1항에 따라 제3자에 대한 손해배상책임을 지는 경우는 드
물 것이다.

---

621)  [서울고등법원 2021. 9. 3. 선고 2020나2034989 판결]【주주대표소송(손해배상)】"주식회사의
　　이사는 이사회의 일원으로서 이사회에 상정된 의안에 대하여 찬부의 의사표시를 하는 데에
　　그치지 않고 담당업무는 물론 대표이사를 비롯한 다른 업무담당이사의 업무집행을 전반적으
　　로 감시할 의무가 있고, 대표이사나 다른 업무담당이사의 업무집행이 위법하다고 의심할 만한
　　사유가 있음에도 고의 또는 과실로 인하여 감시의무를 위반하여 이를 방치한 때에는 그로 말
　　미암아 회사가 입은 손해를 배상할 책임이 있다. 또한, 주식회사의 업무는 대표이사·업무담당
　　이사의 지휘 하에 분업적, 조직적으로 이루어지므로, 이사의 감시의무는 이사가 직접 집행하
　　는 업무에만 한정되는 것이 아니라 회사의 업무집행 전반에 미치고, 따라서 피용자가 집행하
　　는 업무도 감시의무의 대상이 된다. 한편, 주식회사의 이사가 부담하는 감시의무의 구체적인
　　내용은 회사의 규모나 조직, 업종, 법령의 규제, 영업상황 및 재무상태에 따라 크게 다를 수
　　있는데, 고도로 분업화되고 전문화된 대규모의 회사에서 대표이사 및 업무담당이사, 그 외의
　　피용자가 내부적인 사무분장에 따라 각자의 전문 분야를 전담하여 처리하는 것이 불가피한
　　경우라 할지라도 그러한 사정만으로 이사의 감시의무가 면제된다고 볼 수는 없고, 그 경우 무
　　엇보다 합리적인 정보 및 보고시스템과 내부통제시스템을 구축하고 그것이 제대로 작동하도
　　록 배려할 의무가 이사회를 구성하는 이사들에게 주어진다. 따라서 이사가 위와 같은 시스템
　　을 구축하려는 노력을 전혀 하지 않거나 그것이 구축되었다 하더라도 이를 이용한 회사의 업
　　무집행에 대한 감시·감독을 의도적으로 외면한 결과 다른 이사 또는 피용자의 위법하거나 부
　　적절한 업무집행 등 이사들이 주의를 요하는 위험이나 문제점을 알지 못한 경우라면, 다른 이
　　사 또는 피용자의 위법하거나 부적절한 업무집행을 구체적으로 알지 못하였다는 이유만으로
　　책임을 면할 수는 없고, 위와 같이 지속적이거나 조직적인 감시 소홀의 결과로 발생한 다른
　　이사나 피용자의 위법한 업무집행으로 인한 손해를 배상할 책임이 있다고 보아야 한다."
622)  대법원 2023. 3. 30. 선고 2019다280481 판결.

### (4) 보고의무

이사는 대표이사로 하여금 다른 이사 또는 피용자의 업무에 관하여 이사회에 보고할 것을 요구할 수 있고(393조③), 3개월에 1회 이상 업무의 집행상황을 이사회에 보고하여야 한다(393조④). 다만, 집행임원설치회사의 경우에는 집행임원이 3개월에 1회 이상 업무의 집행상황을 이사회에 보고하여야 하고(408조의6①), 이사회의 구성원인 이사는 이러한 보고의무가 없는 것으로 해석한다. 따라서 이사회는 적어도 3개월에 1회 개최되어야 한다.

### (5) 이사회출석의무

이사는 이사회에 출석하여 의결권을 행사할 의무를 진다. 다만, 단순한 불출석은 임무해태가 아니고,[623] 정당한 사유 없는 불출석만 임무해태에 해당하여 손해배상책임발생의 원인이 된다. 정당한 사유 없는 불출석이 장기화되면 해임사유로 될 것이다.

### (6) 영업비밀유지의무

이사는 재임중뿐만 아니라 퇴임 후에도 직무상 알게 된 회사의 영업상 비밀을 누설하여서는 아니 된다(382조의4). 퇴임 후에도 비밀유지의무(기업비밀준수의무)를 부담한다는 점에서 대리상의 영업비밀준수의무와 같다.[624]

#### 1) 영업비밀의 의의

공시제도에 의한 공시대상(재무제표 등)은 공시된 후에는 더 이상 영업비밀이 아니다. 회계장부는 소수주주권의 대상이므로 영업비밀에 속한다.[625]

---

623) 수원지방법원 2001. 12. 27. 선고 98가합22553 판결.
624) 2001년 상법개정에 의하여 이사는 퇴임 후에도 비밀유지의무를 부담하게 되었다.
625) [대법원 2004. 9. 23. 선고 2002다60610 판결][손해배상(기)] "부정경쟁방지 및 영업비밀보호에 관한 법률 제2조 제2호의 영업비밀이라 함은 공연히 알려져 있지 아니하고 독립된 경제적 가치를 가지는 것으로서, 상당한 노력에 의하여 비밀로 유지된 생산방법·판매방법 기타 영업활동에 유용한 기술상 또는 경영상의 정보를 말한다 할 것이고, 여기서 공연히 알려져 있지 아니하다고 함은 그 정보가 간행물 등의 매체에 실리는 등 불특정 다수인에게 알려져 있지 않기 때문에 보유자를 통하지 아니하고는 그 정보를 통상 입수할 수 없는 것을 말하고, 보유자가 비밀로서 관리하고 있다고 하더라도 당해 정보의 내용이 이미 일반적으로 알려져 있을 때에는 영업비밀이라고 할 수 없다."

### 2) 비밀유지의무의 분류

이사의 비밀유지의무에는 자신의 공개뿐 아니라 타인에 의한 공개도 방지하여야 할 수비의무(守秘義務)와 자본시장법상의 미공개정보이용행위금지와 같은 비밀이용금지의무가 있다. 수비의무의 범위는 적법한 권리관계와 사실관계이고, 범죄행위나 기타 위법행위는 수비의무의 대상이 아니다. 주주도 제3자와 같이 수비대상이나, 이사 및 감사 간에는 수비의무가 없다.

### (7) 경업금지의무

#### 1) 의    의

이사는 이사회의 승인이 없으면 자기 또는 제3자의 계산으로 회사의 영업부류에 속한 거래를 하거나 동종영업을 목적으로 하는 다른 회사의 무한책임사원이나 이사가 되지 못한다(397조①).626) 이 규정의 취지는 이사가 그 지위를 이용하여 자신의 개인적 이익을 추구함으로써 회사의 이익을 침해할 우려가 큰 경업을 금지하여 이사로 하여금 선량한 관리자의 주의로써 회사를 유효적절하게 운영하여 그 직무를 충실하게 수행하여야 할 의무를 다하도록 하려는 데 있다.627)

경업금지는 금지내용에 따라 거래금지와 겸직금지로 분류된다. 경업금지의무(競業禁止義務)와 경업피지의무(競業避止義務)라는 용어가 문헌에 혼용되고 있는 실정인데, 엄밀하게는 경업금지의무는 경업을 금지시키는 회사 입장에서 본 용어이고, 경업피지의무는 경업을 피하여야 하는 이사 입장에서 본 용어라 할 수 있다.628)

#### 2) 적용대상

경업금지의무의 적용대상은 이사(397조①)와 집행임원(408조의9)이다. 업무집행관여자를 이사로 간주하는 제401조의2 제1항은 "제399조, 제401조, 제403조 및 제

---

626) 일본에서도 이사회비설치회사는 이사가 자기 또는 제3자를 위하여 회사의 사업부류에 속하는 거래를 하려는 경우 주주총회에서 당해 거래에 관한 중요한 사실을 공개하고 보통결의에 의한 승인을 받아야 한다(日会 356조①1). 이사회설치회사는 이사회가 승인기관이고(日会 365조①), 경업거래를 한 이사는 그 거래 후 지체 없이 당해 거래에 관한 중요한 사항을 이사회에 보고하여야 한다(日会 365조②). 일본 회사법은 경업 및 이익상반거래의 제한을 같은 조문에서 규정한다(日会 356조, 365조).

627) 대법원 2018. 10. 25. 선고 2016다16191 판결.

628) 회사가 주체인 경우에는 경업금지가 옳은 표현이고, 사원의 의무라는 관점에서는 경업피지(競業避止)라고 해야 한다는 설명도 있다(이철송, 739면). 상법은 다른 규정에서도 이러한 구별 없이 경업금지라는 용어만을 사용하므로(제41조 영업양도인의 경업금지, 제89조 대리상의 경업금지) 여기서도 경업금지라고만 표현한다.

406조의2를 적용하는 경우에"라고 규정하고 "제397조"는 포함하지 아니하므로 업무집행관여자의 경업은 금지되지 않는다.

3) 금지내용

(가) 거래금지의무    금지되는 거래는 "자기 또는 제3자의 계산으로 하는 회사의 영업부류에 속한 거래"이다.

가) 거    래    규제대상 이사의 "거래"에는 반드시 반복되거나 계속되지 않고 영리성이 있는 한 1회성 거래도 포함된다.

나) 자기 또는 제3자의 계산으로 하는 거래    반드시 이사 자신의 계산으로 하는 거래뿐 아니라 제3자의 계산으로 하는 거래도 금지된다. 제3자의 계산으로 하는 거래에는 이사가 제3자의 위탁을 받아 하는 거래와, 제3자의 대리인으로서 하는 거래가 모두 포함된다. 이사가 별도의 회사를 설립하여 경업거래를 하는 경우에도 본조의 적용대상이다.

상법은 거래당사자의 명의에 관하여는 규정하지 않고 이사회의 승인이 없으면 자기 또는 제3자의 계산으로 하는 거래를 할 수 없다고만 규정하는데, 통설은 이사가 제3자의 명의로 거래를 하는 것도 금지된다고 해석한다.

다) 회사의 영업부류에 속한 거래    회사의 영업부류에 속한 거래는 정관에 기재된 사업목적에 국한되는 것이 아니고, 회사가 사실상 영위하는 모든 거래를 포함한다. 사실상 회사의 영리활동의 대상이 되는 것을 포함하고, 1회성 거래도 포함한다. 보조적 상행위는 회사의 영리활동 자체가 아니므로 규제대상이 아니다.

회사의 영업부류에 속한 거래 여부는 이익충돌 가능성을 기준으로 판단한다. 대법원도 "두 회사의 지분소유 상황과 지배구조, 영업형태, 동일하거나 유사한 상호나 상표의 사용 여부, 시장에서 두 회사가 경쟁자로 인식되는지 여부 등 거래 전반의 사정에 비추어 볼 때 경업 대상 여부가 문제되는 회사가 실질적으로 이사가 속한 회사의 지점 내지 영업부문으로 운영되고 공동의 이익을 추구하는 관계에 있다면 두 회사 사이에는 서로 이익충돌의 여지가 있다고 볼 수 없다."라고 판시한 바 있다.629)

---

629) 대법원 2013. 9. 12. 선고 2011다57869 판결(원심은 "수도권을 영업지역으로 하는 갑 백화점 이사회가, 갑 백화점이 100% 지분을 출자하여 설립한 광주지역을 영업지역으로 하는 을 백화점의 유상증자에 대하여 신주인수권을 전부 포기하기로 의결함에 따라, 을 백화점 이사회가 신주를 실권 처리하여 갑 백화점 이사인 병에게 제3자 배정함으로써 병이 이를 인수하여 을 백화점 지배주주가 되자, 갑 백화점 소수주주들이 병에게 경업금지의무 위반을 이유로 회사가

(나) 겸직금지의무      이사는 동종영업을 목적으로 하는 다른 회사의 무한책임 사원이나 이사가 되지 못한다. 이사는 경업 대상 회사의 이사, 대표이사가 되는 경우뿐만 아니라 그 회사의 지배주주가 되어 그 회사의 의사결정과 업무집행에 관여할 수 있게 되는 경우에도 자신이 속한 회사 이사회의 승인을 얻어야 한다.630)

동종영업이란 경업에서의 회사의 영업부류와 같은 의미이고, 반드시 현재 영업을 수행하는 회사가 아니라도 동종영업을 목적으로 하는 회사에 해당한다. 따라서 경업의 대상이 되는 회사가 영업을 개시하지 못한 채 영업의 준비작업을 추진하고 있는 단계에 있더라도 "동종영업을 목적으로 하는 다른 회사"에 해당한다.631)

(다) 퇴직 후의 경업      이사가 퇴직 후에 경업에 종사하는 것은 허용된다. 다만, 회사와 이사 간의 경업금지계약(non-competition agreement)에 의하여 퇴직 후 일정 기간 동안의 경업이 금지될 수 있다.

(라) 상업사용인의 경업금지의무와의 차이점      이사의 경업금지의무는 승인권한이 영업주가 아닌 이사회에게 있고, 개입권행사를 위하여는 이사회 결의가 필요하고, 거래를 안 날부터 2주라는 소멸기간이 없고, 겸직금지의무의 범위가 동종영업으로 한정된다는 점에서 상업사용인의 경업금지의무와 다르다.

---

입은 손해의 배상을 구한 사안에서, 갑 백화점은 수도권을 영업지역으로 하고 을 백화점은 광주지역을 영업지역으로 하고 있어 양자가 영업지역을 달리하고 있는데, 갑 백화점이 을 백화점과 별도로 광주지역에 지점 형태의 영업을 계획하고 있지 아니한 이상 양자 사이에 경업관계가 발생한다고 보기 어려우므로, 병이 신주를 인수하여 을 백화점의 지배주주가 된 것은 상법 제397조에 따라, 갑 백화점 이사회의 승인을 받아야 하는 경업에 해당하지 않는다."라고 판시하였고(서울고등법원 2011. 6. 16. 선고 2010나70751 판결). 대법원에서 상고기각되었다.

630) 대법원 2018. 10. 25. 선고 2016다16191 판결(대법원 2013. 9. 12. 선고 2011다57869 판결도 같은 취지인데, 다만, 위에서 본 바와 같이 이익충돌 가능성이 없다는 이유로 이사회 승인이 요구되는 경업에 해당하지 않는다고 판시하였다).

631) [대법원 1993. 4. 9. 선고 92다53583 판결][이사해임청구] "가. 이사의 경업금지의무를 규정한 상법 제397조 제1항의 규정취지는 이사가 그 지위를 이용하여 자신의 개인적 이익을 추구함으로써 회사의 이익을 침해할 우려가 큰 경업을 금지하여 이사로 하여금 선량한 관리자의 주의로써 회사를 유효적절하게 운영하여 그 직무를 충실하게 수행하여야 할 의무를 다하도록 하려는 데 있으므로, 경업의 대상이 되는 회사가 영업을 개시하지 못한 채 공장의 부지를 매수하는 등 영업의 준비작업을 추진하고 있는 단계에 있다 하여 위 규정에서 말하는 '동종영업을 목적으로 하는 다른 회사'가 아니라고 볼 수는 없다. 나. 회사의 이사가 회사와 동종영업을 목적으로 하는 다른 회사를 설립하고 다른 회사의 이사 겸 대표이사가 되어 영업준비작업을 하여 오다가 영업활동을 개시하기 전에 다른 회사의 이사 및 대표이사직을 사임하였다고 하더라도 이는 상법 제397조 제1항 소정의 경업금지의무를 위반한 행위로서 특별한 다른 사정이 없는 한 이사의 해임에 관한상법 제385조 제2항소정의 '법령에 위반한 중대한 사실'이 있는 경우에 해당한다."

4) 이사회의 승인

(가) 승인방법  법문상 이사회의 "결의"라는 표현이 없지만, 결의요건이 규정되어 있으므로 반드시 이사회 결의 형식으로 승인하여야 하고, 이사들이 개별적으로 경업을 승인하는 것은 그 승인한 이사가 이사 전원의 3분의 2 이상이더라도 이사회의 승인으로 볼 수 없다. 이사회는 상호의견교환을 통한 집단적 의사결정방식에 의하여야 하기 때문이다.

(나) 결의요건  경업에 대한 이사회의 승인은 통상의 결의사항으로서 정관에서 더 높은 비율을 정하지 않는 한 이사 과반수의 출석(의사정족수·성립정족수)과 출석이사의 과반수(의결정족수)로 하여야 한다(391조①).632)

(다) 특별이해관계인  경업 관련 이사는 특별이해관계인으로서 이사회에서 의결권을 행사할 수 없다(391조③). 의결정족수와 관련하여 특별이해관계인인 이사의 수는 출석한 이사의 수에 산입하지 않는다(371조②).

(라) 승인시기  이사회의 승인은 사전승인만 의미한다. 사후추인은 일종의 책임면제와 같은데, 제400조의 총주주의 동의요건과 균형이 맞지 않기 때문이다. 이사회의 승인은 경업의 위법성을 조각하는 사유일 뿐, 경업으로 인하여 회사에 손해가 발생하면 승인한 이사는 제399조의 책임을 진다. 따라서 동종영업을 목적으로 하는 다른 회사의 이사 선임을 위한 주주총회 결의 전에(정확히는 이사 취임 승낙 전에) 이사후보가 재임하는 회사의 이사회 결의를 먼저 해야 한다.

(마) 중복승인 여부  제397조의 승인대상인 경업은 그 내용에 따라서 제397조의2의 사업기회나 제398조의 승인대상인 자기거래에 중복하여 해당할 수 있다. 이와 같이 하나의 거래가 중복하여 여러 조항의 승인대상에 해당하는 경우에는 결의요건이 같거나 가중된 어느 하나의 규정에 따른 이사회의 승인이 있으면 다른 규정에 따른 이사회의 승인도 있는 것으로 보아야 한다.

(바) 승인한 이사의 책임  경업의 결과 회사에 손해가 발생한 경우, 해당 이사는 당연히 제399조 제1항에 의하여 회사에 대한 손해배상책임을 지고, 경업을 승인한 이사는 제399조 제2항에 의하여 결의찬성이사로서 손해배상책임을 진다.

5) 경업금지의무 위반의 효과

(가) 거래의 사법상 효과  이사가 경업금지의무에 위반한 경우에도 그 거래

---

632) 이와 관련하여, 회사의 기회 및 자산의 이용을 승인하는 경우 이사 3분의 2 이상의 수로써 하여야 하는데(397조의2①), 회사에 보다 직접적으로 영향을 끼치는 이사의 경업은 통상의 결의요건이 적용되므로 균형이 맞지 않는다는 지적도 있다.

자체는 유효하다. 이 점에서 회사와 이사 간의 거래에서는 회사가 직접 당사자가 되므로 적법한 요건을 갖추지 못한 경우 그 거래의 효력이 부인되지만, 경업금지의무 위반의 경우 회사는 거래당사자가 아니므로 거래를 무효로 볼 근거가 없다.

(나) 해임사유·손해배상책임    이사가 경업금지의무에 위반한 경우, 회사는 그 이사를 해임할 수 있고, 손해가 발생한 경우에는 손해배상청구권(399조)을 행사할 수 있다. 이사가 경업금지의무에 위반한 경우에는 고의로 법령에 위반한 행위를 한 것이므로 제399조의 손해배상책임 요건을 충족한다.633) 경업금지 위반으로 인한 손해배상책임은 사후에 이사회나 주주총회의 결의로 면제할 수 없고, 오로지 제400조의 총주주의 동의에 의하여서만 면제된다.

(다) 개 입 권

가) 의    의    이사가 경업금지의무(거래금지의무)에 위반하여 거래를 한 경우에 회사는 이사회 결의로 그 이사의 거래가 자기의 계산으로 한 것인 때에는 이를 회사의 계산으로 한 것으로 볼 수 있고 제3자의 계산으로 한 것인 때에는 그 이사에 대하여 이로 인한 이득의 양도를 청구할 수 있다(397조②). 이를 개입권 또는 탈취권이라 한다. 이사의 경업금지의무 위반으로 회사가 입은 손해를 입증하기가 용이하지 않다는 문제 때문에 필요한 제도이다.634)

나) 법적 성질 및 행사    개입권은 형성권으로서 의사표시만으로 행사할 수 있다. 대표이사·소수주주가 개입권을 행사할 수 있는데, 소송을 제기할 경우에는 감사가 회사를 대표한다. 회사가 개입권을 행사하려면 이사회 결의를 거쳐야 한다(397조②). 이사가 1인인 소규모회사는 주주총회가 결의를 거쳐야 한다(383조④).

다) 행사의 효과    개입권행사에 의하여 개입권행사의 원인이 된 권리가 이전하는 물권적 효과가 발생하는 것이 아니라, 회사와 이사 간의 내부관계에서만 효력이 발생하고 제3자에게는 그 효력이 미치지 않는다. 따라서 회사가 개입권을 행사하면 이사는 원인이 된 행위의 경제적 효과를 회사에 귀속시켜야 할 의무를 부담한다.

라) 행사기간    개입권은 거래가 있는 날부터 1년을 경과하면 소멸한다(397조

---

633) 일본 회사법은 이사가 이익상반거래를 한 경우에는 결의찬성이사를 포함하여 임무해태가 추정된다는 규정을 두고 있다(日会 423조③).

634) 일본에서는 물권적 효력을 부인하는 판례가 확립되어 있고(最判昭和 24·6·4 民集 3-7-235), 개입권규정은 경업행위로 인하여 이사가 얻은 이익을 회사의 손해로 추정한다는 규정(日会 423조②)과 실질적으로는 다르지 않다는 이유로 회사법 제정시 개입권을 규정하지 않았다.

③). 상업사용인의 경업금지위반에 대한 개입권행사기간은 거래가 있음을 안 날부터 2주간이지만, 이사의 경업금지의 경우에는 개입권행사를 위하여 이사회 결의를 거쳐야 하므로 보다 장기로 규정한다.

　　마) 손해배상청구권과의 관계　　상법상 명문의 규정은 없지만, 개입권과 손해배상청구권은 동시에 행사할 수 있다(17조 제3항 유추적용).

　　(라) 벌　　칙　　경업금지의무위반은 상법 제622조 제1항의 특별배임죄에 해당할 수 있다.635)

## (8) 회사의 기회 및 자산의 유용 금지

### 1) 의　　의

이사는 이사회의 승인 없이 현재 또는 장래에 회사의 이익이 될 수 있는 다음과 같은 회사의 사업기회를 자기 또는 제3자의 이익을 위하여 이용하여서는 아니된다(397조의2①).636)

> 1. 직무를 수행하는 과정에서 알게 되거나 회사의 정보를 이용한 사업기회
> 2. 회사가 수행하고 있거나 수행할 사업과 밀접한 관계가 있는 사업기회

상법은 경업금지와 회사기회의 유용금지의 차이를 고려하여 사업기회의 개념을 구체화하여 규정한 것이다.

제1호의 "직무를 수행하는 과정에서 알게 되거나 회사의 정보를 이용한 사업기회"는 이사의 주관적 상황을 기준으로 한 것이고, 제2호의 "회사가 수행하고 있거나 수행할 사업과 밀접한 관계가 있는 사업기회"는 회사의 객관적 상황을 기준으로 한 것이라 할 수 있다. 다만, 실제로는 제1호와 제2호 중 어느 사업기회에 해당

---

635) [서울고등법원 1982. 1. 13. 선고 82노2105 판결] "상표는 지점상품의 영업과 같이 하지 아니하면 이를 이전할 수 없는 것이고 주식회사의 이사는 주주총회의 승인이 없으면 자기 또는 제3자의 계산으로 회사의 영업부류에 속하는 거래를 할 수 없는바, 피고인이 가지고 있던 상표권을 회사에 일부 양도하고 그 회사의 이사로 취임한 이상 피고인이 공동상표권자라 하더라도 회사의 관계에 있어서 독자적으로 비밀공장을 차려 놓고 회사와 동종 영업부류인 다이아몬드표 화투를 생산 판매하여 재산상의 이득을 취하였다면 이는 회사의 손해로 돌아간다 할 것이므로 상법상 특별배임죄를 구성한다."

636) 2011년 개정상법은 미국에서 발전된 회사기회이론의 법리에 따라 "회사의 기회 및 자산의 유용금지"라는 제목의 제397조의2를 신설하였다. 상법 제397조의2의 제목은 "회사의 기회 및 자산의 유용금지"이지만, 회사기회이용을 절대적으로 금지하는 것이 아니라 이사회의 승인이 있으면 회사기회이용이 허용되므로, 그 규제의 실질은 회사기회이용에 대한 절차적 제한이라 할 수 있다.

하는지 불명확한 경우가 많을 것이고, 결국은 개별 사건에 대한 재판절차에서 판례가 집적되어야 그 개념이 어느 정도 구체적으로 정립될 것이다.

대법원 2018. 10. 25. 선고 2016다16191 판결은 "이사는 회사에 대하여 선량한 관리자의 주의의무를 지므로, 법령과 정관에 따라 회사를 위하여 그 의무를 충실히 수행한 때에야 이사의 임무를 다한 것이 된다."라고 판시함으로써 이 제도의 근거를 이사의 선관주의의무와 충실의무에 두고 있다.

2) 경업·자기거래와의 관계

2011년 개정상법은 이사와 회사 간의 이익충돌방지를 위한 규제대상으로서, 종래의 경업과 자기거래에 회사기회유용을 추가하였다. 판례는 2011년 개정 상법 개정 전에도 회사기회이용에 대한 이사회 승인제도를 인정하여 왔다.637)

이사가 경업금지의무와 회사의 사업기회이용금지의무를 동시에 또는 순차로 위반하는 경우도 있을 수 있다.638) 경업에 대하여는 개입권이 인정되나 회사기회유용에 대하여는 손해배상책임만 발생한다는 점에서는 다르고, 양자 모두 자기거래와 달리 거래의 사법상 효력에는 영향이 없다는 점에서는 같다.

회사기회유용과 자기거래는 별개의 개념이지만, 사업기회를 이용한 거래의 상대방이 회사이면 제398조의 자기거래에도 동시에 해당할 것이다. 다만, 자기거래는 이사 등과 회사 간의 거래이지만, 회사기회유용에서는 거래의 상대방이 회사인 경우는 드물고 대부분 회사 아닌 자와의 거래가 이루어지므로 회사에서는 알기 어렵다.

또한 제397조의2의 규정과 제398조의 규정상의 용어가 전부 명확한 것은 아니

---

637) [대법원 2017. 9. 12. 선고 2015다70044 판결] "이사는 회사에 대하여 선량한 관리자의 주의의무를 지므로, 법령과 정관에 따라 회사를 위하여 그 의무를 충실히 수행한 때에야 이사로서의 임무를 다한 것이 된다. 이사는 이익이 될 여지가 있는 사업기회가 있으면 이를 회사에 제공하여 회사로 하여금 이를 이용할 수 있도록 하여야 하고, 회사의 승인 없이 이를 자기 또는 제3자의 이익을 위하여 이용하여서는 아니 된다. 그러나 회사의 이사회가 그에 관하여 충분한 정보를 수집·분석하고 정당한 절차를 거쳐 의사를 결정함으로써 그러한 사업기회를 포기하거나 어느 이사가 그것을 이용할 수 있도록 승인하였다면 의사결정과정에 현저한 불합리가 없는 한 그와 같이 결의한 이사들의 경영판단은 존중되어야 할 것이므로, 이 경우에는 어느 이사가 그러한 사업기회를 이용하게 되었더라도 그 이사나 이사회의 승인 결의에 참여한 이사들이 이사로서 선량한 관리자의 주의의무 또는 충실의무를 위반하였다고 할 수 없다."

638) [대법원 2018. 10. 25. 선고 2016다16191 판결] "소외 1은 1999년경부터 2005년 말경까지 경업금지의무를 위반하고, 2006년경부터 2011년경까지 N 제품의 독점 수입·판매업이라는 L의 사업기회를 유용함으로써 L이사로서 부담하는 선량한 관리자의 주의의무 및 충실의무를 위반하였다."

고 부분적으로 입법의 미비에 해당하는 문구나 용어가 있으므로 해석에 있어서 이를 고려하여야 할 것이다. 이와 관련하여, 회사기회의 유용금지규정에 위반한 경우에는 그 거래 자체는 유효하고 이사의 손해배상책임만 발생하는 반면, 자기거래금지규정에 위반한 경우에는 통설인 상대적 무효설에 의하면 이사 등과 회사 간의 거래 자체가 무효로 되는 것이 원칙이므로, 자기거래금지규정은 회사기회의 유용금지규정에 비하여 엄격하게 해석하는 것이 타당하다.

### 3) 규제대상

### ㈎ 규제대상 주체

가) 이사·집행임원      회사기회 유용금지는 이사·집행임원에게 적용된다. 이점에서 이사와 일정한 관계에 있는 자(주요주주, 특수관계인)도 적용대상으로 규정하는 제398조의 자기거래금지규정과 다르다. 직접 사업개발업무를 수행하지 않는 이사(사외이사, 기타비상무이사 포함)도 감시의무의 이행과정에서 사업기회를 알게 되면 제1호의 "직무를 수행하는 과정에서 알게 되거나 회사의 정보를 이용한 사업기회"에 해당한다.639)

나) 지배주주      상법 제397조의2는 "이사"만을 규제대상으로 규정하므로, 지배주주는 집행임원에 해당하지 않는 한 적용대상이 아니다. 이사보다 오히려 지배주주(지배주주의 가족, 지배회사 포함)의 회사기회유용이 문제되는 현실에 비추어 상법규정은 미흡한 것이라는 지적이 있지만, 법문상 이사가 제3자의 이익을 위하여 회사의 사업기회를 이용하는 것도 금지되므로 이익의 귀속주체가 지배주주이면 적용 결과에 있어서는 큰 차이가 없을 것이다.640) 그리고 사업기회를 직접 이용하지 않은 이사들도 지배주주의 사업기회 유용을 방치·묵인한 경우 임무해태로 인한 손해배상책임을 지게 될 것이다(399조).

다) 업무집행관여자      상법은, 업무집행관여자는 그 지시하거나 집행한 업무에 관하여 제399조, 제401조, 제403조 및 제406조의2를 적용하는 경우에 그 자를 이사로 본다고 규정한다(401조의2①). 이와 관련하여 제401조의2 제1항은 제397조의2를 포함하지 아니하므로, 입법론으로는 몰라도 현행 규정상 업무집행관여자는 회사의 사업기회 유용금지의 대상이 아니라고 해석된다.641)

---

639) 나아가 이러한 경우 이사는 사업기회를 이사회에 보고하여야 하고(393조④), 또한 대표이사로 하여금 이사회에 보고할 것을 요구할 수 있다(393조③).

640) 미국에서는 회사기회유용의 법리가 이사뿐 아니라, 주요주주와 임원에게도 적용된다.

641) 정찬형, 997면(입법론에 대하여도 반대 입장이다).

(나) 회사의 사업기회

가) 이익기대 요건　　　규제대상 사업기회는 "현재 또는 장래에 회사의 이익이 될 수 있는 아래 제1호 또는 제2호의 사업기회"이다. 이는 회사기회의 이익기대(유망성이라고도 한다) 요건을 규정한 것이다. 제1호 또는 제2호에 해당하는 사업기회도 이러한 이익기대가 없다면 규제대상이 아니다. 다만, 이익기대 요건은 사후의 사업실적에 따라 판단할 수 있는 것이라는 점에서 실제의 분쟁에서는 그 판단이 그리 용이하지 않을 것이다.

상법 개정 이전의 판례로서, 사업기회유용을 원인으로 한 손해배상청구사건에서 "사업기회 유용금지의 원칙이 이사의 선관주의 또는 충실의무의 한 내포로서 인정된다 하더라도 이사가 사업기회를 유용한 것으로 인정되려면 '유망한 사업기회'가 존재하고 사업기회가 이사에 의하여 '유용'된 것"이 인정되어야 한다는 하급심 판례가 있었다.642)

나) 제1호의 사업기회　　　직무를 수행하는 과정에서 알게 되거나 회사의 정보를 이용한 사업기회의 이용이 금지된다. 실제로는 제1호의 사업기회와 제2호의 사업기회에 모두 속하여 구별이 명확하지 않은 경우도 많을 것이다.

(a) 직무수행과정에서 알게 된 사업기회　　　직무수행과정에서 알게 된 사업

---

642) [서울고등법원 2011. 6. 16. 선고 2010나70751 판결] "갑 백화점 이사회가 갑 백화점이 100% 지분을 출자하여 설립한 을 백화점의 유상증자에 대하여 신주인수권을 전부 포기하기로 의결함에 따라, 을 백화점 이사회가 신주를 실권 처리하여 갑 백화점 이사인 병에게 제3자 배정함으로써 병이 이를 인수하여 을 백화점 지배주주가 되자, 갑 백화점 소수주주들이 병은 이사로서의 충실의무를 위반하여 갑 백화점의 사업기회를 유용하고 나머지 이사들은 그러한 유용을 가능하게 하여 갑 백화점에 손해를 입혔음을 이유로 손해배상을 구한 사안에서, 사업기회 유용금지의 원칙이 이사의 선관주의 또는 충실의무의 한 내포로서 인정된다 하더라도 이사가 사업기회를 유용한 것으로 인정되려면 '유망한 사업기회'가 존재하고 사업기회가 이사에 의하여 '유용'된 것이 인정되어야 하는데, 위 유상증자 당시 IMF 외환위기 사태로 경제여건이 크게 악화되어 갑 백화점과 을 백화점을 비롯한 대부분의 유통업체가 경영상 어려움을 겪고 있었던 점, 을 백화점의 자본금이 5억 원에 불과하였고 이미 자본잠식 상태에 있었으며 이자비용이 당기순이익에 근접하는 상황이었던 점, 유상증자 대금 대부분이 기존 채무변제에 사용된 점, 갑 백화점도 정부와 금융당국의 부채비율 축소 요구에 따라, 우량자산을 매각하는 등 유동성 확보와 재무구조 개선을 위한 강도 높은 구조조정을 진행하고 있었던 점, 을 백화점이 갑 백화점에게서 실권 통보를 받은 후 신주 인수자를 물색하였으나 IMF 외환위기 사태로 인한 국내경제 침체 등의 영향으로 인수자를 찾지 못한 끝에 신주를 병에게 전액 배정하기로 결정한 점 등을 종합하면, 신주 인수 당시 을 백화점이 '유망한 사업기회'였다고 보기 어렵고, 갑 백화점이 IMF 외환위기 상황하에서 긴축경영의 취지에 부합하게 신주 인수를 포기하고 을 백화점도 위와 같은 상황하에서 인수자를 찾지 못하여 병에게 신주를 인수하게 한 것이어서 병이 갑 백화점의 사업기회를 '유용'한 것으로도 보기 어렵다."

기회인지 여부는 정보원(source)의 의사가 회사에 제공하려는 정보인지 아니면 이사 개인에게 제공하려는 정보인지 여부에 의하여 판단하여야 한다. 그리고 이는 평균적인 일반인의 합리적인 판단을 기준으로 하여야 하므로 회사에 제공되는 정보라는 것을 이사 본인은 인식하지 못하였더라도 합리적인 제3자는 인식할 수 있다면 회사의 사업기회로 보아야 할 것이다.

(b) 회사의 정보를 이용한 사업기회　　회사의 정보는 회사의 재산이고, 따라서 이를 자기 또는 제3자를 위하여 이용하는 행위는 충실의무 위반을 넘어 형법상 범죄행위로 될 수도 있다. 그러나 개인적으로 회사의 정보를 이용하지 않고 알게 된 정보를 이용한 사업기회는 규제대상이 아니다. 이사가 회사로부터 얻은 직접적인 정보뿐 아니라 회사의 비용으로 외부로부터 얻은 정보도 회사의 정보에 해당한다.

다) 제2호의 사업기회

(a) 현재 및 장래의 사업과 관계가 있는 사업기회　　회사가 현재 수행하고 있는 사업과 밀접한 관계가 있는 사업기회와, 장래 수행할 사업과 밀접한 관계가 있는 사업기회 모두 규제대상인 사업기회이다. "장래의 사업"은 회사가 현재 수행하고 있는 사업은 아니지만 내부적으로 사업착수를 결정하고 이를 위한 준비행위를 한 사업을 말한다. 이러한 요건이 없이 추상적으로 회사가 수행할 수 있는 모든 사업을 규제대상으로 한다면 회사가 장래에 "수행할 사업"과 "수행할 사업과 밀접한 관계가 있는 사업기회"가 구별되지 않는 불합리한 결과가 되기 때문이다.

경업금지의무는 "현재"의 회사의 이익을 보호하기 위한 제도이고, 사업기회 유용금지는 "현재"와 "장래"의 회사의 이익을 보호하기 위한 제도이다. 다만, "장래"의 개념 자체가 어느 정도의 기간을 의미하는지 불명확하고, 한편으로는 "장래에 회사의 이익이 될 수 있는 사업기회"인지 여부는 결국 사후적인 결과에 의하여 판단하게 되므로 사후적으로 성공한 사업의 경우에만 규제대상이 된다는 문제점이 있다.

(b) 밀접한 관련성　　제397조의2 제1항 제2호의 사업기회는 회사가 현재 수행하고 있거나 장래 수행할 사업 자체가 아니라, 그 사업과 밀접한 관계가 있는 사업기회를 의미한다. 밀접성은 이사가 사업기회를 이용할 당시를 기준으로 판단하여야 한다. 이사가 이용한 사업기회를 회사가 나중에 신규사업으로 채택한다고 하여 이를 규제대상인 회사기회로 볼 수 없기 때문이다.

(c) 기존사업과 사업기회

a) 구별기준　　유용이 금지되는 사업기회의 원래의 의미는 회사의 기존사

업이 아니라 새로운 기회(opportunity)를 말하는 것이다. 이와 관련하여 제2호의 "회사가 수행하고 있거나 수행할 사업과 밀접한 관계가 있는 사업기회"라는 규정에 따르면, i) "회사가 수행하고 있는 사업", ii) "회사가 수행할 사업", iii) "i), ii) 의 사업과 밀접한 관계가 있는 사업기회" 등은 서로 구별되는 개념이다.

i)의 "회사가 수행하고 있는 사업"은 회사가 현재 수행하는 사업으로서 제397조의2가 규정하는 사업기회가 아니므로 회사기회 유용금지의 규제대상이 아니고, 제397조 제1항의 경업금지의 대상이다.

ii)의 "회사가 수행할 사업"은 회사가 현재 수행하고 있는 사업은 아니지만 내부적으로는 이미 수행하기로 결정한 사업을 말한다. 제2호의 규정상 규제대상 사업기회는 ii)의 사업 자체가 아니라 ii)의 사업과 밀접한 관계가 있는 사업기회이므로 유용금지의 대상이 아니다. 물론 ii)의 사업이 "회사의 영업부류에 속한 거래"에 해당하면 역시 제397조 제1항의 경업금지의 대상이 된다. 따라서 i), ii)의 사업은 유용금지의 대상이 아니고, iii)의 사업기회가 유용금지의 대상이다.

다만, 실제로는 어디까지가 기존사업이고, 어디부터가 사업기회인지의 그 구분이 명확하지 않은 경우가 많을 것이다.

b) 일감몰아주기     사업기회 유용금지규정의 입법과정에서 소위 "일감몰아주기" 사례가 주된 고려사항이었다. 일감몰아주기는 회사가 현재 수행해오던 사업을 제3자에게 이전하여 수행하게 하는 것을 말한다.643) 위와 같이 기존사업과 사업기회를 구분한다면 일감몰아주기는 대부분 기존사업으로서 사업기회에 해당한다고 보기 어렵고,644) 대부분 주요주주의 자기거래에 해당하지만, 구체적인 경우에 따라서 회사의 사업기회에 해당하기도 한다.645)

---

643) 일감몰아주기는 「독점규제 및 공정거래에 관한 법률」상 부당지원행위로서 규제대상이고, 상속세 및 증여세법 제45조의3에 의하여 특수관계인 간 일감몰아주기로 발생한 이익은 증여로 의제된다.

644) 同旨: 장재영·정준혁, "개정상법상 회사기회유용의 금지", BFL 제51호, 서울대학교 금융법센터(2012), 34면.

645) 현대자동차 주주들의 대표소송사건(소위 글로비스 사건)에서 하급심법원은 "회사기회유용의 법리는 우리 법제 하에서 이사의 선관주의의무 내지 충실의무에 포섭할 수 있는 범위 내에서 인정할 수 있다."라고 판시하고 "회사에 현존하는 현실적이고 구체적인 사업기회"만이 유용금지의 대상인 회사의 사업기회라는 이유로 청구를 기각하였는데(서울중앙지방법원 2011. 2. 25. 선고 2008가합47881 판결), 이 사건에서는 피고가 아들과 함께 글로비스 지분을 인수한 행위가 상법상 경업 또는 자기거래에 해당하는지도 쟁점이었다. 경업금지에 관하여, 법원은 피고의 지분인수행위가 현대자동차의 영업부류에 속하는 거래에 해당하지 아니하므로 경업금지위반이 아니고, 자기거래에 관하여는 현대자동차가 거래의 당사자가 아니므로 이사회의 승

회사기회에 관한 정의규정을 둔 현행 상법상으로는 위와 같은 사안의 경우 회사의 사업기회로 인정될 가능성이 클 것이라는 견해도 있지만,646) 기존사업에 수반되는 업무라 하더라도 종래부터 외부업체에 아웃소싱해온 것이라면 규제대상 사업기회로 보기 곤란할 것이다.

라) 미국의 회사기회 기준

(a) 이익과 기대 기준   종래에 일반적으로 적용되던 기준으로서 회사기회이론이 채택된 최초의 판례인 Lagarde판결에서 Alabama 주대법원은 회사가 기존의 이익(interest) 또는 기존의 권리로부터 발생하는 기대(expectancy)를 가지고 있는 자산에 대하여서만 회사에 귀속하는 기회로 인정하였다.647) 회사기회 여부를 판단하는 기준 중 회사의 이익이나 기대는 가장 좁은 기준으로서 이에 해당하는 경우에는 나머지 다른 경우에 항상 해당한다. 재산이나 기회가 회사에 유용하였다는 (useful) 것만으로는 회사의 기회라고 인정하기에 부족하다.

회사가 이미 계약을 체결하였던 토지를 이사가 매도인을 회유하여 자기에게 매도하도록 매매계약을 체결한 경우에는 회사의 이익이 있는 경우이고, 회사가 임대차기간이 만료되면 갱신할 것을 기대하고 있었는데 이사가 회사의 임차기간만료 후부터 자신이 임차하겠다고 미리 임대인과 계약을 체결하는 경우에는 회사가 기간만료 후의 임차에 대하여는 이익은 없지만 갱신의 기대가 있었으므로 회사에게 귀속하는 기회라 할 수 있다.

(b) 사업범위 기준   회사기회는 그 기회가 회사의 현재 또는 장래의 사업범위(line of business)에 포함될 때에 인정된다. 사업범위 기준에 있어서, 회사가 현재 영위하고 있지 아니한 사업이라도 회사의 역량으로 보아 당해 사업분야에서 경쟁력이 있다고 인정되면 회사의 기회로 본다. 사업범위 기준에 대하여는 Guth v. Loft Inc., 5 A.2d 503 (Del. 1939) 판결에서 Delaware 주대법원이 상세히 설시하였다. 사업범위 기준은 이익 또는 기대 기준에 비하여 보다 넓게 적용될 수 있지만, 법원은 사업범위 기준의 적용에 있어서 엄격한 경향이다.

일반적으로 회사의 이익이나 기대라는 기준과 회사의 사업범위라는 기준 중

---

인을 요하는 자기거래에 해당하지 않는다고 판시하였다. 이는 상법에 아직 회사의 사업기회에 관한 규정이 없는 상황에서 상법상 선관주의의무, 충실의무에 기초하여 회사기회의 법리를 적용한 것이기 때문으로 보인다.

646) 천경훈, "개정상법상 회사기회의 유용금지규정의 해석론 연구", 상사법연구 제30권 제2호, 한국상사법학회(2011), 181면.
647) Lagarde v. Anniston Lime & Stone Co., 28 So. 199 (Ala. 1900).

하나의 요건이 구비되면 회사의 기회라고 본다.

(c) 공정성 기준    공정성 기준(fairness test)은 회사의 이익을 보호할 필요가 있을 때 수탁자가 기회를 이용하는 것이 특정 경우에 불공정하면 그 기회는 회사에게 속하는 기회라고 보는 기준이다. Miller v. Miller, 222 N.W.2d 71 (Minn. 1974) 판결에서 Minnesota 주대법원은 2단계의 기준을 적용하여 "회사의 사업범위에 속하는 기회라 하더라도 이사의 기회이용이 회사에게 공정한 경우에는 이사는 면책된다."라고 판시하였다.

(d) 기타 기준    이사가 어떠한 기회를 물색하고 취득하는데 회사의 자금이나 시설 또는 직원의 용역을 이용한 경우에는 회사의 기회에 속한다. Guth v. Loft 판결에서도 법원이 이사가 자신의 사업발전에 회사의 자금을 이용한 점을 중시한 것이다.648)

(e) ALI PCG의 기준    ALI PCG는 "(i) 이사, 임원의 경우에는 i) 그들의 직무수행과 관련하여 알게 된 사업기회와, 기회를 제공하는 자가 그 기회를 회사에 제공하는 것으로 기대한다고 합리적으로 믿게 하는 상황에서 알게 된 사업기회와, ii) 이사, 임원이 그 기회가 회사에게 이익이 될 것으로 합리적으로 기대할 것인 경우 회사의 정보와 재산을 이용하여 알게 된 사업기회를 의미하고, (ii) 임원의 경우에는 이에 더하여, 그가 알게 된 기회로서 회사가 영위하거나 영위할 것으로 기대되는 사업과 밀접한 관련되는 기회를 의미한다."라고 규정한다. 이와 같이 임원의 경우 회사기회의 개념을, "사업범위 내의 기회"보다 넓게 "사업과 밀접한 관련되는 기회"라고 정의하는데[ALI PCG §5.05(b)(2)], 이는 임원에 대하여는 이사보다 엄격한 기준을 적용하

---

648) 그 외에 법원이 적용하는 기준은 다음과 같이 다양한데, 일반적으로 여러 기준을 함께 적용한다.

( i ) 기회가 개인적 지위에서(as an individual) 얻어진 경우에 비하여 회사의 경영자로서의 지위에서(as a corporate manager) 얻어진 경우에 회사의 기회로 인정될 가능성이 크다.

( ii ) 단순히 개인적인 경로로 알게 된 경우에 비하여 회사업무수행중 또는 회사의 자료, 기타 정보망을 이용하여 알게 된 경우에 회사기회로 인정될 가능성이 크다.

(iii) 거래의 당사자가 회사의 기회라고 합리적인 기대를 하는 경우에는 회사의 기회로 인정될 가능성이 크다.

(iv) 소규모 폐쇄회사의 경우에는 이사나 임원들의 회사기회이용행위가 쉽게 파악되므로 이들이 이용하는 기회에 대하여 아무런 이의가 없는 경우에는 회사의 기회로 보지 않을 유력한 근거가 되는데 대규모 공개회사의 경우에는 이러한 파악이 곤란하므로 회사기회를 인정하는 범위가 넓어진다.

( v ) 상근임원(full-time executive)인 경우에는 특히 그의 노력과 충성을 전부 회사를 위하여 기울여야 하는 반면, 사외이사(outside director)의 경우에는 다른 사업에 이해관계를 가질 수도 있고 따라서 회사의 기회이용이 전자에 비하여는 비교적 자유롭다 할 수 있다.

기 위한 것이다. 이러한 ALI PCG의 기준은 많은 법원이 채택하고 있다.

(다) 회사의 기회이용 포기·거부    이사회 결의에 의하여 회사가 해당 사업기회이용을 거절한 경우에는 이용이 금지되는 사업기회로 볼 수 없다. 이 경우 회사가 스스로 그 이익의 향유를 포기한 것으로 보아야 하기 때문이다. 그러나 회사의 기회이용 포기나 거부가 인정되려면 이사가 회사에게 먼저 그 이용기회를 제공하여 기회에 대한 정보를 완전히 공개한 후(after full disclosure) 회사의 이사회가 그에 관하여 충분한 정보를 수집·분석하고 정당한 절차를 거쳐 회사의 이익을 위하여 의사를 결정함으로써 그러한 사업기회를 포기하였어야 한다. 2011년 개정상법 이전의 사안에 관한 판례도 같은 취지이다.649) 회사가 해당 사업을 폐지한 경우에도 사업기회를 유용하였다고 인정한 최근의 판례도 있다.650)

(라) 회사의 무능력    규제대상 사업기회는 "현재 또는 장래에 회사의 이익이 될 수 있는 회사의 사업기회"인데, 회사가 해당 사업기회를 이용할 수 있는 것이어야 현재 또는 장래에 회사의 이익이 될 수 있다는 점에서 회사의 무능력이 문제된다.

회사가 해당 사업기회를 이용 수 없는 경우에도 이사회의 승인이 없으면 이사가 그 사업기회를 이용할 수 없는지 여부에 대하여는 회사의 구체적인 무능력사유에 따라 구별하여 판단하여야 한다.

---

649) [대법원 2013. 9. 12. 선고 2011다57869 판결] "이사는 이익이 될 여지가 있는 사업기회가 있으면 이를 회사에 제공하여 회사로 하여금 이를 이용할 수 있도록 하여야 하고, 회사의 승인 없이 이를 자기 또는 제3자의 이익을 위하여 이용하여서는 아니 된다. 그러나 회사의 이사회가 그에 관하여 충분한 정보를 수집·분석하고 정당한 절차를 거쳐 회사의 이익을 위하여 의사를 결정함으로써 그러한 사업기회를 포기하거나 어느 이사가 그것을 이용할 수 있도록 승인하였다면 그 의사결정과정에 현저한 불합리가 없는 한 그와 같이 결의한 이사들의 경영판단은 존중되어야 할 것이므로, 이 경우에는 어느 이사가 그러한 사업기회를 이용하게 되었더라도 그 이사나 이사회의 승인 결의에 참여한 이사들이 이사로서 선량한 관리자의 주의의무 또는 충실의무를 위반하였다고 할 수 없다."

650) [대법원 2018. 10. 25. 선고 2016다16191 판결] "소외 1은 1987년경 주식회사 M을 설립한 후 M의 이사 또는 실질적 지배주주로서 M의 의사결정과 업무집행에 관여할 수 있는 지위에 있었다. L은 일본의 N과 사이에 1996. 1. 1.부터 10년간 한국내 N 제품의 독점판매권을 행사하기로 약정하고 N 제품의 수입·판매업을 주된 사업으로 영위하였다. 그런데 M 역시 1999년경부터 2011년경까지 N제품의 수입·판매 사업을 하였다. 또한 L과 N 사이의 독점판매계약 기간이 종료된 이후인 2006년부터는 M이 N의 한국 공식총판으로 수입·판매업을 하였고, 반면 L은 2006년부터 N 제품을 전혀 수입하지 않은 채 사실상 N 제품 수입·판매업을 폐지하였다. 이로써 소외 1은 1999년경부터 2005년 말경까지 경업금지의무를 위반하고, 2006년경부터 2011년경까지 N 제품의 독점 수입·판매업이라는 L의 사업기회를 유용함으로써 L이사로서 부담하는 선량한 관리자의 주의의무 및 충실의무를 위반하였다. 따라서 소외 1은 이러한 의무 위반행위로 인해 L이 입은 손해를 배상할 책임이 있다."

회사는 i) 법률상 해당 사업기회를 이용할 수 없는 경우, ii) 거래의 상대방이 회사와 거래하기를 거절하는 경우, iii) 회사의 재정사정상 불가능할 경우 등에 사업기회를 법적으로 또는 사실상 이용할 수 없다.

우선 i)의 경우에는 기본적으로 회사의 사업기회라고 볼 수 없으므로 이사의 사업기회이용은 허용된다. 그러나 ii)의 경우에는 거래상대방과 이사가 결탁할 가능성이 있고 만일 거래상대방이 이사와 거래하기를 원한다면 이사로서는 거래상대방을 설득하여 회사와 거래하도록 하여야 할 것이므로 이사회의 승인이 없이 이사가 그 사업기회를 이용할 수 없다고 보아야 한다. iii)의 경우에는 만일 회사에게 유용한 기회라면 금융기관으로부터 자금을 대출받거나 신주발행에 의한 자금조달에 의하여 재정문제를 극복할 수 있으므로 회사의 재정사정은 회사의 무능력으로 볼 수 없다. 이와 같이 회사의 자금조달 필요성 판단을 위하여는 이사가 회사에 정보를 완전히 공개하고 기회를 제공하였을 것이 요구된다.

따라서 상법에 명문의 예외규정이 없는 한 이사는 위 i)의 경우에만 이사회의 승인이 없이도 해당 사업기회를 이용할 수 있다. 다만, 위 ii), iii)의 경우에도 회사가 이사를 상대로 손해배상청구를 하는 경우 그 사유의 중한 정도에 따라 정의와 형평의 이념상 이사의 손해배상책임이 감면될 수 있을 것이다.651)

(마) 자기 또는 제3자의 이익을 위한 이용

가) 이용의 의미   이용행위는 반드시 계속적이어야 하는 것은 아니고, 1회성 사업이라도 제397조의2 제1항의 "이용"에 해당한다. 이사가 이사회의 승인 없이 제3자의 회사기회유용을 기획하거나 실행에 적극 가담한 경우에는 이사가 제3자의 이익을 위하여 회사의 사업기회를 유용한 것으로 인정될 것이다.

이사가 사업기회를 제3자에게 단순히 제공만 한 경우에도 기회이용으로 볼 수 있는지의 문제는 다소 애매한 점이 있으나, 사업기회의 제공은 제3자의 기회이용을 방치·묵인하는 행위와 차원이 다른 것이므로 기회이용으로 보아야 한다.

나) 제3자의 이용   위와 같은 기회이용에는 해당하지 않지만, 이사가 제3자 (지배주주)의 회사기회 유용을 알고도 방치·묵인한 경우에는 회사의 이익을 보호하

651) Miller v. Miller, 222 N.W.2d 71 (Minn. 1974) 판결에서 Minnesota 주대법원이 "회사가 지급불능 또는 자금부족으로 인하여 그 기회의 활용에 필요한 투자를 할 수 없다면 이사가 그 기회를 이용하는 것이 허용된다."라고 판시한 바가 있지만, 미국 대부분의 판례는 회사가 그 기회를 활용할 능력이 없는 경우(inability to take advantage of opportunity)라고 인정함에 있어서 매우 엄격한 기준을 적용한다.

여야 할 이사로서 임무를 게을리한 것이므로 상법 제399조에 의한 손해배상책임을 지게 된다.

이러한 경우에도 이사가 부작위에 의하여 "제3자의 이익을 위한 회사기회 이용행위"를 한 것으로 해석할 수 있고, 다만 부작위에 따른 의무와 책임은 작위와 같은 정도로 회사의 이익을 침해했다고 볼 수 있는 극심한 상황에 한정하는 것이 옳다는 견해도 있다.652) 상법 규정의 미비점을 해소하기 위한 해석으로서 타당한 면도 있지만, 상법은 이익의 귀속주체가 이사인지 제3자인지를 구별하여 규정할 뿐, 사업기회 이용의 주체는 명백히 이사로 한정하므로 위와 같은 경우를 부작위에 의한 회사기회 이용행위로 구성하는 것은 무리한 해석이다.

### 4) 사업기회이용에 대한 승인

#### (가) 승인기관

가) 이 사 회   이사는 이사회의 승인을 받으면 회사의 사업기회를 자기 또는 제3자의 이익을 위하여 이용할 수 있다(397조의2 제1항의 반대해석). 사업기회이용에 대한 승인기관은 원칙적으로 이사회인데, 소규모회사가 1인 또는 2인의 이사만을 둔 경우에는 주주총회의 승인을 받아야 한다(383조④).

나) 주주총회   정관에서 이사회가 아닌 주주총회에서 사업기회이용에 대한 승인을 받아야 한다고 정할 수 있는지에 관하여, 주주총회의 최고기관성을 중시한 긍정설과 권한분배에 관한 상법의 규정은 강행규정이라는 부정설이 있다. 자기거래에 관한 사건에서 주주 전원의 동의로 승인하거나 그 승인을 정관에서 주주총회의 권한사항으로 정할 수 있다는 판례에 비추어,653) 사업기회이용에 대하여도 동일하게 해석하는 것이 타당하다.

#### (나) 승인시기   자기거래의 경우에는 "미리 (이사회에서 해당 거래에 관한 중요사실을 밝히고) 이사회의 승인을 받아야 한다."라고 규정함으로써, 사전승인만 허용하는 취지로 규정한다. 그러나 이사의 사업기회 이용에 대하여는 "미리"라는 문구가 없어서 이사회의 사후승인 허용 여부에 대하여 논란이 있을 수 있다.

이사의 자기거래에 대한 종래의 판례는 사후추인도 허용된다는 입장이었으나,654) 2011년 개정상법은 사전승인만 허용하는 취지로 규정한다.655) 국회에서의

---

652) 천경훈, 전게논문, 185면.
653) 대법원 2007. 5. 10. 선고 2005다4291 판결.
654) 대법원 2007. 5. 10. 선고 2005다4284 판결.
655) 후술하는 바와 같이, 사후추인은 사실상 이사의 책임면제승인인데 제400조에 규정된 총주

입법과정에서 이 문제에 대하여 "이사회의 승인 없이 ··· 이용하여서는 아니 된다."
라는 법문상 사전승인만 허용되고 사후승인은 허용되지 않는다는 의미가 내포된다
는 이유로 "미리"나 "사전에"라는 문구가 규정되지 않았다고 한다. 다만, 입법자의
의도가 그러하였다면 이사의 자기거래와 같이 이러한 문구를 명시적으로 규정하는
것이 바람직하다.656)

(다) 개시의무

가) 의    의    상법은 회사기회이용에 대한 승인과 관련하여 이사·집행임원
의 개시의무(開示義務)를 명시적으로 규정하지 않는다. 그러나 자기거래에 관하여 이
사회의 승인을 받으려는 자는 미리 이사회에서 해당 거래에 관한 중요사실을 밝히
고 이사회의 승인을 받아야 하므로(398조), 사업기회를 이용하려는 이사·집행임원의
경우에도 개시의무가 있다고 보아야 할 것이다.

나) 개시의무자

(a) 해당 이사·집행임원    자기 또는 제3자의 이익을 위하여 회사의 사업
기회를 이용하고자 하는 해당 이사·집행임원이 개시의무자이다.

(b) 감시의무자의 보고    회사의 사업기회를 이용하려는 해당 이사·집행
임원 아닌 다른 감시의무자도 이사·집행임원의 사업기회 유용사실을 알았거나 알
수 있는 경우에는 감시의무의 법리에 따라 보고하여야 하고, 보고의무를 게을리
한 경우에는 감시의무 위반으로 인하여 회사가 입은 손해를 배상하여야 한다.657)
다른 감시의무자가 "해당 사업기회에 관한 중요사실"을 충분히 포함하여 보고의

---

주의 동의에 의하여야 한다는 규정과의 균형상 허용되지 않는다는 비판을 받아들인 입법이다.
그리고 사후승인이 허용된다면 일단 승인 없이 자기거래를 먼저 한 후 이를 기정사실화함으
로써 이사회가 사후승인을 하도록 압박하는 폐단이 있다는 점도 사전승인만 허용한 중요한
이유이다.

656) 미국에서는 이사 등이 먼저 그 기회를 이용한 후 위와 같은 결의에 의하여 사후승인을 받는
것도 허용된다고 보는 것이 일반적이다. ALI PCG도 원칙적으로 사전에 회사의 기회이용거부
결정이 있어야 하지만, "회사기회이용에 관한 소가 제기된 후 합리적인 기간(reasonable time
after suit is filed)이 경과하기 전에는, 이사회, 주주총회 또는 당초에 기회이용을 거부하였던
의사결정권자나 그 후임자가 그러한 공개가 이루어진 후에 추인(ratification)할 수 있다."라고
규정한다[ALI PCG §5.05(d)]. ALI PCG는 기회제공이 지체된 경우에 대하여, "회사에 대한 기
회제공을 하지 않은 이사 등은, i) 회사의 기회에 속하지 않는다고 성실하게 믿었기 때문에 제
공을 하지 않았고, ii) 회사기회이용에 관한 소가 제기된 후 합리적인 기간이 경과하기 전에
기회를 회사에 제공하고 회사가 Subsection (a)를 충족하는 방법으로 이를 거절한 경우, 회사
기회이용에 대한 책임을 지지 않는다."라고 규정한다[ALI PCG §5.05(e)].

657) 다만, 집행임원의 감시의무에 관하여는 논란의 여지가 있는데, 이에 관하여는 집행임원 부
분에서 상술한다.

무를 이행한 경우에는 해당 이사·집행임원 자신의 보고의무 위반문제는 발생하지 않는다.

다) 개시할 사항　　이사는 "해당 사업기회에 관한 중요사실"을 개시하여야 하는데, 사업기회에 관한 정보 및 관련자들의 이해관계가 이에 해당할 것이다. 구체적으로는 회사의 기회이용시 예상 손익, 이사의 이해관계, 회사기회이용의 파급효과(회사에 미치는 영향) 등을 추상적인 내용이 아닌 수치화된 내용으로 보고하여야 할 것이다.

⑷ 승인결의의 요건

가) 가중된 이사회 결의 요건　　사업기회이용에 대한 이사회의 승인은 이사 3분의 2 이상의 수로써 하여야 한다(397조의2①).[658] "이사 3분의 2 이상"이란 출석이사가 아닌 재임이사의 3분의 2 이상을 의미한다.

나) 특별이해관계 있는 이사　　사업기회를 이용하려는 해당 이사는 특별이해관계인으로서 이사회에서 의결권을 행사할 수 없다(391조③).[659] 특별이해관계 있는 이사의 수를 재임이사의 수에서 제외하지 않으면 특별이해관계 있는 이사의 비율이 높은 경우에는 이사회 결의 자체가 불가능하므로, 특별이해관계 있는 이사는 재임이사의 수에서 제외한다.[660] 사업기회이용승인의 결의요건에 있어서 출석이사의 수는 관계없으므로, 특별이해관계인으로서 의결권을 행사할 수 없는 이사는 출석이사의 수에 산입하지 않는다는 제371조 제2항의 규정은 적용되지 않는다.

다) 주주총회의 승인　　정관에서 사업기회이용에 대한 승인을 주주총회의 권한

---

[658] 이사회 승인결의에 대한 가중 요건은 신속한 의사결정에 방해되므로, 이를 삭제하거나 위원회에 위임하는 경우에는 해당 위원회 재적 인원의 3분의 2 이상의 찬성으로 승인한다는 취지의 규정을 추가하는 것이 바람직하다는 견해가 있다(천경훈, 전게논문, 189면).

[659] 주주총회 결의에 관하여 특별한 이해관계가 있는 주주의 의결권 제한에 관한 제368조 제3항은 이사회 결의에 준용되는데, 이때 제391조 제3항의 "제1항의 경우"는 보통결의를 하는 경우를 가리키기 때문에 사업기회이용에 대한 승인과 같은 이사회의 특별결의사항에 대하여는 바로 적용되지 않는다. 그러나 가중된 결의요건이 적용되는 이사회의 결의에 관하여 특별이해관계인의 의결권 제한에 관한 규정이 없는 것은 입법상의 과오로 인한 것이므로 제368조 제3항은 가중된 결의요건이 적용되는 이사회의 결의에 관하여 유추적용하여야 할 것이다. 따라서 사업기회를 이용하려는 해당 이사는 특별이해관계인으로서 이사회에서 의결권을 행사할 수 없다.

[660] 통상의 이사회 결의는 주주총회 결의와 달리 의사정족수도 구비하여야 하므로 특별이해관계 있는 이사의 수를 분모(재임이사의 수)와 분자(출석이사의 수)에 모두 포함되는 것으로 해석한다. 그러나 가중된 결의요건이 적용되는 이사회 결의는 재임이사의 3분의2 이상이라는 결의요건만 요구되므로, 의사정족수를 따로 요구하지 않는 주주총회 결의와 같이 특별이해관계 있는 이사의 수를 재임이사의 수에서 제외하는 것으로 해석한다.

으로 정한 경우(이에 대한 허용 여부에 대한 논의는 전술한 바와 같다),661) 주주총회 결의요
건도 이사회 결의요건과 같이 가중하여야 하는지에 관하여 또 다른 논란의 여지가
있지만, 이사회는 두수주의(頭數主義), 주주총회는 자본다수결이라는 결의방법상의 기
본적인 차이에 비추어, 주주총회의 승인은 보통결의로 할 수 있다고 본다.662)

주주총회의 특정 의안에 대하여 특별한 이해관계가 있는 자는 의결권을 행사
하지 못한다는 규정(368조③)에 따라 특별이해관계 있는 주주는 주주총회에서 주주
또는 대리인 자격으로 의결권을 행사할 수 없다.

자본금총액이 10억원 미만인 소규모회사에 대한 특례가 적용되어 이사회 결의
를 주주총회 결의로 갈음하는 경우에도 보통결의요건, 특별이해관계인의 의결권 제
한이 적용된다.663)

라) 주주 전원의 동의    판례는 자기거래에 관한 사안에서 정관에 근거 규정이
없어도 이사회의 승인을 주주 전원의 동의로 갈음할 수 있다는 입장이다.664) 이러한
판례에 의하면 1인주주가 이사인 경우에도 단독으로 회사기회이용을 승인할 수 있다
는 것이므로 그 타당성에 대하여는 논란이 있다(자기거래 부분에서 상세히 설명함).

(마) 승인방법    이사회의 승인은 개별적인 사업기회마다 하여야 하고, 포괄적
승인은 원칙적으로 허용되지 않는다. 다만, 예측 가능하고 정형화된 거래에 대하여
일정 기간 포괄승인은 가능하다는 견해가 있는데,665) 자기거래의 경우에는 동종 유
형이나 동일 유형의 거래에서는 기간과 한도를 정하여 포괄적으로 승인하는 것은
가능하지만, 사업기회이용의 경우에는 그 개념상 동종 유형이나 동일 유형의 사업
기회는 생각하기 어려울 것이다.

(바) 묵시적 승인    사업기회이용에 대한 이사회의 승인은 묵시적인 방법에
의하여도 가능하다. 구체적으로는, 당해 이사가 이사회에 보고한 후 상당 기간 내
에 이사회에서 승인 여부에 대한 결의를 하지 않는 경우, 묵시적인 승인으로 볼 수

---

661) 이사회가 사업기회이용에 대한 승인을 대표이사에게 위임하는 것은 허용되지 않는다. 위원
회에는 위임이 가능하지만, "이사 3분의 2 이상"이라는 요건상 재적이사의 3분의 2 이상의 이
사로 위원회를 구성할 가능성이 없으므로 현실적으로는 의미가 없다.

662) 同旨: 이철송, 747면.

663) 이는 정관의 규정에 의하여 주주총회의 승인으로 이사회의 승인을 갈음하는 것이 아니라
상법상 주주총회 결의사항이다.

664) 대법원 2017. 8. 18. 선고 2015다5569 판결, 대법원 2007. 5. 10. 선고 2005다4284 판결, 대법
원 2002. 7. 12. 선고 2002다20544 판결.

665) 천경훈, 전게논문, 193면.

있다는 견해도 있고,666) 회사가 결의를 하지 않는 것 자체가 사업기회를 포기하지 않은 것이므로 묵시적 승인은 인정할 수 없다는 견해도 있다.667) 이사의 자기거래에 대한 이사회의 승인은 묵시적인 방법에 의하여도 가능하다는 판례에 비추어 위와 같은 경우는 묵시적인 승인으로 보는 것이 타당하다. 그러나 묵시적 승인은 제반 상황을 종합하여 고려해서 제한적으로 인정하여야 할 것이다.668)

(사) 승인의 대상    이사회가 " … 의 사업기회를 향후 회사가 이용하지 않기로 한다"와 같이 회사의 자발적 포기를 내용으로 결의하는 것도 이사의 사업기회이용에 대한 승인으로 볼 수 있지만,669) " … 의 사업기회를 ○○○ 이사가 이용하는 것을 승인한다."라는 적극적 내용의 결의를 하는 것이 법문에도 부합한다.

그리고 "현재 또는 장래에 회사의 이익이 될 수 있는 … 사업기회"라는 문구상 "향후"라는 취지의 문구가 포함되어야 향후의 분쟁을 예방할 수 있을 것이다. 소규모회사는 주주총회 결의에 의하여 사업기회이용을 승인한다(383조④).670)

(아) 승인 사유    이사회가 회사의 사업기회임에도 회사의 이용을 포기하고 이사가 이를 이용하도록 승인하는 것은, i) 회사가 그 기회를 직접 이용하는 경우 우려되는 유무형의 부담(시설투자, 인력고용), ii) 대기업과 중소기업의 상생차원에서의 사업 포기, iii) 협력업체와의 관계유지 및 개선, iv) 퇴직자 배려 등 직원복지 등의 사유로 이사의 사업기회 이용을 승인하게 된다.671)

(자) 중복 승인 문제    제397조의2의 사업기회이용은 그 내용에 따라서 제397

666) 김홍기, "회사기회의 법리와 우리나라의 해석론, 입법방안에 대한 제안", 상사판례연구 제21집 제2권, 한국상사판례학회(2008), 117면.
667) 천경훈, 전게논문, 193면.
668) 이사의 자기거래에 대한 묵시적 승인을 인정한 판례도, "회사가 이익상반거래를 묵시적으로 추인하였다고 보기 위해서는 그 거래에 대하여 승인 권한을 갖고 있는 이사회가 그 거래와 관련된 이사의 이해관계 및 그와 관련된 중요한 사실들을 지득한 상태에서 그 거래를 추인할 경우 원래 무효인 거래가 유효로 전환됨으로써 회사에 손해가 발생할 수 있고 그에 대하여 이사들이 연대책임을 부담할 수 있다는 점을 용인하면서까지 추인에 나아갔다고 볼 만한 사유가 인정되어야 한다"고 판시하였는데(대법원 2007. 5. 10. 선고 2005다4284 판결), 사업기회 이용에 대한 승인에서도 이 정도의 사유가 있어야 묵시적 승인을 인정할 수 있을 것이다.
669) 천경훈, 전게논문, 188면. 이러한 방식의 이사회 승인결의는 제397조의2 제1항의 결의가 아니므로 이사회의 보통결의요건에 따라 결의할 수 있고 소규모의 위원회에 위임하는 것도 가능하다는 견해가 있는데(장재영·정준혁, 전게논문, 34면), 법문을 지나치게 형식적으로 해석한 것으로서 동의하기 곤란하다.
670) 소규모회사는 주주총회 결의로 승인하는 경우, 제397조의2 제1항(회사의 기회 및 자산의 유용금지), 제398조(이사 등과 회사 간의 거래) 등과 같이 가중된 이사회 결의요건이 규정된 경우에도 주주총회 보통결의에 의한다.
671) 천경훈, 전게논문, 197면.

조의 승인대상인 경업이나 제398조의 승인대상인 자기거래에 중복하여 해당할 수 있다. 이와 같이 하나의 거래가 중복하여 여러 조항의 승인대상에 해당하는 경우에는 어느 하나의 규정에 따른 이사회의 승인이 있으면 다른 규정에 따른 이사회의 승인도 있는 것으로 보아야 한다. 다만, 제397조에 따른 이사회의 승인은 통상의 결의에 의한 승인이므로 가중된 결의요건에 의한 승인이 필요한 거래는 해당 규정에 따른 승인을 다시 받아야 한다.

(차) 적법한 승인    이사의 사업기회이용을 승인하는 이사회 결의는 적법·유효한 것이어야 한다. 이사회의 승인에 있어서 개시의무 위반이나, 소집절차나 결의방법에 있어서 하자가 있는 경우에는 그 승인결의가 무효 또는 부존재로 된다. 그리고 승인결의의 내용이 위법한 경우에는 그 승인결의가 무효로 되는 동시에 자기거래의 또 다른 요건인 공정성도 인정되지 않을 것이다.672)

5) 위반의 효과

(가) 손해배상책임

가) 책임주체    상법 제397조의2 제2항은 "제1항에 위반하여 회사에 손해를 발생시킨 이사 및 승인한 이사는 연대하여 손해를 배상할 책임이 있으며 이로 인하여 이사 또는 제3자가 얻은 이익은 손해로 추정한다."라고 규정한다. 이사가 이사회의 승인결의를 받지 않은 경우는 물론 승인결의를 받았더라도 그 결의의 절차에 하자가 있거나 결의의 내용이 위법한 경우에도 "제1항에 위반"한 경우에 해당한다.

이사회에 대한 보고와 이사회의 승인이라는 요소에 따라서, i) 미보고 및 미승인, ii) 보고 및 미승인, iii) 보고 및 승인 등의 경우로 분류할 수 있고, iii)은 다시 승인이 적법한 경우와, 위법한 경우로 나눌 수 있다.

i)의 경우에는 사업기회를 이용한 이사는 제397조의2 제2항에 의하여 손해배상책임을 지고, 나머지 이사들은 원칙적으로 책임이 없지만 감시의무 위반에 해당하는 경우에는 제399조에 의하여 손해배상책임을 진다.

ii)의 경우에는 사업기회를 이용한 이사는 제397조의2 제2항에 의하여 손해배상책임을 지고, 나머지 이사들은 책임이 없다.

iii)의 경우에는 승인이 적법하면 사업기회를 이용한 이사를 포함한 모든 이사

---

672) 이사회 결의에 하자가 있는 경우 당연무효로 되고, 이해관계인은 결의무효확인의 소 또는 결의부존재확인의 소를 제기하지 않고도 언제든지, 어떠한 방법에 의하여서든지 그 무효를 주장할 수 있다.

가 제397조의2 제2항에 의한 손해배상책임을 지지 않는다. 다만, 이사회의 승인을 받고 기회를 이용하는 과정에서 임무해태로 인하여 회사에 손해를 입힌 이사는 회사에 대하여 손해배상책임을 질 것이다(399조①).

승인이 위법한 경우에는 승인결의가 무효로 되므로, 이사는 이사회의 적법한 승인을 받지 않고 사업기회를 이용한 것이 되어 "제1항에 위반"한 경우에 해당하고, 따라서 제397조의2 제2항에 따른 손해배상책임을 진다. 이때 선관주의의무를 위반하여 위법하게 승인결의를 한 다른 이사들의 책임은 제397조의2 제2항에 의한 책임인지, 제399조에 의한 책임인지 해석상 논란의 여지가 있지만, "회사에 손해를 발생시킨 이사"와 "승인한 이사"가 연대하여 손해배상책임을 진다는 규정상 제397조의2 제2항에 의한 책임으로 보아야 할 것이다.

이사회의 승인결의에 있어서도 경영판단원칙이 적용된다. 상법개정 전의 사안에서 대법원은, "이사회의 승인결의에 있어서 이사회가 그에 관하여 충분한 정보를 수집·분석하고 정당한 절차를 거쳐 회사의 이익을 위하여 의사를 결정함으로써 경업을 승인하였다면 그 의사결정과정에 현저한 불합리가 없는 한 그와 같이 결의한 이사들의 경영판단은 존중되어야 할 것이므로, 이 경우에는 어느 이사가 그러한 사업기회를 이용하게 되었더라도 그 이사나 이사회의 승인 결의에 참여한 이사들이 이사로서 선량한 관리자의 주의의무 또는 충실의무를 위반하였다고 할 수 없다."라고 판시한 바 있다.[673] 다만, 대법원은 이 사건에서 "사업기회를 이용한 이사"도 선량한 관리자의 주의의무 또는 충실의무를 위반하였다고 할 수 없다고 판시하였는데, 2011년 상법개정에 의하여 제397조의2가 신설된 이상 "사업기회를 이용한 이사"는 법령을 위반한 것이므로 경영판단원칙이 적용되지 않는다고 해석하는 것이 타당하다. "사업기회를 이용한 이사"는 회사에 대한 책임감면규정의 적용도 배제되므로(400조② 단서), 오로지 총주주의 동의에 의하여서만 책임이 면제될 수 있다(400조①).

나) 연대책임   상법 제397조의2 제2항은 "제1항에 위반하여 회사에 손해를 발생시킨 이사"와 "승인한 이사"가 연대하여 손해배상책임이 있다고 규정한다.

위 규정과 관련하여, "제1항을 위반하여 회사에 손해를 발생시킨 이사"는 이사회의 승인 없이 사업기회를 이용한 이사를 가리키므로 "승인한 이사"가 연대하여 손해배상책임을 진다는 규정은 그 전제사실이 성립할 수 없다는 문제점이 있고, 따라서 "승인한 이사"는 제397조의2 제2항에 의한 책임주체로 규정하지 않고 상법 제

---

673) 대법원 2013. 9. 12. 선고 2011다57869 판결.

399조 제2항의 결의찬성이사로서 책임을 지도록 입법적인 보완이 필요하다는 견해
도 있다.674)

그러나 이사가 이사회의 승인결의를 받았더라도 그 결의의 절차에 하자가 있
거나 결의의 내용이 위법한 경우에는 "제1항에 위반"한 경우에 해당하여 제397조
의2 제2항에 의한 손해배상책임을 지고, 이때 위법한 승인결의를 한 이사들도 제
397조의2 제2항에 의하여 연대하여 손해배상책임을 진다고 해석하는 것이 타당하
다. 즉, "회사에 손해를 발생시킨 이사"와 "승인한 이사"가 연대하여 손해배상책임
을 진다는 제397조의2 제2항의 규정은 그 규정형식에 있어서 다소 미흡한 점은 있
지만 이사들이 위법한 승인결의를 한 경우에 적용된다고 해석하면 굳이 전제사실
이 성립할 수 없는 규정으로 볼 것은 아니다.

다) 손해의 추정     "이사 또는 제3자가 얻은 이익"은 "회사의 손해"로 추정한
다. 회사의 손해란 결국 사업기회를 이용하였으면 얻을 수 있는 일실이익(逸失利益)
인데, 회사가 이를 구체적으로 증명하는 것은 매우 어렵기 때문에 이사 또는 제3자
가 얻은 이익을 회사의 손해로 추정하는 것이다. 이는 법률상 사실추정이므로 회사
가 전제사실인 "이사 또는 제3자가 얻은 이익"을 증명하면 요건사실(추정사실)인 "회
사의 손해"가 법률상 추정되며, 이사는 추정된 사실의 반대사실(회사의 손해의 부존
재)을 본증으로 증명하여야 그 추정을 깨뜨릴 수 있다.675) 따라서 법문상으로는
"간주"가 아니라 "추정"이지만, 실제로는 이사가 이러한 추정을 깨뜨리기는 매우
어려울 것이다.

다만 상법상 "이익"이 무엇을 의미하는지 명확한 규정이 없는데, 이사가 회사
를 설립하여 사업기회를 이용하여 수익을 올린 경우, 순자산의 증가액, 세전 이익,
당기순이익, 배당가능이익 등 여러 가지 이익 관련 개념 중 어느 것을 기준으로 하
는지에 따라 그 금액이 달라지므로 구체적인 사안에서 논란이 예상된다.676)

---

674) 천경훈, 전게논문, 205면.
675) 법률상의 사실추정이란 전제사실로부터 요건사실(추정사실)을 추정하는 것이 법규에 정하
여져 있는 경우를 말한다. 상법 제397조의2 제2항의 규정상, 이사를 상대로 손해배상을 청구
하려는 회사는 그 증명이 매우 어려운 회사의 손해(요건사실)를 직접 증명하지 않고 전제사실
인 이사 또는 제3자가 얻은 이익을 증명하면 된다. 이러한 전제사실의 존재가 확정되면 이사
가 추정사실(회사의 손해)에 반대되는 사실의 존재를 증명하여야 한다. 즉, 이사는 반증을 제
출하여 전제사실의 존재에 대한 법관의 확신을 동요시키는 것으로 족하지만, 일단 전제사실이
증명되어 추정효가 생기면 그 추정효를 복멸하기 위하여는 추정사실의 부존재를 본증에 의하
여 증명하여야 한다.
676) 경업금지의무 및 기회유용금지의무 위반에 따른 손해배상을 구한 사안에서 대법원은, "L이

(나) 사법상(私法上)의 효력    사업이라는 것은 회사의 설립, 주식 발행, 인적·물적 시설 구비를 위한 각종 계약 등을 포함하는 복합적인 개념이므로 개별적인 거래와 달리 그 사법상(私法上)의 효력을 부인하는 것은 현실적으로도 가능하지 않다. 따라서 회사와 이사 간의 거래와 달리, 이사가 회사의 사업기회를 유용한 경우에도 그 거래 자체는 유효하다고 보아야 하고, 따라서 이사에 대한 책임추궁에 의하여 예방 및 해결을 하여야 한다.

### (9) 자기거래 금지의무

#### 1) 의    의

상법상 "이사 등의 자기거래"란, "이사 등이 자기 또는 제3자의 계산으로 회사와 하는 거래"를 의미하고, 여기서 "이사 등"은 제398조에 열거된 자를 가리키고,[677] "거래"는 모든 재산상의 행위를 가리킨다고 설명하는 것이 통설이나, "회사와 이사의 이익이 충돌할 수 있는 거래"와 같이 이익충돌을 자기거래의 개념요소로 정의하는 견해도 있다.[678]

종래의 상법 제398조는 "이사와 회사 간의 거래"라는 제목 하에, "이사는 이사

---

소외 1의 경업행위와 사업기회 유용행위로 인해 입은 손해는 이로 인해 발생한 L의 매출액 감소에 따른 영업수익 상실액 상당이다. 이 사건의 경우 구체적 손해의 액수를 입증하는 것이 사안의 성질상 곤란한 경우이나, L과 M의 판매물품이 N 제품으로 동일하고, 판매시장도 국내시장으로 동일하며, 매출액에 영향을 줄 수 있는 다른 요인들, 제품에 대한 수요나 브랜드 선호도, 경기변동 등 시장상황, 대체재 존부 등도 동일하였다고 보이므로, L의 매출액 감소분은 M이 판매한 N 제품 매출액 상당이라고 봄이 타당하다. 다만 L의 일실이익을 산정할 때에는 L 고유의 매출액 대비 순이익률을 산출하여 이를 매출액 감소분에 곱하는 방식으로 하고, L 고유의 매출액 대비 순이익률은, 소외 1의 임무위배 행위가 본격화되지 아니한 1999년부터 2001년까지의 L 재무제표를 근거로 산출함이 상당하다.""乙 회사가 甲의 경업행위와 사업기회 유용행위로 입은 손해는 乙 회사의 매출액 감소에 따른 영업수익 상실액 상당이며, 乙 회사의 매출액 감소분은 丙 회사가 판매한 丁 법인 제품의 매출액 상당이라고 봄이 타당하다고 판단한 다음, 丙 회사는甲이 유용한 乙 회사의 사업기회를 이용하여 직접 사업을 영위하면서 이익을 얻고 있다가 이를 제3자에게 양도하면서 영업권 상당의 이익을 얻었는데, 그 영업권 속에는 丙 회사가 직접 사업을 영위하여 형성한 가치 외에 甲의 사업기회 유용행위로 乙 회사가 상실한 丁 법인과의 독점판매계약권의 가치도 포함되어 있고, 위 사업 양도 후 수개월이 지나 乙 회사가 해산하였다고 하여 해산 전에 乙 회사가 입은 손해와 상당인과관계가 단절되지도 않으므로, 丙 회사가 받은 양도대금 중 丙 회사가 乙 회사의 사업기회를 이용하여 수년간 직접 사업을 영위하면서 스스로 창출한 가치에 해당하는 부분을 제외하고 乙 회사가 빼앗긴 사업기회의 가치 상당액을 산정하는 등의 방법을 통해 이를 乙 회사의 손해로 인정하여야 한다."라고 판시한 바 있다(대법원 2018. 10. 25. 선고 2016다16191 판결).

677) 이하에서는 문맥상 문제가 없으면 제398조에 열거된 자를 "이사"로 약칭한다.
678) 이·최, 397면.

회의 승인이 있는 때에 한하여 자기 또는 제3자의 계산으로 회사와 거래를 할 수 있다."라고 규정하였고, 이러한 거래를 강학상 자기거래라고 불렀다.

2011년 개정상법은 제398조의 제목을 "이사 등과 회사 간의 거래"라고 변경하고, 내용도 "다음 각 호의 어느 하나에 해당하는 자가 자기 또는 제3자의 계산으로 회사와 거래를 하기 위하여는 미리 이사회에서 해당 거래에 관한 중요사실을 밝히고 이사회의 승인을 받아야 한다. 이 경우 이사회의 승인은 이사 3분의 2 이상의 수로써 하여야 하고, 그 거래의 내용과 절차는 공정하여야 한다."라고 규정함으로써,679) i) 규제대상 거래주체의 범위를 확대하고, ii) 이사회의 승인 요건을 강화하고, iii) 거래의 공정성 요건을 추가하였다.680)

2) 규제의 근거

이사의 자기거래를 규제하는 이유에 대하여, 대법원은 2005다4284 판결에서 "상법 제398조 전문이 이사와 회사 사이의 거래에 관하여 이사회의 승인을 얻도록 규정하고 있는 취지는, 이사가 그 지위를 이용하여 회사와 거래를 함으로써 자기 또는 제3자의 이익을 도모하고 회사 나아가 주주에게 불측의 손해를 입히는 것을 방지하고자 함에 있는바 … "라고 판시함으로써 회사의 이익을 보호하기 위한 제도임을 분명히 하였다.

---

679) 일본에서도 이사회비설치회사의 경우 이사가 자기를 위하여 또는 제3자의 대리인, 대표기관으로서 회사와 거래(利益相反去來)를 하려고 하는 때에는, 주주총회에서 당해 거래에 관한 중요한 사실을 공개하고 보통결의에 의한 승인을 받아야 한다(日会 356조①2). 주식회사가 이사의 채무를 보증하는 때와 기타 이사 외의 자와 사이에 있어서 회사와 이사 간의 利益相反去來를 하는 때도 같다(日会 356조①3). 이사회설치회사의 경우 이사회가 利益相反去來의 승인 기관이고(日会 365조①), 이사는 당해 거래 후 지체 없이 당해 거래에 관한 중요한 사실을 이사회에 보고하여야 한다(日会 365조②). 독일에서는 정관이나 감사회의 결정으로 감사회의 승인이 필요한 행위를 정할 수 있다(株式法 111조④).

680) 미국에서도 자기거래에 관한 가장 중요하고도 명시적 규정은 MBCA로서 §8.31과 1988년 개정시 이를 대체한 Subchapter F(§§8.60-8.63)이다. §8.31은 Subchapter F로 대체되었으나 아직도 많은 州의 제정법에 반영되어 있고, 오히려 Subchapter F는 아직은 Georgia, Washington, Mississippi 등 소수의 州의 제정법에만 반영되어 있다. MBCA §8.31은 이익충돌 없는 자기거래는 이를 무효로 할 수 없다는 전제 하에 다음과 같이 규정하였다. (a) 이익충돌 있는 거래의 경우라도 (1) 거래 및 이사의 이익충돌에 관한 중요한 사실이 이사회나 위원회에 공개된 후 이사회 또는 위원회가 거래를 승인 또는 추인하거나, (2) 거래 및 이사의 이익충돌에 관한 중요한 사실이 의결권 있는 주주들에게 공개되고, 이러한 주주들이 거래를 승인 또는 추인하거나, (3) 거래가 회사에 공정하면 이익충돌거래라는 이유만으로 이를 무효로 할 수 없다고 규정한다. MBCA Subchapter F는 §8.60부터 §8.63으로 구성되는데, §8.61은 이익충돌 없는 거래(not a director's conflicting interest transaction)에 대하여 법원은 금지명령, 무효판결, 손해배상판결, 기타 제재 등을 할 수 없다고( … may not be enjoined, set aside, or give rise to an award of damages or other sanction) 규정한다.

자기거래의 특징으로, i) 회사가 당사자인 거래에서 이사가 거래상대방이고, ii) 회사의 거래에 대한 의사결정에 이사가 영향을 끼치고, iii) 이사가 회사의 재정상 이익과 잠재적으로라도 충돌하는 개인적인 재정상 이해관계를 가지고, 이에 따라 이사가 회사의 최선의 이익을 위하여 행위할 것이라는 점에 대하여 의심할 이유가 있다는 점이다. 따라서 이사가 자기의 지위를 이용하여 회사와 거래를 함에 있어서 이사의 개인적 이해관계와 회사의 이해관계가 충돌하는 경우, 회사가 불공정하게 취급되어 그 결과 회사에게 손해를 입히고 그로 인하여 이사가 이익을 취할 염려가 크다. 즉, 이사와 회사 간의 매매계약체결에 있어서 이사가 회사의 결정에 영향을 준다면, 회사가 매도인인 경우에는 매매가격이 불공정하게 낮게 될 가능성이 있고 회사가 매수인인 경우에는 매매가격이 불공정하게 높게 될 가능성이 있는 것이다. 자기거래를 하는 이사가 회사의 주주인 경우에도 마찬가지인데, 비록 회사가 거래로 인하여 손해를 입고 결국 그 손해가 주주인 이사에게 비례적으로 귀속되더라도 이사인 주주가 그 거래로 인하여 개인적으로 얻은 이익은 주주로서 입게 되는 손해에 비하여 클 수밖에 없으므로 자기거래의 불공정성은 여전히 인정된다. 이는 그 주주가 지배주주인 경우에도 마찬가지이다.681) 이와 같이, 이사의 자기거래를 규제하는 근본적인 이유가 당해 거래가 회사에 불공정하게 이루어질 가능성이 크기 때문이라면, 회사가 이사의 자기거래를 승인함으로써 오히려 회사에 경제적 이익(economic benefit)이 될 수 있는 경우에는 이를 금지할 이유가 없다. 그러나 이사회의 승인과 같은 절차적 요건을 구비하였다는 것만으로는 자기거래 허용이 정당하게 되는 것이 아니고, 자기거래 내용의 공정성 여부도 고려하여야 할 것이다. 이에 따라 종래에는 이사회의 승인만을 자기거래의 허용요건으로 규정하였으나, 2011년 개정시 이사회의 승인 외에 거래의 공정성 요건도 추가하였다.

### 3) 규제대상

(가) 규제대상 거래주체    종래의 상법은 이사 본인만을 자기거래의 규제대상으로 규정하였으나,682) 2011년 개정상법은 이사 또는 주요주주 외에, 이들과 일정

---

681) 예를 들어, 이사인 주주가 회사의 지분 중 50%를 소유하는 경우, 이사가 회사와의 거래에서 정상가격에 비하여 10억원 높거나 낮은 가격으로 거래를 하는 경우, 지배주주도 5억원의 손해를 간접적으로 입게 되지만, 거래 자체로부터 이미 10억원의 이익을 얻었으므로 결국 5억원의 이익을 얻게 되었고, 나머지 소액주주들은 5억원의 손해를 비례적으로 입게 된다.

682) 종래에는 자기거래가 제한되는 주체가 이사로 한정되어 있어, 이사의 직계존비속·배우자 또는 그들의 개인회사 등이 회사와 거래하는 경우 등 실질상 이사의 자기거래에 해당하나 형식상 이에 해당하지 않는 탈법행위로 인한 부당한 거래를 회사의 이익을 위하여 제한할 필요

한 혈연관계에 있는 자와 지분관계에 있는 자도 규제대상에 포함한다.[683)

회사와의 거래 전에 미리 그 회사 이사회의 승인을 받아야 하는 자는 다음과 같다(398조).

1. 이사 또는 상법 제542조의8 제2항 제6호에 따른 주요주주
2. 제1호의 자의 배우자 및 직계존비속
3. 제1호의 자의 배우자의 직계존비속
4. 제1호부터 제3호까지의 자가 단독 또는 공동으로 의결권 있는 발행주식 총수의 50% 이상을 가진 회사 및 그 자회사
5. 제1호부터 제3호까지의 자가 제4호의 회사와 합하여 의결권 있는 발행주식 총수의 50% 이상을 가진 회사

가) 이      사      자기거래의 규제대상인 이사는 거래 당시의 등기이사를 의미한다. 사내이사·사외이사 여부는 물론 상근·비상근 여부를 불문하고, 퇴임이사(386조①)도 포함된다. 주요주주가 법인인 경우 그 이사는 규제대상이 아니다. 모회사의 이사와 자회사의 거래는 모회사와의 관계에서 자기거래에 해당하지 아니하고, 따라서 모회사의 이사와 자회사 간의 거래는 규제대상이 아니다.[684) 상법 제398조는 집행임원에 대하여 준용되나(408조의9), 업무집행관여자(401조의2①)는 상법상 이사가

가 있다는 점이 지적되었다. 물론 규제대상인 자기거래는 거래명의자가 아니라 거래의 계산주체를 기준으로 결정하는 것이므로 위와 같은 경우에도 이사가 거래의 실질적인 계산주체임이 밝혀지면 규제대상인 자기거래가 되지만, 이러한 내부관계를 증명하기는 용이하지 않아서 실효성이 크지 않았다.

683) 따라서 제398조는 "회사와 이해관계자 간의 거래"를 규정한 것으로 표현하기도 한다. 일본 회사법은 이익상반거래의 규제대상을 이사에 한정한다(日会 356조). 미국에서는 이사 및 임원 (상법상 집행임원)이 자기거래규제의 대상이지만, MBCA는 이사와 관계 있는 자(related person of a director)도 규제대상으로 규정하는데, 이사관계자는 이사의 배우자·자녀·손자·형제·부모, 이들의 배우자, 이사의 동거자 등을 포함한다[MBCA §8.60(3)].

684) [대법원 2013. 9. 12. 선고 2011다57869 판결] "구 상법(2011.4.14.법률 제10600호로 개정되기 전의 것,이하 '구 상법'이라 한다) 제398조가 이사와 회사 간의 거래에 대하여 이사회의 승인을 받도록 정한 것은 이사가 그 지위를 이용하여 회사와 직접 거래를 하거나 이사 자신의 이익을 위하여 회사와 제3자 간에거래를 함으로써 이사 자신의 이익을 도모하고 회사 또는 주주에게 손해를 입히는 것을 방지하고자 하는 것이므로(대법원 2010.3.11.선고 2007다71271판결 참조), 위 규정이 적용되기 위하여는 이사 또는 제3자의 거래상대방이 이사가 직무수행에 관하여 선량한 관리자의 주의의무 또는 충실의무를 부담하는 당해 회사이어야 한다. 자회사가 모회사의 이사와 거래를 한 경우에는 설령 모회사가 자회사의 주식 전부를 소유하고 있더라도 모회사와 자회사는 상법상 별개의 법인격을 가진 회사이고, 그 거래로 인한 불이익이 있더라도 그것은 자회사에게 돌아갈 뿐 모회사는 간접적인 영향을 받는 데 지나지 아니하므로, 자회사의 거래를 곧바로 모회사의 거래와 동일하게 볼 수는 없다"(신주발행회사의 100% 지분을 소유한 회사의 이사가 그 신주발행회사로부터 신주를 인수한 사안이다).

아니면서 준용규정도 없으므로 규제대상에 포함되지 않는다.685) 이사직무대행자
(407조①)와 청산인(542조②)은 규제대상에 포함된다.

제398조의 적용대상은 거래 당시의 이사와 이에 준하는 자에 한정할 것이므로,
이사의 지위를 상실한 후 재임 당시 회사에 투자한 투자금을 반환받는 거래의 경우
에는 적용대상이 아니다.686)

나) 주요주주

(a) 주요주주의 의의  제1호의 주요주주란 자연인주주 및 법인주주로
서,687) "누구의 명의로 하든지 자기의 계산으로 의결권 없는 주식을 제외한 발행주
식총수의 10% 이상의 주식을 소유하거나 이사·집행임원·감사의 선임과 해임 등
상장회사의 주요 경영사항에 대하여 사실상의 영향력을 행사하는 주주(542조의8②6)"
를 말한다.688) 사실상의 영향력을 행사하는 주주는 단 1주만 소유하여도 주요주주
가 될 수 있다.689) 갑이 A사를 100% 지분을 보유하고, A사가 상장법인인 B사를
40% 보유하고 있는 경우와 같이 간접 지분에 의하여 사실상의 영향력을 행사하는
경우에도 최소한 1주는 소유하여야 주요주주가 된다.690)

---

685) 다만, 주요주주·특수관계인 등은 업무집행관여자에 해당하는 경우가 많으므로 그 범위에서
는 규제대상에 포함되어 있다고 볼 수 있다.

686) [대법원 1988. 9. 13. 선고 88다카9098 판결] "원심은 원고가 피고회사의 공동대표이사로 취
임하는 조건으로 피고회사에 대한 투자를 하기로 하여 그 일부로 돈을 납입하였고 이에 따라
원고가 피고회사의 공동대표이사로 취임하였다고 전제하고 사정이 그와 같다면 원고가 그후
위 대표이사직을 사임하였다 하더라도(이 사건의 경우 원고는 이사직까지 사임하였다) 원고가
위 투자금을 되돌려 받기 위하여는 위 법을 준용하여 피고회사 이사회의 사전승인 결의를 거
쳐야 할 것인데 피고회사의 위 투자금 반환약정에 관하여 피고회사의 승인이 없었으므로 원.
피고사이의 위 돈의 반환약정은 무효라고 판단하였으나 이는 위 법을 불필요하게 확대 적용
한 것이라고 보아야 할 것이다. 따라서 원심판결에는 이사와 회사간의 자기 거래의 제한에 관
한 상법 제398조의 법리를 오해한 위법이 있다 할 것이고 이는 판결에 영향을 미치는 것이므
로 논지는 다른 점에 관하여 판단할 것 없이 이유있다."

687) 주요주주의 개념에 관한 제542조의8 제2항은 상장회사 사외이사의 결격사유 규정인데, 이
러한 형식으로 규정하면 개인주주만이 주요주주가 될 수 있다는 해석도 가능하다는 점 때문
에 입법과정에서 논란이 있었으나, 문제가 없다고 보아 그대로 규정하였다. 따라서 상장회사
사외이사의 결격사유에 관한 규정이라는 이유로 주요주주는 개인주주만을 가리킨다고 해석하
는 것은 입법자의 의도에 반한다.

688) 금융사지배구조법은 주요주주에 관하여 시행령에서 매우 상세한 규정을 두고 있다. 상법에
별도의 규정이 없는 사항에 관하여는 금융사지배구조법 규정을 유추적용해야 할 것이다.

689) 상법 제401조의2는 등기부상 이사가 아닌 지배주주도 이사와 같은 손해배상책임을 부담하
도록 하기 위한 규정인데, 1주 이상만 소유하면 주요 경영사항에 대하여 사실상의 영향력을
행사하는 주요주주로서 제398조의 적용대상이 될 수 있다.

690) 이와 같이 "사실상의 영향력을 행사하는 주주"는 매우 광범위한 개념이라 할 수 있는데, 거래
의 유무효를 결정하는 판단기준으로서는 명확성이 부족하다는 문제가 있다.

　　(b) 비상장회사의 주요주주　　　제1호는 "제542조의8 제2항 제6호에 따른 주요주주"라고 규정하는데, 제542조의8 제2항 제6호는 "상장회사의 주요 경영사항에 대하여 … "라고 규정하므로,691) 비상장회사의 주요주주는 법문상으로는 자신이 상장회사인지 여부에 관계없이 자기거래규제의 대상이 아닌 것으로 된다.692) 그러나 입법자의 의도가 자기거래규제의 적용대상을 상장회사의 주요주주에 한정하고 비상장회사의 주요주주는 배제하려는 것은 아님이 분명하고, 따라서 이 규정은 명백히 입법상의 오류로 보인다.693) 따라서 비상장회사의 주요주주도 규제대상에 포함되는 것으로 해석해야 할 것인데,694)　해석상 논란의 여지를 없애기 위하여 입법적인 보완이 필요하다.695)

---

691) [商法 제542조의8]
　　② 상장회사의 사외이사는 제382조 제3항 각 호뿐만 아니라 다음 각 호의 어느 하나에 해당되지 아니하여야 하며, 이에 해당하게 된 경우에는 그 직을 상실한다.
　　6. 누구의 명의로 하든지 자기의 계산으로 의결권 없는 주식을 제외한 발행주식총수의 100분의 10 이상의 주식을 소유하거나 이사·집행임원·감사의 선임과 해임 등 상장회사의 주요 경영사항에 대하여 사실상의 영향력을 행사하는 주주(이하 "주요주주"라 한다) 및 그의 배우자와 직계 존속·비속

692) 최준선, 466면.

693) 상법상 넓은 의미의 입법상 오류에 해당하는 부분은, i) 법문의 표현상 오류임이 명백한 경우, ii) 실제 적용에 있어서의 심각한 문제가 초래되는 경우, iii) 제398조와 같이 준용 내지 인용하는 문구의 미비로 인하여 현실적으로 문제가 발생하는 경우 등이 있다. i)과 같이 법문의 표현상 오류임이 명백한 규정에 관하여 보면, 제295조 제2항의 "현물출자를 하는 발기인"은 "현물출자를 하는 자"로 수정하여 읽으면 되고, 제346조 제3항은 "제2항의 경우에 … "라고 규정하는데 제2항은 정관에 회사의 전환권과 전환조건을 정하여야 한다는 규정이므로, "제2항의 경우에 … "는 "회사가 전환을 결정하는 경우"로 수정하여 읽는 것이 타당하다. 그리고 ii)에 해당하는 규정에 관하여 보면, 총회의 결의에 관하여는 특별이해관계인으로서 행사할 수 없는 주식의 의결권 수(368조③), 감사선임의 경우 의결권 없는 주식을 제외한 발행주식총수의 3%를 초과하는 주식(409조②·③)과, 상장회사의 감사 또는 사외이사 아닌 감사위원을 선임하거나 해임하는 경우(542조의12③) 및 상장회사가 사외이사인 감사위원을 선임하는 경우(542조의12④), 각각 의결권 없는 주식을 제외한 발행주식총수의 3%를 초과하는 주식으로서 행사할 수 없는 주식의 의결권 수는 출석한 주주의 의결권의 수에 산입하지 않는다(371조②). 여기서 "출석한 주주의 의결권의 수에 산입하지 아니한다"는 규정상, 출석한 주주의 의결권의 수에 산입하지 않는 주식도 발행주식총수에는 산입된다고 해석하면 3% 초과 주식의 수가 발행주식총수의 75%를 넘는 경우에는 상법 제368조 제1항에서 말하는 '발행주식총수의 4분의 1 이상의 수'라는 요건을 충족시키는 것이 원천적으로 불가능하게 된다. 따라서 감사의 선임에서 3% 초과 주식은 상법 제371조의 규정에도 불구하고 상법 제368조 제1항에서 말하는 '발행주식총수'에 산입되지 않는다고 해석한다(대법원 2016. 8. 17. 선고 2016다222996 판결).

694) 同旨: 이철송, 753면.

695) 입법적인 보완이나 법원의 판례가 확립되기 전에는, 자기거래금지규정 위반시 거래가 무효로 되므로 기업 입장에서도 비상장법인의 주요주주가 제398조의 규제대상에 포함된다는 전제

회사기회 유용금지규정에 위반한 경우에도 그 거래 자체는 유효하고 이사의 손해배상책임만 발생하는 반면, 자기거래금지규정에 위반한 경우에는 통설인 상대적 무효설에 의하면 이사 등과 회사 간의 거래 자체가 무효로 되는 것이 원칙이다. 따라서 자기거래금지규정은 회사기회의 유용금지규정에 비하여 엄격하게 해석하여야 할 것이므로 지나친 확장해석이나 유추해석은 곤란하다. 그렇다면 제398조 위반으로 인한 거래의 유무효를 판단하는 경우에 있어서는 입법적인 보완이 있기 전에는 비상장회사의 주요주주는 제398조의 적용대상이 아닌 것으로 해석하여야 한다.

다만, A회사의 이사가 A회사의 주요주주인 B회사의 대표이사를 겸직하는 경우, B회사가 상장회사라면 상법상 명문의 규정에 의하여 A회사와 A회사의 주요주주 간 거래로서 A회사 이사회의 승인이 요구되고, B회사가 상장회사가 아니더라도 쌍방대표 유형의 자기거래인 A회사와 A회사 이사 간의 거래로 볼 수 있으므로 A회사 이사회의 승인이 요구된다.

다) 배우자와 직계존비속      이사 또는 주요주주의 "배우자, 직계존비속, 배우자의 직계존비속"도 자기거래의 규제대상이다(제2호·제3호). "배우자의 직계존비속"만 규제대상이고 "직계존비속의 배우자"는 규제대상이 아니다.696)

라) 모자회사      제1호의 주요주주를 기준으로 보면, 제4호의 "발행주식 총수의 50% 이상을 가진 회사 및 그 자회사"는 주요주주의 자회사 및 손회사를 의미하고, 제5호의 회사는 제1호의 주요주주의 증손회사를 의미한다.

상법상 다른 회사(B)의 발행주식총수의 50%를 "초과"하는 지분을 가진 회사(A)를 B의 모회사라 하고 B는 A의 자회사라 하는데(342조의2③), 제398조 제4호는 발행주식총수의 50% "이상"이라고 규정하므로 정확히 모자회사라는 개념은 아니지만, 정확히 50%를 가지는 특별한 경우가 아닌 한 실제로는 구별의 실익이 없으므로697)

---

하에서 업무를 처리하는 것이 안전한 업무처리 방향일 것이다.

696) 이러한 입법적인 미비로 인하여 불균형을 지적하는 견해도 있다. 예컨대, A의 50%를 소유하는 갑의 딸 을이 B의 50%를 소유하는 병과 혼인한 경우, A, B 간의 거래에 있어서 B 이사회의 승인만 요구된다. 갑은 제1호의 주요주주이고 을은 갑의 직계비속인데, 제3호가 "직계존비속의 배우자"는 규정하지 아니하므로 을의 배우자인 병은 제3호에 해당하지 않고 따라서 B는 제4호의 회사에 해당하지 않기 때문이다(송옥렬, 1024면). 한편, 상장회사와 이해관계인 간의 거래에 대한 특례 규정인 제542조의9 제1항 제1호는 "주요주주 및 그의 특수관계인"을 규제대상에 포함하여 규정하므로 직계존비속의 배우자도 주요주주의 특수관계인으로서 규제대상이다.

697) 통상은 정확히 50%를 소유하는 예가 드물기 때문에 그 적용에 있어 별다른 차이가 없지만,

이하에서는 편의상 모자회사임을 전제로 설명한다. 제4호의 "그 자회사"는 "회사"가 50%를 초과하는 지분을 가진 회사를 말한다.

　　a) 모자회사 간의 거래　　모회사와 자회사 간의 거래에 있어서는, 자회사의 입장에서는 주요주주인 모회사와 거래하는 것이므로 자회사의 이사회가 그 거래를 승인하여야 하고, 모회사의 입장에서 자회사는 제398조 각 호의 어느 항목에도 해당하지 아니하므로 모회사의 이사회의 승인은 요구되지 않는다. 완전모회사 이사와 완전자회사 간의 거래는 모회사 이사회의 승인을 받아야 하는 거래가 아니다.[698] 모회사와 손회사가 거래하는 경우 손회사 입장에서 모회사가 자회사와 손회사에 대하여 사실상 영향력을 행사하는 관계라 하더라도 모회사가 손회사의 주식을 1주도 소유하지 않는 경우에는 제398조의 적용대상이 아니다.

　　한편, 완전모자회사 간의 거래에도 자회사 이사회의 승인을 받아야 하는 거래인지에 관하여 의문을 제기하는 견해도 있지만,[699] i) 상법의 명문의 규정상 완전모자회사 간의 거래를 제398조의 적용대상에서 제외할 근거가 없고, ii) 완전모자회사 간의 거래의 경우에 오히려 자회사의 이익을 희생시키는 경우가 많을 수 있고, iii) 자기거래에 대하여 이사회의 승인을 요구하는 이유가 회사와 일반 주주뿐 아니라 회사채권자도 보호하기 위한 것임을 부인할 수 없다는 점에서 자회사 이사회의 승인을 필요로 한다고 해석된다. 특히 뒤에서 보는 바와 같이 1인주주인 이사가 자신이 당사자인 자기거래를 승인할 수 없다는 해석과도 논리적으로 일관된다.

　　b) 자회사들 간의 거래　　B와 C가 모두 A의 자회사인 경우, B와 C는 서로 상대방이 위 제4호의 "주요주주가 의결권 있는 발행주식 총수의 50% 이상을 가진

---

　　대주주 쌍방의 지분이 정확히 50%씩인 합작투자회사의 경우에는 구별해야 할 것이다.

698) [대법원 2013. 9. 12. 선고 2011다57869 판결] "구 상법(2011. 4. 14. 법률 제10600호로 개정되기 전의 것, 이하 '구 상법'이라 한다) 제398조가 이사와 회사 간의 거래에 대하여 이사회의 승인을 받도록 정한 것은 이사가 그 지위를 이용하여 회사와 직접 거래를 하거나 이사 자신의 이익을 위하여 회사와 제3자 간에 거래를 함으로써 이사 자신의 이익을 도모하고 회사 또는 주주에게 손해를 입히는 것을 방지하고자 하는 것이므로, … 자회사가 모회사의 이사와 거래를 한 경우에는 설령 모회사가 자회사의 주식 전부를 소유하고 있더라도 모회사와 자회사는 상법상 별개의 법인격을 가진 회사이고, 그 거래로 인한 불이익이 있더라도 그것은 자회사에게 돌아갈 뿐 모회사는 간접적인 영향을 받는 데 지나지 아니하므로, 자회사의 거래를 곧바로 모회사의 거래와 동일하게 볼 수는 없다. 따라서 모회사의 이사와 자회사의 거래는 모회사와의 관계에서 구 상법 제398조가 규율하는 거래에 해당하지 아니하고, 모회사의 이사는 그 거래에 관하여 모회사 이사회의 승인을 받아야 하는 것이 아니다."

699) 권윤구·이우진, "개정상법상 자기거래의 규제", BFL 제61호(2012. 1), 서울대학교 금융법센터, 61면.

회사"에 해당하므로 양회사의 이사회가 모두 거래를 승인하여야 한다.

　　c) 자회사와 자회사 아닌 회사 간의 거래　　A의 50% 미만의 지분을 소유한 주요주주인 갑이 B의 25% 지분을 소유하고, 갑의 배우자인 을이 B의 25% 지분을 소유하는 경우, A 입장에서 B는 제4호의 "주요주주와 그 배우자가 공동으로 의결권 있는 발행주식 총수의 50% 이상을 가진 회사"에 해당하나, B 입장에서 A는 제398조 각 호의 어느 것에도 해당하지 않는다. 따라서 A, B 간의 거래에 있어서 A 이사회의 승인만 요구된다.

　　d) 제4호의 "회사"의 범위　　B가 A의 자회사이고 C가 B의 자회사인 경우, B 입장에서 C는 B의 주요주주인 A가 50% 지분을 소유하는 B 자신의 자회사로서 제4호의 "자회사"에 해당하는지 여부에 관하여 법문의 취지가 명확하지 않다.

　　이러한 경우 C가 제4호의 "자회사"에 해당한다고 보면 B, C 간의 거래에 대하여 자회사인 C의 이사회뿐 아니라 모회사인 B의 이사회로부터도 승인을 얻어야 한다고 해석된다. 그런데, 이러한 해석은 조회사(祖會社)의 존재라는 우연한 사정에 따라 규제대상이 달라지는 결과가 된다는 문제점이 있으므로 향후 법원의 판단이 필요한 부분이다.

　　e) 공동소유와 단순합산　　제4호는 "공동으로"라고 규정하고 제5호는 "합하여"라고 규정한다. 제4호의 "공동으로"를 공동소유 개념으로 해석한다면 규제의 범위가 대폭 축소된다. 즉, 지배주주가 제398조의 적용을 회피하기 위하여 지분을 분산시켜 놓은 경우는 규제대상이 아니다. 따라서 제4호의 "공동으로"로 제5호의 "합하여"와 같은 의미로 해석하는 것이 입법취지에 부합할 것이다. 다만, 제398조는 이에 위반한 거래의 효력에 영향을 주므로 입법적으로 명확히 규정하는 것이 바람직하다.

　　f) 계열회사 간 거래　　기업집단의 계열회사 간 거래에 있어서, A의 모회사인 갑이 B의 지분 20%를 소유한 경우, A 입장에서 B는 제4호의 "발행주식 총수의 50% 이상을 가진 회사"가 아니므로 A, B 간의 거래에 대하여 A의 이사회의 승인은 요구되지 않는다. 앞에서 본 바와 같이 이 경우에는 B가 제5호의 회사에도 해당하지 않는다. 반면에 B 입장에서는 A는 제4호의 회사이므로 B의 이사회의 승인은 요구된다.[700]

---

700) 이와 같이 계열회사 간 거래에 있어서는 지배력이 더 낮은 회사의 이사회 승인만 요구되는 결과에 대하여 대표이사겸직의 경우 거래의 결과 불리하게 되는 회사의 이사회의 승인만 받으

마) 자기 또는 제3자의 계산    상법상 자기거래는 이사가 자기 또는 제3자의 계산으로 하는 거래이다. 따라서 이사가 제3자의 대리인이거나 제3자로부터 위탁받은 경우, 제3자에게 위임하거나 위탁하는 경우도 모두 제398조의 적용대상이다.

바) 회사의 범위    제398조 제4호와 제5호는 "회사"라고만 규정하므로 주식회사 외에 유한회사 등 다른 유형의 회사도 규제대상에 포함되는지 여부에 대하여 논란이 있을 수 있으나 "의결권 있는 발행주식"이라는 문구상 제398조는 주식회사의 경우에만 적용된다고 해석된다(상법의 편제상으로도 그렇다). 외국회사는 법률에 다른 규정이 있는 경우 외에는 대한민국에서 성립된 동종 또는 가장 유사한 회사로 보아야 하므로(621조) 제398조의 규제대상이다.701) 국내회사와 해외현지법인 간의 거래도 그 해외현지법인이 제4호·제5호에 규정된 회사·자회사라면 규제대상이다.

사) 대리인·대표자    제398조 제1호부터 제5호까지에 열거된 자가 거래의 상대방인 경우뿐 아니라 열거된 자의 대리인 또는 대표자가 거래의 상대방인 경우도 규제대상이다.702)

(나) 자기거래의 유형

가) 직접거래와 간접거래    자기거래에는 이사가 직접 당사자로서 회사와 하는 거래(직접거래)와 거래로 인한 이득이 이사에게 귀속하지만 이사 아닌 제3자가 거래당사자로서 회사와 하는 거래(간접거래)가 있다.

2011년 개정상법은 자기거래의 규제대상자를 이사와 주요주주를 중심으로 하여 한정적으로 열거하여 규정한다. 따라서 대표이사 겸직의 경우에까지 자기거래규제를 확대적용하여야 하는지에 관하여 논란의 여지가 있지만, 자기거래규제의 대상

---

면 되는 법리와 비슷한 측면이 있다고 설명하기도 한다(송옥렬, 1024면).

701) 다만, 외국회사가 증권시장에 주권을 상장한 경우에도 상법 제3편 제4장 제13절의 상장회사에 대한 특례규정은 원칙적으로 적용되지 않는다는 것이 일반적인 해석이므로, 제542조의9의 적용 여부에 대하여는 논란의 여지가 있다.

702) [대법원 2017. 9. 12. 선고 2015다70044 판결] "이사회의 승인이 필요한 이사와 회사의 거래에는 이사가 거래의 상대방이 되는 경우뿐만 아니라 상대방의 대리인이나 대표자로서 회사와 거래를 하는 경우와 같이 특별한 사정이 없는 한 회사와 이사 사이에 이해충돌의 염려 내지 회사에 불이익을 생기게 할 염려가 있는 거래도 해당된다. 이러한 이사의 거래에 이사회의 승인을 요하는 이유는 이사와 회사 사이의 이익상반거래가 비밀리에 행해지는 것을 방지하고 그 거래의 공정성을 확보함과 아울러 이사회에 의한 적정한 직무감독권의 행사를 보장하기 위해서이다. 따라서 그 거래와 관련된 이사는 이사회의 승인을 받기에 앞서 이사회에 그 거래에 관한 자기의 이해관계 및 그 거래에 관한 중요한 사실들을 개시하여야 할 의무가 있다"(2011년 개정 전 상법이 적용된 사건이므로 이사만을 기준으로 판시하고 있으나, 현행 상법 제398조에 열거된 자 모두에게 적용될 것이다)

에 관한 종래의 해석을 축소하라는 취지는 아니라고 본다. 따라서, 상법의 규정형식에 불구하고 종래의 판례와 같이 i) 쌍방대표의 자기거래와, ii) 간접거래도 여전히 자기거래의 규제대상으로 보아야 한다. 이와 같이 해석한다면 제398조 각 호의 이사에 이사가 대표이사로 있는 회사도 포함되는 결과가 된다.

(a) 직접거래

a) 본인거래 유형　　본인거래 유형은 이사 본인이 직접 당사자로서 회사와 하는 거래를 말한다.703)

b) 쌍방대표 유형

(ⅰ) 대표이사 겸직　　쌍방대표의 유형으로는, i) A, B 양회사의 대표이사인 갑이 A, B 간의 거래를 하는 경우도 상법상 자기거래(직접거래)이다. 자기거래규제의 취지상 대표이사와 회사를 동일시하는 것이다. 같은 논리에 기초하여 갑이 A의 대표이사이면서 B의 주요주주인 경우 A, B 간의 거래도 규제대상인 자기거래이다.

쌍방대표의 유형의 경우 A, B 양회사 이사회의 승인을 받아야 하는지에 관하여 논란의 여지가 있으나, 자기거래규제의 취지상 이사와 회사 사이의 거래라고 하더라도 양자 사이의 이해가 상반되지 않고 회사에 불이익을 초래할 우려가 없는 때에는 이사회의 승인을 얻을 필요가 없다는 판례에 비추어,704) 거래의 결과 불리하게 되는 회사의 이사회의 승인만 받으면 된다고 본다. 따라서 A가 B를 위하여 B의 채권자와 연대보증계약을 체결하는 유형의 자기계약의 경우에는 이로 인하여 B에게 불이익이 초래될 우려가 없으므로 B 이사회의 승인은 요구되지 않고, A 이사회의 승인만 요구된다. 실제로도 A, B 양회사 중 불리하게 되는 회사만이 이사회 승인 여부에 따른 거래의 무효를 주장할 것이다.705)

---

703) 대법원 2002. 7. 12. 선고 2002다20544판결(대표이사의 개인채무를 회사가 인수하도록 한 사안).

704) 대법원 2010. 3. 11. 선고 2007다71271 판결.

705) [대법원 1996. 5. 28. 선고 95다12101, 12118 판결][소유권이전등기말소등] "갑, 을 두 회사의 대표이사를 겸하고 있던 자에 의하여 갑 회사와 을 회사 사이에 토지 및 건물에 대한 매매계약이 체결되고 을 회사 명의로 소유권이전등기가 경료된 경우, 그 매매계약은 이른바 이사의 자기거래에 해당하고, 달리 특별한 사정이 없는 한 이는 갑 회사와 그 이사와의 사이에 이해충돌의 염려 내지 갑 회사에 불이익을 생기게 할 염려가 있는 거래에 해당하는데, 그 거래에 대하여 갑 회사 이사회의 승인이 없었으므로 그 매매계약의 효력은 갑 회사에 대한 관계에 있어서 무효이다" [이유] "(1) 기록에 의하여 살펴보면, 이 사건 토지 및 건물에 관하여 피고 회사 또는 피고 회사의 전신인 주식회사 현대양행(1980. 9. 13. 피고 회사로 상호가 변경되었다) 명의로 경료된 각 소유권이전등기의 원인이 된 한라건설 주식회사(후에 소외 현대도시개발 주식회사를 흡수합병하였고 1986. 11. 28.에는 원고 회사로 상호가 변경되었다)와 주식회사 현

그리고 A, B 모두 복수의 각자대표이사를 두고 겸직대표이사 아닌 다른 대표
이사 간에 거래가 이루어지는 거래는 이익충돌의 염려가 없으므로 제398조의 규제
대상이 아니라고 보아야 한다. 한편, 회사의 대표이사가 다른 회사의 대표이사를
겸직하는 경우가 아니더라도 재단법인의 이사장 같은 대표자의 지위에 있으면 같
은 법리가 적용된다.706)

(ii) 대표이사와 이사 겸직    갑이 A의 대표이사와 B의 이사를 겸직하면서,
A, B간의 거래를 하는 경우에 대하여, B의 이사회의 승인을 받아야 함은 당연하다.
그런데 A의 이사회의 승인에 관하여는, 이 경우에도 거래의 공정을 해할 우려가 있
다는 이유로 승인이 요구된다는 견해와,707) A 입장에서는 B와 갑을 동일시할 수
없으므로 승인이 요구되지 않는다는 견해가 있다.708)

생각건대, 상법상 자기거래 규제는 그 위반시 거래가 무효로 되는 것이므로 지
나치게 확대적용하는 것은 곤란하다. 따라서 갑이 A의 대표이사와 B의 이사를 겸
직하면서, A, B 간의 거래를 하는 경우에는 B의 이사회의 승인만 받으면 된다고
해석하는 것이 타당하다. B의 입장에서는 갑을 A와 동일시할 수 있지만, A의 입장
에서는 B의 평이사에 불과한 갑을 B와 동일시할 수는 없기 때문이다. A, B간의 거
래에서 A는 표현대표이사에 관한 제395조가 규정하는 선의의 제3자가 될 수 없으
므로 제395조를 유추적용할 수도 없으므로, 갑이 B를 대표할 권한이 있는 것으로
인정될만한 명칭을 사용한 경우에도 마찬가지이다.

(iii) 이사 겸직    갑이 A, B의 양회사의 평이사를 겸직하는 경우 A, B 간
의 거래는 당연히 제398조의 적용대상이 아니다. A, B 양회사의 평이사인 갑이 양
회사의 대리인으로서 거래의 협상에 임하는 경우에는 양회사에 대하여 제398조의
적용대상이 되고, 어느 한 회사의 대리인으로 거래의 협상에 임하는 경우에는 상대
방 회사에 대하여 제398조의 적용대상이 된다는 설명도 있는데,709) 논란의 여지는

---

대양행 사이의 매매계약은 당시 위 양 회사의 대표이사를 겸하고 있던 소외 정인영에 의하여
체결된 것인바, 위 매매계약은 이른바 '이사의 자기거래'에 해당한다 할 것이고, 달리 특별한
사정이 없는 한 이는 한라건설 주식회사와 그 이사인 정인영과 사이에 이해충돌의 염려 내지
한라건설 주식회사에 불이익을 생기게 할 염려가 있는 거래에 해당한다 할 것인데 위 거래에
대하여 한라건설 주식회사 이사회의 승인이 없었음을 알 수 있으므로 위 매매계약의 효력은
한라건설 주식회사에 대한 관계에 있어서 무효라고 할 것이다."
706) 대법원 2007. 5. 10. 선고 2005다4284 판결.
707) 이철송, 754면.
708) 송옥렬, 1023면.
709) 주식회사법대계 제2판 Ⅱ, 727면.

있다.

　(b) 간접거래　　형식적으로는 이사와 회사 간의 거래가 아니라 제3자와 회사 간의 거래이지만 거래로 인한 이득이 결과적으로 이사에게 귀속하는 경우에는 실질적으로는 이익충돌 우려가 있기 때문에 제398조의 규제대상이다.

　간접거래는, i) 이사의 제3자에 대한 채무에 대하여 회사가 그 채권자와 연대보증계약을 체결하는 경우와, ii) 별개 두 회사의 대표이사를 겸하고 있는 자가 어느 일방 회사의 채무에 관하여 타회사를 대표하여 그 채권자와 연대보증계약을 체결하는 경우가 있다.710)

　나) 이익충돌 우려가 있는 거래　　모든 자기거래가 항상 이사회의 승인을 받아야 할 필요는 없고, 이사 등과 회사 간의 이익충돌이 있어서 회사가 불이익을 받을 염려가 있는 거래만이 상법 제398조의 규제대상이 된다고 보아야 한다.711) 이사의 회사에 대한 채무이행, 회사채무의 면제, 부담 없는 증여, 무담보·무이자 대여712) 등이 이익충돌 우려가 없는 거래의 예이고, 회사의 이사에 대한 채무이행도 회사가 채무의 존재나 범위를 다투지 않고 다른 항변사유가 없는 한 이익충돌 우려

---

710) [대법원 1984. 12. 11. 선고 84다카1591 판결][대여금] "가. 상법 제398조에서 말하는 거래에는 이사와 회사 사이에 직접 성립하는 이해상반하는 행위뿐만 아니라 이사가 회사를 대표하여 자기를 위하여 자기 개인 채무의 채권자인 제3자와의 사이에 자기개인채무의 연대보증을 하는 것과 같은 이사 개인에게 이익이 되고 회사에 불이익을 주는 행위도 포함하는 것이라 할 것이므로 별개 두 회사의 대표이사를 겸하고 있는 자가 어느 일방 회사의 채무에 관하여 나머지 회사를 대표하여 연대보증을 한 경우에도 역시 상법 제398조의 규정이 적용되는 것으로 보아야 한다. 나. 별개 두 회사의 대표이사를 겸하고 있는 자가 어느 일방 회사의 채무에 관하여 타회사를 대표하여 연대보증을 한 경우, 회사가 위 거래가 이사회의 승인을 얻지 못하여 무효라는 것을 거래의 상대방인 제3자에게 주장하기 위해서는 거래의 안전과 선의의 제3자를 보호할 필요상 이사회의 승인을 얻지 못하였다는 것 외에 거래의 상대방인 제3자가 이사회의 승인 없음을 알았다는 사실을 주장 입증하여야만 한다."
711) [대법원 2010. 3. 11. 선고 2007다71271 판결] "상법 제398조 전문이 이사와 회사 사이의 거래에 관하여 이사회의 승인을 얻도록 규정하고 있는 취지는, 이사가 그 지위를 이용하여 회사와 직접 거래를 하거나 이사 자신의 이익을 위하여 회사와 제3자 간에 거래를 함으로써 이사 자신의 이익을 도모하고 회사 및 주주에게 손해를 입히는 것을 방지하고자 하는 것이므로, 이사와 회사 사이의 거래라고 하더라도 양자 사이의 이해가 상반되지 않고 회사에 불이익을 초래할 우려가 없는 때에는 이사회의 승인을 얻을 필요가 없는 것이다." "주식회사의 이사가 자신을 피보험자 및 수익자로 하여 회사 명의로 퇴직보험에 가입한 사안에서, 회사가 이사를 피보험자로 하여 퇴직보험계약을 체결한 것은 임원퇴직금지급규정상 임원의 보수를 지급하기 위한 수단에 불과하고, 회사에게 퇴직금을 조성하기 위한 일반적인 자금 운영의 범위를 넘는 실질적인 불이익을 초래할 우려가 없으므로, 이에 관하여 이사회의 승인을 얻을 필요가 없다."
712) [대법원 2010. 1. 14. 선고 2009다55808 판결] "이사가 회사에 대하여 담보 약정이나 이자 약정 없이 금전을 대여하는 행위와 같이 성질상 회사와 이사 사이의 이해충돌로 인하여 회사에 불이익이 생길 염려가 없는 경우에는 이사회의 승인을 거칠 필요가 없다."

가 없는 거래에 해당한다.713)

다) 민법 제124조와의 관계        대표이사와 회사 간의 자기거래는 민법상 자기계약에 해당하고, 대표이사 겸직의 경우에는 쌍방대리에 해당하지만, 상법 제398조는 자기계약과 쌍방대리의 경우에 본인의 허락을 받아야 한다는 민법 제124조의 특칙으로 보아야 하므로 제398조에 따른 이사회의 승인만 받으면 된다.714)

상법 제398조를 민법 제124조의 특칙으로 보는 결과, 거래의 성질상 이익충돌 염려가 없는 거래(부담없는 증여, 상계, 채무이행 등)와,715) 회사에 대한 불이익의 염려가 없는 거래(회사에 대한 무이자·무담보 대여, 회사채무를 위한 보증 등)는 이사회의 승인 없어도 그 효력에 영향이 없고,716)717) 민법 제124조에 따른 본인의 허락을 받을 필요가 없다.718)

---

713) [대법원 1999. 2. 23. 선고 98도2296 판결] "회사에 대하여 개인적인 채권을 가지고 있는 대표이사가 회사를 위하여 보관하고 있는 회사 소유의 금전으로 자신의 채권의 변제에 충당하는 행위는 회사와 이사의 이해가 충돌하는 자기거래행위에 해당하지 않는다고 할 것이므로, 대표이사가 이사회의 승인 등의 절차 없이 그와 같이 자신의 회사에 대한 채권을 변제하였더라도 이는 대표이사의 권한 내에서 한 회사채무의 이행행위로서 유효하며, 따라서 그에게는 불법영득의 의사가 인정되지 아니하여 횡령죄의 죄책을 물 수 없다."

714) 종래의 제398조 제2문은 "이 경우에는 민법 제124조의 규정을 적용하지 아니한다."라고 규정하였으나, 불필요한 주의적 규정이라는 이유로 2011년 개정상법에서는 삭제되었다.

715) [대법원 2006. 3. 9. 선고 2005다65180 판결] "주식회사의 대표이사가 회사를 대표하여 회사의 제3자에 대한 채권을 대표이사 자신에게 양도하는 행위는 상법 제398조 소정의 이사의 자기거래행위에 해당하여 이사회의 결의를 거쳐야 할 것인바, 위 채권양도행위에 대하여 이사회의 결의가 있었다거나 그것이 회사의 기존채무 이행을 위하여 행해진 것으로 이사회의 승인을 요하지 않는다는 점에 대하여는 당해 이사가 스스로 주장·입증하여야 할 것이다"("회사의 기존채무 이행을 위하여 행해진 것으로 이사회의 승인을 요하지 않는다는 점에 대하여는 당해 이사가 스스로 주장·입증하여야 할 것"이라는 판시는 결국 기존채무이행은 이익충돌 우려가 없는 거래로서 이사회의 승인을 받을 필요가 없다는 취지이다).

716) [대법원 1999. 2. 23. 선고 98도2296 판결] "주식회사의 대표이사가 회사의 타인에 대한 채무를 담보하기 위하여 자기 앞으로 회사명의의 약속어음을 발행하고 즉시 이를 타인에게 배서한 경우에는 회사와 대표이사 사이에 이해가 상반되는 경우라고 볼 수 없고, 나아가, 회사에 대하여 개인적인 채권을 가지고 있는 대표이사가 회사를 위하여 보관하고 있는 회사 소유의 금전으로 자신의 채권의 변제에 충당하는 행위는 회사와 이사의 이해가 충돌하는 자기거래행위에 해당하지 아니하므로, 대표이사가 이사회의 승인 등의 절차 없이 그와 같이 자신의 회사에 대한 채권을 변제하였더라도 이는 대표이사의 권한 내에서 한 회사채무의 이행행위로서 유효하며, 따라서 불법영득의사가 인정되지 아니하여 횡령죄도 성립하지 않는다."

717) 회사의 채무이행이나 상계의 경우에도 이로 인하여 회사의 재산상태가 극도로 악화되는 수도 있고 채무의 존부 자체에 관한 다툼이 있거나 회사의 항변권이 존재할 수도 있으므로 이사회의 승인을 요한다고 설명하는 견해도 있다(이철송, 756면).

718) 민법 제124조도 이익충돌을 막기 위한 규정이나, 민법학에서는 제124조에 명문으로 규정된 본인의 허락이나 채무의 이행 외에는 적용범위의 예외에 대한 논의가 없는 실정이다.

라) 어음행위    제398조가 어음행위에도 적용되는지, 즉 어음행위를 이해충돌우려 있는 행위로 볼 것인지, 단순한 지불수단으로 볼 것인지의 문제이다. 이에 대하여 과거에는 어음행위는 거래의 수단에 지나지 않고, 그 자체가 이해충돌을 일으키는 행위는 아니라는 견해가 있었는데, 현재의 통설은 어음행위로 인하여 원인관계와 별개의 새로운 채무를 부담하게 되고, 인적항변절단 등으로 엄격한 책임이 따르는 거래이므로 오히려 이해충돌 우려가 크다고 본다. 판례도 "주식회사의 이사가 그 개인채무에 관하여 이사회의 승인 없이 그 인수채무의 지급을 위하여 약속어음을 발행한 경우에는 회사는 그 어음이 이사회 승인 없이 인수된 채무의 지급을 위하여 발행된 것이라는 원인관계를 주장할 수 있다"는 입장이다.[719]

마) 자본거래    신주발행과 같은 자본거래도 주주배정이 아닌 제3자배정인 경우에는 자기거래로서 이사회의 승인을 받아야 한다. 다만, 신주발행을 위한 이사회 결의 과정에서 거래상대방과 거래조건이 충분히 개시되었다면 신주발행에 대한 결의에 의하여 자기거래에 대한 이사회 승인도 받은 것으로 볼 수 있다. 그리고 회사가 주주배정방식에 의하여 신주를 발행하는 과정에서 실권주가 발생하는 경우 회사는 이사회 결의로 이를 제3자에게 처분할 수 있는데, 어느 특정 이사가 실권주를 인수하는 경우에는 해당 이사에게 실권주를 배정한다는 이사회 결의도 필요하다.

회사가 그 주요주주 또는 제4호·제5호에 규정된 회사·자회사와 합병을 하는 경우 주주총회 특별결의에 의한 합병승인을 받아야 하고 합병비율의 현저한 불공정은 합병무효의 사유가 되지만, 제398조의 결의요건과 공정성요건도 중첩적으로 적용된다.

바) 거래의 당사자    거래의 당사자가 해당 회사인 경우에만 자기거래로서 규제대상이 된다. 다만, 직접거래뿐 아니라 간접거래도 거래의 일방당사자가 회사인 경우이다. 신주인수와 관련하여 신주발행회사의 100% 지분을 소유한 회사의 이사가 그 신주발행회사로부터 신주를 인수한 경우에도 신주 인수의 일방 당사자가 모회사가 아닌 자회사인 이상 모회사 이사의 신주 인수는 자회사에 대한 관계에서 이사의 자기거래에 해당하지 않는다는 판례가 있다.[720]

---

719) 대법원 1965. 6. 22. 선고 65다734 판결(同旨: 대법원 1994. 10. 11. 선고 94다24626 판결(대표이사가 개인적으로 금전을 차용할 목적으로 자신이 발행한 수표에 이사회 승인 없이 회사의 대표이사 자격으로 배서한 사안이다).

720) [서울고등법원 2011. 6. 16. 선고 2010나70751 판결] "갑 백화점 이사회가 갑 백화점이 100%

## 4) 이사회의 승인

### (가) 승인기관

가) 이 사 회    판례는 이사와 회사 사이의 이익상반거래에 대한 승인은 특별한 사정이 없는 한 이사회의 전결사항이라는 입장이다.[721]

청산회사의 경우에는 청산인회가 청산인의 자기거래를 승인하여야 한다.[722] 이사회 내의 위원회(내부거래위원회)의 승인으로 이사회의 승인을 갈음할 수 있는지에 관하여는 논란의 여지가 있지만, 이사 전원의 3분의 2 이상의 찬성을 요구하는 제398조의 이사회 결의요건에 따라 위원회의 결의요건도 위원 전원의 3분의 2 이상의 찬성으로 한다면 허용하지 않을 이유가 없다.[723]

자기거래의 당사자인 이사는 "이사회 결의에 관하여 특별한 이해관계가 있는 자"로서 이사회에서 의결권을 행사할 수 없다.

나) 주주총회

(a) 정관의 규정    정관에서 이사회가 아닌 주주총회에서 자기거래에 대한 승인을 받아야 한다고 정할 수 있는지에 관하여, 주주총회의 최고기관성을 중시한 긍정설과 권한분배에 관한 상법의 규정은 강행규정이라는 부정설이 있는데, 판례는 "정관에서" 자기거래의 승인을 주주총회의 권한사항으로 정하는 것을 허용한다.[724]

정관에서 자기거래의 승인을 주주총회의 권한사항으로 규정하는 경우 결의요건은 이사 전원의 3분의 2 이상의 찬성을 요구하는 제398조의 이사회 결의요건에

---

지분을 출자하여 설립한 을 백화점의 유상증자에 대하여 신주인수권을 전부 포기하기로 의결함에 따라, 을 백화점 이사회가 신주를 실권 처리하여 갑 백화점 이사인 병에게 제3자 배정함으로써 병이 이를 인수하여 을 백화점 지배주주가 되자, 갑 백화점 소수주주들이 병은 이사의 자기거래에 해당하는 신주 인수를 이사회 승인 없이 하고 나머지 이사들은 그러한 신주 인수를 가능하게 하여 갑 백화점에 손해를 입혔음을 이유로 손해배상을 구한 사안에서, 신주 인수의 일방 당사자가 갑 백화점이 아닌 을 백화점인 이상 병의 신주 인수는 갑 백화점에 대한 관계에서 이사의 자기거래에 해당하는 것으로 보기 어렵고, 을 백화점이 갑 백화점이 100% 지분을 가진 자회사였다고 하여 달리 볼 수 없다."

721) [대법원 2007. 5. 10. 선고 2005다4284 판결] "이사와 회사 사이의 이익상반거래에 대한 승인은 주주 전원의 동의가 있다거나 그 승인이 정관에 주주총회의 권한사항으로 정해져 있다는 등의 특별한 사정이 없는 한 이사회의 전결사항이라 할 것이므로, 이사회의 승인을 받지 못한 이익상반거래에 대하여 아무런 승인 권한이 없는 주주총회에서 사후적으로 추인 결의를 하였다 하여 그 거래가 유효하게 될 수는 없다"(同旨: 대법원 2007. 5. 10. 선고 2005다4291 판결).

722) 대법원 1981. 9. 8. 선고 80다2511 판결.

723) 同旨: 송옥렬, 1058면.

724) 대법원 2007. 5. 10. 선고 2005다4284 판결의 판시 내용 참조.

비추어 통상의 주주총회 보통결의보다는 강화된 요건으로 해야 한다는 견해도 있지만,[725] 이사회와 주주총회가 결의방법이 본질적으로 다르므로 평면적으로 비교할 수 없다는 점에서 정관에서 달리 규정하지 않는 한 주주총회 보통결의에 의한다고 해석하는 것이 타당하다고 본다.[726]

주주총회의 특정 의안에 대하여 특별한 이해관계가 있는 자는 의결권을 행사하지 못한다는 규정(368조③)에 따라 자기거래의 당사자인 주주는 주주총회에서 주주 또는 대리인 자격으로 의결권을 행사할 수 없다.[727]

(b) 소규모회사      자본금총액이 10억원 미만인 소규모회사는 이사의 정원을 1명 또는 2명으로 할 수 있고, 이 경우 상법상 이사회에 관한 규정에서 "이사회"는 "주주총회"로 보므로(383조④), 이러한 소규모회사는 자기거래에 대하여 주주총회의 승인을 받아야 하는데(383조④), 이는 정관의 규정에 의하여 주주총회의 승인으로 이사회의 승인을 갈음하는 것이 아니라 상법상 주주총회 결의사항이다. 이러한 경우에도 정관에서 달리 정하지 않는 한 주주총회 보통결의에 의하고,[728] 자기거래의 당사자인 주주는 주주총회에서 주주 또는 대리인 자격으로 의결권을 행사할 수 없다. 소규모회사가 주주총회에서 이사와 회사 간의 거래를 승인하려면, 해당 이사가 자기 또는 제3자의 계산으로 회사와 거래를 하기 전에 주주총회에서 해당 거래에 관한 중요사실을 밝히고 주주총회의 승인을 받아야 하고, 그렇지 않은 경우에는 특별한 사정이 없는 한 그 거래는 무효라고 보아야 한다.[729]

다) 주주 전원의 동의      판례는 "원고의 대표이사이자 원고 주식의 100%를 소유한 소외 1이 원고의 1인 주주로서 이 사건 공급계약을 체결하였다면, 이 사건

---

725) 주주총회 하더라도 승인요건은 발행주식 총수의 3분의 2 이상이 되어야 한다는 견해도 있는데(송옥렬, 1058면) 타당성은 의문이다. 1인 1표인 두수주의(頭數主義)에 의한 이사회 결의방법과 1주 1표인 자본다수결에 의한 주주총회 결의방법은 본질적으로 다르고, 이사 전원의 3분의 2와 발행주식총수의 3분의 2는 외관상의 수치는 비슷하지만 실제로는 매우 큰 차이이기 때문이다.

726) 주주총회의 승인으로 이사회의 승인을 갈음할 수 있도록 정관에서 규정할 때 주주총회 결의요건에 대하여 달리 정하지 않았다면 주주들의 의사가 주주총회 보통결의요건에 의하도록 한다는 것으로 볼 수 있기 때문이다. 다만, 논란을 피하기 위하여 이러한 경우 해당 주주총회의 결의요건도 함께 규정하는 것이 바람직하다.

727) 다만, 주주가 1인인 경우 또는 복수의 주주 전원이 특별이해관계인에 해당하는 경우에는 제368조 제3항이 적용되지 않는다고 해석하여야 한다. 특별이해관계인은 본인의 주식에 의한 의결권뿐 아니라 대리인으로서도 의결권을 행사할 수 없다는 것이 통설이다.

728) 同旨: 이철송, 756면.

729) 대법원 2020. 7. 9. 선고 2019다205398 판결.

공급계약의 체결에 원고의 주주 전원이 동의하였다고 할 것이므로 원고는 이사회의 승인이 없었음을 이유로 그 책임을 회피할 수 없다."라고 판시함으로써 이사인 1인 주주와 회사 간의 거래에서 주주 전원이 동의한 경우에는 이사회의 승인이 요구되지 않는다는 입장이다.730) "주주 전원의 동의가 있다거나 그 승인이 정관에 주주총회의 권한사항으로 정해져 있다는 등의 특별한 사정이 없는 한 … "이라는 판시에 비추어,731) 정관의 규정이 요구되는 주주총회의 승인결의와 달리, 정관에 근거 규정이 없어도 주주 전원의 동의로 이사회의 승인을 갈음할 수 있다.732)733)

이와 같이 판례는 긍정설의 입장이지만, 1인회사의 경우에도 업무상 횡령·배임의 성립을 인정하는 형사판례의 입장과 배치되고,734) 1인주주가 이사인 경우에는 특별이해관계 있는 이사로서 이사회에서 의결권을 행사할 수 없음에도 단독으로

---

730) 대법원 2017. 8. 18. 선고 2015다5569 판결(同旨: 대법원 2007. 5. 10. 선고 2005다4284 판결, 대법원 2002. 7. 12. 선고 2002다20544 판결).

731) 대법원 2007. 5. 10. 선고 2005다4284 판결.

732) 이 판례에 대하여는 1인회사의 경우에도 업무상 횡령·배임의 성립을 인정하는 형사판례와 논리적으로 상충된다는 지적도 있다.

733) 또한 대법원 2017. 3. 23. 선고 2015다248342 전원합의체 판결에 의하여 "사실상 1인주주"의 동의는 주주 전원의 동의로 볼 수 없다. 주주의 동의가 주주의 회사에 대한 주주권행사인지 여부에 대하여 논란의 여지가 있지만, 주주의 동의는 반드시 주주총회절차를 거칠 필요가 없다는 의미일 뿐 주주가 특정 사안에 대하여 동의하는 권리라 할 것이고, 따라서 주주명부상의 주주만이 동의할 수 있는 주주로 보아야 할 것이다.

734) [대법원 1983. 12. 13. 선고 83도2330 전원합의체 판결]【업무상배임】"배임의 죄는 타인의 사무를 처리하는 사람이 그 임무에 위배하는 행위로써 재산상의 이익을 취득하거나 제3자로 하여금 취득하게 하여 본인에게 손해를 가함으로써 성립하여 그 행위의 주체는 타인을 위하여 사무를 처리하는 자이며 그의 임무위반 행위로써 그 타인인 본인에게 재산상의 손해를 발생케 하였을 때 이 죄가 성립되는 것인 즉 주식회사의 주식이 사실상 1인주주에 귀속하는 소위 1인 회사에 있어서도 행위의 주체와 그 본인은 분명히 별개의 인격이며 그 본인인 주식회사에 재산상 손해가 발생하였을 때 배임의 죄는 기수가 되는 것이므로 궁극적으로 그 손해가 주주의 손해가 된다고 하더라도(또 주식회사의 손해가 항시 주주의 손해와 일치한다고 할 수도 없다) 이미 성립한 죄에는 아무 소장이 없다고 할 것이며 한편 우리 형법은 배임죄에 있어 자기 또는 제3자의 이익을 도모하고 또 본인에게 손해를 가하려는 목적을 그 구성요건으로 규정하고 있지 않으므로 배임죄의 범의는 자기의 행위가 그 임무에 위배한다는 인식으로 족하고 본인에게 손해를 가하려는 의사는 이를 필요로 하지 않는다고 풀이할 것이다. 이와 그 견해를 달리하는 당원의 1974. 4. 23. 선고 73도2611 판결, 1976. 5. 11. 선고 75도823 판결 등의 판례는 이를 폐기하는 바이다. 따라서 1인 회사의 경우 그 회사의 손해는 바로 그 1인주주의 손해에 돌아간다는 전제 아래 임무위반행위로써 회사에 손해를 가하였다고 하더라도 손해를 가하려는 의사, 즉 범의가 없다고 무죄를 선고한 원심조치는 필경 행위의 주체와 본인을 혼동하였을 뿐만 아니라 법률상 권리, 의무의 주체로써의 법인격을 갖춘 주식회사와 이윤귀속 주체로써의 주주를 동일시하고 업무상배임죄의 기수시기와 그 구성요건을 그릇 파악함으로써 업무상 배임죄의 법리를 오해한 잘못을 저질렀다고 할 것이므로 이를 비의하는 상고논지는 그 이유가 있다 할 것이다."

자기거래를 승인할 수 있다는 문제가 있다. 또한 자기거래 승인과 관련하여 이사는 회사에 대하여 임무해태로 인한 손해배상책임을 지는데, 주주는 자기거래의 동의와 관련하여 회사에 대하여 어떠한 책임도 지지 않는다는 불합리한 점이 있다.

이상을 종합하여 보면, 원칙적으로는 주주 전원의 동의 또는 1인주주의 승인으로 자기거래에 대한 이사회의 승인을 갈음할 수 없다고 해석하는 것이 타당하다. 다만, 1인주주가 회사와 거래하는 당사자가 아닌 경우에는 예외적으로 판례에 따라 1인주주의 승인으로 이사회의 승인을 갈음할 수 있다고 해석해도 될 것이다.

(나) 승인시기　　자기거래에 대한 이사회의 승인은 사전승인의 경우만 허용되는지 여부에 관하여, 종래의 판례는 사후추인도 허용된다는 입장이었으나,[735] 2011년 개정상법은 "미리 (이사회에서 해당 거래에 관한 중요사실을 밝히고) 이사회의 승인을 받아야 한다."라고 규정함으로써, 사전승인만 허용하는 취지로 규정한다.[736]

사후승인이 허용된다면 일단 승인 없이 자기거래를 먼저 한 후 이를 기정사실화함으로써 이사회가 사후승인을 하도록 압박하는 폐단이 있다는 점에서도 사전승인만 인정하는 것이 타당하다. 상법 제398조의 문언 내용을 그 입법 취지와 개정 연혁 등에 비추어 보면, 이사 등이 자기 또는 제3자의 계산으로 회사와 유효하게 거래를 하기 위하여는 미리 상법 제398조에서 정한 이사회 승인을 받아야 하므로 사전에 상법 제398조에서 정한 이사회 승인을 받지 않았다면 특별한 사정이 없는 한 그 거래는 무효라고 보아야 하고, 사후에 그 거래행위에 대하여 이사회 승인을 받았다고 하더라도 특별한 사정이 없는 한 무효인 거래행위가 유효로 되는 것은 아니다.[737] 만일 회사의 입장에서 거래를 무효화하는 것보다는 유지하는 것이 유리하더라도 상법상 "미리"라는 규정상 사후승인 형식의 절차를 밟을 것이 아니라 그 동안의 거래로 인하여 이행된 사항을 적절히 반영하여 새로운 거래로 승인해야 할 것이다. 이 경우에도 물론 아래와 같은 개시의무를 준수해야 한다.

(다) 개시의무　　회사와의 거래를 위하여 이사회의 승인을 받으려는 자는 "미리

---

735) [대법원 2007. 5. 10. 선고 2005다4284 판결] "이사회의 승인을 얻은 경우 민법 제124조의 적용을 배제하도록 규정한 상법 제398조 후문의 반대해석상 이사회의 승인을 얻지 아니하고 회사와 거래를 한 이사의 행위는 일종의 무권대리인의 행위로 볼 수 있고 무권대리인의 행위에 대하여 추인이 가능한 점에 비추어 보면, 상법 제398조 전문이 이사와 회사 사이의 이익상반거래에 대하여 이사회의 사전 승인만을 규정하고 사후 승인을 배제하고 있다고 볼 수는 없다."

736) 상법 개정 전에도 이사회의 승인을 주주 전원의 동의로 갈음하려면 "사전에" 주주 전원의 동의가 있어야 한다는 취지의 판례도 있었다(대법원 2002. 7. 12. 선고 2002다20544 판결).

737) 대법원 2023. 6. 29. 선고 2021다291712 판결.

이사회에서 해당 거래에 관한 중요사실을 밝히고" 이사회의 승인을 받아야 한다. 종래에는 이러한 개시의무를 명문으로 규정하지 않았지만, 판례는 "이사와 회사 사이의 이익상반거래가 비밀리에 행해지는 것을 방지하고 그 거래의 공정성을 확보함과 아울러 이사회에 의한 적정한 직무감독권의 행사를 보장하기 위해서는 그 거래와 관련된 이사는 이사회의 승인을 받기에 앞서 이사회에 그 거래에 관한 자기의 이해관계 및 그 거래에 관한 중요한 사실들을 개시하여야 할 의무가 있고, 만일 이러한 사항들이 이사회에 개시되지 아니한 채 그 거래가 이익상반거래로서 공정한 것인지 여부가 심의된 것이 아니라 단순히 통상의 거래로서 이를 허용하는 이사회 결의가 이루어진 것에 불과한 경우 등에는 이를 가리켜 상법 제398조 전문이 규정하는 이사회의 승인이 있다고 할 수는 없다."라고 판시함으로써,[738] 이사회의 승인에 불구하고 불공정한 자기거래의 효력을 부인할 수 있는 근거를 이사의 개시의무 위반에서 찾았다. 이사의 개시의무는 이사회 승인의 절차적 공정성을 판단함에 있어서 가장 중요한 요소라 할 것이다.[739][740]

---

738) 대법원 2023. 6. 29. 선고 2021다291712 판결[同旨: 대법원 2017. 9. 12. 선고 2015다70044 판결("이사의 거래에 이사회의 승인을 요하는 이유는 이사와 회사 사이의 이익상반거래가 비밀리에 행해지는 것을 방지하고 그 거래의 공정성을 확보함과 아울러 이사회에 의한 적정한 직무감독권의 행사를 보장하기 위해서이다. 따라서 그 거래와 관련된 이사는 이사회의 승인을 받기에 앞서 이사회에 그 거래에 관한 자기의 이해관계 및 그 거래에 관한 중요한 사실들을 개시하여야 할 의무가 있다")].

739) 미국의 MBCA도 이사·주주에 대한 완전공개(full disclosure)를 요구하지만, 완전공개가 결여되더라도 공정성 요건에 의하여 거래가 유효로 될 수 있다고 규정한다[MBCA §8.62(a), §8.63(a)]. 대부분의 판례는 MBCA와 같은 입장이다. 정보의 공개는 이사나 주주들에 대한 것인데, 이사회나 주주총회의 승인이 없이 공정성만으로 거래의 유효성을 인정한다면 굳이 이사나 주주들에 대한 정보공개가 없었다고 하여 공정한 거래를 무효로 할 필요가 없기 때문이다. 그러나 ALI PCG는 정보의 공개를 자기거래의 유효성을 인정하기 위한 필수불가결의 요건으로 보아, "회사와 거래를 하는 이사·임원(director or senior executive)은 거래를 사전승인하거나 추인하는 결정권자에게 이익충돌과 거래(the conflict of interest and the transaction)에 관하여 완전히 공개하여야 공정거래의무(duty of fair dealing)를 전부 이행한 것"이라고 규정한다[ALI PCG §5.02(a)(1)]. 즉, ALI PCG에 의하면 완전히 공정한 거래라 하더라도 이익충돌에 대한 공개가 없으면 유효한 거래로 될 수 없다. MBCA는 공개시기에 관하여 조건 없이 "언제든지(at any time)"라고 규정하므로 거래를 한 후 완전공개 및 승인이 이루어진 경우에도 거래의 유효성을 인정한다[MBCA §8.61(b)(1)(2), Official Comment to MBCA §8.62(a)]. 판례도 일반적으로 거래가 있은 후에 공개요건이 구비되었어도 이사회의 사후승인만 있으면(이사회가 이를 간과하거나 또는 알면서도 이의를 제기하지 않은 경우도 포함) 유효하다고 본다. 반면, ALI PCG는 원칙적으로 사전공개를 요구하며[ALI PCG §5.02(a)(1)], 거래 이후의 공개는 "자기거래의 효력을 다투는 소송이 제기된 후 합리적인 시간 이내에(no later than a reasonable time after suit is filed challenging the transaction)" 공개가 이루어져야 한다고 규정한다[ALI PCG §5.02(c)]. 이사회가 자기거래를 승인함에 있어서 이익충돌과 거래의 중요한 내용이 완전

이사가 이사회에서 해당 거래에 관한 중요사실을 밝히고, 이에 따라 이사들이 거래의 불공정성을 인식하였거나 인식할 수 있었음에도 여러 가지 사정상 이사회가 자기거래를 승인한 경우, 이사회의 승인은 인정되지만 승인한 이사들은 임무해태로 인한 손해배상책임을 지게 된다. "미리 이사회에서 해당 거래에 관한 중요사실을 밝히고"라는 요건과 관련하여 이러한 내용이 반드시 이사회 의사록에 기재되어야 하는 것은 아니고 다른 증빙자료에 의하여 확인할 수 있으면 된다.

제398조의 규정상 제1호의 주요주주와 제2호 및 제3호의 배우자, 직계존비속, 배우자의 직계존비속 등도 회사와의 거래에 대한 이사회의 승인을 받기에 앞서 이사회에 해당 거래에 관한 중요사실을 밝혀야 할 의무가 있다. 따라서 주요주주가 이를 위반한 경우에는 회사가 거래의 무효를 주장할 수 있는데, 이사회가 주요주주에게 이러한 의무이행의 기회를 부여하지 아니한 경우에도 회사가 이사회의 승인이 없다는 이유로 거래의 무효를 주장할 수 있는지 여부에 관하여는 논란의 여지가 있다.741)

⒧ 승인의 요건    이사등과 회사 간의 거래에 대한 이사회의 승인은 이사의 3분의 2 이상의 수로써 하여야 한다(398조). 종래의 상법은 이사와 회사 간의 자기거래승인에 대하여도 특별히 강화된 결의요건을 규정하지 않았으므로 일반적인 이사회 결의요건인 과반수출석과 과반수찬성에 의하여 결의할 수 있었지만, 2011년 개정상법은 결의요건을 대폭 강화하였다. 이때의 이사는 재임이사를 의미한다.742)

---

히 공개되어야 한다. 대부분의 법원과 MBCA, ALI PCG는 이익충돌과 거래내용을 공개할 것을 요구한다. 이사와 회사 간의 직접적 거래인 경우에는 이해관계 없는 이사가 이익충돌 있는 거래라는 사실을 용이하게 알 수 있지만, 많은 자기거래에 있어서는 이사가 이익충돌을 공개하기 전에는 용이하게 알 수 없으므로 이익충돌의 공개가 필요하다. 회사의 거래상대방이 다른 회사이고 이사가 그 회사에 대하여 중요한 금전적인 이해관계를 가지는 경우에는 특히 이익충돌의 공개가 필요하다. 따라서 거래의 모든 내용은 이사회의 승인 전에 이사들에게 상세히 공개되었더라도, 이사의 재정적 이해관계에 대하여 공개하지 않았다면 그 거래에 대한 이사회의 승인은 적법하지 않다. 이해관계 있는 이사는 거래와 관련하여 합리적인 관찰자가 중요하다고 생각할 내용(a reasonable observer would consider material)도 모두 공개하여야 한다. 이러한 공개의무는 통상의 계약당사자 간에 있는 상대방에 대한 중요한 사실의 공개보다는 훨씬 그 범위가 넓다. 따라서 이사는 거래에 영향을 미치는 모든 사항과 나아가 이사가 얻을 이익도 완전히 공개되어야 한다.

740) 일본 회사법 제365조도 주주총회(이사회 설치회사인 경우에는 이사회)의 승인과 거래의 중요한 사실에 대한 개시(開示)를 이익상반거래의 요건으로 규정한다.

741) 뒤에서 보는 바와 같이 이사회의 승인 없이 회사와 거래를 하거나 불공정한 거래를 한 주요주주 또는 기타 관계자는 회사에 대하여 상법상의 손해배상책임은 지지 않는다. 다만, 거래로 인하여 회사에 손해가 발생한 경우 민법상 불법행위로 인한 손해배상책임을 질 수 있다.

742) 통상의 경우에는 재적이사와 재임이사가 동일하지만, 재적이사 중 퇴임이사(386조①), 일시

사업기회이용에 대한 승인과 같이 자기거래의 경우에도, 특별이해관계가 있는 이사는 특별이해관계인으로서 이사회에서 의결권을 행사할 수 없고, 특별이해관계 있는 이사의 수를 재임이사의 수에서 제외하지 않으면 특별이해관계 있는 이사의 비율이 높은 경우에는 이사회의 승인결의 자체가 불가능하므로, 특별이해관계 있는 이사는 재임이사의 수에서 제외한다.

(마) 승인방법    개개의 거래에 대하여 승인하는 것이 원칙이고, 모든 거래에 대한 포괄적 승인은 불가능하다(통설). 다만, 동종 유형이나 동일 유형의 거래에서는 기간과 한도를 정하여 포괄적으로 승인하면 그 기간과 한도를 넘지 않는 개별거래에 대하여는 이사회 승인을 받을 필요가 없다.

(바) 묵시적 승인    이사회의 승인은 묵시적인 방법에 의하여도 가능하다. 다만, 회사가 이익상반거래를 묵시적으로 추인하였다고 보기 위해서는 그 거래에 대하여 승인 권한을 갖고 있는 이사회가 그 거래와 관련된 이사의 이해관계 및 그와 관련된 중요한 사실들을 지득한 상태에서 그 거래를 추인할 경우 원래 무효인 거래가 유효로 전환됨으로써 회사에 손해가 발생할 수 있고 그에 대하여 이사들이 연대책임을 부담할 수 있다는 점을 용인하면서까지 추인에 나아갔다고 볼 만한 사유가 인정되어야 한다.743)

(사) 중복 승인 문제    제398조의 승인대상인 자기거래는 그 내용에 따라서 제397조의 승인대상인 경업이나 제397조의2의 사업기회이용에 중복하여 해당할 수 있다. 위에서 본 바와 같이 이와 같이 제397조의2에 따른 이사회의 승인이 있으면 제398조에 따른 이사회의 승인도 있는 것으로 보아야 한다. 다만, 제397조에 따른 이사회의 승인은 통상의 결의에 의한 승인이므로 가중된 결의요건에 의한 승인이 필요한 거래는 해당 규정에 따른 승인을 다시 받아야 한다.

(아) 승인의 효과    이사회의 승인은 자기거래금지를 해제하는 것으로서 이사와 회사 간의 거래에 대한 유효요건일 뿐, 이사의 회사에 대한 손해배상책임의 면제요건이 아니다. 이사의 회사에 대한 손해배상책임은 주주 전원의 동의로 면제할 수 있고(400조①), 달리 예외규정이 없으므로 이사의 고의 또는 중과실 등이 있는 경우에도 주주 전원이 동의하면 책임이 면제된다. 그리고 이사회의 승인을 얻은 자기거래로 인하여 회사가 손해를 입은 경우에는 거래당사자인 이사와 그 이사회승인

---

이사(386조②), 직무대행자(407조①) 등은 재임이사에 포함되나, 직무집행이 정지된 이사는 제외되므로, 결의요건 충족 여부는 재임이사를 기준으로 하여야 한다.

743) 대법원 2007. 5. 10. 선고 2005다4284 판결.

결의에 찬성한 이사는 연대하여 손해배상책임을 진다(399조).

(자) 이사회승인에 대한 증명책임

가) 증명책임의 의의와 분배  증명책임은 법규적용의 전제인 요증사실(要證事實)의 부존재로 법규를 적용할 수 없을 때 당사자가 입을 불이익 또는 불이익의 위험이다. 즉, 요증사실의 존부가 미확정시(진위불명) 당해 사실이 부존재로 취급되어 법률판단을 받게 되는 당사자 일방의 위험 또는 불이익을 말한다.[744]

증명책임의 분배에 있어서 명문의 규정이 없는 경우 통설인 법률요건분류설에 따르면 권리근거사실(권리근거규정의 요건사실), 권리소멸사실(권리소멸사실의 요건사실), 불공정한 법률행위, 통정허위표시 등과 같은 권리장애사실(권리장애규정의 요건사실) 등은 각각 이를 주장하는 자가 그 사실에 대한 증명책임을 부담한다.

나) 회사와 제3자 간의 증명책임  회사가 제3자에 대하여 자기거래의 무효를 주장하려면 이사회 승인의 부존재뿐 아니라 제3자의 고의 또는 중과실을 증명하여야 한다. 대법원은 "주식회사의 대표이사가 회사를 대표하여 대표이사 개인을 위하여 그의 개인 채권자인 제3자와 사이에 연대보증계약을 체결하는 것과 같이 상법 제398조 소정의 이사의 자기거래행위에 해당하여 이사회 결의를 거쳐야 함에도 이를 거치지 아니한 경우라 해도, 그와 같은 이사회 결의사항은 회사의 내부적 의사결정에 불과하므로 그 거래상대방이 위 이사회 결의가 없었음을 알았거나 중대한 과실로 알지 못한 경우가 아니라면 그 거래행위는 유효하다 할 것이고, 이때 거래상대방이 이사회 결의가 없음을 알았거나 알 수 있었던 사정은 이를 주장하는 회사가 주장·입증하여야 할 사항에 속하므로 특별한 사정이 없는 한 거래상대방으로서는 회사의 대표자가 거래에 필요한 회사의 내부절차는 마쳤을 것으로 신뢰하였다고 보는 것이 일반 경험칙에 부합하는 해석이라 할 것이다."라고 판시한다.[745]

위 판시에서 볼 수 있듯이, "특별한 사정이 없는 한 거래상대방으로서는 회사의 대표자가 거래에 필요한 회사의 내부절차는 마쳤을 것으로 신뢰하였다고 보는 것이 일반 경험칙에 부합하는 해석"이므로 고의 또는 중과실에 대한 증명책임을 회사가 부담하는 것이다.[746]

---

744) 이시윤, 474면.
745) 대법원 2005. 5. 27. 선고 2005다480 판결.
746) [대법원 1980. 7. 22. 선고 80다828 판결]【대여금】"피고 회사가 이사인 원고의 채무에 대한 연대보증을 한 행위는 이사와 회사 사이의 이익상반하는 거래행위에 해당되는데 피고 회사가 위 연대보증을 함에 있어서 피고 회사 이사회의 승인이 있었음에 대한 아무런 입증이 없어서

다) 회사와 이사 간의 증명책임    회사와 이사 간에 이사회 승인의 존부에 대한 다툼이 있는 경우, 이사는 이사회의 구성원이므로 제3자의 경우와 같은 신뢰보호의 필요성이 없으므로, 이사가 이사회 승인결의의 존재를 증명할 책임이 있다 할 것이다.747) 이사가 이사회 승인결의의 존재를 증명하지 못하여 이사와 회사 간에는 자기거래가 무효로 되더라도, 회사가 제3자의 악의 또는 중과실을 증명하지 못한 경우 이러한 무효를 제3자에 대하여 주장할 수 없게 된다. 위 판시와 같이, 제3자는 회사의 내부절차(이사회 승인)가 마쳤을 것으로 신뢰하였다고 보는 것이 일반 경험칙에 부합하는 해석이기 때문이다.

5) 거래의 공정성

(가) 의    의    자기거래의 내용과 절차는 공정하여야 한다(398조). 이러한 거래의 공정성 요건에 따라 자기거래는, i) 이사회의 승인이 있고 공정한 거래, ii) 이사회의 승인이 있으나 불공정한 거래, iii) 이사회의 승인이 없고 공정한 거래, iv) 이사회의 승인이 없고 불공정한 거래로 분류할 수 있다.

종래에는 자기거래에 대하여 이사회의 승인만 요구될 뿐, 거래의 공정성은 요구되지 않았다.748) 따라서 이사회의 승인만 있으면 거래의 공정성 여부를 불문하고 유효한 거래로 되었다. 즉, 이사회가 거래의 불공정함에 불구하고 자기거래를 승인한 경우[i)과 ii)의 경우]에도 거래 자체는 유효한 것이 되고, 단지 이를 승인한 이사들이 연대하여 손해배상책임을 지게 되었다.

대법원 2007. 5. 10. 선고 2005다4284 판결의 사안은 위 ii)의 경우에 해당하는데 대법원은 이사회에 대한 완전개시가 되지 아니한 채 이사회 결의가 이루어진 경우에는 공정성 여부가 심의되지 않은 점을 지적하면서 이사회의 승인절차를 문제삼아 해당 거래에 대한 이사회의 승인결의가 상법 제398조가 규정하는 이사회의 승인에 해당하지 않는다고 판시하였다. 종래에는 거래의 공정성은 자기거래의 요건이 아니었으므로, 대법원은 해석론의 한계를 벗어나지 않기 위하여 위와 같은 이론

피고 회사의 위 연대보증행위는 무효라 할 것이다"(피고 회사의 이사였던 원고가 피고회사의 대표이사에게 대여함에 있어서 피고회사가 연대보증을 한 사례).
747) [대법원 2006. 3. 9. 선고 2005다65180 판결] "주식회사의 대표이사가 회사를 대표하여 회사의 제3자에 대한 채권을 대표이사 자신에게 양도하는 행위는 상법 제398조 소정의 이사의 자기거래행위에 해당하여 이사회의 결의를 거쳐야 할 것인바, 위 채권양도행위에 대하여 이사회의 결의가 있었다거나 그것이 회사의 기존채무 이행을 위하여 행해진 것으로 이사회의 승인을 요하지 않는다는 점에 대하여는 당해 이사가 스스로 주장·입증하여야 할 것이다."
748) 거래의 공정성도 이사회의 승인과 함께 자기거래의 필수적 요건이라는 규정은 2011년 상법 개정에 의하여 도입되었다.

구성을 한 것으로 보인다.[749)]

위 ii)와 같이 그 거래조건이 회사에 불공정하더라도, 회사와 거래하는 이사가 지배주주이거나 기타의 사정으로 다른 이사들에게 영향력을 행사할 수 있다면 이러한 독립적이지 못한 이사들은 이사회에서 불공정한 거래를 승인할 가능성이 클 것이다. 이러한 경우에도 이사회의 승인을 이유로 자기거래를 항상 유효한 것으로 본다면 이사회의 승인을 얻도록 규정한 제398조가 의도하는 "회사 나아가 주주의 이익보호"가 실질적으로 확보될 수 없을 것이다. 따라서 2011년 개정상법은 이사회의 승인 뿐 아니라 거래의 공정성도 이사의 자기거래의 요건으로 규정하였다.

### (나) 이사회의 승인 요건과 거래의 공정성 요건의 관계

입법정책상 자기거래의 요건으로서 공정성을 요구하는 경우, 이사회의 승인(절차적 공정성, fairness of the process) 외에 거래의 공정성(실질적 공정성, substantive fair-

---

749) 대법원은 대법원 2007. 5. 10. 선고 2005다4284 판결에서, "거래와 관련된 이사는 이사회의 승인을 받기에 앞서 이사회에 그 거래에 관한 자기의 이해관계 및 그 거래에 관한 중요한 사실들을 개시하여야 할 의무가 있다고 할 것이고, 만일 이러한 사항들이 이사회에 개시되지 아니한 채 그 거래가 이익상반거래로서 공정한 것인지 여부가 심의된 것이 아니라 단순히 통상의 거래로서 이를 허용하는 이사회의 결의가 이루어진 것에 불과한 경우 등에는 이를 가리켜 상법 제398조 전문이 규정하는 이사회의 승인이 있다고 할 수는 없다."라고 판시하였다. 이 판결 이후에는 개시의무가 이행된 상황에서의 승인만이 상법 제398조가 규정하는 이사회의 승인으로 볼 수 있다는 점에 대하여도 견해가 일치된다. 위 판시내용만으로는 대법원이 이사회가 자기거래를 승인함에 있어서 실질적 공정성을 자기거래의 요건으로 판시한 것인지는 확실하지 않다. 그런데 대법원은 위 판시내용에 이어서, "위 법리와 기록에 비추어 보면, 원고 회사의 이사회에서 재무제표 및 영업보고서의 승인을 위한 주주총회의 개최를 앞두고 이 사건 기부행위의 지출내역이 포함된 기부금명세서 등 결산 관련 서류를 심의·의결한 적이 있다 하더라도, 그 과정에서 원고 회사의 대표이사와 피고 법인의 이사장을 겸하고 있던 소외인이 원고 회사의 피고 법인에 대한 이 사건 기부행위에 관하여 자신의 이해관계 및 중요한 사실들을 원고 회사의 이사회에 개시하고, 원고 회사의 이사회가 그 승인 여부를 구체적인 안건으로 상정하여 이 사건 기부행위가 이익상반거래로서 공정성을 갖고 있는지 여부를 심의·의결하였다고 볼 만한 자료를 찾아볼 수 없으므로, 단순히 원고 회사의 이사회에서 기부금명세서 등 결산 관련 서류를 심의·의결하였다는 사정만으로 원고 회사의 이사회가 이 사건 기부행위를 사후적으로 승인하였다고 볼 수 없다."라고 판시하였다. 이러한 판시내용을 보면, 대법원은 상법 제398조가 명문으로 규정하지 아니한 거래내용의 공정성(실질적 공정성)을 자기거래의 적극적 요건으로 채택한 것이 아니라, 이사회의 승인절차상 이사의 완전개시의무가 이행되지 않은 경우, "그 거래가 이익상반거래로서 공정한 것인지 여부"가 심의된 것이 아니라고 판시함으로써 이사회 승인에 있어서 절차적 공정성을 요구하는 입장으로 보인다. 대법원의 위 판결은 종래의 상법 규정의 해석상 공정성을 정면으로 자기거래의 요건으로 채택하기 곤란한 점에 비추어 이러한 이론구성을 한 것으로 보인다. 즉, 위 대법원 2005다4284 판결은 종래의 상법상 실질적 공정성이 요구되지 아니하므로 이사회 승인에 있어서의 절차적 공정성을 요구하면서, 절차적 공정성의 기준을 이사의 개시의무에서 찾은 것으로 볼 수 있다.

ness)을 선택적으로 요구하는 방식과 추가적으로 요구하는 방식이 있는데, 2011년 개정상법은 실질적 공정성을 추가적인 요건으로 규정하는 방식을 택하였다.750)

자기거래를 승인한 이사회 결의의 절차적, 실체적 하자는 이사회의 결의의 무효사유가 되므로, 거래의 공정성 요건은 선언적 성격의 요건이라 볼 수도 있다. 이와 관련하여 자기거래에 대하여 이사회의 승인을 요구하는 것은 결국 불공정한 거래를 막기 위함인데, 거래가 불공정하다면 승인은 무의미하므로 승인결의가 무효로 되고, 결국 승인 없는 거래와 같이 다루어야 한다는 설명도 있다.751)

그런데 이사회의 승인시점과 거래(계약 체결)시점 간에 시간적 간격이 있는 경우에는 양 시점 사이에 거래의 공정성 판단에 영향을 줄 수 있는 다른 사정이 발생할 수 있다. 이사회 결의요건은 이사회 결의 당시를 기준으로 판단하여야 하고, 그 결의의 대상인 행위가 실제로 이루어진 날을 기준으로 판단할 것은 아니다.752) 상법 제398조가 거래의 공정성을 이사회의 승인과 별개의 요건으로 규정하므로, 거래의 공정성 요건은 이사회의 승인 요건과 달리, 그 승인결의의 대상인 행위가 실제로 이루어진 날을 기준으로 판단해야 할 것이다. 따라서 이사회의 승인 당시에는 거래조건이 공정하였으나 거래의 실행단계에서 불공정하게 될 수도 있으므로 거래가 불공정하다고 하여 이사회의 승인결의에 무효사유가 있는 것은 아니고, 그 반대의 경우도 마찬가지다.

(다) 거래의 불공정성

가) 불리한 거래조건    단순히 거래의 조건이 회사에 불리하다고 하여 거래의 공정성을 요구하는 상법 제398조 위반으로 볼 수는 없다. 따라서 이와 같이 거래가 불리한 조건이지만 불공정한 정도가 경미한 경우에는 이사회의 승인이 있으

---

750) 공정성요건에 관한 법리가 오래 전부터 발전해 온 미국에서도 이사회의 승인과 실질적 공정성을 모두 갖추어야 자기거래를 유효한 것으로 보는 제정법이나 판례는 극히 소수의 예에서만 볼 수 있다. 즉, 미국의 ALI PCG도 이사회의 승인을 선택적 유효요건으로 규정하고, 다만, 이사회의 승인에 대하여 "정보개시 후, 거래가 승인 당시 회사에 공정하였다고 합리적으로 판단할 수 있었던 이해관계 없는 이사들에 의하여 사전 승인될 것"이라는 이사회 승인의 절차적 공정성을 요구하는데, 이는 위 대법원 판결의 "만일 이러한 사항들이 이사회에 개시되지 아니한 채 그 거래가 이익상반거래로서 공정한 것인지 여부가 심의된 것이 아니라 단순히 통상의 거래로서 이를 허용하는 이사회 결의가 이루어진 것에 불과한 경우 등에는 이를 가리켜 상법 제398조 전문이 규정하는 이사회의 승인이 있다고 할 수는 없다."라는 판시내용과 매우 유사하다.

751) 이철송, 791면.

752) 대법원 2003. 1. 24. 선고 2000다20670 판결(이사회결의의 정족수요건에 관한 판례인데, 결의 내용이 법령·정관에 위반한 경우에도 적용될 것이다).

면 유효한 거래로 보아야 한다. 이 경우에도 이사회의 승인은 이사회의 실질적 심의를 전제로 하여야 하므로, 공정성을 합리적으로 판단할 수 있었는지 여부의 판단에서 이사의 완전개시의무를 중요한 판단기준으로 삼아야 할 것이다.

나) 현저한 불공정　거래가 현저하게 불공정한 경우에는 이사회의 승인 여부를 불문하고 항상 상법 제398조 위반으로 보아야 한다.753) 이사회가 현저히 불공정한 거래를 승인한 경우 그 결의 자체가 무효가 되어 이사회의 승인이 없는 경우와 마찬가지로 보아야 하기 때문이다. 물론, 이 경우에도 회사와 이사등 간에는 무효이지만, 회사와 제3자 간에는 원칙적으로 유효하다는 상대적 무효설에 의하여 거래의 안전이 그리 심각하게 훼손되지는 않을 것이다.

자기거래가 민법 제103조의 "선량한 풍속 기타 사회질서에 위반한 사항을 내용으로 하는 법률행위"에 해당할 정도로 현저히 불공정한 경우에는 항상 무효로 된다. 법률행위가 사회질서에 반하여 무효인 경우에는 추인의 법리가 적용될 수 없으므로,754) 회사와 제3자 간에도 상대적 무효설이 적용되지 않고 거래가 무효로 된다.755)

다) 판단 시점　거래의 공정성은 계약체결시를 기준으로 판단하는 것이고 변제기를 기준으로 판단할 것은 아니다.756)

(라) 공정성에 대한 증명책임

가) 원　칙　거래의 내용과 절차의 공정성에 대하여는 공정성 요건을 거

---

753) 미국 회사법상으로도 현저히 불공정한 거래는 이사회의 승인에 불구하고 무효로 할 수 있다. MBCA §8.61(b)는 이사회나 주주총회의 승인이 있을 때에는 이사의 자기거래를 무효로 할 수 없다고 규정하지만, §8.61(b)에 대한 Official Comment에 의하면, 이사회의 승인은 "선의로(in good faith)" 이루어져야 하고 만일 회사에 대하여 명백히 불리하면(manifestly unfavorable to the corporation) 선의의 승인으로 볼 수 없고 이러한 승인결의 자체가 MBCA §8.30(a)에 규정된 이사의 주의의무에 위반한 것으로 보아야 하므로 자기거래가 무효로 될 여지가 있다고 설명한다. ALI PCG §5.02(a)(2)(D)는 자기거래에 대한 주주의 승인에 있어서는 거래가 승인 당시 회사자산의 훼손(a waste of corporate assets)에 해당하지 않을 것을 요구한다.
754) 대법원 2002. 3. 15. 선고 2001다77352, 77369 판결.
755) 민법 제103조의 예시규정인 제104조는 "당사자의 궁박, 경솔 또는 무경험으로 인하여 현저하게 공정을 잃은 법률행위는 무효로 한다."라고 규정하는데, 자기거래가 현실적으로 이러한 행위에 해당할 경우는 별로 없을 것이다. 다만, 민법 제138조("무효인 법률행위가 다른 법률행위의 요건을 구비하고 당사자가 그 무효를 알았더라면 다른 법률행위를 하는 것을 의욕하였으리라고 인정될 때에는 다른 법률행위로서 효력을 가진다.")는 무효행위의 전환 법리에 의하여 법률행위의 일부가 유효로 될 수는 있다는 판례가 있다(대법원 2010. 7. 15. 선고 2009다50308 판결).
756) 대법원 2001. 11. 9. 선고 2001다44987 판결(민법 제103조에 관한 사건이다), 대법원 2013. 9. 26. 선고 2011다53683, 53690 판결(민법 제104조에 관한 사건이다 ― 소위 KIKO 사건).

래의 유효요건으로 본다면 공정성을 주장하는 이사가 증명책임을 부담한다고 해석하는 것이 논리적이다.757) 그러나 공정성 요건을 거래의 유효요건이 아니라 이사의 책임발생요건으로 보는 견해에서는 손해배상책임을 주장하는 회사가 증명책임을 부담한다고 볼 것이다.

나) 사실상 추정과 법률상 추정    이사회 승인절차에서 이사의 개시의무가 이행되고 이에 따라 이사회에서 실질적 공정성에 대한 심의가 이루어졌음이 인정되면 거래내용의 공정성이 사실상 추정될 것이다. 그러나 사실상 추정은 증명책임의 완화일 뿐 증명책임의 전환이 아니므로 입법론상으로는 실질적 공정성이 필수적 요건으로 규정되는 경우에는 증명책임이 자기거래의 효력을 다투는 당사자(원고)에게 전환되도록 법률상 추정 규정을 두는 것이 바람직하다.758)

6) 상법 위반 자기거래의 효력

이사회의 승인이 없거나 불공정한 자기거래(경미하게 불공정한 거래는 제외)의 효력에 관하여, i) 거래의 안전을 중시한 유효설과, ii) 강행법규라는 점을 중시한 무효설이 있지만, iii) 회사와 이사 간에는 무효이지만 선의의 제3자에게는 대항할 수 없다는 상대적 무효설이 회사의 이익과 거래의 안전에 가장 부합하고, 또한 통설·판례의 입장이기도 하다.

따라서 회사와 거래상대방 사이에서는 무효이지만, 회사와 제3자 간에는 원칙적으로 유효하고,759) 다만 회사가 제3자의 악의 또는 중과실을 증명하면 무효로 된다고 본다.760) 상대적 무효설에 의하면 회사와 거래상대방 사이에서는 거래가 무효

---

757) 미국에서도 이사회의 승인이 있는 경우 실질적 공정성에 대한 증명책임이 피고로부터 원고에게 전환된다고 보는 제정법[ALI PCG §5.02(b); NYBCL §713(b)]과 판례가 일반적인 경향이다.
758) 법률상 추정의 효과로서, 이사는 거래내용의 공정성을 증명하지 않고 이사회 승인의 존재와 그 절차적 공정성을 증명하면 된다. 이때 자기거래의 효력을 다투는 당사자(회사)는 전제사실인 이사회 승인과 그 절차적 공정성에 대하여 법원의 확신을 흔들리게 하는 반증을 제출하여 추정 규정의 적용을 배제할 수 있고, 전제사실이 증명된 경우에는 추정사실(실질적 공정성)과 반대사실(실질적 불공정성)의 존재에 대한 확신을 일으키는 본증을 제출하여 추정을 복멸시킬 수 있다. 사실상 추정의 경우에는 추정사실(실질적 공정성)에 대한 반증으로서 추정을 복멸할 수 있다.
759) 대법원 1980. 1. 29. 선고 78다1237 판결.
760) [대법원 2004. 3. 25. 선고 2003다64688 판결]【어음금】"회사의 대표이사가 이사회의 승인 없이 한 이른바 자기거래행위는 회사와 이사 간에서는 무효이지만, 회사가 위 거래가 이사회의 승인을 얻지 못하여 무효라는 것을 제3자에 대하여 주장하기 위해서는 거래의 안전과 선의의 제3자를 보호할 필요상 이사회의 승인을 얻지 못하였다는 것 외에 제3자가 이사회의 승인 없음을 알았다는 사실을 입증하여야 할 것이고, 비록 제3자가 선의였다 하더라도 이를 알지 못한 데 중대한 과실이 있음을 입증한 경우에는 악의인 경우와 마찬가지라고 할 것이며, 이 경우 중대한 과실이라 함은 제3자가 조금만 주의를 기울였더라면 그 거래가 이사와 회사 간의

로 되므로 거래의 쌍방당사자는 원상회복의무를 부담한다.

상법 제398조를 위반하였음을 이유로 무효임을 주장할 수 있는 자는 회사에 한정되고 회사와 거래한 이사는 그 무효를 주장할 수 없다.[761]

자기거래의 공정성 요건은 그 개념이 불확실하고 증명이 사실상 불가능하다는 이유로, 이사회의 승인을 얻었으면 불공정한 거래라 하더라도 무효로 되지 않고, 이사 등의 책임문제가 되는 것에 그친다는 견해도 있다.[762] 그러나 이는 거래의 공정성을 요구하는 상법의 취지에 반하고, 지적되는 문제점은 앞에서 본 바와 같은 사실상 추정에 의하여 어느 정도 해결될 수 있을 것이다. 물론 경미하게 불공정한 경우에는 이사회의 승인이 있으면 유효한 거래로 보아야 한다. 거래의 공정성 여부는 법원의 사후심사에 의하여 결정될 것이다.[763]

### 7) 위반행위자의 책임

(가) 자기거래를 한 이사의 책임　　이사회의 승인 없이 회사와 거래를 하거나 불공정한 거래를 한 이사는 법령위반의 행위를 한 것이므로 회사에 대하여 손해배상책임을 지고(399조), 형사책임도 부담한다.[764] 자기거래를 한 이사는 법령을 위반한 것이므로 경영판단원칙이 적용되지 않는다.

회사가 정관에서 정하는 바에 따라 이사의 회사에 대한 손해배상책임을, 이사

---

거래로서 이사회의 승인이 필요하다는 점과 이사회의 승인을 얻지 못하였다는 사정을 알 수 있었음에도 불구하고, 만연히 이사회의 승인을 얻은 것으로 믿는 등 거래통념상 요구되는 주의의무에 현저히 위반하는 것으로서 공평의 관점에서 제3자를 구태여 보호할 필요가 없다고 봄이 상당하다고 인정되는 상태를 말한다"(同旨: 대법원 2013. 7. 11. 선고 2013다5091 판결, 대법원 2005. 5. 27. 선고 2005다480 판결).

761) 대법원 2012. 12. 27. 선고 2011다67651 판결.

762) 송옥렬, 1032면.

763) 상법 제398조는 예컨대 "이사 등은 회사와 거래를 하는 경우 그 거래의 내용과 절차를 공정하게 하여야 한다."라고 규정하는 것이 아니라, "그 거래의 내용과 절차는 공정하여야 한다."라고 규정한다. 만일, 전자와 같이 규정하였다면 거래주체에 대한 규제에 중점을 둔 것이므로 거래 자체는 유효하되 거래주체의 손해배상책임이 발생하는 것으로 해석할 여지도 있다. 그러나 현행 규정은 거래객체를 중심으로 규정하므로 거래의 유효요건으로 해석하는 것이 규정형식에 보다 부합할 것이다.

764) [대법원 1989. 1. 31. 선고 87누760 판결] "주식회사의 대표이사가 그의 개인적인 용도에 사용할 목적으로 회사명의 수표를 발행하거나 타인이 발행한 약속어음에 회사명의 배서를 해주어 회사가 그 지급책임을 부담 이행하여 손해를 입은 경우에는 당해 주식회사는 대표이사의 위와 같은 행위가 상법 제398조 소정의 이사와 회사간의 이해상반하는 거래행위에 해당한다 하여 이사회의 승인여부에 불구하고 같은 법 제399조 소정의 손해배상청구권을 행사할 수 있음은 물론이고 대표권의 남용에 따른 불법행위를 이유로 한 손해배상청구권도 행사할 수 있는 것이다."

가 법령·정관에 위반한 행위를 하거나 그 임무를 게을리한 날 이전 최근 1년간의
보수액(상여금 및 주식매수선택권의 행사로 인한 이익 등을 포함)의 6배(사외이사의 경우는 3
배)를 초과하는 금액에 대하여 면제할 수 있다는 제400조 제2항은, 이사 등과 회사
간의 거래에 해당하는 경우에는 적용되지 않는다(400조② 단서). 그러나 직접 자기거
래를 한 이사에 대하여서만 제400조 제2항 단서의 규정이 적용되고, 자기거래를 승
인한 이사는 "고의 또는 중대한 과실로 손해를 발생시킨 경우"가 아닌 한 단서 규
정이 적용되지 아니하므로 책임제한규정의 적용대상이다.765)

회사채권자도 자기거래와 관련하여 이사가 고의·중대한 과실로 인하여 그 임
무를 게을리한 때에는 그 이사를 상대로 손해배상을 청구할 수 있다(401조①).

모회사와 자회사 간의 거래에 있어서는, 자회사의 이사회가 그 거래를 승인하
여야 하고, 모회사의 이사회의 승인은 요구되지 않는다. 이사회의 승인이 없거나
거래가 불공정한 경우에도 자회사만이 거래의 무효를 주장할 수 있고, 특별한 사정
이 없는 한 모회사나 제3자는 거래의 무효를 주장할 수 없다. 자회사의 (모회사 아닌
다른) 주주는 이사의 책임을 추궁하는 대표소송을 제기할 수 있고 자회사의 채권자
는 제401조에 의하여 직접 이사를 상대로 손해배상을 청구할 수 있다. 완전모자회
사인 경우, 자회사의 채권자는 제401조에 의하여 직접 이사를 상대로 손해배상을
청구할 수 있다. 현행 규정이나 판례상 다중대표소송이 인정되지 아니하므로 모회
사의 주주는 자회사 이사의 책임을 추궁할 수 없다.

(나) 자기거래를 한 주요주주 및 기타 관계자의 책임        이사회의 승인 없이 회
사와 거래를 하거나 불공정한 거래를 한 주요주주 또는 기타 관계자는 회사에 대하
여 상법상의 손해배상책임을 지지 않는다. 다만, 거래로 인하여 회사에 손해가 발
생한 경우 민법상 불법행위로 인한 손해배상책임을 질 수 있다.

물론, i) 이사의 배우자 및 직계존비속(2호), ii) 이사의 배우자의 직계존비속(3
호), iii) 이사 및 i), ii)의 자가 단독 또는 공동으로 의결권 있는 발행주식 총수의
50% 이상을 가진 회사 및 그 자회사(4호), iv) 이사 및 i), ii)의 자가 iii)의 회사와 합
하여 의결권 있는 발행주식총수의 50% 이상을 가진 회사(5호) 등이 이사회의 승인
없이 회사와 거래를 하거나 불공정한 거래를 한 경우, 해당 이사는 제398조 제1항

---

765) 이사회에서 승인한 이사는, 제397조의2의 경우에는 책임제한규정이 적용되지 않지만, 자기
    거래의 경우에는 책임제한규정이 적용된다. 제397조의2의 경우에는 이사회에서 승인한 이사
    도 제2항에서 책임주체로 규정되어 있는 반면, 제398조의 경우에는 이러한 이사는 책임주체로
    규정되어 있지 않기 때문이다.

에 따라 임무해태로 인한 손해배상책임을 질 가능성이 클 것이다.

한편, 주요주주 또는 기타 관계자는 업무집행관여자의 책임에 관한 상법 제401조의2 제1항 각 호중 어느 하나에 해당하면 그 지시하거나 집행한 업무에 관하여 제399조, 제401조, 제403조 및 제406조의2를 적용하는 경우에 그 자를 이사로 보므로(401조의2①), 이사의 회사에 대한 책임(399조)과 제3자에 대한 책임(401조)의 요건이 충족되면 이사와 마찬가지로 손해배상책임을 진다.

(다) 이사회 승인결의에서 찬성한 이사의 책임    이사회가 승인한 자기거래로 인하여 회사가 손해를 입은 경우, 이사회에서 자기거래 승인결의에서 찬성한 이사는 그 임무를 게을리(임무해태)한 것이므로 회사에 대하여 연대하여 손해배상책임을 진다.766) 그러나 이사회의 승인결의에 있어서도 경영판단원칙이 적용된다. 따라서 이사회 승인결의에 있어서 이사회가 그에 관하여 충분한 정보를 수집·분석하고 정당한 절차를 거쳐 회사의 이익을 위하여 의사를 결정함으로써 경업을 승인하였다면 그 의사결정과정에 현저한 불합리가 없는 한 그와 같이 결의한 이사들의 경영판단은 존중되어야 할 것이다.

8) 상장회사와 이해관계인 간의 거래에 대한 특례

(가) 신용공여 금지

가) 신용공여의 의의    신용공여란 금전등 경제적 가치가 있는 재산의 대여, 채무이행의 보증, 자금 지원적 성격의 증권 매입,767) 그 밖에 거래상의 신용위험이 따르는 직접적·간접적 거래로서 대통령령으로 정하는 거래를 말한다(542조의9①).768)

---

766) 일본 회사법은 회사와 이익이 상반되는 이사(집행임원도 포함), 당해 거래를 결정한 이사, 이사회 승인결의에 찬성한 이사 등은 거래로 인하여 회사에 손해가 발생한 경우 임무를 해태한 것으로 추정하고(日会 423조③), 당해 거래로 인하여 이사, 집행임원, 제3자가 얻은 이익은 회사의 손해액으로 추정한다(日会 423조②). 이 책임은 총주주의 동의에 의한 면제, 책임의 일부면제도 가능하다(日会 424조, 425조). 다만, 자기를 위하여 직접 이익상반거래를 한 이사는 임무해태가 본인의 귀책사유에 의한 것이 아니라는 사유로 면책을 주장할 수 없다(日会 428조①).

767) 직접·간접으로 이해관계인에 해당하는 회사의 유상증자에 참여하는 경우가 자금지원적 성격의 증권 매입에 해당할 수 있는데, 제542조의9 제2항 제3호의 "경영건전성을 해칠 우려가 없는 금전대여"에 해당하면 허용될 것이다.

768) 통상의 영업거래에서 물품인도와 대금지급을 언제나 동시이행으로 할 수는 없는 것이므로 대금지급을 유예하더라도 유예기간이 특별히 장기간이거나 유예기간 중 이자가 발생하는 조건이 아니라면 신용공여에 해당한다고 보기 어렵다. 따라서 대금지급 유예의 경우 신용공여에 해당하는지 여부는 제반 구체적인 사정을 고려하여 판단해야 할 것이다.

"대통령령으로 정하는 거래"란 다음과 같은 거래를 말한다(슈 35조①).769)

   1. 담보를 제공하는 거래
   2. 어음(전자어음의 발행 및 유통에 관한 법률에 따른 전자어음을 포함)을 배서(어음
     법 제15조 제1항에 따른 담보적 효력이 없는 배서는 제외)하는 거래
   3. 출자의 이행을 약정하는 거래
   4. 상법 제542조의9 제1항 각 호의 자에 대한 신용공여의 제한(금전·증권 등 경제적
     가치가 있는 재산의 대여, 채무이행의 보증, 자금 지원적 성격의 증권의 매입, 제1
     호부터 제3호까지의 어느 하나에 해당하는 거래의 제한)을 회피할 목적으로 하는
     거래로서 자본시장법 제38조 제1항 제4호 각 목의 어느 하나에 해당하는 거래(1.
     제3자와의 계약 또는 담합 등에 의하여 서로 교차하는 방법으로 하는 거래, 2. 장
     외파생상품거래, 신탁계약, 연계거래 등을 이용하는 거래)
   5. 자본시장법 시행령 제38조 제1항 제5호에 따른 거래(그 밖에 채무인수 등 신용위
     험을 수반하는 거래로서 금융위원회가 정하여 고시하는 거래)

    나) 신용공여 금지대상    상장회사는 다음과 같은 자를 상대방으로 하거나
그를 위하여 신용공여를 하여서는 아니 된다(542조의9①).

   1. 주요주주 및 그의 특수관계인
   2. 이사(상법 401조의2 제1항의 업무집행관여자 포함) 및 집행임원
   3. 감사

    이사회의 승인이나 공정성 여부를 불문하고 금지된다. "그를 위하여 신용공여
를 하여서는 아니 된다"라는 규정상 명의를 불문하고 제1호부터 제3호까지의 자의
계산으로 하는 거래도 금지대상 신용공여에 해당한다.770) 나아가 상장회사가 이들
이해관계인을 직접 상대방으로 하는 경우뿐만 아니라, 신용공여로 인한 경제적 이
익이 실질적으로 이해관계인에게 귀속하는 경우와 같이 그 행위의 실질적인 상대
방을 이해관계인으로 볼 수 있는 경우도 포함된다.771) 제1호의 특수관계인의 범위
는 상법 제398조의 규제대상인 거래주체에 비하여 광범위하다.
    다) 신용공여가 허용되는 경우    상장회사는 다음과 같은 경우에는 신용공여

---

769) 이와 같이 상법은 금지되는 신용거래를 열거하여 규정하므로 상품이나 용역에 대한 대금을
    몇 개월 후에 지급하기로 하는 단순한 외상거래는 신용공여에 해당하지 않는다.
770) 이철송, 761면 각주 1.
771) 대법원 2013. 5. 9. 선고 2011도15854 판결.

를 할 수 있다(542조의9②).

> 1. 복리후생을 위한 이사·집행임원·감사에 대한 금전대여 등으로서 대통령령으로 정하는 신용공여
> 2. 다른 법령에서 허용하는 신용공여
> 3. 그 밖에 상장회사의 경영건전성을 해칠 우려가 없는 금전대여 등으로서 대통령령으로 정하는 신용공여

제1호에서 "대통령령으로 정하는 신용공여"란 학자금, 주택자금 또는 의료비 등 복리후생을 위하여 회사가 정하는 바에 따라 3억원의 범위에서 금전을 대여하는 행위를 말한다(令 35조②).

제2호의 예로는, 자본시장법상 금융투자업자가 대주주 및 그의 특수관계인에게 할 수 있는 신용공여가 있다(資法 34조② 단서, 資令 38조②).[772]

제3호에서 "대통령령으로 정하는 신용공여"란 회사의 경영상 목적을 달성하기 위하여 필요한 경우로서 다음과 같은 자를 상대로 하거나 그를 위하여 적법한 절차에 따라[773] 행하는 신용공여를 말한다(令 35조③).[774][775]

---

[772] "금융투자업자의 건전성을 해할 우려가 없는 신용공여로서 대통령령으로 정하는 신용공여"란 다음 각 호의 어느 하나에 해당하는 것을 말한다(資令 38조②).
1. 임원에 대하여 연간 급여액(근속기간 중에 그 금융투자업자로부터 지급된 소득세 과세대상이 되는 급여액)과 1억원 중 적은 금액의 범위에서 하는 신용공여
2. 금융위원회가 정하여 고시하는 해외 현지법인에 대한 채무보증
3. 다음 중 어느 하나의 경우가 자본시장법 제34조 제2항 본문에 따른 신용공여에 해당하는 경우 그 신용공여
   가. 담보권의 실행 등 권리행사를 위하여 필요한 경우로서 자본시장법 제34조 제1항 각 호의 행위를 하는 경우
   나. 자본시장법 제176조 제3항 제1호에 따른 안정조작이나 제3항 제2호에 따른 시장조성을 하는 경우로서 자본시장법 제34조 제1항 각 호의 행위를 하는 경우
   다. 자본시장법 시행령 제37조 제1항 각 호의 경우(대주주발행증권의 소유제한)
   라. 자기자본의 8%(令 38조③)의 범위에서 주식, 채권 및 약속어음(기업이 사업에 필요한 자금을 조달하기 위하여 발행한 것에 한한다)을 소유하는 경우
[773] 상법 시행령 제35조 제3항은 "적법한 절차에 따라"라고만 규정할 뿐 그 시기를 포함한 구체적인 내용을 규정하지 않지만, 자기거래에 대한 이사회의 승인에 관한 규정과 같이 신용공여 전에 미리 이사회에서 해당 신용공여에 관한 중요사실을 밝히고 승인을 받아야 할 것이다. 한편, 신용공여에 관한 공시도 사후적 절차로서 허용요건으로 보아야 하는지에 관하여는 논란의 여지가 있지만, 사견으로는 사전적 절차인 이사회 결의만으로 충분하다고 본다. 이와 관련하여 인수회사가 피인수회사(대상회사)의 자산을 담보로 외부에서 조달한 자금으로 경영권을 인수하는 구조재편형 M&A의 하나인 LBO의 경우, LBO를 위한 신용공여도 위 규정에 의하여 허용되는지에 관하여는 경영건전성을 해칠 우려도 없고 경영상 목적을 달성하기 위하여 필요

1. 법인인 주요주주

2. 법인인 주요주주의 특수관계인 중 회사(자회사 포함)의 출자지분과 해당 법인인
   주요주주의 출자지분을 합한 것이 개인인 주요주주의 출자지분과 그의 특수관계
   인(해당 회사 및 자회사 제외)의 출자지분을 합한 것보다 큰 법인

3. 개인인 주요주주의 특수관계인 중 회사(자회사 포함)의 출자지분과 제1호 및 제2호
   에 따른 법인의 출자지분을 합한 것이 개인인 주요주주의 출자지분과 그의 특수관
   계인(해당 회사 및 자회사 제외)의 출자지분을 합한 것보다 큰 법인

제1호의 "법인의 주요주주"란 신용공여를 하는 회사의 주요주주인 법인을 말
한다. 제1호의 규정상 법인인 주요주주에 대한 신용공여는 허용되지만, 개인인 주
요주주에 대한 신용공여는 허용되지 않는다.776)

제2호 · 제3호는 주요주주의 법인인 특수관계인에 관하여, 법인이 지배하는 특
수관계인에 대한 신용공여는 허용되고, 개인이 지배하는 특수관계인에 대한 신용공
여는 허용되지 않는다는 취지이다.777)

---

하다는 요건을 기준으로 판단하여야 할 것이다.

774) 종래에는 "법인인 주요주주(그의 특수관계인을 포함한다)"를 신용공여 허용대상으로 규정하
였으나, 법무부가 2011. 12. 법인인 주요주주의 법인인 특수관계인에 대한 신용공여만 허용한
다는 취지에서 "법인인 주요주주 및 그의 특수관계인(그 특수관계인이 법인인 경우에 한한
다)"라는 내용의 상법 시행령을 입법예고하였다. 이에 경제계 및 경제부처의 반대가 심하자
절충안으로 주요주주가 개인이라 하더라도 그의 특수관계인이 법인인 경우도 포함하되, 신용
공여를 받는 회사의 지분을 기준으로 "해당회사의 지분 + 법인인 주요주주의 지분 > 개인인
주요주주(특수관계인)의 지분"인 경우에만 신용공여를 허용하기로 하였다. 이러한 개정으로
개인인 주요주주의 특수관계인에 대한 신용공여 허용범위는 확대되었으나 법인인 주요주주의
특수관계인에 대한 신용공여 허용범위는 축소되었다[법무부, "상법 회사편 해설"(2012), 619
면]. 이에 따라 법인인 주요주주의 특수관계인에 대한 기존의 신용공여는 개정규정에 적합한
신용공여로 보기 위하여, 시행령 부칙에 "제35조 제3항 제2호의 개정규정에도 불구하고 이 영
시행 전에 회사가 종전의 규정에 따라 법인인 주요주주의 특수관계인에게 한 신용공여는 같
은 호의 개정규정에 적합한 신용공여로 본다."라는 경과규정을 두었다.

775) 상법 제542조의9 제2항 제3호의 "경영건전성을 해칠 우려가 없는 금전대여 등으로서"라는
요건과 "대통령령으로 정하는 신용공여"라는 요건을 모두 충족하여야 해당 규정이 적용되는지
에 관하여, 유사한 규정 형식인 자본시장법상 대주주에 대한 신용공여 규정에 관한 판례는 특
별한 사정이 없는 한 별도의 요건으로 보지 않는다(서울고등법원 2014. 10. 31. 선고 2014노597
판결, 대법원 2017. 4. 26. 선고 2014도15377 판결로 확정). 다만, 상법 시행령 제35조 제3항은
"회사의 경영상 목적을 달성하기 위하여 필요한 경우"라고 규정하므로 구별의 실익은 없다.

776) "회사"의 주요주주가 아닌 "법인"인 주요주주라고 표현한 것은 상법상 회사인 주주뿐 아니
라 민법상 법인인 주주도 포함하기 때문이다. 민법상 법인은 영리법인과 비영리법인 모두 포
함한다. 주요주주는 상법 제542조의8 제2항 제6호의 주주(10% 이상 또는 주요 경영사항에 대
한 사실상 영향력)를 말한다.

777) 제2호 · 제3호에서 "회사"는 신용공여의 주체인 회사를 가리키는데, "해당 회사"라고 규정하

(나) 대규모 상장회사의 대규모 거래 금지

가) 이사회의 승인 대상 거래    최근 사업연도 말 현재의 자산총액이 2조원 이상인 상장회사(슈 35조④)는 최대주주, 그의 특수관계인 및 그 상장회사의 특수관계인(슈 34조④)을 상대방으로 하거나 그를 위하여 다음과 같은 거래(제1항에 따라 금지되는 거래는 제외)를 하려는 경우에는 이사회의 승인을 받아야 한다(542조의9③). 사업연도 중 몇 건의 거래가 진행되는 동안에는 아래에 규정된 규모에 미달하였으나 추가될 거래로 인하여 규모를 초과하는 경우, 기존의 거래는 승인 대상이 아니고, 추가될 거래 및 그 후의 거래만 승인 대상이다.

1. 단일 거래규모가 대통령령으로 정하는 규모 이상인 거래
2. 해당 사업연도 중에 특정인과의 해당 거래를 포함한 거래총액이 대통령령으로 정하는 규모 이상이 되는 경우의 해당 거래[778]

제1호에서 "대통령령으로 정하는 규모"란 자산총액 또는 매출총액을 기준으로 다음과 같은 구분에 따른 규모를 말한다(슈 35조⑥).

1. 회사가 「금융위원회의 설치 등에 관한 법률」 제38조에 따른 검사 대상 기관인 경우(금융회사): 해당 회사의 최근 사업연도 말 현재의 자산총액의 1%[779]
2. 회사가 「금융위원회의 설치 등에 관한 법률」 제38조에 따른 검사 대상 기관이 아닌 경우: 해당 회사의 최근 사업연도 말 현재의 자산총액 또는 매출총액의 1%

위 제2호에서 "대통령령으로 정하는 규모"란 다음과 같은 구분에 따른 규모를 말한다(슈 35조⑦).

1. 회사가 「금융위원회의 설치 등에 관한 법률」 제38조에 따른 검사 대상 기관인 경

---

지 않아서 해석상 논란이 있을 수 있으므로 "해당 회사"라고 규정하는 것이 바람직하다. 제3호는 법인인 주요주주가 없는 상장회사라도 해당 상장회사(자회사 포함)의 출자지분이 개인인 주요주주 출자지분과 그의 특수관계인(해당 회사 및 자회사 제외)의 출자지분보다 큰 경우에는 예외적으로 법인에 대한 신용공여를 허용하기 위한 규정이다. 다만, 이러한 규정에 따르면 지주회사의 경우에는 대부분 개인이 주요주주이고 공정거래법상 지주회사는 상장회사인 자회사의 경우 발행주식총수의 20%만 보유하면 되므로 상법상 자회사에 해당하지 않아서 제3호에 의하여 신용공여가 허용되는 상대방이 될 수 없다는 문제가 있다.

778) "특정인"이란 특수관계인에 속하는 특정인을 의미한다. 특수관계인 아닌 자와의 거래를 일정 규모가 넘는다는 이유로 규제할 이유가 없기 때문이다.
779) 금융회사는 매출원가가 포함되어 매출규모가 큰 제조업과 달리 매출규모가 작다는 점을 고려하여 자산규모만으로 규제하는 것이다.

우: 해당 회사의 최근 사업연도 말 현재의 자산총액의 5%

2. 회사가 「금융위원회의 설치 등에 관한 법률」 제38조에 따른 검사 대상 기관이 아닌
경우: 해당 회사의 최근 사업연도 말 현재의 자산총액 또는 매출총액의 5%

제542조의9 제3항은 제398조에 대한 상장회사에 대한 특례규정인데 거래의 내용은 불문하고 규모만으로 규제대상을 규정한다. 자산총액, 매출총액은 개별재무제표 또는 별도재무제표상의 수치를 기준으로 한다.[780] 유상증자도 금지되는 대규모 거래에 해당한다.

나) 승인시기　　제398조의 거래에 대한 이사회 승인은 "미리 이사회의 승인을 받아야 한다."라는 규정상 사전승인만 허용하는 취지이지만, 제542조의9 제3항은 승인시점에 대하여 규정하지 아니하므로 사후승인도 허용된다고 해석된다. 물론 제542조의9와 제398조가 중첩적으로 적용되는 경우에는 제398조에 따른 사전승인이 요구된다.

다) 정기주주총회에의 보고　　상장회사는 이사회의 승인 결의 후 처음으로 소집되는 정기주주총회에, i) 해당 거래의 목적, ii) 상대방, iii) 그 밖에 대통령령으로 정하는 사항을 보고하여야 한다(542조의9④).

"대통령령으로 정하는 사항"은 다음과 같다(令 35조⑧).

1. 거래의 내용, 일자, 기간 및 조건
2. 해당 사업연도 중 거래상대방과의 거래유형별 총거래금액 및 거래잔액

최대주주등과의 거래내역은 회사 규모를 불문하고 소집통지·공고 사항으로서 사전에 주주들에게 공시된다. 이에 따라 해당 내용을 주주들에 대한 배부자료에 포함시키고 보고할 때에는 간략하게 요약하여 보고한다.

라) 승인·보고 대상 제외 거래　　상장회사가 경영하는 업종에 따른 일상적인 거래로서 다음과 같은 거래는 이사회의 승인을 받지 아니하고 할 수 있고, 제2호에

---

780) 개별재무제표는 연결재무제표 작성대상이 아닌 회사가 작성하는 재무제표이고, 별도재무제표는 연결재무제표 작성대상 회사가 추가적으로 작성하는 재무제표이다. 즉, 연결재무제표를 작성하는 회사의 개별재무제표가 별도재무제표이다. 관계기업 투자주식에 대하여, 개별재무제표는 지분법을 적용하고, 별도재무제표는 지분법 외에 원가법 또는 공정가치법을 적용하는데, 이러한 회계처리 방법의 차이로 인하여 자산총액도 차이가 있게 된다(상장회사 특례규정 중 일부 규정은 자산총액을 기준으로 적용대상 여부가 결정되므로 기업 입장에서는 이해관계가 크다).

해당하는 거래에 대하여는 그 거래내용을 주주총회에 보고하지 아니할 수 있다(542
조의9⑤).781)

1. 「약관의 규제에 관한 법률」 제2조 제1항의 약관에 따라 이루어지는 거래
2. 이사회에서 승인한 거래총액의 범위 안에서 이행하는 거래

　　제1호와 제2호의 거래 모두 "이사회의 승인을 받지 아니하고 할 수 있다"는 점
에서는 같지만, 제2호에 해당하는 거래에 대해서만 "주주총회에 보고하지 아니할
수 있다"고 규정하므로, 제1호에 해당하는 거래에 대해서는 주주총회에 보고해야
하는지 여부에 관하여 해석상 논란의 여지가 있다. 주주총회 보고에 관한 제542조
의9 제4항은 이사회의 승인 결의 후 처음으로 소집되는 정기주주총회에서 보고하
도록 규정하므로, 이사회 승인 결의를 받지 않으면 주주총회 보고대상이 아닌 것
으로 해석되기 때문이다.782) 다만, 제4항의 정기주주총회 보고는 이를 위반하더라
도 거래의 효력에 영향이 없고 위반에 대한 형사벌칙은 물론 과태료 부과규정도
없으므로783) 논의의 실익은 크지 않다.
　　제2호는 거래총액이 시행령 제35조 제7항이 정하는 규모 이상이면 이사회 승
인 및 주주총회 보고 대상이지만, 그 거래총액 범위 내에서의 개별거래는 이사회
승인 대상이 아니고 주주총회 보고대상도 아니라는 취지이다.
　　(다) 제398조와의 관계　　　　상법 제542조의9는 제398조와 관련하여 상장회사에
대한 특례를 정한 규정인데, 제542조의9를 제398조와의 관계에서 배타적 규정으로

781) 제398조가 적용되는 경우에도 거래에 대한 이사회 승인이 원칙이고, 모든 거래에 대한 포괄
　　적 승인은 불가능하지만, 동종 유형이나 동일 유형의 거래에서는 기간과 한도를 정하여 포괄
　　적으로 승인하면 그 기간과 한도를 넘지 않는 개별거래에 대하여는 이사회 승인을 받을 필요
　　가 없다.
782) 한편, 제542조의9 제4항은 이사회의 승인 결의 후 처음으로 소집되는 정기주주총회에서 보
　　고하도록 규정하는데, 이사회 승인 결의를 받지 않는 경우에는 위 규정이 적용되지 아니하므
　　로 보고시기에 관하여 논란의 여지가 있지만, 특별한 사정이 없다면 위 규정의 취지에 부합
　　하도록 해당 거래 후 처음으로 소집되는 주주총회에서 보고해야 한다고 해석하는 것이 제도
　　의 취지에 부합한다.
783) 제542조의9 제3항에 따른 이사회 승인 없이 거래한 경우만 과태료 부과대상이다(635조③④).
　　다만, 주식회사에 관한 일반 과태료 부과규정인 제635조 제1항 제5호는 "관청, 총회, 사채권자
　　집회 또는 발기인에게 부실한 보고를 하거나 사실을 은폐한 경우"를 500만원 이하의 과태료
　　부과대상으로 규정하는데, 제1호 또는 제2호의 거래가 부실보고나 사실은폐에 해당하는 경우
　　는 실제로는 드물겠지만, 만일 이에 해당한다고 볼만한 특별한 사정이 있다면 이 규정에 의하
　　여 과태료부과대상이 될 수도 있을 것이다. 따라서 기업실무상으로는 제1호의 거래에 관하여
　　도 주주총회에서 보고하는 것이 안전하다.

본다면 상장회사가 오히려 비상장회사보다 완화된 규제를 받게 되어 불합리하고, 중첩적으로 적용되는 규정으로 보아야 한다.784) 제542조의9는 제398조에 대한 특례규정이므로 자본거래도 제398조의 규제대상으로 보는 이상 제542조의9의 규제대상으로 보아야 한다.

제542조의9의 규제대상 거래주체는 특수관계인(사외이사의 결격사유에 관한 제542조의8 제2항 제5호의 특수관계인)을 포함하므로 제398조의 규제대상 거래주체보다 넓다. 한편, 이사회의 승인을 받아야 하는 대규모 거래의 경우(제3항)는 제398조의 요건과 달리 이사회의 보통결의로 족하고 공정성 요건도 적용되지 않는다.

두 규정이 중첩적으로 적용되는 결과, (i) 제542조의9 제2항에 따라 허용되는 신용공여라 하더라도 거래주체가 제398조의 규제대상이면 제398조가 적용된다. (ii) 제542조의9 제3항에 따라 이사회의 승인을 받아야 하는 거래의 경우, i) 거래주체가 제398조의 규제대상이면 이사회 결의요건과 공정성 요건에 관하여는 보다 엄격한 요건인 제398조가 적용되고, ii) 거래주체가 제398조의 규제대상이 아니면 이사회의 보통결의로 족하고 공정성 요건도 적용되지 않는 제542조의9 제3항이 적용된다.785) (iii) 제542조의9 제3항이 규정하는 거래 규모에 미달하는 경우에도 거래주체가 제398조의 적용대상이면 제398조가 적용된다.

㈑ 위반행위의 효과    상법 제542조의9 제1항을 위반하여 신용공여를 한 자는 5년 이하의 징역 또는 2억원 이하의 벌금에 처한다(624의2). 이때 징역과 벌금은 병과할 수 있다(632조).

상법 제542조의9 제1항을 위반한 거래의 사법(私法)상 효력에 대하여 판례는, i) 위 조항은 강행규정에 해당하므로 위 조항에 위반하여 이루어진 신용공여는 허용될 수 없는 것으로서 사법상 무효이므로 누구나 그 무효를 주장할 수 있고, ii) 법 제398조가 규율하는 이사의 자기거래와 달리, 이사회의 승인 유무와 관계없이 금지되는 것이므로, 이사회의 사전 승인이나 사후 추인이 있어도 유효로 될 수 없고,

---

784) 다만, 제542조의9 제1항은 신용공여를 절대적으로 금지하므로(즉, 제398조에 의한 이사회의 승인이 있어도 금지) 제398조가 적용될 여지가 없이 배타적으로 적용된다.

785) 이에 따라 상장회사에 오히려 비상장회사에 비하여 완화된 요건이 적용된다는 문제가 있다는 지적이 있지만, 거래주체가 제398조의 규제대상이면 어차피 제398조가 중첩적으로 적용된다. 다만, 향후 입법적인 보완을 한다면, 이사회의 승인과 관련하여 "미리 이사회에서 해당거래에 관한 중요사실을 밝히고"라는 문구를 추가하고, "이 경우 이사회의 승인은 이사 3분의 2 이상의 수로써 하여야 하고, 그 거래의 내용과 절차는 공정하여야 한다."라는 규정을 추가하는 것이 바람직하다.

iii) 상법 제542조의9 제1항을 위반한 신용공여라고 하더라도 제3자가 그에 대해 알지 못하였고 알지 못한 데에 중대한 과실이 없는 경우에는 그 제3자에 대하여는 무효를 주장할 수 없다고 보아야 한다는 입장이다.786)

다만, 상법 제542조의9 제3항을 위반하여 이사회 승인 없이 대규모 거래를 한 경우에 대하여는 신용공여의 경우와 달리 형사벌칙이 없고, 과태료 부과규정만 있다(635조③4). 이사회 승인 없이 거래함으로써 회사에 손해가 발생한 경우에는 이사의 민사상 손해배상책임과 형사상 배임책임이 문제된다. 상법 제542조의9 제4항의 정기주주총회 보고는 사후보고이므로 이를 위반하더라도 거래의 효력에는 영향이 없다.

### 9) 자본시장법상 수시공시

상장회사(주권상장법인)는 자기자본의 100분의 5(최근 사업연도말 자산총액이 2조원

---

786) [대법원 2021. 4. 29. 선고 2017다261943 판결] "주요주주 등이 주식회사의 경영에 상당한 영향력을 행사할 수 있다는 점을 고려하면, 회사가 주요주주 등에게 신용공여를 할 경우 회사의 재무건전성을 저해하고 일반주주나 채권자 등의 이익을 침해하는 결과가 초래될 우려가 높을 뿐만 아니라, 경우에 따라서는 이를 은폐하기 위하여 비정상적인 회계처리를 감행할 가능성도 커지게 된다. 특히 다양한 이해관계자가 존재하는 상장회사의 경우 회계·경영 관련 건전성에 대한 요구가 비상장회사에 비해 높으므로, 상법 제542조의9 제1항은 상장회사의 주요주주 등에 대한 신용공여를 원칙적으로 금지하여 회사의 이익을 보호할 뿐 아니라 주식시장의 건전성 및 투자자 보호에 기여하고자 한 것이다. 다만 상장회사의 경영상 필요나 영업의 자유 등의 측면에서 볼 때 신용공여 중에는 금지대상으로 삼을 필요가 없거나 적은 것도 있을 수 있으므로, 상법 제542조의9는 제2항에서 거래 상대방, 거래의 성격이나 목적, 규모, 경영건전성에 미치는 영향 등을 고려하여 일부 신용공여에 대해서 예외적으로 허용하고 있다. 나아가 상법 제624조의2는 신용공여 금지의 실효성을 확보하기 위하여 상법 제542조의9 제1항을 위반하여 신용공여를 한 자를 5년 이하의 징역 또는 2억 원 이하의 벌금에 처한다고 규정하는 한편, 상법 제634조의3은 회사에 대한 양벌규정을 두고 있다. 앞서 본 법리에 비추어 상법 제542조의9 제1항의 입법 목적과 내용, 위반행위에 대해 형사처벌이 이루어지는 점 등을 살펴보면, 위 조항은 강행규정에 해당하므로 위 조항에 위반하여 이루어진 신용공여는 허용될 수 없는 것으로서 사법상 무효이고, 누구나 그 무효를 주장할 수 있다. 그리고 위 조항의 문언상 상법 제542조의9 제1항을 위반하여 이루어진 신용공여는, 상법 제398조가 규율하는 이사의 자기거래와 달리, 이사회의 승인 유무와 관계없이 금지되는 것이므로, 이사회의 사전 승인이나 사후 추인이 있어도 유효로 될 수 없다. 다만 상법 제542조의9는 제1항에서 신용공여를 원칙적으로 금지하면서도 제2항에서는 일부 신용공여를 허용하고 있는데, 회사의 외부에 있는 제3자로서는 구체적 사안에서 어떠한 신용공여가 금지대상인지 여부를 알거나 판단하기 어려운 경우가 생길 수 있다. 상장회사와의 상거래가 빈번한 거래현실을 감안하면 제3자로 하여금 상장회사와 거래를 할 때마다 일일이 상법 제542조의9 위반 여부를 조사·확인할 의무를 부담시키는 것은 상거래의 신속성이나 거래의 안전을 해친다. 따라서 상법 제542조의9 제1항을 위반한 신용공여라고 하더라도 제3자가 그에 대해 알지 못하였고 알지 못한 데에 중대한 과실이 없는 경우에는 그 제3자에 대하여는 무효를 주장할 수 없다고 보아야 한다." 다만, 구 증권거래법상 증권회사의 특수관계인에 대한 신용공여는 사법상 효력에 영향이 없다는 판례가 있었다(대법원 2009. 3. 26. 선고 2006다47677 판결).

이상인 유가증권시장주권상장법인의 경우 1,000분의 25) 이상의 담보제공 또는 채무보증에
관한 결정이 있은 때, 그 사실 또는 결정(이사회의 결의 또는 대표이사 그 밖에 사실상의
권한이 있는 임원·주요주주 등의 결정을 말하며, 이 경우 이사회의 결의는 상법 제393조의2에
따른 이사회 내 위원회의 결의를 포함) 내용을 그 사유 발생일 당일에 거래소에 신고하
여야 한다[資法 391조②, 유가증권시장 공시규정 7조①2다(3)].

10) 대규모내부거래의 이사회 의결 및 공시

「독점규제 및 공정거래에 관한 법률」상 상호출자제한기업집단에 속하는 회
사("내부거래공시대상회사")는 특수관계인을 상대방으로 하거나 특수관계인을 위하
여 대통령령이 정하는 규모 이상의 다음과 같은 거래행위("대규모내부거래")를 하고
자 하는 때에는 미리 이사회의 의결을 거친 후 이를 공시하여야 한다(同法 11조의2
①).787) ①

1. 가지급금 또는 대여금 등의 자금을 제공 또는 거래하는 행위
2. 주식 또는 회사채 등의 유가증권을 제공 또는 거래하는 행위
3. 부동산 또는 무체재산권 등의 자산을 제공 또는 거래하는 행위
4. 주주의 구성 등을 고려하여 대통령령으로 정하는 계열회사를 상대방으로 하거나
   동 계열회사를 위하여 상품 또는 용역을 제공 또는 거래하는 행위788)

---

787) [同法 시행령 제17조의8(대규모내부거래의 이사회 의결 및 공시)]
   ① 법 제11조의2(대규모내부거래의 이사회 의결 및 공시)제1항의 규정에 의하여 대규모내
   부거래에 대한 이사회 의결 및 공시를 요하는 기업집단은 제17조(상호출자제한기업집단
   등의 범위) 제1항의 규정에 의한 상호출자제한기업집단으로 한다.
   ② 법 제11조의2(대규모내부거래의 이사회 의결 및 공시) 제1항의 규정에 의하여 이사회
   의결 및 공시대상이 되는 대규모내부거래행위는 거래금액[법 제11조의2(대규모내부거래
   의 이사회 의결 및 공시) 제1항 제4호의 경우에는 분기에 이루어질 거래금액의 합계액
   을 말한다]이 그 회사의 자본총계 또는 자본금중 큰 금액의 100분의 5 이상이거나 50억
   원 이상인 거래행위로 한다.
   [제2항의 자본총계는 주주총회에서 승인된 최근 사업연도말 재무제표에 표시된 자본총계
   를, 자본금은 이사회 의결일의 직전일의 자본금을 말한다. 따라서 이사회 의결일 이전에 유
   상증자 또는 전환사채의 주식전환으로 자본금이 증가한 경우는 이를 포함한 금액을 자본금
   으로 본다].
788) [同法 시행령 제17조의8(대규모내부거래의 이사회 의결 및 공시)]
   ③ 법 제11조의2(대규모내부거래의 이사회 의결 및 공시) 제1항 제4호에서 "대통령령으로
   정하는 계열회사"란 동일인이 단독으로 또는 동일인의 친족[제3조의2(기업집단으로부터
   의 제외) 제1항에 따라 동일인관련자로부터 분리된 자는 제외한다. 이하 이 항에서 같
   다]과 합하여 발행주식 총수의 100분의 20 이상을 소유하고 있는 계열회사 또는 그 계
   열회사의 상법 제342조의2(자회사에 의한 모회사주식의 취득)에 따른 자회사인 계열회
   사를 말한다. 다만, 다음 각 호의 어느 하나에 해당하는 회사는 제외한다.
   1. 동일인이 자연인이 아닌 기업집단에 소속된 회사

## 2. 이사의 책임

### (1) 회사에 대한 책임

#### 1) 손해배상책임

(가) 의　　의　　이사가 고의·과실로 법령·정관에 위반한 행위를 하거나 그 임무를 게을리한 때에는 그 이사는 회사에 대하여 연대하여 손해를 배상할 책임이 있다(399조①).[789]

(나) 법적 성질　　이사의 손해배상책임의 법적 성질에 대하여, 위임계약 불이행으로 인한 채무불이행책임으로 보는 것이 판례와 통설의 입장이다.[790] 채무불이행책임에 해당하므로 회사에 손해가 발생한 경우 특별한 사정이 없는 한 손해배상책임을 면할 수 없고,[791] 이행청구를 받은 때부터 지체책임을 진다.[792]

(다) 책임주체

가) 책임주체의 범위　　"그 이사"라는 규정상, 모든 이사가 아니라 고의·과실로 법령·정관에 위반한 행위를 하거나 그 임무를 게을리한 이사만이 회사에 대하여 연대하여 손해를 배상할 책임이 있다.

나) 결의찬성 이사의 책임　　법령·정관에 위반한 행위 또는 임무해태가 이사회 결의에 의한 것인 때에는 그 결의에 찬성한 이사도 같은 책임이 있다(399조②). 이사의

---

2. 지주회사의 자회사, 손자회사와 증손회사

[789] 일본 회사법은 이사, 회계참여, 감사, 회계감사인, 집행임원 등을 모두 "任員等"이라고 총칭하면서 하나의 조문에서 손해배상을 규정한다(日会 423조).

[790] 상법이 인정하는 특수한 책임으로 보는 견해도 있다[이철송, 764면(이사의 책임을 주장하는 자가 이사의 과실에 관한 증명책임을 지고, 나아가 결의찬성 이사의 연대책임, 총주주의 동의에 의한 책임면제, 재무제표 승인에 의한 책임해제 등은 단체법적 성격이 강하여 일반 채무불이행책임의 효과로는 설명하기 어렵다는 점을 논거로 들고 있다)].

[791] 대법원 2019. 11. 14. 선고 2018다282756 판결.

[792] [대법원 2021. 5. 7. 선고 2018다275888 판결] "채무이행의 기한이 없는 경우 채무자는 이행청구를 받은 때부터 지체책임이 있다(민법 제387조 제2항). 채무불이행으로 인한 손해배상채무는 특별한 사정이 없는 한 이행기한의 정함이 없는 채무이므로 채무자는 채권자로부터 이행청구를 받은 때부터 지체책임을 진다. 상법 제399조 제1항에 따라 주식회사의 이사가 회사에 대한 임무를 게을리하여 발생한 손해배상책임은 위임관계로 인한 채무불이행책임이다. 따라서 주식회사의 이사가 회사에 대하여 위 조항에 따라 손해배상채무를 부담하는 경우 특별한 사정이 없는 한 이행청구를 받은 때부터 지체책임을 진다."
[대법원 2021. 7. 15. 선고 2018다298744 판결] "따라서 원심으로서는 상법 제399조 제1항에 따른 손해배상금에 대하여 피고의 지체책임을 인정할 때 피고가 언제 이행청구를 받았는지에 관하여 심리할 필요가 있다."

의결권 행사 자체도 선관주의의무가 미치는 직무집행이기 때문이다. 결의에 참가한 이사로서 이의를 한 기재가 의사록에 없는 자는 그 결의에 찬성한 것으로 추정한다 (399조③). 따라서 결의불참 또는 반대한 사실에 대한 증명책임은 이사가 부담한다.

이사회에서의 의결권 행사는 이사의 본래의 직무이므로 부당한 의안에 찬성한 이사는 스스로 임무해태에 관한 책임을 지는 것이다. 따라서 상법 제399조 제2항은 이사회 결의에 찬성한 이사의 책임을 주의적으로 규정하는 동시에, 한편으로는 결의의 집행과정에서 법령·정관 위반 또는 임무해태가 있는 경우에는 그 집행에 관여한 이사만 책임을 진다는 취지로 볼 수 있다.

결의찬성이사의 행위와 회사의 손해 간의 인과관계는 이사 개인의 선관주의의무 위반 여부에 의하여 판단할 것이고, 다른 결의찬성이사의 선관주의의무 위반 여부를 전제로 판단할 것은 아니다. 이사회 결의는 법률이나 정관 등에서 다른 규정을 두고 있지 않는 한 출석한 이사들의 과반수 찬성에 의하여 이루어지는데, 만일 다른 이사들의 선관주의의무 위반 여부를 전제로 인과관계를 판단한다면 이사회 결의를 얻은 사항에 관하여 이사 개인에게 손해배상책임을 묻는 경우, 당해 이사 개인은 누구나 자신이 반대하였다고 해도 어차피 이사회 결의를 통과하였을 것이라는 주장을 내세워 손해배상책임을 면하게 될 것이기 때문이다.793)

다) 기권한 이사의 책임    이사회 의사록에 의안에 대하여 찬성이나 반대를 하지 않고 기권을 한 경우에도 "이의를 한 기재가 의사록에 없는 자"에 해당하는지에 관하여 최근의 판례는 의사록에 기권한 것으로 기재된 경우에는 이에 해당하지 않고 따라서 결의에 찬성한 것으로 추정되지 않는다고 판시하였다.794) 결의에 있어서 찬성, 반대, 기권의 의사표시를 함으로써 의결권을 행사하지만, 의결정족수에는 찬성 의결권만 포함되므로 기권도 반대와 같은 효과를 가진다는 점에서 타당한 결론이다.

---

793) 대법원 2007. 5. 31. 선고 2005다56995 판결.
794) [대법원 2019. 5. 16. 선고 2016다260455 판결] "상법 제399조 제2항은 같은 조 제1항이 규정한 이사의 임무위반 행위가 이사회 결의에 의한 것일 때 그 결의에 찬성한 이사에 대하여도 손해배상책임을 지우고 있고, 상법 제399조 제3항은 같은 조 제2항을 전제로 하면서, 이사의 책임을 추궁하는 자로서는 어떤 이사가 이사회 결의에 찬성하였는지 여부를 알기 어려워 그 증명이 곤란한 경우가 있음을 고려하여 그 증명책임을 이사에게 전가하는 규정이다. 그렇다면 이사가 이사회에 출석하여 결의에 기권하였다고 의사록에 기재된 경우에 그 이사는 "이의를 한 기재가 의사록에 없는 자"라고 볼 수 없으므로, 상법 제399조 제3항에 따라 이사회 결의에 찬성한 것으로 추정할 수 없고, 따라서 같은 조 제2항의 책임을 부담하지 않는다고 보아야 한다."

한편, 기권한 이사가 이사회에 참석하지 않았다면 의사정족수 미달로 결의가 성립할 수 없었는데 결의에 참가하여 기권하는 바람에 의사정족수가 충족되어 결의가 성립한 경우가 있다. 이러한 경우 기권한 이사는 결의의 내용에 따라 상법 제399조 제1항의 책임을 질 가능성이 있다. 위 판례는 결의에 참가한 이사로서 의사록에 이의를 한 기재가 없어도 기권을 한 기재가 있으면 해당 결의에 찬성한 것으로 추정되지 않는다는 것이고, 그러한 경우 임무해태에 관한 제399조 제1항의 책임까지 면제의 범위를 확대하는 취지는 아니다.[795]

(라) 책임발생원인

가) 법령·정관 위반

(a) 의    의    이사가 회사에 대하여 손해배상책임을 지는 사유가 되는 법령에 위반한 행위는 이사로서 임무를 수행함에 있어서 준수하여야 할 의무를 개별적으로 규정하고 있는 상법 등의 제 규정과 회사가 기업활동을 함에 있어서 준수하여야 할 제 규정을 위반한 경우가 이에 해당된다.[796]

이사가 임무를 수행함에 있어서 위와 같은 법령에 위반한 행위를 한 때에는 그 행위 자체가 회사에 대하여 채무불이행에 해당되므로 이로 인하여 회사에 손해가 발생한 이상, 특별한 사정이 없는 한 손해배상책임을 면할 수는 없다.[797]

상법 제399조 제1항은 "이사가 법령 또는 정관에 위반한 행위를 하거나 그 임무를 해태(懈怠)한 때에는 그 이사는 회사에 대하여 연대하여 손해를 배상할 책임이 있다."라고 규정하는데, "법령 또는 정관에 위반한 행위"도 넓게는 임무해태에 속하지만 선관주의의무 위반의 정도가 현저하여 따로 구분한 것이다.[798]

이사가 이사회의 승인 없이 자기거래를 하면 법령위반에 해당하고, 이사회의 승인을 얻었어도 거래가 불공정하여 회사에 손해를 가한 경우에는 임무해태에 해당한다. 물론 회사와 이사등 간의 거래가 무효로 될 정도로 거래의 불공정성이 현저한 경우는 이사회의 승인 여부를 불문하고 법령위반에 해당한다.

---

795) 同旨: 윤은경, "이사회 결의에서 기권의 해석", 선진상사법률연구 통권 제91호, 법무부(2020. 7), 97면.

796) 대법원 2007. 9. 20. 선고 2007다25865 판결.

797) 대법원 2021. 7. 15. 선고 2018다298744 판결, 대법원 2019. 11. 14. 선고 2018다282756 판결. 대법원 2005. 10. 28. 선고 2003다69638 판결.

798) 일본의 개정 전 상법은 법령·정관 위반을 책임원인으로 규정하였으나, 회사법은 제423조에서 임무해태만 책임원인으로 규정하고 별도로 법령·정관 위반은 규정하지 않고, 제355조에서 이사의 법령·정관 준수의무를 규정함으로써 법령·정관 위반도 임무해태로 본다.

여기서 "법령"은 일반적인 의미에서의 법령, 즉 법률과 그 밖의 법규명령으로서
의 대통령령, 총리령, 부령 등을 의미하는 것이고,[799) 종합금융회사 업무운용지침, 외
화자금거래취급요령, 외국환업무·외국환은행신설 및 대외환거래계약체결 인가공문,
외국환관리규정, 종합금융회사 내부의 심사관리규정 등은 이에 해당하지 않는다.[800)
그러나 고시라 하더라도 상위법령의 내용과 결합하여 대외적인 효력을 가지게 되는
법규명령에 해당하는 경우에는 상법 제399조 제1항에서 말하는 법령에 해당하는 것
으로 볼 수 있다.[801)

　(b) 유　　　형　　　이사가 단독으로 법령·정관 위반행위를 하는 경우(이사회
승인 없는 자기거래), 이사들이 이사회에서 법령·정관에 위반한 결의를 하는 경우(위
법한 신주발행), 대표이사가 법령·정관에 위반하여 업무집행을 하는 경우 등이 있다.

　(c) 과실책임　　　종래에 이사가 법령·정관에 위반하여 부담하는 손해배상책
임의 법적 성질에 대하여 그 위반 자체가 과실에 해당하므로 무과실책임으로 보는
견해도 있었지만, 발기인의 인수·납입담보책임이나 이사의 인수담보책임과 같은

---

799) [대법원 2005. 10. 28. 선고 2003다69638 판결]【손해배상(기)】(삼성전자 대표소송) "이사가 회
　　사에 대하여 손해배상책임을 지는 사유가 되는 법령에 위반한 행위는 이사로서 임무를 수행함
　　에 있어서 준수하여야 할 의무를 개별적으로 규정하고 있는 상법 등의 제 규정과 회사가 기업
　　활동을 함에 있어서 준수하여야 할 제 규정을 위반한 경우가 이에 해당된다고 할 것이다."
800) 대법원 2006. 11. 9. 선고 2004다41651, 41668 판결.
801) [서울중앙지방법원 2012. 10. 5. 선고 2011가합80239 판결] "어떤 법령이 특정 행정기관에 그
　　법령 내용의 구체적 사항을 정할 수 있는 권한을 부여하면서 그 권한행사의 구체적인 절차나
　　방법을 특정하고 있지 않은 관계로 수임 행정기관이 그 법령의 내용이 될 사항을 구체적으로
　　규정한 고시는, 당해 법률 및 그 시행령의 위임한계를 벗어나지 아니하는 한 그와 결합하여 대
　　외적으로 구속력이 있는 법규명령으로서 효력을 가지는 것이며, 그와 같은 고시의 내용이 관계
　　법령의 목적이나 근본 취지에 명백히 배치되거나 서로 모순되는 등의 특별한 사정이 없는 한
　　효력이 없는 것이라고 할 수 없다(대법원 2004. 4. 9. 선고 2003두1592 판결 참조). 이 사건에 관
　　하여 살피건대, 전기사업법 제16조 제1항은 한국전력공사는 대통령령으로 정하는 바에 따라
　　전기요금과 그 밖의 공급조건에 관한 약관을 작성하여 지식경제부장관의 인가 또는 변경인가
　　를 받아야 한다고 규정하고 있고, 전기사업법 시행령 제7조 제1항 제1호는 전기요금과 그 밖의
　　공급조건에 관한 약관에 대한 인가 또는 변경인가의 기준으로 전기요금이 적정원가에 적정이
　　윤을 더한 것일 것이라고 규정하면서, 제1항 각 호에 따른 인가 또는 변경인가의 기준에 관한
　　세부적인 사항은 지식경제부장관이 정하여 고시하도록 규정하고 있는바, 이 사건 고시는 상위
　　법령으로부터 전기요금과 그 밖의 공급조건에 대한 인가 또는 변경인가의 기준에 관한 위임을
　　받아 전기요금을 산정함에 있어 적정원가와 적정이윤에 관한 기준을 정하기 위해 마련된 규정
　　으로서 상위법령의 내용과 결합하여 대외적인 효력을 가지게 되는 법규명령에 해당하는 것으
　　로 봄이 상당하고, 또한 그 규정의 체계나 취지에 비추어 이 사건 고시가 상위법령의 위임의
　　한계를 벗어나거나 포괄위임에 의한 것으로 보기 어려울 뿐만 아니라, 그 내용 또한 상위법령
　　의 목적이나 취지에 반하는 것으로 보이지 아니하므로, 이 사건 고시는 전기사업법 및 전기사
　　업법 시행령과 결합하여 상법 제399조 제1항에서 말하는 법령에 해당하는 것으로 볼 수 있다."

명문의 규정이 없는 이상 손해배상의 일반원칙에 따라 과실책임이라는 것이 통설이었다. 그러나 2011년 개정상법은 "이사가 고의 또는 과실로 법령 또는 정관에 위반한 행위를 하거나"로 개정함으로써, 제399조 제1항의 책임이 과실책임이라는 것을 분명히 하였다. 따라서 법령 위반의 경우에도 이사에게 과실이 없으면 그 이사는 손해배상책임을 지지 않는다. 예컨대 이사가 법률전문가로부터 충분한 조언을 받고 모든 필요한 확인을 하고 업무를 집행하였으나 사후에 결과적으로 법령 위반으로 판명된 경우에는 이사의 과실이 인정되지 않는다고 할 것이다.[802]

　(d) 증명책임　　법령·정관 위반에 대한 증명책임에 관하여는, 이사가 법령·정관의 내용을 이미 알고 있을 것이므로 무과실의 증명책임이 이사에게 있다고 보는 것이 일반적인 견해이다.[803]

　나) 임무 해태

　(a) 의　　의　　이사의 임무해태도 손해배상책임의 원인이 된다. 판례는 상법 제399조 제1항의 임무해태에 관하여 이사가 직무상 충실의무 및 선관주의의무를 위반하는 경우라고 설시한다.[804] 임무해태로 인한 손해배상책임도 과실책임이다.[805]

　(b) 임무해태 판단의 기준　　회사의 업종, 이사의 담당 업무, 회사의 상황 등에 의하여 이사의 선관주의의무의 수준이 구체적으로 달라지고, 이에 따라 이사의 임무해태 여부도 각 이사에 따라 다른 기준이 적용된다. 판례는 일반적으로 은행의 이사에 대하여 높은 수준의 선관주의의무를 요구한다.[806]

---

802) 同旨: 송옥렬, 1040면. 한편, 서울고등법원 1980. 8. 18. 선고 79나821 판결은 "대표이사가 임대수입을 목적으로 하는 부동산에 대하여 이사회 결의 없이 분쟁의 상대방과 일부차임을 받지 못하게 되는 약정을 하여 법령에 위반된다고 하여도 그 목적물에 대하여 계속적인 소유권 분쟁을 종식시키고, 이에 대한 회사의 권리가 확보하게 되며, 이로 인하여 얻을 이익이 차임 손실보다 많다고 하면 회사에 손해가 없으므로 손해배상책임이 없다."라고 판시함으로써, 과실책임이라는 것을 명시하지는 않았지만 법령 위반의 경우에도 손해배상책임이 없는 경우를 인정하였다.

803) 이철송, 765면; 송옥렬, 1040면.

804) 대법원 2010. 7. 29. 선고 2008다7895 판결.

805) [대법원 1996. 12. 23. 선고 96다30465, 30472 판결]【퇴직금·손해배상(기)】 "주식회사가 대표이사를 상대로 주식회사에 대한 임무해태를 내세워 채무불이행으로 인한 손해배상책임을 물음에 있어서는 대표이사의 직무수행상의 채무는 미회수금 손해 등의 결과가 전혀 발생하지 않도록 하여야 할 결과채무가 아니라, 회사의 이익을 위하여 선량한 관리자로서의 주의의무를 가지고 필요하고 적절한 조치를 다해야 할 채무이므로, 회사에게 대출금 중 미회수금 손해가 발생하였다는 결과만을 가지고 곧바로 채무불이행사실을 추정할 수는 없다."

806) [대법원 2002. 3. 15. 선고 2000다9086 판결](제일은행 대표소송) "금융기관인 은행은 주식회사로 운영되기는 하지만, 이윤추구만을 목표로 하는 영리법인인 일반의 주식회사와는 달리 예금자의 재산을 보호하고 신용질서 유지와 자금중개 기능의 효율성 유지를 통하여 금융시장의

(c) 지시에 따른 업무와 신의칙    이사가 대주주 겸 대표이사의 지시에 따라 위법한 분식회계 등에 고의·과실로 가담하는 행위를 함으로써 회사에 손해를 입힌 경우에도, 회사의 그 이사에 대한 손해배상청구가 신의칙에 반하는 것은 아니다.807)

(d) 과실책임    임무해태로 인한 손해배상책임은 당연히 과실책임이다.808)

(e) 증명책임    임무해태에 대한 증명책임은 이사의 책임을 주장하는 회사가 부담한다는 것이 통설이다.809) 다만, 이사의 경영권방어에 있어서는 이사가 회사에 관한 중요 정보를 독점하고 있으므로 이사의 임무해태가 사실상 추정된다고 볼 것이다. 한편, 과실을 포함한 임무해태를 원고가 입증해야 한다는 견해도 있다.810)

(마) 책임의 범위    이사가 그 직무수행과정에서 법령·정관 위반행위 혹은 임무위반행위를 하였다고 하더라도, 그 결과로서 발생한 손해와의 사이에 상당인과관계가 인정되지 아니하는 경우에는 이사의 손해배상책임이 성립하지 않는다.811)

---

안정 및 국민경제의 발전에 이바지해야 하는 공공적 역할을 담당하는 위치에 있는 것이기에, 은행의 그러한 업무의 집행에 임하는 이사는 일반의 주식회사 이사의 선관의무에서 더 나아가 은행의 그 공공적 성격에 걸맞은 내용의 선관의무까지 다할 것이 요구된다 할 것이고, 따라서 금융기관의 이사가 위와 같은 선량한 관리자의 주의의무에 위반하여 자신의 임무를 해태하였는지의 여부는 그 대출결정에 통상의 대출담당임원으로서 간과해서는 안 될 잘못이 있는지의 여부를 금융기관으로서의 공공적 역할의 관점에서 대출의 조건과 내용, 규모, 변제계획, 담보의 유무와 내용, 채무자의 재산 및 경영상황, 성장가능성 등 여러 가지 사항에 비추어 종합적으로 판정해야 한다"(同旨: 대법원 2002. 6. 14. 선고 2001다52407 판결).

807) [대법원 2007. 11. 30. 선고 2006다19603 판결]【손해배상(기)】"회사와 회사의 대주주 겸 대표이사는 서로 별개의 법인격을 갖고 있을 뿐만 아니라, 회사의 대주주 겸 대표이사의 지시가 위법한 경우 회사의 임직원이 반드시 그 지시를 따라야 할 법률상 의무가 있다고 볼 수 없으므로, 회사의 임직원이 대주주 겸 대표이사의 지시에 따라 위법한 분식회계 등에 고의·과실로 가담하는 행위를 함으로써 회사에 손해를 입힌 경우 회사의 그 임직원에 대한 손해배상청구가 신의칙에 반하는 것이라고 할 수 없고, 이는 위와 같은 위법한 분식회계로 인하여 회사의 신용등급이 상향 평가되어 회사가 영업활동이나 금융거래의 과정에서 유형·무형의 경제적 이익을 얻은 사정이 있다고 하여 달리 볼 것은 아니다."

808) [대법원 1996. 12. 23. 선고 96다30465, 30472 판결]【퇴직금·손해배상(기)】"주식회사가 대표이사를 상대로 주식회사에 대한 임무해태를 내세워 채무불이행으로 인한 손해배상책임을 물음에 있어서는 대표이사의 직무수행상의 채무는 미회수금 손해 등의 결과가 전혀 발생하지 않도록 하여야 할 결과채무가 아니라, 회사의 이익을 위하여 선량한 관리자로서의 주의의무를 가지고 필요하고 적절한 조치를 다해야 할 채무이므로, 회사에게 대출금 중 미회수금 손해가 발생하였다는 결과만을 가지고 곧바로 채무불이행사실을 추정할 수는 없다."

809) 반대: 김효정, "상법상 이사의 회사에 대한 책임과 민사소송상 주장증명책임", 선진상사법률연구 통권 제90호, 법무부(20208.4.), 125면. (법령·정관 위반행위나 임무해태행위에 대한 과실 없음에 대한 증명책임을 이사가 부담한다고 한다).

810) 송옥렬, 1073면.(임무해태의 경우에는 법령위반이나 정관위반과 달리 이사의 과실이 추정되지 않는다고 설명한다).

811) 대법원 2007. 7. 26. 선고 2006다33609 판결, 대법원 2018. 10. 25. 선고 2016다16191 판결, 대

(바) 책임의 면제·해제·제한

가) 적극적 책임면제

(a) 책임면제의 요건      상법 제399조에 따른 이사의 책임은 주주 전원의 동의로 면제할 수 있다(400조①). 이때 주주 전원의 동의는 묵시적 의사표시의 방법으로도 할 수 있고, 반드시 명시적, 적극적으로 이루어질 필요는 없으며,[812] 결의의 형식을 거치지 않고 주주들이 개별적으로 동의하였더라도 주주 전원이 동의하면 된다.

책임면제의 시점은, 총주주의 동의를 개별적인 방법으로 얻을 때에는 최종적인 주주의 동의를 얻은 때, 주주총회의 결의와 같은 일괄적인 방법으로 얻을 때에는 당해 총회의 종료시이다.[813]

(b) 불법행위로 인한 손해배상청구권      "상법 제399조에 따른 이사의 책임"이라는 법문상 상법 제400조 제1항에 의한 책임면제로 법적으로 소멸되는 손해배상청구권은 제399조 소정의 권리이고, 불법행위로 인한 손해배상청구권까지 소멸되는 것은 아니다.[814] 이는 사실상의 1인주주가 책임 면제의 의사표시를 하였더라도 마찬가지이다.[815]

대법원 1989. 1. 31. 선고 87누760 판결은 "상법 제399조 소정의 손해배상청구권과 불법행위로 인한 손해배상청구권은 그 각 권리의 발생요건과 근거가 다를 뿐만 아니라 그 소멸원인의 하나인 채권자의 포기, 따라서 채무의 면제에 있어서도 전자는 상법 제400조의 방법과 효력에 의하는 반면에 후자는 민법 제506조의 방법과 효력에 의하도록 되어 있기 때문이다."라고 판시하였는데, 이러한 판시에 의하면 불법행위로 인한 손해배상청구권은 민법 제506조에 따른 채무면제의 대상이 된

---

법원 2023. 1. 12. 선고 2022다272374 판결.

812) 대법원 2002. 6. 14. 선고 2002다11441 판결. 다만, 이 판례는 실질적으로는 1인에게 주식 전부가 귀속되어 있지만 그 주주 명부상으로만 일부 주식이 타인 명의로 신탁되어 있는 경우라도 사실상의 1인 주주가 한 동의도 총주주의 동의로 볼 것이라는 취지인데, 대법원 2017. 3. 23. 선고 2015다248342 전원합의체 판결에 의하여 사실상 1인주주인 회사의 경우에는 주주 전원의 동의로 볼 수 없다.

813) 대법원 1989. 1. 31. 선고 87누760 판결.

814) [대법원 1989. 1. 31. 선고 87누760 판결]【법인세등부과처분취소】 (이 사건에서 법원은 불법행위로 인한 손해배상청구권의 포기는 민법 제506조에 따라 그 의사표시가 채무자에게 도달되거나 채무자가 알 수 있는 상태에 있었어야만 그 효력이 발생하고 그 이전에는 면제의 의사표시를 자유로 철회할 수 있는데, 회사가 대차대조표 공고의 방법으로 책임을 면제한 것만으로는 채무면제의 의사표시가 채무자에게 도달하거나 채무자가 알 수 있는 상태에 있었다고 볼 수 없다는 이유로 회사의 채무면제의 의사표시철회를 인정하였다).

815) 대법원 1996. 4. 9. 선고 95다56316 판결.

다. 그렇다면 반드시 이중의 채무면제절차를 요구할 필요 없이, 대표이사가 주주 전원의 동의에 의하여 이사의 손해배상책임을 면제하였다면 특별한 사정이 없는 한 상법 제399조에 의한 책임뿐 아니라 불법행위로 인한 책임까지 면제한 것으로 보아야 할 것이다.816)

　　나) 소극적 책임면제(책임해제)　　정기총회에서 재무제표의 승인을 한 후 2년 내에 다른 결의가 없으면 회사는 이사와 감사의 책임을 해제한 것으로 본다.817) 이에 따라 보통결의로 책임이 면제되는 결과가 된다. 그러나 이사의 부정행위에 대하여는 그렇지 않다(450조).818) 상법 제450조에 따른 이사의 책임해제는 재무제표 등에 기재되어 정기총회에서 승인을 얻은 사항(재무제표 등을 통하여 알 수 있는 사항)에 한정된다.819) 재무제표를 통하여 알 수 없는 사항에 관하여는 책임해제의 효과가 발생할 수 없으므로, 책임해제를 주장하는 이사는 재무제표의 승인이 있었다는 사실 외에 그 책임사유가 재무제표에 기재되어 있다는 사실도 증명하여야 한다. 2년

---

816) 최문희, "이사의 회사에 대한 손해배상책임 면제규정의 재해석", 상사법연구 제28권 제4호, 한국상사법학회(2009), 22면.

817) 상법 제450조는 정기총회에서의 재무제표 승인을 전제로 하지만, 임시총회에서 재무제표를 승인한 경우에도 책임해제의 요건은 충족된다. 임시총회에서는 재무제표를 승인할 수 없다는 견해도 있지만, 정기총회와 임시총회의 소집절차와 결의방법에 다른 점이 없고, 정기총회의 소집이 지연되어 임시총회의 성격을 띠더라도 재무제표승인의 효력에는 영향이 없으므로 반드시 정기총회에서의 승인을 요건으로 하는 것은 아니라고 보아야 한다.

818) [대법원 2005. 10. 28. 선고 2003다69638 판결](삼성전자 대표소송) "이사가 회사가 보유하고 있는 비상장주식을 매도하면서 그 매도에 따른 회사의 손익을 제대로 따져보지 않은 채 당시 시행되던 상속세법 시행령만에 근거하여 주식의 가치를 평가함으로써 적정가격보다 현저히 낮은 가액으로 거래가액을 결정하기에 이른 것은 회사의 손해를 묵인 내지는 감수하였던 것이라 할 것이므로, 이러한 이사의 행위는 제450조에 의하여 책임이 해제될 수 없는 부정행위에 해당한다."

　　[대법원 2002. 2. 26. 선고 2001다76854 판결]【손해배상(기)】"상호신용금고의 대표이사가 충분한 담보를 확보하지 아니하고 동일인 대출 한도를 초과하여 대출한 것은 재무제표 등을 통하여 알 수 있는 사항이 아니므로, 상호신용금고의 정기총회에서 재무제표 등을 승인한 후 2년 내에 다른 결의가 없었다고 하여 대표이사의 손해배상책임이 해제되었다고 볼 수 없다."

819) [대법원 2002. 2. 26. 선고 2001다76854 판결]【손해배상(기)】"상법 제450조에 따른 이사의 책임해제는 재무제표 등에 기재되어 정기총회에서 승인을 얻은 사항에 한정되는데, 상호신용금고의 대표이사가 충분한 담보를 확보하지 아니하고 동일인 대출 한도를 초과하여 대출한 것은 재무제표 등을 통하여 알 수 있는 사항이 아니므로, 상호신용금고의 정기총회에서 재무제표 등을 승인한 후 2년 내에 다른 결의가 없었다고 하여 대표이사의 손해배상책임이 해제되었다고 볼 수 없다."

　　[대법원 1969. 1. 28. 선고 68다305 판결]【손해배상】"가. 책임해제를 주장하는 주식회사 이사는 회사의 정기총회에 제출 승인된 서류에 그 책임사유가 기재되어 있는 사실을 입증하여야 한다. 나. 주식회사 이사의 임무해태로 인한 회사의 손해배상청구권은 일반 소멸시효기간인 10년이 지나야 소멸시효가 완성한다."

은 소멸시효기간이 아니고 제척기간이다. 회사가 직접 또는 대표소송에 의하여 이사에 대한 손해배상청구의 소가 2년 내에 제기된 경우에는, 소송계속 중 2년이 도과하더라도 상법 제450조의 책임해제는 적용되지 않는다.[820]

제450조는 "정기총회에서 전조 제1항의 승인을 한 후 2년 내에 다른 결의가 없으면"이라고 규정하는데, 여기서 전조는 제449조를 가리킨다. 그런데 제449조 뒤에 제449조의2가 신설되었으므로 법문을 정확하게 보완(자구수정)할 필요가 있다.[821]

다) 책임의 제한

(a) 정관상 제한

a) 의   의      회사는 정관에서 정하는 바에 따라 이사의 회사에 대한 손해배상책임을, 이사가 법령 또는 정관에 위반한 행위를 하거나 그 임무를 게을리한 날 이전 최근 1년간의 보수액(상여금 및 주식매수선택권의 행사로 인한 이익 등을 포함)의 6배(사외이사의 경우는 3배)를 초과하는 금액에 대하여 면제할 수 있다(400조② 본문). 상법은 사외이사인지 여부에 따라 책임제한기준을 규정하는데,[822] 상장회사의 기타 비상무이사의 책임제한기준을 사외이사와 동일하게 볼 수 있는지에 관하여 상법상 명문의 규정이 없으므로 해석상 논란이 예상된다.

법문은 "면제할 수 있다."라고 규정하나 1년 보수액의 일정 배액을 초과하는 금액에 대하여 면제할 수 있는 것이므로(400조②), 정확히는 책임면제가 아니라 책

---

820) 상법 제450조는 집행임원에게는 준용되지 않는데, 집행임원의 책임은 이사의 책임과 동일한 수준이므로 입법적인 보완이 필요하다.

821) 상법 제449조의2에 의한 이사회의 승인이 있는 경우에도 이사·감사의 책임이 해제되는지에 관하여는 논란의 여지가 없지 않지만, 이를 긍정한다면 이사회가 스스로 책임해제의 결의를 한다는 모순이 있고, 또한 법문에도 반한다. 따라서 이사회가 재무제표를 승인한 경우에는 이사·감사의 책임이 해제되지 않는다고 보아야 한다.

822) 미국은 대체로 1년간의 보수액을 기준으로 한다(ALI PCG §7. 19). 이는 미국의 이사들은 대부분 임기가 1년이기 때문이다. 미국 Virginia주 회사법은 이사의 개인책임한도를 i) $100,000 또는 12개월간의 현금보수액 중 다액과, ii) 기본정관에서 정한 금액 중에서 적은 금액으로 정하고, 다만 위법을 인식하고 의도적으로 하는 부정행위(willful misconduct)와 연방증권법, 주증권법에 대한 고의의 위법행위(knowing violation)에 대하여는 책임제한규정을 적용하지 않는다[Va. Code Ann. §13. 1-692. 1]. 일본은 임원들의 구체적인 지위에 따라 기준보수액을 다르게 규정한다. 임원등이 선의이고 중과실이 없는 경우 "최저책임한도액"을 초과한 부분의 배상책임을 일부 면제할 수 있는데, "최저책임한도액"은, i) 임원등이 재직 중 회사로부터 직무집행의 대가로 받거나 받을 재산상의 이익의 1년분을 환산한 금액으로서 법무성령에서 정한 방법에 의하여 산정한 금액을 기준으로, 대표이사, 대표집행임원은 6배액, 그 밖의 이사(사외이사 제외)나 집행임원은 4배액, 사외이사·회계참여·감사·회계감사인 등은 2배액과, ii) 임원등이 회사로부터 신주예약권을 받은 경우 신주예약권에 관한 재산상의 이익으로서 법무성령에서 정한 방법에 의하여 산정한 금액 등의 합계액이다(日会 425조①).

임제한이다.

이사의 손해배상책임제한은 이사책임제한규정은 유능한 경영자를 영입하여 보다 적극적인 경영을 할 수 있도록 하기 위하여 이사의 회사에 대한 책임을 정관에 의하여 감경할 수 있도록 한 것으로, 2011년 상법개정시 도입되었는데, 외국 입법 례에서도 흔히 볼 수 있다.823)

b) 제한 대상　　이사책임제한규정은 이사 외에 감사(415조)·집행임원(408조 의9)에게도 준용된다. 그러나 업무집행관여자(401조의2)에게 이사책임제한규정을 준용하는 규정이 없으므로 해석상으로는 책임제한이 적용되지 않는다. 입법론상으로

---

823) 미국 대부분의 州제정법은 기본정관에 이사와 임원의 주의의무 위반으로 인한 책임을 감경하거나 면제할 수 있도록 규정하는 것을 허용한다. MBCA는 기본정관에 이사의 회사 또는 주주에 대한 금전손해배상책임의 면제 또는 제한(eliminating or limiting the liability of a director to the corporation or its shareholders for money damages)을 규정할 수 있도록 하고 [MBCA §2.02(b)], DGCL은 주주들이 기본정관의 변경에 의하여, 이사가 위법하다는 사실을 모르면서 선의로 행위하고(acted in good faith without knowingly violating the law), 부당한 개인적 이익을 얻지 않은 경우에는(without obtaining any improper personal benefit) 주의의무 위반으로 인한 손해배상책임을 면제할 수 있도록 허용하고 있다[DGCL §102(b)(7)]. 기본정관에 책임제한에 관한 규정을 둘 당시 예상하지 못하였던 상황이 전개되어 이사의 책임제한 규정을 변경할 필요가 있더라도 이사회가 스스로 그러한 안건의 주주총회를 소집하기로 결의하지 않는 한 주주총회에서 기본정관의 책임제한 규정을 변경하기 매우 곤란하다. 이러한 이유로 책임제한 규정의 효력기간을 정하고 그 기간이 만료되면 그 규정이 갱신되지 않는 한 효력을 상실하도록 하는 방법이 있는데, 이러한 규정을 "sunset provision(일몰규정)"이라고 한다. 원래 "sunset provision"은 의회가 제정한 법의 전부 또는 일부 규정이 미리 정해진 만료시점이 되면 무효로 되고 만일 정부가 효력기간을 연장하려면 만료시점 이전이 그 시점을 연기할 수 있도록 한 법규를 말한다. 이러한 입법은 일반적으로 영구 존속하기에 부적합한 법이지만 제정 당시에는 존속기간을 확정하기 곤란한 경우 제반 상황을 고려하여 행정부가 효력의 지속기간을 정하도록 하는 것이다. 기본정관에도 이러한 방식으로 규정하면 기본정관에 책임제한규정을 둘 당시의 상황에서 급격한 변화가 있는 경우 주주들이 유연하게 대처할 수 있는 장점이 있다. 그리고 ALI PCG와 같이 이사회의 동의 없이 정기주주총회에서 주주가 발의하여 책임제한 규정을 폐지할 수 있도록 하는 방법이 있다[ALI PCG §7. 19].
　　일본에서는 이사책임의 일부면제는 주주총회 특별결의(日会 425조, 309조②8) 또는 정관규정에 근거한 이사회 결의(日会 426조)에 의한다. 이사는 책임면제에 관한 의안을 주주총회에 제출하기 위하여는 감사설치회사는 감사(감사가 2인 이상인 경우에는 각 감사), 위원회설치회사는 각 감사위원의 동의를 얻어야 한다(日会 425조③, 426조②). 감사의 동의는 책임제한의 공정성을 확보하기 위한 것이다. 또한 책임제한에 대한 소수주주의 이의제기권을 인정한다. 즉, 의결권 있는 발행주식총수의 3% 이상의 주주가 이의를 제기하면 책임을 면제할 수 없다(日会 426조⑤). 그리고 사외이사·회계참여·사외감사·회계감사인("사외이사등")의 회사에 대한 손해배상책임에 대하여, 사외이사등이 선의이고 중과실이 없는 경우, 정관에서 정한 액의 범위 내에서 사전에 회사가 정한 액과 최저책임한도액 중 고액을 한도로 한다는 뜻을 사외이사등과 체결할 수 있다는 뜻을 정관에서 정할 수 있다(日会 427조①). 이러한 계약을 체결한 사외이사등이 당해 주식회사나 그 자회사의 업무집행이사·집행임원·지배인 기타 사용인으로 취임한 때에는 당해 계약은 장래에 향하여 그 효력을 상실한다(日会 427조②).

는 업무집행관여자에게도 준용되도록 하는 것이 타당하다.

c) 제한 방법        회사는 이사의 책임을 상법상 규정된 최근 1년간의 보수액의 6배(사외이사의 경우는 3배)를 초과하는 금액에 한하여 면제할 수 있고, 정관에 의하여서도 상법상의 책임제한기준 미만으로 낮출 수 없다. 반면에 정관에서 상법이 규정하는 책임제한기준보다 높게 정할 수는 있고, 책임제한을 위한 부가적인 조건을 정할 수도 있다.

상법상 책임제한기준을 준수하는 한 각 이사의 책임제한을 반드시 동일하게 정할 필요가 없고, 사외이사의 책임제한기준도 사내이사의 책임제한기준보다 반드시 낮게 정하지 않아도 된다. 따라서 법적으로는 사외이사의 책임제한기준을 사내이사의 책임제한기준보다 높게 정할 수도 있지만, 실제로 그와 같이 정하는 경우는 없을 것이다.

정관에서 손해배상책임의 한도를 규정하는 경우 한도초과부분의 책임을 면제하는 방법으로서, 주주총회 결의에 의하는 방법, 이사회 결의에 의하는 방법,824) 대표이사가 정관규정을 바로 적용하는 방법 등이 있다. 이사회 결의에 의하는 방법은 비록 특별이해관계 있는 이사의 의결권이 제한된다 하더라도 다른 이사들에게 영향을 줄 수 있으므로 책임면제결정의 주체와 대상이 일치한다는 문제가 있고, 이사의 입장에서도 이사회 결의로 책임면제를 결정하는 과정에서 임무해태로 인한 이사의 책임문제가 다시 제기될 수도 있으므로 바람직하지 않은 방법이다.

정관에서 책임한도를 초과하는 금액의 규모에 관계없이 초과액 전부에 대한 책임이 면제된다고 규정한 경우에는 정관의 규정에 기한 결정이므로 이사의 임무해태가 문제되지 않을 것이다. 그러나 정관에서 책임한도초과액 중 실제의 책임면제의 범위를 다시 정하도록 한 경우에는 주주총회 결의를 거치는 방법과, 정관규정을 바로 적용하는 방법이 있다.825) 그런데 "정관에서 정하는 바에 따라 … 면제할 수 있다."라는 규정상 정관에서 그 요건과 절차를 정하라는 것으로 해석하는 것이 타당하므로, 주주총회 결의를 거쳐서 책임을 면제하는 것이 타당하다.826) 책임제한

---

824) 정관에 주주총회 결의에 의한다는 규정이 없으면 이사회 결의로 면제할 수 있다는 견해: 최준선, 482면.
825) 이사의 책임을 이사회의 결의로 제한하는 것이므로 이사회 결의로는 정할 수 없다고 보아야 할 것이다. 상장회사협의회의 표준정관은 주주총회 결의를 거치도록 되어 있고, 코스닥협회의 표준정관은 정관에 의하여 바로 면제할 수 있도록 되어 있다.
826) 다만, 정관에서 책임면제를 위하여 주주총회 결의를 거치도록 규정하지 않는다면, 주주총회는 상법 또는 정관에 정하는 사항에 한하여 결의할 수 있다는 규정상(361조), 주주총회 결

(면제)의 시점은 해당 결의를 한 주주총회의 종료시이다.827)

이때 주주총회 결의는 특별결의가 요구된다는 견해도 있지만,828) 정관에 책임제한규정을 도입할 때 이미 특별결의에 의하여 다수 주주들의 의사를 확인한 이상 구체적인 책임제한에 다시 특별결의를 요할 필요는 없을 것이므로 통상의 결의요건인 보통결의로 족하다고 본다.829)

이사의 손해배상책임이 판결에 의하여 확정된 경우에도 회사가 이사의 책임의 전부 또는 일부를 면제할 수 있다. 이 경우에는 부집행합의에 해당한다. 회사가 부집행합의에 위반하여 강제집행을 하는 경우 이사는 청구이의의 소를 제기할 수 있다.830)

d) 예외사유　　정관에 의한 책임제한은 이사의 고의 또는 중과실, 경업금지위반, 회사의 기회 및 자산의 유용금지위반, 이사 등과 회사 간의 거래금지위반 등의 경우에는 책임이 제한되지 않는다(400조② 단서).831) 다만, 주주 전원의 동의에 의한 책임면제의 경우에는 이러한 예외규정이 없으므로 이사의 고의 또는 중과실 등 위와 같은 예외사유에 해당하는 경우에도 주주 전원이 동의하면 책임이 면제된다.

법문상으로는 "제397조, 제397조의2 및 제398조에 해당하는 경우에는 그러하지 아니하다."라고 규정되어 있으므로 제397조의2 및 제398조의 경우에 이사들이 동일하게 적용되는 것처럼 보이지만 실제로는 중요한 차이가 있다. 즉, 제397조의2

---

의에 의한 면제는 효력이 없고, 결국 이사회 결의에 의하여 면제하여야 한다는 반론의 여지도 있다.

827) 대법원 1989. 1. 31. 선고 87누760 판결.

828) 이철송, 785면.

829) 同旨: 송옥렬, 1043면.

830) 대법원 1996. 7. 26. 선고 95다19072 판결.

831) 미국 대부분의 州제정법도 기본정관에 의한 책임제한이 적용되지 않는 예외사유를 규정한다. DGCL §102(b)(7)은 i) 이사의 회사나 주주에 대한 충실의무 위반, ii) 이사의 불성실한 행위, 고의적인 부정행위 또는 인식 있는 법위반, iii) 이사의 위법한 배당, 자기주식취득 또는 주식상환, iv) 이사의 부적절한 개인적 이익을 얻은 거래 등의 예외사유를 규정하고[DGCL §102(b)(7)], MBCA는 i) 자격 없이 얻은 재정적 이익(financial benefit), ii) 회사나 주주에 대한 고의적인 가해행위(intentional infliction of harm), iii) 위법한 분배(unlawful distribution), iv) 고의적인 형사법 위반(intentional violation of criminal law) 등을 책임제한의 예외사유로 규정하고[MBCA §2.02(b)(4)], ALI PCG는 이사의, i) 공정거래의무(duty of fair dealing) 위반으로 부적절한 이익(improper benefit)을 얻은 경우, ii) 고의 또는 비난받을(culpable) 위법행위, iii) 회사에 중대한 손해가 미칠 것을 알면서 무시한 행위, iv) 계속적이고 부당한 부주의(sustained and unexcused inattention)가 의무포기(abdication)에 해당하는 행위 등을 책임제한의 예외사유로 규정한다[ALI PCG §7. 19]. 일본 회사법은 예외사유를 규정하는 대신, "선의이고 중대한 과실이 없는 때"를 책임의 일부면제의 요건으로 규정한다(日会 425조①).

제2항의 경우에는 이사회에서 회사기회이용을 "승인한 이사"는 책임면제대상에서 제외되나, 제398조의 경우에는 이사회에서 자기거래를 "승인한 이사"도 책임면제대상이 된다. 제398조와 달리 제397조의2의 경우에는 이사회에서 승인한 이사도 제397조의2 제2항에서 직접 책임주체로 규정되어 있기 때문이다. 만일 제400조 제2항 단서에서 "제397조의2"라고 규정하지 않고 "제397조의2 제1항"이라고 규정하였으면 사업기회이용의 경우에도 자기거래와 같이 이사회에서 승인한 이사는 책임제한 규정의 적용대상이 될 수 있었을 것이다. 양규정에서 차이를 둘 근거는 없으므로 입법론상으로는 "제397조의2 제1항"이라고 규정하는 것이 타당하다. 그 밖에 단순한 감시의무에 위반한 이사는 그 감시의무 위반이 "고의 또는 중대한 과실"에 해당하지 않는 한 책임제한 규정이 적용된다.

　　e) 최근 1년간의 보수액　　"최근 1년간의 보수액"의 기준시점은 이사가 법령 또는 정관에 위반한 행위를 하거나 그 임무를 게을리한 날이다. 상법은 보수액에 상여금 및 주식매수선택권의 행사로 인한 이익 등이 포함된다고 규정하는데, 상여금은 월급·수당 등과 함께 보수에 포함되는 전형적인 것이므로 주의적인 규정이다.832)

　　f) 일부 이사에 대한 책임제한　　고의·과실로 법령·정관에 위반한 행위를 하거나 그 임무를 게을리한 이사는 회사에 대하여 연대하여 손해를 배상할 책임이 있다(399조①). 법령·정관에 위반한 행위 또는 임무해태가 이사회 결의에 의한 것인 때에는 그 결의에 찬성한 이사도 같은 책임이 있다(399조②). 이들 이사들의 연대책임은 부진정연대책임인데, 부진정연대채무자 상호간에 있어서 채권의 목적을 달성시키는 변제와 같은 사유는 채무자 전원에 대하여 절대적 효력을 발생하지만 그 밖의 사유는 상대적 효력을 발생하는 데에 그친다.833) 따라서 회사가 연대책임을 지는 이

---

832) 일본 회사법은 "해당 임원등이 재직중 주식회사로부터 직무수행의 대가로 받거나 받을 재산상의 이익의 1년분 상당액으로서 법무성령에서 정하는 방법에 의하여 산정되는 액"과 "신주예약권에 관한 재산상의 이익상당액으로서 법무성령에서 정하는 방법에 의하여 산정되는 액"의 합계액이라고 규정한다(日会 425조①1·2).

833) [대법원 2006. 1. 27. 선고 2005다19378 판결] "부진정연대채무의 관계에 있는 복수의 책임주체 내부관계에 있어서는 형평의 원칙상 일정한 부담 부분이 있을 수 있으며, 그 부담 부분은 각자의 고의 및 과실의 정도에 따라 정하여지는 것으로서 부진정연대채무자 중 1인이 자기의 부담 부분 이상을 변제하여 공동의 면책을 얻게 하였을 때에는 다른 부진정연대채무자에게 그 부담 부분의 비율에 따라 구상권을 행사할 수 있다. 부진정연대채무자 상호간에 있어서 채권의 목적을 달성시키는 변제와 같은 사유는 채무자 전원에 대하여 절대적 효력을 발생하지만 그 밖의 사유는 상대적 효력을 발생하는 데에 그치는 것이므로 피해자가 채무자 중의 1인에 대하여 손해배상에 관한 권리를 포기하거나 채무를 면제하는 의사표시를 하였다 하더라도 다른 채무자에 대하여 그 효력이 미친다고 볼 수는 없다 할 것이고, 이러한 법리는 채무자들

사들 중 일부 이사에 대하여서만 책임을 제한하는 결정을 하는 경우, 이러한 면제는 다른 이사에 대하여는 그 면제의 효력이 미치지 않는다. 그렇다면 회사가 일부 이사에 대하여 책임을 면제(제한)하더라도 나머지 이사들에게는 책임을 전부 묻는 경우, 손해배상책임을 이행한 다른 이사들이 그 이사를 상대로 구상권을 행사할 수 있으므로 상법상 책임제한의 의미가 매우 축소된다는 문제점이 있다. 상법 제400조 제1항에 의하여 책임을 면제하는 경우에도 같은 문제가 제기되는데, 결국 회사로서는 연대책임을 지는 이사 전원을 상대로 책임을 면제(제한)하여야 원래의 취지를 살릴 수 있을 것이다.

(b) 정상참작에 의한 제한

a) 근    거      판례는, "이사가 법령 또는 정관에 위반한 행위를 하거나 그 임무를 게을리함으로써 회사에 대하여 손해를 배상할 책임이 있는 경우에 그 손해배상의 범위를 정함에 있어서는, 당해 사업의 내용과 성격, 당해 이사의 임무위반의 경위 및 임무위반행위의 태양, 회사의 손해 발생 및 확대에 관여된 객관적인 사정이나 그 정도, 평소 이사의 회사에 대한 공헌도, 임무위반행위로 인한 당해 이사의 이득 유무, 회사의 조직체계의 흠결 유무나 위험관리체제의 구축 여부 등 제반 사정을 참작하여 손해분담의 공평이라는 손해배상제도의 이념에 비추어 그 손해배상액을 제한할 수 있다"는 입장이다.834)835)

사이의 내부관계에 있어 1인이 피해자로부터 합의에 의하여 손해배상채무의 일부를 면제받고도 사후에 면제받은 채무액을 자신의 출재로 변제한 다른 채무자에 대하여 다시 그 부담 부분에 따라 구상의무를 부담하게 된다 하여 달리 볼 것은 아니다."

834) 대법원 2004. 12. 10. 선고 2002다60467, 60474 판결, 대법원 2007. 7. 26. 선고 2006다33609 판결, 대법원 2007. 10. 11. 선고 2007다34746 판결, 대법원 2005. 10. 28. 선고 2003다69638 판결, 대법원 2018. 10. 25. 선고 2016다16191 판결 (종래에는 총주주의 동의에 의한 책임면제만 가능하였으나 상법개정에 의하여 정관에 의한 책임면제 규정이 신설되었으므로 법원이 손해의 공평부담이나 신의칙을 근거로 책임을 제한할 필요성이 줄어들었다고 할 수 있다. 그러나 현행 상법 하에서도 법원이 책임을 제한할 수 있음은 물론이다).

835) [서울중앙지방법원 2020. 9. 17. 선고 2014가합535259 판결] "① 제17대 대통령직인수위원회에서 2007. 12. 28. 상위 5개 건설회사에 2008. 2. 말까지 경부운하 제안서를 제출하도록 하는 등 경부운하를 민간제안사업으로 추진하려고 함에 따라 대◇건설, 대림건설 주식회사, 삼♡물산, 지口▲건설, 현△건설 등 5개사는 2007년 말 '한반도 대운하 건설사업' 추진을 위해 컨소시엄(이하 '이 사건 컨소시엄'이라 한다)을 구성하였던 것인데, 2008. 6.경 한반도 대운하 건설사업이 국민들의 반대여론으로 결국 포기되고, 2008. 12. 4.대강 살리기 사업이 새로이 추진되면서 사업방식도 민자사업에서 재정사업으로 전환되었으나, 4대강 살리기 사업에서도 민간자본으로 갑문 및 터미널 등 운하시설을 설치하는 등의 대운하 계획이 포함됨에 따라 2009. 5.까지 이 사건 컨소시엄이 유지될 수밖에 없었고, 그 과정에서 이 사건 담합이 발생한 점, ② 4대강 살리기 사업이 그 규모의 방대함, 국내 건설사와 설계회사의 수주 능력의 한계, 환경문

책임감경사유에 관한 사실인정이나 그 비율을 정하는 것은 그것이 형평의 원칙에 비추어 현저히 불합리하다고 인정되지 않는 한 사실심의 전권사항에 속한다.836)

b) 차등제한    정상참작에 의한 책임제한은 각 이사의 제반 사정을 참작하여 손해배상액을 제한하는 것이므로, 연대책임을 지는 이사들 각자의 책임을 서로 다르게 제한할 수도 있다. 지배주주에 대한 주식저가매도로 인한 사건에서 이사들 간에 차등적으로 책임을 제한한 하급심판례가 있다.837)

정상참작에 의한 책임제한과 관련하여 연대책임이 아닌 분할책임으로 책임을 제한할 수 있는지에 대하여는 논란의 여지가 있으나, 책임제한의 취지에 비추어 허용된다고 볼 것이다.838)

c) 손익상계 허용기준    손해배상책임의 원인이 되는 이사의 행위로 인하여 회사가 새로운 이득을 얻었고, 그 이득과 손해배상책임의 원인인 행위 사이에 상당인과관계가 있다면 손익상계가 허용된다.839) 그러나 분식회계로 인한 가공이

제에 대한 국민적 관심도 등을 감안하여 시기별로 몇 개 공구씩 분할 발주하는 등 신중하게 사업계획을 수립·추진할 필요가 있었음에도, 15개 전 공구의 동시 발주 및 단기간 내 일괄 준공을 목표로 한 계획을 세워 입찰공고를 한 결과, 한정된 설계기간 및 설계회사 확보 등의 문제로 건설사들로 하여금 상호 담합의 빌미를 제공한 것으로 볼 여지가 있는 점, ③ 피고 1이 이 사건 담합을 지시하였다는 점에 대한 직접적인 증거가 없고, 이 사건 담합으로 인해 개인적으로 취한 이득도 없는 것으로 보이며, 이 사건 담합으로 인해 2014. 2. 6. 징역 1년 6월 및 집행유예 2년에 처하는 판결을 선고받은 점, ④ 피고 1은 1977년 대◇건설에 입사하여 36년간 회사를 위해 성실히 근무한 점 등을 종합적으로 고려하면, 피고 1의 손해배상책임은 신의칙상 상당 부분 제한하는 것이 타당하므로, 손해액의 5%에 해당하는 금원으로 제한한다."

836) 대법원 2007. 11. 30. 선고 2006다19603 판결, 대법원 2018. 10. 25. 선고 2016다16191 판결.
837) 서울남부지방법원 2006. 8. 17. 선고 2003가합1176 판결(LG화학 사건).
838) 미국은 증권법에서 분할책임에 관하여 규정한다. 발행공시의무를 위반한 피고가 복수인 경우(multiple defendants) 모든 피고는 연대책임(joint and several liability)을 진다. 다만, 사외이사의 경우에는 이러한 연대배상책임이 너무 가혹하므로, 1995년 제정된 사적증권소송개혁법(Private Securities Litigation Reform Act of 1995: PSLRA)은 사외이사의 경우 증권법 위반을 명백히 알면서 위반행위를 한 경우(knowingly committed a violation of the securities laws)에만 연대책임을 지고, 그렇지 않은 경우에는 자신이 초래한 손해에 비례한 책임(proportionate liability)만 지도록 규정함으로써 이들의 책임을 경감하였다[SA §11(f)(2)(A)]. Rule 10b-5에 기한 손해배상소송에서도 마찬가지이다. 일본에서도 근래에 분할책임을 일부 인정한 판례가 보이기도 한다. 일본에서도, 대화은행(大和銀行) 주주대표소송의 제1심판결(大坂地判 2000. 9. 20)과 일본항공전자공업의 제1심판결(東京地判 1996. 6. 20. 民事 제8부 判決)에서 분할배상판결이 있었다(두 사건 모두 제2심에서 화해종결되었다). 다만, 두 사건 모두 전체의무위반기간 중 각 피고들이 이사의 지위에 있던 기간에 따라 분할책임을 명한 것이므로, 기여도나 과실비율에 따른 순수한 분할책임과는 다소 다른 점이 있다.
839) 대법원 1989. 12. 26. 선고 88다카16867 전원합의체 판결, 대법원 2005. 10. 28. 선고 2003다69638 판결.

익이 그 후의 사업연도에 특별손실로 계상된 후 발생한 이익이 특별손실 계상에 따른 이월결손금의 보전에 충당됨으로써 그에 상당하는 법인세가 절감된 경우에 대하여, 판례는 "우연히 대규모의 채무면제가 이루어져 채무면제이익이 대량 발생함에 따라 그 이월결손금을 활용할 수 있게 되어 법인세를 절감하는 이득을 얻었다 하더라도, 이를 가리켜 이 사건 분식회계로 인하여 회사가 상당인과관계가 있는 새로운 이득을 얻었다고 할 수 없다"는 입장이다.840)

(사) 소멸시효　　　이사의 회사에 대한 임무해태로 인한 손해배상책임은 일반 불법행위책임이 아니라 위임관계로 인한 채무불이행책임이므로 그 소멸시효기간은 일반채무의 경우와 같이 10년이다.841)

상행위로 인한 채권에 대하여 5년의 상사소멸시효를 규정한 상법 제64조는 거래행위로 인하여 발생한 채권관계를 신속히 종결시키기 위하여 단기소멸시효를 규정한 것인데, 회사의 이사에 대한 손해배상채권은 상법에 규정된 손해배상채권으로서 회사와 이사 간의 거래(상행위)로 인한 것이 아니므로 제64조가 적용되지 않는다.

상법 제399조에 기하여 이사의 회사에 대한 임무해태로 인한 손해배상청구의 소를 제기한 경우 일반 불법행위로 인한 손해배상청구권에 대한 소멸시효 중단의 효력이 없다.842)

(아) 소멸시효　　　상법 제399조에 의한 책임에는 제54조의 상사법정이율(연 6%)이 적용되지 않고 민사법정이율(연 5%)이 적용된다.843)

---

840) 대법원 2007. 11. 30. 선고 2006다19603 판결.
841) [대법원 1985. 6. 25. 선고 84다카1954 판결] "주식회사의 이사 또는 감사의 회사에 대한 임무해태로 인한 손해배상책임은 일반 불법행위책임이 아니라 위임관계로 인한 채무불이행책임이므로 그 소멸시효기간은 일반채무의 경우와 같이 10년이라고 보아야 한다. 같은 취지로 판단한 원심조치는 정당하고 불법행위로 인한 손해배상채권의 단기소멸시효기간이 적용되어야 한다는 전제 아래 원심판결을 탓하는 논지는 이유 없다."
842) 대법원 2002. 6. 14. 선고 2002다11441 판결【양수금】"채권자가 동일한 목적을 달성하기 위하여 복수의 채권을 갖고 있는 경우, 채권자로서는 그 선택에 따라 권리를 행사할 수 있되, 그 중 어느 하나의 청구를 한 것만으로는 다른 채권 그 자체를 행사한 것으로 볼 수는 없으므로, 특별한 사정이 없는 한 다른 채권에 대한 소멸시효 중단의 효력은 없다. 그리고 법인의 경우 불법행위로 인한 손해배상청구권의 단기소멸시효의 기산점인 '손해 및 가해자를 안 날'을 정함에 있어서 법인의 대표자가 법인에 대하여 불법행위를 한 경우에는 법인과 그 대표자는 이익이 상반하게 되므로 현실로 그로 인한 손해배상청구권을 행사하리라고 기대하기 어려울 뿐만 아니라 일반적으로 그 대표권도 부인된다고 할 것이므로 단지 그 대표자가 그 손해 및 가해자를 아는 것만으로는 부족하고, 적어도 법인의 이익을 정당하게 보전할 권한을 가진 다른 임원 또는 사원이나 직원 등이 손해배상청구권을 행사할 수 있을 정도로 이를 안 때에 비로소 위 단기소멸시효가 진행한다."
843) 이에 관한 대법원 판례는 없지만, 하급심은 예외 없이 연 5%를 적용한다. 일본 최고재판소

(자) 경영판단원칙

가) 의      의      이사는 법령 또는 정관에 정해진 목적 범위 내에서 회사의 경영에 관한 판단을 할 재량권을 가지고 있다. 기업의 경영은 장래의 불확실한 상황을 전제로 이루어지는 경우가 많으므로 거기에는 다소의 모험과 그에 따른 위험이 수반될 수밖에 없다. 따라서 이사가 법령에 위반됨이 없이 임무를 수행하는 과정에서 합리적으로 이용가능한 범위 내에서 필요한 정보를 충분히 수집ㆍ조사하고 검토하는 절차를 거친 다음, 이를 근거로 회사의 최대 이익에 부합한다고 합리적으로 신뢰하고 신의성실에 따라 경영상의 판단을 내렸고, 그 내용이 현저히 불합리하지 않은 것으로서 통상의 이사를 기준으로 할 때 합리적으로 선택할 수 있는 범위 안에 있는 것이라면, 비록 사후에 회사가 예상했던 이익을 얻지 못하고 손해를 입게 되는 결과가 발생하였다 하더라도 이사의 행위는 허용되는 경영판단의 재량 범위 내에 있는 것이어서 해당 회사에 대하여 손해배상책임을 부담한다고 할 수 없다.844) 이를 경영판단원칙이라 한다.

나) 분      류      대법원은 이사가 경영판단을 함에 있어서 통상의 합리적인 이사로서 그 상황에서 합당한 정보를 가지고 적합한 절차에 따라 회사의 최대이익을 위하여 신의성실에 따라 한 것이라면 그 의사결정과정에 현저한 불합리가 없는 한 그 임원의 경영판단은 허용되는 재량의 범위 내의 것으로서 회사에 대한 선량한 관리자의 주의의무 내지 충실의무를 다한 것으로 본다.845) 또한, 대법원은 이사의

---

는 최근에 민사법정이율이 적용되어야 함을 판시하였다[最裁昭和 26. 1. 30 第1小法廷判決, 24年(受)第1600号].

844) 대법원 2023. 3. 30. 선고 2019다280481 판결.

845) [대법원 2006. 7. 6. 선고 2004다8272 판결]【손해배상(기)】 "금융기관의 임원은 소속 금융기관에 대하여 선량한 관리자의 주의의무를 지므로, 그 의무를 충실히 한 때에야 임원으로서의 임무를 다한 것으로 된다고 할 것이지만, 금융기관이 그 임원을 상대로 대출과 관련된 임무해태를 내세워 채무불이행으로 인한 손해배상책임을 물음에 있어서는 임원이 한 대출이 결과적으로 회수곤란 또는 회수불능으로 되었다고 하더라도 그것만으로 바로 대출결정을 내린 임원에게 그러한 미회수금 손해 등의 결과가 전혀 발생하지 않도록 하여야 할 책임을 물어 그러한 대출결정을 내린 임원의 판단이 선량한 관리자로서의 주의의무 내지 충실의무를 위반한 것이라고 단정할 수 없고, 대출과 관련된 경영판단을 함에 있어서 통상의 합리적인 금융기관 임원으로서 그 상황에서 합당한 정보를 가지고 적합한 절차에 따라 회사의 최대이익을 위하여 신의성실에 따라 대출심사를 한 것이라면 그 의사결정과정에 현저한 불합리가 없는 한 그 임원의 경영판단은 허용되는 재량의 범위 내의 것으로서 회사에 대한 선량한 관리자의 주의의무 내지 충실의무를 다한 것으로 볼 것이며, 금융기관의 임원이 위와 같은 선량한 관리자의 주의의무에 위반하여 자신의 임무를 해태하였는지의 여부는 그 대출결정에 통상의 대출담당임원으로서 간과해서는 안 될 잘못이 있는지의 여부를 대출의 조건과 내용, 규모, 변제계획, 담보의 유무와 내용, 채무자의 재산 및 경영상황, 성장가능성 등 여러 가지 사항에 비추어 종합적

직무수행상의 채무는 회사에 손해의 결과가 전혀 발생하지 않도록 하여야 할 결과
채무가 아니라, 회사의 이익을 위하여 선량한 관리자로서의 주의의무를 가지고 필
요하고 적절한 조치를 다해야 할 채무이므로, 이사의 책임에 대한 증명책임은 원고
가 부담한다는 입장이다.846)

전자는 실체법적 원리로서의 경영판단원칙을 채택한 것이고, 후자는 소송법적
원리로서의 경영판단원칙을 채택한 것이다.

다) 기    원    경영판단원칙(business judgment rule, BJR)은 미국에서 판례와
제정법에 따라 발전해온 이론으로서, i) 이사가 합리적인 정보에 기하여(upon rea-
sonable information), ii) 회사의 최선의 이익(best interests of the corporation)이라고 믿으
면서, iii) 선의로(in good faith) 한 경영판단은 비록 결과적으로 잘못된 것으로 인정
된다 하더라도 재량권의 남용(abuse of discretion), 사기(fraud), 위법(illegality) 또는 이
익충돌(conflict of interest)에 해당하지 않는 한 이러한 경영판단과 행위에 대하여 선
관주의의무(duty of care) 위반으로 보지 않는다는 것이다.847) 이때, 이사가 경영상의
판단을 함에 있어서 위 i), ii), iii)의 요건을 구비하면 당연히 선관주의의무를 이행
한 것이고, 따라서 경영판단원칙의 본질은 이사의 경영판단에 이러한 요건이 존재
한다는 추정이고, 다수의 제정법과 판례도 같은 취지이다.848)

---

으로 판정해야 할 것이다."

[대법원 2017. 9. 12. 선고 2015다70044 판결]【손해배상(기)】 "이사는 회사에 대하여 선량한 관
리자의 주의의무를 지므로, 법령과 정관에 따라 회사를 위하여 그 의무를 충실히 수행한 때에야
이사로서의 임무를 다한 것이 된다. 이사는 이익이 될 여지가 있는 사업기회가 있으면 이를 회
사에 제공하여 회사로 하여금 이를 이용할 수 있도록 하여야 하고, 회사의 승인 없이 이를 자
기 또는 제3자의 이익을 위하여 이용하여서는 아니 된다. 그러나 회사의 이사회가 그에 관하여
충분한 정보를 수집·분석하고 정당한 절차를 거쳐 의사를 결정함으로써 그러한 사업기회를 포
기하거나 어느 이사가 그것을 이용할 수 있도록 승인하였다면 의사결정과정에 현저한 불합리
가 없는 한 그와 같이 결의한 이사들의 경영판단은 존중되어야 할 것이므로, 이 경우에는 어느
이사가 그러한 사업기회를 이용하게 되었더라도 그 이사나 이사회의 승인 결의에 참여한 이사
들이 이사로서 선량한 관리자의 주의의무 또는 충실의무를 위반하였다고 할 수 없다."

846) [대법원 1996. 12. 23. 선고 96다30465, 30472 판결]【퇴직금·손해배상(기)】 "주식회사가 대표
이사를 상대로 주식회사에 대한 임무해태를 내세워 채무불이행으로 인한 손해배상책임을 물
음에 있어서는 대표이사의 직무수행상의 채무는 미회수금 손해 등의 결과가 전혀 발생하지
않도록 하여야 할 결과채무가 아니라, 회사의 이익을 위하여 선량한 관리자로서의 주의의무를
가지고 필요하고 적절한 조치를 다해야 할 채무이므로, 회사에게 대출금 중 미회수금 손해가
발생하였다는 결과만을 가지고 곧바로 채무불이행사실을 추정할 수는 없다."

847) 이사의 경영상의 판단에 기한 행위는 회사에 대하여 유효하고 구속력이 있다는(valid and
binding upon the corporation) 법리를 "business judgment doctrine"이라고 하면서 이를 경영
판단원칙(business judgment rule)과 구별하기도 한다.

848) 일반적으로, 미국 회사법상 주의의무(duty of care)는 이사의 행위에 있어서 절차적 요건

라) 취    지

(a) 위험감수 허용        이익의 추구는 잠재적인 위험감수(risk-taking)를 전제로 하는데, 회사가 성장하기 위하여 어느 정도의 위험을 감수하면서 혁신적인 업무를 수행하여야 하는 이사의 경영판단이 보호받지 않으면 이사는 극히 보수적으로만 업무를 수행하게 되어 회사의 발전을 기대할 수 없다. 더구나, 이사에게 회사의 운영과 관련된 경영판단에 대하여 책임을 부담시키는 것은 회사의 손해를 이사에게 분산시키는 것으로서 부당하다. 이와 관련하여, 주주는 이사의 잘못된 경영판단으로 인하여 소유 주식의 가치가 하락하는 위험을 부담하는 반면, 이사는 경영판단원칙에 의하여 보호를 받게 되므로 양자간에 보호의 불균형이 초래된다는 견해도 있다. 그러나 주주도 특정 주식의 소유 여부, 투자대상 주식의 분산 여부를 결정할 수 있으므로 보호의 불균형이 문제될 정도는 아니라고 본다.

(b) 법원의 비전문성        법원은 회사업무의 실제내용에 대하여 잘 모르기 때문에 이사의 선관주의의무 위반 여부에 대하여 정확한 판단을 하지 못할 염려가 있다. 더구나 사후에 밝혀진 사실에 의하여 어떠한 결정을 판단하는 것(after-the-fact judgment)은 부당한 평가라 할 수 있다. 따라서 법원 스스로 비전문성을 자인하면서 사법심사를 절차적인 측면으로 제한하고 내용에 대한 심사는 하지 않기 위하여 경영판단원칙을 적용한다.849)

---

(procedural requirements for directors' action)이고, 경영판단원칙은 이러한 절차적 요건이 충족된 경우 경영판단의 실체적 요건도 충족된 것으로 보아 이사의 경영판단에 대한 사법심사를 제한함으로써 이사의 책임을 면제해 주는 것이라고 본다. 즉, 경영판단원칙은 주의의무를 배제하는 것이 아니고, 그 절차적 요건이 충족되면 결과를 불문하고 이사가 주의의무를 이행한 것으로 보는 법리이다. 다만, 근래에는 이에 대하여는 i) 이사가 이해관계 없고 독립한 지위에서, ii) 성실하게, 주의의무에 기하여 주주들의 주장을 조사하였고, iii) 이사회의 결정이 합리적이라는 사실에 대한 증명책임을 피고가 부담한다는, 소위 수정된 경영판단원칙(modified business judgment rule)에 의하여 이사의 주의의무 이행 요건을 추정하지 않고 피고가 이를 증명하도록 하는 판례도 있다.

849) 그 외에 미국에서는 남소방지도 중요한 근거이다. 즉, 이사의 경영판단에 대한 사법심사를 제한함으로써 주주의 남소를 방지하는 효과가 있는 것이다. 특히 대표소송에서 주주의 제소청구를 거부하거나 제소청구 없이 제기된 대표소송의 종결을 이사회가 결정함에 있어서 경영판단원칙이 적용되면 대표소송에 대한 강력한 억제책이 된다. 독일에서도 2005년 제정한 "기업완전성 및 취소소송 현대화를 위한 법률"(Gesetz zur Unternehmensintegrität und Modernisierung des Anfechtungsrechts: UMAG)에 의하여 이사의 주의의무에 관한 주식법 제93조 제1항 제1문 뒤에 제2문을 신설하여 "이사가 기업가적 결정을 함에 있어서 적정한 정보에 기하여 회사의 이익을 위하여 행위한 것이라고 합리적으로 인정될 때에는 주의의무위반이 아니다."라고 명문으로 규정하였다.

마) 적용요건    경영판단원칙의 적용요건에 관하여 대법원은 "합리적으로 이용가능한 범위 내에서 필요한 정보를 충분히 수집·조사하고 검토하는 절차를 거친 다음, 이를 근거로 회사의 최대 이익에 부합한다고 합리적으로 신뢰하고 신의성실을 다하여 경영상의 판단을 내렸고, 그 내용이 현저히 불합리하지 않은 것으로서 통상의 이사를 기준으로 할 때 합리적으로 선택할 수 있는 범위 안에 있는 경우"에는, 비록 사후에 회사가 손해를 입게 되는 결과가 발생하였다 하더라도 그 이사의 행위는 허용되는 경영판단의 재량범위 내에 있는 것이어서 회사에 대하여 손해배상책임을 부담한다고 할 수 없다고 판시한다.850)

미국의 경영판단원원칙은 경영판단에 이르게 된 절차를 대상으로 하는데, 우리 대법원은 절차와 내용을 모두 대상으로 한다는 점에서 다르다. 이사가 주주총회 결의 또는 이사회 결의에 따라 업무집행을 한 것이라도 그 결의가 위법한 것이면 경영판단원칙에 의한 보호를 받을 수 없다.851)

바) 적용범위

(a) 경영판단의 재량범위    회사의 이사가 합리적으로 이용 가능한 범위 내에서 필요한 정보를 충분히 수집·조사하고 검토하는 절차를 거친 다음, 이를 근거로 회사의 최대 이익에 부합한다고 합리적으로 신뢰하고 신의성실에 따라 경영상의 판단을 내렸고, 그 내용이 현저히 불합리하지 않은 것으로서 통상의 이사를 기준으로 할 때 합리적으로 선택할 수 있는 범위 안에 있는 것이라면, 비록 사후에 회사가 손해를 입게 되는 결과가 발생하였다 하더라도 그 이사의 행위는 허용되는 경영판단의 재량범위 내에 있는 것이어서 회사에 대하여 손해배상책임을 부담한다고 할 수 없다. 그러나 회사의 이사가 이러한 과정을 거쳐 이사회 결의를 한 것이 아니라, 단순히 회사의 영업에 이익이 될 것이라는 일반적·추상적인 기대 하에 일방적으로 임무를 수행하여 회사에 손해를 입힌 경우에는, 이러한 이사의 행위는 허용되는 경영판단의 재량범위 내에 있는 것이라고 할 수 없다.852)

---

850) 대법원 2011. 4. 14. 선고 2008다14633 판결, 대법원 2010. 1. 14. 선고 2007다35787 판결, 대법원 2007. 10. 11. 선고 2006다33333 판결 등에서 모두 같은 내용의 판시가 있다.

851) 대법원 2008. 12. 11. 선고 2005다51471 판결, 대법원 2004. 5. 14. 선고 2001도4857 판결.

852) [대법원 2007. 10. 11. 선고 2006다33333 판결](페이퍼컴퍼니를 이용한 계열회사 부당지원 사건이다) "회사의 이사가 이러한 과정을 거쳐 이사회 결의를 통하여 자금지원을 의결한 것이 아니라, 단순히 회사의 경영상의 부담에도 불구하고 관계회사의 부도 등을 방지하는 것이 회사의 신인도를 유지하고 회사의 영업에 이익이 될 것이라는 일반적·추상적 기대 하에 일방적으로 관계회사에 자금을 지원하게 하여 회사에 손해를 입게 한 경우 등에는 관계회사에 대한 자금지원에 필요한 정보를 충분히 수집·조사하고 검토하는 절차를 거친 다음 이를 근거로

(b) 이익충돌거래        미국의 경영판단원칙은 이사의 선관주의의무 이행을 인정하려는 법리이고, 이사가 회사와 이익충돌 거래를 함으로써 충실의무를 위반한 경우에는 경영판단원칙에 의한 보호를 받을 수 없다.[853] 따라서 이사의 자기거래, 회사기회이용 등의 경우는 충실의무 위반에 해당하므로 경영판단원칙이 적용되지 않는다. 이익충돌거래는 이사 본인이 이해관계 있는 경우 외에 이해관계 있는 자로부터 통제를 받는 경우도 해당한다. 따라서 이해관계 없고 독립한 이사(disinterested and independent director)의 결정이어야 경영판단원칙이 적용된다.

그러나 대법원은 "그 임원의 경영판단은 허용되는 재량의 범위 내의 것으로서 회사에 대한 선량한 관리자의 주의의무 내지 충실의무를 다한 것으로 볼 것"이라고 판시하는데,[854] 대법원은 경영판단원칙을 채택하면서, 경영판단원칙의 적용범위를 충실의무위반, 나아가 뒤에서 보는 바와 같이 형사책임에까지 확대한다는 점이 특징이다.

(c) 법령위반        상법 제399조는 이사가 법령에 위반한 행위를 한 경우에 회사에 대하여 손해배상책임을 지도록 규정하고 있는데, 이사가 임무를 수행함에 있어서 법령에 위반한 행위를 한 때에는 그 행위 자체가 회사에 대하여 채무불이행에 해당하므로, 그로 인하여 회사에 손해가 발생한 이상 특별한 사정이 없는 한 손해배상책임을 면할 수 없다.[855] 이때 법령에 위반한 행위에 대하여는 이사가 임무를 수행함에 있어서 선관주의의무를 위반하여 임무해태로 인한 손해배상책임이 문제되는 경우에 고려될 수 있는 경영판단의 원칙은 적용되지 않는다.[856]

---

회사의 최대 이익에 부합한다고 합리적으로 신뢰하고 신의성실에 따라 경영상의 판단을 내린 것이라고 볼 수 없으므로, 그와 같은 이사의 행위는 허용되는 경영판단의 재량범위 내에 있는 것이라고 할 수 없다"(同旨: 대법원 2011. 10. 13. 선고 2009다80521 판결).

853) In re Wheelabrator Technologies, Inc. Shareholders Litigation, 663 A.2d 1194 (Del. Ch. 1995).
854) 대법원 2006. 7. 6. 선고 2004다8272 판결.
855) 대법원 2005. 10. 28. 선고 2003다69638 판결, 대법원 2007. 12. 13. 선고 2007다60080 판결(대법원은 두 판결에서, "회사에 손해가 발생한 이상 특별한 사정이 없는 한"이라고 판시한 바와 같이, 법령 위반행위의 경우에도 이사의 손해배상책임이 성립하려면 회사의 손해발생이 요건이다. 나아가, 대법원 2006. 7. 6. 선고 2004다8272 판결에서 이사의 법령을 위반한 업무집행과 그 결과로서 발생한 손해와의 사이에 상당인과관계가 인정되지 아니하는 경우에는 이사의 손해배상책임이 성립하지 아니한다).
  미국에서도 이사는 적법하게 행위할 의무를 부담하므로, 만일 이들이 경영판단원칙의 적용요건을 전부 구비하였더라도 형사상 범죄행위를 한 경우에는 경영판단원칙에 의한 보호를 받지 못한다. 위법행위가 회사에 이익이 되는 경우에도 마찬가지이다.
856) [대법원 2007. 7. 26. 선고 2006다33609 판결]【손해배상(기)】(대한종합금융 파산관재인의 구임원들을 상대로 한 손해배상소송) "대한종금의 대표이사 및 이사인 피고 5, 1의 위와 같은 행

대법원은 "회사에 손해가 발생한 이상 특별한 사정이 없는 한"이라고 판시한 바와 같이, 법령 위반행위의 경우에도 회사의 손해발생을 이사의 손해배상책임의 요건으로 판시하고,857) 나아가 이사의 법령을 위반한 업무집행과 그 결과로서 발생한 손해와의 사이에 상당인과관계가 인정되지 아니하는 경우에는 이사의 손해배상책임을 부인한다.858)

여기서 법령을 위반한 행위라고 할 때 말하는 "법령"은 일반적인 의미에서의 법령, 즉 법률과 그 밖의 법규명령으로서의 대통령령, 총리령, 부령 등을 의미하는 것이고, 종합금융회사 업무운용지침, 외화자금거래취급요령, 외국환업무·외국환은행신설 및 대외환거래계약체결 인가공문, 외국환관리규정, 종합금융회사 내부의 심사관리규정 등은 이에 해당하지 않는다.859)

(d) 부작위와 경영판단      이사의 선관주의의무 위반은 부작위에 의한 경우도 있을 수 있는데, 미국에서는 경영판단원칙은 이사가 정보에 기한 결정을 하였을 때 적용되는 것이고 단순한 부작위의 경우에는 적용되지 않는 것이므로, 이사가 적절한 결정을 하지 않았을 때에는 경영판단원칙에 의하여 면책되지 않는다고 해석한다. 즉, 경영판단원칙은 이사가 어떠한 결정을 하였을 때 적용되는 것이고 단순한 부작위의 경우에는 적용되지 않는 것이므로, 이사가 조치를 하지 않은 경우(failure to take an action)에는 경영판단원칙에 의하여 면책될 길이 없게 된다. 그러나 어떠한 조치를 하지 않기로 결정한 것(a decision not to take an action)은 단순한 부작위가 아니므로 경영판단원칙이 적용된다.860) 따라서 이사의 감시의무 위반에 대하

---

위는 자기주식 취득을 금지한 상법 제341조, 제625조 제2호, 제622조에 위반될 뿐만 아니라, 그와 같은 취지를 규정한 종금사감독규정 제23조 제1항을 위반한 행위이므로, 이러한 경우에는 원칙적으로 경영판단의 원칙이 적용되지 않는다고 보아야 할 것이다."
　[대법원 2011. 4. 14. 선고 2008다14633 판결]【손해배상(기)】 "이사가 임무를 수행함에 있어서 법령을 위반한 행위를 한 때에는 그 행위 자체가 회사에 대하여 채무불이행에 해당하므로, 그로 인하여 회사에 손해가 발생한 이상 손해배상책임을 면할 수 없고, 위와 같은 법령을 위반한 행위에 대하여는 이사가 임무를 수행함에 있어서 선량한 관리자의 주의의무를 위반하여 임무해태로 인한 손해배상책임이 문제되는 경우에 고려될 수 있는 경영판단의 원칙은 적용될 여지가 없다."
857) 대법원 2005. 10. 28. 선고 2003다69638 판결, 대법원 2007. 12. 13. 선고 2007다60080 판결(다만, 두 사건에서 모두 회사의 손해가 인정되었다).
858) 대법원 2006. 7. 6. 선고 2004다8272 판결.
859) 대법원 2006. 11. 9. 선고 2004다41651, 41668 판결.
860) 다만, MBCA §8.31(a)는 이사가 어떠한 조치를 취할지 여부에 관하여 결정하는 것과 아무런 조치를 취하지 않은 것에 대하여(for any decision to take or not to take action, or any failure to take any action) 동일한 책임 기준을 적용한다.

여는 특별한 사정이 없는 한 경영판단원칙이 적용되지 않는다.

(e) 형사책임    이사의 경영판단은 상법상 특별배임죄(622조①), 형법상 업무상배임죄의 성립과 관련하여서도 문제된다.[861]

대법원은 "기업의 경영에는 원천적으로 위험이 내재하여 있어서 경영자가 개인적인 이익을 취할 의도 없이 가능한 범위 내에서 수집된 정보를 바탕으로 기업의 이익을 위한다는 생각으로 신중하게 결정을 내렸더라도 예측이 빗나가 기업에 손해가 발생하는 경우가 있으므로, 이러한 경우에까지 고의에 관한 해석기준을 완화하여 업무상배임의 형사책임을 물을 수 없다."라고 전제하면서, "경영상의 판단을 이유로 배임죄의 고의를 인정할 수 있는지는 문제된 경영상의 판단에 이르게 된 경위와 동기, 판단대상인 사업의 내용, 기업이 처한 경제적 상황, 손실발생의 개연성과 이익획득의 개연성 등 제반 사정에 비추어 자기 또는 제3자가 재산상 이익을 취득한다는 인식과 본인에게 손해를 가한다는 인식하의 의도적 행위임이 인정되는 경우인지에 따라 개별적으로 판단하여야 한다."라고 판시함으로써, 경영상 판단에 대한 배임의 고의를 인정하는 기준을 밝히고 있다.[862]

경영상의 판단과 형사상 배임죄의 성립 여부는 특히 차입매수(LBO) 사안에서 많이 문제된다. 판례는 차입매수를 법적 개념의 용어가 아니고 경영학상의 용어로 보고, 일률적으로 차입매수방식에 의한 기업인수를 주도한 관련자들에게 배임죄가 성립한다거나 성립하지 아니한다고 단정할 수 없는 것이고, 배임죄의 성립 여부는 차입매수가 이루어지는 과정에서의 행위가 배임죄의 구성요건에 해당하는지 여부에 따라 개별적으로 판단되어야 한다는 입장이다.[863] 이에 따라 판례는 차입매수가 이루어지는 과정에서의 행위를 개별적으로 판단하여 배임죄의 성립 여부를 판단한다.[864]

---

861) 판례는 전통적으로 "합리적인 경영판단의 재량 범위 내에서 행하여진 것이 아니라면, 회사의 이사는 단순히 그것이 경영상의 판단이라는 이유만으로 배임죄의 죄책을 면할 수는 없다."라는 입장을 취하여 왔다. 대법원 2000. 5. 26. 선고 99도2781 판결, 대법원 1999. 6. 25. 선고 99도1141 판결, 대법원 2000. 3. 14. 선고 99도4923 판결, 대법원 2000. 5. 26. 선고 99도2781 판결, 대법원 2006. 11. 10. 선고 2004도5167 판결, 대법원 2008. 5. 15. 선고 2005도7911 판결, 대법원 2008. 5. 29. 선고 2005도4640 판결, 대법원 2009. 7. 23. 선고 2007도541 판결.

862) 대법원 2017. 11. 9. 선고 2015도12633 판결(동일한 기업집단에 속한 계열회사 사이의 지원행위에 대한 판결, 同旨: 대법원 2015. 3. 12. 선고 2012도9148 판결, 대법원 2004. 7. 22. 선고 2002도4229 판결).

863) 한일합섬 사건에 관한 대법원 2010. 4. 15. 선고 2009도6634 판결, 온세통신 사건에 관한 대법원 2015. 3. 12. 선고 2012도9148 판결.

864) 대법원은 담보제공형 LBO인 소위 신한 사건에서는 "기업인수에 필요한 자금을 마련하기 위하여 그 인수자가 금융기관으로부터 대출을 받고 나중에 피인수회사의 자산을 담보로 제공

또한 고의에 관한 해석기준에 관하여, "기업의 경영에는 원천적으로 위험이 내재하여 있어서 경영자가 아무런 개인적인 이익을 취할 의도 없이 선의에 기하여 가능한 범위 내에서 수집된 정보를 바탕으로 기업의 이익에 합치된다는 믿음을 가지고 신중하게 결정을 내렸다 하더라도 그 예측이 빗나가 기업에 손해가 발생하는 경우가 있을 수 있는바, 이러한 경우에까지 고의에 관한 해석기준을 완화하여 업무상 배임죄의 형사책임을 물을 수는 없다."라고 판시한 바 있다.865)

사) 효　　과　　경영판단원칙의 적용요건이 구비된 경우 이사는 "회사에 대한 선량한 관리자의 선관주의의무 내지 충실의무를 다한 것으로 보므로", 임무해태

---

하는 방식을 사용하는 경우, 피인수회사로서는 주채무가 변제되지 아니할 경우에는 담보로 제공되는 자산을 잃게 되는 위험을 부담하게 되므로 인수자만을 위한 담보제공이 무제한 허용된다고 볼 수 없고, 인수자가 피인수회사의 위와 같은 담보제공으로 인한 위험 부담에 상응하는 대가를 지급하는 등의 반대급부를 제공하는 경우에 한하여 허용될 수 있다. 만일 인수자가 피인수회사에 아무런 반대급부를 제공하지 않고 임의로 피인수회사의 재산을 담보로 제공하게 하였다면, 인수자 또는 제3자에게 담보 가치에 상응한 재산상 이익을 취득하게 하고 피인수회사에게 그 재산상 손해를 가하였다고 봄이 상당하다."라고 판시함으로써 배임죄의 성립을 인정하였다(대법원 2006. 11. 9. 선고 2004도7027 판결. 同旨: 대법원 2012. 6. 14. 선고 2012도1283 판결, 대법원 2008. 2. 28. 선고 2007도5987 판결, 대법원 2006. 11. 9. 선고 2004도7027 판결). 반면에 합병형 LBO인 소위 한일합섬 사건에서의 공소사실은 동양메이저와 합병하기 전 한일합섬이 보유하던 1,800억원으로 차입금 변제에 사용한 것이 한일합섬의 손해라거나(1심) 현금유동성 상실이라는 액수 미상의 손해를 입었다는 것이었으나(2심), 하급심과 대법원 모두 손해의 발생을 부인하였다. 대법원은 "피인수회사의 자산을 직접 담보로 제공하고 기업을 인수하는 방식과 다르고, 위 합병의 실질이나 절차에 하자가 없다는 사정 등을 들어 위 합병으로 인하여 피인수회사가 손해를 입었다고 볼 수 없다."고 판시함으로써 합병형 LBO 의 경우에는 배임죄가 성립하지 않는다는 입장을 취하였다(대법원 2010. 4. 15. 선고 2009도6634 판결). 한편, 담보형과 합병형이 아닌 혼합형 LBO인 소위 온세통신 사건은 합병 전에 담보제공 되었으나 인수자가 피인수자의 주식 전부를 인수하여 경제적 이해관계가 일치하게 되었고 그 후 합병이 이루어짐으로써 법률적으로도 합일하여 동일한 인격체가 된 경우인데, 대법원은 인수 과정에서 인수자 내부에 유보되어 있던 자금이나 유상증자 및 전환사채 발행 등에 의하여 자체적으로 마련한 자금도 상당 정도 투입한 점에서 인수자가 피인수자에 아무런 반대급부를 제공하지 않고 임의로 피인수자의 재산을 담보로 제공하게 한 경우와는 근본적으로 차이가 있는 점, 인수자가 피인수자의 구주를 전부 소각하고 신주를 100% 취득하여 1인 주주가 됨으로써 인수자가 피인수회사의 경제적인 이해관계가 일치하게 된 점, 인수·합병의 실질이나 절차에 하자가 없고, 합병의 효과에 의하여 인수자와 피인수자의 재산은 혼연일체가 되어 합병 전에 이루어진 피인수자의 자산 담보제공으로 인한 부담 내지 손해는 인수자의 그것으로 귀결된 점 등을 근거로 배임의 범의를 부인하였다(대법원 2015. 3. 12. 선고 2012도9148 판결). 또한 유상감자나 이익배당으로 인한 대상회사의 재산감소 사안인 소위 분배형 LBO인 대선주조 사건에서 대법원은 우리 헌법 및 상법 등 법률이 보장하는 사유재산제도, 사적 자치의 원리에 따라 주주가 가지는 권리의 행사에 따르는 결과에 불과하다는 이유로 배임죄의 성립을 부인하였다(대법원 2013. 6. 13. 선고 2011도524 판결).

865) 대법원 2007. 3. 15. 선고 2004도5742 판결.

로 인한 손해배상책임을 지지 않는다.

아) 미국 회사법상 경영판단원칙과 면책요건의 추정    미국 다수 州의 법원은 경영판단원칙의 적용 효과에 관하여 바로 책임이 면제되는 것이 아니라, 주의의무 이행의 요건인 이사가 정보에 기하여, 성실하게 행위하고, 회사의 최선의 이익이라고 합리적으로 믿고 행위하였다는 사실이 추정(presumption)되는 것이라고 본다. 미국에서 경영판단원칙의 적용에 따른 추정은 법률상 추정 또는 일응의 추정에 해당하므로, 경영판단원칙의 적용요건의 부존재에 대한 증명책임이 원고에게 있고, 따라서 원고가 이러한 추정사실에 대한 반대사실을 증명하지 못하면 피고는 주의의무를 이행한 것으로 되고 그 결과 이사에게 책임을 물을 수 없게 된다.

원고가 행위자의 자기거래 또는 적용배제요소를 증명하면, 추정이 번복되어 더 이상 경영판단원칙이 적용되지 않으므로, 완전한 공정성을 증명할 책임이 피고에게 전환된다. 완전한 공정성은 거래의 공정성과 가격의 공정성을 의미하고, 특히 회사의 매각이 관련된 경우 이사는 제시된 가격이 "주어진 상황에서 합리적으로 가능한 최고가격"임을 증명하여야 한다. 그러나 단지 이사가 일반주주들에게 분배되지 않는 유형적인 이익을 얻었다는 것만으로는 경영판단원칙에 의한 추정을 번복할 수 없고, 자기거래의 수준에 달하는 재정적 이익이어야 한다. 주의의무 또는 충실의무에 위반하면 일반적으로 위와 같은 추정이 번복된다.

2) 자본금충실책임

(가) 책임원인    신주의 발행으로 인한 변경등기가 있은 후에 아직 인수하지 아니한 주식이 있거나 주식인수의 청약이 취소된 때에는 이사가 이를 공동으로 인수한 것으로 본다(428조①). 이 규정은 이사에 대한 손해배상의 청구에 영향을 미치지 않는다(428조②).

이사들은 공동으로 주식을 인수한 자에 해당하므로 연대하여 납입할 책임이 있다(333조①).

(나) 책임의 법적 성질    이사의 자본금충실책임은 무과실책임이고, 자본은 회사채권자를 위한 담보이기도 하므로 주주 전원의 동의로도 면제할 수 없다.

3) 책임추궁

이사의 자본금충실책임은 대표이사 또는 소수주주가 추궁할 수 있다.

### (2) 제3자에 대한 책임

#### 1) 의    의

이사가 고의 또는 중대한 과실로 인하여 그 임무를 게을리한 때에는 그 이사는 제3자에 대하여 연대하여 손해를 배상할 책임이 있다(401조①).866)

#### 2) 입법취지

원래 이사는 회사의 위임에 따라 회사에 대하여 수임자로서 선량한 관리자의 주의의무를 질뿐 제3자와의 관계에 있어서 위 의무에 위반하여 손해를 가하였다 하더라도 당연히 손해배상의무가 생기는 것은 아니다. 그러나 주식회사의 활동은 이사의 직무집행에 의하여 이루어지므로 제3자를 보호하기 위하여 이사가 고의 또는 중대한 과실로 인하여 임무를 게을리하여 제3자에게 손해를 입힌 때에는 임무해 태행위와 상당인과관계가 있는 제3자의 손해에 대하여 그 이사가 손해배상의 책임을 지도록 한 것이 상법 제401조 제1항의 취지이다.867)

#### 3) 법적 성질

상법 제401조가 규정하는 이사의 제3자에 대한 책임의 법적 성질에 따라 상계, 이행기, 소멸시효 등이 달리 해석된다. 본조의 책임의 본질에 관하여 통설은 상법이 제3자 보호를 위하여 민법상 불법행위책임과 관계없이 상법이 특별히 규정하는

---

866) 2011년 개정상법은 종래의 "악의"를 "고의"로 변경하였다. 일본 회사법은 "악의"라는 용어를 사용한다(日会 429조①).

867) [대법원 1985. 11. 12. 선고 84다카2490 판결]【손해배상】"상법 제401조는 이사가 악의 또는 중대한 과실로 인하여 그 임무를 해태한 때에는 그 이사는 제3자에 대하여 연대하여 손해를 배상할 책임이 있다고 규정하고 있는바, 원래 이사는 회사의 위임에 따라 회사에 대하여 수임자로서 선량한 관리자의 주의의무를 질뿐 제3자와의 관계에 있어서 위 의무에 위반하여 손해를 가하였다 하더라도 당연히 손해배상의무가 생기는 것은 아니로되 경제사회에 있어서의 중요한 지위에 있는 주식회사의 활동이 그 기관인 이사의 직무집행에 의존하는 것을 고려하여 제3자를 보호하고자 이사의 악의 또는 중대한 과실로 인하여 위 의무에 위반하여 제3자에게 손해를 입힌 때에는 위 이사의 악의 또는 중과실로 인한 임무 해태행위와 상당인과관계가 있는 제3자의 손해에 대하여 그 이사가 손해배상의 책임을 진다는 것이 위 법조의 취지라 할 것이고 따라서 고의 또는 중대한 과실로 인한 임무 해태행위라 함은 이사의 직무상 충실 및 선관의무위반의 행위로서(예를 들면, 회사의 경영상태로 보아 계약상 채무의 이행기에 이행이 불가능하거나 불가능할 것을 예견할 수 있었음에도 이를 감추고 상대방과 계약을 체결하고 일정한 급부를 미리 받았으나 그 이행불능이 된 경우와 같이) 위법한 사정이 있어야 하고 통상의 거래행위로 인하여 부담하는 회사의 채무를 이행할 능력이 있었음에도 단순히 그 이행을 지체하고 있는 사실로 인하여 상대방에게 손해를 끼치는 사실만으로는 이를 임무를 해태한 위법한 경우라고 할 수는 없다 할 것인바, …"

법정책임으로 보는데,868) 불법행위책임이지만 경과실과 위법성을 배제한 특수불법행위책임으로 보는 견해도 있다. 통설과 판례는 상법 제401조의 책임과 불법행위책임과의 경합을 인정한다.869)

4) 책임주체

(가) 임무를 게을리한 이사    이사의 회사에 대한 책임과 같이, 모든 이사가 아니라 고의 또는 중대한 과실로 인하여 그 임무를 게을리한 이사만이 제3자에 대하여 연대하여 손해를 배상할 책임이 있다.

(나) 결의에 찬성한 이사    이사회 결의에 찬성한 이사도 같은 책임이 있다는 제399조 제2항과, 결의에 참가한 이사로서 이의를 한 기재가 의사록에 없는 자는 그 결의에 찬성한 것으로 추정한다는 제399조 제3항은 이사의 제3자에 대한 책임에 준용된다(401조②). 따라서 이사회 결의에 의한 것인 때에는 그 결의에 찬성한 이사도 제3자에 대하여 연대하여 손해를 배상할 책임이 있다.

(다) 선임결의에 하자 있는 경우    주주총회에서의 이사 선임결의에 하자가 있고 사후에 결의가 취소·무효로 된 경우에도 일단 이사로 등기된 동안은 이사로서 감시의무를 부담한다. 고의·과실로 인하여 사실과 상위(相違)한 사항을 등기한 자는 그 상위를 선의의 제3자에게 대항하지 못하는데(39조), 자신이 이사로 등기된 사실을 알면서 이사로서의 업무를 집행한 자는 이사선임등기를 승낙한 것으로서 사실과 상위한 사항의 등기에 대하여 고의·과실이 있다고 볼 수 있기 때문이다.870)

5) 책임 원인

이사의 제3자에 대한 손해배상책임의 원인은 이사의 고의 또는 중대한 과실로 인한 임무해태이다(401조①). 상법 제401조 제1항에는 이사의 회사에 대한 책임에 관한 상법 제399조 제1항의 "법령 또는 정관에 위반한 행위"가 명시되어 있지 않지만, "법령 또는 정관에 위반한 행위"도 넓게는 임무해태에 속하는데 선관주의의무 위반의 정도가 현저하여 따로 규정한 것이므로 이를 배제할 것이 아니고, 오히려 법령·정관에 위반한 경우에는 고의 또는 중대한 과실의 근거가 될 것이다.

고의 또는 중과실은 제3자의 손해에 대한 것이 아니라, 임무해태에 대한 것을 의미한다고 보는 것이 일반적인 해석이다.871) 고의 또는 중과실의 증명책임은 책임

868) 이철송, 793면. 판례도 법정책임으로 본다(대법원 2006. 12. 22. 선고 2004다63354 판결).
869) 대법원 1980. 1. 15. 선고 79다1230 판결.
870) 同旨: 最判昭和 47·6·15 民集26-5-984.
871) 상법 제401조의 책임의 법적 성질에 관하여 특수불법행위책임으로 본다면 고의 또는 중과실

을 추궁하는 제3자에게 있다. 경과실만 있는 경우에는 민법 제750조에 기한 손해배상책임이 발생한다.872)

6) 회사의 채무불이행

상법 제401조 제1항의 임무해태는 제399조 제1항과 같이 이사가 직무상 충실의무 및 선관의무를 위반하는 경우를 말한다.873) 따라서 통상의 거래행위로 인하여 부담하는 회사의 채무를 이행할 능력이 있었음에도 단순히 그 이행을 지체하고 있는 사실로 인하여 상대방에게 손해를 끼치는 사실만으로는 이를 임무를 해태한 위법한 경우라고 할 수는 없고,874) 이사의 직무상 충실 및 선관의무 위반의 행위로서 위법성이 있는 경우에는 고의 또는 중대한 과실로 그 임무를 해태한 경우에 해당한다.875) 즉, 상법 제401조 소정의 제3자에 대한 책임에서 요구되는 '고의 또는 중대한 과실로 인한 임무해태행위'라 함은 회사의 기관으로서 인정되는 직무상 충실 및

---

은 불법행위의 피해자인 제3자의 손해에 관하여 있어야 한다고 설명하는 것이 논리적이지만, 이는 상법의 법문과 일치하지 않는다. 따라서 특수불법행위책임을 취하는 학자들도 고의 또는 중과실은 임무해태에 관한 것으로 해석한다. 이렇게 해석하면 결국 회사에 대한 고의 또는 중과실이 제3자에 대한 불법행위가 될 수 있다는 것이므로 그 논리적 타당성이 매우 의문이다.

872) [대법원 2003. 4. 11. 선고 2002다70044 판결]【손해배상(기)】 "[1] 상법 제401조 제1항에 규정된 주식회사의 이사의 제3자에 대한 손해배상책임은 이사가 악의 또는 중대한 과실로 인하여 그 임무를 해태한 것을 요건으로 하는 것이어서 단순히 통상의 거래행위로 인하여 부담하는 회사의 채무를 이행하지 않는 것만으로는 악의 또는 중대한 과실로 그 임무를 해태한 것이라고 할 수 없지만, 이사의 직무상 충실 및 선관의무 위반의 행위로서 위법성이 있는 경우에는 악의 또는 중대한 과실로 그 임무를 해태한 경우에 해당한다. [2] 대표이사가 대표이사로서의 업무 일체를 다른 이사 등에게 위임하고, 대표이사로서의 직무를 전혀 집행하지 않는 것은 그 자체가 이사의 직무상 충실 및 선관의무를 위반하는 행위에 해당한다."

[대법원 2002. 3. 29. 선고 2000다47316 판결]【매매대금】 "[1] 상법 제401조 제1항에 규정된 주식회사의 이사의 제3자에 대한 손해배상책임은 이사가 악의 또는 중대한 과실로 인하여 그 임무를 해태한 것을 요건으로 하는 것이어서 단순히 통상의 거래행위로 인하여 부담하는 회사의 채무를 이행하지 않는 것만으로는 악의 또는 중대한 과실로 그 임무를 해태한 것이라고 할 수 없지만, 이사의 직무상 충실 및 선관의무 위반의 행위로서 위법성이 있는 경우에는 악의 또는 중대한 과실로 그 임무를 해태한 경우에 해당한다. [2] 부동산의 매수인인 주식회사의 대표이사가 매도인과 사이에 매매잔대금의 지급방법으로 매수부동산을 금융기관에 담보로 제공하여 그 대출금으로 잔금을 지급하기로 약정하였으나, 대출이 이루어진 후 해당 대출금 중 일부만을 매매잔대금으로 지급하고 나머지는 다른 용도로 사용한 후, 나머지 잔금이 지급되지 않은 상태에서 피담보채무도 변제하지 아니하여 그 부동산이 경매절차에서 경락되어 결과적으로 매도인이 손해를 입은 경우, 그 주식회사의 대표이사가 악의 또는 중대한 과실로 인하여 그 임무를 해태한 경우에 해당한다고 볼 여지가 있다."

873) 대법원 2003. 4. 11. 선고 2002다70044 판결, 대법원 2002. 3. 29. 선고 2000다47316 판결, 대법원 1985. 11. 12. 선고 84다카2490 판결.

874) 대법원 2006. 8. 25. 선고 2004다26119 판결, 대법원 1985. 11. 12. 선고 84다카2490 판결.

875) 대법원 2003. 4. 11. 선고 2002다70044 판결, 대법원 2010. 2. 11. 선고 2009다95981 판결.

선관의무 위반의 행위로서(예를 들면, 회사의 경영상태로 보아 계약상 채무의 이행기에 이행이 불가능하거나 불가능할 것을 예견할 수 있었음에도 이를 감추고 상대방과 계약을 체결하고 일정한 급부를 미리 받았으나 그 이행불능이 된 경우와 같이) 위법한 사정이 있어야 한다.[876]

대표이사가 대표이사로서의 업무 일체를 다른 이사 등에게 위임하고, 대표이사로서의 직무를 전혀 집행하지 않는 것은 그 자체가 이사의 직무상 충실의무 및 선관주의의무를 위반하는 행위에 해당한다.[877]

7) 직접손해 · 간접손해

직접손해는 이사의 임무해태로 제3자가 회사의 손해와 관계없이 직접 입은 손해를 말하고, 간접손해는 이사의 임무해태로 회사가 손해를 입게 됨에 따라 다시 제3자가 결과적으로 입은 손해를 말한다. 주가의 하락은 주주의 직접손해이고, 회사가치 감소로 인한 주주의 비례적 지분가치감소는 주주의 간접손해이다. 따라서 회사의 순자산가치 감소로 인한 배당 감소와 같은 경제적 이익이 침해되는 손해는 주주의 간접손해에 해당한다. 회사자산의 감소로 회사채권자가 채권회수를 못하게 되는 손해는 채권자의 간접손해이다.

직접손해든 간접손해든 이사의 임무해태와 손해발생 간에 상당인과관계가 존재하여야 배상책임이 인정된다. 이사의 제3자에 대한 배상책임의 대상은 직접손해와 간접손해로 구분되는데,[878] 간접손해의 경우 제3자의 범위에 관하여 뒤에서 보는 바와 같이 논란이 있다.

8) 제3자의 범위

(가) 회사와 행위자인 이사      상법 제401조의 규정상 회사 및 행위자인 이사는 당연히 손해배상청구권자인 제3자에 포함되지 않는다.

---

876) [대법원 2002. 3. 29. 선고 2000다47316 판결]【매매대금】"부동산의 매수인인 주식회사의 대표이사가 매도인과 사이에 매매잔대금의 지급방법으로 매수부동산을 금융기관에 담보로 제공하여 그 대출금으로 잔금을 지급하기로 약정하였으나, 대출이 이루어진 후 해당 대출금 중 일부만을 매매잔대금으로 지급하고 나머지는 다른 용도로 사용한 후, 나머지 잔금이 지급되지 않은 상태에서 피담보채무도 변제하지 아니하여 그 부동산이 경매절차에서 경락되어 결과적으로 매도인이 손해를 입은 경우, 그 주식회사의 대표이사가 악의 또는 중대한 과실로 인하여 그 임무를 해태한 경우에 해당한다고 볼 여지가 있다."

877) 대법원 2003. 4. 11. 선고 2002다70044 판결, 대법원 2006. 9. 8 선고 2006다21880 판결, 대법원 2010. 2. 11. 선고 2009다95981 판결.

878) 일본에서도 이사가 제3자에 대하여 배상책임의 대상에 직접손해 · 간접손해 모두 포함된다는 것이 통설 · 판례이다(最判昭和 44 · 11 · 26 民集23-11-2150).

(나) 주    주

가) 직접손해    주주가 이사의 임무해태로 주가하락과 같은 직접손해를 입은 경우에는 상법 제401조에 기하여 손해배상청구권을 가지는 제3자에 속하는 것은 명백하다. 대법원 2017. 3. 23. 선고 2015다248342 전원합의체 판결에도 불구하고 주주명부상의 주주뿐 아니고 실질적인 주주도 손해배상청구권을 가진다. 상법 제401조에 기하여 손해배상청구권은 주주권 행사와 관계없기 때문이다.

나) 간접손해    상법 제401조에 기한 책임을 법정책임으로 본다면 배상청구의 원인인 손해의 유형에 제한을 두는 것은 논리적이지 아니하므로 주주의 간접손해도 상법 제401조의 손해에 포함된다는 견해도 다수 있다.[879)

그러나 주주의 간접손해는 손해가 아직 현실적으로 발생하지 않아서 손해액의 확정이 어렵고, 손해를 입은 주주 중 손해배상청구를 한 주주만 배상을 받게 되는 결과가 되고, 나아가 회사의 책임재산으로부터 주주가 회사채권자에 우선하여 변제받게 된다는 불합리한 점이 있으므로 포함되지 않는다고 해석하는 것이 타당하다.

판례도 "주식회사의 주주가 이사의 악의 또는 중대한 과실로 인한 임무해태행위로 직접 손해를 입은 경우에는 이사에 대하여 상법 제401조에 의하여 손해배상을 청구할 수 있으나, 이사가 회사재산을 횡령하여 회사재산이 감소함으로써 회사가 손해를 입고 결과적으로 주주의 경제적 이익이 침해되는 손해와 같은 간접적인 손해는 상법 제401조 제1항에서 말하는 손해의 개념에 포함되지 아니하므로 이에 대하여는 위 법조항에 의한 손해배상을 청구할 수 없다."라고 판시함으로써 불포함설의 입장을 취하고 있다.[880)

(다) 회사채권자    회사채권자는 직접손해뿐 아니라 간접손해에 대한 배상도 청구할 수 있다는 것이 통설적인 견해이다.

9) 상당인과관계

이사의 고의 또는 중과실로 인한 임무해태와 주가하락으로 인한 손해 간에 상당인과관계가 있어야 이사의 제3자에 대한 손해배상책임이 발생한다. 따라서 이사의 주가조작으로 주가가 정상주가보다 높게 형성되고, 그러한 사실을 알지 못한 채 주식을 취득함으로써 손해를 입은 주주는 이사를 상대로 상법 제401조 제1항에 의

---

879) 김정호, 523면; 송옥렬, 1052면; 이철송, 791면(대표소송에도 제소요건 및 절차상의 한계가 있으므로 주주의 간접손해에 대한 배상청구를 인정할 실익이 있다고 설명한다).

880) 대법원 1993. 1. 26. 선고 91다36903 판결, 대법원 2003. 10. 24. 선고 2003다29661 판결, 대법원 2012. 12. 13. 선고 2010다77743 판결.

하여 손해배상을 청구할 수 있다. 이 때 정상주가보다 높은 가격으로 주식을 매수한 주주가 입게 된 손해는 회사의 순자산가치 감소로 인한 지분가치 감소와는 별개의 요인에 의한 손해로서 주주가 입은 직접손해에 해당한다.

　주주가 이사의 주가조작·부실공시 이전에 주식을 취득하거나 주가조작·부실공시로 인한 주가 부양의 효과가 사라진 후 주식을 취득하였다면, 이사의 주가조작·부실공시와 주주의 주식취득 후 생긴 주가하락으로 인한 손해 사이에 상당인과관계가 있다고 볼 수 없으므로, 그와 같은 경우에는 주주가 이사를 상대로 상법 제401조 제1항에 의하여 손해배상을 청구할 수 없다.881)882)

---

881) [대법원 2012. 12. 13. 선고 2010다77743 판결] "원심으로서는 피고가 거액의 횡령 등 주가 형성에 영향을 미칠 수 있는 사정들에 관하여 언제 어떠한 내용의 부실공시를 하거나 주가조작을 하였는지, 원고들이 어느 부실공시 또는 주가조작으로 인하여 진상을 알지 못한 채 주식 평가를 그르쳐 몇 주의 주식을 정상주가보다 얼마나 높은 가격에 취득하였는지 등에 관하여 심리하여, 원고들이 주장하는 소외 회사 주식의 주가하락으로 인한 손해가 상법 제401조 제1항에서 규정하는 손해에 해당하는지 및 그 손해와 피고의 횡령, 주가조작, 부실공시 등의 행위 사이에 상당인과관계를 인정할 수 있는지 여부를 가려본 후, 그것이 인정된 연후에 그 손해액 산정에 나아가야 할 것이다. 그런데도 원심이 이와 같은 사항들에 대하여 제대로 심리하지 아니한 채, 그 판시와 같은 사정만으로 소외 회사의 코스닥등록이 취소되어 원고들이 입은 손해는 상법 제401조 제1항에서 규정하는 손해에 해당하고, 피고의 횡령, 주가조작, 부실공시 등의 행위와 소외 회사의 코스닥등록 취소 전 주가가 하락하여 원고들이 입은 손해 사이에는 상당인과관계가 있다고 단정한 데에는, 상법 제401조 제1항의 해석 및 상당인과관계에 관한 법리 등을 오해하여 판결에 영향을 미친 위법이 있다"(횡령으로 인한 회사가치 감소분은 간접손해이지만, 부실공시로 인한 주가하락은 직접손해로 본 것이다. 이 사건에서는 자본시장법상 손해배상책임이나 불법행위책임도 성립하는데, 소멸시효나 제척기간이 도과하는 바람에 상법 제401조의 책임을 물은 것이다. 이 사건의 환송심인 서울고등법원 2013. 10. 30. 선고 2013나1022 판결에서는 원고들의 주식매입시기와 관련하여 상당인과관계가 부인되었다).

882) 상당인과관계를 인정한 판례를 소개한다.
　　[서울고등법원 2014. 10. 31. 선고 2012나39266 판결] "피고 회사 주식의 거래정지가 시작된 날인 2002. 3. 7. 직전의 10일 동안 가장 오래 지속된 주가는 종가 기준으로 2002. 2. 26.부터 같은 달 28.까지 및 2002. 3. 4.에 기록된 990원인 사실이 인정되므로, 위 990원을 허위공시, 부실공시 등이 발표되기 전의 정상주가로 봄이 상당하고, 나아가 허위공시, 부실공시 등이 발표된 후 정상적으로 형성된 주가는 거래정지기간이 끝나고 2002. 7. 9.부터 같은 달 30.까지 한 달 정도 지속된 정리매매기간 동안 형성된 주가 중 허위공시, 부실공시 등의 발표로 인하여 나타난 계속된 하종가를 벗어난 시점에서의 안정된 주가라고 보아야 할 것인데, … 에 의하면 위 정리매매기간 동안 최초 130원에서 시작한 주가가 완만한 상승세를 보이면서 정리매매기간 종료 시점에 340원으로 마감한 사실, 피고 회사의 주식이 상장폐지된 이후인 2002. 8.경에도 ○○○이 피고 회사 주식 60만주를 340원에 매수한 사실을 인정할 수 있으므로, 정리매매기간 종료 시점에 형성된 최종 주가인 340원이 허위공시, 부실공시 등이 발표된 후 주식시장에서 정상적으로 형성된 안정된 주가라고 봄이 상당하다. 따라서 2000. 12. 12. 이후부터 1 내지 4차 허위공시 및 이 사건 부실공시 등을 거쳐 위와 같은 허위공시, 부실공시 등의 사실이 공표되어 피고 회사의 주식이 거래정지 되기 직전인 2002. 3. 6.까지 취득한 피고 회사의 주식을 현재

### 10) 상    계

민법 제496조는 고의의 불법행위채권을 수동채권으로 하는 상계를 금지한다. 만일 제3자가 이사를 상대로 상법 제401조에 기하여 손해배상청구를 하는 경우, 이사의 책임을 특수불법행위책임으로 본다면 민법 제496조가 적용되겠지만, 통설인 법정책임설에 의하면 민법 제496조가 적용될 여지가 없다.

### 11) 이 행 기

이행기는 지연손해금의 기산일과 관련되는데, 상법 제401조에 기한 이사의 책임의 이행기는 법정책임설에 의하면 이행청구시가 이행기이고, 특수불법행위책임설에 의하면 불법행위시가 이행기이다.

### 12) 책임제한

상법 제401조에 기한 이사의 제3자에 대한 책임도 손해배상의 일반원칙에 따라 손해분담의 공평이라는 손해배상제도의 이념에 비추어 당해 이사가 임무를 해태한 경위 및 임무위반행위의 태양, 손해의 발생 및 확대에 관여된 객관적인 사정과 그 정도, 임무해태로 인한 당해 이사의 이득 유무 등 제반 사정을 참작하여 손해배상책임을 제한할 수 있다.[883]

### 13) 소멸시효

상법 제401조에 기한 이사의 제3자에 대한 손해배상책임이 제3자를 보호하기 위하여 상법이 인정하는 법정책임이라는 점을 감안할 때, 일반 불법행위책임의 단기소멸시효를 규정한 민법 제766조 제1항은 적용되지 않고, 일반 채권으로서 민법 제162조 제1항에 따라 그 소멸시효기간은 10년이다.[884]

---

까지 보유하고 있는 경우에는 거래정지 직전의 정상주가 990원에서 부실공시 발표 후 안정된 주가인 340원을 공제한 650원이 1주당 손해액이 되고, 그 외에 위와 같은 기간에 취득한 피고 회사의 주식을 부실공시 발표 후 처분한 경우로서 매도가액이 340원 미만일 경우에는 거래정지 직전의 정상주가 990원과 위 340원의 차액인 650원이 손해액이 되지만 매도가액이 340원 이상인 경우에는 위 990원과 매도가액의 차액이 손해액이 된다"(다만, 제반 사정을 고려하여 피고의 책임을 산정된 손해액의 50%로 제한하였는데, 이 판결은 대법원 2016. 1. 28. 선고 2014 다236335 판결에 의하여 상고 기각되어 확정되었다).

883) 대구고등법원 2019. 1. 23. 선고 2018나21822 판결.

884) [대법원 2006. 12. 22. 선고 2004다63354 판결]【손해배상(기)】 "상법 제401조는 이사가 악의 또는 중대한 과실로 인하여 그 임무를 해태한 때에는 그 이사는 제3자에 대하여 연대하여 손해를 배상할 책임이 있다고 규정하고 있다. 원래 이사는 회사의 위임에 따라 회사에 대하여 수임자로서 선량한 관리자의 주의의무를 질 뿐 제3자와의 관계에 있어서 위 의무에 위반하여 손해를 가하였다 하더라도 당연히 손해배상의무가 생기는 것은 아니지만, 경제사회에서 중요한 지위에 있는 주식회사의 활동이 그 기관인 이사의 직무집행에 의존하는 것을 고려하여 제3자를 보호하고자, 이사가 악의 또는 중대한 과실로 위 의무에 위반하여 제3자에게 손해를 입

## 14) 외감법상 책임

감사인이 외감법에 의하여 회사 또는 제3자에게 손해를 배상할 책임이 있는 경우에 해당 회사의 이사·감사(감사위원회가 설치된 경우에는 감사위원회위원)도 그 책임이 있으면 그 감사인과 해당 회사의 이사·감사는 연대하여 손해를 배상할 책임이 있다(外監法 31조④).[885]

## 3. 업무집행관여자의 책임

### (1) 의    의

상법 제401조의2의 업무집행관여자의 책임은 주식회사의 법률상 이사가 아니면서 사실상 회사경영에 결정적인 권한과 영향력을 행사하는 자도 이사와 동일한 책임을 지도록 하기 위하여 1998년 12월 개정상법에 의하여 신설되었다.[886] 미국과 달리 상법은 지배주주의 충실의무를 명문으로 도입하지 않는데, 제401조의2의 규정이 지배주주의 지위남용을 규제하기 위한 역할을 하고 있다.[887] 법률상 이사의 책임과 대비하여 실질상 이사의 책임 또는 배후이사의 책임이라고도 부른다.

### (2) 책임의 법적 성질

업무집행관여자의 책임의 법적 성질에 관하여, 상법이 특별히 인정한 책임

---

한 때에는 위 이사의 악의 또는 중과실로 인한 임무해태행위와 상당인과관계가 있는 제3자의 손해에 대하여 그 이사가 손해배상의 책임을 진다는 것이 위 법조의 취지라 할 것이다(대법원 1985. 11. 12. 선고 84다카2490 판결 등 참조). 이처럼 상법 제401조에 기한 이사의 제3자에 대한 손해배상책임이 제3자를 보호하기 위하여 상법이 인정하는 특수한 책임이라는 점을 감안할 때, 일반 불법행위책임의 단기소멸시효를 규정한 민법 제766조 제1항은 적용될 여지가 없고, 달리 별도로 시효를 정한 규정이 없는 이상 일반 채권으로서 민법 제162조 제1항에 따라 그 소멸시효기간은 10년이라고 봄이 상당하다."

885) 본서에서는 종래의 「주식회사의 외부감사에 관한 법률」과 2018. 11. 1.부터 시행된 「주식회사등의 외부감사에 관한 법률」 모두 "외감법"으로 약칭하되, 원칙적으로 「주식회사등의 외부감사에 관한 법률」의 조문을 기준으로 표기한다.

886) 자본시장법 제9조 제2항은 "이 법에서 "임원"이란 이사 및 감사를 말한다."라고 규정하고, 금융회사지배구조법 제2조 제2호는 ""임원"이란 이사, 감사, 집행임원(「상법」에 따른 집행임원을 둔 경우로 한정한다) 및 업무집행책임자를 말한다."라고 규정하는 점에 비추어, 특별한 규정이 없다면 금융회사의 경우에는 임원에 업무집행책임자가 포함되고 비금융회사의 경우에는 포함되지 않는다고 해석된다.

887) 미국에서는 "de facto director"라고 하고, 독일 주식법 제117조 제3항도 영향력행사자의 손해배상책임을 규정하고, 영국 Companies Act 2006 제251조도 배후이사(shadow director)에 대하여 이사에 준하는 규제를 한다. 일본 회사법은 이에 관한 규정을 두고 있지 않다.

이라는 법정책임설도 있으나,[888] 업무집행관여자도 실질적으로는 이사와 같이 업무를 집행하므로 회사의 기관으로서 책임을 진다는 기관책임설이 일반적인 견해이다.

### (3) 책임요건

업무집행관여자의 책임에 관한 상법 제401조의2 제1항은, i) 회사에 대한 자신의 영향력을 이용하여 이사에게 업무집행을 지시한 자(제1호), ii) 이사의 이름으로 직접 업무를 집행한 자(제2호), iii) 이사가 아니면서 명예회장·회장·사장·부사장·전무·상무·이사 기타 업무를 집행할 권한이 있는 것으로 인정될 만한 명칭을 사용하여 회사의 업무를 집행한 자(제3호) 등 세 가지 유형을 규정한다.

실제로 문제되는 사안은 대부분 제1호와 제3호이고, 제2호는 사례가 거의 없다.

### 1) 업무집행지시자(제1호)

업무집행지시자는 법적인 이사가 아니면서 "회사에 대한 자신의 영향력을 이용하여 이사에게 업무집행을 지시한 자"를 말한다.

(가) 회사에 대한 영향력   영향력은 회사에 대한 것이어야 하고, 이사와의 개인적인 이해관계에 기하여 영향력을 행사하는 경우는 이에 해당하지 않는다. 자연인뿐 아니라 법인도 영향력 행사자에 해당한다. 회사에 대한 영향력은 소위 그룹 총수 등 실질적 지배자가 이사선임·해임권을 통하여 경영진에 대하여 가지는 경우가 대표적인 사례이다. 회사에 대한 영향력에는 직접적인 주식소유뿐 아니라, 모자회사, 계열회사, 자매회사 등과 같은 간접적인 주식소유에 기한 영향력도 포함된다. 다만, 주주총회에서의 의결권 행사를 통한 영향력행사는 제외된다.[889]

회사에 대해 거액의 채권을 가진 은행, 회사와 거액의 공급거래를 하는 거래처도 회사에 대한 사실상의 영향력을 가지므로 제1호에 해당하는지 논란의 여지가 있지만, 본조의 입법취지상 지배주주 및 사실상 영향력을 행사하는 자만을 본조의 적용대상으로 보아야 한다(다수설).

(나) 업무집행의 지시   법문상 업무집행의 지시대상은 대표이사와 이사이다. 그러나 입법취지에 비추어 비등기이사, 지배인 기타 사용인 등도 지시대상에 포함된다(다수설). 지시는 법적 구속력은 요구되지 않지만 사실상의 구속력 또는 강제력

---

888) 이철송, 798면.
889) 서울중앙지방법원 2012. 10. 5. 선고 2012가합1011 판결.

이 있어야 하고, 단순한 권고, 조언 등은 업무집행의 지시로 볼 수 없다. 법문에는 업무집행의 지시라고 표현되어 있으나, 법적 지휘감독관계에 없으므로 엄밀하게는 지시가 아니라 영향력행사가 정확한 표현일 것이다.

(다) 이사의 업무집행과 손해배상책임발생    업무집행지시자는 조직법상의 지위를 갖지 아니하므로 임무해태 개념이 없고, 지시의 상대방인 이사의 업무집행이 임무해태에 해당하면 업무집행지시자도 제399조·제401조의 적용에 있어서 이사로서 손해배상책임을 진다.

(라) 법인의 지배회사    "회사에 대한 자신의 영향력을 이용하여 이사에게 업무집행을 지시한 자"에는 자연인뿐만 아니라 법인인 지배회사도 포함된다.[890]

2) 무권대행자(제2호)

무권대행자는 이사가 아니면서 이사의 이름으로 직접 업무를 집행한 자를 말한다. 법문에는 명시적인 규정이 없지만 제2호는 제1호의 업무집행지시자가 지시하는 대신 자신이 직접 이사의 명의로 업무를 집행한 자를 의미하므로 영향력의 행사를 내포하고 있다. 판례도 같은 취지이다.[891] 제2호의 대행자는 제1호의 지시자와 그 범위가 같다고 보는 것이 일반적인 견해이다. 대행자가 이사의 업무범위를 넘어서 행위한 경우도 본조의 적용대상이다. 본조는 거래의 유무효에 관한 규정이 아니라 행위자의 책임에 관한 규정이기 때문이다.

3) 표현이사(제3호)

표현이사는 이사가 아니면서 명예회장·회장·사장·부사장·전무·상무·이사 기타 업무를 집행할 권한이 있는 것으로 인정될 만한 명칭을 사용하여 회사의 업무를 집행한 자를 말한다. 판례는 제3호의 표현이사는 명칭 자체가 영향력행사의 근거가 되므로 제1호 및 제2호와 달리 영향력행사라는 별도의 요건은 불필요하다고 본다.[892] 그리고 표현이사는 표현대표이사와 달리 회사의 책임을 묻는 것이 아니므로 회사에 의한 외관부여나 상대방의 신뢰는 요건이 아니다.[893]

---

890) 대법원 2006. 8. 25. 선고 2004다26119 판결.
891) [대법원 2009. 11. 26. 선고 2009다39240 판결] " … 제1호 및 제2호는 회사에 대해 영향력을 가진 자를 전제로 하고 있으나, 제3호는 직명 자체에 업무집행권이 표상되어 있기 때문에 그에 더하여 회사에 대해 영향력을 가진 자일 것까지 요건으로 하고 있는 것은 아니다."
892) 대법원 2009. 11. 26. 선고 2009다39240 판결.
893) 표현대표이사는 표현대표의 차이점은 다음과 같다.

|  | (책임주체) | (청구권자) | (외관의 부여·신뢰) |
|---|---|---|---|
| 표현대표이사 | 회사 | 제3자 | 요건임 |
| 표현이사 | 당해 개인 | 회사·제3자 | 요건 아님 |

### (4) 책임의 내용

### 1) 이사와 동일한 책임

업무집행관여자는 그 지시하거나 집행한 업무에 관하여 제399조, 제401조, 제403조 및 제406조의2를 적용하는 경우에 그 자를 이사로 본다(401조의2①). 따라서 업무집행을 지시하거나 대행하였다고 하여 바로 손해배상책임을 지는 것이 아니라, 회사에 대한 책임(399조)과 제3자에 대한 책임(401조)의 요건이 충족되어야 법적 이사와 동일한 책임을 진다.

회사에 대한 책임에 관하여, 제399조 제1항은 "이사가 고의 또는 과실로 법령 또는 정관에 위반한 행위를 하거나 그 임무를 게을리한 경우에는 그 이사는 회사에 대하여 연대하여 손해를 배상할 책임이 있다."라고 규정한다. 그런데 업무집행관여자는 원래 임무라는 것이 없으므로 본인의 임무해태는 있을 수 없고, 결국 해당 법적 이사에게 임무해태가 되는 경우를 의미한다. 제3자에 대한 책임을 규정한 제401조 제1항의 임무해태에 관하여도 동일하게 해석하여야 한다.[894]

회사 또는 제3자에 대하여 손해를 배상할 책임이 있는 이사는 업무집행관여자와 연대하여 그 책임을 진다(401조의2②). 업무집행관여자는 자본금충실책임은 지지 않는다.

### 2) 책임의 감면

업무집행관여자의 책임에 관한 제401조의2 제1항은 제399조, 제401조, 제403조 및 제406조의2는 준용하나, 제400조는 준용하지 않는다. 따라서 업무집행관여자의 책임은 총주주의 동의에 의하여도 면제할 수 없다는 해석도 있을 수 있지만, 이사의 책임은 감면될 수 있는데 이사로 의제되는 자의 책임은 감면될 수 없다는 것은 비례에 어긋난다는 점에서 타당하지 않고, 제400조는 제399조를 준용하는데 수반된다고 해석할 수 있다.[895] 따라서 업무집행관여자로서 업무집행에 관여한 것이 임무해태에 해당하여 회사에 대한 손해배상책임을 지게 되었다면 이사와 동일한 책임감면을 인정하는 것이 타당하다.

---

894) 업무집행관여자는 이사회에서 의결권을 행사하는 주체가 아니므로 제399조 제2항과 제3항은 적용될 여지가 없다. 이를 준용하는 제401조 제2항도 마찬가지이다.

895) 송옥렬, 1059면(2011년 개정상법 제408조의9에서 집행임원에 대하여 명시적으로 제400조를 준용하고 있는 것도 그 근거가 될 수 있다고 설명한다).

## 4. 주주의 직접감독

### (1) 의    의

주식회사를 경영할 권한은 주주총회에서 선임된 이사들로 구성된 이사회에 부여되고 있고, 집행임원도 이사회가 선임한다. 집행임원은 주주들의 대리인이 아니라 이사회의 대리인이며 이사회는 주주들의 대리인이 아니라 독립한 기관이다. 따라서 주주들은 이사회의 권한에 속하는 사항에 대하여는 이사회에 구체적인 지시를 할 수 없고 이사와 제3자와의 거래관계에 개입하여 회사가 체결한 계약의 무효를 주장할 수도 없다.[896] 이와 같은 이사회 및 이사의 지위 강화에 따라 주주의 이사·집행임원에 대한 직접 감독의 필요성이 있으므로 상법은 이사·집행임원의 위법행위에 대한 유지청구권과 주주대표소송을 규정한다.

### (2) 유지청구권(留止請求權)

#### 1) 유지청구의 의의

이사가 법령·정관에 위반한 행위를 하여 이로 인하여 회사에 회복할 수 없는 손해가 생길 염려가 있는 경우에는 감사 또는 발행주식총수의 1% 이상에 해당하는 주식을 가진 주주는 회사를 위하여 이사에 대하여 그 행위를 유지할 것을 청구할 수 있다(402조).[897] 유지청구는 이사가 법령·정관에 위반한 행위를 한 경우에 원상회복청구나 손해배상청구 등 사후적 구제조치로는 회사의 구제에 불충분하기 때문에 인정된 것이다.

#### 2) 유지청구의 요건

이사가 법령·정관에 위반한 행위를 함으로써 회사에 회복할 수 없는 손해가 생길 염려가 있는 경우에 인정된다.

(가) 법령·정관에 위반한 행위   회사의 목적범위를 벗어나는 행위, 이사회 결의 없이 신주·사채를 발행하는 경우(416조, 469조), 주주의 신주인수권을 무시한 신주의 발행(418조) 등 구체적인 법령·정관의 규정에 위반한 행위뿐만 아니라, 이사의 선관주의의무(382조②, 民法 681조)를 정하는 일반적 규정에 위반한 행위도 포함한다.

---

896) 대법원 2001. 2. 28.자 2000마7839 결정.
897) 이사의 위법행위유지청구에 관한 제402조는 청산인에 준용된다(542조②).

이사가 법령·정관에 위반한 행위를 하면 고의·과실을 불문하고 유지청구의 대상
이 된다. 이사의 법령·정관 위반행위와 회사에 회복할 수 없는 손해가 생길 염려
등 두 가지 요건이 모두 충족되어야 한다.

　(나) 회사에 회복할 수 없는 손해가 생길 염려가 있는 경우　　회사에 회복할 수
없는 손해가 생길 염려가 있는 경우는, 손해의 회복이 불능한 경우뿐만 아니라 비
용·수고 등에 비추어 손해의 회복이 매우 곤란한 경우도 포함된다. 예컨대 손해배
상청구 등의 사후적 구제로는 회복할 수 없는 경우, 이사의 무자력으로 사후적 회
복이 불능 또는 현저하게 곤란한 경우 등도 이에 해당한다.

　3) 당 사 자

　(가) 유지청구권자

　가) 소수주주　　발행주식총수의 1% 이상에 해당하는 주식을 가진 주주는 유
지청구를 할 수 있다. 의결권 없는 주식도 지주요건 계산에 포함된다. 상장회사의
경우에는 6개월 전부터 계속하여 발행주식총수의 10만분의 50(최근 사업연도 말 자본
금이 1천억원 이상인 상장회사의 경우에는 10만분의 25) 이상에 해당하는 주식을 보유한
자가 유지청구를 할 수 있다(542조의6⑤).

　나) 감사·감사위원회　　감사와 감사위원회도 유지청구권자인데, 주주와 달리
감사·감사위원회는 유지청구사유가 있는 경우에는 반드시 유지청구를 하여야 하고
이를 게을리하면 임무해태로 인한 손해배상책임을 진다.

　(나) 유지청구의 상대방　　유지청구의 상대방은 법령·정관에 위반한 행위를 하
려는 이사이다. 회사는 유지청구의 상대방이 아니므로, 유지청구의 소에서도 피고가
아니다. 그러나 위법행위유지청구권을 피보전권리로 하는 가처분 중 주주총회개최금
지 가처분의 경우에는 일반적으로 회사도 피신청인으로 보므로, 본안과 가처분에서
의 당사자가 달라지게 된다. 집행임원도 유지청구의 상대방이 될 수 있다(408조의9).

　4) 유지청구의 절차

　유지청구권은 반드시 소에 의할 필요는 없고, 위법행위를 하려고 하는 이사에
대하여 그 행위를 하지 말 것을 재판 외에서 청구할 수도 있다. 유지청구의 소는
회사를 위하여 제기하는 것이므로 대표소송에 관한 규정을 유추적용해야 한다는
것이 통설이다.

　유지청구가 있으면 유지청구의 요건을 갖추는 한 이사는 그 행위를 중지하여
야 한다. 그러나 재판 외에서 유지청구를 하는 것은 해당 이사가 위법행위를 중지

하지 않으면 실효가 없으므로, 소수주주가 그 이사를 피고로 하여 회사를 위하여 위법행위유지청구의 소를 제기하고, 또한 이를 본안으로 하여 위법행위유지가처분 신청을 할 수 있다.

5) 유지청구의 효과

(가) 순응의무(順應義務)의 존부　　소수주주나 감사가 유지청구를 한 경우에도 이사가 반드시 이에 응하여야만 하는 것은 아니다. 그 유지청구가 이유 없는 수도 있으므로, 이사는 선관주의의무로 그 행위의 유지 여부를 판단하여야 한다.

(나) 불응시의 효과

가) 이사의 책임　　이사가 주주의 유지청구에 대하여 불응하였다는 점만으로 는 책임이 없으나, 차후 그 행위가 법령·정관에 위반한 행위에 해당하거나 임무를 해태한 때에 해당하면 회사 또는 제3자에 대하여 손해배상책임을 진다(399조, 401조). 그러나 이사의 회사 또는 제3자에 대한 손해배상책임은 유지청구가 없었더라 도 발생하는 것이다. 따라서 유지청구에 의하여 이사의 행위가 위법하다는 추정을 가져오는 것도 아니므로 유지청구는 결국 이사에게 다시 한 번 생각해 보라는 의미 밖에는 없다는 설명도 있다.[898] 다만, 제3자에 대한 책임에 있어서는 유지청구를 무시한 이사의 중과실이 인정될 가능성이 클 것이므로 유지청구가 전혀 무의미한 것만은 아니다.

나) 행위의 사법상 효력　　유지청구를 무시하고 한 행위라도 거래상대방의 선의 여부에 관계없이 그 행위의 효력에는 영향이 없다.

(다) 유지청구에 응한 경우　　정당한 유지청구에 대하여 응하는 것이 당연하지 만, 부당한 유지청구임에도 이사가 이에 응한 경우에는 오히려 그 유지가 법령, 정관 에 위반하거나 임무해태에 해당한 경우에 해당하여 손해배상책임이 발생할 수 있다.

(라) 판결의 효력　　유지청구권을 소에 의하여 행사하는 경우에 유지청구의 소는 소수주주가 회사를 위하여 하는 것이므로, 대표소송에 관한 규정이 유추적용 되고, 기판력의 주관적 범위가 확대되어 판결의 효력이 회사에 대하여도 미친다(民 訴法 218조③).

6) 이사의 위법행위유지의 소

유지청구권은 반드시 소에 의할 필요는 없고, 위법행위를 하려고 하는 이사에 대하여 그 행위를 하지 말 것을 재판 외에서 청구할 수도 있다. 유지청구가 있으면

---

898) 송옥렬, 1062면.

유지청구의 요건을 갖추는 한 이사는 그 행위를 중지하여야 한다. 그러나 재판 외에서 유지청구를 하여도 이사가 위법행위를 중지하지 않으면 실효가 없으므로, 소수주주는 그 이사를 피고로 하여 회사를 위하여 위법행위유지의 소를 제기할 필요가 있다. 위법행위유지의 소는 주주가 회사를 위하여 제기하는 소이므로 관할, 소송참가, 소송비용담보제공, 패소원고의 책임 등에 관하여 대표소송에 관한 규정이 유추적용된다. 위법행위유지의 소는 소수주주가 회사를 위하여 하는 것이므로, 판결의 효력에 관하여도 대표소송에 관한 규정이 유추적용되고, 이에 따라 기판력의 주관적 범위가 확대되어 판결의 효력이 회사에 대하여도 미친다(民訴法 218조③).899)

### 7) 가처분의 필요성

위법행위유지판결 전에 유지청구의 대상인 위법행위가 종료하면 위법행위유지의 소는 소의 이익이 없어서 부적법 각하된다. 이사가 감사나 주주의 유지청구에 불응하고 법령·정관 위반행위를 한 경우에도 그 행위의 효력에는 영향이 없다. 이사는 다만 회사가 입은 손해에 대하여 상법 제399조에 기한 손해배상책임을 질 뿐이다. 이 점에서 실효성 면에서는 큰 의미가 없다. 다만, 이사가 유지청구에 불응하고 위법행위를 한 경우에는 중과실이 의제되므로 상법 제399조의 적용에 있어서 무과실증명에 의한 면책이 허용되지 않는다는 실익은 있다.

따라서 이사의 행위를 효과적으로 억제하려면 유지의 소를 본안으로 하여 이사의 위법행위금지 가처분신청을 하는 것이 바람직하다. 이사의 위법행위금지 가처분은 가처분의 대상인 특정된 행위의 금지를 명하는 것으로서, 이사로서의 전반적인 직무집행을 정지하는 직무집행정지 가처분과 구별된다.900) 이사의 위법행위금지 가처분의 당사자는 위법행위유지의 소의 당사자와 같다. 즉, 신청인은 발행주식총수의 1% 이상에 해당하는 주식을 가진 소수주주 또는 감사이고, 피신청인은 법령·정관에 위반한 행위를 하려는 이사이다. 회사는 피고가 아니다. 이사의 위법행위금지 가처분은 이사의 보통재판적 소재지의 법원에 관할이 인정되고, 신청이 인용된 가처분은 채무자에게 송달함으로써 그 효력이 발생하며, 직무집행정지 가처분

---

899) (이사의 위법행위유지판결의 주문례 – 대표이사인 경우)
　　피고는 이사회 결의 없이 소외 ○○ 주식회사를 대표하여 별지 목록 기재 부동산을 처분하여서는 아니 된다.
900) (이사의 위법행위금지 가처분의 주문례)
　　채권자의 채무자에 대한 이사행위유지의 소의 본안판결 확정시까지 채무자는 이사회의 승인 없이 별지 목록 기재 부동산에 관하여 ○○에 양도, 저당권설정, 임대 그 밖에 일체의 처분행위를 하여서는 아니 된다.

과 달리 등기는 요구되지 않는다.901) 이사가 위법행위유지 가처분에 위반하여 해당 행위를 한 경우에도 행위 자체의 효력에는 영향이 없고, 이사는 손해배상책임을 질 뿐이다. 이 점에서 실효성 면에서는 위법행위유지 가처분도 위법행위유지판결과 마찬가지로 큰 의미가 없다.902)

### (3) 대표소송

#### 1) 의    의

상법상 대표소송은 회사가 주주의 제소청구에 불구하고 이사의 책임을 추궁하는 소의 제기를 해태(懈怠)하는 경우 주주가 회사를 위하여 제기하는 소송이다(403조 ①).903) 주식회사의 주주는 주식의 소유자로서 회사의 경영에 이해관계를 가지고 있다고 할 것이나, 회사의 재산관계에 대하여는 단순히 사실상·경제상 또는 일반적·추상적인 이해관계만을 가질 뿐, 구체적·법률상의 이해관계를 가진다고는 할 수 없고, 직접 회사의 경영에 참여하지 못하고 주주총회 결의를 통해서 또는 주주의 감독권에 의하여 회사의 영업에 영향을 미칠 수 있을 뿐이다. 따라서 회사와 제3자간의 거래에 기한 이행청구 또는 계약의 무효를 주장하는 소는 상법상 대표소송의 방법으로 제기할 수 없다.904)905)

---

901) 직무집행정지 가처분이 있는 경우에는 본점과 지점의 소재지에 등기하여야 한다(407조③). 이 등기는 가처분의 집행방법이면서 제3자에 대한 대항요건이다. 따라서 가처분의 효력은 고지·송달 외에 가처분 등기가 경료되어야 효력이 발생한다. 상업등기의 일반원칙상 이러한 가처분 등기를 하지 않은 경우 선의의 제3자에게 대항할 수 없고(37조①), 등기한 후에도 제3자가 정당한 사유로 이를 알지 못한 때에는 역시 대항할 수 없다.

902) 다만, 이사가 유지청구에 불응하고 위법행위를 한 경우에는 중과실이 의제되므로 상법 제399조의 적용에 있어서 무과실증명에 의한 면책이 허용되지 않는다는 실익은 있다는 점은 위법행위유지의 소에서 본 바와 같다.

903) 이사 외에도 발기인·업무집행관여자·집행임원·감사·감사위원회위원·통모인수자·이익공여를 받은 자·검사인·청산인 등도 대표소송의 상대방이 되는데(324조, 401조의2①, 408조의9, 415조, 415조의2⑦, 424조의2, 467조의2, 542조), 이하에서는 편의상 이사를 중심으로 설명한다.

904) [대법원 2001. 2. 28.자 2000마7839 결정] "주주는 일정한 요건에 따라 이사를 상대로 그 이사의 행위에 대하여 유지청구권을 행사하여 그 행위를 유지시키거나, 또는 대표소송에 의하여 그 책임을 추궁하는 소를 제기할 수 있을 뿐 직접 제3자와의 거래관계에 개입하여 회사가 체결한 계약의 무효를 주장할 수는 없다."

905) 상법상 대표소송은 제소청구를 먼저 하여야 하고, 먼저 제소주주가 자신의 비용으로 소송을 수행한 후 승소한 경우에 한하여 소송비용 및 소송으로 인하여 지출한 비용 중 상당한 금액의 지급을 회사에 대해 청구할 수 있고, 주주가 대표소송을 제기한 후 이사가 주주의 악의를 소명한 때에는 법원이 당해 주주에게 상당한 담보의 제공을 명할 수 있다는 점 등을 고려하면 현실적으로 남소의 위험성은 그렇게 크지 않고, 실제로도 대표소송의 사례가 그리 많지 않은 실정이다.

미국에서도 대표소송(derivative suit)906)은 주주가 회사의 피해를 구제하거나 회사에 대한 위법행위를 금지하기 위하여, 즉 주주개인이 아닌 회사의 이익을 위하여 제기하는 소송으로서 형평법에 의하여 유래된 것이다.907)

2) 대표소송의 기능

(가) 내부자의 부정행위에 대한 효과적 구제책     회사에 대하여 선관주의의무와 충실의무를 부담하는 자가 이를 위반하였을 때 회사가 그에 대하여 소송을 제기하려면 이사회 결의를 거쳐야 하는데 소송의 상대방은 대개 내부자인 경우가 많으므로 통상의 경우 이사회에서 그를 상대로 소송을 제기하는 결의가 이루어지기 어렵다. 이에 따라 미국의 제정법과 판례는 주주가 자기의 이름으로 회사를 위하여 부정행위자(wrongdoer)를 상대로 회사로부터 파생된 권리를 회사를 위하여 행사한다는 의미의 대표소송(derivative suit)을 제기할 권리를 인정하는 것이다. 물론 대표소송의 피고가 내부자로 한정되어야 하는 것은 아니고 외부자라도 회사에 대하여 계약 위반, 불법행위 등으로 인하여 책임을 지는 자가 있는 경우에는 대표소송을 제기할 수 있는데 일반적으로 이러한 경우에 회사가 소의 제기를 회피하는 일이 거의 없으므로 외부자를 상대로 하는 대표소송은 실제로는 거의 발견할 수 없다. 대표소송은 대개 내부자의 자기거래나 회사기회의 유용 등과 같이 충실의무 위반을 원인으로 하는데, 선관주의의무 위반의 경우에도 예를 들어, 이사회가 타회사의 주식을 취득하기로 결의하였으나 이로 인하여 큰 손해를 입은 경우에 주주가 이사들을 상대로 이사회가 주식취득결의를 할 때 선관주의의무를 위반하였다고 주장하면서 대표소송을 제기할 수 있다. 다만, 일반적으로 선관주의의무 위반을 원인으로 하는 대표소송에서는 원고가 승소하는 예가 많지 않다.

---

906) 미국에서 19세기 초에는 어느 한 주주가 전체 주주를 대표하여 소송을 제기하는 것으로 보아 "class action"으로 파악하였으나 그 후 회사를 위하여 회사로부터 끌어낸(derived from the corporation) 권리를 대위하여 행사하는 것으로 보아 "derivative suit"라는 명칭이 일반적으로 사용되고 있다. 다만, 대표소송은 회사를 위하여 소송을 제기하는 원고 주주가 다른 주주들을 대표하여 소송을 제기한다는 의미에서 형식적으로는 제한적이나마 "class action"의 성격도 동시에 가지고 있다고 할 수 있다. "derivative suit"라는 용어를 "대위소송(代位訴訟)"으로 번역하기도 한다.

907) 일본 회사법상 주주대표소송은 "주식회사에 있어서 책임추궁등의 소"라고 표기하는데, 강학상으로나 실무상으로는 주주대표소송이라 부른다. 일본의 주주대표소송은 상법상 주주대표소송과 여러 면에서 유사하지만 제소요건 등에서 차이가 있다.

(나) 대표소송의 순기능과 역기능

가) 대표소송의 순기능

(a) 내부자의 부정행위에 대한 구제    내부자의 부정행위로 인하여 회사가 손해를 입은 경우라도 회사가 내부자를 상대로 소송을 제기하기는 현실적으로 곤란하므로 대표소송은 내부자의 부정행위에 대한 효과적인 구제책이 된다.

(b) 내부자의 부정행위에 대한 예방효과    대표소송에 의하여 부정행위를 한 내부자는 합리적인 범위의 손해배상액을 지급하게 될 가능성이 있으므로, 내부자의 부정행위(wrongdoing)를 사전에 예방하는 효과(deterrent effect)도 있는데 많은 판례에서 대표소송의 이러한 예방적 기능이 강조되어 왔다.

(c) 회사의 비용부담    회사로서는 대표소송으로 인하여 경제적인 부담이 없는데 그 이유는 대표소송의 변호사보수는 대개 승소조건부이어서 승소로 인하여 얻은 이익에서 지급되기 때문이다.

나) 대표소송의 역기능

(a) 위협소송    대표소송은 승소시 얻은 이익은 회사에 귀속하고 원고 주주는 단지 자신의 소유주식을 통하여 간접적으로만 승소이익을 얻게 되므로 원고 당사자보다는 원고변호사가 소송결과에 대하여 훨씬 이해관계가 크다. 따라서 소송이 비즈니스화된 미국에서는 변호사가 소송 대상을 물색한 후 승소조건부 보수약정에 따라 명목상의 주주를 내세워 소송을 제기하기도 하는데, 이를 위협소송, 협박소송(strike suit, nuisance suit)이라고 한다.908)

(b) 경영진에 대한 부담    대표소송으로 인하여 회사의 경영진이 많은 시간과 노력을 기울여야 하는 문제가 있고, 이 때문에 내부자 및 그와 관련된 경영진은 소송의 장기화와 그로 인한 변호사보수의 증가909) 및 업무에의 지장 때문에 소송 중간에 화해를 하는 예가 많다. 나아가 경영진은 자신이 대표소송의 대상이 될 것이 우려되어 적극적, 능동적 업무수행을 회피하여 결국 주주의 피해로 돌아온다는 비판도 있다. 대표소송의 이같은 역기능 때문에 대표소송을 인정하되 그 남용을 효과적으로 방지할 수 있는 방안의 강구에 주안점이 주어지고 있다.

908) 이와 관련하여, 일본 회사법은 주주대표소송이 당해 주주 또는 제3자의 부정한 이익을 도모하거나 당해 주식회사에 손해를 가하는 것을 목적으로 하는 경우에는 제소청구를 할 수 없다고 규정한다(日会 847조① 단서). 이 규정에 위반한 경우 담보제공명령 이전에 소를 각하하기도 한다.
909) 특히 피고 측 변호사가 시간당 보수를 받기로 한 경우 소송이 장기화되면 피고가 승소하더라도 결과적으로는 소송비용으로 인한 경제적 손실이 크게 된다.

3) 법적 성질

대표소송은 소수주주가 회사의 이익을 위하여 스스로 원고가 되고 이사 등을 피고로 하는 소송을 제기하여 판결을 받을 수 있도록 인정되는 것이므로, 제3자의 소송담당에 해당한다. 제3자의 소송담당은 소송물의 내용이 되는 권리·법률관계의 존부에 대하여 법적 이익을 가지는 통상의 당사자적격자를 대신하여 제3자에게 당사자적격이 있는 경우를 말한다. 이러한 취지에서 상법 제403조 제3항도 주주가 "회사를 위하여" 소를 제기한다고 규정한다. 따라서 기판력의 주관적 범위가 확장되어, 원고인 소수주주에 대한 확정판결은 본래의 법적 이익주체인 회사에 대하여도 미친다(民訴法 218조③).910)

대표소송은 유사필수적 공동소송이다. 유사필수적 공동소송은 반드시 공동소송의 형태를 갖추지 않더라도 본안판결을 구할 수 있지만, 일단 공동소송이 된 이상 판결이 각 당사자에 대하여 법률적으로 합일확정될 필요성이 있는 공동소송으로서, 판결의 효력이 제3자에게도 미치는 경우에 인정된다. 대표소송의 경우에는 공동원고인 주주들 간에 서로 기판력이 미치는 것이라는 견해와 반사효(반사적 효력)가 미치는 것으로 보는 견해가 있다. 그러나 유사필수적 공동소송에서 제3자에게도 미치는 판결의 효력이란 기판력은 물론 반사효도 포함된다고 해석하는 것이 다수설이므로, 어느 견해에 의하더라도 대표소송은 유사필수적 공동소송이다. 다만, 반사적 효력이 미치는 경우에 유사필수적 공동소송으로 직접적으로 인정한 판례는 아직 없다.911)

---

910) 제3자의 소송담당은 권리관계의 주체와 함께 소송수행권을 가지는 경우(병행형)와 권리관계의 주체에 갈음하여 소송수행권을 가지는 경우(갈음형)가 있는데, 상법상 대표소송은 회사도 소송수행권을 가지므로 병행형에 해당하고, 파산관재인의 소송수행권은 갈음형에 해당한다. 권리관계주체의 소송참가방식에 있어서 병행형에서는 학설대립이 있지만 공동소송참가를 할 수 있는데, 갈음형에서는 공동소송적 보조참가만 할 수 있다(회사의 소송참가에 대하여는 뒤에서 상술한다).

911) 이와 관련하여 다수채권자의 채권자대위소송에서 반사적 효력이 미치는 것을 전제로 유사필수적 공동소송관계에 있는 것으로 판시한 판례가 있다고 설명하는 견해도 있다(이시윤, 652면). 그러나 해당 판례인 대법원 1991. 12. 27. 선고 91다23486 판결은 반사적 효력을 인정한 것이 아니라 여러 채권자들 사이에 기판력이 미치는 것을 전제로 유사필수적 공동소송을 인정한 것이다(김홍엽, 886면).

## 4) 당 사 자

### (가) 원      고

### 가) 소수주주

(a) 비상장회사      비상장회사의 경우, 상법상 대표소송을 제기할 수 있는 원고는 발행주식총수의 1% 이상에 해당하는 주식을 가진 주주이다.[912] 소수주주권으로 규정한 이유는 남소를 방지하기 위한 것이다. 주주인 이상 의결권 없는 주식의 주주라도 대표소송을 제기할 수 있고, 개인 주주뿐 아니라 법인주주도 원고적격을 가진다. 대표소송은 제3자의 소송담당이고 대표소송제기권은 공익권이라는 것이 통설이다.

(b) 상장회사      상장회사의 경우, 6개월 전부터 계속하여 상장회사 발행주식총수의 1만분의 1(0.01%) 이상에 해당하는 주식을 보유한 자는 대표소송제기권을 행사할 수 있다(542조의6⑥).[913] 상장회사의 경우 소수주주권의 활성화를 통한 기업경영의 투명성제고와 소수주주의 권익보호를 위하여 지주율을 완화하고, 대신 남용을 방지하기 위하여 일정보유기간을 요건으로 추가하였다.[914] 다만, 상장회사는 정관에서 상법에 규정된 것보다 단기의 주식 보유기간을 정하거나 낮은 주식 보유비율을 정할 수 있다(542조의6⑧).[915] 상법은 상장회사의 소수주주권행사의 요건에 있어서 "주식을 보유한 자"란 i) 주식을 소유한 자, ii) 주주권 행사에 관한 위임을 받은 자, iii) 2명 이상 주주의 주주권을 공동으로 행사하는 자를 말한다고 규정하는데(542조의6⑨), 이러한 취지의 명문의 규정이 없는 비상장회사의 경우에도 동일하게

---

912) 미국 각 州의 제정법은 대표소송제기에 필요한 최소주식수를 제한하지 아니하므로 단, 1주를 소유한 주주도 대표소송을 제기할 수 있다. 우선주의 주주도 대표소송의 원고가 될 수 있다. 일본에서도 소수주주권은 3% 지분 보유요건을 원칙으로 하나 주주대표소송은 단독주주권으로 규정한다. 상법상 상장회사의 다른 소수주주권에 대하여는 회사의 규모에 따라(최근 사업연도 말 자본금이 1천억원 이상인 상장회사의 경우) 지주요건을 절반으로 완화하는데, 대표소송 제기권과 비송사건인 임시주주총회소집허가청구권에 대하여는 회사의 규모에 따른 지주요건 완화규정이 없다.

913) 제324조(발기인), 제408조의9(집행임원), 제415조(감사), 제424조의2(통모주식인수인), 제467조의2(이익공여를 받은 자) 및 제542조(청산인)에서 준용하는 경우를 포함한다.

914) 일본 회사법은 대표소송제기를 위하여 6개월 전부터 계속 주식을 보유할 것을 요구하되(日숲 847조①), 비공개회사의 경우에는 이러한 요건을 요구하지 않는다(日숲 847조②).

915) 소수주주권행사의 요건인 주식 보유기간이나 주식 보유비율은 정관에 의하여 완화할 수는 있어도 가중할 수는 없다. 상법상 상장회사의 다른 소수주주권에 대하여는 회사의 규모에 따라(최근 사업연도 말 자본금이 1천억원 이상인 상장회사의 경우) 지주요건을 절반으로 완화하는데, 대표소송제기권과 비송사건인 임시주주총회소집허가청구권에 대하여는 회사의 규모에 따른 지주요건 완화규정이 없다.

해석하여야 한다.

　나) 제소 당시의 주주　　　대표소송의 원고는 제소 당시 주주의 지위에 있으면 되고, 반드시 이사의 책임원인 발생 당시에 주주의 지위에 있어야 하는 것은 아니다.916)

　미국의 대표소송과 가장 큰 차이점이다. 미국에서는 대표소송 제기권이 단독주주권인 대신 동시주식소유(contemporaneous ownership)의 요건상 문제되는 부정행위가 행해졌을 때 주식을 소유한 주주만이 대표소송의 제기가 허용된다.917)

---

916) 미국에서는 주주명부상의 주주라 하더라도 이미 주식매수청구권을 행사한 자는 더 이상 실질적으로는 주주로 볼 수 없으므로 대표소송을 제기할 수 없다고 본다. 주식매수선택권(stock option)을 가진 자는 선택권을 행사하기 전에는 아직 주주가 아니므로 원고적격이 부인된다.

917) 동시주식소유라는 요건상 소제기를 목적으로 주식을 취득하더라도 대표소송을 제기할 수 없으므로 대표소송에 대한 상당한 억제책이 된다. 그러나 이러한 요건을 갖추기 위하여 대표소송을 제기하려는 변호사는 부정행위 당시의 주주를 물색하여 제소하는 예가 많으므로 근본적인 장애는 되지 않는다. 주식양수인의 경우, 문제된 행위 이후에 주식을 양수한 자도 대표소송을 제기할 수 있도록 하면 부정행위 이후에 대표소송을 제기할 목적으로 주식을 매수하는 폐단이 발생한다. 그리고 부정행위 이후에 주식을 매수한 자는 부정행위로 인한 피해가 없고 오히려 부정행위로 인하여 저가에 주식을 매수하였을 가능성이 있으므로(효율적 자본시장가설에 의하면 주가에 대한 정보가 시장주가에 반영된다) 그에게 구제를 인정하는 것은 불로소득(windfall)을 주는 결과가 된다. 따라서 문제된 행위 이후의 주식양수인은 대표소송을 제기할 수 없다고 보는 것이 지배적인 견해이다. 동시주식소유원칙은 위에서 본 바와 같이 양수인의 부정목적에 의한 주식취득문제와 불로소득문제를 고려한 것이다. 그러나 동시주식소유원칙에 대하여는 원고 주주가 문제된 부정행위를 모르고 주식을 매수한 경우는 대표소송의 제기를 목적으로 주식을 매수한 것이 아님에도 불구하고 대표소송의 제기가 불가능하다는 문제점이 있다. 만일 부정행위가 공개되었더라면 주가에 반영되었을 것이고 그렇게 되면 원고는 보다 낮은 가격에 주식을 매수할 수 있었을 텐데, 부정행위의 미공개로 인하여 원고는 실제 가치보다 높은 가격으로 주식을 매수한 것이어서 불로소득도 없다는 점을 이유로 부정행위의 미공개가 동시주식소유요건을 배제할 수 있는 근거가 된다는 견해도 있다. ALI PCG도 부정행위 이후에 원고가 주식을 취득하였더라도 부정행위가 공개되거나 원고에게 알려지기 전에 주식을 취득하였을 것을 요구함으로써 책임발생당시의 주주라는 요건을 완화하고 있다[ALI PCG §7.02(a)(1)]. 그러나 대부분의 州는 이러한 원고적격의 확대에 반대하는 입장이다. 이러한 원칙과 관련하여 회사의 주식의 전부 또는 대부분을 공정한 가격을 지급하고 양수한 주주가 양도인을 상대로 회사의 경영부실을 이유로 소송을 제기하는 것도 허용되지 않는다. MBCA도 이러한 예외를 인정하지 않고 Official Comment to §7.41에서 동시주식소유 요건은 "simple, clear and easy to apply"라고 설명한다. 또한 부정행위(wrongdoing)가 개시된 이후에 원고가 주식을 취득하였어도 그 후에도 부정행위가 계속되면 대표소송을 제기할 수 있다는 "계속되는 부정행위 이론(continuing wrong theory)"에 따르는 판례도 있다. 그러나 대부분의 제정법은 원고가 유증(bequeath), 무유언상속(intestate succession) 등과 같이 법률에 의하여(by operation of law) 주식을 취득하는 경우에는 소송을 목적으로 주식을 취득할 염려가 없으므로 동시주식소유 요건이 충족되는 것으로 인정한다[CCC §800(b)(1), MBCA §7.41(1)]. FRCP Rule 23.1도 원고가 자신이 문제삼는 거래 당시에 주주였을 것(… that the plaintiff was a shareholder … at the time of the transaction of which the plaintiff complains)을 대표소송제기의 요건으로 규정하고, NYBCL이 최초로 이를 규정한 이후 대부분의 州제정법과 판례도 이 원칙을 채택하고

다) 다중대표소송

(a) 도입 경위 법인주주도 소수주주권의 요건을 갖추면 대표소송을 제기할 수 있지만, 모회사의 주주가 자회사 또는 손회사의 이사 등에 대하여 책임을 추궁하는 소위 다중대표소송(multiple derivative suit)[918]을 제기할 수 있는지에 관하여 종래의 상법에 명문의 규정이 없었기 때문에 논란의 있었다.

다중대표소송을 허용하여야 한다는 입장에서는, i) 자회사가 손해배상을 받게 되면 모회사도 간접적으로 손해배상을 받는 결과가 되므로, 모회사가 자회사 주식을 전부 소유하는 완전모자회사관계인 경우에는 완전모회사 주주의 완전자회사 이사에 대한 대표소송 제기권을 허용할 필요가 있고, ii) 나아가 완전모자회사 관계가 아니더라도 종속회사에 대하여 명백한 이해관계를 가지는 지배회사의 주주에게도 종속회사의 이사에 대한 대표소송 제기권을 허용할 필요성이 있다는 점을 근거로 든다. 반면에 다중대표소송을 허용하지 않는 입장에서는, i) 상법에 다중대표소송을 허용할 명문의 규정이 없고, ii) 지배회사 주주의 지배회사 이사에 대한 대표소송만으로도 종속회사에 대한 감시목적을 충분히 달성할 수 있다는 점을 근거로 든다.

다중대표소송을 인정한 하급심 판례가 있었지만,[919] 대법원은 대표소송의 제소자격에 관한 상법 규정을 이유로 다중대표소송을 허용하지 않는 입장이었다.[920]

결국 2020년 12월 개정상법은 제406조의2를 신설함으로써 다중대표소송제도를 명문으로 규정하였다.

---

있다[ALI PCG Reporter's Note 6 to §7.02, MBCA §7.41]. 따라서 주주는 일단 주식을 양도한 후에는 양도 전에 있었던 부정행위를 이유로 대표소송을 제기할 수 없고, 이때 주식을 매수한 새로운 주주도 책임발생당시의 주주라는 요건을 구비하지 못하므로 대표소송을 제기할 수 없다. 다만, CCC §800(b)(1)은 동시주식소유원칙을 매우 완화하여 규정한다[CCC §800(b)(1)].

918) 모회사의 주주가 자회사의 이사에 대한 책임을 추궁하는 이중대표소송(double derivative suit) 외에 모회사의 주주가 손회사의 이사에 대한 책임을 추궁하는 삼중대표소송(triple derivative suit)을 포함하여 다중대표소송이라고 부른다.

919) 서울고등법원 2003. 8. 22. 선고 2002나13746 판결(발행주식 총수의 80.55%를 보유한 지배회사의 주주가 제기한 대표소송으로서, 이중대표소송의 적법성을 인정하였고 이 판결이 우리나라에서 이중대표소송을 인정한 최초의 판례이다).

920) [대법원 2004. 9. 23. 선고 2003다49221 판결] "어느 한 회사가 다른 회사의 주식의 전부 또는 대부분을 소유하여 양자간에 지배종속관계에 있고, 종속회사가 그 이사 등의 부정행위에 의하여 손해를 입었다고 하더라도, 지배회사와 종속회사는 상법상 별개의 법인격을 가진 회사이고, 대표소송의 제소자격은 책임추궁을 당하여야 하는 이사가 속한 당해 회사의 주주로 한정되어 있으므로, 종속회사의 주주가 아닌 지배회사의 주주는 제403조, 제415조에 의하여 종속회사의 이사 등에 대하여 책임을 추궁하는 이른바 이중대표소송을 제기할 수 없다"(위 서울고등법원 2003. 8. 22. 선고 2002나13746 판결의 상고심 판결이다).

(b) 외국의 다중대표소송제도

a) 미　국

(ⅰ) 근　거　　미국의 판례는 다양한 근거에 기하여 다중대표소송을 인정하는데, 모자회사 간의 법인격을 부인하는 법인격부인론,921) 동일한 이사를 둔 모자회사의 공동지배관계,922) 모자회사 간의 대리관계,923) 모회사의 주주에 대한 신인관계와 자회사의 모회사에 대한 신인관계(모회사가 자회사에 대하여 신인관계상의 권리를 행사하지 않는 경우 모회사의 자회사가 모회사를 위하여 그 권리를 행사하는 것)924) 등이 판례에서 채택된 근거이다.

(ⅱ) 제소요건　　다중대표소송에서도 모회사의 주주에게 통상의 대표소송에서 요구되는 바와 같이, 이사의 부정행위 당시를 기준으로 모회사 주식을 보유하고 있어야 하고 모회사도 자회사 주식을 보유하고 있어야 한다는 주식동시소유원칙(contemporaneous ownership rule)과 해당 주주는 소송 계속 중에 모회사 주주의 지위를 유지하여야 한다는 주식계속소유원칙(continuing ownership rule)에 부합하는 것으로 본다.

다만, 주주가 주주대표소송을 제기한 후 주식교환 등에 의하여 해당 회사가 완전자회사로 되는 바람에 원고 주주가 주주의 지위를 상실하는 경우에는 당초의 주주대표소송은 유지될 수 없지만, 해당 원고주주가 모회사 주주로서 다시 다중대표소송을 하는 경우에는 주식동시소유 요건이 적용되지 않는다.925)

한편, 다중대표소송은 모회사의 주주가 모회사와 자회사 이사회 쌍방에 제소청구를 한 후 제기할 수 있다는 판례도 있다.926) 그리고 미국에서는 다중대표소송 제기권도 주주대표소송의 경우와 같이 단독주주권이다.

b) 일　본

(ⅰ) 도　입　　일본에서는 2014년 회사법 개정시 다중대표소송제도가 도입되었는데, 원고적격을 "최종완전모회사등"의 주주로 한정하고, 단독주주권이 아닌

921) Brown v. Tenney, 508 N.E.2d 347 (Ill. App. 1987), Murray v. Miner, 876 F.Supp. 512 (S.D.N.Y. 1995).
922) United States Lines, Inc. v. United States Lines Co. 96 F. 2d 148(2d Cir. 1938), Saltzman v. Birrell, 78 F.Supp. 778 (D.C.N.Y. 1948).
923) Piccard v. Sperry Corporation, 30 F.Supp. 171 (D.C.N.Y. 1939).
924) Goldstein v. Groesbeck, 142 F.2d 422 (2d Cir. 1944).
925) Lambrecht v. O'Neal, 3 A.3d 277 (Del. 2010).
926) Blasband v. Rales, 971 F.2d 1034 (3d Cir. 1992).

1% 소수주주권으로 규정하고, 피고도 최종완전모회사의 총자산의 20%를 초과하는 완전자회사등의 이사만을 대상으로 한다는 점에서 상당히 제한적으로 인정한다(日会 847조의3).[927]

　(ii) 원고적격　　최종완전모회사등의 의결권 또는 발행주식총수의 1%(통상의 대표소송은 단독주주권인데 다중대표소송은 소수주주권이다) 이상의 수의 주식을 보유하고 있는 주주(최종완전모회사가 공개회사인 경우에는 6개월 전부터 계속하여 보유하는 요건 추가)는 자회사의 이사등에 대하여 책임을 추궁하는 소송을 제기할 수 있다(日会 847조의3①,⑥). 최종완전모회사등은 완전모회사등 중 자기의 완전모회사가 없는 회사이다(日会 847조의3①).[928]

　(iii) 완전자회사등의 범위　　다중대표소송의 대상은 책임원인사실이 발생한 날을 기준으로 최종완전모회사등이 소유한 당해 주식회사 주식의 장부가액이 최종완전모회사등의 총자산의 20%를 초과하는 회사의 이사이다(日会 847조의3④,⑤).

　(iv) 제소청구　　최종완전모회사등의 주주는 다중대표소송을 제기하기 전에 완전자회사에 대하여 소제기를 청구하고(日会 847조의3①), 완전자회사가 청구일로부터 60일 이내에 소를 제기하지 않는 경우 대표소송을 제기할 수 있다(日会 847조의3⑦).

　(v) 모회사손해요건　　완전자회사가 손해를 입었더라도 최종완전모회사에게 손해가 발생하지 않은 경우에는 다중대표소송을 제기할 수 없다(日会 847조의3①2).[929]

　(vi) 책임면제요건　　회사에 최종완전모회사등이 있는 경우에는 해당 회사 주주 전원의 동의 외에 최종완전모회사등의 주주 전원의 동의가 요구된다(日会 847조의3⑩).

---

927) 일본의 다중대표소송제도에 관한 상세한 내용은, 김경일, "일본에서의 다중대표소송 제도의 쟁점에 대한 논의와 그 시사점", 상사법연구 제37권 제1호, 한국상사법학회(2018), 243면 이하 참조.

928) "완전모회사등"은 A가 B의 발행주식 전부를 단독으로 소유하는 경우뿐 아니라, A의 다른 완전자회사 C의 지분을 합하여 B의 발행주식 전부를 소유하는 경우도 포함하는 개념이다. 일본에서는 모회사 아닌 親会社라는 용어가 사용되므로, 원문에서는 "最終完全親会社等"인데, 우리 법제에 맞추어 최종완전모회사등이라고 표기한다.

929) 예컨대, 완전모자회사 간의 거래에서 자회사에게 불리한 거래가 이루어진 경우 자회사의 손해에 의하여 모회사가 이익을 얻은 거래인데, 자회사 이사가 다시 자회사에 손해를 배상한다면 모회사의 주주는 의외의 이익을 이중으로 얻는 결과가 되기 때문이다.

(c) 상법상 다중대표소송

a) 원    고      상법상 모회사(단독으로 다른 회사 발행주식의 50%를 초과하는 주식을 가진 경우뿐 아니라, 자회사와 함께 또는 자회사가 다른 회사 발행주식의 50%를 초과하는 주식을 가진 경우에도 상법상 모회사에 해당하는데, 후자의 경우에는 모회사가 2개이다) 발행주식총수의 1% 이상에 해당하는 주식을 가진 주주는 그 모회사의 자회사에 대하여 자회사의 이사의 책임을 추궁할 소의 제기를 청구할 수 있다(406조의2①). 모회사가 상장회사인 경우 6개월 전부터 계속하여 발행주식총수의 0.5% 이상에 해당하는 주식을 보유한 자는 제406조의2에 따른 주주의 권리를 행사할 수 있다(542조의6⑦).

b) 제소청구      상법 제406조의2 제1항의 "자회사에 대하여"라는 법문상 모회사에 대한 제소청구는 필요없다. 모회사에 대한 제소청구를 요구하지 않는 경우 모회사의 소수주주가 모회사 경영진의 의사결정을 대신하게 되는 결과가 되는 문제가 있지만, 모회사에 대한 제소청구를 요건으로 규정하는 경우 소수주주가 다중대표소송을 실제로 제기하기까지 지나치게 많은 시간과 절차가 필요하므로 위 규정은 적절하다고 할 수 있다. 일본 회사법도 같은 입장이다.

c) 삼중대표소송      손회사의 이사의 책임을 추궁할 소(삼중대표소송)를 제기할 수 있는지에 관하여 명시적인 규정이 없지만, 상법 제342조의2 제3항은 "다른 회사의 발행주식의 총수의 100분의 50을 초과하는 주식을 모회사 및 자회사 또는 자회사가 가지고 있는 경우 그 다른 회사는 이 법의 적용에 있어 그 모회사의 자회사로 본다."라고 규정하므로 삼중대표소송도 가능하다고 해석된다. 다만, 명문의 규정이 없으므로 무제한적인 다중대표소송이 가능한지는 의문이다.

d) 대기기간      제소청구를 한 주주는 자회사가 제소청구를 받은 날부터 30일 내에 소를 제기하지 아니한 때에는 즉시 자회사를 위하여 소를 제기할 수 있다(406조의2②).

e) 모회사의 지분 감소      제소청구를 한 후 모회사가 보유한 자회사 발행주식총수의 50% 이하로 감소한 경우에도 제소의 효력에는 영향이 없다(406조의2③). 그러나 제소청구를 한 주주가 발행주식을 보유하지 아니하게 된 경우에는 당사자적격이 없어 그러한 주주가 제기한 소는 부적법한 것으로 각하되므로, 최소한 1주는 보유하여야 한다.

f) 관    할      다중대표소송은 자회사의 본점소재지 지방법원 관할에 전속한다(406조의2⑤).

g) 준용규정　　다중대표소송에 관하여는 제176조 제3항(회사 해산명령에 대한 담보제공명령청구)·제4항(악의의 소명), 제403조 제2항(서면에 의한 제소청구), 제4항부터 제6항까지 및 제404조부터 제406조까지의 규정을 준용한다(406조의2③). 다중대표소송에 관한 제406조의2는 집행임원(408조의9), 감사(415조)에게 준용된다. 그리고 업무집행관여자는 그 지시하거나 집행한 업무에 관하여 제406조의2를 적용하는 경우에 그 자를 이사로 본다(401조의2①).

라) 제소 후 원고주주의 지분 감소　　대표소송을 제기한 주주의 보유주식이 제소 후 발행주식총수의 1% 미만으로 감소한 경우에도 소는 계속 적법하다(403조⑤). 그러나 대표소송을 제기한 주주가 제소 후 주식을 전혀 보유하지 않게 된 경우에는 당사자적격이 없어 그러한 주주가 제기한 소는 부적법한 것으로 각하되므로,930) 최소한 1주는 보유하여야 한다.931)

한편, 모회사의 주주가 자회사에 대하여 제소청구를 한 후 주식보유비율요건을 충족하지 못하게 되는 경우에도 다중대표소송을 제기할 수 있는지에 대하여는 명문의 규정이 없어서 논란의 여지가 있다.

대표소송을 제기한 주주 중 일부가 주식을 처분하는 등의 사유로 주식을 전혀 보유하지 아니하게 되어 주주의 지위를 상실하면, 특별한 사정이 없는 한 그 주주는 원고적격을 상실하여 그가 제기한 부분의 소는 부적법하게 되지만, 함께 대표소송을 제기한 다른 원고들만 주주의 지위를 유지한다.932)

제소주주가 주식 전부를 양도하는 경우는 이례적인데, 제일은행 사건에서 「금융산업의 구조개선에 관한 법률」에 따라 주식전부가 무상소각되는 바람에 제소주주의 소유주식수가 "0"으로 된 사례가 있었으나 제일은행이 소송계속중에 공동소송참가를 한 사례가 있다.933)

---

930) [대법원 2013. 9. 12. 선고 2011다57869 판결] "대표소송을 제기한 주주 중 일부가 주식을 처분하는 등의 사유로 주식을 전혀 보유하지 아니하게 되어 주주의 지위를 상실하면, 특별한 사정이 없는 한 그 주주는 원고적격을 상실하여 그가 제기한 부분의 소는 부적법하게 되고, 이는 함께 대표소송을 제기한 다른 원고들이 주주의 지위를 유지하고 있다고 하여 달리 볼 것은 아니다"(비록 "특별한 사정이 없는 한"이라는 문구가 있지만 주식교환 등과 같이 의사에 반하여 주주 지위를 상실한 것도 아니고 스스로 주식을 처분한 경우이므로 특별한 사정이 인정되기는 매우 어려울 것이다).

931) 미국에서도 대표소송을 제기한 원고는 대표소송이 종료할 때까지 주식을 계속 소유(continuing ownership)하고 있어야 하므로 대표소송의 계속 중에 원고가 주식을 전부 처분하여 1주도 소유하고 있지 않은 경우에는 소가 각하된다.

932) 대법원 2013. 9. 12. 선고 2011다57869 판결.

933) [대법원 2002. 3. 15. 선고 2000다9086 판결] "비록 원고 주주들이 주주대표소송의 사실심

제소 주주가 회사의 행위로 인하여 비자발적으로 소유 주식 전부를 상실한 경우에는 예외적으로 대표소송을 계속 수행할 수 있다는 외국입법례가 있지만, 현행 상법상으로는 이를 허용하는 근거규정은 없다.[934] 판례도 대표소송을 제기한 주주가 소송의 계속 중에 주식을 전혀 보유하지 아니하게 되어 주주의 지위를 상실하면, 특별한 사정이 없는 한 그 주주는 원고적격을 상실하여 그가 제기한 소는 부적법하게 되고, 이는 그 주주가 자신의 의사에 반하여 주주의 지위를 상실하였다 하여 달리 볼 것은 아니라는 입장이다.[935]

---

변론종결시까지 대표소송상의 원고 주주요건을 유지하지 못하여 종국적으로 소가 각하되는 운명에 있다고 할지라도 회사인 원고 공동소송참가인의 참가시점에서는 원고 주주들이 적법한 원고적격을 가지고 있었다고 할 것이어서 회사인 원고 공동소송참가인의 참가는 적법하다고 할 것이고, 뿐만 아니라 원고 주주들의 주주대표소송이 확정적으로 각하되기 전에는 여전히 그 소송계속 상태가 유지되고 있는 것이어서, 그 각하판결 선고 이전에 회사가 원고 공동소송참가를 신청하였다면 그 참가 당시 피참가소송의 계속이 없다거나 그로 인하여 참가가 부적법하게 된다고 볼 수는 없다."

934) 미국에서도 소송종료 전에 주식소유를 상실하는 것은 일반적으로는 드물고 대개는 회사합병절차에서 주주의 의사에 반하여 합병교부금의 지급으로 주주가 주식을 상실하는 경우가 있을 수 있다. 이때 법원은 합병절차에서 이익을 얻은 내부자가 있을 경우 주식계속소유요건의 적용으로 인하여 발생하는 불공정을 해결하기 위하여, i) 주식계속소유원칙에 대한 예외로서 대표소송의 적법성을 인정하거나, ii) 원고의 내부자를 상대로 하는 직접소송(대개는 집단소송이 될 것임)을 인정하거나, iii) 대상회사의 내부자에 대한 직접소송을 인정한다[ALI PCG Reporter's Note 4 to §7.02]. ALI PCG는 위 i)의 방식을 채택하여 원고가 주식소유권을 상실하게 된 이유가 회사의 행위에 기한 것이며 원고가 이를 묵인하지 아니하였고, 대표소송이 회사의 이러한 행위 이전에 개시되었거나 소송을 제기한 다른 모든 주주들보다 주주의 이익을 가장 대표할 수 있는 주주이면 소송의 적법성을 인정하는 입장이다[ALI PCG §7.02(a)(2)]. 자회사의 주주가 자회사 이사를 상대로 대표소송을 제기하기 전이나 제기한 후, i) 모자회사 간의 주식교환(share exchange) 거래를 함으로써 자회사 주식의 100%를 모회사가 소유하고 자회사의 기존 주주가 전부 모회사의 주주로 되거나, ii) 자회사의 주주에게 합병대가를 전부 현금으로 지급하는 교부금합병을 하는 경우, 대표소송의 요건인 주식동시소유원칙과 주식계속소유원칙을 엄격히 적용하면 대표소송을 제기할 수 없거나 제소된 소송이 각하될 수도 있으므로, 다수의 판례는 이러한 경우 제소요건을 완화하여 다중대표소송을 허용한다[Blasband v. Rales, 971 F.2d 1034 (3d Cir. 1992), Batchelder v. Kawamoto, 147 F.3d 915 (9th Cir. 1998)].
    일본에서는 제소주주 또는 공동소송인으로 참가한 주주가 제소 후 주주의 지위를 상실한 경우라도, i) 그 자가 당해 주식회사의 주식교환·주식이전에 의하여 당해 주식회사의 완전모회사의 주식을 취득한 때(日숲 851조①1), ii) 그 자가 당해 주식회사가 합병으로 소멸회사가 되는 합병으로 설립되는 주식회사, 합병 후 존속하는 회사 또는 그 완전모회사의 주식을 취득한 때(日숲 851조①2). iii) 제1호의 주주가 소송 계속중에 추가적인 주식교환·주식이전으로 인하여 당해 완전모회사 주주가 아니게 된 때(日숲 851조②), iv) 제2호의 주주가 소송 계속중에 추가적인 합병으로 인하여 신설회사나 존속회사 또는 그 완전모회사의 주주가 아니게 된 때(日숲 851조②)에도 당해 주주는 주주대표소송을 계속 수행할 수 있다.

935) 대표소송을 제기한 원고들이 주식교환으로 원고적격을 상실하여 소가 각하된 사례로, 외환은행 사건(대법원 2018. 11. 29. 선고 2017다35717 판결. 원심: 서울고등법원 2017. 7. 21. 선고

마) 주주명부상의 주주      주주가 회사법상의 소를 제기하는 권리는 주주권(공
익권)에 해당한다. 그런데 상법상 명의개서는 회사에 대하여 주주권을 행사하기 위
한 대항요건이므로(337조①), 회사를 상대로 제소권을 행사하려는 주주가 주주명부
상의 주주이어야 한다는 점은 논란의 여지가 없다.[936) 이와 관련하여 종래에는 타
인 명의로 주식을 인수하여 주식인수대금을 납입한 명의차용인에 관하여, 명의차용
자의 대표소송 제소권을 인정한 판례도 있었지만,[937) 대법원 2017. 3. 23. 선고 2015
다248342 전원합의체 판결은 회사에 대하여 주주권을 행사할 자는 주주명부의 기
재에 의하여 확정되어야 한다고 판시하면서 이와 다른 취지의 판결들은 위 전원합
의체 판결의 입장에 배치되는 범위 내에서 모두 변경하였다.[938)

바) 회생·파산절차      「채무자 회생 및 파산에 관한 법률」에 의하면 채무자의
재산에 관한 소송에서는 관리인이 당사자가 되고(同法 78조), 회사에 대하여 파산선고
가 있은 때에는 채무자가 파산선고 당시에 가진 모든 재산은 파산재단에 속하고(同
法 382조①), 파산재단에 관한 소송에서는 파산관재인이 당사자가 된다(同法 359조). 대
표소송은 회사의 제소권에서 유래한 것이므로, 회생·파산절차에서 회사가 소를 제
기할 수 없는 경우에는 주주가 회사를 위하여 대표소송을 제기할 수도 없다.

따라서 판례는 주주가 파산관재인에 대하여 이사·감사에 대한 책임을 추궁할
것을 청구하였는데 파산관재인이 이를 거부하였다고 하더라도 주주가 대표소송으

---

2017나1006 판결)과 현대증권 사건(대법원 2019. 5. 10. 선고 2017다279326 판결, 원심: 서울고
등법원 2017. 10. 19. 선고 2017나2024708 판결)이 있다. 한편, 결의취소소송의 경우에도 소송
계속 중 원고가 주주로서의 지위를 상실하게 되면 당사자적격을 상실하게 되어 소는 부적법
각하되고(대법원 2011. 2. 10. 선고 2010다87535 판결), 원고가 의사에 반하여 주주 지위를 상
실한 경우(예컨대 주식교환에 의한 주주 지위 상실)도 마찬가지다[대법원 2016. 7. 22. 선고
2015다66397 판결(외환은행 주주들이 제기한 소송)].

936) 대법원 2017. 3. 23. 선고 2015다248342 전원합의체 판결.

937) [대법원 2011. 5. 26. 선고 2010다22552 판결] "… 실제로 주식을 인수하여 대금을 납입한 명
의차용인만이 실질상 주식인수인으로서 주주가 되고 단순한 명의대여인은 주주가 될 수 없으
며, 이는 회사를 설립하면서 타인 명의를 차용하여 주식을 인수한 경우에도 마찬가지이다. 상
법 제403조 제1항은 '발행주식의 총수의 100분의 1 이상에 해당하는 주식을 가진 주주'가 주
주대표소송을 제기할 수 있다고 규정하고 있을 뿐, 주주의 자격에 관하여 별도 요건을 규정하
고 있지 않으므로, 주주대표소송을 제기할 수 있는 주주에 해당하는지는 위 법리에 따라 판단
하여야 한다."

938) 다만, 위 전원합의체 판결도 주주명부에의 기재 또는 명의개서청구가 부당하게 지연되거나
거절되었다는 등의 극히 예외적인 사정이 인정되는 경우에는 명의개서 미필주주도 회사에 대
하여 주주권을 행사할 수 있다는 입장이므로, 회사에 제소청구하기 전에 또는 제소청구와 함
께 명의개서를 청구하고 회사가 정당한 이유 없이 명의개서를 거부하면 명의개서 미필주주라
하더라도 대표소송을 제기하지 못하는 경우는 실제로는 거의 없을 것이다.

로서 이사·감사의 책임을 추궁하는 소를 제기할 수 없다는 입장이다.939)

사) 소송승계

(a) 민사소송법상 소송승계    민사소송법상 소송승계는 소송계속 중에 소송목적인 권리관계의 변동으로 새로운 승계인이 종전의 당사자에 갈음하여 당사자가 되고 소송을 승계받는 것을 말한다(당사자적격의 이전). 변론종결 전의 승계인은 소송을 승계받고, 변론종결 후의 승계인은 기판력을 승계받는다. 소송승계는 i) 실체법상 포괄승계의 원인이 있는 경우에 법률상 당연히 일어나는 당사자의 변경인 당연승계와, ii) 소송물의 양도에 의한 승계가 있다.

실체법상 포괄승계의 원인으로는 원고 주주의 사망과 원고 주주인 회사의 합병이 있다. 사망의 경우에는 상속인이 합병의 경우에는 존속회사가 소송을 수계할 수 있다.

소송물의 양도에 의한 승계 중 소송목적인 권리·의무의 전부 또는 일부의 승계인이 독립당사자참가신청의 방식으로 스스로 참가하여 새로운 당사자가 되는 것을 참가승계라고 한다(民訴法 81조). 소송목적인 권리·의무의 전부 또는 일부의 승계란 소송물인 권리관계의 양도뿐만 아니라 당사자적격 이전의 원인이 되는 실체법상의 권리 이전을 널리 포함하는 것이다.

(b) 제소원고의 주식 전부 양도    대표소송을 제기한 주주가 주식을 전혀 보유하지 않게 된 경우에는 당사자적격이 없어 소가 각하된다.

다만, 신주발행무효의 소에 관한 판례는 "소 계속 중 그 원고 적격의 근거가 되는 주식이 양도된 경우에 그 양수인은 제소기간 등의 요건이 충족된다면 새로운 주주의 지위에서 신소를 제기할 수도 있고, 양도인이 이미 제기한 기존의 위 소송을 적법하게 승계할 수도 있다"는 입장이므로,940) 대표소송을 제기한 주주가 주식을

939) [대법원 2002. 7. 12. 선고 2001다2617 판결] "파산관재인은 법원의 감독하에 선량한 관리자의 주의로써 그 직무를 수행할 책무를 부담하고 그러한 주의를 해태한 경우에는 이해관계인에 대하여 책임을 부담하게 되기 때문에(구파산법 제154조) 이사 또는 감사에 대한 책임을 추궁하는 소에 있어서도 이를 제기할 것인지의 여부는 파산관재인의 판단에 위임되어 있다고 해석하여야 할 것이고, 따라서 회사가 이사 또는 감사에 대한 책임추궁을 게을리 할 것을 예상하여 마련된 주주의 대표소송의 제도는 파산절차가 진행 중인 경우에는 그 적용이 없고, 주주가 파산관재인에 대하여 이사 또는 감사에 대한 책임을 추궁할 것을 청구하였는데 파산관재인이 이를 거부하였다고 하더라도 주주가 제403조, 제415조에 근거하여 대표소송으로서 이사 또는 감사의 책임을 추궁하는 소를 제기할 수 없다고 보아야 할 것이며, 이러한 이치는 주주가 회사에 대하여 책임추궁의 소의 제기를 청구하였지만 회사가 소를 제기하지 않고 있는 사이에 회사에 대하여 파산선고가 있은 경우에도 마찬가지이다."
940) 대법원 2003. 2. 26. 선고 2000다42786 판결.

양도한 경우에도 소송승계를 인정하여야 할 것이다. 신주발행무효의 소와 대표소송이 반드시 같은 법리에 기한 소송이라 할 수 없지만, 대표소송과 유사하다고 할 수 있는 이사해임의 소에서 주식양수인의 소송승계를 허용한 하급심 판례가 있다.[941]

실질적 당사자인 회사가 주식교환, 주식이전에 의하여 완전자회사가 되면서 원고 주주는 완전모회사의 주주가 되므로, 다중대표소송이 인정되지 않는 한 법원은 소를 각하할 수밖에 없다.[942]

(나) 피        고

가) 이        사

(a) 책임 있는 이사        대표소송은 이사의 회사에 대한 책임을 추궁하기 위한 소송이므로, 대표소송의 피고는 회사에 대하여 책임이 있는 이사 또는 이사이었던 자이다. 일단 발생한 책임에 관하여는 퇴임한 이사도 대표소송의 피고가 될 수 있다. 그러나 현재 이사의 지위에 있다 하더라도 문제된 부정행위와 무관하여 회사에 대하여 책임이 있는 이사가 아니라면 대표소송의 피고가 될 수 없다.

(b) 취임 전 채무        이사가 취임 전에 회사에 대하여 부담하던 채무의 전부를 이행하지 못한 상태에서 이사로 취임한 경우, 회사가 권리행사를 게을리하면 대표소송의 대상이라고 보는 것이 통설이다.

(c) 회사의 지위        회사가 명목상의 피고로 되는 미국 회사법과 달리,[943] 상법상 대표소송에서 회사는 원고도 아니고 피고도 아닌 제3자로서, 소장의 청구취지와 판결의 주문에 예컨대 "소외 ○○주식회사"로 표시된다.[944]

나) 업무집행관여자        상법 제401조의2의 업무집행관여자[945]가 그 지시하거

---

941) 서울고등법원 2000. 10. 13. 선고 99나35708 판결.

942) 일본 회사법은 이러한 경우 원고적격의 유지를 명문으로 규정한다(日숲 851조①1).

943) 미국 회사법상 대표소송의 피고는 부정행위를 하여 회사에 손해를 입힌 이사, 임원, 지배주주 등이고, 회사와 거래를 하여 회사에 일정한 의무를 부담하는 제3자도 피고로 될 수 있다. 상법상 대표소송과의 가장 큰 차이점으로 회사도 대표소송에서 필요적 당사자(indispensable party in a derivative action)로서 명목상의 피고가 된다. 원고 주주도 승소로 인한 이익의 귀속주체가 아니므로 명목상의 원고(nominal plaintiff)라 할 수 있다. 회사를 원고가 아닌 피고로 보는 것은 회사를 지배하는 이사, 임원이 피고인 경우 이들은 원고와 적대적인(antagonistic) 관계이고, 따라서 이들이 지배하는 회사도 원고와 적대관계이기 때문이다.

944) 일반적으로 대표소송의 소장 청구취지 제1항은 다음과 같다. "피고는(또는 피고들은 연대하여) 소외 ○○ 주식회사에 ○○○원을 지급하라."

945) 상법 제401조의2의 업무집행관여자는 다음과 같다. 1. 회사에 대한 자신의 영향력을 이용하여 이사에게 업무집행을 지시한 자, 2. 이사의 이름으로 직접 업무를 집행한 자, 3. 이사가 아니면서 명예회장·회장·사장·부사장·전무·상무·이사 기타 업무를 집행할 권한이 있는 것으로 인정될 만한 명칭을 사용하여 회사의 업무를 집행한 자.

나 집행한 업무에 관하여 제399조(회사에 대한 책임) · 제401조(3자에 대한 책임) · 제403
조(주주의 대표소송)의 적용에 있어서 이를 이사로 본다(401조의2).

다) 선임결의에 하자 있는 경우    주주총회에서의 이사 선임결의에 하자가 있
고 사후에 선임결의가 취소되거나 무효로 된 경우에도 일단 이사로 등기된 이상
대표소송의 피고가 된다.946)

라) 기타 피고적격자    이사에 대한 대표소송 규정은 발기인 · 집행임원 · 감
사 · 감사위원회위원 · 통모인수자 · 이익공여를 받은 자 · 청산인 등에게도 준용되므
로, 이들도 대표소송의 피고가 될 수 있다(324조, 408조의9, 415조, 415조의2⑦, 424조의
2, 467조의2, 542조에서 준용).947)

5) 제소 요건

(가) 이사의 책임    상법 제403조 제1항은 대표소송에 대하여 "이사의 책임을
추궁할 소"라고만 표현할 뿐 금전채무에 한한다거나 기타 다른 제한을 규정하지 아
니하므로 대표소송은 회사와 이사 간의 모든 채무를 대상으로 한다고 보아야 한다.
따라서 이사의 법령 · 정관 위반 또는 임무해태로 인한 손해배상책임(399조), 신주발
행시 이사의 인수담보책임(428조)이 대표소송의 주된 대상이지만, 그 외에 이사가
회사에 대하여 부담하는 거래상의 채무와 손해배상책임을 포함한 모든 채무의 이
행을 청구하는 대표소송도 허용된다. 다만, 실제로는 이사의 위법행위를 원인으로
하는 대표소송이 대부분이다.

(나) 제소청구

가) 서면에 의한 제소청구    발행주식총수의 1% 이상에 해당하는 주식을 가
진 주주는 회사에 대하여 이사의 책임을 추궁할 소의 제기를 청구할 수 있다(403조
①). 제소청구는 그 이유를 기재한 서면으로 하여야 한다(403조②).948) 제소청구는
이사회로 하여금 사전에 제소의 필요성을 검토할 기회를 주기 위한 제도이다. 회사
의 피해를 구제하기 위한 소송은 회사의 업무집행으로서 이사회의 통상의 권한에
속한다.

---

946) 고의 · 과실로 인하여 사실과 상위(相違)한 사항을 등기한 자는 그 상위를 선의의 제3자에게
    대항하지 못하는데(39조), 자신이 이사로 등기된 사실을 알면서 이사로서의 업무를 집행한 자는
    이사선임등기를 승낙한 것으로서 사실과 상위한 사항의 등기에 대하여 고의 · 과실이 있다고 볼
    수 있기 때문이다.
947) 일본 회사법은 회계참여, 회계감사인도 대표소송의 대상이다(日会 847조①, 423조①).
948) 구두로 제소청구를 한 경우에는 적법한 제소청구로 볼 수 없다(서울중앙지방법원 2004. 12.
    17. 선고 2004가단232721 판결).

미국에서도 FRCP Rule 23.1은 i) 이사회나 그와 같은 권한을 부여받은 기관에 대하여 제소를 하도록 원고가 노력하였다면 그 노력과 그러한 제소를 성취하지 못한 이유, 또는 ii) 그러한 노력을 하지 않은 이유를, 원고가 소장에서 특정하여 주장하여야 한다고(… the complaint shall also allege with particularity the efforts, if any, made by the plaintiff to obtain the action he or she desires from the directors or comparable authority and the reason for his or her failure to obtain the action or for not making the effort) 규정한다. 거의 모든 州의 제정법도 이와 같은 내용의 제소청구절차를 규정한다.949) 이를 이사회에 대한 제소청구(demand on the board) 또는 제소전청구(pre-suit demand)라고 한다.

나) 제소청구 면제      실제로 이사들이 제소청구를 수용하여 소송을 제기하는 경우는 매우 드물다는 문제점이 있다. 즉, 부정행위를 한 내부자들(대표소송의 피고가 되는 이사·발기인·업무집행관여자·감사·감사위원회위원·청산인 등)이 회사의 이사를 겸하는 경우가 많으므로 실제로 이들이 내부자들을 상대로 하는 주주의 제소청구를 받아들여 소송을 제기할 가능성이 거의 없다. 따라서 미국 대부분의 주제정법과 판례는 문제된 부정행위에 과반수이사가 이해관계를 가지는 경우와 같이 피고가 회사를 지배하는 경우에는 제소청구가 무용(futile)이라는 이유로 제소청구를 하지 않고 대표소송을 제기할 수 있는 제소청구 면제(demand excused)가 인정된다. 회사가 제소하지 않겠다는 의사를 이미 명백히 밝힌 경우에도 제소청구가 무용의 절차라는 이유로 제소청구의 면제가 인정된다.950)

다) 제소청구서 기재사항

(a) "이유"의 내용과 범위      상법 제403조 제2항의 제소청구서에 기재되어야 하는 "이유"에는 권리귀속주체인 회사가 제소 여부를 판단할 수 있도록 책임추궁 대상 이사, 책임발생 원인사실에 관한 내용이 포함되어야 한다.

제소청구의 이유는 회사가 제소 여부를 판단할 수 있도록 구체적인 내용이어야 한다. 소장의 청구원인에 기재될 정도로 구체적일 필요는 없지만, 막연히 이사의 부정행위가 있다는 등과 같이 기재하는 것은 적법한 제소청구로 볼 수 없다.

---

949) CCC §800, NYBCL §626(c).

950) 반면에, 서울서부지방법원 2016.9.29. 선고 2016가합33516 판결은 피고들이 경영진이고 대주주이기 때문에 제소청구를 해도 제소 가능성이 없다는 이유로 원고가 제소청구를 하지 않았던 사안에 관한 것인데, 법원은 회사가 피고들을 상대로 소를 제기할 가능성이 희박해보이기는 하지만 그러한 사유만으로는 제소청구가 면제된다고 볼 수 없다고 판시하였다.

　　주주가 아예 제소청구서를 제출하지 않은 채 대표소송을 제기하거나 제소청구서를 제출하였더라도 대표소송에서 제소청구서에 기재된 책임발생 원인사실과 전혀 무관한 사실관계를 기초로 청구를 하였다면 그 대표소송은 상법 제403조 제4항의 사유가 있다는 등의 특별한 사정이 없는 한 부적법하다. 반면 주주가 대표소송에서 주장한 이사의 손해배상책임이 제소청구서에 적시된 것과 차이가 있더라도 제소청구서의 책임발생 원인사실을 기초로 하면서 법적 평가만을 달리한 것에 불과하다면 그 대표소송은 적법하다. 따라서 주주는 적법하게 제기된 대표소송 계속 중에 제소청구서의 책임발생 원인사실을 기초로 하면서 법적 평가만을 달리한 청구를 추가할 수도 있다.951)

　　(b) 구체성의 정도　　주주가 언제나 회사의 업무 등에 대해 정확한 지식과 적절한 정보를 가지고 있다고 할 수는 없으므로, 제소청구서에 책임추궁 대상 이사의 성명이 기재되어 있지 않거나 책임발생 원인사실이 다소 개략적으로 기재되어 있더라도, 회사가 제소청구서에 기재된 내용, 이사회의사록 등 회사 보유 자료 등을 종합하여 책임추궁 대상 이사, 책임발생 원인사실을 구체적으로 특정할 수 있다면, 그 제소청구서는 상법 제403조 제2항에서 정한 요건을 충족하였다고 보아야 한다.952)

　　따라서 제소청구서에는 이사의 책임을 추궁할 만한 특정 사정이 회사 내에 발생하였다는 것만 기재하면 (부정행위를 한 이사를 색출하고 제소하는 것은 회사의 의무이므로) 반드시 해당 이사를 특정하지 못하더라도 회사가 누구에 대해 어떠한 사항에 관해 소를 제기해야 하는지를 인식할 수 있을 정도의 구체성을 갖추면 충분하다.

　　(c) 소송고지에 의한 보완　　부실한 내용의 제소청구를 하고 대표소송을 제기하였다고 하여 항상 부적법한 소로서 각하되는 것은 아니다. 상법 제404조 제2항은 대표소송을 제기한 주주는 소제기 후 지체 없이 회사에 대하여 소송의 고지를 하도록 규정하고, 소송고지서에는 피고지자가 공격, 방어를 하는 데 부족함이 없도

---

951) [대법원 2021. 7. 15. 선고 2018다298744 판결] "원고는 제1심에서 이 사건 제소청구서와 같이 상법 제341조 제4항에 따른 손해배상청구를 하였다가 그 청구가 기각되자, 원심에서 같은 사실관계를 기초로 상법 제399조 제1항에 따른 손해배상청구를 선택적으로 추가하였다. 원고가 이 사건 제소청구서에서 주장한 피고의 책임은 상법 제341조 제4항에 근거한 것인 반면, 원심에서 추가로 주장한 피고의 책임은 상법 제399조 제1항에 근거한 것으로서 그 법적 근거가 다르기는 하다. 그러나 각 청구의 기초사실은 모두 ○○상사의 대표이사인 피고가 자신의 지위를 이용하여 적법한 절차를 거치지 않고 회사로부터 주식대금을 지급받았다는 것으로 동일하고 단지 피고의 책임에 대한 법적 평가만을 달리하였을 뿐이므로 원심에서 추가된 청구는 적법하다."

952) 대법원 2021. 7. 15. 선고 2018다298744 판결, 대법원 2021. 5. 13. 선고 2019다291399 판결.

록 청구의 취지와 원인을 기재하여야 하므로, 제소주주가 부실한 내용으로 제소청구를 하였더라도 이와 같이 적법한 방식의 소송고지를 한 경우에는 당초의 제소청구시에 적법한 제소청구가 있는 것으로 볼 수 있다.

라) 제소청구의 상대방

제소청구의 상대방은 회사에서 이사 등 피고적격자를 상대로 소를 제기할 수 있는 자이다. 제소청구의 상대방을 잘못 선택한 경우의 대표소송은 제소청구요건을 구비하지 못한 대표소송으로서 부적법 각하대상이다. 다만, 상대방을 잘못 선택한 제소청구 또는 수신인을 특정하지 않고 단지 "회사"라고만 표시한 경우라도, 회사 내에서 제소청구를 받은 자가 적법한 제소청구 상대방에게 이를 전달했다면 제소청구 요건이 구비된 것으로 본다.

(a) 이사가 피고인 경우     제소청구의 상대방은 회사에서 이사를 상대로 소를 제기할 수 있는 자인데, 이사와 회사 간의 소에서는 감사가 회사를 대표하고 이는 대표소송의 경우에도 마찬가지이다(394조①). 따라서 이사를 상대방으로 하는 제소청구는 대표소송을 제기할 수 있는 감사에게 하여야 한다. 감사는 수인이 있어도 개개의 감사가 독립하여 개별적으로 권한을 행사한다. 따라서 감사가 2인 이상이 있는 경우 각자가 단독으로 소에 관하여 회사를 대표하므로, 제소청구는 그 중 1인의 감사에게만 해도 된다.

감사위원회를 설치한 경우에는 감사위원회가 회사를 대표하므로(415조의2 ⑥), 감사위원회에 제소청구를 하여야 한다.

감사를 선임하지 아니한 소규모회사(409조④)[953]가 이사에 대하여 또는 이사가 그 회사에 대하여 소를 제기하는 경우에는 회사, 이사 또는 이해관계인은 법원에 회사를 대표할 자를 선임하여 줄 것을 신청하여야 한다(409조⑤).[954]

퇴임한 이사를 상대로 대표소송을 제기하는 경우에는 일반원칙에 따라 대표이사가 회사를 대표하므로 감사가 아닌 대표이사에게 제소청구를 하여야 한다.[955]

---

953) [商法 제409조(선임)]
　　④ 제1항, 제296조 제1항 및 제312조에도 불구하고 자본금의 총액이 10억원 미만인 회사의 경우에는 감사를 선임하지 아니할 수 있다.
954) 소송상 대표자 선임에 관한 재판을 하는 경우 법원은 이사 또는 감사위원회의 진술을 들어야 한다(非訟法 84조의2①). 이러한 신청에 대하여는 법원은 이유를 붙인 결정으로써 재판을 하여야 한다(非訟法 81조①). 신청을 인용한 재판에 대하여는 불복신청을 할 수 없다(非訟法 81조②).
955) [대법원 2002. 3. 15. 선고 2000다9086 판결](제일은행 주주대표소송) "제394조 제1항에서는 이사와 회사 사이의 소에 있어서 양자 간에 이해의 충돌이 있기 쉬우므로 그 충돌을 방지하고

(b) 감사가 피고인 경우    감사를 피고로 하는 경우에는 대표이사에게 제소청구를 하여야 한다. 그러나 감사위원회의 위원이 이사와 회사 간의 소의 당사자인 경우에는 감사위원회 또는 이사는 법원에 회사를 대표할 자를 선임하여 줄 것을 신청하여야 한다(394조②).956)

(c) 이사와 감사가 공동피고인 경우    이사와 감사를 모두 피고로 하는 경우에는 감사와 회사 간의 소에서는 대표이사가, 대표이사와 회사 간의 소에서는 감사가 각각 회사를 대표하므로 감사와 대표이사 모두에게 제소청구를 하여야 한다. 다만, 이 경우 하나의 소에서 회사를 대표하는 기관이 복수로 되므로 상법 제394조 제2항을 유추적용하여 감사위원회 또는 대표이사가 법원에 회사대표자의 선임을 신청하여야 하는 것으로 해석하는 것이 타당하다.

(d) 집행임원이 피고인 경우    이사회는 집행임원과 집행임원설치회사와의 소에서 집행임원설치회사를 대표할 자를 선임할 수 있다(408조의2③3).

마) 대기기간    회사가 소수주주로부터 제소청구를 받은 날부터 30일 이내에 소를 제기하지 아니한 때에는 제소청구주주는 즉시 회사를 위하여 소를 제기할 수 있다(403조③).957)

다만, 회사에 회복할 수 없는 손해가 생길 염려가 있는 경우에는 대기기간에 불구하고 제1항의 주주는 즉시 소를 제기할 수 있다(403조④). 확립된 용어는 아니지만 이러한 경우를 통상 긴급제소라고 부른다. 회복할 수 없는 손해란 소멸시효완성 또는 재산도피 등으로 법률상, 사실상 이사에 대한 책임추궁이 불가능하거나 무의미하게 될 염려가 있는 경우를 의미한다.958)

---

공정한 소송수행을 확보하기 위하여 비교적 객관적 지위에 있는 감사로 하여금 그 소에 관하여 회사를 대표하도록 규정하고 있는바, 소송의 목적이 되는 권리관계가 이사의 재직중에 일어난 사유로 인한 것이라 할지라도 회사가 그 사람을 이사의 자격으로 제소하는 것이 아니고 이사가 이미 이사의 자리를 떠난 경우에 회사가 그 사람을 상대로 제소하는 경우에는 특별한 사정이 없는 한 위 제394조 제1항은 적용되지 않는다고 할 것이다."

956) 대표소송 제기 전부터 법원에 회사를 대표할 자를 선임하여 줄 것을 신청절차를 밟는 것은 너무 비경제적이라는 지적도 있다[최문희, "판례에 나타난 주주대표소송의 절차법적 논점", 선진상사법률연구 통권 제82호, 법무부(2018.4.), 61면].

957) 상법상 대기기간은 미국 회사법상 판례가 인정하는 대기기간에 비하여 비교적 단기라 할 수 있다. 이는 미국 회사법상 이사회의 제소거부결정에 대하여 법원이 경영판단원칙을 적용하여 이를 존중하기 때문에 제소청구가 중요한 절차이지만, 상법상 제소청구는 사실상 제소의 통지에 불과하다는 차이점을 고려하면 상법상 30일의 대기기간은 적절하다 할 수 있다. 일본 회사법은 60일의 대기기간을 규정하고(日会 847조③), 60일의 경과에 의하여 회사에 회복할 수 없는 손해가 생길 염려가 있는 때에는 주주는 바로 회사를 위하여 소를 제기할 수 있다(日会 847조⑤).

회사가 제소청구를 명시적으로 거부한 경우에도 대기기간의 취지 및 상법 제
403조 제4항의 사유가 있다는 등의 특별한 사정이 없는 한 그 대표소송은 부적법
하다는 대법원 2021. 7. 15. 선고 2018다298744 판결에 비추어 즉시 소를 제기할 수
있다고 볼 수 있다.[959]

원고주주가 위와 같은 특별한 사정이 없음에도 제소청구를 하지 않고 제기한
대표소송은 부적법한 소로서 각하 대상이다.[960]

한편, 상법 제403조 제4항의 "제3항의 기간의 경과로 인하여 회사에 회복할 수
없는 손해가 생길 염려가 있는 경우에는 전항의 규정에 불구하고 제1항의 주주는
즉시 소를 제기할 수 있다."라는 규정을 해석함에 있어서 제소청구 후 30일을 대기
할 필요 없음은 물론 제소청구 자체도 필요 없다는 견해도 있다.[961] 그러나 이러한
해석은 "제3항의 기간의 경과로 인하여"라는 규정에 정면으로 반한다. 따라서 위와
같은 상황이라 하더라도 대기기간의 경과를 기다릴 필요 없이 대표소송을 제기할 수
는 있어도 제소청구는 반드시 해야 한다. 즉, 회사에게 직접 제소할 기회를 주어야
하기 때문에 위와 같은 사정이 있는 경우 긴급제소는 인정하되 제소청구는 면제되지
않는다고 해석된다. 다만, 위와 같은 사정이 있는 상황에서 회사가 제소하지 않겠다
는 의사를 명백히 밝힌 경우에는 제소청구를 하지 않아도 된다고 해석된다.[962]

바) 하자의 치유

(a) 제소청구 후 대기기간 경과 전에 대표소송을 제기한 경우

a) 하자의 치유를 인정하는 견해    제소청구를 한 후 회사에 회복할 수 없
는 손해가 생길 염려가 있다는 사정이 없음에도 30일의 대기기간 경과 전에 대표소

---

958) 대법원 2010. 4. 15. 선고 2009다98058 판결.
959) 미국에서는 주주는 제소청구일로부터 일정 기간이 경과한 후에(주주가 회사로부터 제소청
구가 거부되었다는 통지를 받거나 그 기간이 경과하도록 기다리면 회사에 회복할 수 없는 손
해가 발생할 경우가 아닌 한) 대표소송을 제기할 수 있다. 일반적으로 제소청구시 언제까지
소를 제기하라는 방법으로 대기기간을 지정하기도 한다. 판례는 제소청구 후 대기기간에 대하
여 3주, 2개월, 3개월, 8개월 등 다양한 기간을 기준으로 하는데, MBCA는 제소청구 후 90일
이 경과하면 대표소송을 제기할 수 있다고 규정한다[MBCA §7.42].
960) 대법원 2021. 7. 15. 선고 2018다298744 판결.
961) 송옥렬, 1099면.
962) 회사에 회복할 수 없는 손해가 생길 염려가 있는 경우에도 회사가 제소하지 않겠다는 의사
를 명백히 밝힌 경우가 아닌 한 회사의 제소기회를 위하여 제소청구는 반드시 해야 한다. 즉,
제소청구를 아예 하지 않은 경우의 대표소송은 회사에 회복할 수 없는 손해가 생길 염려가 있
는지 여부를 불문하고 부적법한 소가 된다. 이 점에서 제소청구가 무용(futile)이라는 이유만
으로 제소청구의 면제를 인정하는 미국 판례와 다르다.

송을 제기한 경우에도 회사가 제소청구 후 30일 이내에 제소의사를 표명하지 않는다면 제소청구 절차에 관한 하자는 치유된다는 것이 판례의 일반적인 입장이다.963)

b) 하자의 치유를 부정하는 견해    위와 같이 해석한다면 대표소송이 계속되는 한 회사가 제소청구를 받은 날부터 30일을 도과하여 제기하는 소송은 중복소송으로 각하된다는 이유로 대표소송 제기 전 제소청구를 제소요건으로 보아 하자의 치유를 부정하는 견해도 있고,964) 같은 취지의 하급심 판례도 있다.965)

c) 사    견    회사가 제소청구를 받은 날부터 30일의 기간 내에 제소하지 않은 경우, 심지어는 변론종결시까지 제소하지 않는 경우에도 대표소송을 각하하고 원고로 하여금 다시 제소청구를 하라는 것은 소송경제 측면에서 불합리하다. 또한 회사는 중복소송 문제를 해결하려면 공동소송참가를 할 수도 있다는 점에서 하자의 치유를 인정하는 것이 타당한 면이 있으나, 제소청구규정을 강행규정으로 보는 대법원 2021. 7. 15. 선고 2018다298744 판결이 요구하는 "특별한 사정"의 유무에 따라 소의 적법 여부가 결정될 것이다.

(b) 대표소송 제기 후 제소청구를 한 경우

a) 회사가 제소청구를 받은 날부터 30일 이내에 소를 제기한 경우    대표소송을 먼저 제기하고 제소청구를 한 후 회사가 제소청구를 받은 날부터 30일 이내에 소를 제기한 경우에는 대표소송은 제소요건을 갖추지 못하여 부적법 각하된다.966)

b) 회사가 제소청구를 받은 날부터 30일 이내에 소를 제기하지 아니한 경우    이 경우에 대하여는 하급심판례가 엇갈리는데, 대표소송 제기 후에 제소청구를 함으로써 하자의 치유가 가능하다면 대표소송이 유지되는 한 회사가 제소청구를 받은 날부터 30일을 도과하여 제기하는 소송은 중복소송으로 각하된다는 이유로 하자의 치유를 부정하는 판례도 있고,967) 회사가 제소청구를 받은 날부터 30

---

963) 대전지방법원 2005. 7. 14. 선고 2004가합4236(본소), 2005가합4844(반소), 서울지방법원 1998. 7. 24. 선고 97가합39907 판결(제일은행 대표소송 사건에서 원고들은 제소 전날 제소청구를 하였는데, 법원은 제소청구일로부터 30일이 경과하도록 회사가 제소의사를 표명하지 않았다면 기간을 준수하지 아니한 하자는 치유되었다고 판시하였다).

964) 오세빈, "주주의 대표소송에 관한 몇 가지 문제", 민사재판의 제문제 12권, 한국사법행정학회(2003), 183면. (다만, 제일은행 사건의 예와 같이 회사가 제1심 재판이 진행되어 변론종결에 이르기까지 아무런 제소 의사표시를 하지 아니한 때에는, 소송경제를 위하여 위의 하자는 치유된다고 보는 것이 타당하다고 본다).

965) 서울동부지방법원 2017. 1. 12. 선고 2015가합425 판결.

966) 서울중앙지방법원 2006. 11. 30. 선고 2005가합97694 판결.

967) 서울고등법원 2003. 6. 27. 선고 2003나5360 판결, 서울중앙지방법원 2006. 11. 30. 선고 2005가합97694 판결, 대전지방법원 천안지원 2016. 8. 26. 선고 2015가합100948 판결, 수원지방법원

일의 기간 내에 제소하지 않았다면 제소거부의 표시를 한 것으로 보아야 하고, 공동소송참가를 할 수도 있다는 점에서 굳이 진행되는 대표소송을 각하하는 것은 소송경제상 불합리하고, 따라서 하자의 치유를 인정하는 것이 타당하다는 판례도 있다.968)

후자의 입장에 의하면 제소청구는 사실상 대표소송의 제기를 회사에 사전통지하는 의미라고 할 수 있지만,969) 대법원 2021. 7. 15. 선고 2018다298744 판결은 이와 달리 제소요건을 매우 엄격하게 해석한다.

6) 소송절차

(가) 관    할    합명회사 설립무효·취소의 소의 전속관할에 관한 제186조는 대표소송에 준용되므로(403조⑦), 대표소송은 회사의 본점소재지의 지방법원의 관할에 전속한다. 회사가 직접 소를 제기하는 경우에는 회사의 본점소재지뿐 아니라 이사의 주소지 또는 불법행위지 관할법원에 제소할 수 있으므로 대표소송의 경우와 관할법원이 다를 수 있다.

(나) 소가산정    주주의 대표소송은 소송목적의 값을 산출할 수 없는 소송으로서(民印則 15조①) 소가는 1억원으로 한다(民印則 18조의2 단서). 그러나 회사가 소수주주의 제소청구에 응하여 직접 원고로서 소를 제기하는 경우에는 이러한 소가 산정의 특례가 인정되지 않고 통상의 기준에 따라 산정한 인지를 첩부(貼付)하여야 한다.970) 한편, 주주대표소송에서 패소한 피고가 항소·상고하는 경우에도 그 상소심의 소송

---

여주지원 2016. 8. 24. 선고 2014가합10051 판결, 수원고등법원 2024. 1. 10. 선고 2023나10418 판결.

968) 서울고등법원 2003. 6. 27. 선고 2003나5360 판결, 서울중앙지방법원 2006. 11. 30. 선고 2005가합97694 판결.

969) 위 소송고지에 의한 보완은 대표소송 제기 전에 제소청구를 한 경우인데, 심지어는 국가배상법상의 청구에 있어서 소정의 전치절차에 관한 소송요건을 갖추지 아니한 채 제소한 경우에도 판결시까지 그 소송요건을 구비하면 흠결이 치유된다는 판례도 있다(대법원 1979. 4. 10. 선고 79다262 판결). 이 판례의 취지에 따르면 대표소송 제기 후에 제소청구를 한 경우에도 하자의 치유가 인정될 가능성이 있을 것이다.

970) 이 점에서 청구액이 거액인 경우에는 첩부할 인지액 면에서는 회사가 직접 소를 제기하는 것보다는 대표소송을 제기하는 것이 유리하다. 회사가 공동소송참가를 하는 경우에도 통상의 경우와의 차액을 첩부하여야 한다. 뒤에서 보는 바와 같이 제일은행 대표소송(2000다9086 판결)에서도 제일은행이 공동소송참가를 하자 법원은 소가 400억원을 기준으로 하여 기첩부 인지액과의 차액인 2억여원을 보정할 것을 명하였고, 이에 제일은행은 공동소송참가액을 400억원에서 10억원으로 감축하고 감축된 참가취지에 따라 600여만원의 인지를 보정하였다. 결국 항소심에서는 감축된 참가취지에 따라 10억원에 한하여 공동소송인 승소판결이 선고되었다.

목적의 값은 여전히 1억원이다.971)

(다) 담보제공    소수주주가 대표소송을 제기한 경우에 피고인 이사(피고)는 주주(원고)가 악의임을 소명하고, 주주에게 상당한 담보를 제공하게 할 것을 법원에 청구할 수 있다.972) 주주의 악의란 주주가 이사를 해한다는 것을 아는 것으로 족하고, 부당하게 이사나 회사를 해할 의사(害意)나 목적이 있을 것은 요구되지 않는다.973) 담보제공제도는 주주권의 남용을 규제하기 위한 것이므로, 주주가 개인적인 이익을 위하여 또는 이사에 대한 사적인 감정에 기하여 제소하는 경우에도 "악의"가 인정될 것이다.974)

---

971) [대법원 2009. 6. 25.자 2008마1930 결정]【소송비용담보제공】"소가의 산정에 관한 민사소송법 제26조, 민사소송 등 인지법(이하 '인지법'이라고만 한다) 제2조 제1항, 제3항, 민사소송 등 인지규칙(이하 '인지규칙'이라고만 한다) 제6조, 제7조의 각 규정 내용, 특히 주주대표소송의 소가 산정에 관한 인지법 제2조 제4항, 인지규칙 제15조 제1항, 제18조의2 단서의 각 규정 내용 및 항소장·상고장에 붙여야 할 인지액의 산정에 관한 인지법 제3조, 인지규칙 제25조의 각 규정 내용 등을 종합하여 보면, 주주대표소송에서 패소한 피고가 항소·상고하는 경우에도 그 상소심의 소송목적의 값은 여전히 5,000만 100원으로 봄이 상당하다. 원심은, 그 판시와 같은 이유로, 재항고인(주주대표소송의 피고)들의 소송비용담보제공신청에 대하여 상대방에게 제공을 명할 소송비용담보액을 산정함에 있어 그 본안소송 상소심 소송목적의 값은 재항고인들이 본안소송에서 전부 패소할 경우 실제로 지급할 의무가 생기는 금액(189억 5,000만원)이 아니라 인지규칙 소정의 소가 5,000만 100원임을 전제로 하여 그 판시와 같은 방법으로 산정한 후 이 사건 소송비용담보제공신청을 판시 금액의 범위 내에서 인용하였는바, 앞서 본 법리와 기록에 비추어 살펴보면, 원심의 위와 같은 결정은 옳고, 거기에 재판에 영향을 미친 헌법·법률·명령 또는 규칙의 위반이 없다."

972) 합명회사에 대한 해산명령청구시 담보제공에 관한 제176조 제3항·제4항의 규정은 대표소송에 준용된다(403조⑦). 상법상 담보제공에 관하여는 [제1장 제7절 회사법상의 소] 부분에서 상술하였다.

973) 일본 회사법도 "악의"라고 규정하는데(日会 847조⑧), 악의의 의미에 대하여 원고 주주가 이사를 해할 의사가 있는 것을 의미한다는 해의설과 해할 의사까지는 요구되지 않고 주주가 이사를 해하게 되는 것을 알았거나 알 수 있었으면 된다는 악의설이 있는데, 판례는 부당목적의 소송, 부당소송 등과 같이 보다 널리 "악의"의 존재를 인정한다.

974) 미국에서도 일부 州의 법원은 대표소송을 제기한 원고들에게 피고의 신청에 의하여 변호사 보수를 포함한 합리적인 소송비용(security for the reasonable expenses including attorney's fees)을 담보로 제공할 것을 명한다. 대표소송의 원고에게 소송비용 담보제공을 명하는 것이 합헌이라는 것은 초기부터 인정되었고, 현재 많은 州의 제정법이 대표소송에 있어서 소송비용 담보제공규정을 가지고 있다. 소송비용 담보제공의 취지는 승산도 없이 중도에 화해를 유도할 목적으로 제기하는 소송(strike suits, frivolous action)을 방지하기 위한 것이다. 그러나 소송비용 담보제공에 대하여는, i) 과다한 담보제공 부담으로 인하여 정당한 소송의 제기도 방해를 받게 되며, ii) 소송비용 담보제공을 규정한 대부분의 제정법은 소수주주에게만 담보제공의무를 요구하므로 지배주주와 소수주주를 차별하는 것이라는 비판이 있다. 종래의 제정법은 대부분이 소송비용의 담보를 대표소송을 억제하기 위한 것으로 인식하고 담보제공의무의 적용에 있어서 지배주주와 소수주주에 대하여 요건을 차별하고 있다. 담보제공의무를 규정한 최초의 제정법은 NYBCL인데 발행주식총수의 5% 이상을 소유한 주주나 시가 $50,000을 초과한 주식

민사소송법 제117조의 소송비용담보제도와 달리 피고의 신청이 없는 한 법원을 소유한 주주가 대표소송을 제기하는 경우에는 담보제공의무를 면제하였다[NYBCL §627]. 공동원고인 주주나 소송에 참가하는 주주(intervening shareholder plaintiff)가 소유하는 주식도 담보제공의무의 면제를 위한 요건에 산입되고, 이러한 경우 소송에 참여할 것을 권유하는 경우 SEC의 위임장경쟁규칙이 적용된다. 이때 회사는 원고의 지분을 5% 이하로 낮추기 위하여 신주를 발행할 수 없다고 보아야 한다. 일단 제소시 소송비용 담보제공의무가 면제된 경우에는 제소 후 소유주식의 가액하락으로 인하여 면제요건에 미달하더라도 추가적인 담보제공의무는 없다. 소송제기 후에 소송비용 담보제공 면제요건에 맞추어 주식을 추가로 매수하는 경우에는 일반적으로 소송비용 담보제공의무가 면제되지 않는다. 근래에는 NYBCL을 비롯한 일부 제정법(미국 전체 州의 약 3분의 1)은 소송비용 담보제공에 관한 규정을 두고 있다. NYBCL은 종류별 발행주식의 5% 이상을 소유한 주주나 $50,000 상당액을 초과한 주식을 소유한 주주가 대표소송을 제기하는 경우에는 담보제공의무를 면제하였다[NYBCL §627]. 일단 제소시 소송비용 담보제공의무가 면제된 경우에는 제소 후 소유주식의 가액하락으로 인하여 면제요건에 미달하더라도 추가적인 담보제공의무는 없고, 원고 주주가 소유하는 주식의 가액이 소송절차 진행중에 소정의 면제 기준 이하로 하락하는 경우에는 물론 소송비용 담보제공이 계속 면제된다. CCC는 소유주식 지분비율이나 가액에 의하여 담보제공의무를 명하는 것이 아니라 소송비용담보제공 여부를 법원의 재량에 맡겨서, "법원이 원고의 주장사실로 보아 대표소송이 회사나 주주들에게 이익이 될 가능성이 없다고 인정하면 소송비용 담보제공을 명한다."라고 규정한다[CCC §800(c)(1)]. PBCL은 "담보제공의 부당한 부담으로 인하여 심각한 불의가 초래되는 경우에는 법원이 담보제공 명령신청을 기각할 수 있다."라고 규정한다[PBCL §516]. MBCA도 "법원은 대표소송이 정당한 이유 없이 또는 부적절한 목적으로 제기되거나 계속되었다고 인정하는 경우(if it finds that the proceeding was commenced or maintained without reasonable cause or for an improper purpose) 변호사보수를 포함한 합리적인 소송비용을 부과할 수 있다."라고 규정한다[MBCA §7.46]. 이상과 같은 종래의 전통적인 제정법과는 달리 많은 州의 제정법은 DGCL과 같이 소송비용의 담보제공을 규정하지 않고, 1969년 MBCA는 사외주의 1% 또는 주식의 가액이 $25,000 미만인 경우에 소송비용 담보제공을 요구하는 규정을 두었으나 개정된 MBCA는 이 규정을 삭제하였다. 이에 따라 담보제공의무를 피하기 위하여 Delaware 주법원에 대표소송을 제기하는 예도 많다. 일부 州의 제정법은 소송비용 담보제공이 부당한 부담을 지게 하는 것이고 그로 인하여 심각한 불의가 야기되는 경우에는 법원이 소송비용 담보제공 명령신청을 기각할 수 있다고 규정한다[PBCL §516]. 담보제공할 비용의 범위는 법원이 정하는데 직접적인 법률비용(legal fee) 외에 회사의 이사들에 대한 법률 또는 계약에 의한 보상(indemnification)과 같은 간접비용도 포함된다[CCC §800(d)]. 담보제공할 비용은 대개 수만 불에서 수십만 불에 이르러 대표소송에 대한 중대한 장애가 되고 있는 실정이므로, CCC §800(d)는 소송비용 담보제공액을 $50,000로 제한하고 일부 州의 제정법도 이와 같이 담보제공의 한도를 제한한다. 담보는 통상 보증증권(bond with sureties)으로 제공할 것을 명하나 경우에 따라서는 현금 또는 융통성 있는 증권에 기한 담보제공을 명하기도 한다. 그리고 법원은 소송 진행중에 담보제공액의 과부족을 이유로 담보제공액을 변경할 수 있다[NYBCL §627]. 이러한 엄격한 요건에 불구하고 실제로는 원고에게 그다지 큰 장애가 되지 못하는데 그 이유는, i) 원고가 담보제공을 피하기 위하여 대표소송이 아닌 직접소송의 형태로 제기하거나 연방법원에 연방법에 기한 소송(SEC Rule 10b-5 위반을 원인으로 하는 소송)의 형태로 목적을 달성할 수 있고, ii) 담보제공의 면제를 받지 못하는 주주가 대표소송을 제기한 후 피고 측이 담보제공명령을 신청하면 원고는 일단 유예기간을 요청한 다음 그 기간 동안 다른 주주에게 공동원고(co-plaintiffs)로 참여할 것을 권유하여 담보제공 면제의 요건을 충족시킨다. 법원은 소송비용 담보제공 요건과 관련하여 원고 주주가 다른 주주들에게 소송에의 참가를 권유할 수 있도록 원고의 신청에 의하여 회사에 대하여 주주명부(shareholders

이 직권으로 담보의 제공을 명할 수 없고, 원고가 내국인인지의 여부나 주소·사무소·영업소를 대한민국에 두고 있는지의 여부를 불문한다. 담보제공을 신청한 피고는 원고가 담보를 제공할 때까지 소송에 응하지 아니할 수 있다(民訴法 119조). 그리고 담보를 제공하여야 할 기간 이내에 원고가 이를 제공하지 아니하는 때에는 법원은 변론 없이 판결로 소를 각하할 수 있다. 다만, 판결하기 전에 담보를 제공한 때에는 그러하지 아니하다(民訴法 124조).

(라) 회사에 대한 소송고지

가) 의    의    대표소송의 제소주주는 소를 제기한 후 지체 없이 회사에 대하여 그 소송의 고지를 하여야 한다(404조②). 주주가 소송고지를 게을리한 때에는 회사에 대하여 손해배상의 책임을 진다. 소송고지란 원래 소송계속 중에 당사자가 그 소송에 참가할 수 있는 제3자에 대하여 소송이 계속된 사실을 통지하는 것을 말한다. 민사소송법상의 소송고지는 소송참가의 기회부여보다는 참가적 효력에 주안점이 있는 제도이지만(民訴法 86조), 상법상 대표소송에서는 어차피 확정판결의 효력이 회사에게도 미치므로 참가적 효력은 의미가 없고 상법 제404조 제2항의 소송

list)의 제공을 명한다. 주주명부 열람권은 정당한 목적이 있어야 인정되는데, 주주의 개인적인 소송과 관련된 열람권은 인정되지 않지만, 회사의 이익을 위한 대표소송(derivative suit)과 관련하여 소송 참여를 권유하기 위한 경우에는 정당한 목적이 인정된다. 따라서 회사의 경영진의 입장에서는 주주명부의 사외유출을 피하기 위하여 담보제공청구를 철회하거나 처음부터 신청하지 않는 경향이 있다. 피고의 담보제공청구에 대하여 원고가 담보를 제공하지 못하면 법원은 담보제공이 없다는 이유로 대표소송을 각하하게 되는데 본안에 대한 패소판결이 아니므로 원고는 관할요건이 충족되는 한 담보제공의무가 없는 다른 州의 법원에 다시 대표소송을 제기할 수 있다. 원고가 대표소송에서 패소하였다 하여 담보가 자동적으로 피고에게 귀속하는 것이 아니라 일반적으로는 법원이 다시 대표소송이 합리적인 이유 없이(without reasonable cause) 제기된 것으로 판단하면 담보권행사를 인정하고 피고의 권리행사 범위를 결정하게 된다. 그러나 일부 州의 제정법은 원고의 패소로 인하여 피고에게 자동적으로 담보권 행사의 자격이 주어지고 다만, 법원이 그 범위만을 정한다고 규정하기도 한다. 소송비용 담보제공을 한 원고는 담보 외에는 별도의 책임을 지지 않는 것이 원칙이다. 그러나 소송비용 담보제공을 하지 않은 경우에는 일반적인 민사소송에서와 같이 패소자는 승소자에게 소송비용을 배상하여야 한다. 다만, 대부분의 州제정법은 이러한 경우에는 소송비용에 변호사보수는 포함되지 않는다고 규정하는데, 소수의 州제정법은 피고의 변호사보수도 소송비용에 포함된다고 규정하고, MBCA §7.46(2)도 "원고가 지급할 피고의 합리적인 소송비용(reasonable expenses)에 변호사보수(counsel fee)도 포함된다."라고 규정한다. 소송비용 담보제공을 규정하고 있지 아니한 州에서는 원고가 패소하는 경우에는 일반적으로는 상대방에게 소송비용을 지급할 책임이 없지만, 특별한 경우에는 패소자의 소송비용부담을 규정한다. MBCA도 개정 전 MBCA(1969)의 소송비용 담보제공규정을 폐지하고, 원고가 합리적인 이유 없이 또는 부적절한 목적을 위하여 대표소송을 제기하고 유지한 경우에는(if it finds that the proceeding was commenced or maintained without reasonable cause or for an improper purpose) 소송비용의 지급을 명한다 [MBCA §7.46(2)].

고지는 회사에게 소송참가기회를 보장하기 위한 것이다. 그러나 소송고지가 소송참가의 요건은 아니다.975)

나) 소송고지의 시기와 강제성    민사소송법상 소송고지는 소송이 계속된 때, 즉 소장이 피고에게 송달된 때 할 수 있지만(民訴法 84조), 상법 제404조 제2항은 대표소송을 제기한 주주는 소제기 후 지체 없이 소송고지를 하여야 한다고 규정한다. 즉, 대표소송에서의 소송고지는 민사소송법상 소송고지에 비하여 빠른 시기에 하여야 하고, 임의적이 아니라 의무적으로 하여야 한다는 점에서 다르다.

다) 소송고지의 방법    소송고지는 그 이유와 소송의 진행정도를 적은 서면을 법원에 제출하고, 법원이 이를 피고지자에게 송달한다(民訴法 85조). 고지의 이유에는 피고지자가 공격, 방어를 하는 데 부족함이 없도록 청구의 취지와 원인을 기재하여야 한다.

㈎ 소송참가

가) 회사의 중복소송    주주가 대표소송을 제기한 후에 회사가 다시 새로운 소송을 제기하면 중복소송에 해당하므로 제소가 금지된다. 대표소송의 경우 제소주주와 회사는 형식상 동일인이 아니어서 중복소송에 해당하지 않는 것으로 보일 수도 있다. 그러나 당사자의 동일성은 기판력의 주관적 범위를 기준으로 판단하여야 하는데, 대표소송의 판결의 효력(기판력)은 회사에 미치므로 제소주주와 회사와의 관계에서 당사자의 동일성이 인정된다.

회사가 주주의 제소청구에 응하지 않았다가 주주가 대표소송을 제기한 후 직접 이사를 상대로 소를 제기하는 경우에는 중복소송에 해당하지만, 주주가 대표소송을 먼저 제기한 후 비로소 제소청구를 하였는데 회사가 이에 응하여 직접 이사를 상대로 하는 소를 제기한 경우에는 제소청구 없이 제기된 대표소송이 오히려 부적법한 것으로 각하되어야 한다. 그러나 주주가 먼저 대표소송을 제기한 후 제소청구를 한 경우에도 회사가 제소청구일로부터 30일 이내에 제소하지 않으면 사전제소청구의 흠결이라는 하자가 치유되므로,976) 회사의 소가 부적법한 것으로 각하된다.

나) 주주의 중복소송    일부 주주가 대표소송을 제기한 후 다른 주주가 제소청구를 거쳐 대표소송을 제기하는 경우에는 두 소송의 원고당사자가 달라서 당사

---

975) 위에서 본 바와 같이, 소송고지는 제소주주가 부실한 내용으로 제소청구를 한 경우에 하자를 치유할 수 있는 방법으로도 활용할 수 있다.
976) 서울지방법원 1998. 7. 24. 선고 97가합39907 판결.

자의 동일성은 인정되지 않지만, 두 사건의 판결의 효력이 모두 회사에 미치게 되어 판결의 모순, 저촉을 방지하려는 중복소송금지제도에 어긋나므로 중복소송금지의 대상으로 보아야 한다.

　　다) 대표소송에서의 소송참가　　　위와 같은 중복소송금지제도를 고려하여, 상법은 주주가 제기한 대표소송에 회사가 소송참가할 수 있다고 규정한다(404조①). 대표소송에서 회사의 소송참가를 인정하는 것은 대표소송이 판결효과의 귀속주체와 수송수행주체가 다르기 때문이다. 제소주주와 피고의 결탁에 의한 폐해를 방지하기 위하여 상법에 규정된 제도로는 소송참가제도 외에 사해소송에 대한 재심의 소(406조)가 있다.977) 다만, 공동소송참가는 무제한적으로 인정되는 것이 아니라 소권의 남용에 해당하는 경우에는 허용되지 않는다.978)

　　미국 민사소송절차상 "intervention"은 법원에 계속 중인 소송에 일정한 요건을 갖추어 참가하여 자신의 의견을 제출하는 제도로서 우리 민사소송법의 소송참가에 해당한다. 대표소송이 제기된 경우 다른 주주가 별도로 대표소송을 제기하지 않고 기존의 대표소송에 참가할 수 있다. 원고 주주와 피고의 결탁에 의한 소송종결 가능성 때문에 소송참가신청에 대하여 법원이 이를 불허하는 경우는 거의 없다. 다른 주주가 소송에 참가하는 것은 보다 유능한 주주가 보다 많은 정보 및 재력을 바탕으로 기존 원고의 소송수행을 지원하는 것이므로 대표소송에 대한 소송참가는 권장되는 상황이다. 다만, 소송참가 후에도 소송수행권은 당초의 제소주주에게 있다는 것이 법원의 일반적인 입장이다. 상법상 대표소송에서는 회사의 소송참가가 중요한 반면, 미국 회사법상 대표소송에서 회사는 명목상의 피고로 소송당사자가 되므로 소송참가할 필요가 없고, 다른 주주의 소송참가가 중요한 문제로 된다. 원고 주주 아닌 다른 주주가 원고 주주와 피고 간의 결탁을 방지하기 위하여 소송참가하는 경우 외에 소송비용담보제공면제의 요건(주식소유비율 요건)을 갖추기 위하여 원고 주주가 다른 주주에게 소송참가를 권유하여 소송에 참가하는 경우도

977) 주주가 제기한 결의취소의 소에 그 판결의 효력을 받을 다른 주주가 소송에 참가하는 경우도 공동소송참가에 해당한다.
978) [대법원 1988. 10. 11. 선고 87다카113 판결] "주식회사의 대주주이며 대표이사로서 위 회사를 사실상 지배하던 갑의 처인 을, 처남인 병 등이 갑을 위하여 회사경영에 참여해 오다가 갑이 정에게 대가를 받고 회사의 소유와 경영을 넘겨주면서 앞으로 어떠한 권리주장이나 청구도 하지 않기로 확약하였고 그에 따라 을, 병 역시 회사경영에서 완전히 손을 떼었음에도 불구하고 그로부터 3년 정도나 경과한 뒤에 갑이 정과의 합의를 무시하고 다시 회사의 경영권을 되찾아 보려고 나서자 을, 병 역시 갑의 의도에 부응하여 갑이 제기한 주주총회 결의부존재확인의 소에 공동소송참가를 하였다면 이는 신의성실의 원칙에 반하는 제소로서 소권의 남용에 해당한다."

많다.

　라) **소송계속 중의 참가**　　소송참가는 소송계속 중에만 허용된다. 판례는 항소심에서의 공동소송참가는 허용하나,979) 상고심에서의 공동소송참가는 신소 제기의 성격을 가지는 이상 허용할 수 없다는 입장이다.980)

　원고 주주들이 대표소송을 제기한 후 당사자적격을 상실한 경우에도 대표소송이 확정적으로 각하되기 전에는 여전히 그 소송계속 상태가 유지되고 있는 것이므로, 그 각하판결 선고 이전에 회사가 한 공동소송참가는 적법하다.

　마) **소송참가와 회사의 대표**　　회사와 이사 간의 소에 관하여는 감사가 회사를 대표한다는 상법 제394조 제1항은 대표소송 또는 다중대표소송에도 준용되므로(403조①), 회사가 이사를 상대로 하는 소송이라 할 수 있는 소송참가의 경우 감사가 회사를 대표한다(394조①). 퇴임이사를 상대로 하는 대표소송의 경우에는 대표이사가 회사를 대표한다는 판례도 있지만,981) 현실적으로 퇴임한 이사는 근무할 당시 대표이사와 동료 또는 상사·부하의 관계였을 것이므로 비록 퇴임한 이사를 상대로 하는 소송이라도 대표이사보다는 감사가 회사를 대표하도록 하는 것이 상법 제394조 제1항의 취지에 부합한다.

　바) **회사의 소송참가**

　(a) **소송참가형태**

　a) **학　　설**　　대표소송에서의 회사의 소송참가형태에 대하여, i) 원고가 회사의 권리를 회사에 대신하여 소를 제기하는 것이므로 권리의 본래의 귀속주체인 회사의 소송참가를 공동소송참가로 보는 견해,982) ii) 주주가 대표소송을 제기하

979) [대법원 2002. 3. 15. 선고 2000다9086 판결](제일은행 대표소송) "비록 원고 주주들이 주주대표소송의 사실심 변론종결시까지 대표소송상의 원고 주주요건을 유지하지 못하여 종국적으로 소가 각하되는 운명에 있다고 할지라도 회사인 원고 공동소송참가인의 참가시점에서는 원고 주주들이 적법한 원고적격을 가지고 있었다고 할 것이어서 회사인 원고 공동소송참가인의 참가는 적법하다고 할 것이고, 뿐만 아니라 원고 주주들의 주주대표소송이 확정적으로 각하되기 전에는 여전히 그 소송계속 상태가 유지되고 있는 것이어서, 그 각하판결 선고 이전에 회사가 원고 공동소송참가를 신청하였다면 그 참가 당시 피참가소송의 계속이 없다거나 그로 인하여 참가가 부적법하게 된다고 볼 수는 없다. 공동소송참가는 항소심에서도 할 수 있는 것이고, 항소심절차에서 공동소송참가가 이루어진 이후에 피참가소가 소송요건의 흠결로 각하된다고 할지라도 소송의 목적이 당사자 일방과 제3자에 대하여 합일적으로 확정될 경우에 한하여 인정되는 공동소송참가의 특성에 비추어 볼 때, 심급이익 박탈의 문제는 발생하지 않는다."
980) 대법원 1961. 5. 2. 선고 4292민상853 판결(공유자 중 1인의 소유권이전등기절차이행청구소송에 참가한 사례이다). 그러나 학계의 일반적인 견해는 유사필수적 공동소송의 경우에는 상고심에서의 공동소송참가도 가능하다고 본다.
981) 대법원 2002. 3. 15. 선고 2000다9086 판결.

면 회사는 원고적격이 없게 되므로 회사의 소송참가를 공동소송적 보조참가로 보는 견해,983) iii) 대표소송에서 주주·이사·회사의 지위는 3자간에 상호 이해가 대립하는 관계에 있으므로(회사가 대표소송에 참가하는 것은 원고 주주의 소송수행을 믿을 수 없어서 이를 감시, 감독하기 위한 것이라고 본다) 회사의 소송참가는 독립당사자참가(民訴法 79조)로 보는 견해 등이 있다.984)

　　i)의 견해에 의하면, 소송참가한 회사는 공동소송인이 되므로 청구를 확장할 수도 있고 원고가 소를 취하한 경우에도 소송을 계속할 수 있다. ii)의 견해에 의하면 소송참가한 회사가 단독으로 소송을 수행할 수 있고 원고의 행위와 저촉되는 소송행위도 할 수 있으나, 회사가 소송당사자로 참가하는 것이 아니므로 소송물에 대한 처분권은 없고 그 결과 청구의 확장이나 감축 등을 할 수 없다. iii)의 견해는 필수적 공동소송에 대한 특별규정인 민사소송법 제67조가 준용된다고 본다.985)

　　생각건대, i) 대표소송은 제3자의 소송담당에 해당하고, ii) 사해대표소송에 대하여 회사가 재심을 청구할 수 있으며(406조), iii) 회사가 소송참가하는 것은 단순히 제소주주와 피고 간의 통모를 방지한다는 소극적인 목적만을 위한 것이 아니라 소송절차에서 청구취지를 확장하는 등 적극적인 소송수행도 목적으로 하는 것이라는 점을 고려하면 공동소송참가로 보는 것이 타당하다.

　　이에 대하여 대표소송이 제기된 후에는 회사의 별소제기가 중복소송에 해당하여 금지되므로 회사의 공동소송참가도 금지된다는 견해가 있다. 그러나 중복소송금지의 취지는 판결의 모순, 저촉을 방지하기 위한 제도인데, 공동소송참가에 의하여 오히려 판결의 합일확정이 이루어지게 되므로 중복소송금지의 취지에 어긋나지 않고, 따라서 중복소송금지원칙이 공동소송참가형태의 소송참가를 인정하는데 장애가 되지 않는다고 보아야 한다.986)

---

982) 김홍엽, 980면.
983) 이시윤, 716면.
984) 일본 회사법은 주식회사가 공동소송인으로서 또는 당사자의 일방을 보조하기 위하여 소송에 참가할 수 있다고 규정한다(日会 849조①).
985) [민사소송법 제67조(필수적 공동소송에 대한 특별규정)]
　　　① 소송목적이 공동소송인 모두에게 합일적으로 확정되어야 할 공동소송의 경우에 공동소송인 가운데 한 사람의 소송행위는 모두의 이익을 위하여서만 효력을 가진다.
　　　② 제1항의 공동소송에서 공동소송인 가운데 한 사람에 대한 상대방의 소송행위는 공동소송인 모두에게 효력이 미친다.
　　　③ 제1항의 공동소송에서 공동소송인 가운데 한 사람에게 소송절차를 중단 또는 중지하여야 할 이유가 있는 경우 그 중단 또는 중지는 모두에게 효력이 미친다.
986) 김홍엽, 980면.

b) 판　례　　소송참가의 형태가 중요한 쟁점이었던 제일은행 대표소송에서는 "금융산업의 구조개선에 관한 법률"에 의하여 일반주주 보유 주식 전부가 항소심 계속 중에 무상소각됨에 따라 제소원고들이 대표소송의 당사자적격을 상실하게 되었다. 이에 제일은행이 무상소각 직전에 공동소송참가를 신청하였는데 피고들은 대표소송절차에서 회사의 소송참가는 공동소송적 보조참가이므로 피참가인의 소가 당사자적격을 상실하여 부적법하게 된 이상 소송참가도 부적법하다고 주장하였다. 그러나 원심은 피고들의 주장을 배척하였고, 대법원도 공동소송참가로 보는 입장을 명확히 하였다.[987]

공동소송참가는 당사자적격을 가진 자가 제기하는 소의 제기로 볼 수 있으므로 공동소송참가인은 공동소송적 보조참가인과 달리 독자적으로 당사자로서 소송행위를 할 수 있다. 따라서 공동소송참가인은 피참가인의 상고포기 또는 상고취하에 불구하고 독자적으로 상고를 할 수 있고, 재심의 소의 경우도 마찬가지이다. 다만, 대표소송에서 원고 주주의 소가 변론종결시까지 적법하게 유지된 경우 참가인(회사)은 상법 제400조, 민사소송법 제67조 제1항의 취지에 비추어 원고 주주의 청구취지를 임의로 감축할 수 없고, 반드시 원고 주주 전원의 동의를 얻어야 한다.[988]

(b) 회사의 피고를 위한 참가 허용 여부　　대표소송에서 회사가 이사를 위

---

987) [대법원 2002. 3. 15. 선고 2000다9086 판결](제일은행 대표소송) "주주의 대표소송에 있어서 원고 주주가 원고로서 제대로 소송수행을 하지 못하거나 혹은 상대방이 된 이사와 결탁함으로써 회사의 권리보호에 미흡하여 회사의 이익이 침해될 염려가 있는 경우 그 판결의 효력을 받는 권리귀속주체인 회사가 이를 막거나 자신의 권리를 보호하기 위하여 소송수행권한을 가진 정당한 당사자로서 그 소송에 참가할 필요가 있으며, 회사가 대표소송에 당사자로서 참가하는 경우 소송경제가 도모될 뿐만 아니라 판결의 모순·저촉을 유발할 가능성도 없다는 사정과, 제404조 제1항에서 특별히 참가에 관한 규정을 두어 주주의 대표소송의 특성을 살려 회사의 권익을 보호하려 한 입법 취지를 함께 고려할 때, 제404조 제1항에서 규정하고 있는 회사의 참가는 공동소송참가를 의미하는 것으로 해석함이 타당하고, 나아가 이러한 해석이 중복제소를 금지하고 있는 민사소송법 제234조에 반하는 것도 아니다", "비록 원고들이 원심 변론종결시까지 대표소송상의 원고 주주요건을 유지하지 못하여 종국적으로 소가 각하되는 운명에 있다고 할지라도 원고 공동소송참가인의 참가시점에서는 원고들이 적법한 원고적격을 가지고 있었다고 할 것이어서 원고 공동소송참가인의 이 사건 참가는 적법하다고 할 것이고, 뿐만 아니라 원고들 및 제1심 소송참가인들의 이 사건 주주대표소송이 확정적으로 각하되기 전에는 여전히 그 소송계속 상태가 유지되고 있는 것이어서, 그 각하판결 선고 이전에 회사가 원고 공동소송참가를 신청한 이 사건에서 그 참가 당시 피참가소송의 계속이 없다거나 그로 인하여 참가가 부적법하게 된다고 볼 수는 없다."
988) 제일은행 주주의 대표소송에 관한 서울고등법원 98나45982 사건에서는 제일은행이 대표소송에 참가하여 청구취지를 대폭(400억원에서 10억원으로) 감축하였는데, 그 후 원고 주주의 주식이 전부 소각됨에 따라 당초의 주주들의 소는 부적법하게 되고 제일은행만이 유일한 당사자로 남게 되었다.

하여 소송참가하는 것을 허용하여야 하는지에 관하여는 명문의 규정이 없는 이상 허용할 수 없다고 본다. 이사의 책임이 인정됨으로써 회사의 법적 이익을 해하는 경우는 생각하기 어렵고, 이를 판단하는 주체도 결국 이사이므로 회사의 소송참가를 허용하는 것은 불공정한 절차와 결과가 초래될 우려가 있다.989)990)

(c) 첨부인지액    「민사소송 등 인지규칙」제15조 제1항은 주주의 대표소송은 소가를 산출할 수 없는 소송으로 보고, 동 규칙 제18조의2는 대표소송의 소가를 1억원으로 봄으로써 원고의 인지대부담을 줄여주는데, 회사의 참가를 공동소송참가로 본다면 이는 실질적인 당사자로 참가하는 것이므로,「민사소송 등 인지법」제6조, 제2조의 규정991)에 따라 인지를 첨부하여야 한다.992)

사) 주주의 소송참가

(a) 허용 여부    상법 제404조 제1항은 회사의 소송참가만을 규정하므로 주주의 소송참가 허용 여부가 문제된다. 이에 대하여 제404조 제1항이 회사의 소송참가만을 규정한 것은 입법의 착오로 보고 다른 주주도 제404조 제1항에 의한 공동소송참가를 할 수 있다고 해석하여야 한다는 견해도 있다.993) 그러나 명문의 규정이 없는 한 다른 주주는 상법상 소송참가를 할 수 없고, 민사소송법에 의한 보조참가를 할 수 있다 할 것이다.994)

---

989) 同旨: 이철송, 813면. (입법론적으로도 허용에 찬성하기 어렵다고 한다).

990) 일본 회사법은 회사의 이사를 위한 보조참가를 허용한다. 일본에서는 회사의 이사를 위한 보조참가를 허용하여야 한다는 최고재판소의 판결(最判平成 13·1·30 民集 55-1-30)을 계기로 상법을 개정하여 명문으로 이를 허용하는 규정을 두었고(日商 제268조③), 회사법도 주식회사가 이사, 집행임원, 청산인 등을 보조하기 위하여 소송참가를 하는 경우 감사설치회사는 감사(감사가 2인 이상이면 각 감사), 위원회설치회사는 각 감사위원의 동의를 얻어야 한다고 규정한다(日会 849조②).

991) [민사소송 등 인지법 제6조(당사자참가신청서)]
   ① 민사소송법 제79조 또는 제83조에 따라 소송에 참가하는 경우 제1심 참가신청서에는 제2조에 따른 금액의 인지를 붙이고, 항소심 참가신청서에는 제2조에 따른 금액의 1. 5배에 해당하는 인지를 붙여야 한다.
   ② 민사소송법 제81조에 따른 참가신청에 대하여 피신청인이 신청인의 승계주장사실을 다투는 경우에도 제1항과 같다.

992) 제일은행 대표소송(2000다9086 판결)에서도 제일은행이 공동소송참가를 하자 법원은 소가 400억원을 기준으로 하여 기첨부 인지액과의 차액인 2억여원을 보정할 것을 명하였고, 이에 제일은행은 공동소송참가액을 400억원에서 10억원으로 감축하고 감축된 참가취지에 따라 600여만원의 인지를 보정하였다. 결국 항소심에서는 감축된 참가취지에 따라 10억원에 한하여 공동소송인 승소판결이 선고되었다.

993) 이철송, 793면.

994) 일본 회사법은 주주도 공동소송인으로서 또는 당사자의 일방을 보조하기 위하여 소송에 참가할 수 있다고 규정한다(日会 849조①).

(b) 소송참가의 형태 　　민사소송법에 의한 소송참가를 허용하더라도 주주의 소송참가도 회사의 소송참가와 같이 공동소송참가로 볼 수 있는지에 대하여, i) 가장 좁게 해석하여 제소청구를 하였던 소수주주의 소송참가만을 공동소송참가로 보거나, ii) 제소청구를 하지 않았더라도 대표소송 제기 요건을 갖춘 소수주주의 소송참가는 공동소송참가로 보거나, iii) 가장 넓게 해석하여 일단 대표소송이 제기된 후에는 모든 주주의 소송참가를 공동소송참가로 보는 등의 견해가 있을 수 있다.995) 생각건대, 다른 주주의 소송참가는 공동소송참가로 보기 곤란하고, 결국 민사소송법 제78조의 공동소송적 보조참가로 보아야 할 것이다. 제소청구를 하였던 주주인지 여부에 따라 당사자적격이 결정된다고 볼 수 없으므로 대표소송이 일단 제기된 경우 다른 주주는 제소청구를 한 주주인지 여부를 불문하고 원고적격이 없다고 보아야 하고, 대표소송의 기판력은 회사에만 미칠 뿐 주주에게는 미치지 않기 때문이다.996)

7) 소송의 종결

(가) 판결에 의한 종료

가) 판결의 효력

(a) 기판력의 범위 　　대표소송은 제3자의 소송담당에 해당하므로 판결이 선고되면 그 판결의 효력은 원고인 소수주주가 승소한 경우이든 패소한 경우이든 당연히 회사에 대하여 미친다(民訴法 218조③).997) 주주가 회사를 위하여 소송을 제기한 것이기 때문이다. 대표소송의 경우에는 다른 회사법상의 소와 달리 확정판결

---

995) i)의 견해는 제소청구를 한 소수주주들 중에서 일부의 소수주주가 제기한 대표소송에 제소청구를 하였던 다른 소수주주가 참가하는 경우에만 공동소송참가로 보고, ii)의 견해는 대표소송제기에 필요한 충분한 지분을 소유하거나 원고 주주보다 많은 지분을 소유한 주주가 소송참가한 경우는 공동소송참가로 보고, 그렇지 않은 경우는 공동소송적 보조참가로 보고, iii)의 견해는 일반적으로 대표소송의 판결의 효력이 원고 이외의 다른 주주에게도 미친다는 점에서 다른 주주가 대표소송에 참가할 이익이 있으므로 명문의 규정이 없다고 하더라도 주주의 참가를 허용하되 이 경우 소수주주 해당여부에 따라 참가의 형태를 달리 보아야 할 이유는 없으므로 공동소송참가로 보고, 다른 주주의 소송참가로 인하여 소송의 지연과 법원의 부담이 가중될 염려가 있는 경우에는 일반적인 소송참가의 이론에 따라 법원이 그 참가를 불허할 수 있다고 본다.

996) 다만, 입법론상으로는 제406조의 사해소송에 대한 재심의 소 제기권자로서 회사뿐 아니라 주주도 규정되어 있는 점에 비추어 보면, 제404조 제1항은 회사뿐 아니라 주주도 소송참가를 할 수 있도록 개정되고, 제404조 제2항도 회사뿐 아니라 주주에게도 소송고지를 하도록 개정되어야 할 것이다.

997) [民訴法 218조(기판력의 주관적 범위)]
　　③ 다른 사람을 위하여 원고나 피고가 된 사람에 대한 확정판결은 그 다른 사람에 대하여도 효력이 미친다.

의 효력이 제3자에게 미치지 않고, 다만 원고인 소수주주가 승소한 경우뿐만 아니라 패소한 경우에도 판결의 효력이 회사에 미친다.

(b) 판결의 반사적 효력    판결의 반사적 효력은 제3자가 직접 판결의 효력을 받는 것은 아니지만 당사자가 기판력을 받는 결과 당사자와 일정한 관계에 있는 제3자가 이를 승인하지 않을 수 없어 반사적으로 이익 또는 불이익을 받는 효과를 말한다. 대표소송의 원고가 패소한 경우 판결의 반사적 효과로서 다른 주주도 중복하여 동일한 주장을 할 수 없으므로 승소한 피고는 다른 주주가 제기하는 대표소송에서 승소판결을 유리하게 원용하여 그 책임을 부인할 수 있다.998)

나) 회사와 이사 간의 부제소합의    대표소송 제기 이전에 회사와 이사가 미리 손해배상책임에 관한 합의를 하고 향후 추가적인 손해배상청구를 하지 않기로 합의한 경우, 부제소합의는 소극적 소송요건이므로 피고의 항변에 의하여 법원이 반드시 소를 각하하여야 하는지가 문제된다. 그러나 이사의 회사에 대한 손해배상책임은 주주 전원의 동의에 의하여서만 면제될 수 있으므로(400조), 이사가 회사가 입은 손해 전부를 배상한 경우가 아닌 한 부제소합의는 부적법한 것으로서 그 효력을 인정할 수 없고, 따라서 소각하사유로 되지 않는다.

다) 승소이익의 귀속    상법상 대표소송에서는 승소이익은 항상 회사에만 귀속된다. 따라서 피고가 회사 주식의 대부분을 소유하는 경우(극단적인 예로, 피고가 80%~90%를 소유하는 경우)에는 결국 승소이익이 간접적으로 다시 피고에게 귀속하는 결과가 된다는 문제점이 있다.

(나) 당사자의 의사에 의한 소송의 종료

가) 당사자처분권주의의 제한

(a) 법원의 허가    회사법상의 소 중 판결의 대세적 효력이 인정되는 소송에서는 판결이 확정되면 당사자 이외의 제3자도 이를 다툴 수 없게 된다. 따라서 이러한 소송에서는 청구인용판결에 해당하는 청구의 인낙이나 화해·조정은 할 수 없고, 청구의 인낙 또는 화해·조정이 이루어졌다 하여도 그 인낙조서나 화해·조정조서는 효력이 없다.999) 그러나 소의 취하 또는 청구의 포기는 대세적 효력과 관계 없으므로 원칙적으로 허용된다. 자백도 소송종료사유가 아니므로 허용된다.1000)

---

998) 대표소송의 판결이 다른 주주에게 미치는 효력이 기판력의 확장인가 아니면 반사적 효력인가에 대해서는 다툼이 있지만, 일반적으로는 기판력이 아니라 반사적 효력으로 본다.

999) 대법원 2004. 9. 24. 선고 2004다28047 판결.

1000) 대법원 1990. 6. 26. 선고 89다카14240 판결.

다만, 회사가 주주의 제소청구에 의하여 소를 제기하거나 주주가 대표소송을 제기한 경우 당사자는 법원의 허가를 얻지 아니하고는 소의 취하, 청구의 포기·인낙, 화해를 할 수 없다(403조⑥). 이는 다른 회사법상의 소와 달리 회사와 이사 간의 일반민사분쟁에 관하여 회사가 직접 또는 주주가 회사를 위하여 제소하는 것이므로, i) 청구의 인낙 또는 화해·조정도 허용하되 법원의 허가를 얻도록 하고, ii) 다른 회사법상의 소에서는 제한되지 않는 소의 취하, 청구의 포기에 대하여도 법원의 허가를 얻도록 하는 것이다.

(b) 청구의 인낙     피고(이사)가 하는 청구의 인낙에 대하여도 법원의 허가를 얻도록 하는 것은 입법의 착오라는 견해가 있다.[1001] 그러나 대표소송에 있어서 확정판결의 기판력이 회사에 미치고 청구의 인낙조서는 확정판결과 동일한 효력이 있다. 또한 일부청구임을 명시하지 않은 경우에는 나머지 청구에도 기판력이 미친다는 것은 확립된 판례이다. 따라서 피고 이사와 사전에 결탁한 소수주주가 일부청구임을 명시하지 않고 손해의 전부를 청구하지 않은 상태에서 피고가 청구를 인낙할 가능성이 있으므로, 이러한 예외적인 경우에 대비하여 청구의 인낙에 대하여도 법원의 허가를 얻도록 제한한 제403조 제1항은 의미가 있다고 할 것이다.

(c) 소의 취하

a) 제한 이유     소의 취하를 제한하는 이유는 민사소송법 제267조가 규정하는 소취하의 효과인 소송계속의 소급적 소멸과 재소금지 때문이다.[1002]

b) 소송계속의 소급적 소멸     소의 취하에 의하여 소송계속이 소급적으로 소멸하므로(民訴法 267조①) 소제기에 의한 시효중단의 효과도 소의 취하에 의하여 소급적으로 소멸한다. 이때에도 제소에 의한 재판 외의 최고의 효력은 소멸하지 않지만 재판 외의 최고는 6개월 내에 재판상 청구를 하여야 시효중단의 효력이 생기므로,[1003] 소의 취하를 제한할 필요가 있다.

---

1001) 이철송, 794면.
1002) [민사소송법 제267조(소취하의 효과)]
    ① 취하된 부분에 대하여는 소가 처음부터 계속되지 아니한 것으로 본다.
    ② 본안에 대한 종국판결이 있은 뒤에 소를 취하한 사람은 같은 소를 제기하지 못한다.
1003) [대법원 1987. 12. 22. 선고 87다카2337 판결] "민법 제174조는 최고는 6월 내에 재판상의 청구 등을 하지 아니하면 시효중단의 효력이 없다고 규정하고 있는데 이때의 최고는 시효기간의 만료가 가까워져 재판상 청구 등 강력한 다른 중단방법을 취하려고 할 때 그 예비적 수단으로서의 실익이 있을 뿐이므로 최고를 여러 번 거듭하다가 재판상 청구 등을 한 경우에 있어서의 시효중단의 효력은 항상 최초의 최고시에 발생하는 것이 아니라 재판상 청구등을 한 시점을 기준으로 하여 이로부터 소급하여 6월 내에 한 최고시에 발생한다고 보아야 할 것이

c) 재소금지    본안에 대한 종국판결이 있은 뒤에 소를 취하한 사람은 같은 소를 제기하지 못하므로(民訴法 267조②), 제1심 본안종국판결 선고 후의 소취하는 법원의 허가를 얻도록 할 필요가 있다.

d) 심급별 차이    재소금지의 효과가 없는 제1심 본안종국판결 선고 전의 소취하는 다시 소를 제기하는 데 아무런 방해가 되지 아니하므로 법원의 허가를 요건으로 할 필요성이 그리 크지 않고, 위와 같이 소멸시효중단효과가 소멸된다는 문제만 있다. 따라서 법원은 제1심에서의 소취하에 대하여, 소멸시효문제가 없으면 회사를 해할 목적의 통모에 의한 것이 아닌 한 본안종국판결 후의 소취하에 비하여 그 허가 여부의 판단기준을 완화하여야 할 것이다.

e) 소취하 불허가와 원고의 소송 방치    법원이 소의 취하를 허가하지 않았음에도 원고가 고의로 소송을 방치하는 경우가 있을 수 있다. 이러한 경우 회사도 소송참가를 하지 않는 경우에는 법원도 원고 주주에게 1회 정도의 변론기회를 준 후 변론을 종결할 것이다. 이 경우 원고 주주에 대한 책임추궁은 패소주주의 손해배상책임(405조②), 재심의 소(406조, 405조 준용) 등에 의하여 할 것이다.

f) 허가의 효과    본안종국판결 선고 후 법원이 소의 취하를 허가하면 사해통모 등 어떠한 사유에 불구하고 재소가 금지되고, 제406조의 재심의 소에 의하여 책임을 추궁하여야 한다.

g) 소의 취하간주    양당사자가 변론기일에 출석하지 아니하거나 출석하였다 하더라도 변론하지 아니한 때에는 재판장은 다시 변론기일을 정하여 양쪽 당사자에게 통지하여야 하고(民訴法 268조①), 새 변론기일 또는 그 뒤에 열린 변론기일에 양쪽 당사자가 출석하지 아니하거나 출석하였다 하더라도 변론하지 아니한 때에는 1개월 이내에 기일지정신청을 하지 아니하면 소를 취하한 것으로 본다(民訴法 268조②). 기일지정신청에 따라 정한 변론기일 또는 그 뒤의 변론기일에 양쪽 당사자가 출석하지 아니하거나 출석하였다 하더라도 변론하지 아니한 때에는 소를 취하한 것으로 본다(民訴法 268조③).[1004] 이와 같은 소의 취하간주의 경우에는 법원의 허가 없이 소취하간주의 효력이 발생한다.

---

고, 민법 제170조의 해석상 재판상의 청구는 그 소송이 취하된 경우에는 그로부터 6월 내에 다시 재판상의 청구를 하지 않는 한 시효중단의 효력이 없고 다만 재판 외의 최고의 효력만 있게 된다 할 것이므로 ….”

[1004] 상소심의 소송절차에는 민사소송법 제268조 제1항부터 제3항까지의 규정을 준용한다. 다만, 상소심에서는 상소를 취하한 것으로 본다(民訴法 268조④).

h) 항소의 취하      항소의 취하는 상법 제403조 제6항의 "소의 취하"에 포함되지 않는다. 따라서 법원의 허가를 얻을 필요는 없고, 다만 회사 또는 주주는 상법 제406조의 재심의 소를 제기할 수 있다.

(d) 화      해      소송상 화해는 다툼이 있는 당사자가 법원에서 서로 그 주장을 양보하여 분쟁을 종료하는 행위로서 상호양보를 요건으로 한다. 종래에는 대표소송에서 원고와 피고가 소송상 화해를 할 수 있는지에 대하여 논란이 있었으나, 1998년 상법개정에 의하여 신설된 상법 제403조 제6항이 대표소송의 당사자는 법원의 허가를 얻으면 화해를 할 수 있다고 규정함으로써, 입법적으로 해결하였다.[1005] 대표소송에 참가한 회사와 이사 간의 합의만으로 화해할 수 없고, 민사소송법 제67조 제1항에 의하여 필수적 공동소송인인 원고 주주의 동의를 얻어야 한다.[1006][1007]

---

[1005] 원고 주주가 피고와 소송상 화해를 하거나, 참가인 회사가 원고 주주의 동의를 얻어 피고와 소송상 화해를 하는 경우, 이사의 회사에 대한 손해배상책임을 면제하기 위하여는 주주 전원의 동의를 얻어야 한다는 상법 제400조 제1항과 정관으로 정하는 바에 따라 일정 범위를 초과하는 금액에 대한 책임을 면제할 수 있다고 규정한 제400조 제2항을 위반하는 것인지 여부에 대하여 논란의 여지가 있다. 법원의 허가를 얻어서 이루어진 화해를 제400조 위반으로 무효라고 해석하기도 곤란하므로, 제403조 제6항에 의한 화해의 경우에는 제400조가 적용되지 않는다는 규정을 두는 것이 바람직하다.

[1006] 이 경우 법원은 회사와 이사가 합의하여 작성한 화해안에 대하여 원고 주주의 동의 여부를 확인한 후 화해에 대한 허가를 한다.

[1007] 미국에서는 대표소송은 종국판결에 의하여 종결되는 것보다는 중도에 화해(settlement)에 의하여 해결되는 경우가 압도적으로 많다. 대표소송에 대한 화해절차에서는 원고변호사, 명목상의 피고인 회사, 부정행위를 한 피고는, i) 피고가 회사에 배상하기로 한 경우에는 그 금액, ii) 동일한 부정행위의 재발을 방지하기 위한 업무처리절차의 변경(change of procedure), iii) 원고변호사에 대한 보수액, iv) 원고변호사에 대한 보수를 회사와 개인피고 중 누가 부담하는지 등에 관하여 결정하게 된다. 대표소송의 실질적 이해관계인은 원고 주주와 부정행위를 한 피고들이고, 회사도 명목상의 피고이지만 이들보다는 이해관계가 크지 않다. 따라서 소송 중간에 화해를 하고 소송을 종결하는 경우에 회사의 이익보다는 원고변호사의 보수에 대한 배려에 쌍방이 모두 신경을 쓰기 마련이다. 이러한 화해에 대하여 원고본인은 원래 회사에 이해관계가 크지 않고 명목상의 인물인 경우가 대부분이므로 물론 화해에 대하여 이의가 없고, 회사도 처음부터 대표소송에 반대하는 입장이기 마련이므로 화해에 이의를 제기하지 않는다. 경우에 따라서는 종국판결까지 얻었으면 회사에게 커다란 이익이 있었을 소송에서도 원·피고 간의 결탁에 의한 화해(collusive settlement)로 인하여 회사에게는 별다른 이익이 없이 소송이 종결됨으로써 회사와 그 주주들에게 심각한 손해를 입히게 되는 결과가 된다. 원고와 피고의 결탁에 의한 화해성립의 위험성 때문에 FRCP Rule 23.1도 "대표소송의 취하, 화해는 법원의 승인이 있어야 한다(not be dismissed or compromised without the approval of the court)"고 규정하고 많은 州의 제정법도 대표소송의 화해에 대하여 법원의 승인을 요건으로 한다. 집단소송의 형태로 제기된 경우에도 대표자와 상대방 간의 결탁에 의한 화해를 방지하고 구성원 전원의 이익을 보호하기 위하여 FRCP Rule 23(e)는 대표자와 상대방 간의 소송상 화해는 법원의 승인을 받아야 한다고 규정하는데, 실무적으로는 화해기일을 지정하여 집단의 구성원들에게 고지한다. 법원의 승인에 있어서 원고변호사와 피고들은 화해가 회사의 최선의

나) 재판 외에서의 처분      대표소송은 제3자의 소송담당의 한 경우이고 그 관계는 채권자대위권에 의하여 채무자의 권리를 행사하는 경우와 같으므로, 소수주주가 대표소송을 제기한 경우에 회사가 재판 외에서 이사에 대한 회사의 권리에 대하여 면제·포기·화해 등의 처분을 할 수 없다고 보아야 한다(民法 405조②).

(다) 재심의 소      대표소송이 제기된 경우에 원고와 피고의 공모로 인하여 소송의 목적인 회사의 권리를 사해(詐害)할 목적으로써 판결을 하게 한 때에는 회사 또는 주주는 확정한 종국판결에 대하여 재심의 소를 제기할 수 있다(406조①). 종국판결 외에 청구의 포기, 화해 등도 재심의 소의 대상이다. 원고가 고의로 소송에서 패소하는 경우는 물론 원고가 승소한 경우라 하더라도 청구금액을 부당하게 감소시킨 경우도 회사의 권리를 사해하는 것이다.

재심의 소의 제소권자는 회사와 주주이고, 제소권은 소수주주권이 아니고 단독주주권이다. 재심청구 당시의 주주는 누구든지 재심의 소를 제기할 수 있다. 다만, 회사가 직접 이사를 상대로 소송을 제기한 경우는 상법상 재심의 소의 대상이 아니다.1008) 대표소송뿐 아니라 회사법상의 다른 소송에 있어서도 원고와 피고 간의 결탁이 있을 수 있으므로 입법론으로는 모든 회사법상의 소송에 대하여 재심의 소를 허용하는 것이 바람직하다.

(라) 강제집행      원고 승소판결이 선고된 경우에도 회사가 피고를 상대로 강제집행을 하지 아니하면 대표소송 본래의 취지를 살릴 수 없다. 이에 주주가 직접

─────────

이익을 위한 것임을 보여야 하는데, 법원은 화해안의 승인에 있어서, i) 판결결과 얻을 수 있는 잠재적으로 가능한 회복규모(size of the potential recovery)와 화해안으로 제시된 회복규모(size of the suggested settlement), ii) 최종승소 가능성(probability of ultimate success), iii) 피고들의 재정능력(financial position of the defendants) 등을 중요한 고려사항으로 보고, 그 외에 소송비용과 기간, 화해결과 지급하기로 한 변호사보수 등도 고려한다. 이 중에서 가장 중요한 요인은 물론 회사가 화해로 인하여 얻게 되는 이익과 판결에 의하여 얻을 수 있는 이익을 비교한 결과이지만 법원은 변호사보수에 대하여도 많은 관심을 가지게 된다. 회사가 얻을 이익산정에 있어서 회사가 지급하여야 하는 비용과 보상액(indemnification)을 공제하고 비교하므로, 피고들이 회사에 지급할 금액이 많더라도 이 금액에서 다시 회사가 원고의 변호사보수를 공제하고 잔액이 크지 않으면 법원이 화해안을 승인하지 않을 수 있다. 부정행위의 재발을 방지하기 위하여 회사의 자금에 대한 통제를 강화하기 위한 조치를 강구하고 사외이사를 보강하고, 부정행위자에게 부여된 주식매수선택권을 취소하는 등과 같이 회사에 대하여 비금전적 이익(non-pecuniary benefit)을 내용으로 하는 화해안이 제시되는 예도 있다. 일반적으로 법원은 이러한 화해안에 대하여 회사의 이익이 아니라 외관상의 승소액을 높여서 결국 승소액에 비례하는 원고변호사의 보수를 증액시키기 위한 것으로 보아 회의적이다[ALI PCG Commente to §7.14]. 일본 회사법은 대표소송에서의 화해는 회사가 화해를 승인한 경우에 비로소 확정판결과 같은 효력이 발생한다는 취지를 규정한다(日会 850조①).

1008) 일본에서는 이러한 경우에도 주주의 재심의 소를 허용한다(日会 853조①).

강제집행을 할 수 있는지에 관하여, 일본에서는 i) 주주는 회사를 위하여 소송수행
권을 부여받은 것이고 실체법상의 관리처분권까지 부여받은 것이 아니므로 주주는
강제집행을 할 수 없다는 견해와, ii) 회사가 사정상 이사 등의 책임을 추궁하기 곤
란한 경우 주주가 회사를 위하여 책임을 추궁하는 제도인 대표소송의 취지에 따르
면 회사가 강제집행을 하기 곤란한 경우에도 주주가 강제집행을 할 수 있다는 견해
가 있다. 대표소송의 취지에 비추어 보면 주주가 강제집행을 할 수 있다고 보는 것
이 타당하다. 다만, 대표소송 제기의 경우와 같이 강제집행의 경우에도 상법 제403
조 제1항, 제3항을 유추적용하여 원고 주주는 먼저 회사에 대하여 강제집행을 할
것을 청구한 후 회사가 응하지 않을 때 강제집행을 할 수 있다고 보아야 할 것이
다. 채권자대위소송의 경우 채무자가 수령을 거부하고 채권자가 채무자에 대하여
채권이 있는 경우 직접 수령이 인정될 수 있지만, 대표소송에서 원고 주주는 회사
에 대한 채권자가 아니므로 직접수령권이 없고 회사가 배당기일에 참석하지 않았
거나 수령을 거부하는 경우에는 공탁을 하도록 하여야 한다.[1009]

### 8) 승소주주의 소송비용청구권

(가) 의　　의　　대표소송을 제기한 주주가 승소한 때에는 그 주주는 회사에
대하여 소송비용 및 그 밖에 소송으로 인하여 지출한 비용 중 "상당한 금액"의 지
급을 청구할 수 있다(405조①).[1010] 소송으로 인하여 지출한 비용은 변호사보수 외
에도 회사가 직접 소송을 제기하여 수행하였더라면 지출되었을 모든 유형의 비용
을 의미한다. 따라서 이는 민사소송법 제109조 제1항에 의하여 소송비용에 산입할
변호사보수의 금액을 정함을 목적으로 하는 대법원규칙인 "변호사보수의 소송비용
산입에 관한 규칙"에서 정한 금액과는 별개로 승소주주에게 상법상 인정되는 소송
비용청구권이다.

구 증권거래법은 대표소송제기를 활성화하기 위하여 주권상장법인의 소수주주
가 승소한 때에는 소송비용 기타 소송으로 인한 "모든 비용"의 지급을 청구할 수

---

1009) 승소한 원고 주주 및 회사의 강제집행의 방법과 절차에 대하여는 집행법상의 많은 쟁점이
　　　있는데, 승소주주에 의한 강제집행신청과 강제집행의 방법, 회사 및 다른 주주에 의한 강제집
　　　행신청에 관한 상세한 내용은, 최성호, "주주대표소송판결의 집행절차에 관한 연구", 한양법학
　　　제20권 제3집(통권 제27집), 235면 이하 참조.
1010) 소송비용청구사례로서, 삼성전자를 위한 대표소송에서 대법원 2005. 10. 28. 선고 2003다
　　　69638 판결이 선고되어 회사가 피고들로부터 약 240억원의 판결원리금을 수령하자, 소수주주
　　　가 삼성전자를 상대로 변호사보수(판결원리금의 5% 상당액)를 청구한 서울중앙지방법원
　　　2008. 6. 20. 선고 2007가합43745 판결이 있다(항소심에서 강제조정으로 종결됨).

있다고 규정하였다(證法 191조의13⑤). 그러나 구 증권거래법이 폐지되면서 금융투자업자를 위한 대표소송에 관하여는 자본시장법이 규정하고, 주권상장법인을 위한 대표소송에 관하여는 상법이 규정하게 되었는데, 위 제191조의13 제5항에 해당하는 규정은 상법으로 이관되지 않았다.

이에 따라 자본시장법상 금융투자업자의 소수주주가 상법상 대표소송을 제기하여 승소한 경우에는 금융투자업자에게 소송비용, 그 밖에 소송으로 인한 "모든 비용"의 지급을 청구할 수 있다(資法 29조⑧).1011) 그러나 상법상으로는 상장회사인지 여부를 불문하고 승소한 주주는 "상당한 금액"의 지급만을 청구할 수 있다.1012)

(나) 취    지      승소주주의 비용청구권은 2001년 상법개정시 도입된 규정인데, 대표소송에서 원고가 승소하더라도 승소이익은 전부 회사에 귀속된다는 점을 고려한 것이다. 법원은 사건을 완결하는 재판에서 직권으로 그 심급의 소송비용 전부에 대한 재판을 하여야 하므로(民訴法 104조),1013) 승소주주는 소송비용패소자부담원칙(民訴法 98조)에 따라 소송비용액확정절차를 거쳐서 피고로부터 소송비용을 지급받을 수 있다. 그럼에도 불구하고 상법 제405조가 승소주주의 소송비용지급청구권을 규정한 것은, 당사자가 법원에서 화해한 경우 화해비용과 소송비용의 부담에 대하여 특별히 정한 바가 없으면 그 비용은 당사자들이 각자 부담하고(民訴法 106조), 만일 이사가 무자력인 경우 승소주주가 소송비용을 이사로부터 현실적으로 지급받을 수 없기 때문이다.1014)

---

1011) 6개월 전부터 계속하여 금융투자업자의 발행주식총수의 10만분의 5 이상에 해당하는 주식을 소유(주주권 행사에 관한 위임장을 취득하거나 2인 이상의 주주가 주주권을 공동 행사하는 경우 포함)한 자는 이사의 책임추궁을 위한 상법상 대표소송에서 규정하는 주주의 권리를 행사할 수 있다(資法 29조①). 다만, 다음과 같은 금융투자업자에 대하여는 위 규정이 적용되지 않는다(資令 제33조①).
　1. 최근 사업연도 말을 기준으로 자산총액이 2조원 미만인 금융투자업자. 다만, 최근 사업연도 말을 기준으로 그 금융투자업자가 운용하는 집합투자재산, 투자일임재산(資法 85조 제5호) 및 신탁재산의 전체 합계액이 6조원 이상인 경우는 제외한다.
　2. 외국금융투자업자의 국내지점, 그 밖의 영업소
1012) 이는 상법개정과정에서의 착오에 기인한 것으로 보이는데, 입법론상으로는 주권상장법인의 경우 "모든 비용"의 지급을 청구할 수 있다는 특례규정을 추가하는 것이 바람직하다.
1013) 또한 상급법원이 본안의 재판을 바꾸는 경우 또는 사건을 환송받거나 이송받은 법원이 그 사건을 완결하는 재판을 하는 경우에는 소송의 총비용에 대하여 재판하여야 한다(民訴法 105조).
1014) 상법상 대표소송에서 승소한 원고의 비용청구권제도는 미국 회사법상 회사의 비용전보제도와 그 내용에 있어서는 차이가 없지만, 미국에서는 법원이 소송종료시 회사에게 원고의 소송비용을 지급하도록 명하는 것이 일반적이고, 특히 화해종결의 경우에는 화해조건을 정함에 있어서 변호사보수액이 중요한 변수로 된다는 것이 다른 점이다.

　　(다) 승　　소　　　"승소"는 전부승소뿐 아니라 일부승소(일부 피고에 대해서만 승소하거나 청구액 중 일부만 인용되는 경우)도 포함한다. 청구의 인낙, 화해의 경우에도 승소로 보아 원고 주주의 비용청구권이 인정된다. 실무상 변호사보수를 심급별로 정하는 경우가 많지만, 대표소송에서 소송비용청구권을 인정하는 취지와 상급심법원이 본안의 재판을 바꾸는 경우 소송의 총비용에 대하여 재판하여야 한다는 점(民訴法 105조)에 비추어 보면 "승소한 때"는 승소판결의 확정을 의미한다.

　　"지출한 비용"이라는 법문상 원고 주주는 변호사에게 보수를 지급한 후에 회사에 대하여 소송비용을 청구하는 것이 원칙이지만, "승소한 때"라면 원고 주주가 변호사에게 실제로 보수를 지급하기 전이라도 회사에 대하여 소송비용을 청구할 수 있다고 해석하는 것이 타당하다.1015) 승소에 따른 변호사보수는 일반적으로 적지 않은 금액인데 원고가 반드시 이를 먼저 지급한 후에만 회사에 대하여 청구할 수 있다고 해석하는 것은 제도의 취지에도 부합하지 않는다. 원고 주주가 실제로 변호사보수를 지출하기 전에 회사에 대하여 소송비용을 청구할 수 있도록 한다면, 과다보수약정이 문제될 수 있지만, 아래에서 보듯이 상당한 범위를 초과한 보수약정은 무효로 보는 판례에 의하여 해결하면 될 것이다.

　　(라) 상당한 금액　　　"상당한 금액"은 소송관련비용 중 특히 변호사보수가 과다하게 약정되는 경우에 대비한 것이다. 만일 승소주주와 회사 간에 약정된 변호사보수의 상당성 여부에 대한 다툼이 있어서 법원이 상당한 범위의 변호사보수를 결정하는 경우 이를 초과하는 범위의 변호사보수의 효력이 문제인데, 변호사보수의 소송비용산입에 관한 규칙 제6조 제1항은 "… 현저히 부당하다고 인정되는 경우에는 법원은 상당한 정도까지 감액 산정할 수 있다."라고 규정하고, 대법원도 상당한 범위를 초과하는 변호사보수의 약정은 신의성실의 원칙에 반하여 무효로 판시하므로,1016)

---

1015) 하급심에서도 사무관리자의 비용상환청구권에 관한 민법 제739조 제2항을 근거로 원고 주주의 사전 소송비용청구권을 인정한 판례가 있다(서울중앙지방법원 2008. 6. 20. 선고 2007가합43745 판결).

1016) [대법원 2002. 4. 12. 선고 2000다50190 판결] "변호사의 소송위임사무처리에 대한 보수의 액에 관하여 의뢰인과 사이에 약정이 있는 경우에 위임사무를 완료한 변호사는 특별한 사정이 없는 한 약정된 보수액을 전부 청구할 수 있는 것이 원칙이기는 하지만 의뢰인과의 평소부터의 관계, 사건수임의 경위, 착수금의 액, 사건처리의 경과와 난이도, 노력의정도, 소송물가액, 의뢰인이 승소로 인하여 얻게 된 구체적 이익과 소속 변호사회의 보수규정 등 기타 변론에 나타난 제반 사정에 비추어 약정된 보수액이 부당하게 과다하여 신의성실의 원칙이나 형평의 원칙에 반한다고 볼 만한 특별한 사정이 있는 경우에는 예외적으로 위와 같은 제반 사정을 고려하여 상당하다고 인정되는 범위 내의 보수액만을 청구할 수 있다고 보아야 할 것이다."

이 경우에도 상당한 범위를 초과한 보수약정은 무효로 보아야 할 것이다.[1017]

다만, 상법상 "상당한 금액"의 범위에 관하여는 앞에서 본 바와 같은 입법 경위를 참작하여 지나치게 엄격하게 해석하는 것은 타당하지 않다. 실무상으로는 변호사보수와 법원을 통하여 지출한 감정비용 등만을 기초로 "상당한 금액"을 산정하는데, 원고 주주가 소송을 위하여 변호사보수 외에 지출한 금액으로서 객관적으로 증빙자료가 있는 것은 "상당한 금액"을 산입하여야 할 것이다.

(마) 구 상 권    원래 소송비용은 패소한 당사자인 이사가 부담하게 되므로 소송비용을 지급한 회사는 이사에 대하여 구상권이 있다(405조①).

9) 패소주주의 책임

대표소송에서 패소한 주주는 과실이 있다 하더라도 악의인 경우 외에는 회사에 대하여 손해배상책임을 지지 않는다(405조②). 이것은 대표소송제도의 이용을 너무 곤란하게 하지 않기 위한 배려이다. 여기서 악의란 회사를 해할 것을 아는 것을 의미하는데, 처음부터 승소가능성 없는 소를 제기하는 경우와 고의로 불성실하게 소송을 수행하여 패소에 이르게 된 경우를 모두 포함한다. 만일 대표소송의 제기가 소권의 남용에 해당하고 이로 인하여 회사나 피고가 손해를 입은 경우 제소주주는 민법 제750조의 불법행위에 기한 손해배상책임을 진다. 이러한 불법행위책임의 주관적 요건은 원고의 고의 또는 과실로 족하고 제405조 제2항의 악의는 요구되지 않는다.

10) 승소이사의 회사에 대한 비용상환청구권

상법상 대표소송을 제기당한 이사가 소송비용의 상환을 회사에 대하여 청구할 수 있는 근거규정은 없다. 그런데 이사와 회사 간의 관계는 위임관계이고, 수임인이 위임사무의 처리를 위하여 과실 없이 손해를 받은 때에는 위임인에 대하여 그 배상을 청구할 수 있다(民法 688조③).

이사의 회사에 대한 손해배상책임의 요건은 "이사가 고의 또는 과실로 법령

---

[1017] 구 증권거래법은 대표소송제기를 활성화하기 위하여 주권상장법인의 소수주주가 승소한 때에는 소송비용 기타 소송으로 인한 "모든 비용"의 지급을 청구할 수 있다고 규정하였다(證法 191조의13⑤). 그러나 구 증권거래법이 폐지되면서 금융투자업자를 위한 대표소송에 관하여는 자본시장법이 규정하고, 주권상장법인을 위한 대표소송에 관하여는 상법이 규정하게 되었는데, 위 제191조의13 제5항에 해당하는 규정은 상법으로 이관되지 않았다. 따라서 상법상으로는 금융투자업자가 아닌 한 상장회사인지 여부를 불문하고 승소한 주주는 "상당한 금액"의 지급만을 청구할 수 있다. 이는 상법개정과정에서의 착오에 기인한 것으로 보이는데, 입법론상으로는 주권상장법인의 경우 "모든 비용"의 지급을 청구할 수 있다는 특례규정을 추가하는 것이 바람직하다.

또는 정관에 위반한 행위를 하거나 그 임무를 게을리한 것"이다. 대표소송에 관한 소송비용도 위임사무의 처리를 위하여 받은 손해에 해당하고, 따라서 이러한 책임요건이 인정되지 아니하여 대표소송에서 승소한 이사는 "과실 없이" 손해를 받은 이사로서 회사에 대하여 소송비용의 상환을 청구할 수 있다.[1018]

물론 이사는 먼저 제소주주에 대하여 소송비용을 청구할 수 있는데 "변호사보수의 소송비용 산입에 관한 규칙"에 의한 소송비용은 실제의 소송비용에 비하여 매우 낮은 수준이므로, 소송비용 확정절차를 거쳐서 상대방으로부터 받은 소송비용과 실제로 부담한 소송비용과의 차액의 배상을 회사에 대하여 청구할 수 있다. 만일 이사가 소송비용확정절차를 거치지 않고 회사에게 전액의 상환을 청구한 때에는 제소주주로부터 받을 수 있는 소송비용은 공제하여야 할 것이다.

### 11) 집행채권자

대표소송의 주주와 같이 다른 사람을 위하여 원고가 된 사람이 받은 확정판결의 집행력은 확정판결의 당사자인 그 원고가 된 사람과 다른 사람 모두에게 미치므로, 대표소송의 주주는 집행채권자가 될 수 있다.[1019]

---

1018) 실무상으로는 임원배상책임보험에 의하여 소송비용을 보상받는데, 이 경우에는 임원이 패소한 경우에도 소송비용을 보상받는다. 통상의 임원배상책임보험의 약관에 의하면, 지불하는 보험금은 임원이 업무수행상 범한 위법행위로 부담하게 되는 법률상 배상책임액(판결금액 또는 화해금액)과 지출하는 방어비용을 보상하고, 위법행위란, 임원의 업무수행과 관련하여 임원이 행한 잘못, 잘못된 진술, 판단을 그르치게 하는 진술, 작위 또는 부작위, 의무위반 또는 태만 및 임원이라는 이유만으로 배상 청구된 사항을 말하고, 방어비용은, 변호사보수 및 기타 클레임방어관련 각종 조사비용 등을 포함한다. 다만, 임원배상책임보험은 일반적으로 제3자에 의한 소송의 경우에만 보상대상이고, 회사가 임원을 상대로 제기하는 소송의 경우에는 보상대상이 아니다. 대표소송의 경우에 대하여는 약관에 따라 보상대상 여부가 결정된다.
1019) 대법원 2014. 2. 19.자 2013마2316 결정(참고로, 법인격부인론 관련 판례에서는 집행채무자의 범위를 형식적 당사자에 한정하고 실질적 당사자에게 확장할 수 없다는 것이 판례의 확고한 입장이다).

# 제 4 절   감사기관

## I. 감사와 감사위원회

### 1. 감사기관에 대한 입법례

감사기관에 관하여 전통적으로, 미국·영국·이탈라이·스페인 등은 이사회가 경영 및 감독을 하는 일원주의(一元主義)입법례를, 독일·스위스·오스트리아·일본 등은 원칙적으로 이사회가 경영을 맡고 감사회가 감독을 맡는 이원주의(二元主義)입법례를, 프랑스·벨기에 등은 회사가 정관에서 일원주의와 이원주의 중 선택할 수 있도록 하는 입법례를 취하여 왔다. 그러나 각국의 회사지배구조의 동조화 현상에 따라 대부분의 대규모기업이 감사위원회를 두고 있는 독일의 경우와 같이 이원주의입법례에서도 일원주의의 특징이 반영되고 있다. 이하에서는 감사위원회(미국), 감사위원회 및 감사회(독일), 감사위원회 또는 감사회(일본) 등을 특징으로 하는 미국·독일·일본의 감사제도에 관하여 본다.

### (1) 미    국

미국 회사법상 의사결정기관인 주주총회·이사회와 업무집행기관인 임원 외에는 독립한 감사기관이 존재하지 않는다. 영국에도 감사라는 기관이 없었다가 1948년 회사법 개정이후 회사의 내부기관으로서 회계감사인이 존재하는 반면, 미국에서는 내부기관으로서 감사는 없고 감사위원회(audit committee)가 일반적으로 구성된다. 소규모 회사가 아니면 일반적으로 감사위원회를 두고 있다. 감사위원회는 사외이사로 구성하기 때문에 임원, 직원 등은 감사위원회의 구성원이 될 자격이 없다. 그러나 퇴임한 임원은 감사위원회의 구성원이 될 수 있다. 2001년의 Enron 사건, 2002년의 Worldcom 사건과 같이 대형 공개회사의 회계부정사건이 발생하자, 연방의회는 2002년 7월 Sarbanes-Oxley Act를 제정하였다. 미국의 SEC에 증권을 등록한 외국회사는 원칙적으로 Sarbanes-Oxley Act의 적용대상이다. Sarbanes-Oxley Act는 SEA §10A에 감사위원회(audit committee)와 감사인(auditors)에 관한 규정을 추가하고, 감사인의 독립성 보장을 위하여 감사보고서 제출시 감사위원회의 승인을 얻도록 하고(§202), 회사 내에 감사위원회가 존재하지 않는 경우에는 이사회 전체가 감사위원회로 간주된다[§2(a)].[1]

## (2) 독      일

독일에서는 1870년의 ADHGB(구상법)에서 주주총회·이사회·감사회로 권한이 수평적으로 분배되어 기관 상호간의 권한존중과 협력을 통하여 각 기관의 고유기능을 수행하여 왔는데,[2] 원칙적으로 이사회가 경영을 맡고 감사회·결산검사인이 감독을 맡는다.[3]

감사회(Aufsichtsrat)[4]는 기업적 공동결정(Mitbestimmung)을 위하여 주주측 감사와 근로자측 감사로 구성되는데, 3인 이상의 감사로 구성되는 회의체 기관이다(株式

---

1) Sarbanes-Oxley Act의 감사제도 관련 주요 내용은 다음과 같다. (i) 회계법인 및 관련자에 대한 감독을 강화하기 위하여 자율규제기관(SRO)인 Public Company Accounting Oversight Board(PCAOB, 공개회사 회계감독위원회)를 설치한다[SOA §101]. PCAOB는 비영리 민간기구로서 감사받은 재무제표를 포함한 연차보고서(annual report including its audited financial statements)를 SEC에 제출하여야 한다. SOA의 발행인에 대한 감사보고서를 작성하는 모든 회계법인(public accounting firm)은 PCAOB에 등록하여야 하는데(SOA §102), "public accounting firm"에 관한 정의규정인 SOA §2(a)(11)은 미국법에 의하여 설립된 회계법인으로 한정하지 아니하므로 외국의 회계법인도 SOA의 발행인을 감사한다면 등록대상이다. PCAOB는 규칙제정권(SOA §103), 등록회계법인 및 그 구성원에 대한 조사권과 징계, 등록취소와 같은 제재권(SOA §104, SOA §105)을 가진다. (ii) SEA §10A에 감사위원회(audit committee)와 감사인(auditors)에 관한 규정을 추가하고, 감사인의 독립성 보장을 위하여 감사보고서 제출시 감사위원회의 승인을 얻도록 하고(SOA §202), 공개회사를 감사하면서 동시에 일정한 범위의 비감사업무를 제공하는 것을 금지한다. 회사 내에 감사위원회가 존재하지 않는 경우에는 이사회 전체가 감사위원회로 간주된다[SOA §2(a)(3)]. (iii) 공시제도를 강화하여, 공개회사가 SEC에 제출하는 재무보고서는 SEC가 정하는 회계처리 기준에 의하여 작성되어야 하고(SOA §401), 내부자(주요주주, 이사, 임원)의 지분변동은 2거래일 내에 SEC와 그 증권이 등록된 전국증권거래소에 보고하도록 하고(SOA §403), 감사위원회가 감사인에 대한 선임·보상·감독 등에 대하여 직접 책임을 지도록 한다(SOA §301).
2) 1861년의 ADHGB에서 감사회는 주식합자회사에서만 필수기관이었고 주식회사에서는 임의기관이었으나, 1870년 개정시 주식회사에서도 필수기관이 되었다.
3) 결산검사인은 우리나라의 외감법상 외부감사인과 비슷한 지위를 가지는데, 모든 주식회사의 재무제표는 주주총회에서 선임된 결산검사인의 검사(HGB 제316조①)와 감사회의 감사(株式法 171조①)를 받아야 한다.
4) Aufsichtsrat를 감독이사회로 번역하기도 한다. Vorstand도 이사회 또는 집행이사회로 번역한다.

法 95조). 독일의 감사회는 이사회의 업무집행에 대한 감독권(株式法 111조①) 외에, 우리 상법상 주주총회의 권한인 이사에 대한 선임·해임권(株式法 84조), 이사보수의 결정권(株式法 87조), 재무제표의 확정권(株式法 172조) 등을 가진다. 한편, 1998년 주식법 개정시 이사회의 경영감시의무가 명문으로 규정되었다(株式法 91조②). 그 후 2002년부터 미국식 감사위원회제도가 도입되었고, 특히 EU의 결산검사인지침에 의하면 상장회사·은행·보험회사 등은 원칙적으로 감사위원회를 설치하도록 함에 따라 대부분의 상장회사는 감사위원회를 두고 있다. 우리 상법이나 일본 회사법과 달리 독일에서는 감사회와 감사위원회가 병존할 수 있다.

### (3) 일    본

일본에서는 모든 주식회사의 필수기관은 주주총회(日会 295조③, 296조①)와 이사이고(日会 326조①), 감사는 필요적 상설기관이 아니다(日会 326조②). 다만, 위원회비설치회사인 이사회설치회사는 감사를 반드시 두어야 하고(日会 327조②), 이사회를 두지 않아도 회계감사인설치회사는 감사를 반드시 두어야 한다(日会 327조③). 감사로 구성된 감사회는 원칙적으로는 그 설치가 임의적이지만, 비공개회사인 위원회설치회사를 제외한 대회사는 감사회와 회계감사인을 설치하여야 한다(日会 328조①). 위원회설치회사는 사외이사가 과반수인 3개의 위원회(감사위원회·지명위원회·보수위원회)를 설치한 회사를 말한다(日会 2조 제10호). 감사회설치회사는 감사회를 구성하는 3인 이상의 감사를 선임하여야 하고, 그 반수 이상이 사외감사이어야 한다(日会 335조③). 감사회의 권한은 i) 감사보고서의 작성, ii) 상근감사의 선정과 해직, iii) 감사의 방침, 감사회설치회사의 업무 및 재산상황의 조사방법 기타 감사의 직무집행에 관한 사항의 결정 등이다. iii)의 결정은 각 감사의 권한행사를 방해할 수 없다(日会 390조②). 감사회는 감사 중 상근감사를 선정하여야 한다(日会 390조③). 감사위원회를 둔 경우 감사를 둘 수 없다(日会 327조④).

## 2. 감    사

### (1) 법적 지위

감사는 업무 및 회계감사를 임무로 하는 필요적 상설기관이다.5) 다만, 자본금

---

5) 자본금의 총액이 10억원 미만인 회사의 경우에는 감사를 선임하지 아니할 수 있다(409조

총액이 10억원 미만인 소규모회사는 감사를 선임하지 아니할 수 있고(409조④), 감사위원회를 설치한 경우에는 감사를 둘 수 없다(415조의2①). 감사는 필요적 상설기관이지만, 상법상 감사는 반드시 상근감사일 필요가 없다.

1995년 상법개정시 감사 해임시 감사의 주주총회에서의 의견진술권(409조의2), 회사에 현저하게 손해를 미칠 염려가 있는 사실을 발견한 이사의 감사에 대한 보고의무(412조의2), 감사의 임시주주총회소집권(412조의3①), 모회사 감사의 자회사에 대한 감사권(412조의5①) 등을 도입함으로써 감사의 지위가 대폭 강화되었다.

## (2) 선임 및 종임

### 1) 선    임

#### (가) 선임절차

**가) 선임기관**    감사는 주주총회에서 선임한다(409조①). 주주총회의 감사선임권은 이사회나 대표이사에게 위임할 수 없고, 이들의 승인을 요구할 수도 없다.[6]

**나) 결의요건**    감사는 출석한 주주의 의결권의 과반수와 발행주식총수의 4분의 1 이상의 수로써 하는 보통결의에 의하여 선임한다(368조①).

그러나 회사가 전자적 방법으로 의결권을 행사할 수 있도록 한 경우에는 출석한 주주의 의결권의 과반수로써 감사의 선임을 결의할 수 있다(409조③).[7]

**다) 의결권 제한**    주주총회의 감사선임은 보통결의에 의하되, 일정 비율 이상의 주식을 소유한 주주는 의결권 행사가 제한된다. 즉, 의결권 없는 주식을 제외한 발행주식총수의 3%(정관에서 더 낮은 주식 보유비율을 정할 수 있으며, 정관에서 더 낮은 주식 보유비율을 정한 경우에는 그 비율로 한다)를 초과하는 수의 주식을 가진 주주는 그 초과하는 주식에 관하여 감사의 선임에 있어서는 의결권을 행사하지 못한다(409조②). 회사는 정관으로 이 비율보다 낮은 비율을 정할 수 있지만, 비율을 올릴 수는 없다. 이는 감사의 선임에 있어서 대주주의 영향력을 배제하기 위한 것이다.

---

④). 그리고 감사는 주식회사의 필요적 상설기관이지만 모든 주식회사에서 상근이 요구되는 것은 아니다(상장회사의 상근감사에 관한 특례에 대하여는 뒤에서 상술함). 유한회사에서는 감사는 임의적 기관이다.

6) 회사의 발기설립의 경우에는 납입과 현물출자의 이행이 완료된 때에는 발기인은 지체 없이 의결권의 과반수로 이사·감사를 선임함으로써 기관을 구성하여야 한다(296조①). 발기인의 의결권은 그 인수주식의 1주에 대하여 1개로 한다(296조②). 선임된 이사들은 정관에 달리 정한 바가 없으면 이사회를 열어 대표이사를 선임하여야 한다(389조①, 317조②). 모집설립의 경우에는 창립총회에서는 이사·감사를 선임하여야 한다(312조).

7) 2020년 12월 상법 개정시 추가된 조항이다.

상법 제409조 제2항은 대주주의 영향력으로부터 독립된 사람을 감사로 선임하여 회사경영의 공정성과 투명성을 제고하고자 하는 데 그 입법취지가 있는 것이므로, 예컨대 기존 감사 외에 "감사를 추가로 선임할 것인지 여부"라는 의안의 있어서는 대주주의 의결권이 제한되지 않는다.8)

총회의 결의에 관하여는 특별이해관계인으로서 상법 제368조 제3항에 따라 행사할 수 없는 주식의 의결권 수는 출석한 주주의 의결권의 수에 산입하지 않는다(371조②). 그런데 감사의 선임에 있어서 의결권을 행사할 수 없는 주식의 의결권 수를 발행주식총수에 산입되는 것으로 해석한다면, 3% 초과 주식의 수가 발행주식총수의 75%를 넘는 경우에는 발행주식총수의 25% 이상이라는 결의요건을 구비할 수 없어서 감사 선임이 불가능한 경우가 발생한다. 따라서 감사의 선임에서 3% 초과 주식은 상법 제371조의 규정에도 불구하고 상법 제368조 제1항에서 말하는 '발행주식총수'에도 산입되지 않는다고 해석해야 한다.9)

(나) 임용계약    주주총회에서 감사선임의 결의만 있었을 뿐 회사와 임용계약을 체결하지 아니한 자는 아직 감사로서의 지위를 취득하였다고 할 수 없다는 것이 종래의 판례였으나,10) 대법원은 2017년 전원합의체 판결에서 "주주총회에서 이사

---

8) [서울고등법원 2015. 4. 10. 선고 2014나2028587 판결] "정관이 정한 필요적 최소 감사 수에 해당하는 감사가 결원된 경우는 별론으로 하고, 정관이 정한 필요적 최소 감사 수에 해당하는 감사가 이미 있는 상황에서 감사를 추가로 선임하는 문제는 단순히 특정인을 감사로 선임하는 문제와 달리, 회사의 기관구성에 변동을 초래하고 회사의 비용을 증대시키는, 그에 따라 회사의 경영상황 등에 입각한 회사 주주들의 정책적인 판단이 요구되는 문제로서 이에 대하여 대주주의 의결권을 제한하여야 할 합리적인 필요가 있다고 보기 어렵다"(대법원 2015. 7. 23. 선고 2015다213216 판결에 의하여 확정되었다).

9) [대법원 2016. 8. 17. 선고 2016다222996 판결] "주주총회에서 감사를 선임하려면 우선 '출석한 주주의 의결권의 과반수'라는 의결정족수를 충족하여야 하고, 나아가 의결정족수가 '발행주식총수의 4분의 1 이상의 수'이어야 하는데, 상법 제371조는 제1항에서 '발행주식총수에 산입하지 않는 주식'에 대하여 정하면서 상법 제409조 제2항의 의결권 없는 주식(이하 '3% 초과 주식'이라 한다)은 이에 포함시키지 않고 있고, 제2항에서 '출석한 주주의 의결권 수에 산입하지 않는 주식'에 대하여 정하면서는 3% 초과 주식을 이에 포함시키고 있다. 그런데 만약 3% 초과 주식이 상법 제368조 제1항에서 말하는 '발행주식총수'에 산입된다고 보게 되면, 어느 한 주주가 발행주식총수의 78%를 초과하여 소유하는 경우와 같이 3% 초과 주식의 수가 발행주식총수의 75%를 넘는 경우에는 상법 제368조 제1항에서 말하는 '발행주식총수의 4분의 1 이상의 수'라는 요건을 충족시키는 것이 원천적으로 불가능하게 되는데, 이러한 결과는 감사를 주식회사의 필요적 상설기관으로 규정하고 있는 상법의 기본 입장과 모순된다. 따라서 감사의 선임에서 3% 초과 주식은 상법 제371조의 규정에도 불구하고 상법 제368조 제1항에서 말하는 '발행주식총수'에 산입되지 않는다. 그리고 이는 자본금 총액이 10억 원 미만이어서 감사를 반드시 선임하지 않아도 되는 주식회사라고 하여 달리 볼 것도 아니다."

10) 대법원 2005. 11. 8.자 2005마541 결정. (감사의 선임에 관한 주주총회 결의는 피선임자를

나 감사를 선임하는 경우, 그 선임결의와 피선임자의 승낙만 있으면,[11] 피선임자는 대표이사와 별도의 임용계약을 체결하였는지 여부와 관계없이 이사가 감사의 지위를 취득한다고 보아야 한다."라고 판시하면서 이러한 취지에 저촉되는 종래의 판례를 변경하였다.[12]

### (다) 감사의 자격과 겸직제한

**가) 감사의 자격**      감사의 자격에는 원칙적으로 제한이 없지만,[13] 이사와 마찬가지로 정관에 의하여 주주로 제한하는 것은 가능하다. 감사업무의 성격상 자연인만이 감사 자격이 있다.

**나) 감사의 겸직제한**      감사는 회사 및 자회사의 이사 또는 지배인 기타의 사용인의 직무를 겸하지 못한다(411조).

감사는 이사의 직무집행을 감사하는데(412조①). 자신의 피감독자인 이사를 겸직할 수 없음은 명백하다. 그리고 상법상 지배인은 "영업주에 갈음하여 그 영업에 관한 재판상 재판외의 모든 행위를 할 수 있는 권한을 가진 상업사용인"을 의미하므로(11조①), 주식회사의 대표이사에 준하는 지위라 할 수 있기 때문에 역시 겸직

---

회사의 기관인 감사로 한다는 취지의 회사 내부의 결정에 불과한 것이므로, 주주총회에서 감사선임결의가 있었다고 하여 바로 피선임자가 감사의 지위를 취득하게 되는 것은 아니고, 주주총회의 선임결의에 따라 회사의 대표기관이 임용계약의 청약을 하고 피선임자가 이에 승낙을 함으로써 비로소 피선임자가 감사의 지위에 취임하여 감사로서의 직무를 수행할 수 있게 되는 것이라고 판시)

11) 미국에서도 이사는 주주총회의 선임결의만으로 이사의 지위를 가지는 것이 아니고, 본인이 이사직을 수락하여야 한다는 것이 판례의 기본적인 입장이다.

12) 대법원 2017. 3. 23. 선고 2016다251215 전원합의체 판결. 한편, 이 판결에 의하여 환송된 후 서울고등법원 2018. 6. 7 선고 2017나2019232 판결은 "2018. 6. 7. 원고가 감사 임용계약 체결을 요구한 2015. 4. 1.부터 피고의 감사지위를 취득하였더라도 그로부터 3년 내 최종의 결산기에 관한 2018. 3. 23.자 정기주주총회가 종결되어 원고의 감사로서 임기가 만료되었고 위 정기주주총회에서 후임 감사가 유효하게 선임되었으므로, 위 정기주주총회가 부존재 또는 무효라거나 그 결의가 취소되었다고 볼 증거가 없는 이상 원고의 감사 지위 확인 청구는 과거의 법률관계에 대한 확인을 구하는 것에 불과하여 확인의 이익이 없다"는 이유로 이 사건 소 중 주위적 청구 부분을 각하하였다. 그러나 이 판결의 상고심에서 대법원은 "과거의 법률관계라고 할지라도 현재의 권리 또는 법률상 지위에 영향을 미치고 이에 대한 위험이나 불안을 제거하기 위하여 그 법률관계에 관한 확인판결을 받는 것이 유효·적절한 수단이라고 인정될 때에는 확인을 구할 이익이 있다. 따라서 이러한 경우 원심으로서는 종전의 감사 지위 확인청구가 과거의 법률관계에 대한 확인을 구하는 것이 되었다는 등의 이유만으로 곧바로 이를 부적법 각하할 것이 아니라 원고에게 현재의 권리 또는 법률상 지위에 대한 위험이나 불안을 제거하기 위해 과거의 법률관계에 대한 확인을 구할 이익이나 필요성이 있는지 여부를 석명하고 이에 관한 의견을 진술하게 하거나 청구취지를 변경할 수 있는 기회를 주어야 한다."라고 판시하면서 원심판결을 파기하였다.

13) 상장법인의 상근감사에 대하여는 별도의 자격제한이 있다.

제한 대상이다.

한편, "기타의 사용인"의 범위에 대하여 모든 피용자를 포함하는 의미로 넓게 해석하는 견해도 있다.[14] 감사는 이사의 직무의 집행을 감사하고(412조①), 피용자는 이사가 감독하는 것이므로, 결국 직접의 감독대상자를 겸직하는 경우만 금지할 것인지, 피감독자의 피감독자를 겸직하는 경우도 금지할 것인지에 관한 입법정책상의 문제이다.

상법상 사용인은, 영업에 관한 재판상 또는 재판외의 모든 행위를 할 권한을 가진 "지배인"과, 영업의 특정한 종류 또는 특정한 사항에 대한 위임을 받은 소위 "부분적 포괄대리권을 가진 사용인"(15조①), 물건판매에 관한 모든 권한을 가진 소위 "물건판매점포의 사용인"(16조①) 등으로 구분된다.

한편, 상법은 다른 규정에서 회사의 임원이 아닌 일반 직원을 가리키는 경우 예외없이 "피용자"라는 용어로 규정하는 점에 비추어, "기타의 사용인"은 피용자 중에서 영업 관련 권한의 전부 또는 일부에 대한 대리권을 가진 경우라고 해석하는 것이 타당하다.

집행임원의 겸임 여부에 관하여 상법상 명문의 규정이 없어서 논란의 여지가 있는데, 집행임원의 성격상 겸임이 금지된다고 해석하는 것이 타당하다.

한편, 감사는 회사 및 자회사의 이사 또는 지배인 기타의 사용인의 직무를 겸하지 못하는데(411조), 이와 관련하여 감사는 자회사의 감사도 겸직할 수 없다는 견해가 있다.[15] 그러나 상법은 겸임금지대상으로 명문으로 겸직금지 대상을 "자회사의 이사"만 규정하고, 한편으로는 감사가 자회사의 이사의 직무를 겸하지 못하게 하는 것은 실질적으로 자기가 자신을 감사하는 소위 자기감사에 해당하기 때문인데 모자회사의 감사 간에는 이러한 자기감사 문제가 없으므로, 자회사의 감사 겸직은 가능하다.

감사가 회사 또는 자회사의 이사 또는 지배인 기타의 사용인에 선임되거나 반대로 회사 또는 자회사의 이사 또는 지배인 기타의 사용인이 회사의 감사에 선임된 경우에는 그 선임행위는 각각의 선임 당시에 있어 현직을 사임하는 것을 조건으로 하여 효력을 가지고, 피선임자가 새로이 선임된 지위에 취임할 것을 승낙한 때에는

---

14) 반대: 주식회사법대계 제2판 Ⅱ, 1241면(감사업무의 공정성을 위하여 일반사용인도 포함하는 의미로 넓게 해석한다).

15) 주식회사법대계 제2판 Ⅱ, 1241면.

종전의 직을 사임하는 의사를 표시한 것으로 해석하여야 한다.[16]

(라) 감사의 인원·임기·보수

가) 감사의 인원  상법상 이사와 달리 감사의 원수에는 제한이 없다. 감사는 수인이 있어도 개개의 감사가 독립하여 개별적으로 권한을 행사한다.

나) 감사의 임기  감사의 임기는 취임 후 3년[17] 내의 최종의 결산기에 관한 정기총회의 종결시까지로 한다(410조).[18] 따라서 감사의 임기는 3년을 초과할 수도 있고, 3년에 미달할 수도 있다.[19] 감사의 임기를 정관으로 단축하거나 연장하는 것은 허용되지 않는다.[20] 중도퇴임한 감사의 후임자로 선임된 감사에게도 잔여임기가 아니라 상법 제410조가 규정하는 임기가 적용된다. 중임에 대하여는 아무런 제한이 없다.

이사의 임기는 3년을 초과하지 못하고(383조②), 또한 "정관으로" 그 임기중의 최종의 결산기에 관한 정기주주총회의 종결에 이르기까지 연장할 수 있는데(383조③), 감사의 임기는 정관의 규정에 관계없이 최종의 결산기에 관한 정기총회의 종결시까지라는 점이 다르다.

다) 감사의 보수  감사의 보수는 정관에 그 액을 정하지 아니한 때에는 주주총회 결의로 정한다(388조). 주주인 감사는 이사의 보수를 정하는 주주총회 결의에서는 특별이해관계인으로서 의결권이 없다(415조, 388조).

2) 종  임

감사의 종임사유는 사임·해임·임기만료 등 대체로 이사와 동일하다. 다만, 감사는 회사가 해산하여도 이사와 달리 자격을 유지한다.

---

16) 대법원 2007. 12. 13. 선고 2007다60080 판결.
17) 1995년 상법개정시 감사의 임기를 3년으로 연장하였다. 일본 회사법은 유사한 규정에서 "4년"으로 규정한다(日会 336조①). 그리고 비공개회사의 경우 정관에 의하여 선임 후 10년 이내의 종료하는 사업연도에 관한 정기주주총회의 종결시까지 임기를 연장할 수 있다(日会 336조②).
18) [등기선례 제1-162호(2001. 11. 1. 등기 3402-740 질의회답)] "상법 제410조는 감사의 임기에 관한 규정으로 반드시 새로운 감사를 그 정기주주총회에서 선임하여야 하는 것은 아니며, 적기에 정기주주총회가 개최되지 못하여 그 이후의 정기주주총회나 임시주주총회에서 새로운 감사가 선임된 경우 전임 감사의 임기종료일은 제410조에서 규정하는 결산기에 관한 정기주주총회를 개최할 수 있는 시기(결산기가 12월 31일이면 익년 3월 31일)까지이다."
19) 12월말 결산법인의 경우 2019. 3. 20. 정기총회가 열린다면 2016. 3. 20. 전에 취임한 감사는 3년을 초과하고, 2016. 3. 20. 후에 취임한 감사는 3년에 미달한 채 2019. 3. 20. 임기가 만료된다. 선임일이 2015. 12. 20. 인 감사의 임기는 취임 후 3년이 되는 2018. 12. 20. 내의 최종 결산기인 2017. 12. 31.에 관한 정기총회 종결시까지이므로 3년에 미달한다.
20) 울산지방법원 2003. 11. 19. 선고 2003가합1485 판결.

상법상 비상장회사의 감사에게는 이사의 해임에 관한 제385조가 준용되므로 특별결의만 요구될 뿐, 대주주의 의결권 행사가 제한되지 않는다.

감사의 독립성을 위한 특칙으로서, 감사는 주주총회에서 감사의 해임에 관하여 의견을 진술할 수 있다(409조의2). 한편, 비상장회사의 경우 감사의 해임에 관하여는 의결권제한 규정이 없다. 따라서 대주주는 감사 선임의 경우에는 의결권제한으로 영향력을 발휘하지 못하지만, 감사 해임의 경우에는 의결권이 제한되지 아니하므로 용이하게 감사를 해임할 수 있다. 이러한 이유로 감사해임의 경우에도 감사선임의 의결권제한규정을 유추적용해야 한다는 취지의 견해도 있지만,21) 상법은 명문의 규정으로 선임의 경우에만 의결권을 제한하므로 이러한 해석은 입법론으로는 몰라도 해석론으로는 곤란하다. 소수주주가 감사해임청구를 하는 경우 이사해임의 소에서와 같이 회사와 감사를 공동피고로 하여야 한다는 것이 통설적인 견해이다.

감사의 퇴임에 의하여 정관상의 원수를 결하게 되는 경우에는 퇴임이사에 관한 규정(386조①)이 준용된다(415조).

한편, 감사의 임기 내에 감사지위 확인의 소를 제기하였으나 소송 계속 중 임기가 만료되고 후임 감사가 선임된 경우, 하급심22)은 원고의 감사 지위 확인 청구는 과거의 법률관계에 대한 확인을 구하는 것이라는 이유로 부적법 각하하였으나, 환송 후 상고심은 원고에게 현재의 권리 또는 법률상 지위에 대한 위험이나 불안을 제거하기 위해 과거의 법률관계에 대한 확인을 구할 이익이나 필요성이 있는지 여부를 석명하고 이에 관한 의견을 진술하게 하거나 청구취지를 변경할 수 있는 기회를 주어야 한다는 이유로 파기환송하였다.23)

---

21) 김교창, 150면.

22) 서울고등법원 2018. 6. 7. 선고 2017나2019232 판결(대법원 2017. 3. 23. 선고 2015다248342 전원합의체 판결의 환송심).

23) [대법원 2020. 8. 20. 선고 2018다249148 판결] "원고가 이 사건 소를 제기할 당시는 물론 대법원이 원고의 감사 지위 확인 청구를 받아들이는 취지의 환송판결을 할 당시에도 감사로서의 임기가 충분히 남아 있었는데, 원심의 심리 도중 원고의 임기가 만료되고 후임 감사가 선임됨에 따라 원고의 감사 지위 확인 청구는 과거의 법률관계에 대한 확인을 구하는 것이 되었다. 그러나 과거의 법률관계라고 할지라도 현재의 권리 또는 법률상 지위에 영향을 미치고 이에 대한 위험이나 불안을 제거하기 위하여 그 법률관계에 관한 확인판결을 받는 것이 유효·적절한 수단이라고 인정될 때에는 확인을 구할 이익이 있다. 따라서 이러한 경우 원심으로서는 종전의 감사 지위 확인청구가 과거의 법률관계에 대한 확인을 구하는 것이 되었다는 등의 이유만으로 곧바로 이를 부적법 각하할 것이 아니라 원고에게 현재의 권리 또는 법률상 지위에 대한 위험이나 불안을 제거하기 위해 과거의 법률관계에 대한 확인을 구할 이익이나 필요성이 있는지 여부를 석명하고 이에 관한 의견을 진술하게 하거나 청구취지를 변경할 수 있는 기회를 주어야 한다. 상세한 이유는 아래와 같다.

1) 일반적으로 과거의 법률관계는 확인의 소의 대상이 될 수 없지만, 그것이 이해관계인들 사이에 현재적 또는 잠재적 분쟁의 전제가 되어 과거의 법률관계 자체의 확인을 구하는 것이 관련된 분쟁을 일거에 해결하는 유효·적절한 수단이 될 수 있는 경우에는 예외적으로 확인의 이익이 인정된다(대법원 1995. 3. 28. 선고 94므1447 판결, 대법원 1995. 11. 14. 선고 95므694 판결 등 참조).

이 사건의 경우 원심에 이르러 원고의 임기가 만료되고 후임 감사가 선임되었다고 하여 원고의 권리 또는 법률관계에 관하여 당사자 사이에 아무런 다툼이 없다거나 법적 불안이나 위험이 없어졌다고 볼 수 없다. 원고는 피고로부터 감사로서의 지위를 부인당하여 이 사건 소를 제기하였고 피고는 그 소송의 상고심에 이르기까지 계속하여 이를 다투어 왔기 때문이다. 만일 이 경우 항상 확인의 이익이 없어 본안판단을 할 수 없다고 한다면 당사자 사이에 실질적인 분쟁이 있는데도 법원이 사실상 재판을 거부하는 결과가 될 수 있다. 실무적으로는 자신에게 불리한 본안판단을 회피하기 위해 상대방 당사자가 의도적으로 소송을 지연시키는 등의 부작용이 발생할 수도 있다.

나아가 이 사건에서 원고가 주식회사인 피고의 감사 지위에 있었는지 여부는 이를 전제로 한 원고의 다른 권리나 법률상 지위 등에 영향을 미칠 수 있다. 가령 감사는 상법 제388조, 제415조에 따라 회사에 대해 보수청구권을 가지므로(대법원 2015. 8. 27. 선고 2015다214202 판결 등 참조), 원고는 피고를 상대로 감사로서 임기 중 보수를 지급받지 못한 데에 따른 손해배상청구 등을 할 수 있다. 또한 원고의 손해가 피고의 대표이사의 고의 또는 중대한 과실로 인한 것이라면 상법 제401조에 따라 대표이사 개인도 피고와 연대하여 손해배상책임을 지게 된다. 따라서 과거의 법률관계가 되었더라도 이 사건 주위적 청구의 소송물인 원고의 감사 지위 존부에 대하여 기판력 있는 확인판결을 받는 것은 위와 같은 후속분쟁을 보다 근본적으로 해결하는 유효·적절한 수단이 될 수 있다.

원고가 피고의 감사 지위에 있었는지 여부는 금전지급을 구하는 후속 소송에서 선결문제가 되어 심리·판단될 수도 있다. 그러나 이러한 사정은 이 사건 주위적 청구에 관한 확인의 이익을 전면적으로 부정할 이유가 되지 못한다. 관련된 분쟁에서 동일한 쟁점에 대해 번번이 당사자의 주장과 증명, 법원의 심리와 판단을 거치도록 하는 것은 소송경제에 부합하지도 않는다.

2) 민사소송법 제136조 제4항은 "법원은 당사자가 명백히 간과한 것으로 인정되는 법률상 사항에 관하여 당사자에게 의견을 진술할 기회를 주어야 한다."라고 정하고 있다. 따라서 당사자가 부주의 또는 오해로 인하여 명백히 간과한 법률상의 사항이 있거나 당사자의 주장에 법률상 모순이나 불명료한 점이 있는 경우 법원은 적극적으로 석명권을 행사하여 당사자에게 의견진술의 기회를 주어야 하고 만일 이를 게을리한 경우에는 석명 또는 지적의무를 다하지 않은 것으로서 위법하다(대법원 1995. 7. 11. 선고 94다34265 전원합의체 판결, 대법원 2010. 2. 11. 선고 2009다83599 판결 등 참조).

이 사건처럼 제소 당시는 물론 환송판결 당시에도 감사로서 임기가 충분히 남아 있어 원고가 현재 감사 지위에 있다는 확인을 구하였는데 원심의 심리 도중 임기만료와 후임 감사의 선임이라는 사정 변화가 생긴 경우, 원심으로서는 현재의 권리 또는 법률상 지위에 대한 위험이나 불안을 제거하기 위해 과거에 일정 기간 동안 피고의 감사 지위에 있었음에 대한 확인을 구할 이익이나 필요성이 있는지를 석명하고 이에 관한 의견을 진술하게 하거나 청구취지를 변경할 수 있는 기회를 준 다음, 원고가 그 석명에 응하여 청구취지를 변경한 경우에는 이에 따른 판결을 함으로써 분쟁의 일회적 해결을 도모해야 한다. 왜냐하면 이 사건 소송의 진행경과 등에 비추어 원고로서는 특별한 사정이 없는 한 종전의 청구를 그대로 유지하여 부적법 각하판결을 받는 것보다는 현재의 권리나 법률상 지위 등에 영향을 미칠 수 있는 과거의 감사 지위에 대한 확인판결이라도 받겠다는 의사를 가진다고 보는 것이 합리적이기 때문이다. 또한 위와 같은 법원의 석명은 제1심부터 환송판결에 이르기까지 당사자 사이에 충분히 주장·증명이 이루어진

## 3) 상장회사에 대한 특례

### ⑺ 의결권 제한

상장회사가 감사를 선임·해임할 때에는 의결권 없는 주식을 제외한 발행주식
총수의 3%(정관에서 더 낮은 주식 보유비율을 정할 수 있으며, 정관에서 더 낮은 주식 보유비
율을 정한 경우에는 그 비율로 한다)를 초과하는 수의 주식을 가진 주주(최대주주는 그의
특수관계인, 그 밖에 대통령령으로 정하는 자가 소유하는 주식을 합산한다)는 그 초과하는
주식에 관하여 의결권을 행사하지 못한다(542조의12⑦).24)

기준일 후 주주총회 회일 전에 계열회사의 이사로 취임하는 등의 사유로 특수
관계인이 된 주주의 의결권도 3%에 합산하여 제한된다. 기준일은 회사가 의결권을
행사할 주주를 확정하기 위하여 정한 날이므로 임원 취임으로 특수관계인이 된 주
주의 의결권 제한과 무관하기 때문이다.25)

판례는 최대주주 아닌 주주(2대주주나 3대주주)의 의결권을 그 특수관계인이 소
유하는 주식과 합산하여 제한하는 내용의 정관 규정은 무효라는 입장이다.26) 상법

---

사항을 기초로 하므로, 피고가 논리적으로 예견할 수 있는 범위 내에 있어 이로 인해 특별히
피고가 불리하게 된다고 볼 수도 없다.
3) 확인의 이익은 확인의 소에 특수한 소의 이익으로서 국가적·공익적 측면에서는 무익한 소송
제도의 이용을 통제하는 원리이다. 그런데 이 사건에서는 이미 제1심부터 상고심에 이르기까지
본안에 대한 심리와 판단이 이루어졌으므로, 원심에서 새삼스럽게 확인의 이익유무를 심리하여
무익한 소송제도의 이용을 통제하고 법원의 본안판결에 따른 부담을 절감해야 할 실익은 거의
없다. 오히려 상고심의 환송판결까지 거쳐 본안에 관한 실체적 판단이 이루어진 종전의 감사 지
위 확인 청구에 대해 확인의 이익이 없다는 이유로 부적법 각하할 경우 해당 소송물에 관한 법
원의 종국적인 판단이 무엇인지 불분명한 상태로 소송절차가 종결되는 문제가 생긴다. 이는 법
적 분쟁을 최종적이고 통일적으로 해결해야 하는 사법절차 본연의 기능과 역할에 반한다.
4) 결국 이 사건에서 원심으로서는 원고에게 과거에 일정 기간 동안 피고의 감사 지위에 있었
음에 대한 확인을 구할 의사가 있는지, 이를 통해 현재의 권리 또는 법률상 지위에 대한 위험
이나 불안을 제거할 필요가 있는지를 석명하고 이에 관한 의견을 진술하게 하거나 청구취지
를 변경할 수 있는 기회를 주었어야 한다."
24) 상장회사 중 최근 사업연도 말 현재 자산총액이 2조원 이상인 경우에는 감사를 둘 수 없고
반드시 감사위원회를 설치해야 한다. 따라서 상장회사 감사의 선임과 해임에 관한 규정은 자
산총액 2조원 미만인 상장회사가 감사위원회를 설치하지 않는 경우에만 적용된다.
25) 서울중앙지방법원 2008. 4. 28.자 2008카합1306 결정.
26) [대법원 2009. 11. 26. 선고 2009다51820 판결] "원심판결 이유에 의하면, 원심은 주주평등의
원칙과 1주 1의결권 원칙의 취지, 주식회사법을 강행법규로 한 이유, 우리 상법 및 구 증권거
래법에서 감사제도 및 감사 선임시 의결권제한규정을 둔 취지 등에 비추어 이 사건 정관조항
은 강행법규에 위배되고 주주의 의결권을 부당하게 제한하는 무효의 조항이라고 판단한 다음,
피고회사가 이 사건 정관조항에 따라 원고 및 그 특수관계인 등의 의결권을 제한한 것은 위법
하여 이 사건 결의는 결의방법에 법령에 위반한 하자가 있는 경우에 해당한다고 보아 이 사건
주주총회 결의의 취소를 구하는 원고의 청구를 받아들였다. 앞서 본 법리와 기록에 비추어 살

상 비상장회사의 감사에게는 이사의 해임에 관한 제385조가 준용되므로 특별결의
만 요구될 뿐, 상장회사와 달리 의결권 행사가 제한되지 않는다.

(나) 별도상정    상장회사가 주주총회의 목적사항으로 감사의 선임 또는 감사
의 보수결정을 위한 의안을 상정하려는 경우에는 이사의 선임 또는 이사의 보수결
정을 위한 의안과는 별도로 상정하여 의결하여야 한다(542조의12⑤). 제542조의12 제
5항의 적용대상인 상장회사도 자산규모에 관계없이 모든 상장회사이다. 다만, 비상
장회사의 경우에도 주주총회 실무상 별도상정이 일반화되어 있으므로 상장회사에
관한 별도상정 규정은 사실상 주의적 규정이라 할 수 있다.27)

4) 소규모회사 감사에 관한 특례

자본금의 총액이 10억원 미만인 회사의 경우에는 감사를 선임하지 아니할 수
있다(409조④). 소규모회사의 감사는 임의기관이므로 회사의 선택에 따라 감사를 두
지 않을 수도 있는 것이다.

### (3) 권     한

#### 1) 업무감사권

감사는 이사의 직무의 집행을 감사한다(412조①).

(가) 의     의    이사에 속하는 직무의 일체가 감사대상이라는 의미이다. 직무
에는 일상 업무를 비롯한 이사의 직무에 속하는 일체의 사항이 포함된다. 이사 개개
인의 직무집행 외에 이사회의 권한사항도 감사대상이다.

(나) 회계감사권    감사의 업무감사권에는 회계감사권도 포함된다.28) 감사의
업무감사권을 피보전권리로 하여 감사의 회계장부 열람·등사청구권을 인정한 판례
도 있다.29) 감사의 회계감사권은 이사에 대한 감사보고서 제출의무를 이행하기 위
한 전제이기도 하다. 이사는 정기총회회일의 6주 전에 재무제표 및 연결재무제표를
감사에게 제출하여야 하고(447조의3), 감사는 제출받은 날부터 4주 내에 감사보고서

---

퍼보면, 원심의 위와 같은 판단은 정당하고, 거기에 상고이유로 주장하는 바와 같은 상법 제
409조 및 구 증권거래법 제191조의11에 대한 법리오해 등의 위법이 없다.”
27) 同旨: 이철송, 837면.
28) 상법 제정 당시에는 감사가 회계감사권만 가졌으나, 1984년 개정시 업무감사권도 가지게 되
었다. 일본에서도 감사의 직무권한은 회계감사(日会 436조①)와 업무감사(日会 381조①)에 미
치는데, 다만 비공개회사가 아닌 중소규모회사(감사회설치회사와 회계감사인설치회사는 제외)
의 경우 감사의 권한범위를 회계감사에 한정하는 뜻을 정관에서 정할 수 있다(日会 389조①).
29) 서울중앙지방법원 2007. 11. 21.자 2007카합2727 결정.

를 이사에게 제출하여야 한다(447조의4①). 감사가 감사를 하기 위하여 필요한 조사를 할 수 없었던 경우에는 감사보고서에 그 뜻과 이유를 적어야 한다(447조의4③). 감사의 회계감사권의 구체적인 내용은 감사보고서 기재사항(447조의4②)을 포함하나 그에 한정되지 않는다.

### (다) 감사권의 범위

가) 원　　칙　　감사의 업무감사권의 범위에 대하여, 직무집행의 적법성만을 감사할 수 있다는 다수설과, 타당성도 감사할 수 있다는 소수설이 있다. 타당성감사도 포함한다는 견해에 의하면 감사의 경영판단이 이사의 경영판단에 우선하는 결과가 되므로, 상법이 명문으로 타당성감사를 규정한 경우 외에는 적법성만 감사 대상이라고 보아야 한다.[30]

나) 타당성감사 대상　　상법이 명문으로 타당성감사를 규정한 경우로서, 감사는 이사가 주주총회에 제출할 의안 및 서류를 조사하여 법령 또는 정관에 위반하거나 현저하게 부당한 사항이 있는지의 여부에 관하여 주주총회에 그 의견을 진술하여야 한다(413조). 감사보고서에는 대차대조표 또는 손익계산서의 작성에 관한 회계방침의 변경이 타당한지의 여부와 그 이유를 기재하여야 한다(447조의4②5).

(라) 자회사 감사권　　모회사의 감사는 그 직무를 수행하기 위하여 필요한 때에는 자회사에 대하여 영업의 보고를 요구할 수 있다(412조의5①). 모자회사관계는 제342조의2의 규정에 의한다. 모회사의 감사는 이 경우에 자회사가 지체 없이 보고를 하지 아니할 때 또는 그 보고의 내용을 확인할 필요가 있는 때에는 자회사의 업무와 재산상태를 조사할 수 있다(412조의5②). 즉, 모회사의 감사는 자회사가 보고의무를 위반하거나 자회사의 보고내용을 확인할 필요가 있는 경우에만 직접 조사권을 가진다. 자회사는 정당한 이유가 없는 한 위와 같은 보고 또는 조사를 거부하지 못한다(412조의5③).[31]

모회사의 현황을 자회사의 영업과 연결시키지 않으면 적정한 감사가 곤란하므로 인정되는 제도이다.

---

30) 이사회의 감독권은 자기시정기능으로서 타당성감사에도 미친다는 점에 대하여는 이견이 없다. 이사의 직무집행에 대하여, 이사회는 적법성 외에 타당성, 효율성에 대한 감시도 하고, 감사기관은 적법성에 대한 감시를 하므로, 전자는 감독, 후자는 감사라는 용어로 구별하기도 한다.
31) 정당한 이유로는 자회사의 영업비밀 침해 등 자회사의 독립된 이익이 침해된 경우를 뜻한다(이철송, 843면).

2) 기타 권한

(가) 보고요구 및 조사권    감사는 언제든지 이사에 대하여 영업에 관한 보고를 요구하거나 회사의 업무와 재산상태를 조사할 수 있다(412조②). 이는 이사의 업무감사를 위한 것이다. 또한, 감사는 회사의 비용으로 전문가의 조력을 구할 수 있다(412조③).32)

(나) 이사의 보고의무    이사는 회사에 현저하게 손해를 미칠 염려가 있는 사실을 발견한 때에는 즉시 감사에게 이를 보고하여야 한다(412조의2). 회사에 현저하게 손해를 미칠 염려가 있는 사실을 발견한 이사 외에 손해의 원인과 관련된 이사도 보고의무를 부담한다. 통상의 영업손실은 "현저하게 손해를 미칠 염려"가 없으므로 보고의무의 대상이 아니다. "염려가 있는 사실"이라는 규정상 아직 발생하지 않은 손해도 보고의무의 대상에 포함된다. "손해"는 반드시 영업상의 손해뿐 아니라 영업 외에 회사에 미치는 일체의 손해를 의미한다. 위와 같은 보고를 받은 감사는 진상을 조사하고 이사회와 주주총회에서 의견을 진술하는 등 적절한 조치를 취하여야 한다.

(다) 임시주주총회소집청구권    감사는 회의의 목적사항과 소집의 이유를 기재한 서면을 이사회에 제출하여 임시총회의 소집을 청구할 수 있다(412조의3①).

(라) 이사회출석·의견진술권    감사는 이사회에 출석하여 의견을 진술할 수 있다(391조의2①). 따라서 이사회 소집시 감사에게도 소집통지를 하여야 한다.33) 그러나 감사에 대한 소집통지의 흠결이나 감사의 불출석은 이사회 결의의 하자로 되지 않는다. 감사의 이사회출석권은 감사권의 수행을 위한 것이고 이사회 결의의 적법성을 위한 것이 아니기 때문이다.34)

감사의 이사회출석은 권리이고 의무는 아니다. 따라서 감사의 이사회불출석 자체를 감사의 임무해태로 볼 수 없다. 다만 불출석으로 인하여 필요한 감사권을 행사하지 못한 경우는 임무해태에 해당할 수 있다.35)

---

32) 감사기능의 실효성을 확보하기 위하여 감사에 대하여도 감사위원회와 같이(415조의2⑤), 회사의 비용으로 전문가의 조력을 구할 수 있도록 하는 것으로서, 2011년 상법개정시 신설되었다.

33) 이사회를 소집함에는 회일을 정하고 그 1주 전에 각 이사·감사에 대하여 통지를 발송하여야 한다. 그러나 그 기간은 정관으로 단축할 수 있다(390조③). 이사회는 이사·감사 전원의 동의가 있는 때에는 소집통지의 발송 없이 언제든지 회의할 수 있다(390조④).

34) [대법원 1992. 4. 14. 선고 90다카22698 판결] "소론은 위 이사회 의사록에 감사가 참석하지 않았고 의사록에 기명날인도 하지 않았으므로 위 이사회 결의가 무효라고 주장하나 이사회의 결의에 있어 감사의 출석이나 기명날인이 유효요건이 아니므로 위 논지는 받아들일 수 없다."

35) 同旨: 이철송, 843면.

(마) 이사회 의사록 기명날인 또는 서명      이사회의 의사에 관하여는 의사록을 작성하여야 한다(391조의3①). 의사록에는 의사의 안건, 경과요령, 그 결과, 반대하는 자와 그 반대이유를 기재하고 출석한 이사 및 감사가 기명날인 또는 서명하여야 한다(391조의3②). 감사의 이사회 의사록 기명날인은 의사록 작성의 진실성을 확보하기 위한 것이다.

(바) 이사의 위법행위유지청구권      이사가 법령 또는 정관에 위반한 행위를 하여 이로 인하여 회사에 회부할 수 없는 손해가 생길 염려가 있는 경우에는 감사 또는 발행주식총수의 1% 이상에 해당하는 주식을 가진 주주는 회사를 위하여 이사에 대하여 그 행위를 유지할 것을 청구할 수 있다(402조). 상법은 "청구할 수 있다."라고 규정하나, 감사는 이사가 법령 또는 정관에 위반한 행위를 하여 이로 인하여 회사에 회복할 수 없는 손해가 생길 염려가 있는 경우에는 소수주주와 달리 반드시 유지청구를 하여야 하고, 유지청구의 요건이 충족되었음에도 감사가 유지청구를 하지 않으면 그 자체가 임무해태에 해당한다.[36]

(사) 소송절차상 회사의 대표권

가) 이사와 회사 간의 소

(a) 감사의 대표권      통상의 소송에서는 대표이사가 회사를 대표하지만, 회사가 이사에 대하여 또는 이사가 회사에 대하여 소를 제기하는 경우에 감사는 그 소에 관하여 회사를 대표한다.[37] 회사가 대표소송 또는 다중대표소송의 제소청구를 받은 경우에도 같다(394조①). 상법 제394조 제1항의 이사에는 사내이사·사외이사·기타 비상무이사 등이 모두 포함된다. 이사와 회사 사이의 소에 있어서 양자 간에 이해의 충돌이 있기 쉬우므로 그 충돌을 방지하고 공정한 소송수행을 확보하기 위하여 비교적 객관적 지위에 있는 감사로 하여금 그 소에 관하여 회사를 대표하도록 규정하는 것이다. 감사는 그 소에 관하여 그 제소여부의 결정, 소의 제기 및 그 취하를 포함한 소송종결에 이르기까지의 소송절차에 관한 모든 권한을 가진다.

(b) 재임이사      상법 제394조 제1항의 이사에는 임기만료·해임·사임 등으로 이사의 지위를 떠난 이사는 포함되지 않는다. 소송의 목적이 되는 권리관계가 이사의 재임중에 일어난 사유로 인한 것이라 할지라도 회사가 그 사람을 이사

---

36) 상법 제415조의2 제7항에 의하여 감사위원에게 준용되는 경우에도 마찬가지이다.
37) 대법원 1990. 5. 11. 선고 89다카15199 판결.

의 자격으로 제소하는 것이 아니고 이사가 이미 이사의 지위를 떠난 후 회사가 그 사람을 상대로 제소하는 경우에는 특별한 사정이 없는 한 위 상법 제394조 제1항은 적용되지 않는다.38) 회사의 이사로 등기되어 있던 사람이 회사를 상대로 사임을 주장하면서 이사직을 사임한 취지의 변경등기를 구하는 소에서 상법 제394조 제1항은 적용되지 아니하므로 그 소에 관하여 회사를 대표할 사람은 감사가 아니라 대표이사라고 보아야 한다.39) 다만, 새로 선임된 이사(후임이사)가 취임할 때까지 이사로서의 권리의무가 있는 퇴임이사(386조①)는 포함된다.

    (c) 일시이사와의 관계    회사가 이사에 대하여 또는 이사가 회사에 대하여 소를 제기한 경우 감사가 회사를 대표한다는 상법 제394조 제1항은 이사와 회사 양자 간에 이해의 충돌이 있기 쉬우므로 그 충돌을 방지하고 공정한 소송수행을 확보하기 위한 것이다. 따라서 소 제기 전에 원고가 회사를 적법하게 대표할 사람이 없다는 이유로 법원에 일시대표이사의 선임을 구하는 신청을 하여 일시대표이사가 선임된 경우에는 일시대표이사로 하여금 회사를 대표하도록 하더라도 공정한 소송수행을 저해하는 것이라고 보기는 어려우므로 상법 제394조 제1항은 적용되지 않는다.40)

    나) 감사·감사위원회위원과 회사 간의 소    회사가 감사를 상대로 소송을 하는 경우에는 이사와 회사 간의 소가 아니므로 대표이사가 회사를 대표한다. 감사위원회의 경우에는 감사위원도 이사인데 감사위원이 소의 당사자인 경우 감사가 없

---

38) 대법원 2002. 3. 15. 선고 2000다9086 판결.

39) [대법원 2013. 9. 9.자 2013마1273 결정] "이러한 소에서 적법하게 이사직 사임이 이루어졌는지는 심리의 대상 그 자체로서 소송 도중에는 이를 알 수 없으므로 법원으로서는 소송관계의 안정을 위하여 일응 외관에 따라 회사의 대표자를 확정할 필요가 있다. 그런데 위 상법 규정이 이사와 회사의 소에서 감사로 하여금 회사를 대표하도록 규정하고 있는 이유는 공정한 소송수행을 확보하기 위한 데 있고, 회사의 이사가 사임으로 이미 이사직을 떠난 경우에는 특별한 사정이 없는 한 위 상법 규정은 적용될 여지가 없다. 한편 사임은 상대방 있는 단독행위로서 그 의사표시가 상대방에게 도달함과 동시에 효력이 발생하므로 그에 따른 등기가 마쳐지지 아니한 경우에도 이로써 이사의 지위를 상실함이 원칙이다. 따라서 이사가 회사를 상대로 소를 제기하면서 스스로 사임으로 이사의 지위를 상실하였다고 주장한다면, 적어도 그 이사와 회사의 관계에서는 외관상 이미 이사직을 떠난 것으로 보기에 충분하고, 또한 대표이사로 하여금 회사를 대표하도록 하더라도 공정한 소송수행이 이루어지지 아니할 염려는 거의 없기 때문이다."

40) 대법원 2018. 3. 15. 선고 2016다275679 판결(甲주식회사의 일시대표이사인 乙이 甲회사를 대표하여 甲회사의 소수주주가 소집한 주주총회에서 이사로 선임된 丙을 상대로 이사선임결의의 부존재를 주장하며 이사 지위의 부존재 확인을 구하자, 丙이 회사와 이사 사이의 소는 상법 제394조 제1항에 따라 감사가 회사를 대표하여야 한다고 주장한 사안에서, 일시대표이사인 乙로 하여금 甲회사를 대표하도록 하는 것이 공정한 소송수행을 저해한다고 보기 어려워 위 소에 상법 제394조 제1항은 적용되지 않는다고 한 사례)

으므로 감사위원회 또는 이사는 법원에 회사대표자의 선임을 신청하여야 한다(394조②). 감사와 이사가 공동불법행위로서 공동피고로 된 경우에도 상법 제394조 제2항을 유추적용하여 피고 아닌 다른 이사가 법원에 회사대표자의 선임을 신청하여야 할 것이다.[41]

다) 감사가 없는 소규모회사    자본금의 총액이 10억원 미만인 회사의 경우에는 감사를 선임하지 아니할 수 있는데(409조④), 이 경우 이사와 회사 간의 소에서 회사, 이사 또는 이해관계인은 법원에 회사를 대표할 자를 선임하여 줄 것을 신청하여야 한다(409조⑤).[42]

라) 집행임원과 회사 간의 소    이사회는 집행임원과 집행임원설치회사와의 소에서 집행임원설치회사를 대표할 자를 선임할 수 있다(408조의2③3).

마) 소의 범위    상법 제394조는 회사법상의 소에 한하지 않고 일반 민사소송에도 적용된다.[43] 한편, 이사와 회사 간의 소에 있어서는 당사자 간에 이해의 충돌이 있기 쉬우므로 그 충돌을 방지하고 공정한 소송수행을 확보하기 위하여 감사가 회사를 대표하는 것인데, 쟁송성이 희박한 비송사건[44]의 경우에도 상법 제394조 제1항이 적용되는지에 관하여는 비송사건의 본질과 관련하여 논란의 여지가 있다. 이에 관하여는 별다른 학설이나 판례가 없는데, 실무에서는 상사비송사건에서도 쟁송성이 전혀 없는 것이 아니고 소송사건의 비송화 추세에 비추어 위 규정이 적용된다고 보는 것이 일반적이다.

바) 각자대표    감사는 수인이 있어도 개개의 감사가 독립하여 개별적으로 권한을 행사하므로, 감사가 2인 이상이 있는 경우 각자가 단독으로 소에 관하여 회사를 대표한다. 따라서 복수의 감사 중 1인이 회사를 대표하여 이사를 상대로 제기한 소를 다른 감사가 취하할 수도 있다.[45] 소취하로 인하여 회사가 손해를 입은 경우에는 취하한 감사의 회사에 대한 손해배상책임이 발생한다.

---

41) 다만, 대법원 2012. 7. 12. 선고 2012다20475 판결은 다른 임원이 손해배상청구권을 행사할 수 있을 정도로 피고들의 불법행위를 안 때를 소멸시효의 기산점이라고 판시하였는데, 다른 이사가 회사를 대표할 수 있다고 정면으로 인정한 판시로 보기는 어렵다.

42) 일본에서도 이사와 회사 간의 소송에서는 주주총회가 당해 소송에 대한 회사대표자를 따로 정할 수 있다(日会 353조).

43) 대법원 2001. 1. 30. 선고 2000다60388 판결(소유권이전등기절차이행청구사건인데, 대표이사에게 송달되어 선고된 판결에 대하여 재심사유의 존재가 인정되었다).

44) 대표적인 비송사건으로는, 임시주주총회소집허가신청사건, 일시이사선임신청사건, 주식매수가액결정신청사건 등이 있다.

45) 대법원 2003. 3. 14. 선고 2003다4112 판결.

(아) **각종의 소제기권** 설립무효의 소(328조), 주주총회 결의취소의 소(376조①), 신주발행무효의 소(429조), 감자무효의 소(445조) 등이 있다. 감사가 결의취소의 소, 신주발행무효의 소, 감자무효의 소를 제기한 경우 이사인 주주의 경우와 같이 담보제공의무가 면제된다. 주주가 결의취소의 소를 제기한 때에는 법원은 회사의 청구에 의하여 상당한 담보를 제공할 것을 명할 수 있다. 그러나 그 주주가 이사 또는 감사인 때에는 그렇지 않다(377조①).

(자) **이사회 소집청구권** 감사는 필요하면 회의의 목적사항과 소집이유를 기재한 서면을 이사(소집권자가 있는 경우에는 소집권자)에게 제출하여 이사회의 소집을 청구할 수 있다(412조의4①). "필요하면"은 감사가 이사회에 출석하여 의견을 진술하거나(391조의2①), 이사회에 보고하기 위하여(391조의2②) 필요한 경우를 말한다. 이러한 청구가 있었음에도 불구하고 이사가 지체 없이 이사회를 소집하지 아니한 경우에는 "그 청구를 한 감사"가 이사회를 소집할 수 있다(412조의4②). 이러한 경우 감사가 이사회를 소집하기 위하여는 법원의 허가를 받을 필요가 없다.[46] 2011년 상법개정시 감사의 직무수행의 효율성을 높이기 위하여 신설된 규정이다.

3) **소규모회사 감사에 관한 특례**

소규모회사가 감사를 두지 아니한 경우(409조④), 제412조(이사의 직무집행 감사, 보고요구 및 조사권한), 제412조의2(이사의 보고의무) 및 제412조의5(자회사의 조사권) 제1항·제2항 중 "감사"는 각각 "주주총회"로 본다(409조⑥).

## (4) 감사의 의무

1) **선관주의의무**

감사에게도 위임규정이 준용되므로 감사는 수임인으로서 선관주의의무를 부담한다.[47]

---

46) 집행임원의 소집청구가 있은 후 이사가 지체 없이 이사회 소집의 절차를 밟지 아니한 때에는 소집을 청구한 집행임원은 "법원의 허가를 받아" 이사회를 소집할 수 있다(408조의7②). 즉, 감사와 달리 집행임원은 법원의 허가를 받아야 이사회를 소집할 수 있다.

47) [대법원 2019. 11. 28. 선고 2017다244115 판결] "주식회사의 감사는 회사의 필요적 상설기관으로서 회계감사를 비롯하여 이사의 업무집행 전반을 감시할 권한을 갖는 등 상법 기타 법령이나 정관에서 정한 권한과 의무가 있다. 감사는 이러한 권한과 의무를 선량한 관리자의 주의의무를 다하여 이행하여야 하고, 이에 위반하여 그 임무를 해태한 때에는 그로 인하여 회사가 입은 손해를 배상할 책임이 있다."

### 2) 주주총회에 대한 의견진술의무

감사는 이사가 주주총회에 제출할 의안 및 서류를 조사하여 법령 또는 정관에 위반하거나 현저하게 부당한 사항이 있는지의 여부에 관하여 주주총회에 그 의견을 진술하여야 한다(413조). 감사가 복수인 경우에는 감사별로 독립하여 진술해야 하지만, 감사 전원의 의견이 일치하는 경우는 어느 한 감사가 대표로 진술할 수 있다.[48]

### 3) 이사회에 대한 보고의무

감사는 이사가 법령 또는 정관에 위반한 행위를 하거나 그 행위를 할 염려가 있다고 인정한 때에는 이사회에 이를 보고하여야 한다(391조의2②).

### 4) 감사록 작성의무

감사는 감사에 관하여 감사록을 작성하여야 한다(413조의2①). 감사록에는 감사의 실시요령과 그 결과를 기재하고 감사를 실시한 감사가 기명날인 또는 서명하여야 한다(413조의2②).

### 5) 감사보고서 작성·제출의무

(가) 상법상 의무   이사는 정기총회회일의 6주 전에 재무제표 및 연결재무제표를 감사에게 제출하여야 한다(447조의3). 감사는 이사로부터 재무제표와 영업보고서를 받은 날부터 4주 내에 감사보고서를 이사에게 제출하여야 한다(447조의4①).[49] 반면에 상장회사의 감사 또는 감사위원회는 이사에게 감사보고서를 주주총회일의 1주 전까지 제출할 수 있다(542조의12⑥).

(나) 외감법상 의무   회사는 (개별 또는 별도) 재무제표를 정기주주총회 6주 전에 외부감사인에게 제출하고, 연결재무제표 작성회사는 한국채택국제회계기준을 적용하는 경우 연결재무제표를 정기주주총회 4주 전에 외부감사인에게 제출하여야 한다(外監令 6조).[50][51] 외부감사인은 (개별 또는 별도) 재무제표 및 연결재무제표

---

48) 제413조는 감사위원회에 준용되는데, 감사위원회를 설치한 회사에서는 감사위원회위원장이 감사위원회를 대표하여 진술한다.

49) 제447조의3, 제447조의4는 감사위원회에 관하여 준용되고, 이 경우 "감사"는 "감사위원회위원"으로 본다(415조의2⑦).

50) 「주식회사등의 외부감사에 관한 법률」 제2조에 따른 외부감사 대상 회사란 다음 중 어느 하나에 해당하는 주식회사로 한다(外監令 2조①).
  1. 직전 사업연도 말의 자산총액이 500억원 이상인 회사
  2. 직전 사업연도의 매출액(직전 사업연도가 12개월 미만인 경우에는 12개월로 환산하며, 1개월 미만은 1개월로 본다. 이하 같다)이 500억원 이상인 회사
  3. 다음 각 목의 사항 중 3개 이상에 해당하지 아니하는 회사

에 대한 외부감사보고서를 작성하여 정기총회회일의 1주 전까지 회사(감사·감사위원회 포함)에 제출하여야 한다(外監令 27조).[52]

(다) 비교와 문제점    개별재무제표 제출기한은 상법과 외감법이 동일하게 정기총회회일의 6주 전이지만, 연결재무제표 제출기한은 상법상으로는 6주 전, 외감법상으로는 정기총회회일의 4주 전이다. 또한 외부감사인의 외부감사보고서 제출기한이 상장회사의 경우에는 감사의 감사보고서 제출기한과 같지만, 비상장회사인 경우에는 감사의 감사보고서 제출기한이 1주 앞서기 때문에 감사가 외부감사인의 감사보고서를 보지 못한 채 감사보고서를 작성해야 한다. 나아가 상법상 감사의 감사보고서 제출의무와 외감법상 외부감사인의 감사보고서 제출의무가 중복 규정되어 있으므로 결국은 동일한 재무제표에 대하여 감사와 외부감사인이 중복하여 감사를 하여야 하고 회사로서는 불필요하게 상당한 부담을 안게 되는 문제점이 있다.

외부감사인에 의한 감사가 있다고 해서 상법상 감사의 감사의무가 면제되거나 경감되지 않는다.[53]

---

가. 직전 사업연도 말의 자산총액이 120억원 미만
나. 직전 사업연도 말의 부채총액이 70억원 미만
다. 직전 사업연도의 매출액이 100억원 미만
라. 직전 사업연도 말의 종업원(「근로기준법」 제2조 제1항 제1호에 따른 근로자를 말하며, 다음의 어느 하나에 해당하는 사람은 제외한다. 이하 같다)이 100명 미만
　　1)「소득세법 시행령」 제20조 제1항 각 호의 어느 하나에 해당하는 사람
　　2)「파견근로자보호 등에 관한 법률」 제2조 제5호에 따른 파견근로자

51) 한국채택국제회계기준을 적용하지 아니하는 회사는 사업연도 종료 후 90일 이내(자본시장법 제159조 제1항에 따른 사업보고서 제출대상법인 중 직전 사업연도 말 현재 자산총액이 2조원 이상인 법인의 경우에는 사업연도 종료 후 70일 이내)이다.

52) 감사인의 해당 회사(감사 및 감사위원회를 포함)에 대한 감사보고서 제출기한은 다음과 같다(外監令 27조①).
　1. 한국채택국제회계기준을 적용하는 회사: 정기총회 개최 1주 전(회생절차가 진행 중인 회사의 경우에는 사업연도 종료 후 3개월 이내)
　2. 한국채택국제회계기준을 적용하지 아니하는 회사: 다음 각 목의 구분에 따른 기한
　　가. 재무제표: 제1호의 기한
　　나. 연결재무제표: 사업연도 종료 후 120일 이내(사업보고서 제출대상법인 중 직전 사업연도 말 현재 자산총액이 2조원 이상인 법인의 경우에는 사업연도 종료 후 90일 이내)

53) [대법원 2019. 11. 28. 선고 2017다244115 판결] "회계감사에 관한 상법상의 감사와 '주식회사의 외부감사에 관한 법률'상의 감사인에 의한 감사는 상호 독립적인 것이므로 외부감사인에 의한 감사가 있다고 해서 상법상 감사의 감사의무가 면제되거나 경감되지 않는 점 등에 비추어 보면, 丁 등은 甲 회사의 이사 및 감사로서 이사회에 출석하고 상법의 규정에 따른 감사활동을 하는 등 기본적인 직무조차 이행하지 않았고, 乙 등의 전횡과 위법한 직무수행에 관한 감시·감독의무를 지속적으로 소홀히 하였으며, 이러한 丁 등의 임무 해태와 乙 등이 유상증자대금을 횡령함으로써 甲 회사가 입은 손해 사이에 상당인과관계가 충분히 인정되는데도, 이

## 6) 이익충돌 관련 규제 대상 여부

감사는 이사와 달리 업무집행에 관여하지 아니하므로 회사와의 관계에서 이익 충돌 우려가 없고, 따라서 경업·회사기회이용·자기거래 등에 관한 규제를 받지 않는다.54)

## (5) 감사의 책임

### 1) 회사에 대한 손해배상책임

(가) 책임발생원인　　　주식회사의 감사는 이사의 직무집행을 감사하고, 이사가 법령 또는 정관에 위반한 행위를 하거나 그 행위를 할 염려가 있다고 인정한 때에 는 이사회에 이를 보고하여야 하며, 이사가 법령 또는 정관에 위반한 행위를 하여 이로 인하여 회사에 회복할 수 없는 손해가 생길 염려가 있는 경우에는 그 행위에 대한 유지청구를 하는 등의 의무가 있다(412조①, 391조의2, 402조). 감사가 그 임무를 게을리한 때에는 그 감사는 회사에 대하여 연대하여 손해를 배상할 책임이 있다 (414조①).55)

(나) 감사의 선관주의의무 수준　　　감사의 구체적인 선관주의의무의 내용과 범위 는 회사의 종류나 규모, 업종, 지배구조 및 내부통제시스템, 재정상태, 법령상 규제의 정도, 감사 개개인의 능력과 경력, 근무 여건 등에 따라 다를 수 있다. 그러나 감사가 주식회사의 필요적 상설기관으로서 회계감사를 비롯하여 이사의 업무집행 전반을 감 사할 권한을 갖는 등 상법 기타 법령이나 정관에서 정한 권한과 의무를 가지고 있는 점에 비추어 볼 때, 대규모 상장기업에서 일부 임직원의 전횡이 방치되고 있거나 중 요한 재무정보에 대한 감사의 접근이 조직적·지속적으로 차단되고 있는 상황이라면, 감사의 선관주의의무는 경감되는 것이 아니라 오히려 현격히 가중된다.56)

---

와 달리 보아 丁 등의 책임을 부정한 원심판단에는 상법상 이사 및 감사의 주의의무에 관한 법리오해의 잘못이 있다."

54) 일본 회사법은 감사의 독립성 확보를 위하여, 감사는 회사 또는 그 자회사의 지배인 기타 사용인 또는 당해 회사의 회계참여(회계참여가 법인인 때에는 그 사원) 또는 집행임원을 겸할 수 없다고 규정한다(日会 335조②).

55) [대법원 2007. 11. 16. 선고 2005다58830 판결]【손해배상(기)】 "감사는 상법상의 위와 같은 의 무 또는 기타 법령이나 정관에서 정한 의무를 선량한 관리자의 주의의무를 다하여 이행하여 야 하고, 고의·과실로 선량한 관리자의 주의의무에 위반하여 그 임무를 해태한 때에는 그로 인하여 회사가 입은 손해를 배상할 책임이 있다"(同旨: 대법원 2004. 3. 26. 선고 2002다60177 판결).

56) 대법원 2008. 9. 11. 선고 2007다31518 판결(장기간에 걸쳐 회계분식이 이루어진 대우중공업 사건이다), 대법원 2008. 9. 11. 선고 2006다68636 판결(역시 장기간에 걸쳐 회계분식이 이루어

물론 대표이사 등에 의하여 조직적으로 위법행위가 단기간 내에 이루어지고 감사가 서류상으로는 그 위법함을 알아내기 어려운 경우에는 감사가 그 임무를 게을리하였다고 보기 어렵다는 판례도 있다.[57]

(다) 명예직 감사의 책임    비상장회사에서 감사는 필요적 상설기관이지만 상근은 요구되지 않는다. 따라서 대부분의 중소규모의 비상장회사는 비상근감사를 두고 있다.[58] 그러나 감사의 지위가 비상근, 무보수의 명예직으로 전문가가 아니고 형식적이었다 하더라도 그러한 사정만으로 책임을 면할 수는 없다.[59]

(라) 이사의 법령위반행위와 감사의무    이사가 임무를 수행함에 있어서 법령에 위반한 행위를 한 때에는 그 행위 자체가 회사에 대하여 채무불이행에 해당되므로 감사는 경영판단의 재량권을 들어 감사의무를 면할 수 없다.[60]

---

진 주식회사 대우 사건이다).

57) [대법원 2003. 10. 9. 선고 2001다66727 판결]【손해배상(기)】"상호신용금고의 출자자 등에 대한 대출 또는 동일인에 대한 여신한도 초과대출이 대표이사 등에 의하여 조직적으로 이루어지고 또한 타인의 명의를 빌림으로써 적어도 서류상으로는 그 대출행위가 위법함을 알아내기 어려운 경우, 사후에 그 대출의 적법 여부를 감사하는 것에 그치는 감사로서는 불법대출의 의심이 든다는 점만으로는 바로 관계 서류의 제출요구, 관계자의 출석 및 답변요구, 회사관계 거래처의 조사자료 징구, 위법부당행위의 시정과 관계 직원의 징계요구 및 감독기관에 보고 등의 조치를 취할 것을 기대하기는 어렵다"(감사가 대표이사에게 일상감사를 받은 뒤에 대출할 것을 강력히 주장하면서 사표를 제출하였으나 수리가 거부되었고, 대표이사가 감사에게 일상감사를 받지 않고 불과 2개월이 채 되지 않는 동안에 일방적으로 대출을 실행한 사안이다).

58) 최근 사업연도 말 현재 자산총액이 1천억원 이상인 상장회사(상법 시행령 제15조①)는 주주총회 결의에 의하여 회사에 상근하면서 감사업무를 수행하는 감사("상근감사")를 1명 이상 두어야 한다. 다만, 자본시장법 및 다른 법률에 따라 감사위원회를 설치한 경우(감사위원회 설치의무가 없는 상장회사가 이 절의 요건을 갖춘 감사위원회를 설치한 경우를 포함)에는 상근감사를 두지 않아도 된다(542조의10①).

59) [대법원 2008. 7. 10. 선고 2006다39935 판결]【손해배상(기)】"신용협동조합의 감사가 분식결산 등과 관련하여 그 임무를 해태한 데 중대한 과실이 있는지 여부는 분식회계의 내용, 분식의 정도와 방법, 그 노출의 정도와 발견가능성, 업무수행의 실태 등 여러 가지 사항을 고려하여 종합적으로 판단하여야 하고, 감사가 당해 분식결산 등의 행위를 알았거나 조합의 장부 또는 회계관련 서류상으로 분식결산임이 명백하여 조금만 주의를 기울였다면 이를 알 수 있었을 것임에도 그러한 주의를 현저히 게을리한 경우에는 감사로서의 임무를 해태한 데 중대한 과실이 있다고 할 것이며, 감사의 지위가 비상근, 무보수의 명예직으로 전문가가 아니고 형식적이었다 하더라도 그러한 사정만으로 위와 같은 주의의무를 면할 수는 없다"(대법원 2007. 12. 13. 선고 2007다60080 판결도 같은 취지이다).

60) [대법원 2007. 11. 16. 선고 2005다58830 판결]【손해배상(기)】"이사가 임무를 수행함에 있어서 법령에 위반한 행위를 한 때에는 그 행위 자체가 회사에 대하여 채무불이행에 해당되므로 감사는 경영판단의 재량권을 들어 감사의무를 면할 수 없고, 회사의 감사직무규정에서 최종결재자의 결재에 앞서 내용을 검토하고 의견을 첨부하는 방법에 의하여 사전감사를 할 의무를 정하고 있는 사항에 대하여는 감사에게 그와 같은 사전감사가 충실히 이루어질 수 있도록 할 의무가 있는 것이므로 결재절차가 마련되어 있지 않았다거나 이사의 임의적인 업무

(마) 책임면제      이사의 회사에 대한 손해배상책임에 있어서 총주주의 동의에 의한 책임면제에 관한 상법 제400조의 규정은 감사에게도 준용된다(415조).61) 이사의 경우와 같이 총주주의 동의에 의하여 면제할 수 있는 책임은 상법상 손해배상책임이고, 불법행위책임은 제400조에 의한 면제대상이 아니다.62)

2) 제3자에 대한 손해배상책임

감사가 악의·중대한 과실로 인하여 그 임무를 게을리한 때에는 그 감사는 제3자에 대하여 연대하여 손해를 배상할 책임이 있다(414조②).63)64) 감사가 회사 또는 제3자에 대하여 손해를 배상할 책임이 있는 경우에 이사도 그 책임이 있는 때에는 그 감사·이사는 연대하여 배상할 책임이 있다(414조③).

상법 제401조의 규정은 감사에게도 준용된다(415조).65) 다만, 감사의 제3자에 대한 책임규정인 제414조 제2항은 이사의 제3자에 대한 책임규정인 제401조 제1항과 같은 내용이므로, 굳이 제415조에서 제401조를 준용할 필요가 있는지 의문이

---

처리로 인하여 감사사항을 알지 못하였다는 사정만으로는 그 책임을 면할 수 없다고 할 것이다."

61) [대법원 1996. 4. 9. 선고 95다56316 판결]【손해배상(기)】"상법 제415조, 제400조에 의하여 총주주의 동의로 면제할 수 있는 감사의 회사에 대한 책임은 위임관계로 인한 채무불이행 책임이지 불법행위 책임이 아니므로, 사실상의 1인 주주가 책임 면제의 의사표시를 하였더라도 감사의 회사에 대한 불법행위 책임은 면제할 수 없다."

62) [대법원 1996. 4. 9. 선고 95다56316 판결]【손해배상(기)】"상법 제415조, 제400조에 의하여 총주주의 동의로 면제할 수 있는 감사의 회사에 대한 책임은 위임관계로 인한 채무불이행 책임이지 불법행위 책임이 아니므로, 사실상의 1인주주가 책임 면제의 의사표시를 하였더라도 감사의 회사에 대한 불법행위 책임은 면제할 수 없다."

63) 이사의 제3자에 대한 손해배상책임 규정(401조①)에서는 상법개정시 종전의 "악의"를 "고의"로 변경하였으나, 감사의 책임규정에서는 상법개정 후에도 "악의"를 그대로 표기하고 있다. 이는 입법상의 미비이므로 실무상으로는 감사의 경우에도 "고의"로 표현하는 것이 타당하고, 향후 상법개정시 용어를 변경하여야 할 것이다.

64) [대법원 1988. 10. 25. 선고 87다카1370 판결]【손해배상(기)】"회사의 감사가 회사의 사정에 비추어 회계감사 등의 필요성이 있음을 충분히 인식하고 있었고 또 경리업무담당자의 부정행위의 수법이 교묘하게 저질러진 것이 아닌 것이어서 어음용지의 수량과 발행매수를 조사하거나 은행의 어음결제량을 확인하는 정도의 조사만이라도 했다면 위 경리업무 담당자의 부정행위를 쉽게 발견할 수 있었을 것인데도 아무런 조사도 하지 아니하였다면 이는 감사로서의 중대한 과실로 인하여 그 임무를 해태한 것이 되므로 위 경리업무담당자의 부정행위로 발행된 어음을 취득함으로써 손해를 입은 어음소지인들에 대하여 위 감사는 상법 제414조 제2항, 제3항에 의한 손해를 배상할 책임이 있다."

65) [대법원 1996. 4. 9. 선고 95다56316 판결]【손해배상(기)】"상법 제415조, 제400조에 의하여 총주주의 동의로 면제할 수 있는 감사의 회사에 대한 책임은 위임관계로 인한 채무불이행 책임이지 불법행위 책임이 아니므로, 사실상의 1인 주주가 책임 면제의 의사표시를 하였더라도 감사의 회사에 대한 불법행위 책임은 면제할 수 없다."

다. 그리고 준용되는 규정인 제401조 제2항에 의하여 다시 제399조 제2항, 제3항도 준용되는데, 감사의 경우 감사회의 결의라는 것이 없으므로 이러한 규정은 무의미하다.66)

### (6) 상장회사 상근감사에 대한 특례

#### 1) 상근감사의 의의

상법상 상근감사란 주주총회 결의에 의하여 회사에 상근하면서 감사업무를 수행하는 감사를 말한다(542조의10①). "상근"의 개념을 겸직금지를 의미하는 것인지 여부에 대하여 논란의 여지가 있지만, 일반적으로 상근이라는 용어는 일상적으로 매일 회사에 출근하여 감사업무에 종사하는 경우를 의미한다. 즉, 상법상 상근감사의 겸직은 이를 금지하는 규정이 없고 결격사유에도 해당하지 아니하므로,67) 상근은 다른 직업에 전업하지 않는 소극적인 의미이고, 다른 직업(다른 회사의 상근감사 포함)에 종사할 수 없다는 적극적인 의미로 해석할 필요는 없다. 이러한 상근의 개념에 부합하는 한도에서는 1인이 2개 이상의 회사에서 동시에(예컨대, 근무시간을 오전, 오후로 나누어) 상근감사로 근무하는 것도 가능하다.

#### 2) 원칙과 예외

(가) 원  칙    감사는 필요적 상설기관이지만 모든 회사에서 상근이 요구되는 것은 아니고, 최근 사업연도 말 현재 자산총액이 1천억원 이상인 상장회사에 한하여 상근감사를 1명 이상 두어야 한다(542조의10①, 令 36조①).68) 즉, 비상장회사와 자산총액 1천억원 미만인 상장회사는 상근감사를 둘 의무가 없다(다만, 감사는 주식회사의 필요적 기관이므로 최소한 비상근감사는 두어야 한다). 상장회사에 관한 특례의 적용대상 여부를 판단함에 있어서는 연결재무제표 작성의무 있는 회사라도 개별재무제

---

66) 오히려 감사위원회위원의 경우에는 이러한 규정이 준용될 필요가 있는데, 제415조의2 제7항은 제414조만 준용하고 제415조는 준용하지 않는다.

67) 상법 제542조의10 제2항의 상근감사 결격사유 중 제2호는 "회사의 상무(常務)에 종사하는 이사·집행임원 및 피용자 … "라고 규정함으로써 상근감사의 겸직은 결격사유로 명시하지 않고 있다. 그리고 상법 제542조의10 제2항 제1호, 제542조의8 제2항 제6호에 따르면, 사외이사 결격사유인 "주요주주 및 그의 배우자와 직계 존속·비속"은 상근감사 결격사유이기도 하다. 반면에 사외이사 결격사유 중 "최대주주 및 그의 특수관계인"(542조의8②5)은 상근감사 결격사유로 규정되지 아니하므로, 최대주주가 법인인 경우 그 이사·감사는 상근감사 결격사유에 해당하는 자가 아니다. 이 점도 복수회사의 상근감사 겸직이 허용된다는 근거가 된다.

68) 앞에서 본 사외이사 선임의무 관련 규정과 같이, 2014. 8. 입법예고된 상법시행령 일부개정령안은 코넥스시장에 상장된 모든 회사에 대해 상근감사 선임의무를 면제하기 위하여 "상장회사" 뒤에 "(코넥스시장에 상장된 주권을 발행한 회사는 제외한다)"를 추가하였다.

표에 따라 최근 사업연도 말 현재 자산총액을 산정한다.69)

(나) 예　　외　　상장회사에 대한 특례인 "제3편 제4장 제13절"및 다른 법률
에 따라 감사위원회를 설치한 경우(감사위원회 설치 의무가 없는 상장회사가 제3편 제4장
제13절의 요건을 갖춘 감사위원회를 설치한 경우를 포함)에는 상근감사를 두지 않아도 된
다(542조의10① 단서). 결국, 최근 사업연도 말 현재 자산총액이 1천억원 이상인 상장
회사는 (자본금 총액이 10억원 미만인 소규모회사가 아닌 한) 상근감사를 두거나 특례 감
사위원회를 두어야 한다.70)

3) 결격사유

다음과 같은 자는 위와 같은 상장회사의 상근감사가 되지 못하며, 이에 해당하
게 되는 경우에는 그 직을 상실한다(542조의10②3, 슈 36조②).71)

1. 상장회사 사외이사 결격사유인 제542조의8 제2항 제1호부터 제4호까지 및 제6호
에 해당하는 자72) 73)

---

69) 법무부, "상법 회사편 해설"(2012), 458면.
70) 종래에는 "이 법(상법) 및 다른 법률"이라고 규정하였으므로, 상법의 상장회사에 대한 특례
가 아닌 일반규정에 의하여 감사위원회를 설치한 경우에도 상근감사에 관한 규정이 적용되지
않는다는 해석이 가능하였다. 상장회사에 대한 특례와 일반규정은 감사위원회의 구성과 위원
의 자격, 선임, 해임의 방법이 다른데, 종래의 규정에 의하면 자산총액이 1천억원 이상이고 2
조원 미만인 상장회사는 일반 규정에 의하여 감사위원회를 설치함으로써 상근감사를 두지 않
는 것도 가능하였다. 이에 2011년 개정상법은 상장회사에 대한 특례에 따라 감사위원회를 설
치한 경우에만 상근감사에 관한 규정이 적용되지 않도록 하였다. 이에 따라 자산총액이 1천
억원 이상이고 2조원 미만인 상장회사는 상장회사에 대한 특례가 아닌 일반 규정에 의하여
감사위원회를 설치함으로써 상근감사를 두지 않는 방법을 더 이상 택할 수 없게 되었다. 결
국 자산총액이 1천억원 이상인 상장회사는 상근감사를 두든지, 아니면 상장회사에 대한 특례
에 따른 감사위원회를 설치하여야 한다.
71) 이에 해당하는 자가 상근감사로 선임되고 취임을 승낙한 경우에는 종전의 직을 사임하는
의사를 표시한 것으로 해석된다. 그 반대로 상근감사가 아래의 직에 취임하는 것을 승낙한 경
우에는 상근감사의 직을 사임하는 의사를 표시한 것으로 해석된다(대법원 2007. 12. 13. 선고
2007다60080 판결). 상근감사의 결격사유는 대규모 상장회사의 사외이사 아닌 감사위원에게도
적용된다(542조의11③).
72) [商法 제542조의8②]
1. 미성년자, 피성년후견인 또는 피한정후견인
2. 파산선고를 받고 복권되지 아니한 자
3. 금고 이상의 형을 선고받고 그 집행이 끝나거나 집행이 면제된 후 2년이 지나지 아니한 자
4. 대통령령으로 별도로 정하는 법률을 위반하여 해임되거나 면직된 후 2년이 지나지 아니
한 자
6. 누구의 명의로 하든지 자기의 계산으로 의결권 없는 주식을 제외한 발행주식총수의 10%
이상의 주식을 소유하거나 이사·집행임원·감사의 선임과 해임 등 상장회사의 주요 경
영사항에 대하여 사실상의 영향력을 행사하는 주주("주요주주") 및 그의 배우자와 직계

2. 회사의 상무(常務)에 종사하는 이사·집행임원 및 피용자 또는 최근 2년 이내에 회사의 상무에 종사한 이사·집행임원 및 피용자. 다만, 이 절에 따른 감사위원회위원으로 재임 중이거나 재임하였던 이사는 제외한다.[74]

3. 회사의 상무에 종사하는 이사·집행임원의 배우자 및 직계존비속

4. 계열회사의 상무에 종사하는 이사·집행임원 및 피용자이거나 최근 2년 이내에 상무에 종사한 이사·집행임원 및 피용자

## 4) 상근 여부 결정기관

상장회사의 상근감사와 관련하여 주주총회에서 상근 여부를 정하지 않고 감사를 선임한 후 이사회가 상근 여부를 결정하도록 하는 것은 부적법하고 반드시 주주총회 결의에 의하여 상근 여부를 결정하여야 한다는 하급심 판례가 있다.[75] 다만,

---

존속·비속

73) 제542조의8 제2항 제5호의 최대주주 및 그의 특수관계인은 대규모 상장회사 아닌 상장회사에 지나친 규제로 보아 준용대상에서 제외되었다. 따라서 최대주주 및 그의 특수관계인 중 일부(예컨대, 3촌 이상의 친족)는 상장회사 사외이사는 될 수 없어도 상근감사는 될 수 있다. 그러나 제6호는 준용되므로 주요주주 및 그의 배우자와 직계 존속·비속은 상근감사가 될 수 없다. 최근 사업연도 말 현재 자산총액이 2조원 이상인 상장회사의 사외이사 아닌 감사위원에게도 상장회사 상근감사의 결격사유가 그대로 적용된다(542조의11③).

74) 상장회사 사외이사와 달리 최근 2년 이내에 해당 상장회사 또는 계열회사의 상무에 종사한 감사는 결격사유에 해당하지 않는다. 감사는 피용자에도 해당하지 아니하므로 역시 결격사유에 해당하지 않는다. 그리고 제2호부터 제4호까지의 상무에 종사하는 이사에 기타비상무이사는 포함되지 아니하므로 결격사유에 해당하지 않는다.

75) [서울고등법원 2007. 3. 8. 선고 2006나66885 판결](구 증권거래법이 적용된 판례이다) "구 증권거래법은 일정 규모 이상 상장기업의 경우 상근감사를 필수적으로 선임하도록 규정하고 있으나, 그 선임절차와 선임기관에 대하여는 명문의 규정을 두고 있지 않다. 그러나, 상근감사제도를 최초로 도입한 구 증권거래법 부칙에서의 위 개정법의 시행에 따라 상근감사를 두어야 하는 주권상장법인으로 하여금 위 법 시행후 최초로 소집되는 정기주주총회까지 상근감사를 선임하도록 하는 경과규정(同法 부칙 제23조)을 두고 있고, 상근감사의 자격요건 규정도 위 법 시행후 최초로 소집되는 주주총회에서 선임되는 감사부터 적용한다는 별도의 규정(同法 부칙 제10조)을 두고 있는 점, 회사의 업무감사를 주된 직무로 하는 감사제도를 주식회사의 필요적 상설기관으로 규정한 상법의 취지 및 최소한 일정 규모의 상장법인 등에 대하여는 경영감독제도를 강화하기 위하여 필수적으로 상근감사 1인 이상을 두도록 한 구 증권거래법의 입법취지와 배경, 구 증권거래법의 적용을 받아 상근감사를 필수적으로 두어야 할 주권상장법인이 주주총회에서 선임된 감사의 상근여부를 이사회에게 결정하게 한다면 보다 충실한 사전감사를 수행하도록 하기 위해 도입한 구 증권거래법상의 상근감사제도를 유명무실하게 할 위험이 있을 뿐 아니라 주식회사의 기관 상호간의 견제와 균형이라는 상법상 원칙에도 어긋난다는 등을 고려하면, 적어도 피고 회사와 같이 구 증권거래법의 적용을 받는 주권상장법인에 있어서 해당 회사의 상근감사를 선임하는 것을 물론이고 기존 상근감사를 비상근감사로 변경하는 것도 상근여부의 면에서 이와 같은 정도의 중요성을 가진다는 점에서 주주총회의 결의를 요하는 것으로 해석함이 상당하다. 다만, 상근감사 선임 등에 관한 주주총회 결의요건에 관하여는 상법이나 구 증권거래법 기타 법령이나 정관에서 달리 정하고 있지 아니하므로, 상

이 판례는 상장회사는 상근감사를 필수적으로 두어야 하고 그 선임을 위한 특별한 절차를 고려한 것으로, 비상장회사의 경우에는 이사회가 상근 여부를 결정할 수 있다고 해석하는 것이 적절하다.

### 5) 금융회사의 상근감사

금융사지배구조법상 최근 사업연도 말 현재 자산총액이 1천억원 이상인 금융회사(同法 施行令 16조③, 신용카드업을 영위하지 아니하는 여신전문금융회사로서 주권상장법인이 아닌 경우에는 최근 사업연도 말 현재 자산총액이 2조원 이상인 경우를 말한다)는 회사에 상근하면서 감사업무를 수행하는 감사("상근감사")를 1명 이상 두어야 한다. 다만, 금융사지배구조법에 따른 감사위원회를 설치한 경우(감사위원회 설치 의무가 없는 금융회사가 요건을 갖춘 감사위원회를 설치한 경우를 포함)에는 상근감사를 둘 수 없다(同法 19조⑧). 상근감사를 선임하는 경우 감사 선임 시 의결권 행사의 제한에 관한 제7항 및 상법 제409조 제2항·제3항을 준용한다(同法 19조⑨). 상근감사 및 사외이사가 아닌 감사위원의 자격요건에 관하여는 사외이사의 자격요건에 관한 제6조 제1항 및 제2항을 준용한다. 다만, 해당 금융회사의 상근감사 또는 사외이사가 아닌 감사위원으로 재임(在任) 중이거나 재임하였던 사람은 제6조 제1항 제3호에도 불구하고 상근감사 또는 사외이사가 아닌 감사위원이 될 수 있다(同法 19조⑩).

### 6) 선임절차상의 특칙

상장회사가 상근감사의 선임에 관한 사항을 목적으로 하는 주주총회의 소집을 통지·공고하는 경우에는 상장회사의 이사·감사의 선임에 관한 특칙이 적용되므로, 감사 후보자의 성명, 약력, 추천인, 그 밖에 대통령령으로 정하는 후보자에 관한 사항(令 31조③)을 통지·공고하여야 하고(542조의4②), 이와 같이 통지·공고한 후보자 중에서 선임하여야 한다(542조의5).

상장회사 감사(사외이사가 아닌 감사위원회위원을 같다)의 선임·해임에 있어서 의결권 제한 기준인 발행주식총수의 3% 초과 여부를 판단함에 있어서 상장회사의 최대주주는 그와 특수관계인의 주식수를 합산한다(542조의12④).[76]

이 경우 의결권의 범위와 관련하여, 최대주주 또는 그 특수관계인이 의결권(의결권의 행사를 지시할 수 있는 권한을 포함)을 위임한 자의 주식수도 산입한다는 명문의 규

---

법 제368조에 따라 '출석한 주주 의결권의 과반수와 발행주식 총수의 4분의 1 이상'이라는 이른바 보통결의의 요건을 갖추면 족하다."

76) 상법 제542조의12 제4항은 단순히 "상장회사"라고만 규정하므로 감사의 경우에는 자산규모에 관계없이 모든 상장회사(즉, 자산 1천억원 미만인 회사 포함)가 적용대상이다.

정이 있다(542조의12③, 令 38조①2). 다만, 규정의 취지상 대리인이 임의로 의결권을 행사할 수 있는 경우만 합산하고, 주주가 의결권 행사의 방향을 지정하여 위임한 경우는 대리인의 영향력과 무관하므로 합산하지 않는다는 하급심 판례가 있다.[77)78)]

최대주주와 그의 특수관계인 아닌 주주는 2대주주, 3대주주라 하더라도 개별적으로 3% 초과분에 대한 의결권이 제한된다.

### 7) 감사의 상근 전환 절차

상장회사의 상근감사가 결원이 된 경우 주주총회 결의에 의하여 상근감사를 새로 선임할 수도 있고, 기존의 다른 비상근감사를 상근감사로 전환하는 결의를 할 수 있다. 두 경우 모두 최대주주와 그의 특수관계인은 합산 3% 방식에 의하여 의결권이 제한된다. 그리고 주주총회 결의를 위하여 대략 40일 정도의 시일이 소요되므로 일시상근감사를 선임하는 것이 바람직하다. 일시이사에 관한 상법 제386조의 규정은 감사에게 준용된다(415조).

## 3. 감사위원회

### (1) 감사위원회의 의의와 지위

감사위원회는 1999년 상법개정시 도입되었다. 이사회는 정관이 정한 바에 따라 위원회를 설치할 수 있는데(393조의2①), 회사는 정관이 정한 바에 따라 감사에 갈음하여 감사위원회를 설치할 수 있다. 감사위원회를 설치한 경우에는 감사를 둘 수 없다(415조의2①).[79)] 상업등기부의 임원에 관한 사항에도 사내이사, 사외이사, 기타비상무이사, 감사위원은 별도로 기재된다. 사내이사인 감사위원회위원은 사내이사와 감사위원으로서 별도로 기재되고, 사외이사인 감사위원도 마찬가지이다.

감사위원회에 대하여는 감사의 지위에 관한 규정이 준용되므로 감사위원회는

---

77) 서울중앙지방법원 2008. 4. 28.자 2008카합1306 결정.

78) 비상장회사의 경우에는 이러한 규정이 없으므로 일반적으로 의결권을 위임받은 주식수는 3%에 산입하지 않는다고 해석하는데, 특별이해관계인의 경우 본인의 주식에 의한 의결권뿐 아니라 대리인으로서도 의결권을 행사할 수 없다는 것이 통설이므로, 비상장회사의 경우에도 3% 산입 여부에 대하여 논란의 여지는 있다.

79) 감사위원회에 관한 입법례로는, 사외이사로 구성되는 미국의 감사위원회, 3인 이상의 감사로 구성되는 독일의 감사회, 위원회설치회사는 감사회를 둘 수 없는 일본의 감사위원회 등이 있다. 일본에서는 2014년 회사법 개정시 이사의 직무집행을 감사하는 것을 직무로 하는 감사등위원회가 도입되었는데 감사등위원회설치회사는 대표이사, 이사회, 회계감사인을 두어야 하고, 회계참여를 둘 수 있으며, 감사는 둘 수 없다(日会 399조의13).

감사와 동등한 지위를 가진다. 그러나 감사는 주주총회에서 선임하는 반면 감사위원회위원은 이사회에서 선임하므로(대규모 상장회사는 주주총회에서 선임), 감사위원회는 이사회에서 완전히 독립적인 지위에 있다고 보기 어렵다.

### (2) 감사위원회의 설치와 구성

#### 1) 설 치

이사회는 정관이 정한 바에 따라 위원회를 설치할 수 있다(393조의2①). 감사위원회 설치는 임의사항이므로, 회사는 감사와 감사위원회 중 하나를 선택하여야 한다. 단, 최근 사업연도 말 현재 자산총액이 2조원 이상인 상장회사는 감사위원회를 설치하여야 한다(542조의11①, 슈 37조①).[80] 정관에서 감사위원회의 도입근거만 규정하고 구체적인 사항(정원 등)은 이사회 결의로 정하는 방법과 정관에서 구체적인 사항을 규정하는 방법이 있는데, 감사위원회의 지위에 비추어 후자의 방법이 타당하다.[81]

#### 2) 구 성

감사위원회는 다른 위원회와 달리 3명 이상의 이사로 구성한다. 다만, 사외이사가 위원의 3분의 2 이상이어야 한다(415조의2②). 나머지 감사위원을 상근으로 할 것인지, 비상근으로 할 것인지는 별다른 제한이 없으며 이는 주주의 주주권 범위에 속하는 사항이다.[82] 감사위원은 이사의 지위를 전제로 하므로 이사 임기 만료와 동시에 감사위원으로서의 임기도 만료된다. 이사의 경우와 마찬가지로 법인은 감사위원이 될 수 없다는 것이 통설적인 견해이다.[83]

#### 3) 위원의 선임·해임

상법상 감사위원의 해임에 관해서는 이사회가 해임권한을 가진다는 명문의 규

---

80) 상장회사 특례규정에 의한 감사위원회를 통상 "특례 감사위원회"라고 한다. 이에 따라 상법 제415조의2에 의한 감사위원회는 "일반 감사위원회"라고 한다. 자산총액 1천억원 미만인 상장회사는 특례 감사위원회를 설치할 의무가 없고, 감사와 일반 감사위원회 중 선택을 하면 된다. 다만, 자산총액 1천억원 미만인 상장회사가 일반 감사위원회를 선택하더라도 사외이사인 감사위원에 대하여는 상장회사 사외이사의 자격요건이 적용된다.
81) 同旨: 주식회사법대계 제2판 Ⅱ, 1319면.
82) 서울중앙지방법원 2017. 5. 19. 선고 2016고합1266, 2016고합1309 판결.
83) 감사위원의 자격을 주주로 제한하는 정관 규정의 유효성에 대하여는 논란의 여지가 있는데, 그 직무집행상의 독립성 확보가 중요하고, 회사재산에 관한 1차적 보호대상이 회사채권자라는 점 등을 근거로 이러한 정관 규정은 정관의 한계를 넘어서는 것이라고 보는 견해도 있다(주식회사법대계 제2판 Ⅱ, 1322면). 그러나 이러한 논거를 비상장회사를 포함한 모든 회사에 일률적으로 적용할 수 있는지는 의문이다.

정이 있지만(415조의2③), 감사위원의 선임에 관하여는 특별한 규정이 없는데, 상법 제393조의2 제2항 제3호는 "위원회의 설치와 그 위원의 선임 및 해임"을 이사회가 위원회에 위임할 수 없는 사항으로 규정하므로 이사회 내 위원회(415조의2①)인 감사위원회의 위원의 선임·해임도 이사회의 권한사항이다. 다만, 자산총액 1천억원 이상인 상장회사가 감사위원회를 설치하는 경우 감사위원을 선임·해임하는 권한은 주주총회에 있다(542조의12①). 비상장회사의 감사위원은 이사회에서 선임하므로 주주의 의결권 제한문제는 없다.[84)]

이사회에서 감사위원의 선임은 보통결의(391조①), 해임은 특별결의(415조의2③)에 의한다.

### 4) 위원의 종임

감사위원의 종임사유는 i) 이사 자격 상실, ii) 위원임기만료(임기는 정관 또는 이사회 결의로 정함), iii) 해임 등이다. 감사위원회의 위원의 해임에 관한 이사회 결의는 이사 총수의 3분의 2 이상의 결의로 하여야 한다(415조의2③).

감사위원은 이사의 지위를 전제로 하므로 이사의 임기가 만료되면 감사위원으로서의 임기도 만료된다.

### 5) 감사위원의 퇴임

(개) 감사위원이 3인 미만으로 되는 경우    상장회사와 비상장회사 모두 감사위원회는 3인 이상의 이사로 구성되고 사외이사가 위원의 3분의 2 이상이어야 하는데(415조의2②),[85)] 이사가 임기만료·사임으로 인하여 퇴임함으로써 감사위원이 3인 미만으로 되는 경우에는 법률 또는 정관에서 정한 전체 이사의 원수에 미달하지 않는 경우에도 후임 감사위원이 선임될 때까지 감사위원으로서의 지위를 유지한다. 이사가 임기만료·사임에 의하여 퇴임함으로써 법률·정관에서 정한 이사의 원수(최저원수·특정원수)를 채우지 못하게 되는 결과가 일어나는 경우 그 퇴임한 이사는 새로 선임된 이사(후임이사)가 취임할 때까지 이사로서의 권리의무가 있다는 상법 제386조 제1항은 대표이사(389조③) 및 감사(415조)에게만 준용되고 감사위원회에 관한

---

84) 회사설립시 감사는, 발기설립의 경우에는 발기인이, 모집설립의 경우에는 창립총회에서 선임하는데, 감사위원회위원의 선임기관에 관하여는 상법상 아무런 규정이 없다. 감사위원회위원은 이사회가 선임하는 것이 원칙이므로 발기인 또는 창립총회가 선임한 이사들이 이사회에서 감사위원회위원을 선임하여야 할 것이다.

85) 단, 자산총액 2조원 이상인 상장회사의 감사위원회는 별도의 구성요건이 있다(542조의11②).

준용규정인 제415조의2 제7항은 제386조 제1항을 준용 대상으로 명시하지 않지만, 이사회 내 위원회에 관한 제393조 제5항은 제386조 제1항의 규정을 준용하기 때문이다.

　(나) 감사위원이 3인 이상을 유지하는 경우　　사외이사가 임기만료·사임으로 인하여 퇴임함으로써 사외이사 비율이 감사위원의 3분의 2에 미달하는 경우에도 감사위원의 수가 3인 이상을 유지한다면(재임이사의 수도 당연히 3인 이상일 것이다) 제386조 제1항이 적용되지 않고, 사외이사 사임의 효력은 즉시 발생하며 퇴임등기도 가능하다. 제386조 제1항의 퇴임이사제는 이사의 결원으로 회사가 정상적인 활동을 할 수 없는 사태를 방지하기 위한 비상조치이므로, 지나친 확대해석은 부적절하기 때문이다. 그리고 상장회사의 감사위원인 사외이사가 사임·사망함으로써 사외이사의 수가 감사위원회의 구성요건에 미달하게 되면 그 사유가 발생한 후 처음으로 소집되는 주주총회에서 그 요건에 합치되도록 하면 되므로(542조의11④) 퇴임이사의 법리가 적용되지 않는다. 이 경우 상법 제386조 제2항을 유추적용하여 일시감사위원의 직무를 행할 자의 선임을 법원에 청구할 수 있다.

　6) 금융회사의 감사위원회

　금융사지배구조법은 제19조에서 금융회사의 감사위원회의 구성 및 감사위원의 선임 등에 관하여 규정하고,[86] 제20조에서 감사위원회 또는 감사에 대한 지원 등

---

86) [同法 제19조(감사위원회의 구성 및 감사위원의 선임 등)]

　① 감사위원회는 3명 이상의 이사로 구성한다. 이 경우 감사위원회위원(이하 "감사위원"이라 한다) 중 1명 이상은 대통령령으로 정하는 회계 또는 재무 전문가이어야 한다.

　② 제16조 제3항에도 불구하고 사외이사가 감사위원의 3분의 2 이상이어야 한다.

　③ 금융회사는 감사위원의 사임·사망 등의 사유로 감사위원의 수가 제1항 및 제2항에 따른 감사위원회의 구성요건에 미치지 못하게 된 경우에는 그 사유가 발생한 후 최초로 소집되는 주주총회에서 제1항 및 제2항에 따른 요건을 충족하도록 조치하여야 한다.

　④ 감사위원 후보는 제16조 제1항 제1호에 따른 임원후보추천위원회에서 추천한다. 이 경우 위원 총수의 3분의 2 이상의 찬성으로 의결한다.

　⑤ 금융회사는 감사위원이 되는 사외이사 1명 이상에 대해서는 다른 이사와 분리하여 선임하여야 한다.

　⑥ 감사위원을 선임하거나 해임하는 권한은 주주총회에 있다. 이 경우 감사위원이 되는 이사의 선임에 관하여는 감사 선임 시 의결권 행사의 제한에 관한 상법 제409조 제2항 및 제3항을 준용한다.

　⑦ 최대주주, 최대주주의 특수관계인, 그 밖에 대통령령으로 정하는 자가 소유하는 금융회사의 의결권 있는 주식의 합계가 그 금융회사의 의결권 없는 주식을 제외한 발행주식 총수의 100분의 3을 초과하는 경우 그 주주는 100분의 3을 초과하는 주식에 관하여 감사위원이 되는 이사를 선임하거나 해임할 때에는 의결권을 행사하지 못한다. 다만, 금융회사는 정관으로 100분의 3보다 낮은 비율을 정할 수 있다.

에 관하여 규정한다.[87)88)] 금융사지배구조법은 의결권제한에 있어서 상법의 상장회사 특례규정과 달리 감사위원이 사외인사인지 여부를 구별하지 않는다. 즉, 금융사지배구조법상 의결권 없는 주식을 제외한 발행주식총수를 기준으로, 감사위원 선임의 경우 일반주주는 개인별로 3%, 최대주주는 특수관계인의 지분을 합산하여 3%를 초과하는 수의 주식에 관하여 의결권을 행사하지 못하고, 감사위원 해임의 경우 일반주주는 의결권 제한이 없고, 최대주주는 선임의 경우와 같다.

### (3) 감사위원회의 운영

감사위원회도 이사회 내의 위원회이므로 상법 제393조의2가 적용된다. 따라서 이사회 내의 위원회는 결의된 사항을 각 이사에게 통지하여야 한다(393조의2④). 감사위원회는 상법 제415조의2 제1항의 "제393조의2의 규정에 의한 위원회"에 해당하고, 따라서 이사회 관련 규정으로서 위원회에 준용되는 제386조 제1항(퇴임이사의

---

⑧ 자산규모 등을 고려하여 대통령령으로 정하는 금융회사는 회사에 상근하면서 감사업무를 수행하는 감사("상근감사")를 1명 이상 두어야 한다. 다만, 이 법에 따른 감사위원회를 설치한 경우(감사위원회 설치 의무가 없는 금융회사가 이 조의 요건을 갖춘 감사위원회를 설치한 경우를 포함한다)에는 상근감사를 둘 수 없다.

⑨ 상근감사를 선임하는 경우 감사 선임 시 의결권 행사의 제한에 관한 제7항 및 상법 제409조 제2항·제3항을 준용한다.

⑩ 상근감사 및 사외이사가 아닌 감사위원의 자격요건에 관하여는 제6조 제1항 및 제2항을 준용한다. 다만, 해당 금융회사의 상근감사 또는 사외이사가 아닌 감사위원으로 재임(在任) 중이거나 재임하였던 사람은 제6조 제1항 제3호에도 불구하고 상근감사 또는 사외이사가 아닌 감사위원이 될 수 있다.

[同法 제6조(사외이사의 자격)]

① 다음 각 호의 어느 하나에 해당하는 사람은 금융회사의 사외이사가 될 수 없다. 다만, 사외이사가 됨으로써 제1호에 따른 최대주주의 특수관계인에 해당하게 되는 사람은 사외이사가 될 수 있다.

　3. 해당 금융회사 또는 그 계열회사(「독점규제 및 공정거래에 관한 법률」제2조 제12호에 따른 계열회사를 말한다. 이하 같다)의 상근(常勤) 임직원 또는 비상임이사이거나 최근 3년 이내에 상근 임직원 또는 비상임이사이었던 사람

87) [同法 제20조(감사위원회 또는 감사에 대한 지원 등)]

① 감사위원회 또는 감사는 금융회사의 비용으로 전문가의 조력을 구할 수 있다.

② 금융회사는 감사위원회 또는 감사의 업무를 지원하는 담당부서를 설치하여야 한다.

③ 금융회사는 감사위원회 또는 감사의 업무 내용을 적은 보고서를 정기적으로 금융위원회가 정하는 바에 따라 금융위원회에 제출하여야 한다.

④ 감사위원(감사위원회가 설치되지 아니한 경우에는 감사를 말한다)에 대한 정보제공에 관하여는 제18조를 준용한다. 이 경우 "사외이사"는 "감사위원" 또는 "감사"로 본다.

88) 금융사지배구조법 제19조 제10항 단서를 둔 취지는 제6조 제1항 및 제2항을 그대로 준용하게 되면 기존 상근감사나 상근감사위원이 연임을 할 수 있도록 하기 위한 것이다. 금융지주회사의 완전자회사등의 특례에 관한 제23조 제3항 단서도 동일한 취지이다.

지위계속) · 제390조(이사회의 소집) · 제391조(이사회의 결의방법) · 제391조의3(이사회의 의사록) · 제392조(이사회의 연기 · 속행)의 규정은 감사위원회에도 준용된다.

　감사위원회는 회의체기관이므로 위원회 결의를 통하여 권한을 행사한다. 다른 위원회와 달리 감사위원회는 그 결의로 위원회를 대표할 대표감사위원을 선정하여야 한다. 이 경우 수인의 위원이 공동으로 위원회를 대표할 것을 정할 수 있다(415조의2④). 감사위원회는 회사의 비용으로 전문가의 조력을 구할 수 있다(415조의2⑤). 대규모 상장회사의 경우에는 사외이사만이 대표감사위원이 될 수 있다(542조의11②2).

### (4) 감사위원회의 권한 · 의무 · 책임

#### 1) 감사위원회의 권한 · 의무

　상법은 감사위원회의 권한 · 의무 · 책임에 관한 별도의 규정을 두지 않고, 감사의 권한 · 의무 · 책임에 관한 규정을 준용하도록 한다.89)90) 따라서 감사위원회는 감사와 동등한 권한을 가지고 동등한 의무를 부담한다(415조의2⑦).

　감사위원은 이사회의 구성원이기도 하므로 감사위원회는 감사와 달리 적법성감사 외에 타당성감사도 할 수 있는지에 대하여 논란의 여지는 있지만, 감사와 감사위원회의 감사권의 범위를 다르게 볼 이유가 없고, 또한 감사위원은 이사로서 이사회에서 업무집행의 타당성을 다룰 수 있는데 굳이 감사위원회가 타당성감사를

---

89) [商法 제415조의2]

　　⑦ 제296조 · 제312조 · 제367조 · 제387조 · 제391조의2 제2항 · 제394조 제1항 · 제400조 · 제402조 내지 제407조 · 제412조 내지 제414조 · 제447조의3 · 제447조의4 · 제450조 · 제527조의4 · 제530조의5 제1항 제9호 · 제530조의6 제1항 제10호 및 제534조의 규정은 감사위원회에 관하여 이를 준용한다. 이 경우 제530조의5 제1항 제9호 및 제530조의6 제1항 제10호 중 "감사"는 "감사위원회위원"으로 본다.

90) 다만, 상법 제415조의2가 규정하는 준용대상 규정 중 일부는 의문이다. 제367조 제2항은 상법 개정시 신설되었는데 감사위원회에 관하여 준용될 내용이 아니므로 이를 준용규정에서 제외하고, 집행임원과 감사의 연대배상책임에 관한 제408조의8 제3항은 준용대상에서 누락되었는데, 향후 상법개정시 이를 준용규정에 포함시켜야 할 것이다. 상법 제412조부터 제414조까지를 준용대상으로 규정하므로 제412조의4도 준용대상이고, 이는 감사의 이사회소집청구에 관한 규정인데, 감사위원은 이사로서 당연히 이사회직접소집권(390조①), 소집요구권(390조②) 등이 있으므로 감사의 이사회소집권을 규정한 제412조의4를 굳이 감사위원에 대하여 준용할 실질적인 필요성은 없다. 그리고 감사위원은 이사로서 제399조, 제401조에 의한 손해배상책임을 지는데, 굳이 감사의 책임에 관한 제414조를 준용할 필요는 없을 것이다. 그리고 의미를 명확히 하기 위하여, "제400조 · 제402조 · 제403조 제1항 · 제405조 제1항 · 제407조의 "이사"는 "감사위원회위원"으로 보고, 제296조 · 제312조 · 제408조의 8 제3항 · 제413조의 2 제2항 · 제414조 · 제450조 · 제527조의4 · 제530조의5 제1항 제9호 및 제530조의6 제1항 제10호 중 "감사"는 "감사위원회위원"으로 본다"고 규정하는 것이 바람직하다.

할 필요가 없으므로, 감사위원회는 감사와 같이 적법성감사만 할 수 있다고 보아야
한다. 감사위원회의 위원이 소의 당사자인 경우에는 감사위원회 또는 이사는 법원
에 회사를 대표할 자를 선임하여 줄 것을 신청하여야 한다(394조②).

2) 감사위원의 책임

(가) 준용규정　　감사의 손해배상책임에 관한 상법 제414조의 규정은 감사위
원회에 준용된다(415조의2⑦).[91] 준용규정에 의하여 감사위원회위원도 직무집행정지
의 대상이 될 수 있다. 법문상 준용규정에서 "감사"를 "감사위원회위원"으로 보는
것은 상법 제530조의5 제1항 제9호 및 제530조의6 제1항 제10호에 한정되므로,[92]
규정만 보면 감사위원회위원이 아닌 감사위원회가 직무집행정지의 대상 또는 손해
배상책임의 주체로 되어 있다. 그러나 이는 입법상의 불비이고, 직무집행정지의 대
상 또는 손해배상책임의 주체는 감사위원회위원 개개인으로 보아야 한다. 즉, 책임
의 주체는 감사위원회가 아니라 감사위원이므로 "제414조의 감사는 감사위원회위
원으로 본다."라고 규정하는 것이 바람직하다.

감사의 책임제한에 관한 제415조의2가 감사위원에게도 준용되고, 제415조의2
제7항은 이사의 책임제한에 관한 제400조 제2항을 준용한다. 따라서 회사는 정관에
서 정하는 바에 따라 감사위원의 책임을 사외이사인지 여부에 따라 최근 1년간의
보수액의 3배액 또는 6배액을 한도로 책임을 제한할 수 있다고 해석된다.

(나) 제414조와 제399조의 관계　　감사위원회위원에 대하여 상법 제414조가 준
용되지만, 감사위원회위원은 모두 이사이므로 감사위원의 임무해태는 제414조의 적
용대상이 되는 동시에 이사의 임무해태로서 제399조 제1항의 적용대상도 된다. 제
414조는 제399조 및 제401조의 특칙이라 할 것이므로, 감사위원의 임무해태에 대하
여는 제414조만 적용되고, 임무해태가 감사위원회 결의에 의한 경우에는 제399조
제2항 및 제3항의 유추적용에 의하여 결의에 찬성한 감사위원도 책임을 진다.

---

91) [대법원 2020. 5. 28. 선고 2016다243399 판결] "감사위원회의 위원은 상법상 의무 또는 기
타 법령이나 정관에서 정한 의무를 선량한 관리자의 주의의무를 다하여 이행하여야 하고,
고의·과실로 선량한 관리자의 주의의무에 위반하여 임무를 해태한 때에는 그로 인하여 회사
가 입은 손해를 배상할 책임이 있다."
92) [상법 제415조의2 제7항] 제296조·제312조·제367조·제387조·제391조의2 제2항·제394조 제
1항·제400조·제402조 내지 제407조·제412조 내지 제414조·제447조의3·제447조의4·제450
조·제527조의4·제530조의5 제1항 제9호·제530조의6 제1항 제10호 및 제534조의 규정은 감
사위원회에 관하여 이를 준용한다. 이 경우 제530조의5 제1항 제9호 및 제530조의6 제1항 제
10호중 "감사"는 "감사위원회위원"으로 본다.

### (5) 이사회의 재결의

이사회 내의 위원회는 결의된 사항을 각 이사에게 통지하여야 하고, 이사회는 위원회가 결의한 사항에 대하여 다시 결의할 수 있다(393조의2④). 그러나 감사위원회의 독립성을 확보하기 위하여 감사위원회에는 제393조의2 제4항 후단(이사회의 재결의)이 적용되지 아니하므로(415조의2⑥), 감사위원회가 결의한 사항에 대하여는 이사회가 다시 결의할 수 없다.

### (6) 상장회사의 감사위원회

#### 1) 상장회사 감사위원회의 설치

##### (가) 임의적 설치

최근 사업연도 말 현재 자산총액이 2조원 미만인 상장회사는 감사와 감사위원회 중 하나를 선택할 수 있다. 다만, 자산총액이 1천억원 이상인지 여부에 따라 설치근거와 위원의 선임·해임기관이 다르다.

가) 자산총액이 1천억원 이상인 상장회사    자산총액이 1천억원 이상인 상장회사가 감사를 둘 경우에는 반드시 상근감사를 두어야 하는데, 상근감사 대신 감사위원회를 설치하는 경우, "이 절의 요건을 갖춘 감사위원회를 설치한 경우"라는 규정상(542조의10① 단서) 제542조의11 및 제542조의12의 요건과 절차에 따른 감사위원회를 설치하여야 한다. 따라서 감사위원을 선임하거나 해임하는 권한도 주주총회에 있다(542조의12①)

나) 자산총액이 1천억원 미만인 상장회사    자산총액이 1천억원 미만인 상장회사의 감사위원회에 대하여는 상장회사에 대한 특례규정이 없으므로, 비상장회사에 관한 규정이 적용된다. 이 경우 감사위원을 선임하거나 해임하는 권한은 이사회에 있다.

##### (나) 필요적 설치    자산총액 2조원 이상인 상장회사(대규모 상장회사)는 반드시 감사위원회를 설치하여야 한다(542조의11①, 슈 37조①).

다만, 다음과 같은 상장회사는 자산총액이 2조원 이상이더라도 감사위원회를 설치할 의무가 없다(슈 37조① 단서).

1. 「부동산투자회사법」에 따른 부동산투자회사인 상장회사

2. 「공공기관의 운영에 관한 법률」 및 「공기업의 경영구조개선 및 민영화에 관한 법률」을 적용받는 상장회사

3. 「채무자 회생 및 파산에 관한 법률」에 따른 회생절차가 개시된 상장회사

4. 유가증권시장(資今 176조의9①) 또는 코스닥시장(資法 附則 8조)에 주권을 신규로 상장한 상장회사(신규상장 후 최초로 소집되는 정기주주총회 전날까지만 해당). 다만, 유가증권시장에 상장된 주권을 발행한 회사로서 감사위원회를 설치하여야 하는 회사가 코스닥시장에 상장된 주권을 발행한 회사로 되는 경우 또는 코스닥시장에 상장된 주권을 발행한 회사로서 감사위원회를 설치하여야 하는 회사가 유가증권시장에 상장된 주권을 발행한 회사로 되는 경우는 제외한다.

### 2) 상장회사 감사위원회의 종류

제542조의10 제1항 단서(자산총액이 1천억원 이상인 상장회사가 상근감사 대신 감사위원회를 설치하는 경우)와 제542조의11에 의하여 설치한 감사위원회는 다른 일반 감사위원회와 구별하기 위하여 특례 감사위원회라고 부르기도 한다.

### 3) 특례 감사위원회의 구성요건

특례 감사위원회는 3명 이상의 이사로 구성하고 사외이사가 위원의 3분의 2 이상이어야 한다는 일반요건 외에(415조의2②), 다음과 같은 요건도 갖추어야 한다(542조의11②).[93]

1. 위원 중 1명 이상은 대통령령으로 정하는 회계 또는 재무 전문가일 것
2. 감사위원회의 대표는 사외이사일 것

제1호에서 "대통령령으로 정하는 회계 또는 재무 전문가"란 다음 각 호의 어느 하나에 해당하는 사람을 말한다(今 37조②). 아래 각 호의 경력은 합산할 수 없고, 같은 호의 경력만 합산할 수 있다.

1. 공인회계사의 자격을 가진 사람으로서 그 자격과 관련된 업무에 5년 이상 종사한 경력이 있는 사람[94]

---

[93] 상장회사가 최근 사업연도의 사업보고서상 유가증권시장 상장규정 제78조에 따라 감사위원회를 설치하지 않은 경우, 최근 사업연도의 사업보고서상 감사위원의 수가 사임, 사망 등의 사유로 제78조의 감사위원회의 구성요건에 미달하게 된 경우로서 그 사유가 발생한 후 최초로 소집되는 주주총회에서 그 수를 충족하지 못하는 경우에는 관리종목 지정사유가 된다(유가증권시장 상장규정 47조①6다·라). 상장회사 감사위원회의 구성요건에 적합한 감사위원회를 설치하지 아니한 경우는 5,000만원 이하의 과태료 부과대상이다(635조③6).

[94] "그 자격과 관련된 업무"는 넓게 해석한다면 공인회계사의 자격과 관련성이 있는 모든 업무를 의미하고, 엄격히 해석한다면 회계법인에서의 업무만 의미한다. 그런데 자본시장법의 많은

2. 회계 또는 재무 분야에서 석사학위 이상의 학위를 취득한 사람으로서 연구기관 또는 대학에서 회계 또는 재무 관련 분야의 연구원이나 전임강사 이상으로 근무한 경력이 합산하여 5년 이상인 사람

3. 상장회사에서 회계 또는 재무 관련 업무에 합산하여 임원으로 5년 이상 또는 임·직원으로 10년 이상 근무한 경력이 있는 사람

4. 금융사지배구조법 제16조 제1항 제4호·제5호의 기관 또는 한국은행법에 따른 한국은행에서 회계 또는 재무 관련 업무나 이에 대한 감독 업무에 근무한 경력이 합산하여 5년 이상인 사람

5. 금융사지배구조법 제16조 제1항 제6호에 따라 금융위원회가 정하여 고시하는 자격을 갖춘 사람[95]

### 4) 특례 감사위원회위원의 결격사유

상장회사 상근감사의 결격사유에 해당하는 자는 특례 감사위원회의 사외이사 아닌 감사위원이 될 수 없고, 이에 해당하게 된 경우에는 그 직을 상실한다(542조의 11③).[96]

### 5) 감사위원인 사외이사의 퇴임

(가) 상장회사   상장회사는 감사위원인 사외이사의 사임·사망 등의 사유로 인하여[97] "사외이사의 수"가 다음과 같은 감사위원회의 구성요건에 미달하게 되면 그 사유가 발생한 후 처음으로 소집되는 주주총회에서 그 요건에 합치되도록

---

규정에서 회계법인에서의 근무경력이 필요한 경우에는 반드시 "공인회계사법에 따른 회계법인"이라고 규정하므로 전자와 같이 해석하는 것이 타당하다. 다만, 이 경우에도 회사 입사시 채용조건으로서 지원자격이 공인회계사 자격증 소지자였거나 공인회계사 자격이 채용의 중요한 요소인 경우가 아니라면, "그 자격과 관련된 업무"에 종사하였는지 여부에 대하여 논란의 여지가 있을 것이다.

95) 금융사지배구조법 제16조 제1항의 해당조문은 다음과 같다.
    4. 국가, 지방자치단체, 「공공기관의 운영에 관한 법률」에 따른 공공기관, 금융감독원, 한국거래소, 자본시장법 제9조 제17항에 따른 금융투자업 관계기관(같은 항 제8호에 따른 금융투자 관계 단체는 제외)에서 재무 또는 회계 관련 업무 또는 이에 대한 감독업무에 5년 이상 종사한 경력이 있는 사람
    5. 금융위원회의 설치 등에 관한 법률 제38조에 따른 검사대상 기관(이에 상응하는 외국금융기관을 포함)에서 재무 또는 회계 관련 업무에 5년 이상 종사한 경력이 있는 사람
    6. 그 밖에 제1호부터 제5호까지의 규정에 준하는 사람으로서 금융위원회가 정하여 고시하는 자격을 갖춘 사람
96) 사내이사는 사외이사 아닌 이사에 해당하지만, "회사의 상무(常務)에 종사하는 이사"가 상근감사의 결격사유에 해당하므로 사외이사 아닌 감사위원이 될 수 없다.
97) 사임·사망으로 사유를 한정한 것은 임기만료와 달리 예상하지 못한 퇴임사유이기 때문이다. 즉, 예정된 퇴임사유인 임기만료의 경우에는 사유발생 후 처음으로 소집되는 주주총회에서 요건에 합치되도록 후임이사를 선임하면 되는 것이 아니고 지체 없이 선임하여야 한다.

하여야 한다(542조의11④).<sup>98)99)</sup>

1. 최근 사업연도 말 현재 자산총액이 2조원 이상인 상장회사로서 감사위원회를 설
   치한 상장회사는 제2항 각 호(위원 중 1명 이상은 회계 또는 재무 전문가, 사외이
   사가 대표감사위원) 및 제415조의2 제2항의 요건(3명 이상의 이사, 사외이사가 위
   원의 3분의 2 이상)
2. 감사에 갈음하여 이사회 내 위원회로서 감사위원회를 설치한 상장회사는 제415조
   의2 제2항의 요건(3명 이상의 이사, 사외이사가 위원의 3분의 2 이상)

상법상 사외이사의 수가 감사위원회의 구성요건에 미달하는 경우 후임 사외
이사의 선임이 유예되므로 퇴임이사의 법리가 적용되지 않는다. 그러나 사외이사
의 사임·사망 등의 사유로 인하여 "감사위원의 수"가 감사위원회의 구성요건에 미
달하는 경우에 대하여는 "사외이사의 수"가 미달하는 경우와 달리 선임유예규정이
없으므로 사임한 감사위원에게 퇴임이사의 법리가 적용된다. 이 경우 "법률 또는
정관에 정한 이사의 원수를 미달한 경우"로서 상법 제386조 제1항에 따라 사임한
사외이사는 후임 감사위원 선임 시까지 감사위원으로서의 권리의무를 가지게 된다
고 봄이 타당하다.<sup>100)</sup>

　(나) 금융회사　　　금융사지배구조법상 금융회사는 감사위원의 사임·사망 등의
사유로 인하여 "감사위원의 수"가 동법 제19조 제1항·제2항의 감사위원회 구성요
건에 미치지 못하게 된 경우에는 그 사유가 발생한 후 최초로 소집되는 주주총회에

---

98) 앞에서 본 바와 같이, 감사위원인 사외이사가 사임하여 사외이사 비율이 감사위원의 3분의
　　2에 미달하는 경우에도 감사위원의 수가 3인 이상을 유지한다면 제386조 제1항은 적용되지
　　않는다고 해석한다. 즉, 이 경우 사외이사 사임의 효력은 즉시 발생하며 퇴임등기도 가능하다.
99) 감사위원회 구성요건 보충규정을 위반하여 감사위원회의 구성요건에 적합하도록 하지 아니
　　한 경우는 5,000만원 이하의 과태료 부과대상이다(635조③7). 그러나 상법 제542조의11 제4항
　　의 규정상 사유 발생 후 바로 보충하지 않더라도 과태료 부과대상이 아니고, 그 후 처음으로
　　소집되는 주주총회에서 감사위원회의 구성요건에 적합하도록 하지 아니한 경우에만 과태료
　　부과대상이다. 다만, 감사위원인 사외이사의 사임·사망 등의 사유 아닌 다른 사유(임기만료)
　　로 감사위원회의 구성요건에 미달하게 되면 제542조의11 제4항이 적용되지 않으므로 사유 발
　　생 후 바로 보충하지 않으면 과태료 부과대상이다(635조③6).
100) 창원지방법원 2023. 10. 13.자 2023카합10126 결정. 종전의 감사위원 지위가 유지되는 경우
　　감사위원은 이사의 지위를 전제로 하므로 후임 감사위원 선임 시까지 감사위원 겸 사외이사
　　로서의 권리의무를 가지는 되는지 여부에 대하여 명시적으로 설시하지 않았지만, "법률 또는
　　정관에 정한 이사의 원수를 미달한 경우"로 판시하고 나아가 "...를 이 사건 회사의 감사위원
　　이 되는 사외이사의 직무대행자로 선임한다."라는 결정 주문으로 보아 감사위원뿐 아니라 사
　　외이사로서의 권리의무를 가지는 것으로 인정한다.

서 달하게 되면 그 사유가 발생한 후 처음으로 소집되는 주주총회에서 동법 제19조 제1항·제2항에 따른 요건을 충족하도록 조치하여야 한다(同法 19조③). 따라서 감사위원의 수가 감사위원회의 구성요건에 미달하더라도 상법상 퇴임이사의 법리가 적용되지 않아서 감사위원의 지위가 계속되지 않고 바로 사임등기 하는 것이 가능하다.101)

### 6) 상장회사 감사위원의 선임과 해임

#### (가) 선임과 해임권자

가) 일반 감사위원회    최근 사업연도 말 현재 자산총액 1천억원 미만인 상장회사는 비상장회사와 마찬가지로 상법 제415조의2에 따른 일반 감사위원회를 설치하면 되는데,102) 이 경우 주주총회에서 선임된 이사 중에서 이사회가 감사위원회 위원을 선임한다.103) 주주총회에서는 감사가 아닌 이사를 선임하는 것이므로 주주의 의결권이 제한되지 않는다. 감사위원 해임도 이사회의 권한인데, 이사 총수의 3분의 2 이상의 결의로 하여야 한다(415조의2③).

나) 특례 감사위원회    최근 사업연도 말 현재 자산총액이 2조원 이상인 대규모 상장회사의 경우 감사위원을 선임하거나 해임하는 권한은 주주총회에 있다(542조의12①).104) 그리고 최근 사업연도 말 현재 자산총액이 1천억원 이상, 2조원 미만인 상장회사는 상근감사와 감사위원회 중 하나를 선택할 수 있다. 위 두 경우의 감사위원회는 상장회사 특례에 따라 설치하여야 하므로 특례감사위원회라고 부른다.

---

101) 상법에는 사외이사의 수가 감사위원회의 구성요건에 미달하는 경우에 대한 선임유예규정만 있고 감사위원의 수가 감사위원회의 구성요건에 미달하는 경우에 대한 선임유예규정은 없는 반면, 금융사지배구조법에는 사외이사의 수가 감사위원회의 구성요건에 미달하는 경우뿐 아니라 감사위원의 수가 감사위원회의 구성요건에 미달하는 경우에 대하여도 선임유예규정이 있다는 점이 다르다.

102) 상근감사의 대체기관으로서 특례 감사위원회를 규정한 상법 제542조의10 제1항이 자산총액 1천억원 이상인 회사를 기준으로 규정하므로, 자산총액 1천억원 미만인 상장회사는 비상장회사와 동일하게 일반 감사위원회를 설치한다.

103) 미국 대부분의 주회사법은 이사회가 감사위원을 선임한다고 규정한다. 일본에서는 지명위원회등설치회사의 감사위원은 이사회가 이사 중에서 선임하나(日会 400조②), 2014년 회사법 개정으로 도입된 감사등위원회설치회사는 감사등위원이 되는 이사와 그 외의 이사를 구분하여 주주총회에서 선임한다(日会 329조②).

104) 단, 자산총액이 2조원 이상인 상장회사 중 시행령 제37조 제1항 단서에 규정된 상장회사(감사위원회설치의무가 없는 회사)는 제외된다.

(나) 일괄선임과 분리선임

가) 일괄선임　　특례 감사위원회위원은 주주총회에서 이사를 선임한 후 선임된 이사 중에서 감사위원을 선임하여야 한다(542조의12②). 종래에 감사위원 선임방법에 관하여 실무상 혼선이 있었으나,[105] 2011년 개정상법은 주주총회에서 먼저 일반이사와 감사위원이 되는 이사를 구분하지 않고 모든 이사를 일괄하여 선임한 후 선임된 이사 중에서 감사위원회위원을 선임하는 "일괄선임방식"을 채택하였다.[106][107] 따라서 이사 전원을 대상으로 하는 "이사 선임의 건"과 그 중 감사위원을 선임하는 "감사위원 선임의 건"으로 나누고, 먼저 의결권 제한 없이 이사를 선

---

105) 감사위원회위원의 선임에 관하여 분리선임방식에 의한 의안을 제안한 주주가 또 다른 주주제안에 의하여 일괄선임방식에 의한 의안도 소집통지서에 기재한 회사를 상대로 일괄선임방식에 의한 의안의 상정금지를 구하는 가처분신청을 하였으나 회사는 자신이 상정하고자 하는 의안을 상정할 수 있다는 이유로 가처분신청을 기각한 판례가 있다(서울중앙지방법원 2008. 3. 27.자 2008카합717 결정).

106) 예컨대, A, B, C, D, E를 이사로 선임하고, 그 중 A, B를 감사위원으로 선임하려는 경우, 분리선임방식에 의하면, A, B를 감사위원으로 선임하면서 3% 의결권 제한 규정이 적용되고, C, D, E를 의결권 제한 없이 이사로 선임하게 되는데, 이는 선임대상 이사의 수가 줄어들어 집중투표제의 취지가 훼손된다는 문제점이 있다. 일괄선임방식에 의하면, 의결권 제한 없이 A, B, C, D, E를 이사로 선임한 후, 그 중에서 3% 의결권 제한을 적용하여 A, B를 감사위원으로 선임하게 되는데, 집중투표제의 취지를 살릴 수 있다는 장점이 있지만, 이사 선임 단계에서 대주주의 의결권이 제한되지 않으므로 감사위원 선임 단계에서 의결권이 제한되어도 대주주의 의결권 제한취지가 상당히 약해진다는 문제가 있다. 의결권제한과 집중투표제 모두 소수주주를 위한 제도인데, 감사위원 선임에 있어서는 서로 충돌하는 모양이 된다. 이 문제에 관하여 입법과정에서 많은 상장회사가 이미 집중투표제를 배제하였기 때문에 집중투표제의 취지를 살리는 효과는 별로 없으므로 차라리 대주주의 의결권제한이 가능한 분리선임방식이 보다 타당하다는 견해도 있었지만, i) 감사위원회를 의무적으로 설치하여야 하는 자산 2조원 이상 상장회사 중 다수의 회사가 일괄선임방식을 채택하고 있다는 점과, ii) 집중투표제의 취지를 살릴 수 있다는 점을 고려하여 일괄선임방식을 택하였다. 입법과정에 대하여는, 졸고, "상장법인 특례규정에 관한 상법개정시안 검토", 인권과 정의 373호(2007. 9), 140면 이하 참조.

107) 2006년의 소위 KT&G 사건에서 소수주주(외국계 펀드)가 주주제안을 하면서 집중투표제의 취지를 살릴 수 있는 일괄선임방식을 주장하였고, 회사는 분리선임방식을 주장하였는데 (KT&G는 정관에서 집중투표제를 배제하지 않음), 법원은 분리선임 또는 일괄선임 방식 모두 가능하고 그 중 어느 방식을 취할 것인지에 대한 결정권한은 이사회에 있다고 판시하였다(대전지방법원 2006. 3. 14.자 2006카합242 결정). 이 판결에 대한 평석으로는, 김태진, "2009년 1월 상법개정에 의하여 감사위원인 사외이사 선임방법과 소수주주권 보호는 개선되었는가? - KT&G 사건을 계기로 - ", 증권법연구 제11권 제3호, 한국증권법학회(2010), 262면 이하 참조. 일괄선임방식을 적용하게 되면 지배주주는 의결권의 제한 없이 주주총회의결권지분에 따라 이사를 선임할 수 있게 되고, 또한 선임된 이사들 가운데서 감사위원회위원이 되는 후보가 선임될 것이기 때문에 일괄선임방식을 명문화한 상법 제542조의12 제2항에 의하여 제542조의12 제3항 및 제4항의 의결권제한이 사실상 사문화되었다는 견해도 있다[강정민, "개정상법의 감사위원회위원 선임에 따른 소수주주의 영향력 감소 효과", 기업지배구조연구 34권 봄호, 좋은기업지배구조연구소(2010년), 92면 이하].

임한 후, 이어서 "감사위원 선임의 건"을 다시 "사외이사인 감사위원 선임의 건"과 "사외이사 아닌 감사위원 선임의 건"으로 나누어 별개의 의안으로 상정하여 소정의 의결권 제한 하에 결의한다.[108]

나) 분리선임    감사위원회위원 중 1명(정관에서 2명 이상으로 정할 수 있으며, 정관으로 정한 경우에는 그에 따른 인원으로 한다)은 주주총회 결의로 다른 이사들과 분리하여 감사위원회위원이 되는 이사로 선임하여야 한다(542조의12② 단서).[109] 주주총회 소집통지서의 회의의 목적사항 중 부의 안건에서도 이사선임의 건과 별도로 감사위원회 위원이 되는 이사 선임의 건으로 기재한다.

이에 따라 이사 선임시부터 최대주주등은 의결권있는 발행주식총수의 3%를 초과하는 지분에 대하여 의결권을 행사할 수 없다. 분리선임된 감사위원회위원이 재임중에는 분리선임규정이 적용되지 않고, 그가 임기만료, 사임, 해임 등의 사유로 퇴임한 경우에만 다시 분리선임규정이 적용된다.

분리선임된 감사위원회위원이 주주총회의 특별결의로 해임되는 경우 해당 감사위원회위원은 이사와 감사위원회위원의 지위를 모두 상실한다(542조의12③). 분리선임된 감사위원회위원이 임기만료, 사임으로 퇴임한 후 후임 분리선임 대상인 감사위원회위원이 선임되지 않은 경우 명시적인 선임유예규정이 없더라도 상법 제386조의 퇴임이사 규정이 적용되지 않는다고 해석하는 것이 타당하다. 다만, 사유 발생 후 최초로 소집되는 주주총회에서 선임하여야 한다는 금융사지배구조법 제19조와 같은 규정이 없기 때문에 논란의 여지가 있으므로 입법적인 보완이 필요하다.

금융사지배구조법상 금융회사도 감사위원이 되는 사외이사 1명 이상을 다른 이사와 분리하여 선임하여야 한다(同法 19조⑤). 금융사지배구조법은 상법과 달리 분리선임하는 사외감사위원의 수를 정관으로 확대할 수 있다는 규정을 두지 않고 있다.

(다) 특례 감사위원회위원 선임·해임과 의결권 제한

가) 사외이사 아닌 감사위원의 선임·해임

(a) 일반주주    의결권 없는 주식을 제외한 발행주식총수의 3%(정관에서 더

---

108) 감사위원 선임에 있어 일괄선임방식을 적용하면 분리선임방식보다 최대주주 및 특수관계인의 영향력이 증가하고, 그 결과 소수주주가 추천하는 감사위원 후보가 이사선임 1단계를 거쳐 2단계에서 선임될 가능성이 낮아질 것이다. 반면에 집중투표제의 취지를 살릴 수 있다는 장점이 있는데, 분리선임방식과 일괄선임방식 중 대주주와 소수주주에게 어느 것이 어느 정도 유리한지에 관하여 일률적으로 판단하기는 어렵다.
109) 2020년 12월 상법개정시 신설된 규정이다.

낮은 주식 보유비율을 정할 수 있으며, 정관에서 더 낮은 주식 보유비율을 정한 경우에는 그 비율로 한다)를 초과하는 수의 주식을 가진 주주는 그 초과하는 주식에 관하여 의결권을 행사하지 못한다.

(b) 최대주주    최대주주의 경우에는 그의 특수관계인, 그 밖에 대통령령으로 정하는 자가 소유하는 주식을 위 3%에 합산한다(542조의12④). 사외이사인 감사위원을 선임·해임하는 경우와 다른 점이다.

최대주주의 특수관계인 아닌 다른 2대주주나 3대주주는 사외이사 아닌 감사위원을 선임·해임하는 경우에도 합산하지 않고 개별적으로 3%를 초과하는 수의 주식에 관한 의결권이 제한되므로, 이 점에서는 최대주주가 불리하다.

특수관계인 사이에 분쟁이 발생하는 경우, 최대주주와 특수관계인 등이 소유하고 있는 주식수는 동일하게 합산대상이 되며, 의결권의 행사는 3% 한도 내에서 각각 지분비율을 안분하여 다른 방향으로 행사할 수 있다.

나) 사외이사인 감사위원의 선임·해임    상장회사가 사외이사인 감사위원을 선임·해임하는 경우에도 의결권 없는 주식을 제외한 발행주식총수의 3%를 초과하는 수의 주식에 관하여 의결권을 행사하지 못한다. 다만, 사외이사 아닌 감사위원을 선임·해임하는 경우와 달리, 최대주주도 그 특수관계인 등이 소유하는 주식을 합산하지 않고 개별적으로 3%를 초과하는 수의 주식에 관하여 의결권을 행사하지 못한다(542조의12④의 반대해석).

다) 결의요건    특례감사위원회위원은 출석한 주주의 의결권의 과반수와 발행주식총수의 4분의 1 이상의 수로써 하는 보통결의에 의하여 선임한다(368조①). 그러나 회사가 전자적 방법으로 의결권을 행사할 수 있도록 한 경우에는 출석한 주주의 의결권의 과반수로써 감사위원회위원의 선임을 결의할 수 있다(542조의12⑧).[110]

특례감사위원회위원은 주주총회의 특별결의로 해임할 수 있다. 이 경우 분리선출된 감사위원회위원은 이사와 감사위원회위원의 지위를 모두 상실한다(542조의12③).

7) 상장회사의 감사보고서 제출기한 특례

상법상 감사 또는 감사위원회는 이사로부터 재무제표와 영업보고서를 받은 날

---

110) 2020년 12월 상법 개정시 추가된 조항이다. 감사 선임의 경우에 적용되는 제409조 제3항과 같은 취지이다.

부터 4주 내에 감사보고서를 이사에게 제출하여야 한다(447조의4①). 그런데 상장회사의 감사 또는 감사위원회는 이사에게 감사보고서를 주주총회일의 1주 전까지 제출할 수 있다(542조의12⑥). 상장회사의 경우 감사 또는 감사위원회가 이사로부터 제출받은 재무제표 등을 면밀히 감사한 후 감사보고서를 작성하여 이사에게 제출함에 있어서는 실무상 상당한 시일이 소요될 것이라는 점을 고려한 것이다.

8) 결의요건 충족 여부 계산 과정

특례 감사위원회위원을 선임하는 경우, 주주총회에서 먼저 보통결의에 의하여 이사를 선임하고 선임된 이사 중에서 감사위원을 선임하는데 사외이사인지 여부에 따라 의결권 제한의 내용이 달라진다.

> A : 의결권 제한 전 발행주식총수
> B : 의결권 없는 주식수(무의결권 우선주, 자기주식 등)
> C : 최대주주와 특수관계인 지분을 합산하여 3% 지분을 초과한 주식수
> D : 모든 주주 개별적으로 3% 지분을 초과한 주식총수

감사위원을 선임을 위한 표결 결과 출석의결권의 과반수 찬성이라는 전제 하에, 사외이사 아닌 감사위원의 선임·해임의 경우에는 찬성표가 "A - B - C"의 4분의 1 이상이어야 하고, 사외이사인 감사위원의 선임·해임의 경우에는 찬성표가 "A - B - D"의 4분의 1 이상이어야 한다.

## 4. 검 사 인

### (1) 검사인의 의의

일정한 법정사항을 조사하기 위하여 선임되는 회사의 임시기관으로서, 설립절차, 업무 및 재산상태의 조사 등을 그 임무로 한다.

### (2) 검사인의 선임

#### 1) 법원의 선임

법원이 검사인을 선임하는 경우는 회사설립시(변태설립사항, 290조), 액면미달신주발행시(417조③), 신주발행시(현물출자시, 422조①) 등이다. 그리고 회사의 업무집행에 관하여 부정행위 또는 법령이나 정관에 위반한 중대한 사실이 있음을 의심할 사

유가 있는 때에는 발행주식총수의 3% 이상에 해당하는 주식을 가진 주주는 회사의 업무와 재산상태를 조사하게 하기 위하여 법원에 검사인의 선임을 청구할 수 있다(467조①). "의심할 사유"는 그 내용을 구체적으로 명확히 적시하여 입증하여야 하고 단순히 일반적으로 그러한 의심이 간다는 정도의 막연한 것만으로는 그 사유로 삼을 수 없다.[111]

### 2) 주주총회의 선임

총회는 회사의 업무와 재산상태를 조사하게 하기 위하여 검사인을 선임할 수 있다(366조③). 그리고 총회는 이사가 제출한 서류와 감사의 보고서를 조사하게 하기 위하여 검사인을 선임할 수 있다(367조①).[112]

### (3) 검사인의 종임

검사인은 임시기관이므로 임기가 없고 직무의 종료로 지위를 상실한다. 물론 검사인의 선임기관은 검사인을 해임할 수도 있다.

### (4) 조사결과의 처리

상법은 검사인이 조사결과를 처리하는 절차와 방법에 대하여 아무런 규정을 두지 않고 있다. 입법론상으로는, 검사인이 그 조사의 결과를 법원에 보고하도록 하고, 법원은 보고에 의하여 필요하다고 인정한 때에는 대표이사에게 주주총회의 소집을 명할 수 있도록 하는 것이 바람직하다.[113]

---

111) 대법원 1996. 7. 3.자 95마1335 결정, 대법원 1985. 7. 31.자 85마214 결정.
112) 한편, 회사 또는 발행주식 총수의 1% 이상에 해당하는 주식을 가진 주주는 총회의 소집절차나 결의방법의 적법성의 조사를 위하여 총회 전에 법원에 검사인의 선임을 청구할 수 있다(367조②). 2011년 개정시 추가된 제2항의 검사인은 총회의 소집절차나 결의방법의 적법성을 조사하기 위하여 선임하는 것으로, 통상 제1항의 검사인은 "서류검사인", 제2항의 검사인은 "총회검사인"이라고 부른다.
113) 회사의 업무집행에 관하여 부정행위 또는 법령·정관에 위반한 중대한 사실이 있음을 의심할 사유가 있는 때에는 발행주식총수의 3% 이상에 해당하는 주식을 가진 주주는 회사의 업무와 재산상태를 조사하게 하기 위하여 법원에 검사인의 선임을 청구할 수 있고(467조①), 검사인은 그 조사의 결과를 법원에 보고하여야 하고(467조②), 법원은 보고에 의하여 필요하다고 인정한 때에는 대표이사에게 주주총회의 소집을 명할 수 있다는 규정(467조③)이 참고할 만하다. 일본 회사법도 검사인이 서면으로 법원에 조사결과를 보고하고(日会 306조⑤), 법원은 보고를 토대로 필요한 경우 이사로 하여금 주주들에게 검사인의 보고를 통지하게 하거나, 이사에게 주주총회의 소집을 명하도록 규정한다(日会 307조).

## (5) 검사인의 책임

설립경과를 조사하기 위하여 선임된 검사인에 대하여는 손해배상책임의 특칙이 있다. 법원이 선임한 검사인이 악의 또는 중대한 과실로 인하여 그 임무를 게을리한 때에는 회사 또는 제3자에 대하여 손해를 배상할 책임이 있다(325조). 그 외에는 회사에 대하여는 채무불이행책임을 지나 제3자에 대하여는 직접적인 법률관계가 없으므로 채무불이행책임은 지지 않고 불법행위책임만 진다.


# Ⅱ. 준법통제와 외부감사

## 1. 준법통제와 준법지원인

### (1) 내부통제 및 준법감시제도

#### 1) 내부통제의 의의

내부통제(internal control)에 관한 통일된 정의는 없지만, COSO 보고서에서는 내부통제를, "이사회 및 회사경영진이 i) 재무보고의 신뢰성(reliability of financial reporting), ii) 사업경영의 실효성과 효율성(effectiveness and efficiency of operations), iii) 적용법령의 준수(compliance with applicable laws and regulations) 등 세 가지 목적을 달성하기 위한 합리적 확신(Reasonable assurance)을 제공하기 위하여 고안된, 기업의 이사회, 경영자 및 기타 구성원에 의해 실행되는 절차(process)"로 정의하였다.114)

#### 2) 금융사지배구조법상 내부통제기준 및 준법감시인

(가) 내부통제기준    금융사지배구조법 적용대상인 금융회사는 법령을 준수하고, 경영을 건전하게 하며, 주주 및 이해관계자 등을 보호하기 위하여 금융회사의 임직원이 직무를 수행할 때 준수하여야 할 기준 및 절차("내부통제기준")를 마련하여야 한다(同法 24조①).

---

114) COSO 보고서는 미국에서 미국공인회계사협회(AICPA), 내부감사협회(IIA), 미국회계학회(AAA), 전국회계인협회(NAA), 재무담당경영자협회(FEI) 등 5개 민간기관이 참여한 COSO 위원회(Committee of Sponsoring Organization of the Treadway Commission)가 1992년, 2004년에 발표한 보고서이다. Treadway Commission은 사기적인 재무보고(Fraudulent financial Reporting)를 다루기 위하여 1985년 구성된 위원회로서 위원장인 James Treadway의 이름을 따서 Treadway Commission이라 부른다.

내부통제기준에는 금융회사의 내부통제가 실효성 있게 이루어질 수 있도록 다음 사항이 포함되어야 한다(同法 施行令 19조①).

1. 업무의 분장 및 조직구조
2. 임직원이 업무를 수행할 때 준수하여야 하는 절차
3. 내부통제와 관련하여 이사회, 임원 및 준법감시인이 수행하여야 하는 역할
4. 내부통제와 관련하여 이를 수행하는 전문성을 갖춘 인력과 지원조직
5. 경영의사결정에 필요한 정보가 효율적으로 전달될 수 있는 체제의 구축
6. 임직원의 내부통제기준 준수 여부를 확인하는 절차·방법과 내부통제기준을 위반한 임직원의 처리
7. 임직원의 금융관계법령 위반행위 등을 방지하기 위한 절차나 기준(임직원의 금융투자상품 거래내용의 보고 등 불공정행위를 방지하기 위한 절차나 기준을 포함한다)
8. 내부통제기준의 제정 또는 변경 절차
9. 준법감시인의 임면절차
10. 이해상충을 관리하는 방법 및 절차 등(금융회사가 금융지주회사인 경우는 예외)
11. 상품 또는 서비스에 대한 광고의 제작 및 내용과 관련한 준수사항
12. 법 제11조 제1항에 따른 임직원 겸직이 제11조 제4항 제4호각 목의 요건을 충족하는지에 대한 평가·관리
13. 그 밖에 내부통제기준에서 정하여야 할 세부적인 사항으로서 금융위원회가 정하여 고시하는 사항

금융지주회사가 금융회사인 자회사등의 내부통제기준을 마련하는 경우 그 자회사등은 내부통제기준을 마련하지 아니할 수 있다(同法 24조②).

금융회사(소규모 금융회사는 제외)는 내부통제기준의 운영과 관련하여 최고경영자를 위원장으로 하는 내부통제위원회를 두어야 한다(同法 施行令 19조②). 금융회사는 금융위원회가 정하여 고시하는 바에 따라 내부통제를 전담하는 조직을 마련하여야 한다(同法 施行令 19조③).

(나) 준법감시인    준법감시인은 금융회사[투자자문업이나 투자일임업 외의 다른 금융투자업을 겸영하지 아니하는 자로서 최근 사업연도 말 현재 운용하는 투자일임재산의 합계액이 5천억원 미만인 자는 제외(同法 施行令 20조①)]에서 내부통제기준의 준수 여부를 점검하고 내부통제기준을 위반하는 경우 이를 조사하는 등 내부통제 관련 업무를 총괄하는 사람을 말한다(同法 25조①). 준법감시인은 필요하다고 판단하는 경우 조사결과를 감사위원회 또는 감사에게 보고할 수 있다(同法 25조①). 금융회사는 준법감시

인에 대하여 회사의 재무적 경영성과와 연동하지 아니하는 별도의 보수지급 및 평가 기준을 마련하여 운영하여야 한다(同法 25조⑥).

금융회사는 준법감시인을 1명 이상 두어야 하며(同法 25조①), 사내이사 또는 업무집행책임자 중에서 준법감시인을 선임하여야 한다. 다만, 최근 사업연도 말 현재 자산총액이 5조원 미만인 금융투자업자(同法 施行令 20조②) 또는 외국금융회사의 국내지점은 사내이사 또는 업무집행책임자가 아닌 직원 중에서 준법감시인을 선임할 수 있다(同法 25조②).

주권상장법인으로서 최근 사업연도 말 현재 자산총액이 2조원 이상인 금융회사, 최근 사업연도 말 현재 운용하는 집합투자재산, 투자일임재산 및 신탁재산의 전체 합계액이 20조원 이상인 금융투자업자는 반드시 사내이사 또는 업무집행책임자 중에서 준법감시인을 선임하여야 한다. 준법감시인을 직원 중에서 선임하는 경우 「기간제 및 단시간근로자 보호 등에 관한 법률」에 따른 기간제근로자 또는 단시간근로자를 준법감시인으로 선임하여서는 아니 된다(同法 25조⑤).

금융회사(외국금융회사의 국내지점은 제외)가 준법감시인을 임면하려는 경우에는 이사회의 의결을 거쳐야 하며, 해임할 경우에는 이사 총수의 3분의 2 이상의 찬성으로 의결한다(同法 25조③). 준법감시인의 임기는 2년 이상으로 한다(同法 25조④).

준법감시인은 다음 요건을 모두 충족한 사람이어야 한다(同法 26조①). 준법감시인이 된 사람이 제1항 제1호의 요건을 충족하지 못하게 된 경우에는 그 직을 잃는다(同法 26조②).

1. 최근 5년간 금융사지배구조법 또는 금융관계법령을 위반하여 금융위원회 또는 금융감독원의 원장, 그 밖에 대통령령으로 정하는 기관으로부터 문책경고 또는 감봉 요구 이상에 해당하는 조치를 받은 사실이 없을 것
2. 다음 각 목의 어느 하나에 해당하는 사람. 다만, 다음 각 목(라목 후단의 경우는 제외한다)의 어느 하나에 해당하는 사람으로서 라목 전단에서 규정한 기관에서 퇴임하거나 퇴직한 후 5년이 지나지 아니한 사람은 제외한다.
   가. 「금융위원회의 설치 등에 관한 법률」 제38조에 따른 검사 대상 기관(이에 상당하는 외국금융회사를 포함)에서 10년 이상 근무한 사람
   나. 금융 관련 분야의 석사학위 이상의 학위소지자로서 연구기관 또는 대학에서 연구원 또는 조교수 이상의 직에 5년 이상 종사한 사람
   다. 변호사 또는 공인회계사의 자격을 가진 사람으로서 그 자격과 관련된 업무에 5년 이상 종사한 사람

라. 기획재정부, 금융위원회, 증권선물위원회, 감사원, 금융감독원, 한국은행, 예금보험공사, 그 밖에 금융위원회가 정하여 고시하는 금융 관련 기관에서 7년 이상 근무한 사람. 이 경우 예금보험공사의 직원으로서 부실금융기관 또는 부실우려금융기관과 정리금융회사의 업무 수행을 위하여 필요한 경우에는 7년 이상 근무 중인 사람을 포함한다.

마. 그 밖에 가목부터 라목까지의 규정에 준하는 자격이 있다고 인정되는 사람으로서 대통령령으로 정하는 사람(同法 施行令 21조②1·2)

## (2) 준법통제 및 준법통제기준

### 1) 도입경위

내부통제 및 준법감시제도는 은행법(23조의3), 보험업법(17조), 자본시장법(28조) 등의 금융관련법제에서 먼저 도입되었다. 그러나 내부통제 및 준법감시제도는 금융기관을 적용대상으로 하고, 일반기업은 일정 규모 이상이더라도 적용되지 아니하므로 준법경영·윤리경영이 강화되고 있는 세계적 추세에 비추어 미흡하다는 지적이 있었다. 이에 2011년 상법개정을 통하여 일정 규모 이상의 상장회사는 준법통제기준을 마련하도록 하고, 이 기준의 준수에 관한 업무를 담당하는 1인 이상의 준법지원인을 두도록 하였다. 이러한 준법지원인 제도가 도입됨으로써 기업의 준법경영과 사회적 책임이 강화될 것으로 기대된다.

### 2) 의        의

준법통제(compliance)는 회사가 사업운영상 준수해야 하는 제반 법규를 체계적으로 파악하고 임직원의 법규준수 여부를 자체적으로 점검하여, 위법행위를 사전적으로 예방하고 각종 법적 위험에 체계적으로 대응하기 위하여 채택하는, 일체의 정책수립 및 통제활동 과정을 말한다(상장회사 표준준법통제기준 2조①). 여기서 "법적 위험"이란 임직원이 법령을 준수하지 않음으로써 민사·형사·행정적 책임이 발생하거나 계약상 효력이 인정되지 않아 손해가 발생할 위험을 말한다(상장회사 표준준법통제기준 2조②). 준법통제는 준법 여부에 대한 단순한 감시가 아니라 적극적으로 사전교육이나 연수를 통하여 준법을 독려하는 사전적 조치가 강조되는 개념이다. 즉, 준법통제는 i) 재무보고의 신뢰성, ii) 사업경영의 실효성과 효율성, iii) 적용법규의 준수를 목적으로 하는 내부통제(internal control)의 일부로서, 회사의 임직원 모두가 업무수행과 관련하여 제반 법규를 준수하도록 상시적으로 통제하고 감독하는 사전예방시스템이다.

　　준법통제기준은 법령을 준수하고 회사경영을 적정하게 하기 위하여[115] 임직원이 그 직무를 수행할 때 따라야 할 준법통제에 관한 기준 및 절차를 말한다(542조의13①). 준법통제기준 및 준법지원인에 관하여 필요한 사항은 대통령령으로 정한다(542조의13⑫).

　　"준법통제기준에는 다음 사항이 포함되어야 한다(슈 40조①).[116]

　　　1. 준법통제기준의 제정 및 변경의 절차에 관한 사항
　　　2. 준법지원인의 임면절차에 관한 사항
　　　3. 준법지원인의 독립적 직무수행의 보장에 관한 사항
　　　4. 임직원이 업무수행과정에서 준수해야 할 법규 및 법적 절차에 관한 사항
　　　5. 임직원의 준법통제기준 사전 이해에 관한 사항
　　　6. 임직원의 준법통제기준 준수 여부를 확인할 수 있는 절차 및 방법에 관한 사항
　　　7. 준법통제기준을 위반하여 업무집행한 임직원의 처리에 관한 사항
　　　8. 준법통제에 필요한 정보가 준법지원인에게 전달될 수 있는 방법에 관한 사항
　　　9. 준법통제기준의 유효성 평가에 관한 사항

### 3) 준법통제기준과 기관의 역할

　　(가) 이사회와 위원회　　준법통제기준을 정하거나 변경하는 경우에는 이사회 결의를 거쳐야 한다(슈 40조②).[117] 이사회는 일정 사항을 제외하고는 그 권한을 위원회에 위임할 수 있으므로(393조의2②), 위원회도 이사회의 위임을 받으면 준법통제기준의 제정과 변경을 할 수 있다.

　　(나) 대표이사　　대표이사는 준법통제기준과 이사회가 정하는 바에 따라 회사의 규모나 영업의 성격에 부합하는 준법통제체제를 구축·정비·운용하고 그 작동상황을 감독한다(상장회사 표준준법통제기준 6조②).

　　(다) 준법지원인　　준법지원인은 준법 교육 및 훈련 프로그램을 수립하여 시행하고 준법통제기준의 준수 여부를 점검하여 보고하는 등 준법통제업무를 실무적

---

115) 상법은 "회사경영의 적정성"도 준법통제기준의 목적으로 규정하나, "회사경영의 적법성"이 제도의 취지에 부합할 것이다.
116) 상법 시행령은 명시적으로 규정하지 않지만, 회사는 준법통제기준에 기업윤리에 관한 사항을 포함시킬지 여부를 자율적으로 정할 수 있다.
117) [상장회사 표준준법통제기준 제6조]
　　① 이사회는 준법통제기준 및 이에 관한 중요한 사항을 결정한다. 또한 이사회는 대표이사가 이사회의 결정을 충실하게 반영하여 준법통제체제를 정비하고 실효적으로 운용하는 지를 감독한다."

으로 통괄한다(상장회사 표준준법통제기준 6조③).

### 4) 준법통제기준과 준법지원인설치가 강제되는 회사

최근 사업연도 말 현재의 자산총액이 5천억원 이상인 회사는 준법통제기준을 마련하고, 준법지원인을 1인 이상 두어야 한다(슈 39조 본문).[118] 다만, 다른 법률에 따라 내부통제기준 및 준법감시인을 두어야 하는 경우에는 상법에 따른 준법통제기준과 준법지원인을 설치할 의무가 없고, 해당 법률에 따르면 된다(슈 39조 단서).[119]

### 5) 준법통제활동

상장회사 표준준법통제기준은 각 기관의 준법통제활동을 규정한다.[120]

---

118) 입법과정에서 순수지주회사와 공공기관의 적용배제 여부가 검토되었으나 순수지주회사는 현행법상 다중대표소송제도가 도입되지 않은 점, 공공기관이 국민경제에 미치는 점 등을 고려하여 적용대상에서 배제하지 않았다.

119) 금융사지배구조법 제24조부터 제26조까지에서 금융회사의 내부통제기준과 준법감시인에 관하여 규정한다.

120) [상장회사 표준준법통제기준 제12조]
① 이사회는 회사 전체적인 위험관리체제하에서 효과적으로 작동하는 통합적인 법적 위험 평가 및 관리 체제를 마련하고 운용한다.
② 준법지원인은 법적 위험의 크기·발생빈도 등을 검토하여 위법의 발생가능성 등을 판단하고 주요한 법적 위험 행위를 유형화하여야 한다. 준법지원인이 위의 유형화 작업을 위하여 협조를 요청하는 경우, 각 관련부서 및 임직원은 이에 신속하고 성실하게 응해야 한다.
[상장회사 표준준법통제기준 제13조]
① 임직원은 업무상 법적 위험과 관련된 국내·외 법규 및 준법통제기준, 회사의 각종 내부 규정 등을 숙지하고 준수하여야 한다.
② 임직원은 위법행위나 준법통제기준 등의 위반사실을 발견한 경우에 즉시 준법통제기준이 정하는 절차에 따라 신고 또는 보고하여야 하며, 이러한 위반행위에 관여하거나 협조하여서는 안 된다.
③ 각 관련부서와 준법지원인은 법적 위험이 타 부서로 이전하거나 확대되지 않도록 하기 위한 조치를 강구하여야 한다.
④ 준법지원인은 법적 위험 평가를 바탕으로, 임직원이 제1항과 제2항에 따른 의무를 올바로 인식하고 이해할 수 있도록 하여야 한다.
[상장회사 표준준법통제기준 제14조]
① 준법지원인은 임직원이 취급 업무와 관련된 법적 위험을 사전에 파악하고 적절하게 대처할 수 있도록 하기 위하여, 구체적이고 체계적인 준법 교육 및 훈련프로그램을 설계하여 시행한다.
② 준법지원인은 전 임직원을 대상으로 연 ○회 이상(○시간 이상) 준법 교육 및 훈련을 실시하여야 한다. 준법지원인은 높은 법적 위험이 예상되는 부서에 대하여는 별도의 프로그램으로 특별교육을 실시할 수 있다.
③ 준법지원인은 준법 교육 및 훈련 프로그램의 효과 및 실효성에 대하여 평가하고 필요한 경우 개선사항에 관한 설문조사도 실시한다.
④ 준법지원인은 교육 및 훈련프로그램의 운영과 별도로 업무상 법적 위험에 크게 노출되어 있는 임직원들을 위한 상담제도를 운영할 수 있다.
[상장회사 표준준법통제기준 제15조]

① 준법지원인은 임직원에 대하여 상시적으로 법적 자문업무를 수행하며, 임직원이 계약체결 등 법적 위험과 밀접한 관련이 있는 업무수행을 하는 경우에는 반드시 준법지원인과 사전협의하도록 할 수 있다.

② 대표이사는 임직원이 업무상 제기되는 법적 위험 또는 준법관련 쟁점에 관하여 준법지원인과 원활하게 의사소통할 수 있는 체제를 구축하여야 한다.

[상장회사 표준준법통제기준 제16조]

① 각 부서는 자율적인 준법점검계획을 수립하고, 정기적으로 자율 점검 실태를 평가하여야 한다.

② 각 부서는 효과적인 자율 준법점검을 위하여 점검사항목록을 작성하여 관리할 수 있다.

③ 준법지원인은 제1항에 따른 각 부서의 준법점검계획 수립을 지도하고 자율점검 실태를 평가한다.

[상장회사 표준준법통제기준 제17조]

① 준법지원인은 모든 임직원의 준법통제기준 준수 여부 등을 점검하는 준법점검체제를 구축하여 운용한다.

② 준법지원인에 의하여 이루어지는 준법점검은 ○년에 ○회 실시하는 정기점검과 제기된 특정 법적 쟁점에 대하여 실시하는 수시 또는 특별점검이 있다.

③ 준법지원인은 효율적인 준법점검을 위하여 부서별로 신고나 보고 사항을 구체적으로 정형화할 수 있으며, 필요한 경우 특정 사항의 신고나 보고를 의무화할 수 있다.

④ 준법지원인은 준법 점검의 결과를 이사회에 보고한다.

⑤ 준법지원인은 준법 여부 점검을 하면서 필요한 경우에는 감사에게 통보하거나 협의할 수 있다.

[상장회사 표준준법통제기준 제18조]

① 대표이사는 임직원의 위법 또는 부당한 업무집행행위 등에 관하여, 준법지원인 등에게 직접 제보할 수 있는 내부제보장치를 설치할 수 있다.

② 내부제보를 받거나 처리하는 사람은 내부제보자의 인적사항 및 제보내용에 대하여 비밀을 유지하여야 한다.

③ 내부제보자가 본인이 관련된 위법이나 부정을 제보한 경우에는 정상을 참작할 수 있고, 모든 내부제보자는 내부제보로 인하여 어떠한 인사상 불이익도 받지 않는다.

[상장회사 표준준법통제기준 제19조]

① 준법지원인은 준법통제기준 등의 위반 행위가 발견된 경우, 이를 해당 부서 책임자에게 통보하거나 대표이사에게 보고하고 중지·개선·시정·제재 등의 적절한 조치를 요구할 수 있고, 필요한 경우 관련 부서 등과 상의하여 종합적인 대응방안을 마련하고 이를 대표이사 등에게 건의할 수 있다. 다만, 긴급한 경우 준법지원인은 위의 보고 또는 건의 전에 자신의 판단에 의해 해당 임직원에게 관련 행위의 중지·개선·시정의 요구 등 필요한 조치를 취할 수 있다.

② 회사는 준법통제기준 등을 위반행위를 한 사람에 대하여 그 중요성에 상응하는 적절한 제재조치를 취한다.

③ 준법지원인은 동일 또는 유사한 위반 행위의 재발방지방안을 마련하여 이사회나 대표이사에게 건의할 수 있다. 재발방지방안이 결정되면 준법지원인은 이를 해당 부서 및 관련 부서에 통보하고 관련 프로그램 및 정책의 개선 시에 반영한다.

[상장회사 표준준법통제기준 제20조]

① 준법지원인은 자신의 준법 업무수행을 위해 필요한 정보 및 자료를 해당 부서 임직원에게 활용가능한 형태로 제출해줄 것을 요청할 수 있다. 준법지원인의 요청을 받은 임직원은 신속하고 성실하게 응하여야 한다.

② 준법지원인은 준법통제 관련 정보 및 자료를 체계적으로 정리하고 안전하게 보관할 수

### 6) 유효성 평가

상장회사 표준준법통제기준은 각 기관의 준법통제기준에 대한 유효성평가의 기준 및 절차를 규정한다.121)

### (3) 준법지원인

### 1) 의    의

상장회사의 준법통제기준의 준수에 관한 업무를 담당하는 사람을 준법지원인이라 한다(542조의13②).122) 123)

### 2) 자    격

준법지원인은 다음 사람 중에서 임명하여야 한다(542조의13⑤).124)

1. 변호사 자격을 가진 사람
2. 고등교육법 제2조에 따른 학교에서 법률학을 가르치는 조교수 이상의 직에 5년 이상 근무한 사람125)

---

있는 통합 정보관리장치를 마련한다.
③ 준법통제체제에서 형성된 정보나 자료는 ○년 이상 보관한다.

121) [상장회사 표준준법통제기준 제21조]
① 이사회는 준법통제기준 및 관련 체제가 유효하게 설계되고 운용되었는지를 정기적으로 검토하여 보완이나 개선해야 할 사항이 발견된 경우 개선방안을 모색한다.
② 준법지원인은 자체적으로 준법 지원 및 점검 체제의 유효성에 관한 평가를 실시하여 그 결과를 이사회에 보고한다.
③ 이사회는 준법지원인의 자체 평가와는 별도로 매년 준법통제체제의 유효성 평가를 회사 전체적으로 실시할 수 있다.
④ 유효성을 평가함에 있어서는 준법통제기준의 내용·법적 위험의 평가 및 관리체제·준법점검 및 보고체제·준법지원인의 독립적 업무수행체제·위반행위에 대한 제재체제 등의 적정성과 실효성에 대한 실증적 검토가 이루어져야 한다.
[상장회사 표준준법통제기준 제22조]
① 이사회는 유효성 평가 결과를 바탕으로 불비나 결함에 대한 개선방안을 수립한다. 이를 위하여 이사회는 준법지원인의 의견을 청취한다.
② 대표이사는 유효성 평가에 따른 개선조치를 실행한다.
122) [상장회사 표준준법통제기준 제2조] ③ '준법지원인'이란 준법 교육 및 훈련 프로그램을 시행하고 준법통제기준 등의 준수여부를 점검하여, 이에 관한 사항을 이사회에 보고하는 직무를 수행하는 상법 제542조의13에 따라 선임된 자를 말한다.
123) 준법지원인에 관한 상세한 내용은, 정준우, "준법경영의 확립을 위한 준법지원인제도의 문제점과 개선방안", 상사법연구 제34권 제2호, 한국상사법학회(2015), 4339면 이하 참조.
124) [상장회사 표준준법통제기준 제8조] ① 준법지원인은 상법 제542조의13 및 동 시행령 제40조의 요건을 충족한 사람 중에서 선임되어야 한다. 다만, 이사회는 상법과 동 시행령에 반하지 않는 범위 내에서 회사 실정을 감안한 추가적인 자격요건을 정할 수 있다.
125) [고등교육법 제2조(학교의 종류)] 고등교육을 실시하기 위하여 다음 각 호의 학교를 둔다.

3. 그 밖에 법률적 지식과 경험이 풍부한 사람으로서 대통령령으로 정하는 사람

제3호의 "대통령령으로 정하는 사람"이란 다음과 같은 사람을 말한다(令 41조①).

1. 상장회사에서 감사·감사위원·준법감시인 및 이와 관련된 법무부서에서 합산하여 10년 이상인 사람
2. 법률학 석사 학위[126] 이상의 학위를 가진 사람으로서 상장회사에서 감사·감사위원·준법감시인 또는 이와 관련된 법무부서에서 합산하여 5년 이상인 사람

### 3) 결격사유

준법지원인은 다음 중 어느 하나에 해당하지 아니하여야 하며, 준법지원인이 된 후 이에 해당하는 경우에는 그 직을 상실한다(令 41조②).

1. 미성년자, 피성년후견인 또는 피한정후견인
2. 금고 이상의 실형을 선고받고 그 집행이 끝나거나(집행이 끝난 것으로 보는 경우를 포함한다) 집행이 면제된 날부터 5년이 지나지 않은 사람
3. 금고 이상의 형의 집행유예를 선고받고 그 유예기간 중에 있는 사람
4. 법원의 판결에 따라 자격이 상실되거나 정지된 사람

### 4) 임    면

상장회사는 준법지원인을 임면하려면 이사회 결의를 거쳐야 한다(542조의13④).[127] 이사회가 내부통제시스템에 관한 권한과 의무를 가지고, 이에 따라 준법통제시스템에 관하여도 이사회가 권한과 의무를 가진다.[128] 준법지원인이 해임된 경우에는 신속하게 새로운 준법지원인을 선임하여 업무의 연속성을 유지하여야 한다(상장회사 표준준법통제기준 7조③).

---

1. 대학, 2. 산업대학, 3. 교육대학, 4. 전문대학, 5. 방송대학·통신대학·방송통신대학 및 사이버대학(이하 "원격대학"이라 한다), 6. 기술대학, 7. 각종학교(1호부터 제6호까지의 학교와 유사한 교육기관). 이상과 같은 국내의 학교에 상응하는 외국교육기관도 제542조의13 제5항 제2호의 학교에 포함된다는 것이 일반적인 견해이다.

126) 학위취득 전의 근무경력도 포함하고, 석사학위는 국내 학교에 상응하는 외국교육기관의 학위도 포함한다고 해석하여야 할 것이다.

127) 대표이사가 준법지원인을 이사회에 추천하고 이사회 결의에 따라 임명하는 상황에서 준법지원인의 독립성은 의문이다. 입법적으로는 감사위원회가 설치된 경우 감사위원회가 임면권을 가지는 것도 고려할 만하다.

128) 미국의 MBCA(2005)에서도 이사회가 내부통제시스템을 구축하고 운용, 감독할 의무와 책임을 진다고 규정한다[§8.01(c)]. 일본 회사법도 모든 대회사와 위원회설치 중소회사가 내부통제시스템을 의무적으로 구축하도록 규정한다(日会 348조③4, 362조⑤, 416조②).

5) 겸   직

준법지원인은 상근으로 하며(542조의13⑥), 회사 내의 다른 업무 중 자신의 업무 수행에 영향을 줄 수 있는 영업 관련 업무를 담당하여서는 아니 된다(令 42조).

(가) 사내겸직    준법지원인은 성질상 해당 회사의 대표이사(또는 집행임원)·감사·감사위원 등을 겸직할 수 없다.129) 준법지원인이 이사를 겸직할 수 있는지에 관하여는 논란의 여지가 있으나, 준법지원인의 업무수행에 영향을 줄 수 있는 영업 관련 업무를 담당하는 이사가 아닌 한 겸직이 가능하다.130)

그리고 상법 시행령 제41조에 따르면 회사 내의 다른 업무 중, i) 준법지원인의 업무수행에 영향을 줄 가능성이 없는 영업 관련 임직원과, ii) 준법지원인의 업무수행에 영향을 줄 수 있는지 여부를 불문하고 모든 영업 외의 업무 관련 임직원을 겸직할 수 있다.131) 영업 관련 업무를 특히 규제하는 것은 준법지원인이 회사의 영업성과에 관여하면 준법지원업무를 등한시할 염려가 있기 때문이다.132)

(나) 사외겸직    준법지원인은 상근으로 한다는 상법 제542조의13 제6항의 규정상 "상근"을 엄격히 해석하면 회사 외에서의 겸직은 어떠한 경우에도 허용되지

---

129) [상장회사 표준준법통제기준 제6조 제3항 참고] "상법상 이사회와 감사는 상호 독립적인 지위를 가져야 하므로 준법지원인과 감사는 상호 겸직할 수도 없고, 준법지원인이 감사의 하부조직이 될 수도 없다. 상법상 감사는 이사의 업무에 대한 감사권이 있으므로, 감사는 적정하고 유효한 준법통제체제가 구축되고 운용되고 있는지를 감독한다. 감사는 이를 위해 준법지원인에게 일정한 사항의 보고를 요구하거나 이사회에 출석하여 점검 및 평가내용을 진술할 수있고, 준법통제체제가 법령 또는 정관에 위반하는 중대한 사실이 있거나 이사의 부정행위에 해당하는 경우에는 감사보고서에 기재할 수 있다."

130) [상장회사 표준준법통제기준 제11조 참조] "2. 준법지원인이 이사를 겸직할 수 있는지 여부에 대하여는 상법상 아무런 언급이 없다. 이사가 이사회의 구성원으로서 회사의 모든 중요한 의사결정에 참여한다는 점에서 경우에 따라서는 이사 겸직이 준법지원인의 독립적 직무수행에 영향을 줄 경우도 발생할 수 있다는 우려도 있을 수 있다. 그러나 회사의 중요한 의사결정시 법령을 준수하고 경영을 적정하게 하도록 준법지원인이 활동하기 위해서는 이사 겸직이 더 바람직할 수도 있다. 이 점은 각 회사의 상황에 맞추어 결정할 필요가 있다. 물론 이사겸직시 준법지원인의 직무수행의 독립성을 훼손하거나 과중한 업무부담을 초래하는 다른 업무를 맡아서는 안 될 것이다. 그러나 준법지원인이 감사를 겸직할 수 없는 것과 마찬가지 이유에서 감사위원을 겸직할 수는 없다."

131) 입법과정에서 금융기관의 준법감시인이 준법지원인을 겸할 수 있는지에 관하여는 논란의 여지가 있었는데, 다른 법률에 따라 내부통제기준 및 준법감시인을 두어야 하는 상장회사는 준법지원인설치가 강제되지 아니하므로(令 40조), 이 문제는 입법적으로 해결되었다.

132) 영업부서에서 법률자문업무를 담당하는 변호사는 준법지원인으로서의 업무수행에 영향을 줄 수 있는 영업 관련 업무인지 여부에 따라 구체적으로 겸직 가능 여부가 결정될 것이다. 결국 준법지원인 업무의 성격상 상장회사의 일반법률업무를 담당하는 사내변호사가 준법지원인을 겸직하는 경우가 많을 것으로 예상된다.

않는다. 그러나 "상근"을 회사 외에서 상근하지 않는다는 의미로 완화하여 해석하면 회사에서의 상근이라는 요건에 반하지 않는 범위에서 사외겸직이 허용된다 할 것이다. 제도의 조기정착과 기업의 부담 완화를 위하여 상근의 개념을 완화하여 해석하는 것이 바람직하다.

완화된 해석에 따르면, 준법지원인이 다른 회사의 비상근이사·기타비상무이사·비상근감사 등을 겸직하는 것은 당연히 가능하다. 다만, 상시적 준법지원업무의 성격상 다른 회사의 상근이사·상근감사·준법감시인 등의 겸직 가능성에 대하여는 논란의 여지가 있다.

### 6) 임    기

준법지원인의 임기는 3년으로 한다(542조의13⑥). 준법지원인에 관하여 다른 법률에 특별한 규정이 있는 경우를 제외하고는 이 법에서 정하는 바에 따른다. 다만, 다른 법률의 규정이 준법지원인의 임기를 3년보다 단기로 정하고 있는 경우에는 3년의 임기를 적용한다(542조의13⑪). 준법지원인의 임기를 3년으로 정한 것은 준법지원인의 독립성을 확보하기 위한 것이다.

상법은, 상장회사는 준법지원인을 임면하려면 이사회 결의를 거쳐야 한다고만 규정하는데(542조의13④), 정당한 이유 없이도 준법지원인을 해임할 수 있는지에 대하여 논란의 여지가 있다. 준법지원인이었던 사람에 대하여 그 직무수행과 관련된 사유로 부당한 인사상의 불이익을 주어서는 안 되는 점(542조의13⑩)에 비추어 준법지원인은 정당한 이유 없이 해임되지 않는다고 해석하는 것이 타당하다.133)

### 7) 준법지원인의 직무

준법지원인은 준법통제기준의 준수여부를 점검하여 그 결과를 이사회에 보고하여야 한다(542조의13③).134) 이사회가 준법통제시스템이 제대로 구축되고 운용되

---

133) [상장회사 표준준법통제기준 제7조]
　　② 준법지원인은 정당한 이유 없이 임기 중 해임되지 아니하며, 임기 중 해임을 하는 경우에는 해임사유를 입증할 수 있는 충분한 증거가 제시되어야 한다."라고 규정한다.
134) [상장회사 표준준법통제기준 제9조]
　　① 준법지원인은 다음 각호와 같은 직무상 권한을 가진다.
　　　　1. 준법에 관한 교육과 훈련프로그램의 시행
　　　　2. 준법통제기준의 준수 여부에 대한 정기 또는 수시의 점검 및 보고
　　　　3. 준법지원인의 업무수행에 있어 필요한 정보·자료의 수집과 제출요구 및 진술의 요구
　　　　4. 임직원에 대한 준법 요구 및 위법하다고 판단한 사항에 대한 중지, 개선 또는 시정의 요구
　　　　5. 준법통제기준 등을 위반한 임직원에 대한 제재 요청
　　　　6. 준법통제업무와 관련하여 이루어지는 이사회 등의 출석 및 의견진술

는지에 대한 감독책임을 지기 때문이다.135)

준법지원인은 독립적으로 업무를 수행한다.136)

준법지원인은 회사가 선임하므로 회사와의 관계는 민법 제680조의 위임이다. 준법지원인은 선량한 관리자의 주의로 그 직무를 수행하여야 한다(542조의13⑦). 준법지원인이 이러한 선관주의의무를 위반하는 경우에는 회사뿐 아니라 제3자에 대하여도 이사의 손해배상책임에 준하는 책임을 진다. 준법지원인은 재임중뿐만 아니라 퇴임 후에도 직무상 알게 된 회사의 영업상 비밀을 누설하여서는 아니 된다(542조의13⑧).

### 8) 상장회사의 의무

상장회사는 준법지원인이 그 직무를 독립적으로 수행할 수 있도록 하여야 하고, 준법지원인이었던 사람에 대하여 그 직무수행과 관련된 사유로 부당한 인사상의 불이익을 주어서는 아니 되고(542조의13⑩), 임직원은 준법지원인이 그 직무를 수행할 때 자료나 정보의 제출을 요구하는 경우 이에 성실하게 응하여야 한다(542조의13⑨). 이상은 모두 준법지원인의 독립성을 확보하기 위한 것이다.137)

### 9) 양벌규정 면제사유

회사의 대표자나 대리인, 사용인, 그 밖의 종업원이 그 회사의 업무에 관하여 제624조의2(주요주주 등 이해관계자와의 거래 위반의 죄)의 위반행위를 하면 그 행위자를 벌하는 외에 그 회사에도 해당 조문의 벌금형을 과한다. 다만, 회사가 제542조

---

7. 준법 업무 보조 조직의 통솔 및 관련 부서 직원의 인사 제청
8. 기타 이사회가 준법지원인의 권한으로 정하는 사항
② 준법지원인은 필요한 경우 외부 전문가의 조언 및 조력을 구할 수 있다.
③ 준법지원인은 선량한 관리자의 주의의무로 자신의 직무를 수행하여야 하고, 재임시뿐만 아니라 퇴임한 후에도 직무상 알게 된 회사의 영업상 비밀을 누설하여서는 안 된다.

135) 물론 감사(감사위원회)도 준법통제시스템의 유효성을 감사하고, 나아가 이사의 직무집행을 감사한다(412조①). 준법감시인은 내부통제기준의 준수 여부를 점검하고 내부통제기준을 위반하는 경우 이를 조사하여 감사위원회 또는 감사에게 보고한다는 점에서 준법지원인과 차이가 있다.

136) [상장회사 표준준법통제기준 제10조]
① 준법지원인은 다음 각호와 같은 직무상 권한을 가진다.
② 준법지원인은 준법지원 및 통제 업무를 독립적이고 실효적으로 수행할 수 있는 정도의 회사 내 직급을 가진다.
③ 회사는 현재 또는 과거의 준법지원인에 대하여 그 직무수행과 관련된 사유로 부당한 인사상 불이익을 주어서는 안 된다.

137) 이는 자본시장법상 금융투자업자의 준법감시인에 대한 의무와 같다. 한편, 주권상장법인은 정기보고서 제출시 준법지원인의 선임현황(인적사항 및 주요경력)을 기재하여야 한다(기업공시서식작성기준 7-2-3조).

의13(준법통제기준 및 준법지원인)에 따른 의무를 성실히 이행한 경우 등 회사가 그 위
반행위를 방지하기 위하여 해당 업무에 관하여 상당한 주의와 감독을 게을리하지
아니한 경우에는 그러하지 아니하다(634조의3).138) "그 회사에도 해당 조문의 벌금
형을 과한다"와 "그러하지 아니하다."라는 법문상, 소정의 요건에 해당하면 벌금형
이 감경되는 것이 아니라 면제된다.

　　제634조의3 단서는 "회사가 제542조의13에 따른 의무를 성실히 이행한 경우"
를 "회사가 그 위반행위를 방지하기 위하여 해당 업무에 관하여 상당한 주의와 감
독을 게을리하지 아니한 경우"의 예로 규정하므로, 회사가 제542조의13에 따라 준
법통제기준을 마련하고 준법지원인을 둔 것만으로 "회사가 그 위반행위를 방지하
기 위하여 해당 업무에 관하여 상당한 주의와 감독을 게을리하지 아니한 경우"에
해당하는지 논란의 여지가 있다. 이와 관련하여 준법통제기준과 준법지원인의 구축
이 곧바로 회사의 형사책임의 면책 또는 감경으로 이어지는 것은 아니라는 견해도
있는데,139) 회사가 준법통제기준을 마련하고 준법지원인을 둔 경우에는 회사가 더
이상의 증명을 할 필요 없이 검사가 회사의 감독상의 과실을 증명하지 못하는 한
회사는 면책된다고 볼 것이다.140)

　　따라서 상법이 양벌규정의 적용면제사유로서 "회사가 제542조의13(준법통제기준
및 준법지원인)에 따른 의무를 성실히 이행한 경우"를 예시적으로 규정한 것은 기업
의 준법지원인 도입에 대하여 의미 있는 인센티브가 된다고 볼 수 있다.

---

138) 미국에서도 Enron 사태와 같은 대규모 회계부정사건이 발생한 후 위법행위에 연루된 기업
　　을 처벌하는 동시에 이를 방지하기 위한 올바른 행위를 한 기업에 대하여는 인센티브를 부여
　　하는 방안으로 입법의 변화가 이루어졌다. 즉 Sarbanes-Oxley Act는 동법의 적용을 받는 상
　　장회사는 의무적으로 윤리헌장(Code of Ethics)을 제정하도록 요구하고 있고, 연방양형지침
　　(Federal Sentencing Guidelines)은 제8장에서 법인 또는 조직체에 대한 양형을 규정하면서 기
　　준위반등급을 정하고 위반등급별로 벌금형의 액수를 정하고 있다. 이와 관련하여 법위반행위
　　를 예방하고 탐지하는 효과적인 프로그램(Effective program to prevent and detect violations
　　of law)을 구축하고 있는 경우 책임을 감경하도록 한 것이다[박선종, "개정상법상 준법통제와
　　준법지원인", 저스티스 통권 제124호, 한국법학원(2011), 249면].
139) 박선종, 전게논문, 250면.
140) 제634조의3 단서의 "회사가 그 위반행위를 방지하기 위하여 해당 업무에 관하여 상당한 주
　　의와 감독을 게을리하지 아니한 경우"라는 규정상 마치 회사에게 면책사유에 대한 증명책임
　　이 있는 것처럼 보이지만, 형사사건에서는 항상 검사가 증명책임을 부담하므로 규정형식에 불
　　구하고 검사가 증명하여야 하기 때문이다.

## 2. 외부감사

### (1) 외부감사 대상 주식회사

다음과 같은 회사는 재무제표를 작성하여 회사로부터 독립된 외부의 감사인(재무제표 및 연결재무제표의 감사인은 동일하여야 한다)에 의한 회계감사를 받아야 한다(外監法 4조①).

1. 주권상장법인
2. 해당 사업연도 또는 다음 사업연도 중에 주권상장법인이 되려는 회사
3. 그 밖에 직전 사업연도 말의 자산, 부채, 종업원수 또는 매출액 등 대통령령으로 정하는 기준에 해당하는 회사. 다만, 해당 회사가 유한회사인 경우에는 본문의 요건 외에 사원 수, 유한회사로 조직변경 후 기간 등을 고려하여 대통령령으로 정하는 기준에 해당하는 유한회사에 한정한다.

### (2) 외부감사인의 유형

외감법에 의하여 외부감사를 실시할 수 있는 감사인[141]은 다음 중 하나에 해당하는 자를 말한다(外監法 2조 제7호).[142]

가. 공인회계사법 제23조의 규정에 의한 회계법인
나. 한국공인회계사회에 총리령이 정하는 바에 의하여 등록을 한 감사반

### (3) 감사인의 선임

회사는 매 사업연도 개시일부터 45일 이내(다만, 상법 제542조의11 또는 금융사지배구조법 제16조에 따라 감사위원회를 설치하여야 하는 회사의 경우에는 매 사업연도 개시일 이

---

141) [대법원 2010. 5. 27. 선고 2010도369 판결] "구 주식회사의 외부감사에 관한 법률(2007. 3. 29. 법률 제8314호로 개정되기 전의 것)에서의 '감사인'은 같은 법 제2조 등의 법령에 의하여 외부의 회계감사를 받아야하는 회사에 대하여 감사를 실시하는 회계법인과 감사반만을 의미하고, … 공소외 2 주식회사가 외감법 제2조 등의 법령에 의하여 필수적으로 외부의 회계감사를 받아야 하는 회사가 아니고, 따라서 이 사건 회계감사를 실시한 회계법인은 위 '감사인'에 해당하지 아니한다."

142) 제1호와 제2호는 법적 성격(회계법인은 특수법인, 감사반은 조합)과 등록기관(회계법인은 금융위원회, 감사반은 한국공인회계사회)이 다르다. 주권상장법인(대통령령으로 정하는 주권상장법인은 제외), 대형비상장주식회사(최근 사업연도 말 현재의 자산총액이 1천억원 이상인 비상장주식회사),「금융산업의 구조개선에 관한 법률」제2조 제1호에 해당하는 금융기관,「농업협동조합법」에 따른 농협은행,「수산업협동조합법」에 따른 수협은행 등의 재무제표에 대한 감사는 회계법인인 감사인이 한다(外監法 9조①).

전)에 해당 사업연도의 감사인을 선임하여야 한다. 다만, 회사가 감사인을 선임한 후 외부감사대상기준(外監法 4조①3)을 충족하지 못하여 외부감사의 대상에서 제외되는 경우에는 해당 사업연도 개시일부터 4개월 이내에 감사계약을 해지할 수 있다(外監法 10조①). 직전 사업연도에 회계감사를 받지 아니한 회사는 해당 사업연도 개시일부터 4개월 이내에 감사인을 선임하여야 한다(外監法 10조②).

주권상장법인, 대형비상장주식회사(직전 사업연도 말의 자산총액이 1천억원 이상인 비상장주식회사) 또는 금융회사는 연속하는 3개 사업연도의 감사인을 동일한 감사인으로 선임하여야 한다(外監法 10조③).

회사는 다음과 같이 선정한 회계법인 또는 감사반을 해당 회사의 감사인으로 선임하여야 한다(外監法 10조④).

1. 주권상장법인, 대형비상장주식회사 또는 금융회사
   가. 감사위원회가 설치된 경우: 감사위원회가 선정한 회계법인 또는 감사반
   나. 감사위원회가 설치되지 아니한 경우: 감사인을 선임하기 위하여 대통령령으로 정하는 바에 따라 구성한 감사인선임위원회의 승인을 받아 감사가 선정한 회계법인 또는 감사반
2. 그 밖의 회사: 감사 또는 감사위원회가 선정한 회계법인 또는 감사반. 다만, 다음과 같은 경우에는 각각 정한 바에 따라 선정한다.
   가. 직전 사업연도의 감사인을 다시 감사인으로 선임하는 경우: 그 감사인
   나. 감사가 없는 대통령령으로 정하는 일정규모(外監令 13조①: 자본금 10억원) 이상의 유한회사인 경우: 사원총회의 승인을 받은 회계법인 또는 감사반
   다. 나목 외의 감사가 없는 유한회사인 경우: 회사가 선정한 회계법인 또는 감사반

### (4) 감사인의 권한

감사인은 언제든지 회사 및 해당 회사의 주식 또는 지분을 일정 비율 이상 소유하고 있는 등 대통령령으로 정하는 관계에 있는 회사("관계회사")의 회계에 관한 장부와 서류를 열람 또는 복사하거나 회계에 관한 자료의 제출을 요구할 수 있으며, 그 직무를 수행하기 위하여 특히 필요하면 회사 및 관계회사의 업무와 재산상태를 조사할 수 있다. 이 경우 회사 및 관계회사는 지체 없이 감사인의 자료 제출 요구에 따라야 한다(外監法 21조①). 연결재무제표를 감사하는 감사인은 그 직무의 수행을 위하여 필요하면 회사 또는 관계회사의 감사인에게 감사 관련 자료의 제출 등 필요한 협조를 요청할 수 있다. 이 경우 회사 또는 관계회사의 감사인은 지체

없이 이에 따라야 한다(外監法 21조②).

### ⑸ 감사인의 손해배상책임

#### 1) 외감법상 책임

(가) 손해배상책임의 내용　　외감법은 감사인의 회사에 대한 책임과 제3자에 대한 책임을 구별하여 규정한다. 즉, 감사인이 그 임무를 게을리하여 회사에 손해를 발생하게 한 경우에는 그 감사인은 회사에 손해를 배상할 책임이 있다(外監法 31조①). 또한 감사인이 중요한 사항에 관하여 감사보고서에 적지 아니하거나 거짓으로 적음으로써 이를 믿고 이용한 제3자에게 손해를 발생하게 한 경우에는 그 감사인은 제3자에게 손해를 배상할 책임이 있다. 다만, 연결재무제표에 대한 감사보고서에 중요한 사항을 적지 아니하거나 거짓으로 적은 책임이 종속회사 또는 관계회사의 감사인에게 있는 경우에는 해당 감사인은 이를 믿고 이용한 제3자에게 손해를 배상할 책임이 있다(外監法 31조②). "이를 믿고 이용한 제3자"라는 법문상으로는 감사보고서를 보고 이를 믿고 거래를 하였다는 거래인과관계를 증명하여야 하는 것처럼 보이는데, 판례는 증명책임의 전환을 인정한다.[143] 제1항 또는 제2항에 해당하는 감사인이 감사반인 경우에는 해당 회사에 대한 감사에 참여한 공인회계사가 연대하여 손해를 배상할 책임을 진다(外監法 31조③).

(나) 연대책임과 비례책임　　감사인이 회사 또는 제3자에게 손해를 배상할 책임이 있는 경우에 해당 회사의 이사 또는 감사(감사위원회가 설치된 경우에는 감사위원회의 위원을 말한다. 이하 이 항에서 같다)도 그 책임이 있으면 그 감사인과 해당 회사의 이사 및 감사는 연대하여 손해를 배상할 책임이 있다. 다만, 손해를 배상할 책임이 있는 자가 고의가 없는 경우에 그 자는 법원이 귀책사유에 따라 정하는 책임비율에 따라 손해를 배상할 책임이 있다(外監法 31조④).[144] 다만, 손해를 배상할 책임이 있는 자가 고의가 없는 경우에 그 자는 법원이 귀책사유에 따라 정하는 책임비율에

---

143) [대법원 2007. 10. 25. 선고 2006다16758, 16765 판결] "구 증권거래법 제186조의5에 의하여 준용되는 같은 법 제14조의 규정을 근거로 주식의 취득자가 주권상장법인 등에 대하여 사업보고서의 허위기재 등으로 인하여 입은 손해의 배상을 청구하는 경우 주식의 취득자는 같은 법 제15조 제2항의 규정에 따라 사업보고서의 허위기재 등과 손해 발생 사이의 인과관계의 존재에 대하여 입증할 필요가 없고, 주권상장법인 등이 책임을 면하기 위하여 이러한 인과관계의 부존재를 입증하여야 한다."
144) 이사·감사는 고의 또는 중과실의 경우에만 제3자에 대하여 손해배상책임을 지므로(401조①, 414조②), 단순 과실의 경우에는 감사인과 연대하여 손해를 배상할 책임이 없다.

따라 손해를 배상할 책임이 있다(外監法 17조④ 단서).

제4항 단서에도 불구하고 손해배상을 청구하는 자의 소득인정액(「국민기초생활보장법」 제2조 제9호에 따른 소득인정액)이 1억5천만원 이하인 경우(外監令 37조①)에는 감사인과 해당 회사의 이사 및 감사는 연대하여 손해를 배상할 책임이 있다(外監法 17조⑤). 제4항 단서에 따라 손해를 배상할 책임이 있는 자 중 배상능력이 없는 자가 있어 손해액의 일부를 배상하지 못하는 경우에는 같은 항 단서에 따라 정해진 각자 책임비율의 100분의 50 범위에서 대통령령으로 정하는 바에 따라 손해액을 추가로 배상할 책임을 진다(外監法 31조⑥). 무자력에 따른 추가손해배상청구를 할 수 있는 시점에 대한 규정은 따로 없는데, 외감법상 소멸시효기간규정을 고려하여 손해배상소송의 확정판결시 무자력을 알거나 알았다고 보아 그 때로부터 1년 내에 추가손해배상을 청구할 수 있다고 해석하는 것이 타당하다.

(다) 증명책임   감사인 또는 감사에 참여한 공인회계사가 제1항부터 제3항까지의 규정에 따른 손해배상책임을 면하기 위하여는 그 임무를 게을리하지 아니하였음을 증명하여야 한다. 따라서 원고는 피고의 과실을 증명할 필요가 없고, 피고가 무과실을 증명하여야 면책된다. 다만, 다음 각 호의 어느 하나에 해당하는 자가 감사인 또는 감사에 참여한 공인회계사에 대하여 손해배상 청구의 소를 제기하는 경우에는 그 자가 감사인 또는 감사에 참여한 공인회계사가 임무를 게을리하였음을 증명하여야 한다(外監法 31조⑦).

1. 외감법에 따라 감사인을 선임한 회사
2. 은행
3. 농협은행 또는 수협은행
4. 보험회사
5. 종합금융회사
6. 상호저축은행

(라) 손해배상공동기금   감사인은 제1항부터 제4항까지의 규정에 따른 손해배상책임을 보장하기 위하여 총리령으로 정하는 바에 따라 제32조에 따른 손해배상공동기금의 적립 또는 보험가입 등 필요한 조치를 하여야 한다(外監法 31조⑧).

(마) 제척기간   회계감사인의 손해배상책임은 그 청구권자가 해당 사실을 안 날부터 1년 이내 또는 감사보고서를 제출한 날부터 8년 이내에 청구권을 행사하지

아니한 때에는 소멸한다(外監法 31조⑨).[145] 다만, 감사인을 선임할 때 계약으로 그 기간을 연장할 수 있다(外監法 31조⑨ 단서). 판례는 제척기간을 재판상 청구를 위한 출소기간이 아니라 재판상 또는 재판외의 권리행사기간이라고 본다.[146]

### 2) 민법상 불법행위책임

(가) 청구권경합　　　외감법상 감사인의 제3자에 대한 손해배상책임은 민법상의 불법행위책임과는 별도로 인정되는 책임이다. 따라서 감사인의 부실감사로 인하여 손해를 입게 된 제3자는 감사인에 대하여 외감법상 손해배상책임과 민법상 불법행위책임을 선택적으로 물을 수 있다.

(나) 손해배상책임발생의 요건　　　민법상 불법행위책임을 묻기 위하여는 배상청구권자가 감사인의 고의 또는 과실, 투자자의 손해의 발생, 인과관계의 존재, 손해액 등에 대하여 별도로 주장·증명을 하여야 한다. 대법원은 불법행위책임에 기한 손해배상소송에서도 거래인과관계를 인정함에 있어서 시장에 대한 사기 이론의 법리를 적용하고 있다.[147]

---

145) 여기서 "해당 사실을 안 날"은 손해배상채권자 본인을 기준으로 하는 것이 아니라 일반인을 기준으로 판단하여야 하므로, 일반인이 그와 같은 감사보고의 기재 누락이나 허위 기재의 사실을 인식할 수 있는 정도라면 특별한 사정이 없는 한 손해배상청구권자 역시 그러한 사실을 현실적으로 인식하였다고 인정된다(대법원 1997. 9. 12. 선고 96다41991 판결).

146) 대법원 2012. 1. 12. 선고 2011다80203 판결.

147) [대법원 1997. 9. 12. 선고 96다41991 판결] "주식거래에 있어서 대상 기업의 재무상태는 주가를 형성하는 가장 중요한 요인 중의 하나이고, 대상 기업의 재무제표에 대한 외부감사인의 회계감사를 거쳐 작성된 감사보고서는 대상 기업의 정확한 재무상태를 드러내는 가장 객관적인 자료로서 일반투자자에게 제공·공표되어 그 주가 형성에 결정적인 영향을 미치는 것이므로, 주식투자를 하는 일반투자가로서는 그 대상 기업의 재무상태를 가장 잘 나타내는 감사보고서가 정당하게 작성되어 공표된 것으로 믿고 주가가 당연히 그에 바탕을 두고 형성되었으리라는 생각 아래 대상 기업의 주식을 거래한 것으로 보아야 할 것이다. 더구나 원심이 적법하게 확정한 사실관계에 의하더라도, 원고는 1989. 3. 20.부터 한진투자증권 주식회사 불광동지점에 계좌를 개설하여 거래를 해오면서 거래시에는 증권회사 직원에게 일임하지 않고 자신이 주식시세를 검토한 후 구체적으로 종목을 지정하여 객장에 나오거나 전화를 통하여 소외 회사의 주식 외에 다른 회사들의 주식들을 수시로 매수하고 다시 매각하였다는 것이므로, 원고가 소외 회사의 주식을 매입함에 있어서는 다른 특단의 사정이 없는 한 증권거래소를 통하여 공시된 피고 회사의 소외 회사에 대한 감사보고서가 정당하게 작성되어 소외 회사의 정확한 재무상태를 나타내는 것으로 믿고 그 주가는 당연히 그것을 바탕으로 형성되었으리라는 생각 아래 소외 회사의 주식을 거래한 것으로 보아야 할 것이다. 그럼에도 불구하고 원심이, 원고가 분식된 재무제표와 부실한 감사보고서를 신뢰하고 이를 투자 판단의 자료로 삼아 주식을 취득하게 되었는지에 관하여는 이를 인정할 아무런 증거가 없다고 판단하고 만 것은 채증법칙에 위배하여 사실을 오인함으로써 판결 결과에 영향을 미친 위법을 저지른 것이라고 하겠다. 상고이유 중 이 점을 지적하는 부분은 이유 있다"(이 사건에서 원심은 "원고가 분식된 재무제표와 부실한 감사보고서를 신뢰하고 이를 투자 판단의 자료로 삼아 주식을 취득하게 되

(다) 손해의 산정　　　회사의 분식결산 및 감사인의 부실감사로 인한 제3자의 손해액은 불법행위책임의 법리에 따라 이러한 분식결산 및 부실감사로 인하여 상실하게 된 주가상당액이고, 이 경우 상실하게 된 주가 상당액은 특별한 사정이 없는 한 분식결산 및 부실감사가 밝혀져 거래가 정지되기 전에 정상적으로 형성된 주가와 분식결산 및 부실감사로 인한 거래정지가 해제되고 거래가 재개된 후 계속된 하종가를 벗어난 시점에 정상적으로 형성된 주가, 또는 그 이상의 가격으로 매도한 경우에는 그 매도가액과의 차액 상당이라고 볼 수 있다.148)

---

　　　없는지에 관하여는 이를 인정할 아무런 증거가 없고, 원고가 위 재무제표와 부실한 감사보고서를 이용하여 주식을 매수하였다고 하더라도 이로 인하여 발생한 손해는 구 증권거래법 제15조에 법정된 손해가 아니라 원고가 매수할 당시 분식결산이 이루어지지 않았다면 형성되었을 소외 회사의 주식 가격과 원고의 실제 취득 가격과의 차액 상당이라고 할 것인데 이에 관하여 아무런 주장·입증이 없다"는 이유로 원고의 피고에 대한 민법상 불법행위로 인한 손해배상 청구를 기각하였으나, 대법원은 원심판결을 파기하였다).

148) [대법원 1997. 9. 12. 선고 96다41991 판결] "주식을 매수한 원고가 소외 회사의 분식결산 및 피고의 부실감사로 인하여 입은 손해액은 위와 같은 분식결산 및 부실감사로 인하여 상실하게 된 주가 상당액이라고 봄이 상당하고, 이 사건의 경우 이와 같은 분식결산 및 부실감사로 인하여 상실하게 된 주가 상당액은 특별한 사정이 없는 한 분식결산 및 부실감사가 밝혀져 거래가 정지되기 전에 정상적으로 형성된 주가와 분식결산 및 부실감사로 인한 거래정지가 해제되고 거래가 재개된 후 계속된 하종가를 벗어난 시점에 정상적으로 형성된 주가의, 또는 그 이상의 가격으로 매도한 경우에는 그 매도가액과의 차액 상당이라고 볼 수 있다"[이 사건의 원심은 "이로 인하여 발생한 손해는 … 원고가 매수할 당시 분식결산이 이루어지지 않았다면 형성되었을 소외 회사의 주식 가격과 원고의 실제 취득 가격과의 차액 상당이라고 할 것인데 이에 관하여 아무런 주장·입증이 없다"는 이유로 원고의 피고에 대한 민법상 불법행위로 인한 손해배상 청구를 기각하였으나, 대법원은 원심판결을 파기하였다(同旨: 대법원 1999. 10. 22. 선고 97다26555 판결)].

제 **5** 장

# 주식회사의 구조재편

# 제1절 합 병

## Ⅰ. 총 설

### 1. 합병에 대한 상법의 규정 체계

상법은 제3편(회사) 제1장(통칙)에서 회사의 합병에 관한 조문(174조, 175조)을 두고 있으며, 제2장(합명회사)에서 합명회사의 합병에 관한 조문(230조부터 240조까지)을 두고 있다.

상법 제174조는 통칙규정이므로 모든 종류의 회사에 적용되는데, 회사는 합병을 할 수 있다는 규정(제1항), 합병을 하는 회사의 일방 또는 쌍방이 주식회사·유한회사·유한책임회사인 경우에는 존속회사나 신설회사는 주식회사·유한회사·유한책임회사이어야 한다는 규정(제2항), 해산 후의 회사는 존립중의 회사를 존속하는 회사로 하는 경우에 한하여 합병을 할 수 있다는 규정(제3항)으로 구성된다. 제175조는 신설합병을 위한 설립위원에 관하여 규정한다.

상법은 합명회사 외의 다른 종류의 회사의 합병에 관하여는, 합명회사의 합병에 관한 제230조부터 제240조까지의 규정을 준용하거나, 대체로 같은 취지의 규정을 두고 있다.

상법은 주식의 포괄적 교환, 주식의 포괄적 주식이전은 제4장(주식회사) 제2절 제2관, 제3관에서 규정하고, 합병과 회사의 분할은 제4장 제10절, 제11절에서 규정하는데, 본서에서는 이를 모두 "주식회사의 구조재편"이라는 제목 하에서 설명한다.[1]

---

[1] 일본 회사법은 회사의 합병, 분할, 주식교환, 주식이전 등을 조직재편행위(組織再編行為)라고 통칭하고, 조직재편행위는 원칙적으로 당사회사의 주주총회 특별결의가 필요하다고 규정한다(日會 467조①, 309조②1, 783조①, 795조①, 804조①, 309조②1).

## 2. 합병의 의의

상법상 회사의 합병은, "상법의 절차에 따라 둘 이상의 회사가 그 중 하나의 회사를 제외하고 소멸하거나 전부 소멸하되 청산절차를 거치지 아니하고, 소멸하는 회사의 모든 권리의무를 존속회사 또는 신설회사가 포괄적으로 승계하고 사원을 수용하는 회사법상의 법률사실"이라고 정의할 수 있다.2)3)

종래의 판례는 "회사의 합병이라 함은 두 개 이상의 회사가 계약에 의하여 신회사를 설립하거나 또는 그 중의 한 회사가 다른 회사를 흡수하고, 소멸회사의 재산과 사원(주주)이 신설회사 또는 존속회사에 법정 절차에 따라 이전·수용되는 효과를 가져오는 것"이라고 판시함으로써 사원의 수용을 합병의 개념요소로 보았는데,4) 2011년 개정상법은 제523조 제4호를 개정하여 존속회사가 소멸회사의 주주에게 합병대가의 전부를 존속회사의 주식이 아닌 금전으로 지급하는 교부금합병(cash-out merger, 현금지급합병)을 도입하였으므로, "사원의 수용"은 합병의 필수적 요소가 아니다.5)

## 3. 흡수합병과 신설합병

흡수합병은 합병당사회사 중 하나(존속회사)만 존속하고 나머지(소멸회사)는 소멸하는 형태의 합병이고, 신설합병은 합병당사회사가 모두 소멸하고 새로운 회사를 설립하는 형태의 합병이다. 신설합병은 실제로는 그 사례가 거의 없고 거의 모든 합병은 흡수합병이다.6)

---

2) 이철송, 118면. 그 밖에 교부금합병을 도입한 2011년 개정상법의 취지에 따라 회사의 합병을 "법정의 절차에 따라 둘 이상의 당사회사의 전부(신설합병) 또는 하나를 제외한 전부(흡수합병)가 해산하여 청산절차 없이 소멸하면서 그 적극·소극재산의 총체가 신설회사 또는 존속회사에 포괄적으로 승계되고, 해산회사의 사원들에게는 합병대가로 신설회사의 사원권(신설합병) 또는 존속회사의 사원권 또는 금전 기타의 재산(흡수합병)을 부여하는 회사법상의 행위 내지 제도"라고 정의하기도 한다(권기범, 84면).

3) 본서에서는 문맥을 이해하는데 지장이 없는 경우 "존속회사", "신설회사", "소멸회사"라고 약식표시한다.

4) 대법원 2003. 2. 11. 선고 2001다14351 판결.

5) 종래의 상법 제523조 제4호의 "존속하는 회사가 합병으로 인하여 소멸하는 회사의 주주에게 지급할 금액"은 합병으로 인한 단주를 금전으로 환산하여 지급하거나 합병기일 이후 결산기가 도래하는 경우 이익배당을 지급하기 위한 것이므로, 이를 합병교부금이라고 부르기도 하였지만 본래의 의미의 교부금합병을 의미하는 것은 아니다.

6) 2001년 주택은행과 국민은행의 합병이 신설합병의 대표적인 사례이다. 미국에서도 제정법

## 4. 합병의 법적 성질

회사합병의 법적 성질에 대하여는, i) 둘 이상의 회사가 하나의 회사로 되는 것으로 보고 합병되는 것은 회사라는 법인격 자체라는 인격합일설(人格合一說)과, ii) 합병의 본질을 소멸회사의 영업 전부를 신설회사 또는 존속회사에 현물출자함으로써 이루어지는 자본증가(흡수합병) 또는 회사설립(신설합병)으로 보는 현물출자설(現物出資說)이 있는데, 인격합일설이 통설이다.[7]

## 5. 합병의 동기

합병은 기업의 경쟁력 강화를 위하거나 기업회생·부실기업정리 등을 위한 기업구조조정의 일환으로 이루어진다.[8] 그리고 합병은 인적회사가 주식회사로 전환하기 위한 방법으로 활용될 수 있다. 인적회사와 물적회사는 사원의 책임과 내부조직이 다르므로 이들 상호간의 조직변경은 허용되지 않기 때문에, 주식회사를 신설회사나 존속회사로 하는 합병이 이용된다. 그리고 유한회사는 주식회사로의 조직변경이 가능하지만 총사원의 일치에 의한 총회의 결의가 요구되므로 합병을 통하여 주식회사로 전환하는 방법이 이용될 수 있다.[9]

## 6. 합병의 제한

### (1) 상법상 제한

상법은 "회사는 합병을 할 수 있다."라고만 규정하고(174조①) 합병할 수 있는 회사의 종류는 제한하지 않지만, 합병을 하는 회사의 일방 또는 쌍방이 주식회사·

---

상 합병(statutory merger)은 둘 이상의 회사가 합병계약에 의하여 소멸하면서 새로운 회사를 설립하거나(consolidation, 신설합병), 그 중의 한 회사가 다른 회사를 흡수하는 것을 말하는데 (merger, 흡수합병), 많은 州의 제정법은 흡수합병과 함께 신설합병의 유형도 규정하지만, 신설합병은 실제로는 그 예가 거의 없다. 따라서 MBCA는 흡수합병에 대하여서만 규정한다.
7) 정찬형, 493면(현물출자설에 대하여, 소멸회사 사원의 승계에 대한 설명이 없고 소멸회사 법인격의 소멸을 간과하고 자본증가 또는 회사설립의 면만 강조한다는 점을 지적한다).
8) 기업회생·부실기업정리 등을 위한 기업구조조정의 예로서, 채무자 회생 및 파산에 관한 법률의 합병과 금융산업의 구조개선에 관한 법률상의 합병 등이 있다.
9) 다만, 2011년 개정상법은 유한회사에서 주식회사로의 조직변경을 정관에서 정하는 바에 따라 사원총회의 특별결의로 할 수 있도록 하였다(607조①).

유한회사·유한책임회사인 경우에는 존속회사나 신설회사는 주식회사·유한회사·유한책임회사이어야 한다(174조②). "주식회사"의 주주나 "유한회사·유한책임회사"의 사원에게 보다 불리한 지위인 "합명회사·합자회사"의 사원이 되도록 강요할 수 없도록 하기 위한 것이다.

　　따라서 주식회사가 "주식회사, 유한회사, 유한책임회사"와 합병하는 경우, 존속회사나 신설회사는 "주식회사, 유한회사, 유한책임회사" 중 어느 하나의 회사가 되어도 무방하다. 그러나 만일 "주식회사, 유한회사, 유한책임회사" 중 어느 회사가 합명회사 또는 합자회사와 합병하는 경우에도 존속회사나 신설회사는 "합명회사, 합자회사"가 될 수 없고, 반드시 "주식회사, 유한회사, 유한책임회사" 중 어느 하나의 회사가 되어야 한다.

　　해산 후의 회사는 존립중의 회사를 존속하는 회사로 하는 경우에 한하여 합병을 할 수 있다(174조③). 법문상으로는 청산회사를 소멸회사로, 존립중의 회사를 존속회사로 하는 흡수합병만 허용되는 것으로 보이지만, 청산회사를 소멸회사로 하는 신설합병도 허용된다고 해석된다. 청산절차와 합병절차의 취지에 반하지 않기 때문이다. 다만, 소멸회사와 존속회사 모두 청산회사인 경우의 합병은 허용되지 않는다.

　　유한회사가 주식회사와 합병하는 경우에 존속회사 또는 신설회사가 주식회사인 때에는 법원의 인가를 얻지 아니하면 합병의 효력이 없다(600조①). 이는 주식회사의 설립 및 신주발행에 관한 엄격한 규정을 회피하는 것을 방지하기 위한 것이다. 그리고 합병을 하는 회사의 일방이 사채의 상환을 완료하지 아니한 주식회사인 때에는 존속회사 또는 신설회사는 유한회사로 하지 못한다(600조②). 유한회사는 사채를 발행할 수 없기 때문이다.

　　외국의 입법례에서는 내국회사와 외국회사 간의 합병을 허용하는 예가 많은데,10) 상법상의 내국회사와 외국회사 간의 합병에 대하여 명문의 규정은 없지만 허용되지 않는다는 것이 통설이다.

### (2) 특별법상 제한

#### 1)「독점규제 및 공정거래에 관한 법률」상 제한

「독점규제 및 공정거래에 관한 법률」에 의하여, 직접 또는 특수관계인을 통하

---

10)  MBCA §11.02, EU 회사법 제10지침.

여 일정한 거래분야에서 경쟁을 실질적으로 제한하는 다른 회사와의 합병은 원칙
적으로 금지된다(同法 7조①3).[11] 이에 위반한 합병에 대하여는 공정거래위원회가
합병무효의 소를 제기할 수 있다(同法 16조②).

2)「채무자 회생 및 파산에 관한 법률」상 제한

「채무자 회생 및 파산에 관한 법률」상 회생절차개시 이후부터 그 회생절차가
종료될 때까지는 채무자는 회생절차에 의하지 아니하고는 합병을 할 수 없다(同法
55조①5).[12] 회생계획에서 채무자가 다른 회사와 합병할 것을 정한 때에는 상법 제
522조의2(합병계약서 등의 공시), 제522조의3(합병반대주주의 주식매수청구권), 제527조의
5(채권자보호절차), 제527조의6(합병에 관한 서류의 사후공시) 및 제529조(합병무효의 소)와
자본시장법 제165조의5(주식매수청구권의 특례)의 규정은 적용하지 아니한다(同法 271
조③).

## 7. 유사제도와의 비교

### (1) 합병과 영업양도

#### 1) 유 사 점

영업양도는 물건·권리·사실관계를 포함하는 조직적·기능적 재산으로서의 영
업재산 일체를 영업의 동일성을 유지하면서 이전하기로 하는 채권계약이다(영업재

---

11) 다만, 다음과 같은 경우에 해당한다고 공정거래위원회가 인정하는 기업결합에 대하여는 예
외적으로 합병이 허용된다. 이 경우 해당요건을 충족하는지에 대한 증명은 당해 사업자가 하
여야 한다(同法 7조②).
  1. 당해 기업결합외의 방법으로는 달성하기 어려운 효율성 증대효과가 경쟁제한으로 인한
    폐해보다 큰 경우
  2. 상당기간 대차대조표상의 자본총계가 납입자본금보다 작은 상태에 있는 등 회생이 불가
    한 회사와의 기업결합으로서 대통령령이 정하는 요건에 해당하는 경우
12)「채무자 회생 및 파산에 관한 법률 제55조」
  ① 회생절차개시 이후부터 그 회생절차가 종료될 때까지는 채무자는 회생절차에 의하지 아
    니하고는 다음 각호의 행위를 할 수 없다.
    1. 자본 또는 출자액의 감소
    2. 지분권자의 가입, 신주 또는 사채의 발행
    3. 자본 또는 출자액의 증가
    4. 주식의 포괄적 교환 또는 주식의 포괄적 이전
    5. 합병·분할·분할합병 또는 조직변경
    6. 해산 또는 회사의 계속
    7. 이익 또는 이자의 배당

산양도설).

영업양도와 합병은 기업의 집중, 규모의 확장이라는 경제적 목적을 위한 제도이고, 모두 주주총회 특별결의를 거쳐야 하며, 반대주주에게 주식매수청구권이 인정되는 점에서 유사하다.

### 2) 비    교

영업양도는 개인법상의 채권계약이고, 합병은 단체법상의 제도이다. 영업양도의 당사자에는 제한이 없으나 합병의 당사자는 회사에 한정된다. 영업양도의 당사자가 회사인 경우 영업양도로 소멸하는 회사가 없지만 합병의 경우에는 1개 이상의 회사가 소멸한다. 영업양도의 하자에 대하여는 민법의 일반원칙에 따라 무효·취소를 주장할 수 있지만, 합병의 경우에는 상법이 인정한 소로써만 다툴 수 있다.

### (2) 콘 체 른

독일 주식법상 콘체른(Konzern)은 하나 또는 둘 이상의 종속기업이 지배기업의 일원적인 경영 하에 결합되어 있는 형태를 말한다(株式法 18조①). 콘체른은 당사회사(구성기업)의 법인격의 독립을 전제로 하므로 당사회사의 전부 또는 일부의 법인격의 소멸을 전제로 하는 합병과 다르다.13)

우리 법제에는 콘체른에 해당하는 정확한 개념이 없지만, 「독점규제 및 공정거래에 관한 법률」상의 기업집단, 계열회사 등의 개념에 있어서 "동일인에 의한 사실상의 사업내용의 지배"를 요소로 하므로 유사한 개념이라 할 수 있다.

## 8. 합병계약

### (1) 합병과 합병계약

합병은 단체법상의 특수한 법률사실이며 이를 요건으로 하여 법이 정하는 효

---

13) 계약콘체른(Vertragskonzern)은 지배기업과 종속기업 간의 지배계약에 의하여 지배기업이 종속기업에 대하여 포괄적 지배권을 가지는 형태를 말하고, 사실상 콘체른(faktischer Konzern)은 이러한 지배계약의 체결 없이 사실상의 종속관계를 기초로 지배기업이 종속기업에 영향력을 행사할 수 있는 형태를 말한다. 사실상 콘체른 중 지배회사가 종속회사에 대하여 지속적이고 포괄적인 지배상태를 유지하는 콘체른은 계약콘체른의 법적 효과가 적용된다는 의미에서 자격적 사실상 콘체른(Qualifizierter faktischer Konzern)이라고 하는데 이는 독일 연방대법원 판례에 의하여 인정되는 개념이다.

과가 발생하는 것이고, 합병계약은 합병을 위한 계약이다. 합병기일, 합병비율, 합병대가, 합병교부금 등 합병에 관한 모든 중요한 사항은 합병계약에 의하여 정해진다. 따라서 상법은 i) 합병당사회사가 모두 주식회사이거나 모두 유한회사인 경우, ii) 합병당사회사의 전부 또는 일부가 인적회사인 경우에 합병 후 존속회사 또는 신설회사가 주식회사인 경우에는 합병계약서의 작성을 강제하고, 그 기재사항을 법정하고 있다.[14]

합병계약은 "단체법적 성격의 특수한 채권계약"이라고 정의하는 것이 통설이다. 합병계약을 반드시 본계약의 형태로 체결하여야 하는지에 관하여는, 반드시 본계약을 먼저 체결하여야 하는 것이 아니라 법정기재사항만을 기재한 합병계약의 초안 내지 가계약에 대하여 합병승인을 받은 후 추가협의를 거쳐 본계약을 체결하는 것도 가능하다고 본다.[15]

### (2) 합병승인결의와 합병계약

합병승인결의와의 관계에서 합병승인안건을 상정하는 것 자체가 합병계약의 이행이므로 합병계약을 정지조건부 계약으로 볼 수 없다.[16]

합병결의 후 합병계약을 체결하는 것도 가능한지에 관하여, 조건부계약인지 여부나 본계약인지 여부를 불문하고 합병계약이 존재하여야 이를 합병결의에 의하여 승인하는 것이므로, 합병결의에 앞서 항상 합병계약이 존재하여야 한다고 보아야 할 것이다.[17]

### (3) 조건부 합병계약

합병계약 체결시 합병승인결의 외에 일정한 조건이 성취된 경우에만 합병계약의 효력이 발생하도록 하는 정지조건부합병계약을 체결하는 것도 합병계약의 명확성

---

14) 다만, 인적회사 간의 합병으로서 합병 후 존속회사 또는 신설회사가 인적회사인 경우에는 합병계약서의 기재내용이 법정되지 아니함은 물론 합병계약서의 작성도 요구되지 않는다. 인적회사는 사원이 회사채무에 대하여 직접 책임을 지므로 회사채권자보호에 문제가 없고, 또한 사원 자신도 총사원의 동의 요건으로 보호받기 때문이다. 따라서 적어도 법적으로는 구두의 합병계약도 가능하다.

15) 同旨: 권기범(기), 112면.

16) 이철송, 122면. 이러한 견해에서는 합병계약과 합병승인결의는 합병의 달성을 위한 별개의 요건으로 본다[노혁준, "합병계약에서의 불확실성", 상사판례연구 제22집 제4권, 한국상사판례학회(2009), 46면].

17) 反對: 정동윤, 948면.

과 안정성에 반하지 않는 한 허용된다.18) 합병계약의 정지조건으로는, i) 일정 비율 이상의 주주가 주식매수청구권을 행사하지 않는 정지조건, ii) 다수의 회사가 동시에 합병을 진행하면서 모든 합병당사회사의 주주총회에서 합병승인 안건이 가결된다는 정지조건, iii) 합병당사회사가 증자나 차입을 성사한다는 정지조건 등이 있다.

## 9. 합병의 해제

### (1) 의    의

합병절차가 당초의 계획된 일정에 비하여 너무 지연되거나, 합병대상회사의 가치가 특별한 사정에 의하여 너무 급변하여, 합병비율 등 제반 합병조건에 대한 유보조항에 의하여 일부 조건을 변경하더라도 합병을 진행하는 것이 불합리하여 합병 관련 당사자에게 부정적인 영향을 미치거나 나아가 불공정한 합병에 해당하여 합병무효사유가 되는 경우도 있을 수 있다. 이러한 경우에는 차라리 합병을 해제하고, 합병을 포기하거나 합병을 위한 재협상을 하는 것이 바람직하다.

### (2) 해제사유

합병계약에도 계약법의 일반원리가 적용되므로, 계약법상 계약해제사유인 이행지체, 이행불능, 불완전이행 등은 합병계약의 법정해제사유가 된다. 그리고 정부기관의 인가가 요구되는 경우 불인가의 확정도 법정해제사유이다. 그리고 합병계약의 약정해제사유로서는 정지조건부 합병계약에서 조건불성취로 확정되는 경우와, 진술보장조항19) 위반사항의 일정 기간 내 치유 불가능과 같이 합병계약상 해제권 규정이 적용되는 경우가 있다. 다만, 약정해제권은 단체법적 특수채권계약인 합병계약의 특성상 그 적용 여부의 기준이 명확하여야 한다.

합병계약에 대한 법정해제사유 또는 약정해제사유가 없어도 합병계약도 계약의 양당사자인 합병당사회사들의 대표기관 간의 합의에 의하여 합병을 해제하는

---

18) 합병승인결의를 정지조건으로 하는 정지조건부계약으로 보는 견해의 부당성은 앞에서 설명한 바가 있고, 여기서는 합병승인결의 외의 정지조건을 말하는 것이다.
19) 진술보장조항은 M&A 거래에서 매도인과 매수인 간에 일정한 사항을 상대방에게 진술하고 그 내용이 사실임을 확인하는 조항을 말한다. 진술보장조항에 대한 상세한 설명은, 김홍기, "M&A 계약 등에 있어서 진술보장조항의 기능과 그 위반시의 효과", 상사판례연구 제22집 제3권, 한국상사판례학회(2009), 63면 이하 참조.

방법도 있다. 합병을 해제하는 경우에도 해제로 인한 제3자의 권리를 해할 수 없으므로, 만일 주식매수청구권의 행사에 의하여 매수대금이 지급되었다면 회사가 합병해제를 이유로 매수대금의 반환을 청구할 수 없다.

### (3) 합병해제의 주장방법

#### 1) 합병승인결의 전

합병승인결의 전에 합병계약에 대한 법정해제사유 또는 약정해제사유가 발생하거나 합병해제의 합의가 이루어진 경우, 합병당사회사는 합병승인결의 전에 합병계약을 해제할 수 있다. 이 경우에는 합병의 무효주장방법에 제한이 없다.

#### 2) 합병승인결의 후

합병승인결의 후에는 법정해제사유 또는 약정해제사유의 발생시점이나 합병해제의 합의시점을 불문하고 합병당사회사는 반드시 합병해제에 대한 승인결의를 거쳐서 합병을 해제하여야 한다는 것이 일반적인 해석인데, 이와 관련하여, 합병계약의 해제는 합병절차의 진행중 이를 원상회복시키는 것으로서 주주들에게 미치는 영향이 합병의 달성에 비하여 떨어지는 반면, 합병해제사유의 충족 여부에 대하여는 이사회의 전문적 판단이 보다 적절하고, 합병계약과 합병승인결의는 합병의 달성을 위한 별도의 요건이라는 점 등에 비추어 합병승인결의 후 합병을 해제하는 경우에도 합병해제에 대한 승인결의를 요구하지 않는 것이 타당하다는 견해도 있다.[20] 미국 회사법상으로는 합병계약서나 제정법에 달리 규정되지 않는 한, 합병승인결의 후에도 합병의 효력이 발생하기 전에는 어느 일방 당사자가 주주들의 승인 없이 합병을 포기(abandonment)할 수 있고, 다만 이 경우 제3자의 권리를 해할 수 없다고 본다[MBCA §11.08(a),(b)].

#### 3) 합병등기 경료 후

합병등기가 경료된 후에는 합병당사회사의 관련자는 합병무효의 소에 의하여서만 합병의 무효를 주장할 수 있다. 합병당사회사 자체는 합병무효의 소의 제소권자가 아니다.[21]

---

20) 노혁준, "합병계약에서의 불확실성", 상사판례연구 제22집 제4권, 한국상사판례학회(2009), 72면.

21) 법문상 합병당사회사는 제소권자가 아니다. 그러나 합명회사, 합자회사의 경우에는 각 회사의 사원, 청산인, 파산관재인 또는 합병을 승인하지 아니한 회사채권자가 합병무효의 소의 제소권자이고(236조①, 269조), 주식회사의 경우에는 각 회사의 주주·이사·감사·청산인·파산관재인 등이 합병무효의 소의 제소권자이므로 실제로는 합병당사회사가 제소할 수 없어도 문제되지

## Ⅱ. 간이합병과 소규모합병

### 1. 총    설

주식회사의 합병은 주주들에게 중대한 영향을 미치므로 각 합병당사회사의 주주총회가 합병을 승인하도록 하는 것이 원칙이다. 그러나 주주들에게 미치는 영향이 그리 중대하지 않은 합병의 경우에는 막대한 시간과 비용이 드는 주주총회의 승인을 굳이 요구할 필요가 없으므로, 주주총회의 승인을 이사회의 승인으로 갈음하는 제도로서 상법에 도입된 제도가 간이합병과 소규모합병이다. 간이합병과 소규모합병을 통칭하여 약식합병이라고도 한다. 간이합병과 소규모합병에서 모두 종류주주총회 결의는 이사회 결의로 갈음할 수 없다. 주주총회의 승인결의와 종류주주총회의 승인결의는 이를 요구함으로써 보호하려는 주주가 각각 다르기 때문이다.[22]

간이합병에 관한 상법 제527조의2 제1항의 "합병할 회사의 일방이 합병후 존속하는 경우", "합병후 존속하는 회사가 소유하고 있는 때"라는 법문과, 소규모합병에 관한 상법 제527조의3 제1항의 "합병후 존속하는 회사"라는 법문상, 간이합병과 소규모합병은 흡수합병의 경우에만 가능하다.[23]

### 2. 간이합병

#### (1) 의    의

합병할 회사의 일방이 합병 후 존속하는 경우에 소멸회사의 주주 전원의 동의가 있거나, 존속회사가 소멸회사 발행주식총수의 90%[24] 이상을 소유하고 있는 경우의 합병을 간이합병이라 한다(527조의2①). 미국과 일본에도 상법상 간이합병과 유

---

않는다.

22) 「기업 활력 제고를 위한 특별법」 제16조와 제17조는 소규모합병 등에 대한 특례와 간이합병 등에 대한 특례를 규정하는데, 이에 관하여는 뒤에서 상술한다.

23) 간이합병은 신설합병의 경우에도 가능하다는 견해가 있으나[권기범(기), 251면], 위와 같은 법문상 받아들이기 곤란하다.

24) 1995년 상법개정시 처음으로 도입된 간이합병은 완전모자회사 간에만 적용되었으나, 1998년 개정시 90%로 완화하였다.

사한 제도가 있다.25)

## (2) 요 건

"주주 전원"은 무의결권주의 주주를 포함한 주주 전원을 의미한다. 이들도 만일 주주총회가 개최되었다면 합병반대주주로서 주식매수청구권이 부여되었을 것이기 때문이다. 주주에는 존속회사(소멸회사의 주식을 소유하는 경우)의 주주는 당연히 포함되고, 자기주식은 의결권이 인정되지 않지만 "주주 전원"이라는 규정상 소멸회사(자기주식을 소유하는 경우)의 주주도 포함된다.

주주 전원의 동의의 대상은 소멸회사의 주주총회의 승인을 이사회의 승인으로 갈음한다는 것에 대한 동의가 아니라, 합병계약 내용에 대한 동의를 의미한다.

존속회사가 소멸회사 발행주식총수의 90% 이상을 소유하는 경우에 소멸회사 주주총회의 승인을 이사회의 승인으로 갈음하는 것은 주주총회를 개최하는 경우 모회사가 합병을 원하는 한 합병승인의안이 당연히 가결될 것이기 때문이다. 반면에, 소멸회사가 존속회사 발행주식총수의 90% 이상을 소유하더라도 존속회사 주주총회의 승인을 이사회의 승인으로 갈음할 수 없다.26)

---

25) 미국에서도 간이합병(short-form merger)은 존속회사가 대상회사 주식의 대부분(통상 90%)[DGCL §253, MBCA §11.05, CCC §1110(b)]을 소유하고 있는 경우 대상회사 주주총회 결의는 무용(futile)의 것이므로 이를 요건으로 하지 않는 경우의 합병을 말한다(약식합병으로 번역하기도 한다). 다수 州의 제정법은 이러한 경우 대상회사 이사회 결의도 요구하지 않는다. 대상회사의 이사회는 결국 존속회사에 의사에 따라 결의하는 형식적인 기구에 불과하기 때문이다. 일반적으로 인수회사 주주총회 결의도 요구되지 않는다. 존속회사가 이미 보유하는 지분으로 보아 대상회사와의 합병은 존속회사에게 경제적 이해관계가 크지 않기 때문이다. 간이합병에 의하면 자회사가 소유하던 모회사의 주식을 받은 대상회사의 소수주주가 불리하게 될 수도 있다. 이들이 모회사의 주식으로 받는 경우에는 불공정한 합병비율에 따라 주식을 받을 가능성이 높고, 현금이나 다른 채무증권으로 받는 경우에도 그 산정방식이 불공정하게 될 가능성이 크기 때문이다. 원래 합병에 대한 주주총회의 승인결의가 요건이 아닐 때에는 주주에게 주식매수청구권이 인정되지 않는 것이 원칙이다. 그러나 간이합병의 경우에는 합병조건에 있어서 위와 같이 자회사의 소수주주가 심각한 불이익을 받을 가능성이 있기 때문에 예외적으로 자회사의 소수주주에게 주식매수청구권을 인정하는 제정법도 많다[MBCA §13.02(a)(1)(ii)]. 그러나 간이합병에서 모회사의 주주에게는 주식매수청구권이 인정되지 않고, 인정할 이유도 없다. 기왕의 90% 이상의 주식을 소유하는 자회사를 합병한다고 하여 모회사의 주주에게 특별한 이해관계가 없기 때문이다. 그 밖의 구제책으로, 간이합병의 조건이 현저하게 불공정하다는 이유로 자회사의 소수주주가 손해배상 또는 금지명령(injunction)을 청구하는 소송을 제기할 수도 있다. 일본에서도 약식조직재편행위는 특별지배관계에 있는 회사 간의 조직재편행위에 대하여 특별지배를 받고 있는 회사의 약식절차를 인정하는데, 특별지배회사란 어느 주식회사의 총 주주의 의결권의 90% 이상을 직접 또는 간접적으로 보유하는 회사를 말한다(日会 468조①).
26) 반면에, 간이합병과 같은 요건을 규정한 간이영업양도의 경우에는 양도회사와 양수회사 어

대부분의 경우에는 합병계약 체결시부터 합병등기일까지 90% 지분을 계속 보유하겠지만, 간이합병의 경우에도 존속회사 주주총회의 승인은 필요하므로 존속회사의 합병승인시부터 합병등기일까지는 90% 지분을 보유하면 간이합병의 요건을 충족한다고 본다.[27]

### (3) 절    차

소멸회사는 합병계약서를 작성한 날부터 2주 내에 주주총회의 승인을 얻지 아니하고 합병을 한다는 뜻을 공고하거나 주주에게 통지하여야 한다. 다만, 주주 전원의 동의가 있는 때에는 그렇지 않다(527조의2②). 합병계약서에 간이합병의 뜻을 기재할 필요는 없다.[28]

### (4) 효    과

간이합병의 경우에도 존속회사의 주주총회의 승인은 요구된다. 다만, 소멸회사의 주주총회의 승인은 이사회의 승인으로 갈음할 수 있다(527조의2①). 따라서 소멸회사가 소규모회사이고 이사가 2인 이하인 경우에는 상법상 이사회가 존재하지 아니하므로 간이합병을 할 수 없다. 간이합병의 공고·통지를 한 날부터 2주 내에 회사에 대하여 서면으로 합병에 반대하는 의사를 통지한 주주는 그 기간이 경과한 날부터 20일 이내에 주식의 종류와 수를 기재한 서면으로 회사에 대하여 자기가 소유하고 있는 주식의 매수를 청구할 수 있다(522조의3②).

## 3. 소규모합병

### (1) 의    의

존속회사가 합병으로 인하여 발행하는 신주 및 이전하는 자기주식의 총수가 그 회사의 발행주식총수의 10%를 초과하지 아니하는 경우를 소규모합병이라 한다.[29] 소규모합병은 존속회사의 주주에게 미치는 영향이 작기 때문에 존속회사 주

---

느 쪽이든 상대방회사 발행주식총수의 90% 이상을 소유하면 주주총회의 승인을 이사회의 승인으로 갈음할 수 있다.

27) 권기범(기), 238면.
28) 반면에, 소규모합병의 경우에는 존속회사의 합병계약서에는 주주총회의 승인을 얻지 아니하고 합병을 한다는 뜻을 기재하여야 한다(527조의3②).
29) 발행주식총수라고 규정하므로 무의결권주식도 포함된다고 해석된다. 10%는 합병등기일을

주총회의 승인을 이사회의 승인으로 갈음하는 제도이다. 다만, 신주발행규모만을 기준으로 소규모합병대상 여부가 결정되므로 존속회사가 거액의 채무를 승계하는 경우와 같이 주주들에게 이해관계가 큰 상황에서도 주주들은 의결권이나 주식매수 청구권을 행사하지 못한다는 문제가 있다.

## (2) 요 건

### 1) 적극적 요건

합병 후 존속하는 회사가 합병으로 인하여 발행하는 신주 및 이전하는 자기주식[30]의 총수가 그 회사의 발행주식총수의 10%를 초과하지 아니하는 경우에는 그 존속하는 회사의 주주총회의 승인은 이를 이사회의 승인으로 갈음할 수 있다. 다만, 합병으로 인하여 소멸하는 회사의 주주에게 제공할 금전이나 그 밖의 재산을 정한 경우에 그 금액 및 그 밖의 재산의 가액이 존속하는 회사의 최종 대차대조표상으로 현존하는 순자산액의 5%를 초과하지 않아야 한다(527조의3①).[31] 미국과 일본에도 유사한 제도가 있다.[32] 발행주식총수의 10%는 합병등기일을 기준으로 그

---

기준으로 판단하여야 할 것이다.

30) 종래에는 "합병으로 인하여 발행하는 신주의 총수"라고 규정하여 존속회사가 자기주식을 소멸회사의 주주에게 이전할 경우 법문의 해석상 해당 자기주식은 합병신주에 포함되지 않았기 때문에 2015년 상법개정시 자기주식의 이전도 신주발행의 경우와 동일하게 보고 이를 합산하도록 "합병으로 인하여 발행하는 신주 및 이전하는 자기주식의 총수"로 개정하였다.

31) 소규모합병은 1998년 상법개정시 발행주식총수의 5%, 순자산액의 2%를 기준으로 도입되었는데, 2011년 개정상법은 이를 각각 10%, 5%로 완화하였다.

32) 미국에서도 소규모합병(small scale merger)은 존속회사 주주총회의 승인결의가 요구되지 않는 예외적인 경우로서, 존속회사가 대상회사에 비하여 훨씬 대규모 회사이면 존속회사 주주총회의 승인은 요구되지 않는다는 것이다. 합병에 대한 주주총회의 승인이 요구되는 이유는 합병이 회사구조의 중요한 변경이고 투자자인 주주로서는 회사의 중요한 기본적 변경에 관여할 권한이 있기 때문이다. 따라서 소규모합병의 경우 존속회사의 주주에게는 별다른 영향을 주지 않으므로 주주총회의 승인을 요구하지 않는 것이다. 제정법상 소규모합병의 일반적 요건은, i) 합병 전 발행주식수에 비하여 합병 후 발행주식수가 일정한 비율 이상 증가하지 않고, ii) 합병에 의하여 존속회사의 기본정관이 변경되지 않는 것이다[DGCL §251(f), MBCA §11.04(g)]. 소규모합병의 경우에는 존속회사 주주총회의 승인결의가 요구되지 않기 때문에 존속회사의 주주는 주식매수청구권을 행사할 수 없다. 그러나 존속회사의 주주와는 달리 대상회사의 주주에게는 이러한 합병이라도 이해관계가 크므로 대상회사 주주총회의 합병승인결의는 요구된다. 존속회사의 미발행수권주식수가 충분하지 않아서 합병을 위하여는 기본정관의 수권주식수에 관한 사항을 변경하여야 하는 경우, 기본정관 변경을 위한 주주총회 결의가 요구되므로 주주총회의 합병승인이 요구되는 것과 같은 결과가 된다[MBCA Official Comment to §11.04]. 일본에서도 "간이조직재편행위"는 주주에게 미치는 영향이 작은 점을 고려하여, 사업전부의 양수인 경우 양수대가의 총액이 순자산액의 20% 이하인 경우(日会 468조②), 사업을 이전하는 당사자(예: 흡수분할의 분할회사)의 분할재산의 장부가액의 합계액이 총자산액의 20% 이하인

해당 여부를 판단하고, 무의결권주도 합병신주인 이상 당연히 포함된다.[33]

### 2) 소극적 요건

존속회사의 발행주식총수의 20% 이상에 해당하는 주식을 소유한 주주가 소규모합병의 공고·통지를 한 날부터 2주 내에 회사에 대하여 서면으로 합병에 반대하는 의사를 통지한 때에는 소규모합병을 할 수 없다(527조의3④).[34] "발행주식총수의 20%"를 기준으로 한 것은 특별한 이론적인 이유가 있는 것이 아니라 이 정도면 주주총회에서 합병승인의안이 부결될 가능성도 있으므로 승인결의를 거치도록 하는 것이라 할 수 있다.[35]

### 3) 「기업 활력 제고를 위한 특별법」

과잉공급을 해소하기 위하여 사업재편을 하는 국내기업에 대하여 적용하는 특별법인 「기업 활력 제고를 위한 특별법」은 2019. 8. 13.부터 2024. 8. 12.까지 효력을 가지는 한시법으로서, 기업의 사업재편에 관하여는 다른 법률에 우선하여 적용한다(同法 5조). 「기업 활력 제고를 위한 특별법」은 사업재편을 하는 기업의 합병과 분할

---

경우(日会 784조③), 흡수합병소멸회사의 주주에게 교부하는 존속회사의 주식의 수에 1주당 순자산액을 곱한 액과 사채 기타 재산의 장부가액의 합계액이 존속회사의 순자산액의 20% 이하인 경우(日会 796조③), 신설분할의 경우 신설회사에 승계되는 자산의 장부가액의 합계액이 분할회사 총자산액의 20% 이하인 경우(日会 805조) 등에는, 간이조직재편행위를 이용할 수 있다. 즉, 사업을 이전받는 당사자(흡수합병의 존속회사, 흡수분할승계회사, 주식교환완전모회사)는 이전대가가 순자산액의 20% 이하인 경우 간이조직재편행위를 이용할 수 있다(日会 796조③). 다만, 이전받는 당사자가 이러한 기준을 만족시켜도, 법무성령에서 정하는 수의 주식을 보유하는 주주(통상의 경우 6분의 1)가 공시일로부터 2주 내에 반대의사를 회사에 통지하면 간이조직재편행위를 이용할 수 없다(日会 468조③, 796조④). 이전하는 당사자의 주주에게는 주식매수청구권이 인정되지 않고(日会 785조①2, 806조①2, 467조①2), 이전받는 당사자의 반대주주에게는 주식매수청구권이 인정된다(日会 469조②2, 797조②2).

33) 종래의 상법은 "합병 후 존속하는 회사가 합병으로 인하여 발행하는 신주의 총수가 그 회사의 발행주식총수의 100분의 5를 초과하지 아니하는 때에는 그 존속하는 회사의 주주총회의 승인은 이를 이사회의 승인으로 갈음할 수 있다. 다만, 합병으로 인하여 소멸하는 회사의 주주에게 지급할 금액을 정한 경우에 그 금액이 존속하는 회사의 최종 대차대조표상으로 현존하는 순자산액의 100분의 2를 초과하는 때에는 그렇지 않다."라고 규정함으로써. 기업의 합병 절차에 있어서 경제성과 신속성을 저해한다는 지적이 있었다. 이에 2011년 개정상법은 소규모합병 허용요건 중 발행주식총수의 "100분의 5"를 "100분의 10"으로 변경하고, 소규모합병 배제요건 중 순자산액의 "100분의 2"를 "100분의 5"로 변경함으로써 소규모합병의 적용대상을 확대하였다.

34) 일본 회사법은 정관에서 정족수요건과 결의요건을 규정한 내용에 따라 법무성령에서 다양하게 규정하나, 정관에서 정족수요건과 결의요건을 규정하지 않은 경우에는 발행주식총수의 6분의 1을 기준으로 규정한다(日会 796조④). 일본에서는 우리의 소규모합병을 간이합병(簡易合併)이라 부른다.

35) 同旨: 이철송, 1081면.

절차에 관하여 특칙을 규정하는데, 소규모합병의 적극적 요건에서는 "발행주식총수의 10%"는 "발행주식총수의 20%"로 완화하고, 소극적 요건에서는 "발행주식총수의 20%"를 "발행주식총수의 10%"로 완화한다.

### (3) 절　　차

소규모합병의 경우에는 존속회사의 합병계약서에는 주주총회의 승인을 얻지 아니하고 합병을 한다는 뜻을 기재하여야 한다(527조의3②). 이는 존속회사의 주주와 채권자의 이익을 보호하기 위한 것이다. 존속회사는 합병계약서를 작성한 날부터 2주 내에 소멸하는 회사의 상호 및 본점의 소재지, 합병을 할 날, 주주총회의 승인을 얻지 아니하고 합병을 한다는 뜻을 공고하거나 주주에게 통지하여야 한다(527조의3③).

### (4) 효　　과

소규모합병의 경우에도 소멸회사 주주총회의 승인은 요구된다. 다만, 존속회사의 주주총회의 승인은 이를 이사회의 승인으로 갈음할 수 있고, 존속회사의 합병반대주주의 주식매수청구권도 인정되지 않는다(527조의3⑤). 이사회 승인의 대상은 물론 합병계약서이다. 간이합병의 경우와 같이, 존속회사가 소규모회사이고 이사가 2인 이하인 경우에는 상법상 이사회가 존재하지 아니하므로 소규모합병을 할 수 없다. 상법은 소규모합병의 경우에는 존속회사의 합병 전후의 상태에 큰 변화가 없으므로 주주에게 주식매수청구권을 인정하지 않는다.

## 4. 소규모회사의 특례

소규모회사가 1인 또는 2인의 이사만을 둔 경우 제527조의2(간이합병) 및 제527조의3 제1항(소규모합병)은 적용하지 않는다(383조⑤).

## Ⅲ. 합병비율

### 1. 총    설

#### (1) 의    의

상법은 외국의 입법례와 같이 합병비율에 관하여 합병계약서의 절대적 기재사항으로 규정한다(523조, 524조). 합병비율은 합병계약의 가장 중요한 내용이고, 만일 합병비율이 합병할 각 회사의 일방에게 불리하게 정해진 경우에는 그 회사의 주주가 합병 전 회사의 재산에 대하여 가지고 있던 지분비율을 합병 후에 유지할 수 없게 됨으로써 실질적으로 주식의 일부를 상실하게 되는 결과를 초래하므로, 합병당사회사의 이사로서는 합병비율이 합병할 각 회사의 재산 상태와 그에 따른 주식의 실제적 가치에 비추어 공정하게 정하여졌는지를 판단하여 회사가 합병에 동의할 것인지를 결정하여야 한다.36)

그러나 합병비율을 공정하게 산정하는 방법에 대하여는 상법상 아무런 규정이 없다. 다만, 자본시장법은 합병당사회사 중 어느 하나라도 주권상장법인인 경우에 합병가액(합병비율)을 산정하는 방법을 명문으로 규정한다.

#### (2) 합병비율의 기재방법

합병계약서의 합병비율은 소멸회사 주식 1주당 존속회사 주식 몇 주가 배정되는지 구체적이고 명확하게 기재하면 된다.

합병계약서에 기재된 합병비율은 일단 주주총회의 승인이 있으면 변경할 수 없다. 그러나 합병계약서에 합병비율을 잠정적으로 기재하고 주주총회 승인 이전에 제반 사정을 감안하여 이를 확정하는 것도 가능하다.37) 만일 이를 허용하지 않는

---

36) [대법원 2015. 7. 23. 선고 2013다62278 판결] "흡수합병시 존속회사가 발행하는 합병신주를 소멸회사의 주주에게 배정·교부함에 있어서 적용할 합병비율을 정하는 것은 합병계약의 가장 중요한 내용이고, 만일 합병비율이 합병할 각 회사의 일방에게 불리하게 정해진 경우에는 그 회사의 주주가 합병 전 회사의 재산에 대하여 가지고 있던 지분비율을 합병 후에 유지할 수 없게 됨으로써 실질적으로 주식의 일부를 상실하게 되는 결과를 초래하므로, 비상장법인 간 흡수합병의 경우 소멸회사의 주주인 회사의 이사로서는 그 합병비율이 합병할 각 회사의 재산 상태와 그에 따른 주식의 실제적 가치에 비추어 공정하게 정하여졌는지를 판단하여 회사가 그 합병에 동의할 것인지를 결정하여야 한다."
37) 자본시장법은 상장회사가 합병당사회사인 경우의 합병가액에 관하여 구체적으로 규정하지

다면 합병계약 체결 후 합병당사회사의 가치변동이 반영되지 아니한 합병계약을 주주총회에서 합병승인 안건을 부결시키고 다시 합병계약을 체결하여야 하는 번거로움이 있다. 합병계약서에 변경가능한 교부금의 범위를 기재한 경우에는 주주총회 승인 이전에 교부금을 변경함으로써 합병비율의 적정성을 확보하는 방법도 가능하다. 합병승인을 위한 주주총회의 소집통지서에는 합병비율을 확정하여야 한다고 볼 수도 있으나, 실무상으로는 주주총회 승인 이전까지만 확정하면 되는 것으로 보고 있다. 회사합병 승인을 다룰 주주총회를 소집하는 경우에는 주주총회의 소집통지에 "의안의 요령(要領)", 즉 "합병계약의 요령"도 기재하여야 하는데, 이 경우에는 "합병계약의 요령"을 기재하면서 합병비율을 잠정적으로 기재할 수 있다.

### (3) 합병비율의 조정

합병비율이 정수로 되지 않고 소수점 이하로 나오는 경우 합병교부금으로 처리할 수도 있고, 이를 간편하게 처리하기 위하여 합병계약서에 감자·증자·주식병합·주식분할 등을 기재하고 합병승인 주주총회에서 함께 처리하는 방법도 있다.38)

## 2. 비상장회사의 합병비율

합병당사회사의 합병비율을 산정하려면 각 당사회사의 공정한 기업가치(주식가치)를 산정하여야 하고, 구체적으로는 시장가치·순자산가치·수익가치 등의 요소를 종합적으로 반영하되, 거래로 인한 영향을 배제하여 주식가치를 산정하게 된다.39) 비상장법인 간 합병의 경우 이사가 합병에 있어서 적정한 합병비율을 도출하기 위한 합당한 정보를 가지고 합병비율의 적정성을 판단하여 합병에 동의할 것인지를 결정하였고, 합병비율이 객관적으로 현저히 불합리하지 아니할 정도로 상당성이 있다면, 이사는 선량한 관리자의 주의의무를 다한 것이다.40)

---

만, 비상장회사 간의 합병의 경우에는 합병계약 체결 이후의 합병당사회사의 가치변동을 반영하기 위하여 합병비율유보의 필요성이 크다고 할 수 있다.

38) 물론 감자·증자·주식병합·주식분할 등을 먼저 실행하여 그 효력이 발생한 후에 합병계약서를 작성하는 경우에는 이러한 내용을 기재할 필요가 없다.

39) 시장가치·순자산가치·수익가치 및 시너지효과의 산입 문제에 관하여는 [제4장 제2절 Ⅱ. 주주총회의 소집과 결의] 부분에서 상술한다.

40) [대법원 2015. 7. 23. 선고 2013다62278 판결] "비상장법인 간 합병의 경우 합병비율의 산정방법에 관하여는 법령에 아무런 규정이 없을 뿐만 아니라 합병비율은 자산가치 이외에 시장가치, 수익가치, 상대가치 등의 다양한 요소를 고려하여 결정되어야 하는 만큼 엄밀한 객관적

## 3. 상장회사의 합병비율

### (1) 의    의

합병비율의 불공정은 동일한 대주주의 지배를 받는 주권상장상법인과 주권비상장상법인 간의 합병에서 주로 문제된다. 대주주는 일반적으로 주권상장상법인에 비하여 주권비상장상법인의 지분을 훨씬 많이 보유하므로 주권비상장상법인의 주주에게 유리하게 합병비율을 산정할 가능성이 크다. 이에 따라 자본시장법은 상장회사가 합병의 일방당사자인 경우의 합병비율에 관하여 구체적인 규정을 두고 있다. 이와 같이 법령에 규정된 합병비율의 산정방법에 위반한 경우에는 합병무효원인이 된다.

반면에, 법령이 정한 요건과 방법 및 절차 등에 기하여 합병가액을 산정하고 그에 따라 합병비율을 정하였다면 그 합병가액 산정이 허위자료에 의한 것이라거나 터무니없는 예상 수치에 근거한 것이라는 등의 특별한 사정이 없는 한, 그 합병비율이 현저하게 불공정하여 합병계약이 무효로 된다고 볼 수 없다.[41]

자본시장법은 상장회사가 합병당사회사인 경우 시장에서 형성된 가격을 기초로 합병가액을 산정하도록 하는데, 합병당사회사가 임의로 정할 수 있는 합병을 위한 이사회 결의일과 합병계약을 체결한 날을 기초로 합병가액을 산정한다는 점, 해당 시장가격이 각종 불공정거래로 인하여 왜곡형성될 수 있다는 점, 합병당사회사가 자본금감소나 주식분할을 먼저 결의하고 이어서 합병을 결의하는 경우에는 시장가격에 자본금감소나 주식분할에 의한 영향이 반영되지 않는다는 점 등의 문제가 있다.

---

정확성에 기하여 유일한 수치로 확정할 수 없는 것이므로, 소멸회사의 주주인 회사의 이사가 합병의 목적과 필요성, 합병 당사자인 비상장법인 간의 관계,합병 당시 각 비상장법인의 상황, 업종의 특성 및 보편적으로 인정되는 평가방법에 의하여 주가를 평가한 결과 등 합병에 있어서 적정한 합병비율을 도출하기 위한 합당한 정보를 가지고 합병비율의 적정성을 판단하여 합병에 동의할 것인지를 결정하였고, 합병비율이 객관적으로 현저히 불합리하지 아니할 정도로 상당성이 있다면, 이사는 선량한 관리자의 주의의무를 다한 것이다."

41) [대법원 2008. 1. 10. 선고 2007다64136 판결] "합병당사자 회사의 전부 또는 일부가 주권상장법인인 경우 구 증권거래법과 그 시행령 등 관련 법령이 정한 요건과 방법 및 절차 등에 기하여 합병가액을 산정하고 그에 따라 합병비율을 정하였다면 그 합병가액 산정이 허위자료에 의한 것이라거나 터무니없는 예상 수치에 근거한 것이라는 등의 특별한 사정이 없는 한, 그 합병비율이 현저하게 불공정하여 합병계약이 무효로 된다고 볼 수 없다."

## (2) 합병가액의 산정

상장회사가 다른 법인과 합병하려는 경우에는 다음의 방법에 따라 산정한 합병가액에 따라야 한다. 이 경우 상장회사가 제1호 또는 제2호 가목 본문에 따른 가격을 산정할 수 없는 경우에는 제2호 나목에 따른 가격으로 하여야 한다(資令 176조의5①).

### 1) 상장회사 간 합병(제1호)

상장회사 간 합병의 경우에는 합병을 위한 이사회 결의일과 합병계약을 체결한 날 중 앞서는 날의 전일을 기산일로 한 다음 각 목의 종가(증권시장에서 성립된 최종가격)를 산술평균한 가액("기준시가")을 기준으로 30%(계열회사 간 합병의 경우에는 10%)의 범위에서 할인 또는 할증한 가액. 이 경우 가목 및 나목의 평균종가는 종가를 거래량으로 가중산술평균하여 산정한다(資令 176조의5①1).[42]

> 가. 최근 1개월간 평균종가. 다만, 산정대상기간 중에 배당락 또는 권리락이 있는 경우로서 배당락 또는 권리락이 있은 날부터 기산일까지의 기간이 7일 이상인 경우에는 그 기간의 평균종가로 한다.
> 나. 최근 1주일간 평균종가
> 다. 최근일의 종가

### 2) 상장회사와 비상장회사 간 합병(제2호)

상장회사(코넥스시장에 주권이 상장된 법인은 제외)과 비상장회사 간 합병의 경우에는 다음의 기준에 따른 가격에 의한다(資令 176조의5①2).

> 가. 주권상장법인의 경우에는 제1호의 가격. 다만, 제1호의 가격이 자산가치에 미달하는 경우에는 자산가치로 할 수 있다.
> 나. 주권비상장법인의 경우에는 자산가치와 수익가치를 가중산술평균한 가액

나목에 따른 가격으로 산정하는 경우에는 금융위원회가 정하여 고시하는 방법에 따라 산정한 유사한 업종을 영위하는 법인의 가치(상대가치)를 비교하여 공시하

---

[42] "합병을 위한 이사회 결의일과 합병계약을 체결한 날 중 앞서는 날의 전일"은 반드시 거래일일 필요가 없으므로 토요일, 공휴일이라도 상관없다. 합병을 위한 이사회나 합병계약 체결을 토요일, 공휴일에도 할 수 있기 때문이다. 따라서 1개월, 1주일에 포함된 토요일, 공휴일도 고려할 필요가 없다[同旨: 이승환·이희웅, "상장회사간 포괄적 주식교환의 실무적 문제", 상사법연구 제33권 제1호, 한국상사법학회(2014), 84면].

여야 하며, 가목과 나목에 따른 자산가치·수익가치 및 그 가중산술평균방법과 상
대가치의 공시방법은 금융위원회가 정하여 고시한다(資令 176조의5②). 비상장회사는
자산가치와 수익가치를 2 : 3으로 하여 가중산술평균한다.43)

### (3) 추가·별도 요건

#### 1) 상장회사인 기업인수목적회사가 다른 법인과 합병하여 그 합병법인이 상장회 사가 되려는 경우

상장회사인 기업인수목적회사가 투자자 보호와 건전한 거래질서를 위하여 금
융위원회가 정하여 고시하는 요건을 갖추어 그 사업목적에 따라 다른 법인과 합병
하여 그 합병법인이 상장회사가 되려는 경우에는 다음 각 목의 기준에 따른 가액으
로 합병가액을 산정할 수 있다(資令  176조의5③).

> 1. 주권상장법인인 기업인수목적회사의 경우: 시행령 제176조 제1항 제1호에 따른 가액
> 2. 기업인수목적회사와 합병하는 다른 법인의 경우: 다음 각 목의 구분에 따른 가액
>> 가. 다른 법인이 주권상장법인인 경우: 시행령 제176조 제1항 제1호에 따른 가격. 다만, 이를 산정할 수 없는 경우에는 제1항 각 호 외의 부분 후단을 준용한다.
>> 나. 다른 법인이 주권비상장법인인 경우: 기업인수목적회사와 협의하여 정하는 가액

#### 2) 상장회사가 비상장회사와 합병하여 상장회사가 되는 경우

상장회사(코넥스시장에 주권이 상장된 법인은 제외)과 비상장회사 간 합병에 관한
위와 같은 요건 외에 추가로 다음과 같은 요건을 충족하여야 한다(資令 176조의5④).

> 1. 〈삭제〉
> 2. 합병의 당사자가 되는 주권상장법인이 자본시장법 제161조 제1항에 따라 주요사

---

43) [증권발행공시규정 제5-13조(합병가액의 산정기준)]
　① 영 제176조의5 제2항에 따른 "자산가치·수익가치 및 그 가중산술평균방법과 상대가치
　　의 산출방법·공시방법"에 대하여 이 조에서 달리 정하지 않는 사항"은 감독원장이 정
　　한다.
　② 제1항에 따른 합병가액은 주권상장법인이 가장 최근 제출한 사업보고서에서 채택하고
　　있는 회계기준을 기준으로 산정한다.
　[증권발행공시규정 시행세칙 제4조(합병가액의 산정방법)] 규정 제5-13조에 따른 자산가치·
　수익가치의 가중산술평균방법은 자산가치와 수익가치를 각각 1과 1.5로 하여 가중산술평균하
　는 것을 말한다(자산가치는 제5조에서, 수익가치는 제6조에서 구체적으로 규정한다).

항보고서를 제출하는 날이 속하는 사업연도의 직전사업연도의 재무제표를 기준으로 자산총액·자본금 및 매출액 중 두 가지 이상이 그 주권상장법인보다 더 큰 주권비상장법인이 다음과 같은 요건을 충족할 것

가. 거래소의 증권상장규정(資法 390조)에서 정하는 재무 등의 요건

나. 감사의견, 소송계류, 그 밖에 공정한 합병을 위하여 필요한 사항에 관하여 상장규정에서 정하는 요건

### 3) 다른 증권시장에 주권이 상장된 법인과의 합병

특정 증권시장에 주권이 상장된 법인이 다른 증권시장에 주권이 상장된 법인과 합병하여 특정 증권시장에 상장된 법인 또는 다른 증권시장에 상장된 법인이 되는 경우에는 제4항(주권상장법인이 주권비상장법인과 합병하여 주권상장법인이 되는 경우)을 준용한다. 이 경우 "주권상장법인"은 "합병에도 불구하고 같은 증권시장에 상장되는 법인"으로, "주권비상장법인"은 "합병에 따라 다른 증권시장에 상장되는 법인"으로 본다(資令 176조의5⑤).

### (4) 존속회사의 자본증가액과 소멸회사의 순자산가액

상법 제523조 제2호가 흡수합병계약서의 절대적 기재사항으로 '존속하는 회사의 자본금이 증가하는 때에는 증가할 자본금'을 규정한 것은 원칙적으로 자본충실을 도모하기 위하여 존속회사의 증가할 자본금의 액(액면주식의 경우, 소멸회사의 주주들에게 배정·교부할 합병신주의 액면총액)이 소멸회사의 순자산가액 범위 내로 제한되어야 한다는 취지라고 볼 여지가 있다.[44] 그러나 합병당사자의 전부 또는 일방이 상장회사인 경우 그 합병가액 및 합병비율의 산정에 있어서는 자본시장법과 그 시행령 등이 특별법으로서 일반법인 상법에 우선하여 적용되고, 자본시장법 시행령 제176조의5 소정의 합병가액 산정기준에 의하면 상장회사는 합병가액을 최근 증권시장에서의 거래가격을 기준으로 시행령이 정하는 방법에 따라 산정한 가격에 의하므로, 경우에 따라서는 주당 자산가치를 상회하는 가격이 합병가액으로 산정될 수 있고, 비상장회사도 합병가액을 자산가치·수익가치 및 상대가치를 종합하여 산정한 가격에 의하는 이상 역시 주당 자산가치를 상회하는 가격이 합병가액으로 산

---

44) 무액면주식의 경우에는 주식 발행가액의 2분의 1 이상의 금액으로서 이사회(416조 단서에서 정한 주식발행의 경우에는 주주총회)에서 자본금으로 계상하기로 한 금액의 총액이 자본금인데(451조②), 합병 등의 특수한 신주발행의 경우에도 상법 제451조 제2항을 적용한다면 매우 복잡한 문제가 제기된다. 일본 회사법은 조직재편으로 인한 특수한 신주발행시의 자본금 계상에 대하여 별도의 규정을 두고 있다.

정될 수 있다. 결국 소멸회사가 상장회사든 비상장회사든 어느 경우나 존속회사가 발행할 합병신주의 액면총액이 소멸회사의 순자산가액을 초과할 수 있게 된다. 이 경우 초과액은 영업권으로 회계처리한다. 따라서 자본시장법 및 그 시행령이 적용되는 흡수합병의 경우에는 존속회사의 증가할 자본액이 반드시 소멸회사의 순자산가액의 범위 내로 제한된다고 할 수 없다.45)

### (5) 외부평가기관

#### 1) 평가를 받아야 하는 경우

상장회사는 합병 등을 하는 경우 투자자 보호 및 건전한 거래질서를 위하여 대통령령으로 정하는 바에 따라 외부의 전문평가기관("외부평가기관")으로부터 합병 등의 가액, 그 밖에 대통령령으로 정하는 사항에 관한 평가를 받아야 한다(資法 165조의4②). 시행령은 다음 각 호의 구분에 따라 합병가액의 적정성에 대하여 외부평가기관의 평가를 받도록 규정한다(資令 176조의5⑦).

1. 주권상장법인(기업인수목적회사는 제외)이 주권상장법인과 합병하는 경우로서 다음 각 목의 어느 하나에 해당하는 경우46)
   가. 주권상장법인이 제1항 제1호에 따라 합병가액을 산정하면서 기준시가의 10%를 과하여 할인 또는 할증된 가액으로 산정하는 경우
   나. 주권상장법인이 제1항 제2호 나목(자산가치와 수익가치를 가중산술평균한 가액)에 따라 산정된 합병가액에 따르는 경우
   다. 주권상장법인이 주권상장법인과 합병하여 주권비상장법인이 되는 경우. 다만, 제1항 제1호에 따라 산정된 합병가액에 따르는 경우 또는 다른 회사의 발행주식 총수를 소유하고 있는 회사가 그 다른 회사를 합병하면서 신주를 발행하지 아니하는 경우는 제외한다.
2. 주권상장법인이 주권비상장법인과 합병하는 경우로서 다음 각 목의 어느 하나에 해당하는 경우

---

45) 대법원 2008. 1. 10. 선고 2007다64136 판결.
46) 주권상장법인(기업인수목적회사는 제외)이 주권상장법인과 합병하는 경우에는 원칙적으로 외부평가기관의 평가를 받을 의무가 없고, 기준시가의 10% 이상을 할증 또는 할인 발행하거나(가목), 본질가치법으로 산정하거나(나목), 합병 후 비주권상장법인이 되는 경우(다목)에만 외부평가기관의 평가를 받아야 하고, 다목 단서와 같은 예외사유가 있는 경우에는 외부평가기관의 평가를 받을 의무가 없다. 한편, 실제의 상장회사 간 합병 사례에서 상장회사의 합병가액을 기준시가보다 할인 또는 할증하여 정하는 사례는 거의 없고 이 경우에는 외부평가기관의 평가대상이 아니다.

가. 주권상장법인이 제1항 제2호 나목에 따라 산정된 합병가액에 따르는 경우

나. 제4항에 따른 합병의 경우. 다만, 다른 회사의 발행주식 총수를 소유하고 있는 회사가 그 다른 회사를 합병하면서 신주를 발행하지 아니하는 경우는 제외한다.

다. 주권상장법인(코넥스시장에 주권이 상장된 법인은 제외)이 주권비상장법인과 합병하여 주권비상장법인이 되는 경우. 다만, 합병의 당사자가 모두 제1항 제1호에 따라 산정된 합병가액에 따르는 경우 또는 다른 회사의 발행주식 총수를 소유하고 있는 회사가 그 다른 회사를 합병하면서 신주를 발행하지 아니하는 경우는 제외한다.

3. 기업인수목적회사가 다른 주권상장법인과 합병하는 경우로서 그 주권상장법인이 제1항 제2호 나목에 따라 산정된 합병가액에 따르는 경우

## 2) 외부평가기관

외부평가기관은 다음과 같은 자로 한다(資令 176조의5⑧).

1. 인수업무, 모집·사모·매출의 주선업무를 인가받은 자
2. 신용평가회사
3. 공인회계사법에 따른 회계법인

## 3) 평가업무금지기간

위와 같은 외부평가기관은 다음과 같은 경우 그 기간 동안 평가업무를 할 수 없다. 다만, 제4호의 경우에는 해당 특정회사에 대한 평가업무만 할 수 없다(資令 176조의5⑨).

1. 인수업무, 모집·사모·매출의 주선업무를 인가받은 자가 금융위원회로부터 주식의 인수업무 참여제한의 조치를 받은 경우에는 그 제한기간
2. 신용평가회사가 신용평가업무와 관련하여 금융위원회로부터 신용평가업무의 정지처분을 받은 경우에는 그 업무정지기간
3. 회계법인이 외감법에 따라 업무정지조치를 받은 경우에는 그 업무정지기간
4. 회계법인이 외감법에 따라 특정회사에 대한 감사업무의 제한조치를 받은 경우에는 그 제한기간

## 4) 평가업무금지대상

외부평가기관이 평가의 대상이 되는 회사와 금융위원회가 정하여 고시하는 특수관계에 있는 경우에는 합병에 대한 평가를 할 수 없다(資令 176조의5⑩).

### 5) 평가업무제한

금융위원회는 외부평가기관의 합병 등에 관한 평가가 현저히 부실한 경우, 그 밖에 투자자 보호 또는 건전한 거래질서를 해할 우려가 있는 경우로서 대통령령으로 정하는 경우에는 평가 업무를 제한할 수 있다(資法 165조의4③).[47] 평가업무가 제한되는 경우는 다음과 같다(資令 176조의5⑪).

1. 외부평가기관이 제9항(평가업무금지기간 위반) 또는 제10항(평가업무금지대상 위반)을 위반한 경우
2. 외부평가기관의 임직원이 평가와 관련하여 알게 된 비밀을 누설하거나 업무 외의 목적으로 사용한 경우
3. 외부평가기관의 임직원이 합병 등에 관한 평가와 관련하여 금융위원회가 정하여 고시하는 기준을 위반하여 직접 또는 간접으로 재산상의 이익을 제공받은 경우
4. 그 밖에 투자자 보호와 외부평가기관의 평가의 공정성·독립성을 해칠 우려가 있는 경우로서 금융위원회가 정하여 고시하는 경우

금융위원회는 외부평가기관에 대하여 1년의 범위에서 일정한 기간을 정하여 평가 업무의 전부 또는 일부를 제한할 수 있다(資令 176조의5⑫).

### (6) 적용 제외

법률의 규정에 따른 합병에 관하여는 시행령 제176조의5 제1항부터 제12항까지의 규정(삭제된 제6항 제외)을 적용하지 않는다. 다만, 합병의 당사자가 되는 법인이 계열회사의 관계에 있고 합병가액을 상장회사 간 합병에 관한 제1항 제1호에 따라 산정하지 아니한 경우에는 합병가액의 적정성에 대하여 외부평가기관에 의한 평가를 받아야 한다(資令 176조의5⑬).

## 4. 무증자합병

상법 제523조 제2호의 "존속하는 회사의 자본금 또는 준비금이 증가하는 경우에는 증가할 자본금 또는 준비금에 관한 사항" 규정상, 존속회사의 자본금이 증가하지 않는 무증자합병도 가능하다. 종래의 등기실무상 존속회사의 자본금은 증

---

47) 금융위원회가 정하여 고시하는 특수관계에 있는 중요한 경우는 외부평가기관이 합병당사회사의 감사인인 경우이다(증권발행공시규정 5-14조 제6호).

가하지 않는 소위 무증자합병은 일정한 조건 하에서만 가능한 것으로 취급하였는데,48) 2015년 12월 개정상법은 "존속하는 회사의 자본금 또는 준비금이 증가하는 경우에는 증가할 자본금 또는 준비금에 관한 사항"이라고 규정하므로 무증자합병을 제한 없이 허용한다.49) 소규모합병도 존속회사가 합병으로 인하여 발행하는 신주 및 이전하는 자기주식의 총수가 그 회사의 발행주식총수의 10%를 초과하지 아니하는 경우이므로 당연히 무증자합병이 가능하다.

무증자합병은 흡수합병의 경우에만 가능하고, 신설합병에서는 무증자합병이 있을 수 없다. 합병당사회사는 모두 소멸하고 최저자본금제도가 폐지되었지만 어쨌든 자본금이 전혀 없으면 새로운 회사가 설립될 수 없기 때문이다.

결국 무증자합병은, i) 존속회사가 소멸회사의 주주에 대한 합병대가의 전부를 존속회사 또는 소멸회사가 보유하는(즉, 합병에 의하여 존속회사에 포괄적으로 이전하는) 존속회사의 주식으로 교부하는 경우와,50) ii) 존속회사가 완전자회사를 흡수합병하는 경우, iii) 존속회사가 소멸회사의 주주에게 합병대가의 전부를 금전(교부금합병) 또는 재산으로 지급하는 경우에 가능하다.

1인주주인 주식회사와 1인사원인 유한회사의 주주와 사원이 동일한 경우에 유한회사가 주식회사에 흡수합병하여 해산하고 주식회사가 존속하기로 하는 흡수합병

---

48) [상업등기선례 제1-237호(2001. 10. 31. 등기 3402-736 질의회답)] "2. 채무초과회사가 아닌 회사를 피합병회사로 한 흡수합병에서 무증자합병은 ① 존속회사가 해산회사의 주식을 전부 소유한 경우, ② 존속회사가 해산회사 주주에게 배정함에 충분한 자기주식을 소유하고 있는 경우 등과 같이 관련회사 주주나 채권자의 지위에 영향이 미치지 아니할 때에는 가능하다."

49) 개정 전 상법 제523조 제2호는 "존속하는 회사의 증가할 자본금과 준비금의 총액"이라고 규정하였으므로 무증자합병의 허용 여부에 대하여 논란의 여지가 있었다. 무증자주식교환에 관하여도 제363조의3 제1항 제3호에 "자본금 또는 준비금이 증가하는 경우에는"이라는 문구를 추가하였다.

50) 흡수합병의 경우 존속회사가 소유하는 소멸회사의 주식에 대하여도 합병으로 인하여 발행되는 존속회사의 신주를 배정할 수 있고, 이 경우 존속회사의 자기주식으로서 주주권을 행사할 수 없으니 분할회사의 자기주식에 대한 분할신주배정에서 문제되는 지배구조 왜곡 문제도 없다. 소멸회사의 재산 중에 존속회사의 주식이 포함되어 있는 경우 합병에 의하여 존속회사가 자기주식을 취득할 수 있다(341조의2 제1호). 그리고 소멸회사가 존속회사의 주식을 소유하고 있는 경우 존속회사가 이를 합병대가로 소멸회사의 주주에게 교부하는 것도 가능하다. 상업등기선례도 이를 허용한다(반면에 소멸회사의 자기주식은 경제적으로 미발행주식과 동일하고 귀속주체도 없으므로 합병에 의하여 당연히 소멸한다고 해석하는 것이 통설이다).

[상업등기선례 제1-239호(2003. 1. 29. 공탁법인 3402-27 질의회답)] "흡수합병절차에서 해산회사가 존속회사의 발행주식을 보유하고 있는 경우에 존속회사는 합병에 의하여 이를 승계하게 되는바, 존속회사는 합병의 대가로 합병으로 승계할 위 자기주식을 해산회사 주주에게 지급하는 것을 내용으로 하는 합병계약을 체결하고 그에 대한 합병등기를 신청할 수 있다."

을 하는 경우에 주식회사와 유한회사의 합병으로 인하여 증가할 주식의 수를 0으로, 증가할 자본금을 0원으로 하는 무증자합병도 채권자 보호절차를 거쳐 법원의 인가를 받은 때에는 가능하다.[51]

한편 실질적인 역삼각합병을 위하여 삼각주식교환 후 자회사가 대상회사에 흡수합병되는 경우, 주식교환에 의하여 자회사가 대상회사의 주식을 전부 보유하고 있으므로 대상회사가 소멸회사(자회사)의 주주인 모회사에게 대상회사 주식을 합병대가로 제공하면 대상회사의 자본금이 증가하지 않는 무증자합병이 가능하다.

## 5. 채무초과회사

채무초과회사를 소멸회사로 한 합병은 자본금충실의 원칙에 반하는 면이 있으므로 그 허용 여부에 대하여 논란이 있다. 종전의 등기선례는 유효한 합병이 아니라는 입장이었는데,[52] 새로운 등기선례는 흡수합병으로 소멸하는 회사가 채무초과회사가 아님을 소명하는 서면을 신청서에 첨부할 필요가 없고, 이러한 서면을 첨부하였다 하더라도 등기관은 소멸회사가 채무초과회사인지 여부를 심사할 수 없다고 규정함으로써 채무초과회사를 소멸회사로 하는 흡수합병을 사실상 허용한다.[53][54] 이 경우 자본금충실의 원칙상 소멸회사 주주에게 신주를 배정할 수 없으므로 무증자합병이 될 것이다.

---

[51] 상업등기선례 제200809-2호(2008. 9. 26. 공탁상업등기과-1002 질의회답).

[52] [상업등기선례 제1-237호(2001. 10. 31. 등기 3402-736 질의회답)] "1. 채무초과회사를 해산회사로 하는 합병은 자본충실의 원칙 그리고 합병의 공정성을 유지하여 존속회사의 주주와 채권자를 보호해야 하는 점 및 합병차익을 전제로 한 상법규정(523조 제1호 내지 제3호, 459조 제2항)을 종합하여 보면 인정하기 어렵다"(이에 따라 실무상으로는 이러한 경우 영업권을 계상하는 등의 방법으로 채무초과상태를 해소한 후 합병을 하였다).

[53] [상업등기선례 제201401-1호(2014. 1. 9. 사법등기심의관-174 질의회답)] "채무초과회사를 소멸회사로 하는 흡수합병등기신청의 경우, 흡수합병으로 소멸하는 회사가 채무초과회사가 아님을 소명하는 서면(예컨대 소멸회사의 재무상태표 등)은 신청서에 첨부하여야 하는 서면이 아니며, 이러한 서면을 첨부하였다 하더라도 등기관은 소멸회사가 채무초과회사인지 여부를 심사할 수 없다."

[54] 한편, 새로운 등기선례는 채무초과회사가 소멸회사인 합병이 유효하다는 판단에 근거한 명확한 입장 변경이 아니므로, 여전히 합병의 유효성에 대한 논란은 남아 있는 상태이다. 따라서 합병 등기 후에도 합병무효의 소를 통하여 합병의 유효성이 다투어질 가능성이 있으므로, 새로운 등기선례에도 불구하고 가능하면 채무초과상태를 해소한 후 합병을 진행하는 것이 안전할 것이다. 영업권을 계상하는 방법으로 재무제표상 채무초과상태를 해소하는 경우가 많다.

## Ⅳ. 합병의 절차55)

### 1. 합병계약서의 작성

회사가 합병을 하려면 합병계약서를 작성하여야 하는데,56) 상법은 흡수합병(523조)과 신설합병(524조)의 경우에 각각 합병계약서에 소정의 사항을 기재하도록 규정한다.57)

#### (1) 흡수합병

합병할 회사의 일방이 합병 후 존속하는 경우에는 합병계약서에 다음의 사항을 기재하여야 한다(523조).58)

---

55) 합병계약서를 작성하여 주주총회의 승인을 받기 전에 먼저 합병계약 체결에 관한 이사회의 승인을 받아야 한다. 이 때 합병계약의 일방 당사자가 타방당사자의 주요주주인 경우에는 상법 제398조가 적용되므로 합병거래에 관한 중요사실을 밝히고 재임이사의 3분의 2 이상의 찬성에 의한 승인결의가 요구된다. 합병계약 체결 승인의안과 주요주주와의 거래에 관한 승인의안을 하나의 의안으로 통합하여 결의한 경우에도 제398조의 결의요건을 갖추면 되지만, 두 의안은 결의방식과 결의요건이 다르므로 별개의 의안으로 상정하여 결의하는 것이 바람직하다.

56) 미국 회사법상 합병절차의 개관을 보면, i) 대상회사가 존속회사에 흡수되면서 소멸하고 대상회사의 주식은 존속회사의 주식으로 전환된다는 내용의 합병계약서(merger agreement)를 양회사의 이사회가 채택하고, ii) 양회사의 주주총회에서 이에 대한 승인결의를 하고, iii) 존속회사는 설립준거주의 주무장관에게 합병계약의 내용과 그에 관한 승인결의를 기재한 합병정관(articles of merger) 또는 합병증서(certificate of merger)를 제출함으로써 종료된다. 존속회사는 합병조건에 따라 대상회사의 주주들에게 존속회사 또는 다른 회사의 주식, 기타 증권, 현금, 기타 재산 등을 교부하고, 대상회사의 법인격은 완전히 소멸한다. 현금형 거래와 주식형 거래의 가장 큰 차이점은, 주식형 거래의 경우 대상회사의 주주들은 일반적인 경우 존속회사의 주식을 취득하므로 계속 주주로서의 지위를 유지하나, 현금형 거래의 경우에는 대상회사의 주주들이 현금을 받을 뿐 존속회사의 주주로 되는 것이 아니라는 점에 있다. MBCA는 §11.02에서는 "합병(merger)"에 관하여, §11.03에서는 "주식교환(share exchange)"에 관하여 각각 개괄적으로 규정하고, 승인절차에 관하여는 §11.04에서, 정관에 관하여는 §11.06에서, 효과에 관하여는 §11.07에서, 포기에 관하여는 §11.08에서 합병과 주식교환에 관하여 함께 규정한다.

57) 합병계약서의 기재사항에 대하여, 합명회사·합자회사·유한책임회사인 경우에는 아무런 제한이 없으나, 주식회사·유한회사인 경우에는 법정기재사항이 있다.

58) 미국에서도 합병당사회사의 각각의 이사회는 합병계획서(plan of merger)를 승인하는 결의를 하여야 하는데, 합병의 공정성을 확보하기 위하여 대부분의 제정법은 합병계획서(합병계약서)의 기재사항을 엄격하게 규정한다. MBCA §11.02(c)에 의한 합병계획서의 필요적 기재사항은, i) 합병당사회사 및 존속회사의 상호, ii) 합병조건(terms and conditions of merger), iii) 각 합병당사회사의 주식을 존속회사 또는 합병당사회사가 아닌 회사의 주식 기타 증권으로 교환하거나 또는 현금 혹은 그 밖의 재산으로 교환하는 방법과 기준, iv) 신설회사 또는 존속회사의 기본정관 등이다. DGCL §251(b)가 규정하는 합병계약서(agreement of merger)의 필요적

1. 존속하는 회사가 합병으로 인하여 그 발행할 주식의 총수를 증가하는 때에는 그 증가할 주식의 총수, 종류와 수
2. 존속하는 회사의 자본금 또는 준비금이 증가하는 때에는 증가할 자본금 또는 준비금에 관한 사항
3. 존속하는 회사가 합병을 하면서 신주를 발행하거나 자기주식을 이전하는 경우에는 발행하는 신주 또는 이전하는 자기주식의 총수, 종류와 수 및 합병으로 인하여 소멸하는 회사의 주주에 대한 신주의 배정 또는 자기주식의 이전에 관한 사항
4. 존속하는 회사가 합병으로 소멸하는 회사의 주주에게 그 대가의 전부 또는 일부로서 금전이나 그 밖의 재산을 제공하는 경우에는 그 내용 및 배정에 관한 사항
5. 각 회사에서 합병의 승인결의를 할 사원 또는 주주의 총회의 기일
6. 합병을 할 날
7. 존속하는 회사가 합병으로 인하여 정관을 변경하기로 정한 때에는 그 규정
8. 각 회사가 합병으로 이익배당을 할 때에는 그 한도액
9. 합병으로 인하여 존속하는 회사에 취임할 이사와 감사 또는 감사위원회의 위원을 정한 때에는 그 성명 및 주민등록번호

제1호는 존속회사가 소멸회사의 주주에게 합병신주를 배정하려면 정관상 수권주식수(발행할 주식의 총수)를 초과하게 되는 경우에 관한 사항이므로, 수권주식수의 증가가 필요하지 않은 경우에는 기재하지 않아도 된다. 이러한 의미에서는 상대적 기재사항이라 할 수 있다.

제2호의 존속회사의 증가할 자본액(즉, 소멸회사의 주주들에게 배정·교부할 합병신주의 액면총액)은 자본금충실을 도모하기 위하여 소멸회사의 순자산가액 범위 내로 제한되어야 한다.[59] 만일 소멸회사의 자산변동으로 인하여 합병등기일의 순자산이 합병계약일의 순자산보다 감소하여 존속회사의 자본금증가액을 하회하는 경우에는 영업권의 계상으로 처리할 수밖에 없을 것이다. 다만, 상장회사의 경우에는 이에 대한 예외가 인정된다. 그리고 존속회사가 합병대가로 무액면주식을 발행한 경우에는 증가하는 자본금을 정하는 것이 용이하지 않다. 즉, 회사가 무액면주식을 발행

---

기재사항은, i) 합병조건, ii) 합병조건을 실행하는 방법, iii) 흡수합병으로 인하여 존속회사의 기본정관이 변경되는 경우 그러한 사항, 또는 존속회사의 기본정관이 변경되지 않는다면 그러한 사항, iv) 각 합병당사회사의 주식을 존속회사, 신설회사, 또는 합병당사회사의 주식, 현금, 재산, 권리 및 증권으로 교환하는 방법 등이다.

59) [대법원 2008. 1. 10. 선고 2007다64136 판결] "상법 제523조 제2호가 흡수합병계약서의 절대적 기재사항으로 '존속하는 회사의 증가할 자본'을 규정한 것은 원칙적으로 자본충실을 도모하기 위하여 존속회사의 증가할 자본액(즉, 소멸회사의 주주들에게 배정·교부할 합병신주의 액면총액)이 소멸회사의 순자산가액 범위 내로 제한되어야 한다는 취지이다."

하는 경우, i) 회사의 자본금은 주식 발행가액의 2분의 1 이상의 금액으로서 이사회
에서 자본금으로 계상하기로 한 금액의 총액으로 한다는 제451조 제2항을 적용할
것인지, ii) 적용한다면 무엇을 발행가액으로 볼 것인지, iii) 소멸회사의 순자산을
한도로 합병계약서에서 정한 금액으로 보아야 할 것인지, iv) 합병대가의 일부를 금
전 등 재산으로 교부한 경우에는 무엇을 발행가액으로 보아야 할 것인지 등에 관하
여 상법상 명문의 규정도 없고, 학설상으로도 정립된 견해가 없으므로 향후 논란이
많을 것으로 예상된다.

　　제3호의 신주발행 또는 자기주식 교부시 소멸회사의 주주들에게는 주주평등원
칙에 따라 각 주주가 가진 소멸회사 주식 1주에 대하여 비율적으로 정해진 수의 존
속회사 주식을 배정하거나 교부하여야 한다.[60]

　　소멸회사의 자기주식(주식매수청구권의 행사에 의하여 취득한 자기주식 포함)에 대하
여는 합병신주를 배정할 수 없다는 것이 일반적인 해석이다.[61] 합병에 의하여 소
멸회사의 모든 권리의무가 포괄적으로 존속회사에 귀속하는데, 존속회사가 발행하
는 주식을 존속회사에게 배정할 수 없기 때문이다. 다만, 소멸회사의 자기주식에
대하여도 합병신주를 배정하고 이를 합병의 효과로서 포괄승계하는 것도 가능하다
는 견해도 있다.[62]

　　존속회사가 소유하는 소멸회사의 주식에 대하여는, 합병으로 인하여 발행되는
존속회사의 신주를 배정할 수 있다는 견해(반드시 합병신주를 배정해야 한다는 것이 아
니고 배정 여부를 합병 당사회사가 자유롭게 정할 수 있다는 취지)와,[63] 합병신주를 배정할
수 없다는 견해가 있다.[64] 실무상으로는 존속회사가 소유하는 소멸회사의 주식에
대하여 합병신주를 배정하는 경우도 있고, 배정하지 않는 경우도 있다. 판례는 "존
속회사가 보유하던 소멸회사의 주식에 대하여 반드시 신주를 배정하여야 한다고
볼 수도 없다."라고 판시함으로써 합병신주의 배정 여부를 당사자의 의사에 맡기는

---

60) 이를 합병비율이라고 하며, 현저히 불공정한 합병비율은 합병무효의 원인이 된다.
61) 김건식 외 2, 773면; 송옥렬, 1233면; 이철송, 1080면.
62) 박선희, "자기주식과 기업구조조정", BFL 87호, 서울대학교 금융법센터(2018), 59면(독일 기
　　업재편법이나 일본 회사법은 소멸회사의 자기주식에 대한 합병신주의 배정을 금지하는 규정을
　　두고 있는데, 상법은 그러한 규정이 없고, 나아가 제341조의2 제1호는 "합병 또는 다른 회사의
　　영업전부의 양수로 인한 때"를 자기주식 취득의 예외사유로 규정하는 점을 근거로 든다).
63) 송옥렬, 1194면(존속회사의 자산이 합병으로 다른 종류의 자산으로 변한 것으로 본다); 이
　　철송, 1068면(상법 제341조의2 제1호에 의하여 허용된다고 설명한다).
64) 김건식 외 2, 773면.

입장이다.65) 판례에 따라 존속회사가 소유하는 소멸회사의 주식에 대하여도 합병 신주를 배정할 수 있다고 보더라도, 존속회사가 합병대가로 자기주식을 이전하는 것도 가능한데 존속회사가 소유하는 자기주식을 다시 자기에게 이전하는 것은 무의미하므로 이 경우에도 합병신주를 배정하는 것은 바람직하지 않다. 존속회사가 소유하는 소멸회사의 주식에 대하여 존속회사의 신주를 배정하지 아니하는 때에는 소멸회사로부터 승계하는 순자산액과 합병에 의한 자본증가액의 차액이 자본거래에서 발생한 잉여금으로서 자본준비금으로 적립된다(459조①, 슈 18조). 이러한 내용은 합병계약서에 기재하여야 할 것이다.

소멸회사의 재산 중에 존속회사의 주식이 포함되어 있거나 영업양도의 경우 양도목적인 영업재산 중에 양수회사의 주식이 포함되어 있으면 존속회사 또는 양수회사가 자기주식을 취득하게 된다. 합병 또는 영업 전부를 양수하는 경우의 자기주식 취득은 합병 등에 부수하는 현상에 불과하고, 자기주식을 제외시킨다면 합병 등의 경제적인 수요를 충족시킬 수 없기 때문에 취득을 허용하는 것이다. 이 경우에는 자기주식 취득한도나 취득방법에 관한 상법 제341조가 적용되지 않는다. 그리고 소멸회사가 소유하는 존속회사의 주식도 합병대가로 활용할 수 있다는 것이 일반적인 해석이다.

제4호는 현금 기타 재산으로 합병대가를 지급하는 것을 허용하기 위한 것이다.66)

제5호의 합병승인결의를 할 사원총회 또는 주주총회의 기일은 각 합병당사회사마다 달라도 된다. 합병계약서에 제5호의 기일은 반드시 확정일일 필요는 없고 기간만 특정되면 된다. 그리고 제5호의 기일이 기재되지 않은 경우에도 합병무효의 원인이 되지 않고 합리적인 시기에 총회를 개최하면 하자가 치유된다.67)

제6호의 합병을 할 날은 각 당사회사가 실질적으로 합쳐지는 날로서 당사회사 간에 합의된 날이다. 합병대가를 배정하기 위한 기준일은 통상 합병을 할 날(합병기일)로 정하지만, 합병승인결의일로부터 합병등기일까지의 기간 중 일정한 날을 정해도 된다. 합병의 효력은 합병의 등기를 한 때에 발생한다(530조②, 234조).

---

65) 대법원 2004. 12. 9. 선고 2003다69355 판결.
66) 종래의 상법은 제4호에서 "존속하는 회사가 합병으로 인하여 소멸하는 회사의 주주에게 지급할 금액을 정한 때에는 그 규정"이라고 규정함으로써 합병에 있어서 소멸회사의 주주에게 존속회사의 주식 이외에 현금 기타 재산으로 그 대가를 지급하는 것을 허용하지 않았다.
67) 권기범(기), 194면.

제7호는 합병계약에 따라 존속회사 정관이 변경되어야 하는 경우에도 별도의 정관변경 결의를 거치지 않고 합병승인 결의에 의하여 정관을 변경하기 위한 것이다. 상법상 합병승인과 정관변경은 그 결의요건이 동일하기 때문에 굳이 별도의 결의를 거칠 필요가 없기 때문이다. 단, 소규모합병의 경우에는 주주총회의 합병승인결의가 이사회 결의로 대체되므로, 제7호와 같이 존속회사의 정관변경을 합병계약서에 기재하여 처리할 수 없고, 정관변경을 위한 주주총회 결의가 반드시 필요하다.

제8호가 이익배당한도액을 합병계약서의 절대적 기재사항으로 규정하는 것은, 합병계약서 작성 후 합병등기일 전에 이익배당이 이루어지는 경우에는 주주들이 합병계약서의 이익배당의 한도액에 따라 합병비율의 적정성을 판단하여 합병의 승인 여부를 결정할 수 있도록 하기 위한 것이다.[68] 소규모합병의 경우에는 존속회사가 특히 이사회 결의만으로 이익배당을 할 수 있는 때(462조② 단서)에만 가능하다. 제7호와 같이 존속회사의 정관변경을 합병계약서에 기재하여 처리할 수 없다. 주주총회의 합병승인결의가 이사회 결의로 대체되기 때문이다.

제9호에서 존속회사에 취임할 이사·감사·감사위원회위원의 성명·주민등록번호를 규정하는 것은, 원래 소멸회사의 임원의 지위는 합병과 더불어 존속회사에 승계되지 않고 소멸하는데, 이들의 지위가 존속회사에 승계되도록 하기 위한 것이다. 이 경우 존속회사의 보고총회에서 처리하면 되지만, 흡수합병에서는 보고총회를 이사회의 합병보고공고로 대체할 수 있기 때문에 2001년 상법개정시 이를 합병계약서에 기재하여 주주총회의 합병승인결의에 의하여 처리할 수 있도록 한 것이다.

## (2) 신설합병

합병으로 인하여 회사를 설립하는 경우에는 합병계약서에 다음의 사항을 적어야 한다(524조).

1. 신설회사에 대하여 제289조 제1항 제1호부터 제4호까지에 규정된 사항과 종류주식을 발행할 때에는 그 종류, 수와 본점소재지

---

68) 따라서 "합병으로 이익배당을 할 때"는 합병비율 산정 기준일 후 합병등기일 전까지의 일정한 날을 기준일로 정하여 당사회사의 전부 또는 일부가 이익배당을 할 때를 의미한다. 한도액은 이익배당 총액 또는 1주당 이익배당액을 기재하면 된다. 제8호는 소멸회사의 결산기가 합병승인결의 후 합병기일 전에 도래하고 합병등기일 전에 결산이 가능한 경우에 적용된다. 결산기가 합병기일 후에 도래하는 경우에도 이론상으로는 합병등기일 전에 주주총회를 개최함으로써 이익배당을 할 수 있지만, 실제로는 이사회 결의에 의하여 이익배당을 할 수 있는 경우가 아니면 합병기일과 합병등기일 사이에 주주총회를 개최할 시간적 여유가 없을 것이다.

2. 신설회사가 합병당시에 발행하는 주식의 총수와 종류, 수 및 각 회사의 주주에 대한 주식의 배정에 관한 사항

3. 신설회사의 자본금과 준비금의 총액

4. 각 회사의 주주에게 제2호에도 불구하고 금전이나 그 밖의 재산을 제공하는 경우에는 그 내용 및 배정에 관한 사항[69]

5. 각 회사에서 합병의 승인결의를 할 사원 또는 주주의 총회의 기일

6. 합병을 할 날

7. 신설회사의 이사와 감사 또는 감사위원회의 위원을 정한 때에는 그 성명 및 주민등록번호

## 2. 합병 관련 공시

### (1) 상법상 공시

이사는 합병승인을 위한 주주총회 회일의 2주 전부터 합병을 한 날 이후 6개월이 경과하는 날까지 다음과 같은 서류를 본점에 비치하여야 한다(522조의2①).

1. 합병계약서

2. 합병을 위하여 신주를 발행하거나 자기주식을 이전하는 경우에는 합병으로 인하여 소멸하는 회사의 주주에 대한 신주의 배정 또는 자기주식의 이전에 관하여 그 이유를 기재한 서면

3. 각 회사의 최종의 대차대조표와 손익계산서

주주 및 회사채권자는 영업시간 내에는 언제든지 위 서류의 열람을 청구하거나, 회사가 정한 비용을 지급하고 그 등본 또는 초본의 교부를 청구할 수 있다(522조의2②).

---

69) 흡수합병의 경우에는 존속하는 회사가 합병으로 소멸하는 회사의 주주에게 "그 대가의 전부" 또는 일부로서 금전이나 그 밖의 재산을 제공할 수 있으나(523조 제4호), 신설합병의 경우에는 이러한 "그 대가의 전부"라는 규정이 없으므로 교부금합병이 허용되지 않는다. 이는 물론 신설회사의 주주가 없게 되는 결과를 막기 위한 것이다. 한편 어느 한 회사의 주주에게만 합병대가의 전부를 교부금으로 지급하는 경우에는 신설회사의 주주가 존재하게 되고 주주평등 문제도 없기 때문에 신설합병이 허용된다(同旨: 최문희, "2015년 개정상법상 회사분할 제도의 법적 쟁점", 한국상사법학회 2016년 하계학술대회, 발표자료, 31면). 다만, "각 회사의 주주에게"라고 규정한 제524조 제4호의 법문에 비추어 논란의 여지는 있다.

## (2) 자본시장법상 공시

### 1) 거래소 수시공시

유가증권시장 주권상장법인은 합병결정(이사회의 결의 또는 대표이사 그 밖에 사실상의 권한이 있는 임원·주요주주 등의 결정을 말하며, 이 경우 이사회의 결의는 상법 제393조의2에 따른 이사회내 위원회의 결의를 포함한다) 내용을 그 사유 발생일 당일에 거래소에 신고하여야 한다(유가증권시장 공시규정 7조①).[70]

### 2) 주요사항보고서 제출

사업보고서 제출대상법인은 합병 사실이 발생한 경우에는 그 사실이 발생한 날부터 3일 이내에 그 내용을 기재한 주요사항보고서를 금융위원회에 제출하여야 한다(資法 161조①6).[71] 그리고 상장회사가 합병 등의 사유로 주요사항보고서를 제출한 이후 합병 등을 사실상 종료한 때에는 지체 없이 이와 관련한 사항을 기재한 서면을 금융위에 제출하여야 한다. 다만, 증권발행실적보고서를 제출하는 경우에는 이러한 제출의무가 없다. "합병 등을 사실상 종료한 때"는 다음과 같은 때이다(증권발행공시규정 제5-15조).

1. 합병 등기를 한 때
2. 등기 등 사실상 영업양수·양도를 종료한 때
3. 관련 자산의 등기 등 사실상 자산양수·양도를 종료한 때
4. 분할·분할합병 등기를 한 때
5. 주식교환을 한 날 또는 주식이전에 따른 등기를 한 때

### 3) 증권신고서

(가) 증권신고서 제출 요건　　　증권의 모집·매출에 있어서,[72] 증권의 모집가

---

70) 거래소의 증권시장 공시규정에는 유가증권시장 공시규정, 코스닥시장 공시규정 및 코넥스시장 공시규정이 있는데, 유가증권시장 공시규정과 코스닥시장 공시규정은 그 내용이 유사하고, 코넥스시장은 중소기업을 위한 특수시장으로 공시의무가 완화되어 있다. 이하에서는 유가증권시장 공시규정을 기초로 설명하고, 유가증권시장 공시규정을 "공시규정"으로 약칭한다.

71) 구 증권거래법은 합병에 대한 신고제를 채택하였으나, 자본시장법은 이러한 신고제를 폐지하고, 그 대신 주요사항보고서를 제출하도록 한다. 분할·분할합병, 주식교환·주식이전의 경우도 마찬가지이다.

72) 모집은 "대통령령으로 정하는 방법에 따라 산출한 50인 이상의 투자자에게 새로 발행되는 증권의 취득의 청약을 권유하는 것"을 말하고(資法 9조⑦), 매출은 "대통령령으로 정하는 방법에 따라 산출한 50인 이상의 투자자에게 이미 발행된 증권의 매도의 청약을 하거나 매수의 청약을 권유하는 것"을 말한다(資法 9조⑨).

액·매출가액 각각의 총액이 10억원73) 이상인 경우, 발행인이 그 모집·매출에 관한 신고서를 금융위원회에 제출하여 수리되어야만 그 증권의 모집·매출을 할 수 있다(資法 119조①, 資令 120조①). 즉, 증권신고서가 수리된 후 효력발생기간이 경과되지 않은 경우에는 모집·매출행위만 가능하고, 그 증권을 취득하게 하거나 매도할 수 없다. 그리고 금융위원회는 i) 증권신고서의 형식을 제대로 갖추지 아니한 경우, 또는 ii) 그 증권신고서 중 중요사항에 관하여 거짓의 기재 또는 표시가 있거나 중요사항이 기재 또는 표시되지 아니한 경우와 중요사항의 기재나 표시내용이 불분명하여 투자자의 합리적인 투자판단을 저해하거나 투자자에게 중대한 오해를 일으킬 수 있는 경우에는 그 증권신고서에 기재된 증권의 취득 또는 매수의 청약일 전일까지 그 이유를 제시하고 그 증권신고서의 기재내용을 정정한 신고서("정정신고서")의 제출을 요구할 수 있다(資法 122조①). 정정신고서가 제출된 경우에는 그 정정신고서가 수리된 날에 그 증권신고서가 수리된 것으로 본다(資法 122조⑤).

증권의 모집·매출에 관하여 청약의 권유를 받는 자의 수가 50인 미만으로서 증권의 모집에 해당되지 아니할 경우에도 해당 증권이 발행일부터 1년 이내에 50인 이상의 자에게 양도될 수 있는 경우로서 증권의 종류 및 취득자의 성격 등을 고려하여 금융위원회가 정하여 고시하는 전매기준에 해당하는 경우에는 모집으로 본다(資令 11조②). 즉, 지분증권(지분증권과 관련된 증권예탁증권을 포함)의 경우에는 같은 종류의 증권이 모집·매출된 실적이 있거나 증권시장에 상장된 경우, 증권을 신규로 발행하는 경우 단 1인에게 발행하더라도 명시적인 전매제한조치를 취하지 않는 한 모집으로 간주된다.

증권신고의 효력이 발생하지 아니한 증권의 취득 또는 매수의 청약이 있는 경우에 그 증권의 발행인·매출인과 그 대리인은 그 청약의 승낙을 하지 못한다(資法 121조①).

(나) 합병과 증권신고서　　존속회사나 신설회사가 합병대가로 신주발행 또는

---

73) [資令 120조 제1항]
　　1. 모집 또는 매출하려는 증권의 모집가액 또는 매출가액과 해당 모집일 또는 매출일부터 과거 1년간에 이루어진 같은 종류의 증권의 모집 또는 매출로서 그 신고서를 제출하지 아니한 모집가액 또는 매출가액1) 각각의 합계액이 10억원 이상인 경우
　　2. 청약의 권유를 하는 날 이전 6개월 이내에 해당 증권과 같은 종류의 증권에 대하여 모집이나 매출에 의하지 아니하고 청약의 권유를 받은 자를 합산하면 50인 이상이 되어 공모에 해당하는 경우에는 그 합산의 대상이 되는 모든 청약의 권유 각각의 합계액이 10억원 이상인 경우

자기주식교부를 하는 경우 자본시장법상 증권의 모집·매출에 해당하고 그 가액이 10억원 이상이면 금융위원회에 증권신고서를 제출하여야 한다(資令 제120조①).[74] 증권발행공시규정은 합병으로 인하여 증권을 모집·매출하는 경우의 증권신고서 기재사항과 첨부서류에 관하여 규정한다.[75]

---

[74] 공모가액이 10억원 이하인 소액공모인 경우에는 증권발행공시규정 제2-17조 소정의 서류를 금융위원회에 제출하여야 한다.

[75] [증권발행공시규정 제2-9조(합병의 증권신고서의 기재사항 및 첨부서류)]
　① 제2-6조에도 불구하고 합병으로 인하여 증권을 모집 또는 매출하는 경우에는 영 제129조에 따라 증권신고서에 다음 각 호의 사항을 기재하여야 한다.
　　1. 법 제119조 제5항에 따른 대표이사 및 이사의 영 제124조 각 호의 사항에 대한 서명
　　2. 합병의 개요
　　　가. 합병에 관한 일반사항
　　　나. 합병가액 및 산출근거(외부평가가 의무화된 경우 외부평가기관의 합병비율의 적정성에 대한 평가의견을 포함한다)
　　　다. 합병의 요령
　　　라. 모집 또는 매출되는 증권의 주요 권리내용
　　　마. 모집 또는 매출되는 증권의 취득에 따른 투자위험요소
　　　바. 출자·채무보증 등 당사회사간의 이해관계에 관한 사항
　　　사. 주식매수청구권에 관한 사항
　　　아. 그 밖에 투자자 보호를 위하여 필요한 사항
　　3. 당사회사에 관한 사항(신설합병의 경우에는 소멸회사를 말한다)
　　　가. 회사의 개요
　　　나. 사업의 내용
　　　다. 재무에 관한 사항
　　　라. 회계감사인의 감사의견
　　　마. 이사회 등 회사의 기관 및 계열회사에 관한 사항
　　　바. 주주에 관한 사항
　　　사. 임원 및 직원 등에 관한 사항
　　　아. 그 밖에 투자자 보호를 위하여 필요한 사항
　② 제1항의 신고서에는 다음 각 호의 서류를 첨부하여야 한다.
　　1. 합병당사회사 및 신설합명회사의 정관 또는 이에 준하는 것으로서 조직운영 및 투자자의 권리의무를 정한 것
　　2. 합병당사회사의 합병 주주총회 소집을 위한 이사회의 의사록 사본 또는 그 밖에 이에 준하는 서류
　　3. 합병당사회사의 법인 등기부 등본
　　4. 합병에 관하여 행정관청의 허가·인가 또는 승인 등을 필요로 하는 경우에는 그 허가·인가 또는 승인 등이 있었음을 증명하는 서류
　　5. 합병계약서 및 계획서 사본
　　6. 합병당사회사의 최근 3사업연도 재무제표에 대한 회계감사인의 감사보고서(합병당사회사가 주권상장법인인 경우로서 최근 사업연도에 대한 회계감사인의 감사가 종료되지 않은 경우에는 그 직전 2사업연도에 대한 회계감사인의 감사보고서를 말한다). 다만, 다음 각 목의 어느 하나에서 정하는 요건에 해당하는 경우에는 같은 목에서 정하는 서류로 제출할 수 있다.

금융감독원의 실무상 합병승인을 위한 주주총회 소집통지를 청약의 권유로 보고, 주주총회일을 청약일(동시에 승낙일)로 본다. 따라서 정정신고서는 주주총회 전일까지만 제출할 수 있는데, 자본시장법상 정정신고서가 제출되면 그 정정신고서가 수리된 날 증권신고서가 수리된 것으로 본다(資法 122조⑤). 이에 따라 정정신고서 제출에 의하여 증권신고의 효력발생기간이 다시 진행되므로 주주총회 일정을 변경해야 하는 실무상의 문제점이 있다.

한편, 증권신고의 효력이 발생하기 전에도 청약은 가능하고 단지 발행인이 그 청약의 승낙을 하지 못한다는 자본시장법 규정상으로는 증권신고의 효력이 발생하기 전에도 주주총회 소집통지를 할 수 있다는 해석이 가능하다. 그러나 정정신고서가 제출되는 경우에는 그 정정신고서가 수리된 날에 그 증권신고서가 수리된 것으로 보므로 효력발생기간이 다시 진행되는 등의 문제가 있어서, 금융감독원의 실무상으로는 증권신고의 효력이 발생한 후에 주주총회 소집통지를 하도록 제도를 엄격하게 운영하고 있다.76)77)

---

가. 외감법 제2조에 따른 외부감사 대상법인 또는 법 제159조에 따른 사업보고서 제출대상법인(이하 이 장에서 "외부감사의무법인"이라 한다)으로서 설립 후 3사업연도가 경과하지 아니한 경우에는 경과한 사업연도에 대한 감사보고서

나. 외부감사의무법인이 아닌 법인으로서 영 제176조의5 제3항 제2호의 규정을 적용받는 경우에는 동 규정에 따른 감사의견을 증명할 수 있는 감사보고서 등의 서류

다. 외부감사의무법인이 아닌 법인으로서 영 제176조의5 제3항 제2호의 규정을 적용받지 아니하는 경우에는 회사 제시 최근 3사업연도 재무제표

7. 합병당사회사의 최근 3사업연도 회계감사인의 연결감사보고서(최근 사업연도에 대한 회계감사인의 감사가 종료되지 않은 경우에는 그 직전 2사업연도, 설립 후 3사업연도가 경과하지 아니한 경우에는 경과한 사업연도에 대한 감사보고서를 말한다)

8. 합병당사회사의 반기재무제표에 대한 회계감사인의 반기감사보고서 또는 반기검토보고서(자본시장법 제160조에 따른 반기보고서 제출대상법인에 해당하지 않는 경우에는 회사 제시 반기재무제표로 한다)

9. 합병당사회사의 분기재무제표에 대한 회계감사인의 분기감사보고서 또는 분기검토보고서(자본시장법 제160조에 따른 분기보고서 제출대상법인으로서 영 제170조 제1항 제2호 단서의 규정을 적용받지 않는 경우에는 회사 제시 분기재무제표로 한다)

10. 합병당사회사 중 주권비상장법인의 경우에는 주주명부

11. 제1항 제2호 나목에 따른 외부평가기관의 평가의견서

12. 예비투자설명서를 사용하려는 경우에는 예비투자설명서

13. 간이투자설명서를 사용하려는 경우에는 간이투자설명서

③ 상법 제527조의3에 따른 소규모합병으로서 피합병회사가 주권상장법인이 아닌 경우와 집합투자기구간 합병하는 경우에 신고서를 제출하는 자는 제1항 및 제2항에도 불구하고 감독원장이 정하는 바에 따라 기재사항 및 첨부서류 등의 일부를 생략한 신고서를 제출할 수 있다.

76) 이 점은 분할·분할합병, 주식교환·주식이전의 경우에도 마찬가지이다.

### (3) 공정거래법상 기업결합신고

「독점규제 및 공정거래에 관한 법률」에 의하면 자산총액 또는 매출액의 규모가 대통령령이 정하는 기준에 해당하는 회사(기업결합신고대상회사) 또는 그 특수관계인이 자산총액 또는 매출액의 규모가 대통령령이 정하는 기준에 해당하는 다른 회사(상대회사)와 합병을 하거나, 기업결합신고대상회사 외의 회사로서 상대회사의 규모에 해당하는 회사 또는 그 특수관계인이 기업결합신고대상회사에 대하여 합병을 하는 경우에는 기업결합일(합병등기일)로부터 30일 이내에 이를 공정거래위원회에 신고하여야 한다(同法 12조①). 합병당사회사 중 하나 이상의 회사가 대규모회사인 경우에는 합병계약을 체결한 날 등 대통령령이 정하는 날부터 기업결합일(합병등기일) 전까지의 기간 내에 이를 신고하여야 한다(同法 12조⑥). 이러한 신고 후 30일이 경과할 때까지 합병등기를 할 수 없고(同法 12조⑦), 이에 위반한 합병에 대하여는 공정거래위원회가 합병무효의 소를 제기할 수 있다(同法 16조②).

## 3. 합병승인결의와 주식매수청구권

### (1) 합병승인결의

#### 1) 승인절차와 요건

회사가 합병을 하려면 합병계약서를 작성하여 주주총회의 승인을 받아야 한다(522조①). 합병계약의 요령은 주주총회의 소집통지에 기재하여야 한다(522조②). 주주총회에서의 합병승인결의는 특별결의에 의하여야 한다(522조③).[78]

---

77) 의무정정사유 중 최근 사업연도의 재무제표 또는 반기보고서, 분기보고서가 확정된 때(資令 130조②3가)와 관련하여 연 4회의 확정시기를 피하기 쉽지 않은 문제가 있고, 특히 발행인의 경영이나 재산 등에 중대한 영향을 미치는 소송의 당사자가 된 때(資令 130조②3나)와 관련하여 승소가능성 없는 각종 본안소송이나 가처분신청이 제기된 경우가 문제인데, 이 경우에는 금융감독원이 "중대한 영향"을 엄격히 해석함으로써 불합리한 제소의 반복을 방지할 필요가 있다.

78) 합병의 승인을 위하여, 합명회사·합자회사·유한책임회사에서는 총사원의 동의가 요구되고(230조, 269조, 287조의41), 주식회사에서는 출석한 주주의 의결권의 3분의 2 이상의 수와 발행주식총수의 3분의 1 이상의 수로써 하는 특별결의(522조③, 434조)에 의하고, 유한회사에서는 총사원의 반수 이상이며 총사원의 의결권의 4분의 3 이상을 가지는 자의 동의에 의한 사원총회의 결의가 요구된다(585조①). 합병 후 존속하는 회사 또는 합병으로 인하여 설립되는 회사가 주식회사인 경우에 합병할 회사의 일방 또는 쌍방이 합명회사 또는 합자회사인 때에는 총사원의 동의를 얻어 합병계약서를 작성하여야 한다(525조①).

정기주주총회에서 합병승인결의를 하는 경우 기준일 이후에 소집된 이사회가 합병을 정기주주총회 안건으로 결정하게 되는데, 기준일 이후에 주식을 취득한 자는 정기주주총회에서 의결권을 행사할 수 없다는 문제점이 있다.

임시주주총회에서 합병승인결의를 하는 경우에는 합병에 관한 이사회 결의 후 주요사항보고서에 의한 공시를 함과 동시에 주주명부폐쇄기간 및 기준일을 정한 때에는 그 기간 또는 날의 2주간 전에 이를 공고하여야 한다. 그러나 정관으로 그 기간 또는 날을 지정한 때에는 공고를 하지 않아도 된다(354조④). 실제로는 많은 회사가 정관에서 정기주주총회에 관한 주주명부폐쇄기간과 기준일을 지정하므로, 정기주주총회에서 합병을 결의하는 경우에는 이러한 공고를 할 필요가 없다.

### 2) 의결권배제주주의 의결권

의결권 없는 주식(344조의3①)의 주주는 합병승인결의를 위한 주주총회에서도 의결권을 행사할 수 없다. 물론 회사는 정관에서 "의결권부활의 조건"을 정할 수 있고(344조의3①), 의결권부활의 조건은 모든 결의사항에 대하여 정할 수도 있고, 일부 결의사항에 대하여서만 정할 수도 있다. 따라서 정관에서 우선적 배당 미지급시 의결권이 부활된다고 정한 경우(모든 결의사항에 대하여 정한 경우)에는 그러한 사유 발생시, 합병의 경우에는 의결권이 있다고 정한 경우(일부 결의사항에 대하여서만 정한 경우)에는 항상 합병승인을 위한 주주총회에서 의결권을 행사할 수 있다.

상법은 분할·분할합병승인결의를 위한 주주총회에서는 의결권이 배제되는 주주도 의결권이 있다고 규정하나(530조의3③), 입법의 타당성은 의문이다.

### 3) 종류주주총회

회사가 종류주식을 발행한 경우에 합병으로 인하여 어느 종류주식의 주주에게 손해를 미치게 될 경우에도 종류주주총회 결의가 필요하다(436조). 합병계약의 일방당사자가 상대방당사자의 주식을 소유하는 경우 의결권이 제한되지 않는다. 통설인 개인법설에 의하면 이러한 경우의 합병당사회사는 특별이해관계인이 아니기 때문이다. 다만, 종류주식을 발행한 회사가 정관을 변경함으로써 종류주식의 주주에게 손해를 미치게 될 때 그 종류주주총회의 결의가 요구되는데(435조①), 합병비율이 공정하다면 손해를 미쳤다고 보기 쉽지 않을 것이다.

### (2) 주식매수청구권

합병승인을 위한 주주총회 결의사항에 관하여 이사회 결의가 있는 때에 그 결의에 반대하는 주주(의결권이 없거나 제한되는 주주도 포함)는 주주총회 전에 회사에 대하여 서면으로 그 결의에 반대하는 의사를 통지한 경우에는 그 총회의 결의일부터 20일 이내에 주식의 종류와 수를 기재한 서면으로 회사에 대하여 자기가 소유하고 있는 주식의 매수를 청구할 수 있다(522조의3①).79)

간이합병의 공고·통지를 한 날부터 2주 내에 회사에 대하여 서면으로 합병에 반대하는 의사를 통지한 주주는 그 기간이 경과한 날부터 20일 이내에 주식의 종류와 수를 기재한 서면으로 회사에 대하여 자기가 소유하고 있는 주식의 매수를 청구할 수 있다(522조의3②).80)

상법은 소규모합병의 경우에는 존속회사의 합병 전후의 상태에 큰 변화가 없으므로 주주에게 주식매수청구권을 인정하지 않는다.81)

합병 또는 영업양도 등에 반대하는 주주가 회사에 대하여 비상장 주식의 매수를 청구하는 경우, 그 주식에 관하여 객관적 교환가치가 적정하게 반영된 정상적인 거래의 실례가 있으면 그 거래가격을 시가로 보아 주식의 매수가액을 정하여야 하나, 그러한 거래사례가 없으면 비상장주식의 평가에 관하여 보편적으로 인정되는 시장가치방식·순자산가치방식·수익가치방식 등 여러 가지 평가방법을 활용하되, 비상장주식의 평가방법을 규정한 관련 법규들은 그 제정 목적에 따라 서로 상이한 기준을 적용하고 있으므로, 어느 한 가지 평가방법(예컨대, 자본시장법 시행령 제176조의5 또는 상속세 및 증여세법 시행령 제54조의 평가방법)이 항상 적용되어야 한다고 단정할 수 없고, 당해 회사의 상황이나 업종의 특성 등을 종합적으로 고려하여 공정한 가액을 산정하여야 한다.82)

---

79) 반대주주의 주식매수청구권에 대하여는 [제4장 제2절 Ⅱ. 주주총회의 소집과 결의] 부분에서 상술한다.

80) 원래 합병에 대한 주주총회의 승인결의가 요건이 아닐 때에는 주주에게 주식매수청구권이 인정되지 않는 것이 원칙이다. 그러나 미국에서도 간이합병의 경우에는 합병조건에 있어서 자회사의 소수주주가 심각한 불이익을 받을 가능성이 있기 때문에 MBCA와 같이 자회사의 소수주주에게는 주식매수청구권을 인정하는 입법례도 많다[MBCA §13.02(a)(1)(ii)]. 그러나 간이합병에서 모회사의 주주에게는 주식매수청구권이 인정되지 않고 인정할 이유도 없다. 기왕의 90% 이상의 주식을 소유하던 자회사를 합병한다고 하여 모회사 주주의 이해관계에 별다른 영향이 없기 때문이다.

81) 일본 회사법은 소규모합병의 경우에도 반대주주의 주식매수청구권을 인정한다(日会 797조②2).

82) [대법원 2006. 11. 23.자 2005마958, 959, 960, 961, 962, 963, 964, 965, 966 결정]【주식매수가격결정신청·매수가격결정신청·반대주주에 대한 주식매수가액결정신청·대우전자주식매수가격결정신청】"[1] 회사의 합병 또는 영업양도 등에 반대하는 주주가 회사에 대하여 비상장주식의 매수를 청구하는 경우, 그 주식에 관하여 객관적 교환가치가 적정하게 반영된 정상적인 거래

주주의 주식매수청구권 행사에 의하여 자기주식을 취득한 회사는 자기주식의 보유 여부를 자유롭게 결정할 수 있는데, 상장회사의 경우에는 매수일로부터 5년(資令 176조의7④) 이내에 처분하여야 한다(資法 165조의5④).

## 4. 주식병합·주식분할

합병으로 인한 주식병합·주식분할의 경우에 자본금감소절차에 관한 상법 제440조부터 443조까지의 규정이 준용된다(530조③).[83] 흡수합병의 경우 존속회사가

---

의 실례가 있으면 그 거래가격을 시가로 보아 주식의 매수가액을 정하여야 할 것이나, 그러한 거래사례가 없으면 비상장주식의 평가에 관하여 보편적으로 인정되는 시장가치방식, 순자산가치방식, 수익가치방식 등 여러 가지 평가방법을 활용하되, 비상장주식의 평가방법을 규정한 관련 법규들은 그 제정 목적에 따라 서로 상이한 기준을 적용하고 있으므로, 어느 한 가지 평가방법(예컨대, 구 증권거래법 시행령 제84조의7 제1항 제2호의 평가방법이나 상속세 및 증여세법 시행령 제54조의 평가방법)이 항상 적용되어야 한다고 단정할 수는 없고, 당해 회사의 상황이나 업종의 특성 등을 종합적으로 고려하여 공정한 가액을 산정하여야 한다. 한편, 비상장주식에 관하여 객관적 교환가치가 적정하게 반영된 정상적인 거래의 실례가 있더라도, 거래시기, 거래 경위, 거래 후 회사의 내부사정이나 경영상태의 변화, 다른 평가방법을 기초로 산정한 주식가액과의 근접성 등에 비추어 위와 같은 거래가격만에 의해 비상장주식의 매수가액으로 결정하기 어려운 경우에는 위와 같은 거래가액 또는 그 거래가액을 합리적인 기준에 따라 조정한 가액을 주식의 공정한 가액을 산정하기 위한 요소로 고려할 수 있다. [2] 영업양도 등에 반대하는 주주의 주식매수청구에 따라 비상장주식의 매수가액을 결정하는 경우, 특별한 사정이 없는 한 주식의 가치가 영업양도 등에 의하여 영향을 받기 전의 시점을 기준으로 수익가치를 판단하여야 하는데, 이때 미래에 발생할 추정이익 등을 고려하여 수익가치를 산정하여야 한다. 그러나 당해 사건에서 미래의 수익가치를 산정할 객관적인 자료가 제출되어 있지 않거나, 수익가치가 다른 평가방식에 의한 요소와 밀접하게 연관되어 있어 별개의 독립적인 산정요소로서 반영할 필요가 없는 경우에는 주식매수가액 산정시 수익가치를 고려하지 않아도 된다. [3] 시장가치, 순자산가치, 수익가치 등을 종합적으로 반영하여 비상장주식의 매수가액을 산정하는 경우, 당해 회사의 상황이나 업종의 특성, 개별 평가요소의 적정 여부 등 제반 사정을 고려하여 그 반영비율을 정하여야 한다."

83) [商法 제440조(주식병합의 절차)] 주식을 병합할 경우에는 회사는 1월 이상의 기간을 정하여 그 뜻과 그 기간내에 주권을 회사에 제출할 것을 공고하고 주주명부에 기재된 주주와 질권자에 대하여는 각별로 그 통지를 하여야 한다.
　[제441조(동전)] 주식의 병합은 전조의 기간이 만료한 때에 그 효력이 생긴다. 그러나 제232조의 규정에 의한 절차가 종료하지 아니한 때에는 그 종료한 때에 효력이 생긴다.
　[제442조(신주권의 교부)]
　① 주식을 병합하는 경우에 구주권을 회사에 제출할 수 없는 자가 있는 때에는 회사는 그 자의 청구에 의하여 3개월 이상의 기간을 정하고 이해관계인에 대하여 그 주권에 대한 이의가 있으면 그 기간내에 제출할 뜻을 공고하고 그 기간이 경과한 후에 신주권을 청구자에게 교부할 수 있다.
　② 전항의 공고의 비용은 청구자의 부담으로 한다.
　[제443조(단주의 처리)]

발행하는 신주를 소멸회사의 주주에게 배정하는 경우 두 회사 주식의 액면금액이 동일하지 않거나 액면금액이 동일하더라도 1 : 1의 대등관계에 있는 경우가 아니면 주식의 배정이 어렵게 된다. 따라서 이러한 경우 주식의 병합이나 분할을 통하여 1 : 1의 대등관계가 되도록 할 필요가 있다. 이때의 주식병합·주식분할은 합병등기에 의하여 합병의 효력이 발생하는 것을 정지조건으로 한다.

## 5. 채권자보호절차

### (1) 채권자의 범위

존속회사의 채권자와 소멸회사의 채권자 모두 합병에 이의를 제기할 수 있다. 채권의 존재 자체가 확정된 상태에서는 이행기가 미도래하거나 조건이 알고 있는 채권자에 대하여는 따로따로 이를 최고하여야 한다. 미성취인 경우에도 채권자에게 이의권이 있다. 비금전채권인 경우에도 불이행시 손해배상채권으로 변환될 수 있는 경우의 채권자는 이의권을 행사할 수 있다.

채권자보호절차 위반은 합병무효의 원인이 된다.[84]

### (2) 공고·최고

회사는 합병의 결의가 있은 날부터 2주 내에 회사채권자에 대하여 합병에 이의가 있으면 일정한 기간 내에 이를 제출할 것을 공고하여야 한다. 이 경우 이의제출 기간은 1개월[85] 이상이어야 한다(232조①, 269조, 287조의41, 527조의5①, 603조). 채

---

① 병합에 적당하지 아니한 수의 주식이 있는 때에는 그 병합에 적당하지 아니한 부분에 대하여 발행한 신주를 경매하여 각주수에 따라 그 대금을 종전의 주주에게 지급하여야 한다. 그러나 거래소의 시세있는 주식은 거래소를 통하여 매각하고, 거래소의 시세없는 주식은 법원의 허가를 받아 경매외의 방법으로 매각할 수 있다.
② 제442조의 규정은 제1항의 경우에 준용한다.

84) 창원지방법원 2023. 9. 19. 선고 2023가합10125 판결(분할합병승인결의 당시 존재하는 차용금 채무의 채권자에게 승인결의일로부터 2주 내에 공고 또는 최고를 하지 않아서 분할합병무효판결이 선고된 사례).
85) 종래에는 2개월이었으나 1998년 상법개정시 1월로 단축되었다. 합병에 따른 채권자 이의 및 주권제출 공고의 문례는 대체로 다음과 같다. "○○주식회사(이하 '갑'이라 한다)와 ○○주식회사(이하 '을'이라 한다)는 2013년 9월 10일 개최된 각사의 임시주주총회에서 합병하기로 결의하고, 그 방법으로 '갑'은 주식 1주에 대하여 '을'의 주식 0.5의 비율로 합병하여 그 권리의무를 승계하고 '을'은 해산하기로 결의하였으므로, 이 합병에 이의가 있는 채권자는 본 공고 게재 익일부터 1개월 내에 관계회사에 이의를 제출하기 바라며, 만일 위 기간 내에 이의가 없으면 합병을 승인한 것으로 간주하겠습니다. 아울러 주식병합상 필요하므로 '을'의 주주(또는 주식을 소지하는

권자에는 공고기간 중 새로 발생한 채권의 채권자도 포함된다.

### (3) 회사가 알고 있는 채권자에 대한 개별최고

회사가 알고 있는 채권자에 대하여는 개별적으로 이의제출에 관하여 최고하여야 한다. "회사가 알고 있는 채권자"라 함은, 채권자가 누구이고 그 채권이 어떠한 내용의 청구권인지가 대체로 회사에게 알려져 있는 채권자를 말하는 것이다.

회사에 알려져 있는지 여부는 개개의 경우에 제반 사정을 종합적으로 고려하여 판단하여야 한다. 따라서 회사를 상대로 채권이행을 구하는 소송을 제기한 사정만으로 회사가 알고 있는 채권자에 해당하여 개별최고의 대상이 되는 것은 아니고, 소송의 진행상황 등 구체적인 사정을 종합적으로 고려하여 개별최고의 대상인지 여부를 판단해야 한다.[86]

회사의 장부 기타 근거에 의하여 그 성명과 주소가 회사에 알려져 있는 자는 물론이고, 회사 대표이사 개인이 알고 있는 채권자도 이에 포함된다. 약속어음의 소지인도 회사에 알려져 있는 어음상의 채권자로 보아야 한다.[87]

상법은 "알고 있는"이라고 규정하므로 실제로 알았어야 하고 "알 수 있었던" 경우(과실로 알 수 없었던 경우)에는 개별최고의 대상이 아니다.

### (4) 사채권자의 이의제출방법

사채권자가 이의를 함에는 사채권자집회의 결의가 있어야 한다. 이 경우에는 법원은 이해관계인의 청구에 의하여 사채권자를 위하여 이의의 기간을 연장할 수 있다(439조③).[88]

---

분)께서는 주권을 제출하기 바랍니다."

86) 채권자보호절차에서의 채권자는 규정의 취지 및 회사법률관계의 획일적인 처리라는 관점에서, 적어도 자본금감소 당시에 그 채권의 존재가 확정되어 있는 채권자일 것이 요구된다는 하급심판례가 있다(서울고등법원 2003. 5. 13. 선고 2002나65037 판결).

87) 대법원 2011. 9. 29. 선고 2011다38516 판결(분할합병에 관한 판례이다).

88) 현실적으로는, 사채권자집회의 소집권자는 사채발행회사 또는 사채관리회사인데(491조①), 이들이 적극적으로 사채권자집회를 소집할 동기가 없으므로 결국은 사채의 종류별로 해당 종류의 사채의 총액(상환받은 액은 제외)의 10분의 1 이상에 해당하는 사채를 가진 사채권자가 사채발행회사 또는 사채관리회사에 사채권자집회의 소집을 청구한 후 법원의 허가를 받아 사채권자집회를 소집하여야 비로소 이의를 제기할 수 있다는 문제가 있다.

### (5) 이의제출의 효과

공고·최고에 불구하고 위와 같이 정한 기간 내에 이의를 제기하지 아니한 채권자는 합병을 승인한 것으로 간주한다(527조의5③, 232조②).

이의를 제출한 채권자가 있는 때에는 회사는 그 채권자에 대하여 변제 또는 상당한 담보를 제공하거나 이를 목적으로 하여 상당한 재산을 신탁회사에 신탁하여야 한다(527조의5③, 232조③). 실무상으로는 주로 담보를 제공하는 방법을 사용한다.

담보의 종류에는 상법상 제한이 없으므로 법적으로 담보로서의 효력이 있고 경제적으로 담보가치가 있으면 인적담보·물적담보 등 모든 종류의 담보가 허용된다. 금융기관의 지급보증서는 물론 금융기관이 아닌 신용과 자력이 있는 제3자의 보증(인적 담보)도 담보로 인정된다.

채권자에게 이미 상당한 담보가 제공된 경우에는 채권자가 이의를 제출하더라도 다시 추가로 상당한 담보를 제공할 필요는 없을 것이다. 다만, 상법의 규정상으로는 이러한 경우에도 다시 상당한 담보를 제공하여야 하는 것으로 해석될 여지도 있으므로 입법론상으로는 이러한 경우에는 채권자가 이의를 제기하더라도 변제·담보제공·신탁 등의 의무를 면제하는 것이 바람직하다.89) 충분한 물적담보가 있는 등 합병에 의하여 변제가능성에 전혀 악영향이 없는 때에는 채권자의 이의제출권을 부정하여야 한다는 견해도 있지만,90) 상법이 명문으로 규정하는 채권자이의제출권 자체를 박탈할 필요는 없을 것이다. 다만, 채권자보호절차 위반을 이유로 합병무효의 소가 제기되는 경우, 이의제출기회가 부여되지 않은 채권자가 합병 당시 충분한 담보권을 가졌다면 합병무효의 소에 준용되는 제189조(하자의 보완에 의한 청구기각)에 따라 청구기각판결이 선고될 가능성이 클 것이다.

---

89) 일본에서는 1997년 상법개정시 합병이 채권자를 해할 염려가 없는 때에는 회사의 변제, 담보제공, 신탁의무를 면제하였고(日商 412조②, 100조③), 2005년 제정된 회사법에도 같은 규정을 두고 있다(日会 789조⑤ 2문). 모든 채권자에 대한 개별 최고는 현실적으로 상당한 부담이 되므로 금융산업의 구조개선에 관한 법률 제5조 제3항과 같이 채권자에 대한 개별최고를 생략하고 공고로 일원화하는 방안도 검토할 만하다.
90) 권기범, "상법상 기업재편법제의 현황과 개선방안", 상사법연구 제33권 제1호, 한국상사법학회(2014), 25면(무조건 이의제출권을 인정한다면 무담보채권자가 담보채권자로 되는 결과가 되고, 이는 채권자의 과보호에 다름 아니기 때문이라고 설명한다).

### (6) 소규모회사의 특례

소규모회사가 1인 또는 2인의 이사만을 둔 경우 제527조의5 제2항(채권자보호절차)은 적용하지 않는다(383조⑤).

## 6. 합병서류의 사후공시

이사는 채권자보호절차의 경과, 합병을 한 날, 소멸회사로부터 승계한 재산의 가액과 채무액 기타 합병에 관한 사항을 기재한 서면을 합병을 한 날부터 6월간 본점에 비치하여야 한다(527조의6①).

## 7. 보고총회와 창립총회

### (1) 흡수합병의 보고총회

흡수합병의 경우 존속회사의 대표이사[91]는, 채권자보호절차의 종료 후, 합병으로 인한 주식의 병합이 있을 때에는 그 효력이 생긴 후, 병합에 적당하지 아니한 주식이 있을 때에는 존속회사가 단주(端株)를 처분한 후, 소규모합병의 경우에는 공고 또는 통지의 절차를 종료한 후, 지체 없이 주주총회를 소집하고 합병에 관한 사항을 보고하여야 한다(526조①). 합병당시에 발행하는 신주의 인수인은 위와 같이 소집된 주주총회에서 주주와 동일한 권리가 있다(526조②).

### (2) 신설합병의 창립총회

#### 1) 설립위원의 소집

신설합병의 경우 설립위원은, 채권자보호절차의 종료 후, 합병으로 인한 주식의 병합이 있을 때에는 그 효력이 생긴 후, 병합에 적당하지 아니한 주식이 있을 때에는 단주를 처분한 후 지체 없이 창립총회를 소집하여야 한다(527조①).

#### 2) 정관변경 결의

창립총회에서는 정관변경의 결의를 할 수 있다. 그러나 합병계약의 취지에 위반하는 결의는 하지 못한다(527조②). 상법 제527조 제2항의 규정은 정관변경을 창

---

91) 법문은 "이사"라고 규정하나 대표이사가 없는 소규모회사가 아닌 한 대표이사를 의미한다.

립총회에서 할 수 있다는 것이지 반드시 하여야 한다는 취지가 아니다.[92]

### 3) 주식회사 설립에 관한 규정 준용

주식회사 설립에 관한 상법 제308조 제2항(주주총회 규정의 창립총회에의 준용), 제309조(창립총회 결의요건), 제311조(발기인의 보고), 제312조(임원의 선임), 제316조 제2항(소집통지서의 기재 없이도 정관변경 또는 설립폐지 결의 가능)의 규정은 위 창립총회에 준용된다(527조③). 주식회사를 설립하는 창립총회에서는 이사와 감사를 선임하여야 한다는 상법 제312조의 규정이 상법 제527조 제3항에 의해서 신설합병의 창립총회에 준용되고 있다 하더라도, 상법 제524조 제6호에 의하면 합병으로 인한 신설회사의 이사와 감사 또는 감사위원회위원을 정한 때에는 신설합병의 합병계약서에 그 성명 및 주민등록번호를 기재하게 되어 있고, 그 합병계약서가 각 합병당사회사의 주주총회에서 승인됨으로써 합병으로 인한 신설회사의 이사와 감사 등의 선임이 이루어지는 만큼, 이러한 경우에는 굳이 신설합병의 창립총회를 개최하여 합병으로 인한 신설회사의 이사와 감사 등을 선임하는 절차를 새로 거칠 필요가 없고 이사회의 공고로 갈음할 수 있다.[93]

### (3) 이사회의 공고

존속회사의 이사회는 공고로써 주주총회에 대한 보고에 갈음할 수 있고(526조③), 창립총회의 경우에도 이사회는 공고로써 주주총회에 대한 보고에 갈음할 수 있다(527조④). 다만, 이사가 2인 이하인 소규모회사에는 상법상 이사회가 존재하지 아니하므로 이사회는 공고로써 주주총회에 대한 보고에 갈음할 수 없다.

상법 제528조 제1항은 보고총회가 종결한 날 또는 보고에 갈음하는 공고일, 창립총회가 종결한 날 또는 보고에 갈음하는 공고일로부터 일정기간 내에 합병등기를 하도록 규정하고 있으므로, 상법 제526조 제3항과 제527조 제4항은 보고총회 또는 창립총회 자체를 이사회의 공고로써 갈음할 수 있음을 규정한 조항이라는 것이 판례의 입장이다.[94] 상법은 이사회 공고의 방식에 관하여 특별한 규정을 두고 있지 아니하므로, 이 경우 이사회 공고는 상법 제289조 제1항 제7호에 의하여 합병당

---

92) 대법원 2009. 4. 23. 선고 2005다22701, 22718 판결.

93) 대법원 2009. 4. 23. 선고 2005다22701, 22718 판결.

94) 대법원 2009. 4. 23. 선고 2005다22701, 22718 판결(창립총회에 관한 판결이지만 보고총회에도 동일하게 적용될 것이다).

사회사의 정관에 규정한 일반적인 공고방식에 의하여 할 수 있다.95)96)

## 8. 설립위원

회사의 합병으로 인하여 신회사를 설립하는 경우에는 정관의 작성 기타 설립에 관한 행위는 각회사에서 선임한 설립위원이 공동으로 하여야 한다(175조①). 설립위원의 선임은 주주총회 특별결의에 의한다(175조②).97)

## 9. 합병등기 및 사채등기

주식회사가 합병을 한 때에는 제526조의 주주총회가 종결한 날 또는 보고에 갈음하는 공고일, 제527조의 창립총회가 종결한 날 또는 보고에 갈음하는 공고일부터 본점소재지에서는 2주 내, 지점소재지에서는 3주 내에 존속회사에 있어서는 변경의 등기, 소멸회사에 있어서는 해산의 등기, 합병으로 인하여 설립된 회사에 있어서는 제317조에 정하는 등기를 하여야 한다(528조①).

존속회사 또는 합병으로 인하여 설립된 회사가 합병으로 인하여 전환사채 또는 신주인수권부사채를 승계한 때에는 합병등기와 동시에 사채의 등기를 하여야 한다(528조②).

## 10. 삼각합병

### (1) 의   의

합병을 통하여 대상회사를 인수하려는 회사가 대상회사를 직접 흡수합병하지 않고 자회사를 이용하여(기존 자회사를 이용하는 경우도 있고 삼각합병을 위한 SPC를 설립

---

95) 대법원 2009. 4. 23. 선고 2005다22701, 22718 판결.
96) [상업등기선례 제1-236호(2001. 8. 9. 등기 3402-542 질의회답)] "주식회사의 신설합병절차에서 합병계약서에 일반적인 합병사항과 신설회사의 등기할 사항에 대한 내용이 포함되고 이 합병계약서가 주주총회의 특별결의로 승인되었다면 단지 보고만을 위한 창립총회는 상법개정으로 이사회의 결의에 의한 공고로 갈음할 수 있으며, 신설회사에 대한 설립등기도 등기사항이 합병승인을 위한 주주총회에서 승인되었다고 볼 수 있으므로 일반적인 회사설립에서 필요한 창립총회를 거칠 필요 없이 등기가 가능하다."
97) [商法 175조]
   ② 제230조, 제434조와 제585조의 규정은 전항의 선임에 준용한다.

하는 경우도 있다) 그 자회사가 대상회사를 흡수하는 형태를 삼각합병(triangular merg-er)이라 한다.[98] 이때 자회사는 보유하는 모회사 주식을 합병대가로 소멸회사의 주주들에게 제공한다.

흡수합병의 합병계약서에는 "존속회사가 합병으로 소멸하는 회사의 주주에게 그 대가의 전부 또는 일부로서 금전이나 그 밖의 재산을 제공하는 경우에는 그 내용 및 배정에 관한 사항"을 기재하여야 하는데(523조 제4호), 존속회사가 모회사의 주식을 소멸회사의 주주에게 합병대가로 제공하는 형태의 합병을 삼각합병이라 한다.

이에 따라 인수회사는 자회사를 통하여 간접적으로 대상회사의 자산과 영업을 획득하게 되고, 반면에 대상회사의 주주들은 인수회사(존속회사의 모회사)의 주식을 교부받음으로써 경제적으로는 결국 모회사가 대상회사를 흡수합병한 것과 동일한 결과가 된다.[99]

합병으로 소멸하는 회사의 주주에게 반드시 존속회사의 주식을 교부하여야 하는 전통적인 법제에서는 삼각합병이 불가능하였지만, 2011년 개정상법이 금전 아닌 재산을 합병대가로 제공하는 것도 허용함으로써 삼각합병이 가능하게 되었다.[100] 미국에서는 이미 오래 전부터 삼각조직재편을 허용하여 왔고, 일본에서도 회사법 제정시 역삼각합병을 제외한 삼각조직재편제도(삼각합병·삼각주식교환·삼각분할합병)를 도입하였다.[101]

## (2) 삼각합병의 장점

### 1) 절차상의 장점

삼각합병의 경우 모회사가 합병당사자가 되는 것이 아니므로,[102] 모회사의 주

---

98) 상법에 삼각합병제도가 도입되고 최초의 사례는 2012년 11월 이루어진 코스닥상장회사인 주식회사 네오위즈게임즈의 자회사인 엔엔에이와, 주식회사 네오위즈의 자회사인 주식회사 네오위즈아이엔에스 간의 합병이다. 당시 네오위즈게임즈가 보유하던 자기주식을 엔엔에이에 현물출자하고 엔엔에이가 소멸회사인 네오위즈아이엔에스의 주주인 네오위즈에게 합병대가로 모회사인 네오위즈게임즈의 주식을 교부하였다.

99) 모회사의 기발행주식 외에 신주도 자회사가 이를 취득하여 소멸회사의 주주에게 삼각합병의 대가로 제공하는 것도 금지할 이유가 없으므로 이러한 취지를 법문에 명기하는 것이 바람직하다. 이 경우 신주의 제3자배정 요건인 제418조 제2항 단서가 준용되도록 하여야 할 것이다.

100) 일본에서도 회사법 제정시 조직재편에 대한 대가유연화 제도가 도입됨에 따라 삼각합병이 가능하게 되었다.

101) 일본에서는 조직변경, 사업양도, 합병, 회사분할, 주식교환, 주식이전을 통칭하여 일반적으로 조직재편 또는 조직재편행위이라고 부른다.

102) 따라서 삼각합병의 경우 모회사의 주주는 합병무효의 소를 제기할 수 없다. 합병계약서의

주총회 결의는 요구되지 않고, 이에 따라 모회사 주주에게는 주식매수청구권이 인
정되지 않는다.103)

결국 삼각합병을 위하여 인수회사(모회사)는 이사회가 합병을 승인하면 되고,
자회사의 이사회 및 주주총회의 승인이 요구되는데, 자회사 이사들은 인수회사(모
회사)의 이사들이 겸직하고 있거나 인수회사의 이사들에 의하여 선임되고, 자회사
의 주주총회에서 의결권을 행사하는 것은 인수회사(모회사)의 주주가 아니라 인수회
사(모회사)의 경영진이 의결권을 행사하므로, 자회사가 대상회사를 합병하기 위하여
이사회 및 주주총회의 승인결의를 얻는 것은 매우 용이하다. 이러한 절차상의 장점
이 삼각합병의 가장 큰 동기이다. 물론 대상회사의 이사회와 주주총회는 인수회사
(모회사)의 자회사와의 합병을 승인하여야 한다.

주식의 포괄적 교환도 삼각합병과 같은 결과가 되지만, 삼각합병과 달리 인수
회사 주주총회의 승인결의가 필요하고 인수회사 주주의 주식매수청구권도 인정된
다는 점에서 다르다. 이러한 차이로 인하여 주식의 포괄적 교환을 위한 규제를 회
피하면서 동일한 효과를 얻기 위하여 삼각합병을 하기도 한다. 또한 외국회사와 국
내회사 간의 합병이 상법상 허용되는지에 대하여 논란이 있지만,104) 외국회사가 국
내 자회사를 설립한 후 자회사와 대상회사가 합병하도록 하면 문제되지 않는다.105)

2) 실질적인 장점

합병에 의하여 존속회사는 대상회사의 채무를 부담하고 나아가 자신의 재산
도 위 채무에 대한 책임재산이 되므로 대상회사의 채권자는 대상회사의 재산뿐 아
니라 존속회사의 재산에 대하여도 집행할 수 있다. 그러나 삼각합병에 의하면 대

---

법정요건, 채권자보호절차, 합병승인 결의, 주식매수청구권 등은 합병당사회사 아닌 모회사와
무관하고, 합병불공정문제는 모회사의 직접손해가 아니라 간접손해에 불과하기 때문이다.
103) 미국에서 인정되는 역삼각합병(reverse triangular merger)은 인수회사가 대상회사를 합병하
기 위하여 완전자회사를 설립하여 자회사가 인수회사의 주식을 소유하고, 자회사가 대상회사
에 합병되어 소멸하고 대상회사가 존속회사로서 인수회사의 자회사가 되는 것으로, 대상회사
가 인수회사의 완전자회사가 되면 주식의 포괄적 교환과 동일한 결과가 되는데, 현행 상법상
삼각합병은 자회사가 존속회사일 것을 전제로 하므로 역삼각합병은 인정되지 않는다. 주식의
포괄적 교환에 의하면 동일한 효과를 거둘 수 있으므로 역삼각합병제도의 도입필요성에 대하
여는 논란이 있다. 일본 회사법은 직접적으로는 역삼각합병을 규정하지 않는다.
104) 외국회사는 상법상 회사는 아니지만, 외국의 법에 의하여 설립된 회사라도 대한민국에 그
본점을 설치하거나 대한민국에서 영업할 것을 주된 목적으로 하는 때에는 대한민국에서 설립
된 회사와 같은 규정에 따라야 하므로(617조), 외국회사와 국내회사 간의 합병이 상법상 허용
되는지에 관하여 논란이 있다.
105) 다만, 이 경우 국내 자회사가 외국의 모회사 주식을 소멸회사 주주에게 합병대가로 제공하기
위하여 모회사 주식을 취득할 수 있는지 여부는 모회사 설립국의 법제에 따라 결정될 것이다.

상회사의 채무는 인수회사가 아닌 인수회사의 자회사의 채무이므로, 인수회사는 법인격부인론이 적용되는 예외적인 경우(법인격 남용, 재산혼용 등)가 아닌 한 자회사의 채무에 대하여 책임을 지지 않는다. 그 밖에 인수회사가 현금 없이 대상회사를 인수할 수 있다는 장점도 있다(다만, 인수회사 지배주주의 입장에서 지분이 희석되는 결과가 된다). 한편, 대상회사가 모회사의 완전자회사가 되면서 배당에 따른 과세이연 등 연결납세제도의 혜택을 누릴 수 있고(法人稅法 76조의8), 대상회사의 기존 이월결손금을 기존 사업에서 발생하는 소득금액 범위 내에서 공제할 수 있다(法人稅法 45조①).

### (3) 자회사의 모회사 주식 취득

#### 1) 취득근거

상법 제342조의2는 자회사의 모회사 주식취득을 원칙적으로 금지하고, 예외적으로 허용하는 경우에도 취득일로부터 6개월 내에 처분하도록 규정한다. 한편, 삼각합병을 위하여 자회사가 장내 또는 장외에서 모회사 주식을 취득하는 방법도 있지만 이는 실제로는 필요한 수량의 주식확보가 어렵고 취득가액이 상승한다는 문제가 있으므로 자회사가 모회사로부터 직접 모회사 주식을 취득할 필요가 있다.[106) 이에 따라 상법은 "제342조의2에도 불구하고 제523조 제4호에 따라 소멸하는 회사의 주주에게 제공하는 재산이 존속회사의 모회사주식을 포함하는 경우에는 존속회사는 그 지급을 위하여 모회사주식을 취득할 수 있다."라고 규정한다(523조의2①).[107) 108)

#### 2) 취득시기

삼각합병을 위하여 자회사의 모회사 주식취득이 허용되는 시기에 대하여는 상법상 아무런 규정이 없지만, 이는 예외적으로 허용되는 것이고 제523조의2도 "그 지급을 위하여"라고 규정하듯이 제한적으로 해석할 필요가 있으므로 적어도 삼각흡수합병계약 체결 후에 모회사 주식을 취득할 수 있다고 보아야 한다.[109) 다만,

---

106) 모회사가 자회사에 처분할 자기주식을 취득하려면 상법 제341조에 의한 취득한도와 취득방법에 의하여야 한다(따라서 모회사가 상장회사인지 여부에 따라 취득방법이 다르다). 그리고 특정목적에 의한 취득에 관한 제341조의2 제1호의 "합병으로 인한 때"는 모회사가 존속회사로서 소멸회사가 보유하던 모회사 주식을 취득하는 경우를 의미한다.

107) 모회사와 자회사가 합병당사회사인 경우 자회사의 모회사 주식 취득에 관하여는 상법상 별도의 허용규정이 있다(342조의2①1).

108) 일본에서도 합병의 대가로 존속회사의 완전모회사의 주식을 교부하는 경우에는 교부하는 주식총수의 범위 내에서 모회사 주식 취득이 허용된다(日会 800조).

109) 일본에서의 다수설이기도 하다.

합병계약 체결 후 합병조건에 이견이 있어서 합병합의가 결렬되거나 특히 합병으로 소멸하는 회사의 주주총회에서 합병승인의안이 부결될 수도 있으므로, 실무적으로는 소멸회사의 주주총회에서 합병승인결의가 성립한 후 존속회사가 모회사의 주식을 취득하는 방안도 바람직하다.[110] 그리고 상법 제523조의2는 기존의 자회사의 존재를 전제로 하므로 모회사가 자회사를 신설하기 위하여 모회사가 소유하는 자기주식을 직접 자회사에게 현물출자하는 것은 입법론상으로는 몰라도 현행법의 해석상 허용되지 않는다.

### 3) 취득수량

취득수량에 관하여도 원칙적으로 소멸회사의 주주에게 제공하는 모회사주식수의 범위 내에서만 취득할 수 있다.[111] 다만, 소멸회사가 합병의 효력발생일(합병등기일) 전에 신주를 발행하는 것이 예상되는 경우[112]에는 소멸회사 주주에게 당초 제공할 수량보다 많은 수량의 모회사 주식을 취득할 필요가 있는데, 이러한 상황이 예상된다면 차라리 모회사 주식의 취득시점을 합병의 효력발생일인 합병등기일 직전으로 정하는 것이 바람직할 것이다.

자회사가 필요한 수량을 초과하여 취득한 모회사 주식은 취득일로부터 6개월 이내에 처분하여야 한다(342조의2②).

### 4) 취득자금

삼각합병을 위하여 설립된 자회사는 신주발행으로 조달한 자금 또는 모회사로부터 차용한 자금으로 모회사 주식을 취득하게 된다. 두 경우 모두 결국은 모회사가 출자 또는 대여의 형식으로 자회사에 자금을 대여한 후 다시 주식을 자회사에 매도하면서 자금을 회수하게 된다.[113] 자회사가 대상회사의 현금흐름을 담보로 조달한 자금으로 모회사 주식을 취득하는 경우(소위 LBO 방식)에는 배임에 대한 논란이 있을 수 있지만, 소위 합병형 LBO의 경우에는 배임이 문제되지 않는다는 것이 판례의 입장이다.[114]

---

110) 同旨: 주식회사법대계 제2판 Ⅲ, 427면.
111) 일본 회사법 800조 제1항은 이러한 취지를 명시적으로 규정한다.
112) 소멸회사가 전환사채, 신주인수권부사채를 발행하였거나 주식매수선택권을 부여한 경우, 합병의 효력발생 전에 해당 권리가 행사되면 소멸회사가 신주를 발행할 필요가 있다.
113) 다만, 「독점규제 및 공정거래에 관한 법률」상 상호출자제한기업집단에 속하는 회사(금융업 또는 보험업을 영위하는 회사는 제외)는 원칙적으로 국내계열회사에 대하여 채무보증을 할 수 없다는 제한이 있다(同法 제10조의2).
114) 대법원 2010. 4. 15. 선고 2009도6634 판결.

5) 취득방법

모회사가 충분한 수량의 자기주식을 보유하고 있는 경우에는 자회사에게 직접 자기주식을 매도하거나 현물출자하면 되고, 자기주식이 부족한 경우에는 신주를 발행하여 자회사가 이를 배정받으면 된다. 모회사가 상장회사인 경우에는 자회사가 증권시장에서 매수하거나 장외에서 매수하면 되는데, 증권시장에서 매수하는 경우에는 매수과정에서 주가가 비정상적으로 급등할 가능성이 있다는 문제가 있다.115)

6) 증권신고서 제출

자회사가 모회사 주식을 소멸회사 주주에게 합병대가로 제공하는 경우, 소멸회사 주주의 수가 50인 이상이면(자본시장법상 50인 산정시 제외되는 전문가와 연고자 제외) 매출에 해당하므로,116) 매출가액 10억원 이상이면 모회사가 증권신고서를 제출하여야 한다.117)

7) 처분기한

존속회사는 삼각합병을 위하여 취득한 모회사 주식을 합병 후에도 계속 보유하고 있는 경우 합병의 효력이 발생하는 날부터 6개월 이내에 그 주식을 처분하여야 한다(523조의2②).118)

(4) 모회사의 신주발행

1) 자회사에 대한 신주발행

자회사가 모회사로부터 모회사 주식을 취득하기 위하여 모회사가 자회사에게 신주를 발행할 수도 있다. 모회사가 발행하는 신주를 자회사가 인수하려면 제3자

---

115) 상장회사인 모회사의 주식을 자회사가 장외에서 불특정다수인으로부터 매수하는 경우에는 자본시장법상 공개매수 규제가 적용되는데, 자본시장법상 공개매수의 개념 및 강제공개매수의 요건에 비추어 실제로 문제되는 경우는 별로 없을 것이므로 이에 대한 구체적인 설명은 생략한다.

116) 자본시장법상 모집은 "대통령령으로 정하는 방법에 따라 산출한 50인 이상의 투자자에게 새로 발행되는 증권의 취득의 청약을 권유하는 것"을 말하고(資法 9조⑦), 매출은 "대통령령으로 정하는 방법에 따라 산출한 50인 이상의 투자자에게 이미 발행된 증권의 매도의 청약을 하거나 매수의 청약을 권유하는 것"을 말한다(資法 9조⑨).

117) 다만, 자본시장법상 "사업보고서 제출대상법인이 아닌 법인("사업보고서 미제출법인")의 주주가 그 사업보고서 미제출법인의 합병, 주식의 포괄적 교환·이전, 분할 및 분할합병의 대가로 다른 사업보고서 미제출법인이 발행한 증권을 받는 경우 그 주주"는 50인에 합산되지 않는다는 예외가 있다(資令 11조①2사, 증권발행공시규정 제2-1조③6).

118) 처분기한규정을 위반한 자는 2천만원 이하의 벌금에 처한다(625조의2).

배정에 의한 신주발행의 요건(418조②)을 갖추어야 한다.

이 경우 자회사는 통상 유상증자나 금전차용의 방법으로 모회사로부터 조달한 자금으로 주금을 납입하게 되므로 가장납입 문제가 제기될 수 있다. 그러나 판례는 가장납입 여부를 실질적 회수가능성을 기준으로 판단하므로,119) 합병 후 자회사가 소멸회사의 현금으로 모회사에 대한 차용금을 변제하거나 모회사의 대여금채권을 출자전환한다면 굳이 가장납입으로 볼 필요는 없을 것이다.

한편, 모회사가 자회사의 자금부담을 줄여주기 위하여 자회사에게 신주를 저가로 발행하는 경우에도 신주발행과 흡수합병을 전체적으로 보면 모회사가 신주발행에 대한 합당한 경제적 이익을 받는다고 볼 수 있으므로 발행가액만으로 저가발행이라고 판단하는 것은 의문이라는 견해도 있다.120)

2) 소멸회사 주주에 대한 신주발행

삼각합병을 위하여 자회사가 모회사 주식을 취득하여 합병대가로 제공하는 방법 외에 모회사가 직접 소멸회사 주주에게 신주를 발행하는 방법도 허용되는지 여부에 대하여 상법상 명문의 규정이 없어서 논란이 있다. 그러나 흡수합병의 합병계약서에 "존속회사가 합병으로 소멸하는 회사의 주주에게 그 대가의 전부 또는 일부로서 금전이나 그 밖의 재산을 제공하는 경우에는 그 내용 및 배정에 관한 사항"을 기재하여야 한다는 제4호의 규정상, 삼각합병에서 존속회사는 자회사인데 존속회사 아닌 모회사가 직접 합병대가의 제공주체로 될 수는 없다.121) 제4호는 오히려 자회사만이 합병대가의 제공주체가 될 수 있다는 근거규정이라 할 수 있다. 만일 모회사가 소멸회사 주주에게 합병신주를 발행하면 신주발행시 인수가액 전액납입주의(421

---

119) [대법원 2003. 5. 16. 선고 2001다44109 판결]【채무부존재확인】 "주식회사의 자본충실의 원칙상 주식의 인수대금은 그 전액을 현실적으로 납입하여야 하고 그 납입에 관하여 상계로써 회사에 대항하지 못하는 것이므로 회사가 제3자에게 주식인수대금 상당의 대여를 하고 제3자는 그 대여금으로 주식인수대금을 납입한 경우에, 회사가 처음부터 제3자에 대하여 대여금 채권을 행사하지 아니하기로 약정되어 있는 등으로 대여금을 실질적으로 회수할 의사가 없었고 제3자도 그러한 회사의 의사를 전제로 하여 주식인수청약을 한 때에는, 그 제3자가 인수한 주식의 액면금액에 상당하는 회사의 자본이 증가되었다고 할 수 없으므로 위와 같은 주식인수대금의 납입은 단순히 납입을 가장한 것에 지나지 아니하여 무효이다"(회사가 대여금을 회수할 의사 없는 특별한 사정이 있는 경우이다).

120) 윤영신, "삼각합병제도 도입과 활용상의 법률문제", 상사법연구 제32권 제2호, 한국상사법학회(2013), 31면. [삼각합병의 효력이 발생하면 자회사가 대상회사의 모든 자산, 부채를 승계하는 점을 근거로 든다. 완전자회사인 경우에는 타당하지만, 완전자회사가 아닌 경우(예컨대 모회사가 자회사의 50% 남짓의 지분을 소유한 경우)에는 달리 해석될 여지가 있을 것이다].

121) 同旨: 송옥렬, 1200면. (모회사 입장에서는 자회사의 합병을 신주발행에 대한 납입이라고 보기 어렵기 때문이라고 설명한다).

조①) 원칙상 소멸회사 주주가 모회사에 주금을 납입하여야 하는데, 이렇게 되면 모회사와 소멸회사 간의 합병이 되고 자회사를 통한 삼각합병에 해당하지 않는다.[122]

다만, 입법론상으로는 모회사가 소멸회사 주주에게 합병신주를 발행하는 것을 허용할 필요가 있다.[123] 나아가 현행 상법상 모회사가 삼각합병으로 현저하게 불리한 영향을 받을 때에도 모회사의 주주는 합병무효의 소를 제기할 수 없으므로,[124] 모회사 주주를 보호하기 위하여 삼각합병의 모회사도 합병당사회사가 될 수 있도록 하는 방법도 입법론상으로는 검토할 만하다.

### (5) 소멸회사가 상장회사인 경우

자본시장법상 상장회사와 비상장회사 간 합병의 경우에는 자본시장법 시행령 규정에 따라 합병가액을 산정하여야 한다(資令 176조의5①). 따라서 소멸회사가 상장회사인지 여부(자회사는 대부분 삼각합병을 위하여 신설된 SPC로서 비상장회사일 것이다)에 따라 자본시장법 시행령이 정하는 바에 따라 합병가액을 산정하여야 한다. 이와 관련하여 삼각합병은 자회사를 합병당사회사로 하지만 실질적으로는 모회사와 소멸회사 간의 합병인데, 합병가액의 산정은 자회사를 기준으로 산정하게 되어 실질적인 합병당사회사 간의 합병비율이 불공정하게 될 가능성이 있다는 문제점을 지적하기도 하지만,[125] 자회사의 산정가치는 결국 자회사가 보유한 모회사 주식의 가치 수준에 따라 산정될 것이므로 실질적인 합병당사회사 간의 합병비율의 불공정은 실제로는 그리 현저한 수준은 아닐 것이다.

### (6) 역삼각합병

역삼각합병(reverse triangular merger)도 합병을 통하여 대상회사를 인수하려는 회사가 대상회사를 직접 흡수합병하지 않고 자회사를 이용하는 방식이라는 점에

---

122) 한편, 존속회사가 소멸회사의 주주에게 합병대가의 지급을 위하여 모회사주식을 취득할 수 있다는 상법 제523조의2의 규정을 부정설의 근거로 드는 견해도 있지만[주식회사법대계 제2판 Ⅲ(김병태·노혁준 집필 부분), 426면], 이 규정은 자회사의 모회사 주식 취득의 근거일 뿐 모회사의 소멸회사 주주에 대한 신주의 직접발행을 금지하는 근거로 보기는 어렵다.
123) 同旨: 윤영신, 전게논문, 36면[이를 위하여는 신주발행시 납입에 관한 조문(제421조 제1항, 제423조 제1항)이 적용되지 않도록 할 필요가 있다고 설명한다].
124) 주식회사의 경우 합병당사회사인 "각 회사"의 주주·이사·감사·청산인·파산관재인 또는 합병을 승인하지 아니한 채권자만이 합병등기일로부터 6개월 내에 소만으로 이를 주장할 수 있다(529조①).
125) 주식회사법대계 제2판 Ⅲ, 430면.

서 순삼각합병(forward triangular merger)과 같은데,126) 자회사가 대상회사를 흡수하는 형태인 삼각합병과 달리 자회사가 대상회사에 흡수되는 형태의 합병이므로 삼각합병과 구별하여 역삼각합병이라 부른다. 역삼각합병에 의하여 대상회사의 소수주주가 완전히 배제되고, 특히 자회사가 소멸하고 대상회사는 존속하게 되므로 대상회사의 기존 인허가, 금융거래, 영업상의 계약관계가 그대로 유지된다는 장점이 있다. 물론 인수회사가 대상회사와의 주식교환에 의하여서도 이러한 목적을 달성할 수 있지만, 이러한 경우에는 인수회사의 주주총회 결의가 요구된다는 점에서 차이가 있다.

상법상 직접적으로 역삼각합병을 허용하는 규정은 없다. 그러나 2015년 개정 상법에 도입된 삼각주식교환제도를 이용하여, 먼저 자회사와 대상회사 간에 삼각주식교환을 한 후 자회사(대상회사의 완전모회사)가 대상회사(자회사의 완전자회사)에 흡수합병되면 역삼각합병을 한 것과 동일한 구조가 된다.

### (7) 미국의 삼각합병제도

미국에서 전통적 삼각합병(conventional triangular merger)127)의 일반적인 방식은 인수회사(acquirer)가 대상회사(target)를 직접 합병하지 않고 "shell company"로서 인수회사의 주식을 소유하는 완전자회사(wholly owned subsidiaries)를 이용하여 대상회사를 합병하는 형태이다. 즉, 인수회사가 먼저 완전자회사를 설립하고 대상회사를 완전자회사에 합병시키는 것이다. 대상회사의 주주는 합병의 본래의 모습과 달리 존속회사인 자회사 주식을 교부받지 않고 자회사가 보유하는 모회사(인수회사) 주식을 교부받게 된다. 이에 따라 인수회사는 자회사를 통하여 간접적으로 대상회사의 자산과 영업을 획득하게 되고, 반면에 대상회사의 주주들은 자회사가 보유하던 인수회사의 주식을 교부받음으로써 합병과 동일한 결과가 된다.128) 그리고 미국에서

---

126) 통상 순삼각합병은 삼각합병으로 부르지만, 본서에서 문맥상 역삼각합병과 구별할 필요가 있는 부분에서는 순삼각합병으로 부르기도 한다.
127) "conventional triangular merger"는 "forward triangular merger"라고도 한다.
128) MBCA §11.02(c)(3)도 합병계획에 포함될 사항으로서 "각 합병당사회사 등의 주식을 주식, 다른 증권, 지분, 사채, 신주인수권, 현금, 다른 재산, 기타 이들의 조합으로 변환하는 방법과 기준(the manner and basis of converting the shares of each merging corporation and interests of each merging other entity into shares or other securities, interests, obligations, rights to acquire shares or other securities, cash, other property, or any combination of the foregoing)을 규정한다.

는 자회사의 모회사 주식 소유가 금지되지 않고 의결권 행사만 제한된다.[129] 미국
에서는 역삼각합병(reverse triangular merger)도 허용된다.

## 11. 「채무자 회생 및 파산에 관한 법률」상 특례

「채무자 회생 및 파산에 관한 법률」상, 회생계획에서 채무자가 다른 회사와 합병
할 것을 정한 때에는 회생계획에 따라 합병할 수 있다(同法 271조①). 이 경우 합병 후
존속하는 회사나 합병으로 설립되는 신회사의 주식 또는 출자지분의 배정을 받은 회
생채권자 또는 회생담보권자는 회생계획인가가 결정된 때에 주식 또는 출자지분의 인
수인이 되며, 합병의 효력이 생긴 때에 주주 또는 사원이 된다(同法 271조②). 그리고
상법 제522조의2(합병계약서 등의 공시), 제522조의3(합병반대주주의 주식매수청구권), 제527
조의5(채권자보호절차), 제527조의6(합병에 관한 서류의 사후공시) 및 제529조(합병무효의 소)
와 자본시장법상 주식매수청구권은 적용하지 않는다(資法 271조③). 그러나 합병의 상
대방인 다른 회사에 대한 상법의 규정의 적용에 영향을 미치지 않는다(資法 271조⑥).

## 12. 「중소기업 사업전환 촉진에 관한 특별법」상 특례

「중소기업 사업전환 촉진에 관한 특별법」은 사업전환계획을 중소기업청장에게
제출하여 승인을 받은 기업("승인기업")에 관하여 합병절차의 간소화를 위한 특례를
규정한다.[130]

주식회사인 승인기업(자본시장법상 주권상장법인은 제외)이 다른 주식회사와 합병
을 통하여 사업전환을 하려는 경우에는 채권자에 대하여 그 합병결의가 있은 날부
터 1주 이내에 10일 이상의 기간을 정하여 그 기간 이내에 합병에 관한 다른 의견
을 낼 것을 공고하고 알고 있는 채권자에 대하여는 공고사항을 알려야 한다(同法
18조①). 주식회사인 승인기업이 합병결의를 위한 주주총회 소집을 통지하는 경우
에는 그 통지일을 주주총회 개최일 7일 전으로 할 수 있다(同法 18조②). 주식회사인
승인기업이 다른 주식회사와 합병하기 위하여 합병계약서 등을 공시하는 경우에
는 그 공시기간을 합병승인을 위한 주주총회 개최일 7일 전부터 합병을 한 날 이

---

129) MBCA §7.21(b), DGCL §160(c), CCC §703(b).
130) 「벤처기업육성에 관한 특별법」도 제15조의3, 제15조의9, 제15조의10에서 벤처기업의 합병
    에 관한 특례를 규정한다.

후 1개월이 경과하는 날까지로 할 수 있다(同法 18조③). 주식회사인 승인기업의 합병에 관한 이사회 결의에 반대하는 승인기업의 주주는 주주총회 전에 승인기업에 서면으로 합병에 반대하는 의사를 통지하고 자기가 소유하고 있는 주식의 종류와 수를 적어 주식의 매수를 청구하여야 한다(同法 18조④). 주식회사인 승인기업이 주식매수청구를 받은 경우에는 합병에 관한 주주총회 결의일부터 2개월 이내에 그 주식을 매수하여야 한다(同法 18조⑤). 주식매수가액의 결정에 관하여는 상법 제374조의2 제3항부터 제5항까지의 규정을 준용한다(同法 18조⑥).

주식회사인 승인기업이 다른 주식회사와 합병을 할 때 합병 후 존속하는 회사가 합병으로 인하여 소멸하는 회사의 발행주식총수 중 의결권 있는 주식의 90% 이상을 보유하는 경우에는 합병으로 인하여 소멸하는 회사의 주주총회의 승인을 이사회의 승인으로 갈음할 수 있다(同法 18조의2①). 이 경우 주식매수청구권에 관하여는 상법 제522조의3 제2항을 준용한다(同法 18조의2②).

## 13. 우회상장 규제

보통주권 상장회사와 비상장회사 간의 합병과 관련하여, 보통주권 상장회사의 경영권이 변동되고 비상장회사의 지분증권이 상장되는 효과가 있는 경우는 우회상장에 해당하므로 한국거래소의 상장심사를 받아야 한다(한국거래소 유가증권 상장규정 32조).[131]

## V. 합병의 효과

### 1. 효력발생시기

회사의 합병은 합병 후 존속하는 회사 또는 합병으로 인하여 설립되는 회사가 그 본점소재지에서 합병의 등기를 함으로써 그 효력이 생긴다(530조②, 234조).[132]

---

131) 주식의 포괄적 교환, 주요사항보고서를 제출하는 영업양수의 경우에도 마찬가지이다.
132) 합병의 효력발생시기에 관한 상법 제234조는 합자회사, 유한책임회사, 주식회사, 유한회사에 준용된다(269조, 287조의41, 530조②, 603조).

## 2. 회사의 소멸과 신설

흡수합병에서는 존속회사 외의 당사회사, 신설합병에서는 모든 당사회사가 청산절차를 거치지 않고 소멸한다.[133)

## 3. 권리의무의 포괄적 승계

### (1) 의    의

합병으로 존속회사 또는 신설회사는 소멸회사의 모든 권리의무를 포괄적으로 승계한다(530조②, 235조).[134)

권리의무의 포괄적 승계는 합병의 본질적 요소이므로 만일 존속회사가 소멸회사의 채무의 일부를 승계하지 않는다는 특약을 하였더라도 이로써 합병무효의 원인이 되는 것이 아니라 그 특약만 무효로 된다. 권리의무가 포괄적으로 이전하므로 청산절차가 필요 없는 것이다. 합병당사회사 간의 권리의무도 포괄승계의 대상이나 혼동으로 소멸한다.[135)

포괄적으로 이전되는 권리의무에는 원칙적으로 공법상의 권리의무,[136) 근로관계의 승계도 포함되고, 판례도 같은 입장이다.[137) 공정거래위원회는 소멸회사의 위법행위를 이유로 존속회사에 대하여 시정조치를 할 수 있다.[138)

---

133) 상법상 모든 종류의 회사에서 합병은 해산사유이다(227조 제4호, 269조, 287조의38, 517조①, 제609조①1).

134) 합병의 효과에 관한 상법 제235조는 합자회사, 유한책임회사, 주식회사, 유한회사에 준용된다(269조, 287조의41, 530조②, 603조).

135) 미국에서도 합병절차가 완료되면 법률에 의하여 자동적으로 대상회사의 모든 자산과 부채가 포괄적으로 존속회사에 승계되고(vested in the survivor), 합병에 의한 포괄승계의 이론적 근거에 관하여 종래에 판례에 의하여 동일회사이론, 채무인수이론, 신탁재산이론, 사기적양도이론 등이 적용되었으나 오늘날에는 DGCL §259(a), NYBCL §906(3), MBCA §11.07(a)(3),(4) 등과 같이 대부분의 제정법이 합병의 효과로서 자산과 채무의 포괄승계를 규정하고 있다. 대상회사의 제3자와의 계약에 의한 지위도 승계된다. 따라서 일반적으로는 양도불가능한 계약, 나아가 계약의 조건에 의하여 양도불가능한 계약에 의한 지위도 합병에 의하여서는 존속회사에 승계된다. 미국에서는 영국, 독일, 프랑스 등 다른 나라의 법제에 비하여 합병절차에서 채권자보호를 위한 절차가 미비하기 때문에 채권자보호문제는 자산과 채무의 포괄적인 승계에 의하여 해결하려는 경향이다.

136) 대법원 2007. 8. 23. 선고 2005도4471 판결.

137) 대법원 2001. 10. 30. 선고 2001다24051 판결.

138) [대법원 2022. 5. 12. 선고 2022두31433 판결] "공정거래위원회는 구「독점규제 및 공정거래

그러나 합병으로 인하여 소멸한 법인이 그 종업원 등의 위법행위에 대해 양벌규정에 따라 부담하던 형사책임은 그 성질상 이전을 허용하지 않는 것으로서 합병으로 인하여 존속하는 법인에 승계되지 않는다.139)

### (2) 권리의무와 사실행위

주식회사의 합병의 경우에도 합명회사 합병의 효과에 관한 제235조가 준용되고(530조②), 제235조는 "합병 후 존속한 회사 또는 합병으로 인하여 설립된 회사는 합병으로 인하여 소멸된 회사의 모든 권리의무를 승계한다."라고 규정하므로, 단순한 사실행위만 존재하는 경우에는 승계의 대상이 되는 어떠한 권리의무가 있다고 할 수 없다. 합병 전 회사의 위반행위를 이유로 합병 후 존속회사에 대하여 입찰참가자격 제한처분을 할 수 있다는 것을 전제로 한 판례와,140) 건설업면허를 가진 피합병회사에 그 면허를 취소할 위법사유가 있었다면 면허관청은 이를

---

에 관한 법률」제24조, 구「대리점거래의 공정화에 관한 법률」제23조에 따라 위반행위를 시정하기 위하여 필요하다고 인정되는 조치의 하나로 해당 사업자에 대하여 시정명령을 받은 사실을 통지하도록 명할 수 있다. 이러한 시정조치는 현재의 법 위반행위를 중단시키고, 향후 유사행위의 재발을 방지·억지하며, 왜곡된 경쟁질서를 회복시키고, 공정하고 자유로운 경쟁을 촉진시키는 데에 취지가 있는 것으로, 그중 통지명령은 통지명령의 상대방에 대한 피해구제가 목적이 아니고, 통지명령의 상대방으로 하여금 해당 사업자의 위반행위를 명확히 인식하도록 함과 동시에 해당 사업자로 하여금 통지명령의 상대방이 지속적으로 위반행위 여부를 감시하리라는 것을 의식하게 하여 향후 유사행위의 재발 방지·억지를 보다 효율적으로 하기 위한 것이다. 따라서 통지명령의 상대방은 반드시 당해 위반행위에 의하여 직접 영향을 받았던 자로 한정되어야 하는 것은 아니고, 그 취지와 필요성 등을 고려하여 향후 영향을 받을 가능성이 큰 자도 이에 포함될 수 있다".

139) [대법원 2007. 8. 23. 선고 2005도4471 판결] "회사합병이 있는 경우 피합병회사의 권리·의무는 사법상의 관계나 공법상의 관계를 불문하고 모두 합병으로 인하여 존속하는 회사에 승계되는 것이 원칙이지만, 그 성질상 이전을 허용하지 않는 것은 승계의 대상에서 제외되어야 할 것인바(대법원 2004. 7. 8. 선고 2002두1946 판결 등 참조), 양벌규정에 의한 법인의 처벌은 어디까지나 형벌의 일종으로서 행정적 제재처분이나 민사상 불법행위책임과는 성격을 달리하는 점, 형사소송법 제328조가 '피고인인 법인이 존속하지 아니하게 되었을 때'를 공소기각결정의 사유로 규정하고 있는 것은 형사책임이 승계되지 않음을 전제로 한 것이라고 볼 수 있는 점 등에 비추어 보면, 합병으로 인하여 소멸한 법인이 그 종업원 등의 위법행위에 대해 양벌규정에 따라 부담하던 형사책임은 그 성질상 이전을 허용하지 않는 것으로서 합병으로 인하여 존속하는 법인에 승계되지 않는다고 봄이 상당하다."

140) [대법원 2016. 6. 28. 선고 2014두13072 판결] "합병 전 회사의 위반행위를 이유로 합병 후 존속회사에 대하여 입찰참가자격 제한처분을 하는 경우 합병 전 회사의 위반행위 후 그 회사가 합병되었다는 사정은 국가계약법 시행규칙 제76조 제4항에 따라 자격제한기간의 감경 여부를 결정하는 참작사유에 불과할 뿐이고, 합병되었다는 사정 자체만으로 국가계약법 시행규칙 제76조 제4항에서 정하고 있는 감경사유에 해당한다고 볼 수는 없다."

이유로 존속회사 또는 신설회사에게 응분의 제제조치를 취할 수 있다는 판례는 있다.141)

이와 관련하여 회사분할의 경우에는, "회사 분할시 신설회사 또는 존속회사가 승계하는 것은 분할하는 회사의 권리와 의무라 할 것인바, 분할하는 회사의 분할 전 법 위반행위를 이유로 과징금이 부과되기 전까지는 단순한 사실행위만 존재할 뿐 그 과징금과 관련하여 분할하는 회사에게 승계의 대상이 되는 어떠한 의무가 있다고 할 수 없으므로, 특별한 규정이 없는 한 신설회사에 대하여 분할하는 회사의 분할 전 법 위반행위를 이유로 과징금을 부과하는 것은 허용되지 않는다."라는 것이 판례의 입장이다.142) 그러나 합병의 경우에는 소멸회사가 기존의 모습 그대로 존속회사와 합일되는 것이므로 존속분할에 관한 판례가 그대로 적용될 수 있는지에 대하여는 논란의 여지가 있다.

### (3) 전환사채·신주인수권부사채의 승계

상법은 제528조 제2항에서 "존속회사 또는 합병으로 인하여 설립된 회사가 합병으로 인하여 전환사채 또는 신주인수권부사채를 승계한 때에는 합병등기와 동시에 사채의 등기를 하여야 한다."라고 규정하므로, 전환사채 또는 신주인수권부사채의 승계를 예정하고 있다. 따라서 존속회사는 소멸회사의 전환사채를 당연히 승계하고, 이에 따라 합병계약서에 전환사채에 관한 규정을 두어야 할 것이다. 그러나 합병계약서에 그러한 규정을 두지 않았더라도 전환사채권자의 전환청구권은 포괄 승계된다고 보아야 할 것이다. 회사가 전환사채를 발행한 때에는 납입이 완료된 날부터 2주 내에 본점의 소재지에서 전환사채의 등기를 하여야 하고(514조의2①) 전환사채 발행사실이 충분히 공개되므로 전환청구권을 합병에 의한 포괄승계의 대상에서 제외할 근거가 없다.

다만, 자본시장법상 상장회사만 발행할 수 있는 전환형 조건부자본증권의 경우에는 상장회사인 소멸회사와 비상장회사인 존속회사 간의 합병에서는 승계될 수 없다. 그리고 전환사채를 승계함에 따라 존속회사 정관의 발행주식 관련 규정을 개정할 필요가 있을 수 있다.

한편 전환사채권자도 채권자보호절차의 보호대상인지 여부에 관하여는, 전환

141) 대법원 1994. 10. 25. 선고 93누21231 판결.
142) 대법원 2007. 11. 29. 선고 2006두18928 판결.

청구권 행사에 응하여 신주를 발행하여 줄 비대체적 채무에 대하여 소멸회사가 채
권자보호조치를 하는 것이 사실상 불가능하므로 그러한 비대체적 채무가 손해배상
채무로 전환되지 않는 이상 전환사채권자의 권리는 채권자보호절차의 보호대상에
포함되지 않는다.[143)]

## 4. 합병대가

　　흡수합병의 경우 존속회사는 소멸회사 주주에게 존속회사의 신주를 배정하고,
신설합병의 경우에도 신설회사는 합병당사회사의 주주에게 신주를 배정함으로써
소멸회사의 사원을 신설회사 또는 존속회사의 사원으로 수용한다.

　　다만, 흡수합병의 경우에는 존속회사가 소멸회사의 주주에게 합병대가의 전부
를 금전 그 밖의 재산으로 제공할 수 있다. 이를 교부금합병이라고 하는데, 상법상
교부금합병은 흡수합병의 경우에만 인정된다.[144)] 신설합병의 경우에 교부금합병을
인정하지 않는 이유는, 소멸회사 주주들이 합병대가의 전부를 금전 그 밖의 재산
으로 받게 되면 신설회사에 주주가 전혀 없게 되기 때문이다.[145)]

　　종래의 상법 제523조 제4호는 "존속하는 회사가 소멸회사의 주주에게 지급할
금액"이라고 규정하였으므로 합병대가의 "일부"를 금전으로 지급하는 것이 가능하
였고 이때 지급하는 금전도 합병교부금이라 불렀다. 이러한 의미의 합병교부금은
합병으로 인한 단주를 금전으로 환산하여 지급하거나 합병기일 이후 결산기가 도
래하는 경우 이익배당을 지급하기 위한 것이므로, 필요한 최소한의 범위 내에서만
인정되었다.[146)] 따라서 종래의 상법상 합병교부금이 지급되는 경우는 본래의 의미
의 교부금합병은 아니고 합병대가의 "전부"를 신주가 아닌 금전이나 그 밖의 재산
으로 제공할 수 있도록 한 2011년 개정상법에 의하여 비로소 본래의 의미의 교부

---

143) 김병태·김지훈, "기업조직재편상 주식관련사채에 관한 몇 가지 고려사항", 선진상사법률연
　　구 통권 제67호, 법무부(2014. 7), 58면.
144) 흡수합병의 합병계약서에는 "존속회사가 합병으로 소멸하는 회사의 주주에게 그 대가의 전
　　부 또는 일부로서 금전이나 그 밖의 재산을 제공하는 경우에는 그 내용 및 배정에 관한 사항"
　　을 기재하여야 한다(523조 제4호).
145) 앞에서 본 바와 같이, 어느 한 회사의 주주에게만 합병대가의 전부를 교부금으로 지급하는
　　경우에는 신설회사의 주주가 존재하게 되고 주주평등 문제도 없기 때문에 신설합병이 허용
　　된다.
146) 송종준, "폐쇄기업화거래의 공정요건과 소수주주의 보호", 상사법연구 제19권 제1호, 한국상
　　사법학회(2000), 235면.

금합병이 인정된 것이다.[147)]

교부금합병은 소수주주가 자신의 의사에 반하여 축출될 수 있는 경우이기도 한다. 특히 합병을 승인하기 위한 주주총회 특별결의의 요건상 3분의 1 이하의 지분을 소유한 주주들은 축출될 수 있다.[148)] 교부금합병은 다른 소수주주 축출제도인 주식매도청구제도와 달리 경영상 목적이 요구되지 않는다. 소수주주를 축출하기 위한 목적으로 교부금합병을 하더라도 그 것만으로 합병이 위법하다고 한다면 제도의 취지가 부인되는 것이다.[149)]

교부금합병의 경우에도 주주평등원칙이 적용되므로 지배주주에게는 합병신주를 발행하고 소수주주에게는 금전이나 그 밖의 재산을 제공하는 것은 원칙적으로 허용되지 않는다. 그러나 합병신주·금전·재산 등 모든 합병대가가 공정하게 평가되고 주주 전원이 동의한다면 주주들에게 서로 다른 종류의 합병대가가 제공되어도 된다.[150)]

## 5. 주주의 지위

합병에 의하여 소멸회사의 사원은 존속회사 또는 신설회사의 사원이 된다. 흡수합병의 경우에는 존속회사가 소멸회사의 주주에게 합병대가의 전부를 금전 그 밖의 재산으로 제공할 수 있다. 신설합병의 경우에는 신설회사가 합병당사회사의 주주에게 신주를 배정함으로써 소멸회사의 사원을 신설회사 또는 존속회사의 사원으로 수용한다.

주식회사에서도, 소멸회사의 주주는 신설회사 또는 존속회사의 주식(합병당시에

---

147) 다만, 법인세법상 합병가액의 80% 이상이 주식인 경우에만 적격합병으로 보아 익금으로 인식하지 아니하므로(법인세법 44조②2) 교부금합병의 활용도는 제한적일 것으로 보인다.

148) 미국에서는 정당한 사업목적이 없으면 지배주주가 소수주주를 축출할 수 없지만, 우리나라에서는 지배주주의 소수주주에 대한 충실의무가 인정되지 아니하므로 소수주주의 축출이 합병의 유일한 목적이라도 이를 막을 수는 없다. 일본에서는 조직재편행위시 조직재편의 대가로 주식 대신 금전, 사채 기타 재산을 교부할 수 있는데(日会 749조①1·2, ③), 현금만을 대가로 지급하는 교부금합병에 의한 소수주주의 축출이 가능하다.

149) 주식교환교부금에 관한 서울중앙지방법원 2016. 6. 22.자 2016카합80759 결정도 이러한 취지이다.

150) 일본 회사법은 흡수합병의 경우에는 금전을 합병대가로 교부할 수 있도록 규정하면서 신설합병의 경우에는 "금전"을 규정하지 않는데, 그 이유에 대하여 신설되기 전의 주체가 주주에게 지급할 금전을 보유하지 않기 때문이라고 설명하면서, 우리 상법상 금전 지급을 규정하지만 지급할 금전이 있는지 의문이라는 설명도 있는데(최문희, 전게논문, 32면), 신설회사는 소멸회사의 모든 권리의무가 포괄적으로 승계하므로 당연히 소멸회사가 보유하는 금전으로 지급할 수 있을 것이므로 이러한 설명이 적절한지는 의문이다.

발행하는 합병신주 또는 존속회사의 자기주식)을 교부받음으로써 그 주주의 지위를 취득한
다. 다만, i) 합병에 의하여 1주 미만의 단주만을 취득하게 되는 경우, ii) 합병에 반대
하는 주주가 주식매수청구권을 행사하는 경우에는 합병신주가 교부되지 않는다.151)

　　존속회사가 소멸회사의 주식을 소유하거나, 소멸회사가 자기주식을 소유하는
경우 등에는 합병신주가 배정되지 않는다고 보아야 한다.152)

　　회사의 영업연도 중간에 신주를 발행한 경우 그 신주에 대하여 구주와 같이 영
업연도 전체기간의 이익을 배당할 것인지(균등배당), 신주발행일이후의 일수에 비례
하여 배당할 것인지(일할배당)에 관하여, 전환주식을 전환한 경우 신주식에 대한 이
익배당에 관하여는, 정관이 정하는 바에 따라 그 청구를 한 때가 속하는 영업연도의
직전 영업연도 말에 전환된 것으로 할 수 있다는 제350조 제3항 후단이 신주발행
(423조①)에도 준용된다. 따라서 합병신주의 배당기산일에 관하여 일할배당과 균등배
당 중 합병당사회사가 선택하여 정할 수 있는데, 통상은 균등배당으로 정한다.153)

　　존속회사의 이사·감사로서 합병 전에 취임한 자는 합병계약서에 다른 정함이
있는 경우를 제외하고는 잔여 임기에 불구하고 합병 후 최초로 도래하는 결산기의

---

151) [대법원 2003. 2. 11. 선고 2001다14351 판결]【추심금】"회사의 합병이라 함은 두 개 이상의 회
　　사가 계약에 의하여 신회사를 설립하거나 또는 그 중의 한 회사가 다른 회사를 흡수하고, 소멸
　　회사의 재산과 사원(주주)이 신설회사 또는 존속회사에 법정 절차에 따라 이전·수용되는 효과
　　를 가져오는 것으로서, 소멸회사의 사원(주주)은 합병에 의하여 1주 미만의 단주만을 취득하게
　　되는 경우나 혹은 합병에 반대한 주주로서의 주식매수청구권을 행사하는 경우 등과 같은 특별
　　한 경우를 제외하고는 원칙적으로 합병계약상의 합병비율과 배정방식에 따라 존속회사 또는
　　신설회사의 사원권(주주권)을 취득하여, 존속회사 또는 신설회사의 사원(주주)이 된다."
152) 구체적으로 보면, 흡수합병의 경우 소멸회사의 자기주식은 합병에 의하여 당연히 소멸한다
　　고 해석하는 것이 통설이다. 합병신주를 교부하더라도 이는 존속회사에 승계되어 자기주식으
　　로 된다. 존속회사가 소유하고 있던 소멸회사의 주식에 대하여 합병으로 인하여 발행되는 존
　　속회사의 신주를 존속회사가 배정받을 수 있는가에 대하여는 견해가 대립하지만, 상법 제341
　　조의2가 이러한 경우를 규정한 것은 아니고, 그렇다고 일반목적에 의한 취득으로 본다면 상법
　　상 규정된 취득방법에 반하므로 합병신주발행을 하지 않는 것이 적절할 것이다. 존속회사가
　　가지고 있는 소멸회사의 주식에 대하여 존속회사의 신주를 배정하지 아니하는 때에는 합병에
　　의하여 증가하는 금전의 자본액은 그 만큼 적어지므로 소멸회사로부터 승계하는 순재산액과
　　합병에 의한 자본증가액의 차액이 자본준비금으로 적립되게 될 것이다(459조①, 슈 18조). 소
　　멸회사가 소유한 존속회사의 주식은 합병에 의하여 취득한 자기주식이 되므로 상당한 시기에
　　처분하거나 합병과 동시에 소각하여야 한다. 이상의 내용은 합병계약서에 기재하여야 할 것이
　　다. 일본에서도 상법상 명문의 규정은 없었지만 소멸회사의 자기주식과 존속회사가 소유하는
　　소멸회사 주식에 대하여는 합병신주를 배정하지 않는다고 해석하였는데, 회사법은 이를 명문
　　으로 규정한다(日숲 749조①3).
153) 특히, 거래소 상장규정상 배당기산일이 주식의 종류별로 다르면 상장유예사유가 된다(유가
　　증권 상장규정 24조①2). 따라서 합병신주를 상장하기 위하여는 구주와 배당기산일이 같아야
　　한다.

정기총회가 종료하는 때에 퇴임한다(527조의4①).[154] 이들의 선임에는 합병으로 소
멸하는 회사의 주주였다가 존속회사의 주주로 된 자들의 의사가 반영되지 않았으
므로 합병에 의하여 그 구성이 변화된 주주들이 이사·감사를 새로 선임하기 위한
것이다.

소규모합병과 소규모교환의 경우에도 배제규정이 없으므로 제527조의4 제1항
이 적용되는데, 소규모합병과 소규모교환의 경우에는 주주 구성에 별다른 변동이
없으므로 그 적용을 배제하는 것이 타당하다. 현행 규정상 배제규정이 없지만, 합
병계약서나 교환계약서에서 임기에 관하여 달리 정하는 방법은 가능하다.

이 규정에 대하여 "정기총회가 종료하는 때까지 그 임기가 연장된다"고 설명
하는 견해도 있지만,[155] 이는 "정기총회가 종료하는 때에 퇴임한다."라는 명문의
규정에 정면으로 반하고, 그 취지에도 부합하지 않는다.

상법은 이사의 임기연장에 관하여는, "정관으로 그 임기중의 최종의 결산기에
관한 정기주주총회의 종결에 이르기까지 연장할 수 있다."라고 규정함으로써(383조
③) 임기만료자의 임기연장을 규정하고, 합병에 관하여는 "합병 전에 취임한 자는
합병계약서에 다른 정함이 있는 경우를 제외하고는 잔여 임기에 불구하고 합병 후
최초로 도래하는 결산기의 정기총회가 종료하는 때에 퇴임한다."라고 규정함으로써
취임한 자의 조기퇴임을 규정하므로, 서로 그 대상과 규정형식이 다르다.

이에 따라 실무상으로는 존속회사 이사·감사의 임기를 합병 후에도 계속 유지
하려는 경우, 합병계약서에 존속회사의 이사·감사는 합병에도 불구하고 잔여 임기
가 유지된다는 점을 명시하기도 한다.

완전모회사의 이사·감사로서 주식교환 전에 취임한 자도 주식교환계약서에
다른 정함이 있는 경우를 제외하고는 주식교환 후 최초로 도래하는 결산기에 관한
정기총회가 종료하는 때에 퇴임한다(360조의13).

## 7. 소송법상 효과

소송당사자인 회사가 합병으로 소멸하는 경우 소송절차가 중단되고 존속회사

---

154) 일본 상법에는 이러한 규정이 있었으나(414조의3), 회사법에서는 삭제하였다.
155) 최준선, 699면(후임자 선임을 위한 임시주주총회의 소집절차를 생략하기 위하여 합병 후 최
　　초로 도래하는 결산기의 정기총회일 이전에 임기만료되는 이사·감사의 임기를 그 정기총회일
　　까지 연장한다는 취지로 보는 해석이다).

또는 신설회사가 소송절차를 수계하여야 한다(民訴法 234조).

## 8. 자회사의 모회사주식 취득금지의 예외

원칙적으로 자회사는 모회사의 주식을 취득할 수 없으나, 합병으로 인한 때에는 모회사의 주식을 취득할 수 있다(342조의2①).[156)]

## 9. 개인정보 이전

「개인정보보호법」상 개인정보처리자는 영업의 전부 또는 일부의 양도·합병 등으로 개인정보를 다른 사람에게 이전하는 경우에는 미리 다음 각 호의 사항을 대통령령으로 정하는 방법에 따라 해당 정보주체에게 알려야 한다(同法 27조①).

1. 개인정보를 이전하려는 사실
2. 개인정보를 이전받는 자("영업양수자등")의 성명(법인의 경우에는 법인의 명칭), 주소, 전화번호 및 그 밖의 연락처
3. 정보주체가 개인정보의 이전을 원하지 아니하는 경우 조치할 수 있는 방법 및 절차

영업양수자등은 개인정보를 이전받았을 때에는 지체 없이 그 사실을 대통령령으로 정하는 방법에 따라 정보주체에게 알려야 한다. 다만, 개인정보처리자가 제1항에 따라 그 이전 사실을 이미 알린 경우에는 그러하지 아니하다(同法 27조②). 영업양수자등은 영업의 양도·합병 등으로 개인정보를 이전받은 경우에는 이전 당시의 본래 목적으로만 개인정보를 이용하거나 제3자에게 제공할 수 있다. 이 경우 영업양수자등은 개인정보처리자로 본다(同法 27조③).[157)]

---

156) 일본에서도 자회사의 모회사주식취득이 금지되고(日会 135조①), 다만 예외적으로, 다른 회사의 사업의 전부를 양수하는 경우에 있어서 해당 다른 회사가 소유하는 모회사주식을 양수하는 경우, 합병으로 소멸하는 회사로부터 모회사주식을 승계하는 경우, 흡수분할에 의하여 다른 회사로부터 모회사주식을 승계하는 경우, 신설분할 및 흡수분할에 의하여 다른 회사로부터 모회사주식을 승계하는 경우 등에는 모회사주식의 취득이 허용되나, 상당한 시기에 취득주식을 처분하여야 한다(日会 135조③).
157) 「정보통신망 이용촉진 및 정보보호 등에 관한 법률」 제26조도 같은 취지로 규정한다.

# Ⅵ. 합병무효의 소

## 1. 소의 의의와 법적 성질

합병으로 인하여 다수의 이해관계인이 생기므로 합병에 무효원인이 있는 경우 이해관계인들이 개별적으로 합병의 효력을 다투는 소송을 제기한다면 단체법률관계의 불안정이 초래된다. 따라서 상법은 이해관계인 전원의 권리관계를 획일적으로 확정하기 위하여 합병무효의 소를 규정한다. 합병무효의 소는 형성의 소로서 제소권자·제소기간·주장방법 등에 대한 제한이 있다.

## 2. 소송당사자

### (1) 원    고

1) 각 회사의 주주 등
주식회사와 유한회사의 경우에는 각 회사의 주주(사원)·이사·감사·청산인·파산관재인 또는 합병을 승인하지 아니한 채권자만이 합병등기일로부터 6개월 내에 소만으로 이를 주장할 수 있다(529조①, 603조).[158]
상법 제529조 제1항의 "각 회사의"라는 법문상 흡수합병의 경우에는 흡수합병계약의 양당사자인 존속회사 및 소멸회사의 각 주주가 제소권자이고, 신설합병의 경우에는 신설합병계약의 양당사자 및 신설회사의 각 주주가 제소권자이다.[159][160]

---

[158] 합명회사·합자회사·유한책임회사의 경우에는 사원·청산인·파산관재인·합병을 승인하지 아니한 채권자가 합병무효의 소를 제소할 수 있다(236조①, 269조, 287조의41).

[159] 일본 회사법은 흡수합병·신설합병에 의하여 소멸하는 회사의 주주 등을 제소권자로 명시한다(日会 828조②7·8).

[160] [대법원 2008. 1. 10. 선고 2007다64136 판결][주식회사합병무효청구][남한제지·풍만제지 합병무효사건] "합병비율을 정하는 것은 합병계약의 가장 중요한 내용이고, 그 합병비율은 합병할 각 회사의 재산 상태와 그에 따른 주식의 실제적 가치에 비추어 공정하게 정함이 원칙이며, 만일 그 비율이 합병할 각 회사의 일방에게 불리하게 정해진 경우에는 그 회사의 주주가 합병 전 회사의 재산에 대하여 가지고 있던 지분비율을 합병 후에 유지할 수 없게 됨으로써 실질적으로 주식의 일부를 상실케 되는 결과를 초래하므로, 현저하게 불공정한 합병비율을 정한 합병계약은 사법관계를 지배하는 신의성실의 원칙이나 공평의 원칙 등에 비추어 무효이고, 따라서 합병비율이 현저하게 불공정한 경우 합병할 각 회사의 주주 등은 상법 제529조에 의하여 소로써 합병의 무효를 구할 수 있다."

삼각합병의 경우 모회사는 합병당사회사가 아니므로 모회사의 주주는 합병무효의 소의 제소권자로 볼 수 없다.161)

합병절차에서 합병반대주주로서 매수청구를 한 주주도 매수대금을 받기 전에는 주주이므로 합병무효의 소를 제기할 수 있다. 매수청구 자체는 주주총회 결의의 유효를 전제로 하는 것이지만, 매수청구에 의하여 하자가 치유되는 것은 아니므로 매수청구주주의 제소권을 인정하여야 한다. 주주총회에서 합병결의에 찬성한 주주는 제소권자이다.

매수대금이 지급되기 전에 합병무효판결이 확정되면 매수청구는 실효되는데, 만일 원고 주주가 판결 확정 전에 매수대금을 지급받게 되면 주주의 지위를 상실하므로 당사자적격의 흠결로 소가 각하될 것이다. 원고 중 일부만이 당사자적격을 상실한 상태에서 합병무효판결이 선고되는 경우, 합병무효판결은 이미 매수대금을 지급받아 당사자적격을 상실한 원고에게도 효력이 미치지만(대세적 효력), 판결의 소급효 제한으로 주주는 대금을 반환할 필요가 없다.

2) 채 권 자

합병을 승인하지 아니한 채권자도 합병무효의 소의 제소권자이다(529조①). "합병을 승인하지 아니한 채권자"는 이의를 제출하였으나 변제나 담보제공 등을 받지 못한 자를 의미한다. 공고·최고에 불구하고 이의제출기간 내에 이의를 제기하지 아니한 채권자는 합병을 승인한 것으로 간주하므로(527조의5③, 232조②) 제소권자가 될 수 없고, "합병을 승인하지 아니한 채권자"만 제소권자이므로 회사가 이의제출에 대한 공고·최고를 하지 않은 경우에도 합병을 승인한 채권자는 제소권자가 될 수 없다.

3) 공정거래위원회

「독점규제 및 공정거래에 관한 법률」에 의하여, 직접 또는 특수관계인을 통하여 일정한 거래분야에서 경쟁을 실질적으로 제한하는 다른 회사와의 합병은 원칙적으로 금지되고(同法 7조①3). 이에 위반한 합병에 대하여는 공정거래위원회가 합병무효의 소를 제기할 수 있다(同法 16조②).162)

---

161) 다만, 자회사에 현저하게 불공정한 삼각합병의 경우에는 모회사의 주주에게도 원고적격을 부여하도록 함이 타당하다는 견해도 있고[황현영, "상법상 교부금합병과 삼각합병의 개선방안 연구", 상사판례연구 제25집 제4권, 한국상사판례학회(2012), 261면], 상법 제529조를 적용 또는 유추적용하여 모회사의 주주, 이사 등도 합병무효의 소를 제기할 수 있다고 해석함이 타당하다는 견해도 있는데(윤영신, 전게논문, 44면), 입법론으로는 몰라도 현행 규정상 모회사의 주주도 삼각합병무효의 소의 제소권자로 해석할 근거는 없다고 본다.

162) 공정거래위원회는 제7조(기업결합의 제한) 제1항, 제8조의3(채무보증제한기업집단의 지주회

#### 4) 합병당사회사

법문상 합병당사회사는 제소권자가 아니다. 그러나 위에서 본 바와 같이 합병무효의 소에 대한 제소권자의 범위가 넓기 때문에 실제로는 합병당사회사가 제소할 수 없어도 문제되지 않는다.

### (2) 피    고

합병무효의 소의 피고는 존속회사 또는 신설회사이다. 소멸회사는 이미 법인격이 존재하지 아니하므로 피고적격이 없다.

## 3. 소의 원인

### (1) 일반적 합병무효사유

일반적 합병무효사유는 합병제한에 관한 법률위반, 합병계약서의 법정요건 흠결, 채권자보호절차 위반, 합병승인 결의의 하자 등이다. 채권자보호절차 위반은 회사가 채권자에 대한 공고·최고절차를 흠결하였거나 이의를 제출한 채권자에 대한 변제 등을 하지 않는 등의 경우를 말한다.

### (2) 주식매수청구권

주식회사의 합병에 있어서 반대주주에게 주식매수청구권의 행사기회를 부여하지 않은 것은 원칙적으로 합병무효사유로 보아야 한다.[163] 다만, 합병은 다수의 이해관계인이 있고 고도의 거래안전이 요구되므로 주주가 주식양도 등 다른 방법으로 투하자본을 회수한 경우에는 제189조에 의하여 재량기각판결이 선고될 가능성이 클 것이다.[164]

### (3) 합병비율의 현저한 불공정

합병비율을 정하는 것은 합병계약의 가장 중요한 내용이고, 그 합병비율은 합

---

사 설립제한), 제12조 제8항을 위반한 회사의 합병 또는 설립이 있는 때에는 당해 회사의 합병 또는 설립무효의 소를 제기할 수 있다(同法 16조②).
163) 주식매수청구권 규정 위반과 거래의 무효사유에 관하여는 [제4장 제2절 Ⅱ. 주주총회의 소집과 결의] 부분에서 상술한다.
164) 대법원 2010. 7. 22. 선고 2008다37193 판결.

병할 각 회사의 재산 상태와 그에 따른 주식의 실제적 가치에 비추어 공정하게 정함이 원칙이다. 만일 그 비율이 합병할 각 회사의 일방에게 불리하게 정해진 경우에는 그 회사의 주주가 합병 전 회사의 재산에 대하여 가지고 있던 지분비율을 합병 후에 유지할 수 없게 됨으로써 실질적으로 주식의 일부를 상실케 되는 결과를 초래한다.

그러나 합병비율의 단순한 불공정은 합병무효사유로 되지 않고,165) 현저한 불공정만이 합병무효사유가 된다. 판례는 현저하게 불공정한 합병비율을 정한 합병계약은 사법관계를 지배하는 신의성실의 원칙이나 공평의 원칙 등에 비추어 무효이고, 합병비율이 현저하게 불공정한 경우 합병할 각 회사의 주주 등은 합병무효의 소를 제기할 수 있다는 입장이다.166) 다만, 판례는 합병무효사유를 엄격하게 해석하여 관련 법령이 정한 요건과 방법 및 절차 등에 기하여 합병가액을 산정하고 그에 따라 합병비율을 정하였다면 그 합병가액 산정이 허위자료에 의한 것이라거나 터무니없는 예상 수치에 근거한 것이라는 등의 특별한 사정이 없는 한, 그 합병비율이 현저하게 불공정하여 합병계약이 무효로 된다고 볼 수 없다는 입장이다.167)

---

165) 미국에서는 합병비율의 불공정에 대하여 주식매수청구권을 유일한 구제수단으로 인정하고 다른 구제청구를 허용하지 않는다고 명시적으로 규정하는 제정법도 있고, 제정법에 이와 같은 명시적인 규정이 없어도 반대주주의 주식매수청구권이 인정되는 이상 반대주주의 손해배상청구 등 형평법상의 구제는 청구할 수 없다고 해석하는 것이 일반적인 견해이다. 주식매수청구권의 배타성을 인정하는 취지는 경영판단원칙에 의하여 합병비율에 대한 회사 경영진의 판단을 존중하기 위한 것이다. 독일의 조직재편법상, 합병비율의 불공정에 대하여 소멸회사의 주주는 합병결의의 효력을 다툴 수 없고(UmwG 14조②) 금전보상을 청구할 수 있을 뿐이고(UmwG 15조), 존속회사의 주주는 합병결의의 효력을 다툴 수 있다.

166) 대법원 2009. 4. 23. 선고 2005다22701, 22718 판결, 대법원 2008. 1. 10. 선고 2007다64136 판결. 미국에서도 예외적으로 사기나 자기거래의 경우 외에, 합병비율이 현저하게 불공정하여(grossly unfair) 지배주주가 소수주주의 이익을 미필적 고의에 의하여 무시하였다는 사실이 증명되면 의제사기(constructive fraud)로 보아 형평법상 구제청구가 인정된다. 그러나 일본의 판례는 합병비율의 현저한 불공정 자체는 합병무효사유로 되지 않는다는 부정설의 입장인데(東京高判平成 2·1·31 資料版商事法務 77-193), 현저한 불공정마저도 합병무효사유로 보지 않는 것에 대하여 의문을 제기하는 견해도 많다(神田秀樹, 363면).

167) [대법원 2009. 4. 23. 선고 2005다22701, 22718 판결] "현저하게 불공정한 합병비율을 정한 합병계약은 사법관계를 지배하는 신의성실의 원칙이나 공평의 원칙 등에 비추어 무효이고, 따라서 합병비율이 현저하게 불공정한 경우 합병할 각 회사의 주주 등은 상법 제529조에 의하여 소로써 합병의 무효를 구할 수 있다. 다만, 합병비율은 자산가치 이외에 시장가치, 수익가치, 상대가치 등의 다양한 요소를 고려하여 결정되어야 할 것인 만큼 엄밀한 객관적 정확성에 기하여 유일한 수치로 확정할 수 없고, 그 제반요소의 고려가 합리적인 범위 내에서 이루어진 것이라면 결정된 합병비율이 현저하게 부당하다고 할 수 없다. 따라서 합병당사회사의 전부 또는 일부가 주권상장법인인 경우 구 증권거래법과 그 시행령 등 관련 법령이 정한 요건과 방

나아가 상장회사가 자본시장법이 규정하는 산식에 따라 합병가액을 정하고 그에 따라 합병비율을 정한 경우에는 합병비율의 현저한 불공정이 인정되기 매우 어려울 것이다.

## 4. 소송절차

### (1) 제소기간

합병무효의 소의 제소기간은 합병등기가 있은 날부터 6개월 내이다(529조②).[168] 합병무효사유의 주장시기에 대하여도 위 제소기간의 제한이 적용된다.[169] 공정거래위원회가 「독점규제 및 공정거래에 관한 법률」에 위반한 합병에 대하여 합병무효의 소를 제기하는 경우에는 제소기간에 대한 제한규정이 없어서 해석상 논란의 여지가 있다.[170]

### (2) 합병무효의 소의 소송절차

합명회사 합병무효의 소의 소송절차와 판결의 효력에 관한 규정(236조부터 240조까지)은 주식회사의 합병무효의 소에 준용된다(530조②).[171]

---

법 및 절차 등에 기하여 합병가액을 산정하고 그에 따라 합병비율을 정하였다면 그 합병가액 산정이 허위자료에 의한 것이라거나 터무니없는 예상 수치에 근거한 것이라는 등의 특별한 사정이 없는 한, 그 합병비율이 현저하게 불공정하여 합병계약이 무효로 된다고 볼 수 없다"(同旨: 대법원 2008. 1. 10. 선고 2007다64136 판결).

168) 다른 종류의 회사도 제소기간은 합병등기가 있은 날부터 6개월 내이다(236조②, 269조, 287조의41, 603조).

169) 대법원 2004. 6. 25. 선고 2000다37326 판결.

170) 법률관계의 안정을 위하여 이 경우에도 6월의 제소기간을 적용하는 것이 타당하다는 견해가 유력하다[권기범(기), 334면].

171) 商法 제236조부터 제240조까지의 규정은 합자회사(269조), 유한책임회사(287조의41), 유한회사(603조) 등의 합병무효의 소에도 준용된다. 제237조는 회사의 해산명령 청구시 담보제공에 관한 제176조 제3항 및 제4항의 준용, 제238조는 합병무효의 등기, 제239조는 무효판결확정과 회사의 권리의무의 귀속, 제240조는 합명회사 설립 무효·취소의 소에 관한 제186조부터 제191조까지(전속관할, 소제기의 공고, 소의 병합심리, 하자의 보완과 청구기각, 판결의 효력)의 규정의 준용 등에 관한 규정이다. 따라서 상법 제240조에 의하여 준용되는 규정인 합명회사설립무효의 소의 전속관할, 소제기의 공고, 소의 병합심리, 하자의 보완과 청구기각 등에 관한 규정(196조부터 제190조까지)은 다른 종류의 회사의 합병무효의 소에 준용된다(269조, 287조의41, 530조②, 603조). 유한회사의 합병에 관한 제603조는 주식회사의 합병무효의 소에 관한 제529조도 준용한다.

### (3) 합병승인결의의 하자와 합병무효의 소

주주총회의 합병승인결의의 하자는 합병무효사유로 흡수되므로, 주주총회 결의에 대한 취소·무효확인·부존재확인 등의 소는 별도로 제기할 수 없다.172) 다만, 합병무효의 소는 합병등기 이후에 제기할 수 있으므로 합병등기 전에는 합병승인결의의 하자에 관한 소를 제기할 수 있다. 그리고 합병승인결의의 하자에 관한 소가 제기된 후 합병등기가 경료되면 원고는 합병무효의 소의 제소기간 내에 합병무효의 소로 청구를 변경할 수 있다.173) 주주총회 결의에 취소사유만 있음에도 결의무효확인·부존재확인을 구하였다가 결의취소의 소로 변경하려면 결의무효확인·부존재확인의 소가 제기된 당시 결의취소의 소로서의 제소기간 요건을 구비하여야 하지만,174) 합병등기 전에 합병승인결의의 하자에 관한 소를 제기한 경우에는 합병등기일로부터 6월이라는 제소기간은 문제되지 않는다고 볼 것이다.

유한회사 사원총회 결의의 하자에 관하여는 주주총회에 관한 규정(376조부터 제381조까지의 규정)이 준용된다(578조).

## 5. 판결의 효력

### (1) 원고승소판결

#### 1) 대세적 효력

합병무효판결은 제3자에 대하여도 그 효력이 있다(530조②, 240조, 190조 본문).175)

---

172) [대법원 1993. 5. 27. 선고 92누14908 판결] "회사합병에 있어서 합병등기에 의하여 합병의 효력이 발생한 후에는 합병무효의 소를 제기하는 외에 합병결의무효확인청구만을 독립된 소로서 구할 수 없다."
173) 실제로 주택은행과 국민은행 간의 합병에 관하여 원고는 합병등기가 경료되자 합병승인결의무효 및 부존재확인의 소를 합병무효 및 이사회 결의무효확인의 소로 변경하였다(이사회 결의는 은행장선임에 관한 것임).
174) 대법원 2003. 7. 11. 선고 2001다45584 판결.
175) (흡수합병무효판결의 주문례)
　　피고(존속회사)와 소외 ○○주식회사(해산시의 본점소재지: ) 사이에 20 ⋯ 행해진 합병은 이를 무효로 한다.
　　(신설합병무효판결의 주문례)
　　소외 ○○주식회사(해산시의 본점소재지: )와 소외 ○○주식회사(해산시의 본점소재지: ) 사이에 피고를 신설회사로 하는 20 ⋯ 행해진 합병은 이를 무효로 한다.

2) 소급효 제한

합병무효판결의 확정 전에 생긴 회사와 주주 및 제3자간의 권리의무에 영향을 미치지 않는다(530조②, 240조, 190조 단서). 따라서 합병무효판결의 확정 전에 이루어진 이익배당이나 합병으로 인한 신주를 양도한 경우 그 양도계약의 이행은 모두 확정적으로 유효이고 합병무효판결에 의하여 무효로 되는 것이 아니다. 마찬가지로 합병절차에서 주식매수청구권을 행사하여 매수대금을 수령한 주주의 권리의무에도 영향을 미치지 아니하므로 합병무효판결에 의하여 주주로 복귀할 수 없다고 본다.176)

3) 합병 전 상태로의 복귀

(가) 회사의 분할    합병무효판결의 확정으로 당사회사들은 합병 전 상태로 복귀한다. 흡수합병의 경우에는 소멸한 회사가 부활하여 존속회사로부터 분할되고, 신설합병의 경우에는 소멸한 당사회사들이 모두 부활하면서 분할된다.177) 즉, 합병으로 합쳐진 회사는 합병무효판결에 의하여 장래에 향하여 다시 복수의 회사로 환원된다.

(나) 권리의무의 처리

가) 합병으로 승계한 권리의무    존속회사·신설회사가 소멸회사로부터 승계한 권리의무는 현존하는 범위에서 당연히 부활한 소멸회사에 귀속한다. 다만, 합병무효판결의 불소급효로 인하여 합병 후 존속회사·신설회사가 권리를 처분하였거나 의무를 이행한 경우에는 그 가액에 따른 현존가치로 청산하여야 할 것이다.

나) 합병 후 취득한 재산과 부담한 채무    합병을 무효로 한 판결이 확정된 때에는 합병을 한 회사는 합병 후 존속한 회사 또는 합병으로 인하여 설립된 합병 후 부담한 채무에 대하여 연대하여 변제할 책임이 있다(530조②, 239조①). 합병 후 존속한 회사 또는 합병으로 인하여 설립한 회사의 합병 후 취득한 재산은 합병을 한 회사의 공유로 한다(530조②, 239조②). 이와 같은 경우에 각 회사의 협의로 그 부담부분 또는 지분을 정하지 못한 때에는 법원은 그 청구에 의하여 합병당시의 각

---

176) 합병무효판결의 소급효 제한으로 인하여 존속회사가 부당하게 과다한 이익배당을 하는 등의 경우에는 합병이 무효로 되어도 소멸회사 주주의 종전의 지분가치가 이미 상당히 훼손되어 이를 회복할 길이 없으므로 합병무효의 소 자체의 실효성에 의문을 제기하기도 한다[권기범(기), 336면].

177) 합병무효판결의 확정으로 회사가 분할되는 것은 상법 제530조의2 이하의 규정에 의한 회사분할과 다른 것이다.

회사의 재산상태 기타의 사정을 참작하여 이를 정한다(530조②, 239조③).[178]

　　4) 합병무효의 등기

　　합병을 무효로 한 판결이 확정된 때에는 장래에 향하여 합병 이전의 상태로 환원하기 위하여, 본점과 지점의 소재지에서 합병 후 존속한 회사의 변경등기, 합병으로 인하여 소멸된 회사의 회복등기, 합병으로 인하여 설립된 회사의 해산등기를 하여야 한다(530조②, 238조).[179]

　　(2) 원고패소판결

　　1) 대인적 효력

　　원고패소판결의 경우에 대하여는 대세적 효력이 인정되지 않고, 기판력의 주관적 범위에 관한 민사소송법의 일반원칙에 따라 판결의 효력은 소송당사자에게만 미친다. 따라서 다른 제소권자는 새로 소를 제기할 수 있다. 다만, 합병무효의 소의 제소기간은 합병등기가 있은 날부터 6개월 내이므로 제소기간이 경과할 가능성이 클 것이다.

　　2) 패소원고의 책임

　　합병무효의 소를 제기한 자가 패소한 경우에 악의 또는 중대한 과실이 있는 때에는 "회사"에 대하여 연대하여 손해를 배상할 책임이 있다(530조②, 240조, 191조). 이는 물론 남소를 방지하기 위한 규정이다.

　　여기서 "회사"의 범위에 관하여, 존속회사·신설회사뿐이 아니고 청산인·파산관재인 등도 제소권자임에 비추어 소멸회사도 포함한다는 것이 다수설이다. 그러나 손해배상청구권도 존속회사 또는 신설회사에 승계되는 것으로 보면 될 것인데, 합병으로 청산절차를 거치지 않고 법인격을 상실한 소멸회사를 위 "회사"에 포함할 실익이 있는지 의문이다.

　　3) 재량기각

　　(가) 하자보완 요건　　　　합병무효의 소에 준용되는 제189조는 "설립무효의 소

---

178) 이는 비송사건으로서 합병무효의 소의 제1심법원이 전속관할법원이다(非訟法 72조②). 또한 비송사건절차법 제75조 제1항, 제78조, 제85조 제3항을 준용되므로(非訟法 100조), 재판은 이유를 붙인 결정으로써 하여야 하고(非訟法 75조①), 재판에 대하여 즉시항고를 할 수 있고(非訟法 78조), 항고는 집행정지의 효력이 있다(非訟法 85조③).

179) 회사 합병을 무효로 하는 판결이 확정되면 제1심 수소법원은 회사의 본점과 지점 소재지의 등기소에 그 등기를 촉탁하여야 한다(非訟法 99조, 98조②).

또는 설립취소의 소가 그 심리 중에 원인이 된 하자가 보완되고 회사의 현황과 제반 사정을 참작하여 설립을 무효 또는 취소하는 것이 부적당하다고 인정한 때에는 법원은 그 청구를 기각할 수 있다."라고 규정한다. 따라서 합병무효의 소가 그 심리 중에 원인이 된 하자가 보완되고 회사의 현황과 제반사정을 참작하여 합병을 무효로 하는 것이 부적당하다고 인정한 때에는 법원은 그 청구를 기각할 수 있다.

합병무효판결의 소급효 제한으로 인하여 판결확정 전에 생긴 회사와 주주 및 제3자간의 권리의무에 영향을 미치지 아니하지만, 합병 후 회사법률관계에 들어 온 자들의 신뢰를 보호할 필요가 있으므로 합병무효의 소에서는 하자의 보완에 의한 청구기각 가능성이 다른 회사법상의 소에 비하여 높을 것이다.[180]

(나) 하자가 보완할 수 없거나 보완되지 아니한 경우  법원은 합병무효의 소를 재량기각하기 위해서는 원칙적으로 그 소 제기 전이나 그 심리 중에 원인이 된 하자가 보완되어야 할 것이나, 그 하자가 추후 보완될 수 없는 성질의 것인 경우에는 그 하자가 보완되지 아니하였다고 하더라도 회사의 현황 등 제반 사정을 참작하여 합병무효의 소를 재량기각할 수 있다.[181]

---

180) 합병비율의 불공정이 합병무효원인인 경우에는 공정한 비율과의 차액을 보상하도록 하는 방법으로 하자를 보완하는 것도 가능하다는 견해도 있다[권기범(기), 334면].
181) 同旨: 대법원 2010. 7. 22. 선고 2008다37193 판결(분할합병무효의 소), 대법원 2004. 4. 27. 선고 2003다29616 판결(자본금감소무효의 소).

# 제 2 절  회사분할

## I. 총    설

### 1. 의    의

회사분할은 회사의 합병에 반대되는 제도로서, 분할회사의 적극·소극재산의 전부 또는 일부가 분리되어 적어도 하나 이상의 신설회사 또는 기존회사에 부분적으로 포괄승계되고, 그 대가로 신설회사 또는 기존회사의 주식이 원칙적으로 분할회사의 주주들에게, 예외적으로 분할회사 자신에게 부여되는 회사법상의 제도 내지 행위이다. 회사분할의 개념에 대한 설명은 다양하다.1)

회사분할제도는 외환위기의 극복과정에서 기업의 구조조정을 지원하기 위한

---

1) 회사분할의 개념에 대하여는, "분할회사의 권리·의무(적극·소극재산)의 전부 또는 일부가 분리되어 적어도 하나 이상의 신설 또는 기존회사에 부분적으로 포괄승계되고, 그 대가로 승계회사의 주식이 분할회사의 주주 또는 분할회사 자신에게 부여되는 단체법·조직법상의 행위 또는 제도"(권기범, 122면); "하나의 회사의 영업이 둘 이상의 회사로 분리되면서 그 영업에 관하여 발생한 권리의무를 신설회사 또는 승계회사에 승계시키는 것을 목적으로 하는 회사의 행위"(송옥렬, 1226면); "하나의 회사의 영업을 둘 이상으로 분리하고 분리된 영업재산을 자본으로 하여 회사를 신설하거나 다른 회사와 합병시키는 조직법적 행위"(이철송, 1088면); "하나의 회사를 두개 이상의 회사로 분리하고, 분할되는 회사의 재산의 일부가 이를 넘겨받는 수개의 회사로 포괄승계되고, 재산을 넘겨받는 회사가 그 반대급여로 지분(주식)을 발행하여 교부하는 것"(정동윤, 966면); "1개의 회사가 2개 이상의 회사로 나누어져, 분할전회사(피분할회사)의 권리의무가 분할후회사에 포괄승계되고 원칙적으로 분할전회사의 사원이 분할후회사의 사원이 되는 회사법상의 법률요건"(정찬형, 507면); 어느 한 회사의 적극재산과 소극재산의 총체 및 사원이 분리되어 적어도 하나 이상의 신설 또는 기존의 수혜회사에 포괄적으로 승계되고, 그 대가로 수혜회사의 주식 내지 사원권이 원칙적으로 피분할회사의 사원에게 부여되는 회사법상의 제도"(최기원, 1159면); "1개의 회사가 2 이상으로 분할되어 1개 또는 수개의 회사를 설립하거나 1개 또는 수개의 존립 중의 회사와 합병하고, 분할로 인하여 설립되거나 분할 후 존속하는 회사가 분할되는 회사의 권리의무 및 사원(주주)을 승계하며, 분할로 인하여 소멸하는 회사는 청산절차를 거치지 아니하고 소멸하는 회사법상 법률요건"(최준선, 701면) 등과 같이 학자들마다 다양하게 설명한다.

목적으로 1998년 상법개정시 도입되었다. 이와 관련하여 회사분할의 본질은 회사재
산의 부분적 포괄승계와 그 대가로서의 사원권의 부여를 본질적 요소로 하는 조직
법·단체법상의 행위 내지 기업구조조정수단으로 설명하기도 한다.2) 그 밖에 회사
분할은 기업의 일부를 분리하여 전문적이고 효율적으로 운영할 수 있고, 리스크가
큰 영업부문을 분리함으로써 기업 전체의 리스크를 줄일 수 있다는 장점이 있다.
한편 지주회사 전환을 위한 첫 단계로 인적분할이 활용되는데, 일반적으로 인적분
할, 공개매수, 현물출자의 순서대로 진행한다. 먼저 인적분할에 의하여 자회사를 설
립하고 지배주주가 인적분할에 의하여 소유하게 되는 자회사의 지분과 공개매수에
의하여 추가로 확보한 지분을 지주회사에 현물출자함으로써 지주회사에 대한 지배
권을 강화하는 방식이 대표적이다.

   회사분할은 권리의무의 일부가 포괄승계된다는 점에서, 권리의무의 전부가 포
괄승계되는 합병과 다르고, 권리의무가 특정승계되는 영업의 현물출자와 다르다.3)

## 2. 회사분할의 주체

### (1) 주식회사

   상법상 회사분할 규정은 회사에 관한 제3편 중 주식회사에 관한 제4장에 규정
되어 있으므로 주식회사만이 상법상 회사분할을 할 수 있고, 주식회사 아닌 다른
종류의 회사는 동일한 법적 형태와 경제적 효과를 가지는 거래를 하더라도 상법상
회사분할에 해당하지 않는다. 상법 규정만으로는 분명하지 않지만 이와 같이 분할
회사를 주식회사로 한정하는 점과 분할계획서(530조의5)와 분할합병계약서(530조의6)
의 기재내용에 비추어 보면, 회사분할로 인한 신설회사나 분할합병의 상대방회사도

---

2) 권기범(기), 346면.
3) 회사분할은 1966년 프랑스 상사회사법에서 처음 도입하였고, EU 회원국의 회사법 통일을
   위한 EU 제6지침(분할지침)에 의하여 대부분의 회원국이 국내법에 회사분할을 반영하였다.
   EU 회원국 외에는 1998년 도입한 한국과 2000년 도입한 일본 정도가 회사분할제도를 도입하
   였으며, 미국 회사법상 하나의 회사를 두 개 이상의 회사로 분리하는 것으로서 기존 회사의 주
   주가 분할 후 회사의 주식을 어떠한 방식으로 취득하는지에 따라, spin-off, split-off, split-up
   등이 있는데, 대륙법계의 회사분할과는 그 성격을 달리한다. 분할회사와 신설회사의 주주구성
   이 동일한 형태가 "spin-off"이고, 분할회사의 일부 주주집단이 분할회사의 주식의 일부와 신
   설회사의 주식을 교환함으로써 신설회사의 주주가 되므로 처음부터 주주구성이 다른 형태가
   "split-off"이고, 회사를 2개 이상으로 분리하고 분할회사의 주주집단이 여러 신설회사별로 분
   리된 주주집단별로 주식을 분배받고 분할회사는 해산하는 형태가 "split-up"이다.

주식회사로 한정된다고 볼 것이다.4)

2015년 12월 상법 개정에 의하여, "분할되는 회사"는 "분할회사", 단순분할에 의하여 설립되는 회사는 "단순분할신설회사", 흡수분할합병에서 분할합병의 상대방 회사 중 존속하는 회사는 "분할승계회사", 분할합병에 의하여 설립되는 회사는 "분할합병신설회사"라고 표기된다.

### (2) 해산후의 회사

#### 1) 원    칙

해산후의 회사도 분할·분할합병의 주체가 될 수 있고, 다만 해산후의 회사는 존립중의 회사를 존속회사로 하거나 새로 회사를 설립하는 경우에 한하여 분할·분할합병을 할 수 있다(530조의2④).5) 이는 영업을 하는 정상적인 회사만이 분할을 할 수 있다는 대원칙에 대한 예외로서, 환가목적의 분할·분할합병을 허용하는 것이다.

#### 2) 회사계속과 분할

제530조의2 제4항은, 해산후의 회사는 환가목적의 분할·분할합병만 할 수 있으므로, 영업을 목적으로 하는 존속회사가 될 수 없다는 취지의 규정이다. 그런데 주식회사의 해산사유는, i) 존립기간의 만료 기타 정관에서 정한 사유의 발생, ii) 합병, iii) 파산, iv) 해산명령·해산판결, v) 분할·분할합병, vi) 주주총회의 특별결의 등이다(517조). 그런데 합병, 파산, 해산명령·해산판결, 분할·분할합병 등에 의하여 해산한 경우에는 각각의 절차에 따라 진행된다. 따라서 해산후의 회사가 분할을 할 수 있는 경우는 존립기간의 만료 기타 정관에서 정한 사유의 발생과 주주총회의 특별결의 등에 의하여 해산하는 경우뿐이다. 회사가 존립기간의 만료 기타 정관에 정한 사유의 발생 또는 주주총회 결의에 의하여 해산한 경우에는 주주총회 특별결의로 회사를 계속할 수 있다(519조). 따라서 청산회사가 영업목적으로 분할을 하려면 회사계속의 결의에 의하여 해산사유를 해소함으로써 해산 전의 정상적인 영업을 하는 회사로 복귀한 후 분할을 하여야 한다. 결국 제530조의2 제4항은 해산후의 회사가 회사계속을 결의하지 않은 경우에만 적용된다고 할 수 있다.

---

4) 물적회사인 유한회사는 현행법상 회사분할 대상이 아니다. 그러나 향후 유한회사가 활성화되면 유한회사 분할에 관한 규정의 도입도 검토할 만하다.

5) 회사합병의 경우에도 해산후의 회사는 존립중의 회사를 존속회사로 하는 경우에 한하여 합병을 할 수 있다(174조③). 이는 영업을 목적으로 하는 것에 해당하므로 청산회사의 권리능력 범위를 벗어나기 때문이다. 분할·분할합병의 각 당사회사의 청산인은 분할·분할합병무효의 소를 제기할 수 있다.

청산회사가 존속분할을 하기 위하여 회사계속의 결의를 반드시 하여야 하는 것은 아니다. 제530조의2 제4항에 의하여 환가목적의 회사분할이 허용되므로 영업을 할 목적이 없다면 굳이 회사계속의 결의를 할 필요가 없다. 등기실무상으로도, 청산회사는 재산의 환가처분의 한 방법으로서 물적분할 또는 인적분할을 통하여 새로 회사를 설립할 수 있으나, 분할 후 청산절차를 계속 진행하여야 하며 해산 전의 영업을 할 수 없다고 한다.6)

### 3) 분할이 가능한 시기

잔여재산이 분배되면 분할의 대상인 재산이 존재하지 아니하므로 청산회사의 분할은 잔여재산분배가 개시되기 전까지만 가능하다.7)

### 4) 주식매수청구권

해산후의 회사가 분할합병을 하는 경우 이에 반대하는 주주의 주식매수청구권은 인정되지 않는다. 채권자보다 주주가 우선하여 출자환급을 받으면 청산의 목적에 반하고, 잔여재산이 있으면 주주에게 분배될 것이기 때문이다.

### 5) 채권자보호절차

청산회사가 물적분할, 인적분할을 하는 경우, 채권자를 보호하기 위하여는 분할·분할합병절차에서와 같은 내용의 채권자보호절차로 충분하며, 그 밖에 특별히 다른 절차는 없다.

### (3) 채무초과회사

분할·분할합병으로 인한 신설회사 또는 존속회사는 분할·분할합병 전의 회사채무에 관하여 연대하여 변제할 책임이 있으므로(530조의9①), 채무초과회사의 분할을 금지할 이유가 없다.8) 다만, 채무만을 분할하여 회사를 설립하는 것은 인적분할·물

---

6) [상업등기선례 제200605-4(2006. 5. 24. 공탁상업등기과-445 질의회답)] "1. 주주총회의 해산 결의에 의하여 해산한 주식회사(이하, '청산회사'라 한다)는 재산의 환가처분(상법 제542조 제1항, 제254조 제1항 제3호)의 한 방법으로서 물적분할 또는 인적분할을 통하여 새로 회사를 설립할 수 있으나(상법 제530조의2 제4항), 분할 후 청산절차를 계속 진행하여야 하며 회사 계속의 결의(상법 제519조) 없이 해산 전의 영업을 할 수는 없다. 2. 물적분할과 인적분할은 절차상 차이가 없고(상법 제530조의12) 채권자보호도 해산 전의 회사분할과 동일한 절차에 따르면 충분하다. 따라서, 청산회사는 동시에 물적분할과 인적분할의 방법으로 수개의 회사를 설립할 수 있고, 그에 따라 각 신설 회사는 본점 소재지 관할 등기소에서 설립등기를 함으로써 성립한다(상법 제530조의11 제1항, 제528조, 제317조, 제234조)."

7) EU 합병지침 제3조 제2항, 제4조 제2항은 이와 같은 취지로 규정한다.

8) 채무초과회사의 합병이 허용되는지에 관하여 논란이 있지만, 근래의 등기선례는 간접적으로 이를 인정한다[상업등기선례 제201401-1호(2014. 1. 9. 사법등기심의관-174 질의회답)].

적분할 모두 자본금충실원칙상 허용되지 않기 때문에, 채무초과회사가 순자산가치가 플러스인 사업부문을 분할하는 것은 허용되지만, 순자산가치가 마이너스인 사업부문을 분할하는 것은 허용되지 않는다. 그러나 분할승계회사(분할합병의 상대방 회사로서 존속하는 회사)의 주주 전원이 동의하고 분할대가가 전혀 없는 경우에는 예외적으로 허용된다고 할 것이다. 이 경우 분할승계회사의 채권자는 채권자보호절차에 의하여 보호받기 때문이다.

## 3. 분할의 대상

### (1) 재산과 영업

상법은 소멸분할계획서에 "단순분할신설회사에 이전될 재산과 그 가액"을 기재하도록 하고(530조의5①7), 존속분할계획서에 "분할로 인하여 이전할 재산과 그 가액"을 기재하도록 하고(530조의5②3), 흡수분할합병계약서에 "분할회사가 분할승계회사에 이전할 재산과 그 가액"을 기재하도록 하고(530조의6①6), 신설분할합병계약서에 "각 회사가 신설회사에 이전할 재산과 그 가액"을 기재하도록 함으로써(530조의6②4), 분할의 대상이 "재산"임을 전제로 규정한다.[9]

이에 따라 상법상 특정 재산만의 분할을 금지하는 규정이 없고 상법이 영업과 재산이라는 용어를 구별하여 사용하므로 개별재산의 분할도 허용해야 한다는 견해와,[10] 회사분할은 특정 재산의 분리가 아니라 영업의 분리를 목적으로 하므로, 분할의 대상이 되어 이전되는 재산이란 개개의 재산이 아니라 영업을 의미하는 것으

---

9) 프랑스 회사법은 분할의 대상을 "patrimoine"라고 표현하는데, 이는 "적극 및 소극자산 전체를 포괄하는 특정인의 자산의 총체"를 의미하며, 우리 상법의 "영업"에 해당하는 의미라 할 수 있다. 우리보다 늦게 2000년 상법개정시 회사분할제도를 도입한 일본에서는 당초에는 "영업의 전부 또는 일부를 다른 회사에 포괄승계하는 조직법상의 행위"를 상법에 규정함으로써 개별재산이 아닌 영업이 분할대상이라는 점을 명시하였는데(日商 373조, 374조의16), 2005년 제정된 회사법은 "사업에 관하여 가지는 권리의무의 전부 또는 일부"라고 규정하여 개별재산도 분할의 대상이 될 수 있도록 함으로써 논란의 소지가 발생하였다.

10) 권기범, 131면(다만, 이 견해에서도 영업양도 규제를 회피하기 위한 수단으로 이용될 수 있으므로 입법정책적으로는 분할대상을 영업 단위로 제한할 수는 있다고 설명한다)[同旨: 윤성조·김효민, "회사분할과 분할계획서의 기재사항, 그와 관련한 법률적 쟁점에 관하여", BFL 제49호, 서울대학교 금융법센터(2011. 9), 27면(개별재산만의 분할을 허용하여도 연대책임에 의하여 채권자들을 충분히 보호할 수 있으므로, 분할은 반드시 영업 단위로 이루어져야 할 필요가 없다고 설명한다)].

로 보는 견해가 있다.[11]

대법원은 연대책임배제에 관한 사건에서, "분할되는 회사가 '출자한 재산'이라 함은 분할되는 회사의 특정재산을 의미하는 것이 아니라 조직적 일체성을 가진 영업, 즉 특정의 영업과 그 영업에 필요한 재산을 의미하며, '출자한 재산에 관한 채무'라 함은 신설회사가 분할되는 회사로부터 승계한 영업에 관한 채무로서 당해 영업 자체에 직접적으로 관계된 채무뿐만 아니라 그 영업을 수행하기 위해 필요한 적극재산과 관련된 모든 채무가 포함된다."라고 판시하였다.[12]

회사분할이 부분적 포괄승계를 본질적 요소로 하는 조직법상 행위이므로 개별재산이 아닌 영업 단위를 분할의 대상이라고 보는 것이 이론적으로는 타당하다. 그러나 현행 상법이 분할의 대상을 "재산"이라고 규정하는 이상, 원칙적으로는 영업이 분할대상이지만 개별재산도 분할대상이라고 해석하는 것이 타당하다. 그리고 수개의 회사가 다자간 분할합병을 하는 경우, 각 분할회사의 분할대상이 반드시 영업이 아니고 개별재산이더라도 각 분할회사의 분할재산이 모이면 독립적인 영업이 가능한 형태가 되므로 이 경우에는 분할의 대상을 반드시 영업단위로 할 필요성이 없다.

### (2) 채무만의 분할

채무만을 분할하여 회사를 설립하는 것은 인적분할·물적분할 모두 자본금충실원칙상 허용되지 않는다. 단순분할신설회사에 이전될 재산과 그 가액(530조의5①7)이 단순분할신설회사의 자본금(530조의5①6)에 미달하게 되기 때문이다. 다만, 흡수분할합병의 경우에는 분할승계회사의 주주 전원이 동의하면 채무만의 분할도 허용된다고 할 것이다.

---

11) 이철송, 1100면.
12) 대법원 2010. 8. 19. 선고 2008다92336 판결(다만, 이 판결은 분할을 반드시 영업 단위로만 하여야 한다는 취지를 명시적으로 판시한 것은 아니고, 연대책임 배제에 관한 것이다).

## Ⅱ. 회사분할의 유형

### 1. 단순분할과 분할합병

상법은 회사분할의 유형에 관하여, i) "회사는 분할에 의하여 1개 또는 수개의 회사를 설립할 수 있다"(530조의2①), ii) "회사는 분할에 의하여 1개 또는 수개의 존립중의 회사와 합병(이하 "분할합병"이라 한다)할 수 있다"(530조의2②), iii) "회사는 분할에 의하여 1개 또는 수개의 회사를 설립함과 동시에 분할합병할 수 있다"(530조의2③)고 규정하는데, i)은 단순분할을, ii)는 분할합병을, iii)은 단순분할과 분할합병의 병행을 규정하는 것이다.

#### (1) 단순분할

상법 제530조의2 제1항의 "회사는 분할에 의하여 1개 또는 수개의 회사를 설립할 수 있다."라는 규정은 단순분할에 관한 규정이다. 즉, 단순분할은 분할당사회사가 단수이다. 단순분할은 분할회사가 소멸하는지 여부에 따라 소멸분할과 존속분할로 분류된다.

##### 1) 소멸분할

소멸분할은 분할회사가 권리의무의 전부를 분리하고 이를 출자하여 2개 이상의 회사를 신설하는 방법이다. 이 경우 분할회사는 청산절차 없이 해산한다. 소멸분할은 완전분할 또는 신설분할이라고도 하는데 실제의 사례는 많지 않다. 2개 이상의 회사가 신설되는 경우를 소멸분할이라고 하며, 1개의 회사를 신설하거나 1개의 기존 회사에 영업을 이전하는 것은 소멸분할이 아니다.[13]

##### 2) 존속분할

존속분할은 분할회사의 영업 중 일부를 분리하여 1개 이상의 신설회사에 출자하거나 1개 이상의 존립중의 회사에 이전하고, 분할회사는 나머지 영업을 가지고 존속하는 형태이다.[14] 상법 제530조의2 제1항의 "1개"의 회사를 설립하는 것이 이

---

13) 1개의 회사만 신설하는 경우는 회사의 분할이 아니고 요건을 갖춘 경우 조직변경은 될 수 있다. 그리고 1개의 다른 회사에 영업을 이전하는 경우는 흡수합병에 해당하고 회사의 분할이 아니다.

14) 우리나라 상장회사 중 최초의 분할합병 사례는 1999년 현대정공이 자동차부문의 영업을 현

에 해당하는데, 물론 복수의 회사를 신설하는 경우도 있다. 존속분할은 분할회사가 소멸하지 않고 일부의 영업을 유지한 채 존속한다는 의미에서 불완전분할이라고도 한다.[15]

### (2) 분할합병

#### 1) 의의와 분류

상법 제530조의2 제2항의 "회사는 분할에 의하여 1개 또는 수개의 존립중의 회사와 합병(이하 "분할합병"이라 한다)할 수 있다."라는 규정은 분할합병에 관한 규정이다. 즉, 분할합병은 분할합병당사회사가 복수이다.

분할합병은 분할회사의 영업을 분리하는 동시에 분리된 영업 전부를[16] 1개 이상의 존립중의 회사와 합병하는 형태를 말한다(530조의2②). 분할합병은 분할회사의 소멸 여부에 따라 소멸분할합병과 존속분할합병으로 분류되고, 분할승계회사의 소멸 여부에 따라 흡수분할합병과 신설분할합병으로 분류된다. 소멸분할합병과 존속분할합병은 다시 흡수분할합병과 신설분할합병과 조합을 이루어, 소멸흡수분할합병, 소멸신설분할합병, 존속흡수분할합병, 존속신설분할합병 등의 형태가 될 수 있다.

#### 2) 소멸분할합병과 존속분할합병

소멸분할합병은 분할회사가 자신의 영업을 전부 분리하여 신설합병 또는 흡수합병시키고 자신은 소멸하는 형태이다. 존속분할합병은 분할회사가 자신의 영업 일부를 분리하여 신설합병 또는 흡수합병시키고 자신은 나머지 영업을 가지고 존속하는 형태이다. 분할합병은 2개 이상의 존립중의 회사에 합병을 시켜야 하고, 1개의 존립중의 회사에 합병시키는 경우는 흡수합병이고 분할합병에 해당하지 않는다.

---

대자동차에 이전한 것이다. 이때 현대정공 주주들은 보유 주식 중 일부에 대하여 현대자동차 주식을 받았다.

15) 모회사가 영업의 일부를 현물출자하여 완전자회사를 설립하고 완전자회사의 주식을 모회사 주주에게 현물배당하는 경우에는, 분할회사의 영업 중 일부를 분리하여 신설회사에 출자하고, 분할회사는 나머지 영업을 가지고 존속하며 신설회사의 주식은 분할회사의 주주에게 귀속되는 형태의 분할인 존속분할(인적분할)과 같은 효과가 발생한다(spin-off). 현물배당의 경우 인적분할에서 요구되는 주주총회 특별결의, 연대책임 또는 연대책임배제를 위한 채권자보호절차 등이 적용되지 않으므로 같은 효과를 얻을 수 있는 현물배당과 인적분할에 상이한 수준의 규제가 적용되는 결과가 된다.

16) 분리한 영업 전부를 합병대상으로 하지 않고 일부는 합병대상에서 제외하여 회사를 신설하는 경우는 뒤에서 보는 바와 같은 단순분할과 분할합병의 병행형태이다.

### 3) 흡수분할합병과 신설분할합병

(가) **흡수분할합병**    흡수분할합병은 분할회사의 영업 일부를 다른 기존 회사에 출자하여 그 다른 회사의 일부로 만드는 형태이다. 소멸분할합병의 상대방회사는 2개 이상이어야 하고, 존속분할합병의 상대방회사는 1개 이상이면 된다. 제530조의6 제1항의 "분할회사의 일부가 다른 회사와 합병하여 그 다른 회사(분할승계회사)가 존속하는 경우"는 흡수분할합병을 의미한다.

(나) **신설분할합병**    신설분할합병은 분할회사의 영업의 일부와 다른 회사의 영업의 전부 또는 일부를 합하여 새로운 회사를 설립하는 형태이다. 제530조의6 제2항의 "분할회사의 일부가 다른 분할회사의 일부 또는 다른 회사와 분할합병을 하여 회사를 설립하는 경우"는 신설분할합병을 의미한다. 신설분할합병의 상대방은 영업의 전부를 출자하고 해산하거나, 영업의 일부만 출자하고 존속할 수 있다.

### (3) 단순분할과 분할합병의 병행

상법 제530조의2 제3항의 "회사는 분할에 의하여 1개 또는 수개의 회사를 설립함과 동시에 분할합병할 수 있다."라는 규정은 단순분할과 분할합병의 병행 형태를 규정하는 것이다. 신설 및 분할합병이라고도 부른다.

즉, 단순분할과 분할합병의 병행은 회사가 분리한 영업 중 일부를 출자하여 1개의 회사를 설립하거나(존속분할) 수개의 회사를 설립하고(존속분할 또는 신설분할), 나머지 분리한 영업에 의하여 흡수분할합병 또는 신설분할합병을 하는 방법이다. 이러한 경우에는 분할계획서와 분할합병계약서를 별도로 작성하여 주주총회의 승인을 받아야 한다.

## 2. 인적분할과 물적분할

### (1) 인적분할

인적분할은 회사분할의 원래의 모습으로서, 분할로 인한 신설회사 또는 분할합병으로 인한 상대방회사의 주식이 분할회사의 "주주"에게 귀속되는 형태이다. 일본 회사법은 물적분할만 규정할 뿐 인적분할제도는 도입하지 않고 있다. 다만, 물적분할에 의하여 100% 자회사를 설립한 후 그 자회사의 주식을 모회사의 주주들에게 현물배당함으로써 상법상 인적분할과 같은 결과가 초래된다.[17]

### (2) 물적분할

#### 1) 의    의

물적분할은 분할로 인한 신설회사 또는 분할합병으로 인한 상대방회사의 주식을 분할회사의 주주에게 귀속시키지 않고 분할회사가 그대로 소유하는 형태이다. 물적분할을 하게 되면 분할회사의 종전의 주주는 신설회사의 주식을 소유하지 않고, 신설회사의 주식 전부를 소유하는 분할회사의 주식보유를 통하여 신설회사의 지분가치를 누릴 수 있다.

물적분할은 영업양도나 자산양도에 비하면 연대책임이라는 부담이 있지만, 상법상 연대책임을 배제하는 방법이 있고, 재산의 포괄승계라는 절차상의 장점이 있다.[18]

모회사가 영업의 일부를 현물출자하여 완전자회사를 설립하고 완전자회사의 주식을 모회사 주주에게 현물배당하는 경우에는, 분할회사의 영업 중 일부를 분리하여 신설회사에 출자하고, 분할회사는 나머지 영업을 가지고 존속하며 신설회사의 주식은 분할회사의 주주에게 귀속되는 형태의 분할인 존속분할(인적분할)과 같은 효과가 발생한다. 이때 회사분할의 경우에 적용이 면제되는 "현물출자의 이행에 대한 검사인의 조사·보고"가 적용되지만(299조),[19] 인적분할절차상의 각종 부담(주주총회 특별결의, 부채의 승계에 따른 연대책임 또는 연대책임배제를 위한 채권자보호절차)이 없다는 장점이 있다.

#### 2) 물적분할의 허용범위

인적분할은 회사분할의 원래의 모습으로서, 분할의 결과 신설되는 회사 또는 분할승계회사의 신주가 분할회사의 주주에게 귀속되는 형태이고, 물적분할은 분할회사에게 귀속되는 형태이다(530조의12). 물적분할은 분할회사가 분할에 의해 분리된 영업부문에 관한 지분을 분할회사 스스로가 취득하는 것이므로, 분할회사가 소멸하는 방식인 소멸분할은 물적분할에서는 있을 수 없다. 인적분할에서는 분할회사가 영업의 전부를 분할하는 경우 소멸분할에 해당하는데, 물적분할에서는 영업의

---

17) 회사분할제도를 명문으로 규정하지 않는 미국의 **spin-off** 방식과 유사하다.

18) 영업양도의 경우 채권에 관하여는 채무자에게 통지를 하여야 하고, 면책적 채무인수를 위하여는 채권자의 승낙을 받아야 하는데, 채권자, 채무자가 다수인 경우에는 통지나 승낙을 위하여 많은 시간과 비용이 소요된다. 물적분할은 포괄승계에 의하여 이러한 절차를 생략할 수 있다. 물론 연대책임배제를 위하여는 채권자보호절차를 밟아야 하는 부담은 있다.

19) 분할회사의 출자만으로 회사가 설립되는 때에는 현물출자의 이행에 대한 검사인의 조사·보고에 관한 상법 제299조의 규정은 적용되지 않는다(530조의4).

전부를 분할하는 경우도 신설회사로부터 분할대가로 배정받은 신주가 귀속되어 존속분할에 해당한다.

물적분할에 관한 상법 제530조의12는 "분할회사가 분할 또는 분할합병으로 인하여 설립되는 회사의 주식의 총수를 취득하는 경우"라고 규정하는데, 이 규정을 법문 그대로 해석하기에는 어려운 점이 있다.

우선, "설립되는 회사"라는 문구상 신설분할합병이 아닌 흡수분할합병의 경우에는 "설립되는 회사"가 없으므로 물적흡수분할합병이 허용되는지에 관하여 논란의 여지가 있다.[20] 이를 부정하는 견해도 있지만,[21] 흡수분할합병 형태를 물적분할에서 제외한 것은 입법상의 명백한 과오로 보고, "분할 또는 분할합병으로 인하여"라는 문구를 해석의 근거로 흡수분할합병 형태의 물적분할도 허용된다고 해석하는 것이 일반적이다.

다음으로, "주식의 총수를 취득"이라는 문구상, 단순분할 형태의 물적분할 외에 분할합병 형태의 물적분할도 허용되는지에 관하여 논란의 여지가 있다. 분할합병의 상대방회사가 있는데 분할회사가 주식의 총수를 취득할 수는 없기 때문이다. 그런데 상법 제530조의12는 "설립되는 회사의 주식의 총수를 취득하는 경우"라는 문구를 포함하여 "이 절의 규정은 … 준용한다."라고 규정하는데, "이 절"은 물론 회사의 분할에 관한 제11절을 가리키므로, 상법 제530조의12의 법문상 단순분할 형태의 물적분할, 신설분할합병 형태의 물적분할 및 흡수분할합병 형태의 물적분할이 모두 허용되는 것으로 해석하여야 한다.[22]

3) 물적분할의 절차

물적분할도 원칙적으로 인적분할과 다른 점이 없고 단순분할과 분할합병의 형태를 취한다. 따라서 인적분할에 관한 모든 규정이 물적분할에 준용된다(530조의12).

물적분할도 단순분할과 분할합병절차에 따라 진행되는데, 분할계획서 · 분할합병계약서에는 분할회사가 주식을 취득한다는 뜻을 기재하여야 한다.

물적분할에서는 분할회사의 주주에게 단순분할신설회사의 주식이 배정되지 아

---

20) 독일 조직재편법과 일본 회사법은 물적흡수분할합병에 대한 명분의 규정을 두고 있다.

21) 권기범(기), 354면(물적흡수분할을 허용한 등기선례는 실정법 해석의 한계를 넘은 것이고, 분할무효사유에 해당한다고 설명한다).

22) 실제로 2003년 12월 롯데쇼핑이 백화점카드사업부문을 물적분할하여 롯데카드와 흡수합병한 사례가 있다. 그리고 이 과정에서 대법원도 물적흡수분할합병의 경우에도 분할합병에 따른 변경등기가 가능하다는 유권해석을 하였다(대법원 2003. 10. 8. 공탁법인 3402-239 질의회답).

니하고 이전되는 재산과 신설회사가 발행하는 주식 사이의 대가의 공정성만 유지되면 되므로, 분할계획서의 기재사항 중(530조의5①) 분할회사에 교부되는 단순분할신설회사의 주식에 관한 제3호만 적용되고, 분할회사의 주주에 관한 제4호와 제5호는 적용되지 않는다.[23]

그리고 분할회사의 주주들에게 직접 미치는 영향이 없으므로 분할회사가 종류주식을 발행한 경우에도 종류주주총회의 분할승인결의가 요구되지 않는다.

4) 일본 회사법상 분할

2005년 제정된 일본 회사법은 상법상 규정되었던 인적분할을 폐지하고 물적분할만 규정한다. 다만, 일본 회사법은 인적분할을 직접 규정하지는 않지만, 분할회사가 물적분할과 동시에 승계회사 또는 신설분할의 설립회사로부터 신주 또는 자기주식의 교부를 받아, 분할의 효력이 발생함과 동시에 교부받은 주식을 분할회사의 주주에게 현물배당 방식으로 분배하면(日会 758조 제8호, 763조 제12호), 분할회사의 주주는 승계회사나 신설회사의 주식을 받게 되므로 실질적으로 인적분할과 같은 결과가 된다. 즉, 물적분할과 동시에 현물배당(잉여금배당)을 하는 방법에 의하여 사실상 인적분할이 가능하고, 이 경우 잉여금 배당에 관한 규정은 적용되지 아니하므로(日会 792조) 배당가능이익의 제한을 받지 않는다. 이와 같이 물적분할과 현물배당의 경우, 분할회사의 일부 주주에게 주식을 교부하지 않는 것을 비안분형 분할이라고 하는데, 공동경영자가 회사를 분할하여 각자 경영하고자 할 때 유용한 방법이다.

## 3. 사실상 회사분할

상법상 회사분할절차를 거치지 않지만 경제적으로는 동일한 효과를 얻기 위한 여러 형태의 방법이 있는데, 이를 사실상 회사분할이라고 한다. 사실상 회사분할의 방법으로는, i) 영업을 현물출자하여 새로운 회사를 설립하는 방법, ii) 회사를 설립한 후 신주발행시 영업을 현물출자하는 방법, iii) 신설회사가 재산인수의 형태로

---

23) 상법 제530조의5 제1항 제3호부터 제5호까지는 다음과 같다.
　　3. 단순분할신설회사가 분할 당시에 발행하는 주식의 총수, 종류 및 종류주식의 수, 액면주식·무액면주식의 구분
　　4. 분할회사의 주주에 대한 단순분할신설회사의 주식의 배정에 관한 사항 및 배정에 따른 주식의 병합 또는 분할을 하는 경우에는 그에 관한 사항
　　5. 분할회사의 주주에게 제4호의 규정에 불구하고 금전이나 그 밖의 재산을 제공하는 경우에는 그 내용 및 배정에 관한 사항

영업을 양수하는 방법, iv) 신설회사가 사후설립의 형태로 영업을 양수하는 방법 등이 있는데, 사후설립의 방법 외에는 법원이 선임한 검사인의 조사를 받아야 한다. 따라서 사후설립의 방법이 주로 이용된다.

## Ⅲ. 회사분할의 절차

### 1. 분할계획서·분할합병계약서의 작성

#### (1) 분할계획서

##### 1) 의의와 법적 성격

단순분할은 분할합병과 달리 분할계약이라는 것이 존재하지 않고 분할되는 회사(이하 "분할회사") 단독으로 분할계획서를 작성한다. 분할계획서는 회사분할이라는 단체법적 절차에서 상법이 규정하는 일정한 단체법적 효과를 발생시키는 특수한 법률요건이다. 분할계획서는 상대방의 수령을 요하지 않는 일방적 의사표시이므로, 주주총회의 분할 승인 후에도 다시 주주총회의 승인에 의하여 철회할 수 있다.

##### 2) 기재사항

(가) 신설회사에 관한 사항　　분할에 의하여 회사를 설립하는 경우(소멸분할·존속분할), 분할계획서에는 분할에 의하여 설립되는 회사(이하 "단순분할신설회사")에 관한 다음과 같은 사항을 기재하여야 한다(530조의5①). 소멸분할의 경우 분할회사는 청산절차 없이 소멸하므로 특별한 규정을 둘 필요가 없다.[24]

> 1. 분할에 의하여 설립되는 회사("단순분할신설회사")의 상호, 목적, 본점의 소재지 및 공고의 방법
> 2. 단순분할신설회사가 발행할 주식의 총수 및 액면주식·무액면주식의 구분
> 3. 단순분할신설회사가 분할 당시에 발행하는 주식의 총수, 종류 및 종류주식의 수, 액면주식·무액면주식의 구분
> 4. 분할회사의 주주에 대한 단순분할신설회사의 주식의 배정에 관한 사항 및 배정에 따른 주식의 병합 또는 분할을 하는 경우에는 그에 관한 사항

---

24) 실무상으로는, 1. 분할의 목적, 2. 분할의 방법(소멸분할·존속분할 여부, 인적분할·물적분할 여부, 연대책임 배제 여부 등), 3. 존속회사에 관한 사항, 4. 신설회사에 관한 사항, 5. 기타 사항 등으로 분할계획서를 구성하는 것이 일반적이다.

5. 분할회사의 주주에게 제4호에도 불구하고 금전이나 그 밖의 재산을 제공하는 경우에는 그 내용 및 배정에 관한 사항

6. 단순분할신설회사의 자본금과 준비금에 관한 사항

7. 단순분할신설회사에 이전될 재산과 그 가액

8. 연대책임배제의 정함이 있는 경우에는 그 내용

8의2. 분할을 할 날

9. 단순분할신설회사의 이사와 감사를 정한 경우에는 그 성명과 주민등록번호

10. 단순분할신설회사의 정관에 기재할 그 밖의 사항

제1호부터 제3호까지는 회사설립시 정관의 절대적기재사항과 같다. 제1호의 단순분할신설회사의 상호는 분할회사 또는 다른 상인으로 오인·혼동하게 할 우려가 없어야 한다.25) 제2호의 발행할 주식의 총수는 발행예정주식총수를 의미하고, 제3호의 분할 당시에 발행하는 주식의 총수는 단순분할신설회사의 설립자본금을 의미한다.

제4호의 배정에 관한 사항과 관련하여, 물적분할의 경우에는 분할회사가 분할신주 전부를 배정받으므로 배정비율 자체가 존재하지 않는다. "배정에 따른 주식의 병합 또는 분할"은 배정의 편의를 위하여 존속분할시 분할회사의 주식을 병합·분할하는 경우를 말하는 것이고, 신설회사의 주식에 관한 것이 아니다.

분할회사가 자기주식을 보유하고 자기주식이 분할대상에 포함되지 않는 경우에는 분할회사의 자기주식에 대하여도 신설회사의 분할신주가 배정된다. 이와 같이 "의결권 없는 자기주식에 대하여 의결권 있는 분할신주가 배정"되는 결과 분할회사 지배주주의 신설회사에 대한 실질적인 지배력이 분할 전에 비하여 유리하게 되는 문제가 있다. 분할회사의 자기주식에 대한 분할신주의 배정이 금지된다고 해석하기는 어렵고 실무상으로도 자기주식에 대하여 분할신주를 배정하고 있는데, 이 경우

---

25) [상업등기선례 제200705-3(2007.5.8. 공탁상업등기과-477 질의회답)] "주식회사가 분할에 의하여 다른 주식회사를 설립하는 경우(상법 제530조의2 제1항)에 그 설립되는 회사가 분할되는 회사의 상호로 분할에 의한 설립등기를 할 수 있는지 여부는, 등기관이 회사의 목적, 거래계의 실정 등을 고려하여 사회 일반인으로 하여금 설립되는 회사를 분할되는 회사 또는 다른 상인으로 오인·혼동하게 할 우려가 있는지 여부로 판단하여야 할 것(상법 제22조, 제22조의2 제4항, 비송사건절차법 164조)이다."

[상업등기선례 제200908-1(2009. 8. 4. 사법등기심의관-1763 질의회답)] "주식회사(분할회사)가 영업을 분할하여 다른 주식회사(신설회사)를 설립하면서 신설회사의 상호를 분할회사의 상호로 하여 설립등기를 하고, 분할회사에 대하여는 본래의 상호에 '홀딩스'를 붙여 변경등기를 하는 것은, 분할회사의 변경 후의 상호가 동일한 특별시·광역시·시 또는 군 내에서 동일한 영업을 위하여 다른 사람이 등기한 것과 동일한 상호가 아니라면 가능하다."

지주회사 전환을 위한 인적분할에서 지배주주의 지배력이 강화되는 현상이 나타난다.26) 이와 같이 인적분할시 자기주식에 대하여 분할신주를 배정하는 것은 지배주주의 지배력이 부당하게 강화되는 결과가 초래되므로 주주평등원칙상 허용하지 않아야 한다는 견해도 있고 그러한 취지의 개정법안도 국회에 제출된 바 있고 입법의 필요성은 인정되나 아직 입법화되지는 않고 있다.

한편, 자기주식을 분할대상에 포함시켜 분할신설회사로 이전하면서 이에 대하여 분할신주를 배정하는 것의 허용 여부에 대하여 찬반 양론이 있는데, 제341조의2의 규정상 회사의 분할은 합병 또는 다른 회사의 영업전부의 양수와 달리 상법상 자기주식을 취득할 수 있는 특정목적이 아니므로 단순분할의 경우 분할신주의 교부는 허용되지 않는다고 해석하는 것이 타당하다. 그러나 흡수분할합병시 분할회사는 분할에 의하여 자기주식을 취득하는 것이 아니라 분할과 동시에 이루어지는 합병에 의하여 자기주식을 취득하는 것이므로 허용된다고 해석된다.

제5호와 관련하여, 합병에서는 교부금만 지급하는 교부금합병이 허용되지만, 단순분할의 경우에는 분할회사의 주주에게 분할 대가의 전부를 금전으로 지급하는 단순교부금분할은 허용되지 않고, 분할 대가의 일부를 금전(분할교부금)으로 지급하는 것만 허용된다. 이 점에서 교부금분할합병은 허용되는 점과 다르다.27)

제6호의 "준비금"은 분할회사로부터 신설회사에 이전되는 자산 전부를 신설회사의 자본금으로 출자하지 않고 일부를 준비금으로 적립하는 경우의 분할차익인데, 성질상 자본준비금이다. 만일 신설회사가 무액면주식을 발행하는 경우, 분할회사로부터 이전되는 순자산이 발행가액이므로 그 2분의 1 이상을 자본금으로 계상하고, 나머지는 자본준비금으로 적립할 수 있다.

제7호의 "재산"은 적극재산과 소극재산을 모두 포함하는데, 상법 규정에 불구

---

26) A 회사가 A 회사와 B 회사로 분할되는 경우 A 회사가 보유하는 자기주식에 대하여도 B 회사의 분할신주가 배정되면, A 회사의 지배주주는 B 회사에 대한 의결권을 행사함에 있어서 자기주식으로서 의결권이 없던 지분에 대하여 배정된 B 회사에 대하여 의결권을 행사할 수 있게 되고, 이를 "자사주 마법"이라고 부르기도 한다. 한편, 앞에서 본 바와 같이 일본 회사법상 인적분할제도가 없고 물적분할과 현물배당을 하면 인적분할과 같은 결과가 되는데, 일본 회사법은 자기주식에 대한 잉여금배당을 금지하므로(日会 453조) 상법상 인적분할제도에서 나타나는 지배주주의 지배력 강화 현상은 발생하지 않는다.

27) 흡수분할합병에 관한 분할합병계약서에는 "분할승계회사가 분할회사의 주주에게 그 대가의 전부 또는 일부로서 금전이나 그 밖의 재산을 제공하는 경우에는 그 내용 및 배정에 관한 사항"을 기재하여야 하는데(530조의6①4), 단순분할에 관한 분할계획서에는 "분할회사의 주주에게 금전이나 그 밖의 재산을 제공하는 경우에는 그 내용 및 배정에 관한 사항"을 기재하여야 하므로(530조의5①5) 분할대가의 전부를 금전으로 지급할 수 없다.

하고 분할계획서에는 채무도 명기하는 것이 바람직하다.[28] 소멸회사의 모든 재산이 포괄적으로 승계되는 합병과 달리, 분할에서는 승계대상인 재산을 특정하여야 한다. 특히 분할당사회사의 연대책임을 배제하려면 신설회사에 승계될 채무를 구체적으로 특정하여야 한다(530조의9②).

제8호의2는 분할에 의한 모든 재산이전이 실질적으로 완료되는 예정일로서 실무상 "분할기일"이라고 부른다.[29] 분할의 효과는 분할등기를 한 날에 발생한다.

제9호의 "이사·감사의 성명·주민등록번호"를 분할계획서의 기재사항으로 규정하는 것은, 단순분할신설회사의 이사·감사는 회사설립절차에서 선임하는 것이 원칙이나 분할계획에 의하여 사전에 선임할 수 있도록 한 것이다. 다만, 단순분할신설회사가 모집설립절차를 밟아 제3의 주주들을 모집하는 경우에는 분할계획에 의하여 이사와 감사를 선임할 수 없다. 제3의 주주의 주주권을 침해하는 결과가 되기 때문이다. 분할승인 주주총회 결의에 의하여 단순분할신설회사의 이사와 감사를 선임하는 경우, 무의결권 주주도 이사와 감사의 선임에 있어서 의결권을 행사하는 결과가 된다.

(나) 존속분할의 분할계획서 기재사항  분할회사가 분할 후 존속하는 경우(존속분할), 분할계획서에는 위와 같은 단순분할신설회사에 관한 기재사항(530조의5①) 외에, 존속회사에 관하여 다음 사항을 추가로 기재하여야 한다(530조의5②).

1. 감소할 자본금과 준비금의 액
2. 자본금감소의 방법
3. 분할로 인하여 이전할 재산과 그 가액
4. 분할후의 발행주식총수
5. 회사가 발행할 주식의 총수를 감소하는 경우에는 그 감소할 주식의 총수, 종류 및 종류별 주식의 수
6. 정관변경을 가져오게 하는 그 밖의 사항

제1호·제2호의 자본금감소와 관련하여, 분할 후에도 분할회사의 순자산이 자본금을 상회하는 경우, 실무상은 조세의 감경을 위하여 대부분 자본금을 감소하지

---

28) 일본 회사법은 신설회사가 분할회사로부터 승계하는 자산, 채무, 고용계약 기타 권리의무 등도 기재사항으로 규정한다(日会 763조①5).
29) 합병의 경우에는 제523조 제6호, 제524조 제5호가 "합병을 할 날"을 합병계약서 기재사항으로 규정함에 비추어, 단순분할의 경우에도 분할기일이 필요하므로 2015년 상법 개정시 추가하였다.

만, 존속분할의 경우 분할출자하는 순자산액만큼 반드시 분할회사의 자본금을 감소할 필요는 없다.30) 따라서 "감소할 자본금과 준비금의 액"은 "분할회사의 자본금 또는 준비금이 감소하는 경우에는 감소할 자본과 준비금의 액"의 의미로 해석한다 (제2호도 마찬가지이다).31)

그리고 자본금감소를 하는 경우에도 이는 주주에 대한 출자의 환급이 없는 명목상의 것이므로 분할당사회사가 분할회사의 채무에 대하여 연대책임을 지기 때문에 채권자보호절차가 요구되지 않는 경우에는 자본금감소에 관한 채권자보호절차도 요구되지 않는다고 해석하여야 한다.32)

제3호의 "분할로 인하여 이전할 재산과 그 가액"은 제535조 제1항 제7호에서 신설회사에 관한 분할계획서에 기재하도록 규정하므로 중복된 규정이다.

제4호의 "분할 후의 발행주식총수"는 자본금감소의 결과 감소된 분할 후의 발행주식총수를 기재하도록 한 것이다.

제5호는 분할회사의 자본금감소에 따라 발행예정주식총수도 감소하고자 하는 경우에 그에 관한 사항을 기재하도록 한 것인데, 1995년 상법개정시 발행예정주식총수가 발행주식총수의 4배수를 넘지 못한다는 규정이 삭제되었으므로 자본금감소에 따라 반드시 발행예정주식총수를 감소할 필요는 없다.

제6호의 "정관변경을 가져오게 하는 그 밖의 사항"은 주주총회의 분할승인이 있으면 별도로 정관변경에 관한 주주총회 결의를 거치지 않도록 하기 위한 것이다.

---

30) [등기선례 제200112-8호(2001. 12. 4. 등기 3402-781 질의회답)] "주식회사의 분할 및 분할합병시 분할되는 것은 회사의 재산 즉 특정영업을 위하여 조직화되고 유기적 일체를 이루는 적극 및 소극재산이므로, 피분할회사가 존속하는 불완전분할의 경우 분할로 피분할회사의 재산이 감소한다고 해서 필요적으로 자본감소를 수반하는 것은 아니며, 자본감소에 관한 사항이 분할계획서 또는 분할합병계약서에 포함된 때에 한하여 자본감소절차가 필요하다."

31) 참고로, 합병계약서의 기재사항에 관한 제523조 제2호도 "존속하는 회사의 자본금 또는 준비금이 증가하는 때에는 증가할 자본금 또는 준비금에 관한 사항"이라고 규정한다.

32) [상업등기선례 제200705-2(2007. 5. 3. 공탁상업등기과-468 질의회답)] "분할에 의하여 회사를 설립하면서(상법 제530조의2 제1항) 분할되는 회사(이하, '분할회사'라 한다)는 자본을 감소하고, 그에 따라 분할회사의 변경(자본감소 등)등기 및 분할로 인하여 설립되는 회사(이하, '신설회사'라 한다)의 설립등기를 신청하는 경우, ① 그 자본 감소가 주주에 대한 출자의 환급이 없는 명목상의 것이고 ② 분할 후 분할회사의 자본과 신설회사의 자본의 합계액이 분할 전 분할회사의 자본액 이상이며 ③ 신설회사가 분할회사의 채무에 관하여 연대하여 변제할 책임(상법 제530조의9 제1항)을 부담한다면, 그 신청서에 채권자보호절차를 거쳤음을 증명하는 서면(非訟法 211조 제1호, 제215조 제3호, 제216조의2 제2항)은 첨부할 필요가 없다." 한편, 독일 조직재편법도 분할을 위하여 회사가 자본금을 감소하는 경우 무상감자만 허용하고 채권자보호절차는 요구하지 않는다(UmwG 제145조). 이에 대한 반대견해로서, 권기범(기), 439면 참조.

정관변경을 가져오게 하는 사항은 분할계획서의 절대적 기재사항에 관한 것에 한정하지 않고 상대적 기재사항도 포함한다.

### (2) 분할합병계약서

#### 1) 의의와 법적 성격

분할합병계약서는 분할합병이라는 단체법적 절차에서 상법이 규정하는 일정한 단체법적 효과를 발생시키는 특수한 법률요건이다. 분할합병계약서는 주주총회의 분할합병 승인 후에도 분할합병당사회사 간의 합의와 주주총회의 승인에 의하여 해제할 수 있다.

#### 2) 흡수분할합병

분할회사의 일부가 다른 회사와 합병하여 그 다른 회사(이하 "분할합병의 상대방 회사")가 존속하는 경우, 즉 분할회사의 영업 일부를 다른 회사가 흡수합병하는 경우(흡수분할합병)에는 분할합병계약서에 다음 사항을 기재하여야 한다(530조의6①). 소멸분할합병이든 존속분할합병이든 같다.

1. 분할합병의 상대방 회사로서 존속하는 회사("분할승계회사")가 분할합병으로 인하여 발행할 주식의 총수를 증가하는 경우에는 증가할 주식의 총수, 종류 및 종류별 주식의 수
2. 분할승계회사가 분할합병을 함에 있어서 신주를 발행하거나 자기주식을 이전하는 경우 발행하는 신주 또는 이전하는 자기주식의 총수, 종류 및 종류별 주식의 수[33]
3. 분할승계회사가 분할회사의 주주에게 신주를 발행하거나 자기주식을 이전하는 때에는 분할승계회사의 신주의 발행 또는 자기주식의 이전에 관한 사항 및 주식의 병합 또는 분할을 하는 경우에는 그에 관한 사항
4. 분할승계회사가 분할회사의 주주에게 제3호에도 불구하고 그 대가의 전부 또는 일부로서 금전이나 그 밖의 재산을 제공하는 경우에는 그 내용 및 배정에 관한 사항
5. 분할승계회사의 자본금 또는 준비금이 증가하는 경우에는 증가할 자본금 또는 준비금에 관한 사항
6. 분할회사가 분할승계회사에 이전할 재산과 그 가액
7. 연대책임배제의 정함이 있는 경우에는 그 내용
8. 각 회사에서 분할합병승인결의를 할 주주총회의 기일

---

[33] 2015년 12월 개정시 자기주식 이전방법이 추가되었다.

9. 분할합병을 할 날
10. 분할승계회사의 이사와 감사를 정한 경우에는 그 성명과 주민등록번호
11. 분할승계회사의 정관변경을 가져오게 하는 그 밖의 사항

대부분의 기재사항은 분할회사의 자본금감소와 상대방회사의 자본증가에 관한 사항이다. 소멸분할합병과 존속분할합병은 모두 흡수분할합병의 형태인데, 존속분할합병의 경우 존속하는 분할회사는 분할합병계약서와 별도로 분할계획서(530조의5 ②)를 작성하여 주주총회의 승인을 받아야 한다.

제1호는 분할승계회사가 분할합병으로 인하여 정관상 수권주식수(발행할 주식의 총수)를 초과하게 되는 경우에 관한 사항이므로, 수권주식수의 증가가 필요하지 않은 경우에는 기재하지 않아도 된다. 명문의 규정은 없지만 액면주식·무액면주식을 명시하여 기재하여야 한다. 단순분할에 관한 제535조의5 제1항 제2호는 "단순분할신설회사가 발행할 주식의 총수 및 액면주식·무액면주식의 구분"이라고 규정한다.

제2호와 관련하여, 분할승계회사가 자기주식을 충분히 소유하고 있어서 분할신주를 발행할 필요 없는 경우에는 자본금이 증가하지 않는다(무증자흡수분할합병). 분할재산에 분할승계회사의 주식이 포함된 경우 합병 또는 다른 회사의 영업전부의 양수와 달리 회사의 분할은 상법상 자기주식을 취득할 수 있는 특정목적이 아니므로, 흡수분할합병시 분할회사는 분할승계회사가 소유하는 분할회사의 주식을 취득할 수 없다는 견해도 있지만,[34] 분할회사는 분할에 의하여 자기주식을 취득하는 것이 아니라 분할과 동시에 이루어지는 합병에 의하여 자기주식을 취득하는 것이므로 허용된다고 해석된다.

제3호의 주식의 배정에 관한 사항 중 분할회사 주식 1주에 대하여 승계회사 주식 몇 주를 배정할 것인지(분할합병비율)의 산정은 합병의 경우에 준한다. 그리고 분할회사가 영업별로 분할하여 각기 다른 승계회사에 흡수합병되는 경우에는 분할회사 주주들도 서로 다른 승계회사의 주식을 배정받게 되는 경우(불비례적 분할)에는 소수주주의 보호를 위하여 총주주의 동의가 필요하다고 보아야 한다.[35]

제4호의 "대가의 전부"로서 금전을 제공할 수도 있으므로 단순분할의 경우와 달리 교부금분할합병도 허용된다. "그 밖의 재산"에는 분할승계회사의 모회사의 주

---

34) 권기범(기), 378면.
35) 주식회사법대계 제2판 Ⅱ, 523면.

식도 포함되므로 삼각분할합병이 가능하게 되었다.

제5호의 분할승계회사의 증가할 자본의 총액은 분할회사로부터 승계하는 순자산액 범위 내로 제한된다.

제9호의 "분할합병을 할 날"은 분할등기를 제외한 모든 재산이전이 실질적으로 완료되는 예정일로서 실무상 분할기일이라고 부른다. 분할합병의 효과는 분할합병등기를 한 날에 발생한다.

제10호의 "분할승계회사의 이사와 감사"는 분할승계회사가 선임할 것이나, 이사와 감사의 선임에 대한 분할회사·분할승계회사 간의 합의에 구속력을 주기 위하여 분할합병계약서에 기재하는 것이다.

제11호의 "분할승계회사의 정관변경"은 분할승계회사가 승계하는 영업 등이 정관에 기재되지 않은 경우에 필요하다.

### 3) 삼각분할합병

자회사의 모회사 주식 취득 금지에 관한 제342조의2 제1항에 불구하고, 위 제4호에 따라 분할회사의 주주에게 제공하는 재산에 분할승계회사의 모회사 주식을 포함하는 경우에는 분할승계회사는 그 지급을 위하여 모회사 주식을 취득할 수 있고(530조의6④), 분할승계회사는 취득한 모회사 주식을 분할합병 이후에도 계속 보유하고 있는 경우에는 분할합병의 효력이 발생하는 날부터 6개월 이내에 그 주식을 처분하여야 한다(530조의6⑤).[36]

### 4) 신설분할합병

분할회사의 일부가 다른 분할회사의 일부 또는 다른 회사와 분할합병을 하여 회사를 설립하는 경우(신설분할합병)에는 분할합병계약서에 다음 사항을 기재하여야 한다(530조의6②). 대부분의 기재사항은 분할회사의 자본금감소와 신설회사의 설립 절차에 관한 사항이다.

1. 제530조의5 제1항 제1호·제2호·제6호 내지 제10호에 규정된 사항
2. 분할합병을 하여 설립되는 회사(이하 "분할합병신설회사")가 분할합병의 때에 발행하는 주식의 총수, 종류 및 종류별 주식의 수
3. 각 회사의 주주에 대한 주식의 배정에 관한 사항과 배정에 따른 주식의 병합 또는 분할을 하는 경우에는 그 규정
4. 각 회사가 분할합병신설회사에 이전할 재산과 그 가액

---

36) 처분기한규정을 위반한 자는 2천만원 이하의 벌금에 처한다(625조의2).

  5. 각 회사의 주주에게 지급할 금액을 정한 때에는 그 규정[37])
  6. 각 회사에서 분할합병승인결의를 할 주주총회의 기일
  7. 분할합병을 할 날

### 5) 분할합병을 하지 아니하는 부분

분할계획서의 기재사항에 관한 제530조의5의 규정은 분할합병의 경우에 각 회사의 분할합병을 하지 아니하는 부분의 기재에 관하여 이를 준용한다(530조의6③). 즉, 분할회사는 분할합병의 대상이 아닌 나머지 재산을 가지고 소멸분할에 따른 분할계획서(530조의5①) 또는 존속분할에 따른 분할계획서(530조의5②)를 작성하여야 한다. 분할회사가 영업을 분할하여 둘 이상의 회사에 합병시키고 해산하는 경우에는 건별로 분할합병계약서만 작성하면 되고 분할계획서를 작성할 필요 없다.

### (3) 기재방법

회사분할에 의한 권리이전은 포괄적으로 이루어지므로 개별적 권리이전절차가 요구되지 않는다. 그러나 원래의 의미의 포괄승계와 달리, 포괄승계의 대상은 분할당사회사의 의사에 의하여 정해지는데, 분할계획서·분할합병계약서는 개별적인 재산이 어느 법인에 귀속되는지 특정할 수 있도록 구체적으로 작성되어야 한다. 다만, 개별적인 모든 권리와 의무를 기재할 필요는 없고, 분할대상인 영업부문을 특정할 수 있을 정도로 기재하면 될 것이다.[38])

## 2. 이사회·주주총회의 결의

### (1) 이사회 결의

상법에 명문의 규정은 없지만 분할은 당연히 이사회 결의를 요한다. 이사회에서 분할계획서·분할합병계약서의 내용을 결정한다.[39])

---

37) 흡수분할합병계약서에는 "분할승계회사가 분할회사의 주주에게 그 대가의 전부 또는 일부로서 금전이나 그 밖의 재산을 제공하는 경우에는 그 내용 및 배정에 관한 사항"을 기재하여야 하는데(530조의6①4), 반드시 신주가 발행되어야 하는 신설분할합병의 경우에는 분할대가의 전부를 금전으로 지급할 수 없다(530조의6②5). "금전이나 그 밖의 재산을 제공하는 경우에는"이라고 규정한 흡수분할합병의 경우와 달리, 신설분할합병의 경우에는 "지급할 금액"이라고 규정하므로 형행 규정상으로는 다른 재산을 제공할 수 없다.

38) 실무상으로는 분할계획서·분할합병계약서에 이전대상 재산목록을 직접 기재하지는 않고, 별지목록에 의한다.

## (2) 주주총회 특별결의

### 1) 승인의 대상

(가) 분할계획서·분할합병계약서    회사가 분할·분할합병을 하는 때에는 분할계획서·분할합병계약서를 작성하여 주주총회의 특별결의에 의한 승인을 받아야 한다(530조의3①·②). 승인의 대상은 분할계획서·분할합병계약서이다. 분할합병의 경우 분할회사의 주주총회 결의 외에 분할승계회사의 주주총회특별결의도 요구된다.40) 주주총회의 승인은 분할계획서·분할합병계약서의 정지조건이라 할 수 있다.

(나) 일부 회사 주주총회의 분할합병 불승인

가) 신설분할합병    신설분할합병의 경우 복수의 당사회사가 하나의 분할합병계약서를 작성하여 각 당사회사 주주총회에서 승인을 받아야 하고, 어느 하나의 당사회사 주주총회에서 승인받지 못하면 해당 신설분할합병 전체가 불성립한다.

나) 흡수분할합병    복수의 분할회사가 공동으로 동일한 분할승계회사와 흡수분할합병을 하는 경우에는 개별적으로 분할합병계약서를 작성하여 각 당사회사 주주총회에서 승인을 받아야 하고, 따라서 어느 하나의 당사회사 주주총회에서 승인받지 못하더라도 이를 특별히 분할합병의 불성립사유로 약정한 경우가 아니면 주주총회에서 승인을 받은 회사의 분할합병은 성립한다.

(다) 의안의 요령 기재    분할계획·분할합병계약의 요령은 주주총회의 소집통지·공고에 기재하여야 한다(530조의3④).

### 2) 간이분할·간이분할합병과 소규모흡수분할합병

간이합병에 관한 제527조의2의 규정과 소규모합병에 관한 제527조의3의 규정은 분할합병에도 준용된다(530조의11②).

(가) 간이분할    주주 전원의 동의에 의한 간이단순분할도 가능하다.

(나) 간이분할합병    분할회사의 주주 전원의 동의가 있거나 흡수분할합병의 상대방회사가 분할회사의 발행주식총수의 90% 이상을 소유할 경우에는 분할회사의 주주총회의 승인을 이사회의 승인으로 갈음할 수 있다(530조의11②, 527조의2①).

---

39) 단순분할의 경우에는 분할계획서를, 분할합병의 경우에는 분할합병계약서를 작성하여야 한다. 물론 단순분할과 분할합병을 병행하는 경우에는 분할계획서와 분할합병계약서를 모두 작성하여야 한다. 분할계획서·분할합병계약서의 내용에 따르지 않은 경우 분할·분할합병의 무효원인이 된다.

40) 상법은 분할승계회사의 주주총회특별결의에 대한 명문의 규정을 두지 않지만, 그 실질이 통상의 합병과 같으므로 합병규정에 따라 주주총회특별결의가 요구된다.

흡수분할합병 상대방회사의 주주 전원의 동의가 있거나 분할회사가 흡수분할합병 상대방회사의 발행주식총수의 90% 이상을 소유할 경우에 흡수분할합병 상대방회사의 주주총회의 승인을 이사회의 승인으로 갈음할 수 있는지에 관하여는 논란의 여지가 있지만, 상법 제527조의2의 법문상 부정설이 타당하다.

(다) 소규모흡수분할합병        흡수분할합병의 상대방회사가 합병으로 인하여 발행하는 신주 및 이전하는 자기주식의 총수가 그 회사의 발행주식총수의 10%를 초과하지 아니하는 때에는 그 회사의 주주총회의 승인은 이를 이사회의 승인으로 갈음할 수 있다.

다만, 소멸회사의 주주에게 제공할 금전이나 그 밖의 재산을 정한 경우에 그 금액 및 그 재산의 가액이 존속회사의 최종 대차대조표상으로 현존하는 순자산액의 5%를 초과하는 때에는 그렇지 않다(530조의11②, 527조의3①).

소규모합병규정이 흡수분할합병에 대하여서만 준용되므로 상법상 소규모단순분할이나 소규모신설분할합병은 인정되지 않는다.41)

한편, 흡수분할합병에 의하여 상대방회사는 원칙적으로 분할회사의 채무 총액에 대하여 연대책임을 지는데, 합병으로 인하여 발행하는 주식이 소량이라고 하여 분할합병에 의한 위험도 소량이 되는 것은 아니므로 소규모분할합병제도를 둔 것은 타당성은 의문이다.42)

3) 단일 안건 상정 문제

수개의 회사와 분할합병을 하거나 단순분할과 분할합병을 병행할 경우, 수개의 분할합병계획서 또는 분할계획서와 분할합병계약서가 동시에 작성된다. 그런데 주주총회가 승인결의를 할 때 수개의 분할합병계획서 또는 분할계획서와 분할합병계약서를 각각의 안건으로 상정하여야 하는지, 하나의 안건으로 상정해도 되는지, 나아가 하나의 안건으로 상정하여야 하는지에 대하여 논란의 여지가 있다.

이에 대하여, 단순분할과 분할합병을 구별하지 않고 분할계획서와 분할합병계약서 등을 개별적으로 작성할 수도 있고 하나로 작성할 수 있으며, 주주총회에서도 개별안건으로 상정해도 된다는 견해와,43) 이사회가 각 분할합병계약서를 하나의

---

41) 다만, 앞서 본 한시법인「기업 활력 제고를 위한 특별법」은 물적분할에 대한 소규모분할 특례를 규정한다(同法 15조). 소규모분할의 특례는 발행주식총수의 10%(적극적 요건), 발행주식총수의 20%(소극적 요건)와 같이 상법상 소규모합병의 기준과 동일한 요건을 규정한다.

42) 따라서 분할합병의 경우에 상법 제527조의3을 준용한 것은 잘못된 입법이라는 지적도 있다(이철송, 1117면).

43) 이철송, 1102면.

분할합병계획안으로 주주총회에 산정하여야 한다는 조건을 붙인 경우에는 별개의
안건으로 상정할 수 없다는 견해도 있다.[44]

실제로는 그 발생가능성이 거의 없겠지만 만일 개별 안건으로 상정하는 경우,
일부 안건은 가결되고 일부 안건은 부결될 수도 있고, 가결된 결의 중에서도 하자
있는 결의와 하자 없는 결의가 있는 경우가 있을 수 있는데, 이때 가결된 결의 또
는 하자 없는 결의만으로 당초 의도한 분할·분할합병이 적법하게 진행된다고 볼
수 있는지 의문이다. 따라서 수개의 분할계획서·분할합병계약서를 개별적으로 작
성하여야 하는지의 문제는 별론으로 하고, 만일 별개로 작성된 경우에도 주주총회
에서 단일 안건으로 상정하여야 할 것이고, 이사회도 주주총회 소집결정시 이와 같
이 결정하면 될 것이다. 그러나 별개의 안건으로 상정하되 어느 하나의 안건도 부
결되지 않는 것을 조건으로 의안을 상정하는 것도 가능할 것이다.

### 4) 의결권배제주주의 의결권

분할·분할합병승인결의를 위한 주주총회에서는 의결권이 배제되는 주주(344조
의3①)도 의결권이 있다(530조의3③). 그러나 의결권이 배제되는 주식의 주주에게도
회사분할에 대한 의결권을 인정하는 것은 합병의 경우와 균형이 맞지 않는다는 문
제가 있다. 합병과 분할을 달리 규정할 이론적인 근거가 없음에도 상법이 이와 같
이 분할에 대하여서만 의결권을 인정한 것은 그 입법적 타당성이 의문이라는 것이
일반적인 견해이다.[45]

### 5) 종류주주총회

회사가 종류주식을 발행한 경우, 분할·분할합병 등으로 인하여 어느 종류주식
의 주주에게 손해를 미치게 될 경우에도 종류주주총회 결의도 필요하다(436조). 물
적분할의 경우에는 종류주주총회 결의가 요구되지 않는다. 물적분할의 경우에는 신
주가 분할회사의 주주가 아닌 분할회사에 직접 귀속하므로 주식의 배정에 관하여
특수하게 정할 수 없기 때문이다.

주주총회의 특별결의에 의한 승인만 있고 종류주주총회 결의가 없는 경우 종
류주주총회 결의는 분할·분할합병이라는 법률효과가 발생하기 위한 하나의 특별요
건이므로 이에 관한 종류주주총회 결의가 아직 이루어지지 않았다면 분할·분할합
병의 효력이 발생하지 않는다. 그러나 분할·분할합병을 승인한 주주총회 결의 자

---

44) 최기원, 1174면.
45) 의결권이 배제되는 주주는 종류주주총회제도와 주식매수청구권제도에 의하여 보호받을 수
　 있다는 점이 입법의 타당성에 의문을 제기하는 근거이다.

체의 효력에는 아무런 하자가 없다.46)

### 6) 주주부담의 가중

(가) 주주전원의 동의    분할·분할합병으로 인하여 분할·분할합병에 관련되는 각 회사의 주주의 부담이 가중되는 경우에는 주주총회 결의 및 종류주주총회 결의 외에 그 주주 전원의 동의가 있어야 한다(530조의3⑥).

(나) 주주부담가중의 의미    "주주의 부담이 가중되는 경우"에 대하여, 프랑스 회사법 제373조의 규정에 따라 주주의 추가출자를 의미한다는 견해도 있고,47) 주주유한책임의 원칙상 주주의 추가출자의무는 있을 수 없으므로 주주부담의 가중은 특정 주주의 지위가 회사분할로 인하여 종전보다 불리해지는 경우로서 그 부담의 정도가 심하여 이에 대한 보상을 전제로 하여 해당 주주 전원의 동의를 받지 않으면 그 주주에게 특히 불리한 결과가 초래되는 경우로 보는 견해가 있다.48) 또한 다른 종류의 회사 간의 분할이 가능한 프랑스 회사법과 달리 상법은 주식회사의 분할만 인정하므로 주주의 부담이 가중될 수 없다는 점을 이유로 상법 제530조의3 제6항은 무의미한 규정이라는 견해도 있다.49)

주주유한책임의 원칙은 주주의 의사에 반하여 주식의 인수가액을 초과하는 새로운 부담을 시킬 수 없다는 취지에 불과하고 주주들의 동의 아래 회사채무를 주주들이 분담하는 것까지 금하는 취지는 아니라는 판례에 비추어50) 주주가 추가출자를 하게 되는 경우도 있을 수 있다. 그러나 굳이 분할·분할합병절차에서 주주 전원의 동의를 얻어야 한다는 규정을 별도로 둘 의미가 있는지는 의문이다.

(다) 적용범위    위 규정은 분할·분할합병과 관련하여 주주를 보호하기 위하여 마련된 규정이고 분할·분할합병으로 인하여 회사의 책임재산에 변동이 생기게 되는 채권자를 보호하기 위하여 마련된 규정이 아니므로, 회사의 채권자는 위 규정을 근거로 회사분할로 인하여 신설된 회사가 분할 전 회사의 채무를 연대하여 변제할 책임이 있음을 주장할 수 없다.51)

---

46) 종류주주총회 결의의 흠결에 관하여는 종류주주총회에 관한 설명 부분[제4장 제2절 II. 3(5)] 참조.
47) 이철송, 1104면.
48) 최기원, 1183, 1184면(회사의 분할로 인하여 주식양도가 제한되는 결과가 되는 경우, 2차납세의무자가 되는 경우 등을 예로 든다).
49) 권기범(기), 414면.
50) 대법원 1983. 12. 13. 선고 82도735 판결.
51) 대법원 2010. 8. 26. 선고 2009다95769 판결.

## 3. 단순분할절차

### (1) 개    요

단순분할은 회사의 분할과 이를 근거로 한 회사의 신설이라는 두 가지 절차로 구성된다. 회사의 분할은 분할계획서의 작성과 주주총회의 승인에 의하여 이루어진다. 회사의 신설은 주식회사의 설립절차에 관한 규정(상법 제3편 제4장 제1절)이 준용된다(530조의4).

### (2) 회사의 설립

#### 1) 주식회사 설립 관련 규정의 준용

단순분할(분할합병도 마찬가지이다)로 인한 회사의 설립은 주식회사의 설립절차에 관한 규정(상법 제3편 제4장 제1절)이 준용되는데(530조의4), 주식회사의 통상의 설립절차에 비하면 그 설립절차가 매우 간소하다.[52]

다른 주주를 모집하지 않고 분할회사의 출자만으로도 회사를 설립할 수도 있는데(530조의4), 이를 단독분할설립이라고 한다. 다른 주주도 출자할 수 있는지에 관하여 논란의 여지가 있는데, "출자만으로도 설립할 수 있다."라는 법문을 형식적으로 해석하면 제3자가 주주로 참여하는 방법도 가능하다고 해석되고, 등기선례도 이를 허용하는 취지이다.[53] 그러나 합병, 주식이전, 조직변경의 경우에는 제3자가 참여할 수 없다는 점을 근거로 이를 부정하는 견해도 있다.[54]

#### 2) 현물출자에 대한 특례

분할회사의 출자만으로 회사가 설립(단독분할설립)되는 때에는 현물출자의 이행에 대한 검사인의 조사 · 보고에 관한 상법 제299조를 적용하지 않는다(530조의4 단서).[55]

---

52) 예컨대, 정관작성은 회사의 대표기관이 담당하고, 설립에 관한 구체적인 내용은 분할계획서 · 분할합병계약서에서 정해지고, 신주발행을 위한 주주의 개별적인 출자절차가 없고, 창립총회에 대한 보고를 이사회의 공고로써 갈음할 수 있다.

53) [등기선례 제200309-16호(2003. 9. 1. 공탁법인 3402-207 질의회답)] "주식회사를 분할하여 새로운 회사를 설립하는 경우에 분할되는 회사의 출자 이외에 새로운 주주를 모집하여 설립할 수도 있다."

54) 권기범(기), 444면.

55) 종전에는 분할회사 주주에게 그 주주가 가지는 분할회사의 주식의 비율에 따라서 신설회사의 주식이 발행되는 경우 제299조가 적용되지 않았는데, 이러한 비례적 발행요건은 신설회사의 자본금충실과 관계없기 때문에 2015년 12월 상법개정시 삭제되었다.

법문상 분할회사의 출자만으로 회사가 설립되는 단순분할(인적분할·물적분할)의
경우에 제299조가 적용되지 않는 것이므로,56) 신설분할합병의 경우는 적용대상이
아니다.

흡수분할합병의 경우에는 회사의 설립절차가 없으므로 제299조가 적용될 여
지가 없지만, 분할된 영업이 과대평가되면 승계회사의 자본금충실이 저해된다는
문제가 있으므로 신주발행시 현물출자에 관한 제422조 제1항의 적용 여부가 문제
된다. 이와 관련하여 자본금충실의 원칙 외에도 주주와 회사채권자 등 관련 이해관
계자를 보호하기 위하여 존속회사의 자본증가액은 해산회사의 순자산액을 한도로
한다. 그러나 흡수합병의 경우에도 동일한 문제점이 있음에도 불구하고 현물출자
에 대한 검사인의 조사를 요구하지 않는 점에 비추어 흡수분할합병의 경우에도 마
찬가지로 해석하는 것이 타당하다.

### (3) 이사·감사의 선임

일반설립절차에서는 발기인 또는 창립총회에서 임원을 선임하지만, 단순분할
설립에서는 분할계획에 의하여 임원을 선임한다. 단순분할설립의 경우에는 이사회
의 공고로 창립총회에 갈음할 수 있다(530조의11①, 527조④).

신설회사의 이사와 감사는 분할계획서에서 정할 수 있고, 이 경우 신설회사의
선임절차를 별도로 거치지 않고 설립등기와 동시에 이사 및 감사가 된다. 분할계획
서에 대한 주주총회의 승인결의에 이사 및 감사에 대한 선임결의도 포함된 것으로
본다. 분할회사의 기존의 이사와 감사는 존속분할의 경우에는 그 지위를 유지하나,
소멸분할의 경우에는 분할회사의 소멸과 동시에 그 지위를 상실하고 신설회사에
대하여 그 지위를 주장할 수 없다.

---

56) 2015년 개정 전에도 인적분할의 결과 분할회사 주주들 사이에 주식소유 비율에 변동이 있
    는 경우에만 현물출자에 대한 검사인의 조사·보고가 요구되었는데, 물적분할의 경우에는 신
    설회사의 발행주식이 전부 분할회사에 귀속될 뿐이고 분할회사 주주들의 주식소유 비율에는
    아무런 변동이 없으므로 현물출자에 대한 검사인의 조사·보고가 요구되지 않는 것으로 해석
    하였다. 종래의 비송사건절차법 제216조의2 제2항(2007년 상업등기법 제정으로 삭제됨)도 검
    사인의 조사보고서를 분할등기의 첨부서류로 규정하지 않았고, 현행 상업등기규칙 제150조도
    같은 취지로 규정한다.

## 4. 분할합병절차

### (1) 개    요

분할합병계약서는 흡수분할합병에서는 분할회사와 분할승계회사 간에 체결되는 계약이고, 신설분할합병에서는 수개의 분할회사 간에 체결되는 계약이다.

### (2) 합병서류의 사후공시

분할·분할합병의 경우, 이사는 채권자보호절차의 경과, 분할·분할합병을 한 날, 분할회사로부터 승계한 재산의 가액과 채무액 기타 분할·분할합병에 관한 사항을 기재한 서면을 분할·분할합병을 한 날부터 6개월간 본점에 비치하여야 한다(530조의11①, 527조의6①).[57)]

### (3) 이사·감사의 선임

신설분할합병의 경우 신설회사의 이사와 감사는 분할합병계약서에서 정할 수 있고, 이 경우 신설회사의 선임절차를 별도로 거치지 않고 설립등기와 동시에 이사 및 감사가 된다. 흡수분할합병의 경우에도 분할합병계약서에 상대방회사의 이사와 감사를 정할 수 있다. 분할합병계약서에 대한 주주총회의 승인결의에 이사 및 감사에 대한 선임결의도 포함된 것으로 본다.

## 5. 주식매수청구권

### (1) 단순분할

단순분할의 경우에는 이론상 주주의 지위에 차이가 없으므로 분할에 반대하는 주주의 주식매수청구권이 인정되지 않는다. 종전의 회사재산과 영업이 물리적, 기능적으로 분리될 뿐 주주의 권리는 신설회사에 그대로 미치기 때문이다. 회사분할과 영업양도의 가장 큰 차이점이다.[58)] 다만, 단순분할도 회사의 기본적 조직구조변

---

57)  상법 제527조의6은 2011년 상법개정시 제530조의11 제1항의 준용대상으로 추가되었다.
58)  일본 회사법은 단순분할의 경우에도 반대주주의 주식매수청구권을 인정한다(日会 806조). 그 절차는 대체로 상법상 주식매수청구권행사절차와 같다. EU 회사법 제6지침은 분할반대주주의 주식매수청구권의 인정 여부는 회원국의 재량에 의하는 것을 원칙으로 규정하면서, 수혜회사의 주식이 분할회사의 주주에 대하여 그 지분비율대로 배정되지 않는 경우에는 분할회사

경이므로 반대주주가 회사에서 탈퇴하여 투하자본을 회수할 기회가 보장될 필요가
있고, 따라서 입법론상으로는 주식매수청구권을 인정할 필요가 있다.[59]

한편, 자본시장법 제165조의5 제1항도 "주권상장법인이 상법 … 제530조의3(상
법 제530조의2에 따른 분할합병 및 같은 조에 따른 분할로서 대통령령으로 정하는 경우만 해당
한다) … "라고 규정하고, 위 규정에 따른 시행령 제176조의7 제1항은 "상법 제530조
의12에 따른 물적 분할이 아닌 분할의 경우로서 분할에 의하여 설립되는 법인이 발
행하는 주권이 증권시장에 상장되지 아니하는 경우(거래소의 상장예비심사결과 그 법인
이 발행할 주권이 상장기준에 부적합하다는 확인을 받은 경우를 포함한다)"라고 규정한다.
이는 분할에 의하여 신설되는 법인이 주권비상장법인(비상장회사)이 되는 경우에는
분할회사의 주주가 주식매수청구권을 행사할 수 있도록 한 것이다.

나아가 물적분할에 의하여 주주들이 불이익을 받는 경우를 고려하여 2022년
12월 시행령 개정시 시행령 제176조의7 제1항의 기존 규정을 제1호로 하고 제2호
로 "상법 제530조의12에 따른 물적 분할(분할합병은 제외한다)의 경우"를 추가함에 따
라 모든 물적 분할의 경우에 주식매수청구권이 인정된다(資令 176조의7①).[60]

### (2) 분할합병

#### 1) 요건과 절차

분할합병의 경우에는 회사의 재산과 영업이 다른 회사와 통합되므로 회사합병
시 주식매수청구권에 관한 규정이 준용된다(530조의11②, 522조의3). 따라서 회사합병
절차에서의 주식매수청구권의 요건, 절차 및 효과가 동일하게 분할합병에 반대하는
주주에게 주식매수청구권이 인정된다. 즉, 분할합병에 관한 이사회 결의가 있는 때
에 그 결의에 반대하는 주주는 주식분할합병계약서에 대한 주주총회의 승인결의
전에 회사에 대하여 서면으로 그 승인결의에 반대하는 의사를 통지한 경우에는 그
주주총회 결의일부터 20일 이내에 주식의 종류와 수를 기재한 서면으로 회사에 대

---

의 주주가 그 지분의 매수를 청구할 권리를 인정하도록 권고한다(지침 제5조②). 결국 비안분
비례적 분할의 경우에만 주식매수청구권이 인정된다. 독일 조직재편법(UmwG)은 제125조에
서 물적분할의 경우 제29조부터 제34조까지의 주식매수청구권규정을 준용대상에서 배제한다.
상법상 물적분할의 경우에도 주식매수청구권이 인정되지 않는다.

59) 同旨: 김병기, "주식회사분할에 있어서 이해관계인의 보호", 기업법연구 제7집, 한국기업법
학회(2001), 48면; 권기범, "상법상 기업재편법제의 현황과 개선방안", 상사법연구 제33권 제1
호, 한국상사법학회(2014), 22면.

60) 분할합병의 경우 자본시장법 제165조의5 제1항에 의하여 주식매수청구권이 인정되므로 시
행령 규정에서는 "(분할합병은 제외한다)"라는 문구가 포함되었다.

하여 자기가 소유하고 있는 주식의 매수를 청구할 수 있다.

### 2) 의결권배제·제한주주

합병과 달리, 분할·분할합병승인결의를 위한 주주총회에서는 의결권배제·제한주주(344조의3①)도 의결권이 있으므로(530조의3③), 이들 주주도 주식매수청구권을 행사할 수 있다.

### 3) 주식매수청구권을 가지는 주주

분할승계회사의 주주에게도 주식매수청구권이 인정되는지 여부에 관하여는 상법상 명문의 규정이 없지만, 상대방회사도 합병당사회사이므로 그 주주의 주식매수청구권은 상법 제522조의3 제1항에 의하여 당연히 인정된다. 신설분할합병의 경우소멸하는 회사의 주주는 물론 존속하는 회사의 주주도 주식매수청구권을 가진다.

### (3) 물적분할

물적분할합병의 경우에는 분할회사 및 분할합병 상대방회사의 주주에게 주식매수청구권이 인정된다.[61] 그러나 물적단순분할의 경우에는 분할회사의 주주에게 주식매수청구권이 인정되지 않는다. 상법이 단순분할의 경우에 반대주주의 주식매수청구권을 인정하지 않는 것은 효율적인 기업구조조정을 해칠 우려가 있기 때문이다.[62] 다만, 물적단순분할은 다른 각도에서 보면 분할회사가 완전자회사에게 영업을 양도하는 것이므로, 영업양도에 반대하는 주주의 주식매수청구권에 관한 제374조의2의 규정에 비추어, 입법론상으로는 물적단순분할의 경우에도 분할회사 주주에게 주식매수청구권이 인정되도록 하는 것이 타당하다.[63]

## 6. 채권자보호절차

### (1) 단순분할의 경우

단순분할에서 분할 전의 분할회사의 채무에 대한 연대책임이 배제되는 경우[64]

---

61) 다만, 앞에서 본 바와 같이 물적흡수분할합병의 근거를 입법적으로 명확히 할 필요가 있다.
62) 서울중앙지방법원 2021. 8. 17. 선고 2020나64332 판결.
63) 同旨: 권기범, "상법상 기업재편법제의 현황과 개선방안", 상사법연구 제33권 제1호, 한국상사법학회(2014), 22면(다만, 영업양도와의 균형상 주주총회 특별결의를 요하는 물적분할로 한정하는 방안을 제시한다).
64) 분할·분할합병으로 인한 신설회사 또는 존속회사는 분할·분할합병 전의 회사채무에 관하여 원칙적으로 연대하여 변제할 책임이 있고(530조의9①), 이 경우에는 채권자보호절차가

에는 합병시 채권자보호절차에 관한 제527조의5의 규정이 준용된다(530조의9④).65) 즉, 분할회사가 분할에 의하여 회사를 설립하는 경우 신설회사가 분할회사의 채무 중에서 분할계획서에 승계하기로 정한 채무에 대한 책임만을 부담하는 것으로 정할 수 있는데, 이 경우에는 분할회사가 분할 후에 존속하는 때에는 분할로 인한 신설회사가 부담하지 아니하는 채무만을 부담하므로(530조의9②), 채권자보호절차가 요구된다.66) 연대책임을 배제하는 경우에는 채무자의 책임재산에 변동이 생기게 되어 채권자의 이해관계에 중대한 영향을 미치기 때문이다. 채권자보호절차는 대규모회사로서는 매우 큰 부담이 되므로, 채권자보호절차를 밟지 않기 위한 것도 연대책임을 배제하지 않는 중요한 동기이다.67)

한편, 물적분할의 경우, 분할회사는 분할된 영업에 상응하는 주식을 취득하게 되므로 순자산에 영향이 없어서 채권자보호절차의 필요성에 대하여 논란이 있을 수 있지만, 신설회사의 채권자는 신설회사의 재산에 대하여 직접 채권자로서의 권리를 행사할 수 있지만, 분할회사의 채권자는 분할회사를 통하여서만 간접적으로 권리를 행사할 수 있으므로 분할회사 채권자로서는 분할 전에 비하여 불리한 지위에 처하게 된다. 그리고 물적 분할에 관한 제530조의 12는 "이 절의 규정은 분할되는 회사가 분할 또는 분할합병으로 인하여 설립되는 회사의 주식의 총수를 취득하는 경우에 이를 준용한다."라고 규정하므로 법문상으로도 물적분할의 경우에 채권자보호절차가 요구되지 않는다고 해석할 근거는 없다.

---

요구되지 않는다.

65) 주식의 병합은 채권자보호절차가 종료한 때에 효력이 생긴다는 제441조의 규정은 분할의 경우에 준용된다(530조의11①). 따라서 연대책임배제 여부와 관계없이 주식병합을 하는 경우에는 채권자보호절차가 요구되는 결과가 되는데, 이는 매우 불합리하므로 입법적인 보완이 필요하다.

66) 상업등기선례 제200705-2(2007. 5. 3. 공탁상업등기과-468 질의회답)는 "신설회사가 분할회사의 채무에 관하여 연대하여 변제할 책임(상법 제530조의9 제1항)을 부담한다면, 그 신청서에 채권자보호절차를 거쳤음을 증명하는 서면(非訟法 211조 제1호, 제215조 제3호, 제216조의2 제2항)은 첨부할 필요가 없다."라고 규정하므로, 분할채무를 부담하는 경우에는 채권자보호절차를 거쳤음을 증명하는 서면을 등기신청서에 첨부하여야 한다.

67) 단순분할의 경우에도 분할교부금을 지급하는 경우에는 회사재산이 유출되어 책임재산이 감소되므로 채권자보호절차가 필요하다고 주장하면서, 단순분할의 경우에는 채권자보호절차를 두지 않은 것은 상법규정은 입법상의 과오라는 견해도 있다[이철송, "상법상의 입법착오의 시정을 위한 연구(2)", 비교사법 제17권 3호, 한국비교사법학회(2010), 45면].

## (2) 분할합병의 경우

합병으로 인한 당사회사의 재산은 당사회사의 총채권자의 책임재산이 된다. 분할합병의 경우에도 책임주체와 책임재산의 변동은 채권자의 이해관계에 직접적인 영향이 미친다. 따라서 상법은 합병에서의 채권자보호절차에 관한 제527조의5를 분할합병에 준용한다(530조의11②).[68] 상법 제530조의11 제2항의 법문상으로는 명확하지 않지만, 채권자보호절차는 분할회사의 채권자뿐 아니라 분할합병 상대방회사의 채권자 모두에게 적용된다.

## (3) 공고·최고

### 1) 의      의

회사는 분할·분할합병에 대한 주주총회의 승인결의가 있은 날부터 2주 내에 채권자에 대하여 분할·분할합병에 이의가 있으면 1개월 이상의 기간 내에 이를 제출할 것을 공고하고 알고 있는 채권자에 대하여는 따로따로 이를 최고하여야 한다.[69]

### 2) 회사가 알고 있는 채권자에 대한 최고

#### (가) 회사가 알고 있는 채권자의 범위

가) 판단기준      분할 또는 분할합병으로 인하여 회사의 책임재산에 변동이 생기게 되는 채권자를 보호하기 위하여 상법이 채권자의 이의제출권을 인정하고 그 실효성을 확보하기 위하여 알고 있는 채권자에게 개별적으로 최고하도록 한 입법취지를 고려하면, 개별 최고가 필요한 "회사가 알고 있는 채권자"라 함은, 채권자가 누구이고 그 채권이 어떠한 내용의 청구권인지가 대체로 회사에게 알려져 있는 채권자를 말하는 것이고, 그 회사에 알려져 있는지 여부는 개개의 경우에 제반 사

---

68) 회사는 합병에 대한 주주총회의 승인결의가 있은 날부터 2주 내에 채권자에 대하여 합병에 이의가 있으면 1월 이상의 기간 내에 이를 제출할 것을 공고하고 알고 있는 채권자에 대하여는 따로따로 이를 최고하여야 한다(527조의5①).

69) 분할합병에 따른 채권자 이의 및 주권제출 공고의 문례는 다음과 같다. "○○주식회사(이하 '갑'이라 한다)와 ○○주식회사(이하 '을'이라 한다)는 2017년 9월 10일 개최된 각사의 임시주주총회에서 '갑'의 전기공사업의 영업부분을 분할하여 그 분할된 재산으로 '을'과 분할합병하고, 상법 제530조의9 제3항에 따라, 상법 제530조의3 제3항 및 같은 조 제2항의 규정에 의한 결의로 분할합병에 따른 출자를 받는 존속 중의 회사가 분할회사의 채무 중에서 분할합병계획서에 승계하기로 정한 채무에 대한 책임만을 부담하는 것으로 정하였으므로, 위 분할합병에 이의가 있는 채권자는 본 공고 게재일로부터 1개월 내에 본 회사에 이의를 제출하기 바라며, 또한 각사의 주주는 해당사에 주권을 제출하기 바랍니다."

정을 종합적으로 고려하여 판단하여야 할 것이다.70) "회사가 알고 있는 채권자"에 회사가 과실로 알지 못한 채권자라 할 수 있는 "회사가 알 수 있었던 채권자"도 포함되는지에 관하여, 채권자보호의 명목 하에 개별최고의 대상을 지나치게 넓게 해석하는 것은 부당하다는 취지의 견해도 있다.71) 그러나 이러한 채권자를 배제한다면 채권자보호를 위한 개별최고의 취지에 반하므로 "회사가 알 수 있었던 채권자"도 "회사가 알고 있는 채권자"에 포함시키는 것이 타당하다. 판례도 이러한 취지를 전제로 판시한다.72)

　　나) 대표이사가 알고 있는 채권자　　"회사가 알고 있는 채권자"는 회사의 장부 기타 근거에 의하여 그 성명과 주소가 회사에 알려져 있는 자는 물론이고 회사 대표이사 개인이 알고 있는 채권자도 이에 포함된다는 것이 판례의 입장이다.73) 다만, 이는 대표이사가 업무수행과 관련하여 채권자를 알게 된 경우를 전제로 한 것이고, 대표이사가 업무수행과 무관하게 채권자를 알게 된 경우에까지 대표이사의 인식을 회사의 인식으로 볼 수 없을 것이다.

　　다) 약속어음의 배서양도인　　분할회사가 발행한 약속어음의 소지인은 당연히 회사가 알고 있는 채권자이고, 나아가 어음을 소지하였다가 배서양도함으로써 유통과정에 관여한 배서인은 배서양도로 어음상의 권리를 상실하지만, 향후 소구의

---

70) 대법원 2011. 9. 29. 선고 2011다38516 판결.
71) 노혁준, 전게논문, 111면.
72) [대법원 2010. 8. 19. 선고 2008다92336 판결] "원심판결 이유에 의하면, 원심은 대우중공업의 소액주주 481명이 이 사건 분할과 관련한 자본금 분할비율을 문제삼아 2000. 2. 29.경 대우중공업의 이사 등을 배임 등의 혐의로 고소하고 임시주주총회 효력정지 가처분을 신청하자, 대우중공업이 2000. 5. 22. 위 소액주주들과 자본금 비율을 상향조정하는 것으로 합의하기는 하였으나, 원고들이 위 소액주주 481명의 일원이었다는 점을 인정할 아무런 증거가 없고 소액주주들이 문제삼은 것은 자본금 분할비율에 불과할 뿐 원고들의 이 사건 청구와 같이 분식회계로 인하여 주식 거래시 발생한 손해를 주장하는 것이 아니었으므로, 이러한 사정만으로 대우중공업이 원고들을 채권자로서 알고 있었다고 볼 수 없고, 또한 대우중공업의 분식회계로 인하여 모든 주주에게 손해가 발생하는 것이 아니고 분식회계와 인과관계 있는 거래기간 중 주식을 취득한 일부 주주에 한하여 채권자로서의 지위를 겸하게 되는 것이라 할 것인데, 실질주주명부에는 관리번호, 사업자등록번호, 보통주 및 우선주 수량, 주주의 이름과 주소만 기재되어 있을 뿐이어서, 비록 원고들이 이 사건 임시주주총회를 위하여 작성된 실질주주명부에 주주로서 등재되어 있었다 하더라도, 대우중공업으로서는 실질주주명부상 주주 중 원고들이 주주 이외에 채권자의 지위까지 겸하는 자들이라고 알 수 있었다고 볼 수 없다는 취지로 판단하였다. 기록에 비추어 살펴보면, 위와 같은 원심의 판단은 정당하고, 거기에 원고들이 상고이유에서 주장하는 바와 같은 상법 제530조의9 제4항, 제527조의5 제1항이 규정하는 채권자보호절차 및 알고 있는 채권자에 관한 법리오해 등의 위법이 없다."
73) 대법원 2011. 9. 29. 선고 2011다38516 판결.

무를 부담할 잠재적인 채무자이자 소구의무를 이행하고 어음상의 권리를 행사할 수 있는 잠재적인 권리자이므로 배서양도 후라도 그와 같은 어음상의 권리관계에 기하여 어음상의 권리를 주장할 수 있는 개연성이 높다는 점에서 회사에 알려져 있는 어음상의 채권자로 보아야 한다.[74]

라) 채권의 존부 자체에 다툼이 있는 경우　　채권자보호절차에서의 채권자는 규정의 취지 및 회사법률관계의 획일적인 처리라는 관점에서, 적어도 자본금감소 당시에 그 채권의 존재가 확정되어 있는 채권자일 것이 요구된다는 하급심판례가 있는데,[75] 이 사건에서는 채권의 규모가 자본금감소의 규모에 비하여 무시할 정도로 적다는 점도 고려된 것으로 보인다. 만일 대규모의 채권이라면 다른 판단이 나올 가능성이 있을 것이다.

(나) 회사분할을 알고 있는 채권자　　채권자가 분할·분할합병에 관여되어 있고 분할·분할합병을 미리 알고 있는 지위에 있으며, 사전에 분할·분할합병에 대한 이의제기를 포기하였다고 볼만한 사정이 있는 등 예측하지 못한 손해를 입을 우려가 없다고 인정되는 경우에는 개별적인 최고를 누락하였다고 하여 그 채권자에 대하여 신설회사 또는 존속회사가 분할회사와 연대하여 변제할 책임이 부활하는 것은 아니다.[76]

---

74) [대법원 2011. 9. 29. 선고 2011다38516 판결] "소외 회사는 이 사건 약속어음의 발행인으로서 어음금액을 지급할 절대적 채무를 부담하고 있는 점, 소외 회사로서는 피고와 체결된 분할합병계약시 전기공사업, 전문소방시설공사업과 관련된 권리의무 외에는 연대책임을 배제하기로 약정하였으므로, 이 사건 약속어음금 지급채무는 피고에게 이전되지 아니하고 분할 후의 소외 회사만 부담한다는 사정을 알고 있었던 점, 소외 회사가 개별 최고기간에 파악할 수 있는 원고의 지위는 소외 회사의 대표이사인 소외 1로부터 이 사건 약속어음을 배서양도받은 이 사건 약속어음의 소지인 또는 이 사건 약속어음을 제3자에게 배서양도한 배서인으로서의 지위라 할 것인데, 소외 회사가 원고를 이 사건 약속어음의 소지인으로 인식하고 있었다면 원고의 이의제출권 행사를 위한 개별 최고를 당연히 하였어야 했고, 원고를 이 사건 약속어음의 배서인으로 파악하고 있었다 하더라도, 어음을 소지하였다가 배서양도함으로써 유통과정에 관여한 배서인은 배서양도로 어음상의 권리를 상실하지만, 향후 소구의무를 부담할 잠재적인 채무자이자 소구의무를 이행하고 어음상의 권리를 행사할 수 있는 잠재적인 권리자이므로 배서양도 후라도 그와 같은 어음상의 권리관계에 기하여 어음상의 권리를 주장할 수 있는 개연성이 높다는 점에서 원고를 개별 최고의 대상으로 고려했었어야 하는 점, 원고는 소외 회사의 대표이사 소외 1로부터 이 사건 약속어음을 최초로 배서양도 받았다는 점에서 실질적으로는 최종적인 소구의무자로 보이고 소외 회사도 이러한 사정을 인식하였던 것으로 보아야 하는 점 등의 사정을 종합하면, 원고는 소외 회사에게 알려져 있는 어음상의 채권자로 봄이 상당하다."

75) 서울고등법원 2003. 5. 13. 선고 2002나65037 판결.

76) 대법원 2010. 2. 25. 선고 2008다74963 판결. 피고가 이러한 취지의 주장을 한 사건에서 "원고가 이의제출기간 만료 전에 회사분할 사실을 알고 있었다는 점을 인정하기에 부족하고, 달

(다) 분할실무상 전략   분할회사는 소액채권자나 채권의 존부와 범위에 대하여 다툼이 있는 채권자에게도 개별적인 최고절차를 거쳐야 하는데, 이는 기업실무상 상당한 부담이 된다. 이와 관련하여 i) 간단한 채권자보호절차만 밟고 분할책임의 요건을 갖춘 다음 나중에 문제가 발생하면 연대책임을 지기로 하거나, ii) 최고를 하지 않은 채권자에 대하여서만 연대책임 배제의 효과가 발생하지 아니하므로 소액 채권자들에게는 최고를 하지 않고 차라리 연대책임을 지는 것이 오히려 효율적일 수도 있다.

### (4) 채권자의 이의 제출

이의를 제출한 채권자가 있는 때에는 회사는 그 채권자에 대하여 변제 또는 상당한 담보를 제공하거나 이를 목적으로 하여 상당한 재산을 신탁회사에 신탁하여야 한다. 실무상으로는 주로 담보를 제공하는 방법을 사용한다. 이의를 제출한 채권자의 채권이 비금전채권인 경우에는 해당 채무의 불이행으로 인한 손해배상채무를 기준으로 상당성 있는 담보를 제공하여야 할 것이다.

### (5) 채권자보호절차의 흠결

단순분할에서 채권자보호절차를 거치지 않은 경우에 관하여, 분할무효사유로 볼 수 없다는 하급심판례와,[77] 분할무효사유로 보면서 재량기각한 하급심판례가 있는데,[78] 대법원은 분할무효사유로 보지 않고 단지 연대책임이 부활한다는 입장이다.[79]

그러나 합병에서는 채권자보호절차 흠결은 합병무효의 원인이 됨에 비추어, 분할합병에서의 채권자보호절차 흠결도 분할합병무효사유로 보아야 한다. 분할합

---

리 이를 인정할 만한 증거가 없으므로 피고의 위 주장 또한 이유 없다."라고 판시한 하급심판례도 있다(부산고등법원 2004. 3. 31. 선고 2003나11424 판결).

77) 부산고등법원 2004. 3. 31. 선고 2003나11424 판결.

78) 수원지방법원 성남지원 2010. 4. 14. 선고 2009가합14537 판결.

79) [대법원 2004. 8. 30. 선고 2003다25973 판결] "분할되는 회사와 신설회사가 분할 전 회사의 채무에 대하여 연대책임을 지지 않는 경우에는 채무자의 책임재산에 변동이 생기게 되어 채권자의 이해관계에 중대한 영향을 미치므로 채권자의 보호를 위하여 분할되는 회사가 알고 있는 채권자에게 개별적으로 이를 최고하도록 규정하고 있는 것이고, 따라서 분할되는 회사와 신설회사의 채무관계가 분할채무관계로 바뀌는 것은 분할되는 회사가 자신이 알고 있는 채권자에게 개별적인 최고절차를 제대로 거쳤을 것을 요건으로 하는 것이라고 보아야 하며, 만약 그러한 개별적인 최고를 누락한 경우에는 그 채권자에 대하여 분할채무관계의 효력이 발생할 수 없고 원칙으로 돌아가 신설회사와 분할되는 회사가 연대하여 변제할 책임을 지게 되는 것이라고 해석하는 것이 옳다."

병의 경우에는 단순분할의 경우와 달리 연대책임 배제와 무관하게 채권자보호절차가 요구되므로 채권자보호절차 흠결이 분할합병무효사유가 되지 않고 연대책임이 부활하는 것이라는 단순분할에서의 법리는 적용할 수 없다.

## 7. 보고총회·창립총회

상법은 단순분할과 신설분할합병의 경우 회사설립에 관한 규정을 준용한다(530조의4).[80] 그러나 창립총회에 관하여는 합병에 관한 규정인 제527조가 준용되고,[81] 흡수분할합병의 상대방회사는 흡수합병의 존속회사와 같은 지위에 있으므로 이 경우에는 흡수합병의 보고총회에 관한 규정이 준용된다(530조의11①).[82]

## 8. 주식의 병합 및 분할

분할·분할합병 절차에서 분할회사의 주주들에게 분할신주를 배정하기 위하여 주식병합 또는 주식분할절차를 밟아야 할 필요가 있는 경우에는, 상법 제440조부터 제443조까지의 규정이 준용된다(530조의11①).

## 9. 회사분할 관련 공시

### (1) 취    지

분할회사의 주주와 채권자에게는 분할에 관하여 이해관계가 크므로 분할회사

---

80) 분할·분할합병에 관한 규정(상법 제3편 제4장 제11절)은 물적분할에 준용되므로, 물적분할의 경우에도 회사설립에 관한 규정이 준용된다.

81) 주식회사 설립에 관한 상법 제308조 제2항(주주총회 규정의 창립총회에의 준용), 제309조(창립총회 결의요건), 제311조(발기인의 보고), 제312조(임원의 선임), 제316조 제2항(소집통지서의 기재 없이도 정관변경 또는 설립폐지 결의 가능)의 규정은 창립총회에 준용된다(527조③). 창립총회의 경우에도 이사회는 공고로써 주주총회에 대한 보고에 갈음할 수 있다(527조④). 다만, 이사가 2인 이하인 소규모회사에는 상법상 이사회가 존재하지 아니하므로 이사회는 공고로써 주주총회에 대한 보고에 갈음할 수 없다.

82) 흡수분할합병의 상대방회사의 대표이사는 주주총회를 소집하고 분할합병에 관한 사항을 보고하여야 하고(526조①), 분할신주의 인수인은 소집된 주주총회에서 주주와 동일한 권리가 있다(526조②). 존속회사의 이사회는 공고로써 주주총회에 대한 보고에 갈음할 수 있다(526조③). 이 경우에도 이사가 2인 이하인 소규모회사에는 상법상 이사회가 존재하지 아니하므로 이사회는 공고로써 주주총회에 대한 보고에 갈음할 수 없다.

는 일정한 사항을 미리 공시하여야 한다. 이러한 공시에 의하여 주주는 주주총회에
서 분할·분할합병을 승인할 것인지 여부를 결정하고, 회사채권자는 이의를 제출할
것인지 여부를 결정하게 된다. 회사분할의 공시의무 위반은 분할, 분할합병의 무효
원인이 된다.

## (2) 분할회사의 공시

분할회사의 이사는 분할계획서·분할합병계약서에 대한 승인을 위한 주주총회
의 회일의 2주 전부터 분할의 등기를 한 날 또는 분할합병을 한 날 이후 6개월간
다음 서류를 본점에 비치하여야 한다(530조의7①).

>    1. 분할계획서·분할합병계약서
>    2. 분할되는 부분의 대차대조표
>    3. 분할합병의 경우 분할합병의 상대방 회사의 대차대조표
>    4. 분할 또는 분할합병을 하면서 신주가 발행되거나 자기주식이 이전되는 경우에는
>       분할회사의 주주에 대한 신주의 배정 또는 자기주식의 이전에 관하여 그 이유를
>       기재한 서면

## (3) 분할승계회사의 공시

분할승계회사의 이사는 분할합병을 승인하는 주주총회의 회일의 2주 전부터
분할합병의 등기를 한 후 6개월간 다음 서류를 본점에 비치하여야 한다(530조의7②).

>    1. 분할합병계약서
>    2. 분할회사의 분할되는 부분의 대차대조표
>    3. 분할합병을 하면서 신주를 발행하거나 자기주식을 이전하는 경우에는 분할회사의
>       주주에 대한 신주의 배정 또는 자기주식의 이전에 관하여 그 이유를 기재한 서면

## (4) 주요사항보고서 제출

사업보고서 제출대상법인은 분할·분할합병 사실이 발생한 경우에는 그 사실
이 발생한 날부터 3일 이내에 그 내용을 기재한 주요사항보고서를 금융위원회에
제출하여야 한다(資法 161조①).

## 10. 회사분할등기 및 사채등기

회사분할은 등기를 함으로써 효력이 발생한다. 분할은 분할등기를 함으로써 그 효력이 발생한다(530조의11①, 234조).

단순분할 및 신설분할합병의 경우에는 신설회사의 창립총회가 종결한 날 또는 보고에 갈음하는 공고일부터, 흡수분할합병의 경우에는 보고총회가 종결한 날 또는 보고에 갈음하는 공고일부터,[83] 각각 본점소재지에서는 2주 내에, 지점소재지에서는 3주 내에, 존속회사의 변경등기, 소멸회사의 해산등기, 신설회사의 설립등기를 하여야 한다(530조의11①, 528조①). 그리고 흡수분할승계회사는 변경등기를 하여야 한다(商登法 70조).[84]

신설회사가 분할로 인하여 분할회사로부터 전환사채·신주인수권부사채를 승계한 때에는 분할등기와 동시에 사채의 등기를 하여야 한다(530조의11①, 528조②).

---

83) 흡수분할합병의 경우 분할합병계약에 관한 주주총회 결의가 종료한 날부터 기산한다는 견해도 있다(이철송, 932면).

84) 상업등기법의 분할·분할합병에 관한 주요 규정은 다음과 같다.

제70조(분할 또는 분할합병으로 인한 등기의 등기사항)
① 분할 또는 분할합병으로 설립하는 회사(이하 "분할신설회사"라 한다)의 설립등기를 할 때에는 분할 또는 분할합병 후 존속하는 회사(이하 "분할존속회사"라 한다)나 소멸하는 회사(이하 "분할소멸회사"라 한다)의 상호·본점과 분할 또는 분할합병을 한 뜻도 함께 등기하여야 한다.
② 분할합병으로 분할되는 부분을 흡수하는 분할합병의 상대방 회사(이하 "흡수분할합병회사"라 한다)의 변경등기를 할 때에는 분할존속회사나 분할소멸회사의 상호·본점과 분할합병을 한 뜻도 함께 등기하여야 한다. 이 경우 지점 소재지에서 흡수분할합병회사의 변경등기를 할 때에는 분할합병의 연월일도 등기하여야 한다.
③ 분할존속회사의 변경등기 또는 분할소멸회사의 해산등기를 할 때에는 분할신설회사 또는 흡수분할합병회사의 상호·본점과 분할 또는 분할합병을 한 뜻 및 그 연월일도 함께 등기하여야 한다. 이 경우 분할되는 회사의 일부가 다른 회사 또는 다른 회사의 일부와 분할합병을 하여 회사를 설립하는 경우에는 그 다른 회사의 상호·본점도 함께 등기하여야 한다.

제71조(분할 또는 분할합병으로 인한 등기의 신청)
① 분할 또는 분할합병으로 인한 해산등기는 분할신설회사 또는 흡수분할합병회사의 대표자가 분할소멸회사를 대표하여 신청한다.
② 본점 소재지에서 하는 제70조 제3항의 등기신청은 그 등기소의 관할구역 내에 분할신설회사 또는 흡수분할합병회사의 본점이 없을 때에는 그 본점 소재지를 관할하는 등기소를 거쳐야 한다.
③ 본점 소재지에서 하는 분할신설회사·흡수분할합병회사·분할존속회사·분할소멸회사의 설립등기·변경등기·해산등기의 신청은 분할신설회사 또는 흡수분할합병회사의 본점 소재지를 관할하는 등기소에 동시에 하여야 한다.

## 11. 상장회사에 대한 특례

상장회사는 분할·분할합병을 하려면 자본시장법 시행령이 정하는 요건·방법 등의 기준에 따라야 한다(資法 165조의4①4).

### (1) 합병가액 산정방식의 준용

분할합병에 관하여는 상장회사의 합병가액 산정방식에 관한 규정(資令 176조의5 ①, 분할되는 법인의 합병대상이 되는 부분의 합병가액 산정에 관하여는 資令 176조의5①2나)을 준용한다(資令 176조의5②).

### (2) 외부평가기관의 평가

분할합병을 하려는 경우에는 분할합병 비율의 적정성에 대하여 외부평가기관(資令 176조의5 제8항에 따라 합병에 대한 평가를 할 수 없는 외부평가기관은 제외한다)의 평가를 받아야 한다(資令 176조의6③).

금융위원회는 외부평가기관의 평가가 매우 부실하거나 외부평가기관의 임직원이 평가와 관련하여 알게 된 비밀을 누설하거나 업무 외의 목적으로 사용한 사실이 있는 경우에는 외부평가기관에 대하여 일정한 기간을 정하여 평가업무를 제한하거나 외부평가기관에서 제외할 수 있다(資令 176조의5⑨).

### (3) 적용제외

법률의 규정에 따른 합병에 관하여는 시행령 176조의5 제1항부터 제9항까지의 규정을 적용하지 않는다. 다만, 합병의 당사자가 되는 법인이 계열회사의 관계에 있고 합병가액을 상장회사 간 합병에 관한 제1항 제1호에 따라 산정하지 아니한 경우에는 합병가액의 적정성에 대하여 외부평가기관에 의한 평가를 받아야 한다(資令 176조의5⑩).

### (4) 비상장분할신주

상장회사가 분할에 의하여 회사를 설립하는 경우 존속회사는 상장회사의 지위를 유지하지만 신설회사가 주권을 재상장하지 않는 한 신설회사의 주식은 비상장주식이 되므로, 분할회사의 기존 주주들이 소유하던 상장주식 중 일부가 비상장주식이 된다는 문제가 있다. 실무상으로는 이러한 경우 분할계획서에 존속회사 또는 신설회사가 주주로부터 비상장분할신주를 매수한다는 취지를 기재하기도 한다.[85]

## 12. 「채무자 회생 및 파산에 관한 법률」상 특례

「채무자 회생 및 파산에 관한 법률」에 의하면 회생계획에 의하여 주식회사인 채무자가 분할되거나 주식회사인 채무자 또는 그 일부가 다른 회사 또는 다른 회사의 일부와 분할합병할 것을 정한 때에는 회생계획에 의하여 분할 또는 분할합병할 수 있다(同法 272조①).[86] 이 경우 분할합병 후 존속하는 채무자 또는 분할합병으로 설립되는 신회사의 주식을 배정받은 채무자의 주주·회생채권자 또는 회생담보권자는 회생계획인가가 결정된 때에 주식인수인이 되며, 분할합병의 효력이 생긴 때에 주주가 된다(同法 272조②).

상법 제530조의7(분할대차대조표 등의 공시), 제522조의3(합병반대주주의 주식매수청구권)과 자본시장법상 주식매수청구권은 적용하지 않고(同法 272조③), 상법 제530조의9(분할 및 분할합병 후의 회사의 책임), 제4항 및 530조의11(준용규정)의 규정에 불구하고 상법 제237조(준용규정) 내지 제240조(준용규정), 제374조(영업양도·양수·임대 등) 제2항, 제439조(자본감소의 방법, 절차) 제3항, 제522조의3(합병반대주주의 주식매수청구권), 제527조의5(채권자보호절차) 및 제529조(합병무효의 소)의 규정은 준용하지 아니한다(同法 272조④).

그러나 제272조 제1항부터 제4항까지의 규정은 분할합병의 상대방인 다른 회사에 대한 상법의 규정의 적용에 영향을 미치지 않는다(同法 272조⑤).

연대책임 및 채권자보호 절차의 배제를 허용하는 내용의 제272조 제4항과 같은 특례규정들은 회생채권과 회생담보권에 대하여 적용될 수 있지만 공익채권에 대하여는 적용되지 아니한다. 설령 회생계획에서 상법 제530조의9 제1항에서 정한

---

85) 다만, 이때 신설회사의 자기주식 취득이 문제되는데, 2011년 상법개정에 의하여 자기주식 취득에 대한 규제가 대폭 완화되었다.

86) 「채무자 회생 및 파산에 관한 법률」 제272조 제1항은 회생계획에 의하여 주식회사인 채무자가 분할되거나 주식회사인 채무자 또는 그 일부가 다른 회사 또는 다른 회사의 일부와 분할합병할 것을 정한 때에는 회생계획에 의하여 분할 또는 분할합병할 수 있다고 하면서 제4항은 그 경우에 상법 제530조의10의 적용을 배제하고 있지 않으므로, 회생회사의 분할로 인하여 설립되는 신설회사는 회생계획이 정하는 바에 따라서 회생회사의 권리와 의무를 승계한다(대법원 2023. 6. 29. 선고 2021다285090 판결, 대법원 2023. 11. 2. 선고 2023다238029 판결, 대법원 2017. 7. 18. 선고 2016두41781 판결).

연대책임을 배제하는 취지의 규정을 두었더라도 분할회사의 공익채권자에 대하여
는 그가 동의하지 아니하는 한 효력을 미치지 아니하며, 모든 승계회사와 분할 후
에 존속하는 분할회사는 분할 전에 성립한 분할회사의 공익채무에 관하여 연대하
여 변제할 책임을 진다고 해석된다.[87]

　　「채무자 회생 및 파산에 관한 법률」상 회생계획에서 주식회사인 채무자를 분
할하여 채무자의 출자만으로 신회사를 설립할 것을 정하거나 제215조에 따라 회생
계획에서 회생채권자·회생담보권자·주주·지분권자에 대하여 새로 납입 또는 현
물출자를 하게 하지 아니하고 주식 또는 출자지분을 인수하게 함으로써 신회사를
설립할 것을 정한 때에는 신회사는 정관을 작성하고 회생법원의 인증을 얻은 후 설
립등기를 한 때에 성립한다(同法 273조①). 이 경우 신회사가 성립한 때에 회생계획
에 의하여 신회사에 이전할 채무자의 재산은 신회사에 이전하고, 신회사의 주식,
출자지분 또는 사채를 배정받은 채무자의 회생채권자·회생담보권자·주주·지분권
자는 주주·지분권자 또는 사채권자가 된다(同法 273조②).

## 13. 중소기업 사업전환 촉진에 관한 특별법의 분할·분할합병에 관한 특례

　　중소기업 사업전환 촉진에 관한 특별법은 사업전환계획을 중소기업청장에게 제
출하여 승인을 받은 기업(자본시장법상 주권상장법인은 제외)에 관하여 분할·분할합병절
차의 간소화를 위한 특례를 규정하는데, 주로 승인기업의 합병에 관한 규정을 준용한
다.[88]

---

87) 대법원 2017. 5. 31. 선고 2013다2001다45075 판결.
88) 주식회사인 승인기업이 사업전환을 위하여 상법 제530조의2 제1항에 따른 분할을 한 경우에
　　상법 제530조의9 제1항에 해당하면 그 분할절차에 관하여는 제18조 제2항 및 제3항을 준용하고,
　　상법 제530조의9 제2항에 해당하면 그 분할절차에 관하여는 제18조 제1항부터 제3항까지의 규정
　　을 준용한다(同法 19조①). 주식회사인 승인기업이 사업전환을 위하여 다른 주식회사와 상법 제
　　530조의2 제2항에 따른 분할합병을 하려는 경우의 절차에 관하여는 제18조를 준용한다(同法 19
　　조②).

# Ⅳ. 회사분할의 효과

## 1. 개    관

분할은 분할등기를 한 날에, 분할합병은 분할합병등기일에 효력이 발생한다. 분할의 효력이 발생하면 분할회사는 청산절차 없이 소멸하고, 분할에 의하여 회사가 신설되거나(단순분할, 물적분할, 신설분할합병), 분할당사회사의 주주구성과 자본구조에 변경이 있게 된다. 분할의 가장 중요한 효과는 권리의무의 부분적 포괄승계인데 이하에서는 사항별로 살펴보고, 특히 분할회사의 분할 전 채무에 대한 연대책임에 관하여는 별도의 항에서 설명한다.

## 2. 승계의 대상

### (1) 법인격 승계 여부

합병의 경우에는 법인격의 합일(合一)에 의하여 합병 전후의 회사의 동일성이 유지되지만, 분할의 경우에는 법인격의 승계가 없다. 소멸분할의 경우에는 분할회사는 해산하므로 법인격이 승계될 수 없고, 존속분할의 경우에는 존속회사는 분할전 후 법인격의 동일성이 유지되므로 역시 법인격이 승계되지 않는다. 다만, 판례는 소송으로 인한 권리·의무는 분할에 의한 승계의 대상으로 본다.[89]

---

89) [대법원 2002. 11. 26. 선고2001다44352 판결] "피고는 2001. 4. 2. 전력산업구조개편촉진에관한법률 및 상법 제530조의12에 의하여 피고는 그대로 존속하면서 발전부분을 6개의 별도 회사로 신설하는 방식으로 회사를 분할하였는바, 상법 제530조의9 제2항, 제530조의5 제1항 제8호에 의하여 작성된 회사분할의 분할계획서에는 존속회사와 신설회사 간의 채무분담에 관하여 발전회사별로 해당 발전소에 관계된 소송으로 인한 권리·의무는 피고로부터 해당 발전회사로 이전되는 것으로 되어 있고, 각 소송의 내용도 특정되어 있으며, 이 사건 소송의 경우 피고로부터 한국중부발전으로 그 권리·의무가 이전되는 것으로 규정되어 있음을 알 수 있다. 이와 같이 상법 제530조의9 제2항이 분할로 인하여 설립되는 회사와 존속회사 사이에 채무의 부담에 관하여 분할계획서에 정할 수 있도록 하고, 이 사건 피고와 한국중부발전 사이에 분할계획서상 이 사건 소송으로 인한 권리·의무를 모두 신설된 한국중부발전이 승계하기로 한 이상, 상법 제530조의10에 의하여 해당 소송에 관한 포괄적 권리·의무의 승계가 이루어지는 것이므로, 이는 법인의 권리의무가 법률의 규정에 의하여 새로 설립된 법인에 승계되는 경우로서 한국중부발전이 이 사건 소송절차를 수계함이 마땅하다. 그런데도 원심은 한국중부발전의 소송수계신청을 받아들이지 않고, 그대로 이 사건 소송을 진행하여 판결을 선고하였는바, 이는 회사분할이 일어난 경우 기존의 회사에 대하여 진행되던 소송에 관한 당사자수계에 관한

### (2) 부분적 포괄승계

단순분할신설회사·분할승계회사·분할합병신설회사는 분할회사의 권리와 의무를 분할계획서·분할합병계약서가 정하는 바에 따라서 승계한다(530조의10). 즉, 회사의 분할이 있는 경우에는 분할회사의 권리의무는 사법상 관계나 공법상 관계를 불문하고 성질상 이전을 허용하지 않는 것을 제외하고는 분할계획서·분할합병계약서가 정하는 바에 따라 포괄승계된다.[90]

회사분할에 의한 권리의무의 승계는 모든 재산이 이전되는 원래의 의미의 포괄승계와 달리, 분할당사회사의 의사에 의하여 승계의 대상이 정해진다.[91]

회사분할에서의 권리이전은 법률의 규정에 의한 것이므로(民法 187조) 분할계획서·분할합병계약서에 개별적인 재산이 어느 법인에 귀속되는지 특정할 수 있도록 기재된 경우에는 별도로 개별적인 권리이전절차가 요구되지 않는다.[92] 이와 같이 분할회사의 영업재산의 일부만이 이전되고(부분적), 권리이전에 개별적 권리이전절차가 요구되지 아니하므로(포괄승계) 회사분할에서의 권리의무의 승계를 "부분적 포괄승계"라고 부른다.[93]

채권자와 채무자 간의 합의에 의한 양도금지채권도 회사분할의 경우에는 승계의 대상이다. 당사자 간의 합의에 의한 양도금지의 효력이 회사분할에도 미친다고 해석하는 것은 포괄승계인 회사분할제도의 취지에 반하고, 또한 양도금지약정의 취지는 특정승계를 전제로 한 것이고 포괄승계의 경우를 전제로 한 것으로 보기 어렵기 때문이다.[94]

### (3) 인허가의 승계

분할에 의하여 포괄승계되는 재산의 범위에 인허가가 포함되는지에 관하여는

---

법리를 오해한 위법을 저지른 것으로서, 이 점에서 원심판결은 파기를 면할 수 없다."

90) 대법원 2011. 8. 25. 선고 2010다44002 판결.

91) 일본에서는 회사법상 분할의 경우에 관한 제764조 제1항과 분할합병에 관한 제759조 제1항의 "권리의무를 승계한다."라는 규정을 포괄승계의 근거로 해석한다.

92) 일본 회사법은 "신설분할설립주식회사는 그 성립일에 신설분할계획서에 정한 바에 따라 신설분할회사의 권리의무를 승계한다."라고 명문으로 규정한다(日会 764조①). 분할합병의 경우에도 마찬가지이다(日会 759조①).

93) 최기원, 1186면.

94) 다만, 양도금지채권의 승계는 소멸분할에서는 문제되지 않는다. 분할회사가 소멸하는 경우에는 분할회사의 채권이 당연히 신설회사로 승계되는 것으로 보아야 하기 때문이다.

논란의 여지가 있지만, 일반적으로 대물적 인허가의 경우에는 인허가의 당연승계가 인정되지만. 대인적 인허가나 혼합적 인허가의 경우에는 법령상 허용되는 경우가 아닌 한 당연승계가 인정되지 않는다고 보아야 할 것이다.[95)]

### (4) 채무의 승계

민법상 채무자와 인수인 간의 채무인수는 채권자의 승낙이 있어야 효력을 생기지만(民法 454조①), 회사분할에 의한 채무인수의 경우에는 채권자의 승낙이 요구되지 않는다. 분할합병의 경우에는 채권자보호절차를 거치므로 이의하지 않는 채권자는 채무자의 변경을 승낙한 것으로 볼 수 있고,[96)] 채권자보호절차를 거치지 않는 단순분할의 경우에도 분할당사회사가 연대책임을 지기 때문에 채권자의 승낙을 요구할 필요가 없기 때문이다. 채무인수는 종전 채무자가 채무를 면하는 면책적 채무인수와 종전 채무자가 여전히 채무자인 중첩적 채무인수로 구분되는데, 회사분할에서 연대책임이 배제되는 경우는 면책적 채무인수이고, 연대책임이 배제되지 아니한 경우는 중첩적 채무인수에 해당한다.

### (5) 권리의무와 사실행위

신설회사가 승계하는 것은 분할회사의 권리의무이지 사실관계가 아니다. 회사분할이 아니고 사업자의 지위가 승계된 경우 대물적 행정행위에 대하여는 제재의 승계를 인정하는 것이 판례의 입장이다.[97)] 그리고 회사분할의 경우에도 실무상으로는 분할계획서에 재산적 가치가 있는 사실관계도 승계대상에 포함하여 작성하는 것이 일반적이다.

그런데 대법원은 회사분할 이전에 이루어진 위법한 공동행위(담합행위)를 이유로 분할에 의하여 신설된 회사에 과징금이 부과된 사건에서, "회사 분할시 신설회사 또는 존속회사가 승계하는 것은 분할하는 회사의 권리와 의무라 할 것인바, 분할하는 회사의 분할 전 법 위반행위를 이유로 과징금이 부과되기 전까지는 단순한 사실행위만 존재할 뿐 그 과징금과 관련하여 분할하는 회사에게 승계의 대상이 되는 어

---

95) 한전민영화사업에서는 특별법의 제정으로 해결하였다(전력산업구조촉진에 관한 법률 제7조).
96) 제530조의9 제2항에 의하여 연대책임을 배제하는 경우에는 채권자보호절차에 관한 제527조의5가 준용된다(530조의9④).
97) 대법원 2003. 10. 23. 선고 2003두8005 판결(석유판매업자의 유사석유제품판매의 경우, 사업자지위를 승계한 자에 대한 과징금부과처분이 적법하다고 판시하였다).

떠한 의무가 있다고 할 수 없으므로, 특별한 규정이 없는 한 신설회사에 대하여 분
할하는 회사의 분할 전 법 위반행위를 이유로 과징금을 부과하는 것은 허용되지 않
는다."라고 판시하였다.98) 이 판례는 사업자지위 승계 사안에서 대인적 행정행위와
대물적 행정행위를 구별기준으로 삼았던 종래의 입장과 달리, 승계의 대상이 되는
의무의 구체화 정도를 기준으로 삼은 것이라 할 수 있다. 즉, 단순히 채무발생의 가
능성이 있는 사실관계만 존재하는 경우에는 아직 성립 또는 발생한 채무가 아닌 것
으로 보아 승계의 대상인 분할 전 회사의 채무에 해당하지 않는다는 것이다. 물론
"특별한 규정이 없는 한"을 전제로 한 판례의 취지상 분할계획서에 승계에 관한 특
별한 규정이 있는 경우에는 승계의 대상이 된다.

　　판례의 취지상, 우발채무, 특히 이를 인지하지 못하여 분할계획서에 반영하지
못한 순수한 우발채무의 경우에도 분할 전에 발생한 것이면 분할회사의 권리의무
에 속하므로 분할계획서에 기재되었는지 여부를 불문하고 승계의 대상이다. 실무상
으로는 대부분 분할계획서에 이러한 우발채무를 포함하여 기재하므로 논란의 여지
는 별로 없다.99)

---

98) [대법원 2007. 11. 29. 선고 2006두18928 판결] "신설회사 또는 존속회사가 승계하는 것은 분
    할하는 회사의 권리와 의무라 할 것인바, 분할하는 회사의 분할 전 법 위반행위를 이유로 과
    징금이 부과되기 전까지는 단순한 사실행위만 존재할 뿐 그 과징금과 관련하여 분할하는 회
    사에게 승계의 대상이 되는 어떠한 의무가 있다고 할 수 없고, 특별한 규정이 없는 한 신설회
    사에 대하여 분할하는 회사의 분할 전 법 위반행위를 이유로 과징금을 부과하는 것은 허용되
    지 않는다 할 것이다. 원심판결 이유에 의하면, 이 사건 위반행위는 1999. 12. 6.에 시작되었고
    원고는 2000. 10. 23. 신설되었는데, 피고는 2005. 6. 24. 원고에 대하여 1999. 12. 6.부터 2000. 10.
    22.까지의 기간 동안 이루어진 대우중공업의 위반행위도 포함하여 이 사건 과징금 납부명령
    을 한 사실을 알 수 있는바, 위 법리에 비추어 보면 피고가 위 기간 동안의 위반행위에 대하
    여도 이 사건 과징금 산정의 기준이 되는 위반행위기간에 포함시킨 것은 분할하는 회사인 대
    우중공업의 분할 전 법 위반행위를 이유로 신설회사인 원고에게 과징금을 부과한 것으로 위
    법하다 할 것이다. 결국, 대우중공업에 대하여 분할 전에 이 사건 위반행위를 이유로 한 과징
    금이 부과되지 아니하여 과징금 납부의무가 발생하지 않았음에도, 신설회사인 원고가 대우중
    공업의 기계사업부문의 위반행위에 대한 과징금 책임까지 포괄적으로 승계하였다고 한 원심
    판단은 회사분할에 있어서 법 위반행위로 인한 과징금의 승계 내지 부과에 관한 법리를 오해
    하여 판결에 영향을 미친 위법이 있다 할 것이다. 이 점을 지적하는 상고이유의 주장은 이유
    있다."[이 판결에 대한 상세한 평석은, 이 황, "회사분할과 과징금납부책임의 승계가능성", 고
    려법학 제53권, 고려대법학연구원(2009), 244면 이하 참조](同旨: 대법원 2009. 6. 25. 선고 2008
    두17035 판결, 대법원 2011. 5. 26. 선고 2008두18335 판결).
99) 회계실무상 소송중인 채무나 보증채무와 같이 기업이 인지를 하고 있으나 채무의 발생 여
    부나 금액이 미확정인 경우를 "우발부채"라고 하는데, 일반적인 실무상 분할계획서에는, 분
    할기일 이전의 행위·사실로 인하여 분할기일 이후에 발생·확정되는 채무는 물론, 분할기일
    이전에 이미 발생하였으나 이를 인지하지 못하여 분할계획서에 반영하지 못한 일체의 채무
    를 우발채무로 보고, 그 원인된 행위·사실이 분할대상부문에 관한 것인지 여부에 따라 신설

### (6) 근로관계의 승계

#### 1) 포괄승계원칙

단순분할신설회사, 분할승계회사 또는 분할합병신설회사는 분할회사의 권리와 의무를 분할계획서 또는 분할합병계약서가 정하는 바에 따라서 승계하는데(530조의 10), 근로관계승계 여부는 필요적 기재사항은 아니다.[100] 그러나 분할제도의 남용에 의하여 근로자의 지위불안이 초래되는 것을 방지하기 위하여, 회사분할시 분할대상이 되는 사업에 종사하던 근로자들의 근로관계도 원칙적으로 신설회사에 포괄적으로 승계된다고 해석하여야 한다.

근로관계승계의 대상인 근로자는 분할의 효력발생시점(등기경료시점)에 분할대상 사업부분에 근무하고 있던 근로자에 한하고, 그 이전에 이미 분할회사로부터 해고되거나 스스로 사임한 근로자의 경우에는 근로관계승계의 대상에서 제외된다.

회사분할로 개별적 근로관계뿐 아니라 집단적 근로관계도 승계되므로 단체협상의 권리의무도 당연히 승계되고, 취업규칙도 당연히 승계된다.[101]

#### 2) 근로자의 거부

민법 제657조 제1항은 "사용자는 노무자의 동의 없이 그 권리를 제3자에게 양도하지 못한다."라고 규정하므로 근로자가 거부권을 행사하는 경우에는 거부권을 행사한 근로자의 근로관계는 승계대상에서 제외된다. 대법원은 "분할회사가 분할계획서에 대한 주주총회의 승인을 얻기 전에 미리 노동조합과 근로자들에게 회사 분할의 배경, 목적 및 시기, 승계되는 근로관계의 범위와 내용, 신설회사의 개요 및 업무 내용 등을 설명하고 이해와 협력을 구하는 절차를 거쳤다면 그 승계되는 사업에 관한 근로관계는 해당 근로자의 동의를 받지 못한 경우라도 신설회사에 승계되는 것이 원칙이다."라고 판시함으로써, 근로자의 승계동의 요건에 관하여 구체적으

---

회사·존속회사에 각각 귀속된다는 취지로 기재한다. "재산적 가치 있는 일체의 사실관계"라고 기재하기도 한다.

100) 일본에서는 2000년 개정상법에 회사분할제도를 도입하면서 "근로계약승계에 관한 법률"도 별도로 제정하여 회사분할시 근로관계승계 문제를 입법적으로 해결하였다. 이는 분할계획서 등에 분할당사회사 간의 약정에 의하여 근로자의 지위가 불안정하게 되는 것을 방지하기 위한 입법이다. 일본 회사법은 분할계획서에 신설회사가 분할회사로부터 승계하는 고용관계도 기재사항으로 규정한다(日会 763조①5).

101) 영업양도에 관하여는 단체협약의 승계에 관한 서울지방법원 남부지원 1998. 11. 24. 선고 98가단28156 판결, 취업규칙의 승계에 관한 대법원 1997. 12. 26. 선고 97다17575 판결 등이 있는데, 회사분할에도 같은 법리가 적용될 것이다.

로 판시하였다.102)

그리고 분할회사는 근로자의 거부권 행사를 보장하기 위하여 원칙적으로 포괄
승계의 대상이 되는 근로자에게 거부권 행사에 필요한 상당한 기간을 부여하여야
한다는 하급심 판례도 있다.103)

근로관계승계를 거부하는 근로자에 대하여는 기존의 근로관계가 존속되는 것
이며, 이러한 경우 원래의 사용자는 회사분할로 인한 경영상의 필요에 따라 감원이
불가피하게 되는 사정이 있어 정리해고로서의 정당한 요건이 갖추어져 있다면 그
절차에 따라 승계를 거부한 근로자를 해고할 수 있다는 것이 판례의 입장이다.104)

---

102) [대법원 2013. 12. 12. 선고 2011두4282 판결] "상법 제530조의10은 분할로 인하여 설립되는
회사(이하 '신설회사'라고 한다)는 분할하는 회사의 권리와 의무를 분할계획서가 정하는 바에
따라서 승계한다고 규정하고 있으므로, 분할하는 회사의 근로관계도 위 규정에 따른 승계의
대상에 포함될 수 있다. 그런데 헌법이 직업선택의 자유를 보장하고 있고 근로기준법이 근로
자의 보호를 도모하기 위하여 근로조건에 관한 근로자의 자기결정권(제4조), 강제근로의 금지
(제7조), 사용자의 근로조건 명시의무(제17조), 부당해고 등의 금지(제23조) 또는 경영상 이유
에 의한 해고의 제한(제24조) 등을 규정한 취지에 비추어 볼 때, 회사 분할에 따른 근로관계의
승계는 근로자의 이해와 협력을 구하는 절차를 거치는 등 절차적 정당성을 갖춘 경우에 한하
여 허용되고, 해고의 제한 등 근로자 보호를 위한 법령 규정을 잠탈하기 위한 방편으로 이용
되는 경우라면 그 효력이 부정될 수 있어야 한다. 따라서 둘 이상의 사업을 영위하던 회사의
분할에 따라 일부 사업 부문이 신설회사에 승계되는 경우 분할하는 회사가 분할계획서에 대
한 주주총회의 승인을 얻기 전에 미리 노동조합과 근로자들에게 회사 분할의 배경, 목적 및
시기, 승계되는 근로관계의 범위와 내용, 신설회사의 개요 및 업무 내용 등을 설명하고 이해
와 협력을 구하는 절차를 거쳤다면 그 승계되는 사업에 관한 근로관계는 해당 근로자의 동의
를 받지 못한 경우라도 신설회사에 승계되는 것이 원칙이다. 다만 회사의 분할이 근로기준법
상 해고의 제한을 회피하면서 해당 근로자를 해고하기 위한 방편으로 이용되는 등의 특별한
사정이 있는 경우에는, 해당 근로자는 근로관계의 승계를 통지받거나 이를 알게 된 때부터 사
회통념상 상당한 기간 내에 반대 의사를 표시함으로써 근로관계의 승계를 거부하고 분할하는
회사에 잔류할 수 있다."

103) [서울행정법원 2008. 9. 11. 선고 2007구합45583 판결] "회사분할로 인하여 근로관계의 일방
당사자의 지위가 변경되는 경우, 근로자의 근로관계가 신설회사에 포괄승계된다. 이로써 근로
자로서는 기존의 근로계약 상대방과 완전히 동일하다고는 할 수 없는 사용자와의 근로관계를
형성하는 것을 의미한다. 이는 근로관계의 존속 보호에는 충실할 수 있으나, 당사자의 자유로
운 의사결정으로 법률관계를 형성한다는 계약자유의 원칙의 입장에서 볼 때, 실질적으로는 근
로자 스스로가 자유롭게 선택하지 않은 사용자와의 근로관계가 강제되는 것과 같은 결과를
초래하여 자기결정의 원리에 반할 수 있다. 따라서 회사분할시 근로관계의 승계 문제는 근로
관계 존속 보호와 근로자의 자기결정의 원리가 조화를 이룰 수 있도록 해결하여야 한다. (중
략) 따라서 회사분할시 사용자는 근로자의 거부권 행사를 보장하기 위하여 원칙적으로 포괄
승계의 대상이 되는 근로자에게 거부권 행사에 필요한 상당한 기간을 부여하여야 하고, 사용
자가 근로자에게 거부권 행사에 필요한 상당한 기간을 부여하지 아니한 경우, 이는 근로자의
자기의사결정권을 침해한 것이므로 무효이고, 그 기간은 사회통념상 거부권행사에 필요한 상
당한 기간까지 연장된다고 보아야 한다."

104) 대법원 2000. 10. 13. 선고 98다11437 판결.

즉, 판례는 회사가 거부권행사자를 정리해고 우선대상자로 선정하는 것이 정당하다
고 판시하였는데, 거부권행사를 정당화할 객관적인 사정이 있는 경우에는 우선적인
해고대상자로 선정할 수 없고, 거부권행사가 민법상 신의칙에 위반하는 경우에는
우선적인 해고대상자로 선정할 수 있다고 보는 것이 타당하다.[105]

## 3. 연대책임과 그 배제

### (1) 연대책임원칙

#### 1) 취    지

분할회사·단순분할신설회사·분할승계회사·분할합병신설회사는 분할 또는 분
할합병 전의 분할회사 채무에 관하여 연대하여 변제할 책임이 있다(530조의9①). 회
사분할에 의하여 분할회사의 책임재산의 전부가 신설회사의 소유로 되거나(소멸분
할), 일부가 신설회사의 소유로 된다(존속분할). 따라서 분할회사의 채권자를 보호하
기 위하여 신설회사와 존속회사가 분할회사의 채무에 관하여 연대책임을 지도록
한 것이다. 즉, 회사분할로 채무자의 책임재산에 변동이 생겨 채권 회수에 불리한
영향을 받는 채권자를 보호하기 위하여 부과된 법정책임을 정한 것이다.[106]

일반적으로, 지주회사전환을 위한 분할의 경우에는 분할계획서상 연대책임을
배제하지 않고,[107] 분할 이후 M&A를 추진할 계획이 있는 경우에는 M&A를 원활
하게 하기 위하여 분할당사회사의 연대책임을 배제한다.[108]

판례도 연대책임원칙의 취지에 관하여, 회사가 분할되고 분할회사가 분할 후
에도 존속하는 경우에, 특별한 사정이 없는 한 회사의 책임재산은 분할회사와 신설
회사의 소유로 분리되는 것이 일반적이므로 분할 전 회사의 채권자를 보호하기 위
하여 분할회사와 신설회사가 분할 전의 회사채무에 관하여 연대책임을 지는 것을
원칙으로 하는 것이라고 판시한다.[109]

---

105) 同旨: 장주형, "회사분할시 근로관계의 승계", BFL 제49호, 서울대학교 금융법센터(2011),
119면.
106) 대법원 2017. 5. 30. 선고 2016다34687 판결.
107) 분할에 의하여 지주회사로 전환한 CJ(주), (주)LG, SK(주) 등의 경우에는 연대책임을 배제
하지 않았다.
108) (주)대우의 분할에 의하여 신설된 (주)대우건설, (주)대우인터내셔널 등의 경우에는 연대책
임을 배제하였다.
109) 대법원 2004. 8. 30. 선고 2003다25973 판결.

2) 연대책임의 주체

(가) 단순분할    분할회사와 단순분할신설회사가 연대책임의 주체이다. 소멸분할의 경우 분할회사 자체가 소멸하기 때문에 분할회사는 연대책임의 주체가 될 수 없고, 2개 이상의 단순분할신설회사들이 연대책임의 주체가 된다.

(나) 분할합병    흡수분할합병의 경우 분할회사와 분할승계회사가, 신설분할합병의 경우 분할회사와 분할합병신설회사가 연대책임의 주체이다.

(다) 분할당사회사가 복수인 경우    단순분할에 의하여 복수의 회사가 신설된 경우, 각 신설회사는 분할회사와 연대책임을 지는 동시에, 신설회사들 상호간에도 연대책임을 진다. 반면에 복수의 분할회사가 분할에 의하여 하나의 회사를 신설한 경우, 각 분할회사는 신설회사로 이전한 자신의 채무에 대하여는 개별적으로 연대책임을 지지만, 분할회사들 상호간에는 연대책임이 존재하지 않는다. 분할회사들의 채권자들은 다른 분할회사의 채무에 대하여 아무런 이해관계가 없기 때문이다.

(라) 순차분할    A가 분할하여 B가 설립되고, B가 분할하여 C가 설립되었는데, 각각의 분할에 있어서 연대책임이 배제되지 아니한 경우에는, A의 채무에 대하여 B가 연대책임을 지고, B의 채무에 대하여 C가 연대책임을 지므로, 결국 A의 채무에 대하여 C도 연대책임을 지게 된다.110)

3) 연대책임의 대상

(가) 분할회사의 채무    연대책임의 대상은 "분할 또는 분할합병 전의 분할회사 채무"로서 분할 후에도 분할회사에 잔존하는 채무 및 분할로 인하여 신설회사에 이전한 채무를 말한다. 분할 후 분할회사에 발생한 채무나 분할 후 신설회사가 새로 부담하는 채무는 연대책임의 대상이 아니다. 구체적으로는 분할의 효력발생시기인 분할등기시를 기준으로 분할의 전후를 판단한다.

그리고 "분할 또는 분할합병 전"이라 함은 채무의 발생시기를 기준으로 하고, 변제기가 분할 또는 분할합병 후에 도래하더라도 분할 또는 분할합병 전에 발생한 채무는 연대책임의 대상이다.111) 변제기가 연장되거나, 신·구채무 간에 동일성이

---

110) 대법원 2006. 10. 12. 선고 2006다26380 판결.
111) [대법원 2008. 2. 14. 선고 2007다73321 판결]【물품대금】"원고 회사가 위와 같이 취득한 물품대금채권은 비록 약정된 물품의 구체적인 공급시기가 정해지지 아니한 채로 분할 공급되는 관계로 구체적인 대금의 변제기는 다르다고 하더라도 결국 위 회사 분할 이전에 체결된 이 사건 공급계약에 의하여 발생한 것에 불과하므로, 그 변제기가 위 회사 분할 이후에 도래한 것이라고 하더라도 상법 제530조의9 제1항의 회사 분할 전 채무에 해당한다고 할 것인바, 피고 회사로서는 위 회사 분할 이후에도 원고 회사가 취득한 물품대금채권에 대하여 신이레토건과

유지되면서 대환되는 경우에도 분할회사의 채무로서 연대책임의 대상으로 보아야 한다.[112]

　(나) 금전채무　　모든 금전채무는 그 발생원인을 묻지 않고 연대책임의 대상이 된다. 따라서 일반상거래로 인한 채무는 물론, 불법행위에 기한 손해배상채무나 부당이득반환채무, 보증채무 등도 모두 연대책임의 대상이 된다. 다만, "회사채무"는 분할 전(분할기준일을 정한 때에는 분할기준일 전)에 분할회사에 발생한 채무를 말한다.[113]

　(다) 비금전채무　　경업금지의무와 같은 부작위의무, 주식매수선택권자에 대한 의무, 특정물인도의무 등 비금전채무는 그 자체는 연대책임의 대상이 될 수 없고, 해당 채무의 불이행으로 인한 손해배상채무가 연대책임의 대상이 된다.

　4) 책임의 한도

　상법은 분할당사회사의 책임한도를 특별히 제한하지 않으므로 분할회사·단순분할신설회사·분할승계회사·분할합병신설회사 등 모든 분할당사회사는 분할 또는 분할합병 전의 분할회사채무 전부에 대하여 연대책임을 진다.[114]

　5) 연대책임의 법적 성격

　상법 제530조의9 제1항에 의하여 각자 분할계획서나 분할합병계약서에 본래 부담하기로 정한 채무 이외의 채무에 대하여 연대책임을 지는 경우, 이는 회사분할로 인하여 채무자의 책임재산에 변동이 생기게 되어 채권 회수에 불이익한 영향을 받는 채권자를 보호하기 위하여 부과된 법정책임으로서 특별한 사정이 없는 한 그 법정 연대책임의 부담에 관하여 분할당사회사 사이에 주관적 공동관계가 있다고

---

연대하여 변제할 책임이 있다고 할 것이다."

112) 보증인의 승낙 없이 기존 채무의 변제기가 연장된 경우에도 보증채무는 그대로 존속한다는 판례(대법원 1996. 2. 23. 선고 95다49141 판결)와, 대환의 경우에도 대출의 종류나 이자율이 변경되는 등 신구채무 간에 동일성이 없는 경우가 아닌 한 보증책임이 존속한다는 판례(대법원 2002. 9. 24. 선고 2000다49374 판결, 대법원 1991. 12. 10. 선고 91다24281 판결)에 비추어 이와 같이 해석하여야 할 것이다.

113) [대법원 2007. 11. 29. 선고 2006두18928 판결] "이때 신설회사 또는 존속회사가 승계하는 것은 분할하는 회사의 권리와 의무라 할 것인바, 분할하는 회사의 분할 전 법 위반행위를 이유로 과징금이 부과되기 전까지는 단순한 사실행위만 존재할 뿐 그 과징금과 관련하여 분할하는 회사에게 승계의 대상이 되는 어떠한 의무가 있다고 할 수 없고, 특별한 규정이 없는 한 신설회사에 대하여 분할하는 회사의 분할 전 법 위반행위를 이유로 과징금을 부과하는 것은 허용되지 않는다."

114) 입법론상으로는 분할당사회사에 잔존하거나 승계된 재산의 가액을 한도로 책임지도록 하는 것이 타당하다는 견해도 있다(이철송, 1127면). 일본 회사법은 분할회사는 잔존재산가액을, 상대방회사는 승계한 재산가액을 한도로 각각 연대책임을 진다고 규정한다(日会 759조②·③).

보기 어려우므로, 분할당사회사는 각자 분할계획서나 분할합병계약서에 본래 부담하기로 정한 채무 이외의 채무에 대하여 부진정연대관계에 있다.115)

한편, 상법은 채권자가 연대책임을 물을 수 있는 기간이나 금액에 대해서 아무런 제한규정을 두고 있지 않지만 채권자를 분할 또는 분할합병 이전의 상태보다 더욱 두텁게 보호할 필요는 없다. 분할 또는 분할합병으로 인하여 설립되는 회사 또는 존속하는 회사(수혜회사)가 채권자에게 연대하여 변제할 책임을 부담하는 채무는 분할 또는 분할합병 전의 회사가 채권자에게 부담하는 채무와 동일한 채무이다. 따라서 수혜회사가 채권자에게 부담하는 연대채무의 소멸시효 기간과 기산점은 분할 또는 분할합병 전의 회사가 채권자에게 부담하는 채무와 동일한 것으로 봄이 타당하다. 결국, 채권자는 해당 채권의 시효기간 내에서 분할로 인하여 승계되는 재산의 가액과 무관하게 연대책임을 물을 수 있다.116)

### 6) 구상 관련 문제

분할당사회사 간의 연대책임의 법적 성격을 부진정연대관계로 보는 판례에 따르면, 부진정연대책임을 지는 공동불법행위자들의 구상권 법리에 따라, 분할당사회사 중 하나가 자기의 부담부분 이상을 변제하여 공동의 면책을 얻게 하였을 때에는 다른 분할당사회사에게 그 부담부분의 비율에 따라 구상권을 행사할 수 있다.117) 회사분할에 의하여 분할회사의 채무 중 일부는 분할회사에 잔존하고 일부는 신설회사에 승계되므로, 분할당사회사의 내부적 부담부분은 분할계획서의 기재에 의하여 결정된다. 구상권 관련 사항은 분할계획서의 필수적 기재사항이 아니지만 주주총회의 승인을 받으려면 분할계획서에 기재하여야 한다.

### 7) 상계 관련 문제

부진정연대채무에 대하여는 민법 제418조 제2항이 적용 내지 유추 적용되지

---

115) 대법원 2010. 8. 26. 선고 2009다95769 판결.
116) [대법원 2017. 5. 30. 선고 2016다34687 판결] "부진정연대채무에서는 채무자 1인에 대한 이행청구 또는 채무자 1인이 행한 채무의 승인 등 소멸시효의 중단사유나 시효이익의 포기가 다른 채무자에게 효력을 미치지 않는다. 따라서 채권자가 분할 또는 분할합병이 이루어진 후에 분할회사를 상대로 분할 또는 분할합병 전의 분할회사 채무에 관한 소를 제기하여 분할회사에 대한 관계에서 시효가 중단되거나 확정판결을 받아 소멸시효 기간이 연장된다고 하더라도 그와 같은 소멸시효 중단이나 연장의 효과는 다른 채무자인 분할 또는 분할합병으로 인하여 설립되는 회사 또는 존속하는 회사에 효력이 미치지 않는다."
117) 대법원 2002. 9. 24. 선고 2000다69712 판결. 반면에 분할당사회사 간의 연대책임의 법적 성격을 연대보증으로 본다면 채무를 이행한 회사는 보증의 법리에 의하여 이행한 채무 전액에 관하여 다른 연대보증인에게 구상권을 행사할 수 있다고 해석한다.

아니하므로, 어느 부진정연대채무자가 채권자에 대하여 상계할 채권을 가지고 있음에도 상계를 하지 않고 있다 하더라도 다른 부진정연대채무자는 그 채권을 가지고 상계를 할 수 없다.118) 채무자가 제3자에 대하여 갖는 상계권도 채권자대위권의 목적이 될 수 있지만, 채권자대위권을 행사하기 위해서는 원칙적으로 채권의 존재 및 보전의 필요성, 기한의 도래 등의 요건을 충족하여야 함에 비추어,119) 어느 부진정연대채무자가 현실적으로 자신의 부담부분을 초과하는 출재를 하여 채무를 소멸시킴으로써 다른 부진정연대채무자에 대하여 구상권을 취득한 상태에 이르지 아니한 채 단지 장래에 출재를 할 경우 취득할 수 있는 다른 부진정연대채무자에 대한 구상권을 보전하기 위하여 다른 부진정연대채무자가 채권자에게 갖는 상계권을 대위행사하는 것은 허용되지 않는다.120)

## (2) 연대책임 배제

### 1) 의     의

연대책임의 원칙을 엄격하게 고수한다면 회사분할제도의 활용을 가로막는 요소로 작용할 수 있다. 또한 회사분할에도 사적자치원칙이 적용되므로, 분할회사는 법령과 신의칙에 반하지 않는 한 포괄승계의 대상을 자유롭게 정할 수 있다. 따라서 상법은 신설회사나 승계회사가 분할회사의 채무 중에서 "승계하기로 정한 채무"만을 부담할 것을 정할 수 있도록 한다.

판례도 연대책임배제의 취지에 관하여, "연대책임의 원칙을 엄격하게 고수한다면 회사분할제도의 활용을 가로막는 요소로 작용할 수 있으므로 연대책임의 원칙에 대한 예외를 인정하여 신설회사가 분할회사의 채무 중에서 출자받은 재산에 관한 채무만을 부담할 것을 분할회사의 주주총회의 특별결의로써 정할 수 있게 하면서, 그 경우에는 신설회사가 분할회사의 채무 중에서 그 부분의 채무만을 부담하고, 분할회사는 신설회사가 부담하지 아니하는 채무만을 부담하게 하여 채무관계가 분할채무관계로 바뀌도록 규정하였다고 해석된다."라고 판시한다.121)

---

118) 대법원 2010. 8. 26. 선고 2009다95769 판결, 대법원 1994. 5. 27. 선고 93다21521 판결.
119) 대법원 1995. 9. 5. 선고 95다22917 판결, 대법원 2003. 4. 11. 선고 2003다1250 판결.
120) 대법원 2010. 8. 26. 선고 2009다95769 판결.
121) 대법원 2004. 8. 30. 선고 2003다25973 판결.

## 2) 요  건

### ㈎ 단순분할의 경우

가) 분할계획서승인결의　　분할승인결의에 의하여 단순분할신설회사는 분할회사의 채무 중에서 분할계획서에 "승계하기로 정한 채무"에 대한 책임만을 부담하는 것으로 정할 수 있다. 이 경우 분할회사가 분할 후에 존속하는 경우에는 단순분할신설회사가 부담하지 아니하는 채무에 대한 책임만을 부담한다(530조의9②).[122] 즉, 회사분할절차에서 분할당사회사의 연대책임을 배제하려면 분할계획서에 "단순분할신설회사는 분할회사의 채무 중에서 승계하기로 정한 채무에 대한 책임만을 부담할 것"이라고 기재하고, 주주총회가 이러한 내용의 분할계획서를 승인하여야 한다. 분할계획서에 위와 같은 취지와 다르게 기재한 경우에는 주주총회의 승인을 받고 채권자보호절차를 거쳤더라도 채권자에 대한 관계에서는 연대책임 배제의 효력이 미치지 않는다.[123]

분할계획서에 위와 같은 취지와 다르게 기재한 경우에도 분할회사의 모든 채무에 대하여 분할당사회사가 연대책임을 질 것이 아니라, 분할회사가 출자하여 단순분할신설회사가 승계한 재산에 관한 채무에 대하여서만 연대책임을 진다고 해석하여야 한다는 견해도 있는데,[124] 입법론상으로는 타당하나 현행 규정의 해석상 이와 같이 해석하기는 곤란할 것이다.

나) 채권자보호절차　　단순분할의 경우 분할당사회사는 분할회사의 분할 전의 채무에 대하여 연대책임을 지므로, 분할회사 채권자의 이익을 해할 우려가 없고, 따라서 분할에 의하여 자본금이 감소하더라도 채권자보호절차가 요구되지 않는다.[125] 반면에 연대책임을 배제하면 채권자의 이익을 해할 우려가 있으므로 채권자

---

122) 소멸분할의 경우에는 분할회사가 더 이상 존속하지 아니하므로 채무부담의 주체가 될 수 없다. 분할합병의 경우에도 마찬가지이다. 그리고 법문상으로는 주주총회가 연대책임배제를 기재한 분할계획서를 승인한 경우가 아니면 분할당사회사는 당연히 연대책임을 지지만(530조의9①), 실무상으로는 단순분할의 경우에도 분할계획서에 분할회사와 신설회사는 분할 전 회사 채무에 대하여 연대하여 변제할 책임이 있다고 기재하는 경우도 많다. 마찬가지로 일반적으로 구상권에 관하여도 분할계획서에 명시적으로 기재한다.

123) 대법원 2006. 10. 12. 선고 2006다26380 판결.

124) 이철송, 1128면.

125) [상업등기선례 제200705-468호(2007. 5. 3. 공탁상업등기과-468 질의회답)] "분할에 의하여 회사를 설립하면서(상법 제530조의2 제1항) 분할되는 회사(이하, '분할회사'라 한다)는 자본을 감소하고, 그에 따라 분할회사의 변경(자본감소 등)등기 및 분할로 인하여 설립되는 회사(이하, '신설회사'라 한다)의 설립등기를 신청하는 경우, ① 그 자본 감소가 주주에 대한 출자의 환급이 없는 명목상의 것이고 ② 분할 후 분할회사의 자본과 신설회사의 자본의 합계액이 분

보호절차가 요구된다. 상법도 제439조 제3항(자본금감소에 대한 사채권자의 이의절차) 및 제527조의5의 규정(합병시 채권자보호절차)을 단순분할에서 연대책임이 배제되는 경우에 준용한다(530조의9④).126) 따라서 채권자보호절차를 밟지 않은 경우에는 분할계획서에 연대책임배제를 규정하더라도 이 규정은 무효이고, 분할당사회사들은 다시 원칙대로 연대책임을 진다.

　　회사는 회사채권자 전체를 상대로 하는 공고 외에, 알고 있는 채권자에 대하여는 따로따로 최고하여야 하는데, 회사가 채권자에 대한 개별최고를 거쳤는지 여부는 다른 채권자에 대한 연대책임배제 여부에 영향을 미치지 못한다.127) 즉, 분할당사회사는 채권자보호절차 중 공고가 흠결된 경우에는 채권자 전원에 대하여 연대책임을 지고, 공고는 있었으나 개별최고가 흠결된 경우에는 개별최고가 흠결된 "그 채권자에 대하여서만" 연대책임을 진다.128) 어느 경우에나 단순분할의 경우 채권자

---

　　할 전 분할회사의 자본액 이상이며 ③ 신설회사가 분할회사의 채무에 관하여 연대하여 변제할 책임(상법 제530조의9 제1항)을 부담한다면, 그 신청서에 채권자보호절차를 거쳤음을 증명하는 서면(非訟法 211조 제1호, 215조 제3호, 216조의2 제2항)은 첨부할 필요가 없다."

126) 채권자보호절차에 관하여는 뒤에서 항을 바꾸어 설명한다.
127) [대법원 2010. 8. 26. 선고 2009다95769 판결] "이 연대책임은 채권자에 대하여 개별 최고를 거쳤는지 여부와 관계없이 부담하게 되는 법정책임이므로, 채권자에 대하여 개별 최고를 하였는데 채권자가 이의제출을 하지 아니하였다거나 채권자가 분할·분할합병에 동의하였기 때문에 개별 최고를 생략하였다는 등의 사정은 상법 제530조의9 제1항이 규정하는 분할당사회사의 연대책임의 성부에 영향을 미치지 못한다." "甲 주식회사의 전기공사업 부문을 분할하여 乙 주식회사에 합병하는 내용의 분할합병이 이루어진 사안에서, 甲 주식회사가 출자한 재산에 관한 채무만을 乙 주식회사가 부담한다는 취지가 기재된 분할합병계약서가 작성되어 이에 대한 甲 주식회사의 주주총회의 승인이 이루어졌다는 사정을 인정할 수 없으므로, 乙 주식회사는 상법 제530조의9 제1항에 의하여 위 분할합병계약서에 의하여 본래 부담하기로 정한 채무 이외의 채무에 대하여 연대책임을 지고, 나아가 위 분할합병계약서에 아무런 기재가 없고 주주총회의 승인을 얻은 적이 없는데도 甲 주식회사가 출자한 재산에 관한 채무만을 乙 주식회사가 부담한다는 취지가 일간신문에 공고되었다고 하여 그에 따른 효력이 발생한다고 볼 수 없고, 채권자가 분할합병에 동의한 관계로 개별 최고를 생략하였다는 사정 등 역시 乙 주식회사가 상법 제530조의9 제1항에 의하여 부담하게 되는 연대책임의 성부에 아무런 영향을 미치지 못한다."
128) [대법원 2004. 8. 30. 선고 2003다25973 판결] "분할되는 회사와 신설회사가 분할 전 회사의 채무에 대하여 연대책임을 지지 않는 경우에는 채무자의 책임재산에 변동이 생기게 되어 채권자의 이해관계에 중대한 영향을 미치므로 채권자의 보호를 위하여 분할되는 회사가 알고 있는 채권자에게 개별적으로 이를 최고하도록 규정하고 있는 것이고, 따라서 분할되는 회사와 신설회사의 채무관계가 분할채무관계로 바뀌는 것은 분할되는 회사가 자신이 알고 있는 채권자에게 개별적인 최고절차를 제대로 거쳤을 것을 요건으로 하는 것이라고 보아야 하며, 만약 그러한 개별적인 최고를 누락한 경우에는 그 채권자에 대하여 분할채무관계의 효력이 발생할 수 없고 원칙으로 돌아가 신설회사와 분할되는 회사가 연대하여 변제할 책임을 지게 되는 것이라고 해석하는 것이 옳다."

보호절차의 흠결은 분할무효사유가 아니다.

　　(나) 분할합병의 경우　　　분할합병의 경우에도 분할당사회사는 원칙적으로 분할회사의 분할 전의 채무에 대하여 연대책임을 지지만, 분할회사는 분할합병승인결의로 분할합병에 따른 출자를 받는 분할승계회사 또는 분할합병신설회사가 분할회사의 채무 중에서 분할합병계약서에 승계하기로 정한 채무에 대한 책임만을 부담하는 것으로 정할 수 있다. 이 경우 분할회사가 분할후에 존속하는 때에는 분할승계회사 또는 분할합병신설회사가 부담하지 아니하는 채무에 대한 책임만을 부담한다(530조의9③). 그러나 분할합병의 경우에는 회사합병시 채권자보호절차에 관한 상법 제527조의5의 규정이 준용되므로 연대책임 배제 여부를 불문하고 항상 채권자보호절차를 밟아야 하고,129) 채권자보호절차 흠결시 분할합병무효사유가 된다. 분할무효사유가 되지 않고 연대책임만 부활하는 단순분할과 다른 점이다. 한편, 분할회사가 채권자이의제출공고는 하였으나 개별채권자에 대한 최고를 흠결한 사안에서 분할합병 자체는 무효로 되지 않고 연대책임배제만 적용되지 아니하므로 분할합병당사회사가 그 채권자에 대하여 연대책임을 진다는 판례가 있지만, 그렇더라도 채권자보호절차의 흠결이 분할합병무효사유가 아니라는 취지는 아니다.130)

　　(다) 승계하기로 정한 채무　　　2015년 개정상법은 분할계획서·분할합병계약서에 "승계하기로 정한 채무"만을 부담할 것으로 정할 수 있다고 규정한다. 개정전 상법은 "출자한 재산에 관한 채무"만을 부담할 것으로 정할 수 있다고 규정하였으므로 당사자의 합의에 의하여 이전 대상 채무를 정할 수 없었다. 그리고 판례는 "출자한 재산"에 대하여 분할회사의 특정재산을 의미하는 것이 아니라 조직적 일체성을 가진 영업, 즉 특정의 영업과 그 영업에 필요한 재산을 의미한다는 입장이었다.131) 개정 상법상 채무를 전혀 승계하지 않는 조건의 분할도 가능하다.

---

129) 이 때 사채권자가 이의를 함에는 사채권자집회의 결의가 있어야 하고, 이 경우에는 법원은 이해관계인의 청구에 의하여 사채권자를 위하여 이의의 기간을 연장할 수 있다는 제439조 제3항도 준용된다(530조의9④).

130) 대법원 2011. 9. 29. 선고 2011다38516 판결[이 사건에서 원고는 채무이행만 청구하고 분할합병무효는 청구하지 않았으므로 법원도 분할합병무효사유 해당 여부에 대하여는 판단하지 않았다. 그런데 이 사건에서 만일 원고가 분할합병무효의 소를 제기하였더라도 원고의 청구액이 4,200만원에 불과하기 때문에 분할합병무효청구는 재량기각되었을 가능성이 컸을 것이다. 분할합병무효사유가 있더라도 분할합병을 무효로 함으로 인하여 당사자 회사와 그 주주들에게 이익이 된다는 사정이 보이지 아니하는 점 등을 참작해서 분할합병무효청구를 재량기각한 판례도 있다(대법원 2010. 7. 22. 선고 2008다37193 판결)].

131) 대법원 2010. 2. 25. 선고 2008다74963 판결.

(라) 연대책임 배제의 한계      종래의 판례는 신설회사가 분할 또는 분할합병 전의 회사채무를 전혀 승계하지 않기로 하는 내용의 합의는 "신설회사가 분할회사의 채무 중에서 출자한 재산에 관한 채무만을 부담할 것"을 정한 경우가 아니므로, 채권자보호절차를 거쳤는지 여부에 관계없이 연대책임배제의 효력이 없다는 입장이지만,132) 2015년 개정상법이 연대책임배제에 관한 자유로운 약정을 허용하였으므로 이러한 판례의 취지는 유지될 수 없을 것이다.

3) 주장·증명책임

연대책임 배제의 요건에 관한 주장·증명책임은 단순분할에서의 신설회사, 분할합병에서의 상대방회사 및 분할 후 존속회사 등과 같이 분할채무관계를 주장하는 측이 부담한다.133)

4) 채권자보호절차 증명서면

연대책임을 배제하는 단순분할의 경우, 분할등기시 채권자보호절차를 거쳤음을 증명하는 서면을 첨부하여야 한다.134)

## 4. 자본구성의 변화

### (1) 단순분할

#### 1) 소멸분할

소멸분할의 경우 분할회사는 권리의무의 전부를 분리하고 이를 출자하여 2개 이상의 회사를 신설하고 청산절차 없이 해산한다. 신설회사는 소멸회사가 출자한 재산으로만 자본금을 구성할 수도 있고 제3자로부터의 출자도 받아 자본금을 구성

---

132) 대법원 2006. 10. 12. 선고 2006다26380 판결.

133) [대법원 2010. 8. 26. 선고 2009다95769 판결] "분할합병에 따른 출자를 받는 존립 중의 회사가 분할되는 회사의 채무 중에서 출자한 재산에 관한 채무만을 부담한다는 취지가 기재된 분할합병계약서를 작성하여 이에 대한 주주총회의 승인을 얻어야 하고, 이러한 요건이 충족되었다는 점에 관한 주장·증명책임은 분할당사회사가 연대책임관계가 아닌 분할채무관계에 있음을 주장하는 측에게 있다. 단순히 분할합병계약서에 상법 제530조의6 제1항 제6호가 규정하는 '분할되는 회사가 분할합병의 상대방 회사에 이전할 재산과 그 가액'의 사항 등을 기재하여 주주총회의 승인을 얻었다는 사정만으로는 위와 같이 분할책임관계를 형성하기 위한 요건이 충족되었다고 할 수 없으므로, 분할당사회사는 각자 분할합병계약서에 본래 부담하기로 정한 채무 이외의 채무에 대하여 연대책임을 면할 수 없다."

134) 연대책임을 부담하는 경우에는 위 상업등기선례 제200705-468호(2007. 5. 3. 공탁상업등기과-468 질의회답 내용과 같이 신청서에 채권자보호절차를 거쳤음을 증명하는 서면을 첨부할 필요가 없다.

할 수 있는데, 두 방법 간에 설립절차(단독분할설립과 모집분할설립)에 있어서 차이가
있다.

### 2) 존속분할

존속분할의 경우 분할회사는 순자산이 감소하므로 일반적으로 자본금감소가
수반되고, 따라서 분할계획서에 자본금감소 관련 조항이 추가된다(뒤에서 설명함). 자
본감소에 관한 사항이 분할계획서 또는 분할합병계약서에 포함된 때에는 자본감소
절차가 필요하다.135)

### (2) 분할합병

#### 1) 흡수분할합병

흡수분할합병의 상대방회사(분할승계회사)는 자본금이 증가하고, 그에 따라 신주
를 발행하여 분할합병계약서의 내용에 따라136) 분할회사의 주주들에게 당초의 지
분비율대로 배정된다. 분할승계회사가 신주를 발행하지 않고 자기주식을 교부할 수
도 있다.137) 만일 분할승계회사의 미발행수권주식수가 부족한 경우에는 정관을 변
경하여야 하는데, 별도의 정관변경절차를 밟을 필요가 없이 정관변경사항을 기재한
분할합병계약서를 주주총회가 승인하면 정관변경의 효과가 발생한다.138)

#### 2) 신설분할합병

분할합병신설회사가 발행하는 주식은 분할합병계약서의 내용에 따라 분할합병
의 양 당사회사 주주에게 배정된다. 신설분할합병의 상대방은 영업의 전부를 출자

---

135) 상업등기선례 제1-242호(2001. 12. 4. 등기 3402-781 질의회답).

136) 주식의 배정에 관한 사항은 분할계획서(530조의5)·분할합병계약서(530조의6)의 필요적 기
재사항이다.

137) [서울서부지방법원 2007. 6. 15. 선고 2006가합5550 판결【분할합병무효등】"피고 이랜드와 피
고 이랜드월드는 2005. 11. 2. 피고 이랜드의 투자부분을 피고 이랜드의 주주가 피고 이랜드월
드의 신주를 기존 지분율에 비례하여 취득하는 인적 분할 방식에 의해 분할하고, 피고 이랜드
월드는 피고 이랜드의 투자부문(경영지배를 목적으로 보유하고 있는 국내 및 해외 자회사 주
식에 해당하는 자산과 부채 등)을 흡수합병하고 피고 이랜드는 존속하는 분할합병 계약을 체
결하였다(분할합병으로 피고 이랜드 주주는 1주당 0.234328주의 비율로 주식병합되어, 발행주
식은 400만주에서 937,314주로 감소되고, 자본금도 207억원에서 53억 8657만원으로 줄어들게
되며, 피고 이랜드월드로부터 보유 중인 그 주식 1,219,082주를 기초로 1주당 0.398087주의 비
율로 교부받게 된다)"[흡수분할합병에서의 자본금감소 및 자기주식교부 사례에 관한 대법원
2010. 7. 22. 선고 2008다37193 판결의 제1심 판결이다].

138) 흡수분할합병계약서 기재사항에 관한 상법 제530조의6 제1항 제1호는 "분할승계회사가 분
할합병으로 인하여 발행할 주식의 총수를 증가하는 경우에는 증가할 주식의 총수, 종류 및 종
류별 주식의 수"이다.

하고 해산하거나, 영업의 일부만 출자하고 존속할 수 있다.

### 3) 무증자분할합병

무증자합병과 같이 완전모회사가 완전자회사의 사업 일부를 분할합병하는 경우에는 무증자분할합병이 허용된다는 것이 등기실무이다.139) 이 경우 분할신주를 발행하면 인적분할합병의 경우에는 모회사가 완전자회사를 통하여 자기주식을 취득하는 결과가 되고, 물적분할합병의 경우에는 자회사가 모회사 주식을 취득하게 되므로 무증자분할합병을 허용하는 등기실무는 타당하다. 그리고 분할되는 사업부문이 대차대조표상 순자산가치가 0(零)인 경우에는 합병차익이 존재하지 않으므로 피분할회사의 주주에게 분할승계회사가 분할합병신주를 발행하지 않는 무증자분할합병이 가능하다.140) 또한 분할합병의 상대방회사가 분할회사(물적분할의 경우) 또는 분할회사의 주주(인적분할의 경우)에게 교부할 자기주식이 충분한 경우도 무증자분할합병이 가능하다.

### (3) 물적분할

물적분할의 경우에는 존속회사의 감소되는 자산만큼 신설회사의 주식이 존속회사의 자산으로 계상되고, 존속회사의 자본금에는 변동이 없다.

## 5. 분할교부금

### (1) 의    의

합병교부금과 같이 분할의 경우에도 분할교부금을 지급할 수 있다. 분할교부금액을 정한 때에는 그 규정을 분할계획서·분할합병계약서에 기재하여야 한다.

---

139) [상업등기선례 제200909-1호(2009. 9. 2. 사법등기심의관-1961 질의회답)] "분할합병의 상대방 회사가 분할되는 회사의 주식을 전부 소유하고 있는 경우에는 분할되는 회사의 주주인 분할합병의 상대방 회사 자신이나 분할되는 회사에 대하여 분할합병의 상대방 회사의 주식을 주지 않는 내용의 분할합병계약을 체결하고(따라서 분할합병의 상대방 회사의 발행주식의 총수와 자본의 총액이 증가하지 않음), 그 분할합병계약서를 첨부하여 분할합병에 따른 변경등기를 신청할 수 있다."

140) [상업등기선례 제1-243호(2002. 1. 2. 등기 3402-2 질의회답)] "피분할회사가 존속하면서 일부사업부문을 인적분할하여 존립중인 기존의 회사에 흡수합병하는 소위 흡수분할합병에서, 분할되는 특정사업부문이 상법 제530조의7 제1항 제2호의 대차대조표상 순자산가치가 0(零)인 경우에는 합병차익이 존재하지 않으므로 피분할회사의 주주에게 분할합병의 상대방 회사의 주식의 배정이 없는 무증자합병이 가능하다."

### (2) 단순분할

단순분할을 위한 분할계획서에는 "분할회사의 주주에게 금전이나 그 밖의 재산을 제공하는 경우에는 그 내용 및 배정에 관한 사항"을 기재하여야 하는데(530조의5①5), 분할대가의 전부가 아닌 일부를 금전이나 그 밖의 재산으로 제공할 수 있다. 단순분할의 경우 주주가 없이 회사를 신설할 수 없으므로 교부금만으로 하는 분할은 허용되지 않기 때문이다.141)

### (3) 분할합병

#### 1) 흡수분할합병

흡수분할합병의 경우에는 대가의 전부를 금전으로 지급하는 교부금분할합병도 가능하다. 이에 따라 흡수분할합병계약서에는 "분할승계회사가 분할회사의 주주에게 그 대가의 전부 또는 일부로서 금전이나 그 밖의 재산을 제공하는 경우에는 그 내용 및 배정에 관한 사항"을 기재하여야 한다(530조의6①4).

#### 2) 신설분할합병

반드시 신주가 발행되어야 하는 신설분할합병의 경우에는 분할대가의 전부를 금전으로 지급할 수 없다(530조의6②5).142)

## 6. 경업금지의무

단순분할 중 소멸분할의 경우에는 신설회사 간에, 존속분할의 경우에는 분할회사와 신설회사 간에 경업금지의무가 문제되고, 신설분할합병의 경우에도 경업금지의무가 문제된다. 이에 관하여는, 분할회사가 존속하는 경우에는 경업을 할 수 있다는 묵시적 합의가 존재한다고 해석하기도 하고, 상법 제41조를 유추적용하여 상호간에 경업금지의무를 부담한다고 해석하기도 하나, 흡수분할합병의 경우에는

---

141) 제530조의5 제1항 제4호는 "단순분할신설회사의 주식의 배정에 관한 사항 및 배정에 따른 주식의 병합 또는 분할을 하는 경우에는 그에 관한 사항"이고, 제5호는 "분할회사의 주주에게 제4호에도 불구하고 금전이나 그 밖의 재산을 제공하는 경우에는 그 내용 및 배정에 관한 사항"이다. 제5호에서 "제4호에도 불구하고"는 교부금분할이 가능하다는 취지가 아니고 "분할대가의 일부를" 금전이나 그 밖의 재산으로 제공할 수 있다는 취지로 보아야 한다.

142) 일본 회사법은 흡수분할합병시 흡수분할승계주식회사가 주식 외에 사채, 신주예약권, 신주예약권부사채, 기타 재산 등을 교부할 수 있다고 규정한다(日会 758조 제4호).

분할당사회사가 분할 전부터 독립된 법인격체로서 영업을 수행하여 왔으므로 분할회사는 상대방회사에 경업금지의무를 부담하나, 단순분할이나 신설분할합병의 경우에는 분할회사가 신설회사에 대하여 경업금지의무를 부담하지 않는다고 해석하는 것이 타당하다.[143]

## 7. 영업양도 규정과의 관계

상법 제42조 제1항은 영업양수인이 양도인의 상호를 계속 사용하는 경우에는 양도인의 영업으로 인한 제3자의 채권에 대하여 양수인도 변제할 책임이 있다고 규정한다. 그런데 영업을 출자하여 주식회사를 설립하고 그 상호를 계속 사용하는 경우에는 영업의 양도는 아니지만 출자의 목적이 된 영업의 개념이 동일하고 법률행위에 의한 영업의 이전이라는 점에서 영업의 양도와 유사하며 채권자의 입장에서 볼 때는 외형상의 양도와 출자를 구분하기 어려우므로 새로 설립된 법인은 상법 제42조 제1항의 규정의 유추적용에 의하여 출자자의 채무를 변제할 책임이 있고, 여기서 말하는 영업의 출자라 함은 일정한 영업목적에 의하여 조직화된 업체 즉 인적·물적 조직을 그 동일성을 유지하면서 일체로서 출자하는 것을 말한다.[144]

# V. 회사분할과 자본시장법상 절차

## 1. 증권신고서

증권의 모집가액·매출가액 각각의 총액이 10억원 이상인 경우, 발행인이 그 모집·매출에 관한 신고서를 금융위원회에 제출하여 수리되어야만 그 증권의 모집·매출을 할 수 있다(資法 119조①, 資令 120조①). 특히, 같은 종류의 증권이 모집·매출된 실적이 있거나 증권시장에 상장되어 모집으로 간주되는 경우, 분할·분할합병(530조의12에 따른 물적분할의 경우는 제외)으로 인하여 설립된 회사가 발행하는 증권은 분할되는 회사가 발행한 증권과 같은 종류의 증권으로 본다(증권발행공시규정

---

143) 최기원, 1211면.
144) 대법원 1996. 7. 9. 선고 96다13767 판결.

제2-2조①1). 따라서 인적분할로 인하여 주식을 모집·매출하는 경우에는 증권신고
서에 소정의 사항을 기재하고 소정의 서류를 첨부하여야 한다.145) 물적분할의 경
우를 제외하는 것은 신설회사의 주식이 모두 분할회사에 귀속되어 완전모자회사
가 되므로 투자자보호를 위한 증권신고서 제출의 필요성이 없기 때문이다. 분할회
사가 향후 신설회사의 10억원 이상의 가액에 해당하는 주식을 매출하는 경우에는
증권신고서 제출대상이다.146)

## 2. 분할재상장

종래에는 상장회사의 회사분할시 존속회사는 상장회사의 지위를 그대로 유지
하고, 신설회사는 재상장을 용이하게 하기 위하여 일반적인 신규상장요건에 비하여

---

145) [증권발행공시규정 제2-10조(영업 및 자산양수·도, 주식의 포괄적 교환·이전, 분할 및 분
　　할합병의 증권신고서의 기재사항 및 첨부서류)]
　　⑦ 제2-6조에도 불구하고 분할로 인하여 증권을 모집 또는 매출하는 경우에는 영 제129조에
　　　따라 증권신고서에 다음 각 호의 사항을 기재하여야 한다.
　　1. 제2-9조 제1항 제1호
　　2. 분할의 개요
　　　가. 분할에 관한 일반사항
　　　나. 분할의 요령
　　　다. 분할되는 영업 및 자산의 내용
　　　라. 모집 또는 매출되는 증권의 주요 권리내용
　　　마. 모집 또는 매출되는 증권의 취득에 따른 투자위험요소
　　　바. 그 밖에 투자자 보호를 위하여 필요한 사항
　　3. 제2-9조 제1항 제3호(이 경우 당사회사는 분할되는 회사를 말한다)
　　⑧ 제7항의 증권신고서의 첨부서류는 제2-9조 제2항(11호는 제외한다)을 준용한다. 이 경우
　　　제2항 제5호는 분할계획서를 말하며, 당사회사는 분할되는 회사를 말한다.
　　⑨ 제2-6조에도 불구하고 분할합병으로 인하여 증권을 모집 또는 매출하는 경우에는 영 제
　　　129조에 따라 증권신고서에 다음 각 호의 사항을 기재하여야 한다.
　　1. 제2-9조 제1항 제1호
　　2. 분할합병의 개요
　　　가. 제2-9조 제1항 제2호 각 목의 사항
　　　나. 분할되는 영업 및 자산의 내용
　　3. 제2-9조 제1항 제3호(이 경우 당사회사는 분할되는 회사 및 분할합병의 상대방회사를
　　　말한다)
　　⑩ 제9항의 증권신고서의 첨부서류는 제2-9조 제2항을 준용한다. 이 경우 당사회사는 분할
　　　되는 회사 및 분할합병의 상대방회사를 말한다.
　　⑪ 제1항, 제3항, 제5항, 제7항, 제9항의 증권신고서의 서식 및 작성방법 등에 관하여 필요한
　　　사항은 감독원장이 정한다.
146) 구체적인 내용은 합병의 경우와 같다.

훨씬 완화된 요건과 절차가 적용되었다. 그러나 이러한 제도를 악용하여 부실 사업부문을 존속회사에 존치시키거나 부실 사업부문을 신설회사에 이전시키고 심지어는 우회상장에 활용하는 사례도 있었다. 이에 거래소는 2011년 5월 유가증권시장 상장규정과 코스닥시장 상장규정을 개정하여 존속회사의 심사도 강화하고 재상장도 신규상장 수준으로 요건과 절차를 강화하였다.147)

# Ⅵ. 분할·분할합병무효의 소

## 1. 소의 의의와 법적 성질

분할·분할합병으로 인하여 다수의 이해관계인이 생기는데 분할·분할합병에 하자가 있는 경우 이해관계인들이 개별적으로 분할·분할합병의 효력을 다투는 소송을 제기한다면 단체법률관계의 불안정이 초래된다. 따라서 상법은 이해관계인 전원의 권리관계를 획일적으로 확정하기 위하여 분할·분할합병무효의 소를 규정하고, 합병무효의 소에 관한 규정(529조)을 준용한다. 분할·분할합병무효의 소는 형성의 소로서 제소권자·제소기간·주장방법 등에 대한 제한이 있다.

## 2. 소송당사자

### (1) 원   고

#### 1) 주주 등

분할·분할합병의 각 당사회사의 주주·이사·감사·청산인·파산관재인은 분할·분할합병무효의 소를 제기할 수 있다(530조의11①, 529조①). 법문상 "각 회사"라고 되어 있으므로, 단순분할의 경우에는 존속회사 또는 신설회사의 주주 등이 제소권자이고, 분할합병의 경우에는 분할승계회사의 주주 등이 제소권자이다.

#### 2) 채 권 자

단순분할로서 주주총회의 승인을 얻은 분할계획서상 연대책임이 배제된 경우에는 채권자보호절차가 요구되지만, 이때의 채권자보호절차 위반은 분할무효사유

---

147) 특히 재상장 신청인의 범위에서 물적분할에 따른 분할 또는 분할합병을 제외하고 이를 신규상장 심사 대상으로 하였다(유가증권시장상장규정 제2조③2).

가 되지 않고 분할계획서에 불구하고 신설회사와 존속회사가 분할 전의 회사채무에 관하여 연대하여 변제할 책임을 진다. 따라서 이 경우 채권자보호절차에서 이의를 제출한 채권자도 연대책임을 주장할 수 있을 뿐, 분할의 무효를 주장할 수 없다. 그러나 분할합병에서의 채권자보호절차 위반은 분할합병무효사유가 되므로 분할합병을 승인하지 않은 채권자는 분할합병무효의 소를 제기할 수 있다.[148]

### (2) 피    고

분할·분할합병무효의 소의 피고는 존속회사와 신설회사이다. 분할·분할합병무효의 소는 판결의 합일확정을 필요로 하는 고유필수적 공동소송이므로, 분할·분할합병에 관련된 모든 회사(분할로 인한 존속회사와 신설회사) 모두를 공동피고로 하여야 한다.

### 3. 소의 원인

#### (1) 분할·분할합병 공통사유

분할계획서·분할합병계약서에 대한 주주총회 승인결의의 하자는 절차법상 무효원인이고, 분할계획서·분할합병계약서의 내용과 다른 내용으로 분할하거나, 그 내용이 강행법규에 위반한 경우는 실체법상 무효원인이다.

주주가 회사를 상대로 제기한 분할합병무효의 소에서 당사자 사이에 분할합병계약을 승인한 주주총회결의 자체가 있었는지 및 그 결의에 이를 부존재로 볼 만한 중대한 하자가 있는지 등 주주총회결의의 존부에 관하여 다툼이 있는 경우, 주주총회결의 자체가 있었다는 점에 관해서는 회사가 증명책임을 부담하고 그 결의에 이를 부존재로 볼 만한 중대한 하자가 있다는 점에 관해서는 주주가 증명책임을 부담한다.[149]

---

148) 이의를 제출한 채권자에 대한 변제 등을 하지 아니한 경우에는 당연히 그 채권자가 제소권자이다. 그러나 "분할합병을 승인하지 아니한 채권자"만 제소권자이므로 회사가 이의제출공고를 하지 않거나 최고를 하지 않은 경우에도 분할합병을 승인한 채권자는 제소권자가 될 수 없다.

149) 대법원 2010. 7. 22. 선고 2008다37193 판결.

### (2) 분할합병무효사유

#### 1) 주식매수청구권

주식매수청구권행사기회를 부여하지 않은 것은 원칙적으로 분할합병무효사유로 보아야 한다.[150) 다만, 분할합병 후 주식을 제3자에게 매도한 소수주주가 분할합병승인을 위한 주주총회의 소집통지를 받지 못하여 주식매수청구권 행사기회를 갖지 못하였다는 이유로 분할합병무효의 소를 제기한 경우, 주식매수청구권이 반대주주의 투하자본 회수를 위한 제도라는 점을 고려하여 이미 투하자본을 회수하였다는 이유로 청구를 재량기각한 판례도 있다.[151)

#### 2) 채권자보호절차

채권자보호절차의 흠결시, 단순분할에서는 연대책임 배제의 효과가 발생하지 않을 뿐이고 분할무효사유로 되지 않지만, 분할합병에서는 분할합병무효사유가 된다.

#### 3) 분할비율의 불공정

단순분할의 경우에는 분할회사의 주주들이 분할신주를 그 소유 주식수에 비례하여 배정받으므로 분할비율의 불공정이 발생하는 것을 상정하기 어렵다. 물론 단순분할의 경우에도 분할회사가 영업별로 분할하여 각기 다른 승계회사에 흡수합병되는 경우에는 분할회사 주주들도 서로 다른 승계회사의 주식을 배정받게 되는 경우(불비례적 분할)에는 분할회사 주주 전원의 동의가 없는 한 분할무효사유가 된다. 한편 분할합병의 경우에는 합병비율이 현저하게 불공정한 경우 합병무효사유가 된다는 판례와 같이,[152) 분할비율의 현저한 불공정도 분할합병무효사유가 된다.

## 4. 소송절차

### (1) 준용규정

분할·분할합병무효의 소의 제소기간은 분할등기·분할합병등기가 있는 날부터 6개월 내이다.[153) 이는 법적 안정성을 위해 조속한 회사분할의 확정을 도모하기 위

150) 단순분할의 경우에는 분할에 반대하는 주주의 주식매수청구권이 인정되지 않는다.
151) 대법원 2010. 7. 22. 선고 2008다37193 판결.
152) 대법원 2008. 1. 10. 선고 2007다64136 판결.
153) 주식회사 합병무효의 소의 제소권자와 제소기간에 관한 제529조 제1항·제2항은 분할·분할

한 것이므로, 상법 제530조의9 제1항에 의한 연대책임을 추궁하는 소의 경우에는 준용되지 않는다.154)155) 분할·분할합병무효사유의 주장시기에 대하여도 위 제소기간의 제한이 적용된다.156)

합명회사 합병무효의 소에 관한 제237조부터 제240조까지의 규정은157) 주식회사 분할·분할합병에 준용된다(530조의11①).

## (2) 소송승계

### 1) 소송승계의 의의와 분류

법인의 권리의무가 법률의 규정에 의하여 새로 설립된 법인에 승계되는 경우에는 특별한 사유가 없는 한 계속 중인 소송에서 그 법인의 법률상 지위도 새로 설립된 법인에 승계된다. 당연승계의 발생원인인 포괄승계가 있는 때에는 소송은 당연히 승계인에게 넘어가지만 승계인이 곧바로 소송을 수행할 수 없으므로 소송절차의 중단과 수계절차를 거친다.158) 물론 당연승계원인이 있어도 소송대리인이 있는 경우에는 소송절차가 중단되지 않고 그 대리인이 계속 구당사자의 명의로 소송을 수행하며 이는 실질적으로는 승계인의 대리인이다.

---

합병무효의 소에 준용된다(530조의11①). 주주총회 승인결의에 취소사유가 있는 경우 결의취소소송의 제소기간인 결의일로부터 2개월 내에 분할무효의 소를 제기하여야 하는지에 관하여 논란의 여지가 있지만, 주주총회 승인결의의 하자가 취소사유인지, 무효·부존재사유인지를 불문하고 분할무효의 소는 분할등기일로부터 6개월 내에 제기하면 된다는 것이 판례의 입장이다(대법원 2010. 7. 22. 선고 2008다37193 판결).

154) 부산고등법원 2004. 3. 31. 선고 2003나11424 판결.
155) 판례는 단기의 제소기간은 복잡한 법률관계를 조기에 확정하고자 하는 것이므로 무효사유의 주장시기에 대하여도 위 제소기간의 제한이 적용된다는 입장이다(대법원 2004. 6. 25. 선고 2000다37326 판결). 다만, 제소기간이 경과한 후에는 새로운 무효사유를 주장하지 못하는 것이고, 종전의 무효사유를 보충하는 범위의 주장은 가능하다. 그리고 제소기간은 제소권자가 제소원인을 알지 못한 경우에도 동일하다.
156) 대법원 2004. 6. 25. 선고 2000다37326 판결.
157) 제237조는 회사의 해산명령 청구시 담보제공에 관한 제176조 제3항 및 제4항의 준용, 제238조는 합병무효의 등기, 제239조는 무효판결확정과 회사의 권리의무의 귀속, 제240조는 합명회사 설립무효·취소의 소에 관한 제186조부터 제191조까지(전속관할, 소제기의 공고, 소의 병합심리, 하자의 보완과 청구기각, 판결의 효력)의 규정의 준용 등에 관한 규정이다. 이하에서는 준용에 의하여 최종적으로 적용되는 규정만 표시한다.
158) 민사소송법상 소송승계는 소송계속 중에 소송목적인 권리관계의 변동으로 새로운 승계인이 종전의 당사자에 갈음하여 당사자가 되고 소송을 인계받는 것을 말한다(당사자적격의 이전). 변론종결 전의 승계인은 소송을 승계받고, 변론종결 후의 승계인은 기판력을 승계받는다. 소송승계는 i) 실체법상 포괄승계의 원인이 있는 경우에 법률상 당연히 일어나는 당사자의 변경인 당연승계와, ii) 소송물의 양도에 의한 승계(참가승계와 인수승계)가 있다.

### 2) 회사의 분할과 소송승계

분할계획서상 소송으로 인한 권리·의무를 모두 단순분할신설회사가 승계하기로 한 경우, 상법 제530조의10에 의하여 해당 소송에 관한 포괄적 권리·의무의 승계가 이루어지는 것이고, 이는 법인의 권리의무가 법률의 규정에 의하여 새로 설립된 법인에 승계되는 경우로서 분할로 인한 신설회사가 소송절차를 수계한다.159)

### (3) 승인결의의 하자와 분할·분할합병무효의 소

### 1) 흡 수 설

분할·분할합병을 승인한 주주총회 결의의 하자는 분할·분할합병무효사유로 흡수되므로, 주주총회 결의에 대한 취소·무효확인·부존재확인 등의 소는 별도로 제기할 수 없다.160) 다만, 분할·분할합병무효의 소는 분할등기·분할합병등기 이후에 제기할 수 있으므로 그 전에는 분할·분할합병승인결의의 하자에 관한 소를 제기할 수 있다. 그리고 분할·분할합병승인결의의 하자에 관한 소가 제기된 후 분할등기·분할합병등기가 경료되면 원고는 분할·분할합병무효의 소의 제소기간 내에 분

---

159) [대법원 2002. 11. 26. 선고 2001다44352 판결] "나아가 직권으로 보건대, 원심은 2001. 4. 30. 한국중부발전 주식회사(이하 '한국중부발전'이라 한다)가 피고로부터 분할되어 그 소송상의 지위를 승계하였음을 이유로 제출한 소송수계신청에 대하여 회사분할이라는 사유의 발생과 동시에 법률의 규정에 의하여 승계의 대상이 되는 권리의무의 범위가 확정되고, 피고의 원고들에 대한 책임이 소멸하여 그 책임이 수계신청인인 한국중부발전에 당연히 이전한다고 볼 수 없다는 이유로 이를 기각하였다. 그러나 법인의 권리의무가 법률의 규정에 의하여 새로 설립된 법인에 승계되는 경우에는 특별한 사유가 없는 한 계속 중인 소송에서 그 법인의 법률상 지위도 새로 설립된 법인에 승계된다. 기록에 의하면, 피고는 2001. 4. 2. 전력산업구조개편촉진에 관한 법률 및 상법 제530조의12에 의하여 피고는 그대로 존속하면서 발전부분을 6개의 별도 회사로 신설하는 방식으로 회사를 분할하였는바, 상법 제530조의9 제2항, 제530조의5 제1항 제8호에 의하여 작성된 회사분할의 분할계획서에는 존속회사와 신설회사 간의 채무분담에 관하여 발전회사별로 해당 발전소에 관계된 소송으로 인한 권리·의무는 피고로부터 해당 발전회사로 이전되는 것으로 되어 있고, 각 소송의 내용도 특정되어 있으며, 이 사건 소송의 경우 피고로부터 한국중부발전에로 그 권리·의무가 이전되는 것으로 규정되어 있음을 알 수 있다. 이와 같이 상법 제530조의9 제2항이 분할로 인하여 설립되는 회사와 존속회사 사이에 채무의 부담에 관하여 분할계획서에 정할 수 있도록 하고, 이 사건 피고와 한국중부발전 사이에 분할계획서상 이 사건 소송으로 인한 권리·의무를 모두 신설된 한국중부발전이 승계하기로 한 이상, 상법 제530조의10에 의하여 해당 소송에 관한 포괄적 권리·의무의 승계가 이루어지는 것이므로, 이는 법인의 권리의무가 법률의 규정에 의하여 새로 설립된 법인에 승계되는 경우로서 한국중부발전이 이 사건 소송절차를 수계함이 마땅하다. 그런데도 원심은 한국중부발전의 소송수계신청을 받아들이지 않고, 그대로 이 사건 소송을 진행하여 판결을 선고하였는바, 이는 회사분할이 일어난 경우 기존의 회사에 대하여 진행되던 소송에 관한 당사자수계에 관한 법리를 오해한 위법을 저지른 것으로서, 이 점에서 원심판결은 파기를 면할 수 없다."
160) 대법원 1993. 5. 27. 선고 92누14908 판결(합병무효의 소에 관한 판례이다).

할·분할합병무효의 소로 변경할 수 있다.

### 2) 증명책임

주주가 회사를 상대로 제기한 분할합병무효의 소에서 당사자 사이에 분할합병 계약을 승인한 주주총회 결의 자체가 있었는지 및 그 결의에 이를 부존재로 볼 만 한 중대한 하자가 있는지 등 주주총회 결의의 존부에 관하여 다툼이 있는 경우 주 주총회 결의 자체가 있었다는 점에 관해서는 회사가 증명책임을 부담하고, 그 결의 에 이를 부존재로 볼 만한 중대한 하자가 있다는 점에 관해서는 주주가 증명책임을 부담한다.161)

## 5. 판결의 효력

### (1) 원고승소판결

#### 1) 대세적 효력

분할·분할합병무효의 판결은 제3자에 대하여도 그 효력이 있다(190조 본문).

#### 2) 소급효 제한

분할·분할합병무효판결의 확정 전에 생긴 회사와 주주 및 제3자간의 권리의 무에 영향을 미치지 않는다(190조 단서).

#### 3) 권리의무의 귀속

(가) 단순분할무효　　　단순분할무효판결에 의하여 신설회사의 설립은 무효로 되고, 분할회사가 소멸하였다면 다시 부활한다. 신설회사의 재산은 물론 분할회사 로 복귀하고, 분할 후 발생한 모든 채무는 분할회사가 부담한다.

(나) 분할합병무효　　　신설분할합병의 경우에는 신설회사의 설립이 무효로 되 고 신설회사의 재산은 각기 분할 전 상태로 복귀한다. 분할 후 신설회사가 취득한 재산은 분할회사와 그 상대방회사의 공유로 되고(239조②), 분할 후 발생한 모든 채 무는 쌍방회사의 연대채무로 된다(239조①). 공유재산의 지분 또는 연대채무의 부담 부분은 쌍방의 협의에 의하여 정하되, 협의가 이루어지지 않는 경우에는 법원은 그 청구에 의하여 합병당시의 각 회사의 재산상태 기타의 사정을 참작하여 이를 정한 다(239조③). 흡수분할합병의 경우에는 상대방회사가 승계한 재산과 채무가 분할회 사에 복귀하고, 분할 후 취득한 재산과 부담하게 된 채무는 신설분할의 경우와 같

---

161) 대법원 2010. 7. 22. 선고 2008다37193 판결.

이 처리한다.

### 4) 분할·분할합병무효와 등기

분할·분할합병을 무효로 한 판결이 확정된 때에는 본점과 지점의 소재지에서 분할 후 존속한 회사의 변경등기, 분할로 인하여 소멸된 회사의 회복등기, 분할로 인하여 설립된 회사의 해산등기를 하여야 한다(530조의11①, 238조).[162]

### (2) 원고패소판결

#### 1) 대인적 효력

원고패소판결의 경우에 대하여는 대세적 효력이 인정되지 않고, 기판력의 주관적 범위에 관한 민사소송법의 일반원칙에 따라 판결의 효력은 소송당사자에게만 미친다. 따라서 다른 제소권자는 새로 소를 제기할 수 있다. 다만, 분할·분할합병무효의 소의 제소기간은 분할등기·분할합병등기가 있은 날부터 6개월 내이므로, 제소기간이 경과할 가능성이 클 것이다.

#### 2) 패소원고의 책임

분할·분할합병무효의 소를 제기한 자가 패소한 경우에 악의 또는 중대한 과실이 있는 때에는 회사에 대하여 연대하여 손해를 배상할 책임이 있다(191조).

#### 3) 재량기각

분할·분할합병무효의 소가 그 심리중에 원인이 된 하자가 보완되고 회사의 현황과 제반사정을 참작하여 분할을 무효로 하는 것이 부적당하다고 인정한 때에는 법원은 그 청구를 기각할 수 있다. 법원이 분할·분할합병무효의 소를 재량기각하기 위해서는 원칙적으로 그 소 제기 전이나 그 심리 중에 원인이 된 하자가 보완되어야 할 것이나, 그 하자가 추후 보완될 수 없는 성질의 것인 경우에는 그 하자가 보완되지 아니하였다고 하더라도 회사의 현황 등 제반 사정을 참작하여 분할·분할합병무효의 소를 재량기각할 수 있다.[163]

---

162) 회사 분할·분할합병을 무효로 하는 판결이 확정되면 제1심 수소법원은 회사의 본점과 지점 소재지의 등기소에 그 등기를 촉탁하여야 한다(非訟法 99조, 98조②).

163) [대법원 2010. 7. 22. 선고 2008다37193 판결] "분할합병계약의 승인을 위한 주주총회를 개최하면서 소수주주들에게 소집통지를 하지 않음으로 인하여 위 주주들이 주식매수청구권 행사 기회를 갖지 못하였으나, 주식매수청구권은 분할합병에 반대하는 주주로 하여금 투하자본을 회수할 수 있도록 하기 위해 부여된 것인데 분할합병무효의 소를 제기한 소수주주가 자신이 보유하고 있던 주식을 제3자에게 매도함으로써 그 투하자본을 이미 회수하였다고 볼 수 있고, 위 분할합병의 목적이 독점규제 및 공정거래에 관한 법률상 상호출자관계를 해소하기 위한 것으로 위 분할합병을 무효로 함으로 인하여 당사자 회사와 그 주주들에게 이익이 된다는 사

주식매수청구권은 분할합병에 반대하는 주주로 하여금 투하자본을 회수할 수 있도록 하기 위해 부여된 것인데 분할합병무효의 소를 제기한 소수주주가 자신이 보유하고 있던 주식을 제3자에게 매도함으로써 그 투하자본을 이미 회수하였다고 볼 수 있고, 위 분할합병의 목적이 「독점규제 및 공정거래에 관한 법률」상 상호출자관계를 해소하기 위한 것으로 분할합병을 무효로 함으로 인하여 당사자 회사와 그 주주들에게 이익이 된다는 사정이 보이지 아니하는 점 등을 참작하여 재량기각한 판례도 있다.164)

## 6. 분할금지가처분

분할무효사유가 있는 경우 사후에 분할무효의 소를 제기하는 것보다는 사전에 분할금지가처분신청을 할 수 있다면 당사자에게는 훨씬 편리할 것이다. 분할금지가처분의 피보전권리로 생각할 수 있는 권리는 이사의 위법행위유지청구권(402조)과 신주발행유지청구권(424조)이 있다. 그런데 이사의 위법행위유지청구권은 "이사가 법령 또는 정관에 위반한 행위를 하여 이로 인하여 회사에 회복할 수 없는 손해가 생길 염려가 있는 경우"를 대상으로 하므로, 분할무효사유가 있다 하더라도 주주나 채권자가 아닌 회사에게 "회복할 수 없는 손해"가 생길 염려가 있는 경우는 많지 않을 것이다. 다음으로, 신주발행유지청구권은 "회사가 법령 또는 정관에 위반하거나 현저하게 불공정한 방법에 의하여 주식을 발행함으로써 주주가 불이익을 받을 염려가 있는 경우"를 대상으로 하는데, 여기서 "주주"는 신주를 발행하는 회사의 주주를 의미하므로 분할회사의 주주는 이에 해당하지 않는다. 따라서 분할금지가처분의 요건에 관하여는 현행 규정상 논란의 여지가 있다.

---

정이 엿보이지 아니하는 점 등을 참작해 볼 때, 분할합병무효청구를 기각한 원심판단을 수긍할 수 있다"(同旨: 분할합병무효의 소에 관한 대법원 2010. 7. 22. 선고 2008다37193 판결, 자본감소무효의 소에 관한 대법원 2004. 4. 27. 선고 2003다29616 판결).

164) 대법원 2010. 7. 22. 선고 2008다37193 판결.

# 제 3 절   주식의 포괄적 교환·이전

## Ⅰ. 주식의 포괄적 교환

### 1. 총     설

#### (1) 의     의

주식의 포괄적 교환은 A회사(완전모회사가 되는 회사)가 B회사(완전자회사가 되는 회사)의 발행주식총수를 보유하기 위하여 B회사의 주주로부터 B회사주식 전부를 취득하면서 그 대가로 B회사의 주주에게 A회사의 신주를 발행하거나 자기주식을 교부함으로써 두 회사의 주식을 포괄적으로 교환하는 조직법상의 행위 내지 제도를 말한다.[1]

회사는 주식의 포괄적 교환에 의하여 다른 회사의 발행주식총수를 소유하는 회사(완전모회사)가 될 수 있다. 이 경우 그 다른 회사를 "완전자회사"라 한다(360조의2①).[2] 주식교환에 의하여 완전자회사가 되는 회사의 주주가 가지는 그 회사의 주식은 주식을 교환하는 날에 주식교환에 의하여 완전모회사가 되는 회사에 이전하

---

[1] 그 밖에도 "주식회사가 그 발행주식 전부를 주주로부터 강제로 회수하여 다른 주식회사에 취득시키고 다른 주식회사는 그 대가로 신주를 발행하여 주식교환을 하는 주식회사의 주주들에게 배정하는 행위 내지 제도"라고 정의하거나(권기범, 146면), "A회사와 B회사의 계약에 의해 B회사의 주주가 소유하는 B회사의 주식을 전부 A회사에 이전하고, 그 주식을 재원으로 하여 A회사가 B회사의 주주에게 신주를 발행하거나 자기주식을 교부하는 것"이라고 정의하기도 한다(이철송, 1135면). 본서에서는 문맥에 따라 "주식의 포괄적 교환"을 "주식교환", "주식의 포괄적 이전"을 "주식이전"이라고 약칭한다. 완전자회사의 주식을 취득하는 주체가 기존회사이면 주식교환, 신설회사이면 주식이전이다.

[2] 주식교환에 있어서 상법은 "완전모회사가 되는 회사", "완전모회사가 될 회사", "완전자회사가 되는 회사", "완전자회사가 될 회사"라고 규정하는데, 이하에서는 문맥상 문제가 없는 한 각각 "완전모회사", "완전자회사"로 약칭한다.

고, 그 완전자회사가 되는 회사의 주주는 그 완전모회사가 되는 회사가 주식교환을 위하여 발행하는 신주의 배정을 받거나 그 회사 자기주식의 이전을 받음으로써 그 회사의 주주가 된다(360조의2②).

## (2) 도입경위

주식교환과 주식이전은 개별 주주의 반대에도 불구하고 강제로 주식을 처분(교환·이전)하도록 하여 현금이 없이 기업을 인수할 수 있는 방식이다. 1999년 「독점규제 및 공정거래에 관한 법률」의 개정에 의하여 지주회사의 설립이 허용되었고(同法 8조), 지주회사의 설립을 용이하게 하기 위하여 주식교환과 주식이전제도가 2000년 제정된 금융지주회사법과 2001년 개정된 상법에 도입되었다. 주식교환과 주식이전은 주주의 의사와 관계없이 이루어지는 것이므로 개념상으로는 강제주식교환, 강제주식이전이라고 부르는 것이 정확하다고 할 수 있다.

## (3) 법적 성질

주식교환은 주주의 의사와 관계없이 회사의 인적조직을 별개회사에 이전, 흡수시켜 회사조직의 변경을 가져오는 조직법·단체법상의 회사행위이다. 상법상 주식교환제도와 달리 주주 간에 주식을 교환하거나 교환한 것과 같은 결과가 되는 거래를 하는 경우도 있지만, 이는 주주의 의사에 의한 임의적 교환이므로 주주의 의사와 무관하게 강제로 이루어지는 상법상 주식교환과는 다르다.

완전자회사의 주주는 그의 의사와 관계없이 완전자회사에 대한 주주의 지위를 상실하고 완전모회사의 주주가 된다는 점과 완전모회사는 완전자회사의 주식을 취득하는 대가로 자기의 주식을 배정한다는 점에서 주식교환은 흡수합병과 유사하고 주식이전은 신설합병과 유사한 형태라 할 수 있다. 다만, 주식교환과 주식이전에서는 완전모회사가 완전자회사의 주식만 취득할 뿐 권리의무를 포괄승계하지 않는다는 점에서 합병과 다르다.3)

---

3) 미국의 주식교환(share exchange)은 인수회사와 대상회사 간의 주식교환계획(plan of share exchange)에 기하여 개별 주주의 의사와 관계없이 대상회사의 모든 주주가 주식을 인수회사의 주식과 교환하는 거래이다. 미국에서는 지배주주가 소수주주에 대하여 신인의무(fiduciary duty)를 부담하므로 소수주주의 존재는 인수회사 지배주주에게는 상당히 중요한 부담이 된다. 따라서 일부 州의 제정법은 대상회사의 이사회에서 주식교환계획(plan of share exchange)이 채택되고 주주총회에서 과반수주주에 의하여 승인되면 대상회사의 모든 주주들은 개별적인 의사에 관계없이 주식을 강제로 교환하도록 규정한다[MBCA §11.03, §11.04, §11.07(b)]. 따라

## (4) 주식의 현물출자와 주식교환

주식을 현물출자하는 방법으로도 지주회사를 설립할 수 있다. 이 경우에는 현물출자에 대한 검사인의 조사절차가 요구되는 반면에, 상법상의 주식교환에 요구되는 주주총회 결의나 주식매수청구권 등의 제약이 없다는 장점도 있다. 현물출자에 의하여 주식교환과 동일한 효과를 얻을 수 있으므로, 이를 사실상 주식교환이라고 한다. 사실상 주식교환에 대하여는 영업양수도의 법리 적용 여부와 신주의 제3자배정에 관한 상법 제418조 제2항의 요건 충족 여부가 문제된다. 사실상 주식교환을 영업양도로 볼 특별한 사정이 있다면 "회사의 영업에 중대한 영향을 미치는 다른 회사의 영업 전부 또는 일부의 양수"로서 주주총회의 특별결의가 요구되고(374조①3), 반대주주의 주식매수청구권도 인정된다.4) 한편, 사실상 주식교환에 의하여 지주회사체제로 전환하는 경우 상법 제418조 제2항의 "경영상 목적" 요건의 충족은 비교적 용이할 것이다.

## (5) 위헌 여부

주식교환과 주식이전에 관한 규정의 위헌 여부에 대하여 헌법재판소는 수단의 적정성, 침해의 최소성, 법익의 균형성 요건이 모두 충족되므로 소수주주의 재산권을 침해하지 아니하고,5) 합리적 근거가 있는 차별 또는 불평등이므로 평등원칙에

---

서 주식교환(share exchange)은 대상회사의 소수주주를 축출하기 위한 방법으로 활용되기도 한다. 주식교환의 절차는 합병의 절차와 크게 다르지 않다. MBCA §11.03은 "주식교환(share exchange)"에 관하여 개괄적으로 규정하고, 승인절차에 관하여는 §11.04에서, 정관에 관하여는 §11.06에서, 효과에 관하여는 §11.07에서, 포기에 관하여는 §11.08에서 합병과 함께 규정한다. 상법상 주식교환제도는 미국의 강제주식교환제도를 도입한 것이다. 다만, 미국에서는 교환의 대가를 자유롭게 정할 수 있지만 상법상 주식교환에서는 반드시 완전모회사 주식이 교부되어야 한다는 점이 다르다. 일본에서도 1999년 주식교환(日商 352조, 日会 767조 이하)과 주식이전(日商 364조, 日会 772조 이하) 제도가 도입되었다. 일본의 주식교환제도도 미국의 주식교환(share exchange) 제도를 도입한 것이다.

4) 실제로 SPC의 주식양도를 영업양도로 보아 주주총회의 특별결의를 거치지 않았다는 이유로 무효라고 판시한 사례도 있다(서울고등법원 2008. 1. 15. 선고 2007나35437 판결).

5) [헌법재판소 2015. 5. 28.자 2013헌바82, 2014헌바347·356(병합) 결정] "완전지주회사의 설립을 용이하게 하여 기업의 구조조정을 지원하고, 경영의 효율성을 제고하여 기업의 경쟁력을 강화하고자 하는 이 사건 상법조항들은 그 입법목적이 정당하고, 입법목적 달성을 위하여 주식교환의 요건, 절차, 효과 등을 규정하고 있으므로 수단의 적정성도 인정된다. 취득회사와 대상회사로 하여금 원칙적으로 주식교환계약서에 대하여 각 회사의 주주총회에서 상법 제434조에 따른 특별결의에 의한 승인을 얻도록 함으로써 다수결의 원칙보다 강화된 특별결의를 요구하여 대주주의 전횡과 그로 인한 소수주주의 불이익을 방지하고 있는 점, 주식교환의 대가

반하는 것이 아니라고 판시하였다.6)

## 2. 절    차

### (1) 주식교환계약서의 작성

주식교환을 하고자 하는 회사는 주식교환계약서를 작성하여 주주총회의 승인을 받아야 한다(360조의3①). 주식교환계약서에는 다음 사항을 적어야 한다(360조의3③).7)

1. 완전모회사가 되는 회사가 주식교환으로 인하여 정관을 변경하는 경우에는 그 규정
2. 완전모회사가 되는 회사가 주식교환을 위하여 신주를 발행하거나 자기주식을 이전하는 경우에는 발행하는 신주 또는 이전하는 자기주식의 총수·종류와 종류별 주식의 수 및 완전자회사가 되는 회사의 주주에 대한 신주의 배정 또는 자기주식의 이전에 관한 사항
3. 완전모회사가 되는 회사의 자본금 또는 준비금이 증가하는 경우에는 증가할 자본금 또는 준비금에 관한 사항8)

---

로서 완전지주회사인 취득회사의 주식을 교부하도록 함으로써 투자금의 회수를 강제하지 않는 점, 주식교환에 반대하는 주주에게는 주식매수청구권을 행사할 수 있도록 하여 반대주주들에게 투자계속 여부에 관한 결정권을 부여하고 있는 점 등 소수주주를 보호하기 위한 여러 방안들을 규정하고 있어 침해의 최소성 원칙에 반하지 아니하고, 주식을 이전받아 취득회사의 주주가 되거나 주식매수청구권을 행사하여 주주의 지위에서 탈퇴하여야 하는 소수주주의 제한되는 사익이 보호하려는 공익보다 크다고 할 수 없어 법익의 균형성도 충족된다. 따라서 이 사건 상법조항들은 소수주주의 재산권을 침해하지 아니한다."

6) [헌법재판소 2015. 5. 28.자 2013헌바82, 2014헌바347·356(병합) 결정] "이 사건 상법조항들은 소수주식의 강제매수제도(상법 제360조)와는 그 입법목적, 요건, 절차 등이 전혀 다르므로, 주식교환으로 인하여 대상회사의 주주 지위를 상실한다는 사정만으로 '주식교환으로 축출되는 대상회사의 소수주주'와 '소수주식의 강제매수제도에 의하여 축출되는 소수주주'를 본질적으로 동일한 비교집단으로 보기 어렵다. 따라서 이 사건 상법조항들은 소수주주의 평등권을 침해하지 아니한다."

7) 주식교환계약서를 작성하여 주주총회의 승인을 받기 전에 먼저 주식교환계약 체결에 관한 이사회의 승인을 받아야 한다. 이 때 주식교환의 일방 당사자가 타방당사자의 주요주주인 경우에는 상법 제398조가 적용되므로 주식교환거래에 관한 중요사실을 밝히고 재임이사의 3분의 2 이상의 찬성에 의한 승인결의가 요구된다. 주식교환계약 체결 승인의안과 주요주주와의 거래에 관한 승인의안을 하나의 의안으로 통합하여 결의한 경우에도 제398조의 결의요건을 갖추면 되지만, 두 의안은 결의방식과 결의요건이 다르므로 별개의 의안으로 상정하여 결의하는 것이 바람직하다.

8) 종래에는 "완전모회사가 되는 회사의 증가할 자본금 또는 준비금에 관한 사항"이었으나, 무증자주식교환도 가능하도록 하기 위하여 2015년 개정시 이와 같이 변경하였다.

4. 완전자회사가 되는 회사의 주주에게 제2호에도 불구하고 그 대가의 전부 또는 일부로서 금전이나 그 밖의 재산을 제공하는 경우에는 그 내용 및 배정에 관한 사항

5. 각 회사가 주식교환계약서 승인 결의를 할 주주총회의 기일

6. 주식교환을 할 날

7. 각 회사가 주식교환을 할 날까지 이익배당을 할 때에는 그 한도액

8. 〈삭제〉[9]

9. 완전모회사가 되는 회사에 취임할 이사와 감사 또는 감사위원회의 위원을 정한 때에는 그 성명 및 주민등록번호

제1호의 정관변경은 완전모회사의 발행예정주식총수 중 미발행주식수가 주식교환을 위하여 발행할 신주의 수에 미달하거나, 상호를 변경하거나, 모회사에 없는 종류주식을 발행하여야 하는 등의 경우에 필요하다. 완전모회사의 정관에 완전자회사의 사업목적을 기재하거나 이를 완전자회사를 통하여 영위한다는 등의 기재를 반드시 할 필요는 없고, 다른 회사의 지분취득 정도로 기재하면 족하다.

제2호가 규정하는 완전모회사의 신주발행과 그 배정에 관한 사항은 주식교환의 양당사회사 주주에게 모두 중요하다. 완전모회사의 신주발행에 의하여 완전자회사의 종전 주주는 주식교환의 대가를 받는 것이고, 완전모회사의 기존 주주들에게는 지분의 변동이 있기 때문이다. 그리고 완전모회사가 신주를 발행하지 않고 자기주식을 완전모회사의 주주에게 교부할 수도 있다.[10] "완전자회사가 되는 회사의 주주"라는 규정상 완전자회사의 자기주식에 대하여도 완전모회사의 주식을 발행하거나 교부할 수 있다. 다만, 이 경우 완전자회사는 완전모회사의 주식을 취득한 날부터 6개월 이내에 처분하여야 한다(342조의2②).

제3호의 증가할 자본금은 신주를 발행하는 경우에만 필요하다.[11] 자본준비금은 교환차익으로 적립한다. 교환차익은 주식교환을 할 날에 완전자회사에 현존하는

---

9) 삭제 전 규정은 "제360조의6의 규정에 의하여 회사가 자기의 주식을 이전하는 경우에는 이전할 주식의 총수·종류 및 종류별 주식의 수"인데, 제2호에 이미 규정되어 있고 제360조의6 자체가 2015년 개정상법에서 삭제되었다. 소규모주식교환에 관한 제360조의10 제2항도 같은 이유로 삭제되었다.

10) 제2호는 "이전하는 자기주식"이라는 용어를 사용하는데, 자기주식이므로 "이전"보다는 "교부"라는 용어가 보다 적합할 것이다.

11) 무액면주식을 발행하는 경우에는 합병의 경우와 같이 자본금증가액에 관한 복잡한 문제가 있다. 그리고 뒤에서 보는 바와 같이 완전모회사의 자본금은 주식교환의 날에 완전자회사에 현존하는 순자산액에서, i) 완전자회사의 주주에게 제공할 금전이나 그 밖의 재산의 가액, ii) 완전자회사의 주주에게 이전하는 자기주식의 장부가액의 합계액 등을 공제한 금액을 초과하여 증가시킬 수 없다(360조의7①).

순자산액에서 모회사의 자본금증가액을 공제한 금액인데, 주식교환을 할 날에 완전
자회사의 현존 순자산액을 미리 특정하기 어려우므로 교환차익을 자본준비금으로
한다는 정도로 기재하면 된다.

제4호와 같이 완전자회사가 되는 회사의 주주에게 완전모회사의 주식 아닌
다른 재산을 제공할 수 있고, 따라서 완전모회사가 되는 회사의 모회사의 주식을
제공하는 삼각주식교환도 가능하다. 삼각주식교환에 관하여는 뒤에서 별도로 설명
한다.

제5호의 주식교환계약서에 기재된 기일과 다른 날 총회를 개최하여 주식교환을
승인하더라도 무방하다. 그리고 각 회사의 주주총회의 기일은 일치하지 않아도 된다.

제6호의 주식교환을 할 날은 주식교환의 효력발생일로서,12) 완전자회사의 주
식이 완전모회사에 이전되고 완전자회사의 주주들이 완전모회사의 주식을 취득하
는 날이다. 주식교환일과 신주의 이익배당기산일이 반드시 일치하는 것은 아니다.

제7호는 각 회사가 주식교환을 할 날까지 이익배당을 하게 되면 주식교환계약
서 작성 당시의 주식가치를 기준으로 정한 주식교환비율에 영향을 주기 때문에, 교
환계약서에 그 한도액을 기재하고 교환비율의 결정에 반영하기 위한 것이다.

제9호는 주식교환에 의하여 완전자회사의 주주가 완전모회사의 주주로 되므로
이들로부터도 임원 취임에 대한 동의를 받기 위한 취지이고, 또한 완전자회사 내지
그 주주들의 이익을 대변할 임원이 취임하는 경우에도 필요한 사항이다. 신규로 취
임하는 임원이 없는 경우에는 기재할 필요가 없다.

### (2) 주주총회의 소집통지의 기재사항

회사는 주주총회의 소집통지에 다음 사항을 기재하여야 한다(360조의3④).

1. 주식교환계약서의 주요내용
2. 주식매수청구권의 내용 및 행사방법
3. 일방회사의 정관에 주식의 양도에 관하여 이사회의 승인을 요한다는 뜻의 규정이
   있고 다른 회사의 정관에 그 규정이 없는 경우 그 뜻

제3호에서 "일방회사"는 완전모회사를 의미한다. 완전자회사의 정관에 주식의
양도에 관하여 이사회의 승인을 요한다는 뜻의 규정이 있더라도 완전자회사의 주

---

12) 합병이나 분할의 경우와 달리, 주식교환은 주식교환일(주식교환을 할 날)에 효력이 발생한다.

주들에게 다시 이를 공시할 필요가 없기 때문이다.

### (3) 주식교환계약서 등의 공시

이사는 주식교환을 위한 주주총회 회일의 2주[13] 전부터 주식교환의 날 이후 6개월이 경과하는 날까지 다음 서류를 본점에 비치하여야 한다(360조의4①).[14]

1. 주식교환계약서
2. 완전모회사가 되는 회사가 주식교환을 위하여 신주를 발행하거나 자기주식을 이전하는 경우에는 완전자회사가 되는 회사의 주주에 대한 신주의 배정 또는 자기주식의 이전에 관하여 그 이유를 기재한 서면
3. 주식교환계약서 승인을 위한 주주총회의 회일(간이주식교환의 경우에는 공고 또는 통지를 한 날) 전 6개월 이내의 날에 작성한 주식교환을 하는 각 회사의 최종 대차대조표 및 손익계산서

### (4) 주식교환계약서의 승인

#### 1) 주주총회 결의

(가) 특별결의   주식교환을 하고자 하는 회사는 주식교환계약서를 작성하여 완전모회사가 될 회사와 완전자회사가 될 회사에서 각각 주주총회 특별결의에 의한 승인을 받아야 한다(360조의3①).

(나) 종류주주총회   회사가 종류주식을 발행한 경우에, 주식교환으로 인하여 어느 종류주식의 주주에게 손해를 미치게 될 경우에도 종류주주총회 결의가 필요하다(436조).

#### 2) 주주전원의 동의

주식교환으로 인하여 주식교환에 관련되는 각 회사의 주주의 부담이 가중되는 경우에는 주주총회 결의 및 종류주주총회 결의 외에 그 주주 전원의 동의가 있어야 한다(360조의3⑤). 통상의 주식교환에서는 각 당사회사의 주주의 부담이 가중되는 경우가 거의 없지만, 2015년 개정상법은 교환대가로 "그 밖의 재산"을 제공

---

13) 금융지주회사를 설립하거나 기존 자회사 또는 손자회사의 주식을 모두 소유하기 위한 주식교환 또는 주식이전에 관하여 상법의 규정을 적용함에 있어서는 "7일"로 본다(同法 62조의2②).

14) 증권발행공시규정 제2-10조 제5항은 주식교환·주식이전으로 인하여 증권을 모집 또는 매출하는 경우의 증권신고서 기재사항과 첨부서류에 관하여 규정한다. 그 밖에 증권신고 실무상의 문제점은 합병의 경우와 같다.

할 수 있도록 하였으므로 예컨대 민법상 조합의 지분을 교환대가로 제공한다면 주
주의 부담이 가중되는 결과가 된다. 또한 유한회사의 지분, 합자회사의 유한책임사
원의 지분, 유한책임사원의 지분을 교환대로 제공하는 경우에도 사원의 유한책임에
불구하고 각종의 제약이 있으므로 주주의 부담이 가중되는 것으로 볼 수 있다.15)

### 3) 주식매수청구권

(가) 요건과 절차      주주총회의 주식교환계약서 승인에 관하여 이사회 결의가
있는 때에 그 결의에 반대하는 주주(의결권의 유무를 불문한다)는 주주총회 전에 회사
에 대하여 서면으로 그 결의에 반대하는 의사를 통지한 경우에는 그 총회의 결의일
부터 20일 이내에 주식의 종류와 수를 기재한 서면으로 회사에 대하여 자기가 소유
하고 있는 주식의 매수를 청구할 수 있다(360조의5①).16) 주주는 의결권의 유무를 불
문하고 주식매수청구권을 행사할 수 있다.

(나) 간이주식교환의 경우      간이주식교환의 공고 또는 통지를 한 날부터 2
주17) 내에 회사에 대하여 서면으로 주식교환에 반대하는 의사를 통지한 주주는 그
기간이 경과한 날부터 20일 이내에 주식의 종류와 수를 기재한 서면으로 회사에 대
하여 자기가 소유하고 있는 주식의 매수를 청구할 수 있다(360조의5②). 위 주식매수
청구에 관하여는 영업양도 등에 반대하는 주주의 주식매수청구권에 관한 규정(374
조의2 제2항부터 제5항까지)을 준용한다(360조의5③).

(다) 모회사 주주의 주식매수청구권 인정 문제      교환에 반대하는 자회사 주주
는 자기 의사에 반하여 소유주식이 다른 회사의 주식과 교환되므로 주식매수청구
권이 인정되어야 함은 당연하다. 반면에 모회사 주주는 소유주식에 아무런 변동이
없다는 이유로 주식매수청구권을 인정하는데 의문을 제기하는 견해도 있다.18) 그

---

15) 일본에서는 주식교환시 완전모회사가 완전자회사의 주주에게 지분회사의 지분을 교환대가
로 지급할 수 있고, 이 경우 관련되는 각 회사의 주주의 부담이 가중될 수 있기 때문에 완전
자회사의 총주주의 동의를 받아야 한다(日会 783조②). 그러나 상법상으로는 주식회사만 완전
모회사가 될 수 있고, 교환대가도 완전모회사의 주식과 교부금만 지급할 수 있으므로(360조의
3③·④) 일본에서와 같은 주주부담의 가중 문제는 발생하지 않는다. 일본 회사법의 규정을 그
대로 받아들인 것으로서 입법적인 정비가 필요하다.

16) 완전자회사의 주주는 자기 의사에 반하여 소유주식이 다른 회사의 주식으로 교환되므로 당
연히 주식매수청구권을 가진다. 그리고 완전모회사의 주주는 소유주식에 대하여 변동이 없지
만, 주식교환에 의하여 회사의 발행주식이 제3자에게 배정되므로 주식매수청구권을 인정할
필요성이 없지는 않다.

17) 금융지주회사를 설립하거나 기존 자회사 또는 손자회사의 주식을 모두 소유하기 위한 주식교
환 또는 주식이전에 관하여 상법의 규정을 적용함에 있어서는 "7일"로 본다(同法 62조의2②).

18) 이철송, 1150면.

러나 반대주주의 주식매수청구권은 반드시 소유주식의 변동의 경우에만 인정되는
것이 아니라 영업양수도나 양도제한주식의 양도승인거부 등의 경우에도 인정되는
것이므로, 모회사 주주의 주식매수청구권을 굳이 부인할 필요는 없을 것이다. 또한
주식교환에 의하여 모회사 주주의 소유주식에 직접적으로 미치는 영향은 없지만,
주식을 교환하는 날에 완전자회사의 주주는 그 완전모회사가 주식교환을 위하여
발행하는 신주의 배정을 받음으로써 그 회사의 주주가 되므로(360조의2②), 모회사
전체의 주주구성에 변동이 생긴다. 그리고 완전자회사가 될 회사는 물론 완전모회
사가 될 회사에서도 주주총회 특별결의에 의한 주식교환승인을 받아야 한다(360조
의3①).19) 따라서 이론적으로나 실질적으로 모회사 주주의 주식매수청구권을 인정
할 필요가 있다.

  4) 간이주식교환과 소규모주식교환

  (가) 간이주식교환

  가) 의    의    완전자회사의 총주주의 동의가 있거나 그 회사의 발행주식총
수의 90% 이상을 완전모회사가 소유하고 있는 때에는 완전자회사의 주주총회의 승
인은 이를 이사회의 승인으로 갈음할 수 있다(360조의9①). 그러나 이 경우에도 완전
모회사의 주주총회 결의는 필요하다.

  나) 절    차    완전자회사는 주식교환계약서를 작성한 날부터 2주20) 내에
주주총회의 승인을 얻지 아니하고 주식교환을 한다는 뜻을 공고하거나 주주에게
통지하여야 한다. 다만, 총주주의 동의가 있는 때에는 그렇지 않다(360조의9②).

  다) 주식매수청구권    소규모주식교환과 달리 간이주식교환의 경우에는 반대
주주의 주식매수청구권이 인정된다(360조의5②).

  (나) 소규모주식교환

  가) 의    의    소규모합병의 경우와 같이 완전모회사에 비하여 완전자회사
의 규모가 훨씬 작아서 완전모회사의 주주들에게 미치는 영향이 적은 경우, 완전
모회사의 주주총회 결의 없이 이사회 결의만으로 주식교환이 가능하도록 하는 제도
가 소규모주식교환이다. 그러나 이 경우에도 완전자회사의 주주총회 결의는 필요
하다.

---

19) 이 점에서 모회사 주주총회의 승인결의를 요하지 않고 따라서 모회사 주주에게 주식매수청
구권이 인정되지 않는다고 규정하는 미국의 MBCA §11.06(b)와 다르다.
20) 금융지주회사를 설립하거나 기존 자회사 또는 손자회사의 주식을 모두 소유하기 위한 주식교
환 또는 주식이전에 관하여 상법의 규정을 적용함에 있어서는 "7일"로 본다(同法 62조의2②).

　나) 요    건    완전모회사가 주식교환을 위하여 발행하는 신주 및 이전하는 자기주식의 총수가 그 회사의 발행주식총수의 10%를 초과하지 아니하는 경우에는 그 회사에서의 주식교환을 위한 주주총회의 승인은 이를 이사회의 승인으로 갈음할 수 있다(360조의10① 본문).21)

　　다만, 완전자회사의 주주에게 제공할 금전이나 그 밖의 재산을 정한 경우에 그 금액 및 그 밖의 재산의 가액이 주식교환계약서의 승인결의를 할 주주총회의 회일(간이주식교환의 경우에는 주식교환의 공고 또는 통지를 한 날) 전 6개월 이내의 날에 작성한 주식교환을 하는 각 회사의 최종 대차대조표에 의하여 완전모회사에 현존하는 순자산액의 5%를 초과하는 때에는 소규모주식교환절차에 의할 수 없다(360조의10① 단서).

　다) 절    차    소규모주식교환의 경우에는 주식교환계약서에 완전모회사에 관하여는 주식교환을 위한 주주총회의 승인을 얻지 아니하고 주식교환을 할 수 있는 뜻을 기재하여야 하며, 주식교환계약서 기재사항 중 "완전모회사가 주식교환으로 인하여 정관을 변경하는 경우에는 그 규정"은 기재하지 못한다(360조의10③).

　　완전모회사는 주식교환계약서를 작성한 날부터 2주22) 내에 완전자회사의 상호와 본점, 주식교환을 할 날 및 주식교환의 승인을 얻지 아니하고 주식교환을 한다는 뜻을 공고하거나 주주에게 통지하여야 한다(360조의10④).

　　완전모회사의 발행주식총수의 100분의 20 이상에 해당하는 주식을 가지는 주주가 제4항에 따른 공고 또는 통지를 한 날부터 2주 내에 회사에 대하여 서면으로 소규모주식교환에 반대하는 의사를 통지한 경우에는 소규모주식교환을 할 수 없다(360조의10⑤).23)24)

---

21) 소규모합병은 1998년 상법개정시 발행주식총수의 5%, 순자산액의 2%를 기준으로 도입되었는데, 2011년 개정상법은 이를 각각 10%, 5%로 완화하였다. 그런데 소규모주식교환의 경우에는 종전의 소규모합병 적용요건을 그대로 답습하고 있으므로 입법적 보완이 필요하던 차에, 2015. 12. 상법개정시 제360조의10 제1항 본문 중 "100분의 5"를 "100분의 10"으로 하고, 같은 항 단서 중 "100분의 2"를 "100분의 5"로 개정하였다.

22) 금융지주회사를 설립하거나 기존 자회사 또는 손자회사의 주식을 모두 소유하기 위한 주식교환 또는 주식이전에 관하여 상법의 규정을 적용함에 있어서는 "7일"로 본다(同法 62조의2 ②).

23) 소규모주식교환의 경우에 완전모회사에 관하여 주식교환계약서의 공시에 관한 규정(360조의3①, 360조의4①)을 적용함에 있어서 "주주총회의 회일"은 "소규모주식교환의 공고 또는 통지의 날"로 한다(360조의10⑥).

24) 금융지주회사를 설립하거나 기존 자회사 또는 손자회사의 주식을 모두 소유하기 위한 주식교환 또는 주식이전에 관하여 상법의 규정을 적용함에 있어서 상법 제360조의10 제5항중 "주

　라) 주식매수청구권　　　소규모주식교환의 경우에는 반대주주의 주식매수청구권규정은 적용하지 않는다(360조의10⑦). 이는 기업구조조정의 신속화를 위한 것이고 소규모주식교환의 장점이기도 한데, 주주의 보호를 외면한 것이라는 지적이 있다.[25]

### (5) 「채무자 회생 및 파산에 관한 법률」상 특례

　회생계획에서 주식회사인 채무자가 다른 회사와 주식의 포괄적 교환을 하는 것을 정한 때에는 회생계획에 의하여 주식의 포괄적 교환을 할 수 있다(同法 269조①). 이 경우 완전모회사로 되는 회사의 주식의 배정을 받는 회생채권자 또는 회생담보권자는 회생계획인가시에 주식인수인으로 되고, 주식의 포괄적 교환의 효력이 생긴 때에 주주로 된다(同法 269조②). 그리고 상법 제360조의4(주식교환계약서등의 공시), 제360조의5(반대주주의 주식매수청구권), 제360조의7(완전모회사의 자본금증가의 한도액) 및 제360조의14(주식교환무효의 소)의 규정은 적용하지 않는다(同法 269조③). 그러나 주식교환의 상대방인 다른 회사에 대한 상법의 규정의 적용에 영향을 미치지 않는다(同法 272조⑤).

### (6) 주요사항보고서 제출

　사업보고서 제출대상법인은 주식교환 사실이 발생한 경우에는 그 사실이 발생한 날부터 3일 이내에 그 내용을 기재한 주요사항보고서를 금융위원회에 제출하여야 한다(資法 161조①).

### (7) 중소기업 사업전환을 위한 주식교환

　「중소기업 사업전환 촉진에 관한 특별법」은 사업전환계획을 중소기업청장에게 제출하여 승인을 받은 기업("승인기업")에 관하여 주식교환절차의 간소화를 위한 특례를 규정한다.[26]

　주식회사인 승인기업(자본시장법상 주권상장법인은 제외)이 사업전환을 위하여 자기

---

　식교환에 반대하는 의사를 통지한 때에는"은 "주식교환에 반대하는 의사를 제4항의 통지 또는 공고의 날부터 7일 이내에 통지한 때에는"으로 본다(同法 62조의2②).

25) 최기원, 1143면.

26) 「벤처기업육성에 관한 특별법」도 제15조부터 제15조의7까지 및 제16조에서 벤처기업의 주식교환에 관한 특례를 규정한다.

주식을 다른 주식회사(자본시장법상 주권상장법인은 제외) 또는 다른 주식회사의 주요주주(해당 법인의 의결권 있는 발행주식총수의 10% 이상을 보유한 주주)의 주식과 교환할 수 있다(同法 12조①).

주식교환을 하려는 승인기업은 주식교환에 필요한 주식에 대하여는 자기의 계산으로 자기주식을 취득할 수 있다. 이 경우 그 취득금액은 배당을 할 수 있는 이익 이내이어야 한다(同法 12조②). 자기주식의 취득기간은 제3항의 주주총회 승인결의일부터 6개월 이내이어야 한다(同法 12조⑥). 주식교환을 하려는 승인기업은 다음 사항이 포함된 주식교환계약서를 작성하여 주주총회의 승인을 받아야 한다. 이 경우 주주총회의 승인결의에 관하여는 상법 제434조를 준용한다(同法 12조③).

1. 사업전환의 내용
2. 자기주식의 취득 방법·가격 및 시기
3. 교환할 주식의 가액의 총액·평가·종류 및 수량
4. 주식교환을 할 날
5. 다른 주식회사의 주요주주와 주식을 교환할 경우에는 그 주요주주의 성명·주민등록번호, 교환할 주식의 종류 및 수량

주식교환을 하려는 승인기업은 그에 관한 이사회 결의가 있으면 즉시 그 결의내용을 주주에게 알리고, 주식교환계약서를 갖추어 두고 읽어 볼 수 있도록 하여야 한다(同法 12조④). 주식회사인 승인기업이 주식교환을 통하여 다른 주식회사 또는 다른 주식회사의 주요주주의 주식을 취득한 경우에는 취득한 날부터 1년 이상 그 주식을 보유하여야 한다(同法 12조⑤).

주주총회 승인결의 전에 승인기업에 서면으로 주식교환에 반대하는 의사를 통지한 주주는 주주총회 승인결의일부터 10일 이내에 자기가 보유한 주식의 매수를 서면으로 청구할 수 있다(同法 13조①). 승인기업은 매수 청구를 받은 날부터 2개월 이내에 그 주식을 매수하여야 한다. 이 경우 그 주식은 6개월 이내에 처분하여야 한다(同法 13조②). 주식매수가액의 결정에 관하여는 상법 제374조의2 제3항부터 제5항까지의 규정을 준용한다(同法 13조③).

주식회사인 승인기업은 사업전환을 위하여 신주(新株)를 발행하여 다른 주식회사 또는 다른 주식회사의 주요주주의 주식과 교환할 수 있다. 이 경우 다른 주식회사 또는 다른 주식회사의 주요주주는 승인기업이 주식교환을 위하여 발행하는 신주의 배정

을 받으면 해당 승인기업의 주주가 된다(同法 14조①). 주식교환을 하려는 승인기업은 다음 사항이 포함된 주식교환계약서를 작성하여 주주총회의 승인을 받아야 한다. 이 경우 주주총회의 승인결의에 관하여는 상법 제434조를 준용한다(同法 14조②).

1. 사업전환의 내용
2. 교환할 신주의 가액의 총액·평가·종류·수량 및 배정방식
3. 주식교환을 할 날
4. 다른 주식회사의 주요주주와 주식을 교환하는 경우에는 주요주주의 성명·주민등록번호, 교환할 주식의 종류와 수량

주식교환을 통하여 다른 주식회사 또는 다른 주식회사의 주요주주가 보유한 주식을 승인기업에 현물출자(現物出資)하는 경우 대통령령으로 정하는 공인평가기관이 그 주식의 가격을 평가한 경우에는 상법 제422조 제1항에 따라 검사인이 조사한 것으로 보거나 공인된 감정인이 감정한 것으로 본다. 이 경우 같은 법 제422조 제2항 및 제3항을 적용하지 아니한다(同法 14조③). 신주발행에 의하여 주식교환을 하는 경우에는 제12조 제4항 및 제5항을 준용한다(同法 14조④).

주식교환에 반대하는 주주의 주식매수청구권에 관하여는 제13조를 준용한다(同法 15조).

주식회사인 승인기업이 주식교환을 하는 경우 그 교환하는 주식의 수가 발행주식총수의 50%를 초과하지 아니하면 주주총회의 승인을 이사회의 승인으로 갈음할 수 있다(同法 16조①). 이 경우에는 승인기업은 주식교환계약서에 제12조 제3항이나 제14조 제2항에 따른 주주총회의 승인 없이 주식교환을 할 수 있다는 뜻을 적어야 한다(同法 16조②). 주식회사인 승인기업은 주식교환계약서를 작성한 날부터 2주 이내에 주식교환계약서의 주요내용과, 주주총회의 승인 없이 주식교환을 한다는 뜻을 공고하거나 주주에게 통지하여야 한다(同法 16조③). 주식회사인 승인기업의 발행주식총수의 20% 이상에 해당하는 주식을 소유한 주주가 공고나 통지가 있은 날부터 2주 이내에 서면으로 주식교환에 반대하는 의사를 승인기업에 통지하면 이 조에 따른 주식교환을 할 수 없다(同法 16조④). 제16조 제1항에 따른 주식교환의 경우에는 제13조나 제15조를 적용하지 아니한다(同法 16조⑤).[27)]

---

27) 「중소기업 사업전환 촉진에 관한 특별법」 제12조나 제14조에 따른 주식교환에 대한 무효의 소에 관하여는 상법 제360조의14를 준용한다. 이 경우 같은 조 제2항 중 "완전모회사가 되는 회사"는 "주식회사인 승인기업"으로 보고, 같은 조 제3항 중 "완전모회사가 된 회사"는 "주식회

## (8) 삼각주식교환

### 1) 의   의

삼각주식교환은 A와 B 간의 주식교환에 있어서 A가 B의 주주에게 A의 주식 아닌 A의 모회사의 주식을 대가로 제공하는 유형의 주식교환이다. 2015년 개정상법은 주식교환계약서의 기재사항에 관한 제360조의3 제3항 제4호에서 "완전자회사가 되는 회사의 주주에게 제2호에도 불구하고 그 대가의 전부 또는 일부로서 금전이나 그 밖의 재산을 제공하는 경우에는 그 내용 및 배정에 관한 사항"이라고 규정함으로써 삼각주식교환을 도입하였다. 모회사가 직접 대상회사에 자기주식을 교부하는 삼각주식교환은 인정되지 않는다.

### 2) 활용방안

상법상 삼각합병에 관한 규정에 의하여서는 역삼각합병을 할 수 없는데, 2015년 개정상법에 도입된 삼각주식교환제도를 이용하여, 먼저 자회사와 대상회사 간에 삼각주식교환을 한 후 자회사가 대상회사에 흡수합병되면 역삼각합병과 동일한 구조가 된다.28)

### 3) 모회사주식취득금지에 대한 특례

(가) 모회사 주식취득의 허용    자회사는 원칙적으로 모회사의 주식을 취득할 수 없지만(342조의2①), B의 주주에게 제공하는 재산이 A의 모회사 주식을 포함하는 경우에는 A는 그 지급을 위하여 그 모회사의 주식을 취득할 수 있다(360조의3⑥). 자회사가 모회사 주식을 취득하는 방법으로는 모회사로부터 신주를 취득하거나, 모회사의 기발행주식을 모회사 또는 다른 주주로부터 양수하는 방법이 있다.

(나) 처분기한    A는 취득한 모회사 주식을 주식교환 후에도 계속 보유하고 있는 경우 주식교환의 효력이 발생하는 날부터 6개월 이내에 그 주식을 처분하여야 한다(360조의3⑦).29)

### 4) 자회사 주주총회에서의 모회사 의결권제한

삼각주식교환을 위하여 예외적으로 자회사의 모회사 주식 취득이 허용되는데, 만일 자회사가 모회사 주식의 10%를 초과하여 보유하게 되는 경우 자회사 주주총

---

인 승인기업"으로, "완전자회사가 된 회사"는 "다른 주식회사"로 본다(同法 17조).

28) 미국(MBCA §11.03)과 일본에서도 삼각주식교환(日会 768조①1), 삼각분할(日会 758조④, 760조⑤)이 가능하다.

29) 처분기한규정을 위반한 자는 2천만원 이하의 벌금에 처한다(625조의2).

회에서 모회사는 의결권을 행사할 수 없다.30) 따라서 이러한 경우 자회사는 먼저 주주총회를 개최하여 삼각주식교환계약을 승인한 후 모회사 주식을 취득하여야 한다.

### 5) 자기주식에 대한 모회사 주식 배정 문제

(가) 배정하지 않는 경우    A가 보유하는 B 주식과 B가 보유하는 A의 주식에 대하여는 A의 모회사 주식을 배정하지 않는다.

(나) 배정하는 경우    B가 보유하는 자기주식에 대하여는 A의 모회사 주식을 배정한다. 모회사 주식을 배정하지 않기 위하여 B의 자기주식을 미리 소각하는 방안도 있다.

### 6) 대상회사의 전환사채·신주인수권부사채

대상회사가 전환사채·신주인수권부사채 등을 발행하였다면, 대상회사의 사채권자(잠재주주)는 삼각주식교환 후 합병에 의하여 대상회사가 모회사의 완전자회사가 된   후 전환청구권·신주인수권 등을 행사했을 때 사채발행회사인 대상회사의 주식을 받게 되므로, 모회사와 대상회사 간에 완전모자회사 관계가 유지될 수 없다. 따라서 실무적으로는 전환사채·신주인수권부사채 등의 인수계약서에, 합병, 자산양수도, 주식교환 등의 경우에 잠재주주가 해당 거래 전에 전환청구권·신주인수권을 행사하였으면 배정받았을 수의 주식에 대하여 해당 거래로 받을 수 있었던 주식, 기타 증권을 받을 수 있도록 하는 권리변경조항을 두는 예도 있다. 그런데 삼각주식교환의 경우에는 전환사채·신주인수권부사채 등의 인수계약서에 권리변동조항이 있다 하더라도 전환청구권·신주인수권을 행사한 대상회사의 주주가 모회사 주식을 받을 수 없으므로, 주식교환을 할 때 전환사채·신주인수권부사채를 교환사채로 차환발행할 필요가 있다.31)

---

30) 회사, 모회사 및 자회사 또는 자회사가 다른 회사의 발행주식총수의 10분의 1을 초과하는 주식을 가지고 있는 경우 그 다른 회사가 가지고 있는 회사 또는 모회사의 주식은 의결권이 없다(369조③). 자회사의 모회사 주식취득을 예외적으로 허용하는 규정을 두면서 제369조 제3항의 예외를 두지 않아서 생기는 현상인데, 입법적으로 보완할 필요가 있다. 참고로 일본에서는 상호주 보유로 의결권이 제한되는 주주 외에 의결권을 행사할 수 있는 자가 없는 경우 의결권제한의 예외가 인정된다(日会 308조①).

31) 전환사채·신주인수권부사채 등의 인수계약서에 권리변경 규정이 없는 경우에는 주식교환시 사채권자들로부터 별도의 동의를 받아야 차환발행할 수 있다. 또한 삼각주식교환계약서에도 차환발행에 의한 권리변경 관련 내용이 확약사항으로 포함되어야 한다. 한편 합병절차에서는 존속회사가 소멸회사의 지위를 승계하므로 존속회사 주식을 발행하면 된다.

#### 7) 대상회사의 주식매수선택권

대상회사가 주식매수선택권을 부여한 경우, 모회사 주주의 지분희석을 방지하기 위하여 주식매수선택권자의 동의를 받아서 현금보상형 주식매수선택권으로 부여계약을 변경하기도 한다.

### 3. 주식교환의 효과

#### (1) 효력발생시기

합병이나 회사분할은 등기에 의하여 효력이 발생한다. 그러나 주식교환의 경우에는 회사의 법인격이나 구조에는 아무런 변화가 없고 오로지 주주의 변경만 있을 뿐이므로 주식교환등기라는 것이 없다.32)

주식교환계약서에 "주식교환을 할 날"을 적어야 하는데(360조의3③6), 바로 이 날 주식교환의 효력이 발생한다. 그리고 주식교환에 의하여 완전자회사의 주주가 가지는 그 회사의 주식은 주식을 교환하는 날33)에 주식교환에 의하여 완전모회사에 이전하고, 그 완전자회사의 주주는 그 완전모회사가 주식교환을 위하여 발행하는 신주의 배정을 받음으로써 그 회사의 주주가 된다(360조의2②). 즉, "주식교환을 할 날"에 실제로 주식이전행위를 하는 것이 아니라 주주의 입장에서는 아무런 주식이전행위 없이 소유 주식이 변경되는 것이다.34)

#### (2) 주식의 이전과 신주발행

##### 1) 주식의 이전

(개) 이전시기 및 이전방법    주식교환에 의하여 완전자회사의 주주가 가지는 그 회사의 주식은 주식을 교환하는 날에 주식교환에 의하여 완전모회사에 이전한다(360조의2②). 주권의 교부는 주식양도의 성립요건이지만(336조①), 주식교환은 법률의 규정에 의한 소유권이전에 해당하므로 주권의 교부와 같은 이전행위가 요구되지 않는다.

---

32) 신주발행으로 인한 자본금과 발행주식총수에 대한 변경등기는 하여야 한다. 그러나 이는 주식교환의 효력발생과는 무관하다.
33) 상법 제360조의2 제2항은 "주식을 교환하는 날"이라고 규정하는데, 이는 제360조의3 제3항 제6호의 "주식교환을 할 날"과 같은 의미이다.
34) 따라서 신주가 발행되지만 신주에 대한 청약과 배정절차는 없다.

(나) 주권실효절차      주식교환에 의하여 완전자회사의 주주가 소지하는 주권
은 효력을 상실하므로 주권실효절차가 필요하다. 이를 위하여 완전자회사는 주주총
회에서 주식교환승인을 한 때에는 다음 사항을 주식교환의 날 1월[35] 전에 공고하
고, 주주명부에 기재된 주주와 질권자에 대하여 따로 따로 그 통지를 하여야 한다
(360조의8①). 주식병합에 관한 상법 제442조의 규정은 주식교환승인을 한 경우에 준
용된다(360조의8②).[36]

1. 주식교환에 대한 승인을 한 뜻
2. 주식교환의 날의 전날까지 주권을 회사에 제출하여야 한다는 뜻
3. 주식교환의 날에 주권이 무효가 된다는 뜻

2) 신주발행

(가) 발행시기 및 발행방법      주식을 교환하는 날에 완전자회사의 주주는 그
완전모회사가 주식교환을 위하여 발행하는 신주의 배정을 받음으로써 그 회사의
주주가 된다(360조의2②). 상법은 "신주의 배정을 받음으로써"라고 규정하지만 신주
발행절차인 청약과 배정절차는 별도로 없다.

(나) 자본금 증가

가) 한      도      완전모회사의 자본금은 주식교환의 날에 완전자회사에 현존
하는 순자산액에서, i) 완전자회사의 주주에게 제공할 금전이나 그 밖의 재산의 가
액과, ii) 완전자회사의 주주에게 이전하는 자기주식의 장부가액의 합계액 등을 뺀
금액을 초과하여 증가시킬 수 없다(360조의7①).[37] 순자산액은 회사의 총자산에서
총부채를 공제한 잔액을 의미한다. 이는 자본금충실원칙에 의한 것인데, 따라서 완
전모회사로 이전되는 완전자회사의 주식가치를 넘는 자본금증가는 허용되지 않고,
채무초과회사를 완전자회사로 하는 주식교환은 부적법하다. "순자산액"은 장부가가
아닌 시가에 따른다.[38] "순자산액" 산정이 불공정한 경우는 주식교환무효사유가

---

35) 금융지주회사를 설립하거나 기존 자회사 또는 손자회사의 주식을 모두 소유하기 위한 주식
   교환 또는 주식이전에 관하여 상법의 규정을 적용함에 있어서는 "5일"로 본다(同法 62조의2
   ②).
36) 상법 제442조 및 제443조의 규정이 준용되므로, 주권을 제출할 수 없는 자의 처리는 자본금
   감소절차와 같다.
37) 주식교환과 주식이전 외에 조직변경(607조②)에 관하여서만 순자산변동과 자본금증가의 관
   계에 관한 규정이 있고, 합병과 분할의 경우에는 이러한 규정이 없다.
38) "대차대조표에 의하여 완전모회사에 현존하는 순자산액의 100분의 5를 초과하는 때"(360조
   의10① 단서), "대차대조표상의 순자산액"(462조①) 등의 규정과의 차이를 고려하면 장부가

될 수 있다.

주식교환계약서 체결일 이후 "주식교환의 날"이 도래하기 전에 순자산액이 변동할 수 있으므로 "주식교환의 날에 완전자회사에 현존하는 순자산액"을 미리 확정하는 것은 현실적으로 곤란하다. 따라서 주식교환계약서의 기재사항 중 "완전모회사가 되는 회사의 자본금 또는 준비금이 증가하는 때에는 증가할 자본금 또는 준비금에 관한 사항"(360조의3③3)을 기재함에 있어서 자본금은 확정액으로 기재하되, 준비금은 변동가능성을 포함하여 기재하여야 한다.39)

나) 완전모회사가 완전자회사의 주식을 이미 소유하고 있는 경우    완전모회사가 되는 회사가 주식교환 이전에 완전자회사가 되는 회사의 주식을 이미 소유하고 있는 경우에는 완전모회사가 되는 회사의 자본금은 주식교환의 날에 완전자회사가 되는 회사에 현존하는 순자산액에 그 회사의 발행주식총수에 대한 주식교환으로 인하여 완전모회사가 되는 회사에 이전하는 주식의 수의 비율을 곱한 금액에서 제1항 각호의 금액을 뺀 금액의 한도를 초과하여 이를 증가시킬 수 없다(360조의7②). 이는 완전모회사가 소유하는 완전자회사 주식에 대하여는 자기주식을 배정하지 않는다는 것을 전제로 한 규정이다.

다) 자기주식을 교부하는 경우    완전모회사가 완전자회사의 주주에게 신주발행에 갈음하여 자기주식을 교부하는 경우에도 같은 이유로 완전모회사의 자본금 증가한도를 정함에 있어서 자기주식의 장부가액의 합계액을 차감하여야 한다(360조의7①2).

라) 채무초과회사의 주식교환

(a) 완전자회사가 채무초과인 경우    완전모회사의 자본금은 주식교환의 날에 완전자회사에 현존하는 순자산액에서 일정한 금액을 공제한 금액을 초과하여 증가시킬 수 없는데(360조의7①), 만일 완전자회사가 이미 채무초과상태라면 완전모회사의 자본금을 증가시킬 수 없고, 따라서 완전자회사의 주주에게 완전모회사가 신주를 발행해 줄 수도 없으므로 이러한 경우의 주식교환은 불가능하다고 보아야 할 것이다.40) 다만, "현존하는 순자산액"은 대차대조표상 장부가가 아닌 시가에 따

---

아닌 시가를 기준으로 하여야 한다.

39) 이러한 상황에 대비하여, "교환차익을 자본준비금으로 한다"는 취지로 기재하면 족하다는 설명도 있다(이철송, 1142면).

40) 이 문제는 채무초과회사를 소멸회사로 하는 흡수합병이 가능한지 여부의 문제와 관련되는데, 합병의 경우에는 학설이 일치하지 않고 있다.

라 산정하여야 하므로, 만일 시가에 의한다면 채무초과가 아닌 상태라면 주식교환이 가능할 것이다. 이러한 경우에는 자산재평가를 통하여 채무초과상태를 해소한 후에만 주식교환이 가능한 것으로 해석하여야 한다.

합병은 소멸회사의 자산·부채가 모두 존속회사로 승계되므로 주주에게 미치는 영향이 큼에도 불구하고 실무상 무증자합병이 가능한데, 주식교환의 경우에는 자산·부채의 승계가 없으므로 완전모회사 주주에게 미치는 영향이 없기 때문에, 완전모회사가 신주를 발행하지 않는 소위 무증자주식교환에 의한다면 위와 같은 자본금증가한도에 관한 규정을 위반하지 않고도 채무초과회사를 완전자회사로 하는 주식교환이 가능하다는 견해도 있다.[41] 주식교환제도가 부실기업의 경영합리화를 위하여 도입된 점에 비추어 무증자주식교환을 인정할 필요성이 없지 않지만, 완전자회사의 주주에게 완전모회사가 신주를 배정하여야 하는 취지를 규정한 상법 제360조의2 제2항과 부합하지 않는다는 문제가 있다.[42]

(b) 완전모회사가 채무초과인 경우　　완전모회사가 채무초과인 경우에는 완전자회사의 주주들이 소유주식을 강제로 채무초과회사의 주식과 교환하여야 하므로 주식교환이 허용되지 않는다고 보아야 한다.

마) 완전자회사의 전환사채　　주식교환에 있어서는 완전자회사의 주식만 교환의 대상이므로(360조의2②), 전환사채의 사채권자에게는 완전모회사 주식을 배정할 수 없다. 현실적인 해결방안은 전환사채권자에게 완전모회사의 전환사채를 발행해 주기로 합의하는 방안도 있겠지만, 이를 사채권자에게 강제할 수는 없다. 결국 사채발행계약상 주식교환과 관련된 조기상환조건이 있다면 조기상환을 한 후, 또는 전환권 행사기간이 만료되거나 모든 전환권이 행사된 후에 주식교환을 하여야 할 것이다.

(다) 완전자회사가 소유하는 자기주식　　완전자회사가 소유하는 자기주식에 대하여 완전모회사의 주식을 배정하면 자회사의 모회사주식 취득에 해당하는데, 자회사의 모회사 주식취득금지의 예외로서, 완전자회사는 주식교환·주식이전·합병으로 인한 때에는 완전모회사의 주식을 취득할 수 있다(342조의2①). 만일 이때 완전자

41) 노혁준, "상법상 주식교환·주식이전에 관한 소고", 증권법연구 제3권 제1호, 한국증권법학회(2002), 244면[합병의 경우에는 유사한 규정(523조)을 두고 있는데, 무증자합병을 인정하는 것이 다수설이고 실무례라는 점을 근거로 신주발행 없는 주식교환도 가능하다고 본다].
42) 주식교환과 달리 주식이전은 회사를 신설하여야 하는데 자본금 없이 회사를 설립한다는 것은 있을 수 없으므로 무증자주식이전도 있을 수 없다.

회사에 완전모회사의 주식을 배정하지 않으면 완전자회사의 채권자에게는 책임재
산이 감소되는 결과가 된다.

(라) 완전자회사가 완전모회사의 주식을 종전부터 소유하는 경우        이 경우에도
주식교환으로 모회사 주식을 취득한 것은 아니지만, 주식교환으로 인하여 자회사의
모회사 주식취득이라는 결과가 발생한 것이므로, "주식의 포괄적 교환, 주식의 포
괄적 이전, 회사의 합병 또는 다른 회사의 영업전부의 양수로 인한 때"라는 법문상
예외적으로 허용된다고 할 것이다. 이러한 경우, 완전자회사는 주식교환 성립 후 6
개월 이내에 완전모회사 주식을 처분하여야 한다(342조의2②).

3) 단주의 처리

주식교환절차에서의 신주발행이나 자기주식 교부에 있어서 단주처리는 주식병
합을 위한 단주처리에 관한 상법 제443조의 규정이 준용된다(360조의11①).[43]

4) 질권자의 권리

완전모회사가 완전자회사의 주주에게 발행하는 신주 또는 이전하는 자기주식에
대하여 완전자회사 주식에 대한 질권자의 권리가 미치고, 질권자는 완전모회사에 대
하여 자기에게 주권을 교부할 것을 청구할 수 있다(360조의11②, 339조, 340조③).

5) 교환차익의 자본준비금 적립

완전모회사의 자본금증가액이 완전자회사의 순자산에 미달하는 경우 완전모
회사는 자본거래에서 발생한 잉여금을 대통령령으로 정하는 바에 따라 자본준비
금으로 적립하여야 한다(459조①).[44]

### (3) 주식교환교부금

주식교환계약서 기재사항 중, "완전자회사가 되는 회사의 주주에게 지급할 금
전"(360조의3③4)을 주식교환교부금이라 한다. 교부금의 지급주체는 완전모회사이고,

---

43) 병합에 적당하지 아니한 수의 주식이 있는 때에는 그 병합에 적당하지 아니한 부분에 대하
여 발행한 신주를 경매하여 각 주수에 따라 그 대금을 종전의 주주에게 지급하여야 한다. 그
러나 거래소의 시세있는 주식은 거래소를 통하여 매각하고, 거래소의 시세없는 주식은 법원의
허가를 받아 경매외의 방법으로 매각할 수 있다(443조①). 다만, 실제로는 완전모회사가 단주
전체에 대한 주식을 발행한 후 거래소를 통하여 매각하지 않고 이를 자기주식으로 취득하고
그 대금을 단주대금으로 완전자회사의 주주들에게 지급한다.

44) 개정 전에는 "주식의 포괄적 교환을 한 경우에는 제360조의7에 규정하는 자본증가의 한도
액이 완전모회사의 증가한 자본액을 초과한 경우의 그 초과액"을 자본준비금으로 적립하여
야 한다고 규정하였으나, 2011년 개정상법은 자본거래에서 발생한 잉여금의 자본준비금 적
립을 시행령에 위임하였다(459조①).

수령권자는 완전자회사의 주주이다. 완전모회사의 주주에게 교부금을 지급하는 방식으로 교환비율을 조정할 수는 없다. 주식교환계약서에 기재된 교부금은 주식교환 승인 여부에 중요한 영향을 미치는 것이므로 주주총회 승인 후 이를 변경하는 것은 허용되지 않는다. 다만, 주식교환계약서에 변경가능한 교부금의 범위를 기재한 경우에는 그 범위 내의 변경이 가능하다.[45)]

완전모회사가 완전자회사의 주주에게 신주발행에 갈음하여 금전을 지급하는 경우 완전모회사의 자산증가분은 교부금 상당액만큼 감소하므로 완전모회사의 자본금 증가한도를 정함에 있어서 교부금을 차감하여야 한다(360조의7②1).

자회사 소수주주를 축출하기 위하여 주식교환교부금을 지급한 것만으로 주식교환이 위법하게 된다면 제도의 취지를 부정하게 되는 것이라는 하급심판례도 있다.[46)]

### (4) 이사·감사의 임기

완전모회사의 이사 및 감사로서 주식교환 전에 취임한 자는 주식교환계약서에 다른 정함이 있는 경우를 제외하고는 주식교환 후 최초로 도래하는 결산기에 관한 정기총회가 종료하는 때에 퇴임한다(360조의13). 주식교환에 의하여 주주 구성에 변화가 있으므로 새로운 주주총회에서 이사·감사를 선임하기 위한 것이다.[47)48)]

### (5) 사후공시

이사는 다음 사항을 기재한 서면을 주식교환의 날부터 6월간 본점에 비치하여야 한다(360조의12①).

   1. 주식교환의 날
   2. 주식교환의 날에 완전자회사가 되는 회사에 현존하는 순자산액

---

45) 이상의 설명은 주식이전교부금에도 그대로 적용된다.
46) 서울중앙지방법원 2016. 6. 22.자 2016카합80759 결정.
47) 합병의 경우에도 같은 취지의 규정이 있다(527조의4①). 해석상의 쟁점에 관하여는 "이사의 임기"부분에서 상술한다.
48) 한편, 회사의 업무집행에 관하여 부정행위 또는 법령·정관에 위반한 중대한 사실이 있음을 의심할 사유가 있는 때에는 발행주식총수의 3% 이상에 해당하는 주식을 가진 주주는 회사의 업무와 재산상태를 조사하게 하기 위하여 법원에 검사인의 선임을 청구할 수 있는데(467조 ①), 주식교환·이전은 이러한 검사인선임청구대상이 아니다. 일본에서도 주식교환·이전에 검사인의 조사를 요구하지 않는다.

3. 주식교환으로 인하여 완전모회사에 이전한 완전자회사의 주식의 수

4. 그 밖의 주식교환에 관한 사항

## (6) 이사의 책임

주식교환과 관련하여 이사의 법령위반, 임무해태로 인하여 완전모회사에게 손해가 발생하는 경우에는 상법 제399조에 의하여, 완전자회사의 주주들에게 손해가 발생하는 경우에는 상법 제401조에 의하여 이사의 손해배상책임이 발생한다. 완전자회사의 자산규모를 초과하여 완전모회사의 자본금이 증가한 경우가 전자의 예이고, 교환비율이 완전자회사 주주들에게 현저하게 불리한 경우가 후자의 예이다.49)

## (7) 보호예수(lock-up)

코스닥시장 상장법인이 비상장회사와 주식교환을 하여 당해 비상장회사를 완전자회사로 하는 경우 비상장회사의 최대주주 및 그 특수관계인은 추가상장일(주식교환으로 신주를 배정받아 상장되는 날을 말한다)부터 1년간 보유주식을 매각할 수 없다(코스닥시장 상장규정 22조의2①).

## 4. 주식교환무효의 소

### (1) 소의 의의와 법적 성질

주식교환으로 인하여 다수의 이해관계인이 생기는데 주식교환에 하자가 있는 경우 이해관계인들이 개별적으로 주식교환의 효력을 다투는 소송을 제기한다면 단체법률관계의 불안정이 초래된다. 따라서 상법은 이해관계인 전원의 권리관계를 획일적으로 확정하기 위하여 주식교환무효의 소를 규정한다.

주식교환무효의 소는 형성의 소로서 제소권자·제소기간·주장방법 등에 대한 제한이 있다. 즉, 주식교환의 무효는 각 회사의 주주·이사·감사·감사위원회의 위원 또는 청산인만이 주식교환의 날부터 6개월 내에 소만으로 이를 주장할 수 있다(360조의14①). 그리고 주식교환무효의 소에는 상법 제190조 본문의 규정이 준용되므로 판결의 대세적 효력이 인정된다(360조의14④, 190조 본문).

---

49) 이철송, 1153면.

## (2) 소송당사자

### 1) 원    고

(가) 주주 등    주식교환의 각 당사회사의 주주·이사·감사·감사위원회의 위원50) 또는 청산인은 주식교환무효의 소를 제기할 수 있다(360조의14①). 법문상 "각 회사"라고 되어 있으므로, 완전모회사의 주주와 완전자회사의 주주 모두 제소권자이다. 합병의 경우와 달리 파산관재인은 제소권자가 아니다. 한편, 삼각주식교환의 경우 모회사는 삼각주식교환의 당사회사인 자회사의 주주로서 삼각주식교환비율의 불공정을 이유로 삼각주식교환무효의 소를 제기할 수 있다. 그러나 모회사 자체는 삼각주식교환의 당사회사가 아니므로 모회사의 주주는 삼각주식교환무효의 소를 제기할 수 없고, 자회사가 신주를 발행한 경우 신주발행무효의 소로써만 다툴 수 있다.51)

(나) 채 권 자    주식교환에 있어서 완전자회사는 자산변동이 없고, 완전모회사는 오히려 완전자회사의 주식이 이전되고 재산이 늘어나기 때문에, 합병이나 분할에서와 같은 채권자보호절차는 필요 없다. 따라서 주식교환무효의 소에서 채권자는 제소권자가 될 수 없다.

### 2) 피    고

상법상 명문의 규정이 없지만, 완전자회사가 되는 회사도 주식교환계약의 당사자인 점, 제소권자가 "각 회사의" 주주·이사 등인 점에 비추어, 완전모회사와 완전자회사 모두 주식교환무효의 소의 피고가 된다고 보아야 할 것이다.52)

## (3) 소의 원인

### 1) 주식교환계약서의 내용상 하자

주식교환계약서의 내용과 다른 내용으로 주식교환을 하거나, 그 내용이 강행법규에 위반하거나 현저히 불공정한 경우는 실체법상 주식교환무효원인이다.

---

50) 상법 제360조의14 제1항은 감사위원회의 위원을 제소권자로 규정하지만, 감사위원회의 위원은 이사이고 이사는 어차피 제소권자이므로 감사위원회의 위원을 제소권자로 규정할 필요는 없을 것이다.

51) 모회사의 이사가 삼각주식교환무효의 소의 제기를 게을리한 경우에는 모회사의 주주가 그 이사를 상대로 임무해태를 원인으로 하는 손해배상을 청구하는 대표소송을 제기할 수 있다.

52) 판결의 효력을 감안하여 모회사만 피고로 된다는 견해도 있다(이철송, 1153면).

### 2) 주식교환비율의 불공정

완전모회사가 되는 회사의 주주와 완전자회사가 되는 회사의 주주 간의 주식
교환비율이 공정하여야 하고, 불공정한 경우에는 주식교환무효원인이 된다. 상법상
주식교환비율에 관한 규정이 없고, 상장회사의 경우에는 합병가액 산정방식에 관한
규정(資令 176조의5①)을 준용한다.

### 3) 주식매수청구권

반대주주에게 주식매수청구권의 행사기회를 부여하지 않은 것은 원칙적으로
주식교환무효사유이다. 다만 주식교환은 다수의 이해관계인이 있고 고도의 거래안
전이 요구되므로 주식매수청구권행사기회의 부여를 결한 경우에도 회사의 현황 등
제반 사정을 참작하여 재량기각이 될 수도 있을 것이다.

## (4) 소송절차

### 1) 제소기간

주식교환무효의 소의 제소기간은 주식교환계약서에 "주식교환을 할 날"로 기
재된 주식교환의 날부터 6개월 내이다(360조의14①). 주식교환무효사유의 주장시기
에 대하여도 위 제소기간의 제한이 적용된다.53) 합병이나 분할의 경우에는 합병등
기, 분할등기에 의하여 효력이 발생하므로 제소기간도 등기일을 기준으로 정해지는
데, 주식교환은 회사의 법인격이나 구조에 변화가 없고 주주의 이동만 있으므로 주
식교환의 날에 효력이 발생한다. 다만, 완전모회사는 신주발행에 따라 발행주식총
수의 변경등기를 하여야 한다(317조④, 183조). 이는 주식교환의 효력발생과 무관하
고, 대항요건적 효력만 있다.54)

### 2) 관    할

주식교환무효의 소는 완전모회사의 본점소재지의 지방법원의 관할에 전속한다
(360조의14②).

### 3) 준용규정

합명회사 설립 무효·취소의 소에 관한 제186조부터 제189조까지(전속관할, 소제
기의 공고, 소의 병합심리, 하자의 보완과 청구기각), 제190조 본문(판결의 대세적 효력), 제

---

53) 대법원 2004. 6. 25. 선고 2000다37326 판결.
54) 반면에 주식이전의 소의 제소기간은 완전모회사의 설립등기일인 주식이전의 날부터 6개월
   내이다(360조의23①).

191조(패소원고의 책임), 제192조(무효·취소의 등기) 등의 규정은 주식교환무효의 소에 준용된다(360조의14④).

### 4) 주식교환승인결의의 하자와 주식교환무효의 소

주식교환을 승인한 주주총회 결의의 하자는 주식교환무효사유로 흡수되므로, 주주총회 결의에 대한 취소·무효확인·부존재확인 등의 소는 별도로 제기할 수 없다.[55] 다만, 주식교환무효의 소는 주식교환의 날 이후에 제기할 수 있으므로 그 전에는 주식교환승인결의의 하자에 관한 소를 제기할 수 있다. 그리고 주식교환승인결의의 하자에 관한 소가 제기된 후 주식교환의 날이 도래하면 원고는 주식교환무효의 소의 제소기간 내에 주식교환무효의 소로 변경할 수 있다.

### (5) 판결의 효력

#### 1) 원고승소판결

(가) 대세적 효력    주식교환무효판결은 제3자에 대하여도 그 효력이 있다(360조의14④, 190조 본문).

(나) 소급효 제한    상법 제360조의14 제4항은 합명회사 설립무효·취소판결의 소급효 제한에 관한 제190조 단서를 준용하지 않고, 신주발행무효판결의 소급효 제한을 규정한 제431조를 준용한다. 이는 주식교환에 의하여 완전모회사가 신주를 발행하는 점을 고려한 것으로 보인다. 따라서 주식교환무효판결의 확정에 의하여 완전모회사의 신주는 장래에 대하여서만 그 효력을 잃는다(360조의14④, 431조). 즉, 판결확정 전에 한 신주의 권리행사 또는 신주의 양도 등은 전부 유효하다. 다만, 위 준용규정이 완전모회사의 신주만을 대상으로 하는 것으로 볼 필요는 없고, 완전모회사가 완전자회사의 주주에게 교부한 자기주식, 완전모회사가 보유하여 온 완전자회사의 주식에 대하여도 상법 제431조가 준용된다고 해석하여야 한다. 준용규정인 제360조의14 제4항은 "제1항의 소에" 준용한다고 규정하므로 완전모회사의 신주에만 준용된다고 해석할 이유가 없다. 따라서 완전모회사의 신주, 자기주식, 완전자회사의 주식 등 전부에 대하여 그 주주권행사와 주식양도는 주식교환무효판결에 불구하고 모두 유효하다.[56]

(다) 주식교환무효의 등기    주식교환을 무효로 한 판결이 확정된 때에는 본점

---

55) 대법원 1993. 5. 27. 선고 92누14908 판결(합병무효의 소에 관한 판례이다).
56) 同旨: 이철송, 1155면.

과 지점의 소재지에서 등기를 하여야 한다(192조).

(라) 주식소유관계    주식교환무효판결의 확정에 의하여 주식소유관계는 주식교환 전의 상태로 돌아가야 한다.

가) 완전자회사 주식    완전모회사는 주식교환을 위하여 발행한 신주 또는 이전한 자기주식의 주주에 대하여 그가 소유하였던 완전자회사가 된 회사의 주식을 이전하여야 한다(360조의14③). 이 주식에 대하여는 질권자의 권리가 미친다(360조의14④, 339조, 340조③).

"… 그가 소유하였던 완전자회사가 된 회사의 주식을 이전하여야 한다."라는 법문을 보면 주식교환 당시의 주주에게 반환하여야 하는 것처럼 보이지만, 주식교환무효판결은 소급효가 없으므로 완전모회사가 완전자회사 주식을 반환할 상대방은 완전자회사의 주식교환 당시의 주주가 아니라 판결확정시의 주주 또는 교환 당시 완전모회사의 주식(완전모회사가 주식교환을 위하여 발행한 신주 또는 이전한 자기주식)을 소유하고 있는 자이다.57)

완전모회사가 주식교환 후 완전자회사 주식을 일부 처분한 경우에는 그 가액을 반환하여야 한다(民法 748조).

나) 완전모회사 주식    주식교환을 위하여 완전모회사가 발행하였던 신주는 무효로 되고, 자기주식은 다시 완전모회사에 반환되어야 한다.

2) 원고패소판결

(가) 대인적 효력    원고패소판결의 경우에 대하여는 대세적 효력이 인정되지 않고, 기판력의 주관적 범위에 관한 민사소송법의 일반원칙에 따라 판결의 효력은 소송당사자에게만 미친다. 따라서 다른 제소권자는 새로 소를 제기할 수 있다. 다만, 주식교환무효의 소의 제소기간은 주식교환계약서에 "주식교환을 할 날"로 기재된 주식교환의 날부터 6개월 내이므로(360조의14①), 제소기간이 경과할 가능성이 클 것이다.

(나) 패소원고의 책임    주식교환무효의 소를 제기한 자가 패소한 경우에 악의 또는 중대한 과실이 있는 때에는 회사에 대하여 연대하여 손해를 배상할 책임이 있다(191조).

(다) 재량기각    주식교환무효의 소가 그 심리중에 원인이 된 하자가 보완되고 회사의 현황과 제반사정을 참작하여 분할을 무효로 하는 것이 부적당하다고 인정한 때에는 법원은 그 청구를 기각할 수 있다. 법원이 주식교환무효의 소를 재량

---

57) 일본 회사법은 판결확정시의 주주를 반환의 상대방으로 명문으로 규정한다(日숲 844조①).

기각하기 위해서는 원칙적으로 그 소 제기 전이나 그 심리 중에 원인이 된 하자가 보완되어야 할 것이나, 그 하자가 추후 보완될 수 없는 성질의 것인 경우에는 그 하자가 보완되지 아니하였다고 하더라도 회사의 현황 등 제반 사정을 참작하여 주식교환무효의 소를 재량기각할 수 있다.[58] 특히 주식교환무효판결의 확정에 의하여 주식소유관계는 주식교환 전의 상태로 돌아가야 하는데, 교환대가로 교부된 상장주식이 증권시장에서 유통된 경우에는 이와 같은 조치가 불가능하므로, 재량기각의 가능성이 클 것이다.

## Ⅱ. 주식의 포괄적 이전

### 1. 의    의

주식의 포괄적 이전은 A회사(완전자회사가 되는 회사)가 그 주식을 포괄적으로 이전하여 B회사(완전모회사가 되는 회사)를 설립하고, A회사의 주주는 B회사가 발행하는 신주를 배정받아 B회사의 주주가 되는 조직법상의 행위를 말한다.[59] 회사는 주식의 포괄적 이전에 의하여 완전모회사를 설립하고 완전자회사가 될 수 있다(360조의15①). 주식이전에 의하여 완전자회사가 되는 회사의 주주가 소유하는 그 회사의 주식은 주식이전에 의하여 설립하는 완전모회사에 이전하고, 그 완전자회사가 되는 회사의 주주는 그 완전모회사가 주식이전을 위하여 발행하는 주식의 배정을 받음으로써 그 완전모회사의 주주가 된다(360조의15②).[60]

주식이전의 도입경위, 법적 성질 등은 주식교환에 관한 내용과 같다. 다만, 주식이전의 경우에는 회사설립절차가 필요하고 설립등기시 주식이전의 효력이 발생

---

[58] 同旨: 대법원 2010. 7. 22. 선고 2008다37193 판결(분할합병무효의 소), 대법원 2004. 4. 27. 선고 2003다29616 판결(자본감소무효의 소).

[59] "하나 또는 둘 이상의 주식회사가 그 발행주식 전부를 주주로부터 강제로 회수하여 새로 설립하는 주식회사에 이전시키고 새로 설립하는 주식회사는 그 대가로 신주를 발행하여 주식이전을 하는 주식회사의 주주들에게 배정하는 행위 내지 제도"라고 정의하기도 한다(권기범, 147면).

[60] 완전자회사의 주식을 취득하는 주체가 기존회사이면 주식교환, 신설회사이면 주식이전에 해당한다. 주식이전에 있어서 상법은 "설립하는 완전모회사", "설립한 완전모회사", "완전자회사가 되는 회사"라고 규정하는데, 이하에서는 문맥상 문제가 없는 한 "완전모회사", "완전자회사"로 약칭한다.

한다.61)

## 2. 절    차

### (1) 주식이전계획서의 작성

주식이전을 하고자 하는 회사는 다음 사항을 적은 주식이전계획서를 작성하여
주주총회의 승인을 받아야 한다(360조의16①). 주식이전은 회사가 자신의 모회사를
신설하는 것이므로 주식교환과 달리 주식이전계약이라는 것이 존재하지 않는다.

1. 설립하는 완전모회사의 정관의 규정
2. 설립하는 완전모회사가 주식이전에 있어서 발행하는 주식의 종류와 수 및 완전자
   회사가 되는 회사의 주주에 대한 주식의 배정에 관한 사항
3. 설립하는 완전모회사의 자본금 및 자본준비금에 관한 사항
4. 완전자회사가 되는 회사의 주주에게 제2호에도 불구하고 금전이나 그 밖의 재산
   을 제공하는 경우에는 그 내용 및 배정에 관한 사항
5. 주식이전을 할 시기
6. 완전자회사가 되는 회사가 주식이전의 날까지 이익배당을 할 때에는 그 한도액
7. 설립하는 완전모회사의 이사와 감사 또는 감사위원회의 위원의 성명 및 주민등록
   번호
8. 회사가 공동으로 주식이전에 의하여 완전모회사를 설립하는 때에는 그 뜻

### (2) 주주총회의 소집통지의 기재사항

회사는 주주총회의 소집통지에 다음 사항을 기재하여야 한다(360조의16③, 360조
의3④).

1. 주식이전계획서의 주요내용
2. 주식매수청구권의 내용 및 행사방법
3. 일방회사의 정관에 주식의 양도에 관하여 이사회의 승인을 요한다는 뜻의 규정이
   있고 다른 회사의 정관에 그 규정이 없는 경우 그 뜻

---

61) 완전자회사의 2001년 신한은행, 신한증권 등 6개 금융기관이 (주)신한금융지주를 설립한 것
    이 최초의 주식이전 사례이다. 다만, 「독점규제 및 공정거래에 관한 법률」상 지주회사의 자회
    사지분보유요건이 상장자회사는 20%, 비상장자회사는 40%이므로 지주회사체제로의 전환에
    주식이전이 반드시 필요한 것은 아니다.

## (3) 주식이전계획서 등의 공시

이사는 주식이전 승인을 위한 주주총회의 회일의 2주[62] 전부터 주식이전의 날 이후 6월을 경과하는 날까지 다음 서류를 본점에 비치하여야 한다(360조의17①). 주주는 영업시간 내에 이에 대한 열람·등사를 청구할 수 있다(360조의17②, 391조의3③).[63]

1. 주식이전계획서
2. 완전자회사가 되는 회사의 주주에 대한 주식의 배정에 관하여 그 이유를 기재한 서면
3. 주식이전계획서 승인을 위한 주주총회의 회일전 6개월 이내의 날에 작성한 완전 자회사가 되는 회사의 최종 대차대조표 및 손익계산서

## (4) 주식이전계획서의 승인

### 1) 주주총회 결의

(가) 특별결의    주식이전을 하고자 하는 회사는 주식이전계획서를 작성하여 주주총회 특별결의에 의한 승인을 받아야 한다(360조의16①).

(나) 종류주주총회    회사가 종류주식을 발행한 경우에, 주식이전으로 인하여 어느 종류주식의 주주에게 손해를 미치게 될 경우에도 종류주주총회 결의가 필요하다(436조).

### 2) 주주전원의 동의

주식이전으로 인하여 주식이전에 관련되는 각 회사의 주주의 부담이 가중되는 경우에는 주주총회 결의 및 종류주주총회 결의 외에 그 주주 전원의 동의가 있어야 한다(360조의16④). 2011년 상법개정시 추가된 규정인데, 주식교환에서 설명한 바와 같이 주식이전에 관련되는 회사의 주주의 부담이 가중되는 경우가 있을 수 있는지 의문이다.

### 3) 주식매수청구권

주식교환에 반대하는 주주의 주식매수청구권에 관한 규정(360조의5)은 주식이

---

[62] 금융지주회사를 설립하거나 기존 자회사 또는 손자회사의 주식을 모두 소유하기 위한 주식교환 또는 주식이전에 관하여 상법의 규정을 적용함에 있어서는 "7일"로 본다(同法 62조의2②).

[63] 증권발행공시규정 제2-10조 제5항은 주식교환·주식이전으로 인하여 증권을 모집 또는 매출하는 경우의 증권신고서 기재사항과 첨부서류에 관하여 규정한다. 그 밖에 증권신고 실무상의 문제점은 합병의 경우와 같다.

전의 경우에 준용된다(360조의22). 따라서 주식이전에 관하여 이사회 결의가 있는 때에 그 결의에 반대하는 주주(의결권의 유무를 불문한다)는 주주총회 전에 회사에 대하여 서면으로 그 결의에 반대하는 의사를 통지한 경우에는 그 총회의 결의일부터 20일 이내에 주식의 종류와 수를 기재한 서면으로 회사에 대하여 자기가 소유하고 있는 주식의 매수를 청구할 수 있다(360조의22, 360조의5①).[64]

### (5) 「채무자 회생 및 파산에 관한 법률」상 특례

회생계획에서 주식회사인 채무자가 주식의 포괄적 이전을 할 것을 정한 때에는 회생계획에 따라 주식의 포괄적 이전을 할 수 있다(同法 270조①). 이 경우 설립된 완전모회사인 신회사의 주식의 배정을 받는 회생채권자 또는 회생담보권자는 회생계획의 인가시에 주식인수인으로 되고 주식의 포괄적 이전의 효력이 생긴 때에 주주로 된다(同法 270조②). 그리고 상법 제360조의17(주식이전계획서 등의 서류의 공시), 제360조의18(완전모회사의 자본의 한도액), 제360조의22(주식교환 규정의 준용)에서 준용하는 같은 법 제360조의5(반대주주의 주식매수청구권) 및 제360조의23(주식이전무효의 소)의 규정은 적용하지 않는다(同法 270조③).

### (6) 주요사항보고서 제출

사업보고서 제출대상법인은 주식이전 사실이 발생한 경우에는 그 사실이 발생한 날부터 3일 이내에 그 내용을 기재한 주요사항보고서를 금융위원회에 제출하여야 한다(資法 161조①).

## 3. 주식이전의 효과

### (1) 효력발생시기

주식이전을 한 때에는 설립한 완전모회사의 본점의 소재지에서는 2주 내에, 지점의 소재지에서는 3주 내에 주식이전의 등기를 하여야 한다. 이때 등기할 사항은 제317조 제2항에서 정하는 주식회사 설립등기사항이다(360조의20). 주식이전은 완전모회사가 그 본점소재지에서 주식이전의 등기를 함으로써 그 효력이 발생한다(360

---

64) 그러나 주식이전의 경우에는 간이주식이전제도가 없으므로 간이주식교환의 경우에 대한 주식매수청구권 규정인 제360조의5 제2항은 준용될 여지가 없다.

조의21).

주식이전계획서의 기재사항 중 "주식이전을 할 시기"(360조의16①5)는 주식교환
계약서의 "주식을 교환할 날"에 해당하는 시기이지만, 그 법적 의미는 전혀 다르다.
즉, 주식교환은 주식교환계약서의 "주식교환을 할 날"(360조의3③6) 그 효력이 발생
하지만, 주식이전은 완전모회사의 설립등기에 의하여 그 효력이 발생한다. 따라서
"주식이전을 할 시기"는 주식이전의 효력발생일이 아니라 주권의 실효절차종료일
에 해당한다.

### (2) 주식의 이전과 신주발행

1) 주식의 이전

(가) 이전시기 및 이전방법　　완전자회사의 주주가 소유하던 주식은 완전모회
사의 설립과 동시에(즉, 설립등기일에) 완전모회사에 이전한다(360조의15②). 주권의 교
부는 주식양도의 성립요건이지만(336조①), 주식이전은 법률의 규정에 의한 소유권
이전에 해당하므로 주권의 교부와 같은 이전행위가 요구되지 않는다.

(나) 주권실효절차　　완전자회사의 주주가 소지하는 주권은 효력을 상실하므
로 주권실효절차가 필요하다. 이를 위하여 완전자회사는 다음 각 호의 사항을 공고
하고, 주주명부에 기재된 주주와 질권자에 대하여 따로 따로 그 통지를 하여야 한
다(360조의19①). 주식병합에 관한 상법 제442조의 규정은 주식교환승인을 한 경우에
준용된다(360조의19①·②).

1. 주식이전계획서 승인 결의를 한 뜻
2. 1월을 초과하여 정한 기간내에 주권을 회사에 제출하여야 한다는 뜻[65]
3. 주식이전의 날에 주권이 무효가 된다는 뜻

(다) 공동의 주식이전　　수개의 회사가 하나의 완전모회사를 설립하고 스스로
는 완전자회사가 되는 경우도 가능하다. 제360조의16 제1항 제8호의 "회사가 공동
으로 주식이전에 의하여 완전모회사를 설립하는 때에는 그 뜻"은 이러한 경우를 의
미한다. 이러한 공동의 주식이전의 경우에도 주식이전계획서에 대한 주주총회의 승
인은 각 회사별로 이루어지는데 일부 회사가 주주총회 승인결의를 못 얻는 경우 나

---

[65] 금융지주회사가 기존 자회사 또는 손자회사의 주식을 모두 소유하기 위한 주식이전에 관하
여 상법의 규정을 적용함에 있어서는 "1월을 초과하여 정한 기간내에"를 "5일 이상의 기간을
정하여 그 기간내에"로 본다(同法 62조의2②).

머지 회사의 주식이전의 효력이 문제된다. 주식이전의 경우에는 모회사의 자본, 발행주식수 등이 모든 자회사에서 공통으로 정해지므로 주식교환과 달리 전체 자회사의 주식이전이 무효로 된다고 보아야 한다.

2) 신주발행

(가) 발행시기 및 발행방법   완전모회사의 설립등기일에 완전자회사의 주주는 그 완전모회사가 주식이전을 위하여 발행하는 신주의 배정을 받음으로써 그 회사의 주주가 된다(360조의15②). 상법은 "신주의 배정을 받음으로써"라고 규정하지만 신주발행절차인 청약과 배정절차는 별도로 없다.

(나) 자본금 증가의 한도   설립하는 완전모회사의 자본금은 주식이전의 날에 완전자회사가 되는 회사에 현존하는 순자산액에서 그 회사의 주주에게 제공할 금전이나 그 밖의 재산의 가액을 뺀 금액을 초과하지 못한다(360조의18). 주식교환에서의 자본금증가의 한도(360조의7①)와 같은 취지이다.[66] "순자산액"도 주식교환의 경우와 같이 장부가가 아닌 시가에 따른다. "순자산액" 산정이 불공정한 경우는 주식이전무효사유가 될 수 있다.

주식교환의 경우와 마찬가지로 주식이전계획서 작성 후 "주식이전의 날"이 도래하기 전에 순자산액이 변동할 수 있으므로 "주식이전의 날에 완전자회사에 현존하는 순자산액"을 미리 확정하는 것은 현실적으로 곤란하다. 따라서 주식이전계획서의 기재사항 중 "설립하는 완전모회사의 자본의 액 및 자본준비금에 관한 사항"(360조의16①)을 기재함에 있어서 자본의 액은 확정액으로 기재하되, 자본준비금은 변동가능성을 포함하여 기재하여야 한다.

(다) 자회사의 모회사 취득금지의 예외   원칙적으로 자회사는 모회사의 주식을 취득할 수 없으나, 주식교환의 경우와 마찬가지로 주식이전으로 인한 때에는 자회사가 모회사의 주식을 취득할 수 있다(342조의2①). 따라서 주식이전으로 완전자회사가 되는 회사의 자기주식에 대하여도 완전모회사가 되는 회사의 주식을 배정할 수 있다.

---

66) 주식교환의 경우, 주식교환의 날에 완전자회사에 현존하는 순자산액에서, i) 완전자회사의 주주에게 지급할 금전이나 그 밖의 재산의 가액과, ii) 완전자회사의 주주에게 이전하는 자기주식의 장부가액의 합계액 등을 공제한 금액을 초과하여 증가시킬 수 없지만(360조의7①), 주식이전에서는 완전모회사가 신설되는 것이므로 i) 완전자회사의 주주에게 금전을 지급하거나, ii) 완전자회사의 주주에게 자기주식을 교부하는 경우가 있을 수 없으므로 이러한 규정이 없다.

### 3) 단주의 처리

주식이전절차에서의 단주처리는 주식교환절차에서와 같이 주식병합을 위한 단주처리에 관한 상법 제443조의 규정이 준용된다(360조의22, 360조의11①).

### 4) 질권자의 권리

완전모회사가 완전자회사의 주주에게 발행하는 신주 또는 이전하는 자기주식에 대하여 완전자회사 주식에 대한 질권자의 권리가 미치고, 질권자는 완전모회사에 대하여 자기에게 주권을 교부할 것을 청구할 수 있다(360조의22, 360조의11②, 339조, 340조③).

### 5) 자본준비금의 적립

완전모회사의 자본금이 완전자회사의 순자산에 미달하는 경우 완전모회사는 자본거래에서 발생한 잉여금을 대통령령으로 정하는 바에 따라 자본준비금으로 적립하여야 한다(459조①).[67]

## (3) 이사·감사의 선임

완전모회사의 이사와 감사 또는 감사위원회의 위원의 성명 및 주민등록번호는 주식이전계획서의 기재사항이다. 완전모회사는 창립총회를 개최하지 아니하므로 주식이전계획서에 대한 주주총회의 승인에 의하여 이사와 감사 또는 감사위원회의 위원을 선임하기 위한 것이다. 임기의 기산일도 주식이전계획서에 기재된 날이다.

## (4) 사후공시

이사는 다음 사항을 기재한 서면을 주식교환의 날부터 6월간 본점에 비치하여야 한다(360조의22, 360조의12①).

1. 주식이전의 날
2. 주식이전의 날에 완전자회사가 되는 회사에 현존하는 순자산액
3. 주식이전으로 인하여 완전모회사에 이전한 완전자회사의 주식의 수
4. 그 밖의 주식이전에 관한 사항

---

67) 종래의 상법은 "주식의 포괄적 이전을 한 경우에는 제360조의7에 규정하는 자본증가의 한도액이 완전모회사의 증가한 자본액을 초과한 경우의 그 초과액"을 자본준비금으로 적립하여야 한다고 규정하였으나, 2011년 개정상법은 자본거래에서 발생한 잉여금의 자본준비금 적립을 시행령에 위임하였다.

## 4. 주식이전무효의 소

### (1) 소의 의의와 법적 성질

주식이전으로 인하여 다수의 이해관계인이 생기는데 주식이전에 하자가 있는 경우 이해관계인들이 개별적으로 주식이전의 효력을 다투는 소송을 제기한다면 단체 법률관계의 불안정이 초래된다. 따라서 상법은 이해관계인 전원의 권리관계를 획일 적으로 확정하기 위하여 주식이전무효의 소를 규정한다. 주식이전무효의 소는 형성 의 소로서 제소권자·제소기간·주장방법 등에 대한 제한이 있다. 즉, 주식이전의 무 효는 각 회사의 주주·이사·감사·감사위원회의 위원 또는 청산인만이 주식이전의 날부터 6개월 내에 소만으로 이를 주장할 수 있다(360조의23①). 그리고 주식이전무효 의 소에는 상법 제190조가 준용되므로 판결의 대세적 효력이 인정된다(360조의23④).

### (2) 소송당사자

#### 1) 원    고

(가) 주주 등       주식이전의 각 당사회사의 주주·이사·감사·감사위원회의 위 원68) 또는 청산인은 주식이전무효의 소를 제기할 수 있다(360조의23①). 법문상 "각 회 사"라고 되어 있으므로, 완전모회사의 주주와 완전자회사의 주주 모두 제소권자이다.

(나) 채 권 자       주식교환무효의 소에서와 같이 주식이전무효의 소에서 채권 자는 제소권자가 될 수 없다.

#### 2) 피    고

상법상 명문의 규정이 없지만, 완전자회사가 되고자 하는 회사가 주식이전계 획서를 작성한다는 점, 제소권자가 "각 회사의" 주주·이사 등인 점에 비추어, 완전 모회사와 완전자회사 모두 주식이전무효의 소의 피고가 된다고 보아야 할 것이다.

### (3) 소의 원인

#### 1) 주식이전절차와 주식이전무효원인

주식이전계획서의 내용과 다른 내용으로 주식이전을 하거나, 그 내용이 강행법 규에 위반하거나 현저히 불공정한 경우는 실체법상 주식이전무효원인이다. 주식이전

---

68) 상법 제360조의23 제1항은 감사위원회의 위원을 제소권자로 규정하지만, 감사위원회의 위 원은 이사이고 이사는 어차피 제소권자이므로 감사위원회의 위원을 제소권자로 규정할 필요 는 없을 것이다.

계획서에 대한 주주총회의 승인결의의 하자는 절차법상 주식이전무효원인이 된다.

### 2) 복수회사의 공동주식이전

복수의 회사가 주식이전방법으로 하나의 완전모회사를 설립할 수 있다.[69] 이 경우 주식이전계획서는 각 회사별로 정해지지지만, 각 회사의 주식이전계획서에는 다른 완전회사 주주에 대한 주식배정비율도 주주총회의 승인대상이다. 그런데 복수의 회사 중 일부 회사의 주주총회가 주식이전을 승인하지 않는 경우 나머지 다른 회사의 주식이전에도 무효원인이 있는 것으로 보아야 하는지에 대하여 견해가 대립한다. 이에 대하여 주주총회의 승인을 얻은 회사들만으로 완전모회사를 설립할 수 있다고 보는 견해와,[70] 전체 자회사에 대하여 주식이전 무효원인으로 보아야 한다는 견해가 있다.[71]

### 3) 주식매수청구권과 주식이전무효원인

반대주주에게 주식매수청구권의 행사기회를 부여하지 않은 것은 원칙적으로 주식이전무효사유이다. 다만 주식이전은 다수의 이해관계인이 있고 고도의 거래안전이 요구되므로 주식매수청구권행사기회의 부여를 결한 경우에도 회사의 현황 등 제반 사정을 참작하여 재량기각이 될 수도 있을 것이다.

### 4) 주식이전승인결의의 하자와 주식이전무효의 소

주식교환의 경우와 같이 주식이전을 승인한 주주총회 결의의 하자도 주식이전무효사유로 흡수되므로, 주주총회 결의에 대한 취소·무효확인·부존재확인 등의 소는 별도로 제기할 수 없다.[72] 다만, 주식이전무효의 소는 주식이전의 날 이후에 제기할 수 있으므로 그 전에는 주식이전승인결의의 하자에 관한 소를 제기할 수 있다. 그리고 주식이전승인결의의 하자에 관한 소송의 계속 중 주식이전의 날이 도래하면 원고는 주식이전무효의 소의 제소기간 내에 주식이전무효의 소로 변경할 수 있다.

---

69) 상법 제360조의16 제1항 제8호는 "회사가 공동으로 주식이전에 의하여 완전모회사를 설립하는 때에는 그 뜻"을 주식이전계획서의 기재사항으로 규정한다.

70) 최기원, 1151면(다만, 복수의 회사들 간에 어느 한 회사라도 주주총회의 승인을 얻지 못하면 모든 주식이전을 무효로 한다는 특약이 있는 경우에는 모든 회사에 대하여 주식이전이 성립할 수 없다고 해석한다).

71) 이철송, 1158면(주식이전의 경우에는 설립할 완전모회사의 자본, 발행주식수 등이 모든 완전자회사에 공통으로 정해지므로, 일부 회사의 주식이전이 무효로 되면 설립할 완전자회사의 자본에 결함이 생기기 때문이라고 설명한다. 그리고 주식교환의 경우에는 주식이전과 달리 어느 하나의 자회사에 대한 주식교환이 무효로 되더라도 나머지 다른 자회사에 대한 주식교환은 무효원인이 되지 않는다고 해석한다).

72) 대법원 1993. 5. 27. 선고 92누14908 판결(합병무효의 소에 관한 판례이다).

### (4) 소송절차

#### 1) 제소기간

주식이전무효의 소의 제소기간은 주식이전의 날부터 6개월 내이다(360조의23 ①). 주식이전의 날은 완전모회사의 설립등기일이다(360조의21).[73] 주식이전무효사유 의 주장시기에 대하여도 위 제소기간의 제한이 적용된다.[74]

#### 2) 관    할

주식이전무효의 소는 완전모회사의 본점소재지의 지방법원의 관할에 전속한다 (360조의23②).

#### 3) 준용규정

합명회사 설립 무효·취소의 소에 관한 제187조부터 제193조까지(소제기의 공고, 소의 병합심리, 하자의 보완과 청구기각, 판결의 효력, 패소원고의 책임, 무효·취소의 등기) 등 의 규정은 주식이전무효의 소에 준용된다(360조의23④).

### (5) 판결의 효력

#### 1) 원고승소판결

(가) 일반적 효력    주식이전무효판결은 주식교환무효판결과 같이 제3자에 대 하여도 그 효력이 있고(190조 본문), 판결확정 전에 생긴 회사와 사원 및 제3자간의 권리의무에 영향을 미치지 않는다(190조 단서). 주식이전을 무효로 한 판결이 확정된 때에는 본점과 지점의 소재지에서 등기를 하여야 한다(192조).

(나) 주식소유관계    주식이전무효판결의 확정에 의하여 주식소유관계는 주식 이전 전의 상태로 돌아가야 한다.

가) 완전자회사 주식    주식이전을 무효로 하는 판결이 확정된 때에는 완전 모회사는 주식이전을 위하여 발행한 주식의 주주에 대하여 그가 소유하였던 완전 자회사의 주식을 이전하여야 한다(360조의23③). 이 주식에 대하여는 질권자의 권리 가 미치고, 질권자는 완전모회사에 대하여 자기에게 주권을 교부할 것을 청구할 수 있다(360조의23④, 339조, 340조③).

완전모회사가 완전자회사 주식을 반환할 상대방은 완전자회사의 주식이전 당

---

73) 주식이전은 주식교환의 경우와 달리 완전모회사로 되는 회사가 그 본점소재지에서 설립등 기를 한 때에 효력이 발생한다.

74) 대법원 2004. 6. 25. 선고 2000다37326 판결.

시의 주주가 아니라 현재의 주주이다. 즉, 이전 당시 완전모회사의 주식(완전모회사가 주식이전을 위하여 발행한 신주 또는 이전한 자기주식)을 현재 소유하고 있는 자에게 반환하여야 한다. 완전모회사가 주식이전 후 완전자회사 주식을 일부 처분한 경우에는 그 가액을 반환하여야 한다(民法 748조).

나) 완전모회사의 청산   주식이전의 무효는 완전모회사설립의 무효를 의미하므로, 상법은 주식이전무효판결이 확정된 때에는 해산의 경우에 준하여 청산하여야 한다는 제193조를 준용하고(360조의23④, 193조), 청산절차에서는 현존 재산을 환가하여 채권자에게 채무를 변제하고 잔여재산을 주주에게 분배하게 된다. 그런데 주식이전무효판결이 확정된 경우 완전모회사는 주식이전을 위하여 발행한 주식의 주주에 대하여 그가 소유하였던 완전자회사의 주식을 이전하여야 한다는 제360조의23 제3항의 규정을 우선적으로 적용하면 청산절차에서는 주식반환 후 잔여재산으로 채무를 변제하게 되어 주주보다 채권자가 우선적으로 보호받아야 하는 원리에 반한다.

2) 원고패소판결

주식이전무효의 소에서 패소한 원고의 책임과 하자의 보완에 의한 청구기각에 대하여는 주식교환무효판결의 경우와 같다.

3) 재량기각

주식이전무효의 소가 그 심리중에 원인이 된 하자가 보완되고 회사의 현황과 제반사정을 참작하여 분할을 무효로 하는 것이 부적당하다고 인정한 때에는 법원은 그 청구를 기각할 수 있다. 법원이 주식이전무효의 소를 재량기각하기 위해서는 원칙적으로 그 소 제기 전이나 그 심리 중에 원인이 된 하자가 보완되어야 할 것이나, 그 하자가 추후 보완될 수 없는 성질의 것인 경우에는 그 하자가 보완되지 아니하였다고 하더라도 회사의 현황 등 제반 사정을 참작하여 주식이전무효의 소를 재량기각할 수 있다.75) 주식이전무효판결의 확정에 의하여 주식소유관계는 주식이전 전의 상태로 돌아가야 하는 문제점 때문에 재량기각의 가능성이 클 것이라는 점은 주식교환무효판결의 경우와 같다.

---

75) 同旨: 대법원 2010. 7. 22. 선고 2008다37193 판결(분할합병무효의 소), 대법원 2004. 4. 27. 선고 2003다29616 판결(자본감소무효의 소).

## Ⅲ. 상장회사에 대한 특례

상장회사는 주식교환·주식이전을 하려면 자본시장법 시행령이 정하는 요건·방법 등의 기준에 따라야 한다(資法 165조의4).

### 1. 합병가액 산정방식의 준용

주식교환·주식이전에 관하여는 상장회사의 합병가액 산정방식에 관한 규정(資슈 176조의5①)을 준용한다. 다만, 주식이전으로서 그 상장회사가 단독으로 완전자회사가 되는 경우에는 적용하지 않는다(資슈 176조의6②).

### 2. 외부평가기관의 평가

상장회사가 주식교환·주식이전(360조의2 및 360조의15에 따른 완전자회사가 되는 법인 중 비상장회사가 포함되는 경우와 완전모회사가 비상장회사로 되는 경우만 해당)을 하려는 경우에는 주식교환 비율, 주식이전 비율의 적정성에 대하여 외부평가기관의 평가를 받아야 한다(資슈 176조의6③).

### 3. 적용제외

법률의 규정에 따른 합병에 관한 적용제외 규정인 시행령 제176조의5 제10항은 주식의 포괄적 교환·이전에 준용된다(資슈 176조의6④).

## Ⅳ. 금융지주회사법상 특례

### 1. 처분기한의 특례

주식교환 또는 주식이전에 의하여 자회사가 금융지주회사의 주식을 취득하거나 손자회사가 자회사의 주식을 취득한 때에는 당해 주식 중 다음 각 호의 어느 하나에 해당하는 자기주식의 교환대가로 배정받은 금융지주회사 또는 자회사의 주식에 대하여 상법 제342조의2의 규정(자회사의 모회사 주식 처분기간)을 적용함에 있어서 동조 제2항 중 "6월"은 "3년"으로 본다(同法 62조의2①).

1. 주식교환 또는 주식이전에 반대하는 주주의 주식매수청구권 행사로 인하여 취득한 자기주식
2. 상법 제341조 제1항 또는 자본시장법 제165조의3에 따라 취득한 자기주식으로서 주식교환계약서의 승인에 관한 이사회 결의일 또는 주식이전승인에 관한 이사회 결의일부터 주식매수청구권 행사만료일까지 매입한 자기주식

## 2. 상법규정 적용의 특례

금융지주회사를 설립(금융지주회사등이 자회사 또는 손자회사를 새로 편입하는 경우를 포함)하거나 기존 자회사 또는 손자회사의 주식을 모두 소유하기 위한 주식교환 또는 주식이전에 관하여 상법의 규정을 적용함에 있어서 상법 제354조 제4항 본문(합병에 관한 주주명부폐쇄기간 및 기준일 공고기간), 제360조의4 제1항 각 호 외의 부분(이사의 주식교환 서류 비치기간), 제360조의5 제2항(간이주식교환 반대주주의 매수청구기간), 제360조의9 제2항 본문(완전자회사의 주주총회의 승인을 얻지 아니하는 주식교환 공고,통지기간), 제360조의10 제4항(완전모회사의 주식교환의 승인을 얻지 아니하는 주식교환 공고,통지 기간), 제360조의17 제1항 각 호 외의 부분(이사의 주식이전 서류 비치기간) 및 제363조 제1항 본문(주주총회 소집통지기간) 중 "2주"는 각각 "7일"로, 상법 제360조의5 제1항(반대의사를 통지한 주주의 주식매수청구기간)·제2항 중 "20일"은 각각 "10일"로, 상법 제360조의8 제1항 각 호 외의 부분(주권실효절차를 위한 완전자회사의 공고, 통지기간) 중 "1월전에"는 "5일전에"로, 상법 제360조의10 제5항 중 "주식교환에 반대하는 의사를 통지한 때에는"은 "주식교환에 반대하는 의사를 제4항의 통지 또는 공고의 날부터 7일 이내에 통지한 때에는"으로, 상법 제360조의19 제1항 제2호(주권실효절차를 위한 완전자회사의 공고, 통지기간)중 "1월을 초과하여 정한 기간내에"는 "5일 이상의 기간을 정하여 그 기간내에"로, 상법 제374조의2 제2항(회사의 매수기간)중 "2월 이내에"는 "1월 이내에"로 본다(同法 62조의2②).

## 3. 주식매수청구권

### (1) 매수가격의 산정

　　주식교환 또는 주식이전에 의하여 자회사가 금융지주회사의 주식을 취득하거나 손자회사가 자회사의 주식을 취득한 때에는 당해 주식중 다음 각 호의 어느 하나에 해당하는 자기주식의 교환대가로 배정받은 금융지주회사 또는 자회사의 주식에 대하여 상법 제342조의2의 규정(자회사의 모회사 주식 처분기간)을 적용함에 있어서 동조 제2항중 "6월"은 "3년"으로 본다(同法 62조의2①).

　　　1. 주식교환 또는 주식이전에 반대하는 주주의 주식매수청구권 행사로 인하여 취득한 자기주식
　　　2. 상법 제341조 제1항 또는 자본시장법 제165조의3에 따라 취득한 자기주식으로서 주식교환계약서의 승인에 관한 이사회 결의일 또는 주식이전승인에 관한 이사회 결의일부터 주식매수청구권 행사만료일까지 매입한 자기주식

　　금융지주회사를 설립(금융지주회사등이 자회사 또는 손자회사를 새로 편입하는 경우를 포함)하거나 기존 자회사 또는 손자회사의 주식을 모두 소유하기 위한 주식교환 또는 주식이전에 관하여 상법의 규정을 적용함에 있어서 상법 제354조 제4항 본문(합병에 관한 주주명부폐쇄기간 및 기준일 공고기간), 제360조의4 제1항 각 호 외의 부분(이사의 주식교환 서류 비치기간), 제360조의5 제2항(간이주식교환 반대주주의 매수청구기간), 제360조의9 제2항 본문(완전자회사의 주주총회의 승인을 얻지 아니하는 주식교환 공고,통지기간), 제360조의10 제4항(완전모회사의 주식교환의 승인을 얻지 아니하는 주식교환 공고,통지 기간), 제360조의17 제1항 각 호 외의 부분(이사의 주식이전 서류 비치기간) 및 제363조 제1항 본문(주주총회 소집통지기간) 중 "2주"는 각각 "7일"로, 상법 제360조의5 제1항(반대의사를 통지한 주주의 주식매수청구기간) · 제2항 중 "20일"은 각각 "10일"로, 상법 제360조의8 제1항 각 호 외의 부분(주권실효절차를 위한 완전자회사의 공고, 통지기간) 중 "1월전에"는 "5일전에"로, 상법 제360조의10 제5항중 "주식교환에 반대하는 의사를 통지한 때에는"은 "주식교환에 반대하는 의사를 제4항의 통지 또는 공고의 날부터 7일 이내에 통지한 때에는"으로, 상법 제360조의19 제1항 제2호(주권실효절차를 위한 완전자회사의 공고, 통지기간)중 "1월을 초과하여 정한 기간내에"는 "5일 이상의 기간을 정하여 그 기간내에"로, 상법 제374조의2 제2항(회사의 매수기간)중 "2월

이내에"는 "1월 이내에"로 본다(同法 62조의2②).

금융지주회사를 설립하거나 기존 자회사 또는 손자회사의 주식을 모두 소유하기 위한 주식교환 또는 주식이전에 반대하는 주주와 회사간에 주식 매수가격에 관한 협의가 이루어지지 아니하는 경우의 주식 매수가격은 다음과 같이 산정된 금액으로 한다(同法 62조의2③).

1. 당해 회사가 주권상장법인인 경우: 주식교환계약서의 승인 또는 주식이전승인에 관한 이사회의 결의일 이전에 증권시장에서 거래된 당해 주식의 거래가격을 기준으로 대통령령이 정하는 방법에 따라 산정된 금액
2. 당해 회사가 제1호외의 회사인 경우: 회계전문가에 의하여 산정된 금액. 이 경우 회계전문가의 범위와 선임절차는 대통령령으로 정한다.

### (2) 매수가격의 조정

금융지주회사를 설립하거나 기존 자회사 또는 손자회사의 주식을 모두 소유하기 위하여 주식교환 또는 주식이전을 하는 회사 또는 상법 제360조의5에 따라 주식매수를 청구한 주식수의 30% 이상을 소유하는 주주가 제3항에 따라 산정된 주식의 매수가격에 반대하는 경우 당해 회사 또는 주주는 같은 법 제374조의2 제2항에 따라 매수를 종료하여야 하는 날의 10일 전까지 금융위원회에 그 매수가격의 조정을 신청할 수 있다(同法 62조의2④).

# 제4절 소수주식에 대한 매도청구와 매수청구

## I. 총  설

상법 제3편 제2절 제4관은 "지배주주에 의한 소수주식의 전부 취득"이라는 제목 하에, 제360조의24에서 지배주주의 매도청구권에 관하여, 제360조의25에서 소수주주의 매수청구권에 관하여, 제360조의26에서 주식의 이전시기에 관하여 규정한다.[1] 상법상 지배주주와 소수주주의 개념은 상법 전반에 걸쳐서 사용되는 용어가 아니고, 지배주주에 의한 소수주식의 전부 취득에 관한 제360조의24부터 제360조의26까지에서만 사용되는 용어이다.

소수주식의 매도청구·매수청구제도는 2011년 상법개정시 도입되었는데, 이는 95% 이상의 주식을 보유한 지배주주가 소수주주에게 공정한 가격을 지급한다면, 일정한 요건하에 발행주식 전부를 지배주주 1인의 소유로 할 수 있도록 함으로써 회사 경영의 효율성을 향상시키고자 한 제도이다.[2] 즉, 지배주주가 소수주주에게 공정한 가격을 지불하고 소수주주의 보유 주식을 강제로 매수할 수 있도록 하는 한편, 소수주주도 지배주주에게 소수주주의 보유 주식을 강제로 매도할 수 있도록 한 것이다. 이는 지배주주의 입장에서는 소수주주의 존재로 인한 주주관리비용을 절감

---

1) 상법 제3편 제2절 제4관의 제목은 "지배주주에 의한 소수주식의 전부 취득"이지만, 본서에서는 지배주주의 매도청구권과 소수주주의 매수청구권을 모두 포함하는 의미에서 "소수주식의 매도청구·매수청구"라는 제목으로 표시한다. "지배주주에 의한 소수주식의 강제매수"라는 제목(정찬형, 819면) 또는 "주식의 강제매도·매수 청구"라는 제목(이철송, 1161면) 등과 같이 학자들마다 제목을 달리 표시하는데, 전자는 소수주주의 매수청구가 포함되지 않은 개념이고, 또한 양자 모두 "강제"라는 용어를 사용하는데, 외국 입법례에서는 강제(compulsory)라는 용어가 사용되기도 하나, 상법상 매도청구권이나 매수청구권 모두 형성권으로서 상대방의 승낙 없이도 주식매매계약이 체결되는 것이므로 굳이 "강제"라는 용어를 붙일 필요는 없을 것이다.
2) 대법원 2020. 6. 11. 선고 2018다224699 판결.

함으로써 경영효율성을 높일 수 있고, 소수주주의 입장에서는 원활한 출자회수를 할 수 있는 제도이다.

　지배주주의 매도청구권에 관하여는 헌법상 재산권 침해에 해당한다는 논란이 있을 수 있지만, 지배주주의 매도청구권이 단순히 주식 보유비율만에 의하여 인정되는 것이 아니고 경영상 목적이라는 실체상의 요건도 요구되므로, 경영상 목적을 엄격히 해석하고 공정한 절차와 공정한 매매가액이 보장된다면 위헌성 문제는 없을 것이다. 소수주식의 매도청구·매수청구제도는 상장회사와 비상장회사 모두에 적용된다.

## Ⅱ. 소수주주 축출에 관한 입법례

　소수주주 축출제도는 외국의 입법례(독일·영국·일본)에서도 많이 볼 수 있는데, 상법상 지배주주의 소수주식 취득에 의한 소수주주 축출제도는 독일 주식법상의 제도와 가장 유사하다.

　미국은 다른 외국의 입법례와 같은 소수주식에 대한 강제매수매도제도가 없고, 일반적으로 교부금합병에 의하여 소수주주를 축출한다.

### 1. 독　　　일

#### (1) 주주총회 결의에 의한 소수주식 강제매수

　독일 주식법은 제327a조부터 제327f조까지에서 소수주주축출에 관하여 규정한다.3) 회사는 기초자본금(Gruntkapital)의 95% 이상을 보유한 지배주주의 요구에 의하여 소집한 주주총회에서 소수주주의 주식을 지배주주에게 양도할 것과 소수주주의 주식에 대하여 지급되는 적정한 가액을 결정한다(株式法 327a조①). 이때의 결의

---

3) 2001년 11월 15일 제정되고 2002년 1월 1일 발효된 "유가증권취득에 대한 공개제의 및 기업인수를 규율하기 위한 법률(Gesetz zur Regelung von öffentlichen Angeboten zum Erwerb von Wertpapieren und von Unternehmensübernahmen, 유가증권취득 및 기업인수법으로 약칭하기도 한다)" 제7조는 주식법에 소수주식 강제매수에 관한 제327a조에서 제327f조까지의 규정을 신설하였다. 독일의 지배주주의 강제매수제도는 2011년 개정상법상 지배주주의 매도청구권의 모델이라 할 수 있다.

는 명문의 규정은 없지만 보통결의로 해석한다. 소수주주를 축출하는 주주총회 결의가 등기되면 소수주주의 주식이 법률적으로 지배주주에게 이전되고(株式法 327e조 ③), 주식매매가액에 대한 이자도 그 시점부터 발생한다(株式法 327b조②). 상법은 주주총회의 승인 후 지배주주가 매도청구권을 행사하고, 지배주주가 매매가액을 소수주주에게 지급한 때에 주식이 이전된 것으로 규정하는데, 독일에서는 주주총회의 소수주주축출결의에 따른 등기시점에 주식이 이전된다는 점이 다르다. 또한 주식법은 상법과 같은 "경영상 목적"을 소수주식 강제매수의 요건으로 규정하지 않는다는 것도 상법과 다른 점이다. 그리고 독일에서는 상법상 소주주주의 매수청구권에 해당하는 제도가 없는데, 이 점은 상법이 진일보한 규정이라 할 수 있다.

### (2) 공개매수자의 소수주식 강제매수

주식법상 종래의 소수주주 축출과 별개의 제도로서, 지배권취득 목적의 공개매수나 의무공개매수가 이루어진 후 대상회사의 의결권 있는 주식의 95% 이상을 공개매수자가 소유하게 된 경우에는 공개매수자가 잔여주주에 대하여 동등한 보상을 지급하고 그들의 주식을 취득할 수 있다(유가증권취득 및 기업인수법 39조).[4] 공개매수자의 강제매수권은 주주총회 결의가 필요 없으며, 법원의 승인에 의하여 행하여지지만, 법원의 매수가액의 적정성 판단절차는 없다. 독일에서는 조직재편법(Umbadlungsgesetz: UmwG)의 합병계약서 기재사항에 관한 제5조 제1항에 의하여 교부금합병은 허용되지 않는다.

## 2. 영 국

영국에서는 판례법상 주식전부를 대상으로 하는 공개매수에 응모하지 않은 소수주주가 소유하는 주식에 대한 공개매수자의 강제매수권(power of compulsory purchase)이 인정되어 오다가 Companies Act 2006은 EU의 공개매수 관련 제13지침에 따라 미국의 2단계 합병과 유사한 소수주식 강제매수제도(compulsory acquisition of minority shares)를 규정한다. 즉, 공개매수자는 대상회사 종류별 주식전부에 대한 공개매수에서 대상회사 종류별 총발행주식의 90% 이상을 취득한 한 경우 공개매수와

---

4) 공개매수절차를 이용한 소수주주축출은 EU 제13지침에 포함된 내용인데, 영국 회사법(Companies Act 2006) 제979조도 동일한 제도를 규정한다(다만, 영국 회사법은 95%가 아니라 90%로 규정함).

동일한 조건으로 공개매수에 응하지 않은 나머지 주식의 매수의사를 통지할 수 있다(英會 979조②·④, 980조②). 다만, 공개매수자나 특수관계인이 공개매수 이전에 취득한 주식은 90% 산정시 제외되므로(英會 977조), 지배주주와 관계가 없는 소수주주의 90% 이상이 공개매수에 응하여야 그 나머지 주식에 대하여 강제매수를 할 수 있다.5)

## 3. 일   본

일본 회사법상 종래에는 소수주주를 축출하는 방법으로, 금전(교부금)을 대가로 하는 조직재편, 대규모주식병합, 주식을 대가로 하는 전부취득조항부종류주식의 취득 등 있었다. 그 중에서 주주총회 특별결의에 의하여 그 종류의 주식을 전부 취득할 수 있다는 내용인 전부취득조항부종류주식이 가장 많이 활용되었다.

전부취득조항부종류주식의 취득에 의하여 소수주주를 축출하려면 대상회사 주주총회의 특별결의를 거쳐야 하므로 불가피하게 시간과 비용을 소요되었다. 이에 2014년 개정 회사법은 제179조 이하에서 特別支配株主의 株式等賣渡請求제도를 도입하였다. 特別支配株主는 총주주의 의결권의 90%(정관에서 이를 상회하는 비율을 정할 수 있다) 이상을 해당 회사 외의 자 및 그 자가 발행주식의 전부를 가진 주식회사(特別支配株主完全子法人)가 가지는 경우 그 자를 말한다. 취득일 당시의 매도주주, 이사, 감사 등은 취득일로부터 6개월(대상회사가 비공개회사인 경우에는 1년) 내에 特別支配株主를 피고로 하여 매도주식등 전부의 취득무효의 소를 제기할 수 있다.6)

## 4. 미   국

### (1) 의   의

소수주주의 축출(freeze-out)이란 회사의 지배주주가 소수주주로 하여금 주식을 매도하도록 강요하는 방법 등에 의하여 소수주주의 지분을 배제하는 것이다.7)

---

5) 영국에서의 방식은 주주총회 결의를 거치는 것이 아니라 필수적으로 공개매수절차를 거쳐서 절대다수인 90% 이상의 주식을 소유한 주주가 공개매수에 응한 경우에 소수주주의 축출이 허용된다는 점이 상법상 지배주주의 강제매수제도와 다르다.

6) 일본의 소수주주축출제도에 관한 상세한 내용은, 김경일, "소수주주축출에 관한 일본의 법리연구", 상사법연구 제36권 제3호, 한국상사법학회(2017), 213면 이하 참조.

7) 미국에서 소수주주의 축출을 의미하는 용어로서, 지배주주가 강제적인 수단을 동원하여 소수

## (2) 방　법

### 1) 합　병

(가) 교부금합병　　 합병으로 소멸하는 회사의 주주에게 합병대가로 현금을 지급하는 교부금합병(cash-out merger)은 소수주주를 축출하기 위한 미국의 대표적인 제도이다. 교부금합병은 합병비율의 조정을 위한 것이지만 실제로는 소수주주를 축출하기 위한 목적으로 많이 이용된다.8) 종래에는 교부금합병이 허용되지 않았는데, 1925년 Nevada 주회사법과 Florida 주회사법에 도입된 이래 근래에는 대부분의 제정법이 교부금합병을 인정한다. 나아가 도입 초기에는 "in addition to shares"라고만 규정하여 소멸회사의 주주에게 교부할 주식의 일부를 현금으로 지급할 수 있었으나, 근래에는 "in addition to or in lieu of shares"라고 규정하여 합병대가 전부를 현금으로 지급하는 것도 허용된다[DGCL §251(b)]. 이에 따라 지배주주는 실질적으로는 종전의 사업에 대하여 완전한 지배권을 가지고 사업을 그대로 계속할 수 있고, 반면에 소수주주는 현금만 받고 축출되는 결과가 된다. 법원도 이해관계 있는 회사 간의 합병의 경우에 불공정성 또는 정당한 사업목적의 결여를 이유로 허용하지 않는 예도 있으나, 교부금합병이라는 방법 그 자체에 대하여는 문제삼지 않는다[MBCA §11.02(c)(3)]. 교부금합병은 지배주주가 90%나 95%라는 절대적인 지분이 없는 경우에도 소수주주를 축출할 수 있는 방법이다.

(나) 간이합병　　 간이합병(short-form merger)은 모회사가 자회사 주식의 대부분(통상 종류별 주식의 90% 이상)을 소유하고 있을 때 모회사 및 자회사 주주총회의 합병승인결의 없이 이루어지는 합병으로서[MBCA §11.05, DGCL §253], 교부금합병이 인정되는 제정법[MBCA §11.02(c)(3)] 하에서 자회사의 소수주주를 축출하는 방법이기도 하다. 자회사의 입장에서는 이미 모회사가 자회사 지분의 90% 이상을 소유하므로 자회사 주주총회 결의가 무용의(futile) 것으로서 요구되지 않는 것이고, 모회사의 입장에서는 이미 자회사 지분의 90% 이상의 지분을 소유하므로 합병 결과 모회사에

---

　　주주가 의사에 반하여 회사를 떠나게 하는 것을 "freeze-out", 각종의 억압상황에 소수주주가 견디지 못하고 스스로 주식을 매도하도록 하는 것을 "squeeze-out"이라고 구별하기도 하는데, 일반적으로는 두 가지 용어가 혼용되고 있다.

8) 일본에서도 조직재편행위의 하나인 흡수합병시 합병대가로 주식에 갈음하여 금전등을 교부할 수 있고(日会 749조①2), 이에 따라 소수주주 축출이 가능한데, 다만, 다수주주에 의한 현저히 부당한 결의는 결의취소의 대상이 되고(日会 831조①3), 합병무효의 원인이 될 수도 있다(日会 828조①7·②7).

게 별다른 경제적 변동이 없으므로 주주총회 결의가 요구되지 않는 것이다. 간이합병은 합병대가를 현금으로 지급하면서 소수주주를 축출하는 방법이라는 점에서 교부금합병의 일종으로 볼 수 있는데, 자회사의 소수주주들에게 합병승인에 대한 찬반 의사표시를 할 기회가 부여되지 않는다는 점이 다르다.

(다) 2단계 합병        인수회사가 대상회사의 지배주식을 주로 공개매수절차에 의하여 취득한 후 대상회사를 인수회사에 합병시키는 형태의 2단계 합병에 있어서,9) 일반적인 경우에는 대상회사의 주주에게 인수회사의 주식이 교부되므로 충분한 정보공개 여부와 합병조건의 공정성만이 문제되지만, 특히 현금을 교부하는 교부금합병을 하는 경우에는 소수주주가 축출되는 결과가 된다. 2단계 합병은 통상적으로 1단계에서 90% 이상의 주식을 공개매수하고 2단계에서 간이합병을 함으로써 이루어진다.

일반적으로 2단계 합병에서는 소수주주 축출의 적법성 판단 기준인 완전한 공정성(entire fairness)은 문제되지 않는다. 소수주주로서는 공개매수에 응하지 않음으로써 2단계 합병을 거부할 기회가 주어졌기 때문이다.10)

2) 주식 병합

주식 병합(reverse stock split)은 수개의 주식을 합하여 그보다 작은 수의 주식으로 하는 것을 말하는데, 이러한 경우에는 1주에 미달하는 단주가 발생하게 되고 대부분의 제정법은 회사가 단주에 대하여 현금으로 상환할 수 있다고 규정하므로 소수주주의 축출을 위한 방법으로 이용된다[MBCA §6.04(a)].11)

3) 자기주식에 대한 공개매수

회사가 자기주식에 대하여 공개매수(self tender offer)를 하여 자기주식을 매수하는 것도 소수주주 축출의 방법이다. 이러한 방법은 소수주주의 의사에 반하여 매매가 이루어지는 것은 아니라는 점에서 다른 방식과 차이가 있지만, 실제로는 소수주주가 공개매수에 응하지 않을 경우의 불이익을 예상하여 대부분 이에 응하므로 소

---

9) 1단계로 지배주주로부터 일정 지분의 주식을 취득하고, 2단계로 공개매수를 통하여 일반주주로부터 주식을 취득함으로써 과반수 주식을 취득한 후, 3단계로 합병에 의하여 소수주주를 축출하는 방법도 있다.

10) In re Siliconix Inc. Shareholders Litigation, 2001 WL 716787 (Del. Ch. 2001).

11) 예를 들어, 발행주식 총수가 10만 주이고 소수주주가 소유하는 주식 2만주에 대하여는 어느 소수주주도 500주 이상을 소유하고 있지 않을 때 회사가 600주를 1주로 병합하면 이들의 주식은 모두 단주가 되는 것이다. 나아가 극단적으로 1,000주를 1주로 병합하게 되면 1,000주 미만의 주식을 소유하는 주주는 단주에 대한 현금을 받고 축출되는 결과가 된다.

수주주의 축출이라는 결과가 야기된다.

#### 4) 폐쇄회사화

폐쇄회사화(going private)는 공개회사의 지배주주가 소수주주의 주식의 전부 또는 대부분을 취득함으로써 회사의 구조를 폐쇄회사(비공개회사)로 변경하는 것을 말한다. 폐쇄회사화가 됨으로써 상장이 폐지되어 주식이 공개시장에서 거래되지 않게 되므로 상장폐지를 목적으로 하는 공개매수는 소수주주를 축출하는 효과적인 방법이다. 미국에서는 소수주주 축출의 가장 큰 목적은 상장폐지이다.

폐쇄회사를 이용한 자산 양도는 먼저 공개회사가 폐쇄회사를 설립한 후 그 폐쇄회사에 공개회사의 실질적인 전자산을 현금을 받고 양도함으로서, 공개회사의 지배주주는 신설된 폐쇄회사를 통하여 종전의 사업을 계속 영위하고, 공개회사의 소수주주는 주식매수청구권 또는 공개회사의 해산에 의하여 현금만 받고 축출된다.

### (3) 제정법에 의한 규제

#### 1) 연방법에 의한 규제

(가) SEC Rule 10b-5    SEC Rule 10b-5는 일반적인 사기금지규정(general anti-fraud provision)으로서 증권거래에 있어서의 정보의 완전공개를 요구한다. 기업결합거래에 반대하는 주주는 연방법원에 SEC Rule 10b-5 또는 위임장규칙 위반 등을 원인으로 구제를 청구할 수 있다. 그러나 합병에 관한 중요한 사실이 완전히 공개된 경우에는 합병비율의 불공정성에 대하여는 주법에 의한 합병금지청구를 할 수 있으므로 불공정성만으로는 연방법에 의한 합병금지는 불가능하다. SEC Rule 10b-5는 사기적이거나 시세조종적인 행위를 금지할 뿐, 거래의 불공정성과 신인의무(fiduciary duty) 위반을 대상으로 하는 규정이 아니기 때문이다.

(나) SEC Rule 13e-3    SEC는 1979년 폐쇄회사화(going private)를 규제하는 SEC Rule 13e-3을 제정하였는데, SEC Rule 13e-3은 일정한 범위의 거래를 하는 경우, 발행인 또는 발행인의 지배자는 SEC에 신고하고, 행위의 대상인 지분증권의 소유자에게 거래의 내용을 위임장권유참고자료 등을 통하여 송부하도록 규정한다. 이에 따라 발행인 또는 발행인의 지배자는 거래의 목적, 거래에 의하여 특정 회사 형태를 결정한 이유, 거래로 인하여 일반투자자가 입게 되는 이익과 손해, 거래의 공정성 여부 등을 공개할 의무를 규정한다.

### 2) 州제정법에 의한 규제

(가) 사업목적 기준    종래의 판례는 소수주주를 축출하는 거래에 관하여 사업목적 기준(business purpose test)을 적용한다. 즉, 법원은 정당한 사업목적(fair business purpose) 없이 소수주주 축출이 유일한 목적(sole purpose)이면 이를 허용하지 않는다.[12]

사업목적의 정당성은 소수주주의 축출로 인하여 경영의 효율성이 높아지거나, 회사의 이익이나 자산이 증가하는 경우에도 인정된다. 그러나 오로지 소수주주를 축출할 목적의 거래와, 단지 이익이나 자산이 소수주주로부터 지배주주에게 재분배되는 것에 불과한 거래의 경우에는 정당한 사업목적이 인정되지 않는다.

일반적으로 간이합병과 2단계합병의 경우에는 합병으로 인한 시너지효과가 있으므로 사업목적 요건의 증명이 비교적 용이하나, 순수폐쇄회사화거래(pure going private transaction)의 경우에는 지배주주와 소수주주의 대립상황으로 인하여 사업목적 요건의 증명이 상대적으로 어렵다고 할 수 있다.

(나) 공정성 기준    1983년 Delaware 주대법원은 유명한 Weinberger 판결에서 사업목적 요건을 채택하지 않고 지급대가와 거래절차의 공정성을 소수주주 축출의 적법성 판단의 기준으로 채택하였다. Weinberger 판결을 계기로 미국 대부분의 법원은 소수주주 축출거래에 대한 적법요건으로서 소수주주 축출거래가 소수주주에게 본질적으로 공정(intrinsic fairness)한지 여부를 엄격히 조사한다.[13] 여기서 공정성은 공정한 가격(fair price)과 공정한 절차(fair procedures)를 의미한다. 이 중 어느 요소라도 결하게 되면 법원은 거래의 불공정성을 인정하여 금지명령(injunction)을 발하거나 공정한 수준에 이르도록 손해배상을 명하게 된다. 공정성에 대하여는 원칙적으로 지배주주가 증명책임을 부담한다.

그러나 New York, Massachusetts 등 다른 州의 법원은 Delaware 주대법원의

---

12) 정당한 사업목적에 관한 leading case인 Matteson v. Ziebarth 사건은 폐쇄회사의 발행주식 총수의 90%를 보유한 지배주주가 다른 회사를 설립하여 구회사를 신회사에 흡수합병시키고 소멸회사의 주주에게는 신회사의 상환주식을 교부함으로써 구회사의 소수주주를 축출한 후 신회사의 모든 주식을 제3자에게 양도한 사안인데, Washington 주대법원은 사업이 부진한 구회사를 제3자에게 유리한 조건으로 매각하기 위하여 양도에 비협조적인 소수주주를 축출한 것은 정당한 사업목적이 있다는 이유로 소수주주의 합병무효소송을 기각하였다[Matteson v. Ziebarth, 242 P.2d 1025 (Wash. 1952)].

13) 반면에 New York, Massachusetts 등 다른 州의 법원은 Delaware 주대법원의 Weinberger 판결 이후에도 소수주주 축출거래는 신인의무(fiduciary duty) 위반의 가능성이 크므로 정당한 사업목적이라는 요건을 계속 요구한다.

Weinberger 판결 이후에도 소수주주 축출거래는 신인의무(fiduciary duty) 위반의 가능성이 크므로 정당한 사업목적이라는 요건을 계속 요구한다.

## Ⅲ. 지배주주의 매도청구

### 1. 매도청구의 요건

#### (1) 매도청구권자와 상대방

##### 1) 지배주주와 소수주주

(가) 의    의    매도청구권자인 지배주주는 회사의 발행주식총수의 95% 이상을 자기의 계산으로 보유하고 있는 주주이고, 매도청구의 상대방인 소수주주는 지배주주 아닌 다른 모든 주주이다(360조의24①).

(나) 발행주식총수    지배주주의 매도청구권은 의결권 행사와 관계없으므로, 총회의 결의에 관하여 의결권배제·제한주식(344조의3①)과, 비모자회사 간 의결권 없는 주식(369조③) 등도 발행주식총수와 보유주식수 산정에 산입된다(즉, 95% 산정시 분모와 분자에 모두 산입된다). 의결권배제·제한주식이나 비모자회사 간 의결권 없는 주식이라도 의결권을 전제로 하지 않은 권리는 인정되어야 하기 때문이다.

상법 제360조의24 제1항은 발행주식총수의 범위에 제한을 두고 있지 않으므로 자회사의 자기주식도 발행주식총수와 보유주식수에 포함된다.[14)]

한편으로는 지배주주의 강제매도청구는 종류주주총회 결의를 요건으로 하지 아니하므로,[15)] 의결권 없는 주식을 발행주식총수에 산입하지 않는다면 지배주주의

---

14) [대법원 2017. 7. 14.자 2016마230 결정] "자회사의 소수주주가 상법 제360조의25 제1항에 따라 모회사에게 주식매수청구를 한 경우에 모회사가 지배주주에 해당하는지 여부를 판단함에 있어, 상법 제360조의24 제1항은 회사의 발행주식총수를 기준으로 보유주식의 수의 비율을 산정하도록 규정할 뿐 발행주식총수의 범위에 제한을 두고 있지 않으므로 자회사의 자기주식은 발행주식총수에 포함되어야 한다. 또한 상법 제360조의24 제2항은 보유주식의 수를 산정할 때에는 모회사와 자회사가 보유한 주식을 합산하도록 규정할 뿐 자회사가 보유한 자기주식을 제외하도록 규정하고 있지 않으므로 자회사가 보유하고 있는 자기주식은 모회사의 보유주식에 합산되어야 한다."

15) 회사가 종류주식을 발행한 경우에 정관을 변경함으로써 어느 종류주식의 주주에게 손해를 미치게 될 때에는 주주총회 결의 외에 그 종류주식의 주주의 총회의 결의가 있어야 하고(435조①), 회사가 종류주식을 발행한 경우에 정관에 다른 정함이 없는 경우에도 주식의 종류에 따라 신주의 인수, 주식의 병합·분할·소각 또는 합병·분할로 인한 주식의 배정에 관하여 특

매도청구권 행사가 용이하여 그만큼 소수주주에게 불리하다는 문제도 있다.

(다) 보유주식수

가) 계산주체 기준    상법상 지배주주의 주식 보유경위에 대하여 아무런 제한이 없고, "자기의 계산으로 보유하고 있는 주주"라는 규정상 타인의 명의로 보유하더라도 자기의 계산으로 보유하는 주식은 합산한다. 즉, 지배주주가 차명으로 보유하는 주식은 전부 합산한다. 자기의 계산으로 보유한다는 점은 당연히 지배주주가 증명하여야 한다.

나) 실질주주 기준    주식매수청구권은 주주의 회사에 대한 권리이므로 주주명부상의 주주만이 이를 행사할 수 있지만, 지배주주의 매도청구는 회사가 아닌 소수주주에 대한 권리이므로 지배주주는 실질적으로 발행주식총수의 95% 이상을 보유하고 있으면 되고 반드시 주주명부상의 주주일 필요는 없다.

한편, 상법은 보유라는 용어를 자본시장법의 개념과 같이 넓은 의미로 규정한 것으로 보이지 아니하므로,16) 법문의 보유라는 용어는 단순히 소유와 같은 의미로 보는 것이 타당하다.

다) 개별 주주 기준    자본시장법상 공개매수 또는 보고의무에 적용되는 특수관계인 개념은 상법상 지배주주에 의한 소수주식의 전부 취득에는 적용되지 않

---

수하게 정할 수 있다(344조③). 이와 같이 특수하게 정함으로 인하여 어느 종류의 주주에게 손해를 미치게 될 경우에는 제435조가 준용되므로(436조), 종류주주총회 결의가 필요하다. 회사가 종류주식을 발행한 경우 주식의 종류에 따라, 주식교환·주식이전, 합병, 분할·분할합병 등으로 인하여 어느 종류주식의 주주에게 손해를 미치게 될 경우에도 제435조가 준용되므로(436조), 종류주주총회 결의가 필요하다. 지배주주의 강제매도청구는 이상의 어느 경우에도 해당하지 않는다.

16) 자본시장법상 대량보유보고의무 및 공개매수의 요건과 관련하여 "소유에 준하는 보유"는 다음과 같은 개념이다(資令 142조).
  1. 누구의 명의로든지 자기의 계산으로 주식등을 소유하는 경우
  2. 법률의 규정이나 매매, 그 밖의 계약에 따라 주식등의 인도청구권을 가지는 경우
  3. 법률의 규정이나 금전의 신탁계약·담보계약, 그 밖의 계약에 따라 해당 주식등의 의결권(의결권의 행사를 지시할 수 있는 권한을 포함)을 가지는 경우
  4. 법률의 규정이나 금전의 신탁계약·담보계약·투자일임계약, 그 밖의 계약에 따라 해당 주식등의 취득이나 처분의 권한을 가지는 경우
  5. 주식등의 매매의 일방예약을 하고 해당 매매를 완결할 권리를 취득하는 경우로서 그 권리행사에 의하여 매수인으로서의 지위를 가지는 경우
  6. 주식등을 기초자산으로 하는 자본시장법 제5조 제1항 제2호(옵션)에 따른 계약상의 권리를 가지는 경우로서 그 권리의 행사에 의하여 매수인으로서의 지위를 가지는 경우
  7. 주식매수선택권을 부여받은 경우로서 그 권리의 행사에 의하여 매수인으로서의 지위를 가지는 경우

는다. 따라서 95% 이상의 주식을 보유한 지배주주에 해당하는지 여부는 개별 주주
만을 기준으로 판단하여야 하고, 공동경영 기타 공동의 목적이 있는 복수 주주의
보유주식은 합산하지 않는다.[17] 물론 예컨대 2인의 주주가 합산하여 95% 이상의
주식을 보유하면서 소수주주의 주식을 매수하려면 2인 중 1인이 나머지 1인의 주
식을 매수하여 개별 주주의 주식 보유비율을 95% 이상으로 만들면 된다.[18]

　　라) 모회사 및 자회사 지분 합산　　　지배주주의 보유주식의 수를 산정하는 때
에는 모회사와 자회사가 보유한 주식을 합산한다. 이 경우 회사가 아닌 주주(개인
주주)가 발행주식총수의 50%를 초과하는 주식을 가진 회사가 보유하는 주식도 그
주주가 보유하는 주식과 합산한다(360조의24②). 개별 주주 기준의 유일한 예외이다.

　　상법상 자회사의 수에 관한 제한은 없으므로 하나의 모회사가 여러 자회사를
통하여 대상회사 주식의 보유하는 경우에도 자회사들의 지분을 합산한다. 모회사
가 대상회사 주식을 1주도 보유하지 않고 자회사를 통하여서만 보유하는 경우도
있을 수 있는데, 1주도 보유하지 아니한 지배주주라는 개념은 인정하기 어려우므
로 이러한 모회사는 매도청구권을 행사할 수 없다 할 것이다.[19]

　　모회사와 자회사, 회사 아닌 주주와 회사 중 어느 주체를 지배주주로 볼 것인
지에 관하여는 명문의 규정이 없으므로 논란의 여지는 있다. 지배주주로 볼 수 있
는 경우를 구체적으로 분류하자면, i) 모회사 또는 회사 아닌 주주(개인주주), ii) 모
회사와 자회사들 중 최대주주, iii) 모든 주주 등 세 가지 해석이 가능하다.

　　이와 관련하여, 모회사의 지분이 자회사의 지분보다 작더라도 모회사와 자회
사 간의 지배관계를 고려하면 i)의 주주만을 매도청구권을 행사할 수 있는 지배주
주라는 견해도 있다.[20] 그러나 누구로부터 대가를 받는지가 중요하지 아니한 소수
주주의 입장에 비추어 보면 매도청구권 행사의 주체를 반드시 모회사로 제한할 필
요는 없다. 즉, 모회사와 자회사 모두 지배주주로서 매도청구권을 행사할 수 있다

---

17) 反對: 서완석, 전게논문, 412면(의결권구속계약 등에 의해 제3자와 제휴한 경우에 그 제3자
　　와 제휴하여 95% 요건을 충족한 경우에도 그 제3자가 보유한 주식도 합산의 대상이고, 이 경
　　우 지배주주는 적어도 1주 이상만 보유한다고 설명하는데, 제도의 취지상 입법방향으로서는
　　타당하나, 현행 규정의 해석론으로는 무리라고 본다).
18) 실제로 매수하지 않고 지배주주들 간의 공모에 의하여 형식적으로만 1인의 지배주주가 소
　　유하는 것처럼 가장하는 경우도 있을 것이다.
19) 모회사가 자회사로부터 대상회사 주식 1주만 취득하면 되므로 논의의 실익은 없다고 할 수
　　도 있지만, 모회사가 1주를 취득함으로써 지방세법 제7조 제5항의 과점주주로서 간주취득세
　　를 부담하게 되는 문제가 있어서, 모회사 입장에서 간단한 문제는 아니다.
20) 송옥렬, 859면.

고 해석하는 것이 타당하다.[21]

상법 제360조의24 제2항도 지배주주의 보유주식수를 산정할 때 모회사와 자회사가 보유한 주식을 합산한다고 규정할 뿐, 매도청구권자인 지배주주를 모회사 또는 최대주주로 한정한다는 취지로 규정하지 아니하므로 모회사와 자회사가 함께 매도청구권을 행사하는 것을 금지할 필요가 없을 것이다.

지배주주의 보유주식수를 산정하는 때에는 모회사와 모든 자회사의 보유주식수를 합산한다. 즉, 다른 자회사가 보유한 대상자회사 주식과 대상자회사가 보유하고 있는 자기주식은 모두 모회사의 보유주식에 합산된다.[22]

마) 보유시점     지배주주가 매도청구를 하기 위한 지분보유의 기준시점에 대하여 상법에 아무런 규정이 없지만, 지배주주가 주주총회에서 주식의 보유현황을 설명하여야 하므로(360조의24④) 주주총회 결의일을 기준으로 하는 것이 타당하다.

2) 증명책임

매도청구를 할 수 있는 지배주주의 요건은 매도청구를 하는 지배주주가 증명하여야 한다.

### (2) 경영상 목적

1) 의   의

지배주주가 강제매도청구를 하려면 "회사의 경영상 목적을 달성하기 위하여 필요한 경우"이어야 한다(360조의24①). 따라서 오로지 소수주주의 이익을 배제하는 것이 유일한 목적인 경우에는 경영상 목적이 인정되지 않는다.

2) 기   준

경영상 목적의 해석기준으로서 일응은 신주의 제3자배정요건으로서 동일한 문구를 규정한 제418조 제2항("회사의 경영상 목적을 달성하기 위하여 필요한 경우")과 함께, 미국의 판례에서 확립된 사업목적기준과 공정성기준이 적용될 수 있다.

경영상 목적을 엄격하게 해석하는 입장에서는 소수주주의 경영권 방해행위 및 주주권 남용에 의하여 회사의 정상적인 경영이 곤란할 정도라는 적극적 요건이 필

---

21) 同旨: 이동건 외2, "상법상 소수주주 축출 방안과 관련한 법률상, 실무상 쟁점", 법조 672호 (2012. 9), 법조협회(2012), 256면.

22) 대법원 2017. 7. 14.자 2016마230 결정.(자회사의 소수주주가 지배주주에 대하여 매수청구를 한 사안인데, 제360조의24와 제360조의25의 지배주주, 소수주주는 동일한 개념이므로(360조의24①), 소수주주에 대한 매도청구의 경우에도 동일하게 해석해야 할 것이다).

요하다는 견해를 취한다.23) 그러나 경영상 목적을 너무 엄격하게 해석한다면 이에 대한 증명책임을 부담하는 지배주주의 부담이 과다하므로 제도의 실효성을 달성하기 어렵다. 따라서 소수주식의 강제매수로 인하여 경영의 효율성이 높아져서 회사의 이익 또는 자산이 증가한다거나, 합병협상에서 합병상대방회사가 소수주주의 축출을 원한다는 등의 사정만으로도 경영상 목적을 인정하는 것이 타당하다.24) 다만, 후자의 견해에 의하면 소수주주의 이익을 보호하기 위하여 공정한 매매가액의 필요성이 크다 할 것이다.

## 2. 매도청구의 절차

### (1) 이사회·주주총회의 승인

#### 1) 이사회의 승인

상법상 명문의 규정은 없지만, 소수주식에 대한 매도청구권을 행사하려는 지배주주는 이사회에 주주총회의 소집을 요청하여야 한다. 이사회는 지배주주가 매도청구권행사의 요건을 갖추었는지 여부를 확인한 후 주주총회의 소집결정을 한다. 지배주주가 이러한 요건을 갖추지 못하였다는 것이 밝혀지면 이사회는 주주총회의 소집요청을 거부하여야 한다. 만일 이러한 상황에서 이사회가 주주총회의 소집을 결정하고 그에 따라 소수주식이 지배주주에게 이전되는 경우, 소수주주는 이사의 고의 또는 중과실로 인한 임무해태를 증명하여 손해배상청구를 할 수 있다(401조①).25)

---

23) 이러한 견해는 주주총회에서 지배주주의 의결권이 제한되지 않는다는 점과 경영상의 목적을 엄격히 해석하여야 제도의 위헌성 문제도 해소된다는 점도 근거로 든다.

24) 미국과 독일에서는 경영상 목적을 요구하지 않는다. 미국의 2단계 합병(공개매수 후 합병)이나 독일의 공개매수자의 강제매수절차에서 지배주주 또는 지배주주가 되려는 자가 공개매수에 의하여 발행주식총수의 95% 이상을 확보하고 지배주주로서 소수주식에 대한 매도청구를 하는 경우에는 경영상 목적이 사실상 추정된다 할 것이다. 공개매수절차에서 주주보호를 위하여 필요한 사항이 공시되므로 적법한 절차에 의하여 이루어진 공개매수는 항상 정당하다고 볼 수 있기 때문이다.

25) 아래에서 보는 바와 같이 지배주주의 매도청구승인을 위한 주주총회의 소집을 통지할 때, i) 지배주주의 회사 주식의 보유현황, ii) 매도청구의 목적, iii) 매매가액의 산정근거와 적정성에 관한 공인된 감정인의 평가, iv) 매매가액의 지급보증 등을 적어야 하므로(360조의24④), 지배주주가 이미 발행주식총수의 95% 이상을 보유하는 상황이므로 무의미해 보이는 주주총회의 승인절차를 요구하는 것은, 이사회가 소집결정과정에서 지배주주의 "경영상의 목적"과 "매매가액의 적정성" 등을 검토할 수 있다는 점에 중요한 의미가 있다.

2) 주주총회의 승인

(가) 의      의      지배주주가 매도청구를 하려면 미리 주주총회의 승인을 받아야 한다(360조의24③). 따라서 주주총회의 사전승인 없는 매도청구는 부적법하다. 그리고 지배주주가 발행주식총수의 95% 이상을 보유하지 않은 상황에서 이루어진 매도청구승인결의는 법령에 위반한 결의로서 결의무효의 소의 대상이 된다.

(나) 절      차      지배주주의 매도청구에 대한 주주총회의 승인은 보통결의에 의한다.26) 지배주주가 이미 발행주식총수의 95% 이상을 보유하는 상황이므로 주주총회의 승인절차는 일면 무의미해 보인다. 그러나 주주총회 승인절차의 실질적인 목적은 소집통지에서 주식매매에 관한 구체적인 정보(매매가액의 산정 근거)가 기재되도록 하고 또한 지배주주가 주주총회에서 그 내용을 설명하도록 함으로써,27) 소수주주에게 주식매매에 관한 충분한 정보를 제공하기 위한 것이라고 볼 수 있다.28)

따라서 상법은 지배주주의 매도청구승인을 위한 주주총회의 소집을 통지할 때에는 다음과 같은 사항을 적어야 하고, 매도를 청구하는 지배주주는 주주총회에서 그 내용을 설명하도록 규정한다(360조의24④).29)

1. 지배주주의 회사 주식의 보유 현황
2. 매도청구의 목적
3. 매매가액의 산정 근거와 적정성에 관한 공인된 감정인의 평가
4. 매매가액의 지급보증

(다) 특별이해관계인의 의결권제한 문제      주주총회의 특정 의안에 대하여 특별한 이해관계가 있는 자는 의결권을 행사하지 못한다(368조③). 이 규정에 근거하

---

26) 상법상 특별결의에 의한다는 규정이 없으므로 보통결의로 해석하여야 한다. 다만, 어차피 지배주주는 95% 이상의 지분을 보유하므로 실제로는 보통결의와 특별결의 구별 자체가 무의미하다.

27) 독일에서도 주주총회 의장은 주주총회에서 지배주주에게 주식매수가액의 적정성 등에 관하여 진술을 하게 할 수 있다(株式法 327d조).

28) 합병의 경우에도 회사의 일방이 합병 후 존속하는 경우에 소멸회사의 주주 전원의 동의가 있거나 그 회사의 발행주식총수의 90% 이상을 존속회사가 소유하고 있는 경우인 간이합병에서는 소멸회사의 주주총회의 승인은 이를 이사회의 승인으로 갈음할 수 있다(527조의2①). 그런데 존속회사가 위와 같은 90%에는 미달하지만 소멸회사의 주주총회 특별결의 요건을 훨씬 넘는 지분(예컨대 85%)을 소유하는 경우에는 존속회사 주주총회의 승인절차가 무의미해 보이지만 존속회사의 주주총회 특별결의를 요구하는 것도 이와 같은 취지라고 할 수 있다.

29) 주주총회 소집통지서에 매매가액의 산정 근거를 적어야 하지만, 별도로 있는 매매가액 결정절차에 관한 규정(360조의24 제7항부터 제9항까지)에 비추어 보면, 주주총회 승인결의로 매매가액이 확정되는 것으로 해석하기는 어렵다.

여 강제매수를 하려는 지배주주는 특별이해관계인에 해당하므로 의결권이 제한되고 소수주주들만의 의결권 행사에 의하여 매도청구의 승인안을 결의하여야 한다는 견해도 있다.30)

의결권 행사 제한사유인 특별이해관계의 의의에 대하여 통설인 개인법설은 특정 주주가 주주의 지위를 떠나 개인적으로 갖는 경제적 이해관계를 특별이해관계로 본다.31) 그런데 지배주주의 강제매수제도는 상법상 규정된 요건에 해당하는 지배주주에게 인정되는 것이므로, 지배주주가 주주의 지위를 떠나 개인적으로 가지는 경제적 이해관계로 볼 수 없다. 만일 지배주주가 주주의 지위를 떠나 개인적으로 가지는 경제적 이해관계라는 이유로 지배주주를 특별이해관계인으로 본다면 이 점은 소수주주도 마찬가지라는 점에서도 지배주주와 소수주주 모두 특별이해관계인으로 볼 수 없다.

또한 만일 지배주주가 특별이해관계인으로서 의결권이 제한된다면 주주총회에서 전적으로 소수주주의 의사에 따라 지배주주의 매도청구에 대한 승인 여부가 결정되므로 주주총회 개최비용 등 소수주주 관리비용을 절감하고 기동성 있는 의사결정이 가능하도록 하기 위한 것이라는 취지에 반한다.

한편, 결의요건과 관련하여, 특별이해관계인으로서 행사할 수 없는 주식의 의결권 수를 발행주식총수에는 산입한다면 5% 미만의 지분을 가진 소수주주들의 의결권만으로는 보통결의의 요건인 발행주식총수의 4분의 1을 충족하는 것이 원천적으로 불가능하다. 따라서 감사의 선임에서 3% 초과 주식은 상법 제371조의 규정에도 불구하고 상법 제368조 제1항에서 말하는 '발행주식총수'에 산입되지 않는다는 판례32)의 취지가 이 경우에도 적용되는 것으로 해석한다.

지배주주가 특별이해관계인으로서 의결권이 제한되지 않는다면 가결될 것이 확실한 주주총회의 승인결의를 굳이 비용과 시간을 들여서 요구할 이유가 없다는 지적이 있을 수 있다. 그러나 앞에서 본 바와 같이 지배주주의 매도청구승인을 위한 주주총회의 소집을 통지할 때에는 각종 구체적인 정보를 적어야 하고, 매도

---

30) 서완석, "상법상의 소수주주 축출제도 - 소수주식 강제매수제도와 교부금합병제도를 중심으로 -", 상사법연구 제30권 제2호, 한국상사법학회(2011), 431면.

31) 의결권 행사 제한사유인 특별이해관계의 의의에 대하여는, i) 당해 결의에 의하여 권리의무의 득실이 생기는 경우를 의미한다는 법률상이해관계설, ii) 모든 주주가 아닌 특정 주주의 이해에만 관계되는 것을 의미한다는 특별이해관계설, iii) 특정 주주가 주주의 지위를 떠나 개인적으로 갖는 경제적 이해관계를 특별이해관계로 보는 개인법설 등이 있는데, 개인법설이 통설이다.

32) 대법원 2016. 8. 17. 선고 2016다222996 판결.

를 청구하는 지배주주는 주주총회에서 그 내용을 설명하여야 한다(360조의24④). 이와 같이 소수주주가 강제매수에 관한 정보에 접근하고 주주총회에서 의견을 개진할 수 있는 기회가 된다는 점이 주주총회의 사전승인을 요구하는 중요한 이유라 할 수 있다.

### (2) 공고·통지

지배주주는 매도청구의 날 1개월 전까지, i) 소수주주는 매매가액의 수령과 동시에 주권을 지배주주에게 교부하여야 한다는 뜻, ii) 주권을 교부하지 아니할 경우 매매가액을 수령하거나 지배주주가 매매가액을 공탁한 날에 주권은 무효가 된다는 뜻을 공고하고, 주주명부에 기재된 주주와 질권자에게 따로 그 통지를 하여야 한다(360조의24⑤). 지배주주가 별도로 의사표시를 하지 않더라도 공고·통지에서 지정한 매도청구일에 매도청구를 한 것으로 보아야 한다. 따라서 매도청구일에 매매계약이 성립한 것으로 되므로 지배주주는 일방적으로 매도청구를 철회할 수 없다고 보아야 한다.

지배주주는 매도청구의 날 1개월 전까지 공고·통지를 하여야 하므로, 사실상 공고·통지일로부터 1개월이 경과하여야 매도청구를 할 수 있다. 따라서 지배주주에게는 공고·통지를 할 수 있는 시점이 중요한데, 상법상 명문의 규정이 없으므로 반드시 주주총회의 승인 후에 공고·통지를 할 수 있다고 해석할 필요는 없다. 즉, 지배주주는 주주총회의 승인 전이라도 이러한 공고·통지를 미리 함으로써 지배주식 취득일정을 단축시킬 수 있다.[33]

### (3) 매도청구

매도청구에 대한 주주총회의 승인이 있어도 당연히 소수주식이 지배주주에게 이전되는 것이 아니라 지배주주가 매도청구를 하여야 한다. 지배주주가 주주총회의 매도청구승인 후 상당 기간이 경과하도록 매도청구를 하지 않는 경우에 대비하여, 주주총회의 승인결의시 지배주주의 매도청구기간을 정하고 그 기간 내에 매도청구

---

33) 지배주주의 매도청구가 강제공개매수의 요건을 갖추더라도 상법상 특별히 인정된 절차에 의한 취득이므로 자본시장법상 강제공개매수절차가 요구되지 않는다(물론 95% 확보하기 위하여 공개매수를 하는 경우에는 강제공개매수규제가 적용된다). 일본에서는 2014년 회사법 개정시 제179조 이하에서 특별지배주주의 주식등매도청구제도를 도입하면서, 금융상품거래법도 개정하여 특별지배주주의 주식등매도청구의 경우에는 공개매수규제가 적용되지 않는다고 명시하였다(金商法 27조의2① 단서, 同法 施行令 6조①6).

를 하지 않는 경우에는 매도청구승인이 실효되고 다시 주주총회의 매도청구승인을 받도록 하는 것이 타당하다. 소수주주로서는 지배주주가 매도청구를 부당하게 지체하는 경우 지배주주의 매도청구권 행사와 별도로 소수주주가 매수청구권을 행사할 수 있다.[34)]

지배주주가 이미 발행주식총수의 95% 이상을 보유하는 상황에서 매도청구승인을 받도록 하는 취지가, 소집통지의 내용 및 지배주주의 설명에 의하여 소수주주에게 주식매매에 관한 구체적이고 충분한 정보를 제공하기 위한 것이라는 취지에 비추어, 매도청구승인결의 후 상당 기간이 경과한 후에는 이와 같이 당초 제공된 정보의 내용에 중대한 변동이 있을 수 있기 때문이다.

그리고 만일 주주총회의 매도청구승인결의시 지배주주의 매도청구기간을 불합리하게 장기간으로 정하는 경우에는, 지배주주가 자신에게 유리한 시기를 임의로 선택하여 매도청구를 하게 되고, 심지어는 회사의 경영부진 등의 상황에서는 아예 매도청구를 하지 않을 수 있는데, 지배주주에게 매도청구시점과 나아가 매도청구 여부에 관하여 일방적인 선택권을 부여하는 것은 불공정하다.

### (4) 소수주식의 양도

지배주주가 소수주식에 대한 매도청구를 위한 절차를 진행하는 과정에서, 기준일에 의하여 주주총회에서 의결권을 행사할 주주로 확정된 소수주주가 보유 주식을 제3자에게 양도한 경우가 있을 수 있다.

이때 지배주주가 그 제3자를 상대로 매도청구를 하려면 다시 처음부터 절차를 밟아야 하는 것이 아니라, 소수주식을 양수한 제3자를 상대로 매도청구를 할 수 있다고 해석하는 것이 제도의 취지에 부합한다. 이와 같이 해석하지 않으면 사실상 소수주주의 거부권을 인정하는 결과가 되기 때문이다. 지배주주가 매도청구 후에도 소수주주에게 매매대금을 지급하여야 주식이 이전된 것으로 보는데(360조의26①), 매도청구 후 매매대금 지급 전에 소수주식이 양도된 경우에도 지배주주는 양수인을 상대로 매도청구를 할 수 있다.

---

34) 그러나 소수주주의 매수청구절차가 진행중인 경우에 지배주주가 해당 소수주식에 대하여 매도청구절차를 하는 것은 주주총회의 승인을 받아야 하는 절차적 지연 요인이 있으므로 특별한 경우가 아니면 허용되지 않는다고 보아야 한다.

### (5) 소수주주 불명

지배주주는 매매가액을 지급할 소수주주를 알 수 없는 경우에는 그 가액을 공탁할 수 있고, 이 경우 주식은 공탁한 날에 지배주주에게 이전된 것으로 본다(360조의26②).[35] 따라서 상속이나 양도에 의하여 소수주주가 변경되었으나, 명의개서를 하지 않아서 회사나 지배주주가 진정한 소수주주를 파악할 수 없는 경우에도, 상법은 지배주주의 소수주식 취득을 인정하는 취지로 규정한다.

그런데 이와 관련하여 절차상의 문제가 있다. 우선, 상대방 있는 의사표시의 효력발생에 관한 도달주의에 의하면, 매도청구의 의사표시가 소수주주에게 도달하여야 그 효력이 발생하는데, 지배주주가 상대방인 소수주주를 알지 못하거나 상대방의 소재를 알지 못하므로, 민사소송법의 공시송달의 규정에 의하여 송달하여야 한다(民法 113조, 民訴法 195조). 공시송달에 의한 의사표시는 법원게시판에 게시한 날부터 2주일이 경과한 때에 상대방에게 도달한 것으로 되어 효력이 발생한다(民訴法 196조①).

또한, 매매가액은 소수주주와 지배주주 간의 협의로 결정하고, 협의가 이루어지지 아니한 경우에는 소수주주 또는 지배주주가 법원에 매매가액의 결정을 청구할 수 있다. 그런데 비송사건절차법에 의하여 매매가액결정을 청구하려면 상대방(피신청인)이 특정되어야 한다. 따라서 지배주주가 소수주주를 알 수 없는 경우에는 매매가액결정청구 자체를 할 수 없다는 문제가 있다. 이 경우 지배주주가 소수주식 전부를 취득하려면 주주명부상에 최후로 기재된 주주를 상대로 제소하고 공시송달 절차에 의하여 진행할 수밖에 없을 것인데, 주주명부상의 주주가 진정한 주주가 아니라면 후에 법원의 결정과 공탁의 효력에 관하여 분쟁이 발생할 가능성이 있다. 지배주주의 강제매수제도의 본질적 목적은 회사의 이익을 위한 것이라는 이유로 주주에 대한 회사의 통지·최고는 주주명부에 기재한 주소 또는 주주가 회사에 통지한 주소로 하면 된다는 상법 제353조 제1항을 유추적용할 수 있다는 해석도 있는데 지배주주의 강제매수제도는 지배주주의 입장에서는 소수주주의 존재로 인한

---

35) 상법은 지배주주가 매매가액을 지급할 소수주주를 알 수 없는 경우에 그 가액을 공탁할 수 있다고 규정할 뿐이므로, 협의나 법원의 결정에 의하여 매매가액이 확정되기 전에는 채무액이 확정되지 아니하므로 공탁의 요건인 "채무의 내용에 따른 변제의 제공"을 할 수 없고, 따라서 지연손해금의 발생을 저지하기 위한 공탁은 허용되지 않는다.

주주관리비용을 절감함으로써 경영효율성을 높일 수 있는 장점이 있는 것이므로, 이 제도의 본질적 목적이 회사의 이익을 위한 제도인지는 의문이다.36)

### (6) 일부에 대한 매도청구

지배주주가 소수주주의 주식 중 일부에 대하여 매도청구를 할 수 있는지에 관하여 "지배주주의 매도청구권"이라는 제목의 제360조의24에는 명시적인 규정이 없지만, "제4관 지배주주에 의한 소수주식의 전부 취득"이라는 제목으로 보아 전부 아닌 일부 소수주식에 대한 매도청구권행사는 허용되지 않는다고 해석된다. 또한 지배주주가 일부 소수주주를 대상으로 매도청구권을 행사하는 경우에는 "경영상의 목적"이 인정되지 않을 것이다. 판례도 "입법 의도와 목적 등에 비추어 보면, 지배주주가 본 조항에 따라 매도청구권을 행사할 때에는 반드시 소수주주가 보유하고 있는 주식 전부에 대하여 권리를 행사하여야 한다."라는 입장이다.37)

## 3. 매도청구의 효과

### (1) 매매계약의 성립

#### 1) 매매계약 성립시기

상법은 매매계약 성립시기에 관하여는 명문의 규정을 두지 않고, 다만 "소수주주는 매도청구를 받은 날부터 2개월 내에 지배주주에게 그 주식을 매도하여야 한다."라고만 규정한다(360조의24⑥).

이 규정의 해석에 관하여, 매도청구권이 형성권이라고 전제하면서도 지배주주가 매도청구권을 행사하면 바로 매매계약이 성립하는 것이 아니라 소수주주가 지배주주와 매매가액에 관하여 협의할 의무를 부담하는 것이고, 따라서 소수주주는 매도청구를 받은 날부터 2개월 이내에 매매가액을 협의하여 매매계약을 체결하여야 한다는 뜻으로 해석하여야 한다는 견해도 있다.38)

그러나 지배주주의 매도청구권이 형성권이라면 매도청구에 따라 바로 매매계약이 성립한다고 보는 것이 논리적이고, 주주총회 특별결의사항에 반대하는 주주의

---

36) 송종준, "소수주식 전부취득제도의 입법의도와 해석방향", 기업법연구 제26권 제1호, 한국기업법학회(2012), 92면.
37) 대법원 2020. 6. 11. 선고 2018다224699 판결.
38) 정찬형, 822면.

주식매수청구권행사에 관한 "상법 제374조의2 제2항의 회사가 주식매수청구를 받은 날부터 2개월은 주식매매대금 지급의무의 이행기를 정한 것이고, 이는 2개월 이내에 주식의 매수가액이 확정되지 아니하였다고 하더라도 다르지 아니하다."라는 판례는[39] 지배주주의 매도청구권행사에도 적용될 것이다. 따라서 지배주주의 매도청구권 행사와 동시에 매매계약이 성립한다고 보아야 한다.[40]

### 2) 매매계약 이행시기

매도청구를 받은 소수주주는 매도청구를 받은 날부터 2개월 내에 지배주주에게 그 주식을 매도하여야 한다(360조의24⑥). 지배주주도 소수주주가 매도청구를 받은 날부터 2개월 내에 그 주식을 매수하여야 한다. 2개월 내에 매매가액에 관한 협의가 종결되지 아니한 상태에서는 지배주주의 주식대금지급의무와 소수주주의 주식인도의무는 동시이행관계에 있으므로 쌍방 이행지체로 되지 않는다.[41]

### (2) 주식양도차익에 대한 과세

상법상 소액주주라 하더라도 소득세법상 본인과 그 특수관계자의 지분을 합하여 3%(벤처기업 주식은 5%) 또는 지분총액이 100억원(벤처기업은 50억원) 이상이면 주식양도차익에 대하여 양도소득세가 부과된다.[42] 지배주주의 매도청구 또는 소수주주의 매수청구의 경우에도 양도차익에 대하여는 양도소득세가 부과된다.

---

39) 대법원 2011. 4. 28. 선고 2009다72667 판결, 대법원 2011. 4. 28. 선고 2010다94953 판결(2015. 12. 1. 개정 전에는 "주식매수청구를 받은 날부터"였다).

40) 그러나 매도청구에 의하여 주식이 당연 이전하는 것은 아니고, 지배주주가 매매가액을 소수주주에게 지급한 때에 주식이 이전된다(360조의26①).

41) 주주총회 특별결의사항에 반대하는 주주의 주식매수청구권행사에서도 회사의 주식대금 지급의무와 주주의 주권교부의무는 동시이행관계에 있으므로, 회사는 주주가 주권교부의무를 이행하거나 이행을 제공하기 전에는 회사의 주식대금의 지급의무의 이행을 지체한 것이 아니므로 지연손해금을 지급할 의무가 없다는 판례가 있고(대법원 2011. 4. 28. 선고 2010다94953 판결), 이러한 법리는 지배주주의 매도청구권행사에도 적용될 것이다. 물론 지배주주가 적정 매매가액을 공탁하였음에도 소수주주가 2개월 내에 주식매도의무를 이행하지 아니하면 이행지체로 되지만, 지배주주가 굳이 매매가액을 공탁까지 하면서 소수주주를 이행지체에 빠지게할 실익은 별로 없을 것이다. 이와 관련하여 지배주주의 매도청구는 가격을 제시하면서 행해지므로 원칙적으로는 가격협의의 종결을 조건으로 매도의 이행시기를 정한 것으로 보아야 한다는 설명도 있다(이철송, 1165면).

42) 비상장주식의 경우에는 중소기업 주식은 10%, 대기업 주식은 20%의 세율이 적용되고, 상장주식의 경우에는 장외거래만 과세대상인데 중소기업 주식은 10%, 대기업 주식은 20%의 세율이 적용된다.

### (3) 전환사채와 신주인수권부사채

지배주주가 매도청구권을 행사하여 100% 지분을 확보한 후에도 전환사채권자나 신주인수권부사채권자가 전환권이나 신주인수권을 행사하면 다시 소수주주가 생길 수 있고, 신주발행 규모에 따라 강제매도청구의 요건을 구비하기 어려울 수도 있다. 따라서, 지배주주로서는 강제매도청구 절차를 개시하기 전에 전환사채와 신주인수권부사채 등을 미리 취득하는 방안이 바람직하다.

## 4. 매매가액의 결정

### (1) 결정 절차

매매가액은 매도청구를 받은 소수주주와 매도를 청구한 지배주주 간의 협의로 결정한다(360조의24⑦). 매도청구를 받은 날부터 30일 내에 매매가액에 대한 협의가 이루어지지 아니한 경우에는 매도청구를 받은 소수주주 또는 매도청구를 한 지배주주는 법원에 대하여 매매가액의 결정을 청구할 수 있다(360조의24⑧). 즉, "매매가액"은 지배주주가 일방적으로 산정하여 제시한 가액이 아니라 소수주주와 협의로 결정된 금액 또는 법원이 상법 제360조의24 제9항에 따라 산정한 공정한 가액이다.[43]

### (2) 결정 기준

법원이 주식의 매매가액을 결정하는 경우에는 회사의 재산상태 그 밖의 사정을 참작하여 공정한 가액으로 산정하여야 한다(360조의24⑨). 대주주가 95% 보유요건을 갖추기 위하여 자본시장법상 공개매수절차에 의하여 먼저 상당지분을 매집한

---

43) [대법원 2020. 6. 11. 선고 2018다224699 판결] "이유는 다음과 같다. ① 지배주주의 일방적인 매도청구권 행사로 소수주주가 그 의사에 반하여 회사로부터 축출될 수 있기 때문에, 공정한 가격을 지급함으로써 소수주주를 보호할 필요성이 인정된다. 상법에서 '지배주주의 매도청구권이 주주총회에서 승인된 때' 또는 '소수주주가 매도청구권의 통지를 수령한 때'가 아니라 '지배주주가 매매가액을 지급한 때'에 비로소 주식이 이전된다고 규정하고, 또 지배주주의 매도청구권에 대응하는 권리로 상법 제360조의25에서 소수주주에게도 매수청구권을 부여한 점에 비추어 보더라도 그러하다. ② 상법 제360조의26은 상법 제360조의24에 따라 지배주주가 매도청구권을 행사한 경우뿐 아니라 상법 제360조의25에 따라 지배주주가 있는 회사의 소수주주가 지배주주를 상대로 매수청구권을 행사한 경우에도 동일하게 적용된다. 그런데 후자의 경우, 지배주주가 일방적으로 산정하여 제시하는 매매가액이라는 개념은 상정하기 어렵다."

경우에는 공개매수가격이 공정한 매매가액의 일응의 기준이 될 것이다.

지배주주의 매도청구시 매매가액의 결정은 합병 등에서의 주식매수청구권과 동일한 방식이다. 다만, 반대주주의 주식매수청구권과 달리,44) 지배주주에 의한 소수주식의 전부 취득의 경우에는 소수주주에게 선택의 기회가 없으므로 거래로 인한 영향(소수주주의 관리비용 감소, 지배구조의 설정, LBO 등으로 인한 이익)을 포함시키는 것이 타당하다는 견해도 있다.45)

### (3) 매매가액의 동일성 여부

지배주주가 모든 소수주주에게 반드시 동일한 가격으로 매도청구하여야 하는 지에 관하여, 상법상 명문의 규정은 없지만 강제매수제도는 개인법적 거래가 아니라 단체법적 거래이므로 지배주주는 모든 소수주주에게 동일한 조건으로 매도청구하여야 한다고 해석된다. 그러나 실제의 매매가액은 모든 소수주주에게 동일할 수는 없을 것이다. 우선, 지배주주와 복수의 소수주주들 간의 협의에 의하여 매매가액을 결정하는 경우 소수주주 별로 매매가액이 달라질 수 있다. 그리고 협의에 의하여 결정한 매매가액과 법원이 결정한 매매가액은 다를 가능성이 클 것이다. 또한 제360조의24 제9항의 매매가액 결정 기준상, 법원은 가급적 모든 소수주주에게 동일한 수준으로 매매가액을 결정할 것이나, 반드시 동일한 매매가액을 결정하여야 하는 것은 아니다.

## 5. 주주간계약에 의한 적용배제 문제

### (1) 강행규정 여부

지배주주와 소수주주 간의 주주간계약에 의하여 지배주주의 매도청구권행사를 금지시킬 수 있는지의 문제는 지배주주의 강제매수규정이 강행규정인지 여부에 따라 결정되는데, 이를 강행규정으로 보면 이에 배치되는 주주간합의의 효력이 부인된다. 그러나 지배주주의 강제매수는 주주총회의 승인이라는 단체법적 성격의 절차

---

44) 주식매수청구권의 경우 거래로 인한 영향을 배제하는 이유는 거래에 반대하면서 주식매수청구권을 행사하는 주주가 거래로 인한 불이익을 받지 않는 것처럼 거래로 인한 이익도 받을 수 없기 때문이다.

45) 김홍기, "현행 주식가치평가의 법적 쟁점과 '공정한 가액'에 관한 연구", 상사법연구 제30권 제1호, 한국상사법학회(2011), 186면.

를 거치지만, 지배주주와 소수주주 간의 주식매매 자체는 거래법적 성질을 가지므로 지배주주의 강제매수규정을 반드시 강행규정으로 보아야 하는 것은 아니고, 하나의 법률관계에 단체법적 요소와 거래법적 요소가 혼재된 규정이라 할 수 있다.[46] 따라서 주주간계약에 의하여 지배주주의 강제매수규정의 적용을 배제하는 것은 가능하다고 할 것이다. 특히 합작투자회사의 경우 소수주주의 입장에서는 적용배제에 관한 합의사항을 합작투자계약에 포함시킬 필요성이 크다.

### (2) 지배주식의 양도

주주간계약에 의하여 지배주주의 매도청구권행사가 금지되더라도, 계약당사자가 아닌 자에게는 계약의 효력이 당연히 미치는 것은 아니므로, 주주간계약을 체결한 지배주주가 제3자에게 지배주식을 양도하면 그 제3자는 매도청구권을 행사할 수 있다고 보아야 한다. 소수주주로서는 이에 대비하여 주식양도에 대한 소수주주의 동의권을 주주간계약 체결시 계약조건으로 포함하는 방법도 있겠으나, 이러한 조건도 결국은 당초의 계약당사자와의 합의사항이므로 제3자에게 당연히 미친다고 보기 곤란하다. 지배주주가 소수주주의 동의 없이 지배주식을 양도하는 경우 소수주주가 위약금을 청구할 수 있도록 정하는 것도 지배주주의 주식양도를 억제하기 위한 방법이 될 수 있다.

### (3) 정관의 규정

합작투자회사의 경우에는 지배주주와 소수주주 간에 상법상 강제매수청구권을 배제하기로 합의하고 이를 합작투자계약뿐 아니라 정관에서도 규정하는 방안과, 합작투자계약의 최초당사자인 지배주주는 강제매수를 청구할 수 있지만 그로부터 소수주주의 동의 없이 지배주식을 양수한 제3자는 강제매수를 청구할 수 없도록 정관에 규정하는 방안도 있을 수 있다. 거래소의 유가증권시장 상장규정 제32조 제1항 제14호는 "주식양도의 제한이 없을 것"을 상장요건으로 규정하므로 주권상장법인의 경우에는 주식양도제한 자체가 인정되지 않는다. 그러나 위와 같은 정관규정

---

46) 하나의 법률관계가 반드시 단체법적 성질 또는 거래법적 성질의 규정으로만 구성되는 것은 아니다. 예컨대 주식양도의 방법으로 주권을 교부하여야 한다는 규정은 거래법적 성질의 규정이지만, 명의개서를 하여야 회사에 대항요건할 수 있다는 규정은 단체법적 성질의 규정인 것처럼, 주식양도라는 하나의 법률관계에서도 거래법적 성질의 규정과 단체법적 성질의 규정이 혼재되어 있는 경우도 있다.

은 주식의 양도 자체를 제한하는 것은 아니고, 그에 따른 부수적인 효과를 규정하는 것이므로 상장규정을 위반하는 것은 아니다.

정관에 규정된 사항에 대하여는 제3자에게도 그 효력이 미치므로 단순한 주주간계약의 경우와 달리 주식양수인에게도 강제매수청구권 금지의 효과가 미친다. 다만, 이 경우 지배주주가 정관의 해당 규정을 변경하는 것을 막기 위하여 해당 규정에 한하여 발행주식총수의 95%를 초과한 의결권으로써 변경할 수 있도록 정하여야 할 것이다.

### (4) 구제절차

#### 1) 소수주주의 구제수단

주주총회 결의의 내용이 주주간계약에 위반된다는 점만으로는 결의취소의 사유가 될 수 없다. 그러나 결의의 내용이 정관에 위반한 때에는 결의취소의 사유가 된다(376조②). 따라서 정관의 규정에 의하여 지배주주의 매도청구권행사가 배제된 경우임에도 이사회가 지배주주의 뜻에 따라 매도청구에 대한 승인을 위한 주주총회 소집을 결정하는 경우, 소수주주는 결의취소의 소를 본안으로 하는 주주총회개최금지 가처분 또는 주주총회 결의금지 가처분신청을 할 수 있고, 주주총회의 승인결의 후에는 주주총회 결의효력정지 가처분신청을 할 수 있다. 소수주주가 주주총회 결의의 효력을 정지하는 가처분결정을 받게 되면 지배주주는 매도청구권을 행사할 수 없다.

소수주주는 계약위반으로 인한 손해배상도 청구할 수 있지만, 매매가액을 공정한 가액으로 산정한 것을 전제로 한다면 손해배상청구권은 그다지 실효적인 구제수단은 아닐 것이다.

#### 2) 지배주주의 구제수단

지배주주의 입장에서 도저히 소수주주와 공동으로 회사를 경영할 수 없는 상황이어서 경영상 목적이 인정됨에도 불구하고, 주주간계약이나 정관의 규정으로 인하여 소수주식의 매수청구를 할 수 없는 경우에는 지배주주가 주식회사인 경우에는 소수주주에게 현금을 교부하는 조건으로 자회사를 합병하는 방법이 있다. 이 경우에는 존속회사가 소멸회사의 발행주식총수의 90% 이상을 소유하고 있는 경우인 간이합병에 해당하고(527조의2①), 따라서 소멸회사의 주주총회의 승인은 이사회의 승인으로 갈음할 수 있으므로(527조의2①), 지배주주가 특별이해관계인으로서 의결권이 제한되는지 여부의 문제도 발생하지 않는다. 지배주주가 교부금합병을 선택하는 경우, 소수주주는 주식매수청구권을 행사할 수 있다.47)

## 6. 매도청구 선행절차

### (1) 자본시장법상 공개매수

상법상 매도청구절차는 발행주식의 전부를 취득할 목적으로 먼저 자본시장법상 공개매수를 하여 발행주식총수의 95% 이상을 취득한 후 공개매수에 응하지 않은 소수주주들의 나머지 지분을 취득하기 위하여 하는 경우가 많을 것이다.

주식을 매수48)하는 날부터 과거 6개월간 동안 증권시장 밖에서 해당 주식의 매수를 하는 상대방의 수와 6개월 동안 그 주식의 매수를 한 상대방의 수의 합계가 10인 이상인 자로부터 매수를 하고자 하는 자는 그 매수를 한 후에 본인과 그 특별관계자가 보유하게 되는 주식의 수의 합계가 그 주식의 총수의 5% 이상이 되는 경우에는 공개매수를 하여야 한다(資法 133조③).49)

### (2) 주식병합

매도청구권자인 지배주주는 회사의 발행주식총수의 95% 이상을 자기의 계산으로 보유하고 있는 주주인데, 만일 지배주주가 95%에 미치지 못하는 지분을 보유하는 경우에는, 큰 비율(예컨대, 100대 1 또는 1천대 1)의 주식병합을 하여 대량의 단주를 발생시킴으로써 소액주주의 일부를 먼저 축출함으로써 95% 지분 요건을 충족한 후 매도청구권을 행사하는 방법이 있다. 이 경우 결국은 경영상 목적의 존부에 따

---

47) 간이합병의 공고·통지를 한 날부터 2주 내에 회사에 대하여 서면으로 합병에 반대하는 의사를 통지한 주주는 그 기간이 경과한 날부터 20일 이내에 주식의 종류와 수를 기재한 서면으로 회사에 대하여 자기가 소유하고 있는 주식의 매수를 청구할 수 있다(522조의3②).

48) 구체적으로는 "매수·교환·입찰, 그 밖의 유상취득"이다.

49) 한편, 공개매수강제의 요건인 주식등의 수(분자)와 주식등의 총수(분모)는 모두 의결권 있는 주식을 전제로 하므로 공개매수와 연계된 매도청구권을 행사하려면 95% 산정시 분모와 분자 모두 의결권 있는 발행주식총수를 전제로 하는 입법이 필요하다는 견해도 있다[김재범, "M&A와 주식매수청구권에 관련된 문제점", 상사법연구 제32권 제2호, 한국상사법학회(2013), 66면]. 전술한 바와 같이, 독일에서는 지배권취득 목적의 공개매수나 의무공개매수가 이루어진 후 대상회사의 의결권 있는 주식의 95% 이상을 공개매수자가 소유하게 된 경우에는 공개매수자가 잔여주주에 대하여 동등한 보상을 지급하고 그들의 주식을 취득할 수 있다. 그러나 공개매수와의 연계 여부에 따라 상이한 기준을 적용하는 입법이 과연 필요한지 의문이다.

라 적법성이 결정될 것이다.

한편, 소수주주를 축출할 목적으로 지배주주의 매도청구에 관한 상법상 규제를 피하기 위하여 주식병합 및 자본금감자의 방법을 이용하는 경우가 있다. 이 때 특히 과다한 비율에 의한 병합과 감자가 이루어지는 경우 주주평등원칙, 신의성실원칙, 권리남용금지원칙 등의 위배 여부가 문제된다. 이와 관련하여 대법원은 최근의 판례에서 모든 주식에 대해 동일한 비율로 주식병합이 이루어졌는지 여부, 즉 주식병합의 결과 주주의 비율적 지위에 변동이 발생하였는지를 중요한 판단기준으로 판시하고 있다.[50)]

---

50) [대법원 2020. 11. 26. 선고 2018다283315 판결] (회사법 I권 자본금 감소 부분에서 상세히 인용했으므로 여기서는 지배주주의 매도청구 관련 판시부분만 인용한다) "이 사건 주식병합 및 자본금감소가 신의성실의 원칙 및 권리남용금지의 원칙을 위반하였는지에 관하여 본다. 우리 상법이 2011년 상법 개정을 통해 소수주주강제매수제도를 도입한 입법취지와 그 규정의 내용에 비추어 볼 때, 엄격한 요건 아래 허용되고 있는 소수주주 축출제도를 회피하기 위하여 탈법적으로 동일한 효과를 갖는 다른 방식을 활용하는 것은 위법하다. 그러나 소수주식의 강제매수제도는 지배주주에게 법이 인정한 권리로 반드시 지배주주가 이를 행사하여야 하는 것은 아니고, 우리 상법에서 소수주식의 강제매수제도를 도입하면서 이와 관련하여 주식병합의 목적이나 요건 등에 별다른 제한을 두지 않았다. 또한 주식병합을 통해 지배주주가 회사의 지배권을 독점하려면, 단주로 처리된 주식을 소각하거나 지배주주 또는 회사가 단주로 처리된 주식을 취득하여야 하고 이를 위해서는 법원의 허가가 필요하다. 주식병합으로 단주로 처리된 주식을 임의로 매도하기 위해서는 대표이사가 사유를 소명하여 법원의 허가를 받아야 하고 (비송사건절차법 제83조), 이 때 단주 금액의 적정성에 대한 판단도 이루어지므로 주식가격에 대해 법원의 결정을 받는다는 점은 소수주식의 강제매수제도와 유사하다. 따라서 결과적으로 주식병합으로 소수주주가 주주의 지위를 상실했다 할지라도 그 자체로 위법이라고 볼 수는 없다. 이 사건 주식병합 및 자본금감소는 주주총회 참석주주의 99.99% 찬성(발행주식총수의 97% 찬성)을 통해 이루어졌다. 이러한 회사의 결정은 지배주주 뿐만 아니라 소수주주의 대다수가 찬성하여 이루어진 것으로 볼 수 있고, 이와 같은 회사의 단체법적 행위에 현저한 불공정이 있다고 보기 어렵다. 또한 해당 주주총회의 안건 설명에서 단주의 보상금액이 1주당 5,000원이라고 제시되었고, 이러한 사실을 알고도 대다수의 소수주주가 이 사건 주식병합 및 자본금감소를 찬성하였기에 단주 보상금액도 회사가 일방적으로 지급한 불공정한 가격이라고 보기 어렵다." [회생절차에서 이루어진 감자비율은 매우 극단적이었는데 구체적으로는, i) 4주를 1주로, ii) 5주를 1주로, iii) 4주를 1주로, iv) 32주를 1주로(병합 비율을 모두 곱하면 2,560 : 1), v) 10,000주를 1주로 순차로 병합하고, 10,000주에 미치지 못하는 주식을 보유한 주주에게 액면가인 5,000원을 지급했다. 결과적으로 416주와 3주를 보유한 두 주주를 제외하고 나머지 주주들은 모두 주주의 지위를 상실하였다.]

## Ⅳ. 소수주주의 매수청구

### 1. 매수청구의 요건

#### (1) 매수청구권자

1) 지배주주가 있는 회사의 소수주주

발행주식총수의 5% 미만을 보유하는 소수주주라고 하더라도 항상 매수청구를 할 수 있는 것이 아니라, 소수주주는 지배주주가 있는 경우에만 언제든지 지배주주에게 그 보유주식의 매수를 청구할 수 있다(360조의25①).[51] 따라서 대주주가 의도적으로 95% 미만의 주식을 소유하면서 가장 유리한 시기(주가가 낮은 시기)를 기다렸다가 주식을 추가취득하여 지배주주가 된 후 매도청구를 할 수 있는 반면, 소수주주는 지배주주가 존재하기 전에는 매수청구를 할 수 없다. 물론 법원은 매매가액을 공정한 가액으로 산정하여야 하므로 법원의 매매가액 결정절차에서 이러한 문제점을 어느 정도 해결할 수 있을 것이다.

지배주주에 관하여는 "자기의 계산으로 보유하고 있는 주주"라는 규정이 있지만, 소수주주에 관하여는 이러한 규정이 없다. 그러나 소수주주의 매수청구는 회사가 아닌 지배주주에 대한 권리이므로 반드시 주주명부상의 주주일 필요는 없고, 주식의 실질 소유자이면 된다.

지배주주의 매도청구에서와 마찬가지로 지배주주의 보유주식수를 산정함에 있어서 대상자회사의 자기주식을 포함하여 모든 자회사의 보유주식수를 합산한다.[52]

2) 주식양수인

이미 주식을 양도한 자는 현재의 주주가 아니므로 자신을 위하여서는 물론 양수인을 위하여서도 매수청구를 할 수 없다. 이 경우 주식양수인은 명의개서 여부에 관계없이 매수청구를 할 수 있다. 소수주주의 매수청구는 회사에 대한 권리행사가 아니기 때문이다.

---

51) 영국 회사법상 sell-out right 제도가 이와 유사하다.
52) 대법원 2017. 7. 14.자 2016마230 결정.

## (2) 매수청구의 상대방

모회사와 자회사 모두 단독으로 또는 함께 지배주주로서 매도청구권을 행사할 수 있다는 견해에 의하면, 소수주주의 매수청구권도 지배주주인 모회사와 자회사 모두를 상대로 하는 것도 가능하고 그 중 하나를 특정해서 상대로 하는 것도 가능하다고 할 수 있다.

## (3) 지배주주의 매도청구와의 차이

지배주주는 회사의 경영상 목적을 달성하기 위하여 필요한 경우에 매도청구권을 행사할 수 있지만, 소수주주의 매수청구는 지배주주의 매도청구와 달리 경영상 목적이 요구되지 않고, 주주총회의 승인을 받을 필요도 없다.

## (4) 반대주주의 주식매수청구권과의 차이

소수주주의 매수청구권은 반대주주의 주식매수청구권과 그 법적 성질이 형성권이라는 점 등 같은 점이 많지만, 매수청구의 상대가 회사가 아니라 지배주주이고, 반대의사의 사전통지절차를 요하지 않고, 발행주식총수의 5% 이상을 보유하는 자는 매수청구를 할 수 없다는 점에서 다르다.

## 2. 매수청구의 효과

### (1) 매매계약의 성립

상법은 "매수청구를 받은 지배주주는 매수를 청구한 날을 기준으로 2개월 내에 매수를 청구한 주주로부터 그 주식을 매수하여야 한다."라고 규정한다(360조의25 ②). 소수주주의 매수청구권은 형성권이므로 소수주주의 매수청구권 행사와 동시에 매매계약이 성립한다.[53] 즉, 2개월의 기간은 매매가액을 협의하여 매매계약을 체결

---

[53] 지배주주가 매도청구권을 행사하면 바로 매매계약이 성립하는 것이 아니라 소수주주가 지배주주와 매매가액에 관하여 협의할 의무를 부담하는 것이고, 따라서 소수주주는 매도청구를 받은 날부터 2개월 이내에 매매가액을 협의하여 매매계약을 체결하여야 한다는 뜻으로 해석하여야 한다는 견해에서는, 소수주주의 매수청구에 대하여도 지배주주는 매수청구를 받은 날부터 2개월 이내에 매매가액을 협의하여 매매계약을 체결하여야 한다는 뜻으로 해석한다(정찬형, 825면).

하여야 하는 기간이 아니라 주식매수기간으로 보아야 하고, 주식양도의 요건 중 양
도합의는 지배주주와 소수주주가 별도로 할 필요 없이, 소수주주의 매수청구에 의
하여 자동적으로 성립한다.

지배주주의 매도청구와 달리, 소수주주의 매수청구권은 개별 소수주주에게 인정
되는 권리로서, 복수의 소수주주가 함께 매수청구권을 행사하여야 하는 것은 아니다.

### (2) 소수주주와 지배주주의 의무

지배주주는 소수주주로부터 매수청구를 받은 날이 아니라 소수주주가 매수청
구를 한 날을 기준으로 2개월 내에 그 주식을 매수하여야 한다(360조의25②). 지배주
주가 매매가액을 소수주주에게 지급함과 동시에 주식이 이전된 것으로 보므로(360
조의26①), 소수주주는 이 때 주식이전을 거부할 수 없다.54)

## 3. 매매가격의 결정

매매가액은 매수를 청구한 주주와 매수청구를 받은 지배주주간의 협의로 결정
한다(360조의25③). 매수청구를 받은 날부터 30일 내에 매매가액에 대한 협의가 이루
어지지 아니한 경우에는 매수청구를 받은 지배주주 또는 매수청구를 한 소수주주
는 법원에 대하여 매매가액의 결정을 청구할 수 있다(360조의25④). 법원이 주식의
매매가액을 결정하는 경우에는 회사의 재산상태 그 밖의 사정을 참작하여 공정한
가액으로 산정하여야 한다(360조의25⑤).

## 4. 매수청구의 철회

소수주주의 매수청구로 주식매매계약이 성립하므로 소수주주는 지배주주의 승
낙을 받지 않고 임의로 매수청구를 철회할 수 없다.55) 특히 소수주주는 지배주주
와 달리 아무런 요건과 절차도 없이 항상 매수청구를 할 수 있다는 점에서 매수청
구의 철회는 더욱 엄격하게 제한되어야 할 것이다. 그러나 지배주주가 소수주주의

---

54) 지배주주가 "소수주주의 매수청구일로부터 2개월 내에" 매매대금을 지급하지 아니하면 그
    후부터는 지연손해금이 발생한다.
55) 지배주주의 매도청구권도 형성권이므로, 지배주주는 임의로 매도청구를 철회할 수 없다.

매수청구 후 신의칙상 허용되는 장기간이 경과하도록 매매대금을 지급하지 않는 경우에는 소수주주는 채무불이행을 이유로 매매계약을 해제할 수 있다. 이 경우 지배주주는 자신이 채무를 불이행한 것이므로 매매계약을 해제할 수 없다.

# Ⅴ. 주식의 이전

## 1. 이전시기

지배주주의 매도청구권, 소수주주의 매수청구권은 형성권이므로 그 행사와 동시에 매매계약이 성립한다. 그러나 권리행사시 주식이 당연 이전하는 것은 아니고, 지배주주가 매매가액을 소수주주에게 지급한 때에 주식이 이전된 것으로 본다(360조의26①). 이는 법률의 규정에 의한 이전이므로 주권발행주식의 양도의 요건인 주권의 교부가 요구되지 않는다.[56) 따라서 소수주주는 매도청구를 받은 후에도 지배주주가 매매가액을 지급하지 않는 경우에는 계속하여 주주로서의 지위를 가진다. 이 경우 반대주주의 주식매수청구권에서와 같이 의결권 등의 공익권은 소수주주가 계속 행사할 수 있고, 배당금지급청구권이나 신주인수권 등의 자익권은 행사할 수 없다. 협의에 의하든 법원의 산정에 의하든 결정된 주식매매가액에는 이미 이러한 이익배당금이나 신주인수권 등의 가치가 포함되었다고 보아야 하기 때문이다.

그리고 주식의 이전은 취득자의 성명과 주소를 주주명부에 기재하지 아니하면 회사에 대항하지 못하므로(337조①), 지배주주가 취득한 소수주식의 주주권을 행사하려면 지배주주 명의로 명의개서를 하여야 한다. 그러나 회사가 명의개서미필주주를 주주로 인정하는 것은 무방하고, 이미 95% 이상의 지분을 보유한 지배주주가 소수주식의 주식에 대하여 명의개서 없이 주주권을 행사하여도 회사가 적법한 주주의 주주권행사로 인정할 것이므로 실제로는 문제되지 않을 것이다.

---

56) 주권이 발행된 경우 주식을 양도하려면 주식양도의 합의 외에 주권을 교부하여야 한다(336조①). 주권의 교부는 주식양도의 대항요건이 아니라 성립요건이다. 위 규정은 강행규정이므로 정관으로도 이와 달리 정하지 못한다.

## 2. 전자등록주식의 이전

전자등록주식의 양도는 전자등록부에 등록하여야 효력이 발생하는데(356조의2
②), 지배주주의 매도청구권, 소수주주의 매수청구권의 행사에 의한 주식이전의 경
우에는 전자등록주식도 전자등록부 등록이 요구되지 않는다. 다만, 전자등록주식의
경우 회사에 대한 대항요건인 명의개서방법에 관하여는 논란의 여지가 있다.57)

## 3. 매매가액의 공탁

지배주주가 매매가액을 지급할 소수주주를 알 수 없거나 그 소수주주가 수령
을 거부할 경우에는 지배주주는 그 가액을 공탁할 수 있다. 이 경우 주식은 공탁한
날에 지배주주에게 이전된 것으로 본다(360조의26②).58)

이때 지배주주는 제시한 매매가액을 공탁할 수 있는 것인지, 아니면 법원의 결
정에 의하여 확정된 매매가액을 공탁해야 하는지에 관하여 법문상 명시적인 규정
은 없지만, 상법 제360조의26 제2항이 매매가액을 지급할 소수주주를 알 수 없는
경우뿐 아니라 그 소수주주가 수령을 거부할 경우도 공탁사유로 규정하므로 법원
의 결정에 의하여 확정된 매매가액을 공탁해야 할 것이다. 소수주주가 지배주주의
제시가격에 의한 매매가액의 수령을 거부한다는 것은 결국 매매가액에 대하여 협
의가 안 된 것으로서 법원의 결정에 의하여야 할 것인데, "그 가액"을 법원이 결정
한 확정가액이 아니라 지배주주의 제시가격으로 해석하는 것은 법문과 제도의 취
지에 반하기 때문이다. 지배주주의 공탁은 매도청구절차가 적법하다는 증거는 아니
므로, 지배주주가 공탁을 하였더라도 증권회사로서는 매매가액결정을 포함한 모든
절차가 적법하게 이루어졌는지 확인 후 계좌대체처리를 해 주어야 할 것이다.

판례도 "상법 제360조의26 제2항은 적법하게 산정된 매매가액을 전제로 소수
주주가 그 수령을 거부할 경우 공탁할 수 있음을 규정한 것이다. 소수주주와 지배

---

57) 이 부분에 관하여는 [제3장 제8절]의 해당 부분 참조.
58) 공탁은 채무이행지의 공탁소에 하여야 하는데(민법 488조①), 매매가액을 지급할 소수주주
   를 알 수 없는 경우에는 채무이행지인 채권자의 주소를 알 수 없어서 관할 공탁소를 알 수 없
   다는 실무적인 문제가 있다. 이러한 경우에는 특정물인도채무의 변제장소에 관한 민법 제467
   조 제1항에 따라 채권성립당시 그 물건이 있던 장소를 채무이행지(주식의 경우 발행회사의 명
   의개서대리인의 주소)로 볼 수 있다.

주주 간의 협의가 이루어지지 않고 법원에 의한 매매가액 결정도 이루어지지 않은 상태에서 지배주주가 임의로 산정한 금액은 적법하게 산정된 매매가액으로 볼 수 없다."라고 판시한 바 있다.[59]

## 4. 주권의 교부

지배주주가 매매가액을 소수주주에게 지급한 때에 주식이 이전된 것으로 보지만, i) 소수주주는 매매가액의 수령과 동시에 주권을 지배주주에게 교부하여야 하고, ii) 주권을 교부하지 아니할 경우 매매가액을 수령하거나 지배주주가 매매가액을 공탁한 날에 주권은 무효가 된다(360조의24⑤). 따라서 소수주주가 지배주주에게 주권을 교부하지 않는 경우 그 주권은 무효로 되고 회사가 실효절차를 밟을 수 있다.

---

59) [대법원 2020. 6. 11. 선고 2018다224699 판결] "피고의 지배주주인 OO는 원고들과 협의가 이루어지지 않자 상법 제360조의24 제8항에 따라 법원에 매매가액의 결정을 청구하지 않은 채 일방적으로 산정한 가액을 공탁하였을 뿐이므로, 이로써 원고들 보유 주식이 피고의 지배주주에게 이전된 것으로 볼 수 없다"(주주총회 결의취소소송에서 원고들이 여전히 주주이므로 원고들에 대한 소집통지를 하지 않은 주주총회에 취소사유가 존재한다고 판단하였다).

# 제5절 기업 활력 제고를 위한 특별법

## Ⅰ. 총 설

「기업 활력 제고를 위한 특별법」은 기업이 자발적인 사업재편을 신속하게 추진할 수 있도록 관련 절차 및 규제 등을 개선함으로써 기업의 활력과 산업의 경쟁력을 제고하고 시장에서의 경쟁을 촉진하며 산업 생태계의 혁신과 산업구조의 고도화를 달성함으로써 국민경제의 발전과 지역균형발전 등에 기여함을 목적으로 한다(同法 1조). 상법상 각종 구조재편에 대한 절차 간소화 특례, 지주회사 규제에 대한 유예기간 연장 등의 특례를 인정하고, 사업의 혁신활동을 지원하기 위하여 세제·금융, 연구개발 활동, 중소·중견기업의 사업혁신 및 고용안정을 지원할 수 있는 근거규정을 마련하려는 입법이다.1)2)

---

1) [기업 활력 제고를 위한 특별법의 주요내용(2023. 12. 20. 국회 본회의 통과)]
　　가. 공급망 안정을 위한 사업재편과 지역균형발전을 정의 규정에 추가하고, 산업위기지역 주된 산업의 인용 조항을 정비하며, 사업재편 유형의 성격에 따라 분류를 체계화함(제2조 및 제4조).
　　나. 원활한 사업재편지원을 위해 산업계 및 금융계가 참여하는 협의회를 구성할 수 있도록 근거를 마련함(제8조의2 신설).
　　다. 사업재편 이행 우수기업 및 지역균형발전 기여 기업에 대한 지원 근거를 마련함(제11조).
　　라. 간이합병 등에 대한 특례 적용요건이 되는 보유주식 기준을 발행주식총수의 100분의 80에서 3분의 2로 완화함(제17조).
　　마. 사업재편 유형별 계획기간 차이를 고려하여 3년으로 규정된 지주회사 등 규제에 대한 특례 기간을 최대 5년간 부여할 수 있도록 정비함(제21조, 제22조 및 제23조).
　　바. 원활한 사업재편 추진을 지원하기 위해 조건부로 「상법」 및 「독점규제 및 공정거래에 관한 법률」의 특례 적용 범위를 확대함(제26조의2).
　　사. 사업재편 종합지원센터 및 권역별 지원센터 설치·운영 등에 관한 근거를 마련함(제36조의2).
　　아. 안정적인 제도운영을 위해 법률 유효기간을 삭제하여 영구법으로 전환함(법률 제14030호 기업활력 제고를 위한 특별법 부칙 제2조부터 제4조까지 삭제).

# Ⅱ. 정의 및 적용범위

## 1. 정    의

"기업"이란 상법 제169조의 회사로서 상법 제172조에 따라 성립한 회사를 말한다. 다만, 상법 제614조의 외국회사 및 제617조의 유사외국회사는 제외한다(同法 2조 제1호).

"사업재편"이란 기업이 사업의 전부 또는 일부의 생산성을 상당 정도 향상시키는 것을 목적으로 하는 활동으로서 다음 각 목의 요건을 모두 갖춘 것을 말한다(同法 2조 제2호).

> 가. 합병, 분할, 주식의 이전·취득·소유, 회사의 설립 등 대통령령으로 정하는 방식에 의하여 사업의 전부 또는 일부의 구조를 변경하는 것
> 나. 기업이 사업의 전부 또는 일부의 분야나 방식을 변경하여 새로운 사업에 진출하거나 신기술을 도입하는 등 사업의 혁신을 추진하는 것으로서 대통령령으로 정하는 활동

"사업재편계획"이란 기업이 사업재편을 추진하기 위하여 제9조에 따른 승인을 받을 목적으로 작성한 계획을 말한다(同法 2조 제3호).

## 2. 사업재편계획의 승인신청

사업재편을 추진하고자 하는 기업이 이 법에 따른 지원을 받고자 하는 경우에는 사업재편계획을 작성하여 주무부처의 장의 승인을 받아야 한다(同法 9조①).

---

2) 일본에서도 정상적인 기업의 상시사업재편을 위한 제도적 인프라의 도입을 위하여, 1999년 「산업활력재생특별조치법」이 제정되었고, 그 후 2009년 「산업활력의 재생 및 상업활력의 혁신에 관한 특별조치법」(일명 산활법)으로 개정되었다가, 2013년 「기업 활력 제고를 위한 특별법」과 유사한 「산업경쟁력강화법」(일명 산경법)이 제정되었다.

## 3. 적용범위

「기업 활력 제고를 위한 특별법」은 다음과 같은 국내기업에 대하여 적용한다 (同法 4조①).

> 1. 다음 각 목에 따른 공급안정 사업재편을 하는 기업
>    가. 과잉공급 해소를 위한 사업재편
>    나. 공급망 위협 해소를 위하여 대통령령으로 정하는 품목의 생산, 저장 및 대체 기술 개발 등 대통령령으로 정하는 공급망 안정 활동을 하는 사업재편
> 2. 미래사업재편을 추진하는 기업으로서 제6조 제12항에 따른 사업재편판정위원회로부터 미래 사업재편 판정을 받은 기업
> 3. 산업위기지역 주된 산업에 속하여 지역경제 활력 회복을 위하여 사업재편을 하는 기업으로서 대통령령으로 정하는 기업

다만, 다음과 같은 기업에 대하여는 적용하지 아니한다(同法 4조① 단서).

> 1. 「기업구조조정 촉진법」 제2조 제7호에 따른 부실징후기업(고용 안정, 지역경제 활성화, 산업기술 유출 방지 등을 위하여 대통령령으로 정하는 요건에 해당하는 기업은 제외한다)
> 2. 「채무자 회생 및 파산에 관한 법률」 제34조에 따라 회생절차개시의 신청을 한 기업
> 3. 「채무자 회생 및 파산에 관한 법률」 제294조에 따라 파산신청을 한 기업
> 4. 「금융산업의 구조개선에 관한 법률」 제2조 제2호에 따른 부실금융기관
> 5. 제1호부터 제4호까지에 상당하는 것으로서 대통령령으로 정하는 경우

# Ⅲ. 사업재편계획의 신청과 승인

## 1. 사업재편계획의 신청

사업재편을 추진하고자 하는 기업이 이 법에 따른 지원을 받고자 하는 경우에는 사업재편계획을 작성하여 주무부처의 장의 승인을 받아야 한다(同法 9조①). 사업재편계획기간은 3년을 넘지 아니하여야 한다(同法 9조③).

## 2. 사업재편계획의 심의와 승인

주무부처의 장이 사업재편계획을 승인하려는 경우에는 심의위원회의 심의를 거쳐야 한다. 다만, 다음과 같은 경우에는 해당 호에서 정한 협의로 갈음할 수 있다(同法 10조①).

1. 대통령령으로 정하는 일정 규모 이하의 중소기업이 신청한 사업재편계획의 승인: 주무부처의 장과 중소벤처기업부장관의 협의
2. 산업위기지역 주된 산업에 속하여 지역경제 활력 회복을 위하여 사업재편을 하는 기업(同法 제4조 제1항 제3호에 따른 기업)이 신청한 사업재편계획의 승인: 주무부처의 장, 중소벤처기업부장관 및 「국가균형발전 특별법」 제17조에 따른 산업위기대응특별지역 관할 지방자치단체의 장의 협의

주무부처의 장은 사업재편계획이 접수되면 접수된 날부터 최대 60일 이내에서 대통령령으로 정하는 기간 내에 대통령령으로 정하는 내용에 따라 관련 업종의 과잉공급 여부 판단 등 사업재편계획을 검토하고 심의위원회에 심의를 요청하여야 한다. 이 경우 심의위원회는 주무부처의 심의 요청을 받은 날부터 최대 60일 이내에서 대통령령으로 정하는 기간 내에 심의를 완료하여야 한다(同法 10조②).

# Ⅳ. 상법 및 자본시장법에 대한 특례

## 1. 소규모분할에 대한 특례

「기업 활력 제고를 위한 특별법」은 상법상 인정되지 않는 소규모분할제도를 도입하였다. 승인기업이 사업재편계획에 따라 상법 제530조의12에 따른 물적 분할을 하는 경우, 분할에 의하여 설립되는 회사의 총자산액이 승인기업의 총자산액의 10%에 미달하는 때에는 승인기업의 주주총회의 승인은 이를 이사회의 승인으로 갈음할 수 있다(同法 15조①).3) 이러한 특례는 사업재편계획기간 중 한 차례만 적용한다(同法 15조②). 소규모분할의 경우 상법 제527조의3 제2항부터 제4항까지를 준용한

---

3) 상법상 소규모합병규정이 흡수분할합병에 대하여서만 준용되므로 상법상 소규모단순분할이나 소규모신설분할합병은 인정되지 않는다.

다(同法 15조③).4)

## 2. 소규모합병 등에 대한 특례

소규모합병·소규모분할합병의 요건은 완화하고 반대주주의 지위를 강화하였다. 즉, 승인기업이 사업재편계획에 따라 합병·분할합병을 하는 경우, 상법 제360조의10 제1항, 제527조의3 제1항 및 제530조의11 제2항의 "발행주식총수의 100분의 10을 초과하지 아니하는 경우"는 "발행주식총수의 100분의 20을 초과하지 아니하는 경우"로 한다(同法 16조①). 그리고 상법 제360조의10 제4항 또는 제527조의3 제3항에 도 불구하고, 완전모회사가 되는 회사 또는 합병 후 존속하는 회사의 발행주식총수의 10% 이내의 범위에서 대통령령으로 정하는 비율[10%(同法 시행령 17조)]에 해당하는 주식을 소유한 주주가 제360조의10 제4항 또는 제527조의3 제3항에 의한 공고 또는 통지를 한 날부터 2주 내에 회사에 대하여 서면으로 제1항의 주식교환 또는 합병에 반대하는 의사를 통지한 때에는 제1항에 따른 주식교환 또는 합병을 할 수 없다(同法 16조②).

## 3. 간이합병 등에 대한 특례

승인기업이 사업재편계획에 따라 합병 등을 하는 경우, 상법 제360조의9 제1항, 제374조의3 제1항, 제527조의2 제1항 및 제530조의11 제2항의 "발행주식총수의 100분의 90 이상"은 "발행주식총수의 3분의 2 이상"으로 한다(同法 17조).

## 4. 합병절차 등에 관한 특례

승인기업이 상법 제522조에 의한 합병, 제530조의2에 의한 분할·분할합병, 제360조의2에 의한 주식의 포괄적 교환, 제360조의15에 의한 주식의 포괄적 이전, 제374조에 의한 영업양도 및 양수(이하 "합병등")를 위하여 주주총회를 소집할 때에는

---

4) 상법 제527조의3 제4항은 "합병후 존속하는 회사의 발행주식총수의 100분의 20 이상에 해당하는 주식을 소유한 주주가 제3항의 규정에 의한 공고 또는 통지를 한 날부터 2주 내에 회사에 대하여 서면으로 제1항의 합병에 반대하는 의사를 통지한 때에는 제1항 본문의 규정에 의한 합병을 할 수 없다."라고 규정하므로 20% 이상의 주주가 반대하면 소규모분할이 불가능하다.

상법 제363조 제1항 및 제542조의4 제1항에도 불구하고 주주총회일 7일 전에 각 주주에게 서면으로 통지를 발송하거나 각 주주의 동의를 받아 전자문서로 통지를 발송할 수 있다(同法 18조①).5) 승인기업이 합병등을 하는 경우에는 상법 제360조의4 제1항, 제360조의17 제1항, 제522조의2 제1항, 제530조의7 제1항 및 제2항에도 불구하고 합병승인을 위한 주주총회의 회일의 7일 전부터 합병등을 한 날 이후 6개월이 경과하는 날까지 같은 조 같은 항 각 호의 서류를 본점에 비치하여야 한다(同法 18조②).6)

승인기업이 합병등을 결의하기 위하여 상법 제354조 제1항에 따라 주주명부를 폐쇄하거나 기준일을 정할 때에는 같은 조 제4항에도 불구하고 그 폐쇄일 또는 기준일부터 7일 전에 이를 공고할 수 있다. 이 경우 2개 이상의 일간신문에 이를 공고하여야 한다. 다만, 상법에 따른 주식회사는 상법 제289조에서 정하는 전자적 방법으로 공고할 수 있다(同法 18조③). 제1항 및 제3항에 따른 기간을 산정하는 경우에는 공휴일, 토요일 및 「근로자의 날 제정에 관한 법률」에 따른 근로자의 날은 제외한다(同法 18조④).

## 5. 채권자보호절차에 대한 특례

승인기업은 상법 제232조, 제527조의5, 제530조의9 제4항, 제530조의11 제2항에도 불구하고 그 합병등의 결의가 있은 날부터 2주 내에 10일 이상의 기간을 정하여 합병등에 대한 이의를 제출할 것을 공고하여야 한다(同法 19조①).7) 승인기업은 상법 제440조에도 불구하고 주식을 병합할 경우 10일 이상의 기간을 정하여 주권을 회사에 제출할 것을 공고하고 주주명부에 기재된 주주와 질권자에 대하여는 각별로 그 통지를 하여야 한다(同法 19조②). 승인기업이 사업재편계획에 따라 합병등을 함에 있어 채무에 대한 은행 지급보증 또는 보험증권 등을 제출하는 방법으로 채권자에게 손해가 없다는 사실을 입증하는 경우에는 상법 제232조, 제527조의5, 제530조의9 제4항, 제530조의11 제2항을 적용하지 아니한다(同法 19조③). 제1항에

---

5) 상법상 주주총회 소집통지기간을 2주 전에서 7일 전으로 완화하였다.
6) 상법상 서류비치기간을 "주주총회의 회일의 2주 전부터 합병등을 한 날 이후 6개월이 경과하는 날까지"에서 "주주총회의 회일의 7일 전부터 합병등을 한 날 이후 6개월이 경과하는 날까지"로 완화하였다.
7) 상법상 채권자이의신청기간 1개월을 10일로 완화하였다.

따른 기간을 산정하는 경우에는 공휴일, 토요일 및 「근로자의 날 제정에 관한 법률」
에 따른 근로자의 날은 제외한다(同法 19조④).

## 6. 주식매수청구권에 대한 특례

승인기업이 사업재편계획에 따라 합병등을 하는 경우 상법 제360조의5 제1항,
제374조의2 제1항, 제522조의3 제1항, 제530조의11 제2항 및 자본시장법 제165조의
5 제1항에도 불구하고 주주총회 전에 회사에 대하여 서면으로 그 결의에 반대하는
의사를 통지한 주주는 그 총회의 결의일부터 10일 이내에 주식의 종류와 수를 기재
한 서면으로 승인기업에 대하여 자기가 소유하고 있는 주식의 매수를 청구할 수 있
다(同法 20조①). 매수청구를 받은 승인기업은 상법 제374조의2 제2항에도 불구하고
6개월 이내에 그 주식을 매수하여야 한다. 다만, 자본시장법상 주권상장법인(상법상
상장회사)의 경우에는 같은 법 제165조의5 제2항에도 불구하고 3개월 이내에 그 주
식을 매수하여야 한다(同法 20조②).[8]

---

8) 상법상 요구되는 주주총회일 후 20일 이내에서 10일 이내로 단축하고, 회사의 주식매수의
무기간을 상장회사 1개월, 비상장회사 2개월에서 상장회사 3개월, 비상장회사 6개월로 완화
하였다.

제 **6** 장

# 각종 기업형태

# 제1절 합명회사와 합자회사

## Ⅰ. 합명회사

### 1. 의    의

합명회사는 회사의 채무에 대하여 직접·연대·무한책임을 지는 2인 이상의 무한책임사원으로 구성된 회사로서, 법인격은 있지만 그 실질은 조합이다. 따라서 합명회사의 내부관계(회사와 사원간, 사원 상호간의 관계)에 대하여는 정관 또는 상법에 다른 규정이 없으면 조합에 관한 민법의 규정이 준용된다(195조).[1] 상법 제195조에

---

1) 미국의 기업형태 중 Partnership이 상법상 합명회사와 유사하다. Partnership은 조합원이 조합의 채무에 대하여 무한책임을 지고, Limited Partnership(상법상 합자조합과 유사)과 구별하기 위하여 General Partnership으로 부르기도 한다. Partnership은 합명조합으로 번역하기도 하지만, 굳이 번역하자면 General Partnership이라는 원문 그대로 일반조합으로 번역하는 것이 적절할 것인데, 통일된 번역례가 없으므로 본서에서는 Partnership이라는 용어를 그대로 사용한다. Partnership에 적용되는 Revised Uniform Partnership Act(RUPA, 개정통일조합법)는 Partnership을 "영리사업의 공동소유자로서 사업을 수행하기 위한 2인 이상의 단체(association)"라고 정의하고, 상법상 합명회사와 달리 법인격이 인정되지 않는다[RUPA §101(6)]. 그러나 Partnership의 법인격이 인정되지 않는다는 원칙을 엄격히 적용하면 Partnership은 그 명의로 재산을 취득할 방법이 없지만 영업을 위하여 이를 허용하여야 하므로, RUPA는 Partnership이 그 명의로 취득한 재산은 Partnership의 재산이 된다고 규정한다[RUPA §204(a)]. law firm이나 accounting firm에서 일부 구성원의 업무상 과오로 인하여 구성원 전부가 막중한 책임을 지는 것을 피하면서 세법상 조합으로 과세되기 위하여 Limited Liability Partnership(LLP, 유한책임조합)이라는 기업형태가 도입되었다. 이에 따라 일부 州(California, New York)의 제정법은 변호사, 회계사, 의사, 건축가 등 전문직업인의 사업에 한정하여 LLP로의 전환을 허용하기도 한다. LLP는 1991년 Texas주에서 최초로 입법되었고, 현재는 대부분의 州가 이러한 기업형태를 법제화하고 있다. 다만, LLP는 독자적인 기업형태가 아니라 Partnership의 일종으로서 Partnership의 선택에 의하여 LLP로 전환할 수 있으므로 독자적인 제정법은 없고 Partnership에 관한 제정법의 관련 규정이 적용된다. Partnership이 LLP로 전환하려면 조합계약서(partnership agreement)를 변경하고 적격신고서(statement of qualification)를 주정부에 제출하여야 한

비추어 볼 때, 합명회사의 내부관계에 관한 상법 규정은 원칙적으로 임의규정이고, 정관에서 상법 규정과 달리 정하는 것이 허용된다. 다만, 합명회사의 정관에서 내부관계에 관하여 상법과 달리 정한 경우, 해당 정관 규정이 관련 상법 규정의 적용을 배제하는지는 해당 정관 규정의 내용, 관련 상법 규정의 목적, 합명회사의 특징 등 여러 사정을 종합적으로 고려하여 판단하여야 한다.2) 변호사법상 법무법인에 관하여 변호사법에 정한 것 외에는 상법 중 합명회사에 관한 규정을 준용한다(변호사법 58조①).3)

## 2. 설립요건

합명회사는 정관작성과 설립등기만으로 설립된다. 사원이 정관의 필요적 기재사항이므로 정관작성에 의하여 사원이 확정된다. 그리고 각 사원이 업무집행권과 대표권을 가지므로 설립 전에 기관구성을 별도로 할 필요 없다.

### (1) 정관작성

합명회사의 설립에는 2인 이상의 사원이 공동으로 정관을 작성하여야 한다(178조). 정관에는 다음의 사항을 기재하고 총사원이 기명날인 또는 서명하여야 한다(179조). 무한책임사원이 존재하므로 자본금은 중요한 의미를 가지지 않고, 따라서 정관의 기재사항도 아니다.4)

1. 목적
2. 상호
3. 사원의 성명·주민등록번호 및 주소
4. 사원의 출자의 목적과 가격 또는 평가의 표준
5. 본점의 소재지
6. 정관의 작성 연월일

---

다[RUPA §101(5)]. LLP의 모든 조합원은 유한책임을 진다. 따라서 많은 州에서 LLP의 책임보험(liability insurance)의 가입을 의무화하고 있다. 일본에서는 미국의 LLP를 모델로 하여 2005년 "유한책임사업조합계약에 관한 법률"을 제정함으로써 유한책임사업조합이라는 기업형태를 도입하였다.
2) 대법원 2015. 5. 29. 선고 2014다51541 판결.
3) 법무법인(유한)에 관하여는 유한회사에 관한 규정을 준용한다(변호사법 제58조의17①).
4) 반면에 유한책임회사는 "자본금의 액"이 정관기재사항이다(287조의3).

합명회사 사원은 정관의 필요적 기재사항이므로 정관작성으로 확정된다. 합명회사 정관의 기재사항 중 상호에는 반드시 합명회사의 문자를 사용하여야 한다(19조). 그리고 사원이 무한책임을 지므로 출자의무의 이행 여부와 관계없이 회사의 성립이 인정된다.

### (2) 설립등기

#### 1) 등기사항

합명회사의 설립등기에 있어서는 다음의 사항을 등기하여야 한다(180조).

1. 제179조 제1호 내지 제3호 및 제5호의 사항(목적, 상호, 사원의 성명·주민등록번호·주소, 본점의 소재지)과 지점을 둔 때에는 그 소재지. 다만, 회사를 대표할 사원을 정한 때에는 그 밖의 사원의 주소를 제외한다.
2. 사원의 출자의 목적, 재산출자에는 그 가격과 이행한 부분
3. 존립기간 기타 해산사유를 정한 때에는 그 기간 또는 사유
4. 회사를 대표할 사원을 정한 경우에는 그 성명·주소·주민등록번호[5]
5. 수인의 사원이 공동으로 회사를 대표할 것을 정한 때에는 그 규정

#### 2) 지점설치의 등기

합명회사의 설립과 동시에 지점을 설치하는 경우에는 설립등기를 한 후 2주 내에 지점소재지에서 제180조 제1호 본문(다른 지점의 소재지는 제외) 및 제3호부터 제5호까지의 사항을 등기하여야 한다.[6] 다만, 회사를 대표할 사원을 정한 때에는 그 밖의 사원은 등기하지 않는다(181조①).[7]

회사의 성립 후에 지점을 설치하는 경우에는 본점소재지에서는 2주 내에 그 지점소재지와 설치 연월일을 등기하고, 그 지점소재지에서는 3주 내에 제180조 제1호 본문(다른 지점의 소재지는 제외) 및 제3호부터 제5호까지의 사항을 등기하여야 한다. 다만, 회사를 대표할 사원을 정한 경우에는 그 밖의 사원은 등기하지 않는다

---

5) 개정 전에는 "회사를 대표할 사원을 정한 경우에는 그 성명"만 등기사항이었으나, 2011년 상법개정시 "주소 및 주민등록번호"가 추가되었다.
6) 개정 전에는 제180조 각 호의 사항이 모두 지점설치의 등기사항이었는데, 2011년 상법개정시 제1호 단서("다만, 회사를 대표할 사원을 정한 때에는 그 외의 사원의 주소를 제외한다")와 제2호("사원의 출자의 목적, 재산출자에는 그 가격과 이행한 부분")는 삭제되었다.
7) 제181조 제1항 단서는 제181조 제2항 단서, 제182조 제2항 단서, 제271조 제2항 단서와 함께 2011년 상법개정시 신설되었다.

(181조②).

### 3) 본점·지점의 이전등기

합명회사가 본점을 이전하는 경우에는 2주 내에 구소재지에서는 신소재지와 이전 연월일을, 신소재지에서는 제180조 각 호의 사항을 등기하여야 한다(182조①). 회사가 지점을 이전하는 경우에는 2주 내에 본점과 구지점소재지에서는 신지점소재지와 이전 연월일을 등기하고, 신지점소재지에서는 제180조 제1호 본문(다른 지점의 소재지는 제외) 및 제3호부터 제5호까지의 사항을 등기하여야 한다. 다만, 회사를 대표할 사원을 정한 때에는 그 밖의 사원은 등기하지 않는다(182조②).

### 4) 변경등기

합명회사는 제180조에 게기한 사항에 변경이 있을 때에는 본점소재지에서는 2주 내, 지점소재지에서는 3주 내에 변경등기를 하여야 한다(183조).

### 5) 업무집행정지가처분

합명회사 사원의 업무집행을 정지하거나 직무대행자를 선임하는 가처분을 하거나 그 가처분을 변경·취소하는 경우에는 본점 및 지점이 있는 곳의 등기소에서 이를 등기하여야 한다(183조의2).

직무대행자는 가처분명령에 다른 정함이 있는 경우 외에는 합명회사의 통상업무에 속하지 아니한 행위를 하지 못한다. 다만, 법원의 허가를 얻은 경우에는 그러하지 아니하다. 직무대행자가 이를 위반한 행위를 한 경우에도 합명회사는 선의의 제3자에 대하여 책임을 진다(200조의2).

### 6) 등기의 공신력

회사등기에는 공신력이 인정되지 아니하므로, 사원지분등기가 불실등기인 경우 그 불실등기를 믿고 사원의 지분을 양수하였다 하여 그 지분을 양수한 것으로는 될 수 없다.[8]

### (3) 설립무효·취소의 소

#### 1) 설립의 하자

합명회사에서는 사원의 인적 개성이 중요하므로 주관적 사유를 원인으로 하는 설립취소의 소와 객관적 사유를 원인으로 하는 설립무효의 소가 인정된다(184조, 185조).

---

8) 대법원 1996. 10. 29. 선고 96다19321 판결.

### 2) 소의 법적 성질

회사설립의 무효·취소의 소는 형성의 소(形成의 訴)이다.

### 3) 소의 원인

합명회사는 설립무효의 소와 취소의 소 모두 인정된다. 즉, 합명회사는 사원의 개성이 중시되므로 사원 개개인의 설립행위에 존재하는 제한능력·사기·강박 등과 같은 주관적 하자와,[9] 정관기재사항 미비와 같은 객관적 하자 모두 소의 원인이 된다. 객관적 하자는 설립무효원인이 되나, 주관적 하자는 설립무효원인이 되는 경우도 있고 설립취소원인이 되는 경우도 있다.[10]

### 4) 소송당사자

#### (가) 원고(소권자)

가) 설립무효의 소    설립무효의 소에 대하여는 각 사원이 제소권자이다(184조①).

나) 설립취소의 소    설립취소의 소에 대하여는 취소권 있는 자가 제소권자이다. 즉, 제한능력·사기·강박에 의하여 취소권을 가지는 자가 제소권자이다(184조①). 사원이 그 채권자를 해할 것을 알고 회사를 설립한 때에는 채권자는 그 사원과 회사에 대한 소로 회사의 설립취소를 청구할 수 있다(185조).

#### (나) 피    고    설립무효·취소의 소에서는 회사만이 피고로 되지만, 예외적으로 사해행위로 인한 취소의 경우에는 회사와 사해행위를 한 사원이 공동으로 피고가 된다(185조).

### 5) 소송절차

합명회사 설립무효·취소의 소의 절차에 관하여는 [회사법 I 제1장 제7절 회사법상의 소]에서 상술한다.

### 6) 판결의 효력

#### (가) 원고승소판결

가) 대세적 효력    설립무효·취소의 소의 원고승소판결(설립무효·취소판결)은

---

9) 미성년자가 법정대리인의 동의 없이 사원으로서 설립에 관한 의사표시를 하거나(民法 5조), 제한능력자가 아니더라도 착오(民法 109조①), 사기, 강박에 의하여 의사표시를 하거나(民法 110조①), 자신의 채권자를 해할 것을 알고 설립에 관한 의사표시를 하는 경우(185조)는 설립취소원인이 된다.

10) 의사무능력, 비진의표시(民法 107조① 단서), 허위표시(民法 108조①) 등의 주관적 하자는 설립무효원인이 된다.

제3자에 대하여도 그 효력이 있다(190조 본문).

　나) 소급효 제한　　상법은 제190조 단서에서 "그러나, 판결확정 전에 생긴 회사와 사원 및 제3자간의 권리의무에 영향을 미치지 아니한다."라고 규정하고, 나머지 대부분의 회사소송에 관하여 제190조 단서 규정의 준용에 의하거나 기타 명문의 규정에 의하여 원고승소판결의 소급효를 제한한다.11)

　다) 청　　산　　합명회사 설립무효·취소판결이 확정된 때에는 본점과 지점의 소재지에서 등기하여야 하고(192조), 해산의 경우에 준하여 청산하여야 한다(193조①). 이때 법원은 사원 기타의 이해관계인의 청구에 의하여 청산인을 선임할 수 있다(193조②).12)

　(나) 원고패소판결

　가) 대인적 효력　　원고패소판결의 경우에 대하여는 대세적 효력이 인정되지 않고, 기판력의 주관적 범위에 관한 민사소송법의 일반원칙에 따라 판결의 효력은 소송당사자에게만 미친다. 따라서 다른 제소권자는 새로 소를 제기할 수 있다. 다만, 이 경우 소송 유형에 따라서는 제소기간이 경과할 가능성이 클 것이다.

　나) 패소원고의 책임　　합명회사 설립무효·취소의 소를 제기한 자가 패소한 경우에 악의 또는 중대한 과실이 있는 때에는 회사에 대하여 연대하여 손해를 배상할 책임이 있다는 제191조는 주식회사 설립무효의 소를 비롯한 대부분의 회사소송에 준용된다.

　다) 소송판결　　소각하판결은 법원이 소송요건의 흠결을 이유로 소를 부적법 각하하는 판결이다.13) 대부분의 소송요건은 그 공익성으로 인하여 법원의 직권조사사항이다. 소송요건으로는 법원의 관할권, 당사자능력과 소송능력 등이 있고, 대표소송의 제소청구와 같은 선행절차도 있다.

　소송요건 존재의 표준시는 사실심변론종결시이다. 즉, 제소시 소송요건이 구비되지 않았더라도 사실심변론종결시까지만 구비하면 되고, 제소시 소송요건을 구비하였더라도 사실심변론종결 전에 소송요건이 흠결되면 그 소는 부적법하게 된다.

---

11) 소급효가 인정되지 않는 형성의 소를 장래의 형성의 소라고 한다. 반면에, 재심·준재심, 제권판결에 대한 불복의 소, 중재판정취소의 소 등과 같은 소송법상의 형성의 소는 판결의 소급효가 인정되는 소급적 형성의 소이다.
12) 제192조와 제193조는 합자회사(269조), 주식회사(328조②), 유한회사(552조②)에 준용된다.
13) 종국판결에는 본안판결과 소송판결이 있는데, 본안판결은 소송요건이 갖추어진 경우 소에 의한 청구가 이유 있는지 여부를 가리는 판결로서 원고승소판결(청구인용판결)과 원고패소판결(청구기각판결)로 나뉜다.

다만, 관할은 절차의 안정을 위하여 소제기시를 표준으로 정한다(民訴法 33조).[14) 그리고 법원은 소송의 전부 또는 일부에 대하여 관할권이 없다고 인정하는 경우에는 소를 부적법 각하할 것이 아니라 결정으로 관할법원에 이송하여야 한다(民訴法 34조①).

### 7) 회사설립부존재확인의 소

정관의 작성 등과 같은 회사의 설립절차가 전혀 없이 설립등기만 있는 경우를 회사의 부존재라고 한다. 회사의 부존재는 설립등기를 하였다는 점에서 회사의 설립절차는 진행하였으나 사정상 중단되어 설립등기에까지 이르지 못한 회사의 불성립과 다르다.

회사의 부존재는 누구든지 언제라도 어떠한 방법으로도 회사의 부존재를 주장할 수 있다. 부존재한 회사와 거래한 제3자에 대하여는 회사의 이름으로 실제로 거래행위를 한 자가 책임을 진다.

### 8) 합명회사의 계속

합명회사 설립무효·취소판결이 확정된 경우에 그 무효나 취소의 원인이 특정한 사원에 한한 것인 때에는 다른 사원 전원의 동의로써 회사를 계속할 수 있다 (194조①). 이 경우에는 그 무효 또는 취소의 원인이 있는 사원은 퇴사한 것으로 본다(194조②). 이 경우 새로 사원을 가입시켜서 회사를 계속할 수 있는데, 이미 해산등기를 하였을 때에는 본점소재지에서는 2주 내, 지점소재지에서는 3주 내에 회사의 계속등기를 하여야 한다(194조③, 229조②·③).

## 3. 내부관계

### (1) 사원의 출자

합명회사의 사원은 반드시 회사에 출자를 하여야 한다(179조 제4호, 195조, 民法 703조). 출자의무는 회사설립의 경우에는 정관의 작성에 의하여, 회사성립 후 입사하는 경우에는 정관의 변경에 의하여 발생한다. 그러나 정관에 의하여도 특정 사원의 출자의무를 면제할 수 없다.

---

14) 선행절차에 대하여는 제소시를 기준으로 하여야 한다는 견해도 있지만, 판례는 국가배상법상의 청구에 있어서 소정의 전치절차에 관한 소송요건을 갖추지 아니한 채 제소한 경우에도 판결시까지 그 소송요건을 구비하면 흠결이 치유된다고 판시한 바 있다(대법원 1979. 4. 10. 선고 79다262 판결).

합명회사는 각 사원이 직접·연대·무한책임을 지므로 회사채무는 사원 개인의 재산에 의하여 담보된다. 따라서 설립 전에 반드시 자본금을 납입할 필요가 없고, 자본금충실원칙도 요구되지 않고, 출자는 재산(금전·현물) 외에 신용·노무도 그 대상이 될 수 있다.

채권을 출자의 목적으로 한 사원은 그 채권이 변제기에 변제되지 아니한 때에는 그 채권액을 변제할 책임을 진다. 이 경우에는 이자를 지급하는 외에 이로 인하여 생긴 손해를 배상하여야 한다(196조). 사원의 출자의무 이행책임은 유한책임이라는 점에서 회사채권자에 대한 무한책임과 다르다.

### (2) 업무집행

#### 1) 업무집행의 의의

업무집행은 회사가 목적 수행을 위하여 수행하는 행위로서, 법률행위와 사실행위를 포함한다.

#### 2) 업무집행기관

(가) 각 사원의 업무집행권    합명회사의 각 사원은 정관에 다른 규정이 없는 때에는 회사의 업무를 집행할 권리와 의무가 있다(200조①). 사원은 모두 무한책임을 지므로 특별한 선임절차 없이 당연히 각 사원이 회사의 업무집행기관이 된다[자기기관(自己機關), 각자기관(各自機關)]. 각 사원의 업무집행에 관한 행위에 대하여 다른 사원의 이의가 있는 때에는 곧 행위를 중지하고 총사원 과반수의 결의에 의하여야 한다(200조②).

(나) 업무집행사원을 정한 경우    합명회사의 정관으로 사원의 일부(1인 또는 수인)를 업무집행사원으로 정한 때에는 그 사원이 회사의 업무를 집행할 권리와 의무가 있다(201조①). 정관에서 업무집행사원을 정하지 않은 경우에도 사원의 3분의 2 이상의 찬성으로 업무집행사원을 선정할 수 있다(195조, 民法 706조①). 회사는 사원 아닌 자에게는 업무집행을 맡길 수 없다.

업무집행사원은 각자 독립하여 회사의 업무를 집행할 권리와 의무가 있다(201조①). 수인의 업무집행사원이 있는 경우에 그 각 사원의 업무집행에 관한 행위에 대하여 다른 업무집행사원의 이의가 있는 때에는 곧 행위를 중지하고 업무집행사원 과반수의 결의에 의하여야 한다(201조②).15) 정관으로 수인의 사원을 공동업무집행사

---

15) "수인의 업무집행사원이 있는 경우"에는 각 사원이 업무집행사원인 경우와 정관에서 업무집

원으로 정한 때에 그 전원의 동의가 없으면 업무집행에 관한 행위를 하지 못한다. 그러나 지체할 염려가 있는 때에는 그렇지 않다(202조).

(다) 업무집행권한의 제한·정지　　각 사원은 업무집행사원을 정한 때에는 업무집행권을 행사할 수 없다. 그러나 이 경우에도 총사원의 과반수의 결의에 의하여야 하는 지배인선임·해임을 위한 결의에는 참가할 수 있다.

사원의 업무집행을 정지하거나 직무대행자를 선임하는 가처분을 하거나 그 가처분을 변경·취소하는 경우에는 본점 및 지점이 있는 곳의 등기소에서 이를 등기하여야 한다(183조의2). 이때의 직무대행자는 가처분명령에 다른 정함이 있는 경우 외에는 법인의 통상업무에 속하지 아니한 행위를 하지 못한다. 다만, 법원의 허가를 얻은 경우에는 그러하지 아니하다(200조의2①). 직무대행자가 이에 위반한 행위를 한 경우에도 회사는 선의의 제3자에 대하여 책임을 진다(200조의2②).

업무집행사원은 정당한 사유 없이 사임할 수 없고, 총사원의 일치가 아니면 해임할 수 없다(195조, 民法 708조).[16]

(라) 업무집행권한상실선고　　사원이 업무를 집행함에 현저하게 부적임하거나 중대한 의무에 위반한 행위가 있는 때에는 법원은 사원의 청구에 의하여 업무집행권한의 상실을 선고할 수 있다(205조①). 사원 각자가 다른 사원 또는 업무집행사원의 업무집행권한의 상실 선고를 법원에 청구할 수 있다.[17]

업무집행사원의 권한상실을 선고하는 판결은 형성판결로서 그 판결 확정에 의하여 업무집행권이 상실되면 그 결과 대표권도 함께 상실된다. 그 후 어떠한 사유로든 그 무한책임사원이 합자회사의 유일한 무한책임사원이 되었다는 사정만으로는 형성판결인 업무집행권한의 상실을 선고하는 판결의 효력이 당연히 상실되고 해당 무한책임사원의 업무집행권 및 대표권이 부활한다고 볼 수 없다.[18]

한편, 상법 제195조에 의하여 준용되는 민법 제708조에 따라 총사원이 일치하

---

행사원을 정한 경우가 있는데, 전자의 경우에는 "다른 사원의 이의"가 있는 때에는 그 행위를 중지하고 "총사원의 과반수"의 결의에 의하고(200조②), 후자의 경우에는 "다른 업무집행사원의 이의"가 있는 때에는 그 행위를 중지하고 "업무집행사원의 과반수"의 결의에 의한다(201조②).

16) [商法 195조(준용법규)] 합명회사의 내부관계에 관하여는 정관 또는 본법에 다른 규정이 없으면 조합에 관한 민법의 규정을 준용한다.
　　[民法 708조(업무집행자의 사임, 해임)] 업무집행자인 조합원은 정당한 사유 없이 사임하지 못하며 다른 조합원의 일치가 아니면 해임하지 못한다.
17) 대법원 2012. 12. 13. 선고 2010다82189 판결.
18) 대법원 2021. 7. 8. 선고 2018다225289 판결, 대법원 1977. 4. 26. 선고 75다1341 판결.

여 업무집행사원을 해임함으로써 법원의 권한상실선고절차를 거치지 않고 사원의
권한을 상실시킬 수 있다. 업무집행권한 상실에 관한 정관이나 관련 법률 규정을
해석할 때에는 위와 같은 사원의 권리가 합리적 근거 없이 제한되지 않도록 신중하
게 해석하여야 한다.19)

무한책임사원이 1인뿐인 합자회사에 관한 사례에서 판례는 무한책임사원이
1인뿐인 경우 업무집행사원에 대한 권한상실신고를 할 수 없다는 입장이므로,20)
합명회사의 사원이 1인뿐인 경우에는 업무집행사원에 대한 권한상실선고를 할 수
없다.21)

업무집행권한의 상실을 선고받은 사원이 다시 업무집행권이나 대표권을 갖기

---

19) [대법원 2015. 5. 29. 선고 2014다51541 판결] "가. 상법상 합명회사의 사원 또는 업무집행
사원의 업무집행권한을 상실시키는 방법으로는 다음의 두 가지를 상정할 수 있다. 첫째, 상
법 제205조 제1항에 따라 다른 사원의 청구에 의하여 법원의 선고로써 그 권한을 상실시키는
방법이다. 둘째, 상법 제195조에 의하여 준용되는 민법 제708조에 따라 법원의 선고절차를
거치지 않고 총사원이 일치하여 업무집행사원을 해임함으로써 그 권한을 상실시키는 방법이
다. 나. 위 두 가지 방법은 그 요건과 절차가 서로 다르므로, 상법 제205조 제1항이 민법 제
708조의 준용을 배제하고 있다고 보기 어렵다. 따라서 정관에서 달리 정하고 있지 않는 이상,
합명회사의 사원은 두 가지 방법 중 어느 하나의 방법으로 다른 사원 또는 업무집행사원의 업
무집행권한을 상실시킬 수 있다. 다. 한편 합명회사의 사원은 회사채권자에 대하여 직접·연
대·무한책임을 진다. 만약 다른 사원 또는 업무집행사원이 업무집행에 현저히 부적합하거나 중
대하게 의무를 위반하는 경우에는 그로 인하여 자신의 책임이 발생·증대될 우려가 있으므로,
그 다른 사원 또는 업무집행사원을 업무집행에서 배제할 수 있는지 여부는 각 사원의 이해관
계에 큰 영향을 미친다. 합명회사의 사원은 업무집행권한 상실제도를 통하여 업무집행에 현저
히 부적합하거나 중대하게 의무를 위반한 사원이나 업무집행사원을 업무집행에서 배제함으로
써 자신의 책임이 부당하게 발생·증대되는 것으로부터 자신을 보호할 수 있다. 따라서 업무집
행권한상실에 관한 정관이나 관련 법률 규정을 해석할 때에는 위와 같은 사원의 권리가 합리적
근거 없이 제한되지 않도록 신중하게 해석하여야 한다. 라. 상법 제205조 제1항에 의하면 사원
각자가 다른 사원 또는 업무집행사원의 업무집행권한의 상실 선고를 법원에 청구할 수 있으나
(대법원 2012. 12. 13. 선고 2010다82189 판결 참조), 이 사건 회사 정관 제11조에 의하면 업무집
행사원의 업무집행권한을 상실시키는 데 총사원의 결의가 필요하다. 만약 위 정관 규정에 의하
여 위 상법 규정의 적용이 배제된다고 해석한다면, 이 사건 회사의 사원은 총사원의 결의가 없
는 이상 업무집행사원의 업무집행권한을 상실시킬 수단이 없게 된다. 그러나 정관에서 명시적
으로 상법 제205조 제1항의 적용을 배제하고 있지 않는 이 사건에서, 업무집행권한 상실과 관
련하여 상법이 부여한 사원의 권리를 위와 같이 제한할 합리적 근거를 찾을 수 없다."
20) 대법원 1977. 4. 26. 선고 75다1341 판결.
21) 그러나 합자회사에서 무한책임사원이 업무집행권한의 상실을 선고하는 판결로 인해 업무집
행권 및 대표권을 상실하였다면, 그 후 어떠한 사유 등으로 그 무한책임사원이 합자회사의 유
일한 무한책임사원이 되었다는 사정만으로는 형성판결인 업무집행권한의 상실을 선고하는 판
결의 효력이 당연히 상실되고 해당 무한책임사원의 업무집행권 및 대표권이 부활한다고 볼
수 없다(대법원 2021. 7. 8. 선고 2018다225289 판결).

위해서는 정관이나 총사원의 동의로 새로 그러한 권한을 부여받아야 한다.22)

　3) 업무집행의 방법

　(가) 선관주의의무　　사원 또는 업무집행사원과 회사와의 관계는 위임관계로서, 업무집행을 함에 있어서 선량한 관리자의 주의의무로써 업무를 집행하여야 한다(195조, 民法 707조, 681조).

　(나) 지배인선임·해임　　각 사원, 업무집행사원은 다른 사원, 업무집행사원의 이의가 없는 한 각자 독립하여 회사의 업무를 집행할 수 있지만, 지배인의 선임과 해임은 정관에 다른 정함이 없으면 업무집행사원이 있는 경우에도 총사원의 과반수의 결의에 의하여야 한다(203조). 지배인은 영업주에 갈음하여 그 영업에 관한 재판상 또는 재판 외의 모든 행위를 할 수 있는 지위에 있기 때문이다(11조①).

　(다) 두수주의　　업무집행을 위한 사원의 의사결정은 총사원의 과반수로써 한다(195조, 民法 706조②). 이때 의결권은 두수주의(頭數主義)에 의하여 사원 1인당 1개의 의결권이 인정된다. 각 사원은 출자액이 다르더라도 모두 무한책임을 지기 때문이다. 물적회사와 달리 합명회사에서는 사원의 개성이 중요하므로 의결권의 대리행사가 허용되지 않는다. 그러나 반드시 사원총회 결의에 의할 필요는 없고, 적절한 방법으로 사원들의 의사를 파악하면 된다. 합명회사 사원의 의결권에 관한 두수주의는 절대적인 것은 아니고 정관에서 출자가액, 출자비율에 의하도록 정하는 것도 가능하다.23)

　(라) 결의방법　　상법상 합명회사에 관한 규정 중 "총사원의 동의" 또는 "총사원 과반수의 결의"와 관련하여, 합명회사에는 사원총회라는 기관이 없으므로 정관에 특별한 규정이 없는 한 소집절차라든지 결의방법에 특별한 방식이 있을 수 없고, 개별적인 의사표시를 수집하여 본 결과 "총사원의 동의" 또는 "총사원 과반수의 동의"라는 요건을 갖추면 되고,24) 이때의 동의는 구두동의로도 무방하다.

　(마) 의사결정의 하자　　상법상 합명회사의 의사결정의 하자를 다투는 소송에

---

22) 대법원 2021. 7. 8. 선고 2018다225289 판결.
23) 대법원 2009. 4. 23. 선고 2008다4247 판결.
24) [대법원 1995. 7. 11. 선고 95다5820 판결] "합자회사는 정관에 특별한 규정이 없는 한 소집절차라든지 결의방법에 특별한 방식이 있을 수 없고, 따라서 사원의 구두 또는 서면에 의한 개별적인의사표시를 수집하여 본 결과 총사원의 동의나 사원 3분의 2 또는 과반수의 동의 등 법률이나 정관 및 민법의 조합에 관한 규정이 요구하고 있는 결의요건을 갖춘 것으로 판명되면 유효한 결의가 있다고 보아야 한다"(합자회사에 관한 판례지만 합명회사의 경우에도 적용된다).

관한 규정이 없으므로, 이를 다투는 방법으로는 민사소송상 무효확인의 소에 의하여야 한다. 이때의 소송은 사원이 아닌 회사를 상대로 하여야 한다.25)

### 4) 업무감시권

합명회사의 각 사원은 언제든지 회사의 업무 및 재산상태를 검사할 수 있다 (195조, 民法 710조).

### 5) 경업금지의무

(가) 의    의    합명회사의 사원은 다른 사원의 동의가 없으면 자기 또는 제3자의 계산으로 회사의 영업부류에 속하는 거래를 하지 못하며 동종영업을 목적으로 하는 다른 회사의 무한책임사원 또는 이사가 되지 못한다(198조①).

정관에 의하여 경업금지의무의 허용요건을 총사원의 동의보다 완화하여 정할 수 있다.

(나) 의무위반의 효과

가) 거래금지의무 위반    사원이 이를 위반하여 거래를 한 경우에 그 거래가 자기의 계산으로 한 것인 때에는 회사는 이를 회사의 계산으로 한 것으로 볼 수 있고 제3자의 계산으로 한 것인 때에는 그 사원에 대하여 회사는 이로 인한 이득의 양도를 청구할 수 있다(198조②). 이러한 회사의 권리를 개입권이라고 한다.

회사의 개입권행사는 회사의 그 사원에 대한 손해배상의 청구에 영향을 미치지 않는다(198조③). 또한 회사는 다른 사원 과반수의 결의에 의하여 그 사원의 제명의 선고를 법원에 청구할 수 있다(220조①2).

개입권은 다른 사원과반수의 결의에 의하여 행사하여야 하며 다른 사원의 1인이 그 거래를 안 날부터 2주간을 경과하거나 그 거래가 있은 날부터 1년을 경과하면 소멸한다(198조④).

나) 겸직금지의무 위반    겸직금지의무 위반의 경우에는 회사는 개입권을 행사할 수 없고, 손해배상청구권만 행사할 수 있다.

---

25) [대법원 1991. 6. 25. 선고 90다14058 판결] "확인소송은 즉시확정의 이익이 있는 경우, 즉 원고의 권리 또는 법률상 지위에 대한 위험 또는 불안을 제거하기 위하여 확인판결을 얻는 것이 법률상 유효적절한 경우에 한하여 허용되는 것인바, 합명회사나 합자회사의 사원총회결의는 회사의 의사결정으로서 그로 인한 법률관계의 주체는 회사이므로 회사를 상대로 하여 사원총회결의의 존부나 효력유무의 확인판결을 받음으로써만 그결의로 인한 원고의 권리 또는 법률상 지위에 대한 위험이나 불안을 유효적절하게 제거할 수 있는 것이고, 회사가 아닌 사원 등 개인을 상대로 한 확인판결은 회사에 그 효력이 미치지 아니하여 즉시확정의 이익이 없으므로 그러한 확인판결을 구하는 소송은 부적법하다."

다) 공통의 제재    사원의 경업금지의무 위반의 경우, 회사는 다른 사원 과반수의 결의에 의하여 그 사원의 제명의 선고를 법원에 청구할 수 있고(220조①②), 해당 사원에 대하여 업무집행권 또는 대표권 상실선고를 법원에 청구할 수 있다(205조①, 216조).

6) 자기거래금지의무

합명회사의 사원은 다른 사원과반수의 결의가 있는 때에 한하여 자기 또는 제3자의 계산으로 회사와 거래를 할 수 있다. 이 경우에는 민법 제124조의 규정을 적용하지 않는다(199조).

자기거래금지의무 위반의 경우, 회사는 해당 사원을 상대로 손해배상을 청구할 수 있고, 업무집행권 또는 대표권 상실선고를 법원에 청구할 수 있다(205조①, 216조). 그러나 경업금지의무와 달리 자기거래금지의무 위반은 사원의 제명사유가 되지 않는다.

### (3) 손익분배

1) 손익의 의의

합명회사는 상인이므로 매결산기의 회계장부에 의하여 대차대조표를 작성하여야 하는데(30조②), 대차대조표상의 순자산액이 사원의 출자총액을 초과하는 경우 그 초과액이 이익이고, 미달하는 경우 그 미달액이 손실이다. 노무출자나 신용출자는 대차대조표상의 순자산액이나 사원의 출자총액에 산입하지 않는다.

2) 손익분배의 기준

손익분배의 기준에 관하여 상법상 아무런 규정이 없으므로, 정관이나 총사원의 동의로 정할 수 있는데, 사원이 무한책임을 지므로 주식회사의 이익배당 규제와 달리 이익이 없어도 이익을 분배할 수 있다. 회사채권자는 사원에게 분배금을 회사에 반환하도록 청구할 수도 없다.

합명회사의 내부관계에 관하여는 정관 또는 상법에 다른 규정이 없으면 조합에 관한 민법의 규정이 준용되므로(195조), 정관이나 총사원의 동의로 정하지 않은 경우에는 각 사원의 출자가액에 비례하여 손익분배의 비율을 정하고(民法 711조①), 이익 또는 손실에 대하여 분배의 비율을 정한 때에는 그 비율은 이익과 손실에 공통된 것으로 추정한다(民法 711조②).

### 3) 손익분배의 시기

손익분배의 시기에 관하여 정관에서 정하지 않은 경우에는 매결산기에 대차대조표를 작성하므로(30조②) 매결산기에 지급한다.

### 4) 손익분배의 방법

이익의 분배는 원칙적으로 금전으로 한다. 합명회사에는 법정준비금제도는 없지만, 정관 또는 총사원의 동의에 의하여 이익의 전부 또는 일부를 회사에 적립할 수 있다.

손실의 분배에 의하여 각 사원의 지분평가액이 감소한다. 그러나 추가출자의무가 요구되는 것은 아니다. 그러나 퇴사 또는 청산의 경우에는 사원은 분담손실액을 납입하여야 한다. 사원은 출자의무에 대하여는 유한책임을 지나, 이러한 손실분담의무에 대하여는 무한책임을 진다.

## (4) 지    분

### 1) 지분의 의의

합명회사의 지분은, i) 사원으로서 회사에 대하여 가지는 법률상의 지위인 사원권과, ii) 회사의 해산이나 사원의 퇴사시 사원이 사원자격에 기하여 회사로부터 지급받는 적극지분 또는 회사에 지급할 소극지분의 계산상의 총액을 의미한다.

합명회사의 지분은 사원 1인에게 1개만 인정되고(지분단일주의), 단지 그 크기만 출자액에 비례하여 다를 뿐이다(195조, 民法 711조).

### 2) 지분의 양도

합명회사의 사원은 다른 사원의 동의를 얻지 아니하면 그 지분의 전부 또는 일부를 타인에게 양도하지 못한다(197조). 즉, 지분양도는 총사원의 동의를 효력발생요건으로 한다. 그러나 이 규정은 임의규정에 속하므로 이러한 제한은 정관으로 완화할 수 있다고 보는 것이 일반적인 견해이다.[26]

합명회사의 사원이 가지는 이익배당청구권은 추상적 권리로서 양도할 수 없지만, 매결산기에 확정된 배당금에 관한 지급청구권은 구체적인 채권으로서 지분양도에 대한 제한이 적용되지 않고 사원이 자유롭게 양도할 수 있다. 사원이 지분의 전부를 양도하면 사원자격을 상실하고(퇴사), 양수인은 기존의 사원인 경우에는

---

26) 반대: 이철송, 163면(지분의 양도는 다른 사원의 책임에 영향을 주므로 일부 사원의 동의도 생략할 수 없다고 설명한다).

지분의 크기가 증가하고, 기존의 사원이 아닌 제3자인 경우에는 사원자격을 취득한다.

양도인의 퇴사로 사원이 변경되므로 정관도 변경하여야 하는데, 지분양도에 대한 총사원의 동의가 있는 경우에는 정관변경에 관한 총사원의 동의절차는 별도로 요구되지 않는다. 지분을 양도한 사원은 본점소재지에서 양도 전에 생긴 회사채무에 대하여는 등기 후 2년 내에는 다른 사원과 동일한 책임이 있다(225조).[27)]

3) 지분의 상속

합명회사의 사원은, i) 정관에 정한 사유의 발생, ii) 총사원의 동의, iii) 사망, iv) 성년후견개시, v) 파산, vi) 제명 등의 사유로 인하여 퇴사한다(218조). 따라서 사원이 사망한 경우 그 사원의 지분은 원칙적으로 상속되지 않고, 상속인은 지분을 환급받게 된다. 이때 사원의 사망 후 퇴사등기 전에 발생한 회사채무에 대하여도 상속인은 책임을 진다(225조).

예외적으로, 정관으로 사원이 사망한 경우에 그 상속인이 회사에 대한 피상속인의 권리의무를 승계하여 사원이 될 수 있음을 정한 때에는 상속인은 상속의 개시를 안 날부터 3개월 내에 회사에 대하여 승계 또는 포기의 통지를 발송하여야 한다(219조①). 상속인의 통지 없이 3개월을 경과한 때에는 상속인은 사원이 될 권리를 포기한 것으로 본다(219조②).

청산중인 회사의 사원이 사망한 경우에는 이러한 정관의 규정이 없어도 당연히 지분이 상속된다(246조). 회사재산은 청산절차에서 회사의 채무가 완제된 후가 아니면 사원에게 분배될 수 없기 때문이다(260조).

4) 지분의 입질

상법상 주식회사·유한회사 지분과 달리 합명회사 지분(사원권)은 그 입질(入質)에 관한 규정이 없다. 그러나 통설은 합명회사 지분의 입질도 인정한다.

합명회사 지분은 상법상 입질방법에 관한 규정이 없으므로 민법상 권리질권의 목적이 되고, 따라서 민법상 권리질권의 설정방법에 따라야 할 것이다. 민법상 권리질권의 설정은 법률에 다른 규정이 없으면 그 권리의 양도에 관한 방법에 의한다(民法 346조). 합명회사 지분은 상법상 인정되는 특수한 권리로서 그 질권설정에 관

---

27) 회사등기에는 공신력이 인정되지 아니하므로, 합명회사의 사원지분등기가 불실등기인 경우 그 불실등기를 믿고 합명회사 사원의 지분을 양수하였다 하여 그 지분을 양수한 것으로는 될 수 없다(대법원 1996. 10. 29. 선고 96다19321 판결).

한 규정이 상법과 민법에 없으므로, 그 권리의 양도에 관한 방법인 다른 사원 전원의 동의를 얻어 질권설정할 수 있다. 그리고 합명회사 지분은 지명채권으로 보기 어려우므로 확정일자 있는 동의일 필요는 없다. 한편, 질권을 실행하면(경매) 사원이 변경되므로 이 점에서도 입질은 총사원의 동의를 요한다.28)

### 5) 지분의 압류

합명회사의 사원의 지분의 압류는 사원이 장래이익의 배당과 지분의 환급을 청구하는 권리에 대하여도 그 효력이 있다(223조).

합명회사의 사원의 지분을 압류한 채권자는 지분압류에 따라 이익배당을 받아 변제충당할 수도 있지만 지분환급금[지분의 환급은 출자의 종류에 불구하고 금전으로 할 수 있다(195조, 民法 719조②)]으로 변제충당하기 위하여 영업연도 말에 그 사원을 퇴사시킬 수 있다. 그러나 회사와 그 사원에 대하여 6월 전에 그 예고를 하여야 한다(224조①).29)

지분압류채권자는 배당금지급청구권과 사원퇴사시 발생하는 지분환급청구권을 행사할 수 있는 시기에 이를 추심(推尋)하거나 전부(轉付)함으로써 채권의 만족을 얻는다. 합명회사가 사원의 지분을 압류한 자의 동의를 얻지 않고 그 재산을 처분한 때에는 사원의 지분을 압류한 자는 회사에 대하여 그 지분에 상당하는 금액의 지급을 청구할 수 있다. 이 경우에는 채권자취소에 관한 제248조를 준용한다(249조).

## 4. 외부관계

### (1) 회사의 대표

### 1) 대표기관

(가) 사    원    합명회사의 정관으로 업무집행사원을 정하지 아니한 때에는 각 사원은 회사를 대표한다(207조 1문). 이 경우에는 사원자격과 대표자격이 일치한다.

---

28) 反對: 이철송, 169면(지분의 입질은 자유롭게 허용하되, 질권의 효력은 이익배당, 지분환급청구권, 잔여재산분배청구권에 한하여 미칠 뿐 경매권은 주어지지 않는다고 해석하는 것이 사원의 권리보호를 위하여 합리적이라고 설명한다); 송옥렬, 1257면(입질은 아직 사원이 변경된 것이 아니므로 자유롭게 허용하되, 경매권은 인정하지 않는 것이 타당하다고 설명한다).

29) 예고를 한 채권자는 회사의 본점 소재지의 지방법원 합의부에 지분환급청구권의 보전(保全)에 필요한 처분을 할 것을 청구할 수 있다(非訟法 102조①). 재판은 이유를 붙인 결정으로써 하여야 하고(非訟法 75조①), 재판에 대하여 즉시항고를 할 수 있고(非訟法 78조),

(나) 업무집행사원　　정관에서 수인의 업무집행사원을 정한 경우에 각 업무집행사원은 회사를 대표한다(207조 2문).

이 경우 정관 또는 총사원의 동의로 업무집행사원 중 특히 회사를 대표할 자를 정할 수 있다(207조 제3문). 정관의 규정이나 총사원의 동의에 의하여도 모든 업무집행사원의 대표권을 박탈할 수는 없다.

(다) 회사와 사원 간의 소에서의 대표　　회사가 사원에 대하여 또는 사원이 회사에 대하여 소를 제기하는 경우에 회사를 대표할 사원이 없을 때에는 다른 사원 과반수의 결의로 선정하여야 한다(211조). "회사를 대표할 사원이 없을 때"는 사원이 1인뿐인 경우 그 사원과 회사 간의 소송이 있는 경우를 말한다.

2) 대표권의 상실

대표사원은 업무집행사원과 같이 정당한 사유 없이 사임할 수 없고, 총사원의 일치가 아니면 해임할 수 없다(195조, 民法 708조). 대표사원이 업무를 집행함에 현저하게 부적임하거나 중대한 의무에 위반한 행위가 있는 때에는 업무집행사원의 경우와 같이 법원은 사원의 청구에 의하여 대표권의 상실을 선고할 수 있다(205조①).

대표사원이 1인뿐인 합명회사에서 대표사원에 대한 권한상실신고는 회사의 대표사원이 없는 상태로 돌아가게 되어 권한상실제도의 취지에 어긋나게 되어 회사를 운영할 수 없으므로 이를 할 수 없다.[30]

3) 공동대표사원

대표사원은 원칙적으로 각자 단독으로 회사를 대표한다(207조). 그러나 회사는 정관 또는 총사원의 동의에 의하여 수인의 사원이 공동으로만 회사를 대표할 것을 정할 수 있는데(208조①), 이때에도 수동대표는 단독으로 할 수 있다(208조②).

4) 대표사원의 권한

합명회사의 대표사원은 회사의 영업에 관하여 재판상 또는 재판 외의 모든 행위를 할 권한이 있다(209조①). "영업"에 관한 행위만 할 수 있으므로, 영업과 관계없는 사항(정관변경, 사원의 입사 및 퇴사 등)에 대하여는 대표권이 없다. 영업관련성은 행위자의 주관적 인식이 아니라 객관적 기준에 의하여 판단한다. 재판 외의 행위란 모든 적법한 법률행위를 의미한다.

대표기관의 권한은 정관 또는 총사원의 동의에 의하여 제한할 수 있지만, 그러한 제한을 가지고 선의의 제3자에게 대항하지 못한다(209조②).

---

30) 대법원 1977. 4. 26. 선고 75다1341 판결.

대표사원의 직무집행이 정지되고 직무대행자가 선임된 경우 직무대행자가 법원의 허가를 받지 않고 통상의 업무 외의 행위를 한 경우에도 회사는 선의의 제3자에게 대항하지 못한다(200조의2②).[31)]

### 5) 대표사원의 불법행위

합명회사의 대표사원이 그 업무집행으로 인하여 타인에게 손해를 가한 때에는 회사는 그 대표이사와 연대하여 배상할 책임이 있다(210조).

### 6) 등    기

각 사원이 단독으로 대표권을 가지는 경우에는 대표권에 관하여 별도로 등기할 필요가 없다. 그러나 회사를 대표할 사원을 정한 경우에는 그 대표사원의 성명을 등기하여야 하고(180조 제4호), 정관 또는 총사원의 동의로 공동대표사원을 정한 경우에는 이에 관한 사항을 등기하여야 한다(180조 제5호).[32)] 대표사원의 대표권상실재판이 확정된 경우 본점과 지점소재지에서 등기하여야 하고(205조②), 합명회사 사원의 업무집행을 정지하거나 직무대행자를 선임하는 가처분을 하거나 그 가처분을 변경·취소하는 경우에는 본점 및 지점이 있는 곳의 등기소에서 이를 등기하여야 한다(183조의2).

## (2) 사원의 책임

### 1) 책임의 내용

(가) 직접·연대·무한책임    합명회사의 사원은 회사채권자에 대하여 직접·연대·무한책임을 진다. 이러한 책임규정은 강행규정이므로 정관이나 총사원의 동의로 책임을 면제하거나 제한할 수 없다. 사원의 책임은 사원이 전재산에 의하여 회사의 채무를 이행하여야 하는 인적책임이다.[33)]

---

31) 주식회사에 대하여는, 이사선임결의의 무효나 취소 또는 이사해임의 소가 제기된 경우에는 법원은 당사자의 신청에 의하여 가처분으로써 이사의 직무집행을 정지할 수 있고, 또한 직무를 대행할 자를 선임할 수 있으며, 급박한 사정이 있는 때에는 본안 소송의 제기 전에도 그 처분을 할 수 있다(407조①). 그러나 합명회사에 대하여는 이러한 가처분 사유에 관한 규정이 없는데, 일응은 제205조 제1항의 대표권상실청구의 소를 본안소송으로 할 수 있을 것이다.
32) 정관으로 수인의 사원이 공동으로 회사를 대표할 것을 정하고도 이를 등기하지 않은 경우, 공동대표사원 중 1인이 단독으로 한 대표행위가 정관에 위배된다는 점을 들어 선의의 제3자에게 대항할 수 없다(대법원 2014. 5. 29. 선고 2013다212295 판결).
33) 합명회사 사원의 책임은 민법상 보증인의 책임과 유사하나, 전자는 법정담보책임이고 후자는 약정담보책임이다. 다만, 사원의 책임은 민법상 보증인의 책임과 같이 보충성과 부종성이 있다.

(나) 직접책임

가) 의    의    합명회사의 사원은 회사채권자에 대하여 직접책임을 진다. 이 점은 물적회사 사원이 회사채권자에 대하여 직접적인 책임을 부담하지 않고 회사에 대한 간접책임을 부담하는 점과 다르다.

직접책임이라는 것은 회사의 채무가 곧 사원의 채무라든가, 사원이 회사의 채무에 대하여 1차적인 책임을 곧바로 진다는 의미는 아니고, 주식회사의 주주 또는 유한회사의 사원과 같이 주식의 인수가액이나 사원의 출자금액을 통하여 간접적으로만 책임을 지는 것이 아니라, 자신의 전재산으로 책임을 진다는 의미이다. 따라서 직접책임이라는 것은 인적 책임과 같은 의미이다.

나) 채무명의    회사는 법인이고 사원과는 별개의 존재이므로 회사에 대한 채무명의로 직접 합명회사의 사원의 재산에 대하여 집행을 할 수도 없으며, 사원에 대하여 강제집행을 하기 위해서는 사원에 대한 집행력 있는 채무명의가 별도로 있어야 한다.

다) 임금우선변제권    근로기준법 제38조 제1항은 "임금, 재해보상금, 그 밖에 근로 관계로 인한 채권은 사용자의 총재산에 대하여 질권(質權) 또는 저당권에 따라 담보된 채권 외에는 조세·공과금 및 다른 채권에 우선하여 변제되어야 한다. 다만, 질권 또는 저당권에 우선하는 조세·공과금에 대하여는 그러하지 아니하다."라고 규정한다.

여기서 "사용자의 총재산"이라 함은 근로계약의 당사자로서 임금채무를 1차적으로 부담하는 사업주인 사용자의 총재산을 의미하고, 따라서 사용자가 법인인 경우에는 법인 자체의 재산만을 가리킨다. 따라서 합명회사의 사원 개인 소유의 재산은 임금우선변제권의 대상이 되는 사용자의 총재산에 포함되지 않는다.[34]

(다) 연대책임

가) 의    의    합명회사의 사원은 회사채권자에 대하여 연대책임을 진다. 합명회사 사원이 연대책임을 진다는 의미는 주채무자인 회사와 연대하여 책임을 진다는 것이 아니라, 수인의 보증인 간에 보증연대의 약정이 있는 것처럼 사원 상호간에 연대하여 책임을 진다는 의미이다. 따라서 회사채권자는 어느 사원에 대하여 동시 또는 순차로 모든 사원에 대하여 회사채무의 전부 또는 일부의 이행을 청

---

[34] 대법원 1996. 2. 9. 선고 95다719 판결(합자회사 무한책임사원의 책임에 관한 판결이므로, 합명회사 사원의 책임에도 적용된다).

구할 수 있으며, 변제한 사원은 연대채무자 간의 구상권에 기하여 다른 사원의 부담부분에 대해 구상권을 행사할 수 있다.

합명회사의 사원이 사원들 간에 연대하여 회사채권자에게 무한책임을 지지만, 그러한 책임은 회사의 주채무에 대하여 민법상 일반 보증인의 책임과 유사한 보충성과 부종성이 있으며, 상법 제212조, 제214조 등은 이를 명문으로 규정한다. 따라서 회사채권자에 대한 1차적인 채무자는 회사이며, 사원은 회사의 재산으로 회사채무를 완제할 수 없거나 회사재산에 대한 강제집행이 주효하지 못한 경우에만 2차적, 보충적으로 책임을 지는 것이다.

나) 보 충 성

(a) 의    의    회사의 재산으로 회사의 채무를 완제할 수 없는 때에는 합명회사의 각 사원은 연대하여 변제할 책임이 있다(212조①). 회사재산에 대한 강제집행이 주효하지 못한 때에도 같다(212조②). 다만, 사원이 회사에 변제의 자력이 있으며 집행이 용이한 것을 증명한 때에는 변제할 책임을 지지 않는다(212조③). 이를 합명회사의 사원책임의 보충성(補充性)이라 한다.

제212조 제1항의 "회사의 채무를 완제할 수 없는 때(완제불능)"란 회사의 부채 총액이 회사의 자산 총액을 초과하는 상태, 즉 채무초과 상태를 의미하는데, 이는 회사가 실제 부담하는 채무 총액과 실제 가치로 평가한 자산 총액을 기준으로 판단하여야 하고, 대차대조표 등 재무제표에 기재된 명목상 부채 및 자산 총액을 기준으로 판단할 것은 아니며, 나아가 회사의 신용·노력·기능(기술)·장래 수입 등은 원칙적으로 회사의 자산 총액을 산정하면서 고려할 대상이 아니다.35) 다만, 총자산이 총부채를 초과하여도 현금흐름(cash flow)이 없으면 완제불능이 되는지에 관하여는 논란의 여지가 있다.36) 제2항의 "강제집행이 주효하지 못한 때"는 채권자 자신의 강제집행뿐 아니라 제3자가 강제집행을 하였으나 실효를 얻지 못한 경우를 포함한다. 이 경우 사원이 부담하는 책임의 범위는 완제불능이거나 강제집행이 주효하지 아니한 부족액이 아니라 회사채무 전액이다.

합명회사는 실질적으로 조합적 공동기업체여서 회사의 채무는 실질적으로 각

---

35) 대법원 2012. 4. 12. 선고 2010다27847 판결.

36) 예컨대 즉시 현금화가 어려운 부동산 등을 소유하는 경우 현금흐름상 완제불능인 회사도 대차대조표상 완제불능에는 해당하지 않을 수 있다. 반대로 대차대조표상 완제불능에 해당하는 회사도 만일 부채가 대부분 장기부채이면 현금흐름상으로는 완제불능에 해당하지 않을 수도 있다.

사원의 공동채무이므로, 합명회사 사원의 책임은 회사가 채무를 부담하면 법률의 규정에 기해 당연히 발생하는 것이고, "회사의 재산으로 회사의 채무를 완제할 수 없는 때" 또는 "회사재산에 대한 강제집행이 주효하지 못한 때"에 비로소 발생하는 것은 아니다. 이는 회사 채권자가 그와 같은 경우에 해당함을 증명하여 합명회사의 사원에게 보충적으로 책임의 이행을 청구할 수 있다는 책임이행의 요건을 정한 것이다.37) 그리고 제212조 제2항은 회사 채권자가 제1항에서 규정하는 "회사의 재산으로 회사의 채무를 완제할 수 없는 때"를 증명하는 것이 현실적으로 용이하지 않다는 점을 고려하여, 회사 재산에 대한 강제집행이 주효하지 못한 때에 해당한다는 객관적 사실을 증명하는 것만으로도 각 사원에게 직접 변제책임을 물을 수 있도록 함으로써 회사 채권자를 보다 폭넓게 보호하려는 데 그 취지가 있다. 이와 같은 규정의 취지 및 문언적 의미 등을 종합하여 보면, 상법 제2항에서 정한 "강제집행이 주효하지 못한 때"란 회사 채권자가 회사 재산에 대하여 강제집행을 하였음에도 결국 채권의 만족을 얻지 못한 경우를 뜻한다.38)

　(b) 증명책임　　앞서 본 바와 같이 "회사의 채무를 완제할 수 없는 때(완제불능)" 또는 "강제집행이 주효하지 못한 때"에 대한 증명책임은 사원의 연대책임을 주장하는 회사채권자가 부담한다는 것이 판례의 입장이다.

　(c) 사원이 회사채권자인 경우　　회사채권자가 해당 합명회사의 사원인 경우에는 제212조가 적용되지 않는다는 것이 다수설이다. 제212조는 제3자인 회사채권자를 보호하기 위한 것이고, 또한 만일 이러한 경우에도 제212조를 적용하면 회사채권자에게 변제한 사원이 회사에 대한 구상권(民法 481조, 482조)으로써 회사채권자인 사원을 포함한 다른 사원에게 직접 청구할 수 있으므로 채무이행과 구상권행사가 계속 순환하는 결과가 되기 때문이다.

　다) 부 종 성　　합명회사의 사원이 회사채무에 관하여 변제의 청구를 받은 때에는 회사가 채권자에 대하여 주장할 수 있는 각종 항변으로 채권자에 대하여 대항할 수 있다(214조①). 이를 사원책임의 부종성(附從性)이라 한다. 다만, 회사가 그 채권자에 대하여 상계, 취소 또는 해제할 권리가 있는 경우에는 사원은 채권자의 청구에 대하여 변제를 거부할 수 있다(214조②). 이러한 항변권은 행사로 인하여 회사가 불이익을 입을 수 있으므로 사원이 이를 직접 행사하지 않고 이를 이유로 변

---

37) 대법원 2012. 4. 12. 선고 2010다27847 판결, 대법원 2009. 5. 28. 선고 2006다65903 판결.
38) 대법원 2011. 3. 24. 선고 2010다99453 판결.

제를 거절할 수 있도록 한 것이다.

라) 구 상 권    회사의 채무를 이행한 사원은 대위변제자로서 구상권의 범위 내에서 회사에 대하여 변제자를 대위하고(民法 481조), 다른 사원에 대하여 구상권을 행사할 수 있다(民法 425조①).<sup>39)</sup> 다른 사원의 부담부분은 손실부담비율에 의하고 다른 사원은 회사에 자력이 있다는 이유로 구상을 거절할 수 없다.

(라) 무한책임    합명회사의 사원은 회사채권자에 대하여 무한책임을 지므로, 사원의 전재산이 회사채권자를 위한 책임재산이 된다.

2) 책임의 범위

(가) 회사 성립 후 입사한 사원    합명회사 성립 후에 가입한 사원은 그 가입 전에 생긴 회사채무에 대하여 다른 사원과 동일한 책임을 진다(213조). 합명회사의 계속 후에 가입한 사원은 그 가입 전에 생긴 회사채무에 대하여 다른 사원과 동일한 책임을 진다(229조④, 213조).

(나) 퇴사·지분양도한 사원    합명회사의 퇴사한 사원은 본점소재지에서 퇴사 등기를 하기 전에 생긴 회사채무에 대하여는 등기 후 2년 내에는 다른 사원과 동일한 책임이 있다(225조①). 지분을 양도한 사원도 같다(225조②).

(다) 회사의 해산    합명회사의 해산 후 회사의 재산으로 회사의 채무를 완제할 수 없는 때의 각 사원의 연대변제책임은 본점소재지에서 해산등기 후 5년간 연장된다(267조①, 212조①).

(라) 자칭사원    합명회사의 사원이 아닌 자가 타인에게 자기를 사원이라고 오인시키는 행위를 하였을 때에는 오인으로 인하여 회사와 거래한 자에 대하여 사원과 동일한 책임을 진다(215조). 이러한 사원을 자칭사원(自稱社員)이라고 하며 금반언의 법리에 기초한 것이다.

3) 사원이 부담하는 회사채무의 범위

합명회사의 사원이 무한책임을 지는 회사채무는 공법상, 사법상 모든 채무를 포함하고, 거래로 인한 채무뿐 아니라 불법행위나 부당이득에 의한 채무도 포함한다.<sup>40)</sup>

---

39) [民法 425조(출재채무자의 구상권)]
  ① 어느 연대채무자가 변제 기타 자기의 출재로 공동면책이 된 때에는 다른 연대채무자의 부담부분에 대하여 구상권을 행사할 수 있다.
40) 대법원 1975. 2. 10. 선고 74다1727 판결(회사 소속 운전자의 과실로 발생한 교통사고에 관하여 합자회사에서 퇴사한 무한책임사원의 책임에 관한 판결이다).

## 5. 사원의 변동

### (1) 총    설

사원의 변동은 사원자격의 취득과 상실을 의미한다. 사원자격의 취득은 새로운 출자가 요구되는 설립행위·입사와 같은 원시취득과, 새로운 출자가 요구되지 않는 지분양수·상속과 같은 승계취득이 있다. 회사의 해산과 퇴사는 사원자격의 절대적 상실원인이고, 지분전부의 양도와 정관에 의하여 상속이 인정되는 경우의 사망은 상대적 상실원인이다.

### (2) 사원자격의 변동사유

#### 1) 입    사

(가) 의    의    입사란 회사성립 후의 합명회사에 가입하여 사원자격을 취득하는 것을 말한다. 입사는 새로운 출자가 요구된다는 점에서 원시취득이고, 지분양수는 새로운 출자가 요구되지 않는다는 점에서 승계취득인데, 상법은 양자를 동일하게 취급한다.

(나) 절    차    합명회사 사원의 인적사항은 정관의 절대적 기재사항이므로 (179조 제3호), 합명회사의 성립 후에 신입사원이 입사하여 사원으로서의 지위를 취득하기 위하여는 정관변경을 요하고 따라서 총사원의 동의를 얻어야 한다(204조). 정관변경은 회사의 내부관계에서는 총사원의 동의만으로 그 효력을 발생하는 것이므로 신입사원은 총사원의 동의가 있으면 정관인 서면의 경정이나 등기부에의 기재를 기다리지 않고 그 동의가 있는 시점에 곧바로 사원으로서의 지위를 취득한다.[41]

입사는 채권자에게 책임추궁대상이 늘어나게 되어 유리한 것이므로 별도로 채권자보호절차는 요구되지 않는다. 입사는 등기사항의 변경을 수반하므로(180조 제1호) 변경등기를 하여야 한다(183조). 합명회사 사원이 추가되었으나 그에 관한 변경등기가 이루어지지 아니한 경우, 회사 또는 등기되지 아니한 사원은 등기부상 사원으로부터 그 지분을 양수한 선의의 제3자에게 대항할 수 없다.[42]

---

41) 대법원 1996. 10. 29. 선고 96다19321 판결(합자회사 무한책임사원에 관한 판례이다).

42) [대법원 1996. 10. 29. 선고 96다19321 판결] "합자회사의 무한책임사원으로 갑이 등재되어 있는 상태에서 총사원의 동의로 을을 무한책임사원으로 가입시키기로 합의하였으나 그에 관한 변경등기가 이루어지기 전에 갑이 등기부상의 총사원의 동의를 얻어 제3자에게 자신의 지분 및 회사를 양도하고 사원 및 지분 변경등기까지 마친 경우, 구 상법(1995. 11. 30. 법률 제

(다) 효  과  합명회사 성립 후 입사한 사원은 그 입사 전에 생긴 회사채무
에 대하여 다른 사원과 동일한 책임(직접·연대·무한책임)을 진다(213조).

2) 퇴  사

(가) 의  의  퇴사란 합명회사의 사원이 존속중인 회사로부터 탈퇴하여 사
원자격을 절대적으로 상실하는 것을 말한다. 합명회사 사원은 그 책임이 무거우므
로 일정한 경우 퇴사가 인정된다.

(나) 퇴사의 원인

가) 구  분  합명회사의 퇴사는 그 원인에 따라, 임의퇴사·지분압류채권
자에 의한 강제퇴사·당연퇴사 등으로 구분된다.

나) 퇴사원인 발생시기  합명회사의 퇴사원인은 회사의 해산 전에 발생한
경우에만 인정되고, 해산 후 청산 종결 전에 발생한 퇴사원인은 인정되지 않는다.
퇴사는 일부청산에 해당하는데, 회사가 청산중인 경우에는 전부청산이 개시된 것이
므로 일부청산이 필요 없기 때문이다.

다) 임의퇴사  합명회사의 정관으로 회사의 존립기간을 정하지 아니하거나
어느 사원의 종신까지 존속할 것을 정한 때에는 사원은 영업연도 말에 한하여 퇴사
할 수 있다. 그러나 6월 전에 이를 예고하여야 한다(217조①). 사원이 부득이한 사유
가 있을 때에는 언제든지 퇴사할 수 있다(217조②).

임의퇴사는 사원이 출자금을 회수하는 방법이고, 제명과 달리 사원이 1인인 경
우에도 퇴사할 수 있다.

라) 지분압류채권자에 의한 강제퇴사

(a) 채권자의 퇴사청구권  합명회사의 사원의 지분을 압류한 채권자는 영
업연도 말에 그 사원을 퇴사시킬 수 있다(224조①). 지분압류채권자의 퇴사청구권의
취지는, 채권자가 사원의 지분을 압류하여도 상법 제197조의 규정에 따라 다른 사
원의 동의를 얻어야만 이를 환가할 수 있는 점 등을 감안하여, 사원의 지분을 압류

---

5053호로 개정되기 전의 것) 제37조 제1항에 의하면 등기할 사항은 등기와 공고 후가 아니면
선의의 제3자에게 대항하지 못하므로, 총사원의 동의로 을이 무한책임사원으로서의 지위를
취득하였다고 하더라도 그에 관한 등기가 마쳐지기 전에는 등기 당사자인 회사나 을로서는
선의의 제3자에게 을이 무한책임사원이라는 사실을 주장할 수 없으므로, 만약 제3자가 갑만이
유일한 무한책임사원이라고 믿은 데 대하여 선의라면, 회사나 을로서는 제3자가 을의 동의를
받지 아니하였음을 주장하여 그 지분양도계약이 효력이 없다고 주장할 수 없다"(합자회사의
무한책임사원에 관한 판결인데, 합명회사 사원에게도 적용될 것이다). 이 판례에 따르면 정관
변경에 불구하고 변경등기 없이는 정관변경이 사실상 무의미하게 되는 결과가 된다.

한 채권자에게 퇴사청구권을 인정하고 지분환급에 의하여 채권의 변제를 받을 수 있게 한 것으로서, 위 퇴사청구권은 사원 지분의 압류채권자가 직접 일방적 의사표시로 사원을 퇴사시킬 수 있도록 한 형성권이다.[43]

(b) 퇴사예고    회사와 그 사원에 대하여 6월 전에 그 예고를 하여야 한다 (224조① 단서). 퇴사예고는 사원이 변제를 하거나 상당한 담보를 제공한 때에는 그 효력을 잃는다(224조②). "담보를 제공한 때"는 압류채권자와의 사이에서 물적담보 외에 채권자의 승낙 하에 인적담보(보증)도 포함된다. 나아가 실질적으로 보증과 같은 채권확보의 효력이 있는 중첩적 채무인수계약이 압류채권자와의 사이에서 체결되거나 압류채권자가 채무인수를 승낙한 때에는 퇴사예고는 그 효력을 잃는다.[44]

채권자가 예고기간을 정하여 예고를 하고 퇴사청구권을 행사한 이상 다른 의사표시 없이도 영업연도말에 당연히 퇴사의 효력이 발생하고, 사원이 이를 저지하기 위하여서는 영업연도말이 되기 전에 변제를 하거나 상당한 담보를 제공하여야 하며, 변제 또는 담보제공이 없이 영업연도말이 도래하여 일단 퇴사의 효력이 발생하였다면 그 후 사원 또는 채권자가 일방적으로 위 퇴사의 의사표시를 철회할 수 없고, 이는 퇴사의 효력이 발생한 후 사원이 채권자에게 채무를 변제한 경우에도 마찬가지이다.[45]

마) 당연퇴사

(a) 당연퇴사원인    사원은 i) 정관에 정한 사유의 발생, ii) 총사원의 동의, iii) 사망, iv) 성년후견개시, v) 파산, vi) 제명 등으로 인하여 퇴사한다(218조).

(b) 정관에서 정한 사유의 발생    정관에서 사원의 자격(결격사유), 조건의 성취, 기간의 만료 등을 퇴사원인으로 추가할 수 있다. 다만, 정관에서 정하는 퇴사사유는 강행법규 또는 선량한 풍속 기타 사회질서에 반하지 않아야 한다.[46]

(c) 총사원의 동의    사원이 부득이한 사유가 있을 때에만 언제든지 퇴사할 수 있는데(217조②), 총사원이 동의하면 부득이한 사유가 없어도 언제든지 퇴사할 수 있다. 이 때 총사원의 동의 요건은 과반수 등과 같이 감경할 수 있다.

(d) 파    산    상법은 파산만 규정하는데, 회생절차개시는 제1호의 정관에서 정한 사유에 해당한다.

---

43) 대법원 2014. 5. 29. 선고 2013다212295 판결.
44) 대법원 1989. 5. 23. 선고 88다카13516 판결.
45) 대법원 2014. 5. 29. 선고 2013다212295 판결.
46) 서울고등법원 2019. 10. 18. 선고 2019나2002078, 2002085 판결.

(e) 제    명

a) 제명의 의의    제명은 해당 사원의 의사에 반하여 사원자격을 박탈하는 것으로서, 사원 및 회사의 이익을 위한 것이다. 제명은 해당 사원의 이해관계에 중대한 영향을 미치는 것이므로 상법은 제명사유와 제명절차를 엄격하게 규제한다. 따라서 제명에 관한 규정은 모두 강행규정으로 보아야 한다.

b) 제명사유    합명회사 사원에게 다음의 사유가 있는 때에는 회사는 다른 사원 과반수의 결의에 의하여 그 사원의 제명의 선고를 법원에 청구할 수 있다(220조①).

1. 출자의 의무를 이행하지 아니한 때
2. 경업금지규정에 위반한 행위가 있는 때
3. 회사의 업무집행 또는 대표에 관하여 부정한 행위가 있는 때, 권한 없이 업무를 집행하거나 회사를 대표한 때
4. 기타 중요한 사유가 있는 때

제명은 의사에 반하여 회사에서 축출하는 것이므로 제명사유에 관한 규정은 강행규정으로 보아야 하고, 정관에 의하여도 제명사유를 추가할 수는 없다.47) 이와 관련하여 제4호의 "기타 중요한 사유가 있는 때"도 최대한 엄격히 해석하여 기업유지를 위하여 제명이 불가피한 경우에 한하여 제명을 허용하여야 할 것이다. 형식적으로는 상법에 규정된 제명의 요건에 해당된다 하더라도 당해 사원의 개인적 특질을 고려하고 제명으로 인하여 상실케 될 당해 사원의 이익과 그를 제명함으로써 얻게 될 회사의 이익을 비교하는 등 그 결과도 합리적으로 고려하여야 한다는 취지의 하급심 판례도 있다.48)

---

47) 제명사유의 강행법규성을 강조하여 정관에 의하여 제명사유를 축소하는 것도 불가능하다는 것이 일반적인 견해이기는 하지만, 제명사유의 성격상 축소하는 것은 가능하다고 본다(同旨: 이철송, 166면).

48) [부산지방법원동부지원 1991. 8. 16. 선고 90가합3057 판결] "합명회사 및 합자회사와 같은 소위 인적 회사에서만 인정되는 사원의 제명은 당해 사원의 의사에 반하여 사원자격을 박탈하는 것이어서 그 사원의 이익에 미치는 영향이 매우 크므로 형식적으로는 상법에 규정된 제명의 요건에 해당된다 하더라도 당해 사원의 개인적 특질을 고려하여 그와 같이 회사를 존속하는 것이 경제상이나 신용상 곤란하리라고 보이는 사정이 있고 회사내부조직을 공고히 하고 사업수행을 용이하게 하기 위하여 불가피한 경우에 한하여 제명할 수 있다고 보아야 하고 이를 판단함에 있어서는 그 제명으로 인하여 상실케 될 당해 사원의 이익과 그를 제명함으로써 얻게 될 회사의 이익을 비교하는 등 그 결과도 합리적으로 고려하여야 한다"(합자회사의 대표사원이 회사공금을 횡령하는 등 부정한 행위를 하였으나 회사에 대한 기여도 횡령액수의 규

c) 제명절차  합명회사의 사원이 제명사유에 해당하더라도 당연히 제명되는 것이 아니라 "다른 사원 과반수의 결의"에 의하여 그 사원의 "제명의 선고를 법원에 청구"할 수 있고(220조①), 법원의 제명선고에 의하여 비로소 사원자격을 상실한다. 법원의 제명선고 없이 제명결의만으로 제명할 수 있다는 정관의 규정은 무효이다.[49]

"다른 사원"은 제명대상자를 제외한 나머지 사원 전원을 가리킨다. 그러나 만일 제명대상 사원이 수인인 경우, 해당 1인을 제외한 나머지 사원을 가리키는지, 아니면 수인의 제명대상 사원을 제외한 나머지 사원을 가리키는지에 관하여 상법상 명문의 규정이 없어서 논란의 여지가 있지만, 제명절차의 엄격한 해석기준에 비추어 전자로 해석하여야 할 것이다. 이렇게 해석하는 경우 만일 제명대상인 사원의 수가 사원총수에 비하여 많을수록 과반수 결의를 얻기 어렵다는 문제점은 있지만, 후자와 같이 해석한다면 일부 그룹의 사원이 나머지 사원들을 축출하기 위하여 (법원의 재판절차를 거쳐야 하지만) 상법상 제명절차를 악용할 수 있다는 보다 큰 문제점이 있다.

사원이 2인인 경우 그 중 1인에게 제명사유가 있어도 해당 사원을 제명할 수 없다. "다른 사원 과반수의 결의"라는 문언상 제명대상인 사원 이외에 다른 사원 2인 이상의 존재를 전제로 하기 때문이다.[50] 또한 만일 제명에 의하여 사원이 1인이 되면 회사의 해산사유에 해당하므로, 이 경우에는 "부득이한 사유"를 이유로 회사의 해산을 청구하거나 본인이 퇴사하는 것이 바람직하다.

판례는 제명할 사원이 복수인 경우 "다른 사원 과반수의 결의"는 각 개인별로 다른 사원 과반수에 의하여 결의하여야 하고, 그 제명원인 사유가 피제명사원 전원에 공통되는 경우라 할지라도 일괄제명결의방법은 적법한 결의가 아니라는 입장이다.[51]

---

모, 그 회수가능성 등을 참작하여 그 제명선고청구를 기각한 사례이다).

49) 춘천지방법원 2009. 5. 13. 선고 2008가합481 판결.

50) 대법원 1991. 7. 26. 선고 90다19206 판결(무한책임사원과 유한책임사원 각 1인만으로 된 합자회사에 있어서 한 사원의 의사에 의하여 다른 사원의 제명을 할 수 없다는 판례이다).

51) [대법원 1976. 6. 22. 선고 75다1503 판결] "제명은 원래 개인적인 것이고, 제명사유에 해당한다 하여 당연히 제명이 되는 것이 아니고 당해 사원의 개인적 특질을 고려한 다음 결정되는 것이므로 같은 취지에서 피제명 각인에 대하여 타의 사원의 동의 여부의 기회를 주어 개별적으로 그 제명의 당부를 나머지 다른 사원의 과반수의 의결로 결의하여야 하는 것인데 본건 결의는 적법한 제명결의라 할 수 없다."

d) 관할법원과 등기      제명청구의 소는 회사의 본점소재지의 지방법원의 관할에 전속한다(220조②, 206조, 186조). 법원의 제명판결이 확정되면 본점과 지점의 소재지에서 등기하여야 한다(220조②, 205조②).

(다) 퇴사절차      합명회사 사원은 정관의 절대적 기재사항이고(179조 제3호), 이에 따라 입사의 경우에는 총사원의 동의에 의한 정관변경이 요건이지만(204조), 퇴사의 경우에는 퇴사원인이 있으면 퇴사가 되고, 정관변경은 요구되지 않는다.

그러나 퇴사는 등기사항의 변경을 수반하므로(180조 제1호) 변경등기를 하여야 한다(183조).

(라) 퇴사의 효과

가) 지분의 환급      퇴사한 사원은 회사에 대하여 지분환급청구권을 가지고, 정관에 다른 규정이 없는 한 노무·신용으로 출자의 목적으로 한 경우에도 그 지분의 환급을 받을 수 있다(222조). 지분의 환급은 출자의 종류에 불구하고 금전으로 할 수 있다(195조, 民法 719조②). 그러나 사원이 특정 재산의 소유권을 출자한 것이 아니라 그 사용과 용익만을 출자의 목적으로 한 경우(使用出資)에는 퇴사시 그 반환을 청구할 수 있다. 이는 사원자격 상실과 동시에 출자의무가 소멸하기 때문에 소유권에 기하여 반환청구를 하는 것이고 지분환급청구권과는 다른 것이다.52)

지분의 계산은 정관에 다른 규정이 없으면 퇴사 당시의 회사재산의 상태에 의한다(195조, 民法 719조①). 제명판결에 의한 퇴사의 경우에는 판결확정시까지 장기간이 소요되므로 소제기시의 회사재산의 상태에 따라야 할 것이고, 그 때부터 법정이자를 붙여야 할 것이다(221조). 퇴사 당시에 완결되지 아니한 사항에 대하여는 완결 후에 계산할 수 있다(195조, 民法 719조③).

지분계산결과 지분이 플러스인 경우(적극지분)에는 환급을 청구할 수 있으나, 마이너스인 경우(소극지분)에는 손실분담비율에 따라 회사에 그 전액을 납입하여야 한다.53) 퇴사 또는 청산의 경우 사원은 손실분담의무에 대하여는 출자의무와 달리 무한책임을 진다. 지분환급청구권은 사원이 퇴사 후 제3자의 자격에서 취득하는 것이므로 다른 사원이 직접·연대·무한책임을 진다.

나) 책임의 연장      합명회사의 퇴사한 사원은 본점소재지에서 퇴사등기를 하

---

52) 정찬형, 576면.
53) 각 사원의 출자가액에 비례하여 손익분배의 비율을 정하고(民法 711조①), 이익 또는 손실에 대하여 분배의 비율을 정한 때에는 그 비율은 이익과 손실에 공통된 것으로 추정한다(民法 711조②).

기 전에 생긴 회사채무에 대하여는 등기 후 2년 내에는 다른 사원과 동일한 책임이 있다(225조①). 이는 지분을 양도한 사원의 경우에도 같다(225조②).[54) 퇴사등기 후 2년이 경과하여야 책임이 소멸하므로 퇴사하는 사원의 입장에서는 퇴사등기가 매우 중요하다.

다) 상호변경청구권    퇴사한 사원의 성명이 회사의 상호 중에 사용된 경우에는 그 사원은 회사에 대하여 그 사용의 폐지를 청구할 수 있다(226조). 만일 상호 사용을 방치한 경우에는 "합명회사의 사원이 아닌 자가 타인에게 자기를 사원이라고 오인시키는 행위를 하였을 때에는 오인으로 인하여 회사와 거래한 자에 대하여 사원과 동일한 책임을 진다"는 제215조의 규정에 따라, 회사채무에 대하여 책임을 지게 될 경우도 있을 수 있다.

### (3) 등기의 대항력

등기할 사항은 이를 등기하지 아니하면 선의의 제3자에게 대항하지 못한다(37조①). 즉, 지분을 양도한 사원이 제3자에게 대항하려면 지분양도에 따른 변경등기를 하여야 한다(180조 제1호). 따라서 합명회사 사원(갑)이 총사원의 동의로 지분양수인(을)을 사원으로 가입시키기로 합의하였어도 그에 관한 변경등기가 이루어지기 전에 갑이 등기부상의 총사원의 동의를 얻어 제3자(병)에게 자신의 지분을 양도하고 사원 및 지분 변경등기까지 마친 경우에는 등기 당사자인 회사나 을로서는 선의의 제3자인 병에게 을이 사원이라는 사실을 주장할 수 없다. 따라서 병이 갑을 사원이라고 믿은 데 대하여 선의라면, 회사나 을로서는 병이 을의 동의를 받지 아니하였음을 주장하여 그 지분양도계약의 효력을 부인할 수 없다.[55)

## 6. 정관의 변경

합명회사의 정관은 필요적 기재사항인지 여부를 불문하고 총사원의 동의에 의

---

54) 법무법인(유한)의 설립요건을 갖춘 법무법인은 구성원 전원의 동의가 있으면 법무부장관의 인가를 받아 법무법인(유한)으로 조직변경을 할 수 있는데(변호사법 55조의2①), 이 경우 설립된 법무법인(유한) 또는 법무조합의 구성원 중 종전의 법무법인의 구성원이었던 자는 법무법인의 해산등기 및 법무법인(유한)의 설립등기를 하기 전에 발생한 법무법인의 채무에 대하여 법무법인(유한)의 경우에는 등기 후 2년이 될 때까지, 법무조합의 경우에는 등기 후 5년이 될 때까지 법무법인의 구성원으로서 책임을 진다(변호사법 55조의2④).

55) 대법원 1996. 10. 29. 선고 96다19321 판결(합자회사 무한책임사원에 관한 판례이다).

하여서만 변경할 수 있다(204조). 제204조는 회사의 내부관계에 관한 임의규정으로 서 정관에 의하여 달리 정할 수 있다는 것이 일반적인 해석이다.56)

사원의 성명·주민등록번호·주소 등은 정관의 절대적 기재사항이지만(179조 제 3호) 지분양도로 사원의 변동이 생긴 경우에는 이미 다른 사원의 동의가 있으므로 정관변경을 위한 동의가 별도로 요구되지 않는다. 사원의 사망·임의퇴사·제명 등 과 같이 법률상 기재사항의 변동이 당연히 일어나는 경우에도 사원의 동의가 요구 되지 않는다.

정관변경이 동시에 등기사항인 경우에는 변경등기를 하여야 제3자에게 대항할 수 있다(37조). 상업등기의 공신력 문제는 위 "(3) 등기의 대항력" 부분에서 설명한 바와 같다.


## 7. 합병 관련 규정

상법은 제3편(회사) 제2장(합명회사)에서 합명회사의 합병에 관한 조문을 두고 있으며(230조부터 제240조까지), 합명회사 외의 다른 종류의 회사의 합병에 관하여는, 합명회사의 합병에 관한 규정을 준용하거나, 대체로 같은 취지의 규정을 두고 있 다.57)

---

56) 다만, 사원의 변동에 관한 정관변경요건은 정관의 규정에 의하여도 완화할 수 없다는 견해 도 있다(이철송, 161면).
57) 합병에 관한 상세한 내용은 주식회사의 합병 부분[제5장 제1절]에서 설명하였으므로, 여기 서는 상법 제230조부터 제240조까지의 규정만 살펴본다.
 제230조(합병의 결의) 회사가 합병을 함에는 총사원의 동의가 있어야 한다.
 제231조 삭제 〈1984. 4. 10〉
 제232조(채권자의 이의)
 ① 회사는 합병의 결의가 있은 날부터 2주내에 회사채권자에 대하여 합병에 이의가 있으면 일정한 기간 내에 이를 제출할 것을 공고하고 알고 있는 채권자에 대하여는 따로따로 이 를 최고하여야 한다. 이 경우 그 기간은 1월 이상이어야 한다.
 ② 채권자가 제1항의 기간 내에 이의를 제출하지 아니한 때에는 합병을 승인한 것으로 본다.
 ③ 이의를 제출한 채권자가 있는 때에는 회사는 그 채권자에 대하여 변제 또는 상당한 담보 를 제공하거나 이를 목적으로 하여 상당한 재산을 신탁회사에 신탁하여야 한다.
 제233조(합병의 등기) 회사가 합병을 한때에는 본점소재지에서는 2주간 내, 지점소재지에서 는 3주간 내에 합병 후 존속하는 회사의 변경등기, 합병으로 인하여 소멸하는 회사의 해산 등기, 합병으로 인하여 설립되는 회사의 설립등기를 하여야 한다.
 제234조(합병의 효력발생) 회사의 합병은 합병후 존속하는 회사 또는 합병으로 인하여 설립 되는 회사가 그 본점소재지에서 전조의 등기를 함으로써 그 효력이 생긴다.
 제235조(합병의 효과) 합병후 존속한 회사 또는 합병으로 인하여 설립된 회사는 합병으로

## 8. 해산과 청산

### (1) 해 산

#### 1) 해산원인

합명회사의 해산원인은, i) 존립기간의 만료 기타 정관에서 정한 사유의 발생, ii) 총사원의 동의, iii) 사원이 1인으로 된 때, iv) 합병, v) 파산, vi) 법원의 해산명령 또는 해산판결 등이다(227조).

#### 2) 해산등기

합명회사가 해산된 때에는 합병과 파산의 경우 외에는 그 해산사유가 있은 날부터 본점소재지에서는 2주 내, 지점소재지에서는 3주 내에 해산등기를 하여야 한다(228조). 해산사유의 발생으로 당연히 해산하고 해산등기나 기타의 절차는 요건이 아니다.58) 합병의 경우에는 합병등기를 하고, 파산의 경우에는 파산등기를 하여야 한다.

#### 3) 해산의 효과

(가) 청산절차의 개시　　합명회사의 해산에 의하여 청산절차가 개시된다. 합병

---

인하여 소멸된 회사의 권리의무를 승계한다.

제236조(합병무효의 소의 제기)
① 회사의 합병의 무효는 각회사의 사원, 청산인, 파산관재인 또는 합병을 승인하지 아니한 회사채권자에 한하여 소만으로 이를 주장할 수 있다.
② 전항의 소는 제233조의 등기가 있은 날로부터 6월내에 제기하여야 한다.
제237조(준용규정) 제176조 제3항과 제4항의 규정은 회사채권자가 전조의 소를 제기한 때에 준용한다.
제238조(합병무효의 등기) 합병을 무효로 한 판결이 확정된 때에는 본점과 지점의 소재지에서 합병 후 존속한 회사의 변경등기, 합병으로 인하여 소멸된 회사의 회복등기, 합병으로 인하여 설립된 회사의 해산등기를 하여야 한다.
제239조(무효판결확정과 회사의 권리의무의 귀속)
① 합병을 무효로 한 판결이 확정된 때에는 합병을 한 회사는 합병 후 존속한 회사 또는 합병으로 인하여 설립된 회사의 합병 후 부담한 채무에 대하여 연대하여 변제할 책임이 있다.
② 합병 후 존속한 회사 또는 합병으로 인하여 설립한 회사의 합병 후 취득한 재산은 합병을 한 회사의 공유로 한다.
③ 전 2항의 경우에 각 회사의 협의로 그 부담부분 또는 지분을 정하지 못한 때에는 법원은 그 청구에 의하여 합병당시의 각 회사의 재산상태 기타의 사정을 참작하여 이를 정한다.
제240조(준용규정) 제186조 내지 제191조의 규정은 합병무효의 소에 준용한다.
58) [대법원 1964. 5. 5. 선고 63마29 판결] "회사해산등기의 효력에 대하여는 회사설립등기와 같은 특별규정이 없는 이상 상법총칙규정에 의하여 이는 제3자에 대한 대항요건에 불과하다고 할 것이므로 해산결의가 있고 청산인선임 결의가 있다면 그 해산등기가 없어도 청산중인 회사이다."

과 파산의 경우는 제외된다. 합병의 경우에는 상법 규정에 의하여 청산절차 없이 회사가 바로 소멸되고, 파산의 경우에는 청산절차가 아니라 파산절차가 개시되기 때문이다. 회사는 해산 후에도 청산의 목적 범위 내에서 존속하고(245조), 청산절차의 종결에 의하여 권리능력이 소멸한다.

(나) 회사의 계속    합명회사의 해산원인 중, 존립기간의 만료 기타 정관에서 정한 사유의 발생과 총사원의 동의의 경우에는 사원의 전부 또는 일부의 동의로 회사를 계속할 수 있다.59) 그러나 동의를 하지 아니한 사원은 퇴사한 것으로 본다(229조①). 그리고 사원이 1인으로 된 때에는 새로 사원을 가입시켜서 회사를 계속할 수 있다(229조②). 회사를 계속하기 전에 이미 회사의 해산등기를 하였을 때에는 본점소재지에서는 2주 내, 지점소재지에서는 3주 내에 회사의 계속등기를 하여야 한다(229조③). 회사의 계속 후에 가입한 사원은 그 가입 전에 생긴 회사채무에 대하여 다른 사원과 동일한 책임을 진다(229조④, 213조).

### (2) 청    산

#### 1) 의    의

회사의 청산이란 해산한 회사가 존속중에 발생한 재산적 권리의무를 정리한 후 회사의 법인격을 소멸시키는 것이다. 자연인의 경우는 사망시 상속에 의하여 재산의 승계절차가 진행되는데, 회사는 해산으로 권리능력(법인격)이 소멸하기 전에 회사의 잔존 재산의 처리를 위하여 일정한 절차를 필요로 하고 이를 청산이라 한다. 합명회사의 해산 후 사원이 사망한 경우에 그 상속인이 수인인 때에는 청산에 관한 사원의 권리를 행사할 자 1인을 정하여야 한다. 이를 정하지 아니한 때에는 회사의 통지·최고는 그중의 1인에 대하여 하면 전원에 대하여 그 효력이 있다(246조).

#### 2) 임의청산

(가) 의    의    임의청산은 합명회사·합자회사에만 인정되고, 주식회사·유한회사·유한책임회사에서는 인정되지 않는다.

합명회사는 제247조부터 제249조까지의 규정에 의하여 정관 또는 총사원의 동의에 의하여 청산방법을 정하는 임의청산이 원칙이고, 다만 "사원이 1인으로 된 때(3호)"와 "법원의 해산명령 또는 해산판결(6호)"에 의한 해산의 경우에는 임의청산을

---

59) 해산명령, 해산판결의 경우와 같이 회사의 존속을 인정할 수 없는 객관적 하자가 있는 경우에는 회사의 계속이 인정되지 않는다.

할 수 없다(247조②). 이러한 경우에는 재산처분의 공정을 기할 필요가 크기 때문에 법정의 엄격한 절차에 의하여 법정청산을 한다(250조 이하).

그리고 합병(4호)과 파산(5호)의 경우에는 어차피 청산절차가 없으므로, 결국 임의청산은 회사의 존립기간만료 기타 정관에서 정한 사유의 발생(1호)과 총사원의 동의(2호)에 의하여 회사가 해산한 경우뿐이다.

(나) 채권자보호    합명회사의 임의청산의 경우에는 합병에서의 채권자보호절차에 관한 제232조가 준용된다(247조③). 그리고 임의청산의 경우에 사원의 지분을 압류한 자가 있는 때에는 그 동의를 얻어야 한다(247조④).

(다) 채권자취소    합명회사가 임의청산에 관한 규정에 위반하여 그 재산을 처분함으로써 회사채권자를 해한 때에는 회사채권자는 그 처분의 취소를 법원에 청구할 수 있다(248조①). 이때의 소는 본점소재지의 지방법원의 관할에 전속한다(186조).

그러나 회사의 재산처분으로 인하여 이익을 받은 자나 전득한 자가 그 처분행위 또는 전득 당시에 채권자를 해함을 알지 못한 경우에는 회사채권자는 회사의 재산처분행위를 취소할 수 없다(248조②, 民法 제406조① 단서). 채권자의 소는 그 채권자가 취소원인을 안 날부터 1년, 그 처분행위가 있은 날부터 5년 내에 제기하여야 한다(248조②, 民法 406조②). 회사채권자의 회사의 재산처분에 대한 취소 및 원상회복은 모든 채권자의 이익을 위하여 그 효력이 있다(248조②, 民法 407조).

(라) 청산종결등기    임의청산을 하는 합명회사는 그 재산의 처분을 완료한 날부터 본점소재지에서는 2주 내에, 지점소재지에서는 3주 내에 청산종결의 등기를 하여야 한다(247조⑤).

3) 법정청산

(가) 사  유    합명회사가 사원이 1인으로 된 때(227조 제3호) 또는 법원의 명령 또는 판결(6호)의 사유로 인하여 해산한 경우에는 임의청산을 할 수 없고(247조②), 법정청산을 하여야 한다. 그 외에 임의청산을 할 수 있는 사유로 해산된 경우에 정관 또는 총사원의 동의에 의하여 청산방법을 정하지 아니한 때에는 법정청산을 하여야 한다.

(나) 청 산 인

가) 선  임    합명회사가 해산된 때에는 총사원 과반수의 결의로 청산인을

선임한다(251조①). 청산인의 선임이 없는 때에는 업무집행사원이 청산인이 된다(251조②). 합명회사 제227조 제3호 또는 제6호의 사유로 인하여 해산된 때에는 법원은 사원 기타의 이해관계인이나 검사의 청구에 의하여 또는 직권으로 청산인을 선임한다(252조).

합명회사의 청산인이 선임된 때에는 그 선임된 날부터, 업무집행사원이 청산인이 된 때에는 해산된 날부터 본점소재지에서는 2주 내, 지점소재지에서는 3주 내에 다음의 사항을 등기하여야 한다(253조①). 변경등기도 본점소재지에서는 2주 내, 지점소재지에서는 3주 내에 변경등기를 하여야 한다(253조②, 183조).

나) 청산인의 직무권한    합명회사의 청산인의 직무는 다음과 같다(254조①). 그러나 이에 한정되는 것은 아니고 청산사무에 필요한 직무는 모두 포함된다.

1. 현존사무의 종결
2. 채권의 추심과 채무의 변제
3. 재산의 환가처분
4. 잔여재산의 분배

청산인이 수인인 때에는 청산의 직무에 관한 행위는 그 과반수의 결의로 정한다(254조②). 회사를 대표할 청산인은 위 청산인의 직무에 관하여 재판상 또는 재판 외의 모든 행위를 할 권한이 있다(254조③).

다) 청산중의 파산    청산중 회사의 재산이 그 채무를 완제하기에 부족한 것이 분명하게 된 때에는 청산인은 지체 없이 파산선고를 신청하고 이를 공고하여야 한다. 청산인은 파산관재인에게 그 사무를 인계함으로써 그 임무가 종료한다(254조④, 民法 93조).

라) 청산인의 회사대표    업무집행사원이 청산인으로 된 경우에는 종전의 정함에 따라 회사를 대표한다(255조①). 법원이 수인의 청산인을 선임하는 경우에는 회사를 대표할 자를 정하거나 수인이 공동하여 회사를 대표할 것을 정할 수 있다(255조②).

마) 청산인의 의무    합명회사의 청산인은 취임한 후 지체 없이 회사의 재산 상태를 조사하고 재산목록과 대차대조표를 작성하여 각 사원에게 교부하여야 한다(256조①). 청산인은 사원의 청구가 있는 때에는 언제든지 청산의 상황을 보고하여야 한다(256조②).

바) 영업의 양도      합명회사의 청산인이 회사의 영업의 전부 또는 일부를 양도함에는 총사원 과반수의 결의가 있어야 한다(257조). 임의청산시 환가처분은 정관 또는 총사원의 동의에 의하므로 사원들에게 불이익이 미칠 우려가 없고, 따라서 임의청산절차에서도 환가를 위하여 영업을 양도할 수 있다고 보아야 한다.

사) 채무완제불능과 출자청구      합명회사의 현존재산이 그 채무를 변제함에 부족한 때에는 청산인은 변제기에 불구하고 각 사원에 대하여 출자를 청구할 수 있다(258조①). 이때의 출자액은 각 사원의 출자의 비율로 이를 정한다(258조②).

아) 변제기미도래채무의 변제      합명회사의 청산인은 변제기에 이르지 아니한 회사채무에 대하여도 이를 변제할 수 있다(259조①). 이때 이자 없는 채권에 관하여는 변제기에 이르기까지의 법정이자를 가산하여 그 채권액에 달할 금액을 변제하여야 한다(259조②). 이자있는 채권으로서 그 이율이 법정이율에 달하지 못하는 경우에도 변제기에 이르기까지의 법정이자를 가산하여 그 채권액에 달할 금액을 변제하여야 한다(259조③).[60]

합명회사의 청산인이 변제기에 이르지 아니한 회사채무를 변제하는 경우에는 조건부채권, 존속기간이 불확정한 채권 기타 가액이 불확정한 채권에 대하여는 법원이 선임한 감정인의 평가에 의하여 변제하여야 한다(259조④).

자) 잔여재산의 분배      합명회사의 청산인은 회사의 채무를 완제한 후가 아니면 회사재산을 사원에게 분배하지 못한다. 그러나 다툼이 있는 채무에 대하여는 그 변제에 필요한 재산을 보류(保留)하고 잔여재산을 분배할 수 있다(260조).

차) 청산인의 해임      합명회사의 사원이 선임한 청산인은 총사원 과반수의 결의로 해임할 수 있다(261조). 청산인이 그 직무를 집행함에 현저하게 부적임하거나 중대한 임무에 위반한 행위가 있는 때에는 법원은 사원 기타의 이해관계인의 청구에 의하여 청산인을 해임할 수 있다(262조).

카) 청산인의 임무종료      합명회사의 청산인은 그 임무가 종료한 때에는 지체 없이 계산서를 작성하여 각 사원에게 교부하고 그 승인을 받아야 한다(263조①). 계산서를 받은 사원이 1개월 내에 이의를 하지 아니한 때에는 그 계산을 승인한 것으로 본다. 그러나 청산인에게 부정행위가 있는 경우에는 그러하지 아니하다(263조②).

---

60) 채무액이 A, 잔여변제기가 N년이면 회사가 변제할 금액은 $[A/(1+$법정이율$\times N)]$이다.

### 4) 청산종결

합명회사의 청산이 종결된 때에는 청산인은 계산서에 대한 총사원의 승인이 있은 날부터 본점소재지에서는 2주 내, 지점소재지에서는 3주 내에 종결의 등기를 하여야 한다(264조). 다만, 등기의 공신력이 없으므로, 회사의 법인격소멸은 청산종결등기시가 아니라 실제로 청산사무가 종결된 때이다.

회사의 장부와 영업 및 청산에 관한 중요서류는 본점소재지에서 청산종결의 등기를 한 후 10년간 이를 보존하여야 한다. 다만, 전표 또는 이와 유사한 서류는 5년간 이를 보존하여야 한다(266조①). 이때 총사원 과반수의 결의로 보존인과 보존방법을 정하여야 한다(266조②).

회사의 재산으로 회사의 채무를 완제할 수 없는 때의 각 사원의 연대변제책임은 본점소재지에서 해산등기를 한 후 5년을 경과하면 소멸한다(267조①, 212조①). 5년의 기간 경과 후에도 분배하지 아니한 잔여재산이 있는 때에는 회사채권자는 이에 대하여 변제를 청구할 수 있다(267조②).

### 5) 준용규정

합명회사의 청산인은 자기거래는 제한되지만(199조), 경업피지의무는 부담하지 않는다. 청산인이 그 업무집행으로 인하여 타인에게 손해를 가한 때에는 회사는 그 사원과 연대하여 배상할 책임이 있다(210조). 대표사원에 관한 규정은 청산인에게도 준용된다(207조, 208조, 209조②, 210조). 회사와 청산인 간에는 민법의 위임에 관한 규정이 준용되고(265조, 382조②), 주식회사 이사의 회사 및 제3자에 대한 손해배상책임 규정은 청산인에게 준용된다(265조, 399조, 401조).

# Ⅱ. 합자회사

## 1. 의    의

합자회사는 무한책임사원과 유한책임사원으로 구성되는 2원적 조직의 회사이다(268조). 합자회사의 실체는 합명회사와 같이 조합에 가까우므로 원칙적으로 합명회사에 관한 규정이 준용된다(269조). 합자회사는 2원적 구성원으로 조직되었다는 점에서 합자조합과 유사하나, 합자회사는 법인격이 인정되는 회사이고, 합자조합은 법인격이 없는 조합이라는 점에서 다르다.

## 2. 설립요건

합자회사의 설립절차는 합명회사의 경우와 같이 "정관의 작성"과 "설립등기"로 구성된다.

### (1) 정관의 작성

합자회사의 정관에는 합명회사의 정관기재사항에 관한 제179조에 게기한 사항[61] 외에 각사원의 무한책임 또는 유한책임인 것을 기재하여야 한다(270조). 합자회사 정관의 기재사항 중 상호에는 반드시 합자회사의 문자를 사용하여야 한다(19조).

### (2) 설립등기

합자회사의 설립등기에 있어서는 합명회사의 설립등기사항에 관한 제180조의 사항 외에 각 사원의 무한책임 또는 유한책임인 것을 등기하여야 한다(271조①). 합자회사가 지점을 설치하거나 이전할 때에는 지점소재지 또는 신지점소재지에서 제180조 제1호 본문 및 제3호부터 제5호까지의 사항을 등기하여야 한다(271조② 본문).[62] 즉, 합자회사의 등기사항은 다음과 같다.[63]

1. 제179조 제1호 내지 제3호 및 제5호의 사항(목적, 상호, 사원의 성명·주민등록번호 및 주소, 본점의 소재지)과 지점을 둔 때에는 그 소재지.
2. 존립기간 기타 해산사유를 정한 때에는 그 기간 또는 사유
3. 회사를 대표할 사원을 정한 경우에는 그 성명·주소 및 주민등록번호[64]
4. 수인의 사원이 공동으로 회사를 대표할 것을 정한 때에는 그 규정

다만, 합자회사 설립등기에서는 무한책임사원만을 등기하고, 회사를 대표할 사

---

[61] 상법 제179조의 기재사항은, 1. 목적, 2. 상호, 3. 사원의 성명·주민등록번호 및 주소, 4. 사원의 출자의 목적과 가격 또는 평가의 표준, 5. 본점의 소재지, 6. 정관의 작성년월일 등이다.
[62] 제271조 제2항은 2011년 상법개정시 신설된 규정이다.
[63] 1, 2, 3, 4는 각각 제180조 제1호, 제3호, 제4호, 제5호의 규정이다. 본점 등기사항 중 제2호와 유한책임사원을 지점등기사항에서 제외한 것은 지점등기사항의 간략화를 위한 것이다.
[64] 개정 전에는 "회사를 대표할 사원을 정한 경우에는 그 성명"만 등기사항이었으나, 2011년 상법개정시 "주소 및 주민등록번호"가 추가되었다.

원을 정한 때에는 다른 사원은 등기하지 않는다(271조② 단서).

### (3) 설립의 하자

합자회사에서도 사원의 인적 개성이 중요하므로 설립취소의 소와 주관적 사유를 원인으로 하는 설립무효의 소가 인정된다. 합자회사의 설립무효·취소의 소는 합명회사의 설립무효·취소의 소에 관한 합명회사에 관한 규정이 준용된다(269조). 따라서 합자회사 설립무효·취소판결이 확정된 경우에 그 무효나 취소의 원인이 특정한 사원에 한한 것인 때에는 다른 사원 전원의 동의로써 회사를 계속할 수 있다(269조, 194조①). 이 경우에는 그 무효 또는 취소의 원인이 있는 사원은 퇴사한 것으로 본다(269조, 194조②), 새로 사원을 가입시켜서 회사를 계속할 수 있다(194조③, 229조②).

## 3. 내부관계

### (1) 출     자

합자회사의 무한책임사원은 합명회사 사원과 같이 신용·노무도 출자할 수 있다. 그러나 유한책임사원은 출자목적물이 금전을 비롯한 재산출자로 제한되고 신용·노무를 출자의 목적으로 하지 못한다(272조).[65)66)] 유한책임사원은 유한책임의 원칙상 그 지분이 마이너스(-)로 되더라도 이를 추가출자할 필요는 없다. 그러나 정관이나 총사원의 결의에 의하여 이와 달리 정할 수는 있다.

### (2) 업무집행

#### 1) 업무집행의 의의

업무집행은 회사가 목적 수행을 위하여 수행하는 행위로서, 법률행위와 사실

---

65) 이는 유한책임사원은 출자를 기준으로 유한책임을 부담하는데, 신용이나 노무는 그 공정한 가액을 평가하기 어렵기 때문이다. 합자조합의 유한책임조합원은 조합계약에서 특별히 정하지 않으면 신용 또는 노무를 출자의 목적으로 하지 못하지만(86조의8②, 272조). 조합계약으로 이를 허용하는 것은 가능하다. 합자회사의 무한책임사원의 출자의무 이행책임도 합명회사 사원의 책임과 같이 유한책임이라는 점에서 회사채권자에 대한 무한책임과 다르다.

66) 합자회사의 출자에서도, 채권을 출자의 목적으로 한 사원은 그 채권이 변제기에 변제되지 아니한 때에는 그 채권액을 변제할 책임을 진다. 이 경우에는 이자를 지급하는 외에 이로 인하여 생긴 손해를 배상하여야 한다(269조, 196조).

행위를 포함한다.

　2) 업무집행기관

　(가) 각 무한책임사원의 업무집행권　　합자회사의 무한책임사원은 정관에 다른 규정이 없는 때에는 각자가 회사의 업무를 집행할 권리와 의무가 있다(273조). 각 무한책임사원의 업무집행에 관한 행위에 대하여 다른 무한책임사원의 이의가 있는 때에는 곧 행위를 중지하고 무한책임사원 전원의 과반수의 결의에 의하여야 한다(269조, 200조②).

　(나) 업무집행사원을 정한 경우　　합자회사의 정관으로 사원의 1인 또는 수인을 업무집행사원으로 정할 수 있다(269조, 201조①). 따라서 합자회사, i) 각 무한책임사원, ii) 정관으로 무한책임사원의 1인 또는 수인을 업무집행사원을 정한 경우 그 사원의 순으로 업무집행기관이 된다.

　(다) 업무집행권한의 상실　　업무집행사원은 정당한 사유 없이 사임할 수 없고, 총사원의 일치가 아니면 해임할 수 없다(269조, 195조, 民法 708조). 업무집행사원이 업무를 집행함에 현저하게 부적임하거나 중대한 의무에 위반한 행위가 있는 때에는 법원은 사원의 청구에 의하여 업무집행권한상실을 선고할 수 있다(269조, 205조①). 업무집행권한상실은 유한책임사원도 청구할 수 있고,[67] 이에 대한 지분규모의 요건은 없다.

　업무집행사원의 권한상실을 선고하는 판결은 형성판결로서 그 판결 확정에 의하여 업무집행권이 상실되면 그 결과 대표권도 함께 상실된다.[68]

　업무집행권한상실선고 제도는 회사의 운영에 있어서 장애사유를 제거하는데 목적이 있고 회사를 해산상태로 몰고 가자는 데 목적이 있는 것이 아니다. 따라서 무한책임사원이 1인뿐인 합자회사에서 업무집행사원에 대한 권한상실신고는 회사의 업무집행사원 및 대표사원이 없는 상태로 돌아가게 되면 권한상실제도의 취지에 어긋나게 되어 회사를 운영할 수 없으므로 업무집행사원에 대한 권한상실신고를 할 수 없다.[69] 그러나 합자회사에서 무한책임사원이 업무집행권한의 상실을 선고하는 판결로 인해 업무집행권 및 대표권을 상실하였다면, 그 후 어떠한 사유 등으로 그 무한책임사원이 합자회사의 유일한 무한책임사원이 되었다는 사정만으로

---

67) 대법원 2012. 12. 13. 선고 2010다82189 판결.
68) 대법원 2021. 7. 8. 선고 2018다225289 판결, 대법원 1977. 4. 26. 선고 75다1341 판결.
69) 대법원 1977. 4. 26. 선고 75다1341 판결.

는 형성판결인 업무집행권한의 상실을 선고하는 판결의 효력이 당연히 상실되고 해당 무한책임사원의 업무집행권 및 대표권이 부활한다고 볼 수 없다.[70]

합자회사에서 업무집행권한의 상실을 선고받은 무한책임사원이 다시 업무집행권이나 대표권을 갖기 위해서는 정관이나 총사원의 동의로 새로 그러한 권한을 부여받아야 한다.[71]

### (라) 유한책임사원

가) 업무집행권 부여의 가능성    상법 제278조는 "유한책임사원의 업무집행, 회사대표의 금지"라는 제목 하에, "유한책임사원은 회사의 업무집행이나 대표행위를 하지 못한다."라고 규정한다. 제278조의 규정 중 대표권에 관하여는 "합자회사의 유한책임사원이 정관 또는 총사원의 동의로서 회사의 대표자로 지정되어 그와 같은 등기까지 경유되었다 하더라도 회사대표권을 가질 수 없다."라는 판례가 있다.[72] 즉, 제278조의 규정 중 "회사의 대표권" 부분은 강행규정이므로 유한책임사원은 정관에 의하여도 대표권을 부여받을 수 없다. 그러나 "업무집행" 부분에 관하여는 견해가 일치하지 않고 이를 직접적으로 다룬 판례도 없다.

이와 관련하여 제278조를 강행규정으로 보고 정관에 의하여도 유한책임사원에게 업무집행권을 부여할 수 없다는 견해가 있다.[73] 그러나 완전한 제3자의 경우에는 정관에 의하여도 업무집행권을 부여받을 수 없지만, 유한책임사원은 완전히 제3자가 아니라 어디까지나 출자를 한 사원이고 단지 유한책임을 지는 사원이므로 정관에 의하여 달리 정할 수 있다고 보는 것이 타당하다.[74]

나) 감 시 권    합자회사의 유한책임사원은 영업년도 말에 있어서 영업시간

---

70) 대법원 2021. 7. 8. 선고 2018다225289 판결.

71) [대법원 2021. 7. 8. 선고 2018다225289 판결] "합자회사에서 무한책임사원들만으로 업무집행사원이나 대표사원을 선임하도록 정한 정관의 규정은 유효하고, 그 후의 사정으로 무한책임사원이 1인이 된 경우에도 특별한 사정이 없는 한 여전히 유효하다. 다만 유한책임사원의 청구에 따른 법원의 판결로 업무집행권한의 상실을 선고받아 업무집행권 및 대표권을 상실한 무한책임사원이 이후 다른 무한책임사원이 사망하여 퇴사하는 등으로 유일한 무한책임사원이 된 경우에는 업무집행권한을 상실한 무한책임사원이 위 정관을 근거로 단독으로 의결권을 행사하여 자신을 업무집행사원이나 대표사원으로 선임할 수는 없다고 봄이 옳다. 이렇게 해석하는 것이 판결에 의한 업무집행권한 상실선고제도의 취지와 유한책임사원의 업무감시권의 보장 및 신의칙 등에 부합한다. 결국 이러한 경우에는 유한책임사원을 포함한 총사원의 동의에 의해서만 해당 무한책임사원이 업무집행사원이나 대표사원으로 선임될 수 있을 뿐이다."

72) 대법원 1966. 1. 25. 선고 65다2128 판결.

73) 이철송, 186면.

74) 同旨: 정찬형, 586면(업무집행은 회사의 내부관계이므로 이에 관한 규정은 임의규정이고 따라서 정관에 의하여 달리 정할 수 있다고 설명한다).

내에 한하여 회사의 회계장부·대차대조표 기타의 서류를 열람할 수 있고 회사의 업무와 재산상태를 검사할 수 있다(277조①). 중요한 사유가 있는 때에는 유한책임사원은 언제든지 법원의 허가를 받아 열람과 검사를 할 수 있다(277조②).[75]

### 3) 업무집행의 방법

합자회사의 정관으로 사원의 1인 또는 수인을 업무집행사원으로 정한 때에도, 지배인의 선임·해임은 무한책임사원 과반수의 결의에 의하여야 한다(274조).[76]

### 4) 경업금지의무

합자회사의 무한책임사원은 합명회사 사원과 같이 경업금지의무를 부담한다.[77] 그러나 유한책임사원은 업무집행권·대표권이 없고 이윤의 분배에만 참여하여 권한남용의 위험이 없으므로 이러한 제한을 둘 필요가 없다. 따라서 상법은 유한책임사원은 다른 사원의 동의 없이도 자기 또는 제3자의 계산으로 회사의 영업부류에 속하는 거래를 할 수 있고 동종영업을 목적으로 하는 다른 회사의 무한책임사원 또는 이사가 될 수 있다고 규정한다(275조). 다만, 유한책임사원도 회사의 업무와 재산상태를 검사할 수 있으므로, 입법론상으로는 경업금지의무를 제한하여야 한다는 견해도 있다.[78]

정관에 의하여 업무집행권을 부여받은 유한책임사원은 무한책임사원과 마찬가지로 경업금지의무가 적용된다고 해석해야 할 것이다.

### 5) 자기거래금지의무

합자회사의 사원에 대한 자기거래금지에 관한 규정이 없지만, 준용규정인 제269조를 적용하여 무한책임사원의 자기거래는 금지된다는 것이 통설이다. 그러나 유한책임사원의 경우에는 경업은 허용되나 자기거래는 금지된다는 견해와,[79] 금지

---

75) 여기서 "중요한 사유"는 상법 제467조 제1항의 검사인 선임사유인 "회사의 업무집행에 관하여 부정행위 또는 법령이나 정관에 위반한 중대한 사실이 있음을 의심할 사유"로 보면 될 것이다. 법원에 허가를 신청하는 경우에는 검사를 필요로 하는 사유를 소명하고, 총회 소집의 허가를 신청하는 경우에는 이사가 그 소집을 게을리한 사실을 소명하여야 한다(非訟法 80조 ①). 신청은 서면으로 한다(非訟法 80조②). 이러한 신청에 대하여는 법원은 이유를 붙인 결정으로써 재판을 하여야 한다(非訟法 81조①). 신청을 인용한 재판에 대하여는 불복신청을 할 수 없다(非訟法 81조②).

76) 그 밖에 합자회사 업무집행사원의 업무집행방법은 다른 규정이 없는 한 합명회사 사원 또는 업무집행사원의 업무집행방법과 같으므로(269조), 해당 부분 참조.

77) 합자회사 무한책임사원의 경업금지의무에 관한 내용은 합명회사 사원의 경업금지의무에 관한 부분 참조.

78) 정찬형, 587면.

79) 이철송, 187면.

되지 않는다는 견해가 있다.80)

　　업무집행권·대표권이 없는 유한책임사원에게 자기거래금지규정을 적용하는 것은 무리라고 생각되지만, 경업금지의무와 같이, 정관에 의하여 업무집행권을 부여받은 유한책임사원은 자기거래금지의무가 적용된다고 해석해야 할 것이다.

### (3) 손익의 분배

　　합자회사의 정관이나 총사원의 동의에 의하여 달리 정한 바가 없으면 유한책임사원에게도 각 출자가액에 비례하여 손익이 분배된다(195조, 民法 711조①).

### (4) 지　　분

#### 1) 지분의 양도

　　합자회사의 무한책임사원은 유한책임사원을 포함한 총사원의 동의를 얻지 아니하면 그 지분의 전부 또는 일부를 타인에게 양도하지 못한다(269조, 197조). 그러나 유한책임사원은 무한책임사원 전원의 동의가 있으면 그 지분의 전부 또는 일부를 타인에게 양도할 수 있다. 지분의 양도에 따라 정관을 변경하여야 할 경우에도 같다(276조). 즉, 이러한 경우에는 예외적으로 총사원이 아닌 무한책임사원 전원의 동의로 정관을 변경할 수 있다. 그러나 정관으로 총사원의 동의를 요하도록 정할 수도 있다.81)

　　합자회사 유한책임사원의 지분양도가 정관에서 정하고 있는 요건을 갖추지 못한 경우 그 지분양도는 무효이다.82)

　　회사등기에는 공신력이 인정되지 아니하므로, 합자회사의 사원 지분등기가 불

---

80) 정찬형, 588면.
81) [대법원 1989. 11. 28. 선고 88다카33626 판결]【변경등기】 "합자회사인 피고 회사의 정관상 사원이 그 지분권을 다른 사원에게 양도함에는 총사원의 동의가 있어야 하도록 되어 있는데, 원고가 무한책임사원인 갑에 대한 채권의 담보로 갑의 지분을 양수하기로 하되 그 전부를 원고 명의로 이전할 경우 피고 회사의 운영권을 좌우하게 되므로 이를 피하기 위하여 다른 무한책임사원인 을, 병 및 원고의 3인 명의로 갑의 지분을 분산하여 변경등기를 경료하였다면 을, 병 명의의 지분변경등기가 원고를 위한 명의신탁이었다고 하여도 원고가 위 을, 병에 대하여 명의신탁을 해지하고 지분이전을 구하려면 정관의 규정에 의하여 총사원의 동의를 얻어야 한다."
82) 대법원 2010. 9. 30. 선고 2010다21337 판결. 이 판결은 "정관에서 규정하고 있는 요건을 갖추지 못한 경우"라고 판시하였으므로, 정관에서 정한 요건을 갖추면 무한책임사원 전원의 동의가 없어도 지분양도가 유효하다는 취지로 해석되므로, 논란의 여지가 있다. 다만 이 사건은 피고회사의 정관에서 유한책임사원의 지분양도의 요건으로 무한책임사원회의의 의결이나 대표자의 승낙을 얻도록 정하였고, 문제된 지분양도가 이러한 요건을 갖추지 못한 사례이다.

실등기인 경우 그 불실등기를 믿고 합자회사 사원의 지분을 양수하였다 하여 그 지분을 양수한 것으로는 될 수 없다.83)

　2) 지분의 압류·입질

　유한책임사원 지분의 압류도 가능하고(269조, 223조, 224조), 질권 설정도 가능하다. 합자회사 유한책임사원이 자신의 지분에 관하여 질권자와 질권 설정계약을 체결하고 질권 설정에 대하여 무한책임사원 전원의 동의를 얻으면 이로써 질권 설정의 효력이 발생한다. 이 때 제3자에 대한 대항요건은 요구되지 않는다. 상법상 합자회사의 유한책임사원 지분 양도에 있어 제3자에 대한 대항요건에 관한 규정이 별도로 없고, 합자회사에 관하여 상법 제3편 제3장에 다른 규정이 없는 사항은 합명회사에 관한 규정이 준용되고(269조), 합명회사의 내부관계에 관하여는 정관 또는 상법에 다른 규정이 없으면 조합에 관한 민법의 규정이 준용되는데(195조), 민법 조합편은 조합원의 지분권 또는 조합원 지위 이전에 있어 제3자에 대한 대항요건에 관한 규정을 별도로 두지 않고 있기 때문이다.84)

## 4. 외부관계

### (1) 회사의 대표

#### 1) 대 표 권

　(가) 무한책임사원　　합자회사의 정관으로 업무집행사원을 정하지 아니한 때에는 각 무한책임사원은 회사를 대표한다. 정관에서 수인의 업무집행을 담당하는 무한책임사원을 정한 경우에 각 업무집행사원이 회사를 대표한다. 이 경우 정관 또

---

83) [대법원 1996. 10. 29. 선고 96다19321 판결]【업무집행정지및업무대행자선임가처분】"합자회사의 무한책임사원으로 갑이 등재되어 있는 상태에서 총사원의 동의로 을을 무한책임사원으로 가입시키기로 합의하였으나 그에 관한 변경등기가 이루어지기 전에 갑이 등기부상의 총사원의 동의를 얻어 제3자에게 자신의 지분 및 회사를 양도하고 사원 및 지분 변경등기까지 마친 경우, 구 상법(1995. 11. 30. 법률 제5053호로 개정되기 전의 것) 제37조 제1항에 의하면 등기할 사항은 등기와 공고 후가 아니면 선의의 제3자에게 대항하지 못하므로, 총사원의 동의로 을이 무한책임사원으로서의 지위를 취득하였다고 하더라도 그에 관한 등기가 마쳐지기 전에는 등기 당사자인 회사나 을로서는 선의의 제3자에게 을이 무한책임사원이라는 사실을 주장할 수 없으므로, 만약 제3자가 갑만이 유일한 무한책임사원이라고 믿은 데 대하여 선의라면, 회사나 을로서는 제3자가 을의 동의를 받지 아니하였음을 주장하여 그 지분양도계약이 효력이 없다고 주장할 수 없다."

84) 대법원 2015. 4. 23. 선고 2014다218863 판결(사모투자전문회사의 유한책임사원 지분에 대한 질권 설정에 관한 판결이다).

는 총사원의 동의로 업무집행을 담당하는 무한책임사원 중 특히 회사를 대표할 자
(대표사원)를 정할 수 있다(269조, 207조).

　　(나) 유한책임사원　　합자회사의 유한책임사원은 회사의 업무집행이나 대표행
위를 하지 못한다(278조). 이는 강행규정이므로 정관에 이와 달리 정할 수 없다. 제
278조를 임의규정으로 보고 유한책임사원에게도 정관이나 총사원의 동의로 업무집
행권이 부여될 수 있다고 보는 견해에서도 유한책임사원의 대표권은 인정하지 않
는다. 다만, 판례는 유한책임사원을 대표사원으로 등기하였더라도 그 후 그 유한책
임사원을 무한책임사원으로 변경등기를 하면 변경등기를 한 때에 그 대표사원 자
격의 흠결이 소멸된다는 입장이다.85)

　　2) 대표행위의 방법 등

　　합자회사 대표기관이 대표행위를 하는 방법은 합명회사의 경우와 같이, 각자
대표를 원칙으로 하되, 정관 또는 총사원의 동의로 공동대표를 정할 수 있다(269조,
208조).

### (2) 사원의 책임

　　1) 무한책임사원

　　합자회사의 무한책임사원은 회사채권자에 대하여 직접·연대·무한책임을 진다
(269조, 212조). 즉, 합자회사의 무한책임사원의 책임은 회사가 채무를 부담하면 법률
의 규정에 기해 당연히 발생하는 것으로서, 합명회사 사원의 책임과 같다.86)

　　2) 유한책임사원

　　합자회사의 유한책임사원은 회사채권자에 대하여 직접·연대·유한책임을 진

---

85) [대법원 1972. 5. 9. 선고 72다8 판결] "합자회사의 대표사원은 유한책임사원은 될 수 없고,
　　무한책임사원만이 된다고 함은 소론과 같으나 소외 1은 위와 같이 그가 원고회사의 대표사원
　　의 등기를 할 때에는 유한책임사원의 신분으로 그 등기를 한 흠이 있어도, 그 후 그 유한책임
　　사원을 무한책임사원으로 변경등기를 한 이상 그는 이 변경등기를 한 때에 그 대표사원 자격
　　의 흠결은 소멸되고, 그 등기의 효력이 발생하였다."

86) [대법원 2009. 5. 28. 선고 2006다65903 판결] "합명회사는 실질적으로 조합적 공동기업체여
　　서 회사의 채무는 실질적으로 각 사원의 공동채무이므로, 합명회사 사원의 책임은 회사가 채
　　무를 부담하면 법률의 규정에 기해 당연히 발생하는 것이고, '회사의 재산으로 회사의 채무를
　　완제할 수 없는 때' 또는 '회사재산에 대한 강제집행이 주효하지 못한 때'에 비로소 발생하는
　　것은 아니다. 이는 회사 채권자가 그와 같은 경우에 해당함을 증명하여 합명회사의 사원에게
　　보충적으로 책임의 이행을 청구할 수 있다는 책임이행의 요건을 정한 것으로 봄이 타당하다.
　　합자회사의 무한책임사원의 회사 채권자에 대한 책임은 합명회사의 사원의 책임과 동일하다."

다. 유한책임사원은 출자의무를 한도로 하여 책임을 부담하므로 그 출자가액에서
이미 이행한 부분을 공제한 가액을 한도로 하여 회사채무를 변제할 책임이 있다
(279조①).[87] 정관에 의하여 유한책임사원의 책임을 출자가액을 초과하여 정하는 것
은 허용되나, 그에 미달하여 정하는 것은 회사채권자보호를 위하여 허용되지 않는
다고 해석된다.

합자회사의 유한책임사원도 무한책임사원과 마찬가지로 회사채권자에 대하여
직접적인 책임을 진다. 즉, 합자회사의 유한책임사원은 출자가액을 한도로 하여 책
임을 진다는 점에서 무한책임사원과 다르고, 회사채권자에 대하여 직접·연대하여
책임을 진다는 점에서는 무한책임사원과 같다.

합자회사의 이익배당에 있어서는 주식회사와 같은 엄격한 규제가 없으므로 회
사에 이익이 없음에도 불구하고 배당을 받을 수 있다. 따라서 유한책임사원이 회사
에 이익이 없음에도 불구하고 배당을 받은 금액은 변제책임을 정함에 있어서 이를
가산한다(279조②). 유한책임사원이 회사채권자에 대하여 직접 변제를 하면 출자의
무가 그만큼 감소한다.

유한책임사원의 출자가액의 감소는 회사채권자에 대한 책임의 감소를 수반하
므로, 회사채권자를 보호하기 위하여 출자감소 후에도 본점소재지에서 등기를 하기
전에 생긴 회사채무에 대하여는 등기 후 2년 내에는 회사채무에 대한 책임을 진다
(280조).

### 3) 보충성과 부종성

합자회사의 사원(무한책임사원 및 유한책임사원)의 책임도 합명회사 사원의 책임
과 같이 보충성과 부종성을 가진다.

### 4) 자칭무한책임사원의 책임

합자회사의 유한책임사원이 타인에게 자기를 무한책임사원이라고 오인시키는
행위를 한 때에는 오인으로 인하여 회사와 거래를 한 자에 대하여 무한책임사원과
동일한 책임이 있다(281조①). 이 규정은 유한책임사원이 그 책임의 한도를 오인시
키는 행위를 한 경우에 준용한다(281조②).

### 5) 사원의 책임 변경

(가) 책임변경절차    상법 제270조는 합자회사 정관에는 각 사원이 무한책임

---

87) 한편, 자본시장법상 투자합자회사의 유한책임사원은 상법 제279조에 불구하고 투자합자회
사의 채무에 대하여 출자를 이행한 금액을 한도로 하여 책임을 진다(資法 217조③).

사원인지 또는 유한책임사원인지를 기재하도록 규정하고 있으므로, 정관에 기재된
합자회사 사원의 책임 변경은 정관변경의 절차에 의하여야 하고, 이를 위해서는 정
관에 그 의결정족수 내지 동의정족수 등에 관하여 별도로 정하고 있다는 등의 특별
한 사정이 없는 한 상법 제269조에 의하여 준용되는 상법 제204조에 따라 총사원
의 동의가 필요하다.[88]

(나) 유한책임사원이 무한책임사원으로 된 경우    합자회사의 정관변경에 의하
여 유한책임사원이 무한책임사원으로 된 경우에는 합명회사 신입사원의 책임에 준
하여 변경 전에 생긴 회사채무에 대하여 다른 무한책임사원과 동일한 책임을 진다
(282조, 213조).

(다) 무한책임사원이 유한책임사원으로 된 경우    합자회사의 정관변경에 의하
여 무한책임사원이 유한책임사원으로 된 경우에는 합명회사 퇴사원의 책임제에 준
하여 변경등기를 하기 전에 생긴 회사채무에 대하여는 등기 후 2년 내에는 다른 사
원과 동일한 책임이 있다(282조, 225조).


## 5. 사원의 변동

합자회사 사원의 입사와 퇴사는 합명회사의 경우와 거의 같다. 합자회사 설립
후 제3자가 합자회사의 사원으로 되는 방법으로는 입사에 의하여 원시적으로 사원
자격을 취득하는 방법과 기존의 사원으로부터 지분을 양수하는 방법이 있다.[89]

---

88) [대법원 2010. 9. 30. 선고 2010다21337 판결] "합자회사인 피고 회사의 정관은 제14조에서
'총회의 결의는 법령에 특별한 규정이 없는 한 출석 사원의 과반수 이상의 찬성으로 결의되며
가부동수일 때는 의장의 결정하는 바에 의한다'고 규정하는 한편, 정관변경의 절차나 사원의
책임 변경 등의 절차에 관하여는 별도의 규정을 두고 있지 않은 사실을 알 수 있다. 그렇다면
피고 회사의 정관 제14조는 정관변경의 절차 등을 비롯하여 합자회사의 존속·소멸 및 사원의
권리의무 관계에 중요한 영향을 미치는 사항 등의 의사결정에 관하여 상법에서 특별한 규정
을 두고 있는 경우에는 그에 따르고, 그와 같이 상법 등에서 특별한 규정을 두지 않은 사항에
관하여는 위 정관 규정에서 정한 의결정족수에 따르기로 한다는 취지에서 마련된 규정이라고
해석함이 상당하므로, 피고 회사의 유한책임사원인 원고를 무한책임사원으로 변경하기 위해
서는 피고 회사의 총 사원의 동의를 요한다고 보아야 한다."
89) [대법원 2002. 4. 9. 선고 2001다77567 판결] "합자회사 설립 후 제3자가 합자회사의 사원으
로 되는 방법으로는 입사에 의하여 원시적으로 사원 자격을 취득하는 방법과 기존의 사원으
로부터 지분을 양수하는 방법이 있는데, 전자의 입사 방법은 입사하려는 자와 회사 사이의 입사
계약으로 이루어지고 후자의 입사 방법은 입사하려는 자와 기존 사원 개인 사이의 지분매매계
약으로 이루어진다"(합자회사의 무한책임사원인 대표사원과 제3자 사이의 동업계약이 그 내용
에 비추어 제3자가 대표사원 개인에게 대금을 주고 그로부터 합자회사에 대한 지분 일부를 양

합자회사의 성립 후에 신입사원이 입사하여 사원으로서의 지위를 취득하기 위하여는 정관변경을 요하고 따라서 총사원의 동의를 얻어야 하지만, 정관변경은 회사의 내부관계에서는 총사원의 동의만으로 그 효력을 발생하는 것이므로 신입사원은 총사원의 동의가 있으면 정관인 서면의 경정이나 등기부에의 기재를 기다리지 않고 그 동의가 있는 시점에 곧바로 사원으로서의 지위를 취득한다.[90]

유한책임사원이 사망한 때에는 무한책임사원과 달리 퇴사하지 않고 그 상속인이 그 지분을 승계하여 사원이 된다(283조①). 이 경우에 상속인이 수인인 때에는 사원의 권리를 행사할 자 1인을 정하여야 한다. 이를 정하지 아니한 때에는 회사의 통지·최고는 그중의 1인에 대하여 하면 전원에 대하여 그 효력이 있다(283조②). 유한책임사원은 성년후견개시 심판을 받은 경우에도 퇴사되지 아니한다(284조). 합자회사에서 퇴사한 무한책임사원은 퇴사등기 후에 2년 이내에는 다른 무한책임사원과 동일한 책임이 있다.[91]

합자회사 사원에게 소정의 제명사유가 있는 경우에는 다른 사원 과반수의 결의에 의하여 그 사원의 제명선고를 법원에 청구할 수 있는데(269조, 220조①), 다른 사원 과반수의 결의란 그 문언상 명백한 바와 같이 제명대상인 사원 이외에 다른 사원 2인 이상의 존재를 전제로 하고 있으며, 제명선고제도의 취지나 성질 등에 비추어 무한책임사원과 유한책임사원 각 1인만으로 된 합자회사에 있어서는 한 사원의 의사에 의하여 다른 사원의 제명을 할 수는 없다.[92]

## 6. 기타 사항

### (1) 해산과 청산

합자회사의 해산원인은 합명회사의 해산원인과 대체로 같다(269조, 227조). 다만, 합자회사는 무한책임사원 또는 유한책임사원의 전원이 퇴사한 때에는 해산된다

---

수하기로 하는 지분매매계약이 아니라 제3자가 합자회사와 사이에 합자회사에 출자금을 출자하고 새로 유한책임사원의 지위를 원시취득하기로 하는 입사계약이라고 본 사례이다).

90) 대법원 1996. 10. 29. 선고 96다19321 판결.

91) [대법원 1975. 2. 10. 선고 74다1727 판결] "합자회사에서 퇴사한 무한책임사원은 본점 소재지에서 퇴사등기를 하기 전에 발생한 회사의 채무에 대하여는 등기 후에 2년 이내에는 다른 무한책임사원과 동일한 책임이 있으므로 합자회사에 변제의 자력이 있으며 집행이 용이하다는 사실을 주장입증하지 못하는 한 책임을 면할 수 없다."

92) 대법원 1991. 7. 26. 선고 90다19206 판결.

(285조①).

합자회사의 청산인은 무한책임사원과반수의 결의로 선임한다. 이를 선임하지 아니한 때에는 업무집행사원이 청산인이 된다(287조).

### (2) 회사의 계속

합자회사는 무한책임사원 또는 유한책임사원의 전원이 퇴사한 때에는 해산된다(285조①). 이 경우 잔존한 무한책임사원 또는 유한책임사원은 전원의 동의로 새로 유한책임사원 또는 무한책임사원을 가입시켜서 회사를 계속할 수 있다(285조②). 합명회사의 신입사원의 책임에 관한 제213조와 회사의 계속에 관한 제229조 제3항의 규정은 합자회사의 계속에 준용한다(285조③).

합자회사가 정관으로 정한 존립기간의 만료로 해산한 경우에도, 사원의 전부 또는 일부의 동의로 회사를 계속할 수 있다. 이 경우 존립기간에 관한 정관의 규정을 변경 또는 폐지할 필요가 있는데, 특별한 사정이 없는 한 합자회사가 정관을 변경함에는 총사원의 동의가 있어야 할 것이나, 합자회사가 존립기간의 만료로 해산한 후 사원의 일부만 회사계속에 동의하였다면 그 사원들의 동의로 정관의 규정을 변경하거나 폐지할 수 있다. 그리고 회사계속 동의 여부에 대한 사원 전부의 의사가 동시에 분명하게 표시되어야만 회사계속이 가능한 것은 아니므로, 일부 사원이 회사계속에 동의하였다면 나머지 사원들의 동의 여부가 불분명하더라도 회사계속의 효과는 발생한다.93)

### (3) 합  병

합자회사의 합병에 관하여는 합명회사의 합병에 관한 제230조부터 제240조까지의 규정이 준용된다(269조).

## 7. 자본시장법상 투자합자회사

### (1) 투자합자회사의 의의와 사원

자본시장법상 투자합자회사는 집합투자기구 중 상법에 따른 합자회사 형태의

---

93) 대법원 2017. 8. 23. 선고 2015다70341 판결(이 판결은 합자회사의 계속에 관한 판결이지만, 합명회사, 유한책임회사의 경우에도 그대로 적용될 것이다).

집합투자기구를 말한다(資法 9조⑱4). 집합투자업자는 투자합자회사를 설립하는 경우 정관을 작성하여 무한책임사원 1인과 유한책임사원 1인이 기명날인 또는 서명하여야 한다(法 213조①). 투자합자회사는 업무집행사원 1인 외의 무한책임사원을 둘 수 없다. 이 경우 업무집행사원은 집합투자업자이어야 한다(資法 214조①).94)

### (2) 투자합자회사의 기관

투자합자회사에 사원 전원으로 구성되는 사원총회를 두며, 사원총회는 자본시장법 또는 정관에서 정한 사항에 대하여만 결의할 수 있다(資法 215조①). 투자합자회사의 사원총회는 업무집행사원이 소집한다(資法 215조②). 투자합자회사의 사원총회는 출석한 사원의 의결권의 과반수와 발행된 지분증권 총수의 4분의 1 이상의 수로 결의한다. 다만, 자본시장법에서 정한 사원총회의 결의사항 외에 정관으로 정한 사원총회의 결의사항에 대하여는 출석한 사원의 의결권의 과반수와 발행된 지분증권총수의 5분의 1 이상의 수로 결의할 수 있다(資法 215조③).

### (3) 상법과의 관계

#### 1) 적용규정

투자합자회사에 상법을 적용함에 있어서 합명회사에 관한 규정으로서 합자회사에 준용되는 상법 제200조의2(직무대행자의 권한), 제205조(업무집행사원의 권한상실선고), 제259조(청산인의 채무변제) 및 제277조(유한책임사원의 감시권) 중 "법원"은 각각 "금융위원회"로 본다(資法 217조①).

#### 2) 배제규정

합명회사에 관한 규정으로서 합자회사에 준용되는 상법 제198조(사원의 경업금지), 제217조부터 제220조까지(사원의 퇴사), 제224조(지분압류채권자에 의한 퇴사청구), 제280조(유한책임사원의 출자감소 후의 책임연장) 및 제286조(합자회사의 합명회사로의 조직변경)는 투자합자회사에 적용하지 않는다(資法 217조②). 그러나 적용배제규정인 제217조는 기관전용 사모집합투자기구에 적용하지 아니하므로(資法 249조의20①), 기관전용 사모집합투자기구에는 이들 규정의 적용이 배제되지 않는다.

---

94) 상법상 회사는 합자회사의 무한책임사원이 되지 못하나 자본시장법은 투자합자회사의 재산을 운용하는 집합투자업자가 업무집행사원이면서 유일한 무한책임사원이 되도록 규정한다.

### 3) 유한책임사원의 책임한도

상법상 합자회사의 유한책임사원은 회사 채무에 대하여 출자의무를 한도로 하여 책임을 부담하므로 그 출자가액에서 이미 이행한 부분을 공제한 가액을 한도로 하여 회사채무를 변제할 책임이 있으나(法 279조①), 투자합자회사의 유한책임사원은 투자합자회사의 채무에 대하여 출자를 이행한 금액을 한도로 하여 책임을 진다(資法 217조③).[95] 이는 투자합자회사는 집합투자기구로서 지분증권에 대한 투자자의 환매가 자유로워야 하기 때문이다.

### 4) 이익차등배당 허용

투자합자회사는 정관이 정하는 바에 따라 이익을 배당함에 있어서 무한책임사원과 유한책임사원의 배당률 또는 배당순서 등을 달리 정할 수 있다(資法 217조④).[96] 투자합자회사는 집합투자기구로서 주식회사의 주주평등원칙에 대응하는 투자자평등원칙이 적용되므로 유한책임사원은 이익분배 등에 관하여 지분증권의 수에 따라 균등한 권리를 가진다(資法 216조②, 208조①). 그러나 보다 다양한 형태의 투자합자회사 구성이 가능하도록 하기 위하여 무한책임사원과 유한책임사원의 배당률 또는 배당순서 등을 달리 정할 수 있도록 한 것이다.

### 5) 손실차등배분 금지

이익배당과 달리 손실을 배분함에 있어서 무한책임사원과 유한책임사원의 배분율 또는 배분순서 등을 달리 하지 못한다(資法 217조⑤).

---

95) 합자회사의 이익배당에 있어서 주식회사와 같은 엄격한 규제가 없으므로 회사에 이익이 없음에도 불구하고 배당을 받을 수 있으므로, 이러한 경우에는 배당을 받은 금액은 변제책임을 정함에 있어서 이를 가산한다(商法 279조②). 합자회사의 재산으로 회사의 채무를 완제할 수 없는 때에는 각 사원이 연대하여 변제할 책임이 있다(商法 269조, 212조).

96) 상법상 합자회사의 경우 정관으로 손익의 분배비율을 자유로이 정할 수 있으며, 정관에 다른 정함이 없으면 손익은 출자액에 비례하여 분배하고, 다만 유한책임사원은 출자액을 한도로 하여 손실을 분담한다(商法 269조, 195조, 민법 711조).

# 제2절 유한책임회사와 합자조합

## Ⅰ. 유한책임회사

### 1. 의 의

2011년 개정상법은 새로운 기업형태로서 합자조합과 유한책임회사 등 두 가지 유형의 기업형태를 도입하였다.[1] 유한책임회사는 법인격이 없는 합자조합과는 달리 회사형태를 취하며, 정관에 의하여 사원이 확정되고 내부적으로는 조합적인 실질을 가지는 인적회사이고,[2] 외부적으로는 사원의 유한책임이 확보되는 기업형태이다.

유한책임회사에서는 이사회·업무집행조합원 등 조직구성에서 구성권 간에 사적자치가 보장되고, 이익배당·의결권분배·퇴사 및 지분양도에서의 자율이 인정되므로, 사원의 유한책임을 제외하고는 대체로 기존의 합명회사, 합자회사와 유사한 형태이다.

유한책임회사는 모든 사원이 회사채권자에 대하여 출자액을 한도로 유한책임

---

1) 입법과정에서 유한책임회사의 도입으로 종래의 유한회사라는 기업형태를 별도로 둘 필요가 있는지에 관하여 논란이 있었지만, 이미 존재하는 유한회사를 고려하여 당분간은 유한책임회사와 유한회사의 두 가지 기업형태를 모두 채택하기로 하였다. 그러나 유한회사와 유한책임회사를 동시에 채택하고 있는 입법례가 거의 없다는 점에서 향후 입법적 정비가 필요하다. 더구나 2009년 상법개정에 의하여 소규모회사의 자본금이 10억원으로 상향되었으므로 주식회사도 소규모기업에 적합한 기업형태의 일종으로 볼 수 있게 되었다. 일본도 유한회사를 폐지하면서 합동회사를 도입하였고, 영국은 유한회사에 해당하는 Private company limited by shares가 있으므로 LLC에 해당하는 기업형태는 도입하지 않고, Limited Liability Partnerships Act 2000에 의하여 LLP에 해당하는 기업형태를 도입하였다.
2) 다만, 유한책임회사는 자본금제도를 채택하고(287조의33), 신용·노무를 출자의 목적으로 하지 못하고(287조의4①), 전액납입주의(287조의4②)를 채택하는 등과 같이 물적회사의 요소도 상당히 가미되어 있다. 이 점은 일본의 합동회사와 같고 미국의 LLC와 다르다.

을 지면서 경영참여가 보장되는 지배구조를 가지는 회사로서 회사와 조합의 장점을 모두 갖춘 기업형태인 미국의 Limited Liability Company(LLC)3)와 일본의 합동회사4)를 모델로 한 기업형태이다.

## 2. 유한책임회사의 설립

### (1) 사원의 수와 자격

유한책임회사는 사원이 정관에 의하여 특정되는 인적회사이다. 그러나 사단성

---

3) 미국의 LLC는 사원의 수에는 제한이 없고, 모든 사원이 회사채권자에 대하여 출자액을 한도로 유한책임을 지면서 경영참여가 보장되는 지배구조를 가지는 회사로서, 회사와 조합의 장점을 모두 갖춘 기업형태이다. 특히 LLC는 법인격이 부여되면서도 이중과세의 부담을 피할 수 있다는 점에서, 뒤늦게 출현된 기업형태임에도 각광을 받고 있는 기업형태이다. LLC는 1인의 사원에 의하여도 설립이 가능하고, 주무장관(secretary of state)에게 기본정관(articles of incorporation)을 제출할 필요가 없고, 기본정관에 비하면 매우 간단한 "articles of organization"을 제출하면 되므로 설립절차가 간소화되어 있다[ULLCA §202, §203]. 그리고 LLC는 회사의 부속정관에 비하여 보다 구체적이며 폐쇄회사에서의 주주간계약과 유사한 내용의 운영계약서(operating agreement)를 설립단계에서 체결한다. 또한 회사와 달리 지분을 일정한 단위로 나누지 않아도 되고, 사원별로 차등배당을 할 수 있으므로, 특별한 자격이나 여건을 갖춘 사원을 모집하기 용이하다는 장점이 있다. LLC의 사원들은 직접 업무집행을 담당할 수도 있지만, 사원들의 과반수에 의하여 선임, 해임할 수 있는 업무집행자(manager)를 둘 수 있다[ULLCA §404(b)(3)]. LLC의 채무에 대한 책임은 LLC가 직접 부담하고 사원은 LLC의 채무에 대하여 직접 책임을 지지 않고 출자금액을 한도로 하는 책임만 진다[ULLCA §303(a)]. 통일주법위원전국회의(National Conference of Commissioners on Uniform State Laws, NCCUSL)가 1995년 LLC에 관한 통일법안인 Uniform Limited Liability Company Act(ULLCA)를 제정하였다. LLC는 증권시장에 주식이 상장되면 check-the-box 규정의 예외로서 조합으로서의 과세가 적용되지 않기 때문에 비상장회사인 경우가 많다.

4) 일본은 2005년 회사법 제정시 미국의 LLC를 모델로 하여, 사원 전원의 유한책임을 확보하면서도 내부관계에 있어서는 조합의 규율방식에 의하여 운영할 수 있는 기업형태인 합동회사를 도입하였다(日会 576조④). 유한책임회사라는 명칭 대신 합동회사라는 명칭이 채택된 것은 유한회사의 명칭과의 혼동을 피하기 위한 것이라고 한다. 합동회사는 1인설립이 가능하고(日会 641조 제4호), 합동회사에서는, 정관에 특별한 정함이 없는 한 정관변경은 모든 사원의 동의에 의하여야 하고(日会 637조), 원칙적으로 모든 사원의 동의에 의하여 입사 및 지분의 양도가 가능하고(日会 604조②, 637조, 585조①), 사원은 지분양도 대신 퇴사에 의하여 투자를 회수할 수 있다(日会 606조③). 합동회사의 출자의 목적은 금전·기타 재산에 한하고(日会 576조①6) 노무출자는 허용되지 않는다. 그리고 사원의 유한책임상 채권자보호를 위하여 출자는 전액납입하여야 한다(日会 578조). 합동회사는 세법상 법인격을 부인할 수 없으므로 이중과세의 문제가 있고, 이를 해결하기 위하여 미국의 LLP 제도를 모델로 하여 유한책임사업조합이라는 기업형태가 유한책임사업조합에 관한 법률에 따라 별도로 도입되었다. 유한책임사업조합은 사원의 유한책임이라는 면에서 합동회사와 같고, 법인격이 부정된다는 면에서 합동회사와 다르다.

은 요건이 아니므로 사원의 수에 대한 제한이 없다. 주식회사·유한회사와 같이 1인의 사원도 유한책임회사를 설립할 수 있다.

자연인은 물론 법인(회사)도 유한책임회사의 사원이 될 수 있다. 법인이 업무집행자인 경우에는 그 법인은 해당 업무집행자의 직무를 행할 자를 선임하고, 그 자의 성명과 주소를 다른 사원에게 통지하여야 한다는 규정도 있다(287조의15).

### (2) 정관의 작성

유한책임회사를 설립할 때에는 사원이 정관을 작성하여야 한다(287조의2). 정관에는 i) 목적, 상호, 사원의 성명·주민등록번호 및 주소, 본점의 소재지, 정관의 작성 연월일, ii) 사원의 출자의 목적 및 가액, iii) 자본금의 액,5) iv) 업무집행자의 성명(법인인 경우에는 명칭) 및 주소 등을 적고 각 사원이 기명날인하거나 서명하여야 한다(287조의3). 업무집행자가 정관에 기재되어야 하므로 업무집행자의 변경시 정관변경절차가 요구된다.

### (3) 출자의 이행

#### 1) 출자의 대상

유한책임회사의 사원은 신용·노무를 출자의 목적으로 하지 못한다(287조의4①). 유한책임회사 사원의 책임은 상법에 다른 규정이 있는 경우를 제외하고는 그 출자금액을 한도로 하므로(287조의7), 객관적인 평가가 어려운 신용·노무는 출자의 목적이 될 수 없다.6)

#### 2) 출자의 시기 및 전액납입주의

유한책임회사의 사원은 정관의 작성 후 설립등기를 하는 때까지 금전 그 밖의 재산의 출자를 전부 이행하여야 한다(287조의4②). 사원의 유한책임상 설립시부터 책임재산의 확충을 위하여 전액납입주의를 취한다.

---

5) 합명회사, 합자회사는 무한책임사원이 존재하므로 자본금은 중요한 의미를 가지지 않고, 따라서 정관의 기재사항도 아니다. 반면에 유한책임회사는 무한책임사원이 존재하지 아니하므로 자본금이 정관에 기재된다.

6) 유한책임회사의 사원의 신용·노무의 출자가 금지됨으로 인하여 회사가 필요로 하는 신기술이나 지식을 갖춘 인재를 사원으로 영입하기 곤란하다는 문제가 있다. 한편, 합자회사의 유한책임사원도 신용 또는 노무를 출자의 목적으로 하지 못한다(272조).

### 3) 현물출자

현물출자를 하는 유한책임회사의 사원은 납입기일에 지체 없이 출자의 목적인 재산을 인도하고 등기·등록 그 밖의 권리의 설정 또는 이전을 요할 경우에는 이에 관한 서류를 완비하여 교부하여야 한다(287조의4③).

### 4) 특　　징

유한회사는 각 사원이 그 출자좌수에 따라 지분을 가지는데(554조), 유한책임회사는 지분의 개념만 있고 출자좌의 개념이 없다. 그리고 유한책임회사는 주식회사의 인수담보책임·납입담보책임이나, 유한회사의 사원의 전보책임 등과 같은 자본금충실을 위한 제도가 없다.

## (4) 설립등기

### 1) 등기사항

유한책임회사는 본점의 소재지에서 다음 사항을 등기함으로써 성립한다(287조의5①).

1. 목적, 상호,7) 본점의 소재지의 사항과 지점을 둔 때에는 그 소재지
2. 존립기간 기타 해산사유를 정한 때에는 그 기간 또는 사유
3. 자본금의 액
4. 업무집행자의 성명, 주소 및 주민등록번호(법인인 경우에는 명칭, 주소 및 법인등록번호). 다만, 유한책임회사를 대표할 업무집행자를 정한 경우에는 그 밖의 업무집행자의 주소는 제외한다.
5. 유한책임회사를 대표할 자를 정한 경우에는 그 성명, 주소 및 주민등록번호(법인인 경우에는 명칭, 주소 및 법인등록번호)
6. 정관에서 공고방법을 정한 경우에는 그 공고방법
7. 둘 이상의 업무집행자가 공동으로 회사를 대표할 것을 정한 경우에는 그 규정

### 2) 등기절차

유한책임회사가 회사의 설립과 동시에 지점을 설치하는 경우에는 설립등기를 한 후 2주 내에 지점소재지에서 제180조 각 호의 사항(다른 지점의 소재지를 제외)을 등기하여야 하고, 회사의 성립 후에 지점을 설치하는 경우에는 본점소재지에서는 2주 내에 그 지점소재지와 설치 연월일을 등기하고, 그 지점소재지에서는 3주 내에

---

7) 유한책임회사의 상호에는 반드시 유한책임회사의 문자를 사용하여야 한다(19조).

제180조 각 호의 사항(다른 지점의 소재지를 제외)을 등기하여야 한다(287조의5②, 181조).

유한책임회사가 본점이나 지점을 이전하는 경우에는 본점 소재지에서는 2주 내에 변경등기를 하고, 지점 소재지에서는 3주 내에 변경등기를 하여야 하고, 회사가 지점을 이전하는 경우에는 2주 내에 본점과 구지점소재지에서는 신지점소재지와 이전 연월일을 등기하고, 신지점소재지에서는 제180조 각 호의 사항(다른 지점소재지를 제외)을 등기하여야 한다(287조의5③, 182조).

설립등기사항이 변경된 경우에는 본점 소재지에서는 2주 내에 변경등기를 하고, 지점 소재지에서는 3주 내에 변경등기를 하여야 한다(287조의5④).

유한책임회사의 업무집행자의 업무집행을 정지하거나 직무대행자를 선임하는 가처분을 하거나 그 가처분을 변경 또는 취소하는 경우에 본점 및 지점이 있는 곳의 등기소에서 등기하여야 한다(287조의5⑤).

### (5) 설립무효·취소의 소

유한책임회사의 설립의 무효·취소에 관하여는 합명회사의 설립무효·취소의 소에 관한 제184조부터 제194조까지의 규정이 준용된다. 이 경우 제184조 중 "사원"은 "사원 및 업무집행자"로 본다(287조의6).

## 3. 유한책임회사의 내부관계

### (1) 지분의 양도

#### 1) 사원 전원의 동의

유한책임회사의 사원은 다른 사원의 동의를 얻지 아니하면 그 지분의 전부 또는 일부를 타인에게 양도하지 못한다(287조의8①).

#### 2) 업무집행사원 전원의 동의

업무를 집행하지 않는 사원은 업무집행사원 전원의 동의가 있으면 지분의 전부 또는 일부를 타인에게 양도할 수 있다. 다만, 업무집행사원이 없는 경우에는 사원 전원의 동의를 받아야 한다(287조의8②). 업무집행사원이 없는 경우란 업무집행자가 사원이 아닌 제3자인 경우와 업무집행자인 사원이 사망이나 질병 등으로 유고상태이거나 업무집행이 정지된 경우를 말한다.

### 3) 정관 규정

정관에서 지분양도에 관한 사항을 위와 달리 정할 수 있다(287조의8③). 지분양도에 관한 사항을 위와 달리 정하기 위하여 정관을 변경하는 경우 업무를 집행하는 사원 전원의 동의가 필요하다고 해석하여야 할 것이다.

## (2) 자기지분 양수 금지

유한책임회사는 지분의 전부 또는 일부를 양수할 수 없다(287조의9①). 유한책임회사가 지분을 취득하는 경우에 그 지분은 취득한 때에 소멸한다(287조의9②). 유한책임회사가 취득한 자기지분이 소멸하더라도 자본금에는 변동이 없다. 이는 자본금제도의 유지와 채권자보호를 위해 유한책임회사가 자기지분을 취득할 수 없도록 하기 위한 것이다.

## (3) 업무집행

### 1) 업무집행자의 선정

유한책임회사는 정관으로 사원 또는 사원이 아닌 자를 업무집행자로 정하여야 한다(287조의12①). 유한책임회사에는 유한회사의 이사에 해당하는 기관이 없다. 사원 아닌 자라도 정관에 의하여 업무집행자가 될 수 있으므로 소유와 경영의 분리도 가능하다. 법인도 업무집행자가 될 수 있다(287조의15).

### 2) 법인이 업무집행자인 경우의 특칙

법인이 업무집행자인 경우에는 그 법인은 당해 업무집행자의 직무를 행할 자를 선임하고, 그 자의 성명 및 주소를 다른 사원에게 통지하여야 한다(287조의15①).8) 선임된 직무수행자에 대하여는 업무집행자와 유한책임회사 간의 거래에 관한 제287조의11 및 업무의 집행에 관한 제287조의12를 준용한다(287조의15②).9) 이때의 직무

---

8) 미국에서도 자연인과 법인(entity) 모두 LLC의 사원이 될 수 있다. 일본의 합동회사도 마찬가지이다.

9) [商法 제287조의11(업무집행자와 유한책임회사 간의 거래)] 업무집행자는 다른 사원 과반수의 결의가 있는 경우에만 자기 또는 제3자의 계산으로 회사와 거래를 할 수 있다. 이 경우에는 민법 제124조를 적용하지 아니한다.

[商法 제287조의12(업무의 집행)]

① 유한책임회사는 정관으로 사원 또는 사원이 아닌 자를 업무집행자로 정하여야 한다.

② 1명 또는 둘 이상의 업무집행자를 정한 경우에는 업무집행자 각자가 회사의 업무를 집행할 권리와 의무가 있다. 이 경우에는 제201조 제2항을 준용한다.

③ 정관으로 둘 이상을 공동업무집행자로 정한 경우에는 그 전원의 동의가 없으면 업무집

수행자는 직무대행자(287조의13)와 달리 법원의 허가 없이도 통상의 업무에 속하지 않는 행위를 할 수 있다.[10]

### 3) 수인의 업무집행자

수인의 업무집행자를 정한 때에는 업무집행자 각자가 회사의 업무를 집행할 권리와 의무가 있다. 수인의 업무집행사원이 있는 경우에 그 각 사원의 업무집행에 관한 행위에 대하여 다른 업무집행사원의 이의가 있는 때에는 곧 행위를 중지하고 업무집행사원 과반수의 결의에 의하여야 한다(287조의12②, 201조②). 정관으로 수인의 공동업무집행자를 정한 때에는 그 전원의 동의가 없으면 업무집행에 관한 행위를 하지 못한다(287조의12③).

### 4) 경업금지의무

(가) 의    의    유한책임회사의 업무집행자는 사원 전원의 동의를 얻지 아니하고는 자기 또는 제3자의 계산으로 회사의 영업부류에 속한 거래를 하지 못하며, 같은 종류의 영업을 목적으로 하는 다른 회사의 업무집행자·이사·집행임원이 되지 못한다(287조의10①).

(나) 금지내용

가) 거래금지의무

(a) 경업의 의의    경업이란 "자기 또는 제3자의 계산으로 하는 회사의 영업부류에 속한 거래"를 말한다.

(b) 자기 또는 제3자의 계산    상법은 자기 또는 제3자의 계산으로 회사의 영업부류에 속한 거래를 하는 것을 금지하므로, 거래당사자의 명의는 불문한다.

(c) 회사의 영업부류에 속하는 거래    정관상의 사업목적에 국한하지 않고

---

행에 관한 행위를 하지 못한다.

10) "유한책임회사가 직무대행자를 선임한 경우(제287조의5 제5항), 직무대행자의 권한은 합명회사의 직무대행자의 권한에 관한 제200조의2를 준용한다(제287조의13). 이와 같이 선임된 직무수행자 … "라고 보고, 이어서 상법 제287조의15 제2항의 "직무수행자"를 직무대행자로 보아야 한다는 견해도 있는데(최준선, 794면), 이는 법문에 부합하지 않는다. 관련 규정을 보면, 제287조의13은 "제287조의5 제5항에 따라 선임된 직무대행자의 권한에 대하여는 제200조의2를 준용한다."라고 규정하고, 제202조의2 제1항은 "제183조의2의 직무대행자는 가처분명령에 다른 정함이 있는 경우 외에는 법인의 통상업무에 속하지 아니한 행위를 하지 못한다. 다만, 법원의 허가를 얻은 경우에는 그러하지 아니하다."라고 규정하고, 제183조의2는 "사원의 업무집행을 정지하거나 직무대행자를 선임하는 가처분을 하거나 그 가처분을 변경·취소하는 경우에는 본점 및 지점이 있는 곳의 등기소에서 이를 등기하여야 한다."라고 규정한다. 따라서 상법 제287조의5 제5항은 유한책임회사가 직무대행자를 선임한 경우가 아니라 법원이 직무대행자 선임 가처분을 한 경우에 관한 규정이다.

사실상 회사의 영리활동의 대상이 되는 것을 포함하고, 1회성거래도 포함한다.

(d) 영업준비작업   업무집행자가 재임중 경업에 종사하는 것보다는 재임 중에는 각종의 영업준비작업만 한 후 퇴임 후에 종사하는 예가 많다. 경업의 대상이 되는 회사가 영업을 개시하지 못한 채 영업의 준비작업을 추진하고 있는 단계에 있더라도 "동종영업을 목적으로 하는 다른 회사"에 해당한다.11)

(e) 퇴직 후의 경업   업무집행자가 재임 중에는 전혀 준비작업마저도 하지 않고 퇴직 후에 경업에 종사하는 것은 허용된다. 다만, 회사와 업무집행자 간의 경업금지계약(non-competition agreement)에 의하여 퇴직 후 일정 기간 동안의 경업이 금지될 수 있다.

나) 겸직금지의무   업무집행자는 동종영업을 목적으로 하는 다른 회사의 업무집행자·이사·집행임원이 되지 못한다. 동종영업이란 경업에서의 회사의 영업부류와 같은 의미이고, 개업준비단계에 있는 회사도 포함한다.

(다) 사원 전원의 동의   사원 전원의 동의는 사전동의뿐 아니고 사후추인도 포함한다. 이와 달리 이사의 경업금지의무(397조①)에 있어서는 사전동의만을 의미하는데, 이는 일종의 책임면제와 같은 효과를 가져오는 사후추인은 제400조 제1항의 총주주의 동의요건과 균형이 맞지 않기 때문이다.

(라) 위반의 효과   업무집행자가 경업금지 규정에 위반하여 거래를 한 경우에는 합명회사 사원의 경업금지에 관한 제198조 제2항부터 제4항까지의 규정을 준용한다(287조의10②).

가) 거래의 사법상 효과   업무집행자가 경업금지의무에 위반한 경우에도 그 거래 자체는 유효하다.

나) 개 입 권   업무집행자가 경업금지의무에 위반하여 거래를 한 경우, 그 거래가 업무집행자의 계산으로 한 것인 때에는 회사는 이를 회사의 계산으로 인한 것으로 볼 수 있고 제3자의 계산으로 한 것인 때에는 그 업무집행자에 대하여 회사는 이로 인한 이득의 양도를 청구할 수 있다(198조②). 이를 개입권이라 하는데, 개입권은 형성권으로서 의사표시만으로 행사할 수 있다.

회사의 개입권은 회사의 그 업무집행자에 대한 손해배상의 청구에 영향을 미치지 않는다(198조③). 회사의 개입권은 다른 업무집행자 과반수의 결의에 의하여 행사하여야 하며 다른 업무집행자의 1인이 그 거래를 안 날부터 2주간을 경과하거

---

11) 대법원 1993. 4. 9. 선고 92다53583 판결(이사의 경업금지의무에 관한 판례이다).

나 그 거래가 있은 날부터 1년을 경과하면 소멸한다(198조④).

### 5) 자기거래금지의무

유한책임회사의 업무집행자는 다른 사원 과반수의 결의가 있는 때에만 자기 또는 제3자의 계산으로 회사와 거래를 할 수 있다. 이 경우에는 민법 제124조의 규정을 적용하지 않는다(287조의11).[12) 경업금지의무의 경우에는 사원 전원의 동의를 요하도록 규정하면서(287조의10①), 자기거래금지의무의 경우에는 다른 사원 과반수의 결의를 요구하는 것은 균형상 맞지 않고, 오히려 자기거래에 대한 규제를 보다 엄격히 해야 할 것이므로 입법적인 보완이 필요하다.

### 6) 직무대행자의 권한

유한책임회사의 업무집행자의 업무집행정지에 따라 선임된 직무대행자는 가처분명령에 다른 정함이 있는 경우 외에는 법인의 통상업무에 속하지 아니한 행위를 하지 못한다. 다만, 법원의 허가를 얻은 경우에는 그러하지 아니하다. 직무대행자가 이를 위반한 행위를 한 경우에도 회사는 선의의 제3자에 대하여 책임을 진다(287조의13, 200조의2).

### 7) 업무집행자 등의 권한상실선고

유한책임회사의 업무집행자가 업무를 집행함에 현저하게 부적임하거나 중대한 의무에 위반한 행위가 있는 때에는 법원은 사원의 청구에 의하여 업무집행권한의 상실을 선고할 수 있고, 판결이 확정된 때에는 본점과 지점의 소재지에서 등기하여야 한다(287조의17①, 205조). 권한상실의 소는 유한책임사원도 제기할 수 있다. 무한책임사원 1인뿐인 합자회사에서 업무집행사원에 대한 권한상실선고를 할 수 없다.[13) 권한상실의 소는 본점소재지의 지방법원의 관할에 전속한다(287조의17②).

---

12) [민법 제124조 (자기계약, 쌍방대리)] 대리인은 본인의 허락이 없으면 본인을 위하여 자기와 법률행위를 하거나 동일한 법률행위에 관하여 당사자쌍방을 대리하지 못한다. 그러나 채무의 이행은 할 수 있다.

13) [대법원 1977. 4. 26. 선고 75다1341 판결][대표사원업무집행권한상실등] "상법 205조가 규정하고 있는 합자회사의 업무집행 사원의 권한상실선고 제도는 회사의 운영에 있어서 장애사유를 제거하는데 목적이 있고 회사를 해산상태로 몰고 가자는데 목적이 있는 것이 아니므로 무한책임사원 1인뿐인 합자회사에서 업무집행사원에 대한 권한상실선고는 회사의 업무집행사원 및 대표사원이 없는 상태로 돌아가게 되어 권한상실제도의 취지에 어긋나게 되어 이를 할 수 없다."

### (4) 의사결정방법

#### 1) 정관의 규정

유한책임회사는, 통상적인 정관기재사항(287조의2) 외에도, 지분양도에 관한 사항(287조의8③), 업무집행자 선정(287조의12①), 수인의 공동업무집행자 선정(287조의12③), 대표업무집행자 선정(287조의19②), 공동대표의 선정(287조의19③), 사원의 가입(287조의23①), 정관변경에 의한 자본금감소(287조의36①) 등과 같이 중요한 사항을 정관에서 정한다.

#### 2) 총사원의 동의

유한책임회사의 정관변경은 총사원의 동의가 요구되므로(287조의16), 위와 같이 정관의 규정에 의한 사항은 총사원의 동의로 정하는 것이라 할 수 있다. 그 밖에 경업의 허용(287조의10①), 해산(287조의38), 계속(287조의40), 합병(287조의41) 등은 정관의 규정과 관계없이 총사원의 동의에 의한다.

#### 3) 사원 과반수의 결의

업무집행자의 자기거래를 승인하거나(287조의11), 유한책임회사와 사원 간의 소에서 회사를 대표할 사원이 없을 때 회사를 대표할 사원을 선정하는 것(287조의21)은 사원 과반수의 결의에 의한다.

#### 4) 의 결 권

유한책임회사의 내부관계에 관하여 정관이나 상법에 다른 규정이 없으면 합명회사에 관한 규정을 준용한다(287조의18). 그리고 합명회사의 내부관계에 관하여는 정관 또는 상법에 다른 규정이 없으면 조합에 관한 민법의 규정을 준용한다(195조). 따라서 유한책임회사의 내부관계에 관하여 정관이나 상법에 다른 규정이 없으면 민법의 조합에 관한 규정에 따라 사원 전원의 과반수에 의한다(民法 제706조②). 원래 사원들이 무한책임을 지는 회사의 의사결정은 두수주의(頭數主義)에 의하고, 유한책임을 지는 회사의 의사결정은 자본다수결에 의하는 것이 논리적이다. 유한책임회사는 후자에 해당하지만, 정관에 의하여 사원이 확정되는 인적회사라는 점을 고려하여 유한책임회사의 의결권은 합명회사와 같이 두수주의에 의하는 것이다. 다만, 정관에서 이와 달리 정할 수는 있다.

### (5) 업무집행자가 아닌 사원의 감시권

유한책임회사의 업무집행자가 아닌 사원은 영업년도 말에 있어서 영업시간 내에 한하여 회사의 회계장부·대차대조표 기타의 서류를 열람할 수 있고 회사의 업무와 재산상태를 검사할 수 있고, 중요한 사유가 있는 때에는 유한책임사원은 언제든지 법원의 허가를 받아 회계장부·대차대조표 기타 서류의 열람과 검사를 할 수 있다(287조의14, 277조).

### (6) 준용규정

유한책임회사의 내부관계에 관하여는 정관 또는 상법에 다른 규정이 없으면 합명회사에 관한 규정을 준용한다(287조의18). 유한책임회사는 사원 아닌 자라도 정관에 의하여 업무집행자가 될 수 있는데, 제3자가 업무집행자가 된 경우에도 합명회사에 관한 규정을 준용하는 것이 타당한지는 의문이다.

## 4. 유한책임회사의 외부관계

### (1) 사원의 간접유한책임

유한책임회사 사원의 책임은 상법에 다른 규정이 있는 경우를 제외하고는 그 출자금액을 한도로 한다(287조의7).[14] 유한회사에서는 설립등기 이전에 출자를 완료하여야 하므로 합자회사와 달리 출자미필상태에서는 설립될 수 없고, 설립 후 입사하는 사원도 납입을 하여야 사원이 되므로(287조의23②), 유한책임회사 사원의 유한책임은 회사채권자에 대한 직접책임이 아니라 회사에 대하여 출자를 이행할 간접책임을 의미한다. 이 점에서 유한책임회사 사원의 책임은 주식회사 주주의 책임과 같다.[15]

상법상 명문의 규정은 없지만, 사원이 유한책임회사의 채무를 변제하는 경우에는 회사가 주장할 수 있는 항변으로 채권자에게 대항할 수 있다고 보아야 한다.

---

14) 상법 제287조의7은 제2절 내부관계가 아닌 제3절 외부관계에서 규정하는 것이 편제상 적합하다.

15) 합자회사의 유한책임사원은 회사채권자에 대하여 직접·연대·유한책임을 진다. 합자회사에서는 설립 전에 사원이 반드시 자본금을 납입할 필요가 없으므로 유한책임사원은 그 출자가액에서 이미 이행한 부분을 공제한 가액을 한도로 하여 회사채무를 변제할 책임이 있다(279조①).

## (2) 유한책임회사의 대표

### 1) 대표의 선정

유한책임회사의 업무집행자는 유한책임회사를 대표한다(287조의19①). 업무집행자가 수인인 경우 정관 또는 총사원의 동의로 유한책임회사를 대표할 업무집행자를 정할 수 있다(287조의19②). 사원 아닌 자라도 정관에 의하여 업무집행자가 될 수 있으므로, 대표 역시 사원이 아닌 자도 대표가 될 수 있다.

### 2) 공동대표

유한책임회사는 정관 또는 총사원의 동의로 수인의 업무집행자가 공동으로 회사를 대표할 것을 정할 수 있다(287조의19③). 이 경우에 제3자의 유한책임회사에 대한 의사표시는 공동대표의 권한이 있는 자 1인에 대하여 함으로써 그 효력이 생긴다(287조의19④).

### 3) 대표권의 범위와 제한

유한책임회사를 대표하는 업무집행자는 회사의 영업에 관하여 재판상 또는 재판 외의 모든 행위를 할 권한이 있는데, 이러한 권한에 대한 제한은 선의의 제3자에게 대항하지 못한다(287조의19⑤, 209조).

## (3) 손해배상책임

유한책임회사를 대표하는 업무집행자가 그 업무집행으로 타인에게 손해를 가한 때에는 회사는 그 업무집행자와 연대하여 배상할 책임이 있다(287조의20). 그러나 주식회사의 이사와 달리 업무집행자에게 고의 또는 중과실이 있더라도 제3자에게는 손해배상책임을 지지 않는다.

## (4) 유한책임회사와 사원 간의 소

유한책임회사가 사원 또는 사원이 아닌 업무집행자에 대하여 또는 사원 또는 사원이 아닌 업무집행자가 유한책임회사에 대하여 소를 제기하는 경우, 유한책임회사를 대표할 사원이 없을 때에는 다른 사원 과반수의 결의로 대표할 사원을 선정하여야 한다(287조의21). "유한책임회사를 대표할 사원이 없을 때"란 단순히 대표할 사원이 부재하는 경우만이 아니라, 유한책임회사와 대표 간에 소가 제기되는 경우 그 자가 회사를 대표할 수 없으므로 이 경우에도 다른 사원 과반수의 결의로 대표할 사원을 선정하여야 한다.

### (5) 대표소송

유한책임회사의 사원은 회사에 대하여 업무집행자의 책임을 추궁하는 소의 제기를 청구할 수 있다(287조의22①). 제403조 제2항부터 제4항까지, 제6항, 제7항 및 제404조부터 제406조까지의 규정은 제1항의 소에 관하여 준용한다(287조의22②).

## 5. 유한책임회사 사원의 가입 및 퇴사

### (1) 사원의 가입

#### 1) 가입절차

유한책임회사의 사원은 정관기재사항이므로, 유한책임회사는 정관을 변경함으로써 새로운 사원을 가입시킬 수 있다(287조의23①).

#### 2) 가입시기

유한책임회사의 사원의 가입은 정관을 변경한 때에 효력이 발생한다. 다만, 정관을 변경한 때에 해당 사원이 출자에 관한 납입 또는 재산의 전부 또는 일부의 출자를 이행하지 아니한 경우에는 그 납입 또는 이행을 마친 때에 사원이 된다(287조의23②).

#### 3) 현물출자

유한책임회사의 사원 가입시 현물출자를 하는 사원은 납입기일에 지체 없이 유한책임회사에 출자의 목적인 재산을 인도하고, 등기·등록, 그 밖의 권리의 설정 또는 이전이 필요한 경우에는 이에 관한 서류를 모두 갖추어 교부하여야 한다(287조의23③, 287조의4③).

### (2) 사원의 퇴사

#### 1) 의    의

원래 유한책임사원의 퇴사는 출자의 회수를 의미하므로 채권자보호를 위하여 임의퇴사를 인정하지 않는 것이 원칙이나, 상법은 유한책임회사 사원의 임의퇴사를 인정하되 지분환급에 대하여 규제한다.

2) 퇴사원인

(가) 임의퇴사사유    유한책임회사의 정관으로 회사의 존립기간을 정하지 아니하거나 어느 사원의 종신까지 존속할 것을 정한 때에는 사원은 영업년도 말에 한하여 퇴사할 수 있다. 그러나 6월 전에 이를 예고하여야 한다(287조의24, 217조①). 입법론상으로는 부득이한 사정이 있는 경우에는 사전예고 없이 퇴사할 수 있도록 하는 것이 타당하다.

(나) 법정퇴사사유    유한책임회사 사원의 퇴사원인은 합명회사 사원의 퇴사원인인, i) 정관에 정한 사유의 발생, ii) 총사원의 동의, iii) 사망, iv) 성년후견개시, v) 파산, vi) 제명 등이다(287조의25, 218조).

(다) 지분압류채권자에 의한 퇴사    유한책임회사 사원의 지분을 압류한 채권자가 그 사원을 퇴사시키는 경우에는 회사와 그 사원에 대하여 6월 전에 그 예고를 하여야 한다. 예고는 사원이 변제를 하거나 상당한 담보를 제공한 때에는 그 효력을 잃는다(287조의29, 224조).

(라) 제명의 선고    유한책임회사의 사원에게 i) 출자의 의무를 이행하지 아니한 때, ii) 제198조 제1항의 규정에 위반한 행위가 있는 때, iii) 회사의 업무집행 또는 대표에 관하여 부정한 행위가 있는 때, 권한 없이 업무를 집행하거나 회사를 대표한 때, iv) 기타 중요한 사유가 있는 때에는 회사는 다른 사원 과반수의 결의에 의하여 그 사원의 제명의 선고를 법원에 청구할 수 있다. 다만, 사원의 제명에 필요한 결의는 정관에서 달리 정할 수 있다. 사원제명 판결이 확정된 때에는 본점과 지점의 소재지에서 등기하여야 한다. 사원제명의 소는 본점소재지의 지방법원의 관할에 전속한다(287조의27, 220조, 205②, 206조, 186조).

3) 사원 사망시 권리승계의 통지

유한책임회사 사원의 사망은 퇴사원인이므로 원칙적으로는 지분의 상속이 허용되지 않는다. 그러나 정관으로 사원이 사망한 경우에 그 상속인이 회사에 대한 피상속인의 권리의무를 승계하여 사원이 될 수 있음을 정한 때에는 상속인은 상속의 개시를 안 날부터 3개월 내에 회사에 대하여 승계 또는 포기의 통지를 발송하여야 하고, 상속인의 통지 없이 3개월을 경과한 때에는 상속인은 사원이 될 권리를 포기한 것으로 본다(287조의26, 219조).

4) 지분의 환급

(가) 환급방법과 환급금액    퇴사사원은 그 지분의 환급을 금전으로 받을 수

있다(287조의28①). 퇴사사원에 대한 환급금액은 퇴사시의 회사의 재산상황에 따라 정한다(287조의28②). 퇴사사원의 지분환급에 대하여는 정관으로 달리 정할 수 있다 (287조의28③). 회사의 책임재산 확보를 위하여 퇴사사원에 대한 환급금은 순자산(총 자산에서 부채를 공제한 금액)을 초과할 수 없다고 해석하여야 한다.

(나) 채권자의 이의 유한책임회사의 채권자는 퇴사하는 사원에 대하여 환급 하는 금액이 대차대조표상의 순자산액으로부터 자본금의 액을 뺀 액(잉여금)을 초과 한 때에는 그 환급에 대하여 회사에 이의를 제기할 수 있다(287조의30①, 224조). 합명 회사의 합병시 채권자보호절차에 관한 제232조의 규정은 위와 같은 이의제기에 준 용된다.[16)]

다만, 이의를 제출한 채권자가 있는 때에는 회사는 그 채권자에 대하여 변제 또는 상당한 담보를 제공하거나 이를 목적으로 하여 상당한 재산을 신탁회사에 신 탁하여야 한다는 제232조 제3항의 규정은 지분을 환급하더라도 채권자를 해할 우 려가 없는 때에는 준용되지 않는다(287조의30②).

5) 퇴사사원의 상호변경청구권

퇴사한 사원의 성명이 유한책임회사의 상호 중에 사용된 경우에는 그 사원은 유한책임회사에 대하여 그 사용의 폐지를 청구할 수 있다(287조의31).

## 6. 유한책임회사의 회계

### (1) 회계의 기본원칙

유한책임회사의 회계는 상법과 대통령령으로 규정한 것을 제외하고는 일반적 으로 공정하고 타당한 회계관행에 따른다(287조의32).

### (2) 재무제표의 작성 및 보존

유한책임회사의 업무집행자는 매결산기에 대차대조표, 손익계산서, 그 밖에 유

---

16) [商法 제232조(채권자의 이의)]

① 회사는 합병의 결의가 있은 날부터 2주 내에 회사채권자에 대하여 합병에 이의가 있으 면 일정한 기간 내에 이를 제출할 것을 공고하고 알고 있는 채권자에 대하여는 따로따 로 이를 최고하여야 한다. 이 경우 그 기간은 1월 이상이어야 한다.

② 채권자가 제1항의 기간 내에 이의를 제출하지 아니한 때에는 합병을 승인한 것으로 본다.

③ 이의를 제출한 채권자가 있는 때에는 회사는 그 채권자에 대하여 변제 또는 상당한 담보 를 제공하거나 이를 목적으로 하여 상당한 재산을 신탁회사에 신탁하여야 한다.

한책임회사의 재무상태와 경영성과를 표시하는 것으로서 다음 중 어느 하나에 해당하는 서류를 작성하여야 한다(287조의33, 令 5조).[17)]

　　1. 자본변동표
　　2. 이익잉여금 처분계산서 또는 결손금 처리계산서

### (3) 재무제표의 비치·공시

유한책임회사의 업무집행자는 위 제287조의33에 규정된 서류를 본점에 5년간, 그 등본을 지점에 3년간 비치하여야 한다(287조의34①). 사원과 유한책임회사의 채권자는 회사의 영업시간 내에는 언제든지 제287조의33에 따라 작성된 재무제표의 열람과 등사를 청구할 수 있다(287조의34②).

### (4) 자 본 금

#### 1) 의　　의

유한책임회사의 사원이 출자한 금전이나 그 밖의 재산의 가액을 유한책임회사의 자본금으로 한다(287조의35).[18)] 유한책임회사의 자본금의 액은 정관의 절대적 기재사항이며(287조의33), 등기사항이다(287조의53). 이와 같이 자본금의 액을 정관기재사항 및 등기사항으로 규정하는 것은 물론 사원 전부가 유한책임을 지므로 채권자보호의 필요성이 있기 때문이다.

#### 2) 자본금감소

(가) 방　　법　　　유한책임회사는 정관 변경의 방법으로 자본금을 감소할 수 있다(287조의36①). 유한책임회사의 정관을 변경하려는 때에는 정관에 다른 규정이 없으면 총사원의 동의가 있어야 한다(287조의16).

(나) 채권자보호절차　　　유한책임회사의 자본금감소에 대하여는 합명회사의 합병시 채권자보호절차에 관한 상법 제232조가 준용된다. 다만, 감소 후의 자본금의 액이 순자산액 이상인 경우에는 채권자보호절차가 요구되지 않는다(287조의36②). 단서의 "자본금의 액이 순자산액 이상인 경우"는 "자본금의 결손(缺損)" 상태를 의미하고, 이 경우에는 오히려 채권자보호절차가 요구된다고 할 것이다.[19)]

---

17) 주식회사가 작성하여야 하는 재무제표는, i) 대차대조표, ii) 손익계산서, iii) 자본변동표, 또는 이익잉여금 처분계산서나 결손금 처리계산서와 그 부속명세서이다(447조①, 令 16조①).
18) 미국의 LLC는 자본금제도를 채택하지 않고 있다.
19) 따라서 단서의 "자본금의 액이 순자산액 이상인 경우"는 "순자산액이 자본금의 액 이상인

## (5) 잉여금의 분배

### 1) 분배의 재원

유한책임회사는 대차대조표상의 순자산액으로부터 자본금의 액을 뺀 액(잉여금)을 한도로 하여 잉여금의 분배를 할 수 있다(287조의37①). 잉여금의 분배는 주식회사의 이익배당에 해당하는 용어이다. 유한책임회사는 주식회사와 달리 준비금의 적립이 요구되지 않고 따라서 잉여금 분배한도 산정시 법정준비금은 공제항목이 아니다. 잉여금은 결산기를 기준으로 산출하여야 하므로 정관에 의하여도 중간결산에 의한 분배는 할 수 없다.

### 2) 위법분배와 채권자의 반환청구권

유한책임회사가 위법하게 잉여금을 분배한 때에는 유한책임회사의 채권자는 회사에 반환할 것을 청구할 수 있다(287조의37②). 반환청구에 관한 소는 본점소재지의 지방법원의 관할에 전속한다(287조의37③).

### 3) 분배비율

유한책임회사의 잉여금은 "정관에 다른 규정이 없으면" 각 사원이 출자한 가액에 비례하여 분배한다(287조의37④). 잉여금의 분배를 청구하는 방법 그 밖에 잉여금의 분배에 관한 사항은 정관에서 정할 수 있다(287조의37⑤). 따라서 정관의 규정에 의하여 기여도에 따라 출자가액비율과 달리 분배할 수도 있다.

### 4) 지분압류의 효력범위

유한책임회사 사원의 지분의 압류는 잉여금의 배당을 청구하는 권리에 대하여도 그 효력이 있다(287조의37⑥).[20] 합명회사와 달리 유한책임회사의 경우 사원의 지분에 대한 압류는 지분환급청구권에는 그 효력이 미치지 않는데,[21] 지분환급이 이루어지면 압류한 지분의 가치는 완전히 소멸하므로 상법 제223조를 유추적용하여야 한다는 견해도 있다.[22] 그러나 유추해석의 당부에 대하여 논란의 여지가 있으므로, 지분환급청구권에도 지분압류의 효력이 미치도록 입법적인 보완이 필요한 부분이다.

---

경우"를 잘못 기재한 것이므로, 법문을 정비할 필요가 있다고 설명한다(이철송, 206면).

[20] 제6항에서만 "분배"가 아닌 "배당"으로 표현하는데, 일관성이 없으므로 정비할 필요가 있다.

[21] 합명회사의 사원의 지분의 압류는 사원이 장래이익의 배당과 지분의 환급을 청구하는 권리에 대하여도 그 효력이 있다(223조).

[22] 이철송, 209면.

## 7. 유한책임회사의 합병

유한책임회사의 합병에 관하여는 합명회사의 합병에 관한 제230조부터 제240 조까지의 규정이 준용된다(287조의41).

## 8. 유한책임회사의 해산과 청산

### (1) 해    산

1) 해산사유

유한책임회사의 해산사유는, (i) 합명회사의 해산사유 중 i) 존립기간의 만료 기타 정관에서 정한 사유의 발생, ii) 총사원의 동의, iii) 합병, iv) 파산, v) 법원의 명령 또는 판결(287조의38 제1호, 227조) 등과,23) (ii) 사원이 없게 된 경우(287조의38 제 2호) 등이다. 유한책임회사는 주식회사와 마찬가지로 1인회사가 인정된다.24)

2) 해산등기

유한책임회사가 해산된 때에는 합병과 파산의 경우 외에는 그 해산사유가 있 은 날부터 본점소재지에서는 2주 내, 지점소재지에서는 3주 내에 해산등기를 하여 야 한다(287조의39).

3) 유한책임회사의 계속

유한책임회사의 해산 사유 중 i) 존립기간의 만료 기타 정관에서 정한 사유의 발생, ii) 총사원의 동의에 의한 해산의 경우에는 사원의 전부 또는 일부의 동의로 회사를 계속할 수 있으며, 이때 회사의 계속에 동의하지 않은 사원은 퇴사한 것으 로 간주된다(287조의40, 229조①).

4) 해산청구

유한책임회사의 사원이 해산을 청구하는 경우에는 합명회사에 관한 관련 규정 인 제241조가 준용된다(287조의42).

---

23) 유한책임회사는 1인회사도 가능하므로 제227조의 합명회사의 해산사유 중 "3. 사원이 1인으 로 된 때"는 준용대상규정에서 제외된다.

24) 미국 대부분의 주에서는 1인사원의 LLC 설립을 허용하고, 사원이 1인이어도 해산사유는 아 니다.

## (2) 청    산

유한책임회사의 청산절차에는 합명회사의 청산 관련 규정(245조, 246조, 251조부터 제257조까지 및 제259조부터 제267조까지의 규정)이 준용된다(287조의45). 합명회사와 합자회사에는 임의청산이 인정되나, 유한책임회사에서는 주식회사와 유한회사에서와 같이 재산처분의 공정을 기할 필요가 크기 때문에 임의청산이 인정되지 않는다.[25]

## 9. 자본시장법상 투자유한책임회사

### (1) 투자유한책임회사의 의의와 사원

자본시장법상 투자유한책임회사는 집합투자기구 중 상법상 유한책임회사 형태의 집합투자기구를 말한다(資法 9조⑱4의2).

### (2) 투자유한책임회사의 기관

투자유한책임회사는 사원 또는 사원이 아닌 자로 업무집행자("업무집행자") 1인을 두어야 한다. 이 경우 업무집행자는 집합투자업자이어야 한다(資法 217조의4①).

투자유한책임회사의 사원 전원으로 구성되는 사원총회를 두며, 사원총회는 자본시장법 또는 정관에서 정한 사항에 대하여만 결의할 수 있다(資法 217조의5①). 투자유한책임회사의 사원총회는 업무집행자가 소집한다(資法 217조의5②). 투자유한책임회사의 사원총회는 출석한 사원의 의결권의 과반수와 발행된 지분증권 총수의 4분의 1 이상의 수로 결의한다. 다만, 자본시장법에서 정한 사원총회의 결의사항 외에 정관으로 정한 사원총회의 결의사항에 대하여는 출석한 사원의 의결권의 과반수와 발행된 지분증권총수의 5분의 1 이상의 수로 결의할 수 있다(資法 217조의5③).

### (3) 상법과의 관계

#### 1) 적용규정

투자유한책임회사에 상법을 적용함에 있어서 상법 제287조의13(제200조의2를 준용하는 경우로 한정한다), 제287조의14(제277조를 준용하는 경우로 한정한다), 제287조의17

---

25) 합명회사의 청산에 관한 규정 중, 정관 또는 총사원의 동의에 의하여 청산방법을 정하는 임의청산에 관한 규정(247조부터 제249조까지)은 유한책임회사의 청산절차에 준용되지 않는다.

(제205조를 준용하는 경우로 한정한다), 제287조의45(제259조 제4항을 준용하는 경우로 한정한다) 중 "법원"은 각각 "금융위원회"로 본다(資法 217조의7①).

### 2) 배제규정

상법 제287조의9, 제287조의10, 제287조의12, 제287조의15, 제287조의16, 제287조의23 제3항, 제287조의24부터 제287조의44까지는 투자유한책임회사에는 적용하지 않는다(資法 217조의7②).

## Ⅱ. 합자조합

### 1. 총    설

#### (1) 합자조합의 의의

합자조합은 "조합의 업무집행자로서 조합의 채무에 대하여 무한책임을 지는 조합원과 출자가액을 한도로 하여 유한책임을 지는 조합원이 상호출자하여 공동사업을 경영할 것을 약정함으로써 성립하는 조합"이다(86조의2).[26]

---

26) 합자조합은 미국의 Limited Partnership을 도입한 것인데, Limited Partnership은 조합의 채무에 대하여 무한책임을 지는 일반조합원(general partner)과 자신의 출자가액을 한도로만 책임을 지면서 조합의 경영에는 참여하지 않는 유한책임조합원(limited partner)으로 구성된다. 다만, Limited Partnership도 조합원 전원이 유한책임을 지기 위하여 Limited Liability Limited Partnerships(LLLP, 유한책임합자조합)로 전환할 수 있다. Partnership은 조합원 전원이 유한책임을 지면서 세법상 조합으로 과세되기 위하여 LLP로 전환할 수 있다. Limited Partnership은 일반적으로 합자조합으로 번역하지만, 법인격이 없는 우리 법제의 조합과는 달리 독립한 실체(entity)이다. Limited Partnership에 대한 통일법안으로는 1916년 제정된 Uniform Limited Partnership Act(ULPA)와 그 후 2001년까지 지속적으로 개정된 Revised Uniform Limited Partnership Act(RULPA)가 있다. ULPA는 통일주법위원전국회의(National Conference of Commissioners on Uniform State Laws: NCCUSL)가 1916년에 제정하여 대부분의 州가 이를 채택하였고, 수차례 개정되었다. NCCUSL은 "ULPA(2001)" 또는 "RULPA(2001)"과 같이 개정연도를 괄호 안에 표시하는 것을 공식적인 표시방법으로 정하였다. 원래 미국의 Limited Partnership은 법인격이 없는 기업형태인데, 2001년 ULPA는 "entity"라는 용어를 규정한다. "entity"가 법인격을 가지는 실체인지에 관하여 논란이 있는데, 법인세부과처분 사건에서 대법원은 "미국 델라웨어주 법률에 따라 유한 파트너쉽(limited partnership)으로 설립된 甲은 구성원들과 독립된 별개의 권리·의무 주체이므로 법인세법상 외국법인으로 보아 법인세를 과세해야 하고 … "라고 판시하였고(대법원 2012. 1. 27. 선고 2010두5950 판결), 일본 최고재판소도 같은 입장이다(民集69-5-1253).

2011년 개정상법이 새로운 기업형태로 도입한 합자조합은 내부적으로는 조합의 실질을 갖추고, 외부적으로는 사원의 유한책임이 확보되는 기업형태로서 업무집행조합원과 유한책임조합원으로 구성된다. 이로써 상법상 조합은 익명조합과 합자조합이 존재한다.[27]

합자조합은 2인 이상이 출자하여 공동사업을 경영할 것을 약정하는 계약으로서 민법상 조합의 성격을 가지므로(民法 703조), 합자조합에 관하여 상법 또는 조합계약에 다른 규정이 없으면 민법 중 조합에 관한 규정을 준용한다(86조의8④).[28] 민법상 조합의 조합원은 전원이 무한책임을 지는 조합원이나, 합자조합은 무한책임조합원과 유한책임조합원으로 구성된다는 점이 다르다. 나아가 상법은 합자조합의 영업조직을 위한 특칙을 규정하고 있다. 2011년 개정상법에서 합자조합을 도입함에 따라 자본시장법에도 투자합자조합이 집합투자기구의 한 유형으로 추가되었다.[29][30]

### (2) 합자회사 및 민법상 조합과의 비교

#### 1) 합자회사와의 비교

합자조합은 법인격이 없으나, 합자회사는 법인격이 있다(169조). 회사는 합자조합의 무한책임조합원이 될 수 있으나, 합자회사의 무한책임사원은 될 수 없다.

합자조합은 조합의 업무집행자로서 조합의 채무에 대하여 무한책임을 지는 조합원과 출자가액을 한도로 하여 유한책임을 지는 조합원 간의 계약에 의하여 설립되나(86조의2), 합자회사는 정관의 작성과 설립등기에 의하여 성립한다(269조, 178조, 270조, 271조).

유한책임조합원의 지분은 조합계약에서 정하는 바에 따라 양도할 수 있으나(86

---

27) 합자조합은 회사가 아니고 조합이므로 상법 제3편(회사)이 아니라 제2편(상행위)에 규정되어 있다.

28) 합자조합은 민법상 조합에 해당하므로(民法 703조), 엄밀하게는 민법의 조합에 관한 규정이 "준용"되는 것이 아니라 "적용"된다.

29) 자본시장법상 PEF에는 무한책임을 지는 집합투자업자인 업무집행조합원 1인이 반드시 있어야 한다(資法 219조①). 그런데 회사형 PEF는 다른 회사의 무한책임사원이 될 수 없다는 상법 제173조의 규정과 충돌하는 문제가 있어서 개정 전 자본시장법 제277조 제2항은, 상법 제173조는 사모투자전문회사에 적용되지 않는다고 규정하였는데, 개정상법이 합자조합을 도입함에 따라 자본시장법도 투자합자조합을 집합투자기구의 한 유형으로 추가하면서 이러한 적용배제규정을 삭제하였다.

30) 미국에서는 주로 이중과세를 피하기 위하여 PEF를 합자조합(Limited Partnership)의 형태로 구성하는데, 상법상 합자회사의 경우에도 조세특례제한법 제100조의15에 의하여 조합과세가 가능하다.

조의7②. 제86조의3 제8호), 유한책임사원의 지분은 무한책임사원 전원의 동의가 있어야 양도할 수 있다(276조).

### 2) 민법상 조합과의 비교

합자조합은 조합계약의 기재사항이 법정되어 있고(86조의6), 일정한 등기사항이 있다(86조의4). 민법상 조합은 조합계약의 법정기재사항이 없고(民法 703조), 등기사항도 없다.

### 3) 익명조합과의 비교

합자조합은 무한책임조합원과 유한책임조합원 간의 계약이고 요식계약이나, 익명조합은 영업자와 익명조합원 간의 계약이고 요식계약이 아니다. 합자조합에서는 모든 조합원에게 출자의무가 있고(86조의2, 86조의3 제6호), 출자목적물에 제한이 없고 조합계약에 의하여 정해진다(86조의3 제6호). 그러나 익명조합에서는 익명조합원에게만 출자의무가 있고(78조), 출자목적물은 금전 또는 재산에 한한다(86조, 272조). 합자조합의 재산소유형태는 조합원의 합유이나(民法 704조), 익명조합의 재산소유형태는 영업자의 단독소유이다(79조).

## 2. 합자조합의 설립

### (1) 조 합 원

#### 1) 구　　성

합자조합은 1인 이상의 업무집행조합원과 1인 이상의 유한책임조합원으로 구성된다. 따라서 1인의 조합원만으로는 합자조합을 설립할 수 없다.[31]

#### 2) 무한책임조합원과 업무집행조합원

상법 제173조는 회사는 다른 "회사"의 무한책임사원이 되지 못한다고 규정하므로, "회사"가 아닌 합자조합의 경우에는 회사도 무한책임조합원이 될 수 있다.

다만, 회사가 무한책임을 지는 업무집행조합원이 될 수 있는지에 관하여는 회사의 권리능력과 관련하여 논란의 여지가 있다. 회사도 업무집행조합원이 될 수 있다고 보면, 책임재산이 부족한 회사가 합자조합의 업무집행조합원이 됨으로써 회사의 주주는 사실상 합자조합을 경영하면서도 무한책임의 부담에서 벗어날 수 있다

---

31) 민법 제703조 제1항도 조합은 2인 이상이 상호출자하여 공동사업을 경영할 것을 약정함으로써 그 효력이 생긴다고 규정한다.

는 장점이 있다.

### 3) 업무집행조합원과 유한책임조합원의 겸직

1인 이상의 업무집행조합원과 1인 이상의 유한책임조합원이 있다 하더라도 동일인이 업무집행조합원과 유한책임조합원의 지위를 겸할 수 없다. 만일 조합계약상 이러한 겸직규정이 있고 실제로 겸직 조합원이 있다면 단순한 업무집행조합원으로 보아야 할 것이다.32)

### (2) 조합계약

합자조합은 민법상 조합과 같이 단순한 계약에 의하여 설립된다는 점에서 같고, 조합계약서에 기재할 사항이 법정되어 있고, 특정 사항은 설립 후 2주 내에 등기하여야 하는 점에서 다르다.33) 민법상 조합을 상법상 합자조합으로 전환하는 절차가 없으므로, 기존 조합 해산 후 합자조합계약을 별도로 체결하여야 한다.34)

합자조합의 설립을 위한 조합계약에는 다음 사항을 적고 총조합원이 기명날인하거나 서명하여야 한다(86조의3).35) "총조합원이 기명날인하거나 서명"이라는 요식적인 방식을 요구하는 것은 조합계약의 내용이 조합원 간에만 영향을 미치는 것이 아니라 제3자와의 권리의무관계에도 영향을 미치기 때문이다.36)

1. 목적
2. 명칭
3. 업무집행조합원의 성명 또는 상호, 주소 및 주민등록번호
4. 유한책임조합원의 성명 또는 상호, 주소 및 주민등록번호
5. 주된 영업소의 소재지
6. 조합원의 출자에 관한 사항

---

32) 미국의 ULPA는 동일인의 겸직(dual capacity)을 허용한다. 즉, 동일인이 무한책임조합원으로서 행위할 때에는 무한책임조합원으로서의 권리·의무를 가지며, 유한책임조합원으로서 행위할 때에는 유한책임조합원으로서의 권리·의무를 가진다(ULPA §113).
33) 미국의 Limited Partnership은 Partnership과 달리 주정부에 일정한 서류를 제출하여야 설립할 수 있고 따라서 조합원간에도 서면계약서(written agreement)가 작성되어야 한다[RULPA §201(a)].
34) 미국에서는 Partnership이 LLP로 전환하려면 조합계약서(partnership agreement)를 변경하고 적격신고서(statement of qualification)를 주정부에 제출하면 된다[RUPA §101(5)].
35) 합자조합은 조합계약 자체를 지칭할 수도 있고, 조합계약에 의하여 형성된 단체를 지칭할 수도 있다.
36) 제7호부터 제12호까지의 사항은 조합계약에서 정하지 않더라도 민법규정의 의하여 정해지므로, 임의적 기재사항이다.

7. 조합원에 대한 손익분배에 관한 사항

8. 유한책임조합원의 지분(持分)의 양도에 관한 사항

9. 둘 이상의 업무집행조합원이 공동으로 합자조합의 업무를 집행하거나 대리할 것을 정한 경우에는 그 규정

10. 업무집행조합원 중 일부 업무집행조합원만 합자조합의 업무를 집행하거나 대리할 것을 정한 경우에는 그 규정

11. 조합의 해산 시 잔여재산 분배에 관한 사항

12. 조합의 존속기간이나 그 밖의 해산사유에 관한 사항

13. 조합계약의 효력 발생일

제1호의 목적과 관련하여, 회사와 달리 조합 자체는 권리능력이 없으므로, 여기서 목적은 조합의 능력범위를 의미하는 것이 아니라, 업무집행자의 권한범위를 정하는 의미가 있다. 영업을 목적으로 하지 않는 합자조합은 상법상 의미가 없으므로 목적에 반드시 영업이 포함되어야 한다.37)

제2호의 명칭과 관련하여, 상법상 합자조합의 명칭에 반드시 "합자조합"이라는 용어를 사용하여야 한다는 규정이 없으므로, 외부에서는 민법상 조합과 합자조합을 구별하기 용이하지 않다. 이는 입법상 불비로서 제3자에게 미치는 영향을 고려하여 상호에 반드시 합자조합임을 표시하여야 할 것이다.38)

제3호의 "업무집행조합원의 성명 또는 상호, 주소 및 주민등록번호"와, 제4호의 "유한책임조합원의 성명 또는 상호, 주소 및 주민등록번호"와, 제5호의 "주된 영업소의 소재지"는 합자회사 정관의 절대적 기재사항과 같다(270조, 179조 제3호).39) 제5호의 주된 영업소는 회사의 본점소재지와 같은 의미로서, 민사소송법상 각 조합원의 영업소로서의 의미를 가진다.40)

---

37) RULPA(2001) §106도 Limited Partnership의 영리목적을 요구한다.

38) 미국의 ULPA §108(b)는 조합원의 성명을 포함할 수 있으며, 그 밖에 Limited Partnership 또는 L.P. 또는 LP를 포함하도록 규정하고, 일본의 유한책임사업조합계약에 관한 법률도 "유한책임사업조합"이라는 명칭을 포함하도록 규정한다(同法 9조①).

39) 업무집행조합원, 유한책임조합원의 "상호"가 규정되어 있는 것은 회사도 업무집행조합원, 유한책임조합원이 될 수 있음을 의미한다.

40) 사무소 또는 영업소가 있는 사람에 대하여 그 사무소 또는 영업소의 업무와 관련이 있는 소를 제기하는 경우에는 그 사무소 또는 영업소가 있는 곳의 법원에 제기할 수 있고(民訴法 12조), 송달은 받을 사람의 주소·거소·영업소 또는 사무소에서 하고, 다만, 법정대리인에게 할 송달은 본인의 영업소나 사무소에서도 할 수 있다(民訴法 183조①). 따라서 합자조합의 조합원을 상대로 소를 제기하는 경우에는 조합의 영업소 소재지 관할법원에 제기할 수 있고, 조합원에 대한 송달도 조합의 영업소로 하면 된다.

제6호의 "조합원의 출자에 관한 사항"에 관하여, 업무집행조합원의 신용·노무의 출자는 원칙적으로 허용되나 조합계약으로 이를 금지할 수 있고, 유한책임조합원의 신용·노무의 출자는 원칙적으로 금지되나 조합계약으로 이를 허용할 수 있다.

제7호의 "조합원에 대한 손익분배에 관한 사항"의 구체적인 내용에 대하여는 민법의 조합에 관한 규정이 준용된다(86조의8④).

제12호의 "조합의 존속기간이나 그 밖의 해산사유에 관한 사항"이 조합계약에 없는 경우에는 민법상 조합에 관한 규정이 적용된다(86조의8④).

### (3) 등  기

합자조합의 업무집행조합원은 합자조합 설립 후 2주 내에 조합의 주된 영업소의 소재지에서 다음의 사항을 등기하여야 하고(86조의4①), 등기사항이 변경된 경우에는 2주 내에 변경등기를 하여야 한다(86조의4②).

> 1. 제86조의3 제1호부터 제5호까지(4호의 경우에는 유한책임조합원이 업무를 집행하는 경우에 한정함),[41] 제9호, 제10호, 제12호 및 제13호의 사항[42]
> 2. 조합원의 출자의 목적, 재산출자의 경우에는 그 가액과 이행한 부분

상업등기에 관한 상법 제37조와 제39조가 적용되는 결과, 등기할 사항은 이를 등기하지 아니하면 선의의 제3자에게 대항하지 못하고(37조①), 고의 또는 과실로 인하여 사실과 상위(相違)한 사항을 등기한 자는 그 상위를 선의의 제3자에게 대항하지 못한다(39조). 따라서 무한책임조합원이 탈퇴 후에도 계속하여 무한책임조합원으로 등기되어 있으면 선의의 제3자에게 탈퇴 후에도 조합채무에 대한 무한책임을 진다(37조). 그리고 유한책임조합원이 고의 또는 과실로 무한책임조합원으로 잘 못 등기된 경우 그 조합원은 유한책임조합원이라는 점으로 선의의 제3자에게 대항하지 못한다.

---

41) 따라서 업무를 집행하지 않는 유한책임조합원은 등기사항이 아니고, 외부에서 용이하게 확인할 방법이 없다. 그러나 합자조합과 거래하는 제3자로서는 무한책임조합원뿐 아니라 유한책임조합원도 용이하게 확인할 수 있어야 하므로, 입법적인 보완이 필요하다.

42) 조합계약에 기재할 사항 중 제3자의 이해관계와 직접적인 관계가 없는 제7호, 제8호, 제11호를 제외한 나머지 사항을 등기사항으로 정한 것이다. 회사와 달리 합자조합의 경우에는 등기사항인 명칭에 합자조합이라는 문자를 반드시 사용하도록 규정하지 않는다.

## (4) 효력발생

합자조합은 업무집행조합원과 유한책임조합원이 상호출자하여 공동사업을 경영할 것을 약정함으로써 그 효력이 생긴다(86조의2). 따라서 등기는 합자조합 설립의 효력발생요건이 아니다.

조합계약의 효력발생일도 조합계약의 기재사항이므로(86조의3 제13호), 조합계약에서 효력발생시기를 별도로 정한 경우에는 그 별도로 정한 효력발생일에 합자조합이 성립한다.

## 3. 합자조합의 내부관계

### (1) 업무집행

#### 1) 업무집행권

합자조합의 업무집행조합원은 대외적으로는 합자조합의 업무를 집행하고 대내적으로는 합자조합을 대리할 권리와 의무가 있다(86조의5①). 업무집행 "조합원"이라는 명칭상 조합원 아닌 자는 업무집행자가 될 수 없다.

상법 제86조의2는 "업무집행자로서 조합의 채무에 대하여 무한책임을 지는 조합원"이라고 규정하므로, 무한책임사원만이 업무집행조합원으로 될 수 있다고 해석된다. 그러나 제86조의4 제1항 제1호는 "(4호의 경우에는 유한책임조합원이 업무를 집행하는 경우에 한정함)"이라고 규정하므로 유한책임조합원도 업무집행조합원이 될 수 있음을 전제로 한다. 두 규정이 상충되는 내용인데, 굳이 상충되지 않도록 해석하자면 제86조의2는 무한책임조합원이 원칙적으로 업무집행조합원이라는 점을 규정하는 것이고, 제86조의4 제1항 제1호는 유한책임조합원도 예외적으로는 업무집행을 할 수 있음을 규정하는 것이다.[43)

#### 2) 업무집행방법

(가) 각자 집행    합자조합의 업무집행조합원이 복수인 경우, "조합계약에 다른 규정이 없으면" "각자가" 합자조합의 업무를 집행하고 대리할 권리와 의무가 있

---

43) 다만, 제86조의8 제3항은 제275조(유한책임사원의 경업의 자유), 제278조(유한책임사원의 업무집행, 회사대표의 금지) 등의 규정을 유한책임조합원에 대하여 준용하므로, 유한책임조합원은 업무집행조합원이 될 수 없다는 것이 2011년 개정상법의 기본적인 입법방향으로 보인다.

다(86조의5①).[44][45]

(나) 공동집행　　합자조합은 "조합계약"에 의하여 업무집행을 공동으로 하도록 정할 수 있다. "둘 이상의 업무집행조합원이 공동으로 합자조합의 업무를 집행하거나 대리할 것을 정한 경우에는 그 규정"도 조합계약의 기재사항이다(86조의3 제9호).

(다) 업무집행조합원의 이의제기　　합자조합에 둘 이상의 업무집행조합원이 있는 경우에 조합계약에 "다른 정함이 없으면" 그 각 업무집행조합원의 업무집행에 관한 행위에 대하여 다른 업무집행조합원의 이의가 있는 경우에는 그 행위를 중지하고 업무집행조합원 과반수의 결의에 따라야 한다(86조의5③).[46]

(라) 무한책임조합원 중 일부만 업무집행조합원이 되는 경우　　합자조합의 "업무집행조합원 중 일부 업무집행조합원만 합자조합의 업무를 집행하거나 대리할 것을 정한 경우에는 그 규정"도 조합계약의 기재사항이다(86조의3 제10호). 위 규정 중 "업무집행조합원 중"은 "무한책임조합원 중"을 의미한다. 즉, 무한책임조합원 중 일부 조합원에게만 업무집행권을 부여할 수 있다는 취지이다. 업무집행권이 부여된 일부의 업무집행조합원들에게도 위와 같은 각자집행·공동집행·이의제기 등이 적용된다.

3) 업무집행조합원의 선관주의의무

합자조합의 업무집행조합원은 선량한 관리자의 주의로써 제1항에 따른 업무를 집행하여야 한다(86조의5②).[47]

---

44) 민법상 조합의 업무집행은 조합원의 과반수로써 결정한다. 업무집행자가 수인인 때에는 그 과반수로써 결정한다(民法 706조②).

45) "업무집행조합원 중 일부 업무집행조합원만 합자조합의 업무를 집행할 것을 정하는 경우도 있고(86조의3 제10호), 합명회사의 경우에도 실제로 업무집행을 담당하는 사원만 업무집행사원이라 하고, 합자회사의 경우에도 유한책임사원 아닌 사원 중 일부만 업무집행을 담당하도록 할 수 있으므로 무한책임사원이라는 명칭을 사용한다는 점에 비추어, "업무집행조합원"이라는 명칭보다는 무한책임조합원이나 일반조합원이라는 명칭이 적합하다는 견해도 있다[김재문, 전게논문, 210면].

46) 민법상 조합의 통상사무는 전항의 규정에 불구하고 각 조합원 또는 각 업무집행자가 전행할 수 있다. 그러나 그 사무의 완료 전에 다른 조합원 또는 다른 업무집행자의 이의가 있는 때에는 즉시 중지하여야 한다(民法706조③).

47) 합자조합의 업무집행조합원에 대하여는 민법 제707조가 준용되고(86조의8④), 민법 제707조는 수임인의 선관주의의무에 관한 민법 제681조를 준용하므로, 이러한 규정에 의하여 업무집행조합원은 선관주의의무를 부담한다. 따라서 상법 제86조의5 제2항은 주의적으로 규정한 것으로 볼 것이다.

### 4) 업무집행조합원의 보수

합자조합의 업무집행조합원의 업무집행은 권리이자 의무이므로 합자조합에 대하여 업무집행에 대한 보수를 청구하지 못한다. 물론 조합계약에서 달리 정할 수 있다.

### 5) 업무집행정지가처분

합자조합의 업무집행조합원의 업무집행을 정지하거나 직무대행자를 선임하는 가처분을 하거나 그 가처분을 변경·취소하는 경우에는 본점 및 지점이 있는 곳의 등기소에서 이를 등기하여야 한다(86조의8②, 183조의2).

직무대행자는 가처분명령에 다른 정함이 있는 경우 외에는 합자조합의 통상업무에 속하지 아니한 행위를 하지 못한다. 다만, 법원의 허가를 얻은 경우에는 그러하지 아니하다. 직무대행자가 이를 위반한 행위를 한 경우에도 합자조합은 선의의 제3자에 대하여 책임을 진다(86조의8②, 200조의2).

### 6) 업무집행의 감시

합자조합의 유한책임조합원은 영업년도 말에 있어서 영업시간 내에 한하여 회사의 회계장부·대차대조표 기타의 서류를 열람할 수 있고 회사의 업무와 재산상태를 검사할 수 있다. 중요한 사유가 있는 때에는 유한책임조합원은 언제든지 법원의 허가를 받아 열람과 검사를 할 수 있다(86조의8②, 277조).

### (2) 출자와 손익분배

### 1) 출    자

(가) 의    의    합자조합에는 자본금제도가 없고, 설립시 출자의 이행이 완료되어야 하는 것도 아니지만, "조합원의 출자에 관한 사항"은 조합계약의 기재사항이다(86조의36).

(나) 업무집행조합원    합자조합의 업무집행조합원은 신용·노무를 출자의 목적으로 할 수 있고, 다만 조합계약으로 이를 금지하는 것도 가능하다. 업무집행조합원의 신용·노무의 출자를 원칙적으로 허용하는 것은 전문지식이나 경력을 갖춘 인재를 영입하면서 신용·노무의 출자를 허용하기 위한 것이다.

(다) 유한책임조합원    합자조합의 유한책임조합원은 조합계약에서 특별히 정하지 않으면 신용·노무를 출자의 목적으로 하지 못한다(86조의8③, 272조). 즉, 유한책임조합원의 신용·노무의 출자는 원칙적으로는 금지되나 조합계약으로 이를 허용

하는 것은 가능하다.

### 2) 손익분배

합자조합에서는 "조합원에 대한 손익분배에 관한 사항"도 조합계약의 기재사항이다(86조의3 제7호). 구체적인 내용에 대하여는 민법의 조합에 관한 규정이 준용된다(86조의8④). 따라서 조합계약에서 손익분배의 비율을 정하지 아니한 때에는 각 조합원의 출자가액에 비례하여 이를 정하고(民法 711조①), 이익 또는 손실에 대하여 분배의 비율을 정한 때에는 그 비율은 이익과 손실에 공통된 것으로 추정한다(民法 711조②). 특정 조합원의 손실분배를 면제하는 것도 조합계약에 기재함으로써 가능하다.

### (3) 경업금지와 자기거래제한

### 1) 경업금지

(개) 업무집행조합원      합자조합의 업무집행조합원은 다른 조합원의 동의가 없으면 자기 또는 제3자의 계산으로 합자조합의 영업부류에 속하는 거래를 하지 못하며 동종영업을 목적으로 하는 다른 회사의 무한책임사원 또는 이사가 되지 못한다(86조의8②, 198조①).[48] 업무집행조합원이 이를 위반하여 거래를 한 경우에 그 거래가 자기의 계산으로 한 것인 때에는 합자조합은 이를 합자조합의 계산으로 한 것으로 볼 수 있고 제3자의 계산으로 한 것인 때에는 그 업무집행조합원에 대하여 합자조합은 이로 인한 이득의 양도를 청구할 수 있다(198조②). 위 규정은 합자조합의 그 업무집행조합원에 대한 손해배상의 청구에 영향을 미치지 않는다(198조③). 이득양도청구권은 다른 업무집행조합원 과반수의 결의에 의하여 행사하여야 하며 다른 업무집행조합원의 1인이 그 거래를 안 날부터 2주간을 경과하거나 그 거래가 있은 날부터 1년을 경과하면 소멸한다(198조④).

(나) 유한책임조합원      합자조합의 유한책임조합원은 다른 사원의 동의 없이 자기 또는 제3자의 계산으로 합자조합의 영업부류에 속하는 거래를 할 수 있고 동종영업을 목적으로 하는 다른 회사의 무한책임사원 또는 이사가 될 수 있다(86조의8③, 275조). 유한책임조합원은 업무집행에서 배제되므로 경업금지의 필요성이 없기 때문이다. 그러나 조합계약으로 유한책임조합원도 경업을 금지시킬 수 있다.

---

48) 입법론상으로는 다른 합자조합의 업무집행조합원 또는 다른 상인의 사용인도 경업금지대상으로 규정하는 것이 바람직하다.

2) 자기거래제한

합자조합의 조합원은 "조합계약에 다른 규정이 없으면" "다른 사원과반수의 결의"가 있는 때에 한하여 자기 또는 제3자의 계산으로 합자조합과 거래를 할 수 있다. 이 경우에는 민법 제124조의 규정을 적용하지 않는다(86조의8②·③, 199조). 유한책임조합원의 경업은 금지되지 않지만, 자기거래는 제한된다.

### (4) 조합원의 변동

1) 조합원 가입

합자조합을 단순한 계약으로 보면 계약당사자(조합원)의 변경에 의하여 조합은 동일성을 잃고 해산하게 된다. 그러나 합자조합은 회사와 같은 수준은 아니더라도 어느 정도 단체법적 지위가 인정되므로 조합원의 변동에 불구하고 동일성을 유지한다고 보아야 한다. 상법상 명문의 규정은 없지만, 합자조합에 신입조합원이 가입하려면 조합원 전원의 동의 하에 새로운 조합계약을 변경하고(86조의3) 등기하여야 한다(86조의4).

신입조합원의 출자의무 등 조합원으로서의 지위는 조합계약에서 정해진다. 다만, 합자회사 성립 후에 가입한 사원은 그 가입 전에 생긴 회사채무에 대하여 다른 사원과 동일한 책임을 지는 점(269조, 213조)에 비추어, 상법상 명문의 규정이 없어도 합자조합의 신입조합원도 가입 전에 발생한 조합의 채무에 대하여도 책임을 진다고 할 것이다.

2) 지분의 양도

민법상 조합은 조합원 전원 간의 계약이므로 조합원이 지분을 양도하려면 조합원 전원의 동의를 받아야 한다. 상법은 업무집행조합원과 유한책임조합원의 지분양도에 관하여 규정하는데, 전자의 지분양도에 관한 규정은 민법의 조합에 관한 규정과 동일하게 주의적으로 규정한 것이고, 후자의 지분양도에 관한 규정은 특칙으로서의 의미가 있다.

(개) 양도의 요건    합자조합의 업무집행조합원은 "다른 조합원 전원의 동의를 받지 아니하면" 그 지분의 전부 또는 일부를 타인에게 양도하지 못한다(86조의7①). 유한책임조합원의 지분은 "조합계약에서 정하는 바에 따라" 양도할 수 있다(86조의7②).[49]

---

49) 민법상 조합의 지분양도에 관하여 특별한 규정이 없지만, 조합원 전원의 동의를 요한다고

### (나) 양도의 효과

가) 업무집행조합원의 지분양도　　상법은 업무집행조합원의 지분양도의 효과에 관하여 아무런 규정을 두지 않고 있다. 업무집행조합원의 업무집행권과 조합재산에 대한 지분은 유한책임조합원의 지분양도와 동일하게 승계된다. 그러나 업무집행조합원은 조합에 대한 채무에 대하여 직접·연대·무한책임을 지므로 유한책임조합원의 지분양도의 경우와 달리 조합에 대한 의무의 승계는 복잡한 절차가 요구된다.

우선 업무집행조합원은 "다른 조합원 전원의 동의를 받지 아니하면" 그 지분의 전부 또는 일부를 타인에게 양도하지 못하므로(86조의7①), "다른 조합원 전원의 동의를 받는다면" 양도인과 양수인 간에 조합에 대한 의무는 승계하지 않는 것으로 정할 수 있고, 승계하더라도 분할채무의 형태로 승계할 수도 있다. 그러나 다른 조합원 전원의 동의를 받더라도 채권자가 이러한 면책적 채무인수에 대한 승낙을 하지 아니하면 채무인수의 효력이 발생하지 아니하므로(民法 454조①), 양도인은 채무자에게 종전과 같은 채무를 계속 부담하게 된다.

나) 유한책임조합원의 지분양도　　합자조합의 유한책임조합원의 지분을 양수한 자는 양도인의 조합에 대한 권리·의무를 승계한다(86조의7③). 여기서 조합에 대한 권리란 재산적 권리와 비재산적 권리(의결권)를 모두 포함한다. 조합에 대한 재산적 권리는 지분양도에 의하여 포괄적으로 당연승계되는 것이 아니라, 등기·등록을 요하는 재산의 경우에는 각 재산별로 등기·등록을 하여야 한다. 따라서 승계하는 재산적 권리는 정확히는 양도인에게 권리이전절차를 청구할 수 있는 채권적 권리이다.

합자조합에 대한 의무는 출자의무를 말하는데, 유한책임조합원은 조합계약에서 정한 출자가액에서 이미 이행한 부분을 뺀 가액을 한도로 하여 조합채무를 변제할 책임이 있으므로(86조의6①), 출자미필부분이 있으면 그 금액을 승계하고, 출자가 완료된 경우에는 승계할 의무가 없다. 다만, 합자조합에 이익이 없음에도 불구하고

---

해석한다. 따라서 업무집행조합원의 지분양도에 관한 제86조의7 제1항은 민법의 원칙을 주의적으로 규정한 것이고, 유한책임조합원의 지분양도에 관한 제86조의7 제2항은 민법의 원칙에 대한 특칙이라 할 수 있다. 합명회사의 사원은 다른 사원의 동의를 얻지 아니하면 그 지분의 전부 또는 일부를 타인에게 양도하지 못한다(197조). 합자회사의 유한책임사원은 무한책임사원 전원의 동의가 있으면 그 지분의 전부 또는 일부를 타인에게 양도할 수 있다. 지분의 양도에 따라 정관을 변경하여야 할 경우에도 같다(276조).

배당을 받은 금액은 유한책임조합원이 변제할 책임이 있으므로(86조의6②) 승계대상이다.

지분 전부를 양도한 조합원은 합자조합에서 탈퇴하지만, 양수인이 양도인의 권리의무를 승계하므로 양도인과 다른 조합원 간에 민법 제719조가 규정하는 "탈퇴조합원의 지분의 계산" 규정은 적용되지 않고, 조합채권자에게도 양도인이 출자미필부분에 대하여 양수인이 채권자에게 직접 변제할 책임을 승계한다.

3) 조합원의 탈퇴

(가) 탈퇴사유

가) 근거규정     상법은 합자조합의 조합원의 탈퇴에 관하여 아무런 규정을 두지 않고 있으므로 민법의 조합에 관한 규정이 적용된다. 합자조합의 조합원의 탈퇴에는 조합원의 의사에 의한 임의탈퇴와 조합원의 의사에 의하지 않는 비임의탈퇴가 있다.

나) 임의탈퇴     "조합계약으로" 조합의 존속기간을 정하지 아니하거나 조합원의 종신까지 존속할 것을 정한 때에는 각 조합원은 언제든지 탈퇴할 수 있다. 이를 임의탈퇴라고 한다. 그러나 부득이한 사유 없이 조합에 불리한 시기에 탈퇴하지 못한다(民法 716조①). 조합의 존속기간을 정한 때에도 조합원은 부득이한 사유가 있으면 탈퇴할 수 있다(民法 716조②).

"부득이한 사유"는 탈퇴하려는 조합원의 주관적 사정과 합자조합의 사업부진과 같은 객관적인 사정도 포함한다. "조합에 불리한 시기"란 해당 조합원이 그 시기에 탈퇴하는 것이 조합의 목적달성에 특히 불리한 시기를 의미한다.

다) 비임의탈퇴     조합원은 사망, 파산, 성년후견의 개시, 제명 등에 해당하는 사유(비임의탈퇴사유)가 있으면 탈퇴된다(民法 717조). 조합원의 제명은 정당한 사유있는 때에 한하여 다른 조합원의 일치로써 이를 결정하고(民法 718조①), 제명결정은 제명된 조합원에게 통지하지 아니하면 그 조합원에게 대항하지 못한다(民法 718조②).

(나) 탈퇴의 효과     합자조합에서 탈퇴한 조합원과 다른 조합원 간의 계산은 탈퇴 당시의 조합재산상태에 의하여 한다(民法 719조①). 탈퇴 당시의 합자조합의 재산상태를 결산한 결과 적자가 아니면 탈퇴조합원은 합자조합에 대하여 그의 지분에 대한 환급청구를 할 수 있고, 적자이면 그의 손실비율에 따라 합자조합에 대하여 손실된 지분만큼 지급하여야 한다. 탈퇴한 조합원의 지분은 그 출자의 종류여하

에 불구하고 금전으로 반환할 수 있다(86조의8④, 民法 719조②). 탈퇴당시에 완결되지 아니한 사항에 대하여는 완결 후에 계산할 수 있다(86조의8④, 民法 719조③).[50]

## 4. 합자조합의 외부관계

### (1) 합자조합의 능력

합자조합의 업무집행조합원은 합자조합 설립 후 2주 내에 등기를 하여야 하지만 등기는 합자조합 설립의 효력발생요건이 아니다. 따라서 등기 여부와 관계없이 합자조합은 법인이 아니고, 이에 따라 독자적인 권리능력과 행위능력이 없다. 결국 조합재산은 조합원들의 합유(合有)에 속한다.[51] 그러나 입법론상으로는 합자조합의 경우에도 재산소유와 소송당사자능력을 인정하는 방안을 검토할 필요가 있다.[52] 제86조의8 제2항은 "회사의 재산으로 회사의 채무를 완제할 수 없는 때에는 각 사원은 연대하여 변제할 책임이 있다"는 제212조 제1항을 준용하는데, 이는 합자조합도 그 명의로 재산을 소유할 수 있음을 전제로 하는 것이라는 견해도 있다.[53]

### (2) 조합의 대리

#### 1) 업무집행조합원의 대리권

(가) 대리권의 내용      합자조합의 업무집행조합원은 각자 대외적으로는 합자조합의 업무를 집행하고 대내적으로는 합자조합을 대리할 권리와 의무가 있다(86조의5①). 대리권의 범위는 업무집행권의 범위와 일치하므로 무한책임조합원 중 업무

---

50) 탈퇴조합원의 조합채무에 대한 책임에 관하여는 뒤에서 상술한다.

51) 합유란 수인이 조합체로서 물건을 소유하는 것을 말한다. 합유물에 대한 지분은 합유자 전원의 동의가 있어야 처분할 수 있다(民法 273조①). 합유물의 처분·변경에도 합유자 전원의 동의가 필요하다(民法 272조).

52) 미국의 Partnership의 법인격이 인정되지 않는다는 원칙을 엄격히 적용하면 Partnership은 그 명의로 재산을 취득할 방법이 없고, 소송을 제기하거나 제소당하는 경우에는 Partnership이 아닌 조합원이 원고 또는 피고로 되어야 한다. 그러나 Partnership이 영업을 하기 위하여는 재산취득을 허용할 필요가 있고, Partnership이 원고인 경우는 물론, 피고인 경우에도 원고가 조합원 전원을 상대로 소를 제기하여야 하므로 원고나 피고 모두에게 비실용적이다. 따라서 1997년 개정된 RUPA는 Partnership은 그 명의로 재산에 대한 소유권을 취득할 수 있도록 하되, 이러한 재산은 실질적으로는 조합원의 소유로서 "조합부동산권(tenancy in partnership)"이라는 독특한 형태의 권리로 하였고, 조합도 직접 소송당사자가 될 수 있도록 하였다[RUPA §307(a)]. 이에 따라 근래에는 많은 州의 제정법이 Partnership의 소송당사자능력을 인정한다.

53) 정대익, 전게 논문, 90면.

집행조합원 아닌 자는 대리권이 없다. 업무집행권과 대리권을 분리하여 서로 다른
업무집행조합원에게 맡기는 것도 가능하다.

　　(나) 공동대리　　　합자조합의 업무집행조합원은 조합계약에 다른 규정이 없으
면 각자가 합자조합을 대리할 권리가 있다(86조의5①). "조합계약"에 의하여 공동으
로 대리할 것을 정할 수 있는데,54) 이 경우에는 1인의 업무집행조합원의 단독대리
행위는 무효이다. 다만, 공동대리를 등기하지 아니하면 제3자에게 대항할 수 없다
(86조의4①, 37조①). 제3자의 합자조합에 대한 의사표시는 1인의 업무집행조합원에게
하면 된다(86조의8②, 208조②). 상법상 대표조합원에 대한 규정은 없지만, 제86조의8
제2항에 의하여 업무집행조합원에 대하여는 합병회사 대표사원에 관한 제209조가
준용되므로, 수인의 업무집행조합원이 있는 경우 대표조합원을 정할 수 있고, 등기
도 할 수 있다고 해석된다.

　2) 유한책임조합원의 대리권

　　합자조합의 유한책임조합원에 대하여는, 합자회사의 유한책임사원에 대한 업
무집행이나 대표행위를 금지하는 상법 제278조가 준용되므로(86조의8③), 유한책임
조합원은 대리권을 가질 수 없다.55) 유한책임조합원도 업무를 집행할 수 있음을
전제로 하는 규정이 있지만,56) 대리권까지 포함한 규정은 아니므로 유한책임조합
원은 대리권을 가질 수 없다고 보아야 할 것이다. 그러나 조합계약상 유한책임조합
원에게 대리권을 부여한 경우에는 대리행위가 적법하게 되고,57) 이 경우 대리행위
를 한 유한책임조합원은 그 대리행위로 인한 조합채무에 대하여는 무한책임을 진
다고 볼 것이다.

　3) 현명주의

　　현명주의(顯名主義)에 의하여 대리인이 대리행위를 하려면 본인을 위한 것임을
표시한 의사표시에 의하여야 한다. 합자조합은 법인격이 없으므로 조합원 전원을
현명하여야 하는 것이 원칙이지만, 조합원 전원의 성명을 제시할 필요는 없고, 상

---

54) "둘 이상의 업무집행조합원이 공동으로 합자조합의 업무를 집행하거나 대리할 것을 정한
　　경우에는 그 규정"도 조합계약의 기재사항이다(86조의3 제9호).
55) 미국의 유한책임조합원(limited partner)도 자신의 출자가액을 한도로만 책임을 지면서 조합
　　의 경영에는 참여하지 않는다(RULPA §305).
56) 상법 제86조의4 제1항 제1호는 "(4호의 경우에는 유한책임조합원이 업무를 집행하는 경우
　　에 한정함)"이라고 규정한다.
57) 만일 이 경우에도 유한책임조합원의 대리행위를 무권대리로 본다면, 합자조합은 추인 또는
　　무효주장을 선택할 수 있으므로 거래상대방이 매우 불리하게 될 것이다.

대방이 알 수 있을 정도로 합자조합의 명칭만 표시하는 것으로 충분하다.58)

### (3) 조합원의 책임

#### 1) 업무집행조합원의 책임

(가) 책임의 내용　　　합자조합의 업무집행조합원의 책임에 대하여는 합명회사 사원의 책임에 관한 규정이 준용된다(86조의8②, 212조).59) 따라서 업무집행조합원은 조합채권자에 대하여 직접·연대·무한책임을 진다. 이러한 책임규정은 강행규정이므로 조합계약이나 총조합원의 동의로 책임을 면제하거나 제한할 수 없다.

조합재산으로 회사의 채무를 완제할 수 없는 때에는 각 업무집행조합원은 연대하여 변제할 책임이 있다(212조①). 조합재산에 대한 강제집행이 주효하지 못한 때에도 같다(212조②). 다만, 업무집행조합원이 합자조합에 변제의 자력이 있으며 집행이 용이한 것을 증명한 때에는 변제할 책임을 지지 않는다(212조③). 이를 책임의 보충성(補充性)이라 한다.60)

(나) 신입조합원의 책임　　　합명회사·합자회사의 무한책임사원은 입사 전에 생긴 회사채무에 대하여 다른 사원과 동일한 책임을 진다(213조). 합자조합의 경우에는 이러한 규정이 없으므로 가입 이후의 채무에 대해서만 책임을 진다고 해석하여야 한다. 유한책임조합원의 지분을 양수한 자는 양도인의 조합에 대한 권리·의무

---

58) [대법원 2009. 1. 30. 선고 2008다79340 판결] "민법상 조합의 경우 법인격이 없어 조합 자체가 본인이 될 수 없으므로, 이른바 조합대리에 있어서는 본인에 해당하는 모든 조합원을 위한 것임을 표시하여야 하나, 반드시 조합원 전원의 성명을 제시할 필요는 없고, 상대방이 알 수 있을 정도로 조합을 표시하는 것으로 충분하다. 그리고 상법 제48조는 "상행위의 대리인이 본인을 위한 것임을 표시하지 아니하여도 그 행위는 본인에 대하여 효력이 있다. 그러나 상대방이 본인을 위한 것임을 알지 못한 때에는 대리인에 대하여도 이행의 청구를 할 수 있다."라고 규정하고 있으므로, 조합대리에 있어서도 그 법률행위가 조합에게 상행위가 되는 경우에는 조합을 위한 것임을 표시하지 않았다고 하더라도 그 법률행위의 효력은 본인인 조합원 전원에게 미친다."

59) 민법상 조합채무의 채권자는 각 조합원에 대하여 지분의 비율에 따라 또는 균일적으로 변제의 청구를 할 수 있고, 예외적으로 조합채무가 상행위가 되는 행위로 인하여 부담하게 된 것이라면 그 채무에 관하여 조합원들에 대하여 상법 제57조 제1항을 적용하여 연대책임을 주장할 수 있다(대법원 1992. 11. 27. 선고 92다30405 판결). 어느 경우에도 모두 무한책임이고, 또한 조합재산과 조합원 개인재산 간에 책임재산의 선후관계가 없으므로 채권자가 조합원의 재산에 대하여 먼저 집행할 수 있다. 상법은 합자조합에 관하여 민법과 다른 특칙을 규정한다.

60) 합명회사의 사원이 회사채무에 관하여 변제의 청구를 받은 때에는 회사가 채권자에 대하여 주장할 수 있는 각종 항변으로 채권자에 대하여 대항할 수 있다는 제214조의 규정은 합자조합에 준용되지 않는다. 따라서 합자조합의 업무집행조합원의 책임은 합명회사 사원의 책임보다 엄격하다고 할 수 있다.

를 승계한다는 제86조의7 제3항의 규정을 근거로 신입조합원은 종전의 조합채무에 대하여도 책임을 진다고 해석하여야 한다는 견해도 있다.[61] 이러한 견해는 입법론상으로는 타당하나, 제86조의7 제3항에서 양수인이 승계하는 의무는 출자의무를 말하므로 출자가 완료된 경우에는 승계할 의무가 없다는 점에서 현행 규정의 해석론으로는 곤란하다.

(다) 탈퇴조합원의 책임    합자조합에서 탈퇴한 업무집행조합원은 탈퇴 당시 현존하는 채무에 대하여 탈퇴 후에도 동일한 책임을 진다.[62] 신입조합원은 가입 이후의 채무에 대해서만 책임을 진다. 내부적으로 탈퇴조합원은 자신의 지분에 해당하는 금액을 변제할 책임을 진다. 탈퇴조합원이 지분에 해당하는 조합재산에서 조합채무를 공제한 금액을 환급받는 경우 나머지 조합원이 탈퇴조합원의 부담채무를 인수한 것으로 된다. 그러나 조합채권자에게는 조합채무 전부에 대한 책임을 지는 것이 원칙이고, 조합채권자에게 면책을 주장하려면 면책적 채무인수에 대한 승낙을 받아야 한다.

2) 유한책임조합원의 책임

(가) 유한책임    합자조합의 유한책임조합원은 "조합계약에서 정한 출자가액"에서 이미 이행한 부분을 뺀 가액을 한도로 하여 조합채무를 변제할 책임이 있다 (86조의6①). 이 경우 합자조합에 이익이 없음에도 불구하고 배당을 받은 금액은 변제책임을 정할 때에 변제책임의 한도액에 더한다(86조의6②).[63] 그리고 유한책임조합원에 대하여 민법 제713조가 준용되지 아니하므로(86조의8④ 단서),[64] 다른 조합원이 무자력이 되어도 조합채무에 대하여 연대책임을 지지 않는다.

(나) 업무를 집행하는 유한책임조합원    유한책임조합원이 업무집행조합원으로서 대내적인 업무집행을 하는 것만으로는 업무집행조합원의 책임에 준하는 무한책임을 진다고 보기 어렵지만, 대외적인 업무집행(대리행위)을 하는 경우에는 합자

---

61) 권기범, 전게 논문, 245면.

62) 준용규정인 제86조의8은 합명회사의 퇴사한 사원은 본점소재지에서 퇴사등기를 하기 전에 생긴 회사채무에 대하여는 등기 후 2년 내에는 다른 사원과 동일한 책임이 있다는 제225조 제1항을 준용하지 않는데, 이는 업무집행조합원의 경우 조합채권자에 대하여 그 채무가 시효소멸하기 전까지는 직접 책임을 지므로 이러한 규정을 준용할 필요가 없기 때문이다.

63) 유한책임조합원에 대하여는 합명회사 사원책임의 보충성을 규정한 제212조가 준용되지 않는데, 입법적인 보완이 필요한 부분이다.

64) [民法 제713조(무자력조합원의 채무와 타조합원의 변제책임)] 조합원 중에 변제할 자력 없는 자가 있는 때에는 그 변제할 수 없는 부분은 다른 조합원이 균분하여 변제할 책임이 있다.

회사의 자칭 무한책임사원의 책임에 관한 규정이 유추적용될 여지도 있다.[65]

## 5. 합자조합의 해산

### (1) 해산사유

"조합의 존속기간이나 그 밖의 해산사유에 관한 사항"도 합자조합계약의 기재사항이다(86조의3 제12호). 조합계약에서 정하지 않더라도 조합원 전원이 합의하면 언제든지 해산할 수 있다. 합자조합은 업무집행조합원 전원 또는 유한책임조합원 전원이 퇴사하여 한 종류의 조합원만 남은 때에는 합자조합의 요건을 충족할 수 없으므로 해산사유가 된다(86조의8①, 285조①).[66]

그리고 각 조합원은 부득이한 사유가 있는 경우 조합의 해산을 청구할 수 있다(86조의8④, 民法 720조). 이때 "부득이한 사유"는 인적회사의 해산청구사유를 유추적용해야 할 것이다.

### (2) 합자조합의 계속

계속이란 해산사유의 존재에 불구하고 청산에 이르지 않고 해산 전의 상태로 돌아가는 것을 말한다. 합자조합은 업무집행조합원 전원 또는 유한책임조합원 전원이 퇴사하여 한 종류의 조합원만 남은 경우, 잔존한 업무집행조합원 또는 유한책임조합원 전원의 동의로 새로 업무집행조합원 또는 유한책임조합원을 가입시켜서 합자조합을 계속할 수 있다(86조의8①, 285조②).

합명회사의 계속에 관한 제229조 제1항을 유추적용하여, 존속기간만료의 경우에도 조합원 전원의 동의에 의하여 합자조합의 계속을 허용하여야 할 것이다.

### (3) 등    기

합자조합이 해산된 때에는 그 해산사유가 있는 날부터 주된 영업소 소재지에

---

65) 유한책임사원이 타인에게 자기를 무한책임사원이라고 오인시키는 행위를 한 때에는 오인으로 인하여 회사와 거래를 한 자에 대하여 무한책임사원과 동일한 책임이 있다(281조①). 이 규정은 유한책임사원이 그 책임의 한도를 오인시키는 행위를 한 경우에 준용한다(281조②).
66) [商法 제285조(해산, 계속)]
　　② 전항의 경우에 잔존한 무한책임사원 또는 유한책임사원은 전원의 동의로 새로 유한책임사원 또는 무한책임사원을 가입시켜서 회사를 계속할 수 있다.
　　③ 제213조와 제229조 제3항의 규정은 전항의 경우에 준용한다.

서 2주 내에 등기를 하여야 한다(86조의8①, 228조). 합명회사의 청산인의 등기에 관한 제253조와 청산종결등기에 관한 제264조도 준용된다(86조의8②).67)

　　합자조합의 업무집행조합원, 직무대행자 또는 청산인이 등기를 게을리한 경우에는 500만원 이하의 과태료를 부과한다(86조의9).

## 6. 합자조합의 청산

　　합자조합의 청산인은 업무집행조합원 과반수의 결의로 선임한다. 이를 선임하지 아니한 때에는 업무집행조합원이 청산인이 된다(86조의8②, 287조). 구체적인 청산절차는 민법상 조합의 청산절차에 관한 규정이 준용된다.

---

67) 따라서 합자조합의 청산인이 선임된 때에는 그 선임된 날로부터, 업무집행조합원이 청산인이 된 때에는 해산된 날로부터 본점소재지에서는 2주 내, 지점소재지에서는 3주 내에 다음의 사항을 등기하여야 한다(253조①). 변경등기도 본점소재지에서는 2주 내, 지점소재지에서는 3주 내에 변경등기를 하여야 한다(253조②, 183조). 합자조합의 청산이 종결된 때에는 청산인은 계산서에 대한 총사원의 승인이 있은 날로부터 본점소재지에서는 2주 내, 지점소재지에서는 3주 내에 종결의 등기를 하여야 한다(264조).

# 제 3 절  유한회사

## I. 총    설

### 1. 유한회사에 대한 규제

유한회사는 출자가액을 한도로 유한책임을 지는 사원만으로 구성된 물적회사이다. 유한회사는 조직과 운영 면에서 대기업보다는 중소기업에 적합한 회사형태이다.[1]

유한회사는 몇 가지 점에서 주식회사와 차이가 있다. 예컨대, 발기설립만 인정되고, 설립무효의 소뿐 아니고 설립취소의 소도 인정되고, 사원은 출자의무 외에 자본충실책임을 지는 경우가 있고, 이사회 제도가 없으며 감사가 임의기관이라는 점 등이 주요 차이점이다.

유한회사는 비공개소규모 기업에 적합한 회사형태임에도 불구하고 종래에 이용도가 크지 않았기 때문에, 2011년 상법개정시 유한회사에 대한 규제를 대폭 폐지·완화하였다.[2] 주요 개정사항은, 사원총수를 50인으로 제한한 제545조와 최저

---

[1] 공인회계법상 회계법인에 관하여 공인회계사법에 규정되지 아니한 사항은 상법 중 유한회사에 관한 규정을 준용한다(공인회계사법 제40조②). 1997년 1월 개정 이전에는 합명회사에 관한 규정이 준용되었다. 그리고 변호사법상 법무법인(유한)에 관하여는 변호사법에 정한 것 외에는 상법 중 유한회사에 관한 규정(545조는 제외)을 준용한다(변호사법 58조의17①). 다만, 사원총수의 제한에 관한 제545조는 개정상법에서 삭제되었으므로, 변호사법 제58조의17 제1항의 조문정리가 필요하다.

[2] 일본에서는 종래의 회사에 관한 규정인 "상법 제2편", "유한회사법", "주식회사의 감사등에 관한 상법의 특례에 관한 법률" 등의 규정을 하나의 법전(회사법)으로 통합하면서 종래의 유한회사와 주식회사를 하나의 유형으로 통합한 주식회사를 제2편에서 규정한다. 상법은 유한책임회사를 도입하면서도 유한회사제도를 폐지하지 않고 유지하는 점에서 일본 회사법과는 다른 모습이다. 독일에서는 주식법상 주식회사보다 유한회사법상 유한회사가 압도적으로 많은

자본금을 1천만원으로 규정한 제546조 제1항을 삭제하였고, 출자 1좌의 최소금액을 5천원(546조②)에서 100원으로 인하하였다(546조). 그 밖에 사원의 지분양도를 원칙적으로 자유롭게 하였고(556조), 주식회사로의 조직변경시 종래에는 총사원의 일치에 의한 결의를 요건으로 하였으나, 정관으로 정하는 바에 따라 사원총회 특별결의로 할 수 있게 하였다(607조① 단서).

## 2. 유동화전문회사

유동화전문회사는 특별법(자산유동화에 관한 법률)상의 유한회사로서(同法 17조①). 상법상 유한회사와 다음과 같은 점에서 다르다.

유동화전문회사의 사원의 수에 관하여는 상법 제543조 제1항 및 제545조의 규정을 적용하지 아니한다(同法 18조). 유동화전문회사의 사원총회의 결의는 총사원의 동의가 없는 경우에도 서면으로 할 수 있다(同法 19조①). 유동화전문회사는 자산관리위탁계약에 의하여 자산관리자(자산보유자·신용정보회사 등)에게 유동화자산의 관리를 위탁하여야 한다(同法 10조①). 유동화전문회사는 자산유동화계획이 정하는 바에 따라 자산보유자 기타 제3자에게 다음과 같은 사항에 관한 업무를 제외한 업무를 위탁하여야 한다(同法 23조①).3)

1. 사원총회의 의결을 받아야 하는 사항
2. 이사의 회사대표권에 속하는 사항
3. 감사의 권한에 속하는 사항
4. 유동화자산의 관리에 관한 사항
5. 기타 위탁하기에 부적합한 사항으로서 대통령령이 정하는 사항

---

실정이다.

3) [서울중앙지방법원 2008. 9. 9. 선고 2008가합3898 판결] "자산유동화에 관한 법률의 입법 목적 및 같은 법 제10조와 제23조가 유동화전문회사의 대외적인 업무집행 행위를 상법상의 회사와는 달리 이사가 직접 행하는 것이 아니라 원칙적으로 자산관리자와 업무수탁자를 통하여 이루어지도록 강제하고 있는 점 등에 비추어 보면, 자산유동화에 관한 법률상 이사의 대표권 제한규정을 위반한 행위는 상법상 회사의 대표자가 이사회의 결의 등 회사의 내부절차를 거치지 아니한 경우와 달리, 상대방이 이를 알았거나 알 수 있었는지 여부에 관계없이 원칙적으로 무효이다"(유동화전문회사의 대표자가 자산유동화에 관한 법률 및 자산유동화계획이 정하고 있는 절차를 거치지 않고 직접 유동화자산으로 등록되어 있는 근저당권부 채권에 관하여 질권을 설정하여 준 행위는, 자산유동화에 관한 법률 제22조를 위반한 유동화전문회사의 권리능력을 넘는 행위일 뿐만 아니라 이사의 대표권 제한규정을 위반한 것으로서 무효라고 본 사례이다).

## Ⅱ. 유한회사의 설립

### 1. 설립절차

유한회사는 주식회사에서의 모집설립은 인정되지 않고 발기설립과 유사한 절차만 인정된다. 즉, 유한회사는 폐쇄적인 성격상 사원이 되고자 하는 모든 자는 모두 스스로 설립절차에 참여하여야 한다. 유한회사의 설립절차에서는 발기인과 검사인에 의한 조사제도가 없다. 주식회사와 달리 사원이 정관에 의하여 확정되고 기관(이사)을 정관에서 정할 수 있다. 그리고 설립무효의 소 외에 설립취소의 소도 인정된다는 점 등에서도 주식회사의 설립절차와 다르다.

#### (1) 정관작성

유한회사를 설립함에는 1인 이상의 사원이 정관을 작성하여야 한다(543조①). 2001년 상법 개정 이전에는 정관작성에 2인 이상의 사원이 필요하였으나 현행법상으로는 사원수에 제한이 없다. 정관에는 i) 목적, 상호, 사원의 성명·주민등록번호·주소(합명회사 정관의 절대적 기재사항에 관한 제179조의 제1호부터 제3호까지), ii) 자본금의 총액, iii) 출자일좌의 금액, iv) 각 사원의 출자좌수, v) 본점의 소재지 등을 기재하고 각 사원이 기명날인 또는 서명하여야 한다(543조②). 정관은 공증인의 인증을 받음으로써 효력이 생긴다(543조③, 292조). 유한회사의 경우에는 합명회사·합자회사와 같이 사원의 성명·주민등록번호·주소가 정관의 절대적 기재사항이므로 별도의 사원확정절차는 필요 없다.

유한회사의 변태설립사항(정관의 상대적 기재사항)인, i) 현물출자를 하는 자의 성명과 그 목적인 재산의 종류·수량·가격과 이에 대하여 부여하는 출자좌수, ii) 회사의 설립 후에 양수할 것을 약정한 재산의 종류·수량·가격과 그 양도인의 성명, iii) 회사가 부담할 설립비용 등은 정관에 기재함으로써 그 효력이 있다(544조). 주식회사와 달리 변태설립사항에 대한 법원의 조사절차는 요구되지 않는다.[4]

---

4) 주식회사의 경우에는 발기인이 정관을 작성하고 1주 이상의 주식을 인수한 때 설립중의 회사가 성립하는데, 유한회사의 경우에는 정관 작성 완료시 설립중의 회사가 성립한다.

### (2) 실체형성

#### 1) 기관구성

유한회사의 초대이사는 정관에서 정할 수 있고, 정관에서 이사를 정하지 아니한 때에는 회사 성립 전에 사원총회를 열어 선임하여야 한다(547조①). 이사 선임을 위한 사원총회는 각 사원이 소집할 수 있다(547조②).

#### 2) 출자의 이행

이사는 사원으로 하여금 출자금액의 납입 또는 현물출자의 목적인 재산 전부의 급여(給與)를 시켜야 한다(548조①). 현물출자의 이행에 관한 제295조 제2항의 규정은 유한회사 사원이 현물출자를 하는 경우에 준용한다(548조②). 출자의무는 설립등기 이전에 이행되어야 한다.

### (3) 설립등기

유한회사의 설립등기는 출자의 납입 또는 현물출자의 이행이 있은 날부터 2주 내에 하여야 한다(549조①). 설립등기에서 i) 제179조 제1호(목적)·제2호(상호) 및 제5호(본점의 소재지)에 규정된 사항과 지점을 둔 때에는 그 소재지, ii) 제543조 제2항 제2호(자본금의 총액)와 제3호(출자 1좌의 금액)에 게기한 사항, iii) 이사의 성명·주민등록번호 및 주소. 다만, 회사를 대표할 이사를 정한 때에는 그 외의 이사의 주소를 제외한다. iv) 회사를 대표할 이사를 정한 때에는 그 성명, 주소와 주민등록번호, v) 수인의 이사가 공동으로 회사를 대표할 것을 정한 때에는 그 규정, vi) 존립기간 기타의 해산사유를 정한 때에는 그 기간과 사유, vii) 감사가 있는 때에는 그 성명 및 주민등록번호 등을 등기하여야 한다(549조②).

유한회사의 지점설치 및 이전시 지점소재지 또는 신지점소재지에서 등기를 하는 때에는 위 iii)부터 vi)까지에 규정된 사항과 제179조 제1호·제2호 및 제5호에 규정된 사항을 등기하여야 한다. 다만, 회사를 대표할 이사를 정한 때에는 그 밖의 이사는 등기하지 않는다(549조③). 합명회사의 지점설치등기·본지점의 이전등기·변경등기에 관한 제181조 내지 제183조까지의 규정은 유한회사의 등기에 준용한다(549조④).

## 2. 설립의 하자에 관한 소

유한회사 설립의 무효는 그 사원, 이사와 감사에 한하여, 설립의 취소는 그 취소권 있는 자에 한하여, 회사설립의 날부터 2년 내에 소만으로 이를 주장할 수 있다(552조①). 합명회사 설립무효·취소의 소에 관한 상법 제184조 제2항과 제185조부터 제193조까지의 규정은 유한회사 설립무효·취소의 소에 준용된다(552조②). 유한회사는 모든 사원이 정관에 기명·날인하여야 하는 등 사원의 인적 개성이 중요시되므로, 사원 개개인의 설립행위에 존재하는 제한능력·사기·강박 등과 같은 주관적 하자는 설립무효원인이 되는 경우도 있고 설립취소원인이 되는 경우도 있다.5)

## 3. 설립관여자의 책임

### (1) 재산실가전보책임

현물출자·재산인수의 목적재산의 회사 성립 당시의 실가(實價)가 정관에 정한 가격에 현저하게 부족한 때에는 회사 성립 당시의 사원은 회사에 대하여 그 부족액을 연대하여 지급할 책임이 있다(550조①). 이러한 사원의 책임은 무과실책임이고 총사원의 동의에 의하여도 면제하지 못한다(550조②). "정관에 정한 가격에 현저하게 부족한 때"는 과대평가로 인하여 부족한 때 외에 경제상황의 변동에 따라 부족한 때도 포함한다.

유한회사의 현물출자·재산인수에 대하여는 주식회사의 설립절차에서와 같은 검사인의 조사나 감정인의 감정제도가 없는 대신 사원의 책임으로 규제한다.

### (2) 출자미필액전보책임

회사 성립 후에 출자금액의 납입 또는 현물출자의 이행이 완료되지 아니하였음이 발견된 때에는 회사 성립 당시의 사원·이사·감사는 회사에 대하여 그 납입되지 아니한 금액 또는 이행되지 아니한 현물의 가액을 연대하여 지급할 책임이 있다(551조①). 이는 주식회사 발기인의 자본금충실책임에 해당하는 것인데, 인수담보책임은 없고 납입담보책임만 있다는 점에서 발기인의 책임과 다르다. 이러한 사원의

---

5) 합명회사의 경우와 마찬가지로, 사원 개인의 설립행위에 존재하는 제한능력·사기·강박 등은 설립취소원인이 되고, 의사무능력, 비진의표시, 허위표시 등은 설립무효원인이 된다.

책임은 현물출자·재산인수에 관한 책임과 같이 무과실책임이며 총사원의 동의에 의하여도 면제하지 못한다(551조②). 그러나 이사·감사는 회사의 수임인이므로 총사원의 동의에 의하여 책임을 면제할 수 있다(551조③).

## Ⅲ. 유한회사의 사원

### 1. 사원의 자격과 수

유한회사 사원의 자격에는 특별한 제한이 없으므로, 자연인은 물론 회사도 유한회사 사원이 될 수 있다.

종래에는 유한회사의 설립단계에서 정관작성에 "2인 이상의 사원"이 요구되고 (543조①) "사원이 1인으로 된 때"도 해산사유였으므로(609조①), 1인유한회사가 설립되거나 존속할 수 없었으나, 2001년 상법개정시 이러한 규정이 삭제됨에 따라 1인유한회사의 설립과 존속이 인정된다. 또한 2011년 상법개정시 유한회사 사원의 총수를 50인 이내로 제한한 종래의 상법 제545조가 삭제되었다.

### 2. 사원의 지위

#### (1) 사원의 권리

유한회사 사원의 권리는 주식회사 주주의 권리와 유사하다. 유한회사 사원은 자익권(이익배당청구권, 잔여재산분배청구권)과 공익권(의결권, 총회소집청구권, 각종 소제기권 등)이 있고, 사원권 행사요건에 따라 단독사원권과 소수사원권이 있다. 유한회사의 소수사원권은 정관에서 총회소집권과 같이 그 요건을 완화하거나 회계장부열람권과 같이 단독사원권으로 정할 수 있다는 점이 특징이다.

#### (2) 사원의 책임

사원의 책임은 상법에 다른 규정이 있는 경우 외에는 그 출자금액을 한도로 한다(553조). 회사의 성립 전 또는 자본금증가의 효력발생 전에 출자의무를 모두 이행하여야 한다. 그러나 유한책임의 예외로서, 회사설립당시의 사원, 증자결의나 조직변경결의에 동의한 사원은 일정한 담보책임을 부담한다(550조, 551조, 593조, 607조④).

### (3) 사원명부

유한회사의 사원명부는 주식회사의 주주명부에 해당하는 것이다. 사원명부에는 사원의 성명, 주소와 그 출자좌수를 기재하여야 한다(566조②). 지분의 이전은 취득자의 성명·주소와 그 목적이 되는 출자좌수를 사원명부에 기재하지 아니하면 이로써 회사와 제3자에게 대항하지 못한다(557조). 지분의 입질도 질권자의 성명, 주소와 그 목적이 되는 출자좌수를 사원명부에 기재하지 아니하면 이로써 회사와 제3자에게 대항하지 못한다(559조②, 557조). 이사는 사원명부를 본점에 비치하여야 하고(566조①), 사원과 회사채권자는 영업시간 내에 언제든지 사원명부의 열람·등사를 청구할 수 있다(566조③). 제353조의 규정은 사원에 대한 통지·최고에 준용한다(560조②).[6]

## 3. 자본금과 지분

### (1) 지분과 출자

유한회사의 지분이란 "출자자인 사원이 회사에 대하여 가지는 법률상의 지위"를 말한다. 지분복수주의에 따라 각 사원은 그 출자좌수에 따라 지분을 가진다(554조). 좌(座)란 유한회사 자본금의 구성단위이다. 유한회사 출자 1좌의 금액은 100원 이상으로 균일하게 하여야 한다(546조).[7]

### (2) 지시식·무기명식 증권발행금지

유한회사는 사원의 지분에 관하여 지시식·무기명식의 증권을 발행하지 못한다(555조).[8] 유한회사의 비공개성·폐쇄성으로 인하여 지분의 유가증권화를 허용하지 않는 것이다.[9] 지분에 관하여 기명식의 증권은 발행할 수 있지만, 유가증권은

---

6) 따라서 사원·질권자에 대한 회사의 통지·최고는 사원명부에 기재한 주소 또는 사원·질권자가 회사에 통지한 주소로 하면 된다(353조①). 통지·최고는 보통 그 도달할 시기에 도달한 것으로 본다(353조②, 304조②).

7) 주식회사의 주식은 자본의 구성단위와 주주의 회사에 대한 주주권을 동시에 의미하는데, 유한회사에서는 전자에 해당하는 개념으로는 "출자(좌수)"라는 용어를 사용하고, 후자에 해당하는 개념으로는 "지분"이라는 용어를 사용한다.

8) 위반행위는 과태료 부과대상이다(635조①31).

9) 「자산유동화에 관한 법률」에 의하면 유동화전문회사는 유한회사라야 하는데, 자산유동화계획에 따라 출자증권을 발행할 수 있다(同法 28조①, 31조①, 32조①3).

아니고 증거증권으로서만 인정된다.[10]

## (3) 지분의 양도

### 1) 양도의 자유와 제한

사원은 그 지분의 전부 또는 일부를 양도하거나 상속할 수 있다. 다만, 정관으로 지분의 양도를 제한할 수 있다(556조). 종래에는 사원의 성명, 각 사원의 출자좌수 등이 정관의 기재사항인 점을 고려하여 지분양도를 위하여 정관변경과 같이 사원총회 특별결의를 요건으로 하고, 정관으로 양도의 제한을 가중할 수 있도록 규정하였는데, 2011년 상법개정시 사원총회 결의 요건을 삭제하였다.[11] 2011년 개정상법상 정관변경 없이 지분의 양도가 가능한 것인지가 법문상으로는 명확하지 않지만, 사원총회 결의 요건을 삭제한 취지에 비추어, 정관변경절차 없이 지분양도가 가능하고, 이 경우에는 지분양도에 의하여 정관이 자동적으로 변경된 것으로 해석하여야 할 것이다.[12] 물론 정관에서 양도를 제한할 수 있으므로 사원총회 결의를 지분양도의 요건으로 규정할 수도 있다.

### 2) 양도의 방법과 대항요건

유한회사 사원의 지분은 당사자간의 의사표시에 의하여 양도할 수 있다. 단, 위에서 본 바와 같이, 지분의 이전에 있어서 취득자의 성명·주소와 그 목적이 되는 출자좌수를 사원명부에 기재(명의개서)하는 것이 회사와 제3자에 대한 대항요건이다(557조).

## (4) 지분의 입질

유한회사 사원의 지분은 질권의 목적으로 할 수 있는데(559조①), 정관으로 지분의 입질을 제한할 수 있다(559조②, 556조). 유한회사의 지분은 증권화가 불가능하므로 약식질은 인정되지 않고 등록질만 인정된다. 지분의 입질에서도 명의개서가 회사와 제3자에 대한 대항요건이다(559조②, 557조). 사원의 지분에 대하여는 제339조(질권의 물상대위), 제340조 제1항·제2항(등록질), 제341조의3(자기지분의 질취)의 규정

---

10) 유한회사의 비공개성·폐쇄성에 비추어 유통성 있는 유가증권을 발행할 수 없으므로 기명식 증권의 발행도 금지되는 것으로 해석하는 견해도 있다(최준선, 807면).

11) 독일 유한회사법도 지분양도·상속의 자유(同法 15조①)와, 정관에 의한 제한(同法 15조⑤)을 규정한다.

12) 同旨: 이철송, 1191면.

이 준용되므로(560조①), 지분의 질권자의 지위는 주식의 질권자의 지위와 같다.

### (5) 준용규정

주식의 공유에 관한 제333조의 규정은 유한회사 지분이 수인의 공유에 속하는 경우에 준용한다(558조).13) 그 밖에 사원의 지분에 대하여는 제341조의2(특정목적에 의한 자기지분취득), 제342조(자기지분의 처분) 및 제343조 제1항(지분의 소각)의 규정이 준용되고(560조①), 따라서 유한회사가 자기지분을 취득하거나 질취(質取)하는 것은 원칙적으로 금지된다.

## Ⅳ. 유한회사의 기관

### 1. 이    사

#### (1) 이사의 의의

유한회사에는 1인 또는 수인의 이사를 두어야 한다(561조). 유한회사의 이사는 내부적으로 회사의 업무를 집행하고 외부적으로 회사를 대표하는 필요상설기관으로서, 주식회사와 달리 유한회사 이사는 임기·원수에 대한 제한이 없고, 업무집행기관이 이사로 일원화되어 있어서 이사회도 없다.

#### (2) 이사의 선임·퇴임과 보수

유한회사의 초대이사는 정관에서 정할 수 있고, 정관으로 이사를 정하지 아니한 때에는 회사 성립 전에 사원총회를 열어 선임하여야 한다(547조①). 이때의 사원총회는 각 사원이 소집할 수 있다(547조②). 그 후의 이사는 사원총회가 선임한다(567조, 382조①).

---

13) [商法 제333조(주식의 공유)]
　　① 수인이 공동으로 주식을 인수한 자는 연대하여 납입할 책임이 있다.
　　② 주식이 수인의 공유에 속하는 때에는 공유자는 주주의 권리를 행사할 자 1인을 정하여야 한다.
　　③ 주주의 권리를 행사할 자가 없는 때에는 공유자에 대한 통지나 최고는 그 1인에 대하여 하면 된다.

　　유한회사의 이사의 해임은 주식회사 이사의 해임과 같이, 사원총회의 특별결의로 해임할 수 있고(567조, 385조①), 해임사유에 불구하고 사원총회에서 해임이 부결된 경우에는 소수사원권자(자본금 총액의 3% 이상에 해당하는 출자좌수를 가진 사원)는 법원에 해임을 청구할 수 있다(567조, 385조②). 주식회사의 이사와 달리 유한회사의 이사는 임기에 법적 제한이 없다.

　　유한회사 이사의 보수는 정관이나 사원총회의 결의가 있어야 지급할 수 있다(388조).14)

### (3) 이사의 권한

#### 1) 업무집행권

　　이사가 수인인 경우에 정관에 다른 정함이 없으면 회사의 업무집행, 지배인의 선임 또는 해임과 지점의 설치·이전 또는 폐지는 이사과반수의 결의에 의하여야 한다(564조①).15) 단독집행의 원칙상, 결의된 사항의 집행은 각 이사가 단독으로 한다. 다만, 사원총회는 이사의 업무집행권에 불구하고 지배인의 선임 또는 해임을 할 수 있다(564조②). 주식회사 이사에 관한 제407조와 제408조(직무집행정지 및 직무대행자선임)의 규정은 유한회사의 이사에 준용된다(570조).

#### 2) 대 표 권

　　이사는 회사를 대표한다(562조①). 이사가 수인인 경우에 정관에 다른 정함이 없으면 사원총회에서 대표이사를 선정하여야 한다(562조②). 이사는 단독대표가 원칙이지만, 정관 또는 사원총회는 수인의 이사가 공동으로 회사를 대표할 것을 정할 수 있다(562조③). 제3자의 회사에 대한 의사표시는 공동대표의 권한이 있는 대표이사 1인에 대하여 하여도 그 효력이 생긴다(562조④, 208조②).

　　회사의 이사선임 결의가 무효 또는 부존재임을 주장하여 그 결의의 무효 또는 부존재확인을 구하는 소송에서 회사를 대표할 자는 현재 대표이사로 등기되어 그 직무를 행하는 자라고 할 것이고, 그 대표이사가 무효 또는 부존재확인청구의 대상

---

14) [대법원 1983. 3. 22. 선고 81다343 판결] "피고회사의 이사 보수에 관하여는 사원총회의 결의가 있어야 하고 이익배당에 관하여는 그 판시와 같이 사원총회의 계산서류 승인에 의한 배당금의 확정과 배당에 관한 결의가 있어야 하는데, 이 사건에서 이사의 보수지급 및 이익배당에 필요한 위와 같은 절차가 이행되었다고 인정할 수 있는 증거도 없으므로 원고의 이 사건 보수금 및 이익배당금 청구는 이유 없다."

15) 제564조 제1항은 이사과반수의 "결의"라고 규정하지만 반드시 이사회라는 회의체를 열어서 결의할 필요는 없고, 개별적인 동의만으로도 가능하다.

이 된 결의에 의하여 선임된 이사라고 할지라도 그 소송에서 회사를 대표할 수 있는 자임에는 변함이 없다.16) 회사가 이사에 대하여 또는 이사가 회사에 대하여 소를 제기하는 경우에는 이사는 대표권이 없고, 사원총회가 그 소에 관하여 회사를 대표할 자를 선정하여야 한다(563조). 주식회사의 표현대표이사에 관한 제395조는 유한회사의 경우에도 준용된다(567조). 그리고 합명회사에 관한 제209조(대표이사의 권한), 제210조(대표이사의 손해배상책임)는 유한회사의 경우에 준용된다(567조).17)

### (4) 이사의 의무

유한회사의 이사도 선관주의의무(570조, 382조②),18) 경업금지의무(567조, 397조)를 부담한다.19) 그리고 유한회사의 이사는 감사가 있는 때에는 감사의 승인이, 감사가 없는 때에는 사원총회의 승인이 있는 때에 한하여 자기 또는 제3자의 계산으로 회사와 거래를 할 수 있다. 이 경우에는 민법 제124조의 규정을 적용하지 않는다(564조③).

유한회사의 이사는 정관과 사원총회의 의사록을 본점과 지점에, 사원명부를 본점에 비치하여야 한다(566조①). 사원과 회사채권자는 영업시간 내에 언제든지 사원총회의 의사록과 사원명부의 열람·등사를 청구할 수 있다(566조③).

### (5) 이사의 책임

#### 1) 손해배상책임

(가) 회사에 대한 손해배상책임　　　　이사가 고의·과실로 법령 또는 정관에 위반한 행위를 하거나 그 임무를 게을리한 경우에는 그 이사는 회사에 대하여 연대하여 손해를 배상할 책임이 있다. 이사의 책임은 사원 전원의 동의로 면제할 수 있다. 회

---

16) 대법원 1983. 3. 22. 선고 82다카1810 전원합의체 판결.

17) 따라서 대표사원은 회사의 영업에 관하여 재판상 또는 재판 외의 모든 행위를 할 권한이 있다(209조①). 대표기관의 권한은 정관 또는 총사원의 동의에 의하여 제한할 수 있지만, 그러한 제한을 가지고 선의의 제3자에게 대항하지 못한다. 대표사원의 직무집행이 정지되고 직무대행자가 선임된 경우 직무대행자가 법원의 허가를 받지 않고 통상의 업무 외의 행위를 한 경우에도 회사는 선의의 제3자에게 대항하지 못한다(209조②). 대표사원이 그 업무집행으로 인하여 타인에게 손해를 가한 때에는 회사는 그 대표이사와 연대하여 배상할 책임이 있다(210조).

18) 주식회사 이사의 경우와 달리 유한회사 이사의 대하여는 충실의무에 관한 명문의 규정이 없다.

19) 주식회사 이사의 경업에 대한 승인기관은 이사회이지만, 유한회사 이사의 경업에 대한 승인기관은 사원총회이다(567조 2문).

사는 정관으로 정하는 바에 따라 이사의 책임을 이사가 그 행위를 한 날 이전 최근 1년간의 보수액의 6배를 초과하는 금액에 대하여 면제할 수 있다. 다만, 이사가 고의 또는 중과실로 손해를 발생시킨 경우와 경업금지의무 위반의 경우에는 그러하지 아니하다(567조, 399조, 400조).

(나) 제3자에 대한 손해배상책임　　이사가 고의 또는 중과실로 그 임무를 게을리한 때에는 그 이사는 제3자에 대하여 연대하여 손해를 배상할 책임이 있다(567조, 401조).

### 2) 자본금충실책임

(가) 회사성립·자본금증가시의 책임　　유한회사의 성립 후에 출자금액의 납입 또는 현물출자의 이행이 완료되지 아니하였음이 발견된 때에는 회사성립당시의 사원·이사·감사는 회사에 대하여 그 납입되지 아니한 금액 또는 이행되지 아니한 현물의 가액을 연대하여 지급할 책임이 있고(551조①), 자본금증가 후에 아직 인수되지 아니한 출자가 있는 때에는 이사와 감사가 공동으로 이를 인수한 것으로 본다(594조①). 이사와 감사의 책임은 총사원의 동의가 없으면 면제하지 못한다(551조③, 594조③).[20)

(나) 조직변경시의 책임　　유한회사는 총사원의 일치에 의한 총회의 결의로 주식회사로 조직을 변경할 수 있는데(607조①), 이때 발행하는 주식의 발행가액의 총액은 회사에 현존하는 순재산액을 초과하지 못한다(607조②).

이러한 경우 회사에 현존하는 순재산액이 조직변경으로 발행하는 주식의 발행가액 총액에 부족할 때에는 조직변경에 대한 사원총회의 결의 당시의 이사·감사 및 사원은 연대하여 회사에 그 부족액을 지급할 책임이 있다. 이사와 감사의 책임은 총사원의 동의가 없으면 면제하지 못한다(607조④).

### 3) 책임의 추궁

(가) 유지청구권　　유한회사의 이사가 법령 또는 정관에 위반한 행위를 하여 이로 인하여 회사에 회복할 수 없는 손해가 생길 염려가 있는 경우에는 감사 또는 자본금 총액의 3% 이상에 해당하는 출자좌수를 가진 사원은 회사를 위하여 이사에 대하여 그 행위를 유지할 것을 청구할 수 있다(564조의2).

(나) 사원의 대표소송　　유한회사의 자본금 총액의 3% 이상에 해당하는 출자

---

20) 사원의 책임은 무과실책임이고 총사원의 동의에 의하여도 면제하지 못한다(550조②). 조직변경시의 책임에서도 같다.

좌수를 가진 사원은 회사에 대하여 이사의 책임을 추궁할 소의 제기를 청구할 수 있다(565조①). 이때 주식회사 이사의 대표소송에 관한 규정이 준용된다(565조②).

## 2. 감사와 검사인

### (1) 임의기관

유한회사는 정관에 의하여 1인 또는 수인의 감사를 둘 수 있다(568조①). 즉, 유한회사의 감사는 주식회사와 달리 임의기관이다. 이사와 마찬가지로 임기에 법적 제한이 없다. 유한회사와 감사의 관계는 민법의 위임에 관한 규정을 준용한다(570조, 382조②).

### (2) 감사의 선임

유한회사의 감사는 사원총회에서 선임한다(570조, 382조①). 다만, 초대감사는 정관에서 정할 수 있고, 정관에서 이사를 정하지 아니한 때에는 회사 성립 전에 사원총회를 열어 선임하여야 한다(568조, 547조①).

### (3) 감사의 권한

유한회사의 감사도 회계감사뿐 아니라 업무감사의 권한을 가지므로, 언제든지 회사의 업무와 재산상태를 조사할 수 있고 이사에 대하여 영업에 관한 보고를 요구할 수 있다(569조). 유한회사의 감사는 임시총회소집권이 있고(571조①), 설립 및 증자시 자본금충실책임을 진다(551조, 594조). 주식회사의 감사와 같이 설립무효의 소(552조①), 증자무효의 소(595조①)의 제소권이 있다.

### (4) 주식회사 감사에 관한 규정의 준용

유한회사의 감사와 주식회사의 감사는 그 지위가 대체로 같기 때문에,[21] 유한회사의 감사에 대하여는 주식회사 이사에 대한 규정으로서 감사에 대하여 준용되는 제382조(선임), 제385조 제1항(해임결의요건), 제386조(결원시 조치), 제388조(주주총

---

21) 다만, 유한회사의 초대감사는 정관에서 정할 수 있고, 소수사원의 해임청구의 소의 대상이 아니고, 임기에 제한이 없고, 임시총회소집권이 있고, 자본금전보책임이 있다는 점에서 주식회사의 감사와 다르다.

회에서의 보수결정), 제400조(회사에 대한 책임면제), 제407조(직무집행정지가처분과 직무대행자선임), 제411조(겸직금지), 제413조(주주총회에서의 의견진술), 제414조(회사에 대한 손해배상책임)와 제565조(사원의 대표소송)의 규정이 준용된다(570조).22)

### (5) 검 사 인

유한회사의 검사인은 회사의 업무와 재산상태를 조사하는 임시기관이고, 사원총회에서 선임하거나 소수사원의 청구에 의하여 법원이 선임한다. 다만, 주식회사의 검사인과 달리 설립경과의 조사업무는 하지 않는다.

1) 사원총회의 선임

회사 또는 1% 이상에 해당하는 지분을 가진 사원은 사원총회의 소집절차나 결의방법의 적법성을 조사하기 위하여 사원총회 전에 법원에 검사인의 선임을 청구할 수 있다(578조, 367조②).23)

2) 법원의 선임

유한회사의 업무집행에 관하여 부정행위 또는 법령·정관에 위반한 중대한 사유가 있는 때에는 자본금총액의 3% 이상에 해당하는 출자좌수를 가진 사원은 회사의 업무와 재산상태를 조사하게 하기 위하여 법원에 검사인의 선임을 청구할 수 있다(582조①). 검사인은 그 조사의 결과를 서면으로 법원에 보고하여야 한다(582조②). 법원은 검사인의 보고서에 의하여 필요하다고 인정한 경우에는 감사가 있는 때에는 감사에게, 감사가 없는 때에는 이사에게 사원총회의 소집을 명할 수 있다. 검사인의 보고서는 사원총회에 제출하여야 한다(582조③, 310조②).24)

---

22) 주식회사의 이사에 관한 제382조(선임), 제385조 제1항(해임결의요건), 제386조(결원시 조치), 제388조(주주총회에서의 보수결정), 제400조(회사에 대한 책임면제), 제407조(직무집행정지가처분과 직무대행자선임) 등의 규정은 제415조에 의하여 주식회사의 감사에 준용되므로, 입법기술상으로는 제570조에서 제415조를 준용대상으로 규정하는 것이 간명할 것이다.
23) 제367조 제2항은 2011년 상법개정시 신설된 규정인데, 일본에도 동일한 제도가 있다(日会 306조).
24) 이 부분은 주식회사의 경우와 같은데, 다만 유한회사에서는 변태설립사항에 대한 검사인의 조사제도는 없다.

## 3. 사원총회

### (1) 사원총회의 의의

유한회사의 사원총회는 사원으로 구성되어 회사의 의사를 결정하는 법정기관으로서, 이사는 사원총회의 보통결의에 의하여 선임되고 특별결의에 의하여 해임되며 사원총회의 결의에 구속된다는 점에서 유한회사의 최고의사결정기관이다. 필수적 기관이라는 점에서 합명회사·합자회사의 사원총회와 다르고, 결의사항에 제한이 없이 회사에 관한 모든 사항을 결의할 수 있는 포괄적 권한을 가진다는 점에서 주식회사의 주주총회와 다르다.[25] 따라서 유한회사의 사원총회는 법령과 유한회사의 본질에 반하지 않는 한 모든 사항에 관하여 결의할 수 있다.

### (2) 사원총회의 소집과 결의

#### 1) 소집권자

(가) 이 사 　유한회사는 소규모회사를 위한 회사형태이므로 주주총회에 비하여 간소화되어 있다. 사원총회는 상법에서 달리 규정하는 경우 외에는 이사가 소집한다. 이사가 수인인 경우에도 각 이사가 사원총회를 소집할 수 있다.

(나) 감 사 　유한회사의 임시총회는 감사도 소집할 수 있다(571조①).

(다) 소수사원의 총회소집청구 　정관에 달리 정하지 않는 한, 자본금 총액의 3% 이상에 해당하는 출자좌수를 가진 사원은 회의의 목적사항과 소집의 이유를 기재한 서면을 이사에게 제출하여 총회의 소집을 청구할 수 있다(572조①·②). 주식회사 소수주주의 임시주주총회소집청구에 관한 제366조 제2항과 제3항의 규정은 소수사원의 총회소집청구에 준용된다(572조③).[26]

#### 2) 소집절차

유한회사의 사원총회를 소집할 때에는 사원총회일의 1주 전에 각 사원에게 서면으로 통지서를 발송하거나 각 사원의 동의를 받아 전자문서로 통지서를 발송하여야 한다(571조②). 소집통지서에는 회의의 목적사항을 적어야 하고(571조③, 363조

---

25) 주주총회는 상법 또는 정관에 정하는 사항에 한하여 결의할 수 있다(361조).

26) 따라서 소집청구가 있은 후 지체 없이 총회소집의 절차를 밟지 아니한 때에는 청구한 사원은 법원의 허가를 받아 총회를 소집할 수 있다. 이 경우 사원총회의 의장은 법원이 이해관계인의 청구나 직권으로 선임할 수 있다(572조③, 366조②). 그리고 총회에서 회사의 업무와 재산상태를 조사하게 하기 위하여 검사인을 선임할 수 있다(572조③, 366조③).

②), 사원총회는 정관에 다른 정함이 없으면 본점소재지 또는 이에 인접한 지에 소집하여야 한다(571조③, 364조). 총사원의 동의가 있을 때에는 소집절차 없이 총회를 열 수 있다(573조).[27]

### 3) 의 결 권

유한회사의 각 사원은 출자 1좌마다 1개의 의결권을 가진다. 그러나 정관으로 의결권의 수에 관하여 다른 정함을 할 수 있다(575조). 이때의 정관은 원시정관을 말하며, 정관변경에 의하여 예외를 정하는 경우에는 특별결의가 아니라 총사원의 동의에 의하여야 한다(통설). 의결권을 행사할 수 없는 사원은 이를 총사원의 수에, 그 행사할 수 없는 의결권은 이를 의결권의 수에 산입하지 않는다(585조②).

### 4) 결의요건

(개) 보통결의   유한회사의 사원총회의 보통결의는 정관 또는 상법에 다른 규정이 있는 경우 외에는 총사원의 의결권의 과반수를 가지는 사원이 출석하고 그 의결권의 과반수로써 하여야 한다(574조).[28]

(내) 특별결의   유한회사의 사원총회의 특별결의는 총사원의 반수 이상이며 총사원의 의결권의 4분의 3 이상을 가지는 자의 동의로 한다(585조①). 특별결의사항은 대체로 주식회사와 동일하다.

유한회사가 제374조 제1항 제1호부터 제3호까지의 규정에 해당되는 행위를 하려면 사원총회의 특별결의가 있어야 한다(576조①).[29] 유한회사가 그 성립 후 2년 내에 성립 전으로부터 존재하는 재산으로서 영업을 위하여 계속하여 사용할 것을 자본금의 20분의 1 이상에 상당한 대가로 취득하는 계약을 체결하는 경우에도 특별결의가 요구된다(576조②).

(대) 총사원의 일치에 의한 결의   주식회사로의 조직변경(607조①), 1좌 1의결권의 예외를 정관변경에 의하여 인정하는 경우에는 총사원의 일치에 의한 결의가

---

27) 주주총회도 소집절차 없이도 전원출석회의가 인정되는데, 유한회사에 관하여는 이를 명문으로 규정한다.
28) 상법은 유한회사 사원총회의 보통결의에 관하여는 주식총회와 달리 의사정족수(성립정족수)를 규정한다.
29) 회사가 다음과 같은 행위를 함에는 주주총회 특별결의가 있어야 한다(374조①).
   1. 영업의 전부 또는 중요한 일부의 양도
   2. 영업 전부의 임대 또는 경영위임, 타인과 영업의 손익 전부를 같이 하는 계약, 그 밖에 이에 준하는 계약의 체결·변경 또는 해약
   3. 회사의 영업에 중대한 영향을 미치는 다른 회사의 영업 전부 또는 일부의 양수

요구된다.

### 5) 서면결의

**(가) 요    건**    서면결의는 단순히 서면투표를 하는 것을 의미하는 것이 아니라, 사원총회 자체를 개최하지 않는 것이다. 유한회사에서 사원총회의 결의를 하여야 할 경우, i) 총사원의 동의가 있는 때에는 서면에 의한 결의를 할 수 있고(577조①), ii) 결의의 목적사항에 대하여 총사원이 서면으로 동의를 한 때에는 서면에 의한 결의가 있는 것으로 본다(577조②).[30] 서면결의방법에 대하여 총사원의 동의가 있으면 서면결의가 허용되고, 결의사항에 대하여 총사원의 동의가 있으면 서면결의를 별도로 하지 않아도 서면결의가 있은 것으로 간주된다.

서면결의에 대한 총사원의 동의는 특정 사항에 대하여 동의하는 경우에만 인정되고, 포괄적인 사항에 대한 동의는 인정되지 않는다.

**(나) 절차와 효력**    사원총회에 관한 규정은 서면에 의한 결의에 준용한다(577조④). 보통결의는 총사원의 의결권의 과반수 출석이 의사정족수(성립정족수)인데(574조), 서면결의에 총사원이 동의한 경우에는 실제로 의안에 대하여 찬부를 표시한 의결권의 수에 의하여 의사정족수(성립정족수) 충족 여부를 판단하여야 할 것이다.[31] 서면결의를 허용하는 경우, 일부 사원이 사원총회에 출석하여 의결권을 행사하는 것을 허용할 것인지가 문제인데, 정관에서 이를 허용하면 가능하다고 볼 것이다. 서면에 의한 결의는 총회의 결의와 동일한 효력이 있다(577조③).

### 6) 사원총회 결의의 하자

주주총회 결의의 하자에 관한 제376조부터 제381조까지의 규정은 사원총회 결의에 준용된다(578조).[32][33]

---

30) 주식회사 중에서는 소규모회사가 주주 전원의 동의가 있을 경우에는 소집절차 없이 주주총회를 개최할 수 있고, 서면에 의한 결의로써 주주총회 결의를 갈음할 수 있다(363조⑤).

31) 이와 달리 찬부서면의 송부 여부를 불문하고 전원이 출석한 것으로 보아야 한다는 견해도 있지만(정찬형, 1181면), 이렇게 해석하면 제574조의 규정상 결국 의결권 총수의 과반수가 의안에 찬성하여야 가결되므로, 서면결의로 인하여 결의요건이 지나치게 과중된다는 문제점이 있다.

32) 합명회사 설립무효·취소의 소에 관한 제190조는 "설립무효의 판결 또는 설립취소의 판결은 제3자에 대하여도 그 효력이 있다. 그러나 판결확정전에 생긴 회사와 사원 및 제3자간의 권리의무에 영향을 미치지 아니한다."라고 규정하고, 주주총회 결의에 관하여 제190조 본문만 준용하고 단서는 준용하지 않는 제376조 제2항이 유한회사의 사원총회에 준용되는 결과, 사원총회결의취소·무효확인·부존재확인판결은 민사소송의 일반원칙과 같이 소급효가 인정된다.

33) 대법원 1983. 3. 22. 선고 82다카1810 전원합의체 판결【사원총회결의무효】 "유한회사의 총회결의에 대한 부존재확인청구나 무효확인청구는 모두 법률상 유효한 결의의 효과가 현재 존재

## 7) 준용규정

주주총회에 관한 대부분의 규정(365조, 367조, 368조②·③, 369조②, 371조②, 372조, 373조, 376조부터 제381조까지의 규정)은 유한회사의 사원총회에 준용된다(578조).34)

# V. 유한회사의 계산

## 1. 재무제표의 작성

유한회사의 이사는 매결산기에 다음의 서류와 그 부속명세서를 작성하여야 한다(579조①).35)

1. 대차대조표
2. 손익계산서
3. 그 밖에 회사의 재무상태와 경영성과를 표시하는 것으로서 제447조 제1항 제3호에 따른 서류36)

유한회사의 감사가 있는 때에는 이사는 정기총회회일로부터 4주 전에 제1항의 서류를 감사에게 제출하여야 한다(579조②). 감사는 서류를 받은 날부터 3주 내에 감사보고서를 이사에게 제출하여야 한다(579조③).

---

하지 아니함을 확인받고자 하는 점에서 동일한 것이므로 예컨대, 사원총회가 적법한 소집권자에 의하여 소집되지 않았을 뿐 아니라 정당한 사원 아닌 자들이 모여서 개최한 집회에 불과하여 법률상 부존재로 볼 수밖에 없는 총회결의에 대하여는 결의무효 확인을 청구하고 있다고 하여도 이는 부존재확인의 의미로 무효확인을 청구하는 취지로서 적법하다."

34) 다만, 유한회사에는 주주제안, 집중투표, 주식매수청구권, 상호주에 의한 의결권제한 등에 해당하는 규정이 없고, 준용되지도 않는다.
35) 상법 제583조는 "유한회사의 계산에 대하여는"이라고 규정하는데, 주식회사의 경우에는 2011년 상법개정시 제4장 제7절의 제목을 종래의 "회사의 계산"을 "회사의 회계"으로 변경하였다.
36) 종래에는 "이익잉여금처분계산서 또는 결손금처리계산서"를 재무제표의 하나로 작성하도록 규정하였으나, 2011년 상법개정시 주식회사의 재무제표에 관한 규정(447조①)과 같이 개정한 것이다. 제447조 제1항 제3호는 "그 밖에 회사의 재무상태와 경영성과를 표시하는 것으로서 대통령령으로 정하는 서류와 그 부속명세서"이고, "대통령령으로 정하는 서류"란 자본변동표 또는 이익잉여금 처분계산서(또는 결손금 처리계산서)를 말한다(令 16조①).

## 2. 영업보고서의 작성

유한회사의 이사는 매결산기에 영업보고서를 작성하여야 한다(579조의2①). 감사가 있는 때에는 이사는 정기총회회일로부터 4주 전에 영업보고서를 감사에게 제출하여야 한다(579조의2②, 579조②). 감사는 영업보고서를 받은 날부터 3주 내에 감사보고서를 이사에게 제출하여야 한다(579조의2②, 579조③).

## 3. 재무제표 등의 비치·공시

유한회사의 이사는 정기총회회일의 1주 전부터 5년간 재무제표, 영업보고서 및 감사보고서를 본점에 비치하여야 한다(579조의3①). 사원과 회사채권자는 영업시간내에 언제든지 비치서류를 열람할 수 있으며 회사가 정한 비용을 지급하고 그 서류의 등본이나 초본의 교부를 청구할 수 있다(579조의3②, 448조②).

## 4. 이익배당의 기준

유한회사의 이익배당의 요건은 주식회사의 경우와 같다(583조①, 462조).[37] 유한회사에서도 중간배당이 인정되지만(583조①, 462조의3), 주식회사에서의 주식배당과 현물배당에 상응하는 제도는 없다. 그리고 이익의 배당은 각 사원의 출자좌수에 따라 하여야 하되, 정관에서 달리 정할 수 있다(580조). 이때의 정관은 원시정관과 총사원의 동의에 의하여 변경된 정관을 의미한다.

## 5. 사원의 회계장부열람권

유한회사의 자본금의 3% 이상에 해당하는 출자좌수를 가진 사원은 회계의 장부와 서류의 열람·등사를 청구할 수 있다(581조①). 회사는 정관으로 각 사원이 회계장부열람권청구를 할 수 있다는 뜻을 정할 수 있다. 이와 같이 회계장부열람권을 단독사원권으로 정한 경우에는 재무제표부속명세서를 작성하지 않는다(581조

---

37) 따라서 이익배당의 실질적 요건으로서 배당가능이익의 존재와, 절차적 요건으로서 사원총회의 결의가 있어야 한다(462조②).

②). 회계장부열람청구권을 정관에 의하여 단독사원권으로 정할 수 있다는 점이 주식회사의 경우와 다르다.

　　제583조 제2항에 의하여 주식회사 주주의 회계장부열람권 규정이 유한회사 사원의 회계장부열람권에 준용되므로, 소수사원은 "이유를 붙인 서면으로" 회계의 장부와 서류의 열람 또는 등사를 청구할 수 있고(466조①), 회사는 소수사원의 청구가 부당함을 증명하지 아니하면 이를 거부하지 못한다(466조②).

### 6. 주식회사에 관한 규정의 준용

　　유한회사의 계산에 대하여는 제449조 제1항(정기총회의 재무제표 승인)·제2항(정기총회에서의 영업보고서 내용의 보고), 제450조(이사·감사의 책임해제), 제458조부터 제460조까지(이익준비금·자본준비금·법정준비금), 제462조, 제462조의3(중간배당) 및 제466조(주주의 회계장부열람권)의 규정은 유한회사의 회계에 준용되고(583조①), 제468조(사용인의 우선변제권)의 규정도 유한회사와 피용자 간에 고용관계로 인하여 생긴 채권에 준용된다(583조②).[38)39)]

# Ⅵ. 유한회사의 정관변경

## 1. 의    의

　　유한회사의 정관을 변경함에는 사원총회의 결의가 있어야 한다(584조). 정관변경을 위한 특별결의는 총사원의 반수 이상이며 총사원의 의결권의 4분의 3 이상을 가지는 자의 동의로 한다(585조①). 이때 의결권을 행사할 수 없는 사원은 이를 총사원의 수에, 그 행사할 수 없는 의결권은 이를 의결권의 수에 산입하지 않는다(585조

---

[38)] 유한회사 소수사원의 회계장부열람권에 관하여는 별도의 규정이 있으므로(581조), 제466조를 준용한 것은 입법의 착오이므로 준용되지 않는다는 견해가 있다(이철송, 1199면). 그러나, 제466조 제1항의 이유를 붙인 서면으로 회계의 장부와 서류의 열람 또는 등사를 청구할 수 있다는 규정과 제2항의 회사는 청구가 부당함을 증명하지 아니하면 이를 거부하지 못한다는 규정은 준용하는 의미가 있다가 있을 것이다.

[39)] 주식회사에 관한 규정 중, 자본금전입에 관한 규정(461조①)과 주주의 권리행사와 관련한 이익공여금지규정(467조의2)은 준용되지 않는다.

②). 정관의 변경도 서면에 의한 결의로 할 수 있다(577조).

유한회사는 수권자본금제도를 채택한 주식회사의 경우와 달리 자본금의 총액이 정관의 절대적 기재사항이므로(543조②2) 자본금의 증가와 감소 모두 정관의 변경이 요구된다.

## 2. 자본금의 증가

유한회사의 자본금증가방법으로는, i) 출자 1좌의 금액의 증가, ii) 출자좌수의 증가 또는 iii) 양자의 병행 등 세 가지 방법이 있다. 출자 1좌의 금액은 각 사원 간에 균일하여야 하고(546조) 1좌의 금액의 증가는 사원의 추가출자를 의미하므로, 총사원의 동의가 필요하다. 따라서 실제로는 출자좌수의 증가가 이용되고, 상법도 이에 대하여만 규정한다.

### (1) 사원총회 특별결의

유한회사의 자본금증가는 정관변경에 의하여야 하므로 사원총회 특별결의를 요한다(584조, 585조). 다음 사항은 정관에 다른 정함이 없더라도 자본금증가의 결의에서 이를 정할 수 있다(586조).[40]

1. 현물출자를 하는 자의 성명과 그 목적인 재산의 종류, 수량, 가격과 이에 대하여 부여할 출자좌수
2. 자본금의 증가 후에 양수할 것을 약정한 재산의 종류, 수량, 가격과 그 양도인의 성명
3. 증가할 자본금에 대한 출자의 인수권을 부여할 자의 성명과 그 권리의 내용

유한회사가 그 성립 후 2년 내에 성립 전으로부터 존재하는 재산으로서 영업을 위하여 계속하여 사용할 것을 자본금의 20분의 1 이상에 상당한 대가로 취득하는 계약을 체결하는 경우에도 특별결의가 요구된다(576조②). 이를 사후증자(事後增資)라고 한다. 이 경우 사원총회의 특별결의는 계약의 효력발생요건이다.

---

40) 제2호는 재산인수의 경우를 말한다.

## (2) 출자의 인수

유한회사의 사원은 원칙적으로 증가할 자본금에 대하여 그 지분에 따라 출자를 인수할 권리(출자인수권)를 가진다(588조 1문). 그러나 자본금증가를 위한 사원총회 특별결의에서 "출자의 인수권을 부여할 자의 성명과 그 권리의 내용"을 정할 수 있고(586조 제3호), 미리 특정 제3자에 대하여 장래 그 자본금을 증가할 경우에 있어서 출자의 인수권을 부여할 것을 사원총회 특별결의에 의할 수 있다(587조). 따라서 사원의 출자인수권은 자본금증가결의나 출자인수권결의에 의하여 제한될 수 있다(588조 2문).[41]

## (3) 출자인수의 방법

유한회사의 자본금증가의 경우에 출자의 인수를 하고자 하는 자는 인수를 증명하는 서면에 그 인수할 출자의 좌수와 주소를 기재하고 기명날인 또는 서명하여야 한다(589조①). 유한회사는 광고 기타의 방법에 의하여 인수인을 공모하지 못한다(589조②).[42] 그리고 유한회사의 경우에는 주식회사의 신주인수권증서에 해당하는 제도가 없다.

자본금증가의 경우에 출자의 인수를 한 자는 출자의 납입의 기일 또는 현물출자의 목적인 재산의 급여의 기일로부터 이익배당에 관하여 사원과 동일한 권리를 가진다(590조).

## (4) 자본금증가의 등기

유한회사는 자본금증가로 인한 출자전액의 납입 또는 현물출자의 이행이 완료된 날부터 2주 내에 본점의 소재지에서 자본금증가로 인한 변경등기를 하여야 한다(591조). 자본금의 증가는 본점소재지에서 등기를 함으로써 그 효력이 생긴다(592조).

---

41) 주식회사의 경우에는 제418조 제2항에 의하여 제3자의 신주인수권을 정관에서 규정하여야 하는데, 유한회사는 사원총회 결의에 의하여 사원의 출자인수권을 제한할 수 있다.
42) 유한회사는 설립의 경우와 같이 증자의 경우에도 자본확정의 원칙이 요구되므로, 출자인수권자가 출자를 인수하지 않더라도 자본금증가결의에서 미리 달리 정한 바가 없으면 다시 사원총회 특별결의에 의하여 인수인을 정하여야 한다는 점이 주식회사의 경우와 다르다. 이는 유한회사의 경우 정관의 자본금총액이 이미 변경되어 있기 때문이다.

### (5) 자본금보전책임

#### 1) 현물출자등에 관한 사원의 책임

유한회사의 현물출자 또는 재산인수의 목적인 재산의 자본금증가 당시의 실가가 자본금증가의 결의에 의하여 정한 가격에 현저하게 부족한 때에는 그 결의에 동의한 사원은 회사에 대하여 그 부족액을 연대하여 지급할 책임이 있다(593조①). 이를 증자재산실가전보책임(增資財産實家塡補責任)이라고 하는데, 사원유한책임원칙에 대한 예외이고, 무과실책임이다. 이 경우에 사원의 책임은 면제될 수 없다(593조②, 550조②, 551조②).[43)]

#### 2) 미인수출자·출자미필액에 관한 이사·감사의 책임

유한회사에서 자본금증가 후에 아직 인수되지 아니한 출자가 있는 때에는 이사·감사가 공동으로 이를 인수한 것으로 본다(594조①).[44)] 자본금증가 후에 아직 출자전액의 납입 또는 현물출자의 목적인 재산의 급여가 미필된 출자가 있는 때에는 이사·감사는 연대하여 그 납입 또는 급여미필재산의 가액을 지급할 책임이 있다(594조②). 이사·감사의 책임은 총사원의 동의로만 면제할 수 있다(594조③, 551조③).

### (6) 증자무효의 소

유한회사의 자본금증가무효는 사원·이사·감사만이 제591조의 규정에 의한 본점소재지에서 자본금증가의 등기를 한 날부터 6개월 내에 소만으로 이를 주장할 수 있다(595조①).[45)] 그 외에는 주식회사 신주발행무효의 소에 관한 제430조부터 제432조까지의 규정이 준용된다(595조②).

---

43) 설립의 경우와 달리, "결의에 동의한 사원"만 책임을 지고, 따라서 사원 이외의 자가 현물출자를 하여 사원으로 된 경우에 그 사원은 책임을 지지 않는다.
44) 회사성립시의 경우와 달리 사원은 책임주체가 아니다.
   [商法 제551조(출자미필액에 대한 회사성립시의 사원등의 책임)]
   ① 회사성립후에 출자금액의 납입 또는 현물출자의 이행이 완료되지 아니 하였음이 발견된 때에는 회사성립당시의 사원, 이사와 감사는 회사에 대하여 그 납입되지 아니한 금액 또는 이행되지 아니한 현물의 가액을 연대하여 지급할 책임이 있다.
45) 주식회사의 신주발행무효의 소는 신주발행일(납입기일의 다음 날)로부터 6개월 내에 제소하여야 하는데(429조), 유한회사는 자본금증가의 등기를 한 날부터 6개월 내에 제소하여야 한다는 점이 다르다.

### (7) 상계와 회사의 동의

유한회사의 출자인수인은 회사의 동의 없이 출자의 납입채무와 회사에 대한 채권을 상계할 수 없다(596조, 421조②).

## 3. 자본금감소

유한회사의 자본금감소방법은, 출자 1좌의 감액, 출자좌수의 감소 또는 양자의 병행 등이 있다. 출자좌수의 감소는 지분의 소각 또는 병합에 의한다. 자본금감소의 경우에도 사원총회 특별결의를 요하고, 자본금의 감소는 채권자에게 불이익을 줄 수 있으므로 채권자보호절차를 밟아야 한다(597조, 439조②). 주식회사에서의 단주(端株)처리에 관한 제443조는 유한회사에서의 단지분(端持分)의 처리에 준용된다(597조). 출자 1좌의 금액은 각 사원 간에 균일하여야 하므로(546조) 1좌의 금액을 감소하려면 총사원의 동의가 필요하다.

유한회사의 자본금감소도 변경등기를 하여야 하나(597조, 183조), 자본금증가와 달리 등기에 의하여 효력이 발생하는 것은 아니고, 단순한 대항요건이다.46)

유한회사의 자본금감소무효의 소에 대하여는 주식회사 자본금감소무효의 소에 관한 규정이 준용된다(597조, 445조, 446조).

## Ⅶ. 유한회사의 합병

### 1. 요     건

합병을 하는 회사의 일방 또는 쌍방이 주식회사 또는 유한회사인 때에는 존속회사 또는 신설회사는 주식회사 또는 유한회사이어야 한다(174조②).

유한회사가 다른 회사와 합병을 함에는 총사원의 반수 이상이며 총사원의 의결권의 4분의 3 이상을 가지는 자의 동의에 의한 사원총회의 결의가 있어야 한다

---

46) 자본금증가의 등기에 관한 제591조는 "자본금의 증가는 본점소재지에서 전조의 등기를 함으로써 그 효력이 생긴다."라고 규정하나, 자본금감소에 관하여는 이러한 규정이 없다.

(585조①).

신설합병의 경우 정관 작성 기타 설립에 관한 행위는 각 회사에서 선임한 설립위원이 공동으로 하여야 하는데(175조①), 설립위원의 선임은 제585조의 규정에 의한 사원총회의 특별결의에 의하여야 한다(599조).

유한회사가 주식회사와 합병하는 경우에 존속회사 또는 신설회사가 주식회사인 때에는 법원의 인가를 얻지 아니하면 합병의 효력이 없다(600조①).[47] 이는 주식회사의 설립 및 신주발행에 관한 엄격한 규정을 회피하는 것을 방지하기 위한 것이다.[48]

합병을 하는 회사의 일방이 사채의 상환을 완료하지 아니한 주식회사인 때에는 존속회사 또는 신설회사는 유한회사로 하지 못한다(600조②). 유한회사는 사채를 발행할 수 없기 때문이다.

## 2. 물상대위

유한회사가 주식회사와 합병하는 경우에 존속회사 또는 신설회사가 유한회사인 때에는 제339조의 규정은 종전의 주식을 목적으로 하는 질권에 준용한다(601조①). 이 경우에 질권의 목적인 지분에 관하여 출자좌수와 질권자의 성명 및 주소를 사원명부에 기재하지 아니하면 그 질권으로써 회사 기타의 제3자에 대항하지 못한다(601조②).

## 3. 합병등기

유한회사가 합병을 한 때에는 보고총회 또는 창립총회가 종결한 날부터 본점소재지에서는 2주, 지점소재지에서는 3주 내에 합병 후 존속하는 유한회사에 있어서는 변경등기, 합병으로 인하여 소멸되는 유한회사에 있어서는 해산등기, 합병으

---

47) 합병의 인가신청은 합병을 할 회사의 이사와 감사가 공동으로 신청하여야 한다(非訟法 104조).
48) [상업등기선례 제200809-2호(2008. 9. 26. 공탁상업등기과-1002 질의회답)] "1인주주인 주식회사와 1인사원인 유한회사의 주주와 사원이 동일한 경우에 유한회사가 주식회사에 흡수합병하여 해산하고 주식회사가 존속하기로 하는 흡수합병을 하는 경우에 주식회사와 유한회사의 합병으로 인하여 증가할 주식의 수를 0으로, 증가할 자본금을 0원으로 하는 무증자합병도 채권자 보호절차를 거쳐 법원의 인가를 받은 때에는 가능하다."

로 인하여 설립되는 유한회사에 있어서는 설립등기를 하여야 한다(602조).

## 4. 준용규정

합명회사의 합병 및 주식회사의 합병에 관한, 상법 제232조, 제234조, 제235조, 제237조부터 제240조까지, 제443조, 제522조 제1항·제2항, 제522조의2, 제523조, 제524조, 제526조 제1항·제2항, 제527조 제1항 내지 제3항 및 제529조의 규정은 유한회사의 합병의 경우에 준용한다(603조).

# Ⅷ. 유한회사의 해산과 청산

## 1. 해    산

유한회사의 해산원인은, i) 존립기간의 만료 기타 정관에서 정한 사유의 발생, ii) 합병, iii) 파산, iv) 법원의 명령 또는 판결, v) 사원총회의 특별결의 등이다(609조①). 사원총회의 특별결의는 총사원의 반수 이상이며 총사원의 의결권의 4분의 3 이상을 가지는 자의 동의로 한다(609조②, 585조). 즉, 유한회사의 해산원인은 합명회사의 해산원인과 대체로 같지만(609조①1), 사원이 1인으로 되어도 해산사유가 아니고, 사원총회의 특별결의에 의하여 해산할 수 있다는 점에서 다르다(609조①2·②).

존립기간의 만료 기타 정관에서 정한 사유의 발생, 사원총회의 특별결의 등의 사유로 회사가 해산한 경우에는 사원총회의 특별결의로써 회사를 계속할 수 있다(610조①).

## 2. 청    산

유한회사는 주식회사와 같이 법정청산만 인정되고, 주식회사청산에 관한 규정 중 청산인회제도를 제외하고는 대부분 준용된다(613조①). 회사의 해산으로 청산절차가 개시되는 것이 원칙이나, 합병, 파산이 해산사유인 경우에는 청산절차가 개시되지 않는다. 유한회사의 청산인에는 주식회사와 유한회사의 이사에 관한 다수의 규정이 준용된다(613조②). 청산결과 잔여재산은 정관에 다른 정함이 있는 경우 외에는 각 사원의 출자좌수에 따라 사원에게 분배하여야 한다(612조).


# IX. 자본시장법상 투자유한회사

## 1. 투자유한회사의 의의와 사원

자본시장법상 투자유한회사는 집합투자기구 중 상법상 유한회사 형태의 집합투자기구를 말한다(資法 9조⑱3). 투자유한회사의 사원은 출자금액의 반환 및 이익의 분배 등에 관하여 지분증권의 수에 따라 균등한 권리를 가진다(資法 208조①).


## 2. 투자유한회사의 기관

투자유한회사에는 집합투자업자인 이사("법인이사") 1인을 둔다(資法 209조①). 투자유한회사의 이사는 정관에 기재됨으로써 확정되므로 별도의 선임 절차는 필요 없다(資法 209조②).

투자유한회사의 사원총회는 법인이사가 소집한다(資法 210조①). 투자유한회사의 사원총회는 출석한 사원의 의결권의 과반수와 발행된 지분증권 총수의 4분의 1 이상의 수로 결의한다. 다만, 자본시장법에서 정한 사원총회의 결의사항 외에 정관으로 정한 사원총회의 결의사항에 대하여는 출석한 사원의 의결권의 과반수와 발행된 지분증권총수의 5분의 1 이상의 수로 결의할 수 있다(資法 210조②).


## 3. 상법과의 관계

### 1) 적용규정

투자유한회사에 상법을 적용함에 있어서 유한회사에 관한 상법 제582조(업무·재산상태의 조사), 제613조 제1항(준용규정, 제259조 제4항, 제536조 제2항 및 제541조 제2항을 준용하는 경우에 한한다) 및 제613조 제2항(준용규정, 제539조를 준용하는 경우에 한한다) 중 "법원"은 각각 "금융위원회"로 본다(資法 212조①).

2) 배제규정

상법 제543조 제3항, 제546조, 제560조(제341조의3, 제342조 및 제343조 제1항을 준용하는 경우에 한한다), 제568조부터 제570조까지, 제575조 단서, 제583조(제449조 제1항·제2항, 제450조, 제458조부터 제460조까지의 규정을 준용하는 경우에 한한다), 제584조부터 제592조까지, 제597조(제439조 제1항 및 제2항을 준용하는 경우에 한한다) 및 제607조 등은 투자유한회사에는 적용하지 않는다(資法 212조②).

# 판례색인

# 국문색인

# 외국어색인

## 저자약력

서울대학교 법과대학 졸업(1980), 13기 사법연수원 수료(1983), Kim, Chang & Lee 법률사무소(1983), Research Scholar, University of Washington School of Law (1993~1995), 법무법인 나라 대표변호사(1995~2005), 경찰청 경찰개혁위원(1998~1999), 삼성제약 화의관재인(1998~1999), 재정경제부 증권제도선진화위원(1998~1999), 사법연수원 강사(1998~2005), 인포뱅크 사외이사(1998~2005), 금융감독원 증권조사심의위원(2000~2002), 공정거래위원회 정책평가위원(2000~2003), 한국종합금융 파산관재인(2001~2002), 한국증권거래소 증권분쟁조정위원(2001~2003), KB자산운용 사외이사(2002~2006), 증권선물위원회 증권선물조사심의위원(2002~2004), 한국증권선물거래소 증권분쟁조정위원(2003~2006), 서울중앙지방법원 조정위원(2003~2006), 서울지방변호사회 감사(2005~ 2006), 경찰청 규제심사위원회 위원장(2005~2015), 성균관대학교 법과대학·법학전문대학원 교수(2005~ 2010), 제48회 사법시험 위원(상법)(2006), 법무부 상법쟁점사항 조정위원(2006~2007), 법무부 상법특례법 제정위원(2007), 재정경제부 금융발전심의위원회 증권분과위원(2007~2008), 대한상사중재원 중재인(2010~현재), 법무법인 율촌(2011~2024), 금융위원회 금융발전심의위원회 자본시장분과위원(2011~2013), 금융감독원 제재심의위원(2012~2014), 코스닥협회 법률자문위원(2013~현재), 법무부 증권관련 집단소송법 개정위원회 위원장(2013~2014), 한국증권법학회 회장(2015~2017), 한국상장회사협의회 자문위원(2017~현재), 한국예탁결제원 예탁결제자문위원회 위원장(2019~2021), 한국예탁결제원 증권결제자문위원회 위원장(2021~2023).

[현재 : 법무법인 린, jylim57@gmail.com]

## 저 서

미국회사법 (박영사, 초판 1995, 수정판 2004)
증권규제법 (박영사, 초판 1995)
증권거래법 (박영사, 초판 2000, 전정판 2006)
회사법강의 (성균관대학교 출판부, 초판 2007)
증권판례해설 (성균관대학교 출판부, 초판 2007)
미국기업법 (박영사, 초판 2009)
미국증권법 (박영사, 초판 2009)
주주총회실무 (공저, 박영사, 초판 2018, 제2판 2020)
회사소송 (공저, 박영사, 초판 2010, 제4판 2021)
자본시장과 불공정거래 (박영사, 초판 2014, 제4판 2023)
자본시장법 (박영사, 초판 2010, 2024년판 2024)

개정9판

**회사법 Ⅱ**

| | |
|---|---|
| 초판발행 | 2012년  6월 30일 |
| 개정9판발행 | 2024년  3월 30일 |

| | |
|---|---|
| 지은이 | 임재연 |
| 펴낸이 | 안종만·안상준 |

| | |
|---|---|
| 편 집 | 김선민 |
| 기획/마케팅 | 조성호 |
| 표지디자인 | 이수빈 |
| 제 작 | 우인도·고철민·조영환 |

| | |
|---|---|
| 펴낸곳 | (주) **박영사** |
| | 서울특별시 금천구 가산디지털2로 53, 210호(가산동, 한라시그마밸리) |
| | 등록  1959. 3. 11. 제300-1959-1호(倫) |
| 전 화 | 02)733-6771 |
| f a x | 02)736-4818 |
| e-mail | pys@pybook.co.kr |
| homepage | www.pybook.co.kr |
| I S B N | 979-11-303-4678-6  94360 |
| | 979-11-303-4680-9(세트) |

copyright©임재연, 2024, Printed in Korea

정 가     59,000원